中華古籍保護計劃

ZHONG HUA GU JI BAO HU JI HUA CHENG GUO

·成 果·

安徽省圖書館古籍普查登記目録（上）

全國古籍普查登記目録

國家圖書館出版社
National Library of China Publishing House

圖書在版編目(CIP)數據

安徽省圖書館古籍普查登記目録:全三册/安徽省圖書館編.—北京:國家圖書館出版社,2021.11
(全國古籍普查登記目録)
ISBN 978-7-5013-7188-4

Ⅰ.①安… Ⅱ.①安… Ⅲ.①公共圖書館—古籍—圖書館目録—安徽 Ⅳ.①Z838

中國版本圖書館 CIP 數據核字(2020)第 268775 號

書　　名　安徽省圖書館古籍普查登記目録(全三册)
著　　者　安徽省圖書館　編
責任編輯　趙　嫄

出版發行　國家圖書館出版社(北京市西城區文津街 7 號　100034)
(原書目文獻出版社 北京圖書館出版社)
010-66114536　63802249　nlcpress@nlc.cn(郵購)
網　　址　http://www.nlcpress.com
排　　版　京荷(北京)科技有限公司
印　　裝　河北三河弘翰印務有限公司
版次印次　2021 年 11 月第 1 版　2021 年 11 月第 1 次印刷

開　　本　787×1092　1/16
印　　張　88
字　　數　1700 千字
書　　號　ISBN 978-7-5013-7188-4
定　　價　880.00 圓

《全國古籍普查登記目録》

工作委員會

《全國古籍普查登記目録》

序　言

全國古籍普查登記工作是“中華古籍保護計劃”的首要任務，是全面開展古籍搶救、保護和利用工作的基礎，也是有史以來第一次由政府組織、參加收藏單位最多的全國性古籍普查登記工作。

2007 年國務院辦公廳發布《關於進一步加强古籍保護工作的意見》(國辦發[2007]6 號)，明確了古籍保護工作的首要任務是對全國公共圖書館、博物館和教育、宗教、民族、文物等系統的古籍收藏和保護狀況進行全面普查，建立中華古籍聯合目録和古籍數字資源庫。2011 年 12 月，文化部下發《文化部辦公廳關於加快推進全國古籍普查登記工作的通知》(文辦發[2011]518 號)，進一步落實了全國古籍普查登記工作。根據文化部 2011 年 518 號文件精神，國家古籍保護中心擬訂了《全國古籍普查登記工作方案》，進一步規範了古籍普查登記工作的範圍、内容、原則、步驟、辦法、成果和經費。目前進行的全國古籍普查登記工作的中心任務是通過每部古籍的身份證——“古籍普查登記編號”和相關信息，建立古籍總臺賬，全面瞭解全國古籍存藏情况，開展全國古籍保護的基礎性工作，加强各級政府對古籍的管理、保護和利用。

《全國古籍普查登記工作方案》規定了全國古籍普查登記工作的三個主要步驟：一、開展古籍普查登記工作；二、在古籍普查登記基礎上，編纂出版館藏古籍普查登記目録，形成《全國古籍普查登記目録》；三、在古籍普查登記工作基本完成的前提下，由省級古籍保護中心負責編纂出版本省古籍分類聯合目録《中華古籍總目》分省卷，由國家古籍保護中心負責編纂出版《中華古籍總目》統編卷。

在黨和政府領導下，在各地區、各有關部門和全社會共同努力下，古籍普查登記工作得以扎實推進。古籍普查已在除臺、港、澳之外的全國各省級行政區域開展，普查内容除漢文古籍外，還包括各少數民族文字古籍，特别是於 2010 年分别啓動了新疆古籍保護和西藏古籍保護專項，因地制宜，開展古籍普查登記工作；國家古籍保護中心研製的“全國古籍普查登記平臺”已覆蓋到全國各省級古籍保護中心，并進一步研發了“中華古籍索引庫”，爲及時展現古籍普查成果提供有力支持；截至目前，已有 11375 部古籍進入《國家珍貴古籍名録》，浙江、江蘇、山東、河北等省公布了省級《珍貴古籍名録》,古籍分級保護機制初步形成。

《全國古籍普查登記目録》是古籍普查工作的階段性成果,旨在摸清家底,揭示館藏,反映古籍的基本信息。原則上每申報單位獨立成册,館藏量少不能獨立成册者,則在本省範圍内幾個館目合并成册。無論獨立成册還是合并成册,均編製獨立的書名筆畫索引附於書後。著録的必填基本項目有:古籍普查登記編號、索書號、題名卷數、著者(含著作方式)、版本、册數及存缺卷數。其他擴展項目有:分類、批校題跋、版式、裝幀形式、叢書子目、書影、破損狀况等。有條件的收藏單位多著録的一些擴展項目,也反映在《全國古籍普查登記目録》上。目録編排按古籍普查登記編號排序,内在順序給予各古籍收藏單位較大自由度,可按分類排列古籍普查登記編號,也可按排架號、按同書名等排列古籍普查登記編號,以反映各館特色。

此次全國古籍普查登記工作,克服了古籍數量多、普查人員少、普查難度大等各種困難,也得到了全國古籍保護工作者的極大支持。在古籍普查登記過程中,國家古籍保護中心、各省古籍保護中心爲此舉辦了多期古籍普查、古籍鑒定、古籍普查目録審校等培訓班,全國共1600餘家單位參加了培訓,爲古籍普查登記工作培養了大量人才。同時在古籍普查登記工作中,也鍛煉了普查員的實踐能力,爲將來古籍保護事業發展奠定了良好的基礎。

《全國古籍普查登記目録》的出版,將摸清我國古籍家底,爲古籍保護和利用工作提供依據,也將是古籍保護長期工作的一個里程碑。

國家古籍保護中心
2013年10月

《全國古籍普查登記目録》

編纂凡例

一、收録範圍爲我國境内各收藏機構或個人所藏，産生於1912年以前，具有文物價值、學術價值和藝術價值的文獻典籍，包括漢文古籍和少數民族文字古籍以及甲骨、簡帛、敦煌遺書、碑帖拓本、古地圖等文獻。其中，部分文獻的收録年限適當延伸。

二、以各收藏機構爲分册依據，篇幅較小者，適當合并出版。

三、一部古籍一條款目，複本亦單獨著録。

四、著録基本要求爲客觀登記、規範描述。

五、著録款目包括古籍普查登記編號、索書號、題名卷數、著者、版本、册數、存缺卷等。古籍普查登記編號的組成方式是：省級行政區劃代碼—單位代碼—古籍普查登記順序號。

六、以古籍普查登記編號順序排序。

《安徽省圖書館古籍普查登記目録》

編委會

《安徽省圖書館古籍普查登記目録》

前　言

安徽是中國史前文明的重要發源地之一，文化底蘊深厚，源遠流長，曾培育出道教文化、建安文學、北宋理學、桐城派、徽文化等，人文淵藪，前賢輩出，著述豐富，學風昌熾。安徽現存古籍大多存於公藏機構，在全省範圍開展的古籍普查工作歷時14年，除了檔案系統、宗教單位和民間私藏之外，來自公共圖書館、文博單位、院校圖書館、科學院所圖書館等系統70家單位的古籍存藏"家底"已經全部摸清，普查登記了近9萬部80萬册（件）古籍的著録信息，賦予每一部古籍唯一對應的普查編號標識。各家館藏古籍普查登記目録經省古籍保護中心審校，成書8種，正陸續出版。安徽省圖書館是全省最大的古籍收藏機構，共有古舊綫裝書40304部319015册（件），其中善本3247部33134册（件），四部具備，特藏鮮明。

安徽省圖書館的前身是位於安慶的安徽省立圖書館，自成立伊始就承擔起收藏文化典籍、向全民推廣實學并推動文化進步的社會責任。安徽之有圖書館，肇始於清光緒二十八年（1902）安徽省學務公所在舊時省會安慶主辦的皖省藏書樓，繼承清末官辦省學敬敷書院藏書，包括經史圖籍和各類報紙。彙聚藏書而公益共用的宗旨，使之成爲近代中國第一座具有公共圖書館特質的官辦藏書機構。1913年2月10日，安徽省立圖書館興建於安慶文昌宫和存古學堂，安徽都督柏文蔚委任方培良爲圖書館經理，將皖省藏書樓及各衙署所藏圖書充爲館藏，辦館經費列入省教育經費，後遷至藩署。1929年夏，陳東原從北京大學畢業，出任安徽教育廳督學，次年擔任我館第13任館長。他整頓館務，修建館舍，增加設備，添購圖書，編印書目，出版刊物，從事文獻古物的徵集和研究，成立巡迴書庫及臨江分館。他以教育家的視角興辦省立圖書館，務使圖書館服務社會大衆，養成良好學術風氣，使我館真正躋身近代圖書館的先進行列。1935年，浙江省立圖書館館長陳訓慈作《全國省立圖書館現狀之鳥瞰》，調查統計了全國33個省立圖書館館務數據，我館的藏書量僅位列全國省立圖書館的第14位，但年度總經費躋身第6位，其中的購書經費則是高居前三的全國先進水準。

穩定增加的教育經費是我館事業在20世紀20年代後期至30年代中期快速發展的財政保障，藏書建設飛速發展，綫裝書籍逐漸添置，皖省文獻力求充實。闡發本省文獻第一要務是徵集志書，據1936年《我館文物展覽内容述要》所記，"自《安徽通志》以下至於各府、州、縣，僅績溪一縣尚待續訪外，餘均齊全，其中頗多罕見之本，皆爲本省重要文獻”。1931年，收購了霍邱裴伯謙《裴氏刻帖》48冊裝裱成帙，意在存古。館員吴保障彙録安徽先哲著作收録入《四庫全書》者687部，編寫《四庫著録安徽先哲書目》，計劃據此集齊所有，絶刻著作自《四庫》中抄録，從而系統進行安徽地方文獻的保存和研究。1933年擴建的館舍第四進古舊文獻藏書樓有書房20間，分類庋藏周秦漢魏碑帖及輿圖、字畫、古舊綫裝書，西厢三進敬義齋專門陳列壽縣出土楚器及碑帖文獻實物。

館藏文獻書目和學術研究刊物的編印出版得到推進，1934年，編藏股館員霍懷恕、蔣元卿參照美國杜威的《十進分類法》和劉國鈞的《中國圖書分類法》編製了適用所有館藏文獻的《安徽省立圖書館圖書分類法》；流通股主任董明道和文華圖專第一期畢業生劉華錦先後主持編印了《館藏中文書目》及《安徽省立圖書館期刊目録》《我館雜志公報目録》《館藏善本書志》，全面揭示了館藏文獻；編印出版《安徽省立圖書館概況》，向各界人士宣傳館務；與上海商務印書館合作，代爲編製《教育雜志》《東方雜志》索引，謀求圖書館和讀者的良好溝通，爲公衆借閲圖書和學界研究提供幫助，直指現代圖書館的辦館宗旨；1930年創立的館刊《學風》雜志，吸引了時任北京大學校長蔡元培、目録學家金濤、鑒藏家王立中及著名學者胡適、柳詒徵、徐乃昌、嚴耕望、羅根澤、宛敏灝、劉文典、程演生、胡樸安等一批全國知名的學者撰文刊發，成爲全國著名的學術刊物，領導學術研究。我館老一輩工作者也出版了不少學術專著，有陳東原《中國教育史》《安徽先賢傳記教科學初稿》、吴景賢《安徽書院志》《紫陽書院沿革考》、蔣元卿《校讎學史》《中國圖書分類之沿革》等。

1934年，我館10個閲覽室和研究室接待到館讀者人數從1930年的170912人激增至360940人，海内罕出其右。館藏文獻量迅速翻倍，至1935年纍計達17657種94515冊，其中以綫裝書籍居多，而善本圖書中明刊本頗多。1936年初，吴天植館長增設了歷史文博部、研究室、圖帖室，是爲今天安徽博物院之基礎。民國安徽通志館將搜采的安徽29縣461種西漢至民國間金石拓片、照片等，移交我館庋藏，加之壽縣出土的戰國楚器、明清時期法帖帖版，以及收集的本省出土文物，包括當塗、合肥、蕪湖、六安等處出土之著名器物，總爲718件，經時任故宫博物院院長馬衡先生鑒定，多爲珍貴楚器。1930—1937年間我館館務空前興盛，成爲百年館史上最輝煌的巔峰。

1937年秋，抗戰兵火臨近，李辛白館長接到閉館通知，他在短短兩個月的任期内，趕製出200餘隻木箱，封裝最珍貴的館藏文獻及文物，親自護送楚器等文物至重慶；派編藏股館員張丹九護送69箱39435冊古舊綫裝書等裝船運至羅家嶺，包括古籍綫裝書34288冊、碑帖圖冊68冊、民國平裝書2803冊、民國期刊合訂本1663冊，這批文獻後稱“羅家嶺藏書”;委派另一館員趙筱梅運送100餘箱3萬册教育檔案、報刊等文獻資料,西進六安立煌(今金寨縣)交付予省立第二臨時中學;其餘無法轉運而滯留館舍的3萬册圖書報刊資料在安慶淪陷後盡陷敵手。1944年,我館在立煌德麟圖書館籌備復館,蔣元卿館長僅接收到張丹九護送的全部“羅家嶺藏書”。由於戰亂時局艱難,館務幾乎停頓,蔣元卿以本省文物調查和收集爲己任,徵集到明董其昌摹刻《戲鴻堂法帖》殘石113方(原件264方),請名工拓印成十卷。又訪得清吴熙載刊刻其師涇縣包世臣所書《小倦游閣法帖》梨版24片、棗版8片、石版3方,除日寇劫去兩棗版外基本完好。這兩部法帖今存於安徽博物院,是我省書法界的重寶。

1945年抗戰勝利,我館隨遷合肥。1950年,皖北行署合肥圖書館在原省立圖書館的基礎上成立。1952年,皖南、皖北行署合并成立安徽省人民政府,我館更名爲安徽省合肥圖書館。1953年4月,又更名爲安徽圖書館。1954年3月,正式定名爲安徽省圖書館,沿用至今。館舍興建於逍遥津西側的義倉巷,新館東南側490平方米的瓦平房規劃爲古籍書庫,時任安慶市圖書館館長的蔣元卿將“羅家嶺藏書”全部造册歸還,交由我館張丹九清點入庫。同年接收時“安徽省博物館籌備處”自皖南徵集的古舊綫裝書5萬册,新館舍的藏書水平迅速恢復到抗戰前的總量。運送至重慶的楚器等文物抗戰勝利後運抵南京,輾轉歸藏於安徽博物院。1963年2月,我館整體搬遷至包河公園之濱的全新館舍。1973年,在館舍北側擴建了七層書庫樓,其中第六層設爲古籍書庫,在劃分出的善本書庫區域增加了窗式空調。2002年,原址擴建改造工程完成,古籍書庫整體搬遷至新擴建的西北樓,面積增加至1307平方米,而且按照《圖書館特藏書庫標準》全部配置了恒温恒濕中央空調、氣體滅火系統等典藏保護設施。

我館秉承文獻徵存遺風,館員張丹九、江焕文等人在1953—1986年間,先後三下江南、四到徽州,徵購古籍1萬多種近20萬册。同時,接收省内藏家與單位捐贈的古舊綫裝書,如皖南休寧縣戴震東原私立圖書館《戴震遺書》等古籍2632册、安徽省文史館資料室古籍8115册、合肥藏書家丁興濵珍藏古籍1000餘册、樅陽章伯鈞舊藏善本3716册。1967年,安徽省哲學社會科學研究所與中共安徽省委黨校、安徽省團校圖書館因撤并而移交我館15萬册書刊,其中有古舊綫裝書2萬册。近30年來,我館加大了地方文獻的徵集力度,形成以安徽宗譜爲中心的譜牒文獻特藏。歷經幾代人的努力,我館古籍得到極大的豐富,明本所藏居省内之首,宋元佳槧有9部之數,收藏盡顯安徽刻書特色。藏書體系中,以徽州文獻和桐城派名家著述收藏最爲完整、精要,旁及江南與兩浙文獻,仍有孤罕珍本;遞藏源流中,仍以清代皖江、徽州名家的藏書爲主,如懷寧馬孟莊、桐城蕭穆、休寧夏慎大、祁門倪望重、歙縣許承堯、黟縣王立中、望江倪模、涇縣東園朱氏以及合肥李氏淮軍體系、桐城桂林方氏等名門望族,其間經眼題跋、參互批校多見學術之長,更具文獻價值。1954年以來的綫裝書分編采用傳統的四部分類法,同時沿用省立圖書館時期的館藏建設類别,將本省方志、輿圖書畫、碑帖拓片列爲特藏專類。1996年起,我館業務全面升級,館藏古籍依據分類目録卡片回溯爲業務系統中的書目數據,爲了方便讀者檢索,每一條叢書數據下又分别著録零種書目。館藏古籍機讀目録編目工作的完成,大大提高了讀者服務效率。

2007年,隨着國家“中華古籍保護計劃”的實施,我館成爲59家“全國古籍保護工作試點單位”之一,全省古籍普查工作全面啓動。經省政府批准,安徽省古籍保護中心於2008年3月在我館挂牌成立。同年,我館入選首批“全國古籍重點保護單位”,并成功組織全省古籍收藏單位參加了首批《國家珍貴古籍名録》的申報。2014年,省政府建立了古籍分級保護機制,首次組織申報評審出270部安徽省珍貴古籍、6家“安徽省古籍重點保護單位”。截至2020年,安徽省共有282部古籍入選前六批《國家珍貴古籍名録》、10家單位挂牌“全國古籍重點保護單位”。作爲古籍保護工作的階段性成果,安徽省古籍保護中心彙編出版了《安徽省國家珍貴古籍名録圖録》《首批安徽省珍貴古籍名録圖録》,其中收録有我館的國家級珍貴古籍132部、省級珍貴古籍85部。“中華古籍保護計劃”實施以來,我館在極其有限的條件下,全方位健全了館藏古籍從徵集編目、典藏保護、修復搶救、縮微與數字化複製、整理出版到宣傳推廣的工作流程規範。在全國率先完成了“中華典籍資源庫共建項目”,向社會開放了“安徽家譜”全文數據庫;編纂出版了《安徽省館藏皖人書目(—1949)》《安徽省圖書館館藏桐城派書目解題》《安徽省圖書館藏章伯鈞書志》《安徽省圖書館館藏精品圖録》《新安名族志》等一批書目書志類圖書和館藏珍本影印叢刊,2019年度國家出版基金資助項目《安徽省圖書館藏桐城派作家稿本鈔本叢刊》即將出版。

張元濟先生有云:“睹喬木而思故家,考文獻而愛舊邦。”古籍普查登記時的展卷所見,館藏印章變换着不同的文字、形狀和印油沁色,卷末的書號也常常有民國早年分類法的編碼,卷端偶現的“合肥陳東原氏主館時所庋藏”小方印,總在不經意間提示經眼之書的來歷。興館百年來,我館古籍幾度存散徵集,顛沛流離,今之所存,殊爲不易,有皖省藏家賢達傾囊捐助家鄉文教的鄉梓情深,有省内外學者專家襄助安徽文脉賡續的殷殷之誼,有館員張丹九前輩孤身歷經八年戰火輾轉四地的英勇護運事蹟。

編纂出版《安徽省圖書館古籍普查登記目録》是我省“中華古籍保護計劃”的基礎工作之一,2011年4月正式啓動。根據館領導的編目要求,第一階段選目彙編工作由筆者完成。首先以前期館藏古籍機讀目録數據爲基礎,在遼寧省圖書館同行的友情幫助下,將館藏古籍書目數據轉换格式全部導出,并根據古籍目録的版本項時代要求篩選數據,再依次進行書目數據的合并、去重、補缺、稽查、修訂,至2013年底全部完成館藏古籍普查登記任務,在當年文化部(今文化和旅游部)的通報上,我館位列“全國率先完成古籍普查登記任務的八家公共圖書館”之一。2014 年後，我館新收善本 38 部 780 册，書目數據由筆者編録增補入目。第二階段審校工作由曹冬生、白宫、彭紅、鍾姝娟和筆者分别按類承擔，目驗原書，修訂完善。《安徽省圖書館古籍普查登記目録》收録了館藏中刊印或抄寫於 1912 年以前、具有中國古典裝幀形式的古籍 21945 部 216168 册（件），客觀、整體地反映出館藏古籍的樣貌，我們力求精確著録每部古籍的索書號、題名卷數、著者、版本、批校題跋、册數、存卷等基本信息，以資學界與廣大讀者所用，爲我館接續開展古籍保護提供較爲扎實的目録基礎。

本書的編纂出版是我館編審團隊與國家圖書館出版社編輯團隊共同努力的成果，是大家秉承對古籍編目工作準確著録的共識，認真核對、審慎考訂、反復修訂的成果。在編纂過程中，我們得到了安徽省文化和旅游廳、遼寧省圖書館、國家古籍保護中心及中國古籍保護協會的大力支持，在此一并致謝。

古籍編目，殊非易事。由於我館編目人員同時肩負省古籍保護中心對全省 70 家單位古籍普查目録的出版審校任務，本書出版時間較爲匆促，所訂書目難免有疏漏之誤。敬請各位專家學者、古籍同行和廣大讀者批評指正，以利不斷改進。

執行編輯

2021 年 8 月

目　　録

上册

中册

下册

340000－1801－0000001　1:1－1:6 善

周易傳義十卷上下篇義一卷易圖集錄一卷易五贊一卷筮儀一卷易說綱領一卷　(宋)程頤　(宋)朱熹撰　明正統十二年(1447)司禮監刻本　六冊

340000－1801－0000002　1:7－1:12 善

周易程朱傳義二十四卷上下篇義一卷圖說一卷五贊一卷筮儀一卷　(宋)程頤　(宋)朱熹撰　明嘉靖福建建寧府曲梁楊一鶚刻本　六冊

340000－1801－0000003　1:13－1:19 善

周易程朱傳義二十四卷上下篇義一卷圖說一卷五贊一卷筮儀一卷　(宋)程頤　(宋)朱熹撰　明刻本　八冊

340000－1801－0000004　1:20－1:27 善

周易程朱傳義二十四卷上下篇義一卷圖說一卷五贊一卷筮儀一卷　(宋)程頤　(宋)朱熹撰　明刻本　八冊

340000－1801－0000005　1:28－1:39 善

周易傳義大全二十四卷上下篇義一卷圖說一卷易五贊一卷筮儀一卷綱領一卷　(明)胡廣等輯　明永樂十三年(1415)内府刻本　十二冊

340000－1801－0000006　1:40－1:51 善

周易宗義十二卷　(明)程汝繼撰　明萬曆三十七年(1609)自刻本　十二冊

340000－1801－0000007　1:52－1:55 善

易經正解四卷　(明)張廷策撰　(明)張廷箴訂　明萬曆四十八年(1620)張氏刻本　四冊

340000－1801－0000008　1:56－1:59 善

新鐫繆當時先生周易九鼎十六卷首一卷　(明)繆昌期撰　明末仙源堂刻本　四冊

340000－1801－0000009　1:60－1:63 善

周易會通十二卷　(明)汪邦柱　(明)江柟撰　明萬曆四十五年(1617)江氏生生館刻本　四冊　存八卷(一至八)

340000－1801－0000010　1:64 善

易學象數舉隅二卷　(明)汪敬　(明)汪奎撰　明嘉靖十八年(1539)汪奎刻本　一冊

340000－1801－0000011　1:65－1:68 善

新鐫易經玄備十五卷周易圖說一卷　(明)江之實撰　(明)江際等輯　明崇禎五年(1632)刻本(卷二爲抄配)　四冊　缺三卷(十至十二)

340000－1801－0000012　1:69－1:73 善

周易旁注七卷前圖二卷　(明)朱升撰　明刻本　五冊

340000－1801－0000013　1:74－1:81 善

新刻來瞿唐先生易注十五卷首一卷末一卷　(明)來知德撰　清朝爽堂刻本　八冊　缺四卷(十二至十五)

340000－1801－0000014　1:82－1:84 善

鍥會元纂著句意句訓易經翰林家說十二卷　(明)李廷機撰　明萬曆十三年(1585)余氏克勤齋刻本　六冊

340000－1801－0000015　1:85 善

犧經臆說三卷　(明)張獻翼撰　清末至民國間抄本　一冊

340000－1801－0000016　1:86－1:99 善

易經蒙引十二卷　(明)蔡清撰　(明)敖鋸重訂　明萬曆刻本　十四冊

340000－1801－0000017　1:100－1:107 善

易經澹窩因指八卷　(明)張汝霖撰　明萬曆三十年(1602)史繼辰刻本　八冊

340000－1801－0000018　1:108－1:116 善

易經註疏大全合纂六十四卷首一卷周易繫辭註疏大全合纂四卷　(明)張溥輯　明崇禎七年(1634)刻本　九冊　存四十三卷(易經註疏大全合纂十五至三十三、四十四至六十四，周易繫辭註疏大全合纂一至三)

340000－1801－0000019　1:117－1:126 善

周易傳義大全二十四卷上下篇義一卷周易朱子圖說一卷易五贊一卷筮儀一卷易說綱領一卷　(明)胡廣等輯　(明)陳仁錫訂　**易經彙**

徵二十四卷　(明)劉庚纂　明崇禎刻本　十冊

340000－1801－0000020　1:127 善
古三墳書一卷　(明)范惟一校　明嘉靖四十三年(1564)刻本　一冊

340000－1801－0000021　1:128 善
玩辭困學記不分卷　(明)張次仲撰　清抄本　一冊

340000－1801－0000022　1:129－1:138 善
周易顯微四卷　(清)方繡訂　清末至民國間抄本　十冊

340000－1801－0000023　1:139－1:144 善
易經解醒五卷　(清)陳士奎撰　清康熙十八年(1679)清稿本　六冊

340000－1801－0000024　1:145－1:150 善
東坡書傳二十卷　(宋)蘇軾撰　(明)楊慎等注　明吳興凌濛初刻朱墨套印本　六冊

340000－1801－0000025　1:151－1:156 善
東坡書傳二十卷　(宋)蘇軾撰　(明)楊慎等注　明吳興凌濛初刻朱墨套印本　六冊

340000－1801－0000026　1:163 善
書經三注粹抄一卷　(明)許順義輯　明萬曆十八年(1590)建陽萃慶堂余泗泉刻六經三注粹抄本　一冊

340000－1801－0000027　1:170 善
海川重刻狀元申先生書經主意七卷　(明)申時行撰　明萬曆四年(1576)董氏深山書院德興刻本　一冊　存三卷(一至三)

340000－1801－0000028　1:171－1:174 善
重鍥初庵方先生書經集解十卷　(明)方揚撰　明萬曆二十四年(1596)張蒲刻本　四冊

340000－1801－0000029　1:176－1:180 善
重訂申文定公書經講義會編十二卷　(明)申時行撰　(明)張嘉和輯　明崇禎三衢書林王慶俊刻本　六冊

340000－1801－0000030　1:181－1:183 善
尚書人注音疏十二卷末一卷外編一卷　(清)江聲撰　清乾隆五十八年(1793)江氏迎市居刻本　四冊　存四卷(一、四、七、十)

340000－1801－0000031　1:184－1:185 善
新鋟續摘補書經注解四卷　(□)□□撰　明刻本　二冊

340000－1801－0000032　1:186－1:191 善
書經四卷　(□)□□撰　清末抄本　六冊

340000－1801－0000033　1:192 善
禹貢圖注大旨一卷　(明)張甯輯　明刻本　一冊

340000－1801－0000034　1:193－1:196 善
毛詩註疏二十卷　(漢)毛亨傳　(漢)鄭玄箋　(唐)孔穎達疏　(唐)陸德明音義　明萬曆十七年(1589)北京國子監刻十三經註疏本　四冊　存四卷(三至六)

340000－1801－0000035　1:197－1:212 善
詩集傳二十卷詩序傳說一卷詩傳綱領一卷詩圖一卷　(宋)朱熹撰　明正統十二年(1447)司禮監刻本　十六冊

340000－1801－0000036　1:213－1:236 善
詩緝三十六卷　(宋)嚴粲撰　明嘉靖趙府味經堂刻本(卷三十三爲抄配)　二十四冊

340000－1801－0000037　1:237 善
毛詩補禮初稿一卷　(清)朱濂撰　清稿本　一冊

340000－1801－0000038　1:238－1:243 善
毛詩補禮稿六卷　(清)朱濂撰　清道光稿本　六冊

340000－1801－0000039　1:244 善
詩經三注粹抄一卷　(明)許順義輯　明萬曆十八年(1590)建陽萃慶堂余泗泉刻六經三注粹抄本　一冊

340000－1801－0000040　1:245－1:247 善
仰止子詳考古今名家潤色詩林正宗十二卷　(明)余象斗輯　明萬曆書林余氏雙峰堂刻本　三冊

340000－1801－0000041　1:248－1:250 善

詩傳大全二十卷 (明)胡廣等輯 明永樂十三年(1415)內府刻本 三册 存六卷(五至八、十一至十二)

340000 – 1801 – 0000042 1:251 善
詩外傳十卷首一卷 (漢)韓嬰撰 明汲古閣刻本 一册

340000 – 1801 – 0000043 1:253 – 1:256 善
韓詩外傳校注十卷 (漢)韓嬰著 (清)周廷寀注 **拾遺一卷** (清)周宗杬撰 **西漢儒林傳經表二卷** (清)周廷寀注 清抄本 四册

340000 – 1801 – 0000044 1:257 – 1:258 善
韓詩外傳十卷 (漢)韓嬰著 明天啓六年(1626)唐琳刻快閣藏書本 張雲龍朱筆批點 二册

340000 – 1801 – 0000045 1:259 – 1:260 善
詩外傳十卷 (漢)韓嬰撰 明刻本 寄龕圈點並題跋 二册

340000 – 1801 – 0000046 1:261 善
詩傳孔氏傳一卷 (春秋)端木賜撰 **詩說一卷** (漢)申培撰 **爾雅三卷** (宋)鄭樵注 明崇禎虞山毛氏汲古閣刻津逮秘書本 一册

340000 – 1801 – 0000047 1:262 – 1:266 善
周禮六卷 (元)邱葵撰 明李緝刻本 五册

340000 – 1801 – 0000048 1:267 – 1:272 善
周禮十二卷 (漢)鄭玄注 (唐)陸德明音義 明潘恩刻萬曆十六年(1588)潘允端印本 六册

340000 – 1801 – 0000049 1:273 – 1:277 善
周禮述注六卷周禮二氏改官改文議一卷 (明)金瑤撰 明萬曆七年(1579)瑠溪金氏一經堂刻本 五册

340000 – 1801 – 0000050 1:278 – 1:279 善
周禮十八卷 (明)陳深注 (元)沈濬思閲 明末刻本 二册

340000 – 1801 – 0000051 1:280 – 1:287 善
周禮註疏删翼三十卷 (明)王志長輯 明崇禎十二年(1639)刻本 八册

340000 – 1801 – 0000052 1:288 – 1:293 善
註釋古周禮五卷考工記一卷 (明)郎兆玉注釋 (明)葉自本參閲 明天啓郎氏堂策檻刻本 六册

340000 – 1801 – 0000053 1:294 – 1:296 善
古周禮釋評六卷 (明)孫攀輯 明萬曆三十一年(1603)刻本 三册

340000 – 1801 – 0000054 1:297 善
考工記二卷 (明)郭正域批點 明萬曆刻朱墨套印本 一册

340000 – 1801 – 0000055 1:298 – 1:299 善
考工記二卷 (明)郭正域批點 明萬曆四十四年(1616)吳興閔齊伋刻朱墨套印本 二册

340000 – 1801 – 0000056 1:300 – 1:303 善
考工記通二卷圖一卷集諸家論一卷 (明)徐昭慶撰 明刻本 四册

340000 – 1801 – 0000057 1:304 – 1:309 善
儀禮行禮節次圖十六卷 (清)易本烺纂 清抄本 六册

340000 – 1801 – 0000058 1:310 – 1:311 善
禮記不分卷 (□)□□撰 明刻本 二册

340000 – 1801 – 0000059 1:312 善
檀弓二卷 (宋)謝枋得批點 明萬曆四十四年(1616)吳興閔齊伋刻朱墨套印本 一册

340000 – 1801 – 0000060 1:313 – 1:315 善
禮記旁訓六卷 (□)□□撰 明刻本 三册

340000 – 1801 – 0000061 1:316 – 1:317 善
檀孟批點□卷 (宋)謝枋得批點 (明)楊慎附注 明嘉靖三十五年(1556)謝東山刻本 二册 存二卷(檀弓上、下)

340000 – 1801 – 0000062 1:318 – 1:357 善
讀禮通考一百二十卷 (清)徐乾學撰 清康熙三十五年(1696)刻本 周璠題識 四十册

340000 – 1801 – 0000063 1:358 善
中庸剩義一卷 (明)汪于沚著 清汪雲棟抄本 一册

340000－1801－0000064　1∶359－1∶361 善
鄉校禮輯十一卷　(明)方可立等輯　明隆慶元年(1567)刻本　三冊　存九卷(一至三、六至十一)

340000－1801－0000065　1∶362 善
中庸湖南講一卷　(明)葛寅亮講　明刻本　一冊

340000－1801－0000066　1∶363－1∶364 善
重鐫徽郡官板翁太史補選文公家禮八卷　(明)翁正春補選　明劉雅夫刻本　二冊

340000－1801－0000067　1∶365－1∶368 善
文公家禮儀節八卷　(宋)朱熹編　(明)楊慎輯　明刻本　四冊

340000－1801－0000068　1∶369－1∶372 善
文公家禮儀節八卷　(宋)朱熹編　(明)楊慎輯　明刻本　四冊

340000－1801－0000069　1∶373－1∶376 善
文公家禮儀節八卷　(宋)朱熹編　(明)丘濬輯　明刻本　四冊

340000－1801－0000070　1∶377－1∶378 善
文公家禮儀節八卷　(宋)朱熹編　(明)丘濬輯　明弘治五年(1492)刻本　三冊　存三卷(三至四、八)

340000－1801－0000071　1∶379－1∶380 善
文公家禮儀節八卷　(宋)朱熹編　(明)丘濬輯　明刻本　二冊　存四卷(一至四)

340000－1801－0000072　1∶381－1∶387 善
文公家禮儀節八卷　(明)丘濬輯　(明)楊廷筠訂　明萬曆三十六年(1608)錢時刻本　七冊　存七卷(一至七)

340000－1801－0000073　1∶388－1∶392 善
周禮十二卷　(漢)鄭玄注　明刻本(卷十末有佚名抄補)　五冊

340000－1801－0000074　1∶393－1∶397 善
春秋左氏全傳白文十二卷　(春秋)左丘明撰　明萬曆十六年(1588)刻本　五冊

340000－1801－0000075　1∶398－1∶403 善
春秋左氏全傳白文十二卷　(春秋)左丘明撰　明萬曆十六年(1588)刻本　六冊

340000－1801－0000076　1∶404－1∶417 善
春秋左傳注疏六十卷　(晉)杜預注　(唐)孔穎達疏　明萬曆十九年(1591)北京國子監刻十三經注疏本　十四冊　存四十二卷(七至九、十三至十五、十九至二十四、三十一至六十)

340000－1801－0000077　1∶418－1∶421 善
春秋左傳詳節句解三十五卷　(宋)朱申注釋　明萬曆十三年(1585)金陵周曰校刻本　四冊

340000－1801－0000078　1∶422－1∶432 善
附釋音春秋左傳註疏六十卷　(晉)杜預注　(唐)孔穎達疏　(唐)陸德明釋　元刻明正德重修本　十一冊　存四十卷(十至十三、十七至三十五、四十至四十二、四十四至四十八、五十二至六十)

340000－1801－0000079　1∶433－1∶437 善
春秋左傳節文十五卷附音義　(明)汪道昆撰　明萬曆刻本　五冊　存十卷(一至十)

340000－1801－0000080　1∶438－1∶447 善
春秋左傳節文十五卷附音義　(明)汪道昆撰　明萬曆刻本　十冊

340000－1801－0000081　1∶448－1∶453 善
唐荊川先生編纂左氏始末十二卷　(明)唐順之撰　明嘉靖四十一年(1562)唐正之刻本　六冊

340000－1801－0000082　1∶454－1∶459 善
合諸名家評注左傳文定十二卷　(晉)杜預等原注　(明)孫鑛評選　明刻本　六冊

340000－1801－0000083　1∶460 善
紫陽春秋大義衍□□卷　(清)周易撰述　清康熙抄本　一冊　存三卷(一至三)

340000－1801－0000084　1∶461 善
枕葄齋春秋問答不分卷　胡嗣運撰述　清稿本　一冊

340000－1801－0000085　1:462 善
春秋手抄一卷　（明）毛一鷺纂　明刻本　一冊

340000－1801－0000086　1:463－1:478 善
春秋經傳集解三十卷　（晉）杜預注　**春秋名號歸一圖二卷**　（五代）馮繼先撰　**春秋提要一卷春秋列國東坡圖說一卷諸侯興廢一卷**　明萬曆十五年（1587）劉懷恕刻春秋戰國評苑本　十六冊

340000－1801－0000087　1:479－1:488 善
春秋左氏經傳集解三十卷　（晉）杜預釋注（唐）陸德明音義　**春秋名號歸一圖二卷**（五代）馮繼先撰　**春秋提要一卷春秋列國東坡圖說一卷諸侯興廢一卷**　明萬曆八年（1580）親仁堂刻本　十冊

340000－1801－0000088　1:489－1:496 善
春秋左傳杜林合注五十卷　（晉）杜預　（宋）林堯叟注釋　（唐）陸德明音義　（明）王道焜（元）趙如源參閱　**春秋列國圖說一卷**（宋）蘇軾著　明天啓六年（1626）刻本　八冊

340000－1801－0000089　1:497－1:506 善
春秋左傳綱目定注三十卷　（晉）杜預　（宋）林堯叟注釋　（明）李廷機定注　**春秋左傳綱目一卷**　（宋）林堯叟著　**春秋列國圖說一卷**（宋）蘇軾著　**春秋左傳異名考一卷**　（明）李廷機輯　**春秋諸國興廢一卷春秋左傳提要一卷**　明崇禎五年（1632）書林楊素卿刻本　十冊

340000－1801－0000090　1:507－1:509 善
東萊呂太史春秋左傳類編不分卷　（宋）呂祖謙撰　清抄本　三冊

340000－1801－0000091　1:510－1:511 善
新鍥評釋東萊呂先生左氏博議四卷　（宋）呂祖謙撰　（明）唐文獻閲　明萬曆二十一年（1593）余紹崖刻本　二冊

340000－1801－0000092　1:512－1:513 善
呂東萊先生左氏博議六卷　（宋）呂祖謙撰（明）陶珽彙輯　明崇禎刻本　二冊

340000－1801－0000093　1:514－1:516 善
春秋公羊經傳解詁十二卷　（漢）何休撰　**附重刊宋紹熙公羊傳注附音本校記一卷**　（清）魏彦撰　清同治刻十三經讀本本　清戴望批跋　三冊

340000－1801－0000094　1:517－1:520 善
春秋公羊傳十二卷　（明）閔齊伋裁注　明天啓元年（1621）吳興閔齊伋刻三色套印本　四冊

340000－1801－0000095　1:521－1:524 善
春秋繁露十七卷附錄一卷　（漢）董仲舒著（明）孫鑛評　明天啓五年（1625）花齋刻本　四冊

340000－1801－0000096　1:525－1:526 善
春秋繁露十七卷　（漢）董仲舒撰　（明）孫鑛評　明天啓西山書舍刻本　二冊

340000－1801－0000097　1:527－1:532 善
春秋集注三十卷　（宋）胡安國傳　（宋）林堯叟音注　**春秋集注綱領一卷春秋列國東坡圖說一卷春秋集注諸國興廢說一卷春秋正經音訓一卷春秋提要一卷**　明萬曆元年（1573）金陵唐廷仁刻本　六冊

340000－1801－0000098　1:533－1:536 善
春秋穀梁傳十二卷　（明）閔齊伋裁注　**考一卷**　（明）閔齊伋撰　明天啓刻三色套印本　四冊

340000－1801－0000099　1:537－1:542 善
春秋胡傳三十卷　（宋）胡安國傳　明刻本　六冊

340000－1801－0000100　1:543－1:550 善
春秋三十卷　（宋）胡安國傳　（宋）林堯叟注釋　**春秋列國圖說一卷**　（宋）蘇軾著　**春秋傳綱領一卷春秋諸國興廢說一卷春秋提要一卷**　清明善堂刻本　八冊

340000－1801－0000101　1:551－1:554 善
春秋胡傳三十卷　（宋）胡安國集傳　明崇禎六年（1633）刻本　四冊

340000 – 1801 – 0000102　1:555 – 1:557 善

春秋三十卷　(宋)胡安國傳　**春秋總例一卷諸國興廢說一卷**　明嘉靖刻本　三冊

340000 – 1801 – 0000103　1:558 – 1:567 善

春秋四傳三十八卷　(宋)胡安國傳　(明)汪應魁句讀　**春秋提要一卷春秋列國東坡圖說一卷春秋諸國興廢說一卷春秋集注綱領一卷春秋二十國年表一卷**　明新安汪應魁刻本　十冊

340000 – 1801 – 0000104　1:568 – 1:583 善

春秋四傳三十八卷　(宋)胡安國傳　(明)岑用賓校正　**春秋提要一卷春秋列國東坡圖說一卷春秋諸國興廢說一卷春秋集注綱領一卷春秋二十國年表一卷**　明杜氏刻本　十六冊

340000 – 1801 – 0000105　1:584 善

春秋地形五禮詩合訂二卷　(清)顧復初定本　(清)汪韶舉集　清道光二十二年(1842)徽城古香堂刻本　一冊

340000 – 1801 – 0000106　1:585 – 1:586 善

春秋旁訓四卷　(元)李恕撰　明萬曆刻五經旁訓本　二冊

340000 – 1801 – 0000107　1:587 – 1:588 善

春秋旁訓四卷　(元)李恕撰　明萬曆二十三年(1595)鄭汝璧、田疇等刻五經旁訓本　二冊

340000 – 1801 – 0000108　1:589 – 1:590 善

孟子七卷　(戰國)孟軻著　(宋)蘇洵批點　明嘉靖元年(1522)朱得之刻本　二冊

340000 – 1801 – 0000109　1:591 – 1:592 善

四書集注大全四十三卷　(明)胡廣等輯　明嘉靖八年(1529)雙桂書堂刻本　二冊　存七卷(論語集注大全一至二、序說一,讀論語孟子法一,孟子集注大全七至九)

340000 – 1801 – 0000110　1:593 – 1:611 善

四書集注大全四十三卷　(明)胡廣等輯　明內府刻本　二十冊　存三十九卷(大學章句大全一、或問一、讀大學法一,中庸章句大全一、或問一,論語集注大全一至二十,孟子集注大全一至十四)

340000 – 1801 – 0000111　1:612 善

新刊四書活文詳蘊宗說三十六卷　(明)羅萬化著　明隆慶五年(1571)閩書林張仲曉刻本　一冊　存十二卷(孟子二十五至三十六)

340000 – 1801 – 0000112　1:613 – 1:616 善

四書七十二朝人物考四十卷　(明)薛應旂撰　明嘉靖三十七年(1558)刻本　四冊

340000 – 1801 – 0000113　1:617 – 1:621 善

新鐫四書七進士講意折衷六卷　(明)鄒泉編著　明萬曆十年(1582)書林翁見川刻本　五冊

340000 – 1801 – 0000114　1:622 – 1:631 善

刻四書便蒙講述十一卷　(明)盧一誠著　明萬曆刻本　十冊

340000 – 1801 – 0000115　1:632 – 1:634 善

重刻蔡虛齋先生四書蒙引十五卷　(明)蔡清撰　(明)林希元訂正　(明)毛在重訂　明萬曆十五年(1587)吳同春刻本　三冊　存三卷(一至二、五)

340000 – 1801 – 0000116　1:635 – 1:663 善

古今道脈四十五卷　(明)徐奮鵬纂　明萬曆四十六年(1618)鄭氏書林奎璧堂刻本　三十冊

340000 – 1801 – 0000117　1:664 – 1:671 善

周會魁校正四書大全十八卷　(明)周士顯校正　明刻本　八冊　存八卷(一、三至九)

340000 – 1801 – 0000118　1:672 – 1:681 善

李太史參補古今大方四書大全十八卷　(明)李廷機編纂　明芝城建邑書林余氏刻本　十冊

340000 – 1801 – 0000119　1:682 – 1:693 善

四書圖史合攷二十四卷　(明)蔡清輯　明刻本　十二冊

340000 – 1801 – 0000120　1:694 – 1:696 善

四書大成□□卷　(清)張鵬翮鑒定　(清)沈磊　(清)陸堦纂訂　清刻本　清程瑤田批注

三冊　存四卷(大學一卷、中庸一卷、孟子四至五)

340000－1801－0000121　1:697－1:704 善
四書引經節解圖考十七卷　(明)吳繼仕編纂　(明)吳應箕點定　明崇禎九年(1636)刻本　八冊

340000－1801－0000122　1:705－1:714 善
四書經正錄三十二卷　(明)張雲鸞編輯　明崇禎四年(1631)刻本　十冊

340000－1801－0000123　1:715 善
四書取影一卷　(清)賈開宗著　(清)賈開先參　清初紅香亭刻本　一冊

340000－1801－0000124　1:716－1:728 善
四書考二十八卷考異一卷　(明)陳仁錫增定　明崇禎七年(1634)刻本　十三冊　存十九卷(一至八、十九至二十八,考異一卷)

340000－1801－0000125　1:729－1:734 善
四書名物考二十四卷　(明)陳禹謨撰　明末刻本　六冊

340000－1801－0000126　1:735－1:740 善
四書改錯二十二卷　(清)毛奇齡稿　(清)陳元龍較　清嘉慶十六年(1811)刻本　清阮恩海　清焦循題識　六冊

340000－1801－0000127　1:741 善
孝經一卷　(明)余時英集義　(明)謝淪校正　**孝經刊誤一卷**　(宋)朱熹撰　明天啓四年(1624)余氏刻本　一冊

340000－1801－0000128　1:742 善
孝經九卷　(漢)鄭玄注　(明)葛鼒訂　清永懷堂刻本　一冊

340000－1801－0000129　1:743－1:746 善
爾雅注疏十一卷　(晉)郭璞注　(宋)邢昺疏　清乾隆四十三年(1778)三樂齋刻本　曹一塵題識　四冊

340000－1801－0000130　1:747－1:752 善
爾雅翼三十二卷　(宋)羅願撰　(元)洪焱祖音釋　明天啓刻崇禎六年(1633)重修本　六冊

340000－1801－0000131　1:753－1:762 善
爾雅翼三十二卷　(宋)羅願撰　(元)洪焱祖音釋　明天啓刻崇禎六年(1633)重修本　十冊

340000－1801－0000132　1:763－1:765 善
爾雅翼三十二卷　(宋)羅願撰　(元)洪焱祖音釋　明天啓刻崇禎六年(1633)重修本　三冊　存十五卷(一至十五)

340000－1801－0000133　1:766 善
爾雅翼三十二卷　(宋)羅願撰　明正德十四年(1519)羅文殊刻本　一冊　存九卷(二十四至三十二)

340000－1801－0000134　1:767－1:768 善
諸史夷語音義四卷　(明)陳士元撰　明萬曆十八年(1590)刻歸雲外集本　二冊

340000－1801－0000135　1:769－1:774 善
埤雅二十卷　(宋)陸佃撰　明刻本　六冊

340000－1801－0000136　1:775－1:778 善
廣雅疏證十卷博雅音十卷　(清)王念孫學　清嘉慶元年(1796)刻本　四冊

340000－1801－0000137　1:779－1:781 善
爾雅三卷　(晉)郭璞注　(清)姚之麟摹繪　清嘉慶六年(1801)曾燠影宋繪圖刻本　三冊

340000－1801－0000138　1:782－1:784 善
爾雅三卷　(晉)郭璞注　(清)姚之麟摹繪　清嘉慶六年(1801)曾燠影宋繪圖刻本　三冊

340000－1801－0000139　1:785－1:787 善
爾雅三卷　(晉)郭璞注　(清)姚之麟摹繪　清嘉慶六年(1801)曾燠影宋繪圖刻本　三冊

340000－1801－0000140　1:788－1:798 善
說文解字十二卷　(漢)許慎撰　明萬曆二十六年(1598)陳大科白狼書社刻本　十一冊　存十一卷(二至十二)

340000－1801－0000141　1:799－1:804 善
說文解字十二卷　(漢)許慎撰　明萬曆二十六年(1598)陳大科白狼書社刻本　六冊

340000－1801－0000142　1∶805－1∶812 善
說文解字十五卷　(漢)許慎撰　(宋)徐鉉校定　清初毛氏汲古閣刻本　八册

340000－1801－0000143　1∶813－1∶820 善
說文解字十五卷　(漢)許慎撰　(宋)徐鉉校定　清初毛氏汲古閣刻本　八册

340000－1801－0000144　1∶821－1∶828 善
說文解字十五卷　(漢)許慎撰　(宋)徐鉉校定　清初毛氏汲古閣刻本　八册

340000－1801－0000145　1∶829－1∶836 善
說文解字十五卷　(漢)許慎撰　(宋)徐鉉校定　清初毛氏汲古閣刻本　八册

340000－1801－0000146　1∶838－1∶843 善
說文解字十五卷　(漢)許慎撰　(宋)徐鉉校定　清初毛氏汲古閣刻本　六册

340000－1801－0000147　1∶844－1∶851 善
說文解字十五卷　(漢)許慎撰　(宋)徐鉉校定　清初毛氏汲古閣刻本　八册

340000－1801－0000148　1∶852－1∶857 善
說文解字十二卷　(漢)許慎撰　(宋)李燾重編　明萬曆二十六年(1598)陳大科刻本　清張廷銓批跋　六册

340000－1801－0000149　1∶858－1∶861 善
重刻許氏說文解字五音韻譜十二卷　(宋)李燾撰　明天啓七年(1627)世裕堂刻本　四册

340000－1801－0000150　1∶862－1∶881 善
重刻許氏說文解字五音韻譜十二卷　(宋)李燾撰　明汲古閣刻本　二十册

340000－1801－0000151　1∶882－1∶891 善
說文解字通釋四十卷　(宋)徐鍇撰　**附錄一卷**　(清)汪啟淑輯　清乾隆四十七年(1782)新安汪氏刻本　十册

340000－1801－0000152　1∶892－1∶894 善
班馬字類二卷　(宋)婁機撰　清馬氏叢書樓刻本　三册

340000－1801－0000153　1∶895－1∶954 善
說文長箋一百卷首二卷解題一卷六書長箋七卷　(漢)許慎說文　(宋)徐鉉韻譜　明崇禎四年(1631)趙均小宛堂刻本　六十册

340000－1801－0000154　1∶955 善
摭古遺文二卷　(明)李登重輯　(明)姚履旋重校　**再增摭古遺文一卷**　(明)姚履旋增補　明萬曆三十一年(1603)李思謙刻本　一册

340000－1801－0000155　1∶956－1∶957 善
摭古遺文二卷　(明)李登重輯　(明)姚履旋重校　**再增摭古遺文一卷**　(明)姚履旋增補　明萬曆三十一年(1603)李思謙刻本　二册

340000－1801－0000156　1∶958－1∶959 善
摭古遺文二卷　(明)李登撰　**再增摭古遺文一卷**　(明)姚履旋增補　明萬曆二十二年(1594)姚履旋等刻本　二册

340000－1801－0000157　1∶960－1∶962 善
佩觿三卷　(宋)郭忠恕記　清康熙吳郡張士俊刻澤存堂五種本　三册

340000－1801－0000158　1∶963－1∶970 善
大廣益會玉篇三十卷　(南朝梁)顧野王撰　(宋)陳彭年等重修　(清)張士俊輯　**大宋重修廣韻五卷**　(宋)陳彭年等撰　(清)張士俊輯　清康熙四十三年(1704)吳郡張士俊刻澤存堂五種本(有抄補)　八册

340000－1801－0000159　1∶972－1∶983 善
六書正義十二卷　(明)吳元滿編集　明萬曆三十三年(1605)刻本　十二册

340000－1801－0000160　1∶984－1∶987 善
六書正譌五卷　(元)周伯琦編注　(明)胡正言訂篆　明崇禎胡正言十竹齋刻本　四册

340000－1801－0000161　1∶988－1∶989 善
畫母聯解二卷　(清)張藜照著　清光緒清稿本　二册

340000－1801－0000162　1∶990 善
問奇集一卷　(明)張位撰　明萬曆四十一年(1613)刻本　一册

340000－1801－0000163　1∶991 善
認字測三卷　(明)周宇著　明萬曆三十九年

(1611)周傳誦刻本　一册　存一卷(三)

340000－1801－0000164　1:992－1:1005 善
字彙十二卷首一卷末一卷韻法直圖一卷韻法橫圖一卷　(明)梅膺祚撰　明萬曆四十三年(1615)刻本　十四册

340000－1801－0000165　1:1006－1:1011 善
篆林肆攷十五卷　(明)鄭大郁撰　明末劉肇麟文萃堂刻本　六册

340000－1801－0000166　1:1012－1:1016 善
漢隸韻要五卷　(明)祝允明校韻　(明)文徵明集隸　(明)陸士仁參閲　明潘振刻本　五册

340000－1801－0000167　1:1017 善
篆訣辯釋一卷　(明)□□撰　明崇禎元年(1628)陳氏賜緋堂刻本　一册

340000－1801－0000168　1:1018－1:1033 善
隸辨八卷　(清)顧靄吉撰　清乾隆八年(1743)黄晟刻本　十六册

340000－1801－0000169　1:1034－1:1041 善
隸辨八卷　(清)顧靄吉撰　清康熙五十七年(1718)項絪玉淵堂刻本　八册

340000－1801－0000170　1:1042－1:1049 善
隸辨八卷　(清)顧靄吉撰　清乾隆八年(1743)天都黄晟刻本　八册

340000－1801－0000171　1:1050－1:1057 善
隸辨八卷　(清)顧靄吉撰　清乾隆八年(1743)天都黄晟刻本　八册

340000－1801－0000172　1:1058－1:1065 善
隸辨八卷　(清)顧靄吉撰　清乾隆八年(1743)天都黄晟刻本　八册

340000－1801－0000173　1:1066－1:1071 善
草韻辨體六卷　(明)郭諶輯　明崇禎七年(1634)潞藩刻本　六册

340000－1801－0000174　1:1072－1:1076 善
廣韻五卷　(宋)陳彭年等撰　清康熙四十三年(1704)張士俊刻澤存堂五種本　五册

340000－1801－0000175　1:1077 善
三台館仰止子考古詳訂遵韻海篇正宗二十卷　(明)余象斗纂　(明)李廷機閲　明萬曆四十八年(1620)三台余氏刻本　一册　存二卷(一至二)

340000－1801－0000176　1:1078 善
三台館仰止子考古詳訂遵韻海篇正宗二十卷　(明)余象斗纂　(明)李廷機閲　明萬曆二十六年(1598)雙峰堂余氏刻本　一册　存四卷(五至八)

340000－1801－0000177　1:1079 善
海篇指南十二卷首一卷　(明)王慈良纂　明萬曆二十三年(1595)刻本　一册　存一卷(首一卷)

340000－1801－0000178　1:1080－1:1081 善
正韻篆二卷　(明)沈延銓校　明天啓二年(1622)刻本　二册

340000－1801－0000179　1:1082－1:1083 善
洪武正韻十六卷　(明)樂韶鳳　(明)宋濂撰　明嘉靖二十七年(1548)衡藩刻藍印本　二册　存六卷(一至三、七至九)

340000－1801－0000180　1:1084－1:1086 善
洪武正韻十六卷　(明)樂韶鳳　(明)宋濂撰　明初刻本(目録有抄補)　許承堯題記　三册　存十二卷(一至四、九至十六)

340000－1801－0000181　1:1087－1:1090 善
直音篇七卷　(明)章黼輯　明成化刻嘉靖二十四年(1545)張重重修本　四册　存四卷(一、三、六至七)

340000－1801－0000182　1:1091 善
嘯餘譜十卷　(明)程明善　(明)趙善達校　明刻本　一册　存一卷(十)

340000－1801－0000183　1:1092 善
新編經史正音切韻指南一卷　(元)劉鑑撰　明萬曆五年(1577)刻本　一册

340000－1801－0000184　1:1093－1:1095 善
大明萬曆己丑重刻改併五音集韻十五卷

(金)韓道昭撰　明萬曆三年至十七年(1575－1589)刻本　三冊　存九卷(一至三、七至九、十三至十五)

340000－1801－0000185　1:1096－1:1099 善
韻篆增考八卷　(清)張嘉慶集　(清)葉挺增考　清光緒十九年(1893)抄本　四冊

340000－1801－0000186　1:1100－1:1104 善
正韻翼九卷　(明)吴士琳編輯　明天啓六年(1626)刻本　五冊

340000－1801－0000187　1:1105－1:1106 善
文韻考衷六聲會編十二卷　(明)桑紹良編　明青郊書院從敔山房刻本　二冊

340000－1801－0000188　1:1107－1:1116 善
音韻闡微十八卷韻譜一卷　(清)李光地等撰　清雍正六年(1728)内府刻本　十冊

340000－1801－0000189　1:1117 善
音韻義疏三卷首一卷　(清)李護撰　清稿本　一冊　存三卷(一至二、首一卷)

340000－1801－0000190　1:1118－1:1137 善
諧聲品字箋十集　(清)虞咸熙草創　(清)虞德升撰　(清)虞嗣集補注　清康熙十六年至二十三年(1677－1684)刻本　二十冊

340000－1801－0000191　1:1138 善
白虎通德論二卷　(漢)班固纂集　明萬曆刻本　一冊　存一卷(上)

340000－1801－0000192　1:1139－1:1140 善
白虎通德論二卷　(漢)班固撰　明萬曆二十二年(1594)蔣杰刻本　二冊

340000－1801－0000193　1:1141－1:1146 善
經翼□□卷　(明)劉承恩撰　明刻本　六冊　存十卷(一至十)

340000－1801－0000194　1:1147 善
五經圖六卷　(明)章達　(明)盧謙編輯　明萬曆四十二年(1614)楚人章達刻本　一冊　存四卷(易一卷、書一卷、禮一卷、詩一卷)

340000－1801－0000195　1:1148－1:1149 善
七經圖七卷　(明)吴繼仕編纂　明萬曆新安吴氏熙春樓刻本　二冊　存二卷(尚書一卷、儀禮一卷)

340000－1801－0000196　1:1150－1:1155 善
七經圖七卷　(明)吴繼仕考校　明萬曆刻本　六冊　存五卷(春秋一卷、毛詩一卷、禮記一卷、周易一卷、尚書一卷)

340000－1801－0000197　1:1156－1:1159 善
五經文字三卷　(唐)張參撰　**新加九經字樣一卷**　(唐)唐玄度撰　清乾隆馬曰璐叢書樓刻本　四冊

340000－1801－0000198　1:1160－1:1171 善
五經旁訓十九卷　(元)李恕撰　清刻本　十二冊

340000－1801－0000199　1:1172－1:1174 善
易憲四卷圖說一卷卦歌一卷　(明)沈泓疏　(清)沈權之等增訂　清乾隆補堂刻本　三冊

340000－1801－0000200　1:1175－1:1184 善
身易實義五卷讀易通例一卷　(清)沈廷勱撰　清康熙二十三年(1684)刻本　十冊

340000－1801－0000201　1:1185－1:1210 善
周易函書約存十五卷首三卷約注十八卷別集十六卷　(清)胡煦撰　清乾隆葆璞堂刻本　二十六冊

340000－1801－0000202　1:1211－1:1216 善
周易述四十卷　(清)惠棟集注并疏　清乾隆盧見曾雅雨堂刻本　六冊

340000－1801－0000203　1:1217－1:1219 善
周易補義四卷圖說一卷　(清)方芬輯補　清康熙十五年(1676)刻本　三冊

340000－1801－0000204　1:1220－1:1222 善
周禮經注節鈔七卷　(清)許珩輯　清嘉慶刻本　三冊

340000－1801－0000205　1:1223－1:1226 善
禮記省度四卷　(清)彭頤纂　(清)彭遂邁修較　清乾隆元年(1736)武林文治堂刻朱墨套印本　四冊

340000－1801－0000206　1:1227－1:1228 善

禮箋三卷　(清)金榜撰　清乾隆五十九年(1794)刻本　二册

340000－1801－0000207　1:1229 善
禮箋三卷　(清)金榜撰　清乾隆五十九年(1794)刻本　一册

340000－1801－0000208　1:1230－1:1231 善
司馬氏書儀十卷　(宋)司馬光撰　(清)汪郊校訂　清雍正汪氏刻本　二册

340000－1801－0000209　1:1232－1:1234 善
尚書十三卷附考證　(漢)孔安國傳　清刻仿宋相臺五經本　三册

340000－1801－0000210　1:1235－1:1239 善
虞東學詩十二卷詩説一卷　(清)顧鎮述　清乾隆三十三年(1768)誦芬堂刻本　五册

340000－1801－0000211　1:1240－1:1243 善
御製律呂正義上編二卷下編二卷續編一卷　(清)允祉等撰　清內府刻本　四册

340000－1801－0000212　1:1244－1:1251 善
春秋大成三十一卷　(清)馮如京彙纂　**春秋大成講意三十一卷**　(清)馮雲驤著　清順治十一年(1654)刻本　四册

340000－1801－0000213　1:1252－1:1256 善
四書正字彙一卷　(清)沈渭訂定　**四書章句集注十九卷**　(宋)朱熹撰　清康熙二十六年(1687)沈氏崇正堂刻本　五册

340000－1801－0000214　1:1257 善
輶軒使者絕代語釋別國方言十三卷校正補遺一卷　(漢)揚雄紀　(晉)郭璞注　清乾隆四十九年(1784)抱經堂刻本　一册

340000－1801－0000215　1:1258－1:1261 善
説文解字十五卷標目一卷　(漢)許慎記　(宋)徐鉉校定　清初汲古閣刻本　四册

340000－1801－0000216　1:1262－1:1263 善
字鑑五卷　(元)李文仲撰　(清)許槤訂正　清道光五年(1825)許槤孯經書塾刻本　二册

340000－1801－0000217　1:1264 善
北窗偶談三卷　(清)胡彥穎稿　清乾隆刻本　一册

340000－1801－0000218　1:1265－1:1268 善
類音八卷　(清)潘耒撰　清康熙潘氏遂初堂刻本　四册

340000－1801－0000219　1:1269－1:1272 善
康熙甲子史館新刊古今通韻十二卷　(清)毛奇齡撰　清康熙二十四年(1685)刻本　四册

340000－1801－0000220　1:1273－1:1276 善
御纂周易述義十卷　(清)傅恒等編　清刻本　四册

340000－1801－0000221　1:1277－1:1282 善
田間易學十二卷雜攷一卷圖像一卷　(清)錢澄之述　清康熙斟雉堂刻本　六册

340000－1801－0000222　1:1285－1:1292 善
易經講義八卷　(清)萇仕周纂　清乾隆五十四年(1789)刻本　八册

340000－1801－0000223　1:1293－1:1298 善
讀易質疑二十卷圖説一卷卦歌一卷筮儀一卷　(明)汪璲著　清康熙儀典堂刻本　六册

340000－1801－0000224　1:1299－1:1302 善
讀易大旨五卷　(清)孫奇逢纂　(清)耿極較訂　清康熙刻本　四册

340000－1801－0000225　1:1303－1:1314 善
易原圖説不分卷　(清)趙振芳述　(清)徐在漢參　(清)孫錫蕃編　(清)黄儀廣校　**易或十卷**　(清)徐在漢述　(清)趙振芳參　(清)黄儀廣校　清順治蕉白居刻本　十二册

340000－1801－0000226　1:1315－1:1330 善
周易辨畫四十卷　(清)連斗山著　清乾隆四十年(1775)刻本　張學武題識　十六册

340000－1801－0000227　1:1331－1:1332 善
易漢學八卷　(清)惠棟學　清乾隆畢氏刻經訓堂叢書本　二册

340000－1801－0000228　1:1333－1:1338 善
河洛精蘊九卷　(清)江永著　清乾隆三十九年(1774)旌德黄聖謙刻五十年(1785)印本　六册

340000－1801－0000229　1:1339－1:1344 善
黄翰林校正書經大全十卷　(清)黄際飛校訂　清康熙五十年(1711)郁郁堂刻本　六册

340000－1801－0000230　1:1345－1:1346 善
尚書離句六卷　(清)錢在培輯解　清雍正厚野草堂刻本　二册

340000－1801－0000231　1:1347－1:1350 善
禹貢説斷四卷　(宋)傅寅撰　清乾隆木活字印武英殿聚珍版書本　四册

340000－1801－0000232　1:1351－1:1361 善
尚書後案三十卷尚書後辨附一卷　(清)王鳴盛學　清乾隆四十五年(1780)東吴王鳴盛刻本　十一册

340000－1801－0000233　1:1362－1:1369 善
尚書後案三十卷尚書後辨附一卷　(清)王鳴盛學　清乾隆四十五年(1780)東吴王鳴盛刻本　八册

340000－1801－0000234　1:1370－1:1377 善
尚書後案三十卷尚書後辨附一卷　(清)王鳴盛學　清乾隆四十五年(1780)東吴王鳴盛刻本　八册

340000－1801－0000235　1:1378－1:1387 善
禹貢錐指二十卷圖一卷　(清)胡渭學　清康熙漱六軒刻本　十册

340000－1801－0000236　1:1388－1:1399 善
禹貢錐指二十卷圖一卷　(清)胡渭學　清康熙漱六軒刻本　十二册

340000－1801－0000237　1:1400－1:1411 善
禹貢錐指二十卷圖一卷　(清)胡渭學　清康熙漱六軒刻本　十二册

340000－1801－0000238　1:1412－1:1415 善
詩總聞二十卷　(宋)王質撰　清乾隆木活字印武英殿聚珍版書本　四册

340000－1801－0000239　1:1416－1:1424 善
田間詩學不分卷　(清)錢澄之述　清斟雉堂刻本　九册

340000－1801－0000240　1:1425－1:1430 善
御纂詩義折中二十卷　(清)傅恒等撰　清乾隆内府刻本　六册

340000－1801－0000241　1:1431－1:1434 善
毛詩名物圖説九卷　(清)徐鼎輯　清乾隆三十六年(1771)刻本　四册

340000－1801－0000242　1:1435－1:1440 善
詩傳名物集覽十二卷　(清)陳大章撰　清康熙刻本　六册

340000－1801－0000243　1:1441－1:1448 善
周官禮注十二卷　(漢)鄭玄注　清乾隆五十一年(1786)揚州一得齋刻本　八册

340000－1801－0000244　1:1449－1:1454 善
周禮二十四卷　(清)李光坡述注　清乾隆八年(1743)安溪李氏清白堂刻本　六册

340000－1801－0000245　1:1455－1:1456 善
周禮節訓六卷　(清)黄叔琳原本　(清)姚培謙重訂　(清)王永祺參閲　清乾隆四十三年(1778)刻本　二册

340000－1801－0000246　1:1457 善
周官禄田考三卷　(清)沈彤著　清乾隆十六年(1751)吴江沈氏刻果堂全集本　一册

340000－1801－0000247　1:1458 善
周官禄田考三卷　(清)沈彤著　清乾隆十六年(1751)果堂刻本　一册

340000－1801－0000248　1:1459－1:1474 善
儀禮節略二十卷　(清)朱軾輯　清康熙五十八年(1719)浙江撫署刻本　十六册

340000－1801－0000249　1:1475－1:1476 善
禮記分類二卷　(清)陸崑　(清)汪櫰纂輯　清康熙五十五年(1716)環秀堂刻本　二册

340000－1801－0000250　1:1477－1:1478 善
檀弓二卷　(清)孫濩孫評訂　(清)林中枏參閲　清康熙六十年(1721)林居仁刻本　二册

340000－1801－0000251　1:1479－1:1486 善
内則衍義六卷　(清)世祖福臨撰　清刻本　八册

340000－1801－0000252　1:1487 善

夏小正攷注一卷　(清)畢沅校　清乾隆四十八年(1783)畢沅刻經訓堂叢書本　一册

340000－1801－0000253　1:1488－1:1489 善

參讀禮志疑二卷　(清)汪紱撰　清乾隆三十六年(1771)棲碧山房刻本　二册

340000－1801－0000254　1:1490 善

禘說二卷　(清)惠棟學　清乾隆畢沅刻經訓堂叢書本　一册

340000－1801－0000255　1:1491－1:1520 善

讀禮通考一百二十卷　(清)徐乾學輯　清康熙三十五年(1696)刻本　三十册

340000－1801－0000256　1:1521－1:1580 善

五禮通考二百六十二卷總目二卷首四卷　(清)秦蕙田編輯　清乾隆秦蕙田味經窩刻本　六十册

340000－1801－0000257　1:1581－1:1583 善

四書釋地一卷續一卷又續一卷三續一卷附孟子生卒年月考　(清)閻若璩撰　清乾隆刻本　三册

340000－1801－0000258　1:1584－1:1599 善

左繡三十卷首一卷　(清)馮李驊　(清)陸浩評輯　**春秋經傳集解三十卷**　(晉)杜預撰　(宋)林堯叟附注　(唐)陸德明音釋　(清)馮李驊增訂　清華川書屋刻本(卷一葉一至二有抄補)　十六册

340000－1801－0000259　1:1600－1:1611 善

左傳經世鈔二十三卷　(清)魏禧評點　(清)彭家屏參訂　清乾隆十三年(1748)彭氏刻本　十二册

340000－1801－0000260　1:1612－1:1635 善

春秋大事表五十卷輿圖一卷附錄一卷　(清)顧棟高輯　清乾隆十二年至十四年(1747－1749)萬卷樓刻本　二十四册

340000－1801－0000261　1:1636－1:1659 善

春秋大事表五十卷輿圖一卷附錄一卷　(清)顧棟高輯　清乾隆十二年至十四年(1747－1749)萬卷樓刻本　二十四册

340000－1801－0000262　1:1660－1:1664 善

六書通十卷　(明)閔齊伋撰　(清)畢宏述篆訂　清康熙五十九年(1720)刻本　姚安國題記　五册

340000－1801－0000263　1:1665－1:1677 善

六書分類十二卷首一卷　(清)傅世垚輯　清乾隆五十四年(1789)傅應奎刻本　十三册

340000－1801－0000264　1:1678－1:1691 善

六書分類十二卷首一卷　(清)傅世垚輯　清乾隆五十四年(1789)刻嘉慶元年(1796)印本　十四册

340000－1801－0000265　1:1692－1:1703 善

篆字匯十二集　(清)佟世男編　清康熙三十年(1691)多山堂刻本　十二册

340000－1801－0000266　1:1704－1:1707 善

篆書正四卷　(清)戴明說纂　(清)劉夢參定　(清)馬鳴蕭編　清順治新安胡正言刻本　四册

340000－1801－0000267　1:1708－1:1715 善

清文補匯八卷　(清)宜興輯　清嘉慶七年(1802)刻本　八册

340000－1801－0000268　1:1716－1:1720 善

大宋重修廣韻五卷　(宋)陳彭年等重修　清康熙四十三年(1704)張士俊刻澤存堂五種本　五册

340000－1801－0000269　1:1721－1:1723 善

大廣益會玉篇三十卷　(宋)陳彭年等重修　清康熙四十三年(1704)張士俊刻澤存堂五種本　三册

340000－1801－0000270　1:1724－1:1725 善

周易繫辭註疏大全合纂三卷　(明)張溥纂　明刻本　二册

340000－1801－0000271　1:1726－1:1727 善

新鍥會元韓先生課兒登龍捷講易經四卷首一卷　(明)韓敬著　明劉大易書林刻本　二册

340000－1801－0000272　1:1728－1:1735 善

禮記十六卷 (元)陳澔集說 (明)汪應魁句讀 明崇禎四年(1631)汪氏刻本 八册

340000－1801－0000273 1:1736－1:1747 善
春秋經傳集解三十卷 (晉)杜預撰 (唐)陸德明釋文 明刻本 十二册 存二十四卷(五至八、十一至三十)

340000－1801－0000274 1:1748 善
春秋胡傳三十卷 (宋)胡安國撰 (宋)林堯叟音義 **春秋胡傳綱領一卷春秋正經音訓一卷春秋提要一卷諸國興廢說一卷春秋列國東坡圖說一卷** 明成化十八年(1482)徽州府退思堂刻本 一册 存八卷(春秋胡傳一至三、春秋胡傳綱領一卷、春秋正經音訓一卷、春秋提要一卷、諸國興廢說一卷、春秋列國東坡圖說一卷)

340000－1801－0000275 1:1749 善
春秋公羊穀梁傳合纂二卷 (明)張榜撰 明刻本 一册

340000－1801－0000276 1:1750－1:1751 善
新刊四書蔡林二先生粹意□□卷 (□)□□撰 明刻本 二册 存二卷(四、八)

340000－1801－0000277 1:1752－1:1757 善
五雅四十一卷 (明)郎奎金輯 明天啓六年(1626)武林郎氏堂策檻刻本 六册

340000－1801－0000278 1:1764－1:1765 善
題韻直音篇七卷 (明)章黼撰 明刻本 二册 存二卷(五、七)

340000－1801－0000279 1:1766－1:1769 善
新校經史海篇直音五卷 (□)□□撰 明刻本 四册 存四卷(一、三至五)

340000－1801－0000280 1:1770－1:1771 善
廣韻藻六卷 (明)方夏編輯 明崇禎十五年(1642)刻本 二册

340000－1801－0000281 1:1772 善
易緯乾坤鑿度二卷 (漢)鄭玄注 清乾隆木活字印武英殿聚珍版書本 一册

340000－1801－0000282 1:1773－1:1782 善
周易十卷易圖集錄一卷易說綱領一卷上下篇義一卷易五贊一卷筮儀一卷 (宋)程頤傳 (宋)朱熹本義 明正統司禮監刻本 十册

340000－1801－0000283 1:1783－1:1790 善
東坡書傳二十卷 (宋)蘇軾撰 (明)楊慎等注 明刻朱墨套印本 八册

340000－1801－0000284 1:1798－1:1799 善
周禮句解十二卷 (宋)朱申撰 明刻本 二册

340000－1801－0000285 1:1800 善
儀禮釋宫一卷 (宋)李如圭撰 清乾隆刻武英殿聚珍版書本 一册

340000－1801－0000286 1:1801 善
儀禮識誤三卷 (宋)張淳撰 清乾隆刻武英殿聚珍版書本 一册

340000－1801－0000287 1:1802－1:1803 善
考工記述注二卷首一卷圖一卷 (明)林兆珂撰 **夏小正集解一卷** (明)王廷相集解 明萬曆三十一年(1603)刻本 二册

340000－1801－0000288 1:1804－1:1807 善
禮記八卷 明嘉靖十九年(1540)衡王刻本 四册

340000－1801－0000289 1:1808－1:1815 善
禮記集說三十卷 (元)陳澔撰 明嘉靖十一年(1532)建寧府刻本 八册

340000－1801－0000290 1:1816 善
春秋師說三卷附錄二卷 (明)趙汸編 清康熙刻通志堂經解本 一册

340000－1801－0000291 1:1817 善
春秋名號歸一圖二卷春秋年表一卷 (五代)馮繼先著 (清)成德校訂 清康熙刻通志堂經解本 一册

340000－1801－0000292 1:1818 善
春秋春王正月考一卷辨疑一卷 (明)張以寧述 清康熙十六年(1677)刻通志堂經解本 一册

340000－1801－0000293 1:1819－1:1828 善

春秋左傳五十卷 (晉)杜預 (宋)林堯叟注釋 (唐)陸德明音義 (明)鍾伯敬評閱 **諸侯興廢一卷春秋列國圖說一卷** (宋)蘇軾著 明刻本 十冊

340000－1801－0000294 1:1829－1:1838 善
春秋公羊註疏二十八卷 (漢)何休學 明萬曆二十一年(1593)刻十三經註疏本 十冊

340000－1801－0000295 1:1847－1:1852 善
春秋繁露十七卷漢廣川董子集一卷附錄一卷 (漢)董仲舒撰 **下馬陵詩文集二卷** (清)□□撰 清康熙二十七年(1688)刻乾隆四十四年(1779)補修本 六冊

340000－1801－0000296 1:1877 善
春秋傳說例一卷 (宋)劉敞撰 清乾隆木活字印武英殿聚珍版書本 一冊

340000－1801－0000297 1:1878－1:1889 善
春秋左傳十五卷 (明)孫鑛批點 明萬曆四十四年(1616)吳興閔氏刻朱墨套印本 十二冊

340000－1801－0000298 1:1890－1:1892 善
四書人物考八卷 (明)薛應旂輯 明萬曆七年(1579)徐氏聚慶堂刻本 三冊

340000－1801－0000299 1:1893 善
鄉黨圖考十卷 (清)江永著 清乾隆二十一年(1756)學源堂刻本 一冊

340000－1801－0000300 1:1894－1:1897 善
孟子二卷 (宋)蘇洵批點 明萬曆四十五年(1617)刻三色套印本 四冊

340000－1801－0000301 1:1898－1:1905 善
說文解字十五卷 (漢)許慎撰 (宋)徐鉉校定 清初汲古閣刻本 八冊

340000－1801－0000302 1:1906－1:1913 善
說文解字十二卷 (漢)許慎撰 明萬曆二十六年(1598)白狼書社刻本 八冊

340000－1801－0000303 1:1914－1:1918 善
大明成化庚寅重刊改併五音集韻十五卷 (金)韓道昭撰 明成化六年至七年(1470－1471)刻本 五冊

340000－1801－0000304 1:1919 善
新編篇韵貫珠集一卷 (明)釋真空撰 明弘治刻本 一冊

340000－1801－0000305 1:1920－1:1924 善
大明成化丁亥重刊改併五音類聚四聲篇十五卷 (金)韓道昭撰 明成化三年至六年(1467－1470)刻本 五冊

340000－1801－0000306 1:1925－1:1940 善
澤存堂五種五十卷 清康熙四十九年(1710)張氏澤存堂刻本 十六冊

340000－1801－0000307 1:1941－1:1948 善
隸辨八卷 (清)顧靄吉撰 清乾隆八年(1743)天都黃晟刻本 八冊

340000－1801－0000308 1:1949－1:1956 善
隸辨八卷 (清)顧靄吉撰 清康熙五十七年(1718)項絪玉淵堂刻本 八冊

340000－1801－0000309 1:1957－1:1972 善
新增說文韻府羣玉二十卷 (元)陰時夫編輯 (元)陰中夫編注 (明)王元貞校正 明刻本 十六冊

340000－1801－0000310 1:1973－1:1992 善
新增說文韻府羣玉二十卷 (元)陰時夫編輯 (元)陰中夫編注 (明)王元貞校正 清乾隆二十三年(1758)刻本 二十冊

340000－1801－0000311 1:1993－1:1995 善
大廣益會玉篇三十卷 (宋)陳彭年等重修 (清)張士俊輯 清康熙四十三年(1704)吳郡張士俊刻澤存堂五種本 三冊

340000－1801－0000312 1:1996－1:2000 善
新刊大廣益會玉篇三十卷 (南朝梁)顧野王撰 (唐)孫強增字 (宋)陳彭年等重修 明萬曆元年(1573)益藩刻本 五冊

340000－1801－0000313 1:2001－1:2005 善
大明正德乙亥重刊改併五音類聚四聲篇十五卷 (金)韓道昭撰 明正德十一年(1516)釋覺恆金臺衍法寺刻本(有抄配) 五冊

340000－1801－0000314　1:2006 善
新編篇韻貫珠集一卷直指玉鑰匙門法一卷　(明)釋真空撰　明正德十一年(1516)釋覺恒金臺衍法寺刻本(有抄配)　一冊

340000－1801－0000315　1:2007 善
新編經史正音切韻指南一卷　(元)劉鑑撰　明正德十一年(1516)釋覺恒金臺衍法寺刻本　一冊

340000－1801－0000316　1:2008－1:2012 善
大明正德乙亥重刊改併五音集韵十五卷　(金)韓道昭撰　明正德十年至十一年(1515－1516)刻本　五冊

340000－1801－0000317　1:2014－1:2022 善
爾雅正義二十卷　(清)邵晉涵撰　清文炳齋刻本　九冊

340000－1801－0000318　1:2023－1:2027 善
洪武正韻十六卷　(明)樂韶鳳　(明)宋濂撰　明刻本　五冊

340000－1801－0000319　1:2028－1:2032 善
金石韻府五卷　(明)朱雲輯篆　(明)俞顯謨校正　明嘉靖俞顯謨刻朱印本　五冊

340000－1801－0000320　1:2033－1:2040 善
蘇氏韻輯四卷　(南朝梁)沈約撰類　(明)蘇茂相輯　明天啓二年(1622)浙江廣益堂刻本　八冊

340000－1801－0000321　1:2041－1:2048 善
音韻日月燈六十四卷　(明)呂維祺著　(明)呂維祜詮　明崇禎六年(1633)刻石渠閣重修本　八冊　存三十九卷(韻母一至五,同文鐸一至三十、首一至四)

340000－1801－0000322　1:2049 善
夏小正攷注一卷　(清)畢沅撰　清乾隆四十八年(1783)刻經訓堂叢書本　一冊

340000－1801－0000323　1:2050－1:2055 善
六書通十卷　(明)閔齊伋輯　(清)畢弘述篆訂　清乾隆刻本　清石甫題記　六冊　存七卷(四至十)

340000－1801－0000324　1:2056－1:2061 善
六書正譌五卷　(元)周伯琦編注　清刻本　六冊

340000－1801－0000325　1:2062－1:2073 善
字彙十二卷　(明)梅膺祚音釋　明刻本　十二冊

340000－1801－0000326　1:2074－1:2097 善
六經圖二十四卷　(清)鄭之僑編輯　清乾隆九年(1744)述堂刻本　二十四冊

340000－1801－0000327　1:2098－1:2101 善
漢溪書法通解八卷　(清)戈守智纂著　(清)陸聲鐘編次　清刻本　四冊

340000－1801－0000328　1:2102 善
檀弓二卷　(宋)謝枋得批點　明萬曆四十四年(1616)閔齊伋刻朱墨套印本　一冊

340000－1801－0000329　1:2103－1:2104 善
孟子二卷　(宋)蘇洵批點　明萬曆四十五年(1617)閔齊伋刻三色套印本　二冊

340000－1801－0000330　1:2105 善
考工記二卷　(明)郭正域批點　明萬曆閔齊伋刻朱墨套印本　一冊

340000－1801－0000331　1:000001－1:000006
周易兼義九卷　(三國魏)王弼　(晉)韓康伯注　(唐)孔穎達正義　**周易音義一卷**　(唐)陸德明撰　**周易注疏校勘記九卷周易釋文校勘記一卷**　(清)阮元撰　(清)盧宣旬摘錄　清嘉慶二十年(1815)江西南昌府學刻重刊宋本十三經注疏附校勘記本　六冊

340000－1801－0000332　1:000007－1:000014
周易兼義九卷　(三國魏)王弼　(晉)韓康伯注　(唐)孔穎達正義　**周易音義一卷**　(唐)陸德明撰　**周易注疏校勘記九卷周易釋文校勘記一卷**　(清)阮元撰　(清)盧宣旬摘錄　清同治十二年(1873)江西書局刻重刊宋本十三經注疏附校勘記本　八冊

340000－1801－0000333　1:000015－1:000016

周易集解十七卷　(唐)李鼎祚集解　清嘉慶二十三年(1818)木瀆周氏刻本　二冊

340000－1801－0000334　1:000017－1:000022
周易集解十七卷　(唐)李鼎祚集解　清嘉慶二十三年(1818)木瀆周氏刻本　六冊

340000－1801－0000335　1:000023－1:000024
周易四卷易圖一卷筮儀一卷卦歌一卷　(宋)朱熹本義　清光緒十二年(1886)上洋江左書林刻本　二冊

340000－1801－0000336　1:000025－1:000026
周易四卷易圖一卷筮儀一卷卦歌一卷　(宋)朱熹本義　清刻本　二冊

340000－1801－0000337　1:000027－1:000028
周易四卷筮儀一卷卦歌一卷圖說一卷　(宋)朱熹本義　清同治三年(1864)刻本　二冊　缺二卷(周易三至四)

340000－1801－0000338　1:000029－1:000031
易經八卷　(宋)程頤傳　清同治五年(1866)金陵書局刻十三經讀本本　三冊

340000－1801－0000339　1:000032－1:000033
易經八卷　(宋)程頤傳　清同治五年(1866)金陵書局刻十三經讀本本　二冊

340000－1801－0000340　1:000034－1:000035
易經八卷　(宋)程頤傳　清同治五年(1866)金陵書局刻十三經讀本本　二冊

340000－1801－0000341　1:000036－1:000038
易經八卷　(宋)程頤傳　清同治五年(1866)金陵書局刻十三經讀本本　三冊

340000－1801－0000342　1:000039－1:000041
易經八卷　(宋)程頤傳　清同治五年(1866)金陵書局刻十三經讀本本　三冊

340000－1801－0000343　1:000042－1:000045
易經八卷卦歌一卷上下篇義一卷　(宋)程頤傳　清光緒九年(1883)江南書局刻本　四冊

340000－1801－0000344　1:000046－1:000048
易經八卷卦歌一卷上下篇義一卷　(宋)程頤傳　清光緒九年(1883)江南書局刻本　三冊

340000－1801－0000345　1:000049－1:000051
易經八卷卦歌一卷上下篇義一卷　(宋)程頤傳　清光緒九年(1883)江南書局刻本　三冊

340000－1801－0000346　1:000052－1:000057
周易八卷首一卷末一卷　(宋)程頤傳　(宋)朱熹本義　(宋)呂祖謙音訓　清同治六年(1867)望三益齋刻本　六冊

340000－1801－0000347　1:000066－1:000067
周易四卷筮儀一卷卦歌一卷圖說一卷　(宋)朱熹本義　清同治三年(1864)浙江撫署刻本　二冊

340000－1801－0000348　1:000068－1:000069
周易四卷筮儀一卷卦歌一卷圖說一卷　(宋)朱熹本義　清兩宜堂刻本　二冊

340000－1801－0000349　1:000070－1:000071
周易四卷卦歌一卷筮儀一卷圖說一卷　(宋)朱熹本義　清康熙四十一年(1702)雲間華氏敬業堂刻本　二冊

340000－1801－0000350　1:000072－1:000074
周易四卷圖說一卷卦歌一卷筮儀一卷　(宋)朱熹本義　清嘉慶二十三年(1818)芥子園刻本　三冊

340000－1801－0000351　1:000075－1:000076
周易四卷筮儀一卷卦歌一卷圖說一卷　(宋)朱熹本義　清嘉慶十年(1805)刻本　二冊

340000－1801－0000352　1:000077－1:000078
易經十二卷首一卷末一卷　(宋)朱熹本義　**音訓十二卷**　(宋)呂祖謙著　清同治四年(1865)金陵書局刻十三經讀本本　二冊

340000－1801－0000353　1:000079－1:000080
易經十二卷首一卷末一卷　(宋)朱熹本義　**音訓十二卷**　(宋)呂祖謙著　清同治四年(1865)金陵書局刻十三經讀本本　二冊

340000－1801－0000354　1:000081－1:000082
易經十二卷首一卷末一卷　(宋)朱熹本義　**音訓十二卷**　(宋)呂祖謙著　清同治四年(1865)金陵書局刻十三經讀本本　二冊

340000－1801－0000355　1：000083－1：000084
易經十二卷首一卷末一卷　（宋）朱熹本義
音訓十二卷　（宋）呂祖謙著　清同治四年（1865）金陵書局刻十三經讀本本　二冊

340000－1801－0000356　1：000085－1：000086
周易四卷卦歌一卷圖說一卷筮儀一卷　（宋）朱熹本義　清文星堂刻本　二冊

340000－1801－0000357　1：000087－1：000088
周易四卷筮儀一卷卦歌一卷圖說一卷　（宋）朱熹本義　清李光明莊刻本　二冊

340000－1801－0000358　1：000089－1：000090
周易四卷筮儀一卷卦歌一卷圖說一卷　（宋）朱熹本義　清同治八年（1869）書業德記刻本　二冊

340000－1801－0000359　1：000091－1：000092
周易四卷卦歌一卷圖說一卷新增圖說一卷　（宋）朱熹本義　清同治七年（1868）楚北崇文書局刻本　二冊

340000－1801－0000360　1：000093－1：000094
周易四卷卦歌一卷圖說一卷新增圖說一卷　（宋）朱熹本義　清同治七年（1868）楚北崇文書局刻本　二冊

340000－1801－0000361　1：000095－1：000096
周易四卷卦歌一卷圖說一卷新增圖說一卷　（宋）朱熹本義　清同治七年（1868）楚北崇文書局刻本　二冊

340000－1801－0000362　1：000097－1：000098
周易四卷筮儀一卷卦歌一卷圖說一卷　（宋）朱熹本義　清同治十三年（1874）江西書局刻本　二冊

340000－1801－0000363　1：000099－1：000100
周易四卷筮儀一卷卦歌一卷圖說一卷　（宋）朱熹本義　清同治十三年（1874）江西書局刻本　二冊

340000－1801－0000364　1：000101－1：000102
周易本義四卷筮儀一卷卦歌一卷圖說一卷　（宋）朱熹本義　清同治十一年（1872）山東書局刻本　二冊

340000－1801－0000365　1：000103－1：000110
郭氏傳家易說十一卷首一卷　（宋）郭雍著　清同治十三年（1874）江西書局刻本　八冊

340000－1801－0000366　1：000111－1：000118
誠齋易傳二十卷　（宋）楊萬里著　清光緒二十一年（1895）湖北官書處刻本　八冊

340000－1801－0000367　1：000119－1：000128
梁山來知德先生易經來注十六卷上下篇義一卷雜說一卷啟蒙一卷　（明）來知德注　（清）崔華重訂　清康熙刻敦仁堂後印本（卷十五、末一卷爲後補配清刻新刻來瞿唐先生易注本）　十冊

340000－1801－0000368　1：000133
啟蒙意見五卷　（明）韓邦奇圖解　清乾隆刻性理三解本　一冊　存三卷（一至三）

340000－1801－0000369　1：000134－1：000135
周易十二卷易圖一卷五贊一卷卦歌一卷　（宋）朱熹本義　清康熙內府刻本　二冊

340000－1801－0000370　1：000136－1：000137
周易四卷筮儀一卷圖說一卷卦歌一卷　（宋）朱熹本義　清光緒十六年（1890）蘭州刻本　二冊

340000－1801－0000371　1：000138－1：000139
周易四卷筮儀一卷圖說一卷卦歌一卷　（宋）朱熹本義　清光緒十六年（1890）蘭州刻本　二冊

340000－1801－0000372　1：000140－1：000141
周易四卷圖說一卷新增圖說一卷卦歌一卷筮儀一卷　（宋）朱熹本義　清光緒十二年（1886）湖北官書處刻本　二冊

340000－1801－0000373　1：000142－1：000143
周易四卷圖說一卷新增圖說一卷卦歌一卷筮儀一卷　（宋）朱熹本義　清光緒十二年（1886）湖北官書處刻本　二冊

340000－1801－0000374　1：000144－1：000145
周易四卷圖說一卷新增圖說一卷卦歌一卷筮

儀一卷　(宋)朱熹本義　清光緒十二年(1886)湖北官書處刻本　二册

340000－1801－0000375　1:000146－1:000147
易經十二卷首一卷末一卷　(宋)朱熹本義　**音訓十二卷**　(宋)吕祖謙著　清光緒十九年(1893)江南書局刻本　二册

340000－1801－0000376　1:000148－1:000149
易經十二卷首一卷末一卷　(宋)朱熹本義　**音訓十二卷**　(宋)吕祖謙著　清光緒十九年(1893)江南書局刻本　二册

340000－1801－0000377　1:000150－1:000151
易經十二卷首一卷末一卷　(宋)朱熹本義　**音訓十二卷**　(宋)吕祖謙著　清光緒十九年(1893)江南書局刻本　二册

340000－1801－0000378　1:000152－1:000163
來瞿唐先生易注十五卷圖像一卷首一卷末一卷　(明)來知德注　清嘉慶十四年(1809)寧遠堂刻本　十二册

340000－1801－0000379　1:000164－1:000179
來瞿唐先生易注十五卷圖像一卷首一卷末一卷　(明)來知德注　清嘉慶十四年(1809)寧遠堂刻本　十六册

340000－1801－0000380　1:000180－1:000185
梁山來知德先生易經集注十六卷上下篇義一卷雜説一卷啟蒙一卷　(明)來知德注　清乾隆十一年(1746)刻本(瞿唐來矣鮮先生本傳爲後抄補)　六册

340000－1801－0000381　1:000186－1:000205
來瞿唐先生易注十五卷圖像一卷首一卷末一卷　(明)來知德注　清嘉慶十四年(1809)寧遠堂刻道光十四年(1834)印本　馬孟莊題記　二十册

340000－1801－0000382　1:000213－1:000221
新刻來瞿唐先生易注十五卷首一卷末一卷　(明)來知德注　清刻本　九册

340000－1801－0000383　1:000222－1:000224
易説醒四卷首一卷末一卷　(明)洪守美學　清同治十一年(1872)涇縣洪汝奎刻洪氏晦木齋叢書本　三册

340000－1801－0000384　1:000225－1:000227
易説醒四卷首一卷末一卷　(明)洪守美學　清同治十一年(1872)涇縣洪汝奎刻洪氏晦木齋叢書本　三册

340000－1801－0000385　1:000228－1:000230
易説醒四卷首一卷末一卷　(明)洪守美學　清同治十一年(1872)涇縣洪汝奎刻洪氏晦木齋叢書本　三册

340000－1801－0000386　1:000231－1:000236
大成易旨四卷　(明)崔師訓著　清光緒十六年(1890)刻本　六册

340000－1801－0000387　1:000237－1:000242
大成易旨四卷　(明)崔師訓著　清光緒十六年(1890)刻本　六册

340000－1801－0000388　1:000243－1:000248
大成易旨四卷　(明)崔師訓著　清光緒十六年(1890)刻本　六册

340000－1801－0000389　1:000249－1:000252
大成易旨四卷　(明)崔師訓著　(明)邵坤元參訂　清嘉慶十一年(1806)刻本　四册

340000－1801－0000390　1:000253－1:000255
易憲四卷圖説一卷卦歌一卷　(明)沈泓疏　(清)沈權之等增訂　清乾隆八年至九年(1743－1744)補堂刻本　三册

340000－1801－0000391　1:000256－1:000258
易憲四卷圖説一卷卦歌一卷　(明)沈泓疏　(清)沈權之等增訂　清光緒十四年(1888)泉唐卓氏刻本　三册

340000－1801－0000392　1:000259－1:000264
新鐫增補周易備旨一見能解六卷篇義一卷圖考一卷筮儀一卷　(清)黄淳耀撰　(清)嚴爾寬增補　清刻本　六册

340000－1801－0000393　1:000265－1:000270
新鐫增補周易備旨一見能解六卷篇義一卷圖考一卷筮儀一卷　(清)黄淳耀撰　(清)嚴爾

寬增補　清刻本　六册

340000－1801－0000394　1:000271－1:000282
增訂周易去疑十一卷首一卷末一卷　(明)舒宏諤著　(清)蔣先庚参　清光緒八年(1882)江右養雲書屋刻本　十二册

340000－1801－0000395　1:000283－1:000294
增訂周易去疑十一卷首一卷末一卷　(明)舒宏諤著　(清)蔣先庚参　清光緒八年(1882)江右養雲書屋刻本　十二册

340000－1801－0000396　1:000295－1:000300
周易傳義合訂十二卷　(清)朱軾撰　清乾隆元年(1736)刻本　六册

340000－1801－0000397　1:000317－1:000318
易經附音訓十二卷首一卷末一卷　(宋)朱熹本義　清同治四年(1865)金陵書局刻十三經讀本本　二册

340000－1801－0000398　1:000319－1:000326
大易參訂折中講義補象十卷　(清)朱用行輯　清乾隆二十七年(1762)刻本　八册

340000－1801－0000399　1:000327－1:000342
御纂周易折中二十二卷首一卷　(清)李光地等纂　清刻本　十六册

340000－1801－0000400　1:000343－1:000352
御纂周易折中二十二卷首一卷　(清)李光地等纂　清同治六年(1867)馬新貽刻本　十册

340000－1801－0000401　1:000353－1:000362
御纂周易折中二十二卷首一卷　(清)李光地等纂　清同治六年(1867)馬新貽刻本　十册

340000－1801－0000402　1:000363－1:000372
御纂周易折中二十二卷首一卷　(清)李光地等纂　清同治六年(1867)馬新貽刻本　十册

340000－1801－0000403　1:000373－1:000382
御纂周易折中二十二卷首一卷　(清)李光地等纂　清同治六年(1867)馬新貽刻本　十册

340000－1801－0000404　1:000383－1:000396
御纂周易折中二十二卷首一卷　(清)李光地等纂　清刻本　十四册

340000－1801－0000405　1:000397－1:000400
御纂周易述義十卷　(清)傅恒等纂　清道光十八年(1838)刻本　四册

340000－1801－0000406　1:000401－1:000408
御纂周易述義十卷　(清)傅恒等纂　清同治十二年(1873)味經書院刻本　八册

340000－1801－0000407　1:000409
易經衷論二卷　(清)張英著　清光緒二十三年(1897)桐城張氏刻本　一册

340000－1801－0000408　1:000410
易經衷論二卷　(清)張英著　清刻本　一册

340000－1801－0000409　1:000411－1:000418
周易析義十卷首一卷　(清)劉伯允纂　清光緒刻本　八册

340000－1801－0000410　1:000419－1:000424
勉齋纂序周易廣義六卷　(清)劉元琬鑒定　(清)潘元懋輯　(清)潘元復等參較　清康熙十二年(1673)刻本　六册

340000－1801－0000411　1:000425－1:000426
易經集粹二卷　(清)吴日慎纂輯　清康熙三十一年(1692)刻本　二册

340000－1801－0000412　1:000427
易經旁訓辨體合訂三卷　(清)徐立綱輯　清乾隆五十四年(1789)循陔堂刻本　一册

340000－1801－0000413　1:000428－1:000430
讀易輯要淺釋三卷　(清)鄭本玉輯　清同治三年(1864)鄭氏友竹軒刻本　三册

340000－1801－0000414　1:000431－1:000434
周易補義四卷　(清)方芬輯補　**周易字畫辨疑四卷**　(清)方盟等仝校　清康熙新安刻本　四册

340000－1801－0000415　1:000435－1:000442
大易辨志說約二十四卷　(清)張習孔著　(清)蔣先庚　(清)陳夢徵參閲　清玉芝園刻本　八册

340000－1801－0000416　1:000443－1:000444
易學闡一十卷　(清)黄與堅著　清刻本　二

冊

340000－1801－0000417　1∶000445－1∶000446
易漢學八卷　(清)惠棟學　清刻本　二冊

340000－1801－0000418　1∶000447－1∶000456
周易象意三十卷首一卷　(清)王世業輯述　清道光八年(1828)刻本　十冊

340000－1801－0000419　1∶000457－1∶000458
周易本義辨證五卷　(清)惠棟撰　清常熟蔣氏省吾堂刻省吾堂四種本　二冊

340000－1801－0000420　1∶000459－1∶000464
周易闡真四卷首一卷孔易闡真二卷　(清)劉一明述注　(清)張陽全校閲　清刻本　六冊

340000－1801－0000421　1∶000465－1∶000472
易研八卷首一卷　(清)胡翘元撰　清乾隆五十七年(1792)刻本　八冊

340000－1801－0000422　1∶000473－1∶000477
易研八卷首一卷　(清)胡翘元撰　清嘉慶二十四年(1819)刻本(首序爲後抄配)　五冊

340000－1801－0000423　1∶000478－1∶000479
易義別觀三卷　(清)梅馥撰　清刻本　二冊

340000－1801－0000424　1∶000480－1∶000485
易經如話十二卷首一卷　(清)汪紱著　清光緒二十二年(1896)刻本　六冊

340000－1801－0000425　1∶000486－1∶000492
易經如話十二卷首一卷　(清)汪紱學　(清)李承超重訂　**廣傳遺書録一卷**　(清)振儒社編次　清同治常郡曲水書局木活字印本　七冊

340000－1801－0000426　1∶000493－1∶000499
易經如話十二卷首一卷　(清)汪紱學　(清)李承超重訂　**廣傳遺書録一卷**　(清)振儒社編次　清同治常郡曲水書局木活字印本　七冊

340000－1801－0000427　1∶000500－1∶000505
易經如話十二卷首一卷　(清)汪紱學　(清)李承超重訂　清同治常郡曲水書局木活字印本　六冊

340000－1801－0000428　1∶000506－1∶000520
易經詮義十四卷首一卷　(清)汪紱學　(清)李承超重訂　清同治常郡曲水書局木活字印本　十五冊

340000－1801－0000429　1∶000521－1∶000535
易經詮義十四卷首一卷　(清)汪紱學　(清)李承超重訂　清同治常郡曲水書局木活字印本　十五冊

340000－1801－0000430　1∶000536－1∶000550
易經詮義十四卷首一卷　(清)汪紱學　(清)李承超重訂　清同治常郡曲水書局木活字印本　十五冊

340000－1801－0000431　1∶000551－1∶000554
周易觀玩隨筆四卷　(清)孫謐著　清嘉慶四年(1799)刻本　四冊

340000－1801－0000432　1∶000555－1∶000559
周易尊翼五卷　(清)潘相學　清乾隆四十一年(1776)刻本　五冊

340000－1801－0000433　1∶000560－1∶000565
易箋八卷首一卷　(清)陳法著　清乾隆三十年(1765)刻本　六冊

340000－1801－0000434　1∶000566－1∶000575
周易通義二十二卷首一卷　(清)蘇秉國學　清嘉慶二十一年(1816)南清河蘇氏刻本　十冊

340000－1801－0000435　1∶000576－1∶000583
周易通義二十二卷首一卷　(清)蘇秉國學　清嘉慶二十一年(1816)南清河蘇氏刻本　八冊　存十五卷(一至十二、二十至二十二)

340000－1801－0000436　1∶000584－1∶000587
周易集解十卷　(清)孫星衍撰　清刻本　四冊

340000－1801－0000437　1∶000588－1∶000593
周易洗心十卷　(清)路道安校訂　清光緒八年(1882)一本堂刻本　六冊

340000－1801－0000438　1∶000594－1∶000598
周易洗心十卷讀法一卷　(清)任啟運傳　清

乾隆四十七年(1782)刻本　五冊

340000－1801－0000439　1:000599－1:000602
虞翻周易注十卷附録一卷　(清)孫堂輯　清嘉慶四年(1799)平湖孫氏映雪草堂刻漢魏二十一家易注本　四冊

340000－1801－0000440　1:000603－1:000606
周易虞氏義九卷周易虞氏消息二卷　(清)張惠言學　清刻本　四冊

340000－1801－0000441　1:000607－1:000610
周易虞氏義九卷周易虞氏消息二卷　(清)張惠言學　清刻本　四冊

340000－1801－0000442　1:000611－1:000612
周易虞氏義九卷周易虞氏消息二卷　(清)張惠言學　清刻本　二冊

340000－1801－0000443　1:000613－1:000616
周易審義四卷　(清)張惠言著　清咸豐七年(1857)刻本　四冊

340000－1801－0000444　1:000617－1:000620
周易審義四卷　(清)張惠言著　清咸豐七年(1857)刻本　四冊

340000－1801－0000445　1:000621
易圖條辨一卷讀儀禮記二卷　(清)張惠言述　清嘉慶至道光間刻張皋文箋易詮全集本　一冊

340000－1801－0000446　1:000622－1:000623
易確二十卷首一卷　(清)許桂林撰　(清)陶應榮　(清)方薰録　清道光刻本　二冊

340000－1801－0000447　1:000624－1:000627
讀易傳心十二卷　(清)韓怡撰　清嘉慶十三年(1808)刻本　四冊

340000－1801－0000448　1:000628－1:000647
周易本義正解二十二卷首一卷　(清)丁鼎時　(清)吴瑞麟纂輯　(清)丁在鎬　(清)吴玉柯編次　清康熙三十二年(1693)賜書堂刻本　二十冊

340000－1801－0000449　1:000648－1:000651
喬氏易俟二十卷圖一卷　(清)喬萊述　清道光刻本　四冊

340000－1801－0000450　1:000652－1:000653
傳家易傳義存疑三卷　(清)章世臣輯　清光緒十三年(1887)姑孰傳聚文堂刻本　二冊

340000－1801－0000451　1:000654－1:000657
周易詮疑八卷　(清)夏應銓著　清道光十年(1830)江安縣署刻桂香書屋印本　四冊

340000－1801－0000452　1:000658－1:000660
易庸四卷　(清)周斡注　清道光三十年(1850)刻震澤鎮硯華堂印本　三冊　存三卷(一、三至四)

340000－1801－0000453　1:000661－1:000666
周易本義補説六卷　(清)蔡紹江輯　清道光十三年(1833)刻修吉堂印本　六冊

340000－1801－0000454　1:000667－1:000672
河上易注八卷圖説二卷　(清)黎世序學　清道光元年(1821)謙豫齋刻本　六冊

340000－1801－0000455　1:000673－1:000674
大易觀玩録四卷　(清)胡澤順撰　清道光二十二年(1842)刻本　二冊

340000－1801－0000456　1:000675－1:000680
周易廓二十四卷　(清)陳世鎔學　清咸豐元年(1851)刻獨秀山莊印本　六冊

340000－1801－0000457　1:000681－1:000688
周易淺説十卷　(清)吴錥注　清吴大年抄本　八冊

340000－1801－0000458　1:000689－1:000694
周易姚氏學十六卷首一卷　(清)姚配中撰　清光緒三年(1877)湖北崇文書局刻崇文書局彙刻書本　六冊

340000－1801－0000459　1:000695－1:000696
周易不分卷　(清)吴曾樹撰　清末抄本　二冊

340000－1801－0000460　1:000697
檀几叢書二集五帙七卷　(清)王晫　(清)張潮輯　清康熙三十六年(1697)新安張氏霞舉堂刻本　一冊　存一卷(逸亭易論一)

340000－1801－0000461　1:000698－1:000704
周易學統九卷十二消息日卦表一卷月卦表一卷十翼遺文一卷　(清)汪宗沂編　清刻本　七册　缺一卷(周易學統三)

340000－1801－0000462　1:000705－1:000706
易義選參二卷　(清)魏際瑞等著　清光緒二年(1876)刻翠微峰易堂印本　二册

340000－1801－0000463　1:000707－1:000710
周易六卷　(清)王肇鼎集義　清光緒二十四年(1898)刻本　四册　存四卷(三至六)

340000－1801－0000464　1:000711－1:000718
周易詳説十八卷　(清)劉紹攽著　清乾隆刻本　王立中題記　八册

340000－1801－0000465　1:000725－1:000728
周易纂要四卷易例一卷　(清)丁廷樞輯　清咸豐三年(1853)稿本　四册

340000－1801－0000466　1:000729－1:000736
周易人事疏證八卷　(清)章世臣輯　清宣統二年(1910)同文書館鉛印本　八册

340000－1801－0000467　1:000737－1:000744
周易人事疏證八卷　(清)章世臣輯　清宣統二年(1910)同文書館鉛印本　八册

340000－1801－0000468　1:000745－1:000752
周易人事疏證八卷　(清)章世臣輯　清宣統二年(1910)同文書館鉛印本　八册

340000－1801－0000469　1:000753－1:000762
讀易慎疑十卷　(清)李祥賡著　(清)李芳編録　清道光五年(1825)朱亨檜刻習是軒印本　十册

340000－1801－0000470　1:000763－1:000772
周易實事十五卷　(清)文嗣述　清刻本　十册

340000－1801－0000471　1:000773－1:000774
易經體注大全合參四卷　(清)李兆賢輯著　清刻本　二册

340000－1801－0000472　1:000775－1:000777
易經精華六卷首一卷末一卷　(清)薛嘉穎撰　清道光五年(1825)光韙堂刻同治七年(1868)蘇州緑潤堂印本　三册

340000－1801－0000473　1:000778－1:000779
篤志齋周易解三卷篤志齋春秋解二卷　(清)張應譽著　清同治十年(1871)南皮張氏刻本　二册

340000－1801－0000474　1:000780－1:000789
讀易通解十二卷　(清)丁敘忠述　清同治八年至十年(1869－1871)白芙堂刻本　十册

340000－1801－0000475　1:000790－1:000795
周易變通解六卷首一卷末一卷　(清)萬裕澐注　清光緒九年(1883)刻本　六册

340000－1801－0000476　1:000796－1:000803
易説遵孔八卷　(清)李以澍撰　清光緒稿本　八册

340000－1801－0000477　1:000804－1:000809
周易變通解六卷首一卷末一卷　(清)萬裕澐注　清同治十二年至光緒元年(1873－1875)刻民國二十六年(1937)補修本　六册

340000－1801－0000478　1:000810－1:000814
周易臆解四卷圖説二卷　(清)楊以迥釋　清光緒十年(1884)楊氏刻本　五册

340000－1801－0000479　1:000815－1:000826
周易鏡十一卷學易管窺二卷　(清)何毓福注釋　清光緒八年(1882)刻本　十二册

340000－1801－0000480　1:000827
總統易三卷首一卷　(清)毛異賓訂定　清光緒十三年(1887)刻本　一册

340000－1801－0000481　1:000828
總統易三卷首一卷　(清)毛異賓訂定　清光緒十三年(1887)刻本　一册

340000－1801－0000482　1:000829－1:000846
西樓易説十八卷　(清)楊家洙著　清光緒十四年(1888)白麟楊氏木活字印本　十八册

340000－1801－0000483　1:000847－1:000864
西樓易説十八卷　(清)楊家洙著　清光緒十四年(1888)白麟楊氏木活字印本　十八册

340000－1801－0000484　1:000865－1:000881
西樓易說十八卷　(清)楊家洙著　清光緒十四年(1888)白麟楊氏木活字印本　十七册　存十七卷(一至四、六至十八)

340000－1801－0000485　1:000882－1:000883
易君子以錄二卷　(清)夏炘撰　清同治十二年(1873)刻本　二册

340000－1801－0000486　1:000884－1:000885
易君子以錄二卷　(清)夏炘撰　清末抄本　二册

340000－1801－0000487　1:000886
周易論語同異辨二卷青箱餘論一卷　(清)王世溥輯　清光緒二十三年(1897)廬州刻本　一册

340000－1801－0000488　1:000887－1:000894
周易補注四十一卷例表十卷　(清)段復昌注　清光緒刻本　八册

340000－1801－0000489　1:000895－1:000900
周易初學快觀六卷　(清)高賢輯注　(清)高述曾校訂　(清)高永麗等編　清光緒二十七年(1901)刻本　六册

340000－1801－0000490　1:000901－1:000908
睿川易義合編一卷　徐天璋演　清宣統三年(1911)鉛印本　八册

340000－1801－0000491　1:000909－1:000916
周易筮法全解八卷　(清)王紹奎著　(清)王潤生等校訂　清光緒二年(1876)蕭振書刻本　八册

340000－1801－0000492　1:000937
吉祥錄一卷　(清)鄔寶珍撰　清宣統元年(1909)刻鄔家初集本　一册

340000－1801－0000493　1:000938
孔易闡真二卷　(清)劉一明體述　(清)張陽全校閱　清夏復恆刻本　一册

340000－1801－0000494　1:000939－1:000942
孔易闡真二卷周易闡真四卷　(清)劉一明體述　(清)張陽全校閱　清夏復恆刻本　四册

340000－1801－0000495　1:000943－1:000945
周易費氏學八卷敘錄一卷　馬其昶學　清光緒三十年(1904)合肥李氏刻集虛草堂叢書甲集本　三册

340000－1801－0000496　1:000958－1:000959
周易粹言二卷　胡嗣運撰述　清稿本　二册

340000－1801－0000497　1:000960－1:000965
讀易蒐十二卷　(明)鄭賡唐著　(明)鄭惟颺　(明)鄭載颺仝校　清光緒四年(1878)刻本　六册

340000－1801－0000498　1:000992－1:000995
河洛精蘊九卷　(清)江永著　清刻本　四册

340000－1801－0000499　1:000996－1:000999
河洛精蘊九卷　(清)江永著　清刻本　四册

340000－1801－0000500　1:001000－1:001003
河洛精蘊九卷　(清)江永著　清乾隆三十九年(1774)宣州黄聖謙刻後印本　四册

340000－1801－0000501　1:001008－1:001009
鄭康成周易注三卷補遺一卷　(宋)王應麟撰集　(清)惠棟增補　**劉表周易章句一卷**　(漢)劉表撰　(清)孫堂輯　**宋衷周易注一卷**　(漢)宋衷撰　(清)孫堂輯　清嘉慶四年(1799)平湖孫氏映雪草堂刻漢魏二十一家易注本　二册

340000－1801－0000502　1:001010
周易乾鑿度二卷　(漢)鄭玄注　清乾隆二十一年(1756)德州盧氏刻雅雨堂藏書本　一册

340000－1801－0000503　1:001011
易學啓蒙翼　(清)羅經纂　(清)項懷述注釋　清抄本　項大銓題　一册

340000－1801－0000504　1:001012－1:001037
三易註略二十六卷讀法一卷　(清)劉一明著　清嘉慶四年(1799)榆中棲雲山刻本　二十六册

340000－1801－0000505　1:001038
尚書大傳四卷補遺一卷　(漢)鄭玄注　清嘉慶五年(1800)刻本　一册

340000－1801－0000506　1∶001039
尚書大傳四卷附補遺一卷續補遺一卷考異一卷　(漢)伏勝撰　(漢)鄭玄注　**鄭司農集一卷**　(漢)鄭玄撰　清乾隆二十一年(1756)德州盧氏刻雅雨堂藏書本　一册　存六卷(尚書大傳四卷、補遺一卷,鄭司農集一卷)

340000－1801－0000507　1∶001040
尚書大傳四卷附補遺一卷續補遺一卷　(漢)伏勝撰　(漢)鄭玄注　清光緒三年(1877)湖北崇文書局刻本　一册

340000－1801－0000508　1∶001041－1∶001048
附釋音尚書注疏二十卷　(漢)孔安國傳　(唐)陸德明音義　(唐)孔穎達等疏　**尚書注疏校勘記二十卷**　(清)阮元撰　(清)盧文弨摘錄　清嘉慶二十年(1815)南昌府學刻重栞宋本十三經注疏附校勘記本　八册

340000－1801－0000509　1∶001049－1∶001056
附釋音尚書注疏二十卷　(漢)孔安國傳　(唐)陸德明音義　(唐)孔穎達等疏　**尚書注疏校勘記二十卷**　(清)阮元撰　(清)盧文弨摘錄　清嘉慶二十年(1815)南昌府學刻重栞宋本十三經注疏附校勘記本　八册

340000－1801－0000510　1∶001059－1∶001062
尚書説七卷　(宋)黄度著　清道光九年(1829)刻本　四册

340000－1801－0000511　1∶001063－1∶001066
書六卷　(宋)蔡沈集傳　清同治三年(1864)刻本　四册

340000－1801－0000512　1∶001067－1∶001070
書經六卷　(宋)蔡沈集傳　清嘉慶十年(1805)刻本　四册

340000－1801－0000513　1∶001071－1∶001074
書經六卷　(宋)蔡沈集傳　清同治七年(1868)楚北崇文書局刻本　四册

340000－1801－0000514　1∶001075－1∶001078
書經六卷　(宋)蔡沈集傳　清同治七年(1868)楚北崇文書局刻本　四册

340000－1801－0000515　1∶001079－1∶001082
書經六卷首一卷末一卷　(宋)蔡沈集傳　清同治五年(1866)金陵書局刻本　四册

340000－1801－0000516　1∶001083－1∶001086
書經六卷首一卷末一卷　(宋)蔡沈集傳　清同治五年(1866)金陵書局刻本　四册

340000－1801－0000517　1∶001087－1∶001090
書經六卷首一卷末一卷　(宋)蔡沈集傳　清同治五年(1866)金陵書局刻本　四册

340000－1801－0000518　1∶001091－1∶001094
書經六卷首一卷末一卷　(宋)蔡沈集傳　清同治五年(1866)金陵書局刻本　四册

340000－1801－0000519　1∶001095－1∶001098
書經六卷首一卷末一卷　(宋)蔡沈集傳　清同治五年(1866)金陵書局刻本　四册

340000－1801－0000520　1∶001099－1∶001102
書經六卷　(宋)蔡沈集傳　清光緒十七年(1891)掃葉山房刻本　四册

340000－1801－0000521　1∶001103－1∶001106
書經六卷　(宋)蔡沈集傳　清光緒十九年(1893)上海江左書林刻本　四册

340000－1801－0000522　1∶001107－1∶001110
書經六卷　(宋)蔡沈集傳　清同治十年(1871)刻本　四册

340000－1801－0000523　1∶001111－1∶001114
書經六卷　(宋)蔡沈集傳　清同治十一年(1872)山東書局刻本　四册

340000－1801－0000524　1∶001115－1∶001118
書經六卷　(宋)蔡沈集傳　清同治十三年(1874)江西書局刻本　四册

340000－1801－0000525　1∶001119－1∶001122
書經六卷　(宋)蔡沈集傳　清光緒元年(1875)湖北崇文書局刻本　四册

340000－1801－0000526　1∶001123－1∶001126
書經六卷　(宋)蔡沈集傳　清乾隆十五年(1750)天都黄晟刻本　四册

340000－1801－0000527　1:001127－1:001130
書經六卷　(宋)蔡沈集傳　清光緒六年(1880)湖州醉六堂刻本　四册

340000－1801－0000528　1:001131－1:001134
書經六卷　(宋)蔡沈集傳　清光緒六年(1880)湖州醉六堂刻本　四册

340000－1801－0000529　1:001135－1:001138
書經六卷　(宋)蔡沈集傳　清光緒六年(1880)湖州醉六堂刻本　四册

340000－1801－0000530　1:001139－1:001142
書經六卷　(宋)蔡沈集傳　清光緒三年(1877)永康胡氏退補齋刻本　四册

340000－1801－0000531　1:001143－1:001146
書經六卷　(宋)蔡沈集傳　清光緒五年(1879)雲南書局刻本　六册

340000－1801－0000532　1:001147－1:001150
書經六卷　(宋)蔡沈集傳　清光緒十六年(1890)蘭州刻本　四册

340000－1801－0000533　1:001151－1:001154
書六卷　(宋)蔡沈集傳　清鄭氏金陵奎壁齋刻本　四册

340000－1801－0000534　1:001155－1:001158
書經六卷首一卷末一卷　(宋)蔡沈集傳　清光緒七年(1881)金陵書局刻本　四册

340000－1801－0000535　1:001159－1:001162
書經六卷首一卷末一卷　(宋)蔡沈集傳　清光緒七年(1881)金陵書局刻本　四册

340000－1801－0000536　1:001163－1:001165
書經六卷首一卷末一卷　(宋)蔡沈集傳　清光緒七年(1881)金陵書局刻本　三册　存五卷(一至四、首一卷)

340000－1801－0000537　1:001166－1:001169
書六卷　(宋)蔡沈集傳　清京都善成堂刻本　四册

340000－1801－0000538　1:001174－1:001177
書經六卷　(宋)蔡沈集傳　清光緒二十一年(1895)湖北官書處刻本　四册

340000－1801－0000539　1:001178－1:001181
書經六卷　(宋)蔡沈集傳　清光緒二十一年(1895)湖北官書處刻本　四册

340000－1801－0000540　1:001182－1:001185
書經六卷　(宋)蔡沈集傳　清光緒二十一年(1895)湖北官書處刻本　四册

340000－1801－0000541　1:001186－1:001189
書經六卷　(宋)蔡沈集傳　清光緒二十一年(1895)湖北官書處刻本　四册

340000－1801－0000542　1:001190－1:001193
書經六卷首一卷末一卷　(宋)蔡沈集傳　清末李光明莊刻本　四册

340000－1801－0000543　1:001194－1:001197
書六卷　(宋)蔡沈集傳　清刻本　四册

340000－1801－0000544　1:001198－1:001201
書六卷　(宋)蔡沈集傳　清安省聚文堂刻本　四册

340000－1801－0000545　1:001202－1:001204
書經六卷　(宋)蔡沈集傳　清刻本　三册

340000－1801－0000546　1:001205－1:001207
書經六卷　(宋)蔡沈集傳　清刻本　三册

340000－1801－0000547　1:001208－1:001212
書經六卷　(宋)蔡沈集傳　清刻本　五册　缺一卷(四)

340000－1801－0000548　1:001213－1:001216
書經六卷　(宋)蔡沈集傳　清同治十三年(1874)江西書局刻本　四册

340000－1801－0000549　1:001217－1:001220
書經增訂旁訓四卷　(□)□□撰　清授經堂刻本　四册

340000－1801－0000550　1:001221－1:001224
書經增訂旁訓四卷　(□)□□撰　清授經堂刻本　四册

340000－1801－0000551　1:001225－1:001228
書經增訂旁訓四卷　(□)□□撰　清授經堂刻本　四册

340000－1801－0000552　1：001229－1：001230
書經增訂旁訓四卷　（□）□□撰　清李光明莊刻本　二冊

340000－1801－0000553　1：001231－1：001233
書經旁訓二卷　（元）李恕旁訓　明刻本　三冊

340000－1801－0000554　1：001234
書經音訓不分卷　（清）楊國楨撰　清光緒三年（1877）湖北崇文書局刻十一經音訓本　一冊

340000－1801－0000555　1：001235－1：001238
尚書考異六卷　（明）梅鷟撰　清光緒十八年（1892）浙江書局刻本　四冊

340000－1801－0000556　1：001239－1：001242
尚書考異六卷　（明）梅鷟撰　清光緒十八年（1892）浙江書局刻本　四冊

340000－1801－0000557　1：001243－1：001244
鄭氏古文尚書十一卷　（宋）王應麟撰集　清刻本　二冊

340000－1801－0000558　1：001245－1：001248
書傳音釋六卷首一卷末一卷　（宋）蔡沈集傳　（元）鄒季友音釋　清同治五年（1866）望三益齋刻本　四冊

340000－1801－0000559　1：001249－1：001250
尚書詳解十三卷　（宋）胡士行編　清康熙十九年（1680）刻通志堂經解本　二冊

340000－1801－0000560　1：001251－1：001254
申文定公書經講義會編六卷　（明）申時行輯　**書經集注六卷**　（宋）蔡沈集注　清刻本　四冊

340000－1801－0000561　1：001255－1：001264
楊子書繹六卷　（明）楊文彩著　（清）魏禧參訂　清光緒二年（1876）文起堂刻本　十冊

340000－1801－0000562　1：001265－1：001270
楊子書繹六卷　（明）楊文彩著　（清）魏禧參訂　清光緒二年（1876）文起堂刻本　六冊

340000－1801－0000563　1：001271－1：001282
欽定書經傳說彙纂二十一卷首二卷書序一卷　（清）王頊齡等撰　清同治七年（1868）浙江書局刻御纂七經本　十二冊

340000－1801－0000564　1：001283－1：001294
欽定書經傳說彙纂二十一卷首二卷書序一卷　（清）王頊齡等撰　清同治七年（1868）浙江書局刻御纂七經本　十二冊

340000－1801－0000565　1：001295－1：001306
欽定書經傳說彙纂二十一卷首二卷書序一卷　（清）王頊齡等撰　清同治七年（1868）浙江書局刻御纂七經本　十二冊

340000－1801－0000566　1：001307
書經六卷　題小桃源語后氏纂注　清抄本　一冊

340000－1801－0000567　1：001308
書經四卷　（明）秦鏷訂正　清刻本　一冊

340000－1801－0000568　1：001309－1：001310
桐城吳氏尚書讀本二卷　（清）吳汝綸勘定　清光緒三十四年（1908）保陽書局鉛印本　二冊

340000－1801－0000569　1：001311
寫定尚書不分卷　（清）吳汝綸寫定　清光緒十八年（1892）桐城吳氏家塾石印本　一冊

340000－1801－0000570　1：001312
寫定尚書不分卷　（清）吳汝綸寫定　清光緒十八年（1892）桐城吳氏家塾石印本　一冊

340000－1801－0000571　1：001313
寫定尚書不分卷　（清）吳汝綸寫定　清光緒十八年（1892）桐城吳氏家塾石印本　一冊

340000－1801－0000572　1：001314－1：001321
尚書古文疏證八卷　（清）閻若璩撰　**朱子古文書疑一卷**　（清）閻詠輯　清乾隆十年（1745）眷西堂刻本　八冊

340000－1801－0000573　1：001322－1：001331
尚書古文疏證八卷　（清）閻若璩撰　（清）武億校　**朱子古文書疑一卷**　（清）閻詠輯　清嘉慶元年（1796）天津吳人驥刻本　十冊

340000－1801－0000574　1∶001336
古文尚書考二卷　(清)惠棟撰　清乾隆五十七年(1792)讀經樓刻本　一册

340000－1801－0000575　1∶001337－1∶001338
書經衷論四卷　(清)張英著　清刻本　二册

340000－1801－0000576　1∶001339
書經衷論四卷　(清)張英著　清刻本　一册

340000－1801－0000577　1∶001340－1∶001341
尚書離句六卷　(清)劉梅垞鑒定　(清)錢在培輯解　清大興堂刻本　二册

340000－1801－0000578　1∶001342－1∶001345
書經體註大全合參六卷　(清)范翔鑒定　(清)錢希祥纂輯　**書經六卷**　(宋)蔡沈集傳　清嘉慶書業堂刻本　四册

340000－1801－0000579　1∶001346－1∶001347
尚書纂注約解二卷　(明)洪佐聖等著　清雍正教忠堂刻本　二册

340000－1801－0000580　1∶001348－1∶001351
書經體註大全合參六卷　(清)范翔鑒定　(清)張聖度訂　(清)錢希祥參　**書經六卷**　(宋)蔡沈集傳　清文富堂刻本　四册

340000－1801－0000581　1∶001352－1∶001355
書經體註大全合參六卷　(清)范翔鑒定　(清)張聖度訂　(清)錢希祥參　**書經六卷**　(宋)蔡沈集傳　清三讓堂刻本　四册

340000－1801－0000582　1∶001356
尚書地理今釋一卷　(清)蔣廷錫撰　清嘉慶二十二年(1817)刻光緒四年(1878)刻本　一册

340000－1801－0000583　1∶001357－1∶001368
書經詮義十二卷首二卷　(清)汪紱撰　(清)汪烜集　清光緒七年(1881)紫陽書院刻汪雙池先生叢書本　十二册　缺二卷(首二卷)

340000－1801－0000584　1∶001369－1∶001381
書經詮義十二卷首二卷　(清)汪紱撰　(清)汪烜集　清光緒七年(1881)紫陽書院刻汪雙池先生叢書本　十三册

340000－1801－0000585　1∶001382－1∶001387
七經精義三十七卷　(清)黄淦纂　清嘉慶七年至十二年(1802－1807)刻本　六册　存二十卷(書經精義四卷、首一卷、末一卷,古尚書序一卷,周禮精義六卷、首一卷、末一卷,春秋精義四卷、首一卷)

340000－1801－0000586　1∶001388
書經述六卷　(清)許祖京注　清嘉慶十七年(1812)刻本　一册

340000－1801－0000587　1∶001389－1∶001390
書經述六卷　(清)許祖京注　清嘉慶十七年(1812)刻同治十三年(1874)刻本　二册

340000－1801－0000588　1∶001391
尚書可解輯粹二卷　(清)潘相編　清嘉慶四年(1799)刻本　一册

340000－1801－0000589　1∶001392－1∶001395
尚書今古文注疏三十卷　(清)孫星衍撰　清嘉慶二十年(1815)冶城山館刻本　四册

340000－1801－0000590　1∶001396－1∶001397
古文尚書辨八卷　(清)謝庭蘭著　清光緒十八年(1892)刻本　二册

340000－1801－0000591　1∶001398
尚書伸孔篇一卷　(清)焦廷琥撰　清光緒十四年(1888)刻廣雅書局叢書本　一册

340000－1801－0000592　1∶001399
尚書伸孔篇一卷　(清)焦廷琥撰　**禹貢班義述三卷附漢糜水入尚龍谿考一卷**　(清)成蓉鏡撰　清光緒十四年(1888)刻廣雅書局叢書本　一册

340000－1801－0000593　1∶001400－1∶001403
書古微十二卷首一卷　(清)魏源著　清光緒四年(1878)淮南書局刻本　四册

340000－1801－0000594　1∶001404－1∶001407
書古微十二卷首一卷　(清)魏源著　清光緒四年(1878)淮南書局刻本　四册

340000－1801－0000595　1∶001410－1∶001415
書傳補商十七卷　(清)戴鈞衡述　清咸豐五

年(1855)刻民國四年(1915)重印本　六冊

340000－1801－0000596　1:001416－1:001421
書傳補商十七卷　(清)戴鈞衡述　清咸豐五年(1855)刻民國四年(1915)重印本　六冊

340000－1801－0000597　1:001422－1:001427
書傳補商十七卷　(清)戴鈞衡述　清咸豐五年(1855)刻民國四年(1915)重印本　六冊

340000－1801－0000598　1:001428－1:001433
書傳補商十七卷　(清)戴鈞衡述　清刻本　六冊

340000－1801－0000599　1:001434－1:001439
書傳補商十七卷　(清)戴鈞衡述　清刻本　六冊

340000－1801－0000600　1:001440－1:001445
書傳補商十七卷　(清)戴鈞衡述　清刻本　六冊

340000－1801－0000601　1:001446－1:001450
書傳補商十七卷　(清)戴鈞衡述　清刻本　五冊　缺二卷(十六至十七)

340000－1801－0000602　1:001451－1:001453
尚書論不分卷　(清)朱鳳鳴著　清抄本　三冊

340000－1801－0000603　1:001454－1:001457
尚書因文六卷首一卷末一卷　(清)武士選學　清光緒十八年(1892)關中書院刻本　四冊

340000－1801－0000604　1:001458－1:001459
蔡傳正訛六卷　(清)左眉撰　清同治十三年(1874)桐城方氏鉛印靜庵遺集本　二冊

340000－1801－0000605　1:001460
枕葄齋書經問答八卷附補習科七卷首一卷末一卷　胡嗣運撰　清光緒三十四年(1908)鵬南書屋木活字印本　一冊　缺八卷(補習科七卷、末一卷)

340000－1801－0000606　1:001461
枕葄齋書經問答八卷附補習科七卷首一卷末一卷　胡嗣運撰　清光緒三十四年(1908)鵬南書屋木活字印本　一冊　缺八卷(補習科七卷、末一卷)

340000－1801－0000607　1:001462
枕葄齋書經問答八卷附補習科七卷首一卷末一卷　胡嗣運撰　清光緒三十四年(1908)鵬南書屋木活字印本　一冊　存八卷(補習科七卷、末一卷)

340000－1801－0000608　1:001463－1:001466
尚書故不分卷　(清)吳汝綸著　清慎宜軒抄本　四冊

340000－1801－0000609　1:001467－1:001482
欽定書經圖說五十卷　(清)孫家鼐等纂修　清光緒三十一年(1905)石印本　十六冊

340000－1801－0000610　1:001483－1:001498
欽定書經圖說五十卷　(清)孫家鼐等纂修　清光緒三十一年(1905)石印本　十六冊

340000－1801－0000611　1:001499－1:001516
尚書集注述疏三十二卷首一卷末二卷　簡朝亮述　**讀書堂答問一卷**　(清)張子沂編　清光緒三十三年(1907)廣州讀書堂刻本　十八冊

340000－1801－0000612　1:001517－1:001529
尚書集註述疏三十二卷首一卷末二卷　簡朝亮述　**讀書堂答問一卷**　(清)張子沂編　清光緒刻本　十三冊　存二十七卷(尚書集註述疏一至二十六、首一卷)

340000－1801－0000613　1:001530
尚書大傳四卷考異一卷補遺一卷續補遺一卷　(漢)伏勝撰　(漢)鄭玄注　王闓運補注　清光緒刻本　一冊

340000－1801－0000614　1:001533－1:001534
書經四卷末一卷　(清)任啟運注　清光緒十二年(1886)荊溪任氏刻本　二冊

340000－1801－0000615　1:001535
尚書注疏二十卷　(漢)孔安國傳　(唐)孔穎達疏　(唐)陸德明音義　明刻本　一冊　存二卷(五至六)

340000－1801－0000616　1:001536

禹貢不分卷　(□)□□撰　清抄本　一册

340000－1801－0000617　1：001537－1：001540
禹貢會箋十二卷山水總目一卷圖一卷　(清)徐文靖箋　(清)趙弅訂　清同治十三年(1874)慈谿何氏刻本　四册

340000－1801－0000618　1：001541－1：001542
禹貢說録二卷　(清)江鎮著　清抄本　二册

340000－1801－0000619　1：001543
禹貢一卷　(□)□□撰　清刻本　一册

340000－1801－0000620　1：001544
禹貢一卷　(□)□□撰　清刻本　一册

340000－1801－0000621　1：001545
禹貢指南二卷　(清)王紹鯤編輯　清道光二十八年(1848)刻本　一册

340000－1801－0000622　1：001546
禹貢輯注一卷　(清)余宗英輯　清一經堂刻本　一册

340000－1801－0000623　1：001547
禹貢便讀二卷　(清)吳墀彙注　清光緒三年(1877)刻本　一册

340000－1801－0000624　1：001548
增訂夏書禹貢註讀一卷　(清)徐鹿苹輯　清光緒四年(1878)上洋集成堂刻本　一册

340000－1801－0000625　1：001549
禹貢便讀二卷　(清)吳墀注　清道光七年(1827)刻本　一册

340000－1801－0000626　1：001550－1：001551
禹貢註節讀一卷禹貢圖說一卷　(清)馬俊良輯　清乾隆端溪書院刻本　二册

340000－1801－0000627　1：001552
禹貢注節讀一卷　(清)馬俊良輯　清乾隆端溪書院刻本　一册

340000－1801－0000628　1：001553－1：001557
禹貢新書不分卷　(清)趙佃著　清抄本　五册

340000－1801－0000629　1：001558
禹貢彙詮一卷　(清)沈練纂　清抄本　一册

340000－1801－0000630　1：001559
禹貢因一卷　(清)沈練集注　清光緒十八年(1892)溧陽沈氏歸安縣署刻本　一册

340000－1801－0000631　1：001560
禹貢因一卷　(清)沈練集注　清光緒十八年(1892)溧陽沈劍芙刻本　一册

340000－1801－0000632　1：001561
禹貢川澤考二卷　(清)桂文燦撰　清光緒十二年(1886)廣州利華印務局鉛印本　一册

340000－1801－0000633　1：001568
書序一卷　(□)□□撰　清小萬卷齋抄本　一册

340000－1801－0000634　1：001569
詩八卷　(□)□□撰　清抄本　一册

340000－1801－0000635　1：001570
詩經□□卷　(□)□□撰　清江南製造總局刻本　一册

340000－1801－0000636　1：001571－1：001572
詩經二十卷　(漢)毛亨傳　(漢)鄭玄箋　(明)金蟠訂　**詩譜一卷**　(漢)鄭玄撰　清永懷堂刻本　二册

340000－1801－0000637　1：001573－1：001578
毛詩二十卷附考證　(漢)毛亨傳　(漢)鄭玄箋　(唐)陸德明音義　清光緒二年(1876)江南書局刻仿宋相臺五經附考證本　六册

340000－1801－0000638　1：001579－1：001584
毛詩二十卷附考證　(漢)毛亨傳　(漢)鄭玄箋　(唐)陸德明音義　清光緒二年(1876)江南書局刻仿宋相臺五經附考證本　六册

340000－1801－0000639　1：001597－1：001600
毛詩傳箋三十卷　(漢)毛亨傳　(漢)鄭玄箋　**鄭氏詩譜一卷**　(漢)鄭玄撰　清嘉慶二十一年(1816)木瀆周氏枕經樓刻本　四册

340000－1801－0000640　1：001601－1：001603
毛鄭詩三十卷　(漢)毛亨傳　(漢)鄭玄箋　**詩譜一卷**　(漢)鄭玄撰　清嘉慶二十一年

(1816)木瀆周氏枕經樓刻本　三册

340000－1801－0000641　1:001604－1:001607
毛詩傳箋三十卷　(漢)毛亨傳　(漢)鄭玄箋　**鄭氏詩譜一卷**　(漢)鄭玄撰　清道光七年(1827)立本齋刻本　四册

340000－1801－0000642　1:001608－1:001627
附釋音毛詩注疏二十卷　(漢)毛亨傳　(漢)鄭玄箋　(唐)陸德明音義　(唐)孔穎達疏　**校勘記二十卷**　(清)阮元撰　(清)盧宣旬摘錄　清嘉慶二十年(1815)南昌府學刻重刊宋本十三經註疏附校勘記本　二十册

340000－1801－0000643　1:001628－1:001645
毛詩注疏三十卷附考證　(漢)毛亨傳　(漢)鄭玄箋　(唐)陸德明音義　(唐)孔穎達疏　清同治十年(1871)廣東書局刻十三經注疏本　十八册

340000－1801－0000644　1:001652－1:001654
詩經八卷　(宋)朱熹集傳　清嘉慶三年(1798)刻本　三册

340000－1801－0000645　1:001655－1:001658
詩經八卷　(宋)朱熹集傳　清刻本　四册

340000－1801－0000646　1:001659－1:001662
詩經八卷圖考一卷　(宋)朱熹集傳　清道光四年(1824)崇讓堂刻本　四册

340000－1801－0000647　1:001663－1:001666
詩經八卷　(宋)朱熹集傳　**詩序辨說一卷**　(宋)朱熹撰　清同治五年(1866)金陵書局刻十三經讀本本　五册

340000－1801－0000648　1:001667－1:001670
詩經八卷　(宋)朱熹集傳　**詩序辨說一卷**　(宋)朱熹撰　清同治五年(1866)金陵書局刻十三經讀本本　五册

340000－1801－0000649　1:001671－1:001674
詩經八卷　(宋)朱熹集傳　**詩序辨說一卷**　(宋)朱熹撰　清同治五年(1866)金陵書局刻十三經讀本本　五册

340000－1801－0000650　1:001675－1:001678
詩經八卷　(宋)朱熹集傳　**詩序辨說一卷**　(宋)朱熹撰　清同治五年(1866)金陵書局刻十三經讀本本　五册

340000－1801－0000651　1:001679－1:001683
詩經八卷　(宋)朱熹集傳　**詩序辨說一卷**　(宋)朱熹撰　清同治五年(1866)金陵書局刻十三經讀本本　五册

340000－1801－0000652　1:001684－1:001688
詩經八卷　(宋)朱熹集傳　**詩序辨說一卷**　(宋)朱熹撰　清同治五年(1866)金陵書局刻十三經讀本本　五册

340000－1801－0000653　1:001689－1:001692
詩經八卷　(宋)朱熹集傳　清同治七年(1868)楚北崇文書局刻本　四册

340000－1801－0000654　1:001693－1:001696
詩經八卷　(宋)朱熹集傳　清同治十一年(1872)山東書局刻本　四册

340000－1801－0000655　1:001697－1:001700
詩經八卷　(宋)朱熹集傳　清光緒元年(1875)湖北崇文書局刻本　四册

340000－1801－0000656　1:001701－1:001704
詩經八卷　(宋)朱熹集傳　清光緒三年(1877)永康胡氏退補齋刻本　四册

340000－1801－0000657　1:001705－1:001708
詩經八卷　(宋)朱熹集傳　清光緒三年(1877)永康胡氏退補齋刻本　四册

340000－1801－0000658　1:001709－1:001714
詩經八卷　清光緒五年(1879)雲南書局刻本　六册

340000－1801－0000659　1:001715－1:001720
詩八卷　(宋)朱熹集傳　清光緒十年(1884)刻本　六册

340000－1801－0000660　1:001721－1:001724
詩經八卷　(宋)朱熹集傳　清光緒十一年(1885)刻本　四册

340000－1801－0000661　1:001725－1:001728
詩經八卷　(宋)朱熹集傳　清光緒十一年

(1885)刻本　四册

340000－1801－0000662　1:001729－1:001732
詩經八卷　(宋)朱熹集傳　清光緒十一年(1885)刻本　四册

340000－1801－0000663　1:001733－1:001736
詩經八卷　清光緒十六年(1890)蘭州刻本　四册

340000－1801－0000664　1:001737－1:001741
詩經八卷　(宋)朱熹集傳　清光緒二十二年(1896)金陵書局刻本　五册

340000－1801－0000665　1:001742－1:001746
詩經八卷　(宋)朱熹集傳　清光緒二十二年(1896)金陵書局刻本　五册

340000－1801－0000666　1:001747－1:001750
詩經八卷　(宋)朱熹集傳　清光緒二十二年(1896)金陵書局刻本　四册

340000－1801－0000667　1:001751－1:001754
詩經八卷　(宋)朱熹集傳　清光緒二十一年(1895)湖北官書處刻本　四册

340000－1801－0000668　1:001755－1:001758
詩八卷　(宋)朱熹集傳　清光緒三十四年(1908)書業德刻本　四册

340000－1801－0000669　1:001759－1:001762
詩八卷　(宋)朱熹集傳　清延古樓刻本　四册

340000－1801－0000670　1:001763－1:001764
詩經八卷　(宋)朱熹集傳　清康熙八年(1669)紫陽朱氏崇道堂刻五經本(卷八末葉爲後抄補)　二册

340000－1801－0000671　1:001765－1:001768
詩八卷　(宋)朱熹集傳　清兩儀堂刻本　四册

340000－1801－0000672　1:001773－1:001778
詩八卷　(宋)朱熹集傳　清末李光明莊刻本　六册

340000－1801－0000673　1:001779－1:001784
詩八卷　(宋)朱熹集傳　清末李光明莊刻本　六册

340000－1801－0000674　1:001785－1:001790
詩八卷　(宋)朱熹集傳　清末李光明莊刻本　六册

340000－1801－0000675　1:001791－1:001794
詩八卷　(宋)朱熹集傳　清刻本　四册

340000－1801－0000676　1:001795
絜齋毛詩經筵講義四卷　(宋)袁燮撰　清乾隆木活字印武英殿聚珍版書本　一册

340000－1801－0000677　1:001796
絜齋毛詩經筵講義四卷　(宋)袁燮撰　清刻本　一册

340000－1801－0000678　1:001797－1:001800
詩經八卷　(宋)朱熹集傳　清刻本　四册

340000－1801－0000679　1:001801－1:001804
詩八卷　(宋)朱熹集傳　清刻本　四册

340000－1801－0000680　1:001805－1:001808
詩經八卷　(宋)朱熹集傳　清宣統三年(1911)上海掃葉山房石印本　四册

340000－1801－0000681　1:001809
詩經小學四卷　(清)段玉裁撰　清嘉慶二年(1797)武進臧氏同述觀刻拜經堂叢書本　一册

340000－1801－0000682　1:001814－1:001817
詩八卷　(宋)朱熹集傳　清刻本　四册

340000－1801－0000683　1:001818－1:001821
詩八卷　(宋)朱熹集傳　清舊學山房刻本　四册

340000－1801－0000684　1:001822－1:001837
詩緝三十六卷　(宋)嚴粲述　清嘉慶十五年(1810)刻本　十六册

340000－1801－0000685　1:001839－1:001841
詩攷一卷詩地理攷六卷　(宋)王應麟撰　清光緒十年(1884)成都志古堂刻玉海本　三册

340000－1801－0000686　1:001842

詩地理攷六卷　(宋)王應麟撰　清光緒九年(1883)浙江書局刻玉海本　一册

340000－1801－0000687　1:001843－1:001853
毛詩要義二十卷　(宋)魏了翁撰　清刻本　十一册　缺一卷(二十)

340000－1801－0000688　1:001854－1:001863
黄太史參補古今大方詩經大全十五卷圖一卷綱領一卷　(明)葉向高編纂　(明)張以誠校正　清康熙五十六年(1717)刻本　十册

340000－1801－0000689　1:001864－1:001866
詩所八卷　(清)李光地注　清雍正六年(1728)刻本　三册

340000－1801－0000690　1:001867－1:001884
詩經世本古義二十八卷首一卷末一卷　(明)何楷學　清嘉慶二十四年(1819)溪邑謝氏文林堂刻本　十八册

340000－1801－0000691　1:001885－1:001900
詩經世本古義二十八卷首一卷末一卷　(明)何楷撰　清光緒十九年(1893)上海鴻寶齋石印本　十六册

340000－1801－0000692　1:001901－1:001916
欽定詩經傳説彙纂二十一卷首二卷詩序二卷　(清)王鴻緒等撰　清同治七年(1868)浙江書局刻御纂七經本　十六册

340000－1801－0000693　1:001917－1:001932
欽定詩經傳説彙纂二十一卷首二卷詩序二卷　(清)王鴻緒等撰　清同治七年(1868)浙江書局刻御纂七經本　十六册

340000－1801－0000694　1:001933－1:001942
欽定詩經傳説彙纂二十一卷首二卷詩序二卷　(清)王鴻緒等撰　清刻本　十册　缺四卷(七至八、二十至二十一)

340000－1801－0000695　1:001943－1:001957
欽定詩經傳説彙纂二十一卷首二卷詩序二卷　(清)王鴻緒等撰　清同治七年(1868)浙江書局刻御纂七經本　十五册　缺二卷(首二卷)

340000－1801－0000696　1:001958－1:001964
逸齋詩補傳三十卷篇目一卷　(宋)范處義撰　清同治十二年(1873)粵東書局刻通志堂經解本　七册

340000－1801－0000697　1:001965－1:001968
詩學女為二十六卷　(清)汪梧鳳著　清乾隆歙縣汪氏不踈園刻本　四册

340000－1801－0000698　1:001969－1:001972
詩學女為二十六卷　(清)汪梧鳳著　清乾隆歙縣汪氏不踈園刻本　四册

340000－1801－0000699　1:001973－1:001984
御纂詩義折中二十卷　(清)傅恒等纂　清光緒十二年(1886)涇陽姚光昭刻本　十二册

340000－1801－0000700　1:001985－1:001990
御纂詩義折中二十卷　(清)傅恒等纂　清光緒長蘆鹽運使司刻本　六册

340000－1801－0000701　1:001991－1:001996
御纂詩義折中二十卷　(清)傅恒等纂　清光緒長蘆鹽運使司刻本　六册

340000－1801－0000702　1:001997－1:002002
御纂詩義折中二十卷　(清)傅恒等纂　清光緒三十四年(1908)有益堂刻本　六册

340000－1801－0000703　1:002003－1:002010
御纂詩義折中二十卷　(清)傅恒等纂　清經綸堂刻本　八册

340000－1801－0000704　1:002011－1:002013
御纂詩義折中二十卷　(清)傅恒等纂　清善成堂刻本　三册

340000－1801－0000705　1:002014－1:002023
御纂詩義折中二十卷　(清)傅恒等纂　清文光堂刻本　十册

340000－1801－0000706　1:002024－1:002031
御纂詩義折中二十卷　(清)傅恒等纂　清光緒三十三年(1907)上海書局石印本　八册

340000－1801－0000707　1:002034－1:002037
御案詩經備旨八卷　(清)鄒聖脉纂輯　清刻本　四册

340000－1801－0000708　1∶002038－1∶002041
御案詩經備旨八卷　(清)鄒聖脉纂輯　清刻本　四册

340000－1801－0000709　1∶002042－1∶002049
毛詩稽古編三十卷　(清)陳啟源撰　清嘉慶十八年(1813)刻本　八册

340000－1801－0000710　1∶002050－1∶002057
毛詩稽古編三十卷　(清)陳啟源撰　**毛詩稽古編附考一卷**　(清)費雲倬輯　清嘉慶十八年(1813)刻本　八册

340000－1801－0000711　1∶002058－1∶002065
毛詩稽古編三十卷　(清)陳啟源撰　**毛詩稽古編附考一卷**　(清)費雲倬輯　清嘉慶十八年(1813)刻本　八册

340000－1801－0000712　1∶002066－1∶002073
毛詩稽古編三十卷　(清)陳啟源撰　**毛詩稽古編附考一卷**　(清)費雲倬輯　清光緒九年(1883)上海同文書局石印本　八册

340000－1801－0000713　1∶002074－1∶002081
毛詩稽古編三十卷　(清)陳啓源撰　**毛詩稽古編附考一卷**　(清)費雲倬輯　清光緒九年(1883)上海同文書局石印本　八册

340000－1801－0000714　1∶002090－1∶002093
朱子詩義補正八卷　(清)方苞著　(清)單作哲編次　清光緒三年(1877)南海馮氏刻本　四册

340000－1801－0000715　1∶002094－1∶002095
朱子詩義補正八卷　(清)方苞著　(清)單作哲編次　清光緒三年(1877)南海馮氏刻本　二册

340000－1801－0000716　1∶002096－1∶002098
毛鄭詩考正四卷首一卷杲溪詩經補注二卷聲類表九卷　(清)戴震撰　清抄本　三册

340000－1801－0000717　1∶002099－1∶002100
鄭氏詩譜攷正一卷　(漢)鄭玄撰　(宋)歐陽修補　(清)丁晏編　清刻本　二册

340000－1801－0000718　1∶002101－1∶002104
三刻黄維章先生詩經鄉嬛體註八卷　(清)黄維章注　(清)范翔重訂　清刻本　四册

340000－1801－0000719　1∶002108－1∶002111
詩經融註大全體要八卷　(清)高朝瓔定　(清)沈世楷輯　清漁古山房刻本　四册

340000－1801－0000720　1∶002112－1∶002115
詩經融註大全體要八卷　(清)高朝瓔定　(清)沈世楷輯　清漁古山房刻本　四册

340000－1801－0000721　1∶002116－1∶002119
詩經融註大全體要八卷　(清)高朝瓔定　(清)沈世楷輯　清漁古山房刻本　四册

340000－1801－0000722　1∶002120－1∶002123
詩經體註大全合參八卷　(清)高朝瓔定　(清)沈世楷輯　清四友堂刻本　四册

340000－1801－0000723　1∶002124－1∶002127
詩經融註大全體要八卷　(清)高朝瓔定　(清)沈世楷輯　清刻本　四册

340000－1801－0000724　1∶002128－1∶002131
遵註義釋詩經離句襯解八卷　(清)朱榛編訂　清道光二十四年(1844)經餘堂刻本　四册

340000－1801－0000725　1∶002132－1∶002137
毛詩故訓傳定本三十卷　(清)段玉裁撰　清嘉慶二十一年(1816)段氏七葉衍羊堂刻本　六册

340000－1801－0000726　1∶002138－1∶002139
詩經精義四卷首一卷末一卷傳序一卷　(清)黄淦纂　清嘉慶七年(1802)刻本　二册

340000－1801－0000727　1∶002140－1∶002142
詩疑筆記七卷　(清)夏味堂學　清嘉慶十九年(1814)梅花書屋刻本　三册

340000－1801－0000728　1∶002143－1∶002150
田間詩學五卷　(清)錢澄之撰　清同治二年(1863)桐城斟雉堂刻桐城錢飲光先生全書本　八册

340000－1801－0000729　1∶002151－1∶002158
詩經廣詁三十卷　(清)徐璈輯錄　清道光十年(1830)刻本　八册

340000－1801－0000730　1：002172－1：002177

詩說考略十二卷　(清)成僎著　清道光十年(1830)王氏信芳閣木活字印本　六册

340000－1801－0000731　1：002178－1：002197

毛詩後箋三十卷　(清)胡承珙撰　(清)陳奐補　清道光十七年(1837)刻求是堂全集本　二十册

340000－1801－0000732　1：002198－1：002217

毛詩後箋三十卷　(清)胡承珙撰　(清)陳奐補　清光緒七年(1881)蛟川猗園方氏刻本　二十册

340000－1801－0000733　1：002218－1：002221

毛詩吻訂十卷說文建首自讀一卷　(清)苗夔撰　清咸豐元年(1851)刻本　四册

340000－1801－0000734　1：002222－1：002227

毛詩禮徵十卷　(清)包世榮述　清道光七年(1827)刻本　六册

340000－1801－0000735　1：002228－1：002233

毛詩禮徵十卷　(清)包世榮述　清道光七年(1827)刻本　六册

340000－1801－0000736　1：002234－1：002239

毛詩禮徵十卷　(清)包世榮述　清道光八年(1828)刻本　六册

340000－1801－0000737　1：002240－1：002241

毛詩補禮六卷　(清)朱濂學　清道光十九年(1839)刻光緒三年(1877)補刻本　二册

340000－1801－0000738　1：002242－1：002243

毛詩補禮六卷　(清)朱濂學　清道光十九年(1839)刻光緒三年(1877)補刻本　二册

340000－1801－0000739　1：002244－1：002255

詩毛氏傳疏三十卷釋毛詩音四卷毛詩傳義類一卷　(清)陳奐著　清光緒十年(1884)刻本　十二册

340000－1801－0000740　1：002256－1：002264

詩古微上編三卷中編十卷下編二卷首一卷　(清)魏源撰　清光緒十三年(1887)梁谿浦氏刻本　九册

340000－1801－0000741　1：002265－1：002276

詩小學三十卷補一卷　(清)吳樹聲學　清同治七年(1868)刻本　十二册

340000－1801－0000742　1：002277－1：002278

詩經韻讀四卷　(清)江有誥著　清嘉慶十九年(1814)刻江氏音學十書本　二册

340000－1801－0000743　1：002279

讀詩一得不分卷　(清)吳棠撰　清同治三年(1864)刻本　一册

340000－1801－0000744　1：002285

毛詩蒙求彙璞二卷　(清)薛韜光述　清刻本　一册

340000－1801－0000745　1：002286－1：002289

讀詩日錄十三卷　(清)劉士毅撰　清光緒六年(1880)刻本　四册

340000－1801－0000746　1：002290－1：002291

讀詩日錄十三卷　(清)劉士毅撰　清光緒六年(1880)刻本　二册

340000－1801－0000747　1：002292－1：002297

毛詩復古錄十二卷首一卷　(清)吳懋清著　清光緒二十年(1894)廣州學使者署刻本　六册

340000－1801－0000748　1：002298－1：002299

詩誦五卷　(清)陳僅著　清光緒十一年(1885)四明陳氏文則樓木活字印陳餘山先生所箸書本　二册

340000－1801－0000749　1：002300

參校詩傳說存二卷　(清)葛士清等輯　清光緒十五年(1889)守經堂刻本　一册

340000－1801－0000750　1：002301

詩本誼一卷　(清)龔橙著　清光緒十五年(1889)仁和譚氏刻半厂叢書初編本　一册

340000－1801－0000751　1：002318－1：002319

枕葄齋詩經問答十四卷末一卷　胡嗣運著　清光緒三十四年(1908)鵬南書屋木活字印本　二册

340000－1801－0000752　1：002320－1：002321

枕葄齋詩經問答十四卷末一卷　胡嗣運著　清光緒三十四年(1908)鵬南書屋木活字印本　二冊

340000－1801－0000753　1：002322－1：002325
嚴氏詩緝補義八卷　(清)劉燦輯　清嘉慶十六年(1811)刻本　四冊

340000－1801－0000754　1：002326－1：002329
嚴氏詩緝補義八卷　(清)劉燦輯　清嘉慶十六年(1811)刻本　四冊

340000－1801－0000755　1：002330－1：002337
嚴氏詩緝補義八卷　(清)劉燦輯　清嘉慶十六年(1811)刻本　八冊

340000－1801－0000756　1：002342－1：002353
詩經補箋二十卷　(漢)鄭玄箋　王闓運補箋　清光緒三十二年(1906)東州刻湘綺樓全書本　十二冊

340000－1801－0000757　1：002361－1：002364
詩經旁訓四卷　(□)□□撰　清李光明莊刻本　四冊

340000－1801－0000758　1：002365－1：002366
詩經增訂旁訓四卷　(□)□□撰　清匠門書屋刻本　二冊

340000－1801－0000759　1：002367
詩序辨說不分卷　(宋)朱熹撰　清刻本　一冊

340000－1801－0000760　1：002368
詩序辨說不分卷　(宋)朱熹撰　清刻本　一冊

340000－1801－0000761　1：002369
詩序辨說不分卷　(宋)朱熹撰　清刻本　一冊

340000－1801－0000762　1：002371
三頌備說不分卷　(清)張承華編　清同治六年(1867)刻本　一冊

340000－1801－0000763　1：002372
三頌備說不分卷　(清)張承華編　清同治刻本　一冊

340000－1801－0000764　1：002373
三頌備說不分卷　(清)張承華編　清同治刻本　一冊

340000－1801－0000765　1：002374
毛詩音義三卷　(唐)陸德明撰　清嘉慶二十一年(1816)木瀆周氏刻本　一冊

340000－1801－0000766　1：002375－1：002379
毛詩古音攷五卷　(明)陳第編輯　(明)焦竑訂正　**屈宋古音義三卷**　(明)陳第著　(明)焦竑閲　清光緒六年(1880)武昌張氏刻本　五冊　缺一卷(毛詩古音攷四)

340000－1801－0000767　1：002380－1：002381
毛詩古音參義五卷首一卷　(清)潘相著　清嘉慶五年(1800)撝謙堂刻本　二冊

340000－1801－0000768　1：002382－1：002385
毛詩古音參義五卷首一卷　(清)潘相著　清嘉慶五年(1800)撝謙堂刻本　四冊

340000－1801－0000769　1：002386－1：002389
毛詩證讀五卷讀詩或問一卷　(清)戚學標著　清嘉慶十年(1805)涉縣署刻戚鶴泉所著書本　四冊

340000－1801－0000770　1：002394
詩雙聲疊韻譜一卷　(清)鄧廷楨著　清道光刻本　一冊

340000－1801－0000771　1：002395
讀詩考字二卷補編一卷　(清)程大鏞纂　清道光二十五年(1845)刻本　一冊

340000－1801－0000772　1：002396－1：002403
學詩堂經解二十卷　(清)李宗棠纂輯　清宣統三年(1911)鉛印本　八冊

340000－1801－0000773　1：002404－1：002411
學詩堂經解二十卷　(清)李宗棠纂輯　清宣統三年(1911)鉛印本　八冊

340000－1801－0000774　1：002412
毛詩品物圖考七卷　(日本)岡元鳳纂輯　清宣統二年(1910)掃葉山房石印本　一冊

340000－1801－0000775　1：002413－1：002414

毛詩品物圖考七卷 （日本）岡元鳳纂輯 清宣統二年(1910)掃葉山房石印本 二冊

340000－1801－0000776 1:002415－1:002416
毛詩名物圖說九卷 （清）徐鼎輯 清乾隆三十六年(1771)刻本 二冊

340000－1801－0000777 1:002426－1:002427
詩外傳十卷 （漢）韓嬰著 清乾隆刻本 二冊

340000－1801－0000778 1:002428－1:002431
韓詩外傳十卷 （漢）韓嬰著 （清）周廷寀校注 **韓詩外傳校注拾遺一卷** （清）周宗杬撰 **韓詩外傳補逸一卷** （清）趙懷玉輯 清光緒元年(1875)望三益齋刻本 四冊

340000 1801－0000779 1:002432－1:002433
韓詩外傳十卷 （漢）韓嬰著 （清）周廷寀校注 **韓詩外傳補逸一卷** （清）趙懷玉輯 **韓詩外傳校注拾遺一卷** （清）周宗杬撰 清光緒元年(1875)望三益齋刻本 二冊

340000－1801－0000780 1:002434－1:002435
韓詩外傳十卷 （漢）韓嬰著 （清）周廷寀校注 **韓詩外傳校注拾遺一卷** （清）周宗杬撰 **韓詩外傳補逸一卷** （清）趙懷玉輯 清光緒元年(1875)望三益齋刻本 二冊

340000－1801－0000781 1:002436－1:002437
韓詩外傳十卷 （漢）韓嬰著 清光緒三年(1877)崇文書局刻本 二冊

340000－1801－0000782 1:002438－1:002439
韓詩外傳十卷 （漢）韓嬰著 清光緒三年(1877)崇文書局刻本 二冊

340000－1801－0000783 1:002440－1:002441
韓詩外傳十卷 （漢）韓嬰著 清刻本 二冊

340000－1801－0000784 1:002442－1:002443
韓詩外傳十卷 （漢）韓嬰著 清刻本 二冊

340000－1801－0000785 1:002444－1:002445
詩外傳十卷 （漢）韓嬰著 清乾隆刻本 二冊

340000－1801－0000786 1:002462－1:002473
齊魯韓三家詩釋十四卷附三家詩原流一卷三家詩疑一卷 （清）朱士端著 清抄本 十二冊

340000－1801－0000787 1:002474－1:002475
三家詩拾遺十卷 （清）范家相輯 清嘉慶十五年(1810)刻本 二冊

340000－1801－0000788 1:002476－1:002481
詩經四家異文考五卷今文尚書敘錄一卷 （清）陳喬樅學 清道光二十三年(1843)刻本 六冊

340000－1801－0000789 1:002482－1:002486
詩經八卷 （宋）朱熹集傳 **詩序辨說一卷** （宋）朱熹撰 清同治五年(1866)金陵書局刻十三經讀本本 五冊

340000－1801－0000790 1:002487－1:002488
周官不分卷 （□）□□撰 清抄本 二冊

340000－1801－0000791 1:002489－1:002494
周禮六卷 （漢）鄭玄注 （唐）陸德明音義 清嘉慶十一年(1806)清芬閣刻本 六冊

340000－1801－0000792 1:002495－1:002500
周禮六卷 （漢）鄭玄注 （唐）陸德明音義 清嘉慶十一年(1806)清芬閣刻本 六冊

340000－1801－0000793 1:002501－1:002506
周禮六卷 （漢）鄭玄注 （唐）陸德明音義 清嘉慶十一年(1806)清芬閣刻本 六冊

340000－1801－0000794 1:002507－1:002512
周禮六卷 （漢）鄭玄注 （唐）陸德明音義 清嘉慶十一年(1806)清芬閣刻本 六冊

340000－1801－0000795 1:002513－1:002518
周禮六卷 （漢）鄭玄注 （唐）陸德明音義 清同治十一年(1872)山東書局刻本 六冊

340000－1801－0000796 1:002519－1:002524
周禮鄭注六卷 （漢）鄭玄注 （唐）陸德明音義 清光緒二十三年(1897)經綸元記刻本 六冊

340000－1801－0000797 1:002525－1:002530
周禮六卷 （漢）鄭玄注 （唐）陸德明音義

清光緒二十九年(1903)新化三味堂刻本　六冊

340000－1801－0000798　1:002531－1:002536
周禮十二卷　(漢)鄭玄注　(唐)陸德明音義　清同治七年(1868)湖北崇文書局刻本　六冊

340000－1801－0000799　1:002537－1:002542
周禮十二卷　(漢)鄭玄注　清光緒九年(1883)刻本　六冊

340000－1801－0000800　1:002543－1:002548
周禮六卷　(漢)鄭玄注　(唐)陸德明音義　清光緒二十年(1894)金陵書局刻本　六冊

340000－1801－0000801　1:002549－1:002554
周禮六卷　(漢)鄭玄注　(唐)陸德明音義　清光緒二十年(1894)金陵書局刻本　六冊

340000－1801－0000802　1:002555－1:002560
周禮六卷　(漢)鄭玄注　(唐)陸德明音義　清光緒二十年(1894)金陵書局刻本　六冊

340000－1801－0000803　1:002561－1:002566
周禮六卷　(漢)鄭玄注　(唐)陸德明音義　清李光明莊刻本　六冊

340000－1801－0000804　1:002567－1:002572
周禮十二卷　(漢)鄭玄注　(唐)陸德明音義　清光緒三年(1877)永康胡氏退補齋刻本　六冊

340000－1801－0000805　1:002573－1:002578
周禮十二卷　(漢)鄭玄注　(唐)陸德明音義　清光緒三年(1877)永康胡氏退補齋刻本　六冊

340000－1801－0000806　1:002579－1:002584
周禮十二卷　(漢)鄭玄注　(唐)陸德明音義　清光緒十二年(1886)湖北官書處刻本　六冊

340000－1801－0000807　1:002585－1:002590
周禮十二卷　(漢)鄭玄注　(唐)陸德明音義　清光緒十二年(1886)湖北官書處刻本　六冊

340000－1801－0000808　1:002591－1:002596
周禮十二卷　(漢)鄭玄注　(唐)陸德明音義　清光緒十二年(1886)湖北官書處刻本　六冊

340000－1801－0000809　1:002597－1:002608
附釋音周禮註疏四十二卷　(漢)鄭玄注　(唐)陸德明音義　(唐)賈公彥疏　**周禮註疏校勘記四十二卷**　(清)阮元撰　(清)盧宣旬摘錄　清嘉慶二十年(1815)江西南昌府學刻重刊宋本十三經註疏附校勘記本　十二冊

340000－1801－0000810　1:002609－1:002626
附釋音周禮註疏四十二卷　(漢)鄭玄注　(唐)陸德明釋　(唐)賈公彥撰　(清)盧宣旬校定　**周禮註疏校勘記四十二卷**　(清)阮元撰　(清)盧宣旬摘錄　清嘉慶二十年(1815)江西南昌府學刻重刊宋本十三經註疏附校勘記本　十八冊

340000－1801－0000811　1:002627
周禮註疏四十二卷　(漢)鄭玄注　(唐)陸德明釋　(唐)賈公彥疏　明嘉靖刻十三經註疏本　一冊　存三卷(一至三)

340000－1801－0000812　1:002628
周禮註疏四十二卷　(漢)鄭玄注　(唐)賈公彥疏　(明)聞人詮校正　明嘉靖應檟刻本　一冊　存三卷(三十三至三十五)

340000－1801－0000813　1:002629－1:002646
周禮註疏四十二卷附考證　(漢)鄭玄注　(唐)陸德明音義　(唐)賈公彥疏　清同治十年(1871)廣東書局刻十三經註疏附考證本　十八冊

340000－1801－0000814　1:002654－1:002657
宋葉文康公禮經會元節本四卷　(宋)葉時著　(清)陸隴其點定　(清)許元淮節本　清光緒十一年(1885)掄元堂刻本　四冊

340000－1801－0000815　1:002658－1:002661
宋葉文康公禮經會元四卷　(宋)葉時著　(清)許元淮輯　(清)陸隴其點定　清刻本　四冊

340000－1801－0000816　1:002662－1:002665
宋葉文康公禮經會元四卷　(宋)葉時著　(清)陸隴其點定　(清)許元淮輯　清道光二十年(1840)刻本　四册

340000－1801－0000817　1:002666－1:002669
宋葉文康公禮經會元四卷　(宋)葉時著　(清)陸隴其點定　(清)許元淮輯　(清)黄瑞校讎　清刻本　四册

340000－1801－0000818　1:002670－1:002671
周禮折衷四卷師友雅言一卷　(宋)魏了翁著　清望三益齋刻本　二册

340000－1801－0000819　1:002672－1:002694
欽定周官義疏四十八卷首一卷　(清)允祿等撰　清同治七年(1868)浙江書局刻御纂七經本　二十三册　缺三卷(三十六至三十八)

340000－1801－0000820　1:002695－1:002726
欽定周官義疏四十八卷首一卷　(清)允祿等撰　清刻御纂七經本　三十二册

340000－1801－0000821　1:002727－1:002752
欽定周官義疏四十八卷首一卷　(清)允祿等撰　清康熙至乾隆間内府刻御纂七經本　二十六册　缺五卷(四十四至四十八)

340000－1801－0000822　1:002753
周禮故書疏證六卷　(清)宋世犖學　清光緒六年(1880)津門徐士鑾補刻確山所著書本　一册

340000－1801－0000823　1:002754－1:002757
禮説十四卷大學説一卷　(清)惠士奇撰　清嘉慶三年(1798)蘭陔書屋刻本　四册

340000－1801－0000824　1:002758－1:002763
禮説十四卷首一卷　(清)惠士奇撰　清紅豆齋刻本　王立中批跋　六册

340000－1801－0000825　1:002764－1:002765
周禮節訓六卷　(清)黄叔琳輯　(清)姚培謙重訂　(清)王永祺參閲　清乾隆四十二年(1777)刻本　二册

340000－1801－0000826　1:002766－1:002767
周禮節訓六卷　(清)黄叔琳輯　(清)姚培謙重訂　(清)王永祺參閲　清光緒十九年(1893)刻本　二册

340000－1801－0000827　1:002768－1:002769
周禮節訓六卷　(清)黄叔琳輯　(清)姚培謙重訂　(清)王永祺參閲　清刻本　二册

340000－1801－0000828　1:002770－1:002775
周官集注十二卷　(清)方苞撰　(清)朱可亭　(清)陳滄州參訂　清康熙五十九年(1720)抗希堂刻本　六册

340000－1801－0000829　1:002776－1:002781
周禮折衷六卷　(漢)鄭玄注　(唐)賈公彦疏　清刻本　六册

340000－1801－0000830　1:002782－1:002783
周禮疑義舉要七卷　(清)江永著　清歙西延古樓刻本　二册

340000－1801－0000831　1:002784－1:002785
周禮疑義舉要七卷　(清)江永著　清歙西延古樓刻本　二册

340000－1801－0000832　1:002786－1:002791
周官精義十二卷　(清)連斗山編　清刻本　六册

340000－1801－0000833　1:002792－1:002797
周官精義十二卷　(清)連斗山編　清乾隆四十一年(1776)金陵李士果刻本　六册

340000－1801－0000834　1:002798－1:002803
周官精義十二卷　(清)連斗山編　清乾隆四十一年(1776)金陵李士果刻本　六册

340000－1801－0000835　1:002804－1:002807
周官精義十二卷　(清)連斗山編　清乾隆四十一年(1776)金陵李士果刻本　四册

340000－1801－0000836　1:002808－1:002809
周官經疏備要六卷首一卷　(清)顧元林輯　清嘉慶十年(1805)刻本　二册

340000－1801－0000837　1:002810－1:002813
周禮集解六卷　(清)黄璟編輯　清嘉慶二十三年(1818)刻本　四册

340000－1801－0000838　1：002814－1：002815
周禮注疏獻疑七卷　（清）許珩著　清嘉慶十六年（1811）刻本　二册

340000－1801－0000839　1：002816－1：002821
周禮精華六卷　（清）陳龍標輯　清嘉慶二十三年（1818）刻本　六册

340000－1801－0000840　1：002822－1：002827
周禮精華六卷　（清）陳龍標輯　清光緒十八年（1892）東昌書業德刻本　六册

340000－1801－0000841　1：002828－1：002833
周禮精華六卷　（清）陳龍標輯　清光緒二十二年（1896）味經堂刻本　六册

340000－1801－0000842　1：002834－1：002835
周禮讀本六卷　（清）周樽輯　清乾隆五十八年（1793）刻本　二册

340000－1801－0000843　1：002836
周官參證二卷夏小正訓解四卷考異一卷通論一卷　（清）王寶仁輯　清刻本　一册

340000－1801－0000844　1：002837－1：002840
周禮補注六卷　（清）吕飛鵬學　清光緒中貴池劉氏刻聚學軒叢書本　四册

340000－1801－0000845　1：002841
周禮政要四卷　（清）孫詒讓著　清光緒二十八年（1902）瑞安普通學堂刻本　一册

340000－1801－0000846　1：002842－1：002845
周禮政要四卷　（清）孫詒讓著　清光緒二十八年（1902）瑞安普通學堂刻本　四册

340000－1801－0000847　1：002846－1：002847
周禮政要二卷　（清）孫詒讓著　清光緒二十九年（1903）上海書局石印本　二册

340000－1801－0000848　1：002848－1：002849
周禮政要二卷　（清）孫詒讓著　清光緒二十九年（1903）上海書局石印本　二册

340000－1801－0000849　1：002850－1：002851
周禮政要二卷　（清）孫詒讓著　清光緒二十八年（1902）浙江瑞安普通學堂刻本　二册

340000－1801－0000850　1：002852－1：002853
周禮政要二卷　（清）孫詒讓著　清光緒二十八年（1902）安慶正誼書局鉛印本　二册

340000－1801－0000851　1：002854－1：002855
舒恬軒周禮讀本六卷　（清）龐佑清訂　清道光二十八年（1848）刻本　二册

340000－1801－0000852　1：002856－1：002857
舒恬軒周禮讀本六卷　（清）龐佑清訂　清光緒十二年（1886）刻本　二册

340000－1801－0000853　1：002858－1：002859
周禮注疏小箋五卷　（清）曾釗撰　清光緒中刻學海堂叢刻本　二册

340000－1801－0000854　1：002860
周禮便讀六卷儀禮便讀一卷　（清）王一清訂　清刻本　一册

340000－1801－0000855　1：002861－1：002862
周禮旁訓六卷　（□）□□撰　清嘉慶五年（1800）埽葉山房刻本　二册

340000－1801－0000856　1：002863－1：002866
周禮節釋十二卷　（清）鮑梁纂集　清兩儀堂刻本　四册

340000－1801－0000857　1：002867－1：002868
考工記圖二卷　（清）戴震著　清聚奎樓刻本　二册

340000－1801－0000858　1：002869
考工記辨證三卷補疏一卷　陳衍著　清光緒至民國間刻石遺室叢書本　一册

340000－1801－0000859　1：002870
輪輿私箋二卷附圖一卷　（清）鄭珍撰　清同治七年（1868）獨山莫氏金陵刻本　一册

340000－1801－0000860　1：002871－1：002872
周禮軍賦説四卷　（清）王鳴盛學　清嘉慶三年（1798）嘉定秦氏汗筠齋刻本　二册

340000－1801－0000861　1：002875－1：002878
儀禮十七卷　（漢）鄭玄注　（唐）陸德明音義　清光緒十二年（1886）刻本　四册

340000－1801－0000862　1：002879－1：002882
儀禮十七卷　(漢)鄭玄注　(唐)陸德明音義　清光緒十二年(1886)刻本　四册

340000－1801－0000863　1：002883－1：002886
儀禮十七卷　(漢)鄭玄注　(唐)陸德明音義　清光緒十二年(1886)刻本　四册

340000－1801－0000864　1：002887－1：002890
儀禮十七卷　(漢)鄭玄注　(唐)陸德明音義　清同治七年(1868)湖北崇文書局刻本　四册

340000－1801－0000865　1：002891－1：002894
儀禮十七卷　(漢)鄭玄注　(唐)陸德明音義　清同治七年(1868)湖北崇文書局刻本　四册

340000－1801－0000866　1：002895－1：002898
儀禮十七卷　(漢)鄭玄注　(唐)陸德明音義　清同治七年(1868)湖北崇文書局刻本　四册

340000－1801－0000867　1：002899－1：002902
儀禮十七卷　(漢)鄭玄注　(唐)陸德明音義　清光緒三年(1877)永康退補齋胡氏刻本　四册

340000－1801－0000868　1：002903－1：002918
儀禮注疏五十卷　(漢)鄭玄注　(唐)陸德明音義　(唐)賈公彦撰　**儀禮注疏校勘記五十卷**　(清)阮元撰　(清)盧宣旬摘錄　清嘉慶二十年(1815)江西南昌府學刻重刊宋本十三經注疏附校勘記本　十六册

340000－1801－0000869　1：002919－1：002930
儀禮注疏五十卷　(漢)鄭玄注　(唐)陸德明音義　(唐)賈公彦撰　**儀禮注疏校勘記五十卷**　(清)阮元撰　(清)盧宣旬摘錄　清嘉慶二十年(1815)江西南昌府學刻重刊宋本十三經注疏附校勘記本　十二册

340000－1801－0000870　1：002931－1：002944
儀禮注疏十七卷附考證　(漢)鄭玄注　(唐)陸德明音義　(唐)賈公彦疏　清同治十年(1871)粤東書局刻十三經注疏附考證本　十四册

340000－1801－0000871　1：002945－1：002948
儀禮疏五十卷　(唐)賈公彦撰　清道光十年(1830)刻本　四册　存四十四卷(一至三十一、三十八至五十)

340000－1801－0000872　1：002949－1：002972
儀禮經傳通解三十七卷　(宋)朱熹撰　**儀禮經傳通解續二十九卷**　(宋)黄幹等撰　清康熙禦兒吕氏寶誥堂刻本　二十四册

340000－1801－0000873　1：002973－1：002987
儀禮經傳通解三十七卷　(宋)朱熹撰　**儀禮經傳通解續二十九卷**　(宋)黄幹等撰　清刻本　十五册　缺一卷(儀禮經傳通解續二十七)

340000－1801－0000874　1：002988－1：002993
儀禮疏五十卷　(唐)賈公彦撰　清道光十年(1830)刻本　六册

340000－1801－0000875　1：002994－1：003003
儀禮集説十七卷　(元)敖繼公撰　清同治十二年(1873)粤東書局刻通志堂經解本　十册

340000－1801－0000876　1：003004
經禮補逸九卷附錄一卷　(元)汪克寬著　清康熙十九年(1680)通志堂刻通志堂經解本　一册

340000－1801－0000877　1：003005
經禮補逸九卷附錄一卷　(元)汪克寬著　清康熙十九年(1680)通志堂刻通志堂經解本　一册

340000－1801－0000878　1：003006－1：003033
欽定儀禮義疏四十八卷首二卷　(清)允祿等撰　清刻御纂七經本　二十八册

340000－1801－0000879　1：003034－1：003061
欽定儀禮義疏四十八卷首二卷　(清)允祿等撰　清康熙至乾隆間内府刻御纂七經本　二十八册

340000－1801－0000880　1：003062－1：003088
欽定儀禮義疏四十八卷首二卷　(清)允祿等

撰　清刻御纂七經本　二十七册　存四十八卷(欽定儀禮義疏四十八卷)

340000－1801－0000881　1:003089－1:003108
儀禮經傳通解三十七卷　(宋)朱熹撰　**儀禮經傳通解續二十九卷**　(宋)黄幹等撰　清刻本　二十册

340000－1801－0000882　1:003109－1:003122
儀禮經傳通解續二十九卷　(宋)黄幹撰　清刻本　十四册

340000－1801－0000883　1:003123－1:003162
欽定儀禮義疏四十八卷首二卷　(清)允祿等撰　清刻御纂七經本　四十册

340000－1801－0000884　1:003163－1:003192
欽定儀禮義疏四十八卷首二卷　(清)允祿等撰　清刻御纂七經本　三十册

340000－1801－0000885　1:003193－1:003232
欽定儀禮義疏四十八卷首二卷　(清)允祿等撰　清刻御纂七經本　四十册

340000－1801－0000886　1:003233
儀禮古今文疏證二卷　(清)宋世犖撰　清光緒四年(1878)津門徐士鑾補刻確山所著書本　一册

340000－1801－0000887　1:003234－1:003237
儀禮十七卷附監本正誤一卷石本誤字一卷　(漢)鄭玄注　(清)張爾岐句讀　清同治七年(1868)金陵書局刻十三經讀本本　四册

340000－1801－0000888　1:003238－1:003241
儀禮十七卷附監本正誤一卷石本誤字一卷　(漢)鄭玄注　(清)張爾岐句讀　清同治七年(1868)金陵書局刻十三經讀本本　四册

340000－1801－0000889　1:003242－1:003245
儀禮十七卷附監本正誤一卷石本誤字一卷　(漢)鄭玄注　(清)張爾岐句讀　清同治七年(1868)金陵書局刻十三經讀本本　四册

340000－1801－0000890　1:003246－1:003249
儀禮鄭注句讀十七卷附監本正誤一卷石本誤字一卷　(漢)鄭玄注　(清)張爾岐句讀　清同治七年(1868)金陵書局刻十三經讀本本　四册

340000－1801－0000891　1:003250－1:003255
儀禮十七卷附監本正誤一卷石本誤字一卷　(漢)鄭玄注　(清)張爾岐句讀　清李光明莊刻本　六册

340000－1801－0000892　1:003256－1:003260
儀禮鄭注句讀十七卷附監本正誤一卷石本誤字一卷　(漢)鄭玄注　(清)張爾岐句讀　清同治十一年(1872)山東書局刻本　五册

340000－1801－0000893　1:003261－1:003284
儀禮經傳註疏參義内編二十三卷外編五卷首一卷　(清)姜兆錫撰　清乾隆元年(1736)寅清樓刻九經補注本　二十四册

340000－1801－0000894　1:003285－1:003294
儀禮經傳註疏參義内編二十三卷外編五卷首一卷　(清)姜兆錫撰　清乾隆元年(1736)寅清樓刻九經補注本　十册

340000－1801－0000895　1:003295
儀禮精義不分卷補編一卷首一卷　(清)黄淦纂　清嘉慶十三年(1808)刻七經精義本　一册

340000－1801－0000896　1:003296－1:003297
儀禮小疏一卷儀禮鄭注監本刊誤一卷尚書小疏一卷春秋左傳小疏一卷　(清)沈彤著　(清)沈廷芳訂　清乾隆中吴江沈氏刻果堂全集本　二册

340000－1801－0000897　1:003298
儀禮約編三卷首一卷　(清)汪基撰　清抄本　一册

340000－1801－0000898　1:003299－1:003301
儀禮圖六卷　(清)張惠言述　清同治九年(1870)楚北崇文書局刻本　三册

340000－1801－0000899　1:003302－1:003304
儀禮圖六卷　(清)張惠言述　清同治九年(1870)楚北崇文書局刻本　三册

340000－1801－0000900　1:003305－1:003307

儀禮圖六卷 (清)張惠言述 清同治九年(1870)楚北崇文書局刻本 三册

340000－1801－0000901 1:003308－1:003309
儀禮易讀十七卷 (清)馬駉輯 清乾隆二十年(1755)悦六齋刻本 二册

340000－1801－0000902 1:003310－1:003311
儀禮易讀十七卷 (清)馬駉輯 清乾隆三十八年(1773)悦六齋刻本 二册

340000－1801－0000903 1:003312
禮經宫室答問二卷 (清)洪頤煊撰 清光緒十年(1884)臨海馬氏刻傳經堂叢書本 一册

340000－1801－0000904 1:003313－1:003316
儀禮古今文疏義十七卷 (清)胡承珙著 清光緒三年(1877)湖北崇文書局刻本 四册

340000－1801－0000905 1:003317－1:003336
儀禮正義四十卷 (漢)鄭玄注 (清)胡培翬學 清蘇州湯晋苑局刻本 二十册

340000－1801－0000906 1:003337－1:003356
儀禮正義四十卷 (漢)鄭玄注 (清)胡培翬學 清同治七年(1868)蘇州湯晋苑局刻本 二十册

340000－1801－0000907 1:003357－1:003372
儀禮正義四十卷 (漢)鄭玄注 (清)胡培翬學 清同治七年(1868)蘇州湯晋苑局刻本 十六册

340000－1801－0000908 1:003373－1:003378
禮經釋例十三卷首一卷 (清)凌廷堪著 清嘉慶十四年(1809)阮元刻文選樓叢書本 六册

340000－1801－0000909 1:003379－1:003386
禮經釋例十三卷首一卷 (清)凌廷堪著 清嘉慶十四年(1809)阮元刻文選樓叢書本 八册

340000－1801－0000910 1:003387
儀禮喪服文足徵記十卷 (清)程瑤田著 清嘉慶中刻通藝錄本 一册

340000－1801－0000911 1:003388－1:003389
儀禮釋官九卷首一卷 (清)胡匡衷著 清嘉慶二十一年(1816)刻本 二册

340000－1801－0000912 1:003390－1:003393
儀禮釋官九卷首一卷 (清)胡匡衷撰 清嘉慶二十一年(1816)刻本 四册

340000－1801－0000913 1:003394－1:003397
儀禮釋官九卷首一卷 (清)胡匡衷著 清同治八年(1869)胡肇智刻本 四册

340000－1801－0000914 1:003398－1:003399
檀氏儀禮韻言塾課藏本二卷首一卷 (清)檀萃纂 清光緒六年(1880)刻本 二册

340000－1801－0000915 1:003400－1:003401
檀氏儀禮韻言塾課藏本二卷首一卷 (清)檀萃纂 清光緒六年(1880)刻本 二册

340000－1801－0000916 1:003402－1:003403
儀禮韻言二卷 (清)檀萃纂 清光緒八年(1882)掃葉山房刻本 二册

340000－1801－0000917 1:003404－1:003405
儀禮韻言二卷 (清)檀萃纂 清光緒十五年(1889)篤學樓刻本 二册

340000－1801－0000918 1:003406－1:003435
朱子儀禮經傳通解六十九卷 (清)梁萬方考訂 (清)梁開宗參訂 清咸豐六年(1856)刻本 三十册

340000－1801－0000919 1:003436－1:003439
儀禮旁訓十七卷 (□)□□撰 清嘉慶五年(1800)掃葉山房刻本 四册

340000－1801－0000920 1:003440－1:003441
儀禮音訓不分卷 (□)□□撰 清刻本 二册

340000－1801－0000921 1:003442－1:003455
儀禮節略十七卷圖三卷 (清)朱軾撰 清光緒二十三年(1897)刻朱文端公藏書本 十四册

340000－1801－0000922 1:003456－1:003463
禮記二十卷 (漢)鄭玄注 **撫本禮記鄭注考異二卷** (清)張敦仁撰 清同治九年(1870)

楚北崇文書局刻本　八冊

340000－1801－0000923　1:003464－1:003471
禮記二十卷　(漢)鄭玄注　**撫本禮記鄭注考異二卷**　(清)張敦仁撰　清同治九年(1870)楚北崇文書局刻本　八冊

340000－1801－0000924　1:003472－1:003497
附釋音禮記注疏六十三卷　(漢)鄭玄注　(唐)陸德明音義　(唐)孔穎達疏　**禮記注疏校勘記六十三卷**　(清)阮元撰　(清)盧宣旬摘錄　清嘉慶二十年(1815)江西南昌府學刻重刊宋本十三經注疏附校勘記本　二十六冊

340000－1801－0000925　1:003498－1:003517
附釋音禮記注疏六十三卷　(漢)鄭玄注　(唐)陸德明音義　(唐)孔穎達疏　**禮記注疏校勘記六十三卷**　(清)阮元撰　(清)盧宣旬摘錄　清嘉慶二十年(1815)江西南昌府學刻重刊宋本十三經註疏附校勘記本　二十冊

340000－1801－0000926　1:003518－1:003544
附釋音禮記注疏六十三卷　(漢)鄭玄注　(唐)陸德明音義　(唐)孔穎達疏　**禮記注疏校勘記六十三卷**　(清)阮元撰　(清)盧宣旬摘錄　清嘉慶二十年(1815)南昌府學刻重刊宋本十三經注疏附校勘記本　二十七冊　缺十二卷(附釋音禮記注疏九至十、二十五至二十八,禮記注疏校勘記九至十、二十五至二十八)

340000－1801－0000927　1:003545－1:003570
禮記注疏六十三卷附考證　(漢)鄭玄注　(唐)陸德明音義　(唐)孔穎達疏　清同治十年(1871)廣東書局刻十三經註疏附考證本　二十六冊

340000－1801－0000928　1:003571
禮記□□卷　(□)□□撰　明刻本　一冊

340000－1801－0000929　1:003572－1:003582
附釋音禮記註疏六十三卷　(唐)孔穎達撰　(唐)陸德明釋文　清乾隆刻本　十一冊　缺五卷(三十五至三十九)

340000－1801－0000930　1:003583－1:003588
禮記十卷　(宋)朱熹章句　(清)任啟運附注　清乾隆三十八年(1773)刻本　六冊

340000－1801－0000931　1:003589－1:003596
黃氏讀禮記日抄十六卷　(宋)黃震著　清光緒三十四年(1908)問經精舍刻本　八冊

340000－1801－0000932　1:003597－1:003611
禮記纂言三十六卷　(元)吳澄撰　清光緒二十三年(1897)刻本　十五冊

340000－1801－0000933　1:003612－1:003625
禮記纂言三十六卷　(元)吳澄纂　清光緒二十三年(1897)朱衡等刻朱文端公藏書本　十四冊

340000－1801－0000934　1:003626－1:003639
禮記纂言三十六卷　(元)吳澄纂　清光緒二十三年(1897)朱衡等刻朱文端公藏書本　十四冊

340000－1801－0000935　1:003640－1:003654
禮記纂言三十六卷　(清)朱軾重校　清光緒二十三年(1897)朱衡等刻朱文端公藏書本　十五冊　缺二卷(三十五至三十六)

340000－1801－0000936　1:003655－1:003664
禮記十卷　(元)陳澔集說　清同治三年(1864)浙江撫署刻本　十冊

340000－1801－0000937　1:003665－1:003674
禮記十卷　(元)陳澔集說　清同治五年(1866)金陵書局刻十三經讀本本　十冊

340000－1801－0000938　1:003675－1:003684
禮記十卷　(元)陳澔集說　清同治五年(1866)金陵書局刻十三經讀本本　十冊

340000－1801－0000939　1:003685－1:003694
禮記十卷　(元)陳澔集說　清同治五年(1866)金陵書局刻十三經讀本本　十冊

340000－1801－0000940　1:003695－1:003704
禮記十卷　(元)陳澔集說　清同治五年(1866)金陵書局刻十三經讀本本　十冊

340000－1801－0000941　1:003705－1:003714
禮記十卷　(元)陳澔集說　清同治五年

(1866)金陵書局刻十三經讀本本　十冊

340000－1801－0000942　1:003715－1:003724
禮記十卷　(元)陳澔集說　清同治七年(1868)楚北崇文書局刻本　十冊

340000－1801－0000943　1:003725－1:003734
禮記十卷　(元)陳澔集說　清同治七年(1868)楚北崇文書局刻本　十冊

340000－1801－0000944　1:003735－1:003744
禮記十卷　(元)陳澔集說　清同治七年(1868)楚北崇文書局刻本　十冊

340000－1801－0000945　1:003745－1:003754
禮記十卷　(元)陳澔集說　清同治十三年(1874)湖南書局刻本　十冊

340000－1801－0000946　1:003755－1:003764
禮記十卷　(元)陳澔集說　清同治十一年(1872)湖南省尊經閣刻本　十冊

340000－1801－0000947　1:003765－1:003774
禮記十卷　(元)陳澔集說　清同治十三年(1874)江西書局刻本　十冊

340000－1801－0000948　1:003775－1:003784
禮記十卷　(元)陳澔集說　清同治十三年(1874)江西書局刻本　十冊

340000－1801－0000949　1:003785－1:003794
禮記十卷　(元)陳澔集說　清光緒三年(1877)永康胡氏退補齋刻本　十冊

340000－1801－0000950　1:003795－1:003804
禮記十卷　(元)陳澔集說　清光緒十二年(1886)湖北官書處刻本　十冊

340000－1801－0000951　1:003805－1:003814
禮記十卷　(元)陳澔集說　清光緒十二年(1886)湖北官書處刻本　十冊

340000－1801－0000952　1:003815－1:003824
禮記十卷　(元)陳澔集說　清光緒十六年(1890)蘭州刻本　十冊

340000－1801－0000953　1:003825－1:003834
禮記十卷　(元)陳澔集說　清光緒十八年(1892)寶善堂刻本　十冊

340000－1801－0000954　1:003835－1:003844
禮記十卷　(元)陳澔集說　清光緒十九年(1893)江南書局刻本　十冊

340000－1801－0000955　1:003845－1:003854
禮記十卷　(元)陳澔集說　清光緒十九年(1893)江南書局刻本　十冊

340000－1801－0000956　1:003855－1:003864
禮記十卷　(元)陳澔集說　清光緒十九年(1893)江南書局刻本　十冊

340000－1801－0000957　1:003865－1:003874
禮記十卷　(元)陳澔集說　清光緒二十二年(1896)新化三味堂刻本　十冊

340000－1801－0000958　1:003875－1:003884
禮記十卷　(元)陳澔集說　**潯陽萬氏禮記讀本一卷**　(明)萬衣撰　清潯陽萬氏蓮峰書屋刻本　十冊

340000－1801－0000959　1:003885－1:003894
禮記十卷　(元)陳澔集說　**潯陽萬氏禮記讀本一卷**　(明)萬衣撰　清潯陽萬氏蓮峰書屋刻本　十冊

340000－1801－0000960　1:003895－1:003904
禮記十卷　(元)陳澔集說　清末李光明莊刻本　十冊

340000－1801－0000961　1:003905－1:003914
禮記十卷　(元)陳澔集說　清末李光明莊刻本　十冊

340000－1801－0000962　1:003915－1:003924
禮記十卷　(元)陳澔集說　清末李光明莊刻本　十冊

340000－1801－0000963　1:003925－1:003928
禮記十卷　(元)陳澔集說　清刻本　四冊

340000－1801－0000964　1:003929－1:003938
禮記十卷　(元)陳澔集說　清刻本　十冊

340000－1801－0000965　1:003939－1:003948
禮記十卷　(元)陳澔集說　清刻本　十冊

340000－1801－0000966　1:003949－1:003958
禮記十卷　(元)陳澔集說　清刻本　十册

340000－1801－0000967　1:003969－1:003974
禮記增訂旁訓六卷　(□)□□撰　清末李光明莊刻本　六册

340000－1801－0000968　1:003975－1:003980
禮記增訂旁訓六卷　(□)□□撰　清末李光明莊刻本　六册

340000－1801－0000969　1:003981－1:003986
禮記增訂旁訓六卷　(清)張大受重校　清匠門書屋刻本　六册

340000－1801－0000970　1:003987－1:003990
禮記旁訓六卷　(□)□□撰　清刻本　四册

340000－1801－0000971　1:003991－1:003996
禮記增訂旁訓六卷　(清)徐立綱辨體　清浙蘭慎言堂刻本　六册

340000－1801－0000972　1:003997－1:004000
禮記音訓不分卷　(清)楊國楨撰　清光緒三年(1877)湖北崇文書局刻十一經音訓本　四册

340000－1801－0000973　1:004001－1:004004
禮記音訓不分卷　(清)楊國楨撰　清光緒三年(1877)湖北崇文書局刻十一經音訓本　四册

340000－1801－0000974　1:004005－1:004012
禮記不分卷　(□)□□撰　清抄本　八册

340000－1801－0000975　1:004013－1:004044
讀禮通考一百二十卷　(清)徐乾學撰　清光緒七年(1881)江蘇書局刻本　三十二册

340000－1801－0000976　1:004045－1:004076
讀禮通考一百二十卷　(清)徐乾學撰　清光緒七年(1881)江蘇書局刻本　三十二册

340000－1801－0000977　1:004077－1:004106
讀禮通考一百二十卷　(清)徐乾學撰　清康熙三十五年(1696)崑山徐氏刻本　三十册

340000－1801－0000978　1:004107－1:004131
讀禮通考一百二十卷　(清)徐乾學撰　清康熙三十五年(1696)崑山徐氏刻本　二十五册

340000－1801－0000979　1:004132－1:004163
欽定禮記義疏八十二卷首一卷　(清)允祿等撰　清刻本　三十二册

340000－1801－0000980　1:004164－1:004215
欽定禮記義疏八十二卷首一卷　(清)允祿等撰　清尊經閣刻本　五十二册

340000－1801－0000981　1:004216－1:004222
禮記全經體注十卷　(清)范翔注　(清)徐瑄補輯　清刻本　七册

340000－1801－0000982　1:004223－1:004226
禮記體注四卷　(清)范翔注　清刻本　四册

340000－1801－0000983　1:004227－1:004230
禮記體注大全合參四卷　(清)范翔注　(清)徐旦輯　清刻本　四册

340000－1801－0000984　1:004231－1:004236
禮記約編十卷　(清)汪基撰　清末石印本　六册

340000－1801－0000985　1:004237－1:004238
禮記約編十卷　(清)汪基撰　清末石印本　二册

340000－1801－0000986　1:004239－1:004243
禮記備旨十一卷　(清)鄒聖脈輯　清刻本　五册

340000－1801－0000987　1:004244－1:004247
禮記省度四卷　(清)彭頤纂　清刻朱墨套印本　四册

340000－1801－0000988　1:004248－1:004251
禮記省度四卷　(清)彭頤纂　清刻朱墨套印本　四册

340000－1801－0000989　1:004252－1:004255
禮記省度四卷　(清)彭頤纂　清刻朱墨套印本　四册

340000－1801－0000990　1:004288－1:004297
禮記訓纂四十九卷　(清)朱彬輯　清宜祿堂

刻本　十冊

340000－1801－0000991　1:004298－1:004307
禮記訓纂四十九卷　(清)朱彬輯　清宜祿堂刻本　十冊

340000－1801－0000992　1:004312－1:004315
禮記或問八卷　(清)汪紱撰　清光緒二十二年(1896)刻汪雙池先生叢書本　四冊

340000－1801－0000993　1:004316－1:004319
禮記或問八卷　(清)汪紱著　清光緒二十二年(1896)刻汪雙池先生叢書本　四冊

340000－1801－0000994　1:004324
批檀弓二卷　(清)汪有光評　(清)汪有聲校　清康熙刻本　一冊

340000－1801－0000995　1:004325
批檀弓二卷　(清)汪有光評　(清)汪有聲校　清光緒十三年(1887)李宗媚刻本　一冊

340000－1801－0000996　1:004326
批檀弓二卷　(清)汪有光評　(清)汪有聲校　清光緒十三年(1887)李宗媚刻本　一冊

340000－1801－0000997　1:004327
批檀弓二卷　(清)汪有光評　(清)汪有聲校　清光緒十三年(1887)李宗媚刻本　一冊

340000－1801－0000998　1:004330－1:004331
大學補釋一卷中庸補釋一卷考辯一卷　(清)張承華撰　清光緒十年(1884)皖桐會友堂刻本　二冊

340000－1801－0000999　1:004332－1:004333
大學補釋一卷臆解一卷中庸補釋一卷臆解一卷　(清)張承華撰　清光緒十二年(1886)常熟張氏刻本　二冊

340000－1801－0001000　1:004334－1:004335
十先生中庸集解二卷附錄一卷　(宋)石𡼖子編　清道光二十九年(1849)莫氏影山草堂刻本　二冊

340000－1801－0001001　1:004337－1:004339
中庸繹藴三卷　(清)胡笴著　清道光二十二年(1842)刻本　三冊

340000－1801－0001002　1:004340－1:004342
中庸繹藴三卷　(清)胡笴著　清道光二十二年(1842)刻本　三冊

340000－1801－0001003　1:004343－1:004345
中庸繹藴三卷　(清)胡笴著　清道光二十二年(1842)刻本　三冊

340000－1801－0001004　1:004346－1:004348
中庸繹藴三卷　(清)胡笴著　清道光二十二年(1842)刻本　三冊

340000－1801－0001005　1:004349－1:004351
中庸繹藴三卷　(清)胡笴著　清道光二十二年(1842)刻本　三冊

340000－1801－0001006　1:004352
中庸注一卷　康有為著　清光緒二十七年(1901)中國圖書公司鉛印演孔叢書本　一冊

340000－1801－0001007　1:004356
中庸篇義一卷　馬其昶撰　清光緒三十年(1904)合肥李氏刻集虛草堂叢書甲集本　一冊

340000－1801－0001008　1:004357
中庸篇義一卷　馬其昶撰　清光緒抄本　一冊

340000－1801－0001009　1:004358－1:004359
大學翼真七卷　(清)胡渭輯著　清刻本　二冊

340000－1801－0001010　1:004369－1:004370
大戴禮記十三卷　(漢)戴德輯　(北周)盧辯注　清乾隆二十一年(1756)德州盧氏刻雅雨堂藏書本　姚永概題跋　二冊

340000－1801－0001011　1:004371－1:004372
大戴禮記十三卷　(漢)戴德輯　(北周)盧辯注　清乾隆刻本　二冊

340000－1801－0001012　1:004373－1:004374
大戴禮記十三卷　(北周)盧辯注　清乾隆刻本　二冊

340000－1801－0001013　1:004375－1:004376
大戴禮記補注十三卷　(清)孔廣森撰　清嘉

慶五年(1800)刻覡軒孔氏所著書本　二冊

340000－1801－0001014　1:004377－1:004378
大戴禮記補注十三卷　(清)孔廣森撰　清嘉慶五年(1800)刻覡軒孔氏所著書本　二冊

340000－1801－0001015　1:004379－1:004380
大戴禮記補注十三卷　(清)孔廣森撰　清同治十三年(1874)淮南書局刻本　二冊

340000－1801－0001016　1:004381－1:004382
校正孔氏大戴禮記補註十三卷　王樹枏校　清刻本　二冊

340000－1801－0001017　1:004383
夏小正輯註四卷　(清)范家相輯　清嘉慶十五年(1810)古趣亭刻本　一冊

340000－1801－0001018　1:004384
夏小正通釋不分卷　(清)梁章鉅輯　清光緒十三年(1887)浙江書局刻本　一冊

340000－1801－0001019　1:004385
夏小正小箋四卷　(清)王貞箋　清同治十一年(1872)百本書齋刻本　一冊

340000－1801－0001020　1:004386
夏小正小箋四卷　(清)王貞箋　清同治十一年(1872)百本書齋刻本　一冊

340000－1801－0001021　1:004387－1:004388
夏小正集說四卷　(清)程鴻詔撰　清同治十一年(1872)安慶高文元堂刻本　二冊

340000－1801－0001022　1:004389
夏小正集說四卷　(清)程鴻詔撰　清刻本　一冊

340000－1801－0001023　1:004390
夏小正集說四卷　(清)程鴻詔撰　清刻本　一冊

340000－1801－0001024　1:004391
夏小正存說二卷集說補一卷　(清)程鴻詔撰　清刻本　一冊

340000－1801－0001025　1:004392
夏小正補傳一卷　(清)朱駿聲撰　清光緒八年(1882)臨嘯閣刻朱氏群書本　一冊

340000－1801－0001026　1:004393－1:004394
經禮補逸九卷　(元)汪克寬著　(元)吳書升　(元)汪明杰訂　清乾隆三十七年(1772)仰魯堂刻本　二冊　存六卷(一至六)

340000－1801－0001027　1:004395－1:004418
欽定周官義疏四十八卷首一卷　(清)允祿等撰　清同治七年(1868)浙江書局刻御纂七經本　二十四冊

340000－1801－0001028　1:004419－1:004424
讀禮條考二十卷　(清)王曜南學　清光緒二十三年(1897)武林尚友齋石印本　六冊

340000－1801－0001029　1:004425－1:004430
讀禮條考二十卷　(清)王曜南學　清道光二十九年(1849)刻本　六冊

340000－1801－0001030　1:004431－1:004433
三禮約編十九卷　(清)汪基撰　(清)江永校訂　清刻本　三冊　存九卷(周禮約編六卷、儀禮約編三卷)

340000－1801－0001031　1:004434－1:004436
禮箋三卷　(清)金榜撰　清乾隆五十九年(1794)刻本　三冊

340000－1801－0001032　1:004437－1:004483
三禮通釋二百八十卷首一卷目錄四卷　(清)林昌彝學　清同治三年(1864)廣州刻本　四十七冊　缺六十二卷(八十六至一百四十五、目錄一至二)

340000－1801－0001033　1:004484－1:004515
禮書通故五十卷　(清)黄以周述　清光緒十九年(1893)黄氏試館刻本　三十二冊

340000－1801－0001034　1:004516－1:004531
禮書一百五十卷　(宋)陳祥道譔　清嘉慶九年(1804)郭氏校經堂刻本　十六冊

340000－1801－0001035　1:004532－1:004533
明堂大道錄八卷禘說二卷　(清)惠棟學　清乾隆刻經訓堂叢書本　二冊

340000－1801－0001036　1:004534－1:004537

明堂大道錄八卷禘說二卷　(清)惠棟學　清乾隆刻經訓堂叢書本　四冊

340000－1801－0001037　1:004538
九旗古義述一卷　(清)孫詒讓撰　清光緒二十八年(1902)刻本　一冊

340000－1801－0001038　1:004540
三禮圖十卷　(宋)聶崇義集注　清刻本　一冊

340000－1801－0001039　1:004541－1:004556
吳文正公三禮考注六十四卷首一卷儀禮逸經二卷　(元)吳澄撰　(明)羅倫校正　清乾隆二年至道光十五年(1737－1835)刻本　十六冊

340000－1801－0001040　1:004557－1:004576
禮書綱目八十五卷首三卷　(清)江永編　清嘉慶十五年(1810)鏤恩堂刻本　二十冊

340000－1801－0001041　1:004577－1:004600
禮書綱目八十五卷首三卷　(清)江永編　清嘉慶十五年(1810)鏤恩堂刻本　二十四冊

340000－1801－0001042　1:004601－1:004626
禮書綱目八十五卷首三卷　(清)江永輯　清嘉慶十五年(1810)鏤恩堂刻本　二十六冊

340000－1801－0001043　1:004627－1:004642
禮書綱目八十五卷首三卷　(清)江永撰　清光緒二十一年(1895)刻廣雅書局叢書本　十六冊

340000－1801－0001044　1:004643－1:004732
五禮通考二百六十二卷首四卷　(清)秦蕙田輯　(清)方觀承訂　清乾隆味經窩刻本　九十冊

340000－1801－0001045　1:004733－1:004822
五禮通考二百六十二卷首四卷　(清)秦蕙田輯　(清)方觀承訂　清乾隆味經窩刻本　九十冊

340000－1801－0001046　1:004823－1:004922
五禮通考二百六十二卷首四卷　(清)秦蕙田輯　(清)方觀承訂　清光緒六年(1880)江蘇書局刻本　一百冊

340000－1801－0001047　1:004923－1:005039
五禮通考二百六十二卷首四卷　(清)秦蕙田輯　(清)方觀承訂　清光緒二十二年(1896)新化三味堂刻本　一百十七冊　缺六卷(五十七至六十、六十三至六十四)

340000－1801－0001048　1:005040－1:005045
禮書附錄十二卷　陳寶泉輯　清嘉慶二十五年(1820)含暉閣刻本　六冊

340000－1801－0001049　1:005046
司馬氏書儀十卷　(宋)司馬光撰　清同治七年(1868)江蘇書局刻本　一冊

340000－1801－0001050　1:005047
司馬氏書儀十卷　(宋)司馬光撰　清同治七年(1868)江蘇書局刻本　一冊

340000－1801－0001051　1:005048－1:005049
家禮五卷附錄一卷新附一卷　(宋)朱熹撰　清同治四年(1865)望三益齋刻本　清方宗誠題跋　二冊

340000－1801－0001052　1:005050－1:005052
家禮五卷附錄一卷新附一卷　(宋)朱熹撰　清同治四年(1865)望三益齋刻本　三冊

340000－1801－0001053　1:005053－1:005058
朱子家禮八卷首一卷　(明)丘濬輯　(明)楊廷筠補　(清)施璜　(清)朱啓昆參　清愛日堂刻本　六冊

340000－1801－0001054　1:005059
四禮翼八卷　(明)呂坤著　清雍正十一年(1733)刻本　一冊

340000－1801－0001055　1:005060
四禮翼八卷　(明)呂坤著　清光緒十三年(1887)天津華新印刷局鉛印本　一冊

340000－1801－0001056　1:005062
呂氏四禮翼八卷　(明)呂坤著　(清)朱軾評點　清光緒二十三年(1897)刻本　一冊

340000－1801－0001057　1:005063
四禮翼八卷　(明)呂坤撰　清同治二年

(1863)品蓮書屋刻本　一册

340000－1801－0001058　1:005064
四禮翼八卷　(明)呂坤撰　清同治二年(1863)品蓮書屋刻本　一册

340000－1801－0001059　1:005065
四禮翼八卷　(明)呂坤撰　清同治二年(1863)品蓮書屋刻本　一册

340000－1801－0001060　1:005066
家禮雜儀一卷　(宋)司馬光撰　**通禮一卷**　(宋)朱熹撰　**四禮初稿四卷**　(明)宋纁輯　清雍正十一年(1733)培遠堂刻本　一册

340000－1801－0001061　1:005067－1:005072
從宜家禮九卷　(清)黄宜中輯　(清)徐愚谷等鑒定　(清)黄宜思等參閲　清乾隆十四年(1749)刻本　六册

340000－1801－0001062　1:005073－1:005074
典禮質疑六卷　(清)杜貴墀撰　清光緒二十六年(1900)刻桐華閣叢書本　二册

340000－1801－0001063　1:005075－1:005078
六禮或問十二卷首一卷末一卷　(清)汪紱著　清光緒二十一年(1895)刻汪雙池先生叢書本　四册

340000－1801－0001064　1:005079－1:005082
六禮或問十二卷首一卷末一卷　(清)汪紱著　清光緒二十一年(1895)刻汪雙池先生叢書本　四册

340000－1801－0001065　1:005083
四禮從宜四卷　(清)蘇惇元述　清同治十年(1871)桐城蘇儀宋堂刻本　一册

340000－1801－0001066　1:005087
昏禮從宜不分卷　(清)江永著　清抄本　一册

340000－1801－0001067　1:005088－1:005093
讀禮叢鈔十六種　(清)李輔耀輯　清光緒十七年(1891)湘西李氏鞠園刻本　六册

340000－1801－0001068　1:005094
樂説二卷　(清)莊存與撰　清刻本　一册

340000－1801－0001069　1:005095－1:005099
樂經律吕通解五卷　(清)汪烜輯　清光緒九年(1883)刻汪雙池先生叢書本　五册

340000－1801－0001070　1:005100
志樂輯略三卷　(清)倪元坦輯　清刻本　一册

340000－1801－0001071　1:005101－1:005105
樂經律吕通解五卷　(清)汪烜撰　清光緒九年(1883)刻本　五册

340000－1801－0001072　1:005106－1:005108
樂經或問三卷　(清)汪紱釋　清光緒二十二年(1896)刻汪雙池先生叢書本　三册

340000－1801－0001073　1:005113－1:005118
左傳文法讀本十二卷　吳闓生　(清)劉培極學　清宣統元年(1909)鉛印本　六册

340000－1801－0001074　1:005119－1:005124
左傳文法讀本十二卷　吳闓生　(清)劉培極學　清宣統元年(1909)鉛印本　六册

340000－1801－0001075　1:005125－1:005134
春秋左傳讀本三十卷　(清)英和等纂　清刻本　十册

340000－1801－0001076　1:005148－1:005153
評點春秋左傳綱目句解彙雋六卷　(清)韓菼重訂　清會友堂刻本　六册

340000－1801－0001077　1:005154－1:005159
評點春秋綱目左傳句解彙雋六卷　(清)韓菼重訂　清經元堂刻本　六册

340000－1801－0001078　1:005160－1:005165
如西所刻諸名家評點春秋綱目左傳句解匯雋六卷　(清)韓菼重訂　清尚德堂刻本　六册

340000－1801－0001079　1:005166－1:005173
左傳舊疏考正八卷　(清)劉文淇撰　清道光十八年(1838)青溪舊屋劉氏刻本　八册

340000－1801－0001080　1:005174－1:005175
左傳舊疏考正八卷　(清)劉文淇撰　清道光十八年(1838)青溪舊屋劉氏刻本　二册

340000－1801－0001081　1：005176－1：005179
左傳舊疏考正八卷　(清)劉文淇撰　清光緒三年(1877)崇文書局刻本　四册

340000－1801－0001082　1：005180－1：005187
左傳經世鈔二十三卷　(清)魏禧評　(清)彭家屏參訂　清乾隆刻本　八册

340000－1801－0001083　1：005188－1：005197
左傳經世鈔二十三卷　(清)魏禧評　(清)彭家屏參訂　清刻本　十册

340000－1801－0001084　1：005198－1：005213
曲江書屋新訂批註左傳快讀十八卷首一卷　(清)李紹崧選訂　清道光二十九年(1849)刻本　十六册

340000－1801－0001085　1：005230－1：005245
曲江書屋新訂批註左傳快讀十八卷首一卷　(清)李紹崧選訂　清光緒二十三年(1897)經綸元記刻本　十六册

340000－1801－0001086　1：005246－1：005261
曲江書屋新訂批註左傳快讀十八卷首一卷　(清)李紹崧訂　清光緒二十八年(1902)三味書室刻本　十六册

340000－1801－0001087　1：005262－1：005275
春秋經傳集解三十卷首一卷　(晉)杜預撰　(宋)林堯叟注　(唐)陸德明音釋　(清)馮李驊輯　清光緒十四年(1888)華川書屋刻本　十四册

340000－1801－0001088　1：005276－1：005291
曲江書屋新訂批註左傳快讀十八卷首一卷　(清)李紹崧選訂　清三義書莊刻本　十六册

340000－1801－0001089　1：005292－1：005305
春秋經傳集解三十卷首一卷　(晉)杜預撰　(唐)陸德明音釋　(宋)林堯叟附注　(清)馮李驊增訂　**左繡三十卷首一卷**　(清)馮李驊　(清)陸浩評輯　清華川書屋刻本　十四册

340000－1801－0001090　1：005306－1：005317
春秋經傳集解三十卷首一卷　(晉)杜預撰　(唐)陸德明音釋　(宋)林堯叟附注　(清)馮李驊增訂　**左繡三十卷首一卷**　(清)馮李驊　(清)陸浩評輯　清華川書屋刻本　十二册　缺八卷(春秋經傳集解八至十三、十六至十七)

340000－1801－0001091　1：005318－1：005333
春秋經傳集解三十卷首一卷　(晉)杜預撰　(唐)陸德明音釋　(宋)林堯叟附注　(清)馮李驊增訂　**左繡三十卷首一卷**　(清)馮李驊　(清)陸浩評輯　清李光明莊刻本　十六册

340000－1801－0001092　1：005334－1：005349
左傳翼三十八卷　(清)張廷璐鑒定　(清)周大璋輯評　清同治五年(1866)遂初堂刻本　十六册

340000－1801－0001093　1：005350－1：005363
左傳翼三十八卷　(清)張廷璐鑒定　(清)周大璋輯評　清同治五年(1866)遂初堂刻本　十四册　存三十五卷(一至三十五)

340000－1801－0001094　1：005364－1：005378
欽定春秋左傳讀本三十卷　(清)英和等纂　清咸豐元年(1851)濂溪講院刻本　十五册

340000－1801－0001095　1：005379－1：005394
欽定春秋左傳讀本三十卷　(清)英和等纂　清同治十一年(1872)山東書局刻本　十六册

340000－1801－0001096　1：005395－1：005404
欽定春秋左傳讀本三十卷　(清)英和等纂　清同治八年(1869)江蘇書局刻本　十册

340000－1801－0001097　1：005405－1：005410
春秋左氏傳賈服註輯述二十卷　(清)李貽德撰　清同治五年(1866)刻本　六册

340000－1801－0001098　1：005411－1：005416
春秋左氏傳賈服註輯述二十卷　(清)李貽德撰　清同治五年(1866)刻本　六册

340000－1801－0001099　1：005417－1：005426
春秋左氏傳賈服註輯述二十卷　(清)李貽德撰　清同治五年(1866)刻本　十册

340000－1801－0001100　1∶005427－1∶005434
春秋經傳集解三十卷首一卷　（晉）杜預注　明末刻本　八冊

340000－1801－0001101　1∶005435－1∶005450
春秋經傳集解三十卷　（晉）杜預集解　**春秋年表一卷**　（宋）岳珂刊補　**春秋名號歸一圖二卷**　（五代）馮繼先撰　清同治十三年(1874)江西書局刻本　十六冊

340000－1801－0001102　1∶005451－1∶005466
春秋經傳集解三十卷　（晉）杜預集解　**春秋年表一卷**　（宋）岳珂刊補　**春秋名號歸一圖二卷**　（五代）馮繼先撰　清同治十三年(1874)江西書局刻本　十六冊

340000－1801－0001103　1∶005467－1∶005482
春秋經傳集解三十卷　（晉）杜預集解　**春秋年表一卷**　（宋）岳珂刊補　**春秋名號歸一圖二卷**　（五代）馮繼先撰　清同治十三年(1874)江西書局刻本　十六冊

340000－1801－0001104　1∶005483－1∶005494
春秋經傳集解三十卷　（晉）杜預集解　**春秋年表一卷**　（宋）岳珂刊補　**春秋名號歸一圖二卷**　（五代）馮繼先撰　清光緒三年(1877)刻本　十二冊

340000－1801－0001105　1∶005495
春秋左氏傳補註十卷　（明）趙汸學　清康熙十九年(1680)刻通志堂經解本　一冊

340000－1801－0001106　1∶005496－1∶005498
左氏傳說二十卷　（宋）呂祖謙撰　清康熙十九年(1680)刻通志堂經解本　三冊

340000－1801－0001107　1∶005499－1∶005510
春秋經傳集解三十卷　（晉）杜預注　**春秋年表一卷**　（宋）岳珂刊補　**春秋名號歸一圖二卷**　（五代）馮繼先撰　清同治八年(1869)崇文書局刻本　十二冊

340000－1801－0001108　1∶005511－1∶005522
春秋左傳三十卷　（晉）杜預　（宋）林堯叟注　（唐）陸德明音釋　（清）馮李驊集解　清同治七年(1868)崇文書局刻本　十二冊

340000－1801－0001109　1∶005523－1∶005534
春秋左傳三十卷　（晉）杜預　（宋）林堯叟注　（唐）陸德明音釋　（清）馮李驊集解　清同治七年(1868)崇文書局刻本　十二冊

340000－1801－0001110　1∶005535－1∶005546
春秋左傳三十卷　（晉）杜預　（宋）林堯叟注　（唐）陸德明音釋　（清）馮李驊集解　清同治七年(1868)崇文書局刻本　十二冊

340000－1801－0001111　1∶005547－1∶005562
春秋左傳五十卷　（晉）杜預　（宋）林堯叟注　（唐）陸德明音義　清光緒七年(1881)寶樹山房刻本　十六冊

340000－1801－0001112　1∶005563－1∶005578
春秋左傳五十卷　（晉）杜預　（宋）林堯叟注　（唐）陸德明音義　清光緒七年(1881)寶樹山房刻本　十六冊

340000－1801－0001113　1∶005579－1∶005590
春秋左傳杜注三十卷首一卷　（晉）杜預注　（清）姚培謙撰　清光緒三十年(1904)寶慶勸學書舍刻本　十二冊

340000－1801－0001114　1∶005591－1∶005602
春秋左傳杜注三十卷首一卷　（晉）杜預注　（清）姚培謙撰　清李光明莊刻本　十二冊

340000－1801－0001115　1∶005603－1∶005618
春秋左傳五十卷　（宋）林堯叟注　（明）韓范評　清光緒十八年(1892)寶善堂刻本　十六冊

340000－1801－0001116　1∶005631－1∶005636
春秋左傳五十卷　（晉）杜預　（宋）林堯叟注　（唐）陸德明音義　清書業堂刻本　六冊

340000－1801－0001117　1∶005637－1∶005648
春秋左傳五十卷　（晉）杜預　（宋）林堯叟注　（唐）陸德明音義　清文奎堂刻本　十二冊

340000－1801－0001118　1∶005649－1∶005660
春秋左傳五十卷　（晉）杜預　（宋）林堯叟注　（唐）陸德明音義　清刻本　十二冊

340000－1801－0001119　1∶005661－1∶005672

春秋左傳五十卷 (晉)杜預 (宋)林堯叟注 (唐)陸德明音義 清刻本 十二冊 缺一卷(四)

340000－1801－0001120 1:005673－1:005690
春秋左傳五十卷 (晉)杜預 (宋)林堯叟注 (唐)陸德明音義 清刻本 十八冊

340000－1801－0001121 1:005691－1:005712
春秋左傳註六十卷 (晉)杜預注 清稽古樓刻本 二十二冊

340000－1801－0001122 1:005737－1:005748
春秋左傳五十卷 (晉)杜預 (宋)林堯叟注 (唐)陸德明音義 (明)鍾惺 (明)韓范評閱 清崇義書院刻本 十二冊

340000－1801－0001123 1:005749－1:005764
春秋左傳五十卷 (晉)杜預 (宋)林堯叟注 (唐)陸德明音義 (明)鍾惺等評點 清李光明家刻本 十六冊

340000－1801－0001124 1:005765－1:005780
春秋左傳五十卷 (晉)杜預 (宋)林堯叟注 (唐)陸德明音義 清李光明家刻本 十六冊

340000－1801－0001125 1:005781－1:005794
春秋左傳五十卷 (晉)杜預 (宋)林堯叟注 (唐)陸德明音義 清文光堂刻本 十四冊

340000－1801－0001126 1:005795－1:005810
春秋左傳五十卷 (晉)杜預 (宋)林堯叟注 (唐)陸德明音義 清李光明莊刻本 十六冊

340000－1801－0001127 1:005811－1:005826
春秋左傳五十卷 (晉)杜預 (宋)林堯叟注 (唐)陸德明音義 清李光明莊刻本 十六冊

340000－1801－0001128 1:005827－1:005842
春秋左傳五十卷 (晉)杜預 (宋)林堯叟注 (唐)陸德明音義 清李光明莊刻本 十六冊

340000－1801－0001129 1:005843－1:005858
春秋左傳五十卷 (晉)杜預 (宋)林堯叟注 (唐)陸德明音義 清光緒二十二年(1896)經綸元記刻本 十六冊

340000－1801－0001130 1:005859－1:005870
春秋左傳五十卷 (晉)杜預 (宋)林堯叟注 (唐)陸德明音義 清芥子園刻本 十二冊 缺三卷(四十八至五十)

340000－1801－0001131 1:005871－1:005899
附釋音春秋左傳注疏六十卷 (晉)杜預注 (唐)陸德明音義 (唐)孔穎達疏 **春秋左傳注疏校勘記六十卷** (清)阮元撰 (清)盧宣旬摘錄 清嘉慶二十年(1815)南昌府學刻重刊宋本十三經注疏附校勘記本 二十九冊 缺四卷(附釋音春秋左傳注疏四十二至四十三、春秋左傳注疏校勘記四十二至四十三)

340000－1801－0001132 1:005900－1:005905
附釋音春秋左傳注疏六十卷 (晉)杜預注 (唐)陸德明音義 (唐)孔穎達疏 **春秋左傳注疏校勘記六十卷** (清)阮元撰 (清)盧宣旬摘錄 清光緒十三年(1887)上海脈望仙館石印重刊宋本十三經注疏附校勘記本 六冊

340000－1801－0001133 1:005906－1:005921
春秋左傳杜注三十卷首一卷 (晉)杜預注 (清)姚培謙撰 (清)龐佑清補訂 清道光七年(1827)洪都潄經堂刻朱墨套印本 十六冊

340000－1801－0001134 1:005922－1:005931
春秋左傳杜注三十卷首一卷 (晉)杜預注 (清)姚培謙撰 清光緒九年(1883)江南書局刻本 十冊

340000－1801－0001135 1:005932－1:005941
春秋左傳杜注三十卷首一卷 (晉)杜預注 (清)姚培謙撰 清光緒九年(1883)江南書局刻本 十冊

340000－1801－0001136 1:005942－1:005951
春秋左傳杜注補輯三十卷首一卷 (晉)杜預注 (清)姚培謙撰 清同治五年(1866)金陵書局刻十三經讀本本 十冊

340000－1801－0001137 1:005952－1:005961
春秋左傳杜注補輯三十卷首一卷 (晉)杜預注 (清)姚培謙撰 清同治五年(1866)金陵

書局刻十三經讀本本　十冊

340000－1801－0001138　1:005962－1:005969
春秋左傳杜注補輯三十卷首一卷　（晉）杜預注　（清）姚培謙撰　清同治五年（1866）金陵書局刻十三經讀本本　八冊

340000－1801－0001139　1:005970－1:005978
春秋左傳杜注三十卷首一卷　（晉）杜預注（清）姚培謙撰　清光緒十六年（1890）務本書局刻本　九冊　缺八卷（十九至二十一、二十六至三十）

340000－1801－0001140　1:005979－1:005988
春秋左傳杜注三十卷首一卷　（晉）杜預注（清）姚培謙撰　清光緒九年（1883）江南書局刻本　十冊

340000－1801－0001141　1:005997－1:006008
春秋左傳杜注三十卷首一卷　（晉）杜預注（清）姚培謙撰　清光緒二十二年（1896）三味堂刻本　十二冊

340000－1801－0001142　1:006009－1:006014
春秋左傳杜注三十卷首一卷　（晉）杜預注（清）姚培謙撰　清小鬱林刻本　六冊

340000－1801－0001143　1:006015－1:006024
春秋左傳杜注三十卷首一卷　（晉）杜預注（清）姚培謙撰　清小鬱林刻本　十冊

340000－1801－0001144　1:006026－1:006030
春秋左傳五十卷　（晉）杜預　（宋）林堯叟注釋　（唐）陸德明音義　清康熙四十二年（1703）刻本　五冊　缺八卷（三十四至四十一）

340000－1801－0001145　1:006031－1:006032
春秋左氏傳補注十卷　（明）趙汸著　清康熙趙吉士刻本　王立中題跋　二冊

340000－1801－0001146　1:006033－1:006052
欽定春秋傳說彙纂三十八卷首二卷　（清）王掞等撰　清同治九年（1870）浙江書局刻御纂七經本　二十冊

340000－1801－0001147　1:006053－1:006072
欽定春秋傳說彙纂三十八卷首二卷　（清）王掞等撰　清同治九年（1870）浙江書局刻御纂七經本　二十冊

340000－1801－0001148　1:006073－1:006092
欽定春秋傳說彙纂三十八卷首二卷　（清）王掞等撰　清同治九年（1870）浙江書局刻御纂七經本　二十冊

340000－1801－0001149　1:006093－1:006112
欽定春秋傳說彙纂三十八卷首二卷　（清）王掞等撰　清同治九年（1870）浙江書局刻御纂七經本　二十冊

340000－1801－0001150　1:006113－1:006132
欽定春秋傳說彙纂三十八卷首二卷　（清）王掞等撰　清同治九年（1870）浙江書局刻御纂七經本　二十冊

340000－1801－0001151　1:006133－1:006152
欽定春秋傳說彙纂三十八卷首二卷　（清）王掞等撰　清同治九年（1870）浙江書局刻御纂七經本　二十冊

340000－1801－0001152　1:006153－1:006176
欽定春秋傳說彙纂三十八卷首二卷　（清）王掞等撰　清刻本　二十四冊

340000－1801－0001153　1:006177－1:006196
欽定春秋傳說彙纂三十八卷首二卷　（清）王掞等撰　清同治十年（1871）湖北崇文書局刻御纂七經本　二十冊

340000－1801－0001154　1:006197－1:006222
欽定春秋傳說彙纂三十八卷首二卷　（清）王掞等撰　清刻御纂七經本　二十六冊

340000－1801－0001155　1:006223－1:006232
讀左補義五十卷首二卷　（清）姜炳璋輯　清刻本　十冊

340000－1801－0001156　1:006233－1:006242
春秋左傳詁二十卷　（清）洪亮吉撰　清金陵劉文奎、劉文楧刻本　十冊

340000－1801－0001157　1:006243－1:006258
春秋大事表五十卷輿圖一卷附錄一卷　（清）顧楝高輯　清乾隆十三年至十四年（1748－

1749)萬卷樓刻本　十六冊

340000－1801－0001158　1:006259－1:006278
春秋大事表五十卷輿圖一卷附録一卷　(清)顧棟高輯　清乾隆十三年至十四年(1748－1749)萬卷樓刻本　二十冊

340000－1801－0001159　1:006279－1:006302
春秋大事表五十卷首一卷輿圖一卷附録一卷　(清)顧棟高著　清同治十二年(1873)山東尚志堂刻本　二十四冊

340000－1801－0001160　1:006303－1:006322
春秋大事表五十卷輿圖一卷　(清)顧棟高輯　(清)吳光裕參　清同治十二年(1873)山東尚志堂刻本　二十冊

340000－1801－0001161　1:006323－1:006342
春秋大事表五十卷輿圖一卷　(清)顧棟高輯　(清)吳光裕參　清同治十二年(1873)山東尚志堂刻本　二十冊

340000－1801－0001162　1:006343
春秋世族譜一卷　(清)陳厚耀撰　清抄本　一冊

340000－1801－0001163　1:006344
春秋世族譜一卷　(清)陳厚耀撰　清刻本　一冊

340000－1801－0001164　1:006345
春秋世族譜一卷　(清)陳厚耀撰　清道光二十年(1840)刻本　一冊

340000－1801－0001165　1:006346－1:006351
寄傲山房塾課纂輯春秋備旨十二卷　(清)鄒聖脉纂輯　(清)鄒可庭編　清刻本　六冊

340000－1801－0001166　1:006352－1:006361
左傳事緯十二卷左傳字釋一卷　(清)馬驌編論　(清)潘霨校訂　清光緒四年(1878)吳縣潘氏敏德堂刻蘇州振新書社後印本　十冊

340000－1801－0001167　1:006362－1:006369
左傳事緯十二卷左傳字釋一卷　(清)馬驌編論　(清)潘霨校訂　清光緒四年(1878)吳縣潘氏敏德堂刻本　八冊

340000－1801－0001168　1:006370－1:006371
春秋氏族圖考二卷　(清)沈澄本錄　(清)沈汝和參校　清嘉慶十九年(1814)刻本　二冊

340000－1801－0001169　1:006372－1:006374
左傳義法舉要一卷　(清)方苞口授　(清)王兆符　(清)程崟傳述　**方氏左傳評點二卷**　(清)方苞撰　清光緒十九年(1893)金匱廉氏刻本　三冊

340000－1801－0001170　1:006375－1:006379
寄傲山房塾課纂輯春秋十二卷　(清)鄒聖脈纂輯　(清)鄒可庭編　清光緒五年(1879)慈水古草堂刻本　五冊

340000－1801－0001171　1:006398
春秋左傳通論四卷　姚永樸撰　清末安徽高等學堂鉛印本　一冊

340000－1801－0001172　1:006399
春秋左傳通論四卷　姚永樸撰　清末安徽高等學堂鉛印本　一冊

340000－1801－0001173　1:006400－1:006405
文章練要十卷　(清)王源評訂　清康熙王氏居業堂刻本　六冊

340000－1801－0001174　1:006417－1:006422
左傳事緯十二卷左傳字釋一卷　(清)馬驌編　清仁和黃暹刻本　六冊

340000－1801－0001175　1:006423－1:006434
左傳事緯十二卷左傳字釋一卷　(清)馬驌編　(清)潘霨校　清光緒四年(1878)吳縣潘氏敏德堂刻本　十二冊

340000－1801－0001176　1:006435－1:006442
春秋左傳音訓不分卷　(清)楊國楨撰　清道光十年(1830)大梁書院刻十一經音訓本　八冊

340000－1801－0001177　1:006443－1:006444
東萊博議四卷首一卷　(宋)呂祖謙撰　清光緒十八年(1892)上海古香閣石印本　二冊

340000－1801－0001178　1:006460－1:006463
東萊博議四卷　(宋)呂祖謙撰　**增補虛字注**

釋一卷 (清)馮泰松點定 清光緒三十年(1904)上海書局石印本 四册

340000－1801－0001179 1:006464－1:006467
東萊博議四卷 (宋)呂祖謙撰 **增補虛字注釋一卷** (清)馮泰松點定 清光緒三十年(1904)上海書局石印本 四册

340000－1801－0001180 1:006468
東萊博議四卷首一卷 (宋)呂祖謙撰 **增補虛字注釋一卷** (清)馮泰松點定 清光緒二十四年(1898)上海書局石印本 一册 缺一卷(三)

340000－1801－0001181 1:006469－1:006470
東萊博議四卷 (宋)呂祖謙撰 **增補虛字注釋一卷** (清)馮泰松點定 清光緒二十四年(1898)石印本 二册

340000－1801－0001182 1:006477－1:006482
東萊先生左氏博議二十五卷 (宋)呂祖謙撰 (清)胡鳳丹輯 清同治七年(1868)永康胡氏退補齋刻金華叢書本 六册

340000－1801－0001183 1:006483－1:006488
東萊先生左氏博議二十五卷 (宋)呂祖謙撰 **虛字注釋備考六卷** (清)張文炳點定 清光緒十四年(1888)雲陽義秀書屋刻本 六册

340000－1801－0001184 1:006501－1:006504
東萊博議四卷 (宋)呂祖謙撰 (清)張文炳評點 **虛字注釋備考六卷** (清)張文炳點定 清道光二十四年(1844)海陵懷德堂刻本 四册

340000－1801－0001185 1:006505－1:006508
東萊博議四卷 (宋)呂祖謙撰 **增補虛字注釋一卷** (清)馮泰松點定 清光緒二十八年(1902)江西大啟堂刻本 四册

340000－1801－0001186 1:006509－1:006512
東萊博議四卷 (宋)呂祖謙撰 **增補虛字注釋一卷** (清)馮泰松點定 清光緒二十四年(1898)大道堂刻本 四册

340000－1801－0001187 1:006513－1:006516
東萊博議四卷 (宋)呂祖謙撰 **增補虛字注釋一卷** (清)馮泰松點定 清光緒刻本 四册

340000－1801－0001188 1:006517－1:006520
東萊博議四卷 (宋)呂祖謙撰 (清)張文炳評點 **虛字注釋備考六卷** (清)張文炳點定 清刻本 四册

340000－1801－0001189 1:006521－1:006524
東萊博議四卷 (宋)呂祖謙撰 **增補虛字注釋一卷** (清)張文炳點定 清光緒金陵李光明莊刻本 四册

340000－1801－0001190 1:006525－1:006528
東萊博議四卷 (宋)呂祖謙撰 **增補虛字注釋一卷** (清)馮泰松點定 清光緒二十三年(1897)湖南書局刻本 四册

340000－1801－0001191 1:006530－1:006533
春秋公羊傳十一卷 (漢)何休學 (唐)陸德明音義 清光緒十二年(1886)星沙文昌書局刻本 四册

340000－1801－0001192 1:006534
公羊傳二卷 (清)王源評訂 (清)程茂參正 清康熙刻本 一册 存一卷(二)

340000－1801－0001193 1:006535－1:006538
春秋公羊傳十一卷 (漢)何休學 (唐)陸德明音義 清同治七年(1868)湖北崇文書局刻本 四册

340000－1801－0001194 1:006539－1:006542
春秋公羊傳十一卷 (漢)何休學 (唐)陸德明音義 清同治七年(1868)湖北崇文書局刻本 四册

340000－1801－0001195 1:006543－1:006544
春秋公羊經傳解詁十二卷 (漢)何休撰 (唐)陸德明音義 **重刊宋紹熙公羊傳注附音本校記一卷** (清)魏彥撰 清道光四年(1824)揚州汪氏問禮堂刻同治二年(1863)增刻金陵書局彙印十三經讀本本 二册

340000－1801－0001196 1:006545－1:006548

春秋公羊傳十一卷 (漢)何休學 (唐)陸德明音義 清光緒十二年(1886)湖北官書處刻本 四冊

340000－1801－0001197 1:006549－1:006552
春秋公羊傳十一卷 (漢)何休學 (唐)陸德明音義 清光緒十二年(1886)湖北官書處刻本 四冊

340000－1801－0001198 1:006553－1:006554
春秋公羊經傳解詁十二卷 (漢)何休學 **重刊宋紹熙公羊傳注附音本校記一卷** (清)魏彥撰 清光緒二十一年(1895)金陵書局刻本 二冊

340000－1801－0001199 1:006555－1:006556
春秋公羊經傳解詁十二卷 (漢)何休撰 **重刊宋紹熙公羊傳注附音本校記一卷** (清)魏彥撰 清光緒二十一年(1895)金陵書局刻本 二冊

340000－1801－0001200 1:006557－1:006558
春秋公羊經傳解詁十二卷 (漢)何休學 **重刊宋紹熙公羊傳注附音本校記一卷** (清)魏彥撰 清光緒二十一年(1895)金陵書局刻本 二冊

340000－1801－0001201 1:006559－1:006564
監本附音春秋公羊注疏二十八卷 (漢)何休撰 (唐)陸德明音義 **校勘記** (清)阮元撰 (清)盧宣旬摘錄 清嘉慶二十年(1815)南昌府學刻重刊宋本十三經註疏附校勘記本 六冊

340000－1801－0001202 1:006565－1:006574
監本附音春秋公羊注疏二十八卷 (漢)何休撰 (唐)陸德明音義 **校勘記** (清)阮元撰 (清)盧宣旬摘錄 清嘉慶二十年(1815)南昌府學刻重刊宋本十三經註疏附校勘記本 十冊

340000－1801－0001203 1:006575－1:006584
監本附音春秋公羊注疏二十八卷 (漢)何休撰 (唐)陸德明音義 **校勘記** (清)阮元撰 (清)盧宣旬摘錄 清嘉慶二十年(1815)南昌府學刻重刊宋本十三經註疏附校勘記本 十冊

340000－1801－0001204 1:006585－1:006596
春秋公羊傳注疏附考證二十八卷 (漢)何休學 (唐)陸德明音義 清同治十年(1871)廣州書局刻本 十二冊

340000－1801－0001205 1:006597－1:006609
春秋公羊傳注疏附考證二十八卷 (漢)何休學 (唐)陸德明音義 清同治十年(1871)廣州書局刻本 十三冊

340000－1801－0001206 1:006610－1:006617
春秋公羊傳注疏附考證二十八卷 (漢)何休學 (唐)陸德明音義 清同治十年(1871)廣州書局刻本 八冊

340000－1801－0001207 1:006624
公羊傳鈔一卷 (清)高嵣集評 清乾隆五十三年(1788)廣郡永邑培元堂楊氏刻高梅亭讀書叢鈔本 一冊

340000－1801－0001208 1:006625
春秋公羊注疏質疑二卷 (清)何若瑤撰 清光緒二十年(1894)廣雅書局刻民國九年(1920)番禺徐紹棨彙編重印廣雅書局叢書本 一冊

340000－1801－0001209 1:006628－1:006631
春秋公羊經傳解詁十二卷 (漢)何休學 (唐)陸德明音義 **重刊宋紹熙公羊傳注附音本校記一卷** (清)魏彥撰 清末李光明莊刻本 四冊

340000－1801－0001210 1:006632－1:006634
春秋公羊傳十二卷 (明)閔齊伋裁注 清刻本 三冊

340000－1801－0001211 1:006635－1:006636
春秋公羊經傳解詁十二卷 (漢)何休撰 (唐)陸德明音義 **重刊宋紹熙公羊傳注附音本校記一卷** (清)魏彥撰 清道光四年(1824)揚州汪氏問禮堂刻同治二年(1863)增刻金陵書局彙印十三經讀本本 二冊

340000－1801－0001212　1：006637－1：006638
春秋公羊經傳解詁十二卷　（漢）何休撰　（唐）陸德明音義　**重刊宋紹熙公羊傳注附音本校記一卷**　（清）魏彦撰　清道光四年（1824）揚州汪氏問禮堂刻同治二年（1863）增刻金陵書局彙印十三經讀本本　二册

340000－1801－0001213　1：006639－1：006640
春秋公羊經傳解詁十二卷　（漢）何休撰　（唐）陸德明音義　**重刊宋紹熙公羊傳注附音本校記一卷**　（清）魏彦撰　清道光四年（1824）揚州汪氏問禮堂刻同治二年（1863）增刻金陵書局彙印十三經讀本本　二册

340000－1801－0001214　1：006641－1：006643
春秋繁露十七卷　（漢）董仲舒撰　（清）凌曙注　**題跋附錄一卷**　清刻本　三册

340000－1801－0001215　1：006644－1：006646
春秋繁露十七卷　（漢）董仲舒撰　清刻本　三册

340000－1801－0001216　1：006647－1：006648
春秋繁露十七卷　（漢）董仲舒撰　**春秋繁露附錄一卷舊跋一卷**　清光緒八年（1882）淮南書局刻本　二册

340000－1801－0001217　1：006649－1：006650
春秋繁露十七卷　（漢）董仲舒撰　**春秋繁露附錄一卷舊跋一卷**　清光緒八年（1882）淮南書局刻本　二册

340000－1801－0001218　1：006651－1：006652
春秋繁露十七卷　（漢）董仲舒撰　**春秋繁露附錄一卷舊跋一卷**　清光緒八年（1882）淮南書局刻本　二册

340000－1801－0001219　1：006653－1：006654
春秋繁露十七卷　（漢）董仲舒撰　**董子春秋繁露附錄一卷舊跋一卷**　（清）浙江書局輯　清光緒二年（1876）浙江書局刻二十二子本　二册

340000－1801－0001220　1：006655－1：006660
春秋繁露十七卷　（漢）董仲舒撰　（明）孫鑛等評　**漢廣川董子集一卷**　（漢）董仲舒撰　**附錄一卷下馬陵詩文集二卷**　（清）□□撰　清康熙董文昌刻乾隆董國輔增刻本　六册

340000－1801－0001221　1：006661－1：006662
春秋繁露十七卷　（漢）董仲舒撰　清刻本　二册

340000－1801－0001222　1：006663－1：006666
春秋穀梁傳十二卷　（晉）范甯集解　（唐）陸德明音義　清光緒十二年（1886）星沙文昌書局刻本　四册

340000－1801－0001223　1：006667－1：006670
春秋穀梁傳十二卷　（晉）范甯集解　清末李光明莊刻本　四册

340000－1801－0001224　1：006671－1：006673
春秋穀梁傳十二卷　（明）閔齊伋裁注　清刻本　三册

340000－1801－0001225　1：006674－1：006691
春秋五傳十七卷首一卷　（明）張岐然輯　（清）張墣編次　清乾隆五十九年（1794）同文堂刻本　十八册

340000－1801－0001226　1：006692
春秋詞命三卷　（明）王鏊輯　清宣統二年（1910）通州翰墨林書局鉛印本　一册

340000－1801－0001227　1：006693－1：006694
春秋穀梁傳十二卷　（晉）范甯集解　（唐）陸德明音義　清光緒二十一年（1895）金陵書局刻本　二册

340000－1801－0001228　1：006695－1：006696
春秋穀梁傳十二卷　（晉）范甯集解　（唐）陸德明音義　清光緒二十一年（1895）金陵書局刻本　二册

340000－1801－0001229　1：006697－1：006698
春秋穀梁傳十二卷　（晉）范甯集解　（唐）陸德明音義　清光緒二十一年（1895）金陵書局刻本　二册

340000－1801－0001230　1：006699－1：006702
春秋穀梁傳十二卷　（晉）范甯集解　（唐）陸德明音義　清同治七年（1868）湖北崇文書局

刻本　四冊

340000－1801－0001231　1:006703－1:006704
春秋穀梁傳十二卷　(晉)范甯集解　清同治七年(1868)金陵書局刻十三經讀本本　二冊

340000－1801－0001232　1:006705－1:006706
春秋穀梁傳十二卷　(晉)范甯集解　清同治七年(1868)金陵書局刻十三經讀本本　二冊

340000－1801－0001233　1:006707－1:006708
春秋穀梁傳十二卷　(晉)范甯集解　清同治七年(1868)金陵書局刻十三經讀本本　二冊

340000－1801－0001234　1:006713－1:006716
監本附音春秋穀梁注疏二十卷　(晉)范甯集解　(唐)陸德明音義　(唐)楊士勛疏　**附校勘記二十卷**　(清)阮元撰　(清)盧宣旬摘錄　清刻本　四冊

340000－1801－0001235　1:006717－1:006722
監本附音春秋穀梁注疏二十卷　(晉)范甯集解　(唐)陸德明音義　(唐)楊士勛疏　**附校勘記二十卷**　(清)阮元撰　(清)盧宣旬摘錄　清刻本　六冊

340000－1801－0001236　1:006723－1:006728
監本附音春秋穀梁注疏二十卷　(晉)范甯集解　(唐)陸德明音義　(唐)楊士勛疏　**附校勘記二十卷**　(清)阮元撰　(清)盧宣旬摘錄　清嘉慶二十年(1815)南昌府學刻重刊宋本十三經註疏附校勘記本　六冊

340000－1801－0001237　1:006729－1:006736
春秋穀梁注疏附考證二十卷　(晉)范甯集解　(唐)陸德明音義　(唐)楊士勛疏　清同治十年(1871)廣州書局刻本　八冊

340000－1801－0001238　1:006737－1:006744
春秋穀梁經傳補注二十四卷首一卷末一卷　(晉)范甯集解　(清)鍾文烝詳補　清光緒二年(1876)鍾氏信美室刻本　八冊

340000－1801－0001239　1:006745－1:006748
春秋穀梁傳十二卷　(晉)范甯集解　(唐)陸德明音義　清光緒十二年(1886)湖北官書處刻本　四冊

340000－1801－0001240　1:006749－1:006752
春秋穀梁傳十二卷　(晉)范甯集解　(唐)陸德明音義　清光緒十二年(1886)湖北官書處刻本　四冊

340000－1801－0001241　1:006764－1:006768
春秋三傳合參十卷　(清)那爾豐阿輯　(清)張時和參定　清刻本　五冊

340000－1801－0001242　1:006769－1:006781
春秋十六卷首一卷陸氏三傳釋文音義十六卷　(□)□□撰　清同治三年(1864)浙江撫署刻本　十三冊　缺七卷(陸氏三傳釋文音義十至十六)

340000－1801－0001243　1:006783－1:006800
春秋十六卷首一卷　(□)□□撰　清西昌鴻文齋刻本　十八冊

340000－1801－0001244　1:006801－1:006820
春秋十六卷首一卷　(□)□□撰　清西昌鴻文齋刻本　二十冊

340000－1801－0001245　1:006821－1:006834
春秋十六卷首一卷陸氏三傳釋文音義十六卷　(□)□□撰　清光緒十六年(1890)蘭州刻本　十四冊

340000－1801－0001246　1:006835－1:006838
春秋單合析義三十卷　(清)林雲銘撰　(清)林挺秀　(清)林挺俊編　清康熙林氏挹奎樓刻本　四冊

340000－1801－0001247　1:006839－1:006842
公羊穀梁春秋合編附註疏十二卷　(漢)何休學　(晉)范甯集解　(唐)楊士勛疏　(明)朱泰禎纂述　明末刻本　四冊

340000－1801－0001248　1:006843－1:006844
春秋尊王發微十二卷　(宋)孫復撰　清同治十二年(1873)粵東書局刻通志堂經解本　二冊

340000－1801－0001249　1:006845－1:006850
春秋三十卷　(宋)胡安國傳　(宋)林堯叟注釋　**春秋列國圖說一卷**　(宋)蘇軾著

春秋傳綱領一卷　清康熙四十七年(1708)雲間敬業堂華氏刻本　六册

340000－1801－0001250　1:006851－1:006854
春秋三十卷　(宋)胡安國傳　**諸國興廢説一卷**　清康熙三十三年(1694)刻本　四册

340000－1801－0001251　1:006855－1:006858
春秋權衡十七卷　(宋)劉敞撰　清同治十二年(1873)粤東書局刻通志堂經解本　四册

340000－1801－0001252　1:006859－1:006862
春秋傳註四卷　(清)李塨著　清同治八年(1869)刻本　四册

340000－1801－0001253　1:006863－1:006864
春秋比事目錄四卷　(清)方苞撰　清乾隆桐城方氏抗希堂刻抗希堂十六種本　二册

340000－1801－0001254　1:006865－1:006868
春秋鈔十卷首一卷　(清)朱軾輯　清光緒二十三年(1897)刻本　四册

340000－1801－0001255　1:006869－1:006874
春秋究遺十六卷春秋總説一卷春秋比例一卷　(清)葉酉著　清乾隆刻本　六册

340000－1801－0001256　1:006875－1:006880
春秋究遺十六卷春秋總説一卷春秋比例一卷　(清)葉酉著　清乾隆刻本　六册

340000－1801－0001257　1:006881－1:006887
春秋二十六卷首一卷　(清)郜坦傳注　清刻本　七册

340000－1801－0001258　1:006888－1:006892
春秋二十六卷首一卷　(清)郜坦傳注　清光緒二年(1876)淮南書局刻本　五册

340000－1801－0001259　1:006893－1:006898
春秋二十六卷首一卷　(清)郜坦傳注　清光緒二年(1876)淮南書局刻本　六册

340000－1801－0001260　1:006907－1:006910
春秋識小錄九卷　(清)程廷祚撰　清光緒二十四年(1898)晦齋刻本　四册

340000－1801－0001261　1:006911－1:006918
御纂春秋直解十二卷　(清)傅恒等纂　清乾隆刻本　八册

340000－1801－0001262　1:006919－1:006920
此木軒春秋闕如編八卷　(清)焦袁熹著　清嘉慶十二年(1807)刻本　二册

340000－1801－0001263　1:006921－1:006924
春秋燬餘四卷　(清)李光地撰　清道光二年(1822)李維迪刻榕村全書本　四册

340000－1801－0001264　1:006925
春秋比二卷　(清)郝懿行輯　清道光七年(1827)趙銘彝刻郝氏遺書本　一册

340000－1801－0001265　1:006926－1:006928
春秋地名辨異三卷附晉書地理志證今一卷　(清)程廷祚撰次　清乾隆八年(1743)三近堂刻春秋識小錄初刻三書本　三册

340000－1801－0001266　1:006929
春秋希通一卷　(清)程庭桂輯　清刻本　一册

340000－1801－0001267　1:006930－1:006932
春秋約讀不分卷　胡嗣運撰　清末胡嗣運稿本　三册　缺一册(三)

340000－1801－0001268　1:006933
春秋微旨三卷　(唐)陸淳撰　清刻本　一册

340000－1801－0001269　1:006934－1:006937
春秋集傳十六卷首一卷末一卷　(清)汪紱纂　清光緒二十一年(1895)刻本　四册

340000－1801－0001270　1:006938－1:006943
春秋繹義十四卷首二卷　(清)王曜南輯　清咸豐元年(1851)刻本　六册

340000－1801－0001271　1:006948－1:006954
春秋三子傳六卷首一卷　(清)毛士述　清同治十一年(1872)深澤王氏刻毛氏春秋三種本　七册

340000－1801－0001272　1:006957－1:006958
春秋求故四卷首一卷　(清)余煌撰　清道光十年(1830)刻本　二册

340000－1801－0001273　1：006959－1：006974
春秋比事參義十六卷　（清）桂含章輯　清光緒八年（1882）石埭桂氏務本堂金陵刻本　十六册

340000－1801－0001274　1：006975－1：006990
春秋比事參義十六卷　（清）桂含章輯　清光緒八年（1882）石埭桂氏務本堂金陵刻本　十六册

340000－1801－0001275　1：006991－1：007006
春秋比事參義十六卷　（清）桂含章輯　清光緒八年（1882）石埭桂氏務本堂金陵刻本　十六册

340000－1801－0001276　1：007007－1：007022
春秋比事參義十六卷　（清）桂含章輯　清光緒八年（1882）石埭桂氏務本堂金陵刻本　十六册

340000－1801－0001277　1：007023－1：007030
春秋諸家解十二卷總論一卷　（清）毛士撰　清同治十一年（1872）深澤王氏刻毛氏春秋三種本　八册

340000－1801－0001278　1：007031－1：007044
春秋四傳詁經十五卷首一卷末一卷　（清）萬斛泉編輯　清光緒三十四年（1908）刻本　許承堯題記　十四册

340000－1801－0001279　1：007045－1：007046
春秋旁訓欽遵御案四傳合訂四卷讀春秋一卷春秋提要一卷　（□）□□撰　清懋德堂刻本　二册

340000－1801－0001280　1：007047
春秋春王正月考一卷辨疑一卷　（明）張以寧述　清康熙十九年（1680）通志堂刻通志堂經解本　一册

340000－1801－0001281　1：007048
春秋春王正月考一卷辨疑一卷　（明）張以寧述　清康熙十九年（1680）通志堂刻通志堂經解本　一册

340000－1801－0001282　1：007049－1：007054
春秋經傳敬繹六卷　（清）曹珍貴注　（清）楊秉璋鑒定　清同治六年（1867）刻本　六册

340000－1801－0001283　1：007055－1：007056
春秋疑義錄二卷　（清）劉士毅撰　清光緒六年（1880）刻本　二册

340000－1801－0001284　1：007057
春秋傳正誼四卷　（清）方宗誠述　清光緒四年（1878）桐城方氏刻柏堂遺書本　一册

340000－1801－0001285　1：007058
春秋傳正誼四卷　（清）方宗誠述　清光緒四年（1878）桐城方氏刻柏堂遺書本　一册

340000－1801－0001286　1：007059－1：007065
春秋集義十二卷　（清）方宗誠述　清光緒八年（1882）桐城方氏刻柏堂遺書本　七册

340000－1801－0001287　1：007066－1：007073
春秋集義十二卷　（清）方宗誠述　清光緒八年（1882）桐城方氏刻柏堂遺書本　八册

340000－1801－0001288　1：007076－1：007081
春秋董氏學八卷附傳一卷　康有為學　清光緒上海大同譯書局刻萬木草堂叢書本　六册

340000－1801－0001289　1：007082－1：007083
春秋緯元命苞二卷　（三國魏）宋均注　清光緒九年（1883）長沙嫏嬛館刻玉函山房輯佚書本　二册

340000－1801－0001290　1：007084－1：007085
春秋例表不分卷　（清）王代豐撰　（清）廖震編次　清光緒三十四年（1908）東州刻本　二册

340000－1801－0001291　1：007088－1：007089
春秋旁訓辨體合訂四卷讀春秋一卷春秋提要一卷　（清）徐立綱輯　清循陔堂刻本　二册

340000－1801－0001292　1：007090－1：007091
春秋增訂旁訓四卷　清末李光明莊刻本　二册

340000－1801－0001293　1：007093－1：007100
春秋或問六卷　（清）郜坦著　**春秋二十六卷首一卷**　（清）郜坦傳注　清光緒二年（1876）

淮南書局刻本　清部雲鵠識　八冊

340000－1801－0001294　1:007101－1:007103
春秋啖趙集傳纂例十卷　(唐)陸淳纂　清道光、咸豐間大梁書院刻同治七年(1868)王儒行等印經苑本　三冊

340000－1801－0001295　1:007120－1:007121
論語十卷　(宋)朱熹集注　清末李光明莊刻本　二冊

340000－1801－0001296　1:007122－1:007123
論語十卷　(宋)朱熹集注　清末李光明莊刻本　二冊

340000－1801－0001297　1:007124
論語二十卷　(清)戴望注　清同治十年(1871)刻本　一冊

340000－1801－0001298　1:007125
論語二十卷　(清)戴望注　清同治十年(1871)刻本　一冊

340000－1801－0001299　1:007127－1:007132
論語注疏解經二十卷　(三國魏)何晏集解　(宋)邢昺疏　**論語注疏校勘記二十卷**　(清)阮元撰　(清)盧宣旬摘錄　清同治十二年(1873)江西書局刻重刊宋本十三經註疏附校勘記本　六冊

340000－1801－0001300　1:007133－1:007138
論語注疏解經二十卷　(三國魏)何晏集解　(宋)邢昺疏　**論語注疏校勘記二十卷**　(清)阮元撰　(清)盧宣旬摘錄　清同治十二年(1873)江西書局刻重刊宋本十三經註疏附校勘記本　六冊

340000－1801－0001301　1:007139－1:007142
論語註疏二十卷附考證　(三國魏)何晏集解　(唐)陸德明音義　(宋)邢昺疏　清同治十年(1871)廣州書局刻十三經註疏本　四冊

340000－1801－0001302　1:007143－1:007146
論語集注旁證二十卷　(清)梁章鉅撰　清光緒十二年(1886)鉛印本　四冊

340000－1801－0001303　1:007147－1:007150
論語集注旁證二十卷　(清)梁章鉅撰　清光緒十二年(1886)鉛印本　四冊

340000－1801－0001304　1:007151－1:007152
論語正義補一卷　(清)劉恭冕撰　(清)劉文興輯　清抄本　二冊

340000－1801－0001305　1:007153
論語補注三卷　(清)劉開輯　清同治七年(1868)桐城劉氏刻本　一冊

340000－1801－0001306　1:007158－1:007163
論語正義二十四卷　(清)劉寶楠學　(清)劉恭冕述　清同治五年(1866)刻本　六冊

340000－1801－0001307　1:007164－1:007167
論語類考二十卷　(明)陳士元著　清嘉慶二十四年(1819)蕭山陳氏湖海樓刻湖海樓叢書本　四冊

340000－1801－0001308　1:007168－1:007169
論語集註攷證十卷前一卷　(元)金履祥述　清雍正、乾隆間金華金氏刻率祖堂叢書本　二冊

340000－1801－0001309　1:007170－1:007171
論語古訓十卷坿一卷　(清)陳鱣述　清光緒九年(1883)浙江書局刻本　二冊

340000－1801－0001310　1:007179
論語發隱一卷孟子發隱一卷　(清)楊文會注　清刻本　一冊

340000－1801－0001311　1:007194－1:007195
論語經說釋疑四卷　(清)周國階撰　清刻本　二冊

340000－1801－0001312　1:007196－1:007197
論語溫知錄不分卷　(清)崔紀撰　清刻本　二冊

340000－1801－0001313　1:007198－1:007201
增訂二論詳解四卷　(清)劉忠輯　清光緒十二年(1886)瀔川李氏森寶齋刻本　四冊

340000－1801－0001314　1:007202－1:007205
鄉黨圖考十卷　(清)江永編　清刻本　四冊

340000－1801－0001315　1：007206－1：007207
鄉黨圖考十卷　(清)江永編　清刻本　二冊

340000－1801－0001316　1：007208－1：007211
鄉黨圖考十卷　(清)江永編　清乾隆五十二年(1787)致和堂刻本　四冊

340000－1801－0001317　1：007212－1：007216
鄉黨圖考十卷　(清)江永編　清乾隆五十二年(1787)蕓暉閣刻本　五冊

340000－1801－0001318　1：007217－1：007221
鄉黨圖考十卷　(清)江永編　清乾隆五十二年(1787)致和堂刻本　五冊

340000－1801－0001319　1：007222－1：007227
鄉黨圖考十卷　(清)江永著　清刻本　六冊

340000－1801－0001320　1：007228
鄉黨考便讀一卷　(清)董惠芝輯　清光緒二年(1876)刻本　一冊

340000－1801－0001321　1：007229
鄉黨考便讀一卷　(清)董惠芝輯　清光緒二年(1876)刻本　一冊

340000－1801－0001322　1：007230
鄉黨附考便蒙一卷　(清)錢泰訂　(清)胡先鉅輯　清道光二十七年(1847)雙桂齋刻本　一冊

340000－1801－0001323　1：007231－1：007234
鄉黨圖考十卷　(清)江永著　清乾隆五十二年(1787)致和堂刻本　四冊

340000－1801－0001324　1：007235－1：007239
鄉黨圖考十卷　(清)江永著　清乾隆三十八年(1773)刻本　五冊

340000－1801－0001325　1：007240－1：007241
鄉黨圖考十卷　(清)江永著　清乾隆三十八年(1773)刻本　二冊

340000－1801－0001326　1：007242－1：007245
鄉黨圖考十卷　(清)江永著　清乾隆三十八年(1773)刻本　四冊

340000－1801－0001327　1：007249－1：007250
增補蘇批孟子二卷年譜一卷　(宋)蘇洵撰　(清)趙大浣增補　清同治十二年(1873)刻朱墨套印本　二冊

340000－1801－0001328　1：007251－1：007252
增補蘇批孟子二卷年譜一卷　(宋)蘇洵批　(清)趙大浣增補　清同治十三年(1874)大文堂刻朱墨套印本　二冊

340000－1801－0001329　1：007253－1：007254
增補蘇批孟子二卷年譜一卷　(宋)蘇洵批　(清)趙大浣增補　清同治十三年(1874)大文堂刻朱墨套印本　二冊

340000－1801－0001330　1：007255－1：007256
增補蘇批孟子二卷年譜一卷　(宋)蘇洵批　(清)趙大浣增補　清同治十二年(1873)刻朱墨套印本　二冊

340000－1801－0001331　1：007257－1：007258
增補蘇批孟子二卷年譜一卷　(宋)蘇洵批　(清)趙大浣增補　清同治十二年(1873)刻朱墨套印本　二冊

340000－1801－0001332　1：007259－1：007260
增補蘇批孟子二卷年譜一卷　(宋)蘇洵批　(清)趙大浣增補　清三讓堂刻朱墨套印本　二冊

340000－1801－0001333　1：007261－1：007262
增補蘇批孟子二卷年譜一卷　(宋)蘇洵批　(清)趙大浣增補　清同治十二年(1873)刻朱墨套印本　二冊

340000－1801－0001334　1：007263－1：007264
增補蘇批孟子二卷年譜一卷　(宋)蘇洵批　(清)趙大浣增補　清同治十二年(1873)刻朱墨套印本　二冊

340000－1801－0001335　1：007265－1：007267
標孟七卷批檀弓二卷　(清)汪有光評　(清)汪有聲校　(清)汪能承編　清康熙二十五年(1686)樂取堂刻本　三冊

340000－1801－0001336　1：007268
讀孟子劄記一卷　(清)崔紀著　清乾隆五年

(1740)刻本　一冊

340000－1801－0001337　1:007269－1:007271
標孟七卷批檀弓二卷　(清)汪有光評　(清)汪有聲校　清光緒十三年(1887)黟縣李宗熿刻本　三冊

340000－1801－0001338　1:007272－1:007273
標孟七卷　(清)汪有光評　(清)汪有聲校　(清)汪能承編　清光緒十三年(1887)黟縣李宗熿刻本　二冊

340000－1801－0001339　1:007274－1:007275
標孟七卷　(清)汪有光評　(清)汪有聲校　(清)汪能承編　清光緒十三年(1887)黟縣李宗熿刻本　二冊

340000－1801－0001340　1:007276－1:007277
標孟七卷　(清)汪有光評　(清)汪有聲校　(清)汪能承編　清光緒十三年(1887)黟縣李宗熿刻本　二冊

340000－1801－0001341　1:007278－1:007279
標孟七卷　(清)汪有光評　(清)汪有聲校　(清)汪能承編　清光緒十三年(1887)黟縣李宗熿刻本　二冊

340000－1801－0001342　1:007280－1:007282
孟子七卷　(宋)朱熹集注　清嘉慶十年(1805)揚州鮑氏樗園刻五經四書讀本本　三冊

340000－1801－0001343　1:007287－1:007289
孟子三卷　(□)□□撰　清李光明莊刻本　三冊

340000－1801－0001344　1:007290－1:007292
孟子七卷　(宋)朱熹集注　清經國莊刻本　三冊

340000－1801－0001345　1:007295－1:007297
孟子七卷　(□)□□撰　清同治六年(1867)湖北崇文書局刻本　三冊

340000－1801－0001346　1:007298－1:007300
孟子十四卷　(漢)趙岐注　清光緒三十四年(1908)問經精舍刻本　三冊

340000－1801－0001347　1:007305－1:007306
孟子十四卷　(漢)趙岐注　**孟子音義二卷**　(宋)孫奭撰　清微波榭刻本　二冊

340000－1801－0001348　1:007307－1:007314
孟子注疏解經十四卷　(漢)趙岐注　(宋)孫奭疏　清四友堂刻本　八冊

340000－1801－0001349　1:007315－1:007321
四書翊注四十二卷　(清)刁包輯　清刻本　七冊　存十四卷(孟子十四卷)

340000－1801－0001350　1:007322－1:007328
孟子七卷　(宋)朱熹集注　清刻本　七冊

340000－1801－0001351　1:007329－1:007330
孟子七卷　(宋)朱熹集注　清刻本　二冊

340000－1801－0001352　1:007331－1:007333
孟子七卷　(宋)朱熹集注　清崇道堂刻朱墨套印本　三冊

340000－1801－0001353　1:007334－1:007342
孟子正義三十卷　(清)焦循著　清抄本　九冊

340000－1801－0001354　1:007343－1:007354
孟子正義三十卷　(清)焦循譔集　清刻本　十二冊

340000－1801－0001355　1:007355－1:007361
孟子正義三十卷　(清)焦循譔集　清半九書塾刻本　七冊

340000－1801－0001356　1:007362－1:007371
孟子正義三十卷　(清)焦循譔集　清半九書塾刻本　十冊

340000－1801－0001357　1:007372－1:007375
繹孟七卷　(清)吴文翰撰　清道光二十九年(1849)刻本　四冊

340000－1801－0001358　1:007376
孟子要略五卷　(宋)朱熹撰　清同治十三年(1874)傳忠書局刻本　一冊

340000－1801－0001359　1:007377－1:007404
孟子長編不分卷　(□)□□撰　清抄本　二

十八册

340000－1801－0001360　1：007405
孟子微八卷　康有為撰　清光緒鉛印本　一册　存四卷(一至四)

340000－1801－0001361　1：007406－1：007413
孟子講義十二卷　(□)□□撰　清刻本　八册

340000－1801－0001362　1：007414
孟子釋疑一卷　(清)汪宗沂撰　清光緒二十三年(1897)黟縣李氏刻本　一册

340000－1801－0001363　1：007422－1：007428
四書七卷　(□)□□撰　清李光明莊刻本　七册

340000－1801－0001364　1：007429－1：007434
四書集註□□卷　(□)□□撰　清李光明莊刻本　六册

340000－1801－0001365　1：007435－1：007440
新刻批點四書讀本十九卷　(宋)朱熹撰　清道光七年(1827)愷元堂刻朱墨套印本　六册

340000－1801－0001366　1：007441－1：007446
四書讀本十九卷　(宋)朱熹撰　清道光四年(1824)刻本　六册

340000－1801－0001367　1：007447－1：007452
四書章句集註十九卷　(宋)朱熹撰　清刻本　六册

340000－1801－0001368　1：007453－1：007458
監本四書十九卷　(宋)朱熹集注　清道光二十二年(1842)知稼堂刻本　六册

340000－1801－0001369　1：007459－1：007464
四書十九卷　(宋)朱熹集注　清同治六年(1867)湖北崇文書局刻本　六册

340000－1801－0001370　1：007465－1：007470
四書十九卷　(宋)朱熹集注　清同治十一年(1872)山東書局刻本　六册

340000－1801－0001371　1：007471－1：007474
四書語錄五卷　(明)艾南英著　清嘉慶十八年(1813)刻本　四册

340000－1801－0001372　1：007475－1：007480
監本四書十九卷　(宋)朱熹集注　清道光十三年(1833)婺源刻本　六册

340000－1801－0001373　1：007481－1：007492
四書註疏三十七卷　(漢)鄭玄注　(唐)孔穎達疏　清柳碧梧齋刻本　十二册

340000－1801－0001374　1：007493－1：007497
增訂批點四書讀本十九卷　(宋)朱熹撰　清同治四年(1865)竟成書坊刻本　五册　存十六卷(大學一卷、中庸一卷、論語十卷、孟子四至七)

340000－1801－0001375　1：007498－1：007503
讀四書叢說八卷　(元)許謙撰　清刻本　六册

340000－1801－0001376　1：007504－1：007508
翻譯四書十九卷　(□)□□撰　清刻本　五册　存十一卷(中庸一卷、論語一至十)

340000－1801－0001377　1：007509－1：007522
四書經註集證十九卷　(清)吳昌宗撰　清嘉慶三年(1798)刻本　十四册

340000－1801－0001378　1：007523－1：007536
四書經註集證十九卷　(清)吳昌宗撰　清嘉慶三年(1798)刻本　十四册

340000－1801－0001379　1：007537－1：007552
四書經注集證十九卷　(清)吳昌宗輯　(清)汪廷機評選　清咸豐三年(1853)刻本　十六册

340000－1801－0001380　1：007553－1：007566
四書經注集證十九卷　(清)吳昌宗撰　清光緒四年(1878)望三益齋刻本　十四册

340000－1801－0001381　1：007567－1：007572
四書集注十九卷　(宋)朱熹集注　清同治五年(1866)金陵書局刻本　六册

340000－1801－0001382　1：007573－1：007578
四書十九卷　(□)□□撰　清光緒十六年(1890)蘭州刻本　六册

340000－1801－0001383　1:007579－1:007584
四書集注十九卷　(宋)朱熹集注　清刻本　六冊

340000－1801－0001384　1:007585－1:007590
四書集注十九卷　(宋)朱熹集注　清刻本　六冊

340000－1801－0001385　1:007591－1:007596
四書集注十九卷　(宋)朱熹撰　清光緒三十二年(1906)商務印書館鉛印本　六冊

340000－1801－0001386　1:007597－1:007602
四書集注十九卷　(宋)朱熹撰　清光緒二十年(1894)金陵書局刻本　六冊

340000－1801－0001387　1:007603－1:007608
四書集注十九卷　(宋)朱熹撰　清光緒二十年(1894)金陵書局刻本　六冊

340000－1801－0001388　1:007609－1:007614
四書集注十九卷　(宋)朱熹撰　清光緒二十年(1894)金陵書局刻本　六冊

340000－1801－0001389　1:007621－1:007626
四書集注十九卷　(宋)朱熹撰　清光緒十二年(1886)刻本　六冊

340000－1801－0001390　1:007627－1:007632
四書集註十九卷　(宋)朱熹撰　清宣統元年(1909)仁記書局刻本　六冊

340000－1801－0001391　1:007633－1:007638
四書章句集注十九卷　(宋)朱熹集注　清同治十三年(1874)湖南書局刻本　六冊

340000－1801－0001392　1:007639－1:007645
四書章句集注二十六卷　(宋)朱熹集注　**四書集注附考四卷**　(清)吳志忠輯　**四書章句集注定本辨一卷四書家塾讀本句讀一卷**　(清)吳英撰　清光緒七年(1881)淮南書局刻本　七冊

340000－1801－0001393　1:007646－1:007652
四書章句集注二十六卷　(宋)朱熹集注　**四書集注附考四卷**　(清)吳志忠輯　**四書章句集注定本辨一卷四書家塾讀本句讀一卷**　(清)吳英撰　清嘉慶十六年(1811)璜川吳氏真意堂刻本　七冊　存二十六卷(四書章句集注二十六卷)

340000－1801－0001394　1:007653－1:007659
四書章句集注二十六卷　(宋)朱熹集注　**四書集注附考四卷**　(清)吳志忠輯　**四書章句集注定本辨一卷四書家塾讀本句讀一卷**　(清)吳英撰　清嘉慶十六年(1811)璜川吳氏真意堂刻本　七冊

340000－1801－0001395　1:007660－1:007679
四書朱子本義匯參四十三卷首四卷　(清)王步青輯　清刻本　二十冊

340000－1801－0001396　1:007680－1:007699
四書朱子本義匯參四十三卷首四卷　(清)王步青輯　(清)王士鼇編　清敦復堂刻本　二十冊　缺二十一卷(論語集註本義匯參一至二十、首一卷)

340000－1801－0001397　1:007700－1:007735
四書朱子本義匯參四十三卷首四卷　(清)王步青輯　(清)王士鼇編　清敦復堂刻本　三十六冊

340000－1801－0001398　1:007736－1:007767
四書朱子本義匯參四十三卷首四卷　(清)王步青輯　(清)王士鼇編　清敦復堂刻本　三十二冊

340000－1801－0001399　1:007768－1:007799
四書朱子本義匯參四十三卷首四卷　(清)王步青輯　(清)王士鼇編　清敦復堂刻本　三十二冊

340000－1801－0001400　1:007800－1:007831
四書朱子本義匯參四十三卷首四卷　(清)王步青輯　(清)王士鼇編　清光緒五年(1879)上海江左書林刻本　三十二冊

340000－1801－0001401　1:007832－1:007839
新增加批四書本義匯參七卷首四卷　(清)王步青輯　清光緒三十一年(1905)公記書局石印本　八冊

340000－1801－0001402　1∶007840－1∶007847
四書章句本義匯參不分卷首四卷　（清）王步青輯　清光緒十二年（1886）鉛印本　八冊

340000－1801－0001403　1∶007848－1∶007851
漱芳軒合纂四書體注十九卷　（清）范翔參訂　清乾隆六年（1741）刻本　四冊　缺二卷（大學一卷、中庸一卷）

340000－1801－0001404　1∶007852－1∶007857
新訂四書補註備旨十卷　（明）鄧林著　清刻本　六冊

340000－1801－0001405　1∶007858－1∶007869
朱子四書或問小注三十六卷　（清）徐方廣增注　（清）陳元燮輯定　清康熙四十七年（1708）刻本　十二冊

340000－1801－0001406　1∶007870－1∶007875
四書或問三十九卷　（宋）朱熹撰　**四書或問考異一卷**　（清）劉啟發撰　清同治十二年（1873）霍山劉氏五忠堂刻本　六冊

340000－1801－0001407　1∶007884－1∶007888
朱子四書或問四十二卷　（宋）朱熹撰　清刻本　五冊　缺一卷（中庸或問二）

340000－1801－0001408　1∶007889－1∶007894
論語集編十卷孟子集編十四卷　（宋）真德秀撰　清同治七年（1868）西山祠刻本　六冊　缺六卷（論語集編六至七、孟子集編十一至十四）

340000－1801－0001409　1∶007895－1∶007898
四書說約三十三卷　（明）鹿善繼著　清道光二十八年（1848）刻本　四冊　存二十八卷（大學一至二，中庸一至四，論語一至二十，孟子上、下）

340000－1801－0001410　1∶007899－1∶007906
增訂四書圖像人物備考十二卷　（明）陳仁錫增訂　清康熙五十六年（1717）古吳三樂齋刻本　八冊

340000－1801－0001411　1∶007907－1∶007912
新訂四書補注備旨十卷　（明）鄧林著　（清）鄧煜編次　清光緒七年（1881）盛德堂刻本　六冊

340000－1801－0001412　1∶007913－1∶007918
新訂四書補注備旨十卷　（明）鄧林著　（清）鄧煜編次　清光緒七年（1881）刻本　六冊

340000－1801－0001413　1∶007919－1∶007924
新訂四書補注備旨十卷　（明）鄧林著　（清）鄧煜編次　清光緒七年（1881）刻本　六冊

340000－1801－0001414　1∶007925－1∶007932
寶興新訂四書補注備旨十卷　（明）鄧林著　（清）鄧煜編次　清光緒十三年（1887）寶興堂刻本　八冊

340000－1801－0001415　1∶007933－1∶007938
新訂四書補注備旨十卷　（明）鄧林著　（清）鄧煜編次　清李光明莊刻本　六冊

340000－1801－0001416　1∶007947－1∶007954
新訂四書補注備旨十卷　（明）鄧林著　（清）鄧煜編次　清光緒十三年（1887）姑蘇掃葉山房刻本　八冊

340000－1801－0001417　1∶007961－1∶007966
四書訓解參證十二卷補遺四卷續補編四卷　（清）張定鋆撰　清咸豐二年（1852）刻同治九年（1870）補刻本　六冊

340000－1801－0001418　1∶007967－1∶007970
增補四書精繡圖像人物備考十二卷　（明）薛應旂輯　（明）陳仁錫增訂　清乾隆二十八年（1763）古吳聚秀堂刻本　四冊

340000－1801－0001419　1∶007985－1∶008012
四書訓義三十六卷四書稗疏二卷附考異一卷　（宋）朱熹集注　（清）王夫之訓義　清光緒十三年（1887）潞河啖柘山房刻本　二十八冊

340000－1801－0001420　1∶008013－1∶008014
四書反身錄八卷附勸世箴言一卷　（清）李顒撰　清光緒刻本　二冊

340000－1801－0001421　1∶008015－1∶008018
四書反身錄八卷　（清）李顒撰　清道光二十四年（1844）刻本　四冊

340000－1801－0001422　1:008019－1:008021
四書反身錄八卷　（清）李顒著　（清）王心敬錄　清宣統二年（1910）成都國學研究會刻本　三冊　存三卷（中庸一、論語二至三）

340000－1801－0001423　1:008022－1:008023
四書反身錄八卷　（清）李顒著　清浙江書局刻本　二冊

340000－1801－0001424　1:008024－1:008027
四書反身錄八卷　（清）李顒著　清浙江書局刻本　四冊

340000－1801－0001425　1:008028－1:008031
四書反身錄八卷　（清）李顒著　清浙江書局刻本　四冊

340000－1801－0001426　1:008032－1:008035
四書反身錄八卷　（清）李顒著　清浙江書局刻本　四冊

340000－1801－0001427　1:008036－1:008039
四書反身錄八卷　（清）李顒著　清浙江書局刻本　四冊

340000－1801－0001428　1:008040－1:008043
四書反身錄六卷　（清）李顒著　（清）王心敬錄　清康熙三十一年（1692）思硯齋刻本　四冊

340000－1801－0001429　1:008044－1:008049
四書經注詳讀十九卷　（宋）朱熹集注　清光緒二年（1876）刻本　六冊

340000－1801－0001430　1:008050－1:008052
四書釋地一卷續一卷又續一卷三續一卷孟子生卒年月考一卷　（清）閻若璩撰　清乾隆五十二年（1787）眷西堂刻本　三冊

340000－1801－0001431　1:008053－1:008055
四書釋地一卷續一卷又續一卷三續一卷孟子生卒年月考一卷　（清）閻若璩撰　清刻本　三冊

340000－1801－0001432　1:008056
四書釋地一卷續一卷又續一卷三續一卷孟子生卒年月考一卷　（清）閻若璩撰　清乾隆八年（1743）馬氏刻本　一冊　缺二卷（四書釋地一卷、續一卷）

340000－1801－0001433　1:008057－1:008060
四書釋地一卷續一卷又續一卷三續一卷孟子生卒年月考一卷　（清）閻若璩撰　清乾隆五十二年（1787）眷西堂刻本　四冊

340000－1801－0001434　1:008061－1:008062
四書釋地一卷續一卷又續一卷三續一卷孟子生卒年月考一卷　（清）閻若璩撰　清乾隆五十二年（1787）聽雨齋刻本　二冊　存三卷（四書釋地一卷、續一卷、孟子生卒年月考一卷）

340000－1801－0001435　1:008064－1:008065
此木軒四書說九卷　（清）焦袁熹撰　清乾隆九年（1744）刻本　二冊

340000－1801－0001436　1:008066－1:008071
四書釋地補一卷續補一卷又續補一卷三續補一卷　（清）閻若璩撰　清嘉慶二十一年（1816）梅陽海涵堂刻本　六冊

340000－1801－0001437　1:008072－1:008077
四書釋地一卷續一卷又續一卷三續一卷孟子生卒年月考一卷　（清）閻若璩撰　清乾隆五十二年（1787）眷西堂刻本　六冊

340000－1801－0001438　1:008078－1:008093
四書講義困勉錄三十七卷四書講義續困勉錄六卷　（清）陸隴其纂輯　清康熙三十八年（1699）刻本　十六冊

340000－1801－0001439　1:008094－1:008109
四書講義困勉錄三十七卷　（清）陸隴其纂輯　（清）陸公鏐編次　清乾隆四年（1739）刻本　十六冊

340000－1801－0001440　1:008110－1:008117
四書約旨十九卷附孟子考略一卷　（清）任啟運撰　清光緒九年（1883）篠里任一本堂家塾刻本　八冊

340000－1801－0001441　1:008118－1:008129
四書約旨十九卷附孟子考略一卷　（清）任啟

運撰　清光緒二十年(1894)浙江官書局刻本　十二册

340000－1801－0001442　1:008130－1:008153
四書大全四十卷　(清)陸隴其輯　清刻本　二十四册

340000－1801－0001443　1:008154－1:008183
四書大全四十卷　(清)陸隴其輯　清康熙寶翰樓刻本　三十册

340000－1801－0001444　1:008184－1:008211
四書大全四十二卷　(清)汪份輯　清刻本　二十八册

340000－1801－0001445　1:008212－1:008225
四書詮義三十八卷　(清)汪烜纂　清道光一經堂刻本　十四册

340000－1801－0001446　1:008226－1:008237
四書近指二十卷　(清)孫奇逢撰　清康熙六十一年(1722)刻本　十二册

340000－1801－0001447　1:008238－1:008250
四書彙解四十卷　(清)史以徵輯　清康熙九年(1670)美延堂刻本　十三册

340000－1801－0001448　1:008251－1:008256
集虚齋四書口義十卷　(清)方棨如著　(清)于光華編次　(清)姚任道訂　清乾隆五十三年(1788)刻本　六册

340000－1801－0001449　1:008257－1:008264
四書改錯二十二卷　(清)毛奇齡稿　清嘉慶十六年(1811)學圃刻本　八册

340000－1801－0001450　1:008265－1:008269
四書改錯二十二卷　(清)毛奇齡稿　清嘉慶十六年(1811)刻本　五册　缺三卷(一至三)

340000－1801－0001451　1:008270－1:008281
四書一貫講十九卷　(清)顧天健著　**松陽劄記一卷**　(清)陸隴其　(清)陸蒿菴著　(清)顧天健輯　清乾隆二十八年(1763)顧氏敨後堂刻本　十二册

340000－1801－0001452　1:008282－1:008293
四書考輯要二十卷　(清)陳宏謀輯　清乾隆三十六年(1771)培遠堂刻本　十二册

340000－1801－0001453　1:008294－1:008301
四書考輯要二十卷　(清)陳宏謀輯　清吳門穆大展局刻本　八册

340000－1801－0001454　1:008302－1:008311
註朱六卷　(清)趙希濂著　清乾隆三十年(1765)刻本　十册

340000－1801－0001455　1:008312－1:008349
五華纂訂四書大全四十三卷　(清)孫見龍纂輯　(清)宮爾勸参訂　清乾隆刻本　三十八册　缺三卷(大學一、中庸三至四)

340000－1801－0001456　1:008350－1:008351
四書集注繹義雪疑三卷　(清)朱鏞撰　清道光太倉研香齋刻本　二册

340000－1801－0001457　1:008352－1:008371
四書纂言四十卷　(清)宋翔鳳輯　清光緒八年(1882)古吳岧嵈山房刻本　二十册

340000－1801－0001458　1:008372－1:008379
四書考異七十二卷　(清)翟灝撰　清刻本　八册

340000－1801－0001459　1:008380－1:008385
四書考異七十二卷　(清)翟灝撰　清刻本　六册　存三十六卷(下編條考一至三十六)

340000－1801－0001460　1:008386－1:008397
四書答問十二卷　(清)秦士顯著　(清)蕭士然編錄　清嘉慶十八年(1813)英德堂刻本　十二册

340000－1801－0001461　1:008398－1:008399
四書説略四卷教童子法一卷　(清)王筠撰　清刻本　二册

340000－1801－0001462　1:008400－1:008409
四書讀十九卷　(宋)朱熹章句　(清)李嵩侖讀　(清)李中培編　清嘉慶十四年(1809)四謙堂刻本　十册

340000－1801－0001463　1:008410－1:008415
四書地理考十五卷　(清)王瑬撰　清光緒十七年(1891)習静齋刻本　六册

340000－1801－0001464　1:008416－1:008419
四書地理考十五卷　(清)王鎏撰　清道光十五年(1835)壑舟園刻本　四册

340000－1801－0001465　1:008420－1:008421
四書典故覈八卷　(清)凌曙輯　清嘉慶十三年(1808)蜚雲閣刻本　二册

340000－1801－0001466　1:008422－1:008425
四書典故覈八卷　(清)凌曙輯　清嘉慶十三年(1808)蜚雲閣刻本　四册

340000－1801－0001467　1:008426－1:008429
駁毛西河四書改錯二十一卷　(清)戴大昌撰　清嘉慶二十年(1815)刻本　四册

340000－1801－0001468　1:008430
四子詩牖不分卷　(清)吳日慎撰　(清)曾樹抄錄　清抄本　一册

340000－1801－0001469　1:008431－1:008432
四書拾義五卷　(清)胡紹勳撰　清道光十四年(1834)刻本　王立中題跋　二册

340000－1801－0001470　1:008433－1:008434
四書拾義五卷　(清)胡紹勳撰　清道光十四年(1834)刻本　二册

340000－1801－0001471　1:008435
四書拾義五卷　(清)胡紹勳撰　清道光十四年(1834)刻本　一册

340000－1801－0001472　1:008436－1:008455
四書字詁七十八卷　(清)段諤廷撰　(清)黄本驥編訂　清道光二十九年(1849)黔陽楊氏刻本　二十册

340000－1801－0001473　1:008456－1:008461
四書便蒙十九卷　(清)許寶善輯注　清光緒二十五年(1899)書業德刻本　六册

340000－1801－0001474　1:008462－1:008465
四書說苑十一卷首一卷補遺一卷續遺一卷　(清)孫應科輯　清道光刻本　四册

340000－1801－0001475　1:008466－1:008469
四書說苑十一卷首一卷補遺一卷續遺一卷　(清)孫應科輯　清道光刻本　四册

340000－1801－0001476　1:008470－1:008473
四書說苑十一卷首一卷補遺一卷續遺一卷　(清)孫應科輯　清道光刻本　四册

340000－1801－0001477　1:008474－1:008477
四書說苑十一卷首一卷補遺一卷續遺一卷　(清)孫應科輯　清道光刻本　四册

340000－1801－0001478　1:008478－1:008479
讀學庸筆記二卷讀論孟筆記三卷補記二卷　(清)方宗誠述　清光緒中桐城方氏刻柏堂遺書本　二册

340000－1801－0001479　1:008480－1:008483
四書經史摘證七卷　(清)宋繼穜輯　(清)宋廷英校注　清光緒元年(1875)廣州刻本　四册

340000－1801－0001480　1:008484－1:008489
四書摭餘說七卷　(清)曹之升輯　清刻本　六册

340000－1801－0001481　1:008490－1:008499
四書恒解十一卷　(清)劉沅輯注　清同治十三年(1874)致福樓刻本　十册

340000－1801－0001482　1:008500－1:008519
四書益智錄二十卷　(清)桂含章輯　清光緒八年(1882)石埭桂氏務本堂刻本　二十册

340000－1801－0001483　1:008520－1:008535
四書益智錄二十卷　(清)桂含章輯　清光緒八年(1882)石埭桂氏務本堂刻本　十六册　缺四卷(二至四、十三)

340000－1801－0001484　1:008536－1:008555
四書或問語類集解釋注大全四十一卷　(清)朱良玉纂輯　清槐經堂刻本　二十册

340000－1801－0001485　1:008556－1:008561
四書體註合講十九卷　(清)翁復編次　(清)詹文焕參定　清嘉慶二十三年(1818)刻本　六册

340000－1801－0001486　1:008562
四書章句集注二十六卷　(宋)朱熹集注　**四書集注附考四卷**　(清)吳志忠輯　**四書章句**

集注定本辨一卷四書家塾讀本句讀一卷 (清)吳英撰　清刻本　一冊　缺二十六卷(四書章句集注二十六卷)

340000－1801－0001487　1:008563－1:008568
銅板四書體註合講十九卷圖考一卷 (清)翁復編次　(清)詹文焕參定　清光緒八年(1882)刻本　六冊

340000－1801－0001488　1:008573－1:008578
四書體註合講十九卷圖考一卷 (清)翁復編次　(清)詹文焕參定　清文富堂刻本　六冊

340000－1801－0001489　1:008587－1:008590
四書味根錄三十七卷首二卷 (清)金澂輯　清光緒十一年(1885)上海同文書局石印本　四冊

340000－1801－0001490　1:008591－1:008594
四書味根錄三十七卷首二卷 (清)金澂輯　清光緒十二年(1886)上海同文書局石印本　四冊

340000－1801－0001491　1:008595－1:008600
四書襯十九卷 (清)駱培撰　清乾隆七年(1742)坦吉堂刻本　六冊

340000－1801－0001492　1:008601－1:008604
四書緯四卷 (清)常增學　清光緒十二年(1886)刻本　四冊

340000－1801－0001493　1:008605－1:008607
四書緯四卷 (清)常增學　清刻本　三冊　存三卷(二至四)

340000－1801－0001494　1:008611
四書句辨一卷四書圖一卷增訂四書字辨一卷 (□)□□撰　清一經堂刻本　一冊

340000－1801－0001495　1:008612
四書疑句輯解二卷 (清)倪偉人述　清刻本　一冊

340000－1801－0001496　1:008613
四書疑句輯解二卷 (清)倪偉人述　清刻本　一冊

340000－1801－0001497　1:008614－1:008619
大文堂合纂四書體註十九卷 (清)范翔参訂　清大文堂刻本　六冊

340000－1801－0001498　1:008620－1:008635
四書古注群義彙解九十八卷 (□)□□輯　清光緒十四年(1888)點石齋石印本　十六冊

340000－1801－0001499　1:008636－1:008647
四書古註群義彙解 (□)□□撰　清光緒十六年(1890)珍蓺書局鉛印本　十二冊

340000－1801－0001500　1:008648－1:008649
四書全注七卷 (□)□□撰　清光緒十一年(1885)鉛印本　二冊

340000－1801－0001501　1:008650－1:008653
四書圖考十三卷 (清)杜炳撰　清光緒十三年(1887)鴻文書局石印本　四冊

340000－1801－0001502　1:008654－1:008659
四書典故辨正二十卷附錄一卷 (清)周柄中著　清光緒十六年(1890)習靜齋刻本　六冊

340000－1801－0001503　1:008660－1:008663
四書典故辨正二十卷附錄一卷 (清)周柄中著　清刻本　四冊

340000－1801－0001504　1:008664－1:008665
精選四書人物考四書徵不分卷 (清)馬樸臣抄錄　清抄本　二冊

340000－1801－0001505　1:008736
四書井田圖考一卷四書武備圖考一卷 (清)杜炳雲學　清刻本　一冊

340000－1801－0001506　1:008737
中庸一卷 (宋)朱熹撰　清聚奎樓刻本　一冊

340000－1801－0001507　1:008738－1:008748
論語集註十卷孟子集註七卷 (宋)朱熹撰　清宛委山莊刻本　十一冊

340000－1801－0001508　1:008749
中庸篇義一卷　馬其昶撰　清光緒三十年(1904)合肥李氏刻集虛草堂叢書甲集本　一冊

340000 – 1801 – 0001509　1:008752 – 1:008755
大學傳註一卷中庸傳註一卷論語傳註二卷傳註問一卷　(清)李塨撰　清末石印本　四册

340000 – 1801 – 0001510　1:008756
中庸直指一卷　(明)史德清述　清光緒十年(1884)金陵刻經處刻本　一册

340000 – 1801 – 0001511　1:008757 – 1:008758
大學傳註問一卷中庸傳註一卷論語傳註問一卷　(清)李塨撰　清末鉛印本　二册

340000 – 1801 – 0001512　1:008759
大學一卷中庸一卷　(宋)朱熹撰　清同治十三年(1874)江西書局刻本　一册

340000 – 1801 – 0001513　1:008760 – 1:008761
朱柏廬先生中庸講義二卷　(清)朱用純撰　清刻本　二册

340000 – 1801 – 0001514　1:008762 – 1:008763
大學講義一卷中庸講義二卷　(清)胡珊輯著　清道光二年(1822)刻本　二册

340000 – 1801 – 0001515　1:008764 – 1:008765
學庸講義二卷　(清)胡珊輯著　清嘉慶八年(1803)巴鐘立刻本　二册

340000 – 1801 – 0001516　1:008766
大學章圖一卷中庸章圖一卷　(清)杜雲巖著　清道光十八年(1838)刻本　一册

340000 – 1801 – 0001517　1:008767 – 1:008770
大學宗朱直解四卷中庸宗朱直解四卷首一卷　(清)王履中撰　清道光九年(1829)刻本　四册

340000 – 1801 – 0001518　1:008771
學庸講義二卷　(清)胡珊撰　清嘉慶八年(1803)巴鐘立刻本　一册　存一卷(大學一)

340000 – 1801 – 0001519　1:008772
學庸圖説二卷　(清)江永輯　清嘉慶六年(1801)逍遙書屋刻本　一册

340000 – 1801 – 0001520　1:008775 – 1:008777
大學章句質疑一卷中庸章句質疑二卷　(清)郭嵩燾撰　清光緒十六年(1890)思賢講舍刻本　三册

340000 – 1801 – 0001521　1:008778 – 1:008782
四書述要□□卷　(清)楊玉緒著　清刻本　五册　存十七卷(論語一至十、孟子一至七)

340000 – 1801 – 0001522　1:008783
學庸臆解一卷　(清)張承華著　清同治三年(1864)刻本　一册

340000 – 1801 – 0001523　1:008784
學庸臆解一卷　(清)張承華著　清同治三年(1864)刻本　一册

340000 – 1801 – 0001524　1:008785
新訂學庸啟蒙二卷　(宋)朱熹章句　(清)王宗崗著　清王氏祠堂抄本　一册

340000 – 1801 – 0001525　1:008786 – 1:008788
學庸指掌三卷　(清)汪瑞堂撰　(清)周際華增訂　清道光二十一年(1841)家蔭堂刻本　三册

340000 – 1801 – 0001526　1:008790
孝經一卷　(清)汪由敦識　清乾隆二十一年(1756)學餘堂刻本　一册

340000 – 1801 – 0001527　1:008791
孝經一卷　(春秋)曾參撰　清抄本　一册

340000 – 1801 – 0001528　1:008792
孝經一卷　(春秋)曾參著　清道光二十一年(1841)刻本　一册

340000 – 1801 – 0001529　1:008793
孝經一卷　(□)□□撰　清光緒金陵書局刻本　一册

340000 – 1801 – 0001530　1:008794
孝經一卷　(唐)玄宗李隆基注　(唐)陸德明音義　清光緒十二年(1886)湖北官書處刻本　一册

340000 – 1801 – 0001531　1:008795
孝經一卷　(唐)玄宗李隆基注　(唐)陸德明音義　清光緒十二年(1886)湖北官書處刻本　一册

340000－1801－0001532　1：008796－1：008797
孝經注疏九卷　(宋)邢昺注疏　**孝經注疏校勘記九卷**　(清)阮元撰　(清)盧宣旬摘錄　清嘉慶二十年(1815)南昌府學刻重刊宋本十三經注疏附校勘記本　二冊

340000－1801－0001533　1：008798
孝經注疏九卷　(宋)邢昺注疏　**孝經注疏校勘記九卷**　(清)阮元撰　(清)盧宣旬摘錄　清嘉慶二十年(1815)南昌府學刻重刊宋本十三經註疏附校勘記本　一冊

340000－1801－0001534　1：008799
孝經注疏九卷附考證　(唐)玄宗李隆基注　(唐)陸德明音義　(宋)邢昺校　清同治十年(1871)廣東書局刻十三經註疏附考證本　一冊

340000－1801－0001535　1：008800
御注孝經一卷　(清)世祖福臨注　清大啟堂刻本　一冊

340000－1801－0001536　1：008801
孝經全注一卷洪範說二卷　(清)李光地注　清嘉慶六年(1801)刻李文貞公全集本　一冊

340000－1801－0001537　1：008802
孝經章義一卷讀學庸筆記二卷　(清)方宗誠述　清光緒五年(1879)刻本　一冊

340000－1801－0001538　1：008803
孝經原本發明四卷附緇衣表記坊記三篇　(清)方忠軾述　清光緒十七年(1891)刻本　一冊

340000－1801－0001539　1：008804
孝經易知一卷　(清)耿介輯注　清光緒二十二年(1896)刻本　一冊

340000－1801－0001540　1：008805
孝經十八章輯傳不分卷　(清)汪宗沂輯傳　清刻本　一冊

340000－1801－0001541　1：008806
孝經十八章輯傳不分卷　(清)汪宗沂輯傳　清刻本　一冊

340000－1801－0001542　1：008807
孝經十八章輯傳不分卷　(清)汪宗沂輯傳　清刻本　一冊

340000－1801－0001543　1：008808
孝經十八章輯傳不分卷　(清)汪宗沂輯傳　清刻本　一冊

340000－1801－0001544　1：008809
孝經存解析疑二卷讀孝經刊誤問答一卷　(清)趙長庚學　清刻本　一冊

340000－1801－0001545　1：008813
爾雅易讀不分卷　(清)路德注　清光緒十七年(1891)李光明莊刻本　一冊

340000－1801－0001546　1：008814
爾雅易讀不分卷　(清)路德注　清光緒十七年(1891)李光明莊刻本　一冊

340000－1801－0001547　1：008815－1：008819
爾雅注疏十卷　(晉)郭璞注　(宋)邢昺校定　**爾雅注疏校勘記十卷**　(清)阮元撰　(清)盧宣旬摘錄　清嘉慶二十年(1815)南昌府學刻重刊宋本十三經註疏附校勘記本　五冊

340000－1801－0001548　1：008820－1：008825
爾雅注疏十卷　(晉)郭璞注　(宋)邢昺校定　**爾雅注疏校勘記十卷**　(清)阮元撰　(清)盧宣旬摘錄　清嘉慶二十年(1815)南昌府學刻重刊宋本十三經註疏附校勘記本　六冊

340000－1801－0001549　1：008826－1：008831
爾雅注疏十卷　(晉)郭璞注　(宋)邢昺校定　**爾雅注疏校勘記十卷**　(清)阮元撰　(清)盧宣旬摘錄　清嘉慶二十年(1815)南昌府學刻重刊宋本十三經注疏附校勘記本　六冊

340000－1801－0001550　1：008832
爾雅三卷　(晉)郭璞注　(唐)陸德明音　清乾隆刻本　一冊

340000－1801－0001551　1：008833
爾雅三卷　(晉)郭璞注　清嘉慶十一年(1806)刻本　一冊

340000－1801－0001552　1：008834－1：008837

爾雅便讀便摹二卷 （清）周家慎撰 清嘉慶九年（1804）鐃城大雅堂刻本 四冊

340000－1801－0001553 1：008838－1：008839
爾雅便讀便摹二卷 （清）周家慎撰 清嘉慶九年（1804）鐃城大雅堂刻本 二冊

340000－1801－0001554 1：008840－1：008842
爾雅三卷 （晉）郭璞注 （唐）陸德明音義 清嘉慶二十二年（1817）刻本 三冊

340000－1801－0001555 1：008843－1：008845
爾雅三卷 （晉）郭璞注 （唐）陸德明音義 清嘉慶二十二年（1817）刻本 三冊

340000－1801－0001556 1：008846－1：008848
爾雅三卷 （晉）郭璞注 （唐）陸德明音義 清嘉慶二十二年（1817）刻本 三冊

340000－1801－0001557 1：008849－1：008850
爾雅三卷 （晉）郭璞注 清嘉慶十一年（1806）吳門顧氏思適齋刻本 二冊

340000－1801－0001558 1：008851－1：008853
爾雅三卷 （晉）郭璞注 （唐）陸德明音義 清嘉慶二十二年（1817）刻本 三冊

340000－1801－0001559 1：008854
爾雅經注三卷爾雅音釋一卷附句讀便讀一卷 （晉）郭璞注 清道光二十八年（1848）臨桂龍氏刻本 一冊

340000－1801－0001560 1：008855－1：008857
爾雅三卷 （晉）郭璞注 （唐）陸德明音釋 清同治十三年（1874）湖南書局刻本 三冊

340000－1801－0001561 1：008858－1：008860
爾雅三卷 （晉）郭璞注 （唐）陸德明音釋 清同治十三年（1874）湖南書局刻本 三冊

340000－1801－0001562 1：008861－1：008863
爾雅三卷 （晉）郭璞注 （唐）陸德明音釋 清同治七年（1868）湖北崇文書局刻本 三冊

340000－1801－0001563 1：008864－1：008866
爾雅三卷 （晉）郭璞注 （唐）陸德明音釋 清同治七年（1868）湖北崇文書局刻本 三冊

340000－1801－0001564 1：008867－1：008869
爾雅三卷 （晉）郭璞注 （唐）陸德明音釋 清光緒三年（1877）永康胡氏退補齋刻本 三冊

340000－1801－0001565 1：008870－1：008871
爾雅三卷 （晉）郭璞注 清光緒十八年（1892）上洋鴻寶齋石印本 二冊

340000－1801－0001566 1：008872－1：008877
爾雅注疏十卷 （晉）郭璞注 （宋）邢昺校定 **爾雅注疏校勘記十卷** （清）阮元撰 （清）盧宣旬摘錄 清同治十二年（1873）江西書局刻重刊宋本十三經注疏附校勘記本 六冊

340000－1801－0001567 1：008878－1：008879
爾雅經注三卷附音釋一卷 （晉）郭璞注 **爾雅經注集證三卷** （清）龍啟瑞纂 清光緒七年（1881）刻本 二冊

340000－1801－0001568 1：008880－1：008881
爾雅經注三卷附音釋一卷 （晉）郭璞注 **爾雅經注集證三卷** （清）龍啟瑞纂 清光緒七年（1881）刻本 二冊

340000－1801－0001569 1：008882－1：008884
爾雅三卷 （晉）郭璞注 （唐）陸德明音義 清光緒十二年（1886）湖北官書處刻本 三冊

340000－1801－0001570 1：008885－1：008887
爾雅三卷 （晉）郭璞注 （唐）陸德明音義 清光緒二十一年（1895）金陵書局刻本 三冊

340000－1801－0001571 1：008888－1：008890
爾雅三卷 （晉）郭璞注 （唐）陸德明音義 清光緒二十一年（1895）金陵書局刻本 三冊

340000－1801－0001572 1：008891－1：008893
爾雅三卷 （晉）郭璞注 （唐）陸德明音義 清光緒二十一年（1895）金陵書局刻本 三冊

340000－1801－0001573 1：008894－1：008897
爾雅三卷 （晉）郭璞注 （唐）陸德明音義 清李光明莊刻本 四冊

340000－1801－0001574 1：008898－1：008901
爾雅三卷 （晉）郭璞注 （唐）陸德明音義

清李光明莊刻本　四冊

340000－1801－0001575　1:008902－1:008905
爾雅三卷　(晉)郭璞注　(唐)陸德明音義　清李光明莊刻本　四冊

340000－1801－0001576　1:008906－1:008909
爾雅註疏十一卷　(晉)郭璞注　(宋)邢昺疏　清大文堂刻本　四冊

340000－1801－0001577　1:008910－1:008913
爾雅註疏十一卷　(晉)郭璞注　(宋)邢昺疏　清大文堂刻本　四冊

340000－1801－0001578　1:008914－1:008917
爾雅註疏十一卷　(晉)郭璞注　(宋)邢昺疏　清刻本　四冊

340000－1801－0001579　1:008918－1:008920
爾雅三卷　(晉)郭璞注　(唐)陸德明音義　清嘉慶二十二年(1817)張青選清芬閣刻本　三冊

340000－1801－0001580　1:008921－1:008923
爾雅三卷　(晉)郭璞注　(唐)陸德明音義　清嘉慶二十二年(1817)張青選清芬閣刻本　三冊

340000－1801－0001581　1:008924－1:008926
爾雅三卷　(晉)郭璞注　(唐)陸德明音義　清嘉慶二十二年(1817)張青選清芬閣刻本　三冊

340000－1801－0001582　1:008939
爾雅三卷　(宋)鄭樵注　清刻本　一冊

340000－1801－0001583　1:008940－1:008943
爾雅郭注補正九卷　(清)戴鎣撰　清光緒十一年(1885)海陽韓光鼐刻本　四冊

340000－1801－0001584　1:008944－1:008949
爾雅郭注補正九卷　(清)戴鎣撰　清光緒十一年(1885)海陽韓光鼐刻本　六冊

340000－1801－0001585　1:008950－1:008955
爾雅郭注補正九卷　(清)戴鎣撰　清光緒十一年(1885)海陽韓光鼐刻本　六冊

340000－1801－0001586　1:008956－1:008957
爾雅疏十卷　(宋)邢昺疏　清光緒四年(1878)吳興陸氏十萬卷樓刻本　二冊

340000－1801－0001587　1:008958－1:008959
爾雅疏十卷　(宋)邢昺疏　清光緒四年(1878)吳興陸氏十萬卷樓刻本　二冊

340000－1801－0001588　1:008960
爾雅注疏摘要不分卷　(晉)郭璞注　(宋)邢昺疏　清扆臣黼抄本　一冊

340000－1801－0001589　1:008961－1:008962
爾雅翼三十二卷　(宋)羅願撰　明正德十四年(1519)羅文殊刻本　二冊　存九卷(十五至二十三)

340000－1801－0001590　1:008963－1:008968
爾雅翼三十二卷　(宋)羅願撰　(元)洪焱祖音釋　**晦木齋洪氏重刊爾雅翼校記一卷**　(清)唐仁壽　(清)鮑昌熙校勘　清光緒十年(1884)刻洪氏晦木齋叢書本　六冊

340000－1801－0001591　1:008969－1:008970
爾雅注疏參義六卷　(清)姜兆錫撰　清雍正十年(1732)寅清樓刻九經補注本　二冊

340000－1801－0001592　1:008971－1:008976
爾雅正義二十卷　(清)邵晉涵撰　**爾雅釋文三卷**　(唐)陸德明撰　清乾隆文炳齋刻本　六冊

340000－1801－0001593　1:008977－1:008986
爾雅正義二十卷　(清)邵晉涵撰　**爾雅釋文三卷**　(唐)陸德明撰　清文炳齋刻本　十冊

340000－1801－0001594　1:008987－1:008994
爾雅正義二十卷　(清)邵晉涵撰　**爾雅釋文三卷**　(唐)陸德明撰　清文炳齋刻本　八冊

340000－1801－0001595　1:008995－1:009002
爾雅正義二十卷　(清)邵晉涵撰　**爾雅釋文三卷**　(唐)陸德明撰　清文炳齋刻本　八冊

340000－1801－0001596　1:009003－1:009010
爾雅郭注義疏二十卷　(清)郝懿行撰　清同治四年(1865)郝聯薇刻本　八冊

340000－1801－0001597　1：009011－1：009012
爾雅蒙求二卷　（清）李拔式撰　清嘉慶三年（1798）秀水張丹鳴刻本　二册

340000－1801－0001598　1：009013
爾雅正郭三卷　（清）潘衍桐撰　清光緒十七年（1891）刻本　一册

340000－1801－0001599　1：009014
爾雅正郭三卷　（清）潘衍桐撰　清光緒十七年（1891）刻本　一册

340000－1801－0001600　1：009015
爾雅補郭二卷　（清）翟灝撰　清光緒八年（1882）刻本　一册

340000－1801－0001601　1：009018－1：009020
爾雅音圖三卷　（晉）郭璞注　清嘉慶六年（1801）曾燠藝學軒刻本　三册

340000－1801－0001602　1：009021－1：009023
爾雅音圖三卷　（晉）郭璞注　清嘉慶六年（1801）曾燠藝學軒刻本　三册

340000－1801－0001603　1：009024－1：009026
爾雅音圖三卷　（晉）郭璞注　清嘉慶六年（1801）曾燠藝學軒刻本　三册

340000－1801－0001604　1：009027－1：009028
爾雅音圖三卷　（晉）郭璞注　清光緒十年（1884）點石齋石印本　二册

340000－1801－0001605　1：009029－1：009030
爾雅音圖三卷　（晉）郭璞注　清光緒十年（1884）同文書局石印本　二册

340000－1801－0001606　1：009034
爾雅直音二卷　（清）孫偘輯　清刻本　一册

340000－1801－0001607　1：009035－1：009036
爾雅直音二卷　（清）孫偘輯　清嘉慶十三年（1808）遜志堂刻本　二册

340000－1801－0001608　1：009037
爾雅直音二卷　（清）孫偘輯　清嘉慶五年（1800）潘平遠刻本　一册

340000－1801－0001609　1：009038－1：009039
爾雅直音二卷　（清）孫偘輯　清嘉慶五年（1800）潘平遠刻本　二册

340000－1801－0001610　1：009040－1：009041
爾雅直音二卷　（清）孫偘撰　清嘉慶十四年（1809）鴛湖博雅堂刻本　二册

340000－1801－0001611　1：009042－1：009043
爾雅直音二卷　（清）孫偘撰　清嘉慶二十五年（1820）翼經堂刻本　二册

340000－1801－0001612　1：009044－1：009045
爾雅直音二卷　（清）孫偘撰　清嘉慶二十五年（1820）翼經堂刻本　二册

340000－1801－0001613　1：009046－1：009047
爾雅直音二卷　（清）孫偘撰　清咸豐十一年（1861）五雲樓刻本　二册

340000－1801－0001614　1：009048－1：009049
爾雅直音二卷　（清）孫偘撰　清光緒二十一年（1895）崇德書院刻本　二册

340000－1801－0001615　1：009050－1：009053
爾雅匡名二十卷　（清）嚴元照撰　清光緒十一年（1885）陸氏守先閣刻湖州叢書本　四册

340000－1801－0001616　1：009056
廣雅十卷　（三國魏）張揖撰　（隋）曹憲音　清同治十二年（1873）粵東書局刻古經解彙函本　一册

340000－1801－0001617　1：009063－1：009070
廣雅疏證十卷　（清）王念孫撰　**博雅音十卷**　（隋）曹憲撰　（清）王念孫編　清光緒五年（1879）淮南書局刻本　八册

340000－1801－0001618　1：009105
釋名四卷　（漢）劉熙撰　清乾隆五十六年（1791）金谿王氏刻增訂漢魏叢書本　一册

340000－1801－0001619　1：009106
釋名八卷　（漢）劉熙撰　清刻本　一册

340000－1801－0001620　1：009107
小爾雅訓纂六卷　（清）宋翔鳳撰　清光緒十六年（1890）廣雅書局刻民國九年（1920）番禺徐紹棨重印本　一册

340000－1801－0001621　1：009108－1：009110
釋名疏證補八卷續釋名一卷補遺一卷疏證補坿一卷　(漢)劉熙撰　王先謙撰集　清光緒二十二年(1896)刻本　三冊

340000－1801－0001622　1：009111－1：009112
釋名疏證八卷補遺一卷續釋名一卷(正字本)　(漢)劉熙撰　(清)畢沅疏證　清乾隆五十四年(1789)鎮洋畢氏刻經訓堂叢書本　二冊

340000－1801－0001623　1：009113－1：009114
釋名疏證八卷補遺一卷續釋名一卷(篆字本)　(漢)劉熙撰　(清)畢沅疏證　清乾隆五十五年(1790)鎮洋畢氏刻經訓堂叢書本　二冊

340000－1801－0001624　1：009115－1：009118
釋名疏證八卷續釋名一卷補遺一卷　(清)畢沅撰　**校議一卷**　(清)吳翊寅撰　清光緒二十年(1894)廣雅書局刻民國九年(1920)番禺徐紹棨彙編重印廣雅書局叢書本　四冊

340000－1801－0001625　1：009119－1：009121
釋名疏證補八卷續釋名一卷補遺一卷疏證補坿一卷　(漢)劉熙撰　王先謙撰集　清光緒二十二年(1896)刻本　三冊

340000－1801－0001626　1：009122－1：009125
埤雅二十卷　(宋)陸佃撰　清刻本　四冊

340000－1801－0001627　1：009126－1：009127
埤雅二十卷　(宋)陸佃撰　清刻本　王立中校　二冊

340000－1801－0001628　1：009128－1：009135
駢雅訓纂十六卷序目一卷附補遺　(明)朱謀㙔撰　(清)魏茂林訓纂　清道光二十五年(1845)刻咸豐元年(1851)補刻本　八冊

340000－1801－0001629　1：009136－1：009143
駢雅訓纂十六卷序目一卷附補遺　(明)朱謀㙔撰　(清)魏茂林訓纂　清光緒十二年(1886)刻後知不足齋叢書本　八冊

340000－1801－0001630　1：009144－1：009151
駢雅訓纂十六卷序目一卷附補遺　(明)朱謀㙔撰　(清)魏茂林訓纂　清光緒七年(1881)成都淪雅齋刻本　八冊

340000－1801－0001631　1：009152－1：009159
駢雅訓纂十六卷序目一卷附補遺　(明)朱謀㙔撰　(清)魏茂林訓纂　清同治十一年(1872)經綸書室刻本　八冊

340000－1801－0001632　1：009168－1：009171
疊雅十三卷雙名錄一卷　(清)史夢蘭撰　清刻本　四冊

340000－1801－0001633　1：009172－1：009175
疊雅十三卷雙名錄一卷　(清)史夢蘭撰　清同治四年(1865)刻止園叢書本　四冊

340000－1801－0001634　1：009176－1：009183
選雅二十卷　程先甲述　清光緒二十八年(1902)千一齋刻本　八冊

340000－1801－0001635　1：009184－1：009192
拾雅二十卷　(清)夏味堂述　清嘉慶二十五年(1820)高郵夏味堂刻本　九冊　缺六卷(一至六)

340000－1801－0001636　1：009193－1：009194
拾雅六卷　(清)夏味堂述　清嘉慶二十四年(1819)高郵夏味堂刻本　二冊

340000－1801－0001637　1：009195－1：009214
小學考五十卷　(清)謝啟昆編　清光緒十四年(1888)浙江書局刻本　二十冊

340000－1801－0001638　1：009215－1：009234
小學考五十卷　(清)謝啟昆編　清光緒十四年(1888)浙江書局刻本　二十冊

340000－1801－0001639　1：009235－1：009254
小學考五十卷　(清)謝啟昆編　清光緒十四年(1888)浙江書局刻本　二十冊

340000－1801－0001640　1：009255－1：009260
小學考五十卷　(清)謝啟昆編　清光緒十五年(1889)上海書局石印本　六冊

340000－1801－0001641　1：009261－1：009280
小學考五十卷　(清)謝啟昆編　清光緒十四年(1888)浙江書局刻本　二十冊

340000－1801－0001642　1:009287
方言十三卷　(漢)揚雄撰　(晉)郭璞注　清乾隆五十六年(1791)金谿王氏刻增訂漢魏叢書本　一册

340000－1801－0001643　1:009288－1:009289
輶軒使者絕代語釋別國方言十三卷　(漢)揚雄撰　(晉)郭璞注　**方言校正補遺一卷**　(清)盧文弨校　清刻本　二册

340000－1801－0001644　1:009290－1:009291
輶軒使者絕代語釋別國方言十三卷首一卷　(漢)揚雄撰　(晉)郭璞注　**續方言二卷**　(清)杭世駿纂輯　**續方言補一卷**　(清)程際盛補纂　清光緒十七年(1891)思賢講舍刻本　二册

340000－1801－0001645　1:009292
親屬記二卷　(清)鄭珍撰　清光緒十八年(1892)廣雅書局刻本　一册

340000－1801－0001646　1:009293
名原二卷　(清)孫詒讓記　清光緒刻本　一册

340000－1801－0001647　1:009294－1:009295
輶軒使者絕代語釋別國方言十三卷　(漢)揚雄撰　(晉)郭璞注　清嘉慶六年(1801)樊廷緒刻本　二册

340000－1801－0001648　1:009296－1:009297
輶軒使者絕代語釋別國方言十三卷　(清)戴震疏證　**續方言二卷**　(清)杭世駿搜集　清刻本　二册

340000－1801－0001649　1:009298－1:009303
輶軒使者絕代語釋別國方言箋疏十三卷　(清)錢繹撰集　清光緒十六年(1890)紅蝠山房刻本　六册

340000－1801－0001650　1:009305
續方言二卷　(清)杭世駿撰集　(清)梁啓心覆審　**文選課虛四卷**　(清)杭世駿類次　(清)孫宗濂覆審　清乾隆中杭賓仁羊城刻杭大宗七種叢書本　一册　缺三卷(文選課虛二至四)

340000－1801－0001651　1:009306－1:009307
廣續方言四卷　程先甲輯　清光緒二十三年(1897)木活字印本　二册

340000－1801－0001652　1:009308－1:009309
廣續方言四卷　程先甲輯　清光緒二十三年(1897)木活字印本　二册

340000－1801－0001653　1:009311－1:009313
越諺三卷賸語二卷　(清)范寅輯稿　(清)黄以周審定　(清)王詒壽閲定　清刻本　三册

340000－1801－0001654　1:009314
越諺三卷賸語二卷　(清)范寅輯稿　(清)黄以周審定　(清)王詒壽閲定　清刻本　一册

340000－1801－0001655　1:009316
海陽南鄉土音音同字異音義二卷　(清)胡柏輯　清抄本　一册　存一卷(上)

340000－1801－0001656　1:009318
越諺三卷賸語二卷　(清)范寅輯稿　(清)黄以周審定　(清)王詒壽閲定　清光緒八年(1882)谷應山房刻本　一册

340000－1801－0001657　1:009324
散語四十章不分卷續散語十八章不分卷　(□)□□撰　清刻本　一册

340000－1801－0001658　1:009325
散語四十章不分卷　(□)□□撰　清刻本　一册

340000－1801－0001659　1:009326
散語四十章不分卷　(□)□□撰　清刻本　一册

340000－1801－0001660　1:009327－1:009330
散語四十章不分卷　(□)□□撰　清刻本　四册

340000－1801－0001661　1:009332－1:009333
班馬字類二卷　(宋)婁機著　清後知不足齋刻本　二册

340000－1801－0001662　1:009334－1:009335
班馬字類五卷　(宋)婁機著　清光緒十七年(1891)思賢書局刻本　二册

340000－1801－0001663　1:009336－1:009337
班馬字類五卷　(宋)婁機著　清光緒十七年(1891)思賢書局刻本　二册

340000－1801－0001664　1:009338－1:009341
字詁義府合按四卷　(清)黃生著　清道光刻本　四册

340000－1801－0001665　1:009342－1:009405
經籍籑詁附補遺一百六卷首一卷　(清)阮元撰集　清嘉慶揚州阮氏瑯環仙館刻本　六十四册

340000－1801－0001666　1:009406－1:009466
經籍籑詁附補遺一百六卷首一卷　(清)阮元撰集　清嘉慶揚州阮氏瑯環仙館刻本　六十一册　缺三卷(九至十、二十三)

340000－1801－0001667　1:009467－1:009476
經籍籑詁附補遺一百六卷　(清)阮元撰集　清光緒九年(1883)上海點石齋石印本　十册

340000－1801－0001668　1:009477－1:009486
經籍籑詁附補遺一百六卷　(清)阮元撰集　清光緒九年(1883)上海點石齋石印本　十册

340000－1801－0001669　1:009487－1:009496
經籍籑詁附補遺一百六卷　(清)阮元撰集　清光緒九年(1883)上海點石齋石印本　十册

340000－1801－0001670　1:009497－1:009508
經籍籑詁附補遺一百六卷首一卷　(清)阮元撰集　清光緒二十年(1894)上海鴻寶齋石印本　十二册

340000－1801－0001671　1:009509－1:009520
經籍籑詁附補遺一百六卷首一卷　(清)阮元撰集　清光緒十四年(1888)上海鴻寶齋石印本　十二册

340000－1801－0001672　1:009521－1:009525
經籍籑詁附補遺一百六卷　(清)阮元撰集　清光緒九年(1883)上海點石齋石印本　五册　存五卷(一至五)

340000－1801－0001673　1:009526－1:009541
經籍籑詁附補遺一百六卷首一卷　(清)阮元撰集　清光緒十四年(1888)鴻文書局石印本　十六册

340000－1801－0001674　1:009542－1:009553
經籍籑詁一百六卷首一卷新輯經籍籑詁檢韻檢字十二卷　(清)阮元撰集　清上海漱六山莊石印本　十二册

340000－1801－0001675　1:009554－1:009557
書契原恉十四卷　(清)陳致煐著　清咸豐刻本　四册

340000－1801－0001676　1:009564
同文考證四種附一種　(清)管受之輯　清抄本　一册

340000－1801－0001677　1:009577－1:009578
翻譯類編四卷　(清)冠景編　清乾隆刻本　二册

340000－1801－0001678　1:009581－1:009584
說文解字十五卷　(漢)許慎撰　(宋)徐鉉校定　清嘉慶十二年(1807)藤花榭刻本　四册

340000－1801－0001679　1:009585－1:009586
說文解字十五卷　(漢)許慎撰　(宋)徐鉉校定　清嘉慶十二年(1807)藤花榭刻本　二册

340000－1801－0001680　1:009587－1:009589
說文解字十五卷　(漢)許慎撰　(宋)徐鉉校定　清同治十三年(1874)刻本　三册

340000－1801－0001681　1:009590－1:009595
說文解字十五卷　(漢)許慎撰　(宋)徐鉉校定　清嘉慶孫氏刻本　六册

340000－1801－0001682　1:009596－1:009603
說文解字十五卷　(漢)許慎撰　(宋)徐鉉校定　清嘉慶孫氏刻本　八册

340000－1801－0001683　1:009604－1:009611
說文解字十五卷　(漢)許慎撰　(宋)徐鉉校定　清毛氏汲古閣刻本　八册

340000－1801－0001684　1:009612－1:009627
說文解字三十卷附六書音均表二卷　(清)段玉裁注　清嘉慶經韻樓刻本　十六册

340000－1801－0001685　1：009628－1：009635
說文解字十五卷　（漢）許慎撰　（宋）徐鉉校定　清同治十年（1871）刻本　八冊

340000－1801－0001686　1：009636－1：009640
說文解字十五卷　（漢）許慎撰　（宋）徐鉉校定　清光緒七年（1881）淮南書局刻本　五冊

340000－1801－0001687　1：009641－1：009645
說文解字十五卷　（漢）許慎撰　（宋）徐鉉校定　清光緒七年（1881）淮南書局刻本　五冊

340000－1801－0001688　1：009646－1：009650
說文解字十五卷　（漢）許慎撰　（宋）徐鉉校定　清光緒七年（1881）淮南書局刻本　五冊

340000－1801－0001689　1：009651－1：009654
說文解字十五卷　（漢）許慎撰　（宋）徐鉉校定　清光緒七年（1881）淮南書局刻本　四冊

340000－1801－0001690　1：009655－1：009670
說文解字十五卷說文部目分韻一卷六書音均表五卷　（清）段玉裁注　清同治六年（1867）蘇州保息局刻本　十六冊

340000－1801－0001691　1：009671－1：009674
說文解字十五卷　（漢）許慎撰　（宋）徐鉉校定　清光緒十一年（1885）蕉心室刻本　四冊

340000－1801－0001692　1：009675－1：009678
說文解字三十卷　（漢）許慎撰　（宋）徐鉉校定　清光緒十年（1884）句吳孫谿朱氏槐廬家塾刻本　四冊

340000－1801－0001693　1：009679－1：009686
說文解字十五卷　（漢）許慎撰　（宋）徐鉉校定　清刻本　八冊

340000－1801－0001694　1：009697－1：009704
說文解字通釋四十卷說文解字繫傳附錄一卷　（宋）徐鍇傳釋　清乾隆四十七年（1782）新安汪氏刻本　八冊

340000－1801－0001695　1：009705－1：009712
說文解字通釋四十卷說文解字繫傳附錄一卷　（宋）徐鍇傳釋　清乾隆四十七年（1782）新安汪氏刻本　八冊

340000－1801－0001696　1：009713－1：009718
說文解字通釋四十卷說文解字繫傳附錄一卷　（宋）徐鍇傳釋　清嘉慶二年（1797）大西山房刻本　六冊

340000－1801－0001697　1：009719－1：009726
說文解字通釋四十卷說文解字繫傳附錄一卷　（宋）徐鍇傳釋　清嘉慶二年（1797）大西山房刻本　八冊

340000－1801－0001698　1：009727－1：009734
說文解字通釋四十卷附校勘記三卷　（宋）徐鍇傳釋　清光緒二年（1876）平江吳氏刻本　八冊

340000－1801－0001699　1：009735－1：009742
說文解字通釋四十卷附校勘記三卷　（宋）徐鍇傳釋　清道光十九年（1839）刻本　八冊

340000－1801－0001700　1：009743－1：009748
說文解字通釋四十卷附校勘記三卷　（宋）徐鍇傳釋　清道光十九年（1839）刻本　六冊　存三十卷（一至三十）

340000－1801－0001701　1：009749－1：009756
說文解字通釋四十卷附校勘記三卷　（宋）徐鍇傳釋　清道光十九年（1839）刻本　八冊

340000－1801－0001702　1：009757
說文解字繫傳校勘記三卷　（清）承培元等撰　清刻本　一冊

340000－1801－0001703　1：009758－1：009765
說文解字通釋四十卷附校勘記三卷　（宋）徐鍇傳釋　清光緒二年（1876）平江吳氏刻本　八冊

340000－1801－0001704　1：009766－1：009773
說文解字通釋四十卷附校勘記三卷　（宋）徐鍇傳釋　清光緒二年（1876）平江吳氏刻本　八冊

340000－1801－0001705　1：009774－1：009781
說文解字通釋四十卷附校勘記三卷　（宋）徐鍇傳釋　清光緒二年（1876）平江吳氏刻本　八冊

340000－1801－0001706　1：009782
說文答問疏證六卷　(清)錢大昕著　(清)薛傳均疏證　清光緒八年(1882)刻本　一册

340000－1801－0001707　1：009783－1：009784
說文答問疏證六卷　(清)錢大昕著　(清)薛傳均注　清刻本　二册

340000－1801－0001708　1：009785－1：009786
說文解字韻譜十卷　(宋)徐鍇撰　清同治三年(1864)吴縣馮桂芬刻本　二册

340000－1801－0001709　1：009787－1：009788
說文解字韻譜十卷　(宋)徐鍇撰　清同治三年(1864)吴縣馮桂芬刻本　二册

340000－1801－0001710　1：009789
惠氏讀說文記十五卷　(清)惠棟撰　清咸豐二年(1852)江都李氏半畝園刻小學類編本　一册

340000－1801－0001711　1：009792
說文答問疏證六卷　(清)薛傳均撰　**說文經字考一卷**　(清)陳壽祺撰　**第一樓叢書附考一卷**　(清)俞樾撰　清光緒十年(1884)鄞郭氏刻金峨山館叢書本　一册

340000－1801－0001712　1：009793
說文答問疏證六卷　(清)薛傳均撰　**說文經字考一卷**　(清)陳壽祺撰　**第一樓叢書附考一卷**　(清)俞樾撰　清光緒十年(1884)鄞郭氏刻金峨山館叢書本　一册

340000－1801－0001713　1：009794－1：009808
說文解字注十五卷說文部目分韻一卷六書音均表五卷　(清)段玉裁注　清經韻樓刻本　十五册

340000－1801－0001714　1：009809－1：009824
說文解字注十五卷說文部目分韻一卷六書音均表五卷　(清)段玉裁注　清同治六年至十一年(1867－1872)蘇州保息局刻本　清姚孟振批跋　十六册

340000－1801－0001715　1：009825－1：009848
說文解字注十五卷說文部目分韻一卷六書音均表五卷　(清)段玉裁注　清同治六年(1867)蘇州保息局刻本　二十四册

340000－1801－0001716　1：009849－1：009863
說文解字注十五卷說文部目分韻一卷六書音均表五卷　(清)段玉裁注　清同治六年(1867)蘇州保息局刻本　十五册

340000－1801－0001717　1：009864－1：009881
說文解字注十五卷說文部目分韻一卷六書音均表五卷　(清)段玉裁注　清同治十一年(1872)湖北崇文書局刻本　十八册

340000－1801－0001718　1：009882－1：009899
說文解字注十五卷說文部目分韻一卷六書音均表五卷　(清)段玉裁注　清同治十一年(1872)湖北崇文書局刻本　十八册

340000－1801－0001719　1：009900－1：009931
說文解字注十五卷說文部目分韻一卷六書音均表五卷　(清)段玉裁注　清同治十一年(1872)湖北崇文書局刻本　三十二册

340000－1801－0001720　1：009932－1：009963
說文解字注十五卷說文部目分韻一卷六書音均表五卷　(清)段玉裁注　清同治十一年(1872)湖北崇文書局刻本　三十二册

340000－1801－0001721　1：009964－1：009983
說文解字注十五卷說文部目分韻一卷六書音均表五卷　(清)段玉裁注　清同治十一年(1872)湖北崇文書局刻本　二十册

340000－1801－0001722　1：009984－1：009999
說文解字注十五卷說文部目分韻一卷六書音均表五卷　(清)段玉裁注　清光緒三年(1877)成都尊經書院刻本　十六册

340000－1801－0001723　1：010000－1：010005
說文解字注十五卷說文部目分韻一卷六書音均表五卷　(清)段玉裁注　**說文通檢十四卷首一卷末一卷**　(清)黎永椿編　清光緒十四年(1888)上海蜚英館石印本　六册

340000－1801－0001724　1：010006－1：010012
說文解字注十五卷說文部目分韻一卷六書音

均表五卷 (清)段玉裁注 **説文解字注匡謬六卷** (清)徐承慶撰 清光緒十四年(1888)上海蜚英館石印本 七册

340000－1801－0001725 1:010013－1:010020
説文解字注十五卷説文部目分韻一卷六書音均表五卷 (清)段玉裁注 **説文解字注匡謬六卷** (清)徐承慶撰 **説文通檢十四卷首一卷末一卷** (清)黎永椿編 清光緒十四年(1888)上海蜚英館石印本 八册

340000－1801－0001726 1:010021－1:010027
説文解字注十五卷説文部目分韻一卷六書音均表五卷 (清)段玉裁注 清光緒十六年(1890)石印本 七册

340000－1801－0001727 1:010028－1:010035
説文解字注十五卷説文部目分韻一卷六書音均表五卷 (清)段玉裁注 **説文通檢十四卷首一卷末一卷** (清)黎永椿編 **説文解字注匡謬八卷** (清)徐承慶撰 清宣統二年(1910)刻本 八册

340000－1801－0001728 1:010070－1:010072
説文解字十五卷 (漢)許慎記 (宋)徐鉉校定 清嘉慶十二年(1807)刻本 三册

340000－1801－0001729 1:010094－1:010108
説文解字注十五卷説文部目分韻一卷六書音均表五卷 (清)段玉裁注 清同治十一年(1872)湖北崇文書局刻本 十五册

340000－1801－0001730 1:010124－1:010155
説文解字義證五十卷 (清)桂馥撰 清同治九年(1870)湖北崇文書局刻本 三十二册

340000－1801－0001731 1:010156－1:010187
説文解字義證五十卷 (清)桂馥撰 清同治九年(1870)湖北崇文書局刻本 三十二册

340000－1801－0001732 1:010188－1:010219
説文解字義證五十卷 (清)桂馥撰 清同治九年(1870)湖北崇文書局刻本 三十二册

340000－1801－0001733 1:010220－1:010251
説文解字義證五十卷 (清)桂馥撰 清同治九年(1870)湖北崇文書局刻本 三十二册

340000－1801－0001734 1:010252－1:010299
説文解字義證五十卷 (清)桂馥撰 清同治九年(1870)湖北崇文書局刻本 四十八册

340000－1801－0001735 1:010300－1:010331
説文解字義證五十卷 (清)桂馥撰 清道光二十八年(1848)靈石楊氏刻連筠簃叢書本 三十二册

340000－1801－0001736 1:010345－1:010350
説文解字斠詮十四卷 (清)錢坫撰 清光緒九年(1883)淮南書局刻本 六册

340000－1801－0001737 1:010351－1:010366
説文解字句讀三十卷補正三十卷 (清)王筠撰 清同治四年(1865)刻本 十六册

340000－1801－0001738 1:010367－1:010382
説文解字句讀三十卷補正三十卷 (清)王筠撰 清同治四年(1865)刻本 十六册

340000－1801－0001739 1:010383－1:010406
説文解字句讀三十卷補正三十卷 (清)王筠撰 清光緒八年(1882)四川尊經書局刻本 二十四册

340000－1801－0001740 1:010407－1:010416
説文釋例二十卷補正二十卷 (清)王筠撰 清同治四年(1865)刻本 十册

340000－1801－0001741 1:010417－1:010426
説文釋例二十卷補正二十卷 (清)王筠撰 清同治四年(1865)刻本 十册

340000－1801－0001742 1:010427－1:010432
説文釋例二十卷補正二十卷 (清)王筠撰 清光緒十三年(1887)積山書局石印本 六册

340000－1801－0001743 1:010441－1:010451
説文釋例二十卷補正二十卷 (清)王筠撰 清同治四年(1865)刻本 十册

340000－1801－0001744 1:010564－1:010567
説文辨字正俗八卷 (清)李富孫撰 清嘉慶二十一年(1816)刻本 四册

340000－1801－0001745　1:010568－1:010571
說文辨字正俗八卷　(清)李富孫撰　清嘉慶二十一年(1816)刻本　四册

340000－1801－0001746　1:010572－1:010575
說文引經考異十六卷　(清)柳榮宗撰　清咸豐二年(1852)刻本　四册

340000－1801－0001747　1:010576
說文引經考二卷　(清)吳玉搢著　清道光元年(1821)程贊詠刻本　一册

340000－1801－0001748　1:010577－1:010578
說文引經考二卷　(清)吳玉搢著　清道光元年(1821)程贊詠刻本　二册

340000－1801－0001749　1:010579
說文偏旁考二卷　(清)吳照輯　清刻本　一册

340000－1801－0001750　1:010580
說文引經異字三卷　(清)吳雲蒸學　清道光六年(1826)刻本　一册

340000－1801－0001751　1:010581－1:010582
說文逸字二卷附錄一卷　(清)鄭珍撰　清咸豐八年(1858)刻本　二册

340000－1801－0001752　1:010583
說文逸字二卷附錄一卷　(清)鄭珍撰　清咸豐八年(1858)刻本　一册

340000－1801－0001753　1:010584－1:010586
說文逸字二卷附錄一卷　(清)鄭珍撰　清湖南經濟書堂刻本　三册

340000－1801－0001754　1:010588
唐寫本說文解字木部箋異一卷　(清)莫友芝撰　清同治二年至三年(1863－1864)刻影山草堂六種本　一册

340000－1801－0001755　1:010589
唐寫本說文解字木部箋異一卷　(清)莫友芝撰　清同治二年至三年(1863－1864)刻影山草堂六種本　一册

340000－1801－0001756　1:010590
唐寫本說文解字木部箋異一卷　(清)莫友芝撰　清同治二年至三年(1863－1864)刻影山草堂六種本　一册

340000－1801－0001757　1:010591－1:010592
說文引經考證七卷說文引經互異說一卷　(清)陳瑑撰　清同治十三年(1874)湖北崇文書局刻本　二册

340000－1801－0001758　1:010593－1:010594
說文引經考證七卷說文引經互異說一卷　(清)陳瑑撰　清同治十三年(1874)湖北崇文書局刻本　二册

340000－1801－0001759　1:010595－1:010598
說文新坿考六卷　(清)鄭珍撰　清光緒七年(1881)刻本　四册

340000－1801－0001760　1:010599－1:010600
說文新附考六卷說文續考一卷　(清)鈕樹玉著　清同治七年(1868)碧螺山館補刻本　二册

340000－1801－0001761　1:010601－1:010602
說文新附考六卷說文續考一卷　(清)鈕樹玉著　清同治七年(1868)碧螺山館補刻本　二册

340000－1801－0001762　1:010603－1:010604
說文新附考六卷說文續考一卷　(清)鈕樹玉撰　清刻本　二册

340000－1801－0001763　1:010605－1:010606
說文新附考六卷說文續考一卷　(清)鈕樹玉撰　清同治十三年(1874)湖北崇文書局刻本　二册

340000－1801－0001764　1:010607－1:010608
說文新附考六卷說文續考一卷　(清)鈕樹玉撰　清同治十三年(1874)湖北崇文書局刻本　二册

340000－1801－0001765　1:010611－1:010612
說文測議七卷二徐說文同異附考一卷　(清)董詔輯　清道光二年(1822)羊城竹香齋刻本　二册

340000－1801－0001766　1:010613－1:010617

說文校議十五卷 (清)姚文田 (清)嚴可均撰 清同治十三年(1874)歸安姚氏刻本 五册

340000－1801－0001767 1:010618－1:010621
說文校議十五卷 (清)姚文田 (清)嚴可均撰 清同治十三年(1874)歸安姚氏刻本 四册

340000－1801－0001768 1:010622－1:010627
說文校議十五卷 (清)姚文田 (清)嚴可均撰 清同治十三年(1874)歸安姚氏刻本 六册

340000－1801－0001769 1:010628
說文辨疑一卷 (清)顧廣圻撰 清光緒三年(1877)湖北崇文書局刻本 一册

340000－1801－0001770 1:010629
說文統釋自序一卷 (清)錢大昭撰注 **音同意異辨一卷** (清)畢沅撰 清光緒八年(1882)鄞郭氏刻金峨山館叢書本 一册

340000－1801－0001771 1:010630－1:010631
段氏說文注訂八卷 (清)鈕樹玉著 清同治五年(1866)碧螺山館補刻本 二册

340000－1801－0001772 1:010632－1:010633
段氏說文注訂八卷 (清)鈕樹玉著 清同治五年(1866)碧螺山館補刻本 二册

340000－1801－0001773 1:010634－1:010635
段氏說文注訂八卷 (清)鈕樹玉著 清同治五年(1866)碧螺山館補刻本 二册

340000－1801－0001774 1:010636－1:010637
段氏說文注訂八卷 (清)鈕樹玉著 清同治十三年(1874)湖北崇文書局刻本 二册

340000－1801－0001775 1:010638－1:010639
段氏說文注訂八卷 (清)鈕樹玉著 清同治十三年(1874)湖北崇文書局刻本 二册

340000－1801－0001776 1:010640－1:010641
段氏說文注訂八卷 (清)鈕樹玉著 清同治十三年(1874)湖北崇文書局刻本 二册

340000－1801－0001777 1:010642－1:010649
說文段注訂補十四卷 (清)王紹蘭著 清光緒十四年(1888)胡燏棻刻本 八册

340000－1801－0001778 1:010654
說文管見三卷 (清)胡秉虔撰 清光緒七年(1881)望益山房書局刻本 一册

340000－1801－0001779 1:010655
說文管見三卷 (清)胡秉虔撰 清同治十二年(1873)世澤樓刻本 一册

340000－1801－0001780 1:010656
說文管見三卷 (清)胡秉虔撰 清同治十二年(1873)世澤樓刻本 一册

340000－1801－0001781 1:010657
說文管見三卷 (清)胡秉虔撰 清同治十二年(1873)世澤樓刻本 一册

340000－1801－0001782 1:010658－1:010661
說文段注撰要九卷 (清)馬壽齡述 清光緒九年(1883)金陵胡氏愚園刻本 四册

340000－1801－0001783 1:010662－1:010663
說文經字考辨證四卷 (清)陳壽祺輯 (清)郭慶藩辨證 清光緒二十一年(1895)岵瞻堂郭氏維揚刻本 二册

340000－1801－0001784 1:010664－1:010665
說文經字考辨證四卷 (清)陳壽祺輯 (清)郭慶藩辨證 清光緒二十一年(1895)岵瞻堂郭氏維揚刻本 二册

340000－1801－0001785 1:010666－1:010667
說文答問疏證六卷 (清)薛傳均撰 **說文經字考一卷** (清)陳壽祺撰 清光緒十三年(1887)鴻寶齋石印本 二册

340000－1801－0001786 1:010668
說文粹□□卷 朱孔彰輯 清末石印本 一册 存一卷(三編上)

340000－1801－0001787 1:010669
說文粹□□卷 朱孔彰輯 清末石印本 一册 存一卷(三編上)

340000－1801－0001788 1:010670
說文提要一卷 (清)陳建侯撰 清同治十二

年(1873)湖北崇文書局刻本　一冊

340000－1801－0001789　1:010671
說文提要一卷　(清)陳建侯撰　清同治十二年(1873)湖北崇文書局刻本　一冊

340000－1801－0001790　1:010672
說文提要一卷　(清)陳建侯撰　清同治十二年(1873)湖北崇文書局刻本　一冊

340000－1801－0001791　1:010674－1:010675
說文楬原二卷　(清)張行孚輯　清光緒十年(1884)後知不足齋刻本　二冊

340000－1801－0001792　1:010676－1:010679
說文審音十六卷　(清)張行孚輯　清光緒二十四年(1898)刻本　四冊

340000－1801－0001793　1:010680
說文徐氏未詳說一卷　(清)許溎祥輯　清光緒十六年(1890)海甯許氏古均閣刻本　一冊

340000－1801－0001794　1:010681－1:010682
說文外編十五卷補遺一卷　(清)雷浚撰　清光緒十四年(1888)同文書局石印本　二冊　缺一卷(劉氏碎金一卷)

340000－1801－0001795　1:010683－1:010686
說文外編十五卷補遺一卷　(清)雷浚撰　清光緒二年(1876)刻本　四冊　缺一卷(劉氏碎金一卷)

340000－1801－0001796　1:010687－1:010690
說文外編十五卷補遺一卷　(清)雷浚撰　清光緒二年(1876)刻本　四冊　缺一卷(劉氏碎金一卷)

340000－1801－0001797　1:010691－1:010692
說文外編十五卷補遺一卷　(清)雷浚撰　清光緒二年(1876)刻本　二冊　缺一卷(劉氏碎金一卷)

340000－1801－0001798　1:010693－1:010697
說文外編十五卷補遺一卷　(清)雷浚撰　**說文辨疑一卷**　(清)顧廣圻撰　清光緒二年(1876)刻本　五冊

340000－1801－0001799　1:010698－1:010699
說文通檢十四卷首一卷末一卷　(清)黎永椿編　清石印本　二冊

340000－1801－0001800　1:010700－1:010703
說文拈字七卷補遺一卷　(清)王玉樹著　清光緒十九年(1893)石印本　四冊

340000－1801－0001801　1:010710－1:010711
說文通檢十四卷首一卷末一卷　(清)黎永椿編　清光緒二年(1876)崇文書局刻本　二冊

340000－1801－0001802　1:010712－1:010713
說文通檢十四卷首一卷末一卷　(清)黎永椿編　清光緒二年(1876)崇文書局刻本　二冊

340000－1801－0001803　1:010714－1:010715
說文通檢十四卷首一卷末一卷　(清)黎永椿編　清光緒二年(1876)崇文書局刻本　二冊

340000－1801－0001804　1:010716－1:010717
說文通檢十四卷首一卷末一卷　(清)黎永椿編　清光緒二年(1876)崇文書局刻本　二冊

340000－1801－0001805　1:010718
說文檢字不分卷　(清)陳其幹輯　清抄本　一冊

340000－1801－0001806　1:010719
說文佚字考四卷　(清)張鳴珂撰　清光緒十三年(1887)嘉興張氏刻寒松閣集本　一冊

340000－1801－0001807　1:010910－1:010933
說文通訓定聲十八卷附說雅十九篇古今韻準一卷分部檢韻一卷　(清)朱駿聲紀錄　(清)朱鏡蓉參訂　**皇清敕授文林郎國子監博士銜揀選知縣揚州府學教授允倩府君行述一卷**　朱孔彰述　清道光二十八年(1848)刻同治九年(1870)朱孔彰補刻本　二十四冊

340000－1801－0001808　1:010934－1:010953
說文通訓定聲十八卷附說雅十九篇古今韻準一卷分部檢韻一卷　(清)朱駿聲紀錄　(清)朱鏡蓉參訂　清道光二十八年(1848)刻本　二十冊

340000－1801－0001809　1:010954－1:010983
說文通訓定聲十八卷附說雅十九篇古今韻準

一卷分部檢韻一卷 (清)朱駿聲紀錄 (清)朱鏡蓉參訂 清道光二十八年(1848)刻本 三十冊

340000-1801-0001810 1:010984-1:011014
說文通訓定聲十八卷附說雅十九篇古今韻準一卷分部檢韻一卷 (清)朱駿聲紀錄 (清)朱鏡蓉參訂 清道光二十八年(1848)刻本 三十二冊

340000-1801-0001811 1:011015-1:011028
說文通訓定聲十八卷附說雅十九篇古今韻準一卷分部檢韻一卷 (清)朱駿聲紀錄 (清)朱鏡蓉參訂 清道光二十八年(1848)刻本 十四冊

340000-1801-0001812 1:011029-1:011052
說文通訓定聲十八卷附說雅十九篇古今韻準一卷分部檢韻一卷 (清)朱駿聲紀錄 (清)朱鏡蓉參訂 **皇清敕授文林郎國子監博士銜揀選知縣揚州府學教授允倩府君行述一卷** 朱孔彰述 清道光二十八年(1848)刻同治九年(1870)朱孔彰補刻本 二十四冊

340000-1801-0001813 1:011053-1:011076
說文通訓定聲十八卷附說雅十九篇古今韻準一卷分部檢韻一卷 (清)朱駿聲紀錄 (清)朱鏡蓉參訂 **皇清敕授文林郎國子監博士銜揀選知縣揚州府學教授允倩府君行述一卷** 朱孔彰述 清道光二十八年(1848)刻同治九年(1870)朱孔彰補刻本 二十四冊

340000-1801-0001814 1:011077-1:011105
說文通訓定聲十八卷附說雅十九篇古今韻準一卷分部檢韻一卷 (清)朱駿聲紀錄 (清)朱鏡蓉參訂 **皇清敕授文林郎國子監博士銜揀選知縣揚州府學教授允倩府君行述一卷** 朱孔彰述 清道光二十八年(1848)刻同治九年(1870)朱孔彰補刻本 三十冊

340000-1801-0001815 1:011106-1:011108
六書假借經徵四卷 (清)朱駿聲紀錄 清光緒十八年(1892)金陵刻本 三冊

340000-1801-0001816 1:011109-1:011111
六書假借經徵四卷 (清)朱駿聲紀錄 清光緒十八年(1892)金陵刻本 三冊

340000-1801-0001817 1:011112-1:011114
六書假借經徵四卷 (清)朱駿聲紀錄 清光緒十八年(1892)金陵刻本 三冊

340000-1801-0001818 1:011115
許氏說文解字雙聲疊韻譜一卷 (清)鄧廷楨撰 清光緒九年(1883)同文書局石印本 一冊

340000-1801-0001819 1:011116
許氏說文解字雙聲疊韻譜一卷 (清)鄧廷楨撰 清光緒九年(1883)同文書局石印本 一冊

340000-1801-0001820 1:011117
許氏說文解字雙聲疊韻譜一卷 (清)鄧廷楨撰 清道光刻本 一冊

340000-1801-0001821 1:011118
許氏說文解字雙聲疊韻譜一卷 (清)鄧廷楨撰 清道光刻本 一冊

340000-1801-0001822 1:011119-1:011120
說文疊韻二卷首一卷末一卷 (清)劉熙載 (清)袁康輯 清光緒刻本 二冊

340000-1801-0001823 1:011121-1:011122
說文解字韻譜十卷 (宋)徐鍇撰 清同治三年(1864)吳縣馮桂芬刻本 二冊

340000-1801-0001824 1:011123-1:011126
說文審音十六卷 (清)張行孚撰 清光緒二十四年(1898)桐廬袁氏刻漸西村舍彙刊本 四冊

340000-1801-0001825 1:011127-1:011128
說文韻譜校五卷 (清)王筠著 清光緒十六年(1890)濰劉氏素心琴室刻本 二冊

340000-1801-0001826 1:011129-1:011138
說文分韻易知錄十卷說文重文標目五卷 (清)許巽行撰 清光緒五年(1879)刻本 十冊

340000-1801-0001827 1:011148

說文部目二卷 (清)胡澍書 清光緒十三年(1887)慈谿童氏大鄮山館刻本 一册

340000－1801－0001828 1:011154－1:011157
說文古籀疏證六卷 (清)莊述祖撰 清光緒二十年(1894)津郡明文堂刻本 四册

340000－1801－0001829 1:011189
字說一卷 (清)吴大澂撰 清光緒十九年(1893)思賢講舍刻本 一册

340000－1801－0001830 1:011190－1:011191
說文古籀補十四卷補遺一卷附錄一卷 (清)吴大澂撰 清光緒七年(1881)刻本 二册

340000－1801－0001831 1:011192－1:011193
說文古籀補十四卷附錄一卷 (清)吴大澂撰 清光緒二十四年(1898)刻本 二册

340000－1801－0001832 1:011194－1:011195
說文古籀補十四卷補遺一卷附錄一卷 (清)吴大澂撰 清光緒十二年(1886)點石齋石印本 二册

340000－1801－0001833 1:011206－1:011209
說文古籀補十四卷補遺一卷附錄一卷 (清)吴大澂撰 清末石印本 四册

340000－1801－0001834 1:011227－1:011228
古籀拾遺三卷宋政和禮器文字攷一卷 (清)孫詒讓撰 清光緒十四年至十六年(1888－1890)刻本 二册

340000－1801－0001835 1:011229－1:011230
古籀拾遺三卷宋政和禮器文字攷一卷 (清)孫詒讓撰 清光緒十四年至十六年(1888－1890)刻本 二册

340000－1801－0001836 1:011250－1:011257
漢學諧聲二十四卷說文補攷一卷說文又攷一卷 (清)戚學標撰 清咸豐刻本 八册

340000－1801－0001837 1:011266－1:011267
復古編二卷 (宋)張有撰 **復古編校正一卷附錄一卷** (清)葛鳴陽輯 **安陸集一卷** (宋)張先撰 **曾樂軒稿一卷** (宋)張維撰 清光緒八年(1882)淮南書局刻本 三册

340000－1801－0001838 1:011268－1:011271
續復古編四卷 (元)曹本著 清光緒十二年(1886)歸安姚氏咫進齋刻本 四册

340000－1801－0001839 1:011272－1:011276
大廣益會玉篇三十卷 (南朝梁)顧野王撰 (唐)孫強增字 **大宋重修廣韻五卷** (唐)陸法言撰 (唐)長孫訥言箋注 (唐)劉臻等撰集 (唐)關亮等增字 **玉篇校刊札記一卷廣韻校刊札記一卷** (清)鄧顯鶴述 清道光三十年(1850)新化鄧氏邵州東山精舍刻本 五册

340000－1801－0001840 1:011277－1:011280
字彙四卷 (明)梅膺祚撰 清刻本 四册

340000－1801－0001841 1:011281－1:011294
字彙十二卷首一卷末一卷韻法直圖一卷韻法横圖一卷 (明)梅膺祚撰 清刻本 十四册

340000－1801－0001842 1:011295－1:011306
字彙十二卷 (明)梅膺祚音釋 清刻本 十二册

340000－1801－0001843 1:011307－1:011319
字彙十二卷首一卷末一卷 (明)梅膺祚音釋 清刻本 十三册

340000－1801－0001844 1:011320－1:011323
字彙四卷 (明)梅膺祚撰 清古渝善成堂刻姑蘇掃葉山房印本 四册

340000－1801－0001845 1:011324－1:011326
字彙十二卷 (明)梅膺祚音釋 清刻本 三册

340000－1801－0001846 1:011327－1:011339
字彙十二卷首一卷末一卷 (明)梅膺祚音釋 清姑蘇金閶書業堂刻本 十三册 缺一卷(末一卷)

340000－1801－0001847 1:011340－1:011351
字彙十二卷首一卷末一卷 (明)梅膺祚音釋 清刻本 十二册 缺一卷(末一卷)

340000－1801－0001848 1:011352－1:011365
字彙十二卷首一卷末一卷 (明)梅膺祚音釋

清同治三年(1864)刻本　十四册

340000－1801－0001849　1:011366
六一山房重校石印考正字彙二卷　(清)陳淏子編　清光緒三十三年(1907)上海簡青齋石印本　一册

340000－1801－0001850　1:011367－1:011380
字彙十二卷首一卷末一卷　(明)梅膺祚音釋　清文秀堂刻本(卷一補配清大文堂刻本)　十四册

340000－1801－0001851　1:011381－1:011392
字彙十二卷首一卷末一卷　(明)梅膺祚音釋　清寶綸堂刻本　十二册　缺二卷(七、首一卷)

340000－1801－0001852　1:011393－1:011406
字彙十二卷首一卷末一卷　(明)梅膺祚音釋　清青畏堂刻本　十四册

340000－1801－0001853　1:011407－1:011446
康熙字典十二集三十六卷檢字一卷辨似一卷等韵一卷補遺一卷備考一卷　(清)張玉書　(清)陳廷敬總閱　(清)凌紹雯等纂修　清光緒元年(1875)湖北崇文書局刻本　四十册

340000－1801－0001854　1:011447－1:011486
康熙字典十二集三十六卷檢字一卷辨似一卷等韻一卷補遺一卷備考一卷　(清)張玉書　(清)陳廷敬總閱　(清)凌紹雯等纂修　清刻本　四十册

340000－1801－0001855　1:011487－1:011526
康熙字典十二集三十六卷檢字一卷辨似一卷等韻一卷補遺一卷備考一卷　(清)張玉書　(清)陳廷敬總閱　(清)凌紹雯等纂修　清刻本　四十册

340000－1801－0001856　1:011527－1:011533
康熙字典十二集三十六卷檢字一卷辨似一卷等韻一卷備考一卷補遺一卷　(清)張玉書　(清)陳廷敬總閱　(清)凌紹雯等纂修　**字典考證三十六卷**　(清)王引之撰　清光緒十三年(1887)上海積山書局石印本　七册

340000－1801－0001857　1:011534－1:011539
康熙字典十二集三十六卷檢字一卷辨似一卷等韻一卷備考一卷補遺一卷　(清)張玉書　(清)陳廷敬總閱　(清)凌紹雯等纂修　清光緒十六年(1890)上海鴻寶書局石印本　六册

340000－1801－0001858　1:011541－1:011546
康熙字典十二集三十六卷檢字一卷辨似一卷等韻一卷備考一卷補遺一卷　(清)張玉書　(清)陳廷敬總閱　(清)凌紹雯等纂修　清光緒九年(1883)上海同文書局石印本　六册

340000－1801－0001859　1:011547－1:011552
康熙字典十二集三十六卷檢字一卷辨似一卷等韻一卷備考一卷補遺一卷　(清)張玉書　(清)陳廷敬總閱　(清)凌紹雯等纂修　清光緒十三年(1887)上海同文書局石印本　六册

340000－1801－0001860　1:011553－1:011556
康熙字典十二集三十六卷檢字一卷等韻一卷補遺一卷備考一卷　(清)張玉書　(清)陳廷敬總閱　(清)凌紹雯等纂修　清光緒七年(1881)點石齋縮印本　四册

340000－1801－0001861　1:011563－1:011564
康熙字典十二集三十六卷檢字一卷辨似一卷等韻一卷備考一卷補遺一卷　(清)張玉書　(清)陳廷敬總閱　(清)凌紹雯等纂修　清光緒九年(1883)上海同文書局石印本　二册

340000－1801－0001862　1:011571－1:011576
分韻字考十二集　清刻本　六册

340000－1801－0001863　1:011577－1:011580
增訂金壺字考十九卷　(宋)釋適之原編　(清)田朝恒增訂　**金壺字考二集二十一卷補錄一卷補注一卷**　(清)田朝恒續編　清乾隆刻本　四册

340000－1801－0001864　1:011581
增訂金壺字考十九卷　(宋)釋適之原編　(清)田朝恒增訂　**金壺字考二集二十一卷補錄一卷補注一卷**　(清)田朝恒續編　清乾隆刻本　一册　缺十九卷(增訂金壺字考十九

卷）

340000－1801－0001865　1∶011582
增訂金壺字考一卷附古體假借字一卷　（清）郝在田增訂　清同治十三年（1874）刻本　一冊

340000－1801－0001866　1∶011583－1∶011587
字學正本五卷　（清）李京輯　清康熙八年（1669）刻本　五冊

340000－1801－0001867　1∶011588－1∶011589
金壺精粹五卷　（清）張仰山輯　（清）郝在田增訂　清光緒刻本　二冊

340000－1801－0001868　1∶011590－1∶011592
許東山字括便讀三卷　（清）許懋昭編輯　清嘉慶十三年（1808）刻本　三冊

340000－1801－0001869　1∶011593
問奇一覽二卷　（清）李書雲輯　（清）朱素臣較　清刻本　二冊

340000－1801－0001870　1∶011594－1∶011595
增注字類標韻六卷　（清）華綱鑒定　（清）范多珏重訂　清光緒二年（1876）鉛印本　二冊

340000－1801－0001871　1∶011596－1∶011597
增注字類標韻六卷　（清）華綱鑒定　（清）范多珏重訂　清光緒二年（1876）鉛印本　二冊

340000－1801－0001872　1∶011598－1∶011599
增注字類標韻六卷補遺一卷　（清）范多珏重訂　清光緒九年（1883）浙甌文奎刻本　二冊

340000－1801－0001873　1∶011600
芸香館重刊正字略一卷補編一卷　（清）鍾文校定　清道光二十九年（1849）粤東刻本　一冊

340000－1801－0001874　1∶011601－1∶011606
字典考證十二卷　（清）奕繪等輯　清光緒二年（1876）崇文書局刻本　六冊

340000－1801－0001875　1∶011607－1∶011612
字典考證十二卷　（清）奕繪等輯　清光緒二年（1876）崇文書局刻本　六冊

340000－1801－0001876　1∶011613－1∶011641
正字通十二集　（清）廖文英輯　**字彙舊本一卷**　（明）梅膺祚音釋　清三畏堂刻本　二十九冊　缺一卷（亥集下）

340000－1801－0001877　1∶011650
簡字叢錄一卷　勞乃宣撰　清光緒三十二年（1906）金陵刻本　一冊

340000－1801－0001878　1∶011651－1∶011654
矩齋所著簡字譜五種　勞乃宣撰　清光緒三十二年至三十三年（1906－1907）金陵刻本　四冊

340000－1801－0001879　1∶011660－1∶011661
正俗編二十四卷附錄一卷　（清）吳墀撰　清咸豐三年（1853）刻本　二冊

340000－1801－0001880　1∶011662
正俗編二十四卷附錄一卷　（清）吳墀撰　清咸豐三年（1853）刻本　一冊

340000－1801－0001881　1∶011667
釋字百韻一卷　（清）陳勵著　清光緒三年（1877）張岳年刻本　一冊

340000－1801－0001882　1∶011668
字學舉隅一卷　（清）龍啟瑞撰　清咸豐三年（1853）恭壽堂刻本　一冊

340000－1801－0001883　1∶011669
重校字學舉隅一卷　（清）黄本驥　（清）龍啟瑞撰　清同治十年（1871）刻本　一冊

340000－1801－0001884　1∶011670
重校字學舉隅一卷　（清）黄本驥　（清）龍啟瑞撰　清同治十年（1871）刻本　一冊

340000－1801－0001885　1∶011671
重校字學舉隅一卷　（清）黄本驥　（清）龍啓瑞撰　清同治十年（1871）刻本　一冊

340000－1801－0001886　1∶011672
校增字學舉隅一卷　（清）黄本驥　（清）龍啓瑞撰　清同治十三年（1874）西安藩署刻本　一冊

340000－1801－0001887　1∶011673

重校字學舉隅一卷　(清)黄本驥　(清)龍啟瑞撰　清同治十三年(1874)崇文書局刻本　一册

340000－1801－0001888　1:011674
重校字學舉隅一卷　(清)黄本驥　(清)龍啟瑞撰　清光緒二年(1876)刻本　一册

340000－1801－0001889　1:011675
重校字學舉隅一卷　(清)黄本驥　(清)龍啟瑞撰　清光緒六年(1880)刻本　一册

340000－1801－0001890　1:011676
重校字學舉隅一卷　(清)黄本驥　(清)龍啟瑞撰　清光緒十七年(1891)刻本　一册

340000－1801－0001891　1:011677
字學舉隅一卷　(清)黄本驥　(清)龍啟瑞撰　清刻本　一册

340000－1801－0001892　1:011678
重增字學舉隅一卷　(清)龍光甸　(清)龍啟瑞增輯　清末李光明莊刻本　一册

340000－1801－0001893　1:011679
字學舉隅不分卷附新增校誤一卷　(清)龍光甸　(清)龍啟瑞增輯　清光緒二十一年(1895)寶善書局石印本　一册

340000－1801－0001894　1:011680
字學舉隅不分卷　(清)龍光甸　(清)龍啟瑞增輯　**增訂金壺字考一卷附古體假借字一卷**　(清)郝在田增訂　清同治刻本　一册

340000－1801－0001895　1:011681
增補字學舉隅不分卷　(清)龍光甸　(清)龍啟瑞增輯　清光緒十七年(1891)掃葉山房刻本　一册

340000－1801－0001896　1:011682
增補字學舉隅不分卷　(清)龍光甸　(清)龍啟瑞增輯　清光緒十七年(1891)掃葉山房刻本　一册

340000－1801－0001897　1:011683
增補字學舉隅不分卷　(清)龍光甸　(清)龍啟瑞增輯　清光緒十七年(1891)掃葉山房刻本　一册

340000－1801－0001898　1:011684－1:011685
字學舉隅不分卷續編不分卷　(清)王維珍輯　清光緒六年(1880)刻本　二册

340000－1801－0001899　1:011686－1:011691
六書通十卷　(明)閔齊伋撰　(清)畢弘述篆訂　清刻本　六册

340000－1801－0001900　1:011697－1:011701
六書通十卷　(明)閔齊伋撰　(清)畢弘述篆訂　清光緒四年(1878)繡谷留耕堂刻本　五册

340000－1801－0001901　1:011702－1:011711
六書通十卷　(明)閔齊伋撰　(清)畢弘述篆訂　清刻本(卷四葉五十八爲後抄補)　十册

340000－1801－0001902　1:011712－1:011716
六書通十卷　(明)閔齊伋撰　(清)畢弘述篆訂　清刻本　五册

340000－1801－0001903　1:011717－1:011725
六書通十卷　(明)閔齊伋撰　(清)畢弘述篆訂　清光緒十四年(1888)上海大同書局石印本　九册　缺一卷(二)

340000－1801－0001904　1:011726
六書通十卷　(明)閔齊伋撰　(清)畢弘述篆訂　清光緒二十一年(1895)上海鴻寶齋石印本　一册

340000－1801－0001905　1:011727－1:011731
六書通十卷　(明)閔齊伋撰　(清)畢弘述篆訂　清光緒二十一年(1895)上海鴻寶齋石印本　五册

340000－1801－0001906　1:011732－1:011737
六書通十卷　(明)閔齊伋撰　(清)畢弘述篆訂　清光緒四年(1878)繡谷留耕堂刻本　六册

340000－1801－0001907　1:011738－1:011742
六書通十卷　(明)閔齊伋撰　(清)畢弘述篆訂　清光緒四年(1878)繡谷留耕堂刻本　五册

340000－1801－0001908　1:011743－1:011755
六書分類十二卷首一卷　(清)傅世垚輯　清乾隆五十四年(1789)刻嘉慶元年(1796)印本　十三册

340000－1801－0001909　1:011756－1:011757
六書通摭遺十卷　(清)畢星海輯　清光緒十四年(1888)上海大同書局石印本　二册

340000－1801－0001910　1:011763－1:011768
六書摘要十二卷　(清)徐蓺輯錄　清徐藝古柏莊抄本　許承堯題跋　六册

340000－1801－0001911　1:011769－1:011773
六書類纂九卷　(清)吳錦章學　清光緒二十三年(1897)崇雅精舍刻本　五册

340000－1801－0001912　1:011777－1:011784
篆書正四卷　(清)戴明說纂著　(清)劉夢參定　清刻本　八册

340000－1801－0001913　1:011788－1:011789
鐘鼎字源五卷附錄一卷　(清)汪立名輯　清光緒二年至五年(1876－1879)洞庭秦氏麟慶堂刻本　二册

340000－1801－0001914　1:011790－1:011791
鐘鼎字源五卷附錄一卷　(清)汪立名輯　清光緒二年至五年(1876－1879)洞庭秦氏麟慶堂刻本　二册

340000－1801－0001915　1:011792
汗簡七卷　(宋)郭忠恕輯　清光緒九年(1883)上海點石齋石印本　一册

340000－1801－0001916　1:011793
汗簡七卷　(宋)郭忠恕輯　清康熙四十二年(1703)汪氏一隅草堂刻本　一册

340000－1801－0001917　1:011794
篆書字法一卷　(明)朱之蕃輯　(明)李登重訂　清刻本　一册

340000－1801－0001918　1:011795
篆法探源一卷　(明)朱之蕃輯　(明)李登重訂　(清)仰嘉祥校增音注並書　**習篆要訣一卷摹印要訣一卷**　(清)仰嘉祥輯　清宣統三年(1911)中國圖書公司石印本　一册

340000－1801－0001919　1:011796
鐘鼎銘文一卷　清抄本　一册

340000－1801－0001920　1:011797－1:011798
篆楷考異一卷　(清)徐朝俊輯　**楷書訂譌一卷**　(清)徐朝俊輯並書　**家塾字式一卷**　清嘉慶十三年(1808)雲間徐朝俊刻四色套印本　二册

340000－1801－0001921　1:011799－1:011804
篆文大觀六卷　(宋)徐鉉書寫　**說文標目一卷**　(唐)李陽冰書　清上海碧梧山莊石印本　六册

340000－1801－0001922　1:011821－1:011852
藝文備覽一百二十卷補詳字義十四篇　(清)吳穀人鑒定　(清)沙木集注　清嘉慶十一年(1806)阿克當阿刻本　三十二册

340000－1801－0001923　1:011853－1:011894
藝文備覽一百二十卷補詳字義十四篇　(清)吳穀人鑒定　(清)沙木集注　清嘉慶十一年(1806)阿克當阿刻本　四十二册

340000－1801－0001924　1:011904
古籀餘論三卷　(清)孫詒讓記　(清)張揚校訂　清光緒籀經樓刻本(目錄葉一至三爲後抄配)　一册

340000－1801－0001925　1:011905－1:011906
古篆韻譜二卷　(□)□□撰　明刻本　二册

340000－1801－0001926　1:011911－1:011916
隸韻十卷碑目一卷　(宋)劉球纂　**隸韻考證二卷碑目考證一卷**　(清)翁方綱考證　清嘉慶十五年(1810)阿克當阿刻本　六册

340000－1801－0001927　1:011917－1:011922
隸韻十卷碑目一卷　(宋)劉球纂　**隸韻考證二卷碑目考證一卷**　(清)翁方綱考證　清嘉慶十五年(1810)阿克當阿刻本(序一葉一至二爲後抄配)　六册　缺二卷(隸韻考證二卷)

340000－1801－0001928　1:011923－1:011930

隸辨八卷　（清）顧靄吉撰　清乾隆八年(1743)黄晟刻本　八册

340000－1801－0001929　1:011931－1:011938
隸辨八卷　（清）顧靄吉撰　清乾隆八年(1743)黄晟刻本　八册

340000－1801－0001930　1:011947－1:011954
隸辨八卷　（清）顧靄吉撰　清同治十二年(1873)刻本　八册

340000－1801－0001931　1:011955－1:011962
隸辨八卷　（清）顧靄吉撰　清同治十二年(1873)刻本　八册

340000－1801－0001932　1:011963－1:011970
隸辨八卷　（清）顧靄吉撰　清同治十二年(1873)刻本　八册

340000－1801－0001933　1:011980－1:011981
隸法彙纂十卷　（清）項懷述編録　清小西山房刻本　二册

340000－1801－0001934　1:011982－1:011987
隸法彙纂十卷　（清）項懷述編録　清小西山房刻本　六册

340000－1801－0001935　1:011988－1:011991
隸法彙纂十卷　（清）項懷述編録　清刻本　許承堯題記　四册

340000－1801－0001936　1:011992－1:011995
隸法彙纂十卷　（清）項懷述編録　清小西山房刻本　四册

340000－1801－0001937　1:011996
隸有六卷拾遺一卷隸通一卷　（清）趙曈編輯　清光緒石印本　一册

340000－1801－0001938　1:011997
隸八分辨一卷　（清）方輔著　清抄本　一册

340000－1801－0001939　1:012000－1:012005
隸篇十五卷續十五卷再續十五卷　（清）翟云升纂　清道光十七年至十八年(1837－1838)刻本　六册

340000－1801－0001940　1:012006－1:012013
隸篇十五卷續十五卷再續十五卷　（清）翟云升纂　清道光十七年至十八年(1837－1838)刻本　八册　缺三卷(隸篇一至三)

340000－1801－0001941　1:012014－1:012019
草字彙十二卷　（清）石梁輯　清刻本　六册　缺三卷(子、丑、寅)

340000－1801－0001942　1:012032－1:012035
小學鉤沈十九卷　（清）任大椿撰　清光緒十年(1884)龍氏刻本　四册

340000－1801－0001943　1:012036
小學答問一卷　章炳麟學　清宣統元年(1909)刻本　一册

340000－1801－0001944　1:012037
小學答問一卷　章炳麟學　清宣統元年(1909)刻本　一册

340000－1801－0001945　1:012066－1:012067
急就篇四卷　（漢）史游撰　（唐）顔師古注　（宋）王應麟補注　清光緒九年(1883)浙江書局刻玉海本　二册

340000－1801－0001946　1:012068－1:012069
急就篇四卷　（漢）史游撰　（唐）顔師古注　（宋）王應麟補注　清光緒九年(1883)浙江書局刻玉海本　二册

340000－1801－0001947　1:012070－1:012071
倉頡篇三卷　（清）孫星衍學　**倉頡篇續本一卷**　（清）任大椿學　**倉頡篇補本二卷**　（清）陶方琦學　**倉頡篇補本續一卷**　（清）龔道耕輯　清光緒二十三年(1897)成都龔氏裒馨精舍刻本　二册

340000－1801－0001948　1:012072
正字略定本一卷　（清）王筠撰　清光緒二十二年(1896)蔣鷗抄本　一册

340000－1801－0001949　1:012073－1:012078
急就篇四卷　（漢）史游撰　（唐）顔師古注　（宋）王應麟補注　清抄本　六册

340000－1801－0001950　1:012081
文字蒙求四卷　（清）王筠撰　清光緒十三年

(1887)梁谿浦氏刻本　一册

340000－1801－0001951　1:012082－1:012085
文字蒙求廣義四卷　(清)王筠撰　(清)蒯光典補注　清光緒江楚書局刻本　四册

340000－1801－0001952　1:012086－1:012090
文字蒙求廣義四卷　(清)王筠撰　(清)蒯光典補注　清光緒江楚書局刻本　五册

340000－1801－0001953　1:012092
初學要覽一卷　(清)胡先鉅輯　清道光九年(1829)刻本　一册

340000－1801－0001954　1:012093
初學要覽一卷　(清)胡先鉅輯　清道光九年(1829)刻本　一册

340000－1801－0001955　1:012094－1:012095
養蒙針度五卷首一卷　(清)潘子聲纂　清光緒八年(1882)善成堂刻本　二册

340000－1801－0001956　1:012096－1:012097
養蒙針度五卷　(清)潘子聲纂　清刻本　二册

340000－1801－0001957　1:012098－1:012099
養蒙針度五卷首一卷　(清)潘子聲纂　清光緒十二年(1886)刻本　二册

340000－1801－0001958　1:012100－1:012101
養蒙針度五卷　(清)潘子聲纂　清光緒十年(1884)京口文成堂刻本　二册

340000－1801－0001959　1:012102－1:012103
養蒙針度五卷　(清)潘子聲纂　清光緒十年(1884)京口文成堂刻本　二册

340000－1801－0001960　1:012104－1:012105
養蒙針度五卷　(清)潘子聲纂　清光緒十年(1884)京口文成堂刻本　二册

340000－1801－0001961　1:012106－1:012107
養蒙針度五卷首一卷　(清)潘子聲纂　清光緒六年(1880)刻本　二册

340000－1801－0001962　1:012117
臨文便覽不分卷　(□)□□撰　清同治十三年(1874)刻本　一册

340000－1801－0001963　1:012118
臨文便覽不分卷　(□)□□撰　清同治十三年(1874)刻本　一册

340000－1801－0001964　1:012119－1:012120
臨文便覽不分卷　(□)□□撰　清同治十三年(1874)席氏掃葉山房刻本　二册

340000－1801－0001965　1:012121－1:012122
臨文便覽不分卷　(□)□□撰　清光緒二年(1876)京都松竹齋刻本　二册

340000－1801－0001966　1:012123－1:012124
臨文便覽不分卷　(清)龍光甸　(清)龍啟瑞增輯　清光緒刻本　二册

340000－1801－0001967　1:012125－1:012132
澄衷蒙學堂字課圖說四卷檢字一卷類字一卷　(清)劉樹屏撰　(清)吴子城繪圖　清光緒三十年(1904)澄衷蒙學堂石印本　八册

340000－1801－0001968　1:012133－1:012140
澄衷蒙學堂字課圖說四卷檢字一卷類字一卷　(清)劉樹屏撰　(清)吴子城繪圖　清光緒二十七年(1901)澄衷蒙學堂石印本　八册

340000－1801－0001969　1:012141－1:012146
廣金石韻府五卷玉篇字略一卷　(明)朱時望編纂　(清)林尚葵輯　(清)張鳳藻增訂　清咸豐七年(1857)巴郡張氏理董軒刻本　六册

340000－1801－0001970　1:012158－1:012161
廣韻五卷　(宋)陳彭年等重修　清同治十二年(1873)粵東書局刻古經解彙函本　四册

340000－1801－0001971　1:012162－1:012166
廣韻五卷　(宋)陳彭年等重修　清同治十二年(1873)粵東書局刻古經解彙函本　五册

340000－1801－0001972　1:012167－1:012171
廣韻五卷　(宋)陳彭年等重修　清同治十二年(1873)粵東書局刻古經解彙函本　五册

340000－1801－0001973　1:012172－1:012176
廣韻五卷　(宋)陳彭年等重修　清同治十二年(1873)粵東書局刻古經解彙函本　馬孟莊

題跋　五册

340000－1801－0001974　1:012182－1:012191
集韻十卷　（宋）丁度等撰　清康熙四十五年（1706）曹寅刻嘉慶十九年（1814）江寧榷使署補修本　十册

340000－1801－0001975　1:012192－1:012196
集韻考正十卷　（清）方成珪學　清光緒五年（1879）瑞安孫氏詒善祠塾刻永嘉叢書本　五册

340000－1801－0001976　1:012197－1:012201
附釋文互注禮部韻略五卷　（宋）□□撰　清光緒二年（1876）川東官舍刻姚氏叢刻本　五册

340000－1801－0001977　1:012202
九經補韻一卷附錄一卷　（宋）楊伯嵒撰（清）錢侗考證　清光緒十年（1884）常熟鮑氏刻後知不足齋叢書本　一册

340000－1801－0001978　1:012203－1:012212
古今韻會舉要三十卷禮部韻略七音三十六母通考一卷　（元）黄公紹編輯　（元）熊忠舉要　清光緒九年（1883）淮南書局刻本　十册

340000－1801－0001979　1:012213－1:012222
古今韻會舉要三十卷禮部韻略七音三十六母通考一卷　（元）黄公紹編輯　（元）熊忠舉要　清光緒九年（1883）淮南書局刻本　十册

340000－1801－0001980　1:012223－1:012232
古今韻會舉要三十卷禮部韻略七音三十六母通考一卷　（元）黄公紹編輯　（元）熊忠舉要　清光緒九年（1883）淮南書局刻本　十册

340000－1801－0001981　1:012241－1:012242
音韻正訛四卷　（明）孫耀輯　（明）吳思本訂　清光緒二十六年（1900）刻本　二册

340000－1801－0001982　1:012243－1:012244
音韻正訛四卷　（明）孫耀輯　（明）吳思本訂　清光緒十一年（1885）刻本　二册

340000－1801－0001983　1:012245－1:012246
音韻正訛四卷　（明）孫耀輯　（明）吳思本訂　清乾隆五十四年（1789）金閶書業堂刻本　二册

340000－1801－0001984　1:012247－1:012248
音韻正訛四卷　（明）孫耀輯　（明）吳思本訂　清刻本　二册

340000－1801－0001985　1:012250－1:012254
音韻闡微十八卷韻譜一卷　（清）李光地等編　清光緒七年（1881）淮南書局刻本　五册

340000－1801－0001986　1:012255－1:012259
音韻闡微十八卷韻譜一卷　（清）李光地等編　清光緒七年（1881）淮南書局刻本　五册

340000－1801－0001987　1:012262－1:012265
詩韻析五卷首一卷末一卷　（清）汪烜著　清光緒九年（1883）刻本　四册

340000－1801－0001988　1:012266－1:012269
詩韻析五卷首一卷末一卷　（清）汪烜著　清光緒九年（1883）刻本　四册

340000－1801－0001989　1:012270－1:012271
古今韻略五卷例言一卷　（清）邵長蘅撰　清康熙三十五年（1696）宋犖刻本　二册

340000－1801－0001990　1:012272－1:012276
古今韻略五卷例言一卷　（清）邵長蘅撰　清康熙刻本　五册

340000－1801－0001991　1:012277－1:012281
古今韻略五卷例言一卷　（清）邵長蘅撰　清康熙刻本　五册

340000－1801－0001992　1:012282－1:012286
古今韻略五卷例言一卷　（清）邵長蘅撰　清康熙三十五年（1696）宋犖刻本　清鮑瑞駿識　五册

340000－1801－0001993　1:012287－1:012296
古今韻略五卷例言一卷　（清）邵長蘅撰（清）陳守誠重訂　清乾隆十八年（1753）陳守誠恕堂刻本　十册

340000－1801－0001994　1:012305
切韻辯正二卷　（清）胡世解撰　清嘉慶二十年（1815）刻本　一册

340000－1801－0001995　1:012306－1:012308
古韻論三卷　(清)胡秉虔撰　清同治十二年至十三年(1873－1874)吴縣潘氏京師刻滂喜齋叢書本　三冊

340000－1801－0001996　1:012310
字音正譌正編二卷　(明)張位撰　(清)丁序賢重訂　**補編一卷**　(清)丁序賢編輯　清乾隆二十年(1755)刻本　一冊

340000－1801－0001997　1:012311－1:012314
四聲易知錄四卷　(清)姚文田輯　清嘉慶歸安姚氏刻光緒八年(1882)補刻邃雅堂全書本　四冊

340000－1801－0001998　1:012315－1:012318
四聲易知錄四卷偏旁舉略一卷　(清)姚文田輯　清道光十年(1830)楊殿邦刻本(有抄配)　四冊

340000－1801－0001999　1:012319－1:012322
韻府一隅十六卷　(清)顔懋功等輯　清嘉慶八年(1803)刻本　四冊

340000－1801－0002000　1:012323－1:012324
韻歧五卷　(清)江昱輯　清光緒七年(1881)刻本　二冊

340000－1801－0002001　1:012325－1:012326
韻歧五卷　(清)江昱輯　清光緒七年(1881)刻本　二冊

340000－1801－0002002　1:012327－1:012328
韻字略十二卷　(清)毛謨編　清光緒元年(1875)湖北崇文書局刻本　二冊

340000－1801－0002003　1:012329－1:012330
韻字略十二卷　(清)毛謨編　清光緒元年(1875)湖北崇文書局刻本　二冊

340000－1801－0002004　1:012331－1:012336
韻海大全角山樓類腋不分卷　題(清)仁壽室主人輯　清末上海文瑞樓石印本　六冊

340000－1801－0002005　1:012337－1:012338
經韻集字析解二卷全韻字數一卷拾遺補注一卷補遺一卷　(清)熊守謙參訂　(清)彭良敞集注　清道光十年(1830)刻本　二冊

340000－1801－0002006　1:012339－1:012340
佩文詩韻五卷　(□)□□撰　清道光四年(1824)刻本　二冊

340000－1801－0002007　1:012341
佩文詩韻釋要五卷　(清)周兆基輯　(清)朱蘭重輯　清同治三年(1864)刻本　一冊

340000－1801－0002008　1:012342
佩文詩韻釋要五卷　(清)周兆基輯　(清)朱蘭重輯　清同治三年(1864)刻本　許承堯批點題跋　一冊

340000－1801－0002009　1:012343
佩文詩韻釋要五卷　(清)周兆基輯　(清)朱蘭重輯　清光緒元年(1875)湖北崇文書局刻本　一冊

340000－1801－0002010　1:012344
佩文詩韻釋要五卷　(清)周兆基輯　(清)朱蘭重輯　清光緒元年(1875)湖北崇文書局刻本　一冊

340000－1801－0002011　1:012345
佩文詩韻釋要五卷　(清)周兆基輯　(清)朱蘭重輯　清光緒元年(1875)湖北崇文書局刻本　一冊

340000－1801－0002012　1:012346
佩文詩韻釋要五卷　(清)周兆基輯　(清)朱蘭重輯　清光緒元年(1875)湖北崇文書局刻本　一冊

340000－1801－0002013　1:012347－1:012350
新刊校正增補圓機詩韻活法全書十四卷　(明)王世貞增校　(清)蔣先庚重訂　清刻本　四冊

340000－1801－0002014　1:012351－1:012352
佩文廣韻匯編五卷　(清)李元祺輯　清道光十年(1830)半塯草堂刻本　二冊

340000－1801－0002015　1:012353－1:012354
佩文廣韻匯編五卷　(清)李元祺輯　清同治十一年(1872)金陵書局刻本　二冊

340000－1801－0002016　1:012355－1:012356
佩文廣韻匯編五卷　(清)李元祺輯　清同治十一年(1872)金陵書局刻本　二册

340000－1801－0002017　1:012357－1:012358
佩文廣韻匯編五卷　(清)李元祺輯　清同治十一年(1872)金陵書局刻本　二册

340000－1801－0002018　1:012359－1:012362
李氏音鑒六卷首一卷　(清)李汝珍撰　(清)劉駿發音義　**李氏音鑒書目一卷**　(清)洪棣元錄　清同治七年(1868)刻本　四册

340000－1801－0002019　1:012363－1:012366
李氏音鑒六卷首一卷　(清)李汝珍撰　(清)劉駿發音義　**李氏音鑒書目一卷**　(清)洪棣元錄　清同治七年(1868)刻本　四册

340000－1801－0002020　1:012367－1:012368
韻學辨中備五卷　(清)張亨釬輯　清咸豐十年(1860)廣東省刻三色套印本　二册

340000－1801－0002021　1:012369
翻切簡可篇二卷　(清)張燮承述　清咸豐六年(1856)蘭渚四宜草堂刻本　一册

340000－1801－0002022　1:012370
翻切簡可篇二卷　(清)張燮承述　清同治十一年(1872)姑胥刻本　一册

340000－1801－0002023　1:012371－1:012375
韻辨附文五卷　(清)沈兆霖撰　清同治十二年(1873)刻本　五册

340000－1801－0002024　1:012376－1:012380
韻辨附文五卷　(清)沈兆霖撰　清同治十二年(1873)刻本　五册

340000－1801－0002025　1:012381－1:012384
古今中外音韻通例不分卷　(清)胡垣著　清光緒十四年(1888)刻本　四册

340000－1801－0002026　1:012387
擇雅堂初集駢體文一卷等韻學一卷　(清)許惠撰　清光緒八年(1882)刻本　一册　缺一卷(擇雅堂初集駢體文一卷)

340000－1801－0002027　1:012388
重訂空谷傳聲一卷　(清)汪鎏訂　清光緒八年(1882)李光明莊刻本　一册

340000－1801－0002028　1:012389
重訂空谷傳聲一卷　(清)汪鎏訂　清光緒八年(1882)刻本　一册

340000－1801－0002029　1:012390
重訂空谷傳聲一卷　(清)汪鎏訂　清光緒八年(1882)李光明莊刻本　一册

340000－1801－0002030　1:012391－1:012392
韻書音義考五卷　(清)李光瓊纂　清慎詒堂刻本　二册

340000－1801－0002031　1:012393－1:012394
等韻一得内篇一卷外篇一卷　勞乃宣撰　清光緒二十四年(1898)吳橋官廨刻本　二册

340000－1801－0002032　1:012395－1:012396
音韻一得二卷　(清)胡勉纂　清咸豐八年(1858)刻本　二册

340000－1801－0002033　1:012397－1:012399
類音八卷　(清)潘耒撰　清康熙潘氏遂初堂刻本　三册　缺三卷(六至八)

340000－1801－0002034　1:012405
天籟新韻一卷　(清)蕭承煊評輯　清光緒十二年(1886)刻本　一册

340000－1801－0002035　1:012410－1:012413
古韻通說二十卷　(清)龍啟瑞撰　清光緒九年(1883)四川尊經書局刻本　四册

340000－1801－0002036　1:012414－1:012415
詩韻含英十八卷　(清)劉文蔚輯　清刻本　二册

340000－1801－0002037　1:012416－1:012417
詩韻含英十八卷　(清)劉文蔚輯　清道光十四年(1834)見山草堂刻本　二册

340000－1801－0002038　1:012418
詩韻含英十八卷　(清)劉文蔚輯　清道光十四年(1834)見山草堂刻本　一册

340000－1801－0002039　1:012419－1:012420

詩韻含英十八卷　(清)劉文蔚輯　清道光九年(1829)刻本　二冊

340000－1801－0002040　1:012421－1:012422
詩韻含英十八卷　(清)劉文蔚輯　清道光九年(1829)刻本　二冊

340000－1801－0002041　1:012423－1:012426
詩韻含英十八卷　(清)劉文蔚輯　清刻本　四冊

340000－1801－0002042　1:012427－1:012428
詩韻含英十八卷　(清)劉文蔚輯　清刻本　二冊

340000－1801－0002043　1:012429－1:012432
詩韻典訓八卷　(清)劉漸逵編輯　清道光十七年(1837)崇文堂刻本　四冊

340000－1801－0002044　1:012433－1:012437
詩韻合璧五卷　(清)湯文潞輯　清咸豐七年(1857)刻本　五冊

340000－1801－0002045　1:012438－1:012442
詩韻合璧五卷附三場程式　(清)湯文潞輯　清光緒元年(1875)繡谷海陵書屋刻本　五冊

340000－1801－0002046　1:012443－1:012447
詩韻合璧五卷　(清)湯文潞輯　**虛字韻藪一卷**　(清)潘維城輯　清末鉛印本　五冊

340000－1801－0002047　1:012462－1:012467
增廣詩韻合璧六卷　(清)湯文潞輯　清光緒十三年(1887)點石齋石印本　六冊

340000－1801－0002048　1:012468－1:012472
詩韻合璧五卷　(清)湯文潞輯　**虛字韻藪一卷**　(清)潘維城輯　清光緒十四年(1888)上海蜚英館石印本　五冊

340000－1801－0002049　1:012473－1:012474
詩韻集成十卷　(清)余照輯　清同治十年(1871)刻本　二冊

340000－1801－0002050　1:012475－1:012478
詩韻集成十卷　(清)余照輯　清大道堂刻本　四冊

340000－1801－0002051　1:012479－1:012482
詩韻集成十卷　(清)余照輯　清咸豐二年(1852)刻本　四冊

340000－1801－0002052　1:012483－1:012484
詩韻集成十卷　(清)余照輯　清咸豐七年(1857)刻本　二冊

340000－1801－0002053　1:012485－1:012496
詩韻集成十卷　(清)余照輯　清刻本　十二冊

340000－1801－0002054　1:012497－1:012500
詩韻集成十卷　(清)余照輯　清道光二十九年(1849)刻本　四冊

340000－1801－0002055　1:012501－1:012504
詩韻集成十卷　(清)余照輯　清光緒三年(1877)涇邑西城湯一正堂銅版印本　四冊

340000－1801－0002056　1:012505－1:012508
詩韻集成十卷　(清)余照輯　清光緒三年(1877)涇邑西城湯一正堂銅版印本　四冊

340000－1801－0002057　1:012509－1:012513
增補詩韻全璧五卷　(□)□□撰　**虛字韻藪一卷**　(清)潘維城輯　清光緒十二年(1886)上海積山書局石印本　五冊

340000－1801－0002058　1:012514－1:012519
詩韻全璧五卷　(□)□□撰　**虛字韻藪一卷**　(清)潘維城輯　**初學檢韻袖珍十二卷**　(清)錢大昕鑒定　清光緒十九年(1893)上海點石齋石印本　六冊

340000－1801－0002059　1:012540－1:012541
詩韻異同辨五卷　(清)任以治　(清)蔡應襄輯　清刻本　二冊

340000－1801－0002060　1:012542
初學檢韻袖珍十二集佩文詩韻一卷　(清)姚文登輯　清光緒九年(1883)刻本　一冊

340000－1801－0002061　1:012543－1:012544
初學檢韻袖珍十二集　(清)姚文登輯　清道光二十二年(1842)刻本　二冊

340000－1801－0002062　1:012545－1:012546

韻綜集字五卷　（清）陳詒厚編輯　清刻本　二册

340000－1801－0002063　1：012551
詞林正韻三卷發凡一卷　（清）戈載輯　清光緒七年（1881）臨桂王鵬運四印齋刻本　一册

340000－1801－0002064　1：012552－1：012553
詞林正韻三卷發凡一卷　（清）戈載輯　清同治十二年（1873）刻本　二册

340000－1801－0002065　1：012555
臨文便覽不分卷　（□）□□撰　清同治十三年（1874）刻本　一册

340000－1801－0002066　1：012556－1：012557
詩韻釋音五卷　（清）陳錦編輯　（清）錢文蔚仝校　清光緒十三年（1887）橘蔭軒刻本　二册

340000－1801－0002067　1：012558－1：012563
韻府精華五卷　（□）□□撰　清光緒十三年（1887）上海積山書局石印本　六册

340000－1801－0002068　1：012564
詞林韻釋一卷　（宋）□□撰　徐乃昌輯　清光緒二十九年（1903）南陵徐氏刻隨盦徐氏叢書本　一册

340000－1801－0002069　1：012566－1：012569
詩詞通韻五卷首一卷反切定譜一卷　（清）樸隱子編次　清康熙二十四年（1685）刻本　四册

340000－1801－0002070　1：012570－1：012571
漢魏音四卷　（清）洪亮吉學　清乾隆五十年（1785）西安刻北江全集本　二册

340000－1801－0002071　1：012574
四聲切韻表一卷　（清）江永編　清乾隆五十三年（1788）刻本　一册

340000－1801－0002072　1：012584－1：012585
六書音均表五卷　（清）段玉裁記　清乾隆四十一年（1776）富順官廨刻本　二册

340000－1801－0002073　1：012586－1：012587
六書音均表五卷　（清）段玉裁記　清同治十一年（1872）湖北崇文書局刻本　二册

340000－1801－0002074　1：012588－1：012589
古音類表九卷　（清）傅壽彤學　清同治三年（1864）宛南郡署刻本　二册

340000－1801－0002075　1：012590
字彙十二卷首一卷末一卷韻法直圖一卷韻法橫圖一卷　（明）梅膺祚撰　清刻本　一册
缺十三卷（字彙十二卷、首一卷）

340000－1801－0002076　1：012596－1：012599
古音諧八卷首一卷　（清）姚文田輯　清道光二十六年（1846）刻本　四册

340000－1801－0002077　1：012603
石經考一卷　（清）萬斯同撰　清常熟蔣氏刻省吾堂四種本　一册

340000－1801－0002078　1：012604－1：012607
石經集考十卷　（清）黄錫元學　清抄本　四册

340000－1801－0002079　1：012613
石經補考六卷　（清）馮登府纂　清刻本　一册

340000－1801－0002080　1：012698－1：012700
五經異義疏證三卷　（漢）許慎撰　（漢）鄭玄駁　（清）陳壽祺疏證　清嘉慶十八年（1813）王捷南刻本　三册

340000－1801－0002081　1：012701－1：012703
五經異義疏證三卷　（漢）許慎撰　（漢）鄭玄駁　（清）陳壽祺疏證　清嘉慶十八年（1813）王捷南刻本　三册

340000－1801－0002082　1：012704
七經小傳三卷　（宋）劉敞著　清乾隆十六年（1751）水西劉氏刻公是遺書本　一册

340000－1801－0002083　1：012707
白虎通德論二卷　（漢）班固纂　清刻本　一册

340000－1801－0002084　1：012708－1：012709
白虎通四卷　（漢）班固撰　**白虎通義考一卷**

（清）莊述祖撰　**白虎通闕文一卷**　（清）莊述祖輯　（清）盧文弨訂　**白虎通校勘補遺四卷**　（清）盧文弨校補　清乾隆四十九年(1784)抱經堂刻本　二册

340000－1801－0002085　1:012710－1:012713
白虎通疏證十二卷　（清）陳立撰　清光緒元年(1875)淮南書局刻本　四册

340000－1801－0002086　1:012717－1:012719
五經同異三卷　（清）顧炎武撰　清常熟蔣氏省吾堂刻省吾堂四種本　三册

340000－1801－0002087　1:012720－1:012722
五經同異三卷　（清）顧炎武撰　清光緒十一年(1885)吳縣孫谿槐廬家塾刻本　三册

340000－1801－0002088　1:012723－1:012724
六藝綱目二卷附録二卷　（元）舒天民述　（元）舒恭注　（明）趙宜中附注　**重刊六藝綱目札記一卷**　（清）管禮耕校録　清光緒七年(1881)籀書誃汪氏刻本　二册

340000－1801－0002089　1:012725－1:012726
九經古義十六卷　（清）惠棟撰　清光緒十一年(1885)吳縣朱氏槐廬家塾刻槐廬叢書本　二册

340000－1801－0002090　1:012727－1:012728
群經補義五卷　（清）江永著　清乾隆三十八年(1773)刻本　二册

340000－1801－0002091　1:012729
群經補義五卷　（清）江永著　清乾隆三十八年(1773)刻本　王立中題記　一册

340000－1801－0002092　1:012730－1:012731
群經補義五卷　（清）江永著　清乾隆三十八年(1773)刻本　二册

340000－1801－0002093　1:012732－1:012733
經考五卷　（清）戴震記　清南陵徐氏刻本　二册

340000－1801－0002094　1:012734－1:012738
毛詩十卷　（□）□□撰　清至民國間唐開成石經拓本　五册

340000－1801－0002095　1:012739－1:012750
經稗十二卷　（清）鄭方坤撰　清抄本　十二册

340000－1801－0002096　1:012751－1:012762
古經解鉤沉三十卷　（清）余蕭客撰　清刻本　十二册　缺七卷(三至九)

340000－1801－0002097　1:012763－1:012772
古經解鉤沉三十卷　（清）余蕭客撰　清道光二十年(1840)京江魯慶恩補刻本　十二册

340000－1801－0002098　1:012773－1:012774
經言拾遺十四卷　（清）徐文靖撰　（清）毛大鵬訂　清光緒二年(1876)刻徐位山六種本　二册

340000－1801－0002099　1:012775－1:012776
經言拾遺十四卷　（清）徐文靖撰　（清）毛大鵬訂　清光緒二年(1876)刻徐位山六種本　二册

340000－1801－0002100　1:012777－1:012778
經言拾遺十四卷　（清）徐文靖撰　（清）毛大鵬訂　清光緒二年(1876)刻徐位山六種本　二册

340000－1801－0002101　1:012779－1:012780
經言拾遺十四卷　（清）徐文靖撰　（清）毛大鵬訂　清光緒二年(1876)刻徐位山六種本　二册

340000－1801－0002102　1:012781－1:012782
任釣臺先生遺書四卷　（清）任啟運纂　（清）張紀植録　（清）陳玉垣參訂　清嘉慶十五年(1810)瀨上彭信刻本　二册

340000－1801－0002103　1:012783
欽定七經綱領不分卷　（□）□□撰　清宣統元年(1909)學部圖書局鉛印本　一册

340000－1801－0002104　1:012784－1:012789
說經二十六卷說莊三卷說騷一卷說文一卷　（清）韓泰青著　清乾隆四十四年(1779)刻本　六册

340000－1801－0002105　1:012790

易堂問目四卷　(清)吳鼎輯　清乾隆刻本　一冊

340000－1801－0002106　1:012791
易堂問目四卷　(清)吳鼎輯　清乾隆刻本　一冊

340000－1801－0002107　1:012792－1:012793
易堂問目四卷　(清)吳鼎輯　清乾隆刻本　二冊

340000－1801－0002108　1:012794－1:012796
稽古日鈔八卷　(清)彭芝庭鑒定　(清)郁文等輯　清乾隆二十九年(1764)秋曉山房刻本　三冊

340000－1801－0002109　1:012797－1:012802
稽古日鈔八卷　(清)彭芝庭鑒定　(清)郁文等輯　清乾隆二十九年(1764)秋曉山房刻本　六冊

340000－1801－0002110　1:012803－1:012806
稽古日鈔八卷　(清)彭芝庭鑒定　(清)郁文等輯　清乾隆二十九年(1764)秋曉山房刻本　四冊

340000－1801－0002111　1:012807－1:012818
經義述聞三十二卷　(清)王引之撰　清道光七年(1827)京師壽藤書屋刻本　十二冊　存十六卷(一至十六)

340000－1801－0002112　1:012819－1:012826
經義述聞十五卷　(清)王引之撰　清嘉慶二十二年(1817)刻本　八冊

340000－1801－0002113　1:012827－1:012832
經義述聞十五卷　(清)王引之撰　清嘉慶二十二年(1817)刻本　六冊

340000－1801－0002114　1:012833－1:012863
經義述聞三十二卷　(清)王引之撰　清道光七年(1827)京師壽藤書屋刻本　十二冊

340000－1801－0002115　1:012864－1:012883
經義述聞三十二卷　(清)王引之撰　清道光七年(1827)京師壽藤書屋刻本　二十冊

340000－1801－0002116　1:012884－1:012899
經義述聞三十二卷　(清)王引之撰　清光緒七年(1881)上海文瑞樓鉛印本　十六冊

340000－1801－0002117　1:012900－1:012909
經義述聞三十二卷　(清)王引之撰　清光緒七年(1881)上海文瑞樓鉛印本　十冊　存二十卷(一至二十)

340000－1801－0002118　1:012910－1:012925
經義述聞三十二卷　(清)王引之撰　清光緒七年(1881)上海文瑞樓鉛印本　十六冊

340000－1801－0002119　1:012926－1:012941
經義述聞三十二卷　(清)王引之撰　清光緒七年(1881)上海文瑞樓鉛印本　十六冊

340000－1801－0002120　1:012942－1:012949
經義述聞不分卷　(清)王引之撰　清刻本　八冊

340000－1801－0002121　1:012950－1:012953
六經補疏二十三卷　(清)焦循學　清道光六年(1826)半九書塾刻焦氏叢書本　四冊　缺十一卷(論語補疏一至三、毛詩補疏一至三卷、春秋左傳補疏一至五)

340000－1801－0002122　1:012954－1:012961
十三經札記二十二卷　(清)朱亦棟撰　清光緒四年(1878)武林竹簡齋刻本　八冊

340000－1801－0002123　1:012962－1:012965
十三經札記二十二卷　(清)朱亦棟撰　清光緒四年(1878)武林竹簡齋刻本　四冊

340000－1801－0002124　1:012966－1:012970
五經精義二十九卷　(清)黃淦纂　清嘉慶七年至九年(1802－1804)刻本　五冊

340000－1801－0002125　1:012971－1:012984
七經精義三十八卷　(清)黃淦纂　清嘉慶十二年(1807)刻本　十四冊

340000－1801－0002126　1:012985－1:012996
七經精義三十八卷　(清)黃淦纂　清刻本　十二冊

340000－1801－0002127　1:012997－1:013010
七經精義三十八卷　(清)黃淦纂　清光緒元

年(1875)刻本　十四冊

340000－1801－0002128　1:013011－1:013021
七經精義三十八卷　(清)黄淦纂　清嘉慶十二年(1807)刻本　十一冊　缺二卷(周禮精義一至二)

340000－1801－0002129　1:013022－1:013025
七經偶記十四卷　(清)汪德鉞撰　清道光十二年(1832)汪時漣長汀木活字印本　四冊　缺二卷(禮經偶記一、禮記偶記一)

340000－1801－0002130　1:013026－1:013028
七經偶記十四卷　(清)汪德鉞撰　清刻本　三冊

340000－1801－0002131　1:013029－1:013030
讀書隨筆四卷　(清)吳大廷著　清刻本　二冊

340000－1801－0002132　1:013031－1:013034
群經識小八卷　(清)李惇著　清道光六年(1826)高郵李培紫刻本　四冊

340000－1801－0002133　1:013035－1:013036
群經識小八卷　(清)李惇著　清道光六年(1826)高郵李培紫刻本　二冊

340000－1801－0002134　1:013037－1:013040
群經識小八卷　(清)李惇著　清道光六年(1826)高郵李培紫刻本　四冊

340000－1801－0002135　1:013041－1:013052
增廣五經備旨四十五卷　(清)鄒聖脈纂輯　(清)鄒廷猷編次　清光緒十九年(1893)上海蜚英館石印本　十二冊

340000－1801－0002136　1:013053－1:013068
五經備旨四十五卷　(清)鄒聖脈纂輯　(清)鄒廷猷編次　清刻本　十六冊

340000－1801－0002137　1:013069－1:013088
皋蘭課業彙編　(清)盛元珍編集　清刻本　二十冊

340000－1801－0002138　1:013089－1:013104
五經味根録五種四十三卷　(清)闕蔚煌撰　清光緒十四年(1888)同文書局石印本　十六冊

340000－1801－0002139　1:013105－1:013120
五經味根録五種四十三卷　(清)闕蔚煌撰　清光緒二十九年(1903)崇新書局石印本　十六冊

340000－1801－0002140　1:013121－1:013136
五經味根録五種四十三卷　(清)闕蔚煌撰　清光緒二十九年(1903)崇新書局石印本　十六冊

340000－1801－0002141　1:013137－1:013138
枕葄齋詩經問答十四卷末一卷　胡嗣運撰　清光緒三十四年(1908)胡氏鵬南書屋木活字印本　二冊

340000－1801－0002142　1:013139－1:013140
枕葄齋書經問答八卷補習科七卷末一卷　胡嗣運撰　清光緒三十四年(1908)胡氏鵬南書屋木活字印本　二冊

340000－1801－0002143　1:013143－1:013144
詩義述略一卷書義述略一卷經學通論一卷　(清)王琢著　清光緒三十四年(1908)石印本　二冊

340000－1801－0002144　1:013145－1:013157
群經平議三十五卷　(清)俞樾撰　清光緒九年(1883)刻春在堂全書本　十三冊

340000－1801－0002145　1:013158－1:013173
群經平議三十五卷　(清)俞樾撰　清光緒二十五年(1899)刻春在堂全書本　十六冊

340000－1801－0002146　1:013174－1:013187
群經平議三十五卷　(清)俞樾撰　清同治十年(1871)刻春在堂全書本　十四冊

340000－1801－0002147　1:013188－1:013222
古經解匯函　(清)鍾謙鈞等輯　清同治十二年(1873)粵東書局刻本　三十五冊

340000－1801－0002148　1:013237
咫學讀經記略一卷咫學讀四書記略一卷咫學讀史並雜記略一卷　(清)楊澄鑒輯　清刻本　一冊

340000－1801－0002149　1:013238
一鐙精舍甲部稿五卷　(清)何秋濤撰　清光緒五年(1879)淮南書局刻本　一册

340000－1801－0002150　1:013244
群經大義一卷　(清)楊士欽著　清光緒三十四年(1908)重慶廣益書局鉛印本　一册

340000－1801－0002151　1:013253－1:013276
五經五十八卷　(清)黄晟輯　清乾隆十五年(1750)天都黄晟槐蔭草堂刻本　二十四册　存四十九卷(周易一至三、書經一至六、春秋一至三十、禮記一至十)

340000－1801－0002152　1:013277
經學講義二編　(清)京師大學堂編　清光緒三十年(1904)北京學務處官書局鉛印本　一册

340000－1801－0002153　1:013280－1:013349
經解集錄二十五種　(□)□□撰　清道光、咸豐間大梁書院刻有不為齋印本　七十册

340000－1801－0002154　1:013350－1:013351
十三經注疏校勘記識語四卷　(清)汪文臺撰　清光緒三年(1877)江西書局刻本　二册

340000－1801－0002155　1:013352－1:013353
十三經注疏校勘記識語四卷　(清)汪文臺撰　清光緒三年(1877)江西書局刻本　二册

340000－1801－0002156　1:013354－1:013355
十三經注疏校勘記識語四卷　(清)汪文臺撰　清光緒三年(1877)江西書局刻本　二册

340000－1801－0002157　1:013356－1:013357
十三經注疏校勘記識語四卷　(清)汪文臺撰　清光緒三年(1877)江西書局刻本　二册

340000－1801－0002158　1:013358
韋庵經説一卷　(清)周象明著　清同治十三年(1874)虞山顧氏刻小石山房叢書本　一册

340000－1801－0002159　1:013359－1:013360
十三經述要六卷　姚永樸著　清光緒三十四年(1908)安徽高等學堂鉛印本　姚煥題記　二册

340000－1801－0002160　1:013362
七經問答一卷　姚永樸著　清光緒三十二年(1906)安徽高等學堂鉛印本　一册

340000－1801－0002161　1:013364－1:013367
經竅十六卷　(清)蔡啟盛撰　清光緒刻本　四册

340000－1801－0002162　1:013368－1:013371
群經考略十六卷　姚永樸著　清光緒安徽高等學堂鉛印本　四册

340000－1801－0002163　1:013372－1:013375
群經考略十六卷　姚永樸著　清光緒安徽高等學堂鉛印本　四册

340000－1801－0002164　1:013376
群經考略十六卷　姚永樸著　清光緒安徽高等學堂鉛印本　一册　存三卷(一至三)

340000－1801－0002165　1:013377
經學入門一卷　姚永樸撰　清光緒三十三年(1907)油印本　一册

340000－1801－0002166　1:013378
蛻私軒讀經記六卷　姚永樸撰　清宣統油印本　一册

340000－1801－0002167　1:013388－1:013399
五經圖十二卷　(明)盧謙訂正　(清)盧雲英重編錄　清雍正二年(1724)盧氏刻後補修本　十二册

340000－1801－0002168　1:013400－1:013405
六經圖定本六卷　(清)王皜校錄　清乾隆五年(1740)向山堂刻本　六册

340000－1801－0002169　1:013406－1:013411
六經圖十二卷　(清)鄭之僑編輯　清乾隆八年(1743)述堂刻本　六册

340000－1801－0002170　1:013412－1:013417
六經圖十二卷　(清)鄭之僑編輯　清乾隆八年(1743)述堂刻本　六册

340000－1801－0002171　1:013418－1:013429
六經圖二十四卷　(清)鄭之僑編輯　清乾隆九年(1744)述堂刻本　十二册

340000－1801－0002172　1:013430－1:013435
六經圖定本六卷　(清)王皜校錄　清乾隆五年(1740)向山堂刻本　六冊

340000－1801－0002173　1:013436－1:013437
六經正誤六卷　(宋)毛居正校勘　清刻本　二冊

340000－1801－0002174　1:013438－1:013441
五經圖十二卷　(清)楊恢基訂正　(清)沈之漣　(清)尹正鼐校閱　(清)汪岱　(清)王皜編錄　清雍正二年(1724)盧氏刻本　四冊　存八卷(一至六、十一至十二)

340000－1801－0002175　1:013442－1:013453
經典釋文三十卷　(唐)陸德明撰　清刻本　十二冊

340000－1801－0002176　1:013454－1:013465
經典釋文三十卷　(唐)陸德明撰　**經典釋文考證三十卷**　(清)盧文弨緩緝　清乾隆五十六年(1791)餘姚盧氏刻抱經堂叢書本　十二冊

340000－1801－0002177　1:013466－1:013477
經典釋文三十卷　(唐)陸德明撰　**經典釋文考證三十卷**　(清)盧文弨緩緝　清乾隆五十六年(1791)餘姚盧氏刻抱經堂叢書本　十二冊

340000－1801－0002178　1:013478－1:013489
經典釋文三十卷　(唐)陸德明撰　**經典釋文考證三十卷**　(清)盧文弨緩緝　清乾隆五十六年(1791)餘姚盧氏刻抱經堂叢書本　十二冊

340000－1801－0002179　1:013490－1:013501
經典釋文三十卷　(唐)陸德明撰　**經典釋文考證三十卷**　(清)盧文弨緩緝　清同治八年(1869)湖北崇文書局刻本　十二冊

340000－1801－0002180　1:013502－1:013513
經典釋文三十卷　(唐)陸德明撰　**經典釋文考證三十卷**　(清)盧文弨緩緝　清同治八年(1869)湖北崇文書局刻本　十二冊

340000－1801－0002181　1:013514－1:013525
經典釋文三十卷　(唐)陸德明撰　**經典釋文考證三十卷**　(清)盧文弨緩緝　清同治八年(1869)湖北崇文書局刻本　十二冊

340000－1801－0002182　1:013526－1:013536
經典釋文三十卷　(唐)陸德明撰　**經典釋文考證三十卷**　(清)盧文弨緩緝　清同治八年(1869)湖北崇文書局刻本　十一冊　缺十四卷(經典釋文考證一至十四)

340000－1801－0002183　1:013537－1:013548
經典釋文三十卷　(唐)陸德明撰　**經典釋文考證三十卷**　(清)盧文弨緩緝　清同治十年(1871)廣州書局刻本　十二冊

340000－1801－0002184　1:013549－1:013560
經典釋文三十卷　(唐)陸德明撰　**經典釋文考證三十卷**　(清)盧文弨緩緝　清同治十年(1871)廣州書局刻本　十二冊

340000－1801－0002185　1:013561－1:013572
經典釋文三十卷　(唐)陸德明撰　**經典釋文考證三十卷**　(清)盧文弨緩緝　清同治十年(1871)廣州書局刻本　十二冊

340000－1801－0002186　1:013573－1:013584
經典釋文三十卷　(唐)陸德明撰　**經典釋文考證三十卷**　(清)盧文弨緩緝　**補音三卷札記一卷**　(宋)宋庠撰　清同治十三年至光緒二年(1874－1876)成都尊經書院刻本　十二冊

340000－1801－0002187　1:013585
經典釋文序錄一卷　(唐)陸德明撰　清末江楚書局刻本　一冊

340000－1801－0002188　1:013586
經典釋文三十卷　(唐)陸德明撰　**經典釋文考證三十卷**　(清)盧文弨緩緝　清同治八年(1869)湖北崇文書局刻本　一冊　存十四卷(經典釋文考證一至十四)

340000－1801－0002189　1:013601－1:013605
助字辨略五卷　(清)劉淇撰　清乾隆四十四年(1779)刻本　方守敦題記　五冊

340000－1801－0002190　1:013606
十三經紀字一卷　(清)汪汲錄　清光緒五年(1879)皖桐謝氏刻本　一册

340000－1801－0002191　1:013607
十三經紀字一卷字典紀字一卷　(清)汪汲錄　清乾隆五十九年(1794)古愚山房刻古愚老人消夏錄本　一册

340000－1801－0002192　1:013608－1:013609
六藝綱目二卷附錄二卷　(元)舒天民述　(元)舒恭　(明)趙宜中附注　清咸豐三年(1853)楊氏海源閣刻海源閣叢書本　二册

340000－1801－0002193　1:013636－1:013637
經傳釋詞十卷　(清)王引之撰　清道光二十七年(1847)刻本　二册

340000－1801－0002194　1:013638－1:013639
經傳釋詞十卷　(清)王引之撰　清道光二十七年(1847)刻本　二册

340000－1801－0002195　1:013640－1:013641
經傳釋詞十卷　(清)王引之撰　清道光二十七年(1847)刻本　二册

340000－1801－0002196　1:013642－1:013643
經傳釋詞十卷　(清)王引之撰　清道光二十七年(1847)刻本　二册

340000－1801－0002197　1:013644－1:013653
經傳釋詞十卷　(清)王引之撰　清嘉慶高郵王氏刻光緒二十一年(1895)補修本　十册

340000－1801－0002198　1:013654－1:013656
重編五經文字三卷　(清)孫偘編勘　清嘉慶八年(1803)刻本　三册

340000－1801－0002199　1:013657－1:013672
群經字詁七十二卷　(清)段謂廷撰　(清)黄本驥編訂　清道光二十九年(1849)刻本　十六册

340000－1801－0002200　1:013673－1:013690
群經字詁七十二卷　(清)段謂廷撰　(清)黄本驥編訂　清道光二十九年(1849)刻本　十八册

340000－1801－0002201　1:013691－1:013716
十一經音訓　(清)楊國楨撰　清道光十年(1830)大梁書院刻本　二十六册

340000－1801－0002202　1:013717－1:013737
十一經音訓　(清)楊國楨撰　清道光十年(1830)大梁書院刻本　二十一册

340000－1801－0002203　1:013738－1:013761
十一經音訓　(清)楊國楨撰　清光緒三年(1877)湖北崇文書局刻本　二十四册

340000－1801－0002204　1:013762－1:013787
十一經音訓　(清)楊國楨撰　清光緒三年(1877)湖北崇文書局刻本　二十六册

340000－1801－0002205　1:013788－1:013813
十一經音訓　(清)楊國楨撰　清光緒三年(1877)湖北崇文書局刻本　二十六册

340000－1801－0002206　1:013814
重校十三經不二字一卷　(清)李鴻藻編　清光緒二十二年(1896)秀記書莊石印本　一册

340000－1801－0002207　1:013815
十三經不二字一卷　題(清)不敏主人編　清道光二十一年(1841)刻本　一册

340000－1801－0002208　1:013816
孝經音訓不分卷爾雅音訓不分卷　(清)楊國楨撰　清光緒三年(1877)湖北崇文書局刻十一經音訓本　一册

340000－1801－0002209　1:013817－1:013818
經韻集字析解二卷　(清)熊守謙參訂　(清)彭良敞集注　清道光十三年(1833)刻本　二册

340000－1801－0002210　1:013819－1:013822
經韻集字析解二卷　(清)彭良敞集注　(清)程立炘校錄　清同治十年(1871)程氏刻本　四册

340000－1801－0002211　1:013823－1:013830
十三經集字摹本　(清)彭玉雯纂　清道光二十九年(1849)江右彭氏刻本　八册

340000－1801－0002212　1:013831－1:013838

十三經集字摹本　(清)彭玉雯纂　清道光二十九年(1849)江右彭氏刻本　八册

340000－1801－0002213　1:013839－1:013846
十三經集字摹本　(清)彭玉雯纂　清咸豐二年(1852)京都琉璃廠刻本　八册

340000－1801－0002214　1:013847－1:013850
十三經集字摹本　(清)彭玉雯纂　清刻本　四册　存大學、中庸、論語、孟子

340000－1801－0002215　1:013851－1:013855
十三經集字音釋四卷　(清)黄蕙田音釋　清同治九年(1870)西山刻本　五册

340000－1801－0002216　1:013856
翰苑分楷十三經集字　(清)李鴻藻撰　清光緒二十一年(1895)寶善書局石印本　一册

340000－1801－0002217　1:013858－1:013861
柏堂經説九種三十三卷　(清)方宗誠述　清光緒桐城方氏刻本　四册　存十三卷(書傳補義三卷,詩傳補義三卷,讀易筆記二卷,讀論孟筆記三卷、補記二卷)

340000－1801－0002218　1:013862－1:013877
七經孟子考文并補遺二百卷　(日本)山井鼎撰　(日本)物觀纂修　清嘉慶二年(1797)阮氏小琅嬛僊館刻文選樓叢書本　十六册

340000－1801－0002219　1:013878－1:013881
娱親雅言六卷　(清)嚴元照著　清光緒十一年(1885)㠯園王氏木活字印本　四册

340000－1801－0002220　1:013882
相臺書塾刊正九經三傳沿革例一卷　(宋)岳珂撰　**九經補韻一卷附録一卷**　(宋)楊伯嵒撰　清咸豐南海伍氏刻粤雅堂叢書本　一册

340000－1801－0002221　1:013883
相臺書塾刊正九經三傳沿革例一卷　(宋)岳珂著　清光緒三年(1877)湖北崇文書局刻崇文書局彙刻書本　一册

340000－1801－0002222　1:013884
愈妄闕齋所著書　(清)汪大鈞撰　清光緒十九年(1893)錢塘汪氏刻本　一册

340000－1801－0002223　1:013885－1:013886
授經圖二十卷　(明)朱睦㮮撰　清光緒十四年(1888)長沙惜陰書局刻惜陰軒叢書本　二册

340000－1801－0002224　1:013887
西漢儒林傳經表二卷　(清)周廷寀輯次　清乾隆五十六年(1791)周氏營道堂刻本　一册

340000－1801－0002225　1:013888
兩漢五經博士考三卷　(清)張金吾撰　清光緒十年(1884)常熟鮑氏刻後知不足齋叢書本　一册

340000－1801－0002226　1:013893－1:013896
古微書三十六卷　(明)孫瑴著録　清嘉慶二十一年(1816)對山問月樓刻本　四册

340000－1801－0002227　1:013897－1:013899
古微書三十六卷　(明)孫瑴著録　清嘉慶二十一年(1816)對山問月樓刻本　三册

340000－1801－0002228　1:013900－1:013905
古微書三十六卷　(明)孫瑴著録　清嘉慶二十一年(1816)對山問月樓刻本　六册

340000－1801－0002229　1:013919－1:013978
經義考三百卷　(清)朱彝尊録　**總目二卷**　(清)盧見曾編　清康熙刻乾隆二十年(1755)盧見曾續刻乾隆四十二年(1777)汪汝瑮補刻本　六十册

340000－1801－0002230　1:013979－1:014041
經義考三百卷　(清)朱彝尊録　**總目二卷**　(清)盧見曾編　清康熙刻乾隆二十年(1755)盧見曾續刻乾隆四十二年(1777)汪汝瑮補刻本　六十三册　缺四卷(四十一至四十四)

340000－1801－0002231　1:014042－1:014091
經義考三百卷　(清)朱彝尊録　**總目二卷**　(清)盧見曾編　清光緒二十三年(1897)浙江書局刻本　五十册

340000－1801－0002232　1:014092－1:014099
古微書三十六卷　(明)孫瑴輯　清光緒十四年(1888)刻本　八册

340000－1801－0002233　1:014100－1:014107
緯攟十四卷　(清)喬松年輯　清光緒三年(1877)強恕堂刻喬勤恪公全集本　八冊

340000－1801－0002234　1:014108－1:014115
周易兼義九卷　(三國魏)王弼　(晉)韓康伯注　(唐)孔穎達正義　**周易音義一卷**　(唐)陸德明撰　**周易注疏校勘記九卷周易釋文校勘記一卷**　(清)阮元撰　(清)盧宣旬摘錄　清同治十二年(1873)江西書局刻重刊宋本十三經注疏附校勘記本　八冊

340000－1801－0002235　1:014132－1:014144
御纂周易折中二十二卷首一卷　(清)李光地等纂　清刻本(卷二十爲後補配另一清刻本)　十三冊　缺四卷(十九、二十一至二十二,首一卷)

340000－1801－0002236　1:014145－1:014148
周易參義十二卷　(明)梁寅撰　清同治十二年(1873)粵東書局刻通志堂經解本　四冊

340000－1801－0002237　1:014183－1:014184
易經釋義不分卷　(□)□□撰　清抄本　二冊

340000－1801－0002238　1:014185－1:014186
易圖通變五卷　(元)雷思齊學　**大易象數鉤深圖三卷**　(元)張理撰　清康熙十九年(1680)刻通志堂經解本　二冊

340000－1801－0002239　1:014187－1:014188
易經十二卷首一卷末一卷　(宋)朱熹本義　清同治四年(1865)金陵書局刻十三經讀本本　二冊

340000－1801－0002240　1:014189
易緯乾鑿度二卷　(漢)鄭玄注　清木活字印本　一冊

340000－1801－0002241　1:014190
易緯辨終備一卷易緯是類謀一卷易緯乾元序制記一卷易緯坤靈圖一卷　(漢)鄭玄注　清木活字印本　一冊

340000－1801－0002242　1:014191
易緯稽覽圖二卷　(漢)鄭玄注　清木活字印本　一冊

340000－1801－0002243　1:014192
易緯通卦驗二卷　(漢)鄭玄注　清木活字印本　一冊

340000－1801－0002244　1:014193－1:014196
易小傳六卷　(宋)沈該撰　清康熙十九年(1680)刻通志堂經解本　四冊

340000－1801－0002245　1:014197－1:014201
易傳十七卷　(唐)李鼎祚集解　**周易音義一卷**　(唐)陸德明撰　清乾隆二十一年(1756)德州盧氏刻雅雨堂藏書本　五冊　缺四卷(十三至十六)

340000－1801－0002246　1:014215
尚書七篇解義二卷　(清)李光地撰　清刻本　一冊

340000－1801－0002247　1:014216－1:014225
附釋音尚書注疏二十卷　(漢)孔安國傳　(唐)陸德明音義　(唐)孔穎達等疏　**尚書注疏校勘記二十卷**　(清)阮元撰　(清)盧文弨摘錄　清同治十二年(1873)江西書局刻重栞宋本十三經注疏附校勘記本　十冊

340000－1801－0002248　1:014226－1:014231
欽定書經傳說彙纂二十一卷首二卷書序一卷　(清)王頊齡等撰　清同治七年(1868)刻本　六冊　缺十一卷(三、七至十四、十八至十九)

340000－1801－0002249　1:014232－1:014235
書蔡氏傳輯錄纂註六卷首一卷　(元)董鼎撰　清康熙十九年(1680)通志堂刻通志堂經解本　四冊

340000－1801－0002250　1:014236－1:014239
書古微十二卷首一卷　(清)魏源撰　清光緒四年(1878)淮南書局刻本　四冊

340000－1801－0002251　1:014240－1:014247
欽定書經傳說彙纂二十一卷首二卷書序一卷　(清)王頊齡等纂　清光緒十九年(1893)湖

南省城漱芳閣刻本　八冊

340000－1801－0002252　1:014248－1:014251
詩韻集成十卷　(清)余照輯　清道光十八年(1838)刻本　四冊

340000－1801－0002253　1:014252－1:014255
詩韻集成十卷　(清)余照輯　清刻本　四冊

340000－1801－0002254　1:014256－1:014259
詩韻集成十卷　(清)余照輯　清文富堂刻本　四冊

340000－1801－0002255　1:014306－1:014313
毛詩稽古編三十卷　(清)陳啓源撰　**毛詩稽古編附考一卷**　(清)費雲倬輯　清光緒九年(1883)上海同文書局石印本　八冊

340000－1801－0002256　1:014326－1:014331
詩經集傳八卷　(宋)朱熹撰　清舊學山房刻本　六冊

340000－1801－0002257　1:014339－1:014340
詩古微二卷　(清)魏源著　清末抄本　二冊

340000－1801－0002258　1:014341
枕葄齋詩經問答十四卷末一卷　胡嗣運撰　清光緒三十四年(1908)胡氏鵬南書屋木活字印本　一冊　存八卷(一至八)

340000－1801－0002259　1:014342－1:014351
欽定詩經傳説彙纂二十一卷首二卷詩序二卷　(清)王鴻緒等撰　清光緒十九年(1893)湖南省城漱芳閣刻本　十冊

340000－1801－0002260　1:014352－1:014367
李迂仲黄實夫毛詩集解四十二卷首一卷　(宋)李樗　(宋)黄櫄講義　(宋)吕祖謙釋音　清康熙十九年(1680)通志堂刻通志堂經解本　十六冊

340000－1801－0002261　1:014428－1:014447
附釋音周禮注疏四十二卷　(漢)鄭玄注　(唐)陸德明音義　(唐)賈公彦疏　**校勘記四十二卷**　(清)阮元撰　清同治十二年(1873)江西書局刻重刊宋本十三經注疏附校勘記本　二十冊

340000－1801－0002262　1:014448－1:014474
欽定儀禮義疏四十八卷首二卷　(清)允祿等撰　清刻御纂七經本　二十七冊　缺二卷(十一至十二)

340000－1801－0002263　1:014475－1:014498
欽定儀禮義疏四十八卷首二卷　(清)允祿等撰　清光緒十九年(1893)湖南省城漱芳閣刻御纂七經本　二十四冊

340000－1801－0002264　1:014527－1:014542
儀禮注疏五十卷　(漢)鄭玄注　(唐)陸德明音義　(唐)賈公彦疏　**儀禮注疏校勘記五十卷**　(清)阮元撰　(清)盧宣旬摘錄　清同治十二年(1873)江西書局刻本　十六冊

340000－1801－0002265　1:014543－1:014550
儀禮十七卷首一卷　(漢)鄭玄注　清同治十二年(1873)稽古樓刻袖珍十三經註本　八冊

340000－1801－0002266　1:014567－1:014576
禮記十卷　(元)陳澔集説　清同治五年(1866)金陵書局刻十三經讀本本　十冊

340000－1801－0002267　1:014604－1:014636
附釋音禮記注疏六十三卷　(漢)鄭玄注　(唐)孔穎達疏　(唐)陸德明音義　**校勘記六十三卷**　(清)阮元撰　(清)盧宣旬摘錄　清同治十二年(1873)江西書局刻重刊宋本十三經註疏附校勘記本　三十二冊

340000－1801－0002268　1:014645
夏小正存説二卷集説補一卷　(清)程鴻詔撰　清刻本　一冊

340000－1801－0002269　1:014646－1:014649
大戴禮記十三卷　(北周)盧辯注　清乾隆二十一年(1756)德州盧氏刻雅雨堂藏書本　四冊

340000－1801－0002270　1:014656－1:014687
附釋音春秋左傳注疏六十卷　(晉)杜預注　(唐)陸德明音義　(唐)孔穎達疏　**春秋左傳注疏校勘記六十卷**　(清)阮元撰　(清)盧宣旬摘錄　清同治十二年(1873)江西書局刻重刊宋本十三經註疏附校勘記本　三十二冊

340000－1801－0002271　1:014722－1:014740
春秋左傳注疏六十卷附考證　(晉)杜預注　(唐)陸德明音義　(唐)孔穎達疏　清同治十年(1871)廣東書局刻十三經註疏附考證本　十九冊　缺二十卷(一至二十)

340000－1801－0002272　1:014778－1:014788
監本附音春秋公羊注疏二十八卷　(漢)何休撰　(唐)陸德明音義　(□)□□疏　**公羊注疏校勘記二十八卷**　(清)阮元撰　(清)盧宣旬摘錄　清同治十二年(1873)江西書局刻重刊宋本十三經註疏附校勘記本　十冊

340000－1801－0002273　1:014804－1:014809
監本附音春秋穀梁注疏二十卷　(晉)范甯集解　(唐)陸德明音義　(唐)楊士勛疏　**附校勘記二十卷**　(清)阮元撰　(清)盧宣旬摘錄　清嘉慶二十年(1815)南昌府學刻重刊宋本十三經注疏附校勘記本　六冊

340000－1801－0002274　1:014812－1:014813
董子春秋繁露十七卷附錄一卷舊跋一卷　(漢)董仲舒撰　清光緒二年(1876)浙江書局刻二十二子本　二冊

340000－1801－0002275　1:014850－1:014851
六經圖二十四卷　(清)鄭之僑編輯　清乾隆九年(1744)述堂刻本　二冊　存二卷(七至八)

340000－1801－0002276　1:014852－1:014867
欽定春秋傳說彙纂三十八卷首二卷　(清)王掞等撰　清光緒十九年(1893)湖南省城漱芳閣刻本　十六冊

340000－1801－0002277　1:014868－1:014887
春秋大事表五十卷首一卷輿圖一卷附錄一卷　(清)顧棟高輯　清同治十二年(1873)萬卷樓刻本　二十冊

340000－1801－0002278　1:014905
讀論語劄記二卷　(清)李光地撰　清刻本　一冊

340000－1801－0002279　1:014906－1:014911
論語注疏解經二十卷　(三國魏)何晏集解　(宋)邢昺疏　**論語注疏校勘記二十卷**　(清)阮元撰　(清)盧宣旬摘錄　清同治十二年(1873)江西書局刻重刊宋本十三經註疏附校勘記本　六冊

340000－1801－0002280　1:014937
讀孟子劄記二卷　(清)李光地撰　清刻本　一冊

340000－1801－0002281　1:014938－1:014940
孟子七卷　(宋)朱熹集注　清同治十一年(1872)山東書局刻本　三冊

340000－1801－0002282　1:014941－1:014948
孟子注疏解經十四卷　(漢)趙氏注　(宋)孫奭疏　**孟子注疏校勘記十四卷**　(清)阮元撰　(清)盧宣旬摘錄　清同治十二年(1873)江西書局刻重刊宋本十三經注疏附校勘記本　八冊

340000－1801－0002283　1:014970－1:014974
四書拾遺六卷　(清)林春溥輯　清道光十四年(1834)刻竹柏山房十五種附刻四種本　五冊

340000－1801－0002284　1:014975－1:014980
新訂四書補註備旨十卷　(明)鄧林著　清刻本　六冊

340000－1801－0002285　1:014987－1:014994
大學衍義四十三卷　(宋)真德秀撰　清同治十三年(1874)金陵書局刻本　八冊

340000－1801－0002286　1:014995－1:014996
中庸纂疏一卷　(宋)趙順孫撰　清康熙十九年(1680)通志堂刻通志堂經解本　二冊

340000－1801－0002287　1:015000－1:015001
孝經注疏九卷　(唐)玄宗李隆基注　(宋)邢昺注疏　**孝經注疏校勘記九卷**　(清)阮元撰　(清)盧宣旬摘錄　清同治十二年(1873)江西書局刻重刊宋本十三經注疏附校勘記本　二冊

340000－1801－0002288　1:015003－1:015005
爾雅三卷　(晉)郭璞注　(唐)陸德明音義

清嘉慶二十二年(1817)刻本　三冊

340000－1801－0002289　1:015006－1:015011
爾雅注疏十卷　(晉)郭璞注　(宋)邢昺校定　**爾雅注疏校勘記十卷**　(清)阮元撰　(清)盧宣旬摘錄　清同治十二年(1873)江西書局刻重刊宋本十三經注疏附校勘記本　六冊

340000－1801－0002290　1:015012－1:015014
爾雅三卷　(晉)郭璞注　(唐)陸德明音義　清嘉慶二十二年(1817)刻本　三冊

340000－1801－0002291　1:015040－1:015042
爾雅郭注補正九卷　(清)戴鎣撰　清光緒十一年(1885)海陽韓光鼐刻本　三冊

340000－1801－0002292　1:015043－1:015048
爾雅注疏十一卷　(晉)郭璞注　(宋)邢昺疏　清刻本　六冊

340000－1801－0002293　1:015049－1:015064
駢雅七卷首一卷　(明)朱謀㙔撰　**駢雅訓纂十六卷**　(清)魏茂林撰　清道光二十五年(1845)刻咸豐元年(1851)補刻本　十六冊

340000－1801－0002294　1:015068－1:015071
復古編二卷校正一卷附錄一卷　(宋)張有撰　清光緒十八年(1892)香山劉氏小蘇齋刻本　四冊

340000－1801－0002295　1:015072
避俗簡記一卷　(□)□□撰　清抄本　一冊

340000－1801－0002296　1:015073－1:015080
隸辨八卷　(清)顧靄吉撰　清同治十二年(1873)刻本　八冊

340000－1801－0002297　1:015081－1:015092
音學五書五種三十八卷　(清)顧炎武撰　清光緒十一年(1885)四明觀稼樓刻本　十二冊

340000－1801－0002298　1:015093－1:015104
音學五書五種三十八卷　(清)顧炎武撰　清光緒十一年(1885)四明觀稼樓刻本　十二冊

340000－1801－0002299　1:015105－1:015144
康熙字典十二集三十六卷等韻一卷檢字一卷辨似一卷備考一卷補遺一卷　(清)張玉書(清)陳廷敬總閱　(清)凌紹雯等纂修　清道光七年(1827)刻本　四十冊

340000－1801－0002300　1:015170－1:015177
隸辨八卷　(清)顧靄吉撰　清乾隆八年(1743)刻本　八冊

340000－1801－0002301　1:015178－1:015182
六書通十卷　(明)閔齊伋撰　(清)畢宏述篆訂　清刻本　五冊

340000－1801－0002302　1:015183－1:015187
六書轉注錄十卷　(清)洪亮吉著　**春秋左傳詁二十卷**　(清)洪亮吉撰　清光緒四年(1878)授經堂刻本　五冊　存十二卷(六書轉注錄十卷、春秋左傳詁一至二)

340000－1801－0002303　1:015189－1:015195
字彙十二卷　(明)梅膺祚音釋　清刻本　七冊　存七卷(子至午)

340000－1801－0002304　1:015196－1:015225
小學彙函十四種一百五十三卷　(清)鍾謙鈞輯　清同治十二年(1873)粵東書局刻古經解彙函本　三十一冊　缺三卷(急就章二至四)

340000－1801－0002305　1:015258－1:015281
説文通訓定聲十八卷附説雅十九篇古今韻準一卷分部檢韻一卷　(清)朱駿聲紀錄　(清)朱鏡蓉參訂　**皇清敕授文林郎國子監博士銜揀選知縣揚州府學教授允倩府君行述一卷**　朱孔彰述　清道光二十八年(1848)刻同治九年(1870)朱孔彰補刻本　二十四冊

340000－1801－0002306　1:015302－1:015306
説文解字十五卷　(漢)許慎記　清光緒七年(1881)淮南書局刻本　五冊

340000－1801－0002307　1:015377－1:015384
説文解字繫傳四十卷附錄一卷　(宋)徐鍇撰　清乾隆四十七年(1782)新安汪氏刻本　八冊

340000－1801－0002308　1:015385－1:015390
字典考證十二卷　(清)奕繪等編　清光緒二年(1876)崇文書局刻本　六冊

340000－1801－0002309　1:015400－1:015401
說文通檢十四卷首一卷末一卷　(清)黎永椿編　清光緒二年(1876)崇文書局刻本　二册

340000－1801－0002310　1:015402－1:015411
說文解字繫傳四十卷附錄一卷　(宋)徐鍇撰　清乾隆四十七年(1782)新安汪氏刻本　十册

340000－1801－0002311　1:015412－1:015419
字典考證十二卷　(清)奕繪等輯　清刻本　八册

340000－1801－0002312　1:015420－1:015423
苗氏說文四種四十八卷　(清)苗夔撰　清道光、咸豐間壽陽祁氏漢碑亭刻本　四册

340000－1801－0002313　1:015436－1:015483
御定駢字類編二百四十卷　(清)聖祖玄燁撰　清光緒十三年(1887)上海同文書局石印本　四十八册

340000－1801－0002314　1:015487－1:015498
大廣益會玉篇三十卷　(南朝梁)顧野王撰　(唐)孫強增字　清揚州詩局刻本　十二册

340000－1801－0002315　1:015499－1:015510
隸韻十卷碑目一卷考證一卷　(宋)劉球纂　清嘉慶刻本　十二册

340000－1801－0002316　1:015567－1:015569
孫氏唐韻考五卷　(清)紀容舒撰　清道光二十四年(1844)金山錢氏刻守山閣叢書本　三册

340000－1801－0002317　1:015570－1:015589
小學考五十卷　(清)謝啟昆撰　清光緒十四年(1888)浙江書局刻本　二十册

340000－1801－0002318　1:015598－1:015607
經義述聞三十二卷　(清)王引之撰　清上海文瑞樓石印本　十册　存十六卷(一至十六)

340000－1801－0002319　1:015658
周易同異辨一卷論語同異辨一卷青箱餘論一卷　(清)王世溥輯　清光緒二十三年(1897)廬州刻本　一册

340000－1801－0002320　1:015659
公是先生七經小傳三卷　(宋)劉敞撰　清康熙十九年(1680)通志堂刻通志堂經解本　一册

340000－1801－0002321　1:015660－1:015661
六經正誤六卷　(宋)毛居正校勘　清刻本　二册

340000－1801－0002322　1:015662－1:015665
白虎通疏證十二卷　(清)陳立撰　清光緒元年(1875)淮南書局刻本　四册

340000－1801－0002323　1:015704－1:015713
漢魏二十一家易注　(清)孫堂輯　清嘉慶四年(1799)平湖孫氏映雪草堂刻本　十册　缺六卷(鄭康成周易注三卷、補遺一卷，劉表周易章句一卷，宋衷周易注一卷)

340000－1801－0002324　1:015762－1:015763
周易不分卷　(□)□□撰　清刻本　二册

340000－1801－0002325　1:015764－1:015766
易小傳六卷　(宋)沈該撰　清康熙十九年(1680)通志堂刻通志堂經解本　三册　缺二卷(一至二)

340000－1801－0002326　1:015767－1:015772
易經如話十二卷首一卷易經詮義十四卷首一卷　(清)汪烜學　清同治常郡曲水書局木活字印本　六册　存九卷(易經如話二、九至十二，易經詮義四至六、八)

340000－1801－0002327　1:015774
周易觀象大指二卷　(□)□□撰　清刻本　一册

340000－1801－0002328　1:015775
經言拾遺十四卷　(清)徐文靖學　清乾隆二十一年(1756)志寧堂刻本　一册

340000－1801－0002329　1:015776－1:015793
西樓易說十八卷　(清)楊家洙著　清光緒十四年(1888)白麟楊氏木活字印本　十八册

340000－1801－0002330　1:015803－1:015808
御纂周易折中二十二卷首一卷　(清)李光地

等撰　清光緒十九年(1893)湖南省城瀓芳閣刻本　六冊

340000－1801－0002331　1:015818－1:015825
御纂周易述義十卷　(清)傅恒等撰　清刻本　八冊

340000－1801－0002332　1:015826
洪範說二卷　(清)李光地撰　清刻本　一冊

340000－1801－0002333　1:015827
尚書七篇解義二卷　(清)李光地撰　清刻本　一冊

340000－1801－0002334　1:015828－1:015831
尚書十三卷附考證　(漢)孔安國傳　(唐)陸德明音義　清乾隆四十八年(1783)武英殿刻仿宋相臺五經附考證本　四冊

340000－1801－0002335　1:015832－1:015837
毛詩二十卷附考證　(漢)毛亨傳　(漢)鄭玄箋　(唐)陸德明音義　清乾隆四十八年(1783)武英殿刻仿宋相臺五經附考證本　六冊

340000－1801－0002336　1:015838－1:015846
禹貢錐指二十卷圖一卷　(清)胡渭學　清康熙漱六軒刻本　九冊　存十九卷(二至二十)

340000－1801－0002337　1:015847－1:015850
書蔡氏傳旁通六卷　(元)陳師凱撰　清同治十二年(1873)粵東書局刻通志堂經解本　四冊

340000－1801－0002338　1:015854
書經集傳六卷　(宋)蔡沈撰　清刻本　一冊　存二卷(二至三)

340000－1801－0002339　1:015913
毛詩草木鳥獸蟲魚疏二卷　(三國吳)陸璣撰　清刻本　一冊

340000－1801－0002340　1:015923－1:015929
禮記十卷　(元)陳澔集說　清刻本　七冊　缺三卷(一至三)

340000－1801－0002341　1:015930－1:015940
欽定禮記義疏八十二卷首一卷　(清)允祿等撰　清刻本　十一冊　存二十七卷(一至二十六、首一卷)

340000－1801－0002342　1:015941－1:015972
欽定禮記義疏八十二卷首一卷　(清)允祿等撰　清光緒十九年(1893)湖南省城瀓芳閣刻御纂七經本　三十二冊

340000－1801－0002343　1:016010－1:016011
禮記省度四卷　(清)彭頤纂　清康熙刻朱墨套印本　二冊　存三卷(一至三)

340000－1801－0002344　1:016012
周官辨一卷　(清)方苞撰　清雍正三年(1725)刻本　一冊

340000－1801－0002345　1:016013－1:016014
周禮節訓六卷　(清)黄叔琳撰　(清)姚培謙重訂　(清)王永祺參閱　清同治七年(1868)刻本　二冊

340000－1801－0002346　1:016015－1:016041
欽定周官義疏四十八卷首一卷　(清)允祿等撰　清刻本　二十七冊　存四十二卷(七至四十八)

340000－1801－0002347　1:016042－1:016073
欽定儀禮義疏四十八卷首二卷　(清)允祿等撰　清刻本　三十二冊　缺二卷(首二卷)

340000－1801－0002348　1:016074－1:016096
欽定儀禮義疏四十八卷首二卷　(清)允祿等撰　清刻本　二十三冊　存四十卷(九至四十八)

340000－1801－0002349　1:016097－1:016117
欽定禮記義疏八十二卷首一卷　(清)允祿等撰　清刻本　二十一冊　存五十六卷(二十七至八十二)

340000－1801－0002350　1:016118－1:016149
欽定禮記義疏八十二卷首一卷　(清)允祿等撰　清刻本　三十二冊

340000－1801－0002351　1:016150－1:016173
欽定周官義疏四十八卷首一卷　(清)允祿等撰　清光緒十九年(1893)湖南省城瀓芳閣刻

御纂七經本　二十四册

340000－1801－0002352　1:016174－1:016180
禮記十卷首一卷　（漢）鄭玄注　清同治十二年(1873)稽古樓刻袖珍十三經註本　七册　存七卷(二至八)

340000－1801－0002353　1:016181－1:016182
欽定禮記義疏八十二卷首一卷　（清）允祿等撰　清刻本　二册　存三卷(四十六至四十八)

340000－1801－0002354　1:016183－1:016187
欽定周官義疏四十八卷首一卷　（清）允祿等撰　清刻本　五册　存六卷(四十三至四十八)

340000－1801－0002355　1:016188－1:016192
欽定儀禮義疏四十八卷首二卷　（清）允祿等撰　清刻本　五册　存九卷(一至八、首一)

340000－1801－0002356　1:016193－1:016196
附釋音禮記註疏六十三卷　（漢）鄭玄注　（唐）陸德明音義　（唐）孔穎達疏　**禮記註疏校勘記六十三卷**　（清）阮元撰　（清）盧宣旬摘錄　清嘉慶二十年(1815)江西南昌府學刻重刊宋本十三經註疏附校勘記本　四册　存十四卷(附釋音禮記註疏二十至二十二、二十八至二十九、三十七至三十八,禮記註疏校勘記二十至二十二、二十八至二十九、三十七至三十八)

340000－1801－0002357　1:016197－1:016202
欽定周官義疏四十八卷首一卷　（清）允祿等撰　清刻本　六册　存十三卷(十二至二十四)

340000－1801－0002358　1:016211－1:016220
儀禮注疏五十卷　（漢）鄭玄注　（唐）陸德明音義　（唐）孔穎達疏　**儀禮注疏校勘記五十卷**　（清）阮元撰　（清）盧宣旬摘錄　清嘉慶二十年(1815)江西南昌府學刻重刊宋本十三經註疏附校勘記本　十册　存五十卷(儀禮注疏二十六至五十、儀禮注疏校勘記二十六至五十)

340000－1801－0002359　1:016221－1:016222
春秋啖趙集傳纂例十卷　（唐）陸淳撰　清同治十二年(1873)粵東書局刻古經解彙函本　二册　存七卷(一至三、七至十)

340000－1801－0002360　1:016249－1:016256
御纂春秋直解十二卷　（清）傅恒等撰　清乾隆武英殿刻本　八册

340000－1801－0002361　1:016257－1:016260
春秋燬餘四卷　（清）李光地撰　清道光二年(1822)刻本　四册

340000－1801－0002362　1:016309
論語集解義疏十卷　（三國魏）何晏集解　（南朝梁）皇侃義疏　清刻本　一册　存四卷(七至十)

340000－1801－0002363　1:016322－1:016349
附釋音春秋左傳注疏六十卷　（晉）杜預注　（唐）陸德明音義　（唐）孔穎達疏　**春秋左傳注疏校勘記六十卷**　（清）阮元撰　（清）盧宣旬摘錄　清嘉慶二十年(1815)江西南昌府學刻重刊宋本十三經注疏附校勘記本　二十八册　缺四卷(附釋音春秋左傳注疏一至二、春秋左傳注疏校勘記一至二)

340000－1801－0002364　1:016350－1:016352
監本附音春秋公羊注疏二十八卷　（漢）何休撰　（唐）陸德明音義　(□)□□疏　**公羊注疏校勘記二十八卷**　（清）阮元撰　（清）盧宣旬摘錄　清光緒十八年(1892)湖南寶慶務本書局刻重刊宋本十三經註疏附校勘記本　三册　存十八卷(監本附音春秋公羊注疏一至九、公羊注疏校勘記一至九)

340000－1801－0002365　1:016355－1:016366
附釋音春秋左傳注疏六十卷　（晉）杜預注　（唐）陸德明音義　（唐）孔穎達疏　**春秋左傳注疏校勘記六十卷**　（清）阮元撰　（清）盧宣旬摘錄　清同治十二年(1873)江西書局刻重刊宋本十三經注疏附校勘記本　十二册　存四十四卷(附釋音春秋左傳注疏一至二十二、春秋左傳注疏校勘記一至二十二)

340000－1801－0002366　1:016367

讀論語劄記二卷讀孟子劄記二卷　（清）李光地撰　清刻本　一册

340000－1801－0002367　1:016380

中庸四記一卷中庸餘論一卷　（清）李光地撰　清道光五年（1825）刻本　一册

340000－1801－0002368　1:016387

中庸一卷　（□）□□撰　清李光明莊刻本　一册

340000－1801－0002369　1:016389

三字經訓詁一卷　（清）王相撰　清康熙歙西徐土業刻本　一册

340000－1801－0002370　1:016390

漢詁纂十九卷　（三國魏）何晏集解　（明）陳禹謨纂　清刻本　一册　存十卷（十至十九）

340000－1801－0002371　1:016426－1:016431

康熙字典十二集三十六卷總目一卷檢字一卷辨似一卷等韻一卷補遺一卷備考一卷　（清）張玉書　（清）陳廷敬總閲　（清）凌紹雯等纂修　清末石印本　六册　缺二卷（補遺一卷、備考一卷）

340000－1801－0002372　1:016460－1:016461

古書拾遺四卷　（清）林春溥撰　清咸豐三年（1853）竹柏山房刻竹柏山房十五種附刻四種本　二册

340000－1801－0002373　1:016462－1:016465

開卷偶得十卷　（清）林春溥撰　清道光二十九年（1849）竹柏山房刻竹柏山房十五種附刻四種本　四册

340000－1801－0002374　1:016517－1:016526

新增説文韻府群玉二十卷　（元）陰時夫輯　（元）陰中夫注　（明）王元貞校正　明萬曆刻本　十册

340000－1801－0002375　1:016527－1:016530

詩韻集成十卷　（清）余照輯　清大道堂刻本　四册

340000－1801－0002376　1:016555

榕村韻書五卷　（清）李光地撰　清道光五年（1825）二酉堂刻本　一册

340000－1801－0002377　1:016556－1:016557

小學集註六卷　（宋）朱熹纂注　**忠經一卷**　（漢）鄭玄集注　**孝經一卷**　（明）陳選集注　清光緒三十二年（1906）鴻寶齋石印本　二册　缺三卷（小學集註四至六）

340000－1801－0002378　1:016561

鄭志三卷　（三國魏）鄭小同撰　清乾隆木活字印武英殿聚珍版書本　一册

340000－1801－0002379　1:016562

經籍纂詁一百六卷首一卷附補遺　（清）阮元編　清刻本　一册　存一卷（六十六）

340000－1801－0002380　1:016566

周易略例一卷　（三國魏）王弼著　（唐）邢璹注　**古三墳一卷**　（晉）阮咸注　**詩傳一卷**　（春秋）端木賜撰　**詩説一卷**　（漢）申培著　清嘉慶刻廣漢魏叢書本　一册

340000－1801－0002381　1:016567

經學源流考八卷　（清）甘鵬雲撰　清光緒四年（1878）甘氏崇雅堂鉛印本　一册　存三卷（一至三）

340000－1801－0002382　1:016569－1:016570

易經十二卷首一卷末一卷　（宋）朱熹本義　清同治四年（1865）金陵書局刻十三經讀本本　二册

340000－1801－0002383　1:016571－1:016574

讀易大旨五卷　（清）孫奇逢纂　清康熙刻本　四册

340000－1801－0002384　1:016575－1:016581

尚書古文疏證八卷　（清）閻若璩撰　**朱子古文書疑一卷**　（清）閻詠輯　清平陰朱續晫眷西堂刻本　七册　缺一卷（尚書古文疏證一）

340000－1801－0002385　1:016592－1:016603

詩古微上編六卷中編十卷下編三卷首一卷　（清）魏源撰　清光緒十三年（1887）掃葉山房席氏補刻本　十二册

340000－1801－0002386　1:016604－1:016617
禮記六十一卷尚書顧命解一卷　(清)孫希旦集解　清咸豐十年至同治七年(1860－1868)瑞安孫氏盤谷草堂刻本　十四册

340000－1801－0002387　1:016618
檀弓二卷　(清)孫濩孫評訂　(清)林中枏參閲　清康熙六十年(1721)刻本　一册

340000－1801－0002388　1:016619－1:016620
韓詩外傳十卷　(漢)韓嬰著　清光緒三年(1877)湖北崇文書局刻崇文書局彙刻書本　二册

340000－1801－0002389　1:016621
春秋左傳杜注三十卷首一卷　(晉)杜預注　(清)姚培謙撰　清刻本　一册　存四卷(八至十一)

340000－1801－0002390　1:016622
春秋非左二卷　(明)郝敬撰　**春秋楚地答問一卷**　(清)易本烺撰　清光緒十七年(1891)三餘草堂刻湖北叢書本　一册

340000－1801－0002391　1:016623
公羊傳不分卷穀梁傳不分卷　(清)王源評定　(清)程茂參正　清康熙五十五年(1716)刻本　一册

340000－1801－0002392　1:016624
公羊逸禮考徵一卷　(清)陳奐學　清刻本　一册

340000－1801－0002393　1:016625－1:016626
論語集註十卷　(宋)朱熹撰　清粵東羊城内藝芳齋刻朱墨套印本　二册

340000－1801－0002394　1:016627
論語類考二十卷　(明)陳士元著　清光緒十七年(1891)三餘草堂刻湖北叢書本　一册　存五卷(一至五)

340000－1801－0002395　1:016628－1:016643
四書古注群義彙解　(□)□□撰　清光緒十九年(1893)上洋鴻寶齋石印本　十六册

340000－1801－0002396　1:016650
新訂四書補註備旨十卷　(明)鄧林著　(清)杜定基增訂　(清)鄧煜編　清光緒七年(1881)文淵堂刻本　一册　存二卷(大學一、中庸一)

340000－1801－0002397　1:016651
新訂四書補註備旨十卷　(清)祁文友重校　清刻本　一册　存二卷(大學一、中庸一)

340000－1801－0002398　1:016653－1:016668
經籍纂詁一百六卷首一卷　(清)阮元撰集　清光緒十四年(1888)鴻文書局石印本　十六册

340000－1801－0002399　1:016669
字彙四卷　(清)陳淏子撰　清道光二十三年(1843)刻本　一册　存一卷(一)

340000－1801－0002400　1:016672
循音辨字十五卷　(□)□□撰　清抄本　一册

340000－1801－0002401　1:016673－1:016712
康熙字典十二集三十六卷等韻一卷檢字一卷辨似一卷備考一卷補遺一卷　(清)張玉書　(清)陳廷敬總閲　(清)凌紹雯等纂修　清道光七年(1827)刻本　四十册

340000－1801－0002402　1:016713－1:016718
康熙字典三十六卷備考一卷補遺一卷　(清)張玉書　(清)陳廷敬總閲　(清)凌紹雯等纂修　清光緒三十三年(1907)上海鴻文書局石印本　六册

340000－1801－0002403　1:016719－1:016730
康熙字典十二集三十六卷總目一卷檢字一卷辨似一卷備考一卷補遺一卷等韻一卷　(清)張玉書　(清)陳廷敬總閲　(清)凌紹雯等纂修　清光緒十四年(1888)上海圖書集成印書局刻本　十二册

340000－1801－0002404　1:016732－1:016735
古微書三十六卷　(明)孫瑴著録　清光緒二十一年(1895)鴻文書局石印本　四册

340000－1801－0002405　1:016736－1:016741
周易姚氏學十六卷首一卷　(清)姚配中撰

清光緒三年(1877)湖北崇文書局刻崇文書局彙刻書本　六冊

340000－1801－0002406　1:016743
楊氏全書三十六卷　(清)楊名時撰　清刻本　一冊　存六卷(三至八)

340000－1801－0002407　1:016744－1:016745
經學源流考八卷　(清)甘鵬雲撰　清光緒四年(1878)甘氏崇雅堂鉛印本　二冊　存五卷(四至八)

340000－1801－0002408　1:016747
周易□□卷　(宋)朱熹撰　清兩宜堂刻本　一冊　存一卷(一)

340000－1801－0002409　1:016748－1:016750
易經十二卷首一卷末一卷　(宋)朱熹本義　清同治四年(1865)金陵書局刻十三經讀本本　二冊

340000－1801－0002410　1:016751－1:016752
易經八卷　(宋)程頤傳　清同治五年(1866)金陵書局刻十三經讀本本　三冊

340000－1801－0002411　1:016753－1:016754
易經八卷　(宋)程頤傳　清同治五年(1866)金陵書局刻十三經讀本本　二冊　存四卷(一至四)

340000－1801－0002412　1:016755－1:016760
御纂周易折中二十二卷首一卷　(清)李光地等撰　清刻御纂七經本　六冊　存八卷(一至七、首一卷)

340000－1801－0002413　1:016761－1:016762
易經十二卷筮儀一卷　(宋)程頤傳　(宋)呂祖謙音訓　**易經五贊一卷**　(宋)朱熹系述　清光緒九年(1883)江南書局刻本　二冊

340000－1801－0002414　1:016763
易圖略八卷　(清)焦循學　清嘉慶、道光間江都焦氏雕菰樓刻焦氏叢書本　一冊　存四卷(一至四)

340000－1801－0002415　1:016764
易經詮義十四卷首一卷　(清)汪烜集　清同治常郡曲水書局木活字印重訂汪子遺書本　一冊　存一卷(十四)

340000－1801－0002416　1:016765
書經集傳六卷　(宋)蔡沈撰　清刻本　一冊　存二卷(五至六)

340000－1801－0002417　1:016766
書經集傳六卷　(宋)蔡沈撰　清醉六堂刻本　一冊　存二卷(五至六)

340000－1801－0002418　1:016767－1:016770
書經集註六卷　(宋)蔡沈撰　清舊學山房刻本　五冊　缺一卷(四)

340000－1801－0002419　1:016771
尚書古文疏證八卷　(清)閻若璩撰　清同治六年(1867)錢塘汪氏振綺堂刻本　一冊　存一卷(一)

340000－1801－0002420　1:016772
三頌備說不分卷　(清)張承華編　清同治六年(1867)刻本　一冊

340000－1801－0002421　1:016773
詩經八卷　(宋)朱熹集注　清刻本　一冊　存三卷(六至八)

340000－1801－0002422　1:016774
毛詩傳箋三十卷　(漢)鄭玄箋　清同治十一年(1872)五雲堂刻本　一冊　存八卷(二十三至三十)

340000－1801－0002423　1:016775－1:016777
詩經八卷　(宋)朱熹集傳　清光緒十七年(1891)江左書林昌記刻本　三冊　存五卷(一至五)

340000－1801－0002424　1:016778－1:016781
詩經八卷　(宋)朱熹集傳　清刻本　四冊

340000－1801－0002425　1:016782－1:016785
詩經八卷　(宋)朱熹集傳　清光緒八年(1882)醉六堂刻本　四冊

340000－1801－0002426　1:016786
學詩堂經解二十卷　(清)李宗棠纂輯　清宣統三年(1911)鉛印本　一冊　存一卷(一)

340000－1801－0002427　1:016787
附釋音周禮註疏四十二卷　(漢)鄭玄注　(唐)賈公彦撰　(唐)陸德明釋文　**周禮注疏校勘記四十二卷**　(清)阮元撰　(清)盧宣旬摘錄　清光緒十三年(1887)上海脈望仙館石印重刊宋本十三經註疏附校勘記本　一冊　存三十二卷(附釋音周禮註疏一至十六、周禮注疏校勘記一至十六)

340000－1801－0002428　1:016788－1:016791
周禮六卷　(漢)鄭玄注　(唐)陸德明音義　清嘉慶十一年(1806)清芬閣刻本　四冊　存四卷(一、四至六)

340000－1801－0002429　1:016793
禮記十卷　(元)陳澔集說　清李光明莊刻本　一冊　存一卷(二)

340000－1801－0002430　1:016794
禮記十卷首一卷　(元)陳澔集說　清刻本　一冊　存一卷(七)

340000－1801－0002431　1:016795
大戴禮記十三卷　(漢)戴德撰　清刻本　一冊　存七卷(一至七)

340000－1801－0002432　1:016796－1:016797
春秋大事表五十卷輿圖一卷附錄一卷　(清)顧棟高著　清乾隆十三年(1748)萬卷樓刻本　二冊　存三卷(春秋大事表二、輿圖一卷、附錄一卷)

340000－1801－0002433　1:016798
董子春秋繁露十七卷附錄一卷　(漢)董仲舒撰　清刻本　一冊　存十卷(九至十七、附錄一卷)

340000－1801－0002434　1:016799－1:016800
左傳統箋三十五卷　(清)姜希轍撰　清康熙刻本　二冊　存十二卷(一至八、三十二至三十五)

340000－1801－0002435　1:016801－1:016807
春秋左傳杜注補輯三十卷首一卷　(晉)杜預注　(清)姚培謙撰　清同治五年(1866)金陵書局刻十三經讀本本　七冊　存二十七卷(一至七、十二至三十,首一卷)

340000－1801－0002436　1:016808－1:016810
左氏條貫十八卷　(清)曹基編次　清刻本　三冊　存十五卷(四至十八)

340000－1801－0002437　1:016811
春秋公羊經傳解詁十二卷　(漢)何休學　清道光四年(1824)揚州汪氏問禮堂刻本　一冊　存七卷(一至七)

340000－1801－0002438　1:016812
春秋穀梁傳十二卷　(晉)范甯集解　清同治七年(1868)金陵書局刻十三經讀本本　一冊　存六卷(一至六)

340000－1801－0002439　1:016813
春秋日月考四卷　(清)譚澐撰　清光緒三年(1877)郴州學署刻本　一冊　存二卷(一至二)

340000－1801－0002440　1:016814
四書翼註論文三十七卷　(清)張甄陶述　清刻本　一冊　存一卷(大學翼註論文一)

340000－1801－0002441　1:016815
二論引端啟蒙詳解四卷　(清)劉忠輯　清道光二十八年(1848)拾芥園刻本　一冊　存二卷(一至二)

340000－1801－0002442　1:016816
孟子要略五卷附朱子文集一卷　(宋)朱熹撰　清同治十三年(1874)傳忠書局刻本　一冊

340000－1801－0002443　1:016817
孟子要略五卷附朱子文集一卷　(宋)朱熹撰　清道光二十九年(1849)漢陽劉氏刻朱子遺書本　一冊

340000－1801－0002444　1:016819
四書反身錄八卷　(清)李顒撰　(清)王心敬錄　清宣統二年(1910)成都國學研究會刻本　一冊　存二卷(孟子四至五)

340000－1801－0002445　1:016827－1:016830
四書反身錄八卷　(清)李顒撰　清光緒元年(1875)刻本　四冊

340000－1801－0002446　1:016831
四書章句集注二十六卷　(宋)朱熹撰　清嘉慶十六年(1811)璜川吳氏真意堂刻本　一冊　存二卷(大學一、中庸一)

340000－1801－0002447　1:016834－1:016840
四書大全說約合參正解□□卷四書正解字畫辨訛一卷　(清)吳荃彙輯　清深柳堂刻本　七冊　存十卷(大學一、中庸一至三、論語一至五,四書正解字畫辨訛一卷)

340000－1801－0002448　1:016841
別雅五卷　(清)吳玉搢輯　清刻本　一冊　存一卷(一)

340000－1801－0002449　1:016844
益幼雜字一卷　(□)□□撰　清蕪湖尚友堂刻本　一冊

340000－1801－0002450　1:016845－1:016847
說文解字注三十卷六書音均表二卷　(清)段玉裁注　清光緒三十四年(1908)上海錦章圖書局石印本　三冊　存二卷(說文解字注十五、六書音均表一)

340000－1801－0002451　1:016855
養蒙針度五卷　(清)潘子聲撰　清上海鑄記書局石印本　一冊　存一卷(下)

340000－1801－0002452　1:016856－1:016857
說文解字繫傳四十卷　(宋)徐鍇傳釋　(宋)朱翱反切　**說文解字繫傳校勘記三卷**　(清)祁寯藻撰　清道光十九年(1839)壽陽祁氏刻小學彙函本　二冊　存十卷(一至十)

340000－1801－0002453　1:016858
說文提要一卷　(清)陳建侯撰　清同治十二年(1873)湖北崇文書局刻本　一冊

340000－1801－0002454　1:016859
說文提要一卷　(清)陳建侯撰　清同治十二年(1873)湖北崇文書局刻本　一冊

340000－1801－0002455　1:016860－1:016872
說文解字注三十二卷說文部目分韻一卷　(清)段玉裁注　清同治十一年(1872)湖北崇文書局刻本　十三冊　缺六卷(十三至十四、十八至十九、三十一至三十二)

340000－1801－0002456　1:016884－1:016887
康熙字典十二集三十六卷備考一卷補遺一卷　(清)張玉書　(清)陳廷敬總閱　(清)凌紹雯等纂修　清同文書局石印本　四冊

340000－1801－0002457　1:016889－1:016890
澄衷蒙學堂字課圖說四卷　(清)劉樹屏輯　清光緒澄衷蒙學堂石印本　二冊

340000－1801－0002458　1:016906
字音會集五卷　(清)江學海輯　清石印本　一冊　存一卷(一)

340000－1801－0002459　1:016907
詩韻合璧五卷　(清)湯祥瑟撰　清咸豐九年(1859)刻本　一冊　存一卷(一)

340000－1801－0002460　1:016913
字典不分卷　(□)□□撰　清抄本　一冊

340000－1801－0002461　1:016914
六書音韻表五卷　(清)段玉裁撰　清刻本　一冊　存二卷(四至五)

340000－1801－0002462　1:016915－1:016916
句溪雜箸六卷　(清)陳立撰　清光緒十四年(1888)刻廣雅書局叢書本　二冊

340000－1801－0002463　1:016917－1:016923
春秋左傳五十卷　(晉)杜預注　(唐)陸德明音義　(宋)林堯叟附注　(明)鍾惺等評點　清李光明莊刻本　七冊　存三十卷(十一至四十)

340000－1801－0002464　1:016924－1:016926
禮記十卷　(元)陳澔撰　清李光明莊刻本　三冊　存三卷(三至五)

340000－1801－0002465　1:2111－1:2115 善
四書集註二十八卷　(宋)朱熹撰　明正統十二年(1447)司禮監刻後印本　五冊　存十二卷(大學章句一、中庸章句一、論語集注一至十)

340000－1801－0002466　1:2116－1:2127 善

說文解字十五卷標目一卷 (漢)許慎著 (宋)徐鉉等校定 清初毛氏汲古閣刻本 十二冊

340000－1801－0002467 1∶2106－1∶2110 善
說文解字篆韻譜五卷 (宋)徐鍇撰 清乾隆紅格抄本 五冊

340000－1801－0002468 2∶00001－2∶00032
史記一百三十卷 (漢)司馬遷撰 (明)徐孚遠 (明)陳子龍測議 清嘉慶十一年(1806)同人堂刻本 三十二冊

340000－1801－0002469 2∶00033－2∶00052
史記一百三十卷 (漢)司馬遷撰 (南朝宋)裴駰集解 (唐)司馬貞索隱 (唐)張守節正義 清同治五年(1866)金陵書局刻本 二十冊

340000－1801－0002470 2∶00053－2∶00072
史記一百三十卷 (漢)司馬遷撰 (南朝宋)裴駰集解 (唐)司馬貞索隱 (唐)張守節正義 清同治五年(1866)金陵書局刻本 二十冊

340000－1801－0002471 2∶00073－2∶00092
史記一百三十卷 (漢)司馬遷撰 (南朝宋)裴駰集解 (唐)司馬貞索隱 (唐)張守節正義 清同治五年(1866)金陵書局刻本 二十冊

340000－1801－0002472 2∶00093－2∶00112
史記一百三十卷 (漢)司馬遷撰 (南朝宋)裴駰集解 (唐)司馬貞索隱 (唐)張守節正義 清同治九年(1870)金陵書局刻本 二十冊

340000－1801－0002473 2∶00113－2∶00132
史記一百三十卷 (漢)司馬遷撰 (南朝宋)裴駰集解 (唐)司馬貞索隱 (唐)張守節正義 清同治九年(1870)金陵書局刻本 二十冊

340000－1801－0002474 2∶00133－2∶00152
史記一百三十卷 (漢)司馬遷撰 (南朝宋)裴駰集解 (唐)司馬貞索隱 (唐)張守節正義 清同治九年(1870)金陵書局刻本 二十冊

340000－1801－0002475 2∶00153－2∶00168
史記一百三十卷 (漢)司馬遷撰 (南朝宋)裴駰集解 清光緒四年(1878)金陵書局刻本 十六冊

340000－1801－0002476 2∶00169－2∶00188
史記一百三十卷 (漢)司馬遷撰 (南朝宋)裴駰集解 清光緒四年(1878)金陵書局刻本 二十冊

340000－1801－0002477 2∶00189－2∶00204
史記一百三十卷 (漢)司馬遷撰 (南朝宋)裴駰集解 清光緒四年(1878)金陵書局刻本 十六冊

340000－1801－0002478 2∶00205－2∶00220
史記一百三十卷 (漢)司馬遷撰 (南朝宋)裴駰集解 清光緒四年(1878)金陵書局刻本 十六冊

340000－1801－0002479 2∶00221－2∶00244
史記一百三十卷 (漢)司馬遷撰 (南朝宋)裴駰集解 (唐)司馬貞索隱 (唐)張守節正義 清同治九年(1870)崇文書局刻本 二十四冊

340000－1801－0002480 2∶00245－2∶00268
史記一百三十卷 (漢)司馬遷撰 (南朝宋)裴駰集解 (唐)司馬貞索隱 (唐)張守節正義 清同治九年(1870)崇文書局刻本 二十四冊

340000－1801－0002481 2∶00269－2∶00292
史記一百三十卷 (漢)司馬遷撰 (南朝宋)裴駰集解 (唐)司馬貞索隱 (唐)張守節正義 清同治九年(1870)崇文書局刻本 二十四冊

340000－1801－0002482 2∶00293－2∶00316
史記一百三十卷 (漢)司馬遷撰 (南朝宋)裴駰集解 (唐)司馬貞索隱 (唐)張守節正義 清光緒八年(1882)古香齋刻本 二十四冊

340000－1801－0002483　2：00317－2：00340
史記一百三十卷　（漢）司馬遷撰　（南朝宋）裴駰集解　（唐）司馬貞索隱　（唐）張守節正義　清光緒八年(1882)古香齋刻本　二十四冊

340000－1801－0002484　2：00401－2：00404
史記一百三十卷　（漢）司馬遷撰　（南朝宋）裴駰集解　清光緒八年(1882)上海點石齋石印本　四冊

340000－1801－0002485　2：00405－2：00410
史記一百三十卷　（漢）司馬遷撰　（南朝宋）裴駰集解　清光緒八年(1882)上海點石齋石印本　六冊

340000－1801－0002486　2：00411－2：00420
史記一百三十卷　（漢）司馬遷撰　（南朝宋）裴駰集解　（唐）司馬貞索隱　清光緒二十一年(1895)上海畊餘主人石印本　十冊

340000－1801－0002487　2：00421－2：00432
史記評林一百三十卷　（明）凌稚隆輯　清光緒天章書局石印本　十二冊

340000－1801－0002488　2：00433－2：00444
史記一百三十卷　（漢）司馬遷撰　（南朝宋）裴駰集解　（唐）司馬貞索隱　（唐）張守節正義　清光緒二十四年(1898)蜚英館石印本　十二冊

340000－1801－0002489　2：00515－2：00521
史記一百三十卷　（漢）司馬遷撰　（南朝宋）裴駰集解　（唐）司馬貞索隱　（唐）張守節正義　明嘉靖四年至六年(1525－1527)王延喆刻本　七冊　存三十二卷(一、十九至二十五、四十七至五十、六十一至六十八、七十四至七十九、一百十一至一百十六)

340000－1801－0002490　2：00522
史記一百三十卷　（漢）司馬遷撰　（南朝宋）裴駰集解　（唐）司馬貞索隱　（唐）張守節正義　明嘉靖四年至六年(1525－1527)王延喆刻本　一冊　存八卷(八十至八十七)

340000－1801－0002491　2：00523－2：00538
史記一百三十卷　（漢）司馬遷撰　（南朝宋）裴駰集解　清光緒四年(1878)金陵書局刻本　十六冊

340000－1801－0002492　2：00539－2：00542
歸方評點史記合筆六卷　（清）王拯輯　清光緒元年(1875)錦城節署刻本　四冊

340000－1801－0002493　2：00543－2：00546
歸方評點史記合筆六卷　（清）王拯輯　清光緒元年(1875)錦城節署刻本　四冊

340000－1801－0002494　2：00548－2：00563
史記一百三十卷　（漢）司馬遷撰　（明）歸有光　（清）方苞評點　清光緒二年(1876)武昌張裕釗刻本　十六冊

340000－1801－0002495　2：00564－2：00583
史記一百三十卷　（漢）司馬遷撰　（明）歸有光　（清）方苞評點　清光緒二年(1876)武昌張裕釗刻本　二十冊

340000－1801－0002496　2：00584－2：00603
史記一百三十卷　（漢）司馬遷撰　（明）歸有光　（清）方苞評點　清光緒二年(1876)武昌張裕釗刻本　二十冊

340000－1801－0002497　2：00604－2：00631
史記一百三十卷　（漢）司馬遷撰　（南朝宋）裴駰集解　（唐）司馬貞索隱　（唐）張守節正義　清光緒石印本　二十八冊

340000－1801－0002498　2：00656－2：00679
史記一百三十卷　（漢）司馬遷撰　（明）歸有光　（清）方苞評點　清石印本　二十四冊

340000－1801－0002499　2：00696－2：00719
史記論文一百三十卷　（清）吳見思評點　清康熙二十六年(1687)刻本　二十四冊

340000－1801－0002500　2：00742－2：00757
史記論文一百三十卷　（清）吳見思評點　清康熙二十六年(1687)尺木堂刻本　十六冊

340000－1801－0002501　2：00810
史記辨證十卷　（清）尚鎔撰　清同治七年(1868)刻本　一冊

340000－1801－0002502　2:00815－2:00816
校刊史記集解索隱正義劄記五卷　(清)張文虎撰　清同治金陵書局刻本　二冊

340000－1801－0002503　2:00817－2:00818
校刊史記集解索隱正義劄記五卷　(清)張文虎撰　清同治金陵書局刻本　二冊

340000－1801－0002504　2:00819
史記節抄不分卷　(□)□□撰　明抄本　一冊

340000－1801－0002505　2:00821－2:00832
史記志疑三十六卷附錄三卷　(清)梁玉繩撰　清光緒十三年(1887)廣雅書局刻廣雅書局叢書本　十二冊　存三十卷(一至二十一、二十八至三十六)

340000－1801－0002506　2:00833－2:00856
史記一百三十卷　(漢)司馬遷撰　(南朝宋)裴駰集解　(唐)司馬貞索隱　(唐)張守節正義　清同治崇文書局刻本　二十四冊

340000－1801－0002507　2:00857－2:00872
漢書一百卷　(漢)班固撰　(唐)顏師古注　清末金陵書局刻本　十六冊

340000－1801－0002508　2:00873
漢書一百卷　(漢)班固撰　(唐)顏師古注　明刻本　一冊　存七卷(四十七至五十三)

340000－1801－0002509　2:00874－2:00889
前漢書一百二十卷　(漢)班固撰　(唐)顏師古注　清同治八年(1869)金陵書局刻本　十六冊

340000－1801－0002510　2:00890－2:00905
前漢書一百二十卷　(漢)班固撰　(唐)顏師古注　清同治八年(1869)金陵書局刻本　十六冊

340000－1801－0002511　2:00906－2:00921
前漢書一百二十卷　(漢)班固撰　(唐)顏師古注　清同治八年(1869)金陵書局刻本　十六冊

340000－1801－0002512　2:00922－2:00953
漢書一百二十卷　(漢)班固撰　(唐)顏師古注　清同治八年(1869)金陵書局刻本　三十二冊

340000－1801－0002513　2:00954－2:00969
前漢書一百二十卷　(漢)班固撰　(唐)顏師古注　清光緒十三年(1887)金陵書局刻本　十六冊

340000－1801－0002514　2:00970－2:00985
前漢書一百二十卷　(漢)班固撰　(唐)顏師古注　清光緒十三年(1887)金陵書局刻本　十六冊

340000－1801－0002515　2:00986－2:01001
前漢書一百卷　(漢)班固撰　(唐)顏師古注　清光緒十三年(1887)金陵書局刻本　十六冊

340000－1801－0002516　2:01002－2:01041
前漢書一百二十卷　(漢)班固撰　(唐)顏師古注　清光緒十三年(1887)金陵書局刻本　四十冊

340000－1801－0002517　2:01042－2:01065
前漢書一百二十卷　(漢)班固撰　(唐)顏師古注　清光緒十三年(1887)金陵書局刻本　二十四冊

340000－1801－0002518　2:01066－2:01097
漢書一百卷　(漢)班固撰　(唐)顏師古注　清同治十年(1871)成都書局刻本　三十二冊

340000－1801－0002519　2:01098－2:01129
漢書一百卷附考證　(漢)班固撰　(唐)顏師古注　清同治十年(1871)成都書局刻本　三十二冊

340000－1801－0002520　2:01130－2:01161
漢書一百卷附考證　(漢)班固撰　(唐)顏師古注　清同治十年(1871)成都書局刻本　三十二冊

340000－1801－0002521　2:01162－2:01177
前漢書一百卷　(漢)班固撰　(唐)顏師古注　清同治十二年(1873)嶺東使署刻本　十六

册

340000－1801－0002522　2:01178－2:01193
前漢書一百卷　（漢）班固撰　（唐）顔師古注　清同治十二年（1873）嶺東使署刻本　十六册

340000－1801－0002523　2:01194－2:01199
漢書一百卷　（漢）班固撰　（唐）顔師古注　清光緒九年（1883）上海點石齋石印本　六册

340000－1801－0002524　2:01200－2:01205
漢書一百卷　（漢）班固撰　（唐）顔師古注　清光緒九年（1883）上海點石齋石印本　六册

340000－1801－0002525　2:01206－2:01219
前漢書一百二十卷　（漢）班固撰　（唐）顔師古注　清光緒二十一年（1895）上海畊餘主人石印本　十四册

340000－1801－0002526　2:01220－2:01231
前漢書一百二十卷　（漢）班固撰　（唐）顔師古注　清光緒二十六年（1900）煥文書局石印本　十二册

340000－1801－0002527　2:01232－2:01283
漢書一百卷　（漢）班固撰　（唐）顔師古注　清吴興劉氏嘉業堂影宋刻本　五十二册

340000－1801－0002528　2:01300－2:01331
漢書一百卷首一卷附漢書補註　（漢）班固撰　（唐）顔師古注　王先謙補注　清光緒二十六年（1900）長沙王氏虚受堂刻本　三十二册

340000－1801－0002529　2:01332－2:01363
漢書一百卷首一卷附漢書補註　（漢）班固撰　（唐）顔師古注　王先謙補注　清光緒二十六年（1900）長沙王氏虚受堂刻本　三十二册

340000－1801－0002530　2:01364－2:01395
漢書一百卷首一卷附漢書補註　（漢）班固撰　（唐）顔師古注　王先謙補注　清光緒二十六年（1900）長沙王氏虚受堂刻本　三十二册

340000－1801－0002531　2:01435－2:01446
漢書評林一百卷　（明）凌稚隆輯　清光緒二十七年（1901）上海天章書局石印本　十二册

340000－1801－0002532　2:01447－2:01478
前漢書一百二十卷　（漢）班固撰　（唐）顔師古注　清光緒十年（1884）上海同文書局石印本　三十二册

340000－1801－0002533　2:01512－2:01543
前漢書一百二十卷評點附録一卷　（漢）班固撰　（唐）顔師古注　清光緒八年（1882）桐城方氏刻本　三十二册

340000－1801－0002534　2:01544－2:01575
前漢書一百二十卷評點附録一卷　（漢）班固撰　（唐）顔師古注　清光緒八年（1882）桐城方氏刻本　三十二册

340000－1801－0002535　2:01576－2:01607
前漢書一百二十卷評點附録一卷　（漢）班固撰　（唐）顔師古注　清光緒八年（1882）桐城方氏刻本　三十二册

340000－1801－0002536　2:01608－2:01623
前漢書一百二十卷　（漢）班固撰　（唐）顔師古注　清光緒十三年（1887）金陵書局刻本　十六册

340000－1801－0002537　2:01624－2:01628
前漢書一百卷　（漢）班固撰　（唐）顔師古注　明刻明清遞修本　五册　存十五卷（五十至五十四、六十六至七十一、八十四至八十七）

340000－1801－0002538　2:01629－2:01630
前漢書細讀四卷　（清）李祖陶撰　清同治十年（1871）敖陽李氏尚友樓刻史論五種本　二册

340000－1801－0002539　2:01631－2:01632
漢書藝文志考證十卷　（宋）王應麟撰　清光緒十年（1884）成都志古堂刻本　二册

340000－1801－0002540　2:01633－2:01634
漢書引經異文録證六卷　（清）繆祐孫撰　清光緒十一年（1885）刻本　二册

340000－1801－0002541　2:01635
姚氏漢書評點不分卷　（清）姚鼐評點　清光

緒十六年(1890)石印本　一册

340000－1801－0002542　2:01641
漢書地理志校本二卷　(清)汪遠孫撰　清道光二十八年(1848)錢塘汪遠孫振綺堂刻本　一册

340000－1801－0002543　2:01642－2:01643
漢書地理志稽疑六卷　(清)全祖望撰　清嘉慶九年(1804)歙南朱文翰刻本　二册

340000－1801－0002544　2:01644－2:01645
漢書西域傳補註二卷　(清)徐松輯　清道光刻大興徐氏三種本　二册

340000－1801－0002545　2:01646－2:01661
後漢書九十卷　(南朝宋)范曄撰　(唐)李賢注　**志三十卷附考證**　(晉)司馬彪撰　(南朝梁)劉昭注補　清同治八年(1869)金陵書局刻本　十六册

340000－1801－0002546　2:01662－2:01677
後漢書九十卷　(南朝宋)范曄撰　(唐)李賢注　**志三十卷附考證**　(晉)司馬彪撰　(南朝梁)劉昭注補　清同治八年(1869)金陵書局刻本　十六册

340000－1801－0002547　2:01678－2:01697
後漢書九十卷　(南朝宋)范曄撰　(唐)李賢注　**志三十卷附考證**　(晉)司馬彪撰　(南朝梁)劉昭注補　清同治八年(1869)金陵書局刻本　二十册

340000－1801－0002548　2:01698－2:01713
後漢書九十卷　(南朝宋)范曄撰　(唐)李賢注　**志三十卷**　(晉)司馬彪撰　(南朝梁)劉昭注補　清光緒十三年(1887)金陵書局刻本　十六册

340000－1801－0002549　2:01714－2:01729
後漢書九十卷　(南朝宋)范曄撰　(唐)李賢注　**志三十卷**　(晉)司馬彪撰　(南朝梁)劉昭注補　清光緒十三年(1887)金陵書局刻本　十六册

340000－1801－0002550　2:01730－2:01745
後漢書九十卷　(南朝宋)范曄撰　(唐)李賢注　**志三十卷**　(晉)司馬彪撰　(南朝梁)劉昭注補　清光緒十三年(1887)金陵書局刻本　十六册

340000－1801－0002551　2:01746－2:01763
後漢書九十卷　(南朝宋)范曄撰　(唐)李賢注　**志三十卷**　(晉)司馬彪撰　(南朝梁)劉昭注補　清光緒十三年(1887)金陵書局刻本　十八册

340000－1801－0002552　2:01764－2:01779
後漢書九十卷　(南朝宋)范曄撰　(唐)李賢注　**志三十卷**　(晉)司馬彪撰　(南朝梁)劉昭注補　清光緒十三年(1887)金陵書局刻本　十六册

340000－1801－0002553　2:01780－2:01807
後漢書九十卷　(南朝宋)范曄撰　(唐)李賢注　**志三十卷附考證**　(晉)司馬彪撰　(南朝梁)劉昭注補　清同治十年(1871)成都書局刻本　二十八册

340000－1801－0002554　2:01808－2:01835
後漢書九十卷　(南朝宋)范曄撰　(唐)李賢注　**志三十卷附考證**　(晉)司馬彪撰　(南朝梁)劉昭注補　清同治十年(1871)成都書局刻本　二十八册

340000－1801－0002555　2:01836－2:01851
後漢書九十卷　(南朝宋)范曄撰　(唐)李賢注　**志三十卷**　(晉)司馬彪撰　(南朝梁)劉昭注補　清同治十二年(1873)嶺東使署刻本　十六册

340000－1801－0002556　2:01852－2:01855
後漢書九十卷　(南朝宋)范曄撰　(唐)李賢注　**志三十卷**　(晉)司馬彪撰　(南朝梁)劉昭注補　清光緒九年(1883)上海點石齋石印本　四册

340000－1801－0002557　2:01856－2:01867
後漢書九十卷　(南朝宋)范曄撰　(唐)李賢注　**志三十卷**　(晉)司馬彪撰　(南朝梁)劉昭注補　清光緒十四年(1888)上海蜚英館石

印本　十二册

340000－1801－0002558　2:01868－2:01879
後漢書九十卷　(南朝宋)范曄撰　(唐)李賢注　**志三十卷**　(晉)司馬彪撰　(南朝梁)劉昭注補　清光緒十四年(1888)上海蜚英館石印本　十二册

340000－1801－0002559　2:01880－2:01887
後漢書九十卷　(南朝宋)范曄撰　(唐)李賢注　**志三十卷**　(晉)司馬彪撰　(南朝梁)劉昭注補　清光緒二十六年(1900)煥文書局石印本　八册

340000－1801－0002560　2:01888－2:01927
後漢書九十卷　(南朝宋)范曄撰　(唐)李賢注　**志三十卷**　(晉)司馬彪撰　(南朝梁)劉昭注補　清吳興劉氏嘉業堂影宋刻本　四十册

340000－1801－0002561　2:01940－2:01952
後漢書九十卷　(南朝宋)范曄撰　(唐)李賢注　**志三十卷**　(晉)司馬彪撰　(南朝梁)劉昭注補　清光緒金陵書局刻本　十三册

340000－1801－0002562　2:01953－2:01955
續漢書八志三十卷　(南朝梁)劉昭注補　清金陵書局刻本　三册

340000－1801－0002563　2:01956－2:01959
續漢書八志三十卷　(南朝梁)劉昭注補　清金陵書局刻本　四册

340000－1801－0002564　2:01960－2:01961
續漢書八志三十卷　(南朝梁)劉昭注補　清金陵書局刻本　二册

340000－1801－0002565　2:01962－2:01963
續漢書八志三十卷　(南朝梁)劉昭注補　清金陵書局刻本　二册

340000－1801－0002566　2:01964－2:01965
續漢書八志三十卷　(南朝梁)劉昭注補　清金陵書局刻本　二册

340000－1801－0002567　2:01966－2:01967
兩漢刊誤補遺十卷　(宋)吳仁傑撰　清同治七年(1868)金陵書局木活字印本　二册

340000－1801－0002568　2:01968－2:01969
兩漢刊誤補遺十卷　(宋)吳仁傑撰　清同治七年(1868)金陵書局木活字印本　二册

340000－1801－0002569　2:01970－2:01973
後漢書朔閏考四卷　(清)徐紹楨撰　清光緒十七年(1891)番禺徐氏刻本　四册

340000－1801－0002570　2:01974
三史拾遺五卷　(清)錢大昕撰　清光緒十七年(1891)廣雅書局刻廣雅書局叢書本　一册

340000－1801－0002571　2:01975－2:01982
三國志六十五卷　(晉)陳壽撰　(南朝宋)裴松之注　清同治九年(1870)金陵書局刻本　八册

340000－1801－0002572　2:01983－2:01990
三國志六十五卷　(晉)陳壽撰　(南朝宋)裴松之注　清同治九年(1870)金陵書局刻本　八册

340000－1801－0002573　2:01991－2:01998
三國志六十五卷　(晉)陳壽撰　(南朝宋)裴松之注　清同治九年(1870)金陵書局刻本　八册

340000－1801－0002574　2:01999－2:02006
三國志六十五卷　(晉)陳壽撰　(南朝宋)裴松之注　清同治九年(1870)金陵書局刻本　八册

340000－1801－0002575　2:02007－2:02020
三國志六十五卷　(晉)陳壽撰　(南朝宋)裴松之注　清同治十年(1871)成都書局刻本　十四册

340000－1801－0002576　2:02021－2:02034
三國志六十五卷　(晉)陳壽撰　(南朝宋)裴松之注　清同治十年(1871)成都書局刻本　十四册

340000－1801－0002577　2:02035－2:02050
三國志六十五卷　(晉)陳壽撰　(南朝宋)裴松之注　清光緒十三年(1887)江南書局刻本

十六冊

340000－1801－0002578　2:02051－2:02066

三國志六十五卷　（晉）陳壽撰　（南朝宋）裴松之注　清光緒十三年（1887）江南書局刻本　十六冊

340000－1801－0002579　2:02067－2:02078

三國志六十五卷　（晉）陳壽撰　（南朝宋）裴松之注　清光緒江南書局刻本　十二冊

340000－1801－0002580　2:02079－2:02090

三國志六十五卷　（晉）陳壽撰　（南朝宋）裴松之注　清光緒七年（1881）文雅齋刻本　十二冊

340000－1801－0002581　2:02091－2:02098

三國志六十五卷　（晉）陳壽撰　（南朝宋）裴松之注　清光緒十四年（1888）蜚英館石印本　八冊

340000－1801－0002582　2:02099－2:02118

三國志六十五卷　（晉）陳壽撰　（南朝宋）裴松之注　清光緒十年（1884）同文書局石印本　二十冊

340000－1801－0002583　2:02119－2:02122

三國志六十五卷　（晉）陳壽撰　（南朝宋）裴松之注　清光緒二十六年（1900）煥文書局石印本　四冊

340000－1801－0002584　2:02167 善

三國志評點不分卷荀子評點不分卷　（清）吳汝綸撰　清光緒二十年（1894）抄本　一冊

340000－1801－0002585　2:02168－2:02169

三國志質疑六卷　（清）徐紹楨撰　清光緒十二年（1886）刻本　二冊

340000－1801－0002586　2:02170－2:02171

三國志考證二卷　（清）潘眉撰　清光緒鉛印本　二冊

340000－1801－0002587　2:02172－2:02173

東萊先生三國志詳節二十卷　（宋）呂祖謙撰　明建陽慎獨齋刻十七史詳節本　二冊　存十卷（一至四、十五至二十）

340000－1801－0002588　2:02174－2:02175

三國志證聞二卷　（清）錢儀吉撰　清光緒十一年（1885）江蘇書局刻本　二冊

340000－1801－0002589　2:02176－2:02195

晉書一百三十卷　（唐）房玄齡等撰　**音義三卷附考證**　（唐）何超音義　清同治十年（1871）金陵書局刻本　二十冊

340000－1801－0002590　2:02196－2:02215

晉書一百三十卷　（唐）房玄齡等撰　**音義三卷附考證**　（唐）何超音義　清同治十年（1871）金陵書局刻本　二十冊

340000－1801－0002591　2:02216－2:02247

晉書一百三十卷　（唐）房玄齡等撰　**音義三卷附考證**　（唐）何超音義　清同治十年（1871）金陵書局刻本　三十二冊

340000－1801－0002592　2:02248－2:02267

晉書一百三十卷　（唐）房玄齡等撰　**音義三卷附考證**　（唐）何超音義　清同治十年（1871）金陵書局刻本　二十冊

340000－1801－0002593　2:02326

新校晉書地理志一卷　（清）方愷撰　清光緒廣雅書局刻本　一冊

340000－1801－0002594　2:02328－2:02343

宋書一百卷　（南朝梁）沈約撰　清同治十一年（1872）金陵書局刻本　十六冊

340000－1801－0002595　2:02344－2:02359

宋書一百卷　（南朝梁）沈約撰　清同治十一年（1872）金陵書局刻本　十六冊

340000－1801－0002596　2:02360－2:02375

宋書一百卷　（南朝梁）沈約撰　清同治十一年（1872）金陵書局刻本　十六冊

340000－1801－0002597　2:02376－2:02391

宋書一百卷　（南朝梁）沈約撰　清同治十一年（1872）金陵書局刻本　十六冊

340000－1801－0002598　2:02398

補宋書刑法志一卷補宋書食貨志一卷晉宋書故一卷　（清）郝懿行撰　清刻本　一冊

340000－1801－0002599　2:02399－2:02402
南齊書五十九卷　(南朝梁)蕭子顯撰　清同治十三年(1874)金陵書局刻本　四冊

340000－1801－0002600　2:02403－2:02410
南齊書五十九卷　(南朝梁)蕭子顯撰　清同治十三年(1874)金陵書局刻本　八冊

340000－1801－0002601　2:02411－2:02416
南齊書五十九卷　(南朝梁)蕭子顯撰　清同治十三年(1874)金陵書局刻本　六冊

340000－1801－0002602　2:02417－2:02424
南齊書五十九卷　(南朝梁)蕭子顯撰　清光緒十年(1884)同文書局石印本　八冊

340000－1801－0002603　2:02427－2:02434
梁書五十六卷　(唐)姚思廉撰　清同治十三年(1874)金陵書局刻本　八冊

340000－1801－0002604　2:02435－2:02440
梁書五十六卷　(唐)姚思廉撰　清同治十三年(1874)金陵書局刻本　六冊

340000－1801－0002605　2:02441－2:02446
梁書五十六卷　(唐)姚思廉撰　清同治十三年(1874)金陵書局刻本　六冊

340000－1801－0002606　2:02449
補梁疆域志四卷　(清)洪齮孫撰　清光緒十七年(1891)廣雅書局刻本　一冊

340000－1801－0002607　2:02450－2:02453
陳書三十六卷　(唐)姚思廉撰　清同治十一年(1872)金陵書局刻本　四冊

340000－1801－0002608　2:02454－2:02455
陳書三十六卷　(唐)姚思廉撰　清同治十一年(1872)金陵書局刻本　二冊

340000－1801－0002609　2:02456－2:02459
陳書三十六卷　(唐)姚思廉撰　清同治十一年(1872)金陵書局刻本　四冊

340000－1801－0002610　2:02461－2:02480
魏書一百十四卷　(北齊)魏收撰　清同治十一年(1872)金陵書局刻本　二十冊

340000－1801－0002611　2:02481－2:02500
魏書一百十四卷　(北齊)魏收撰　清同治十一年(1872)金陵書局刻本　二十冊

340000－1801－0002612　2:02501－2:02516
魏書一百十四卷　(北齊)魏收撰　清同治十一年(1872)金陵書局刻本　二十冊

340000－1801－0002613　2:02517－2:02520
北齊書五十卷　(唐)李百藥撰　清同治十三年(1874)金陵書局刻本　四冊

340000－1801－0002614　2:02521－2:02524
北齊書五十卷　(唐)李百藥撰　清同治十三年(1874)金陵書局刻本　四冊

340000－1801－0002615　2:02525－2:02528
北齊書五十卷　(唐)李百藥撰　清同治十三年(1874)金陵書局刻本　四冊

340000－1801－0002616　2:02529－2:02532
北齊書五十卷　(唐)李百藥撰　清同治十三年(1874)金陵書局刻本　四冊

340000－1801－0002617　2:02533－2:02536
北齊書五十卷　(唐)李百藥撰　清同治十三年(1874)金陵書局刻本　四冊

340000－1801－0002618　2:02541－2:02542
逸周書集訓校釋十卷周書逸文一卷　(清)朱右曾集訓校釋　清光緒三年(1877)湖北崇文書局刻本　二冊

340000－1801－0002619　2:02543－2:02546
周書五十卷　(唐)令狐德棻撰　清同治十三年(1874)金陵書局刻本　四冊

340000－1801－0002620　2:02547－2:02550
周書五十卷　(唐)令狐德棻撰　清同治十三年(1874)金陵書局刻本　四冊

340000－1801－0002621　2:02551－2:02554
周書五十卷　(唐)令狐德棻撰　清同治十三年(1874)金陵書局刻本　四冊

340000－1801－0002622　2:02555－2:02566
隋書八十五卷　(唐)魏徵等撰　清同治十年(1871)淮南書局刻本　十二冊

340000－1801－0002623　2：02567－2：02578
隋書八十五卷　(唐)魏徵等撰　清同治十年(1871)淮南書局刻本　十二册

340000－1801－0002624　2：02579－2：02590
隋書八十五卷　(唐)魏徵等撰　清同治十年(1871)淮南書局刻本　十二册

340000－1801－0002625　2：02591－2：02606
隋書八十五卷　(唐)魏徵等撰　清同治十年(1871)淮南書局刻本　十六册

340000－1801－0002626　2：02607－2：02622
隋書八十五卷　(唐)魏徵等撰　清同治十年(1871)淮南書局刻本　十六册

340000－1801－0002627　2：02623－2：02628
隋書八十五卷　(唐)魏徵等撰　清光緒二十八年(1902)竹簡齋石印本　六册

340000－1801－0002628　2：02629－2：02632
隋經籍志考證十三卷　(清)章宗源撰　清光緒三年(1877)湖北崇文書局刻本　四册

340000－1801－0002629　2：02633－2：02644
南史八十卷　(唐)李延壽撰　清同治十一年(1872)金陵書局刻本　十二册

340000－1801－0002630　2：02645－2：02656
南史八十卷　(唐)李延壽撰　清同治十一年(1872)金陵書局刻本　十二册

340000－1801－0002631　2：02657－2：02668
南史八十卷　(唐)李延壽撰　清同治十一年(1872)金陵書局刻本　十二册

340000－1801－0002632　2：02669－2：02680
南史八十卷　(唐)李延壽撰　清同治十一年(1872)金陵書局刻本　十二册

340000－1801－0002633　2：02681－2：02700
北史一百卷　(唐)李延壽撰　清同治十一年(1872)金陵書局刻本　二十册

340000－1801－0002634　2：02701－2：02720
北史一百卷　(唐)李延壽撰　清同治十一年(1872)金陵書局刻本　二十册

340000－1801－0002635　2：02721－2：02740
北史一百卷　(唐)李延壽撰　清同治十一年(1872)金陵書局刻本　二十册

340000－1801－0002636　2：02741－2：02760
北史一百卷　(唐)李延壽撰　清同治十一年(1872)金陵書局刻本　二十册

340000－1801－0002637　2：02761－2：02784
北史一百卷　(唐)李延壽撰　清光緒十年(1884)上海同文書局石印本　二十四册

340000－1801－0002638　2：02805－2：02810
南北史補志十四卷　(清)汪士鐸撰　清光緒四年(1878)淮南書局刻本　六册

340000－1801－0002639　2：02811－2：02816
南北史補志十四卷　(清)汪士鐸撰　清光緒四年(1878)淮南書局刻本　六册

340000－1801－0002640　2：02817－2：02864
舊唐書二百卷　(後晉)劉昫等撰　清懼盈齋刻本　四十八册

340000－1801－0002641　2：02865－2：02890
舊唐書二百卷　(後晉)劉昫等撰　清同治十一年(1872)浙江書局刻本　二十六册

340000－1801－0002642　2：02891－2：02930
舊唐書二百卷　(後晉)劉昫等撰　清同治十一年(1872)浙江書局刻本　四十册

340000－1801－0002643　2：02931－2：02978
舊唐書二百卷　(後晉)劉昫等撰　清同治十一年(1872)浙江書局刻本　四十八册

340000－1801－0002644　2：02979－2：03018
舊唐書二百卷　(後晉)劉昫等撰　清同治十一年(1872)浙江書局刻本　四十册

340000－1801－0002645　2：03051－2：03073
舊唐書校勘記六十六卷　(清)羅士琳等撰　**逸文十二卷**　(清)岑建功輯　清同治十一年(1872)定遠方氏刻本　二十三册

340000－1801－0002646　2：03074－2：03113
唐書二百二十五卷　(宋)歐陽修　(宋)宋祁等撰　清同治十二年(1873)浙江書局刻本

四十册

340000－1801－0002647　2:03114－2:03153
唐書二百二十五卷　(宋)歐陽修　(宋)宋祁等撰　清同治十二年(1873)浙江書局刻本　四十册

340000－1801－0002648　2:03154－2:03193
唐書二百二十五卷　(宋)歐陽修　(宋)宋祁等撰　清同治十二年(1873)浙江書局刻本　四十册

340000－1801－0002649　2:03194－2:03233
唐書二百二十五卷　(宋)歐陽修　(宋)宋祁等撰　清同治十二年(1873)浙江書局刻本　四十册

340000－1801－0002650　2:03251－2:03254
新舊唐書互證二十卷　(清)趙紹祖撰　清光緒十七年(1891)廣雅書局刻廣雅書局叢書本　四册

340000－1801－0002651　2:03255－2:03258
新唐書糾謬二十卷　(宋)吴縝撰　清光緒二十年(1894)刻本　四册

340000－1801－0002652　2:03259－2:03338
新舊唐書合鈔二百七十二卷首一卷唐書宰相世系表訂譌十二卷　(清)沈炳震撰　**合鈔補正六卷**　(清)丁子復撰　清同治十年(1871)刻本　八十册

340000－1801－0002653　2:03339－2:03354
舊五代史一百五十卷目録二卷附考證　(宋)薛居正等撰　清同治十一年(1872)湖北崇文書局刻本　十六册

340000－1801－0002654　2:03355－2:03370
舊五代史一百五十卷目録二卷附考證　(宋)薛居正等撰　清同治十一年(1872)湖北崇文書局刻本　十六册

340000－1801－0002655　2:03371－2:03386
舊五代史一百五十卷目録二卷附考證　(宋)薛居正等撰　清同治十一年(1872)湖北崇文書局刻本　十六册

340000－1801－0002656　2:03387－2:03396
舊五代史一百五十卷目録二卷附考證　(宋)薛居正等撰　清同治十一年(1872)湖北崇文書局刻本　十册

340000－1801－0002657　2:03430－2:03469
五代史記七十四卷　(宋)歐陽修編　(清)彭元瑞注　清嘉慶二十年(1815)刻本　四十册

340000－1801－0002658　2:03470－2:03509
五代史記七十四卷　(宋)歐陽修編　(清)彭元瑞注　清嘉慶二十年(1815)刻本　四十册

340000－1801－0002659　2:03510－2:03549
五代史記七十四卷　(宋)歐陽修編　(清)彭元瑞注　清道光八年(1828)刻本　四十册

340000－1801－0002660　2:03550－2:03561
五代史七十四卷　(宋)歐陽修撰　(宋)徐無黨注　清同治十一年(1872)湖北崇文書局刻本　十二册

340000－1801－0002661　2:03562－2:03569
五代史七十四卷　(宋)歐陽修撰　(宋)徐無黨注　清同治十一年(1872)湖北崇文書局刻本　八册

340000－1801－0002662　2:03570－2:03573
五代史七十四卷　(宋)歐陽修撰　(宋)徐無黨注　清同治十一年(1872)湖北崇文書局刻本　四册

340000－1801－0002663　2:03574－2:03581
五代史七十四卷　(宋)歐陽修撰　(宋)徐無黨注　清同治十一年(1872)湖北崇文書局刻本　八册

340000－1801－0002664　2:03582－2:03589
五代史七十四卷　(宋)歐陽修撰　(宋)徐無黨注　清同治十一年(1872)湖北崇文書局刻本　八册

340000－1801－0002665　2:03590－2:03597
五代史七十四卷　(宋)歐陽修撰　(宋)徐無黨注　清同治十一年(1872)湖北崇文書局刻本　八册

340000－1801－0002666　2:03598－2:03607
五代史七十四卷　(宋)歐陽修撰　(宋)徐無黨注　清光緒元年(1875)成都書局刻本　十册

340000－1801－0002667　2:03608－2:03621
五代史七十四卷附考證　(宋)歐陽修撰　(宋)徐無黨注　清光緒十七年(1891)陝甘味經書院刻本　十四册

340000－1801－0002668　2:03622－2:03623
五代史七十四卷　(宋)歐陽修撰　(宋)徐無黨注　清光緒十八年(1892)竹簡齋石印本　二册

340000－1801－0002669　2:03624
補五代史藝文志一卷　(清)顧櫰三撰　清光緒二十三年(1897)晦齋刻朱印本　一册

340000－1801－0002670　2:03625－2:03744
宋史四百九十六卷　(元)脱脱等撰　清光緒元年(1875)浙江書局刻本　一百二十册

340000－1801－0002671　2:03745－2:03844
宋史四百九十六卷　(元)脱脱等撰　清光緒元年(1875)浙江書局刻本　一百册

340000－1801－0002672　2:03845－2:03977
宋史四百九十六卷　(元)脱脱等撰　清光緒元年(1875)浙江書局刻本　一百三十三册

340000－1801－0002673　2:04043－2:04050
遼史一百十五卷附考證　(元)脱脱等撰　清同治十二年(1873)江蘇書局刻本　八册

340000－1801－0002674　2:04051－2:04062
遼史一百十五卷附考證　(元)脱脱等撰　清同治十二年(1873)江蘇書局刻本　十二册

340000－1801－0002675　2:04063－2:04070
遼史一百十五卷　(元)脱脱等撰　清同治十二年(1873)江蘇書局刻本　八册

340000－1801－0002676　2:04071－2:04086
遼史一百十五卷附考證　(元)脱脱等撰　清同治十二年(1873)江蘇書局刻本　十六册

340000－1801－0002677　2:04087－2:04092
遼史一百十五卷　(元)脱脱等撰　清光緒二十九年(1903)上海點石齋石印本　六册

340000－1801－0002678　2:04115
欽定遼史語解十卷　(清)高宗弘曆撰　清光緒四年(1878)江蘇書局刻本　一册

340000－1801－0002679　2:04116－2:04119
欽定遼史語解十卷　(清)高宗弘曆撰　清刻本　四册

340000－1801－0002680　2:04120－2:04125
遼史拾遺二十四卷　(清)厲鶚　(清)楊復吉撰　清光緒元年(1875)江蘇書局刻本　六册

340000－1801－0002681　2:04126－2:04131
遼史拾遺二十四卷　(清)厲鶚　(清)楊復吉撰　清光緒元年(1875)江蘇書局刻本　六册

340000－1801－0002682　2:04132－2:04137
遼史拾遺二十四卷　(清)厲鶚　(清)楊復吉撰　清光緒元年(1875)江蘇書局刻本　六册

340000－1801－0002683　2:04138－2:04157
金史一百三十五卷附考證　(元)脱脱等撰　**欽定金國語解一卷**　清同治十三年(1874)江蘇書局刻本　二十册

340000－1801－0002684　2:04158－2:04179
金史一百三十五卷附考證　(元)脱脱等撰　**欽定金國語解一卷**　清同治十三年(1874)江蘇書局刻本　二十二册

340000－1801－0002685　2:04180－2:04199
金史一百三十五卷附考證　(元)脱脱等撰　**欽定金國語解一卷**　清同治十三年(1874)江蘇書局刻本　二十册

340000－1801－0002686　2:04208－2:04217
金史詳校十卷附史論五答一卷　(清)施國祁撰　清光緒六年(1880)會稽章氏刻本　十册

340000－1801－0002687　2:04218－2:04219
欽定金史語解十二卷　(清)高宗弘曆撰　清光緒四年(1878)江蘇書局刻本　二册

340000－1801－0002688　2:04220－2:04221
欽定金史語解十二卷　(清)高宗弘曆撰　清

光緒四年(1878)江蘇書局刻本　二冊

340000－1801－0002689　2:04222－2:04269
元史二百十卷目録二卷附考證　(明)宋濂等撰　清同治十三年(1874)江蘇書局刻本　四十八冊

340000－1801－0002690　2:04270－2:04317
元史二百十卷目録二卷附考證　(明)宋濂等撰　清同治十三年(1874)江蘇書局刻本　四十八冊

340000－1801－0002691　2:04318－2:04347
元史二百十卷目録二卷附考證　(明)宋濂等撰　清同治十三年(1874)江蘇書局刻本　三十冊

340000－1801－0002692　2:04406－2:04409
欽定元史語解二十四卷　(清)高宗弘曆撰　清光緒四年(1878)江蘇書局刻本　四冊

340000－1801－0002693　2:04410－2:04413
欽定元史語解二十四卷　(清)高宗弘曆撰　清光緒四年(1878)江蘇書局刻本　四冊

340000－1801－0002694　2:04414－2:04417
欽定元史語解二十四卷　(清)高宗弘曆撰　清光緒四年(1878)江蘇書局刻本　四冊

340000－1801－0002695　2:04418－2:04421
欽定元史語解二十四卷　(清)高宗弘曆撰　清光緒四年(1878)江蘇書局刻本　四冊

340000－1801－0002696　2:04423
補元史藝文志四卷　(清)錢大昕撰　清光緒九年(1883)廣雅書局刻廣雅書局叢書本　一冊

340000－1801－0002697　2:04424
元史藝文志四卷　(清)錢大昕補　清末江蘇書局刻本　一冊

340000－1801－0002698　2:04425
元史氏族表三卷　(清)錢大昕撰　清江蘇書局刻本　一冊

340000－1801－0002699　2:04426－2:04427
元史氏族表三卷　(清)錢大昕撰　清江蘇書局刻本　二冊

340000－1801－0002700　2:04428
元史氏族表三卷　(清)錢大昕撰　清刻本　一冊

340000－1801－0002701　2:04429－2:04432
元史譯文證補三十卷　(清)洪鈞撰　清光緒二十三年(1897)刻本　四冊

340000－1801－0002702　2:04433－2:04436
元史譯文證補三十卷　(清)洪鈞撰　清光緒二十三年(1897)刻本　四冊

340000－1801－0002703　2:04521－2:04600
明史三百三十二卷　(清)張廷玉等撰　清光緒三年(1877)湖北崇文書局刻本　八十冊

340000－1801－0002704　2:04601－2:04680
明史三百三十二卷　(清)張廷玉等撰　清光緒三年(1877)湖北崇文書局刻本　八十冊

340000－1801－0002705　2:04681－2:04722
明史三百三十二卷　(清)張廷玉等撰　清光緒三年(1877)湖北崇文書局刻本　四十二冊
缺三十九卷(一百九十九至二百二十五、二百五十六至二百六十一、三百九至三百十四)

340000－1801－0002706　2:04723－2:04746
明史三百三十二卷　(清)張廷玉等撰　清光緒十八年(1892)竹簡齋石印本　二十四冊

340000－1801－0002707　2:04893－2:04896
周季編略九卷　(清)黄式三編　清同治十二年(1873)浙江書局刻本　四冊

340000－1801－0002708　2:04897－2:04900
周季編略九卷　(清)黄式三編　清同治十二年(1873)浙江書局刻本　四冊

340000－1801－0002709　2:04901－2:04904
周季編略九卷　(清)黄式三編　清同治十二年(1873)浙江書局刻本　四冊

340000－1801－0002710　2:04909－2:04914
靖康要録十六卷　(宋)汪藻撰　清光緒十二年(1886)歸安陸氏刻十萬卷樓叢書本　六冊

340000－1801－0002711　2:04915－2:04918
東萊先生音註唐鑑二十四卷　(宋)范祖禹撰　(宋)呂祖謙注　清同治十三年(1874)刻本　四册

340000－1801－0002712　2:04919－2:04922
東萊先生音註唐鑑二十四卷　(宋)范祖禹撰　(宋)呂祖謙注　清同治十三年(1874)刻本　四册

340000－1801－0002713　2:04923－2:04926
東萊先生音註唐鑑二十四卷　(宋)范祖禹撰　(宋)呂祖謙注　清同治十三年(1874)刻本　四册

340000－1801－0002714　2:04927－2:04928
三唐傳國編年五卷　(清)吴非撰　清光緒貴池劉世珩刻貴池先哲遺書本　二册

340000－1801－0002715　2:04931－2:04990
建炎以來系年要録二百卷　(宋)李心傳撰　清光緒五年(1879)仁壽蕭氏刻本　六十册

340000－1801－0002716　2:04991－2:04998
御撰資治通鑑綱目三編二十卷　(清)張廷玉等輯　清乾隆十一年(1746)刻本　八册

340000－1801－0002717　2:04999－2:05006
御撰資治通鑑綱目三編二十卷　(清)張廷玉等輯　清乾隆十一年(1746)刻本　八册

340000－1801－0002718　2:05007－2:05012
御撰資治通鑑綱目三編二十卷　(清)張廷玉等輯　清乾隆十一年(1746)刻本　六册

340000－1801－0002719　2:05013－2:05020
御撰資治通鑑綱目三編二十卷　(清)張廷玉等輯　清刻本　八册

340000－1801－0002720　2:05021－2:05028
御撰資治通鑑綱目三編二十卷　(清)張廷玉等輯　清刻本　八册

340000－1801－0002721　2:05029－2:05032
御撰資治通鑑綱目三編二十卷　(清)張廷玉等輯　清光緒九年(1883)汝東寶仁堂刻本　四册

340000－1801－0002722　2:05033－2:05036
御撰資治通鑑綱目三編二十卷　(清)張廷玉等輯　清刻本　四册

340000－1801－0002723　2:05037－2:05040
御撰資治通鑑綱目三編二十卷　(清)張廷玉等輯　清刻本　四册

340000－1801－0002724　2:05041－2:05044
御撰資治通鑑綱目三編二十卷　(清)張廷玉等輯　清刻本　四册

340000－1801－0002725　2:05045－2:05048
御撰資治通鑑綱目三編二十卷　(清)張廷玉等輯　清刻本　四册

340000－1801－0002726　2:05049－2:05052
御撰資治通鑑綱目三編二十卷　(清)張廷玉等輯　清刻本　四册

340000－1801－0002727　2:05053－2:05056
御撰資治通鑑綱目三編二十卷　(清)張廷玉等輯　清刻本　四册

340000－1801－0002728　2:05057－2:05060
御撰資治通鑑綱目三編二十卷　(清)張廷玉等輯　清刻本　四册

340000－1801－0002729　2:05061－2:05072
御撰資治通鑑綱目三編四十卷　(清)張廷玉等輯　清同治十一年(1872)江西書局刻本　十二册

340000－1801－0002730　2:05073－2:05084
御撰資治通鑑綱目三編四十卷　(清)張廷玉等輯　清同治十一年(1872)江西書局刻本　十二册

340000－1801－0002731　2:05085－2:05088
御撰資治通鑑綱目三編四十卷　(清)張廷玉等輯　清乾隆刻本　四册

340000－1801－0002732　2:05089－2:05100
欽定明鑑二十四卷首一卷　(清)托津等撰　清嘉慶二十三年(1818)刻本　十二册

340000－1801－0002733　2:05101－2:05108
欽定明鑑二十四卷首一卷　(清)托津等撰

清刻本　八冊

340000－1801－0002734　2:05109－2:05120
欽定明鑑二十四卷首一卷　(清)托津等撰　清刻本　十二冊

340000－1801－0002735　2:05121－2:05126
明鑑會纂十五卷　(清)朱國標續編　清刻本　六冊

340000－1801－0002736　2:05127－2:05166
明通鑑九十卷前編四卷附記六卷首一卷目錄二十卷　(清)夏燮撰　清光緒二十三年(1897)湖北官書處刻本　四十冊

340000－1801－0002737　2:05167－2:05214
明通鑑九十卷前編四卷附記六卷首一卷目錄二十卷　(清)夏燮撰　清同治十二年(1873)宜黃官廨刻本　四十八冊

340000－1801－0002738　2:05217－2:05236
明紀六十卷　(清)陳鶴撰　清同治十年(1871)江蘇書局刻本　二十冊

340000－1801－0002739　2:05237－2:05256
明紀六十卷　(清)陳鶴撰　清同治十年(1871)江蘇書局刻本　二十冊

340000－1801－0002740　2:05257－2:05280
明紀六十卷　(清)陳鶴撰　清同治十年(1871)江蘇書局刻本　二十四冊

340000－1801－0002741　2:05281－2:05307
明大政纂要六十三卷　(明)譚希思撰　清光緒二十一年(1895)湖南思賢書局刻本　二十七冊

340000－1801－0002742　2:05308
皇明通識□□卷　(明)吳堈　(明)吳肅公撰　清抄本　一冊　存二卷(一至二)

340000－1801－0002743　2:05309－2:05322
皇明通紀集要六十卷　(明)陳建輯　明末刻本　十四冊

340000－1801－0002744　2:05323－2:05330
東華錄三十二卷　(清)蔣良騏撰　清刻本　八冊

340000－1801－0002745　2:05331－2:05341
東華錄三十二卷　(清)蔣良騏撰　清刻本　十一冊　缺三卷(二十八至三十)

340000－1801－0002746　2:05342－2:05357
東華錄三十二卷　(清)蔣良騏撰　清同治刻本　十六冊

340000－1801－0002747　2:05358－2:05369
東華錄三十二卷　(清)蔣良騏撰　清刻本　十二冊

340000－1801－0002748　2:05370－2:05379
東華錄三十二卷　(清)蔣良騏撰　清刻本　十冊

340000－1801－0002749　2:05380－2:05447
東華錄三百五十九卷　王先謙編　清光緒十三年(1887)廣百宋齋鉛印本　六十八冊

340000－1801－0002750　2:05448
東華錄一卷　王先謙編　清石印本　一冊

340000－1801－0002751　2:05449－2:05480
東華錄一百十卷　王先謙編　清光緒十年(1884)刻本　三十二冊

340000－1801－0002752　2:05481－2:05483
東華錄四卷　王先謙編　清石印本　三冊

340000－1801－0002753　2:05484－2:05491
東華錄二十三卷　王先謙編　清光緒十年(1884)刻本　八冊

340000－1801－0002754　2:05492－2:05503
東華錄三十六卷　王先謙編　清光緒十年(1884)刻本　十二冊

340000－1801－0002755　2:05504－2:05665
九朝東華錄四百二十四卷　王先謙編　清光緒十三年(1887)刻本　一百六十二冊　缺二卷(順治一至二)

340000－1801－0002756　2:05666－2:05741
九朝東華錄四百二十四卷　王先謙編　清光緒十三年(1887)廣百宋齋鉛印本　七十六冊

340000－1801－0002757　2:05742－2:05817

九朝東華錄四百二十四卷　王先謙編　清光緒十三年(1887)廣百宋齋鉛印本　七十六册

340000－1801－0002758　2:05818－2:05969
九朝東華錄四百二十四卷　王先謙編　清光緒十三年(1887)擷華書局鉛印本　一百五十二册

340000－1801－0002759　2:05970－2:06029
九朝東華錄四百二十四卷　王先謙編　清石印本　六十册

340000－1801－0002760　2:06044－2:06068
九朝東華錄四十八卷　王先謙編　清光緒石印本　二十五册

340000－1801－0002761　2:06069－2:06093
東華續錄四十八卷　王先謙編　清光緒石印本　二十五册

340000－1801－0002762　2:06112－2:06135
東華續錄一百卷　王先謙編　清光緒石印本　二十四册

340000－1801－0002763　2:06136－2:06159
東華續錄一百卷　王先謙編　清光緒石印本　二十四册

340000－1801－0002764　2:06160－2:06308
東華全錄一百二十卷　王先謙編　清光緒十三年(1887)京都琉璃廠欽文書局刻本　一百五十册　缺一百卷(同治一至一百)

340000－1801－0002765　2:06309－2:06356
東華全錄一百二十卷　王先謙編　清光緒五年(1879)刻本　四十八册

340000－1801－0002766　2:06357－2:06368
東華錄三十六卷　王先謙編　清刻本　十二册

340000－1801－0002767　2:06370－2:06383
東華續錄五十卷　王先謙編　清刻本　十四册

340000－1801－0002768　2:06384－2:06401
東華錄一百卷　王先謙編　清光緒二十五年(1899)石印本　十八册

340000－1801－0002769　2:06402－2:06423
東華續錄一百卷　王先謙編　清光緒文瀾書局石印本　二十二册　缺九卷(九十二至一百)

340000－1801－0002770　2:06424－2:06439
十一朝東華錄詳節二十四卷　(清)鄔樹庭編　清光緒二十六年(1900)上海東文學堂石印本　十六册

340000－1801－0002771　2:06498
清史攬要六卷　(日本)增田貢編　清末鉛印本　一册

340000－1801－0002772　2:06499－2:06500
清史攬要六卷　(日本)增田貢編　清末鉛印本　二册

340000－1801－0002773　2:06519－2:06528
國朝柔遠記十八卷附編二卷　(清)王之春輯　清光緒八年(1882)刻本　十册

340000－1801－0002774　2:06529－2:06530
大清穆宗毅皇帝實錄三百七十四卷　(清)沈桂芬纂修　清内府抄本　二册　存二卷(三十五至三十六)

340000－1801－0002775　2:06531
竹書紀年二卷　(南朝梁)沈約注　清刻本　一册

340000－1801－0002776　2:06532
竹書紀年二卷　(南朝梁)沈約注　**集異記一卷**　清武林二餘堂刻本　一册

340000－1801－0002777　2:06533－2:06534
竹書紀年集註二卷　(清)陳詩集注　清嘉慶六年(1801)蘄州陳氏刻本　二册

340000－1801－0002778　2:06535－2:06538
竹書紀年統箋十二卷前編一卷雜述一卷　(清)徐文靖撰　清光緒三年(1877)浙江書局刻本　四册

340000－1801－0002779　2:06539－2:06542
竹書紀年統箋十二卷前編一卷雜述一卷　(清)徐文靖撰　清光緒三年(1877)浙江書局

刻本　四册

340000－1801－0002780　2∶065417－2∶065420
史記一百三十卷附考證　（漢）司馬遷撰　（南朝宋）裴駰集解　（唐）司馬貞索隱　（唐）張守節正義　清末上海同文書局石印本　四册

340000－1801－0002781　2∶065422
史記一百三十卷附考證　（漢）司馬遷撰　（南朝宋）裴駰集解　（唐）司馬貞索隱　（唐）張守節正義　清掃葉山房石印本　一册　存七卷（一百二十四至一百三十）

340000－1801－0002782　2∶06543－2∶06546
竹書紀年統箋十二卷前編一卷雜述一卷　（清）徐文靖撰　清光緒三年（1877）浙江書局刻本　四册

340000－1801－0002783　2∶065444－2∶065449
史記一百三十卷　（漢）司馬遷撰　（南朝宋）裴駰集解　（唐）司馬貞索隱　（唐）張守節正義　清光緒二十一年（1895）上海畊餘主人石印本　六册　存三十一卷（一至六、五十至七十四）

340000－1801－0002784　2∶065450－2∶065459
史記一百三十卷附考證　（漢）司馬遷撰　（南朝宋）裴駰集解　（唐）司馬貞索隱　（唐）張守節正義　清末石印本　十册　缺十八卷（一至六、七十六至八十七）

340000－1801－0002785　2∶06547
竹書紀年集註二卷　（清）陳詩集注　清嘉慶十年（1805）刻本　一册

340000－1801－0002786　2∶065475－2∶065480
史記一百三十卷附考證　（漢）司馬遷撰　（南朝宋）裴駰集解　（唐）司馬貞索隱　（唐）張守節正義　清光緒十八年（1892）武林竹簡齋石印本　六册　存七十八卷（一至六十、一百十三至一百三十）

340000－1801－0002787　2∶065481－2∶065482
史記一百三十卷　（漢）司馬遷撰　（南朝宋）裴駰集解　（唐）司馬貞索隱　（唐）張守節正義　清光緒十四年（1888）上海集成書局石印本　二册　存十八卷（一至四、六十九至八十二）

340000－1801－0002788　2∶06548－2∶06549
竹書紀年校正十四卷　（清）郝懿行撰　清光緒五年（1879）東路廳署刻本　二册

340000－1801－0002789　2∶065483－2∶065484
史記一百三十卷　（漢）司馬遷撰　（南朝宋）裴駰集解　（唐）司馬貞索隱　（唐）張守節正義　清光緒二十八年（1902）竢實齋石印本　二册　存十八卷（一至十八）

340000－1801－0002790　2∶065485－2∶065487
史記一百三十卷　（漢）司馬遷撰　（南朝宋）裴駰集解　（唐）司馬貞索隱　（唐）張守節正義　清上海掃葉山房石印本　三册　存五十八卷（十三至十八、六十一至一百十二）

340000－1801－0002791　2∶065488－2∶065501
史記一百三十卷　（漢）司馬遷撰　（南朝宋）裴駰集解　（唐）司馬貞索隱　（唐）張守節正義　清刻本　十四册　存四十三卷（八十八至一百三十）

340000－1801－0002792　2∶06550－2∶06557
竹書紀年集證五十卷補遺二卷敘略一卷集説一卷　（清）陳逢衡撰　清刻本　八册

340000－1801－0002793　2∶065502－2∶065503
前漢書一百卷　（漢）班固撰　（唐）顔師古注　清光緒二十八年（1902）武林竹簡齋石印本　二册　存十五卷（八十六至一百）

340000－1801－0002794　2∶065504－2∶065505
前漢書一百二十卷　（漢）班固撰　（唐）顔師古注　清光緒二十五年（1899）慎記書莊刻本　二册　存二十二卷（四十五至六十六）

340000－1801－0002795　2∶065506－2∶065514
前漢書一百二十卷　（漢）班固撰　（唐）顔師古注　清光緒三十四年（1908）上海圖書集成公司鉛印本　九册　存二十七卷（十六至三十一、五十七至六十四、九十八至一百）

340000－1801－0002796　2:065515
漢書一百卷　(漢)班固撰　明刻本　一册　存一卷(一)

340000－1801－0002797　2:065516－2:065531
前漢書一百二十卷　(漢)班固撰　(唐)顔師古注　清光緒十四年(1888)上海蜚英館石印本　十六册　存一百卷(一至一百)

340000－1801－0002798　2:065532－2:065537
前漢書一百二十卷　(漢)班固撰　(唐)顔師古注　清光緒十八年(1892)武林竹簡齋刻本　六册　存六十二卷(一至五十二、九十一至一百)

340000－1801－0002799　2:065552－2:065553
後漢書一百二十卷　(南朝宋)范曄撰　(唐)李賢注　**志三十卷**　(晉)司馬彪撰　(南朝梁)劉昭注補　清光緒二十五年(1899)慎記書莊刻本　二册　存四十卷(後漢書一至四十)

340000－1801－0002800　2:065554－2:065555
後漢書一百二十卷　(南朝宋)范曄撰　(唐)李賢注　**志三十卷**　(晉)司馬彪撰　(南朝梁)劉昭注補　清光緒十四年(1888)上海蜚英館石印本　二册　存二十卷(後漢書六十五至八十四)

340000－1801－0002801　2:065556－2:065559
後漢書一百二十卷　(南朝宋)范曄撰　(唐)李賢注　**志三十卷**　(晉)司馬彪撰　(南朝梁)劉昭注補　清光緒九年(1883)上海點石齋石印本　四册

340000－1801－0002802　2:065560－2:065569
後漢書一百二十卷　(南朝宋)范曄撰　(唐)李賢注　**志三十卷**　(晉)司馬彪撰　(南朝梁)劉昭注補　清光緒十四年(1888)上海蜚英館石印本　十册　缺十九卷(後漢書四十六至六十四)

340000－1801－0002803　2:065570
後漢書一百二十卷　(南朝宋)范曄撰　(唐)李賢注　**志三十卷**　(晉)司馬彪撰　(南朝梁)劉昭注補　清光緒武林竹簡齋刻本　一册　存十卷(後漢書一至十)

340000－1801－0002804　2:065571－2:065576
後漢書一百二十卷　(南朝宋)范曄撰　(唐)李賢注　**志三十卷**　(晉)司馬彪撰　(南朝梁)劉昭注補　清光緒二十八年(1902)武林竹簡齋石印本　六册　缺三十一卷(後漢書六十五至六十九、八十四至一百九)

340000－1801－0002805　2:065577－2:065592
後漢書一百二十卷　(南朝宋)范曄撰　(唐)李賢注　**志三十卷**　(晉)司馬彪撰　(南朝梁)劉昭注補　清光緒三十四年(1908)上海集成圖書公司鉛印本　十六册

340000－1801－0002806　2:065594－2:065596
後漢書一百二十卷　(南朝宋)范曄撰　(唐)李賢注　**志三十卷**　(晉)司馬彪撰　(南朝梁)劉昭注補　清光緒十年(1884)上海同文書局石印本　三册　存十二卷(後漢書六十六至六十九、九十三至一百)

340000－1801－0002807　2:065597－2:065621
後漢書一百二十卷　(南朝宋)范曄撰　(唐)李賢注　**志三十卷**　(晉)司馬彪撰　(南朝梁)劉昭注補　清光緒十年(1884)上海同文書局石印本　二十五册　存五十四卷(後漢書二至四十、四十五、一百三、一百八至一百二十)

340000－1801－0002808　2:06560
竹書紀年辨誤一卷考證一卷年表一卷天象圖一卷　(清)雷學淇校訂　清通州雷學淇亦囂囂齋刻本　一册

340000－1801－0002809　2:06561－2:06564
古史輯要六卷　(清)□□撰　清道光二十五年(1845)番禺潘氏刻海山仙館叢書本　四册

340000－1801－0002810　2:065622－2:065639
三國志六十五卷　(晉)陳壽撰　(南朝宋)裴松之注　清刻本　十八册　存五十四卷(魏志二至九、十三至三十,蜀志一至十五,吳志一至十三)

340000－1801－0002811　2:065640－2:065650
三國志六十五卷　(晉)陳壽撰　(南朝宋)裴松之注　清刻本　十一册　存四十三卷(魏志三至八、十二至二十四、二十八至三十,蜀志十至十五,吴志一至十五)

340000－1801－0002812　2:065651－2:065661
三國志六十五卷　(晉)陳壽撰　(南朝宋)裴松之注　清光緒十年(1884)上海同文書局石印本　十一册　存五十卷(魏志一至三、七至三十,蜀志一至八,吴志一至三、九至二十)

340000－1801－0002813　2:065662
三國志六十五卷　(晉)陳壽撰　(南朝宋)裴松之注　清光緒三十一年(1905)上海久敬齋刻本　一册　存十三卷(魏志一至十三)

340000－1801－0002814　2:065663
三國志六十五卷　(晉)陳壽撰　(南朝宋)裴松之注　清刻本　一册　存七卷(吴志十四至二十)

340000－1801－0002815　2:065664－2:065676
三國志六十五卷　(晉)陳壽撰　(南朝宋)裴松之注　清光緒十三年(1887)江南書局刻本　十三册　存六十二卷(魏志四至三十、蜀志一至十五、吴志一至二十)

340000－1801－0002816　2:065677
三國志六十五卷　(晉)陳壽撰　(南朝宋)裴松之注　清刻本　一册　存二十卷(吴志一至二十)

340000－1801－0002817　2:065678
三國志六十五卷　(晉)陳壽撰　(南朝宋)裴松之注　清光緒二十一年(1895)上海畊餘主人刻本　一册　存九卷(魏志一至九)

340000－1801－0002818　2:065679－2:065680
三國志考證八卷　(清)潘眉撰　清光緒十五年(1889)廣雅書局刻廣雅書局叢書本　二册

340000－1801－0002819　2:065689
晉書一百三十卷　(唐)房玄齡等撰　**音義三卷附考證**　(唐)何超音義　清光緒二十八年(1902)武林竹簡齋石印本　一册　存十五卷(一至十五)

340000－1801－0002820　2:065690
晉書一百三十卷　(唐)房玄齡等撰　**音義三卷附考證**　(唐)何超音義　清光緒三十四年(1908)上海集成圖書公司鉛印本　一册　存九卷(八十至八十八)

340000－1801－0002821　2:065691－2:065705
晉書一百三十卷　(唐)房玄齡等撰　**音義三卷附考證**　(唐)何超音義　清光緒三十四年(1908)上海集成圖書公司鉛印本　十六册

340000－1801－0002822　2:065706－2:065714
晉書一百三十卷　(唐)房玄齡等撰　**音義三卷附考證**　(唐)何超音義　清刻本　九册　存四十九卷(二十五至二十七、三十七至四十、五十六至五十九、六十五至七十四、一百六至一百三十,音義三卷)

340000－1801－0002823　2:065715－2:065721
晉書一百三十卷　(唐)房玄齡等撰　**音義三卷附考證**　(唐)何超音義　清光緒二十八年(1902)武林竹簡齋石印本　七册　存一百十一卷(一至一百十一)

340000－1801－0002824　2:065722－2:065738
宋書一百卷　(南朝梁)沈約撰　清光緒十年(1884)上海同文書局影印本　十七册　缺三十六卷(四十四至七十九)

340000－1801－0002825　2:065739－2:065744
宋書一百卷附考證　(南朝梁)沈約撰　清光緒三十四年(1908)上海圖書集成公司鉛印本　六册　存五十卷(二十至三十七、六十九至一百)

340000－1801－0002826　2:065745－2:065746
宋書一百卷附考證　(南朝梁)沈約撰　清光緒三十四年(1908)上海圖書集成公司鉛印本　二册　存三十一卷(五十至六十八、七十九至九十)

340000－1801－0002827　2:065747－2:065750
宋書一百卷附考證　(南朝梁)沈約撰　清光緒二十八年(1902)武林竹簡齋石印本　四册

存五十八卷（一至四十、六十二至七十九）

340000－1801－0002828　2∶065751－2∶065752
宋書一百卷　（南朝梁）沈約撰　清光緒十年（1884）上海同文書局影印本　二冊　存六卷（二十二、三十至三十四）

340000－1801－0002829　2∶065753－2∶065755
南齊書五十九卷附考證　（南朝梁）蕭子顯撰　清光緒十年（1884）上海同文書局影印本　三冊　存二十五卷（二十至四十四）

340000－1801－0002830　2∶065756－2∶065758
南齊書五十九卷　（南朝梁）蕭子顯撰　清刻本　三冊　存二十九卷（十至十四、三十六至五十九）

340000－1801－0002831　2∶065759－2∶065760
梁書五十六卷附考證　（唐）姚思廉撰　清光緒二十八年（1902）武林竹簡齋石印本　二冊

340000－1801－0002832　2∶065761－2∶065764
梁書五十六卷　（唐）姚思廉撰　清光緒十年（1884）上海同文書局影印本　四冊　存二十八卷（二十九至五十六）

340000－1801－0002833　2∶065765－2∶065769
梁書五十六卷　（唐）姚思廉撰　清光緒十年（1884）上海同文書局影印本　五冊　存三十六卷（二十一至五十六）

340000－1801－0002834　2∶065770
陳書三十六卷附考證　（唐）姚思廉撰　清光緒十年（1884）上海同文書局影印本　一冊　存四卷（一至四）

340000－1801－0002835　2∶065771－2∶065777
魏書一百十四卷附考證　（北齊）魏收撰　清光緒二十八年（1902）武林竹簡齋石印本　七冊　缺八卷（九十九至一百六）

340000－1801－0002836　2∶065778－2∶065781
魏書一百十四卷附考證　（北齊）魏收撰　清光緒十年（1884）上海同文書局影印本　四冊　存三十卷（五十五至六十四、九十五至一百十四）

340000－1801－0002837　2∶065782
梁書五十六卷　（唐）姚思廉撰　明刻明清遞修本　一冊　存九卷（七至十五）

340000－1801－0002838　2∶065783
魏書一百十四卷　（北齊）魏收撰　明刻明清遞修本　一冊　存六卷（二十八至三十三）

340000－1801－0002839　2∶065784－2∶065786
魏書一百十四卷附考證　（北齊）魏收撰　清光緒三十四年（1908）上海集成圖書公司鉛印本　三冊　存二十三卷（三十二至四十一、五十九至六十六、一百十至一百十四）

340000－1801－0002840　2∶065787－2∶065789
北齊書五十卷附考證　（唐）李百藥撰　清光緒三十四年（1908）上海集成圖書公司鉛印本　三冊　存二十六卷（八至三十三）

340000－1801－0002841　2∶065790－2∶065796
北齊書五十卷　（唐）李百藥撰　清光緒十年（1884）上海同文書局影印本　七冊　存四十四卷（一至六、十三至五十）

340000－1801－0002842　2∶065797－2∶065800
周書五十卷附考證　（唐）令狐德棻撰　清光緒十年（1884）上海同文書局影印本　四冊　存二十三卷（十六至三十八）

340000－1801－0002843　2∶065801－2∶065808
周書五十卷附考證　（唐）令狐德棻撰　清光緒十年（1884）上海同文書局影印本　八冊

340000－1801－0002844　2∶065809－2∶065816
北史一百卷　（唐）李延壽等撰　明刻明清遞修本　八冊　存二十五卷（一至二、十八至二十、三十至三十六、三十八至四十一、四十三、四十六至四十七、五十二至五十七）

340000－1801－0002845　2∶065817－2∶065825
北史一百卷　（唐）李延壽等撰　清光緒十年（1884）上海同文書局影印本　九冊　存三十卷（三至五、十五至二十四、二十九至四十五）

340000－1801－0002846　2∶065826
北史一百卷　（唐）李延壽等撰　清光緒二十

八年(1902)武林竹簡齋石印本　一冊　存九卷(一至九)

340000－1801－0002847　2:065827－2:065830
北史一百卷附考證　(唐)李延壽等撰　清光緒三十四年(1908)上海集成圖書公司鉛印本　四冊　存二十三卷(六至十七、三十至三十四、四十六至五十一)

340000－1801－0002848　2:065831－2:065845
北史一百卷附考證　(唐)李延壽等撰　清光緒三十四年(1908)上海集成圖書公司鉛印本　十五冊　缺五卷(一至五)

340000－1801－0002849　2:06583－2:06702
資治通鑑二百九十四卷目錄三十卷通鑑釋文辯誤十二卷　(宋)司馬光撰　(元)胡三省注　清嘉慶二十一年(1816)鄱陽胡氏刻同治八年(1869)江蘇書局補刻本　一百二十冊

340000－1801－0002850　2:065846
南史八十卷附考證　(唐)李延壽撰　清光緒三十四年(1908)上海集成圖書公司鉛印本　一冊　存六卷(五至十)

340000－1801－0002851　2:065847－2:065853
南史八十卷附考證　(唐)李延壽撰　清光緒十年(1884)上海同文書局石印本　七冊　存二十八卷(四至十、十五至二十二、三十八至四十二、四十八至五十一、六十九至七十二)

340000－1801－0002852　2:065854－2:065871
南史八十卷附考證　(唐)李延壽撰　清光緒十年(1884)上海同文書局石印本　十八冊　缺八卷(五十六至五十九、六十五至六十八)

340000－1801－0002853　2:065872－2:065873
隋書八十五卷附考證　(唐)魏徵等撰　清光緒三十四年(1908)上海集成圖書公司鉛印本　二冊　存十六卷(二十五至三十、七十六至八十五)

340000－1801－0002854　2:065874
隋書八十五卷附考證　(唐)魏徵等撰　清光緒二十八年(1902)武林竹簡齋石印本　一冊　存十五卷(一至十五)

340000－1801－0002855　2:065875－2:065878
隋書八十五卷附考證　(唐)魏徵等撰　清光緒二十八年(1902)武林竹簡齋石印本　四冊　存六十卷(一至十五、二十五至六十九)

340000－1801－0002856　2:065879－2:065890
隋書八十五卷　(唐)魏徵等撰　清光緒十年(1884)上海同文書局影印本　十二冊　存四十七卷(二十二至二十四、三十二至五十、五十七至六十九、七十四至八十五)

340000－1801－0002857　2:065891－2:065912
隋書八十五卷　(唐)魏徵等撰　清光緒十年(1884)上海同文書局影印本　二十二冊　存六卷(十八至十九、二十八至三十一)

340000－1801－0002858　2:065913
舊五代史一百五十卷　(宋)薛居正等撰　清光緒二十八年(1902)武林竹簡齋石印本　一冊　存三卷(九十九至一百一)

340000－1801－0002859　2:065914－2:065915
舊唐書二百卷附考證　(後晉)劉昫等撰　清光緒二十八年(1902)武林竹簡齋石印本　二冊　存十七卷(四十二至五十、一百八十三至一百九十)

340000－1801－0002860　2:065916－2:065919
舊唐書二百卷附考證　(後晉)劉昫等撰　清光緒三十四年(1908)上海集成圖書公司鉛印本　四冊　存二十八卷(二十三至二十八、九十八至一百四、一百十五至一百二十四、一百九十六至二百)

340000－1801－0002861　2:065920－2:065943
舊唐書二百卷　(後晉)劉昫等撰　清光緒十年(1884)上海同文書局石印本　二十四冊　存一百二十七卷(五十五至九十七、一百三至一百五十九、一百六十六至一百八十九、一百九十五至一百九十七)

340000－1801－0002862　2:065944－2:065974
唐書二百二十五卷　(宋)歐陽修撰　清光緒十年(1884)上海同文書局影印本　三十一冊　存一百三十六卷(三至六、十一至十七、三十七至四十五、五十至五十六、六十四至六十九、七十五至七十八、一百十五至一百五十八、一百六十五至二百一、二百八至二百二十五）

340000－1801－0002863　2：065975－2：065980
唐書二百二十五卷　（宋）歐陽修等撰　**釋音二十五卷附考證**　（宋）董衝撰　清光緒三十四年（1908）上海圖書集成局鉛印本　六冊　存四十九卷（五至十、二十九至三十六、五十三至六十、八十四至一百六、二百二十二至二百二十五）

340000－1801－0002864　2：065981－2：065982
唐書二百二十五卷　（宋）歐陽修等撰　**釋音二十五卷附考證**　（宋）董衝撰　清光緒二十八年（1902）武林竹簡齋石印本　二冊　存二十七卷（六十一至七十、一百十五至一百三十一）

340000－1801－0002865　2：065999－2：066008
舊五代史一百五十卷　（宋）薛居正等撰　清光緒十四年（1888）上海圖書集成印書局鉛印本　十冊　存一百二十六卷（一至一百二十六）

340000－1801－0002866　2：066009－2：066020
舊五代史一百五十卷目錄二卷附考證　（宋）薛居正等撰　清光緒三十四年（1908）上海集成圖書公司鉛印本　十二冊

340000－1801－0002867　2：066021－2：066023
舊五代史一百五十卷目錄二卷附考證　（宋）薛居正等撰　清光緒三十四年（1908）上海集成圖書公司鉛印本　三冊

340000－1801－0002868　2：066034－2：066041
宋史四百九十六卷附考證　（元）脱脱等撰　清光緒三十四年（1908）上海集成圖書公司鉛印本　八冊　存五十卷（三十七至四十七、七十七至八十二、二百十八至二百二十、二百二十五至二百二十六、二百三十一至二百三十二、二百六十六至二百八十一、四百六十七至四百七十六）

340000－1801－0002869　2：066042－2：066053
宋史四百九十六卷附考證　（元）脱脱等撰　清光緒三十四年（1908）上海集成圖書公司鉛印本　十二冊　存一百一卷（二十六至一百二十六）

340000－1801－0002870　2：066054－2：066063
宋史四百九十六卷附考證　（元）脱脱等撰　清光緒十年（1884）上海同文書局影印本　十冊　存五十二卷（八十三至九十、一百五至一百十一、一百二十六至一百三十、一百六十一至一百六十六、三百十三至三百十七、三百五十至三百七十）

340000－1801－0002871　2：066077－2：066101
宋史四百九十六卷附考證　（元）脱脱等撰　清光緒十四年（1888）上海圖書集成印書局鉛印本　二十五冊　存二百十九卷（二百二十九至二百七十一、二百八十一至三百九、三百十九至三百五十六、三百六十八至四百六十六、四百七十七至四百八十六）

340000－1801－0002872　2：066102
宋史四百九十六卷　（元）脱脱等撰　明刻明清遞修本　一冊　存五卷（四百二十二至四百二十六）

340000－1801－0002873　2：066103－2：066162
宋史四百九十六卷附考證　（元）脱脱等撰　清光緒三十四年（1908）上海集成圖書公司鉛印本　六十冊

340000－1801－0002874　2：066163－2：066165
遼史一百十六卷　（元）脱脱等撰　清光緒二十八年（1902）竢實齋石印本　三冊

340000－1801－0002875　2：066166－2：066167
遼史一百十六卷附考證　（元）脱脱等撰　清光緒二十八年（1902）武林竹簡齋石印本　二冊　存八十卷（一至三十、六十三至一百十二）

340000－1801－0002876　2：066168－2：066169
遼史一百十六卷　（元）脱脱等撰　清光緒三十四年（1908）上海集成圖書公司鉛印本　二

册　存三十六卷(四十七至六十二、九十七至一百十六)

340000－1801－0002877　2:066170－2:066171
遼史一百十六卷　(元)脱脱等撰　清光緒二十九年(1903)點石齋石印本　二册　存二十八卷(一至二十八)

340000－1801－0002878　2:066172－2:066179
遼史一百十六卷　(元)脱脱等撰　清光緒十年(1884)上海同文書局石印本　八册

340000－1801－0002879　2:066180－2:066183
金史一百三十五卷附考證　(元)脱脱等撰　**欽定金國語解一卷**　清光緒二十八年(1902)武林竹簡齋石印本　四册　存六十三卷(金史五十一至六十二、六十八至八十二、一百至一百三十五)

340000－1801－0002880　2:066184－2:066187
金史一百三十五卷附考證　(元)脱脱等撰　**欽定金國語解一卷**　清光緒二十八年(1902)竢實齋石印本　四册　存七十二卷(金史二十至三十四、六十三至九十九、一百十七至一百三十五,欽定金國語解一卷)

340000－1801－0002881　2:066188
金史一百三十五卷附考證　(元)脱脱等撰　**欽定金國語解一卷**　清光緒二十九年(1903)點石齋石印本　一册　存十八卷(金史一百十九至一百三十五、欽定金國語解一卷)

340000－1801－0002882　2:066189－2:066191
金史一百三十五卷附考證　(元)脱脱等撰　**欽定金國語解一卷**　清光緒三十四年(1908)上海集成圖書公司鉛印本　三册　存二十九卷(金史五至十一、六十三至八十四)

340000－1801－0002883　2:066192－2:066213
金史一百三十五卷附考證　(元)脱脱等撰　**欽定金國語解一卷**　清光緒十年(1884)上海同文書局影印本　二十二册　存一百二十三卷(金史一至七、十四至二十八、三十六至一百三十五,欽定金國語解一卷)

340000－1801－0002884　2:066214－2:066242
元史二百十卷　(明)宋濂等撰　清光緒十年(1884)上海同文書局影印本　二十九册　存一百十四卷(一至十四、二十三至五十六、五十九至一百二十四)

340000－1801－0002885　2:066243－2:066246
元史二百十卷　(明)宋濂等撰　清光緒三十四年(1908)上海集成圖書公司鉛印本　四册　存三十七卷(六十五至七十三、八十三至八十八、一百八十至二百一)

340000－1801－0002886　2:066247－2:066251
元史二百十卷附考證　(明)宋濂等撰　清光緒二十九年(1903)點石齋石印本　五册　存五十八卷(四十八至五十四、五十七至六十六、八十至一百二十)

340000－1801－0002887　2:066252－2:066258
元史二百十卷目録二卷附考證　(明)宋濂等撰　清光緒二十八年(1902)竢實齋石印本　七册　存九十九卷(一至十四、八十一至一百五、一百二十九至一百八十八)

340000－1801－0002888　2:066259－2:066268
元史二百十卷目録二卷附考證　(明)宋濂等撰　清同治十三年(1874)江蘇書局刻本　十册　存四十一卷(一至三十七、一百九十六至一百九十九)

340000－1801－0002889　2:066269
元史二百十卷　(明)宋濂等撰　明刻明清遞修本　一册　存五卷(一百六十六至一百七十)

340000－1801－0002890　2:066274－2:066280
明史三百三十二卷　(清)張廷玉等撰　清光緒三十四年(1908)上海集成圖書公司鉛印本　七册　存五十三卷(一至十二、一百三至一百五、一百九十九至二百七、二百五十四至二百六十、二百八十一至二百八十八、二百九十九至三百五、三百十九至三百二十五)

340000－1801－0002891　2:066281－2:066287
明史三百三十二卷　(清)張廷玉等撰　清光

緒十年(1884)上海同文書局影印本　七册　存十八卷(八十四至八十五、九十一至九十九、一百五十九至一百六十二、一百七十二至一百七十四)

340000－1801－0002892　2:066288－2:066294
明史三百三十二卷　(清)張廷玉等撰　清光緒二十八年(1902)武林竹簡齋石印本　七册　存九十三卷(一百十三至一百二十七、一百六十三至二百十七、二百三十二至二百四十四、三百十一至三百二十)

340000－1801－0002893　2:066297－2:066299
國語二十一卷　(三國吳)韋昭注　**札記一卷**　(清)黄丕烈撰　清嘉慶五年(1800)黄氏讀未見書齋刻士禮居叢書本　三册　存十八卷(四至二十一)

340000－1801－0002894　2:066300－2:066302
續後漢書四十七卷音義四卷　(宋)蕭常著　清刻本　三册　存二十一卷(續後漢書二十六至四十二、音義四卷)

340000－1801－0002895　2:066303－2:066315
尚史七十二卷　(清)李鍇撰　清刻本　十三册　存四十六卷(列傳二至二十二、三十三至三十八,志一至十,表一至二,世家一至三、九至十二)

340000－1801－0002896　2:066316－2:066375
資治通鑑二百九十四卷目錄三十卷考異三十卷釋例一卷問疑一卷釋文三十卷敍錄三卷　(宋)司馬光撰　清光緒十四年至十七年(1888－1891)刻本　六十册　存二百八卷(資治通鑑一至一百三十七、目錄三十卷、考異三至三十、釋例一卷、問疑一卷、釋文一至八、敍錄三卷)

340000－1801－0002897　2:066376－2:066413
續資治通鑑二百二十卷　(清)畢沅撰　清刻本　三十八册

340000－1801－0002898　2:066414－2:066448
資治通鑑二百九十四卷　(宋)司馬光撰　(元)胡三省注　(明)陳仁錫評　明天啓刻本　三十五册　存一百三十四卷(一百六十一至二百九十四)

340000－1801－0002899　2:066504
元經薛氏傳十卷　(隋)王通撰　(唐)薛收傳　(宋)阮逸注　清練江汪述古山莊刻本　一册　存三卷(一至三)

340000－1801－0002900　2:066507
御撰資治通鑑綱目三編二十卷　(清)張廷玉等輯　清刻本　一册　存五卷(十六至二十)

340000－1801－0002901　2:066509－2:066522
綱鑑會纂三十九卷首一卷　(明)王世貞纂　清刻本　十四册　存三十三卷(七至三十九)

340000－1801－0002902　2:066525－2:066585
東華錄三百五十九卷　王先謙撰　清光緒十三年(1887)上海圖書集成印書局鉛印本　六十一册　缺四卷(順治二十六至二十九)

340000－1801－0002903　2:066586－2:066591
東華續錄二百三十卷　王先謙撰　清末鉛印本　六册　存二十四卷(嘉慶一至六、十三至十四、十九至二十二、三十三至三十六,道光二十一至二十四、四十一至四十四)

340000－1801－0002904　2:066592－2:066600
東華續錄二百三十卷　王先謙撰　清末鉛印本　九册　存四十卷(嘉慶一至六、十三至十四、十九至二十二、三十三至三十六、三十九至四十四,道光十三至十六、二十一至二十四、二十九至三十四、四十一至四十四)

340000－1801－0002905　2:066601
東華錄三百五十九卷　王先謙撰　清光緒十七年(1891)上海廣百宋齋鉛印本　一册　存四卷(天命一至四)

340000－1801－0002906　2:066602－2:066618
東華續錄二百三十卷　王先謙撰　清末鉛印本　十七册　存六十七卷(同治一至十七、二十一至二十三、二十八至五十七、六十八至七十五、九十二至一百)

340000－1801－0002907　2:066619－2:066633

東華續錄二百三十卷 王先謙撰 清末鉛印本 十五冊 存六十三卷(咸豐七至六十九)

340000－1801－0002908 2:066634－2:066640

東華續錄二百三十卷 王先謙撰 清末鉛印本 七冊 存三十二卷(咸豐十六至三十、七十七至八十六、九十一至九十七)

340000－1801－0002909 2:066641－2:066687

東華全錄四百二十五卷 王先謙編 清光緒十三年(1887)刻本 四十七冊 存九十九卷(天聰五至七,崇德六至八,順治一至四、十七至二十一,康熙四十二至四十四、五十四至六十、六十八至八十二、九十五至一百四,雍正一至二、五、十一、十四至十九,乾隆一、四十三至四十九、七十七至七十八、九十二至九十三、九十六至一百六、一百八至一百十七,嘉慶八至九,道光一至四)

340000－1801－0002910 2:066696－2:066699

左傳紀事本末五十三卷 (清)高士奇編纂 清光緒二十一年(1895)上海積石山房石印本 四冊 存四十二卷(十二至五十三)

340000－1801－0002911 2:066708

山東軍興紀略二十二卷 (清)張曜撰 清光緒五年(1879)申報館鉛印申報館叢書本 一冊 存二卷(十三至十四)

340000－1801－0002912 2:066709－2:066712

通鑑紀事本末二百三十九卷 (宋)袁樞撰 (明)張溥論正 清光緒二十一年(1895)上海積石山房石印本 四冊 存四十二卷(一至四十二)

340000－1801－0002913 2:066713

嘉定屠城紀略一卷 (清)朱子素撰 清刻本 一冊

340000－1801－0002914 2:066714

湘軍記二十卷 (清)王定安撰 清光緒十五年(1889)刻本 一冊 存二卷(一至二)

340000－1801－0002915 2:066718

歲時廣記四十卷首一卷末一卷 (宋)陳元靚撰 清刻本 一冊 存四卷(三十四至三十七)

340000－1801－0002916 2:066720－2:066737

精選中外時務文編四十四卷 (清)養晦生撰 清光緒二十三年(1897)寶善書局石印本 十八冊 存二十九卷(一、十三至十五、十八至二十七、三十至四十四)

340000－1801－0002917 2:066738－2:066740

戰國策三十三卷 (漢)高誘注 **札記三卷** (清)黄丕烈撰 清嘉慶八年(1803)黄氏讀未見書齋刻本 三冊 存二十三卷(一至七、十八至三十三)

340000－1801－0002918 2:066741

半窗史略四十二卷 (清)龍體剛等撰 清刻本 一冊 存五卷(二十一至二十五)

340000－1801－0002919 2:066749

泰西風土事物考四卷 題(清)藜床臥讀生撰 清光緒二十八年(1902)鉛印本 一冊 存二卷(三至四)

340000－1801－0002920 2:066750

皇朝武功紀盛四卷 (清)趙翼撰 清光緒五年(1879)鄂垣書局刻本 一冊 存二卷(三至四)

340000－1801－0002921 2:066752－2:066754

兩漢博聞十二卷 (宋)楊侃輯 明嘉靖三十七年(1558)黄魯曾刻本 三冊 存三卷(七至九)

340000－1801－0002922 2:066755－2:066756

史記菁華錄六卷 (清)姚苧田輯 清末鉛印本 二冊 存二卷(三、五)

340000－1801－0002923 2:066762

校讎通義三卷 (清)章學誠撰 清道光十三年(1833)章華紱刻章氏遺書本 一冊

340000－1801－0002924 2:066763

讀通鑑論三十卷末一卷 (清)王夫之撰 清光緒二十八年(1902)志古堂刻船山遺書本 一冊 存二卷(二十五至二十六)

340000－1801－0002925 2:066764

萬國通鑑四卷附地圖 （美國）謝衛樓撰 （清）趙如光譯 清刻本 一冊 存一卷（四上）

340000－1801－0002926 2：066765
郁郁齋古文析義詳解十六卷 （清）林雲銘評注 （清）吳乘權附注 清刻本 一冊 存一卷（三）

340000－1801－0002927 2：066766－2：066768
綱鑑論□□卷 （□）□□撰 清抄本 三冊 存四卷（一至四）

340000－1801－0002928 2：066786－2：066788
至聖編年世紀二十四卷 （清）李灼 （清）黃晟輯 清刻本 三冊 存八卷（七至十四）

340000－1801－0002929 2：066789－2：066791
多忠勇公勤勞錄四卷 （清）雷正綰輯 清光緒元年（1875）刻本 三冊

340000－1801－0002930 2：066792
晏子春秋七卷 （春秋）晏嬰撰 （清）孫星衍校 **晏子春秋音義二卷** （清）孫星衍撰 **晏子春秋校勘記一卷** （清）黃以周撰 清光緒元年（1875）浙江書局刻二十二子本 一冊

340000－1801－0002931 2：066798
歷代循吏傳八卷 （清）朱軾 （清）蔡世遠訂 清光緒二十二年（1896）上海積山書局石印二十二子合刻本 一冊

340000－1801－0002932 2：066799
姚端恪公文集十八卷 （清）姚文然撰 清初刻本 一冊 存一卷（十八）

340000－1801－0002933 2：066800
歷代名臣傳節錄三十卷 （清）蕭培元錄訂 （清）崇厚增輯 清刻本 一冊 存三卷（十至十二）

340000－1801－0002934 2：066801
空谷足音一卷 題溫故室主人抄 清刻本 一冊

340000－1801－0002935 2：066802－2：066809
歷代名臣傳節錄三十卷 （清）蕭培元錄訂 （清）崇厚增輯 清同治九年（1870）雲蔭堂刻本 八冊 存二十四卷（四至十五、十九至三十）

340000－1801－0002936 2：066811
溫公［司馬光］年譜六卷 （明）馬巒撰 明萬曆四十六年（1618）司馬露刻本 一冊 存三卷（四至六）

340000－1801－0002937 2：066812
新舊唐書合注魏徵列傳一卷 王先謙撰 清光緒九年（1883）長沙王氏刻本 一冊

340000－1801－0002938 2：066814
闕里纂要四卷 （清）孔衍珻輯 清刻本 一冊

340000－1801－0002939 2：066815－2：066816
廿四史分類言行錄四十二卷 （清）錢大昕輯 （清）顧廣圻校 清刻本 二冊 存九卷（七至十五）

340000－1801－0002940 2：066833
東征集六卷 （清）藍鼎元撰 （清）王者輔評 清光緒二十八年（1902）上海書局石印本 一冊

340000－1801－0002941 2：066835
曾文正公大事記四卷 （清）王定安撰 清光緒十六年（1890）廣百宋齋鉛印本 一冊

340000－1801－0002942 2：066836
晏子春秋七卷 （春秋）晏嬰撰 （清）孫星衍校 **晏子春秋音義二卷** （清）孫星衍撰 **晏子春秋校勘記一卷** （清）黃以周撰 清光緒二十三年（1897）文瑞樓石印本 一冊

340000－1801－0002943 2：066837－2：066840
宮閨聯名譜二十二卷 （清）董恂撰輯 （清）陸纘補輯 清光緒二年（1876）上海申報館鉛印申報館叢書本 四冊

340000－1801－0002944 2：066841
孔子編年四卷 （清）狄子奇輯 清光緒二年（1876）申報館鉛印申報館叢書本 一冊

340000－1801－0002945 2：066843

[汪承霈行狀]　(清)□□輯　清刻本　一冊　殘

340000－1801－0002946　2:066844
湘綺樓日記(清光緒二十四年至二十五年)　王闓運撰　清末鉛印本　一冊

340000－1801－0002947　2:066845
明太祖功臣圖一卷　(清)上官周繪　清刻本　一冊

340000－1801－0002948　2:066846－2:066888
國朝耆獻類徵初編七百二十卷目錄二十卷　(清)李桓撰　清刻本　四十三冊　存八十二卷(二十五至二十八、三十至三十一、四十三至四十四、八十九至九十、九十五至九十八、一百二十一至一百二十二、一百四十、一百四十三至一百四十八、一百五十五至一百五十六、一百六十一至一百六十二、一百六十四至一百六十五、一百七十二至一百七十五、一百七十七至一百七十八、一百八十一至一百八十三、一百八十五至一百八十七、一百九十至一百九十二、一百九十七至一百九十八、二百三至二百四、二百十三至二百十四、二百二十七至二百三十四、二百三十七至二百三十八、二百四十一至二百四十二、二百五十三至二百五十六、二百六十七至二百七十、二百八十五至二百八十八、二百九十七至二百九十八、三百一至三百四,目錄七至八)

340000－1801－0002949　2:066889－2:066899
弘簡錄二百五十四卷　(明)邵經邦撰　**續弘簡錄四十二卷**　(清)邵遠平撰　清刻本　十一冊　存四十五卷(弘簡錄二十七至四十七、二百一至二百十九,續弘簡錄四十二、一百五十七至一百六十)

340000－1801－0002950　2:066900
汪雙池先生[紱]年譜四卷　(清)余龍光編　清刻本　一冊　存二卷(一至二)

340000－1801－0002951　2:066909－2:066913
八旗通志初集二百五十卷　(清)鄂爾泰等纂　清刻本　十五冊　存四十二卷(九十三至一百三十四)

340000－1801－0002952　2:066929－2:066930
歷代職官表六卷　(清)黃本驥校　(清)王廷學重校　清光緒八年(1882)上海王氏刻本　二冊　存四卷(一至四)

340000－1801－0002953　2:066931－2:066933
皇朝掌故彙編一百卷首一卷　(清)宋文蔚等撰　清光緒二十八年(1902)求實書社鉛印本　三冊　存三卷(內編七、九至十)

340000－1801－0002954　2:066934－2:066937
通志二百卷　(宋)鄭樵撰　清光緒石印本　四冊　存三十六卷(一百六十五至二百)

340000－1801－0002955　2:066938
欽定三通考證一卷　(清)□□輯　清光緒二十八年(1902)貫吾齋石印本　一冊

340000－1801－0002956　2:066940－2:066943
各國時事類編十八卷　(清)沈純輯　清光緒二十一年(1895)上海書局石印本　四冊

340000－1801－0002957　2:066944－2:066947
唐陸宣公翰苑集二十四卷　(唐)陸贄撰　明萬曆三十五年(1607)陸基忠刻本　四冊　存十卷(奏議一至十)

340000－1801－0002958　2:066948－2:066949
唐陸宣公翰苑集二十四卷　(唐)陸贄撰　明萬曆三十五年(1607)陸基忠刻本　二冊　存五卷(奏議三至七)

340000－1801－0002959　2:066950
王少司馬奏疏二卷　(明)王家楨撰　(清)潘錫恩校　清道光二十八年(1848)涇縣潘氏袁江節署刻乾坤正氣集本　一冊

340000－1801－0002960　2:066952
壬午科浙闈第十房薦卷簿　(清)□□輯　清光緒稿本　一冊

340000－1801－0002961　2:066953
畿輔水利四案四卷補一卷附錄一卷　(清)潘錫恩輯　清刻本　一冊　存一卷(補一卷)

340000－1801－0002962　2:066954
吾學錄初編二十四卷　(清)吳榮光輯　清刻

本　一冊　存四卷(二十一至二十四)

340000－1801－0002963　2:066955

皇朝掌故彙編一百卷首一卷　(清)宋文蔚等撰　清光緒二十八年(1902)求實書社鉛印本　一冊　存十一卷(内編一至十一)

340000－1801－0002964　2:066956

約章分類輯要三十八卷首一卷　蔡乃煌等輯　清刻本　一冊　存一卷(十七)

340000－1801－0002965　2:066957－2:066959

紀元編四卷　(清)六承如撰　清同治十年(1871)合肥李氏刻本　三冊

340000－1801－0002966　2:066960－2:066962

許國公奏議四卷　(宋)吳潛撰　清刻本　三冊　存三卷(二至四)

340000－1801－0002967　2:066963

天咫偶聞十卷　(清)震鈞撰　清光緒三十二年(1906)甘棠轉舍刻本　一冊　存一卷(一)

340000－1801－0002968　2:066964

皇朝掌故彙編一百卷首一卷　(清)宋文蔚等撰　清光緒二十八年(1902)求實書社鉛印本　一冊　存四卷(内編五十至五十三)

340000－1801－0002969　2:066966

水流雲在館奏議二卷　(清)宋晉撰　清光緒十三年(1887)刻本　一冊　存一卷(上)

340000－1801－0002970　2:066967－2:066968

[帳簿]　(□)□□錄　清抄本　二冊

340000－1801－0002971　2:066969

期不負齋政書九卷　(清)周家楣撰　清光緒刻本　一冊　存一卷(府尹書七)

340000－1801－0002972　2:066970

文獻通考三百四十八卷　(元)馬端臨撰　清刻本　一冊　存一卷(一)

340000－1801－0002973　2:066973－2:066974

文獻通考三百四十八卷　(元)馬端臨撰　明刻本　二冊　存六卷(十五至十七、一百五十八至一百六十)

340000－1801－0002974　2:066980－2:066992

李文忠公全集一百六十五卷　(清)李鴻章撰　(清)吳汝綸輯　清末石印本　十三冊　存二十卷(奏議四至五、八至九、十二至十五、十七、二十三至三十、三十三至三十五)

340000－1801－0002975　2:066993－2:067013

左文襄公全集□□卷　(清)左宗棠撰　清光緒刻本　二十一冊　存二十二卷(奏疏二十二至二十六、二十八至三十三、三十六至四十二,謝摺一至二,咨劄一,告示一)

340000－1801－0002976　2:067014－2:067037

皇朝文獻通考三百卷　(清)嵇璜撰　清末石印本　二十四冊　存一百七十六卷(一百二十五至三百)

340000－1801－0002977　2:06703－2:06802

資治通鑑二百九十四卷通鑑釋文辯誤十二卷　(宋)司馬光撰　(元)胡三省注　清刻本　一百冊

340000－1801－0002978　2:067038－2:067059

大清高宗純皇帝聖訓三百卷　(清)高宗弘曆撰　清刻本　二十二冊　存八十八卷(十四至二十一、二十七至三十八、四十七至五十八、六十三至八十三、八十九至九十二、九十七至一百五、一百十一至一百十九、一百三十三至一百三十六、一百四十一至一百四十九)

340000－1801－0002979　2:067060－2:067073

歷代名臣奏議三百二十卷　(明)黃淮　(明)楊士奇等輯　(明)張溥刪定　(明)陳仁錫鑒定　明崇禎刻清聚英堂印本　十四冊　存四十九卷(一至十八、三十三至三十六、二百八十至二百八十二、二百八十八至二百九十六、三百一至三百十二、三百十八至三百二十)

340000－1801－0002980　2:067074

日下舊聞四十二卷附補遺　(清)朱彝尊撰　清刻本　一冊　存三卷(四十至四十二)

340000－1801－0002981　2:067075

西湖志四十八卷　(清)李衛修　(清)傅王露等纂　清刻本　一冊　存二卷(五至六)

340000－1801－0002982　2:067076－2:067077

黄山志定本七卷　(清)閔麟嗣纂　清康熙刻本　二册　存二卷(三、六)

340000－1801－0002983　2:067078

江南安徽全圖　(清)劉籌纂修　清刻本　一册

340000－1801－0002984　2:067079

新安景物約編不分卷　(清)江忠儔　(清)江正心纂　清光緒二十二年(1896)石印本　一册

340000－1801－0002985　2:067080

[道光]歷陽典錄三十四卷補編六卷　(清)陳廷桂輯　清道光十年(1830)青雲堂刻本　一册　存三卷(十七至十九)

340000－1801－0002986　2:067081－2:067082

[道光]歷陽典錄三十四卷補編六卷　(清)陳廷桂輯　清刻本　二册　存八卷(歷陽典錄三十至三十四、補編四至六)

340000－1801－0002987　2:067083

[道光]歷陽典錄三十四卷補編六卷　(清)陳廷桂輯　清刻本　一册　存三卷(歷陽典錄二十三至二十五)

340000－1801－0002988　2:067084－2:067092

[道光]歷陽典錄三十四卷補編六卷　(清)陳廷桂輯　清刻本　九册　存二十四卷(歷陽典錄一至六、九至二十一、二十五至二十九)

340000－1801－0002989　2:067093

休寧碎事十二卷　(清)徐卓撰　清嘉慶十六年(1811)海棠書巢刻本　一册　存三卷(一至三)

340000－1801－0002990　2:067094

皇朝輿地韻編二卷　(清)徐卓撰　清刻本　一册

340000－1801－0002991　2:067095

今水經一卷今水經表一卷　(清)黄宗羲撰　清宣統二年(1910)上海時中書局鉛印本　一册

340000－1801－0002992　2:067096－2:067098

[乾隆]衛藏圖識四卷附蠻語一卷　(清)馬揭修　(清)盛繩祖纂　清刻本　三册　缺一卷(識略上)

340000－1801－0002993　2:067099－2:067100

漢西域圖考七卷首一卷　(清)李光廷撰　(清)潘天章繪　清光緒八年(1882)陽湖趙登詒壽諼草堂活字印本　二册　存四卷(二至五)

340000－1801－0002994　2:067101－2:067106

皇朝中外壹統輿圖十六卷　(清)胡林翼輯　清光緒二十二年(1896)上海書局石印本　六册

340000－1801－0002995　2:067108－2:067109

畿輔水利四案四卷補一卷附錄一卷　(清)潘錫恩撰　清光緒二十二年(1896)上海書局石印本　二册　存二卷(三至四)

340000－1801－0002996　2:067110

水道提綱二十八卷　(清)齊召南撰　清光緒刻本　一册　存三卷(十九至二十一)

340000－1801－0002997　2:067112－2:067114

大觀亭志六卷　(清)李國模纂輯　(清)李丙榮編訂　清宣統三年(1911)安慶李氏慎餘堂木活字印本　三册　存五卷(二至六)

340000－1801－0002998　2:067115－2:067120

金山志二十卷首一卷　(清)周伯義編修　(清)陳任暘訂　清光緒三十年(1904)刻本　六册　缺十卷(十一至二十)

340000－1801－0002999　2:067121－2:067122

水經注不分卷　(北魏)酈道元注　清刻本　二册

340000－1801－0003000　2:067123－2:067125

黄鵠山志十二卷首一卷　(清)胡鳳丹撰　清同治十三年(1874)永康胡鳳丹退補齋刻本　三册　缺五卷(六至十)

340000－1801－0003001　2:067126－2:067141

讀史方輿紀要一百三十卷　(清)顧祖禹撰　清刻本　十六册　存四十六卷(十七至四十

一、四十六至五十三、六十二至七十四）

340000－1801－0003002　2：067142－2：067146
欽定四庫全書簡明目錄二十卷　（清）永瑢等編纂　清光緒五年（1879）墨潤堂鉛印本　五冊　存八卷（一、九至十一、十五至十八）

340000－1801－0003003　2：067159
彙刻書目二十卷　（□）□□編　清末刻本　一冊　存一卷（一）

340000－1801－0003004　2：067167
潛采堂書目四種　（清）朱彝尊編　清末鉛印本　一冊

340000－1801－0003005　2：067197
藝風藏書記八卷　繆荃孫撰　清光緒二十七年（1901）刻本　一冊　存一卷（一）

340000－1801－0003006　2：067204
書目答問不分卷附國朝著述姓名略一卷四川尊經書院記一卷　（清）張之洞撰　清刻本　一冊

340000－1801－0003007　2：067217
浙省西湖慧空經房書目　（□）□□編　清刻本　一冊

340000－1801－0003008　2：067224
欽定四庫全書總目二百卷首四卷　（清）紀昀等編　清光緒十四年（1888）上海漱六山莊石印本　一冊　存三卷（八十八至九十）

340000－1801－0003009　2：067334
飛鴻堂印譜五集四十卷　（清）汪啟淑藏並輯　清末影印本　一冊　存二卷（五集三至四）

340000－1801－0003010　2：067335－2：067336
東甌金石志十二卷　（清）戴咸弼輯　（清）孫詒讓校補　清光緒九年（1883）刻本　二冊　存六卷（七至十二）

340000－1801－0003011　2：067337－2：067338
金石萃編一百六十卷　（清）王昶撰　清刻本　二冊　存三卷（四至六）

340000－1801－0003012　2：067363－2：067367
清光緒公文函　（清）□□編　清光緒刻本　五冊

340000－1801－0003013　2：06803－2：06902
資治通鑑二百九十四卷通鑑釋文辯誤十二卷　（宋）司馬光撰　（元）胡三省注　清刻本　一百冊

340000－1801－0003014　2：06903－2：07002
資治通鑑二百九十四卷目錄三十卷通鑑釋文辯誤十二卷　（宋）司馬光撰　（元）胡三省注　清嘉慶二十一年（1816）鄱陽胡氏刻同治八年（1869）江蘇書局補刻本　一百冊

340000－1801－0003015　2：07003－2：07100
資治通鑑二百九十四卷目錄三十卷通鑑釋文辯誤十二卷　（宋）司馬光撰　（元）胡三省注　清嘉慶二十一年（1816）鄱陽胡氏刻同治八年（1869）江蘇書局補刻本　九十八冊

340000－1801－0003016　2：07101－2：07195
資治通鑑二百九十四卷目錄三十卷通鑑釋文辯誤十二卷　（宋）司馬光撰　（元）胡三省注　清嘉慶二十一年（1816）鄱陽胡氏刻同治八年（1869）江蘇書局補刻本　九十五冊

340000－1801－0003017　2：07196－2：07299
資治通鑑二百九十四卷目錄三十卷通鑑釋文辯誤十二卷　（宋）司馬光撰　（元）胡三省注　清嘉慶二十一年（1816）鄱陽胡氏刻同治八年（1869）江蘇書局補刻本　一百四冊

340000－1801－0003018　2：07300－2：07403
資治通鑑二百九十四卷通鑑釋文辯誤十二卷　（宋）司馬光撰　（元）胡三省注　清同治十年（1871）湖北崇文書局刻本　一百四冊

340000－1801－0003019　2：07404－2：07507
資治通鑑二百九十四卷通鑑釋文辯誤十二卷　（宋）司馬光撰　（元）胡三省注　清同治十年（1871）湖北崇文書局刻本　一百四冊

340000－1801－0003020　2：07644－2：07687
資治通鑑二百九十四卷通鑑釋文辯誤十二卷　（宋）司馬光撰　（元）胡三省注　清同治十年（1871）湖北崇文書局刻本　四十四冊

340000－1801－0003021　2：07808－2：07867
資治通鑑二百九十四卷目錄三十卷　（宋）司

馬光撰　(元)胡三省注　清光緒二十六年(1900)圖書集成局鉛印本　六十册

340000－1801－0003022　2:07868－2:07907
資治通鑑二百九十四卷　(宋)司馬光撰　(元)胡三省注　**續資治通鑑二百二十卷**　(清)畢沅撰　清光緒十四年(1888)蜚英館石印本　四十册

340000－1801－0003023　2:07908－2:07943
資治通鑑二百九十四卷　(宋)司馬光撰　(元)胡三省注　**續資治通鑑二百二十卷**　(清)畢沅撰　**目録三十卷**　清光緒十四年(1888)蜚英館石印本　三十六册　缺三十卷(目録三十卷)

340000－1801－0003024　2:08024－2:08143
資治通鑑二百九十四卷　(宋)司馬光撰　(元)胡三省注　**續資治通鑑二百二十卷**　(清)畢沅撰　清光緒十四年(1888)蜚英館石印本　一百二十册

340000－1801－0003025　2:08144－2:08263
資治通鑑二百九十四卷通鑑釋文辯誤十二卷　(宋)司馬光撰　(元)胡三省注　清嘉慶二十一年(1816)鄱陽胡氏刻本　一百二十册

340000－1801－0003026　2:08319－2:08320
資治通鑑二百九十四卷通鑑釋文辯誤十二卷　(宋)司馬光撰　(元)胡三省注　清嘉慶二十一年(1816)鄱陽胡氏刻本　二册　存十二卷(通鑑釋文辯誤十二卷)

340000－1801－0003027　2:08321－2:08324
稽古録二十卷　(宋)司馬光撰　清同治十一年(1872)湖北崇文書局刻本　四册

340000－1801－0003028　2:08325－2:08328
司馬溫公稽古録二十卷　(宋)司馬光撰　**校勘記一卷**　清光緒五年(1879)江蘇書局刻本　四册

340000－1801－0003029　2:08329－2:08332
稽古録二十卷　(宋)司馬光撰　清同治十一年(1872)湖北崇文書局刻本　四册

340000－1801－0003030　2:08333－2:08336
稽古録二十卷　(宋)司馬光撰　清同治十一年(1872)湖北崇文書局刻本　四册

340000－1801－0003031　2:08337－2:08340
稽古録二十卷　(宋)司馬光撰　清同治十一年(1872)湖北崇文書局刻本　四册

340000－1801－0003032　2:08341－2:08344
稽古録二十卷　(宋)司馬光撰　清同治十一年(1872)湖北崇文書局刻本　四册

340000－1801－0003033　2:08345－2:08348
稽古録二十卷　(宋)司馬光撰　清同治十一年(1872)湖北崇文書局刻本　四册

340000－1801－0003034　2:08354－2:08363
資治通鑑外紀十卷目録五卷　(宋)劉恕撰　(清)胡克家注補　清同治十年(1871)江蘇書局刻本　十册

340000－1801－0003035　2:08364－2:08373
資治通鑑外紀十卷目録五卷　(宋)劉恕撰　(清)胡克家注補　清同治十年(1871)江蘇書局刻本　十册

340000－1801－0003036　2:08374－2:08379
資治通鑑精節　(元)陳櫟編　清抄本　六册

340000－1801－0003037　2:08380－2:08381
通鑑答問五卷　(宋)王應麟撰　清光緒九年(1883)浙江書局刻玉海本　二册

340000－1801－0003038　2:08382－2:08383
通鑑答問五卷　(宋)王應麟撰　清光緒九年(1883)浙江書局刻玉海本　二册

340000－1801－0003039　2:08384－2:08463
資治通鑑補二百九十四卷　(明)嚴衍補　(明)談允厚參　清光緒二年(1876)武進盛氏思補樓木活字印本　八十册

340000－1801－0003040　2:08464－2:08524
資治通鑑補二百九十四卷　(明)嚴衍補　(明)談允厚參　清光緒二年(1876)武進盛氏思補樓木活字印本　六十一册　缺二卷(六至七)

340000－1801－0003041　2:08525－2:08537
綱鑑全史六十七卷通紀會纂四卷　(明)湯賓尹　(明)鍾惺纂　清抄本　十三冊

340000－1801－0003042　2:08577－2:08590
資治通鑑外紀十卷目錄五卷　(宋)劉恕撰　(清)胡克家注補　清同治十年(1871)江蘇書局刻本　十四冊

340000－1801－0003043　2:08606－2:08608
資治通鑑地理今釋十六卷　(清)吳熙載撰　清光緒八年(1882)江蘇書局刻本　三冊

340000－1801－0003044　2:08609－2:08611
資治通鑑地理今釋十六卷　(清)吳熙載撰　清光緒八年(1882)江蘇書局刻本　三冊

340000－1801－0003045　2:08612－2:08614
資治通鑑地理今釋十六卷　(清)吳熙載撰　清光緒八年(1882)江蘇書局刻本　三冊

340000－1801－0003046　2:08615－2:08666
資治通鑑後編一百八十四卷校勘記十五卷　(清)徐乾學撰　(清)夏震武校　清光緒富陽夏氏刻本　五十二冊

340000－1801－0003047　2:08631－2:08790
續資治通鑑二百二十卷　(清)畢沅撰　清鎮洋畢氏刻嘉慶六年(1801)馮集梧續刻同治八年(1869)江蘇書局重修本　六十冊

340000－1801－0003048　2:08667－2:08730
續資治通鑑二百二十卷　(清)畢沅撰　清鎮洋畢氏刻嘉慶六年(1801)馮集梧續刻本　六十四冊

340000－1801－0003049　2:08791－2:08850
續資治通鑑二百二十卷　(清)畢沅撰　清鎮洋畢氏刻嘉慶六年(1801)馮集梧續刻同治八年(1869)江蘇書局重修本　六十冊

340000－1801－0003050　2:08851－2:08914
續資治通鑑二百二十卷　(清)畢沅撰　清鎮洋畢氏刻嘉慶六年(1801)馮集梧續刻同治八年(1869)江蘇書局重修本　六十四冊

340000－1801－0003051　2:08915－2:08986
續資治通鑑二百二十卷　(清)畢沅撰　清鎮洋畢氏刻嘉慶六年(1801)馮集梧續刻同治八年(1869)江蘇書局重修本　七十二冊

340000－1801－0003052　2:08987－2:09044
續資治通鑑二百二十卷　(清)畢沅撰　清鎮洋畢氏刻嘉慶六年(1801)馮集梧續刻同治八年(1869)江蘇書局重修本　五十八冊

340000－1801－0003053　2:09045－2:09104
續資治通鑑二百二十卷　(清)畢沅撰　清鎮洋畢氏刻嘉慶六年(1801)馮集梧續刻同治八年(1869)江蘇書局重修本　六十冊

340000－1801－0003054　2:09105－2:09158
續資治通鑑二百二十卷　(清)畢沅撰　清鎮洋畢氏刻嘉慶六年(1801)馮集梧續刻同治八年(1869)江蘇書局重修本　五十四冊

340000－1801－0003055　2:09159－2:09178
續資治通鑑二百二十卷　(清)畢沅撰　清光緒蜚英館石印本　二十冊

340000－1801－0003056　2:09179－2:09198
續資治通鑑二百二十卷　(清)畢沅撰　清光緒蜚英館石印本　二十冊

340000－1801－0003057　2:09263－2:09310
資治通鑑綱目前編二十五卷正編五十九卷　(宋)朱熹等撰　(明)陳仁錫評閱　清康熙六十一年(1722)四喜堂刻本　四十八冊　缺六卷(正編五十四至五十九)

340000－1801－0003058　2:09311－2:09429
資治通鑑綱目前編二十五卷正編五十九卷　(宋)朱熹等撰　(明)陳仁錫評閱　清康熙六十一年(1722)四喜堂刻本　一百十九冊　缺六卷(正編五十四至五十九)

340000－1801－0003059　2:09430－2:09529
資治通鑑綱目前編二十五卷正編五十九卷　(宋)朱熹等撰　(明)陳仁錫評閱　清嘉慶八年(1803)敬書堂刻本　一百冊

340000－1801－0003060　2:09530－2:09639
資治通鑑綱目前編二十五卷正編五十九卷

(宋)朱熹等撰　(明)陳仁錫評閲　清嘉慶八年(1803)敬書堂刻本　一百十册

340000－1801－0003061　2:09640－2:09737

資治通鑑綱目前編二十五卷正編五十九卷　(宋)朱熹等撰　(明)陳仁錫評閲　清嘉慶八年(1803)敬書堂刻本　九十八册　缺五卷(資治通鑑綱目前編二十一至二十五)

340000－1801－0003062　2:09738－2:09897

資治通鑑綱目前編二十五卷正編五十九卷　(宋)朱熹等撰　(明)陳仁錫評閲　**續編二十七卷**　(明)商輅撰　(明)陳仁錫評閲　清嘉慶九年(1804)姑蘇聚文堂刻本　一百六十册

340000－1801－0003063　2:09898－2:10057

資治通鑑綱目前編二十五卷正編五十九卷　(宋)朱熹等撰　(明)陳仁錫評閲　**續編二十七卷**　(明)商輅撰　(明)陳仁錫評閲　清嘉慶九年(1804)姑蘇聚文堂刻本　一百六十册

340000－1801－0003064　2:10058－2:10177

資治通鑑綱目前編二十五卷正編五十九卷　(宋)朱熹等撰　(明)陳仁錫評閲　**續編二十七卷**　(明)商輅撰　(明)陳仁錫評閲　清嘉慶九年(1804)姑蘇聚文堂刻本　一百二十册

340000－1801－0003065　2:10178－2:10201

資治通鑑綱目前編二十五卷正編五十九卷　(宋)朱熹等撰　(明)陳仁錫評閲　清光緒十四年(1888)上海大同書局石印本　二十四册

340000－1801－0003066　2:1020－2:1033 善

晉書一百三十卷　(唐)房玄齡等撰　明嘉靖刻明清遞修本　十四册　存五十一卷(帝紀六至十,志九至十五,列傳八至十六、二十至二十二、二十六至三十一、四十五至四十七、六十八至七十,載記四至十四、二十至二十三)

340000－1801－0003067　2:10202－2:10231

續通鑑綱目二十七卷　(明)商輅撰　(明)陳仁錫評閲　清康熙四十年(1701)王公行刻本　三十册

340000－1801－0003068　2:10232－2:10237

續通鑑綱目二十七卷　(明)商輅撰　(明)陳仁錫評閲　清光緒十四年(1888)大同書局石印本　六册

340000－1801－0003069　2:10238－2:10263

御批續資治通鑑綱目二十七卷　(明)商輅輯　(清)聖祖玄燁批　清刻本　二十六册　缺一卷(一)

340000－1801－0003070　2:10264－2:10266

資治通鑑綱目發明五十九卷　(宋)尹起莘撰　清嘉慶九年(1804)葉氏刻本　三册

340000－1801－0003071　2:10267－2:10272

資治通鑑綱目發明五十九卷　(宋)尹起莘撰　清光緒二年(1876)刻本　六册

340000－1801－0003072　2:10273－2:10296

資治通鑑綱目一百十一卷　(宋)朱熹輯　(明)陳仁錫評　清光緒十四年(1888)大同書局石印本　二十四册

340000－1801－0003073　2:10297－2:10380

陟園考訂資治通鑑綱目正編五十九卷續編二十七卷　(宋)朱熹輯　(明)商輅續　(清)錢選考訂　清光緒惜物軒刻本　八十四册

340000－1801－0003074　2:1034－2:1044 善

宋書一百卷　(南朝梁)沈約撰　明萬曆二十二年(1594)南京國子監刻清順治、康熙遞修本　十一册　存四十二卷(志四至五、二十二至三十,傳五至十七、二十二至二十六、二十八至三十六、五十二至五十五)

340000－1801－0003075　2:10381－2:10440

陟園考訂資治通鑑綱目正編五十九卷　(宋)朱熹輯　(清)錢選考訂　清光緒八年(1882)惜物軒刻本　六十册

340000－1801－0003076　2:10449－2:10496

通鑑綱目編年録一百卷　(清)祁瑾編録　清乾隆刻本　四十八册　缺二十五卷(十九至三十二、七十至八十)

340000－1801－0003077　2:1045－2:1047 善

南齊書五十九卷　(南朝梁)蕭子顯撰　明萬

曆十六年(1588)南京國子監刻清康熙印本　三册　存二十一卷(本紀一至八,列傳一至六、二十八至三十四)

340000－1801－0003078　2:1048－2:1053 善
梁書五十六卷　(唐)姚思廉撰　明萬曆三十三年(1605)北京國子監刻二十一史本　六册　存四十卷(一至三十一、四十八至五十六)

340000－1801－0003079　2:10497
綱目續議二卷　(清)胡爾梅撰　清同治十年(1871)胡氏承志堂刻本　一册

340000－1801－0003080　2:10498－2:10499
通鑑綱目前編辨誤二卷正編正誤補三卷　(清)萬斛泉撰　清光緒二十一年(1895)尉山堂刻本　二册

340000－1801－0003081　2:10500－2:10509
讀通鑑綱目劄記二十卷翰馨書屋賦餘二卷年譜一卷　(清)章邦元撰　清光緒刻本　十册

340000－1801－0003082　2:10510－2:10517
讀通鑑綱目劄記二十卷　(清)章邦元撰　清光緒十六年(1890)銅陵章氏刻本　八册

340000－1801－0003083　2:10518－2:10525
讀通鑑綱目劄記二十卷　(清)章邦元撰　清光緒十六年(1890)銅陵章氏刻本　八册

340000－1801－0003084　2:10526－2:10533
讀通鑑綱目劄記二十卷　(清)章邦元撰　清光緒十六年(1890)銅陵章氏刻本　八册

340000－1801－0003085　2:10534－2:10542
讀通鑑綱目劄記二十卷附傳年譜　(清)章邦元撰　清光緒十六年(1890)銅陵章氏刻本　九册

340000－1801－0003086　2:1054－2:1059 善
陳書三十六卷　(唐)姚思廉撰　明萬曆十六年(1588)南京國子監刻清初重修本　六册

340000－1801－0003087　2:10543－2:10617
御批資治通鑑綱目五十九卷前編十八卷外紀一卷舉要三卷續編二十七卷　(清)聖祖玄燁批　清乾隆刻本　七十五册

340000－1801－0003088　2:1060－2:1061 善
陳書三十六卷　(唐)姚思廉撰　明萬曆十六年(1588)南京國子監刻清初重修本　二册　存十七卷(本紀一至六、列傳十二至二十二)

340000－1801－0003089　2:10618－2:10697
御批資治通鑑綱目五十九卷前編十八卷外紀一卷舉要三卷續編二十七卷　(清)聖祖玄燁批　清乾隆刻本　八十册

340000－1801－0003090　2:106－2:185 善
史記評林一百三十卷　(明)凌稚隆輯　明萬曆二年至四年(1574－1576)吳興凌稚隆刻本　八十册

340000－1801－0003091　2:1062－2:1064 善
陳書三十六卷　(唐)姚思廉撰　明萬曆三十三年(1605)北京國子監刻二十一史本　三册　存二十三卷(本紀一至六、列傳一至十七)

340000－1801－0003092　2:1065－2:1071 善
魏書一百十四卷　(北齊)魏收撰　明萬曆二十四年(1596)北京國子監刻二十一史本　七册　存二十九卷(一至十九、三十五至四十四)

340000－1801－0003093　2:10698－2:10721
御批資治通鑑綱目五十九卷前編十八卷外紀一卷舉要三卷續編二十七卷　(清)聖祖玄燁批　清光緒十三年(1887)上海同文書局石印本　二十四册

340000－1801－0003094　2:1072－2:1079 善
北齊書五十卷　(唐)李百藥撰　明萬曆南京國子監刻清初重修本　八册

340000－1801－0003095　2:10722－2:10737
御批通鑑綱目一百二卷　(清)聖祖玄燁批　清光緒二十八年(1902)石印本　十六册

340000－1801－0003096　2:10738－2:10745
御批通鑑綱目輯覽選合編十二卷　(清)張羅澄撰　清夢孔山房石印本　八册

340000－1801－0003097　2:10746－2:10785
鳳洲綱鑑會纂三十九卷首一卷　(清)陳宏謀

輯　清紅杏山房刻本　四十冊

340000－1801－0003098　2:10786－2:10825
歷朝綱鑑會纂三十九卷　(清)陳宏謀輯　清刻本　四十冊

340000－1801－0003099　2:1080－2:1082 善
周書五十卷　(唐)令狐德棻撰　明萬曆南京國子監刻清初重修本　三冊　存十九卷(八至二十六)

340000－1801－0003100　2:10826－2:10861
歷朝綱鑑會纂三十九卷首一卷　(清)陳宏謀輯　清刻學淵堂印本　三十六冊

340000－1801－0003101　2:1083－2:1142 善
隋書八十五卷　(唐)魏徵等撰　宋刻宋元明遞修本　六十冊

340000－1801－0003102　2:10862－2:10899
歷朝綱鑑會纂三十九卷　(清)陳宏謀輯　清刻大文堂印本　三十八冊　缺一卷(一)

340000－1801－0003103　2:10900－2:10919
綱鑑正史約三十六卷附記一卷　(明)顧錫疇輯　(清)陳宏謀訂　清同治八年(1869)浙江書局刻本　二十冊

340000－1801－0003104　2:10920－2:10939
綱鑑正史約三十六卷附記一卷　(明)顧錫疇輯　(清)陳宏謀訂　清同治八年(1869)浙江書局刻本　二十冊

340000－1801－0003105　2:10940－2:10959
綱鑑正史約三十六卷附記一卷　(明)顧錫疇輯　(清)陳宏謀訂　清同治八年(1869)浙江書局刻本　二十冊

340000－1801－0003106　2:10960－2:10998
增訂袁了凡先生綱鑑補三十九卷首一卷　(明)袁黄纂　清同治五年(1866)刻本　三十九冊

340000－1801－0003107　2:10999
御批資治通鑑綱目三編六卷首一卷　(明)趙田　(明)袁黄編纂　清光緒二十七年(1901)經藝樓石印本　一冊

340000－1801－0003108　2:11000－2:11011
御批增補了凡綱鑑四十卷首一卷　(宋)司馬光　(宋)朱熹撰　**通鑑綱目**　(明)趙田　(明)袁黄編纂　清光緒二十七年(1901)經藝樓石印本　十二冊

340000－1801－0003109　2:11012－2:11047
鼎鍥趙田了凡袁先生編纂古本歷史大方綱鑑補三十九卷首一卷　(宋)劉恕外紀　(元)金履祥前編　(明)趙田　(明)袁黄編纂　清刻本　三十六冊

340000－1801－0003110　2:11084－2:11123
綱鑑彙編九十八卷　(清)葉雲編　清康熙刻本　四十冊

340000－1801－0003111　2:11124－2:11155
綱鑑會編九十八卷附三卷　(清)葉雲編　清康熙刻本　三十二冊

340000－1801－0003112　2:11156－2:11176
通鑑覽要前編二卷正編十九卷續編八卷　(清)姚培謙　(清)張景星同錄　清乾隆二十六年(1761)刻本　二十一冊

340000－1801－0003113　2:11177－2:11190
通鑑覽要前編二卷正編十九卷續編八卷　(清)姚培謙　(清)張景星同錄　清光緒五年(1879)刻本　十四冊

340000－1801－0003114　2:11191－2:11196
通鑑覽要前編二卷正編十九卷續編八卷　(清)姚培謙　(清)張景星同錄　清乾隆二十六年(1761)刻本　六冊　存八卷(續編八卷)

340000－1801－0003115　2:11202
增定課兒鑑畧妥註善本四卷　(明)李廷機撰　(明)張瑞閣校正　清刻本　一冊

340000－1801－0003116　2:11203－2:11210
歷史綱鑑摘要八卷　(清)章琢其輯　清光緒二十八年(1902)稼墨軒刻本　八冊

340000－1801－0003117　2:11211－2:11214
會心堂綱鑑鈔略十八卷　(清)周煒輯　清嘉慶十八年(1813)書三味樓刻本　四冊

340000－1801－0003118　2：11218－2：11257
大文堂綱鑑易知錄九十二卷　(清)周之炯等輯　**御撰通鑑綱目三編二十卷**　(清)張廷玉等撰　清大文堂刻本　四十册

340000－1801－0003119　2：11258－2：11297
尺木堂綱鑑易知錄九十二卷　(清)周之炯等輯　清刻本　四十册

340000－1801－0003120　2：11298－2：11346
綱鑑易知錄九十二卷　(清)周之炯等輯　**尺木堂明鑑易知錄十五卷**　(清)朱國標抄　清刻三讓堂印本　四十九册

340000－1801－0003121　2：11347－2：11394
尺木堂綱鑑易知錄九十二卷　(清)周之炯等輯　**御撰資治通鑑明紀綱目二十卷**　(清)張廷玉編次　清刻學庫山房印本　四十八册

340000－1801－0003122　2：11395－2：11410
尺木堂綱鑑易知錄九十二卷　(清)周之炯等輯　**尺木堂明鑑易知錄十五卷**　(清)朱國標抄　清光緒二十七年(1901)上海鑄史齋鉛印本　十六册

340000－1801－0003123　2：11411－2：11426
尺木堂綱鑑易知錄九十二卷　(清)周之炯等輯　**尺木堂明鑑易知錄十五卷**　(清)朱國標抄　清光緒二十九年(1903)江左書林鉛印本　十六册

340000－1801－0003124　2：11427－2：11442
尺木堂綱鑑易知錄九十二卷　(清)周之炯等輯　**尺木堂明鑑易知錄十五卷**　(清)朱國標抄　清廣百宋齋鉛印本　十六册

340000－1801－0003125　2：1143－2：1146 善
隋書八十五卷　(唐)魏徵等撰　明萬曆二十二年至二十三年(1594－1595)南京國子監刻明清遞修本　四册　存十七卷(志十至十二、十六至二十三、四十五至五十)

340000－1801－0003126　2：1147－2：1175 善
北史一百卷　(唐)李延壽等撰　明萬曆二十一年至二十二年(1593－1594)南京國子監刻明清遞修本　二十九册　存九十七卷(本紀十二卷,列傳一至九、十三至八十八)

340000－1801－0003127　2：11587－2：11646
御批歷代通鑑輯覽一百二十卷　(清)傅恒等輯　清同治十一年(1872)湖北崇文書局刻本　六十册

340000－1801－0003128　2：11647－2：11694
御批歷代通鑑輯覽一百二十卷　(清)傅恒等輯　清同治十年(1871)浙江書局刻本　四十八册

340000－1801－0003129　2：11695－2：11755
御批歷代通鑑輯覽一百二十卷　(清)傅恒等輯　清末京都善成堂刻朱墨套印本　六十一册

340000－1801－0003130　2：11756－2：11844
御批歷代通鑑輯覽一百二十卷　(清)傅恒等輯　清同治十年(1871)潯陽萬氏刻本　八十九册　缺二十六卷(二至二十七)

340000－1801－0003131　2：1176－2：1177 善
北史一百卷　(唐)李延壽等撰　明萬曆二十一年至二十二年(1593－1594)南京國子監刻明清遞修本　二册　存十四卷(六十六至七十九)

340000－1801－0003132　2：1178－2：1185 善
唐書二百二十五卷　(宋)歐陽修　(宋)宋祁等撰　**釋音二十五卷**　(宋)董衝撰　明萬曆二十四年至三十八年(1596－1610)北京國子監刻二十一史明清遞修本　八册　存五十二卷(唐書二十至二十六、三十至四十一、四十三至六十、八十二至九十六)

340000－1801－0003133　2：11845－2：11902
御批通鑑輯覽一百二十卷　(清)傅恒等編　清光緒五年(1879)刻朱墨套印本　五十八册

340000－1801－0003134　2：1186－2：1188 善
五代史七十四卷　(宋)歐陽修撰　(宋)徐無黨注　明萬曆二十四年至三十八年(1596－1610)北京國子監刻二十一史明清遞修本　三册　存十八卷(三十二至四十三、五十九至六十四)

340000－1801－0003135　2:1189－2:1280 善

宋史四百九十六卷目錄一卷　（元）脱脱等撰　明嘉靖刻明清遞修本　九十二册　缺十二卷（三百二十五至三百三十六）

340000－1801－0003136　2:11903－2:11966

御批歷代通鑑輯覽一百二十卷　（清）傅恒編　清光緒二十年（1894）湖南澹雅書局刻本　六十四册

340000－1801－0003137　2:11967－2:12014

御批歷代通鑑輯覽一百二十卷　（清）傅恒編　清刻本　四十八册

340000－1801－0003138　2:1－2:19 善

史記一百三十卷　（漢）司馬遷撰　（南朝宋）裴駰集解　（唐）司馬貞索隱　（唐）張守節正義　明黄嘉惠刻本　二十册

340000－1801－0003139　2:12015－2:12038

御批歷代通鑑輯覽一百二十卷　（清）傅恒編　清光緒三十年（1904）商務印書館鉛印本　二十四册

340000－1801－0003140　2:12103－2:12118

御批歷代通鑑輯覽一百二十卷　（清）傅恒編　清光緒九年（1883）同文書局石印本　十六册

340000－1801－0003141　2:12119－2:12138

御批歷代通鑑輯覽一百二十卷　（清）傅恒編　清光緒九年（1883）同文書局石印本　二十册

340000－1801－0003142　2:12139－2:12158

御批歷代通鑑輯覽一百二十卷　（清）傅恒編　清光緒九年（1883）同文書局石印本　二十册

340000－1801－0003143　2:12159－2:12178

御批歷代通鑑輯覽一百二十卷　（清）傅恒編　清光緒二十八年（1902）上海文林書局石印本　二十册

340000－1801－0003144　2:12179－2:12202

分類歷代通鑑輯覽六十四卷終一卷　（清）陳善勗撰　（清）曹錦春校　清光緒二十九年（1903）上海文瀾書局石印本　二十四册

340000－1801－0003145　2:12203－2:12226

兩朝御批通鑑輯覽一百二十卷　（清）傅恒編　清光緒石印本　二十四册

340000－1801－0003146　2:12227－2:12246

御批歷代通鑑輯覽一百二十卷　（清）傅恒編　清光緒二十九年（1903）中西書局石印本　二十册

340000－1801－0003147　2:12247－2:12270

御批歷代通鑑輯覽十二卷　（清）傅恒編　清光緒三十年（1904）宏文書局石印本　二十四册

340000－1801－0003148　2:12271－2:12274

綱鑑望知錄不分卷附郡縣沿革附考　（清）倪章佩編　清光緒九年（1883）申報館鉛印本　四册

340000－1801－0003149　2:12275－2:12294

御批歷代通鑑輯覽一百二十卷　（清）傅恒編　清光緒美華石印本　二十册

340000－1801－0003150　2:12295－2:12314

御批歷代通鑑輯覽一百二十卷　（清）傅恒編　清光緒二十八年（1902）天章書局石印本　二十册

340000－1801－0003151　2:12487－2:12492

新刊古本大字合併綱鑑大成外紀四十六卷首一卷　（明）唐順之輯著　（明）諸燮集覽　（明）唐若彝校證　明萬曆刻本　六册　存十六卷（一至二、五至十一、二十六至三十二）

340000－1801－0003152　2:12493

三唐傳國編年五卷　（清）吴非撰　清宣統元年（1909）刻本　一册

340000－1801－0003153　2:12494－2:12505

中興别記六十一卷末一卷　（清）李濱撰　清宣統二年（1910）鉛印本　十二册

340000－1801－0003154　2:1281－2:1290 善

遼史一百十六卷　（元）脱脱等撰　明嘉靖八

年(1529)南京國子監刻萬曆四年(1576)補刻明清遞修本　十册

340000－1801－0003155　2:1291－2:1314 善
金史一百三十五卷目錄二卷　(元)脱脱等撰　明嘉靖南京國子監刻清順治、康熙遞修本　二十四册

340000－1801－0003156　2:1315－2:1400 善
明史三百三十二卷目錄四卷　(清)張廷玉等撰　清刻本　八十六册

340000－1801－0003157　2:13662－2:13681
宋史紀事本末一百九卷　(明)馮琦撰　(明)陳邦瞻補　(明)張溥論正　清同治十三年(1874)江西書局刻本　二十册

340000－1801－0003158　2:13682－2:13689
宋史紀事本末一百九卷　(明)馮琦撰　(明)陳邦瞻補　(明)張溥論正　清光緒二十八年(1902)上海書局石印本　八册

340000－1801－0003159　2:13690－2:13709
宋史紀事本末一百九卷元史紀事本末二十七卷　(明)陳邦瞻撰　(明)張溥論正　清刻本　二十册

340000－1801－0003160　2:13710－2:13717
中興小紀四十卷　(宋)熊克撰　清藝海樓抄本　八册

340000－1801－0003161　2:13718－2:13721
西夏紀事本末三十六卷首二卷　(清)張鑑編纂　清光緒十一年(1885)金陵刻本　四册

340000－1801－0003162　2:13722－2:13725
西夏紀事本末三十六卷首二卷　(清)張鑑編纂　清光緒十一年(1885)金陵刻本　四册

340000－1801－0003163　2:13726－2:13728
西夏紀事本末三十六卷首二卷　(清)張鑑編纂　清光緒十一年(1885)金陵刻本　三册

340000－1801－0003164　2:13729－2:13736
遼史紀事本末四十卷首一卷末一卷　(清)李有棠編纂　清光緒二十九年(1903)李移鄂樓刻本　八册

340000－1801－0003165　2:13737－2:13744
遼史紀事本末四十卷首一卷末一卷　(清)李有棠編纂　清光緒二十九年(1903)李移鄂樓刻本　八册

340000－1801－0003166　2:13745－2:13752
遼史紀事本末四十卷首一卷末一卷　(清)李有棠編纂　清光緒二十九年(1903)李移鄂樓刻本　八册

340000－1801－0003167　2:13753－2:13760
遼史紀事本末四十卷首一卷末一卷　(清)李有棠編纂　清光緒二十九年(1903)刻本　八册

340000－1801－0003168　2:13760－2:13771
金史紀事本末五十二卷首一卷末一卷　(清)李有棠編纂　清光緒二十九年(1903)李移鄂樓刻本　十二册

340000－1801－0003169　2:13772－2:13783
金史紀事本末五十二卷首一卷末一卷　(清)李有棠編纂　清光緒二十九年(1903)李移鄂樓刻本　十二册

340000－1801－0003170　2:13784－2:13795
金史紀事本末五十二卷首一卷末一卷　(清)李有棠編纂　清光緒二十九年(1903)李移鄂樓刻本　十二册

340000－1801－0003171　2:13796－2:13815
明史紀事本末八十卷　(清)谷應泰編纂　清同治十三年(1874)江西書局刻本　二十册

340000－1801－0003172　2:13816－2:13835
明史紀事本末八十卷　(清)谷應泰編纂　清同治十三年(1874)江西書局刻本　二十册

340000－1801－0003173　2:13836－2:13855
明史紀事本末八十卷　(清)谷應泰編纂　清同治十三年(1874)江西書局刻本　二十册

340000－1801－0003174　2:13856－2:13871
明史紀事本末八十卷　(清)谷應泰編纂　清光緒十四年(1888)廣雅書局刻本　十六册

340000－1801－0003175　2:13872－2:13897

明朝紀事本末八十卷 (清)谷應泰編纂 (清)谷際科 (清)谷際第訂 清刻本 二十六册

340000－1801－0003176 2:13898－2:13913
明朝紀事本末八十卷 (清)谷應泰編纂 (清)谷際科 (清)谷際第訂 清刻本 十六册

340000－1801－0003177 2:13914－2:13921
宋史紀事本末一百九卷 (明)馮琦撰 (明)陳邦瞻補 (明)張溥論正 清光緒二十五年(1899)慎記書莊石印本 八册

340000－1801－0003178 2:13922－2:13923
西夏紀事本末三十六卷 (清)張鑑編纂 清光緒二十五年(1899)慎記書莊石印本 二册

340000－1801－0003179 2:13924－2:13925
遼史紀事本末四十卷首一卷末一卷 (清)李有棠編纂 清光緒二十五年(1899)慎記書莊石印本 二册

340000－1801－0003180 2:13926－2:13929
金史紀事本末五十二卷首一卷末一卷 (清)李有棠編纂 清光緒二十五年(1899)慎記書莊石印本 四册

340000－1801－0003181 2:13930－2:13931
元史紀事本末二十七卷 (明)陳邦瞻編纂 (明)張溥論正 清光緒二十五年(1899)慎記書莊石印本 二册

340000－1801－0003182 2:13932－2:13939
明史紀事本末八十卷 (清)谷應泰編纂 清光緒二十五年(1899)慎記書莊石印本 八册

340000－1801－0003183 2:13940
三藩紀事本末二十二卷 (清)楊陸榮編纂 清光緒二十五年(1899)慎記書莊石印本 一册

340000－1801－0003184 2:13949－2:13953
左傳紀事本末五十三卷 (清)高士奇編纂 清光緒二十五年(1899)慎記書莊石印本 五册

340000－1801－0003185 2:13953－2:13955
左傳紀事本末五十三卷 (清)高士奇編纂 清光緒二十八年(1902)上海捷記書局石印歷朝紀事本末本 三册

340000－1801－0003186 2:13956－2:13961
宋史紀事本末一百九卷 (明)馮琦撰 (明)陳邦瞻補 (明)張溥論正 清光緒二十八年(1902)上海捷記書局石印歷朝紀事本末本 六册

340000－1801－0003187 2:13962
西夏紀事本末三十六卷首二卷 (清)張鑑編纂 清光緒二十八年(1902)上海捷記書局石印歷朝紀事本末本 一册

340000－1801－0003188 2:13963
遼史紀事本末四十卷首一卷末一卷 (清)李有棠編纂 清光緒二十八年(1902)上海捷記書局石印歷朝紀事本末本 一册

340000－1801－0003189 2:13964－2:13965
金史紀事本末五十二卷首一卷末一卷 (清)李有棠編纂 清光緒二十八年(1902)上海捷記書局石印歷朝紀事本末本 二册

340000－1801－0003190 2:13966
元史紀事本末二十七卷 (明)陳邦瞻編纂 清光緒二十八年(1902)上海捷記書局石印歷朝紀事本末本 一册

340000－1801－0003191 2:13967－2:13973
明史紀事本末八十卷 (清)谷應泰編纂 清光緒二十八年(1902)上海捷記書局石印歷朝紀事本末本 七册

340000－1801－0003192 2:13974
三藩紀事本末四卷 (清)楊陸榮編纂 清光緒二十八年(1902)上海捷記書局石印歷朝紀事本末本 一册

340000－1801－0003193 2:13975－2:13994
通鑑紀事本末二百三十九卷 (宋)袁樞撰 (明)張溥論正 清光緒二十八年(1902)上海捷記書局石印歷朝紀事本末本 二十册

340000－1801－0003194　2:13995－14002
明史紀事本末八十卷　(清)谷應泰編纂　清光緒二十八年(1902)上海書局石印本　九册

340000－1801－0003195　2:14003
三藩紀事本末四卷　(清)楊陸榮編纂　清光緒二十八年(1902)上海書局石印本　一册

340000－1801－0003196　2:14006－2:14011
續明紀事本末十八卷　(清)倪在田編纂　清末鉛印本　六册

340000－1801－0003197　2:1401－1500 善
明史三百三十二卷目錄四卷　(清)張廷玉等撰　清乾隆刻本　一百册

340000－1801－0003198　2:14012－2:14051
三朝北盟會編二百五十卷　(宋)徐夢莘編集　清光緒四年(1878)越東鉛印本　四十册

340000－1801－0003199　2:14052
三藩紀事本末四卷　(清)楊陸榮編纂　清光緒二十一年(1895)積山書局石印本　一册

340000－1801－0003200　2:14053－2:14054
三藩紀事本末四卷　(清)楊陸榮編纂　清刻本　二册

340000－1801－0003201　2:14074－2:14081
綏寇紀略十二卷補遺三卷　(清)吳偉業纂輯　(清)鄒漪原訂　(清)張海鵬重校　清嘉慶九年(1804)張海鵬照曠閣刻本　八册

340000－1801－0003202　2:14082－2:14089
綏寇紀略十二卷補遺三卷　(清)吳偉業纂輯　(清)鄒漪原訂　(清)張海鵬重校　清嘉慶九年(1804)張海鵬照曠閣刻本　八册

340000－1801－0003203　2:14090－2:14093
綏寇紀略十二卷　(清)吳偉業纂輯　(清)鄒漪原訂　(清)張海鵬重校　清嘉慶九年(1804)張海鵬照曠閣刻本　四册

340000－1801－0003204　2:14094－2:14097
綏寇紀略十二卷　(清)吳偉業纂輯　(清)鄒漪原訂　(清)張海鵬重校　清光緒三年(1877)申報館鉛印申報館叢書本　四册

340000－1801－0003205　2:14098－2:14105
綏寇紀略十二卷續三卷　(清)吳偉業纂輯　(清)鄒漪原訂　(清)張海鵬重校　清光緒三年(1877)申報館鉛印申報館叢書本　八册

340000－1801－0003206　2:14106－2:14109
綏寇紀略十二卷續三卷　(清)吳偉業纂輯　(清)鄒漪原訂　(清)張海鵬重校　清光緒三年(1877)申報館鉛印申報館叢書本　四册

340000－1801－0003207　2:14110－2:14111
續編綏寇紀略五卷　(清)葉夢珠纂輯　清光緒申報館鉛印本　二册

340000－1801－0003208　2:14112－2:14113
續編綏寇紀略五卷　(清)葉夢珠撰　清光緒申報館鉛印本　二册

340000－1801－0003209　2:14130－2:14135
聖武記十四卷　(清)魏源撰　清光緒二十九年(1903)蜚英館鉛印本　六册

340000－1801－0003210　2:14136－2:14141
聖武記十四卷　(清)魏源撰　清光緒二十九年(1903)蜚英館鉛印本　六册

340000－1801－0003211　2:14142－2:14153
聖武記十四卷　(清)魏源撰　清刻本　十二册

340000－1801－0003212　2:14154－2:14156
聖武記十四卷　(清)魏源撰　清光緒十九年(1893)上海文海書局石印本　三册

340000－1801－0003213　2:14157－2:14166
聖武記十四卷　(清)魏源撰　清光緒四年(1878)申報館鉛印本　十册

340000－1801－0003214　2:14167－2:14170
聖武記十四卷　(清)魏源撰　清光緒二十八年(1902)上海書局石印本　四册

340000－1801－0003215　2:14171－2:14176
聖武記十四卷　(清)魏源撰　清道光二十六年(1846)古微堂刻本　六册

340000－1801－0003216　2:14177－2:14188
聖武記十四卷　(清)魏源撰　清道光二十六

年(1846)古微堂刻本　十二冊

340000－1801－0003217　2:14189－2:14200
聖武記十四卷　(清)魏源撰　清道光二十四年(1844)古微堂刻本　十二冊

340000－1801－0003218　2:14201－2:14212
聖武記十四卷　(清)魏源撰　清道光二十六年(1846)古微堂刻本　十二冊

340000－1801－0003219　2:14213－2:14224
聖武記十四卷　(清)魏源撰　清道光二十六年(1846)古微堂刻本　十二冊

340000－1801－0003220　2:14225－2:14236
聖武記十四卷　(清)魏源撰　清道光二十六年(1846)古微堂刻掃葉山房後印本　十二冊

340000－1801－0003221　2:14237－2:14248
聖武記十四卷　(清)魏源撰　清道光二十六年(1846)古微堂刻本　十二冊

340000－1801－0003222　2:14249－2:14260
聖武記十四卷　(清)魏源撰　清道光二十六年(1846)古微堂刻本　十二冊

340000－1801－0003223　2:14261－2:14268
聖武記十四卷　(清)魏源撰　清道光二十六年(1846)古微堂刻本　八冊

340000－1801－0003224　2:14269－2:14276
聖武記十四卷　(清)魏源撰　清道光二十六年(1846)古微堂刻本　八冊

340000－1801－0003225　2:14277－2:14295
欽定平苗紀略五十六卷首三卷　(清)鄂輝等纂　清木活字印本　十九冊　缺四卷(一至二、四十五至四十六)

340000－1801－0003226　2:14296－2:14299
淮軍平撚記十二卷　(清)周世澄撰　清光緒三年(1877)申報館鉛印本　四冊

340000－1801－0003227　2:14300－2:14301
吴中平寇記八卷　(清)錢勖撰　清光緒元年(1875)申報館鉛印本　二冊

340000－1801－0003228　2:14302－2:14307
淮軍平撚記十二卷　(清)周世澄撰　清刻本　六冊

340000－1801－0003229　2:14308－2:14313
淮軍平撚記十二卷　(清)周世澄撰　清刻本　六冊

340000－1801－0003230　2:14314－2:14317
淮軍平撚記十二卷　(清)周世澄撰　清刻本　四冊

340000－1801－0003231　2:14318－2:14320
淮軍平撚記十二卷　(清)周世澄撰　清刻本　三冊

340000－1801－0003232　2:14321－2:14323
淮軍平撚記十二卷　(清)周世澄撰　清刻本　三冊

340000－1801－0003233　2:14324－2:14332
平定粵匪紀略十八卷附記四卷　(清)杜文瀾撰　清同治十年(1871)京都聚珍齋木活字印本　九冊

340000－1801－0003234　2:14333－2:14338
平定粵匪紀略十八卷附記四卷　(清)杜文瀾撰　清光緒上海申報館鉛印本　六冊

340000－1801－0003235　2:14339－2:14344
平定粵匪紀略十八卷附記四卷　(清)杜文瀾撰　清光緒上海申報館鉛印本　六冊

340000－1801－0003236　2:14345－2:14350
平定粵匪紀略十八卷附記四卷　(清)杜文瀾撰　清光緒上海申報館鉛印本　六冊

340000－1801－0003237　2:14351－2:14352
平定粵匪紀略十八卷附記四卷　(清)杜文瀾撰　清光緒上海申報館鉛印本　二冊

340000－1801－0003238　2:14353－2:14358
平定粵匪紀略十八卷附記四卷　(清)杜文瀾撰　清光緒七年(1881)刻本　六冊

340000－1801－0003239　2:14359
粵匪南北滋擾紀畧一卷　(清)姚憲之撰　清京都琉璃廠刻本　一冊

340000－1801－0003240　2:14360－2:14369
平定粤匪紀略十八卷附記四卷　(清)杜文瀾撰　清同治八年(1869)群玉齋木活字印本　十册

340000－1801－0003241　2:14370－2:14375
平定粤匪紀略十八卷　(清)杜文瀾撰　清同治八年(1869)群玉齋木活字印本　六册

340000－1801－0003242　2:14379－2:14382
平浙紀略十六卷　(清)秦緗業　(清)陳鍾英輯　清同治十二年(1873)浙江書局刻本　四册

340000－1801－0003243　2:14383－2:14386
平浙紀略十六卷　(清)秦緗業　(清)陳鍾英輯　清同治十二年(1873)浙江書局刻本　四册

340000－1801－0003244　2:14387－2:14390
平浙紀略十六卷　(清)秦緗業　(清)陳鍾英輯　清同治十二年(1873)浙江書局刻本　四册

340000－1801－0003245　2:14391－2:14398
湘軍記二十卷　(清)王定安撰　清光緒十五年(1889)江南書局刻本　八册

340000－1801－0003246　2:14399－2:14406
湘軍記二十卷　(清)王定安撰　清光緒十五年(1889)江南書局刻本　八册

340000－1801－0003247　2:14407－2:14414
湘軍記二十卷　(清)王定安撰　清光緒十五年(1889)江南書局刻本　八册

340000－1801－0003248　2:14415－2:14426
湘軍記二十卷　(清)王定安撰　清光緒十五年(1889)江南書局刻本　十二册

340000－1801－0003249　2:14427－2:14430
湘軍記二十卷　(清)王定安撰　清光緒十五年(1889)袖海山房石印本　四册

340000－1801－0003250　2:14431
湘軍記二十卷　(清)王定安撰　清光緒十五年(1889)袖海山房石印本　一册

340000－1801－0003251　2:14432－2:14433
湘軍志十六卷　王闓運撰　清光緒十一年(1885)養翮齋刻本　二册

340000－1801－0003252　2:14434－2:14439
湘軍志十六卷首一卷　王闓運撰　清光緒十六年(1890)刻本　六册

340000－1801－0003253　2:14440－2:14443
湘軍志十六卷　王闓運撰　清光緒十二年(1886)成都墨香書屋刻本　四册

340000－1801－0003254　2:14444－2:14447
湘軍志十六卷　王闓運撰　清光緒十二年(1886)成都墨香書屋刻本　四册

340000－1801－0003255　2:14448－2:14451
湘軍志十六卷　王闓運撰　清光緒十二年(1886)成都墨香書屋刻本　四册

340000－1801－0003256　2:14452－2:14457
霆軍紀略十六卷　(清)陳昌輯　清光緒申報館鉛印申報館叢書本　六册

340000－1801－0003257　2:14458
湘軍水陸戰紀十六卷　(清)曾國藩紀　(清)鮑叔衡編　清光緒京都同文堂石印本　一册　存六卷(一至六)

340000－1801－0003258　2:14459－2:14460
湘軍水陸戰紀十六卷　(清)曾國藩紀　(清)鮑叔衡編　清光緒京都同文堂石印本　二册

340000－1801－0003259　2:14462－2:14467
中西紀事二十四卷首一卷　(清)夏燮撰　清光緒七年(1881)慧香簃木活字印本　六册

340000－1801－0003260　2:14468－2:14473
中西紀事二十四卷首一卷　(清)夏燮撰　清光緒七年(1881)慧香簃木活字印本　六册

340000－1801－0003261　2:14474－2:14479
中西紀事二十四卷　(清)夏燮撰　清鉛印本　六册

340000－1801－0003262　2:14480－2:14485
中西紀事二十四卷　(清)夏燮撰　清光緒十年(1884)江上草堂木活字印本　六册

340000－1801－0003263　2:14486－2:14490
中西紀事二十四卷　(清)夏燮撰　清光緒十年(1884)江上草堂木活字印本　五册

340000－1801－0003264　2:14506－2:14553
繹史一百六十卷　(清)馬驌撰　清同治七年(1868)姑蘇亦西齋刻本　四十八册

340000－1801－0003265　2:14554－2:14603
繹史一百六十卷　(清)馬驌撰　清光緒三十年(1904)浙江書局刻本　五十册

340000－1801－0003266　2:14604－2:14646
繹史一百六十卷　(清)馬驌撰　清刻本　四十三册

340000－1801－0003267　2:14647－2:14670
繹史一百六十卷　(清)馬驌撰　清光緒二十三年(1897)武林尚友齋石印本　二十四册

340000－1801－0003268　2:14671－2:14750
通鑑紀事本末二百三十九卷　(宋)袁樞撰　(明)張溥論正　清刻本　八十册

340000－1801－0003269　2:14751－2:14790
通鑑紀事本末二百三十九卷　(宋)袁樞撰　(明)張溥論正　清正雅堂刻本　四十册

340000－1801－0003270　2:14832－2:14887
歷朝紀事本末九種六百五十八卷　(清)陳如升　(清)朱記榮輯　(清)慎記主人增輯　清光緒十四年(1888)上海書業公所崇德堂鉛印本　五十六册

340000－1801－0003271　2:14888－2:14907
通鑑紀事本末二百三十九卷　(宋)袁樞撰　(明)張溥論正　清光緒二十九年(1903)上海文盛書局石印本　二十册

340000－1801－0003272　2:14908－2:14960
歷朝紀事本末九種六百五十八卷　(清)陳如升　(清)朱記榮輯　(清)慎記主人增輯　清光緒二十一年(1895)上海積山書局石印本　五十三册

340000－1801－0003273　2:15002－2:15003
平臺紀畧一卷修史試筆二卷棉陽學準二卷　(清)藍鼎元撰　清刻本　二册

340000－1801－0003274　2:15004－2:15005
皇朝武功紀盛四卷　(清)趙翼撰　清嘉慶十九年(1814)璜川吳氏刻本　二册

340000－1801－0003275　2:15006
皇朝武功紀盛四卷　(清)趙翼撰　清光緒四年(1878)湛貽堂刻本　一册

340000－1801－0003276　2:1501－2:1608 善
明史三百三十二卷目錄四卷　(清)張廷玉等撰　清乾隆刻本　一百八册

340000－1801－0003277　2:15015
平桂紀略四卷　(清)劉長佑撰　清刻本　一册　存二卷(三至四)

340000－1801－0003278　2:15016
金陵兵事匯略四卷　(清)李圭撰　清光緒十三年(1887)甬上廣齋刻本　一册　存二卷(一至二)

340000－1801－0003279　2:15017
平原拳匪紀事不分卷　(清)蔣楷撰　清光緒刻本　一册

340000－1801－0003280　2:15019
朝鮮紀亂不分卷　(美國)林樂知譯　清光緒萬國公報鉛印本　一册

340000－1801－0003281　2:15020－2:15029
平定關隴紀略十三卷　(清)易孔昭等纂輯　清光緒十三年(1887)刻本　十册

340000－1801－0003282　2:15030－2:15062
皇清開國方略三十二卷　(清)阿桂等編　清抄本　三十三册

340000－1801－0003283　2:15063－2:15381
欽定剿平捻匪方略三百二十卷首一卷　(清)奕訢等編　清光緒鉛印本　三百二十一册

340000－1801－0003284　2:15082－2:15471
欽定平定雲南回匪方略五十卷平定貴州苗匪紀略四十卷　(清)奕訢等纂　清光緒鉛印本　九十一册

340000－1801－0003285　2:15472－2:15893
欽定剿平粵匪方略四百二十卷首一卷　(清)

朱學勤等纂　清同治十一年(1872)鉛印本　四百二十二册

340000－1801－0003286　2:15894－2:16213
欽定平定陜甘新疆回匪方略三百二十卷首一卷　(清)奕訢等纂　清光緒二十二年(1896)鉛印本　三百二十册

340000－1801－0003287　2:1609－1714 善
明史三百三十二卷目錄四卷　(清)張廷玉等撰　清乾隆刻本　一百六册　缺二十四卷(一百十至一百十二、二百十八至二百三十四,目錄四卷)

340000－1801－0003288　2:16214－2:16220
前漢紀三十卷　(漢)荀悅撰　清光緒二年(1876)嶺南述古堂刻本　七册

340000－1801－0003289　2:16221－2:16229
後漢紀三十卷　(晉)袁宏撰　清光緒二年(1876)嶺南述古堂刻本　九册

340000－1801－0003290　2:16230－2:16233
東觀漢記二十四卷　(漢)劉珍等撰　清乾隆武英殿木活字印本　四册

340000－1801－0003291　2:16234－2:16237
東觀漢記二十四卷　(漢)劉珍等撰　清乾隆六十年(1795)南沙席氏掃葉山房刻本　四册

340000－1801－0003292　2:16239
汲塚周書輯要一卷　(清)郝懿行撰　清光緒八年(1882)東路廳署刻本　一册

340000－1801－0003293　2:16240－2:16241
汲塚周書十卷　(晉)孔晁撰注　(清)嚴作哲校　(清)王謨增訂　清乾隆五十六年(1791)王謨刻增訂漢魏叢書本　二册

340000－1801－0003294　2:16242
周書斠補四卷　(清)孫詒讓輯　清光緒二十六年(1900)籀廎刻本　一册

340000－1801－0003295　2:16243
周書斠補四卷　(清)孫詒讓輯　清光緒二十六年(1900)籀廎刻本　一册

340000－1801－0003296　2:16244－2:16245
逸周書十卷校正補遺一卷　(晉)孔晁注　(清)盧文弨校　清乾隆、嘉慶餘姚盧氏刻抱經堂叢書本　二册

340000－1801－0003297　2:16246－2:16247
逸周書十卷　(晉)孔晁注　清刻本　二册

340000－1801－0003298　2:16248－2:16249
逸周書集訓校釋十卷周書逸文一卷　(清)朱右曾集訓校釋　清光緒三年(1877)湖北崇文書局刻本　二册

340000－1801－0003299　2:16250－2:16255
七家後漢書二十一卷　(清)汪文臺輯　清光緒八年(1882)刻本　六册

340000－1801－0003300　2:16256－2:16261
七家後漢書二十一卷　(清)汪文臺輯　清光緒八年(1882)刻本　六册

340000－1801－0003301　2:16262－2:16267
七家後漢書二十一卷　(清)汪文臺輯　清光緒八年(1882)刻本　六册

340000－1801－0003302　2:16268－2:16273
七家後漢書二十一卷　(清)汪文臺輯　清光緒八年(1882)刻本　六册

340000－1801－0003303　2:16274－2:16275
七家後漢書二十一卷　(清)汪文臺輯　清光緒二十八年(1902)孫氏古香閣刻古香閣叢書本　二册　存九卷(謝承後漢書一至八、薛瑩後漢書一)

340000－1801－0003304　2:16276－2:16281
七家後漢書二十一卷　(清)汪文臺輯　清光緒二十八年(1902)孫氏古香閣刻古香閣叢書本　六册

340000－1801－0003305　2:16282－2:16287
七家後漢書二十一卷　(清)汪文臺輯　清光緒二十八年(1902)孫氏古香閣刻古香閣叢書本　六册

340000－1801－0003306　2:16288－2:16293
七家後漢書二十一卷　(清)汪文臺輯　清光緒二十八年(1902)孫氏古香閣刻古香閣叢書

本　六冊

340000－1801－0003307　2:16294－2:16295
七家後漢書二十一卷　(清)汪文臺輯　清同治八年(1869)刻本　二冊　存八卷(謝承後漢書一至八)

340000－1801－0003308　2:16296－2:16307
續後漢書四十二卷義例一卷音義四卷　(宋)蕭常撰　清同治八年(1869)刻本　十二冊

340000－1801－0003309　2:16308－2:16313
續後漢書四十二卷義例一卷音義四卷　(宋)蕭常撰　清同治八年(1869)刻本　六冊

340000－1801－0003310　2:16314－2:16319
續後漢書四十二卷義例一卷音義四卷　(宋)蕭常撰　清同治八年(1869)刻本　六冊

340000－1801－0003311　2:16320－2:16323
續後漢書四十二卷義例一卷音義四卷　(宋)蕭常撰　清同治八年(1869)刻本　四冊

340000－1801－0003312　2:16325－2:16359
晉乘蒐略三十二卷　(清)康基田纂　清嘉慶十六年(1811)刻本　三十五冊

340000－1801－0003313　2:16360－2:16371
晉略六十五卷序目一卷　(清)周濟撰　清道光十九年(1839)味雋齋刻本　十二冊

340000－1801－0003314　2:16372－2:16381
晉略六十五卷序目一卷　(清)周濟撰　清道光十九年(1839)味雋齋刻本　十冊

340000－1801－0003315　2:16382－2:16391
晉略六十五卷序目一卷　(清)周濟撰　清光緒二年(1876)味雋齋刻本　十冊

340000－1801－0003316　2:16392－2:16401
晉略六十五卷序目一卷　(清)周濟撰　清光緒二年(1876)味雋齋刻本　十冊

340000－1801－0003317　2:16402－2:16411
晉略六十五卷序目一卷　(清)周濟撰　清光緒二年(1876)味雋齋刻本　十冊

340000－1801－0003318　2:16412－2:16421
晉略六十五卷序目一卷　(清)周濟撰　清光緒二年(1876)味雋齋刻本　十冊

340000－1801－0003319　2:16422－2:16431
晉書輯本四十三卷　(清)湯球輯　清光緒廣雅書局刻廣雅書局叢書本　十冊

340000－1801－0003320　2:16432－2:16435
西魏書二十四卷　(清)謝啟昆撰　清乾隆六十年(1795)刻本　四冊

340000－1801－0003321　2:16436－2:16443
南漢書十八卷考異十八卷文字略四卷叢錄二卷　(清)梁廷枏撰　清光緒二十一年(1895)順德梁用弧刻本　八冊

340000－1801－0003322　2:16444　2:16455
元史類編四十二卷　(清)邵遠平撰　清乾隆六十年(1795)南沙席氏掃葉山房刻本　十二冊

340000－1801－0003323　2:16456
校正元親征錄一卷　(清)何秋濤校正　清光緒二十三年(1897)蓮池書局刻本　一冊

340000－1801－0003324　2:16457－2:16476
元書一百二卷首一卷　(清)曾廉撰　清宣統三年(1911)層漪堂刻本　二十冊

340000－1801－0003325　2:16477－2:16480
元朝秘史十五卷　(元)□□撰　(清)李文田注　清光緒二十九年(1903)上海文瑞樓石印本　四冊

340000－1801－0003326　2:16485－2:16488
元朝秘史註十五卷　(元)□□撰　(清)李文田注　清光緒二十二年(1896)通隱堂刻漸西村舍匯刻本　四冊

340000－1801－0003327　2:16489－2:16492
元朝秘史註十五卷　(元)□□撰　(清)李文田注　清光緒二十二年(1896)通隱堂刻漸西村舍匯刻本　四冊

340000－1801－0003328　2:16494－2:16508
東都事略一百三十卷　(宋)王偁撰　清刻本　十五冊　缺三卷(一百二十八至一百三十)

340000－1801－0003329　2:16509－2:16522
東都事略一百三十卷　（宋）王偁撰　清乾隆六十年（1795）席氏掃葉山房刻本　十四冊

340000－1801－0003330　2:16523－2:16534
東都事略一百三十卷　（宋）王偁撰　清康熙刻本　十二冊

340000－1801－0003331　2:16535－2:16550
東都事略一百三十卷　（宋）王偁撰　清上海精一閣書局刻本　十六冊

340000－1801－0003332　2:16551－2:16554
契丹國志二十七卷　（宋）葉隆禮撰　清乾隆五十八年（1793）承恩堂刻本　四冊

340000－1801－0003333　2:16555－2:16564
宋史翼四十卷　（清）陸心源輯　清光緒三十二年（1906）歸安陸氏刻本　十冊

340000－1801－0003334　2:16565－2:16574
南宋書六十八卷　（明）錢士升撰　清嘉慶二年（1797）南沙席氏掃葉山房刻本　十冊

340000－1801－0003335　2:16631－2:16710
明史稿三百十卷目錄三卷　（清）王鴻緒撰　清敬慎堂刻本　八十冊

340000－1801－0003336　2:16711
皇清政治學答問初編三卷首一卷　（□）□□撰　清光緒上海文明書局鉛印本　一冊

340000－1801－0003337　2:16712
安徽師範學堂選科中國史講義　（□）□□撰　清光緒安徽師範學校鉛印本　一冊

340000－1801－0003338　2:16713－2:16714
世本五卷　（漢）宋衷注　（清）張澍補注　清道光元年（1821）武威張氏二酉堂刻二酉堂叢書本　二冊

340000－1801－0003339　2:16729－2:16748
重訂路史全本前紀九卷後紀十四卷國名紀八卷發揮六卷餘論十卷　（宋）羅泌纂　（宋）羅大振重輯　（宋）羅苹注　清乾隆元年（1736）刻本　二十冊

340000－1801－0003340　2:16749－2:16766
重訂路史全本前紀九卷後紀十四卷國名紀八卷發揮六卷餘論十卷　（宋）羅泌纂　（宋）羅大振重輯　（宋）羅苹注　清乾隆元年（1736）刻本　十八冊　缺二卷（發揮五至六）

340000－1801－0003341　2:16767－2:16782
重訂路史全本前紀九卷後紀十四卷國名紀八卷發揮六卷餘論十卷　（宋）羅泌纂　（宋）羅苹注　（明）吳弘基訂　清嘉慶六年（1801）酉山堂刻本　十六冊

340000－1801－0003342　2:16783－2:16797
路史全本前紀九卷後紀十三卷國名紀七卷發揮六卷餘論十卷　（宋）羅泌纂　（宋）羅苹注　（明）喬可傳校　清光緒二年（1876）繡谷趙承恩紅杏山房刻本　十五冊

340000－1801－0003343　2:16798－2:16811
路史全本前紀九卷後紀十三卷國名紀七卷發揮六卷餘論十卷　（宋）羅泌纂　（宋）羅苹注　（明）喬可傳校　清光緒二年（1876）繡谷趙承恩紅杏山房刻本　十四冊

340000－1801－0003344　2:16812－2:16827
路史全本前紀九卷後紀十三卷餘論十卷發揮六卷國名紀十卷　（宋）羅泌纂　（宋）羅苹注　（明）喬可傳校　明萬曆三十九年（1611）喬可傳寄寄齋刻清同治四年（1865）後印本　十六冊

340000－1801－0003345　2:16828－2:16833
重訂路史全本前紀九卷後紀十四卷國名紀八卷發揮六卷餘論十卷　（宋）羅泌纂　（宋）羅苹注　（明）吳弘基訂　明萬曆三十九年（1611）喬可傳寄寄齋刻清嘉慶十三年（1808）刻酉山堂後印本　六冊

340000－1801－0003346　2:16834－2:16835
重訂路史全本前紀九卷後紀十四卷國名紀八卷發揮六卷餘論十卷　（宋）羅泌纂　（宋）羅苹注　（明）吳弘基訂　清刻本　二冊　存二卷（國名紀一至二）

340000－1801－0003347　2:16836－2:16860
尚史七十卷　（清）李鍇纂　清乾隆三十八年

(1773)刻悅道樓印本　二十五册

340000－1801－0003348　2:16861－2:16892
尚史七十卷　(清)李鍇撰　清乾隆三十八年(1773)刻悅道樓印本　三十二册

340000－1801－0003349　2:16893－2:16912
通志略二百卷　(宋)鄭樵撰　(明)陳宗夔校　清乾隆十三年(1748)刻金匱山房印本　二十册

340000－1801－0003350　2:16941－2:17000
欽定續通志六百四十卷　(清)嵇璜等纂修　清光緒二十七年(1901)上海圖書集成局鉛印本　六十册

340000－1801－0003351　2:17001－2:17012
皇朝通志一百二十六卷　(清)嵇璜纂　清光緒二十七年(1901)上海圖書集成局鉛印本　十二册

340000－1801－0003352　2:17013－2:17089
弘簡録二百五十四卷　(明)邵經邦輯　(清)邵遠平校　清刻本　七十七册

340000－1801－0003353　2:17090－2:17161
弘簡録二百五十四卷續弘簡録四十二卷　(明)邵經邦輯　(清)邵遠平續　清刻本　七十二册

340000－1801－0003354　2:1715－2:1716 善
竹書紀年二卷　(南朝梁)沈約注　明刻古今逸史本　二册

340000－1801－0003355　2:17162
中國通覽一卷　(日本)□□著　清光緒鉛印本　一册

340000－1801－0003356　2:17165
國史教科書不分卷　(清)錢維驥編　清宣統三年(1911)長沙陸軍部編譯局石印本　一册

340000－1801－0003357　2:1717 善
竹書紀年二卷　(南朝梁)沈約注　(明)吳琯校　明吳琯校刻古今逸史本　一册

340000－1801－0003358　2:17187－2:17191
支那通史四卷　(日本)那珂通世編　清光緒二十五年(1899)東文學社石印本　五册

340000－1801－0003359　2:1718 善
皇明通紀二十七卷　(明)陳建撰　明刻本　一册　存二卷(十至十一)

340000－1801－0003360　2:1719－2:1722 善
皇明通紀二十七卷　(明)陳建撰　明刻本　四册　存五卷(洪武一至三、正德十四至十五)

340000－1801－0003361　2:17192－2:17195
支那通史七卷　(日本)那珂通世編　清廣智書局鉛印本　四册

340000－1801－0003362　2:17196－2:17199
支那史要六卷　(日本)市村瓚次郎撰　清石印本　四册

340000－1801－0003363　2:17200－2:17203
最近支那史七卷　(日本)河野通之　(日本)石村貞一輯　清光緒刻本　四册

340000－1801－0003364　2:17204－2:17207
最要支那史七卷　(日本)小溪七郎輯　(日本)藤田久道編次　(日本)增田貢校正　清末上海書局石印本　四册

340000－1801－0003365　2:17208－2:17210
支那通史七卷　(日本)那珂通世編　清光緒刻本　四册

340000－1801－0003366　2:17217－2:17219
七家後漢書二十一卷　(清)汪文臺輯　清光緒八年(1882)刻本　三册　存八卷(華嶠後漢書二卷、謝沈後漢書一卷、司馬彪後漢書五卷)

340000－1801－0003367　2:17220－2:17235
大清宣統政紀四十三卷　金毓黻等編　清宣統元年(1909)遼海書社鉛印本　三十六册

340000－1801－0003368　2:17236－2:17259
欽定續通志六百四十卷　(清)嵇璜等纂修　清光緒二十八年(1902)貫吾齋石印本　二十四册

340000－1801－0003369　2:1723 善

本朝聖政捷錄六卷　(明)鄭以偉輯　明刻本　一册

340000－1801－0003370　2:1724－2:1728 善
新鍥李卓吾先生增補批點皇明正續合併通紀統宗十三卷　(明)陳建撰　(明)袁黄　(明)卜大有纂補　清刻本　五册　存十一卷(三至十三)

340000－1801－0003371　2:17261－2:17266
歷代史略六卷　(清)柳詒徵撰　清光緒江楚書局刻本　六册　存四卷(一、三至五)

340000－1801－0003372　2:17271－2:17284
國語二十一卷　(三國吴)韋昭注　(宋)宋庠補音　**戰國策十卷**　(宋)鮑彪注　(元)吴師道重校　清乾隆三十年(1765)刻文盛堂後印本　十四册

340000－1801－0003373　2:17285－2:17287
國語二十一卷　(三國吴)韋昭注　**劄記一卷**　(清)黄丕烈撰　清嘉慶五年(1800)黄氏讀未見書齋刻本　三册

340000－1801－0003374　2:17288－2:17292
戰國策三十三卷　(漢)高誘注　**重刻剡川姚氏本戰國策札記三卷**　(清)黄丕烈撰　清嘉慶八年(1803)黄氏讀未見書齋影宋刻本　五册

340000－1801－0003375　2:1729－2:1828 善
資治通鑑二百九十四卷　(宋)司馬光撰　明嘉靖二十四年(1545)孔天胤刻萬曆十四年(1586)補修本　一百册

340000－1801－0003376　2:17293－2:17297
國語二十一卷　(三國吴)韋昭注　**劄記一卷**　(清)黄丕烈撰　清嘉慶五年(1800)黄氏讀未見書齋刻本　五册

340000－1801－0003377　2:17298－2:17301
國語二十一卷　(三國吴)韋昭注　**考異四卷**　(清)汪遠孫撰　清刻本　五册

340000－1801－0003378　2:17302－2:17304
國語發正二十一卷　(清)汪遠孫撰　清道光二十六年(1846)振綺堂汪氏刻國語校注本　三册

340000－1801－0003379　2:17305－2:17310
國語校註本三種二十九卷　(清)汪遠孫輯　清道光二十六年(1846)振綺堂汪氏刻本　六册

340000－1801－0003380　2:17311－2:17316
國語校註本三種二十九卷　(清)汪遠孫輯　清道光二十六年(1846)振綺堂汪氏刻本　六册

340000－1801－0003381　2:17317－2:17321
國語校註本三種二十九卷　(清)汪遠孫輯　清道光二十六年(1846)振綺堂汪氏刻本　五册

340000－1801－0003382　2:17322－2:17327
國語二十一卷　(三國吴)韋昭注　清光緒二十一年(1895)寶善堂刻本　六册

340000－1801－0003383　2:17328－2:17332
國語二十一卷　(三國吴)韋昭注　清光緒二十一年(1895)寶善堂刻本　五册

340000－1801－0003384　2:17333－2:17335
國語二十一卷　(三國吴)韋昭注　(宋)宋庠補音　清嘉慶十一年(1806)刻本　三册

340000－1801－0003385　2:17336－2:17337
國語二十一卷　(三國吴)韋昭注　(宋)宋庠補音　清嘉慶十一年(1806)刻本　二册

340000－1801－0003386　2:17340－2:17344
國語二十一卷　(三國吴)韋昭注　**校刊明道本韋氏解國語札記一卷**　(清)黄丕烈撰　**考異四卷**　(清)汪遠孫撰　清光緒三年(1877)永康胡氏退補齋刻本　五册

340000－1801－0003387　2:17345－2:17349
國語二十一卷　(三國吴)韋昭注　**校刊明道本韋氏解國語札記一卷**　(清)黄丕烈撰　**考異四卷**　(清)汪遠孫撰　清同治八年(1869)湖北崇文書局刻本　五册

340000－1801－0003388　2:17350－2:17353

國語二十一卷　（三國吳）韋昭注　**校刊明道本韋氏解國語札記一卷**　（清）黄丕烈撰　**考異四卷**　（清）汪遠孫撰　清同治八年（1869）湖北崇文書局刻本　四册

340000－1801－0003389　2：17354－2：17358
國語二十一卷　（三國吳）韋昭注　**校刊明道本韋氏解國語札記一卷**　（清）黄丕烈撰　**考異四卷**　（清）汪遠孫撰　清同治八年（1869）湖北崇文書局刻本　五册

340000－1801－0003390　2：17359－2：17361
國語二十一卷　（三國吳）韋昭注　**校刊明道本韋氏解國語札記一卷**　（清）黄丕烈撰　清光緒二十二年（1896）上海鴻寶齋石印本　三册

340000－1801－0003391　2：17362－2：17369
國語二十一卷　（三國吳）韋昭注　**校刊明道本韋氏解國語札記一卷**　（清）黄丕烈撰　清光緒二十二年（1896）上海鴻寶齋石印本　八册

340000－1801－0003392　2：17370－2：17377
國語二十一卷　（三國吳）韋昭注　**校刊明道本韋氏解國語札記一卷**　（清）黄丕烈撰　清光緒二十二年（1896）上海鴻寶齋石印本　八册

340000－1801－0003393　2：17378－2：17385
國語二十一卷　（三國吳）韋昭注　**校刊明道本韋氏解國語札記一卷**　（清）黄丕烈撰　清光緒二十二年（1896）上海鴻寶齋石印本　八册

340000－1801－0003394　2：17386－2：17389
國語二十一卷　（三國吳）韋昭注　清刻本　四册

340000－1801－0003395　2：17390－2：17393
國語二十一卷　（三國吳）韋昭注　（宋）宋庠補音　清蘇州緑蔭堂刻本　四册

340000－1801－0003396　2：17394－2：17399
國語二十一卷　（三國吳）韋昭注　**校刊明道本韋氏解國語札記一卷**　（清）黄丕烈撰　**考異四卷**　（清）汪遠孫撰　清光緒二十八年（1902）新化三味書室刻本　六册

340000－1801－0003397　2：17400－2：17404
國語二十一卷　（三國吳）韋昭注　**校刊明道本韋氏解國語札記一卷**　（清）黄丕烈撰　**考異四卷**　（清）汪遠孫撰　清同治八年（1869）湖北崇文書局刻本　五册

340000－1801－0003398　2：17421－2：17423
國語二十一卷　（三國吳）韋昭注　**校刊明道本韋氏解國語札記一卷**　（清）黄丕烈撰　清光緒十三年（1887）蜚英館影印本　三册

340000－1801－0003399　2：17424－2：17431
國語二十一卷　（三國吳）韋昭注　**校刊明道本韋氏解國語札記一卷**　（清）黄丕烈撰　清光緒十三年（1887）蜚英館影印本　八册

340000－1801－0003400　2：17432－2：17439
國語正義二十一卷　（清）董增齡撰　清光緒六年（1880）章氏式訓堂刻本　八册

340000－1801－0003401　2：17440－2：17445
戰國策十卷　（宋）鮑彪注　（元）吳師道重校　清武林二餘堂刻本　六册

340000－1801－0003402　2：17446－2：17451
戰國策三十三卷　（漢）高誘注　（宋）姚宏校正　清乾隆二十一年（1756）雅雨堂刻本　六册

340000－1801－0003403　2：17452－2：17455
高氏戰國策三十三卷　（漢）高誘注　（宋）姚宏校正　清乾隆二十一年（1756）雅雨堂刻本　四册

340000－1801－0003404　2：17456－2：17460
戰國策三十三卷　（漢）高誘注　**劄記三卷**　（清）黄丕烈撰　清光緒三年（1877）永康胡氏退補齋刻本　五册

340000－1801－0003405　2：17461－2：17464
戰國策三十三卷　（漢）高誘注　**劄記三卷**　（清）黄丕烈撰　清同治八年（1869）湖北崇文書局刻本　四册

340000－1801－0003406　2：17465－2：17469
戰國策三十三卷　（漢）高誘注　**劄記三卷**　（清）黄丕烈撰　清同治八年（1869）湖北崇文書局刻本　五册

340000－1801－0003407　2：17470－2：17474
戰國策三十三卷　（漢）高誘注　**劄記三卷**　（清）黄丕烈撰　清同治八年（1869）湖北崇文書局刻本　五册

340000－1801－0003408　2：17475－2：17480
戰國策三十三卷　（漢）高誘注　**劄記三卷**　（清）黄丕烈撰　清同治八年（1869）湖北崇文書局刻本　五册

340000－1801－0003409　2：17481－2：17485
戰國策三十三卷　（漢）高誘注　**劄記三卷**　（清）黄丕烈撰　清同治八年（1869）湖北崇文書局刻本　五册

340000－1801－0003410　2：17486－2：17490
戰國策三十三卷　（漢）高誘注　**劄記三卷**　（清）黄丕烈撰　清同治八年（1869）湖北崇文書局刻本　五册

340000－1801－0003411　2：17491－2：17495
戰國策三十三卷　（漢）高誘注　**劄記三卷**　（清）黄丕烈撰　清光緒三年（1877）永康胡氏退補齋刻本　五册

340000－1801－0003412　2：17496－2：17503
戰國策三十三卷　（漢）高誘注　清刻本　八册

340000－1801－0003413　2：17504－2：17510
戰國策三十三卷　（宋）鮑彪注　（元）吴師道重校　**重刻剡川姚氏本戰國策札記三卷**　（清）黄丕烈撰　清寶善書局刻本　七册

340000－1801－0003414　2：17511－2：17518
戰國策十卷　（宋）鮑彪注　（元）吴師道重校　清刻本　八册

340000－1801－0003415　2：17519－2：17526
戰國策十卷　（宋）鮑彪注　（元）吴師道重校　清刻本　八册

340000－1801－0003416　2：17527－2：17534
戰國策十卷　（宋）鮑彪注　（元）吴師道重校　清刻本　八册

340000－1801－0003417　2：17535－2：17539
戰國策三十三卷劄記三卷　（漢）高誘注　**重刻剡川姚氏本戰國策札記三卷**　（清）黄丕烈撰　清光緒二十二年（1896）上海鴻寶齋石印本　五册

340000－1801－0003418　2：17540－2：17544
戰國策三十三卷　（漢）高誘注　**重刻剡川姚氏本戰國策札記三卷**　（清）黄丕烈撰　清嘉慶八年（1803）黄氏讀未見書齋影宋刻本　五册

340000－1801－0003419　2：17545－2：17550
戰國策十二卷　（明）閔齊伋裁注　明萬曆四十八年（1620）閔氏刻朱墨套印本　六册　存九卷（三至五、七至十二）

340000－1801－0003420　2：17551－2：17552
戰國策十二卷　（明）閔齊伋裁注　明萬曆閔氏刻朱墨套印本　二册　存二卷（四、九）

340000－1801－0003421　2：17553－2：17556
戰國策三十三卷　（漢）高誘注　**重刻剡川姚氏本戰國策札記三卷**　（清）黄丕烈撰　清光緒十三年（1887）蜚英館影印本　四册

340000－1801－0003422　2：17571－2：17578
國策評林十八卷　（清）張星徽評　清雍正七年（1729）溫陵張星徽塞翁亭刻春暉堂後印本　八册　存十七卷（一至十七）

340000－1801－0003423　2：17601－2：17602
戰國策去毒二卷　（清）陸隴其評選　（清）陸宸徵編次　（清）方宗誠評點　清同治九年（1870）六安求我齋刻本　二册

340000－1801－0003424　2：17603－2：17604
戰國策去毒二卷　（清）陸隴其評選　（清）陸宸徵編次　（清）方宗誠評點　清同治九年（1870）六安求我齋刻本　二册

340000－1801－0003425　2：17619

靖康傳信録三卷 (宋)李綱撰 **洛陽名園記一卷** (宋)李格非撰 清道光二十六年(1846)海山仙館刻海山仙館叢書本 一册

340000－1801－0003426 2:17624－2:17625
三河創業記五卷 (清)范壽金撰 清光緒三十三年(1907)石印本 二册

340000－1801－0003427 2:17626－2:17627
靖康傳信録三卷建炎進退志四卷建炎時政論三卷 (宋)李綱撰 清光緒十年(1884)邵武徐氏刻邵武徐氏叢書本 二册

340000－1801－0003428 2:17628－2:17629
錢塘遺事十卷 (元)劉一清編 清光緒浙江刻本 二册

340000－1801－0003429 2:17630－2:17633
蒙古遊牧記十六卷 (清)張穆撰 清同治六年(1867)壽陽祁氏刻本 四册

340000－1801－0003430 2:17634－2:17637
蒙古遊牧記十六卷 (清)張穆撰 清同治六年(1867)壽陽祁氏刻本 四册

340000－1801－0003431 2:17638－2:17641
蒙古遊牧記十六卷 (清)張穆撰 清同治六年(1867)壽陽祁氏刻本 四册

340000－1801－0003432 2:17642－2:17643
先撥志始二卷 (明)文秉撰 清同治二年(1863)江西省廨刻本 二册

340000－1801－0003433 2:17644－2:17645
先撥志始二卷 (明)文秉撰 清同治二年(1863)江西省廨刻本 二册

340000－1801－0003434 2:17670－2:17671
所知録六卷 (清)錢澄之撰 (清)江鏡清校録 清宣統三年(1911)新學會社鉛印本 二册

340000－1801－0003435 2:17672－2:17676
三朝野記七卷 (清)李遜之輯 清道光四年(1824)木活字印本 五册

340000－1801－0003436 2:17678－2:17681
兩朝剥復録六卷 (明)吳應箕輯 (清)夏燮校正 清同治二年(1863)江西省廨刻本 四册

340000－1801－0003437 2:17682－2:17689
建炎以來朝野雜記甲集二十卷乙集二十卷 (宋)李心傳撰 清刻本 八册

340000－1801－0003438 2:17734
蜀碧四卷 (清)彭遵泗撰 清刻本 一册

340000－1801－0003439 2:17735－2:17736
蜀碧四卷 (清)彭遵泗撰 清經元堂刻本 二册

340000－1801－0003440 2:17737－2:17738
蜀碧四卷 (清)彭遵泗撰 清嘉慶二十年(1815)刻天禄閣印本 二册

340000－1801－0003441 2:17739－2:17740
蜀碧四卷 (清)彭遵泗撰 清嘉慶二十年(1815)刻天禄閣印本 二册

340000－1801－0003442 2:17741
蜀碧四卷 (清)彭遵泗撰 清成都肇經堂刻本 一册

340000－1801－0003443 2:17742－2:17745
二申野録八卷 (清)孫之騄輯 清同治六年(1867)吟香館刻本 四册

340000－1801－0003444 2:17746－2:17749
二申野録八卷 (清)孫之騄輯 清同治六年(1867)吟香館刻本 四册

340000－1801－0003445 2:17750
青燐屑二卷 (明)應喜臣著 清刻本 一册

340000－1801－0003446 2:17753－2:17754
勝朝遺事二編 (清)吳彌光輯 (清)吳迺炘校 清道光二十二年(1842)南海吳氏芬陀羅館刻本 二册 存一卷(八)

340000－1801－0003447 2:17761
東林本末三卷 (明)吳應箕纂 (清)夏燮 (清)朱航同校 清同治五年(1866)文江官廨刻本 一册

340000－1801－0003448 2:17769－2:17780

明季南略十八卷 (清)計六奇輯 清都城琉璃廠半松居士木活字印本 十二冊

340000-1801-0003449 2:17781-2:17792
明季北略二十四卷 (清)計六奇輯 清都城琉璃廠半松居士木活字印本 十二冊

340000-1801-0003450 2:17793-2:17804
明季北略二十四卷 (清)計六奇輯 清都城琉璃廠半松居士木活字印本 十二冊

340000-1801-0003451 2:17805-2:17826
明季南略十八卷北略二十四卷 (清)計六奇輯 清都城琉璃廠半松居士木活字印本 二十二冊

340000-1801-0003452 2:17827-2:17850
明季南略十八卷北略二十四卷 (清)計六奇輯 清都城琉璃廠半松居士木活字印本 二十四冊

340000-1801-0003453 2:17851-2:17870
明季南略十八卷北略二十四卷 (清)計六奇輯 清都城琉璃廠半松居士木活字印本 二十冊

340000-1801-0003454 2:17872
研堂見聞雜記不分卷 (明)□□撰 清宣統三年(1911)商務印書館鉛印痛史本 一冊

340000-1801-0003455 2:17873
研堂見聞雜記不分卷 (明)□□撰 清宣統三年(1911)商務印書館鉛印痛史本 一冊

340000-1801-0003456 2:17874
蘇城紀變不分卷 (□)□□撰 清光緒三十二年(1906)國學保存會鉛印野史八種本 一冊

340000-1801-0003457 2:17877-2:17818
東南紀事十二卷 (清)邵廷采輯 清光緒十年(1884)邵武徐氏刻本 二冊

340000-1801-0003458 2:17879-2:17880
東南紀事十二卷 (清)邵廷采輯 清光緒十年(1884)邵武徐氏刻本 二冊

340000-1801-0003459 2:17882-2:17891
小腆紀年附考二十卷 (清)徐鼒撰 清光緒四年(1878)京都龍威閣書坊刻本 十冊

340000-1801-0003460 2:17892-2:17903
小腆紀年附考二十卷 (清)徐鼒撰 清光緒十二年(1886)扶桑使廨鉛印本 十二冊

340000-1801-0003461 2:17904-2:17923
小腆紀年二十卷 (清)徐鼒撰 清光緒四年(1878)刻本 二十冊

340000-1801-0003462 2:17924-2:17935
小腆紀年二十卷 (清)徐鼒撰 清刻本 十二冊

340000-1801-0003463 2:17936-2:17947
小腆紀年附考二十卷 (清)徐鼒撰 清咸豐十一年(1861)刻本 十二冊

340000-1801-0003464 2:17948-2:17959
小腆紀年附考二十卷 (清)徐鼒撰 清咸豐十一年(1861)刻本 十二冊

340000-1801-0003465 2:17966-2:17969
西南紀事十二卷東南紀事十二卷 (清)邵廷采撰 清光緒十年(1884)邵武徐氏刻本 四冊

340000-1801-0003466 2:17970-2:17973
西南紀事十二卷東南紀事十二卷 (清)邵廷采撰 清光緒十年(1884)邵武徐氏刻本 四冊

340000-1801-0003467 2:17974-2:17975
西南紀事十二卷 (清)邵廷采撰 清光緒十年(1884)邵武徐氏刻本 二冊

340000-1801-0003468 2:17977
海東逸史十八卷 題(清)翁洲老民撰 清光緒邵武徐氏刻徐榦刻邵武徐氏叢書本 一冊

340000-1801-0003469 2:17978
海東逸史十八卷 題(清)翁洲老民撰 清光緒十年(1884)慈谿楊氏經畲塾刻本 一冊

340000-1801-0003470 2:17979
海東逸史十八卷 題(清)翁洲老民撰 清光緒十年(1884)慈谿楊氏經畲塾刻本 一冊

340000－1801－0003471　2：17980－2：17999
野獲編三十卷　(明)沈德符著　(清)錢枋輯　清道光七年(1827)錢塘姚氏羊城扶荔山房刻本　二十册

340000－1801－0003472　2：18000－2：18019
野獲編三十卷　(明)沈德符著　(清)錢枋輯　清道光七年(1827)錢塘姚氏羊城扶荔山房刻本　二十册

340000－1801－0003473　2：18020－2：18036
野獲編三十卷　(明)沈德符著　(清)錢枋輯　清道光七年(1827)錢塘姚氏羊城扶荔山房刻本　十七册

340000－1801－0003474　2：18038
明季三朝野史四卷　(清)顧炎武輯　清光緒三十四年(1908)上海石印本　一册

340000－1801－0003475　2：18047
皇朝武功紀盛四卷　(清)趙翼撰　清刻本　一册

340000－1801－0003476　2：18048
皇朝武功紀盛四卷　(清)趙翼撰　清光緒四年(1878)湛貽堂刻本　一册

340000－1801－0003477　2：18184
哭廟記略一卷　(清)□□撰　清宣統三年(1911)商務印書館鉛印痛史本　一册

340000－1801－0003478　2：18278
常勝軍案略不分卷　(清)謝元壽輯　清光緒二十一年(1895)木活字印本　一册

340000－1801－0003479　2：18280
平猺述略二卷　(清)周存義撰　清道光十四年(1834)刻本　一册

340000－1801－0003480　2：1829－2：1884 善
資治通鑑二百九十四卷　(宋)司馬光撰　明嘉靖二十三年至二十四年(1544－1545)孔天胤刻本　五十六册　存二百七卷(九至五十二、五十七至七十一、八十三至九十九、一百四至一百十六、一百二十一至一百二十三、一百二十八至一百三十一、一百三十八至二百十五、二百二十至二百三十四、二百三十九至二百五十六)

340000－1801－0003481　2：18293－2：18295
戊戌政變記九卷　梁啟超撰　清鉛印本　三册

340000－1801－0003482　2：18296－2：18297
戊戌政變記九卷　梁啟超撰　清鉛印本　二册

340000－1801－0003483　2：18298
戊戌政變記九卷　梁啟超撰　清鉛印本　一册

340000－1801－0003484　2：18299－2：18310
中東戰紀本末八卷首一卷末一卷續編四卷首一卷末一卷　(美國)林樂知撰譯　蔡爾康輯　清光緒二十三年(1897)上海廣學會鉛印本　十二册

340000－1801－0003485　2：18311－2：18322
中東戰紀本末八卷首一卷末一卷續編四卷首一卷末一卷　(美國)林樂知撰譯　蔡爾康輯　清光緒二十三年(1897)上海廣學會鉛印本　十二册

340000－1801－0003486　2：18323－2：18325
劉大將軍臺戰實記全集二卷　(□)□□撰　清石印本　三册

340000－1801－0003487　2：18326－2：18337
普天忠憤集十四卷　題(清)魯陽生孔氏編定　清光緒二十一年(1895)石印本　十二册

340000－1801－0003488　2：18338－2：18347
普天忠憤集十四卷　題(清)魯陽生孔氏編定　清光緒二十四年(1898)經濟書莊石印本　十册

340000－1801－0003489　2：18348－2：18349
臺灣戰紀二卷　(清)洪棄父纂　清光緒三十二年(1906)鉛印本　二册

340000－1801－0003490　2：18350－2：18355
拳匪紀略八卷前編二卷後編二卷　(清)僑析生輯　清光緒二十九年(1903)上洋書局石印

本　六册

340000－1801－0003491　2∶18356－2∶18361
拳匪紀略八卷前編二卷後編二卷　（清）僑析生輯　清光緒二十九年（1903）上洋書局石印本　六册

340000－1801－0003492　2∶18362－2∶18367
拳匪紀略八卷前編二卷後編二卷　（清）僑析生輯　清光緒二十九年（1903）上洋書局石印本　六册

340000－1801－0003493　2∶18368
十三日備嘗記一卷事略附記一卷　（清）曹晟撰　清光緒申報館鉛印申報館叢書本　一册

340000－1801－0003494　2∶18369－2∶18374
拳匪紀事六卷　（日本）左原篤介輯　清光緒鉛印本　六册

340000－1801－0003495　2∶18375
兩宫大行記　（清）□□撰　清宣統石印本　一册

340000－1801－0003496　2∶18377
拳禍記□□卷　（清）李杕撰　清光緒三十一年（1905）土山灣鉛印本　一册

340000－1801－0003497　2∶18378
庚子北京事變紀略一卷　（清）鹿完天撰　清光緒二十七年（1901）刻本　一册

340000－1801－0003498　2∶18379
義和拳教門源流考　勞乃宣撰　清光緒二十五年（1899）刻本　一册

340000－1801－0003499　2∶18382－2∶18383
新譯庚子中外戰紀二卷　（法國）佛甫愛加來（法國）米儂合撰　（清）劉翹翰　（清）程瞻洛同譯　清光緒二十八年（1902）著易堂鉛印本　二册

340000－1801－0003500　2∶18387
拳教析疑説不分卷　（清）桂嵩慶輯　清光緒木活字印本　一册

340000－1801－0003501　2∶18550
清秘史二卷附録一卷　（清）陳範撰　清光緒三十年（1904）石印本　一册

340000－1801－0003502　2∶18551
談往一卷　題（清）花村看行侍者撰　清刻本　一册

340000－1801－0003503　2∶18554－2∶18559
南天痕二十六卷附録一卷　（清）凌雪纂修　清宣統二年（1910）復古社鉛印本　六册

340000－1801－0003504　2∶18560
皇朝掌故二卷　（清）張一鵬撰　（清）陳蔚文注　清光緒二十八年（1902）浙省貢院杞廬刻本　一册

340000－1801－0003505　2∶18561
皇朝掌故二卷　（清）張一鵬撰　（清）陳蔚文注　清光緒二十八年（1902）浙省貢院杞廬刻本　一册

340000－1801－0003506　2∶18596
李秀成供　（清）李秀成述　清刻本　一册

340000－1801－0003507　2∶18597
李秀成供　（清）李秀成述　清刻本　一册

340000－1801－0003508　2∶186－2∶213 善
史記評林一百三十卷　（明）凌稚隆輯　（明）李光縉增補　明萬曆建陽熊氏宏遠堂刻本　二十八册

340000－1801－0003509　2∶18700
東牟守城紀略一卷東牟守城詩一卷　（清）戴燮元撰　清同治八年（1869）羊城刻本　一册

340000－1801－0003510　2∶18717
皖北紀略　（清）□□撰　清稿本　一册

340000－1801－0003511　2∶18718
劫火紀焚　（清）何桂森撰　清光緒九年（1883）點石齋石印本　一册

340000－1801－0003512　2∶18720
祁門紀變録三卷　（清）饒恕良　（清）徐永濤彙輯　（清）汪交泰　（清）洪史昌仝校　清同治二年（1863）刻本　一册

340000－1801－0003513　2∶18721－2∶18725

征勦紀略四卷十陣圖一卷　(清)尹嘉賓撰　清光緒刻本　五冊

340000－1801－0003514　2:18730
皖上兵略一卷　(清)許恩培撰　清同治十三年(1874)晝日堂刻本　一冊

340000－1801－0003515　2:18731
思痛記二卷　(清)李圭撰　清光緒六年(1880)師一齋刻本　一冊

340000－1801－0003516　2:18732
思痛記二卷　(清)李圭撰　清光緒六年(1880)師一齋刻本　一冊

340000－1801－0003517　2:18734
雪泥鴻爪前編一卷後編一卷　(清)邵亨豫撰　清光緒刻本　一冊

340000－1801－0003518　2:18735－2:18737
雪泥鴻爪前編一卷後編一卷　(清)邵亨豫撰　清光緒刻本　三冊

340000－1801－0003519　2:18738－2:18739
吳中平寇記八卷　(清)錢勖撰　清光緒元年(1875)申報館鉛印本　二冊

340000－1801－0003520　2:18740－2:18741
吳中平寇記八卷　(清)錢勖撰　清同治九年(1870)刻本　二冊

340000－1801－0003521　2:18746－2:18755
山東軍興紀略二十二卷　(□)□□撰　清刻本　十冊

340000－1801－0003522　2:18756－2:18767
前守寶錄五卷　(清)魁聯撰　清同治十三年(1874)廣州刻本　十二冊

340000－1801－0003523　2:18768
嘉慶寇變紀略　(清)溫世京撰　清刻本　一冊

340000－1801－0003524　2:18769－2:18770
前守寶錄五卷後守寶錄二十卷　(清)魁聯撰　清咸豐刻本　二冊

340000－1801－0003525　2:18771－2:18774
蕩平髮逆圖記二十二卷　(清)官文撰　清光緒潄六山房石印本　四冊

340000－1801－0003526　2:18775－2:18778
蕩平髮逆圖記二十二卷　(清)官文撰　清光緒潄六山房石印本　四冊

340000－1801－0003527　2:18779－2:18782
蕩平髮逆圖記二十二卷　(清)官文撰　清光緒三十三年(1907)石印本　四冊

340000－1801－0003528　2:18783
新出皖案徐錫麟遺事十二節　(清)□□撰　清光緒三十三年(1907)裕記書莊石印本　一冊

340000－1801－0003529　2:18784
克復學報第三期　(清)李瑞椿編　清宣統三年(1911)克復學報社鉛印本　一冊

340000－1801－0003530　2:18788
雜鈔不分卷　(清)□□撰　清抄本　一冊

340000－1801－0003531　2:18789
歸廬譚往錄二卷　(清)徐宗亮撰　清光緒十二年(1886)桐城徐氏刻善思齋集本　一冊

340000－1801－0003532　2:18790
歸廬譚往錄二卷　(清)徐宗亮撰　清光緒十二年(1886)桐城徐氏刻善思齋集本　一冊

340000－1801－0003533　2:18810－2:18813
甲申傳信錄十卷　(清)錢軹著　(清)赫聰校　清光緒三年(1877)申報館鉛印本　四冊

340000－1801－0003534　2:18814－2:18817
甲申傳信錄十卷　(清)錢軹著　(清)赫聰校　清光緒三年(1877)申報館鉛印本　四冊

340000－1801－0003535　2:18818－2:18823
庚子京津拳匪紀略十二卷　(清)僑析生輯　清光緒二十七年(1901)香港書局石印本　六冊

340000－1801－0003536　2:18824
紀載彙編　(明)馮夢龍撰　清光緒四年(1878)申報館鉛印本　一冊

340000－1801－0003537　2∶18825
中國文明小史不分卷　(日本)田口卯吉撰　(清)劉陶譯　清光緒二十八年(1902)上海廣智書局鉛印本　一册

340000－1801－0003538　2∶18836
鳳山筆記二卷　(清)黄崇惺撰　清安徽刻本　一册

340000－1801－0003539　2∶18837
鳳山筆記二卷　(清)黄崇惺撰　清安徽刻本　一册

340000－1801－0003540　2∶18838
上古三代史論略二卷　(清)何琪編　清光緒二十七年(1901)紹興會文堂刻本　一册

340000－1801－0003541　2∶18841
翟錫三遺著三卷　(清)翟誥撰　清刻本　一册

340000－1801－0003542　2∶18844－2∶18845
江南鐵淚圖一卷附編一卷　(清)寄雲山人編　(清)省吾居士校　清蘇城玄妙觀得見齋刻本　二册

340000－1801－0003543　2∶18850
開禧德安守城錄一卷　(宋)王致遠撰　清同治十二年(1873)瑞安孫氏刻永嘉叢書本　一册

340000－1801－0003544　2∶1885－2∶1910 善
資治通鑑綱目二十七卷　(明)商輅等撰　明刻本　二十六册　存二十六卷(一至十四、十六至二十七)

340000－1801－0003545　2∶18869
國朝史講義　(清)胡元吉撰　清宣統安徽高等學堂鉛印本　一册

340000－1801－0003546　2∶18871
劉大將軍大事記不分卷　(清)管斯駿撰　清光緒二十一年(1895)務實齋石印本　一册

340000－1801－0003547　2∶18872－2∶18873
繡像剿逆圖考二卷　(□)□□撰　清光緒十八年(1892)上海書局石印本　二册

340000－1801－0003548　2∶18874－2∶18877
抄報隨聞錄十卷　(清)樗園退叟編輯　清同治二年(1863)刻本　四册

340000－1801－0003549　2∶18879－2∶18882
保華全書六卷　(美國)林樂知譯　蔡爾康(清)任廷旭述　清光緒二十五年(1899)上海廣學會鉛印本　四册

340000－1801－0003550　2∶18888
明季稗史彙編十六種二十七卷　(清)留雲居士輯　清都城琉璃廠刻本　一册　存四種四卷(江南見聞錄一卷、粤遊見聞一卷、賜姓始末一卷、兩廣記略一卷)

340000－1801－0003551　2∶18889－2∶18890
增訂南詔野史二卷　(明)楊慎編輯　(清)胡蔚訂正　清刻本　二册

340000－1801－0003552　2∶18894
美國華工禁約記　梁啟超撰　清廣智書局鉛印本　一册

340000－1801－0003553　2∶18901
殘明紀事一卷　(清)羅謙撰　清宣統三年(1911)上海國學扶輪社鉛印張氏適園叢書本　一册

340000－1801－0003554　2∶18902
皖南軍務紀略一卷附匹夫從戎事實一卷　(清)陳鍾秀著　清光緒二年(1876)刻本　一册

340000－1801－0003555　2∶18905－2∶18906
野記四卷　(明)祝允明纂　清同治十三年(1874)元和祝氏刻本　二册

340000－1801－0003556　2∶18907－2∶18908
豫變紀略八卷　(清)鄭廉等撰　清刻本　二册

340000－1801－0003557　2∶18909
豫變紀略八卷燕都志變一卷虎口餘生一卷　(清)鄭廉等撰　清抄本　二册　缺四卷(豫變紀略一至四)

340000－1801－0003558　2∶18910

勘定新疆記八卷　(清)魏光燾撰　清光緒二十五年(1899)刻本　一冊

340000 - 1801 - 0003559　2:18911
行在陽秋二卷　(□)□□撰　清抄本　一冊

340000 - 1801 - 0003560　2:18931
南平捍寇日記一卷　(清)鍾範撰　清光緒二十八年(1902)宜章學署刻本　一冊

340000 - 1801 - 0003561　2:18932
吴越春秋六卷　(漢)趙曄撰　(清)汪士漢考校　清嘉慶七年(1802)刻本　一冊

340000 - 1801 - 0003562　2:18933
松漠紀聞四卷首一卷末一卷　(宋)洪皓撰　清同治十二年(1873)涇縣洪氏三瑞堂刻本　一冊

340000 - 1801 - 0003563　2:18934 - 2:18935
眉山詩案廣證六卷　(清)張鑑著　清光緒十年(1884)江蘇書局刻本　二冊

340000 - 1801 - 0003564　2:18936 - 2:18945
繹史摭遺十二卷　(清)溫臨睿撰　(清)李瑤勘定　清道光十年(1830)李瑤泥活字印本　十冊

340000 - 1801 - 0003565　2:18951 - 2:18954
皇朝政典舉要八卷　(日本)增田貢撰　(清)毛洤補編　清光緒二十八年(1902)鉛印本　四冊

340000 - 1801 - 0003566　2:18956
庚子北京事變紀略一卷　(清)鹿完天撰　清光緒二十七年(1901)刻本　一冊

340000 - 1801 - 0003567　2:18958 - 2:18965
明季稗史彙編十六種二十七卷　題(清)留雲居士輯　清都城琉璃廠刻本　八冊

340000 - 1801 - 0003568　2:18973
泰西教育史名義二卷　(日本)能勢榮撰　葉瀚譯　清光緒二十七年(1901)金粟齋鉛印本　一冊

340000 - 1801 - 0003569　2:19008
中國商務志一卷　(日本)織田一　(清)蔣簋方譯　清光緒二十八年(1902)上海廣益書局鉛印本　一冊

340000 - 1801 - 0003570　2:19012
中國文明小史不分卷　(日本)田口卯吉撰　(清)劉陶譯　清光緒二十八年(1902)上海廣益書局鉛印本　一冊

340000 - 1801 - 0003571　2:19013
中國通史第一編不分卷(學術史)　(清)京師大學堂編　清光緒三十年(1904)京師學務處官書局鉛印本　一冊

340000 - 1801 - 0003572　2:19069 - 2:19074
史記菁華錄六卷　(清)姚苧田輯　清道光四年(1824)吴興姚氏扶荔山房刻朱墨套印本　六冊

340000 - 1801 - 0003573　2:19075 - 2:19080
史記菁華錄六卷　(清)姚苧田輯　清道光四年(1824)吴興姚氏扶荔山房刻朱墨套印本　六冊

340000 - 1801 - 0003574　2:19081 - 2:19086
史記菁華錄六卷　(清)姚苧田輯　清光緒二十二年(1896)新化三味堂刻本　六冊

340000 - 1801 - 0003575　2:19087 - 2:19092
史記菁華錄六卷　(清)姚苧田輯　清同治十二年(1873)趙氏紅杏山房刻朱墨套印本　六冊

340000 - 1801 - 0003576　2:19093 - 2:19098
史記菁華錄六卷　(清)姚苧田輯　清同治十二年(1873)趙氏紅杏山房刻朱墨套印本　六冊

340000 - 1801 - 0003577　2:19099 - 2:19104
史記菁華錄六卷　(清)姚苧田輯　清道光四年(1824)吴興姚氏扶荔山房刻朱墨套印本　六冊

340000 - 1801 - 0003578　2:19105 - 2:19110
史記菁華錄六卷　(清)姚苧田輯　清道光四年(1824)吴興姚氏扶荔山房刻朱墨套印本　六冊

340000－1801－0003579　2：19111－2：19116
史記菁華録六卷　（清）姚苧田輯　清道光四年（1824）吴興姚氏扶荔山房刻朱墨套印本　六冊

340000－1801－0003580　2：19117－2：19122
史記菁華録六卷　（清）姚苧田輯　清道光四年（1824）吴興姚氏扶荔山房刻朱墨套印本　六冊

340000－1801－0003581　2：1911－2：1918 善
重刻翰林校正少微通鑑大全二十卷首二卷　（宋）江贄輯　（明）唐順之刪定　（明）張謙釐正　明建邑書林楊璧卿刻本　八冊

340000－1801－0003582　2：19123－2：19128
史記菁華録六卷　（清）姚苧田輯　清道光四年（1824）吴興姚氏扶荔山房刻朱墨套印本　六冊

340000－1801－0003583　2：19129－2：19130
史記菁華録六卷　（清）姚苧田輯　清光緒二十四年（1898）上海宏文閣石印本　二冊

340000－1801－0003584　2：19131－2：19136
史記菁華録六卷　（清）姚苧田輯　清光緒十八年（1892）煥文書局石印本　六冊

340000－1801－0003585　2：19155－2：19160
史記菁華録六卷　（清）姚苧田輯　清光緒九年（1883）廣州翰墨園刻朱墨套印本　六冊

340000－1801－0003586　2：19161－2：19166
史記菁華録六卷　（清）姚苧田輯　清光緒九年（1883）廣州翰墨園刻朱墨套印本　六冊

340000－1801－0003587　2：19167－2：19172
前後漢書精華録六卷　（清）高嵣輯　清光緒二十五年（1899）江左書林石印本　六冊

340000－1801－0003588　2：1919－2：1926 善
重刻翰林校正資治通鑑大全二十卷首二卷　（宋）江贄輯　（明）唐順之刪定　（明）張謙釐正　明建邑書林楊璧卿刻本　八冊

340000－1801－0003589　2：19205－2：19208
南北史捃華八卷　（清）周嘉猷輯　清浙省聚文堂刻本　四冊

340000－1801－0003590　2：19209－2：19212
南北史捃華八卷　（清）周嘉猷輯　清光緒六年（1880）廣州翰墨園刻本　四冊

340000－1801－0003591　2：19213－2：19216
南北史捃華八卷　（清）周嘉猷輯　清同治四年（1865）鑑止水齋刻本　四冊

340000－1801－0003592　2：19217－2：19228
南北史識小録二種　（清）沈名蓀　（清）朱昆田輯　（清）張應昌補正　清同治十年（1871）武林吴氏清來堂刻本　十二冊

340000－1801－0003593　2：19229－2：19242
南北史識小録二種　（清）沈名蓀　（清）朱昆田輯　（清）張應昌補正　清同治十年（1871）武林吴氏清來堂刻本　十四冊

340000－1801－0003594　2：19243－2：19252
南北史識小録二種　（清）沈名蓀　（清）朱昆田輯　（清）張應昌補正　清同治十年（1871）武林吴氏清來堂刻本　十四冊

340000－1801－0003595　2：19253－2：19256
明史攬要八卷　（清）姚培謙　（清）張景星同録　清光緒五年（1879）刻本　五冊

340000－1801－0003596　2：19257－2：19258
李氏蒙求補註六卷　（唐）李瀚撰　（清）金三俊輯　清刻本　二冊

340000－1801－0003597　2：19259－2：19260
李氏蒙求補註六卷　（唐）李瀚撰　（清）金三俊輯　清乾隆刻本　二冊

340000－1801－0003598　2：19261－2：19266
李氏蒙求集註八卷　（唐）李瀚撰　（清）楊迦懌集注　清光緒二十二年（1896）新化三味堂刻本　六冊

340000－1801－0003599　2：19267－2：19270
王先生十七史蒙求十六卷　（宋）王令輯　清刻本　四冊

340000－1801－0003600　2：19271－2：19273
王先生十七史蒙求十六卷　（宋）王令輯　清

道光九年(1829)刻本　三册

340000－1801－0003601　2:1927－2:1930 善
少微通鑑節要五十卷外紀四卷　(宋)江贄撰　明正德九年(1514)司禮監刻本　四册　存四卷(少微通鑑節要十五、二十六、三十四,外紀一)

340000－1801－0003602　2:19274－2:19279
十七史蒙求十六卷　(宋)王令輯　清道光二十八年(1848)文奎堂刻本　三册

340000－1801－0003603　2:19280－2:19283
十七史蒙求十六卷　(宋)王令輯　清道光二十八年(1848)文奎堂刻本　四册

340000－1801－0003604　2:19284－2:19287
王先生十七史蒙求十六卷　(宋)王令輯　清道光二十八年(1848)大文堂刻本　四册

340000－1801－0003605　2:19288－2:19289
王先生十七史蒙求十六卷　(宋)王令輯　清康熙養志堂刻本　二册

340000－1801－0003606　2:19290－2:19291
王先生十七史蒙求十六卷　(宋)王令輯　清康熙養志堂刻本　二册

340000－1801－0003607　2:19292－2:19299
廿一史約編八卷首一卷　(清)鄭元慶述　清崇文堂刻本　八册

340000－1801－0003608　2:19300－2:19307
廿一史約編八卷首一卷　(清)鄭元慶述　清魚計亭刻本　八册

340000－1801－0003609　2:19308－2:19315
廿一史約編八卷首一卷　(清)鄭元慶述　清魚計亭刻本　八册

340000－1801－0003610　2:1931－2:1936 善
新刊全補通鑑標題摘要二十八卷　(明)歸有光輯　(明)吴騰奎補　明萬曆六年(1578)建邑書林鄭氏望雲樓刻本　六册

340000－1801－0003611　2:19316－2:19323
校補廿一史約編八卷　(清)鄭元慶述　清光緒六年(1880)得月樓刻本　八册

340000－1801－0003612　2:19324－2:19331
校補廿一史約編八卷　(清)鄭元慶述　清光緒掃葉山房刻本　八册

340000－1801－0003613　2:19332－2:19339
校補廿一史約編八卷　(清)鄭元慶述　清光緒六年(1880)得月樓刻本　八册

340000－1801－0003614　2:19340－2:19347
二十一史約編八卷首一卷　(清)鄭元慶述　清康熙漁古山房刻本　八册

340000－1801－0003615　2:19363－2:19364
廿二史纂略六卷　(清)郭衷恒纂輯　清乾隆十四年(1749)源汾堂刻本　二册

340000－1801－0003616　2:19365－2:19368
史闕十四卷　(明)張岱輯　(清)鄭佶編　清道光七年(1827)吴興鄭佶刻本　四册

340000－1801－0003617　2:19369－2:19387
史畧八十七卷　(清)朱堃輯　清同治皖南朱氏刻本　十九册　缺三卷(七十九至八十一)

340000－1801－0003618　2:1937－2:1940 善
綱鑑標題四卷　(明)湯賓尹選輯　(明)汪應魁增訂　清常熟鮑氏刻本　四册

340000－1801－0003619　2:19388－2:19393
史略六卷　(宋)高似孫撰　清光緒十二年(1886)積山書局石印本　六册

340000－1801－0003620　2:19394－2:19399
史畧八十七卷　(清)朱堃輯　清光緒十二年(1886)上海積山書局石印本　六册

340000－1801－0003621　2:19400－2:19419
史畧八十七卷　(清)朱堃輯　清同治五年(1866)皖南朱氏衮麓山房刻本　二十册

340000－1801－0003622　2:1941－2:1960 善
新刻九我李太史編纂古本歷史大方綱鑑三十九卷首一卷　(明)李廷機編　明萬曆二十八年(1600)余文台雙峰堂刻本　二十册

340000－1801－0003623　2:19420－2:19436
史畧八十七卷　(清)朱堃輯　清同治五年(1866)皖南朱氏衮麓山房刻本　二十册

340000－1801－0003624　2:19437－2:19457
史畧八十七卷　(清)朱堃輯　清同治五年(1866)皖南朱氏衮麓山房刻本　二十册

340000－1801－0003625　2:19458－2:19481
讀史任子自鏡録二十二卷首一卷　(清)胡季堂編輯　清道光元年(1821)胡氏培蔭軒刻本　二十四册

340000－1801－0003626　2:19482－2:19488
鑑撮四卷　(清)曠敏本編　**奉使紀勝一卷**　(清)陳階平撰　**讀史論略一卷**　(清)杜詔撰　清道光十九年(1839)泗州陳階平刻本　七册

340000－1801－0003627　2:19489－2:19495
鑑撮四卷　(清)曠敏本編　**奉使紀勝一卷**　(清)陳階平撰　**讀史論略一卷**　(清)杜詔撰　清道光十九年(1839)泗州陳階平刻本　七册

340000－1801－0003628　2:19496－2:19501
鑑撮四卷　(清)曠敏本編　**奉使紀勝一卷**　(清)陳階平撰　**讀史論略一卷**　(清)杜詔撰　清刻本　六册

340000－1801－0003629　2:19502－2:19507
讀史提要録十二卷　(清)夏之蓉編　清乾隆三十七年(1772)刻本　六册

340000－1801－0003630　2:19508－2:19515
同庵史彙十卷　(清)蔣善選評　清康熙三十一年(1692)思永堂刻本　八册

340000－1801－0003631　2:19516－2:19521
讀史鏡古編三十二卷　(清)潘世恩輯　清同治十三年(1874)冶城飛霞閣刻本　六册

340000－1801－0003632　2:19522－2:19527
讀史鏡古編三十二卷　(清)潘世恩輯　清同治十三年(1874)冶城飛霞閣刻本　六册

340000－1801－0003633　2:19528－2:19533
讀史鏡古編三十二卷　(清)潘世恩輯　清同治十三年(1874)冶城飛霞閣刻本　六册

340000－1801－0003634　2:19534－2:19539
讀史鏡古編二十卷　(清)潘世恩輯　清同治十三年(1874)冶城飛霞閣刻本　六册

340000－1801－0003635　2:19540－2:19551
二十四史論贊七十八卷　(清)陳闓編輯　清光緒二十八年(1902)文淵山房石印本　十二册

340000－1801－0003636　2:19542－2:19559
二十四史提綱二十卷　(清)蔡麟編　清光緒二十九年(1903)普學書莊石印本　八册

340000－1801－0003637　2:19560－2:19561
三立閣史鈔二卷　(清)李鎔經輯　清道光十七年(1837)晉陽書院刻本　二册

340000－1801－0003638　2:19562－2:19577
廿一史四譜五十四卷　(清)沈炳震鈔　清同治十年(1871)武林吴氏清來堂刻本　十六册

340000－1801－0003639　2:19578－2:19593
廿一史四譜五十四卷　(清)沈炳震鈔　清同治十年(1871)武林吴氏清來堂刻本　十六册

340000－1801－0003640　2:1961－2:1970 善
新刻九我李太史校正古本歷史大方通鑑□□卷　(明)李廷機校正　明萬曆建邑書林余氏刻本　十册　存三十九卷(唐紀十三至十九、五代紀一至二十、宋紀一至十二)

340000－1801－0003641　2:19630－2:19631
史腴二卷　(清)周金壇纂輯　清雍正三年(1725)刻本　二册

340000－1801－0003642　2:19632－2:19633
史腴二卷　(清)周金壇纂輯　清雍正三年(1725)刻本　二册

340000－1801－0003643　2:19634
韻史二卷補一卷　(清)許遯翁編　(清)朱玉岑補　清咸豐刻本　一册

340000－1801－0003644　2:19635
史鑑節要便讀六卷　(清)鮑東里著　(清)陳蔚文校　清石印本　一册

340000－1801－0003645　2:19636－2:19637
史鑑節要便讀六卷　(清)鮑東里著　(清)陳蔚文校　清光緒二十五年(1899)上海炳記書局石印本　二册

340000－1801－0003646　2∶19638－2∶19639
史鑑節要便讀六卷　(清)鮑東里著　(清)陳蔚文校　清同治十二年(1873)崇文書局刻本　二冊

340000－1801－0003647　2∶19640－2∶19641
史鑑節要便讀六卷　(清)鮑東里著　(清)陳蔚文校　清同治十三年(1874)江蘇書局刻本　二冊

340000－1801－0003648　2∶19642－2∶19643
史鑑節要便讀六卷　(清)鮑東里著　(清)陳蔚文校　清光緒二十七年(1901)湖北書局刻本　二冊

340000－1801－0003649　2∶19644－2∶19645
史鑑節要便讀六卷　(清)鮑東里著　(清)陳蔚文校　清光緒二十八年(1902)大啟堂刻本　二冊

340000－1801－0003650　2∶19646
韻史二卷補一卷　(清)許遯翁撰　清同治五年(1866)皖城藩署刻本　一冊

340000－1801－0003651　2∶19647－2∶19726
讀史碎金六卷讀史碎金注八十卷　(清)胡文炳撰　清光緒元年(1875)蘭石齋刻本　八十冊

340000－1801－0003652　2∶1971 善
宋元通鑑一百五十七卷　(明)薛應旂編　明嘉靖四十五年(1566)薛應旂刻本　一冊　存四卷(七十至七十三)

340000－1801－0003653　2∶1972－2∶1991 善
續資治通鑑六十四卷　(明)王宗沐編　明隆慶五年(1571)刻本　二十冊

340000－1801－0003654　2∶19727－2∶19732
綱鑑擇語十卷　(清)司徒修撰　清光緒二十四年(1898)上海書局石印本　六冊

340000－1801－0003655　2∶19733
歷代建都紀年韻語　(清)黄瑞霖撰　清刻本　一冊

340000－1801－0003656　2∶19734
史學驪珠四卷　(清)周贇撰　清抄本　一冊　存一卷(一)

340000－1801－0003657　2∶19735－2∶19738
史學驪珠四卷　(清)周贇撰　清光緒七年(1881)刻本　四冊

340000－1801－0003658　2∶19739－2∶19742
史學驪珠四卷　(清)周贇撰　清光緒七年(1881)刻本　四冊

340000－1801－0003659　2∶19743－2∶19750
歷代史略六卷　(清)柳詒徵撰　清光緒江楚書局刻本　八冊

340000－1801－0003660　2∶19751－2∶19758
歷代史略六卷　(清)柳詒徵撰　清光緒江楚書局刻本　八冊

340000－1801－0003661　2∶19759－2∶19766
歷代史略六卷　(清)柳詒徵撰　清光緒江楚書局刻本　八冊

340000－1801－0003662　2∶19767－2∶19770
宋遼金元史菁華錄十卷　(清)納蘭常安輯　清光緒二十六年(1900)上海書局石印本　四冊

340000－1801－0003663　2∶19775
正史捷覽□□卷　(□)□□撰　清同治十三年(1874)抄本　一冊

340000－1801－0003664　2∶19779－2∶19782
讀史正氣錄十八卷　(清)姚德鈞　(清)劉秉衡同輯　清光緒十五年(1889)刻本　四冊

340000－1801－0003665　2∶19785－2∶19788
史學綱領四卷　(明)顧充編輯　清同治四年(1865)刻本　四冊

340000－1801－0003666　2∶19789
世本一卷　(漢)宋衷注　(清)茆泮林輯　清道光二十二年(1842)高郵茆氏梅瑞軒刻十種古逸書本　一冊

340000－1801－0003667　2∶19790
御覽闕史二卷　(唐)高彦休述　清光緒三年(1877)湖北崇文書局刻本　一冊

340000－1801－0003668　2:19791－2:19794
讀史四集四卷　(明)楊以任輯　清西楊家塾刻本　四册

340000－1801－0003669　2:19815－2:19818
讀史記十表十卷　(清)汪越輯　(清)徐克范補　清雍正元年(1723)治古堂刻本　四册

340000－1801－0003670　2:19819－2:19824
校漢書八表八卷　(清)夏燮撰　清光緒十六年(1890)江城公所刻本　六册

340000－1801－0003671　2:19825－2:19826
前漢書匈奴表三表附錄一卷　(清)忱惟賢撰　清鉛印本　二册

340000－1801－0003672　2:19827
歷朝統系圖一卷統系歌略一卷　(清)潘清蔭撰　清光緒二十八年(1902)濟南刻本　一册

340000－1801－0003673　2:19829－2:19832
三國郡縣表八卷　(清)吳增僅撰　清光緒二十二年(1896)木活字印本　四册

340000－1801－0003674　2:19833－2:19836
三國郡縣表補正八卷　(清)吳增僅撰　楊守敬補正　清光緒三十三年(1907)鄂城刻本　四册

340000－1801－0003675　2:19837－2:19840
學古堂日記三種六卷　(清)沈惟賢撰　清刻本　四册

340000－1801－0003676　2:19842－2:19849
歷代史表六十卷　(清)萬斯同輯　清光緒十九年(1893)古香閣石印本　八册

340000－1801－0003677　2:19850－2:19857
歷代史表六十卷　(清)萬斯同輯　清光緒十九年(1893)古香閣石印本　八册

340000－1801－0003678　2:19858－2:19865
歷代史表六十卷　(清)萬斯同輯　清光緒十九年(1893)古香閣石印本　八册

340000－1801－0003679　2:19866－2:19873
歷代史表六十卷　(清)萬斯同輯　清光緒十九年(1893)古香閣石印本　八册

340000－1801－0003680　2:19874－2:19877
歷代帝王年表不分卷　(清)齊召南編　(清)阮福續　(清)陸賢塀輯　清道光四年(1824)小琅嬛仙館刻本　四册

340000－1801－0003681　2:19878－2:19881
歷代帝王年表不分卷　(清)齊召南編　(清)阮福續　**帝王廟謚年諱譜一卷**　(清)陸賢塀輯　清道光四年(1824)儀徵阮氏小琅嬛仙館刻本　四册

340000－1801－0003682　2:19882－2:19885
歷代帝王年表不分卷　(清)齊召南編　(清)阮福續　**帝王廟謚年諱譜一卷**　(清)陸賢塀輯　清道光四年(1824)儀徵阮氏小琅嬛仙館刻本　四册

340000－1801－0003683　2:19886－2:19889
歷代帝王年表不分卷　(清)齊召南編　(清)阮福續　**帝王廟謚年諱譜一卷**　(清)陸賢塀輯　清道光四年(1824)儀徵阮氏小琅嬛仙館刻本　四册

340000－1801－0003684　2:19890－2:19893
歷代帝王年表不分卷　(清)齊召南編　(清)阮福續　**帝王廟謚年諱譜一卷**　(清)陸賢塀輯　清同治二年(1863)武林葉氏敦怡堂刻本　四册

340000－1801－0003685　2:19894－2:19896
歷代帝王年表三卷　(清)齊召南撰　(清)阮福續　清道光至光緒南海伍氏刻粤雅堂叢書本　三册

340000－1801－0003686　2:19897－2:19900
歷代帝王年表三卷　(清)齊召南撰　(清)阮福續　(清)陸賢塀輯　清光緒二十八年(1902)上海石印本　四册

340000－1801－0003687　2:19901－2:19903
歷代帝王年表三卷　(清)齊召南撰　(清)阮福續　(清)陸賢塀輯　清光緒十二年(1886)蘇州掃葉山房刻本　三册

340000－1801－0003688　2:19904－2:19906
歷代帝王年表三卷　(清)齊召南撰　(清)阮

福續　(清)陸賢墀輯　清光緒十二年(1886)蘇州掃葉山房刻本　三冊

340000－1801－0003689　2:19907－2:19908
歷代帝王年表三卷　(清)齊召南撰　(清)阮福續　(清)陸賢墀輯　清刻本　二冊

340000－1801－0003690　2:19910－2:19912
歷代帝王年表三卷　(清)齊召南編　(清)阮福續　**帝王廟謚年諱譜一卷**　(清)陸賢墀輯　清道光至光緒南海伍氏刻粵雅堂叢書本　三冊

340000－1801－0003691　2:19913－2:19916
四裔編年表四卷　(清)李鳳苞編　嚴良勳　(美國)林樂知譯　清光緒二十三年(1897)石印本　四冊

340000－1801－0003692　2:19918
歷代帝王紀年考一卷　(清)王檢心輯　清道光二十三年(1843)刻本　一冊

340000－1801－0003693　2:19919
歷代帝王歌不分卷　(清)張樹楷編輯　清宣統三年(1911)守待書屋木活字印本　一冊

340000－1801－0003694　2:1992－2:2001 善
文公先生資治通鑑綱目五十九卷　(宋)朱熹撰　(宋)尹起莘發明　(元)王幼學集覽　(元)汪克寬考異　明刻本　十冊

340000－1801－0003695　2:19927－2:19930
四裔編年表四卷　(美國)林樂知　嚴良勳譯　清光緒江南製造局刻本　四冊

340000－1801－0003696　2:19931－2:19934
四裔編年表四卷　(美國)林樂知　嚴良勳譯　清刻本　四冊

340000－1801－0003697　2:19935
四裔編年表四卷　(美國)林樂知　嚴良勳譯　清刻本　一冊

340000－1801－0003698　2:19937－2:19941
列代建元表十卷建元類聚考二卷　(清)錢東垣撰　清道光七年(1827)桐鄉金鳳沼刻本　五冊

340000－1801－0003699　2:19943－2:19945
歷代疆域表三卷　(清)段長基輯　清嘉慶二十年(1815)味古山房刻本　三冊

340000－1801－0003700　2:19946
古今法制表十六卷　(清)孫榮編述　清刻本　一冊　存二卷(十至十一)

340000－1801－0003701　2:19950－2:19952
南北史表七卷南北史世系表五卷　(清)周嘉猷撰　清光緒十八年(1892)廣雅書局刻本　三冊

340000－1801－0003702　2:19954－2:19973
支那五千年大事一覽表　(清)陳敬第編　清浙西書林鉛印本　二十冊

340000－1801－0003703　2:19974
三國紀年表一卷五代紀年表一卷　(清)周嘉猷撰　清光緒六年(1880)刻本　一冊

340000－1801－0003704　2:19975
中國歷代帝王年契一卷　(美國)華約翰撰　清光緒十六年(1890)鳩江驛磯山福音堂刻本　一冊

340000－1801－0003705　2:19976
甲子紀元一卷　(清)陳弘謀撰　清刻本　一冊

340000－1801－0003706　2:19977
歷代年號記略一卷　(清)呂調陽撰　清同治十年(1871)亦園刻本　一冊

340000－1801－0003707　2:19980
歷代紀元部表二卷　(清)江永撰　清乾隆二十年(1755)刻本　一冊

340000－1801－0003708　2:19988
紀元編三卷末一卷　(清)李兆洛撰　(清)六承如錄　清同治十年(1871)合肥李氏刻本　一冊

340000－1801－0003709　2:19995－2:19996
晏子春秋八卷　(春秋)晏嬰撰　(清)顧廣圻　(清)吳鼒校　清嘉慶二十一年(1816)全椒吳氏刻本　二冊

340000－1801－0003710　2:19997－2:20000

晏子春秋七卷　(春秋)晏嬰撰　**音義二卷**　(清)孫星衍校並音義　**校勘記二卷**　(清)黄以周撰　清光緒元年(1875)浙江書局刻本　四册

340000－1801－0003711　2:20001－2:20004
晏子春秋七卷　(春秋)晏嬰撰　**音義二卷**　(清)孫星衍校並音義　**校勘記二卷**　(清)黄以周撰　清光緒元年(1875)浙江書局刻本　三册

340000－1801－0003712　2:20005－2:20007
晏子春秋七卷　(春秋)晏嬰撰　**音義二卷**　(清)孫星衍校並音義　**校勘記二卷**　(清)黄以周撰　清光緒元年(1875)浙江書局刻本　四册

340000－1801－0003713　2:20008－2:20011
晏子春秋七卷　(春秋)晏嬰撰　**音義二卷**　(清)孫星衍校並音義　**校勘記二卷**　(清)黄以周撰　清光緒元年(1875)浙江書局刻本　四册

340000－1801－0003714　2:20012－2:20015
晏子春秋七卷　(春秋)晏嬰撰　**音義二卷**　(清)孫星衍校並音義　**校勘記二卷**　(清)黄以周撰　清光緒元年(1875)浙江書局刻本　四册

340000－1801－0003715　2:20016
商君傳不分卷　題蜕庵撰　清刻本　一册

340000－1801－0003716　2:20017－2:20018
晏子春秋七卷　(春秋)晏嬰撰　(清)蘇輿校注　清光緒十八年(1892)思賢講舍刻本　二册

340000－1801－0003717　2:20019
晏子春秋音義二卷　(清)孫星衍撰　清刻本　一册

340000－1801－0003718　2:20020－2:20021
洪廬江祀典徵實二卷　(清)章世溶等編　清同治八年(1869)涇縣鄉賢祠刻本　二册

340000－1801－0003719　2:20022
洪廬江祀典徵實二卷　(清)章世溶等編　清同治八年(1869)涇縣鄉賢祠刻本　一册

340000－1801－0003720　2:2002－2:2007 善
元經薛氏傳十卷　(隋)王通撰　(唐)薛收傳　(宋)阮逸注　明新安程榮刻漢魏叢書本　六册

340000－1801－0003721　2:20023
洪廬江祀典徵實二卷　(清)章世溶等編　清同治八年(1869)涇縣鄉賢祠刻本　一册

340000－1801－0003722　2:20027－2:20028
魏文貞公故事拾遺三卷年譜一卷　(清)王先恭輯　清光緒九年(1883)長沙王氏刻本　二册

340000－1801－0003723　2:20030
考訂朱子世家一卷　(清)江永撰　清同治十三年(1874)涇縣黄田朱氏刻本　一册

340000－1801－0003724　2:20031－2:20032
先儒趙子言行錄二卷　(清)陳廷鈞纂述　清同治九年(1870)楚北崇文書局刻本　二册

340000－1801－0003725　2:20033－2:20034
黄文貞公忠節紀略四卷首一卷　(清)柯自遂輯　(清)劉瑞芬重編　清光緒元年(1875)皖江刻本　二册

340000－1801－0003726　2:20035－2:20038
黄文貞公忠節紀略四卷首一卷　(清)柯自遂輯　(清)劉瑞芬重編　清光緒元年(1875)皖江刻本　四册

340000－1801－0003727　2:20039－2:20040
忠敬堂彙錄一卷　(明)胡煜輯　**新編一卷**　胡嗣運補　清光緒十三年(1887)績溪胡氏刻本　二册

340000－1801－0003728　2:20041－2:20042
忠敬堂彙錄一卷　(明)胡煜輯　**新編一卷**　胡嗣運補　清光緒十三年(1887)績溪胡氏刻本　二册

340000－1801－0003729　2:20043－2:20044
忠敬堂彙錄一卷　(明)胡煜輯　**新編一卷**

胡嗣運補　清光緒十三年(1887)績溪胡氏刻本　二冊

340000－1801－0003730　2:20045－2:20046
忠敬堂彙録一卷　(明)胡煜輯　**新編一卷**　胡嗣運補　清光緒十三年(1887)績溪胡氏刻本　二冊

340000－1801－0003731　2:20047－2:20048
忠敬堂彙録一卷　(明)胡煜輯　**新編一卷**　胡嗣運補　清光緒十三年(1887)績溪胡氏刻本　二冊

340000－1801－0003732　2:20049
許公竹峰府君行狀一卷附輓章　(清)許大文撰　清乾隆刻本　一冊

340000－1801－0003733　2:20051－2:20052
雷塘盦主弟子記八卷附二種　(清)張鑑録　清道光儀徵阮氏瑯環仙館刻本　二冊

340000－1801－0003734　2:20053－2:20054
雷塘盦主弟子記八卷附二種　(清)張鑑録　清道光儀徵阮氏瑯環仙館刻本　二冊

340000－1801－0003735　2:20055－2:20056
雷塘盦主弟子記八卷附二種　(清)張鑑録　清道光儀徵阮氏瑯環仙館刻本　二冊

340000－1801－0003736　2:20057
雷塘盦主弟子記八卷附二種　(清)張鑑録　清道光儀徵阮氏瑯環仙館刻本　一冊

340000－1801－0003737　2:20059
孫節湣公傳一卷　(清)孫聯湝輯　清同治十三年(1874)刻本　一冊

340000－1801－0003738　2:20060
桐城孫節湣公事蹟一卷　(清)方鵬翥編　清道光十六年(1836)刻本　一冊

340000－1801－0003739　2:20061
雄村曹文正公行述一卷　(清)曹恩濙述　清刻本　一冊

340000－1801－0003740　2:20062
雄村曹文正公行述一卷　(清)曹恩濙述　清刻本　一冊

340000－1801－0003741　2:20063－2:20064
任學士功績録一卷　(清)任艾生輯　清光緒二十一年(1895)刻本　二冊

340000－1801－0003742　2:20065
誥授光禄大夫湖北巡撫文節陶公行略一卷　(清)黄彭年編　清光緒三年(1877)刻本　一冊

340000－1801－0003743　2:20066
陶子方行述一卷　陶保廉撰　清刻本　一冊

340000－1801－0003744　2:20067
蔣秦樹君墓誌銘　(清)朱筠撰　**徐柳坡行述一卷附録一卷**　(清)徐有功述　清刻本　一冊

340000－1801－0003745　2:20068－2:20071
方柏堂先生事實考略五卷　陳澹然　方守彝等纂述　清光緒十五年(1889)皖城刻本　四冊

340000－1801－0003746　2:20072－2:20074
方柏堂先生事實考略五卷　陳澹然　方守彝等纂述　清光緒十五年(1889)皖城刻本　三冊

340000－1801－0003747　2:20075
陳徵君行録一卷　(清)陳兆文撰　清光緒十年(1884)長沙刻本　一冊

340000－1801－0003748　2:20076
贈太子少保席公行狀一卷　(清)陳三立著　清光緒十六年(1890)刻本　一冊

340000－1801－0003749　2:20077
清夏雪湄府君事狀一卷　(清)夏慎大等狀　清屯溪刻本　一冊

340000－1801－0003750　2:20078－2:20093
求闕齋弟子記三十二卷　(清)王定安撰　清光緒二年(1876)都門琉璃廠龍文齋刻本　十六冊

340000－1801－0003751　2:2008 善
通鑑稾鑰十卷　(明)□□輯　明嘉靖三十年(1551)婺東鱅溪書堂刻本　一冊　存四卷

（一至四）

340000－1801－0003752　2∶2009－2∶2022 善
新刻通鑑集要二十八卷　（明）吴守謨輯　（明）吴可瑞校　明萬曆刻本　十四册

340000－1801－0003753　2∶20094
跨鶴先生小傳一卷　（清）章耀濱撰　清光緒刻本　一册

340000－1801－0003754　2∶20103
玉池老人自敘一卷首一卷　（清）郭嵩燾撰　清光緒十九年（1893）養知書屋刻本　一册

340000－1801－0003755　2∶20104
江南善政前後匯録　（清）陸邦貴輯　清光緒三十一年（1905）刻本　一册

340000－1801－0003756　2∶20105
方昭甫先生軼事記一卷　（清）方江撰　清同治刻本　一册

340000－1801－0003757　2∶20106
劉銘傳行狀不分卷　（清）劉盛芸等撰　清刻本　一册

340000－1801－0003758　2∶20107
劉銘傳行狀不分卷　（清）劉盛芸等撰　清刻本　一册

340000－1801－0003759　2∶20108
劉銘傳行狀不分卷　（清）劉盛芸等撰　清刻本　一册

340000－1801－0003760　2∶20109
劉襄勤史傳稿一卷　（清）何維樸撰　清宣統二年（1910）石印本　一册

340000－1801－0003761　2∶20110
劉襄勤史傳稿一卷　（清）何維樸撰　清宣統二年（1910）石印本　一册

340000－1801－0003762　2∶20111
徐勇烈公行狀一卷　（清）徐宗亮撰　清光緒二十九年（1903）徐氏刻本　一册

340000－1801－0003763　2∶20112
徐勇烈公行狀一卷　（清）徐宗亮撰　清光緒二十九年（1903）徐氏刻本　一册

340000－1801－0003764　2∶20113
儀衛先生行狀一卷　（清）方宗誠撰　清刻本　一册

340000－1801－0003765　2∶20114
胡文忠公行狀一卷　（清）郭嵩燾撰　**江忠烈公行狀**　（清）左宗棠　（清）郭嵩燾撰　清刻本　一册

340000－1801－0003766　2∶20115
金雲門事狀一卷李標事狀一卷　（清）黄鈺編　清咸豐六年（1856）刻本　一册

340000－1801－0003767　2∶20116
王友端行述一卷　（清）王恩晉等述　清咸豐十年（1860）木活字印本　一册

340000－1801－0003768　2∶20117
吴先生行狀一卷　（清）賀濤輯　清刻本　一册

340000－1801－0003769　2∶20119
李鴻章（四十年來大事記）十二章　梁啟超著　清光緒石印本　一册

340000－1801－0003770　2∶20120
支那之偉人李鴻章（四十年來大事記）十二章　梁啟超著　清光緒二十七年（1901）上海進步社石印本　一册

340000－1801－0003771　2∶20122
李鴻章（四十年來大事記）十二章　梁啟超著　清光緒二十七年（1901）石印本　一册

340000－1801－0003772　2∶20123
李鴻章（四十年來大事記）十二章　梁啟超著　清光緒二十七年（1901）石印本　一册

340000－1801－0003773　2∶20124
李鴻章（四十年來大事記）十二章　梁啟超著　清石印本　一册

340000－1801－0003774　2∶20138
馬公實馬幼白行實一卷　（清）馬起升述　清刻本　一册

340000－1801－0003775　2:20140
陳寶箴行狀一卷　(清)陳三立述　清光緒刻本　一册

340000－1801－0003776　2:20141
陳寶箴行狀一卷　(清)陳三立述　清光緒刻本　一册

340000－1801－0003777　2:20143
五城黃大成公墓誌銘一卷　(清)王心蕖撰　清稿本　一册

340000－1801－0003778　2:20144
婺源戴華清先生傳一卷　(□)□□撰　清刻本　一册

340000－1801－0003779　2:20147
周烈士傳一卷　(清)顧壽楨輯　清同治五年(1866)見素抱樸齋刻本　一册

340000－1801－0003780　2:20148
休寧率溪程氏六烈婦傳一卷　(清)程龍標輯　清光緒二十三年(1897)鉛印本　一册

340000－1801－0003781　2:20150
明經胡氏七哲集傳不分卷　(清)胡朝賀輯　清咸豐五年(1855)胡氏刻本　一册

340000－1801－0003782　2:20156
程鈞石傳一卷　(清)方允鐶撰　清道光邗江刻本　一册

340000－1801－0003783　2:20157
臨川李小湖先生行述一卷　(清)李翊煌述　清稿本　一册

340000－1801－0003784　2:20162
姚氏先人行述一卷　(清)姚鳳等述　清光緒刻本　一册

340000－1801－0003785　2:20173
候選知縣周叔篔行狀一卷　(清)王詠霓編　清光緒刻本　一册

340000－1801－0003786　2:20184
曾文正公大事記四卷　(清)王定安撰　清光緒十四年(1888)鴻文書局鉛印本　一册

340000－1801－0003787　2:20187
劉坤一事略一卷　(□)□□撰　清光緒二十九年(1903)石印本　一册

340000－1801－0003788　2:20188
汪雙池行狀一卷墓表一卷　(清)余元遴撰　**余元遴行狀一卷**　(清)余龍光撰　清道光二十七年(1847)刻本　一册

340000－1801－0003789　2:20191
向張二公傳忠錄一卷　(清)過鑄輯錄　清梁溪過氏刻本　一册

340000－1801－0003790　2:20194
岑毓英行狀一卷　(清)岑春榮等述　清光緒十五年(1889)刻本　一册

340000－1801－0003791　2:20195
皇清誥授資政大夫贈內閣學士國史館立傳二品銜原任山東登萊表道劉公事寔彙編　(清)周緝之編輯　清光緒石印本　一册

340000－1801－0003792　2:20198
吳抑庵行狀不分卷　(清)吳謙光等撰　清在爾居刻本　一册

340000－1801－0003793　2:20－2:27 善
荆川先生精選批點史記十二卷荆川先生精選批點漢書四卷　(明)唐順之選批　明天啓三年(1623)刻本　八册

340000－1801－0003794　2:20200
欽旌節烈樓母李太宜人家傳題詞一卷　(清)樓壽康輯　清光緒二十五年(1899)刻本　一册

340000－1801－0003795　2:20201
湖樂司巡檢王梅君行述　(清)王廷樑等撰　清光緒刻本　一册

340000－1801－0003796　2:20203
曾太傅毅勇侯傳略一卷　(清)黎庶昌撰　清刻本　一册

340000－1801－0003797　2:20204
贈太僕寺卿湖北安陸府知府金公事狀一卷　(清)黃鉦撰　清咸豐刻本　一册

340000－1801－0003798　2:20208
劉軍門戰功紀略一卷　(清)吳大澄等纂輯　清光緒二年(1876)刻本　一册

340000－1801－0003799　2:20209
張文襄公事略一卷　(□)□□撰　清石印本　一册

340000－1801－0003800　2:20215
徐母李太夫人傳略一卷　(清)徐慮善撰　清抄本　一册

340000－1801－0003801　2:20216
羅信南先生事略一卷　(清)張宗翰撰　清光緒木活字印本　一册

340000－1801－0003802　2:20217
誥授資政大夫倪公愚山行狀一卷　(清)張紹華撰　清光緒石印本　一册

340000－1801－0003803　2:20218
徐公傳略一卷　(清)徐慮善撰　清抄本　一册

340000－1801－0003804　2:20221
王顥思先生傳一卷　(清)王植　(清)陳炎宗編　清刻本　一册

340000－1801－0003805　2:20222
陸清獻公蒞嘉遺跡二卷　(清)黃維玉輯　清道光二十一年(1841)刻本　一册

340000－1801－0003806　2:20223
陸清獻公蒞嘉遺跡三卷　(清)黃維玉輯　(清)應寶時訂正　清同治六年(1867)上海道署刻本　一册

340000－1801－0003807　2:20224
陸清獻公蒞嘉遺跡三卷　(清)黃維玉輯　(清)應寶時訂正　清同治六年(1867)上海道署刻本　一册

340000－1801－0003808　2:20225
許太夫人傳略一卷　(比利時)柏應理撰　(清)許采白譯　清光緒八年(1882)鉛印本　一册

340000－1801－0003809　2:20227
太子少保姚公傳一卷　(清)李光地撰　清刻本　一册

340000－1801－0003810　2:20228
孫文定公行述墓表一卷　(清)孫鑄輯　清刻本　一册

340000－1801－0003811　2:20229
張文和公行述一卷　(清)張若澄等述　清刻藍印本　一册

340000－1801－0003812　2:2023－2:2106 善
資治通鑑綱目前編二十五卷　(明)南軒編　(明)陳仁錫評輯　**正編五十九卷**　(宋)朱熹編　**續編二十七卷**　(明)商輅編　明刻本　八十四册　存九十四卷(資治通鑑綱目前編二十五卷,正編一至二十、三十八至五十九,續編二十七卷)

340000－1801－0003813　2:20231
顧尚之別傳一卷　(清)張文虎撰　清刻本　一册

340000－1801－0003814　2:20232
從戎紀略一卷　(清)朱洪章撰　清光緒十九年(1893)紫陽堂刻本　一册

340000－1801－0003815　2:20236－2:20239
孔子編年五卷　(宋)胡仔撰　清嘉慶二十三年(1818)旌德湯庭光刻本　四册

340000－1801－0003816　2:20240
孔子年譜綱目一卷　(清)夏洪基輯　清刻本　一册

340000－1801－0003817　2:20241－2:20242
孔子編年五卷　(宋)胡仔撰　清同治九年(1870)胡湛刻本　二册

340000－1801－0003818　2:20243
王文公[安石]年譜考略節要四卷附存二卷　(清)蔡上翔撰　(清)楊希閔節錄　清光緒刻本　一册

340000－1801－0003819　2:20247
蘇潁濱[轍]年譜一卷　(宋)孫汝聽編　清刻本　一册

340000－1801－0003820　2:20248
蘇穎濱[轍]年譜一卷　(宋)孫汝聽編　清刻本　一册

340000－1801－0003821　2:20249
先聖生卒年月日考二卷　(清)孔廣牧述　清光緒十九年(1893)浙江書局刻本　一册

340000－1801－0003822　2:20250
先聖生卒年月日考二卷　(清)孔廣牧撰　清光緒十五年(1889)廣雅書局刻本　一册

340000－1801－0003823　2:20270－2:20277
朱子年譜綱目十二卷首一卷末一卷　(清)李元祿編次　清嘉慶七年(1802)敬修齋刻本　八册

340000－1801－0003824　2:20278－2:20280
朱子年譜二卷前錄二卷後錄二卷　(清)朱世潤重編　清乾隆二年(1737)刻本　三册

340000－1801－0003825　2:20281
朱子年譜二卷　(清)朱烈編　清康熙刻本　一册

340000－1801－0003826　2:20282
朱子年譜四卷考異四卷附錄二卷　(清)王懋竑纂訂　清乾隆十六年(1751)寶應王氏白田草堂刻本　一册　存四卷(考異四卷)

340000－1801－0003827　2:20283－2:20289
朱子年譜四卷考異四卷附錄二卷　(清)王懋竑纂訂　清乾隆十六年(1751)寶應王氏白田草堂刻本　七册

340000－1801－0003828　2:20290－2:20293
朱子年譜四卷考異四卷附錄二卷　(清)王懋竑纂訂　清乾隆十六年(1751)寶應王氏白田草堂刻本　四册

340000－1801－0003829　2:20294－2:20297
朱子年譜四卷考異四卷附錄二卷　(清)王懋竑纂訂　清乾隆十六年(1751)寶應王氏白田草堂刻本　四册

340000－1801－0003830　2:20298－2:20301
朱子年譜四卷考異四卷附錄二卷　(清)王懋竑纂訂　清乾隆十六年(1751)寶應王氏白田草堂刻本　四册

340000－1801－0003831　2:20302－2:20305
朱子年譜四卷考異四卷附錄二卷　(清)王懋竑纂訂　清乾隆十六年(1751)寶應王氏白田草堂刻浙江書局重修本　四册

340000－1801－0003832　2:20306－2:20311
朱子年譜四卷考異四卷附錄二卷　(清)王懋竑纂訂　清乾隆十六年(1751)寶應王氏白田草堂刻浙江書局重修本　六册

340000－1801－0003833　2:20314
李忠定公[綱]年譜一卷　(清)楊希閔編　清同治五年(1866)福州刻本　一册

340000－1801－0003834　2:20316－2:20317
明李文正公[東陽]年譜七卷續編二卷　(清)法式善纂輯　(清)唐仲冕增補　清嘉慶九年(1804)刻本　二册

340000－1801－0003835　2:20318－2:20321
建文[朱允炆]年譜四卷　(明)趙士喆纂修　(明)趙濤　(明)趙瀚音注　清道光二十一年(1841)刻味塵軒叢書本　四册

340000－1801－0003836　2:20322
周恭節公[怡]年譜一卷　(明)吳達可編輯　(清)吳登瀛增定　清光緒二十七年(1901)吳勝弼木活字印本　一册

340000－1801－0003837　2:20325
王深甯[應麟]年譜一卷　(清)張大昌輯　清光緒十六年(1890)浙江書局刻本　一册

340000－1801－0003838　2:20326－2:20327
左忠毅公[光斗]年譜二卷　(清)左宰編　清乾隆四年(1739)刻本　二册

340000－1801－0003839　2:20328－2:20329
左忠毅公[光斗]年譜二卷　(清)左宰編　清乾隆四年(1739)刻本　二册

340000－1801－0003840　2:20330－2:20331
左忠毅公[光斗]年譜二卷　(清)左宰編　清乾隆四年(1739)刻本　二册

340000－1801－0003841　2:20332－2:20333
左忠毅公[光斗]年譜二卷　(清)左宰編　清乾隆四年(1739)刻本　二册

340000－1801－0003842　2:20334
左忠毅公[光斗]年譜定本　馬其昶纂　清光緒三十年(1904)合肥李國松集虚草堂刻本　一册

340000－1801－0003843　2:20337－2:20338
蕺山先生[劉宗周]年譜二卷　(清)劉汋編　清光緒二十三年(1897)海天旭日硯齋刻本　二册

340000－1801－0003844　2:20339－2:20342
高陽太傅孫文正公[承宗]年譜五卷　(清)孫銓編輯　清師儉堂刻本　四册

340000－1801－0003845　2:20343
周吏部[順昌]年譜一卷　(明)殷獻臣述　清刻本　一册

340000－1801－0003846　2:20345
職方公年譜一卷　(明)何出圖自訂　清乾隆十八年(1753)扶溝何功璜刻本　一册

340000－1801－0003847　2:20346－2:20351
李恕谷先生[塨]年譜五卷　(清)馮辰纂　清道光十六年(1836)蠡吾李詰刻本　六册

340000－1801－0003848　2:20352
顧亭林先生[炎武]年譜一卷　(清)張穆撰　清道光二十四年(1844)刻本　一册

340000－1801－0003849　2:20353－2:20354
王船山先生[夫之]年譜二卷　(清)劉毓崧編　清光緒十二年(1886)江南書局刻本　二册

340000－1801－0003850　2:20355－2:20356
王船山先生[夫之]年譜二卷　(清)劉毓崧編　清光緒十二年(1886)江南書局刻本　二册

340000－1801－0003851　2:20357－2:20358
王船山先生[夫之]年譜二卷　(清)劉毓崧編　清光緒十二年(1886)江南書局刻本　二册

340000－1801－0003852　2:20360
安道先生[陳瑚]年譜二卷　(清)陳溥述　清光緒十九年(1893)太倉繆氏刻本　一册

340000－1801－0003853　2:20361
安道先生[陳瑚]年譜二卷　(清)陳溥述　清光緒十八年(1892)東倉書庫刻本　一册

340000－1801－0003854　2:20364
祁忠惠公[彪佳]年譜一卷　(明)王思任輯　(清)梁廷枏　(清)龔沅補編　清道光十七年(1837)山陰胡氏刻本　一册

340000－1801－0003855　2:20365
張蒼水[煌言]年譜一卷　(清)趙之謙纂　清末鉛印本　一册

340000－1801－0003856　2:20366
黄忠端公[尊素]年譜二卷　(清)黄炳垕輯　清光緒元年(1875)留書種閣刻本　一册

340000－1801－0003857　2:20367
黄忠端公[尊素]年譜二卷　(清)黄炳垕輯　清光緒元年(1875)留書種閣刻本　一册

340000－1801－0003858　2:20374
忠節吴次尾先生[應箕]年譜一卷遺事一卷　(清)夏燮編　清同治刻本　一册

340000－1801－0003859　2:20384－2:20388
徵君孫先生[奇逢]年譜二卷　(清)湯斌等編次　**譜錄一卷**　(清)張蓬雲要語　(清)孫望雅輯　**遊譜一卷答問一卷孝友堂家規一卷**　(清)孫奇逢著　清初刻本　五册

340000－1801－0003860　2:20389
張楊園先生[履祥]年譜一卷　(清)蘇惇元纂訂重編　清同治三年(1864)錢塘丁氏當歸草堂刻本　一册

340000－1801－0003861　2:20391－2:20392
陸稼書[隴其]年譜定本二卷附錄一卷　(清)吴光酉重輯　清雍正三年(1725)清風堂刻乾隆六年(1741)增刻本　二册

340000－1801－0003862　2:20393
陸稼書[隴其]年譜定本二卷附錄一卷　(清)吴光酉重輯　清雍正三年(1725)清風堂刻乾隆六年(1741)增刻本　一册　缺一卷(二)

340000－1801－0003863　2：20394
張楊園先生[履祥]年譜一卷　(清)蘇惇元纂訂重編　清道光二十三年(1843)儀宋堂刻本　一册

340000－1801－0003864　2：20395
張楊園先生[履祥]年譜一卷　(清)蘇惇元纂訂重編　清道光二十三年(1843)儀宋堂刻本　一册

340000－1801－0003865　2：20396－2：20397
陸清獻公[隴其]年譜定本二卷附録一卷　(清)吴光酉重輯　清光緒八年(1882)津河廣仁堂刻本　二册

340000－1801－0003866　2：20402
蒙齋年譜一卷續一卷　(清)田雯自撰　**附補年譜一卷**　(清)田肇麗撰　清康熙五十二年(1713)刻德州田氏叢書本　一册

340000－1801－0003867　2：20403
姚惜抱先生[鼐]年譜一卷　(清)鄭福照輯　清同治七年(1868)刻本　一册

340000－1801－0003868　2：20404－2：20405
澄懷主人自訂年譜六卷　(清)張廷玉撰　(清)張紹文重校　清光緒六年(1880)龐山刻本　二册

340000－1801－0003869　2：20406－2：20407
澄懷主人自訂年譜六卷　(清)張廷玉撰　(清)張紹文重校　清光緒六年(1880)龐山刻本　二册

340000－1801－0003870　2：20408－2：20409
澄懷主人自訂年譜六卷　(清)張廷玉撰　(清)張紹文重校　清光緒六年(1880)龐山刻本　二册

340000－1801－0003871　2：20410－2：20411
澄懷主人自訂年譜六卷　(清)張廷玉撰　(清)張紹文重校　清光緒六年(1880)龐山刻本　二册

340000－1801－0003872　2：20412－2：20413
澄懷主人自訂年譜六卷　(清)張廷玉撰　(清)張紹文重校　清光緒六年(1880)龐山刻本　二册

340000－1801－0003873　2：20414－2：20415
雙池先生[汪紱]年譜二卷附録一卷　(清)余龍光編次　清同治五年(1866)沱川理源刻本　二册

340000－1801－0003874　2：20416－2：20417
雙池先生[汪紱]年譜二卷附録一卷　(清)余龍光編次　清同治五年(1866)沱川理源刻本　二册

340000－1801－0003875　2：20418－2：20419
雙池先生[汪紱]年譜二卷附録一卷　(清)余龍光編次　清同治五年(1866)沱川理源刻本　二册

340000－1801－0003876　2：20420－2：20421
雙池先生[汪紱]年譜二卷附録一卷　(清)余龍光編次　清同治五年(1866)沱川理源刻本　二册

340000－1801－0003877　2：20422－2：20437
德壯果公[楞泰]年譜三十二卷　(清)花沙納纂　清咸豐六年(1856)致遠堂刻本　十六册

340000－1801－0003878　2：20428－2：20453
德壯果公[楞泰]年譜三十二卷　(清)花沙納纂　清咸豐六年(1856)致遠堂刻本　十六册

340000－1801－0003879　2：20455
吴竹如先生[廷棟]年譜一卷　(清)方宗誠輯　清光緒四年(1878)畿輔志局刻本　一册

340000－1801－0003880　2：20456
吴竹如先生[廷棟]年譜一卷　(清)方宗誠輯　清光緒十一年(1885)刻本　一册

340000－1801－0003881　2：20457
吴竹如先生[廷棟]年譜一卷　(清)方宗誠輯　清光緒四年(1878)畿輔志局刻本　一册

340000－1801－0003882　2：20460
姚惜抱先生[鼐]年譜一卷　(清)鄭福照輯　清同治七年(1868)刻本　一册

340000－1801－0003883　2：20461

黄勤敏公年譜一卷 （清）黄鉞自訂 清同治五年（1866）刻本 一册

340000－1801－0003884 2:20462
黄勤敏公年譜一卷 （清）黄鉞自訂 清同治五年（1866）刻本 一册

340000－1801－0003885 2:20463
黄勤敏公年譜一卷 （清）黄鉞自訂 清同治五年（1866）刻本 一册

340000－1801－0003886 2:20466－2:20467
文端公［錢陳群］年譜二卷 （清）錢儀吉初編 （清）錢志澄增訂 清光緒二十年（1894）刻本 二册

340000－1801－0003887 2:20468
皇清誥授光禄大夫禮部左侍郎加一級恩賜三品職銜顯考未堂府君自訂年譜 （清）謝溶生自訂 清刻本 一册

340000－1801－0003888 2:20473－2:20474
武進李申耆先生［兆洛］年譜三卷小德録一卷 （清）蔣彤編 清光緒三十年（1904）嘉興金吳瀾木活字印本 二册

340000－1801－0003889 2:20477
陳文肅公［大受］年譜一卷 （清）陳輝祖等輯 清光緒素園刻本 一册

340000－1801－0003890 2:20478
姚石甫［瑩］年譜一卷 （清）姚濬昌述 清姚氏抄本 一册

340000－1801－0003891 2:20479
啖蔗軒自訂年譜一卷附東歸日記一卷 （清）方士淦撰 清同治十一年（1872）兩淮運署刻本 一册

340000－1801－0003892 2:20481
章午峰先生［邦元］年譜一卷日記一卷 （清）章家祚述 清光緒十八年（1892）銅陵章氏刻本 一册

340000－1801－0003893 2:20483
孫淵如先生［星衍］年譜二卷 （清）張紹南編 清刻本 一册

340000－1801－0003894 2:20484
孫淵如先生［星衍］年譜二卷 （清）張紹南編 清藕香簃刻藕香零拾本 一册

340000－1801－0003895 2:20487
皇清敕授修職郎誥封朝議大夫顯考警石府君［泰吉］年譜一卷 （清）錢應溥輯 清同治四年（1865）刻本 一册

340000－1801－0003896 2:20488
皇清敕授修職郎誥封朝議大夫顯考警石府君［泰吉］年譜一卷附郊農偶吟稿一卷 （清）錢應溥 （清）錢炳森述 清同治十一年（1872）刻本 一册

340000－1801－0003897 2:20491
行年紀略一卷 （清）王寶仁自述 清光緒九年（1883）舊香居刻本 一册

340000－1801－0003898 2:20492－2:20493
王靖毅公［懿德］年譜二卷 （清）王家勤編 清刻本 二册

340000－1801－0003899 2:20495
羅忠節公［澤南］年譜二卷 （清）郭嵩燾編 清同治二年（1863）長沙刻本 一册

340000－1801－0003900 2:20496
周武壯公年譜□□卷首一卷 （清）周盛傳自編 清光緒二十八年（1902）刻本 一册 存一卷（首一卷）

340000－1801－0003901 2:20499－2:20505
曾文正公［國藩］年譜十二卷 （清）黎庶昌等編輯 清光緒二年（1876）傳忠書局刻本 七册

340000－1801－0003902 2:20506－2:20515
左文襄公［宗棠］年譜十卷 （清）羅正鈞纂 清光緒二十三年（1897）湘陰左氏刻本 十册

340000－1801－0003903 2:20516
皇清誥封太淑人顯妣張太淑人行狀一卷 （清）翁同書等述 清刻本 一册

340000－1801－0003904 2:20553
桐溪達史自編年譜一卷 （清）嚴辰撰 清光

緒刻本　一册

340000－1801－0003905　2:20554
遂翁自訂年譜一卷　（清）趙畇撰　（清）趙繼元等補　清光緒趙氏刻本　一册

340000－1801－0003906　2:20555
遂翁自訂年譜一卷　（清）趙畇撰　（清）趙繼元等補　清光緒趙氏刻本　一册

340000－1801－0003907　2:20556
遂翁自訂年譜一卷　（清）趙畇撰　（清）趙繼元等補　清光緒趙氏刻本　一册

340000－1801－0003908　2:20557
遂翁自訂年譜一卷　（清）趙畇撰　（清）趙繼元等補　清光緒趙氏刻本　一册

340000－1801－0003909　2:20564－2:20568
岑襄勤公［毓英］年譜十卷　趙藩編輯　清光緒二十五年（1899）河朔使署刻本　五册

340000－1801－0003910　2:20573
萬清軒先生［斛泉］年譜一卷　（清）張鼎元編　（清）錢同壽校訂　清光緒三十二年（1906）刻本　一册

340000－1801－0003911　2:20574
休寧程竹溪先生［仁恩］年譜一卷　（清）嚴寶枝　（清）謝家樹輯　清光緒三年（1877）刻本　一册

340000－1801－0003912　2:20581
仲升自訂年譜一卷　（清）徐廣縉著　清宣統二年（1910）鹿邑徐氏鉛印本　一册

340000－1801－0003913　2:20582
弇山畢公［沅］年譜一卷　（清）史善長撰次　清同治十一年（1872）畢長慶刻本　一册

340000－1801－0003914　2:20583
潘文恭公自訂年譜一卷　（清）潘世恩著　清同治二年（1863）吳縣潘氏刻本　一册

340000－1801－0003915　2:20584
皇清誥授奉政大夫晉封通議大夫浙江補用同知鄞縣知縣懷庭府君年狀一卷　（清）陳鼎述　清木活字印本　一册

340000－1801－0003916　2:20586－2:20595
歷代名人年譜十卷附存疑及生卒年月日無考一卷　（清）吳榮光撰　（清）瞿樹辰　（清）吳彌光同編校　清道光刻本　十册

340000－1801－0003917　2:20596－2:20605
歷代名人年譜十卷附存疑及生卒年月日無考一卷　（清）吳榮光撰　（清）瞿樹辰　（清）吳彌光同編校　清光緒二年（1876）京都寶經書坊刻本　十册

340000－1801－0003918　2:20609
頤壽老人年譜二卷　（清）錢寶琛自訂　清同治八年（1869）刻本　一册　存一卷（一）

340000－1801－0003919　2:20610
頤志齋四譜　（清）丁晏編　清道光二十三年（1843）刻本　一册

340000－1801－0003920　2:20616
孱守齋所編年譜五種　（清）錢大昕編　清嘉慶八年（1803）嘉興郡齋刻本　一册

340000－1801－0003921　2:20617
韓文類譜七卷柳先生年譜一卷　（宋）呂大防輯　清光緒元年（1875）金陵隸釋齋刻本　一册

340000－1801－0003922　2:20618－2:20621
四洪年譜四種　（清）洪汝奎編輯　清宣統二年至三年（1910－1911）漢陽洪氏晦木齋刻本　四册

340000－1801－0003923　2:20622－2:20625
四洪年譜四種　（清）洪汝奎編輯　清宣統二年至三年（1910－1911）漢陽洪氏晦木齋刻本　四册

340000－1801－0003924　2:20626－2:20629
四洪年譜四種　（清）洪汝奎編輯　清宣統二年至三年（1910－1911）漢陽洪氏晦木齋刻本　四册

340000－1801－0003925　2:20633
山城菊隱自編年譜一卷　（清）夏慎大撰　清稿本　一册

340000－1801－0003926　2∶20645－2∶20657
四朝先賢六家年譜　(清)楊希閔編　清光緒四年(1878)福州刻本　十三册

340000－1801－0003927　2∶20658－2∶20673
四朝先賢六家年譜　(清)楊希閔編　清光緒四年(1878)福州刻本　十六册

340000－1801－0003928　2∶20682－2∶20691
天方至聖實錄年譜二十卷首一卷　(清)劉智撰　清同治十一年(1872)錦城寶真堂刻本　十册

340000－1801－0003929　2∶20692
張文貞公[玉書]年譜一卷　丁傳靖編　清光緒三十一年(1905)刻本　一册

340000－1801－0003930　2∶20694
洪北江先生[亮吉]年譜一卷　(清)呂培等編　清光緒三年(1877)授經堂刻本　一册

340000－1801－0003931　2∶20695－2∶20696
疑年錄四卷　(清)錢大昕編　**續疑年錄四卷**　(清)吳修編　清道光至光緒南海伍氏刻粵雅堂叢書本　二册

340000－1801－0003932　2∶20697－2∶20698
疑年錄四卷　(清)錢大昕編　**續疑年錄四卷**　(清)吳修編　**米海嶽年譜一卷**　(清)翁方綱撰　清道光至光緒南海伍氏刻粵雅堂叢書本　二册

340000－1801－0003933　2∶20699－2∶20701
三續疑年錄十卷　(清)陸心源編　**補疑年錄四卷**　(清)錢椒編　清光緒五年(1879)歸安陸氏刻存齋雜纂本　三册

340000－1801－0003934　2∶20702－2∶20707
疑年錄四卷　(清)錢大昕編　**續疑年錄四卷**　(清)吳修編　**三續疑年錄十卷**　(清)陸心源編　清刻本　六册

340000－1801－0003935　2∶20708－2∶20709
疑年錄四卷　(清)錢大昕編　**續疑年錄四卷**　(清)吳修編　清嘉慶十八年(1813)海鹽吳氏刻本　二册

340000－1801－0003936　2∶20726
右軍[王羲之]年譜一卷叢談一卷　(清)魯一同編次　清咸豐五年(1855)刻本　一册

340000－1801－0003937　2∶20727
帝王廟諱年譜一卷　(清)陸費墀撰　清績溪周氏刻本　一册

340000－1801－0003938　2∶20729
帝王廟諱年譜一卷　(清)陸費墀撰　清光緒八年(1882)刻本　一册

340000－1801－0003939　2∶20730
帝王廟諱年譜一卷　(清)陸費墀撰　清光緒八年(1882)刻本　一册

340000－1801－0003940　2∶20731
帝王廟諱年譜一卷　(清)陸費墀撰　清光緒八年(1882)刻本　一册

340000－1801－0003941　2∶20732
帝王廟諱年譜一卷　(清)陸費墀撰　清光緒八年(1882)刻本　一册

340000－1801－0003942　2∶20733
帝王廟諱年譜一卷　(清)陸費墀撰　清光緒八年(1882)刻本　一册

340000－1801－0003943　2∶20740
辛筠谷[從益]年譜一卷　(清)辛從益撰　(清)辛桂雲等補輯　**江蘇學政辛公行狀**　(清)李兆洛撰　**公孫龍子注**　(清)辛從益注　清刻本　一册

340000－1801－0003944　2∶20741
傅青主先生[山]年譜一卷　丁寶銓輯　清宣統三年(1911)刻本　一册

340000－1801－0003945　2∶20742
張楊園先生[履祥]年譜一卷　(清)蘇惇元編　清同治三年(1864)錢塘丁氏刻本　一册

340000－1801－0003946　2∶20743
張楊園先生[履祥]年譜一卷　(清)蘇惇元編　清同治三年(1864)錢塘丁氏刻本　一册

340000－1801－0003947　2∶20744－2∶20746
病榻夢痕錄二卷夢痕錄餘一卷　(清)汪輝祖

撰　清同治十一年(1872)刻本　三册

340000－1801－0003948　2:20747
病榻夢痕録二卷夢痕録餘一卷　(清)汪輝祖撰　清嘉慶刻本　一册

340000－1801－0003949　2:20751
方植之先生[東樹]年譜一卷崇祀鄉賢録一卷行略一卷　(清)鄭福照輯　清同治刻本　一册

340000－1801－0003950　2:20752
皇清誥封中議大夫工部屯田司郎中前同知銜江蘇婁縣知縣顯考黼山府君[余龍光]年譜一卷　(清)余香祖編　清光緒二十二年(1896)刻本　一册

340000－1801－0003951　2:20753
宋文憲公[濂]年譜二卷　(清)朱興悌　(清)戴殿江纂輯　清同治九年(1870)木活字印本　一册

340000－1801－0003952　2:20754
謝皋羽[翱]年譜一卷　(清)徐沁撰　清刻本　一册

340000－1801－0003953　2:20755
殷譜經侍郎自定年譜一卷　(清)殷兆鏞撰　清宣統二年(1910)鉛印本　一册

340000－1801－0003954　2:20756
羣書斠識不分卷　(清)常庸纂　清光緒八年(1882)平氏安越堂刻本　一册

340000－1801－0003955　2:20759－2:20763
宫傅楊果勇侯自編年譜五卷　(清)楊芳撰　清道光二十年(1840)南海傅祥麟寶和堂刻本　五册

340000－1801－0003956　2:20764
沈端恪公[近思]年譜二卷　(清)沈曰富纂　清光緒二十二年(1896)江蘇書局刻本　一册

340000－1801－0003957　2:20766
惕盦年譜一卷　(清)崇實撰　清光緒煥文齋刻本　一册

340000－1801－0003958　2:20772
高忠憲公[攀龍]年譜一卷　(明)華允誠述　清光緒刻高子遺書本　一册

340000－1801－0003959　2:20773
三省軒自述一卷　(清)王世恩撰　清光緒十一年(1885)刻本　一册

340000－1801－0003960　2:20774
吴竹如先生[廷棟]年譜一卷　(清)方宗誠輯　清光緒四年(1878)畿輔志局刻本　一册

340000－1801－0003961　2:20775
鄧尚書[廷楨]年譜一卷　(清)鄧邦康編　清宣統元年(1909)江浦陳氏刻本　一册

340000－1801－0003962　2:20776
慈湖先生[楊簡]年譜一卷附遺書補編　(清)馮可鏞輯　清光緒十四年(1888)毋自欺齋刻慈湖遺書本　一册

340000－1801－0003963　2:20777
覺生自訂年譜一卷　(清)鮑桂星撰　清刻本　一册

340000－1801－0003964　2:20794－2:20803
闕里志二十四卷　(明)陳鎬撰　(明)孔胤植等增補　明崇禎刻清雍正重修本　十册

340000－1801－0003965　2:20804－2:20811
闕里述聞十四卷補一卷　(清)鄭曉如述　清同治七年(1868)廣州華文堂刻本　八册

340000－1801－0003966　2:20812－2:20819
闕里述聞十四卷補一卷　(清)鄭曉如述　清同治七年(1868)廣州華文堂刻本　八册

340000－1801－0003967　2:20820－2:20827
闕里文獻考一百卷末一卷　(清)孔繼汾述　清乾隆二十七年(1762)刻本　八册

340000－1801－0003968　2:20828－2:20835
闕里文獻考一百卷末一卷　(清)孔繼汾述　清乾隆二十七年(1762)刻本　八册

340000－1801－0003969　2:20836－2:20843
闕里文獻考一百卷末一卷　(清)孔繼汾述　清刻本　八册

340000－1801－0003970　2∶20844－2∶20851
闕里文獻考一百卷末一卷　（清）孔繼汾述　清刻本　八册

340000－1801－0003971　2∶20852－2∶20859
闕里文獻考一百卷末一卷　（清）孔繼汾述　清乾隆二十七年（1762）刻本　八册

340000－1801－0003972　2∶20871－2∶20874
忠武志十卷　（清）張鵬翮　（清）周畹蘭輯　清嘉慶十九年（1814）麻城周氏刻本　四册

340000－1801－0003973　2∶20875－2∶20880
忠武志十卷　（清）張鵬翮　（清）周畹蘭輯　清嘉慶十九年（1814）麻城周氏刻本　六册

340000－1801－0003974　2∶20881－2∶20884
忠武志十卷　（清）張鵬翮　（清）周畹蘭輯　清嘉慶十九年（1814）麻城周氏刻本　四册

340000－1801－0003975　2∶20885－2∶20890
宗聖志二十卷　（清）王定安編輯　清光緒十六年（1890）金陵刻本　六册

340000－1801－0003976　2∶20891－2∶20896
宗聖志二十卷　（清）王定安編輯　清光緒十六年（1890）金陵刻本　六册

340000－1801－0003977　2∶20897－2∶20904
宗聖志二十卷　（清）王定安編輯　清光緒十六年（1890）金陵刻本　八册

340000－1801－0003978　2∶20905－2∶20908
孟子時事考徵四卷　陳寶泉編次　清嘉慶稡經堂刻本　四册

340000－1801－0003979　2∶20909－2∶20910
世忠錄一卷繼忠錄一卷　（清）程氏闔族編　清咸豐由溪程氏宗祠刻本　二册

340000－1801－0003980　2∶20911
世忠錄一卷　（清）程氏闔族編　清咸豐由溪程氏宗祠刻朱印本　一册

340000－1801－0003981　2∶20912
世忠錄一卷　（清）程氏闔族編　清咸豐由溪程氏宗祠刻本　一册

340000－1801－0003982　2∶20913
世忠錄一卷　（清）程氏闔族編　清咸豐由溪程氏宗祠刻本　一册

340000－1801－0003983　2∶20914
闢僞錄□□卷　（清）□□撰　清刻本　一册　存三卷（三至五）

340000－1801－0003984　2∶20915
大明皇陵碑文一卷　（清）□□輯　清光緒九年（1883）蚌埠文華閣石印本　一册

340000－1801－0003985　2∶20916－2∶20918
道國元公濂溪周夫子志十五卷首一卷　（清）吳大鎔主修　（清）常在編次　清康熙二十四年（1685）刻本　三册　缺六卷（七至九、十三至十五）

340000－1801－0003986　2∶20919－2∶20922
程朱闕里志八卷首一卷　（明）趙滂編集　（清）鮑應鰲纂次　清雍正三年（1725）紫陽書院刻本　四册

340000－1801－0003987　2∶20925
昭忠錄一卷　（清）鮑雲卿輯　清同治九年（1870）慕蔭堂刻本　一册

340000－1801－0003988　2∶20926
星源程孝子遺輓詩文不分卷　（清）程啟源輯　清道光二十一年（1841）武溪四維堂刻本　一册

340000－1801－0003989　2∶20927－2∶20928
忠孝錄不分卷　（清）王庭楨輯　清同治七年（1868）漢陽官廨刻本　二册

340000－1801－0003990　2∶20929
旌孝錄一卷　（清）姚熾之纂　清光緒三十一年（1905）雙溪姚氏鉛印本　一册

340000－1801－0003991　2∶20930
旌孝錄一卷　（清）姚熾之纂　清光緒三十一年（1905）雙溪姚氏鉛印本　一册

340000－1801－0003992　2∶20931
旌孝錄一卷　（清）姚熾之纂　清光緒三十一年（1905）雙溪姚氏鉛印本　一册

340000－1801－0003993　2:20932
輓言錄一卷　(清)陳興鉞輯　清同治十年(1871)刻本　一冊

340000－1801－0003994　2:20933
皇清誥授奉政大夫晉封朝議大夫湖南岳州府知府前甘肅寧州知州涂公崇祀名宦祠錄一卷　(清)□□輯　清刻本　一冊

340000－1801－0003995　2:20934
冰梅詞一刻一卷　(清)夏慎大輯　清光緒二十八年(1902)刻本　一冊

340000－1801－0003996　2:20935
冰梅詞一刻一卷　(清)夏慎大輯　清光緒二十八年(1902)刻本　一冊

340000－1801－0003997　2:20936
冰梅詞一刻一卷　(清)夏慎大輯　清光緒二十八年(1902)刻本　一冊

340000－1801－0003998　2:20937
特詔嘉獎循良錄一卷　(清)黄彭年輯　清刻本　一冊

340000－1801－0003999　2:20938
扇影題詞一卷　(清)方沄輯　清道光刻本　一冊

340000－1801－0004000　2:20940－2:20941
曾廟從祀議薈二卷附鄒縣孟廟祀位考一卷　(清)洪恩波撰　清光緒二十九年(1903)刻本　二冊

340000－1801－0004001　2:20942－2:20943
曾廟從祀議薈二卷附鄒縣孟廟祀位考一卷　(清)洪恩波撰　清光緒二十九年(1903)刻本　二冊

340000－1801－0004002　2:20944
鴻臚會簿不分卷　(清)王心靜輯　清乾隆十年(1745)抄本　一冊

340000－1801－0004003　2:20945
磨盾餘談一卷　(清)張炳撰　清刻本　一冊

340000－1801－0004004　2:20946
磨盾餘談一卷　(清)張炳撰　清刻本　一冊

340000－1801－0004005　2:20947
繼忠錄一卷　(清)程氏闔族編　清咸豐由溪程氏宗祠刻本　一冊

340000－1801－0004006　2:20948
繼忠錄一卷　(清)程氏闔族編　清咸豐由溪程氏宗祠刻本　一冊

340000－1801－0004007　2:20949
闡真集四卷　(清)王懿修　清嘉慶二十年(1815)刻本　一冊

340000－1801－0004008　2:20950－2:20951
褒忠錄四卷　(清)黄仁編　清道光二十三年(1843)雲間刻本　二冊

340000－1801－0004009　2:20952
褒忠錄四卷　(清)李繼彪編　清道光四年(1824)暎台樓刻本　一冊

340000－1801－0004010　2:20953
幽芳錄四卷　(清)馬秋水等輯　清嘉慶二年(1797)祁門節孝祠刻本　一冊

340000－1801－0004011　2:20954
幽芳錄四卷　(清)馬秋水等輯　清嘉慶二年(1797)祁門節孝祠刻本　一冊

340000－1801－0004012　2:20955
幽芳錄四卷　(清)馬秋水等輯　清嘉慶二年(1797)祁門節孝祠刻本　一冊

340000－1801－0004013　2:20956
皇清誥授資政大夫江蘇巡撫兼署兩江總督茝林梁公崇祀江蘇名宦錄一卷　(清)□□輯　清刻本　一冊

340000－1801－0004014　2:20957
吴柳堂御史誄文不分卷　(清)傅巖霖輯　清光緒抄本　一冊

340000－1801－0004015　2:20958
吴柳堂御史誄文正續合編　(清)傅巖霖輯　清光緒九年(1883)刻本　一冊

340000－1801－0004016　2:20959
吴都督哀輓錄不分卷　(清)李祖錫撰輯　清光緒三十四年(1908)鉛印本　一冊

340000－1801－0004017　2:20961－2:20966
自靖錄考略八卷外編一卷　(清)高承埏撰　(清)高佑釲　(清)王逢辰考證　清咸豐八年(1858)竹里王氏槐花吟館刻本　六册

340000－1801－0004018　2:20967－2:20968
易徵君廬墓詩不分卷　(清)易祖愉等輯　清易氏師儉堂刻本　二册

340000－1801－0004019　2:20970
曾胡言行記一卷　題白葭居士節抄　清光緒石印本　一册

340000－1801－0004020　2:20971
哀哀志一卷　(清)陳希璧輯　清光緒刻本　一册

340000－1801－0004021　2:20972
國史館循吏傳一卷　(清)陳彝輯　清石印本　一册

340000－1801－0004022　2:20973
皇清誥授中憲大夫賜贈通議大夫鐵孫徐公崇祀名宦錄一卷附一卷　(清)徐慮善等輯　清刻本　一册

340000－1801－0004023　2:20974
張節母盟心古井圖一卷清河節孝徵詩錄一卷　(清)張鳳山輯　清同治張氏刻本　一册

340000－1801－0004024　2:20975
賜同進士出身勅授文林郎四川潼川府鹽亭縣知縣輼川胡公崇祀鄉賢錄一卷　(清)齊彥槐輯　清江寧刻本　一册

340000－1801－0004025　2:20976
哀忠集一卷　(清)王慶勳撰　清刻本　一册

340000－1801－0004026　2:20977－2:21008
關帝全書折中八十卷首一卷　(清)周匯淙撰　清道光刻本　三十二册

340000－1801－0004027　2:21009
馮啟珠孝行報旌略附家譜一卷　(清)□□輯　清宣統元年(1909)抄本　一册

340000－1801－0004028　2:21010－2:21011
濟美堂遺集不分卷　(清)吳曾樹錄　清抄本　二册

340000－1801－0004029　2:21012－2:21013
榮哀錄二卷　(清)□□輯　清光緒二年(1876)天津士民刻本　二册

340000－1801－0004030　2:21015
七烈贈詩六卷　(清)胡壽椿輯　清同治五年(1866)胡氏退補齋刻本　一册

340000－1801－0004031　2:21017
宛西三烈一卷　(清)周贇撰　清光緒三十年(1904)六聲堂刻本　一册

340000－1801－0004032　2:21018
忠孝錄不分卷　(清)王庭楨輯　清同治七年(1868)漢陽官廨刻朱印本　一册

340000－1801－0004033　2:21019
多忠勇公勤勞錄四卷　(清)雷正綰輯　清光緒元年(1875)刻本　一册　存一卷(一)

340000－1801－0004034　2:21020－2:21023
多忠勇公勤勞錄四卷　(清)雷正綰輯　清光緒元年(1875)刻本　四册

340000－1801－0004035　2:21024
李剛烈公碧血錄二卷　(清)李鎮衡等述　清同治十二年(1873)刻本　一册

340000－1801－0004036　2:21025
朱為弼崇祀錄一卷　(清)朱之榛輯　清光緒三年(1877)刻本　一册

340000－1801－0004037　2:21026
李文忠公榮哀錄一卷　(清)李經方　(清)李經術等輯　清光緒刻本　一册

340000－1801－0004038　2:21027
李文忠公榮哀錄一卷　(清)李經方　(清)李經術等輯　清光緒刻本　一册

340000－1801－0004039　2:21032
題江南曾文正公百詠一卷　朱孔彰輯　清光緒十三年(1887)金陵刻本　一册

340000－1801－0004040　2:21033
題江南曾文正公百詠一卷　朱孔彰輯　清光

緒十三年(1887)金陵刻本　一册

340000－1801－0004041　2:21035
恩遇恭紀一卷　(清)檀璣輯　清光緒刻朱印本　一册

340000－1801－0004042　2:21036
恩遇恭紀一卷　(清)檀璣輯　清光緒刻朱印本　一册

340000－1801－0004043　2:21037
誥授光禄大夫陳公堯齋先生哀誄録一卷　(清)□□輯　清鉛印本　一册

340000－1801－0004044　2:21051
先德記二卷附録一卷　(清)程鴻詔編　清刻本　一册

340000－1801－0004045　2:21055－2:21056
銅官感舊集四卷　(清)章華輯　清宣統二年(1910)長沙章氏盋山舊館石印本　二册

340000－1801－0004046　2:21057
寸草廬贈言十卷　(清)張嘉禄輯　清四明張氏刻本　一册　存五卷(一至五)

340000－1801－0004047　2:2107－2:2114 善
資治通鑑綱目前編二十五卷　(明)南軒撰　(明)陳仁錫評閲　明刻本　八册

340000－1801－0004048　2:21098
三邑名宦録三卷　(清)□□輯　清刻本　一册

340000－1801－0004049　2:21100
承志未足録一卷　(□)□□撰　清光緒刻本　一册

340000－1801－0004050　2:21103－2:21106
恩旌涇縣合邑節孝録四卷首一卷　(清)潘錫恩　(清)朱琦輯　清刻本　四册

340000－1801－0004051　2:21107
武陵陳氏鄉賢録五卷　(清)陳鋭編撰　清宣統元年(1909)靖江縣署刻本　一册

340000－1801－0004052　2:21140
永康胡氏八烈詩詞七卷　(□)□□撰　清同治四年(1865)退補齋刻本　一册

340000－1801－0004053　2:21148
留餘堂家刻不分卷　(□)□□撰　清刻本　一册

340000－1801－0004054　2:21149
留餘堂家刻不分卷　(□)□□撰　清刻本　一册

340000－1801－0004055　2:21154
金氏述德編一卷　(清)丁嘉葆輯　清刻本　一册

340000－1801－0004056　2:21155
金氏述德編一卷　(清)丁嘉葆輯　清刻本　一册

340000－1801－0004057　2:21158
程氏三世言行録一卷　(清)程鼎芬述　清咸豐十一年(1861)大塘刻本　一册

340000－1801－0004058　2:21159
吴氏言行録二卷　吳蔭培輯　清宣統二年(1910)刻本　一册

340000－1801－0004059　2:21161
歷代詩人祠堂記一卷　(清)王尚辰撰　清宣統元年(1909)皖垣木活字印冬心齋叢書本　一册

340000－1801－0004060　2:21162
歷代詩人祠堂記一卷　(清)王尚辰撰　清宣統元年(1909)皖垣木活字印冬心齋叢書本　一册

340000－1801－0004061　2:21163－2:21164
世篤忠貞録不分卷　(清)榮禄　(清)蔭禄等輯　清刻本　二册

340000－1801－0004062　2:21165
中祀合編不分卷　(清)□□輯　清刻本　一册

340000－1801－0004063　2:21173
本朝從祀三先生傳　(清)羅惇衍編次　清金陵刻本　一册

340000－1801－0004064　2:21174

本朝從祀三先生傳 （清）羅惇衍編次 清金陵刻本 一册

340000－1801－0004065 2:21175

本朝從祀三先生傳 （清）羅惇衍編次 清羊城學源堂刻本 一册

340000－1801－0004066 2:21186－2:21195

鄂國金佗稡編二十八卷續編三十卷 （宋）岳珂編 清光緒九年（1883）浙江書局刻本 十册

340000－1801－0004067 2:21196－2:21207

鄂國金佗稡編二十八卷續編三十卷 （宋）岳珂編 清光緒九年（1883）浙江書局刻本 十二册

340000－1801－0004068 2:21208－2:21211

曇陽遺韻六卷首一卷 （清）梁煥奎 （清）湯蝨仙編輯 清光緒十七年（1891）刻本 四册

340000－1801－0004069 2:21218－2:21219

名宦鄉賢録一卷陳氏義莊條規一卷 （清）□□輯 清光緒十四年（1888）都門刻本 二册

340000－1801－0004070 2:21220－2:21221

水流雲在圖記二卷 （清）陳夔龍繪 清宣統三年（1911）石印本 二册

340000－1801－0004071 2:21226－2:21235

武侯全書二十卷首一卷 （清）趙承恩編訂 清刻本 十册

340000－1801－0004072 2:21240

忠揚義烈一卷 （清）汪紹祖輯 清休邑延古樓刻本 一册

340000－1801－0004073 2:21241

祁門紀變録三卷 （清）饒恕良 （清）徐永濤彙輯 （清）汪交泰 （清）洪克昌仝校 清刻本 一册

340000－1801－0004074 2:21243

忠介遺事一卷 （清）唐文治等撰 清刻本 一册

340000－1801－0004075 2:21244

中議公事實紀略一卷 （清）清芬閣編 清宣統三年（1911）天津華新印刷局鉛印本 一册

340000－1801－0004076 2:21245

李剛介公傳忠録一卷 （清）李雯輯 清同治七年（1868）刻本 一册

340000－1801－0004077 2:21246

程氏三義榮哀録不分卷 （清）程世麟輯 清咸豐六年（1856）刻本 一册

340000－1801－0004078 2:21247

商城守禦紀略不分卷 （清）周祖頤撰 清石印本 一册

340000－1801－0004079 2:21250

金剛愍公表忠録一卷 （清）金頤增輯 清刻光緒二十一年（1895）刻本 一册

340000－1801－0004080 2:21251

文節公殉難事蹟不分卷 （清）陶在銘輯 清光緒二十九年（1903）會稽陶氏刻本 一册

340000－1801－0004081 2:21256

欽差大臣太子太保協辦大學士兼兩江總督世襲一等毅勇侯曾公克復金陵勳德記一卷 （清）劉毓崧撰 清同治曼陀羅華閣刻本 一册

340000－1801－0004082 2:21257

忠義録二卷首一卷末一卷 （清）余瓚馨輯 清潭埠忠義祠刻本 一册

340000－1801－0004083 2:21259

棠樾鮑氏世孝録一卷 （清）鮑孟英編 清乾隆四十六年（1781）鮑氏誦芬書屋刻本 一册

340000－1801－0004084 2:21262－2:21266

紀恩慕義□□卷 （清）□□輯 清光緒元年至二年（1875－1876）刻本 五册

340000－1801－0004085 2:21267

普天同悲録一卷 （清）□□撰 清石印本 一册

340000－1801－0004086 2:21268

循陔録二卷 （清）方希直撰 清光緒循陔書屋刻本 一册

340000－1801－0004087　2:21270
商山事略一卷　(清)戴儒輯　清光緒五年(1879)刻本　一册

340000－1801－0004088　2:21271
襲芳錄不分卷　(清)高德泰輯　清同治十三年(1874)刻本　一册

340000－1801－0004089　2:21288
峰泖宦隱圖詩文錄存二卷　(清)張錫恭等撰　清光緒刻本　一册

340000－1801－0004090　2:21289
皇清敕授脩職佐郎例晋承德郎孝廉方正徽州府訓導當塗朗齋夏公奉旨崇祀名宦錄一卷　(清)夏夔輯　清咸豐四年(1854)刻本　一册

340000－1801－0004091　2:21290
德風亭記　(清)杭州仁和、錢塘兩邑紳耆士撰　清光緒二十三年(1897)刻本　一册

340000－1801－0004092　2:21291
戴肇辰行述一卷　(清)戴變元　(清)戴惠元述　清光緒十六年(1890)刻本　一册

340000－1801－0004093　2:21292
靈徵錄一卷　(清)劉毓奇　(清)趙蔭萱輯　清光緒二十年(1894)毘陵何氏刻本　一册

340000－1801－0004094　2:21293
蓮塘朱公鄉賢崇祀錄不分卷　(清)朱守謨編　清光緒三年(1877)刻本　一册

340000－1801－0004095　2:21294
皇清誥授中憲大夫賜贈通議大夫鐵孫徐公崇祀名宦錄一卷　(清)戴熙等輯　清咸豐刻本　一册

340000－1801－0004096　2:21295
闡幽集不分卷　(清)翟世隆輯　清刻本　一册

340000－1801－0004097　2:21296
載德錄不分卷　(□)□□撰　清抄本　一册

340000－1801－0004098　2:21302
漸江先生江公行狀不分卷　(明)汪道昆等撰　明抄本　一册

340000－1801－0004099　2:21304
崇祀錄一卷　(清)紀運亹輯　清刻本　一册

340000－1801－0004100　2:21310
敦睦堂燼餘錄一卷　(清)田子誠輯　清同治七年(1868)刻本　一册

340000－1801－0004101　2:21312
應氏先型錄六卷首一卷　(清)應正錄編輯　(清)應寶時增輯　清同治五年(1866)應寶時上海道署刻本　一册

340000－1801－0004102　2:21313
報忠會錄一卷　(清)汪元徵等輯　清乾隆刻本　一册

340000－1801－0004103　2:21319
榮哀錄一卷　(□)□□撰　清同治十一年(1872)刻本　一册

340000－1801－0004104　2:21320
胡氏崇祀鄉賢錄一卷　(□)□□撰　清復補齋刻本　一册

340000－1801－0004105　2:21321
鄉賢錄一卷附鄉賢錄詩詞三卷　(□)□□撰　清同治六年(1867)武昌刻本　一册

340000－1801－0004106　2:21322
桐城姚氏碑傳錄七卷補遺一卷　姚永樸輯　清光緒三十二年(1906)刻本　一册　存四卷(一至四)

340000－1801－0004107　2:21323
曾公崇祀名宦鄉賢錄一卷　(□)□□撰　清光緒四年(1878)刻本　一册

340000－1801－0004108　2:21326－2:21327
羅壯節公表忠錄二卷首一卷末一卷　(清)羅少村輯　清光緒元年(1875)宿松羅氏刻本　二册

340000－1801－0004109　2:21328－2:21335
學仕錄十六卷　(清)戴肇辰輯　清同治六年(1867)刻本　八册

340000－1801－0004110　2:21336－2:21343
學仕錄十六卷　(清)戴肇辰輯　清同治六年

(1867)刻本　八冊

340000－1801－0004111　2:21344－2:21351
學仕錄十六卷　(清)戴肇辰輯　清同治六年(1867)刻本　八冊

340000－1801－0004112　2:21352
玉池老人自敘一卷　(清)郭嵩燾撰　清光緒十九年(1893)養知書屋刻本　一冊

340000－1801－0004113　2:21365
先考文學鄉大賓葵園陳府君順寧錄一卷　(清)陳石麟等述　清康熙四十年(1701)刻本　一冊

340000－1801－0004114　2:21366－2:21369
聖賢像贊三卷首一卷　題(清)冠洋子撰　清光緒四年(1878)刻本　四冊

340000－1801－0004115　2:21370－2:21373
聖賢像贊三卷首一卷　(□)□□撰　清光緒十八年(1892)刻本　四冊

340000－1801－0004116　2:21375
紫光閣功臣小像並湘軍平定粵匪戰圖　(清)彭鴻年輯　清光緒二十七年(1901)點石齋石印本　一冊

340000－1801－0004117　2:21376
紫光閣功臣小像並湘軍平定粵匪戰圖　(清)彭鴻年輯　清光緒二十七年(1901)點石齋石印本　一冊

340000－1801－0004118　2:21377
紫光閣功臣小像並湘軍平定粵匪戰圖　(清)彭鴻年輯　清光緒二十七年(1901)點石齋石印本　一冊

340000－1801－0004119　2:21378－2:21379
聖繪全圖不分卷　(清)李漁輯　清光緒八年(1882)刻本　二冊

340000－1801－0004120　2:21380
聖跡圖記不分卷　(清)孔憲蘭輯　清同治十三年(1874)山東曲阜孔氏刻本　一冊

340000－1801－0004121　2:21381
典□贖印圖徵詩冊　(清)王琨輯　清光緒二十五年(1899)王忠清堂刻本　一冊

340000－1801－0004122　2:21383－2:31387
關聖帝君聖跡圖志全集五卷　(清)盧湛輯　清康熙三十二年(1693)刻本　五冊

340000－1801－0004123　2:2139－2:2258 善
資治通鑑綱目前編二十五卷　(明)南軒撰　**正編五十九卷**　(宋)朱熹撰　**續編二十七卷**　清乾隆刻本　一百二十冊

340000－1801－0004124　2:21395－2:21400
吳郡名賢圖傳贊十五卷　(清)顧沅輯　清道光九年(1829)顧氏刻本　六冊

340000－1801－0004125　2:21401－2:21408
吳郡名賢圖傳贊十五卷　(清)顧沅輯　清道光九年(1829)顧氏刻本　六冊

340000－1801－0004126　2:21410
重刻勁節樓圖記三卷首一卷末一卷　(清)徐德原輯　清光緒十年(1884)楓江徐氏刻本　一冊

340000－1801－0004127　2:21419
無雙譜一卷　(清)金古良繪　清石印本　一冊

340000－1801－0004128　2:214－2:239 善
史記評林一百三十卷　(明)凌稚隆輯　(明)李光縉增補　明萬曆刻本　二十六冊

340000－1801－0004129　2:21420
無雙譜一卷　(清)金古良繪　清刻賞奇軒四種合編本　一冊

340000－1801－0004130　2:21421－2:21422
無雙譜一卷　(清)金古良繪　清刻本　二冊

340000－1801－0004131　2:21423
竹橋黃氏世德傳贊一卷附二卷　(清)黃炳垕輯　清光緒十六年(1890)留書種閣刻本　一冊

340000－1801－0004132　2:21424－2:21428
列史碧血錄五卷　(清)莊仲方輯　清光緒八年(1882)同文書局石印本　五冊

340000－1801－0004133　2:21429－2:21433
列史碧血錄五卷　(清)莊仲方輯　清光緒八年(1882)同文書局石印本　五册

340000－1801－0004134　2:21434－2:21437
晚笑堂畫傳一卷明太祖功臣圖一卷　(清)上官周繪　清乾隆八年(1743)廣東刻本　四册

340000－1801－0004135　2:21438－2:21439
晚笑堂畫傳一卷明太祖功臣圖一卷　(清)上官周繪　清乾隆八年(1743)廣東刻本　二册

340000－1801－0004136　2:21440－2:21442
晚笑堂畫傳不分卷　(清)上官周繪　清五車樓刻本　三册

340000－1801－0004137　2:21452－2:21455
劍俠象傳四卷　(清)王齡校　**圖象一卷**　(清)任熊繪　清咸豐八年(1858)王氏養龢堂刻本　四册

340000－1801－0004138　2:21456－2:21457
劍俠象傳四卷　(清)王齡校　**圖象一卷**　(清)任熊繪　清咸豐八年(1858)王氏養龢堂刻本　四册

340000－1801－0004139　2:21458－2:21459
劍俠象傳四卷　(清)王齡校　**圖象一卷**　(清)任熊繪　清咸豐八年(1858)王氏養龢堂刻本　二册

340000－1801－0004140　2:21460
劍俠象傳四卷　(清)王齡校　**圖象一卷**　(清)任熊繪　清刻本　一册

340000－1801－0004141　2:21461
女二十四孝圖說一卷　題(清)對凫老人輯　清石印本　一册

340000－1801－0004142　2:21462
女二十四孝圖說一卷　題(清)對凫老人輯　清石印本　一册

340000－1801－0004143　2:21464－2:21465
百將圖傳二卷　(清)丁日昌輯　清同治八年(1869)江蘇書局刻本　二册

340000－1801－0004144　2:21466－2:21469
任渭長先生畫傳四種　(清)任熊繪　清光緒石印本　四册

340000－1801－0004145　2:21470
練川名人畫像四卷附二卷　(清)程祖慶輯　清道光嘉定程氏陔南草堂刻本　一册

340000－1801－0004146　2:21471－2:21472
練川名人畫像四卷附二卷　(清)程祖慶輯　清道光嘉定程氏陔南草堂刻本　二册

340000－1801－0004147　2:21473－2:21476
四明忠孝節義傳圖　(清)劉慈孚編　(清)虞琴繪　清光緒十二年(1886)石印本　四册

340000－1801－0004148　2:21481
先賢像贊　(□)□□撰　清刻本　一册

340000－1801－0004149　2:21493－2:21494
歷代名將圖二卷　(清)任薰繪　清光緒十三年(1887)上海大同書局石印本　二册

340000－1801－0004150　2:21495
歷史圖說畫傳　(清)□□繪　清繪本　一册

340000－1801－0004151　2:21505
淩煙閣功臣圖附大士三葉關帝三葉　(清)劉源繪　清光緒十年(1884)同文書局石印本　一册

340000－1801－0004152　2:21506
於越先賢傳不分卷　(清)王齡輯　(清)任熊繪　清光緒十二年(1886)上海同文書局石印本　一册

340000－1801－0004153　2:21508
清華胡氏譜系不分卷　(明)胡彦嗣纂修　清抄本　一册

340000－1801－0004154　2:21509
贈昭毅將軍時中公封恭人陳氏制誥　(□)□□撰　清康熙抄本　一册

340000－1801－0004155　2:21510－2:21514
茗洲吴氏家典八卷　(清)吴翟青手輯　清光緒十八年(1892)刻本　五册

340000－1801－0004156　2:21515－2:21519

茗洲吴氏家典八卷　(清)吴翟青手輯　清光緒十八年(1892)刻本　五册

340000－1801－0004157　2:21520

桂溪項氏祠譜不分卷　(清)項因修　清乾隆刻本　一册

340000－1801－0004158　2:21521－2:21522

桂溪項氏祠譜二卷墓圖一卷　(清)項天瑞編　清乾隆二十六年(1761)刻本　二册

340000－1801－0004159　2:21523

[安徽新安]長溪余氏重修正譜二卷　(清)余章耀纂修　清道光二十八年(1848)寶善堂刻本　一册

340000－1801－0004160　2:21524－2:21525

[安徽休寧]藤溪陳氏宗譜七卷　(清)陳豐編輯　清康熙十年(1671)刻本　二册

340000－1801－0004161　2:21526

[江西婺源]武口王氏統宗世譜□□卷　(清)王祺等纂修　清雍正刻本　一册　存十卷(丁集六至十一,戊集一至三、首一卷)

340000－1801－0004162　2:21527－2:21529

[安徽涇縣]太原東陽王氏續修宗譜　(清)王長清等纂修　清嘉慶十八年(1813)敘倫堂刻本　三册　存三卷(一至三)

340000－1801－0004163　2:21534－2:21539

清華胡氏勳賢正譜十八卷首一卷末四卷　(清)胡炳光纂修　清乾隆五十六年(1791)刻本　六册　存四卷(一至三、首一卷)

340000－1801－0004164　2:21540

[安徽歙縣]歙西堨田汪氏家譜四卷首二卷　(清)汪家椿修　清光緒七年(1881)汪氏刻本　一册

340000－1801－0004165　2:21541－2:21542

[安徽桐城]程氏宗譜□□卷首一卷　(清)□□纂修　清伊洛堂木活字印本　二册　存二卷(一、首一卷)

340000－1801－0004166　2:21543－2:21544

[安徽歙縣]程氏宗譜□□卷首一卷　(清)□□纂修　清光緒四箴堂木活字印本　二册　存一卷(首一卷)

340000－1801－0004167　2:21545

[安徽]新安程氏世譜正宗不分卷　(清)程瑞鳳錄　清嘉慶十七年(1812)程瑞鳳抄本　一册

340000－1801－0004168　2:21548

[安徽潜山]潛陽徐氏宗譜十四卷首一卷　(清)徐有紳續修　清乾隆二十四年(1759)刻本　一册　存二卷(一、首一卷)

340000－1801－0004169　2:21549

[安徽黟縣]濟陽江氏宗譜□□卷首一卷　(清)江光裕修　清道光木活字印本　一册　存二卷(一、首一卷)

340000－1801－0004170　2:21550－2:21561

[安徽旌德]旌陽程氏宗譜十四卷首一卷末一卷　(清)汪承烈修　清乾隆四十五年(1780)刻本　十二册

340000－1801－0004171　2:21565

[安徽歙縣]汪氏淵源錄蒙求不分卷　(清)□□纂　清抄本　一册

340000－1801－0004172　2:21566－2:21571

[安徽歙縣]棠樾鮑氏宣忠堂支譜二十二卷首一卷終一卷　(清)鮑琮等編纂　清嘉慶十年(1805)刻本　六册

340000－1801－0004173　2:21580－2:21581

[江西、浙江]新建夏氏家乘二卷　(清)夏獻雲編　**蓮湖詞鈔**　(清)夏文範著　清光緒七年(1881)尊道堂刻本　二册

340000－1801－0004174　2:21599

[安徽歙縣]仇氏家乘不分卷　(清)□□撰　清抄本　一册

340000－1801－0004175　2:21600－2:21628

[安徽桐城]張氏宗譜二十八卷末一卷　(清)張知義等纂　清光緒二十八年(1902)木活字印本　二十九册

340000－1801－0004176　2:21629－2:21631

[安徽全椒]南譙孫氏重修本支世系譜 (清)孫□庶 (清)孫從豐錄 清光緒抄本 三冊

340000－1801－0004177 2:21632－2:21635
[安徽桐城]王氏宗譜十卷 (清)王爾昌等纂修 清乾隆刻本 四冊

340000－1801－0004178 2:21640
環溪王履和堂養山會簿不分卷 (清)環溪王履和堂編 清嘉慶刻本 一冊

340000－1801－0004179 2:21641－2:21642
[安徽黟縣]朱氏正宗譜六卷首一卷 (清)朱世熊修 清乾隆三十四年(1769)刻本 二冊 存五卷(一至三、六,首一卷)

340000－1801－0004180 2:21643－2:21644
[安徽休寧]新安金氏家譜不分卷 (清)金壽續修 清乾隆三十年(1765)刻本 二冊

340000－1801－0004181 2:21645
[安徽休寧]新安徐氏宗譜十八卷 (清)徐景京等修 清乾隆二年(1737)淳安徐氏刻本 一冊

340000－1801－0004182 2:21647
[安徽桐城]白鹿莊五房默譜 (清)方葆民輯 清抄本 一冊

340000－1801－0004183 2:21648
桂林一脈流派傳不分卷 (清)□□撰 清抄本 一冊

340000－1801－0004184 2:21653
[安徽壽縣]壽州黄氏宗譜 (清)黄廷槐纂 清光緒抄本 一冊

340000－1801－0004185 2:21654
[安徽桐城]桂林方氏續修宗譜十二卷 (清)方維京修 清康熙二十六年(1687)宛陵湯茂卿刻本 一冊 存二卷(一至二)

340000－1801－0004186 2:21655
聘公房摘支不分卷 (清)吳□撰 清嘉慶八年(1803)抄本 一冊

340000－1801－0004187 2:21656
[安徽休寧]五城鎮和祥門摘枝譜 (清)黄世培錄 清光緒二十三年(1897)黄世培抄本 一冊

340000－1801－0004188 2:21657
[安徽休寧]新安徐氏宗譜十八卷 (清)徐禋修 清刻本 一冊

340000－1801－0004189 2:21674－2:21689
[安徽桐城]陳氏宗譜十五卷 (清)陳嵩兆修 清同治七年(1868)傳義堂木活字印本 十六冊

340000－1801－0004190 2:21690
[安徽休寧]黄氏剖明宗族 (清)黄中俠編 清乾隆刻本 一冊

340000－1801－0004191 2:21691－2:21692
[廣東佛山]南海學正黄氏家譜十二卷首一卷末一卷 (清)黄任恒編 清宣統三年(1911)保粹堂刻本 二冊

340000－1801－0004192 2:21693
紙筆不分卷 (清)□□錄 清乾隆刻本 一冊

340000－1801－0004193 2:21712
[安徽祁門]中山謝氏宗譜 (清)謝二玉纂修 清抄本 一冊

340000－1801－0004194 2:21713－2:21720
[安徽涇縣]涇川張香都朱氏支譜三十二卷首一卷末一卷 (清)朱琦修 清道光五年(1825)刻本 八冊

340000－1801－0004195 2:21721
[安徽旌德]汪氏重修宗譜□□卷首一卷 (清)汪廖池重輯 清刻本 一冊 存二卷(一、首一卷)

340000－1801－0004196 2:21722－2:21731
[安徽涇縣]涇川北亭都唐氏宗譜十卷首一卷末一卷 (清)唐際虞等纂修 清道光刻本 十冊

340000－1801－0004197 2:21732－2:21735
[安徽休寧]休西雙溪汪氏家譜 (清)汪大治錄 清汪大治抄本 四冊

340000－1801－0004198　2:21736－2:21745
[安徽歙縣]歙新館鮑氏著存堂宗譜十六卷　(清)鮑誠猷修　清光緒元年(1875)著存堂刻本　十冊

340000－1801－0004199　2:21746
續綱常遺澤錄不分卷　(清)鄭紱輯　清稿本　一冊

340000－1801－0004200　2:21747－2:21752
[安徽壽縣]孫氏支譜六卷　(清)孫家懌等纂修　清光緒十九年(1893)刻本　六冊

340000－1801－0004201　2:21753
[江西婺源]仁里明經胡氏支譜五卷首一卷　(清)王吉人修　清同治八年(1869)敦敘堂刻本　一冊　存一卷(首一卷)

340000－1801－0004202　2:21754
[安徽歙縣]華陽邵氏統宗譜十八卷首一卷　(清)邵俊培修　清光緒三十三年(1907)刻本　一冊　存二卷(一、首一卷)

340000－1801－0004203　2:21755
[安徽徽州]汪氏統宗正脈　(清)汪開運等纂修　清抄本　一冊

340000－1801－0004204　2:21756－2:21793
[安徽徽州]汪氏通宗世譜一百四卷　(清)汪寬有　(清)汪自蘭輯　(清)汪璣校正　清乾隆五十二年(1787)刻本　三十八冊

340000－1801－0004205　2:21794－2:21817
[安徽潛山]余氏宗譜二十二卷　(清)余輝炯等修　清光緒九年(1883)崇本堂刻本　二十四冊

340000－1801－0004206　2:21818－2:21849
[安徽潛山]余氏宗譜三十卷　(清)余誼親纂修　清宣統三年(1911)崇本堂刻本　三十二冊

340000－1801－0004207　2:21851－2:21854
[安徽合肥]葛氏宗譜四卷　(清)葛志遜等修　清道光十九年(1839)刻本　四冊

340000－1801－0004208　2:21855－2:21860
[安徽合肥]葛氏宗譜六卷　(清)葛存業等修　清宣統三年(1911)刻本　六冊

340000－1801－0004209　2:21865－2:21884
[江蘇無錫]朱氏宗譜二十卷　(清)朱元林修　清德彝堂刻本　二十冊

340000－1801－0004210　2:21885－2:21902
[安徽桐城]何氏家譜十六卷末一卷　(清)何玉堂等續修　清宣統二年(1910)餘慶堂刻本　十八冊

340000－1801－0004211　2:21903
[安徽歙縣]汪氏世系歌一卷詳註一卷　(清)汪大治撰　清道光抄本　一冊

340000－1801－0004212　2:21907
[安徽歙縣]濟陽江氏奏脩源流宗世家支錄一卷　(明)江湛若纂修　明崇禎三年(1630)刻本　一冊

340000－1801－0004213　2:21908
[安徽休寧]西門汪氏宗譜十四卷　(清)汪樹重修　清順治十年(1653)刻本　一冊　存五卷(十至十四)

340000－1801－0004214　2:21909
[湖南湘潭]胡氏世典十卷　(清)胡元儀纂修　清光緒十四年(1888)刻本　一冊

340000－1801－0004215　2:21911
[安徽涇縣]涇川查氏支譜二卷首一卷　(清)查乙燃修　清光緒三十四年(1908)刻本　一冊

340000－1801－0004216　2:21912
[安徽涇縣]涇川查氏支譜二卷首一卷　(清)查乙燃修　清光緒三十四年(1908)刻本　一冊

340000－1801－0004217　2:21913－2:21920
[安徽涇縣]涇川西陽胡氏宗譜十二卷首一卷末一卷　(清)胡大頀等纂修　清光緒二十二年(1896)刻本　八冊

340000－1801－0004218　2:21921－2:21926
[安徽]績溪仁里程繼序堂專續世系譜二十三

卷首三卷末三卷　(清)程秉鏞纂修　清光緒三十三年(1907)刻本　六册

340000－1801－0004219　2:21936－2:21943

[安徽]合肥張氏宗譜八卷　(清)張紹棠纂修　清光緒十三年(1887)刻本　八册

340000－1801－0004220　2:21944－2:21958

[安徽績溪]金紫胡氏家譜二十八卷首三卷末三卷　(清)胡晉文重修　清光緒三十三年(1907)木活字印本　十五册

340000－1801－0004221　2:21978

汪氏祠規不分卷　(□)□□撰　清抄本　一册

340000－1801－0004222　2:21979－2:21986

[安徽]休寧古林黄氏重修族譜十二卷首二卷末一卷　(清)黄凝道重修　清乾隆十八年(1753)刻本　八册

340000－1801－0004223　2:21987－2:22056

[安徽]桐城桂林方氏家譜六十六卷　(清)方傳理編次　清光緒六年(1880)刻本　七十册

340000－1801－0004224　2:22057－2:22064

[安徽歙縣]潭渡孝里黄氏族譜十卷首一卷末一卷　(清)黄玄豹修　清雍正九年(1731)刻本　八册

340000－1801－0004225　2:22065－2:22078

[安徽績溪]金紫胡氏家譜二十八卷首三卷末三卷　(清)胡晉文重修　清光緒三十三年(1907)木活字印本　十四册

340000－1801－0004226　2:22079－2:22088

[安徽涇縣]涇川張香都朱氏續修支譜三十六卷首一卷末一卷　(清)朱彝修　清光緒三十三年(1907)刻本　十册

340000－1801－0004227　2:22089－2:22096

[安徽]桐城魯谼方氏族譜二十卷首三卷末三卷　(清)方東樹修　清光緒九年(1883)刻本　八册

340000－1801－0004228　2:22097－2:22108

[安徽樅陽]樅川丁氏宗譜十卷首一卷末一卷　(清)丁松等輯　清光緒十九年(1893)刻本　十二册

340000－1801－0004229　2:22109

[安徽潛山]徐氏族譜三十九卷末一卷　(清)徐子楨修　清光緒二十九年(1903)刻本　一册　存一卷(一)

340000－1801－0004230　2:22110－2:22155

[安徽桐城]皖桐徐氏宗譜四十五卷首一卷　(清)徐閑修　清光緒三十四年(1908)正誼堂刻本　四十六册

340000－1801－0004231　2:22156－2:22158

[安徽]休寧夏氏族譜　(清)夏宋瀛纂　清稿本　三册

340000－1801－0004232　2:22159

[安徽]休寧率口程氏續編本宗譜六卷　(□)□□纂修　明隆慶刻本　一册　存二卷(一至二)

340000－1801－0004233　2:22160－2:22162

[安徽]祁門倪氏族譜三卷　(清)倪望重修　清光緒二年(1876)經鋤舊家刻本　三册

340000－1801－0004234　2:22163

偁章前宅宗祠誌一卷　(□)□□撰　清光緒刻本　一册

340000－1801－0004235　2:22164

偁章前宅義田志一卷　(□)□□撰　清道光元年(1821)刻光緒二十三年(1897)續刻本　一册

340000－1801－0004236　2:22165

[安徽涇縣]涇川水東翟氏支譜不分卷　(清)翟永超修　清乾隆木活字印本　一册

340000－1801－0004237　2:22166－2:22169

[江蘇鎮江]吴氏自徽遷潤宗譜四卷　(清)吴兆麟纂修　清光緒十九年(1893)刻本　四册

340000－1801－0004238　2:22170－2:22171

[安徽績溪]黄氏家廟遺據錄四卷　(清)黄耀廷等補輯　清咸豐元年(1851)刻本　二册

340000－1801－0004239　2:22172－2:22173

[江西婺源]墩煌洪氏支譜十卷首一卷末一卷 (清)洪志道修 清嘉慶二十一年(1816)洪椿光裕堂刻本 二册 存五卷(一至二、十,首一卷,末一卷)

340000-1801-0004240 2:22174
[安徽績溪]皖績程里程敘倫堂世譜 (清)程祁修 清抄本 一册

340000-1801-0004241 2:22175-2:22207
[安徽懷寧]吴氏宗譜二十八卷首二卷末一卷 (清)吴燮和等修 清光緒二十六年(1900)木活字印本 三十三册

340000-1801-0004242 2:22210
[安徽休寧]新安蘇氏族譜十五卷 (明)蘇大輯 清刻本 一册

340000-1801-0004243 2:22212-2:22215
[安徽合肥]王氏宗譜四卷 (清)王錫元修 清光緒十九年(1893)木活字印本 四册

340000-1801-0004244 2:22217-2:22218
[安徽歙縣]鮑氏著存堂宗祠譜 (□)□□撰 清抄本 二册

340000-1801-0004245 2:22219
正街黄氏續刊各祖祀産業租額事略並開例祭期規則不分卷 (清)黄雲海輯 (清)黄光第修 清宣統三年(1911)黄光第木活字印本 一册

340000-1801-0004246 2:22226
[安徽休寧]海陽商山黄氏家譜不分卷 (□)□□纂 清抄本 一册

340000-1801-0004247 2:22227
[安徽黟縣]新安程氏統宗譜補正圖纂大成十八卷首一卷末一卷 (清)程公惠纂修 清雍正至乾隆增刻本 一册 存三卷(一至二、十七)

340000-1801-0004248 2:22228-2:22247
[安徽]新安程氏世譜三十六卷 (清)程佐衡修 清光緒十八年(1892)木活字印本 二十册

340000-1801-0004249 2:22248-2:22261
[安徽合肥]賈氏宗譜十四卷 (清)賈輔臣等修 清光緒三十二年(1906)刻本 十四册

340000-1801-0004250 2:22264
[安徽桐城]鄭氏宗譜□□卷 (□)□□纂 清松茂堂木活字印本 一册 存一卷(一)

340000-1801-0004251 2:22265-2:22271
[安徽合肥]淝南汪氏宗譜八卷 (清)汪業奎修 清光緒二十一年(1895)刻本 七册 存七卷(一至七)

340000-1801-0004252 2:22303-2:22334
[安徽青陽]重修墩頭曹氏宗譜八卷首一卷末一卷 (清)曹琳等纂修 清光緒二十年(1894)刻本 三十二册

340000-1801-0004253 2:22335-2:22369
[安徽青陽]重修墩頭曹氏宗譜八卷首一卷末一卷 (清)曹琳等纂修 清光緒二十年(1894)刻本 三十五册

340000-1801-0004254 2:22370-2:22390
[安徽績溪]梁安績溪城西周氏宗譜二十卷首一卷 (清)周贇等修 清光緒三十一年(1905)刻本 二十一册

340000-1801-0004255 2:22420-2:22423
[安徽桐城]鹿城李氏族譜五卷 (清)李卓齋等纂修 清光緒二十六年(1900)鹿城李富德堂刻本 四册

340000-1801-0004256 2:22424-2:22428
[安徽績溪]汪氏登原藏稿 (清)汪澤等輯 **登原題詠畧三卷首一卷** (清)胡培系撰 清光緒二十二年(1896)敦敘祠木活字印本 五册

340000-1801-0004257 2:22429-2:22432
[安徽績溪]汪氏登原藏稿 (清)汪澤等輯 **登原題詠畧三卷首一卷** (清)胡培系撰 清光緒二十二年(1896)敦敘祠木活字印本 四册

340000-1801-0004258 2:22433-2:22436

[安徽績溪]汪氏登原藏稿 (清)汪澤等輯 **登原題詠畧三卷首一卷** (清)胡培系撰 清光緒二十二年(1896)敦敘祠木活字印本 四冊

340000-1801-0004259 2:22437

[安徽安慶]程氏大成宗譜□□卷 (清)□□纂 清木活字印本 一冊 存一卷(二)

340000-1801-0004260 2:22442

[安徽黟縣]孫氏木本水源 (清)孫式庚撰 清抄本 一冊

340000-1801-0004261 2:22443

[安徽歙縣]東海徐氏世系家譜 (清)徐同善撰 清抄本 一冊

340000-1801-0004262 2:22445-2:22447

[安徽]祁門善和程氏仁山門支修宗譜三十二卷首一卷附錄一卷 (清)程際隆等纂 清光緒三十三年(1907)刻本 三冊

340000-1801-0004263 2:22448-2:22451

[浙江紹興]後郇周氏淵源錄十三卷 (清)周源編輯 清道光引碧齋刻本 四冊

340000-1801-0004264 2:22458-2:22481

[安徽六安]張氏宗譜三十二卷 (清)張紹華纂修 清光緒十六年(1890)刻本 二十四冊

340000-1801-0004265 2:22482-2:22516

[江西婺源]清華東園胡氏勳賢總譜二十二卷 (□)□□纂 清咸豐元年(1851)刻本 三十五冊

340000-1801-0004266 2:22517-2:22526

[浙江]天台方氏宗譜二十卷 (清)方堉等修 清咸豐六年(1856)刻本 十冊

340000-1801-0004267 2:22527-2:22555

[安徽懷寧]孫氏宗譜二十八卷首一卷 (清)孫脫穎等纂修 清同治十二年(1873)木活字印本 二十九冊

340000-1801-0004268 2:22556-2:22559

[浙江淳安]周氏宗譜四卷 (清)周召棠纂修 清咸豐六年(1856)刻本 四冊

340000-1801-0004269 2:22560-2:22566

[安徽祁門]金氏統宗家譜六卷首一卷 (清)金應澧等纂修 清光緒三年(1877)木活字印本 七冊

340000-1801-0004270 2:2259-2:2282 善

資治通鑑目錄三十卷 (宋)司馬光撰 **資治通鑑問疑一卷** (宋)劉義仲撰 明崇禎刻本 二十四冊

340000-1801-0004271 2:22624

[安徽合肥]包氏支譜二十四卷 (清)包克勤等纂修 清刻本 十六冊 存一卷(一)

340000-1801-0004272 2:22625

[安徽休寧]梅林汪氏族譜不分卷 (明)汪應泰纂修 清抄本 一冊

340000-1801-0004273 2:22626

[安徽]桐城河灣周氏宗譜□□卷 (□)□□纂 清刻本 一冊 存一卷(一)

340000-1801-0004274 2:22633

[安徽休寧]海陽吳氏族譜不分卷 (明)吳維東修 清抄本 一冊

340000-1801-0004275 2:22661-2:22674

[安徽潛山]秦氏族譜十三卷首一卷末一卷 (清)秦延奎等修 清道光十八年(1838)刻本 十四冊

340000-1801-0004276 2:22675-2:22676

[安徽涇縣]金鼎王氏宗譜二卷 (□)□□纂 清光緒四年(1878)敘倫堂刻本 二冊

340000-1801-0004277 2:22677-2:22730

[江西婺源,安徽祁門、休寧]三田李氏宗譜五十一卷首一卷末一卷 題(清)三田李氏合修 清光緒刻本 五十四冊

340000-1801-0004278 2:22732

[安徽徽州]程氏族譜不分卷 (□)□□纂 明洪武十九年(1386)抄本 一冊

340000-1801-0004279 2:22749-2:22772

[安徽歙縣]桂溪項氏族譜二十四卷首一卷末一卷 (清)項啟鈵撰 清嘉慶十六年(1811)

刻本　二十四冊

340000－1801－0004280　2:22820
竇山公家議八卷　(清)程宗武等修　清順治新安程氏刻本　一冊

340000－1801－0004281　2:22821
蘭陵蕭氏二書三卷　(清)江永編　清乾隆十一年(1746)刻本　一冊

340000－1801－0004282　2:22823
[安徽太湖]新安吴氏族譜不分卷　(清)吴錫維修　清光緒木活字印本　一冊

340000－1801－0004283　2:22825－2:22826
[安徽休寧]藤溪陳氏宗譜七卷　(清)陳豐編輯　清康熙十年(1671)刻本　二冊

340000－1801－0004284　2:22827
[安徽休寧]新安金氏大宗譜　(□)□□纂　清抄本　一冊

340000－1801－0004285　2:22828
[安徽歙縣]新安大程邨程氏支譜二卷　(清)程豫輯　清乾隆四年(1739)刻本　一冊　存一卷(一)

340000－1801－0004286　2:22829－2:22834
[安徽]霍邱朱氏五修宗譜定本七卷别卷一卷　(清)朱點衣等纂　清宣統三年(1911)刻本　六冊

340000－1801－0004287　2:2283－2:2363 善
諸史會編大全一百十二卷　(明)金燫編　明刻本　八十一冊　存二十五卷(十二至十六、二十五至二十六、三十三至三十四、四十二、四十五至四十八、八十至八十一、九十五至九十八、一百三至一百四、一百七至一百九)

340000－1801－0004288　2:22835
[安徽休寧]新安富溪程氏本宗譜十二卷　(清)程允騰纂修　清順治刻本　一冊

340000－1801－0004289　2:22836－2:22839
[安徽休寧]甌山金氏眉公支譜四卷　(清)金錦榮　(清)金玉芝纂修　清道光十二年(1832)刻本　四冊

340000－1801－0004290　2:22840－2:22844
[安徽]績溪仁里程世祿堂四系譜二十二卷首一卷末一卷　(清)程宗宜　(清)程敷鶲纂修　清宣統三年(1911)刻本　五冊

340000－1801－0004291　2:22845
[安徽黟縣]萬氏宗譜不分卷　(清)萬英修　清抄本　一冊

340000－1801－0004292　2:22846－2:22857
[安徽績溪]曹氏宗譜十二卷　(清)曹誠瑾纂修　清光緒刻本　十二冊

340000－1801－0004293　2:22883－2:22902
[安徽歙縣]昌溪太湖吴氏宗譜八卷　(清)吴念祖修　清光緒三十二年(1906)刻本　二十冊

340000－1801－0004294　2:22903－2:22906
[安徽石台]廣陽董氏宗譜四卷　(清)董廷輝修　清光緒十三年(1887)木活字印本　四冊

340000－1801－0004295　2:22907－2:22910
[安徽]黟縣南屏葉氏宗譜八卷　(清)葉有廣等修　清嘉慶十七年(1812)木活字印本　四冊

340000－1801－0004296　2:22939－2:22948
[安徽涇縣]張香都朱氏續修支譜三十二卷首一卷末一卷　(清)朱彝尊纂修　清光緒三十二年(1906)刻本　十冊

340000－1801－0004297　2:22950－2:22953
[安徽]無為胡氏宗譜四卷　(清)胡秉仁修　清光緒二年(1876)刻本　四冊

340000－1801－0004298　2:22958－2:22973
[江西玉山]懷玉張氏宗譜十四卷首一卷末一卷　(清)張維潢等纂修　清抄本　十六冊

340000－1801－0004299　2:22974
[安徽休寧]率口程氏續編本宗譜　(□)□□纂　清抄本　一冊

340000－1801－0004300　2:22977
[安徽休寧]黎陽程氏本宗譜　(明)程廷楷纂修　清抄本　一冊

340000－1801－0004301　2:22978－2:22997
[安徽旌德]旌陽張氏通修宗譜三卷　(清)張慶彬等纂修　清光緒二十六年(1900)木活字印本　二十冊

340000－1801－0004302　2:22998
胡氏承繼書　(清)胡何氏口述　(清)何國基代纂　清道光二十四年(1844)抄本　一冊

340000－1801－0004303　2:22999－2:23004
[安徽、江蘇、浙江]吳越錢氏宗譜五卷　(清)錢坤纂修　清光緒十年(1884)木活字印本　六冊

340000－1801－0004304　2:23005－2:23020
[安徽潛山]灊陽林氏族譜三十八卷　(清)東闢西闢閔山三系合修　清同治十二年(1873)刻本　十六冊

340000－1801－0004305　2:23035－2:23036
[江西婺源]續修泓田俞氏支譜六卷首一卷　(清)俞森主修　清道光六年(1826)木活字印本　二冊

340000－1801－0004306　2:23037－2:23066
[江西婺源]詹氏宗譜二十五卷首四卷末一卷　(清)詹固維等修　清光緒五年(1879)刻本　三十冊

340000－1801－0004307　2:23069
美萃芳流不分卷　(清)黃正銘輯　清乾隆五十四年(1789)刻本　一冊

340000－1801－0004308　2:23070－2:23087
[安徽]合肥龔氏宗譜八卷　(清)龔照昕修　清光緒十六年(1890)福壽堂刻本　十八冊

340000－1801－0004309　2:23088
紫泥日記一卷　(清)黃彭年撰　清光緒十五年(1889)刻陶樓雜著本　一冊

340000－1801－0004310　2:23089
紫泥日記一卷　(清)黃彭年撰　清光緒十五年(1889)刻陶樓雜著本　一冊

340000－1801－0004311　2:23094－2:23097
三魚堂日記十卷　(清)陸隴其撰　清同治九年(1870)浙江書局刻本　四冊

340000－1801－0004312　2:23098－2:23101
三魚堂日記十卷　(清)陸隴其撰　清同治九年(1870)浙江書局刻本　四冊

340000－1801－0004313　2:23102－2:23106
三魚堂日記十卷　(清)陸隴其撰　清同治九年(1870)浙江書局刻本　五冊

340000－1801－0004314　2:23107－2:23112
三魚堂日記五卷外集六卷　(清)陸隴其撰　清同治九年(1870)浙江書局刻本　六冊

340000－1801－0004315　2:23113
有正味齋日記六卷　(清)吳錫麒著　清光緒上海申報館鉛印本　一冊

340000－1801－0004316　2:23114
朱理堂先生日記　(清)朱濂撰　清稿本　一冊

340000－1801－0004317　2:23115
日知筆記一卷　(清)胡光琦撰　清道光十五年(1835)婺源遺訓堂刻本　一冊

340000－1801－0004318　2:23116－2:23119
南越筆記十六卷　(清)李調元輯　清刻本　四冊

340000－1801－0004319　2:23120－2:23121
蜀輶日記四卷　(清)陶澍著　清道光四年(1824)刻本　二冊

340000－1801－0004320　2:23122－2:23123
蜀輶日記皇華草合編四卷　(清)陶澍著　(清)趙紹祖編　清道光十三年(1833)刻本　二冊

340000－1801－0004321　2:23124－2:23125
蜀輶日記四卷　(清)陶澍著　清光緒七年(1881)江州官舍刻本　二冊

340000－1801－0004322　2:23126－2:23127
蜀輶日記四卷　(清)陶澍著　清光緒七年(1881)刻本　二冊

340000－1801－0004323　2:23128

星軺日記一卷 （清）沈炳垣撰 清光緒十一年（1885）海鹽沈氏蜀南道署刻本 一冊

340000－1801－0004324 2:23129－2:23131
出使英法義比四國日記六卷 （清）薛福成撰 清光緒十八年（1892）石印本 三冊

340000－1801－0004325 2:23132－2:23133
出使英法義比四國日記六卷 （清）薛福成撰 清光緒十八年（1892）石印本 三冊

340000－1801－0004326 2:23134－2:23139
出使日記續刻十卷 （清）薛福成撰 清光緒二十四年（1898）刻本 六冊

340000－1801－0004327 2:23142
林文忠公外集三種三卷 （清）林則徐撰 清光緒三年（1877）宣南寓齋刻本 一冊

340000－1801－0004328 2:23143
林文忠公外集三種三卷 （清）林則徐撰 清光緒三年（1877）宣南寓齋刻本 一冊

340000－1801－0004329 2:23146
護送越南貢使日記一卷 （清）馬先登編次 清同治八年（1869）馬氏敦倫堂刻馬氏叢刻本 一冊

340000－1801－0004330 2:23147
再送越南貢使日記一卷 （清）馬先登編次 清同治十一年（1872）馬氏敦倫堂刻馬氏叢刻本 一冊

340000－1801－0004331 2:23150－2:23189
曾文正公手書日記不分卷 （清）曾國藩撰 清宣統元年（1909）上海中國圖書公司影印本 四十冊

340000－1801－0004332 2:23190－2:23228
曾文正公手書日記不分卷 （清）曾國藩撰 清宣統元年（1909）上海中國圖書公司影印本 三十九冊

340000－1801－0004333 2:23229－2:23234
曾文正公手書日記不分卷 （清）曾國藩撰 清宣統元年（1909）上海中國圖書公司影印本 六冊

340000－1801－0004334 2:23235－2:23238
傅相遊歷各國日記二卷 題（清）桃谿漁隱（清）惺新盦同輯 清光緒二十三年（1897）上海石印本 四冊

340000－1801－0004335 2:23246
乙巳年調查印錫茶務日記不分卷 （清）陸榮澄撰 清宣統鉛印本 一冊

340000－1801－0004336 2:23247
虎口日記一卷 （清）魯叔容撰 清光緒二十二年（1896）福州刻本 一冊

340000－1801－0004337 2:23248
東遊日記不分卷 （清）黃黼述 清光緒三十三年（1907）中華印書局鉛印本 一冊

340000－1801－0004338 2:23249
丁未東遊日記不分卷 （清）查秉均撰 清末鉛印本 一冊

340000－1801－0004339 2:23250－2:23251
復堂日記六卷 （清）譚獻撰 清光緒十三年（1887）刻本 二冊

340000－1801－0004340 2:23252
俑廬日劄一卷 羅振玉撰 容庚校 清光緒三十四年（1908）鉛印本 一冊

340000－1801－0004341 2:23290－2:23301
出使美日秘國日記十六卷 （清）崔國因撰 清光緒二十年（1894）鉛印本 十二冊

340000－1801－0004342 2:23302－2:23313
出使美日秘國日記十六卷 （清）崔國因撰 清光緒二十年（1894）鉛印本 十二冊

340000－1801－0004343 2:23314－2:23325
出使美日秘國日記十六卷 （清）崔國因撰 清光緒二十年（1894）鉛印本 十二冊

340000－1801－0004344 2:23326－2:23337
出使美日秘國日記十六卷 （清）崔國因撰 清光緒二十年（1894）鉛印本 十二冊

340000－1801－0004345 2:23507
籲盦東遊日記一卷 （清）淩文淵撰 清光緒三十年（1904）鉛印本 一冊

340000－1801－0004346　2:23513
南歸日記一卷　(清)劉瀚撰　清光緒二十八年(1902)刻本　一册

340000－1801－0004347　2:23514－2:23517
果齋日記六卷別集一卷　劉爾炘撰　清光緒二十一年(1895)拙修山房刻本　四册

340000－1801－0004348　2:23518
道西齋日記二卷　(清)王詠霓撰　清光緒青陽曹獻之、甯修刻本　一册

340000－1801－0004349　2:23519
道西齋日記二卷　(清)王詠霓撰　清光緒青陽曹獻之、甯修刻本　一册

340000－1801－0004350　2:2364－2:2370 善
大事記續編七十七卷　(明)王褘編　明嘉靖刻本　七册　存六卷(四、八、十、五十九、七十六至七十七)

340000－1801－0004351　2:23680
南行日記一卷　(清)吳廣霈撰　清光緒弢園鉛印本　一册

340000－1801－0004352　2:23686
考察政治日記一卷　(清)載澤撰　清宣統元年(1909)商務印書館鉛印本　一册

340000－1801－0004353　2:23687
考察政治日記一卷　(清)載澤撰　清宣統元年(1909)商務印書館鉛印本　一册

340000－1801－0004354　2:23688
東遊日記一卷　(清)黄慶澄撰　清光緒二十年(1894)刻本　一册

340000－1801－0004355　2:23689
東遊日記一卷　(清)黄慶澄撰　清光緒二十年(1894)刻本　一册

340000－1801－0004356　2:2371－2:2402 善
鼎鍥葉太史匯纂玉堂鑑綱七十二卷　(明)葉向高撰　明建陽書林熊成治刻本　三十二册

340000－1801－0004357　2:23804－2:23807
英軺日記十二卷　載振撰　清光緒十九年(1893)上海文明書局鉛印本　四册

340000－1801－0004358　2:23808－2:23811
英軺日記十二卷　載振撰　清光緒十九年(1893)上海文明書局鉛印本　四册

340000－1801－0004359　2:23812－2:23815
英軺日記十二卷　載振撰　清光緒十九年(1893)上海文明書局鉛印本　四册

340000－1801－0004360　2:23816－2:23819
英軺日記十二卷　載振撰　清光緒十九年(1893)上海文明書局鉛印本　四册

340000－1801－0004361　2:23870－2:23873
各國日記彙編十卷　題(清)萬選樓主人輯　清光緒十八年(1892)上海書局石印本　四册　存乘槎筆記上下、使西紀程上下、東遊日記、瀛海論下篇、曾侯日記、使東述略

340000－1801－0004362　2:23874－2:23879
使俄日記八卷　(清)王之春撰　清光緒二十二年(1896)上海石印本　六册

340000－1801－0004363　2:23886－2:23887
丙申滌軒日錄一卷丙申律軒日錄一卷　(清)方家永撰　清光緒稿本　二册

340000－1801－0004364　2:23888－2:23893
辛卯侍行記六卷　陶保廉撰　清光緒二十三年(1897)養樹山房刻本　六册

340000－1801－0004365　2:23899
褚勳日記不分卷　(清)褚勳撰　清稿本　一册

340000－1801－0004366　2:23900
東遊捫蝨一卷　(清)汪慰撰　清光緒二十八年(1902)木活字印三養齋日記本　一册

340000－1801－0004367　2:23901－2:23902
褱東記二卷　(清)余永濬撰　清光緒三十一年(1905)鉛印本　二册

340000－1801－0004368　2:23906
從軍日記一卷　(清)丁守存撰　清同治元年(1862)鄂省文秀書坊刻本　一册

340000－1801－0004369　2:23908
北行日記一卷　(清)薛寶田撰　清光緒八年

(1882)刻本　一册

340000－1801－0004370　2:23909
北行日記一卷　(清)薛寶田撰　清光緒八年(1882)刻本　一册

340000－1801－0004371　2:23910
愚齋東遊日記一卷　盛宣懷撰　清末刻本　一册

340000－1801－0004372　2:23911
水東日記四十卷　(明)葉盛撰　明刻本　一册　存八卷(三十一至三十八)

340000－1801－0004373　2:23983－2:23986
全史吏鑑十卷　(清)張祥雲輯　清嘉慶八年(1803)江寧鑑湖亭刻本　四册

340000－1801－0004374　2:23987
初月樓聞見録十卷　(清)吳德旋撰　清道光二年(1822)刻本　一册

340000－1801－0004375　2:23988－2:23989
初月樓聞見録十卷　(清)吳德旋撰　清道光二年(1822)刻本　二册

340000－1801－0004376　2:23990－2:23999
古今人物論三十六卷　(明)鄭賢輯　清同治十年(1871)岳陽劉氏養真堂木活字印本　十册

340000－1801－0004377　2:24000－2:24017
古今人物論三十六卷　(明)鄭賢輯　清仁壽堂刻本　十八册

340000－1801－0004378　2:24018－2:24053
歷代名臣言行録二十四卷　(清)朱桓輯　清嘉慶二年(1797)蔚齋刻本　三十六册

340000－1801－0004379　2:240－2:242 善
史記一百三十卷　(漢)司馬遷撰　(南朝宋)裴駰集解　(唐)司馬貞索隱　(唐)張守節正義　(明)陳仁錫評　明崇禎刻本　三册　存九卷(三十一至三十九)

340000－1801－0004380　2:2403－2:2426 善
玉堂鑑綱七十二卷　(明)葉向高撰　清刻本　二十四册

340000－1801－0004381　2:24054－2:24071
歷代名臣言行録二十四卷　(清)朱桓輯　清嘉慶二年(1797)蔚齋刻本　十八册　存十一卷(十四至二十四)

340000－1801－0004382　2:24072－2:24105
歷代名臣言行録二十四卷　(清)朱桓輯　清同治四年(1865)刻本　三十四册

340000－1801－0004383　2:24106－2:24141
歷代名臣言行録二十四卷　(清)朱桓輯　清同治四年(1865)刻本　三十六册

340000－1801－0004384　2:24142－2:24173
歷代名臣言行録二十四卷　(清)朱桓輯　清光緒元年(1875)湖北刻本　三十二册

340000－1801－0004385　2:24174－2:24204
歷代名臣言行録二十四卷　(清)朱桓輯　清光緒元年(1875)湖北刻本　三十二册

340000－1801－0004386　2:24205－2:24228
歷代名臣言行録二十四卷　(清)朱桓輯　清光緒二十六年(1900)湖南書局刻本　二十四册

340000－1801－0004387　2:24229－2:24261
歷代名臣言行録二十四卷　(清)朱桓輯　清光緒二十六年(1900)湖南書局刻本　三十三册

340000－1801－0004388　2:24262－2:24269
歷代名臣言行録二十四卷　(清)朱桓輯　清光緒二十一年(1895)上海宏文閣石印本　八册

340000－1801－0004389　2:24270－2:24277
歷代名臣言行録二十四卷　(清)朱桓輯　清光緒二十八年(1902)上海煥文書局石印本　八册

340000－1801－0004390　2:2427－2:2443 善
鼎鍥葉太史匯纂玉堂鑑綱七十二卷　(明)葉向高撰　明建陽種德堂熊成治刻本　十七册　存四十卷(一至二十、二十四至二十九、四十四至四十五、五十至五十七、六十至六十

一、六十六、七十）

340000－1801－0004391　2：24278－2：24285
歷代名臣言行錄二十四卷　（清）朱桓輯　清光緒二十八年（1902）上海天章書局石印本　八册

340000－1801－0004392　2：24286－2：24293
歷代名臣言行錄二十四卷　（清）朱桓輯　清光緒二十八年（1902）寶善書局石印本　八册

340000－1801－0004393　2：24294－2：24301
歷代名臣言行錄二十四卷　（清）朱桓輯　清光緒二十八年（1902）寶善書局石印本　八册

340000－1801－0004394　2：24302－2：24305
歷代名臣言行錄二十四卷　（清）朱桓輯　清光緒二十九年（1903）上海錦章書局石印本　四册

340000－1801－0004395　2：24308－2：24311
增評歷代名臣言行錄二十二卷首一卷　（清）孫鈺編　清光緒二十九年（1903）開智書局石印本　四册

340000－1801－0004396　2：24312－2：24326
歷代名臣言行錄二十四卷　（清）朱桓編　清光緒上海鴻章書局石印本　十五册

340000－1801－0004397　2：243－2：246 善
史記評林一百三十卷　（漢）司馬遷撰　（南朝宋）裴駰集解　（唐）司馬貞索隱　（唐）張守節正義　（明）陳仁錫評　明古吳懷德堂刻本　四册　存六卷（一至六）

340000－1801－0004398　2：24327－2：24334
歷代名臣言行錄二十四卷　（清）朱桓輯　清光緒二十八年（1902）上海文林局石印本　八册

340000－1801－0004399　2：24335－2：24370
歷代名臣言行錄二十四卷　（清）朱桓輯　清光緒元年（1875）湖北刻本　三十六册　存十三卷（一至十三）

340000－1801－0004400　2：24371－2：24387
歷代名臣傳三十五卷首一卷續傳五卷　（清）朱軾　（清）蔡世遠輯　（清）張江分纂　清光緒十八年（1892）高安朱舲刻本　十七册

340000－1801－0004401　2：24388－2：24403
歷代名臣傳三十五卷　（清）朱軾　（清）蔡世遠輯　（清）張江分纂　清刻本　十六册

340000－1801－0004402　2：24404－2：24410
歷代名臣傳三十五卷　（清）朱軾　（清）蔡世遠輯　（清）張江分纂　清光緒二十三年（1897）刻本　七册

340000－1801－0004403　2：24411
歷代名臣傳續編五卷　（清）朱軾　（清）蔡世遠訂　（清）藍鼎元分纂　清光緒刻本　一册　存二卷（四至五）

340000－1801－0004404　2：24412－2：24420
歷代名臣傳節錄三十卷　（清）蕭培元錄訂　（清）崇厚增輯　清雪蔭堂刻本　九册

340000－1801－0004405　2：24421
歷代名將事略附演淺説一卷　陸軍部覽定　清光緒鉛印本　一册

340000－1801－0004406　2：24422
歷代名將事略附演淺説一卷　陸軍部覽定　清光緒三十四年（1908）鉛印本　一册

340000－1801－0004407　2：24423－2：24424
歷代名將事略二卷　陳光憲編　清光緒三十年（1904）北洋武備研究所木活字印本　二册

340000－1801－0004408　2：24427－2：24432
古品節錄六卷　（清）松筠輯　清宣統二年（1910）守政書局刻本　六册

340000－1801－0004409　2：24433－2：24438
古品節錄六卷　（清）松筠輯　清嘉慶四年（1799）刻本　四册

340000－1801－0004410　2：24439－2：24442
古品節錄六卷　（清）松筠輯　清嘉慶四年（1799）刻本　四册

340000－1801－0004411　2：24443－2：24444
古品節錄六卷　（清）松筠輯　清嘉慶四年（1799）刻本　二册

340000－1801－0004412　2：24445－2：24450

道齊正軌二十卷　（清）鄒鳴鶴纂述　（清）蘇源生編校　清道光三十年(1850)刻本　六册

340000－1801－0004413　2：2444 善

綱鑑便讀不分卷　（清）龍紀官纂　清康熙六年(1667)桃源周文璽抄本　清程寧武跋　一册

340000－1801－0004414　2：24451－2：24458

道齊正軌二十卷　（清）鄒鳴鶴纂述　（清）蘇源生編校　清道光三十年(1850)刻本　八册

340000－1801－0004415　2：2445－2：2446 善

刻註解標題歷朝鑑綱論抄十二卷　（明）張居正輯　明萬曆刻本　二册

340000－1801－0004416　2：24459－2：24465

道齊正軌二十卷　（清）鄒鳴鶴纂述　（清）蘇源生編校　清光緒刻本　七册　缺二卷(十九至二十)

340000－1801－0004417　2：24466－2：24467

修史試筆二卷　（清）藍鼎元撰　清刻本　二册

340000－1801－0004418　2：24468－2：24479

宋名臣言行錄前集十卷後集十四卷續集八卷別集二十六卷外集十七卷　（宋）朱熹　（宋）李幼武輯　清道光元年(1821)歙縣歙績學堂洪氏刻二十二年(1842)包良訓重修本　十二册

340000－1801－0004419　2：2448－2：2451 善

新刊通鑑綱目策論摘題二十卷　（明）嚴時泰輯　明嘉靖三年(1524)鄭氏宗文堂刻本　四册

340000－1801－0004420　2：24480－2：24490

宋名臣言行錄前集十卷後集十四卷續集八卷別集二十六卷外集十七卷　（宋）朱熹　（宋）李幼武輯　清道光元年(1821)歙縣歙績學堂洪氏刻二十二年(1842)包良訓重修本　十一册　缺五卷(外集一至五)

340000－1801－0004421　2：2447 善

小學史斷四卷附通鑑總論一卷　（宋）南宮靖一纂　（元）潘榮總論　明隆慶二年(1568)金陵刻本　一册　存三卷(小學史斷三至四、附通鑑總論一卷)

340000－1801－0004422　2：24491－2：24502

宋名臣言行錄前集十卷後集十四卷續集八卷別集二十六卷外集十七卷　（宋）朱熹　（宋）李幼武輯　清道光元年(1821)歙縣歙績學堂洪氏刻同治七年(1868)臨川桂氏重修本　十二册

340000－1801－0004423　2：24503－2：24514

宋名臣言行錄前集十卷後集十四卷續集八卷別集二十六卷外集十七卷　（宋）朱熹　（宋）李幼武輯　清道光元年(1821)歙縣歙績學堂洪氏刻同治七年(1868)臨川桂氏重修本　十二册

340000－1801－0004424　2：24515－2：24526

宋名臣言行錄前集十卷後集十四卷續集八卷別集二十六卷外集十七卷　（宋）朱熹　（宋）李幼武輯　清道光元年(1821)歙縣歙績學堂洪氏刻同治七年(1868)臨川桂氏重修本　十二册

340000－1801－0004425　2：2452－2：2463 善

綱鑑要編二十四卷　（明）陳臣忠撰　明崇禎二年(1629)刻本　十二册

340000－1801－0004426　2：24527－2：24538

宋名臣言行錄前集十卷後集十四卷續集八卷別集二十六卷外集十七卷　（宋）朱熹　（宋）李幼武輯　清刻本　十二册

340000－1801－0004427　2：24539－2：24570

宋名臣言行錄前集十卷後集十四卷續集八卷別集二十六卷外集十七卷　（宋）朱熹　（宋）李幼武輯　清道光元年(1821)歙縣歙績學堂洪氏刻二十二年(1842)包良訓重修本　三十二册

340000－1801－0004428　2：24574－2：24589

小腆紀傳六十五卷補遺一卷　（清）徐鼒編　清光緒十三年(1887)金陵刻本　十六册

340000－1801－0004429　2:24590－2:24605
小腆紀傳六十五卷補遺一卷　(清)徐鼒編　清光緒十三年(1887)金陵刻本　十六册

340000－1801－0004430　2:24606－2:24623
小腆紀傳六十五卷補遺一卷　(清)徐鼒編　清光緒十三年(1887)金陵刻本　十八册

340000－1801－0004431　2:24624－2:24625
小腆紀傳補遺五卷考異一卷　(清)徐承禮撰　清光緒十四年(1888)金陵刻本　二册

340000－1801－0004432　2:24626－2:24665
滿漢名臣傳四十八卷　(清)國史館編　清京都琉璃廠榮錦書坊木活字印本　四十册

340000－1801－0004433　2:2464－2:2483 善
湯睡庵先生歷朝綱鑑全史七十卷　(明)湯賓尹纂　(明)陳繼儒注釋　明萬曆刻本　二十册

340000－1801－0004434　2:24666－2:24713
滿漢名臣傳四十八卷　(清)國史館編　清京都琉璃廠榮錦書坊木活字印本　四十八册

340000－1801－0004435　2:24714－2:24773
碑傳集一百六十卷首二卷末二卷　(清)錢儀吉纂錄　清光緒十九年(1893)江蘇書局刻本　六十册

340000－1801－0004436　2:247－2:248 善
史記評林一百三十卷　(明)凌稚隆輯校　(明)李光縉增補　明刻本　二册　存十三卷(十五至十七、九十五至一百四)

340000－1801－0004437　2:24774－2:24833
碑傳集一百六十卷首二卷末二卷　(清)錢儀吉纂錄　清光緒十九年(1893)江蘇書局刻本　六十册

340000－1801－0004438　2:24836－2:24867
國朝先正事略六十卷　(清)李元度纂　清同治五年(1866)循陔艸堂刻本　三十二册

340000－1801－0004439　2:2484－2:2525 善
通鑑紀事本末四十二卷　(宋)袁樞撰　明萬曆二年(1574)李栻刻本　四十二册

340000－1801－0004440　2:24868－2:24891
國朝先正事略六十卷　(清)李元度纂　清同治五年(1866)循陔艸堂刻本　二十四册

340000－1801－0004441　2:24892－2:24923
國朝先正事略六十卷　(清)李元度纂　清同治五年(1866)循陔艸堂刻本　三十二册

340000－1801－0004442　2:249－2:272 善
史記一百三十卷　(漢)司馬遷撰　(南朝宋)裴駰集解　(唐)司馬貞索隱　明萬曆二十四年(1596)南京國子監刻二十一史本　二十四册

340000－1801－0004443　2:24924－2:24943
國朝先正事略六十卷　(清)李元度纂　清同治五年(1866)循陔艸堂刻本　二十册

340000－1801－0004444　2:24944－2:24966
國朝先正事略六十卷　(清)李元度纂　清同治五年(1866)循陔艸堂刻本　二十三册

340000－1801－0004445　2:24967－2:24998
國朝先正事略六十卷　(清)李元度纂　清刻本　三十二册

340000－1801－0004446　2:24999－2:25022
國朝先正事略六十卷　(清)李元度纂　清刻本　二十四册

340000－1801－0004447　2:25023－2:25046
國朝先正事略六十卷　(清)李元度纂　清星沙小嫏環館刻本　二十四册

340000－1801－0004448　2:25047－2:25070
國朝先正事略六十卷　(清)李元度纂　清星沙小嫏環館刻本　二十四册

340000－1801－0004449　2:25071－2:25080
國朝先正事略六十卷　(清)李元度纂　清光緒十三年(1887)廣百宋齋鉛印本　十册

340000－1801－0004450　2:25081－2:25090
國朝先正事略六十卷　(清)李元度纂　清光緒十三年(1887)廣百宋齋鉛印本　十册

340000－1801－0004451　2:25091－2:25100
國朝先正事略六十卷　(清)李元度纂　清光

緒十二年(1886)鉛印本　十冊

340000－1801－0004452　2:25101－2:25110
國朝先正事略六十卷　(清)李元度纂　清光緒十二年(1886)鉛印本　十冊

340000－1801－0004453　2:25111－2:25120
國朝先正事略六十卷　(清)李元度纂　清光緒十二年(1886)鉛印本　十冊

340000－1801－0004454　2:25121－2:25132
國朝先正事略六十卷　(清)李元度纂　清光緒二十五年(1899)圖書集成印書局鉛印本　十二冊

340000－1801－0004455　2:25133－2:25140
國朝先正事略六十卷　(清)李元度纂　清光緒二十五年(1899)圖書集成印書局鉛印本　八冊

340000－1801－0004456　2:25141－2:25148
國朝先正事略六十卷　(清)李元度纂　清光緒二十五年(1899)圖書集成印書局鉛印本　八冊

340000－1801－0004457　2:25149－2:25156
國朝先正事略六十卷　(清)李元度纂　清光緒十三年(1887)點石齋縮印本　八冊

340000－1801－0004458　2:25157－2:25162
國朝先正事略六十卷　(清)李元度纂　清光緒二十九年(1903)天章石印局石印本　六冊

340000－1801－0004459　2:25163－2:25168
國朝先正事略六十卷　(清)李元度纂　清光緒二十八年(1902)石印本　六冊

340000－1801－0004460　2:25169－2:25170
國朝先正事略六十卷　(清)李元度纂　清光緒二十八年(1902)石印本　二冊

340000－1801－0004461　2:25171－2:25193
國朝先正事略六十卷　(清)李元度纂　清末刻本　二十三冊　缺一卷(一)

340000－1801－0004462　2:25194－2:25201
國朝先正事略六十卷　(清)李元度纂　清光緒十三年(1887)點石齋縮印本　八冊

340000－1801－0004463　2:25202－2:25205
國朝先正事略續編四十卷　朱孔彰撰　清光緒二十六年(1900)石印本　四冊

340000－1801－0004464　2:25206－2:25211
國朝名臣言行錄十六卷　(清)王炳燮編　清光緒十一年(1885)津河廣仁堂刻本　六冊

340000－1801－0004465　2:25212－2:25223
中興將帥別傳三十卷續編六卷　朱孔彰編　清光緒二十三年(1897)江寧刻本　十二冊

340000－1801－0004466　2:25224－2:25235
中興將帥別傳三十卷續編六卷　朱孔彰編　清光緒二十三年(1897)江寧刻本　十二冊

340000－1801－0004467　2:25236－2:25247
中興將帥別傳三十卷續編六卷　朱孔彰編　清光緒二十三年(1897)江寧刻本　十二冊

340000－1801－0004468　2:25248－2:25255
中興將帥別傳三十卷續編六卷　朱孔彰編　清光緒二十三年(1897)江寧刻本　八冊

340000－1801－0004469　2:2526－2:2537 善
宋史紀事本末十卷　(明)馮琦撰　(明)陳邦瞻補　**元史紀事本末四卷**　(明)陳邦瞻撰　明萬曆三十三年(1605)劉曰梧、徐申刻本　十二冊

340000－1801－0004470　2:2538－2:2547 善
宋史紀事本末十卷　(明)馮琦撰　(明)陳邦瞻補　明萬曆郁岡山房刻本　十冊

340000－1801－0004471　2:25436－2:25623
國朝耆獻類徵初編四百八十卷首二百四卷目錄二十卷通檢十卷賢媛類徵十二卷　(清)李桓輯　清光緒湘陰李氏刻本　一百八十八冊

340000－1801－0004472　2:2548－2:2551 善
逸周書十卷　(晉)孔晁注　明程榮刻漢魏叢書本　四冊

340000－1801－0004473　2:2552－2:2565 善
季漢書六十卷正論一卷答問一卷　(明)謝陛撰　(明)臧懋循訂　明刻本　十四冊

340000－1801－0004474　2:25624－2:25647

國朝耆獻類徵初編四百八十卷首二百四卷目錄二十卷通檢十卷賢媛類徵十二卷 (清)李桓輯 清光緒湘陰李氏刻本 二十四冊 存四十九卷(三百九十四至四百四十二)

340000-1801-0004475 2:25628
於越先賢傳不分卷 (清)王齡撰 (清)任熊繪 清光緒十二年(1886)上海同文書局石印本 一冊

340000-1801-0004476 2:25649
於越先賢傳不分卷 (清)王齡撰 (清)任熊繪 清光緒十二年(1886)上海同文書局石印本 一冊

340000-1801-0004477 2:2566-2:2574 善
季漢書六十卷正論一卷答問一卷 (明)謝陛撰 明刻本 九冊 存四十二卷(内傳一至十一、外傳一至三十,答問一卷)

340000-1801-0004478 2:25680-2:25685
桐城耆舊傳十二卷 馬其昶輯 清宣統三年(1911)刻本 六冊

340000-1801-0004479 2:25686-2:25691
桐城耆舊傳十二卷 馬其昶輯 清宣統三年(1911)刻本 六冊

340000-1801-0004480 2:25692-2:25697
桐城耆舊傳十二卷 馬其昶輯 清宣統三年(1911)刻本 六冊

340000-1801-0004481 2:25698-2:25703
桐城耆舊傳十二卷 馬其昶輯 清宣統三年(1911)刻本 六冊

340000-1801-0004482 2:25704-2:25709
桐城耆舊傳十二卷 馬其昶輯 清宣統三年(1911)刻本 六冊

340000-1801-0004483 2:25710-2:25715
桐城耆舊傳十二卷 馬其昶輯 清宣統三年(1911)刻本 六冊

340000-1801-0004484 2:25716-2:25719
桐彝三卷續二卷 (明)方學漸著 清光緒九年(1883)皖垣鉛印本 四冊

340000-1801-0004485 2:25720
桐彝三卷續二卷 (明)方學漸著 清光緒九年(1883)皖垣鉛印本 一冊

340000-1801-0004486 2:25721
桐彝三卷續二卷 (明)方學漸著 清光緒九年(1883)皖垣鉛印本 一冊

340000-1801-0004487 2:25722
桐彝三卷續二卷 (明)方學漸著 清光緒九年(1883)皖垣鉛印本 一冊

340000-1801-0004488 2:25729
桐彝三卷續二卷 (明)方學漸著 清光緒九年(1883)皖垣鉛印本 一冊

340000-1801-0004489 2:25755-2:25756
姚氏先德傳六卷 (清)姚瑩輯 清刻本 二冊

340000-1801-0004490 2:25757-2:25758
桐城姚氏碑傳錄七卷補遺一卷 姚永樸輯 清光緒三十二年(1906)刻素園叢稿本 二冊

340000-1801-0004491 2:25759-2:25760
桐城姚氏碑傳錄七卷補遺一卷 姚永樸輯 清光緒三十二年(1906)刻素園叢稿本 二冊

340000-1801-0004492 2:2575 善
南唐書十八卷 (宋)陸遊撰 明刻本 一冊 存十一卷(一至十一)

340000-1801-0004493 2:25761
桐城姚氏碑傳錄七卷補遺一卷 姚永樸輯 清光緒三十二年(1906)刻素園叢稿本 一冊

340000-1801-0004494 2:2576-2:2577 善
南唐書十八卷 (宋)陸遊撰 **音釋一卷** (元)戚光撰 明崇禎毛氏汲古閣刻本 二冊

340000-1801-0004495 2:25762-2:25765
桐城姚氏碑傳錄七卷補遺一卷 姚永樸輯 清光緒三十二年(1906)刻素園叢稿本 四冊

340000-1801-0004496 2:2578-2:2585 善
南唐書合刻二種 (清)蔣國祥 (清)蔣國祚合輯 清康熙襄平蔣氏五峰閣刻本 八冊

340000－1801－0004497　2∶2586 善

新鐫屠儀部編纂元朝捷錄四卷　(明)屠隆撰　明萬曆三十七年(1609)金陵書林刻本　一冊

340000－1801－0004498　2∶25784－2∶25788

程氏人物志八卷　(□)□□撰　清延慶堂刻本　五冊

340000－1801－0004499　2∶25819－2∶25824

南陽人物志十八卷　(清)馬三山　(清)劉沛然輯　清同治九年(1870)刻本　六冊

340000－1801－0004500　2∶25825－2∶25830

南陽人物志十八卷　(清)馬三山　(清)劉沛然輯　清同治九年(1870)刻本　六冊

340000－1801－0004501　2∶25831

甘肅人物志事略　劉爾炘等輯　清末鉛印本　一冊

340000－1801－0004502　2∶25832－2∶25833

巴陵人物志十五卷　(清)杜貴墀輯　清光緒二十八年(1902)長沙刻本　二冊

340000－1801－0004503　2∶25862

明鑑前紀二卷　(清)齊召南編集　清光緒十五年(1889)金峩山館刻本　一冊

340000－1801－0004504　2∶25867

群輔錄一卷　(晉)陶潛撰　清嘉慶刻廣漢魏叢書本　一冊

340000－1801－0004505　2∶25868

後秦錄蜀錄前涼錄西涼錄北涼錄　(北魏)崔鴻撰　清刻本　一冊

340000－1801－0004506　2∶25869

後涼錄南涼錄　(北魏)崔鴻撰　清刻本　一冊

340000－1801－0004507　2∶25870

英雄記鈔一卷　(三國魏)王粲撰　清嘉慶刻廣漢魏叢書本　一冊

340000－1801－0004508　2∶25871

西周後賢志一卷　(晉)常璩撰　清刻本　一冊

340000－1801－0004509　2∶25872

序志後語一卷　(晉)常璩撰　清刻本　一冊

340000－1801－0004510　2∶25873

南燕錄一卷　(北魏)崔鴻撰　清刻本　一冊

340000－1801－0004511　2∶25874

股匪總錄三卷　(北魏)崔鴻撰　清光緒十五年(1889)刻本　一冊　存二卷(一至二)

340000－1801－0004512　2∶25875－2∶25876

金華賢達錄十二卷　(明)鄭栢撰　清道光刻本　二冊

340000－1801－0004513　2∶25877－2∶25878

鼎甲徵信錄四卷　(清)閻湘蕙編輯　(清)張椿齡增訂　清同治三年(1864)刻本　二冊

340000－1801－0004514　2∶25879－2∶25896

兩浙名賢錄六十二卷　(明)徐象梅撰　清刻本　十八冊　存十五卷(二至三、九至十三、十六至十八、二十、二十二至二十三、二十六至二十七)

340000－1801－0004515　2∶2587 善

新刻校正纂輯皇明我朝捷錄不分卷　(明)李良翰撰　明末刻本　一冊

340000－1801－0004516　2∶2588－2∶2651 善

明史稿三百十卷　(清)王鴻緒撰　清敬慎堂刻本　六十四冊

340000－1801－0004517　2∶25905－2∶25906

咸豐以來功臣別傳三十卷　朱孔彰撰　清光緒二十四年(1898)鉛印漸學廬叢書本　二冊

340000－1801－0004518　2∶25907－2∶25930

續碑傳集八十六卷首二卷　繆荃孫撰　清宣統江楚編譯書局刻本　二十四冊

340000－1801－0004519　2∶25931－2∶25934

江人事四卷首一卷末一卷　(明)宋佚撰　清咸豐二年(1852)刻本　四冊

340000－1801－0004520　2∶25935－2∶25946

理學宗傳二十六卷　(清)孫奇逢輯　清光緒刻本　十二冊

340000－1801－0004521　2:25949
鄂宦全皖同鄉録　(清)鄂省安徽會館輯　清道光湖北鄂省安徽會館刻本　一册

340000－1801－0004522　2:25950－2:25951
國朝歷科館選錄　(清)沈廷芳輯　清光緒刻本　二册

340000－1801－0004523　2:25952－2:25955
世界豪傑編四卷　(清)陳伯龍撰　清光緒三十一年(1905)總會書局石印本　四册

340000－1801－0004524　2:25956－2:25963
古今人物論三十六卷　(明)鄭賢輯　清光緒二十八年(1902)掃葉山房石印本　八册

340000－1801－0004525　2:25964
林文忠公等諸公事略不分卷　(□)□□撰　清抄本　一册

340000－1801－0004526　2:25965－2:25972
廿四史人物類攷四十六卷　(清)程維周撰　清光緒二十九年(1903)上海緯文閣石印本　八册

340000－1801－0004527　2:25975－2:25976
聖門名字纂詁二卷補遺一卷　(清)洪恩波纂　清光緒二十三年(1897)刻本　二册

340000－1801－0004528　2:25977－2:25978
聖門名字纂詁二卷補遺一卷　(清)洪恩波纂　清光緒二十三年(1897)刻本　二册

340000－1801－0004529　2:25979－2:25980
聖門名字纂詁二卷補遺一卷　(清)洪恩波纂　清光緒二十三年(1897)刻二十五年(1899)金陵書局重修本　二册

340000－1801－0004530　2:25981－2:25982
聖門名字纂詁二卷補遺一卷　(清)洪恩波纂　清光緒二十三年(1897)刻二十五年(1899)金陵書局重修本　二册

340000－1801－0004531　2:25983－2:25984
聖門名字纂詁二卷補遺一卷　(清)洪恩波纂　清光緒二十三年(1897)刻二十五年(1899)金陵書局重修本　二册

340000－1801－0004532　2:25986－2:25997
理學宗傳二十六卷　(清)孫奇逢輯　清光緒六年(1880)浙江書局刻本　十二册

340000－1801－0004533　2:25998－2:26009
理學宗傳二十六卷　(清)孫奇逢輯　清光緒六年(1880)浙江書局刻本　十二册

340000－1801－0004534　2:26010－2:26021
理學宗傳二十六卷　(清)孫奇逢輯　清光緒六年(1880)浙江書局刻本　十二册

340000－1801－0004535　2:26030－2:26035
理學宗傳辨正十六卷　(清)劉廷詔原撰　(清)倭仁　(清)吳廷棟校訂　清同治十一年(1872)六安求我齋刻本　六册

340000－1801－0004536　2:26036－2:26037
儒林宗派十六卷　(清)萬斯同編　清宣統三年(1911)上海國學扶輪社鉛印張氏適園叢書本　二册

340000－1801－0004537　2:26038－2:26039
儒林宗派十六卷　(清)萬斯同編　清宣統三年(1911)上海國學扶輪社鉛印張氏適園叢書本　二册

340000－1801－0004538　2:26040－2:26041
儒林宗派十六卷　(清)萬斯同編　清宣統三年(1911)上海國學扶輪社鉛印張氏適園叢書本　二册

340000－1801－0004539　2:26042－2:26043
儒林宗派十六卷　(清)萬斯同編　清宣統三年(1911)上海國學扶輪社鉛印張氏適園叢書本　二册

340000－1801－0004540　2:26044－2:26045
儒林宗派十六卷　(清)萬斯同編　清宣統三年(1911)上海國學扶輪社鉛印張氏適園叢書本　二册

340000－1801－0004541　2:26046－2:26061
學統五十三卷　(清)熊賜履編　清康熙刻本　十六册

340000－1801－0004542　2:26072－2:26087

學統五十六卷 （清）熊賜履編　清退補齋刻本　十六冊

340000－1801－0004543　2：26095－2：26096
道學統記四卷 （清）盛順編著　清刻本　二冊

340000－1801－0004544　2：26097－2：26100
歷代儒學存真錄十卷 （清）田僦輯　清咸豐七年（1857）晚悔堂刻本　四冊

340000－1801－0004545　2：26101－2：26104
歷代儒學存真錄十卷 （清）田僦輯　清咸豐七年（1857）晚悔堂刻本　四冊

340000－1801－0004546　2：26105－2：26108
歷代名儒傳八卷 （清）朱軾　（清）蔡世遠訂　（清）李清植分纂　清光緒二十一年（1895）江蘇書局刻高安三傳合編本　四冊

340000－1801－0004547　2：26109－2：26112
歷代名儒傳八卷 （清）朱軾　（清）蔡世遠訂　（清）李清植分纂　清刻本　四冊

340000－1801－0004548　2：26113－2：26114
歷代名儒傳八卷 （清）朱軾　（清）蔡世遠訂　（清）李清植分纂　清光緒二十三年（1897）刻本　二冊　存六卷（一至六）

340000－1801－0004549　2：26155－2：26202
宋元學案一百卷 （清）黄宗羲撰　清光緒五年（1879）長沙刻本　四十八冊

340000－1801－0004550　2：26203－2：26250
宋元學案一百卷 （清）黄宗羲撰　清光緒五年（1879）長沙刻本　四十八冊

340000－1801－0004551　2：26251－2：26290
宋元學案一百卷 （清）黄宗羲撰　清光緒五年（1879）長沙刻本　四十冊

340000－1801－0004552　2：26291－2：26330
宋元學案一百卷 （清）黄宗羲撰　清光緒五年（1879）長沙刻本　四十冊

340000－1801－0004553　2：26395－2：26418
明儒學案六十二卷 （清）黄宗羲撰　清光緒十四年（1888）南昌縣學刻本　二十四冊

340000－1801－0004554　2：26419－2：26434
明儒學案六十二卷 （清）黄宗羲撰　清光緒十四年（1888）南昌縣學刻本　十六冊

340000－1801－0004555　2：26435－2：26450
明儒學案六十二卷 （清）黄宗羲撰　清光緒十四年（1888）南昌縣學刻本　十六冊

340000－1801－0004556　2：26451－2：26456
明儒學案十卷 （清）黄宗羲撰　清光緒十四年（1888）南昌縣學刻本　六冊

340000－1801－0004557　2：26457
明儒學案節鈔不分卷 （□）□□撰　清安徽高等學堂鉛印本　一冊

340000－1801－0004558　2：26458
明儒學案節鈔不分卷 （□）□□撰　清安徽高等學堂鉛印本　一冊

340000－1801－0004559　2：26459
明儒學案講義不分卷 （清）范鎧輯　清光緒三十三年（1907）山東高等學堂石印本　一冊

340000－1801－0004560　2：26652－2：26657
學案小識十四卷首一卷 （清）唐鑑輯　清光緒文瑞樓石印本　六冊

340000－1801－0004561　2：26658－2：26663
學案小識十四卷首一卷 （清）唐鑑輯　清光緒文瑞樓石印本　六冊

340000－1801－0004562　2：26664－2：26669
學案小識十四卷首一卷 （清）唐鑑輯　清光緒文瑞樓石印本　六冊

340000－1801－0004563　2：26670－2：26681
學案小識十四卷首一卷 （清）唐鑑輯　清光緒十年（1884）刻本　十二冊

340000－1801－0004564　2：26682－2：26693
學案小識十四卷首一卷 （清）唐鑑輯　清光緒十年（1884）刻本　十二冊

340000－1801－0004565　2：26694－2：26703
學案小識十四卷首一卷 （清）唐鑑輯　清光緒十年（1884）刻本　十冊

340000－1801－0004566　2:26704－2:26714
學案小識十四卷首一卷　(清)唐鑑輯　清光緒十年(1884)刻本　十一册　存十二卷(三至十四)

340000－1801－0004567　2:26715－2:26717
國朝漢學師承記八卷國朝經師經義目録一卷　(清)江藩纂　清咸豐四年(1854)粵雅堂刻粵雅堂叢書本　三册

340000－1801－0004568　2:26718－2:26723
國朝漢學師承記八卷國朝經師經義目録一卷宋學淵源記一卷札記一卷　(清)江藩纂　清光緒十一年(1885)掃葉山房刻本　六册

340000－1801－0004569　2:26725－2:26727
國朝漢學師承記八卷宋學淵源記二卷　(清)江藩纂　清抄本　三册

340000－1801－0004570　2:26728－2:26731
國朝漢學師承記八卷國朝經師經義目録一卷　(清)江藩纂　清嘉慶二十三年(1818)刻本　四册

340000－1801－0004571　2:26732－2:26735
國朝漢學師承記八卷宋學淵源記二卷　(清)江藩纂　清光緒十三年(1887)萬卷書室刻本　四册

340000－1801－0004572　2:26736－2:26739
國朝漢學師承記八卷宋學淵源記二卷　(清)江藩纂　清光緒二十二年(1896)長沙周大文堂刻本　四册

340000－1801－0004573　2:26740－2:26743
國朝漢學師承記八卷宋學淵源記二卷　(清)江藩纂　清光緒二十二年(1896)長沙周大文堂刻本　四册

340000－1801－0004574　2:26748
我師録四卷　姚永樸編　清光緒高等學堂鉛印本　四册

340000－1801－0004575　2:26750－2:26759
文獻徵存録十卷　(清)錢林輯　(清)王藻編　清咸豐八年(1858)有嘉樹軒刻本　十册

340000－1801－0004576　2:26760－2:26769
文獻徵存録十卷　(清)錢林輯　(清)王藻編　清咸豐八年(1858)有嘉樹軒刻本　十册

340000－1801－0004577　2:26770－2:26781
文獻徵存録十卷　(清)錢林輯　(清)王藻編　清咸豐八年(1858)有嘉樹軒刻本　十二册

340000－1801－0004578　2:26782－2:26791
文獻徵存録十卷　(清)錢林輯　(清)王藻編　清咸豐八年(1858)有嘉樹軒刻本　十册　存九卷(一至九)

340000－1801－0004579　2:26792
伊洛淵源録十四卷　(宋)朱熹輯　清刻本　一册

340000－1801－0004580　2:26793－2:26794
洛學編六卷　(清)湯斌輯　清光緒二年(1876)有不為齋刻本　二册

340000－1801－0004581　2:26795
濂洛關閩六先生傳一卷　(清)羅惇衍編次　清道光金陵刻本　一册

340000－1801－0004582　2:26796
濂洛關閩六先生傳一卷　(清)羅惇衍編次　清道光金陵刻本　一册

340000－1801－0004583　2:26797
濂洛關閩六先生傳一卷　(清)羅惇衍編次　清學源堂刻本　一册

340000－1801－0004584　2:26798
北學編四卷　(清)魏一鼇輯　(清)尹會一續輯　清刻本　一册

340000－1801－0004585　2:26799－2:26804
皖學編十六卷　(清)徐定文輯　清宣統元年(1909)萬卷樓刻本　六册

340000－1801－0004586　2:26805－2:26808
金華理學粹編十卷　(清)戴殿江輯　清光緒十五年(1889)越中永康應寶時刻本　四册

340000－1801－0004587　2:26809－2:26838
道學淵源録一百卷首一卷　(清)黃嗣東輯　清光緒三十四年(1908)鳳山學舍刻本　三十

册

340000－1801－0004588　2∶26839
國朝名家詩鈔小傳四卷　(清)鄭方坤撰　清光緒刻本　一册

340000－1801－0004589　2∶26840－2∶26841
國朝名家詩鈔小傳四卷　(清)鄭方坤撰　**補遺一卷**　(清)李洣校　**鄭荔鄉先生别傳**　(清)李洣撰　清光緒十二年(1886)刻本　二册

340000－1801－0004590　2∶26842－2∶26843
古今楹聯匯刻小傳十三卷　(清)吴隱輯　清光緒二十六年(1900)西泠印社刻本　二册

340000－1801－0004591　2∶26844－2∶26847
群儒考略五十八卷外編十八卷　姚永樸撰　清光緒安徽高等學堂鉛印本　四册

340000－1801－0004592　2∶26848－2∶26850
群儒考略五十八卷外編十八卷　姚永樸撰　清光緒安徽高等學堂鉛印本　三册

340000－1801－0004593　2∶26851－2∶26856
唐才子傳十卷　(元)辛文房撰　清嘉慶十年(1805)蕭山陸芝榮三間草堂刻本　六册

340000－1801－0004594　2∶26859
歷代詩人祠堂記一卷　(清)李恩綬編　清宣統元年(1909)鉛印本　一册

340000－1801－0004595　2∶26860－2∶26865
詞科掌錄十七卷餘話三卷　(清)杭世駿編輯　清道古堂刻本　六册

340000－1801－0004596　2∶26866－2∶26873
詞科掌錄十七卷餘話三卷　(清)杭世駿編輯　清道古堂刻本　八册

340000－1801－0004597　2∶26874－2∶26889
國朝畿輔詩傳六十卷　(清)陶樑輯　清道光十九年(1839)紅豆樹館刻本　十六册

340000－1801－0004598　2∶26890－2∶26897
湖北詩徵傳略四十卷　(清)丁宿章輯　清刻本　八册　存十八卷(一至十八)

340000－1801－0004599　2∶26898
金陵詩徵錄十卷　(清)金鼇輯　清光緒二年(1876)刻本　一册

340000－1801－0004600　2∶26899
金陵先正言行錄六卷　陳作霖輯　清光緒江楚書局刻本　一册

340000－1801－0004601　2∶26901－2∶26902
涇川文載小傳一卷　(清)鄭相如編　清道光十七年(1837)鄭維屏刻本　二册

340000－1801－0004602　2∶26904
國史文苑傳二卷　(清)□□輯　清刻本　一册

340000－1801－0004603　2∶26905－2∶26906
忠義集十卷首一卷　(明)趙景良輯　清道光十三年(1833)南通州徐宗幹刻本　二册

340000－1801－0004604　2∶26907－2∶26910
欽定勝朝殉節諸臣錄十二卷首一卷　(□)□□撰　清刻本　四册

340000－1801－0004605　2∶26917－2∶26918
勝朝殉揚錄三卷　(清)劉寶楠撰　清同治十年(1871)淮南書局刻本　二册

340000－1801－0004606　2∶26921－2∶26922
忠節紀略八卷續編一卷　(清)柯自遂輯　清同治十年(1871)黄秉鈞刻本　二册

340000－1801－0004607　2∶26923
忠義集成不分卷　(清)熊盛熾輯　清光緒十二年(1886)刻本　一册

340000－1801－0004608　2∶26924－2∶26931
史外八卷　(清)汪有典撰　清同治三年(1864)廬陵尋樂山房刻本　八册

340000－1801－0004609　2∶26932－2∶26939
史外八卷　(清)汪有典撰　清同治三年(1864)廬陵尋樂山房刻本　八册

340000－1801－0004610　2∶26940－2∶26947
史外八卷　(清)汪有典撰　清同治三年(1864)廬陵尋樂山房刻本　八册

340000－1801－0004611　2:26968－2:26975
史外八卷　(清)汪有典撰　清光緒三年(1877)刻本　八册

340000－1801－0004612　2:26976
皖省褒忠錄不分卷　(清)王茂蔭輯　清咸豐九年(1859)刻本　一册

340000－1801－0004613　2:26977
懷寧名宦錄一卷壽州名宦錄一卷霍山名宦錄一卷　(□)□□撰　清光緒刻本　一册

340000－1801－0004614　2:26981－2:26988
江表忠略二十卷　陳澹然撰　清光緒二十五年(1899)長沙刻本　八册

340000－1801－0004615　2:26989－2:26992
江表忠略二十卷　陳澹然撰　清光緒二十五年(1899)長沙刻本　四册

340000－1801－0004616　2:26993－2:26996
江表忠略二十卷　陳澹然撰　清光緒二十五年(1899)長沙刻本　四册

340000－1801－0004617　2:26997－2:27002
江表忠略二十卷　陳澹然撰　清光緒二十五年(1899)長沙刻本　六册

340000－1801－0004618　2:27003－2:27004
江表忠略二十卷　陳澹然撰　清光緒二十五年(1899)長沙刻本　二册

340000－1801－0004619　2:27005－2:27008
歷代循良能吏列傳匯鈔二十卷　(清)喬用遷輯　清道光二十四年(1844)有恒齋刻本　四册

340000－1801－0004620　2:27009－2:27012
歷代循吏傳八卷　(清)朱軾　(清)蔡世遠訂　清刻本　四册

340000－1801－0004621　2:27013－2:27016
歷代循吏傳八卷　(清)朱軾　(清)蔡世遠訂　清刻本　四册

340000－1801－0004622　2:27017－2:27020
歷代循吏傳八卷　(清)朱軾　(清)蔡世遠訂　清雍正刻本　四册

340000－1801－0004623　2:27021－2:27024
歷代循吏傳八卷　(清)朱軾　(清)蔡世遠訂　清雍正刻本　四册

340000－1801－0004624　2:27025－2:27028
歷代循吏傳八卷　(清)朱軾　(清)蔡世遠訂　清光緒二十三年(1897)刻本　四册

340000－1801－0004625　2:27029－2:27036
貳臣傳八卷　(清)國史館編　清琉璃廠木活字印本　八册

340000－1801－0004626　2:27037－2:27042
貳臣傳十二卷　(清)國史館編　清刻本　六册

340000－1801－0004627　2:27043－2:27050
貳臣傳十二卷　(清)國史館編　清刻本　八册

340000－1801－0004628　2:27051－2:27056
貳臣傳十二卷逆臣傳四卷　(清)國史館編　清都城琉璃廠半松居士木活字印本　六册

340000－1801－0004629　2:27057－2:27068
貳臣傳十二卷逆臣傳四卷　(清)國史館編　清刻本　十二册

340000－1801－0004630　2:27069
逆臣傳二卷　(清)國史館編　清琉璃廠木活字印本　一册

340000－1801－0004631　2:27070－2:27073
逆臣傳四卷　(清)國史館編　清都城琉璃廠半松居士木活字印本　四册

340000－1801－0004632　2:27074－2:27077
逆臣傳四卷　(清)國史館編　清刻本　四册

340000－1801－0004633　2:27078－2:27085
歷代奸庸殷鑑錄三十二卷首一卷　(清)開智書局輯　清光緒三十年(1904)開智社石印本　八册

340000－1801－0004634　2:27086
高士傳三卷　(晉)皇甫謐撰　清刻本　一册

340000－1801－0004635　2:27091

高士傳三卷　(晉)皇甫謐輯　清光緒三年(1877)湖北崇文書局刻本　一冊

340000－1801－0004636　2:27116－2:27147
畫史彙傳七十二卷附錄二卷　(清)彭蘊璨輯　清刻本　三十二冊

340000－1801－0004637　2:27173－2:27184
歷代畫史彙傳七十二卷　(清)彭蘊璨輯　清宣統二年(1910)上海文瑞樓書局石印本　十二冊

340000－1801－0004638　2:27215
國朝畫徵錄三卷　(清)張庚輯　清刻本　一冊

340000－1801－0004639　2:27216－2:27218
國朝畫徵錄三卷續錄二卷　(清)張庚撰　清萃文書局刻本　三冊

340000－1801－0004640　2:27219－2:27220
國朝畫徵錄三卷　(清)張庚撰　清刻本　二冊

340000－1801－0004641　2:27248－2:27253
墨林今話十八卷續編一卷　(清)蔣寶齡撰　(清)蔣茝生續編　清宣統二年(1910)掃葉山房石印本　六冊

340000－1801－0004642　2:27254－2:27259
墨林今話十八卷續編一卷　(清)蔣寶齡撰　(清)蔣茝生續編　清宣統二年(1910)掃葉山房石印本　六冊

340000－1801－0004643　2:27260－2:27265
墨林今話十八卷續編一卷　(清)蔣寶齡撰　(清)蔣茝生續編　清宣統二年(1910)掃葉山房石印本　六冊

340000－1801－0004644　2:27266－2:27271
墨林今話十八卷續編一卷　(清)蔣寶齡撰　(清)蔣茝生續編　清咸豐二年(1852)刻本　六冊

340000－1801－0004645　2:27272－2:27277
墨林今話十八卷續編一卷　(清)蔣寶齡撰　(清)蔣茝生續編　清咸豐二年(1852)刻本　六冊

340000－1801－0004646　2:27278－2:27283
墨林今話十八卷續編一卷　(清)蔣寶齡撰　(清)蔣茝生續編　清咸豐二年(1852)刻本　六冊

340000－1801－0004647　2:27284－2:27285
揚州畫苑錄四卷　(清)汪鋆輯　清光緒十一年(1885)刻本　二冊

340000－1801－0004648　2:27286－2:27288
玉臺畫史五卷　(清)湯漱玉輯　**別錄一卷**　(清)汪遠孫輯　清道光十七年(1837)錢塘汪氏振綺堂刻本　三冊

340000－1801－0004649　2:27289－2:27296
國朝畫識十七卷　(清)馮金伯輯　清乾隆五十六年(1791)刻道光十一年(1831)增刻本　八冊

340000－1801－0004650　2:27298－2:27301
桐陰論畫二卷首一卷附一卷畫訣一卷續桐陰論畫一卷　(清)秦祖永撰　清同治三年(1864)刻朱墨套印本　四冊

340000－1801－0004651　2:27302－2:27307
南宋院畫錄八卷　(清)厲鶚撰　清刻本　六冊

340000－1801－0004652　2:27308－2:27309
南宋院畫錄八卷　(清)厲鶚撰　清光緒十年(1884)刻本　二冊　存四卷(一至四)

340000－1801－0004653　2:27313－2:27320
國朝書畫家筆錄四卷　竇鎮撰　清宣統三年(1911)文學山房木活字印本　八冊

340000－1801－0004654　2:273－2:298 善
史記評林一百三十卷　(明)凌稚隆輯　明萬曆二年至四年(1574－1576)吳興凌稚隆刻本(卷六十至七十三抄配)　二十六冊

340000－1801－0004655　2:2732－2:2830 善
明史稿三百十卷目錄三卷　(清)王鴻緒撰　清雍正元年(1723)敬慎堂刻本　六十九冊

340000－1801－0004656　2:27322－2:27327

疇人傳四十六卷 (清)阮元撰 **續編六卷** (清)羅士琳撰 **三編七卷** (清)諸可寶撰 **近代疇人著述記一卷** (清)華世芳 (清)羅士琳等撰 清光緒二十二年(1896)上海璣衡堂石印本 六册

340000－1801－0004657 2:27339－2:27342
廣印人傳十六卷補遺一卷 (清)葉銘輯 清宣統三年(1911)西泠印社刻印學叢書本 四册

340000－1801－0004658 2:27359－2:27361
禪林僧寶傳三十卷首一卷續補一卷 (宋)釋惠洪撰 清光緒六年(1880)常熟刻經處刻本 三册

340000－1801－0004659 2:27362
禪林僧寶傳三十卷首一卷續補一卷 (宋)釋惠洪撰 清光緒六年(1880)常熟刻經處刻本 一册 存十卷(一至十)

340000－1801－0004660 2:27363－2:27366
高僧傳初集十五卷 (南朝梁)釋慧皎撰 清光緒十年(1884)金陵刻經處刻本 四册

340000－1801－0004661 2:27367－2:27370
高僧傳初集十五卷 (南朝梁)釋慧皎撰 清光緒十年(1884)金陵刻經處刻本 四册

340000－1801－0004662 2:27371－2:27374
高僧傳初集十五卷 (南朝梁)釋慧皎撰 清光緒十年(1884)金陵刻經處刻本 四册

340000－1801－0004663 2:27375－2:27384
高僧傳二集四十卷 (唐)釋道宣撰 清光緒十六年(1890)江北刻經處刻本 十册

340000－1801－0004664 2:27385－2:27394
高僧傳二集四十卷 (唐)釋道宣撰 清光緒十六年(1890)江北刻經處刻本 十册

340000－1801－0004665 2:27395－2:27404
高僧傳二集四十卷 (唐)釋道宣撰 清光緒十六年(1890)江北刻經處刻本 十册

340000－1801－0004666 2:27406－2:27413
高僧傳三集三十卷 (宋)釋贊寧等撰 清光緒十三年(1887)江北刻經處鉛印本 八册

340000－1801－0004667 2:27414－2:27421
高僧傳三集三十卷 (宋)釋贊寧等撰 清光緒十三年(1887)江北刻經處鉛印本 八册

340000－1801－0004668 2:27423－2:27424
高僧傳四集六卷 (明)釋如惺撰 清光緒十八年(1892)江北刻經處刻本 二册

340000－1801－0004669 2:27425－2:27426
高僧傳四集六卷 (明)釋如惺撰 清光緒十八年(1892)江北刻經處刻本 二册

340000－1801－0004670 2:27427－2:27430
神僧傳九卷 (明)成祖朱棣撰 清宣統元年(1909)常州天寧寺刻經處刻本 四册

340000－1801－0004671 2:27431
比丘尼傳四卷 (南朝梁)釋寶唱撰 清光緒十一年(1885)金陵刻經處刻本 一册

340000－1801－0004672 2:27432－2:27437
居士傳五十六卷 (清)彭紹升撰 清光緒四年(1878)錢塘許靈虛刻本 六册

340000－1801－0004673 2:27438－2:27441
居士傳五十六卷 (清)彭紹升撰 清刻本 四册

340000－1801－0004674 2:27442－2:27445
居士傳五十六卷 (清)彭紹升撰 清刻本 四册

340000－1801－0004675 2:27446
善女人傳二卷 (清)彭紹升輯 清同治十一年(1872)常熟刻本 一册

340000－1801－0004676 2:27451－2:27458
繪圖歷代神仙傳二十四卷 (清)□□撰 清宣統元年(1909)上海掃葉山房石印本 八册

340000－1801－0004677 2:27459－2:27464
歷代仙史八卷 (清)王建章纂 清刻本 六册

340000－1801－0004678 2:27465－2:27468
歷代仙史八卷 (清)王建章纂 清刻本 四

册

340000－1801－0004679　2:27469－2:27470

古懽録八卷　（清）王士禛撰　（清）朱從延校　清康熙朱從延快宜堂刻本　二册

340000－1801－0004680　2:27471－2:27476

古懽録八卷　（清）王士禛撰　（清）朱從延校　清康熙朱從延快宜堂刻本　六册

340000－1801－0004681　2:27477－2:27478

列女傳二卷　（漢）劉向編　（明）汪道昆補輯　（明）仇英繪圖　清光緒十二年(1886)上海同文書局石印本　二册

340000－1801－0004682　2:27479－2:27482

古列女傳八卷　（漢）劉向著　（明）黄魯曾贊　清光緒三年(1877)湖北崇文書局刻本　四册

340000－1801－0004683　2:27483－2:27488

廣列女傳二十卷　（清）劉開纂　清光緒十年(1884)皖城刻本　六册

340000－1801－0004684　2:27489－2:27494

廣列女傳二十卷　（清）劉開纂　清光緒十年(1884)皖城刻本　六册

340000－1801－0004685　2:27495－2:27500

廣列女傳二十卷　（清）劉開纂　清光緒十年(1884)皖城刻本　六册

340000－1801－0004686　2:27501－2:27502

廣列女傳二十卷　（清）劉開纂　清光緒十年(1884)皖城刻本　二册　存六卷(一至三、十四至十六)

340000－1801－0004687　2:27503

新安女史徵一卷　（清）汪洪度撰　清乾隆三十七年(1772)五世讀書園刻本　一册

340000－1801－0004688　2:27504

新安女史徵一卷　（清）汪洪度撰　清乾隆三十七年(1772)五世讀書園刻本　一册

340000－1801－0004689　2:27505－2:27506

海上青樓圖記四卷　題(清)紫竹山房主人輯　清光緒十八年(1892)上海雨花小築石印本　二册

340000－1801－0004690　2:27511－2:27516

國朝賢媛類徵初編十二卷　（清）李桓輯　清光緒十七年(1891)湘陰李氏刻本　六册

340000－1801－0004691　2:27517

越女表徵録五卷　（清）汪輝祖纂　清光緒十八年(1892)杭州浙江學院刻本　一册

340000－1801－0004692　2:27540－2:27541

太白劍二卷　（清）姚康著　清光緒二十一年(1895)姚五桂堂木活字印本　二册

340000－1801－0004693　2:27542－2:27543

太白劍二卷　（清）姚康著　清光緒二十一年(1895)姚五桂堂木活字印本　二册

340000－1801－0004694　2:27544－2:27545

太白劍二卷　（清）姚康著　清光緒二十一年(1895)姚五桂堂木活字印本　二册

340000－1801－0004695　2:27546

道光戊子科浙江鄉試同年齒録　(□)□□輯　清刻本　一册

340000－1801－0004696　2:27547－2:27554

道光己酉科直省舉貢同年録三十四卷　（清）蔣彬霨輯　清同治十二年(1873)都門刻本　八册

340000－1801－0004697　2:27555

[同治癸酉科]江南鄉試硃卷　(□)□□撰　清刻本　一册

340000－1801－0004698　2:27556－2:27559

光緒乙酉科選十八省拔貢同年全録　（清）奎光齊編　清光緒刻本　四册

340000－1801－0004699　2:27560－2:27563

光緒甲午恩科會試同年齒録四卷　(□)□□輯　清光緒二十年(1894)刻本　四册

340000－1801－0004700　2:27576－2:27577

通庠題名録四卷首一卷末一卷　（清）顧鴻輯　（清）顧金楠續　清同治三年至四年(1864－1865)刻本　二册

340000－1801－0004701　2:27579
［光緒壬午科］浙江鄉試同年齒錄　（□）□□輯　清刻本　一册

340000－1801－0004702　2:27580
内閣漢票簽中書舍人題名一卷補遺一卷續編一卷　（清）鮑康輯　（清）徐士鑾續　清同治十年（1871）刻本　一册

340000－1801－0004703　2:27581－2:27582
内閣漢票簽中書舍人題名一卷補遺一卷續編一卷　（清）鮑康輯　（清）徐士鑾續　清同治十年（1871）刻本　二册

340000－1801－0004704　2:27583
總理各國事務衙門同官錄　（□）□□撰　清同治二年（1863）刻本　一册

340000－1801－0004705　2:27584－2:27589
明進士題名碑錄　（□）□□撰　清刻本　六册

340000－1801－0004706　2:27590－2:27615
楚寶四十卷外編五卷　（明）周聖楷輯纂　清道光九年（1829）刻本　二十六册

340000－1801－0004707　2:27616－2:27619
大清縉紳全書四卷　（清）□□編　清光緒八年（1882）榮禄堂刻本　四册

340000－1801－0004708　2:27620－2:27623
大清縉紳全書四卷　（清）□□編　清光緒二十二年（1896）榮禄堂刻本　四册

340000－1801－0004709　2:27624－2:27627
大清縉紳全書四卷　（清）□□編　清光緒十七年（1891）榮禄堂刻本　四册

340000－1801－0004710　2:27628－2:27632
大清縉紳全書四卷　（清）□□編　清光緒三十年（1904）京都榮寶齋刻本　五册

340000－1801－0004711　2:27633－2:27637
大清縉紳全書四卷　（清）□□編　清宣統元年（1909）榮錄堂刻本　五册

340000－1801－0004712　2:27638－2:27643
大清縉紳全書四卷　（清）□□編　清宣統元年（1909）榮錄堂刻本　六册

340000－1801－0004713　2:27644－2:27646
大清縉紳全書四卷　（清）□□編　清光緒三十四年（1908）榮錄堂刻本　五册　缺一卷（亨）

340000－1801－0004714　2:27647－2:27650
大清縉紳全書四卷　（清）□□編　清光緒三十一年（1905）榮錄堂刻本　四册

340000－1801－0004715　2:27651－2:27654
大清縉紳全書四卷　（清）□□編　清光緒三十二年（1906）榮錄堂刻本　四册

340000－1801－0004716　2:27655－2:27657
大清縉紳全書四卷　（清）□□編　清宣統二年（1910）榮禄堂刻本　三册

340000－1801－0004717　2:27658
大清縉紳全書四卷　（清）□□編　清光緒八年（1882）榮錄堂刻本　一册　存一卷（元）

340000－1801－0004718　2:27659－2:27660
大清中樞備覽二卷　（清）□□編　清光緒二十四年（1898）榮禄堂刻本　二册

340000－1801－0004719　2:27661－2:27662
大清中樞備覽二卷　（清）□□編　清光緒十七年（1891）榮禄堂刻本　二册

340000－1801－0004720　2:27663－2:27666
爵秩全覽不分卷　（清）□□編　清光緒二十四年（1898）松竹齋、榮寶齋合刻本　四册

340000－1801－0004721　2:27667－2:27670
爵秩全覽不分卷　（清）□□編　清光緒十九年（1893）刻本　四册

340000－1801－0004722　2:27671－2:27674
爵秩全覽不分卷　（清）□□編　清光緒十九年（1893）刻本　四册

340000－1801－0004723　2:27675
安徽袖珍同官錄四卷　（清）藩經歷司編　清光緒三十四年（1908）藩經歷司鉛印本　一册　存一卷（四）

340000－1801－0004724　2:27676－2:27677
安徽袖珍同官錄四卷　(清)藩經歷司編　清宣統二年(1910)藩經歷司鉛印本　二册　存二卷(一至二)

340000－1801－0004725　2:27678－2:27681
安徽袖珍同官錄四卷　(清)藩經歷司編　清宣統元年(1909)藩經歷司鉛印本　四册

340000－1801－0004726　2:27682－2:27685
安徽袖珍同官錄四卷　(清)藩經歷司編　清宣統二年(1910)藩經歷司鉛印本　四册

340000－1801－0004727　2:27686－2:27689
安徽同官錄四卷　(清)安徽藩經歷司編　清光緒三十一年(1905)安徽藩經歷司鉛印本　四册

340000－1801－0004728　2:27690－2:27693
安徽同官錄四卷　(清)安徽藩經歷司編　清光緒三十年(1904)安徽藩經歷司鉛印本　四册

340000－1801－0004729　2:27694－2:27697
安徽同官錄四卷　(清)安徽藩經歷司編　清光緒三十年(1904)安徽藩經歷司鉛印本　四册

340000－1801－0004730　2:27698－2:27715
安徽節烈表前編十三卷後編六十卷　(清)吳坤纂　清光緒木活字印本　十八册　缺八卷(安徽節烈表前編一至八)

340000－1801－0004731　2:27716－2:27737
安徽節烈表前編十三卷後編六十卷　(清)吳坤纂　清光緒木活字印本　二十二册

340000－1801－0004732　2:27738－2:27756
安徽節孝待旌錄六十卷末一卷　(清)裕祿纂　清光緒木活字印本　十九册　缺五卷(五十七至六十、末一卷)

340000－1801－0004733　2:27758
胡文忠奏安徽卹案　(清)胡林翼撰　清抄本　一册

340000－1801－0004734　2:27759
銅陵縣閨色流芳　(□)□□撰　清光緒十五年(1889)刻本　一册

340000－1801－0004735　2:27762
霍邱遊學研究會會員錄一卷　(清)臺樹仁輯　清宣統鉛印本　一册

340000－1801－0004736　2:27770－2:27773
明經通譜不分卷　(□)□□撰　清光緒刻本　四册

340000－1801－0004737　2:27779－2:27780
江西全省同官錄二卷　(□)□□撰　清光緒刻本　二册

340000－1801－0004738　2:27783－2:27790
關中同官錄不分卷　(□)□□撰　清光緒刻本　八册

340000－1801－0004739　2:27791－2:27818
安徽忠義表前編十三卷末一卷　(清)吳坤纂　清光緒四年(1878)木活字印本　二十八册

340000－1801－0004740　2:27820
同治十二年癸酉科江南鄉試題名錄　(清)英翰等輯　清刻本　一册

340000－1801－0004741　2:27823
歷代都江堰功小傳二卷附總督部堂趙劄文一卷　(清)王人文纂訂　清宣統三年(1911)成都刻本　一册

340000－1801－0004742　2:27827－2:27828
安徽宦浙同官錄不分卷　(清)浙江安徽會館編　清光緒刻朱墨套印本　二册

340000－1801－0004743　2:27829－2:27830
松江府屬歷科采芹錄四編　(□)□□撰　清宣統元年(1909)上海時中書局鉛印本　二册

340000－1801－0004744　2:27833－2:27838
鶴徵錄八卷首一卷　(清)李集輯　**後錄十二卷首一卷**　(清)李富孫　(清)李遇孫續輯　清嘉慶刻本　六册

340000－1801－0004745　2:27839－2:27850
文獻徵存錄十卷　(清)錢林輯　(清)王藻編　清咸豐八年(1858)有嘉樹軒刻本　十二册

340000－1801－0004746　2:27851－2:27864
國朝歷科題名碑錄初集　(□)□□撰　清光緒刻本　十四册

340000－1801－0004747　2:27865
大清乾隆壬申至嘉慶乙卯進士題名碑錄　(□)□□撰　清刻本　一册

340000－1801－0004748　2:27869－2:27870
會試同年齒錄光緒甲午恩科　(□)□□撰　清光緒二十年(1894)刻本　二册

340000－1801－0004749　2:27871－2:27876
國朝貢舉考略三卷首一卷明貢舉考略二卷　(清)黄崇蘭輯　清道光元年(1821)金閶經義堂刻本　六册

340000－1801－0004750　2:27877
滿洲軍和大臣題名一卷漢軍機章京題名一卷　(清)吳孝銘編　清道光刻本　一册

340000－1801－0004751　2:27882
最新大清縉紳錄直省候補同寅錄不分卷　(□)□□撰　清光緒三十年(1904)鉛印本　一册

340000－1801－0004752　2:27884
同文館題名錄不分卷　(□)□□撰　清光緒十三年(1887)木活字印本　一册

340000－1801－0004753　2:27886
安徽同官錄四卷　(清)安徽藩經歷司編　清光緒三十年(1904)安徽藩經歷司鉛印本　一册　存一卷(一)

340000－1801－0004754　2:27887－2:27888
各省選拔同年明經通譜不分卷(清光緒乙酉科)　(□)□□撰　清光緒刻本　二册　存八旗、直隸、江蘇、安徽、江西、山東、山西、陝西、甘肅

340000－1801－0004755　2:27889
大清順治三年進士題名碑錄不分卷　(清)李周望輯　清乾隆十一年(1746)刻本　一册

340000－1801－0004756　2:27890－2:27891
越事摘錄一卷　題(清)松城誦先氏撰　清光緒十年(1884)紫雲軒刻本　二册

340000－1801－0004757　2:27893
新增爵秩全覽□□卷　(清)□□撰　清光緒二十四年(1898)松竹齋、榮寶齋合刻本　一册　存一卷(二)

340000－1801－0004758　2:27894
三元再見集一卷　(清)孔傳綸撰　清光緒十二年(1886)晉陵詠梅軒謝氏刻本　一册

340000－1801－0004759　2:27895－2:27896
歷朝狀元錄二卷條存一卷補遺一卷　(清)沈一清撰　清同治六年(1867)刻本　二册

340000－1801－0004760　2:27898
安徽同官全錄四卷　(□)□□撰　清光緒二十五年(1899)刻本　一册

340000－1801－0004761　2:27901－2:27906
無聲詩史七卷　(清)姜紹書輯　清宣統二年(1910)上海瑞記書局石印本　六册

340000－1801－0004762　2:27907
[光緒二十三年夏季]新增爵秩全覽　(□)□□撰　清光緒刻本　一册

340000－1801－0004763　2:27908
雲間明末殉節諸臣紀略　(清)張應時等撰　清嘉慶二十三年(1818)刻本　一册

340000－1801－0004764　2:27909
廣西昭忠錄八卷首一卷　(清)蘇鳳文撰　清光緒十五年(1889)刻本　一册　存二卷(四至五)

340000－1801－0004765　2:27912
祀事雜鈔不分卷　(□)□□撰　清光緒十八年(1892)刻本　一册

340000－1801－0004766　2:27914
國民鑑戒錄不分卷　(清)周培之撰　清光緒三十二年(1906)木活字印本　一册

340000－1801－0004767　2:27917
京都涇縣新舊兩館錄不分卷　(清)涇縣會館輯　清光緒四年(1878)刻本　一册

340000－1801－0004768　2∶27921
秦淮廿四花品小傳不分卷　題(清)琅玕詞客　(清)惜花居士輯　清道光十五年(1835)駐春軒刻本　一册

340000－1801－0004769　2∶27922
休寧率溪程氏烈婦合傳不分卷　(清)程龍標輯　清光緒二十三年(1897)同善堂鉛印本　一册

340000－1801－0004770　2∶27930
廣東武鄉試録不分卷　(清)瑚圖禮輯　清嘉慶五年(1800)刻本　一册

340000－1801－0004771　2∶27931
復社姓氏二卷補録一卷　(明)吴應箕輯　(清)吴銘道撰　清刻本　一册　存二卷(二、補録一卷)

340000－1801－0004772　2∶28－2∶50
史記一百三十卷　(漢)司馬遷撰　(南朝宋)裴駰集解　(唐)司馬貞索隱　(唐)張守節正義　明萬曆三年(1575)南京國子監刻本　二十三册　缺六卷(一百五至一百十)

340000－1801－0004773　2∶28248－2∶28255
華陽國志十二卷　(晉)常璩撰　**補三州郡縣目録一卷**　(清)廖寅撰　清嘉慶十九年(1814)廖氏題襟館刻本　八册

340000－1801－0004774　2∶28260－2∶28271
十六國春秋一百卷　(北魏)崔鴻撰　清光緒十二年(1886)湖北官書處刻本　十二册

340000－1801－0004775　2∶28272－2∶28283
十六國春秋一百卷　(北魏)崔鴻撰　清光緒元年(1875)湖北崇文書局刻本　十二册

340000－1801－0004776　2∶28284－2∶28299
十六國春秋一百卷　(北魏)崔鴻撰　清竹素山房刻本　十六册

340000－1801－0004777　2∶28300－2∶28328
十六國春秋一百卷　(北魏)崔鴻撰　清竹素山房刻本　二十九册

340000－1801－0004778　2∶2831－2∶2910 善
明史稿三百十卷　(清)王鴻緒撰　清雍正元年(1723)敬慎堂刻本　一百册

340000－1801－0004779　2∶28329－2∶28344
十六國春秋一百卷　(北魏)崔鴻撰　清乾隆刻本　十六册

340000－1801－0004780　2∶28345－2∶28369
十六國春秋一百卷　(北魏)崔鴻撰　清乾隆仁和汪氏欣託山房刻本　二十五册

340000－1801－0004781　2∶28370
十六國春秋十六卷　(北魏)崔鴻撰　清乾隆五十六年(1791)金谿王氏刻增訂漢魏叢書本　一册

340000－1801－0004782　2∶28371－2∶28380
十六國春秋輯補一百卷　(清)湯球輯　清光緒二十一年(1895)廣雅書局刻本　十册

340000－1801－0004783　2∶28381－2∶28382
十六國春秋纂録校本十卷　(清)湯球輯　**校勘記一卷**　(清)吴翊寅撰　清光緒二十年(1894)廣雅書局刻本　二册

340000－1801－0004784　2∶28383－2∶28402
十國春秋一百十六卷　(清)吴任臣撰　(清)周昂輯　清乾隆五十八年(1793)昭文周氏此宜閣刻本　二十册

340000－1801－0004785　2∶28403－2∶28418
十國春秋一百十六卷　(清)吴任臣撰　(清)周昂輯　清乾隆五十八年(1793)昭文周氏此宜閣刻本　十六册

340000－1801－0004786　2∶28419－2∶28434
十國春秋一百十六卷　(清)吴任臣撰　(清)周昂輯　清乾隆五十八年(1793)昭文周氏此宜閣刻本　十六册

340000－1801－0004787　2∶28435－2∶28454
十國春秋一百十六卷　(清)吴任臣撰　(清)周昂輯　清康熙刻光緒十二年(1886)海虞陳氏補刻本　二十册

340000－1801－0004788　2∶28455－2∶28470
十國春秋一百十六卷備考一卷　(清)吴任臣

撰　(清)周昂輯　清刻本　十六冊

340000－1801－0004789　2:28471
南唐書三十卷　(宋)馬令撰　清藏修書屋刻本　一冊

340000－1801－0004790　2:28472
南唐書十八卷　(宋)馬令撰　清藏修書屋刻本　一冊

340000－1801－0004791　2:28506－2:28509
庚子海外紀事四卷　呂海寰編　清光緒二十七年(1901)上海辦理商約行轅鉛印本　四冊

340000－1801－0004792　2:28526－2:28537
水經四十卷　(漢)桑欽撰　(北魏)酈道元注　清乾隆新安黃晟槐蔭草堂刻同治二年(1863)長沙余氏明辨齋補刻本　十二冊

340000－1801－0004793　2:28538－2:28553
水經四十卷　(漢)桑欽撰　(北魏)酈道元注　清乾隆十八年(1753)新安歙西黃晟刻本　十六冊

340000－1801－0004794　2:28554－2:28563
水經四十卷　(漢)桑欽撰　(北魏)酈道元注　清古閩晏湖張氏勵志書屋刻本　十冊

340000－1801－0004795　2:28564－2:28577
水經注四十卷補遺一卷附錄二卷　(北魏)酈道元注　(清)全祖望校　清光緒十四年(1888)無錫薛福成刻本　十四冊

340000－1801－0004796　2:28578－2:28587
水經注四十卷補遺一卷附錄二卷正誤一卷　(北魏)酈道元注　(清)全祖望校　清光緒十四年(1888)無錫薛福成刻本　十四冊

340000－1801－0004797　2:28588－2:28607
水經注釋四十卷首一卷附錄二卷水經注箋刊誤十二卷　(清)趙一清錄　清光緒六年(1880)蛟川張壽榮花雨樓刻本　二十冊

340000－1801－0004798　2:28608－2:28627
水經注釋四十卷首一卷附錄二卷水經注箋刊誤十二卷　(清)趙一清錄　清光緒六年(1880)蛟川張壽榮花雨樓刻本　二十冊

340000－1801－0004799　2:28640－2:28647
水經注四十卷　(北魏)酈道元注　清刻本　八冊

340000－1801－0004800　2:28648－2:28657
水經注匯校四十卷　(北魏)酈道元注　清光緒七年(1881)福州刻本　十冊

340000－1801－0004801　2:28658－2:28669
水經注匯校四十卷　(北魏)酈道元注　清光緒七年(1881)福州刻本　十二冊

340000－1801－0004802　2:28670－2:28677
水經注匯校四十卷　(北魏)酈道元注　清光緒七年(1881)福州刻本　八冊

340000－1801－0004803　2:28678－2:28693
水經注四十卷首一卷末一卷　(北魏)酈道元注　清光緒二十三年(1897)新化三味書室刻本　十六冊

340000－1801－0004804　2:28694－2:28709
合校水經注四十卷首一卷　(漢)桑欽撰　(北魏)酈道元注　王先謙輯校　**附錄二卷**　(清)趙一清輯　清光緒十八年(1892)思賢講舍刻本　十六冊

340000－1801－0004805　2:28710－2:28715
水經注疏要刪四十卷補遺一卷　楊守敬撰　清光緒三十一年(1905)觀海堂刻本　六冊

340000－1801－0004806　2:28716－2:28727
水經四十卷　(漢)桑欽撰　(北魏)酈道元注　清古閩晏湖張氏勵志書屋刻本　十二冊

340000－1801－0004807　2:28765－2:28766
讀水經注小識四卷　(清)龐鴻書撰　清石印本　二冊

340000－1801－0004808　2:28767－2:28768
水經注圖一卷附錄一卷　(清)汪士鐸撰　清石印本　二冊

340000－1801－0004809　2:28769
晦明軒稿不分卷　楊守敬撰　清光緒二十七年(1901)鄰蘇園刻本　一冊

340000－1801－0004810　2:28770

水經注圖一卷附錄一卷　(清)汪士鐸撰　清咸豐十一年(1861)刻本　一册

340000－1801－0004811　2:28771
水經注圖一卷附錄一卷　(清)汪士鐸撰　清咸豐十一年(1861)刻本　一册

340000－1801－0004812　2:28772
水經注圖一卷附錄一卷　(清)汪士鐸撰　清咸豐十一年(1861)刻本　一册

340000－1801－0004813　2:28773－2:28780
水經注四十卷　(北魏)酈道元注　清乾隆孔氏微波榭刻本　八册

340000－1801－0004814　2:28781－2:28860
續行水金鑑一百五十六卷首一卷　(清)俞正燮等纂修　清道光十二年(1832)河庫道署刻本　八十册

340000－1801－0004815　2:28861－2:29033
續行水金鑑一百五十六卷首一卷　(清)俞正燮等纂修　清道光十二年(1832)河庫道署刻本　七十三册

340000－1801－0004816　2:29034－2:29039
水道提綱二十八卷　(清)齊召南撰　清光緒五年(1879)宏達堂刻本　六册

340000－1801－0004817　2:29040－2:29047
水道提綱二十八卷　(清)齊召南撰　清光緒四年(1878)津門徐士鑾霞城精舍刻本　八册

340000－1801－0004818　2:29048－2:29055
水道提綱二十八卷　(清)齊召南撰　清光緒七年(1881)上海文瑞樓刻本　八册

340000－1801－0004819　2:29056－2:29063
水道提綱二十八卷　(清)齊召南撰　清光緒七年(1881)上海文瑞樓刻本　八册

340000－1801－0004820　2:29064－2:29071
水道提綱二十八卷　(清)齊召南撰　清刻本　八册

340000－1801－0004821　2:29072－2:29079
水道提綱二十八卷　(清)齊召南撰　清光緒四年(1878)津門徐士鑾霞城精舍刻本　八册

340000－1801－0004822　2:29080－2:29087
水道提綱二十八卷　(清)齊召南撰　清光緒四年(1878)津門徐士鑾霞城精舍刻本　八册

340000－1801－0004823　2:29088－2:29093
水道提綱二十八卷　(清)齊召南撰　清光緒四年(1878)津門徐士鑾霞城精舍刻本　六册

340000－1801－0004824　2:29094－2:29097
水道提綱二十八卷　(清)齊召南撰　清光緒四年(1878)津門徐士鑾霞城精舍刻本　四册

340000－1801－0004825　2:29098－2:29103
水道提綱二十八卷　(清)齊召南撰　清光緒十七年(1891)湖南船山書局刻本　六册

340000－1801－0004826　2:29104－2:29109
治河方略十卷首一卷　(清)靳輔撰　清嘉慶四年(1799)靳文鈞安瀾堂刻本　六册　存六卷(一至五、首一卷)

340000－1801－0004827　2:29110－2:29113
治河方略十卷首一卷　(清)靳輔撰　清嘉慶四年(1799)靳文鈞安瀾堂刻本　四册　缺五卷(一至四、九)

340000－1801－0004828　2:2911－2:2989 善
明史稿三百十卷目錄三卷　(清)王鴻緒撰　清雍正元年(1723)敬慎堂刻本　七十九册

340000－1801－0004829　2:29114－2:29117
歷代黃河變遷圖考四卷　(清)劉鶚撰　清宣統山東石印本　四册

340000－1801－0004830　2:29128
河防輯要四卷　(清)周家駒輯　清宣統三年(1911)鉛印本　一册

340000－1801－0004831　2:29131－2:29136
畿輔水利四案四卷補一卷附錄一卷　(清)潘錫恩輯　清道光三年(1823)刻本　六册

340000－1801－0004832　2:29137－2:29142
畿輔水利四案四卷補一卷附錄一卷　(清)潘錫恩輯　清道光三年(1823)刻本　六册

340000－1801－0004833　2:29143－2:29146
畿輔水利四案四卷補一卷附錄一卷　(清)潘

錫恩輯　清道光三年(1823)刻本　四册

340000－1801－0004834　2:29147
關中水道記四卷　(清)孫彤撰　清光緒三十四年(1908)新昌胡氏京師鉛印問影樓叢書本　一册

340000－1801－0004835　2:29148－2:29149
汴城籌防備覽四卷　(清)傅壽彤纂輯　(清)胡廷楨編次　(清)朱鵬文繪圖　清咸豐十年(1860)大梁刻本　二册

340000－1801－0004836　2:29150－2:29151
山東運河備覽十二卷首圖説一卷　(清)陸燿撰　清刻本　二册　存四卷(三至四、八至九)

340000－1801－0004837　2:29184
揚子江流域現勢論四卷　(日本)林繁撰　(清)汪國屏譯　清光緒二十八年(1902)廣智書局鉛印本　一册

340000－1801－0004838　2:29185
揚子江流域現勢論四卷　(日本)林繁撰　(清)汪國屏譯　清光緒二十八年(1902)廣智書局鉛印本　一册

340000－1801－0004839　2:29186
銅陵江壩錄一卷　(清)陸顯勳　(清)沈守謙輯　清光緒十四年(1888)同仁局刻本　一册

340000－1801－0004840　2:29187
銅陵江壩錄一卷　(清)陸顯勳　(清)沈守謙輯　清光緒十四年(1888)同仁局刻本　一册

340000－1801－0004841　2:29188
銅陵江壩錄一卷　(清)陸顯勳　(清)沈守謙輯　清光緒十四年(1888)同仁局刻本　一册

340000－1801－0004842　2:29189
銅陵江壩錄一卷　(清)陸顯勳　(清)沈守謙輯　清光緒十四年(1888)同仁局刻本　一册

340000－1801－0004843　2:29190
銅陵江壩錄一卷　(清)陸顯勳　(清)沈守謙輯　清光緒十四年(1888)同仁局刻本　一册

340000－1801－0004844　2:29191
銅陵江壩錄一卷　(清)陸顯勳　(清)沈守謙輯　清光緒十四年(1888)同仁局刻本　一册

340000－1801－0004845　2:29192
銅陵江壩錄一卷　(清)陸顯勳　(清)沈守謙輯　清光緒十四年(1888)同仁局刻本　一册

340000－1801－0004846　2:29193
銅陵江壩錄一卷　(清)陸顯勳　(清)沈守謙輯　清光緒十四年(1888)同仁局刻本　一册

340000－1801－0004847　2:29194
銅陵江壩錄一卷　(清)陸顯勳　(清)沈守謙輯　清光緒十四年(1888)同仁局刻本　一册

340000－1801－0004848　2:29196－2:29201
荆州萬城堤志十卷首一卷末一卷　(清)倪文蔚輯　清光緒二年(1876)刻本　六册

340000－1801－0004849　2:29202－2:29207
荆州萬城堤志十卷首一卷末一卷　(清)倪文蔚輯　清光緒二年(1876)刻本　六册

340000－1801－0004850　2:29208－2:29213
荆州萬城堤志十卷首一卷末一卷　(清)倪文蔚輯　清光緒二年(1876)刻本　六册

340000－1801－0004851　2:29214－2:29236
重濬江南水利全書十六種　(清)陳鑾等纂輯　清刻本　二十三册

340000－1801－0004852　2:29237－2:29242
太湖備考十六卷首一卷　(清)金友理撰　清乾隆刻本　六册　存十二卷(三至十四)

340000－1801－0004853　2:29243－2:29254
太湖備考十六卷首一卷　(清)金友理撰　**續編四卷**　(清)鄭言紹撰　**湖程紀略一卷**　(清)吳曾撰　清刻本　十二册

340000－1801－0004854　2:29255－2:29266
太湖備考十六卷首一卷　(清)金友理撰　**續編四卷**　(清)鄭言紹撰　清刻本　十二册

340000－1801－0004855　2:29267－2:29270
太湖備考續編四卷　(清)鄭言紹撰　清光緒刻本　四册

340000－1801－0004856　2:29283
淮揚水利圖說不分卷淮揚治水論一卷　(清)馮道立著　清光緒二年(1876)淮南書局刻本　一冊

340000－1801－0004857　2:29286
重訂河渠紀略不分卷　(清)王世仕撰　清光緒二十二年(1896)成都鳴鹿書院刻本　一冊

340000－1801－0004858　2:29288
重開呂昌兩碣記一卷　(清)鄭時輔輯　清咸豐八年(1858)刻本　一冊

340000－1801－0004859　2:29291
浙西水利備考不分卷　(清)王鳳生纂　(清)胡德璐繪圖　清光緒四年(1878)浙江書局刻朱墨套印本　一冊

340000－1801－0004860　2:29292－2:29293
曹娥江志八卷　(清)胡鳳丹輯　清光緒三年(1877)永康胡氏退補齋刻本　二冊

340000－1801－0004861　2:29295
海寧念汛大口門二限三限石塘圖說不分卷　(清)李輔耀撰　(清)袁鎮嵩繪圖　清光緒七年(1881)刻本　一冊

340000－1801－0004862　2:29296－2:29299
海塘新志六卷　(清)琅玕等纂　清刻本　四冊

340000－1801－0004863　2:29300－2:29303
海塘新志六卷　(清)琅玕等纂　清刻本　四冊

340000－1801－0004864　2:29304－2:29311
海塘新志六卷續四卷　(清)琅玕等纂　清乾隆刻道光重修本　八冊

340000－1801－0004865　2:29312－2:29319
海塘新志六卷續四卷　(清)琅玕等纂　清乾隆刻道光重修本　八冊

340000－1801－0004866　2:29320－2:29325
海塘攬要十二卷首一卷　(清)楊鑅撰　清嘉慶刻本　六冊

340000－1801－0004867　2:29328－2:29335
海道圖說十五卷長江圖說一卷　(英國)金約翰　(英國)傅蘭雅口譯　(清)王德均筆述　清光緒二十二年(1896)上海書局石印本　八冊

340000－1801－0004868　2:29336－2:29343
海道圖說十五卷長江圖說一卷　(英國)金約翰　(英國)傅蘭雅口譯　(清)王德均筆述　清光緒著易堂鉛印本　八冊

340000－1801－0004869　2:29344－2:29353
海道圖說十五卷長江圖說一卷　(英國)金約翰　(英國)傅蘭雅口譯　(清)王德均筆述　清刻本　十冊

340000－1801－0004870　2:29354－2:29361
西域水道記五卷　(清)徐松撰　清光緒十九年(1893)寶善書局石印本　八冊

340000－1801－0004871　2:29362
航海通書不分卷　(清)江南製造局譯改　(清)賈步緯算校　清同治十年(1871)江南製造局刻本　一冊

340000－1801－0004872　2:29363－2:29364
海錄二卷　(清)謝清高述　(清)楊炳南記　清光緒九年(1883)刻本　二冊

340000－1801－0004873　2:29365
海錄二卷　(清)謝清高述　(清)楊炳南記　清刻本　一冊

340000－1801－0004874　2:29366－2:29369
迴瀾紀要二卷安瀾紀要二卷　(清)徐端纂　清道光二十三年(1843)刻本　四冊

340000－1801－0004875　2:29370
迴瀾紀要二卷　(清)徐端纂　清道光刻本　一冊

340000－1801－0004876　2:29371－2:29372
安瀾紀要二卷　(清)徐端纂　清道光九年(1829)刻本　二冊

340000－1801－0004877　2:29373－2:29376
蜀水考四卷　(清)陳登龍述　(清)朱錫穀補注　(清)陳一津分疏　清光緒四年(1878)成

都刻本　四冊

340000－1801－0004878　2：29377－2：29381
西域水道記五卷　（清）徐松撰　清道光刻本　五冊

340000－1801－0004879　2：29382
上虞五鄉水利紀實一卷　（清）金鼎撰　清光緒三十四年（1908）柯莊謙守齋刻本　一冊

340000－1801－0004880　2：29383－2：29384
上虞縣五鄉水利本末二卷　（元）陳恬撰　清光緒九年（1883）枕湖樓連氏刻本　二冊

340000－1801－0004881　2：29385
今水經一卷今水經表一卷　（清）黃宗羲撰　清光緒二十年（1894）湖南章氏經濟堂刻本　一冊

340000－1801－0004882　2：29386－2：29387
中國江海險要圖志二十二卷　（英國）海軍海圖官局纂　（清）陳壽彭譯　清光緒二十七年（1901）經世文社石印本　二冊　存六卷（一至六）

340000－1801－0004883　2：29388－2：29391
三江閘務全書二卷續刻四卷　（清）程鶴翥撰　清咸豐四年（1854）介眉堂刻本　四冊

340000－1801－0004884　2：29392－2：29397
東南水利略六卷　（清）淩介禧撰　清道光十三年（1833）淩氏蕊珠仙館刻本　六冊

340000－1801－0004885　2：29402
二華開河濬渠圖說一卷　（清）汪廷棟撰　（清）童光瀛測繪　清光緒二十三年（1897）石印本　一冊

340000－1801－0004886　2：29403
二華開河濬渠圖說一卷　（清）汪廷棟撰　（清）童光瀛測繪　清光緒二十三年（1897）石印本　一冊

340000－1801－0004887　2：29404
五省溝洫圖說一卷　（清）沈夢蘭撰　清光緒六年（1880）江蘇書局刻本　一冊

340000－1801－0004888　2：29405
五省溝洫圖說一卷　（清）沈夢蘭撰　清光緒六年（1880）江蘇書局刻本　一冊

340000－1801－0004889　2：29408
揚州水道記四卷　（清）劉文淇撰　清道光二十五年（1845）江西撫署刻本　一冊

340000－1801－0004890　2：29417－2：29426
萬山綱目二十一卷　（清）李誠纂　清光緒二十六年（1900）長沙刻本　十冊

340000－1801－0004891　2：29429
盤山志十六卷首五卷　（清）蔣溥等纂修　清乾隆刻本　七冊　存十三卷（一至十三）

340000－1801－0004892　2：29437－2：29440
攝山志八卷首一卷　（清）陳毅纂修　清乾隆五十五年（1790）蘇州府署刻本　四冊

340000－1801－0004893　2：29441
泰山詩選三卷　（清）錢肅　（清）周惕選評　清康熙八年（1669）刻本　一冊

340000－1801－0004894　2：29442－2：29444
盋山志八卷　（清）顧雲編　清光緒九年（1883）金陵盋山精舍刻本　三冊

340000－1801－0004895　2：29445－2：29448
招隱山志十二卷首一卷　繆潛撰　清宣統三年（1911）木山昭明讀書室刻京口南郊林壑志本　四冊

340000－1801－0004896　2：29449－2：29453
北固山志十四卷首一卷　（清）周伯義輯　清光緒刻本　五冊　缺三卷（一至三）

340000－1801－0004897　2：29454－2：29457
寶華山志十五卷首一卷　（清）釋德基輯　（清）劉名芳纂修　清光緒刻本　四冊

340000－1801－0004898　2：29458－2：29467
焦山志二十六卷首一卷　（清）吳雲輯　清同治十三年（1874）刻本　十冊

340000－1801－0004899　2：29468－2：29477
焦山志二十六卷首一卷　（清）吳雲輯　清同治十三年（1874）刻本　十冊

340000－1801－0004900　2：29478－2：29486
焦山志二十六卷首一卷　（清）吳雲輯　清同治十三年（1874）刻本　九册　缺四卷（十一至十四）

340000－1801－0004901　2：29487－2：29494
焦山志二十六卷首一卷　（清）吳雲輯　清同治十三年（1874）刻本　八册

340000－1801－0004902　2：29495－2：29496
焦山續志八卷　（清）陳任暘輯　清光緒三十一年（1905）刻本　二册

340000－1801－0004903　2：29497－2：29500
慧山記四卷　（明）邵寶撰　（明）釋圓顯輯　**續編三卷首一卷**　（清）邵涵初輯　清同治七年（1868）二泉書院刻無錫邵文𤔡續刻本　四册

340000－1801－0004904　2：29502－2：29507
茅山志十四卷　（清）笪蟾光編　清刻本　六册

340000－1801－0004905　2：29510－2：29514
雲臺新志十八卷首一卷末一卷　（清）謝元淮總修　（清）許喬林纂輯　清道光十七年（1837）刻本　五册　缺三卷（六至八）

340000－1801－0004906　2：29522－2：29527
浮山志十卷　（清）陳焯編　清同治十二年（1873）木活字印本　六册

340000－1801－0004907　2：29528－2：29533
浮山志十卷　（清）陳焯編　清同治十二年（1873）木活字印本　六册

340000－1801－0004908　2：29534－2：29540
石鐘山志十六卷首一卷　（清）李成謀　（清）丁義方同輯　清光緒九年（1883）聽濤眺雨軒刻本　七册　缺三卷（二至四）

340000－1801－0004909　2：29541－2：29548
石鐘山志十六卷首一卷　（清）李成謀　（清）丁義方同輯　清光緒九年（1883）聽濤眺雨軒刻本　八册

340000－1801－0004910　2：29549－2：29555
石鐘山志十六卷首一卷　（清）李成謀　（清）丁義方同輯　清光緒九年（1883）聽濤眺雨軒刻本　七册　缺一卷（一）

340000－1801－0004911　2：29556－2：29557
黄山志略十卷　（清）黄身先輯　清康熙刻本　二册

340000－1801－0004912　2：29559－2：29562
黄山志續集八卷　（清）汪士鋐等纂次　清刻本　四册

340000－1801－0004913　2：29570－2：29574
黄山志定本七卷　（清）閔麟嗣纂　清康熙刻本　五册

340000－1801－0004914　2：29579
黄山志二卷　（清）張佩芳輯　清刻本　四册

340000－1801－0004915　2：29580
黄山志略十卷　（清）黄身先輯　清康熙三十一年（1692）刻本　一册

340000－1801－0004916　2：29583
黄山志二卷　（清）張佩芳輯　清乾隆刻本　二册

340000－1801－0004917　2：29584－2：29590
黄山志定本七卷首一卷　（清）閔麟嗣纂　清康熙十八年（1679）刻本　七册

340000－1801－0004918　2：29591－2：29597
黄山志定本七卷首一卷　（清）閔麟嗣纂　清康熙十八年（1679）刻乾隆三十二年（1767）重修本　七册

340000－1801－0004919　2：29598－2：29604
黄山志定本七卷首一卷　（清）閔麟嗣纂　清康熙十八年（1679）刻乾隆三十二年（1767）重修本　七册

340000－1801－0004920　2：29613－2：29614
黄山紀勝四卷　（清）徐璈輯次　清刻本　二册

340000－1801－0004921　2：29615
黄山張真人遺草不分卷　（宋）張尹甫撰　（清）李昺輯　清嘉慶十七年（1812）刻本　一

冊

340000－1801－0004922　2:29627
林歷山集一卷　(清)王懋青輯　清刻本　一冊

340000－1801－0004923　2:29628
齊雲山桃源洞天一卷　(明)魯點編輯　清道光十三年(1833)休城李文富堂刻本　一冊

340000－1801－0004924　2:29629
齊雲山桃源洞天一卷　(明)魯點輯　清道光十三年(1833)休城李文富堂刻本　一冊

340000－1801－0004925　2:29630
滴水巖紀略一卷　(清)黃崇惺輯　清光緒二年(1876)木活字印本　一冊

340000－1801－0004926　2:29631
滴水巖紀略一卷　(清)黃崇惺輯　清光緒二年(1876)木活字印本　一冊

340000－1801－0004927　2:29632－2:29639
齊山巖洞志二十六卷首一卷　(清)陳蔚纂輯　清光緒二十七年(1901)貴池劉世珩刻本　八冊

340000－1801－0004928　2:29642－2:29649
九華山志十卷首一卷末一卷　(清)謝維喈修　(清)周贇纂　清光緒二十六年(1900)刻本　八冊

340000－1801－0004929　2:29650－2:29657
九華山志十卷首一卷末一卷　(清)謝維喈修　(清)周贇纂　清光緒二十六年(1900)刻本　八冊

340000－1801－0004930　2:29658－2:29665
九華山志十卷首一卷末一卷　(清)謝維喈修　(清)周贇纂　清光緒二十六年(1900)刻本　八冊

340000－1801－0004931　2:29666－2:29672
九華山志十卷首一卷末一卷　(清)謝維喈修　(清)周贇纂　清光緒二十六年(1900)刻本　七冊

340000－1801－0004932　2:29693－2:29696
西天目祖山志八卷首一卷末一卷　(清)釋廣賓纂輯　(清)釋際界增訂　清嘉慶刻本　四冊

340000－1801－0004933　2:29701－2:29708
太嶽太和山紀畧八卷　(清)王槩總修　(清)姚世倌纂修　清乾隆九年(1744)下荊南道署刻本　八冊

340000－1801－0004934　2:29709
台泉山景圖一卷　(清)胡承瑟繪　清乾隆刻本　一冊

340000－1801－0004935　2:29710－2:29713
大別山志十卷首一卷　(清)胡鳳丹編纂　清同治十三年(1874)退補齋刻本　四冊

340000－1801－0004936　2:29714－2:29716
大別山志十卷首一卷　(清)胡鳳丹編纂　清同治十三年(1874)退補齋刻本　三冊　存八卷(一至八)

340000－1801－0004937　2:29724－2:29729
黃鵠山志十二卷首一卷　(清)胡鳳丹編纂　清同治十三年(1874)退補齋刻本　六冊

340000－1801－0004938　2:29730－2:29735
黃鵠山志十二卷首一卷　(清)胡鳳丹編纂　清同治十三年(1874)退補齋刻本　六冊

340000－1801－0004939　2:29736－2:29743
廣雁蕩山志二十八卷首一卷末一卷書後一卷　(清)曾唯纂　清乾隆五十五年(1790)刻同治八年(1869)重修本　八冊

340000－1801－0004940　2:29753－2:29756
重修南海普陀山志二十卷首一卷　(清)秦耀曾編輯　清道光十二年(1832)刻本　四冊

340000－1801－0004941　2:29757－2:29760
重修南海普陀山志二十卷首一卷　(清)秦耀曾編輯　清道光十二年(1832)刻本　四冊

340000－1801－0004942　2:29761－2:29764
重修南海普陀山志二十卷首一卷　(清)秦耀曾編輯　清道光十二年(1832)刻本　四冊

340000－1801－0004943　2:29839－2:29854

廬山志十五卷　（清）毛德琦重訂　清康熙五十九年（1720）順德堂刻同治十年（1871）、宣統二年（1910）遞修本　十六冊

340000－1801－0004944　2：29866－2：29870
太平三書十二卷太平山水詩畫一卷　（清）張萬選輯　（清）蕭雲從繪　清順治五年（1648）懷古堂刻後修本　五冊　存九卷（太平三書一至九）

340000－1801－0004945　2：29871－2：29872
崆峒山志二卷　（清）張伯魁纂修　清嘉慶二十四年（1819）刻本　二冊

340000－1801－0004946　2：29874－2：29879
南嶽志八卷　（清）高自位重編　清乾隆十八年（1753）開雲樓刻本　六冊

340000－1801－0004947　2：29880－2：29882
長沙府嶽麓志八卷　（清）趙寧纂　清康熙二十六年（1687）鏡水堂刻後印本　三冊　缺二卷（一至二）

340000－1801－0004948　2：29883－2：29884
九疑山志四卷　（清）吳繩祖重編　（清）樊在廷纂輯　清嘉慶元年（1796）退思齋刻本　二冊

340000－1801－0004949　2：29885－2：29890
金山志十卷續金山志二卷　（清）盧見曾撰　清光緒二十六年（1900）刻本　六冊

340000－1801－0004950　2：29891－2：29894
金山志十卷續金山志二卷　（清）盧見曾撰　清光緒二十六年（1900）刻本　四冊

340000－1801－0004951　2：29897－2：29900
青原山志略十三卷首一卷末一卷　（清）釋大然輯　（清）施閏章補　清康熙刻本　四冊

340000－1801－0004952　2：2990－2：3058 善
明史稿三百十卷　（清）王鴻緒撰　清雍正元年（1723）敬慎堂刻本　六十九冊

340000－1801－0004953　2：29908－2：29911
華嶽志八卷首一卷　（清）李榕纂輯　清道光十一年（1831）刻光緒九年（1883）重修本　四冊

340000－1801－0004954　2：29912－2：29915
華嶽志八卷首一卷　（清）李榕纂輯　清道光十一年（1831）刻本　四冊

340000－1801－0004955　2：299－2：330 善
史記一百三十卷　（漢）司馬遷撰　（明）陳子龍　（明）徐孚遠測議　明崇禎刻本　三十二冊

340000－1801－0004956　2：29922－2：29929
武夷山志二十四卷首一卷　（清）董天工撰　清道光二十六年（1846）五夫尺木軒刻本　八冊

340000－1801－0004957　2：29930－2：29937
武夷山志二十四卷首一卷　（清）董天工撰　清道光二十六年（1846）五夫尺木軒刻本　八冊

340000－1801－0004958　2：29938－2：29941
天下名山圖詠四卷　（清）沈錫麟輯　清光緒二十一年（1895）上海沈氏石印本　四冊

340000－1801－0004959　2：29942
小孤山志不分卷　（明）釋寶慧輯　清初刻本　一冊

340000－1801－0004960　2：29943
華嶽全集十三卷　（明）張維新等纂　明萬曆刻清修本　一冊

340000－1801－0004961　2：29944
金剛山志二卷　（朝鮮）鄭海吉撰　清刻本　一冊

340000－1801－0004962　2：29948－2：29951
鼎湖山慶雲寺志八卷首一卷　（清）釋成鷲纂　清康熙刻本　四冊

340000－1801－0004963　2：29952－2：29959
羅浮山志十二卷　（清）陶敬益編輯　清康熙刻本　八冊

340000－1801－0004964　2：29976－2：29979
湘山志五卷　（清）徐泌主修　（清）謝允復纂修　清康熙二十一年（1682）刻本　四冊

340000－1801－0004965　2:29980－2:29981
泛槎圖一卷續一集　(清)張寶繪並輯　清嘉慶二十四年(1819)張氏尚古齋刻本　二册

340000－1801－0004966　2:29996－2:29997
莫愁湖志六卷首一卷　(清)馬士圖撰　清光緒八年(1882)刻本　二册

340000－1801－0004967　2:29998－2:29999
莫愁湖志六卷首一卷　(清)馬士圖撰　清光緒八年(1882)刻本　二册

340000－1801－0004968　2:30000－2:30001
莫愁湖志六卷首一卷　(清)馬士圖撰　清光緒八年(1882)刻本　二册

340000－1801－0004969　2:30002－2:30003
莫愁湖志六卷首一卷　(清)馬士圖撰　清光緒八年(1882)刻本　二册

340000－1801－0004970　2:30005－2:30006
北湖小志六卷首一卷　(清)焦循撰　清嘉慶十三年(1808)揚州阮氏刻本　二册

340000－1801－0004971　2:30007－2:30026
西湖志四十八卷　(清)李衛修　(清)傅王露等纂　清光緒四年(1878)浙江書局刻本　二十册

340000－1801－0004972　2:30027－2:30046
西湖志四十八卷　(清)李衛修　(清)傅王露等纂　清光緒四年(1878)浙江書局刻本　二十册

340000－1801－0004973　2:30047－2:30066
西湖志四十八卷　(清)李衛修　(清)傅王露等纂　清光緒四年(1878)浙江書局刻本　二十册

340000－1801－0004974　2:30067－2:30086
西湖志四十八卷　(清)李衛修　(清)傅王露等纂　清光緒四年(1878)浙江書局刻本　二十册

340000－1801－0004975　2:30087－2:30104
西湖志四十八卷　(清)李衛修　(清)傅王露等纂　清光緒四年(1878)浙江書局刻本　十八册　缺四卷(一至四)

340000－1801－0004976　2:30107－2:30112
西湖志纂十五卷首一卷　(清)沈德潛　(清)傅王露　(清)梁詩正纂　清乾隆二十年(1755)賜經堂刻二十七年(1762)增刻本　六册

340000－1801－0004977　2:30113－2:30116
西湖志纂十五卷首一卷　(清)沈德潛　(清)傅王露　(清)梁詩正纂　清乾隆二十年(1755)賜經堂刻二十七年(1762)增刻本　四册

340000－1801－0004978　2:30117－2:30122
西湖志纂十五卷首一卷　(清)沈德潛　(清)傅王露　(清)梁詩正纂　清乾隆二十年(1755)賜經堂刻二十七年(1762)增刻本　六册

340000－1801－0004979　2:30123－2:30127
西湖志纂十五卷首一卷　(清)沈德潛　(清)傅王露　(清)梁詩正纂　清乾隆二十年(1755)賜經堂刻二十七年(1762)增刻本　五册　缺一卷(首一卷)

340000－1801－0004980　2:30128
西湖名勝圖一卷　(清)□□輯　清同治十年(1871)荊郡三升閣刻本　一册

340000－1801－0004981　2:30134
西湖志餘十八卷　(明)田汝成輯撰　(清)姚靖增删　清初刻本　一册

340000－1801－0004982　2:30137
南湖考一卷　(明)陳幼學等撰　清光緒五年(1879)浙江刻本　一册

340000－1801－0004983　2:30138
後湖志不分卷　(清)王作棫纂　清宣統二年(1910)鉛印本　一册

340000－1801－0004984　2:30144－2:30145
湄洲嶼志略四卷首一卷　(清)楊浚纂輯　清光緒十四年(1888)溫陵楊浚冠悔堂刻本　二册

340000－1801－0004985　2:30148
浯溪考二卷分甘餘話四卷　(清)王士禎撰　清康熙刻本　一册

340000－1801－0004986　2:30149－2:30152
峽江救生船志一卷行川必要一卷　(清)羅縉紳輯　清光緒水師新副中營刻本　四册

340000－1801－0004987　2:30153－2:30154
峽江救生船志一卷行川必要一卷　(清)羅縉紳輯　清光緒水師新副中營刻本　二册

340000－1801－0004988　2:30155－2:30158
江南名勝圖詠不分卷　(清)郭立方輯　清乾隆二十八年(1763)刻本　四册

340000－1801－0004989　2:30159
三輔黃圖六卷　(漢)□□撰　清練江汪述古堂刻本　一册

340000－1801－0004990　2:30161－2:30162
日下尊聞錄五卷　(□)□□撰　清光緒刻本　二册

340000－1801－0004991　2:30164
南京四十八景不分卷　(□)□□撰　清末石印本　一册

340000－1801－0004992　2:30165－2:30166
廣陵名勝全圖二卷　(□)□□撰　清刻本　二册

340000－1801－0004993　2:30167
廣陵名勝圖一卷　(清)阮亨輯　清同治六年(1867)述古堂刻本　一册

340000－1801－0004994　2:30172－2:30175
龍井聞見錄十卷宋僧元淨外傳二卷　(清)汪孟鋗纂　清光緒十年(1884)丁氏嘉惠堂刻本　四册

340000－1801－0004995　2:30176－2:30177
李翰林姑熟遺跡題詠類鈔六卷首二卷　(清)曹笙南輯　清光緒八年(1882)採石謫仙樓木活字印本　二册

340000－1801－0004996　2:30181－2:30183
國朝峽山寺留題詩合刻二卷續一卷　(清)何青編輯　(清)阮元續輯　清刻本　三册

340000－1801－0004997　2:30204－2:30209
馬嵬志十六卷首一卷　(清)胡鳳丹輯　清光緒三年(1877)胡氏退補齋刻本　六册

340000－1801－0004998　2:30212－2:30221
桃花源志二十四卷首一卷　(清)胡鳳丹輯　清光緒三年(1877)胡氏退補齋刻本　十册

340000－1801－0004999　2:30222
營平二州地名記不分卷　(清)顧炎武撰　清光緒十四年(1888)槐廬刻槐廬叢書本　一册

340000－1801－0005000　2:30223
鶴林寺志一卷　(明)釋明賢詮次　清宣統元年(1909)刻本　一册

340000－1801－0005001　2:30224
鶴林寺志一卷　(明)釋明賢詮次　清宣統元年(1909)刻本　一册

340000－1801－0005002　2:30235－2:30238
增修雲林寺志八卷　(清)厲鶚等纂　清乾隆四十四年(1779)刻本　四册

340000－1801－0005003　2:30239
增修雲林寺志八卷　(清)厲鶚等纂　清乾隆四十四年(1779)刻本　一册　存五卷(一至五)

340000－1801－0005004　2:30272－2:30273
御製避暑山莊圓明園圖詠二卷　(清)高宗弘曆輯　清大同書局石印本　二册

340000－1801－0005005　2:30274－2:30275
御製避暑山莊圓明園圖詠二卷　(清)高宗弘曆輯　清大同書局石印本　二册

340000－1801－0005006　2:30283
洛陽伽藍記五卷　(北魏)楊衒之撰　**集證一卷**　(清)吳若準撰　清道光十四年(1834)錢塘吳氏刻本　一册

340000－1801－0005007　2:30285－2:30294
逍遙山萬壽宮志二十二卷　(清)金桂馨　(清)漆逢源撰　清光緒四年(1878)江右鐵柱宮刻本　十册

340000－1801－0005008　2:30302－2:30305
祠山志十卷首一卷　(宋)周秉秀編次　(明)周憲敬重編　清光緒十二年(1886)朱立襄刻本　四冊

340000－1801－0005009　2:30306－2:30307
漂母祠志七卷首一卷　(清)胡鳳丹輯　清光緒三年(1877)退補齋刻本　二冊

340000－1801－0005010　2:30308－2:30309
吳山伍公廟志六卷首一卷附一卷　(清)金文湻等輯　清光緒二年(1876)刻本　二冊

340000－1801－0005011　2:30310－2:30311
吳山伍公廟志六卷首一卷附一卷　(清)金文湻等輯　清光緒二年(1876)刻本　二冊

340000－1801－0005012　2:30312－2:30313
吳山伍公廟志六卷首一卷附一卷　(清)金文湻等輯　清光緒二年(1876)刻本　二冊

340000－1801－0005013　2:30314
吳山伍公廟志六卷首一卷附一卷　(清)金文湻等輯　清光緒二年(1876)刻本　一冊

340000－1801－0005014　2:30315
汪王廟志略一卷　(清)汪文炳輯　清光緒三十一年(1905)刻本　一冊

340000－1801－0005015　2:30316
汪王廟志略一卷　(清)汪文炳輯　清光緒三十一年(1905)刻本　一冊

340000－1801－0005016　2:30318
汪王廟志略一卷　(清)汪文炳輯　清光緒三十二年(1906)抄本　一冊

340000－1801－0005017　2:30319－2:30320
曹江孝女廟志八卷首一卷末一卷　(清)金廷棟輯　(清)唐煦春增　清光緒八年(1882)五社公所刻本　二冊

340000－1801－0005018　2:30321－2:30322
曹江孝女廟志八卷首一卷末一卷　(清)金廷棟輯　(清)唐煦春增　清光緒八年(1882)五社公所刻本　二冊

340000－1801－0005019　2:30323－2:30324
曹江孝女廟志八卷首一卷末一卷　(清)金廷棟輯　(清)唐煦春增　清光緒八年(1882)五社公所刻本　二冊

340000－1801－0005020　2:30325－2:30326
曹江孝女廟志八卷首一卷末一卷　(清)金廷棟輯　(清)唐煦春增　清光緒八年(1882)五社公所刻本　二冊

340000－1801－0005021　2:30327－2:30330
岳廟志略十卷首一卷　(清)馮培輯　清嘉慶八年(1803)刻本　四冊

340000－1801－0005022　2:30331－2:30334
岳廟志略十卷首一卷　(清)馮培輯　清光緒五年(1879)浙江書局刻本　四冊

340000－1801－0005023　2:30335－2:30338
岳廟志略十卷首一卷　(清)馮培輯　清光緒五年(1879)浙江書局刻本　四冊

340000－1801－0005024　2:30339－2:30340
南岳廟二賢祠志八卷　(清)尹繼隆編輯　清咸豐三年(1853)遺經堂刻本　二冊

340000－1801－0005025　2:30341
梁祠輯略一卷　(清)梁章鉅輯　清道光八年(1828)刻本　一冊

340000－1801－0005026　2:30343
重修篁墩社邊忠莊公古墓續集　(清)新安諸派裔孫公輯　清雍正四年(1726)新安刻本　一冊

340000－1801－0005027　2:30344
越國汪公祠墓續刊二卷　(□)□□撰　清同治刻本　一冊

340000－1801－0005028　2:30345－2:30350
越國汪公雲嵐山墓志六卷首一卷末一卷　(清)汪度掌集　清乾隆九年(1744)刻本　六冊

340000－1801－0005029　2:30351－2:30356
越國汪公雲嵐山墓志六卷首一卷末一卷　(清)汪度掌集　清嘉慶三年(1798)雲嵐墓祠刻本　六冊

340000－1801－0005030　2:30357－2:30362
越國汪公雲嵐山墓志六卷首一卷末一卷　(清)汪度掌集　清咸豐二年(1852)刻本　六冊

340000－1801－0005031　2:30363
莫愁湖志六卷首一卷　(清)馬士圖輯　清光緒刻本　一冊

340000－1801－0005032　2:30364
隨園圖一卷　(清)袁起撰　清同治四年(1865)刻本　一冊

340000－1801－0005033　2:30366
五畝園小志一卷　(清)謝家福輯　**桃隖百詠一卷**　(清)淩泗著　(清)謝家福注　**五畝園懷古一卷題詠一卷**　清光緒十六年(1890)蘇州徐文藝齋刻本　一冊

340000－1801－0005034　2:30368
滄浪小志二卷　(清)宋犖輯　清光緒十年(1884)江蘇書局刻本　一冊

340000－1801－0005035　2:30369－2:30372
大觀亭志六卷首一卷末一卷　(清)李國模纂輯　(清)李丙榮編訂　清宣統三年(1911)合肥李氏木活字印本　四冊

340000－1801－0005036　2:30373－2:30376
大觀亭志六卷首一卷末一卷　(清)李國模纂輯　(清)李丙榮編訂　清宣統三年(1911)合肥李氏木活字印本　四冊

340000－1801－0005037　2:30377－2:30380
大觀亭志六卷首一卷末一卷　(清)李國模纂輯　(清)李丙榮編訂　清宣統三年(1911)合肥李氏木活字印本　四冊

340000－1801－0005038　2:30381
大觀亭志六卷首一卷末一卷　(清)李國模纂輯　(清)李丙榮編訂　清宣統三年(1911)皖城衙齋鉛印本　一冊

340000－1801－0005039　2:30382
大觀亭志六卷首一卷末一卷　(清)李國模纂輯　(清)李丙榮編訂　清宣統三年(1911)皖城衙齋鉛印本　一冊

340000－1801－0005040　2:30383
大觀亭志六卷首一卷末一卷　(清)李國模纂輯　(清)李丙榮編訂　清宣統三年(1911)皖城衙齋鉛印本　一冊

340000－1801－0005041　2:30384
大觀亭志六卷首一卷末一卷　(清)李國模纂輯　(清)李丙榮編訂　清宣統三年(1911)皖城衙齋鉛印本　一冊

340000－1801－0005042　2:30385
大觀亭志六卷首一卷末一卷　(清)李國模纂輯　(清)李丙榮編訂　清宣統三年(1911)皖城衙齋鉛印本　一冊

340000－1801－0005043　2:30386
虞蹟八圖不分卷　(清)龔廷颺撰　**續和虞蹟詩**　(清)鍾震遠等撰　清雍正五年(1727)刻本　一冊

340000－1801－0005044　2:30388－2:30395
東林書院志二十二卷　(清)高廷等增輯　清光緒七年(1881)刻本　八冊

340000－1801－0005045　2:30396－2:30397
桐鄉書院志六卷　(□)□□纂修　清木活字印本　二冊

340000－1801－0005046　2:30398－2:30399
桐鄉書院志六卷　(□)□□纂修　清木活字印本　二冊

340000－1801－0005047　2:30400－2:30401
桐鄉書院志六卷　(□)□□纂修　清木活字印本　二冊

340000－1801－0005048　2:30402－2:30403
桐鄉書院志六卷　(□)□□纂修　清木活字印本　二冊

340000－1801－0005049　2:30405
鑑湖女俠秋君墓表不分卷　(清)徐自華撰　(清)吳芝瑛書　清光緒三十四年(1908)石印本　一冊

340000－1801－0005050　2:30406－2:30409

還古書院志二十一卷　(清)施璜編輯　清道光刻本　四冊

340000－1801－0005051　2:30410－2:30413
還古書院志十八卷　(清)施璜編輯　清乾隆刻本　四冊

340000－1801－0005052　2:30414－2:30417
還古書院志二十一卷　(清)施璜編輯　清道光刻本　四冊

340000－1801－0005053　2:30418－2:30423
漢口紫陽書院志略八卷首一卷　(清)董桂敷輯　清嘉慶十一年(1806)刻本　六冊

340000－1801－0005054　2:30424－2:30429
漢口紫陽書院志略八卷首一卷　(清)董桂敷輯　清嘉慶十一年(1806)刻本　六冊

340000－1801－0005055　2:30430－2:30433
紫陽書院志十八卷　(清)施璜編輯　(清)吳瞻泰　(清)吳瞻淇增輯　清雍正三年(1725)刻本　四冊　缺一卷(五)

340000－1801－0005056　2:30440－2:30443
天堂寺志十卷首一卷　(清)聞蕊泉輯　清刻本　四冊

340000－1801－0005057　2:2652－2:2731 善
明史稿三百十卷　(清)王鴻緒撰　清雍正元年(1723)敬慎堂刻本　八十冊

340000－1801－0005058　2:30461－2:30464
忠武祠墓誌七卷首一卷末一卷續編一卷　(清)李復心編　清刻本　四冊

340000－1801－0005059　2:30465－2:30468
忠武祠墓誌七卷首一卷末一卷續編一卷　(清)李復心編　清刻本　四冊

340000－1801－0005060　2:30469
桐城姚氏先塋記不分卷　(清)姚瑩撰　清抄本　一冊

340000－1801－0005061　2:30473－2:30476
平山堂圖志十卷圖一卷　(清)趙之壁輯　清光緒九年(1883)楚南歐陽利見刻本　四冊

340000－1801－0005062　2:30477－2:30480
平山堂圖志十卷圖一卷　(清)趙之壁輯　清光緒九年(1883)楚南歐陽利見刻本　四冊

340000－1801－0005063　2:30481－2:30484
平山堂圖志十卷圖一卷　(清)趙之壁輯　清光緒九年(1883)楚南歐陽利見刻本　四冊

340000－1801－0005064　2:30485
續邑唐金山祖墓盜砍盜葬兩案合刊不分卷　(□)□□輯　清光緒刻本　一冊

340000－1801－0005065　2:30486
敕封大王將軍紀略不分卷　(清)朱壽鏞編　清光緒十五年(1889)石印本　一冊

340000－1801－0005066　2:30487
雪竇寺志略不分卷　(□)□□撰　清刻本　一冊

340000－1801－0005067　2:30489－2:30494
閩都記三十三卷　(明)王應山纂輯　清道光十一年(1831)求放心齋刻本　六冊

340000－1801－0005068　2:30495－2:30499
滁江書院志五卷首一卷　(清)文蔚起等修　(清)劉青藜等纂　清光緒三年(1877)刻本　五冊　存五卷(滁江書院志五卷)

340000－1801－0005069　2:30500
興復涇川書院紀略一卷　(清)吳鶚等編　清光緒七年(1881)刻本　一冊

340000－1801－0005070　2:30501
新建涇川書院志不分卷　(清)趙仁基編輯　清道光刻本　一冊

340000－1801－0005071　2:30502－2:30505
高淯普濟堂志四卷首一卷　(清)戴鳳筠等纂修　清光緒二十六年(1900)鉛印本　四冊

340000－1801－0005072　2:30506－2:30509
高淯普濟堂志四卷首一卷　(清)戴鳳筠等纂修　清光緒二十六年(1900)鉛印本　四冊

340000－1801－0005073　2:30511
祁門吳氏祊坑永禧寺真跡錄不分卷　(□)□□撰　明抄本　一冊

340000－1801－0005074　2:30512
昌堨源流志不分卷　(□)□□撰　清同治八年(1869)抄本　一冊

340000－1801－0005075　2:30513－2:30515
安徽輿圖表説十卷　(□)□□纂　清光緒二十二年(1896)石印本　三冊

340000－1801－0005076　2:30516
汪氏湖山墓祠紀不分卷　(清)汪鳴鳳輯　清道光二十八年(1848)德基堂刻本　一冊

340000－1801－0005077　2:30517－2:30518
兩浙防護陵寢祠墓録一卷　(清)阮元輯　清光緒十五年(1889)浙江書局刻本　二冊

340000－1801－0005078　2:30519－2:30522
兩浙防護陵寢祠墓録一卷　(清)阮元輯　清光緒十五年(1889)浙江書局刻本　二冊

340000－1801－0005079　2:30527
朝市叢載八卷　(清)李虹若撰　清光緒刻本　一冊　存一卷(五)

340000－1801－0005080　2:30528
北上備覽一卷　(清)畢鍾沅輯　清光緒十四年(1888)鴻寶齋鉛印本　一冊

340000－1801－0005081　2:30529－2:30533
都門紀略四卷菊部群英一卷　(清)楊靜亭編　清光緒六年(1880)刻本　五冊

340000－1801－0005082　2:30534－2:30543
增補都門紀略十一卷　(清)楊靜亭編　清光緒五年(1879)新都寶書堂刻本　十冊

340000－1801－0005083　2:30544
續增都門會館不分卷　(清)楊士安輯　清刻本　一冊

340000－1801－0005084　2:30556－2:30559
六朝事蹟類編十四卷　(宋)張敦頤撰　清光緒十三年(1887)寶章閣刻本　四冊

340000－1801－0005085　2:30560－2:30561
六朝事蹟類編十四卷　(宋)張敦頤撰　清光緒十三年(1887)寶章閣刻本　二冊

340000－1801－0005086　2:30567－2:30569
秣陵集六卷金陵歷代紀年事表一卷歷代互見圖考一卷　(清)陳文述撰　清光緒十年(1884)淮南書局刻本　三冊

340000－1801－0005087　2:30570－2:30572
秣陵集六卷金陵歷代紀年事表一卷歷代互見圖考一卷　(清)陳文述撰　清光緒十年(1884)淮南書局刻本　三冊

340000－1801－0005088　2:30573－2:30576
秣陵集六卷金陵歷代紀年事表一卷歷代互見圖考一卷　(清)陳文述撰　清道光二年(1822)刻本　四冊

340000－1801－0005089　2:30577
吴地記一卷後集一卷　(唐)陸廣微撰　清同治十二年(1873)江蘇書局刻本　一冊

340000－1801－0005090　2:30578
吴中舊事不分卷　(元)陸友仁撰　清刻本　一冊

340000－1801－0005091　2:30579
金陵賦一卷　程先甲撰　清光緒二十三年(1897)江寧傅春官刻本　一冊

340000－1801－0005092　2:30580
金陵雜述不分卷　(清)何紹基撰　清刻本　一冊

340000－1801－0005093　2:30581
金陵百詠一卷　(宋)曾極撰　**嘉禾百詠一卷**　(宋)張堯撰　清光緒二十九年(1903)長沙葉氏刻本　一冊

340000－1801－0005094　2:30582
金陵雜詠不分卷　(清)王友亮撰　清乾隆刻本　一冊

340000－1801－0005095　2:30583
金陵歷代建置表一卷　(清)傅春官纂　清光緒二十三年(1897)晦齋刻本　一冊

340000－1801－0005096　2:30584
江南好詞一卷　(清)張汝南撰　清宣統元年(1909)著易堂石印本　一冊

340000－1801－0005097　2:30599

淮壖小記四卷　(清)范以煦撰　**校勘淮壖小記一卷**　(清)魯一同撰　清咸豐五年(1855)刻本　一冊

340000－1801－0005098　2:3059－2:3078 善

明史稿三百十卷　(清)王鴻緒撰　清敬慎堂刻本　二十冊　存八十八卷(本紀六至十二,志一至三、二十三至二十五、七十一至七十七,列傳七至十九、四十三至五十、六十四至六十七、九十二至九十六、一百二十一至一百三十四、一百六十至一百六十七、一百七十三至一百八十五、一百八十九至一百九十一)

340000－1801－0005099　2:30600

上海指南九卷附錄二卷　商務印書館輯　清宣統元年(1909)商務印書館鉛印本　一冊

340000－1801－0005100　2:30625－2:30630

揚州畫舫錄十八卷　(清)李斗撰　清刻本　六冊

340000－1801－0005101　2:30631－2:30632

廣陵通典十卷　(清)汪中撰　清同治八年(1869)揚州書局刻本　二冊

340000－1801－0005102　2:30633－2:30634

廣陵通典十卷　(清)汪中撰　清同治八年(1869)揚州書局刻本　二冊

340000－1801－0005103　2:30635－2:30636

廣陵通典十卷　(清)汪中撰　清同治八年(1869)揚州書局刻本　二冊

340000－1801－0005104　2:30637

瀛洲竹枝詞不分卷　題(清)古樗道人編　清刻本　一冊

340000－1801－0005105　2:30638－2:30639

瀛壖雜誌六卷　(清)王韜撰　清光緒元年(1875)刻本　二冊

340000－1801－0005106　2:30640－2:30641

瀛壖雜誌六卷　(清)王韜撰　清光緒元年(1875)刻本　二冊

340000－1801－0005107　2:30642－2:30643

瀛壖雜誌六卷　(清)王韜撰　清光緒元年(1875)刻本　二冊

340000－1801－0005108　2:30644－2:30645

瀛壖雜誌六卷　(清)王韜撰　清光緒元年(1875)刻本　二冊

340000－1801－0005109　2:30646－2:30647

蘇垣安徽會館志二卷　(清)闞鳳樓編　清光緒五年(1879)刻本　二冊

340000－1801－0005110　2:30648

廬陽名勝便覽六卷　(清)吳名鏊輯　清刻本　一冊

340000－1801－0005111　2:30649

廬陽名勝便覽六卷　(清)吳名鏊輯　清刻本　一冊

340000－1801－0005112　2:30650

廬陽名勝便覽六卷　(清)吳名鏊輯　清刻本　一冊

340000－1801－0005113　2:30651

休寧碎事十二卷　(清)徐卓輯　清嘉慶十六年(1811)徐氏海棠書巢刻本　四冊

340000－1801－0005114　2:30653－2:30658

休寧碎事十二卷　(清)徐卓輯　清嘉慶十六年(1811)徐氏海棠書巢刻本　六冊

340000－1801－0005115　2:30659－2:30662

休寧碎事十二卷　(清)徐卓輯　清嘉慶十六年(1811)徐氏海棠書巢刻本　四冊

340000－1801－0005116　2:30663－2:30666

休寧碎事十二卷　(清)徐卓輯　清嘉慶十六年(1811)徐氏海棠書巢刻本　四冊

340000－1801－0005117　2:30667

休寧碎事十二卷　(清)徐卓撰　清嘉慶十六年(1811)徐氏海棠書巢刻本　一冊

340000－1801－0005118　2:30669

龍眠雜憶八卷　(清)姚興泉撰　清抄本　一冊

340000－1801－0005119　2:30670

龍眠雜憶八卷　(清)姚興泉撰　清抄本　一冊

340000－1801－0005120　2:30671
龍眠雜憶八卷　(清)姚興泉撰　清刻本　一冊

340000－1801－0005121　2:30672
一統志桐城各條摘錄不分卷　(□)□□撰　清光緒二十四年(1898)抄本　一冊

340000－1801－0005122　2:30673－2:30676
龍舒中七里河義渡志六卷　(清)沙相培纂　清宣統元年(1909)刻本　四冊

340000－1801－0005123　2:30677
新安景物略四卷　(清)王夢銓輯　清道光三十年(1850)古香堂刻本　一冊　存一卷(一)

340000－1801－0005124　2:30678－2:30680
新安景物約編不分卷　(清)江忠儔　(清)江正心纂　清道光十年(1830)青雲堂刻本　三冊

340000－1801－0005125　2:30681－2:30682
新安景物約編不分卷　(清)江忠儔　(清)江正心纂　清道光十年(1830)青雲堂刻本　二冊

340000－1801－0005126　2:30683－2:30684
新安景物約編不分卷　(清)江忠儔　(清)江正心纂　清道光十年(1830)青雲堂刻本　二冊

340000－1801－0005127　2:30685－2:30686
新安景物約編不分卷　(清)江忠儔　(清)江正心纂　清道光十年(1830)青雲堂刻本　二冊

340000－1801－0005128　2:30687－2:30688
新安景物約編不分卷　(清)江忠儔　(清)江正心纂　清道光十年(1830)青雲堂刻本　二冊

340000－1801－0005129　2:30689－2:30690
新安景物約編不分卷　(清)江忠儔　(清)江正心纂　清光緒二十二年(1896)刻本　二冊

340000－1801－0005130　2:30691
新安賓館八詠不分卷　(清)江峯青等撰　清光緒二十二年(1896)刻本　一冊

340000－1801－0005131　2:30692
新安賓館八詠不分卷　(清)江峯青等撰　清光緒二十二年(1896)刻本　一冊

340000－1801－0005132　2:30693
街西柳映齋集不分卷　(清)汪灝撰　清抄本　一冊

340000－1801－0005133　2:30694
重訂潭濱雜誌二卷　(清)黄呂輯　清光緒二年(1876)歸化木活字印本　一冊

340000－1801－0005134　2:30696
績溪雜感詩不分卷　(清)高孝本撰　(清)汪澤注釋　清同治八年(1869)刻本　一冊

340000－1801－0005135　2:30697
績溪雜感詩不分卷　(清)高孝本撰　(清)汪澤注釋　清同治八年(1869)刻本　一冊

340000－1801－0005136　2:30698
績溪雜感詩不分卷　(清)高孝本撰　(清)汪澤注釋　清同治八年(1869)刻本　一冊

340000－1801－0005137　2:30699
績溪雜感詩不分卷　(清)高孝本撰　(清)汪澤注釋　清同治八年(1869)刻本　一冊

340000－1801－0005138　2:30700
績溪雜感詩不分卷　(清)高孝本撰　(清)汪澤注釋　清同治八年(1869)刻本　一冊

340000－1801－0005139　2:30702
歙縣四鄉地名總錄不分卷　(□)□□撰　清抄本　一冊

340000－1801－0005140　2:30703
黟縣漁鎮登善集不分卷　(□)□□撰　清道光刻本　一冊

340000－1801－0005141　2:30704
歙縣館錄不分卷　(清)汪廷棟編　清光緒三十年(1904)木活字印本　一冊

340000－1801－0005142　2:30705
歙縣館錄不分卷　(清)汪廷楝編　清光緒三十年(1904)木活字印本　一冊

340000－1801－0005143　2:30706
休寧縣全邑都圖字號　(清)江品三錄　清咸豐六年(1856)抄本　一冊

340000－1801－0005144　2:30707
休邑縣都圖地名字號　(□)□□錄　清抄本　一冊

340000－1801－0005145　2:30708
休邑縣都圖地名便覽　(□)□□輯　清光緒四年(1878)雲間抄本　一冊

340000－1801－0005146　2:30709－2:30710
休寧縣都圖田畝字號坐落地名備覽　(□)□□輯　清光緒抄本　二冊

340000－1801－0005147　2:30711
募修屯溪石橋志不分卷　(清)胡定安等撰　清光緒刻本　一冊

340000－1801－0005148　2:30712
婺源地理教科書不分卷　(清)董萬里等撰　清光緒三十四年(1908)刻本　一冊

340000－1801－0005149　2:30713
五保保錄一卷　(清)徐耀祥輯　清同治六年(1867)木活字印本　一冊

340000－1801－0005150　2:30714
錦城紀略一卷錦城詩存三卷　(清)倪望重輯　清光緒二十四年(1898)刻本　一冊

340000－1801－0005151　2:30715
錦城紀略一卷錦城詩存三卷　(清)倪望重輯　清光緒二十四年(1898)刻本　一冊

340000－1801－0005152　2:30716
錦城紀略一卷錦城詩存三卷　(清)倪望重輯　清光緒二十四年(1898)刻本　一冊

340000－1801－0005153　2:30717
錦城紀略一卷錦城詩存三卷　(清)倪望重輯　清光緒二十四年(1898)刻本　一冊

340000－1801－0005154　2:30718
錦城紀略一卷錦城詩存三卷　(清)倪望重輯　清光緒二十四年(1898)刻本　一冊

340000－1801－0005155　2:30719
祁門修改城垣簿不分卷　(清)吳嘉善輯　清乾隆三十六年(1771)刻本　一冊

340000－1801－0005156　2:30720－2:30725
湖山便覽十二卷　(清)翟灝　(清)翟瀚輯　清乾隆三十年(1765)刻本　六冊

340000－1801－0005157　2:30726－2:30729
湖山便覽十二卷　(清)翟灝　(清)翟瀚輯　清乾隆三十年(1765)刻本　四冊

340000－1801－0005158　2:30730
太湖竹枝詞二卷　(清)葉承桂撰　清咸豐三年(1853)石林園刻本　一冊

340000－1801－0005159　2:30731
太湖竹枝詞二卷　(清)葉承桂撰　清咸豐三年(1853)石林園刻本　一冊

340000－1801－0005160　2:30735
清波小志二卷附志補　(清)徐逢吉輯　**清波小志補一卷**　(清)陳景鍾輯補　清光緒七年(1881)竹書堂丁氏刻武林掌故叢編本　一冊

340000－1801－0005161　2:30736
浙遊百卅律一卷　(清)李桓撰　清同治刻本　一冊

340000－1801－0005162　2:30737
西湖竹枝集一卷湖山勝槩記一卷西湖月觀記一卷遊明聖湖日記一卷西湖記述一卷西湖臥遊圖題跋一卷　(明)楊維楨等輯　清光緒七年(1881)錢塘丁氏刻武林掌故叢書本　一冊

340000－1801－0005163　2:30738
西湖百詠一卷　(清)柴傑撰　清光緒七年(1881)錢塘丁氏刻武林掌故叢書本　一冊

340000－1801－0005164　2:30739
西湖櫂歌一卷　(清)陳祖昭撰　清光緒十三年(1887)刻本　一冊

340000－1801－0005165　2:30749－2:30750

湖南考古略十二卷 （清）盧峻 （清）成業襄纂 清光緒二年(1876)守墨書齋刻本 二册

340000－1801－0005166 2:30751－2:30752
嘉興典故纂要八卷 （清）王惟梅輯 清乾隆五十四年(1789)環翠書屋刻本 二册

340000－1801－0005167 2:30755
漢口竹枝詞六卷 （清）葉調元撰 清道光三十年(1850)刻本 一册

340000－1801－0005168 2:30757－2:30760
吴興舊聞二卷 （清）胡承謀撰 清嘉慶九年(1804)刻本 四册

340000－1801－0005169 2:30761－2:30762
剡録十卷 （宋）高似孫撰 清道光八年(1828)刻本 二册

340000－1801－0005170 2:30763
東甌記略不分卷東甌留别和章三卷 （清）戴槃撰 清同治七年(1868)刻本 一册

340000－1801－0005171 2:30766
汧陽述古編二卷 （清）李嘉績纂輯 清光緒十五年(1889)青門刻本 一册

340000－1801－0005172 2:30768－2:30775
蜀故二十七卷 （清）彭遵泗纂輯 清光緒二年(1876)讀書堂刻本 八册

340000－1801－0005173 2:30776
會稽三賦一卷 （宋）王十朋撰 清道光十五年(1835)山陰杜氏刻本 一册

340000－1801－0005174 2:30780
新安名勝試帖一卷 （清）張廷諍著 清光緒十七年(1891)刻本 一册

340000－1801－0005175 2:30781
新安雜詠一卷穎園雜詠一卷 （清）丁芮模撰 清嘉慶二十四年(1819)脈望齋刻本 一册

340000－1801－0005176 2:30782－2:30785
蜀典十二卷 （清）張澍輯 清光緒二年(1876)尊經書院刻本 四册

340000－1801－0005177 2:30786－2:30789
蜀典十二卷 （清）張澍輯 清光緒二年(1876)尊經書院刻本 四册

340000－1801－0005178 2:3079－2:3082 善
明志稿二卷續一卷 （明）張恆撰 明刻本 四册

340000－1801－0005179 2:30790－2:30791
錦里新編十六卷首一卷 （清）張邦伸纂輯 清嘉慶五年(1800)刻本 二册 存三卷(一至二、十六)

340000－1801－0005180 2:30792
蜀跡辨一卷 （清）陸炳撰 清道光十五年(1835)刻本 一册

340000－1801－0005181 2:30795－2:30796
黔書二卷 （清）田雯輯 清嘉慶十三年(1808)刻本 二册

340000－1801－0005182 2:30797－2:30798
黔書二卷 （清）田雯輯 清嘉慶十三年(1808)刻本 二册

340000－1801－0005183 2:30799－2:30802
黔書二卷 （清）田雯輯 清刻本 四册

340000－1801－0005184 2:30803－2:30804
續黔書八卷 （清）張澍纂 清光緒二十三年(1897)貴陽刻本 二册

340000－1801－0005185 2:30805－2:30806
黔南職方紀略九卷 （清）羅繞典纂 清道光二十七年(1847)刻本 二册

340000－1801－0005186 2:30807－2:30810
黔南識略三十二卷 （清）愛必達輯 清道光二十七年(1847)羅繞典刻本 二册

340000－1801－0005187 2:30811－2:30814
西域聞見錄八卷首一卷 （清）七十一撰 清刻本 四册

340000－1801－0005188 2:30815－2:30816
永嘉聞見錄二卷 （清）孫同元撰 清光緒十四年(1888)瑞安孫氏刻本 二册

340000－1801－0005189 2:30817－2:30818

滇考二卷 (清)馮甦編 清道光元年(1821)臨海宋氏刻台州叢書本 二冊

340000－1801－0005190 2∶30819－2∶30830
蜀中名勝記三十卷 (明)曹學佺撰 清刻本 十二冊

340000－1801－0005191 2∶30831－2∶30838
蜀中名勝記三十卷 (明)曹學佺撰 清宣統二年(1910)四川官印局刻本 八冊

340000－1801－0005192 2∶3083－2∶3098 善
路史四十七卷 (宋)羅泌撰 明刻清修本 十六冊

340000－1801－0005193 2∶30839－2∶30842
白下瑣言十卷 (清)甘熙撰 清光緒十六年(1890)築野堂刻本 四冊

340000－1801－0005194 2∶30847
二十台詩不分卷 (清)潘世鏞等撰 清道光刻本 一冊

340000－1801－0005195 2∶30848－2∶30851
滇繫□□卷 (清)師範纂輯 清刻本 四冊 存四卷(藝文三、五、十五、十七)

340000－1801－0005196 2∶30854
粵遊吟草一卷 (清)方如川撰 清江寧劉文奎刻本 一冊

340000－1801－0005197 2∶30855
南海百詠一卷 (宋)方信孺撰 清光緒八年(1882)學海堂刻本 一冊

340000－1801－0005198 2∶30856
南海百詠續編四卷 (清)樊封撰 清刻本 一冊

340000－1801－0005199 2∶30858
瓊州雜事詩一卷 (清)程秉釗撰 清光緒十四年(1888)刻本 一冊

340000－1801－0005200 2∶30859
瓊州雜事詩一卷 (清)程秉釗撰 清光緒十四年(1888)刻本 一冊

340000－1801－0005201 2∶30861－2∶30862
吉林紀事詩四卷首一卷末一卷 (清)沈兆禔撰注 清宣統三年(1911)金陵湯明林聚珍書局鉛印本 二冊

340000－1801－0005202 2∶30869
揚州府志詩賦題解二卷 (清)陳壺山編輯 清光緒六年(1880)揚州大文堂刻本 一冊

340000－1801－0005203 2∶30870
都門竹枝詞一卷 (清)楊靜亭等輯 清光緒三年(1877)刻本 一冊

340000－1801－0005204 2∶30871
赤溪雜誌二卷 金武祥撰 清光緒十七年(1891)江陰金武祥刻粟香室叢書本 一冊

340000－1801－0005205 2∶30872
覆瓿叢談二卷 (清)吳曾英撰 清光緒十二年(1886)太倉吳氏刻東倉書庫叢刻初編本 一冊

340000－1801－0005206 2∶30873－2∶30874
分湖小識六卷 (清)柳樹芳輯 清道光二十七年(1847)柳氏勝谿草堂刻本 二冊

340000－1801－0005207 2∶30875
江南會館義園徵久錄十卷首一卷末一卷 (清)江南會館編 清同治十三年(1874)江南會館刻本 一冊

340000－1801－0005208 2∶30876
西垣黔苗竹枝詞一卷 (清)毛貴銘撰 清刻本 一冊

340000－1801－0005209 2∶30879
南漳子二卷 (清)孫之騄撰 清刻本 一冊

340000－1801－0005210 2∶30882
荊南高山大川圖考 榮錫勳撰 清光緒三十四年(1908)刻本 一冊

340000－1801－0005211 2∶30883
倫敦竹枝詞一卷 (清)局中門外漢撰 清光緒十四年(1888)觀自得齋刻觀自得齋叢書本 一冊

340000－1801－0005212 2∶30884
湖船錄一卷 (清)厲鶚輯 清同治九年

(1870)退補齋刻本　一册

340000－1801－0005213　2:30887
新安程氏鄉局記不分卷　(清)程鬲編輯　清抄本　一册

340000－1801－0005214　2:30888
新阪土風一卷　(清)陳鱣撰　清光緒十八年(1892)海昌羊氏刻本　一册

340000－1801－0005215　2:30890
漢口叢談六卷　(清)范鍇撰　清道光二年(1822)漢口刻本　一册　存三卷(一至三)

340000－1801－0005216　2:30891
重續歙縣會館録不分卷　(清)徐上鏞輯　清道光十四年(1834)刻本　一册

340000－1801－0005217　2:30892
重續歙縣會館録不分卷　(清)徐上鏞輯　清道光十四年(1834)刻本　一册

340000－1801－0005218　2:30893
重續歙縣會館録不分卷　(清)徐上鏞輯　清道光十四年(1834)刻本　一册

340000－1801－0005219　2:30894
謙山鴻印集不分卷　江峰青輯　清光緒二十三年(1897)刻本　一册

340000－1801－0005220　2:30895－2:30900
薄海番域録十二卷　(清)邵大緯撰　清京都書業堂刻本　六册

340000－1801－0005221　2:30902－2:30904
閩產録異六卷　(清)郭柏蒼輯　清光緒十二年(1886)刻本　三册

340000－1801－0005222　2:30905
甌江竹枝詞一卷　(清)郭鍾嶽撰　清同治十一年(1872)刻本　一册

340000－1801－0005223　2:30906
憶舊遊詩話二卷　(清)馮一鵬撰　清乾隆刻本　一册

340000－1801－0005224　2:30907－2:30916
廣東新語二十八卷　(清)屈大均撰　清康熙水天閣刻後印本　十册

340000－1801－0005225　2:30917
平江記事不分卷　(元)高德基撰　**燼餘録二卷**　清刻本　一册

340000－1801－0005226　2:30918
長春真人西遊記二卷　(元)李志常述　清奉天中和山房印書館鉛印本　一册

340000－1801－0005227　2:30919－2:30926
徐霞客遊記十卷　(明)徐宏祖撰　**外編一卷　補編一卷**　(清)葉廷甲補編　清光緒三十四年(1908)集成圖書公司鉛印本　八册

340000－1801－0005228　2:30951－2:30958
徐霞客遊記十卷　(明)徐宏祖撰　**外編一卷　補編一卷**　(清)葉廷甲補編　清光緒三十四年(1908)集成圖書公司鉛印本　八册

340000－1801－0005229　2:30959－2:30970
徐霞客遊記十卷　(明)徐宏祖撰　**外編一卷　補編一卷**　(清)葉廷甲補編　清光緒七年(1881)瘦影山房木活字印本　十二册

340000－1801－0005230　2:30971－2:30980
徐霞客遊記十卷　(明)徐宏祖撰　**外編一卷　補編一卷**　(清)葉廷甲補編　清光緒七年(1881)瘦影山房木活字印本　十册

340000－1801－0005231　2:30981－2:30982
斐洲遊記四卷　(英國)施登萊撰　題(清)虚白齋主口譯　(清)鄒翰飛録　清光緒二十六年(1900)上海中西書室鉛印本　二册

340000－1801－0005232　2:30983－2:30984
斐洲遊記四卷　(英國)施登萊撰　題(清)虚白齋主口譯　(清)鄒翰飛録　清光緒二十六年(1900)上海中西書室鉛印本　二册

340000－1801－0005233　2:30985
丙午日本遊記附録一卷　(清)程淯撰　清末光緒鉛印本　一册

340000－1801－0005234　2:30986－2:30987
日本紀遊詩二卷　(清)莊介禕撰　清光緒十年(1884)刻本　二册

340000－1801－0005235　2:30988－2:30991
環遊地球新録四卷　（清）李圭撰　清光緒十年（1884）甬上廣齋刻本　四册

340000－1801－0005236　2:3099－2:3114 善
路史四十七卷　（宋）羅泌撰　清光緒二年（1876）趙承恩紅杏山房刻本　十六册

340000－1801－0005237　2:30992－2:30995
環遊地球新録四卷　（清）李圭撰　清光緒刻本　四册

340000－1801－0005238　2:30996－2:30999
環遊地球新録四卷　（清）李圭撰　清光緒刻本　四册

340000－1801－0005239　2:31000－2:31005
鴻雪因緣圖記三集　（清）麟慶撰　清光緒十二年（1886）上海點石齋石印本　六册

340000－1801－0005240　2:31006－2:31011
鴻雪因緣圖記三集　（清）麟慶撰　清光緒五年（1879）上海點石齋石印本　六册

340000－1801－0005241　2:31012－2:31014
鴻雪因緣圖記三集　（清）麟慶撰　清光緒十二年（1886）同文書局石印本　三册

340000－1801－0005242　2:31015－2:31020
鴻雪因緣圖記不分卷　（清）麟慶撰　（清）汪春泉等繪　清道光二十七年（1847）揚州刻本　六册

340000－1801－0005243　2:31021－2:31024
宦遊紀略六卷續一卷　（清）桂超萬撰　清光緒七年（1881）拙修齋木活字印本　四册

340000－1801－0005244　2:31025
黄海問津詩略一卷　（清）何青輯　清乾隆至道光鮑氏刻知不足齋叢書本　一册

340000－1801－0005245　2:31026
黄山紀遊一卷黄山遊草一卷　（清）余鴻撰　清宣統元年（1909）刻本　一册

340000－1801－0005246　2:31027
黄山紀遊一卷黄山遊草一卷　（清）余鴻撰　清宣統元年（1909）刻本　一册

340000－1801－0005247　2:31029
黄山紀遊一卷黄山遊草一卷　（清）余鴻撰　清同治刻本　一册

340000－1801－0005248　2:31031
黄山紀遊一卷　（清）黄肇敏撰　清同治刻本　一册

340000－1801－0005249　2:31032
黄山紀遊一卷　（清）黄肇敏撰　清同治刻本　一册

340000－1801－0005250　2:31033
黄山紀遊一卷　（清）黄肇敏撰　清同治刻本　一册

340000－1801－0005251　2:31034
黄山紀遊一卷　（清）黄肇敏撰　清同治刻本　一册

340000－1801－0005252　2:31035
黄山紀遊一卷　（清）黄肇敏撰　清抄本　一册

340000－1801－0005253　2:31040
黄山遊草一卷　（清）莫春暉撰　清嘉慶十二年（1807）刻本　一册

340000－1801－0005254　2:31041
黄山遊記一卷　（清）羅廷鳳撰　清嘉慶十二年（1807）刻本　一册

340000－1801－0005255　2:31042
黄山紀遊詩二卷　（清）曹來復撰　清嘉慶刻本　一册

340000－1801－0005256　2:31043
黄山紀遊詩二卷　（清）曹來復撰　清嘉慶刻本　一册

340000－1801－0005257　2:31050
黄山遊草一卷遊天都峰記一卷　（清）吴啟元撰　清刻本　一册

340000－1801－0005258　2:31051
黄山歷途紀畧不分卷　（清）胡文銓撰　清道光刻本　一册

340000－1801－0005259　2:31052
黄山遊記不分卷　(清)柳守厚撰　清道光二十四年(1844)京江柳書諫堂刻本　一册

340000－1801－0005260　2:31053－2:31054
藤陰雜記十二卷　(清)戴璐撰　清光緒三年(1877)刻本　二册

340000－1801－0005261　2:31055
雁黄布衲黄山遊草不分卷　(清)釋大涵撰　清抄本　二册

340000－1801－0005262　2:31056
黄海前遊集一卷　(清)汪宗沂撰　**從遊小草一卷**　(清)汪律本撰　清光緒刻本　一册

340000－1801－0005263　2:31057
黄海前遊集一卷　(清)汪宗沂撰　**從遊小草一卷**　(清)汪律本撰　清光緒刻本　一册

340000－1801－0005264　2:31058
黄嶽紀遊不分卷　(清)孫良鑑撰　清刻本　一册

340000－1801－0005265　2:31059－2:31060
黄海看雲圖題解二卷　(清)汪廷棟輯　清光緒二十年(1894)刻本　二册

340000－1801－0005266　2:31061－2:31062
黄海看雲圖題解二卷　(清)汪廷棟輯　清光緒二十年(1894)刻本　二册

340000－1801－0005267　2:31063－2:31064
黄海看雲圖題解二卷　(清)汪廷棟輯　清光緒二十年(1894)刻本　二册

340000－1801－0005268　2:31065－2:31066
黄海看雲圖題解二卷　(清)汪廷棟輯　清光緒二十年(1894)刻本　二册

340000－1801－0005269　2:31067－2:31068
黄海看雲圖題解二卷　(清)汪廷棟輯　清光緒二十年(1894)刻本　二册

340000－1801－0005270　2:31070
滬遊脞記一卷　(清)黄楙材撰　清光緒二十二年(1896)刻本　一册

340000－1801－0005271　2:31071－2:31074
滬遊雜記四卷　(清)葛元煦撰　清光緒二年(1876)刻本　四册

340000－1801－0005272　2:31075
游蜀紀程二卷　(清)王鴻朗撰　清刻本　一册

340000－1801－0005273　2:31076
瑞金山禊詠不分卷　(清)江毓英撰　清核園刻本　一册

340000－1801－0005274　2:31077
游華山詩一卷　(清)顧復初撰　清同治三年(1864)錦城刻本　一册

340000－1801－0005275　2:31078
游華山詩一卷　(清)顧復初撰　清同治三年(1864)錦城刻本　一册

340000－1801－0005276　2:31079
游華山詩一卷　(清)顧復初撰　清同治三年(1864)錦城刻本　一册

340000－1801－0005277　2:31080
紫薇花館雜纂二種二卷　(清)王廷鼎撰　清光緒六年(1880)刻本　一册　存一卷(紫薇花館北征日記一卷)

340000－1801－0005278　2:31081
紫薇花館雜纂二種二卷　(清)王廷鼎撰　清光緒六年(1880)刻本　一册

340000－1801－0005279　2:31082
粤游紀程一卷　(清)晏端撰　清光緒十三年(1887)刻本　一册

340000－1801－0005280　2:31083
西江軺程記一卷　(清)晏端書撰　清光緒十三年(1887)刻本　一册

340000－1801－0005281　2:31084
峨嵋遊記一卷　(清)宣維禮撰　清同治刻本　一册

340000－1801－0005282　2:31088
南雁山紀遊一卷中雁山紀遊一卷　(清)張盛藻撰　清光緒七年(1881)刻本　一册

340000－1801－0005283　2:31090

遊歷記存一卷　(清)朱書撰　清光緒十九年(1893)宿松黄修礽刻本　一册

340000－1801－0005284　2:31091

遊歷記存一卷　(清)朱書撰　清光緒十九年(1893)宿松黄修礽刻本　一册

340000－1801－0005285　2:31093－2:31096

河海昆侖録四卷　裴景福撰　清宣統鉛印本　四册

340000－1801－0005286　2:31097－2:31100

河海昆侖録四卷　裴景福撰　清宣統鉛印本　四册

340000－1801－0005287　2:31101－2:31104

河海昆侖録四卷　裴景福撰　清宣統鉛印本　四册

340000－1801－0005288　2:31105－2:31108

河海昆侖録四卷　裴景福撰　清宣統鉛印本　四册

340000－1801－0005289　2:31109－2:31112

河海昆侖録四卷　裴景福撰　清宣統鉛印本　四册

340000－1801－0005290　2:31113－2:31116

河海昆侖録四卷　裴景福撰　清宣統鉛印本　四册

340000－1801－0005291　2:31117－2:31120

河海昆侖録四卷　裴景福撰　清宣統鉛印本　四册

340000－1801－0005292　2:31135

乘查筆記二卷　(清)斌椿撰　清同治八年(1869)刻本　一册

340000－1801－0005293　2:31140－2:31148

西湖遊覽志二十四卷志餘二十六卷　(明)田汝成撰　清光緒二十二年(1896)錢塘丁氏嘉惠堂刻本　九册　存十六卷(西湖遊覽志一至十六)

340000－1801－0005294　2:31149

游吴紀畧一卷　(清)鮑藝山撰　清稿本　一册

340000－1801－0005295　2:3115－2:3133 善

重訂路史全本四十七卷　(宋)羅泌撰　明末刻本　十九册　缺四卷(一至四)

340000－1801－0005296　2:3134 善

路史四十七卷　(宋)羅泌撰　明刻本　一册　存二卷(後記十二至十三)

340000－1801－0005297　2:31154－2:31155

滿洲旅行記二卷　(日本)小越平隆撰　克齋譯　清光緒二十八年(1902)廣智書局鉛印本　二册

340000－1801－0005298　2:31157－2:31160

俄遊彙編十二卷　(清)繆祐孫纂　清光緒十五年(1889)海上秀文書局石印本　四册

340000－1801－0005299　2:31161－2:31162

西輶日記四卷印度劄記二卷遊歷芻言一卷西徼水道一卷(得一齋四種)　(清)黄楙材撰　清光緒二十三年(1897)成都志古堂刻本　二册

340000－1801－0005300　2:31163

西輶日記四卷　(清)黄楙材撰　清光緒二十二年(1896)刻得一齋四種本　一册

340000－1801－0005301　2:31164－2:31167

西輶日記四卷印度劄記二卷遊歷芻言一卷西徼水道一卷(得一齋四種)　(清)黄楙材撰　清光緒刻本　四册

340000－1801－0005302　2:31168

瀛海鱗鴻記二卷　(清)林介弼撰　清光緒鉛印本　一册

340000－1801－0005303　2:31169－2:31176

康輶紀行十六卷　(清)姚瑩撰　清同治六年(1867)刻本　八册

340000－1801－0005304　2:31177－2:31180

康輶紀行十六卷　(清)姚瑩撰　清刻本　四册　缺六卷(三至八)

340000－1801－0005305　2:31182－2:31183

小琉球漫記十卷　(清)朱士玠纂　清乾隆三

十一年(1766)刻本　二册

340000－1801－0005306　2:31184－2:31185
歐遊隨筆二卷　(清)錢德培撰　清光緒木活字印本　二册

340000－1801－0005307　2:31193－2:31194
東槎紀略五卷　(清)姚瑩撰　清道光十二年(1832)刻中復堂全集本　二册

340000－1801－0005308　2:31195－2:31196
東槎紀略五卷　(清)姚瑩撰　清道光十二年(1832)刻中復堂全集本　二册

340000－1801－0005309　2:31197－2:31198
東槎紀略五卷　(清)姚瑩撰　清同治六年(1867)刻中復堂全集本　二册

340000－1801－0005310　2:31199
東瀛遊記不分卷　(清)陳學恂撰　清宣統鉛印本　一册

340000－1801－0005311　2:31200
東瀛參觀學校記一卷　(清)呂珮芬撰　清光緒三十四年(1908)呂氏晚節香齋鉛印本　一册

340000－1801－0005312　2:31201
東瀛參觀學校記一卷　(清)呂珮芬撰　清光緒三十四年(1908)呂氏晚節香齋鉛印本　一册

340000－1801－0005313　2:31202
雲海東遊記二卷　(清)江慕洵撰　清光緒三十二年(1906)鉛印本　一册

340000－1801－0005314　2:31203
海東劄記四卷　(清)朱景英撰　清乾隆刻本　一册

340000－1801－0005315　2:31205－2:31208
雲棧紀程八卷　(清)張邦伸撰　清乾隆五十九年(1794)敦彝堂刻本　四册

340000－1801－0005316　2:31211
回颿日記一卷　(清)陳春瀛撰　清光緒二十一年(1895)鉛印本　一册

340000－1801－0005317　2:31214－2:31215
初使泰西紀要四卷　題(清)避熱主人編次　清光緒十四年(1888)刻本　二册

340000－1801－0005318　2:31218－2:31219
歐遊雜錄二卷　(清)徐建寅撰　清光緒刻本　二册

340000－1801－0005319　2:31220
粵行三志三卷　(清)王士禎撰　清康熙刻本　一册

340000－1801－0005320　2:31221
榆塞紀行錄四卷　(清)李雲生撰　清光緒十二年(1886)李氏代耕堂刻本　一册

340000－1801－0005321　2:31222
橫山遊記一卷　(明)馬元調撰　清咸豐七年(1857)錢塘丁氏刻武林掌故叢書本　一册

340000－1801－0005322　2:31224
廬山紀遊不分卷　(清)崔來臨撰　清光緒鉛印本　一册

340000－1801－0005323　2:31226－2:31233
朔方備乘六十八卷首十二卷　(清)何秋濤撰　清石印本　八册

340000－1801－0005324　2:31234－2:31241
朔方備乘六十八卷首十二卷　(清)何秋濤撰　清石印本　八册

340000－1801－0005325　2:31242－2:31249
朔方備乘六十八卷首十二卷　(清)何秋濤撰　清石印本　八册

340000－1801－0005326　2:31250－2:31256
朔方備乘六十八卷首十二卷　(清)何秋濤撰　清石印本　七册

340000－1801－0005327　2:31277－2:31286
邊事匯鈔十二卷　(清)朱克敬編輯　清光緒六年(1880)長沙刻本　六册

340000－1801－0005328　2:31285－2:31294
新譯中國江海險要圖志二十二卷補編五卷圖五卷　(英國)海軍海圖官局纂　(清)陳壽彭譯　清光緒二十六年(1900)石印本　十册

340000－1801－0005329　2:31295－2:31304
新譯中國江海險要圖志二十二卷補編五卷圖五卷　(英國)英國海軍海圖官局纂　(清)陳壽彭譯　清光緒二十六年(1900)石印本　十册

340000－1801－0005330　2:31305
寧古塔紀畧一卷　(清)吳桭臣撰　清光緒漸西村舍刻本　一册

340000－1801－0005331　2:31306
調查延吉邊務報告書九章　(清)吳禄貞編　清光緒三十四年(1908)吉林官書刷印局鉛印本　一册　存二章(一至二)

340000－1801－0005332　2:31316－2:31325
雲南課吏館全滇紀要不分卷　(清)雲南課吏館編輯　清光緒三十一年(1905)鉛印本　十册

340000－1801－0005333　2:31359－2:31368
防海輯要十八卷　(清)俞昌會輯　清道光二十二年(1842)百甓山房刻本　十册

340000－1801－0005334　2:3135 善
新鍥歷朝評林捷録百家評林四卷　(明)顧充撰　(明)翁正春集評　(明)王世貞考正　(明)李九我增釋　明萬曆存德堂刻本　一册

340000－1801－0005335　2:3136－2:3155 善
通志二十略五十一卷　(宋)鄭樵撰　明陳宗夔刻本　二十册

340000－1801－0005336　2:31369－2:31378
防海輯要十八卷　(清)俞昌會輯　清道光二十二年(1842)百甓山房刻本　十册

340000－1801－0005337　2:31379－2:31380
臺灣外記二卷　(清)江東旭撰　清光緒上海均益圖書公司印本　二册

340000－1801－0005338　2:31392－2:31395
西疆雜述詩四卷　(清)蕭雄撰　清光緒十八年(1892)鉛印本　四册

340000－1801－0005339　2:31396
西疆雜述詩四卷　(清)蕭雄撰　清光緒十八年(1892)鉛印本　一册

340000－1801－0005340　2:31397
雲南初勘緬界記　姚文棟編　清刻本　一册

340000－1801－0005341　2:31398
雲南初勘緬界記　姚文棟編　清刻本　一册

340000－1801－0005342　2:31399
雲南勘界籌邊記二卷　姚文棟撰　清光緒刻本　一册　存一卷(上)

340000－1801－0005343　2:31400
天下沿海形勢録不分卷塞外行軍指掌一卷　(清)麟桂輯　清刻本　一册

340000－1801－0005344　2:31405
籌海策略不分卷　(清)余含菜撰　清道光二十二年(1842)燕山澤存書屋刻本　一册

340000－1801－0005345　2:31409－2:31412
籌海初集四卷　(清)關天培著　清道光十六年(1836)廣東刻本　四册

340000－1801－0005346　2:31413
西招圖略一卷　(清)松筠撰　清嘉慶三年(1798)刻本　一册

340000－1801－0005347　2:31424－2:31430
西征録七卷東旋草一卷　(清)王大樞撰　清嘉慶十九年(1814)介石山房刻本　七册

340000－1801－0005348　2:31433
西藏記述一卷　(清)張海撰　清乾隆十四年(1749)刻本　一册

340000－1801－0005349　2:31434
三省入藏程站記一卷　(清)范壽金編輯　清光緒三十三年(1907)石印本　一册

340000－1801－0005350　2:31435
蠻書十卷　(唐)樊綽撰　清漸西村舍刻本　一册

340000－1801－0005351　2:31436
蠻書十卷　(唐)樊綽撰　清漸西村舍刻本　一册

340000－1801－0005352　2:31437

蠻書十卷　（唐）樊綽撰　清刻本　一册

340000－1801－0005353　2:31439
平臺紀畧一卷　（清）藍鼎元撰　清刻本　一册

340000－1801－0005354　2:31440－2:31447
治臺必告錄八卷　（清）丁日健輯　清同治六年（1867）知足知止園刻本　八册

340000－1801－0005355　2:31448－2:31455
治臺必告錄八卷　（清）丁日健輯　清同治六年（1867）知足知止園刻本　八册

340000－1801－0005356　2:31528－3:31531
漢西域圖考七卷首一卷　（清）李光廷撰　清光緒八年（1882）陽湖趙氏木活字印本　四册

340000－1801－0005357　2:31532－3:31538
漢西域圖考七卷首一卷　（清）李光廷撰　清光緒十九年（1893）寶善書局石印本　七册

340000－1801－0005358　2:31539－3:31542
漢西域圖考七卷首一卷　（清）李光廷撰　清同治九年（1870）刻本　四册

340000－1801－0005359　2:31543－3:31546
漢西域圖考七卷首一卷　（清）李光廷撰　清同治九年（1870）刻本　四册

340000－1801－0005360　2:31547－3:31552
西藏圖考八卷首一卷　（清）黄沛翹撰　清光緒二十三年（1897）刻本　六册

340000－1801－0005361　2:31556－2:31557
西域記八卷　題（清）七十一撰　清光緒七年（1881）刻本　二册

340000－1801－0005362　2:3156－2:3273 善
通志二百卷　（宋）鄭樵撰　清乾隆十二年（1747）刻本　一百十八册

340000－1801－0005363　2:31565－2:31572
西陲總統事略十二卷附二卷　（清）松筠修（清）王廷楷　（清）祁韻士纂　清嘉慶十四年（1809）刻本　八册

340000－1801－0005364　2:31573－2:31580
西陲總統事略十二卷附二卷　（清）松筠修（清）王廷楷　（清）祁韻士纂　清嘉慶十四年（1809）刻本　八册

340000－1801－0005365　2:31581－2:31596
欽定新疆識略十二卷首一卷　（清）松筠纂　清光緒二十年（1894）上海積山書局石印本　十六册

340000－1801－0005366　2:31597
海防要覽二卷　（清）丁日昌　（清）李鴻章撰　清光緒十年（1884）敦懷書屋刻本　一册

340000－1801－0005367　2:31598－2:31599
海防要覽二卷　（清）丁日昌　（清）李鴻章撰　清光緒十年（1884）敦懷書屋刻本　二册

340000－1801－0005368　2:31600－2:31601
海國聞見錄二卷　（清）陳倫炯撰　清同治七年（1868）粤東三元堂刻本　二册

340000－1801－0005369　2:31602
海國聞見錄二卷　（清）陳倫炯撰　清刻藝海珠塵本　一册

340000－1801－0005370　2:31603
赤雅三卷　（明）鄺露撰　清乾隆鮑氏刻知不足齋叢書本　一册

340000－1801－0005371　2:31604
赤雅三卷　（明）鄺露撰　清道光刻本　一册

340000－1801－0005372　2:31608－2:31619
元和郡縣圖志四十卷　（唐）李吉甫撰　清嘉慶二年（1797）蘭陵孫氏刻岱南閣叢書本　十二册

340000－1801－0005373　2:31620－2:31629
元和郡縣圖志四十卷　（唐）李吉甫撰　清嘉慶二年（1797）蘭陵孫氏刻岱南閣叢書本　十册

340000－1801－0005374　2:31630
補元和郡縣志四十七鎮圖說　（清）龐鴻書撰　清光緒三十一年（1905）貴州調查局鉛印本　一册

340000－1801－0005375　2:31631

補元和郡縣志四十七鎮圖説　(清)龐鴻書撰　清光緒三十一年(1905)貴州調查局鉛印本　一册

340000－1801－0005376　2:31632
補元和郡縣志四十七鎮圖説　(清)龐鴻書撰　清光緒三十一年(1905)貴州調查局鉛印本　一册

340000－1801－0005377　2:31633－2:31668
太平寰宇記二百卷目録二卷　(宋)樂史撰　清光緒八年(1882)金陵書局刻本　三十六册

340000－1801－0005378　2:31669－2:31704
太平寰宇記二百卷目録二卷　(宋)樂史撰　清光緒八年(1882)金陵書局刻本　三十六册

340000－1801－0005379　2:31705－2:31740
太平寰宇記二百卷目録二卷　(宋)樂史撰　清光緒八年(1882)金陵書局刻本　三十六册

340000－1801－0005380　2:31741－2:31751
廣輿記二十四卷　(明)陸應陽輯　(清)蔡方炳增補　清刻本　十一册　缺八卷(四、十三至十九)

340000－1801－0005381　2:31752－2:31763
廣輿記二十四卷　(明)陸應陽輯　(清)蔡方炳增補　清光緒四年(1878)刻本　十二册

340000－1801－0005382　2:31764－2:31771
廣輿記二十四卷　(明)陸應陽輯　(清)蔡方炳增補　清乾隆九年(1744)四美堂刻本　八册

340000－1801－0005383　2:31772－2:31783
廣輿記二十四卷　(明)陸應陽輯　(清)蔡方炳增補　清乾隆九年(1744)四美堂刻本　十二册

340000－1801－0005384　2:31784－2:31799
廣輿記二十四卷　(明)陸應陽輯　(清)蔡方炳增補　清康熙刻本　十六册

340000－1801－0005385　2:31800－2:31807
廣輿記二十四卷提要一卷圖一卷　(明)陸應陽輯　(清)蔡方炳增補　清大文堂刻本　八册　存二十三卷(一至十五、十七至二十四)

340000－1801－0005386　2:31808－2:31821
廣輿記二十四卷　(明)陸應陽輯　(清)蔡方炳增補　清康熙刻本　十四册

340000－1801－0005387　2:31822－2:31825
輿地廣記三十八卷　(宋)歐陽忞撰　**校勘劄記**　(清)黄丕烈撰　清光緒六年(1880)金陵書局刻本　四册

340000－1801－0005388　2:31826－2:31829
輿地廣記三十八卷　(宋)歐陽忞撰　**校勘劄記**　(清)黄丕烈撰　清光緒六年(1880)金陵書局刻本　四册

340000－1801－0005389　2:31830－2:31833
輿地廣記三十八卷　(宋)歐陽忞撰　**校勘劄記**　(清)黄丕烈撰　清光緒六年(1880)金陵書局刻本　四册

340000－1801－0005390　2:31834－2:31888
天下郡國利病書一百二十卷　(清)顧炎武撰　清道光刻光緒五年(1879)蜀南薛氏桐華書屋重修本　五十五册

340000－1801－0005391　2:31889－2:31938
天下郡國利病書一百二十卷　(清)顧炎武撰　清道光刻光緒五年(1879)蜀南薛氏桐華書屋重修本　五十册

340000－1801－0005392　2:31939－2:32017
天下郡國利病書一百二十卷　(清)顧炎武撰　清抄本　七十九册

340000－1801－0005393　2:32018－2:32045
天下郡國利病書一百二十卷　(清)顧炎武撰　清光緒二十五年(1899)上海二林齋石印本　二十八册

340000－1801－0005394　2:32046－2:32073
天下郡國利病書一百二十卷　(清)顧炎武撰　清光緒二十七年(1901)圖書集成書局鉛印本　二十八册

340000－1801－0005395　2:32074－2:32097
天下郡國利病書一百二十卷　(清)顧炎武撰

清慎記書莊石印本　二十四册

340000－1801－0005396　2:32098－2:32101
元豐九域志十卷　(清)王存等撰　清光緒八年(1882)金陵書局刻本　四册

340000－1801－0005397　2:32102－2:32105
元豐九域志十卷　(清)王存等撰　清光緒八年(1882)金陵書局刻本　四册

340000－1801－0005398　2:32106－2:32122
輿地紀勝二百卷首一卷　(宋)王象之編　清咸豐五年(1855)南海伍氏粤雅堂刻本　十七册　存一百二十九卷(四至八十六、九十六至一百十七、一百五十三至一百六十七、一百八十七至一百九十五)

340000－1801－0005399　2:32123－2:32126
括地志八卷　(清)孫星衍輯　清嘉慶三年(1798)蘭陵孫氏刻岱南閣叢書本　十四册

340000－1801－0005400　2:32127
天下山河兩戒考十四卷圖一卷　(清)徐文靖注　清光緒刻本　一册　存二卷(一、圖一卷)

340000－1801－0005401　2:32128
補三國疆域志二卷　(清)洪亮吉撰　清乾隆四十六年(1781)西安刻本　一册

340000－1801－0005402　2:32129
楚漢諸侯疆域志三卷　(清)劉文淇撰　清光緒二年(1876)金陵刻本　一册

340000－1801－0005403　2:32130
楚漢諸侯疆域志三卷　(清)劉文淇撰　清光緒二年(1876)金陵刻本　一册

340000－1801－0005404　2:32131－2:32138
歷代地理志韻編今釋二十卷皇朝輿地韻編二卷　(清)李兆洛輯　清同治九年(1870)合肥李氏刻李氏五種本　八册

340000－1801－0005405　2:32139－2:32145
歷代地理志韻編今釋二十卷皇朝輿地韻編二卷　(清)李兆洛輯　清同治九年(1870)合肥李氏刻李氏五種本　七册

340000－1801－0005406　2:32146－2:32152
歷代地理志韻編今釋二十卷皇朝輿地韻編二卷　(清)李兆洛輯　清同治九年(1870)合肥李氏刻李氏五種本　七册

340000－1801－0005407　2:32153－2:32162
歷代地理志韻編今釋二十卷皇朝輿地韻編二卷　(清)李兆洛輯　清同治九年(1870)合肥李氏刻李氏五種本　十册

340000－1801－0005408　2:32171－2:32178
歷代地理志韻編今釋二十卷皇朝輿地韻編二卷　(清)李兆洛輯　清同治九年(1870)合肥李氏刻李氏五種本　八册

340000－1801－0005409　2:32179－2:32182
歷代地理志韻編今釋二十卷皇朝輿地韻編二卷　(清)李兆洛編　清上海蜚英館石印本　四册

340000－1801－0005410　2:32183－2:32186
歷代地理志韻編今釋二十卷皇朝輿地韻編二卷　(清)李兆洛編　清上海蜚英館石印本　四册

340000－1801－0005411　2:32187－2:32198
歷代地理志韻編今釋二十卷皇朝輿地韻編二卷　(清)李兆洛輯　清蜚學齋刻本　十二册

340000－1801－0005412　2:32199－2:32238
皇朝輿地通考二十三卷　題(清)通文主人輯　清光緒二十九年(1903)上海通文書局石印本　四十册

340000－1801－0005413　2:32239－2:32278
皇朝輿地通考二十三卷　題(清)通文主人輯　清光緒二十九年(1903)上海通文書局石印本　四十册

340000－1801－0005414　2:32279－2:32280
皇朝輿地略二卷　(清)李兆洛輯　清刻本　二册

340000－1801－0005415　2:32281
皇朝輿地略一卷韻編一卷皇朝内府輿地圖縮摹本一卷　(清)六承如節編　清刻本　一册

340000－1801－0005416　2:32282

皇朝輿地略一卷韻編一卷皇朝内府輿地圖縮摹本一卷　(清)六承如節編　清同治七年(1868)刻本　一册

340000－1801－0005417　2:32283

皇朝輿地略一卷韻編一卷皇朝内府輿地圖縮摹本一卷　(清)六承如節編　清咸豐十年(1860)長沙刻本　一册

340000－1801－0005418　2:32284

皇朝輿地韻編二卷　(清)李兆洛輯　清同治九年(1870)合肥李氏刻李氏五種本　一册

340000－1801－0005419　2:32285

皇朝輿地韻編二卷　(清)李兆洛輯　清同治九年(1870)合肥李氏刻李氏五種本　一册

340000－1801－0005420　2:32286

皇朝地理韻言不分卷　(清)陳樹鏞纂　(清)韓名基補　清光緒二十八年(1902)刻本　一册

340000－1801－0005421　2:32287－2:32294

新斠註地理志十六卷　(清)錢坫撰　清同治十三年(1874)刻本　八册

340000－1801－0005422　2:32295－2:32302

新斠註地理志十六卷　(清)錢坫撰　清同治十三年(1874)刻本　八册

340000－1801－0005423　2:32323－2:32324

大明一統志九十卷　(明)李賢等纂修　明刻本　二册　存五卷(四至五、十六至十八)

340000－1801－0005424　2:32325－2:32326

大明一統志九十卷　(明)李賢等纂修　明刻本　二册　存六卷(四十一至四十三、六十三至六十五)

340000－1801－0005425　2:32327－2:32328

東晉疆域志四卷　(清)洪亮吉撰　清嘉慶元年(1796)京師刻本　二册

340000－1801－0005426　2:32329－2:32388

大清一統志五百卷　(清)和珅等纂　清光緒二十三年(1897)竹簡齋石印本　六十册

340000－1801－0005427　2:32389－2:32448

大清一統志五百卷　(清)和珅等纂　清光緒二十三年(1897)竹簡齋石印本　六十册

340000－1801－0005428　2:32449－2:32508

大清一統志五百卷　(清)和珅等纂　清光緒二十三年(1897)竹簡齋石印本　六十册

340000－1801－0005429　2:32509－2:32520

大清一統志表不分卷　(清)徐午輯　清乾隆五十八年(1793)刻本　十二册

340000－1801－0005430　2:32521－2:32526

大清一統志表不分卷　(清)徐午輯　清乾隆五十八年(1793)刻本　六册

340000－1801－0005431　2:32527－2:32532

大清一統志表不分卷　(清)徐午輯　清乾隆五十八年(1793)刻本　六册

340000－1801－0005432　2:32533－2:32540

大清一統志表不分卷　(清)徐午輯　清刻本　八册

340000－1801－0005433　2:32541－2:32550

乾隆府廳州縣圖志五十卷　(清)洪亮吉編　清乾隆五十三年至嘉慶八年(1788－1803)刻本　十册

340000－1801－0005434　2:32551－2:32562

乾隆府廳州縣圖志五十卷　(清)洪亮吉編　清乾隆五十三年至嘉慶八年(1788－1803)刻本　十二册

340000－1801－0005435　2:32563－2:32582

乾隆府廳州縣圖志五十卷　(清)洪亮吉編　清光緒五年(1879)授經堂刻本　二十册

340000－1801－0005436　2:32583－2:32598

乾隆府廳州縣圖志五十卷　(清)洪亮吉編　清光緒五年(1879)授經堂刻本　十六册

340000－1801－0005437　2:32599－2:32614

乾隆府廳州縣圖志五十卷　(清)洪亮吉編　清光緒五年(1879)授經堂刻本　十六册

340000－1801－0005438　2:32615－2:32638

大清一統輿圖三十二卷　(清)嚴樹森等撰

清同治二年(1863)湖北撫署刻本　二十四册

340000－1801－0005439　2:32639－2:32648

大清一統輿圖三十二卷　(清)嚴樹森等撰　清同治二年(1863)湖北撫署刻本　十册

340000－1801－0005440　2:32649－2:32656

讀史方輿紀要九卷　(清)顧祖禹撰　清嘉慶十年(1805)友蘭堂刻本　八册

340000－1801－0005441　2:32657－2:32705

讀史方輿紀要一百三十卷輿圖要覽四卷　(清)顧祖禹撰　清光緒五年(1879)刻本　五十册　缺三卷(讀史方輿紀要一至三)

340000－1801－0005442　2:32706－2:32764

讀史方輿紀要一百三十卷輿圖要覽四卷　(清)顧祖禹撰　清光緒五年(1879)刻本　六十册

340000－1801－0005443　2:3274－2:3293 善

藏書六十八卷　(明)李贄撰　明萬曆二十七年(1599)金陵刻本　二十册

340000－1801－0005444　2:32765－2:32811

讀史方輿紀要一百三十卷輿圖要覽四卷　(清)顧祖禹撰　清敷文閣刻本　四十七册　缺二卷(讀史方輿紀要十九至二十)

340000－1801－0005445　2:32812－2:32867

讀史方輿紀要一百三十卷輿圖要覽四卷　(清)顧祖禹撰　清光緒二十六年(1900)廣雅書局刻本　五十六册　缺一卷(讀史方輿紀要十八)

340000－1801－0005446　2:32868－2:32941

讀史方輿紀要一百三十卷輿圖要覽四卷　(清)顧祖禹撰　清光緒二十五年(1899)圖書集成局鉛印本　七十四册

340000－1801－0005447　2:3294－2:3313 善

藏書六十八卷　(明)李贄撰　明萬曆二十七年(1599)金陵刻本　二十册

340000－1801－0005448　2:32942－2:33018

讀史方輿紀要一百三十卷輿圖要覽四卷　(清)顧祖禹撰　清敷文閣刻本　七十八册

340000－1801－0005449　2:33019－2:33050

讀史方輿紀要一百三十卷方輿全圖總說五卷　(清)顧祖禹撰　清光緒二十五年(1899)圖書集成局鉛印本　三十二册

340000－1801－0005450　2:33051－2:33082

讀史方輿紀要一百三十卷方輿全圖總說五卷　(清)顧祖禹撰　清光緒二十五年(1899)圖書集成局鉛印本　三十二册

340000－1801－0005451　2:33083－2:33114

讀史方輿紀要一百三十卷輿圖要覽四卷　(清)顧祖禹撰　清光緒二十五年(1899)慎記書莊石印本　三十二册

340000－1801－0005452　2:33115－2:33120

讀史方輿紀要摘錄十卷　(清)顧祖禹撰　(清)黄冕摘錄　清光緒二十八年(1902)湖南書局刻本　六册

340000－1801－0005453　2:331－2:356 善

史記一百三十卷　(漢)司馬遷撰　(明)陳子龍　(明)徐孚遠測議　明萬曆二十七年(1599)金陵刻本　二十六册

340000－1801－0005454　2:33121－2:33126

讀史方輿紀要十卷　(清)顧祖禹撰　清光緒二十八年(1902)湖南書局刻本　六册

340000－1801－0005455　2:33127－2:33136

讀史方輿紀要十卷　(清)顧祖禹撰　清刻本　十册

340000－1801－0005456　2:33137－2:33146

讀史方輿紀要十卷　(清)顧祖禹撰　清刻本　十册

340000－1801－0005457　2:3314－2:3333 善

藏書六十八卷　(明)李贄撰　(明)陳仁錫評　明崇禎聚錦堂刻本　二十册

340000－1801－0005458　2:33147－2:33154

讀史方輿紀要摘錄十卷　(清)顧祖禹撰　(清)黄冕摘錄　清道光三十年(1850)黄氏刻本　八册

340000－1801－0005459　2:33155－2:33158

方輿全圖總説五卷　(清)顧祖禹輯　(清)浦錫齡校訂　清光緒二十五年(1899)上海二林齋石印本　四册

340000－1801－0005460　2:33159－2:33182

輿地沿革表四十卷首一卷　(清)楊丕復撰　清光緒刻本　二十四册

340000－1801－0005461　2:33183

中國歷代疆域沿革考不分卷　(日本)重野安繹　(日本)河田羆撰　題(清)滌盦居士譯　清光緒二十八年(1902)商務印書館刻本　二十四册

340000－1801－0005462　2:33184

中國歷代疆域沿革考不分卷　(日本)重野安繹　(日本)河田羆撰　題(清)滌盦居士譯　清光緒二十八年(1902)商務印書館刻本　一册

340000－1801－0005463　2:33185

坤輿撮要問答四卷　(清)孫文楨譯　清光緒二十四年(1898)上海土山灣書館鉛印本　一册

340000－1801－0005464　2:33186

坤輿撮要問答四卷　(清)孫文楨譯　清光緒二十四年(1898)上海土山灣書館鉛印本　一册

340000－1801－0005465　2:33187

坤輿撮要問答四卷　(清)孫文楨譯　清光緒二十四年(1898)上海土山灣書館鉛印本　一册

340000－1801－0005466　2:33188

坤輿撮要問答四卷　(清)孫文楨譯　清光緒二十四年(1898)上海土山灣書館鉛印本　一册

340000－1801－0005467　2:33189

坤輿撮要問答四卷　(清)孫文楨譯　清光緒二十四年(1898)上海土山灣書館鉛印本　一册

340000－1801－0005468　2:33190

大清州縣名急就章三卷　(清)彭翔履撰　清嘉慶三年(1798)刻本　一册

340000－1801－0005469　2:33191

大清州縣名急就章三卷　(清)彭翔履撰　清嘉慶三年(1798)刻本　一册

340000－1801－0005470　2:33192－2:33193

帝輿合覽二卷　(清)何炳纂述　清道光十一年(1831)刻本　二册

340000－1801－0005471　2:33194－2:33195

帝輿合覽二卷　(清)何炳纂述　清道光十一年(1831)刻本　二册

340000－1801－0005472　2:33204

皇朝直省府廳州縣歌括不分卷　(清)蔣升撰　清光緒二十四年(1898)滬城慈母堂印書局鉛印本　一册

340000－1801－0005473　2:33205－2:33206

皇朝直省府廳州縣歌括不分卷　(清)蔣升撰　清光緒二十三年(1897)楚江書局鉛印本　二册

340000－1801－0005474　2:33207－2:33210

天下路程六卷　題(清)求放心齋輯定　清英德堂刻本　四册

340000－1801－0005475　2:33211－2:33212

安徽輿圖表説十卷　(□)□□纂　清光緒二十二年(1896)石印本　一册　存五卷(一至二、六至八)

340000－1801－0005476　2:33217

山東考古録一卷　(清)顧炎武撰　清光緒八年(1882)山東書局刻本　一册

340000－1801－0005477　2:33218－2:33223

續山東考古録三十二卷　(清)葉圭綬撰　清光緒八年(1882)山東書局刻本　六册

340000－1801－0005478　2:33224－2:33229

續山東考古録三十二卷　(清)葉圭綬撰　清咸豐元年(1851)刻本　六册

340000－1801－0005479　2:33230－2:33233

萬國史記二十卷　(日本)岡本監輔撰　清光

緒二十三年(1897)慎記書莊鉛印本　四冊

340000－1801－0005480　2:33234－2:33241
萬國史記二十卷　(日本)岡本監輔撰　清光緒二十三年(1897)上海文先書局鉛印本　八冊

340000－1801－0005481　2:33242－2:33245
萬國史記二十卷　(日本)岡本監輔撰　清光緒二十四年(1898)上海著易堂石印本　四冊

340000－1801－0005482　2:33246－2:33251
萬國史記二十卷　(日本)岡本監輔撰　清光緒二十四年(1898)上海著易堂石印本　六冊

340000－1801－0005483　2:33252－2:33257
萬國史記二十卷　(日本)岡本監輔撰　清光緒二十四年(1898)上海著易堂石印本　六冊

340000－1801－0005484　2:33258－2:33267
萬國通史前編十卷附人地諸名表一卷　(英國)李思倫伯輯譯　蔡爾康紀述　清光緒二十九年(1903)廣學會石印本　十冊

340000－1801－0005485　2:33268－2:33277
萬國通史前編十卷附人地諸名表一卷　(英國)李思倫伯輯譯　蔡爾康紀述　清光緒二十九年(1903)廣學會石印本　十冊

340000－1801－0005486　2:33278－2:33287
萬國通史前編十卷　(英國)李思倫伯輯譯　蔡爾康紀述　清光緒二十六年(1900)上海廣學會鉛印本　十冊

340000－1801－0005487　2:33288－2:33296
萬國通史前編十卷　(英國)李思倫伯輯譯　蔡爾康紀述　清光緒二十六年(1900)上海廣學會鉛印本　九冊

340000－1801－0005488　2:33297－2:33326
萬國通史前編十卷續編十卷三編十卷　(英國)李思倫伯輯譯　蔡爾康紀述　清光緒三十一年(1905)廣學會印本　三十冊

340000－1801－0005489　2:33327－2:33336
萬國通史三編十卷　(英國)李思倫伯輯譯　蔡爾康紀述　清光緒三十年(1904)廣學會印本　十冊

340000－1801－0005490　2:33337－2:33346
萬國通史續編十卷　(英國)李思倫伯輯譯　蔡爾康紀述　清光緒三十年(1904)廣學會印本　十冊

340000－1801－0005491　2:3334－2:3352 **善藏書六十八卷續藏書二十七卷**　(明)李贄撰　明萬曆二十七年(1599)刻本(有補配)　十九冊　存五十七卷(藏書一至二十三、二十七至三十一、三十四至五十二、五十七至五十九,續藏書一至四、十至十二)

340000－1801－0005492　2:33347－2:33356
瀛環志略十卷　(清)徐繼畬撰　清道光二十八年(1848)刻本　十冊

340000－1801－0005493　2:33357－2:33360
瀛環志略十卷　(清)徐繼畬撰　清道光二十八年(1848)刻本　十冊

340000－1801－0005494　2:33361－2:33364
瀛環志略十卷　(清)徐繼畬撰　清道光二十八年(1848)刻本　十冊

340000－1801－0005495　2:33365－2:33370
瀛環志略十卷　(清)徐繼畬撰　清同治五年(1866)刻本　六冊

340000－1801－0005496　2:33371－2:33374
瀛環志略十卷　(清)徐繼畬撰　清光緒二十三年(1897)廣東書局石印本　四冊

340000－1801－0005497　2:33375－2:33380
瀛環志略十卷　(清)徐繼畬撰　清光緒十年(1884)京都琉璃廠會經堂刻本　六冊

340000－1801－0005498　2:33381－2:33386
瀛環志略十卷　(清)徐繼畬撰　清同治十二年(1873)掞雲樓刻本　六冊

340000－1801－0005499　2:33387－2:33392
瀛環志略十卷　(清)徐繼畬撰　清同治十二年(1873)掞雲樓刻本　六冊

340000－1801－0005500　2:33393－2:33396
瀛環志略十卷　(清)徐繼畬撰　清光緒二十

三年(1897)廣東書局石印本　四册

340000－1801－0005501　2:33397－2:33404
校訂瀛環志略十卷續四卷續補一卷　(清)徐繼畬撰　清光緒二十四年(1898)老掃葉山房石印本　八册

340000－1801－0005502　2:33416－2:33417
地球韻言四卷　張士瀛撰　清光緒二十七年(1901)李光明莊刻本　二册

340000－1801－0005503　2:33418－2:33419
地球韻言四卷　張士瀛撰　清刻本　二册

340000－1801－0005504　2:33420－2:33421
地球韻言四卷　張士瀛撰　清光緒二十七年(1901)滸灣兩儀堂刻本　二册

340000－1801－0005505　2:33422－2:33423
地球韻言四卷　張士瀛撰　清光緒二十七年(1901)滸灣兩儀堂刻本　二册

340000－1801－0005506　2:33424－2:33425
地球韻言四卷　張士瀛撰　清光緒二十四年(1898)鄂垣務急書館鉛印本　二册

340000－1801－0005507　2:33426－2:33429
五洲圖考四卷　(清)龔柴等編　清光緒二十八年(1902)上海徐家匯印書館鉛印本　四册

340000－1801－0005508　2:33430－2:33433
五洲圖考四卷　(清)龔柴等編　清光緒二十八年(1902)上海徐家匯印書館鉛印本　四册

340000－1801－0005509　2:33434－2:33437
五洲圖考四卷　(清)龔柴等編　清光緒二十八年(1902)上海徐家匯印書館鉛印本　四册

340000－1801－0005510　2:33438－2:33461
海國圖志一百卷　(清)魏源撰　清光緒二年(1876)平慶涇固道署刻本　二十四册

340000－1801－0005511　2:33462－2:33484
海國圖志一百卷　(清)魏源撰　清光緒二年(1876)平慶涇固道署刻本　二十三册　缺二卷(一至二)

340000－1801－0005512　2:33485－2:33508
海國圖志一百卷首一卷　(清)魏源撰　清光緒十三年(1887)巴蜀善成堂刻本　二十四册

340000－1801－0005513　2:33509－2:33524
海國圖志一百卷　(清)魏源撰　**續二十五卷**　(英國)麥高爾等輯　(美國)林樂知　(清)瞿昂來譯　清光緒二十四年(1898)文賢閣石印本　十六册

340000－1801－0005514　2:33525－2:33539
海國圖志一百卷　(清)魏源撰　清光緒二十一年(1895)上海書局石印本　十五册　缺三卷(一至三)

340000－1801－0005515　2:3353－2:3367 善
藏書六十八卷續藏書二十七卷　(明)李贄撰　明刻本　十五册　存五十一卷(藏書一至七、十二至十八、三十一至四十一、四十五至四十八、五十二至六十,續藏書一至五、十至十一、十六至十七、二十四至二十七)

340000－1801－0005516　2:33540－2:33555
海國圖志一百卷　(清)魏源撰　**續二十五卷**　(英國)麥高爾等輯　(美國)林樂知　(清)瞿昂來譯　清光緒二十八年(1902)文賢閣石印本　十六册

340000－1801－0005517　2:33556
小學萬國地理新編二卷　(清)陳乾生編輯　清光緒二十八年(1902)商務印書館鉛印本　一册

340000－1801－0005518　2:33557－2:33567
最新萬國輿地韻編十二卷　(清)齊忠甲輯　清光緒二十九年(1903)京都刻本　十二册

340000－1801－0005519　2:33568－2:33583
萬國歷史彙編一百卷　(清)汪子雲等輯　清光緒二十九年(1903)上海官書局石印本　十六册

340000－1801－0005520　2:33584－2:33607
萬國政治叢考二十卷　(清)鴻文書局輯　清光緒二十八年(1902)鴻文書局石印本　二十四册

340000－1801－0005521　2:33608－2:33613
萬國政治全書三百八十卷　（清）朱大文（清）淩賡颺輯　清光緒二十八年(1902)鴻文書局石印本　六冊　存四十卷(一至四十)

340000－1801－0005522　2:33614－2:33637
列國政要一百三十二卷首一卷　（清）戴鴻慈（清）端方輯　清光緒三十三年(1907)商務印書館石印本　二十四冊　缺二十卷(一至二十)

340000－1801－0005523　2:33638－2:33669
列國政要一百三十二卷首一卷　（清）戴鴻慈（清）端方輯　清光緒三十三年(1907)商務印書館石印本　三十二冊

340000－1801－0005524　2:33670－2:33701
列國政要一百三十二卷首一卷　（清）戴鴻慈（清）端方輯　清光緒三十三年(1907)商務印書館石印本　三十二冊

340000－1801－0005525　2:3368－2:3380 善
藏書六十八卷　（明）李贄撰　明刻本　十三冊　存二十一卷(世紀三至四、七至八,列傳五至十八、五十二至五十四)

340000－1801－0005526　2:33702－2:33733
列國政要一百三十二卷首一卷　（清）戴鴻慈（清）端方輯　清光緒三十三年(1907)商務印書館石印本　三十二冊

340000－1801－0005527　2:33734－2:33741
泰西新史攬要二十四卷　（英國）馬懇西撰（英國）李提摩太譯　蔡爾康述　清光緒二十四年(1898)鉛印本　八冊

340000－1801－0005528　2:33742－2:33749
泰西新史攬要二十四卷　（英國）馬懇西撰（英國）李提摩太譯　蔡爾康述　清光緒二十八年(1902)鉛印本　八冊

340000－1801－0005529　2:33750－2:33757
泰西新史攬要二十四卷　（英國）馬懇西撰（英國）李提摩太譯　蔡爾康述　清光緒二十七年(1901)鉛印本　八冊

340000－1801－0005530　2:33758－2:33759
節本泰西新史攬要八卷　（英國）馬懇西撰（英國）李提摩太譯　（清）周慶雲節錄　清光緒二十七年(1901)刻本　二冊

340000－1801－0005531　2:33760－2:33761
節本泰西新史攬要增注八卷　（英國）馬懇西撰　（英國）李提摩太譯　（清）周慶雲節錄　清光緒二十八年(1902)曠覽軒木活字印本　二冊

340000－1801－0005532　2:33762－2:33763
節本泰西新史攬要八卷　（英國）馬懇西撰（英國）李提摩太譯　（清）周慶雲節錄　清光緒二十七年(1901)烏程周慶雲夢坡室刻本　二冊

340000－1801－0005533　2:33764－2:33769
泰西新史攬要二十四卷　（英國）馬懇西撰（英國）李提摩太譯　蔡爾康述　清光緒二十四年(1898)鉛印本　六冊

340000－1801－0005534　2:33770
西國近事彙編四卷(清光緒二年至三年)（美國）金楷理等譯　（清）蔡錫齡筆述　清光緒二十三年(1897)石印本　一冊

340000－1801－0005535　2:33771－2:33772
西國近事彙編四卷(清同治十二年)　（美國）金楷理等譯　（清）姚棻等筆述　清光緒二十三年(1897)石印本　二冊

340000－1801－0005536　2:33773
西國近事彙編四卷(清光緒七年)　（美國）林樂知等譯　（清）蔡錫齡等筆述　清光緒石印本　一冊　存二卷(三至四)

340000－1801－0005537　2:33774－2:33775
世界近世史二卷　（日本）松平康國撰　梁啓勳譯　清光緒二十九年(1903)廣智書局鉛印本　二冊

340000－1801－0005538　2:33777－2:33784
埏紘外乘二十五卷補遺一卷續編一卷　（美國）林樂知　嚴良勳譯　清光緒二十七年(1901)上海製造局鉛印本　八冊

340000－1801－0005539　2:33785－2:33800
萬國新史大事表十八卷　(□)□□撰　清光緒二十五年(1899)上海圖書集成印書局鉛印本　十六冊

340000－1801－0005540　2:33801－2:33804
東洋史要二卷　(日本)桑原隲藏撰　樊炳清譯　清光緒二十五年(1899)東文學社石印本　四冊

340000－1801－0005541　2:33805－2:33808
東洋史要二卷　(日本)桑原隲藏撰　樊炳清譯　清光緒二十五年(1899)東文學社石印本　四冊

340000－1801－0005542　2:33809－2:33810
東洋史要二卷　(日本)桑原隲藏撰　樊炳清譯　清鉛印本　二冊

340000－1801－0005543　2:33811
東洋史要二卷　(日本)桑原隲藏撰　樊炳清譯　清光緒東文學社石印本　一冊

340000－1801－0005544　2:3381－2:3394 善
續藏書二十七卷　(明)李贄撰　明末刻本　十四冊

340000－1801－0005545　2:33816－2:33817
談瀛錄六卷　(清)袁祖志撰　清光緒十年(1884)上海同文書局石印本　二冊

340000－1801－0005546　2:33818－2:33829
海國大政記十二卷首一卷　(英國)麥丁富得力編纂　(美國)林樂知口譯　(清)鄭昌棪筆述　清光緒二十三年(1897)上海慎記書莊石印本　十二冊

340000－1801－0005547　2:33830－2:33841
西國近事彙編十六卷(清同治十三年至光緒元年)　(美國)金楷理等譯　(清)姚棻等筆述　清光緒刻本　十二冊　缺一卷(四)

340000－1801－0005548　2:33843－2:33846
歐美政治要義十八章　(清)戴鴻慈　(清)端方編　清光緒三十三年(1907)石印本　四冊

340000－1801－0005549　2:33847－2:33850
歐美政治要義十八章　(清)戴鴻慈　(清)端方編　清光緒三十三年(1907)石印本　四冊

340000－1801－0005550　2:33851－2:33854
歐美政治要義十八章　(清)戴鴻慈　(清)端方編　清光緒三十三年(1907)石印本　四冊

340000－1801－0005551　2:33855－2:33858
歐美政治要義十八章　(清)戴鴻慈　(清)端方編　清光緒三十三年(1907)石印本　四冊

340000－1801－0005552　2:33860
東西各國銀行調查記一卷　(清)連甲編　清鉛印本　一冊

340000－1801－0005553　2:33861
東西各國銀行調查記一卷　(清)連甲編　清鉛印本　一冊

340000－1801－0005554　2:33862
東西各國銀行調查記一卷　(清)連甲編　清鉛印本　一冊

340000－1801－0005555　2:33863
東西各國銀行調查記一卷　(清)連甲編　清鉛印本　一冊

340000－1801－0005556　2:33864－2:33867
十九世紀外交史不分卷　(日本)平田久撰　(清)張相譯　清光緒二十八年(1902)杭州史學齋刻本　四冊

340000－1801－0005557　2:33868－2:33869
十九世紀外交史不分卷　(日本)平田久撰　(清)張相譯　清光緒二十八年(1902)杭州史學齋刻本　二冊

340000－1801－0005558　2:33870－2:33873
萬國近政考略十六卷　鄒弢輯　清光緒二十二年(1896)鉛印本　四冊

340000－1801－0005559　2:33874－2:33881
萬國輿地考八卷皇朝地輿圖考一卷　(清)陳兆桐編　清光緒二十八年(1902)上海宜今室石印本　八冊

340000－1801－0005560　2:33882－2:33885
萬國通典輯要四卷　(日本)岡本監輔撰　清

光緒二十八年(1902)四明攻媿軒石印本　四冊

340000－1801－0005561　2:33890
歐洲十九世紀史不分卷　(美國)軒利普格質頓撰　麥鼎華譯　清光緒二十八年(1902)廣智書局鉛印本　一冊

340000－1801－0005562　2:33891－2:33894
西洋歷史講義九卷　(□)□□撰　清安徽高等學堂鉛印本　四冊

340000－1801－0005563　2:33895－2:33904
日本國志四十卷首一卷　(清)黃遵憲撰　清光緒二十八年(1902)上海書局石印本　十冊

340000－1801－0005564　2:33905－2:33912
日本國志四十卷首一卷　(清)黃遵憲撰　清光緒二十八年(1902)上海書局石印本　八冊

340000－1801－0005565　2:33913－2:33920
日本國志四十卷首一卷　(清)黃遵憲撰　清光緒二十八年(1902)上海書局石印本　八冊

340000－1801－0005566　2:33921－2:33930
日本國志四十卷首一卷　(清)黃遵憲撰　清光緒二十四年(1898)上海圖書集成印書局鉛印本　十冊

340000－1801－0005567　2:33931－2:33940
日本國志四十卷首一卷　(清)黃遵憲撰　清光緒二十七年(1901)上海書局石印本　十冊

340000－1801－0005568　2:33941－2:33950
日本國志四十卷首一卷　(清)黃遵憲撰　清光緒二十四年(1898)浙江書局刻本　十冊

340000－1801－0005569　2:33951－2:33976
新譯日本法規大全不分卷　(清)劉榮傑等譯　清光緒三十三年(1907)商務印書館鉛印本　二十六冊

340000－1801－0005570　2:3395－2:3396 善
續藏書二十七卷　(明)李贄撰　明末刻本　二冊　存五卷(十七至十八、二十三至二十五)

340000－1801－0005571　2:3397－2:3400 善
戰國策十二卷　(明)閔齊伋裁注　明萬曆四十八年(1620)閔齊伋刻三色套印本　四冊

340000－1801－0005572　2:33977－2:34057
新譯日本法規大全不分卷　(清)劉榮傑等譯　清光緒三十三年(1907)商務印書館鉛印本　八十一冊

340000－1801－0005573　2:3401－2:3404 善
戰國策十二卷　(宋)鮑彪注　(明)陳仁錫　(明)鍾惺訂　明末刻本　四冊

340000－1801－0005574　2:3405－2:3408 善
戰國策十二卷　(宋)鮑彪注　(明)陳仁錫　(明)鍾惺訂　明末刻本　四冊

340000－1801－0005575　2:34058－2:34064
日本新史攬要七卷　(日本)石村貞一編輯　(清)游瀛主人譯　清光緒二十七年(1901)時學廬石印本　七冊

340000－1801－0005576　2:34065－2:34071
日本新史攬要七卷　(日本)石村貞一編輯　(清)游瀛主人譯　清光緒二十五年(1899)石印本　七冊

340000－1801－0005577　2:34072－2:34078
日本新史攬要七卷　(日本)石村貞一編輯　(清)游瀛主人譯　清光緒二十五年(1899)石印本　七冊

340000－1801－0005578　2:34079
東瀛觀學記一卷　(清)劉紹寬撰　清光緒三十一年(1905)鉛印本　一冊

340000－1801－0005579　2:34080
東瀛觀兵紀事不分卷　(清)程恩培撰　清光緒二十七年(1901)武林鉛印本　一冊

340000－1801－0005580　2:34090－2:34093
日本議會史不分卷　(日本)工籐武重撰　汪有齡譯　清光緒三十年(1904)江蘇通州翰墨林書局鉛印本　四冊

340000－1801－0005581　2:3409－2:3414 善
戰國策十卷　(宋)鮑彪注　(元)吳師道重校　清乾隆文盛堂刻本　六冊

340000－1801－0005582　2:34094－2:34095
朝鮮近世史二卷　(日本)北總林泰輔撰　劉世珩譯　清光緒二十九年(1903)鴻寶書局石印五洲籑編譯時務叢書本　二册

340000－1801－0005583　2:34096－2:34097
朝鮮近世史二卷　(日本)北總林泰輔撰　劉世珩譯　清光緒二十九年(1903)鴻寶書局石印五洲籑編譯時務叢書本　二册

340000－1801－0005584　2:34103
越南亡國史一卷附越南小志一卷　題(清)巢南子述　清宣統二年(1910)上海廣智書局鉛印本　一册

340000－1801－0005585　2:34104－2:34107
安南志略二十卷首一卷　(元)黎崱編　清光緒十年(1884)上海樂善堂鉛印本　四册　缺一卷(二十)

340000－1801－0005586　2:34108－2:34109
大日本中興先覺志二卷　(日本)岡本監輔撰　清光緒二十七年(1901)開導社刻本　二册

340000－1801－0005587　2:34110－2:34111
大日本中興先覺志二卷　(日本)岡本監輔撰　清光緒二十七年(1901)開導社刻本　二册

340000－1801－0005588　2:34112－2:34122
日本外史二十二卷　(日本)賴襄子成撰　(清)錢懌評　清光緒十五年(1889)上海讀史堂刻本　十一册　缺二卷(十一至十二)

340000－1801－0005589　2:34123－2:34128
日本維新三十年史十二編　(日本)東京博文館輯　羅普譯　清楚南譚瀛書社刻本　六册

340000－1801－0005590　2:34129－2:34133
日本維新三十年史十二編　(日本)東京博文館輯　羅普譯　清光緒二十八年(1902)廣智書局鉛印本　五册

340000－1801－0005591　2:34134－2:34139
日本維新三十年史十二編　(日本)東京博文館輯　羅普譯　清光緒二十八年(1902)廣智書局鉛印本　五册

340000－1801－0005592　2:34140－2:34144
萬國紀事本末四卷　題(清)養拙居士撰　清光緒二十八年(1902)石印本　五册

340000－1801－0005593　2:34145－2:34148
英法俄德四國志略　沈敦和輯譯　清光緒十八年(1892)四明自學廬刻本　四册

340000－1801－0005594　2:34149
世界文明史不分卷　(日本)高山林次郎撰　商務印書館譯　清光緒二十九年(1903)商務印書館鉛印歷史叢書本　一册

340000－1801－0005595　2:34150
法蘭西史五卷　商務印書館編輯　清光緒二十九年(1903)商務印書館鉛印歷史叢書本　一册

340000－1801－0005596　2:34151－2:34155
游歷美利加合衆國圖經三十二卷　(清)傅雲龍撰　清光緒十五年(1889)鉛印本　五册　存十三卷(一至二、十五至二十五)

340000－1801－0005597　2:3415－2:3421 善
戰國策十卷　(宋)鮑彪注　(元)吴師道校　明末刻本　七册

340000－1801－0005598　2:34156－2:34157
奧簃朝鮮三種　(清)周家祿撰　清光緒二十五年(1899)刻本　二册

340000－1801－0005599　2:34158－2:34160
俄國新志八卷　(英國)陔勒低撰　(英國)傅蘭雅　(清)潘松譯　清光緒二十四年(1898)上海製造總局刻本　三册

340000－1801－0005600　2:34161
日本學校源流不分卷　(美國)路義思撰　(美國)衛理口譯　(清)范熙庸筆述　清光緒二十五年(1899)江南製造局刻本　一册

340000－1801－0005601　2:34163
新譯英吉利史四卷　(美國)李佳白撰　(清)吴志猷等編　清宣統二年(1910)鉛印本　一册

340000－1801－0005602　2:34164－2:34167

大英國志八卷續刻一卷　(英國)慕維廉撰　清咸豐六年(1856)墨海書院刻本　四冊

340000－1801－0005603　2:34168－2:34169
大英國志八卷　(英國)慕維廉譯　清刻本　二冊

340000－1801－0005604　2:34171
希臘志畧七卷　(□)□□撰　清光緒二十二年(1896)上海著易堂書局鉛印本　一冊

340000－1801－0005605　2:34172
泰西名人言行錄二編四卷　題(清)願學堂主人編次　清光緒三十年(1904)上海啟新社石印本　一冊

340000－1801－0005606　2:34173－2:34178
五洲輿圖攷八卷　錢恂輯　清光緒二十七年(1901)石印本　六冊

340000－1801－0005607　2:34180－2:34185
華盛頓傳八卷　(清)黎汝謙　(清)蔡同昭譯　清光緒十二年(1886)鉛印本　六冊

340000－1801－0005608　2:34186－2:34187
大美國史略八卷附中美約章撮要一卷　(美國)蔚利高撰譯　(清)黄乃裳屬文　清光緒二十五年(1899)福州美華書局鉛印本　二冊

340000－1801－0005609　2:34189
土耳其國志一卷羅塞布門四國志一卷　(清)吳宗濂　(清)郭家驥同譯　清光緒二十八年(1902)石印本　一冊

340000－1801－0005610　2:34190
歐美教育觀一卷　日本育成會撰　(清)呂烈輝譯　清光緒二十九年(1903)北京大學堂官書局鉛印本　一冊

340000－1801－0005611　2:34191
埃及近世史不分卷　(日本)柴四郎撰　(清)出洋學生編輯所編輯　清光緒二十八年(1902)上海商務印書館鉛印帝國叢書本　一冊

340000－1801－0005612　2:34192
歐洲八大帝王傳不分卷　(英國)李提摩太撰　清光緒二十五年(1899)上海廣學會鉛印本　一冊

340000－1801－0005613　2:34193
希臘志畧七卷　(□)□□撰　清光緒二十二年(1896)上海著易堂書局鉛印本　一冊

340000－1801－0005614　2:34194－2:34197
歐洲列國戰事本末二十二卷　王樹枏編　清光緒二十八年(1902)中衛縣署刻陶廬叢稿本　四冊

340000－1801－0005615　2:34198
三國佛教略史三卷　(日本)島地墨雷　(日本)生田得能撰　釋聽雲　釋海秋譯　清宣統三年(1911)京師龍泉孤兒院石印本　一冊

340000－1801－0005616　2:34199
緬述不分卷　(清)彭崧毓撰　**緬甸風土詩一卷**　(清)王家璧撰　清刻本　一冊

340000－1801－0005617　2:34200
緬述不分卷　(清)彭崧毓撰　**緬甸風土詩一卷**　(清)王家璧撰　清刻本　一冊

340000－1801－0005618　2:34201
希臘志畧七卷　(□)□□撰　清光緒十二年(1886)總税務司署刻本　一冊

340000－1801－0005619　2:34202－2:34206
普法戰紀輯要四卷　(清)王韜撰輯　(清)張宗良譯　清光緒二十七年(1901)東亞自強譯書會刻本　五冊

340000－1801－0005620　2:34207－2:34216
普法戰紀二十卷　(清)王韜撰輯　(清)張宗良譯　清光緒十二年(1886)弢園王氏刻本　十冊

340000－1801－0005621　2:34217－2:34225
普法戰紀二十卷　(清)王韜撰輯　(清)張宗良譯　清光緒十二年(1886)弢園王氏刻本　九冊

340000－1801－0005622　2:3422－2:3429 善
戰國策十卷　(宋)鮑彪注　(元)吳師道重校　明嘉靖刻本　八冊　缺一卷(八)

340000－1801－0005623　2∶34226－2∶34227

布匿第二次戰紀　(英國)阿納樂德撰　林紓　魏易譯　清光緒二十九年(1903)北京大學堂官書局鉛印本　二册

340000－1801－0005624　2∶34228－2∶34229

法國新志四卷　(英國)陔勒低撰　(英國)傅紹蘭口譯　(清)潘松筆述　清光緒二十四年(1898)江南製造局刻本　二册

340000－1801－0005625　2∶34230

新譯萬國近世大事表不分卷　(清)董瑞椿譯　清光緒二十八年(1902)石印本　一册

340000－1801－0005626　2∶34231－2∶34242

十九世紀列國政治文編十四卷　(清)邵義選輯　清光緒二十九年(1903)教育世界社鉛印本　十二册

340000－1801－0005627　2∶34244－2∶34250

普法戰紀十四卷　(清)王韜撰輯　(清)張宗良口譯　清刻本　七册

340000－1801－0005628　2∶34251－2∶34258

最新萬國政鑑五十一卷　(清)趙天擇　(清)王慕陶編譯　清光緒二十九年(1903)國民叢書社鉛印本　八册

340000－1801－0005629　2∶34259－2∶34273

柬埔寨以北探路記十五卷　(法國)晃西士加尼撰　清光緒十年(1884)鉛印本　十五册

340000－1801－0005630　2∶34280－2∶34281

采風記五卷紀程感事詩一卷時務論一卷　宋育仁編　清光緒二十二年(1896)袖海山房石印本　二册

340000－1801－0005631　2∶34282

泰西政治學者列傳一卷　(日本)杉山籐次郎撰　清鉛印本　一册

340000－1801－0005632　2∶34283

泰西風土事物考四卷　題(清)藜床臥讀生撰　清光緒二十八年(1902)鉛印本　一册　存二卷(一至二)

340000－1801－0005633　2∶34284－2∶34289

萬國通鑑四卷首一卷　(美國)謝衛樓撰　清光緒二十八年(1902)上海書局石印本　六册

340000－1801－0005634　2∶34290－2∶34295

各國政治考八卷　錢恂輯　清光緒二十七年(1901)石印本　六册

340000－1801－0005635　2∶34296

歐美政體通覽不分卷　(清)出洋學生編輯所著譯　清光緒二十九年(1903)上海商務印書館鉛印政學叢書本　一册

340000－1801－0005636　2∶34297

萬國憲法志三卷　(清)周逵編　清光緒二十九年(1903)上海廣智書局鉛印萬國通志本　一册

340000－1801－0005637　2∶34298

歐洲族類源流畧五卷　王樹枏撰編　清光緒二十八年(1902)中衛縣署刻本　一册

340000－1801－0005638　2∶34299－2∶34300

日本雜事詩二卷　(清)黃遵憲撰　清光緒二十四年(1898)長沙富文堂刻本　二册

340000－1801－0005639　2∶34301

東游自治譯聞不分卷　姚永概撰　清抄本　一册

340000－1801－0005640　2∶34302－2∶34303

東游自治譯聞不分卷　姚永概撰　清光緒鉛印本　二册

340000－1801－0005641　2∶34304

東游自治譯聞不分卷　姚永概撰　清光緒鉛印本　一册

340000－1801－0005642　2∶34306－2∶34326

全地五大洲女俗通考二十二卷首一卷　(美國)林樂知輯譯　(清)任保羅筆述　清光緒二十九年(1903)上海華美書局鉛印本　二十一册

340000－1801－0005643　2∶3430 善

戰國策十卷　(宋)鮑彪注　(元)吳師道補正　明刻本　一册　存三卷(八至十)

340000－1801－0005644　2∶3431 善

戰國策十卷 （宋）鮑彪注 （元）吳師道補正 明嘉靖刻本 一冊 存一卷（六）

340000－1801－0005645 2∶3432－2∶3434 善
戰國策十卷 （宋）鮑彪注 （元）吳師道補正 明天啓三年（1623）鍾人傑刻本 三冊

340000－1801－0005646 2∶34327
天下五洲各大國志要不分卷 （英國）李提摩太撰 清光緒二十三年（1897）上海廣學會鉛印本 一冊

340000－1801－0005647 2∶34328－2∶34336
各國政治藝學通考十卷 （清）朱大文 （清）陳輔相同輯 清光緒二十八年（1902）經濟書社鉛印本 九冊

340000－1801－0005648 2∶34337－2∶34339
精選各國政治考四卷 （清）張之洞撰 清光緒二十八年（1902）刻本 三冊

340000－1801－0005649 2∶34341
俾路芝志馬留土股志紐吉尼亞島志西里伯島志附新志 （清）學部編譯局編 清光緒三十三年（1907）學部圖書局鉛印本 一冊

340000－1801－0005650 2∶34342
拿破崙本紀不分卷 （英國）洛加德著 林紓 魏易同譯 清光緒三十一年（1905）京師學務處官書局鉛印本 一冊

340000－1801－0005651 2∶34343－2∶34344
節本泰西新史攬要八卷 （英國）馬懇西撰 （英國）李提摩太譯 （清）周慶雲節錄 清光緒二十七年（1901）夢坡室刻本 二冊

340000－1801－0005652 2∶34345－2∶34346
節本泰西新史攬要八卷 （英國）馬懇西撰 （英國）李提摩太譯 （清）周慶雲節錄 清光緒二十七年（1901）夢坡室刻本 二冊

340000－1801－0005653 2∶3435－2∶3438 善
戰國策評苑十卷 （明）穆文熙撰 明光裕堂刻本 四冊

340000－1801－0005654 2∶34363－2∶34374
月令輯要二十四卷首一卷 （清）李光地編纂 清康熙刻本 十二冊

340000－1801－0005655 2∶34375－2∶34378
增廣評註月令粹編二十四卷 （清）秦嘉謨編輯 （清）管斯駿增編 清光緒十五年（1889）上洋石印本 四冊

340000－1801－0005656 2∶34379－2∶34386
月令粹編二十四卷圖說一卷 （清）秦嘉謨輯 清嘉慶十七年（1812）刻本 八冊

340000－1801－0005657 2∶34387－2∶34394
月令粹編二十四卷圖說一卷 （清）秦嘉謨輯 清嘉慶十七年（1812）刻本 八冊

340000－1801－0005658 2∶3439－2∶3440 善
戰國策譚棷十卷 （明）張文爟撰 明萬曆刻本 二冊 存一卷（六）

340000－1801－0005659 2∶34395－2∶34400
月令粹編二十四卷圖說一卷 （清）秦嘉謨輯 清嘉慶十七年（1812）刻本 八冊

340000－1801－0005660 2∶34401－2∶34406
月日紀古十二卷 （清）蕭智漢纂輯 清刻本 六冊

340000－1801－0005661 2∶34407
月令精抄二卷 （清）鄭泰 （清）吳振纂輯 清刻本 一冊

340000－1801－0005662 2∶34408－2∶34411
三元甲子萬年書不分卷 （□）□□撰 清上海文瑞樓石印本 四冊

340000－1801－0005663 2∶3441－2∶3442 善
國語二十一卷 （三國吳）韋昭注 明刻本 二冊

340000－1801－0005664 2∶34413－2∶34414
國朝萬年書不分卷 （□）□□撰 清末李光明莊刻本 二冊

340000－1801－0005665 2∶34415
御定萬年書不分卷 （□）□□撰 清刻本 一冊

340000－1801－0005666 2∶34416

大清光緒八年歲次壬午時憲書一卷 (清)欽天監頒行 清光緒刻本 一冊

340000－1801－0005667 2:34417
大清同治二年時憲書一卷 (清)欽天監頒行 清同治刻本 一冊

340000－1801－0005668 2:34418
大清同治三年時憲書一卷 (清)欽天監頒行 清同治刻本 一冊

340000－1801－0005669 2:34419
大清同治四年時憲書一卷 (清)欽天監頒行 清同治刻本 一冊

340000－1801－0005670 2:34420
清道光十六年歲次丙申時憲書 (清)欽天監頒行 清道光刻本 一冊

340000－1801－0005671 2:34428
御纂歷代三元甲子編年書一卷萬年書一卷 (□)□□撰 清刻本 一冊

340000－1801－0005672 2:3443－2:3445 善
國語二十一卷 (三國吳)韋昭注 (明)穆文熙編 明刻本 三冊

340000－1801－0005673 2:34433－2:34434
欽定七政四餘萬年書不分卷 (□)□□撰 清刻本 一冊

340000－1801－0005674 2:34435
大清宣統三年時憲吉書一卷 (□)□□撰 清宣統三年(1911)石印本 一冊

340000－1801－0005675 2:34438
集福堂球記通書不分卷 (清)羅錫璋編 清興甯集福堂球記羅氏刻本 一冊

340000－1801－0005676 2:34439
土俗日腳通書不分卷 (清)粵東省拾芥園書局編 清光緒三十年(1904)粵東省拾芥園書局刻本 一冊

340000－1801－0005677 2:34440
大清光緒三十五年歲次己酉時憲書一卷 (清)欽天監頒行 清刻本 一冊

340000－1801－0005678 2:34441－2:34442
大清光緒三十一年時憲書一卷 (清)欽天監頒行 清光緒刻本 二冊

340000－1801－0005679 2:34443
鴻雪齋官商便覽五百種 (□)□□撰 清光緒三十一年(1905)上海點石齋石印本 一冊

340000－1801－0005680 2:34446
瑞雪齋官商便覽九百六十種 (□)□□撰 清光緒三十三年(1907)石印本 一冊

340000－1801－0005681 2:3446－2:3447 善
國語二十一卷 (三國吳)韋昭注 明刻本 二冊

340000－1801－0005682 2:34465－2:34517
通典二百卷 (唐)杜佑撰 清咸豐九年(1859)崇仁謝氏刻本 五十三冊

340000－1801－0005683 2:3448－2:3451 善
國語二十一卷 (三國吳)韋昭注 (明)穆文熙編 清乾隆十一年(1746)刻本 四冊

340000－1801－0005684 2:34518－2:34565
通典二百卷 (唐)杜佑撰 清咸豐九年(1859)崇仁謝氏刻本 四十八冊

340000－1801－0005685 2:3452－2:3455 善
國語二十一卷 (三國吳)韋昭注 (明)吳勉學校正 明新安吳勉學刻本 四冊

340000－1801－0005686 2:3456－2:3459 善
國語二十一卷 (三國吳)韋昭注 (明)吳勉學校正 明新安吳勉學刻本 四冊

340000－1801－0005687 2:34566－2:34573
通典二百卷 (唐)杜佑撰 清咸豐九年(1859)崇仁謝氏刻本 八冊

340000－1801－0005688 2:34574－2:34613
欽定續通典一百五十卷 (清)嵇璜 (清)曹仁虎纂 清光緒十二年(1886)浙江書局刻本 四十冊

340000－1801－0005689 2:3460－2:3464 善
國語九卷 (明)閔齊伋裁注 明萬曆四十七年(1619)閔齊伋刻三色套印本 五冊

340000－1801－0005690　2:34614－2:34619
皇朝通典一百卷　(清)曹仁虎輯　清光緒二十八年(1902)貫吾齋石印本　六册

340000－1801－0005691　2:34620－2:34625
欽定續通典一百五十卷　(清)嵇璜　(清)曹仁虎纂　清光緒二十八年(1902)貫吾齋石印本　六册

340000－1801－0005692　2:34626－2:34733
文獻通考三百四十八卷　(元)馬端臨撰　清刻本　一百八册

340000－1801－0005693　2:3465－2:3466 善
鄧太史評選三國策十二卷　(明)劉宣化輯　明萬曆二十三年(1595)刻本　二册

340000－1801－0005694　2:3467－2:3476 善
南疆逸史二十五卷　(清)溫睿臨撰　清抄本　十一册

340000－1801－0005695　2:34734－2:34883
文獻通考三百四十八卷　(元)馬端臨撰　清光緒二十二年(1896)浙江書局刻本　一百五十册

340000－1801－0005696　2:3479－2:3483 善
增定史記纂不分卷　(明)凌稚隆纂　明刻本　五册

340000－1801－0005697　2:3477 善
建文遜國記不分卷　(明)鄭曉撰　明隆慶元年(1567)鄭履淳刻吾學編本　一册

340000－1801－0005698　2:3484－2:3489 善
史記摘抄六卷補抄二卷　(明)錢錘義纂　明萬曆刻本　六册

340000－1801－0005699　2:34884－2:34903
文獻通考二十四卷　(元)馬端臨撰　清光緒十一年(1885)點石齋石印本　二十册

340000－1801－0005700　2:34904－2:34923
文獻通考三百四十八卷　(元)馬端臨撰　清光緒二十八年(1902)貫吾齋石印本　二十册

340000－1801－0005701　2:3490 善
東萊先生東漢詳節三十卷　(宋)呂祖謙輯　明刻本　一册　存六卷(十一至十六)

340000－1801－0005702　2:3491 善
東萊先生晉書詳節三十卷　(宋)呂祖謙輯　明刻本　一册　存九卷(二十二至三十)

340000－1801－0005703　2:34924－2:34967
文獻通考三百四十八卷　(元)馬端臨撰　清光緒二十七年(1901)上海圖書局鉛印本　四十四册

340000－1801－0005704　2:3492 善
北魏纂五卷　(明)錢岱纂　明刻本　一册　存二卷(一至二)

340000－1801－0005705　2:3493－2:3496 善
兩漢雋言十六卷　(明)凌迪知編　明萬曆四年(1576)凌氏刻本　四册

340000－1801－0005706　2:3497－2:3500 善
兩漢雋言十六卷　(明)凌迪知編　明萬曆四年(1576)凌氏刻本　四册

340000－1801－0005707　2:34968－2:34971
文獻通考詳節二十四卷　(清)嚴虞惇錄　清光緒二十五年(1899)著易堂書局石印本　四册

340000－1801－0005708　2:34972－2:34975
文獻通考詳節二十四卷　(清)嚴虞惇錄　清光緒二十五年(1899)著易堂書局石印本　四册

340000－1801－0005709　2:34976－2:34985
文獻通考詳節二十四卷　(清)嚴虞惇輯　清乾隆二十九年(1764)刻本　十册

340000－1801－0005710　2:34986
文獻通考纂要二卷　(清)彭蘊璨纂　清嘉慶二十四年(1819)耕硯田齋刻本　一册

340000－1801－0005711　2:34988
文獻通考序一卷　(元)馬端臨撰　(清)韋恒謙校　清乾隆五十六年(1791)刻本　一册

340000－1801－0005712　2:34989
續文獻通考纂要二卷首一卷　(明)王圻撰　清嘉慶二十四年(1819)耕硯田齋刻本　一册

340000－1801－0005713　2:34990－2:35109
欽定續文獻通考二百五十卷　（清）嵇璜撰　清光緒十三年(1887)浙江書局刻本　一百二十册

340000－1801－0005714　2:3501－2:3503 善
歐陽文忠公新唐書鈔二卷歐陽文忠公五代史鈔二十卷　（明）茅坤輯並評　明末刻本　三册

340000－1801－0005715　2:3504－2:3507 善
歐陽文忠公新唐書鈔二卷歐陽文忠公五代史鈔二十卷　（明）茅坤輯並評　明末刻本　三册

340000－1801－0005716　2:3508－2:3511 善
歐陽文忠公新唐書鈔二卷歐陽文忠公五代史鈔二十卷　（明）茅坤輯並評　明末刻本　三册

340000－1801－0005717　2:35110－2:35123
欽定續文獻通考二百五十卷　（清）嵇璜纂　清光緒二十八年(1902)貫吾齋石印九通全書本　十四册

340000－1801－0005718　2:3512－2:3514 善
北宋南宋摘要不分卷　（清）馮恒摘抄　清抄本　三册

340000－1801－0005719　2:35124－2:35129
續文獻通考詳節二十六卷　（清）嚴虞惇輯　清光緒二十七年(1901)鴻寶齋石印本　六册

340000－1801－0005720　2:35130－2:35140
欽定續文獻通考輯要二十六卷　湯壽潛輯　清光緒二十五年(1899)鉛印本　十一册

340000－1801－0005721　2:35141－2:35150
欽定續文獻通考輯要二十六卷　湯壽潛輯　清光緒二十五年(1899)鉛印本　十册

340000－1801－0005722　2:35151
欽定三通考證七卷　（清）□□輯　清光緒二十八年(1902)貫吾齋石印本　一册

340000－1801－0005723　2:3515－2:3516 善
明史抄不分卷　（□）□□撰　清抄本　二册

340000－1801－0005724　2:35152－2:35171
皇朝文獻通考三百卷　（清）嵇璜撰　清光緒二十八年(1902)貫吾齋石印九通全書本　二十册

340000－1801－0005725　2:3517－2:3518 善
閱史約書五卷碧漸堂詩草一卷　（明）王光魯撰　清順治十三年(1656)刻本　二册

340000－1801－0005726　2:35172－2:35181
皇朝文獻通考輯要二十六卷　湯壽潛輯　清光緒二十五年(1899)鉛印本　十册

340000－1801－0005727　2:35182－2:35191
皇朝文獻通考輯要二十六卷　湯壽潛輯　清光緒二十五年(1899)鉛印本　十册

340000－1801－0005728　2:3519－2:3526 善
歷代史纂左編一百四十二卷　（明）唐順之輯　明刻本　八册　存十八卷(九十一至一百八)

340000－1801－0005729　2:35192－2:35201
皇朝文獻通考輯要二十六卷　湯壽潛輯　清光緒二十五年(1899)鉛印本　十册

340000－1801－0005730　2:35202－2:35361
皇朝文獻通考三百卷　（清）嵇璜撰　清光緒八年(1882)浙江書局刻本　一百六十册

340000－1801－0005731　2:3527－2:3529 善
歷代史纂左編一百四十二卷　（明）唐順之輯　明刻本　三册　存三卷(一百二至一百三、一百二十一)

340000－1801－0005732　2:3530－2:3531 善
小學史斷四卷　（宋）南宮靖一纂　（明）徐師曾音注　**小學史斷前續編**　（明）徐曾補纂　（明）徐師曾音注　明隆慶四年(1570)金陵葉近山刻本　二册

340000－1801－0005733　2:3532－2:3533 善
新刊舉業總論歷代君臣史學珠璣□□卷　（明）田一儁編　明刻本　二册　存二卷(一至二)

340000－1801－0005734　2:3534－2:3536 善

史學要義五卷　(明)卜大有輯　明萬曆刻本　三冊　存三卷(二至四)

340000－1801－0005735　2:35362－2:35409

皇朝文獻通考三百卷　(清)嵇璜撰　清光緒二十七年(1901)上海圖書局鉛印本　四十八冊

340000－1801－0005736　2:3537－2:3548 善

雪廬讀史快編六十卷　(明)趙維寰撰　明天啓刻本　十二冊

340000－1801－0005737　2:35410－2:35441

文獻通考正續合編三十二卷　(清)盧宣旬編　清光緒十二年(1886)豐城袁氏刻本　三十二冊

340000－1801－0005738　2:35442－2:35529

皇朝續文獻通考三百二十卷　(清)劉錦藻纂　清光緒三十一年(1905)堅匏盦鉛印本　八十八冊

340000－1801－0005739　2:3549－2:3551 善

孔子通紀四卷　(明)潘府輯　明刻本　三冊　存三卷(二至四)

340000－1801－0005740　2:3552－2:3561 善

闕里志二十四卷　(明)陳鎬撰　(明)孔胤植補　清初刻本　十冊

340000－1801－0005741　2:35530－2:35533

三通警策五卷　(清)胡重輯　清乾隆三十三年(1768)刻本　四冊

340000－1801－0005742　2:35534－2:35593

三通考輯要七十六卷　湯壽潛輯　清光緒二十五年(1899)上海圖書集成局鉛印本　六十冊

340000－1801－0005743　2:35594－2:35597

九通序錄四卷　(清)□□輯　清光緒二十八年(1902)鉛印本　四冊

340000－1801－0005744　2:35598－2:35599

六通訂誤六卷　(清)席裕福編　清上海圖書集成局鉛印本　二冊

340000－1801－0005745　2:35600

九通序□□卷　(□)□□撰　清景皤山房鉛印本　二冊

340000－1801－0005746　2:35601－2:35605

九通撮要十二卷　(清)柴紹炳纂　清光緒二十八年(1902)鴻寶齋石印本　六冊

340000－1801－0005747　2:35606

三通序三卷　(□)□□撰　清刻本　一冊

340000－1801－0005748　2:35607

三通序三卷　(□)□□撰　清光緒十九年(1893)雙門文英閣刻本　一冊

340000－1801－0005749　2:35608

三通序三卷　(□)□□撰　清光緒十九年(1893)雙門文英閣刻本　一冊

340000－1801－0005750　2:35609－2:35668

九通通二百四十八卷首一卷　(清)劉可毅纂輯　清光緒二十八年(1902)武進劉氏石印本　六十冊

340000－1801－0005751　2:3562－2:3563 善

孔聖全書十四卷首一卷　(明)安夢松輯　明萬曆二十六年(1598)書林鄭世豪刻本　二冊　存十四卷(孔聖全書十四卷)

340000－1801－0005752　2:3564 善

曹文正公行述一卷　(清)曹恩濙述　清嘉慶稿本　一冊

340000－1801－0005753　2:3565 善

皇清誥授通議大夫廣西按察使司按察史加三級顯考石甫府君行狀不分卷　(清)姚浚昌述　清桐城姚浚昌稿本　一冊

340000－1801－0005754　2:35669－2:35728

二十四史九通政典類要合編三百二十卷　(清)黃書霖輯　清光緒二十八年(1902)約雅堂鉛印本　六十冊

340000－1801－0005755　2:3566 善

陶澍列傳一卷　(□)□□撰　清抄本　一冊

340000－1801－0005756　2:3567 善

東坡集選五十卷首一卷　(宋)蘇軾撰　明刻本　一冊　存一卷(首一卷)

340000－1801－0005757　2:3568 善
山谷先生[黄庭堅]年譜三十卷別傳一卷　(□)□□撰　明嘉靖六年(1527)查仲道刻黄山谷全書本　一册　存四卷(二十七至三十)

340000－1801－0005758　2:3569－2:3572 善
太師徽國文公[朱熹]年譜不分卷　(元)都璋撰　明刻本　四册

340000－1801－0005759　2:3573 善
劉端臨先生年譜附師友書札不分卷　(清)劉文興編　清食舊德齋稿本　一册

340000－1801－0005760　2:357－2:386 善
史記一百三十卷　(漢)司馬遷撰　(明)陳子龍　(明)徐孚遠測議　明崇禎聚錦堂刻本　三十册　缺三卷(一百二十八至一百三十)

340000－1801－0005761　2:35729－2:35738
西漢會要七十卷　(宋)徐天麟輯　清光緒五年(1879)嶺南學海堂刻本　十册

340000－1801－0005762　2:35739－2:35744
五代會要三十卷　(宋)王溥輯　清刻本　六册

340000－1801－0005763　2:35745－2:35750
五代會要三十卷　(宋)王溥輯　清光緒十二年(1886)江蘇書局刻本　六册

340000－1801－0005764　2:3574 善
[聖跡圖]不分卷　(□)□□撰　清初新安刻本　一册

340000－1801－0005765　2:3575 善
[聖跡圖]不分卷　(□)□□撰　清初新安刻本　一册　存二十幀

340000－1801－0005766　2:35751－2:35760
西漢會要七十卷　(宋)徐天麟輯　清光緒十二年(1886)江蘇書局刻本　十册

340000－1801－0005767　2:35761－2:35770
西漢會要七十卷　(宋)徐天麟輯　清光緒十二年(1886)江蘇書局刻本　十册

340000－1801－0005768　2:3576 善
聖賢道統圖贊不分卷　(□)□□撰　明崇禎二年(1629)刻本　一册

340000－1801－0005769　2:35771－2:35778
東漢會要四十卷　(宋)徐天麟輯　清光緒五年(1879)嶺南學海堂刻本　八册

340000－1801－0005770　2:3577－2:3578 善
晚笑堂畫傳一卷明太祖功臣圖一卷　(清)上官周繪　清乾隆八年(1743)刻本　二册

340000－1801－0005771　2:3579－2:3614 善
慎宜軒日記不分卷　姚永概撰　清稿本　三十六册

340000－1801－0005772　2:35779－2:35785
東漢會要四十卷　(宋)徐天麟輯　清木活字印本　七册

340000－1801－0005773　2:35786－2:35793
東漢會要四十卷　(宋)徐天麟輯　清光緒十年(1884)江蘇書局刻本　八册

340000－1801－0005774　2:35794－2:35811
西漢會要一百十卷　(宋)徐天麟輯　清光緒十年(1884)江蘇書局刻本　十八册

340000－1801－0005775　2:35812－2:35835
唐會要一百卷　(宋)王溥輯　清光緒十年(1884)江蘇書局刻本　二十四册

340000－1801－0005776　2:35852－2:35876
大元聖政國朝典章前集六十卷新集不分卷校補十卷釋例六卷　(□)□□撰　清光緒三十四年(1908)刻本　二十五册

340000－1801－0005777　2:35877－2:35882
大唐六典三十卷　(唐)玄宗李隆基輯　(唐)李林甫注　清掃葉山房刻本　六册

340000－1801－0005778　2:35883－2:35906
欽定大清會典一百卷　(清)張廷玉等纂修　清乾隆刻本　二十四册

340000－1801－0005779　2:35907－2:35930
欽定大清會典一百卷　(清)張廷玉等纂修　清乾隆刻本　二十四册

340000－1801－0005780　2:35931－2:35965

欽定大清會典一百卷　(清)昆岡等纂修　清光緒石印本　三十六册

340000－1801－0005781　2:35966－2:36001
欽定大清會典一百卷　(清)昆岡等纂修　清光緒石印本　三十六册

340000－1801－0005782　2:36002－2:36007
欽定大清會典一百卷　(清)昆岡等纂修　清光緒二十七年(1901)上海文林石印本　六册

340000－1801－0005783　2:36008－2:36031
欽定大清會典一百卷　(清)昆岡等纂修　清刻本　二十四册

340000－1801－0005784　2:36032－2:36051
欽定大清會典一百卷　(清)昆岡等纂修　清刻本　二十册

340000－1801－0005785　2:36052－2:36057
欽定大清會典一百卷　(清)昆岡等纂修　清光緒二十五年(1899)上海書局石印本　六册

340000－1801－0005786　2:36058－2:36061
大清會典四卷　(清)托津等纂修　清同治十一年(1872)湖北崇文書局刻本　四册

340000－1801－0005787　2:36062－2:36065
大清會典四卷　(清)托津等纂修　清同治十一年(1872)湖北崇文書局刻本　四册

340000－1801－0005788　2:36066－2:36106
欽定大清會典圖一百三十二卷目録二卷　(清)慶桂等修　清嘉慶十六年(1811)刻本　四十一册

340000－1801－0005789　2:36107－2:36180
欽定大清會典圖一百三十二卷首一卷　(清)昆岡等纂修　清石印本　七十四册

340000－1801－0005790　2:3610 善
群書集事淵海四十七卷　(明)黄道周編　明刻本　一册　存一卷(四十六)

340000－1801－0005791　2:3615 善
[安徽休寧]商山吴氏族譜不分卷　(明)吴士信修　明成化抄本　一册

340000－1801－0005792　2:3616 善
[安徽涇縣]京兆舒氏統宗譜不分卷　(明)舒應鸞等修　明成化九年(1473)刻本　一册

340000－1801－0005793　2:3617 善
[安徽]休寧陪郭程氏本宗譜不分卷　(明)程敏政編　明弘治十年(1497)刻本　一册

340000－1801－0005794　2:36181－2:36253
欽定大清會典圖一百三十二卷首一卷　(清)昆岡等纂修　清石印本　七十四册

340000－1801－0005795　2:3618 善
[安徽、江西]新安張氏續修族譜十卷　(明)張璉纂修　明成化十二年(1476)刻本　一册　存二卷(一至二)

340000－1801－0005796　2:3619 善
程氏貽範集巳集十卷　(明)程敏政編　明弘治十年(1497)刻本　一册　存三卷(一至三)

340000－1801－0005797　2:3620 善
[安徽歙縣]新安黄氏會通譜十六卷文獻録一卷外集三卷　(明)黄禄等纂修　明弘治十四年(1501)刻本　一册

340000－1801－0005798　2:3621－2:3624 善
[安徽旌德]旌川西溪朱氏家譜五卷文行一卷　(明)朱真興重修　明正德十三年(1518)刻本　四册

340000－1801－0005799　2:36254－2:36278
大清會典圖一百三十二卷目録二卷　(清)慶桂等修　清嘉慶刻本　二十五册　缺四十八卷(二十七至五十、八十七至一百十)

340000－1801－0005800　2:3625 善
汪氏淵源録一卷　(明)汪松壽編　明正德十三年(1518)刻本　一册

340000－1801－0005801　2:3626－2:3627 善
[安徽歙縣]新安畢氏會通族譜十七卷　(明)畢鸞等纂　(明)畢濟川修　明正德四年(1509)刻本　二册

340000－1801－0005802　2:36279－2:36661
欽定大清會典圖事例一千二百二十卷　(清)

李鴻章等編　清石印本　三百八十四册

340000－1801－0005803　2:3628－2:3631 善
[安徽祁門]陳氏大成宗譜八卷　(明)陳鑑纂　清木活字印本　四册

340000－1801－0005804　2:3632 善
[安徽歙縣]新安牌鎮程氏家譜不分卷　(明)程景富纂修　明嘉靖九年(1530)義倫堂刻本　一册

340000－1801－0005805　2:3633 善
新安程氏統宗列派遷徙註脚纂不分卷　(明)程頊纂輯　明嘉靖四十二年(1563)程時化刻本　一册

340000－1801－0005806　2:3634 善
[安徽休寧]吴氏世譜不分卷　(明)吴懷敏重修　明抄本　一册

340000－1801－0005807　2:3635 善
[安徽]休寧西門汪氏族譜十一卷附録一卷　(明)汪璨等纂　明嘉靖六年(1527)刻本　一册

340000－1801－0005808　2:3636－2:3637 善
[安徽歙縣]汪氏遷派實録提綱七卷　(明)汪國言纂　明萬曆元年(1573)婺源刻本　二册

340000－1801－0005809　2:3638 善
[安徽歙縣]汪氏統宗正脈不分卷　(明)汪鴻儒等輯　明隆慶四年(1570)刻本　一册

340000－1801－0005810　2:3639 善
[安徽歙縣]汪氏統宗正脈不分卷　(明)汪鴻儒等輯　明隆慶四年(1570)刻本　一册

340000－1801－0005811　2:3640－2:3642 善
[安徽太平]太邑崔氏宗譜四卷　(明)崔弘庵等修　明萬曆十六年(1588)刻本　三册

340000－1801－0005812　2:3643－2:3650 善
[安徽]休寧范氏族譜九卷　(明)范淶纂　明萬曆二十八年(1600)休寧范氏刻本　八册

340000－1801－0005813　2:3651－2:3652 善
[安徽歙縣]曹氏重修譜牒不分卷　(明)曹光東重修　明萬曆四十三年(1615)閱帆堂刻本　二册

340000－1801－0005814　2:3653 善
[安徽]休寧璜源吴氏族譜八卷　(明)吴應期纂修　明萬曆七年(1579)吴氏保和堂刻本　一册

340000－1801－0005815　2:3654－2:3655 善
[安徽歙縣]續修新安歙北許村許氏東支世譜九卷　(明)許可復　(明)許鳳翔續修　明隆慶三年(1569)刻本　二册

340000－1801－0005816　2:3656 善
[安徽涇縣]涇川茂林吴氏宗譜五卷　(明)吴范道重修　明萬曆七年(1579)刻本　一册

340000－1801－0005817　2:3657－2:3660 善
[安徽旌德]程氏宗譜十二卷　(明)程道南等重修　明天啓元年(1621)刻本　四册

340000－1801－0005818　2:3661 善
新安休寧程氏族志不分卷　(□)□□纂　明天啓六年(1626)抄本　一册

340000－1801－0005819　2:3662－2:3665 善
[安徽休寧]古林黄氏重修族譜四卷　(明)黄文明修　明崇禎十六年(1643)刻本　四册

340000－1801－0005820　2:3666－2:3675 善
[安徽]休寧戴氏族譜十五卷　(明)戴堯天重編　明崇禎五年(1632)刻本　十册

340000－1801－0005821　2:36662－2:36953
欽定大清會典事例九百二十卷　(清)托津等纂修　清嘉慶刻本　二百九十二册　存七百三十五卷(一至十三、三十至一百四十九、一百七十三至二百十二、二百二十一至五百十四、五百二十八至五百四十四、五百七十至六百六十、六百八十五至七百二十五、七百八十一至七百八十五、七百八十八至八百四十八、八百五十一至九百三)

340000－1801－0005822　2:3676 善
[安徽祁門]左田著宗全書不分卷　(清)黄金甲　(清)黄國助輯　清順治二年(1645)刻本　一册

340000－1801－0005823　2:3677 善

[安徽]休寧南城金氏族譜不分卷　(明)金宗道等纂修　明抄本　一册

340000－1801－0005824　2:3678 善

[安徽歙縣]吳氏紀源錄不分卷　(明)吳遠纂　明萬曆十五年(1587)刻本　一册

340000－1801－0005825　2:3679－2:3682 善

[安徽、江西]清華胡氏統會族譜不分卷　(明)胡喬　(明)胡鈛編纂　明萬曆刻本　四册

340000－1801－0005826　2:3683 善

[江西婺源]清華胡氏統會族譜二卷　(明)胡用賓纂　明嘉靖三十年(1551)刻萬曆增刻本　一册

340000－1801－0005827　2:3684 善

[安徽歙縣]重修郡北濟陽江氏宗譜十卷　(明)江德中等纂　明崇禎四年(1631)黄叔達刻本　一册　存二卷(一至二)

340000－1801－0005828　2:3685 善

[安徽歙縣]方氏宗譜不分卷　(□)□□纂　明抄本　一册

340000－1801－0005829　2:3686 善

[安徽]祁門奇峰鄭氏本宗譜四卷　(明)鄭岳纂修　明嘉靖四十五年(1566)歙縣刻鄭維誠增補本　一册

340000－1801－0005830　2:3687 善

[安徽涇縣]涇川水東翟氏宗譜不分卷　(清)翟台纂修　(清)翟金生續增　清咸豐七年(1857)涇縣桃花潭翟氏泥活字印本　一册

340000－1801－0005831　2:3688 善

[安徽祁門]文堂鄉約家法不分卷　(明)陳昭祥訂　明隆慶六年(1572)刻本　一册

340000－1801－0005832　2:3689 善

[安徽祁門]竇山公家議八卷　(明)程昌編　明萬曆刻本　一册

340000－1801－0005833　2:3690－2:3693 善

王謝世家三十卷　(明)韓昌箕纂　明天啓刻本　一册　存三十一卷(琅琊世家十四卷、太原正派四卷、支派三卷、别派二卷、陽夏世家八卷)

340000－1801－0005834　2:3694－2:3699 善

程典三十二卷　(明)程一支纂修　明萬曆二十六年(1598)刻本　六册　缺二卷(三至四)

340000－1801－0005835　2:36954－2:36955

皇清掌故九卷　(清)黄元甲錄　清夢孔山房石印本　二册

340000－1801－0005836　2:36956－2:36959

皇朝政典舉要八卷　(日本)增田貢撰　(清)毛淦補編　清光緒二十八年(1902)上海書局石印本　四册

340000－1801－0005837　2:36960－2:36963

欽定宫中現行則例四卷　(清)□□撰　清刻本　四册

340000－1801－0005838　2:36965－2:36974

欽定中樞政考七十二卷　(清)明亮修　(清)納蘇泰等纂　清刻本　十册　存十六卷(一至十六)

340000－1801－0005839　2:36977－2:37000

通志二百卷　(宋)鄭樵撰　清光緒二十八年(1902)貫吾齋石印本　二十四册

340000－1801－0005840　2:37001－2:37005

皇朝通志一百二十六卷　(清)嵇璜纂　清光緒二十八年(1902)貫吾齋石印本　五册

340000－1801－0005841　2:3700－2:3702 善

程典三十二卷　(明)程一支纂修　明萬曆二十六年(1598)刻本　三册　存十九卷(五至七、九至二十一、三十至三十二)

340000－1801－0005842　2:37006

日本憲法疏證四卷附一卷　(清)考察政治大臣編　(清)載澤等譯　清光緒三十四年(1908)政治官報局鉛印本　一册

340000－1801－0005843　2:37007

漢官舊儀二卷補遺一卷　(漢)衛宏撰　清刻本　一册

340000－1801－0005844　2∶37009
漢官答問五卷　(清)陳樹鏞撰　清宣統二年(1910)鉛印本　一册

340000－1801－0005845　2∶37010－2∶37021
大清通禮五十四卷　(清)來保纂　(清)穆克登額等續纂　清道光刻本　十二册

340000－1801－0005846　2∶37022
三禮從今三卷　(清)黄本驥編譯　清道光刻本　一册

340000－1801－0005847　2∶37023－2∶37030
吾學録初編二十四卷　(清)吴榮光輯　清道光十二年(1832)刻本　八册

340000－1801－0005848　2∶37031－2∶37038
吾學録初編二十四卷　(清)吴榮光輯　清道光十二年(1832)刻本　八册

340000－1801－0005849　2∶3703－2∶3704 善
新安名族志二卷　(明)戴廷明等編　明嘉靖刻本　二册

340000－1801－0005850　2∶37039－2∶37044
吾學録初編二十四卷　(清)吴榮光輯　清同治九年(1870)江蘇書局刻本　六册

340000－1801－0005851　2∶37045－2∶37050
吾學録初編二十四卷　(清)吴榮光輯　清同治九年(1870)江蘇書局刻本　六册

340000－1801－0005852　2∶37051－2∶37056
吾學録初編二十四卷　(清)吴榮光輯　清同治九年(1870)江蘇書局刻本　六册

340000－1801－0005853　2∶3705－2∶3706 善
休寧名族志四卷　(明)曹叔明輯　明天啓六年(1626)刻本　二册　存二卷(一、四)

340000－1801－0005854　2∶37057－2∶37064
吾學録初編二十四卷　(清)吴榮光輯　清同治七年(1868)金陵書局木活字印本　八册

340000－1801－0005855　2∶37067－2∶37072 善
聖門禮樂統二十四卷　(清)張行言輯　清康熙萬松書院刻本　六册

340000－1801－0005856　2∶37073－2∶37077
聖廟祀典圖考五卷首一卷附二卷　(清)顧沅輯　清道光六年(1826)刻本　五册

340000－1801－0005857　2∶37078－2∶37082
聖廟祀典圖考五卷　(清)顧沅輯　清道光刻本　五册

340000－1801－0005858　2∶3707 善
休寧名族志四卷　(明)曹叔明輯　明天啓六年(1626)刻本　一册　存二卷(一、四)

340000－1801－0005859　2∶3708－2∶3717 善
宋朱晦庵先生名臣言行録前集十四卷後集十四卷　(宋)朱熹撰　**續集八卷别集十三卷外集十七卷**　(宋)李幼武撰　明崇禎十一年(1638)刻本　丨册

340000－1801－0005860　2∶37083
文廟祀位不分卷　(清)倭什琿布輯　清同治八年(1869)楚北崇文書局刻本　一册

340000－1801－0005861　2∶37084
文廟祀位不分卷　(清)倭什琿布輯　清同治八年(1869)楚北崇文書局刻本　一册

340000－1801－0005862　2∶37085
文廟祀位不分卷　(清)倭什琿布輯　清同治八年(1869)楚北崇文書局刻本　一册

340000－1801－0005863　2∶37086－2∶37089
文廟上丁禮樂備考四卷　(清)吴祖昌輯　清同治九年(1870)江右乙藜齋刻本　四册

340000－1801－0005864　2∶37090－2∶37093
文廟上丁禮樂備考四卷　(清)吴祖昌輯　清同治九年(1870)江右乙藜齋刻本　四册

340000－1801－0005865　2∶37094－2∶37097
文廟上丁禮樂備考四卷　(清)吴祖昌輯　清同治九年(1870)江右乙藜齋刻本　四册

340000－1801－0005866　2∶37098－2∶37104
文廟上丁禮樂備考四卷　(清)吴祖昌輯　清同治九年(1870)江右乙藜齋刻本　七册

340000－1801－0005867　2∶37105－2∶37106
文廟通考六卷首一卷　(清)牛樹梅輯　清同

治十一年(1872)浙江書局刻本　二册

340000－1801－0005868　2:37107－2:37108
文廟通考六卷首一卷　(清)牛樹梅輯　清同治十一年(1872)浙江書局刻本　二册

340000－1801－0005869　2:37109－2:37110
文廟通考六卷首一卷　(清)牛樹梅輯　清同治十一年(1872)浙江書局刻本　二册

340000－1801－0005870　2:37111－2:37112
文廟通考六卷首一卷　(清)牛樹梅輯　清同治十一年(1872)浙江書局刻本　二册

340000－1801－0005871　2:37113－2:37114
文廟通考六卷首一卷　(清)牛樹梅輯　清同治十一年(1872)浙江書局刻本　二册

340000－1801－0005872　2:37115－2:37116
文廟通考六卷首一卷　(清)牛樹梅輯　清同治十一年(1872)浙江書局刻本　二册

340000－1801－0005873　2:37117－2:37118
文廟通考六卷首一卷　(清)牛樹梅輯　清同治十一年(1872)浙江書局刻本　二册

340000－1801－0005874　2:37119－2:37120
文廟通考六卷首一卷　(清)牛樹梅輯　清同治十一年(1872)浙江書局刻本　二册

340000－1801－0005875　2:37121－2:37122
文廟通考六卷首一卷　(清)牛樹梅輯　清同治十一年(1872)浙江書局刻本　二册

340000－1801－0005876　2:37123－2:37132
文廟祀典考五十卷首一卷　(清)龐鍾璐輯　清光緒四年(1878)刻本　十册

340000－1801－0005877　2:37133－2:37134
澤宮序次舉要二卷　(清)洪恩波輯　清光緒二十三年(1897)金陵書局刻二十五年(1899)補刻本　二册

340000－1801－0005878　2:37135－2:37136
澤宮序次舉要二卷　(清)洪恩波輯　清光緒二十三年(1897)金陵書局刻二十五年(1899)補刻本　二册

340000－1801－0005879　2:37137－2:37138
澤宮序次舉要二卷　(清)洪恩波輯　清光緒二十三年(1897)金陵書局刻二十五年(1899)補刻本　二册

340000－1801－0005880　2:37140－2:37141
春秋釋奠儀制錄二卷　(清)徐暢達輯　清咸豐二年(1852)刻本　二册

340000－1801－0005881　2:37146－2:37147
萬壽衢歌樂章六卷　(清)彭元瑞編　清木活字印本　二册

340000－1801－0005882　2:37150
[清同治]大婚禮節不分卷　(清)禮部編　清同治刻本　一册

340000－1801－0005883　2:37151
[清同治]大婚禮節不分卷　(清)禮部編　清同治十一年(1872)刻本　一册

340000－1801－0005884　2:37152
永寧祇謁筆記一卷　(清)董恂編　清同治刻本　一册

340000－1801－0005885　2:37153
會典通禮内開官民婚喪冠等規條例册不分卷　(□)□□撰　清光緒刻本　一册

340000－1801－0005886　2:37154－2:37161
南巡盛典一百二十卷　(清)高晉等纂輯　清光緒八年(1882)上海點石齋石印本　八册

340000－1801－0005887　2:37162－2:37169
南巡盛典一百二十卷　(清)高晉等纂輯　清光緒八年(1882)上海點石齋石印本　八册

340000－1801－0005888　2:37170－2:37177
南巡盛典一百二十卷　(清)高晉等纂輯　清光緒八年(1882)上海點石齋石印本　八册

340000－1801－0005889　2:37178－2:37185
南巡盛典一百二十卷　(清)高晉等纂輯　清光緒八年(1882)上海點石齋石印本　八册

340000－1801－0005890　2:3718－2:3731 善
五朝名臣言行錄前集十卷後集十四卷　(宋)朱熹撰　**續集八卷別集二十六卷外集十七卷**

(宋)李幼武撰　元刻本　十五冊　缺三卷(續集一至三)

340000－1801－0005891　2:37186－2:37193
南巡盛典一百二十卷　(清)高晉等纂輯　清光緒八年(1882)上海點石齋石印本　八冊

340000－1801－0005892　2:37194－2:37201
南巡盛典一百二十卷　(清)高晉等纂輯　清光緒八年(1882)上海點石齋石印本　八冊

340000－1801－0005893　2:37203
國朝謚法考一卷　(清)王士禎輯　清刻本　一冊

340000－1801－0005894　2:37204
皇朝謚法考五卷續編一卷補編一卷　(清)鮑康輯　清同治三年(1864)刻本　一冊

340000－1801－0005895　2:37205
皇朝謚法考五卷續編一卷補編一卷　(清)鮑康輯　清同治三年(1864)刻本　一冊

340000－1801－0005896　2:37206
皇朝謚法考五卷續編一卷補編一卷　(清)鮑康輯　清同治三年(1864)刻本　一冊

340000－1801－0005897　2:37209
皇朝謚法匯考五卷　(清)劉長華輯　清光緒二十五年(1899)槐雲閣刻本　一冊

340000－1801－0005898　2:37210
皇朝謚法考五卷續編一卷補編一卷　(清)鮑康輯　清同治三年(1864)刻本　一冊

340000－1801－0005899　2:37218－2:37225
中外紀年通表六卷　(清)齊召南編　清光緒二十三年(1897)上海著易堂石印本　八冊

340000－1801－0005900　2:37226
歷代紀元部表二卷　(□)□□撰　清乾隆二十年(1755)江氏雲灣潛德堂刻本　一冊

340000－1801－0005901　2:37227－2:37229
紀元編三卷末一卷　(清)李兆洛撰　(清)六承如錄　清道光十一年(1831)輩學齋刻本　三冊

340000－1801－0005902　2:37230
紀元編三卷末一卷　(清)李兆洛撰　(清)六承如錄　清同治十年(1871)合肥李氏刻本　一冊

340000－1801－0005903　2:37231
紀元編三卷末一卷　(清)李兆洛撰　(清)六承如錄　清同治十年(1871)合肥李氏刻本　一冊

340000－1801－0005904　2:37232
紀元編三卷末一卷　(清)李兆洛撰　(清)六承如錄　清光緒十八年(1892)金陵書局刻本　一冊

340000－1801－0005905　2:37233
紀元編三卷末一卷　(清)李兆洛撰　(清)六承如錄　清咸豐七年(1857)江陰刻本　一冊

340000－1801－0005906　2:37234
歷代紀元匯考五卷　(清)萬斯同撰　清刻本　一冊

340000－1801－0005907　2:37235－2:37239
增補貢舉考略五卷首一卷　(清)黃崇蘭輯　(清)趙學曾續編　清光緒八年(1882)刻本　五冊

340000－1801－0005908　2:37240－2:37243
國朝貢舉考略三卷首一卷明貢舉考略二卷　(清)黃崇蘭輯　清道光元年(1821)姑蘇經義堂刻本　四冊

340000－1801－0005909　2:37244
明貢舉考略二卷　(清)黃崇蘭輯　清刻本　一冊

340000－1801－0005910　2:37245－2:37246
國朝貢舉考略四卷　(清)黃崇蘭輯　清刻本　二冊

340000－1801－0005911　2:37247－2:37266
欽定學政全書八十六卷首一卷　(清)恭阿拉等纂輯　清嘉慶十七年(1812)刻本　二十冊

340000－1801－0005912　2:37267－2:37286
欽定學政全書八十六卷首一卷　(清)恭阿拉

等纂輯　清嘉慶十七年(1812)刻本　二十冊

340000－1801－0005913　2:37287－2:37306

欽定學政全書八十六卷首一卷　(清)恭阿拉等纂輯　清嘉慶十七年(1812)刻本　二十冊

340000－1801－0005914　2:37307－2:37330

欽定學政全書八十六卷首一卷　(清)恭阿拉等纂輯　清嘉慶十七年(1812)刻本　二十四冊

340000－1801－0005915　2:3732－2:3733 善

南史忠節傳不分卷　(清)左暄輯　清咸豐二年(1852)刻本　二冊

340000－1801－0005916　2:37331－2:37350

欽定學政全書八十六卷首一卷　(清)恭阿拉等纂輯　清嘉慶十七年(1812)刻本　二十冊

340000－1801－0005917　2:3734 善

精忠錄三卷圖一卷　(明)袁純輯　明景泰刻本　一冊

340000－1801－0005918　2:37351－2:37363

欽定科場條例六十卷首一卷　(清)杜受田等纂　清同治六年(1867)江寧藩署木活字印本　十三冊

340000－1801－0005919　2:3735－2:3737 善

忠義錄不分卷　(清)朱溶輯　清康熙十三年(1674)刻本　三冊

340000－1801－0005920　2:37364－2:37375

欽定科場條例五十八卷首一卷　(清)禮部纂　清嘉慶九年(1804)蘇州布政司衙門刻本　十二冊

340000－1801－0005921　2:37376－2:37393

欽定科場條例六十卷　(清)杜受田等纂　清道光十四年(1834)刻本　十八冊

340000－1801－0005922　2:3738 善

新刊官板批評續百將傳四卷　(明)何喬新續　明刻本　一冊　存二卷(一至二)

340000－1801－0005923　2:3739－2:3743 善

新鐫旁批詳註總斷廣名將譜十七卷　(明)黃道周注　明崇禎十六年(1643)刻本　五冊

340000－1801－0005924　2:37394－2:37411

欽定科場條例六十卷　(清)杜受田等纂　清道光十四年(1834)刻本　十八冊

340000－1801－0005925　2:37412－2:37432

續增科場條例□□卷(清道光至光緒)　(□)□□撰　清刻本　二十一冊

340000－1801－0005926　2:37433－2:37434

摘錄科場事例二卷　(清)梅啟照輯　清同治十二年(1873)刻本　二冊

340000－1801－0005927　2:37435－2:37466

續增科場條例□□卷　(□)□□撰　清光緒刻本　三十二冊

340000－1801－0005928　2:3744 善

列仙傳四卷　題(明)還初道人輯　明月旦堂刻本　一冊

340000－1801－0005929　2:3745 善

群仙匯考□□卷　(清)沈廷芳輯　清抄本　一冊　存一卷(一)

340000－1801－0005930　2:3746－2:3750 善

逸民史二十二卷　(明)陳繼儒輯　明萬曆三十一年(1603)新安吳懷謙刻本　五冊

340000－1801－0005931　2:37467－2:37479

欽定武場條例十六卷　(清)景清等纂　清刻本　十三冊　缺三卷(一、十五至十六)

340000－1801－0005932　2:37480－2:37495

欽定新修武場條例十六卷　(清)景清等纂　清光緒二十一年(1895)兵部刻本　十六冊

340000－1801－0005933　2:37496－2:37511

欽定新修武場條例十六卷　(清)景清等纂　清光緒二十一年(1895)兵部刻本　十六冊

340000－1801－0005934　2:37512

奏摺譜不分卷　(清)饒旬宣纂　清光緒十三年(1887)刻本　一冊

340000－1801－0005935　2:3751－2:3753 善

衙門晤語六卷　(明)潘京南輯　明刻本　三冊　存四卷(三至六)

340000－1801－0005936　2:37513

奏摺譜不分卷　(清)饒旬宣纂　清光緒十三年(1887)刻本　一册

340000－1801－0005937　2:37514

三場程式一卷添註塗改款式一卷　(清)聶□□輯　清刻本　一册

340000－1801－0005938　2:37515

三場程式一卷添註塗改款式一卷　(清)聶□□輯　清刻本　一册

340000－1801－0005939　2:37516－2:37524

欽定科場條例六十卷　(清)杜受田等纂　清刻本　九册　缺五卷(一至五)

340000－1801－0005940　2:37525－2:37528

饗宮敬事錄四卷　(清)桂良輯　清同治十年(1871)刻本　四册

340000－1801－0005941　2:37529－2:37530

崇儒舉要六卷　(清)章世臣輯　清同治元年(1862)刻本　二册

340000－1801－0005942　2:37531－2:37532

崇儒舉要六卷　(清)章世臣輯　清同治元年(1862)刻本　二册

340000－1801－0005943　2:37533

欽定臥碑不分卷　(□)□□撰　清刻本　一册

340000－1801－0005944　2:37534－2:37535

明宫史八卷　(明)劉若愚編輯　清宣統二年(1910)國學扶輪社鉛印本　二册

340000－1801－0005945　2:37536－2:37537

明宫史八卷　(明)劉若愚編輯　清宣統二年(1910)國學扶輪社鉛印本　二册

340000－1801－0005946　2:37538－2:37541

内閣撰擬文字二卷　(清)鮑康輯　**二編一卷**　(清)徐士鑾輯　**三編一卷**　(清)丁士彬輯　清同治七年(1868)刻本　四册

340000－1801－0005947　2:37542－2:37543

内閣撰擬文字二卷　(清)鮑康輯　**二編一卷**　(清)徐士鑾輯　**三編一卷**　(清)丁士彬輯　清同治七年(1868)刻本　二册

340000－1801－0005948　2:3754 善

正德三年進士登科録一卷　(□)□□撰　明正德刻本　一册

340000－1801－0005949　2:3755 善

明萬曆進士題名碑錄　(□)□□撰　明刻本　一册

340000－1801－0005950　2:3756－2:3757 善

昭代明良錄二十卷　(明)童時明編次　明萬曆三十八年(1610)童文龍刻本　二册　存四卷(三、七、十一至十二)

340000－1801－0005951　2:3758 善

汪氏世範錄不分卷　(明)汪雲秀輯　明隆慶刻本　一册

340000－1801－0005952　2:3759 善

[安徽黟縣]歐村歐陽氏族譜不分卷　(□)□□纂　明抄本　一册

340000－1801－0005953　2:37600

篁墩世忠祠祀集不分卷　(□)□□撰　清歙縣程仁德抄本　一册

340000－1801－0005954　2:37603

黄敘倫堂紹德堂祀產祭胙規則事略不分卷　(清)黄光第輯　清宣統三年(1911)刻本　一册

340000－1801－0005955　2:37606

中祀合編不分卷　(清)□□輯　清咸豐刻本　一册

340000－1801－0005956　2:37607－2:37608

皇朝祭器樂舞錄二卷　(清)徐暢達輯　清同治十年(1871)湖北崇文書局刻本　二册

340000－1801－0005957　2:37609－2:37611

歷代職官表六卷　(清)黄本驥輯　清光緒八年(1882)上海王氏刻本　三册

340000－1801－0005958　2:3760 善

徽州府科第錄不分卷　(□)□□撰　明抄本　一册

340000－1801－0005959　2:3761－2:3766 善
吴越春秋十卷　(漢)趙曄撰　(元)徐天祜音注　明刻本　六冊

340000－1801－0005960　2:37612－2:37613
歷代職官表六卷　(清)黄本驥輯　清光緒八年(1882)上海王氏刻本　二冊

340000－1801－0005961　2:37614－2:37617
歷代職官表六卷　(清)黄本驥校　清光緒六年(1880)膺詁齋刻本　四冊

340000－1801－0005962　2:37622－2:37655
皇朝詞林典故六十四卷　(清)朱珪等修　(清)陳希曾等纂　清宣統元年(1909)石印本　三十四冊

340000－1801－0005963　2:37662－2:37669
宸垣識略十六卷　(清)吳長元輯　清乾隆五十三年(1788)池北草堂刻本　八冊

340000－1801－0005964　2:37670－2:37671
官制議十四卷　康有為撰　清光緒三十年(1904)上海廣智書局鉛印本　二冊

340000－1801－0005965　2:37672
續訂直省官制原奏清單　(清)奕劻等撰　清安慶正誼書局鉛印本　一冊

340000－1801－0005966　2:37673
預備立憲京内官制全案一卷　(□)□□撰　清光緒三十二年(1906)開智圖書公司鉛印本　一冊

340000－1801－0005967　2:37674
風憲忠告一卷廟堂忠告一卷　(元)張養浩撰　清刻本　一冊

340000－1801－0005968　2:37675
牧民忠告二卷　(元)張養浩撰　清同治七年(1868)姑蘇書局刻本　一冊

340000－1801－0005969　2:37676
牧民忠告二卷　(元)張養浩撰　清同治七年(1868)姑蘇書局刻本　一冊

340000－1801－0005970　2:37677－2:37678
從政遺規二卷　(清)陳弘謀輯　清乾隆七年(1742)培遠堂刻本　二冊

340000－1801－0005971　2:37679－2:37680
從政遺規二卷　(清)陳宏謀輯　清同治七年(1868)楚北崇文書局刻本　二冊

340000－1801－0005972　2:3767 善
越絕書十五卷　(漢)袁康撰　明王業恂、王資治刻本　一冊

340000－1801－0005973　2:37681－2:37682
在官法戒錄摘抄四卷　(清)陳宏謀輯　清同治七年(1868)楚北崇文書局刻本　二冊

340000－1801－0005974　2:37683－2:37684
在官法戒錄四卷　(清)陳宏謀輯　清同治十二年(1873)刻本　二冊

340000－1801－0005975　2:37685－2:37689
大臣法則八卷　(清)謝文洊彙纂　清道光二十九年(1849)南豐劉煜刻本　五冊

340000－1801－0005976　2:37690
居官鏡一卷　(清)剛毅纂輯　清光緒十八年(1892)刻本　一冊

340000－1801－0005977　2:37691－2:37692
江蘇省例不分卷　(□)□□撰　清同治八年(1869)江蘇書局刻本　二冊

340000－1801－0005978　2:3768 善
廣禹貢楚絕書二卷　(明)陳士元撰　明抄本　一冊

340000－1801－0005979　2:3769－2:3776 善
水經注四十卷　(北魏)酈道元注　明崇禎二年(1629)刻本　八冊

340000－1801－0005980　2:37693
州縣提綱四卷　(宋)陳襄撰　**捕蝗考一卷**　清抄本　一冊

340000－1801－0005981　2:37694
作吏九規二卷　(清)仲振履撰　清嘉慶刻本　一冊

340000－1801－0005982　2:37695
欽頒州縣事宜一卷　(清)田文鏡等輯　清同

治七年(1868)江蘇書局刻本　一册

340000－1801－0005983　2:37696
欽頒州縣事宜一卷　(清)田文鏡等輯　清同治七年(1868)江蘇書局刻本　一册

340000－1801－0005984　2:37697
欽頒州縣事宜一卷　(清)田文鏡等輯　清同治七年(1868)江蘇書局刻本　一册

340000－1801－0005985　2:37698
欽頒州縣事宜一卷　(清)田文鏡等輯　清刻本　一册

340000－1801－0005986　2:37699－2:37700
圖民錄四卷　(清)袁守定撰　清光緒十二年(1886)刻本　二册

340000－1801－0005987　2:37701－2:37702
圖民錄四卷　(清)袁守定撰　清同治十一年(1872)江西書局刻本　二册

340000－1801－0005988　2:37703－2:37704
圖民錄四卷　(清)袁守定撰　清同治十一年(1872)江西書局刻本　二册

340000－1801－0005989　2:37705－2:37706
袁易齋先生圖民錄四卷　(清)袁守定撰　清同治十二年(1873)湘鄉楊昌濬刻本　二册

340000－1801－0005990　2:37707
學治臆說二卷續說一卷說贅一卷　(清)汪輝祖纂　清乾隆五十八年(1793)刻本　一册

340000－1801－0005991　2:37708
學治臆說二卷續說一卷說贅一卷　(清)汪輝祖纂　清同治五年(1866)刻本　一册

340000－1801－0005992　2:37709
學治臆說二卷續說一卷說贅一卷　(清)汪輝祖纂　清同治五年(1866)刻本　一册

340000－1801－0005993　2:37710
學治要言一卷　(清)顧炎武等撰　清光緒十七年(1891)鉛印本　一册

340000－1801－0005994　2:37711
佐治藥言一卷續一卷　(清)汪輝祖撰　清道光六年(1826)浙江藩署刻本　一册

340000－1801－0005995　2:37712
佐治藥言一卷續一卷　(清)汪輝祖撰　清同治五年(1866)刻本　一册

340000－1801－0005996　2:37713
佐治藥言一卷續一卷　(清)汪輝祖撰　清同治五年(1866)刻本　一册

340000－1801－0005997　2:37714
佐治藥言一卷續一卷　(清)汪輝祖撰　清同治五年(1866)刻本　一册

340000－1801－0005998　2:37715
佐治藥言二卷學治臆說三卷　(清)汪輝祖撰　清刻本　一册

340000－1801－0005999　2:37716－2:37717
鄉守輯要合鈔十卷　(清)許乃釗輯　清刻本　二册

340000－1801－0006000　2:37718－2:37719
庸吏庸言二卷　(清)劉衡撰　清同治七年(1868)楚北崇文書局刻本　二册

340000－1801－0006001　2:37720
劉簾舫先生吏治三書六卷　(清)劉衡撰　清同治七年(1868)江蘇書局刻本　一册

340000－1801－0006002　2:37721
劉簾舫先生吏治三書六卷　(清)劉衡撰　清同治七年(1868)江蘇書局刻本　一册

340000－1801－0006003　2:37722
劉簾舫先生吏治三書六卷　(清)劉衡撰　清同治七年(1868)江蘇書局刻本　一册

340000－1801－0006004　2:37723
州縣須知四卷　(清)劉衡撰　清刻本　一册

340000－1801－0006005　2:37724－2:37731
學仕錄十六卷　(清)戴肇辰輯　清同治六年(1867)刻本　八册

340000－1801－0006006　2:37732－2:37739
學仕錄十六卷　(清)戴肇辰輯　清同治六年(1867)刻本　八册

340000－1801－0006007　2:37740－2:37747
學仕錄十六卷　(清)戴肇辰輯　清同治六年(1867)刻本　八冊

340000－1801－0006008　2:37748
牧令須知六卷　(清)剛毅撰　清光緒十八年(1892)粤東書局刻本　一冊

340000－1801－0006009　2:37749－2:37750
牧令須知六卷　(清)剛毅撰　清光緒十五年(1889)江蘇書局刻本　二冊

340000－1801－0006010　2:37751－2:37765
牧令書二十三卷　(清)徐棟輯　清道光二十八年(1848)刻本(卷一至二補配)　十五冊

340000－1801－0006011　2:37766－2:37775
牧令書輯要十卷　(清)徐棟原編　(清)丁日昌重編　清同治八年(1869)湖北崇文書局刻本　十冊

340000－1801－0006012　2:3777－2:3784
水經注四十卷　(北魏)酈道元注　明崇禎二年(1629)刻本　八冊

340000－1801－0006013　2:37776－2:37785
牧令書輯要十卷　(清)徐棟原編　(清)丁日昌重編　清同治八年(1869)湖北崇文書局刻本　十冊

340000－1801－0006014　2:37786－2:37795
牧令書輯要十卷　(清)徐棟原編　(清)丁日昌選評　清同治七年(1868)江蘇書局刻本　十冊

340000－1801－0006015　2:37796－2:37805
牧令書輯要十卷　(清)徐棟原編　(清)丁日昌選評　清同治七年(1868)江蘇書局刻本　十冊

340000－1801－0006016　2:37806－2:37815
牧令書輯要十卷　(清)徐棟原編　(清)丁日昌選評　清同治七年(1868)江蘇書局刻本　十冊

340000－1801－0006017　2:37816－2:37825
牧令書輯要十卷　(清)徐棟原編　(清)丁日昌選評　清同治七年(1868)江蘇書局刻本　十冊

340000－1801－0006018　2:37826
保甲書輯要四卷　(清)徐棟原編　(清)丁日昌重校　清同治七年(1868)江蘇書局刻本　一冊

340000－1801－0006019　2:37827
保甲書輯要四卷　(清)徐棟原編　(清)丁日昌重校　清同治七年(1868)江蘇書局刻本　一冊

340000－1801－0006020　2:37828
保甲書輯要四卷　(清)徐棟原編　(清)丁日昌重校　清同治七年(1868)江蘇書局刻本　一冊

340000－1801－0006021　2:37829
保甲書輯要四卷　(清)徐棟原編　(清)丁日昌重校　清同治七年(1868)江蘇書局刻本　一冊

340000－1801－0006022　2:3785－2:3792 善
河防一覽十四卷　(明)潘季馴撰　明萬曆十八年(1590)刻本　八冊　缺二卷(十三至十四)

340000－1801－0006023　2:37861－2:37864
新編吏治懸鏡八卷　(清)徐文弼編輯　清刻本　四冊

340000－1801－0006024　2:37865－2:37866
儒林亦政編四卷　(清)夏炘撰　(清)吳懋田編　清同治六年(1867)刻本　二冊

340000－1801－0006025　2:37868－2:37869
入幕須知五種贅言十則一卷　(清)張廷驤輯　清光緒十八年(1892)浙江書局刻本　二冊　存二種(幕學舉要、佐治藥言)

340000－1801－0006026　2:37870－2:37872
入幕須知五種　(清)張廷驤輯　清光緒刻本　三冊　存三種(學治說贅續說、辨案要略、刑幕要略)

340000－1801－0006027　2:37873－2:37878

入幕須知五種贅言十則一卷 (清)張廷驤輯　清光緒十八年(1892)浙江書局刻本　六冊

340000－1801－0006028　2:37879
御製人臣儆心錄一卷 (清)世祖福臨撰　清順治十二年(1655)刻本　一冊

340000－1801－0006029　2:37884－2:37887
平平言四卷 (清)方大湜撰　清光緒十六年(1890)鄂省藩署鉛印本　四冊

340000－1801－0006030　2:37888－2:37891
平平言四卷 (清)方大湜撰　清光緒十三年(1887)常德府署刻本　四冊

340000－1801－0006031　2:37892－2:37894
三國職官表三卷 (清)洪飴孫編　清光緒十七年(1891)廣雅書局刻本　三冊

340000－1801－0006032　2:37896－2:37934
欽定戶部則例一百三十四卷 (清)和珅等纂　清乾隆刻本　三十九冊　缺一卷(二十二)

340000－1801－0006033　2:3793－2:3799 善
河防一覽榷十二卷圖一卷 (明)潘季馴撰　明刻本　七冊　存七卷(三至六、八至九,圖一卷)

340000－1801－0006034　2:37935
籌擬減平京餉條款等不分卷 (□)□□撰　清抄本　一冊

340000－1801－0006035　2:37936
地方自治財政論不分卷 (日本)石塚剛毅撰　題友古齋主譯　清光緒二十九年(1903)上海商務印書館鉛印本　一冊

340000－1801－0006036　2:37937－2:37942
度支部試辦宣統三年預算案總表 度支部編　清宣統三年(1911)石印本　六冊

340000－1801－0006037　2:37946
安徽清理財政局試辦宣統三年預算報總冊表 安徽清理財政局編　清宣統二年(1910)蕪湖啟新印刷所鉛印本　一冊

340000－1801－0006038　2:37947
安徽清理財政局試辦宣統三年預算地方行政經費總冊表 安徽清理財政局編　清宣統蕪湖啟新印刷所鉛印本　一冊

340000－1801－0006039　2:37950
安徽清理財政局試辦宣統三年預算報告總冊表 安徽清理財政局編　清宣統蕪湖啟新印刷所鉛印本　一冊

340000－1801－0006040　2:37951－2:37962
重修北新關志十六卷首一卷 (清)許夢閎纂輯　清雍正九年(1731)刻本　十二冊

340000－1801－0006041　2:37963
中國財政紀略一卷 (日本)東邦協會纂　(清)吳銘譯　清光緒二十八年(1902)上海廣智書局鉛印本　一冊

340000－1801－0006042　2:37964
鳳陽各關口稅例合纂不分卷 (清)鳳陽關部編輯　清宣統元年(1909)抄本　一冊

340000－1801－0006043　2:37965
櫃徵急公定章全案不分卷 (□)□□撰　清光緒二十八年(1902)海陽書院刻本　一冊

340000－1801－0006044　2:37966
完糧新章不分卷 (□)□□撰　清光緒二十二年(1896)刻本　一冊

340000－1801－0006045　2:37967
海運紀略後編二卷 (清)姚濬昌編　清光緒十七年(1891)江西安福縣署刻本　一冊

340000－1801－0006046　2:37968
杭嘉湖三府減漕記略不分卷 (清)戴槃撰　清同治七年(1868)刻本　一冊

340000－1801－0006047　2:37969－2:37970
皖藩例案二卷 (□)□□撰　清抄本　二冊

340000－1801－0006048　2:37971
皖藩政要不分卷附交代雜説 (□)□□撰　清抄本　一冊

340000－1801－0006049　2:37975
裕課清累全案不分卷 (清)汪開培等輯　清同治十三年(1874)刻本　一冊

340000－1801－0006050　2:37976
裕課清累全案不分卷　(清)汪開培等輯　清同治十三年(1874)刻本　一册

340000－1801－0006051　2:37977
裕課清累全案不分卷　(清)汪開培等輯　清同治十三年(1874)刻本　一册

340000－1801－0006052　2:37978
裕課清累全案不分卷　(清)汪開培等輯　清同治十三年(1874)刻本　一册

340000－1801－0006053　2:37980
度支部銀行註册章程不分卷　度支部編　清刻本　一册

340000－1801－0006054　2:37982－2:37987
續纂淮關統志十卷首一卷　(清)元成纂　清嘉慶二十一年(1816)刻光緒三十二年(1906)補刻本　六册

340000－1801－0006055　2:37988
鄂省減定漕南折解款目彙纂不分卷　(□)□□撰　清咸豐刻本　一册

340000－1801－0006056　2:37991－2:37992
鄂省丁漕指掌十卷　(清)林遠村輯　清光緒元年(1875)刻本　二册

340000－1801－0006057　2:3800－2:3803 善
通鑑地理通釋十四卷　(宋)王應麟撰　明毛氏汲古閣刻本　四册

340000－1801－0006058　2:38021－2:38032
敕修兩浙鹽法志十六卷首一卷　(清)李衛等纂　清雍正六年(1728)刻本　十二册

340000－1801－0006059　2:38033
改辦溫處鹽務撮要一卷　(清)趙舒翹輯　清光緒十九年(1893)甌江官舍刻本　一册

340000－1801－0006060　2:38034－2:38043
四川鹽法志四十卷首一卷　(清)丁寶楨　(清)羅文彬等輯　清光緒八年(1882)刻本　十册　存十五卷(一至十五)

340000－1801－0006061　2:3804－2:3819 善
太湖備考十六卷首一卷　(清)金友理撰　清乾隆十五年(1750)藝蘭圃刻本　十六册

340000－1801－0006062　2:38044－2:38063
四川鹽法志四十卷首一卷　(清)丁寶楨　(清)羅文彬等輯　清光緒八年(1882)刻本　二十册

340000－1801－0006063　2:38064－2:38087
重修兩淮鹽法志五十六卷首四卷　(清)單渠纂　清嘉慶刻本　二十四册

340000－1801－0006064　2:38088－2:38111
兩淮鹽法志五十六卷首四卷　(清)沈襄琴等重修　清同治九年(1870)揚州書局刻本　二十四册

340000－1801－0006065　2:38112－2:38134
兩淮鹽法志四十卷　(清)王世球等纂修　清乾隆刻本　二十三册　缺一卷(四十)

340000－1801－0006066　2:38167－2:38190
欽定重修兩浙鹽法志三十卷首二卷　(清)延豐等纂　清同治十三年(1874)刻本　二十四册

340000－1801－0006067　2:3820－2:3827 善
籌海圖編十三卷　(明)胡宗憲編輯　明天啓四年(1624)都察院刻本　八册

340000－1801－0006068　2:38256－2:38278
欽定重修兩浙鹽法志三十卷首二卷　(清)延豐等纂　清刻本　二十三册

340000－1801－0006069　2:38279
兩淮鹽法撰要二卷　(清)陳慶年撰　清光緒十八年(1892)鉛印本　一册

340000－1801－0006070　2:38280
兩淮鹽法撰要二卷　(清)陳慶年撰　清光緒十八年(1892)鉛印本　一册

340000－1801－0006071　2:38281
兩淮鹽法撰要二卷　(清)陳慶年撰　清光緒十八年(1892)鉛印本　一册

340000－1801－0006072　2:38282
兩淮鹽法撰要二卷　(清)陳慶年撰　清光緒十八年(1892)鉛印本　一册

340000－1801－0006073　2∶3828－2∶3835 善
籌海圖編十三卷　(明)胡宗憲編輯　明天啓四年(1624)都察院刻本　八册

340000－1801－0006074　2∶38285－2∶38288
淮北票鹽志略十四卷　(清)童濂總修　(清)魏源等纂輯　清道光二十年(1840)刻本　四册

340000－1801－0006075　2∶38289－2∶38292
淮北票鹽志略十四卷　(清)童濂總修　(清)魏源等纂輯　清道光二十年(1840)刻本　四册

340000－1801－0006076　2∶38293－2∶38298
淮南鹽法紀略十卷　(清)龐際雲輯　清同治十二年(1873)淮南書局刻本　六册

340000－1801－0006077　2∶38299－2∶38305
淮南鹽法紀略十卷　(清)龐際雲輯　清同治十二年(1873)淮南書局刻本　七册

340000－1801－0006078　2∶38306－2∶38309
淮鹺備要八卷　(清)李澄輯　清刻本　四册

340000－1801－0006079　2∶38310
淮鹺紀略不分卷　(清)陳炳輯　清抄本　一册

340000－1801－0006080　2∶38311－2∶38318
淮鹺駁案類編八卷　(清)陳方坦撰　清光緒十八年(1892)金陵刻本　八册

340000－1801－0006081　2∶38319－2∶38340
長蘆鹽法志二十卷附編十卷　(清)黄掌綸等纂　清嘉慶十年(1805)刻本　二十二册

340000－1801－0006082　2∶38341
鹽案不分卷　(□)□□撰　清抄本　一册

340000－1801－0006083　2∶38343－2∶38350
河東鹽法備覽十二卷　(清)蔣兆奎編輯　清乾隆五十五年(1790)刻本　八册

340000－1801－0006084　2∶38351－2∶38360
山東鹽法續增備考六卷　(清)王定柱輯　清同治三年(1864)恩錫刻本　十册

340000－1801－0006085　2∶38361－2∶38384
山東鹽法二十二卷首一卷附編十卷　(清)宋湘等修　清嘉慶刻本　二十四册

340000－1801－0006086　2∶3836－2∶3843 善
籌海圖編十三卷　(明)胡宗憲編輯　明天啓四年(1624)都察院刻本　八册

340000－1801－0006087　2∶38385
鹽法總論不分卷　(□)□□撰　清抄本　一册

340000－1801－0006088　2∶38386－2∶38390
鄭工新例銓補章程一卷海防新章一卷增修現行常例一卷　(清)戶部編　清光緒刻本　五册

340000－1801－0006089　2∶38391－2∶38392
海防銓補新章二卷　(□)□□撰　清刻本　二册

340000－1801－0006090　2∶38394
戶部續議漢軍人員捐免考試例册　(清)戶部續議具奏　清同治三年(1864)刻本　一册

340000－1801－0006091　2∶38395
戶部奏准道府州等捐免保舉銀兩酌收實銀其前捐免保舉銀兩改為加級記錄例册　(清)戶部議復具奏　清同治三年(1864)刻本　一册

340000－1801－0006092　2∶38396
籌餉例期滿再行十二次接展　(清)戶部具奏　清同治三年(1864)刻本　一册

340000－1801－0006093　2∶38397－2∶38400
增修籌餉事例不分卷　(清)戶部具奏　清同治五年(1866)刻本　四册

340000－1801－0006094　2∶38401
安徽捐賑獎敘條款不分卷　(□)□□撰　清刻本　一册

340000－1801－0006095　2∶38402
議覆湖南巡撫惲奏生監吏員出身報捐州縣等官令赴京餉局捐免保舉原奏例册　(□)□□撰　清同治木活字印本　一册

340000－1801－0006096　2∶38403

議覆陝西巡撫設局收捐奏不分卷　(□)□□撰　清刻本　一冊

340000－1801－0006097　2:38404

戶部議履前陝甘總督熙等奏請派員晉蜀兩省設局勸捐並變通條例一卷　(清)戶部具奏　清同治三年(1864)刻本　一冊

340000－1801－0006098　2:38406

湖北推廣賑捐奏案不分卷　(清)戶部具奏　清光緒刻本　一冊

340000－1801－0006099　2:38407

湖北籌辦推廣賑捐章程不分卷　(□)□□編　清刻本　一冊

340000－1801－0006100　2:38408

湖北籌辦推廣賑捐章程不分卷　(□)□□編　清刻本　一冊

340000－1801－0006101　2:38409

湖北籌辦推廣賑捐章程不分卷　(□)□□編　清刻本　一冊

340000－1801－0006102　2:38410

蘇浙賑捐章程不分卷　(清)戶部具奏　清光緒刻本　一冊

340000－1801－0006103　2:38411

議覆廣東捐輸照舊章給獎並更正捐輸軍需名目章程不分卷　(清)戶部具奉　清同治二年(1863)刻本　一冊

340000－1801－0006104　2:38412

清茶法不分卷　(□)□□撰　清抄本　一冊

340000－1801－0006105　2:38418

光緒乙酉皖南茶稅請免收釐增課全案錄不分卷　(清)皖南茶釐總局編　清光緒十一年(1885)刻本　一冊

340000－1801－0006106　2:38419

區田編加注變通區田省工法合刻不分卷　(□)□□撰　清光緒三年(1877)山西布政司刻本　一冊

340000－1801－0006107　2:38421

開墾萬頃湖鈔案不分卷　(□)□□撰　清抄本　一冊

340000－1801－0006108　2:38423

錢業規模不分卷　(□)□□撰　清光緒抄本　一冊

340000－1801－0006109　2:38424

新增銀論一卷　(清)蘇富源訂　清同治十三年(1874)刻本　一冊

340000－1801－0006110　2:38425－2:38426

錢穀備要十卷　(清)王又槐輯　清光緒十九年(1893)上海古香閣石印本　二冊

340000－1801－0006111　2:38428

試銀錢攷工不分卷　(清)傅范初述　清光緒二十四年(1898)石印實學叢書本　一冊

340000－1801－0006112　2:38429

錢案通飭附通行不分卷　(□)□□撰　清抄本　一冊

340000－1801－0006113　2:38430

銅圓圖說不分卷　(□)□□撰　清光緒石印本　一冊

340000－1801－0006114　2:38431－2:38432

鑄錢工藝三卷圖一卷　(英國)傅蘭雅　(清)鍾天緯同譯　清鉛印富強齋叢書本　二冊

340000－1801－0006115　2:38433

會議銀價問答　(□)□□撰　清光緒山東農工商務局石印本　一冊

340000－1801－0006116　2:38434

水災圖一卷　(□)□□輯　清光緒七年(1881)寶善堂刻本　一冊

340000－1801－0006117　2:38435－2:38436

重刊救荒補遺書二卷　(宋)董煟編　(元)張光大增　(明)朱熊補遺　清同治八年(1869)楚北崇文書局刻本　二冊

340000－1801－0006118　2:38437

災賑芻言一卷　(清)詹考祥撰　清刻本　一冊

340000－1801－0006119　2:38438－2:38439

荒政輯要九卷首一卷　(清)汪志伊纂　清刻本　二册

340000－1801－0006120　2:38440－2:38441
荒政輯要九卷首一卷　(清)汪志伊撰　清嘉慶十一年(1806)浙江藩署刻本　二册

340000－1801－0006121　2:3844－2:3851 善
籌海圖編十三卷　(明)胡宗憲編輯　明天啓四年(1624)都察院刻本　八册

340000－1801－0006122　2:38442－2:38447
蕪湖關徵税章程　(□)□□撰　清抄本　六册

340000－1801－0006123　2:38452－2:38459
江蘇減賦全案八卷　(清)劉郇膏等纂輯　清同治五年(1866)刻本　八册

340000－1801－0006124　2:38460－2:38463
欽定康濟録四卷　(清)倪國璉輯　清同治八年(1869)楚北崇文書局刻本　四册

340000－1801－0006125　2:38464－2:38469
欽定康濟録四卷　(清)倪國璉輯　清刻本　六册

340000－1801－0006126　2:38470－2:38472
欽定康濟録四卷　(清)倪國璉輯　清同治三年(1864)浙江撫署刻本　三册

340000－1801－0006127　2:38473－2:38484
康濟譜二十五卷　(明)潘游龍輯著　清道光七年(1827)京都琉璃廠刻本　十二册

340000－1801－0006128　2:38485
身世金丹不分卷　(□)□□撰　清刻本　一册

340000－1801－0006129　2:38487－2:38492
未信編六卷　(清)潘杓燦撰　清康熙刻本　六册

340000－1801－0006130　2:38493－2:38498
未信編六卷　(清)潘杓燦撰　清康熙刻本　六册

340000－1801－0006131　2:38505
籌濟編摘要不分卷　(清)王明德輯　清光緒琉璃廠龍雲齋刻本　一册

340000－1801－0006132　2:38506
籌濟編摘要不分卷　(清)王明德輯　清光緒琉璃廠龍雲齋刻本　一册

340000－1801－0006133　2:38507－2:38514
籌濟編三十二卷首一卷　(清)楊景仁輯　清光緒五年(1879)山東書局刻本　八册

340000－1801－0006134　2:38521
重建新安會館徵信録不分卷　(清)汪廷棟等編輯　清光緒三十二年(1906)刻本　一册

340000－1801－0006135　2:3852－2:3859 善
籌海圖編十三卷　(明)胡宗憲編輯　明天啓四年(1624)都察院刻本　八册

340000－1801－0006136　2:38523
浙江倉庫清查節要不分卷　(清)王鳳生輯　清刻本　一册

340000－1801－0006137　2:38524
永康胡氏籌費義田記不分卷　(□)□□撰　清同治四年(1865)永康胡氏退補齋刻本　一册

340000－1801－0006138　2:38528－2:38530
宿松縣公產契録不分卷　(□)□□録　清咸豐十年(1860)木活字印本　三册

340000－1801－0006139　2:38531－2:38533
宿松縣公產契録不分卷　(□)□□録　清咸豐十年(1860)木活字印本　三册

340000－1801－0006140　2:38534－2:38536
宿松縣公產契録不分卷　(□)□□録　清咸豐十年(1860)木活字印本　三册

340000－1801－0006141　2:38538
致芳公祀產不分卷　(清)汪玫玉等輯　清光緒刻本　一册

340000－1801－0006142　2:38539
江夏縣雙孝祠祀田記一卷　(清)黄迪孺輯　清刻本　一册

340000－1801－0006143　2:38540

重建利濟石橋徵信録一卷　祁西利濟橋局輯　清光緒二十五年(1899)刻本　一册

340000－1801－0006144　2:38544－2:38545

安徽清節堂徵信録不分卷　(□)□□撰　清光緒十二年(1886)刻本　二册

340000－1801－0006145　2:38546

安徽清節堂徵信録不分卷　(□)□□撰　清光緒十二年(1886)刻本　一册

340000－1801－0006146　2:38547

遺愛堂徵信録不分卷　(清)胡正仁編　清道光刻本　一册

340000－1801－0006147　2:38548

山東嶧縣華德中興煤礦有限公司彙送光緒二十五至三十一年總分各廠子同入款目　山東中興煤礦公司編　清光緒三十二年(1906)石印本　一册

340000－1801－0006148　2:38554

唐慎微堂契簿不分卷　(□)□□撰　清光緒二十八年(1902)刻本　一册

340000－1801－0006149　2:38555－2:38556

安徽金穀瑣言二卷　(清)陳雲編　清抄本　二册

340000－1801－0006150　2:38557

育嬰堂簿一卷　(□)□□撰　清光緒刻本　一册

340000－1801－0006151　2:38558

新安屯溪公濟局徵信録不分卷　屯溪公濟局輯　清刻本　一册

340000－1801－0006152　2:38560

發給執照兼釐糧產條款不分卷　(清)休寧縣頒發　清同治刻本　一册

340000－1801－0006153　2:38566

浙江省減賦全案十卷　(清)楊昌濬撰　清浙江糧道庫鉛印本　一册　存一卷(九)

340000－1801－0006154　2:38567－2:38568

編審事宜不分卷　(□)□□撰　清刻本　二册

340000－1801－0006155　2:38569

捐釐新章不分卷　浙江茶鹽牙釐總局訂　清同治刻本　一册

340000－1801－0006156　2:38570

海防捐輸事例不分卷　(清)戶部編　清光緒刻本　一册

340000－1801－0006157　2:38571－2:38572

官圩田工備覽二卷　(清)史彝尊編　題湖輭逸叟重輯　清刻本　二册

340000－1801－0006158　2:38574

蕪湖育嬰堂徵信録不分卷　蕪湖育嬰堂編　清光緒石印本　一册

340000－1801－0006159　2:38576－2:38577

新安惟善堂徵信全録不分卷　(□)□□録　清光緒十七年(1891)刻本　二册

340000－1801－0006160　2:38578

方氏契簿不分卷　(□)□□録　清抄本　一册

340000－1801－0006161　2:38579

章氏契簿不分卷　(□)□□録　清抄本　一册

340000－1801－0006162　2:38580

汪憲副公祠契簿不分卷　(□)□□録　清抄本　一册

340000－1801－0006163　2:38581

程氏契簿不分卷　(□)□□録　清抄本　一册

340000－1801－0006164　2:38582

金氏契簿不分卷　(□)□□録　清抄本　一册

340000－1801－0006165　2:38583

胡氏契簿不分卷　(□)□□録　清抄本　一册

340000－1801－0006166　2:38584

輪船招商局第二十八屆帳略不分卷　盛宣懷

輯　清光緒二十七年(1901)石印本　一冊

340000－1801－0006167　2∶38587

二十都五圖九甲糧產號稅總冊不分卷　(清)周鼎新等編　清順治十年(1653)抄本　一冊

340000－1801－0006168　2∶38588

春秋社簿不分卷　(明)春秋社編　明萬曆刻本　一冊

340000－1801－0006169　2∶3860－2∶3863 善

名山勝概記□□卷　(明)何鏜輯　明刻本　四冊

340000－1801－0006170　2∶38602－2∶38606

魚鱗冊不分卷　(□)□□撰　清抄本　五冊

340000－1801－0006171　2∶38607－2∶38609

休寧縣魚鱗冊不分卷　(清)休寧縣編　清抄本　三冊

340000－1801－0006172　2∶38610－2∶38612

歙縣魚鱗冊不分卷　(明)歙縣編　明抄本　四冊

340000－1801－0006173　2∶38613

增廣精參鷹洋要訣不分卷　(清)余惠人撰　清光緒二十二年(1896)上海書局石印本　一冊

340000－1801－0006174　2∶38615

直省天河兩屬水災圖不分卷　(□)□□撰　清刻本　一冊

340000－1801－0006175　2∶38617

安徽全省礦務總局開辦章程不分卷　安徽全省礦務總局撰　清刻本　一冊

340000－1801－0006176　2∶38618

奏為煤礦收稅各省歧異請旨　(□)□□撰　清光緒三十一年(1905)刻本　一冊

340000－1801－0006177　2∶38621－2∶38626

江西農工商礦紀畧不分卷　(清)傅春官撰　清刻本　六冊

340000－1801－0006178　2∶38627

裁嚴郡九姓漁課錄一卷　(清)戴槃輯　清同治七年(1868)刻本　一冊

340000－1801－0006179　2∶38628

杭嘉湖三府減漕奏稿不分卷　(清)戴槃輯　清光緒五年(1879)刻本　一冊

340000－1801－0006180　2∶38629

杭嘉湖三府減漕記略不分卷　(清)戴槃撰　清同治七年(1868)刻本　一冊

340000－1801－0006181　2∶38630

米案呈稿不分卷　(清)汪麟等輯　清光緒刻本　一冊

340000－1801－0006182　2∶38631－2∶38632

江北運程四十卷首一卷　(清)董恂輯　清同治六年(1867)刻本　二冊　存二卷(二十六、三十)

340000－1801－0006183　2∶38633

富國養民策不分卷　(英國)哲分斯撰　清光緒十二年(1886)刻本　一冊

340000－1801－0006184　2∶38634

田契租賬不分卷　(□)□□錄　清道光抄本　一冊

340000－1801－0006185　2∶38635

浙省新定籌餉百貨捐釐章程不分卷　浙江茶鹽牙釐總局訂　清光緒鉛印本　一冊

340000－1801－0006186　2∶38636－2∶38637

井田圖考二卷　(清)朱克己撰　清光緒十六年(1890)山東書局刻本　一冊

340000－1801－0006187　2∶38643

省城外卡額定光緒拾柒年至貳拾年分收數比較不分卷　(□)□□撰　清光緒刻本　一冊

340000－1801－0006188　2∶38644

宣統元年通商各口華洋貿易情形總論不分卷　(清)上海通商海關造冊處編　清宣統二年(1910)鉛印本　一冊

340000－1801－0006189　2∶38648

康熙四十年編審紅冊不分卷　(□)□□撰　清康熙抄本　一冊

340000－1801－0006190　2:3864 善

黄山圖不分卷　（清）釋雪莊繪　清康熙新安吳荃刻本　一冊

340000－1801－0006191　2:38653

程氏仁宗公契底簿不分卷　（清）程氏仁宗公輯　清光緒抄本　一冊

340000－1801－0006192　2:38654

三圖十排眾會簿　（清）任永樊等輯　清抄本　一冊

340000－1801－0006193　2:38655

明初徽州祁門縣十東都二保經理魚鱗冊不分卷　（清）洪樹芳編造　清抄本　一冊

340000－1801－0006194　2:38656－2:38660

收租簿不分卷　（□）□□撰　清抄本　五冊

340000－1801－0006195　2:3865 善

黄山圖不分卷　（清）釋雪莊繪　清康熙新安吳荃刻本　一冊

340000－1801－0006196　2:38661－2:38663

丁未和會類要四卷　（清）□□輯　清光緒鉛印本　三冊

340000－1801－0006197　2:3866－2:3875 善

黄山志十卷　（清）釋弘眉撰　清康熙六年（1667）刻本　十冊

340000－1801－0006198　2:38664

丁未和會類要四卷　（清）□□輯　清光緒鉛印本　一冊　存一卷（一）

340000－1801－0006199　2:38665－2:38668

奥斯馬加國條款税則章程不分卷　（清）□□輯　清同治八年（1869）刻本　四冊

340000－1801－0006200　2:38669

丹國通商條約一卷税則章程一卷　（□）□□撰　清同治二年（1863）刻本　一冊

340000－1801－0006201　2:38670

丹國通商條約一卷税則章程一卷　（□）□□撰　清同治二年（1863）刻本　一冊

340000－1801－0006202　2:38671－2:38689

通商約章類纂三十五卷首一卷　（清）徐宗亮輯　清光緒十二年（1886）天津官書局刻本　十九冊　缺二卷（三十四至三十五）

340000－1801－0006203　2:38696－2:38714

通商約章類纂三十五卷首一卷　（清）徐宗亮輯　清光緒二十五年（1899）北洋官書局重印本　十九冊　缺一卷（二十九）

340000－1801－0006204　2:38715－2:38718

各國約章纂要六卷首一卷附錄一卷　勞乃宣等輯　清光緒十八年（1892）上海圖書集成印書局鉛印本　四冊

340000－1801－0006205　2:38719－2:38722

各國約章纂要六卷首一卷附錄一卷　勞乃宣等輯　清光緒十八年（1892）上海圖書集成印書局鉛印本　四冊

340000－1801－0006206　2:387－2:406 善

史記一百三十卷　（漢）司馬遷撰　（明）歸有光評點　清光緒二年（1876）武昌張裕釗刻本　清方苞評點　清姚幸過錄清吳汝綸批校　二十冊

340000－1801－0006207　2:38723－2:38744

各國立約始末記三十二卷首二卷　（清）陸元鼎撰　清光緒三十二年（1906）上海商務印書館鉛印本　二十二冊

340000－1801－0006208　2:38745－2:38752

各國交涉公法論十六卷公法總論一卷　（英國）費利摩羅巴德撰　（英國）傅蘭雅口譯　（清）俞世爵筆述　清光緒二十二年（1896）鉛印本　八冊

340000－1801－0006209　2:38753－2:38768

各國交涉公法論十六卷　（英國）費利摩羅巴德撰　（英國）傅蘭雅口譯　（清）俞世爵筆述　**校勘記一卷中西紀年一卷**　（清）錢國祥撰　清光緒二十四年（1898）江南製造局鉛印本　十六冊

340000－1801－0006210　2:38769－2:38796

約章分類輯要三十八卷首一卷　蔡乃煌等輯　清光緒二十六年（1900）湖南商務局刻本

二十八册

340000－1801－0006211　2∶3876 善
黃山志二卷　（清）張佩芳撰　清乾隆刻本　一册

340000－1801－0006212　2∶3877－2∶3881 善
黃山導四卷首一卷　（清）汪瑾輯　清乾隆二十六年（1761）刻本　五册　存三卷（幻影集一、珠璧集二、默音集四）

340000－1801－0006213　2∶38797
各國交涉便法論六卷　（英國）費利摩羅巴德撰　（英國）傅蘭雅口譯　（清）錢國祥校　清光緒江南製造總局鉛印本　一册

340000－1801－0006214　2∶38798－2∶38844
約章分類輯要三十八卷首一卷　蔡乃煌等輯　清光緒二十六年（1900）湖南商務局刻本　四十六册

340000－1801－0006215　2∶38870－2∶38913
約章成案匯覽甲編十卷乙編四十二卷　（清）顏世清輯　清光緒三十一年（1905）上海點石齋石印本　四十四册

340000－1801－0006216　2∶3882－2∶3884 善
黃山導四卷首一卷　（清）汪瑾輯　清乾隆二十六年（1761）刻本　三册　存二卷（二、四）

340000－1801－0006217　2∶38943－2∶38988
約章成案匯覽甲編十卷乙編四十二卷　（清）顏世清輯　清光緒三十一年（1905）上海點石齋石印本　四十六册

340000－1801－0006218　2∶38844－2∶38869
約章分類輯要三十八卷首一卷　蔡乃煌等輯　清光緒二十六年（1900）湖南商務局刻本　二十六册　存四卷（二十八至三十一）

340000－1801－0006219　2∶3885－2∶3888 善
雁黃布衲黃山遊草六卷　（清）釋大涵撰　清康熙三十六年（1697）刻本　四册

340000－1801－0006220　2∶38914－2∶38942
約章成案匯覽甲編十卷乙編四十二卷　（清）顏世清輯　清光緒三十一年（1905）上海點石齋石印本　二十九册　缺八卷（乙編十二至十九）

340000－1801－0006221　2∶3889 善
天都遊草不分卷　（明）汪應婁撰　明萬曆四十年（1612）歙縣鵠舉樓刻本　一册

340000－1801－0006222　2∶3890－2∶3891 善
九華山志六卷　（明）蔡立身等修　明萬曆二十三年（1595）刻本　二册

340000－1801－0006223　2∶3892－2∶3896 善
齊雲山志五卷　（明）魯點輯　清道光十年（1830）刻本　五册

340000－1801－0006224　2∶3897－2∶3901 善
齊雲山志五卷　（明）魯點輯　明萬曆刻本　五册

340000－1801－0006225　2∶38989－2∶38993
光緒乙巳年交涉要覽五卷　（清）北洋洋務局纂輯　清光緒三十三年（1907）北洋洋務局鉛印本　五册

340000－1801－0006226　2∶38994－2∶38999
光緒丙午年交涉要覽六卷　（清）北洋洋務局纂輯　清光緒三十四年（1908）北洋洋務局鉛印本　六册

340000－1801－0006227　2∶39000－2∶39004
中外條約不分卷　（清）□□撰　清末鉛印本　五册

340000－1801－0006228　2∶39010－2∶39013
中外約章十一種　（清）□□撰　清刻本　四册

340000－1801－0006229　2∶39014
金川教案述略一卷金川唱和詩一卷　江峰青撰　清光緒三十年（1904）刻本　一册

340000－1801－0006230　2∶39015
金川教案述略一卷金川唱和詩一卷　江峰青撰　清光緒三十年（1904）刻本　一册

340000－1801－0006231　2∶39020
俄布丹荷國和約　（清）□□撰　清刻本　一册

340000－1801－0006232　2:39021
俄布丹荷國和約　(清)□□撰　清同治二年(1863)刻本　一冊

340000－1801－0006233　2:3902－2:3906 善
齊雲山志五卷　(明)魯點輯　明刻清修本　五冊

340000－1801－0006234　2:39022－2:39023
國政貿易相關書二卷　(英國)法拉撰　(英國)傅蘭雅口譯　(清)徐家寶筆述　清光緒九年(1883)江南製造總局刻本　二冊

340000－1801－0006235　2:39026－2:39029
中日戰輯圖考六卷　(清)王炳耀輯　清光緒二十二年(1896)上海書局石印本　四冊

340000－1801－0006236　2:39031
勸禁鴉片一卷　(清)王炳耀輯　清光緒刻本　一冊

340000－1801－0006237　2:39032
銅官山礦案紀略一卷　(□)□□撰　清光緒鉛印本　一冊

340000－1801－0006238　2:39033
銅官山礦案紀略一卷　(□)□□撰　清光緒鉛印本　一冊

340000－1801－0006239　2:39034
銅官山礦案紀略一卷　(□)□□撰　清光緒鉛印本　一冊

340000－1801－0006240　2:39035
戊申中日貿易論不分卷　(清)黃遵楷編纂　清宣統元年(1909)鉛印本　一冊

340000－1801－0006241　2:39036
李鴻章伊藤陸奧往來照會及和約不分卷　(□)□□撰　清石印本　一冊

340000－1801－0006242　2:3907－2:3908 善
齊雲山志七卷　(明)魯點輯　明嘉靖歙縣黃尚瀾刻本　二冊　存五卷(一至五)

340000－1801－0006243　2:3909－2:3910 善
齊雲山志五卷　(明)魯點輯　清順治刻本　二冊

340000－1801－0006244　2:3911－2:3912 善
齊雲山志五卷　(明)魯點輯　清刻本　一冊　存二卷(一、三)

340000－1801－0006245　2:3913－2:3919 善
岱史十八卷　(明)查志隆輯　明萬曆刻清康熙三十八年(1699)重修本　七冊

340000－1801－0006246　2:3920 善
蜀水考四卷　(清)陳登龍撰　(清)朱錫穀補注　(清)陳一津分疏　清抄本　一冊　存二卷(三至四)

340000－1801－0006247　2:3921－2:3922 善
西湖遊覽志餘二十六卷　(明)田汝成撰　明萬曆刻本　二冊　存四卷(十一至十四)

340000－1801－0006248　2:3923－2:3924 善
金陵古今圖考□□卷　(明)陳沂撰　明天啓四年(1624)朱之蕃刻本　二冊

340000－1801－0006249　2:3925－2:3926 善
名山岩洞泉石古迹□□卷　(明)慎蒙輯　明刻本　二冊　存二卷(四至五)

340000－1801－0006250　2:3927 善
洛陽伽藍記五卷　(北魏)楊衒之撰　**教坊記一卷**　(唐)崔令欽撰　明吳琯刻古今逸史本　一冊

340000－1801－0006251　2:3928 善
嵩陽書院志二卷　(清)耿介輯　清抄本　一冊

340000－1801－0006252　2:3929 善
巖鎮重修水口塔記不分卷　(清)鮑桂星撰　清道光抄本　一冊

340000－1801－0006253　2:3930－2:3931 善
郡縣釋名二十六卷　(明)郭子章撰　明萬曆刻本　二冊　存十三卷(北直隸二卷、浙江二卷、江西二卷、湖廣二卷、福建一卷、山東二卷、山西二卷)

340000－1801－0006254　2:3932－2:3943 善
徐霞客遊記十卷　(明)徐宏祖撰　**外編一卷**　**補編一卷**　(清)葉廷甲補編　清嘉慶十三年

(1808)江陰葉氏水心齋刻本　十二册

340000－1801－0006255　2:3944－2:3949 善
鴻雪因緣圖記六卷　(清)麟慶撰　清道光二十七年(1847)刻本　六册

340000－1801－0006256　2:39459－2:39462
中東戰紀本末三編四卷　(美國)林樂知撰譯　蔡爾康輯　清光緒廣學會鉛印本　四册

340000－1801－0006257　2:39463－2:39475
中東戰紀本末八卷首一卷末一卷續編四卷首一卷末一卷三編四卷文學興國策二卷　(美國)林樂知撰譯　蔡爾康輯　清光緒二十三年(1897)圖書集成局鉛印本　十三册

340000－1801－0006258　2:3950 善
南遊記不分卷　(清)孫嘉淦撰　清道光十七年(1837)易氏抄本　一册

340000－1801－0006259　2:3951－2:3955 善
康衛紀行十二卷重訂本目錄一卷　(清)姚瑩撰　清稿本　五册

340000－1801－0006260　2:3956－2:3957 善
東輶紀程二卷　(清)聶士成撰　清稿本　二册

340000－1801－0006261　2:3958 善
西征錄七卷西征續錄二卷　(清)方希孟撰　清抄本　一册

340000－1801－0006262　2:3959 善
御製盛京賦一卷　(清)高宗弘曆撰　清乾隆刻朱墨套印本　一册

340000－1801－0006263　2:3960 善
吴地記不分卷後集不分卷　(唐)陸廣微撰　明吳琯刻古今逸史本　一册

340000－1801－0006264　2:3961－2:3968 善
雍錄十卷　(宋)程大昌撰　明吳琯刻古今逸史本　八册

340000－1801－0006265　2:3969－2:3976 善
[天啓]歙縣志三十六卷　(明)戴東旻等纂　明天啓四年(1624)刻本　八册　缺八卷(二十至二十二、三十至三十四)

340000－1801－0006266　2:39641
中英兩國和約條款一卷通商條款章程善後條約一卷通商稅則一卷烟臺條約一卷查驗箱籠章程一卷　(清)□□輯　清光緒元年(1875)申報館鉛印本　一册

340000－1801－0006267　2:39650
十九世紀外交史不分卷　(日本)平田久撰　(清)張相譯　清光緒二十八年(1902)杭州史學齋刻本　四册

340000－1801－0006268　2:39654
荷蘭國通商和約章程不分卷　(清)□□輯　清同治二年(1863)刻本　一册

340000－1801－0006269　2:39655
荷蘭國通商和約章程不分卷　(清)□□輯　清同治二年(1863)刻本　一册

340000－1801－0006270　2:39656
辛丑各國和約一卷　(清)□□輯　清末刻本　一册

340000－1801－0006271　2:39657
大清國大日本國條規章程不分卷附稅則　(清)□□輯　清末刻本　一册

340000－1801－0006272　2:39658
大清國大秘魯國條約章程不分卷　(清)□□輯　清光緒刻本　一册

340000－1801－0006273　2:39659
中國朝鮮商民水陸貿易章程不分卷　(清)□□輯　清光緒八年(1882)刻本　一册

340000－1801－0006274　2:39660
中國朝鮮商民水陸貿易章程不分卷　(清)□□輯　清光緒八年(1882)刻本　一册

340000－1801－0006275　2:39661
剛果國條約　(清)□□輯　清光緒刻本　一册

340000－1801－0006276　2:39662
日斯巴尼亞國條款和約章程一卷　(清)薛福成等輯　清同治六年(1867)刻本　一册

340000－1801－0006277　2:39663

日斯巴尼亞國條款和約章程一卷　(清)薛福成等輯　清同治六年(1867)刻本　一册

340000－1801－0006278　2:39664
日斯巴尼亞國條款和約章程一卷　(清)薛福成等輯　清同治六年(1867)刻本　一册

340000－1801－0006279　2:39665
交還奉天省南邊地方條約　(清)李鴻章(日本)林董訂　清光緒二十一年(1895)鉛印本　一册

340000－1801－0006280　2:39666
大瑞典國挪威國條約　(清)□□輯　清道光二年(1822)刻本　一册

340000－1801－0006281　2:39667
大瑞典國挪威國條約　(清)□□輯　清道光二年(1822)刻本　一册

340000－1801－0006282　2:39668
美國續增條約　(清)□□輯　清光緒六年(1880)刻本　一册

340000－1801－0006283　2:39669
美國續增條約　(清)□□輯　清光緒六年(1880)刻本　一册

340000－1801－0006284　2:39670
美國續增條約　(清)□□輯　清同治七年(1868)刻本　一册

340000－1801－0006285　2:39671
比國通商條約税則章程一卷　(清)□□輯　清光緒刻本　一册

340000－1801－0006286　2:39672
比國通商條約税則章程一卷　(清)□□輯　清光緒刻本　一册

340000－1801－0006287　2:39673
布路斯國暨德意志通商税務各國和約章程一卷　(清)□□輯　清光緒刻本　一册

340000－1801－0006288　2:39674
布路斯國暨德意志通商税務各國和約章程一卷　(清)□□輯　清光緒刻本　一册

340000－1801－0006289　2:39675
法國税則條款附照會附法國續增條約　(清)□□輯　清咸豐八年(1858)刻本　一册

340000－1801－0006290　2:39676
英國議定商約更定實抽税則合刊　(清)□□輯　清光緒二十九年(1903)湖南洋務局刻本　一册

340000－1801－0006291　2:39677
意奥國和約章程一卷　(清)□□輯　清同治八年(1869)刻本　一册

340000－1801－0006292　2:39678
英國條款一卷長江通商統共章程一卷　(清)□□輯　清末刻本　一册

340000－1801－0006293　2:39679
中俄改訂條約章程專條卡倫單　(清)□□輯　清光緒七年(1881)刻本　一册

340000－1801－0006294　2:39680
美國條款　(清)□□輯　清咸豐八年(1858)木活字印本　一册

340000－1801－0006295　2:39681
日本修好條規十八卷通商章程中國海關税則一卷日本國海關税則一卷　(清)□□輯　清同治十年(1871)刻本　一册

340000－1801－0006296　2:39682
義國條約税則章程一卷　(清)□□輯　清光緒五年(1879)刻本　一册

340000－1801－0006297　2:39683
義國條約税則章程一卷　(清)□□輯　清光緒五年(1879)刻本　一册

340000－1801－0006298　2:39684
義國條約税則章程一卷　(清)□□輯　清光緒五年(1879)刻本　一册

340000－1801－0006299　2:39685
葡萄牙國條款一卷　(清)□□輯　清光緒刻本　一册

340000－1801－0006300　2:39686
日本國通商行船條約　(清)□□輯　清光緒

二十二年(1896)鉛印本　一冊

340000－1801－0006301　2∶39687
秘魯巴西國條約會議專條照會不分卷　(清)□□輯　清光緒七年(1881)刻本　一冊

340000－1801－0006302　2∶39688
中法會訂越南新約　(清)□□輯　清光緒十一年(1885)刻本　一冊

340000－1801－0006303　2∶39689
中法會議越南邊界通商章程不分卷　(清)□□輯　清光緒十二年(1886)刻本　一冊

340000－1801－0006304　2∶39690
日本條規章程不分卷　(清)□□輯　清同治十年(1871)刻本　一冊

340000－1801－0006305　2∶39691
大清國大英國會議條款　(清)□□輯　清光緒十一年(1885)刻本　一冊

340000－1801－0006306　2∶39692
比利時西班牙瑞典挪威國和約　(清)□□輯　清同治七年(1868)刻本　一冊

340000－1801－0006307　2∶39693
法國美國和約　(清)□□輯　清光緒七年(1881)刻本　一冊

340000－1801－0006308　2∶39694
英國和約　(清)□□輯　清光緒五年(1879)刻本　一冊

340000－1801－0006309　2∶39695
俄國條款　(清)□□輯　清同治元年(1862)刻本　一冊

340000－1801－0006310　2∶39697
辛丑各國和約文件壬寅中英商約稅則匯錄不分卷　(清)□□輯　清光緒二十八年(1902)石印本　一冊

340000－1801－0006311　2∶39698
續定招工章程條約一卷　(清)□□輯　清同治五年(1866)刻本　一冊

340000－1801－0006312　2∶39699
奧斯馬加國條款稅則章程不分卷　(清)□□輯　清同治八年(1869)刻本　一冊

340000－1801－0006313　2∶39700
奧斯馬加國條款稅則章程不分卷　(清)□□輯　清同治八年(1869)刻本　一冊

340000－1801－0006314　2∶39701
長江通商統共章程不分卷　(清)□□輯　清刻本　一冊

340000－1801－0006315　2∶39702
長江通商統共章程不分卷　(清)□□輯　清刻本　一冊

340000－1801－0006316　2∶39703
通商稅則善後條約　(清)□□輯　清刻本　一冊

340000－1801－0006317　2∶39704
德國續修條約　(清)□□輯　清光緒六年(1880)刻本　一冊

340000－1801－0006318　2∶39705
德國續修條約　(清)□□輯　清光緒六年(1880)刻本　一冊

340000－1801－0006319　2∶39706
奏准天津新議通商條款　(清)□□輯　清刻本　一冊

340000－1801－0006320　2∶39707
奏准天津新議通商條款　(清)□□輯　清刻本　一冊

340000－1801－0006321　2∶39708
英國稅則條款法國稅則條款美國稅則條款　(清)□□輯　清刻本　一冊

340000－1801－0006322　2∶39714－2∶39718
光緒乙巳年交涉要覽五卷　(清)北洋洋務局輯　清光緒三十四年(1908)北洋官報局鉛印本　五冊

340000－1801－0006323　2∶39719－2∶39722
光緒乙巳年交涉要覽五卷　(清)北洋洋務局輯　清光緒三十四年(1908)北洋官報局鉛印本　四冊　缺一卷(下編二)

340000－1801－0006324　2:39727
欽命總理各國事務衙門清檔　（清）□□撰　清抄本　一冊

340000－1801－0006325　2:39755－2:39760
各國通商始末記十八卷附編二卷　（清）王之春編　清光緒二十一年（1895）寶善書局石印本　六冊

340000－1801－0006326　2:3977－2:3988 善
帝京景物略八卷　（明）劉侗　（明）于奕正撰　明崇禎八年（1635）刻本　十二冊

340000－1801－0006327　2:39775
鄆牘偶存一卷　（清）李金鏞撰　（清）王慶長節鈔　清光緒十一年（1885）常熟王氏懷古山莊刻本　一冊

340000－1801－0006328　2:39776
交涉約案摘要七卷附編一卷　（清）王鵬九輯　清光緒鉛印本　一冊

340000－1801－0006329　2:39777－2:39782
各國通商條約不分卷　（清）□□輯　清刻本　六冊

340000－1801－0006330　2:39791－2:39836
欽定綠營中樞政考四十卷　（清）明亮等纂　清道光刻本　四十六冊

340000－1801－0006331　2:39837－2:39842
新建陸軍兵略錄存八卷　（清）袁世凱輯　清光緒二十四年（1898）石印本　六冊

340000－1801－0006332　2:39843－2:39848
新建陸軍兵略錄存八卷　（清）袁世凱輯　清光緒二十四年（1898）石印本　六冊

340000－1801－0006333　2:39853
警察手眼一卷　（清）□□撰　清光緒杭城中合印書公司鉛印本　一冊

340000－1801－0006334　2:39854
違警律講義不分卷　（清）李鴻文輯　清鉛印本　一冊

340000－1801－0006335　2:39856－2:39864
江南製造局記十卷附一卷首一卷　（清）魏允恭等纂修　清光緒三十一年（1905）上海寶文書局石印本　九冊　缺一卷（五）

340000－1801－0006336　2:39865－2:39868
曾文正公水陸行軍練兵志四卷　（清）王定安纂　清光緒十年（1884）上洋文海書局刻本　四冊

340000－1801－0006337　2:39871
蓬州遵籌就團養練章程附國朝通商始末記敘　（清）□□撰　清光緒二十二年（1896）刻本　一冊

340000－1801－0006338　2:39872
安徽開辦徵兵章程一卷　（清）□□撰　清光緒刻本　一冊

340000－1801－0006339　2:39892
李文忠公海軍函稿□□卷　（清）吳汝綸輯　清光緒鉛印本　一冊　存二卷（三至四）

340000－1801－0006340　2:3989－2:3992 善
歙紀十卷　（明）傅岩等撰　明崇禎新安吳氏刻本　四冊　缺一卷（三）

340000－1801－0006341　2:39893
江西訓練要言初編不分卷　（清）周浩撰　清光緒三十一年（1905）春官書局石印本　一冊

340000－1801－0006342　2:39894
步兵暫行操法不分卷　（清）安徽將校研究所撰　清末鉛印本　一冊

340000－1801－0006343　2:39895
第二篇戰鬥教練不分卷　（清）安徽武備學堂撰　清末鉛印本　一冊

340000－1801－0006344　2:39896
軍隊内務條例不分卷　（清）安徽武備學堂撰　清末鉛印本　一冊

340000－1801－0006345　2:39897
安徽徵兵章程不分卷　（清）安徽督練公所撰　清末鉛印本　一冊

340000－1801－0006346　2:39898
奏定陸軍營制餉章不分卷　（清）□□撰　清光緒鉛印本　一冊

340000－1801－0006347　2:39899
奏定陸軍營制餉章不分卷　（清）□□撰　清光緒鉛印本　一册

340000－1801－0006348　2:39900－2:39901
水師操練七卷首一卷水師章程一卷　（英國）戰船部著　（英國）傅蘭雅口譯　（清）徐建寅筆述　清刻本　二册

340000－1801－0006349　2:39902－2:39916
水師章程十四卷續編四卷　（英國）水師兵部原書　（美國）林樂知口譯　（清）鄭昌棪筆述　清末鉛印本　十五册

340000－1801－0006350　2:39917－2:39929
東三省政略十二卷　徐世昌撰　清末鉛印本　十三册

340000－1801－0006351　2:3993 善
西藏紀聞不分卷　（清）□□撰　清乾隆刻本　一册

340000－1801－0006352　2:39930－2:39939
故唐律疏議三十卷　（唐）長孫無忌等撰　**宋提刑法冤集録五卷**　（宋）宋慈撰　清嘉慶十二年（1807）蘭陵孫氏刻本　十册

340000－1801－0006353　2:39940－2:39947
故唐律疏議三十卷　（唐）長孫無忌等撰　**附音義一卷**　（宋）孫奭等撰　**宋提刑法冤集録五卷**　（宋）宋慈撰　清光緒十七年（1891）刻本　八册

340000－1801－0006354　2:3994－2:4001 善
廣輿記二十四卷　（明）陸應陽撰　明刻本　八册　存十八卷（三至二十）

340000－1801－0006355　2:39957－2:39976
大清律集解三十卷圖一卷服制一卷律例總類六卷　（清）朱軾　（清）常鼐等纂　清雍正刻本　二十册

340000－1801－0006356　2:39977－2:40008
大清律例彚輯便覽四十卷附督捕則例二卷　（清）湖北讞局輯　清同治十一年（1872）湖北讞局刻本　三十二册

340000－1801－0006357　2:40009－2:40040
大清律例彚輯便覽四十卷附督捕則例二卷　（清）湖北讞局輯　清同治十一年（1872）湖北讞局刻本　三十二册

340000－1801－0006358　2:4002－2:4003 善
三關圖説不分卷　（明）康丕陽撰　（明）李茂春繪製　明萬曆刻本　二册

340000－1801－0006359　2:40041－2:40073
大清律例彚輯備覽四十卷附督捕則例二卷　（清）□□撰　清光緒三年（1877）杭讀律山館刻本　三十三册

340000－1801－0006360　2:4004－2:4005 善
九邊圖説不分卷　（明）孫應元等繪　明刻本　二册

340000－1801－0006361　2:4006－2:4007 善
天下山河兩戒考十四卷　（清）徐文靖注　清雍正刻本　二册　存六卷（一至六）

340000－1801－0006362　2:40074－2:40102
大清律例彚輯便覽四十卷附督捕則例二卷　（清）湖北讞局輯　清同治十一年（1872）湖北讞局刻本　二十九册

340000－1801－0006363　2:40103－2:40126
大清律例統纂集成四十卷督捕則例二卷恩赦查辦斬絞人犯條款一卷　（清）陶駿等增修　清宣統上海文瑞樓石印本　二十四册

340000－1801－0006364　2:40127－2:40131
大清律例提綱三卷首一卷末一卷　（清）洪循輯　清乾隆十五年（1750）刻本　五册

340000－1801－0006365　2:40132－2:40133
大清律纂修條例不分卷　（清）刑部訂　清刻本　二册

340000－1801－0006366　2:40134－2:40157
大清律例增修統纂集成四十卷附督捕則例二卷　（清）陶駿　（清）陶念霖增修　清光緒七年（1881）刻本　二十四册

340000－1801－0006367　2:40158－2:40180
大清律例增修統纂集成四十卷　（清）姚潤原

輯　（清）胡仰山增輯　清咸豐二年（1852）刻本　二十三冊　缺二卷（九至十）

340000－1801－0006368　2:40181－2:40204
大清律例增修統纂集成四十卷附督捕則例二卷　（清）陶駿　（清）陶念霖增修　清光緒十三年（1887）刻本　二十四冊

340000－1801－0006369　2:40205－2:40227
大清律例增修統纂集成四十卷附督捕則例二卷　（清）陶駿　（清）陶念霖增修　清光緒十三年（1887）刻本　二十四冊

340000－1801－0006370　2:40228－2:40251
大清律例增修統纂集成四十卷附督捕則例二卷　（清）陶駿　（清）陶念霖增修　清光緒十三年（1887）刻本　二十四冊

340000－1801－0006371　2:40252－2:40275
大清律例增修統纂集成四十卷附督捕則例二卷　（清）陶駿　（清）陶念霖增修　清光緒二十六年（1900）刻本　二十四冊

340000－1801－0006372　2:40276－2:40299
大清律例增修統纂集成四十卷附督捕則例二卷　（清）陶駿　（清）陶念霖增修　清光緒二十年（1894）刻本　二十四冊

340000－1801－0006373　2:40300－2:40323
大清律例增修統纂集成四十卷附督捕則例二卷　（清）陶駿　（清）陶念霖增修　清光緒十八年（1892）武林清來堂刻本　二十四冊

340000－1801－0006374　2:40324－2:40347
大清律例增修統纂集成四十卷附督捕則例二卷　（清）陶駿　（清）陶念霖增修　清光緒二十二年（1896）刻本　二十四冊

340000－1801－0006375　2:40348
大清刪除新律例二卷　（清）□□輯　清光緒三十二年（1906）上海書局石印本　一冊

340000－1801－0006376　2:40349－2:40370
大清律例增修彙纂大成四十卷附督捕則例二卷　（清）□□輯　清光緒二十四年（1898）石印本　二十二冊

340000－1801－0006377　2:40371－2:40376
律例便覽八卷圖一卷　（清）蔡嵩年　（清）蔡逢年輯　清同治四年（1865）刻本　六冊

340000－1801－0006378　2:40377－2:40382
律例便覽八卷附處分則例圖要六卷　（清）蔡嵩年　（清）蔡逢年輯　清咸豐九年（1859）刻本　六冊

340000－1801－0006379　2:40383
刑臺秦鏡六卷　題（清）竹影軒主人編　清康熙刻本　一冊

340000－1801－0006380　2:40384－2:40388
刑部檔案彙編不分卷　（清）□□輯　清抄本　五冊

340000－1801－0006381　2:40389－2:40390
刑案通行通飭不分卷　（清）□□輯　清刻本　二冊

340000－1801－0006382　2:40391－2:40405
刑部說帖揭要二十八卷續增刑部說帖揭要□□卷　（清）胡調元輯　清刻本　十五冊　存二卷（續增刑部說帖揭要八至九）

340000－1801－0006383　2:40406－2:40411
新刻平治館評釋蕭曹致君術六卷首一卷　題（清）臥龍子彙編　清刻本　六冊

340000－1801－0006384　2:40412－2:40415
新鐫法家透膽寒三卷　題（清）補相子撰　清大觀堂刻本　四冊

340000－1801－0006385　2:40416－2:40419
讀法圖存四卷　（清）邵繩清繪編　清光緒七年（1881）刻本　四冊

340000－1801－0006386　2:40420
讀律心得三卷　（清）劉衡纂輯　清潘志俊刻本　一冊

340000－1801－0006387　2:40421
讀律心得三卷　（清）劉衡輯　清光緒六年（1880）丹徒戴杰刻本　一冊

340000－1801－0006388　2:40422－2:40423
五軍道里表二卷　（清）明亮等編　清同治十

一年(1872)湖北讞局刻本　二册

340000－1801－0006389　2:40424－2:40425
五軍道里表二卷　(清)明亮等編　清同治十一年(1872)湖北讞局刻本　二册

340000－1801－0006390　2:40426－2:40427
三流道里表二卷　(清)阿桂等編　清同治十一年(1872)湖北讞局刻本　二册

340000－1801－0006391　2:40428－2:40429
三流道里表二卷　(清)阿桂等編　清同治十一年(1872)湖北讞局刻本　二册

340000－1801－0006392　2:40430
續輯明刑圖説一卷　(清)胡鴻澤輯　清光緒八年(1882)涇川胡氏刻本　一册

340000－1801－0006393　2:40433
限期集覽一卷附刺字便覽　(清)華希高編　清嘉慶八年(1803)刻本　一册

340000－1801－0006394　2:40450－2:40457
大清律例總類不分卷　(清)□□輯　清光緒十年(1884)光毅刻本　八册

340000－1801－0006395　2:40458－2:40461
大清律例總類不分卷　(清)□□輯　清光緒十五年(1889)江蘇書局刻本　四册

340000－1801－0006396　2:40462－2:40485
駁案新編三十二卷續編七卷　(清)全士潮輯　清乾隆刻嘉慶續刻本　二十四册

340000－1801－0006397　2:40486－2:40487
駁案新編三十二卷續編七卷秋審比較彙案二卷　(清)朱梅臣輯　清光緒九年(1883)圖書集成局鉛印本　二册　存十二卷(駁案新編一至八、續編一至四)

340000－1801－0006398　2:40488－2:40503
駁案新編三十二卷續編七卷秋審比較彙案二卷　(清)朱梅臣輯　清光緒九年(1883)圖書集成局鉛印本　十六册

340000－1801－0006399　2:40504－2:40515
駁案新編三十二卷　(清)全士潮輯　清刻本　十二册

340000－1801－0006400　2:40516－2:40518
駁案新編三十二卷　(清)全士潮輯　清刻本　三册

340000－1801－0006401　2:40519－2:40550
比照加減不分卷　(清)□□輯　清抄本　三十二册

340000－1801－0006402　2:40551－2:40559
兩岐不分卷比照加減不分卷　(清)□□輯　清抄本　九册

340000－1801－0006403　2:40564－2:40567
大清新法律校訂現行刑律　(清)奕劻等修訂　清宣統元年(1909)鉛印本　四册

340000－1801－0006404　2:40568
大清新刑律不分卷　(清)奕劻等修訂　清宣統二年(1910)憲政編查館鉛印本　一册

340000－1801－0006405　2:40569－2:40574
大清新刑律不分卷　(清)□□輯　清法政學社鉛印本　六册

340000－1801－0006406　2:40575－2:40576
提牢備考四卷　(清)趙舒翹輯　清光緒十九年(1893)東甌官舍刻本　二册

340000－1801－0006407　2:40577－2:40578
提牢備考四卷　(清)趙舒翹輯　清光緒十九年(1893)東甌官舍刻本　二册

340000－1801－0006408　2:40579－2:40580
提牢備考四卷　(清)趙舒翹輯　清光緒十九年(1893)東甌官舍刻本　二册

340000－1801－0006409　2:40581－2:40582
丁酉年冬季條例一卷戊戌年春季條例一卷　(清)□□輯　清刻本　二册

340000－1801－0006410　2:40583
山右讞獄記一卷　(清)顧麟趾撰　清刻本　一册

340000－1801－0006411　2:40586－2:40589
刑部説帖不分卷　(清)□□輯　清抄本　四册

340000－1801－0006412　2∶40591
新例成案不分卷　（清）□□輯　清刻本　一冊

340000－1801－0006413　2∶40666
大清現行刑律案語不分卷　沈家本等輯　清宣統三年（1911）普政社鉛印本　一冊

340000－1801－0006414　2∶40667－2∶40714
大清現行刑律案語校訂現行刑律一卷　沈家本等輯　清宣統元年（1909）法律館鉛印本　四十八冊

340000－1801－0006415　2∶407－2∶421 善
史記一百三十卷　（漢）司馬遷撰　（唐）張守節正義　（明）徐孚遠　（明）陳子龍測議　明崇禎八年（1635）刻本　十五冊　存六十八卷（一至六十六、七十九、一百三十）

340000－1801－0006416　2∶40721－2∶40724
修正刑律案語二編　沈家本等編　清宣統元年（1909）法律館鉛印本　四冊

340000－1801－0006417　2∶40725
修正刑律案語二編　沈家本等編　清宣統元年（1909）法律館鉛印本　一冊

340000－1801－0006418　2∶40726
法筆驚天雷四卷　（□）□□撰　明刻本　一冊

340000－1801－0006419　2∶40727
定例彙編不分卷　（清）法部訂　清光緒鉛印本　一冊

340000－1801－0006420　2∶40728
憲政編查館各項刑律諮文不分卷　（清）憲政編查館編　清宣統二年（1910）鉛印本　一冊

340000－1801－0006421　2∶40729
奏擬酌改重刑摺不分卷　（清）伍廷芳　沈家本撰　清光緒三十一年（1905）鉛印本　一冊

340000－1801－0006422　2∶40730
遵議滿漢通行刑律不分卷　沈家本修訂　清光緒三十三年（1907）法律館鉛印本　一冊

340000－1801－0006423　2∶40731
大清刑律草案二編　（清）修訂法律館修訂　清光緒三十三年（1907）法律館鉛印本　一冊

340000－1801－0006424　2∶40732
大清刑律草案二編　（清）修訂法律館修訂　清光緒三十三年（1907）法律館鉛印本　一冊

340000－1801－0006425　2∶40733－2∶40734
審看擬式四卷首一卷末一卷　（清）剛毅輯　清光緒十八年（1892）浙江書局刻本　二冊

340000－1801－0006426　2∶40735
奏擬宣統二年籌備事宜實行辦法摺不分卷　（清）□□輯　清宣統刻本　一冊

340000－1801－0006427　2∶40736
奏統籌模範監獄摺　（清）□□輯　清宣統元年（1909）刻本　一冊

340000－1801－0006428　2∶40737
學部參事江瀚條陳請清訟獄不分卷　（清）江西按察使司編　清宣統二年（1910）刻本　一冊

340000－1801－0006429　2∶40738
御製疏解歐殺條律慎刑說論不分卷　（清）祝慶年撰　清嘉慶刻本　一冊

340000－1801－0006430　2∶40739－2∶40743
律例圖說十卷　（清）萬維翰纂　清乾隆十五年（1750）芸輝堂刻本　五冊

340000－1801－0006431　2∶40744
律例處分治罪圖錄不分卷　（清）黃凝齋輯　清抄本　一冊

340000－1801－0006432　2∶40745
節抄律例服制罪名告示不分卷　（清）安徽巡撫部院編　清刻本　一冊

340000－1801－0006433　2∶40746－2∶40805
硃批論旨不分卷　（清）世宗胤禛撰　清光緒十三年（1887）上海點石齋石印本　六十冊

340000－1801－0006434　2∶40806－2∶40865
硃批論旨不分卷　（清）世宗胤禛撰　清光緒十三年（1887）上海點石齋石印本　六十冊

340000－1801－0006435　2:40866
嘉慶上諭不分卷　(清)仁宗顒琰撰　清抄本　一册

340000－1801－0006436　2:40867－2:40904
大清高宗純皇帝聖訓三百卷　(清)高宗弘曆撰　清嘉慶刻本　三十八册　存一百六十七卷(一至一百六十七)

340000－1801－0006437　2:40905－2:40976
大清高宗純皇帝聖訓三百卷　(清)高宗弘曆撰　清嘉慶刻本　七十二册

340000－1801－0006438　2:4012－2:4091 善
讀史方輿紀要一百三十卷　(清)顧祖禹撰　清抄本　八十册

340000－1801－0006439　2:4092－2:4123 善
大明一統志九十卷　(明)李賢等撰　明萬壽堂刻本　三十二册

340000－1801－0006440　2:40977－2:40982
大清仁宗睿皇帝聖訓一百十卷　(清)仁宗顒琰撰　清光緒鉛印本　六册　存十三卷(一至十三)

340000－1801－0006441　2:40983－2:40992
大清世宗憲皇帝聖訓一百十卷　(清)世宗胤禛撰　清光緒鉛印本　十册　存三十六卷(一至三十六)

340000－1801－0006442　2:40993－2:41004
大清聖祖仁皇帝聖訓六十卷首一卷　(清)聖祖玄燁撰　清光緒鉛印本　十二册

340000－1801－0006443　2:41005－2:41007
大清聖祖仁皇帝聖訓六十卷首一卷　(清)聖祖玄燁撰　清光緒鉛印本　三册

340000－1801－0006444　2:41008－2:41010
大清太宗皇帝聖訓六卷　(清)太宗皇太極撰　清光緒鉛印本　三册

340000－1801－0006445　2:41011－2:41012
大清太祖高皇帝聖訓四卷首一卷　(清)太祖努爾哈赤撰　清光緒鉛印本　二册

340000－1801－0006446　2:41013－2:41060
大清穆宗毅皇帝聖訓一百六十卷　(清)穆宗載淳撰　清刻本　四十八册

340000－1801－0006447　2:41061－2:41096
大清宣宗成皇帝聖訓一百三十卷　(清)宣宗旻寧撰　清光緒鉛印本　三十六册

340000－1801－0006448　2:41097－2:41099
閣鈔彙編不分卷　(清)□□編　清光緒二十八年(1902)鉛印本　三册

340000－1801－0006449　2:41100－2:41105
閣鈔彙編不分卷　(清)正誼堂書局編　清光緒三十年(1904)正誼堂鉛印本　六册

340000－1801－0006450　2:41106
聖諭十六條附律易解一卷　(清)夏炘繹　清同治刻本　一册

340000－1801－0006451　2:41107
聖諭十六條附律易解一卷　(清)夏炘繹　清同治刻本　一册

340000－1801－0006452　2:41108
聖諭十六條附律易解一卷　(清)夏炘繹　清同治刻本　一册

340000－1801－0006453　2:41109－2:41120
咸豐上諭條例附武場條例八卷　(清)□□輯　清刻本　十二册

340000－1801－0006454　2:41121－2:41144
大清文宗顯皇帝聖訓一百十卷　(清)□□輯　清末鉛印本　二十四册

340000－1801－0006455　2:41145
欽頒州縣事宜一卷　(清)田文鏡等輯　清同治七年(1868)刻本　一册

340000－1801－0006456　2:41149－2:41151
魏鄭公諫録五卷續二卷　(清)王方慶集　(清)王先恭校注　清光緒九年(1883)長沙王氏刻本　三册

340000－1801－0006457　2:41152－2:41155
唐陸宣公奏議讀本四卷首一卷　(唐)陸贄撰　(清)汪銘謙編輯　清同治四年(1865)刻本　四册

340000－1801－0006458　2:41156－2:41157
唐陸宣公奏議讀本四卷首一卷　(唐)陸贄撰　(清)汪銘謙編輯　(清)馬傳庚評點　清光緒二十六年(1900)會稽馬氏石印本　二册

340000－1801－0006459　2:41158－2:41159
唐陸宣公奏議讀本四卷首一卷　(唐)陸贄撰　(清)汪銘謙編輯　(清)馬傳庚評點　清光緒二十六年(1900)會稽馬氏石印本　二册

340000－1801－0006460　2:41160－2:41161
唐陸宣公奏議讀本四卷首一卷　(唐)陸贄撰　(清)汪銘謙編輯　(清)馬傳庚評點　清光緒二十六年(1900)會稽馬氏石印本　二册

340000－1801－0006461　2:41162－2:41165
唐陸宣公集二十二卷　(唐)陸贄撰　清雍正元年(1723)年龔堯刻本　四册

340000－1801－0006462　2:41166－2:41173
唐陸宣公集二十二卷　(唐)陸贄撰　清金壇王汝驤刻本　八册

340000－1801－0006463　2:41174－2:41179
唐陸宣公集二十二卷　(唐)陸贄撰　清道光四年(1824)刻本　六册

340000－1801－0006464　2:41180－2:41187
唐陸宣公集二十四卷　(唐)陸贄撰　(清)耆英重訂　清道光二十七年(1847)刻本　八册

340000－1801－0006465　2:41188－2:41191
唐陸宣公翰苑集二十二卷　(唐)陸贄撰　清咸豐十一年(1861)崇仁謝氏刻本　四册

340000－1801－0006466　2:41192－2:41195
唐陸宣公奏議十五卷制誥十卷附錄一卷　(唐)陸贄撰　(宋)郎曄注　清光緒十二年(1886)淮南書局刻本　四册

340000－1801－0006467　2:41196－2:41203
唐陸宣公集二十二卷附年譜一卷　(唐)陸贄撰　清同治五年(1866)楊氏問竹軒刻本　八册

340000－1801－0006468　2:41204－2:41211
唐陸宣公集二十二卷附年譜一卷　(唐)陸贄撰　清同治五年(1866)楊氏問竹軒刻本　八册

340000－1801－0006469　2:41212－2:41215
唐陸宣公集二十二卷　(唐)陸贄撰　清光緒十三年(1887)積山書局石印本　四册

340000－1801－0006470　2:41216－2:41221
陸宣公集二十二卷首一卷增輯一卷附錄一卷　(唐)陸贄撰　清光緒二年(1876)江蘇書局刻本　六册

340000－1801－0006471　2:41222－2:41227
陸宣公集二十二卷　(唐)陸贄撰　清光緒十二年(1886)公善堂刻本　六册

340000－1801－0006472　2:41228－2:41231
陸宣公奏議願學編二卷　(唐)陸贄撰　(清)蔡方炳評輯　清刻本　四册

340000－1801－0006473　2:41232－2:41233
孝肅包公奏議十卷　(宋)包拯撰　(清)張純修輯　清康熙三十六年(1697)古燕張純修刻五名臣遺集本　二十四册

340000－1801－0006474　2:41234－2:41235
包孝肅公奏議十卷　(宋)包拯撰　清光緒元年(1875)合肥張氏毓秀堂刻廬陽三賢集本　二册

340000－1801－0006475　2:41236－2:41237
包孝肅公奏議十卷　(宋)包拯撰　清嘉慶八年(1803)刻本　二册

340000－1801－0006476　2:41238
包孝肅公奏議十卷　(宋)包拯撰　清嘉慶八年(1803)刻本　一册

340000－1801－0006477　2:41239－2:41240
包孝肅公奏議十卷　(宋)包拯撰　清同治九年(1870)四明包氏天禄閣刻本　二册

340000－1801－0006478　2:41241－2:41244
包孝肅公奏議十卷　(宋)包拯撰　清同治二年(1863)李瀚章省心閣刻本　四册

340000－1801－0006479　2:4124－2:4130 善
大明一統志九十卷　(明)李賢等撰　明萬壽

堂刻本　七冊　存十四卷(二十九至四十二)

340000－1801－0006480　2:41245－2:41248
包孝肅公奏議十卷　(宋)包拯撰　清同治二年(1863)李瀚章省心閣刻本　四冊

340000－1801－0006481　2:41249－2:41250
周恭節公奏疏一卷年譜一卷　(明)周怡撰　(明)吳達可編次　(清)周登瀛增定　清乾隆元年(1736)燕翼堂刻本　二冊

340000－1801－0006482　2:41251
秦邑李氏奏章附安命賦自狀不分卷　(明)李元芳撰　清康熙二十一年(1682)八卦山房刻本　一冊

340000－1801－0006483　2:41252－2:41253
太常公奏略二卷　(明)舒榮都撰　清道光元年(1821)世德堂刻本　二冊

340000－1801－0006484　2:41254
太常遺草一卷附一卷　(明)洪文衡撰　清嘉慶十九年(1814)歙縣洪錫謙刻本　一冊

340000－1801－0006485　2:41255－2:41256
桐城馬太僕奏略四卷　(明)馬孟禎撰　清光緒六年(1880)刻本　二冊

340000－1801－0006486　2:41257－2:41258
桐城馬太僕奏略四卷　(明)馬孟禎撰　清光緒六年(1880)刻本　二冊

340000－1801－0006487　2:41259－2:41266
明大司馬盧公奏議十二卷首一卷　(明)盧象昇撰　清光緒元年(1875)刻本　八冊

340000－1801－0006488　2:41267－2:41273
明大司馬盧公奏議十二卷首一卷　(明)盧象昇撰　清光緒元年(1875)刻本　七冊

340000－1801－0006489　2:41274－2:41275
經畧洪承疇奏對筆記二卷　(清)洪承疇撰　清光緒十六年(1890)上海廣百宋齋鉛印本　二冊

340000－1801－0006490　2:41276
經畧洪承疇奏對筆記二卷　(清)洪承疇撰　清光緒十六年(1890)上海廣百宋齋鉛印本　一冊

340000－1801－0006491　2:41277
經畧洪承疇奏對筆記二卷　(清)洪承疇撰　清光緒十六年(1890)上海廣百宋齋鉛印本　一冊　存一卷(一)

340000－1801－0006492　2:41281－2:41285
龔端毅公奏疏八卷附一卷　(清)龔鼎孳撰　(清)龔士稚輯　清道光十四年(1834)合肥龔氏慶餘堂刻本　五十一冊

340000－1801－0006493　2:41286－2:41291
龔端毅公奏疏八卷附一卷　(清)龔鼎孳撰　(清)龔士稚輯　清光緒七年(1881)合肥龔氏寶謹堂刻本　六冊

340000－1801－0006494　2:41292－2:41295
龔端毅公奏疏八卷附一卷　(清)龔鼎孳撰　(清)龔士稚輯　清光緒九年(1883)聽彝書屋刻本　四冊

340000－1801－0006495　2:41296－2:41299
龔端毅公奏疏八卷附一卷　(清)龔鼎孳撰　(清)龔士稚輯　清光緒九年(1883)聽彝書屋刻本　四冊

340000－1801－0006496　2:41300－2:41307
方恪敏公奏議八卷　(清)方觀承撰　清咸豐元年(1851)桐城方氏刻本　八冊

340000－1801－0006497　2:41311
大中丞朱公奏疏一卷詩文遺稿一卷　(清)朱理撰　(清)朱琦校訂　清光緒十五年(1889)刻本　一冊

340000－1801－0006498　2:41312
大中丞朱公奏疏一卷詩文遺稿一卷　(清)朱理撰　(清)朱琦校訂　清光緒十五年(1889)刻本　一冊

340000－1801－0006499　2:4131－2:4133 善
皇明職方地圖三卷　(明)陳組綬輯　明崇禎刻本　三冊

340000－1801－0006500　2:41313
大中丞朱公奏疏一卷詩文遺稿一卷　(清)朱

理撰　(清)朱琦校訂　清光緒十五年(1889)刻本　一册

340000－1801－0006501　2:41314
大中丞朱公奏疏一卷詩文遺稿一卷　(清)朱理撰　(清)朱琦校訂　清光緒十五年(1889)刻本　一册

340000－1801－0006502　2:41315－2:41318
大中丞朱公奏疏一卷詩文遺稿一卷　(清)朱理撰　(清)朱琦校訂　清光緒十五年(1889)刻本　四册

340000－1801－0006503　2:41319－2:41320
東溟奏稿四卷　(清)姚瑩撰　清刻本　二册

340000－1801－0006504　2:41321－2:41322
東溟奏稿四卷　(清)姚瑩撰　清刻本　二册

340000－1801－0006505　2:41323－2:41336
陶雲汀先生奏疏五十二卷　(清)陶澍撰　清道光八年(1828)刻本　四册　存二十八卷(二十五至五十二)

340000－1801－0006506　2:41337－2:41340
平番奏議四卷　(清)那清安撰　清咸豐三年(1853)刻本　四册

340000－1801－0006507　2:41341－2:41344
王侍郎奏議十卷　(清)王茂蔭撰　清光緒刻本　四册

340000－1801－0006508　2:4134－2:4145 善
月令廣義二十四卷首一卷　(明)馮應京撰　明萬曆秣陵陳邦泰刻本　十二册

340000－1801－0006509　2:41345－2:41348
王侍郎奏議十卷　(清)王茂蔭撰　清光緒刻本　四册

340000－1801－0006510　2:41349－2:41350
王侍郎奏議十卷　(清)王茂蔭撰　清光緒刻本　二册　缺四卷(四至七)

340000－1801－0006511　2:41351－2:41354
王侍郎奏議十一卷　(清)王茂蔭撰　清光緒刻本　四册

340000－1801－0006512　2:41355－2:41358
王侍郎奏議十卷　(清)王茂蔭撰　清光緒刻本　四册

340000－1801－0006513　2:41359－2:41362
王侍郎奏議十卷　(清)王茂蔭撰　清光緒刻本　四册

340000－1801－0006514　2:41363－2:41364
呂文節公奏疏二卷　(清)呂賢基撰　清咸豐惇福堂刻本　二册

340000－1801－0006515　2:41365－2:41366
呂文節公奏疏二卷　(清)呂賢基撰　清咸豐惇福堂刻本　二册

340000－1801－0006516　2:41367－2:41368
移孝軒疏稿二卷　(清)李灼華撰　清宣統三年(1911)石印本　二册

340000－1801－0006517　2:41369
移孝軒疏稿二卷　(清)李灼華撰　清宣統三年(1911)石印本　二册　存一卷(上)

340000－1801－0006518　2:41370－2:41385
劉襄勤公奏稿十六卷　(清)劉錦棠撰　清光緒二十四年(1898)長沙刻本　十六册

340000－1801－0006519　2:41386－2:41389
錢敏肅公奏議七卷　(清)錢鼎銘撰　清光緒六年(1880)存素堂刻本　四册

340000－1801－0006520　2:41390－2:41393
錢敏肅公奏議七卷　(清)錢鼎銘撰　清光緒六年(1880)存素堂刻本　四册

340000－1801－0006521　2:41394－2:41397
錢敏肅公奏議七卷　(清)錢鼎銘撰　清光緒六年(1880)存素堂刻本　四册

340000－1801－0006522　2:41398－2:41401
吴宫保公奏議六卷　(清)吴其濬撰　清光緒七年(1881)江蘇署刻本　四册

340000－1801－0006523　2:41402－2:41417
林文忠公政書三十七卷　(清)林則徐撰　清光緒十一年(1885)刻本　十六册

340000－1801－0006524　2:41418－2:41431
林文忠公政書三十七卷　(清)林則徐撰　清光緒十一年(1885)刻本　十四冊

340000－1801－0006525　2:41432－2:41439
林文忠公政書三十七卷　(清)林則徐撰　清刻本　八冊

340000－1801－0006526　2:41440－2:41447
林文忠公政書三十七卷　(清)林則徐撰　清刻本　八冊

340000－1801－0006527　2:41448－2:41456
林文忠公政書三十七卷　(清)林則徐撰　清刻本　九冊

340000－1801－0006528　2:41457－2:41466
林文忠公政書三十七卷　(清)林則徐撰　清刻本　十冊

340000－1801－0006529　2:4146－2:4157 善
月令廣義二十四卷首一卷　(明)馮應京撰　明萬曆秣陵陳邦泰刻本　十二冊

340000－1801－0006530　2:41467－2:41476
駱文忠公奏稿十卷　(清)駱秉章撰　清刻本　十冊

340000－1801－0006531　2:41477－2:41485
駱文忠公奏稿十卷　(清)駱秉章撰　清刻本　九冊

340000－1801－0006532　2:41486－2:41500
駱大司馬奏議十六卷　(清)駱秉章撰　清刻本　十五冊

340000－1801－0006533　2:41501－2:41508
胡文忠公遺集十卷首一卷　(清)胡林翼撰　清同治五年(1866)刻本　八冊

340000－1801－0006534　2:41509－2:41516
胡文忠公遺集十卷　(清)胡林翼撰　清同治三年(1864)武昌節署刻本　八冊

340000－1801－0006535　2:41517－2:41524
胡文忠公遺集十卷　(清)胡林翼撰　清同治三年(1864)武昌節署刻本　八冊

340000－1801－0006536　2:41525－2:41556
胡文忠公遺集八十六卷首一卷　(清)胡林翼撰　清同治六年(1867)刻本　三十二冊

340000－1801－0006537　2:41557－2:41586
胡文忠公遺集八十六卷首一卷　(清)胡林翼撰　清同治六年(1867)刻本　三十冊

340000－1801－0006538　2:4158－2:4164 善
月令廣義二十四卷首一卷　(明)馮應京撰　明萬曆秣陵陳邦泰刻本　十二冊

340000－1801－0006539　2:41587－2:41618
胡文忠公遺集八十六卷首一卷　(清)胡林翼撰　清光緒元年(1875)湖北崇文書局刻本　三十二冊

340000－1801－0006540　2:41619－2:41626
胡文忠公遺集十卷首一卷　(清)胡林翼撰　**胡文忠公年譜一卷**　(清)夏先範編　清同治七年(1868)醉六堂刻本　八冊

340000－1801－0006541　2:41627－2:41634
胡文忠公遺集十卷首一卷　(清)胡林翼撰　**胡文忠公年譜一卷**　(清)夏先範編　清同治七年(1868)醉六堂刻本　八冊

340000－1801－0006542　2:41635－2:41642
胡文忠公遺集十卷首一卷　(清)胡林翼撰　**胡文忠公年譜一卷**　(清)夏先範編　清同治七年(1868)醉六堂刻本　八冊

340000－1801－0006543　2:41643－2:41652
胡文忠公遺集十卷首一卷　(清)胡林翼撰　清刻本　十冊

340000－1801－0006544　2:4165－2:4175 善
日涉編十二卷　(明)陳階輯　(清)白輝補輯　明萬曆三十九年(1611)徐養量刻清康熙補刻本　十一冊　存十一卷(二至十二)

340000－1801－0006545　2:41653－2:41661
胡文忠公遺集十卷首一卷　(清)胡林翼撰　清光緒七年(1881)刻本　九冊

340000－1801－0006546　2:41678－2:41681
張大司馬奏稿四卷　(清)張亮基輯　清刻本

四冊

340000－1801－0006547　2:41682－2:41691
沈文肅公政書七卷首一卷　(清)沈葆楨撰　清光緒六年(1880)吳門節署鉛印本　十冊

340000－1801－0006548　2:41692－2:41703
沈文肅公政書七卷首一卷　(清)沈葆楨撰　清光緒六年(1880)吳門節署鉛印本　十二冊

340000－1801－0006549　2:41704－2:41710
沈文肅公政書七卷首一卷　(清)沈葆楨撰　清光緒六年(1880)吳門節署鉛印本　七冊

340000－1801－0006550　2:41711－2:41718
沈文肅公政書七卷　(清)沈葆楨撰　清光緒精一閣鉛印本　八冊

340000－1801－0006551　2:41719－2:41726
沈文肅公政書七卷　(清)沈葆楨撰　清光緒七年(1881)精一閣鉛印本　八冊

340000－1801－0006552　2:41727－2:41734
沈文肅公政書七卷　(清)沈葆楨撰　清光緒精一閣鉛印本　八冊

340000－1801－0006553　2:41735－2:41746
沈文肅公政書七卷　(清)沈葆楨撰　清光緒六年(1880)吳門節署鉛印本　十二冊

340000－1801－0006554　2:41747－2:41754
沈文肅公政書七卷　(清)沈葆楨撰　清光緒六年(1880)吳門節署鉛印本　八冊

340000－1801－0006555　2:41755－2:41762
沈文肅公政書七卷　(清)沈葆楨撰　清光緒六年(1880)吳門節署鉛印本　八冊

340000－1801－0006556　2:4176－2:4201 善
通典二百卷　(唐)杜佑撰　明刻本　二十六冊　存一百六卷(一至十八、二十二至二十五、四十七至五十五、八十一至八十五、一百二十二至一百八十二、一百八十八至一百九十六)

340000－1801－0006557　2:41763－2:41770
沈文肅公政書七卷　(清)沈葆楨撰　清光緒六年(1880)吳門節署鉛印本　八冊

340000－1801－0006558　2:41771－2:41772
曾文正公奏議十卷首一卷末一卷附曾文正公奏議補編四卷　(清)曾國藩撰　(清)薛福成輯　清光緒二十二年(1896)上海圖書集成印書局鉛印本　二冊

340000－1801－0006559　2:41773－2:41776
曾文正公奏議十卷首一卷末一卷附曾文正公奏議補編四卷　(清)曾國藩撰　(清)薛福成輯　清同治十二年(1873)蘇郡刻本　四冊

340000－1801－0006560　2:41777－2:41786
曾文正公奏議十卷首一卷末一卷　(清)曾國藩撰　(清)薛福成輯　清同治十二年(1873)蘇郡刻本　十冊

340000－1801－0006561　2:41787－2:41788
曾文正公奏議十卷首一卷末一卷　(清)曾國藩撰　(清)薛福成輯　清同治十三年(1874)上海醉六堂刻本　二冊　存四卷(一至四)

340000－1801－0006562　2:41789－2:41852
左文襄公奏疏初編三十八卷續編七十六卷三編六卷　(清)左宗棠撰　清刻本　六十四冊

340000－1801－0006563　2:41853－2:41872
左文襄公奏疏初編三十八卷續編七十六卷三編六卷　(清)左宗棠撰　清光緒十六年(1890)上海圖書集成局鉛印本　二十冊

340000－1801－0006564　2:41873－2:41892
左文襄公奏疏初編三十八卷續編七十六卷三編六卷　(清)左宗棠撰　清光緒十六年(1890)上海圖書集成局鉛印本　二十冊

340000－1801－0006565　2:41893－2:41932
左恪靖伯奏稿三十八卷　(清)左宗棠撰　清同治七年(1868)刻本　四十冊

340000－1801－0006566　2:41933－2:41946
左文襄公奏疏初編三十八卷續編七十六卷三編六卷　(清)左宗棠撰　清光緒十六年(1890)上海圖書集成局鉛印本　十四冊

340000－1801－0006567　2:41947－2:41950
彭剛直公奏稿八卷　(清)彭玉麐撰　清光緒

十七年(1891)吳下鉛印本　四冊

340000－1801－0006568　2:41951－2:41954
彭剛直公奏稿八卷　(清)彭玉麐撰　清光緒十七年(1891)吳下鉛印本　四冊

340000－1801－0006569　2:41955－2:41958
彭剛直公奏稿八卷　(清)彭玉麐撰　清光緒十七年(1891)吳下鉛印本　四冊

340000－1801－0006570　2:41959－2:41962
彭剛直公奏稿八卷　(清)彭玉麐撰　清光緒十七年(1891)吳下鉛印本　四冊

340000－1801－0006571　2:41963－2:41966
彭剛直公奏稿八卷　(清)彭玉麐撰　清光緒十七年(1891)吳下鉛印本　四冊

340000－1801－0006572　2:41967－2:41972
彭剛直公奏稿八卷詩稿八卷　(清)彭玉麐撰　清光緒十七年(1891)刻本　六冊

340000－1801－0006573　2:41973－2:41978
彭剛直公奏稿八卷詩稿八卷　(清)彭玉麐撰　清光緒十七年(1891)刻本　六冊

340000－1801－0006574　2:41979－2:41984
彭剛直公奏稿八卷詩稿八卷　(清)彭玉麐撰　清光緒十七年(1891)刻本　六冊

340000－1801－0006575　2:41985－2:41992
彭剛直公奏稿八卷詩稿八卷　(清)彭玉麐撰　清光緒十七年(1891)刻本　八冊

340000－1801－0006576　2:41993－2:42000
彭剛直公奏稿八卷詩稿八卷　(清)彭玉麐撰　清光緒十七年(1891)刻本　八冊

340000－1801－0006577　2:42001－2:42034
曾忠襄公奏議三十二卷　(清)曾國荃撰　清光緒二十九年(1903)刻本　三十四冊

340000－1801－0006578　2:4202－2:4321 善
文獻通考三百四十八卷　(元)馬端臨撰　明正德十六年(1521)慎獨齋刻本(卷二百十四至二百二十五抄配,卷二百四十二明馮天馭刻本補配)　一百二十冊

340000－1801－0006579　2:42035－2:42042
劉文莊公奏議八卷　(清)劉秉璋撰　清鉛印本　八冊

340000－1801－0006580　2:42043－2:42050
劉文莊公奏議八卷　(清)劉秉璋撰　清鉛印本　八冊

340000－1801－0006581　2:42051－2:42058
劉尚書奏稿八卷　(清)劉秉璋撰　清光緒三十四年(1908)江寧刻本　八冊

340000－1801－0006582　2:42059－2:42066
劉尚書奏稿八卷　(清)劉秉璋撰　清光緒三十四年(1908)江寧刻本　八冊

340000－1801－0006583　2:42091－2:42094
劉中丞奏稿四卷西輶紀略一卷　(清)劉瑞芬撰　清光緒二十二年(1896)刻本　四冊

340000－1801－0006584　2:42095－2:42098
張靖達公奏議八卷　(清)張樹聲撰　清光緒刻本　四冊

340000－1801－0006585　2:42099－2:42102
張靖達公奏議八卷　(清)張樹聲撰　清光緒刻本　四冊

340000－1801－0006586　2:42103－2:42106
張靖達公奏議八卷　(清)張樹聲撰　清光緒刻本　四冊

340000－1801－0006587　2:42107－2:42110
張靖達公奏議八卷　(清)張樹聲撰　清光緒刻本　四冊

340000－1801－0006588　2:42111－2:42113
張靖達公奏議八卷　(清)張樹聲撰　清光緒刻本　三冊

340000－1801－0006589　2:42114
王文敏公奏疏稿一卷　(清)王懿榮撰　清宣統三年(1911)鉛印本　一冊

340000－1801－0006590　2:42115
王文敏公奏疏稿一卷　(清)王懿榮撰　清宣統三年(1911)鉛印本　一冊

340000－1801－0006591　2:42126
請停修圓明園疏不分卷　(清)李秉衡著　清抄本　一册

340000－1801－0006592　2:42127
涂朗軒尚書政書二卷　(清)涂宗瀛撰　清光緒鉛印本　一册

340000－1801－0006593　2:42128
潘文勤公奏疏一卷　(清)潘祖蔭撰　清光緒刻本　一册

340000－1801－0006594　2:42129－2:42132
陳侍郎奏議八卷　(清)陳士傑撰　清光緒三十二年(1906)衡陽刻本　四册

340000－1801－0006595　2:42133－2:42134
竹坡侍郎奏議二卷　(清)寶廷撰　清光緒二十七年(1901)刻本　二册

340000－1801－0006596　2:42135
吴侍御奏議全案一卷繼統論二卷　(清)吴可讀撰　清抄本　一册

340000－1801－0006597　2:42136－2:42145
合肥李勤恪公政書十卷首一卷　(清)李瀚章撰　清李經畬石印本　十册

340000－1801－0006598　2:42146－2:42155
合肥李勤恪公政書十卷首一卷　(清)李瀚章撰　清李經畬石印本　十册

340000－1801－0006599　2:42156－2:42165
合肥李勤恪公政書十卷首一卷　(清)李瀚章撰　清李經畬石印本　十册

340000－1801－0006600　2:42166－2:42185
李肅毅伯奏議二十卷　(清)李鴻章撰　(清)章洪鈞　(清)吴汝綸編輯　清光緒二十五年(1899)上海鴻文書局石印本　十册

340000－1801－0006601　2:42186－2:42191
宋趙忠定奏議四卷　(宋)趙汝愚撰　葉德輝編　**宋忠定趙周王别錄八卷**　葉德輝輯　清宣統二年(1910)長沙葉氏觀古堂刻本　六册

340000－1801－0006602　2:42192－2:42223
岑襄勤公奏稿三十卷首一卷　(清)岑毓英撰　清光緒二十三年(1897)武昌督糧官署止復園刻本　三十二册

340000－1801－0006603　2:42224－2:42254
岑襄勤公奏稿三十卷首一卷　(清)岑毓英撰　清光緒二十三年(1897)武昌督糧官署止復園刻本　三十一册

340000－1801－0006604　2:42255
馬主政其昶奏稿一卷　馬其昶撰　清宣統二年(1910)京師京華印書局鉛印本　一册

340000－1801－0006605　2:42256
枲實子存稿一卷　(清)崔國因撰　清光緒二十八年(1902)鉛印本　一册

340000－1801－0006606　2:42257
枲實子存稿一卷　(清)崔國因撰　清光緒二十八年(1902)鉛印本　一册

340000－1801－0006607　2:42258
南海先生戊戌奏稿不分卷　康有為撰　清宣統三年(1911)鉛印本　一册

340000－1801－0006608　2:42259
南海先生四上書記一卷　康有為撰　清光緒二十一年(1895)上海時務報館石印本　一册

340000－1801－0006609　2:42276－2:42285
程中丞奏稿十九卷附錄一卷　程德全撰　清宣統元年(1909)鉛印本　十册

340000－1801－0006610　2:42287－2:42292
補刊歷代名臣奏議全編三十卷　(明)張溥删正　清光緒十二年(1886)清河寶樹堂刻本　六册

340000－1801－0006611　2:42293－2:42294
赤城論諫錄十卷　(明)謝鐸　(明)黄孔昭編　清刻台州叢書續編本　二册

340000－1801－0006612　2:422 善
新鍥鄭先生精選史記旁訓便讀八卷　(明)鄭維嶽撰　明刻本　一册　存二卷(七至八)

340000－1801－0006613　2:423－2:426 善
新鍥鄭孩如先生精選史記旁訓便讀八卷　(明)鄭維嶽撰　明萬曆二十七年(1599)楊氏

同仁齋刻本　四册

340000－1801－0006614　2:42436－2:42483
皇清名臣奏議六十八卷首一卷　題(清)琴川居士編輯　清都城國史館琴川居士刻本　四十八册

340000－1801－0006615　2:42484－2:42486
國朝奏疏不分卷　(清)□□輯　清抄本　三册

340000－1801－0006616　2:42487
[清道光]奏議不分卷　(清)□□輯　清刻本　一册

340000－1801－0006617　2:42488－2:42495
同治中興京外奏議約編八卷　(清)陳弢輯　清光緒元年(1875)篋劍囊琴之室刻本　八册

340000－1801－0006618　2:42496－2:42503
同治中興京外奏議約編八卷　(清)陳弢輯　清光緒元年(1875)篋劍囊琴之室刻本　八册

340000－1801－0006619　2:42504－2:42511
同治中興京外奏議約編八卷　(清)陳弢輯　清光緒元年(1875)篋劍囊琴之室刻本　八册

340000－1801－0006620　2:42512－2:42515
同治中興京外奏議約編八卷　(清)陳弢輯　清光緒元年(1875)篋劍囊琴之室刻本　四册

340000－1801－0006621　2:42516－2:42523
奏議鈔存不分卷　(清)左宗棠等撰　清抄本　八册

340000－1801－0006622　2:42524
奏議雜鈔不分卷　(清)□□撰　清光緒抄本　一册

340000－1801－0006623　2:42525－2:42533
東三省練兵奏稿　(清)奕譞等撰　清抄本　九册

340000－1801－0006624　2:42535－2:42554
三公奏議二十卷　盛宣懷輯　清光緒二年(1876)武進盛氏思補樓木活字印本　二十册

340000－1801－0006625　2:42555－2:42574
三公奏議二十卷　盛宣懷輯　清光緒二年(1876)武進盛氏思補樓木活字印本　二十册

340000－1801－0006626　2:42575－2:42578
變法奏議叢抄不分卷　(清)□□撰　清石印本　四册

340000－1801－0006627　2:42587
河工奏議不分卷　(清)□□撰　清抄本　一册

340000－1801－0006628　2:42588
江楚會奏變法三摺不分卷　(清)劉坤一　(清)張之洞撰　清光緒二十七年(1901)甘肅藩署鉛印本　一册

340000－1801－0006629　2:42589－2:42591
江楚會奏變法三摺不分卷　(清)劉坤一　(清)張之洞撰　清光緒二十七年(1901)鉛印本　三册

340000－1801－0006630　2:42605－2:42607
胡端敏公奏議十卷　(明)胡世寧撰　清浙江書局刻本　三册　缺一卷(十)

340000－1801－0006631　2:42610－2:42617
譚襄敏公奏議十卷　(明)譚綸撰　(明)顧所有纂修　清光緒木活字印本　八册

340000－1801－0006632　2:42618－2:42625
靳文襄公奏疏八卷　(清)靳輔撰　清刻本　八册

340000－1801－0006633　2:42626－2:42633
變法自強奏議彙編二十卷　(清)毛佩之輯　清光緒二十七年(1901)上海書局石印本　八册

340000－1801－0006634　2:42634
核訂禁煙條例摺不分卷　(清)憲政編查館編　清宣統元年(1909)鉛印本　一册

340000－1801－0006635　2:42635
核訂禁煙條例摺不分卷　(清)憲政編查館編　清宣統元年(1909)鉛印本　一册

340000－1801－0006636　2:42636－2:42647
桂洲夏文湣公奏議二十一卷補遺一卷　(明)

夏言撰　清光緒二十七年(1901)江西書局刻本　十二冊

340000－1801－0006637　2:42648－2:42655
丁文誠公奏稿二十六卷首一卷　(清)丁寶楨撰　清光緒二十二年(1896)成都刻本　八冊　存八卷(四至五、八、十、十四、二十一、二十四至二十五)

340000－1801－0006638　2:42656－2:42681
歷代名臣奏議選三十卷　(清)趙承恩輯　清同治十三年(1874)紅杏山房刻本　二十六冊

340000－1801－0006639　2:42682－2:42693
郭侍郎奏疏十二卷　(清)郭嵩燾撰　清光緒十八年(1892)刻本　十二冊

340000－1801－0006640　2:42694－2:42705
郭侍郎奏疏十二卷　(清)郭嵩燾撰　清光緒十八年(1892)刻本　十二冊

340000－1801－0006641　2:42706
左侍御公奏議不分卷　(明)左光先撰　清刻本　一冊

340000－1801－0006642　2:42707－2:42708
諫垣存稿二卷　(清)余誠格撰　清光緒三十四年(1908)誦清閣木活字印本　二冊

340000－1801－0006643　2:427－2:429 善
史記索隱三十卷　(唐)司馬貞撰　明末毛氏汲古閣刻本　三冊

340000－1801－0006644　2:42720－2:42723
四家奏議合抄不分卷　(清)汪瑔編　清光緒九年(1883)隨山館刻本　四冊

340000－1801－0006645　2:42724
公車上書記一卷　(清)滬上哀時老人未還氏撰　清光緒二十一年(1895)上海石印書局石印本　一冊

340000－1801－0006646　2:42725
許竹篔先生奏疏錄二卷　(清)許景澄撰　清光緒鉛印本　一冊

340000－1801－0006647　2:42727
水流雲在館奏議二卷　(清)宋晉撰　清光緒十三年(1887)刻本　一冊　存一卷(上)

340000－1801－0006648　2:42728－2:42729
兵垣奏議一卷　(明)陳子龍撰　清光緒二十三年(1897)刻本　二冊

340000－1801－0006649　2:42730－2:42731
兵垣奏議一卷　(明)陳子龍撰　清光緒二十三年(1897)刻本　二冊

340000－1801－0006650　2:42733－2:42736
吳大澄奏稿不分卷　(清)吳大澄撰　清抄本　四冊

340000－1801－0006651　2:42737－2:42744
福惠全書三十二卷　(清)黃六鴻撰　清文英堂刻本　八冊

340000－1801－0006652　2:42745－2:42756
福惠全書三十二卷　(清)黃六鴻撰　清敬書堂刻本　十二冊

340000－1801－0006653　2:42757
棠陰比事一卷　(宋)桂萬榮輯　清光緒刻本　一冊

340000－1801－0006654　2:42758－2:42761
出山草譜八卷　(清)湯肇熙撰　清光緒十年(1884)昆陽縣署刻本　四冊

340000－1801－0006655　2:42762－2:42763
出山草譜八卷　(清)湯肇熙撰　清光緒十年(1884)昆陽縣署刻本　二冊　存四卷(一至四)

340000－1801－0006656　2:42764－2:42765
出山草譜八卷　(清)湯肇熙撰　清光緒十年(1884)昆陽縣署刻本　二冊　存四卷(一至四)

340000－1801－0006657　2:42766－2:42770
浙江宣統三年選舉人名冊不分卷　(清)□□撰　清宣統三年(1911)抄本　五冊

340000－1801－0006658　2:42772－2:42781
呂公實政錄七卷　(明)呂坤撰　清嘉慶二年(1797)寧陵呂氏刻本　十冊

340000－1801－0006659　2:42782－2:42791
呂公實政錄七卷　(明)呂坤撰　清嘉慶二年(1797)寧陵呂氏刻本　十冊

340000－1801－0006660　2:42792－2:42795
實政錄七卷　(明)呂坤撰　清同治七年(1868)湖北崇文書局刻本　四冊

340000－1801－0006661　2:42796－2:42805
實政錄七卷　(明)呂坤撰　清道光元年(1821)刻本　十冊

340000－1801－0006662　2:42806－2:42812
實政錄七卷　(明)呂坤撰　清嘉慶二年(1797)刻本　七冊

340000－1801－0006663　2:42813－2:42818
實政錄七卷　(明)呂坤撰　清同治十一年(1872)浙江書局刻本　六冊

340000－1801－0006664　2:42819－2:42826
資治新書十四卷首一卷　(清)李漁輯　清芥子園刻本　八冊

340000－1801－0006665　2:42827－2:42834
資治新書十四卷首一卷　(清)李漁輯　清刻本　八冊

340000－1801－0006666　2:42835－2:42846
資治新書十四卷首一卷二集二十卷　(清)李漁輯　清光緒二十年(1894)上海圖書集成印書局鉛印本　十二冊

340000－1801－0006667　2:42847－2:42858
資治新書十四卷首一卷二集二十卷　(清)李漁輯　清光緒二十年(1894)上海圖書集成印書局鉛印本　十二冊

340000－1801－0006668　2:42859－2:42871
資治新書十四卷首一卷二集二十卷　(清)李漁輯　清康熙六年(1667)刻本　十三冊　缺四卷(二集九至十二)

340000－1801－0006669　2:42872－2:42887
資治新書十四卷首一卷二集二十卷　(清)李漁輯　清刻本　十六冊

340000－1801－0006670　2:42888－2:42939
皇朝掌故彙編一百卷　(清)張壽鏞編　清光緒二十八年(1902)求實書社鉛印本　五十二冊

340000－1801－0006671　2:42940－2:42947
治安文獻十卷　(清)陸壽名　(清)韓訥輯　清康熙刻本　八冊

340000－1801－0006672　2:42948
浠川政譜二卷　(清)龔鼎孳撰　清光緒刻本　一冊

340000－1801－0006673　2:42949－2:42964
三賢政書十二卷　(清)湯斌等撰　清光緒五年(1879)鉛印本　十六冊

340000－1801－0006674　2:42965－2:42975
于清端公政書八卷外集一卷續集一卷　(清)于成龍撰　清乾隆二十六年(1761)刻本　十一冊

340000－1801－0006675　2:42976－2:42985
于清端公政書八卷外集一卷續集一卷　(清)于成龍撰　清乾隆二十六年(1761)刻本　十冊

340000－1801－0006676　2:42986－2:42995
于清端公政書八卷首編一卷外集一卷　(清)于成龍撰　(清)蔡方炳　(清)諸匡鼎編次　清康熙四十六年(1707)刻本　十冊

340000－1801－0006677　2:42996－2:43005
策海十卷　(元)馬端臨撰　(清)瞿曾輯　清道光十九年(1839)同志館刻本　十冊

340000－1801－0006678　2:430－2:433 善
史記索隱三十卷　(唐)司馬貞撰　明毛氏汲古閣刻本　四冊

340000－1801－0006679　2:43006
東興紀略一卷武陵紀略一卷　(清)吳肇榮輯　清康熙二十六年(1687)刻本　一冊

340000－1801－0006680　2:43007
山署記畧不分卷　(清)朱三錫撰　清康熙刻本　一冊

340000－1801－0006681　2:43008－2:43013

四此堂稿十卷 (清)魏際瑞撰 清康熙刻本 六冊

340000－1801－0006682 2:43014－2:43017
學治體行錄二卷 (清)王鳳生纂 清道光四年(1824)刻本 四冊

340000－1801－0006683 2:43018－2:43019
皖江從政錄八卷 (清)王履中 (清)黄樹海輯 清嘉慶二十五年(1820)刻本 二冊

340000－1801－0006684 2:43020
求治管見二卷 (清)戴肇辰撰 清刻本 一冊

340000－1801－0006685 2:43021－2:43024
河北采風錄四卷 (清)王鳳生輯 清道光六年(1826)刻本 四冊

340000－1801－0006686 2:43025－2:43026
西征籌筆二卷首一卷 (清)李揚華撰 清同治六年(1867)刻本 二冊

340000－1801－0006687 2:43027
閫政領要三卷 (清)德福撰 清光緒刻本 一冊

340000－1801－0006688 2:43028－2:43029
槐卿政跡六卷附錄一卷 (清)沈衍慶撰 清同治元年(1862)刻本 二冊

340000－1801－0006689 2:43030－2:43033
槐卿政跡六卷附錄一卷 (清)沈衍慶撰 清同治元年(1862)刻本 四冊

340000－1801－0006690 2:43034－2:43035
槐卿政跡六卷附錄一卷 (清)沈衍慶撰 清光緒三十一年(1905)木活字印本 二冊

340000－1801－0006691 2:43036
余辛集三卷 (清)何栻撰 清同治元年(1862)刻本 一冊

340000－1801－0006692 2:43037－2:43038
宦游紀略二卷 (清)高廷瑤撰 清光緒九年(1883)桐鄉嚴錫康刻本 二冊

340000－1801－0006693 2:43039－2:43042
宦游紀略六卷續宦游紀略一卷 (清)桂超萬撰 清同治刻本 四冊

340000－1801－0006694 2:43043
兩浙宦游紀略 (清)戴槃撰 清同治七年(1868)刻本 一冊

340000－1801－0006695 2:43044
嚴陵紀略不分卷 (清)戴槃撰 清同治七年(1868)刻本 一冊

340000－1801－0006696 2:43045
嚴陵紀略不分卷 (清)戴槃撰 清同治七年(1868)刻本 一冊

340000－1801－0006697 2:43046
桐溪紀略一卷 (清)戴槃撰 清同治七年(1868)刻本 一冊

340000－1801－0006698 2:43047
桐溪紀略一卷 (清)戴槃撰 清同治七年(1868)刻本 一冊

340000－1801－0006699 2:43048－2:43063
李文忠公外部函稿二十八卷 (清)李鴻章撰 (清)吳汝綸編 清光緒二十八年(1902)蓮池書社鉛印本 十六冊

340000－1801－0006700 2:43064－2:43067
徐雨峰中丞勘語四卷 (清)徐士林撰 清光緒二十六年(1900)武進李氏聖譯樓刻本 四冊

340000－1801－0006701 2:43068－2:43071
政譜五卷首一卷 (清)藍煦集傳 清同治九年(1870)忠恕堂刻本 四冊

340000－1801－0006702 2:43072－2:43081
周武壯公遺書九卷首一卷外集三卷別集一卷附錄一卷 (清)周盛傳編輯 清光緒三十一年(1905)金陵刻本 十冊

340000－1801－0006703 2:43082－2:43083
熙朝紀政八卷 (清)王慶雲撰 清光緒二十八年(1902)石印本 二冊 存四卷(一至四)

340000－1801－0006704 2:43084－2:43089
熙朝紀政八卷 (清)王慶雲撰 清光緒二十

四年(1898)縮印本　六冊

340000－1801－0006705　2:43090－2:43095
石渠餘紀六卷　(清)王慶雲撰　清光緒十四年(1888)刻本　六冊

340000－1801－0006706　2:43096－2:43101
石渠餘紀六卷　(清)王慶雲撰　清刻本　六冊

340000－1801－0006707　2:43102－2:43107
賜福樓啟事四卷撫東政略二卷　宋小濂著　清末鉛印本　六冊

340000－1801－0006708　2:43108
程中丞庚子函牘鈔略一卷　程德全撰　(清)李遜編輯　清宣統元年(1909)鉛印本　一冊

340000－1801－0006709　2:43110－2:43111
撫東政略二卷　宋小濂著　清末鉛印本　二冊

340000－1801－0006710　2:43115
蒿盦類稿一卷　馮煦撰　清末鉛印本　一冊

340000－1801－0006711　2:43119－2:43122
守岐公牘匯存一卷　(清)張兆棟撰　清光緒四年(1878)刻本　四冊

340000－1801－0006712　2:43125－2:43130
不自慊齋漫存七卷　(清)徐賡陛撰　清光緒八年(1882)南海官署刻本　六冊

340000－1801－0006713　2:43131－2:43136
不自慊齋漫存七卷　(清)徐賡陛撰　清光緒八年(1882)南海官署刻本　六冊

340000－1801－0006714　2:43163－2:43166
樊山判牘續編四卷　樊增祥撰　清宣統三年(1911)大同書局石印本　四冊

340000－1801－0006715　2:43170
郗城判牘四卷　(清)張錫壽撰　清光緒鉛印本　一冊

340000－1801－0006716　2:43175
戊戌新政芻言一卷　江峰青撰　清光緒二十六年(1900)刻本　一冊

340000－1801－0006717　2:43176
戊戌新政芻言一卷　江峰青撰　清光緒二十六年(1900)刻本　一冊

340000－1801－0006718　2:43177
戊戌新政芻言一卷　江峰青撰　清光緒二十六年(1900)刻本　一冊

340000－1801－0006719　2:43178
癸卯時務策不分卷　江峰青撰　清刻本　一冊

340000－1801－0006720　2:43179
魏塘文告摘錄不分卷　江峰青撰　清光緒二十五年(1899)刻本　一冊

340000－1801－0006721　2:43180
魏塘文告摘錄不分卷　江峰青撰　清光緒二十五年(1899)刻本　一冊

340000－1801－0006722　2:43182
浙省油坊控案公牘不分卷　(清)□□撰　清咸豐七年(1857)抄本　一冊

340000－1801－0006723　2:43183
徽郡人物山水並禁止遏糶虐鄰召異承種不分卷　(清)□□撰　清抄本　一冊

340000－1801－0006724　2:43184－2:43187
宦游紀略六卷續一卷　(清)桂超萬撰　清同治三年(1864)刻本　四冊

340000－1801－0006725　2:43188
讓堂亦政錄一卷嘉定贈別詩文一卷　(清)程瑤田撰　清刻本　一冊

340000－1801－0006726　2:43190
柏垣瑣志一卷　(清)李佳繼昌撰　清光緒鉛印本　一冊

340000－1801－0006727　2:43191－2:43192
翼教新編二卷　(清)□□撰　清鉛印本　二冊

340000－1801－0006728　2:43193－2:43197
翼教叢編六卷　(清)蘇輿編　清光緒二十四年(1898)武昌刻本　五冊

340000－1801－0006729　2:43198
桃花保墳山案卷不分卷　(清)阮觀德等撰　清抄本　一册

340000－1801－0006730　2:43200
桐城史文彩盗葬祖墳案卷不分卷　(清)□□撰　清光緒抄本　一册

340000－1801－0006731　2:4322－2:4441 善
文獻通考三百四十八卷　(元)馬端臨撰　明嘉靖三年(1524)刻本　一百二十册

340000－1801－0006732　2:43241
奏定城鎮鄉地方自治並選舉章程　(清)□□編　清光緒中國圖書公司鉛印本　一册

340000－1801－0006733　2:43245
案卷不分卷　(清)□□撰　清嘉慶刻本　一册

340000－1801－0006734　2:43255－2:43267
東三省政略十二卷圖一卷　徐世昌編　清光緒鉛印本　十三册

340000－1801－0006735　2:43268－2:43280
東三省政略十二卷圖一卷　徐世昌編　清光緒鉛印本　十三册

340000－1801－0006736　2:43281－2:43293
東三省政略十二卷圖一卷　徐世昌編　清光緒鉛印本　十三册

340000－1801－0006737　2:43302－2:43303
撫新記程二卷　袁大化著　清商務印書館鉛印本　二册

340000－1801－0006738　2:43304
撫新記程二卷　袁大化著　清商務印書館鉛印本　二册

340000－1801－0006739　2:43305－2:43310
童溫處公遺書六卷首一卷　(清)童兆蓉撰　清寧鄉童氏刻本　六册

340000－1801－0006740　2:43311－2:43312
劍華堂救時要策萬言書二卷　(清)吳廣霈撰　清光緒著易堂鉛印本　二册

340000－1801－0006741　2:43313－2:43314
劍華堂救時要策萬言書二卷　(清)吳廣霈撰　清光緒著易堂鉛印本　二册

340000－1801－0006742　2:43315－2:43316
劍華堂救時要策萬言書二卷　(清)吳廣霈撰　清光緒著易堂鉛印本　二册

340000－1801－0006743　2:43321－2:43328
新政真詮六編　(清)何啟　胡禮垣撰　清光緒二十七年(1901)格致新報館鉛印本　八册

340000－1801－0006744　2:43329
不得已錄一卷　(□)□□撰　清刻本　一册

340000－1801－0006745　2:43330－2:43332
華北譯著編不分卷　(清)□□撰　清光緒鉛印本　三册

340000－1801－0006746　2:43333－2:43338
華北雜誌不分卷　(清)□□撰　清末鉛印本　六册

340000－1801－0006747　2:43339
時事問答一卷　(清)陳鈺輯　(清)王瑩修編次　清光緒二十九年(1903)愛廬鉛印本　一册

340000－1801－0006748　2:43340－2:43343
適可齋記行六卷記言四卷　(清)馬建忠撰　清光緒二十二年(1896)刻本　四册

340000－1801－0006749　2:43346－2:43369
新政時務策論講義淵海十二卷首一卷　(清)顧厚焜輯　清光緒二十八年(1902)點石齋石印本　二十四册

340000－1801－0006750　2:43370
襄垣雪鴻集　(清)張振鋆輯　清光緒刻本　一册

340000－1801－0006751　2:43371－2:43374
谿州官牘四卷　(清)張修府撰　清同治四年(1865)刻本　四册

340000－1801－0006752　2:43375－2:43376
谿州官牘四卷　(清)張修府撰　清同治四年(1865)刻本　二册

340000－1801－0006753　2:43377－2:43382
西江政要四卷　(清)□□撰　清光緒刻本　六冊

340000－1801－0006754　2:43384
控案不分卷　(清)□□撰　清嘉慶抄本　一冊

340000－1801－0006755　2:43385
軺車雜錄二卷　(清)朱軾撰　(清)劉鎮編　清嘉慶十八年(1813)刻本　一冊

340000－1801－0006756　2:43386－2:43391
時事新編初集六卷　(清)陳耀卿編輯　清光緒鉛印本　六冊

340000－1801－0006757　2:43392
袁楊上書稿不分卷　(清)袁得勝　(清)楊管春撰　清光緒刻本　一冊

340000－1801－0006758　2:43393
中國自強探本論　江峰青撰　清宣統元年(1909)刻本　一冊

340000－1801－0006759　2:43394
時務論不分卷　宋育仁撰　清光緒石印本　一冊

340000－1801－0006760　2:43398
煙海回瀾不分卷　(清)錫金戒煙總局撰　清光緒二十六年(1900)刻本　一冊

340000－1801－0006761　2:43401
總督福建少保兵部尚書姚公文告　(清)姚啟聖撰　清光緒抄本　一冊

340000－1801－0006762　2:43402－2:43407
聽松樓隨筆不分卷　(清)□□撰　清抄本　六冊

340000－1801－0006763　2:43408－2:43439
新輯時務匯通一百八卷　(清)李作棟輯　清光緒二十九年(1903)上海崇新書局石印本　三十二冊

340000－1801－0006764　2:434－2:465 善
漢書一百卷　(漢)班固撰　明末刻本　三十二冊

340000－1801－0006765　2:43440－2:43465
分類時務通纂一百五十七卷　(清)陳昌紳輯　清光緒二十八年(1902)上海文瀾書局石印本　二十六冊

340000－1801－0006766　2:43466－2:43469
報論四卷　題(清)守正書屋程氏輯　清光緒十二年(1886)抄本　四冊

340000－1801－0006767　2:43470
咸同間檔摘錄不分卷　(□)□□撰　清抄本　一冊

340000－1801－0006768　2:43473－2:43496
皇朝經濟文新編六十一卷　題(清)宜今室主人輯　清光緒二十七年(1901)宜今室石印本　二十四冊

340000－1801－0006769　2:43497－2:43504
廣治平略正集三十六卷續集八卷　(清)蔡方炳撰　清光緒十六年(1890)廣百宋齋石印本　八冊

340000－1801－0006770　2:43505－2:43510
廣治平略三十六卷　(清)蔡方炳撰　清刻本　六冊　存二十七卷(六至二十二、二十七至三十六)

340000－1801－0006771　2:43519－2:43521
諸暨諭民紀要三卷　(清)倪望重撰　清光緒二十三年(1897)木活字印本　三冊

340000－1801－0006772　2:43522－2:43524
諸暨諭民紀要三卷　(清)倪望重撰　清光緒二十三年(1897)木活字印本　三冊

340000－1801－0006773　2:43525－2:43528
柔遠新書四卷　(清)朱克敬撰　清光緒十年(1884)敦懷書局刻敦懷堂洋務叢鈔本　四冊

340000－1801－0006774　2:43553－2:43558
江北賑務電報錄不分卷　(清)楊文鼎撰　清光緒三十四年(1908)鉛印本　六冊

340000－1801－0006775　2:43560
增訂教案匯編六卷首一卷　(清)程宗裕編　清光緒二十八年(1902)實學書社鉛印本　一

册　存一卷(二)

340000－1801－0006776　2:43561－2:43572
洋務經濟通考十六卷　應祖錫撰　清光緒二十七年(1901)鴻寶齋石印本　十二册

340000－1801－0006777　2:43587 善
祁門修改城垣簿不分卷　(清)洪承慶等輯　清乾隆刻本　一册

340000－1801－0006778　2:43588－2:43589
周氏政書□□卷　(清)周家楣撰　清宣統元年(1909)商務印書館鉛印本　二册　存六卷(二至四、七至九)

340000－1801－0006779　2:43590
日本法規解字不分卷　錢恂　(清)董鴻禕編纂　清宣統元年(1909)商務印書館鉛印本　一册

340000－1801－0006780　2:43591－2:43596
中外時務經濟新論六卷　(清)果爾敏編　清光緒上洋自強齋石印本　六册

340000－1801－0006781　2:43597－2:43602
洋務備考十六卷　(清)沈維埥撰　清光緒二十二年(1896)上海書局石印本　六册

340000－1801－0006782　2:43603－2:43610
中西時務精華九卷　(清)殷兆鏞等撰　清光緒二十三年(1897)上海書局石印本　八册

340000－1801－0006783　2:43612
籌防局傳書不分卷　(清)龍起濤編　清光緒二十三年(1897)籌防局刻本　一册

340000－1801－0006784　2:43613－2:43614
佐治芻言一卷　(英國)傅蘭雅譯　應祖錫述　清鉛印本　二册

340000－1801－0006785　2:43615
尺園佐治摘存不分卷　(清)韓藹堂撰　清光緒三十四年(1908)石印本　一册

340000－1801－0006786　2:43616－2:43620
癸卯新政奏議時論新編附胡文忠公文牘不分卷　(清)徐鄌等撰　清抄本　五册

340000－1801－0006787　2:43621
籌洋芻議一卷　(清)薛福成撰　清光緒刻本　一册

340000－1801－0006788　2:43622－2:43624
浙東籌防錄四卷　(清)薛福成輯　清光緒刻本　三册

340000－1801－0006789　2:43625
籌華芻言一卷　(美國)李佳白撰　清光緒三十二年(1906)上海商務印書館鉛印本　一册

340000－1801－0006790　2:43627
團練說團練補遺不分卷　(清)胡毓棠等輯　清同治元年(1862)刻本　一册

340000－1801－0006791　2:43628
歌頌張公政績不分卷　(清)蔣名駒編輯　清同治六年(1867)刻本　一册

340000－1801－0006792　2:43637
辦案總略不分卷　(清)□□撰　清抄本　一册

340000－1801－0006793　2:43639
奏請欽定徽寧池三府世僕例案　(清)余澤山輯　清嘉慶十年(1805)沱川樂義堂刻本　一册

340000－1801－0006794　2:43640
狀詞和批示匯抄不分卷　(清)□□錄　清抄本　一册

340000－1801－0006795　2:43641－2:43642
牧東紀略四卷　(清)柳堂撰　清光緒三十二年(1906)筆諫堂刻本　一册

340000－1801－0006796　2:43650
清乾隆祁門縣胡鄭兩姓互控案匯抄不分卷　(清)□□錄　清抄本　一册

340000－1801－0006797　2:43651
清乾隆休寧縣主僕互控案匯抄不分卷　(清)□□錄　清抄本　一册

340000－1801－0006798　2:43652－2:43655
清康熙時狀詞批示匯抄不分卷　(清)□□錄　清抄本　四册

340000－1801－0006799　2∶43664

一貫元策不分卷　(清)柯蘇門輯　清抄本　一册

340000－1801－0006800　2∶43677

南京暨南洋勸業會指南　(清)劉靖夫等輯　清宣統二年(1910)上海華美書局鉛印本　一册

340000－1801－0006801　2∶43678

中國通商物產字典　(日本)上野專一編　(清)鍾觀光譯　清光緒二十八年(1902)鉛印本　一册

340000－1801－0006802　2∶43682

徽州勸興農務支會啟不分卷　(清)程方壺撰　清末鉛印本　一册

340000－1801－0006803　2∶43683

徽州勸興農務支會啟不分卷　(清)程方壺撰　清末鉛印本　一册

340000－1801－0006804　2∶43688

南洋勸業會雜詠不分卷　(清)王葆楨撰　清宣統二年(1910)鉛印本　一册

340000－1801－0006805　2∶43689

商辦漢冶萍煤鐵廠礦股份有限公司歷次奏咨案牘　(清)張之洞　盛宣懷撰　清光緒三十四年(1908)鉛印本　一册

340000－1801－0006806　2∶43690

商辦漢冶萍煤鐵廠礦股份有限公司推廣加股章程　(清)張之洞　盛宣懷撰　清光緒三十四年(1908)鉛印本　一册

340000－1801－0006807　2∶43692

中國礦產志略附鐵路簡明表　(清)□□輯　清鉛印本　一册

340000－1801－0006808　2∶43708

各省諮議局聯合會議案　(清)□□輯　清鉛印本　一册

340000－1801－0006809　2∶43709－2∶43710

安徽諮議局議案不分卷　(清)安徽諮議局編　清宣統二年(1910)鉛印本　二册

340000－1801－0006810　2∶43711－2∶43713

安徽諮議局議案不分卷　(清)安徽諮議局編　清宣統二年(1910)鉛印本　三册

340000－1801－0006811　2∶43714－2∶43715

安徽諮議局議案不分卷　(清)安徽諮議局編　清宣統二年(1910)鉛印本　二册

340000－1801－0006812　2∶43716－2∶43719

安徽諮議局議案不分卷　(清)安徽諮議局編　清宣統二年(1910)鉛印本　四册

340000－1801－0006813　2∶43720

安徽諮議局表册文件不分卷　(清)安徽諮議局編　清宣統鉛印本　一册

340000－1801－0006814　2∶43721

安徽諮議局第一期報告書不分卷　(清)安徽諮議局編　清宣統二年(1910)鉛印本　一册

340000－1801－0006815　2∶43722

安徽諮議局第一期報告書不分卷　(清)安徽諮議局編　清宣統二年(1910)鉛印本　一册

340000－1801－0006816　2∶43723

安徽諮議局第二屆報告書不分卷　(清)安徽諮議局編　清宣統鉛印本　一册

340000－1801－0006817　2∶43726

安徽省諮議局聯合會提議案　(清)安徽諮議局編　清宣統二年(1910)鉛印本　一册

340000－1801－0006818　2∶43727

安徽諮議局續刊答覆案不分卷　(清)安徽諮議局編　清宣統三年(1911)鉛印本　一册

340000－1801－0006819　2∶43728

法部奏派赴美第八次萬國監獄改良會會員報告書　(清)徐謙　(清)許世英撰　清宣統二年(1910)鉛印本　一册

340000－1801－0006820　2∶43743

泰西學校一卷教化議五卷　(德國)花之安撰　清光緒二十三年(1897)上海商務印書館鉛印本　一册

340000－1801－0006821　2∶43745

張殿撰通州師範教育手牒不分卷　張謇撰

清宣統元年(1909)影印本　一冊

340000－1801－0006822　2:43746

議覆出使大臣孫寶琦奏請廣設小學堂摺　(清)學務大臣輯　清光緒三十一年(1905)刻本　一冊

340000－1801－0006823　2:43747

日本文部省關於清國人入學公私立學校規程交涉經過　留學生總會編　清光緒刻本　一冊

340000－1801－0006824　2:43753

具奏明定教育宗旨摺　(清)榮慶等撰　清刻本　一冊

340000－1801－0006825　2:43768

新鐫士商要覽不分卷　(清)憺漪子輯　清刻本　一冊

340000－1801－0006826　2:43769

地理路程不分卷　(清)□□輯　清抄本　一冊

340000－1801－0006827　2:43770

峽江救生船志二卷圖考一卷　(清)程以輔等編　清光緒三年至五年(1877－1879)水師新副中營刻本　一冊　存一卷(圖考一卷)

340000－1801－0006828　2:43771

行船免撞章程不分卷　(英國)傅蘭雅　(清)鈡天緯同譯　清光緒二十一年(1895)江南製造局鉛印本　一冊

340000－1801－0006829　2:43772

安徽驛站路程及公文程式不分卷　(清)□□撰　清抄本　一冊

340000－1801－0006830　2:43773

安徽全省鐵路圖說不分卷　(清)李經方撰　清石印本　一冊

340000－1801－0006831　2:43774

安徽全省鐵路芻言不分卷　(清)孫傳樾撰　清石印本　一冊

340000－1801－0006832　2:43775

安徽全省鐵路芻言不分卷　(清)孫傳樾撰　清石印本　一冊

340000－1801－0006833　2:43776

龍參議查復安徽鐵路說帖　(清)龍建章撰　清宣統三年(1911)鉛印本　一冊

340000－1801－0006834　2:43784

大清郵政章程不分卷　(清)□□輯　清光緒二十七年(1901)鉛印本　一冊

340000－1801－0006835　2:43785

江西同人公啟　(清)□□撰　清刻本　一冊

340000－1801－0006836　2:43786

江浙鐵路風潮不分卷　題(清)墨悲編輯　清光緒三十三年(1907)鉛印本　一冊

340000－1801－0006837　2:43787－2:43794

量輶考輙四卷　(清)劉啟彤譯述　清石印本　八冊

340000－1801－0006838　2:43795

寄報章程不分卷　(清)□□撰　清鉛印本　一冊

340000－1801－0006839　2:43796－2:43799

量輶考輙四卷　(清)劉啟彤譯述　清光緒十五年(1889)同文書局石印本　四冊

340000－1801－0006840　2:43805－2:43819

六部則例全書　(清)鄂海輯　清康熙刻本　十五冊

340000－1801－0006841　2:43820－2:43823

六部例限圖六卷中樞例限圖一卷秋審章程一卷刺字彙纂一卷　(清)徐鉞　(清)王又槐編輯　清乾隆五十六年(1791)刻本　四冊　存五卷(六部例限圖一、五,中樞例限圖一卷,秋審章程一卷,刺字彙纂一卷)

340000－1801－0006842　2:43824－2:43834

定例成案合鐫三十卷續增一卷　(清)孫綸編輯　清刻本　十一冊

340000－1801－0006843　2:43835－2:43838

大清法規大全不分卷　(清)北京政學社編　清宣統鉛印本　四冊

340000－1801－0006844　2:43839－2:43858
大清法規大全正編　(清)北京政學社編　清宣統北京政學社石印本　二十冊

340000－1801－0006845　2:43859－2:43878
大清法規大全續編　(清)北京政學社編　清宣統北京政學社石印本　二十冊

340000－1801－0006846　2:43879－2:43898
大清光緒新法令不分卷　商務印書館輯　清宣統元年(1909)商務印書館鉛印本　二十冊

340000－1801－0006847　2:43899－2:43918
大清光緒新法令不分卷　商務印書館輯　清宣統元年(1909)商務印書館鉛印本　二十冊

340000－1801－0006848　2:43919－2:43923
大清光緒新法令不分卷　商務印書館輯　清宣統元年(1909)商務印書館鉛印本　五冊

340000－1801－0006849　2:43924－2:43927
大清宣統新法令不分卷　商務印書館輯　清宣統元年(1909)商務印書館鉛印本　四冊

340000－1801－0006850　2:43928
大清新法令樣本不分卷　商務印書館輯　清末商務印書館鉛印本　一冊

340000－1801－0006851　2:43929－2:43935
大清宣統新法令不分卷　商務印書館輯　清宣統鉛印本　七冊

340000－1801－0006852　2:43936－2:43937
江西委署章程二卷　(清)□□撰　清光緒二十八年(1902)官書局刻本　二冊

340000－1801－0006853　2:43938
江西委署章程二卷　(清)□□撰　清光緒二十八年(1902)官書局刻本　一冊

340000－1801－0006854　2:43939
奏定度量衡畫一制度圖說總表推行章程不分卷　(清)農工商部編　清光緒三十四年(1908)刻本　一冊

340000－1801－0006855　2:43940
奏定度量衡畫一制度圖說總表推行章程不分卷　(清)農工商部編　清光緒刻本　一冊

340000－1801－0006856　2:43941
憲政編查館奏城鎮鄉地方自治章程並擬選舉章程摺　(清)奕劻等撰　清光緒三十四年(1908)鉛印本　一冊

340000－1801－0006857　2:43942
憲政編查館奏城鎮鄉地方自治章程並擬選舉章程摺　(清)奕劻等撰　清光緒三十四年(1908)鉛印本　一冊

340000－1801－0006858　2:43943
憲政編查館會奏各省諮議局章程及案語并議員選舉章程摺單　(清)奕劻等撰　清光緒三十四年(1908)鉛印本　一冊

340000－1801－0006859　2:43944
憲政編查館會奏各省諮議局章程及案語并議員選舉章程摺單　(清)奕劻等撰　清光緒三十四年(1908)鉛印本　一冊

340000－1801－0006860　2:43945
憲政編查館會奏各省諮議局章程及案語并議員選舉章程摺單　(清)奕劻等撰　清光緒三十四年(1908)鉛印本　一冊

340000－1801－0006861　2:43946－2:43948
諮議局章程及選舉章程解釋匯鈔　(清)□□撰　清宣統鉛印本　三冊

340000－1801－0006862　2:43949
憲政編查館奏擬訂各省會議廳規則摺附清單　(清)奕劻等撰　清宣統二年(1910)鉛印本　一冊

340000－1801－0006863　2:43950
憲政編查館奏擬訂各省會議廳規則摺附清單　(清)奕劻等撰　清宣統二年(1910)鉛印本　一冊

340000－1801－0006864　2:43951
開票所辦事細則附開票須知　(清)江西諮議局籌辦處選舉科編　清鉛印本　一冊

340000－1801－0006865　2:43956－2:43960
奏定學堂章程不分卷　(清)張百熙等撰　清光緒二十九年(1903)北京官書局鉛印本　五

冊

340000－1801－0006866　2:43961－2:43967

奏定學堂章程不分卷　(清)張百熙等撰　清光緒二十九年(1903)北京官書局鉛印本　七冊

340000－1801－0006867　2:43968

籌辦京師大學堂章程不分卷　(清)□□撰　清光緒鉛印本　一冊

340000－1801－0006868　2:43969

義學條規書院課程一卷　(清)□□撰　清刻本　一冊

340000－1801－0006869　2:43970－2:43973

章程雜錄二十二種　(清)□□輯　清抄本　四冊

340000－1801－0006870　2:43976

江蘇存古堂綱要一卷　江蘇存古學堂編　清光緒三十四年(1908)蘇城毛上珍鉛印本　一冊

340000－1801－0006871　2:43979

績溪捐助賓興盤費規條不分卷　(清)徐會烜輯　清刻本　一冊

340000－1801－0006872　2:43980

安徽督練公所辦事章程不分卷　(清)安徽督練公所編　清光緒木活字印本　一冊

340000－1801－0006873　2:43983

團防捕盜章程不分卷　陸軍軍需學校編　清宣統元年(1909)木活字印本　一冊

340000－1801－0006874　2:43984

陸軍部通行各省督撫等擬定火藥保存章程暨檢查詳章　(清)□□編　清鉛印本　一冊

340000－1801－0006875　2:43999

諮議局章程附資政院章程不分卷　(清)憲政編查館編　清光緒三十四年(1908)商務印書館鉛印本　一冊

340000－1801－0006876　2:44000

監臨條約不分卷　(清)浙江巡撫部院編　清光緒二十年(1894)刻本　一冊

340000－1801－0006877　2:44002

憲政編查館會奏酌擬各省法官變通回避辦法摺　(清)奕劻等撰　清宣統二年(1910)鉛印本　一冊

340000－1801－0006878　2:44003

憲政編查館會奏遵議變通府廳州縣地方審判廳辦法摺　(清)奕劻等撰　清宣統二年(1910)鉛印本　一冊

340000－1801－0006879　2:44004

安徽諮議局選舉人資格説明書　(清)安徽省諮議局撰　清宣統二年(1910)鉛印本　一冊

340000－1801－0006880　2:44005

選舉調查必要四種　(清)江西諮議局籌辦處編　清宣統元年(1909)鉛印本　一冊

340000－1801－0006881　2:44007

鄭工新例銓補章程一卷海防新章一卷增修現行常例一卷　(清)户部編　清光緒刻本　一冊

340000－1801－0006882　2:44008－2:44011

增修籌餉事例條款不分卷籌餉事例一卷增修現行常例一卷　(清)户部編　清同治刻本　四冊

340000－1801－0006883　2:44012

憲政編查館奏擬訂宗室覺羅訴訟章程摺一卷　(清)奕劻等撰　清宣統二年(1910)鉛印本　一冊

340000－1801－0006884　2:44013

籌議辦農工商務簡明章程不分卷　(清)江西農工商務局編　清光緒二十八年(1902)刻本　一冊

340000－1801－0006885　2:44014

漢員爵秩俸禄考不分卷附外藩蒙古　(清)□□撰　清刻本　一冊

340000－1801－0006886　2:44015

出洋賽會通行簡章不分卷　(清)農工商部編　清刻本　一冊

340000－1801－0006887　2:44016

京師高等以下各級審判廳試辦章程不分卷 (清)□□編　清光緒三十三年(1907)安徽官紙印刷局鉛印本　一冊

340000－1801－0006888　2:44017
廣西餉賑捐輸章程不分卷 (清)廣西善後總局編　清光緒二十九年(1903)鉛印本　一冊

340000－1801－0006889　2:44018
廣西餉賑捐輸章程不分卷 (清)廣西善後總局編　清光緒二十九年(1903)鉛印本　一冊

340000－1801－0006890　2:44019
廣西餉賑捐輸章程不分卷 (清)廣西善後總局編　清光緒二十九年(1903)鉛印本　一冊

340000－1801－0006891　2:44020
北洋海軍章程稿□□卷 (清)□□編　清抄本　一冊　存一卷(三)

340000－1801－0006892　2:44021
法部通行直省司法行政各官廳互相行文公式 (清)法部編　清宣統二年(1910)鉛印本　一冊

340000－1801－0006893　2:44022
法部會奏檢察廳調度司法員警章程不分卷 (清)法部編　清宣統二年(1910)鉛印本　一冊

340000－1801－0006894　2:44023
法官考試任用暫行章程細則不分卷 (清)法部編　清宣統二年(1910)刻本　一冊

340000－1801－0006895　2:44024
農工商礦總局詳定種植章程不分卷 (清)江西農工商礦總局編　清光緒三十四年(1908)刻本　一冊

340000－1801－0006896　2:44025
各省直隸州廳縣勸學章程不分卷 (清)□□編　清光緒刻本　一冊

340000－1801－0006897　2:44026－2:44029
商部奏定律章四種　載振撰　清光緒三十年(1904)鉛印本　四冊

340000－1801－0006898　2:44030
旌邑賓興公項章程不分卷 (清)□□編　清光緒十一年(1885)刻本　一冊

340000－1801－0006899　2:44032
初選舉籌辦綱要不分卷 (清)江西諮議局籌辦處選舉科編　清末鉛印本　一冊

340000－1801－0006900　2:44035
學部奏酌量變通初等小學堂章程摺 (清)學部輯　清宣統元年(1909)鉛印本　一冊

340000－1801－0006901　2:44036
學部奏定各學堂畢業學生請獎執照章程不分卷 (清)學部擬訂　清光緒三十四年(1908)鉛印本　一冊

340000－1801－0006902　2:44037
學部訂定各學堂修業分憑條例一卷 (清)學部擬訂　清光緒三十四年(1908)鉛印本　一冊

340000－1801－0006903　2:44038
議設罪犯習藝所章程不分卷 (清)江西按察使司編　清光緒三十一年(1905)刻本　一冊

340000－1801－0006904　2:44039
詳定農務開荒章程不分卷 (清)江西農工商務局編　清光緒二十八年(1902)刻本　一冊

340000－1801－0006905　2:44040
奏定續擬提學使辦事許可權章程不分卷 (清)學部擬訂　清末刻本　一冊

340000－1801－0006906　2:44041
詳議開辦膏店牌照捐章程不分卷 (清)江西禁煙公所編　清刻本　一冊

340000－1801－0006907　2:44042－2:44049
欽定理藩院則例六十四卷 (清)□□纂　清刻本　八冊　存二十卷(四十五至六十四)

340000－1801－0006908　2:44050－2:44065 善
欽定吏部則例六十八卷 (清)傅恒等纂　清乾隆刻本　十六冊

340000－1801－0006909　2:44066
欽定法院編制法一卷法官考試任用章程一卷司法區域分劃及初級地方審判廳管轄案件各

暫行章程不分卷　(清)奕劻等撰　清宣統元年(1909)鉛印本　一册

340000－1801－0006910　2:44067

欽定大清商律一卷　載振等撰　清光緒三十年(1904)鉛印本　一册

340000－1801－0006911　2:44069

徽州不纏足會章程不分卷　(清)徽州不纏足會撰　清光緒二十九年(1903)刻本　一册

340000－1801－0006912　2:44070

擬訂直隸法政學堂試辦章程不分卷　(清)直隸法政學堂編　清光緒鉛印本　一册

340000－1801－0006913　2:44071

通省保甲新章不分卷　(清)安徽按察司編　清光緒刻本　一册

340000－1801－0006914　2:44072－2:44073

通州興辦實業章程二卷　張謇撰　清光緒三十一年(1905)鉛印本　二册

340000－1801－0006915　2:44075

安徽僧立教育會章程不分卷　(清)安徽省僧立教育會編　清光緒三十四年(1908)刻本　一册

340000－1801－0006916　2:44079

安徽法律學堂章程不分卷　(清)安徽法律學堂編　清宣統鉛印本　一册

340000－1801－0006917　2:44081

江蘇水陸坊營緝捕功過章程　(清)江蘇按察使司編　清光緒十七年(1891)刻本　一册

340000－1801－0006918　2:44082

江寧勸工學堂章程不分卷　(清)李智儔　(清)胡光煜訂　清光緒刻本　一册

340000－1801－0006919　2:44083

欽定法部編制法暨各章程不分卷　(清)江蘇撫院編　清宣統二年(1910)鉛印本　一册

340000－1801－0006920　2:44085

江西全省員警章程不分卷　(清)江西全省警察局編　清光緒二十八年(1902)石印本　一册

340000－1801－0006921　2:44086

江西全省駐潯商船總工會章程不分卷　(清)□□編　清光緒三十二年(1906)鉛印本　一册

340000－1801－0006922　2:44087

江西全省檢驗學習所章程不分卷　(清)江西全省檢驗學習所編　清刻本　一册

340000－1801－0006923　2:44088

江西省城巡警正副區職權及勤務規則不分卷　(清)江西巡警道編　清宣統元年(1909)鉛印本　一册

340000－1801－0006924　2:44091

江西諮議局籌辦處簡明章程不分卷　(清)江西諮議局籌辦處編　清宣統元年(1909)鉛印本　一册

340000－1801－0006925　2:44092

江西課吏館章程不分卷　(清)江西課吏館編　清光緒二十七年(1901)刻本　一册

340000－1801－0006926　2:44093

奏定巡警部章程不分卷　(清)□□撰　清光緒三十一年(1905)刻本　一册

340000－1801－0006927　2:44094

奏定商船公會簡明章程不分卷　(清)□□撰　清光緒三十二年(1906)刻本　一册

340000－1801－0006928　2:44095

奏定陸軍學堂辦法一卷　(清)奕劻撰　清光緒三十年(1904)鉛印本　一册

340000－1801－0006929　2:44096

奏定江西全省鐵路簡明章程不分卷　(清)江西全省鐵路總局編　清光緒三十一年(1905)刻本　一册

340000－1801－0006930　2:44097

奏定礦政調查局章程一卷　(清)兩江礦政調查局編　清光緒三十一年(1905)鉛印本　一册

340000－1801－0006931　2:44098

奏擬軍流以下人犯分別減等章程不分卷

（清）□□撰　清光緒十六年（1890）刻本　一冊

340000－1801－0006932　2∶44099

奏擬法官分發章程摺單不分卷　（清）□□撰　清宣統二年（1910）刻本　一冊

340000－1801－0006933　2∶44100

南洋測繪章程不分卷　（清）兩江督練公所編　清光緒三十二年（1906）刻本　一冊

340000－1801－0006934　2∶44101

皖學會章程不分卷　（清）何熙年撰　清光緒刻本　一冊

340000－1801－0006935　2∶44103

郵傳部奏定官制章程不分卷　（清）郵傳部編　清光緒三十三年（1907）鉛印本　一冊

340000－1801－0006936　2∶44104－2∶44105

欽定磨勘條例四卷　（清）禮部編　清刻本　二冊

340000－1801－0006937　2∶44106

續增磨勘則例一卷　（清）禮部編　清刻本　一冊

340000－1801－0006938　2∶44107

奏府丞張緒楷奏順天貢院號舍無可再增請酌定應試人數並鄉試事宜例冊不分卷　（□）□□撰　清同治十三年（1874）刻本　一冊

340000－1801－0006939　2∶44109－2∶44118

崇文總目五卷　（宋）王堯臣等編　（清）錢東垣輯釋　清刻本　四冊

340000－1801－0006940　2∶44119－2∶44122

郡齋讀書志二十卷　（宋）晁公武輯　**後志二卷**　（宋）趙希弁撰　清刻本　十冊

340000－1801－0006941　2∶44123－2∶44132

昭德先生郡齋讀書志二十卷　（宋）晁公武輯　**附志一卷考異一卷**　（宋）趙希弁撰　**首一卷末一卷**　王先謙輯撰　清光緒十年（1884）長沙王氏刻本　十冊

340000－1801－0006942　2∶44133－2∶44141

昭德先生郡齋讀書志二十卷　（宋）晁公武輯　**附志一卷考異一卷**　（宋）趙希弁撰　**首一卷末一卷**　王先謙輯撰　清光緒十年（1884）長沙王氏刻本　九冊

340000－1801－0006943　2∶44142－2∶44151

昭德先生郡齋讀書志二十卷　（宋）晁公武輯　**附志一卷考異一卷**　（宋）趙希弁撰　**首一卷末一卷**　王先謙輯撰　清光緒十年（1884）長沙王氏刻本　十冊

340000－1801－0006944　2∶44152－2∶44160

昭德先生郡齋讀書志二十卷　（宋）晁公武輯　**附志一卷考異一卷**　（宋）趙希弁撰　**首一卷末一卷**　王先謙輯撰　清光緒十年（1884）長沙王氏刻本　十冊

340000－1801－0006945　2∶44161－2∶44172

昭德先生郡齋讀書志四卷後志二卷　（宋）晁公武輯　**附志一卷考異一卷**　（宋）趙希弁撰　清康熙六十一年（1722）陳師曾刻本　十二冊

340000－1801－0006946　2∶44173－2∶44178

直齋書錄解題二十二卷　（宋）陳振孫撰　清光緒九年（1883）江蘇書局刻本　六冊

340000－1801－0006947　2∶44179－2∶44184

直齋書錄解題二十二卷　（宋）陳振孫撰　清光緒九年（1883）江蘇書局刻本　六冊

340000－1801－0006948　2∶44185－2∶44196

直齋書錄解題二十二卷　（宋）陳振孫撰　清乾隆武英殿木活字印本　十二冊

340000－1801－0006949　2∶44197－2∶44206

直齋書錄解題二十二卷　（宋）陳振孫撰　清乾隆武英殿木活字印本　十冊

340000－1801－0006950　2∶44207－2∶44216

直齋書錄解題二十二卷　（宋）陳振孫撰　清蘇州刻本　十冊

340000－1801－0006951　2∶44217－2∶44226

直齋書錄解題二十二卷　（宋）陳振孫撰　清同治十三年（1874）江西書局刻本　十冊

340000－1801－0006952　2∶44227－2∶44346

欽定四庫全書總目提要二百卷　(清)紀昀等編　清刻本　一百二十册

340000－1801－0006953　2:44347－2:44446
欽定四庫全書總目提要二百卷　(清)紀昀等編　清同治七年(1868)廣東書局刻本　一百册

340000－1801－0006954　2:4442－2:4449 善
文獻通考三百四十八卷　(元)馬端臨撰　明刻本　八册　存二十三卷(二百六十八至二百九十)

340000－1801－0006955　2:44467－2:44586
欽定四庫全書總目提要二百卷　(清)紀昀等編　清同治七年(1868)廣東書局刻本　一百二十册

340000－1801－0006956　2:4450－2:4549 善
續文獻通考二百五十四卷　(明)王圻撰　明萬曆三十一年(1603)刻本　一百册

340000－1801－0006957　2:44587－2:44706
欽定四庫全書總目二百卷　(清)紀昀等纂　清刻本　一百二十册

340000－1801－0006958　2:44783－2:44802
欽定四庫全書總目二百卷　(清)紀昀等纂　**未收書目提要五卷**　(清)阮元撰　清光緒二十年(1894)點石齋石印本　二十册

340000－1801－0006959　2:44843－2:44858
欽定四庫全書總目二百卷　(清)紀昀等纂　清同治七年(1868)廣東書局刻本　十六册

340000－1801－0006960　2:44859－2:44873
欽定四庫全書總目二百卷　(清)紀昀等纂　清同治七年(1868)廣東書局刻本　十五册

340000－1801－0006961　2:44874－2:44884
欽定四庫全書總目二百卷　(清)紀昀等纂　清同治七年(1868)廣東書局刻本　十一册

340000－1801－0006962　2:44885－2:44894
欽定四庫全書總目二百卷　(清)紀昀等纂　清刻本　十册

340000－1801－0006963　2:44895－2:44906
欽定四庫全書總目二百卷　(清)紀昀等纂　清光緒五年(1879)墨潤堂鉛印本　十二册

340000－1801－0006964　2:44907－2:44918
欽定四庫全書總目二百卷　(清)紀昀等纂　清刻本　十二册

340000－1801－0006965　2:44919－2:44928
欽定四庫全書簡明目錄二十卷　(清)紀昀等纂　清刻本　十册

340000－1801－0006966　2:44929－2:44946
欽定四庫全書簡明目錄二十卷　(清)紀昀等纂　清刻本　十八册

340000－1801－0006967　2:44947－2:44952
欽定四庫全書簡明目錄二十卷　(清)紀昀等纂　**未收書目提要五卷**　(清)阮元撰　清光緒十五年(1889)上洋積山書局石印本　六册

340000－1801－0006968　2:44953－2:44956
四庫全書簡明目錄二十卷首一卷　(清)紀昀等纂　清光緒十四年(1888)暢懷書屋鉛印本　四册

340000－1801－0006969　2:44957－2:44960
欽定四庫全書簡明目錄二十卷　(清)紀昀等纂　**未收書目提要五卷**　(清)阮元撰　清光緒二十年(1894)上海點石齋石印本　四册

340000－1801－0006970　2:44969
欽定四庫全書簡明目錄二十卷　(清)紀昀等纂　清石印本　一册

340000－1801－0006971　2:44970－2:44981
四庫書目略二十卷首一卷附錄一卷　(清)費莫文良輯　清同治九年(1870)刻本　十二册

340000－1801－0006972　2:44982－2:44993
四庫書目略二十卷首一卷附錄一卷　(清)費莫文良輯　清同治九年(1870)刻本　十二册

340000－1801－0006973　2:44995
四庫未收書目提要五卷　(清)阮元撰　清光緒四年(1878)上海淞隱閣鉛印本　一册

340000－1801－0006974　2:44996
四庫未收書目提要五卷　(清)阮元撰　清光

緒九年(1883)成都御風樓刻本　一冊

340000－1801－0006975　2:45000－2:45005
浙江採集遺書總錄十一卷　(清)沈初等編　清乾隆三十九年(1774)刻本　六冊　存六卷(一至六)

340000－1801－0006976　2:45012
古今僞書考一卷　(清)姚際恒輯　清光緒三年(1877)鉛印本　一冊

340000－1801－0006977　2:45013
古今僞書考一卷　(清)姚際恒輯　清刻本　一冊

340000－1801－0006978　2:45014
古今僞書考一卷　(清)姚際恒輯　清刻本　一冊

340000－1801－0006979　2:45015－2:45016
古今僞書考一卷　(清)姚際恒輯　清光緒十五年(1889)長沙經濟書堂刻本　二冊

340000－1801－0006980　2:45017
古今僞書考一卷　(清)姚際恒輯　清光緒十五年(1889)長沙經濟書堂刻本　一冊

340000－1801－0006981　2:45018
古今僞書考一卷　(清)姚際恒輯　清光緒三年(1877)蘇州文學山房刻本　一冊

340000－1801－0006982　2:45022
惜抱軒書錄四卷　(清)姚鼐撰　清光緒五年(1879)桐城徐宗亮刻惜抱軒遺書本　一冊

340000－1801－0006983　2:45023
惜抱軒書錄四卷　(清)姚鼐撰　清光緒五年(1879)桐城徐宗亮刻惜抱軒遺書本　一冊

340000－1801－0006984　2:45024－2:45025
惜抱軒書錄四卷　(清)姚鼐撰　清光緒五年(1879)桐城徐宗亮刻惜抱軒遺書本　二冊

340000－1801－0006985　2:45026－2:45029
開有益齋讀書志六卷續志一卷金石文字記一卷　(清)朱緒曾撰　清光緒六年(1880)金陵翁氏茹古閣刻本　四冊

340000－1801－0006986　2:45030－2:45033
開有益齋讀書志六卷續志一卷金石文字記一卷　(清)朱緒曾撰　清光緒六年(1880)金陵翁氏茹古閣刻本　四冊

340000－1801－0006987　2:45055－2:45056
知聖道齋讀書跋尾二卷　(清)彭元瑞撰　清刻本　二冊

340000－1801－0006988　2:45057
四庫全書金華先賢書目四卷　(清)張可向參訂　清道光刻本　一冊　存二卷(三至四)

340000－1801－0006989　2:45077－2:45078
漢書藝文志考證十卷　(宋)王應麟撰　清刻本　二冊

340000－1801－0006990　2:45083－2:45084
漢書藝文志條理八卷首一卷　(清)姚振宗撰　清光緒十八年(1892)鉛印本　二冊

340000－1801－0006991　2:45085－2:45086
補晉書經籍志四卷　吳士鑑纂　清光緒二十一年(1895)刻朱印本　二冊

340000－1801－0006992　2:45087－2:45090
隋經籍志考證十三卷　(清)章宗源撰　清光緒三年(1877)湖北崇文書局刻崇文書局彙刻書本　四冊

340000－1801－0006993　2:45091－2:45094
隋經籍志考證十三卷　(清)章宗源撰　清光緒三年(1877)湖北崇文書局刻崇文書局彙刻書本　四冊

340000－1801－0006994　2:45095－2:45098
隋經籍志考證十三卷　(清)章宗源撰　清光緒三年(1877)湖北崇文書局刻崇文書局彙刻書本　四冊

340000－1801－0006995　2:45099－2:45114
八史經籍志三十卷　(日本)□□撰　清光緒九年(1883)鎮海張壽榮刻本　十六冊

340000－1801－0006996　2:45115－2:45130
八史經籍志三十卷　(日本)□□撰　清光緒九年(1883)鎮海張壽榮刻本　十六冊

340000－1801－0006997　2:45136－2:45151
八史經籍志三十卷　(日本)□□撰　清光緒九年(1883)鎮海張壽榮刻本　十六册

340000－1801－0006998　2:45172－2:45173
陝西經籍志二卷　(清)喬履信編　清刻本　二册

340000－1801－0006999　2:45186
績溪金紫胡氏所著書目二卷　(清)胡培系輯　(清)胡廷楨校刊　清光緒十年(1884)績溪胡廷楨世澤樓刻本　一册

340000－1801－0007000　2:45187
績溪金紫胡氏所著書目二卷　(清)胡培系輯　(清)胡廷楨校刊　清光緒十年(1884)績溪胡廷楨世澤樓刻本　一册

340000－1801－0007001　2:45188
績溪金紫胡氏所著書目二卷　(清)胡培系輯　(清)胡廷楨校刊　清光緒十年(1884)績溪胡廷楨世澤樓刻本　一册

340000－1801－0007002　2:45189
績溪金紫胡氏所著書目二卷　(清)胡培系輯　(清)胡廷楨校刊　清光緒十年(1884)績溪胡廷楨世澤樓刻本　一册

340000－1801－0007003　2:45192－2:45205
福建藝文志七十六卷附錄八卷　陳衍輯　清刻本　十四册

340000－1801－0007004　2:45276
歷代醫學書目提要不分卷　丁福保輯　清宣統二年(1910)鉛印本　一册

340000－1801－0007005　2:45277
算學書目提要三卷　丁福保輯　清光緒二十五年(1899)無錫竢實學堂刻疇隱廬叢書本　一册

340000－1801－0007006　2:45279
農務要書簡明目錄不分卷　(英國)傅蘭雅口譯　(清)王樹善筆述　清光緒二十七年(1901)上海製造局刻本　一册

340000－1801－0007007　2:45331－2:45332
南學書目劄記八卷　(清)謝崧岱編　清光緒十一年(1885)湘鄉謝氏掔經榭刻本　二册

340000－1801－0007008　2:45362
嘉惠書莊分類中西書目不分卷圖書儀器文具不分卷　(清)嘉惠書莊編　清光緒二十八年(1902)嘉惠書莊石印本　一册

340000－1801－0007009　2:45371－2:45378
欽定古今圖書集成目錄三十二卷　(清)蔣廷錫等輯　清光緒十年(1884)上海圖書集成印書局鉛印本　八册

340000－1801－0007010　2:45413－2:45422
欽定天禄琳琅書目十卷　(清)于敏中等編　**後編二十卷**　(清)彭元瑞等編　清光緒十年(1884)長沙王氏刻本　十册

340000－1801－0007011　2:45423－2:45432
欽定天禄琳琅書目十卷　(清)于敏中等編　**後編二十卷**　(清)彭元瑞等編　清光緒十年(1884)長沙王氏刻本　十册

340000－1801－0007012　2:45433－2:45444
欽定天禄琳琅書目十卷　(清)于敏中等編　**後編二十卷**　(清)彭元瑞等編　清光緒十年(1884)長沙王氏刻本　十册

340000－1801－0007013　2:45453－2:45456
讀書敏求記四卷　(清)錢曾撰　清雍正刻本　四册

340000－1801－0007014　2:45457－2:45459
讀書敏求記四卷　(清)錢曾撰　清道光五年(1825)阮福小琅嬛仙館刻本　三册

340000－1801－0007015　2:45465－2:45466
讀書敏求記四卷　(清)錢曾撰　清道光五年(1825)阮福小琅嬛仙館刻本　二册

340000－1801－0007016　2:45467－2:45470
讀書敏求記四卷　(清)錢曾撰　清道光五年(1825)阮福小琅嬛仙館刻本　四册

340000－1801－0007017　2:4550－2:4561 善
大明會典二百二十八卷　(明)申時行等纂修　明萬曆十五年(1587)刻本　十二册

340000－1801－0007018　2:45502－2:45503
平津館鑒藏書籍記三卷　(清)孫星衍編　清刻本　二册

340000－1801－0007019　2:45504
經籍跋文一卷　(清)陳鱣撰　清光緒二十九年(1903)姚氏抄本　一册

340000－1801－0007020　2:45505－2:45514
愛日精廬藏書志三十六卷續志四卷　(清)張金吾撰　清光緒十三年(1887)吳縣徐氏靈芬閣木活字印本　十册

340000－1801－0007021　2:45515－2:45526
愛日精廬藏書志三十六卷續志四卷　(清)張金吾撰　清光緒十三年(1887)吳縣徐氏靈芬閣木活字印本　十二册

340000－1801－0007022　2:45527－2:45540
愛日精廬藏書志三十六卷續志四卷　(清)張金吾撰　清道光七年(1827)昭文張金吾愛日精廬刻本　十四册

340000－1801－0007023　2:45541
曝書雜記三卷　(清)錢泰吉撰　清同治七年(1868)刻本　一册

340000－1801－0007024　2:45542
曝書雜記三卷　(清)錢泰吉撰　清同治七年(1868)刻本　一册

340000－1801－0007025　2:45543
曝書雜記三卷　(清)錢泰吉撰　清同治七年(1868)刻本　一册

340000－1801－0007026　2:45544－2:45553
鐵琴銅劍樓藏書目錄二十四卷　(清)瞿鏞撰　清光緒二十四年(1898)常熟瞿氏罟里家塾刻本　十册

340000－1801－0007027　2:45554－2:45563
鐵琴銅劍樓藏書目錄二十四卷　(清)瞿鏞撰　清光緒二十四年(1898)常熟瞿氏罟里家塾刻本　十册

340000－1801－0007028　2:45564－2:45573
鐵琴銅劍樓藏書目錄二十四卷　(清)瞿鏞撰　清光緒二十四年(1898)常熟瞿氏罟里家塾刻本　十册

340000－1801－0007029　2:45574－2:45583
鐵琴銅劍樓藏書目錄二十四卷　(清)瞿鏞撰　清光緒二十四年(1898)常熟瞿氏罟里家塾刻本　十册

340000－1801－0007030　2:45584－2:45593
鐵琴銅劍樓藏書目錄二十四卷　(清)瞿鏞撰　清光緒二十四年(1898)常熟瞿氏罟里家塾刻本　十册

340000－1801－0007031　2:45594－2:45633
皕宋樓藏書志一百二十卷　(清)陸心源編　清光緒八年(1882)歸安陸氏十萬卷樓刻本　四十册

340000－1801－0007032　2:4562 善
頖宫禮樂疏十卷　(明)李之藻撰　明萬曆刻本　一册　存二卷(六至七)

340000－1801－0007033　2:45634－2:45663
皕宋樓藏書志一百二十卷　(清)陸心源編　清光緒八年(1882)歸安陸氏十萬卷樓刻本　三十册

340000－1801－0007034　2:4563 善
大明官制不分卷　(□)□□撰　明刻本　一册

340000－1801－0007035　2:4564 善
吾學編十四種六十九卷　(明)鄭曉撰　明隆慶刻本　一册　存五卷(十一至十五)

340000－1801－0007036　2:4565 善
服制稿不分卷　(清)朱濂撰　清稿本　一册

340000－1801－0007037　2:45664－2:45671
儀顧堂題跋十六卷　(清)陸心源撰　清光緒十六年(1890)歸安陸心源刻潛園總集本　八册

340000－1801－0007038　2:4566 善
皇明貢舉考□□卷　(明)張朝瑞撰　明刻本　一册　存一卷(四)

340000－1801－0007039　2:45672－2:45679

儀顧堂題跋十六卷　(清)陸心源撰　清光緒十六年(1890)歸安陸心源刻潛園總集本　八冊

340000－1801－0007040　2:4567 善

新刻牧民忠告一卷新刻風憲忠告一卷新刻廟堂忠告一卷　(元)張養浩撰　明刻本　一冊

340000－1801－0007041　2:45680－2:45683

儀顧堂題跋十六卷　(清)陸心源撰　清光緒十六年(1890)歸安陸心源刻潛園總集本　四冊

340000－1801－0007042　2:45684－2:45687

儀顧堂題跋十六卷　(清)陸心源撰　清光緒十六年(1890)歸安陸心源刻潛園總集本　四冊

340000－1801－0007043　2:45688－2:45695

楹書隅録五卷續編四卷　(清)楊紹和撰　清光緒二十年(1894)楊氏海源閣刻本　八冊

340000－1801－0007044　2:4568 善

新刻居官格言不分卷　(明)許堂撰　**新刻蔣璞山政訓不分卷**　(明)胡文煥撰　明刻本　一冊

340000－1801－0007045　2:45696－2:45703

楹書隅録五卷續編四卷　(清)楊紹和撰　清光緒二十年(1894)楊氏海源閣刻本　八冊

340000－1801－0007046　2:4569 善

乾隆王智祀戶租簿不分卷　(□)□□撰　清抄本　一冊

340000－1801－0007047　2:45704－2:45713

楹書隅録五卷續編四卷　(清)楊紹和撰　清光緒二十年(1894)楊氏海源閣刻本　十冊

340000－1801－0007048　2:4570 善

潭濱黃氏收支清冊不分卷　(□)□□撰　明清遞抄本　一冊

340000－1801－0007049　2:45714－2:45717 善

善本書室藏書志四十卷附録一卷　(清)丁丙撰　清光緒二十七年(1901)錢塘丁氏刻本　四冊　存八卷(一至八)

340000－1801－0007050　2:45718－2:45733

善本書室藏書志四十卷附録一卷　(清)丁丙撰　清光緒二十七年(1901)錢塘丁氏刻本　十六冊

340000－1801－0007051　2:4571 善

田鄰報數結狀不分卷　(明)程希等供狀　明嘉靖八年(1529)抄本　一冊

340000－1801－0007052　2:4572 善

明魚鱗冊不分卷　(□)□□撰　明木活字印本　一冊

340000－1801－0007053　2:4573 善

休寧縣賦役官解全書不分卷　(明)葉茂桂輯　明天啓刻本　一冊

340000－1801－0007054　2:45734－2:45749

善本書室藏書志四十卷附録一卷　(清)丁丙撰　清光緒二十七年(1901)錢塘丁氏刻本　十六冊

340000－1801－0007055　2:4574 善

績溪縣經理保簿不分卷　(□)□□撰　明刻本　一冊

340000－1801－0007056　2:45750－2:45765

善本書室藏書志四十卷附録一卷　(清)丁丙撰　清光緒二十七年(1901)錢塘丁氏刻本　十六冊

340000－1801－0007057　2:4575 善

乾隆三十一年休寧縣編審紅冊不分卷　(□)□□撰　清乾隆刻本　一冊

340000－1801－0007058　2:4576 善

馬政志四卷　(明)陳講撰　明嘉靖刻本　一冊　存三卷(一至二、四)

340000－1801－0007059　2:4577－2:4578 善

鼎鐫欽頒辨疑律例昭代王章十五卷　(明)熊鳴岐輯　明建邑書林蕭世熙刻本　二冊　存二卷(二至三)

340000－1801－0007060　2:4579－2:4580 善

新刻御頒新例三台明律招判正宗十卷　(明)余員注　明建邑書林余象斗雙桂堂刻本　二

册　存二卷(一、十)

340000－1801－0007061　2:45801
宋元舊本書經眼錄三卷附錄一卷　(清)莫友芝撰　清刻本　一冊

340000－1801－0007062　2:45802
宋元舊本書經眼錄三卷附錄二卷　(清)莫友芝撰　清同治十二年(1873)獨山莫繩孫刻影山堂六種本　一冊

340000－1801－0007063　2:45803－2:45804
藝風藏書記八卷　繆荃孫撰　清光緒二十六年至二十七年(1900－1901)刻本　二冊

340000－1801－0007064　2:45805－2:45806
藝風藏書記八卷　繆荃孫撰　清光緒二十七年(1901)刻本　二冊

340000－1801－0007065　2:45807－2:45808
藝風藏書記八卷　繆荃孫撰　清光緒二十七年(1901)刻本　二冊

340000－1801－0007066　2:45809－2:45814
藝風藏書記八卷續記八卷　繆荃孫撰　清光緒二十七年(1901)刻民國二年(1913)續刻本　六冊

340000－1801－0007067　2:4581 善
判語全書六卷　(明)游大勳輯　明天啓元年(1621)刻本　一冊

340000－1801－0007068　2:4582－2:4591 善
皇明詔令二十一卷　(明)傅鳳翔撰　明嘉靖十八年(1539)傅鳳翔刻本　十冊

340000－1801－0007069　2:45868
漁洋書籍跋尾二卷　(清)王士禛撰　清光緒四年(1878)仁和葛氏刻嘯園叢書本　一冊

340000－1801－0007070　2:45872－2:45887
千頃堂書目三十二卷　(清)黃虞稷撰　清刻本　十六冊

340000－1801－0007071　2:45888
遂初堂書目一卷　(宋)尤袤撰　清刻本　一冊

340000－1801－0007072　2:45889
汲古閣校刻書目一卷　(明)毛晉編　(清)顧湘校　**汲古閣校刻書目補遺一卷刻板存亡考一卷**　(清)鄭德懋輯　清刻本　一冊

340000－1801－0007073　2:45890－2:45891
世善堂藏書目錄二卷　(明)陳第等編　清乾隆鮑氏刻知不足齋叢書本　二冊

340000－1801－0007074　2:45908－2:45917
天一閣書目十卷　(清)阮元輯　**碑目一卷**　(清)范懋敏撰　清嘉慶十三年(1808)揚州阮氏文選樓刻本　十冊

340000－1801－0007075　2:45918－2:45927
天一閣書目十卷　(清)阮元輯　**碑目一卷**　(清)范懋敏撰　清嘉慶十三年(1808)揚州阮氏文選樓刻本　十冊

340000－1801－0007076　2:4592－2:4702 善
硃批諭旨三百六十卷　(清)世宗胤禛批　清乾隆三年(1738)刻朱墨套印本　一百十一冊　缺一函(十五)

340000－1801－0007077　2:45928－2:45932
天一閣書目十卷　(清)阮元輯　**碑目一卷**　(清)范懋敏撰　清嘉慶十三年(1808)揚州阮氏文選樓刻本　五冊

340000－1801－0007078　2:45933－2:45936
天一閣現存書目四卷首一卷末一卷　(清)薛福成編次　清光緒十五年(1889)無錫薛氏刻本　四冊

340000－1801－0007079　2:45937－2:45939
天一閣現存書目四卷首一卷末一卷　(清)薛福成編次　清光緒十五年(1889)無錫薛氏刻本　三冊　缺一卷(首一卷)

340000－1801－0007080　2:45958－2:49959
共讀樓書目十卷首一卷　(清)國英藏並編　清光緒六年(1880)吉林索綽絡氏家塾刻本　二冊

340000－1801－0007081　2:45960

共讀樓書目十卷首一卷　(清)國英藏並編　清光緒六年(1880)吉林索綽絡氏家塾刻本　一冊

340000－1801－0007082　2:45961－2:45962
式古堂目錄十七卷　(清)尤瑩輯　清光緒十九年(1893)石印本　二冊

340000－1801－0007083　2:45963－2:45964
五桂樓書目四卷　(清)黃澄量藏並編　清光緒二十一年(1895)姚江黃氏刻本　二冊

340000－1801－0007084　2:45972－2:45973
孫氏祠堂書目内編四卷外編三卷　(清)孫星衍撰　清光緒九年(1883)德化李氏木犀軒刻本　二冊

340000－1801－0007085　2:45974－2:45975
孫氏祠堂書目内編四卷外編三卷　(清)孫星衍撰　清光緒九年(1883)德化李氏木犀軒刻本　二冊

340000－1801－0007086　2:45976
稽瑞樓書目四卷　(清)陳揆輯　清光緒三年(1877)吳縣潘氏八囍齋刻本　一冊

340000－1801－0007087　2:45977－2:45978
文瑞樓藏書目錄十二卷　(清)金檀編　清嘉慶十六年(1811)桐川顧修刻讀畫齋叢書本　二冊

340000－1801－0007088　2:46024
葉刻書目三種三卷　葉德輝輯　清宣統影印本　一冊

340000－1801－0007089　2:46025－2:46044
觀古堂書目叢刻十四種四十四卷　葉德輝輯　清光緒二十八年(1902)長沙葉氏觀古堂刻本　二十冊

340000－1801－0007090　2:46045－2:46057
觀古堂書目叢刻十五種　葉德輝輯　清光緒二十八年至民國十年(1902－1921)刻本　十三冊

340000－1801－0007091　2:46090
申報館書目不分卷　題尊聞閣主輯　清光緒三年(1877)申報館鉛印本　一冊

340000－1801－0007092　2:46099
海源閣藏書目一卷　(清)楊紹和編　(清)江標錄　清光緒十四年(1888)元和江氏師鄦室刻本　一冊

340000－1801－0007093　2:46100
海源閣藏書目一卷　(清)楊紹和編　(清)江標錄　清光緒十四年(1888)元和江氏師鄦室刻本　一冊

340000－1801－0007094　2:46116－2:46122
文淵閣書目二十卷　(明)楊士奇等編　清嘉慶四年(1799)桐川顧修刻讀畫齋叢書本　七冊

340000－1801－0007095　2:46346－2:46347
學古堂藏書目一卷　(□)□□撰　清光緒刻本　二冊

340000－1801－0007096　2:46536
端溪書庫藏書目錄四卷　(□)□□撰　清刻朱印本　一冊

340000－1801－0007097　2:46543
大梁書院藏書總目不分卷　(清)顧璜輯　清光緒二十四年(1898)鉛印本　一冊

340000－1801－0007098　2:46544
萬卷樓藏書總目不分卷　(□)□□撰　清光緒八年(1882)蓮池書院刻本　一冊

340000－1801－0007099　2:46550
仙源書院藏書目錄初編八卷首一卷　(清)陳之澍等編　清光緒刻本　一冊　存三卷(一至三)

340000－1801－0007100　2:46551－2:46552
仙源書院藏書目錄初編八卷首一卷續編四卷　(清)陳之澍等編　清光緒刻本　二冊

340000－1801－0007101　2:46553
藏書樓書目六卷　(清)徐楚亭編　清光緒三十三年(1907)商務印書館鉛印本　一冊

340000－1801－0007102　2:46571
龍游鳳梧書院藏書目一卷　(清)張炤編　清

光緒二十五年(1899)刻本　一冊

340000－1801－0007103　2:46590
清代禁毁書目四種　(清)國學保存會輯　清光緒三十三年(1907)鉛印國粹叢書本　一冊

340000－1801－0007104　2:46591
清代禁毁書目四種　(清)國學保存會輯　清光緒三十三年(1907)鉛印國粹叢書本　一冊

340000－1801－0007105　2:46592
奉查違礙書籍目錄一卷　(□)□□撰　清乾隆四十三年(1778)江寧布政使刻本　一冊

340000－1801－0007106　2:46593
國朝未刊遺書志略一卷　(清)朱記榮輯　清光緒十八年(1892)徐氏觀自得齋刻本　一冊

340000－1801　0007107　2:46596
福省重刻武英殿聚珍版書目不分卷　(清)鄧廷枏校　清同治七年(1868)刻本　一冊

340000－1801－0007108　2:46598－2:46606
四庫簡明目錄標註二十卷附錄一卷　(清)邵懿辰撰　清宣統三年(1911)仁和邵氏半巖廬刻半巖廬所著書本　九冊　存十八卷(一至十八)

340000－1801－0007109　2:466－2:485 善
漢書一百卷　(漢)班固撰　明末刻本　二十冊

340000－1801－0007110　2:46621－2:46628
郘亭知見傳本書目十六卷　(清)莫友芝撰　清末鉛印本　八冊

340000－1801－0007111　2:46647－2:46654
日本訪書志十六卷　楊守敬撰　清光緒二十三年(1897)景蘇園刻本　八冊

340000－1801－0007112　2:46661
經籍舉要一卷附錄一卷　(清)龍啟瑞撰　(清)袁昶增訂　清光緒十九年(1893)中江講院刻本　一冊

340000－1801－0007113　2:46662
經籍舉要一卷附錄一卷　(清)龍啟瑞撰　(清)袁昶增訂　清光緒十九年(1893)中江講院刻本　一冊

340000－1801－0007114　2:46663
經籍舉要一卷附錄一卷　(清)龍啟瑞撰　(清)袁昶增訂　清光緒十九年(1893)中江講院刻本　一冊

340000－1801－0007115　2:46664
經籍舉要一卷附錄一卷　(清)龍啟瑞撰　(清)袁昶增訂　清光緒十九年(1893)中江講院刻本　一冊

340000－1801－0007116　2:46665
經籍要略一卷　(清)裕德編　清光緒十六年(1890)山東書局刻本　一冊

340000－1801－0007117　2:46666
經籍要略一卷　(清)裕德編　清光緒十六年(1890)山東書局刻本　一冊

340000－1801－0007118　2:46667
固始詁經精舍章程書目一卷　(清)楊溶編　清木活字印本　一冊

340000－1801－0007119　2:46677
西學書目表三卷附一卷讀西學書法一卷　梁啟超撰　清光緒二十二年(1896)時務報館鉛印本　一冊

340000－1801－0007120　2:46678
西學書目表三卷附一卷讀西學書法一卷　梁啟超撰　清光緒二十二年(1896)時務報館鉛印本　一冊

340000－1801－0007121　2:46679－2:46681
東西學書錄二卷附一卷　(清)徐維則撰　清光緒二十五年(1899)中西廨署石印本　三冊

340000－1801－0007122　2:46682－2:46684
東西學書錄二卷附一卷　(清)徐維則撰　清光緒二十五年(1899)中西廨署石印本　三冊

340000－1801－0007123　2:46686
讀西學書法不分卷　梁啟超撰　清光緒時務報館石印本　一冊

340000－1801－0007124　2:46690
西學書目表三卷附一卷　梁啟超撰　清光緒

二十三年(1897)刻本　一冊

340000－1801－0007125　2:46691
中西普通書目表二卷　(清)黃慶澄編　清光緒二十四年(1898)刻本　一冊

340000－1801－0007126　2:46703－2:46706
書目答問不分卷　(清)張之洞撰　清光緒四年(1878)上海淞隱閣石印本　四冊

340000－1801－0007127　2:46715－2:46716
書目答問不分卷　(清)張之洞撰　清光緒十四年(1888)上海蜚英館石印本　二冊

340000－1801－0007128　2:46717－2:46718
書目答問不分卷　(清)張之洞撰　清光緒十四年(1888)上海蜚英館石印本　二冊

340000－1801－0007129　2:46719－2:46720
書目答問不分卷　(清)張之洞撰　清光緒十四年(1888)上海蜚英館石印本　一冊

340000－1801－0007130　2:46721
書目答問不分卷　(清)張之洞撰　清光緒十四年(1888)上海蜚英館石印本　一冊

340000－1801－0007131　2:46722－2:46723
書目答問不分卷　(清)張之洞撰　清光緒八年(1882)皖垣鉛印本　二冊

340000－1801－0007132　2:46724－2:46725
書目答問不分卷　(清)張之洞撰　清刻本　二冊

340000－1801－0007133　2:46726－2:46727
書目答問不分卷　(清)張之洞撰　清刻本　二冊

340000－1801－0007134　2:46728－2:46730
書目答問不分卷附四川省城尊經書院記一卷輶軒語不分卷　(清)張之洞撰　清光緒五年(1879)貴陽刻本　三冊

340000－1801－0007135　2:46731－2:46734
書目答問四卷輶軒語一卷　(清)張之洞撰　清光緒二十三年(1897)新化三味堂刻本　四冊

340000－1801－0007136　2:46741
書目答問不分卷　(清)張之洞撰　清光緒刻本　一冊

340000－1801－0007137　2:46742－2:46752
彙刻書目初編十卷補編一卷續編一卷　(清)顧修輯　清刻本　十一冊

340000－1801－0007138　2:46753－2:46760
彙刻書目初編十卷補編一卷　(清)顧修輯　清嘉慶二十五年(1820)刻本　八冊　缺一卷(彙刻書目初編九)

340000－1801－0007139　2:46761－2:46765
彙刻書目初編十卷補編一卷　(清)顧修輯　清刻本　五冊

340000－1801－0007140　2:46766－2:46775
彙刻書目初編十卷補編一卷　(清)顧修輯　清同治九年(1870)群玉齋木活字印本　十冊

340000－1801－0007141　2:46776－2:46785
彙刻書目二十卷　(清)顧修輯　(清)朱學勤增訂　清光緒十二年至十五年(1886－1889)上海福瀛書局刻本　十冊

340000－1801－0007142　2:46786－2:46804
彙刻書目二十卷　(清)顧修輯　(清)朱學勤增訂　清光緒十二年至十五年(1886－1889)上海福瀛書局刻本　十冊

340000－1801－0007143　2:46805－2:46814
彙刻書目二十卷　(清)顧修輯　(清)朱學勤增訂　清光緒十二年至十五年(1886－1889)上海福瀛書局刻本　十冊

340000－1801－0007144　2:46815－2:46821
彙刻書目初編十卷　(清)顧修輯　清刻本　七冊

340000－1801－0007145　2:46886－2:46895
行素草堂目覩書錄十卷　(清)朱記榮輯　清光緒十年(1884)古吳白堤孫谿朱氏槐廬刻本　十冊

340000－1801－0007146　2:46972
抱芳閣書目一卷　(清)抱芳閣主人編　清光

緒八年(1882)刻本　一冊

340000－1801－0007147　2:46973

湖北官書處書目一卷　(□)□□撰　清刻本　一冊

340000－1801－0007148　2:46974

湖北官書處書目一卷　(□)□□撰　清刻本　一冊

340000－1801－0007149　2:46975

湖北官書處書目一卷　(□)□□撰　清光緒二十四年(1898)刻朱印本　一冊

340000－1801－0007150　2:46979

石印古今算學叢書條目一卷　(□)□□撰　清石印本　一冊

340000－1801－0007151　2:46980－2:46981

湘水校經堂藏書目錄三卷　(□)□□撰　清光緒八年(1882)刻本　二冊

340000－1801－0007152　2:46982

武英殿聚珍版程式一卷　(清)金簡編　清乾隆刻武英殿聚珍版叢書本　一冊

340000－1801－0007153　2:46985

直隸運售各省官刻書籍總目不分卷　(清)□□編　清光緒七年(1881)畿輔通志局刻本　一冊

340000－1801－0007154　2:46991

明南雍經籍考二卷　(明)梅鷟撰　清光緒二十八年(1902)長沙葉氏刻本　一冊

340000－1801－0007155　2:47031－2:47034

宋元本行格表二卷　(清)江標輯　清光緒刻本　四冊

340000－1801－0007156　2:4703－2:4813 善

硃批諭旨不分卷　(清)世宗胤禛撰　清乾隆三年(1738)刻本　一百十一冊

340000－1801－0007157　2:47045－2:47050

留真譜初編十二卷　楊守敬輯　清光緒二十七年(1901)宜都楊氏刻本　六冊

340000－1801－0007158　2:47066－2:47074

正三通目錄十二卷續三通目錄十四卷皇朝三通目錄十四卷　(清)席裕福編　清光緒二十九年(1903)上海圖書集成局石印本　九冊　缺十卷(皇朝三通目錄五至十四)

340000－1801－0007159　2:47075－2:47078

正三通目錄十二卷　(清)席裕福編　清光緒二十九年(1903)上海圖書集成局石印本　四冊

340000－1801－0007160　2:47079－2:47082

續三通目錄十四卷　(清)席裕福編　清光緒二十九年(1903)上海圖書集成局石印本　四冊

340000－1801－0007161　2:47083－2:47086

皇朝三通目錄十四卷　(清)席裕福編　清光緒二十九年(1903)上海圖書集成局石印本　四冊

340000－1801－0007162　2:47088－2:47091

皇清經解縮本編目十六卷　(清)淩忠照　(清)張紹銘輯　清光緒十八年(1892)上海古香閣石印本　四冊

340000－1801－0007163　2:47092－2:47095

皇清經解縮本編目十六卷　(清)淩忠照　(清)張紹銘輯　清光緒十八年(1892)上海古香閣石印本　四冊

340000－1801－0007164　2:47098

皇清經解檢目八卷通用表一卷　(清)蔡啟盛輯　清光緒十二年(1886)武林刻本　一冊

340000－1801－0007165　2:47117－2:47122

藏書紀事詩七卷　葉昌熾撰　清宣統二年(1910)長沙葉氏刻朱印本　六冊

340000－1801－0007166　2:47123－2:47134

藏書紀事詩七卷　葉昌熾撰　清光緒二十三年(1897)長沙學使署刻本　十二冊

340000－1801－0007167　2:47135－2:47137

藏書紀事詩七卷　葉昌熾撰　清光緒二十三年(1897)長沙學使署刻本　三冊

340000－1801－0007168　2:47138－2:47143

藏書紀事詩七卷　葉昌熾撰　清宣統二年(1910)長沙葉氏刻本　六冊

340000－1801－0007169　2:47144－2:47149
藏書紀事詩七卷　葉昌熾撰　清宣統二年(1910)長沙葉氏刻本　六冊

340000－1801－0007170　2:47150－2:47152
藏書紀事詩七卷　葉昌熾撰　清宣統二年(1910)長沙葉氏刻本　三冊

340000－1801－0007171　2:47167
皕宋樓藏書源流考一卷　(日本)島田翰撰　清光緒三十三年(1907)武進董康京師刻本　一冊

340000－1801－0007172　2:47172
枕湖樓藏書記一卷公牘一卷得福說一卷劄記一卷　(清)連蘅撰輯　清光緒刻本　一冊

340000－1801－0007173　2:47199－2:47262
金石萃編一百六十卷　(清)王昶編　清嘉慶十年(1805)刻本　六十四冊

340000－1801－0007174　2:47263－2:47326
金石萃編一百六十卷　(清)王昶編　清嘉慶刻同治十一年(1872)補刻本　六十四冊

340000－1801－0007175　2:47327－2:47390
金石萃編一百六十卷　(清)王昶編　清嘉慶刻同治十一年(1872)補刻本　六十二冊

340000－1801－0007176　2:47391－2:47452
金石萃編一百六十卷　(清)王昶編　清嘉慶十年(1805)青浦王昶經訓堂刻同治十一年(1872)重修本　六十二冊

340000－1801－0007177　2:47453－2:47476
金石萃編一百六十卷　(清)王昶輯　**續編二十一卷**　(清)陸耀遹編　清光緒十九年(1893)上海寶善書局石印本　二十四冊

340000－1801－0007178　2:47545－2:47548
金石存十五卷　(清)吳玉搢輯　清嘉慶二十四年(1819)山陽李氏聞妙香室刻本　四冊

340000－1801－0007179　2:47549－2:47556
省軒考古類編十二卷　(清)柴紹炳纂　清乾隆二十三年(1758)刻本　八冊

340000－1801－0007180　2:47557－2:47562
省軒考古類編十二卷　(清)柴紹炳纂　清乾隆二十三年(1758)刻本　六冊

340000－1801－0007181　2:47567－2:47568
金石圖不分卷　(清)牛運震集說　(清)褚峻摹圖　清乾隆八年至十年(1743－1745)刻本暨拓本　二冊

340000－1801－0007182　2:47569
枕經堂金石書畫題跋三卷　(清)方朔撰　清同治抄本　一冊

340000－1801－0007183　2:47570
金石三跋十卷授堂金石文字續跋十四卷　(清)武億撰　清刻本　一冊　存四卷(金石三跋一至四)

340000－1801－0007184　2:47573
鐵橋金石跋四卷　(清)嚴可均撰　清光緒貴池劉氏刻聚學軒叢書本　一冊

340000－1801－0007185　2:47589－2:47598
金石文鈔八卷續鈔二卷　(清)趙紹祖輯　清嘉慶七年(1802)刻本　十冊

340000－1801－0007186　2:47599－2:47608
金石文鈔八卷續鈔二卷　(清)趙紹祖輯　清光緒十二年(1886)杭州朱氏抱經堂刻本　十冊

340000－1801－0007187　2:47609－2:47618
金石文鈔八卷續鈔二卷　(清)趙紹祖輯　清光緒十二年(1886)杭州朱氏抱經堂刻本　十冊

340000－1801－0007188　2:47619－2:47630
金石索十二卷首一卷　(清)馮雲鵬　(清)馮雲鵷輯　清校經山房石印本　十二冊

340000－1801－0007189　2:47631－2:47639
金石索十二卷首一卷　(清)馮雲鵬　(清)馮雲鵷輯　清道光元年(1821)刻本　九冊　缺一卷(三)

340000－1801－0007190　2:47640－2:47651

金石索十二卷首一卷 （清）馮雲鵬 （清）馮雲鵷輯 清光緒十九年(1893)上海積山書局石印本 十二冊

340000－1801－0007191 2:47652－2:47675
金石索十二卷首一卷 （清）馮雲鵬 （清）馮雲鵷輯 清光緒十九年(1893)上海積山書局石印本 二十四冊

340000－1801－0007192 2:47676－2:47698
金石索十二卷首一卷 （清）馮雲鵬 （清）馮雲鵷輯 清光緒三十二年(1906)上海文新書局石印本 二十三冊 缺一卷(金索五)

340000－1801－0007193 2:47699－2:47722
金石索十二卷首一卷 （清）馮雲鵬 （清）馮雲鵷輯 清光緒三十二年(1906)上海文新書局石印本 二十四冊

340000－1801－0007194 2:47723－2:47746
金石索十二卷首一卷 （清）馮雲鵬 （清）馮雲鵷輯 清光緒三十二年(1906)上海文新書局石印本 二十四冊

340000－1801－0007195 2:47784
金石契不分卷 （清）張燕昌撰 清刻本 一冊

340000－1801－0007196 2:47785－2:47787
金石契不分卷 （清）張燕昌撰 清刻本 三冊

340000－1801－0007197 2:47788
金石續錄四卷 （清）劉青藜撰 清抄本 一冊

340000－1801－0007198 2:47789－2:47792
金石屑不分卷 （清）鮑昌熙摹 清光緒二十年(1894)刻本 四冊

340000－1801－0007199 2:47793－2:47796
金石屑不分卷 （清）鮑昌熙摹 清光緒二十年(1894)刻本 四冊

340000－1801－0007200 2:47797－2:47812
金石摘十六卷 （清）陳善墀輯 清同治十二年(1873)瀏陽縣學之不求甚解齋刻本 十六冊

340000－1801－0007201 2:47819－2:47822
清儀閣金石題識四卷 （清）張廷濟撰 （清）陳其榮輯 清光緒二十年(1894)石埭徐氏刻觀自得齋叢書本 四冊

340000－1801－0007202 2:47823－2:47826
十二硯齋金石過眼錄十八卷 （清）汪鋆撰 清光緒元年(1875)刻本 四冊

340000－1801－0007203 2:47827－2:47828
金石學錄四卷金石餘論一卷 （清）李遇孫輯 **寶素室金石書畫編年錄二卷** （清）釋六舟輯 清刻本 二冊

340000－1801－0007204 2:47831－2:47836
金石苑六卷 （清）劉喜海撰 清石印本 六冊

340000－1801－0007205 2:47837－2:47851
二銘草堂金石聚十六卷 （清）張德容撰 清同治十一年(1872)衢州張氏二銘草堂刻本 十六冊

340000－1801－0007206 2:47852－2:47867
二銘草堂金石聚十六卷 （清）張德容撰 清同治十一年(1872)衢州張氏二銘草堂刻本 十六冊

340000－1801－0007207 2:47868－2:47882
二銘草堂金石聚十六卷 （清）張德容撰 清同治十一年(1872)衢州張氏二銘草堂刻本 十六冊 缺一卷(一)

340000－1801－0007208 2:47883－2:47890
隸釋二十七卷隸續二十一卷 （宋）洪适撰 清同治十年(1871)皖南洪氏晦木齋刻本 八冊

340000－1801－0007209 2:47892－2:47908
集古錄跋尾十卷 （宋）歐陽修撰 （清）朱記榮輯 清光緒十三年(1887)吳縣朱氏槐廬刻金石叢書本 十七冊

340000－1801－0007210 2:47909
九鐘精舍金石跋尾甲編一卷乙編一卷 吳士

鑑撰　清宣統二年(1910)刻本　一冊　缺一卷(乙編一卷)

340000－1801－0007211　2:47914－2:47917
褚千峰牛空山金石圖說四卷　劉世珩編　清光緒二十一年(1895)劉氏聚學軒刻本　四冊

340000－1801－0007212　2:47935－2:47938
歷代鐘鼎彝器款識法帖二十卷　(宋)薛尚功撰　清光緒八年(1882)上海點石齋縮印本　四冊

340000－1801－0007213　2:47949－2:47954
歷代鐘鼎彝器款識法帖二十卷　(宋)薛尚功撰　清嘉慶二年(1797)儀徵阮氏小瑯嬛仙館刻本　六冊

340000－1801－0007214　2:47955－2:47957
歷代鐘鼎彝器款識法帖二十卷　(宋)薛尚功撰　清嘉慶二年(1797)儀徵阮氏小瑯嬛仙館刻本　三冊　缺五卷(十六至二十)

340000－1801－0007215　2:47958－2:47961
歷代鐘鼎彝器款識法帖二十卷　(宋)薛尚功撰　清嘉慶二年(1797)儀徵阮氏小瑯嬛仙館刻本　四冊

340000－1801－0007216　2:47962－2:47965
歷代鐘鼎彝器款識法帖二十卷　(宋)薛尚功撰　清嘉慶二年(1797)儀徵阮氏小瑯嬛仙館刻本　四冊

340000－1801－0007217　2:47966－2:47969
歷代鐘鼎彝器款識法帖二十卷　(宋)薛尚功撰　清刻本　四冊

340000－1801－0007218　2:47983
亦政堂重修考古圖十卷　(宋)呂大臨撰　清乾隆十七年(1752)天都黄氏亦政堂刻本　一冊　存一卷(一)

340000－1801－0007219　2:48004－2:48024
西清續鑑甲編二十卷附録一卷　(清)王杰等輯　清宣統二年(1910)涵芬樓影印本　二十一冊

340000－1801－0007220　2:48054－2:48055
積古齋鐘鼎彝器款識十卷　(清)阮元撰　清光緒九年(1883)常熟鮑氏刻後知不足齋叢書本　二冊

340000－1801－0007221　2:48056－2:48061
積古齋鐘鼎彝器款識十卷　(清)阮元撰　清嘉慶九年(1804)阮元刻本　六冊

340000－1801－0007222　2:48062－2:48067
積古齋鐘鼎彝器款識十卷　(清)阮元撰　清嘉慶九年(1804)阮元刻本　六冊

340000－1801－0007223　2:48068－2:48073
積古齋鐘鼎彝器款識十卷　(清)阮元撰　清嘉慶九年(1804)阮元刻本　六冊

340000－1801－0007224　2:48074－2:48079
積古齋鐘鼎彝器款識十卷　(清)阮元撰　清嘉慶九年(1804)阮元刻本　六冊

340000－1801－0007225　2:48080
焦山鼎銘考一卷　(清)翁方綱編　清咸豐二年(1852)粤東督署刻本　一冊

340000－1801－0007226　2:48083－2:48084
攀古樓彝器款識二卷　(清)潘祖蔭撰　清同治十一年(1872)吳縣潘氏滂喜齋刻本　二冊

340000－1801－0007227　2:48085
攀古樓彝器款識二卷　(清)潘祖蔭撰　清同治十一年(1872)吳縣潘氏滂喜齋刻本　一冊

340000－1801－0007228　2:48100－2:48105
兩罍軒彝器圖釋十二卷　(清)吳雲撰　清同治十一年(1872)刻本　六冊

340000－1801－0007229　2:4814－2:4925 善
硃批諭旨三百六十卷　(清)世宗胤禛撰　清乾隆三年(1738)刻本　一百十二冊

340000－1801－0007230　2:48150－2:48175
憙齋集古録二十六卷　(清)吳大澂輯　清光緒二十二年(1896)石印本　二十六冊

340000－1801－0007231　2:48167－2:48201
憙齋集古録二十六卷　(清)吳大澂輯　清光緒二十二年(1896)石印本　二十六冊

340000－1801－0007232　2:48202－2:48220
窸齋集古錄二十六卷　(清)吳大澂輯　清光緒二十二年(1896)石印本　十九册

340000－1801－0007233　2:48221
盤亭小錄一卷　(清)劉銘傳輯　清同治十二年(1873)邗江刻本　一册

340000－1801－0007234　2:48223－2:48230
陶齋吉金錄八卷　(清)端方輯　清光緒三十四年(1908)金陵石印本　八册

340000－1801－0007235　2:48231－2:48240
陶齋吉金錄八卷　(清)端方輯　清光緒三十四年(1908)金陵石印本　十册

340000－1801－0007236　2:48246
藤花亭鏡譜八卷　(清)梁廷枏撰　清刻本　一册　存二卷(一至二)

340000－1801－0007237　2:48351－2:48352
恒軒所見所藏吉金錄一卷　(清)吳大澂輯　清刻本　二册

340000－1801－0007238　2:48384－2:48393
鐘鼎籀篆大觀不分卷　(清)吳大澂輯　清碧梧山莊影印本　十册

340000－1801－0007239　2:48413
泉志十五卷　(宋)洪遵輯　清光緒元年(1875)隸釋齋刻本　一册

340000－1801－0007240　2:48414
泉志十五卷　(宋)洪遵輯　清光緒元年(1875)隸釋齋刻本　一册

340000－1801－0007241　2:48415－2:48416
泉志十五卷　(宋)洪遵輯　清光緒元年(1875)隸釋齋刻本　二册

340000－1801－0007242　2:48417－2:48432
古泉匯六十四卷　(清)李佐賢撰　清同治三年(1864)利津李氏石泉書屋刻本　十六册

340000－1801－0007243　2:48433－2:48448
古泉匯六十四卷　(清)李佐賢撰　清同治三年(1864)利津李氏石泉書屋刻本　十六册

340000－1801－0007244　2:48449－2:48454
續泉匯元集三卷亨集三卷利集三卷貞集五卷補遺二卷　(清)鮑康　(清)李佐賢編　清光緒元年(1875)刻本　六册

340000－1801－0007245　2:48455－2:48462
續泉匯元集三卷亨集三卷利集三卷貞集五卷補遺二卷　(清)鮑康　(清)李佐賢編　清光緒元年(1875)刻本　八册

340000－1801－0007246　2:48467－2:48482
古今錢略三十二卷首一卷末一卷　(清)倪模撰　清光緒五年(1879)望江倪氏兩彊勉齋刻本　十二册

340000－1801－0007247　2:48483－2:48498
古今錢略三十二卷首一卷末一卷　(清)倪模撰　清光緒五年(1879)望江倪氏兩彊勉齋刻本　十二册

340000－1801－0007248　2:48499－2:48500
古今錢略三十二卷首一卷末一卷　(清)倪模撰　清光緒五年(1879)望江倪氏兩彊勉齋刻本　二册　存五卷(二十三至二十五、三十一至三十二)

340000－1801－0007249　2:48509－2:48510
古泉雜詠四卷　葉德輝撰　清光緒長沙葉氏刻觀古堂所著書本　二册

340000－1801－0007250　2:48513
古金待問錄四卷餘錄一卷補遺一卷　(清)朱楓輯　清光緒十六年(1890)常熟鮑氏刻本　一册

340000－1801－0007251　2:48514
泉幣圖說六卷　(清)吳文炳　(清)吳鸞纂輯　清嘉慶五年(1800)涇縣吳氏香雪山莊刻本　一册

340000－1801－0007252　2:48548－2:48549
錢志新編二十卷　(清)張崇懿輯　清道光十年(1830)刻本　二册

340000－1801－0007253　2:48550－2:48552
觀古閣叢稿二卷續稿一卷泉說一卷　(清)鮑

康撰　**續泉說一卷**　(清)李佐賢撰　清同治十二年(1873)歙鮑氏觀古閣刻本　三冊

340000－1801－0007254　2:48601－2:48602
二百蘭亭齋古印攷藏六卷　(清)吳雲輯　清同治三年(1864)刻鈐印本　二冊

340000－1801－0007255　2:48603－2:48608
寰宇訪碑錄十二卷　(清)孫星衍　(清)邢澍撰　**寰宇訪碑錄補五卷失編一卷**　(清)趙之謙撰　**刊誤一卷**　羅振玉撰　清光緒十一年(1885)吳縣朱氏槐廬刻本　六冊

340000－1801－0007256　2:48609－2:48612
寰宇訪碑錄十二卷　(清)孫星衍　(清)邢澍撰　**寰宇訪碑錄補五卷失編一卷**　(清)趙之謙撰　清光緒九年(1883)江蘇書局刻本　四冊

340000－1801－0007257　2:48613－2:48616
寰宇訪碑錄十二卷　(清)孫星衍　(清)邢澍撰　**寰宇訪碑錄補五卷失編一卷**　(清)趙之謙撰　清光緒九年(1883)江蘇書局刻本　四冊

340000－1801－0007258　2:48617－2:48620
寰宇訪碑錄十二卷　(清)孫星衍　(清)邢澍撰　**寰宇訪碑錄補五卷失編一卷**　(清)趙之謙撰　清光緒九年(1883)江蘇書局刻本　四冊

340000－1801－0007259　2:486－2:489 善
漢書一百卷　(漢)班固撰　明鍾人傑刻本　四冊　存六卷(志五至十)

340000－1801－0007260　2:48621－2:48622
補寰宇訪碑錄五卷失編一卷　(清)趙之謙輯　(清)沈樹鏞覆勘　清同治三年(1864)刻二金蝶堂所著書本　二冊

340000－1801－0007261　2:48624－2:48625
集古錄目五卷　(宋)歐陽棐撰　(清)黃本驥輯　清光緒吳縣朱氏槐廬刻本　一冊

340000－1801－0007262　2:48626
求古錄一卷　(清)顧炎武撰　清光緒十四年(1888)吳縣朱氏槐廬刻本　一冊

340000－1801－0007263　2:48629－2:48632
石鼓文定本十卷今文釋音一卷辨證二卷地名攷一卷　(清)沈梧撰　清光緒十六年(1890)古華山館刻本　四冊

340000－1801－0007264　2:48633－2:48638
石鼓文定本十卷今文釋音一卷辨證二卷地名攷一卷　(清)沈梧撰　清光緒十六年(1890)古華山館刻本　六冊

340000－1801－0007265　2:48639
校補石鼓文音訓一卷　(清)周庠撰　清光緒刻本　一冊

340000－1801－0007266　2:48642
激素飛青閣摹刻古碑一卷天乙閣宋拓石鼓文一卷　楊守敬摹　清光緒二年(1876)宜都楊氏飛青閣刻本　一冊

340000－1801－0007267　2:48647－2:48663
望堂金石初集二集　楊守敬輯　清宣統元年(1909)宜都楊氏飛青閣刻本　十七冊

340000－1801－0007268　2:48675－2:48680
縮摹泰山石經峪字六卷　楊守敬輯　清光緒三十三年(1907)鄂城石印本　六冊

340000－1801－0007269　2:48682
漢鐫古帝王像不分卷　(清)黃易摹　清乾隆五十六年(1791)刻本　一冊

340000－1801－0007270　2:48723－2:48724
隨軒金石文字九種　(清)徐渭仁撰　清刻本　二冊

340000－1801－0007271　2:48728－2:48731
語石十卷敘目一卷　葉昌熾撰　清宣統元年(1909)刻本　四冊

340000－1801－0007272　2:48732－2:48735
語石十卷敘目一卷　葉昌熾撰　清宣統元年(1909)刻本　四冊

340000－1801－0007273　2:48783－2:48794
匋齋藏石記四十四卷首一卷　(清)端方撰　清宣統元年(1909)上海商務印書館石印本

十二册

340000－1801－0007274　2:48795－2:48806
寶刻叢編二十卷　(宋)陳思纂　清海豐吳式芬刻本　十二册

340000－1801－0007275　2:48872－2:48873
千甓亭磚錄六卷　(清)陸心源纂　清光緒七年(1881)吳興陸氏十萬卷樓刻本　二册

340000－1801－0007276　2:48874
千甓亭磚錄六卷　(清)陸心源纂　清光緒七年(1881)吳興陸氏十萬卷樓刻本　一册　存三卷(一至三)

340000－1801－0007277　2:48875－2:48877
秦漢瓦當文字一卷續一卷　(清)程敦撰　清乾隆五十二年(1787)横渠書院刻本　三册

340000－1801－0007278　2:48900
京畿金石考二卷　(清)孫星衍撰　清光緒十年(1884)吳縣白堤八字橋孫谿朱氏槐廬家塾刻本　一册

340000－1801－0007279　2:48953－2:48954
江甯金石記八卷訪目二卷　(清)嚴觀輯　清宣統二年(1910)江楚編譯書局刻本　二册

340000－1801－0007280　2:48955－2:48958
安徽金石略十卷　(清)趙紹祖輯　清光緒貴池劉世珩刻聚學軒叢書本　二册

340000－1801－0007281　2:48959－2:48962
安徽金石略十卷　(清)趙紹祖輯　清光緒貴池劉世珩刻聚學軒叢書本　二册

340000－1801－0007282　2:48963－2:48966
安徽金石略十卷　(清)趙紹祖輯　清光緒貴池劉世珩刻聚學軒叢書本　二册

340000－1801－0007283　2:48967－2:48971
兩浙金石志十八卷　(清)阮元輯　清刻本　五册　存七卷(三至四、九、十二至十五)

340000－1801－0007284　2:48972－2:48973
墨妙亭碑目考二卷附考一卷　(清)張鑑撰　清光緒十年(1884)江蘇書局刻本　二册

340000－1801－0007285　2:48974－2:48979
括蒼金石志十二卷續四卷　(清)李遇孫輯　(清)鄒柏森增補　清同治十三年(1874)浙江處州府署刻本　二册

340000－1801－0007286　2:48980－2:48983
括蒼金石志十二卷　(清)李遇孫輯　清道光十三年(1833)刻本　四册

340000－1801－0007287　2:48989－2:48990
粵東金石略九卷首一卷九曜石考二卷　(清)翁方綱撰　清光緒十七年(1891)廣州石經堂書局石印本　二册

340000－1801－0007288　2:48991－2:48998
關中金石文字存逸考十二卷首一卷　(清)毛鳳枝撰　清光緒二十七年(1901)會稽顧氏萍鄉縣署刻本　八册

340000－1801－0007289　2:49005
山左訪碑錄六卷　(清)法偉堂撰　清宣統元年(1909)山東提學署石印本　一册

340000－1801－0007290　2:49006
安陽縣金石錄十二卷　(清)武億撰　清刻本　四册

340000－1801－0007291　2:490－2:515 善
前漢書一百卷　(漢)班固撰　(唐)顔師古注　明崇禎刻本　二十六册

340000－1801－0007292　2:49080－2:49082
東甌金石志十二卷　(清)戴咸弼輯　(清)孫詒讓校補　清光緒九年(1883)瑞安孫氏刻本　三册　缺二卷(一至二)

340000－1801－0007293　2:49084－2:49087
粵西金石略十五卷　(清)謝啟昆輯　清嘉慶六年(1801)銅鼓亭刻本　四册

340000－1801－0007294　2:49089－2:49104
史通通釋二十卷附錄一卷　(唐)劉知幾撰　(清)浦起龍釋　清乾隆十七年(1752)梁溪浦氏求放心齋刻本　十六册

340000－1801－0007295　2:49105－2:49108
史通通釋二十卷附錄一卷　(唐)劉知幾撰

（清）浦起龍釋　清乾隆十七年（1752）梁溪浦氏求放心齋刻本　四册

340000－1801－0007296　2:49109－2:49114
史通通釋二十卷舉例一卷　（唐）劉知幾撰　（清）浦起龍釋　清翰墨園刻本　六册

340000－1801－0007297　2:49115－2:49122
史通通釋二十卷舉例一卷　（唐）劉知幾撰　（清）浦起龍釋　清翰墨園刻本　八册

340000－1801－0007298　2:49123－2:49128
史通通釋二十卷舉例一卷　（唐）劉知幾撰　（清）浦起龍釋　清翰墨園刻本　六册

340000－1801－0007299　2:49129－2:49136
史通通釋二十卷　（唐）劉知幾撰　（清）浦起龍釋　清末文瑞樓石印本　八册

340000－1801－0007300　2:49137－2:49144
史通通釋二十卷　（唐）劉知幾撰　（清）浦起龍釋　清末文瑞樓石印本　八册

340000－1801－0007301　2:49145－2:49152
史通通釋二十卷　（唐）劉知幾撰　（清）浦起龍釋　清末文瑞樓石印本　八册

340000－1801－0007302　2:49153－2:49160
史通通釋二十卷　（唐）劉知幾撰　（清）浦起龍釋　清末文瑞樓石印本　八册

340000－1801－0007303　2:49165－2:49168
史通削繁四卷　（唐）劉知幾撰　（清）紀昀削繁　（清）浦起龍釋　清道光十三年（1833）涿州盧坤兩廣節署刻朱墨套印本　四册

340000－1801－0007304　2:49169－2:49172
史通削繁四卷　（唐）劉知幾撰　（清）紀昀削繁　（清）浦起龍釋　清道光十三年（1833）涿州盧坤兩廣節署刻朱墨套印本　四册

340000－1801－0007305　2:49173－2:49176
史通削繁四卷　（唐）劉知幾撰　（清）紀昀削繁　（清）浦起龍釋　清道光十三年（1833）涿州盧坤兩廣節署刻朱墨套印本　四册

340000－1801－0007306　2:49177－2:49180
史通削繁四卷　（唐）劉知幾撰　（清）紀昀削繁　（清）浦起龍釋　清道光十三年（1833）涿州盧坤兩廣節署刻朱墨套印本　四册

340000－1801－0007307　2:49181－2:49184
史通削繁四卷　（唐）劉知幾撰　（清）紀昀削繁　（清）浦起龍釋　清光緒元年（1875）湖北崇文書局刻本　四册

340000－1801－0007308　2:49185－2:49188
史通削繁四卷　（唐）劉知幾撰　（清）紀昀削繁　（清）浦起龍釋　清光緒元年（1875）湖北崇文書局刻本　四册

340000－1801－0007309　2:49189－2:49192
史通削繁四卷　（唐）劉知幾撰　（清）紀昀削繁　（清）浦起龍釋　清光緒元年（1875）湖北崇文書局刻本　四册

340000－1801－0007310　2:49201－2:49205
文史通義内篇五卷外篇三十二卷校讎通義三卷　（清）章學誠撰　清道光十三年（1833）會稽章華紱刻章氏遺書本　五册

340000－1801－0007311　2:49206－2:49210
文史通義内篇五卷外篇三十二卷校讎通義三卷　（清）章學誠撰　清道光十三年（1833）會稽章華紱刻章氏遺書本　五册

340000－1801－0007312　2:49211－2:49214
文史通義内篇五卷外篇三十二卷校讎通義三卷　（清）章學誠撰　清道光十三年（1833）會稽章華紱刻章氏遺書本　五册

340000－1801－0007313　2:49215－2:49219
文史通義八卷　（清）章學誠撰　清光緒三年（1877）貴陽刻章氏遺書本　五册

340000－1801－0007314　2:49220－2:49224
文史通義八卷　（清）章學誠撰　清光緒三年（1877）貴陽刻章氏遺書本　五册

340000－1801－0007315　2:49225－2:49228
文史通義八卷　（清）章學誠撰　清光緒三年（1877）貴陽刻章氏遺書本　四册

340000－1801－0007316　2:49241－2:49250
文史通義八卷校讎通義三卷　（清）章學誠撰

清光緒二十五年(1899)三味堂刻本　十冊

340000－1801－0007317　2:49251－2:49254
文史通義八卷校讎通義三卷　(清)章學誠撰　清光緒二十五年(1899)三味堂刻本　四冊

340000－1801－0007318　2:49255－2:49270
十七史商榷一百卷　(清)王鳴盛撰　清末文瑞樓石印本　十六冊

340000－1801－0007319　2:4926－2:5037 善
硃批諭旨不分卷　(清)世宗胤禛撰　清乾隆三年(1738)刻朱墨套印本　一百十二冊

340000－1801－0007320　2:49271－2:49280
十七史商榷一百卷　(清)王鳴盛撰　清乾隆五十二年(1787)東吳王氏洞涇草堂刻本　十冊

340000－1801－0007321　2:49281－2:49282
史疑一卷　(明)張應泰撰　**續史疑二卷**　(明)張一卿續　清道光刻涇川叢書本　二冊

340000－1801－0007322　2:49283
史漢異同是非四卷　(清)劉青芝纂　清刻本　一冊

340000－1801－0007323　2:49284－2:49287
三史拾遺五卷諸史拾遺五十卷　(清)錢大昕撰　清嘉慶十二年(1807)嘉興郡齋刻本　四冊

340000－1801－0007324　2:49288
乙部隨筆四卷　(清)吳養原撰　清光緒十年(1884)刻本　一冊

340000－1801－0007325　2:49300－2:49302
諸史考異十八卷　(清)洪頤煊撰　清光緒十五年(1889)廣雅書局刻本　三冊

340000－1801－0007326　2:49307－2:49318
廿二史劄記三十六卷補遺一卷　(清)趙翼撰　清嘉慶五年(1800)湛貽堂刻本　十二冊

340000－1801－0007327　2:49319－2:49326
廿二史劄記三十六卷補遺一卷　(清)趙翼撰　清嘉慶五年(1800)湛貽堂刻本　八冊

340000－1801－0007328　2:49351－2:49362
廿二史劄記三十六卷補遺一卷　(清)趙翼撰　清光緒二十六年(1900)新化西畬山館刻本　十二冊

340000－1801－0007329　2:49373－2:49388
廿二史劄記三十六卷補遺一卷　(清)趙翼撰　清光緒二十年(1894)廣雅書局刻本　十六冊

340000－1801－0007330　2:49395－2:49398
通鑑論三卷稽古錄一卷　(宋)司馬光撰　(清)伍耀光輯　清光緒二十四年(1898)菁華閣石印本　四冊

340000－1801－0007331　2:49399－2:49400
酌古論一卷中興論一卷　(宋)陳亮撰　清光緒二十七年(1901)耘程館木活字印本　二冊

340000－1801－0007332　2:49401－2:49404
讀史四集四卷　(明)楊以任輯　清楊氏刻本　四冊

340000－1801－0007333　2:49405
歷代史論二卷　(明)顧充撰　清光緒十三年(1887)掃葉山房刻本　一冊

340000－1801－0007334　2:49407－2:49414
歷代史論十二卷宋史論三卷元史論一卷　(明)張溥撰　**左傳史論二卷**　(清)高士奇撰　**明史論四卷**　(清)谷應泰撰　清光緒五年(1879)西江裴氏刻本　八冊

340000－1801－0007335　2:49415－2:49418
歷代史論十二卷宋史論三卷元史論一卷　(明)張溥撰　**左傳史論二卷**　(清)高士奇撰　**明史論四卷**　(清)谷應泰撰　清末鉛印本　四冊

340000－1801－0007336　2:49419－2:49428
歷代史論十二卷宋史論三卷元史論一卷　(明)張溥撰　**左傳史論二卷**　(清)高士奇撰　**明史論四卷**　(清)谷應泰撰　清光緒九年(1883)都城蒼松山房刻朱墨套印本　十冊

340000－1801－0007337　2:49429－2:49438

歷代史論十二卷宋史論三卷元史論一卷 (明)張溥撰 **左傳史論二卷** (清)高士奇撰 **明史論四卷** (清)谷應泰撰 清光緒九年(1883)都城蒼松山房刻朱墨套印本 十冊

340000－1801－0007338 2:49439－2:49446
歷代史論十二卷宋史論三卷元史論一卷 (明)張溥撰 **左傳史論二卷** (清)高士奇撰 **明史論四卷** (清)谷應泰撰 清光緒五年(1879)西江裴氏刻本 八冊

340000－1801－0007339 2:49447－2:49454
歷代史論十二卷宋史論三卷元史論一卷 (明)張溥撰 **左傳史論二卷** (清)高士奇撰 **明史論四卷** (清)谷應泰撰 清光緒五年(1879)西江裴氏刻本 八冊

340000－1801－0007340 2:49455－2:49456
歷代史論四卷 (明)張溥撰 清光緒二十四年(1898)皖城木活字印本 二冊

340000－1801－0007341 2:49457－2:49458
太倉史論四卷 (明)張溥撰 清羼園刻本 二冊

340000－1801－0007342 2:49459－2:49464
歷代史論十二卷宋史論三卷元史論一卷 (明)張溥撰 **左傳史論二卷** (清)高士奇撰 **明史論四卷** (清)谷應泰撰 清光緒二十四年(1898)石印本 六冊

340000－1801－0007343 2:49465－2:49472
兩朝評鑑彙錄十二卷 (清)陸紹源輯 清光緒二十八年(1902)通志學社石印本 八冊

340000－1801－0007344 2:49473－2:49474
黃氏日鈔九十七卷 (宋)黃震撰 清光緒二十九年(1903)鉛印本 二冊

340000－1801－0007345 2:49475－2:49476
歷史哲學前後篇二卷 (美國)威爾遜撰 (美國)羅伯雅譯 清光緒二十九年(1903)廣智書局鉛印本 二冊

340000－1801－0007346 2:49478
緝齋文集八卷首一卷附錄二卷詩稿八卷首一卷 (清)蔡新撰 清刻本 一冊

340000－1801－0007347 2:49479－2:49482
鑑古齋日記四卷 (清)陳紹箕撰 (清)皮錫瑞評 清光緒二十八年(1902)刻本 四冊

340000－1801－0007348 2:49483－2:49486
讀史津逮四卷 (清)潘永圜撰 清康熙五年(1666)刻本 四冊

340000－1801－0007349 2:49487
丙丁龜鑑五卷 (宋)柴望輯 清刻本 一冊

340000－1801－0007350 2:49490
志遠齋史話五卷 (清)楊以貞撰 清刻本 一冊

340000－1801－0007351 2:49492－2:49493
歷代史案二十卷 (清)洪亮吉編 清湖北書局刻本 二冊

340000－1801－0007352 2:49494－2:49501
讀通鑑論三十卷宋論十五卷 (清)王夫之撰 清光緒二十四年(1898)申昌書莊石印本 八冊

340000－1801－0007353 2:49502－2:49509
讀通鑑論三十卷宋論十五卷 (清)王夫之撰 清光緒二十四年(1898)申昌書莊石印本 八冊

340000－1801－0007354 2:49510－2:49525
讀通鑑論三十卷 (清)王夫之撰 清光緒二十五年(1899)武昌刻本 十六冊

340000－1801－0007355 2:49526－2:49535
讀通鑑論三十卷宋論十五卷 (清)王夫之撰 清光緒三十一年(1905)商務印書館鉛印本 十冊

340000－1801－0007356 2:49536－2:49545
讀通鑑論三十卷宋論十五卷 (清)王夫之撰 清光緒三十一年(1905)商務印書館鉛印本 十冊

340000－1801－0007357 2:49546－2:49553
讀通鑑論三十卷宋論十五卷 (清)王夫之撰 清光緒三十一年(1905)商務印書館鉛印本

八册

340000－1801－0007358　2:49554－2:49565

讀通鑑論三十卷宋論十五卷　(清)王夫之撰　清光緒三十一年(1905)商務印書館鉛印本　十二册

340000－1801－0007359　2:49566－2:49588

船山史論五十二卷　(清)王夫之撰　清光緒二十六年(1900)湖南益友書局刻本　二十三册

340000－1801－0007360　2:49589－2:49590

讀史論略二卷　(清)杜詔撰　清桂香書屋刻本　二册

340000－1801－0007361　2:49591

讀史論略一卷綱鑑總評一卷　(清)杜詔撰　清同治芋栗園刻本　一册

340000－1801－0007362　2:49592

讀史論略一卷　(清)杜詔撰　清金陵李光明莊刻本　一册

340000－1801－0007363　2:49595

讀史編略四卷　(清)沈祥煦撰　清道光刻本　一册

340000－1801－0007364　2:49596－2:49597

讀史論略二卷　(清)杜詔撰　清光緒二十八年(1902)大學堂刻本　二册

340000－1801－0007365　2:49598

讀史論略一卷　(清)杜詔撰　清光緒刻本　一册

340000－1801－0007366　2:49599

讀史論略一卷　(清)杜詔撰　清安福阮文藻刻本　一册

340000－1801－0007367　2:49602－2:49605

宋論十五卷　(清)王夫之撰　清光緒二十五年(1899)武昌刻本　四册

340000－1801－0007368　2:49606

讀宋鑑論三卷　(清)方宗誠撰　清光緒三年(1877)刻柏堂遺書本　一册

340000－1801－0007369　2:49607

明史論四卷　(清)谷應泰撰　清刻本　一册

340000－1801－0007370　2:49614－2:49625

讀史大略六十卷首一卷　(清)沙張白撰　**小沙子史略一卷**　(清)沙晉撰　清咸豐七年(1857)恭壽堂刻本　十二册

340000－1801－0007371　2:49626－2:49637

讀史大略六十卷首一卷　(清)沙張白撰　**小沙子史略一卷**　(清)沙晉撰　清光緒十六年(1890)刻本　十二册

340000－1801－0007372　2:49638－2:49653

讀史大略六十卷首一卷樂府一卷　(清)沙張白撰　**小沙子史略一卷**　(清)沙晉撰　清道光二十六年(1846)刻本　十六册

340000－1801－0007373　2:49654－2:49669

讀史大略六十卷首一卷樂府一卷　(清)沙張白撰　**小沙子史略一卷**　(清)沙晉撰　清道光二十六年(1846)刻本　十六册

340000－1801－0007374　2:49670－2:49673

史論合璧四卷　(清)俞樾　(清)袁枚撰　清石印本　四册

340000－1801－0007375　2:49674－2:49681

二十四史論新編二十三卷　(清)朱鈖輯　清光緒二十八年(1902)上海書局石印本　八册

340000－1801－0007376　2:49707－2:49708

綱鑑總論二卷　(清)周道卿撰　清光緒石印本　二册

340000－1801－0007377　2:49710

讀史紀略四卷　(清)蕭濬纂輯　清道光二十年(1840)靈石楊尚文滄靜齋刻本　一册

340000－1801－0007378　2:49711－2:49718

史論正鵠初集四卷二集四卷三集八卷　(清)王樹敏評點　清光緒二十七年(1901)上海久敬齋石印本　八册

340000－1801－0007379　2:49719－2:49724

史案二十卷首一卷　(清)吴裕垂輯　清光緒六年(1880)刻本　六册

340000－1801－0007380　2∶49725－2∶49728

史案二十卷首一卷　(清)吳裕垂輯　清道光六年(1826)刻本　四冊

340000－1801－0007381　2∶49729－2∶49734

史論五種十一卷邁堂文略一卷　(清)李祖陶撰　清同治十年(1871)敖陽李氏尚友樓刻本　六冊

340000－1801－0007382　2∶49763

白白齋貨殖傳評一卷　(清)姚康撰　清光緒十五年(1889)桐城姚氏五桂山房木活字印本　一冊

340000－1801－0007383　2∶49765

詠史詩鈔三卷　(清)王廷紹著　清末鉛印本　一冊

340000－1801－0007384　2∶49766

詠史詩鈔三卷　(清)王廷紹著　清末鉛印本　一冊

340000－1801－0007385　2∶49784－2∶49785

御製詠左傳詩二卷　(清)高宗弘曆撰　清嘉慶刻本　二冊

340000－1801－0007386　2∶49792

擬明史樂府不分卷　(清)尤侗撰　(清)尤珍注　清康熙刻本　一冊

340000－1801－0007387　2∶49793

擬明史樂府不分卷外國竹枝詞一卷　(清)尤侗撰　(清)尤珍注　清刻本　一冊

340000－1801－0007388　2∶49794

擬明史樂府不分卷外國竹枝詞一卷　(清)尤侗撰　(清)尤珍注　清刻本　一冊

340000－1801－0007389　2∶49795

蘇門山人登嘯集一卷　(清)吳昌榮撰　**蓮鷺雙谿舍遺稿一卷**　(清)吳國賢撰　清光緒十六年(1890)刻本　一冊

340000－1801－0007390　2∶49796－2∶49797

話雲軒詠史詩二卷　(清)曹振鏞撰　清嘉慶刻本　二冊

340000－1801－0007391　2∶49798

話雲軒詠史詩二卷　(清)曹振鏞撰　清嘉慶刻本　一冊

340000－1801－0007392　2∶49799－2∶49802

詠史集八卷詠史別集一卷　(清)汪元慎撰　清光緒五年(1879)鑄錯軒刻本　四冊

340000－1801－0007393　2∶49803

詠史古體詩四卷　(清)湯儲璠撰　清光緒刻本　一冊

340000－1801－0007394　2∶49804－2∶49805 善

西涯樂府二卷　(明)李東陽撰　(明)何孟春注　清康熙三十四年(1695)刻本　二冊

340000－1801－0007395　2∶49806

鐵厓詠史註四卷　(明)楊維楨撰　(清)樓卜瀍注　清乾隆三十九年(1774)刻本　一冊

340000－1801－0007396　2∶49808－2∶49809

樹經堂詠史詩八卷　(清)謝啟昆撰　清道光五年(1825)吳下刻本　二冊

340000－1801－0007397　2∶49810－2∶49817

樹經堂詠史詩八卷　(清)謝啟昆撰　清道光五年(1825)吳下刻本　八冊

340000－1801－0007398　2∶49818

竹湖堂詩稿一卷　(清)程光祖撰　清光緒四年(1878)刻本　一冊

340000－1801－0007399　2∶49819－2∶49820

宮閨百詠四卷　(清)陳其泰編　清道光二十五年(1845)海鹽陳氏華鳳閣刻本　二冊

340000－1801－0007400　2∶49831

十六國宮詞二卷　(清)周昇撰　清道光十四年(1834)櫻西書屋刻本　一冊

340000－1801－0007401　2∶49833

十國宮詞一卷　(清)吳省蘭撰　清同治十二年(1873)淮南書局刻本　一冊

340000－1801－0007402　2∶49834

十國宮詞一卷　(清)吳省蘭撰　清同治十二年(1873)淮南書局刻本　一冊

340000－1801－0007403　2∶49835

十國宮詞一卷 (清)吳省蘭撰 清同治十二年(1873)淮南書局刻本 一册

340000－1801－0007404 2:49836

十國宮詞一卷 (清)吳省蘭撰 清刻本 一册

340000－1801－0007405 2:49837－2:49844

全史宮詞二十卷 (清)史夢蘭撰 清咸豐六年(1856)刻本 八册

340000－1801－0007406 2:49845－2:49850

全史宮詞二十卷 (清)史夢蘭撰 清咸豐六年(1856)刻本 六册

340000－1801－0007407 2:49851－2:49852

明季新樂府二卷 (清)胡介祉撰 清宣統元年(1909)龍潭室鉛印龍潭室叢書本 二册

340000－1801－0007408 2:49853

明季新樂府二卷 (清)胡介祉撰 清宣統元年(1909)龍潭室鉛印龍潭室叢書本 一册

340000－1801－0007409 2:49854－2:49855

明紀事樂府四卷 (清)龍文彬編 清光緒十一年(1885)永懷堂刻本 二册

340000－1801－0007410 2:49856－2:49859

明紀事樂府四卷 (清)龍文彬編 清光緒十一年(1885)永懷堂刻本 四册

340000－1801－0007411 2:49861－2:49862

天啓宮詞一卷 (清)陳悰撰 **崇禎宮詞一卷** (□)□□撰 清刻本 二册

340000－1801－0007412 2:49863－2:49864

啟禎宮詞二卷 (明)秦蘭徵 (清)王譽昌撰 清嘉慶十六年(1811)瞿氏鐵琴銅劍樓刻本 二册

340000－1801－0007413 2:49867

桐華舸明季詠史詩鈔一卷 (清)鮑瑞駿撰 清同治三年(1864)刻本 一册

340000－1801－0007414 2:49870

三家宮詞不分卷二家宮詞不分卷 (明)毛晉輯 清同治十二年(1873)淮南書局刻本 一册

340000－1801－0007415 2:49871－2:49872

南宋雜事詩七卷 (清)沈嘉轍等撰 清雍正武林芹香齋刻乾隆補刻本 二册

340000－1801－0007416 2:49873

南宋雜事詩七卷 (清)沈嘉轍等撰 清雍正武林芹香齋刻乾隆補刻本 一册

340000－1801－0007417 2:49874－2:49875

南宋雜事詩七卷 (清)沈嘉轍等撰 清同治十一年(1872)淮南書局刻本 二册

340000－1801－0007418 2:49876－2:49877

南宋雜事詩七卷 (清)沈嘉轍等撰 清雍正武林芹香齋刻乾隆補刻本 二册

340000－1801－0007419 2:49878－2:49879

南宋雜事詩七卷 (清)沈嘉轍等撰 清同治十一年(1872)淮南書局刻本 二册

340000－1801－0007420 2:49880－2:49883

金源紀事詩八卷 (清)湯運泰撰 清嘉慶刻本 四册

340000－1801－0007421 2:49884－2:49887

金源紀事詩八卷 (清)湯運泰撰 清同治十二年(1873)淮南書局刻本 四册

340000－1801－0007422 2:49888－2:49891

十國雜事詩十七卷敘目二卷 (清)饒智元撰 清光緒十七年(1891)刻竹素齋叢書本 四册

340000－1801－0007423 2:49895

山門詩史不分卷 (清)周賓撰 清光緒二十四年(1898)六聲堂刻本 一册

340000－1801－0007424 2:49897

茨村詠史新樂府二卷 (清)胡介祉撰 清諸暨郭雲學種花莊刻本 一册

340000－1801－0007425 2:49899

白白齋貨殖傳評一卷 (清)姚康撰 清光緒十五年(1889)姚氏五桂山房木活字印本 一册

340000－1801－0007426 2:49901

明史雜詠四卷 (清)嚴遂成撰 清刻本 一

冊

340000－1801－0007427　2:49902
日本明治維新小史雜事詩一卷　（清）雷飛鵬纂　清光緒鉛印本　一冊

340000－1801－0007428　2:49903
新樂府二卷　（清）萬斯同撰　清刻本　一冊

340000－1801－0007429　2:49904
長安宮詞一卷　（清）胡延撰　清光緒刻本　一冊

340000－1801－0007430　2:49908
冬青館古宮詞三卷　（清）張鑑撰　清刻本　一冊

340000－1801－0007431　2:50041－2:50048
史記一百三十卷　（漢）司馬遷撰　（南朝宋）裴駰集解　（唐）司馬貞索隱　（唐）張守節正義　清光緒二十八年(1902)誒實齋石印本　八冊

340000－1801－0007432　2:50051－2:50056
史記菁華錄六卷　（清）姚苧田輯　清道光四年(1824)吳興姚氏扶荔山房刻朱墨套印本　六冊

340000－1801－0007433　2:50057－2:50094
漢書一百卷　（漢）班固撰　（唐）顏師古注　清刻本　三十八冊　缺五卷(一至五)

340000－1801－0007434　2:50155－2:50166
前漢書一百卷　（漢）班固撰　（唐）顏師古注　清光緒二十八年(1902)誒實齋石印本　十二冊

340000－1801－0007435　2:5038 善
唐陸宣公制誥十卷　（唐）陸贄撰　明萬曆刻本　一冊

340000－1801－0007436　2:5039 善
陸宣公奏草八卷　（唐）陸贄撰　（明）葉秉敬選評　明萬曆陸基忠刻本　一冊

340000－1801－0007437　2:5040－2:5047 善
重鋟文公先生奏議十五卷　（宋）朱熹撰　（明）朱吾弼編　明萬曆朱崇沐刻本　八冊

340000－1801－0007438　2:50429－2:50435
三國志六十五卷　（晉）陳壽撰　（南朝宋）裴松之注　清同治九年(1870)金陵書局刻本　七冊

340000－1801－0007439　2:5048 善
嘉慶上諭奏稿鈔和珅案件不分卷　（□）□□撰　清抄本　一冊

340000－1801－0007440　2:5049－2:5058 善
宋丞相李忠定公奏議六十九卷附錄九卷　（宋）李綱撰　（明）朱欽編　明正德邵武縣蕭洋刻本　十冊

340000－1801－0007441　2:5059－2:5075 善
宋李忠定公奏議選十五卷文集選二十九卷首四卷　（宋）李綱撰　（明）左光先　（明）李春熙等輯　明崇禎建寧崇本堂刻本　十七冊

340000－1801－0007442　2:50593－2:50604
宋書一百卷　（南朝梁）沈約撰　清光緒三十三年(1907)上海華商集成圖書公司鉛印本　十二冊

340000－1801－0007443　2:50645－2:50650
南齊書五十九卷　（南朝梁）蕭子顯撰　清同治十三年(1874)金陵書局刻本　六冊

340000－1801－0007444　2:50673－2:50676
北齊書五十卷　（唐）李百藥撰　清同治十三年(1874)金陵書局刻本　四冊

340000－1801－0007445　2:50677－2:50680
梁書五十六卷附考證　（唐）姚思廉撰　清光緒三十三年(1907)上海華商集成圖書公司鉛印本　四冊

340000－1801－0007446　2:50687－2:50692
梁書五十六卷　（唐）姚思廉撰　清同治十三年(1874)金陵書局刻本　六冊

340000－1801－0007447　2:50693－2:50696
陳書三十六卷附考證　（唐）姚思廉撰　清光緒三十三年(1907)上海華商集成圖書公司鉛印本　四冊

340000－1801－0007448　2:50701－2:50704

陳書三十六卷　(唐)姚思廉撰　清同治十一年(1872)金陵書局刻本　四册

340000－1801－0007449　2:50705－2:50708
陳書三十六卷　(唐)姚思廉撰　清同治十一年(1872)金陵書局刻本　四册

340000－1801－0007450　2:5076－2:5082 善
鄭端簡公奏議十四卷　(明)鄭曉撰　明隆慶四年(1570)嘉禾項氏萬卷堂刻本　七册　存十三卷(一至十一、十三至十四)

340000－1801－0007451　2:5083－2:5242 善
歷代名臣奏議三百五十卷　(明)黄淮　(明)楊士奇輯　明永樂内府刻本　一百六十册

340000－1801－0007452　2:50905－2:50944
舊唐書二百十四卷　(後晉)劉昫撰　清同治十一年(1872)浙江書局刻本　四十册

340000－1801－0007453　2:51 善
史記一百三十卷　(漢)司馬遷撰　明抄本　一册　存五卷(四十五至四十九)

340000－1801－0007454　2:51245－2:51260
舊五代史一百五十卷目録二卷附考證　(宋)薛居正等撰　清同治十一年(1872)湖北崇文書局刻本　十六册

340000－1801－0007455　2:51261－2:51268
五代史七十四卷　(宋)歐陽修撰　(宋)徐無黨注　清同治十一年(1872)湖北崇文書局刻本　八册

340000－1801－0007456　2:51269－2:51276
五代史七十四卷　(宋)歐陽修撰　(宋)徐無黨注　清同治十一年(1872)湖北崇文書局刻本　八册

340000－1801－0007457　2:516－2:536 善
前漢書一百卷　(漢)班固撰　(唐)顔師古注　明崇禎刻本　二十六册

340000－1801－0007458　2:51860－2:51935
宋史四百九十六卷　(元)脱脱等撰　清光緒十年(1884)上海同文書局石印本　七十六册　缺一百三十一卷(五十六至一百八十六)

340000－1801－0007459　2:51996－2:51999
元朝秘史十五卷　(元)□□撰　(清)李文田注　清光緒二十九年(1903)上海文瑞樓石印本　四册

340000－1801－0007460　2:52000－2:52003
元史譯文證補三十卷　(清)洪鈞撰　清光緒二十三年(1897)刻本　四册

340000－1801－0007461　2:52－2:55 善
唐荊川先生批點精選史記十二卷　(明)唐順之輯　明末刻本　四册　存四卷(一至三、五)

340000－1801－0007462　2:52318－2:52420
資治通鑑二百九十四卷目録三十卷　(宋)司馬光撰　(元)胡三省注　**通鑑釋文辯誤十二卷**　(元)胡三省撰　清嘉慶二十一年(1816)胡氏刻同治八年(1869)江蘇書局補刻本　一百四册

340000－1801－0007463　2:52421－2:52540
資治通鑑二百九十四卷目録三十卷考異三十卷問疑一卷　(宋)司馬光撰　(元)胡三省注　**釋文三十卷辯誤十二卷**　(元)胡三省撰　清光緒十七年(1891)刻本　一百二十册

340000－1801－0007464　2:5243－2:5371 善
歷代名臣奏議三百五十卷　(明)黄淮　(明)楊士奇輯　明永樂内府刻本　一百三十二册　存二百六十三卷(七至十、十八至二十九、三十二至六十九、七十二至八十七、九十至一百三十、一百三十三至一百三十六、一百三十九至一百四十、一百四十三至一百四十四、一百四十八至一百六十一、一百七十至一百七十三、一百七十六至一百八十九、一百九十二至二百、二百五至二百十、二百十三至二百三十一、二百三十四至二百三十五、二百四十四至二百五十四、二百五十七至二百七十三、二百七十九至二百八十八、二百九十二至二百九十四、二百九十七至三百九、三百十二至三百十三、三百十六至三百三十一、三百三十四至三百三十七)

340000－1801－0007465　2:52541－2:52644

資治通鑑二百九十四卷目錄三十卷 （宋）司馬光撰 （元）胡三省注 **通鑑釋文辯誤十二卷** （元）胡三省撰 清同治十年(1871)湖北崇文書局刻本 一百四冊

340000－1801－0007466 2:52845－2:52904
續資治通鑑二百二十卷 （清）畢沅撰 清鎮洋畢氏刻嘉慶六年(1801)馮集梧續刻同治六年(1867)應寶時蘇松太道署補刻本 六十冊

340000－1801－0007467 2:52969－2:53048
資治通鑑補二百九十四卷 （宋）司馬光撰 （元）胡三省注 （明）嚴衍補 清光緒二年(1876)盛氏思補樓木活字印本 八十冊

340000－1801－0007468 2:53049－2:53052
御撰資治通鑑明紀綱目二十卷 （清）張廷玉等輯 清乾隆刻本 四冊

340000－1801－0007469 2:53096
竹書紀年統箋十二卷 （清）徐文靖輯 清刻本 一冊 存二卷(一至二)

340000－1801－0007470 2:53137－2:53140
蜀鑑十卷 （宋）郭允蹈撰 清光緒七年(1881)成都志古堂刻本 四冊

340000－1801－0007471 2:53182－2:53196
十一朝東華錄詳節二十四卷 （清）鄔樹庭編 清光緒二十六年(1900)上海東文學堂石印本 十六冊

340000－1801－0007472 2:53197－2:53216
東華錄二十六卷 王先謙編 清刻本 二十冊

340000－1801－0007473 2:53217－2:53289
東華錄三百九十四卷 王先謙編 清末鉛印本 七十五冊

340000－1801－0007474 2:53290－2:53349
東華錄一百二十卷 王先謙編 清末鉛印本 六十冊

340000－1801－0007475 2:53370－2:53449
通鑑紀事本末二百三十九卷 （宋）袁樞撰 （明）張溥論正 清同治十二年(1873)江西書局刻本 八十冊

340000－1801－0007476 2:53450－2:53497
通鑑紀事本末二百三十九卷 （宋）袁樞撰 （明）張溥論正 清刻本 四十八冊

340000－1801－0007477 2:53498－2:53549
歷朝紀事本末九種六百五十八卷 （清）陳如升 （清）朱記榮輯 題(清)慎記主人增輯 清光緒二十五年(1899)慎記書莊石印本 五十二冊

340000－1801－0007478 2:53550－2:53597
歷朝紀事本末九種六百五十八卷 （清）陳如升 （清）朱記榮輯 題(清)慎記主人增輯 清光緒二十五年(1899)慎記書莊石印本 四十八冊

340000－1801－0007479 2:53598－2:53609
宋史紀事本末一百九卷 （明）馮琦撰 （明）陳邦瞻輯 （明）張溥論正 清刻本 十二冊

340000－1801－0007480 2:53610－2:53613
元史紀事本末二十七卷 （明）陳邦瞻輯 （明）張溥論正 清同治十三年(1874)江西書局刻本 四冊

340000－1801－0007481 2:53614－2:53617
元史紀事本末二十七卷 （明）陳邦瞻輯 （明）張溥論正 清同治十三年(1874)江西書局刻本 四冊

340000－1801－0007482 2:53618
嘉應平寇紀略不分卷 （清）謝國珍撰 清光緒五年(1879)抄本 一冊

340000－1801－0007483 2:53678－2:53685
中東戰紀本末八卷首一卷末一卷 （美國）林樂知撰譯 蔡爾康輯 清光緒二十二年(1896)廣學會鉛印本 八冊

340000－1801－0007484 2:53698－2:53707
聖武記十四卷 （清）魏源撰 清道光二十四年(1844)京都琉璃廠刻本 十冊

340000－1801－0007485 2:536 善
荊川先生批點精選漢書六卷 （明）唐順之輯

明刻本　一册

340000－1801－0007486　2:53708－2:53714
聖武記十四卷　(清)魏源撰　清道光二十四年(1844)京都琉璃廠刻本　七册　缺四卷(四、九、十一至十二)

340000－1801－0007487　2:53715－2:53734
明史紀事本末八十卷　(清)谷應泰編纂　清同治十三年(1874)江西書局刻本　二十册

340000－1801－0007488　2:537－2:552 善
漢書一百二十卷　(漢)班固撰　(唐)顏師古注　清同治八年(1869)金陵書局刻本　十六册

340000－1801－0007489　2:5372－2:5608 善
歷代名臣奏議三百五十卷　(明)楊士奇等編　明永樂內府刻本　二百三十七册　存二百三十六卷(一至九、四十六至五十五、六十九至七十七、九十二至一百二十八、一百四十四至二百十八、二百四十二至二百七十三、二百八十七至三百五十)

340000－1801－0007490　2:53735－2:53757
繹史一百六十卷世系圖一卷年表一卷　(清)馬驌撰　清刻本　二十三册　缺三卷(一至三)

340000－1801－0007491　2:53771－2:53789
南疆繹史勘本三十卷首二卷摭遺十八卷卹謚考八卷　(清)溫睿臨撰　(清)李瑤勘定　清都城琉璃廠半松居士刻本　十九册

340000－1801－0007492　2:53790－2:53869
明史稿三百十卷目錄三卷　(清)王鴻緒撰　清雍正元年(1723)敬慎堂刻本　八十册

340000－1801－0007493　2:53999－2:54022
路史全本前紀九卷後紀十三卷餘論十卷發揮六卷國名紀七卷　(宋)羅泌纂　(宋)羅苹注　清嘉慶十三年(1808)刻本　二十四册

340000－1801－0007494　2:54029－2:54033
國語校註本三種二十九卷　(清)汪遠孫輯　清道光二十六年(1846)振綺堂汪氏刻本　五册

340000－1801－0007495　2:54034－2:54037
國語二十一卷　(三國吳)韋昭注　清刻本　四册

340000－1801－0007496　2:54101－2:54104
明季南略十八卷　(清)計六奇輯　清光緒十三年(1887)上海圖書集成印書局鉛印本　四册

340000－1801－0007497　2:54105－2:54114
明季南略十八卷　(清)計六奇輯　清都城琉璃廠半松居士木活字印本　十册

340000－1801－0007498　2:54115－2:54128
明季北略二十四卷　(清)計六奇輯　清都城琉璃廠半松居士木活字印本　十四册

340000－1801－0007499　2:54129－2:54134
明季北略二十四卷　(清)計六奇輯　清光緒十三年(1887)上海圖書集成印書局鉛印本　六册

340000－1801－0007500　2:54147－2:54152
明季稗史彙編十六種二十七卷　題(清)留雲居士輯　清光緒二十二年(1896)上海圖書集成局鉛印本　六册

340000－1801－0007501　2:54153－2:54158
明季稗史彙編十六種二十七卷　題(清)留雲居士輯　清光緒二十二年(1896)上海圖書集成局鉛印本　六册

340000－1801－0007502　2:54159－2:54164
明季稗史彙編十六種二十七卷　題(清)留雲居士輯　清光緒二十二年(1896)上海圖書集成局鉛印本　六册

340000－1801－0007503　2:54165－2:54168
明季稗史彙編十六種二十七卷　題(清)留雲居士輯　清光緒二十二年(1896)上海圖書集成局鉛印本　六册

340000－1801－0007504　2:54253
平定粵寇紀略附記四卷　(清)杜文瀾撰　清同治十年(1871)京都聚珍齋木活字印本　一

冊

340000－1801－0007505　2:54254－2:54261
平定粵寇紀略十八卷附記四卷　(清)杜文瀾撰　清同治十年(1871)京都聚珍齋木活字印本　八冊

340000－1801－0007506　2:54262－2:54271
平定粵寇紀略十八卷附記四卷　(清)杜文瀾撰　清同治十年(1871)京都聚珍齋木活字印本　十冊

340000－1801－0007507　2:54312－2:54323
學案小識十四卷首一卷末一卷　(清)唐鑑輯　清光緒十年(1884)刻本　十二冊

340000－1801－0007508　2:54340－2:54347
李氏蒙求集註八卷　(唐)李瀚撰　(清)楊迦懌集注　清光緒二十二年(1896)新化三味堂刻本　八冊

340000－1801－0007509　2:54352－2:54368
御批歷代通鑑輯覽一百二十卷　(清)傅恒編　清光緒十一年(1885)上海同文書局石印本　一冊　缺十七卷(二十七至三十三、六十三至七十二)

340000－1801－0007510　2:54369－2:54392
十七史商榷一百卷　(清)王鳴盛撰　清光緒六年(1880)太原王氏刻本　二十四冊

340000－1801－0007511　2:54393－2:54396
南北史捃華八卷　(清)周嘉猷輯　清刻本　四冊

340000－1801－0007512　2:54419
燧榆隨鈔不分卷　(□)□□撰　清抄本　一冊

340000－1801－0007513　2:54420－2:54422
古今原始十四卷　(明)趙釴撰　清抄本　三冊　存八卷(五至六、八至十三)

340000－1801－0007514　2:54423－2:54424
經史百家簡編二卷　(清)曾國藩纂　清同治十三年(1874)傳忠書局刻本　二冊

340000－1801－0007515　2:54425
弟子職箋釋一卷史目表一卷　(清)洪亮吉撰　清光緒三年(1877)授經堂刻本　一冊

340000－1801－0007516　2:54426－2:54445
春秋大事表五十卷首一卷輿圖一卷附錄一卷　(清)顧棟高輯　清同治十二年(1873)刻本　二十冊

340000－1801－0007517　2:54503－2:54518
求闕齋弟子記三十二卷　(清)王定安撰　清光緒二年(1876)都門刻本　十六冊

340000－1801－0007518　2:54519－2:54526
求闕齋弟子記三十二卷　(清)王定安撰　清光緒二年(1876)都門刻本　八冊　存十六卷(一至十六)

340000－1801－0007519　2:54562
汪雙池先生[紱]年譜四卷　(清)余龍光編次　清同治五年(1866)刻本　一冊　存二卷(一至二)

340000－1801－0007520　2:54579－2:54584
曾文正公[國藩]年譜十二卷　(清)黎庶昌等編輯　清光緒二年(1876)傳忠書局刻本　六冊

340000－1801－0007521　2:54585－2:54589
曾文正公[國藩]年譜十二卷　(清)黎庶昌等編輯　清光緒二年(1876)傳忠書局刻本　五冊

340000－1801－0007522　2:54590－2:54594
曾文正公[國藩]年譜十二卷　(清)黎庶昌等編輯　清光緒二年(1876)傳忠書局刻本　五冊

340000－1801－0007523　2:54595－2:54598
曾文正公[國藩]年譜十二卷　(清)黎庶昌等編輯　清光緒二年(1876)傳忠書局刻本　四冊

340000－1801－0007524　2:54600
戴東原先生[震]年譜一卷　(清)段玉裁輯　清宣統二年(1910)渭南嚴氏成都刻本　一冊

340000－1801－0007525　2:54608

洪北江先生[亮吉]年譜一卷 (清)呂培輯 清光緒三年(1877)授經堂刻本 一冊

340000－1801－0007526 2:54609－2:54612

純德彙編七卷 (清)董華鈞輯 **續刻一卷首一卷** (清)董景沛輯 清嘉慶二十三年(1818)刻本 四冊

340000－1801－0007527 2:54613

石泉清隱不分卷 (□)□□撰 清吳立朝抄本 一冊

340000－1801－0007528 2:54614－2:54617

篁墩程朱闕里祠志八卷 (清)徐光文撰 清抄本 四冊

340000－1801－0007529 2:54625－2:54653

宋元學案一百卷 (清)黃宗羲撰 清刻本 二十九冊 缺十五卷(一至十五)

340000－1801－0007530 2:54654－2:54669

增廣尚友錄統編二十四卷 應祖錫編 清光緒十四年(1888)上海鴻章書局石印本 十六冊

340000－1801－0007531 2:54675－2:54714

曾文正公手書日記不分卷 (清)曾國藩撰 清宣統元年(1909)中國圖書公司影印本 四十冊

340000－1801－0007532 2:54775－2:54778

英軺日記十二卷 載振撰 清光緒二十九年(1903)上海文明書局鉛印本 四冊

340000－1801－0007533 2:54779－2:54782

英軺日記十二卷 載振撰 清光緒二十九年(1903)上海文明書局鉛印本 四冊

340000－1801－0007534 2:54785－2:54788

求闕齋日記十卷 (清)曾國藩撰 (清)王啟原輯 清光緒二年(1876)傳忠書局刻本 四冊

340000－1801－0007535 2:54789

[安徽歙縣]程氏譜牒不分卷 (□)□□纂修 清抄本 一冊

340000－1801－0007536 2:54790

[安徽歙縣]江氏譜牒不分卷 (□)□□纂修 清抄本 一冊

340000－1801－0007537 2:54791

[安徽]休寧程氏家譜不分卷 (□)□□纂修 清刻本 一冊

340000－1801－0007538 2:54794

崇本祠條規不分卷崇本宗祠公議載簿條約不分卷 (□)□□撰 清抄本 一冊

340000－1801－0007539 2:54811－2:54870

弘簡錄二百五十四卷 (明)邵經邦撰 **續弘簡錄四十二卷** (清)邵遠平撰 清刻本 六十冊 缺十九卷(弘簡錄三十一至三十五、一百四十至一百四十五、一百八十一至一百八十七,續弘簡錄四十二)

340000－1801－0007540 2:55022－2:55023

歷代名人小簡二卷 吳曾祺輯 清宣統元年(1909)上海商務印書館鉛印本 二冊

340000－1801－0007541 2:55032

國朝畫徵續錄二卷 (清)張庚撰 清刻本 一冊 存一卷(一)

340000－1801－0007542 2:55048－2:55055

史外八卷 (清)汪有典撰 清同治六年(1867)刻本 八冊

340000－1801－0007543 2:55056－2:55065

兩漢三國學案十一卷 (清)唐晏撰 清潮陽鄭氏龍溪精舍刻本 十冊

340000－1801－0007544 2:55100－2:55139

宋元學案一百卷首一卷 (清)黃宗羲撰 (清)黃百家輯 (清)全祖望補 清光緒五年(1879)長沙寄廬刻本 四十冊

340000－1801－0007545 2:55183－2:55184

曾文正公大事記四卷 (清)王定安撰 清光緒二年(1876)傳忠書局刻本 二冊

340000－1801－0007546 2:55193

甕牖餘談二卷 (清)王韜撰 清光緒元年(1875)申報館鉛印本 一冊

340000－1801－0007547 2:55194

柯母哀榮錄不分卷　(□)□□撰　清咸豐十一年(1861)抄本　一册

340000－1801－0007548　2:55208
自號錄一卷　(宋)徐光溥編　清刻本　一册

340000－1801－0007549　2:55209
旌孝錄一卷　(清)姚熾之纂　清光緒三十二年(1906)鉛印本　一册

340000－1801－0007550　2:55210
歷仕錄一卷　(明)王之垣撰　清王氏家塾刻本　一册

340000－1801－0007551　2:55211
歷仕錄一卷　(明)王之垣撰　清王氏家塾刻本　一册

340000－1801－0007552　2:55212
廣印人傳不分卷　(清)葉銘等輯　清抄本　一册

340000－1801－0007553　2:55219－2:55230
增廣尚友錄統編二十二卷　應祖錫編　清光緒二十八年(1902)鴻寶齋石印本　十二册

340000－1801－0007554　2:55231－2:55242
十六國春秋一百卷　(北魏)崔鴻撰　清光緒十二年(1886)湖北官書處刻本　十二册

340000－1801－0007555　2:55243－2:55274
十六國春秋一百卷　(北魏)崔鴻撰　清乾隆汪氏欣託山房刻本　三十二册

340000－1801－0007556　2:55275－2:55286
十六國春秋一百卷　(北魏)崔鴻撰　清刻本　十二册

340000－1801－0007557　2:55287－2:55292
兩漢博聞十二卷　(宋)楊侃撰　清光緒上海申報館鉛印本　六册

340000－1801－0007558　2:55311－2:55314
華陽國志十二卷　(晉)常璩撰　**補三州郡縣目錄一卷**　(清)廖寅撰　清嘉慶十九年(1814)廖寅題襟館刻本　四册

340000－1801－0007559　2:553－2:568 善
孫月峰先生批評漢書一百卷　(明)孫鑛評　明末天益山刻本　十六册

340000－1801－0007560　2:55333－2:55336
浙西水利備考不分卷　(清)王鳳生纂　(清)胡德璐繪圖　清光緒四年(1878)浙江書局刻朱墨套印本　四册

340000－1801－0007561　2:55354－2:55359
長江圖說十二卷首一卷　(清)馬徵麟撰　清同治十年(1871)湖北崇文書局刻本　六册

340000－1801－0007562　2:55360－2:55365
京口山水志十八卷首一卷末一卷　(清)楊棨撰　清道光二十四年(1844)刻本　六册

340000－1801－0007563　2:55372－2:55375
武夷山志二十四卷首一卷　(清)董天工撰　清道光二十七年(1847)籍溪羅良嵩五夫尺木軒刻本　四册

340000－1801－0007564　2:55376－2:55384
武夷山志二十四卷首一卷　(清)董天工撰　清道光二十七年(1847)籍溪羅良嵩五夫尺木軒刻本　十册

340000－1801－0007565　2:55385－2:55389
齊雲山志五卷　(明)魯點輯　清抄本　五册

340000－1801－0007566　2:55390－2:55393
招隱山志十二卷首一卷　繆潛撰　清宣統三年至民國十四年(1911－1925)刻本　四册

340000－1801－0007567　2:55394－2:55397
招隱山志十二卷首一卷　繆潛撰　清宣統三年至民國十四年(1911－1925)刻本　四册

340000－1801－0007568　2:55402－2:55409
九華山志十卷首一卷末一卷　(清)謝維喈修　(清)周贇纂　清光緒二十六年(1900)刻本　八册

340000－1801－0007569　2:55414－2:55421
焦山志二十六卷首一卷　(清)吳雲輯　清同治十三年(1874)刻本　八册

340000－1801－0007570　2:55422－2:55429
焦山志二十六卷首一卷　(清)吳雲輯　清同

治十三年(1874)刻本　八冊

340000－1801－0007571　2:55430－2:55431
焦山續志八卷　(清)陳任暘輯　清光緒三十一年(1905)刻本　二冊

340000－1801－0007572　2:55432－2:55433
焦山續志八卷　(清)陳任暘輯　清光緒三十一年(1905)刻本　二冊

340000－1801－0007573　2:55496－2:55507
西湖遊覽志二十四卷志餘二十六卷　(明)田汝成撰　清光緒二十二年(1896)錢塘丁氏嘉惠堂刻本　十二冊

340000－1801－0007574　2:55513－2:55528
乾隆府廳州縣圖志五十卷　(清)洪亮吉撰　清光緒二十三年(1897)新化三味書室刻本　十六冊

340000－1801－0007575　2:55529－2:55530
桃源洞天志不分卷　(清)釋蘭巖輯　清乾隆十九年(1754)刻本　二冊

340000－1801－0007576　2:55535－2:55538
環遊地球新錄四卷　(清)李圭撰　清光緒四年(1878)鉛印本　四冊

340000－1801－0007577　2:55539－2:55542
環遊地球新錄四卷　(清)李圭撰　清光緒四年(1878)鉛印本　四冊

340000－1801－0007578　2:55543－2:55552
霞客遊記十卷　(明)徐宏祖撰　**補編一卷**　(清)葉廷甲輯　清光緒七年(1881)瘦影山房鉛印本　十冊

340000－1801－0007579　2:55568
粵遊見聞一卷　(清)瞿共美撰　**賜姓始末一卷**　(清)黃宗羲撰　**兩廣紀略一卷**　(清)華復蠡撰　清都城琉璃廠刻明季稗史彙編本　一冊

340000－1801－0007580　2:55569－2:55574
鴻雪因緣圖記三集　(清)麟慶撰　清光緒石印本　六冊

340000－1801－0007581　2:55600－2:55609
十六國疆域志十六卷　(清)洪亮吉撰　清嘉慶三年(1798)刻本　十冊

340000－1801－0007582　2:55626－2:55641
天下郡國利病書一百二十卷　(清)顧炎武撰　清刻本　十六冊　存三十四卷(三十五至四十九、七十二至九十)

340000－1801－0007583　2:55774－2:55797
海國圖志一百卷　(清)魏源撰　清咸豐二年(1852)古微堂刻本　二十四冊

340000－1801－0007584　2:55798－2:55829
海國圖志一百卷　(清)魏源撰　清光緒二年(1876)平慶涇固道署刻本　三十二冊

340000－1801－0007585　2:55830－2:55845
海國圖志一百卷續集二十五卷　(清)魏源撰　清光緒二十一年(1895)上海積山書局石印本　十六冊

340000－1801－0007586　2:55846－2:55855
萬國通史前編十卷校勘記一卷　(英國)李思倫伯輯譯　蔡爾康紀述　清光緒二十六年(1900)上海廣學會鉛印本　十冊

340000－1801－0007587　2:55952－2:55983
列國政要一百三十二卷首一卷　(清)戴鴻慈　(清)端方輯　清光緒三十三年(1907)石印本　二十五冊

340000－1801－0007588　2:55984－2:55987
東藩紀要十二卷　(清)薛培榕輯　清末上海申報館鉛印本　四冊

340000－1801－0007589　2:55996－2:56001
日本維新三十年史十二編　(日本)東京博文館輯　羅普譯　清光緒二十八年(1902)鉛印本　六冊

340000－1801－0007590　2:56008－2:56009
大英國志八卷續刻一卷　(英國)慕維廉譯　清咸豐六年(1856)上海墨海書院刻本　二冊

340000－1801－0007591　2:56010－2:56015
五洲各國政治考八卷續編十四卷　錢恂輯　清光緒二十七年(1901)石印本　六冊

340000－1801－0007592　2∶56016－2∶56031
西史彙函四種二十二卷　(□)□□撰　清光緒二十三年(1897)湖南新學書局刻本　十六冊

340000－1801－0007593　2∶56032－2∶56039
西史彙函續編五種三十九卷　沈敦和編　清光緒二十二年(1896)上海著易書堂鉛印本　八冊

340000－1801－0007594　2∶56040－2∶56045
瀛環志略十卷　(清)徐繼畬撰　清道光三十年(1850)舊學山房刻本　六冊

340000－1801－0007595　2∶56046－2∶56051
瀛環志略十卷　(清)徐繼畬撰　清道光三十年(1850)舊學山房刻本　六冊

340000－1801－0007596　2∶56052－2∶56056
皇朝通志一百二十六卷　(清)嵇璜纂　清光緒二十八年(1902)貫吾齋石印九通全書本　五冊

340000－1801－0007597　2∶56057－2∶56064
通典二百卷　(唐)杜佑撰　清光緒二十八年(1902)貫吾齋石印九通全書本　八冊

340000－1801－0007598　2∶56065－2∶56070
皇朝通典一百卷　(清)嵇璜纂　清光緒二十八年(1902)貫吾齋石印九通全書本　六冊

340000－1801－0007599　2∶56071－2∶56090
皇朝文獻通考三百卷　(清)嵇璜纂　清光緒二十八年(1902)貫吾齋石印九通全書本　二十冊

340000－1801－0007600　2∶56091－2∶56104
欽定續文獻通考二百五十卷　(清)嵇璜纂　清光緒二十八年(1902)貫吾齋石印九通全書本　十四冊

340000－1801－0007601　2∶5609－2∶5688 善
歷代名臣奏議三百二十卷　(明)黄淮　(明)楊士奇輯　(明)張溥刪正　明崇禎八年(1635)刻本　八十冊　缺二卷(三十八、三百二十)

340000－1801－0007602　2∶56105
大清光緒十二年歲次丙戌時憲書不分卷　(清)欽天監編　清光緒刻本　一冊

340000－1801－0007603　2∶56106－2∶56221
文獻通考三百四十八卷　(元)馬端臨撰　清廣東木活字印本　一百十六冊　存二百八十四卷(一至九、十七至一百五十六、一百七十二至一百八十一、一百九十三至二百、二百十二至三百二十八)

340000－1801－0007604　2∶56－2∶75 善
史記一百三十卷　(漢)司馬遷撰　(南朝宋)裴駰集解　(唐)司馬貞索隱　明鍾人傑刻本(世家卷十四至十六抄配)　二十冊

340000－1801－0007605　2∶56231－2∶56232
校邠廬抗議二卷　(清)馮桂芬撰　清刻本　二冊

340000－1801－0007606　2∶56262
盤存總登不分卷(清光緒十九年)　(□)□□撰　清抄本　一冊

340000－1801－0007607　2∶56267
帳本不分卷(清同治)　(□)□□撰　清同治抄本　一冊

340000－1801－0007608　2∶56268
往來總帳不分卷(清同治二年)　(□)□□撰　清同治二年(1863)抄本　一冊

340000－1801－0007609　2∶56269
往來總帳不分卷(清光緒二十一至二十八年)　(□)□□撰　清光緒抄本　一冊

340000－1801－0007610　2∶56271
中和堂收支簿不分卷(清道光十四年至光緒二十一年)　(□)□□撰　清抄本　一冊

340000－1801－0007611　2∶56272
海防善後總局額支各款數目錄不分卷　(□)□□撰　清抄本　一冊

340000－1801－0007612　2∶56273
收支簿不分卷(清光緒)　(清)雋山經辦　清光緒抄本　一冊

340000－1801－0007613　2∶56274
盤存總帳不分卷(清雍正十年)　(□)□□撰　清雍正抄本　一册

340000－1801－0007614　2∶56275
胡益生號盤存簿不分卷(清同治十三年至光緒十年)　(□)□□撰　清抄本　一册

340000－1801－0007615　2∶56278
祁門縣六都一圖汪禄祥戶實徵册不分卷(清道光二十六年至三十年)　(□)□□撰　清道光抄本　一册

340000－1801－0007616　2∶56279
江西各縣漕糧派數不分卷　(□)□□撰　清抄本　一册

340000－1801－0007617　2∶56285
審實徵糧册不分卷(清乾隆三十一年)　(清)李兆盛編　清抄本　一册

340000－1801－0007618　2∶56286
編審定額割由册不分卷　(□)□□撰　清抄本　一册

340000－1801－0007619　2∶56287
求裕典杜田典田底簿不分卷　(□)□□撰　清抄本　一册

340000－1801－0007620　2∶56288
休寧縣實徵册不分卷(清康熙三十年)　(□)□□撰　清康熙三十年(1691)抄本　一册

340000－1801－0007621　2∶56289
實徵完糧册不分卷(清乾隆四十九年)　(□)□□撰　清乾隆四十九年(1784)抄本　一册

340000－1801－0007622　2∶56294
績溪縣推收官册不分卷　(□)□□撰　清嘉慶抄本　一册

340000－1801－0007623　2∶56295
寧國縣魚鱗册不分卷　(□)□□撰　清抄本　一册

340000－1801－0007624　2∶56296
祁門新丈魚鱗册不分卷　(□)□□撰　清初抄本　一册

340000－1801－0007625　2∶56297－2∶56302
休寧魚鱗圖册不分卷　(□)□□撰　清抄本　六册

340000－1801－0007626　2∶56303
休寧縣都圖字型大小里役備覽魚鱗册不分卷　(□)□□撰　清抄本　一册

340000－1801－0007627　2∶56307
陳氏分家書不分卷(清光緒二十九年)　(□)□□撰　清光緒二十九年(1903)抄本　一册

340000－1801－0007628　2∶56308－2∶56309
分甘餘話四卷　(清)王士禎撰　清刻本　二册

340000－1801－0007629　2∶56310
謝氏分家書不分卷(清宣統元年)　(□)□□撰　清末抄本　一册

340000－1801－0007630　2∶56311
江氏分家書不分卷(清同治五年)　(□)□□撰　清抄本　一册

340000－1801－0007631　2∶56313
汪氏分家書不分卷(清乾隆五十四年)　(□)□□撰　清乾隆抄本　一册

340000－1801－0007632　2∶56314
張氏分家書不分卷(清乾隆二十四年)　(□)□□撰　清乾隆抄本　一册

340000－1801－0007633　2∶56315
江氏分家書不分卷(清乾隆十一年)　(□)□□撰　清乾隆抄本　一册

340000－1801－0007634　2∶56316
汪氏分家書不分卷(清道光十二年)　(□)□□撰　清道光抄本　一册

340000－1801－0007635　2∶56328
契約不分卷(清乾隆十二年至嘉慶十一年)　(□)□□撰　清抄本　一册

340000－1801－0007636　2∶56333
歙縣二十七都二圖保甲底册不分卷　(□)□□撰　清光緒抄本　一册

340000－1801－0007637　2∶56334

急公簿不分卷　(□)□□撰　清抄本　一册

340000－1801－0007638　2∶56336

金蘭雅集不分卷　(清)許榮訂　清咸豐九年(1859)抄本　一册

340000－1801－0007639　2∶56337

明萬曆黄厚德堂歸戶册不分卷　(□)□□撰　清抄本　一册

340000－1801－0007640　2∶56339

清同治績溪縣地丁錢糧流水紅簿不分卷　(□)□□撰　清同治十一年(1872)抄本　一册

340000－1801－0007641　2∶56362－2∶56365

十九世紀外交史不分卷　(日本)平田久撰　(清)張相譯　清光緒二十八年(1902)杭州史學齋刻本　四册

340000－1801－0007642　2∶56366－2∶56371

大清國與英法丹布美俄日等國互換和約不分卷　(清)李鴻章簽　清刻本　六册

340000－1801－0007643　2∶56372－2∶56383

各國條約不分卷　(□)□□撰　清刻本　十二册

340000－1801－0007644　2∶56489－2∶56568

八旗通志初集二百五十卷　(清)鄂爾泰等纂　清乾隆四年(1739)刻後印本　八十册

340000－1801－0007645　2∶56569

讀律心得三卷蜀僚問答二卷　(清)劉衡纂輯　清刻本　一册

340000－1801－0007646　2∶56602

大關税則不分卷　(□)□□撰　清抄本　一册

340000－1801－0007647　2∶56603－2∶56604

庸吏庸言二卷　(清)劉衡撰　清同治三年(1864)四川藩署刻本　二册

340000－1801－0007648　2∶56605

差徭章案不分卷　(□)□□撰　清光緒抄本　一册

340000－1801－0007649　2∶56613－2∶56632

左文襄公奏疏初編三十八卷續編七十六卷三編六卷　(清)左宗棠撰　清光緒十六年(1890)上海圖書集成局鉛印本　二十册

340000－1801－0007650　2∶56653－2∶56654

唐陸宣公奏議讀本四卷首一卷　(唐)陸贄撰　(清)汪銘謙編輯　(清)馬傳庚評點　清光緒二十六年(1900)會稽馬氏石印本　二册

340000－1801－0007651　2∶56663－2∶56684

左文襄公全集□□卷　(清)左宗棠撰　清光緒十六年至十八年(1890－1892)刻本　二十二册　存二十一卷(一至十八、二十至二十二)

340000－1801－0007652　2∶56685－2∶56692

林文忠公政書三十七卷　(清)林則徐撰　清光緒刻本　八册

340000－1801－0007653　2∶56693－2∶56704

林文忠公政書三十七卷　(清)林則徐撰　清光緒刻本　十二册

340000－1801－0007654　2∶56707－2∶56708

軍務奏章不分卷(清同治十二年)　(□)□□撰　清抄本　二册

340000－1801－0007655　2∶56709

清同治奏議不分卷　(□)□□撰　清抄本　一册

340000－1801－0007656　2∶56711－2∶56720

曾文正公奏議十卷　(清)曾國藩撰　(清)李瀚章編　清光緒二年(1876)傳忠書局刻本　十册

340000－1801－0007657　2∶56721－2∶56745

曾文正公奏稿三十六卷　(清)曾國藩撰　(清)李瀚章編　清光緒二年(1876)傳忠書局刻本　二十五册

340000－1801－0007658　2∶56746－2∶56775

曾文正公奏稿三十六卷　(清)曾國藩撰　(清)李瀚章編　清光緒二年(1876)傳忠書局刻本　三十册

340000－1801－0007659　2:56776－2:56795
曾文正公奏稿三十六卷　(清)曾國藩撰　(清)李瀚章編　清光緒二年(1876)傳忠書局刻本　二十册　存十九卷(十一至二十九)

340000－1801－0007660　2:56807
通行章案不分卷　(□)□□撰　清抄本　一册

340000－1801－0007661　2:56881－2:56894
李文忠公外部函稿二十八卷　(清)李鴻章撰　(清)吳汝綸編　清光緒二十八年(1902)蓮池書社鉛印本　十四册

340000－1801－0007662　2:5689－2:5694 善
古奏議不分卷　(明)黄汝亨輯　明萬曆二十九年(1601)刻本　六册

340000－1801－0007663　2:56895－2:56907
李文忠公外部函稿二十八卷　(清)李鴻章撰　(清)吳汝綸編　清光緒二十八年(1902)蓮池書社鉛印本　十四册　缺二卷(一至二)

340000－1801－0007664　2:56910－2:56920
欽定六部處分則例□□卷　(清)文孚等纂　清同治八年(1869)金東書行刻本　十一册　存二十二卷(一至二十二)

340000－1801－0007665　2:569－2:597 善
漢書評林一百卷　(漢)班固撰　(明)凌稚隆輯　明雲林積秀堂刻本　二十九册

340000－1801－0007666　2:56921
潘吳案件不分卷　(□)□□撰　清光緒抄本　一册

340000－1801－0007667　2:56923－2:56924
汪康太等控訴案件不分卷　(□)□□撰　清抄本　二册

340000－1801－0007668　2:56927
訟難不分卷　(□)□□撰　清抄本　一册

340000－1801－0007669　2:5695－2:5696 善
牧津四十四卷　(明)祁承㸁撰　明刻本　二册　存六卷(十三至十八)

340000－1801－0007670　2:56954－2:56959
實政錄七卷　(明)呂坤撰　清同治十一年(1872)浙江書局刻本　六册

340000－1801－0007671　2:56960
重修漁亭石橋徵信錄不分卷　(清)歐陽國鈞　(清)歐陽國光撰　清宣統三年(1911)鉛印本　一册

340000－1801－0007672　2:56961
太平經國之書十一卷首一卷　(宋)鄭伯謙撰　清同治十二年(1873)粵東書局刻本　一册

340000－1801－0007673　2:56962－2:56963
南屏贅語八卷　(清)董沛撰　清光緒十二年(1886)刻正誼堂全集本　二册

340000－1801－0007674　2:56969
捐輸簿不分卷　(□)□□撰　清光緒抄本　一册

340000－1801－0007675　2:56971－2:56972
契約不分卷　(□)□□撰　清抄本　二册

340000－1801－0007676　2:56973－2:56988
八史經籍志三十卷　(日本)□□撰　清光緒九年(1883)鎮海張壽榮刻本　十六册

340000－1801－0007677　2:5705－2:5711 善
資政要覽三卷　(清)世祖福臨撰　**後序一卷**　(清)宋之繩等撰　清順治刻本　七册

340000－1801－0007678　2:57057
績溪金紫胡氏所著書目二卷　(清)胡培系編輯　清光緒十年(1884)胡氏世澤樓刻本　一册

340000－1801－0007679　2:57061－2:57090
皕宋樓藏書志一百二十卷續志四卷　(清)陸心源編　清光緒八年(1882)歸安陸氏十萬卷樓刻本　三十册　缺十卷(皕宋樓藏書志八十四至九十三)

340000－1801－0007680　2:5712－2:5713 善
菉竹堂書目不分卷　(明)葉盛藏并撰　清抄本　二册

340000－1801－0007681　2:5714－2:5717 善
金石錄三十卷　(宋)趙明誠撰　明崇禎十六

年(1643)葉林宗刻本　四冊

340000－1801－0007682　2:5718－2:5721 善
至大重修宣和博古圖錄三十卷　(宋)王黼等撰　元刻本　四冊　存三卷(十六、二十三至二十四)

340000－1801－0007683　2:5722－2:5751 善
重修宣和博古圖錄三十卷　(宋)王黼等撰　明萬曆刻本　三十冊

340000－1801－0007684　2:57288
書目答問四卷　(清)張之洞撰　清刻本　一冊

340000－1801－0007685　2:57331－2:57441
四庫全書總目二百卷首一卷　(清)紀昀等纂　清刻本　一百十一冊　缺三卷(八十八至九十)

340000－1801－0007686　2:57464－2:57473
欽定四庫全書簡明目錄二十卷　(清)紀昀等纂　清刻本　十冊

340000－1801－0007687　2:57474－2:57483
欽定四庫全書簡明目錄二十卷　(清)紀昀等纂　清乾隆刻本　十冊

340000－1801－0007688　2:57521－2:57540
彙刻書目二十卷　(清)顧修輯　(清)朱學勤補　清光緒十二年至十五年(1886－1889)上海福瀛書局刻本　二十冊

340000－1801－0007689　2:5752－2:5761 善
泊如齋重修宣和博古圖錄三十卷　(宋)王黼等撰　明萬曆十六年(1588)泊如齋刻本　十冊

340000－1801－0007690　2:57541－2:57550
彙刻書目十卷補一卷續編一卷　(清)顧修輯　清光緒元年(1875)刻本　十冊

340000－1801－0007691　2:57551－2:57560
彙刻書目十卷補一卷續編一卷　(清)顧修輯　清嘉慶二十五年(1820)璜川吳氏刻本　十冊

340000－1801－0007692　2:5762－2:5776 善
重修宣和博古圖錄三十卷　(宋)王黼等撰　明刻本　十五冊　存十五卷(十六至三十)

340000－1801－0007693　2:57680－2:57681
古今偽書考一卷　(清)姚際恒輯　清刻本　二冊

340000－1801－0007694　2:57690－2:57713
西清古鑑四十卷錢錄十六卷　(清)梁詩正　(清)蔣溥等纂　清光緒十四年(1888)邁宋書館銅活字印本　二十四冊

340000－1801－0007695　2:57766－2:57770
重定金石契不分卷石鼓文釋存一卷釋存附錄一卷釋存補注一卷　(清)張燕昌輯　清光緒二十二年(1896)劉氏聚學軒刻本　五冊

340000－1801－0007696　2:5777－2:5789 善
泊如齋重修宣和博古圖錄三十卷　(宋)王黼等撰　明萬曆十六年(1588)新安泊如齋刻本　十三冊　存二十四卷(一至二十四)

340000－1801－0007697　2:57809－2:57818
金石文鈔八卷續鈔二卷　(清)趙紹祖輯　清刻本　十冊

340000－1801－0007698　2:57819
金索六卷　(清)馮雲鵬等輯　清道光元年(1821)石印本　一冊　存一卷(鐘鼎)

340000－1801－0007699　2:57820
金索六卷　(清)馮雲鵬等輯　清道光元年(1821)石印本　一冊　存一卷(鐘鼎)

340000－1801－0007700　2:57860－2:57885
愙齋集古錄不分卷　(清)吳大澂輯　清光緒二十二年(1896)石印本　二十六冊

340000－1801－0007701　2:5790－2:5804 善
泊如齋重修宣和博古圖錄三十卷　(宋)王黼等撰　明萬曆十六年(1588)新安泊如齋刻本　十五冊

340000－1801－0007702　2:57984－2:57987
欽定錢錄十六卷　(清)梁詩正等纂　清光緒五年(1879)刻本　四冊

340000－1801－0007703　2:58010－2:58013

墨妙亭碑目考二卷附考一卷 (清)張鑑撰 清光緒十年(1884)江蘇書局刻本 四册

340000－1801－0007704 2:5805－2:5808 善
泊如齋重修宣和博古圖録三十卷 (宋)王黼等撰 明萬曆十六年(1588)新安泊如齋刻本 四册 存八卷(一至二、十三至十五、十八至十九、二十六)

340000－1801－0007705 2:58058－2:58061
文史通義八卷 (清)章學誠撰 清道光十三年(1833)章華紱刻章氏遺書本 四册

340000－1801－0007706 2:5809－2:5810 善
泊如齋重修宣和博古圖録三十卷 (宋)王黼等撰 明萬曆十六年(1588)新安泊如齋刻本 二册 存五卷(十一至十二、二十八至三十)

340000－1801－0007707 2:58097－2:58120
十七史商榷一百卷 (清)王鳴盛述 清光緒刻本 二十四册

340000－1801－0007708 2:5811 善
泊如齋重修宣和博古圖録三十卷 (宋)王黼等撰 明萬曆十六年(1588)新安泊如齋刻本 一册

340000－1801－0007709 2:5812 善
宣德鼎彝譜八卷 (明)吕震等撰 清抄本 一册

340000－1801－0007710 2:5813 善
宣德鼎彝譜八卷 (明)吕震等撰 清抄本 一册

340000－1801－0007711 2:5814－2:5817 善
石墨鐫華八卷 (明)趙崡撰 明萬曆四十六年(1618)刻本 四册

340000－1801－0007712 2:58168－2:58173
全史宫詞二十卷 (清)史夢蘭撰 清咸豐六年(1856)刻本 六册

340000－1801－0007713 2:58174
海録二卷 (清)謝清高述 (清)楊炳南記 清刻本 一册

340000－1801－0007714 2:5818－2:5819 善
寶刻類編八卷 (宋)□□撰 清儀徵阮氏文選樓抄本 二册

340000－1801－0007715 2:5820 善
新刻古今碑帖考不分卷 (宋)朱長文輯 明錢塘胡文焕刻本 一册

340000－1801－0007716 2:58189－2:58204
史記一百三十卷 (漢)司馬遷撰 (南朝宋)裴駰集解 (唐)司馬貞索隱 (唐)張守節正義 清光緒十四年(1888)集成書局鉛印本 十六册

340000－1801－0007717 2:58248－2:58251
歸方評點史記合筆六卷 (清)王拯輯 清光緒元年(1875)錦城節署刻本 四册

340000－1801－0007718 2:58284－2:58299
漢書一百二十卷 (漢)班固撰 (唐)顔師古注 清同治八年(1869)金陵書局刻本 十六册

340000－1801－0007719 2:58300－2:58307
前漢書一百二十卷 (漢)班固撰 (唐)顔師古注 清光緒二十八年(1902)史學會社石印本 八册

340000－1801－0007720 2:58324－2:58337
三國志六十五卷 (晉)陳壽撰 (南朝宋)裴松之注 清同治十年(1871)成都書局刻本 十四册

340000－1801－0007721 2:58338－2:58341
三國志六十五卷 (晉)陳壽撰 (南朝宋)裴松之注 清光緒二十六年(1900)煥文書局石印本 四册

340000－1801－0007722 2:5833 善
涉史隨筆一卷 (宋)葛洪撰 明刻本 一册

340000－1801－0007723 2:5834－2:5835 善
續史疑二卷 (明)張一卿撰 明萬曆四十年(1612)刻本 二册

340000－1801－0007724 2:5836－2:5843 善
史漢合編題評八十八卷附録四卷 (明)茅一

桂輯　明萬曆十四年(1586)唐龍泉、周對峯刻本　八冊　存十二卷(三十二至三十四、三十八至三十九、四十二至四十三、四十五至四十六、四十九至五十一)

340000-1801-0007725　2:58365-2:58376
三國志六十五卷　(晉)陳壽撰　(南朝宋)裴松之注　清光緒十三年(1887)江南書局刻本　十二冊

340000-1801-0007726　2:58377-2:58384
三國志六十五卷　(晉)陳壽撰　(南朝宋)裴松之注　清光緒十三年(1887)江南書局刻本　八冊

340000-1801-0007727　2:58400-2:58423
宋書一百卷　(南朝梁)沈約撰　清同治十一年(1872)金陵書局刻本　二十四冊

340000-1801-0007728　2:58431-2:58438
南齊書五十九卷　(南朝梁)蕭子顯撰　清同治十三年(1874)金陵書局刻本　八冊

340000-1801-0007729　2:5844-2:5845 善
洗心居雅言集二卷　(明)范槚撰　明萬曆二十四年(1596)姚江李槃刻本　二冊

340000-1801-0007730　2:58443-2:58446
北齊書五十卷　(唐)李百藥撰　清同治十三年(1874)金陵書局刻本　四冊

340000-1801-0007731　2:58453-2:58460
梁書五十六卷　(唐)姚思廉撰　清同治十三年(1874)金陵書局刻本　八冊

340000-1801-0007732　2:5846-2:5847 善
歷代史略十段錦詞話旁註二卷　(明)楊慎撰　(明)程仲秩注　明天啓二年(1622)天都程氏刻本　二冊

340000-1801-0007733　2:58465-2:58468
陳書三十六卷　(唐)姚思廉撰　清同治十一年(1872)金陵書局刻本　四冊

340000-1801-0007734　2:5848-2:5850 善
史懷十七卷　(明)鍾惺撰　明末刻本　三冊

340000-1801-0007735　2:58489-2:58512
魏書一百十四卷　(北齊)魏收撰　清同治十一年(1872)金陵書局刻本　二十四冊

340000-1801-0007736　2:5851-2:5853 善
史概十卷　(明)俞思學輯　明萬曆刻本　三冊　存八卷(一至八)

340000-1801-0007737　2:58519-2:58522
周書五十卷　(唐)令狐德棻撰　清同治十三年(1874)金陵書局刻本　四冊

340000-1801-0007738　2:58523-2:58525
周書五十卷　(唐)令狐德棻撰　清同治十三年(1874)金陵書局刻本　三冊

340000-1801-0007739　2:5854-2:5857 善
史海淘珍二十卷　(明)黃汝亨評釋　明萬曆四十六年(1618)孫良富刻本　四冊

340000-1801-0007740　2:5858-2:5864 善
霞漪閣校訂史綱評要三十六卷　(明)李贄纂　明萬曆四十一年(1613)刻本　七冊　存三十卷(一至二十、二十七至三十六)

340000-1801-0007741　2:58627-2:58641
舊五代史一百五十卷目錄二卷　(宋)薛居正等撰　清光緒十年(1884)上海同文書局石印本　十五冊　缺五十卷(四十九至九十八)

340000-1801-0007742　2:5865-2:5896 善
史記評林一百三十卷首一卷　(明)凌稚隆輯　(明)李光縉增補　明萬曆二年至四年(1574-1576)凌稚隆刻本　三十二冊

340000-1801-0007743　2:58735-2:58740
遼史拾遺二十四卷附遼史紀年表一卷西遼紀年表一卷　(清)厲鶚撰　清光緒元年(1875)江蘇書局刻本　六冊

340000-1801-0007744　2:58741-2:58764
金史一百三十五卷附考證　(元)脫脫等撰　**欽定金國語解一卷**　清同治十三年(1874)江蘇書局刻本　二十四冊

340000-1801-0007745　2:58765-2:58804
元史二百十卷目錄二卷附考證　(明)宋濂等撰　清同治十三年(1874)江蘇書局刻本　四

十册

340000－1801－0007746　2:58844－2:58863
續資治通鑑二百二十卷　(清)畢沅撰　清光緒十四年(1888)蜚英館石印本　二十册

340000－1801－0007747　2:58864－2:58903
資治通鑑二百九十四卷通鑑釋文辯誤十二卷　(宋)司馬光撰　(元)胡三省注　清光緒十四年(1888)蜚英館石印本　四十册

340000－1801－0007748　2:58930
竹書紀年二卷　(南朝梁)沈約注　清刻本　一册

340000－1801－0007749　2:58931－2:58934
竹書紀年統箋十二卷前編一卷雜述一卷　(清)徐文靖撰　清光緒三年(1877)浙江書局刻本　四册

340000－1801－0007750　2:58935
建文遜國之際月表二卷考異一卷　(清)劉廷鑾撰　清光緒貴池劉氏刻本　一册

340000－1801－0007751　2:58936－2:58939
司馬溫公稽古錄二十卷　(宋)司馬光撰　清同治十一年(1872)湖北崇文書局刻本　四册

340000－1801－0007752　2:58940－2:58978
十朝東華錄五百二十五卷　王先謙編　清光緒二十五年(1899)石印本　三十九册　存七種(天命、天聰、崇德、順治、雍正、乾隆、嘉慶)

340000－1801－0007753　2:5897－2:5920 善
漢書一百卷　(漢)班固撰　(唐)顏師古注　明崇禎十五年(1642)毛氏汲古閣刻十七史本　二十四册

340000－1801－0007754　2:58979－2:58984
九朝東華錄四百二十五卷　王先謙撰　清光緒石印本　六册　存一種十三卷

340000－1801－0007755　2:58985－2:59025
明史三百三十二卷　(清)張廷玉等撰　清光緒三十三年(1907)上海華南圖書局石印本　四十一册

340000－1801－0007756　2:59026－2:59150
明史三百三十二卷　(清)張廷玉等撰　清光緒十年(1884)上海同文書局影印本　一百十五册

340000－1801－0007757　2:5921－2:5936 善
後漢書九十卷　(南朝宋)范曄撰　(唐)李賢注　**志三十卷**　(晉)司馬彪撰　(南朝梁)劉昭注補　明崇禎十六年(1643)毛氏汲古閣刻十七史本　十六册

340000－1801－0007758　2:59330－2:59445
十一朝東華錄六百二十五卷　王先謙編　清光緒十三年(1887)廣百宋齋鉛印本　一百十六册

340000－1801－0007759　2:5937－2:5939 善
明史三朝考異(國史考異)六卷　(清)潘檉章撰　(清)吳炎訂　清初抄本　三册

340000－1801－0007760　2:5940 善
資治通鑑刊本識誤三卷　(清)張敦仁撰　清道光七年(1827)陳宗彝獨抱廬刻本　一册

340000－1801－0007761　2:5941－2:5942 善
明紀編年十二卷　(明)鍾惺撰　(清)王汝南續補　清順治刻本　二册

340000－1801－0007762　2:5943－2:5946 善
二申野錄八卷　(清)孫之騄輯　清吟香館刻本　四册

340000－1801－0007763　2:59463－2:59469
聖武記十四卷　(清)魏源撰　清道光二十二年(1842)刻本　七册　缺四卷(四、七、十至十一)

340000－1801－0007764　2:59470－2:59480
聖武記十四卷　(清)魏源撰　清刻本　十一册　缺二卷(二、五)

340000－1801－0007765　2:5947－2:5948 善
蜀碧四卷　(清)彭遵泗撰　清刻本　二册

340000－1801－0007766　2:59481
錫金團練始末記一卷　(清)華翼綸撰　清同治三年(1864)抄本　一册

340000－1801－0007767　2:5949－2:5952 善

戰國策三十三卷 （漢）高誘注 （宋）姚宏校正 （清）盧文弨編 清乾隆二十一年（1756）盧氏雅雨堂刻雅雨堂藏書本 清徐宗亮批校 四冊

340000－1801－0007768 2:59500－2:59503
湘軍志十六卷 王闓運撰 清光緒十一年（1885）刻本 四冊

340000－1801－0007769 2:59513－2:59522
晉略六十五卷序目一卷 （清）周濟撰 清光緒二年（1876）味雋齋刻本 十冊

340000－1801－0007770 2:59523－2:59526
東觀漢記二十四卷 （漢）劉珍等撰 清掃葉山房刻本 四冊

340000－1801－0007771 2:59527－2:59533
宋史翼四十卷 （清）陸心源輯 清刻本 七冊 存三十五卷（六至四十）

340000－1801－0007772 2:5953－2:5960 善
廿一史約編不分卷 （清）鄭元慶撰 清康熙刻本 八冊

340000－1801－0007773 2:59540
寶顏堂訂正羅湖野錄四卷 （宋）釋曉瑩撰 （明）陳繼儒 （明）沈元嘉校 **寶顏堂訂正願豐堂漫書一卷** （明）陸深撰 明刻本 一冊

340000－1801－0007774 2:59553－2:59564
明季北略二十四卷 （清）計六奇輯 清都城琉璃廠半松居士刻本 十二冊

340000－1801－0007775 2:59565－2:59574
明季北略二十四卷 （清）計六奇輯 清都城琉璃廠半松居士刻本 十冊

340000－1801－0007776 2:5961－2:5968 善
廿一史約編不分卷 （清）鄭元慶撰 清康熙刻本 八冊

340000－1801－0007777 2:5969－2:5976 善
廿一史約編不分卷 （清）鄭元慶撰 清康熙刻本 八冊

340000－1801－0007778 2:5977－2:5978 善
晏子春秋七卷 （春秋）晏嬰撰 **音義二卷** （清）孫星衍撰 清乾隆五十三年（1788）陽湖孫氏刻本 二冊

340000－1801－0007779 2:59774
錫金識小錄十二卷 （清）黄印輯 清光緒二十二年（1896）木活字印本 一冊 存二卷（一至二）

340000－1801－0007780 2:59786－2:59787
五代史記纂誤續補六卷 （清）吳光耀撰 清光緒十四年（1888）江夏吳氏刻本 二冊 存三卷（四至六）

340000－1801－0007781 2:5979－2:5980 善
黃山普門和尚行跡二卷 （明）釋唯安撰 （明）釋性淨輯 清抄本 二冊

340000－1801－0007782 2:59800－2:59801
韻史二卷 （清）許遯翁撰 **補一卷** （清）朱玉岑補 清咸豐刻本 二冊

340000－1801－0007783 2:5981 善
漁洋山人自撰年譜二卷 （清）王士禛撰 （清）惠棟注補 清紅豆齋刻本 一冊

340000－1801－0007784 2:598－2:622 善
漢書評林一百卷 （漢）班固撰 （明）凌稚隆輯 明萬曆二年至四年（1574－1576）凌稚隆刻本 二十五冊

340000－1801－0007785 2:5982－2:5991 善
水經注四十卷 （北魏）酈道元注 清乾隆新安黄晟槐蔭草堂刻本 十冊

340000－1801－0007786 2:59829
漢丞相諸葛忠武侯傳一卷 （宋）張栻撰 清刻本 一冊

340000－1801－0007787 2:59922
石行珊主人日記不分卷 （□）□□撰 清光緒二十年（1894）抄本 一冊

340000－1801－0007788 2:5992－2:5997 善
羅浮山志會編二十二卷首一卷 （清）宋廣業纂 清康熙五十六年（1717）刻本 六冊

340000－1801－0007789 2:59923
日記不分卷 （□）□□撰 清抄本 一冊

340000－1801－0007790　2:59925－2:59926
求闕齋日記類鈔不分卷　（清）曾國藩隨筆　（清）王啟原校編　清光緒十三年（1887）申報館鉛印本　二册

340000－1801－0007791　2:5998－2:6001 善
平山堂圖志十卷圖一卷　（清）趙之壁輯　清乾隆三十年（1765）刻本　四册

340000－1801－0007792　2:59995－2:59998
英軺日記十二卷　載振撰　清光緒二十九年（1903）上海文明書局鉛印本　四册

340000－1801－0007793　2:60008－2:60047
曾文正公手書日記不分卷　（清）曾國藩撰　清宣統元年（1909）上海中國圖書公司影印本　四十册

340000－1801－0007794　2:6002－2:6005 善
平山堂圖志十卷圖一卷　（清）趙之壁輯　清乾隆三十年（1765）刻本　四册

340000－1801－0007795　2:6006－2:6009 善
古今治統二十卷　（明）徐奮鵬撰　清乾隆刻本　四册

340000－1801－0007796　2:60063－2:60070
闕里文獻考一百卷首一卷末一卷　（清）孔繼汾纂輯　清乾隆二十七年（1762）刻本　八册

340000－1801－0007797　2:60081
[安徽歙縣]鄭氏宗譜不分卷　（明）鄭文灼續編　明萬曆刻本　一册

340000－1801－0007798　2:6010 善
黄山紀遊詩不分卷　（清）程之鵕撰　清乾隆刻本　一册

340000－1801－0007799　2:6011 善
晉太康三年地記一卷王隱晉書地道記一卷　（晉）□□撰　（清）畢沅輯　清乾隆四十九年（1784）畢氏靈巖山館刻經訓堂叢書本　一册

340000－1801－0007800　2:6012 善
晉書地理志新補正五卷　（清）畢沅撰　清乾隆畢氏靈巖山館刻經訓堂叢書本　一册

340000－1801－0007801　2:6013－2:6024 善
東晉疆域志四卷十六國疆域志十六卷　（清）洪亮吉撰　清嘉慶刻本　十二册

340000－1801－0007802　2:60188
休甯率溪程氏烈婦合傳不分卷　（清）程雲生等撰　清光緒刻本　一册

340000－1801－0007803　2:60189
開卷有益不分卷　（□）□□撰　清抄本　一册

340000－1801－0007804　2:60190－2:60191
元朝名臣事略十五卷　（元）蘇天爵撰　清乾隆刻本　二册　存六卷（二至七）

340000－1801－0007805　2:60193－2:60244
清儒學案二百八卷　徐世昌撰　清刻本　五十二册　缺一百八卷（一至八十四、一百八十五至二百八）

340000－1801－0007806　2:6025 善
通鑑注辯正二卷　（清）錢大昕撰　清乾隆五十七年（1792）潛研堂刻本　一册

340000－1801－0007807　2:6026－2:6027 善
三藩紀事本末四卷　（清）楊陸榮編纂　清康熙五十六年（1717）刻本　二册

340000－1801－0007808　2:60264
東牟攀轅錄一卷　（清）王啟曾等撰　清刻本　一册

340000－1801－0007809　2:60265
瓊臺紀事錄不分卷　（清）戴肇辰等撰　清同治八年（1869）刻本　一册

340000－1801－0007810　2:6028－2:6033 善
西魏書二十四卷附錄一卷　（清）謝啟昆撰　清乾隆六十年（1795）樹經堂刻樹經堂叢書本　六册

340000－1801－0007811　2:60307－2:60322
水經注釋四十卷　（漢）桑欽撰　（北魏）酈道元注　清乾隆刻本　十六册

340000－1801－0007812　2:6034－2:6113 善
弘簡錄二百五十四卷　（明）邵經邦撰　清康熙二十七年（1688）刻本　八十册

340000－1801－0007813　2:60344－2:60363
水經注釋四十卷首一卷附錄二卷水經注箋刊誤十二卷　(清)趙一清撰　清乾隆五十九年(1794)趙氏小山堂刻本　二十冊

340000－1801－0007814　2:60388
長江路程圖　(□)□□撰　清繪本　一冊

340000－1801－0007815　2:60389－2:60390
華州開河濬渠圖說不分卷　(清)汪廷楝撰　清光緒石印本　二冊

340000－1801－0007816　2:60392
江南長江計里全圖　(清)黄芍巖製　清光緒二十四年(1898)長江水師節署刻本　一幅

340000－1801－0007817　2:60393－2:60396
長江圖說十二卷首一卷　(清)馬徵麟撰　清同治十年(1871)湖北崇文書局刻本　四冊

340000－1801－0007818　2:60400－2:60404
長江圖說十二卷首一卷　(清)馬徵麟撰　清同治十年(1871)湖北崇文書局刻本　五冊

340000－1801－0007819　2:60405－2:60409
長江圖說十二卷首一卷　(清)馬徵麟撰　清同治十年(1871)湖北崇文書局刻本　五冊

340000－1801－0007820　2:60410
七省沿海全圖一卷　(清)邵廷烈繪　清道光刻本　一冊

340000－1801－0007821　2:60411－2:60415
長江圖說十二卷首一卷　(清)馬徵麟撰　清同治十年(1871)湖北崇文書局刻本　一冊

340000－1801－0007822　2:60447
太湖備考十六卷首一卷　(清)金友理撰　**附湖程紀略一卷**　(清)吳曾撰　清刻本　一冊　存五卷(一至五)

340000－1801－0007823　2:60448
禹貢指南四卷　(宋)毛晃撰　清刻本　一冊

340000－1801－0007824　2:60466－2:60469
歷代地理志韻編二十卷　(清)李兆洛輯　清光緒元年(1875)羊城馬氏集益堂刻本　四冊　存七卷(一至七)

340000－1801－0007825　2:60471
營平二州地名記不分卷　(清)顧炎武撰　清光緒十四年(1888)槐廬刻槐廬叢書本　一冊

340000－1801－0007826　2:60492
湘鄂地名雜詠不分卷　(□)□□撰　清稿本　一冊

340000－1801－0007827　2:60493
旌川雜誌二卷　(清)江希曾撰　清抄本　一冊

340000－1801－0007828　2:60643－2:60670
天下郡國利病書一百二十卷　(清)顧炎武撰　清光緒二十七年(1901)圖書集成局鉛印本　二十八冊

340000－1801－0007829　2:60671－2:60698
天下郡國利病書一百二十卷　(清)顧炎武撰　清光緒二十七年(1901)圖書集成局鉛印本　二十八冊

340000－1801－0007830　2:60699－2:60730
讀史方輿紀要一百三十卷方輿全圖總說五卷　(清)顧祖禹撰　清光緒二十七年(1901)上海圖書集成局鉛印本　三十二冊

340000－1801－0007831　2:60731－2:60762
讀史方輿紀要一百三十卷方輿全圖總說五卷　(清)顧祖禹撰　清光緒二十七年(1901)上海圖書集成局鉛印本　三十二冊

340000－1801－0007832　2:60763
上海指南八卷附上海地圖各省旅行須知一卷　(□)□□撰　清宣統二年(1910)上海商務印書館鉛印本　一冊

340000－1801－0007833　2:60766－2:60777
廣輿記二十四卷提要一卷圖一卷　(明)陸應陽輯　(清)蔡方炳增輯　清大文堂刻本　十二冊

340000－1801－0007834　2:60778－2:60837
大清一統志五百卷　(清)和珅等纂　清光緒二十三年(1897)竹簡齋石印本　六十冊

340000－1801－0007835　2:60838－2:60841

地圖綜要三卷 （明）朱國達等輯 清刻本 四冊

340000－1801－0007836 2:60842－2:60845
西國近事彙編四卷（清光緒二年） （美國）金楷理等譯 （清）姚棻等筆述 清光緒鉛印本 四冊

340000－1801－0007837 2:60846－2:60848
日本國志四十卷首一卷 （清）黄遵憲輯 清光緒二十七年（1901）上海書局石印本 三冊 存十二卷（一至三、十三至十五、二十一至二十六）

340000－1801－0007838 2:60849－2:60860
日本國志四十卷首一卷 （清）黄遵憲輯 清光緒二十四年（1898）匯文書局刻本 十二冊

340000－1801－0007839 2:60861－2:60938
日本法規大全不分卷 （清）劉崇傑等譯 清光緒三十三年（1907）上海商務印書館鉛印本 七十八冊

340000－1801－0007840 2:60943－2:60948
五代會要三十卷 （宋）王溥輯 清光緒十二年（1886）江蘇書局刻本 六冊

340000－1801－0007841 2:60949－2:60958
文獻通考纂二十三卷 （元）馬端臨撰 （明）胡震亨纂 清大業堂刻本 十冊

340000－1801－0007842 2:60959－2:60978
文獻通考纂三百四十八卷 （元）馬端臨撰 清光緒二十八年（1902）貫吾齋石印本 二十冊

340000－1801－0007843 2:60979－2:60998
通志二百卷 （宋）鄭樵撰 清光緒二十八年（1902）貫吾齋石印本 二十冊 缺四十卷（一百六十一至二百）

340000－1801－0007844 2:60999－2:61022
欽定續通志六百四十卷 （清）嵇璜等纂修 清光緒二十八年（1902）貫吾齋石印本 二十四冊

340000－1801－0007845 2:61023－2:61048
通典二百卷 （唐）杜佑撰 清廣東木活字印本 二十六冊 缺四十五卷（一百五十六至二百）

340000－1801－0007846 2:61049－2:61056
通典二百卷 （唐）杜佑撰 清光緒二十八年（1902）貫吾齋石印本 八冊

340000－1801－0007847 2:61057－2:61062
欽定續通典一百五十卷 （清）嵇璜 （清）曹仁虎撰 清光緒二十八年（1902）貫吾齋石印本 六冊

340000－1801－0007848 2:61063－2:61102
九通分類總纂二百四十卷 （清）汪鍾霖纂 清光緒文瀾書局石印本 四十冊

340000－1801－0007849 2:61110－2:61114
吾學錄初編二十四卷 （清）吴榮光輯 清同治九年（1870）江蘇書局刻本 五冊 缺四卷（二十一至二十四）

340000－1801－0007850 2:61115－2:61124
文廟祀典考五十卷首一卷 （清）龐鍾璐撰 清光緒四年（1878）龐氏刻本 十冊

340000－1801－0007851 2:6114－2:6137 善
兩漢策要十二卷 （宋）陶叔獻輯 清乾隆五十三年（1788）刻本 二十四冊

340000－1801－0007852 2:61178
樵舍厘卡不分卷 （□）□□撰 清抄本 一冊

340000－1801－0007853 2:61180
收發底簿不分卷 （□）□□撰 清抄本 一冊

340000－1801－0007854 2:61183
道光年間訪兒定親禮單及其他 （□）□□撰 清道光抄本 一冊

340000－1801－0007855 2:61186
嘉慶十二年細帳總登 （□）□□撰 清抄本 一冊

340000－1801－0007856 2:61187
光緒九年菊月吉立隨筆接錄 （□）□□撰 清抄本 一冊

340000－1801－0007857　2:61188
祭儀禮單　(□)□□撰　清抄本　一册

340000－1801－0007858　2:61189－2:61192
[帳簿]　(□)□□錄　清抄本　四册

340000－1801－0007859　2:61195
田契文書稿本　(□)□□撰　明嘉靖抄本　一册

340000－1801－0007860　2:61197－2:61198
染字型大小魚鱗册　(□)□□撰　清抄本　二册

340000－1801－0007861　2:61199
詩字型大小魚鱗册　(□)□□撰　清抄本　一册

340000－1801－0007862　2:61200
租田簿不分卷　(□)□□撰　清抄本　一册

340000－1801－0007863　2:61201
收穀帳簿不分卷　(□)□□撰　清乾隆九年(1744)抄本　一册

340000－1801－0007864　2:61202
紀事會册不分卷　(□)□□撰　清抄本　一册

340000－1801－0007865　2:61203
田坦契約　(□)□□撰　清同治九年(1870)抄本　一册

340000－1801－0007866　2:61204
秋收暫記　(□)□□撰　清光緒十二年(1886)抄本　一册

340000－1801－0007867　2:61205
田契文稿不分卷　(□)□□撰　清康熙抄本　一册

340000－1801－0007868　2:61206
祭祀會收支簿不分卷　(□)□□撰　清康熙抄本　一册

340000－1801－0007869　2:61207
收穀帳簿不分卷　(□)□□撰　清乾隆三十九年(1774)抄本　一册

340000－1801－0007870　2:61208
祭祀收支錄　(□)□□撰　清乾隆三十五年(1770)抄本　一册

340000－1801－0007871　2:61209
月總收支帳單　(□)□□撰　清雍正九年(1731)抄本　一册

340000－1801－0007872　2:61210
祭儀收禮單　(□)□□撰　清抄本　一册

340000－1801－0007873　2:61211
欽泉公收支帳簿不分卷　(□)□□撰　清道光元年(1821)抄本　一册

340000－1801－0007874　2:61212
穀銀帳簿不分卷　(□)□□撰　清抄本　一册

340000－1801－0007875　2:61213
生活紀事文稿不分卷　(□)□□撰　清初抄本　一册

340000－1801－0007876　2:61214
清咸豐祁門縣實徵册　(□)□□撰　清咸豐抄本　一册

340000－1801－0007877　2:61215
清諸暨縣繳款帳本　(□)□□撰　清光緒抄本　一册

340000－1801－0007878　2:61217
道光八年立姚記滾總不分卷　(□)□□撰　清抄本　一册

340000－1801－0007879　2:61218
修理店屋不分卷　(□)□□撰　清抄本　一册

340000－1801－0007880　2:61219
清咸豐銀盌會簿不分卷　(□)□□撰　清抄本　一册

340000－1801－0007881　2:61221
康熙祭祀收支簿不分卷　(□)□□撰　清抄本　一册

340000－1801－0007882　2:61222－2:61223

荒政輯要九卷　(清)汪志伊纂　清嘉慶刻本　一册

340000－1801－0007883　2:61224

光緒二年八月具控八都吴錦章占地盜葬一案底稿　(□)□□撰　清光緒抄本　一册

340000－1801－0007884　2:61225

清同治九年立收租草簿不分卷　(□)□□撰　清抄本　一册

340000－1801－0007885　2:61226

清同治九年收租草簿不分卷　(□)□□撰　清抄本　一册

340000－1801－0007886　2:61228

乾隆十六年十二月日定額實徵錢糧册　(□)□□撰　清抄本　一册

340000－1801－0007887　2:61229

江敬軒康熙四十五年立租簿不分卷　(□)□□撰　清抄本　一册

340000－1801－0007888　2:61230

余紀公會光緒三十年立穀租簿不分卷　(□)□□撰　清抄本　一册

340000－1801－0007889　2:61231

清同治年立地租簿不分卷　(□)□□撰　清抄本　一册

340000－1801－0007890　2:61232

清道光二十七年立地租簿不分卷　(□)□□撰　清抄本　一册

340000－1801－0007891　2:61233

清光緒十八年立地租簿不分卷　(□)□□撰　清抄本　一册

340000－1801－0007892　2:61234

清光緒二十九年立收租登記　(清)程盛義記　清抄本　一册

340000－1801－0007893　2:61235

清嘉慶年間田税簿不分卷　(□)□□撰　清抄本　一册

340000－1801－0007894　2:61257－2:61260

菜字型大小魚鱗册□□卷　(□)□□撰　清抄本　四册　存四卷(二至五)

340000－1801－0007895　2:61261

魚鱗册　(□)□□撰　清刻本　一册

340000－1801－0007896　2:61262

魚鱗册　(□)□□撰　清抄本　一册

340000－1801－0007897　2:61291－2:61310

説帖類編三十六卷　(清)律例館編　清道光十五年(1835)刻本　二十册

340000－1801－0007898　2:61325－2:61359

大清穆宗毅皇帝聖訓一百六十卷　(清)穆宗載淳撰　清刻本　三十五册　缺四卷(八十五至八十八)

340000－1801－0007899　2:61360－2:61369

大清世宗憲皇帝聖訓三十六卷　(清)世宗胤禛撰　清刻本　十册

340000－1801－0007900　2:61370－2:61431

大清高宗純皇帝聖訓三百卷　(清)高宗弘曆撰　清刻本　六十二册　缺四十二卷(一百六十五至二百六)

340000－1801－0007901　2:6138 善

徐曉峰先生傳不分卷　(清)王會汾撰　清刻本　一册

340000－1801－0007902　2:6139－2:6140 善

左忠毅公[光斗]年譜二卷　(清)左宰編　清乾隆四年(1739)啖椒堂刻本　二册

340000－1801－0007903　2:6141－2:6142 善

沈德潛自訂年譜一卷　(清)沈德潛撰　清乾隆二十九年(1764)教忠堂刻沈歸愚詩文全集本　二册

340000－1801－0007904　2:6143－2:6144 善

陸子[隴其]年譜二卷　(清)張師載輯　清乾隆十年(1745)刻本　二册

340000－1801－0007905　2:61432－2:61452

大清宣宗成皇帝聖訓一百三十卷　(清)宣宗旻寧撰　清刻本　二十一册　缺五十四卷(五十六至五十九、八十一至一百三十)

340000－1801－0007906　2:6145－2:6148 善

三遷志十二卷　(清)王特選增撰　清康熙六十一年(1722)刻本　四册

340000－1801－0007907　2:61453－2:61462

大清世宗憲皇帝聖訓三十六卷　(清)世宗胤禛撰　清刻本　十册

340000－1801－0007908　2:61463－2:61502

大清仁宗睿皇帝聖訓一百十卷　(清)仁宗顒琰撰　清刻本　四十册

340000－1801－0007909　2:6149 善

孟尚捷録五卷　(清)孟尚錦纂　清康熙刻本　一册

340000－1801－0007910　2:61503－2:61505

從公録一卷續録二卷三録一卷　(清)戴肇辰撰　清同治刻本　三册

340000－1801－0007911　2:61506

通商約章成案彙編□□卷　(□)□□撰　清上海修文書館鉛印本　一册　存一卷(三十)

340000－1801－0007912　2:61507

求治管見一卷　(清)戴肇辰撰　清刻本　一册

340000－1801－0007913　2:61509－2:61524

左文襄公奏疏初編三十八卷續編七十六卷三編六卷　(清)左宗棠撰　清光緒十六年(1890)上海圖書集成局鉛印本　十六册　缺二十三卷(五十四至七十六)

340000－1801－0007914　2:6150 善

關壯繆侯忠義集正史全編二卷　(清)方熊輯　清康熙三十七年(1698)刻本　一册

340000－1801－0007915　2:6151－2:6160 善

[安徽歙縣]重修古歙東門許氏宗譜十卷首一卷　(清)許登瀛等纂修　清乾隆刻本　十册

340000－1801－0007916　2:61551－2:61574

曾文正公奏稿三十六卷　(清)曾國藩撰　清刻本　二十四册

340000－1801－0007917　2:61551－2:61597

趙恭毅公自治官書二十四卷　(清)何祖柱輯　清道光五年(1825)刻本　二十三册　缺一卷(十二)

340000－1801－0007918　2:6161－2:6174 善

[安徽桐城]張氏宗譜二十四卷　(清)張廷玉重修　清乾隆十二年(1747)刻本　十四册

340000－1801－0007919　2:61637－2:61644

劉文莊公奏議八卷　(清)劉秉璋撰　清末民國初鉛印本　八册

340000－1801－0007920　2:61645－2:61652

劉文莊公奏議八卷　(清)劉秉璋撰　清末民國初鉛印本　八册

340000－1801－0007921　2:61653－2:61656

西陂類稿三卷　(清)宋犖撰　清末民國初鉛印本　四册

340000－1801－0007922　2:61657

星洲上書記不分卷　題(清)閩海逋客撰　清光緒二十六年(1900)上海鉛印本　一册

340000－1801－0007923　2:61658

辛未年録不分卷　(□)□□撰　清抄本　一册

340000－1801－0007924　2:61744－2:61745

帝範四卷　(唐)太宗李世民撰　**魏鄭公諫讀録二卷**　(元)翟思忠輯　清刻本　二册

340000－1801－0007925　2:61746

余辛集三卷　(清)何栻撰　清同治元年(1862)刻本　一册

340000－1801－0007926　2:61747

安徽諮議局議案不分卷　(清)安徽諮議局編　清宣統鉛印本　一册

340000－1801－0007927　2:61748－2:61751

不慊齋漫存□卷續集□卷　(清)徐賡陛撰　清宣統元年(1909)南洋官書局石印本　四册　存四卷(不慊齋漫存二至四、續集七)

340000－1801－0007928　2:6175－2:6182 善

[安徽歙縣]潭渡孝里黄氏族譜十卷首一卷末一卷　(清)黄玄豹修　清雍正九年(1731)刻本　八册

340000－1801－0007929　2:61753
西莊爭訟詞稿不分卷　(□)□□撰　清抄本　一册

340000－1801－0007930　2:61754
名法指南附幕學舉要不分卷　(□)□□撰　清抄本　一册

340000－1801－0007931　2:61755
清咸豐間舒城縣有關團練文件不分卷　(□)□□撰　清咸豐刻本　一册

340000－1801－0007932　2:61756
張氏望雲山莊義田記不分卷　(□)□□撰　清抄本　一册

340000－1801－0007933　2:61757
歙縣具稟貢生吴氏案不分卷　(□)□□撰　明刻本　一册

340000－1801－0007934　2:61758
呈訴案不分卷　(□)□□撰　清抄本　一册

340000－1801－0007935　2:61762－2:61767
曾文正公批牘六卷　(清)曾國藩撰　清光緒二年(1876)傳忠書局刻本　六册

340000－1801－0007936　2:61784
同治十三年三月呈控八都方富齊等踞屋不交一案底稿附吴錦章盜葬一案　(□)□□撰　清抄本　一册

340000－1801－0007937　2:61785
光緒三年三月呈控漁亭余開慶等惡佃夥吞一案底稿　(□)□□撰　清抄本　一册

340000－1801－0007938　2:61786
子路寺後山吴世禄公風水業不分卷同治十三年至光緒三年止訟汪彦卿劈塚毁碑案不分卷　(□)□□撰　清抄本　一册

340000－1801－0007939　2:61787
光緒三十二年立二十八都七圖戸口清册　(□)□□撰　清抄本　一册

340000－1801－0007940　2:61788－2:61792
袁了凡增訂群書備考四卷　(明)袁黄撰　明崇禎刻本　五册

340000－1801－0007941　2:61793
海虞藝文志六卷　(明)姚福均輯　清光緒二十三年(1897)常熟姚氏慕程齋刻本　一册　存三卷(一至三)

340000－1801－0007942　2:61828
國朝桐城文錄總目不分卷　(□)□□撰　清抄本　一册

340000－1801－0007943　2:61829
直齋書錄解題五十六卷　(宋)陳振孫撰　清刻本　一册　存五卷(十九至二十三)

340000－1801－0007944　2:6183 善
中州人物考八卷　(清)孫奇逢輯　清康熙刻本　一册

340000－1801－0007945　2:6184－2:6187 善
道統錄二卷附錄一卷　(清)張伯行撰　清康熙四十七年(1708)正誼堂刻本　四册

340000－1801－0007946　2:61857
藏書目不分卷　(□)□□撰　清光緒十二年(1886)抄本　一册

340000－1801－0007947　2:61858－2:61876
彙刻書目二十卷　(清)顧修輯　清光緒十二年至十五年(1886－1889)上海福瀛書局刻本　十九册

340000－1801－0007948　2:61877－2:61896
彙刻書目二十卷　(清)顧修輯　清光緒十二年至十五年(1886－1889)上海福瀛書局刻本　二十册

340000－1801－0007949　2:6188－2:6195 善
歷代循吏傳八卷歷代名儒傳八卷　(清)朱軾　(清)蔡世遠訂　(清)張福昶分纂　清雍正刻本　八册

340000－1801－0007950　2:61933－2:61934
皕宋樓藏書志一百二十卷　(清)陸心源編　清刻本　二册　存十卷(八十四至九十三)

340000－1801－0007951　2:61940－2:61943
東甌金石志十二卷　(清)戴咸弼輯　清光緒二十五年(1899)石印本　四册

340000－1801－0007952　2:61944－2:61945
東甌金石志十卷初校記一卷補遺一卷附錄一卷　(清)戴咸弼輯　清光緒刻本　二册　存四卷(七至十)

340000－1801－0007953　2:6196－2:6201 善
雒閩源流錄十九卷　(清)張夏輯　清康熙二十一年(1682)彝敘堂刻本　四册

340000－1801－0007954　2:61976
歷代鐘官圖經八卷　(清)陳萊孝撰　清抄本　一册　存五卷(三至七)

340000－1801－0007955　2:61984－2:62007
金石索十二卷首一卷　(清)馮雲鵬　(清)馮雲鵷輯　清光緒三十二年(1906)上海文新書局石印本　二十四册

340000－1801－0007956　2:62013－2:62076
金石萃編一百六十卷　(清)王昶撰　清嘉慶十年(1805)青浦王氏經訓堂刻本　六十四册

340000－1801－0007957　2:6202－2:6205 善
小學人物考十二卷海鹽縣志列傳錄一卷　(清)錢景朗輯　清康熙二十三年(1684)刻本　四册

340000－1801－0007958　2:6206－2:6213 善
列朝詩集小傳十卷　(清)錢謙益撰　(清)錢陸燦輯　清康熙三十七年(1698)誦芬堂刻本　八册

340000－1801－0007959　2:62102－2:62103
蜀碑記十卷補十卷　(宋)王象之撰　(清)李調元補　清刻本　二册

340000－1801－0007960　2:62104－2:62105
蜀碑記十卷補十卷　(宋)王象之撰　(清)李調元補　清刻本　二册

340000－1801－0007961　2:62112
陶説六卷　(清)朱琰撰　清刻本　一册　存四卷(一至四)

340000－1801－0007962　2:62114－2:62137
十七史商榷一百卷　(清)王鳴盛撰　清乾隆五十二年(1787)刻本　二十四册

340000－1801－0007963　2:62138－2:62161
十七史商榷一百卷　(清)王鳴盛撰　清乾隆五十二年(1787)刻本　二十四册

340000－1801－0007964　2:6214－2:6217 善
居士傳五十六卷　(清)彭紹升撰　清乾隆四十年(1775)長洲彭氏刻本　四册

340000－1801－0007965　2:62162－2:62164
史通削繁四卷　(清)紀昀撰　清光緒二十二年(1896)新化三味堂刻本　三册　缺一卷(三)

340000－1801－0007966　2:62165－2:62168
史通削繁四卷　(清)紀昀撰　清道光十三年(1833)兩廣節署刻朱墨套印本　四册

340000－1801－0007967　2:62177
綱鑑論不分卷　(□)□□撰　清抄本　一册

340000－1801－0007968　2:6218－2:6249 善
行水金鑑一百七十五卷首一卷　(清)傅澤洪撰　清雍正三年(1725)淮揚官舍刻本　三十二册

340000－1801－0007969　2:62185
茨村詠史新樂府二卷附錄一卷　(清)胡介祉撰　清刻本　一册　存一卷(下)

340000－1801－0007970　2:62218
南田節略不分卷　(□)□□撰　清抄本　二册

340000－1801－0007971　2:623－2:647 善
鹿門先生批點漢書鈔九十三卷　(明)茅坤輯　(明)陶國柱　(明)茅琛徵訂　明崇禎八年(1635)茅瑞徵刻本　二十五册

340000－1801－0007972　2:6250－2:6253 善
臥龍崗志二卷　(清)羅景輯　清康熙五十一年(1712)刻本　四册

340000－1801－0007973　2:6254－2:6257 善
還古書院志十八卷　(清)施璜輯　清乾隆六年(1741)刻本　四册

340000－1801－0007974　2:6258－2:6269 善

白鹿書院志十九卷　(清)毛德琦纂　清康熙五十七年(1718)刻本　十二册

340000－1801－0007975　2:6270 善

廬山紀遊詩不分卷　(清)曹文埴撰　清乾隆三十八年(1773)刻本　一册

340000－1801－0007976　2:6271 善

廬山紀遊不分卷　(清)程瑞撰　清康熙四年(1665)刻本　一册

340000－1801－0007977　2:6272 善

平臺紀畧一卷　(清)藍鼎元撰　清雍正十年(1732)刻本　一册

340000－1801－0007978　2:6273－2:6274 善

廣輿古今鈔二卷　(清)程晴川撰　清乾隆有誠堂刻本　二册

340000－1801－0007979　2:6275－2:6279 善

天下山河兩戒考十四卷　(清)徐文靖注　清雍正刻本　五册

340000－1801－0007980　2:6280－2:6281 善

方輿紀要五卷　(清)顧祖禹撰　清康熙五年(1666)職思堂刻本　二册

340000－1801－0007981　2:6282－2:6287 善

尚書六體遺範十五卷　(清)金象乾輯　清康熙三十七年(1698)刻本　六册

340000－1801－0007982　2:6288－2:6293 善

十科策略箋釋十卷　(明)劉定之撰　(清)劉作樑注　清乾隆二十八年(1763)刻本　六册

340000－1801－0007983　2:6294－2:6296 善

十科策略箋釋十卷　(明)劉定之撰　(清)劉作樑注　清乾隆二十三年(1758)步月樓刻本　三册

340000－1801－0007984　2:6297－2:6314 善

幸魯盛典四十卷　(清)孔毓圻等纂　清康熙刻本　十八册

340000－1801－0007985　2:6315－2:6338 善

亦政堂重修考古圖十卷　(宋)呂大臨撰　**重考古玉圖二卷**　(元)朱德潤輯　**重修宣和博古圖録三十卷**　(宋)王黼等輯　清乾隆十八年(1753)天都黄曉峰亦政堂刻本　二十四册

340000－1801－0007986　2:6339－2:6358 善

綱鑑正史約三十六卷　(明)顧錫疇編　明崇禎三年(1630)刻本　二十册

340000－1801－0007987　2:6359－2:6360 善

新刊憲臺考正少微通鑑全編二十卷外紀二卷總論一卷　(宋)江贄撰　明萬曆徐元泰等刻本　二册

340000－1801－0007988　2:6361 善

明興小史□□卷　(□)□□撰　明刻本　一册　存一卷(下)

340000－1801－0007989　2:6362 善

[安徽休寧]新安富溪程氏族譜十四卷　(□)□□纂　明成化刻本　一册　存六卷(九至十四)

340000－1801－0007990　2:6363 善

[安徽]休寧東門汪氏家乘□□卷　(□)□□纂　明刻本　一册　存二卷(四至五)

340000－1801－0007991　2:6364 善

[安徽]涇縣查氏統譜□□卷首一卷　(□)□□纂　清初刻本　一册　存三卷(一、五,首一卷)

340000－1801－0007992　2:6365－2:6366 善

通鑑總類二十卷　(宋)沈樞撰　明刻本　二册　存二卷(十二、十六)

340000－1801－0007993　2:6367－2:6376 善

右編補十卷　(明)姚文蔚編　明萬曆刻本　十册

340000－1801－0007994　2:6377 善

新刻京板工師雕鏤正式魯班經匠家鏡二卷秘訣仙機一卷　(明)午榮編　(明)章嚴集　明刻本(下卷配補)　一册　存一卷(新刻京板工師雕鏤正式魯班經匠家鏡一)

340000－1801－0007995　2:6378－2:6379 善

今古輿地圖三卷　(明)吴國輔撰　明崇禎十六年(1643)刻朱墨套印本　二册

340000－1801－0007996　2:6380－2:6419 善

史記評林一百三十卷 （明）凌稚隆輯 明萬曆二年至四年（1574－1576）凌稚隆刻本 四十冊

340000－1801－0007997 2:6420－2:6425 善
漢書帝紀十二卷 （漢）班固撰 明刻本 清錢大昭批校 六冊

340000－1801－0007998 2:6426－2:6431 善
史記纂十六卷 （明）凌稚隆輯 明凌稚隆刻本 六冊

340000－1801－0007999 2:6432－2:6466 善
孫月峰先生批評漢書一百卷 （明）孫鑛評 明末馮元仲天益山刻本 三十五冊 存六十九卷（二至七十）

340000－1801－0008000 2:6467－2:6473 善
漢書雋不分卷 （明）陳許廷選評 明崇禎刻本 七冊

340000－1801－0008001 2:6474－2:6497 善
漢書雋不分卷 （明）陳許廷選評 明刻本 二十四冊

340000－1801－0008002 2:648－2:670 善
漢書評林一百卷 （明）凌稚隆輯 明萬曆九年（1581）凌稚隆刻本 二十三冊 存八十三卷（六至十二、二十五至一百）

340000－1801－0008003 2:6498－2:6507 善
前漢紀三十卷 （漢）荀悦撰 清抄本 十冊

340000－1801－0008004 2:6508－2:6517 善
後漢紀三十卷 （晉）袁宏撰 清抄本 十冊

340000－1801－0008005 2:6518－2:6541 善
宋書一百卷 （南朝梁）沈約撰 清乾隆四年（1739）刻本 二十四冊

340000－1801－0008006 2:6542－2:6543 善
五代史補五卷 （宋）陶岳撰 **五代史闕文一卷** （宋）王禹偁撰 明毛氏汲古閣刻本 二冊

340000－1801－0008007 2:6544－2:6555 善
南史八十卷 （唐）李延壽撰 明崇禎十三年（1640）毛氏汲古閣刻十七史本 十二冊

340000－1801－0008008 2:6556－2:6579 善
隋書八十五卷附考證 （唐）魏徵等撰 清乾隆四年（1739）刻本 二十四冊

340000－1801－0008009 2:6580－2:6659 善
明史稿三百十卷目錄三卷 （清）王鴻緒撰 清刻本 八十冊

340000－1801－0008010 2:6649－2:6768 善
新鍥郭蘇二文宗參訂綱鑑匯約大成二十卷 （明）蘇浚選 （明）郭子章校 （明）楊天清補輯 明萬曆二十年（1592）潭邑書林余秀峰刻本 二十冊

340000－1801－0008011 2:6660－2:6717 善
明史稿三百十卷目錄三卷 （清）王鴻緒撰 清雍正元年（1723）敬慎堂刻本 五十八冊

340000－1801－0008012 2:6718－2:6748 善
宋元通鑑一百五十七卷 （明）薛應旂編 明豹變齋刻本 三十一冊

340000－1801－0008013 2:671 善
新鍥鄭孩如先生精選兩漢旁訓便讀六卷 （明）鄭維嶽撰 明刻本 一冊 存二卷（三至四）

340000－1801－0008014 2:672－2:685 善
漢書評林一百卷 （明）凌稚隆輯 明萬曆九年（1581）凌稚隆刻本 十四冊 存六十四卷（一至十二、二十至二十一、二十七、三十一至五十三、五十九至七十五、八十六至八十九、九十四至九十六、九十九至一百）

340000－1801－0008015 2:6769－2:6796 善
資治通鑑節要續編三十卷 （明）張光啟撰 明正德九年（1514）司禮監刻本（卷三、十一至十二爲後抄配） 二十八冊

340000－1801－0008016 2:6797－2:6842 善
綱鑑易知錄九十二卷 （清）吳乘權輯 清雍正學章山房刻本 四十六冊

340000－1801－0008017 2:6843－2:6846 善
元經薛氏傳十卷 （隋）王通撰 （唐）薛收傳 （宋）阮逸注 明萬曆程榮刻漢魏叢書本

四册

340000－1801－0008018　2:6847－2:6850 善
元經薛氏傳十卷　(隋)王通撰　(唐)薛收傳　(宋)阮逸注　明萬曆程榮刻漢魏叢書本　四册

340000－1801－0008019　2:6851－2:6948 善
資治通鑑二百九十四卷　(宋)司馬光撰　明刻本　九十八册

340000－1801－0008020　2:6856－2:6970 善
資治通鑑目錄三十卷　(宋)司馬光撰　明豹變齋刻本　十五册

340000－1801－0008021　2:686－2:695 善
前漢書一百卷　(漢)班固撰　(唐)顔師古注　明萬曆北京國子監刻明清遞修本　十册　存四十三卷(二十、二十四至二十七、四十四至五十四、五十九至八十五)

340000－1801－0008022　2:6949－2:6951 善
通鑑釋文辯誤十二卷　(元)胡三省撰　明刻本　三册

340000－1801－0008023　2:6952－2:6955 善
甲子會紀五卷　(明)薛應旂編　明刻本　四册

340000－1801－0008024　2:6956－2:6970 善
甲子會紀五卷　(明)薛應旂編　明刻本　四册

340000－1801－0008025　2:696－2:727 善
前漢書一百卷　(漢)班固撰　(唐)顔師古注　明崇禎十五年(1642)汲古閣刻本　三十二册

340000－1801－0008026　2:6971－2:6990 善
少微通鑑節要五十卷外紀四卷　(宋)江贄撰　明正德九年(1514)司禮監刻本　二十册

340000－1801－0008027　2:6991－2:7002 善
日涉編十二卷　(明)陳階輯　明萬曆三十九年(1611)徐養量刻本　十二册

340000－1801－0008028　2:7003－2:7022 善
通鑑總類二十卷　(宋)沈樞撰　明萬曆刻本　二十册

340000－1801－0008029　2:7023－2:7027 善
通鑑紀事本末前編十二卷　(宋)袁樞撰　明刻本　五册　缺一卷(一)

340000－1801－0008030　2:7028－2:7069 善
通鑑紀事本末四十二卷　(宋)袁樞撰　明萬曆三十四年(1606)黄吉士刻本　四十二册

340000－1801－0008031　2:7070－2:7085 善
宋史紀事本末二十八卷　(明)馮琦撰　(明)陳邦瞻補　明萬曆刻本　十六册

340000－1801－0008032　2:7086－2:7097 善
宋史紀事本末一百九卷　(明)馮琦撰　(明)陳邦瞻補　(明)張溥論正　**元史紀事本末二十七卷**　(明)陳邦瞻撰　(明)臧懋循補　(明)張溥論正　清刻本　十二册

340000－1801－0008033　2:7098－2:7121 善
明朝紀事本末八十卷　(清)谷應泰編纂　清順治刻本　二十四册

340000－1801－0008034　2:7122－2:7137 善
明朝紀事本末八十卷　(清)谷應泰編纂　清順治十五年(1658)刻本　十六册

340000－1801－0008035　2:7138 善
石城哈密紀畧不分卷　(明)馬文昇撰　清抄本　十六册

340000－1801－0008036　2:7139－2:7152 善
藏書六十八卷　(明)李贄撰　明萬曆刻本　十四册

340000－1801－0008037　2:7153－2:7158 善
西魏書二十四卷　(清)謝啟昆撰　清乾隆六十年(1795)南康謝氏樹經堂刻本　六册

340000－1801－0008038　2:7159－2:7166 善
戰國策十卷　(宋)鮑彪校注　清刻本　八册

340000－1801－0008039　2:7167－2:7174 善
明季南略十八卷　(清)計六奇輯　清都城琉璃廠半松居士木活字印本　八册

340000－1801－0008040　2:7175－2:7182 善

明季南略十八卷　(清)計六奇輯　清都城琉璃廠半松居士木活字印本　八冊

340000－1801－0008041　2:7183－2:7194 善
明季北略二十四卷　(清)計六奇輯　清都城琉璃廠半松居士木活字印本　十二冊

340000－1801－0008042　2:7195－2:7206 善
明季北略二十四卷　(清)計六奇輯　清都城琉璃廠半松居士木活字印本　十二冊

340000－1801－0008043　2:7207－2:7212 善
國語七卷　(三國吳)韋昭注　明刻本　六冊

340000－1801－0008044　2:7213－2:7220 善
貞觀政要集論十卷　(唐)吳兢撰　(元)戈直集論　明成化元年(1465)內府刻本　八冊

340000－1801－0008045　2:7221－2:7224 善
左國腴詞八卷　(明)淩迪知輯　明萬曆刻本　四冊

340000－1801－0008046　2:7225－2:7234 善
歐陽文忠公五代史鈔二十卷　(宋)歐陽修撰　(明)茅坤輯　明刻本　十冊

340000－1801－0008047　2:7235－2:7240 善
歷代循吏傳八卷　(清)朱軾撰　(清)蔡世遠輯　清雍正七年(1729)刻本　六冊

340000－1801－0008048　2:7241－2:7248 善
闕里文獻考一百卷　(清)孫繼汾述　清乾隆二十七年(1762)刻本　八冊

340000－1801－0008049　2:7249－2:7256 善
高僧傳十三卷　(南朝梁)釋慧皎撰　明萬曆三十五年(1607)徑山寂照庵刻本　八冊

340000－1801－0008050　2:7257－2:7266 善
弇州史料前集三十卷後集七十卷　(明)王世貞撰　明萬曆刻本　十冊

340000－1801－0008051　2:7267－2:7270 善
鼎鐫狀元蘭嵎朱先生遴輯管晏春秋百家評林四卷　(明)朱之蕃輯　明書林自新齋余良木刻本　四冊

340000－1801－0008052　2:7271－2:7272 善
晏子春秋六卷　(春秋)晏嬰撰　明淩濛初刻朱墨套印本　二冊

340000－1801－0008053　2:7273－2:7276 善
晏子春秋四卷　(春秋)晏嬰撰　明黃之寀刻本　四冊

340000－1801－0008054　2:7277－2:7280 善
晏子春秋八卷　(春秋)晏嬰撰　(清)顧廣圻　(清)吳鼒校　清嘉慶二十一年(1816)全椒吳氏刻本　四冊

340000－1801－0008055　2:7281－2:7284 善
宋朝事實二十卷　(宋)李攸撰　清乾隆刻本　四冊

340000－1801－0008056　2:728－2:759 善
後漢書九十卷　(南朝宋)范曄撰　(唐)李賢注　**志三十卷**　(晉)司馬彪撰　(南朝梁)劉昭注補　明陳祖苞刻本　三十二冊

340000－1801－0008057　2:7285－2:7288 善
全邊略記十二卷　(明)孔方炤輯　清乾隆刻本　四冊　存六卷(一至四、十一至十二)

340000－1801－0008058　2:7289 善
[隆慶]華州志二十四卷　(明)李可久修　(明)張光孝纂　明隆慶刻本　一冊　存三卷(一至三)

340000－1801－0008059　2:7290－2:7309 善
西湖志四十八卷　(清)李衛修　(清)傅王露等纂　清雍正刻本　二十冊

340000－1801－0008060　2:7310 善
嶺表錄異三卷　(唐)劉恂撰　清乾隆刻本　一冊

340000－1801－0008061　2:7311－2:7312 善
大昭慶律寺志十卷　(清)吳樹虛編　清乾隆二十九年(1764)刻本　二冊

340000－1801－0008062　2:7313 善
鄴中記一卷　(晉)陸翽撰　清乾隆刻本　一冊

340000－1801－0008063　2:7314 善
華遊雜記不分卷　(清)康遊心記　清抄本

一冊

340000－1801－0008064　2:7315 善

荊溪疏二卷　(明)王稺登撰　明刻本　一冊

340000－1801－0008065　2:7316－2:7323 善

水經注箋四十卷　(北魏)酈道元注　(明)朱謀㙔箋　明萬曆四十三年(1615)李長庚刻本　八冊

340000－1801－0008066　2:7324 善

石柱記箋釋五卷　(清)鄭元慶撰　清刻本　一冊

340000－1801－0008067　2:7325－2:7326 善

[萬曆]華陰縣志九卷　(明)王九疇　(明)張毓翰纂修　明萬曆四十二年(1614)刻本　二冊

340000－1801－0008068　2:7327－2:7330 善

武夷山志四集　(明)徐表然纂　明萬曆孫世昌刻本　四冊

340000－1801－0008069　2:7331－2:7336 善

鼓山志十四卷首一卷　(清)黄任纂輯　(清)黄伯謨訂　清乾隆二十六年(1761)刻本　六冊

340000－1801－0008070　2:7337 善

麟臺故事五卷　(宋)程俱撰　清乾隆刻本　一冊

340000－1801－0008071　2:7338－2:7449 善

文獻通考三百四十八卷　(元)馬端臨撰　明刻本　一百二十冊

340000－1801－0008072　2:7450 善

方嘉慶控狀匯鈔不分卷　(清)方嘉慶撰　清乾隆抄本　一冊

340000－1801－0008073　2:7451 善

漢官舊儀二卷補遺一卷　(漢)衛宏撰　清乾隆刻本　一冊

340000－1801－0008074　2:7452 善

畫簾緒論一卷　(宋)胡太初撰　明萬曆胡氏文會堂刻格致叢書本　一冊

340000－1801－0008075　2:7453 善

欽定各項儀註便覽附上任選擇日期法不分卷　(明)吳遵撰　明刻本　一冊

340000－1801－0008076　2:7454 善

編審定額割由冊不分卷　(清)李兆盛撰　清康熙五十五年(1716)抄本　一冊

340000－1801－0008077　2:7455－2:7462 善

重鋟文公先生奏議十五卷　(宋)朱熹撰　(明)朱吾弼編　明萬曆三十四年(1606)朱崇沐刻本　八冊

340000－1801－0008078　2:7463 善

契約不分卷　(明)洪氏撰　明抄本　一冊

340000－1801－0008079　2:7464 善

祁門程氏謄契簿不分卷　(□)□□撰　清乾隆抄本　一冊

340000－1801－0008080　2:7465－2:7470 善

唐陸宣公集二十二卷　(唐)陸贄撰　明萬曆三十四年(1606)吳繼武光裕堂刻本　六冊

340000－1801－0008081　2:7471－2:7480 善

陽明先生別錄十卷　(明)王守仁撰　(明)錢德洪　(明)王畿編次　明嘉靖三十七年(1558)胡宗憲刻本　十冊

340000－1801－0008082　2:7481－2:7498 善

四庫全書簡明目錄二十卷　(清)紀昀等纂　清乾隆刻本　十八冊

340000－1801－0008083　2:7499－2:7505 善

直齋書錄解題二十二卷　(宋)陳振孫撰　清乾隆武英殿木活字印本　七冊　缺四卷(十九至二十二)

340000－1801－0008084　2:7506－2:7509 善

石墨鐫華八卷　(明)趙崡撰　明萬曆刻本　四冊

340000－1801－0008085　2:7510－2:7513 善

石墨鐫華八卷首一卷　(明)趙崡撰　明萬曆四十六年(1618)刻本　四冊

340000－1801－0008086　2:760－2:769 善

范氏後漢書批評一百卷　(明)顧起元撰　明

江寧顧氏刻本　十冊

340000－1801－0008087　2:76－2:89 善
史記一百三十卷　(漢)司馬遷撰　(南朝宋)裴駰集解　(唐)司馬貞索隱　(唐)張守節正義　明鍾人傑刻本　十四冊

340000－1801－0008088　2:770－2:779 善
後漢書一百二十卷　(南朝宋)范曄撰　(唐)李賢注　(南朝梁)劉昭注補　明崇禎十六年(1643)毛氏汲古閣刻本　三十冊

340000－1801－0008089　2:800－2:811 善
後漢書一百二十卷　(南朝宋)范曄撰　(唐)李賢注　(南朝梁)劉昭注補　明崇禎十六年(1643)毛氏汲古閣刻本　清何焯　清丁晏等批注　十二冊

340000－1801－0008090　2:812－2:823 善
范氏後漢書訓纂二十五卷　(清)惠棟撰　清刻本　十二冊

340000－1801－0008091　2:824－2:826 善
後漢書九十卷　(南朝宋)范曄撰　(唐)李賢注　**志三十卷附考證**　(晉)司馬彪撰　(南朝梁)劉昭注補　明嘉靖刻明清遞修本　三冊　存二十卷(帝紀三至九、帝后紀一,志一至十二)

340000－1801－0008092　2:827－2:834 善
後漢書九十卷　(南朝宋)范曄撰　(唐)李賢注　**志三十卷附考證**　(晉)司馬彪撰　(南朝梁)劉昭注補　明萬曆二十四年(1596)北京國子監刻本　八冊　存五十五卷(帝紀一至二,列傳七至十八、五十九至六十四、七十至七十四;志三十卷)

340000－1801－0008093　2:835－2:848 善
後漢書一百二十卷　(南朝宋)范曄撰　(唐)李賢注　明萬曆二十四年(1596)北京國子監刻本　十四冊　存五十三卷(五十五至六十六、七十一至一百十一)

340000－1801－0008094　2:849－2:856 善
三國志六十五卷　(晉)陳壽撰　(南朝宋)裴松之注　明萬曆二十四年(1596)南京國子監刻清康熙重修本　八冊　存四十六卷(魏書十一至三十、蜀書十至十五、吳書一至二十)

340000－1801－0008095　2:857－2:866 善
三國志六十五卷　(晉)陳壽撰　(南朝宋)裴松之注　清古吳趙氏刻本　十冊

340000－1801－0008096　2:867－2:926 善
晉書一百三十卷　(唐)房玄齡等撰　明刻本　六十冊

340000－1801－0008097　2:90－2:91 善
史記一百三十卷　(漢)司馬遷撰　(明)張遂辰訂　明刻本　二冊　存十三卷(列傳一至九、志五至八)

340000－1801－0008098　2:92－2:105 善
孫月峰批評史記一百三十卷　(明)孫鑛撰　明崇禎刻本　十四冊　存七十五卷(二十二至三十、六十五至一百三十)

340000－1801－0008099　2:927－2:948 善
晉書一百三十卷　(唐)房玄齡等撰　明鍾人傑刻本　二十二冊

340000－1801－0008100　2:949－2:951 善
晉書詮要□□卷　(明)陳臣忠輯　明刻本　三冊　存六卷(三至六、十一至十二)

340000－1801－0008101　2:952－2:959 善
晉書別本一百三十卷　(唐)房玄齡等撰　(明)鍾惺評　(明)蔣之翹刪定　明崇禎十二年(1639)蔣氏家塾刻本　八冊　存五十六卷(一至三十二、四十至六十三)

340000－1801－0008102　2:960－2:989 善
晉書別本一百三十卷　(唐)房玄齡等撰　(明)鍾惺評　(明)蔣之翹刪定　明崇禎十二年(1639)蔣氏家塾刻本　三十冊

340000－1801－0008103　2:990－2:1019 善
晉書一百三十卷　(唐)房玄齡等撰　**音義三卷**　(唐)何超撰　明萬曆二十四年(1596)北京國子監刻本　三十冊

340000－1801－0008104　2:8737－2:8753 善
史記一百三十卷　(漢)司馬遷撰　(南朝宋)

裴駰集解　(唐)司馬貞索隱　(唐)張守節正義　(明)鍾人傑輯評　明鍾人傑刻本　清錢陸燦　清方苞批校　十七册

340000－1801－0008105　2:8754－2:8772 善
前漢書一百卷　(漢)班固撰　(唐)顔師古注　元大德九年(1305)太平路儒學刻明成化至正德遞修本　十九册　存七十四卷(一至七十四)

340000－1801－0008106　2:8853－2:8868
宋元通鑑一百五十七卷　(明)薛應旂撰　(明)陳仁錫評　明天啓六年(1626)陳仁錫刻本　十六册　缺六十九卷(一至六十九)

340000－1801－0008107　2:8869－2:8964 善
通鑑紀事本末四十二卷　(宋)袁樞撰　宋寶祐五年(1257)湖州趙與篙刻元延祐六年(1319)嘉禾學宮重修明成化至萬曆南監遞修本　清胡錫燕批校　九十六册

340000－1801－0008108　2:8725－2:8732 善
戰國策十二卷元本目錄一卷　(明)閔齊伋裁注　明萬曆四十八年(1620)閔齊伋刻三色套印本　八册

340000－1801－0008109　2:8971－2:9002 善
荊駝逸史五十二種附一種　題(清)陳湖逸士輯　清道光木活字印本　三十二册

340000－1801－0008110　2:9009－2:9015 善
宋名臣言行錄前集十卷後集十四卷　(宋)朱熹纂　**續集八卷别集二十六卷外集十七卷**　(宋)李幼武纂　清道光元年(1821)歙縣洪氏刻後印本　七册　存十九卷(别集十一至十二、外集十七卷)

340000－1801－0008111　2:9003－2:9008 善
桐城耆舊傳十二卷　馬其昶撰　清宣統三年(1911)刻本　六册

340000－1801－0008112　2:9016 善
雞足山志十卷首一卷　(清)范承勳撰　清康熙刻本　一册　缺八卷(三至十)

340000－1801－0008113　2:8733－2:8736 善
歷代鐘鼎彝器欵識法帖二十卷　(宋)薛尚功撰　明萬曆十六年(1588)萬嶽山人刻朱印本　四册

340000－1801－0008114　5:000001－5:000120
[光緒]重修安徽通志三百五十卷首一卷補遺十卷　(清)沈葆楨修　(清)何紹基纂　清光緒四年(1878)刻本　一百二十册

340000－1801－0008115　5:000121－5:000240
[光緒]重修安徽通志三百五十卷首一卷補遺十卷　(清)沈葆楨修　(清)何紹基纂　清光緒四年(1878)刻本　一百二十册

340000－1801－0008116　5:000241－5:000360
[光緒]重修安徽通志三百五十卷首一卷補遺十卷　(清)沈葆楨修　(清)何紹基纂　清光緒四年(1878)刻本　一百二十册

340000－1801－0008117　5:000361－5:000479
[光緒]重修安徽通志三百五十卷首一卷補遺十卷　(清)沈葆楨修　(清)何紹基纂　清光緒四年(1878)刻本　一百十九册

340000－1801－0008118　5:000480－5:000496
[光緒]重修安徽通志三百五十卷首一卷補遺十卷　(清)沈葆楨修　(清)何紹基纂　清光緒四年(1878)刻本　一百十七册

340000－1801－0008119　5:000716－5:000774
[道光]安徽通志二百六十卷首六卷　(清)陶澍等纂修　清道光十年(1830)刻本　七十册　缺九十二卷(四至六、六十八至一百十四、一百十七至一百五十八)

340000－1801－0008120　5:001524
[光緒]皖志便覽六卷　(清)李應玨撰　清光緒鉛印本　一册　缺三卷(四至六)

340000－1801－0008121　5:001525－5:001527
[光緒]皖志便覽六卷　(清)李應玨撰　清光緒二十四年(1898)安慶鏤雲閣鉛印本(卷四至六補配複印)　三册

340000－1801－0008122　5:001528－5:001529
[光緒]皖志便覽六卷　(清)李應玨撰　清光

緒二十四年(1898)安慶鏤雲閣鉛印本　二冊

340000－1801－0008123　5:001530－5:001531
[光緒]皖志便覽六卷　(清)李應玨撰　清光緒二十四年(1898)安慶鏤雲閣鉛印本　二冊

340000－1801－0008124　5:001534
[同治]皖江武備考略七卷　(清)袁青綬撰　清同治十三年(1874)刻本　一冊

340000－1801－0008125　5:001536－5:001539
[道光]皖省志略四卷附錄一卷　(清)朱雲錦輯　清道光元年(1821)金閶刻本　四冊

340000－1801－0008126　5:001540－5:001543
[道光]皖省志略四卷附錄一卷　(清)朱雲錦輯　清道光元年(1821)金閶刻本　四冊

340000－1801－0008127　5:001544－5:001547
[道光]皖省志略四卷附錄一卷　(清)朱雲錦輯　清道光元年(1821)金閶刻本　四冊

340000－1801－0008128　5:001548－5:001549
[乾隆]皖典類編八卷　(清)潘才纂　清乾隆三十八年(1773)刻本　二冊

340000－1801－0008129　5:001556
[光緒]安徽鄉土地理教科書　(清)劉師培編　清光緒二十二年(1896)鉛印本　一冊

340000－1801－0008130　5:001558－5:001573
[光緒]皖政輯要一百卷　馮煦修　(清)陳師禮總纂　清光緒三十三年(1907)抄本　十六冊

340000－1801－0008131　5:001574－5:001589
[光緒]皖政輯要一百卷　馮煦修　(清)陳師禮總纂　清宣統稿本　十六冊

340000－1801－0008132　5:002013
[同治]潛山守禦志二卷外編一卷　(清)孫振銓輯　清同治四年(1865)刻本　一冊

340000－1801－0008133　5:002015－5:002016
[順治]太湖縣志九卷　(清)李世洽修　(清)何天衢纂　清順治十年(1653)刻本　二冊

340000－1801－0008134　5:002021－5:002032
[同治]太湖縣志四十六卷首一卷末一卷　(清)符兆鵬　(清)趙繼元修　清同治十一年(1872)刻本　十二冊

340000－1801－0008135　5:002033－5:002044
[同治]太湖縣志四十六卷首一卷末一卷　(清)符兆鵬　(清)趙繼元修　清同治十一年(1872)刻本　十二冊

340000－1801－0008136　5:002045－5:002056
[同治]太湖縣志四十六卷首一卷末一卷　(清)符兆鵬　(清)趙繼元修　清同治十一年(1872)刻本　十二冊

340000－1801－0008137　5:002110－5:002119
[道光]宿松縣志二十八卷首一卷　(清)鄔正階　(清)石葆元纂修　清道光八年(1828)刻本　十冊

340000－1801－0008138　5:002130－5:002137
[道光]宿松縣志二十八卷首一卷　(清)鄔正階　(清)石葆元纂修　清道光八年(1828)刻本　七冊　缺四卷(三至六)

340000－1801－0008139　5:002322
[宣統]宿松鄉土歷史　(清)賀人壽撰　清宣統元年(1909)鉛印本　一冊

340000－1801－0008140　5:002362－5:002391
[道光]徽州府志十六卷首一卷　(清)馬步蟾　(清)夏鑾修　清道光七年(1827)刻本　三十冊

340000－1801－0008141　5:002392－5:002421
[道光]徽州府志十六卷首一卷　(清)馬步蟾　(清)夏鑾修　清道光七年(1827)刻本　三十冊

340000－1801－0008142　5:002422－5:002451
[道光]徽州府志十六卷首一卷　(清)馬步蟾　(清)夏鑾修　清道光七年(1827)刻本　三十冊

340000－1801－0008143　5:002452－5:002481
[道光]徽州府志十六卷首一卷　(清)馬步蟾

（清）夏鑾修　清道光七年（1827）刻本　三十册

340000－1801－0008144　5∶002482－5∶002500
［道光］徽州府志十六卷首一卷　（清）馬步蟾（清）夏鑾修　清道光七年（1827）刻本　十九册　缺六卷（八、十一至十二、十四至十六）

340000－1801－0008145　5∶002501－5∶002504
徽州府志□□卷　（□）□□纂修　清刻本　四册　存七卷（二至五、十四至十五、十七）

340000－1801－0008146　5∶002505
［同治］徽州府志辨證不分卷　（清）黄崇惺撰　清同治木活字印本　一册

340000－1801－0008147　5∶002506
［同治］徽州府志辨證不分卷　（清）黄崇惺撰　清同治木活字印本　一册

340000－1801－0008148　5∶002507
［同治］徽州府志辨證不分卷　（清）黄崇惺撰　清同治木活字印本　一册

340000－1801－0008149　5∶002510
徽志正誤不分卷　（清）邵棠撰　清旌德刻本　一册

340000－1801－0008150　5∶002512
［同治］徽州府志辨證不分卷　（清）黄崇惺撰　清同治木活字印本　一册

340000－1801－0008151　5∶002513－5∶002516
［淳熙］新安志十卷　（宋）羅願纂修　清光緒十四年（1888）黟縣李氏刻本　四册

340000－1801－0008152　5∶002517－5∶002520
［淳熙］新安志十卷　（宋）羅願纂修　清光緒十四年（1888）黟縣李氏刻本　四册

340000－1801－0008153　5∶002521－5∶002524
［淳熙］新安志十卷　（宋）羅願纂修　清光緒十四年（1888）黟縣李氏刻本　四册

340000－1801－0008154　5∶002525－5∶002528
［淳熙］新安志十卷　（宋）羅願纂修　清光緒十四年（1888）黟縣李氏刻本　四册

340000－1801－0008155　5∶002529－5∶002532
［淳熙］新安志十卷　（宋）羅願纂修　清光緒十四年（1888）黟縣李氏刻本　四册

340000－1801－0008156　5∶002533－5∶002536
［淳熙］新安志十卷　（宋）羅願纂修　清光緒十四年（1888）黟縣李氏刻本　四册

340000－1801－0008157　5∶002537－5∶002540
［淳熙］新安志十卷　（宋）羅願纂修　清光緒十四年（1888）黟縣李氏刻本　四册

340000－1801－0008158　5∶002547－5∶002558
［道光］歙縣志十卷首一卷　（清）勞逢源修（清）沈伯棠纂　清道光八年（1828）刻本　十二册

340000－1801－0008159　5∶002559－5∶002565
［道光］歙縣志十卷首一卷　（清）勞逢源修（清）沈伯棠纂　清道光八年（1828）刻本　七册　缺三卷（九至十、首一卷）

340000－1801－0008160　5∶002566
［康熙］歙縣志□□卷圖一卷　（清）靳治荊修（清）吴苑纂　清康熙二十九年（1690）刻本　一册　存二卷（一至二）

340000－1801－0008161　5∶002714－5∶002725
［道光］休寧縣志二十四卷圖一卷　（清）何應松修　（清）方崇鼎纂　清道光三年（1823）刻本　十二册

340000－1801－0008162　5∶002726－5∶002737
［道光］休寧縣志二十四卷圖一卷　（清）何應松修　（清）方崇鼎纂　清道光三年（1823）刻本　十二册

340000－1801－0008163　5∶002740－5∶002763
［光緒］婺源縣志六十四卷首一卷　（清）吴鶚纂修　清光緒九年（1883）刻本　二十四册

340000－1801－0008164　5∶002764－5∶002786
［光緒］婺源縣志六十四卷首一卷　（清）吴鶚纂修　清光緒九年（1883）刻本　二十三册　缺二卷（一、首一卷）

340000－1801－0008165　5∶002848

[光緒]婺源鄉土志不分卷　(清)董鍾琪　(清)汪廷璋撰　清光緒三十四年(1908)木活字印本　一册

340000－1801－0008166　5:002849
[光緒]婺源鄉土志不分卷　(清)董鍾琪　(清)汪廷璋撰　清光緒三十四年(1908)木活字印本　一册

340000－1801－0008167　5:002862－5:002869
[道光]祁門縣志三十六卷首一卷　(清)王讓修　(清)桂超萬纂　清道光七年(1827)刻本　八册

340000－1801－0008168　5:002870－5:002877
[道光]祁門縣志三十六卷首一卷　(清)王讓修　(清)桂超萬纂　清道光七年(1827)刻本　八册

340000－1801－0008169　5:002878－5:002883
[道光]祁門縣志三十六卷首一卷　(清)王讓修　(清)桂超萬纂　清道光七年(1827)刻本　六册　缺十四卷(二十三至三十六)

340000－1801－0008170　5:002884－5:002895
[同治]祁門縣志三十六卷首一卷　(清)周溶修　(清)汪韻珊纂　清同治十二年(1873)刻本　十二册

340000－1801－0008171　5:002896－5:002907
[同治]祁門縣志三十六卷首一卷　(清)周溶修　(清)汪韻珊纂　清同治十二年(1873)刻本　十二册

340000－1801－0008172　5:002908－5:002919
[同治]祁門縣志三十六卷首一卷　(清)周溶修　(清)汪韻珊纂　清同治十二年(1873)刻本　十二册

340000－1801－0008173　5:002920－5:002930
[同治]祁門縣志三十六卷首一卷　(清)周溶修　(清)汪韻珊纂　清同治十二年(1873)刻本　十册

340000－1801－0008174　5:002931－5:002941
[同治]祁門縣志三十六卷首一卷　(清)周溶修　(清)汪韻珊纂　清同治十二年(1873)刻本　十一册　缺八卷(四至十一)

340000－1801－0008175　5:002942－5:002951
[同治]祁門縣志三十六卷首一卷　(清)周溶修　(清)汪韻珊纂　清同治十二年(1873)刻本　十一册　缺六卷(二十五至三十)

340000－1801－0008176　5:002965
祁門縣鄉土地理志不分卷　(清)李家驥輯　清末鉛印本　一册

340000－1801－0008177　5:002966
祁門縣鄉土地理志不分卷　(清)李家驥輯　清末鉛印本　一册

340000－1801－0008178　5:002976－5:002979
[光緒]善和鄉志八卷首一卷　(清)程文翰纂修　清光緒七年(1881)抄本　四册

340000－1801－0008179　5:002984－5:002999
[道光]黟縣志十六卷首一卷續志一卷　(清)吳甸華修　(清)程汝翼纂　(清)吕子玨續修　(清)詹錫齡續纂　清同治十年(1871)刻本　十六册

340000－1801－0008180　5:003000－5:003015
[道光]黟縣志十六卷首一卷續志一卷　(清)吳甸華修　(清)程汝翼纂　(清)吕子玨續修　(清)詹錫齡續纂　清同治十年(1871)刻本　十六册

340000－1801－0008181　5:003016－5:003031
[道光]黟縣志十六卷首一卷續志一卷　(清)吳甸華修　(清)程汝翼纂　(清)吕子玨續修　(清)詹錫齡續纂　清同治十年(1871)刻本　十六册

340000－1801－0008182　5:003032－5:003047
[道光]黟縣志十六卷首一卷續志一卷　(清)吳甸華修　(清)程汝翼纂　(清)吕子玨續修　(清)詹錫齡續纂　清同治十年(1871)刻本　十六册

340000－1801－0008183　5:003048－5:003059
[道光]黟縣志十六卷首一卷續志一卷　(清)吳甸華修　(清)程汝翼纂　(清)吕子玨續修　(清)詹錫齡續纂　清同治十年(1871)刻本　十二册　缺五卷(六、十、十二、十五至十六)

340000－1801－0008184　5:003064－5:003074

[道光]黟縣志十六卷首一卷續志一卷　（清）吳甸華修　（清）程汝翼纂　（清）吕子玨續修　（清）詹錫齡續纂　清道光五年(1825)刻本　十一册　缺一卷(十六)

340000－1801－0008185　5:003075－5:003090
[同治]黟縣三志十六卷首一卷末一卷　（清）謝永泰修　（清）程鴻詔纂　清同治十年(1871)刻本　十六册

340000－1801－0008186　5:003091－5:003108
[同治]黟縣三志十六卷首一卷末一卷　（清）謝永泰修　（清）程鴻詔纂　清同治十年(1871)刻本　十八册

340000－1801－0008187　5:003109－5:003124
[同治]黟縣三志十六卷首一卷末一卷　（清）謝永泰修　（清）程鴻詔纂　清同治十年(1871)刻本　十六册

340000－1801－0008188　5:003125－5:003138
[同治]黟縣三志十六卷首一卷末一卷　（清）謝永泰修　（清）程鴻詔纂　清同治十年(1871)刻本　十四册　缺一卷(末一卷)

340000－1801－0008189　5:003190－5:003199
[道光]黟縣志十六卷首一卷續志一卷　（清）吳甸華修　（清）程汝翼纂　（清）吕子玨續修　（清）詹錫齡續纂　清同治十年(1871)刻本　十册　存十一卷(一至十一)

340000－1801－0008190　5:003231－5:003238
[嘉慶]績溪縣志十二卷首一卷　（清）清愷修　（清）席存泰纂　清嘉慶十五年(1810)刻本　八册

340000－1801－0008191　5:003239－5:003244
[嘉慶]績溪縣志十二卷首一卷　（清）清愷修　（清）席存泰纂　清嘉慶十五年(1810)刻本　六册　缺一卷(十)

340000－1801－0008192　5:003473
[道光]宛陵郡志備要四卷太平郡志歷朝詩輯要二卷　（清）謝庭氏輯　清道光十年(1830)刻本　一册

340000－1801－0008193　5:003474
[道光]宛陵郡志備要四卷太平郡志歷朝詩輯要二卷　（清）謝庭氏輯　清道光十年(1830)刻本　一册

340000－1801－0008194　5:003475
太平郡志歷朝詩輯要二卷　（清）謝庭氏輯　清刻本　一册

340000－1801－0008195　5:003482－5:003502
[嘉慶]寧國府志三十六卷首一卷末一卷　（清）魯銓修　（清）洪亮吉纂　清嘉慶十二年(1807)刻本　二十一册

340000－1801－0008196　5:003505－5:003528
[光緒]宣城縣志四十卷首一卷　（清）李應泰修　（清）章綬纂　清光緒十四年(1888)木活字印本　二十四册

340000－1801－0008197　5:003535－5:003559
[光緒]宣城縣志四十卷首一卷　（清）李應泰修　（清）章綬纂　清光緒十四年(1888)木活字印本　二十六册　缺一卷(二十)

340000－1801－0008198　5:003674－5:003675
[道光]涇縣志續志九卷府縣二志樂輸題名二卷　（清）阮文藻修　（清）趙懋曜纂　清道光九年(1829)刻本　二册

340000－1801－0008199　5:003686－5:003701
[嘉慶]涇縣志三十二卷首一卷　（清）李德淦修　（清）洪亮吉纂　清嘉慶十一年(1806)刻本　十六册

340000－1801－0008200　5:003702－5:003715
[嘉慶]涇縣志三十二卷首一卷　（清）李德淦修　（清）洪亮吉纂　清嘉慶十一年(1806)刻本　十四册

340000－1801－0008201　5:003721－5:003736
[嘉慶]涇縣志三十二卷首一卷　（清）李德淦修　（清）洪亮吉纂　清嘉慶十一年(1806)刻本　十六册

340000－1801－0008202　5:003891－5:003896
[光緒]南陵小志四卷首一卷　（清）宗能徵等纂修　清光緒二十五年(1899)刻本　六册

340000－1801－0008203　5:003897

[光緒]南陵縣建置沿革表　徐乃昌撰　清光緒十八年(1892)積學齋刻本　一册

340000-1801-0008204　5:004007-5:004010
[光緒]寧國縣通志十卷　(清)張達五修　(清)鄧思賢增修　(清)周贇纂　清光緒抄本　四册

340000-1801-0008205　5:004011-5:004012
寧國縣志□□卷　清刻本　二册　存三卷(八至十)

340000-1801-0008206　5:004013-5:004019
[嘉慶]旌德縣志十卷補遺二卷　(清)陳柄德修　清嘉慶十三年(1808)刻本　七册

340000-1801-0008207　5:004123-5:004130
[嘉慶]太平縣志十二卷首一卷　(清)曹夢鶴修　(清)孔傳薪纂　清光緒油印本　八册

340000-1801-0008208　5:004261-5:004263
[康熙]池州府志九十二卷　(清)馬世永纂修　(清)李璋續增修　清康熙五十年(1711)刻本　四册　存九卷(六至九、五十二至五十六)

340000-1801-0008209　5:004264-5:004271
[道光]貴池縣志四十四卷　(清)漆日榛修　(清)桂超萬纂　清道光二十六年(1846)刻本　八册　存三十二卷(一至三十二)

340000-1801-0008210　5:004272-5:004277
[道光]貴池縣志四十四卷　(清)漆日榛修　(清)桂超萬纂　清道光二十六年(1846)刻本　六册　缺三十二卷(一至十一、十四至十七、二十五至二十六、三十至四十四)

340000-1801-0008211　5:004278-5:004297
[光緒]貴池縣志四十四卷首一卷　(清)張延齡修　(清)桂迓衡纂　清光緒九年(1883)木活字印本　二十册

340000-1801-0008212　5:004298-5:004317
[光緒]貴池縣志四十四卷首一卷　(清)張延齡修　(清)桂迓衡纂　清光緒九年(1883)木活字印本　二十册

340000-1801-0008213　5:004318-5:004337
[光緒]貴池縣志四十四卷首一卷　(清)張延齡修　(清)桂迓衡纂　清光緒九年(1883)木活字印本　二十册

340000-1801-0008214　5:004338-5:004357
[光緒]貴池縣志四十四卷首一卷　(清)張延齡修　(清)桂迓衡纂　清光緒九年(1883)木活字印本　二十册

340000-1801-0008215　5:004359
[光緒]貴池縣沿革表不分卷　劉世珩撰　清光緒二十八年(1902)刻本　一册

340000-1801-0008216　5:004360
[光緒]貴池縣沿革表不分卷　劉世珩撰　清光緒二十八年(1902)刻本　一册

340000-1801-0008217　5:004361
[光緒]貴池縣沿革表不分卷　劉世珩撰　清光緒二十八年(1902)刻本　一册

340000-1801-0008218　5:004366-5:004377
[光緒]青陽縣志十二卷圖一卷　(清)華椿修　(清)周贇纂　清光緒十七年(1891)木活字印本　十二册

340000-1801-0008219　5:004378-5:004389
[光緒]青陽縣志十二卷圖一卷　(清)華椿修　(清)周贇纂　清光緒十七年(1891)木活字印本　十二册

340000-1801-0008220　5:004390-5:004401
[光緒]青陽縣志十二卷圖一卷　(清)華椿修　(清)周贇纂　清光緒十七年(1891)木活字印本　十二册

340000-1801-0008221　5:004402-5:004413
[光緒]青陽縣志十二卷圖一卷　(清)華椿修　(清)周贇纂　清光緒十七年(1891)木活字印本　十二册

340000-1801-0008222　5:004414-5:004424
[光緒]青陽縣志十二卷圖一卷　(清)華椿修　(清)周贇纂　清光緒十七年(1891)木活字印本　十一册

340000－1801－0008223　5:004425－5:004431
[光緒]青陽縣志十二卷圖一卷　(清)華椿修　(清)周贇纂　清光緒十七年(1891)木活字印本　七册

340000－1801－0008224　5:004538－5:004547
[道光]建德縣志二十卷首一卷　(清)陳葵修　(清)管森纂　清道光五年(1825)刻本　十册

340000－1801－0008225　5:004548－5:004557
[宣統]建德縣志二十卷首一卷　(清)張贊巽等修　(清)周學銘纂　清宣統二年(1910)鉛印本　十册

340000－1801－0008226　5:004558－5:004565
[宣統]建德縣志二十卷首一卷　((清)張贊巽等修　(清)周學銘纂　清宣統二年(1910)鉛印本　八册　缺三卷(十八至二十)

340000－1801－0008227　5:004566－5:004575
[宣統]建德縣志二十卷首一卷　(清)張贊巽等修　(清)周學銘纂　清宣統二年(1910)鉛印本　十册

340000－1801－0008228　5:004576－5:004585
[宣統]建德縣志二十卷首一卷　(清)張贊巽等修　(清)周學銘纂　清宣統二年(1910)鉛印本　十册

340000－1801－0008229　5:004617－5:004622
[嘉慶]東流縣志三十卷　(清)吴篪修　(清)李兆洛纂　清嘉慶二十三年(1818)刻本　六册　缺十二卷(十八至二十六、二十八至三十)

340000－1801－0008230　5:004623－5:004628
[嘉慶]東流縣志三十卷　(清)吴篪修　(清)李兆洛纂　清嘉慶二十三年(1818)刻本　六册

340000－1801－0008231　5:004629－5:004648
[康熙]太平府志四十卷　(清)黄桂　(清)宋驤修　(清)李敏迪　(清)曹守謙續修　清光緒二十九年(1903)木活字印本　二十册

340000－1801－0008232　5:004649－5:004650
[康熙]太平府志四十卷　(清)黄桂　(清)宋驤修　清光緒木活字印本　二册　存四卷(二十七至三十)

340000－1801－0008233　5:004851－5:004858
[道光]繁昌縣志十八卷首一卷　(清)曹德贊原本　(清)張星煥增修　清道光六年(1826)刻本　八册

340000－1801－0008234　5:004872－5:004919
[光緒]續修廬州府志一百卷首一卷末一卷　(清)黄雲修　(清)汪宗沂等纂　清光緒十一年(1885)刻本　四十八册

340000－1801－0008235　5:004920－5:004967
[光緒]續修廬州府志一百卷首一卷末一卷　(清)黄雲修　(清)汪宗沂等纂　清光緒十一年(1885)刻本　四十八册

340000－1801－0008236　5:004968－5:005015
[光緒]續修廬州府志一百卷首一卷末一卷　(清)黄雲修　(清)汪宗沂等纂　清光緒十一年(1885)刻本　四十八册

340000－1801－0008237　5:005016－5:005063
[光緒]續修廬州府志一百卷首一卷末一卷　(清)黄雲修　(清)汪宗沂等纂　清光緒十一年(1885)刻本　四十八册

340000－1801－0008238　5:005064－5:005111
[光緒]續修廬州府志一百卷首一卷末一卷　(清)黄雲修　(清)汪宗沂等纂　清光緒十一年(1885)刻本　四十八册

340000－1801－0008239　5:005112－5:005159
[光緒]續修廬州府志一百卷首一卷末一卷　(清)黄雲修　(清)汪宗沂等纂　清光緒十一年(1885)刻本　四十八册

340000－1801－0008240　5:005160－5:005204
[光緒]續修廬州府志一百卷首一卷末一卷　(清)黄雲修　(清)汪宗沂等纂　清光緒十一年(1885)刻本　四十五册　缺十卷(七至九、六十二、七十九至八十四)

340000－1801－0008241　5：005205－5：005217
[光緒]續修廬州府志一百卷首一卷末一卷　(清)黃雲修　(清)汪宗沂等纂　清光緒十一年(1885)刻本(卷二十三至二十四爲抄配)　十三冊　存二十二卷(十三、十八至十九、三十二至三十三、三十六至五十二)

340000－1801－0008242　5：005366－5：005374
[嘉慶]廬江縣志十五卷首一卷　(清)魏紹源修　(清)儲嘉珩纂　清同治七年(1868)木活字印本(配複印本)　九冊

340000－1801－0008243　5：005375－5：005382
[嘉慶]廬江縣志十五卷首一卷　(清)魏紹源修　(清)儲嘉珩纂　清同治七年(1868)木活字印本　八冊

340000－1801－0008244　5：005383
[嘉慶]廬江縣志十五卷首一卷　(清)錢鎔修　(清)盧鈺纂　清嘉慶刻本(有抄配)　一冊　存一卷(十)

340000－1801－0008245　5：005384－5：005398
[嘉慶]廬江縣志十六卷首一卷　(清)錢鎔修　(清)盧鈺纂　清光緒十一年(1885)木活字印本　十六冊

340000－1801－0008246　5：005399－5：005414
[嘉慶]廬江縣志十六卷首一卷　(清)錢鎔修　(清)盧鈺纂　清光緒十一年(1885)木活字印本　十六冊

340000－1801－0008247　5：005415－5：005430
[嘉慶]廬江縣志十六卷首一卷　(清)錢鎔修　(清)盧鈺纂　清光緒十一年(1885)木活字印本　十六冊

340000－1801－0008248　5：005431－5：005446
[嘉慶]廬江縣志十六卷首一卷　(清)錢鎔修　(清)盧鈺纂　清光緒十一年(1885)木活字印本　十六冊

340000－1801－0008249　5：005447－5：005462
[嘉慶]廬江縣志十六卷首一卷　(清)錢鎔修　(清)盧鈺纂　清光緒十一年(1885)木活字印本　十六冊

340000－1801－0008250　5：005463－5：005478
[嘉慶]廬江縣志十六卷首一卷　(清)錢鎔修　(清)盧鈺纂　清光緒十一年(1885)木活字印本　十六冊

340000－1801－0008251　5：005479－5：005493
[嘉慶]廬江縣志十六卷首一卷　(清)錢鎔修　(清)盧鈺纂　清光緒十一年(1885)木活字印本　十六冊

340000－1801－0008252　5：005494
雍正廬江縣志十二卷首一卷　(清)陳慶門修　(清)孔傳詩等纂　清雍正刻本　一冊　存三卷(九至十一)

340000－1801－0008253　5：005495
廬江縣志輿圖□□卷　(□)□□纂　清刻本　一冊　存一卷(一)

340000－1801－0008254　5：005496－5：005505
[嘉慶]無爲州志三十六卷首一卷　(清)顧浩修　(清)吴元慶纂　清嘉慶八年(1803)刻本　十冊

340000－1801－0008255　5：005506－5：005515
[嘉慶]無爲州志三十六卷首一卷　(清)顧浩修　(清)吴元慶纂　清嘉慶八年(1803)刻本(配複印本)　十冊　存六卷(一至六)

340000－1801－0008256　5：005516－5：005517
[嘉慶]無爲州志三十六卷首一卷　(清)顧浩修　(清)吴元慶纂　清嘉慶八年(1803)刻本　二冊

340000－1801－0008257　5：005550－5：005555
[道光]巢縣志二十卷首一卷　(清)舒夢齡纂修　清道光八年(1828)刻本　六冊

340000－1801－0008258　5：005556－5：005561
[道光]巢縣志二十卷首一卷　(清)舒夢齡纂修　清道光八年(1828)刻本　六冊

340000－1801－0008259　5：005610－5：005633
[光緒]鳳陽府志二十一卷　馮煦修　(清)魏家驊纂　(清)張德霈續纂　清光緒三十四年(1908)木活字印本　二十四冊

340000－1801－0008260　5∶005634－5∶005657
［光緒］鳳陽府志二十一卷　馮煦修　（清）魏家驊纂　（清）張德霈續纂　清光緒三十四年（1908）木活字印本　二十四冊

340000－1801－0008261　5∶005658－5∶005681
［光緒］鳳陽府志二十一卷　馮煦修　（清）魏家驊纂　（清）張德霈續纂　清光緒三十四年（1908）木活字印本　二十四冊

340000－1801－0008262　5∶005682－5∶005699
［光緒］鳳陽府志二十一卷　馮煦修　（清）魏家驊纂　（清）張德霈續纂　清光緒三十四年（1908）木活字印本　二十四冊

340000－1801－0008263　5∶005700－5∶005710
［光緒］鳳陽府志二十一卷　馮煦修　（清）魏家驊纂　（清）張德霈續纂　清光緒三十四年（1908）木活字印本　十一冊　存十五卷（一至十五）

340000－1801－0008264　5∶005711－5∶005720
［乾隆］鳳陽縣志十六卷首一卷　（清）于萬培修　（清）吳之員續纂　**附續志**　（清）謝永泰修　（清）王汝琛纂　清光緒十三年（1887）刻本　十冊　缺三卷（九至十一）

340000－1801－0008265　5∶005721－5∶005730
［乾隆］鳳陽縣志十六卷首一卷附續志　（清）于萬培修　（清）吳之員續纂　清光緒十三年（1887）刻本　十冊

340000－1801－0008266　5∶005796－5∶005797
［嘉慶］懷遠縣志二十八卷　（清）李兆洛　（清）孫讓纂修　清嘉慶二十四年（1819）木活字印本　二冊　存六卷（五至十）

340000－1801－0008267　5∶005798－5∶005809
［嘉慶］懷遠縣志二十八卷　（清）李兆洛　（清）孫讓纂修　清嘉慶二十四年（1819）木活字印本　十二冊

340000－1801－0008268　5∶005810－5∶005821
［嘉慶］懷遠縣志二十八卷　（清）李兆洛　（清）孫讓纂修　清嘉慶二十四年（1819）木活字印本　十二冊

340000－1801－0008269　5∶005860－5∶005865
［乾隆］壽州志十二卷首一卷末一卷　（清）席芑　（清）張肇揚纂修　清乾隆三十二年（1767）刻本　六冊

340000－1801－0008270　5∶005868－5∶005883
［光緒］壽州志三十六卷首一卷末一卷　（清）曾道唯等修　（清）葛蔭南等纂　清光緒十六年（1890）木活字印本　十六冊

340000－1801－0008271　5∶005884－5∶005899
［光緒］壽州志三十六卷首一卷末一卷　（清）曾道唯等修　（清）葛蔭南等纂　清光緒十六年（1890）木活字印本　十六冊

340000－1801－0008272　5∶005900－5∶005915
［光緒］壽州志三十六卷首一卷末一卷　（清）曾道唯等修　（清）葛蔭南等纂　清光緒十六年（1890）木活字印本　十六冊

340000－1801－0008273　5∶005916－5∶005923
［光緒］壽州志三十六卷首一卷末一卷　（清）曾道唯等修　（清）葛蔭南等纂　清光緒十六年（1890）木活字印本　八冊　存十六卷（三至九、十七至十八、二十六至二十八、三十至三十三）

340000－1801－0008274　5∶005933－5∶005935
［嘉慶］鳳臺縣志十二卷　（清）李兆洛纂修　清嘉慶十九年（1814）刻曬藍印本　三冊

340000－1801－0008275　5∶005936－5∶005645
［光緒］鳳臺縣志二十五卷首一卷　（清）李師沆修　（清）葛蔭南纂　清光緒十八年（1892）木活字印本　十冊

340000－1801－0008276　5∶005946－5∶005955
［光緒］鳳臺縣志二十五卷首一卷　（清）李師沆修　（清）葛蔭南纂　清光緒十八年（1892）木活字印本　十冊

340000－1801－0008277　5∶005956－5∶005965
［光緒］鳳臺縣志二十五卷首一卷　（清）李師沆修　（清）葛蔭南纂　清光緒十八年（1892）木活字印本　七冊　缺十卷（六至十二、二十一至二十三）

340000－1801－0008278　5:005966－5:005972
[光緒]鳳臺縣志二十五卷首一卷　(清)李師沆修　(清)葛蔭南纂　清光緒十八年(1892)木活字印本　十冊

340000－1801－0008279　5:005987－5:005990
[乾隆]潁州府志十卷圖考一卷　(清)王斂福修　(清)潘遇莘纂　清乾隆十七年(1752)刻本　四冊　存四卷(二至五)

340000－1801－0008280　5:005991－5:005996
[乾隆]潁州府志十卷圖考一卷　(清)王斂福修　(清)潘遇莘纂　清乾隆十七年(1752)刻本　六冊

340000－1801－0008281　5:006015－5:006026
[道光]阜陽縣志二十四卷　(清)劉虎文修　清道光九年(1829)刻本　十二冊

340000－1801－0008282　5:006027－5:006038
[道光]阜陽縣志二十四卷　(清)劉虎文修　清道光九年(1829)刻本　十二冊

340000－1801－0008283　5:006039－5:006042
[道光]阜陽縣志二十四卷　(清)劉虎文修　清道光九年(1829)刻本　四冊　存七卷(十八至二十四)

340000－1801－0008284　5:006141－5:006148
[光緒]潁上縣志十二卷首一卷　(清)都寵錫修　(清)李道章纂　清光緒四年(1878)刻本　八冊

340000－1801－0008285　5:006149－5:006154
[光緒]潁上縣志十二卷首一卷　(清)都寵錫修　(清)李道章纂　清光緒四年(1878)刻本　六冊　缺三卷(一、十二,首一卷)

340000－1801－0008286　5:006158
[道光]潁上風物記三卷　(清)高澤生撰　清道光六年(1826)刻本　一冊

340000－1801－0008287　5:006194－5:006209
[同治]霍邱縣志十六卷首一卷　(清)陸鼎斆纂修　清同治八年(1869)木活字印本　十六冊

340000－1801－0008288　5:006222－5:006235
[光緒]亳州志二十卷首一卷　(清)鍾泰纂修　(清)宗能徵纂　清光緒二十一年(1895)木活字印本　十四冊

340000－1801－0008289　5:006236－5:006249
[光緒]亳州志二十卷首一卷　(清)鍾泰纂修　(清)宗能徵纂　清光緒二十一年(1895)木活字印本　十四冊

340000－1801－0008290　5:006250－5:006255
[光緒]亳州志二十卷首一卷　(清)鍾泰纂修　(清)宗能徵纂　清光緒二十一年(1895)木活字印本　六冊　存八卷(四至五、十二至十六、十八)

340000－1801－0008291　5:006398－5:006403
[光緒]滁州志十卷首一卷末一卷　(清)熊祖詒纂修　清光緒刻宣統元年(1909)印本　六冊　缺一卷(一)

340000－1801－0008292　5:006404－5:006413
[光緒]滁州志十卷首一卷末一卷　(清)熊祖詒纂修　清光緒刻宣統元年(1909)印本　十冊

340000－1801－0008293　5:006414－5:006423
[光緒]滁州志十卷首一卷末一卷　(清)熊祖詒纂修　清光緒二十三年(1897)木活字印本　十冊

340000－1801－0008294　5:006424－5:006433
[光緒]滁州志十卷首一卷末一卷　(清)熊祖詒纂修　清光緒二十三年(1897)木活字印本　十冊

340000－1801－0008295　5:006491－5:006495
[道光]來安縣志十四卷首一卷末一卷　(清)劉廷槐　(清)符鴻修　(清)歐陽泉纂　清道光十年(1830)刻本　五冊

340000－1801－0008296　5:006496－5:006500
[道光]來安縣志十四卷首一卷末一卷　(清)劉廷槐　(清)符鴻修　(清)歐陽泉纂　清道光十年(1830)刻本　五冊

340000－1801－0008297　5：006529－5：006544
[光緒]直隸和州志四十卷首一卷補遺一卷　(清)朱大紳修　(清)高照纂　清光緒二十七年(1901)木活字印本　十六册

340000－1801－0008298　5：006545－5：006560
[光緒]直隸和州志四十卷首一卷補遺一卷　(清)朱大紳修　(清)高照纂　清光緒二十七年(1901)木活字印本　十六册

340000－1801－0008299　5：006561－5：006568
[道光]和州志二十四卷首一卷　(清)善貴修　(清)陳廷桂纂　(清)張受纓續纂　清道光十六年(1836)刻本　八册

340000－1801－0008300　5：006573－5：006584
[道光]歷陽典錄三十四卷補編六卷　(清)陳廷桂纂　清同治六年(1867)刻本　十二册

340000－1801－0008301　5：006585－5：006596
[道光]歷陽典錄三十四卷補編六卷　(清)陳廷桂纂　清同治六年(1867)刻本　十二册

340000－1801－0008302　5：006597－5：006609
[道光]歷陽典錄三十四卷補編六卷　(清)陳廷桂纂　清同治六年(1867)刻本　十二册

340000－1801－0008303　5：006610－5：006618
[道光]歷陽典錄三十四卷補編六卷　(清)陳廷桂纂　清同治六年(1867)刻本　九册

340000－1801－0008304　5：006623－5：006642
[光緒]廣德州志六十卷首一卷末一卷　(清)胡有誠修　(清)丁寶書纂　清光緒七年(1881)刻本　二十册

340000－1801－0008305　5：006643－5：006662
[光緒]廣德州志六十卷首一卷末一卷　(清)胡有誠修　(清)丁寶書纂　清光緒七年(1881)刻本　二十册

340000－1801－0008306　5：006663－5：006680
[光緒]廣德州志六十卷首一卷末一卷　(清)胡有誠修　(清)丁寶書纂　清光緒七年(1881)刻本　十八册

340000－1801－0008307　5：006692－5：006719
[同治]六安州志六十卷首一卷　(清)李蔚等修　(清)吳康霖纂　清同治十一年(1872)刻本　二十八册

340000－1801－0008308　5：006720－5：006747
[同治]六安州志六十卷首一卷　(清)李蔚等修　(清)吳康霖纂　清同治十一年(1872)刻光緒二十一年(1895)重印本　二十八册

340000－1801－0008309　5：006778－5：006793
[光緒]舒城縣志續修五十卷首一卷末一卷　(清)崔保齡修　(清)趙鳳詔纂　清光緒三十三年(1907)木活字印本　十六册

340000－1801－0008310　5：006794－5：006809
[光緒]舒城縣志續修五十卷首一卷末一卷　(清)崔保齡修　(清)趙鳳詔纂　清光緒三十三年(1907)木活字印本　十六册

340000－1801－0008311　5：006810－5：006821
[光緒]舒城縣志續修五十卷首一卷末一卷　(清)崔保齡修　(清)趙鳳詔纂　清光緒三十三年(1907)木活字印本　十二册　缺十三卷(二十五至二十八、三十七至四十三、五十,末一卷)

340000－1801－0008312　5：006855－5：006860
[光緒]霍山縣志十五卷首一卷　(清)秦達章修　(清)何國祐纂　清光緒三十一年(1905)木活字印本　六册

340000－1801－0008313　5：006861－5：006866
[光緒]霍山縣志十五卷首一卷　(清)秦達章修　(清)何國祐纂　清光緒三十一年(1905)木活字印本　六册

340000－1801－0008314　5：006867－5：006872
[光緒]霍山縣志十五卷首一卷　(清)秦達章修　(清)何國祐纂　清光緒三十一年(1905)木活字印本　六册

340000－1801－0008315　5：006873－5：006878
[光緒]霍山縣志十五卷首一卷　(清)秦達章修　(清)何國祐纂　清光緒三十一年(1905)木活字印本　六册

340000－1801－0008316　5：006879－5：006882
[光緒]霍山縣志十五卷首一卷　(清)秦達章修　(清)何國祐纂　清光緒三十一年(1905)木活字印本　四冊　缺四卷(九至十二)

340000－1801－0008317　5：006936－5：006944
[光緒]盱眙縣志稿十七卷　(清)王錫元纂修　清光緒十七年(1891)刻本　九冊

340000－1801－0008318　5：006945－5：006952
[光緒]盱眙縣志稿十七卷　(清)王錫元纂修　清光緒二十五年(1899)刻本　八冊

340000－1801－0008319　5：006953－5：006956
[光緒]盱眙縣志稿十七卷　(清)王錫元纂修　清光緒二十五年(1899)刻本　四冊　缺十二卷(三至九、十三至十七)

340000－1801－0008320　5：006957－5：006964
[光緒]泗虹合志十九卷　(清)方瑞蘭修　(清)江殿颺　(清)許湘甲纂　清光緒十四年(1888)刻本　八冊

340000－1801－0008321　5：006965－5：006972
[光緒]泗虹合志十九卷　(清)方瑞蘭修　(清)江殿颺　(清)許湘甲纂　清光緒十四年(1888)刻本　八冊

340000－1801－0008322　5：006973－5：006980
[光緒]泗虹合志十九卷　(清)方瑞蘭修　(清)江殿颺　(清)許湘甲纂　清光緒十四年(1888)刻本　八冊

340000－1801－0008323　5：006981－5：006988
[光緒]泗虹合志十九卷　(清)方瑞蘭修　(清)江殿颺　(清)許湘甲纂　清光緒十四年(1888)刻本　八冊

340000－1801－0008324　5：006989－5：006995
[光緒]泗虹合志十九卷　(清)方瑞蘭修　(清)江殿颺　(清)許湘甲纂　清光緒十四年(1888)刻本　七冊

340000－1801－0008325　5：007016－5：007031
[光緒]宿州志三十六卷　(清)何慶釗修　(清)丁遜之纂　清光緒十五年(1889)刻本　十六冊

340000－1801－0008326　5：007032－5：007047
[光緒]宿州志三十六卷　(清)何慶釗修　(清)丁遜之纂　清光緒十五年(1889)刻本　十六冊

340000－1801－0008327　5：007048－5：007063
[光緒]宿州志三十六卷　(清)何慶釗修　(清)丁遜之纂　清光緒十五年(1889)刻本　十六冊

340000－1801－0008328　5：007064－5：007079
[光緒]宿州志三十六卷　(清)何慶釗修　(清)丁遜之纂　清光緒十五年(1889)刻本　十六冊

340000－1801－0008329　5：007080－5：007095
[光緒]宿州志三十六卷　(清)何慶釗修　(清)丁遜之纂　清光緒十五年(1889)刻本　十六冊

340000－1801－0008330　5：007096－5：007104
[光緒]宿州志三十六卷　(清)何慶釗修　(清)丁遜之纂　清光緒十五年(1889)刻本　九冊　缺十三卷(九至十三、十七至二十、二十八至二十九、三十五至三十六)

340000－1801－0008331　5：007138－5：007145
[光緒]五河縣志二十卷首一卷末一卷　(清)賴同宴修　(清)俞宗誠纂　清光緒二十年(1894)刻本　八冊

340000－1801－0008332　5：007146－5：007153
[光緒]五河縣志二十卷首一卷末一卷　(清)賴同宴修　(清)俞宗誠纂　清光緒二十年(1894)刻本　八冊

340000－1801－0008333　5：007154－5：007160
[光緒]五河縣志二十卷首一卷末一卷　(清)賴同宴修　(清)俞宗誠纂　清光緒二十年(1894)刻本　七冊

340000－1801－0008334　5：007161－5：007170
[嘉慶]蕭縣志十八卷　(清)潘鎔修　(清)沈學淵纂　清嘉慶十九年(1814)刻本　十冊

340000－1801－0008335　5：007171－5：007173
［嘉慶］蕭縣志十八卷　（清）潘鎔修　（清）沈學淵纂　清嘉慶十九年（1814）刻本　三冊

340000－1801－0008336　5：007179－5：007182
［光緒］續蕭縣志十八卷首一卷　（清）顧景濂　（清）段廣瀛纂修　清光緒元年（1875）刻本　四冊　缺五卷（十四至十八）

340000－1801－0008337　5：007183－5：007188
［乾隆］碭山縣志十四卷　（清）劉王瑗纂修　清乾隆三十二年（1767）刻本　六冊

340000－1801－0008338　5：007204－5：007237
［光緒］重修安徽通志三百五十卷首一卷補遺十卷　（清）沈葆楨修　（清）何紹基纂　清光緒刻本　三十四冊

340000－1801－0008339　5：007314－5：007316
［淳熙］新安志十卷　（宋）羅願纂修　清康熙四十六年（1707）刻本　三冊　缺三卷（一至三）

340000－1801－0008340　5：007317－5：007320
［淳熙］新安志十卷　（宋）羅願纂修　清光緒十四年（1888）黟縣李氏刻本　四冊

340000－1801－0008341　5：007370－5：007375
［道光］歙縣志十卷首一卷　（清）勞逢源修　（清）沈伯棠纂　清道光八年（1828）刻本　六冊　存二卷（九至十）

340000－1801－0008342　5：007376
［光緒］婺源縣志六十四卷首一卷　（清）吳鶚纂　清光緒九年（1883）刻本　一冊　存三卷（五至七）

340000－1801－0008343　5：007487－5：007506
［光緒］續修廬州府志一百卷首一卷末一卷　（清）黃雲修　（清）汪宗沂等纂　清光緒十一年（1885）刻本　二十冊　缺五十二卷（一至二、七至九、四十四至四十六、五十七至一百）

340000－1801－0008344　5：007531－5：007546
［光緒］續修舒城縣志五十卷首一卷末一卷　（清）崔保齡纂修　清光緒三十三年（1907）刻本　十六冊

340000－1801－0008345　5：007547－5：007558
［光緒］鳳陽縣志十六卷首一卷附續志　（清）于萬培纂修　（清）謝永泰續修　（清）王汝琛續纂　清光緒十三年（1887）刻本　十二冊

340000－1801－0008346　5：007561－5：007584
［光緒］鳳陽府志二十一卷　馮煦修　（清）魏家驊纂　（清）張德霈續纂　清光緒三十四年（1908）木活字印本　二十四冊

340000－1801－0008347　5：007591－5：007595
［道光］來安縣志十四卷首一卷末一卷　（清）劉廷槐　（清）符鴻修　（清）歐陽泉纂　清道光十年（1830）刻本　五冊

340000－1801－0008348　5：007623
［乾隆］靈璧河防錄一卷河渠原委二卷　（清）貢震修　清刻本　一冊

340000－1801－0008349　5：007630－5：007669
［光緒］續修廬州府志一百卷首一卷末一卷　（清）黃雲修　（清）汪宗沂等纂　清光緒十一年（1885）刻本（有補配）　四十冊　缺十四卷（一至二、三十至三十一、六十三至六十四、六十七、八十五、九十至九十五）

340000－1801－0008350　5：007671－5：007678
［光緒］宿州志三十六卷　（清）何慶釗修　（清）丁遜之纂　清光緒十五年（1889）刻本　八冊　存二十卷（四至十六、二十三至二十七、三十至三十一）

340000－1801－0008351　5：007680
［乾隆］碭山縣志十四卷　（清）劉王瑗纂修　清乾隆三十二年（1767）刻本　一冊　存二卷（十三至十四）

340000－1801－0008352　5：007753－5：007776
［光緒］續修廬州府志一百卷首一卷末一卷　（清）黃雲修　（清）汪宗沂等纂　清光緒十一年（1885）刻本（有補配）　二十五冊　缺四十四卷（一至二、十至十七、二十三至三十一、三十四至三十六、四十四至四十六、五十七至五十九、七十五至七十七、八十八至九十八，首

一卷,末一卷)

340000－1801－0008353　5:007781
[康熙]寧國縣志十卷　(清)陳養元修　(清)王為壤纂　清康熙五十二年(1713)刻本　一册　存一卷(十)

340000－1801－0008354　5:007782
[道光]寧國縣志十二卷首一卷末一卷　(清)梁中孚纂修　清道光五年(1825)刻本　一册　存一卷(十)

340000－1801－0008355　5:007785
[康熙]池州府志九十二卷　(清)馬世永纂修　(清)李璋續增修　清康熙五十年(1711)刻本　一册　存五卷(十三至十七)

340000－1801－0008356　5:007790－5:007802
[光緒]宿州志三十六卷　(清)何慶釗修　(清)丁遜之纂　清光緒十五年(1889)刻本　十三册　存三十二卷(一至二十、二十三至二十七、三十至三十六)

340000－1801－0008357　5:007814－5:007817
[道光]宿松縣志二十八卷首一卷　(清)鄔正階　(清)石葆元纂修　清道光八年(1828)刻本　四册　存十二卷(三至五、十二至二十)

340000－1801－0008358　5:007818－5:007821
[光緒]重修五河縣志二十卷首一卷　(清)賴同宴　(清)孫玉銘修　(清)俞宗誠纂　清光緒二十年(1894)刻本　四册　存十卷(一至二、八至九、十六至二十,首一卷)

340000－1801－0008359　5:007822－5:007826
[同治]祁門縣志三十六卷首一卷　(清)周溶修　(清)汪韻珊纂　清同治十二年(1873)刻本　五册　存二十七卷(四至十一、十三至十六、二十二至三十六)

340000－1801－0008360　5:007827－5:007829
[同治]祁門縣志三十六卷首一卷　(清)周溶修　(清)汪韻珊纂　清同治十二年(1873)刻本(有補配)　四册　存十一卷(十至十一、十九至二十一、三十一至三十六)

340000－1801－0008361　5:007830－5:007831
[同治]祁門縣志三十六卷首一卷　(清)周溶修　(清)汪韻珊纂　清同治十二年(1873)刻本　二册　存一卷(三十一)

340000－1801－0008362　5:007832－5:007835
[光緒]重修五河縣志二十卷首一卷　(清)賴同宴　(清)孫玉銘修　(清)俞宗誠纂　清光緒二十年(1894)刻本　四册　存十一卷(五至七、十三至二十)

340000－1801－0008363　5:007836－5:007850
[光緒]續修廬州府志一百卷首一卷末一卷　(清)黄雲修　(清)汪宗沂等纂　清光緒十一年(1885)刻本(有補配)　十五册　存二十八卷(七至十三、十八至二十二、三十七至三十八、五十至五十二、六十二、六十五至六十六、七十至七十三、七十八、八十五、九十九至一百)

340000－1801－0008364　5:007880－5:007881
[道光]黟縣續志十六卷首一卷　(清)吕子玨修　(清)詹錫麟纂　清道光五年(1825)刻本　二册　存四卷(四、十一至十二、十六)

340000－1801－0008365　5:007882－5:007883
[光緒]霍山縣志十五卷首一卷　(清)秦達章修　(清)何國祐纂　清光緒三十一年(1905)木活字印本　二册　存三卷(三至五)

340000－1801－0008366　5:007887
[光緒]泗虹合志二十九卷　(清)方瑞蘭修　(清)許湘甲纂　清光緒十四年(1888)刻本　一册　存三卷(三至五)

340000－1801－0008367　5:007888－5:007891
[光緒]泗虹合志二十九卷　(清)方瑞蘭修　(清)許湘甲纂　清光緒十四年(1888)刻本　四册　存六卷(一至二、六至七、十六、十九)

340000－1801－0008368　5:007892－5:007905
旌德縣志十卷　(清)□□修　清刻本　十册

340000－1801－0008369　5:007932
[乾隆]太平縣志十二卷　(清)彭居仁修　(清)魏子嵩纂　清乾隆二十年(1755)刻本

一册　存二卷(九至十)

340000－1801－0008370　5:007933

[同治]六安州志六十卷首一卷　(清)李蔚等修　(清)吳康霖纂　清同治十一年(1872)刻光緒二十一年(1895)印本　一册　存六卷(五十五至六十)

340000－1801－0008371　5:007934－5:007839

[同治]六安州志六十卷首一卷　(清)李蔚等修　(清)吳康霖纂　清同治十一年(1872)刻本　六册　存十二卷(一、三十六至四十二、四十五至四十六、五十二,首一卷)

340000－1801－0008372　5:007947－5:007948

[光緒]鳳臺縣志二十五卷首一卷　(清)李師沆　(清)石成之修　(清)葛蔭南　(清)周爾儀纂　清光緒十九年(1893)木活字印本　二册　存五卷(一至二、二十四至二十五,首一卷)

340000－1801－0008373　5:007949

[嘉慶]績溪縣志十二卷首一卷　(清)清愷修　(清)席存泰纂　清嘉慶十五年(1810)刻本　一册　存一卷(十)

340000－1801－0008374　5:007951

[宣統]建德縣志二十卷首一卷　(清)張贊巽等修　(清)周學銘纂　清宣統二年(1910)鉛印本　一册　存三卷(四至六)

340000－1801－0008375　5:007952－5:007956

[宣統]建德縣志二十卷首一卷　(清)張贊巽等修　(清)周學銘纂　清宣統二年(1910)鉛印本　五册　存十一卷(一至八、十五、十九至二十)

340000－1801－0008376　5:007976－5:007982

[光緒]續修廬州府志一百卷首一卷末一卷　(清)黄雲修　(清)汪宗沂等纂　清光緒十一年(1885)刻本(有補配)　七册　存十七卷(十八至二十二、三十七至三十八、五十至五十二、六十二至六十七、七十)

340000－1801－0008377　5:007994

[光緒]宣城縣志四十卷首一卷志餘二卷　(清)李應泰等修　(清)章授纂　清光緒十四年(1888)木活字印本　一册　存一卷(首一卷)

340000－1801－0008378　5:007999－5:008001

[光緒]廬江縣志十六卷首一卷　(清)錢嵘修　(清)盧鈺等纂　清光緒十一年(1885)木活字印本　三册　存三卷(七至八、十六)

340000－1801－0008379　5:008002

[乾隆]靈璧縣志略四卷　(清)貢震修　清刻本　一册　存二卷(一至二)

340000－1801－0008380　5:008004

[乾隆]靈璧縣志略四卷　(清)貢震修　清末刻本　一册　存一卷(二)

340000－1801－0008381　5:008006

[淳熙]新安志十卷　(宋)羅願纂　清末刻本　一册　存二卷(九至十)

340000－1801－0008382　5:008007－5:008020

[道光]安徽通志二百六十卷首六卷　(清)陶澍等纂修　清道光十年(1830)刻本　十四册　存三十四卷(二十一至二十三、三十一至三十四、四十一至四十三、六十三至六十四、一百五十九至一百六十七、一百七十三至一百七十七、一百八十至一百八十一、二百五十一至二百五十六)

340000－1801－0008383　5:008021

[光緒]亳州志二十卷首一卷　(清)鍾泰纂修　(清)宗能徵纂　清光緒二十一年(1895)木活字印本　一册　存二卷(一、首一卷)

340000－1801－0008384　5:008022

[雍正]舒城縣志三十二卷　(清)陳守仁修　(清)賈彬　(清)郭維祺纂　清雍正九年(1731)刻本　一册　存一卷(三十二)

340000－1801－0008385　5:008023

[道光]黟縣續志□□卷　(清)吕子玨修　清道光五年(1825)刻本　一册　存一卷(列女一)

340000－1801－0008386　5:008024

[嘉慶]黟縣志十六卷首一卷　(清)吳甸華修　(清)程汝翼等纂　清刻本　一册　存一卷(十四)

340000－1801－0008387　5：008025
[道光]黟縣志十六卷　(清)呂子玨修　清道光五年(1825)刻本　一册　存二卷(九至十)

340000－1801－0008388　5：008026－5：008029
[同治]黟縣三志十六卷首一卷末一卷　(清)謝永泰修　(清)程鴻詔纂　清同治十年(1871)刻本　四册　存九卷(八至十六)

340000－1801－0008389　5：008030－5：008040
[光緒]續修舒城縣志五十卷首一卷末一卷　(清)崔保齡等修　(清)趙鳳詔等纂　清光緒三十三年(1907)木活字印本　十一册　存四十二卷(一至六、十二至四十六、四十九)

340000－1801－0008390　5：008041
闕里志二十四卷　(明)陳鎬撰　清刻本　一册　存三卷(九至十一)

340000－1801－0008391　5：008042－5：008044
[康熙]休寧縣志八卷首一卷　(清)廖騰煃等修　(清)汪晉徵等纂　清康熙三十二年(1693)刻本　三册　存五卷(一至五)

340000－1801－0008392　5：008045
[乾隆]寧國府志三十四卷　(清)宋學文修　(清)錢人麟等纂　清乾隆十八年(1753)刻本　一册　存五卷(一至五)

340000－1801－0008393　5：008046－5：008048
[雍正]巢縣志二十二卷　(清)鄒愰纂修　清雍正八年(1730)刻本　三册　存六卷(十、十七至二十一)

340000－1801－0008394　5：008056－5：008058
[光緒]鳳陽縣志十六卷首一卷附續志　(清)于萬培纂修　(清)謝永泰續修　(清)王汝琛續纂　清光緒十三年(1887)刻本　三册　存五卷(一、九至十、十三,首一卷)

340000－1801－0008395　5：008059－5：008063
[光緒]鳳陽府志二十一卷　馮煦修　(清)魏家驊纂　(清)張德霈續纂　清光緒三十四年(1908)木活字印本　五册　存三卷(四至六)

340000－1801－0008396　5：008077－5：008082
[光緒]續修舒城縣志五十卷首一卷末一卷　(清)崔保齡等修　(清)趙鳳詔等纂　清光緒三十三年(1907)木活字印本(有補配)　六册　存十四卷(一至六、三十三至三十八、四十六、四十九)

340000－1801－0008397　5：008083－5：008085
[光緒]續修舒城縣志五十卷首一卷末一卷　(清)崔保齡等修　(清)趙鳳詔等纂　清光緒三十三年(1907)木活字印本　三册　存七卷(三十三至三十八、四十六)

340000－1801－0008398　5：008086－5：008091
[光緒]續修舒城縣志五十卷首一卷末一卷　(清)崔保齡等修　(清)趙鳳詔等纂　清光緒三十三年(1907)木活字印本　六册　存十五卷(一至六、三十三至三十八、四十四至四十六)

340000－1801－0008399　5：008092－5：008093
[光緒]青陽縣志十二卷　(清)華椿等修　(清)周贇纂　清光緒十七年(1891)木活字印本　二册　存二卷(十至十一)

340000－1801－0008400　5：008098
[光緒]泗虹合志二十九卷　(清)方瑞蘭修　(清)許湘甲纂　清光緒十四年(1888)刻本　一册　存二卷(六至七)

340000－1801－0008401　5：008099－5：008101
[嘉慶]績溪縣志十二卷首一卷　(清)清愷修　(清)席存泰纂　清嘉慶十五年(1810)刻本　三册　存六卷(一至二、六至九)

340000－1801－0008402　5：008102－5：008110
[光緒]壽州志三十六卷首一卷末一卷　(清)曾道唯等修　(清)葛蔭南等纂　清光緒十六年(1890)木活字印本　十册　存二十卷(七至十三、十七至十八、二十三至二十六、二十九至三十三、三十六,末一卷)

340000－1801－0008403　5：008111－5：008165

[光緒]重修安徽通志三百五十卷首一卷補遺十卷 (清)沈葆楨等纂修 清光緒三年(1877)刻本 五十五册 存二百五十八卷(一至二百四十六、二百六十至二百六十二、二百八十八至二百九十二、二百九十五至二百九十七,首一卷)

340000-1801-0008404 5:008166-5:008259
[光緒]重修安徽通志三百五十卷首一卷補遺十卷 (清)沈葆楨等纂修 清光緒三年(1877)刻本 九十四册 缺八十五卷(一百八十一至二百四十六、二百七十四至二百八十四、三百三十二至三百三十四,補遺一至三、七至八)

340000-1801-0008405 5:008260-5:008325
[光緒]重修安徽通志三百五十卷首一卷補遺十卷 (清)沈葆楨等纂修 清光緒三年(1877)刻本 六十六册 存二百四十四卷(一至十三、十九至二十、二十四至二十六、三十一至三十四、三十八至四十一、五十三至七十、七十二至九十六、九十九至一百四、一百十五至二百二十五、二百七十五至三百三十一,首一卷)

340000-1801-0008406 5:008326-5:008349
[光緒]重修安徽通志三百五十卷首一卷補遺十卷 (清)沈葆楨等纂修 清光緒三年(1877)刻本 二十四册 存八十卷(一至十六、二十四至二十六、三十八至四十、五十三至五十八、六十一至七十一、一百十二至一百十七、一百二十一至一百二十三、一百二十七至一百三十六、一百五十至一百五十三、一百六十一至一百七十二、一百七十四一至一百七十六,補遺一至三)

340000-1801-0008407 5:008350-5:008369
[光緒]重修安徽通志三百五十卷首一卷補遺十卷 (清)沈葆楨等纂修 清光緒三年(1877)刻本(卷九至十爲補配,卷二百九十三至二百九十四爲抄配) 十八册 存五十四卷(一至七、二十四至二十六、五十三至五十五、六十一至六十五、一百九至一百十一、一百三十二至一百五十七、二百九十三至二百九十四、三百十至三百十四)

340000-1801-0008408 5:008370-5:008388
[光緒]重修安徽通志三百五十卷首一卷補遺十卷 (清)沈葆楨 (清)吴坤修 (清)何紹基纂 清光緒刻本(補遺卷九至十爲抄配) 十九册 存六十卷(一百三十三至一百三十五、一百五十四至一百六十六、二百三十至二百三十三、二百四十七至二百四十九、三百二十四至三百五十,補遺十卷)

340000-1801-0008409 5:008389-5:008390
[光緒]重修安徽通志補遺十卷 (清)沈葆楨等撰 清光緒刻本 二册 存五卷(四至八)

340000-1801-0008410 5:008392
[道光]建德縣志二十卷首一卷 (清)陳葵修 (清)管森纂 清道光五年(1825)刻本 一册 存二卷(十八至十九)

340000-1801-0008411 5:010018-5:010036
[咸豐]盛京通志四十八卷 (清)宋筠修 (清)魏樞纂 清咸豐三年(1853)刻本 二十册

340000-1801-0008412 5:010182-5:010301
[光緒]浙江通志二百八十卷首三卷 (清)嵇曾筠等修 (清)沈翼機等纂 清光緒二十五年(1899)刻本 一百二十册

340000-1801-0008413 5:010318-5:010323
[光緒]浙江通志十四卷 題(清)留雲借月軒主人修 清光緒五年(1879)墨潤堂刻本 六册

340000-1801-0008414 5:010624-5:010627
浙志便覽十卷 (清)李應珏撰 清光緒二十二年(1896)刻本 四册

340000-1801-0008415 5:011043-5:011049
廣東圖説九十二卷 (清)毛鴻賓修 (清)桂文燦纂 清刻本 六册 缺六十七卷(六至二十六、三十二至四十六、五十五至六十、六十八至九十二)

340000-1801-0008416 5:011050-5:011129

[光緒]廣西通志二百七十九卷首一卷 (清)謝啟昆修 (清)胡虔纂 清光緒十七年(1891)刻本 八十冊

340000－1801－0008417 5:011130－5:011209
[光緒]廣西通志二百七十九卷首一卷 (清)謝啟昆修 (清)胡虔纂 清光緒十七年(1891)刻本 八十冊

340000－1801－0008418 5:011254－5:011313
[嘉慶]四川通志二百四卷首二十二卷 (清)常明修 (清)楊芳燦纂 清嘉慶二十一年(1816)刻本 六十冊 存九十卷(四十五至四十八、五十四至五十七、六十二至六十六、六十九至七十四、七十六、七十八至八十六、九十至九十七、一百至一百一、一百五至一百九、一百十二至一百十六、一百二十四、一百三十一、一百三十四至一百三十五、一百三十九、一百四十三至一百五十、一百五十九至一百六十二、一百六十五、一百七十三至一百七十六、一百七十九至一百八十四、一百八十六至一百八十八、一百九十至一百九十二、一百九十五至二百一)

340000－1801－0008419 5:011369－5:011372
蜀典十二卷 (清)張澍纂 清光緒二年(1876)尊經書院刻本 四冊

340000－1801－0008420 5:011653
纂修雲南省志成稿表不分卷 (□)□□撰 清抄本 一冊

340000－1801－0008421 5:011698－5:011701
吉林外記十卷 (清)薩英額纂 清光緒二十一年(1895)漸西村舍刻本 四冊

340000－1801－0008422 5:011702－5:011703
黑龍江外記八卷 (清)西清撰 清光緒二十年(1894)漸西村舍刻本 二冊

340000－1801－0008423 5:011704－5:011705
黑龍江述略六卷 (清)徐宗亮纂修 清光緒刻本 二冊

340000－1801－0008424 5:011711－5:011712
黑龍江述略六卷 (清)徐宗亮纂修 清光緒十五年(1889)油印本 二冊

340000－1801－0008425 5:011713－5:011714
黑龍江述略六卷 (清)徐宗亮纂修 清光緒十七年(1891)石埭徐氏刻本 二冊

340000－1801－0008426 5:011715－5:011716
黑龍江述略六卷 (清)徐宗亮纂修 清光緒十七年(1891)石埭徐氏刻本 二冊

340000－1801－0008427 5:011729－5:011730
[乾隆]衛藏圖識四卷附蠻語一卷 (清)馬揭修 (清)盛繩祖纂 清刻本 二冊 缺二卷(圖考二卷)

340000－1801－0008428 5:011731－5:011738
衛藏通志十六卷 (□)□□撰 清光緒二十二年(1896)漸西村舍刻本 八冊

340000－1801－0008429 5:011865－5:011872
[同治]續天津縣志二十卷首一卷 (清)吳惠元修 (清)蔣玉虹纂 清同治九年(1870)刻本 八冊

340000－1801－0008430 5:011873－5:011880
深州風土記二十二卷國朝貞節表五卷 (清)吳汝綸撰 清光緒二十六年(1900)文瑞書院刻本 八冊

340000－1801－0008431 5:011881－5:011886
深州風土記二十二卷國朝貞節表五卷 (清)吳汝綸撰 清光緒二十六年(1900)文瑞書院刻本 六冊

340000－1801－0008432 5:011887－5:011892
[光緒]巨鹿縣志十二卷 (清)淩燮修 (清)夏應麟纂 清光緒十二年(1886)刻本 六冊

340000－1801－0008433 5:011893－5:011894
[同治]棗強縣志補正五卷 (清)方宗誠撰 清同治十一年(1872)刻本 二冊

340000－1801－0008434 5:011895－5:011896
[光緒]棗強縣志補正五卷 (清)方宗誠纂 清光緒二年(1876)棗強縣署刻本 二冊

340000－1801－0008435 5:011897－5:011898
[光緒]棗強縣志補正五卷 (清)方宗誠纂

清光緒二年(1876)棗強縣署刻本　二冊

340000－1801－0008436　5:011919－5:011930
[道光]新城縣志十八卷　(清)李廷棨　(清)王振鏞纂修　清道光十八年(1838)刻本　十二冊

340000－1801－0008437　5:011931－5:011934
[光緒]續修新城縣志十卷　(清)張丙嘉　(清)王鍔纂修　清光緒二十一年(1895)刻本　四冊　缺六卷(二至七)

340000－1801－0008438　5:011999－5:012016
景定建康志五十卷　(宋)周應合纂修　清嘉慶六年(1801)岱南閣刻本　十八冊　缺二十五卷(一至二十五)

340000－1801－0008439　5:012019－5:012030
[光緒]重刊江寧府志五十六卷校勘記一卷　(清)呂燕昭修　(清)姚鼐纂　清光緒六年(1880)刻本　十二冊

340000－1801－0008440　5:012031－5:012042
[光緒]重刊江寧府志五十六卷校勘記一卷　(清)呂燕昭修　(清)姚鼐纂　清光緒六年(1880)刻本　十二冊

340000－1801－0008441　5:012043－5:012054
[光緒]重刊江寧府志五十六卷校勘記一卷　(清)呂燕昭修　(清)姚鼐纂　清光緒六年(1880)刻本　十二冊

340000－1801－0008442　5:012091－5:012102
[光緒]續纂江寧府志十五卷　(清)蔣啟勳修　(清)趙佑宸　(清)汪士鐸纂　清光緒七年(1881)刻本　十二冊

340000－1801－0008443　5:012103－5:012114
[光緒]續纂江寧府志十五卷　(清)蔣啟勳修　(清)趙佑宸　(清)汪士鐸纂　清光緒七年(1881)刻本　十二冊

340000－1801－0008444　5:012115－5:012124
[光緒]續纂江寧府志十五卷　(清)蔣啟勳修　(清)趙佑宸　(清)汪士鐸纂　清光緒七年(1881)刻本　十冊

340000－1801－0008445　5:012163－5:012174
[同治]上江兩縣志二十九卷　(清)莫善徵修　(清)甘愚亭等纂　清同治十三年(1874)刻本　十二冊

340000－1801－0008446　5:012175－5:012186
[同治]上江兩縣志二十九卷　(清)莫善徵修　(清)甘愚亭等纂　清同治十三年(1874)刻本　十二冊

340000－1801－0008447　5:012187－5:012197
[同治]上江兩縣志二十九卷　(清)莫善徵修　(清)甘愚亭等纂　清同治十三年(1874)刻本　十二冊

340000－1801－0008448　5:012198
上元江寧鄉土合志六卷　陳作霖輯　清宣統二年(1910)江楚編譯書局刻本　十二冊

340000－1801－0008449　5:012213－5:012214
吳郡圖經續記三卷　(宋)朱長文撰　清刻本　二冊

340000－1801－0008450　5:012246－5:012261
[同治]上海縣志三十二卷末一卷　(清)應寶時修　(清)俞樾等纂　清同治十年(1871)刻本　十六冊

340000－1801－0008451　5:012286－5:012301
[同治]上海縣志三十二卷圖説一卷敘錄一卷　(清)應寶時修　(清)俞樾等纂　清同治十一年(1872)南園志局刻本　十六冊

340000－1801－0008452　5:012306－5:012319
[光緒]無錫金匱縣志四十卷首一卷附編六卷　(清)裴大中修　(清)秦緗業纂　清光緒刻本　十四冊　缺十五卷(十一至十二、十八至二十八、烈女姓氏錄一至二)

340000－1801－0008453　5:012320－5:012335
[光緒]淮安府志四十卷　(清)孫雲錦修　(清)吳昆田纂　清光緒十年(1884)刻本　十六冊

340000－1801－0008454　5:012336－5:012351
[光緒]淮安府志四十卷　(清)孫雲錦修

（清）吳昆田纂　清光緒十年（1884）刻本　十六冊

340000－1801－0008455　5∶012352－5∶012353
［嘉慶］重刊宜興縣志四卷首一卷　（清）阮升基修　（清）寧楷纂　清光緒八年（1882）刻本　二冊

340000－1801－0008456　5∶012354－5∶012363
［嘉慶］重刊宜興縣舊志十卷首一卷末一卷　（清）阮升基修　（清）寧楷纂　清光緒八年（1882）刻本　九冊

340000－1801－0008457　5∶012364－5∶012372
［嘉慶］重刊宜興縣舊志十卷首一卷末一卷　（清）阮升基修　（清）寧楷纂　清光緒八年（1882）刻本　九冊

340000－1801－0008458　5∶012373－5∶012374
［光緒］重刊宜興縣志十卷首一卷　（清）阮升基修　清光緒八年（1882）刻本　二冊

340000－1801－0008459　5∶012375－5∶012376
［光緒］荊溪縣志四卷首一卷　（清）唐仲冕修　（清）寧楷纂　清光緒八年（1882）刻本　二冊

340000－1801－0008460　5∶012377－5∶012380
［道光］重刊續纂荊溪縣志十卷　（清）顧名修　（清）吳德璿纂　清光緒八年（1882）刻本　四冊

340000－1801－0008461　5∶012381－5∶012384
［道光］重刊續纂荊溪縣志十卷　（清）顧名修　（清）吳德璿纂　清光緒八年（1882）刻本　四冊

340000－1801－0008462　5∶012385－5∶012392
［光緒］宜興荊溪縣新志十卷首一卷末一卷　（清）施惠修　（清）吳景牆纂　清光緒八年（1882）刻本　八冊

340000－1801－0008463　5∶012393－5∶012400
［光緒］宜興荊溪縣新志十卷首一卷末一卷　（清）施惠修　（清）吳景牆纂　清光緒八年（1882）刻本　七冊

340000－1801－0008464　5∶012401－5∶012402
［光緒］丹徒縣志□□卷　（清）何紹章等修　清光緒五年（1879）刻本　二冊　存三卷（三十六、三十九至四十）

340000－1801－0008465　5∶012412－5∶012419
［同治］重修山陽縣志二十一卷　（清）孫雲修　（清）丁晏纂　清同治十二年（1873）刻本　八冊

340000－1801－0008466　5∶012420－5∶012430
［嘉慶］重修揚州府志七十二卷首一卷　（清）張世浣等修　（清）姚文田等纂　清嘉慶十五年（1810）刻本　十一冊　缺五十三卷（一、九至十三、十七至十九、二十五至四十、四十六至七十二，首一卷）

340000－1801－0008467　5∶012431－5∶012438
［同治］續纂揚州府志二十四卷　（清）方濬修　（清）錢振倫等纂　清同治十三年（1874）刻本　八冊

340000－1801－0008468　5∶012439－5∶012444
［同治］續纂揚州府志二十四卷　（清）方濬修　（清）錢振倫等纂　清同治十三年（1874）刻本　六冊　缺五卷（二十至二十四）

340000－1801－0008469　5∶012479－5∶012498
［光緒］甘泉縣志二十四卷首一卷　（清）洪汝奎修　（清）陳浩恩纂　清光緒十一年（1885）刻本　二十冊

340000－1801－0008470　5∶012499－5∶012502
［咸豐］甘棠小志四卷　（清）董醇撰　清咸豐五年（1855）刻本　四冊

340000－1801－0008471　5∶012579－5∶012588
［嘉慶］東臺縣志四十卷　（清）周右修纂　清嘉慶二十二年（1817）刻本　十冊

340000－1801－0008472　5∶012652－5∶012667
［同治］徐州府志二十五卷　（清）吳世熊修　（清）劉庠纂　清同治十三年（1874）刻本　十六冊

340000－1801－0008473　5∶012668－5∶012671

[咸豐]邳州志二十卷　(清)董用威　(清)馬軼群修　(清)魯一同纂　清咸豐元年(1851)刻光緒二十一年(1895)印本　四册

340000－1801－0008474　5:012679－5:012683
[同治]宿遷縣志十六卷　(清)李德溥修　(清)方駿謨纂　清同治十三年(1874)刻本　五册　缺一卷(六)

340000－1801－0008475　5:012692－5:012695
壬癸志稿二十八卷　(清)錢寶琛輯　清光緒六年(1880)存素堂刻本　四册

340000－1801－0008476　5:012696－5:012707
[光緒]崇明縣志十八卷　(清)林達泉修　(清)李聯琇纂　清光緒七年(1881)刻本　十二册

340000－1801－0008477　5:012739－5:012754
[光緒]通州直隸州志十六卷首一卷末一卷　(清)梁悦馨修　(清)季念詒纂　清光緒元年(1875)刻本　十六册

340000－1801－0008478　5:012763－5:012772
[嘉慶]如皋縣志二十四卷　(清)楊受廷修　(清)馬汝舟纂　清嘉慶十三年(1808)刻本　十册

340000－1801－0008479　5:012773－5:012774
[道光]如皋縣志十二卷　(清)范仕義修　(清)吴鎧纂　清道光十七年(1837)刻本　二册

340000－1801－0008480　5:012803－5:012805
錫金識小錄十二卷　(清)黄印輯　清光緒二十二年(1896)刻本　三册　存六卷(一至四、九至十)

340000－1801－0008481　5:012818－5:012815
[同治]山陽縣志二十一卷　(清)孫雲　(清)何紹基纂修　清同治十二年(1873)刻本　八册

340000－1801－0008482　5:012826－5:012829
[光緒]贛榆縣志十八卷　(清)王豫熙等纂修　清光緒十四年(1888)刻本　四册

340000－1801－0008483　5:012882－5:012889
[光緒]金山縣志三十卷首一卷　(清)龔寶琦　(清)黄厚本纂修　清光緒四年(1878)刻本　八册

340000－1801－0008484　5:012906－5:012915
[光緒]六合縣志八卷　(清)謝延庚　(清)賀廷壽纂修　清光緒九年(1883)刻本　十册

340000－1801－0008485　5:012921－5:012922
乾道臨安志三卷　(宋)周淙修　清光緒四年(1878)刻本　二册

340000－1801－0008486　5:012923－5:012946
[咸淳]臨安志九十七卷劄記三卷　(宋)周淙修　清道光十年(1830)汪氏振綺堂刻本　二十四册　缺五卷(六十　至六十五)

340000－1801－0008487　5:012947－5:012970
[咸淳]臨安志九十七卷劄記三卷　(宋)周淙修　清道光十年(1830)汪氏振綺堂刻本　二十四册

340000－1801－0008488　5:012971－5:012974
臨安志輯逸八卷　(宋)施諤撰　(清)胡敬輯　清光緒二十六年(1900)錢塘丁氏刻本　四册　存七卷(一至七)

340000－1801－0008489　5:012975－5:012978
臨安志輯逸八卷　(宋)施諤撰　(清)胡敬輯　清光緒二十六年(1900)錢塘丁氏刻本　四册

340000－1801－0008490　5:012979－5:012980
[淳祐]臨安志□□卷　(宋)施諤撰　清光緒七年(1881)刻本　二册　存六卷(五至十)

340000－1801－0008491　5:012981－5:012982
乾道臨安志三卷　(宋)周淙纂　(清)錢泰吉校　清光緒四年(1878)刻本　二册

340000－1801－0008492　5:012983
乾道臨安志三卷　(宋)周淙纂　清光緒二十年(1894)壽松堂刻本　一册

340000－1801－0008493　5:012996－5:013010
[光緒]嘉興府志八十八卷首二卷　(清)許瑤

光修　(清)吳仰賢纂　清光緒四年(1878)鴛湖書院刻本　十五册　缺六十一卷(一至四十一、五十一至六十九,首一)

340000－1801－0008494　5:013011－5:013022
[光緒]石門縣志十一卷　(清)余麗元修　清光緒五年(1879)刻本　十二册

340000－1801－0008495　5:013023－5:013029
[光緒]桐鄉縣志二十四卷首四卷　(清)嚴辰修　清光緒十三年(1887)刻本　七册　缺九卷(一至五、首四卷)

340000－1801－0008496　5:013040－5:013045
[光緒]梅里志十八卷　(清)楊謙纂　(清)李富孫補輯　清光緒二年(1876)刻本　六册

340000－1801－0008497　5:013046－5:013049
[道光]梅里志四卷　(清)吳存禮編　清道光四年(1824)刻本　四册

340000－1801－0008498　5:013050－5:013053
[道光]梅里志四卷　(清)吳存禮編　清道光四年(1824)刻本　四册

340000－1801－0008499　5:013054－5:013075
[同治]鄞縣志七十五卷　(清)戴枚修　(清)董沛等纂　清光緒三年(1877)刻本　二十二册　缺二十四卷(三至九、十二至十三、二十至二十一、二十八至二十九、四十二至四十三、六十一至六十二、六十七至七十三)

340000－1801－0008500　5:013077－5:013083
嘉定赤城志四十卷　(宋)黄罃　(宋)陳耆卿纂修　清嘉慶臨海宋氏刻本　七册

340000－1801－0008501　5:013084－5:013088
嘉定赤城志四十卷　(宋)黄罃　(宋)陳耆卿纂修　清嘉慶臨海宋氏刻本　七册

340000－1801－0008502　5:013093－5:013102
[光緒]衢州府志四十卷首一卷　(清)楊廷望纂修　清光緒八年(1882)刻本　十册

340000－1801－0008503　5:013103－5:013106
嚴州圖經三卷　(宋)陳公亮修　(宋)劉文富纂　清光緒二十二年(1896)漸西村舍刻本　四册

340000－1801－0008504　5:013107－5:013110
景定嚴州續志十卷　(宋)鄭瑤修　(宋)方仁榮纂　清光緒刻本　四册

340000－1801－0008505　5:013111－5013112
景定嚴州續志十卷　(宋)鄭瑤修　(宋)方仁榮纂　清同治七年(1868)刻本　二册

340000－1801－0008506　5:013113－5:013118
分疆錄十二卷　(清)林鶚輯　清光緒四年(1878)林氏刻本　六册

340000－1801－0008507　5:013119－5:013146
[光緒]廬州府志三十卷首一卷末一卷　(清)潘紹詒修　(清)周榮椿纂　清光緒三年(1877)刻本　二十八册

340000－1801－0008508　5:013147－5:013170
[光緒]廬州府志三十卷首一卷末一卷　(清)潘紹詒修　(清)周榮椿纂　清光緒三年(1877)刻本　二十四册　缺四卷(二十七至三十)

340000－1801－0008509　5:013171－5:013178
[光緒]宣平縣志二十卷首一卷　(清)皮樹棠纂修　清光緒四年(1878)刻本　八册

340000－1801－0008510　5:013191－5:013196
[光緒]忠義鄉志二十卷　(清)吳可舟　(清)劉雨棠纂輯　清光緒二十七年(1901)刻本　六册

340000－1801－0008511　5:013197－5:013202
[光緒]蘭谿縣志八卷　(清)秦簧　(清)唐壬森纂修　清光緒十三年(1887)刻本　六册

340000－1801－0008512　5:013203－5:013218
[光緒]餘姚縣志二十七卷首一卷末一卷　(清)周炳麟　(清)邵友濂　(清)孫德祖纂　清光緒二十五年(1899)刻本　十六册

340000－1801－0008513　5:013219－5:013234
[光緒]餘姚縣志二十七卷首一卷末一卷　(清)周炳麟　(清)邵友濂　(清)孫德祖纂

清光緒二十五年(1899)刻本　十六冊

340000－1801－0008514　5:013243
緱城漫鈔三卷　(清)盧標輯　清光緒十八年(1892)刻本　一冊

340000－1801－0008515　5:013244
剡錄十卷　(宋)高似孫撰　清同治八年(1869)刻本　一冊

340000－1801－0008516　5:013253－5:013268
[光緒]永嘉縣志三十八卷　(清)張寶琳修　(清)王棻等纂　清光緒八年(1882)刻本　十六冊

340000－1801－0008517　5:013269－5:013298
[光緒]永嘉縣志三十八卷　(清)張寶琳修　(清)王棻等纂　清光緒八年(1882)刻本　三十冊

340000－1801－0008518　5:013299－5:013328
[光緒]永嘉縣志三十八卷　(清)張寶琳修　(清)王棻等纂　清光緒八年(1882)刻本　三十冊

340000－1801－0008519　5:013329－5:013352
[光緒]永嘉縣志三十八卷　(清)張寶琳修　(清)王棻等纂　清光緒八年(1882)刻本　二十四冊

340000－1801－0008520　5:013403－5:013418
[道光]寧波府志三十六卷　(清)曹秉仁纂修　清道光二十六年(1846)刻本　十六冊

340000－1801－0008521　5:013432－5:013463
[光緒]黄岩縣志四十卷黄岩集三十二卷　(清)唐濟修　(清)王詠霓纂　清光緒三年(1877)刻本　三十二冊

340000－1801－0008522　5:013506－5:013521
[光緒]嘉善縣志三十六卷　江峰青　(清)顧福仁纂修　清光緒二十年(1894)刻本　十六冊

340000－1801－0008523　5:013522－5:013537
[光緒]嘉善縣志三十六卷　江峰青　(清)顧福仁纂修　清光緒二十年(1894)刻本　十六冊

340000－1801－0008524　5:013538－5:013545
[光緒]唐棲志二十卷　(清)王同輯　清光緒十五年(1889)刻本　八冊

340000－1801－0008525　5:013566－5:013571
[萬曆]錢塘縣志不分卷　(明)聶心湯纂修　清光緒刻本　六冊

340000－1801－0008526　5:013614－5:013625
乾道四明圖經十二卷寶慶四明志二十一卷　(宋)張津等纂　清咸豐四年(1854)刻本　十二冊　缺三卷(寶慶四明志十九至二十一)

340000－1801－0008527　5:013630
[乾隆]鄱陽縣志□□卷　(清)□□纂修　清乾隆刻本　一冊　存一卷(十九)

340000－1801－0008528　5:013684－5:013693
[同治]德化縣志五十四卷首一卷　(清)陳鼎修　(清)黄培之纂　清同治十一年(1872)刻本　九冊

340000－1801－0008529　5:013694－5:013717
[同治]建昌府志十一卷　(清)邵子彛修　(清)魯琪光纂　清同治十一年(1872)刻本　二十四冊

340000－1801－0008530　5:013807－5:013817
[嘉慶]九江府志三十卷　(清)朱棨　(清)朱浩修　(清)曹芸湘纂　清嘉慶二十三年(1818)刻本　十一冊　存十六卷(九至十四、十七、二十一至二十五、二十七至三十)

340000－1801－0008531　5:013877－5:013900
[光緒]黄岡縣志二十四卷　(清)戴昌言　(清)劉恭冕纂修　清光緒八年(1882)刻本　二十四冊

340000－1801－0008532　5:013901－5:013924
[光緒]黄岡縣志二十四卷　(清)戴昌言　(清)劉恭冕纂修　清光緒八年(1882)刻本　二十四冊

340000－1801－0008533　5:013926－5:013932
[同治]黄安縣志十卷　(清)朱錫綬修

(清)袁纘等纂　清同治八年(1869)刻本　七冊　缺七卷(一至七)

340000－1801－0008534　5:013934－5:013945
[道光]安陸縣志四十卷首一卷　(清)王履謙修　(清)李廷錫纂　清道光二十三年(1843)刻本　十二冊

340000－1801－0008535　5:013946－5:013955
[光緒]荊州府志八十卷　(清)倪文蔚　(清)蔣銘勛修　(清)顧嘉蘅　(清)李廷鉽纂　清光緒六年(1880)荊州府署刻本　十冊

340000－1801－0008536　5:013956－5:013962
[同治]宜城縣志十卷　(清)程啟安修　(清)周國城等纂　清同治五年(1866)刻本　七冊

340000－1801－0008537　5:013963－5:013983
[光緒]江陵縣志六十五卷首一卷　(清)蒯正昌等修　(清)胡九皋等纂　清光緒刻本　二十一冊

340000－1801－0008538　5:013984－5:013991
[光緒]江陵縣志六十五卷首一卷　(清)蒯正昌等修　(清)胡九皋等纂　清光緒刻本　八冊

340000－1801－0008539　5:013992－5:013994
[同治]南漳縣志集鈔□□卷　(清)胡正楷纂　清同治四年(1865)刻本　三冊　存五卷(一至五)

340000－1801－0008540　5:013995－5:014006
[同治]鄖陽志八卷首一卷　(清)吳葆儀修　(清)王嚴恭等纂　清同治九年(1870)刻本　十二冊

340000－1801－0008541　5:014007－5:014012
[同治]竹山縣志二十九卷　(清)周士楨修　(清)黄子遂纂　清同治四年(1865)刻本　六冊

340000－1801－0008542　5:014013－5:014020
[同治]東湖縣志二十一卷首一卷　(清)金大鏞修　(清)王柏心纂　清同治四年(1865)刻本　八冊　缺五卷(一至三、十七,首一卷)

340000－1801－0008543　5:014023－5:014030
[光緒]長樂縣志十六卷首一卷末一卷　(清)李煥春纂修　(清)龍兆霖補修　清光緒元年(1875)刻本　八冊

340000－1801－0008544　5:014033－5:014040
[同治]來鳳縣志三十二卷首一卷　(清)李勗　(清)何遠鑒纂修　清同治五年(1866)刻本　八冊

340000－1801－0008545　5:014041－5:014047
[同治]來鳳縣志三十二卷首一卷　(清)李勗　(清)何遠鑒纂修　清同治五年(1866)刻本　七冊　缺四卷(一至四)

340000－1801－0008546　5:014052－5:014059
[光緒]光化縣志八卷首一卷　(清)鍾桐山等纂　(清)段映斗等修　清光緒十年(1884)刻本　八冊

340000－1801－0008547　5:014064－5:014073
[同治]公安縣志八卷首一卷　(清)周承弼修　(清)王慰纂　清同治十三年(1874)刻本　十冊

340000－1801－0008548　5:014086－5:014101
[光緒]襄陽府志二十六卷志餘一卷國朝襄郡忠義錄一卷　(清)恩聯等修　(清)王萬芳纂　清光緒十一年(1885)刻本　十六冊

340000－1801－0008549　5:014128－5:014136
[光緒]善化縣志三十四卷首一卷　(清)吳兆熙修　(清)張先掄纂　清光緒三年(1877)刻本　九冊　缺九卷(三至七、九至十二)

340000－1801－0008550　5:014137－5:014146
[光緒]湘潭縣志十二卷　(清)陳嘉榆修　王闓運纂　清光緒十五年(1889)刻本　十冊

340000－1801－0008551　5:014147－5:014162
[光緒]湘陰縣圖志三十四卷首一卷末一卷　(清)郭嵩燾纂　清光緒六年(1880)刻本　十六冊

340000－1801－0008552　5:014163－5:014180

[同治]寧鄉縣志四十四卷　(清)郭慶颺修　清同治六年(1867)刻本　十八冊

340000－1801－0008553　5:014201－5:014224
[同治]湘鄉縣志二十三卷首一卷末一卷　(清)齊德五修　(清)黄楷盛纂　清同治十三年(1874)刻本　二十四冊

340000－1801－0008554　5:014225－5:014240
[光緒]巴陵縣志七十八卷　(清)姚詩德修　(清)杜貴墀纂　清光緒十七年(1891)刻本　六冊

340000－1801－0008555　5:014241－5:014246
[嘉慶]常寧縣志三十二卷　(清)楊純道修　(清)王紳纂　清嘉慶四年(1799)刻本　六冊　缺八卷(五至十二)

340000－1801－0008556　5:014247－5:014259
[同治]桂陽直隸州志二十七卷　(清)汪學灝修　王闓運纂　清同治七年(1868)刻本　十三冊

340000－1801－0008557　5:014290－5:014295
[同治]醴陵縣志十四卷首一卷末一卷　(清)徐淦等修　(清)江普光等纂　清同治九年(1870)刻本　六冊

340000－1801－0008558　5:014346－5:014349
[光緒]雙流縣志四卷　(清)彭琬纂修　清光緒三年(1877)刻本　四冊

340000－1801－0008559　5:014360－5:014362
[光緒]蓬州志十五卷　(清)方旭修　(清)劉澤嘉纂　清光緒二十三年(1897)刻本　三冊

340000－1801－0008560　5:014397－5:014402
[咸豐]重修梓潼縣志八卷　(清)張香海修　(清)楊曦纂　清咸豐八年(1858)刻本　六冊

340000－1801－0008561　5:014409
[光緒]黔江縣志□□卷首一卷　(清)張九章修　(清)陳藩垣纂　清光緒二十年(1894)刻本　一冊　存二卷(一、首一卷)

340000－1801－0008562　5:014443－5:014447
[乾隆]富順縣志五卷首一卷　(清)段玉裁修　清光緒八年(1882)釜江書社刻本　五冊

340000－1801－0008563　5:014448－5:014466
[同治]資州直隸州志三十卷首四卷　(清)劉炯　(清)趙遵律纂修　清同治三年(1864)刻本　十九冊

340000－1801－0008564　5:014467－5:014469
[嘉慶]羅江縣志十卷　(清)李調元撰　清嘉慶七年(1802)刻本　三冊

340000－1801－0008565　5:014474－5:014485
[同治]仁壽縣志十五卷　(清)羅廷權　(清)馬凡若纂修　清同治五年(1866)刻本　十四冊

340000－1801－0008566　5:014486－5:014491
[光緒]越嶲廳全志十二卷　(清)孫鏘　(清)蹇念恒增修　清光緒三十二年(1906)鉛印本　六冊

340000－1801－0008567　5:014492－5:014507
[道光]保寧府志六十二卷　(清)黎學錦修　(清)史觀纂　清道光元年(1821)刻本　十六冊

340000－1801－0008568　5:014534－5:014566
[道光]濟南府志七十三卷　(清)王贈芳修　(清)成瓘纂　清道光二十年(1840)刻本　三十三冊

340000－1801－0008569　5:014567－5:014588
[道光]濟南府志七十三卷　(清)王贈芳修　(清)成瓘纂　清道光二十年(1840)刻本　三十三冊　缺十一卷(七至十、五十四至五十九、七十三)

340000－1801－0008570　5:014589－5:014592
[同治]齊河縣志十卷　(清)李均修　清同治五年(1866)刻本　四冊　缺二卷(九至十)

340000－1801－0008571　5:014593－5:014616
[光緒]增修登州府志六十九卷　(清)賈瑚修　(清)周悦讓纂　清光緒七年(1881)刻本　二十四冊　缺二卷(六十八至六十九)

340000－1801－0008572　5：014637－5：014642
[道光]長清縣志十六卷首一卷末一卷　(清)舒化民　(清)徐協城修纂　清道光十五年(1835)刻本　六冊

340000－1801－0008573　5：014749－5：014753
[嘉慶]莒州志十七卷　(清)許紹錦纂修　清嘉慶元年(1796)刻本　五冊　缺三卷(十四至十六)

340000－1801－0008574　5：014760－5：014772
[同治]泰安縣志十四卷　(清)徐宗幹修　(清)蔣大慶纂　清同治六年(1867)刻本　十三冊　缺一卷(八)

340000－1801－0008575　5：014831－5：014837
[光緒]鹿邑縣志十六卷首一卷末一卷圖十卷　(清)于滄瀾修　(清)蔣師轍纂　清光緒二十二年(1896)刻本　七冊

340000－1801－0008576　5：014858－5：014861
[嘉慶]正陽縣志十卷　(清)彭良弼修　(清)呂元灝纂　清嘉慶元年(1796)刻本　四冊

340000－1801－0008577　5：014883－5：014890
[光緒]葉縣志十卷首一卷附録一卷　(清)歐陽霖修　(清)倉景恬纂　清光緒二十二年(1896)刻本　八冊

340000－1801－0008578　5：014970－5：014977
[嘉慶]介休縣志十四卷　(清)徐品山　(清)陸元鏸纂修　清嘉慶二十四年(1819)刻本　八冊

340000－1801－0008579　5：014978－5：014985
[同治]河曲縣志八卷　(清)金福　(清)張兆魁增修　清同治十一年(1872)刻本　八冊

340000－1801－0008580　5：014986－5：014991
[光緒]代州志十二卷　(清)俞廉三修　清光緒八年(1882)刻本　六冊

340000－1801－0008581　5：014992－5：015001
[嘉慶]太平縣志十四卷首一卷　(清)勞文慶　(清)婁道南纂修　清嘉慶十四年(1809)刻本　十冊

340000－1801－0008582　5：015008－5：015015
蔚州志三十二卷　(清)慶之金纂輯　清光緒三年(1877)刻本　八冊

340000－1801－0008583　5：015091
[正德]武功縣志三卷首一卷　(明)康海撰　(清)孫景烈評注　清同治十二年(1873)崇文書局刻本　一冊

340000－1801－0008584　5：015092
[正德]武功縣志三卷　(明)康海纂修　**[正德]朝邑縣志二卷**　(明)王道修　(明)韓邦靖纂　清同治十三年(1874)彭城刻本　一冊

340000－1801－0008585　5：015093
[正德]武功縣志三卷　(明)康海纂修　**[正德]朝邑縣志二卷**　(明)王道修　(明)韓邦靖纂　清同治十三年(1874)彭城刻本　一冊

340000－1801－0008586　5：015094
[正德]武功縣志三卷　(明)康海纂修　**[正德]朝邑縣志二卷**　(明)王道修　(明)韓邦靖纂　清同治十三年(1874)彭城刻本　一冊

340000－1801－0008587　5：015153－5：015156
[光緒]金門志十六卷　(清)周凱纂修　清光緒八年(1882)刻本　四冊

340000－1801－0008588　5：015181－5：015192
[道光]廈門志十六卷　(清)周凱修　(清)淩翰纂　清道光十九年(1839)刻本　十二冊

340000－1801－0008589　5：015371－5：015381
[同治]續修臺灣府志二十六卷首一卷　(清)余文儀修　清同治八年(1869)刻本　十一冊　存二卷(一至二)

340000－1801－0008590　5：015434－5：015438
羊城古鈔八卷　(清)仇池石輯　清嘉慶十一年(1806)刻本　五冊

340000－1801－0008591　5：015439－5：015442
羊城古鈔八卷　(清)仇池石輯　清嘉慶十一年(1806)刻本　四冊　缺二卷(七至八)

340000－1801－0008592　5：015444－5：015466

[同治]韶州府志四十卷　(清)額哲克修　(清)單興詩纂　清同治十二年(1873)刻本　二十四册

340000－1801－0008593　5:015467－5:015481
[同治]韶州府志四十卷　(清)額哲克修　(清)單興詩纂　清同治十二年(1873)刻本　十五册　缺十卷(一至十)

340000－1801－0008594　5:015482
曲江縣志□□卷　(□)□□纂修　清刻本　一册　存一卷(四)

340000－1801－0008595　5:015770
鄉土志例目不分卷　(□)□□纂　清末鉛印本　一册

340000－1801－0008596　5:015775－5:015794
[光緒]遵義府志四十八卷　(清)平翰修　(清)鄭珍　(清)莫友芝纂　清光緒十八年(1892)刻本　二十册

340000－1801－0008597　5:015795－7:015798
[光緒]遵義府志四十八卷　(清)平翰修　(清)鄭珍　(清)莫友芝纂　清光緒十八年(1892)刻本　四册　存十三卷(二十五至三十五、四十七至四十八)

340000－1801－0008598　5:015799－5:015818
[道光]遵義府志四十八卷　(清)鄭珍　(清)莫友芝纂輯　清道光二十一年(1841)刻本　二十册

340000－1801－0008599　5:015819－5:015837
[道光]遵義府志四十八卷　(清)鄭珍　(清)莫友芝纂輯　清道光二十一年(1841)刻本　十九册　缺三卷(二十四至二十六)

340000－1801－0008600　5:015915
[乾隆]武功縣志三卷　(明)康海纂修　清乾隆二十六年(1761)刻本　一册

340000－1801－0008601　5:015916
[乾隆]武功縣志三卷　(明)康海纂修　清同治十二年(1873)湖北崇文書局刻本　一册

340000－1801－0008602　5:015938－5:015956
[光緒]無錫金匱縣志四十卷首一卷附編六卷　(清)裴大中修　(清)秦緗業纂　清光緒刻本　十九册　缺三卷(三十九至四十、首一卷)

340000－1801－0008603　5:015981－5:015986
[道光]續增高郵州志□□卷　(清)張用熙等纂　清道光刻本　六册

340000－1801－0008604　5:015987－5:015990
平山堂圖志十卷　(清)趙之壁編纂　清光緒九年(1883)刻本　四册

340000－1801－0008605　5:015991－5:016010
西湖志四十八卷　(清)李衛纂　清光緒四年(1878)刻本　二十册

340000－1801－0008606　5:016039－5:016072
[同治]鄞縣志七十五卷　(清)戴枚修　(清)董沛等纂　清刻本　三十四册

340000－1801－0008607　5:016103－5:016122
[光緒]上虞縣志四十八卷　(清)唐煦春等纂修　清光緒十七年(1891)刻本　二十册

340000－1801－0008608　5:016137
景定嚴州續志十卷　(宋)鄭瑤修　(宋)方仁榮纂　清刻本　一册　存三卷(五至七)

340000－1801－0008609　5:016191
山西志輯要一卷清涼山志輯要一卷　(清)雅德撰　清乾隆四十五年(1780)刻本　一册

340000－1801－0008610　5:016352
漢中志不分卷　(晉)韋璩著　清刻本　一册

340000－1801－0008611　5:016563－5:016567
乾隆府廳州縣圖志五十卷　(清)洪亮吉撰　清刻本　五册　缺二十九卷(二十二至五十)

340000－1801－0008612　5:016568－5:016587
乾隆府廳州縣圖志五十卷　(清)洪亮吉撰　清光緒五年(1879)刻本　二十册

340000－1801－0008613　5:016588－5:016590
正續瀛環志略十九卷　(□)□□纂　清光緒二十四年(1898)石印本　三册

340000－1801－0008614　5:016637－5:016649

[同治]祁門縣志三十七卷　(清)汪韻珊等纂修　清同治十二年(1873)刻本　十二册

340000－1801－0008615　5:016659－5:016666
[光緒]泗虹合志十九卷　(清)方瑞蘭等纂修　清光緒十四年(1888)清江葉錦文齋刻本　二册

340000－1801－0008616　5:016667－5:016668
[康熙]太平府志四十卷　(清)□□纂修　清木活字印本　二册　存五卷(三至五、十三至十四)

340000－1801－0008617　5:016669－5:016680
[乾隆]潁州府志十卷　(清)王斂福等纂修　清乾隆十七年(1752)刻本　十册

340000－1801－0008618　5:016681－5:016690
[嘉慶]無為縣志三十六卷　(清)張祥雲等纂修　清嘉慶八年(1803)木活字印本　十册

340000－1801－0008619　5:016691－5:016718
[光緒]廬江縣志十六卷首一卷　(清)錢𡾊修　(清)盧鈺等纂　清光緒十一年(1885)木活字印本　十六册

340000－1801－0008620　5:016707－5:016718
[光緒]青陽縣志十三卷　(清)文明等纂修　清光緒十八年(1892)木活字印本　十二册

340000－1801－0008621　5:016720－5:016725
[光緒]霍山縣志十五卷首一卷　(清)秦達章修　(清)何國祐纂　清光緒三十一年(1905)木活字印本　六册

340000－1801－0008622　5:016884
如皋縣志□□卷　(清)穆彰阿等修　清刻本　一册　存四卷(四至七)

340000－1801－0008623　5:016886－5:016896
[光緒]續纂江寧府志十五卷　(清)蔣啟勳修　(清)趙佑宸　(清)汪士鐸纂　清光緒七年(1881)刻本　十一册

340000－1801－0008624　5:016909－5:016920
[光緒]重刊江寧府志五十六卷校勘記一卷　(清)呂燕昭修　(清)姚鼐纂　清光緒六年(1880)刻本　十二册

340000－1801－0008625　5:016921
[咸豐]青州府志六十四卷　(清)毛永柏修　(清)李圖　(清)劉耀椿纂　清咸豐九年(1859)刻本　一册　存五卷(三十五至三十九)

340000－1801－0008626　5:016922
[同治]枝江縣志二十卷首一卷　(清)查子庚修　(清)熊文瀾等纂　清同治五年(1866)刻本　一册　存三卷(二至四)

340000－1801－0008627　5:016923
[光緒]長樂縣志十六卷首一卷末一卷　(清)李煥春纂修　(清)龍兆霖補修　清光緒元年(1875)刻本　一册　存一卷(十四)

340000－1801－0008628　5:016924
[同治]遠安縣志八卷首一卷　(清)鄭燡林等修　(清)周葆恩等纂　清同治五年(1866)刻本　一册　存一卷(七)

340000－1801－0008629　5:016939－5:016941
[同治]續纂揚州府志二十四卷　(清)方濬修　(清)錢振倫等纂　清同治十三年(1874)刻本　三册　存十一卷(七至十七)

340000－1801－0008630　5:016942
[乾隆]溧陽縣志十二卷首一卷　(清)吳學濂撰　清乾隆八年(1743)刻本　一册　存二卷(二至三)

340000－1801－0008631　5:016943－5:016948
[光緒]慶元縣志十二卷首一卷　(清)林步瀛等修　(清)史恩緒等纂　清光緒三年(1877)刻本　六册

340000－1801－0008632　5:016949
[光緒]慶元縣志十二卷首一卷　(清)林步瀛等修　(清)史恩緒等纂　清光緒三年(1877)刻本　一册　缺一卷(九)

340000－1801－0008633　5:016950
[光緒]慶元縣志十二卷首一卷　(清)林步瀛等修　(清)史恩緒等纂　清光緒三年(1877)刻本　一册　存一卷(十二)

340000－1801－0008634　5∶016951
［光緒］荊州府志八十卷　（清）倪文蔚（清）蔣銘勛修　（清）顧嘉蘅　（清）李廷鉽纂　清光緒六年（1880）荊州府署刻本　一册　存二卷（五十二至五十三）

340000－1801－0008635　5∶016952
［康熙］湖廣武昌府志十二卷　（清）裴天錫（清）羅人龍修　清康熙二十六年（1687）刻本　一册　存一卷（九）

340000－1801－0008636　5∶016953－5∶016954
［嘉慶］重刊宜興縣志四卷首一卷　（清）阮升基撰　清嘉慶二年（1797）刻本　二册

340000－1801－0008637　5∶016974－5∶016977
［嘉慶］無錫金匱縣志四十一卷　（清）秦瀛修　清嘉慶十八年（1813）刻本　四册　存八卷（二至三、六至七、三十三至三十六）

340000－1801－0008638　5∶017007
［光緒］潛江縣志十九卷首一卷　（清）劉煥修　清光緒六年（1880）刻本　一册　存二卷（一、首一卷）

340000－1801－0008639　5∶017009
［同治］徐州府志二十五卷　（清）吳世熊修（清）劉庠纂　清同治十三年（1874）刻本　一册　存二卷（七至八）

340000－1801－0008640　5∶017010
［同治］公安縣志八卷首一卷　（清）周承弼修（清）王慰纂　清同治十三年（1874）刻本　一册　存一卷（三）

340000－1801－0008641　5∶017011
［乾隆］歷城縣志五十一卷　（清）胡德琳（清）李文藻修　清乾隆三十八年（1773）刻本　二册　存四卷（八至十一）

340000－1801－0008642　5∶017012
［乾隆］臨清直隸州志十一卷首一卷　（清）張度　（清）鄧希曾修　清乾隆五十年（1785）刻本　一册　存二卷（四至五）

340000－1801－0008643　5∶017013
［道光］施南府志三十一卷　（清）羅德昆（清）王協夢修　清道光十七年（1837）刻本　一册　存五卷（一至五）

340000－1801－0008644　5∶017026－5∶017029
金山志二十卷首一卷　（清）周伯義編修（清）陳任暘訂　清光緒三十年（1904）刻本　四册　存十卷（十一至二十）

340000－1801－0008645　5∶017030
［道光］重修寶應縣志二十八卷　（清）孟毓蘭修　（清）喬載繇纂　清道光二十年（1840）刻本　一册　存三卷（十五至十七）

340000－1801－0008646　5∶017031
［光緒］重刊句容縣志十二卷　（清）曹襲先修（清）楊世沅纂　清光緒二十六年（1900）刻本　一册　存三卷（一至三）

340000－1801－0008647　5∶017032
［同治］重修宿遷縣志十九卷　（清）李德溥修（清）方駿謨纂　清同治十三年（1874）刻本　一册　存三卷（一至三）

340000－1801－0008648　5∶017033
［光緒］永嘉縣志三十八卷　（清）張寶琳修（清）王棻等纂　清光緒八年（1882）刻本　一册　存一卷（三十一）

340000－1801－0008649　5∶017034
南中志公孫述劉牧二志　（晉）常璩撰　清末刻本　一册

340000－1801－0008650　5∶017035
［同治］石首縣志□□卷　（清）朱榮實修　清同治五年（1866）刻本　一册　存一卷（四）

340000－1801－0008651　5∶017037
［同治］江西縣志二十九卷　（清）吳善繼修（清）甘愚亭等纂　清同治十三年（1874）刻本　一册　存五卷（十五至十九）

340000－1801－0008652　5∶017038
英德縣志□□卷　（□）□□纂修　清末刻本　一册　存一卷（三）

340000－1801－0008653　5∶017039－5∶017042

[乾隆]婺源縣志三十九卷首一卷　(清)彭家桂等修　清乾隆刻本　四冊　存十四卷(二至四、二十至三十)

340000－1801－0008654　5:017044
武備志二百四十卷　(明)茅元儀輯　清刻本　一冊　存一百三十九卷(一至一百三十九)

340000－1801－0008655　5:017045－5:017046
大清一統輿圖三十二卷　(清)嚴樹森修　清刻本　二冊　存六卷(北十一至十三、南一至三)

340000－1801－0008656　5:017047－5:017049
[康熙]徽州府志十八卷　(清)丁廷楗修　(清)趙吉士纂　清康熙三十八年(1699)刻本　二冊　存三卷(一、十七至十八)

340000－1801－0008657　5:017064－5:017066
[同治]鄞縣志七十五卷　(清)戴枚修　(清)董沛等纂　清光緒三年(1877)刻本　三冊　存七卷(三十一至三十二、三十五至三十七、四十至四十一)

340000－1801－0008658　5:10－5:19 善
[嘉靖]徽州府志二十二卷　(明)何東序修　(明)汪尚寧　(明)汪舜民纂　明嘉靖四十五年(1566)刻本　十冊

340000－1801－0008659　5:20－5:25 善
[弘治]徽州府志十二卷　(明)彭澤修　(明)汪舜民纂　明弘治十五年(1502)新安刻本　六冊

340000－1801－0008660　5:26 善
[嘉靖]休寧縣志八卷　(明)宋國華等修　(明)吳宗堯等纂　明嘉靖二十七年(1548)刻本　一冊　存二卷(五至六)

340000－1801－0008661　5:27 善
[萬曆]休寧縣志八卷　(明)李喬岱纂修　明萬曆三十五年(1607)刻本　一冊　存一卷(一)

340000－1801－0008662　5:28 善
[雍正]休寧孚潭志四卷　(清)許緒纂　清雍正元年(1723)抄本　一冊

340000－1801－0008663　5:29－5:36 善
[萬曆]休寧縣志八卷　(明)李喬岱纂　清抄本　八冊

340000－1801－0008664　5:37－5:40 善
[萬曆]績溪縣志十二卷　(明)陳嘉策纂修　明萬曆九年(1581)刻本(卷一至十爲抄配)　四冊

340000－1801－0008665　5:41 善
[康熙]績溪縣志續編四卷　(清)蘇霍祚　(清)胡象謙修　清康熙七年(1668)刻本　一冊

340000－1801－0008666　5:42－5:45 善
[雍正]巖鎮志草四卷　(清)佘華瑞纂修　清乾隆佘氏留耕堂刻本　四冊

340000－1801－0008667　5:46 善
[永樂]祁閶志十卷　(明)蔣俊　(明)黃汝濟修　明抄本　一冊

340000－1801－0008668　5:47－5:48 善
[萬曆]祁門縣志四卷　(明)余士奇　(明)謝存仁纂修　明萬曆刻本　二冊

340000－1801－0008669　5:49－5:54 善
太平三書十二卷太平山水詩畫一卷　(清)張萬選輯　(清)蕭雲從畫　清乾隆三年(1738)熊同仁刻本　六冊

340000－1801－0008670　5:57 善
[乾道]臨安志十五卷　(宋)周淙纂　清文瀾閣抄本　一冊　存二卷(一至二)

340000－1801－0008671　5:58－5:59 善
紹定澉水志八卷　(宋)常棠纂　清楊氏豐華堂抄本　二冊

340000－1801－0008672　5:60－5:65 善
[順治]汝陽縣志十卷　(清)紀國珍　(清)王當泰纂修　清順治十七年(1660)刻本　六冊

340000－1801－0008673　5:66－5:67 善
[康熙]鄧州志八卷　(清)趙德修　(清)彭

始超纂　清康熙三十三年(1694)刻本　二册　存五卷(一至五)

340000-1801-0008674　5:68-5:69 善
[雍正]梅里志四卷首一卷　(清)吴存禮編　清雍正二年(1724)吴郡蔡氏刻本　二册

340000-1801-0008675　5:70-5:77 善
[康熙]婺源縣志十二卷　(清)蔣燦等纂修　清康熙三十三年(1694)刻本　八册

340000-1801-0008676　5:78-5:89 善
[乾隆]婺源縣志三十九卷首一卷　(清)彭家桂等修　清乾隆五十二年(1787)刻本　十二册

340000-1801-0008677　5:90-5:97 善
[康熙]祁門縣志八卷　(清)姚啟元修　(清)張瑗等纂　清康熙二十三年(1684)刻本(卷五、八爲抄配)　八册

340000-1801-0008678　5:98-5:105 善
[乾隆]旌德縣志十卷　(清)李瑾修　(清)葉長揚等纂　清乾隆十九年(1754)刻本　八册

340000-1801-0008679　5:106-5:109 善
[乾隆]黟縣志十二卷　(清)孫維龍纂　清乾隆三十一年(1766)刻本　四册

340000-1801-0008680　5:110-5:117 善
[乾隆]無為州志二十五卷首一卷　(清)常廷璧修　(清)吴元桂纂　清乾隆八年(1743)刻本　八册

340000-1801-0008681　5:118-5:137 善
[乾隆]池州府志五十八卷首一卷　(清)張士範等纂修　清乾隆四十四年(1779)刻本　二十册

340000-1801-0008682　5:138-5:141 善
[順治]靈臺縣志四卷　(清)黄居中修　(清)楊淳纂　清順治十五年(1658)刻本　四册

340000-1801-0008683　5:142-5:143 善
澳門紀略二卷　(清)印光任修　清乾隆十六年(1751)刻本　二册

340000-1801-0008684　5:144-5:159 善
日下舊聞四十二卷　(清)朱彝尊輯　清康熙刻本　六册

340000-1801-0008685　5:160-5:163 善
齊乘六卷　(元)于欽撰　**釋音一卷**　(元)于潛撰　清乾隆四十六年(1781)刻本　四册

340000-1801-0008686　5:164-5:173 善
[乾隆]望江縣志八卷　(清)鄭交泰修　(清)曹京纂　清乾隆三十三年(1768)刻本　十册

340000-1801-0008687　5:174-5:189 善
[康熙]徽州府志十八卷圖一卷　(清)丁廷楗修　(清)趙吉士纂　清康熙三十八年(1699)刻本　十六册

340000-1801-0008688　5:190 善
新安大族志全集二卷　(元)陳定宇輯　(清)程以通補校　清康熙六年(1667)致一堂刻本　一册

340000-1801-0008689　5:191-5:198 善
[康熙]歙縣志十二卷　(清)靳治荊修　(清)吴苑等纂　清康熙二十九年(1690)刻本　八册

340000-1801-0008690　5:199-5:203 善
[康熙]休寧縣志八卷首一卷　(清)廖騰煃等修　(清)汪晉徵等纂　清康熙三十二年(1693)刻本　五册

340000-1801-0008691　5:204-5:219 善
[嘉慶]廬州府志五十四卷圖一卷　(清)張祥雲修　(清)孫星衍等纂　清嘉慶八年(1803)府學刻本　十六册

340000-1801-0008692　5:220-5:231 善
[康熙]廬州府志四十七卷　(清)張純修修　(清)顧貞觀纂　清康熙三十六年(1697)刻本　十二册

340000-1801-0008693　5:232-5:237 善
[嘉慶]鳳臺縣志十二卷　(清)李兆洛纂修　清嘉慶十九年(1814)金陵陳氏刻本　六册

存十卷(一至十)

340000－1801－0008694　5:238－5:253 善
[乾隆]潁州府志十卷圖考一卷　(清)王斂福修　(清)潘遇莘纂　清乾隆十七年(1752)刻本　十六冊

340000－1801－0008695　5:254－5:265 善
[乾隆]沂州府志三十六卷　(清)李希賢　(清)潘遇莘等修　清乾隆二十五年(1760)刻本　十二冊

340000－1801－0008696　5:266－5:277 善
[乾隆]曲阜縣志一百卷　(清)潘相纂修　清乾隆三十九年(1774)刻本　十二冊

340000－1801－0008697　5:278－5:283 善
[乾隆]汲縣志十四卷末一卷　(清)徐汝瓚纂修　清乾隆十九年(1754)刻本　六冊

340000－1801－0008698　5:284－5:299 善
[乾隆]汾州府志三十四卷　(清)孫和相修　(清)戴震纂　清乾隆三十六年(1771)刻本　十六冊

340000－1801－0008699　5:300－5:306 善
[乾隆]寧武府志十二卷圖一卷　(清)周景柱修　**[咸豐]續寧武府志一卷**　(清)常文遴等纂修　清咸豐刻本　七冊

340000－1801－0008700　5:307－5:312 善
[熙寧]長安志二十卷圖三卷　(宋)宋敏求纂修　清乾隆五十二年(1787)靈巖山館刻本　六冊

340000－1801－0008701　5:313－5:314 善
[道光]武功縣志三卷　(明)康海纂修　(清)孫景烈評注　清道光十一年(1831)刻本　二冊

340000－1801－0008702　5:315－5:318 善
[康熙]靈壽縣志十卷　(清)陸隴其纂修　清康熙二十四年(1685)刻本　四冊

340000－1801－0008703　5:319－5:328 善
[雍正]朔州志十二卷　(清)汪嗣聖彙纂　清雍正十三年(1735)刻本　十冊

340000－1801－0008704　5:329－5:333 善
[康熙]宿松縣志三十六卷　(清)朱維高等纂修　清康熙四十二年(1703)刻本　五冊　存十四卷(一至四、二十七至三十六)

340000－1801－0008705　5:334－5:353 善
[康熙]徽州府志十八卷　(清)丁廷楗修　(清)趙吉士纂　清康熙三十八年(1699)刻本　二十冊

340000－1801－0008706　5:354－5:359 善
[康熙]徽州府志十六卷　(清)丁廷楗修　(清)趙吉士纂　清康熙三十八年(1699)刻本　六冊

340000－1801－0008707　5:360－5:368 善
[康熙]徽州府志十八卷　(清)丁廷楗修　(清)趙吉士纂　清康熙三十八年(1699)刻本　九冊　缺二卷(十二至十三)

340000－1801－0008708　5:369－5:380 善
[康熙]徽州府志十八卷　(清)丁廷楗修　(清)趙吉士纂　清康熙三十八年(1699)刻本　十六冊

340000－1801－0008709　5:381－5:396 善
[康熙]徽州府志十八卷　(清)丁廷楗修　(清)趙吉士纂　清康熙三十八年(1699)刻本　十六冊

340000－1801－0008710　5:397－5:404 善
[乾隆]歙縣志二十卷首一卷　(清)張佩芳修　(清)劉大櫆纂　清乾隆三十六年(1771)刻本　八冊

340000－1801－0008711　5:405－5:412 善
[乾隆]歙縣志二十卷首一卷　(清)張佩芳修　(清)劉大櫆纂　清乾隆三十六年(1771)刻本　八冊

340000－1801－0008712　5:413－5:420 善
[乾隆]歙縣志二十卷首一卷　(清)張佩芳修　(清)劉大櫆纂　清乾隆三十六年(1771)刻本　八冊

340000－1801－0008713　5:421－5:425 善

[康熙]休寧縣志八卷首一卷　(清)廖騰煃等修　(清)汪晉徵等纂　清康熙三十二年(1693)刻本　八册

340000－1801－0008714　5:426－5:427 善
[康熙]寧國縣志十卷　(清)陳養元修　(清)王為壤纂　清康熙五十二年(1713)刻本　二册

340000－1801－0008715　5:428－5:439 善
[乾隆]潁州府志十卷圖考一卷　(清)王斂福修　(清)潘遇莘纂　清乾隆十七年(1752)刻本　十二册

340000－1801－0008716　5:440－5:457 善
[乾隆]潁州府志十卷圖考一卷　(清)王斂福修　(清)潘遇莘纂　清乾隆十七年(1752)刻本　十八册　缺二卷(六至七)

340000－1801－0008717　5:458－5:461 善
[乾隆]靈璧縣志略四卷首一卷河防錄一卷河渠原委三卷　(清)貢震纂修　清乾隆二十三年(1758)刻本　四册

340000－1801－0008718　5:462－5:465 善
[乾隆]靈璧縣志略四卷首一卷河防錄一卷河渠原委三卷　(清)貢震纂修　清乾隆二十三年(1758)刻本　四册

340000－1801－0008719　5:466－5:473 善
[乾隆]望江縣志八卷　(清)鄭交泰修　(清)曹京纂　清乾隆三十三年(1768)刻本　八册

340000－1801－0008720　5:474－5:476 善
[康熙]全椒縣志十八卷　(清)藍學鑒　(清)吳國對纂修　清康熙十二年(1673)刻本　三册　存十五卷(一至十一、十五至十八)

340000－1801－0008721　5:477－5:480 善
[乾隆]太和縣志八卷　(清)成兆豫修　(清)吳中最纂　清乾隆十七年(1752)刻本　四册

340000－1801－0008722　5:481－5:560 善
江南通志二百卷　(清)趙弘恩等監修　(清)黄之雋等編纂　清乾隆元年(1736)刻本　八十册

340000－1801－0008723　5:561－5:575 善
[乾隆]寧波府志三十六卷首一卷　(清)曹秉仁修　(清)萬經纂　清乾隆六年(1741)刻本　十五册　缺一卷(三十六)

340000－1801－0008724　5:576－5:586 善
[乾隆]曹州府志二十二卷　(清)周尚質修　(清)李登明纂　清乾隆二十一年(1756)刻本　十一册　缺三卷(四至六)

340000－1801－0008725　5:587－5:600 善
[乾隆]泰安府志三十二卷　(清)顏希深修　(清)成城纂　清乾隆二十五年(1760)刻本　十五册　缺七卷(十二至十七、十九)

340000－1801－0008726　5:601－5:604 善
[乾隆]如皋縣志三十二卷　(清)鄭見龍修　(清)周植纂　清乾隆十五年(1750)刻本　四册　缺十八卷(一至十八)

340000－1801－0008727　5:605－5:612 善
[乾隆]直隸遵化州志二十卷　(清)劉靖纂修　(清)傅修續纂　清乾隆五十九年(1794)刻本　八册

340000－1801－0008728　5:613－5:620 善
[乾隆]天津縣志二十四卷　(清)朱奎揚修　(清)吳廷華纂　清乾隆四年(1739)刻本　八册

340000－1801－0008729　5:621－5:636 善
[乾隆]大同府志三十二卷首一卷　(清)吳輔宏纂修　(清)文光校訂　清乾隆四十七年(1782)刻本　十六册

340000－1801－0008730　5:637－5:708 善
[乾隆]河南通志八十卷續河南通志八十卷　(清)田文鏡修　(清)阿思哈續修　清乾隆三十二年(1767)刻本　七十二册

340000－1801－0008731　5:709－5:714 善
[康熙]開封府志四十卷　(清)管竭忠修　(清)張沐纂　清康熙三十四年(1695)刻本

六冊　存二十五卷(四至八、十至二十三、二十八至三十三)

340000－1801－0008732　5:715－5:723 善
[雍正]揚州府志四十卷　(清)尹會一修　(清)程夢星纂　清雍正刻本　九冊　存三十卷(一至三十)

340000－1801－0008733　5:724－5:735 善
日下舊聞四十二卷　(清)朱彝尊輯　清康熙六峰閣刻本　十二冊　缺二十三卷(九至三十一)

340000－1801－0008734　5:736－5:741 善
[乾隆]婁縣志三十卷首二卷　(清)謝庭薰　(清)陸錫熊纂修　清乾隆五十三年(1788)刻本　六冊

340000－1801－0008735　5:742 善
[乾隆]武功縣志三卷　(明)康海纂修　清乾隆二十六年(1761)刻本　一冊

340000－1801－0008736　5:743 善
[乾隆]武功縣志三卷　(明)康海纂修　清乾隆二十六年(1761)刻本　一冊

340000－1801－0008737　5:744 善
[正德]武功縣志三卷首一卷　(明)康海纂　(清)孫景烈評注　明正德十四年(1519)刻本　一冊

340000－1801－0008738　5:745－5:748 善
[乾隆]歸善縣志十八卷邑事記二卷　(清)章壽彭修　(清)陸飛纂　清乾隆四十八年(1783)刻本　四冊　缺十卷(歸善縣志九至十八)

340000－1801－0008739　5:749－5:756 善
[康熙]韶州府志十八卷　(清)唐宗堯纂修　清康熙刻本　八冊　缺十卷(一至九、十八)

340000－1801－0008740　5:757－5:762 善
[乾隆]臨潼縣志九卷　(清)史傳遠纂修　清乾隆四十一年(1776)刻本　六冊

340000－1801－0008741　5:763－5:771 善
[乾隆]聞喜縣志十二卷斠四卷補四卷續四卷　(清)李遵唐　(清)陳作哲修　(清)王肇書　(清)楊深秀纂　清乾隆三十一年(1766)刻光緒六年(1880)補刻本　九冊　缺一卷(聞喜縣志十二)

340000－1801－0008742　5:772－5:774 善
解州全志十八卷圖一卷　(清)言如泗纂修　清乾隆二十九年(1764)刻本　三冊　缺八卷(四至十一)

340000－1801－0008743　5:775－5:784 善
[乾隆]濟源縣志十六卷首一卷末一卷　(清)蕭應植修　(清)沈樗莊纂　清乾隆刻本　十冊

340000－1801－0008744　5:785－5:787 善
[乾隆]柘城縣志十八卷　(清)李志魯纂修　清乾隆三十八年(1773)刻本　三冊　缺十五卷(一、三至四、七至十八)

340000－1801－0008745　5:788－5:800 善
[乾隆]彰德府志三十三卷　(清)盧崧修　(清)江大鍵纂　清乾隆五十二年(1787)刻本　十三冊　缺十五卷(十八至三十二)

340000－1801－0008746　5:801－5:805 善
[乾隆]碭山縣志十四卷　(清)劉王瑷纂修　清乾隆三十二年(1767)刻本　五冊

340000－1801－0008747　5:806－5:820 善
[乾隆]貴州通志四十六卷　(清)鄂爾泰修　(清)靖道謨纂　清乾隆六年(1741)刻本　十五冊　存二十卷(十五至二十三、三十六至四十六)

340000－1801－0008748　5:821－5:823 善
[乾隆]蒲臺縣志五卷　(清)嚴文典纂修　清乾隆二十八年(1763)刻本　三冊

340000－1801－0008749　5:824－5:829 善
[康熙]沂州志八卷　(清)邵士修　(清)王壎纂　清康熙十三年(1674)刻本　六冊　缺二卷(五至六)

340000－1801－0008750　5:830－5:841 善
[乾隆]曲阜縣志一百卷　(清)潘相纂修　清

乾隆三十九年(1774)刻本　十二冊

340000－1801－0008751　3:00001－3:00004
孔氏家語十卷　(三國魏)王肅注　清乾隆二年(1737)刻本　四冊

340000－1801－0008752　3:00005－3:00006
孔氏家語十卷　(三國魏)王肅注　清乾隆五十四年(1789)刻本　二冊

340000－1801－0008753　3:00007－3:00010
孔氏家語十卷　(三國魏)王肅注　清刻本　四冊

340000－1801－0008754　3:00011－3:00014
孔子家語十卷　(三國魏)王肅注　清金陵李光明莊刻本　四冊

340000－1801－0008755　3:00015－3:00018
孔子家語十卷　(三國魏)王肅注　清金陵李光明莊刻本　四冊

340000－1801－0008756　3:00019－3:00022
孔氏家語十卷　(三國魏)王肅注　清勤思堂刻本　四冊

340000－1801－0008757　3:00023－3:00024
孔氏家語十卷　(三國魏)王肅注　清光緒元年(1875)湖北崇文書局刻本　二冊

340000－1801－0008758　3:00025－3:00029
孔氏家語十卷　(三國魏)王肅注　清光緒上海同文書局石印本　五冊

340000－1801－0008759　3:00030－3:00034
孔氏家語十卷　(三國魏)王肅注　清光緒上海同文書局石印本　五冊

340000－1801－0008760　3:00035－3:00039
孔氏家語十卷　(三國魏)王肅注　清光緒上海同文書局石印本　五冊

340000－1801－0008761　3:00045
孔子集語二卷　(宋)薛據纂　清乾隆二年(1737)闕里孔氏刻本　一冊

340000－1801－0008762　3:00046
孔子集語二卷　(宋)薛據纂　清光緒元年(1875)湖北崇文書局刻本　一冊

340000－1801－0008763　3:00047
孔子集語二卷　(宋)薛據纂　清光緒元年(1875)湖北崇文書局刻本　一冊

340000－1801－0008764　3:00048－3:00051
孔子集語十七卷　(清)孫星衍撰　清光緒三年(1877)浙江書局刻本　四冊

340000－1801－0008765　3:00052－3:00053
家語疏證六卷　(清)孫志祖撰　清刻本　二冊

340000－1801－0008766　3:00054
孔叢子二卷　(漢)孔鮒撰　清光緒元年(1875)湖北崇文書局刻本　一冊

340000－1801－0008767　3:00055－3:00056
曾子家語六卷　(清)曾國荃審訂　(清)王定安輯　清光緒十六年(1890)金陵刻本　二冊

340000－1801－0008768　3:00057－3:00062
荀子二十卷校勘補遺一卷　(戰國)荀況撰　(唐)楊倞注　清光緒二年(1876)浙江書局刻二十二子本　六冊

340000－1801－0008769　3:00063－3:00068
荀子二十卷校勘補遺一卷　(戰國)荀況撰　(唐)楊倞注　清光緒二十三年(1897)新化三味書室刻本　六冊

340000－1801－0008770　3:00069－3:00074
荀子二十卷校勘補遺一卷　(戰國)荀況撰　(唐)楊倞注　清光緒二十三年(1897)新化三味書室刻本　六冊

340000－1801－0008771　3:00079－3:00080
荀子二十卷　(戰國)荀況撰　(清)吳汝綸點勘　清宣統二年(1910)衍星社鉛印桐城吳先生點勘諸子七種本　二冊

340000－1801－0008772　3:00081－3:00082
荀子二十卷　(戰國)荀況撰　(清)吳汝綸點勘　清宣統二年(1910)衍星社鉛印桐城吳先生點勘諸子七種本　二冊

340000－1801－0008773　3:00083－3:00086

荀子二十卷校勘補遺一卷　(戰國)荀況撰　(唐)楊倞注　清乾隆五十一年(1786)嘉善謝氏刻本　四冊

340000－1801－0008774　3:00087－3:00092
荀子二十卷首一卷　(戰國)荀況撰　(唐)楊倞注　王先謙輯　清光緒十七年(1891)長沙思賢講舍刻本　六冊

340000－1801－0008775　3:00093－3:00098
荀子二十卷首一卷　(戰國)荀況撰　(唐)楊倞注　王先謙輯　清光緒十七年(1891)長沙思賢講舍刻本　六冊

340000－1801－0008776　3:00115－3:00120
荀子二十卷首一卷　(戰國)荀況撰　(唐)楊倞注　王先謙輯　清光緒十七年(1891)長沙思賢講舍刻本　六冊

340000－1801－0008777　3:00121－3:00126
荀子二十卷首一卷　(戰國)荀況撰　(唐)楊倞注　王先謙輯　清光緒十七年(1891)長沙思賢講舍刻本　六冊

340000－1801－0008778　3:00127－3:00132
荀子二十卷首一卷　(戰國)荀況撰　(唐)楊倞注　王先謙輯　清光緒十七年(1891)長沙思賢講舍刻本　六冊

340000－1801－0008779　3:00146
新語二卷　(漢)陸賈撰　清刻本　一冊

340000－1801－0008780　3:00147－3:00148
新書十卷　(漢)賈誼撰　清光緒元年(1875)浙江書局刻本　二冊

340000－1801－0008781　3:00149－3:00150
新書十卷　(漢)賈誼撰　清光緒元年(1875)浙江書局刻本　二冊

340000－1801－0008782　3:00152－3:00155
賈子十六卷　(漢)賈誼撰　(清)王耕心詁　清光緒二十九年(1903)正定王氏龍樹精舍刻本　四冊

340000－1801－0008783　3:00156－3:00157
賈子十六卷　(漢)賈誼撰　(清)王耕心詁　清光緒二十九年(1903)正定王氏龍樹精舍刻本　二冊

340000－1801－0008784　3:00158－3:00160
鹽鐵論十二卷　(漢)桓寬撰　(明)張之象注　清刻增訂漢魏叢書本　三冊

340000－1801－0008785　3:00161－3:00162
鹽鐵論十卷　(漢)桓寬撰　**校勘小識一卷**　王先謙校　清光緒十七年(1891)長沙思賢講舍刻本　二冊

340000－1801－0008786　3:00163－3:00164
鹽鐵論十卷　(漢)桓寬撰　**校勘小識一卷**　王先謙校　清光緒十七年(1891)長沙思賢講舍刻本　二冊

340000－1801－0008787　3:00165－3:00168
新序十卷　(漢)劉向撰　清刻本　四冊

340000－1801－0008788　3:00169－3:00170
新序十卷　(漢)劉向撰　清刻本　二冊

340000－1801－0008789　3:00171－3:00172
新序十卷　(漢)劉向撰　明新安程榮刻本　二冊　存五卷(一至五)

340000－1801－0008790　3:00213－3:00216
說苑二十卷　(漢)劉向撰　明刻本　四冊

340000－1801－0008791　3:00217－3:00220
說苑二十卷　(漢)劉向撰　清光緒元年(1875)湖北崇文書局刻本　四冊

340000－1801－0008792　3:00225
揚子法言十三卷　(漢)揚雄撰　(晉)李軌注　**音義一卷**　(□)□□撰　清光緒二十三年(1897)新化三味書局刻本　一冊

340000－1801－0008793　3:00226
揚子法言十三卷　(漢)揚雄撰　(晉)李軌注　**音義一卷**　(□)□□撰　清光緒二年(1876)浙江書局刻二十二子本　一冊

340000－1801－0008794　3:00227－3:00228
揚子法言十三卷　(漢)揚雄撰　(晉)李軌注　**音義一卷**　(□)□□撰　清嘉慶二十三年(1818)秦氏石研齋刻本　二冊

340000－1801－0008795　3:00229

揚子法言十三卷　(漢)揚雄撰　(晉)李軌注　**音義一卷**　(□)□□撰　清嘉慶二十三年(1818)秦氏石研齋刻本　一冊

340000－1801－0008796　3:00230－3:00231

揚子法言十三卷　(漢)揚雄撰　(晉)李軌注　**音義一卷**　(□)□□撰　清嘉慶二十三年(1818)秦氏石研齋刻本　二冊

340000－1801－0008797　3:00232－3:00233

揚子法言十三卷　(漢)揚雄撰　(晉)李軌注　**音義一卷**　(□)□□撰　清嘉慶二十三年(1818)秦氏石研齋刻本　二冊

340000－1801－0008798　3:00234

揚子法言十三卷　(漢)揚雄撰　(晉)李軌注　**音義一卷**　(□)□□撰　清嘉慶二十三年(1818)秦氏石研齋刻本　一冊

340000－1801－0008799　3:00251－3:00252

潛夫論十卷　(漢)王符撰　清刻漢魏叢書本　二冊

340000－1801－0008800　3:00253－3:00254

潛夫論十卷　(漢)王符撰　清光緒三年(1877)馬湖盧氏刻本　二冊

340000－1801－0008801　3:00255

中說十卷　(隋)王通撰　(宋)阮逸注　清嘉慶九年(1804)刻本　一冊

340000－1801－0008802　3:00256－3:00259

中說十卷　(隋)王通撰　(宋)阮逸注　明敬忍居刻清道光印本　四冊

340000－1801－0008803　3:00260－3:00261

文中子中說十卷　(隋)王通撰　(宋)阮逸注　清光緒二年(1876)浙江書局刻本　二冊

340000－1801－0008804　3:00262－3:00263

文中子中說十卷　(隋)王通撰　(宋)阮逸注　清光緒二年(1876)浙江書局刻本　二冊

340000－1801－0008805　3:00264－3:00265

文中子中說十卷　(隋)王通撰　清光緒二十三年(1897)新化三味書局刻本　二冊

340000－1801－0008806　3:00267－3:00270

漢兩大儒書二十七卷　(漢)賈誼　(漢)董仲舒撰　清抱經堂刻本　四冊

340000－1801－0008807　3:00271

子思原本發明二卷曾子原本發明一卷　(清)方式可撰　清光緒十七年(1891)皖城刻本　一冊

340000－1801－0008808　3:00272

周子通書講義一卷　(清)方宗誠撰　清光緒九年(1883)刻本　一冊

340000－1801－0008809　3:00273－3:00276

周子全書九卷首二卷末一卷　(宋)周敦頤撰　清道光二十七年(1847)新化鄧氏刻本　四冊

340000－1801－0008810　3:00277－3:00280

周濂溪先生全集十三卷　(清)張伯行輯　清光緒六年(1880)刻本　四冊

340000－1801－0008811　3:00281－3:00286

張子全書十五卷　(宋)張載撰　清康熙五十八年(1719)高安朱氏刻本　六冊

340000－1801－0008812　3:00287－3:00290

張子全書十五卷　(宋)張載撰　清光緒三年(1877)夔州李氏刻本　四冊

340000－1801－0008813　3:00291－3:00294

張子全書十五卷　(宋)張載撰　清光緒三年(1877)夔州李氏刻本　四冊

340000－1801－0008814　3:00295－3:00298

張子全書十五卷　(宋)張載撰　清光緒三年(1877)夔州李氏刻本　四冊

340000－1801－0008815　3:00299－3:00304

張子全書十五卷　(宋)張載撰　清光緒二十三年(1897)刻本　六冊

340000－1801－0008816　3:00305－3:00310

張子正蒙二卷　(清)王夫之注　清刻本　六冊

340000－1801－0008817　3:00311－3:00314

張子正蒙注九卷　(宋)張載撰　(清)王夫之

注　清同治四年(1865)曾氏金陵節署刻船山遺書本　四冊

340000－1801－0008818　3:00315－3:00322
河南程氏遺書二十五卷附録一卷外書十二卷　(宋)程顥　(宋)程頤撰　(宋)朱熹輯　清同治五年(1866)河南嵩邑兩程故里影堂刻河南二程全書本　八冊

340000－1801－0008819　3:00323－3:00342
河南二程全書六十七卷　(宋)程顥　(宋)程頤撰　(宋)朱熹輯　清星沙小嫏嬛山館刻本　二十冊

340000－1801－0008820　3:00343－3:00358
河南二程全書六十七卷　(宋)程顥　(宋)程頤撰　(宋)朱熹輯　清星沙小嫏嬛山館刻本　十六冊

340000－1801－0008821　3:00359－3:00368
二程語録十八卷文集十二卷粹言二卷　(宋)程顥　(宋)程頤撰　(宋)朱熹輯　(清)張伯行訂　清康熙四十八年(1709)福州正誼堂刻本　十冊

340000－1801－0008822　3:00369－3:00383
河南二程全書六十七卷　(宋)程顥　(宋)程頤撰　(宋)朱熹輯　清刻本　十五冊　缺四卷(河南程氏遺書一至四)

340000－1801－0008823　3:00384－3:00392
河南二程全書六十七卷　(宋)程顥　(宋)程頤撰　(宋)朱熹輯　清刻本　九冊　存二十卷(伊川易傳四卷、河南程氏經説八卷、河南程氏文集一至八)

340000－1801－0008824　3:00393
上蔡先生語録三卷　(宋)謝良佐撰　(清)張伯行重訂　清道光二年(1822)歙縣洪錫謙刻本　一冊

340000－1801－0008825　3:00394
李延平先生文集四卷　(宋)李侗撰　(清)張伯行輯　清同治五年(1866)福州正誼書院刻正誼堂全書本　一冊

340000－1801－0008826　3:00395－3:00398
延平李先生答問二卷合刻延平四先生年譜四卷　(宋)朱熹撰　清光緒五年(1879)延平府署刻本　四冊

340000－1801－0008827　3:00399－3:00426
淵鑒齋御纂朱子全書六十六卷　(宋)朱熹撰　(清)李光地等輯　清康熙五十二年(1713)内府刻本　二十八冊

340000－1801－0008828　3:00427－3:00454
淵鑒齋御纂朱子全書六十六卷　(宋)朱熹撰　(清)李光地等輯　清刻本　二十八冊

340000－1801－0008829　3:00455－3:00494
淵鑒齋御纂朱子全書六十六卷　(宋)朱熹撰　(清)李光地等輯　清光緒江西書局刻本　四十冊

340000－1801－0008830　3:00495－3:00530
淵鑒齋御纂朱子全書六十六卷　(宋)朱熹撰　(清)李光地等輯　清四川尊經閣刻本　三十六冊

340000－1801－0008831　3:00531－3:00550
朱子遺書初刻八種七十一卷二刻七種三十二卷　(宋)朱熹撰　清康熙禦兒吕氏寶誥堂刻本　二十冊

340000－1801－0008832　3:00551－3:00573
朱子遺書初刻八種七十一卷二刻七種三十二卷　(宋)朱熹撰　清康熙禦兒吕氏寶誥堂刻本　二十四冊

340000－1801－0008833　3:00574－3:00617
晦庵先生朱文公文集一百卷　(宋)朱熹撰　清刻本　四十四冊

340000－1801－0008834　3:00618－3:00670
晦庵先生朱文公文集一百卷續集十一卷別集十卷　(宋)朱熹撰　清同治十二年(1873)六安涂氏求我齋刻本　五十四冊　缺六十四卷(晦庵先生朱文公文集一至六十四)

340000－1801－0008835　3:00671－3:00702
朱子大全精言四十一卷　(清)周大璋輯　清

康熙寶旭齋刻本　三十二冊

340000－1801－0008836　3:00703－3:00750
朱子文集大全類編一百十一卷首一卷　(宋)朱熹撰　(清)朱玉輯　清刻本　四十八冊

340000－1801－0008837　3:00751－3:00752
朱子七卷　(宋)朱熹撰　(清)張伯行集解　清正誼堂刻本　二冊

340000－1801－0008838　3:00753－3:00764
朱子經濟文衡類編前集二十五卷後集二十五卷續集二十二卷　(宋)朱熹撰　(宋)滕珙編　清乾隆四年(1739)徽州府署刻本　十二冊

340000－1801－0008839　3:00766－3:00805
朱子語類一百四十卷　(宋)朱熹撰　(宋)黎靖德編　清刻本　四十冊

340000－1801－0008840　3:00806－3:00810
朱子語類輯略八卷　(宋)朱熹撰　(清)張伯行輯訂　清康熙四十七年(1708)福州正誼堂刻本　五冊

340000－1801－0008841　3:00811
朱子語類日鈔五卷　(清)陳澧編　清咸豐番禺陳氏刻鍾山別業叢書本　一冊

340000－1801－0008842　3:00812
朱子語類日鈔五卷　(清)陳澧編　清光緒二十六年(1900)廣雅書局刻本　一冊

340000－1801－0008843　3:00813－3:00814
朱子語類四纂五卷　(清)李光地輯　清刻本　二冊

340000－1801－0008844　3:00815－3:00824
朱子語類五十二卷　(宋)朱熹撰　清康熙四十七年(1708)金谿周在延刻本　十冊

340000－1801－0008845　3:00825－3:00826
朱子學的二卷　(明)丘濬輯　(清)張伯行訂　清康熙四十八年(1709)福州正誼堂刻本　二冊

340000－1801－0008846　3:00827－3:00828
讀朱隨筆四卷　(清)陸隴其輯　(清)張伯行訂　清康熙正誼堂刻本　二冊

340000－1801－0008847　3:00829－3:00851
四書述朱大全四十卷　(清)周亦魯輯　清武林芥子園刻本　二十三冊

340000－1801－0008848　3:00852
述朱質疑十六卷　(清)夏炘撰　清咸豐二年(1852)刻景紫堂叢書本　一冊　存三卷(一至三)

340000－1801－0008849　3:00853
述朱質疑十六卷　(清)夏炘撰　清咸豐二年(1852)刻景紫堂叢書本　一冊　存三卷(一至三)

340000－1801－0008850　3:00854
述朱質疑十六卷　(清)夏炘撰　清咸豐二年(1852)刻景紫堂叢書本　一冊　存三卷(一至三)

340000－1801－0008851　3:00855
宗朱子要法一卷　(清)朱澤澐撰　清光緒二十五年(1899)華亭刻止泉遺書本　一冊

340000－1801－0008852　3:00856－3:00866
朱子聖學考略十卷附錄一卷　(清)朱澤澐輯　清刻本　十一冊

340000－1801－0008853　3:00867－3:00874
程書五十一卷　(宋)程顥　(宋)程頤撰　清康熙二十五年(1686)刻本　八冊

340000－1801－0008854　3:00875－3:00876
北溪先生四書字義二卷首一卷附錄一卷　(宋)陳淳撰　(清)余庠翚編校　清咸豐十一年(1861)長沙余氏刻明辨齋叢書本　二冊

340000－1801－0008855　3:00877
朱程問答三卷附一卷　(明)程資輯　清宣統元年(1909)木活字印本　一冊

340000－1801－0008856　3:00878
金華王魯齋先生傳集二卷　(宋)王柏撰　清乾隆十年(1745)刻本　一冊

340000－1801－0008857　3:00879
金華王魯齋先生傳集二卷　(宋)王柏撰　清乾隆十年(1745)刻本　一冊

340000－1801－0008858　3:00880－3:00882
明本釋三卷　(宋)劉荀撰　清刻本　三册

340000－1801－0008859　3:00883
明本釋三卷　(宋)劉荀撰　清光緒十六年(1890)慎自愛軒刻本　一册　存二卷(一至二)

340000－1801－0008860　3:00884－3:00885
游定夫先生集六卷首一卷末一卷　(宋)游酢撰　清同治六年(1867)和州官舍刻本　二册

340000－1801－0008861　3:00886－3:00887
游定夫先生集六卷首一卷末一卷　(宋)游酢撰　清同治六年(1867)和州官舍刻本　二册

340000－1801－0008862　3:00888－3:00889
游定夫先生集六卷首一卷末一卷　(宋)游酢撰　清同治六年(1867)和州官舍刻本　二册

340000－1801－0008863　3:00890－3:00893
潛室陳先生木鍾集十一卷　(宋)陳埴撰　清同治六年(1867)東甌郡齋刻本　四册

340000－1801－0008864　3:00894－3:00895
潛室陳先生木鍾集十一卷　(宋)陳埴撰　清同治六年(1867)東甌郡齋刻本　二册

340000－1801－0008865　3:00896－3:00925
西山先生真文忠公讀書記四十卷年譜一卷心經一卷政經一卷　(宋)真德秀撰　清同治三年(1864)刻本　三十册

340000－1801－0008866　3:00926－3:00957
西山先生真文忠公讀書記四十卷年譜一卷心經一卷政經一卷　(宋)真德秀撰　清同治三年(1864)刻本　三十二册

340000－1801－0008867　3:00958－3:00963
大學衍義四十三卷　(宋)真德秀撰　清光緒二十七年(1901)上海書局石印本　六册

340000－1801－0008868　3:00964－3:00969
大學衍義四十三卷　(宋)真德秀撰　清光緒二十七年(1901)上海書局石印本　六册

340000－1801－0008869　3:00970－3:00975
大學衍義四十三卷　(宋)真德秀撰　清光緒二十七年(1901)上海書局石印本　六册

340000－1801－0008870　3:00976－3:00981
大學衍義四十三卷　(宋)真德秀撰　清光緒二十七年(1901)上海書局石印本　六册

340000－1801－0008871　3:00982－3:00993
大學衍義四十三卷　(宋)真德秀撰　清乾隆四年(1739)尊經閣刻本　十二册

340000－1801－0008872　3:00994－3:01001
大學衍義四十三卷　(宋)真德秀撰　清光緒刻本　八册

340000－1801－0008873　3:01002－3:01011
大學衍義四十三卷　(宋)真德秀撰　清同治十一年(1872)浙江書局刻本　十册

340000－1801－0008874　3:01012－3:01021
大學衍義四十三卷　(宋)真德秀撰　清同治十一年(1872)浙江書局刻本　十册

340000－1801－0008875　3:01022－3:01031
大學衍義四十三卷　(宋)真德秀撰　清道光十七年(1837)藝香堂刻本　十册

340000－1801－0008876　3:01032－3:01039
大學衍義四十三卷　(宋)真德秀撰　清同治十三年(1874)金陵書局刻本　八册

340000－1801－0008877　3:01040－3:01047
大學衍義四十三卷　(宋)真德秀撰　清同治十三年(1874)金陵書局刻本　八册

340000－1801－0008878　3:01048－3:01055
大學衍義四十三卷　(宋)真德秀撰　清同治十三年(1874)金陵書局刻本　八册

340000－1801－0008879　3:01056－3:01065
大學衍義四十三卷　(宋)真德秀撰　清乾隆二年(1737)刻本　十册

340000－1801－0008880　3:01066－3:01068
大學衍義輯要六卷　(清)陳宏謀輯　清刻本　三册

340000－1801－0008881　3:01069－3:01082
大學衍義輯要六卷　(宋)真德秀輯撰　(清)

陳宏謀纂　**大學衍義補輯要十二卷首一卷**　(明)丘濬補　(清)陳宏謀輯　清乾隆元年(1736)刻本　十四册

340000－1801－0008882　3:01083－3:01122
大學衍義補一百六十卷首一卷　(明)丘濬撰　清道光十七年(1837)芸香堂刻本　四十册

340000－1801－0008883　3:01123－3:01145
大學衍義續七十卷　(清)強汝詢撰　清光緒十二年(1886)刻本　二十四册

340000－1801－0008884　3:01146－3:01169
大學衍義續七十卷　(清)強汝詢撰　清光緒十二年(1886)刻本　二十四册

340000－1801－0008885　3:01170－3:01171
心經一卷政經一卷　(宋)真德秀撰　清真氏刻本　二册

340000－1801－0008886　3:01172－3:01183
中庸衍義十七卷　(明)夏良勝撰　清同治十年(1871)刻本　十二册

340000－1801－0008887　3:01184－3:01191
中庸衍義十七卷　(明)夏良勝撰　清同治十年(1871)刻本　八册

340000－1801－0008888　3:01192－3:01203
中庸衍義十七卷　(明)夏良勝撰　清同治十年(1871)刻本　十二册

340000－1801－0008889　3:01204－3:01205
薛文清公讀書錄八卷　(明)薛瑄撰　清康熙四十七年(1708)福州正誼堂刻本　二册

340000－1801－0008890　3:01206－3:01212
讀書錄十一卷續錄十二卷　(明)薛瑄撰　清乾隆刻本　七册　缺三卷(續錄五至七)

340000－1801－0008891　3:01213－3:01216
重梓薛文清公讀書錄講義十二卷　(清)鄒昌熠撰　清光緒四年(1878)刻本　四册

340000－1801－0008892　3:01217－3:01218
陳清瀾先生學蔀通辨前編三卷後編三卷續編三卷終編三卷　(明)陳建撰　(清)張伯行訂　清康熙十七年(1678)福州正誼堂刻本　二册

340000－1801－0008893　3:01219－3:01222
四書講義續困勉錄六卷　(清)陸隴其輯　清刻本　四册

340000－1801－0008894　3:01223－3:01226
聞鐘集十卷　(清)勞大與撰　清康熙刻本　四册

340000－1801－0008895　3:01227－3:01228
榕村講授三卷　(清)李光地撰　清刻本　二册　缺一卷(下)

340000－1801－0008896　3:01229－3:01230
居業錄四卷　(明)胡居仁著　(清)顏綸校　清康熙四十年(1701)詠豳堂刻本　二册

340000－1801－0008897　3:01231－3:01233
胡敬齋先生居業錄八卷　(明)胡居仁撰　清光緒六年(1880)六安求我齋刻本　三册

340000－1801－0008898　3:01234
羅近溪先生語要一卷　(明)羅汝芳撰　(明)陶望齡輯　清光緒二十年(1894)江寧刻本　一册

340000－1801－0008899　3:01235
羅近溪先生語要一卷　(明)羅汝芳撰　(明)陶望齡輯　清光緒二十年(1894)江寧刻本　一册

340000－1801－0008900　3:01236
羅近溪先生語要一卷　(明)羅汝芳撰　(明)陶望齡輯　清光緒二十年(1894)江寧刻本　一册

340000－1801－0008901　3:01237
羅近溪先生語要一卷　(明)羅汝芳撰　(明)陶望齡輯　清光緒二十年(1894)江寧刻本　一册

340000－1801－0008902　3:01240
重刻來瞿唐先生日錄十三卷省事錄一卷　(明)來知德著　清刻本　一册

340000－1801－0008903　3:01241－3:01253
來瞿唐先生日錄十三卷　(明)來知德撰　清

道光十一年(1831)刻本　十三冊　缺一卷(外編七)

340000－1801－0008904　3:01254－3:01259
呻吟語六卷黄帝陰符經一卷救命書一卷　(明)呂坤撰　清乾隆五十九年(1794)陸氏刻本　六冊

340000－1801－0008905　3:01260－3:01265
呻吟語六卷　(明)呂坤撰　清同治七年(1868)思補齋刻本　六冊

340000－1801－0008906　3:01266－3:01271
呻吟語六卷　(明)呂坤撰　清同治十三年(1874)木犀山房刻本　六冊

340000－1801－0008907　3:01272－3:01275
呻吟語六卷　(明)呂坤撰　清同治十三年(1874)木犀山房刻本　四冊

340000－1801－0008908　3:01276－3:01279
呻吟語節鈔六卷　(明)呂坤撰　清道光刻本　四冊

340000－1801－0008909　3:01282－3:01287
呻吟語六卷附録一卷　(明)呂坤撰　清道光十七年(1837)刻本　六冊

340000－1801－0008910　3:01288
新吾粹語四卷　(明)呂坤撰　(清)曹昞錄　清乾隆四十七年(1782)曹氏空空草堂刻本　一冊

340000－1801－0008911　3:01289
新吾粹語四卷　(明)呂坤撰　清道光二年(1822)莘野書屋刻本　一冊

340000－1801－0008912　3:01290
新吾粹語四卷　(明)呂坤撰　清道光二年(1822)莘野書屋刻本　一冊

340000－1801－0008913　3:01291－3:01302
呂書四種合刻十九卷　(明)呂得勝　(明)呂坤著　清道光七年(1827)開封府署刻本　十二冊

340000－1801－0008914　3:01304－3:01305
呂語集粹四卷　(明)呂坤撰　(清)陳宏謀評　清宣統元年(1909)上海文瑞樓石印本　二冊

340000－1801－0008915　3:01306
呂子節錄四卷補遺二卷　(明)呂坤撰　(清)陳宏謀評　清乾隆元年(1736)培遠堂刻本　一冊

340000－1801－0008916　3:01307－3:01308
呂子節錄四卷　(明)呂坤撰　清光緒九年(1883)津河廣仁堂刻本　二冊

340000－1801－0008917　3:01309－3:01310
呂子節錄四卷　(明)呂坤撰　清光緒九年(1883)津河廣仁堂刻本　二冊

340000－1801－0008918　3:01311
呂子節錄補遺二卷　(明)呂坤撰　(清)陳宏謀輯　清刻本　一冊

340000－1801－0008919　3:01312－3:01321
曹月川先生遺書九種十卷　(明)曹端撰　清道光十二年(1832)刻本　十冊

340000－1801－0008920　3:01322－3:01328
曹月川先生遺書八種十卷　(明)曹端撰　清順治刻本　七冊　缺一卷(年譜下)

340000－1801－0008921　3:01330－3:01339
思辨錄輯要前集二十二卷後集十三卷　(清)陸世儀撰　清道光十七年(1837)嘉興沈氏刻本　十冊

340000－1801－0008922　3:01340－3:01347
思辨錄輯要前集二十二卷後集十二卷　(清)陸世儀撰　清光緒三年(1877)江蘇書局刻本　八冊

340000－1801－0008923　3:01348－3:01355
思辨錄輯要前集二十二卷後集十二卷　(清)陸世儀撰　清光緒三年(1877)江蘇書局刻本　八冊

340000－1801－0008924　3:01356－3:01363
思辨錄輯要前集二十二卷後集十二卷　(清)陸世儀撰　清光緒三年(1877)江蘇書局刻本　八冊

340000－1801－0008925　3:01364
思辨錄疑義一卷　(清)劉蓉撰　清光緒三年(1877)思賢講舍刻本　一冊

340000－1801－0008926　3:01367－3:01378
榕壇問業十八卷　(明)黃道周撰　清乾隆郭氏刻本　十二冊

340000－1801－0008927　3:01379
明孫石臺先生質疑稿三卷　(明)孫揚撰　清乾隆二十年(1755)刻本　一冊

340000－1801－0008928　3:01380
顧端文公小心齋札記十八卷　(明)顧憲成撰　清康熙刻本　一冊

340000－1801－0008929　3:01382－3:01383
湯子遺書節要八卷　(清)湯斌撰　(清)彭定求輯　清道光八年(1828)休寧程氏芸香閣刻本　二冊

340000－1801－0008930　3:01384－3:01385
湯子遺書節要八卷　(清)湯斌撰　(清)彭定求輯　清道光八年(1828)休寧程氏芸香閣刻本　二冊

340000－1801－0008931　3:01386－3:01397
理學逢源十二卷　(清)汪紱撰　清道光十八年(1838)俞敬業堂刻本　十二冊

340000－1801－0008932　3:01398－3:01429
淵鑒齋御纂朱子全書六十六卷　(清)李光地等纂　清康熙五十三年(1714)刻本　三十二冊

340000－1801－0008933　3:01431－3:01438
陸子學譜二十卷　(清)李紱編　清雍正十年(1732)無怒軒刻本　八冊

340000－1801－0008934　3:01439－3:01440
讀讀書錄二卷　(清)汪紱撰　清光緒二十一年(1895)刻本　二冊

340000－1801－0008935　3:01441
讀問學錄一卷　(清)汪紱撰　清光緒二十年(1894)刻本　一冊

340000－1801－0008936　3:01442－3:01445
松陽講義十二卷　(清)陸隴其撰　清同治十年(1871)公善堂刻本　四冊

340000－1801－0008937　3:01446－3:01450
松陽講義十二卷　(清)陸隴其撰　清同治十三年(1874)湖南書局刻本　五冊

340000－1801－0008938　3:01451－3:01455
松陽講義十二卷　(清)陸隴其撰　清同治十三年(1874)湖南書局刻本　五冊

340000－1801－0008939　3:01456－3:01459
松陽講義十二卷　(清)陸隴其撰　清康熙二十九年(1690)刻本　四冊

340000－1801－0008940　3:01460
松陽鈔存二卷　(清)陸隴其撰　清同治二年(1864)錢塘丁氏刻本　一冊

340000－1801－0008941　3:01461
松陽鈔存二卷　(清)陸隴其撰　**切近編一卷**　(清)桑調元　(清)沈廷芳纂　清同治三年至五年(1864－1866)錢塘丁氏刻本　一冊

340000－1801－0008942　3:01462
松陽鈔存二卷　(清)陸隴其撰　清同治十三年(1874)湖南書局刻本　一冊

340000－1801－0008943　3:01463－3:01470
松陽鈔存二卷講義十二卷　(清)陸隴其撰　清同治十三年(1874)湖南書局刻本　八冊

340000－1801－0008944　3:01471
方齋小言一卷關西講堂客問一卷補莊一卷文集一卷　(清)方正瑗撰　清刻本　一冊

340000－1801－0008945　3:01472－3:01477
榕村語錄續集二十卷　(清)李光地撰　清光緒二十年(1894)刻本　六冊

340000－1801－0008946　3:01478－3:01515
鄧厚庵先生遺書四十卷　(清)鄧逢光撰　清刻本(卷四至五配抄本)　三十八冊

340000－1801－0008947　3:01516－3:01517
棉陽學準五卷　(清)藍鼎元撰　清刻本　二冊

340000－1801－0008948　3∶01518
跋南雷文定一卷　(清)方東樹撰　清光緒十六年(1890)刻本　一册

340000－1801－0008949　3∶01519
葛氏語録一卷　(清)葛鐘秀撰　清光緒三十四年(1908)鉛印本　一册

340000－1801－0008950　3∶01521－3∶01522
陸象山先生集節要六卷　(宋)陸九淵撰　(清)方宗誠編　清同治七年(1868)皖城半畝園刻本　三册

340000－1801－0008951　3∶01523－3∶01534
陽明先生集要三編十五卷附一卷　(明)王守仁撰　(明)施邦曜輯　清光緒江南製造局鉛印本　十二册

340000－1801－0008952　3∶01544－3∶01547
王陽明先生書疏證四卷　(明)王守仁撰　(清)胡泉疏證　清咸豐三年(1853)刻本　四册

340000－1801－0008953　3∶01548
思誠録一卷　(清)施璜著　清還古書院刻本　一册

340000－1801－0008954　3∶01549
龍溪密諦一卷　(清)李衷燦輯　清光緒三年(1877)含山李氏刻本　一册

340000－1801－0008955　3∶01550
龍溪密諦一卷　(清)李衷燦輯　清光緒三年(1877)含山李氏刻本　一册

340000－1801－0008956　3∶01551
龍溪密諦一卷　(清)李衷燦輯　清光緒三年(1877)含山李氏刻本　一册

340000－1801－0008957　3∶01552
龍溪密諦一卷　(清)李衷燦輯　清光緒三年(1877)含山李氏刻本　一册

340000－1801－0008958　3∶01553
龍溪密諦一卷　(清)李衷燦輯　清光緒三年(1877)含山李氏刻本　一册

340000－1801－0008959　3∶01554
密證録一卷姚江釋毁録一卷　(清)彭定求撰　**不諼録一卷**　(清)彭紹升編　清光緒七年(1881)刻本　一册

340000－1801－0008960　3∶01555－3∶01558
顔氏學記十卷　(清)戴望撰　清光緒二十年(1894)龍山白巖書院刻本　四册

340000－1801－0008961　3∶01559－3∶01562
顔氏學記十卷　(清)戴望撰　清同治十年(1871)冶城山館刻本　四册

340000－1801－0008962　3∶01581－3∶01582
二曲集録要四卷首一卷　(清)李顒撰　(清)倪元坦輯　清嘉慶十三年(1808)刻本　二册

340000－1801－0008963　3∶01584
北遊日録一卷　(清)楊甲仁撰　清道光十一年(1831)來鹿堂刻本　一册

340000－1801－0008964　3∶01585－3∶01586
李二曲先生集要五卷　(清)李顒撰　**楊愧菴先生集要五卷**　(清)楊甲仁撰　清光緒三年(1877)申浦刻本　二册

340000－1801－0008965　3∶01587
楊愧庵先生集要五卷　(清)楊甲仁撰　清刻本　一册

340000－1801－0008966　3∶01588－3∶01591
闡性述筆初編四卷　(清)鄧逢光撰　清抄本　四册

340000－1801－0008967　3∶01592
讀困知記三卷　(清)汪紱撰　清光緒二十一年(1895)刻汪雙池先生叢書本　一册

340000－1801－0008968　3∶01593
讀困知記三卷　(清)汪紱撰　清光緒二十一年(1895)刻汪雙池先生叢書本　一册

340000－1801－0008969　3∶01594
讀困知記三卷　(清)汪紱撰　清光緒二十一年(1895)刻汪雙池先生叢書本　一册

340000－1801－0008970　3∶01595
讀困知記三卷　(清)汪紱撰　清光緒二十一年(1895)刻汪雙池先生叢書本　一册

340000－1801－0008971　3:01596

原善三卷　(清)戴震撰　清光緒三十一年(1905)國學保存會鉛印國粹叢書本　一冊

340000－1801－0008972　3:01597

原善三卷　(清)戴震撰　清光緒三十一年(1905)國學保存會鉛印國粹叢書本　一冊

340000－1801－0008973　3:01598

朱九江先生講學記一卷　簡朝亮纂　清光緒二十三年(1897)讀書草堂刻本　一冊

340000－1801－0008974　3:01599

近思錄十四卷　(宋)朱熹輯　清長沙徐氏刻本　一冊

340000－1801－0008975　3:01600

近思錄十四卷　(宋)朱熹輯　清刻本　一冊

340000－1801－0008976　3:01601－3:01604

近思錄十四卷　(宋)朱熹輯　(清)張伯行集解　清同治五年(1866)福州正誼書院刻正誼堂全書本　四冊

340000－1801－0008977　3:01605－3:01610

朱子原訂近思錄十四卷　(宋)朱熹　(宋)呂祖謙編　(清)江永集注　清同治七年(1868)楚北崇文書局刻本　六冊

340000－1801－0008978　3:01611－3:01616

近思錄十四卷校勘記一卷　(宋)朱熹　(宋)呂祖謙編　(清)江永集注　**考訂朱子世家一卷**　(清)江永撰　清光緒十五年(1889)掃葉山房刻本　六冊

340000－1801－0008979　3:01617－3:01620

近思錄十四卷校勘記一卷　(宋)朱熹　(宋)呂祖謙編　(清)江永集注　**考訂朱子世家一卷**　(清)江永撰　清光緒維新局刻本　四冊

340000－1801－0008980　3:01621－3:01624

朱子原訂近思錄十四卷　(宋)朱熹　(宋)呂祖謙編　(清)江永集注　清同治七年(1868)楚北崇文書局刻本　四冊

340000－1801－0008981　3:01625－3:01628

朱子原訂近思錄十四卷　(宋)朱熹　(宋)呂祖謙編　(清)江永集注　清咸豐二年(1852)刻本　四冊

340000－1801－0008982　3:01629－3:01636

五子近思錄發明十四卷　(清)施璜纂注　清康熙四十四年(1705)刻本　八冊

340000－1801－0008983　3:01637－3:01638

近思錄集解十四卷　(宋)朱熹　(宋)呂祖謙輯　(宋)葉采集解　清光緒十年(1884)津河廣仁堂刻本　二冊

340000－1801－0008984　3:01639－3:01640

近思錄集解十四卷　(宋)朱熹　(宋)呂祖謙輯　(宋)葉采集解　清光緒十年(1884)津河廣仁堂刻本　二冊

340000－1801－0008985　3:01641－3:01643

近思錄集解十四卷　(宋)朱熹　(宋)呂祖謙輯　(宋)葉采集解　清刻本　三冊

340000－1801－0008986　3:01644

近思續錄十四卷　(清)蔡模集編　清康熙二十八年(1689)刻本　一冊

340000－1801－0008987　3:01645－3:01648

近思錄十四卷校勘記一卷　(宋)朱熹　(宋)呂祖謙編　(清)江永集注　**考訂朱子世家一卷**　(清)江永撰　清咸豐三年(1853)刻本　四冊

340000－1801－0008988　3:01649－3:01652

近思錄十四卷校勘記一卷　(宋)朱熹　(宋)呂祖謙編　(清)江永集注　**考訂朱子世家一卷**　(清)江永撰　清咸豐三年(1853)刻本　四冊

340000－1801－0008989　3:01653－3:01656

近思錄十四卷校勘記一卷　(宋)朱熹　(宋)呂祖謙編　(清)江永集注　**考訂朱子世家一卷**　(清)江永撰　清咸豐三年(1853)刻本　四冊

340000－1801－0008990　3:01657－3:01659

近思錄十四卷校勘記一卷　(宋)朱熹　(宋)呂祖謙編　(清)江永集注　**考訂朱子世家一**

卷　(清)江永撰　清咸豐三年(1853)刻本　三册

340000－1801－0008991　3:01660－3:01663
朱子原訂近思錄十四卷　(宋)朱熹　(宋)呂祖謙編　(清)江永集注　**考訂朱子世家一卷**　(清)江永撰　清同治三年至四年(1864－1865)望三益齋刻本　四册

340000－1801－0008992　3:01664－3:01667
朱子原訂近思錄十四卷　(宋)朱熹　(宋)呂祖謙編　(清)江永集注　**考訂朱子世家一卷**　(清)江永撰　清同治三年至四年(1864－1865)望三益齋刻本　四册

340000－1801－0008993　3:01668－3:01670
朱子原訂近思錄十四卷　(宋)朱熹　(宋)呂祖謙編　(清)江永集注　**考訂朱子世家一卷**　(清)江永撰　清同治三年至四年(1864－1865)望三益齋刻本　四册

340000－1801－0008994　3:01671－3:01674
朱子原訂近思錄十四卷校勘記一卷　(宋)朱熹　(宋)呂祖謙編　(清)江永集注　**考訂朱子世家一卷**　(清)江永撰　清光緒十一年(1885)江西書局刻本　四册

340000－1801－0008995　3:01675－3:01678
朱子原訂近思錄十四卷校勘記一卷　(宋)朱熹　(宋)呂祖謙編　(清)江永集注　**考訂朱子世家一卷**　(清)江永撰　清光緒十一年(1885)江西書局刻本　四册

340000－1801－0008996　3:01679－3:01682
近思錄集注十四卷　(宋)朱熹　(宋)呂祖謙編　(清)江永集注　清同治七年(1868)楚北崇文書局刻本　四册

340000－1801－0008997　3:01683－3:01686
近思錄十四卷校勘記一卷　(宋)朱熹　(宋)呂祖謙編　(清)江永集注　**考訂朱子世家一卷**　(清)江永撰　清同治八年(1869)江蘇書局刻本　四册

340000－1801－0008998　3:01687－3:01690
近思錄十四卷校勘記一卷　(宋)朱熹　(宋)呂祖謙編　(清)江永集注　**考訂朱子世家一卷**　(清)江永撰　清同治八年(1869)江蘇書局刻本　四册

340000－1801－0008999　3:01691－3:01693
近思錄十四卷校勘記一卷　(宋)朱熹　(宋)呂祖謙編　(清)江永集注　**考訂朱子世家一卷**　(清)江永撰　清同治八年(1869)江蘇書局刻本　三册

340000－1801－0009000　3:01694－3:01697
朱子原訂近思錄十四卷校勘記一卷　(宋)朱熹　(宋)呂祖謙編　(清)江永集注　**考訂朱子世家一卷**　(清)江永撰　清光緒十八年(1892)江西兩儀堂刻本　四册

340000－1801－0009001　3:01698－3:01701
近思錄十四卷　(宋)朱熹　(宋)呂祖謙編　(清)江永集注　**考訂朱子世家一卷**　(清)江永撰　清光緒裕德局刻本　四册

340000－1801－0009002　3:01702－3:01705
近思錄十四卷　(宋)朱熹　(宋)呂祖謙編　(清)江永集注　**考訂朱子世家一卷**　(清)江永撰　清光緒十五年(1889)金陵書局刻本　四册

340000－1801－0009003　3:01706－3:01709
朱子原訂近思錄十四卷　(宋)朱熹　(宋)呂祖謙編　(清)江永集注　清光緒十五年(1889)長安少墟書院刻本　四册

340000－1801－0009004　3:01715－3:01717
續近思錄十四卷　(清)張伯行集解　清同治五年(1866)福州正誼書院刻正誼堂全書本　三册

340000－1801－0009005　3:01718－3:01720
廣近思錄十四卷　(清)張伯行輯　清同治五年(1866)福州正誼書院刻正誼堂全書本　三册　缺四卷(七至十)

340000－1801－0009006　3:01721－3:01727
五子近思錄發明十四卷　(清)施璜纂　清刻本　七册　缺一卷(一)

340000－1801－0009007　3:01728－3:01737
五子近思錄發明十四卷　(清)施璜纂　清刻本　十冊

340000－1801－0009008　3:01738－3:01749
五子近思錄發明十四卷　(清)施璜纂　清刻本　十二冊

340000－1801－0009009　3:01750－3:01755
五子近思錄十四卷　(清)汪佑編　清康熙刻本　六冊

340000－1801－0009010　3:01756
讀近思錄一卷　(清)汪紱著　清光緒十年(1884)紫陽書院刻本　一冊

340000－1801－0009011　3:01757
讀近思錄一卷　(清)汪紱著　清光緒十年(1884)紫陽書院刻本　一冊

340000－1801－0009012　3:01758
讀近思錄一卷　(清)汪紱著　清光緒二十二年(1896)刻本　一冊

340000－1801－0009013　3:01759
薛文清公理學粹言一卷　(明)薛瑄撰　清刻本　一冊

340000－1801－0009014　3:01760－3:01761
心學宗四卷　(明)方學漸撰　清光緒七年(1881)桐城方氏刻本　二冊

340000－1801－0009015　3:01762－3:01764
心學宗四卷續編四卷　(明)方學漸撰　清光緒七年(1881)桐城方氏刻本　三冊

340000－1801－0009016　3:01765－3:01770
性理標題綜要二十二卷　(明)詹淮輯　明崇禎刻本　六冊　存十二卷(一至十二)

340000－1801－0009017　3:01771－3:01776
御纂性理精義十二卷　(清)李光地等纂　清咸豐二年(1852)刻本　六冊

340000－1801－0009018　3:01777－3:01782
御纂性理精義十二卷　(清)李光地等纂　清咸豐二年(1852)南昌刻本　六冊

340000－1801－0009019　3:01783－3:01786
御纂性理精義十二卷　(清)李光地等纂　清咸豐元年(1851)江西刻本　四冊

340000－1801－0009020　3:01787－3:01792
御纂性理精義十二卷　(清)李光地等纂　清康熙五十四年(1715)刻本　六冊

340000－1801－0009021　3:01793－3:01795
大呼集八卷　(清)梁顯祖編　清康熙刻本　三冊　存六卷(一至六)

340000－1801－0009022　3:01796
太極圖說翼一卷　(清)吳日慎撰　清敬庵刻本　一冊

340000－1801－0009023　3:01800－3:01803
儒門語要六卷　(清)倪元坦輯　清光緒二十五年(1899)刻本　四冊

340000－1801－0009024　3:01804－3:01805
儒門語要六卷　(清)倪元坦輯　清光緒江西簡易齋刻本　二冊

340000－1801－0009025　3:01806
儒先晤語二卷　(清)汪紱撰　清光緒二十二年(1896)刻本　一冊

340000－1801－0009026　3:01807
儒先晤語二卷　(清)汪紱撰　清光緒二十二年(1896)刻本　一冊

340000－1801－0009027　3:01808
儒門法語一卷　(清)彭定求編　(清)湯金釗輯　清光緒元年(1875)江蘇學政署刻本　一冊

340000－1801－0009028　3:01809
儒門法語輯要一卷　(清)彭定求編　(清)湯金釗輯　清光緒七年(1881)鄂垣刻本　一冊

340000－1801－0009029　3:01810
儒門法語輯要一卷　(清)彭定求編　(清)湯金釗輯　清光緒江西書局刻本　一冊

340000－1801－0009030　3:01811
儒門法語輯要一卷　(清)彭定求編　(清)湯金釗輯　清光緒江西書局刻本　一冊

340000－1801－0009031　3:01813－3:01816
溯流史學鈔二十卷　(清)張沐撰　清康熙三十三年(1694)刻本　四冊　存九卷(一至九)

340000－1801－0009032　3:01817－3:01818
心法源流内篇二卷外篇四卷　(清)余寅止撰　清咸豐刻本　二冊

340000－1801－0009033　3:01819－3:01821
子問二卷又問一卷　(清)劉沅撰　清咸豐二年(1852)刻本　三冊

340000－1801－0009034　3:01822－3:01825
先聖遺言十五卷　(清)姜兆錫正義　清雍正十一年(1733)刻本　四冊

340000－1801－0009035　3:01835－3:01836
宗一聖論二卷　(清)吳應賓撰　清光緒四年(1878)葉奉山刻本　二冊

340000－1801－0009036　3:01837－3:01838
翼聖編四卷　(清)呂潮撰　清芸輝齋刻本　二冊

340000－1801－0009037　3:01839－3:01840
翼聖編四卷　(清)呂潮撰　清刻本　二冊

340000－1801－0009038　3:01843
先正嘉言約鈔二卷　姚永樸輯　清刻本　一冊

340000－1801－0009039　3:01844
先正嘉言約鈔二卷　姚永樸輯　清刻本　一冊

340000－1801－0009040　3:01845
先正嘉言約鈔二卷　姚永樸輯　清刻本　一冊

340000－1801－0009041　3:01851
呂氏童蒙訓二卷　(宋)呂本中撰　清錢塘刻當歸草堂叢書本　一冊

340000－1801－0009042　3:01852
公是弟子記四卷　(宋)劉敞撰　清刻本　一冊

340000－1801－0009043　3:01854－3:01855
程氏家塾讀書分年日程三卷綱領一卷　(元)程端禮撰　清康熙刻本　二冊

340000－1801－0009044　3:01856
程氏家塾讀書分年日程三卷綱領一卷　(元)程端禮撰　清康熙二十八年(1689)三魚堂刻本　一冊

340000－1801－0009045　3:01857－3:01858
程氏家塾讀書分年日程三卷綱領一卷　(元)程端禮撰　清道光六年(1826)陽城劉氏刻本　二冊

340000－1801－0009046　3:01859－3:01860
程氏家塾讀書分年日程三卷綱領一卷　(元)程端禮撰　清同治七年(1868)湖北崇文書局刻本　二冊

340000－1801－0009047　3:01861－3:01862
程氏家塾讀書分年日程三卷綱領一卷　(元)程端禮撰　清同治七年(1868)湖北崇文書局刻本　二冊

340000－1801－0009048　3:01863
程氏家塾讀書分年日程三卷綱領一卷　(元)程端禮撰　清同治八年(1869)江蘇書局刻本　一冊

340000－1801－0009049　3:01864
程氏家塾讀書分年日程三卷綱領一卷　(元)程端禮撰　清同治八年(1869)江蘇書局刻本　一冊

340000－1801－0009050　3:01865
程氏家塾讀書分年日程三卷綱領一卷　(元)程端禮撰　清同治八年(1869)江蘇書局刻本　一冊

340000－1801－0009051　3:01866
程氏家塾讀書分年日程三卷　(元)程端禮編　清同治十年(1871)山東尚志堂刻本　一冊

340000－1801－0009052　3:01867－3:01868
媿林漫錄二卷　(明)瞿式耜輯　清光緒十六年(1890)江蘇書局刻本　二冊

340000－1801－0009053　3:01876

楊椒山先生家訓一卷　(明)楊繼盛撰　清光緒二十五年(1899)刻本　一册

340000－1801－0009054　3:01878

楊忠愍公遺訓一卷年譜一卷　(明)楊繼盛撰　清光緒三年(1877)刻本　一册

340000－1801－0009055　3:01879

楊忠愍公遺訓一卷年譜一卷　(明)楊繼盛撰　清光緒三年(1877)刻本　一册

340000－1801－0009056　3:01880

存古約言六卷　(明)吕維祺撰　清刻本　一册

340000－1801－0009057　3:01881

存古約言六卷　(明)吕維祺撰　清刻本　一册

340000－1801－0009058　3:01882

明東陽孫石臺先生定志編二卷　(明)孫揚輯　清光緒五年(1879)刻本　一册

340000－1801－0009059　3:01883

紫陽學院會規一卷新安塾講錄一卷西銘答問一卷　(清)施璜輯　清刻本　一册

340000－1801－0009060　3:01886

庭訓格言一卷　(清)聖祖玄燁撰　清光緒七年(1881)廣仁堂刻本　一册

340000－1801－0009061　3:01887

庭訓格言一卷　(清)聖祖玄燁撰　清同治元年(1862)刻本　一册

340000－1801－0009062　3:01888

庭訓格言一卷　(清)聖祖玄燁撰　清同治元年(1862)刻本　一册

340000－1801－0009063　3:01889

庭訓格言一卷　(清)聖祖玄燁撰　清同治元年(1862)刻本　一册

340000－1801－0009064　3:01890

庭訓格言一卷　(清)聖祖玄燁撰　清咸豐十一年(1861)刻本　一册

340000－1801－0009065　3:01891

庭訓格言一卷　(清)聖祖玄燁撰　清刻本　一册

340000－1801－0009066　3:01892

庭訓格言一卷　(清)聖祖玄燁撰　清刻本　一册

340000－1801－0009067　3:01893－3:01894

欽定元王惲承華事略補圖六卷　(清)徐郙等補　清刻本　二册

340000－1801－0009068　3:01895－3:01896

學海津梁四卷　(清)崔學古編　清嘉慶歙縣程氏刻本　二册

340000－1801－0009069　3:01897

弟子規一卷　(清)李子潛撰　清刻本　一册

340000－1801－0009070　3:01898－3:01901

四書松陽講義十二卷　(清)陸隴其撰　清刻本　四册

340000－1801－0009071　3:01902

教諭語四卷　(清)謝金鑾撰　清同治拙修齋刻本　一册

340000－1801－0009072　3:01903

教諭語四卷　(清)謝金鑾撰　清抄本　一册

340000－1801－0009073　3:01904

俟後編六卷附錄一卷　(明)王敬臣撰　清同治八年(1869)刻本　一册

340000－1801－0009074　3:01905－3:01906

凝庵家訓八卷　(清)曹李煜撰　清刻本　二册

340000－1801－0009075　3:01907

濟陽家塾一卷　(清)查守選編　清乾隆五十六年(1791)刻本　一册

340000－1801－0009076　3:01908－3:01911

女學六卷　(清)藍鼎元撰　清康熙刻本　四册

340000－1801－0009077　3:01912－3:01913

課子隨筆節鈔六卷　(清)張師載輯　(清)徐桐節抄　清同治刻本　二册　缺二卷(三至

四)

340000－1801－0009078　3:01914－3:01916
課子隨筆節鈔六卷　(清)張師載輯　(清)徐桐節抄　清同治刻本　三册

340000－1801－0009079　3:01917－3:01920
課子隨筆六卷續編一卷　(清)張又渠輯　清光緒十四年(1888)刻本　四册

340000－1801－0009080　3:01925
課子隨筆續編一卷　(清)徐桐輯　清刻本　一册

340000－1801－0009081　3:01926
訓子侄記一卷　(清)程鼎調撰　清道光四年(1824)受采堂刻本　一册

340000－1801－0009082　3:01927
雙節堂庸訓六卷　(清)汪輝祖撰　清乾隆五十九年(1794)刻本　一册

340000－1801－0009083　3:01928－3:01929
雙節堂庸訓六卷　(清)汪輝祖撰　清同治七年(1868)崇文書局刻本　二册

340000－1801－0009084　3:01932
大意尊聞三卷附錄一卷　(清)方東樹撰　清同治五年(1866)刻本　一册

340000－1801－0009085　3:01933
大意尊聞三卷附錄一卷　(清)方東樹撰　清同治五年(1866)刻本　一册

340000－1801－0009086　3:01934
大意尊聞三卷　(清)方東樹撰　清光緒十六年(1890)刻本　一册

340000－1801－0009087　3:01935－3:01936
大意尊聞三卷　(清)方東樹撰　清刻本　二册

340000－1801－0009088　3:01937
大意尊聞三卷　(清)方東樹撰　清刻本　一册

340000－1801－0009089　3:01938－3:01939
曾文正公家訓二卷　(清)曾國藩撰　清光緒五年(1879)傳忠書局刻本　二册

340000－1801－0009090　3:01940
曾文正公家訓二卷　(清)曾國藩撰　清光緒五年(1879)傳忠書局刻本　二册

340000－1801－0009091　3:01941－3:01944
範家集略六卷　(清)秦坊輯　清同治十年(1871)木犀軒刻本　四册

340000－1801－0009092　3:01945
傅氏家訓二卷　(清)傅超撰　清光緒十八年(1892)演慎齋刻本　一册

340000－1801－0009093　3:01947
柴氏家誡二卷　(清)柴紹炳著　清辨志書塾抄本　一册

340000－1801－0009094　3:01953－3:01956
弟子箴言十六卷　(清)胡達源輯　清光緒二十一年(1895)刻本　四册

340000－1801－0009095　3:01957－3:01960
弟子箴言十六卷　(清)胡達源輯　清光緒十七年(1891)寶慶刻本　四册

340000－1801－0009096　3:01961－3:01964
弟子箴言十六卷　(清)胡達源輯　清道光十五年(1835)聞妙香軒刻本　四册

340000－1801－0009097　3:01965－3:01968
弟子箴言十六卷　(清)胡達源輯　清道光十五年(1835)聞妙香軒刻本　四册

340000－1801－0009098　3:01969
明道書院約言三卷　(清)黄舒昺撰　清光緒二十六年(1900)求實書院刻本　一册

340000－1801－0009099　3:01970
家塾邇言六卷　(清)楊汝穀輯　清咸豐元年(1851)刻本　一册

340000－1801－0009100　3:01971
志學續錄三卷周子通書講義一卷　(清)方宗誠撰　清光緒十年(1884)刻本　一册

340000－1801－0009101　3:01972－3:01973
先正遺規二卷　(清)汪正輯　清同治十年

(1871)木犀軒刻本　二冊

340000－1801－0009102　3:01974

輶軒語一卷　(清)張之洞撰　清光緒三年(1877)刻本　一冊

340000－1801－0009103　3:01975

輶軒語一卷　(清)張之洞撰　清光緒三年(1877)湖南省府正街古今書局刻本　一冊

340000－1801－0009104　3:01976

輶軒語一卷　(清)張之洞撰　清光緒江西刻本　一冊

340000－1801－0009105　3:01977

輶軒語一卷　(清)張之洞撰　清光緒八年(1882)皖垣鉛印本　一冊

340000－1801－0009106　3:01978

輶軒語一卷　(清)張之洞撰　清光緒十年(1884)刻本　一冊

340000－1801－0009107　3:01979

勸學邇言一卷　劉爾炘撰　清光緒三十一年(1905)上浣太和縣刻本　一冊

340000－1801－0009108　3:01980

勸學篇二卷　(清)張之洞撰　清光緒二十四年(1898)江南書局刻本　一冊

340000－1801－0009109　3:01981

勸學篇二卷　(清)張之洞撰　清光緒二十四年(1898)敬敷書院刻本　一冊

340000－1801－0009110　3:01982

勸學篇二卷　(清)張之洞撰　清光緒二十四年(1898)中江書院刻本　一冊

340000－1801－0009111　3:01983

勸學篇二卷　(清)張之洞撰　清光緒二十四年(1898)中江書院刻本　一冊

340000－1801－0009112　3:01984－3:01985

勸學篇二卷　(清)張之洞撰　清光緒二十四年(1898)中江書院刻本　二冊

340000－1801－0009113　3:01986

勸學篇二卷　(清)張之洞撰　清光緒二十四年(1898)宜昌墨池書院刻本　一冊

340000－1801－0009114　3:01987

勸學篇二卷　(清)張之洞撰　清光緒二十四年(1898)兩湖書院刻本　一冊

340000－1801－0009115　3:01988

勸學篇二卷　(清)張之洞撰　清光緒二十四年(1898)兩湖書院刻本　一冊

340000－1801－0009116　3:01989

勸學篇二卷　(清)張之洞撰　清光緒二十四年(1898)兩湖書院刻本　一冊

340000－1801－0009117　3:01991

三字孝經不分卷　(清)蘭湖漁父撰　清同治十年(1871)金陵刻本　一冊

340000－1801－0009118　3:01992－3:01993

百孝圖說四卷首一卷　(清)俞葆真輯　(清)俞泰仰繪圖　清同治十年(1871)河間俞氏刻本　二冊

340000－1801－0009119　3:01994

勸學淺語一卷　(清)沈源深著　清光緒二十六年(1900)福州致用書院刻本　一冊

340000－1801－0009120　3:01995

勸孝歌曲一卷　(□)□□撰　清光緒十八年(1892)刻本　一冊

340000－1801－0009121　3:01996－3:01997

小學集注六卷　(宋)朱熹撰　(明)陳選集注　清同治六年(1867)金陵書局刻本　二冊

340000－1801－0009122　3:01998－3:01999

小學集注六卷　(宋)朱熹撰　(明)陳選集注　清同治六年(1867)金陵書局刻本　二冊

340000－1801－0009123　3:02000－3:02001

小學集注六卷　(宋)朱熹撰　(明)陳選集注　清同治六年(1867)金陵書局刻本　二冊

340000－1801－0009124　3:02002－3:02005

小學集注六卷首一卷末一卷　(宋)朱熹撰　(明)陳選集注　清同治二年(1863)吳棠刻本　四冊

340000－1801－0009125　3:02006－3:02009
小學集注六卷首一卷末一卷　(宋)朱熹撰　(明)陳選集注　清同治二年(1863)吳棠刻本　四册

340000－1801－0009126　3:02010－3:02013
小學集注六卷首一卷末一卷　(宋)朱熹撰　(明)陳選集注　清同治二年(1863)吳棠刻本　四册

340000－1801－0009127　3:02014－3:02015
小學集注六卷　(宋)朱熹撰　(明)陳選集注　清李光明莊刻本　二册

340000－1801－0009128　3:02016－3:02019
小學集注六卷　(宋)朱熹撰　(明)陳選集注　清經綸元記刻本　四册

340000－1801－0009129　3:02024
忠經集注一卷　(漢)鄭玄注　**孝經集注一卷**　(明)陳選注　清文盛堂刻本　一册

340000－1801－0009130　3:02025－3:02027
小學集解六卷　(清)張伯行輯　清同治五年(1866)福州正誼書局刻本　三册

340000－1801－0009131　3:02028－3:02031
小學集解六卷文公朱子年譜一卷　(清)張伯行輯　清光緒二十年(1894)澹雅局刻本　四册

340000－1801－0009132　3:02032－3:02035
小學集解六卷文公朱子年譜一卷　(清)張伯行輯　清同治十年(1871)文光堂刻本　四册

340000－1801－0009133　3:02036－3:02037
重訂小學纂注六卷文公朱夫子年譜一卷　(清)高愈纂注　清乾隆四十三年(1778)金閶進道堂刻本　二册

340000－1801－0009134　3:02038－3:02039
重訂小學纂注六卷文公朱夫子年譜一卷　(清)高愈纂注　清嘉慶二十二年(1817)一經堂刻本　二册

340000－1801－0009135　3:02040－3:02041
小學集解六卷　(清)張伯行輯　清同治十一年(1872)江西撫署刻本　二册

340000－1801－0009136　3:02042－3:02044
小學集解六卷　(清)張伯行輯　清同治六年(1867)楚北崇文書局刻本　三册

340000－1801－0009137　3:02045－3:02046
小學集解六卷　(清)張伯行輯　清同治六年(1867)楚北崇文書局刻本　二册

340000－1801－0009138　3:02047－3:02051
小學六卷　(清)高愈纂注　**忠經一卷**　(漢)鄭玄集注　**孝經一卷**　(明)陳選集注　清同治五年(1866)浙江書局刻本　五册

340000－1801－0009139　3:02052－3:02053
小學六卷文公朱夫子年譜一卷　(清)高愈纂注　清刻本　二册

340000－1801－0009140　3:02054－3:02055
小學六卷文公朱夫子年譜一卷　(清)高愈纂注　清同治十一年(1872)浙江書局刻本　二册

340000－1801－0009141　3:02056－3:02057
小學六卷文公朱夫子年譜一卷　(清)高愈纂注　清同治十一年(1872)浙江書局刻本　二册

340000－1801－0009142　3:02058－3:02059
小學六卷文公朱夫子年譜一卷　(清)高愈纂注　清同治十一年(1872)浙江書局刻本　二册

340000－1801－0009143　3:02060－3:02061
小學六卷　(宋)朱熹撰　(清)尹嘉銓疏　清刻本　二册

340000－1801－0009144　3:02062－3:02063
小學六卷　(宋)朱熹撰　(清)尹嘉銓疏　清刻本　二册

340000－1801－0009145　3:02064
讀書做人譜一卷　(清)龍炳垣撰　清同治刻本　一册

340000－1801－0009146　3:02065
讀書做人譜一卷　(清)龍炳垣撰　清光緒十

年(1884)刻本　一册

340000－1801－0009147　3:02066
讀經遺法臆略一卷　(清)黄金山撰　清光緒六年(1880)歙西唐模許氏刻本　一册

340000－1801－0009148　3:02068
小學韻語一卷　(清)羅澤南撰　清咸豐六年(1856)長沙刻本　一册

340000－1801－0009149　3:02069
小學韻語一卷　(清)羅澤南撰　清光緒八年(1882)刻本　一册

340000－1801－0009150　3:02072
醲齋訓蒙雜編五種五卷　(清)鮑東里撰　清刻本　一册

340000－1801－0009151　3:02079
劍閒齋師門畣問一卷　(清)陳瀚問　(清)郭嵩燾答　清宣統二年(1910)陳氏刻本　一册

340000－1801－0009152　3:02110－3:02111
顔氏家訓二卷　(北齊)顔之推撰　清光緒二十三年(1897)石印本　二册

340000－1801－0009153　3:02112
顔氏家訓二卷　(北齊)顔之推撰　清光緒元年(1875)湖北崇文書局刻本　一册

340000－1801－0009154　3:02113
準齋雜説二卷　(宋)吴如愚撰　清光緒二十一年(1895)嘉惠堂刻本　一册

340000－1801－0009155　3:02117
齊家要略一卷　(明)劉基撰　清刻本　一册

340000－1801－0009156　3:02119－3:02120
人譜類記二卷　(明)劉宗周撰　清嘉慶刻本　二册

340000－1801－0009157　3:02121－3:02122
人譜類記二卷　(明)劉宗周撰　清同治會稽馬氏刻本　二册

340000－1801－0009158　3:02123－3:02124
人譜類記二卷　(明)劉宗周撰　清同治會稽馬氏刻本　二册

340000－1801－0009159　3:02125－3:02126
人譜類記二卷　(明)劉宗周撰　清光緒二十八年(1902)三原張氏刻本　二册

340000－1801－0009160　3:02131－3:02132
人譜一卷人譜類記二卷　(明)劉宗周撰　清嘉慶十九年(1814)蕺山書院刻本　二册

340000－1801－0009161　3:02133－3:02136
人譜七卷　(明)劉宗周撰　清光緒十七年(1891)刻本　四册

340000－1801－0009162　3:02137－3:02139
人譜一卷人譜類記六卷　(明)劉宗周撰　清光緒三年(1877)湖北崇文書局刻本　三册

340000－1801－0009163　3:02140
荊園小語一卷　(清)申涵光撰　清光緒十五年(1889)太湖趙繼元刻本　一册

340000－1801－0009164　3:02142－3:02145
御製資政要覽三卷　(清)世祖福臨撰　清孫家鼐刻本　四册

340000－1801－0009165　3:02146
聰訓齋語二卷　(清)張英撰　清葛氏刻嘯園叢書本　一册

340000－1801－0009166　3:02149
篤素堂文集四卷　(清)張英撰　清湖南學庫谷氏刻本　一册

340000－1801－0009167　3:02150
篤素堂文集四卷　(清)張英撰　清湖南學庫谷氏刻本　一册

340000－1801－0009168　3:02151
篤素堂文集四卷　(清)張英撰　清同治五年(1866)刻篤素堂文集本　一册

340000－1801－0009169　3:02152
篤素堂文集四卷　(清)張英撰　清同治十三年(1874)刻篤素堂文集本　一册

340000－1801－0009170　3:02153
篤素堂文集四卷　(清)張英撰　清光緒六年(1880)龐山刻本　一册

340000－1801－0009171　3:02154
篤素堂文集四卷　(清)張英撰　清光緒六年(1880)龐山刻本　一冊

340000－1801－0009172　3:02155
聰訓齋語二卷恆產瑣言一卷　(清)張英撰　清光緒九年(1883)資中刻本　一冊

340000－1801－0009173　3:02157
聰訓齋語一卷恆產瑣言一卷　(清)張英撰　清刻本　一冊

340000－1801－0009174　3:02158
聰訓齋語一卷恆產瑣言一卷　(清)張英撰　清刻本　一冊

340000－1801－0009175　3:02162
篤素堂集鈔三卷　(清)張英撰　清光緒十四年(1888)湘鄉蔣氏求實齋刻本　一冊

340000－1801－0009176　3:02164
陸清獻公宰嘉訓俗一卷　(清)陸隴其撰　清光緒十年(1884)六安涂氏求我齋刻本　一冊

340000－1801－0009177　3:02165
陸清獻公宰嘉訓俗一卷　(清)陸隴其撰　清光緒十年(1884)六安涂氏求我齋刻本　一冊

340000－1801－0009178　3:02166
三魚堂賸言十二卷　(清)陸隴其撰　清同治七年(1868)武林薇署刻本　一冊

340000－1801－0009179　3:02167－3:02168
聖諭廣訓直解一卷　(清)世宗胤禛編　清刻本　二冊

340000－1801－0009180　3:02169－3:02170
聖諭廣訓直解一卷　(清)世宗胤禛編　清刻本　二冊

340000－1801－0009181　3:02171－3:02172
聖諭廣訓直解一卷　(清)世宗胤禛編　清刻本　二冊

340000－1801－0009182　3:02173－3:02174
聖諭廣訓二卷　(清)世宗胤禛編　清嘉慶刻本　二冊

340000－1801－0009183　3:02175
聖諭廣訓二卷　(清)世宗胤禛編　清光緒十二年(1886)刻本　一冊

340000－1801－0009184　3:02176
聖諭廣訓二卷　(清)世宗胤禛編　清光緒十二年(1886)刻本　一冊

340000－1801－0009185　3:02177－3:02186
聖諭像解二十卷　(清)梁延年撰　清光緒二十九年(1903)安徽撫署石印本　十冊

340000－1801－0009186　3:02187－3:02196
聖諭像解二十卷　(清)梁延年撰　清光緒二十九年(1903)安徽撫署石印本　十冊

340000－1801－0009187　3:02197－3:02206
聖諭像解二十卷　(清)梁延年撰　清光緒二十九年(1903)安徽撫署石印本　十冊

340000－1801－0009188　3:02207－3:02216
聖諭像解二十卷　(清)梁延年撰　清光緒二十九年(1903)安徽撫署石印本　十冊

340000－1801－0009189　3:02217－3:02226
聖諭像解二十卷　(清)梁延年撰　清光緒二十九年(1903)安徽撫署石印本　十冊

340000－1801－0009190　3:02227－3:02230
聖諭像解二十卷　(清)梁延年撰　清承宣堂刻本　四冊　存十卷(六至十二、十四至十六)

340000－1801－0009191　3:02231
澄懷園語四卷　(清)張廷玉撰　清同治三年(1864)刻本　一冊

340000－1801－0009192　3:02232
澄懷園語四卷　(清)張廷玉撰　清同治五年(1866)刻本　一冊

340000－1801－0009193　3:02233
澄懷園語四卷　(清)張廷玉撰　清同治十年(1871)刻本　一冊

340000－1801－0009194　3:02234
澄懷園語四卷　(清)張廷玉撰　清刻本　一冊

340000－1801－0009195　3：02235
澄懷園語四卷　(清)張廷玉撰　清光緒六年(1880)龐山刻本　一冊

340000－1801－0009196　3：02236
澄懷園語四卷　(清)張廷玉撰　清光緒六年(1880)龐山刻本　一冊

340000－1801－0009197　3：02242
日省錄三卷補遺一卷　(清)梁文科輯　清光緒九年(1883)運道堂明州榷署刻本　一冊

340000－1801－0009198　3：02243
日省錄三卷補遺一卷　(清)梁文科輯　清光緒十七年(1891)江南榷署強恕齋刻本　一冊

340000－1801－0009199　3：02244
忱行錄一卷　(清)邵懿辰撰　清同治五年(1866)當歸草堂刻本　一冊

340000－1801－0009200　3：02245
忱行錄一卷　(清)邵懿辰撰　清同治五年(1866)當歸草堂刻本　一冊

340000－1801－0009201　3：02246－3：02247
正學編八卷　(清)潘世恩輯　清同治六年(1867)吳縣潘氏刻本　二冊

340000－1801－0009202　3：02248－3：02251
正學編八卷　(清)潘世恩輯　清同治六年(1867)吳縣潘氏刻本　四冊

340000－1801－0009203　3：02252－3：02253
正學編八卷　(清)潘世恩輯　清同治六年(1867)吳縣潘氏刻本　二冊

340000－1801－0009204　3：02254
藥言一卷　題(清)拙修老人撰　清光緒二年(1876)涇川朱氏梅村家塾刻本　一冊

340000－1801－0009205　3：02255
藥言一卷　題(清)拙修老人撰　清光緒二年(1876)涇川朱氏梅村家塾刻本　一冊

340000－1801－0009206　3：02256
藥言一卷　題(清)拙修老人撰　清光緒二年(1876)涇川朱氏梅村家塾刻本　一冊

340000－1801－0009207　3：02257
藥言一卷　題(清)拙修老人撰　清光緒二年(1876)涇川朱氏梅村家塾刻本　一冊

340000－1801－0009208　3：02258
經正錄一卷　(清)張履祥輯　清光緒元年(1875)刻本　一冊

340000－1801－0009209　3：02259－3：02266
退庵隨筆二十二卷　(清)梁章鉅撰　清道光十七年(1837)刻本　八冊

340000－1801－0009210　3：02267－3：02270
帝鑒圖說不分卷　(明)張居正輯　清江陵鄧氏刻本　四冊

340000－1801－0009211　3：02271－3：02274
帝鑒圖說不分卷　(明)張居正輯　清江陵鄧氏刻本　四冊

340000－1801－0009212　3：02275－3：02278
帝鑒圖說不分卷　(明)張居正輯　清江陵鄧氏刻本　四冊

340000－1801－0009213　3：02279－3：02281
帝鑒圖說不分卷　(明)張居正輯　清江陵鄧氏刻本　三冊

340000－1801－0009214　3：02282－3：02285
汪子中詮四卷　(明)汪應蛟撰　清刻本　四冊

340000－1801－0009215　3：02286
教女遺規三卷　(清)陳宏謀輯　清乾隆七年(1742)刻本　一冊

340000－1801－0009216　3：02287－3：02296
五種遺規十五卷　(清)陳宏謀輯　清光緒二十一年(1895)浙江書局刻本　十冊

340000－1801－0009217　3：02297－3：02298
從政遺規二卷　(清)陳宏謀輯　清刻本　二冊

340000－1801－0009218　3：02299－3：02301
訓俗遺規四卷補編一卷　(清)陳宏謀輯　清刻本　三冊

340000－1801－0009219　3:02302－3:02303
訓俗遺規四卷　(清)陳宏謀輯　清同治七年(1868)楚北崇文書局刻五種遺規本　二册

340000－1801－0009220　3:02304－3:02305
訓俗遺規四卷　(清)陳宏謀輯　清同治七年(1868)楚北崇文書局刻五種遺規本　二册

340000－1801－0009221　3:02306－3:02307
内訟齋隨録四卷　(清)石廣均輯　清咸豐三年(1853)刻本　二册

340000－1801－0009222　3:02308－3:02309
内訟齋隨録四卷　(清)石廣均輯　清咸豐三年(1853)刻本　二册

340000－1801－0009223　3:02310－3:02311
内訟齋隨録四卷　(清)石廣均輯　清咸豐三年(1853)刻本　二册

340000－1801－0009224　3:02313
山天衣聞一卷　(清)方東樹撰　清光緒十五年(1889)刻本　一册

340000－1801－0009225　3:02314
山天衣聞一卷　(清)方東樹撰　清光緒十五年(1889)刻本　一册

340000－1801－0009226　3:02315
未能錄二卷　(清)方東樹撰　清光緒十六年(1890)刻本　一册

340000－1801－0009227　3:02316－3:02317
志學録八卷　(清)方宗誠撰　清光緒三年(1877)桐城方守彝刻本　二册

340000－1801－0009228　3:02318－3:02320
志學階梯七卷附録一卷　(清)孫念劬輯　清嘉慶刻本　三册

340000－1801－0009229　3:02321－3:02326
人範須知六卷　(清)盛隆輯　清同治二年(1863)石竹山房刻本　六册

340000－1801－0009230　3:02327－3:02332
人範須知六卷　(清)盛隆輯　清同治二年(1863)石竹山房刻本　六册

340000－1801－0009231　3:02333－3:02334
人範六卷　(清)蔣元輯　清光緒十六年(1890)守拙軒刻本　二册

340000－1801－0009232　3:02335
人範六卷　(清)蔣元輯　清廣雅書局刻本　一册

340000－1801－0009233　3:02336－3:02338
求己録三卷　題蘆溼遁士(陶保廉)編　清光緒二十七年(1901)刻本　三册

340000－1801－0009234　3:02339－3:02340
女四書箋注四卷　(清)王相箋注　清刻本　二册

340000－1801－0009235　3:02342－3:02343
俟命録十卷　(清)方宗誠編　清光緒三年(1877)刻本　二册

340000－1801－0009236　3:02344
程式編三卷　(清)沈應彤編　清光緒九年(1883)刻本　一册

340000－1801－0009237　3:02345
遜敏録四卷　(清)蘇惇元撰　清同治七年(1868)儀宋堂刻本　一册

340000－1801－0009238　3:02346
遜敏録四卷　(清)蘇惇元撰　清同治七年(1868)儀宋堂刻本　一册

340000－1801－0009239　3:02347－3:02351
五倫圖五卷　題(清)四勿居士編　清光緒十二年(1886)培英書屋刻本　五册

340000－1801－0009240　3:02352－3:02353
養正録二卷　(□)□□撰　清刻本　二册

340000－1801－0009241　3:02354
論孟卮言一卷　(清)江瀚撰　清木活字印本　一册

340000－1801－0009242　3:02363－3:02364
女兒書輯八種九卷　(清)張承燮輯　清光緒二十六年(1900)膠州聽雨堂刻本　二册　缺三種三卷(女誡一卷、女孝經一卷、女論語一卷)

340000－1801－0009243　3∶02365
省身要言一卷　(清)周柱坤撰　清光緒願學齋刻本　一冊

340000－1801－0009244　3∶02366－3∶02369
約書十二卷　(清)謝階樹撰　清光緒二十八年(1902)刻本　四冊

340000－1801－0009245　3∶02371
輔仁録四卷　(清)方宗誠撰　清光緒十二年(1886)刻本　一冊

340000－1801－0009246　3∶02372
聖賢實學不分卷　(清)唐道宗撰　清同治十二年(1873)刻本　一冊

340000－1801－0009247　3∶02373
孝友堂家規一卷　(清)孫奇逢撰　清同治八年(1869)刻本　一冊

340000－1801－0009248　3∶02374－3∶02375
溫公家範十卷　(宋)司馬光撰　清光緒二十三年(1897)刻本　二冊

340000－1801－0009249　3∶02377
勵志録二卷　(清)沈近思撰　清刻本　一冊

340000－1801－0009250　3∶02378
四言韻文不分卷　(清)宣宗旻寧撰　清同治刻本　一冊

340000－1801－0009251　3∶02379
持志塾言二卷　(清)劉熙載撰　清同治六年(1867)刻本　一冊

340000－1801－0009252　3∶02380－3∶02382
日知薈説四卷　(清)高宗弘曆撰　清乾隆刻本　三冊　缺一卷(二)

340000－1801－0009253　3∶02384－3∶02387
庸言十二卷　(明)黄佐撰　清刻本　四冊

340000－1801－0009254　3∶02388－3∶02389
庸言四卷　(清)余元遴撰　清咸豐元年(1851)刻本　二冊

340000－1801－0009255　3∶02390－3∶02391
庸言四卷　(清)余元遴撰　清光緒江蘇書局刻本　二冊

340000－1801－0009256　3∶02392
庸言補遺一卷　(清)余元遴撰　(清)余龍光補　清同治元年(1862)刻本　一冊

340000－1801－0009257　3∶02394－3∶02397
夢溪筆談二十六卷補筆談三卷續筆談三卷　(宋)沈括撰　清光緒三十二年(1906)番禺陶氏愛廬刻本　四冊

340000－1801－0009258　3∶02398－3∶02401
學齋占畢四卷　(宋)史繩祖撰　清虞山照曠閣刻本　四冊

340000－1801－0009259　3∶02402－3∶02411
習學記言五十卷　(宋)葉適撰　清光緒九年(1883)江陰刻本　十冊

340000－1801－0009260　3∶02412－3∶02424
容齋隨筆十六卷首一卷續筆十六卷三筆十六卷四筆十六卷五筆十卷　(宋)洪邁撰　清同治十一年(1872)新豐洪氏十三公祠刻光緒元年(1875)印本　十三冊　缺五卷(五筆六至十)

340000－1801－0009261　3∶02425－3∶02440
容齋隨筆十六卷續筆十六卷三筆十六卷四筆十六卷五筆十卷　(宋)洪邁撰　清乾隆五十九年(1794)掃葉山房刻本　十六冊

340000－1801－0009262　3∶02451－3∶02464
容齋隨筆十六卷首一卷續筆十六卷三筆十六卷四筆十六卷五筆十卷　(宋)洪邁撰　清同治十一年(1872)新豐洪氏十三公祠刻光緒元年(1875)印本　十四冊

340000－1801－0009263　3∶02475－3∶02482
容齋隨筆十六卷續筆十六卷三筆十六卷四筆十六卷五筆十卷　(宋)洪邁撰　清乾隆五十九年(1794)掃葉山房刻本　八冊

340000－1801－0009264　3∶02483－3∶02491
容齋隨筆十六卷續筆十六卷三筆十六卷四筆十六卷五筆十卷　(宋)洪邁撰　明崇禎三年(1630)馬元調刻清康熙洪璟重修本　九冊

340000－1801－0009265　3∶02514－3∶02517
困學紀聞二十卷　(宋)王應麟撰　清乾隆桐鄉汪垕桐華書塾刻本　四册

340000－1801－0009266　3∶02518－3∶02521
困學紀聞二十卷　(宋)王應麟撰　(清)閻若璩箋　清同治九年(1870)揚州書局刻本　四册

340000－1801－0009267　3∶02522－3∶02526
困學紀聞二十卷　(宋)王應麟撰　(清)閻若璩箋　清乾隆刻本　五册

340000－1801－0009268　3∶02527－3∶02528
困學紀聞二十卷　(宋)王應麟撰　(清)閻若璩箋　清乾隆三年(1738)馬氏叢書樓刻本　二册　存四卷(一至四)

340000－1801－0009269　3∶02529－3∶02540
困學紀聞注二十卷　(宋)王應麟撰　(清)翁元圻輯注　清道光五年(1825)餘姚翁氏守福堂刻本　十二册

340000－1801－0009270　3∶02541－3∶02552
困學紀聞注二十卷　(宋)王應麟撰　(清)翁元圻輯注　清道光五年(1825)餘姚翁氏守福堂刻本　十二册

340000－1801－0009271　3∶02553－3∶02564
困學紀聞注二十卷　(宋)王應麟撰　(清)翁元圻輯注　清道光五年(1825)餘姚翁氏守福堂刻本　十二册

340000－1801－0009272　3∶02565－3∶02576
困學紀聞注二十卷　(宋)王應麟撰　(清)翁元圻輯注　清道光五年(1825)餘姚翁氏守福堂刻本　十二册

340000－1801－0009273　3∶02577－3∶02588
困學紀聞注二十卷　(宋)王應麟撰　(清)翁元圻輯注　清道光五年(1825)餘姚翁氏守福堂刻本　十二册

340000－1801－0009274　3∶02589－3∶02594
困學紀聞二十卷　(宋)王應麟撰　(清)翁元圻注　清康熙三十七年(1698)刻本　六册

340000－1801－0009275　3∶02595－3∶02610
困學紀聞注二十卷　(宋)王應麟撰　(清)翁元圻輯注　清道光五年(1825)餘姚翁氏守福堂刻本　十六册

340000－1801－0009276　3∶02611－3∶02622
困學紀聞注二十卷　(宋)王應麟撰　(清)翁元圻輯注　清咸豐元年(1851)經綸堂刻本　十二册

340000－1801－0009277　3∶02623－3∶02634
困學紀聞注二十卷　(宋)王應麟撰　(清)翁元圻輯注　清咸豐元年(1851)小瑯嬛山館刻本　十二册

340000－1801－0009278　3∶02641－3∶02646
翁注困學紀聞二十卷首一卷　(宋)王應麟撰　(清)翁元圻輯注　清光緒十五年(1889)上海點石齋石印本　六册

340000－1801－0009279　3∶02647－3∶02652
困學紀聞注二十卷首一卷　(宋)王應麟撰　(清)翁元圻輯注　清光緒十五年(1889)上海積山書局石印本　六册

340000－1801－0009280　3∶02653－3∶02664
校訂困學紀聞三箋二十卷　(宋)王應麟撰　(清)閻若璩等輯注　(清)屠繼序補注　清嘉慶九年(1804)刻本　十二册

340000－1801－0009281　3∶02665－3∶02670
校訂困學紀聞三箋二十卷　(宋)王應麟撰　(清)閻若璩等輯注　(清)屠繼序補注　清嘉慶九年(1804)刻本　六册

340000－1801－0009282　3∶02671－3∶02678
校訂困學紀聞集證二十卷　(宋)王應麟撰　(清)閻若璩箋　(清)萬希槐集證　(清)屠繼序校補　清嘉慶十八年(1813)埽葉山房刻本　八册

340000－1801－0009283　3∶02679－3∶02684
校訂困學紀聞集證二十卷　(宋)王應麟撰　(清)閻若璩箋　(清)萬希槐集證　(清)屠繼序校補　清嘉慶二十四年(1819)山壽齋胡氏刻本　六册

340000－1801－0009284　3：02685－3：02696
校訂困學紀聞集證二十卷　(宋)王應麟撰　(清)閻若璩箋　(清)萬希槐集證　(清)屠繼序校補　清嘉慶十八年(1813)埽葉山房刻本　十二冊

340000－1801－0009285　3：02697－3：02706
校訂困學紀聞集證二十卷　(宋)王應麟撰　(清)閻若璩箋　(清)萬希槐集證　(清)屠繼序校補　清嘉慶十八年(1813)埽葉山房刻本　十冊　缺四卷(十三至十六)

340000－1801－0009286　3：02707
困學齋文存不分卷　(清)張承華撰　清光緒三年(1877)刻本　一冊

340000－1801－0009287　3：02708－3：02719
校訂困學紀聞集證二十卷　(宋)王應麟撰　(清)閻若璩箋　(清)萬希槐集證　(清)屠繼序校補　清嘉慶十八年(1813)埽葉山房刻本　十二冊

340000－1801－0009288　3：02720－3：02731
慈溪黃氏日抄分類九十七卷古今紀要十九卷　(宋)黃震編輯　清乾隆三十二年(1767)新安汪氏刻本　十二冊

340000－1801－0009289　3：02732－3：02743
慈溪黃氏日抄分類九十七卷古今紀要十九卷　(宋)黃震編輯　清乾隆三十二年(1767)新安汪氏刻本　十二冊

340000－1801－0009290　3：02744－3：02767
慈溪黃氏日鈔分類九十七卷古今紀要二十卷　(宋)黃震輯著　清耕餘樓刻本　二十四冊　缺二卷(慈溪黃氏日鈔分類四十六至四十七)

340000－1801－0009291　3：02768－3：02769
猗覺寮雜記二卷　(宋)朱翌撰　清桐城光聰諧刻龍眠叢書本　二冊

340000－1801－0009292　3：02770－3：02771
猗覺寮雜記二卷　(宋)朱翌撰　清乾隆四十一年(1776)刻本　二冊

340000－1801－0009293　3：02772－3：02774
敬齋古今黈八卷　(元)李冶撰　清刻本　三冊

340000－1801－0009294　3：02775－3：02778
慈溪黃氏日抄分類古今紀要十九卷　(宋)黃震撰　清乾隆三十二年(1767)新安汪氏刻本　四冊

340000－1801－0009295　3：02779
敬齋古今黈八卷　(元)李冶撰　清乾隆刻本　一冊

340000－1801－0009296　3：02780－3：02785
丹鉛總錄二十七卷　(明)楊慎輯　清乾隆三十年(1765)虎林楊氏刻本　六冊

340000－1801－0009297　3：02786－3：02795
丹鉛總錄二十七卷　(明)楊慎輯　清乾隆三十九年(1774)錢塘陳氏刻本　十冊

340000－1801－0009298　3：02796－3：02805
通雅五十三卷　(清)方以智撰　清光緒六年(1880)桐城方氏刻本　十冊

340000－1801－0009299　3：02806－3：02815
通雅五十三卷　(清)方以智撰　清光緒六年(1880)桐城方氏刻本　十冊

340000－1801－0009300　3：02816－3：02827
通雅五十二卷　(清)方以智撰　清康熙浮山此藏軒刻本　十二冊

340000－1801－0009301　3：02828－3：02851
日知錄三十二卷之餘四卷　(清)顧炎武撰　清乾隆六十年(1795)刻本　二十四冊

340000－1801－0009302　3：02852－3：02863
日知錄三十二卷　(清)顧炎武撰　清康熙遂初堂刻本　十二冊

340000－1801－0009303　3：02864－3：02875
日知錄三十二卷之餘四卷菰中隨筆一卷　(清)顧炎武撰　清道光十二年(1832)長白鄂氏刻本　十二冊

340000－1801－0009304　3：02876－3：02891
日知錄集釋三十二卷刊誤四卷　(清)顧炎武

撰　(清)黄汝成釋　清同治八年(1869)番禺黎氏刻本　十六册

340000－1801－0009305　3:02892－3:02907
日知錄集釋三十二卷刊誤二卷　(清)顧炎武撰　(清)黄汝成釋　清同治八年(1869)廣州述古堂刻本　十六册

340000－1801－0009306　3:02908－3:02923
日知錄集釋三十二卷刊誤二卷　(清)顧炎武撰　(清)黄汝成釋　清同治八年(1869)廣州述古堂刻本　十六册

340000－1801－0009307　3:02924－3:02939
日知錄集釋三十二卷刊誤四卷　(清)顧炎武撰　(清)黄汝成釋　清同治十一年(1872)湖北崇文書局刻本　十六册

340000－1801－0009308　3:02940－3:02955
日知錄集釋三十二卷刊誤二卷　(清)顧炎武撰　(清)黄汝成釋　清同治十一年(1872)湖北崇文書局刻本　十六册

340000－1801－0009309　3:02956－3:02971
日知錄集釋三十二卷刊誤二卷　(清)顧炎武撰　(清)黄汝成釋　清同治十一年(1872)湖北崇文書局刻本　十六册

340000－1801－0009310　3:02972－3:02987
日知錄集釋三十二卷刊誤四卷　(清)顧炎武撰　(清)黄汝成釋　清光緒三年(1877)刻本　十六册

340000－1801－0009311　3:02988－3:03007
日知錄集釋三十二卷刊誤二卷　(清)顧炎武撰　(清)黄汝成釋　清光緒二十五年(1899)京都琉璃廠刻本　二十册

340000－1801－0009312　3:03008－3:03023
日知錄集釋三十二卷刊誤二卷　(清)顧炎武撰　(清)黄汝成釋　清光緒二十五年(1899)京都琉璃廠刻本　十六册

340000－1801－0009313　3:03032－3:03047
日知錄集釋三十二卷刊誤二卷　(清)顧炎武撰　(清)黄汝成釋　清光緒元年(1875)湖北崇文書局刻本　十六册

340000－1801－0009314　3:03080－3:03083
日知錄集釋三十二卷刊誤四卷　(清)顧炎武撰　(清)黄汝成釋　清光緒十三年(1887)同文書局石印本　四册

340000－1801－0009315　3:03101－3:03102
日知錄之餘四卷　(清)顧炎武撰　清宣統二年(1910)刻本　二册

340000－1801－0009316　3:03103－3:03104
日知錄之餘四卷　(清)顧炎武撰　清宣統二年(1910)刻本　二册

340000－1801－0009317　3:03107
菰中隨筆一卷救文格論一卷　(清)顧炎武撰　清光緒十一年(1885)朱氏槐廬刻本　一册

340000－1801－0009318　3:03108－3:03112
潛邱劄記六卷　(清)閻若璩撰　清乾隆眷西堂刻本　五册

340000－1801－0009319　3:03113－3:03114
湛園劄記四卷　(清)姜宸英撰　清鶴麓山房刻本　二册

340000－1801－0009320　3:03115－3:03116
湛園劄記四卷　(清)姜宸英撰　清鶴麓山房刻本　二册

340000－1801－0009321　3:03117－3:03125
管城碩記三十卷　(清)徐文靖撰　清乾隆九年(1744)志寧堂刻本　九册

340000－1801－0009322　3:03126－3:03135
管城碩記三十卷　(清)徐文靖撰　清乾隆九年(1744)志寧堂刻本　十册

340000－1801－0009323　3:03136－3:03144
管城碩記三十卷　(清)徐文靖撰　清乾隆九年(1744)志寧堂刻本　九册

340000－1801－0009324　3:03145－3:03149
義門讀書記五十八卷　(清)何焯撰　(清)蔣維鈞輯　清乾隆三十四年(1769)長洲蔣氏刻本　五册　存二十三卷(河東集三卷、歐陽文忠公文二卷、元豐類稿五卷、文選四卷、陶靖

節詩一卷、杜工部集六卷、李義山詩集二卷)

340000－1801－0009325 3:03150－3:03161
義門讀書記五十八卷 (清)何焯撰 (清)蔣維鈞輯 清乾隆三十四年(1769)長洲蔣氏刻本 十二册

340000－1801－0009326 3:03162－3:03177
義門讀書記五十八卷 (清)何焯撰 (清)蔣維鈞輯 清乾隆十六年(1751)刻光緒六年(1880)苕溪吴氏重修本 十六册

340000－1801－0009327 3:03178－3:03185
義門讀書記五十八卷 (清)何焯撰 (清)蔣維鈞輯 清乾隆三十四年(1769)長洲蔣氏刻本 八册

340000－1801－0009328 3:03186－3:03201
義門讀書記五十八卷 (清)何焯撰 (清)蔣維鈞輯 清乾隆十六年(1751)刻光緒六年(1880)苕溪吴氏重修本 十六册

340000－1801－0009329 3:03202－3:03209
群書拾補初編三十七種 (清)盧文弨輯 清光緒十三年(1887)上海蜚英館石印本 八册

340000－1801－0009330 3:03210－3:03219
群書拾補初編三十七種 (清)盧文弨輯 清光緒會稽徐氏鑄學齋刻本 十册

340000－1801－0009331 3:03220－3:03221
全謝山先生經史問答十卷 (清)全祖望撰 清乾隆刻本 二册

340000－1801－0009332 3:03222
松崖筆記三卷 (清)惠棟撰 清道光二年(1822)吴門玉照堂刻本 一册

340000－1801－0009333 3:03223
松崖筆記三卷 (清)惠棟撰 清光緒二十九年(1903)刻聚學軒叢書本 一册

340000－1801－0009334 3:03224－3:03225
九曜齋筆記三卷 (清)惠棟撰 清光緒二十九年(1903)刻聚學軒叢書本 二册

340000－1801－0009335 3:03226
管窺録二卷 (清)光聰諧撰 清光緒二十九年(1903)抄本 一册

340000－1801－0009336 3:03227－3:03234
十駕齋養新録二十卷餘録三卷 (清)錢大昕撰 清嘉慶九年(1804)刻本 八册

340000－1801－0009337 3:03235－3:03240
十駕齋養新録二十卷餘録三卷 (清)錢大昕撰 清嘉慶九年(1804)刻本 六册

340000－1801－0009338 3:03241－3:03246
十駕齋養新録二十卷餘録三卷 (清)錢大昕撰 清嘉慶十一年(1806)刻本 六册

340000－1801－0009339 3:03247－3:03254
十駕齋養新録二十卷餘録三卷 (清)錢大昕撰 清光緒二年(1876)浙江書局刻本 八册

340000－1801－0009340 3:03255－3:03262
十駕齋養新録二十卷餘録三卷 (清)錢大昕撰 清光緒二年(1876)浙江書局刻本 八册

340000－1801－0009341 3:03263－3:03270
十駕齋養新録二十卷餘録三卷 (清)錢大昕撰 清光緒二年(1876)浙江書局刻本 八册

340000－1801－0009342 3:03271－3:03272
恒言録六卷 (清)錢大昕輯 清嘉慶十年(1805)揚州阮元刻本 二册

340000－1801－0009343 3:03273－3:03275
任兆麟述記三卷 (清)任兆麟撰 清光緒二十一年(1895)上海煥文書局石印本 三册

340000－1801－0009344 3:03279－3:03286
述記不分卷 (清)任兆麟撰 清忠敏家塾刻本 八册

340000－1801－0009345 3:03287－3:03290
述記不分卷 (清)任兆麟撰 清忠敏家塾刻本 四册

340000－1801－0009346 3:03291
壽山叢録二卷 (清)洪騰蛟撰 清敦善堂刻本 一册

340000－1801－0009347 3:03292
求古録十六卷 (清)金鶚撰 清抄本 一册

存一卷(三)

340000－1801－0009348　3:03293
識學錄一卷　(清)胡虔撰　清刻本　一册

340000－1801－0009349　3:03294－3:03295
讀書脞錄七卷　(清)孫志祖撰　清嘉慶四年(1799)刻本　二册

340000－1801－0009350　3:03296－3:03301
經史管窺六卷　(清)蕭曇撰　清嘉慶二十三年(1818)蕭氏讀五千卷齋刻本　六册

340000－1801－0009351　3:03310－3:03313
札樸十卷　(清)桂馥撰　清光緒九年(1883)長洲蔣氏心矩齋刻本　四册

340000－1801－0009352　3:03314－3:03319
札樸十卷　(清)桂馥撰　清光緒九年(1883)長洲蔣氏心矩齋刻本　六册

340000－1801－0009353　3:03320－3:03331
援鶉堂筆記五十卷　(清)姚範撰　**刊誤一卷　刊誤補遺一卷**　(清)方東樹撰　清道光十五年(1835)刻本　十二册

340000－1801－0009354　3:03332－3:03343
援鶉堂筆記五十卷　(清)姚範撰　**刊誤一卷　刊誤補遺一卷**　(清)方東樹撰　清道光十五年(1835)刻本　十二册

340000－1801－0009355　3:03344－3:03355
援鶉堂筆記五十卷　(清)姚範撰　**刊誤一卷　刊誤補遺一卷**　(清)方東樹撰　清道光十五年(1835)刻本　十二册

340000－1801－0009356　3:03359－3:03382
讀書雜志八十二卷餘編二卷　(清)王念孫撰　清同治九年(1870)金陵書局刻本　二十四册

340000－1801－0009357　3:03383－3:03406
讀書雜志八十二卷餘編二卷　(清)王念孫撰　清同治九年(1870)金陵書局刻本　二十四册

340000－1801－0009358　3:03407－3:03429
讀書雜志八十二卷餘編二卷　(清)王念孫撰　清同治九年(1870)金陵書局刻本　二十三册　缺六卷(淮南内篇十六至二十一)

340000－1801－0009359　3:03453－3:03460
讀書雜志八十二卷餘編二卷　(清)王念孫撰　清光緒二十一年(1895)上海鴻文書局石印本　八册

340000－1801－0009360　3:03461－3:03466
讀書叢錄二十四卷　(清)洪頤煊撰　清道光二年(1822)廣東富文齋刻本　六册

340000－1801－0009361　3:03467－3:03472
讀書叢錄二十四卷　(清)洪頤煊撰　清光緒十四年(1888)刻本　六册

340000－1801－0009362　3:03473－3:03476
平平錄十一卷附錄一卷　(清)楊芳撰　清道光刻本　四册

340000－1801－0009363　3:03477－3:03478
劉氏遺書八卷　(清)劉台拱撰　清光緒十五年(1889)廣雅書局刻本　二册

340000－1801－0009364　3:03479－3:03482
繹志十九卷　(清)胡承諾撰　清道光十七年(1837)顧氏謏聞書室刻本　四册

340000－1801－0009365　3:03483－3:03490
繹志十九卷　(清)胡承諾撰　清同治十一年(1872)浙江書局刻本　八册

340000－1801－0009366　3:03491－3:03498
繹志十九卷　(清)胡承諾撰　清同治十一年(1872)浙江書局刻本　八册

340000－1801－0009367　3:03499－3:03506
繹志十九卷　(清)胡承諾撰　清同治十一年(1872)浙江書局刻本　八册

340000－1801－0009368　3:03507－3:03510
群書札記十六卷　(清)朱亦棟學　清光緒四年(1878)武林竹簡齋刻本　四册

340000－1801－0009369　3:03511－3:03516
群書札記十六卷　(清)朱亦棟學　清光緒四年(1878)武林竹簡齋刻本　六册

340000－1801－0009370　3:03517－3:03522
群書札記十六卷　(清)朱亦棟學　清光緒四年(1878)武林竹簡齋刻本　六册

340000－1801－0009371　3:03523－3:03528
癸巳類稿十五卷　(清)俞正燮撰　清光緒五年(1879)刻本　六册

340000－1801－0009372　3:03529－3:03536
癸巳類稿十五卷　(清)俞正燮撰　清道光十三年(1833)求日益齋刻本　八册

340000－1801－0009373　3:03537－3:03544
癸巳類稿十五卷　(清)俞正燮撰　清道光十三年(1833)求日益齋刻本　八册

340000－1801－0009374　3:03545－3:03552
癸巳類稿十五卷　(清)俞正燮撰　清道光十三年(1833)求日益齋刻本　八册

340000－1801－0009375　3:03553－3:03560
癸巳類稿十五卷　(清)俞正燮撰　清道光十三年(1833)求日益齋刻本　八册

340000－1801－0009376　3:03561－3:03566
癸巳存稿十五卷　(清)俞正燮撰　清光緒十年(1884)刻本　六册

340000－1801－0009377　3:03567－3:03572
癸巳存稿十五卷　(清)俞正燮撰　清光緒十年(1884)刻本　六册

340000－1801－0009378　3:03573－3:03578
癸巳類稿十五卷　(清)俞正燮撰　清光緒十年(1884)刻本　六册

340000－1801－0009379　3:03579－3:03586
癸巳存稿十五卷　(清)俞正燮撰　清光緒十年(1884)刻本　八册

340000－1801－0009380　3:03587－3:03588
晚書訂疑三卷　(清)程廷祚撰　清三餘書屋刻本　二册

340000－1801－0009381　3:03589
晚書訂疑三卷　(清)程廷祚撰　清三餘書屋刻本　一册

340000－1801－0009382　3:03593－3:03594
訂訛雜錄十卷　(清)胡鳴玉撰　清耴箴書屋刻本　二册

340000－1801－0009383　3:03595－3:03614
目耕帖三十一卷　(清)馬國翰撰　清光緒九年(1883)長沙嫏嬛館刻玉函山房輯佚書本　二十册

340000－1801－0009384　3:03615－3:03616
書林揚觶二卷　(清)方東樹著　清光緒十七年(1891)刻本　二册

340000－1801－0009385　3:03617－3:03618
書林揚觶二卷　(清)方東樹著　清光緒十七年(1891)刻本　二册

340000－1801－0009386　3:03619－3:03621
書林揚觶二卷刊誤補義一卷　(清)方東樹著　清光緒十七年(1891)刻本　三册

340000－1801－0009387　3:03622－3:03625
經史答問四卷　(清)朱駿聲撰　清光緒二十年(1894)刻本　四册

340000－1801－0009388　3:03626－3:03628
識小錄八卷　(清)姚瑩撰　清道光二十九年(1849)刻本　三册

340000－1801－0009389　3:03629
識小錄八卷　(清)姚瑩撰　清道光二十九年(1849)刻本　一册

340000－1801－0009390　3:03630－3:03633
識小錄八卷　(清)姚瑩撰　清道光二十九年(1849)刻本　四册　存四卷(二、四至六)

340000－1801－0009391　3:03634－3:03637
東塾讀書記十五卷　(清)陳澧撰　清刻本　四册

340000－1801－0009392　3:03638－3:03642
東塾讀書記十五卷　(清)陳澧撰　清光緒刻本　五册

340000－1801－0009393　3:03643－3:03648
東塾讀書記十五卷　(清)陳澧撰　清刻本　六册

340000－1801－0009394　3：03649－3：03652
東塾讀書記十五卷　(清)陳澧撰　清刻本　四册

340000－1801－0009395　3：03653－3：03657
東塾讀書記十五卷　(清)陳澧撰　清刻本　五册

340000－1801－0009396　3：03658－3：03662
東塾讀書記十五卷　(清)陳澧撰　清刻本　五册

340000－1801－0009397　3：03663－3：03667
東塾讀書記十五卷　(清)陳澧撰　清刻本　五册

340000－1801－0009398　3：03668－3：03671
東塾讀書記十五卷　(清)陳澧撰　清光緒二十四年(1898)上海江左書林石印本　四册

340000－1801－0009399　3：03684－3：03689
東塾讀書記十五卷　(清)陳澧撰　清光緒二十七年(1901)大泉書局刻本　六册

340000－1801－0009400　3：03690－3：03695
東塾讀書記十五卷　(清)陳澧撰　清光緒二十四年(1898)紉蘭書館刻本　六册

340000－1801－0009401　3：03696－3：03704
古學記問錄十五卷　(清)吴蔚文輯　清同治刻本　九册　缺一卷(七)

340000－1801－0009402　3：03705－3：03730
學古堂日記四十種　(清)雷浚　(清)汪之昌輯　清光緒二十二年(1896)刻本　二十六册

340000－1801－0009403　3：03731－3：03732
滂喜齋學錄十一卷　(清)蔣曰豫輯　清刻本　二册　存七卷(五至十一)

340000－1801－0009404　3：03733－3：03734
吹網錄六卷　(清)葉廷琯撰　清同治八年(1869)刻本　二册

340000－1801－0009405　3：03735－3：03738
讀書偶筆二十卷　(清)董桂柳撰　清同治五年(1866)刻本　四册

340000－1801－0009406　3：03739－3：03761
群書校補一百卷　(清)陸心源輯　清刻本　二十三册

340000－1801－0009407　3：03762－3：03765
無邪堂答問五卷　(清)朱一新撰　清光緒二十二年(1896)石印本　四册　缺一卷(五)

340000－1801－0009408　3：03766－3：03770
無邪堂答問五卷　(清)朱一新撰　清光緒二十一年(1895)廣雅書局刻本　五册

340000－1801－0009409　3：03781－3：03782
漢儒通義七卷　(清)陳澧撰　清咸豐八年(1858)番禺陳氏刻本　二册

340000－1801－0009410　3：03789－3：03792
札迻十二卷　(清)孫詒讓撰　清光緒二十年(1894)籀高刻本　四册

340000－1801－0009411　3：03793－3：03796
札迻十二卷　(清)孫詒讓撰　清光緒二十年(1894)籀高刻本　四册

340000－1801－0009412　3：03799－3：03802
讀書雜釋十四卷　(清)徐鼒撰　清光緒六年(1880)鉛印本　四册

340000－1801－0009413　3：03803－3：03808
讀書記疑十六卷　(清)王懋竑撰　清同治刻本　六册　缺四卷(五至八)

340000－1801－0009414　3：03809－3：03814
求闕齋讀書錄十卷　(清)曾國藩撰　清光緒二年(1876)傳忠書局刻本　六册

340000－1801－0009415　3：03815－3：03818
求闕齋讀書錄十卷　(清)曾國藩撰　清光緒二年(1876)傳忠書局刻本　四册

340000－1801－0009416　3：03821－3：03822
求益齋讀書記六卷　(清)强汝詢撰　清光緒二十四年(1898)江蘇書局刻本　二册

340000－1801－0009417　3：03823－3：03826
小坡識小錄四卷　(清)馬騰蛟編　清同治十三年(1874)關中馬先登敦倫堂刻本　四册

340000－1801－0009418　3:03855－3:03856
點勘記二卷省堂筆記一卷　(清)歐陽泉撰　清道光二十八年(1848)江夏童氏刻本　二册

340000－1801－0009419　3:03857－3:03858
點勘記二卷省堂筆記一卷　(清)歐陽泉撰　清同治九年(1870)皖城刻本　二册

340000－1801－0009420　3:03859－3:03860
點勘記二卷省堂筆記一卷　(清)歐陽泉撰　清同治九年(1870)皖城刻本　二册

340000－1801－0009421　3:03861－3:03862
點勘記二卷省堂筆記一卷　(清)歐陽泉撰　清光緒四年(1878)江蘇書局刻本　二册

340000－1801－0009422　3:03863－3:03864
點勘記二卷省堂筆記一卷　(清)歐陽泉撰　清光緒四年(1878)江蘇書局刻本　二册

340000－1801－0009423　3:03869－3:03872
蓮池書院肄業日記十卷(清光緒四年三月至十二月)　(清)黄彭年輯　清光緒五年(1879)刻本　四册

340000－1801－0009424　3:03873
晉磚宋瓦室類稿五卷　(清)桂坫撰　清光緒二十四年(1898)南海桂氏刻本　一册

340000－1801－0009425　3:03874－3:03879
灤源問答十三卷　(清)沈可培撰　清嘉慶二十年(1815)刻本　六册

340000－1801－0009426　3:03887－3:03888
句溪雜箸六卷　(清)陳立撰　清光緒十四年(1888)刻廣雅書局叢書本　二册

340000－1801－0009427　3:03895－3:03906
古今釋疑十八卷　(清)方中履撰　清康熙汗青閣刻本　十二册

340000－1801－0009428　3:03912－3:03915
漢學商兑三卷　(清)方東樹撰　清光緒十七年(1891)刻本　四册

340000－1801－0009429　3:03916－3:03919
漢學商兑三卷　(清)方東樹撰　清光緒二十六年(1900)浙江書局刻本　四册

340000－1801－0009430　3:03920－3:03923
漢學商兑三卷　(清)方東樹撰　清光緒二十六年(1900)浙江書局刻本　四册

340000－1801－0009431　3:03930
老子道德經二卷　(春秋)李耳撰　(三國魏)王弼注　**老子道經音義一卷**　(唐)陸德明撰　清光緒二十三年(1897)新化三味書室刻本　一册

340000－1801－0009432　3:03931
老子二卷　(春秋)李耳撰　(清)吳汝綸點勘　清宣統元年(1909)鉛印桐城吳先生點勘諸子十種本　一册

340000－1801－0009433　3:03932
老子二卷　(春秋)李耳撰　(清)吳汝綸點勘　清宣統元年(1909)鉛印桐城吳先生點勘諸子十種本　一册

340000－1801－0009434　3:03933－3:03934
老子道德經解二卷觀老莊影響論一卷　(明)釋德清撰　清光緒十二年(1886)金陵刻經處刻本　二册

340000－1801－0009435　3:03935－3:03936
老子道德經解二卷觀老莊影響論一卷　(明)釋德清撰　清光緒十二年(1886)金陵刻經處刻本　二册

340000－1801－0009436　3:03937
道德經評註二卷　(春秋)李耳撰　題(漢)河上公章句　清嘉慶九年(1804)刻十子全書本　一册

340000－1801－0009437　3:03939
老子道德經二卷　(春秋)李耳撰　(三國魏)王弼注　**老子道經音義一卷**　(唐)陸德明撰　清光緒元年(1875)浙江書局刻二十二子彙函本　一册

340000－1801－0009438　3:03940
老子道德經二卷　(春秋)李耳撰　(三國魏)王弼注　**老子道經音義一卷**　(唐)陸德明撰　清光緒元年(1875)浙江書局刻二十二子彙函本　一册

340000－1801－0009439　3：03941
老子道德經二卷　（春秋）李耳撰　（三國魏）王弼注　**老子道經音義一卷**　（唐）陸德明撰　清光緒元年（1875）浙江書局刻二十二子彙函本　一册

340000－1801－0009440　3：03942－3：03945
老子翼八卷　（明）焦竑輯　清光緒二十一年（1895）漸西村舍刻本　四册

340000－1801－0009441　3：03946－3：03948
老子翼八卷　（明）焦竑輯　清光緒二十一年（1895）漸西村舍刻本　三册　存六卷（一至六）

340000－1801－0009442　3：03949
老子章義二卷　（春秋）李耳撰　（清）姚鼐注　清同治九年（1870）桐城吳氏邗上刻本　一册

340000－1801－0009443　3：03955
太上道德經不分卷　（春秋）李耳撰　**南華經不分卷**　（戰國）莊周撰　清嘉慶抄本　一册

340000－1801－0009444　3：03980
道德經評註二卷　題（漢）河上公章句　**沖虛至德真經八卷**　（戰國）列禦寇撰　清刻本　一册

340000－1801－0009445　3：03988
老子道德經二卷　（三國魏）王弼注　**老子道經音義一卷**　（唐）陸德明撰　清光緒元年（1875）浙江書局刻二十二子彙函本　一册

340000－1801－0009446　3：03992
陰符經釋義一卷　（清）劉光才撰　清刻本　一册

340000－1801－0009447　3：03993
陰符經發隱一卷道德經發隱一卷沖虛經發隱一卷南華經發隱一卷　（清）楊文會注　清光緒二十二年至三十年（1896－1904）金陵刻經處刻本　一册

340000－1801－0009448　3：03994
陰符經發隱一卷道德經發隱一卷沖虛經發隱一卷南華經發隱一卷　（清）楊文會注　清光緒二十二年至三十年（1896－1904）金陵刻經處刻本　一册

340000－1801－0009449　3：03995－3：03996
沖虛至德真經八卷　（戰國）列禦寇撰　清嘉慶九年（1804）姑蘇刻本　二册

340000－1801－0009450　3：03997
沖虛至德真經八卷　（戰國）列禦寇撰　明刻本　一册　存四卷（一至四）

340000－1801－0009451　3：03999－3：04000
列子八卷　（戰國）列禦寇撰　（晉）張湛注　清光緒二年（1876）浙江書局刻二十二子本　二册

340000－1801－0009452　3：04001－3：04002
列子八卷　（戰國）列禦寇撰　（晉）張湛注　清光緒二年（1876）浙江書局刻二十二子本　二册

340000－1801－0009453　3：04003－3：04004
列子八卷　（戰國）列禦寇撰　（晉）張湛注　清光緒二年（1876）浙江書局刻二十二子本　二册

340000－1801－0009454　3：04005－3：04006
列子八卷　（戰國）列禦寇撰　（晉）張湛注　清光緒二年（1876）浙江書局刻二十二子本　二册

340000－1801－0009455　3：04007－3：04008
列子八卷　（戰國）列禦寇撰　（晉）張湛注　清光緒二年（1876）浙江書局刻二十二子本　二册

340000－1801－0009456　3：04009－3：04010
列子八卷　（戰國）列禦寇撰　（晉）張湛注　清光緒二十三年（1897）新化三味書局刻本　二册

340000－1801－0009457　3：04019－3：04020
列子八卷　（戰國）列禦寇撰　（唐）盧重元注　清嘉慶八年（1803）江都秦氏石研齋刻本

二册

340000－1801－0009458　3:04021－3:04024
列子八卷　(戰國)列禦寇撰　(唐)盧重元注　清嘉慶八年(1803)江都秦氏石研齋刻本　四册

340000－1801－0009459　3:04025－3:04027
列子八卷　(戰國)列禦寇撰　(唐)盧重元注　清嘉慶八年(1803)江都秦氏石研齋刻本　三册

340000－1801－0009460　3:04028－3:04033
莊子十卷　(晉)郭象注　(唐)陸德明音義　清光緒二十三年(1897)新化三味堂刻本　六册

340000－1801－0009461　3:04034－3:04039
莊子十卷　(晉)郭象注　(唐)陸德明音義　清光緒二十三年(1897)新化三味堂刻本　六册

340000－1801－0009462　3:04040－3:04045
莊子十卷　(晉)郭象注　(唐)陸德明音義　清光緒二年(1876)浙江書局刻二十二子本　六册

340000－1801－0009463　3:04046－3:04049
莊子十卷　(晉)郭象注　(唐)陸德明音義　清光緒二年(1876)浙江書局刻二十二子本　四册

340000－1801－0009464　3:04050－3:04053
莊子十卷　(晉)郭象注　(唐)陸德明音義　清光緒二年(1876)浙江書局刻二十二子本　四册

340000－1801－0009465　3:04054－3:04057
莊子十卷　(晉)郭象注　(唐)陸德明音義　清光緒二年(1876)浙江書局刻二十二子本　四册

340000－1801－0009466　3:04058－3:04061
莊子十卷　(晉)郭象注　(唐)陸德明音義　清光緒二年(1876)浙江書局刻二十二子本　四册

340000－1801－0009467　3:04062－3:04065
莊子十卷　(晉)郭象注　(唐)陸德明音義　清光緒二年(1876)浙江書局刻二十二子本　四册

340000－1801－0009468　3:04066－3:04067
莊子十卷　(晉)郭象注　(唐)陸德明音義　清宣統元年(1909)鉛印本　二册

340000－1801－0009469　3:04068－3:04069
莊子内篇注四卷　(戰國)莊周撰　(明)釋德清注　清光緒十四年(1888)金陵刻經處刻本　二册

340000－1801－0009470　3:04070－3:04071
莊子内篇注四卷　(戰國)莊周撰　(明)釋德清注　清光緒十四年(1888)金陵刻經處刻本　二册

340000－1801－0009471　3:04078－3:04085
莊子南華真經十卷　(晉)郭象注　清光緒十一年(1885)湖南傳忠書局刻本　八册

340000－1801－0009472　3:04086－3:04091
莊子南華真經十卷　(晉)郭象注　清光緒十一年(1885)湖南傳忠書局刻本　六册

340000－1801－0009473　3:04092－3:04095
南華發覆八卷　(戰國)莊周撰　(明)釋性涌注　清刻本　四册

340000－1801－0009474　3:04096－3:04101
南華發覆八卷　(戰國)莊周撰　(明)釋性涌注　清刻本　六册

340000－1801－0009475　3:04102－3:04103
莊子南華真經三卷　(戰國)莊周撰　**莊子闕誤一卷**　(明)焦竑撰　清光緒元年(1875)湖北崇文書局刻本　二册

340000－1801－0009476　3:04104
南華真經義纂十卷　(宋)褚伯秀　(明)朱得之撰　(明)李栻輯　明刻本　一册　存二卷(五至六)

340000－1801－0009477　3:04122－3:04125
莊子因六卷　(戰國)莊周撰　(清)林雲銘評

述　清康熙二十七年(1688)刻本　四册

340000－1801－0009478　3:04126－3:04129
莊子因六卷　(戰國)莊周撰　(清)林雲銘評述　清光緒六年(1880)刻本　四册

340000－1801－0009479　3:04130－3:04133
莊子因六卷　(戰國)莊周撰　(清)林雲銘評述　清光緒六年(1880)刻本　四册

340000－1801－0009480　3:04134－3:04137
莊子因六卷　(戰國)莊周撰　(清)林雲銘評述　清光緒六年(1880)刻本　四册

340000－1801－0009481　3:04138－3:04141
莊子因六卷　(戰國)莊周撰　(清)林雲銘評述　清乾隆七年(1742)刻本　四册

340000－1801－0009482　3:04142
莊子釋意三卷　(清)高秋月集說　(清)曹同春論正　清康熙二十九年(1690)刻本　一册

340000－1801－0009483　3:04143－3:04147
莊子獨見不分卷　(清)胡文英評釋　清乾隆十七年(1752)刻本　五册

340000－1801－0009484　3:04148－3:04153
南華真經解三卷　(清)宣穎撰　清經綸堂刻本　六册

340000－1801－0009485　3:04154－3:04156
南華真經解三卷　(清)宣穎撰　清經綸堂刻本　三册

340000－1801－0009486　3:04157－3:04162
南華真經解三卷　(清)宣穎撰　清經綸堂刻本　六册

340000－1801－0009487　3:04163－3:04168
南華發覆八卷　(戰國)莊周撰　(明)釋性通注　清文秀堂刻本　六册

340000－1801－0009488　3:04169－3:04171
南華經解三十三卷　(戰國)莊周撰　(清)宣穎解　清同治五年(1866)皖城半畝園刻本　三册

340000－1801－0009489　3:04172－3:04174
南華經解三卷　(戰國)莊周撰　(清)方潛評　清光緒二十二年(1896)方氏刻本　三册

340000－1801－0009490　3:04175－3:04178
南華經直解四卷　(戰國)莊周撰　(清)徐廷槐抄　清光緒刻本　四册

340000－1801－0009491　3:04179－3:04181
莊子雪三卷　(清)陸樹芝輯注　清嘉慶刻本　三册

340000－1801－0009492　3:04182－3:04185
莊子集解八卷　(戰國)莊周撰　王先謙集解　清上海掃葉山房石印本　四册

340000－1801－0009493　3:04186－3:04189
莊子集解八卷　(戰國)莊周撰　王先謙集解　清上海掃葉山房石印本　四册

340000－1801－0009494　3:04190－3:04193
莊子集解八卷　(戰國)莊周撰　王先謙集解　清上海掃葉山房石印本　四册

340000－1801－0009495　3:04197－3:04199
莊子集解八卷　(戰國)莊周撰　王先謙集解　清宣統元年(1909)思賢書局刻本　三册

340000－1801－0009496　3:04200－3:04201
莊子解十二卷　(戰國)莊周撰　(清)吳世尚注　清刻本　二册

340000－1801－0009497　3:04202－3:04206
莊子章義五卷附錄一卷　(清)姚鼐撰　清光緒五年(1879)桐城徐氏刻惜抱軒遺書本　五册

340000－1801－0009498　3:04207－3:04208
莊子章義五卷附錄一卷　(清)姚鼐撰　清光緒五年(1879)桐城徐氏刻惜抱軒遺書本　二册

340000－1801－0009499　3:04209－3:04215
莊子解三十三卷　(清)王夫之撰　(清)王敔注　清同治四年(1865)湘鄉曾國荃金陵刻船山遺書本　七册

340000－1801－0009500　3:04231－3:04234
莊子故八卷　馬其昶撰　清光緒三十二年

(1906)集虚草堂刻本　四册

340000－1801－0009501　3:04237－3:04242
南華真經正義四卷識餘一卷内篇七卷外篇十五卷雜篇十一卷識餘三種　(清)陳壽昌輯　清光緒十九年(1893)怡顔齋刻本　六册

340000－1801－0009502　3:04245
鶡冠子三卷　(宋)陸佃解　清光緒二十七年(1901)文垣抄本　一册

340000－1801－0009503　3:04246
鶡冠子三卷　(宋)陸佃解　清光緒二十三年(1897)新化三味書局刻本　一册

340000－1801－0009504　3:04247
鶡冠子三卷　(宋)陸佃解　清嘉慶九年(1804)刻本　一册

340000－1801－0009505　3:04249－3:04252
文子纘義十二卷　(宋)杜道堅撰　清刻本　四册

340000－1801－0009506　3:04253－3:04254
文子纘義十二卷　(宋)杜道堅撰　清光緒三年(1877)浙江書局刻本　二册

340000－1801－0009507　3:04255－3:04256
文子纘義十二卷　(宋)杜道堅撰　清光緒三年(1877)浙江書局刻本　二册

340000－1801－0009508　3:04257－3:04259
莊子旁注五卷　(清)吴承漸輯　清思訓堂刻本　三册　存三卷(二至四)

340000－1801－0009509　3:04273－3:04275
周易參同契發揮三卷釋疑一卷　(元)俞琰述　清同治十年(1871)錢江王氏詒燕堂刻本　三册

340000－1801－0009510　3:04276－3:04279
抱朴子内篇二十卷外篇五十卷　(晉)葛洪撰　清嘉慶十八年(1813)蘭陵孫氏刻平津館叢書本　四册

340000－1801－0009511　3:04280－3:04281
抱朴子内篇二十卷外篇五十卷　(晉)葛洪撰　清嘉慶十八年(1813)蘭陵孫氏刻平津館叢書本　二册

340000－1801－0009512　3:04282－3:04284
抱朴子内篇二十卷外篇五十卷　(晉)葛洪撰　清嘉慶十八年(1813)蘭陵孫氏刻平津館叢書本　三册

340000－1801－0009513　3:04298
黄庭經一卷　題(唐)純陽道人注　清抄本　一册

340000－1801－0009514　3:04299
太上黄庭内景玉經一卷　(□)□□撰　清刻本　一册

340000－1801－0009515　3:04300
黄庭内景經注二卷外景經注一卷　(明)李一元撰　清抄本　一册

340000－1801－0009516　3:04301
黄庭内景經箋注一卷　(清)朱靖旬撰　清光緒十七年(1891)保定府署刻本　一册

340000－1801－0009517　3:04302－3:04303
觀老莊影響論一卷老子道德經解二卷　(明)釋德清撰　清光緒十二年(1886)金陵刻經處刻本　二册

340000－1801－0009518　3:04304
指玄篇十六首　(唐)吕嵒撰　清乾隆五十八年(1793)刻本　一册

340000－1801－0009519　3:04305
吕祖指玄篇十六首　(唐)吕嵒撰　清嘉慶刻本　一册

340000－1801－0009520　3:04308－3:04311
性命圭旨四卷　題(明)尹真人撰　清刻本　四册

340000－1801－0009521　3:04312
金丹闡秘一卷　(明)南樵子撰　(清)祁名世删訂　清抄本　一册

340000－1801－0009522　3:04318
張三丰祖師無根樹詞注解一卷　(明)張君寶撰　(清)劉悟元注　清刻本　一册

340000－1801－0009523　3:04319

靈寶畢法三卷　(唐)鍾離權撰　清刻本　一冊

340000－1801－0009524　3:04320

如意寶珠二卷　(明)張君寶鑒定　清刻本　一冊

340000－1801－0009525　3:04321

呂祖年譜海山奇遇七卷　題(清)火西月編　清刻本　一冊　存三卷(五至七)

340000－1801－0009526　3:04322－3:04323

張三丰先生全集八卷　(明)張君寶撰　(清)李西月編　清刻本　二冊　存二卷(二、五)

340000－1801－0009527　3:04332－3:04337

張三丰先生全集十二卷　(明)張君寶撰　(清)李西月編　清刻本　六冊

340000－1801－0009528　3:04338

張三丰先生全集十二卷　(明)張君寶撰　(清)李西月編　清刻本　一冊　存四卷(隱鑑一卷、道言一卷、哀要篇一卷、古今詩類一卷)

340000－1801－0009529　3:04339－3:04341

張三丰先生全集八卷　(明)張君寶撰　(清)李西月編　清道光刻本　三冊

340000－1801－0009530　3:04345－3:04350

指南三書三種六卷　(清)劉一明撰　清嘉慶十八年(1813)刻本　六冊

340000－1801－0009531　3:04357

南極仙翁唱道真言二卷　(□)□□撰　清咸豐七年(1857)來鶴堂刻本　一冊

340000－1801－0009532　3:04358

南極仙翁唱道真言二卷　(□)□□撰　清咸豐七年(1857)來鶴堂刻本　一冊

340000－1801－0009533　3:04359

南極仙翁唱道真言二卷　(□)□□撰　清咸豐七年(1857)來鶴堂刻本　一冊

340000－1801－0009534　3:04361－3:04362

悟道錄二卷　(清)劉一明撰　清嘉慶二十一年(1816)刻本　二冊

340000－1801－0009535　3:04365

盤山語錄一卷　(清)論志煥編　清光緒濟南刻本　一冊

340000－1801－0009536　3:04366－3:04369

皇經注解三卷首一卷　(□)□□撰　清嘉慶十七年(1812)刻本　四冊

340000－1801－0009537　3:04370

羅浮山房談玄詩草二卷附修真四要　鄭觀應撰　清光緒二十四年(1898)刻本　一冊

340000－1801－0009538　3:04371

崔公入藥鏡注解一卷青天歌注釋一卷　(五代)崔希範撰　(元)王玠注　清光緒十二年(1886)錢塘魏氏刻本　一冊

340000－1801－0009539　3:04372

三官懺不分卷　(□)□□撰　清道光十二年(1832)望江縣刻本　一冊

340000－1801－0009540　3:04373

洞經示讀一卷　題(清)守雲道人輯　清刻本　一冊

340000－1801－0009541　3:04374－3:04375

華陽金仙證論一卷最上一乘慧命經一卷　(清)柳華陽撰　清同治九年(1870)蘇州栖霍山館刻本　二冊

340000－1801－0009542　3:04376

華陽金仙證論一卷　(清)柳華陽撰　清光緒三十二年(1906)刻本　一冊

340000－1801－0009543　3:04378

最上一乘慧命經一卷　(清)柳華陽撰　清宣統二年(1910)刻本　一冊

340000－1801－0009544　3:04383

通關文二卷　(清)劉一民撰　清夏復恒刻本　一冊

340000－1801－0009545　3:04384

慶祝表文不分卷　(□)□□撰　清刻本　一冊

340000－1801－0009546　3：04385
雜表文不分卷　(□)□□撰　清光緒十九年(1893)刻本　一冊

340000－1801－0009547　3：04386－3：04389
平平言四卷　(清)方大湜撰　清光緒鉛印本　四冊

340000－1801－0009548　3：04392－3：04395
西泠仙詠三卷　(清)圓嶠真逸撰　清道光刻本　四冊

340000－1801－0009549　3：04396－3：04401
金蓋心燈八卷　(清)閔苕旉撰　(清)鮑廷博注　清光緒二年(1876)刻本　六冊

340000－1801－0009550　3：04408－3：04411
管子二十四卷　(春秋)管仲撰　清光緒二十三年(1897)圖書集成局鉛印本　四冊

340000－1801－0009551　3：04430－3：04431
管子二十四卷　(春秋)管仲撰　(清)吳汝綸點勘　清鉛印本　二冊

340000－1801－0009552　3：04432－3：04437
管子二十四卷　(春秋)管仲撰　(唐)房玄齡注　清光緒二年(1876)浙江書局刻本　六冊

340000－1801－0009553　3：04438－3：04441
管子二十四卷　(春秋)管仲撰　清光緒元年(1875)湖北崇文書局刻本　四冊

340000－1801－0009554　3：04442－3：04445
管子二十四卷　(春秋)管仲撰　清光緒五年(1879)虞山張瑛刻本　四冊

340000－1801－0009555　3：04446－3：04451
管子二十四卷　(春秋)管仲撰　(唐)房玄齡注　清光緒五年(1879)虞山張瑛刻本　六冊

340000－1801－0009556　3：04452－3：04455
管子二十四卷　(春秋)管仲撰　(唐)房玄齡注　清光緒五年(1879)虞山張瑛刻本　四冊

340000－1801－0009557　3：04456－3：04459
管子二十四卷　(春秋)管仲撰　(唐)房玄齡注　清光緒五年(1879)刻本　四冊

340000－1801－0009558　3：04473－3：04478
管子評二十四卷　(春秋)管仲撰　(明)朱養和注　清嘉慶九年(1804)花齋刻本　六冊

340000－1801－0009559　3：04479－3：04480
管子義證八卷　(清)洪頤煊撰　清光緒十五年(1889)南陵徐氏刻積學齋叢書本　二冊

340000－1801－0009560　3：04481－3：04484
管子地員篇注四卷　(清)王紹蘭撰　清光緒十七年(1891)蕭山胡燏棻寄虹山館刻本　四冊

340000－1801－0009561　3：04488
商君書五卷附考一卷　(戰國)商鞅撰　清光緒二年(1876)浙江書局刻二十二子本　一冊

340000－1801－0009562　3：04489
商君書五卷附考一卷　(戰國)商鞅撰　清光緒二年(1876)浙江書局刻二十二子本　一冊

340000－1801－0009563　3：04490
商君書五卷附考一卷　(戰國)商鞅撰　清光緒二年(1876)浙江書局刻二十二子本　一冊

340000－1801－0009564　3：04491
商子五卷　(戰國)商鞅撰　清嘉慶八年(1803)問經堂刻本　一冊

340000－1801－0009565　3：04492－3：04498
韓非子二十卷　(戰國)韓非撰　**韓非子識誤三卷**　(清)顧廣圻撰　清光緒元年(1875)浙江書局刻二十二子本　七冊

340000－1801－0009566　3：04499－3：04505
韓非子二十卷　(戰國)韓非撰　**韓非子識誤三卷**　(清)顧廣圻撰　清光緒元年(1875)浙江書局刻二十二子本　七冊

340000－1801－0009567　3：04506－3：04511
韓非子二十卷　(戰國)韓非撰　**韓非子識誤三卷**　(清)顧廣圻撰　清光緒元年(1875)浙江書局刻二十二子本　六冊

340000－1801－0009568　3：04517－3：04521
韓非子二十卷　(戰國)韓非撰　**韓非子識誤三卷**　(清)顧廣圻撰　清光緒元年(1875)浙

江書局刻二十二子本　五冊

340000 - 1801 - 0009569　3:04522 - 3:04526
韓非子二十卷　(戰國)韓非撰　**韓非子識誤三卷**　(清)顧廣圻撰　清光緒元年(1875)浙江書局刻二十二子本　五冊

340000 - 1801 - 0009570　3:04527 - 3:04532
韓非子二十卷　(戰國)韓非撰　**韓非子識誤三卷**　(清)顧廣圻撰　清光緒二十三年(1897)新化三味書局刻本　六冊

340000 - 1801 - 0009571　3:04533 - 3:04536
韓非子二十卷　(戰國)韓非撰　**韓非子識誤三卷**　(清)顧廣圻撰　清嘉慶二十三年(1818)全椒吳氏刻本　四冊

340000 - 1801 - 0009572　3:04537 - 3:04538
韓非子二十卷　(戰國)韓非撰　(清)吳汝綸點勘　清鉛印本　二冊

340000 - 1801 - 0009573　3:04539 - 3:04540
韓非子二十卷　(戰國)韓非撰　(清)吳汝綸點勘　清鉛印本　二冊

340000 - 1801 - 0009574　3:04541 - 3:04544
韓非子二十卷　(戰國)韓非撰　清光緒元年(1875)湖北崇文書局刻本　四冊

340000 - 1801 - 0009575　3:04579 - 3:04582
韓非子二十卷　(戰國)韓非撰　清嘉慶九年(1804)刻本　四冊

340000 - 1801 - 0009576　3:04583 - 3:04586
韓非子二十卷　(戰國)韓非撰　清嘉慶九年(1804)刻本　四冊

340000 - 1801 - 0009577　3:04587 - 3:04594
韓非子集解二十卷首一卷　(清)王先慎輯　清光緒二十二年(1896)刻本　八冊

340000 - 1801 - 0009578　3:04595 - 3:04600
韓非子集解二十卷首一卷　(清)王先慎輯　清光緒二十二年(1896)刻本　六冊

340000 - 1801 - 0009579　3:04601 - 3:04606
韓非子集解二十卷首一卷　(清)王先慎輯　清光緒二十二年(1896)刻本　六冊

340000 - 1801 - 0009580　3:04610 - 3:04611
韓非子識誤二卷　(清)顧廣圻輯　清嘉慶二十一年(1816)刻本　二冊

340000 - 1801 - 0009581　3:04617 - 3:04618
明夷待訪錄一卷　(清)黄宗羲撰　清光緒二十三年(1897)鴻文書局石印本　二冊

340000 - 1801 - 0009582　3:04619
明夷待訪錄一卷　(清)黄宗羲撰　清光緒二十三年(1897)鴻文書局石印本　一冊

340000 - 1801 - 0009583　3:04620
明夷待訪錄一卷　(清)黄宗羲撰　清光緒二十三年(1897)鴻文書局石印本　一冊

340000 - 1801 - 0009584　3:04621
明夷待訪錄一卷　(清)黄宗羲撰　清光緒二十三年(1897)長沙經濟書局刻本　一冊

340000 - 1801 - 0009585　3:04622
明夷待訪錄一卷　(清)黄宗羲撰　清光緒五年(1879)餘姚黄氏五桂樓刻本　一冊

340000 - 1801 - 0009586　3:04623
明夷待訪錄一卷　(清)黄宗羲撰　清光緒五年(1879)餘姚黄氏五桂樓刻本　一冊

340000 - 1801 - 0009587　3:04624 - 3:04625
校邠廬抗議二卷　(清)馮桂芬撰　清上海石印本　二冊

340000 - 1801 - 0009588　3:04626
校邠廬抗議二卷　(清)馮桂芬撰　清光緒石印本　一冊

340000 - 1801 - 0009589　3:04627 - 3:04628
校邠廬抗議二卷　(清)馮桂芬撰　清光緒文瑞樓石印本　二冊

340000 - 1801 - 0009590　3:04629
校邠廬抗議一卷　(清)馮桂芬撰　清光緒二十四年(1898)北洋石印官書局石印本　一冊

340000 - 1801 - 0009591　3:04630 - 3:04631
校邠廬抗議二卷　(清)馮桂芬撰　清光緒二十四年(1898)著易堂石印本　二冊

340000－1801－0009592　3:04632－3:04633
校邠廬抗議二卷　(清)馮桂芬撰　清光緒二十四年(1898)大雅書局刻本　二册

340000－1801－0009593　3:04634－3:04635
校邠廬抗議二卷　(清)馮桂芬撰　清光緒二十三年(1897)聚豐坊刻本　二册

340000－1801－0009594　3:04636－3:04637
校邠廬抗議二卷　(清)馮桂芬撰　清光緒二十四年(1898)刻本　二册

340000－1801－0009595　3:04638－3:04639
校邠廬抗議二卷　(清)馮桂芬撰　清光緒三十年(1904)甘肅官書局刻本　二册

340000－1801－0009596　3:04640－3:04641
校邠廬抗議二卷　(清)馮桂芬撰　清光緒十一年(1885)刻本　二册

340000－1801－0009597　3:04642－3:04643
校邠廬抗議二卷　(清)馮桂芬撰　清光緒廣仁堂刻本　二册

340000－1801－0009598　3:04644－3:04645
校邠廬抗議二卷　(清)馮桂芬撰　清光緒十年(1884)刻本　二册

340000－1801－0009599　3:04646－3:04647
校邠廬抗議二卷　(清)馮桂芬撰　清光緒十年(1884)刻本　二册

340000－1801－0009600　3:04648－3:04661
盛世危言六卷續編四卷萬國公法會通十卷　鄭觀應撰　清光緒二十二年(1896)上海飛鴻閣石印本　十四册

340000－1801－0009601　3:04662－3:04667
盛世危言六卷二編四卷三編六卷　鄭觀應輯　清光緒二十四年(1898)圖書集成局鉛印本　六册

340000－1801－0009602　3:04668－3:04677
盛世危言八卷　鄭觀應撰　清光緒二十一年(1895)鉛印本　十册

340000－1801－0009603　3:04678－3:04682
盛世危言五卷　鄭觀應撰　清光緒二十一年(1895)集成書局鉛印本　五册

340000－1801－0009604　3:04683－3:04687
盛世危言五卷　鄭觀應撰　清光緒二十二年(1896)石印本　五册

340000－1801－0009605　3:04688－3:04697
盛世危言六卷續編四卷　鄭觀應撰　清光緒二十二年(1896)石印本　十册

340000－1801－0009606　3:04698－3:04701
萬國公法會通十卷　(美國)丁韙良譯　清光緒二十四年(1898)上海書局石印本　四册

340000－1801－0009607　3:04702－3:04706
公法總論四卷　(英國)羅柏村撰　(英國)傅蘭雅　汪振聲譯　清石印本　五册

340000－1801－0009608　3:04707－3:04710
萬國公法四卷　(美國)丁韙良譯　清光緒儲英館刻儲英館叢書本　四册

340000－1801－0009609　3:04717－3:04720
萬國公法四卷　(美國)丁韙良譯　清同治三年(1864)京都刻本　四册

340000－1801－0009610　3:04721－3:04724
萬國公法四卷　(美國)丁韙良譯　清同治三年(1864)京都刻本　四册

340000－1801－0009611　3:04725－3:04729
公法會通十卷　(瑞士)步倫撰　(美國)丁韙良譯　清光緒二十四年(1898)北洋書局鉛印本　五册

340000－1801－0009612　3:04730
公法會通十卷　(瑞士)步倫撰　(美國)丁韙良譯　清光緒二十五年(1899)鉛印本　一册

340000－1801－0009613　3:04739
萬國憲法比較一卷　(日本)辰巳小二郎撰　(清)戢翼翬譯　(清)出洋學生編輯所編　清光緒二十九年(1903)商務印書館鉛印本　一册

340000－1801－0009614　3:04740
公法總論一卷　(英國)羅伯村撰　(英國)傅蘭雅　汪振聲譯　清光緒江南製造局鉛印本

一册

340000－1801－0009615　3:04823
興華新義書一卷　（美國）林樂知撰　清光緒二十七年（1901）鉛印本　一册

340000－1801－0009616　3:04825－3:04826
憲法治原四卷首一卷　陳濟然撰　清光緒三十二年（1906）鉛印本　二册

340000－1801－0009617　3:04840－3:04841
美國憲法纂釋二十一卷美國憲法一卷續增憲法一卷　（美國）海麗生撰　舒高第譯　（清）鄭昌棪筆述　清光緒三十三年（1907）江南製造局刻本　二册

340000－1801－0009618　3:04842
日本帝國憲法義解不分卷　（日本）伊藤博文撰　沈紘譯　清光緒二十七年（1901）鉛印本　一册

340000－1801－0009619　3:04843
非常國際法論一卷　（日本）花井卓藏撰　黄皋瑞譯　清光緒三十年（1904）北京學務官書局鉛印本　一册

340000－1801－0009620　3:04856－3:04859
龍筋鳳髓判四卷　（唐）張鷟撰　清嘉慶十六年（1811）蕭山陳氏湖海樓刻本　四册

340000－1801－0009621　3:04860－3:04863
重修名法指掌圖四卷　（清）沈辛田輯　（清）徐灝重修　清同治九年（1870）湖北崇文書局刻本　四册

340000－1801－0009622　3:04864－3:04867
重修名法指掌圖四卷　（清）沈辛田輯　（清）徐灝重修　清同治九年（1870）湖北崇文書局刻本　四册

340000－1801－0009623　3:04868－3:04871
名法指掌二卷　（清）沈辛田輯　清刻本　四册

340000－1801－0009624　3:04902
爽鳩要録二卷　（清）蔣超伯輯　清同治五年（1866）刻本　一册

340000－1801－0009625　3:04903
明刑管見録一卷　（清）穆翰撰　清光緒二十八年（1902）刻本　一册

340000－1801－0009626　3:04904
明刑管見録一卷　（清）穆翰撰　清宣統三年（1911）北京刻本　一册

340000－1801－0009627　3:04905
虚直軒外集六卷　（清）姚文然撰　清光緒十三年（1887）天津廣仁堂刻本　一册

340000－1801－0009628　3:04906－3:04907
寄簃文存八卷　沈家本撰　清光緒三十三年（1907）鉛印本　二册

340000－1801－0009629　3:04910
監獄解蔽篇一卷　吴承仕撰　清宣統二年（1910）北京益森公司鉛印本　一册

340000－1801－0009630　3:04911
監獄解蔽篇一卷　吴承仕撰　清宣統二年（1910）鉛印本　一册

340000－1801－0009631　3:04912
監獄解蔽篇一卷　吴承仕撰　清宣統二年（1910）鉛印本　一册

340000－1801－0009632　3:04913
監獄解蔽篇一卷　吴承仕撰　清宣統二年（1910）鉛印本　一册

340000－1801－0009633　3:04918－3:04981
刑案匯覽六十卷首一卷末一卷續增刑案匯覽十六卷拾遺備考一卷　（清）祝慶祺編　清咸豐二年（1852）棠樾慎思堂刻本　六十四册

340000－1801－0009634　3:04982－3:04986
重刊補注洗冤録集證五卷增一卷附一卷　（宋）宋慈撰　（清）王又槐增輯　（清）李觀瀾補輯　清同治四年（1865）粤東省署刻四色套印本　五册

340000－1801－0009635　3:04987－3:04991
補注洗冤録集證四卷增一卷附刊一卷　（清）王又槐輯　**作吏要言一卷**　（清）葉鎮撰　清道光二十三年（1843）刻三色套印本　五册

340000－1801－0009636　3:04992－3:04995
補注洗冤録集證四卷增一卷附刊一卷　(清)王又槐輯　**作吏要言一卷**　(清)葉鎮撰　清刻三色套印本　四册

340000－1801－0009637　3:04996－3:05000
補注洗冤録集證四卷增一卷附刊一卷　(清)王又槐輯　**作吏要言一卷**　(清)葉鎮撰　清道光二十三年(1843)刻三色套印本　五册

340000－1801－0009638　3:05001－3:05002
補注洗冤録集證四卷增一卷附刊一卷　(清)王又槐輯　**作吏要言一卷**　(清)葉鎮撰　清道光二十三年(1843)刻三色套印本　二册

340000－1801－0009639　3:05003－3:05007
重刊補注洗冤録集證六卷　(宋)宋慈撰　(清)王又槐增輯　(清)李觀瀾補輯　清光緒三年(1877)浙江書局刻四色套印本　五册

340000－1801－0009640　3:05008－3:05009
洗冤録集證彙纂五卷增一卷附一卷　(宋)宋慈撰　(清)王又槐增輯　(清)李觀瀾補輯　清刻本　二册

340000－1801－0009641　3:05010－3:05015
重刊補注洗冤録集證六卷　(宋)宋慈撰　(清)王又槐增輯　(清)李觀瀾補輯　清同治十一年(1872)刻三色套印本　六册

340000－1801－0009642　3:05016－3:05019
重刻補注洗冤録集證五卷增一卷附一卷　(宋)宋慈撰　(清)王又槐集證　清道光二十四年(1844)刻三色套印本　四册

340000－1801－0009643　3:05020－3:05023
補注洗冤録集證四卷增一卷附刊一卷　(宋)宋慈撰　(清)王又槐集證　(清)阮其新補注　清刻三色套印本　四册

340000－1801－0009644　3:05024－3:05027
補注洗冤録集證四卷增一卷附刊一卷　(宋)宋慈撰　(清)王又槐集證　(清)阮其新補注　清刻三色套印本　四册

340000－1801－0009645　3:05029－3:05033
洗冤録詳義四卷　(清)許棟撰　清咸豐六年(1856)海寧許棟刻本　五册

340000－1801－0009646　3:05034
洗冤録摭遺二卷　(清)葛元煦撰　清光緒三年(1877)刻本　一册

340000－1801－0009647　3:05035
洗冤録摭遺補一卷　(清)張開運輯　清光緒三年(1877)刻本　一册

340000－1801－0009648　3:05036－3:05040
洗冤録詳義四卷　(清)許棟撰　**摭遺二卷**　(清)葛元煦摭遺　清光緒五年(1879)刻本　五册

340000－1801－0009649　3:05041－3:05045
洗冤録詳義四卷　(清)許棟撰　**摭遺二卷**　(清)葛元煦摭遺　清光緒五年(1879)刻本　五册

340000－1801－0009650　3:05047－3:05048
洗冤録表四卷　(清)曾恒德編　清刻本　二册

340000－1801－0009651　3:05049
洗冤録急救方一卷　(清)王明德輯　(清)王又槐補　清光緒三十一年(1905)金陵鉛印本　一册

340000－1801－0009652　3:05050
洗冤録急救方一卷　(清)王明德輯　(清)王又槐補　清光緒三十一年(1905)金陵鉛印本　一册

340000－1801－0009653　3:05051
洗冤録急救方一卷　(清)王明德輯　(清)王又槐補　清光緒三十一年(1905)金陵鉛印本　一册

340000－1801－0009654　3:05057－3:05066
法律醫學二十四卷首一卷附一卷　(英國)該惠連　(英國)弗里愛撰　(英國)傅蘭雅譯　(清)趙元益述　清光緒二十五年(1899)江南製造局刻本　十册

340000－1801－0009655　3:05067

鄧析子二卷　(春秋)鄧析撰　清同治十一年(1872)江山劉氏刻本　一册

340000－1801－0009656　3:05070－3:05071
名學三卷　(英國)穆勒約翰撰　嚴復譯　清光緒二十八年(1902)金粟齋鉛印本　二册　存一卷(名甲一)

340000－1801－0009657　3:05072－3:05079
名學三卷　(英國)穆勒約翰撰　嚴復譯　清光緒三十一年(1905)金粟齋刻本　八册

340000－1801－0009658　3:05080－3:05087
名學三卷　(英國)穆勒約翰撰　嚴復譯　清光緒三十一年(1905)金粟齋刻本　八册

340000－1801－0009659　3:05088－3:05090
墨子十六卷篇目考一卷　(清)畢沅注　清乾隆四十九年(1784)鎮洋畢氏靈巖山館刻經訓堂叢書本　三册

340000－1801－0009660　3:05091－3:05092
墨子十六卷篇目考一卷　(清)畢沅注　清乾隆四十九年(1784)鎮洋畢氏靈巖山館刻經訓堂叢書本　二册

340000－1801－0009661　3:05093－3:05095
墨子十六卷篇目考一卷　(清)畢沅注　清乾隆四十九年(1784)鎮洋畢氏靈巖山館刻經訓堂叢書本　三册

340000－1801－0009662　3:05096－3:05099
墨子十六卷篇目考一卷　(清)畢沅注　清光緒二年(1876)浙江書局刻本　四册

340000－1801－0009663　3:05100－3:05103
墨子十六卷篇目考一卷　(清)畢沅注　清光緒二年(1876)浙江書局刻本　四册

340000－1801－0009664　3:05104－3:05107
墨子十六卷篇目考一卷　(清)畢沅注　清光緒二年(1876)浙江書局刻本　四册

340000－1801－0009665　3:05108－3:05111
墨子十六卷篇目考一卷　(清)畢沅注　清光緒二年(1876)浙江書局刻本　四册

340000－1801－0009666　3:05112－3:05115
墨子十六卷篇目考一卷　(清)畢沅注　清光緒二年(1876)浙江書局刻本　四册

340000－1801－0009667　3:05120－3:05123
墨子十六卷篇目考一卷　(清)畢沅注　清光緒二十七年(1901)新化三味書室刻本　四册

340000－1801－0009668　3:05124－3:05125
墨子十五卷選目一卷　(清)吳汝綸點勘　清鉛印本　二册

340000－1801－0009669　3:05126－3:05127
墨子十五卷選目一卷　(清)吳汝綸點勘　清鉛印本　二册

340000－1801－0009670　3:05128－3:05129
墨子十五卷選目一卷　(清)吳汝綸點勘　清鉛印本　二册

340000－1801－0009671　3:05130－3:05131
墨子十五卷選目一卷　(清)吳汝綸點勘　清鉛印本　二册

340000－1801－0009672　3:05132－3:05134
墨子三卷佚文一卷　王闓運注　清光緒三十年(1904)江西官書局刻本　三册

340000－1801－0009673　3:05135－3:05138
墨子十六卷篇目考一卷　(清)畢沅校注　清光緒元年(1875)湖北崇文書局刻本　四册

340000－1801－0009674　3:05139－3:05145
墨子閒詁十五卷目錄一卷附錄一卷後語二卷　(清)孫詒讓撰　清宣統二年(1910)瑞安孫氏刻本　七册　缺二卷(後語二卷)

340000－1801－0009675　3:05146－3:05153
墨子閒詁十五卷目錄一卷附錄一卷後語二卷　(清)孫詒讓撰　清宣統二年(1910)瑞安孫氏刻本　八册

340000－1801－0009676　3:05154－3:05161
墨子閒詁十五卷目錄一卷附錄一卷後語二卷　(清)孫詒讓撰　清宣統二年(1910)瑞安孫氏刻本　八册

340000－1801－0009677　3:05223－3:05224
墨商三卷補遺一卷　(清)王景義撰　清宣統

二年(1910)刻本　二册

340000－1801－0009678　3:05226－3:05227
鬼谷子三卷附録一卷　(南朝梁)陶弘景注
鬼谷子篇目考一卷　(清)秦恩復撰　清嘉慶十年(1805)江都秦氏石研齋刻石研齋四種本　二册

340000－1801－0009679　3:05228
鬼谷子三卷附録一卷　(南朝梁)陶弘景注
鬼谷子篇目考一卷　(清)秦恩復撰　清嘉慶十年(1805)江都秦氏石研齋刻石研齋四種本　一册

340000－1801－0009680　3:05231－3:05234
呂氏春秋二十六卷　(秦)呂不韋撰　(漢)高誘解　清乾隆五十三年(1788)鎮洋畢氏靈巖山館刻經訓堂叢書本　四册

340000－1801－0009681　3:05235－3:05238
呂氏春秋二十六卷　(秦)呂不韋撰　(漢)高誘解　清乾隆五十三年(1788)鎮洋畢氏靈巖山館刻經訓堂叢書本　四册

340000－1801－0009682　3:05239－3:05244
呂氏春秋二十六卷附考一卷　(秦)呂不韋撰　(漢)高誘解　清光緒元年(1875)浙江書局刻本　六册

340000－1801－0009683　3:05245－3:05250
呂氏春秋二十六卷附考一卷　(秦)呂不韋撰　(漢)高誘解　清光緒元年(1875)浙江書局刻本　六册

340000－1801－0009684　3:05251－3:05256
呂氏春秋二十六卷附考一卷　(秦)呂不韋撰　(漢)高誘解　清光緒元年(1875)浙江書局刻本　六册

340000－1801－0009685　3:05265－3:05268
呂氏春秋二十六卷附考一卷　(秦)呂不韋撰　清光緒二十三年(1897)文瑞樓鉛印本　四册

340000－1801－0009686　3:05269
呂氏春秋要抄一卷鶡冠子纂注一卷　(明)舒曰敬纂注　明刻本　一册

340000－1801－0009687　3:05270－3:05275
淮南子二十一卷　(漢)劉安撰　(漢)高誘注　清光緒二年(1876)浙江書局刻二十二子本　六册

340000－1801－0009688　3:05276－3:05281
淮南子二十一卷　(漢)劉安撰　(漢)高誘注　清光緒二年(1876)浙江書局刻二十二子本　六册

340000－1801－0009689　3:05282－3:05287
淮南子二十一卷　(漢)劉安撰　(漢)高誘注　清光緒二年(1876)浙江書局刻二十二子本　六册

340000－1801－0009690　3:05288－3:05291
淮南子二十一卷　(漢)劉安撰　(漢)高誘注　清乾隆五十三年(1788)武進莊氏刻本　四册

340000－1801－0009691　3:05292－3:05297
淮南子二十一卷　(漢)劉安撰　(漢)高誘注　清乾隆五十三年(1788)武進莊氏刻本　六册

340000－1801－0009692　3:05298－3:05301
淮南子二十一卷　(漢)劉安撰　(漢)高誘注　清乾隆五十三年(1788)武進莊氏刻本　四册

340000－1801－0009693　3:05302－3:05309
淮南子二十一卷　(漢)劉安撰　(漢)高誘注　清光緒二十二年(1896)新化三味書局刻本　八册

340000－1801－0009694　3:05310－3:05317
淮南子二十一卷　(漢)劉安撰　(漢)高誘注　清光緒二十二年(1896)新化三味書局刻本　八册

340000－1801－0009695　3:05352－3:05356
淮南鴻烈解二十一卷　(漢)劉安撰　(漢)高誘注　清黄錫禧刻本　五册

340000－1801－0009696　3:05357

淮南鴻烈解二十一卷　(漢)劉安撰　(漢)高誘注　明刻朱墨套印本　一冊　存五卷(十七至二十一)

340000－1801－0009697　3:05358－3:05362
淮南子二十一卷　(漢)劉安撰　(漢)高誘注　清嘉慶九年(1804)刻本　五冊

340000－1801－0009698　3:05375
淮南子校勘記一卷　(清)汪文臺撰　清光緒十一年(1885)湖北崇文書局刻本　一冊

340000－1801－0009699　3:05376
淮南子校勘記一卷　(清)汪文臺撰　清光緒十一年(1885)湖北崇文書局刻本　一冊

340000－1801－0009700　3:05377
淮南子校勘記一卷　(清)汪文臺撰　清光緒十一年(1885)湖北崇文書局刻本　一冊

340000－1801－0009701　3:05378
淮南子校勘記一卷　(清)汪文臺撰　清光緒十一年(1885)湖北崇文書局刻本　一冊

340000－1801－0009702　3:05381－3:05390
論衡三十卷　(漢)王充撰　清光緒三年(1877)馬湖盧氏刻本　十冊　缺二卷(九至十)

340000－1801－0009703　3:05391－3:05396
論衡三十卷　(漢)王充撰　清光緒元年(1875)湖北崇文書局刻子書百家本　六冊

340000－1801－0009704　3:05397－3:05402
論衡三十卷　(漢)王充撰　清光緒元年(1875)湖北崇文書局刻子書百家本　六冊

340000－1801－0009705　3:05431－3:05437
論衡三十卷　(漢)王充撰　清刻本　七冊

340000－1801－0009706　3:05438
道德指歸論六卷　(漢)嚴遵撰　清乾隆五十六年(1791)金谿王氏刻增訂漢魏叢書本　一冊

340000－1801－0009707　3:05439
人物志三卷　(三國魏)劉邵撰　(北魏)劉昞注　清乾隆五十六年(1791)金谿王氏刻增訂漢魏叢書本　一冊

340000－1801－0009708　3:05440
人物志三卷　(三國魏)劉邵撰　(北魏)劉昞注　明刻本　一冊　存一卷(上)

340000－1801－0009709　3:05441
人物志三卷　(三國魏)劉邵撰　**新論十卷**　(南朝梁)劉勰撰　清刻本　一冊　存三卷(新論一至三)

340000－1801－0009710　3:05442
人物志三卷　(三國魏)劉邵撰　**新論十卷**　(南朝梁)劉勰撰　清刻本　一冊　存三卷(新論一至三)

340000－1801－0009711　3:05451－3:05454
物理小識十二卷總論一卷　(清)方以智撰　清刻本　四冊

340000－1801－0009712　3:05455－3:05462
物理小識十二卷首一卷　(清)方以智撰　清刻本　八冊

340000－1801－0009713　3:05463－3:05468
物理小識十二卷首一卷　(清)方以智撰　清抄本　六冊

340000－1801－0009714　3:05469－3:05474
寄傲軒讀書隨筆十卷續筆六卷三筆六卷　(清)沈赤然撰　清嘉慶十年至十二年(1805－1807)刻本　六冊

340000－1801－0009715　3:05475－3:05478
潛書四卷　(清)唐甄撰　清光緒九年(1883)中江李氏刻本　四冊

340000－1801－0009716　3:05479－3:05482
潛書四卷　(清)唐甄撰　清光緒三十二年(1906)山東全省官印書局鉛印本　四冊

340000－1801－0009717　3:05483－3:05486
潛書四卷　(清)唐甄撰　清光緒三十二年(1906)山東全省官印書局鉛印本　四冊

340000－1801－0009718　3:05487－3:05488
物詮八卷校勘書後一卷　(清)汪紱撰　清光緒九年(1883)刻本　二冊

340000－1801－0009719　3：05489－3：05490
物詮八卷校勘書後一卷　(清)汪紱撰　清光緒九年(1883)刻本　二册

340000－1801－0009720　3：05491－3：05492
物詮八卷校勘書後一卷　(清)汪紱撰　清光緒九年(1883)刻本　二册

340000－1801－0009721　3：05493－3：05495
物詮八卷校勘書後一卷　(清)汪紱撰　清光緒九年(1883)刻本　三册

340000－1801－0009722　3：05496
昌道言五卷　(清)胡蜚英撰　清道光十四年(1834)刻本　一册

340000－1801－0009723　3：05500－3：05503
續同書八卷　(清)福申輯　清道光七年(1827)黄觀刻本　四册

340000－1801－0009724　3：05504－3：05507
學問尋源十六卷　(清)舒道觀撰　清道光二十三年(1843)屏山樓刻本　四册

340000－1801－0009725　3：05508
嶺雲軒瑣記四卷　(清)李威撰　清同治五年(1866)桐城姚氏刻本　一册

340000－1801－0009726　3：05511－3：05518
庸書内篇二卷外篇二卷　(清)陳次亮撰　清光緒二十三年(1897)上海書局石印本　八册

340000－1801－0009727　3：05519－3：05524
浮邱子十二卷　(清)湯鵬撰　清宣統二年(1910)掃葉山房石印本　六册

340000－1801－0009728　3：05525
仁學一卷　(清)譚嗣同撰　清光緒國民報社鉛印本　一册

340000－1801－0009729　3：05526
及將子一卷　(清)許雨田撰　清宣統元年(1909)鉛印本　一册

340000－1801－0009730　3：05527
及將子一卷　(清)許雨田撰　清宣統元年(1909)鉛印本　一册

340000－1801－0009731　3：05528
及將子一卷　(清)許雨田撰　清宣統元年(1909)鉛印本　一册

340000－1801－0009732　3：05551－3：05552
寱言二卷　陳澹然撰　清光緒二十八年(1902)刻本　二册

340000－1801－0009733　3：05553－3：05554
寱言二卷　陳澹然撰　清光緒二十八年(1902)刻本　二册

340000－1801－0009734　3：05555－3：05556
寱言二卷　陳澹然撰　清光緒二十八年(1902)刻本　二册

340000－1801－0009735　3：05557
寱言二卷　陳澹然撰　清光緒二十八年(1902)刻本　二册

340000－1801－0009736　3：05559
尸子二卷存疑一卷　(戰國)尸佼撰　(清)汪繼培輯　清光緒三年(1877)浙江書局刻二十二子本　一册

340000－1801－0009737　3：05560
尸子二卷存疑一卷　(戰國)尸佼撰　(清)汪繼培輯　清光緒三年(1877)浙江書局刻二十二子本　一册

340000－1801－0009738　3：05561
尸子三卷附錄一卷四民月令一卷　(戰國)尸佼撰　(清)任兆麟校　**四民月令一卷**　(漢)崔實(崔寔)撰　(清)任兆麟編　清乾隆五十三年(1788)忠敏家塾刻心齋十種本　一册

340000－1801－0009739　3：05562－3：05573
履園叢話二十四卷　(清)錢泳輯　清道光五年(1825)虞山錢氏述德堂刻本　十二册

340000－1801－0009740　3：05587
海外新書辯道四卷辯名一卷　(日本)物茂卿撰　(清)錢泳輯　清道光十六年(1836)寶敦堂刻本　一册

340000－1801－0009741　3：05597－3：05598
考古質疑六卷　(宋)葉大慶撰　清乾隆刻本

二冊

340000－1801－0009742　3:05602－3:05607
野客叢書三十卷附錄一卷　(宋)王楙撰　明刻本　六冊

340000－1801－0009743　3:05608－3:05609
賓退錄十卷　(宋)趙與時撰　清刻本　二冊

340000－1801－0009744　3:05614－3:05619
雙槐歲鈔十卷　(明)黄瑜撰　清道光十一年(1831)南海伍元薇文字歡娱室刻嶺南遺書本　六冊

340000－1801－0009745　3:05623－3:05628
古今彝語十二卷　(明)汪應蛟撰　清康熙三十七年(1698)新安汪氏刻本　六冊

340000－1801－0009746　3:05629－3:05630
康熙幾暇格物編二卷　(清)盛昱錄　清刻本　二冊

340000－1801－0009747　3:05631
康熙幾暇格物編二卷　(清)盛昱錄　清刻本　一冊　存一卷(上)

340000－1801－0009748　3:05632－3:05647
燕在閣知新錄三十二卷　(清)王棠輯　清康熙五十六年(1717)燕在閣刻本　十六冊

340000－1801－0009749　3:05648
天祿識餘二卷　(清)高士奇輯　清刻本　一冊

340000－1801－0009750　3:05649－3:05650
天祿識餘二卷　(清)高士奇輯　清徐弘祖抄本　二冊

340000－1801－0009751　3:05651－3:05662
陔餘叢考四十三卷　(清)趙翼撰　清乾隆五十五年(1790)刻甌北全集本　十二冊

340000－1801－0009752　3:05663－3:05673
陔餘叢考四十三卷　(清)趙翼撰　清乾隆五十五年(1790)刻甌北全集本　十一冊　存三十卷(一至三十)

340000－1801－0009753　3:05674－3:05689
陔餘叢考四十三卷　(清)趙翼撰　清乾隆五十五年(1790)刻甌北全集本　十六冊

340000－1801－0009754　3:05690
輟耕筆記一卷消暑錄一卷敦復堂文集二卷　(清)倪偉人撰　清刻本　一冊

340000－1801－0009755　3:05691
輟耕筆記一卷消暑錄一卷敦復堂文集二卷　(清)倪偉人撰　清刻本　一冊

340000－1801－0009756　3:05692
輟耕筆記一卷消暑錄一卷敦復堂文集二卷　(清)倪偉人撰　清刻本　一冊

340000－1801－0009757　3:05693
輟耕筆記一卷消暑錄一卷敦復堂文集二卷　(清)倪偉人撰　清刻本　一冊

340000－1801－0009758　3:05694－3:05698
槐廳載筆二十卷　(清)法式善編　清嘉慶刻本　五冊　存十七卷(一至十七)

340000－1801－0009759　3:05699
家蔭堂來西錄一卷　(清)周奎撰　**家蔭堂一瞬錄一卷**　(清)周際華撰　清道光十九年(1839)黔筑周氏家蔭堂刻本　一冊

340000－1801－0009760　3:05700
經濟要略二卷　(清)徐成治輯　清迎月軒刻本　一冊

340000－1801－0009761　3:05701
雞澤脞錄一卷迎靄筆記二卷　(清)程鴻詔撰　清刻本　一冊

340000－1801－0009762　3:05702
雞澤脞錄一卷迎靄筆記二卷　(清)程鴻詔撰　清刻本　一冊

340000－1801－0009763　3:05703
雞澤脞錄一卷迎靄筆記二卷　(清)程鴻詔撰　清刻本　一冊

340000－1801－0009764　3:05704－3:05709
懷小編二十卷　(清)沈濂撰　清咸豐四年(1854)刻沈蓮溪全集本　六冊

340000－1801－0009765　3:05710－3:05729
新義錄一百卷首一卷　(清)孫璧文輯　清光緒刻本　二十冊

340000－1801－0009766　3:05730－3:05734
世守拙齋識小編十卷　(明)范濂輯　清光緒刻本　五冊

340000－1801－0009767　3:05735－3:05736
秋槎雜記一卷　(清)劉履恂撰　清刻本　二冊

340000－1801－0009768　3:05738
悔翁筆記六卷　(清)汪士鐸撰　清光緒九年(1883)合肥張氏味古齋刻本　一冊

340000－1801－0009769　3:05739－3:05746
合肥學舍劄記十二卷　(清)陸繼輅撰　清道光十六年(1836)刻本　八冊

340000－1801－0009770　3:05748－3:05750
合肥學舍劄記十二卷　(清)陸繼輅撰　清光緒六年(1880)刻本　三冊

340000－1801－0009771　3:05751－3:05762
蕉軒隨錄十二卷　(清)方濬師撰　清同治十一年(1872)退一步齋刻本　十二冊

340000－1801－0009772　3:05763－3:05774
蕉軒隨錄十二卷　(清)方濬師撰　清同治十一年(1872)退一步齋刻本　十二冊

340000－1801－0009773　3:05775－3:05788
蕉軒隨錄十二卷　(清)方濬師撰　清同治十一年(1872)退一步齋刻本　十四冊

340000－1801－0009774　3:05789－3:05798
蕉軒隨錄十二卷　(清)方濬師撰　清同治十一年(1872)退一步齋刻本　十冊　缺二卷(十一至十二)

340000－1801－0009775　3:05886
章實齋信摭一卷　(清)章學誠撰　清宣統二年(1910)鉛印本　一冊

340000－1801－0009776　3:05887
前塵夢影錄二卷　(清)徐康撰　清光緒二十三年(1897)元和江氏刻元和江氏叢書本　一冊

340000－1801－0009777　3:05888
蘇氏演義二卷　(唐)蘇鶚撰　清刻函海本　一冊

340000－1801－0009778　3:05889－3:05890
甕牖閑評八卷　(宋)袁文撰　清刻本　二冊

340000－1801－0009779　3:05893－3:05896
石林燕語十卷校一卷辨一卷　(宋)葉夢得撰　清石印本　四冊

340000－1801－0009780　3:05897－3:05899
石林燕語十卷校一卷辨一卷　(宋)葉夢得撰　清光緒長沙葉氏郎園刻本　三冊

340000－1801－0009781　3:05900－3:05901
石林燕語十卷校一卷辨一卷　(宋)葉夢得撰　清光緒長沙葉氏郎園刻本　二冊

340000－1801－0009782　3:05902
巖下放言三卷　(宋)葉夢得撰　清光緒三十年(1904)葉氏刻本　一冊

340000－1801－0009783　3:05910
御覽曲洧舊聞十卷　(宋)朱弁撰　清刻本　一冊

340000－1801－0009784　3:05912－3:05913
文昌雜錄六卷補遺一卷　(宋)龐元英撰　清乾隆二十一年(1756)刻雅雨堂藏書本　二冊

340000－1801－0009785　3:05914－3:05915
文昌雜錄六卷補遺一卷　(宋)龐元英撰　清乾隆二十一年(1756)刻雅雨堂藏書本　二冊

340000－1801－0009786　3:05916
佩韋齋輯聞四卷　(宋)俞德鄰撰　清刻讀畫齋叢書本　一冊

340000－1801－0009787　3:05921－3:05922
老學庵筆記十卷　(宋)陸遊撰　明刻本　二冊

340000－1801－0009788　3:05925－3:05926
老學庵筆記十卷　(宋)陸遊撰　清光緒三年(1877)湖北崇文書局刻本　二冊

340000－1801－0009789　3:05927－3:05928
老學庵筆記十卷　(宋)陸遊撰　清光緒三年(1877)湖北崇文書局刻本　二册

340000－1801－0009790　3:05929
老學庵筆記十卷　(宋)陸遊撰　清光緒三年(1877)湖北崇文書局刻本　一册

340000－1801－0009791　3:05930－3:05931
老學庵筆記十卷　(宋)陸遊撰　清光緒三年(1877)湖北崇文書局刻本　二册

340000－1801－0009792　3:05950
澗泉日記三卷　(宋)韓淲撰　清乾隆四十一年(1776)刻本　一册

340000－1801－0009793　3:05951
山居新話(山居新語)一卷　(元)楊瑀撰　清光緒錢塘丁氏刻本　一册

340000－1801－0009794　3:05959－3:05960
島居隨錄二卷　(明)盧若騰撰　清道光十四年(1834)集古堂刻本　二册

340000－1801－0009795　3:05961－3:05962
昨非錄十二卷　(明)鄭諠明撰　清光緒石印本　二册

340000－1801－0009796　3:05963－3:05964
昨非錄十二卷　(明)鄭諠明撰　清光緒石印本　二册

340000－1801－0009797　3:05968－3:05969
草木子四卷　(明)葉子奇撰　清光緒二十五年(1899)刻本　二册

340000－1801－0009798　3:05970－3:05971
草木子四卷　(明)葉子奇撰　清光緒二十五年(1899)刻本　二册

340000－1801－0009799　3:05972－3:05973
草木子四卷　(明)葉子奇撰　清光緒二十五年(1899)刻本　二册

340000－1801－0009800　3:05974－3:05975
草木子四卷　(明)葉子奇撰　清光緒二十五年(1899)刻本　二册

340000－1801－0009801　3:05976－3:05977
鶡林子五卷　(明)趙釴撰　清咸豐三年(1853)仁和胡氏刻本　二册

340000－1801－0009802　3:05978－3:05979
鶡林子五卷　(明)趙釴撰　清咸豐三年(1853)仁和胡氏刻本　二册

340000－1801－0009803　3:05980－3:05991
七修類稿五十一卷續稿七卷　(明)郎瑛輯　清光緒六年(1880)廣州翰墨園刻本　十二册

340000－1801－0009804　3:05992－3:06007
七修類稿五十一卷續稿七卷　(明)郎瑛輯　清乾隆四十年(1775)錢塘周氏耕煙草堂刻本　十六册

340000－1801－0009805　3:06008－3:06021
七修類稿五十一卷續稿七卷　(明)郎瑛輯　清乾隆四十年(1775)錢塘周氏耕煙草堂刻本　十四册

340000－1801－0009806　3:06022－3:06037
七修類稿五十一卷續稿七卷　(明)郎瑛輯　清乾隆四十年(1775)錢塘周氏耕煙草堂刻本　十六册

340000－1801－0009807　3:06039－3:06050
餘冬序錄六十五卷　(明)何孟春撰　清光緒六年(1880)刻本　十二册　缺五卷(四十六至五十)

340000－1801－0009808　3:06051－3:06063
餘冬錄六十一卷　(明)何孟春撰　清同治三年(1864)刻本　十三册　缺十一卷(一至十一)

340000－1801－0009809　3:06064
甲乙雜著一卷　(明)孫肩撰　**遁翁隨筆二卷**　(清)祁駿佳撰　清光緒會稽趙氏刻仰視千七百二十九鶴齋叢書本　一册

340000－1801－0009810　3:06066－3:06067
藝林伐山二十卷　(明)楊慎撰　清刻本　二册

340000－1801－0009811　3:06068－3:06072

雙池策略六卷　(清)汪紱撰　清道光八年(1828)刻本　五册　存五卷(一至五)

340000－1801－0009812　3:06073－3:06074
夙興語二卷　(清)汪魁薹撰　清乾隆十六年(1751)刻本　二册

340000－1801－0009813　3:06075－3:06078
佔畢叢談六卷勸學巵言一卷時文蠡測一卷　(清)袁守定撰　清光緒十二年(1886)刻本　四册

340000－1801－0009814　3:06079－3:06082
芝庵雜記四卷　(清)陸雲錦撰　清嘉慶八年(1803)刻本　四册

340000－1801－0009815　3:06083－3:06084
此木軒雜著八卷　(清)焦袁熹撰　清嘉慶刻本　二册

340000－1801－0009816　3:06085－3:06086
有不為齋隨筆十卷　(清)光聰諧撰　清光緒十三年(1887)蘇州藩署刻本　二册

340000－1801－0009817　3:06089
夢竹軒筆記二卷　(清)劉士璋撰　清道光十九年(1839)刻本　一册

340000－1801－0009818　3:06090－3:06091
詒謀隨筆二卷　(清)但明倫撰　清光緒元年(1875)刻本　二册

340000－1801－0009819　3:06092
新論一卷　(清)程廷輝撰　清抄本　一册

340000－1801－0009820　3:06093－3:06096
野語八卷　題(清)伏虎道場行者(費南輝)編　清嘉慶十三年(1808)刻本　四册

340000－1801－0009821　3:06099－3:06102
定香亭筆談四卷　(清)阮元撰　清光緒二十五年(1899)浙江書局刻本　四册

340000－1801－0009822　3:06103－3:06106
定香亭筆談四卷　(清)阮元撰　清光緒二十五年(1899)浙江書局刻本　四册

340000－1801－0009823　3:06107－3:06110
定香亭筆談四卷　(清)阮元撰　清嘉慶五年(1800)揚州阮元琅嬛仙館刻本　四册

340000－1801－0009824　3:06111－3:06114
定香亭筆談四卷　(清)阮元撰　清嘉慶五年(1800)揚州阮元琅嬛仙館刻本　四册

340000－1801－0009825　3:06115－3:06116
費隱與知錄一卷　(清)鄭復光撰　清道光二十二年(1842)木活字印本　二册

340000－1801－0009826　3:06117
費隱與知錄一卷　(清)鄭復光撰　清道光二十二年(1842)木活字印本　一册

340000－1801－0009827　3:06118
費隱與知錄一卷　(清)鄭復光撰　清道光二十二年(1842)木活字印本　一册

340000－1801－0009828　3:06119
養疴思過龕筆記一卷　題(清)滄空道人撰　清咸豐六年(1856)刻本　一册

340000－1801－0009829　3:06120
聞見一隅錄三卷　(清)夏炘撰　清同治六年(1867)景紫堂刻本　一册

340000－1801－0009830　3:06121－3:06122
危言四卷　湯壽潛撰　清光緒二十四年(1898)三魚書屋石印本　二册

340000－1801－0009831　3:06123
危言四卷　湯壽潛撰　清光緒二十四年(1898)三魚書屋石印本　一册

340000－1801－0009832　3:06124－3:06127
危言四卷　湯壽潛撰　清光緒二十一年(1895)石印本　四册

340000－1801－0009833　3:06128－3:06129
危言四卷　湯壽潛撰　清光緒二十一年(1895)石印本　二册

340000－1801－0009834　3:06130－3:06131
養痾三編八卷　(清)夏炘輯　清同治元年(1862)刻本　二册

340000－1801－0009835　3:06132－3:06133

養痾三編八卷 （清）夏炘輯 清咸豐十年(1860)抄本 二冊

340000－1801－0009836 3:06134－3:06135
危言二卷 （清）邵作舟撰 清抄本 二冊

340000－1801－0009837 3:06136－3:06137
牖景錄六卷 （清）徐璈輯 清道光刻本 二冊

340000－1801－0009838 3:06138
牖景錄六卷 （清）徐璈輯 清刻本 一冊

340000－1801－0009839 3:06141－3:06144
夢園叢說內篇八卷外篇八卷 （清）方濬頤撰 清同治十三年(1874)揚州刻本 四冊

340000－1801－0009840 3:06145－3:06148
夢園叢說內篇八卷外篇八卷 （清）方濬頤撰 清同治十三年(1874)揚州刻本 四冊

340000－1801－0009841 3:06149－3:06156
得一錄十六卷 （清）余治輯 清同治八年(1869)蘇城刻本 八冊

340000－1801－0009842 3:06157－3:06162
得一錄十六卷 （清）余治輯 清同治八年(1869)蘇城刻本 六冊 缺四卷(三至六)

340000－1801－0009843 3:06163－3:06169
得一錄十六卷 （清）余治輯 清同治八年(1869)蘇城刻本 七冊 缺二卷(十三至十四)

340000－1801－0009844 3:06170－3:06177
得一錄八卷 （清）余治輯 清光緒十一年(1885)刻本 八冊

340000－1801－0009845 3:06178－3:06179
壺天錄二卷 題(清)百一居士撰 清光緒七年(1881)申報館鉛印申報館叢書本 二冊

340000－1801－0009846 3:06182
夢園子一卷 （清）方濬頤撰 清光緒十年(1884)維揚刻本 一冊

340000－1801－0009847 3:06183－3:06184
劑變篇一卷 （清）尹彥鉌撰 清光緒二十六年(1900)刻本 二冊

340000－1801－0009848 3:06185－3:06186
莧園雜說二卷 （清）沈起濳撰 清道光七年(1827)刻本 二冊

340000－1801－0009849 3:06188－3:06189
日知筆記一卷 （清）胡光琦撰 清道光十四年(1834)刻本 二冊

340000－1801－0009850 3:06190
躬恥齋經世十八篇一卷 （清）宗稷辰撰 清光緒二十七年(1901)鉛印本 一冊

340000－1801－0009851 3:06191
寒夜叢談三卷 （清）沈赤然撰 清光緒十一年(1885)新陽趙氏刻新陽趙氏叢刊本 一冊

340000－1801－0009852 3:06197
懷舊雜記三卷楹聯偶記一卷 （清）張文虎撰 清光緒十九年(1893)刻本 一冊

340000－1801－0009853 3:06198－3:06201
曾文正公雜著四卷 （清）曾國藩撰 （清）李瀚章編 清同治十三年(1874)傳忠書局刻本 四冊

340000－1801－0009854 3:06202－3:06203
求己錄三卷 題蘆涇遁士(陶保廉)編 清光緒二十二年(1896)江南製造總局鉛印本 二冊

340000－1801－0009855 3:06204－3:06206
求己錄三卷 題蘆涇遁士(陶保廉)編 清光緒二十八年(1902)江南製造總局鉛印本 三冊

340000－1801－0009856 3:06207－3:06217
寰宇瑣記十二卷 申報館輯 清光緒申報館鉛印本 十一冊 缺一卷(一)

340000－1801－0009857 3:06218－3:06219
薑露庵雜記六卷 題(清)駢蕖道人(施山)撰 清光緒申報館鉛印申報館叢書本 二冊

340000－1801－0009858 3:06226
倚馬萬言書一卷夢騎塵談一卷吟稿一卷孫吳歷史一卷 （清）吳法善撰 清宣統三年

(1911)木活字印本　一册

340000－1801－0009859　3:06229－3:06230
負暄閑語十二卷　周馥撰　清宣統元年(1909)濟南鉛印本　二册

340000－1801－0009860　3:06231－3:06232
負暄閑語十二卷　周馥撰　清宣統元年(1909)濟南鉛印本　二册

340000－1801－0009861　3:06234
王志二卷　王闓運撰　陳兆奎輯　清光緒刻本　一册

340000－1801－0009862　3:06236
媿生叢錄二卷附錄一卷　李詳撰　清宣統元年(1909)刻本　一册

340000－1801－0009863　3:06241
戊戌新政芻言一卷　江峰青撰　清刻本　一册

340000－1801－0009864　3:06242
策論一卷　江峰青撰　清宣統元年(1909)刻本　一册

340000－1801－0009865　3:06244－3:06245
中國魂二卷　梁啟超撰　清光緒二十九年(1903)鉛印本　二册

340000－1801－0009866　3:06248
覺顛冥齋内言四卷　(清)唐才常撰　清光緒二十八年(1902)鉛印本　一册

340000－1801－0009867　3:06262
自鳴鐘一卷　(清)中國之逸民著　清光緒三十年(1904)木活字印本　一册

340000－1801－0009868　3:06268
媿生叢錄二卷附錄一卷　李詳撰　清宣統元年(1909)刻本　一册

340000－1801－0009869　3:06345
清議報論説二卷　梁啟超編　清光緒鉛印本　一册

340000－1801－0009870　3:06360
隔韡論一卷　(日本)鹽谷世弘撰　清光緒元年(1875)抄本　一册

340000－1801－0009871　3:06363－3:06385
古香齋鑒賞袖珍春明夢餘錄七十卷　(清)孫承澤撰　清光緒九年(1883)廣州惜分陰館刻本　二十三册　缺六卷(二十六至三十一)

340000－1801－0009872　3:06386－3:06393
居易錄三十四卷　(清)王士禛撰　清刻本　八册

340000－1801－0009873　3:06394－3:06401
居易錄三十四卷　(清)王士禛撰　清刻本　八册

340000－1801－0009874　3:06402－3:06407
因樹屋書影十卷　(清)周亮工撰　清石印本　六册

340000－1801－0009875　3:06408－3:06413
因樹屋書影十卷　(清)周亮工撰　清石印本　六册

340000－1801－0009876　3:06414－3:06417
因樹屋書影十卷　(清)周亮工撰　清雍正三年(1725)刻本　四册

340000－1801－0009877　3:06418－3:06423
因樹屋書影十卷　(清)周亮工撰　清雍正三年(1725)刻本　六册

340000－1801－0009878　3:06424－3:06431
池北偶談二十六卷　(清)王士禛撰　清康熙三十九年(1700)臨汀郡署刻本　八册

340000－1801－0009879　3:06444－3:06451
池北偶談二十六卷　(清)王士禛撰　清光緒二十二年(1896)上海慎記書莊石印本　八册

340000－1801－0009880　3:06452－3:06457
池北偶談二十六卷　(清)王士禛撰　清刻本　六册

340000－1801－0009881　3:06458－3:06465
池北偶談二十六卷　(清)王士禛撰　清刻本　八册　缺五卷(三至七)

340000－1801－0009882　3:06468－3:06471

香祖筆記十二卷　(清)王士禛撰　清宣統二年(1910)掃葉山房石印本　四冊

340000－1801－0009883　3:06476－3:06479
香祖筆記十二卷　(清)王士禛撰　清康熙刻本　四冊

340000－1801－0009884　3:06480－3:06483
香祖筆記十二卷　(清)王士禛撰　清康熙刻本　四冊

340000－1801－0009885　3:06484－3:06487
香祖筆記十二卷　(清)王士禛撰　清康熙刻本　四冊

340000－1801－0009886　3:06488－3:06491
香祖筆記十二卷　(清)王士禛撰　清刻本　四冊

340000－1801－0009887　3:06492－3:06493
香祖筆記十二卷　(清)王士禛撰　清刻本　二冊　存六卷(一至六)

340000－1801－0009888　3:06497－3:06503
隨園隨筆二十八卷　(清)袁枚撰　清刻本　七冊

340000－1801－0009889　3:06516－3:06517
南省公餘錄八卷　(清)梁章鉅撰　清刻本　二冊

340000－1801－0009890　3:06518－3:06519
事友錄四卷　(清)潘相撰　清刻本　二冊

340000－1801－0009891　3:06520
雞澤脞錄一卷迎靄筆記二卷　(清)程鴻詔撰　清刻本　一冊

340000－1801－0009892　3:06521
雞澤脞錄一卷迎靄筆記二卷　(清)程鴻詔撰　清刻本　一冊

340000－1801－0009893　3:06522－3:06523
歸田瑣記八卷　(清)梁章鉅撰　清宣統三年(1911)上海掃葉山房石印本　二冊

340000－1801－0009894　3:06524－3:06527
歸田瑣記八卷　(清)梁章鉅撰　清道光二十五年(1845)刻本　四冊

340000－1801－0009895　3:06528－3:06531
歸田瑣記八卷　(清)梁章鉅撰　清道光二十五年(1845)刻本　四冊

340000－1801－0009896　3:06532－3:06535
歸田瑣記八卷　(清)梁章鉅撰　清道光二十五年(1845)刻本　四冊

340000－1801－0009897　3:06536－3:06539
歸田瑣記八卷　(清)梁章鉅撰　清刻本　四冊

340000－1801－0009898　3:06540－3:06545
瀛舟筆談十二卷首一卷　(清)阮亨撰　清嘉慶二十五年(1820)刻本　六冊

340000－1801－0009899　3:06546－3:06554
瀛舟筆談十二卷首一卷　(清)阮亨撰　清嘉慶二十五年(1820)刻本　九冊　缺一卷(七)

340000－1801－0009900　3:06555
廣陽雜記五卷　(清)劉獻廷撰　清光緒三十四年(1908)國學保存會鉛印國粹叢書本　一冊

340000－1801－0009901　3:06556－3:06557
竹葉亭雜記四卷　(清)姚元之撰　清宣統二年(1910)石印本　二冊

340000－1801－0009902　3:06558－3:06559
竹葉亭雜記八卷　(清)姚元之撰　清光緒十九年(1893)刻本　二冊

340000－1801－0009903　3:06560－3:06561
竹葉亭雜記八卷　(清)姚元之撰　清光緒十九年(1893)刻本　二冊

340000－1801－0009904　3:06562－3:06563
竹葉亭雜記八卷　(清)姚元之撰　清光緒十九年(1893)刻本　二冊

340000－1801－0009905　3:06564－3:06565
竹葉亭雜記八卷　(清)姚元之撰　清光緒十九年(1893)刻本　二冊

340000－1801－0009906　3:06566－3:06573

庸行編八卷 （清）牟允中輯 清咸豐七年(1857)刻本 八冊

340000－1801－0009907 3:06574－3:06577
分甘餘話四卷 （清）王士禛撰 清康熙四十九年(1710)刻本 四冊

340000－1801－0009908 3:06579
分甘餘話四卷 （清）王士禛撰 清康熙歙縣程哲七略書堂刻本 一冊

340000－1801－0009909 3:06580－3:06584
重論文齋筆錄十二卷 （清）王端履撰 清會稽徐氏刻紹興先正遺書本 五冊

340000－1801－0009910 3:06585－3:06592
冷廬雜識八卷 （清）陸以湉撰 清咸豐六年(1856)刻本 八冊

340000－1801－0009911 3:06593－3:06596
冷廬雜識八卷 （清）陸以湉撰 **陸定圃先生傳一卷** （清）嚴辰撰 清烏程龐氏刻本 四冊 存四卷（冷廬雜識一至四）

340000－1801－0009912 3:06609
思補齋筆記八卷 （清）潘世恩撰 清刻本 一冊

340000－1801－0009913 3:06610－3:06617
養吉齋叢錄二十六卷餘錄十卷 （清）吳振棫撰 清光緒刻本 八冊

340000－1801－0009914 3:06618－3:06619
萍海墨雨四卷 （清）李匡濟撰 清光緒刻本 二冊

340000－1801－0009915 3:06620－3:06629
郎潛紀聞初筆七卷二筆八卷三筆六卷 （清）陳康祺撰 清宣統二年(1910)掃葉山房石印本 十冊

340000－1801－0009916 3:06630－3:06639
郎潛紀聞初筆七卷二筆八卷三筆六卷 （清）陳康祺撰 清宣統二年(1910)掃葉山房石印本 十冊

340000－1801－0009917 3:06640－3:06643
燕下鄉脞錄十六卷 （清）陳康祺撰 清光緒七年(1881)暨陽刻本 四冊

340000－1801－0009918 3:06644－3:06647
燕下鄉脞錄十六卷 （清）陳康祺撰 清光緒七年(1881)暨陽刻本 四冊

340000－1801－0009919 3:06648－3:06655
燕下鄉脞錄十六卷 （清）陳康祺撰 清光緒七年(1881)暨陽刻本 八冊

340000－1801－0009920 3:06656－3:06661
郎潛紀聞十四卷 （清）陳康祺撰 清光緒六年(1880)琴川刻本 六冊

340000－1801－0009921 3:06662－3:06675
郎潛紀聞十四卷燕下鄉脞錄十六卷壬癸藏札記十二卷 （清）陳康祺撰 清光緒六年至十一年(1880－1885)刻本 十四冊

340000－1801－0009922 3:06676－3:06677
寸陰叢錄四卷 （清）姚瑩撰 清刻本 二冊

340000－1801－0009923 3:06678
寸陰叢錄四卷 （清）姚瑩撰 清桐城姚氏刻中復堂全書本 一冊

340000－1801－0009924 3:06679
翊翊齋筆記二卷文鈔一卷詩鈔一卷附錄一卷 （清）馬翩飛撰 清道光十七年(1837)刻本 一冊

340000－1801－0009925 3:06680－3:06681
尊聞錄初稿二卷 （清）王應昌撰 清同治八年(1869)成都刻本 二冊

340000－1801－0009926 3:06682－3:06683
燕窗閒話二卷 （清）鄭經撰 清光緒十七年(1891)刻本 二冊

340000－1801－0009927 3:06690－3:06691
庭聞錄六卷平定緬甸一卷 （清）劉健撰 清刻本 二冊

340000－1801－0009928 3:06692－3:06695
咫聞錄四卷 （清）慵訥居士著 清道光十二年(1832)知不足齋刻本 四冊

340000－1801－0009929 3:06697－3:06700

韓江聞見錄十卷　(清)鄭昌時撰　清刻本　四冊　缺二卷(一至二)

340000－1801－0009930　3:06701－3:06702
藤陰雜記十二卷　(清)戴璐撰　清刻本　二冊

340000－1801－0009931　3:06753－3:06756
粟香隨筆八卷　金武祥撰　清刻本　四冊

340000－1801－0009932　3:06769－3:06778
湘學報類編不分卷　(清)江標等編　清光緒二十八年(1902)石印本　十冊

340000－1801－0009933　3:06779－3:06790
湘學報類編不分卷　(清)江標等編　清光緒二十四年(1898)督學使署刻本　十二冊

340000－1801－0009934　3:06794－3:06799
庸盦筆記六卷　(清)薛福成撰　清光緒十一年(1885)蕭山陳氏刻本　六冊

340000－1801－0009935　3:06800－3:06805
庸盦筆記六卷　(清)薛福成撰　清光緒十一年(1885)蕭山陳氏刻本　六冊

340000－1801－0009936　3:06818
宦海浮沈錄一卷　(清)張心泰撰　清光緒三十二年(1906)夢梅仙館刻本　一冊

340000－1801－0009937　3:06819
魏塘署齋隨筆一卷　江峰青撰　清宣統元年(1909)刻本　一冊

340000－1801－0009938　3:06820
魏塘署齋隨筆一卷　江峰青撰　清宣統元年(1909)刻本　一冊

340000－1801－0009939　3:06821－3:06822
張文襄幕府紀聞二卷　辜鴻銘撰　清宣統二年(1910)鉛印本　二冊

340000－1801－0009940　3:06823－3:06824
張文襄幕府紀聞二卷　辜鴻銘撰　清宣統二年(1910)鉛印本　二冊

340000－1801－0009941　3:06826－3:06871
益聞錄不分卷　(清)李扶等編　清光緒五年至八年(1879－1882)上海益聞報館鉛印本　四十六冊

340000－1801－0009942　3:06872－3:06917
益聞錄不分卷　(清)李扶等編　清光緒五年至八年(1879－1882)上海益聞報館鉛印本　四十六冊

340000－1801－0009943　3:06924
客賈格言一卷　(清)謝光燧撰　清刻本　一冊

340000－1801－0009944　3:06926－3:06927
嗇庵隨筆六卷末一卷　(清)陸文衡撰　清光緒二十三年(1897)刻本　一冊

340000－1801－0009945　3:06928－3:06929
介亭筆記十卷　(清)江浚源撰　清嘉慶友善堂刻本　二冊

340000－1801－0009946　3:06930
訄書一卷　章炳麟撰　清刻本　一冊

340000－1801－0009947　3:06931
國聞報彙編不分卷　愛穎輯　清光緒二十九年(1903)鉛印本　一冊

340000－1801－0009948　3:06997
天香樓外史志異八卷　(明)薛朝選撰　(清)袁枚重輯　清光緒石印本　一冊　缺四卷(五至八)

340000－1801－0009949　3:06998
時事新論圖說不分卷　(英國)李提摩太撰　清光緒二十年(1894)上海廣學會刻本　一冊

340000－1801－0009950　3:07012
阮盦筆記五種不分卷　況周儀撰　清光緒三十三年(1907)白門刻蕙風叢書本　一冊

340000－1801－0009951　3:07013－3:07014
意林五卷　(唐)馬總撰　清望江倪模大雷岸經鋤堂抄本　二冊

340000－1801－0009952　3:07015－3:07016
意林五卷　(唐)馬總撰　清光緒三年(1877)湖北崇文書局刻湖北崇文書局匯刻書本　二冊

340000－1801－0009953　3：07017－3：07023
隱居通議三十一卷　(元)劉壎撰　清嘉慶桐川顧氏刻讀畫齋叢書本　七册

340000－1801－0009954　3：07048－3：07049
雅尚齋遵生八箋十九卷　(明)高濂輯　明刻本　二册　存五卷(九至十三)

340000－1801－0009955　3：07052－3：07053
表異錄二十卷　(明)王志堅撰　清光緒二年(1876)陳氏庸閑齋刻本　二册

340000－1801－0009956　3：07054－3：07067
遵生八箋十九卷　(明)高濂輯　明刻本　十四册　缺二卷(五、十九)

340000－1801－0009957　3：07068
清寤齋心賞編一卷　(明)王象晉輯　明刻本　一册

340000－1801－0009958　3：07069－3：07100
玉芝堂談薈三十六卷　(明)徐應秋撰　清光緒元年(1875)刻本　三十二册

340000－1801－0009959　3：07101－3：07134
玉芝堂談薈三十六卷　(明)徐應秋撰　清光緒元年(1875)刻本　三十四册

340000－1801－0009960　3：07135－3：07166
玉芝堂談薈三十六卷　(明)徐應秋撰　清光緒元年(1875)刻本　三十二册

340000－1801－0009961　3：07167－3：07188
玉芝堂談薈三十六卷　(明)徐應秋撰　清刻本　二十二册　缺十三卷(一、五、八、十、十四至十六、二十九至三十二、三十四、三十六)

340000－1801－0009962　3：07189－3：07191
增補萬寶全書三十二卷　(明)張溥彙編　清乾隆四十三年(1778)刻本　三册

340000－1801－0009963　3：07192－3：07199
智囊補二十八卷　(明)馮夢龍輯　清刻本　八册

340000－1801－0009964　3：07200－3：07208
智囊補二十八卷　(明)馮夢龍輯　清刻本　九册

340000－1801－0009965　3：07209－3：07218
智囊補二十八卷　(明)馮夢龍輯　清刻本　十册

340000－1801－0009966　3：07229－3：07235
經餘必讀八卷續編八卷　(清)雷琳等輯　清嘉慶十四年(1809)大中堂刻本　七册

340000－1801－0009967　3：07236－3：07239
經餘必讀八卷　(清)雷琳等輯　清嘉慶八年(1803)刻本　四册

340000－1801－0009968　3：07240－3：07247
經餘必讀八卷續編八卷　(清)雷琳等輯　清嘉慶十一年(1806)咸裕堂刻本　八册

340000－1801－0009969　3：07248－3：07257
經餘必讀八卷續編八卷三集四卷　(清)雷琳等輯　清光緒二年(1876)退補齋刻本　十册

340000－1801－0009970　3：07258－3：07265
經餘必讀八卷續編八卷三集四卷　(清)雷琳等輯　清刻本　八册　缺四卷(經餘必讀一至二、三集三至四)

340000－1801－0009971　3：07266－3：07273
經餘必讀八卷續編八卷三集四卷　(清)雷琳等輯　清嘉慶十一年(1806)經餘堂刻本　八册

340000－1801－0009972　3：07274－3：07278
經餘必讀二卷續編二卷三編二卷　(清)雷琳等輯　清光緒二十二年(1896)上海圖書集成印書局鉛印本　五册

340000－1801－0009973　3：07279－3：07288
經餘必讀八卷續編八卷三集四卷　(清)雷琳等輯　清光緒二十年(1894)尚德堂刻本　十册

340000－1801－0009974　3：07289
雜錄便覽一卷　(□)□□撰　清康熙抄本　一册

340000－1801－0009975　3：07290－3：07291
雜錄不分卷　(清)張永維錄　清乾隆二十年(1755)稿本　二册

340000－1801－0009976　3:07292
浩歌軒通覽雜録不分卷　(□)□□撰　清桐城方氏抄本　一冊

340000－1801－0009977　3:07293
棻堂節録二十卷　(清)徐時作輯　清乾隆三十年(1765)刻本　一冊　存四卷(一至四)

340000－1801－0009978　3:07294－3:07295
經史序録二卷　(清)吳承漸纂輯　**甲子會紀一卷歷代國都一卷**　(明)薛應旂編集　清康熙三十一年(1692)思訓堂刻本　二冊

340000－1801－0009979　3:07296－3:07297
經史序録二卷　(清)吳承漸撰　**甲子會紀一卷歷代國都一卷**　(明)薛應旂編集　清康熙三十一年(1692)思訓堂刻本　二冊

340000－1801－0009980　3:07299
安徽師範學堂修身教科書十一章　(清)胡元吉輯　清安徽師範學堂鉛印本　一冊

340000－1801－0009981　3:07300－3:07303
傅莫菴先生猶賢録十二卷　(清)傅學沆撰　清嘉慶七年(1802)一經堂刻本　四冊

340000－1801－0009982　3:07306
心影集四卷　(清)李士麟輯　清同治三年(1864)刻本　一冊

340000－1801－0009983　3:07307－3:07312
梅窗碎録六卷　(清)陳會芳撰　清同治四年(1865)刻本　六冊

340000－1801－0009984　3:07324
金壺精粹四卷　(清)郝在田撰　清光緒刻本　一冊　存三卷(二至四)

340000－1801－0009985　3:07325－3:07328
習是編二卷　(清)屈成霖輯　清咸豐六年(1856)番禺許氏衍祥堂刻本　四冊

340000－1801－0009986　3:07329
怡悦録不分卷　(清)徐受廖輯　清抄本　一冊

340000－1801－0009987　3:07330－3:07335
津逮秘書摘鈔不分卷　(□)□□撰　清萬松山房抄本　六冊

340000－1801－0009988　3:07336－3:07349
寄園寄所寄十二卷　(清)趙吉士撰　清刻本　十四冊

340000－1801－0009989　3:07350－3:07359
寄園寄所寄十二卷　(清)趙吉士輯　清刻本(卷三、五配抄本)　十冊

340000－1801－0009990　3:07360－3:07371
寄園寄所寄十二卷　(清)趙吉士輯　清刻本　十二冊

340000－1801－0009991　3:07372－3:07379
寄園寄所寄十二卷　(清)趙吉士輯　清刻本　八冊

340000－1801－0009992　3:07380－3:07393
寄園寄所寄十二卷　(清)趙吉士輯　清刻本　十四冊

340000－1801－0009993　3:07410－3:07412
昨非庵日纂二十卷　(清)鄭瑄撰　清刻本　三冊　存八卷(一至二、七至九、十四至十六)

340000－1801－0009994　3:07435－3:07440
少室山房筆叢四十八卷　(明)胡應麟撰　清光緒二十二年(1896)廣雅書局刻本　六冊

340000－1801－0009995　3:07441－3:07442
一枝山房雜鈔一卷　(□)□□撰　清一枝山房抄本　二冊

340000－1801－0009996　3:07443
香研居談咫一卷　(清)方成培撰　清抄本　一冊

340000－1801－0009997　3:07453－3:07460
宋稗類鈔八卷　(清)潘永因輯　清康熙刻本　八冊

340000－1801－0009998　3:07467－3:07469
桂宫梯六卷　(清)徐謙輯　清道光二十六年(1846)刻本　三冊

340000－1801－0009999　3:07486－3:07489
新異叢録八卷　(清)左滋撰　清光緒三十三

年(1907)上海奎文書局石印本　四册

340000－1801－0010000　3:07491
心齋雜組二卷　(清)張潮撰　清詒清堂刻本　一册

340000－1801－0010001　3:07492
秀才須知四卷　(清)丁顯輯　清光緒十五年(1889)刻本　一册

340000－1801－0010002　3:07493
策海經案撮要一卷　(清)唐象德輯　清道光十九年(1839)刻本　一册

340000－1801－0010003　3:07494－3:07497
策學總纂大成四十六卷　(清)蔡壽祺編　清光緒十四年(1888)石印本　四册

340000－1801－0010004　3:07498－3:07507
十三經策案二十二卷首一卷　(清)王謨輯　清琉璃廠刻本　十册

340000－1801－0010005　3:07508－3:07513
十三經策案二十二卷首一卷　(清)王謨輯　清刻本　六册

340000－1801－0010006　3:07514－3:07523
十三經策案二十二卷首一卷　(清)王謨輯　清嘉慶十三年(1808)刻本　十册

340000－1801－0010007　3:07524－3:07555
三場一貫大成五種附錄一種　(清)王子芹輯　清光緒十四年(1888)積山局石印本　三十二册

340000－1801－0010008　3:07556－3:07575
策府統宗六十五卷目錄一卷　(清)劉昌齡輯　清光緒十五年(1889)蜚英館石印本　二十册

340000－1801－0010009　3:07576－3:07587
文料大成四十卷補編一卷　(清)泠香子輯　清光緒八年(1882)上海精一閣鉛印本　十二册

340000－1801－0010010　3:07588－3:07591
廿二史策案十二卷首一卷　(清)王鎣輯　清同治元年(1862)刻本　四册

340000－1801－0010011　3:07592－3:07597
廿二史策案十二卷首一卷　(清)王鎣輯　清道光十一年(1831)刻本　六册

340000－1801－0010012　3:07598－3:07603
廿二史策案十二卷首一卷　(清)王鎣輯　清道光十一年(1831)刻本　六册

340000－1801－0010013　3:07604－3:07619
富強維新策要二十二卷　題(清)小萬卷樓主輯　清光緒石印本　十六册

340000－1801－0010014　3:07636－3:07659
時務通考三十一卷首一卷　(清)王奇英輯　清光緒二十三年(1897)上海點石齋石印本　二十四册

340000－1801－0010015　3:07660－3:07683
時務通考三十一卷首一卷　(清)王奇英輯　清光緒二十三年(1897)上海點石齋石印本　二十四册

340000－1801－0010016　3:07684－3:07707
時務通考三十一卷首一卷　(清)王奇英輯　清光緒二十三年(1897)上海點石齋石印本　二十四册

340000－1801－0010017　3:07708－3:07731
時務通考三十一卷首一卷　(清)王奇英輯　清光緒二十三年(1897)上海點石齋石印本　二十四册

340000－1801－0010018　3:07732－3:07747
時務通考續編三十一卷　(清)王奇英輯　清光緒二十七年(1901)上海點石齋石印本　十六册

340000－1801－0010019　3:07748－3:07755
時務通考續編三十一卷　(清)王奇英輯　清光緒二十七年(1901)上海點石齋石印本　八册

340000－1801－0010020　3:07756－3:07771
時務通考續編三十一卷　(清)王奇英輯　清光緒二十七年(1901)上海點石齋石印本　十六册

340000－1801－0010021　3:07772－3:07787
時務通考續編三十一卷　(清)王奇英輯　清光緒二十七年(1901)上海點石齋石印本　十六冊

340000－1801－0010022　3:07788－3:07803
時務通考續編三十一卷　(清)王奇英輯　清光緒二十七年(1901)上海點石齋石印本　十六冊

340000－1801－0010023　3:07804－3:07811
藝學統纂八十卷　(清)馬建忠纂　清光緒二十八年(1902)上海文林石印本　八冊

340000－1801－0010024　3:07817
百家姓考略一卷　(清)王相輯　清刻本　一冊

340000－1801－0010025　3:07818
百家姓考略一卷　(清)王相輯　清大道堂刻本　一冊

340000－1801－0010026　3:07819
百家姓考略一卷　(清)王相輯　清大道堂刻本　一冊

340000－1801－0010027　3:07820
百家姓考略一卷　(清)王相輯　清經綸堂刻本　一冊

340000－1801－0010028　3:07821
百家姓考略一卷　(清)王相輯　清歙西徐氏刻本　一冊

340000－1801－0010029　3:07822
百家姓考略一卷　(清)王相輯　清歙西徐氏刻本　一冊

340000－1801－0010030　3:07823
百家姓考略一卷　(清)王相輯　清金陵李光明莊刻本　一冊

340000－1801－0010031　3:07824
百家姓考略一卷　(清)王相輯　清金陵李光明莊刻本　一冊

340000－1801－0010032　3:07825
百家姓考略一卷　(清)王相輯　清金陵李光明莊刻本　一冊

340000－1801－0010033　3:07826－3:07829
三字經註解備要二卷　(宋)王應麟著　(清)賀興思注　清同治十年(1871)存古堂刻本　四冊

340000－1801－0010034　3:07831－3:07832
三字經註解備要二卷　(宋)王應麟著　(清)賀興思注　清刻本　二冊

340000－1801－0010035　3:07833－3:07834
三字經註解備要二卷　(宋)王應麟著　(清)賀興思注　清光緒二十四年(1898)澹雅書局刻本　二冊

340000－1801－0010036　3:07835
三字經註圖一卷　(清)尚兆魚輯注　清金陵李光明莊刻本　一冊

340000－1801－0010037　3:07836
三字經訓詁一卷　(清)王相撰　清兩儀堂刻徐氏三種本　一冊

340000－1801－0010038　3:07837
三字經訓詁一卷　(清)王相撰　清刻本　一冊

340000－1801－0010039　3:07838
三字經一卷　(□)□□撰　清光緒五年(1879)刻本　一冊

340000－1801－0010040　3:07839
西學三字經便讀一卷　(□)□□撰　清刻本　一冊

340000－1801－0010041　3:07844－3:07845
龍文鞭影四卷　(明)蕭良有纂　(清)楊臣諍增訂　清光緒十一年(1885)金陵李光明莊刻本　二冊

340000－1801－0010042　3:07846－3:07847
龍文鞭影二卷　(明)蕭良有纂　(清)楊臣諍增訂　清會友堂刻本　二冊

340000－1801－0010043　3:07848
純正蒙求三卷　(元)胡炳文撰　清嘉慶十九年(1814)刻本　一冊

340000－1801－0010044　3：07849
純正蒙求三卷　(元)胡炳文撰　清嘉慶十九年(1814)刻本　一册

340000－1801－0010045　3：07850
聲律啟蒙撮要□□卷首一卷　(清)車萬育著　清光緒二十年(1894)刻本　一册　存二卷(一、首一卷)

340000－1801－0010046　3：07851
千字文釋義一卷　(清)汪嘯尹輯　(清)孫謙益糸注　清成都龍萬育刻本　一册

340000－1801－0010047　3：07853
千字文釋義一卷　(清)汪嘯尹輯　(清)孫謙益糸注　清金陵李光明莊刻本　一册

340000－1801－0010048　3：07854
千字文釋義一卷　(清)汪嘯尹輯　(清)孫謙益糸注　清金陵李光明莊刻本　一册

340000－1801－0010049　3：07855
千字文釋義一卷　(清)汪嘯尹輯　(清)孫謙益糸注　**百家姓考略一卷**　(清)王相輯　清歙西徐士業刻本　一册

340000－1801－0010050　3：07856－3：07857
增訂詳註廣日記故事二卷　(清)王相增注　清義林堂刻本(有圖)　二册

340000－1801－0010051　3：07858－3：07859
增訂詳註廣日記故事二卷　(清)王相增注　清興化寶經堂刻本(有圖)　二册

340000－1801－0010052　3：07860－3：07861
增訂廣日記故事詳註二卷　(清)王相增注　清金陵李光明莊刻本(有圖)　二册

340000－1801－0010053　3：07862－3：07863
增訂廣日記故事詳註二卷　(清)王相增注　清金陵李光明莊刻本(有圖)　二册

340000－1801－0010054　3：07864
註釋繪圖一萬字文一卷　(清)宋鶴齡增補　清石印本　一册

340000－1801－0010055　3：07865
歷朝聖賢篆書百體千文一卷　(清)孫枝秀集篆　**清書千字文一卷**　(清)尤珍書　清攜雪軒刻本　一册

340000－1801－0010056　3：07866
歷朝聖賢篆書百體千文一卷　(清)孫枝秀集篆　清刻本　一册

340000－1801－0010057　3：07867
三才略三卷　(□)□□撰　清金陵李光明莊刻本　一册

340000－1801－0010058　3：07868
三才略三卷　(□)□□撰　清金陵李光明莊刻本　一册

340000－1801－0010059　3：07869
二十四孝圖說一卷　(□)□□撰　清石印本　一册

340000－1801－0010060　3：07875－3：07876
寄傲山房塾課新增幼學故事瓊林四卷首一卷　(清)程允升撰　(清)鄒聖脈增補　清宏道堂刻本　二册

340000－1801－0010061　3：07877－3：07878
寄傲山房塾課新增幼學故事瓊林四卷首一卷　(清)程允升撰　(清)鄒聖脈增補　清兩儀堂刻本　二册

340000－1801－0010062　3：07879－3：07880
寄傲山房塾課新增幼學故事瓊林四卷首一卷　(清)程允升撰　(清)鄒聖脈增補　清兩儀堂刻本　二册

340000－1801－0010063　3：07885－3：07888
寄傲山房塾課新增幼學故事瓊林四卷首一卷　(清)程允升撰　(清)鄒聖脈增補　清光緒十六年(1890)湖南書局刻本　四册

340000－1801－0010064　3：07891－3：07894
重訂幼學須知句解四卷　(清)程允升撰　(清)錢元龍校　清光緒十六年(1890)李光明莊刻本　四册

340000－1801－0010065　3：07895－3：07898
重訂幼學須知句解四卷　(清)程允升撰　(清)錢元龍校　清光緒十六年(1890)李光明

莊刻本　四冊

340000－1801－0010066　3:07899－3:07906
幼學求源三十三卷　(清)程允升撰　(清)董成注　清文奎堂刻本　八冊

340000－1801－0010067　3:07907－3:07914
幼學求源三十三卷　(清)程允升撰　(清)董成注　清大文堂刻本　八冊

340000－1801－0010068　3:07915－3:07918
高厚蒙求初集一卷二集一卷三集四卷四集三卷　(清)徐朝俊輯　清嘉慶雲間徐氏刻本　四冊

340000－1801－0010069　3:07919－3:07922
高厚蒙求初集一卷二集一卷三集四卷四集三卷　(清)徐朝俊輯　清嘉慶十二年(1807)刻本　四冊

340000－1801－0010070　3:07923
高厚蒙求三集四卷　(清)徐朝俊輯　清嘉慶十四年(1809)刻本　一冊

340000－1801－0010071　3:07924
天文歌略一卷　葉瀾輯　清刻本　一冊

340000－1801－0010072　3:07928－3:07929
蒙學課本地球歌韻四卷　張士瀛編　清光緒二十七年(1901)藻文書局石印本　二冊

340000－1801－0010073　3:07931
地學歌略一卷　葉瀚　葉瀾著　清刻本　一冊

340000－1801－0010074　3:07932
童蒙須知韻語一卷　(清)萬斛泉撰　清同治上海道署刻本　一冊

340000－1801－0010075　3:07933－3:07934
養蒙金鑒二卷　(清)林之望輯　清光緒元年(1875)皖北林之望鄂垣藩署刻本　二冊

340000－1801－0010076　3:07935－3:07936
養蒙金鑒二卷　(清)林之望輯　清光緒元年(1875)皖北林之望鄂垣藩署刻本　二冊

340000－1801－0010077　3:07937－3:07938
養蒙金鑒二卷　(清)林之望輯　清光緒元年(1875)皖北林之望鄂垣藩署刻本　二冊

340000－1801－0010078　3:07939－3:07940
養蒙金鑒二卷　(清)林之望輯　清光緒元年(1875)皖北林之望鄂垣藩署刻本　二冊

340000－1801－0010079　3:07941
開蒙必讀一卷　(清)鄒祖堂輯　清左集文刻本　一冊

340000－1801－0010080　3:07942－3:07944
幼學歌五卷續一卷　(清)王用臣編　清光緒深澤王氏刻本　三冊

340000－1801－0010081　3:07945－3:07946
家塾蒙求五卷　(清)康基淵撰　清同治七年(1868)刻本　二冊

340000－1801－0010082　3:07947
童蒙記誦編二卷　(□)□□撰　清刻本　一冊　存一卷(下)

340000－1801－0010083　3:07948－3:07951
童蒙必讀書十四種十四卷　(清)涂宗瀛輯　清光緒九年(1883)武昌書局刻本　四冊

340000－1801－0010084　3:07952－3:07953
童蒙必讀書十四種十四卷　(清)涂宗瀛輯　清光緒九年(1883)武昌書局刻本　二冊　缺二種二卷(弟子規一卷、性理字訓一卷)

340000－1801－0010085　3:07954
四言雜字一卷　(□)□□撰　清同治十三年(1874)屯溪玉書樓刻本　一冊

340000－1801－0010086　3:07956－3:07963
環地福分類字課圖説八卷　(清)趙金壽編　清光緒三十二年(1906)石印本(有圖)　八冊

340000－1801－0010087　3:07966
新鐫大字女兒經一卷　(□)□□撰　清鳳鳴山房刻本　一冊

340000－1801－0010088　3:07967
音韻旁釋切用雜字一卷　(清)張贊廷錄　清雍正十二年(1734)抄本　一冊

340000－1801－0010089　3:07968
類編訓釋直音六言切用雜字二卷　(明)余一夔編　清康熙十二年(1673)抄本　一册

340000－1801－0010090　3:07981
讀經遺法臆略一卷　(清)黄金山輯　清光緒六年(1880)歙西唐模許氏刻本　一册

340000－1801－0010091　3:07982
讀經遺法臆略一卷　(清)黄金山輯　清光緒六年(1880)歙西唐模許氏刻本　一册

340000－1801－0010092　3:07983
讀經遺法臆略一卷　(清)黄金山輯　清光緒六年(1880)歙西唐模許氏刻本　一册

340000－1801－0010093　3:07984
讀經遺法臆略一卷　(清)黄金山輯　清光緒六年(1880)歙西唐模許氏刻本　一册

340000－1801－0010094　3:07985
讀經遺法臆略一卷　(清)黄金山輯　清光緒六年(1880)歙西唐模許氏刻本　一册

340000－1801－0010095　3:07986
普通學歌訣一卷　(清)張一鵬撰　清光緒二十六年(1900)刻本　一册

340000－1801－0010096　3:07987
普通學歌訣一卷　(清)張一鵬撰　清光緒二十六年(1900)刻本　一册

340000－1801－0010097　3:07988
普通學歌訣一卷　(清)張一鵬撰　清光緒二十六年(1900)刻本　一册

340000－1801－0010098　3:07989
新增幼學雜字一卷對類指掌一卷　(□)□□撰　清揚州文樞堂刻本　一册

340000－1801－0010099　3:07990
釀齋訓蒙六種六卷　(清)鮑東里撰　清光緒十年(1884)刻本　一册

340000－1801－0010100　3:07991－3:08013
蒙學叢書不分卷　(日本)伊滕弘一編　(清)陳紹唐譯　清吴縣汪氏石印本　二十三册

340000－1801－0010101　3:08024－3:08079
五洲政藝叢編一百六十卷　(清)上海鴻寶書局輯　清光緒二十八年(1902)上海鴻寶書局石印本　五十六册

340000－1801－0010102　3:08080－3:08085
國朝名人著述叢編十三種十六卷　(□)□□輯　清光緒五年(1879)上海淞隱閣鉛印本　六册

340000－1801－0010103　3:08086
姓氏彙選一卷　(□)□□撰　清刻本　一册

340000－1801－0010104　3:08110
開眼經一卷　(□)□□撰　清茹古堂刻本　一册

340000－1801－0010105　3:08112
蕉窗摘録一卷　(清)謝維甸輯　清同治十年(1871)刻本　一册

340000－1801－0010106　3:08113
古今姓匯二卷　(清)鎖馮普編　(清)方敦德校　清乾隆十年(1745)鮑廷博花韻軒刻本　一册

340000－1801－0010107　3:08114
玉堂叢語八卷　(明)焦竑輯　明萬曆曼山館刻本　一册　存四卷(一至四)

340000－1801－0010108　3:08115
校邠廬逸箋四卷　(清)馮桂芬撰　清光緒十一年(1885)石印本　一册

340000－1801－0010109　3:08116
書契便蒙一卷　題(清)南窗侍者輯　清光緒二十一年(1895)鉛印本　一册

340000－1801－0010110　3:08117
書契便蒙一卷　題(清)南窗侍者輯　清光緒三十二年(1906)上海慈母堂鉛印本　一册

340000－1801－0010111　3:08118－3:08123
古今彝語十二卷　(明)汪應蛟輯　清康熙刻本　六册

340000－1801－0010112　3:08124
古今青白眼三卷　(清)徐石麟輯　清光緒刻

傳硯齋叢書本　一冊

340000 – 1801 – 0010113　3：08126
戊申年官商快覽一千種不分卷　（清）上海書業公所編　清光緒三十四年（1908）鉛印本　一冊

340000 – 1801 – 0010114　3：08127
庚戌年官商快覽一千種不分卷　（清）上海書業公所編　清宣統二年（1910）鉛印本　一冊

340000 – 1801 – 0010115　3：08128
舊事考逸四卷　（清）程大中撰　清道光刻本　一冊

340000 – 1801 – 0010116　3：08129 – 3：08132
賓存四卷　（清）胡式鈺撰　清道光刻本　四冊

340000 – 1801 – 0010117　3：08134 – 3：08139
槐廳載筆二十卷　（清）法式善編　清刻本　六冊

340000 – 1801 – 0010118　3：08140
救災圖說勸募賑捐冊不分卷　題（清）補過人輯　清光緒刻本　一冊

340000 – 1801 – 0010119　3：08143 – 3：08144
丹桂籍注案四卷　（明）顏正廷撰　清康熙二十七年（1688）刻本　二冊

340000 – 1801 – 0010120　3：08146
治家格言繹義二卷首一卷　（清）戴翊清撰　清刻本　一冊

340000 – 1801 – 0010121　3：08148
治家格言繹義二卷首一卷　（清）戴翊清撰　清光緒十五年（1889）補桐居刻本　一冊

340000 – 1801 – 0010122　3：08149
家庭講話三卷　（清）陸一亭撰　清嘉慶二十三年（1818）曹光庭刻本　一冊

340000 – 1801 – 0010123　3：08150
家庭直講三卷　（清）陸一亭撰　清刻本　一冊

340000 – 1801 – 0010124　3：08151
金殿撰家戒詩注釋一卷　（清）金甡撰　清光緒刻本　一冊

340000 – 1801 – 0010125　3：08152
格言楷則一卷　（清）翟伯恒輯　清光緒五年（1879）刻本　一冊

340000 – 1801 – 0010126　3：08153
新增願體集四卷　（清）李仲麟撰　清乾隆二十九年（1764）刻本　一冊

340000 – 1801 – 0010127　3：08154 – 3：08155
人同錄四卷　（清）毛升輯　清光緒二十二年（1896）刻本　二冊

340000 – 1801 – 0010128　3：08159
格言聯璧一卷　（清）金纓輯　清咸豐九年（1859）刻本　一冊

340000 – 1801 – 0010129　3：08160
格言聯璧一卷　（清）金纓輯　清同治刻本　一冊

340000 – 1801 – 0010130　3：08161
格言聯璧一卷　（清）金纓輯　清同治六年（1867）刻本　一冊

340000 – 1801 – 0010131　3：08162 – 3：08169
格言彙編八種附錄一卷　（清）王乃徵輯　清光緒元年（1875）石印本　八冊

340000 – 1801 – 0010132　3：08170 – 3：08171
格言聯璧一卷　（清）金纓輯　清光緒刻本　二冊

340000 – 1801 – 0010133　3：08176 – 3：08182
家傳至寶一卷　（清）陳石麟輯　清乾隆抄本　七冊

340000 – 1801 – 0010134　3：08183
見吾隨筆一卷　（清）齊學培撰　清道光三十年（1850）刻本　一冊

340000 – 1801 – 0010135　3：08184
見吾隨筆一卷　（清）齊學培撰　清光緒四年（1878）婺源俞氏刻本　一冊

340000 – 1801 – 0010136　3：08185

姚端恪公文集十八卷詩集十二卷外集十八卷 （清）姚文然撰　清刻本　一冊　存六卷（外集一至六）

340000－1801－0010137　3：08186
周氏三字箴一卷　（清）周贇撰　清光緒二十二年（1896）六聲堂刻本　一冊

340000－1801－0010138　3：08187－3：08188
醒世日記二卷　（清）席世能撰　清光緒二十二年（1896）刻本　二冊

340000－1801－0010139　3：08189－3：08220
傳家寶一集八卷二集八卷三集八卷四集八卷首一卷　（清）石成金輯　清寶華樓刻本　三十二冊

340000－1801－0010140　3：08221
人子必讀三卷　（清）李國鈞輯　清同治十二年（1873）刻本　一冊

340000－1801－0010141　3：08223
勸孝歌曲不分卷　（清）江紹明書　清光緒十八年（1892）刻朱墨套印本　一冊

340000－1801－0010142　3：08224
烏夜啼思親曲一卷　（清）徐廷珍撰　清光緒三年（1877）宣城許鵬刻本　一冊

340000－1801－0010143　3：08229－3：08234
潛園集錄十六卷　（清）屠倬輯　清刻本　六冊

340000－1801－0010144　3：08235－3：08248
傳家寶一集八卷二集八卷三集八卷四集八卷 （清）石成金輯　清刻本　十四冊　存十四卷（三集八卷、四集一至六）

340000－1801－0010145　3：08250
八柱歌一卷　（□）□□撰　清刻本　一冊

340000－1801－0010146　3：08251
勸世詞一卷　（清）程煦撰　清刻本　一冊

340000－1801－0010147　3：08252
惺迷錄二卷　（□）□□撰　清光緒刻本　一冊

340000－1801－0010148　3：08253
校補不可錄一卷　（清）王鐘駿輯　清刻本　一冊

340000－1801－0010149　3：08254
二十二史感應錄二卷　（清）彭希涑錄　清光緒二十六年（1900）善化向氏刻本　一冊

340000－1801－0010150　3：08255
二十二史感應錄二卷　（清）彭希涑輯　清光緒二十三年（1897）刻本　一冊

340000－1801－0010151　3：08256－3：08263
迪吉錄八卷　（明）顔茂猷輯　清光緒十四年（1888）刻本　八冊

340000－1801－0010152　3：08264－3：08271
迪吉錄八卷　（明）顔茂猷輯　清光緒十四年（1888）刻本　八冊

340000－1801－0010153　3：08273
省身寶鑒一卷　（□）□□撰　清同治三年（1864）刻本　一冊

340000－1801－0010154　3：08274
傳家必讀一卷　（□）□□撰　清咸豐十年（1860）刻本　一冊

340000－1801－0010155　3：08275
傳家必讀一卷　（□）□□撰　清金陵李光明莊刻本　一冊

340000－1801－0010156　3：08276
蕉窗必讀十卷　（清）陳宗泗撰　清信忠抄本　一冊

340000－1801－0010157　3：08277－3：08284
人生必讀書十二卷　（清）鄒祖堂輯　清同治十年（1871）刻本　八冊

340000－1801－0010158　3：08287
遠色編三卷　（□）□□撰　清乾隆刻本　一冊

340000－1801－0010159　3：08290
暗室燈二卷　（□）□□撰　清光緒十年（1884）刻本　一冊

340000－1801－0010160　3:08291
暗室燈注解二卷　(□)□□撰　清光緒四年(1878)刻本　一册

340000－1801－0010161　3:08292
航中帆二卷　題(清)芸田居士輯　清道光二十六年(1846)刻本　一册

340000－1801－0010162　3:08294
惜字真宗一卷　(□)□□撰　清光緒十九年(1893)刻本　一册

340000－1801－0010163　3:08299－3:08308
鑑行集三十卷　(清)唐天培輯　清光緒五年(1879)刻本　十册

340000－1801－0010164　3:08331－3:08332
閲世瑣言二卷　(清)石鼎撰　清道光乙照齋刻本　二册

340000－1801－0010165　3:08333－3:08336
醒世金丹會纂四卷　(清)鄧澄輯　清刻本　四册

340000－1801－0010166　3:08338
菜根譚一卷　(明)洪應明撰　**娑羅館清言二卷續一卷**　(明)屠隆著　清光緒元年(1875)南京流通經處刻本　一册

340000－1801－0010167　3:08339
菜根譚一卷　(明)洪應明撰　**娑羅館清言二卷續一卷**　(明)屠隆著　清光緒元年(1875)南京流通經處刻本　一册

340000－1801－0010168　3:08352－3:08355
齊民要術十卷　(北魏)賈思勰撰　清光緒二十二年(1896)中江榷署刻本　四册

340000－1801－0010169　3:08356－3:08359
齊民要術十卷　(北魏)賈思勰撰　清光緒元年(1875)湖北崇文書局刻本　四册

340000－1801－0010170　3:08360－3:08363
農桑輯要七卷　(元)司農司撰　清光緒二十一年(1895)中江榷署刻本　四册

340000－1801－0010171　3:08364－3:08365
農桑輯要七卷　(元)司農司撰　**蠶事要略一卷**　(清)張行孚撰　清光緒二十一年(1895)桐廬袁氏漸西村舍刻漸西村舍匯刊本　二册

340000－1801－0010172　3:08366－3:08367
農桑輯要七卷　(元)司農司撰　**蠶事要略一卷**　(清)張行孚撰　清光緒二十一年(1895)桐廬袁氏漸西村舍刻漸西村舍匯刊本　二册

340000－1801－0010173　3:08368－3:08369
農桑輯要七卷　(元)司農司撰　**蠶事要略一卷**　(清)張行孚撰　清光緒二十一年(1895)桐廬袁氏漸西村舍刻漸西村舍匯刊本　二册

340000－1801－0010174　3:08370－3:08371
農桑輯要七卷　(元)司農司撰　**蠶事要略一卷**　(清)張行孚撰　清光緒二十一年(1895)桐廬袁氏漸西村舍刻漸西村舍匯刊本　二册

340000－1801－0010175　3:08372－3:08373
農桑輯要七卷　(元)司農司撰　**蠶事要略一卷**　(清)張行孚撰　清光緒二十一年(1895)桐廬袁氏漸西村舍刻漸西村舍匯刊本　二册

340000－1801－0010176　3:08374－3:08376
農桑輯要七卷　(元)司農司撰　清刻本　三册

340000－1801－0010177　3:08377－3:08380
農桑輯要七卷　(元)司農司撰　清刻本　四册

340000－1801－0010178　3:08381
農桑輯要一卷　程仲昭輯　清光緒二十三年(1897)刻本　一册

340000－1801－0010179　3:08382－3:08495
農政全書六十卷　(明)徐光啟輯　清道光二十三年(1843)上海王氏曙海樓刻本　二十四册

340000－1801－0010180　3:08396－3:08425
農政全書六十卷　(明)徐光啟輯　清同治十三年(1874)山東書局刻本　二十册

340000－1801－0010181　3:08426－3:08433
農政全書六十卷　(明)徐光啟輯　清宣統元年(1909)上海求學齋局石印本　八册

340000－1801－0010182　3：08438－3：08439
御製耕織圖二卷　(清)聖祖玄燁撰　清石印本　二册

340000－1801－0010183　3：08440－3：08445
三農紀十卷　(清)張宗法撰　清刻本　六册

340000－1801－0010184　3：08446
補農書二卷　(清)張履祥撰　清刻本　一册

340000－1801－0010185　3：08447
裨農最要三卷　(清)陳開沚撰　清光緒二十三年(1897)潼川刻本　一册

340000－1801－0010186　3：08448－3：08449
豳風廣義三卷　(清)楊屾撰　清光緒八年(1882)會心閣刻本　二册

340000－1801－0010187　3：08450－3：08451
豳風廣義二卷原書一卷　(清)楊屾輯　清刻本　二册

340000－1801－0010188　3：08458
農書二十二卷　(元)王禎撰　清光緒二十六年(1900)石印本　一册　存一卷(一)

340000－1801－0010189　3：08479
區種五種五卷附録一卷　(清)趙夢齡輯　清光緒二十四年(1898)致知書局鉛印述廬叢書本　一册

340000－1801－0010190　3：08480－3：08481
農務實業新編二卷　(清)王上達輯　清宣統二年(1910)浙杭萬春農務局刻本　二册

340000－1801－0010191　3：08482
農務述聞一卷　(清)王樹善撰　清光緒二十七年(1901)北洋官報局石印本　一册

340000－1801－0010192　3：08483－3：08486
農學輯要一卷　(□)□□撰　清石印本　四册

340000－1801－0010193　3：08488
農術要理一卷　(英國)丹訥爾撰　(清)胡文梯　(清)陳希彭譯　清光緒三十年(1904)北京官書局鉛印本　一册

340000－1801－0010194　3：08489
農術要理一卷　(英國)丹訥爾撰　(清)胡文梯　(清)陳希彭譯　清光緒三十年(1904)北京官書局鉛印本　一册

340000－1801－0010195　3：08490
農術要理一卷　(英國)丹訥爾撰　(清)胡文梯　(清)陳希彭譯　清光緒三十年(1904)北京官書局鉛印本　一册

340000－1801－0010196　3：08491
農術要理一卷　(英國)丹訥爾撰　(清)胡文梯　(清)陳希彭譯　清光緒三十年(1904)北京官書局鉛印本　一册

340000－1801－0010197　3：08492
農學津梁一卷　(英國)恒里湯納耳撰　(美國)衛理譯　汪振聲述　清光緒二十八年(1902)江南製造局刻本　一册

340000－1801－0010198　3：08493
農學初級一卷　(英國)旦爾恒理著　(英國)秀耀春譯　(清)范熙庸述　清光緒二十四年(1898)上海製造局刻本　一册

340000－1801－0010199　3：08494－3：08495
農學理說二卷　(美國)以德懷特福利斯撰　(清)王汝聃譯　趙詒琛述　清光緒三十二年(1906)江南製造局刻本　二册

340000－1801－0010200　3：08496－3：08497
農務化學問答二卷　(英國)仲斯敦撰　(英國)秀耀春譯　(清)范熙庸述　清光緒二十五年(1899)江南製造局刻本　二册

340000－1801－0010201　3：08498－3：08500
農務土質論三卷附圖　(美國)金福蘭格令希蘭撰　(美國)衛理譯　(清)范熙庸述　清光緒二十六年(1900)江南製造局刻本　三册

340000－1801－0010202　3：08501－3：08503
農務土質論三卷附圖　(美國)金福蘭格令希蘭撰　(美國)衛理譯　(清)范熙庸述　清光緒二十六年(1900)江南製造局刻本　三册

340000－1801－0010203　3：08504

農務化學簡法三卷 （美國）固來納撰 （英國）傅蘭雅譯 （清）王樹善筆述 清光緒二十九年(1903)江南製造局刻本 一册

340000－1801－0010204 3:08505－3:08512
農務全書中編十六卷 （美國）施妥縷撰 舒高第譯 趙詒琛述 清宣統元年(1909)江南製造局刻本 八册

340000－1801－0010205 3:08513－3:08514
撫郡農產考略二卷 （清）何剛德輯 清光緒三十三年(1907)蘇省刷印局鉛印本 二册

340000－1801－0010206 3:08519
農類譯叢一卷 李煜瀛譯 清光緒三十二年(1906)濟南農務學堂石印本 一册

340000－1801－0010207 3:08573－3:08596
欽定授時通考七十八卷 （清）鄂爾泰 （清）張廷玉等纂 清江西書局刻本 二十四册

340000－1801－0010208 3:08597－3:08602
欽定授時通考七十八卷 （清）鄂爾泰 （清）張廷玉等纂 清光緒二十八年(1902)富文書局影印本 六册

340000－1801－0010209 3:08603－3:08608
欽定授時通考七十八卷 （清）鄂爾泰 （清）張廷玉等纂 清上海實業研究所影印本 六册

340000－1801－0010210 3:08609－3:08614
欽定授時通考七十八卷 （清）鄂爾泰 （清）張廷玉等纂 清上海實業研究所影印本 六册

340000－1801－0010211 3:08617
蠶桑備要一卷 題（清）思補樓主人輯 清光緒二年(1876)刻本 一册

340000－1801－0010212 3:08618
蠶桑備要一卷 題（清）思補樓主人輯 清光緒二年(1876)刻本 一册

340000－1801－0010213 3:08619
意大里蠶書一卷 （意大利）丹吐魯撰 （英國）傅蘭雅 （英國）傅紹蘭譯 汪振聲述 清光緒二十四年(1898)江南製造局刻本 一册

340000－1801－0010214 3:08620
意大里蠶書一卷 （意大利）丹吐魯撰 （英國）傅蘭雅 （英國）傅紹蘭譯 汪振聲述 清光緒二十四年(1898)江南製造局刻本 一册

340000－1801－0010215 3:08621
意大里蠶書一卷 （意大利）丹吐魯撰 （英國）傅蘭雅 （英國）傅紹蘭譯 汪振聲述 清光緒二十四年(1898)江南製造局刻本 一册

340000－1801－0010216 3:08622
看蠶詞一卷 （清）方觀承撰 清光緒刻本 一册

340000－1801－0010217 3:08623
勸蠶桑詩說一卷 （清）馬步蟾輯 清道光六年(1826)徽州府署刻本 一册

340000－1801－0010218 3:08624
蠶桑說一卷 （清）沈練撰 清光緒十六年(1890)歸安刻本 一册

340000－1801－0010219 3:08625
蠶桑說一卷 （清）沈練撰 清光緒十六年(1890)歸安刻本 一册

340000－1801－0010220 3:08626
蠶桑說一卷 （清）沈練撰 清光緒十六年(1890)歸安刻本 一册

340000－1801－0010221 3:08627－3:08634
蠶桑萃編十五卷首一卷 （清）魏光燾編 清光緒二十六年(1900)蘭州官書局鉛印本 八册

340000－1801－0010222 3:08635
蠶桑輯要一卷 （清）沈秉成輯 清光緒九年(1883)星江刻本 一册

340000－1801－0010223 3:08636
蠶桑輯要一卷 （清）沈秉成輯 清同治刻本 一册

340000－1801－0010224　3:08637
蠶桑輯要一卷　(清)沈秉成輯　**廣蠶桑說一卷**　(清)沈練輯　清光緒二十二年(1896)江西書局刻本　一册

340000－1801－0010225　3:08638
蠶桑輯要一卷　(清)沈秉成輯　**廣蠶桑說一卷**　(清)沈練輯　清光緒二十二年(1896)江西書局刻本　一册

340000－1801－0010226　3:08639
蠶桑輯要一卷　(清)沈秉成輯　**廣蠶桑說一卷**　(清)沈練輯　清光緒二十二年(1896)江西書局刻本　一册

340000－1801－0010227　3:08640
蠶桑輯要一卷　(清)沈秉成輯　**廣蠶桑說一卷**　(清)沈練輯　清光緒二十二年(1896)江西書局刻本　一册

340000－1801－0010228　3:08641
蠶桑輯要一卷　(清)沈秉成輯　**廣蠶桑說一卷**　(清)沈練輯　清光緒二十二年(1896)江西書局刻本　一册

340000－1801－0010229　3:08642
蠶桑輯要一卷　(清)沈秉成輯　**廣蠶桑說一卷**　(清)沈練輯　清光緒二十二年(1896)江西書局刻本　一册

340000－1801－0010230　3:08643
蠶桑輯要一卷　(清)沈秉成輯　**廣蠶桑說一卷**　(清)沈練輯　清光緒二十二年(1896)江西書局刻本　一册

340000－1801－0010231　3:08644
蠶桑輯要一卷　(清)沈秉成輯　**廣蠶桑說一卷**　(清)沈練輯　清光緒二十二年(1896)江西書局刻本　一册

340000－1801－0010232　3:08645
蠶桑輯要一卷　(清)沈秉成輯　**廣蠶桑說一卷**　(清)沈練輯　清光緒二十二年(1896)江西書局刻本　一册

340000－1801－0010233　3:08646
蠶桑輯要一卷　(清)沈秉成輯　**廣蠶桑說一卷**　(清)沈練輯　清光緒二十二年(1896)江西書局刻本　一册

340000－1801－0010234　3:08647
蠶桑輯要一卷　(清)沈秉成輯　**廣蠶桑說一卷**　(清)沈練輯　清光緒二十二年(1896)江西書局刻本　一册

340000－1801－0010235　3:08648
蠶桑事宜一卷　(清)鄒祖堂輯　清集文堂刻本　一册

340000－1801－0010236　3:08649
蠶桑事宜一卷　(清)鄒祖堂輯　清集文堂刻本　一册

340000－1801－0010237　3:08650
蠶桑提要二卷　(清)方大湜撰　清光緒二十六年(1900)金陵刻本　一册

340000－1801－0010238　3:08651
蠶桑提要二卷　(清)方大湜撰　清光緒二十六年(1900)金陵刻本　一册

340000－1801－0010239　3:08652
蠶桑提要二卷　(清)方大湜撰　清光緒二十六年(1900)金陵刻本　一册

340000－1801－0010240　3:08653－3:08654
蠶桑提要二卷　(清)方大湜撰　清光緒八年(1882)都門刻本　二册

340000－1801－0010241　3:08655
蠶桑提要二卷　(清)方大湜撰　清刻本　一册　存一卷(二)

340000－1801－0010242　3:08656
蠶桑淺說不分卷　龍璋輯　清光緒二十八年(1902)江寧藩署刻本　一册

340000－1801－0010243　3:08657
蠶桑簡法二卷　(清)安徽蠶業講習所編　清宣統三年(1911)安徽蠶業講習所鉛印本　一册

340000－1801－0010244　3:08658
蠶桑簡法二卷　(清)安徽蠶業講習所編　清

宣統三年(1911)安徽蠶業講習所鉛印本　一冊

340000－1801－0010245　3:08659
蠶桑摘要一卷　(清)任蘭生輯　清光緒十九年(1893)刻本　一冊

340000－1801　0010246　3:08660
蠶桑摘要一卷　(清)任蘭生輯　清光緒十九年(1893)刻本　一冊

340000－1801－0010247　3:08661
蠶桑摘要一卷　(清)任蘭生輯　清光緒十九年(1893)刻本　一冊

340000－1801－0010248　3:08662
蠶桑問答一卷　(清)溫忠翰撰　清光緒三十年(1904)刻本　一冊

340000－1801－0010249　3:08663
蠶桑問答一卷　(清)溫忠翰撰　清光緒三十年(1904)刻本　一冊

340000－1801－0010250　3:08664
蠶桑問答一卷　(清)溫忠翰撰　清光緒三十年(1904)刻本　一冊

340000－1801－0010251　3:08665
最新養蠶學八卷　(日本)針塚長太郎撰　(日本)野浦齋譯　清光緒三十年(1904)浙江官書局鉛印本　一冊

340000－1801－0010252　3:08666－3:08667
蠶桑實際六卷　(□)□□撰　清光緒四年(1878)滂喜齋刻本　二冊

340000－1801－0010253　3:08668
蠶桑實際六卷　(□)□□撰　清光緒桂垣書局刻本　一冊　存二卷(一至二)

340000－1801－0010254　3:08671
農林蠶說一卷　葉向榮編　清宣統三年(1911)石印本　一冊

340000－1801－0010255　3:08673
蠶桑述要一卷　(清)俞埔輯　清刻本　一冊

340000－1801－0010256　3:08679
野蠶錄四卷首一卷　(清)王元綎輯　清光緒二十八年(1902)鉛印本　一冊　存一卷(二)

340000－1801－0010257　3:08680
樗繭譜一卷　(清)鄭珍纂　(清)莫友芝注　清光緒三十四年(1908)遵義官書局鉛印本　一冊

340000－1801－0010258　3:08681
柳蠶新編二卷　(清)許鵬翊撰　清宣統三年(1911)鉛印本　一冊

340000－1801－0010259　3:08682
柳蠶新編二卷　(清)許鵬翊撰　清宣統三年(1911)鉛印本　一冊

340000－1801－0010260　3:08683
柳蠶新編二卷　(清)許鵬翊撰　清宣統三年(1911)鉛印本　一冊

340000－1801－0010261　3:08684
柞蠶簡法補遺一卷　徐瀾輯　清宣統二年(1910)安徽勸業道署鉛印本　一冊

340000－1801－0010262　3:08685
柞蠶簡法補遺一卷　徐瀾輯　清宣統二年(1910)安徽勸業道署鉛印本　一冊

340000－1801－0010263　3:08686
安徽勸辦柞蠶案一卷　徐瀾輯　清宣統二年(1910)安徽勸業道署鉛印本　一冊

340000－1801－0010264　3:08687
安徽勸辦柞蠶案一卷　徐瀾輯　清宣統二年(1910)安徽勸業道署鉛印本　一冊

340000－1801－0010265　3:08688
安徽勸辦柞蠶案一卷　徐瀾輯　清宣統二年(1910)安徽勸業道署鉛印本　一冊

340000－1801－0010266　3:08689
柞蠶彙誌一卷　董元亮輯　清宣統二年(1910)浙江官紙局木活字印本　一冊

340000－1801－0010267　3:08690
烘山蠶種日記簿一卷　(□)□□撰　清光緒三十四年(1908)稿本　一冊

340000－1801－0010268　3:08691－3:08692
重訂增補陶朱公致富全書四卷　（明）陳繼儒輯　（清）石巖逸叟增定　清大文堂刻本　二冊

340000－1801－0010269　3:08693－3:08694
重訂增補陶朱公致富奇書六卷　（明）陳繼儒輯　（清）石巖逸叟增定　清英秀堂刻本　二冊

340000－1801－0010270　3:08695－3:08696
重訂增補陶朱公致富全書四卷　（明）陳繼儒輯　（清）石巖逸叟增定　清善成堂刻本　二冊

340000－1801－0010271　3:08705
種樹書一卷　（元）俞宗本撰　**廣蠶桑說輯補二卷**　（清）沈練撰　清光緒二十三年（1897）桐廬袁氏漸西村舍刻漸西村舍匯刊本　一冊

340000－1801－0010272　3:08706
種樹書一卷　（元）俞宗本撰　**廣蠶桑說輯補二卷**　（清）沈練撰　清光緒二十三年（1897）桐廬袁氏漸西村舍刻漸西村舍匯刊本　一冊

340000－1801－0010273　3:08708
藝麻輯要不分卷　董元亮撰　清宣統二年（1910）浙江勸業公所鉛印本　一冊

340000－1801－0010274　3:08709
淡芭菰栽制法一卷　（美國）厄斯宅士藏撰（清）陳壽彭譯　**種煙葉法一卷**　（清）徐樹蘭撰　清光緒二十五年（1899）北洋官報局石印本　一冊

340000－1801－0010275　3:08710
山居瑣言一卷　（清）王晉之撰　清光緒十年（1884）津河廣仁堂刻本　一冊

340000－1801－0010276　3:08711
山居瑣言一卷　（清）王晉之撰　清光緒十年（1884）津河廣仁堂刻本　一冊

340000－1801－0010277　3:08715
玩草園讀書筆記一卷　（清）劉掞著　清刻本　一冊

340000－1801－0010278　3:08716
捕蝗要訣一卷除蝻八要一卷　（清）錢炘和輯　清光緒十七年（1891）江蘇書局刻本　一冊

340000－1801－0010279　3:08717
捕蝗彙編四卷　（清）陳僅輯　清道光刻本　一冊

340000－1801－0010280　3:08718
治蝗書一卷　（清）陳崇砥撰　清同治十三年（1874）刻本　一冊

340000－1801－0010281　3:08719
治蝗全法四卷附錄一卷　（清）顧彥輯　清光緒十四年（1888）刻本　一冊

340000－1801－0010282　3:08720
愚人一得集二卷　（□）□□撰　清光緒二十四年至二十八年（1898－1902）稿本　一冊

340000－1801－0010283　3:08721
黄山野菜考不分卷　（□）□□撰　清稿本　一冊

340000－1801－0010284　3:08723
棉麻事宜一卷　（□）□□撰　清刻本　一冊

340000－1801－0010285　3:08725
棉業圖說八卷首一卷　（清）農工商部輯　清宣統三年（1911）農工商部鉛印本　一冊　存四卷（一至四）

340000－1801－0010286　3:08726－3:08727
棉業圖說八卷首一卷　（清）農工商部輯　清宣統三年（1911）農工商部鉛印本　二冊

340000－1801－0010287　3:08728－3:08729
棉業圖說八卷首一卷　（清）農工商部輯　清宣統三年（1911）農工商部鉛印本　二冊

340000－1801－0010288　3:08730
種棉簡法一卷　徐灦編　清宣統二年（1910）安徽勸業道署鉛印本　一冊

340000－1801－0010289　3:08737－3:08740
畜產叢書八種　黄毅輯　清光緒三十三年（1907）上海新學會社石印本　四冊

340000－1801－0010290　3：08741－3：08744
課民植牧講義稿四卷　陳憲舜撰　羅明新錄　清光緒三十四年(1908)廣東學務公所鉛印本　四册

340000－1801－0010291　3：08745－3：08746
農產製造學二卷　(日本)楠巖撰　沈紘譯　清光緒北洋官報局鉛印本　二册

340000－1801－0010292　3：08748
牧豬法一卷　(清)陳梅坡譯　清光緒北洋官報局石印本　一册

340000－1801－0010293　3：08749－3：08752
蓮池四種十三卷　(□)□□撰　清光緒十四年(1888)蓮池書院刻本　四册

340000－1801－0010294　3：08753
營田輯要四卷　(清)黄輔辰輯　清同治三年(1864)成都刻本　一册

340000－1801－0010295　3：08758－3：08759
海錯百一錄五卷　(清)郭柏蒼輯　清光緒十二年(1886)刻本　二册

340000－1801－0010296　3：08760
泰西水法六卷　(意大利)熊三拔撰　(明)徐光啟記　清光緒三十三年(1907)抄本　一册

340000－1801－0010297　3：08761
捕蝗要訣一卷除蝻八要一卷　(清)錢炘和編　清同治八年(1869)楚北崇文書局刻本　一册

340000－1801－0010298　3：08762
捕蝗要訣一卷除蝻八要一卷　(清)錢炘和編　清光緒十七年(1891)江蘇書局刻本　一册

340000－1801－0010299　3：08763
捕蝗要訣一卷除蝻八要一卷　(清)錢炘和編　清光緒十七年(1891)江蘇書局刻本　一册

340000－1801－0010300　3：08805
自流井風物名實說一卷　(清)吳鼎立撰　清同治十年(1871)思源堂刻本　一册

340000－1801－0010301　3：08806
自流井風物名實說一卷　(清)吳鼎立撰　清同治十年(1871)思源堂刻本　一册

340000－1801－0010302　3：08807
自流井風物名實說一卷　(清)吳鼎立撰　清同治十年(1871)思源堂刻本　一册

340000－1801－0010303　3：08808－3：08811
采風記五卷時務論一卷　宋育仁編　清光緒二十二年(1896)袖海山房石印本　四册

340000－1801－0010304　3：08812－3：08819
直隸工藝志初編八卷　周爾潤纂　清光緒三十二年(1906)北洋官報局鉛印本　八册

340000－1801－0010305　3：08820－3：08821
工業與國政相關論二卷　(英國)司旦離遮風司撰　(美國)衛理　(清)王汝駉譯　清光緒二十六年(1900)江南製造局鉛印本　二册

340000－1801－0010306　3：08822－3：08829
考工記要十七卷圖一卷　(英國)瑪體生撰　(英國)傅蘭雅　(清)鍾天緯譯　清光緒七年(1881)江南製造局刻本　八册

340000－1801－0010307　3：08832－3：08844
化學工藝初集四卷二集四卷三集二卷圖三卷　(英國)能智撰　(英國)傅蘭雅　汪振聲譯　清光緒二十四年(1898)江南製造局鉛印本　十三册

340000－1801－0010308　3：08845－3：08848
汽機發軔九卷表一卷　(英國)美以納　(英國)白勞那撰　(英國)偉烈譯　(清)徐壽筆述　清同治、光緒江南製造局刻本　四册

340000－1801－0010309　3：08849－3：08852
汽機發軔九卷表一卷　(英國)美以納　(英國)白勞那撰　(英國)偉烈譯　(清)徐壽筆述　清同治、光緒江南製造局刻本　四册

340000－1801－0010310　3：08853－3：08860
工程致富論略十三卷圖一卷　(英國)瑪體生撰　(英國)傅蘭雅　(清)鍾天緯譯　清光緒四年(1878)江南製造局鉛印本　八册

340000－1801－0010311　3：08861
造玻璃法二卷　(英國)傅蘭雅譯　(清)徐壽

筆述　清石印富強叢書本　一册

340000－1801－0010312　3：08863
照相鏤板印圖法一卷　（美國）貝列尼撰　（美國）衛理　（清）王汝駉譯　清光緒二十六年（1900）江南製造局刻本　一册

340000－1801－0010313　3：08866
布經一卷　（□）□□撰　清抄本　一册

340000－1801－0010314　3：08874
商賈便覽四卷　（清）吳中孚輯　清乾隆五十七年（1792）刻本　一册

340000－1801－0010315　3：08875
商賈啟蒙不分卷商賈格言不分卷　（□）□□撰　清抄本　一册

340000－1801－0010316　3：08877
皮貨論不分卷　（□）□□撰　清光緒抄本　一册

340000－1801－0010317　3：08880－3：08883
商學四卷　（清）張相文編譯　（清）阜豐商業學社輯　清光緒三十一年（1905）上海商學公會鉛印本　四册

340000－1801－0010318　3：08887－3：08888
美國鐵路匯考十三卷　（美國）柯理撰　（英國）傅蘭雅譯　（清）潘松筆述　清光緒二十五年（1899）江南製造局刻本　二册

340000－1801－0010319　3：08889
別國洞冥記四卷　（漢）郭憲等撰　**枕中書一卷**　（晉）葛洪撰　**佛國記一卷**　（晉）釋法顯著　清刻本　一册

340000－1801－0010320　3：08896－3：08901
世說新語三卷佚文一卷校勘小識一卷引用書目一卷　（南朝宋）劉義慶撰　（南朝梁）劉孝標注　清光緒十七年（1891）思賢講舍刻本　六册

340000－1801－0010321　3：08902－3：08905
世說新語六卷　（南朝宋）劉義慶編　（南朝梁）劉孝標注　清光緒三年（1877）湖北崇文書局刻本　四册

340000－1801－0010322　3：08906－3：08909
世說新語六卷　（南朝宋）劉義慶編　（南朝梁）劉孝標注　清光緒三年（1877）湖北崇文書局刻本　四册

340000－1801－0010323　3：08939－3：08942
世說新語補二十卷　（南朝宋）劉義慶撰　（明）何良俊增　清乾隆二十七年（1762）茂清書屋刻本　四册

340000－1801－0010324　3：08943－3：08947
世說新語補二十卷　（南朝宋）劉義慶撰　（明）何良俊增　清乾隆二十七年（1762）茂清書屋刻本　五册　缺三卷（一至三）

340000－1801－0010325　3：08948－3：08954
世說新語三卷　（南朝宋）劉義慶撰　**世說新語補四卷**　（明）何良俊撰　清康熙十五年（1676）刻本　七册　缺三卷（世說新語補二至四）

340000－1801－0010326　3：08955－3：08962
世說新語補二十卷　（明）何良俊撰　清乾隆二十七年（1762）江夏黃氏刻本　八册

340000－1801－0010327　3：08967－3：08968
今世說八卷　（清）王晫輯　清霞舉堂刻本　二册

340000－1801－0010328　3：08969－3：08970
今世說八卷　（清）王晫輯　清霞舉堂刻本　二册

340000－1801－0010329　3：08971－3：08972
劇談錄二卷　（唐）康駢撰　清光緒四年（1878）葛氏刻嘯園叢書本　二册

340000－1801－0010330　3：08973
遂昌雜錄一卷　（元）鄭元祐撰　清刻說郛本　一册

340000－1801－0010331　3：08974－3：08977
涑水記聞十六卷　（宋）司馬光撰　清刻本　一册

340000－1801－0010332　3：08978－3：08981
涑水記聞十六卷補遺一卷　（宋）司馬光撰

清光緒三年(1877)湖北崇文書局刻本　四冊

340000－1801－0010333　3:08982－3:08985
涑水記聞十六卷補遺一卷　(宋)司馬光撰　清光緒三年(1877)湖北崇文書局刻本　四冊

340000－1801－0010334　3:08994
清波雜誌三卷　(宋)周輝撰　清刻稗海叢書本　一冊

340000－1801－0010335　3:08998
闕史二卷　(唐)參寥子述　清刻本　一冊

340000－1801－0010336　3:08999
御覽闕史二卷　(唐)高彥休撰　**雲谷雜記四卷首一卷末一卷**　(宋)張淏撰　清乾隆刻本　一冊

340000－1801－0010337　3:09004
釣磯立談一卷　(五代)史虛白撰　清宣統三年(1911)上海國學扶輪社鉛印本　一冊

340000－1801－0010338　3:09013－3:09016
麈史三卷　(宋)王得臣撰　清道光二十四年(1844)安州章山書屋刻本　四冊

340000－1801－0010339　3:09017－3:09018
北夢瑣言二十卷　(宋)孫光憲輯　清乾隆雅雨堂刻本　二冊

340000－1801－0010340　3:09025－3:09029
齊東野語二十卷　(宋)周密撰　明刻本　五冊　存二卷(一至二)

340000－1801－0010341　3:09034－3:09035
癸辛雜識前集一卷後集一卷續集二卷別集二卷　(宋)周密撰　**山房隨筆一卷**　(元)蔣正子撰　清刻本　二冊　缺二卷(癸辛雜識前集一卷、後集一卷)

340000－1801－0010342　3:09036－3:09038
癸辛雜識四卷　(宋)周密撰　明汲古閣刻津逮秘書本　三冊

340000－1801－0010343　3:09039－3:09042
歸潛志十四卷　(元)劉祁撰　清湘遠堂刻本　四冊

340000－1801－0010344　3:09044
柿葉軒筆記一卷　(清)胡虔撰　清道光十九年(1839)刻本　一冊

340000－1801－0010345　3:09045－3:09052
輟耕錄三十卷　(明)陶宗儀輯　清光緒上海刻本　八冊

340000－1801－0010346　3:09053－3:09062
輟耕錄三十卷　(明)陶宗儀輯　清光緒上海刻本　十冊

340000－1801－0010347　3:09063－3:09072
輟耕錄三十卷　(明)陶宗儀輯　清光緒上海刻本　十冊

340000－1801－0010348　3:09077－3:09078
雲間據目抄五卷　(明)范濂撰　清鉛印本　二冊

340000－1801－0010349　3:09080
浮生六記六卷　題(清)沈復撰　清光緒三年(1877)鉛印本　一冊　存四卷(一至四)

340000－1801－0010350　3:09089－3:09094
嘯亭雜錄八卷續錄二卷　題(清)汲修主人(昭槤)撰　清光緒六年(1880)刻本　六冊　存六卷(嘯亭雜錄一至六)

340000－1801－0010351　3:09095－3:09106
嘯亭雜錄八卷續錄二卷　題(清)汲修主人(昭槤)撰　清光緒六年(1880)刻本　十二冊

340000－1801－0010352　3:09107－3:09110
足本嘯亭雜錄十卷續錄三卷　題(清)汲修主人(昭槤)撰　清宣統元年(1909)中國圖書公司鉛印本　四冊

340000－1801－0010353　3:09111－3:09122
嘯亭雜錄八卷續錄二卷　題(清)汲修主人(昭槤)撰　清刻本　十二冊

340000－1801－0010354　3:09123－3:09126
嘯亭雜錄八卷續錄二卷　題(清)汲修主人(昭槤)撰　清光緒二十七年(1901)掃葉山房石印本　四冊

340000－1801－0010355　3:09131

隴蜀餘聞一卷　(清)王士禛撰　清刻本　一册

340000－1801－0010356　3:09134－3:09135
人海記二卷　(清)查慎行輯　清光緒七年(1881)刻本　二册

340000－1801－0010357　3:09138－3:09147
耳食錄十二卷二編八卷　(清)樂鈞撰　清同治刻本　十册

340000－1801－0010358　3:09156
遣愁集二卷　(清)張貴勝輯　清康熙刻本　一册

340000－1801－0010359　3:09157－3:09160
熙朝新語八卷　(清)徐錫齡輯　清刻本　四册

340000－1801－0010360　3:09161－3:09164
熙朝新語十六卷　(清)余金輯　清道光二年(1822)刻本　四册

340000－1801－0010361　3:09165－3:09170
熙朝新語十六卷　(清)余金輯　清道光二年(1822)刻本　六册

340000－1801－0010362　3:09184－3:09185
簷曝雜記六卷　(清)趙翼撰　清壽考堂刻本　二册

340000－1801－0010363　3:09186
消暑錄不分卷　(清)趙紹祖撰　清光緒十三年(1887)小古墨齋刻本　一册

340000－1801－0010364　3:09187－3:09194
梁氏筆記三種二十七卷　(清)梁章鉅撰　清宣統三年(1911)掃葉山房石印本　八册

340000－1801－0010365　3:09201－3:09211
浪跡叢談十一卷續談八卷　(清)梁章鉅撰　清道光二十六年(1846)刻本　十一册

340000－1801－0010366　3:09212－3:09216
浪跡叢談十一卷　(清)梁章鉅撰　清刻本　五册　缺四卷(四至七)

340000－1801－0010367　3:09217－3:09224
浪跡叢談十一卷續談八卷　(清)梁章鉅撰　清道光二十七年(1847)亦東園刻本　八册

340000－1801－0010368　3:09225－3:09228
浪跡續談八卷　(清)梁章鉅撰　清道光二十八年(1848)刻本　四册

340000－1801－0010369　3:09229－3:09234
浪跡三談六卷　(清)梁章鉅撰　清福州梁氏刻本　六册

340000－1801－0010370　3:09235－3:09236
碧聲吟館談麈四卷　(清)許善長撰　**硯辨一卷**　(清)孫森撰　清光緒四年(1878)仁和許氏碧聲吟館刻碧聲吟館叢書本　二册　存二卷(碧聲吟館談麈一、四)

340000－1801－0010371　3:09237－3:09240
兩般秋雨庵隨筆八卷　(清)梁紹壬輯　清著易堂鉛印本　四册

340000－1801－0010372　3:09241－3:09246
兩般秋雨庵隨筆六卷　(清)梁紹壬輯　清刻本　六册

340000－1801－0010373　3:09255－3:09258
兩般秋雨庵隨筆八卷　(清)梁紹壬輯　清光緒十年(1884)刻本　四册

340000－1801－0010374　3:09259－3:09262
兩般秋雨庵隨筆八卷　(清)梁紹壬輯　清光緒十年(1884)刻本　四册　存四卷(一、三、五、七)

340000－1801－0010375　3:09263－3:09270
兩般秋雨庵隨筆八卷　(清)梁紹壬輯　清道光十七年(1837)錢塘汪氏振綺堂刻本　八册

340000－1801－0010376　3:09271－3:09278
兩般秋雨庵隨筆八卷　(清)梁紹壬輯　清道光十七年(1837)錢塘汪氏振綺堂刻本　八册

340000－1801－0010377　3:09293
小滄浪筆談四卷　(清)阮元撰　清光緒二十六年(1900)江蘇書局刻本　一册　存二卷(一至二)

340000－1801－0010378　3:09294－3:09313

勸戒近錄六卷續錄六卷三錄六卷四錄六卷五錄六卷六錄六卷七錄六卷八錄六卷九錄六卷 (清)梁恭辰撰　清光緒十四年(1888)刻本　二十冊

340000－1801－0010379　3:09314－3:09329
勸戒近錄六卷續錄六卷三錄六卷四錄六卷五錄六卷六錄六卷七錄六卷八錄六卷九錄六卷 (清)梁恭辰撰　清光緒十四年(1888)刻本　十六冊　缺十卷(三錄四至六、五錄一至三、七錄三至六)

340000－1801－0010380　3:09330－3:09333
勸戒近錄十七卷　(清)梁恭辰撰　清同治六年(1867)刻本　四冊

340000－1801－0010381　3:09334－3:09341
勸戒近錄六卷續錄六卷三錄六卷四錄六卷五錄六卷六錄六卷七錄六卷八錄六卷九錄六卷 (清)梁恭辰撰　清光緒二十五年(1899)石印本　八冊

340000－1801－0010382　3:09347－3:09354
勸戒近錄六卷續錄六卷三錄六卷四錄六卷 (清)梁恭辰撰　清同治十三年(1874)刻本　八冊

340000－1801－0010383　3:09355－3:09362
池上草堂筆記八卷　(清)梁恭辰撰　清刻本　八冊

340000－1801－0010384　3:09363－3:09370
池上草堂筆記八卷　(清)梁恭辰撰　清刻本　八冊

340000－1801－0010385　3:09371－3:09378
池上草堂筆記八卷　(清)梁恭辰撰　清刻本　八冊

340000－1801－0010386　3:09412－3:09415
珊瑚舌雕談初筆八卷　(清)許起撰　清光緒刻本　四冊

340000－1801－0010387　3:09416－3:09419
繪圖騙術奇談四卷　(清)雷君曜編　清掃葉山房石印本　四冊

340000－1801－0010388　3:09421－3:09427
對山書屋墨餘錄十六卷　(清)毛祥麟撰　清同治十年(1871)杭州楊氏刻本　七冊　缺二卷(九至十)

340000－1801－0010389　3:09428－3:09435
對山書屋墨餘錄十六卷　(清)毛祥麟撰　清同治八年(1869)刻本　八冊

340000－1801－0010390　3:09436－3:09441
對山書屋墨餘錄十六卷　(清)毛祥麟撰　清同治九年(1870)上海對山毛氏亦可居刻本　六冊　存十二卷(一至二、五至十四)

340000－1801－0010391　3:09442－3:09447
對山書屋墨餘錄十六卷　(清)毛祥麟撰　清同治九年(1870)湖州醉六堂刻本　六冊

340000－1801－0010392　3:09451
蔗餘偶筆一卷　(清)方士淦撰　**梁聞山先生評書帖一卷**　(清)梁巘撰　**鮑覺生未刻詩一卷**　(清)鮑桂星撰　清同治十一年(1872)兩淮運署刻本　一冊

340000－1801－0010393　3:09452
蔗餘偶筆一卷　(清)方士淦撰　清刻本　一冊

340000－1801－0010394　3:09457－3:09466
蘭苕館外史(里乘)十卷　(清)許奉恩撰　清光緒五年(1879)刻本　十冊

340000－1801－0010395　3:09467
蘭苕館雜記不分卷　(清)許奉恩撰　清稿本　一冊

340000－1801－0010396　3:09469－3:09472
桂山錄異八卷　(清)顧淦撰　清刻本　四冊

340000－1801－0010397　3:09473－3:09476
客牕偶筆四卷二筆一卷　(清)金捧閶撰　清刻本　四冊

340000－1801－0010398　3:09477－3:09495
情史類略二十四卷　(明)馮夢龍輯　清芥子園刻本　十九冊　存十九卷(一至二、八至二十四)

340000－1801－0010399　3:09496－3:09507
情史類略二十四卷　題(明)詹詹外史(馮夢龍)評輯　清刻本　十二冊

340000－1801－0010400　3:09508－3:09513
穆天子傳注疏六卷　(清)檀萃撰　清刻本　六冊

340000－1801－0010401　3:09514－3:09519
穆天子傳注疏六卷　(清)檀萃撰　清刻本　六冊

340000－1801－0010402　3:09521
宣南夢憶二卷　題(清)甘溪瘦腰生(楊懋建)撰　清刻本　一冊

340000－1801－0010403　3:09522
宣南夢憶二卷　題(清)甘溪瘦腰生(楊懋建)撰　清刻本　一冊　存一卷(上)

340000－1801－0010404　3:09525
劍俠傳四卷　(□)□□撰　清康熙七年(1668)刻汪士漢秘書本　一冊

340000－1801－0010405　3:09526
劍俠傳四卷　(□)□□撰　清康熙七年(1668)刻汪士漢秘書本　一冊

340000－1801－0010406　3:09527－3:09530
閒情偶寄十六卷　(清)李漁撰　清康熙刻本　四冊

340000－1801－0010407　3:09531－3:09538
閒情偶寄十六卷　(清)李漁撰　清康熙刻本　八冊

340000－1801－0010408　3:09539－3:09546
閒情偶寄十六卷　(清)李漁撰　清康熙刻本　八冊

340000－1801－0010409　3:09553－3:09556
青泥蓮花記十三卷　題(明)梅禹金(梅鼎祚)纂輯　清宣統二年(1910)京都自強書局石印本　四冊

340000－1801－0010410　3:09558－3:09561
西青散記四卷　(清)史震林撰　清海陽汪氏三餘堂刻本　四冊

340000－1801－0010411　3:09562－3:09565
西青散記四卷　(清)史震林撰　清海陽汪氏三餘堂刻本　四冊

340000－1801－0010412　3:09566
西青散記四卷　(清)史震林撰　清乾隆瓜渚草堂刻本　一冊　存一卷(一)

340000－1801－0010413　3:09567－3:09570
西青散記四卷　(清)史震林撰　清乾隆瓜渚草堂刻本　四冊

340000－1801－0010414　3:09571－3:09572
南漘楛語八卷　(清)蔣超伯輯　清同治十年(1871)兩廧山房刻本　二冊

340000－1801－0010415　3:09573－3:09576
海上遊戲圖說四卷　題(清)滬上遊戲主撰　清光緒二十五年(1899)石印本　四冊

340000－1801－0010416　3:09577－3:09578
吳門百豔圖五卷　鄒弢編　清光緒五年(1879)雪祿軒刻本　二冊

340000－1801－0010417　3:09579－3:09580
白門新柳記一卷題詞一卷補記一卷白門衰柳附記一卷秦淮燈舫曲一卷　(清)許豫輯　清同治十一年(1872)姑蘇刻本　二冊

340000－1801－0010418　3:09581
白門新柳記一卷題詞一卷補記一卷白門衰柳附記一卷秦淮燈舫曲一卷　(清)許豫輯　清同治十一年(1872)姑蘇刻本　一冊

340000－1801－0010419　3:09584
菊部群英二卷　題(清)小遊仙客撰　清同治十二年(1873)琉璃廠富文齋刻本　一冊

340000－1801－0010420　3:09585－3:09587
秦淮畫舫錄二卷畫舫餘談一卷三十六春小譜一卷　題(清)捧花生撰　清同治十三年(1874)上海鉛印本　三冊

340000－1801－0010421　3:09588－3:09589
秦淮畫舫錄二卷　題(清)捧花生撰　清嘉慶刻本　二冊

340000－1801－0010422　3:09595

秦淮八豔圖詠不分卷　(清)葉衍蘭輯　清光緒十八年(1892)羊城越華講院刻本　一册

340000－1801－0010423　3:09597－3:09601
山海經十八卷　(晉)郭璞傳　(清)畢沅校　清尊德堂刻本　五册　存十三卷(一至八、十至十四)

340000－1801－0010424　3:09602
山海經十八卷　(晉)郭璞傳　(清)畢沅校　明刻本　一册

340000－1801－0010425　3:09603
山海經十八卷　(晉)郭璞傳　(清)畢沅校　明刻本　一册　存四卷(一至四)

340000－1801－0010426　3:09604－3:09605
山海經十八卷　(晉)郭璞傳　(清)畢沅校　清天都黄晟刻本　二册

340000－1801－0010427　3:09606－3:09608
山海經十八卷　(晉)郭璞傳　(清)畢沅校　清光緒三年(1877)浙江書局刻本　三册

340000－1801－0010428　3:09609－3:09611
山海經十八卷　(晉)郭璞傳　(清)畢沅校　清光緒三年(1877)浙江書局刻本　三册

340000－1801－0010429　3:09612－3:09615
山海經箋疏十八卷訂譌一卷　(晉)郭璞傳　(清)郝懿行箋疏　清嘉慶十四年(1809)阮氏琅嬛仙館刻本　四册

340000－1801－0010430　3:09616－3:09619
山海經箋疏十八卷訂譌一卷　(晉)郭璞傳　(清)郝懿行箋疏　清嘉慶十四年(1809)阮氏琅嬛仙館刻本　四册

340000－1801－0010431　3:09620－3:09623
山海經存九卷首一卷　(清)汪紱釋　清光緒二十一年(1895)撫立雪齋石印本　四册

340000－1801－0010432　3:09624－3:09627
山海經存九卷首一卷　(清)汪紱釋　清光緒二十一年(1895)撫立雪齋石印本　四册

340000－1801－0010433　3:09628－3:09631
山海經存九卷首一卷　(清)汪紱釋　清光緒二十一年(1895)撫立雪齋石印本　四册

340000－1801－0010434　3:09632－3:09635
山海經存九卷首一卷　(清)汪紱釋　清光緒二十一年(1895)撫立雪齋石印本　四册

340000－1801－0010435　3:09636－3:09639
山海經存九卷首一卷　(清)汪紱釋　清光緒二十一年(1895)撫立雪齋石印本　四册

340000－1801－0010436　3:09640－3:09641
山海經箋疏十八卷　(晉)郭璞傳　(清)郝懿行箋疏　清光緒二十八年(1902)梧岡精舍影印本　二册

340000－1801－0010437　3:09642－3:09646
山海經十八卷圖讚一卷　(晉)郭璞撰　清光緒十七年(1891)石印本　五册

340000－1801－0010438　3:09647－3:09650
山海經十八卷圖五卷　(晉)郭璞注　清文運堂刻本　四册

340000－1801－0010439　3:09661－3:09664
山海經廣注十八卷　(清)吳任臣注　清刻本　四册

340000－1801－0010440　3:09665－3:09668
山海經箋疏十八卷圖贊一卷訂譌一卷敘録一卷　(晉)郭璞注　(清)郝懿行疏　清光緒七年(1881)刻本　四册

340000－1801－0010441　3:09670
博物新編三集　(英國)合信撰　清咸豐五年(1855)上海墨海書館刻本　一册

340000－1801－0010442　3:09671
博物志十卷　(晉)張華撰　清光緒元年(1875)湖北崇文書局刻本　一册

340000－1801－0010443　3:09672
博物志十卷　(晉)張華撰　清光緒元年(1875)湖北崇文書局刻本　一册

340000－1801－0010444　3:09673
博物志十卷　(晉)張華撰　清光緒元年(1875)湖北崇文書局刻本　一册

340000－1801－0010445　3：09674－3：09705
廣博物志五十卷　（明）董斯張纂　清光緒五年（1879）學海堂刻本　三十二册

340000－1801－0010446　3：09676－3：09729
廣博物志五十卷　（明）董斯張纂　清光緒五年（1879）學海堂刻本　二十四册

340000－1801－0010447　3：09730－3：09753
廣博物志五十卷　（明）董斯張纂　清光緒五年（1879）學海堂刻本　二十四册

340000－1801－0010448　3：09754－3：09781
廣博物志五十卷　（明）董斯張纂　清光緒五年（1879）學海堂刻本　二十八册

340000－1801－0010449　3：09782－3：09801
夷堅志十集二十卷　（宋）洪邁撰　清乾隆四十七年（1782）耕煙草堂刻本　二十册

340000－1801－0010450　3：09802－3：09811
夷堅志十集二十卷　（宋）洪邁撰　清乾隆四十七年（1782）耕煙草堂刻本　十册

340000－1801－0010451　3：09812－3：09823
夷堅志甲集二十卷乙集二十卷丙集二十卷丁集二十卷　（宋）洪邁撰　清光緒五年（1879）刻本　十二册

340000－1801－0010452　3：09824－3：09835
夷堅志甲集二十卷乙集二十卷丙集二十卷丁集二十卷　（宋）洪邁撰　清光緒五年（1879）刻本　十二册

340000－1801－0010453　3：09836
述異記二卷　（南朝梁）任昉撰　清刻本　一册

340000－1801－0010454　3：09837－3：09838
幽夢影二卷　（清）張潮輯　清刻本　二册

340000－1801－0010455　3：09839－3：09840
拾遺記十卷　（晉）王嘉撰　清刻增訂漢魏叢書本　二册

340000－1801－0010456　3：09841
拾遺記十卷　（晉）王嘉撰　清光緒元年（1875）湖北崇文書局刻本　一册

340000－1801－0010457　3：09842
拾遺記十卷　（晉）王嘉撰　清光緒元年（1875）湖北崇文書局刻本　一册

340000－1801－0010458　3：09857－3：09862
酉陽雜俎二十卷續集十卷　（唐）段成式撰　清光緒二年（1876）五鳳樓刻本　六册

340000－1801－0010459　3：09875
半窗雜記四卷　（清）張鉅輯　清光緒三十一年（1905）刻本　一册　存二卷（一至二）

340000－1801－0010460　3：09879－3：09880
搜神記二十卷　（晉）干寶撰　清光緒元年（1875）湖北崇文書局刻本　二册

340000－1801－0010461　3：09881
搜神後記十卷　（晉）陶潛撰　清光緒元年（1875）湖北崇文書局刻本　一册

340000－1801－0010462　3：09882
搜神後記十卷　（晉）陶潛撰　清光緒元年（1875）湖北崇文書局刻本　一册

340000－1801－0010463　3：09883－3：09898
注釋聊齋志異十六卷　（清）蒲松齡撰　（清）何垠注　清道光十九年（1839）刻本　十六册

340000－1801－0010464　3：09899－3：09914
注釋聊齋志異十六卷　（清）蒲松齡撰　（清）何垠注　清道光十九年（1839）刻本　十六册

340000－1801－0010465　3：09915－3：09930
聊齋志異新評十六卷　（清）蒲松齡撰　清道光二十二年（1842）刻朱墨套印本　十六册

340000－1801－0010466　3：09931－3：09946
聊齋志異新評十六卷　（清）蒲松齡撰　清道光二十二年（1842）刻朱墨套印本　十六册

340000－1801－0010467　3：09947－3：09962
聊齋志異新評十六卷　（清）蒲松齡撰　清道光二十二年（1842）刻朱墨套印本　十六册

340000－1801－0010468　3：09963－3：09978
聊齋志異新評十六卷　（清）蒲松齡撰　清光緒三年（1877）刻朱墨套印本　十六册

340000－1801－0010469　3：09979－3：09994
聊齋志異新評十六卷　（清）蒲松齡撰　清道光二十二年（1842）刻本　十六冊

340000－1801－0010470　3：09995－3：10010
聊齋志異新評十六卷　（清）蒲松齡撰　清道光二十二年（1842）刻本　十六冊

340000－1801－0010471　3：10011－3：10026
聊齋志異新評十六卷　（清）蒲松齡撰　清道光二十二年（1842）刻本　十六冊

340000－1801－0010472　3：1001－3：1010 善
管韓合刻四十四卷　（明）趙用賢編　明萬曆十年（1582）趙用賢刻本　十冊

340000－1801－0010473　3：10027－3：10034
聊齋志異十六卷　（清）蒲松齡撰　清刻本　八冊

340000－1801－0010474　3：10067－3：10070
後聊齋志異八卷　（清）徐昆撰　清光緒二十二年（1896）石印本　四冊

340000－1801－0010475　3：10071－3：10078
詳註聊齋志異圖詠十六卷首一卷　（清）蒲松齡撰　（清）呂湛恩注　清光緒十二年（1886）石印本　八冊

340000－1801－0010476　3：10084－3：10086
松隱漫錄十二卷　（清）王韜撰　清光緒十三年（1887）上海點石齋石印本　三冊　存九卷（一至三、七至十二）

340000－1801－0010477　3：10096－3：10097
松隱漫錄十二卷松隱續錄四卷　（清）王韜撰　清光緒石印本　二冊

340000－1801－0010478　3：10098－3：10109
見聞隨筆二十六卷續筆二十四卷　（清）齊學裘撰　清光緒二年（1876）刻本　十二冊　缺九卷（見聞隨筆一至九）

340000－1801－0010479　3：1011 善
新刻洗冤録二卷體式一卷　（宋）宋慈撰　明萬曆胡文煥刻格致叢書本　一冊

340000－1801－0010480　3：1012 善
新刻無冤錄一卷　（元）王與撰　明萬曆胡文煥刻格致叢書本　一冊

340000－1801－0010481　3：1013 善
公孫龍子一卷　（戰國）公孫龍撰　明刻合諸名家批點諸子全書本　一冊

340000－1801－0010482　3：1014－3：1018 善
墨子六卷　（□）□□撰　明萬曆九年（1581）刻本　五冊　存五卷（一至五）

340000－1801－0010483　3：10154－3：10155
雙槐歲鈔十卷　（明）黃瑜撰　清文字歡娛室刻本　二冊

340000－1801－0010484　3：10156－3：10159
如是我聞四卷　（清）紀昀撰　清乾隆刻本　四冊

340000－1801－0010485　3：10160－3：10166
閱微草堂筆記二十四卷　（清）紀昀撰　清刻本　七冊　存四種十五卷（如是我聞一至四、槐西雜志一至四、姑妄聽之一至四、灤陽續錄四至六）

340000－1801－0010486　3：10167－3：10182
閱微草堂筆記二十四卷　（清）紀昀撰　清光緒刻本　十六冊

340000－1801－0010487　3：10183－3：10194
閱微草堂筆記二十四卷　（清）紀昀撰　清嘉慶五年（1800）北平盛氏刻本　十二冊

340000－1801－0010488　3：1019－3：1021 善
墨子全集十五卷　（明）李贄選　（明）郎兆玉評　明杭州堂策檻刻本　三冊

340000－1801－0010489　3：10195－3：10200
閱微草堂筆記二十四卷　（清）紀昀撰　清嘉慶五年（1800）北平盛氏刻本　六冊

340000－1801－0010490　3：10201－3：10210
閱微草堂筆記二十四卷　（清）紀昀撰　清道光刻本　十冊

340000－1801－0010491　3：10219－3：10228
閱微草堂筆記二十四卷　（清）紀昀撰　清道光十三年（1833）刻本　十冊

340000－1801－0010492　3：1022－3：1023 善
鬼谷子一卷　(□)□□撰　明崇德書院刻本　二冊

340000－1801－0010493　3：1024 善
子華子二卷　(春秋)程本撰　(明)郎兆玉評　明杭州堂策檻刻本　一冊

340000－1801－0010494　3：1025－3：1040 善
呂氏春秋二十六卷　(秦)呂不韋撰　明嘉靖七年(1528)許宗魯刻本　十六冊

340000－1801－0010495　3：10255－3：10258
槐西雜誌四卷　(清)紀昀撰　清刻本　四冊

340000－1801－0010496　3：10259－3：10262
坐花志果八卷　(清)汪道鼎輯　清同治八年(1869)刻本　四冊

340000－1801－0010497　3：10263
坐花志果二卷　(清)汪道鼎輯　清光緒四年(1878)鉛印本　一冊

340000－1801－0010498　3：10264－3：10265
坐花志果八卷　(清)汪道鼎輯　清光緒十四年(1888)鉛印本　二冊

340000－1801－0010499　3：10266－3：10267
坐花志果八卷　(清)汪道鼎輯　清光緒十四年(1888)鉛印本　二冊

340000－1801－0010500　3：10268－3：10269
坐花志果八卷　(清)汪道鼎輯　清石印本　二冊

340000－1801－0010501　3：10280－3：10281
見聞果報錄二卷　(清)葉鈺撰　清光緒二年(1876)刻本　二冊

340000－1801－0010502　3：10285－3：10288
豈有此理四卷　(□)□□撰　清嘉慶四年(1799)刻本　四冊

340000－1801－0010503　3：10289－3：10292
豈有此理四卷　(□)□□撰　清嘉慶四年(1799)刻本　四冊

340000－1801－0010504　3：10293－3：10296
更豈有此理四卷　(□)□□撰　清嘉慶十九年(1814)刻本　四冊

340000－1801－0010505　3：10297－3：10302
諧鐸十二卷　(清)沈起鳳撰　清同治五年(1866)刻本　六冊

340000－1801－0010506　3：10303－3：10308
諧鐸十二卷　(清)沈起鳳撰　清同治五年(1866)刻本　六冊

340000－1801－0010507　3：10311－3：10314
繪圖希奇古怪四卷　(清)李慶辰撰　清光緒二十年(1894)上海理文軒石印本　四冊

340000－1801－0010508　3：10315
笑笑錄六卷　題(清)獨逸窩退士輯　清光緒五年(1879)申報館鉛印本　一冊

340000－1801－0010509　3：10323
我佛山人劄記小說四卷　(清)吳趼人撰　清輿論時事報鉛印本　一冊　存二卷(三至四)

340000－1801－0010510　3：10332
三十三年落花夢不分卷　(日本)宮崎寅藏撰　清光緒二十八年(1902)鉛印本　一冊

340000－1801－0010511　3：10333
雲仙散錄一卷　(唐)馮贄輯　清光緒三十年(1904)南陵徐氏刻本　一冊

340000－1801－0010512　3：10334
雲仙散錄一卷　(唐)馮贄輯　清光緒三十年(1904)南陵徐氏刻本　一冊

340000－1801－0010513　3：10335－3：10338
解人頤廣集八卷　(清)錢德蒼重訂　清光緒三十二年(1906)石印本　四冊

340000－1801－0010514　3：10340－3：10343
增補一夕話六卷　題(清)咄咄夫輯　清道光十二年(1832)經綸堂刻本　四冊

340000－1801－0010515　3：10344
一夕話六卷　題(清)咄咄夫輯　清刻本　一冊

340000－1801－0010516　3：10345－3：10348

增訂一夕話新集六卷　題(清)咄咄夫輯　清刻本　四册

340000－1801－0010517　3：10351－3：10413
太平廣記五百卷　(宋)李昉等撰　清道光二十六年(1846)刻本　六十三册　缺八卷(四十三至五十)

340000－1801－0010518　3：1041－3：1044 善
吕氏春秋二十六卷　(秦)吕不韋撰　明新安吳勉學刻二十子本　四册

340000－1801－0010519　3：1045－3：1048 善
吕氏春秋二十六卷　(秦)吕不韋撰　明錢塘朱圖隆刻本　四册

340000－1801－0010520　3：1049－3：1053 善
吕氏春秋二十六卷　(秦)吕不韋撰　明萬曆七年(1579)鳳陽府張登雲刻本　五册

340000－1801－0010521　3：10494－3：10505
虞初新志二十卷續志十二卷　(清)張潮輯　清咸豐元年(1851)小嫏嬛山館刻本　十二册

340000－1801－0010522　3：10506－3：10509
虞初新志二十卷　(清)張潮輯　清刻本　四册　存十六卷(一至十六)

340000－1801－0010523　3：10517－3：10524
虞初新志二十卷　(清)張潮輯　清康熙刻本　八册

340000－1801－0010524　3：10525－3：10532
虞初新志二十卷　(清)張潮輯　清康熙刻本　八册

340000－1801－0010525　3：10533－3：10542
虞初新志二十卷　(清)張潮輯　清康熙刻本　十册

340000－1801－0010526　3：10543－3：10552
虞初新志二十卷　(清)張潮輯　清康熙刻本　十册

340000－1801－0010527　3：10553－3：10562
廣虞初新志四十卷　(清)黄承增輯　清寄鷗閑舫刻本　十册　存二十卷(二十一至四十)

340000－1801－0010528　3：10563－3：10582
廣虞初新志四十卷　(清)黄承增輯　清嘉慶八年(1803)刻本　二十册

340000－1801－0010529　3：1059－3：1064 善
淮南鴻烈解二十一卷　(漢)劉安撰　(明)茅坤等評　明刻朱墨套印本　六册

340000－1801－0010530　3：10623－3：10630
茶香室叢鈔二十三卷　(清)俞樾撰　清光緒九年(1883)春在堂刻本　八册

340000－1801－0010531　3：10631－3：10636
茶香室續鈔二十五卷目錄一卷　(清)俞樾撰　清光緒十一年(1885)刻本　六册

340000－1801－0010532　3：10637－3：10639
妙香室叢話十四卷　(清)張培仁輯　清申報館鉛印本　三册

340000－1801－0010533　3：10640－3：10647
翼駉稗編八卷　(清)湯用中撰　清同治刻本　八册

340000－1801－0010534　3：1065－3：1068 善
淮南鴻烈解二十一卷　(漢)劉安撰　明刻本　四册

340000－1801－0010535　3：10684－3：10687
說鈴抄八卷　(清)華繼輯　清乾隆刻本　四册

340000－1801－0010536　3：10688－3：10691
說鈴抄八卷　(清)華繼輯　清乾隆刻本　四册

340000－1801－0010537　3：10692－3：10693
故事俗說百課不分卷　(清)潘清蔭撰　清光緒二十九年(1903)鉛印本　二册

340000－1801－0010538　3：1069－3：1074 善
淮南鴻烈解二十一卷　(漢)劉安撰　明刻本　六册

340000－1801－0010539　3：10694
虎癡虎二卷補遺一卷　(清)俞鑒撰　清光緒十四年(1888)刻本　一册　缺一卷(上)

340000－1801－0010540　3:10695－3:10698
謎選四卷　（清）東霖氏輯　清光緒八年(1882)華翰齋刻本　四冊

340000－1801－0010541　3:10699－3:10702
螢窗異草初編四卷二編四卷　題（清）長白浩歌子撰　清光緒三十年(1904)上海漢讀樓石印本　四冊

340000－1801－0010542　3:10703－3:10704
螢窗異草三編四卷　題（清）長白浩歌子撰　清光緒上海申報館石印本　二冊

340000－1801－0010543　3:10705
七嬉二卷　（清）棲雲野客編　清道光十七年(1837)刻本　一冊

340000－1801－0010544　3:10706
詩餘小草(秋鐙雅集)一卷　題（清）濱臣氏撰　清道光六年(1826)刻本　一冊

340000－1801－0010545　3:10707
蓮廊雅集二卷　江峰青輯　清光緒二十年(1894)刻本　一冊　缺一卷(燈迷下)

340000－1801－0010546　3:10711－3:10713
明齋小識十二卷　（清）諸聯撰　清道光十四年(1834)奎韻樓刻本　三冊

340000－1801－0010547　3:10719－3:10726
學史四十八卷　（清）王希廉輯　清光緒元年(1875)鉛印本　八冊

340000－1801－0010548　3:10727－3:10728
三異筆談一集四卷　（清）許元仲撰　清光緒上海申報館鉛印本　二冊

340000－1801－0010549　3:10729－3:10734
西湖佳話古今遺跡十六卷　題（清）墨浪子輯　清刻本　六冊

340000－1801－0010550　3:10735－3:10737
西湖佳話古今遺跡十六卷　題（清）墨浪子輯　清刻本　三冊　存九卷(八至十六)

340000－1801－0010551　3:1075－3:1076 善
淮南鴻烈解輯略二卷　（漢）劉安撰　（明）張榜芟輯　明刻本　二冊

340000－1801－0010552　3:10758－3:10759
鷗陂漁話六卷　（清）葉廷琯撰　清同治八年(1869)刻本　二冊

340000－1801－0010553　3:10760－3:10765
夜譚隨錄十二卷　題（清）霽園主人撰　清光緒二年(1876)愛日堂刻本　六冊

340000－1801－0010554　3:10766－3:10777
夜譚隨錄十二卷　題（清）霽園主人撰　清刻本　十二冊

340000－1801－0010555　3:1077－3:1078 善
淮南子刪評二卷　（漢）劉安撰　（明）汪明際刪評　明吳郡汪明際刻本　二冊

340000－1801－0010556　3:10782
語新二卷　（清）錢學綸撰　清鉛印古今說部叢書本　一冊

340000－1801－0010557　3:1079－3:1090 善
論衡三十卷　（漢）王充撰　明萬曆新安程榮刻漢魏叢書本　十二冊

340000－1801－0010558　3:10832－3:10836
庸閑齋筆記十二卷自敍一卷　（清）陳其元撰　清光緒十五年(1889)檢古齋石印本　五冊

340000－1801－0010559　3:10853－3:10855
宋瑣語不分卷　（清）郝懿行輯　清嘉慶二十一年(1816)曬堂刻本　三冊

340000－1801－0010560　3:10856－3:10858
宋瑣語不分卷　（清）郝懿行輯　清甘泉汪喜孫刻本　三冊

340000－1801－0010561　3:10859－3:10862
宋瑣語不分卷　（清）郝懿行輯　清刻本　四冊

340000－1801－0010562　3:10863
蒿庵閒話二卷　（清）張爾岐撰　清乾隆刻本　一冊

340000－1801－0010563　3:10864－3:10867
甕牖餘談八卷　（清）王韜輯　清光緒元年(1875)上海申報館鉛印本　四冊

340000－1801－0010564　3:10868－3:10869
甕牖餘談八卷　(清)王韜輯　清光緒元年(1875)上海申報館鉛印本　二冊

340000－1801－0010565　3:10870－3:10871
甕牖餘談八卷　(清)王韜輯　清光緒元年(1875)上海申報館鉛印本　二冊　存四卷(一至四)

340000－1801－0010566　3:10875－3:10878
吹影編四卷　題(清)垣赤道人撰　清嘉慶二年(1797)刻本　四冊

340000－1801－0010567　3:10899－3:10902
椒生隨筆八卷　(清)王之春撰　清光緒七年(1881)上洋文藝齋刻本　四冊

340000－1801－0010568　3:10903－3:10906
椒生隨筆八卷　(清)王之春撰　清光緒七年(1881)上洋文藝齋刻本　四冊

340000－1801－0010569　3:10907－3:10910
椒生隨筆八卷　(清)王之春撰　清光緒七年(1881)上洋文藝齋刻本　四冊

340000－1801－0010570　3:1091－3:1095 善
論衡三十卷　(漢)王充撰　明萬曆新安程榮刻漢魏叢書本　五冊

340000－1801－0010571　3:10918－3:10923
觚賸八卷續編四卷　(清)鈕琇輯　清宣統三年(1911)鉛印本　六冊

340000－1801－0010572　3:10924－3:10929
觚賸八卷續編四卷　(清)鈕琇輯　清宣統三年(1911)鉛印本　六冊

340000－1801－0010573　3:10930－3:10931
觚賸續編四卷　(清)鈕琇輯　清臨野堂刻本　二冊

340000－1801－0010574　3:10932
漫遊隨錄二卷　(清)王韜撰　清光緒石印本　一冊

340000－1801－0010575　3:10933
荒鹿偶談四卷　(清)徐卓撰　清刻本　一冊　存二卷(三至四)

340000－1801－0010576　3:10934－3:10937
柳崖外編十六卷　(清)徐昆撰　清刻本　四冊　存八卷(七至十四)

340000－1801－0010577　3:10938－3:10941
唐語林八卷　(宋)王讜撰　清刻惜陰軒叢書本　四冊

340000－1801－0010578　3:10943
皇華紀聞四卷　(清)王士禛撰　清康熙刻本　一冊

340000－1801－0010579　3:10944
秋平剩語不分卷　(清)黃文暘撰　清抄本　一冊

340000－1801－0010580　3:10945
花史續編八卷　題(清)思綺齋撰　清光緒三十三年(1907)鉛印本　一冊

340000－1801－0010581　3:10956－3:10965
履園叢話二十四卷　(清)錢泳輯　清同治九年(1870)刻本　十冊　存二十卷(一至十四、十七至二十二)

340000－1801－0010582　3:1096－3:1104 善
金罍子上篇十一卷中篇十二卷下篇十二卷　(明)陳絳撰　明萬曆三十四年(1606)陳昱刻本　九冊　存三十卷(金罍子上篇一至三、九至十一,中篇十二卷,下篇十二卷)

340000－1801－0010583　3:10966
止園筆談八卷　(清)史夢蘭撰　清道光刻止園叢書本　十冊　存二卷(七至八)

340000－1801－0010584　3:10968－3:10971
唐摭言十五卷　(五代)王定保撰　清照曠閣刻本　四冊

340000－1801－0010585　3:10972－3:10973
唐摭言十五卷　(五代)王定保撰　清乾隆二十一年(1756)德州盧氏雅雨堂刻本　二冊

340000－1801－0010586　3:10974
瑣蛣雜記二十卷　題(清)竹勿山石道人撰　清刻本　一冊　存二卷(十五、十七)

340000－1801－0010587　3:10976－3:10980

石點頭十四卷　題(清)天然癡叟撰　清敬書堂刻本　五冊

340000－1801－0010588　3∶10981
續齊諧記一卷　(南朝梁)吳均撰　清刻本　一冊

340000－1801－0010589　3∶10982
清異錄二卷　(宋)陶穀撰　**表異錄二十卷**　(明)王志堅輯　清陳氏漱六閣刻本　一冊

340000－1801－0010590　3∶10983
瀚海披沙八卷　(清)武文斌輯　清刻本　一冊　存三卷(二至三、五)

340000－1801－0010591　3∶10984
寄龕乙志四卷　(清)孫德祖撰　清光緒九年(1883)刻本　一冊

340000－1801－0010592　3∶10985－3∶10988
夢粱錄二十卷　(宋)吳自牧撰　清光緒十六年(1890)刻本　四冊

340000－1801－0010593　3∶10990
書事存稿二卷　(清)張作楠撰　清刻本　一冊

340000－1801－0010594　3∶10991－3∶10993
芝庵雜記四卷　(清)陸雲錦撰　清嘉慶刻本　三冊　存三卷(二至四)

340000－1801－0010595　3∶10994
雜纂三卷　(唐)李義山撰　清青藜館刻本　一冊

340000－1801－0010596　3∶10995
玉照新志六卷東觀奏記三卷　(宋)王明清撰　清順治宛委山堂刻說郛本　一冊

340000－1801－0010597　3∶1105－3∶1114 善
右編補十卷　(明)姚文蔚編　明萬曆三十九年(1611)新安刻本　十冊

340000－1801－0010598　3∶1115－3∶1123 善
道元一炁乾集四卷保生秘要利集一卷　(明)曹士珩撰　清抄本　九冊

340000－1801－0010599　3∶11191－3∶11194
開闢衍釋通俗志傳六卷八十回　(明)周遊撰　清道光十年(1830)刻本　四冊

340000－1801－0010600　3∶11195－3∶11199
開闢衍釋通俗志傳六卷八十回　(明)周遊撰　清道光十年(1830)刻本　五冊　存五卷(一至五)

340000－1801－0010601　3∶11200－3∶11209
繡像封神演義一百回　(明)許仲琳撰　(明)鍾惺評釋　清光緒刻廣百宋齋印本　十冊

340000－1801－0010602　3∶11210－3∶11229
新刻鍾伯敬先生批評封神演義二十卷一百回　(明)許仲琳撰　(明)鍾惺評釋　清光緒九年(1883)刻本　二十冊

340000－1801－0010603　3∶11230－3∶11239
新刻鍾伯敬先生批評封神演義二十卷一百回　(明)許仲琳撰　(明)鍾惺評釋　清刻本　十冊

340000－1801－0010604　3∶11247－3∶11254
初刻封神演義八卷一百回　(明)許仲琳撰　(明)鍾惺評釋　清刻本　八冊

340000－1801－0010605　3∶1124 善
嬾真子五卷　(宋)馬永卿撰　明刻本　一冊

340000－1801－0010606　3∶1125－3∶1132 善
鴻苞集四十八卷　(明)屠隆撰　明刻本　八冊　存十六卷(一至二、五至八、十三至十六、二十三至二十四、三十五至三十六、四十七至四十八)

340000－1801－0010607　3∶11255－3∶11262
封神演義八卷一百回　(明)許仲琳著　清乾隆四十三年(1778)刻經元堂印本　八冊

340000－1801－0010608　3∶11263－3∶11274
東周列國全志二十三卷一百八回　(清)蔡昇評點　清刻本　十二冊

340000－1801－0010609　3∶11275－3∶11282
東周列國全志二十七卷　(清)蔡昇評點　清光緒十八年(1892)五彩公司石印本　八冊

340000－1801－0010610　3:11283－3:11294
東周列國全志二十三卷一百八回　(清)蔡奡評點　清嘉慶六年(1801)刻本　十二册

340000－1801－0010611　3:11295－3:11302
東周列國志二十七卷　(清)蔡奡評點　清光緒十四年(1888)點石齋石印本　八册

340000－1801－0010612　3:11303－3:11326
東周列國全志二十三卷一百八回　(清)蔡奡評點　清書成山房刻朱墨套印本　二十四册

340000－1801－0010613　3:11327－3:11350
東周列國全志二十三卷一百八回　(清)蔡奡評點　清大文堂刻本　二十四册

340000－1801－0010614　3:1133 善
援鶉堂筆記補遺不分卷　(清)姚範撰　清光緒十五年(1889)姚永槩抄本　一册

340000－1801－0010615　3:1134－3:1135 善
東坡先生志林五卷　(宋)蘇軾撰　(明)焦竑評　明刻朱墨套印本　二册

340000－1801－0010616　3:11351－3:11374
東周列國全志二十三卷一百八回　(清)蔡奡評點　清刻本　二十四册

340000－1801－0010617　3:1136 善
東坡先生志林十二卷　(明)商濬校　明商濬刻稗海本　一册　存七卷(一至七)

340000－1801－0010618　3:11375－3:11388
東周列國全志二十三卷一百八回　(清)蔡奡評點　清刻本　十四册　缺三卷(一至三)

340000－1801－0010619　3:1137 善
劇談録二卷　(唐)康駢撰　**冷齋夜話十卷**　(宋)釋惠洪撰　明汲古閣刻津逮秘書本　一册

340000－1801－0010620　3:1138－3:1141 善
孔氏雜説四卷　(宋)孔平仲撰　明刻本　四册

340000－1801－0010621　3:11389－3:11400
東周列國志二十七卷　(清)蔡奡評點　清漁古山房刻本　十二册

340000－1801－0010622　3:11405－3:11406
孫龐演義四卷二十回　(□)□□撰　清嘯花軒刻本　二册　存二卷(一、四)

340000－1801－0010623　3:11407－3:11409
後七國樂田演義四卷二十回　題(清)煙水散人輯　清嘯花軒刻本　三册　存三卷(一至三)

340000－1801－0010624　3:11410－3:11415
新刻劍嘯閣批評西漢演義傳八卷　(□)□□撰　清埽葉山房刻本　八册

340000－1801－0010625　3:11426－3:11429
新刻劍嘯閣批評東漢演義傳十卷　(□)□□撰　清刻本　四册

340000－1801－0010626　3:114－3:152 善
朱子語類一百四十卷　(宋)朱熹撰　(明)朱吾弼重編　明萬曆三十四年(1606)朱崇沐刻本　三十九册　缺三卷(二十五至二十七)

340000－1801－0010627　3:1143－3:1144 善
駢枝别集二十卷　(明)黄道周撰　明吴郡沈氏大來堂刻本　二册

340000－1801－0010628　3:11450－3:11461
新刻劍嘯閣批評西漢演義傳八卷東漢演義傳十卷　(明)鍾惺評　清金閶講德齋刻本　十二册

340000－1801－0010629　3:1145 善
新刻格古論要五卷　(明)曹昭著　(明)胡文煥選　明萬曆胡文煥刻格致叢書本　一册

340000－1801－0010630　3:11462－3:11475
新刻劍嘯閣批評西漢演義傳八卷東漢演義傳十卷　(□)□□撰　清漁古山房刻本　十四册

340000－1801－0010631　3:1146 善
新刻古器具名二卷古器總説一卷　(明)胡文煥輯　明萬曆胡文煥刻格致叢書本　一册　缺一卷(新刻古器具名上)

340000－1801－0010632　3:11476－3:11499
三國志演義六十卷　(明)羅本撰　清咸豐三

年(1853)常熟刻本　二十四册

340000－1801－0010633　3:1147 善
趙忠毅公閒居擇言一卷味檗齋遺筆一卷　(明)趙南星撰　**先君趙冢宰忠毅公行述一卷**　(明)趙清衡撰　明刻清補修本(方宗誠題識)　一册

340000－1801－0010634　3:1148 善
明張柏山先生手寫書不分卷　(明)張鼐撰　明抄本　一册

340000－1801－0010635　3:1149－3:1158 善
燕泉何先生餘冬序錄六十五卷　(明)何孟春撰　明萬曆黃齊賢、張汝賢刻本　十册　存五十卷(六至十五、二十一至六十)

340000－1801－0010636　3:11500－3:11509
三國志演義五十一卷　(明)羅本撰　清刻本　十册

340000－1801－0010637　3:11510－3:11519
增像全圖三國演義十六卷一百二十回　(明)羅本撰　清光緒十一年(1885)同文書局石印本　十册

340000－1801－0010638　3:11520－3:11527
增像全圖三國演義十六卷一百二十回　(明)羅本撰　清光緒二十九年(1903)上海錦章書局石印本　八册

340000－1801－0010639　3:11528－3:11546
第一才子書十九卷一百二十回首一卷　(明)羅本撰　清光緒十四年(1888)掃葉山房刻本　十九册

340000－1801－0010640　3:11547－3:11556
三國志演義十六卷　(明)羅本撰　清宣統元年(1909)石印本　十册

340000－1801－0010641　3:11557－3:11576
第一才子書六十卷一百二十回首一卷　(明)羅本撰　清光緒七年(1881)刻朱墨套印本　二十册

340000－1801－0010642　3:11577－3:11596
第一才子書十九卷一百二十回首一卷　(明)羅本撰　清金閶刻本　二十册

340000－1801－0010643　3:1159－3:1160 善
德馨齋備忘錄四卷　(明)何孟春撰　清抄本　二册

340000－1801－0010644　3:11597－3:11616
第一才子書五十一卷一百二十回　(明)羅本撰　清大文堂刻本　二十册

340000－1801－0010645　3:1161－3:1162 善
新鐫陳太史子史經濟言十二卷　(明)陳子壯編　明天啓刻本　二册

340000－1801－0010646　3:11617－3:11640
第一才子書六十卷一百二十回　(明)羅本撰　(清)毛宗崗評　清溫陵刻本　二十四册

340000－1801－0010647　3:1163 善
小柴桑喃喃錄二卷　(明)陶奭齡撰　明崇禎八年(1635)李爲芝今是堂刻本　一册

340000－1801－0010648　3:11641－3:11648
增像全圖三國演義十六卷一百二十回　(明)羅本撰　清光緒三十二年(1906)久敬齋局石印本　八册

340000－1801－0010649　3:11649－3:11658
圖像三國志演義六十卷一百二十回　(明)羅本撰　清光緒十四年(1888)飛雲館石印本　十册

340000－1801－0010650　3:1164 善
客座贅言十卷　(明)顧起元撰　明刻本　一册　存三卷(三至五)

340000－1801－0010651　3:1165－3:1166 善
舌華錄九卷　(明)曹臣輯　明萬曆四十三年(1615)刻本　二册

340000－1801－0010652　3:11659－3:11678
四大奇書第一種十九卷一百二十回　(明)羅本撰　清經國堂刻本　二十册

340000－1801－0010653　3:11679－3:11698
第一才子書五十一卷一百二十回　(明)羅本撰　清光緒三十三年(1907)澹雅書局刻本　二十册

340000－1801－0010654　3：1167 善
福壽全書六卷　(明)陳繼儒輯　明刻本　一冊　存三卷(守雌一卷、靜觀一卷、坦游一卷)

340000－1801－0010655　3：1168 善
穀喻二卷　(明)鄭之良著　明崇禎十六年(1643)新安刻本　二冊

340000－1801－0010656　3：11699－3：11727
第一才子書五十一卷一百二十回　(明)羅本撰　清光緒三十三年(1907)澹雅書局刻本　二十九冊　缺三卷(十九至二十一)

340000－1801－0010657　3：1169 善
新箋決科古今源流至論前集十卷　(宋)林駉輯　明刻本　一冊

340000－1801－0010658　3：1170－3：1171 善
篷底浮談十一卷　(明)張元諭撰　明隆慶四年(1570)刻清咸豐十年(1860)印本　二冊

340000－1801－0010659　3：1172 善
呰窳子三卷　(清)江順詒撰　清稿本　一冊

340000－1801－0010660　3：1173－3：1174 善
鶴林玉露十六卷補遺一卷　(宋)羅大經撰　明刻本　二冊

340000－1801－0010661　3：11744－3：11767
第一才子書六十卷一百二十回　(明)羅本撰　清咸豐三年(1853)顧氏小石山房刻本　二十四冊

340000－1801－0010662　3：1175－3：1182 善
鶴林玉露十六卷　(宋)羅大經撰　明刻本(目録、卷九至十六配抄本)　八冊

340000－1801－0010663　3：11792－3：11803
繡像漢宋奇書二種三十七卷　(清)金人瑞批點　清刻本　十二冊　存十卷(一至十)

340000－1801－0010664　3：11804－3：11815
東西晉全傳十二卷　(□)□□撰　清刻本　十二冊

340000－1801－0010665　3：1183 善
揮麈録二卷　(宋)楊萬里編　明弘治刻百川學海本　一冊

340000－1801－0010666　3：1184－3：1186 善
墨莊漫録十卷　(宋)張邦基撰　**侍兒小名録拾遺一卷**　(宋)張邦幾撰　**補侍兒小名録一卷**　(宋)王銍撰　**續補侍兒小名録一卷**　(宋)溫豫撰　明刻稗海本　三冊

340000－1801－0010667　3：11846－3：11856
四雪草堂重訂通俗隋唐演義二十卷一百回　(清)褚人穫編　清同治三年(1864)刻本　十一冊

340000－1801－0010668　3：11857－3：11860
大隋志傳四卷　(明)鍾惺編　清同治十一年(1872)刻本　四冊

340000－1801－0010669　3：11861－3：11870
隋唐演義二十卷　題(清)沒世農夫編　清光緒三十三年(1907)石印本　十冊

340000－1801－0010670　3：11871
隋唐演義二十卷　題(清)沒世農夫編　清四雪草堂刻本　一冊　存二卷(一至二)

340000－1801－0010671　3：1187－3：1193 善
湧幢小品三十二卷　(明)朱國禎輯　明刻本　七冊　存十四卷(九至十、十三至十六、二十一至二十二、二十五至三十)

340000－1801－0010672　3：11888－3：11893
西遊真詮六卷一百回　(明)吳承恩撰　清刻本　六冊

340000－1801－0010673　3：11894－3：11913
西遊真詮六卷一百回　(明)吳承恩撰　清刻本　二十冊

340000－1801－0010674　3：11914－3：11921
新説西遊記一百回　(明)吳承恩著　清光緒十四年(1888)邗江味潛齋石印本　八冊

340000－1801－0010675　3：11942－3：11951
繡像西遊真詮十卷　(明)吳承恩撰　清刻本　十冊

340000－1801－0010676　3：1194 善
楚天樵話二卷　(清)張清標撰　清刻本　清劉大櫆批校　一冊

340000－1801－0010677　3：1195－3：1200 善

蓉槎蠡說十二卷　(清)程哲撰　清康熙五十年(1711)新安程氏七略書堂刻本　六册　存六卷(一至六)

340000－1801－0010678　3:11986－3:11997
新刻批評繡像後西遊記四十回　題(清)天花才子評點　清金閶書業堂刻本　十二册

340000－1801－0010679　3:11998－3:12005
後西遊記四十回　(□)□□撰　清嘉慶二十三年(1818)刻本　八册

340000－1801－0010680　3:12006－3:12015
鏡花緣二十卷一百回　(清)李汝珍撰　清乾元堂刻本　十册　缺二卷(十五至十六)

340000－1801－0010681　3:12016－3:12025
鏡花緣二十卷一百回　(清)李汝珍撰　清同文堂刻本　十册

340000－1801－0010682　3:1201 善
登朝紀遇一卷　(清)吳綬詔撰　清抄本　一册

340000－1801－0010683　3:1202－3:1204 善
陳眉公太平清話三卷　(明)陳繼儒撰　明萬曆刻寶顏堂秘笈本　三册　存一卷(上)

340000－1801－0010684　3:12026－3:12031
鏡花緣六卷一百回　(清)李汝珍撰　清光緒二十三年(1897)石印本　六册

340000－1801－0010685　3:12032－3:12051
鏡花緣二十卷一百回　(清)李汝珍撰　清同治八年(1869)順德刻本　二十册

340000－1801－0010686　3:12052－3:12055
繪圖鏡花緣二十卷一百回　(清)李汝珍著　清光緒二十一年(1895)上海文盛書局鉛印本　四册　存十四卷(七至二十)

340000－1801－0010687　3:12056－3:12063
新刻説唐演義全傳八卷　題(清)如蓮居士編　清善成堂刻本　八册

340000－1801－0010688　3:1205 善
眉公見聞録八卷　(明)陳繼儒撰　明萬曆刻寶顏堂秘笈本　一册　存四卷(五至八)

340000－1801－0010689　3:1206－3:1213 善
綱常懿範十卷　(明)周是修撰　明崇禎三年(1630)周應鰲刻本　八册

340000－1801－0010690　3:12064－3:12079
重刻繡像説唐演義全傳六十八回　(□)□□撰　清光緒五年(1879)金陵天禄閣刻本　十六册

340000－1801－0010691　3:12086－3:12094
説唐前傳十卷後傳六卷　題(清)如蓮居士編　清刻本　九册

340000－1801－0010692　3:12115－3:12120
殘唐五代史演義十二卷六十回　(明)羅本編　(明)李贄評　清刻本　六册

340000－1801－0010693　3:12121－3:12124
殘唐五代史演義十二卷六十回　(明)羅本編　(明)李贄評　清刻本　四册

340000－1801－0010694　3:12131－3:12140
新刻異説南唐演義全傳十卷一百回　題(清)如蓮居士編　清道光二十六年(1846)刻本　十册

340000－1801－0010695　3:12149－3:12160
評注圖像水滸傳十二卷七十回　(明)施耐庵撰　清光緒十二年(1886)上海同文書局石印本　十二册

340000－1801－0010696　3:1214 善
炳燭叢譚不分卷　(□)□□撰　稿本　一册

340000－1801－0010697　3:12193－3:12202
評論出像水滸傳二十卷六十八回　(明)施耐庵撰　清刻本　十册

340000－1801－0010698　3:12231－3:12238
五才子奇書七十回　(明)施耐庵撰　清光緒十四年(1888)上海大同書局石印本　八册

340000－1801－0010699　3:12239－3:12244
後五才子征四寇傳六卷　題(清)賞心居士撰　清石印本　六册

340000－1801－0010700　3:12245－3:12252
水滸後傳八卷四十回　題(清)古宋遺民撰

題(清)雁宕山樵評　清刻本　八册

340000－1801－0010701　3:12253－3:12260
水滸後傳八卷四十回　題(清)古宋遺民撰　清刻本　八册

340000－1801－0010702　3:12261－3:12270
水滸後傳十卷四十回首一卷　題(清)古宋遺民撰　清刻本　十册

340000－1801－0010703　3:12271－3:12294
結水滸全傳七十卷末一卷　(清)俞萬春撰　清同治七年(1868)刻本　二十四册

340000－1801－0010704　3:12295－3:12296
繪像結水滸全傳八卷末一卷　(清)俞萬春撰　清石印本　二册

340000－1801－0010705　3:12297－3:12308
結水滸全傳七十卷末一卷　(清)俞萬春撰　清同治八年(1869)刻本　十二册　缺二十五卷(九至十二、三十八至四十、四十六至六十三)

340000－1801－0010706　3:12310
字音正譌正編一卷　(清)丁序賢訂　清刻本　一册

340000－1801－0010707　3:12329－3:12336
繪圖飛龍全傳八卷　(□)□□撰　清光緒十八年(1892)上海書局石印本　八册

340000－1801－0010708　3:12337－3:12348
飛龍全傳十二卷六十回　(□)□□撰　清同治九年(1870)翠隱山房刻本　十二册

340000－1801－0010709　3:12349－3:12360
飛龍全傳十二卷六十回　(□)□□撰　清同治十三年(1874)經綸堂刻本　十二册

340000－1801－0010710　3:12361－3:12370
新鐫玉茗堂批點按鑑參補楊家將傳十卷五十回　題(清)研石山樵訂正　清刻本　十册

340000－1801－0010711　3:12371－3:12380
北宋志傳十卷南宋志傳十卷　題(清)研石山樵訂正　清刻本　十册

340000－1801－0010712　3:12381－3:12390
北宋志傳十卷南宋志傳十卷　題(清)研石山樵訂正　清刻本　十册

340000－1801－0010713　3:12427－3:12434
精忠説岳全傳八卷八十回　(□)□□撰　清光緒三十四年(1908)石印本　八册

340000－1801－0010714　3:12435－3:12454
説岳全傳二十卷八十回　(清)錢彩編　清光緒九年(1883)刻本　二十册

340000－1801－0010715　3:12463－3:12482
説岳全傳二十卷八十回　(清)錢彩撰　清大文堂刻本　二十册

340000－1801－0010716　3:12483－3:12498
齊省堂增訂儒林外史五十六回　(清)吳敬梓撰　清同治十三年(1874)刻本　十六册

340000－1801－0010717　3:12508－3:12511
增補齊省堂儒林外史六十回　(清)吳敬梓撰　清光緒十四年(1888)鴻寶齋石印本　四册

340000－1801－0010718　3:12518－3:12521
增補齊省堂儒林外史六十回　(清)吳敬梓撰　清光緒二十一年(1895)上海煥文書局石印本　四册

340000－1801－0010719　3:12522－3:12529
儒林外史五十六回　(清)吳敬梓撰　清同治十三年(1874)申報館鉛印本　八册

340000－1801－0010720　3:12567－3:12583
增補繪圖官場現形記五編六十卷　(清)李伯元撰　(清)歐陽鉅元增注　清宣統元年(1909)上海崇本堂石印本　十七册

340000－1801－0010721　3:12584－3:12598
官場現形記三十六卷　(清)李伯元撰　清宣統元年(1909)石印本　十五册

340000－1801－0010722　3:12599－3:12600
七十二朝四書人物演義四十卷　(□)□□撰　清石印本　二册　存二卷(二至三)

340000－1801－0010723　3:12620－3:12621
精訂綱鑑廿四史通俗衍義六卷四十四回首一

卷　(清)呂撫輯　清富華圖書館石印本　四冊

340000 - 1801 - 0010724　3:12613 - 3:12618
精訂綱鑑廿四史通俗衍義二十六卷四十四回首一卷　(清)呂撫輯　清光緒十七年(1891)上海廣百宋齋鉛印本　六冊

340000 - 1801 - 0010725　3:12622 - 3:12627
精訂繪圖廿四史通俗演義六卷四十四回首一卷　(清)呂撫輯　清光緒十三年(1887)鉛印本　六冊

340000 - 1801 - 0010726　3:12628 - 3:12633
精訂綱鑑廿四史通俗衍義六卷四十四回首一卷　(清)呂撫輯　清光緒二十一年(1895)珍藝書局鉛印本　六冊

340000 - 1801 - 0010727　3:1265 - 3:1267 善
初潭集三十卷　(明)李贄撰　明刻本　三冊　存二十八卷(一至二十八)

340000 - 1801 - 0010728　3:1268 善
刻李諫議山廬惜陰評纂□□卷　(明)李廷謨撰　明刻本　一冊　存一卷(二)

340000 - 1801 - 0010729　3:1269 - 3:1273 善
紺珠集十三卷　(□)□□撰　明天順刻本　五冊

340000 - 1801 - 0010730　3:12727 - 3:12732
新繪今古奇觀圖詠六卷　題(清)抱甕老人輯　清光緒十四年(1888)鉛印本　六冊

340000 - 1801 - 0010731　3:12733 - 3:12734
今古奇觀四十卷　(□)□□撰　清光緒十四年(1888)石印本　二冊

340000 - 1801 - 0010732　3:1274 - 3:1283 善
智囊二十八卷　(明)馮夢龍輯　明刻本　十冊

340000 - 1801 - 0010733　3:12759 - 3:12764
繪圖續今古奇觀六卷三十回　(□)□□撰　清光緒十九年(1893)鉛印本　六冊

340000 - 1801 - 0010734　3:12765
繡像落金扇全傳八卷　(□)□□撰　清刻本　一冊　存四卷(五至八)

340000 - 1801 - 0010735　3:12766 - 3:12767
九命奇冤三卷　題(清)嶺南將叟撰　清宣統廣智書局鉛印本　二冊　缺一卷(三)

340000 - 1801 - 0010736　3:12768 - 3:12775
繡像拍案驚奇三十六卷　(明)淩濛初撰　清消閒居刻本　八冊　存二十二卷(一、九至二十四、二十九至三十、三十四至三十六)

340000 - 1801 - 0010737　3:1284 - 3:1291 善
智囊二十八卷　(明)馮夢龍輯　明刻本　八冊

340000 - 1801 - 0010738　3:12856 - 3:12875
紅樓夢一百二十回　(清)曹雪芹撰　(清)高鶚續　清刻本　二十冊

340000 - 1801 - 0010739　3:12876 - 3:12886
增評補像全圖金玉緣一百二十回首一卷　(清)曹雪芹撰　(清)高鶚續　清光緒三十四年(1908)求不負齋石印本　十一冊　存八十二回(一至三十二、四十九至六十四、七十三至九十六、一百五至一百十四)

340000 - 1801 - 0010740　3:12887 - 3:12902
增評補像全圖金玉緣一百二十回首一卷　(清)曹雪芹撰　(清)高鶚續　清光緒三十四年(1908)求不負齋石印本　十六冊

340000 - 1801 - 0010741　3:12903 - 3:12921
石頭記八卷八十回　(清)曹雪芹撰　清有正書局影印清抄本　十九冊　缺四回(四十九至五十二)

340000 - 1801 - 0010742　3:12922 - 3:12945
新增批評繡像紅樓夢一百二十回　(清)曹雪芹　(清)高鶚撰　清同治元年(1862)刻本　二十四冊

340000 - 1801 - 0010743　3:1292 - 3:1303 善
智囊補二十八卷　(明)馮夢龍輯　明刻本　十二冊

340000 - 1801 - 0010744　3:12946 - 3:12957
續紅樓夢三十卷　(清)秦子忱撰　清光緒八

年(1882)刻本　十二冊

340000－1801－0010745　3：12958－3：12959
續紅樓夢四十卷　題(清)海圃主人撰　清嘉慶十年(1805)文秀堂刻本　二冊

340000－1801－0010746　3：12960－3：12965
後紅樓夢三十回吳下諸子詩二卷　(□)□□撰　清刻本　六冊

340000－1801－0010747　3：12966－3：12969
後紅樓夢三十回吳下諸子詩二卷　(□)□□撰　清刻本　四冊

340000－1801－0010748　3：12970－3：12971
紅樓復夢一百回　(清)小和山樵撰　清刻本　二冊　存六回(八至九、三十一至三十四)

340000－1801－0010749　3：12988－3：12997
紅樓夢補四十八回　題(清)歸鋤子撰　清光緒申報館鉛印本　十冊

340000－1801－0010750　3：12998－3：13003
紅樓夢補四十八回　題(清)歸鋤子撰　清光緒申報館鉛印本　八冊

340000－1801－0010751　3：13004－3：13011
紅樓夢補四十八回　題(清)歸鋤子撰　清光緒申報館鉛印本　六冊

340000－1801－0010752　3：13012
紅樓夢論贊一卷　(清)王雪香撰　清刻本　一冊

340000－1801－0010753　3：13013
紅樓夢論贊一卷　(清)王雪香撰　清光緒二年(1876)滬上刻本　一冊

340000－1801－0010754　3：13024－3：13033
紅樓夢補四十八回　(清)歸鋤子撰　清道光二十九年(1849)刻本　十冊

340000－1801－0010755　3：1304－3：1307 善
智囊補二十八卷　(明)馮夢龍輯　明刻本　四冊

340000－1801－0010756　3：13065－3：13072
兒女英雄傳評話四十回　(清)文康撰　清勤裕草堂託上海著易堂書局鉛印本　八冊

340000－1801－0010757　3：13073－3：13080
兒女英雄傳評話四十回　(清)文康撰　清勤裕草堂託上海著易堂書局鉛印本　八冊

340000－1801－0010758　3：1308－3：1331 善
玉芝堂談薈三十六卷　(明)徐應秋撰　清篛園刻本　二十四冊

340000－1801－0010759　3：13091－3：13100
繪芳錄八卷　題(清)西泠野樵撰　清光緒二十年(1894)上海書局石印本　十冊

340000－1801－0010760　3：13101－3：13104
繪芳錄八卷　題(清)西泠野樵撰　清光緒二十年(1894)上海書局石印本　四冊

340000－1801－0010761　3：13105－3：13110
雙鳳奇緣傳二十卷八十回　(□)□□撰　清刻本(有圖)　六冊

340000－1801－0010762　3：13111－3：13120
雙鳳奇緣傳二十卷八十回　(□)□□撰　清道光二十六年(1846)經元堂刻本(有圖)　十冊

340000－1801－0010763　3：13121－3：13126
繪圖花月因緣十六卷五十二回　題(清)眠鶴主人編次　題(清)棲霞居士評　清光緒十九年(1893)上海書局石印本　六冊

340000－1801－0010764　3：13128－3：13131
花月痕全書十六卷五十二回　題(清)眠鶴主人編次　題(清)棲霞居士評　清光緒十八年(1892)上海圖書集成印書局石印本　四冊

340000－1801－0010765　3：13132－3：13135
花月痕全書十六卷五十二回　題(清)眠鶴主人編次　題(清)棲霞居士評　清光緒十八年(1892)上海圖書集成印書局石印本　四冊

340000－1801－0010766　3：13136－3：13141
異説後唐傳三集薛丁山征西樊梨花全傳十卷八十八回　題(清)中都逸叟編次　清會有堂刻本(有圖)　六冊

340000－1801－0010767　3：13142－3：13147

新刻三合明珠寶劍全傳六卷六十四回　(□)□□撰　清光緒四年(1878)刻本　六册

340000－1801－0010768　3:13148－3:13155
金鐘傳八卷六十四回　題(清)正一子　題(清)克明子撰　清光緒二年(1876)刻本　八册

340000－1801－0010769　3:13164－3:13183
繡像五虎平西前傳十四卷一百十二回平南後傳六卷四十二回　(□)□□撰　清大文堂刻本　二十册

340000－1801－0010770　3:13184－3:13191
繡像五虎平西前傳十四卷一百十二回　(□)□□撰　清刻本　八册

340000－1801－0010771　3:13192－3:13195
繡像五虎平西前傳十四卷一百十二回　(□)□□撰　清刻本　四册

340000－1801－0010772　3:13200－3:13207
繡像忠烈全傳六十回　(□)□□撰　清刻本　八册

340000－1801－0010773　3:13208－3:13211
繡像女才子書十二卷首一卷　題(清)鴛湖煙水散人撰　清刻本　四册

340000－1801－0010774　3:13216－3:13221
繡像綠牡丹全傳六卷六十四回　(□)□□撰　清光緒二十七年(1901)上海書局石印本　六册

340000－1801－0010775　3:13222－3:13227
繡像綠牡丹全傳六卷六十四回　(□)□□撰　清刻本　六册

340000－1801－0010776　3:13228－3:13233
繡像綠牡丹全傳六卷六十四回　(□)□□撰　清光緒七年(1881)京都琉璃廠刻本　六册

340000－1801－0010777　3:13234－3:13245
新刻粉粧樓傳記八十回　(明)羅本輯　清刻本　十二册

340000－1801－0010778　3:13246－3:13250
新刻粉粧樓傳記八十回　(明)羅本輯　清刻本　五册

340000－1801－0010779　3:13251－3:13254
繡像綺樓重夢六卷四十八回　(□)□□撰　清光緒二十四年(1898)上海書局石印本　四册

340000－1801－0010780　3:13255－3:13260
繪圖永慶升平前傳二十四卷　(清)郭廣瑞撰　清光緒上海簡青齋石印本　六册

340000－1801－0010781　3:13261－3:13266
繪圖永慶升平後傳二十五卷　題(清)貪夢道人撰　清光緒上海簡青齋石印本　六册

340000－1801－0010782　3:13275
十二樓十二卷　(清)李漁撰　清刻本　一册　存三卷(一至三)

340000－1801－0010783　3:13285－3:13287
五劍十八義前集四卷後集四卷　(□)□□撰　清抄本　三册

340000－1801－0010784　3:13288－3:13294
萬花樓楊包狄演義十四卷　(清)吳西瑞撰　清咸豐九年(1859)刻本　七册

340000－1801－0010785　3:13295－3:13304
繡像芙蓉洞全傳十卷　(清)陳遇乾撰　清道光刻本　十册

340000－1801－0010786　3:13－3:18 善
孔聖家語圖十一卷　(明)吳嘉謨輯　明萬曆十七年(1589)武林吳氏刻本　六册

340000－1801－0010787　3:13305－3:13315
繡像萬年青奇才新傳四卷續刻萬年青二集新傳四卷續刻萬年青三集新傳四卷續刻萬年青四集新傳四卷續刻萬年青五集新傳二卷再續萬年青五集二卷續刻萬年青六集新傳四卷　(□)□□撰　清刻本　十一册

340000－1801－0010788　3:13328－3:13335
新刻升仙傳演義八卷五十六回　題(清)倚雲氏主人撰　清光緒十八年(1892)京都琉璃廠刻本　八册

340000－1801－0010789　3:1332 善

清寤齋心賞編一卷　(明)王象晉撰　明崇禎刻本　一册

340000－1801－0010790　3∶13336－3∶13347
品花寶鑒六十回　(清)陳森撰　清刻本　十二册

340000－1801－0010791　3∶1333 善
清寤齋心賞編一卷　(明)王象晉撰　明崇禎刻本　一册

340000－1801－0010792　3∶1334 善
楓窗小牘二卷　(明)袁褧撰　(明)袁頤續　明萬曆商氏刻稗海本　一册

340000－1801－0010793　3∶1335 善
戲瑕三卷　(明)錢希言撰　明刻本　一册

340000－1801－0010794　3∶1336－3∶1337 善
墨娥小録七卷　(□)□□撰　清乾隆三十二年(1767)杏香堂刻本　二册

340000－1801－0010795　3∶13368
繪圖十二美女玉蟾緣四卷五十三回　(□)□□撰　清光緒二十五年(1899)上海書局石印本　一册

340000－1801－0010796　3∶13369－3∶13372
繪圖俠義風月傳四卷十八回　題(清)名教中人編　清光緒十八年(1892)石印本　四册

340000－1801－0010797　3∶13373－3∶13376
野草閑花臭因緣四卷　題(清)月湖漁隱撰　清光緒二十七年(1901)石印本　四册

340000－1801－0010798　3∶13377－3∶13380
大明正德皇遊江南傳七卷　(清)何夢梅撰　清光緒十九年(1893)石印本　四册

340000－1801－0010799　3∶13381－3∶13384
新刻前明正德白牡丹傳八卷四十六回　題(清)柱石氏撰　清光緒石印本　四册

340000－1801－0010800　3∶13385－3∶13396
異説後唐傳三集薛丁山征西樊梨花全傳十卷八十八回　(□)□□撰　清光緒二年(1876)江陰寶文堂刻本　十二册

340000－1801－0010801　3∶13397－3∶13400
順治過江四卷　題(清)蓬蒿子撰　清刻本　四册

340000－1801－0010802　3∶13402－3∶13403
忠孝勇烈奇女傳四卷　(□)□□撰　清光緒四年(1878)刻本　二册

340000－1801－0010803　3∶1340－3∶1348 善
學古適用編九十一卷　(明)吕純如撰　明崇禎四年(1631)刻本　九册　存三十五卷(一至二、七至十一、十六至三十九、五十一至五十四)

340000－1801－0010804　3∶13404－3∶13410
海上繁華夢新書後集八卷四十四回　題(清)古滬警夢痴仙編　清光緒三十二年(1906)上海笑林報館鉛印本　七册　缺一卷(二)

340000－1801－0010805　3∶13441
神仙通鑑二十二卷神仙鑑圖一卷　(清)張繼宗撰　(清)程毓奇續編　清康熙刻本　一册　存一卷(神仙鑑圖一卷)

340000－1801－0010806　3∶13442－3∶13465
醒世姻緣傳一百回　(清)西周生撰　清同治九年(1870)刻本　二十四册

340000－1801－0010807　3∶13466－3∶13469
繡像批評麟兒報四卷十六回　(□)□□撰　清上海文宜書局石印本　四册

340000－1801－0010808　3∶13470－3∶13473
繪圖善惡圖全傳八卷四十回　(□)□□撰　清光緒二十三年(1897)上海書局石印本　四册

340000－1801－0010809　3∶13474－3∶13477
夢中緣四卷十五回　(清)李子乾編　清光緒善成堂刻本　四册

340000－1801－0010810　3∶13478－3∶13483
雪月梅傳奇十卷五十回　(清)陳朗編輯　清聚錦堂刻本　六册

340000－1801－0010811　3∶13484－3∶13493
雪月梅傳十卷五十回　(清)陳朗編輯　清德

華堂刻本　十冊

340000－1801－0010812　3:13494－3:13501
英雲夢傳八卷十六回　題(清)九容樓主人松雲氏撰　題(清)掃花頭陀剩齋氏評　清嘉慶十年(1805)書業堂刻本　八冊

340000－1801－0010813　3:1349 善
藝苑誦言二卷　(明)王廷舉選輯　明萬曆六年(1578)刻本　一冊

340000－1801－0010814　3:13502－3:13503
繪圖人間樂全傳四卷　題(清)天花藏主人撰　清光緒十九年(1893)石印本　二冊

340000－1801－0010815　3:1350－3:1351 善
南牖日箋七卷　(明)王佐撰　明崇禎九年(1636)觀文堂刻本　二冊

340000－1801－0010816　3:13504－3:13507
閨門秘術四卷　(□)□□撰　清光緒石印本　四冊

340000－1801－0010817　3:13508－3:13516
爭春園全傳四十八回　(□)□□撰　清刻本　九冊　缺三回(一至三)

340000－1801－0010818　3:1352－3:1359 善
玉林摘粹八卷　(明)朱存敬撰　(明)胡興京編　明萬曆三十二年(1604)刻本　八冊

340000－1801－0010819　3:13557－3:13558
繪圖新刻瓦崗寨四卷　(□)□□撰　清光緒三十三年(1907)上海書局石印本　二冊

340000－1801－0010820　3:13559－3:13564
新注二度梅奇說全集四十回　題(清)惜陰堂主人編　清致和堂刻本　六冊

340000－1801－0010821　3:13565－3:13570
新刻增刪二度梅奇說六卷　題(清)惜陰堂主人編　清同治八年(1869)刻本　六冊

340000－1801－0010822　3:13571－3:13576
新刻增刪二度梅奇說六卷　題(清)惜陰堂主人編輯　清刻本　六冊

340000－1801－0010823　3:13577－3:13578
錦香亭四卷　題(清)素庵主人編　清刻本　二冊

340000－1801－0010824　3:13579－3:13586
林蘭香八卷　(□)□□撰　清光緒二十三年(1897)蘇報館鉛印本　八冊

340000－1801－0010825　3:13590
七真祖師列仙傳不分卷　(□)□□撰　清光緒十八年(1892)刻本　一冊

340000－1801－0010826　3:13591
新編東遊記二十卷一百回　題(明)清溪道人撰　清康熙八年(1669)刻本　一冊　存二卷(一至二)

340000－1801－0010827　3:13592－3:13595
繪圖鴛鴦夢四卷　題(清)南岳道人編　清光緒二十一年(1895)上海書局石印本　四冊

340000－1801－0010828　3:13596－3:13599
蝴蝶媒四卷　題(清)南嶽道人編　清刻本　四冊

340000－1801－0010829　3:13600－3:13603
新刻天花藏批評玉嬌梨四卷二十回　題(清)荻岸散人編　清經元堂刻本　四冊

340000－1801－0010830　3:1360－3:1361 善
梨雲館廣清紀五卷　(明)吴從先撰　明南雍周氏刻本　二冊　存二卷(二至三)

340000－1801－0010831　3:13604－3:13607
新刻天花藏批評玉嬌梨四卷二十回平山冷燕六卷二十回　題(清)荻岸散人輯　清刻本　四冊

340000－1801－0010832　3:13622－3:13625
全像第十才子奇書四卷十六回　(□)□□撰　清光緒二十二年(1896)文宜書局石印本　四冊

340000－1801－0010833　3:13626－3:13629
第九才子書平鬼傳(斬鬼傳)四卷十回　題(清)陽直樵雲山人編　清刻本　四冊

340000－1801－0010834　3:1362 善
梨雲館廣清紀五卷　(明)吴從先撰　明刻本

一册　存二卷(一至二)

340000－1801－0010835　3∶13630－3∶13639
原本海公大紅袍全傳十卷六十回　(晉)李春芳編　清同治三年(1864)刻本　十册

340000－1801－0010836　3∶1363 善
新刊徽郡原板校正繪像注釋魁字天梯日記故事四卷　(明)何胤宗輯　明書林周氏刻本　一册

340000－1801－0010837　3∶13642－3∶13645
新鐫濟顛大師醉菩提全傳二十回　題(清)天花藏主人編　清乾隆四十二年(1777)金閶書業堂刻本　四册

340000－1801－0010838　3∶13646－3∶13647
新刊繡像評講濟公傳八卷二百四十回　(□)□□撰　清上海章福記書局石印本　二册

340000－1801－0010839　3∶13649－3∶13666
濟公傳二十集　(清)郭小亭撰　清光緒三十二年(1906)石印本　十八册　缺二集(一至二)

340000－1801－0010840　3∶1364 善
日記故事二卷　(□)□□撰　明萬曆七年(1579)臨濠書舍刻本　一册

340000－1801－0010841　3∶1365 善
藕莊隨筆不分卷　(清)朱濂撰　清稿本　一册

340000－1801－0010842　3∶13677－3∶13680
繡像捉拿康梁二逆演義四卷四十回　(□)□□撰　清光緒元年(1875)石印本　四册

340000－1801－0010843　3∶13681
繡像捉拿康梁二逆演義四卷四十回　(□)□□撰　清石印本　一册

340000－1801－0010844　3∶13682－3∶13691
繡像京本雲合奇蹤玉茗英烈全傳十卷八十回　(明)徐渭編　清刻本　十册

340000－1801－0010845　3∶1368 善
千家姓一卷　(明)吴伯宗撰　明洪武十四年(1381)刻本　一册

340000－1801－0010846　3∶13692－3∶13697
七俠五義傳二十四卷　題(清)石玉昆撰　清光緒十五年(1889)鉛印本　六册

340000－1801－0010847　3∶13698－3∶13701
禪真逸史四十回　題(明)清溪道人輯　清刻本　四册　存十八回(十至十二、二十至三十四)

340000－1801－0010848　3∶1369 善
新刻照千字文集音辨義一卷　(□)□□撰　明天啓三年(1623)休邑屯溪高昇舖刻本　一册

340000－1801－0010849　3∶13702
禪真後史五十三回　題(明)清溪道人輯　清刻本　一册　存二十回(二十一至二十九、三十九至四十九)

340000－1801－0010850　3∶13703－3∶13706
草木春秋演義五卷三十二回　(□)□□撰　清大文堂刻本　四册

340000－1801－0010851　3∶13709
黎雲夢不分卷　(□)□□撰　清石印本　一册

340000－1801－0010852　3∶1370 善
新刻皇明草對附詩抄不分卷　(明)李廷機　(明)劉國猷撰　明萬曆忠正堂刻本　一册

340000－1801－0010853　3∶13710－3∶13729
皋鶴堂批評第一奇書金瓶梅一百回　(清)張竹坡評　清刻本　二十册　缺四回(七十六至七十八、九十三)

340000－1801－0010854　3∶1371 善
感應編一卷勸戒圖說一卷　(明)鄒迪光輯　明萬曆刻本　一册

340000－1801－0010855　3∶1372 善
鼎鐫李先生增補四民便用積玉全書三十二卷　(明)李光裕輯　明崇禎刻本(附圖)　一册　存三卷(二至四)

340000－1801－0010856　3∶13730－3∶13731
二十一史彈詞輯注十卷　(明)楊慎撰　(清)

孫德威注　清康熙刻本　二册

340000－1801－0010857　3:13732－3:13735
二十一史彈詞注四卷　(明)楊慎撰　清康熙四十九年(1710)樹玉堂刻本　四册

340000－1801－0010858　3:13736－3:13743
二十一史彈詞注十一卷　(明)楊慎撰　清康熙十三年(1674)樹玉堂刻本　八册

340000－1801－0010859　3:1373 善
四民便用不求人萬斛明珠□□卷　(□)□□撰　明萬曆刻本　一册　存十七卷(一至十七)

340000－1801－0010860　3:13744－3:13751
二十一史彈詞注十一卷　(明)楊慎撰　(明)楊仲璜注　清乾隆五十一年(1786)楊氏刻本　八册

340000－1801－0010861　3:1374 善
增補萬寶全書十三卷　(□)□□撰　明刻本　一册　存六卷(八至十三)

340000－1801－0010862　3:13752－3:13759
二十一史彈詞注十一卷　(明)楊慎撰　清雍正五年(1727)刻本　八册

340000－1801－0010863　3:1375 善
御製耕織圖一卷　(宋)樓璹撰　(清)焦秉貞繪圖　清康熙刻本　一册

340000－1801－0010864　3:1376 善
御製耕織圖一卷　(宋)樓璹撰　(清)焦秉貞繪圖　清康熙刻本　一册

340000－1801－0010865　3:1377 善
新刻農桑輯要七卷　(明)胡文煥校補　明萬曆胡文煥刻格致叢書本　一册

340000－1801－0010866　3:13781－3:13796
繪圖筆生花十六卷三十二回　題(清)心如女史撰　清石印本　十六册

340000－1801－0010867　3:1378－3:1380 善
世說新語三卷　(南朝宋)劉義慶撰　(南朝梁)劉孝標注　明萬曆三十七年(1609)周氏博古堂刻本　三册

340000－1801－0010868　3:13797－3:13812
繪圖筆生花十六卷三十二回　題(清)心如女史撰　清光緒二十年(1894)上海書局石印本　十六册

340000－1801－0010869　3:1381－3:1385 善
世說新語三卷　(南朝宋)劉義慶撰　(南朝梁)劉孝標注　明萬曆三十七年(1609)周氏博古堂刻本　五册

340000－1801－0010870　3:13819－3:13820
新刻金鐲玉環記説唱全部二十卷　(□)□□撰　清刻本　二册

340000－1801－0010871　3:13821
繡像萬花樓全集六卷六十八回　(□)□□撰　清光緒二年(1876)玉蘭軒刻本　二册　存二卷(一至二)

340000－1801－0010872　3:13822－3:13831
鳳凰山十卷　(□)□□撰　清宣統二年(1910)石印本　十册

340000－1801－0010873　3:13832－3:13839
繡像義妖傳二十七卷　(清)陳遇乾撰　清光緒二十二年(1896)刻本　八册

340000－1801－0010874　3:13840－3:13850
繡像何必西廂三十七卷　(□)□□撰　清嘉慶五年(1800)五桂堂刻本　十一册　缺四卷(五至八)

340000－1801－0010875　3:13855
七繡鞋全傳彈詞(雙玉球傳)十四卷　(□)□□撰　清金閶刻本　一册

340000－1801－0010876　3:13862－3:13873
雙珠鳳十二卷　(□)□□撰　清同治二年(1863)石印本　十二册

340000－1801－0010877　3:1386－3:1388 善
世說新語三卷　(南朝宋)劉義慶撰　(南朝梁)劉孝標注　(明)淩濛初訂　清康熙十五年(1676)刻本　三册

340000－1801－0010878　3:13874－3:13885
雙珠鳳十二卷　(□)□□撰　清同治二年

(1863)石印本　十二册

340000－1801－0010879　3:13886－3:13897
雙珠鳳十二卷　(□)□□撰　清同治二年(1863)石印本　十二册

340000－1801－0010880　3:1389－3:1395 善
世説新語三卷　(南朝宋)劉義慶撰　(南朝梁)劉孝標注　(明)淩濛初訂　**世説新語補四卷**　(明)何良俊撰　(明)王世貞删定　明萬曆二十四年(1596)淩濛初刻本　七册　缺一卷(世説新語下)

340000－1801－0010881　3:13898－3:13909
新刻雅調唱口平陽傳金臺全集十二卷六十回　(□)□□撰　清光緒三年(1877)墨海堂刻本　十二册

340000－1801－0010882　3:13910－3:13921
新刻雅調唱口平陽傳金臺全集十二卷六十回　(□)□□撰　清光緒三年(1877)墨海堂刻本　十二册

340000－1801－0010883　3:13922－3:13953
天雨花三十回　(清)陶貞懷撰　清刻本　三十二册

340000－1801－0010884　3:13962－3:14025
新刻玉釧緣全傳三十二卷　(□)□□撰　清道光京邸静觀齋刻本　六十四册

340000－1801－0010885　3:1396－3:1399 善
世説新語三卷　(南朝宋)劉義慶撰　(南朝梁)劉孝標注　(宋)劉辰翁評　**世説新語補四卷**　(明)何良俊撰　(明)王世貞删定　明萬曆王世懋刻本　四册

340000－1801－0010886　3:1400－3:1407 善
世説新語三卷　(南朝宋)劉義慶撰　(南朝梁)劉孝標注　(明)淩濛初訂　**世説新語補四卷**　(明)何良俊撰　(明)王世貞删定　(明)張文柱校注　(明)淩濛初訂　清康熙十五年(1676)刻本　八册

340000－1801－0010887　3:14026－3:14057
來生福彈詞三十六回　題(清)橘中逸叟撰　清同治九年(1870)刻本　三十二册

340000－1801－0010888　3:14058－3:14081
來生福彈詞三十六回　題(清)橘中逸叟撰　清刻本　二十四册

340000－1801－0010889　3:14082－3:14097
來生福彈詞三十六回　題(清)橘中逸叟編　清刻本　十六册　缺九回(十至十八)

340000－1801－0010890　3:1408－3:1413 善
李卓吾批點世説新語補二十卷　(南朝宋)劉義慶撰　(南朝梁)劉孝標注　(宋)劉辰翁評　(明)何良俊增補　(明)王世貞删定　(明)王世懋批釋　(明)李贄批點　明刻本　六册

340000－1801－0010891　3:14098－3:14117
來生福彈詞三十六回　題(清)橘中逸叟編　清刻本　二十册

340000－1801－0010892　3:14118－3:14123
娱萱草彈詞三十二卷　題(清)橘中逸叟編　清光緒二十年(1894)刻本　六册

340000－1801－0010893　3:14124－3:14129
娱萱草彈詞三十二卷　題(清)橘中逸叟編　清光緒二十年(1894)刻本　六册

340000－1801－0010894　3:14138－3:14153
龍鳳釧十六卷　(□)□□撰　清抄本　十六册

340000－1801－0010895　3:1414 善
世説新語三卷　(南朝宋)劉義慶撰　明萬曆二十四年(1596)淩濛初刻本　一册　存序、目録

340000－1801－0010896　3:1415－3:1416 善
涑水記聞十六卷　(宋)司馬光撰　清刻本　二册

340000－1801－0010897　3:14158－3:14163
繡像四香緣全傳六卷三十二回　(□)□□撰　清光緒三十三年(1907)上海書局石印本　六册

340000－1801－0010898　3:14164－3:14203

再生緣全傳二十卷 (□)□□撰 清光緒二年(1876)刻本 四十册

340000－1801－0010899 3:1417－3:1421 善
紹興内府古器評二卷 (宋)張掄撰 **揮麈前錄四卷後錄十一卷三錄三卷餘話二卷** (宋)王明清撰 明毛氏汲古閣刻本 五册

340000－1801－0010900 3:14204－3:14243
再生緣全傳二十卷 (□)□□撰 清咸豐二年(1852)刻本 四十册

340000－1801－0010901 3:1422 善
齊東野語二十卷 (宋)周密撰 明毛氏汲古閣刻本 一册 存二卷(十五至十六)

340000－1801－0010902 3:1423－3:1428 善
輟耕錄三十卷 (明)陶宗儀撰 明毛氏汲古閣刻本 六册

340000－1801－0010903 3:14244－3:14247
繪圖呼家將欽錫紫金鞭忠孝全傳四卷 (□)□□撰 清石印本 四册

340000－1801－0010904 3:14248－3:14251
新刻時調説唱八仙緣四卷 題(清)梅庭氏輯 清同治刻本 四册

340000－1801－0010905 3:14258－3:14259
新編玉鴛鴦五集二十卷二十回 (□)□□撰 清刻本 二册 存六卷(三集三至四、五集一至四)

340000－1801－0010906 3:14260－3:14269
錦上花四十八回 題(清)修月閣主人撰 清同治十三年(1874)學餘堂刻本 十册

340000－1801－0010907 3:14270－3:14281
錦上花四十八回 題(清)修月閣主人撰 清嘉慶刻本 十二册

340000－1801－0010908 3:14284－3:14287
珍珠塔全傳十二卷 (清)周珠士訂 清光緒十八年(1892)石印本 四册

340000－1801－0010909 3:14288－3:14303
繡像夢影緣四十八回 (清)鄭貞華撰 清光緒二十一年(1895)竹簡齋石印本 十六册

340000－1801－0010910 3:1429－3:1435 善
南村輟耕錄三十卷 (明)陶宗儀撰 明嘉靖玉蘭草堂刻本(卷十一至二十二、二十七至三十上配明刻本) 七册

340000－1801－0010911 3:14304－3:14317
新編繡像福壽大紅袍十四卷一百回 題(清)廢閑主人撰 清光緒八年(1882)刻本 十四册

340000－1801－0010912 3:14318－3:14341
繡像碧玉環十二卷七十二回 (□)□□撰 清刻本 二十四册

340000－1801－0010913 3:14342－3:14351
抄錄倭袍十卷 (□)□□撰 清光緒二十八年(1902)胡鏞抄本 十册

340000－1801－0010914 3:14352－3:14359
校補果報錄圖詠八卷一百回 (清)海芝濤撰 清光緒二十年(1894)香港書局石印本 八册

340000－1801－0010915 3:14360－3:14371
果報錄十二卷 (□)□□撰 清刻本 十二册

340000－1801－0010916 3:1436－3:1439 善
南村輟耕錄三十卷 (明)陶宗儀撰 明嘉靖玉蘭草堂刻本 四册 存二十六卷(一至二十六)

340000－1801－0010917 3:14372－3:14380
果報錄十二卷 (□)□□撰 清刻本 九册

340000－1801－0010918 3:14381－3:14390
繡像九美圖全傳十二卷 (清)曹春江編 清道光二十三年(1843)刻本 十一册 缺一卷(七)

340000－1801－0010919 3:14392－3:14401
雙玉鐲六十二卷 (□)□□撰 清抄本 十册

340000－1801－0010920 3:1440－3:1445 善
何氏語林三十卷 (明)何良俊撰並注 明嘉靖二十九年(1550)華亭何氏清森閣刻本 六

冊　存十八卷(一至六、十至十二、十六至十八、二十二至二十四、二十八至三十)

340000－1801－0010921　3:14403－3:14406
繪圖足本宣講拾遺六卷　(清)莊跛仙輯　清上海書局石印本　四冊

340000－1801－0010922　3:14407－3:14408
繪圖足本宣講拾遺六卷　(清)莊跛仙輯　清上海書局石印本　二冊

340000－1801－0010923　3:14409－3:14412
增選宣講至理四卷　(□)□□撰　清光緒三十二年(1906)刻本　四冊

340000－1801－0010924　3:14413
孫臏上壽一卷　(□)□□撰　清光緒三十二年(1906)永邑刻本　一冊

340000－1801－0010925　3:14415
勸友學賢一卷　(□)□□撰　清光緒三十二年(1906)刻本　一冊

340000－1801－0010926　3:14416
鸚哥寶卷一卷　(□)□□撰　清同治十一年(1872)金陵刻本　一冊

340000－1801－0010927　3:14417
鸚哥寶卷一卷歎五更一卷　(□)□□撰　清刻本　一冊

340000－1801－0010928　3:14418
妙英寶卷一卷　(□)□□撰　清光緒二十五年(1899)上洋刻本　一冊

340000－1801－0010929　3:14421
潘公免災救難寶卷三卷　(□)□□撰　清咸豐六年(1856)刻本　一冊

340000－1801－0010930　3:14422
潘公免災救難寶卷三卷　(□)□□撰　清咸豐六年(1856)刻本　一冊

340000－1801－0010931　3:14426－3:14427
花瀾寶卷二卷　(□)□□撰　清刻本　二冊

340000－1801－0010932　3:14428
黃氏女對金剛一卷　(□)□□撰　清光緒二十年(1894)蕪湖刻本　一冊

340000－1801－0010933　3:14430
三世修行黃氏寶卷二卷　(清)倪秀章訂　清道光二十七年(1847)刻本　一冊

340000－1801－0010934　3:14431
黃氏寶卷二卷　(□)□□撰　清刻本　一冊

340000－1801－0010935　3:14434
真修寶卷一卷　(清)劉映華錄　清道光二十一年(1841)刻本　一冊

340000－1801－0010936　3:14435
黃氏寶卷一卷　(清)劉映華錄　清光緒二年(1876)刻本　一冊

340000－1801－0010937　3:14438
歎世寶卷一卷　(清)劉映華錄　清光緒三十三年(1907)金陵一得坊刻本　一冊

340000－1801－0010938　3:14439
延壽寶卷一卷　(□)□□撰　清光緒二十年(1894)金陵一得齋刻本　一冊

340000－1801－0010939　3:14440
五祖黃梅寶卷二卷　(□)□□撰　清光緒元年(1875)刻本　一冊

340000－1801－0010940　3:14441
五祖黃梅寶卷二卷　(□)□□撰　清光緒元年(1875)刻本　一冊

340000－1801－0010941　3:14442
善才龍女寶卷一卷　題(清)煙波釣徒輯　清刻本　一冊

340000－1801－0010942　3:14443
目蓮寶卷三卷　(□)□□撰　清刻本　一冊

340000－1801－0010943　3:14444
目蓮寶卷三卷　(□)□□撰　清光緒三年(1877)杭州刻本　一冊

340000－1801－0010944　3:14445
目蓮寶卷三卷　(□)□□撰　清光緒三年(1877)杭州刻本　一冊

340000－1801－0010945　3:14446

目蓮救母幽冥寶傳不分卷　(□)□□撰　清光緒七年(1881)刻本　一册

340000－1801－0010946　3∶14447

香山寶卷二卷　(宋)釋普明編　清刻本　一册

340000－1801－0010947　3∶14449－3∶14450

哀情小説碧血巾三十六章　(清)蔣景緘譯　清宣統元年(1909)時事報館石印本　二册　存二章(一、三)

340000－1801－0010948　3∶14451

奇情小説啼猩淚四十六章　(清)蔣景緘譯　清宣統元年(1909)時事報館石印本　一册　存三十六章(一至三十六)

340000－1801－0010949　3∶14453－3∶14457

新刻孟州八卷　(□)□□撰　清光緒三十二年(1906)上海書局石印本　五册

340000－1801－0010950　3∶14458－3∶14466

繡像三省莊説唱鼓兒四卷二十回繡像續三省莊説唱鼓兒詞四卷三十六回新刻繡像三續三省莊四卷十七回　(□)□□撰　清宣統元年(1909)上海章福記石印本　九册　缺三卷(繡像三省莊説唱鼓兒四、繡像續三省莊説唱鼓兒詞二、新刻繡像三續三省莊四)

340000－1801－0010951　3∶14467

新刻林香保雙釵記四卷　(□)□□撰　清章福記書局石印本　十九册

340000－1801－0010952　3∶1446 善

何氏語林三十卷　(明)何良俊撰並注　明嘉靖二十九年(1550)華亭何氏清森閣刻本　一册　存三卷(四至六)

340000－1801－0010953　3∶14472

新繡韓湘子九度文公道情全本三卷　(□)□□撰　清光緒七年(1881)刻本　一册

340000－1801－0010954　3∶14473

新刻蓮花鬧三卷　(□)□□撰　清刻本　一册

340000－1801－0010955　3∶1447－3∶1449 善

開卷一笑集七卷　(明)李贄撰　明刻本　三册

340000－1801－0010956　3∶14475－3∶14476

藍關九度十六卷　(□)□□撰　清光緒三十二年(1906)永邑樂善堂刻本　二册

340000－1801－0010957　3∶14477

藍關九度十六卷　(□)□□撰　清光緒三十二年(1906)永邑樂善堂刻本　一册

340000－1801－0010958　3∶14478

六韜六卷六韜逸文一卷　(清)莊肇麟輯　清咸豐刻長恩書室叢書本　一册

340000－1801－0010959　3∶14479

太公兵法逸文一卷　(清)汪宗沂編　清光緒二十年(1894)桐廬袁氏漸西村舍刻本　一册

340000－1801－0010960　3∶14480

太公兵法逸文一卷　(清)汪宗沂編　清光緒二十年(1894)桐廬袁氏漸西村舍刻本　一册

340000－1801－0010961　3∶14481－3∶14487

孫子十家注十三卷　(春秋)孫武撰　(清)孫星衍輯注　清光緒三年(1877)浙江書局刻本　六册

340000－1801－0010962　3∶14488－3∶14493

孫子十家注十三卷　(春秋)孫武撰　(清)孫星衍輯注　清光緒三年(1877)浙江書局刻本　六册

340000－1801－0010963　3∶14494－3∶14499

孫子十家注十三卷　(春秋)孫武撰　(清)孫星衍輯注　清光緒三年(1877)浙江書局刻本　六册

340000－1801－0010964　3∶14500－3∶14505

孫子十家注十三卷　(春秋)孫武撰　(清)孫星衍輯注　清光緒三年(1877)浙江書局刻本　六册

340000－1801－0010965　3∶1450 善

小窗自紀四卷　(明)吳從先撰　(明)陳繼儒訂正　明刻小窗四紀本　一册　存二卷(一至二)

340000－1801－0010966　3:1451－3:1452 善
穆天子傳六卷　(晉)郭璞注　明范氏天一閣刻天一閣奇書本　二册

340000－1801－0010967　3:14526－3:14529
趙注孫子四卷　(春秋)孫武撰　(明)趙本學注　清光緒二十九年(1903)北洋陸軍參謀處木活字印本　四册

340000－1801－0010968　3:14534－3:14537
孫子十家注十三卷　(春秋)孫武撰　(清)孫星衍輯注　清咸豐五年(1855)淡香齋木活字印本　四册

340000－1801－0010969　3:14538－3:14541
孫子十家注十三卷　(春秋)孫武撰　(清)孫星衍注　清咸豐五年(1855)淡香齋木活字印本　四册

340000－1801－0010970　3:1453 善
穆天子傳六卷　(晉)郭璞注　明吳琯刻古今逸史本　一册

340000－1801－0010971　3:1454 善
穆天子傳六卷　(晉)郭璞注　**別國洞冥記四卷**　(漢)郭憲撰　明吳琯刻古今逸史本　一册

340000－1801－0010972　3:14553
孫子集注十三卷　(清)鄧廷羅輯　清張氏來鹿堂刻本　一册

340000－1801－0010973　3:14555
孫子三卷　(春秋)孫武撰　**吴子二卷**　(戰國)吴起等撰　**司馬法三卷**　(戰國)司馬穰苴撰　清羊城菊坡精舍刻本　一册

340000－1801－0010974　3:14556
孫吴司馬法三卷　(清)孫星衍輯　清同治十年(1871)淮南書局刻本　一册

340000－1801－0010975　3:1455 善
穆天子傳六卷　(晉)郭璞注　明快閣刻本　一册

340000－1801－0010976　3:1456－3:1457 善
山海經十八卷　(晉)郭璞注　明吳中珩刻本　二册

340000－1801－0010977　3:14569
諸葛武侯兵略一卷　(清)林松唐輯　清光緒二十六年(1900)漢皋刻本　一册

340000－1801－0010978　3:14576
衛公兵法二卷　(唐)李靖撰　清光緒袁氏漸西村舍刻本　一册

340000－1801－0010979　3:14577
衛公兵法二卷　(唐)李靖撰　清光緒袁氏漸西村舍刻本　一册

340000－1801－0010980　3:14578
衛公兵法二卷　(唐)李靖撰　清光緒袁氏漸西村舍刻本　一册

340000－1801－0010981　3:1458－3:1459 善
唐段少卿酉陽雜俎前集二十卷續集十卷　(唐)段成式撰　明李雲鵠刻本　二册　存十六卷(唐段少卿酉陽雜俎前集八至十四、續集二至十)

340000－1801－0010982　3:14591－3:14594
虎鈐經二十卷　(宋)許洞撰　清刻本　四册

340000－1801－0010983　3:14595－3:14598
虎鈐經二十卷　(宋)許洞撰　清刻本　四册

340000－1801－0010984　3:14599－3:14602
紀效新書十八卷或問一卷　(明)戚繼光撰　清嘉慶九年(1804)虞山張氏照曠閣刻本　四册

340000－1801－0010985　3:1460－3:1465 善
酉陽雜俎二十卷續集十卷　(唐)段成式撰　明虞山毛氏汲古閣刻津逮祕書本　六册

340000－1801－0010986　3:14603－3:14606
紀效新書十八卷　(明)戚繼光撰　清道光二十一年(1841)刻本　四册

340000－1801－0010987　3:14607－3:14612
紀效新書十八卷　(明)戚繼光撰　清道光二十一年(1841)刻本　六册

340000－1801－0010988　3:14613

兵韜七卷 (明)尹賓商撰 清光緒三十三年(1907)湖北國學編輯社鉛印本 一册

340000－1801－0010989 3:14614－3:14625
李盤金湯借箸十二籌十二卷 (明)李盤等撰 清刻本 十二册

340000－1801－0010990 3:14626－3:14637
金湯借箸十二籌十二卷圖一卷 (明)李盤等撰 清刻本 十二册

340000－1801－0010991 3:14638－3:14643
金湯借箸十二籌十二卷 (明)李盤等撰 清刻本 六册

340000－1801－0010992 3:14644－3:14711
武備志二百四十卷 (明)茅元儀撰 清刻本 六十八册 缺三十一卷(一至三十一)

340000－1801－0010993 3:1466－3:1468 善
唐段少卿酉陽雜俎二十卷 (唐)段成式撰 明嘉靖刻本 三册 存九卷(一至二、八至十四)

340000－1801－0010994 3:1469－3:1470 善
酉陽雜俎二十卷 (唐)段成式撰 明虞山毛氏汲古閣刻津逮祕書本 二册

340000－1801－0010995 3:14712－3:14742
治平勝算全書十四卷 (清)年羹堯撰 清抄本 三十一册

340000－1801－0010996 3:1471－3:1478 善
酉陽雜俎二十卷續集十卷 (唐)段成式撰 明虞山毛氏汲古閣刻津逮祕書本 八册

340000－1801－0010997 3:14743－3:14748
草廬經略十二卷 (明)□□撰 清上海申報館鉛印本 六册

340000－1801－0010998 3:14749－3:14752
草廬經略十二卷 (明)□□撰 清道光刻粵雅堂叢書本 四册

340000－1801－0010999 3:14753－3:14756
草廬經略十二卷 (明)□□撰 清道光刻粵雅堂叢書本 四册

340000－1801－0011000 3:14757－3:14766
洴澼百金方十四卷 題(清)惠麓酒民(袁宮桂)撰 清木活字印本 十册

340000－1801－0011001 3:14777－3:14790
洴澼百金方十四卷 題(清)惠麓酒民(袁宮桂)撰 清乾隆五十三年(1788)榕城嘉魚堂刻本 十四册

340000－1801－0011002 3:14791－3:14796
洴澼百金方十四卷 題(清)惠麓酒民(袁宮桂)撰 清乾隆五十三年(1788)榕城嘉魚堂刻本 六册

340000－1801－0011003 3:1479－3:1494 善
新鐫玉茗堂批選王弇州先生豔異編四十卷續編十九卷 (明)王世貞編 (明)湯顯祖評 明刻本 十六册

340000－1801－0011004 3:14797－3:14802
洴澼百金方十四卷 題(清)惠麓酒民(袁宮桂)撰 清乾隆五十三年(1788)榕城嘉魚堂刻本 六册

340000－1801－0011005 3:14803－3:14807
洴澼百金方十四卷 題(清)惠麓酒民(袁宮桂)撰 清道光二十年(1840)刻本 五册

340000－1801－0011006 3:14808－3:14810
武經三書匯解三卷末一卷 (清)曹曰瑋輯 清康熙刻本 三册

340000－1801－0011007 3:14811－3:14814
武經諸子講義合纂十卷 (清)朱墉撰 清光緒二十五年(1899)刻本 四册

340000－1801－0011008 3:14819－3:14820
武備輯要不分卷 (清)金鑒輯 清道光二十二年(1842)刻本 二册

340000－1801－0011009 3:14821
武備輯要續編五卷 (清)許乃釗輯 清抄本 一册

340000－1801－0011010 3:14822－3:14825
權制八卷 陳澹然撰 清光緒二十年(1894)長沙刻本 四册

安徽省圖書館古籍普查登記目録

（下）

索引

全國古籍普查登記目録

國家圖書館出版社
National Library of China Publishing House

書名筆畫字頭索引

一畫

二畫

三畫

四畫

五畫

六畫

七畫

八畫

九畫

十畫

十一畫

十二畫

十三畫

十四畫

十五畫

十六畫

十七畫

十八畫

十九畫

二十畫

二十一畫

二十二畫

二十三畫

二十四畫

二十五畫

二十六畫

二十八畫

二十九畫

三十畫

書名筆畫索引

一畫

二畫

三畫

四畫

五畫

六畫

七畫

八畫

九畫

十畫

十一畫

十二畫

十三畫

十四畫

十五畫

十六畫

十七畫

十八畫

十九畫

二十畫

二十一畫

二十二畫

二十三畫

二十四畫

二十五畫

二十六畫

二十八畫

二十九畫

三十畫

安徽省圖書館古籍普查登記目録（中）

全國古籍普查登記目録

國家圖書館出版社
National Library of China Publishing House

340000－1801－0011011　3∶14826－3∶14829
權制八卷　陳澹然撰　清光緒二十六年(1900)刻本　四冊　缺三卷(五、七至八)

340000－1801－0011012　3∶14830－3∶14831
知古錄三卷　(清)恒齡輯　清同治刻本　二冊　存二卷(一、三)

340000－1801－0011013　3∶14832
韜鈐拾慧錄一卷　(清)恒齡輯　清同治刻本　一冊

340000－1801－0011014　3∶14833
四翼附編四卷　(清)戴彭撰　清光緒二十一年(1895)刻汪雙池先生叢書本　一冊

340000－1801－0011015　3∶14834
四翼附編四卷　(清)戴彭撰　清光緒二十一年(1895)刻汪雙池先生叢書本　一冊

340000－1801－0011016　3∶14835－3∶14842
戊笈談兵十卷首一卷　(清)汪紱撰　清光緒二十一年(1895)刻汪雙池先生叢書本　八冊

340000－1801－0011017　3∶14843－3∶14850
戊笈談兵十卷首一卷　(清)汪紱撰　清光緒二十一年(1895)刻汪雙池先生叢書本　八冊

340000－1801－0011018　3∶14851－3∶14858
戊笈談兵十卷首一卷　(清)汪紱撰　清光緒二十一年(1895)刻汪雙池先生叢書本　八冊

340000－1801－0011019　3∶14859－3∶14866
戊笈談兵十卷首一卷　(清)汪紱撰　清光緒二十一年(1895)刻汪雙池先生叢書本　八冊

340000－1801－0011020　3∶14867－3∶14905
登壇必究四十卷　(明)王鳴鶴編　清刻本　三十九冊　存三十七卷(一至二十五、二十八至三十九)

340000－1801－0011021　3∶14906－3∶14907
行軍測繪十卷首一卷　(英國)連提撰　(英國)傅蘭雅口譯　(清)趙元益筆述　清刻本　二冊

340000－1801－0011022　3∶14908－3∶14909
魏勺庭先生左氏兵謀兵法五卷　(清)魏禧撰　清咸豐望雲草廬刻本　二冊

340000－1801－0011023　3∶14910
臨陣管見九卷　(德國)斯拉弗司撰　(清)趙元益譯　清光緒石印富強叢書本　一冊

340000－1801－0011024　3∶14911－3∶14912
臨陣管見九卷　(德國)斯拉弗司撰　(清)趙元益譯　清光緒石印富強叢書本　二冊

340000－1801－0011025　3∶14913
借箸篇一卷　江峰青撰　清刻本　一冊

340000－1801－0011026　3∶14914
借箸篇一卷　江峰青撰　清刻本　一冊

340000－1801－0011027　3∶14915
諸葛武侯行軍要覽不分卷　(三國蜀)諸葛亮撰　清光緒二十二年(1896)望龍霓閣刻本　一冊

340000－1801－0011028　3∶14916－3∶14917
太白陰經十卷　(唐)李筌撰　清半畝園刻本　二冊

340000－1801－0011029　3∶14918
守城要覽四卷　(明)宋祖舜撰　清紅杏書屋刻本　一冊

340000－1801－0011030　3∶14919
兵法入門不分卷　(清)左宗棠校　清光緒上海書局石印本　一冊

340000－1801－0011031　3∶14920
行軍指南不分卷　(清)檿昌譯　清光緒十九年(1893)石印本　一冊

340000－1801－0011032　3∶14921
團練事宜一卷勸戒條約一卷　(清)朱孫詒編　清同治二年(1863)刻本　一冊

340000－1801－0011033　3∶14922
練勇芻言五卷　(清)王鑫撰　清光緒二十四年(1898)江西書局刻本　一冊

340000－1801－0011034　3∶14923－3∶14928
行軍指要六卷　(英國)哈密撰　(美國)金楷理口譯　(清)趙元益筆述　清光緒二十七年

(1901)上海製造局刻本　六冊

340000－1801－0011035　3:14929－3:14934
練兵實紀九卷雜集六卷　(明)戚繼光撰　清瓶花書屋刻本　六冊

340000－1801－0011036　3:14935－3:14938
練兵實紀雜集十五卷　(明)戚繼光撰　清京都琉璃廠刻本　四冊

340000－1801－0011037　3:14939－3:14944
練兵實紀雜集十五卷　(明)戚繼光撰　清京都琉璃廠刻本　六冊

340000－1801－0011038　3:14945－3:14950
兵家方道指南二卷宜忌日表八卷　(清)彭定瀾撰　清同治四年(1865)刻本　六冊

340000－1801－0011039　3:14951－3:14956
兵家方道指南二卷宜忌日表八卷　(清)彭定瀾撰　清同治四年(1865)刻本　六冊

340000－1801－0011040　3:1495 善
豔異編四十卷　(明)王世貞輯　明刻本　一冊　存二卷(五至六)

340000－1801－0011041　3:1496 善
新鐫玉茗堂批選續豔異編十九卷　(明)王世貞輯　(明)湯顯祖批　明刻本　一冊　存五卷(一至五)

340000－1801－0011042　3:14973
易筋經二卷　(北魏)達摩撰　清刻本　一冊

340000－1801－0011043　3:14974
易筋圖不分卷　(□)□□撰　清光緒十三年(1887)抄本　一冊

340000－1801－0011044　3:1497 善
豔異編四十五卷　(明)王世貞輯　明刻本　一冊　存七卷(二十至二十一、二十九至三十、四十三至四十五)

340000－1801－0011045　3:1498 善
眉公見聞錄八卷　(明)陳繼儒撰　明萬曆刻寶顔堂秘笈本　一冊　存四卷(五至八)

340000－1801－0011046　3:14992－3:14993
射學要編不分卷　(清)李標編　清康熙刻本　二冊

340000－1801－0011047　3:1499－3:1509 善
快書五十卷　(明)閔景賢　(明)何偉然撰　明天啓六年(1626)刻本　十一冊　存四十六卷(五至五十)

340000－1801－0011048　3:14994
湖北製造步兵槍學不分卷　(清)北洋武備研究所編　清光緒三十二年(1906)北洋武備研究所鉛印本　一冊

340000－1801－0011049　3:14995
三十年式步馬槍學不分卷　(清)北洋陸軍編譯局編　清光緒三十三年(1907)北洋陸軍編譯局鉛印本　一冊

340000－1801－0011050　3:14996
籐牌說槍棍法不分卷　(□)□□撰　清刻本　一冊

340000－1801－0011051　3:14998－3:15001
火器命中十二卷　(清)梅文鼎撰　(清)熊方柏圖解　清光緒粵東刻本　四冊

340000－1801－0011052　3:15002
火攻挈要三卷　(德國)湯若望撰　(明)焦勗纂　清刻本　一冊

340000－1801－0011053　3:15003
火攻挈要三卷　(德國)湯若望撰　(明)焦勗纂　清道光二十一年(1841)刻本　一冊

340000－1801－0011054　3:15004－3:15005
軍器學不分卷　(□)□□撰　清光緒三十二年(1906)北洋武備研究所石印本　二冊

340000－1801－0011055　3:15007
體操口令不分卷　(德國)泰潑福譯　清安徽高等學堂木活字印本　一冊

340000－1801－0011056　3:15008－3:15010
體操教範圖說二卷附錄一卷　(□)□□撰　清石印本　三冊

340000－1801－0011057　3:15011－3:15016
火龍經全集五種十二卷　題(三國蜀)諸葛亮

等輯　清咸豐刻本　六册

340000 – 1801 – 0011058　3∶15017 – 3∶15018
戰車練炮圖説輯要二卷　(清)程榮春輯　清同治七年(1868)吟雨樓刻本　二册

340000 – 1801 – 0011059　3∶15019
車營圖制一卷　(明)鹿善繼撰　**車營百八叩一卷**　(明)孫承宗撰　清道光二十九年(1849)刻本　一册

340000 – 1801 – 0011060　3∶15020
楚軍車營圖式不分卷　(□)□□撰　清刻本　一册

340000 – 1801 – 0011061　3∶15021
勸捐公啟並白話演説一卷魚雷艇圖説一卷海軍説帖及部批一卷　(□)□□撰　清宣統三年(1911)鉛印本　一册

340000 – 1801 – 0011062　3∶15023
夢湖樓外編不分卷　(清)吳乃斌纂　清光緒二十一年(1895)刻本　一册

340000 – 1801 – 0011063　3∶15024
德國陸師操法入門要訣不分卷　(清)卞長勝譯　清光緒二十一年(1895)石印本　一册

340000 – 1801 – 0011064　3∶15025 – 3∶15028
克虜伯炮説四卷圖一卷炮操法四卷藥彈造法四卷　(德國)布國軍政局撰　(美國)金楷理口譯　(清)李鳳苞述　清光緒江南機器製造局刻本　四册

340000 – 1801 – 0011065　3∶15029 – 3∶15036
雜項兵占三套不分卷　(清)郭載騋校　清刻本　八册

340000 – 1801 – 0011066　3∶15037
雲氣占候篇二卷　(清)汪宗沂撰　清光緒漸西村舍刻本　一册

340000 – 1801 – 0011067　3∶15038
籌海芻言不分卷　(清)湯成烈撰　清抄本　一册

340000 – 1801 – 0011068　3∶15039 – 3∶15044
防海新論十八卷　(美國)希理哈撰　(英國)傅蘭雅口譯　(清)華蘅芳筆述　清同治十二年(1873)江南製造局刻本　六册

340000 – 1801 – 0011069　3∶15045 – 3∶15050
防海新論十八卷　(美國)希理哈撰　(英國)傅蘭雅口譯　(清)華蘅芳筆述　清同治十二年(1873)江南製造局刻本　六册

340000 – 1801 – 0011070　3∶15051 – 3∶15056
防海新論十八卷　(美國)希理哈撰　(英國)傅蘭雅口譯　(清)華蘅芳筆述　清同治十二年(1873)江南製造局刻本　六册

340000 – 1801 – 0011071　3∶15057 – 3∶15068
讀史兵略十二卷　(清)胡林翼輯　清光緒三十一年(1905)石印本　十二册

340000 – 1801 – 0011072　3∶15069 – 3∶15084
讀史兵略四十六卷　(清)胡林翼輯　清咸豐十一年(1861)武昌節署刻本　十六册

340000 – 1801 – 0011073　3∶15085 – 3∶15100
讀史兵略四十六卷　(清)胡林翼輯　清咸豐十一年(1861)武昌節署刻本　十六册

340000 – 1801 – 0011074　3∶15101 – 3∶15116
讀史兵略四十六卷　(清)胡林翼輯　清咸豐十一年(1861)武昌節署刻本　十六册

340000 – 1801 – 0011075　3∶1510 – 3∶1515 善
桯史十五卷　(宋)岳珂撰　明商濬刻稗海本　六册

340000 – 1801 – 0011076　3∶15122 – 3∶15123
乾坤大略十一卷　(明)王餘佑撰　清綠雲樓鉛印本　二册

340000 – 1801 – 0011077　3∶15124 – 3∶15125
乾坤大略十一卷　(明)王餘佑撰　清綠雲樓鉛印本　二册

340000 – 1801 – 0011078　3∶15126 – 3∶15127
乾坤大略十一卷　(明)王餘佑撰　清綠雲樓鉛印本　二册

340000 – 1801 – 0011079　3∶15128 – 3∶15129
乾坤大略十一卷　(明)王餘佑撰　清綠雲樓鉛印本　二册

340000－1801－0011080　3:15137
注釋評點古今名將傳十七卷　（明）陳元素評點　明刻本　一冊　存三卷（七至九）

340000－1801－0011081　3:15138－3:15139
東方兵事紀略六卷　（清）姚錫光撰　清光緒二十三年（1897）刻本　二冊

340000－1801－0011082　3:15140－3:15144
東方兵事紀略六卷　（清）姚錫光撰　清光緒二十三年（1897）武昌刻本　五冊

340000－1801－0011083　3:15145
陸軍衛生學不分卷　（清）江西陸軍小學堂編　清石印本　一冊

340000－1801－0011084　3:15146
麟洲兵事芻議不分卷　（清）錢麟書撰　清光緒三十三年（1907）正誼書局鉛印本　一冊

340000－1801－0011085　3:15147－3:15182
管窺輯要八十卷　（清）黄鼎纂　清順治九年（1652）刻本　三十六冊

340000－1801－0011086　3:1516－3:1525 善
廣諧史十卷　（明）陳邦俊編　明萬曆七年（1579）刻本　十冊

340000－1801－0011087　3:15183－3:15218
管窺輯要八十卷　（清）黄鼎纂　清順治九年（1652）刻本　三十六冊

340000－1801－0011088　3:15220－3:15239
管窺輯要八十卷　（清）黄鼎纂　清順治刻本　二十冊　存五十八卷（十九至四十五、五十至八十）

340000－1801－0011089　3:15240－3:15241
得一齋算學四卷　（清）黄豪伯撰　清光緒二十二年（1896）刻本　二冊

340000－1801－0011090　3:15242
中西經星同異考不分卷　（清）梅文鼎撰　清刻本　一冊

340000－1801－0011091　3:15243
交食引蒙一卷　（清）賈步緯撰　清光緒二十年（1894）江南製造局鉛印本　一冊

340000－1801－0011092　3:15245
簡平儀說一卷　（意大利）熊三拔撰　（清）楊寶臣補圖　清光緒二十四年（1898）古歙石印本　一冊

340000－1801－0011093　3:15246
簡平儀說一卷　（意大利）熊三拔撰　（清）楊寶臣補圖　清光緒二十四年（1898）古歙石印本　一冊

340000－1801－0011094　3:15247
簡平儀說一卷　（意大利）熊三拔撰　（清）楊寶臣補圖　清光緒二十四年（1898）古歙石印本　一冊

340000－1801－0011095　3:15248
簡平儀說一卷　（意大利）熊三拔撰　（清）楊寶臣補圖　清光緒二十四年（1898）古歙石印本　一冊

340000－1801－0011096　3:15252－3:15253
禦風要術三卷　（英國）白爾特撰　（清）華蘅芳譯　清光緒二十年（1894）望三益齋刻本　二冊

340000－1801－0011097　3:15254－3:15255
禦風要術三卷　（英國）白爾特撰　（美國）金楷理口譯　（清）華蘅芳筆述　清同治十二年（1873）江南製造局刻本　二冊

340000－1801－0011098　3:15256－3:15257
航海簡法四卷　（英國）那麗撰　（美國）金楷理口譯　（清）王德均筆述　清光緒江南製造局刻本　二冊

340000－1801－0011099　3:15258－3:15259
航海簡法四卷　（英國）那麗撰　（美國）金楷理口譯　（清）王德均筆述　清光緒江南製造局刻本　二冊

340000－1801－0011100　3:15260－3:15263
談天十八卷首一卷附表一卷　（英國）侯失勒撰　（英國）偉烈亞力口譯　（清）李善蘭刪述　（清）徐建寅續述　清光緒上海日新社石印本　四冊

340000－1801－0011101　3∶1526－3∶1535 善

閑署日抄十五卷　（明）舒榮都輯　明刻本　十冊　存十卷（二至三、五、七至十一、十四至十五）

340000－1801－0011102　3∶15264－3∶15267

談天十八卷首一卷附表一卷　（英國）侯失勒撰　（英國）偉烈亞力口譯　（清）李善蘭刪述　（清）徐建寅續述　清同治十年（1871）江南製造局刻本　四冊

340000－1801－0011103　3∶15268－3∶15271

談天十八卷首一卷附表一卷　（英國）侯失勒撰　（英國）偉烈亞力口譯　（清）李善蘭刪述　（清）徐建寅續述　清同治十年（1871）江南製造局刻本　四冊

340000－1801－0011104　3∶15272－3∶15275

談天十八卷首一卷附表一卷　（英國）侯失勒撰　（英國）偉烈亞力口譯　（清）李善蘭刪述　（清）徐建寅續述　清咸豐九年（1859）刻本　四冊

340000－1801－0011105　3∶15276－3∶15277

談天十八卷首一卷附表一卷　（英國）侯失勒撰　（英國）偉烈亞力口譯　（清）李善蘭刪述　（清）徐建寅續述　清同治十三年（1874）木活字印本　二冊

340000－1801－0011106　3∶15278－3∶15279

七政臺曆全書不分卷　（清）楊夢祿編　清光緒二十三年（1897）刻本　二冊

340000－1801－0011107　3∶15280－3∶15283

御定七政四餘萬年曆不分卷　（□）□□撰　清刻本　四冊

340000－1801－0011108　3∶15284

曆學疑問三卷　（清）梅文鼎撰　清康熙三十二年（1693）刻本　一冊

340000－1801－0011109　3∶15286－3∶15287

日星測時新表二卷　（清）余煌撰　清道光九年（1829）刻本　二冊

340000－1801－0011110　3∶15288－3∶15289

日星測時新表二卷　（清）余煌撰　清道光九年（1829）刻本　二冊

340000－1801－0011111　3∶15290－3∶15291

日星測時新表二卷　（清）余煌撰　清道光九年（1829）刻本　二冊

340000－1801－0011112　3∶15292

日星測時新表二卷　（清）余煌撰　清道光九年（1829）刻本　一冊

340000－1801－0011113　3∶15293

星經二卷　（漢）甘公　（漢）石申撰　清刻增訂漢魏叢書本　一冊

340000－1801－0011114　3∶15294

天文略解二卷　（美國）李安德撰　清光緒二十二年（1896）鉛印本　一冊

340000－1801－0011115　3∶15296

天文儀器志略一卷　（清）常福元撰　清光緒二十二年（1896）鉛印本　一冊

340000－1801－0011116　3∶15297－3∶15298

御製曆象考成後編十卷　（清）允祿等撰　清光緒二十二年（1896）勵志書屋刻本　二冊

340000－1801－0011117　3∶15299

天文秘本不分卷　（明）劉基輯　清光緒潘士綱抄本　一冊

340000－1801－0011118　3∶15300－3∶15301

緝古算經考注二卷　（唐）王孝通撰並注　清道光刻本　二冊

340000－1801－0011119　3∶15302－3∶15303

新刻算學啟蒙三卷　（元）朱世傑編　清道光十九年（1839）羅氏刻江南機器製造總局印本　二冊

340000－1801－0011120　3∶15304－3∶15305

新刻算學啟蒙三卷　（元）朱世傑編　清道光刻本　二冊

340000－1801－0011121　3∶15306

新刻算學啟蒙三卷　（元）朱世傑編　清光緒二十四年（1898）上海文盛堂石印本　一冊

340000－1801－0011122　3:15307
新編算學啟蒙三卷　(元)朱世傑編　清同治九年(1870)刻本　一冊

340000－1801－0011123　3:15308－3:15311
增刪算法統宗十一卷　(明)程大位輯　(清)梅瑴成增刪　清光緒江南製造局刻本　四冊

340000－1801－0011124　3:15316－3:15331
梅氏叢書輯要六十二卷　(清)梅文鼎撰　清道光元年(1821)刻本　十六冊

340000－1801－0011125　3:153－3:158 善
朱文公語錄類要述十八卷　(明)范淶輯　明萬曆四十年(1612)詹光陛等刻本　六冊

340000－1801－0011126　3:15332－3:15337
梅氏叢書輯要六十二卷　(清)梅文鼎撰　清光緒鴻文書局石印本　六冊

340000－1801－0011127　3:15338－3:15361
梅氏叢書輯要六十二卷　(清)梅文鼎撰　清同治十三年(1874)宣城梅纘高頤園刻本　二十四冊

340000－1801－0011128　3:15362－3:15381
梅氏叢書輯要六十二卷　(清)梅文鼎撰　清同治十三年(1874)宣城梅纘高頤園刻本　二十冊

340000－1801－0011129　3:1536－3:1545 善
東坡先生物類相感志十八卷　(宋)釋贊寧輯　清揚州阮氏文選樓抄本　十冊

340000－1801－0011130　3:15382－3:15387
梅氏叢書輯要六十二卷首一卷　(清)梅文鼎著　(清)梅瑴成校輯　清光緒十四年(1888)龍文書局石印本　六冊

340000－1801－0011131　3:15388－3:15391
翼梅八卷　(清)江永撰　清光緒七年(1881)群玉山房刻本　四冊

340000－1801－0011132　3:15392－3:15395
翼梅八卷　(清)江永撰　清光緒七年(1881)群玉山房刻本　四冊

340000－1801－0011133　3:15396－3:15403
數度衍二十三卷首三卷　(清)方中通撰　清光緒四年(1878)桐城方氏刻本　八冊　缺三卷(十二至十四)

340000－1801－0011134　3:15404－3:15411
數度衍二十三卷首三卷　(清)方中通撰　清光緒四年(1878)桐城方氏刻本　八冊

340000－1801－0011135　3:15412
衡齋遺書九卷　(清)汪萊撰　清刻本　一冊

340000－1801－0011136　3:15413
衡齋遺書九卷　(清)汪萊撰　清刻本　一冊

340000－1801－0011137　3:15414－3:15415
衡齋算學七卷遺書九卷　(清)汪萊撰　清咸豐四年(1854)鄱陽縣署刻本　二冊

340000－1801－0011138　3:15416
衡齋算學七卷　(清)汪萊撰　清刻本　一冊

340000－1801－0011139　3:15417－3:15418
小衡箕說二卷　(清)汪光恒撰　清光緒十一年(1885)聞梅齋刻本　二冊

340000－1801－0011140　3:15419－3:15423
九數通考十一卷首一卷末一卷　(清)屈曾發輯　清同治十一年(1872)刻本　五冊

340000－1801－0011141　3:15424－3:15426
九數通考十一卷首一卷末一卷　(清)屈曾發輯　清刻本　三冊

340000－1801－0011142　3:15427－3:15428
春樹齋叢說一卷　(清)溫葆琛撰　清光緒二年(1876)金陵溫氏刻本　二冊

340000－1801－0011143　3:15429－3:15432
簡易庵算稿四卷　(清)劉彝程撰　清光緒二十六年(1900)江南製造局刻本　四冊

340000－1801－0011144　3:15433－3:15436
新纂簡捷易明演算法四卷　(清)沈士桂輯　清嘉慶十三年(1808)刻本　四冊

340000－1801－0011145　3:15437－3:15442
古籌算考釋六卷　勞乃宣撰　清光緒二十三年(1897)刻本　六冊

340000－1801－0011146　3:15443－3:15444
筆算便覽五卷　（清）紀大奎撰　清嘉慶十九年（1814）寧郡群玉山房刻本　二冊

340000－1801－0011147　3:15445－3:15448
八十一歸算學啟蒙四卷　（清）吳兆珍校　清嘉慶刻本　四冊

340000－1801－0011148　3:15449－3:15452
演算法指掌全書四卷　（□）□□撰　清刻本　四冊

340000－1801－0011149　3:15453－3:15454
中西算學集要十卷　（清）周毓英撰　清光緒刻本　二冊

340000－1801－0011150　3:15455－3:15456
算學筆談十二卷　（清）華蘅芳撰　清光緒石印本　二冊

340000－1801－0011151　3:15457－3:15458
算學筆談十二卷　（清）華蘅芳撰　清光緒八年（1882）刻本　二冊

340000－1801－0011152　3:15459－3:15462
比例匯通四卷　（清）羅士琳演　清嘉慶二十三年（1818）刻本　四冊

340000－1801－0011153　3:15463－3:15464
算式解法十四卷　（英國）好敦司　（英國）開奈利撰　（英國）傅蘭雅口譯　（清）華蘅芳筆述　清光緒二十五年（1899）江南製造局刻本　二冊

340000－1801－0011154　3:15465－3:15472
代數術補式二十六卷　（清）解崇輝撰　清光緒二十六年（1900）順成書局石印本　八冊

340000－1801－0011155　3:1546 善
小隱窩爽言不分卷　（明）王守謙撰　明崇禎二年（1629）刻本　一冊

340000－1801－0011156　3:1547－3:1550 善
虞初志八卷續志四卷　（明）湯顯祖評選　明刻清順治十年（1653）補修本　四冊

340000－1801－0011157　3:15473－3:15477
代數通藝錄十六卷　（清）方愷撰　清光緒二十四年（1898）石印本　五冊

340000－1801－0011158　3:15478－3:15483
代數術二十五卷　（英國）華里司輯　（英國）傅蘭雅口譯　（清）華蘅芳筆述　清同治江南製造局刻本　六冊

340000－1801－0011159　3:15484－3:15489
代數難題十六卷　（英國）倫德輯　（英國）傅蘭雅口譯　（清）華蘅芳述　清光緒江南製造局刻本　六冊

340000－1801－0011160　3:15490－3:15493
西算明鏡錄五卷　（清）王韜述　清光緒二十三年（1897）算學日新會石印本　四冊

340000－1801－0011161　3:15494－3:15495
珠算入門二卷　（清）杜就田編　清宣統三年（1911）商務印書館鉛印本　二冊

340000－1801－0011162　3:15497－3:15499
筆算數學三卷　（清）鄒立文譯述　（美國）狄考文輯　清光緒十八年（1892）鉛印本　三冊

340000－1801－0011163　3:15500
句股術演二卷　（清）鄭福照著　清桐城姚氏抄本　一冊

340000－1801－0011164　3:15501
句股割圜記三卷　（清）戴震撰　清刻本　一冊

340000－1801－0011165　3:15502
句股割圜記三卷　（清）戴震撰　清刻本　一冊

340000－1801－0011166　3:15503－3:15504
算式集要四卷　（英國）哈司韋輯　（英國）傅蘭雅口譯　（清）江衡筆述　清光緒江南製造局刻本　二冊

340000－1801－0011167　3:15505－3:15508
數學理九卷附一卷　（英國）棣麼甘撰　（英國）傅蘭雅口譯　（清）趙元益筆述　清光緒江南製造局刻本　四冊

340000－1801－0011168　3:15509－3:15512
數學理九卷附一卷　（英國）棣麼甘撰　（英

國)傅蘭雅口譯　(清)趙元益筆述　清光緒江南製造局刻本　四冊

340000－1801－0011169　3:15513－3:15516
數學理九卷附一卷　(英國)棣麼甘撰　(英國)傅蘭雅口譯　(清)趙元益筆述　清光緒江南製造局刻本　四冊

340000－1801－0011170　3:15517－3:15518
幾何原本六卷　(明)徐光啟筆述　(意大利)利瑪竇譯　清光緒二十三年(1897)小倉山房石印本　二冊

340000－1801－0011171　3:15519－3:15521
幾何原本四卷　(明)徐光啟筆述　(意大利)利瑪竇譯　清光緒十九年(1893)江南製造總局鉛印御製數理精蘊本　三冊

340000－1801－0011172　3:1551 善
新刻鍾伯敬先生批評封神演義二十卷一百回　(明)許仲琳撰　明刻本(有圖)　一冊　存一卷(四)

340000－1801－0011173　3:15522
圓錐曲線一卷　(美國)求德生譯　(清)劉維師述　清光緒十九年(1893)益智書會鉛印本　一冊

340000－1801－0011174　3:1552－3:1553 善
二刻按鑑演義全像三國英雄志傳二十卷　(明)羅本撰　明刻本　二冊　存九卷(一至五、十七至二十)

340000－1801－0011175　3:15523－3:15524
形學備旨十卷　(美國)狄考文譯　(清)鄒立文述　清光緒三十一年(1905)鉛印本　二冊

340000－1801－0011176　3:15525－3:15528
測地繪圖十一卷附一卷表一卷　(英國)富路瑪撰　(英國)傅蘭雅口譯　(清)徐壽筆述　清光緒江南製造局刻本　四冊

340000－1801－0011177　3:15529－3:15534
測繪海圖全法八卷附一卷　(英國)華爾敦撰　(英國)傅蘭雅譯　(清)趙元益述　清光緒二十五年(1899)江南製造局刻本　六冊

340000－1801－0011178　3:15535
繪地法原一卷表一卷圖一卷　(美國)金楷理譯　(清)王德均述　清光緒江南機器製造局刻本　一冊

340000－1801－0011179　3:15537
迅速測繪不分卷　(□)□□撰　清光緒三十三年(1907)北洋石印本　一冊

340000－1801－0011180　3:15538－3:15540
行海要術四卷　(美國)金楷理譯　(清)李鳳苞述　清光緒江南製造局刻本　三冊

340000－1801－0011181　3:1554 善
四大奇書第一種十九卷一百二十回首一卷　(明)羅本撰　清刻本　一冊　存一卷(首一卷)

340000－1801－0011182　3:15541
八線對數簡表一卷　(清)賈步緯述　清光緒江南製造局刻本　一冊

340000－1801－0011183　3:15542
算表合璧不分卷　(清)崔朝慶撰　(清)楊冰輯　清光緒二十八年(1902)江楚書局刻本　一冊

340000－1801－0011184　3:15543
恖緯瑣言一卷　(清)厲之鍔撰　清嘉慶五年(1800)刻本　一冊

340000－1801－0011185　3:15544
星算補遺不分卷　(清)董毓琦撰　清刻本　一冊

340000－1801－0011186　3:15545
算學書目提要三卷　丁福保撰　清光緒二十五年(1899)刻本　一冊

340000－1801－0011187　3:1555－3:1556 善
三國志演義十九卷一百二十回首一卷像一卷　(明)羅本撰　清刻本　二冊　存一卷(像一卷)

340000－1801－0011188　3:15554－3:15560
算迪八卷　(清)何夢瑤撰　清道光二十五年(1845)粵雅堂刻嶺南遺書本　七冊

340000－1801－0011189　3:15561
五經算術二卷　(北周)甄鸞撰　(唐)李淳風注　清刻本　一冊

340000－1801－0011190　3:15562－3:15567
則古昔齋算學十三卷　(清)李善蘭撰　清同治六年(1867)刻本　六冊

340000－1801－0011191　3:15568－3:15573
三角數理十二卷　(英國)海麻士輯　(英國)傅蘭雅口譯　(清)華蘅芳筆述　清刻本　六冊

340000－1801－0011192　3:1557－3:1562 善
新鍥重訂出像註釋通俗演義西晉志傳題評四卷東晉志傳題評八卷　題(明)陳氏尺蠖齋評釋　明書林周氏大業堂刻本　六冊　缺六卷(東晉志傳題評三至八)

340000－1801－0011193　3:15574
太玄十卷　(漢)揚雄撰　(清)吳汝綸點勘　清宣統二年(1910)鉛印本　一冊

340000－1801－0011194　3:15575
太玄十卷　(漢)揚雄撰　(清)吳汝綸點勘　清宣統二年(1910)鉛印本　一冊

340000－1801－0011195　3:15582－3:15593
皇極經世十二卷　(宋)邵雍撰　(清)包燿麗校　清刻本　十二冊

340000－1801－0011196　3:15594－3:15603
皇極經世緒言九卷首二卷　(宋)邵雍撰　清道光十年(1830)錢塘徐樹德堂刻本　十冊

340000－1801－0011197　3:15604－3:15613
皇極經世緒言九卷首二卷　(宋)邵雍撰　清道光十年(1830)錢塘徐樹德堂刻本　十冊

340000－1801－0011198　3:15614－3:15625
皇極經世六十卷附編一卷補編一卷　(宋)邵雍撰　清咸豐元年(1851)刻本　十二冊

340000－1801－0011199　3:15627－3:15634
皇極經世書傳八卷　(宋)邵雍撰　(明)黃畿傳　清嘉慶十五年(1810)刻本　八冊

340000－1801－0011200　3:15635－3:15640
焦氏易林十六卷　(漢)焦贛撰　**易林元籥十測一卷**　(明)盛如林纂著　清知白齋刻本　六冊

340000－1801－0011201　3:15635/1－3:15640/1
三才發秘九卷　(清)陳雯撰　清康熙三十六年(1697)刻本　六冊

340000－1801－0011202　3:1563 善
新鐫東西晉演義十二卷五十回　(明)楊爾曾編　明天啓泰和堂刻本　一冊　存二卷(一至二)

340000－1801－0011203　3:15641/1－3:15642/1
象數論六卷　(清)黃宗羲撰　(清)汪瑞齡校訂　清西麓堂刻本　二冊

340000－1801－0011204　3:15641－3:15644
焦氏易林十六卷　(漢)焦贛撰　**易林元籥十測一卷**　(明)盛如林纂著　清知白齋刻本　四冊

340000－1801－0011205　3:15643/1－3:15644/1
太極圖詳註二卷　(清)李儒器修　清嘉慶二十三年(1818)慶餘堂抄本　二冊

340000－1801－0011206　3:15645－3:15646
焦氏易林四卷　(漢)焦贛撰　清刻漢魏叢書本　二冊

340000－1801－0011207　3:15647－3:15650
焦氏易林四卷　(漢)焦贛撰　清刻漢魏叢書本　四冊

340000－1801－0011208　3:1564 善
北史演義六十四卷　(清)杜綱編　清刻本　一冊　存五卷(三十二至三十六)

340000－1801－0011209　3:15651－3:15654
焦氏易林四卷　(漢)焦贛撰　清光緒元年(1875)湖北崇文書局刻本　四冊

340000－1801－0011210　3:1565－3:1566 善
鐫李卓吾批點殘唐五代史演義傳八卷六十回傳　(明)羅本輯　(明)李贄批評　清刻本　二冊

340000－1801－0011211　3:15653－3:15656

太玄十卷 （漢）揚雄撰 （宋）司馬光注 清道光二十四年(1844)五柳居陶氏刻本 四册

340000－1801－0011212 3:15655

易林釋文二卷 （清）丁晏撰 清咸豐四年(1854)廣雅書局刻朱印本 一册

340000－1801－0011213 3:15656－3:15659

乙巳占十卷 （唐）李淳風撰 清光緒二年(1876)吳興陸氏十萬卷樓刻本 四册

340000－1801－0011214 3:15657/1－3:15658/1

太玄十卷 （漢）揚雄撰 （宋）司馬光注 清光緒元年(1875)湖北崇文書局刻本 二册

340000－1801－0011215 3:15659/1－3:15660/1

太玄十卷 （漢）揚雄撰 （宋）司馬光注 清光緒元年(1875)湖北崇文書局刻本 二册

340000－1801－0011216 3:15664－3:15667

易隱八卷首一卷 （清）曹九錫輯 清刻本 四册

340000－1801－0011217 3:15668－3:15671

易隱八卷首一卷 （清）曹九錫輯 清刻本 四册

340000－1801－0011218 3:15672－3:15673

易冒十卷 （清）程良玉著 清康熙三年(1664)刻本 二册

340000－1801－0011219 3:15674

天象災祥分類考四卷 （清）石仁鏡輯 清同治十年(1871)安徽藩署刻本 一册

340000－1801－0011220 3:1567 善

新鐫楊家府世代忠勇演義志傳八卷 題(明)秦淮墨客輯 清刻本 四册 存一卷(一)

340000－1801－0011221 3:15680－3:15684

卜筮正宗十四卷 （清）王維德撰 清嘉慶十四年(1809)刻本 五册 缺三卷(十至十二)

340000－1801－0011222 3:1568－3:1571 善

新鐫楊家府世代忠勇演義志傳八卷 題(明)秦淮墨客輯 清刻本 四册

340000－1801－0011223 3:15685－3:15690

卜筮正宗十四卷 （清）王維德撰 清嘉慶十四年(1809)刻本 六册

340000－1801－0011224 3:15693

天元五歌闡義五卷元空秘旨一卷 （清）蔣平階撰 清道光元年(1821)刻本 一册

340000－1801－0011225 3:15695

增删卜易六卷 （清）李元輝撰 清刻本 一册

340000－1801－0011226 3:15696－3:15701

增删卜易六卷 題(清)野鶴老人撰 清同治九年(1870)掃葉山房刻本 六册

340000－1801－0011227 3:15702－3:15705

大六壬尋源四卷 （清）張純昭撰 清嘉慶十五年(1810)刻本 四册

340000－1801－0011228 3:15706－3:15709

大六壬尋源四卷 （清）張純昭撰 清嘉慶十五年(1810)刻本 四册

340000－1801－0011229 3:15710－3:15711

六壬經緯六卷 （清）毛志道撰 清雍正三年(1725)刻本 二册

340000－1801－0011230 3:15712

六壬眎斯二卷 （清）葉悔亭輯 清乾隆四十年(1775)刻本 一册

340000－1801－0011231 3:15713－3:15714

六壬眎斯二卷 （清）葉悔亭輯 清乾隆四十年(1775)刻本 二册

340000－1801－0011232 3:15715

大六壬課經集四卷 （清）郭載騋撰 明崇禎十七年(1644)刻本 一册

340000－1801－0011233 3:15716－3:15718

大六壬大全十卷 （清）郭載騋撰 清康熙四十三年(1704)刻本 三册

340000－1801－0011234 3:15719－3:15720

大六壬大全十卷 （清）郭載騋撰 清康熙四十三年(1704)刻本 二册

340000－1801－0011235 3:15721

六壬類聚四卷　(清)紀大奎撰　清紀大奎刻本　一冊

340000－1801－0011236　3:15726－3:15729
六壬神課金口訣三卷　(清)周儆弦訂　清光緒十三年(1887)善成堂刻本　四冊

340000－1801－0011237　3:1572 善
皇明英烈傳□□卷　(明)徐渭編　明刻本　一冊　存一卷(二)

340000－1801－0011238　3:15730－3:15761
太乙統宗寶鑑二十卷　題(元)曉山老人編　清刻本　三十二冊

340000－1801－0011239　3:1573 善
新訂晉代許旌陽得道擒蛟鐵樹記二卷十五回　(明)鄧志謨撰　明江右書林白雪樓刻本　一冊

340000－1801－0011240　3:1574－3:1579 善
醉醒石十五回　題(明)古狂生編　明刻本　六冊

340000－1801－0011241　3:15762
易鏡海底眼秘書二卷　(戰國)鬼谷子撰　清嘉慶二十五年(1820)文英堂刻本　一冊

340000－1801－0011242　3:15766
梅花易數五卷　(宋)邵雍撰　清刻本　一冊

340000－1801－0011243　3:15767
校正梅花易數五卷　(宋)邵雍撰　清宣統二年(1910)石印本　一冊

340000－1801－0011244　3:15768－3:15773
鐵板神數不分卷　題(清)仲培氏錄　清光緒二十四年(1898)抄本　六冊

340000－1801－0011245　3:15774
新刻白鶴仙神數相法不分卷　(□)□□撰　清道光二十九年(1849)文經堂刻本　一冊

340000－1801－0011246　3:15777－3:15778
繪圖增廣玉匣記六卷　(清)朱說霖校　清光緒六年(1880)刻本　二冊

340000－1801－0011247　3:15787－3:15804
太乙數大全四十卷　(清)李自明撰　清乾隆六十年(1795)刻本　十八冊　缺二卷(二十二至二十三)

340000－1801－0011248　3:15809
遁甲符應經三卷　(宋)楊維德撰　清抄本　一冊

340000－1801－0011249　3:15810－3:15815
奇門遁甲秘笈大全三十卷　(明)劉基撰　清刻本　六冊

340000－1801－0011250　3:15817－3:15820
新編日用涓吉奇門五總龜四卷首一卷　(明)池紀解編　清刻本　四冊

340000－1801－0011251　3:1581 善
醉醒石十五回　題(明)古狂生撰　明刻本　一冊　存三回(一至三)

340000－1801－0011252　3:15821
甘氏奇門一得不分卷　(清)甘霖撰　清抄本　一冊

340000－1801－0011253　3:1582－3:1584 善
筆耕山房弁而釵四卷二十回　題(明)醉西湖心月主人撰　題(明)奈何天呵呵道人評　清刻本　三冊　存三卷十五回(情俠記五回、情貞記五回、情烈記五回)

340000－1801－0011254　3:15826－3:15831
奇門遁甲統宗十二卷　題(三國蜀)諸葛亮撰　清刻南陽石室秘笈本　六冊

340000－1801－0011255　3:15832
奇門遁甲啟悟一卷　(清)朱榮璪撰　清光緒二十一年(1895)刻本　一冊

340000－1801－0011256　3:15833
奇門遁甲啟悟一卷　(清)朱榮璪撰　清光緒二十一年(1895)刻本　一冊

340000－1801－0011257　3:15834
奇門闡秘前編六卷　(清)羅世瑤編　清咸豐元年(1851)生白虛齋刻本　一冊

340000－1801－0011258　3:15835
火珠林一卷　題(宋)麻衣道者著　(清)程芝

雲校正　清道光刻百二漢鏡齋秘書四種本　一冊

340000－1801－0011259　3:15837－3:15840
金精廖公秘授地學心法正傳畫筴扒砂經　（宋）廖禹撰　清嘉慶二十五年（1820）刻本　四冊

340000－1801－0011260　3:15841－3:15844
金精廖公秘授地學心法正傳畫筴扒砂經　（宋）廖禹撰　清嘉慶二十五年（1820）刻本　四冊

340000－1801－0011261　3:15845
龍經校注二卷　（唐）楊筠松口訣　（清）汪宗沂校注　清光緒弢廬刻本　一冊

340000－1801－0011262　3:15846
龍經校注二卷　（唐）楊筠松口訣　（清）汪宗沂校注　清光緒弢廬刻本　一冊

340000－1801－0011263　3:15847
疑龍三卷　（唐）楊益撰　（清）寇宗校　清道光十三年（1833）刻本　一冊

340000－1801－0011264　3:15848
撼龍十卷　（唐）楊益撰　（清）寇宗校　清道光十四年（1834）刻本　一冊

340000－1801－0011265　3:15849－3:15850
撼龍十二卷　（唐）楊益撰　（清）寇宗校　清刻本　二冊

340000－1801－0011266　3:15851－3:15854
地理正書不分卷　（唐）楊益撰　清道光十四年（1834）刻本　四冊

340000－1801－0011267　3:1585－3:1586 善
新刻全像三寶太監西洋記通俗演義二十卷　題（明）二南里人（羅懋登）編　明三山道人刻本（有圖）　二冊　存四卷（二至三、五至六）

340000－1801－0011268　3:15855－3:15866
地理人子須知三十九卷　（明）徐善述撰　清刻本　十二冊

340000－1801－0011269　3:15867－3:15882
重鐫官板地理天機會元正篇體用括要三十五卷　題（唐）卜則巍（卜應天）撰　（明）顧乃德輯注　（明）徐之鏌重編　清帶月樓刻本　十六冊

340000－1801－0011270　3:1587 善
兩交婚傳四卷十八回　題（清）步月主人撰　清刻本　一冊　存三回（十六至十八）

340000－1801－0011271　3:15883
新刊地理雪心賦句解一卷　（唐）卜應天撰　明書林刻本　一冊

340000－1801－0011272　3:1588－3:1606 善
新刻逸田叟女仙外史六奇書一百回　（清）呂熊撰　清康熙刻本　十九冊　存七十六回（一至十六、二十二至二十六、三十一至三十三、三十九至六十一、六十七至七十、七十六至一百）

340000－1801－0011273　3:15884
雪心賦巒頭理氣註釋正解一卷　（唐）卜應天撰　**玉尺經一卷**　（元）劉秉忠撰　清康熙二十六年（1687）刻本（玉尺經爲抄配）　一冊

340000－1801－0011274　3:15885
鐵彈子地理元機一卷　（唐）何令通著　**金彈子地理元珠經一卷**　（元）耶律楚材撰　**玉彈子地理元樞一卷**　（清）張鳳藻注　清康熙十四年（1675）刻本　一冊

340000－1801－0011275　3:15886－3:15895
山法全書十九卷首二卷　（清）葉泰輯　清刻本　十冊

340000－1801－0011276　3:15896－3:15898
乾坤法竅三卷　（清）范宜賓輯　清刻本　三冊

340000－1801－0011277　3:15899－3:15900
山洋指迷四卷　（清）周景一撰　（清）俞歸璞（清）吳卿瞻注　清乾隆五十二年（1787）刻本　二冊

340000－1801－0011278　3:15901－3:15904
山洋指迷四卷　（清）周景一撰　（清）俞歸璞（清）吳卿瞻注　清乾隆五十二年（1787）刻

本　四冊

340000－1801－0011279　3:15906

南遊記不分卷　(清)汪之麟撰　清抄本　一冊

340000－1801－0011280　3:15907－3:15908

訓子經二卷　(明)張亙撰　清華西草堂刻本　二冊

340000－1801－0011281　3:15909－3:15911

地理三會集三卷　(明)張亙撰　清道光十六年(1836)刻本　三冊

340000－1801－0011282　3:15912

異傳地理真訣不分卷　(明)李起麟撰　清咸豐五年(1855)刻本　一冊

340000－1801－0011283　3:15913

天玉經補注三卷　(清)淩龍光注　清嘉慶三年(1798)雅雨堂刻本　一冊

340000－1801－0011284　3:15918－3:15925

地理正宗十二卷　(清)蔣國輯　清刻本　八冊

340000－1801－0011285　3:15926－3:15930

地理平陽全書十五卷　(清)葉泰輯　清康熙三十一年(1692)學山堂刻本　五冊

340000－1801－0011286　3:159－3:168 善

文公先生經世大訓十二卷　(明)余祐編　明嘉靖五年(1526)湖廣布政司刻本　十冊

340000－1801－0011287　3:15931－3:15934

地理六經注六卷　(清)葉泰撰　清康熙刻本　四冊

340000－1801－0011288　3:15935－3:15936

地理知新錄□□卷　(清)張受祺撰　清刻本　二冊　存三卷(四十八局一卷、元運說一卷、名墓一卷)

340000－1801－0011289　3:15937－3:15939

羅經指南撥霧集三卷　(清)葉泰撰　清兩儀堂刻本　三冊

340000－1801－0011290　3:15940－3:15941

羅經指南撥霧集三卷　(清)葉泰撰　清刻本　二冊

340000－1801－0011291　3:15942

羅經指南撥霧集二卷　(清)葉泰撰　清刻本　一冊

340000－1801－0011292　3:15943

羅經指南撥霧集三卷　(清)葉泰撰　清康熙三十一年(1692)刻本　一冊

340000－1801－0011293　3:15944

羅經圖說二卷水法圖說二卷　(清)周惇庸輯　(清)董德彰撰　清嘉慶十四年(1809)經國堂刻本　一冊

340000－1801－0011294　3:15945－3:15948

地理五訣八卷　(清)趙廷棟撰　清乾隆五十一年(1786)刻本　四冊

340000－1801－0011295　3:15949－3:15952

地理琢玉斧巒頭歌括四卷　(明)徐之鏌撰　清康熙四十年(1701)刻本　四冊

340000－1801－0011296　3:15953－3:15956

嚴陵張九儀增釋地理巒頭歌括不分卷　(清)張鳳藻撰　清道光八年(1828)刻本　四冊

340000－1801－0011297　3:15957－3:15958

地學二卷　(清)沈鎬撰　清同治刻本　二冊

340000－1801－0011298　3:15959

歸厚錄不分卷　(清)蔣平階撰　清抄本　一冊

340000－1801－0011299　3:15960－3:15965

堪輿類纂人天共寶十卷　(清)黄慎編　清乾隆三十七年(1772)刻本　六冊

340000－1801－0011300　3:15974－3:15975

地理前五十段二卷後五十段二卷　(清)李德貞著　(清)調蘭居士校訂　**披肝露膽經一卷**　(明)劉基撰　**透山肺腑口訣一卷**　(清)李德貞傳　清刻本　二冊

340000－1801－0011301　3:15976

大富貴編不分卷指迷忠告一卷　(清)普願居士編　清光緒十三年(1887)刻本　一冊

340000－1801－0011302　3:15977－3:15980
地理入地眼全書十卷　(清)萬樹華輯　清道光刻本　四册

340000－1801－0011303　3:15981－3:15986
地理啖蔗録八卷　(清)袁守定撰　清光緒六年(1880)刻本　六册

340000－1801－0011304　3:15987－3:15992
地理啖蔗録八卷　(清)袁守定撰　清光緒六年(1880)刻本　六册

340000－1801－0011305　3:15993－3:15998
地理啖蔗録八卷　(清)袁守定撰　清光緒六年(1880)刻本　六册

340000－1801－0011306　3:16007－3:16008
青囊小解四卷　(清)唐傑撰　清光緒十八年(1892)抄本　二册

340000－1801－0011307　3:16009－3:16012
青囊海角正經四卷　(□)□□撰　清抄本　四册

340000－1801－0011308　3:16015－3:16016
金玉圖詮注二卷　(清)郭節撰　清同治三年(1864)刻本　二册

340000－1801－0011309　3:16031－3:16037
地理直指原真大全七卷　(清)釋如玉撰　清光緒十四年(1888)刻本　七册

340000－1801－0011310　3:16039－3:16040
陽宅三要四卷　(清)趙廷棟撰　清道光十一年(1831)刻本　二册

340000－1801－0011311　3:16041－3:16042
陽宅三要四卷　(清)趙廷棟撰　清乾隆五十二年(1787)刻本　二册

340000－1801－0011312　3:16043－3:16044
陽宅三要四卷　(清)趙廷棟撰　清乾隆五十二年(1787)刻本　二册

340000－1801－0011313　3:16045
陽宅都天滚盤珠要法一卷　(清)瞿天賚校　清光緒刻本　一册

340000－1801－0011314　3:16046－3:16051
陽宅三要四卷　(清)趙廷棟　(清)王庸弼　(清)張含章撰　清光緒六年(1880)掃葉山房刻本　六册

340000－1801－0011315　3:16052－3:16053
楊救貧陰陽二宅開門放水經二卷　(清)邵磻溪輯　清光緒刻本　二册

340000－1801－0011316　3:16056
宅譜通言不分卷　(□)□□撰　清康熙五十六年(1717)刻本　一册

340000－1801－0011317　3:16057－3:16068
陰宅集要四卷陽宅集成八卷　(清)姚廷鑾輯　清乾隆十七年(1752)刻本　十二册

340000－1801－0011318　3:16069－3:16072
星平集腋統宗四卷　(清)廖瀛海輯　清道光十二年(1832)經德堂刻本　四册

340000－1801－0011319　3:1607－3:1666 善
四大奇書第四種五十卷一百回　(清)張竹坡評　清乾隆十二年(1747)刻本(有圖)　六十册

340000－1801－0011320　3:16073－3:16074
重鐫神峰通考命理正宗六卷　(明)張楠撰　清文奎堂刻本　二册

340000－1801－0011321　3:16075
重鐫神峰通考命理正宗六卷　(明)張楠撰　清兩儀堂刻本　一册

340000－1801－0011322　3:16076－3:16077
窮通寶鑑攔江網二卷　(明)余春臺編輯　清味經堂刻本　二册

340000－1801－0011323　3:16078
攔江網不分卷　(唐)袁天罡撰　清抄本　一册

340000－1801－0011324　3:16080－3:16085
新鐫神峰張先生通考闢謬命理正宗大全六卷　(明)張楠撰　清經元堂刻本　六册

340000－1801－0011325　3:16086－3:16091
新鐫神峰張先生通考闢謬命理正宗大全六卷

(明)張楠撰　清郁文堂刻本　六册

340000－1801－0011326　3:16096－3:16099

星平集腋統宗四卷　(清)廖瀛海輯　清同福堂刻本　四册

340000－1801－0011327　3:16100－3:16103

星平集腋統宗四卷　(清)廖瀛海輯　清光緒四年(1878)兩儀堂刻本　四册

340000－1801－0011328　3:16104－3:16107

星平集腋統宗四卷　(清)廖瀛海輯　清經文堂刻本　四册

340000－1801－0011329　3:16108

新刻星平合訂命學須知二卷　(清)胡栢齡錄　清經文堂刻本　一册

340000－1801－0011330　3:16109－3:16110

燕山集五卷　(清)石楷撰　清漁古山房刻本　二册

340000－1801－0011331　3:16111

紫微斗數全書四卷　(宋)陳希夷撰　清刻本　一册　存一卷(四)

340000－1801－0011332　3:16126－3:16141

三命通會十二卷　(明)萬民英撰　清雍正十三年(1735)金陵刻本　十六册

340000－1801－0011333　3:16143－3:16150

神相全編十二卷　(宋)陳摶撰　(明)袁忠徹訂　清光緒十年(1884)刻本　八册

340000－1801－0011334　3:16152－3:16155

丙丁高抬貴手七卷　(宋)柴望撰　清刻本　四册

340000－1801－0011335　3:16156

陰陽寶海三元玉鏡奇書三卷　(元)釋幕講輯　清康熙三十九年(1700)新安刻本　一册

340000－1801－0011336　3:16157

董公選要覽二卷論略一卷　(明)董潛撰　清光緒二十三年(1897)彊恕齋刻本　一册

340000－1801－0011337　3:16159－3:16168

步月樓新訂增補合節鼇頭通書大全十卷　(清)熊秉懋匯選　清康熙六十年(1721)建邑刻本　十册

340000－1801－0011338　3:16169－3:16172

諏吉便覽一卷附寶鏡圖一卷　(清)費淳輯　清嘉慶刻朱墨套印本　四册

340000－1801－0011339　3:16173－3:16175

参星秘要諏吉便覽一卷　(清)俞榮寛編　清光緒十四年(1888)掃葉山房刻朱墨套印本　三册

340000－1801－0011340　3:16176－3:16181

譯古含奇三卷　(清)楊翼亮撰　清光緒十三年(1887)杭州刻本　六册

340000－1801－0011341　3:16193－3:16204

象吉備要通書二十九卷　(清)魏鑒撰　清刻本　十二册

340000－1801－0011342　3:16206－3:16210

崇正辟謬通書十四卷　(清)李奉來輯　清刻本　五册

340000－1801－0011343　3:16211－3:16212

選擇備要不分卷　(□)□□撰　清嘉慶二年(1797)錢塘費氏刻朱墨套印本　二册

340000－1801－0011344　3:16214

洪潮和通書不分卷　(清)洪潮和撰　清光緒三十一年(1905)洪氏刻本　一册

340000－1801－0011345　3:16219

中國沿海颶風及風暴標號條例不分卷　(清)徐家匯天文臺撰　清光緒二十三年(1897)上海慈母堂鉛印本　一册

340000－1801－0011346　3:16220－3:16227

陳子性藏書十二卷首一卷　(清)陳子性撰　清刻本　八册

340000－1801－0011347　3:16228－3:16251

欽定協紀辨方書三十六卷　(清)張照等編　清乾隆六年(1741)刻本　二十四册

340000－1801－0011348　3:16252－3:16271

欽定協紀辨方書三十六卷　(清)張照等編　清乾隆六年(1741)刻本　二十册

340000－1801－0011349　3:16298－3:16300
書法匯鈔八卷　(清)范承宣輯　清刻本　三冊

340000－1801－0011350　3:16301－3:16302
鳳墅殘帖釋文八卷　(宋)曾弘父撰　清刻咫進齋叢書本　二冊

340000－1801－0011351　3:16303－3:16306
藝舟雙楫六卷附録三卷　(清)包世臣撰　清光緒鄒氏刻玉雞苗館叢書本　四冊

340000－1801－0011352　3:16307－3:16310
藝舟雙楫六卷附録三卷　(清)包世臣撰　清光緒鄒氏刻玉雞苗館叢書本　四冊

340000－1801－0011353　3:16311－3:16326
佩文齋書畫譜一百卷　(清)孫岳頒編　清光緒九年(1883)同文書局石印本　十六冊

340000－1801－0011354　3:16327－3:16341
佩文齋書畫譜一百卷　(清)孫岳頒編　清光緒九年(1883)同文書局石印本　十五冊　缺七卷(四十三至四十九)

340000－1801－0011355　3:16365－3:16419
佩文齋書畫譜一百卷　(清)孫岳頒等纂　清康熙四十八年(1709)刻本　五十五冊　缺十九卷(四十四至五十八、九十七至一百)

340000－1801－0011356　3:16430－3:16435
江邨銷夏録三卷　(清)高士奇輯　清康熙三十二年(1693)刻本　六冊

340000－1801－0011357　3:16436－3:16439
書法正傳十卷　(清)馮武纂　清世豸堂刻本　四冊

340000－1801－0011358　3:16440－3:16443
書法正傳十卷　(清)馮武纂　清世豸堂刻本　四冊

340000－1801－0011359　3:16444－3:16447
漢溪書法通解八卷　(清)戈守智纂　清平湖刻本　四冊

340000－1801－0011360　3:16448
釋書名一卷　(清)莊綬甲撰　清光緒十五年(1889)木活字印拾遺補藝齋遺書本　一冊

340000－1801－0011361　3:16451
梁聞山先生評書不分卷　(清)梁巘撰　清抄本　一冊

340000－1801－0011362　3:16454
寓意録四卷　(清)繆曰藻撰　(清)徐渭仁校　清道光二十年(1840)上海徐氏刻本　一冊

340000－1801－0011363　3:16459－3:16460
草字彙四卷　(清)梁民憲撰　清咸豐九年(1859)刻本　二冊

340000－1801－0011364　3:16465－3:16470
楷法溯源十四卷　(清)潘存輯　楊守敬編　清刻本　六冊

340000－1801－0011365　3:16482－3:16483
畫禪室隨筆四卷　(明)董其昌撰　清刻本　二冊

340000－1801－0011366　3:16484
畫禪室隨筆四卷　(明)董其昌撰　清康熙天都汪氏刻本　一冊

340000－1801－0011367　3:16485－3:16487
畫禪室隨筆四卷　(明)董其昌撰　清乾隆十八年(1753)刻本　三冊

340000－1801－0011368　3:16490－3:16493
桐陰畫訣一卷桐陰論畫二卷首一卷　(清)秦祖永撰　清同治三年(1864)刻朱墨套印本　四冊

340000－1801－0011369　3:16501－3:16503
晦庵題跋三卷　(宋)朱熹撰　清汲古閣刻本　三冊

340000－1801－0011370　3:16504－3:16507
懷古田舍梅統十二卷　(清)徐榮撰　清咸豐二年(1852)刻本　四冊

340000－1801－0011371　3:16508－3:16515
書畫傳習録三卷續録四卷　(明)王紱輯　清嘉慶層雲閣刻本　八冊

340000－1801－0011372　3:16517－3:16528

清河書畫舫十二卷 (明)張丑輯 清池北草堂刻本 十二冊

340000－1801－0011373 3∶16529－3∶16552
清河書畫舫十二卷 (明)張丑輯 清乾隆刻本 二十四冊

340000－1801－0011374 3∶16553－3∶16554
南田畫跋四卷 (清)惲格撰 清道光十一年(1831)寄味山房刻本 二冊

340000－1801－0011375 3∶16556
南田畫跋一卷 (清)惲格撰 清光緒四年(1878)仁和葛氏嘯園刻本 一冊

340000－1801－0011376 3∶16557
重編紅雨樓題跋二卷 (明)徐𤊹撰 清峭帆樓刻峭帆樓叢書本 一冊

340000－1801－0011377 3∶16558－3∶16561
鐵網珊瑚二十卷 (明)都穆撰 清乾隆刻本 四冊

340000－1801－0011378 3∶16562－3∶16564
鐵網珊瑚二十卷 (明)都穆撰 清刻本 三冊 存三卷(二至四)

340000－1801－0011379 3∶16565－3∶16568
鐵網珊瑚二十卷 (明)都穆撰 清乾隆光霽山房刻本 四冊

340000－1801－0011380 3∶16569－3∶16574
鐵網珊瑚二十卷 (明)都穆撰 清乾隆刻本 六冊

340000－1801－0011381 3∶16575－3∶16580
鐵網珊瑚二十卷 (明)都穆撰 清乾隆刻本 六冊

340000－1801－0011382 3∶16669－3∶16670
快雨堂題跋八卷 (清)王文治撰 清道光十一年(1831)休寧汪氏刻本 二冊

340000－1801－0011383 3∶16671
芳堅館題跋三卷 (清)郭尚先撰 清刻本 一冊

340000－1801－0011384 3∶16674
隱綠軒題識一卷 (清)陳奕禧撰 **砥齋題跋一卷** (清)王弘撰 清同治十三年(1874)虞山顧氏刻小石山房叢書本 一冊

340000－1801－0011385 3∶16675－3∶16676
甌鉢羅室書畫過目考四卷 (清)李玉棻輯 清光緒二十三年(1897)刻本 二冊

340000－1801－0011386 3∶16677－3∶16680
甌鉢羅室書畫過目考四卷 (清)李玉棻輯 清光緒二十三年(1897)刻本 四冊

340000－1801－0011387 3∶1667－3∶1669 善
繡像金瓶梅傳□□卷 (□)□□撰 清刻本 三冊 存五卷(一至二、四至六)

340000－1801－0011388 3∶16691－3∶16696
習苦齋畫絮十卷 (清)戴熙撰 清光緒十九年(1893)刻本 六冊

340000－1801－0011389 3∶16697－3∶16700
習苦齋畫絮十卷 (清)戴熙撰 清光緒十九年(1893)刻本 四冊

340000－1801－0011390 3∶16701－3∶16704
習苦齋畫絮十卷 (清)戴熙撰 清光緒十九年(1893)刻本 四冊

340000－1801－0011391 3∶16705－3∶16708
習苦齋畫絮十卷 (清)戴熙撰 清光緒十九年(1893)刻本 四冊

340000－1801－0011392 3∶16709－3∶16718
習苦齋畫絮十卷 (清)戴熙撰 清光緒十九年(1893)刻本 十冊

340000－1801－0011393 3∶1670 善
蝴蝶媒四卷十六回 題(清)南嶽道人編 題(清)青谿醉客評 清刻本 一冊 存二卷(三至四)

340000－1801－0011394 3∶1671－3∶1690 善
第一奇書野叟曝言二十卷一百五十二回首一卷 (清)夏敬渠撰 清光緒七年(1881)彙珍樓木活字印本 二十冊

340000－1801－0011395 3∶16725－3∶16726
墨緣彙觀二種四卷 (清)安岐撰 清宣統元

年(1909)刻本　二册

340000－1801－0011396　3:16772－3:16783
吴越所見書畫錄六卷　(清)陸時化輯　清懷煙閣刻本　十二册

340000－1801－0011397　3:16788
鳴野山房彙刻帖目不分卷　(清)沈復粲輯　清抄本　一册

340000－1801－0011398　3:16789－3:16792
淳化秘閣法帖考正十二卷　(清)王澍撰　(清)汪玉球訂　清詩鼎齋刻本　四册

340000－1801－0011399　3:16793－3:16796
淳化秘閣法帖考正十二卷　(清)王澍撰　(清)汪玉球訂　清嘉慶刻本　四册

340000－1801－0011400　3:16797－3:16812
虛齋名畫錄十六卷　龐元濟撰　清宣統元年(1909)龐氏刻本　十六册

340000－1801－0011401　3:16813－3:16828
虛齋名畫錄十六卷　龐元濟撰　清宣統元年(1909)龐氏刻本　十六册

340000－1801－0011402　3:16829
歷代帝王法帖釋文十卷　(宋)劉次莊釋　(明)潘之淙校　明讀書坊刻本　一册

340000－1801－0011403　3:16830
消夏百一詩二卷　葉德輝撰　清光緒葉氏觀古堂刻本　一册

340000－1801－0011404　3:16831－3:16832
蝴蝶秋齋藏册不分卷　題(清)蝴蝶秋齋主人輯　清光緒五年(1879)刻本　二册

340000－1801－0011405　3:16833
蝴蝶秋齋藏册不分卷　題(清)蝴蝶秋齋主人輯　清光緒五年(1879)刻本　二册

340000－1801－0011406　3:16834－3:16835
珊網一隅四卷　(清)陳日霽撰　清道光二十一年(1841)刻本　二册

340000－1801－0011407　3:16836－3:16837
筆嘯軒書畫錄二卷　(清)胡積堂輯　清道光十九年(1839)徽城乙照齋刻本　二册

340000－1801－0011408　3:16865－3:16895
御刻三希堂石渠寶籍法帖三十二卷續刻四卷　(清)高宗弘曆輯　清宣統元年(1909)上海中華圖書館石印本　二十一册

340000－1801－0011409　3:16896－3:16931
御刻三希堂石渠寶籍法帖三十二卷續刻四卷　(清)高宗弘曆輯　清宣統元年(1909)上海天成書局石印本　三十六册

340000－1801－0011410　3:16932－3:16966
御刻三希堂石渠寶籍法帖三十二卷續刻四卷　(清)高宗弘曆輯　清宣統元年(1909)九思齋刻本　三十五册

340000－1801－0011411　3:169 善
鶴山渠陽讀書雜鈔二卷　(宋)魏了翁撰　明萬曆寶顏堂刻寶顏堂秘笈本　一册

340000－1801－0011412　3:170－3:179 善
大學衍義四十三卷　(宋)真德秀撰　明崇禎八年(1635)武陵楊氏刻本　十册

340000－1801－0011413　3:17070
雙清堂撫臨石刻前編不分卷　(□)□□撰　清光緒二十年(1894)杭州石印本　一册

340000－1801－0011414　3:17071－3:17074
過雲樓書畫記十卷　(清)顧文彬撰　清光緒八年(1882)刻本　四册

340000－1801－0011415　3:17179－3:17202
昭代名人尺牘二十四卷　(清)吳修輯　清光緒三十四年(1908)西泠印社影印本　二十四册

340000－1801－0011416　3:1717 善
孫子集註十三卷　(春秋)孫武撰　(三國魏)武帝曹操注　明萬曆十七年(1589)黄邦彦刻本　一册　存六卷(一至六)

340000－1801－0011417　3:1718－3:1719 善
孫子參同五卷　(明)閔于忱輯　明萬曆四十八年(1620)烏程閔于忱松筠館刻朱墨套印本　二册

340000－1801－0011418　3:1720 善
將鑑論斷十卷　(宋)戴少望撰　明刻本　一冊　存六卷(五至十)

340000－1801－0011419　3:1721－3:1726 善
諸葛忠武侯全書二十卷　(明)王士騏編　明崇禎十一年(1638)刻本　六冊

340000－1801－0011420　3:17223
埭溪樵子蘭竹譜二卷　(清)王覺予繪　清光緒二十八年(1902)上海文來書局石印本　一冊

340000－1801－0011421　3:17224
六如居士畫譜三卷　(明)唐寅輯　清光緒五年(1879)仁和葛氏刻嘯園叢書本　一冊

340000－1801－0011422　3:17230
蘭竹名世一卷　(清)吳馨繪　清光緒八年(1882)刻本　一冊

340000－1801－0011423　3:17231
冶梅石譜不分卷　(清)王寅繪　清光緒六年(1880)金陵王氏浪華刻本　一冊

340000－1801－0011424　3:17234
陳東橋蘭竹譜二卷　(清)陳東橋繪　清光緒十年(1884)刻本　一冊

340000－1801－0011425　3:17235
書畫同珍二刻不分卷　(清)鄒聖脈書並輯　清刻本　一冊

340000－1801－0011426　3:17236
書畫同珍二刻不分卷　(清)鄒聖脈書並輯　清刻本　一冊

340000－1801－0011427　3:17243－3:17246
芥子園畫傳初集六卷　(清)王概輯　清光緒上海章福記書局石印本　四冊

340000－1801－0011428　3:17247－3:17250
芥子園畫傳二集九卷　(□)□□撰　清光緒石印本　四冊

340000－1801－0011429　3:17259
芥子園畫傳四集四卷　(□)□□撰　清刻本　一冊　存一卷(二)

340000－1801－0011430　3:17264－3:17271
芥子園畫傳初集六卷二集九卷三集六卷　(清)王概輯　清光緒十四年(1888)鴻文書局刻本　八冊

340000－1801－0011431　3:17277
十竹齋書畫譜八卷　(明)胡正言輯　清刻彩印本　一冊　存一卷(石譜)

340000－1801－0011432　3:17278－3:17285
十竹齋書畫譜八卷　(明)胡正言輯　清嘉慶二十二年(1817)芥子園刻本　八冊

340000－1801－0011433　3:1727 善
紀效新書十八卷首一卷　(明)戚繼光撰　明刻本　一冊　存五卷(三至七)

340000－1801－0011434　3:1728－3:1731 善
兵垣四編四卷附四種四卷　(明)閔聲　(明)閔映張輯　明天啓元年(1621)吳興閔氏刻朱墨套印本　四冊

340000－1801－0011435　3:17302－3:17303
十竹齋書畫譜八卷　(明)胡正言輯　清刻彩印本　二冊

340000－1801－0011436　3:17304－3:17305
十竹齋書畫譜八卷　(明)胡正言輯　清光緒十七年(1891)刻本　二冊

340000－1801－0011437　3:17306
十竹齋書畫譜八卷　(明)胡正言輯　明刻本　一冊　存一卷(竹譜)

340000－1801－0011438　3:17307－3:17314
十竹齋書畫譜八卷　(明)胡正言輯　清光緒五年(1879)元和刻本　八冊

340000－1801－0011439　3:1732－3:1767 善
登壇必究四十卷　(明)王鳴鶴輯　明萬曆二十七年(1599)刻本　三十六冊

340000－1801－0011440　3:17448－3:17455
點石齋叢畫十卷　題(清)尊聞閣主人輯　清光緒十一年(1885)上海點石齋石印本　八冊

340000－1801－0011441　3:17456－3:17463
點石齋叢畫十二卷　題(清)尊聞閣主人輯

清光緒七年(1881)上海點石齋石印本　八冊

340000－1801－0011442　3:17464－3:17469
詩畫舫六卷　(清)上海點石齋輯　清光緒十四年(1888)上海點石齋石印本　六冊

340000－1801－0011443　3:17470－3:17475
詩畫舫六卷　(清)上海點石齋輯　清光緒九年(1883)上海點石齋石印本　六冊

340000－1801－0011444　3:17476－3:17477
古今名人畫稿初集不分卷　(清)劉海屏等編　清光緒十九年(1893)上海鴻寶齋石印本　二冊

340000－1801－0011445　3:17478－3:17479
古今名人畫稿二集不分卷　(清)劉海屏等編　清光緒石印本　二冊

340000－1801－0011446　3:17480－3:17481
古今名人畫稿三集不分卷　(清)劉海屏等編　清光緒二十一年(1895)積山書局石印本　二冊

340000－1801－0011447　3:17526－3:17532
翰墨圖畫譜三種　(□)□□撰　清光緒十六年(1890)上洋鴻寶齋石印本　七冊

340000－1801－0011448　3:17542－3:17565
吳友如畫寶十二集　(清)吳嘉猷繪　清宣統元年(1909)上海璧園石印本　二十四冊　缺二卷(一集下、二集上)

340000－1801－0011449　3:17566－3:17589
吳友如畫寶十二集　(清)吳嘉猷繪　清宣統元年(1909)上海璧園石印本　二十四冊　缺二卷(一集下、二集上)

340000－1801－0011450　3:17591－3:17594
歷朝美人綱目百韻全書四卷　(清)王大樞纂　清乾隆刻本　四冊

340000－1801－0011451　3:17605
畫頁冊頁四十六幅　(□)□□撰　清光緒石印本　四十六幅

340000－1801－0011452　3:17606
人物畫譜不分卷　(□)□□撰　清光緒石印本　一冊

340000－1801－0011453　3:17613
谿山臥遊錄四卷　(清)盛大士撰　清道光十五年(1835)刻本　一冊

340000－1801－0011454　3:17614
趙氏墨蹟不分卷　(清)趙曾重輯　(清)趙曾蕃輯　清影印本　一冊

340000－1801－0011455　3:17651－3:17652
詩中畫二卷　(清)馬濤作　清光緒十一年(1885)石印本　二冊

340000－1801－0011456　3:17655－3:17656
紉齋畫賸不分卷　(清)陳允升繪　清光緒二年(1876)陳氏得古歡室刻本　二冊

340000－1801－0011457　3:1768－3:1866 善
武備志二百四十卷　(明)茅元儀輯　明天啓刻本　一百冊

340000－1801－0011458　3:17694－3:17695
冶梅梅譜不分卷　(清)王寅繪　清光緒十八年(1892)石印本　二冊

340000－1801－0011459　3:17698
皇宋書錄三卷　(宋)董史撰　清鮑氏刻知不足齋叢書本　一冊

340000－1801－0011460　3:17701
諸家藏畫簿十卷　(清)李調元輯　清光緒刻本　一冊　存六卷(一至六)

340000－1801－0011461　3:17702
賜硯齋題畫偶錄一卷　(清)戴熙撰　清光緒嘯園刻本　一冊

340000－1801－0011462　3:17705－3:17709
澄蘭室古緣萃錄十八卷　邵松年輯　清光緒三十年(1904)上海鴻文書局石印本　五冊　缺三卷(十至十二)

340000－1801－0011463　3:17710－3:17713
澄蘭室古緣萃錄十八卷　邵松年輯　清光緒三十年(1904)上海鴻文書局石印本　四冊　存十二卷(四至九、十三至十八)

340000－1801－0011464　3:17716－3:17719
庚子銷夏記八卷閒者軒帖考一卷　(清)孫承澤撰　清乾隆鮑氏知不足齋刻本　四册

340000－1801－0011465　3:17720－3:17721
庚子銷夏記八卷　(清)孫承澤撰　清乾隆鮑氏知不足齋刻本　二册

340000－1801－0011466　3:17722－3:17727
庚子銷夏記八卷　(清)孫承澤撰　清乾隆鮑氏知不足齋刻本　六册

340000－1801－0011467　3:17747－3:17750
百美新詠一卷圖傳一卷集詠一卷　(清)顔希源輯　(清)王翽繪圖　清同治九年(1870)三益堂刻本　四册

340000－1801－0011468　3:17754
草訣入門歌括不分卷　(清)胡學訓編　清光緒十四年(1888)稿本　一册

340000－1801－0011469　3:17755－3:17757
圖繪寶鑑八卷　(元)夏文彦撰　清借緑草堂刻本　三册　存六卷(三至八)

340000－1801－0011470　3:17766－3:17768
書畫跋跋三卷續三卷　(明)孫鑛撰　清乾隆五年(1740)刻本　三册

340000－1801－0011471　3:17769－3:17773
辛丑消夏記五卷　(清)吴榮光撰　清光緒三十一年(1905)刻本　五册

340000－1801－0011472　3:17774
晴窗鑒古圖　(□)□□撰　清光緒二十二年(1896)刻本　一册

340000－1801－0011473　3:17775
晴窗鑒古圖　(□)□□撰　清光緒二十二年(1896)刻本　一册

340000－1801－0011474　3:17777
樂府外集琴譜四卷首一卷　(清)汪烜編　清光緒九年(1883)紫陽書院刻本　一册

340000－1801－0011475　3:17778
樂府外集琴譜四卷首一卷　(清)汪烜編　清光緒九年(1883)紫陽書院刻本　一册

340000－1801－0011476　3:17779
琴音記二卷　(清)程瑶田撰　清刻本　一册

340000－1801－0011477　3:17780
琴音記續編一卷蓮飲集一卷　(清)程瑶田撰　清新安黄翰如刻本　一册

340000－1801－0011478　3:17781－3:17792
自遠堂琴譜十二卷　(清)吴灴輯　清嘉慶六年(1801)自遠堂刻本　十二册

340000－1801－0011479　3:17793－3:17803
自遠堂琴譜十二卷　(清)吴灴輯　清嘉慶六年(1801)自遠堂刻本　十一册　缺一卷(七)

340000－1801－0011480　3:17804
雙忽雷本事一卷　劉世珩輯　清宣統三年(1911)貴池劉氏雙忽雷閣石印本　一册

340000－1801－0011481　3:17805－3:17808
與古齋琴譜四卷　(清)祝鳳喈輯　清咸豐五年(1855)浦城祝氏刻本　四册

340000－1801－0011482　3:17809
琴操二卷　(漢)蔡邕撰　清嘉慶十一年(1806)平津館刻本　一册

340000－1801－0011483　3:17810
琴譜析微三卷　(清)魯鼐訂　清康熙三十一年(1692)自適軒刻本　一册

340000－1801－0011484　3:17811－3:17814
誠一堂琴譜六卷琴談二卷　(清)程允基撰　清康熙誠一堂刻本　四册

340000－1801－0011485　3:17815－3:17818
誠一堂琴譜六卷琴談二卷　(清)程允基撰　清康熙誠一堂刻本　四册　缺一卷(琴談一)

340000－1801－0011486　3:17819
誠一堂琴談二卷　(清)程允基撰　清康熙誠一堂刻本　一册

340000－1801－0011487　3:17820－3:17829
德音堂琴譜十卷　(清)汪天榮撰　清康熙六十年(1721)新安汪天榮刻本　十册

340000－1801－0011488　3:17831－3:17833

琴學入門二卷 (清)張鶴輯 清光緒刻本 三冊

340000－1801－0011489 3:17834－3:17837
琴學入門二卷 (清)張鶴輯 清同治六年(1867)刻本 四冊

340000－1801－0011490 3:17838－3:17841
琴學入門二卷 (清)張鶴輯 清同治六年(1867)刻本 四冊

340000－1801－0011491 3:17842－3:17844
琴學入門二卷 (清)張鶴輯 清同治六年(1867)刻本 三冊

340000－1801－0011492 3:17845－3:17846
琴學入門二卷 (清)張鶴輯 清同治六年(1867)刻本 二冊

340000－1801－0011493 3:17847
桐園草堂琴譜一卷 (清)俞桐園編 清乾隆三十六年(1771)刻朱墨套印本 一冊

340000－1801－0011494 3:17848－3:17851
蕉庵琴譜四卷 (清)秦維瀚編 清光緒三年(1877)刻本 四冊

340000－1801－0011495 3:17852－3:17853
春草堂琴譜六卷 (清)曹尚絅訂 清同治三年(1864)刻本 二冊

340000－1801－0011496 3:17854
春草堂琴譜六卷 (清)曹尚絅訂 清刻本 一冊 存二卷(五至六)

340000－1801－0011497 3:17857－3:17859
天聞閣琴譜十六卷首三卷 (清)唐彝銘纂 清光緒二年(1876)成都葉氏刻本 三冊 存三卷(首三卷)

340000－1801－0011498 3:17872－3:17876
五知齋琴譜八卷 (清)周魯封輯 清刻本 五冊

340000－1801－0011499 3:17877
五知齋琴譜八卷 (清)周魯封輯 清雍正刻本 一冊 存五卷(一至五)

340000－1801－0011500 3:17878－3:17885
五知齋琴譜八卷 (清)周魯封輯 清刻本 八冊

340000－1801－0011501 3:17886－3:17891
五知齋琴譜八卷 (清)周魯封輯 清乾隆二年(1737)刻本 六冊

340000－1801－0011502 3:17892
蓼懷堂琴譜不分卷 (清)雲志高輯 清蓼懷堂刻本 一冊

340000－1801－0011503 3:17893
琵琶譜三卷 (清)陳牧夫撰 清嘉慶二十三年(1818)刻本 一冊 存一卷(下)

340000－1801－0011504 3:17903
琴粹四卷首一卷 楊宗稷輯 清宣統三年(1911)風鶴琴齋刻本 一冊

340000－1801－0011505 3:17910
瑟譜六卷 (元)熊朋來撰 清刻指海叢書本 一冊

340000－1801－0011506 3:17911
瑟譜六卷 (元)熊朋來撰 清刻本 一冊

340000－1801－0011507 3:17913
立雪齋琴譜二卷首一卷 (清)汪紱輯 清刻本 一冊

340000－1801－0011508 3:17914
擬瑟譜一卷 (清)張錫九等撰 清道光九年(1829)刻本 一冊

340000－1801－0011509 3:17935－3:17942
百將百美合璧印譜不分卷 (清)趙穆篆 清光緒二十年(1894)拓本 八冊

340000－1801－0011510 3:17944
古蝸篆居印述四卷 (清)程邃篆 (清)程芝華摹 清道光四年(1824)刻鈐印本 一冊

340000－1801－0011511 3:17945－3:17946
古蝸篆居印述四卷 (清)程邃篆 (清)程芝華摹 清道光四年(1824)刻鈐印本 二冊

340000－1801－0011512 3:17947

紅術軒山水篆冊不分卷　(清)汪鎬京撰　清康熙二十二年(1683)刻鈐印本　一册

340000－1801－0011513　3:17948－3:17949
印鑑三卷　(清)許容篆　清康熙二十一年(1682)刻鈐印本　二册

340000－1801－0011514　3:17950－3:17953
松園印譜不分卷　(清)賈永摹印　清乾隆四十八年(1783)福壽堂刻鈐印本　四册

340000－1801－0011515　3:17954－3:17957
秋水園印譜二卷續集二卷　(清)陳錬篆　清乾隆二十五年(1760)刻鈐印本　四册

340000－1801－0011516　3:17958
秋水園印譜二卷續集二卷　(清)陳錬篆　清乾隆二十五年(1760)刻鈐印本　一册

340000－1801－0011517　3:17959－3:17960
坤皋鐵筆二卷　(清)鞠履厚篆　清乾隆刻鈐印本　二册

340000－1801－0011518　3:17961
我娛齋摹印一卷印辨一卷　(清)高積厚鐫　清乾隆二十一年(1756)鈐印本　一册

340000－1801－0011519　3:17962
兩京職官印錄二卷箋説一卷　(清)徐堅輯　清乾隆十一年(1746)襄新館鈐印本　一册　存一卷(兩京職官印錄上)

340000－1801－0011520　3:17967－3:17968
翰石山房印存不分卷　題(清)霞章氏篆　清鈐印本　二册

340000－1801－0011521　3:17969－3:17971
退齋印類八卷　(清)汪啟淑輯　清乾隆三十二年(1767)鈐印本　三册　存七卷(一至三、五至八)

340000－1801－0011522　3:17972－3:17975
秦漢印譜十卷　(清)季豐鐫　清同治十年(1871)刻鈐印本　四册

340000－1801－0011523　3:17976
印正不分卷　(清)吳俊三輯　清嘉慶二十四年(1819)芸香廬鈐印本　一册

340000－1801－0011524　3:17977
印章集稿不分卷　(清)陳思聖輯　清嘉慶八年(1803)剪貼本　一册

340000－1801－0011525　3:17978－3:17979
印典八卷　(清)朱象賢輯　清刻本　二册

340000－1801－0011526　3:17980－3:17981
印典八卷　(清)朱象賢輯　清刻本　二册

340000－1801－0011527　3:17984－3:17987
飛鴻堂印譜四集八卷　(清)汪啟淑輯　清乾隆鈐印本　四册

340000－1801－0011528　3:18008
渺粟齋印存不分卷　(清)朱霞峰篆　清鈐印本　一册

340000－1801－0011529　3:18009－3:18014
小竹里館印存不分卷　(清)金桂科篆　清鈐印本　六册

340000－1801－0011530　3:18015－3:18020
小石山房印譜六卷　(清)顧湘　(清)顧浩輯　清小石山房石印本　六册

340000－1801－0011531　3:18021－3:18024
小石山房印譜六卷　(清)顧湘　(清)顧浩輯　清小石山房石印本　四册

340000－1801－0011532　3:18026
友石軒印存不分卷　(清)楊秉信篆　清宣統二年(1910)鈐印本　一册

340000－1801－0011533　3:18029－3:18034
對山印譜六卷　(清)楊燮篆　清道光鈐印本　六册

340000－1801－0011534　3:180－3:189 善
大學衍義四十三卷　(宋)真德秀撰　明崇禎五年(1632)陳仁錫刻本　十册

340000－1801－0011535　3:18035
集古印存不分卷　(清)汪啟淑輯　清雙鉤本　一册

340000－1801－0011536　3:18036－3:18037
伊蔚齋印譜不分卷　(清)項懷述篆　清乾隆

三十九年(1774)芸香閣鈐印本　二冊

340000－1801－0011537　3:18038－3:18039
伊蔚齋印譜不分卷　(清)項懷述篆　清乾隆三十九年(1774)芸香閣鈐印本　二冊

340000－1801－0011538　3:18040
聽松别館印賞不分卷　(清)徐之元輯　清同治七年(1868)鈐印本　一冊

340000－1801－0011539　3:18041
琴銘餘韻不分卷　(清)胡竹漁製　清咸豐九年(1859)墨花居鈐印本　一冊

340000－1801－0011540　3:18042－3:18057
觀自得齋印集不分卷　(清)徐士愷輯　清光緒十五年(1889)鈐印本　十六冊

340000－1801－0011541　3:18058
十琴軒黄山印冊二卷　(清)鄭林篆　清光緒十六年(1890)鈐印本　一冊

340000－1801－0011542　3:18059－3:18060
十琴軒黄山印冊二卷　(清)鄭林篆　清光緒十六年(1890)鈐印本　二冊

340000－1801－0011543　3:18061－3:18064
錢胡兩家印輯不分卷　(清)錢松　(清)胡震篆　清光緒三十一年(1905)西泠印社拓本　四冊

340000－1801－0011544　3:18073－3:18074
七十二候印譜不分卷　(明)何雪漁篆　(清)童晏摹　清光緒十二年(1886)鈐印本　二冊

340000－1801－0011545　3:18081
半畝園知止齋藏印不分卷　(清)徐受麟輯　清同治十年(1871)鈐印本　一冊

340000－1801－0011546　3:18082－3:18085
燦霞堂印譜八卷　(清)汪紹增輯　清嘉慶鈐印本　四冊

340000－1801－0011547　3:18086－3:18093
友石山房印存八卷　(清)崔英文篆　清光緒八年(1882)鈐印本　八冊

340000－1801－0011548　3:18094－3:18095
吴聖俞先生印譜不分卷　(清)吴咨篆　清宣統三年(1911)石印本　二冊

340000－1801－0011549　3:18096
吴奕蕃印譜一卷　(清)吴奕蕃篆　清拓本　一冊

340000－1801－0011550　3:18097
消搖長生記不分卷　(清)黄幼耕篆　清光緒二十六年(1900)鈐印本　一冊

340000－1801－0011551　3:18099－3:18102
冷澹盦印譜四卷　(清)李望之篆　清咸豐七年(1857)鈐印本　四冊

340000－1801－0011552　3:18103
述古閣印譜不分卷　(清)董引之篆　清光緒剪貼本　一冊

340000－1801－0011553　3:18104－3:18109
封氏印章六種七卷　(清)封保祺輯　清鈐印本　六冊

340000－1801－0011554　3:18110
詩品不分卷　(清)程小畬鐫　清刻鈐印本　一冊

340000－1801－0011555　3:18111
稽古齋印存不分卷　(□)□□撰　清鈐印本　一冊

340000－1801－0011556　3:18112
輯古齋印存不分卷　(□)□□撰　清鈐印本　一冊

340000－1801－0011557　3:18114
皤山草堂印存不分卷　(□)□□撰　清鈐印本　一冊

340000－1801－0011558　3:18115
春風念四印譜不分卷　(□)□□撰　清拓本　一冊

340000－1801－0011559　3:18198
文昌陰隲文印譜不分卷　(□)□□撰　清雲士山房鈐印本　一冊

340000－1801－0011560　3:18214－3:18217

遊戲三昧四卷　(清)釋竹禪輯　清光緒元年(1875)刻本　四冊

340000－1801－0011561　3:18219－3:18220
秋室印粹四卷　(清)汪啟淑撰　清乾隆鈐印本　二冊

340000－1801－0011562　3:18221
印譜不分卷　(□)□□撰　清剪貼本　一冊

340000－1801－0011563　3:18223－3:15226
竹禪印譜不分卷　(□)□□撰　清鈐印本　四冊

340000－1801－0011564　3:18230
印譜不分卷　(□)□□撰　清鈐印本　一冊

340000－1801－0011565　3:18231－3:18232
印譜不分卷　(□)□□撰　清鈐印本　二冊

340000－1801－0011566　3:18251－3:18260
封泥考略十卷　(清)吳式芬　(清)陳介祺輯　清光緒三十年(1904)滬上石印本　十冊

340000－1801－0011567　3:18261－3:18264
種榆仙館印譜不分卷　(清)陳鴻壽篆　清杭州西泠印社鈐印本　四冊

340000－1801－0011568　3:18265
芥子園圖章會纂一卷　(清)李漁輯　清芥子園刻本　一冊

340000－1801－0011569　3:18272－3:18273
金罍山民印存不分卷　(清)徐三庚篆　清鈐印本　二冊

340000－1801－0011570　3:18274
論印絕句一卷續編一卷　(清)吳騫輯　清光緒葛元煦刻本　一冊

340000－1801－0011571　3:18275－3:18278
四本堂印譜不分卷　(清)陳森年輯　清乾隆刻鈐印本　四冊

340000－1801－0011572　3:18279－3:18282
西泠四家印譜四卷　(清)丁敬等篆　(清)丁丙輯　清末杭州西泠印社刻本　四冊

340000－1801－0011573　3:18283－3:18290
西泠四家印譜四卷附存四家四卷　(清)丁敬等篆　(清)丁丙輯　清同治百石齋刻鈐印本　八冊　缺一卷(附存四)

340000－1801－0011574　3:18314
周嬾予先生圍棋譜一卷　(清)周嘉錫撰　清同治十二年(1873)刻本　一冊

340000－1801－0011575　3:18315
周嬾予先生圍棋譜一卷　(清)周嘉錫撰　清同治十二年(1873)刻本　一冊

340000－1801－0011576　3:18316－3:18317
國奕二刊一卷　(清)鮑鼎輯　清光緒十三年(1887)蝸簃刻本　二冊

340000－1801－0011577　3:18318
潘徐合譜一卷　(清)鄧傳馩輯　清同治九年(1870)刻本　一冊

340000－1801－0011578　3:18323－3:18326
韜略元機八卷　(宋)陳摶撰　清文餘堂刻本　四冊

340000－1801－0011579　3:18327－3:18330
韜略元機八卷　(宋)陳摶撰　清四法堂刻本　四冊

340000－1801－0011580　3:18331－3:18334
象棋譜式八卷　(宋)陳摶撰　清靜樂齋刻本　四冊

340000－1801－0011581　3:18342－3:18343
四子譜二卷　(清)過文年撰　清同治十二年(1873)刻本　二冊

340000－1801－0011582　3:18344－3:18345
奕萃一卷官子一卷　(清)卞文恒撰　清嘉慶二十一年(1816)味書齋刻本　二冊

340000－1801－0011583　3:18346－3:18347
奕萃一卷官子一卷　(清)卞文恒撰　清光緒二十五年(1899)養雲仙館刻本　二冊

340000－1801－0011584　3:18348
官子一卷　(清)卞文恒撰　清嘉慶二十一年(1816)味書齋刻本　一冊

340000－1801－0011585　3:18349
桃花泉奕譜二卷　(清)范世勳撰　清同治十二年(1873)敦仁堂刻本　一册　存一卷(上)

340000－1801－0011586　3:18350－3:18351
桃花泉奕譜二卷　(清)范世勳撰　清同治十二年(1873)敦仁堂刻本　二册

340000－1801－0011587　3:18352
桃花泉奕譜二卷　(清)范世勳撰　清乾隆刻本　一册

340000－1801－0011588　3:18356
陳方七局不分卷　(清)陳子仙　(清)方秋客撰　清刻本　一册

340000－1801－0011589　3:18357
圍棋近譜三集一卷　(□)□□撰　清刻本　一册

340000－1801－0011590　3:18379－3:18380
奕理指歸圖三卷　(清)施紹闇撰　(清)錢長澤繪　清刻本　二册　缺一卷(上)

340000－1801－0011591　3:18381－3:18382
受子譜選二卷　(清)李汝珍輯　清嘉慶二十二年(1817)刻本　二册

340000－1801－0011592　3:18384
奕彙一卷　(□)□□撰　清道光五年(1825)刻本　一册

340000－1801－0011593　3:18410
皖游奕萃不分卷　(清)周小松　(清)陳子仙等輯　清光緒二年(1876)刻本　一册

340000－1801－0011594　3:18411
梁程十四局一卷　(清)鄧元鏸輯　清光緒七年(1881)奕潛齋刻本　一册

340000－1801－0011595　3:18417－3:18418
奕玄二卷　(清)伯子蘇輯　清康熙抄本　二册

340000－1801－0011596　3:18423－3:18428
鵜幻彙編十二卷　(清)唐芸洲撰　清光緒石印本　六册

340000－1801－0011597　3:18430
漢官儀三卷　(宋)劉攽撰　清道光四年(1824)歙縣鮑崇城刻本　一册

340000－1801－0011598　3:18431
漢官儀三卷　(宋)劉攽撰　清道光四年(1824)歙縣鮑崇城刻本　一册

340000－1801－0011599　3:18433
璿璣碎錦一卷　(清)萬樹撰　清刻本　一册

340000－1801－0011600　3:18434－3:18439
奚囊寸錦三卷　(清)張潮撰　清嘉慶二十五年(1820)揚州王從豫刻本　六册

340000－1801－0011601　3:18440－3:18441
奚囊寸錦二卷　(清)張潮撰　清款月軒刻本　二册

340000－1801－0011602　3:18443
劉史十局一卷　(清)劉勤垣撰　清光緒二十九年(1903)刻本　一册

340000－1801－0011603　3:18450
列仙酒牌一卷　(清)任熊繪　清光緒十二年(1886)上海同文書局石印本　一册

340000－1801－0011604　3:18452
列仙酒牌一卷　(清)任熊繪　清咸豐四年(1854)蔡照初刻本　一册

340000－1801－0011605　3:18458－3:18459
重訂宣和譜牙牌彙集二卷　(清)琅槐河上漁人(金杏園)輯　(清)博昌散人重訂　清光緒十四年(1888)刻本　二册

340000－1801－0011606　3:18477－3:18478
益智圖二卷　(清)童葉庚撰　清光緒四年(1878)睫巢刻本　二册

340000－1801－0011607　3:18479－3:18480
益智圖二卷　(清)童葉庚撰　清光緒四年(1878)睫巢刻本　二册

340000－1801－0011608　3:18481－3:18482
文房四譜五卷　(宋)蘇易簡撰　清光緒七年(1881)吳興陸氏十萬卷樓刻本　二册

340000－1801－0011609　3:18483－3:18484
文房肆考圖説八卷　(清)唐秉鈞撰　(清)康愷繪圖　清乾隆刻本　二册

340000－1801－0011610　3:18485－3:18488
文房肆考圖説八卷　(清)唐秉鈞撰　(清)康愷繪圖　清乾隆刻本　四册

340000－1801－0011611　3:18489－3:18494
文房肆考圖説八卷　(清)唐秉鈞撰　(清)康愷繪圖　清乾隆刻本　六册

340000－1801－0011612　3:18495－3:18498
文房肆考圖説八卷　(清)唐秉鈞撰　清乾隆刻本　四册

340000－1801－0011613　3:18499－3:18502
文房肆考圖説八卷　(清)唐秉鈞撰　清乾隆刻本　四册

340000－1801－0011614　3:18512
端溪硯志三卷　(清)吴繩年撰　清康熙刻本　一册

340000－1801－0011615　3:18513
端溪硯史三卷　(清)吴蘭修編　清抄本　一册

340000－1801－0011616　3:18514
端溪硯史三卷　(清)吴蘭修編　清道光三十年(1850)南海伍氏粤雅堂刻嶺南遺書本　一册

340000－1801－0011617　3:18515－3:18516
端溪硯史三卷　(清)吴蘭修編　**粤詩蒐逸四卷**　(清)黄子高撰　清道光三十年(1850)南海伍氏粤雅堂刻嶺南遺書本　二册

340000－1801－0011618　3:18523
飲牛主人緑舫研銘並序不分卷　(清)汪傑輯　清抄本　一册

340000－1801－0011619　3:18524
墨表四卷　(明)萬壽祺撰　清光緒二十六年(1900)刻本　一册

340000－1801－0011620　3:18538
珠譜不分卷附寶石綢緞紗羅皮貨不分卷　題(清)毓和主人輯　清抄本　一册

340000－1801－0011621　3:18567－3:18570
景德鎮陶録十卷　(清)藍浦撰　清嘉慶二十年(1815)刻本　四册

340000－1801－0011622　3:18571－3:18574
景德鎮陶録十卷　(清)藍浦撰　清嘉慶二十年(1815)刻本　四册

340000－1801－0011623　3:18575－3:18576
曹氏墨林二卷　(清)曹素功輯　清雍正元年(1723)刻本　二册

340000－1801－0011624　3:18591
印香圖譜不分卷　(清)丁澐撰　清光緒刻本　一册

340000－1801－0011625　3:18627－3:18630
原本茶經三卷　(唐)陸羽撰　**續茶經三卷**　(清)陸廷燦輯　清刻本　四册

340000－1801－0011626　3:18631
隨息居飲食譜七卷　(清)王士雄撰　清刻本　一册

340000－1801－0011627　3:18632
墨花吟館憶京都詞一卷　(清)嚴辰撰　清光緒刻本　一册

340000－1801－0011628　3:18633－3:18634
隨園食單一卷　(清)袁枚撰　清乾隆五十七年(1792)刻本　二册

340000－1801－0011629　3:18637－3:18662
二如亭群芳譜二十八卷首二卷　(明)王象晉輯　清刻本　二十七册

340000－1801－0011630　3:18663－3:18686
二如亭群芳譜二十八卷首二卷　(明)王象晉輯　清刻本　二十四册

340000－1801－0011631　3:1867－3:1956　善
武備志二百四十卷　(明)茅元儀輯　明天啓刻本　九十册　缺十六卷(二百二十五至二百四十)

340000－1801－0011632　3:18687－3:18702

二如亭群芳譜二十八卷首二卷　(明)王象晉輯　清刻本　十六冊

340000－1801－0011633　3:18703－3:18734
佩文齋廣群芳譜一百卷　(清)汪灝撰　清刻本　三十二冊

340000－1801－0011634　3:18735－3:18768
佩文齋廣群芳譜一百卷　(清)汪灝撰　清刻本　三十四冊

340000－1801－0011635　3:18817－3:18818
秘傳花鏡六卷　(清)陳淏子輯　清芸生堂刻本　二冊

340000－1801－0011636　3:18819－3:18821
花鏡六卷　(清)陳淏子輯　清大文堂刻本　三冊

340000－1801－0011637　3:18822－3:18825
花鏡六卷　(清)陳淏子輯　清刻本　四冊

340000－1801－0011638　3:18826－3:18827
花鏡六卷　(清)陳淏子輯　清刻本　二冊

340000－1801－0011639　3:18828－3:18830
花鏡六卷　(清)陳淏子輯　清刻本　三冊

340000－1801－0011640　3:18836
品芳録六卷　(清)徐壽基撰　清光緒十二年(1886)樂意吟館刻本　一冊

340000－1801－0011641　3:18837
青在堂梅譜二卷　(宋)王質撰　清康熙刻本　一冊

340000－1801－0011642　3:18840
檇李譜一卷　(清)王逢辰撰　清同治九年(1870)刻本　一冊

340000－1801－0011643　3:18842
橘中人語一卷　(清)賴蘊山撰　清咸豐十年(1860)賴家園刻本　一冊

340000－1801－0011644　3:18843－3:18844
見物五卷　(明)李蘇撰　清光緒十四年(1888)長沙惜陰書局刻惜陰軒叢書本　二冊

340000－1801－0011645　3:18845
蘭譜一卷　(清)屠用寧輯　清抄本　一冊

340000－1801－0011646　3:18850
蘭言述略四卷首一卷　(清)袁世俊輯　清光緒二年(1876)刻本　一冊

340000－1801－0011647　3:18851
蘭言述略四卷首一卷　(清)袁世俊輯　清光緒二年(1876)刻本　一冊

340000－1801－0011648　3:18852－3:18853
蘭言述略四卷　(清)袁世俊輯　清光緒抄本　二冊

340000－1801－0011649　3:18856－3:18857
春暉堂花卉圖説二卷　(清)許衍灼撰　清稿本　二冊

340000－1801－0011650　3:18858－3:18859
菊譜二卷　(清)葉天培編　清乾隆刻本　二冊

340000－1801－0011651　3:18860－3:18861
菊譜二卷　(清)葉天培編　清抄本　二冊

340000－1801－0011652　3:18864
百獸圖説一卷　(清)韋門道輯　清光緒八年(1882)刻本　一冊

340000－1801－0011653　3:18865
海王村遊記一卷　題(清)寂叟撰　清光緒三年(1877)鉛印本　一冊

340000－1801－0011654　3:18867－3:18870
謝琴詩文鈔四卷　(清)吳景潮輯　清嘉慶松風草堂刻本　四冊

340000－1801－0011655　3:18871
謝琴詩文鈔四卷　(清)吳景潮輯　清嘉慶松風草堂刻本　一冊

340000－1801－0011656　3:18875－3:18883
補注黄帝内經素問二十四卷靈樞十二卷　(唐)王冰注　(宋)林億等校正　(宋)孫兆改誤　**素問遺篇一卷**　(宋)劉溫舒撰　清光緒三年(1877)浙江書局刻二十二子本　九冊

340000－1801－0011657　3:18884－3:18895

補注黄帝内經素問二十四卷靈樞十二卷 (唐)王冰注 (宋)林億等校正 (宋)孫兆改誤 **素問遺篇一卷** (宋)劉溫舒撰 清光緒三年(1877)浙江書局刻二十二子本 十二冊

340000－1801－0011658 3:18896－3:18905
補注黄帝内經素問二十四卷靈樞十二卷 (唐)王冰注 (宋)林億等校正 (宋)孫兆改誤 **素問遺篇一卷** (宋)劉溫舒撰 清光緒三年(1877)浙江書局刻二十二子本 十冊

340000－1801－0011659 3:18906－3:18919
補注黄帝内經素問二十四卷靈樞十二卷 (唐)王冰注 (宋)林億等校正 (宋)孫兆改誤 **素問遺篇一卷** (宋)劉溫舒撰 清光緒二十三年(1897)新化三味書室刻本 十四冊

340000－1801－0011660 3:18920－3:18931
補注黄帝内經素問二十四卷靈樞十二卷 (唐)王冰注 (宋)林億等校正 (宋)孫兆改誤 **素問遺篇一卷** (宋)劉溫舒撰 清光緒三年(1877)浙江書局刻二十二子本 十二冊

340000－1801－0011661 3:18932－3:18939
黄帝内經素問二十四卷 (明)吳崐注 清光緒二十五年(1899)績溪程氏刻本 八冊

340000－1801－0011662 3:18940－3:18945
黄帝内經太素三十卷明堂一卷附録一卷 (隋)楊上善注 清光緒二十三年(1897)通隱堂刻本 六冊

340000－1801－0011663 3:18946－3:18951
重廣補註黄帝内經素問二十四卷 (唐)王冰注 (宋)林億等校正 (宋)孫兆改誤 清道光二十五年(1845)京口遵仁堂刻本 六冊

340000－1801－0011664 3:18960－3:18961
補注黄帝内經素問二十四卷靈樞十二卷 (唐)王冰注 (宋)林億等校正 (宋)孫兆改誤 清光緒十九年(1893)鴻文書局石印本 二冊

340000－1801－0011665 3:18966－3:18973
黄帝内經素問二十四卷 (明)吳崐注 清光緒二十五年(1899)績溪程氏刻本 八冊

340000－1801－0011666 3:18981－3:18983
黄帝内經靈樞十二卷 (唐)王冰注 清光緒三年(1877)浙江書局刻二十二子本 三冊

340000－1801－0011667 3:18984－3:18990
補注黄帝内經素問二十四卷 (唐)王冰注 (宋)林億等校正 (宋)孫兆改誤 **素問遺篇一卷** (宋)劉溫舒撰 清光緒三年(1877)浙江書局刻二十二子本 七冊

340000－1801－0011668 3:18993－3:18994
内經知要二卷 (明)李念莪(李中梓)輯 清光緒九年(1883)上洋江左書林刻本 二冊

340000－1801－0011669 3:18995－3:18996
内經知要二卷 (明)李念莪(李中梓)輯 清江陰寶文堂刻本 二冊

340000－1801－0011670 3:18997－3:18998
内經知要二卷 (明)李念莪(李中梓)輯 清乾隆二十九年(1764)南園掃葉莊刻本 二冊

340000－1801－0011671 3:18999－3:19008
黄帝内經靈樞註證發微十卷 (明)馬蒔注 清古歙鮑氏刻本 十冊

340000－1801－0011672 3:19009－3:19020
黄帝内經靈樞註證發微十卷 (明)馬蒔注 清芸生堂刻本 十二冊

340000－1801－0011673 3:190－3:237 善
大學衍義四十三卷 (宋)真德秀撰 **大學衍義補一百六十卷** (明)丘濬撰 明崇禎陳仁錫刻本 四十八冊

340000－1801－0011674 3:19039－3:19041
素問靈樞類纂約註三卷 (清)汪昂輯 清光緒六年(1880)刻本 三冊

340000－1801－0011675 3:19042－3:19044
素問靈樞類纂約註三卷 (清)汪昂輯 清乾隆二十三年(1758)刻本 三冊

340000－1801－0011676 3:19045

素問靈樞類纂約註三卷 (清)汪昂輯 清乾隆二十三年(1758)刻本 一冊

340000－1801－0011677 3:19046－3:19048
素問靈樞類纂約註三卷 (清)汪昂輯 清嘉慶二十二年(1817)刻本 三冊

340000－1801－0011678 3:19049－3:19051
黃帝內經靈樞十二卷 (唐)王冰注 清光緒三年(1877)浙江書局刻本 三冊

340000－1801－0011679 3:19052－3:19054
素問病機氣宜保命集三卷 (金)劉完素著 (明)吳勉學校 明刻本 三冊

340000－1801－0011680 3:19056－3:19063
靈素提要淺註十二卷 (清)陳念祖集注 清光緒十四年(1888)兩儀堂刻本 八冊

340000－1801－0011681 3:19064－3:19069
靈素提要淺註十二卷 (清)陳念祖集注 清光緒元年(1875)善成堂刻本 六冊

340000－1801－0011682 3:19070－3:19077
素問九卷 (清)江超書 清抄本 八冊 缺一卷(六)

340000－1801－0011683 3:19078－3:19083
黃帝內經素問九卷 (清)張志聰集注 清光緒十六年(1890)浙江書局刻本 六冊

340000－1801－0011684 3:19094
玉函經三卷 (五代)杜光庭撰 清光緒七年(1881)徐沛刻本 一冊

340000－1801－0011685 3:19095－3:19096
古本難經闡注二卷 題(戰國)秦越人(扁鵲)撰 (清)丁錦集注 清同治三年(1864)刻本 二冊

340000－1801－0011686 3:19101－3:19106
圖注八十一難經辨真四卷脈訣四卷附方一卷脈學一卷奇經八脈考一卷 題(戰國)秦越人(扁鵲)撰 (明)張世賢注 清刻本 六冊

340000－1801－0011687 3:19107－3:19108
增輯難經本義二卷 題(戰國)秦越人(扁鵲)撰 (清)周學海增輯 清光緒十七年(1891)池陽周氏刻本 二冊

340000－1801－0011688 3:19109－3:19112
刪註脈訣規正二卷 (清)沈鏡刪注 **圖注八十一難經辨真四卷** 題(戰國)秦越人(扁鵲)撰 (明)張世賢圖注 (清)沈鏡重校 清刻本 四冊

340000－1801－0011689 3:19115－3:19116
圖注八十一難經辨真四卷 題(戰國)秦越人(扁鵲)撰 (明)張世賢圖注 (清)沈鏡重校 清刻本 二冊

340000－1801－0011690 3:19117－3:19118
圖注八十一難經辨真四卷 題(戰國)秦越人(扁鵲)撰 (明)張世賢圖注 (清)沈鏡重校 清刻本 二冊

340000－1801－0011691 3:19119－3:19122
脈經真本十卷首一卷 (晉)王叔和撰 清道光十三年(1833)怡山館刻本 四冊

340000－1801－0011692 3:19124－3:19129
脈經十卷 (晉)王叔和撰 清光緒十七年(1891)池陽周氏刻本 六冊

340000－1801－0011693 3:19130－3:19134
脈經十卷 (晉)王叔和撰 (明)袁表校 明萬曆福建布政使司督糧道刻清修本 五冊 缺一卷(八)

340000－1801－0011694 3:19135－3:19138
脈經十卷 (晉)王叔和撰 清光緒十九年(1893)景蘇園刻本 四冊

340000－1801－0011695 3:19139
瀕湖脈學一卷奇經八脈考一卷 (明)李時珍撰 清刻本 一冊

340000－1801－0011696 3:19140－3:19145
脈訣彙辨十卷 (清)李延是輯 清康熙刻本 六冊

340000－1801－0011697 3:19149－3:19150
刪註脈訣規正二卷 (清)沈鏡刪注 清刻本 二冊

340000－1801－0011698 3:19151

刪註脈訣規正二卷　(清)沈鏡刪注　清大文堂刻本　一冊

340000－1801－0011699　3:19152－3:19153
脈訣刊誤集解二卷附錄一卷　(明)汪機輯　清光緒十七年(1891)池陽周氏刻本　二冊

340000－1801－0011700　3:19154
脈理求真三卷　(清)黃宮繡撰　清乾隆三十九年(1774)刻本　一冊

340000－1801－0011701　3:19155－3:19160
脈藥聯珠六卷藥性考三卷食物考一卷　(清)龍柏撰　清嘉慶刻本　六冊

340000－1801－0011702　3:19161－3:19167
脈義簡摩八卷補義二卷　(清)周學海輯　清光緒二十一年(1895)池陽周氏刻脈學四種本　七冊

340000－1801－0011703　3:19168
脈書不分卷　(□)□□撰　清抄本　一冊

340000－1801－0011704　3:19170－3:19171
醫學要訣二卷　(清)張志聰撰　清刻本　二冊

340000－1801－0011705　3:19172－3:19175
性理緒餘五卷　(清)朱祝三撰　清光緒三年(1877)白鹿山房木活字印本　四冊　缺一卷(二)

340000－1801－0011706　3:19176－3:19182
周澄之脈學四種十四卷　(清)周學海撰　清光緒二十一年(1895)池陽周氏刻本　七冊

340000－1801－0011707　3:19183－3:19184
經絡全書前編一卷後編一卷　(明)沈子祿撰　(清)尤乘輯　清康熙刻本　二冊

340000－1801－0011708　3:19185－3:19188
傷寒論淺註補正七卷首一卷　題(漢)張仲景(張機)撰　(清)陳念祖注　(清)唐宗海補正　清光緒三十四年(1908)上海千頃堂書局石印中西匯通醫書五種本　四冊　缺三卷(五至七)

340000－1801－0011709　3:19189－3:19192
傷寒論淺註補正七卷首一卷　題(漢)張仲景(張機)撰　(清)陳念祖注　(清)唐宗海補正　清光緒二十年(1894)申江順成書局石印本　四冊

340000－1801－0011710　3:19193－3:19198
張仲景傷寒論原文淺注六卷　(清)陳念祖注　清刻本　六冊

340000－1801－0011711　3:19199－3:19202
張仲景傷寒論原文淺注六卷　(清)陳念祖注　清道光刻本　四冊

340000－1801－0011712　3:19203－3:19206
張仲景傷寒論原文淺注六卷　(清)陳念祖注　清同治六年(1867)善成堂刻本　四冊

340000－1801－0011713　3:19214－3:19215
注解傷寒論十卷　題(漢)張仲景(張機)撰　(晉)王叔和編　(金)成無已注　**傷寒明理論四卷**　(金)成無已撰　清光緒二十二年(1896)復古書齋石印本　二冊

340000－1801－0011714　3:19224－3:19229
注解傷寒論十卷　題(漢)張仲景(張機)撰　(晉)王叔和編　(金)成無已注　**傷寒明理論四卷**　(金)成無已撰　清大文堂刻本　六冊

340000－1801－0011715　3:19230－3:19235
注解傷寒論十卷　題(漢)張仲景(張機)撰　(晉)王叔和編　(金)成無已注　**傷寒明理論四卷**　(金)成無已撰　清同治九年(1870)常郡雙白燕堂刻本　六冊

340000－1801－0011716　3:19248－3:19251
傷寒卒病論十卷　(漢)張機撰　(清)沈又彭編　清刻本　四冊

340000－1801－0011717　3:19252－3:19255
劉河間傷寒六書六種十三卷　(金)劉完素撰　(明)吳勉學校　清宣統元年(1909)上海千頃堂石印本　四冊

340000－1801－0011718　3:19256－3:19257
劉河間傷寒六書六種十三卷　(金)劉完素撰　(明)吳勉學校　清宣統元年(1909)上海千

頃堂石印本　二册

340000－1801－0011719　3:19266－3:19267
劉河間傷寒三書三種二十卷　（金）劉完素撰　（明）吳勉學注　清宣統元年（1909）上海千頃堂石印本　二册

340000－1801－0011720　3:19292－3:19299
尚論張仲景傷寒重編三百九十七法二卷後四卷首一卷　（清）喻昌撰　清乾隆四年（1739）刻本　八册

340000－1801－0011721　3:19－3:20 善
荀子二十卷　（戰國）荀況撰　明歙縣吳勉學刻二十子書本　二册

340000－1801－0011722　3:19304－3:19305
尚論篇四卷後篇四卷首一卷　（清）喻昌撰　清光緒三十三年（1907）簡青齋石印本　二册

340000－1801－0011723　3:19306－3:19311
尚論張仲景傷寒重編三百九十七法二卷後四卷首一卷　（清）喻昌撰　清刻本　六册

340000－1801－0011724　3:19312
尚論張仲景傷寒重編三百九十七法二卷後四卷首一卷　（清）喻昌撰　清乾隆四年（1739）靖安在茲園刻本　一册　存四卷（後四卷）

340000－1801－0011725　3:19313－3:19314
傷寒緒論二卷　（清）張璐纂　清刻本　二册

340000－1801－0011726　3:19315－3:19317
傷寒緒論二卷　（清）張璐纂　清思得堂刻本　三册

340000－1801－0011727　3:19318－3:19321
傷寒緒論二卷　（清）張璐纂　清思得堂刻本　四册

340000－1801－0011728　3:19322－3:19323
傷寒三註闢誤真經六卷　（清）汪文芳等撰　清抄本　二册

340000－1801－0011729　3:19324－3:19327
傷寒論後條辨十五卷附一卷　（清）程應旄撰　清康熙九年（1670）式好堂刻本　四册

340000－1801－0011730　3:19328－3:19333
傷寒論後條辨十五卷附一卷　（清）程應旄撰　清康熙九年（1670）式好堂刻本　六册

340000－1801－0011731　3:19342－3:19345
傷寒大白四卷首一卷　（清）秦之楨撰　清康熙五十三年（1714）刻本　四册

340000－1801－0011732　3:19346－3:19349
傷寒大白四卷首一卷　（清）秦之楨撰　清光緒十年（1884）還讀樓刻本　四册

340000－1801－0011733　3:19350－3:19353
傷寒證治準繩增刪八卷　（清）陸遇霖撰　清康熙刻本　四册

340000－1801－0011734　3:19356－3:19365
吳氏醫學述第五種傷寒分經十卷　（漢）張機撰　（清）喻昌注　（清）吳儀洛訂　清乾隆三十一年（1766）硤川利濟堂刻本　十册

340000－1801－0011735　3:19366－3:19375
吳氏醫學述第五種傷寒分經十卷　（漢）張機撰　（清）喻昌注　（清）吳儀洛訂　清乾隆三十一年（1766）硤川利濟堂刻本　十册

340000－1801－0011736　3:19376－3:19379
傷寒論集註六卷　（清）張志聰撰　清光緒二十五年（1899）石印本　四册

340000－1801－0011737　3:19391－3:19395
傷寒論注四卷論翼二卷附翼二卷　（漢）張機撰　（清）柯琴編注　清上海文瑞樓石印本　五册

340000－1801－0011738　3:19396－3:19407
傷寒論注四卷論翼二卷附翼二卷　（漢）張機撰　（清）柯琴編注　清乾隆二十年（1755）刻本　十二册

340000－1801－0011739　3:19408－3:19413
傷寒論注四卷附翼二卷　（漢）張機撰　（清）柯琴編注　清乾隆刻本　六册

340000－1801－0011740　3:19414－3:19415
傷寒附翼二卷　（清）柯琴編　清刻本　二册

340000－1801－0011741　3:14468－3:14471

繪圖韓湘子九度文公十度妻四卷 (□)□□撰 清石印本 四册

340000－1801－0011742 3:19419－3:19420
傷寒纘論二卷 (清)張璐銓次 清康熙刻本 二册

340000－1801－0011743 3:19422
傷寒真方歌括六卷 (清)陳念祖撰 清光緒二十九年(1903)湖南書局刻本 一册

340000－1801－0011744 3:19423
傷寒醫訣串解六卷 (清)陳念祖撰 清光緒二十九年(1903)湖南書局刻本 一册

340000－1801－0011745 3:19424－3:19427
傷寒辯證四卷 (清)陳堯道撰 清嘉慶十一年(1806)刻本 四册

340000－1801－0011746 3:19428－3:19431
訂正張仲聖傷寒經晰疑正誤十二卷首一卷 (清)汪時泰纂輯 清道光二十一年(1841)抄本 四册

340000－1801－0011747 3:19436－3:19443
傷寒論三註十六卷 (清)周揚俊輯 清光緒十三年(1887)漁古山房刻本 八册

340000－1801－0011748 3:19444－3:19449
傷寒論三註十六卷 (清)周揚俊輯 清刻本 六册

340000－1801－0011749 3:19450
傷寒審證表一卷 (清)包誠撰 清同治十年(1871)湖北崇文書局刻本 一册

340000－1801－0011750 3:19451
傷寒審證表一卷 (清)包誠撰 清同治十年(1871)湖北崇文書局刻本 一册

340000－1801－0011751 3:19452－3:19463
傷寒辯證錄十四卷 (清)陳士鐸撰 清咸豐四年(1854)刻本 十二册

340000－1801－0011752 3:19464
溫熱病指南集一卷爛喉丹痧輯要一卷 (清)陳祖恭撰 清光緒二年(1876)雲間復園刻本 一册

340000－1801－0011753 3:19465－3:19470
傷寒溫病條辨六卷 (清)楊璿撰 清光緒元年(1875)黔陽藩署刻本 六册

340000－1801－0011754 3:19471
溫症朗照一卷 (清)喻昌撰 清龍江書院刻本 一册

340000－1801－0011755 3:19480－3:19483
溫病條辨六卷 (清)吳瑭撰 清光緒三十二年(1906)上海千頃堂石印本 四册

340000－1801－0011756 3:19486－3:19489
溫病條辨六卷首一卷 (清)吳瑭撰 清光緒十九年(1893)上海圖書集成局鉛印本 四册

340000－1801－0011757 3:19491－3:19494
問心堂溫病條辨六卷首一卷 (清)吳瑭撰 清光緒二十一年(1895)學庫山房刻本 四册

340000－1801－0011758 3:19495－3:19498
溫病條辨六卷 (清)吳瑭撰 清光緒二十一年(1895)學庫山房刻本 四册

340000－1801－0011759 3:19499－3:19504
溫病條辨六卷 (清)吳瑭撰 清光緒二十一年(1895)學庫山房刻本 六册

340000－1801－0011760 3:19505－3:19507
溫病條辨六卷 (清)吳瑭撰 清寧波群玉山房刻本 三册 存三卷(一至三)

340000－1801－0011761 3:19508－3:19513
問心堂溫病條辨六卷首一卷 (清)吳瑭撰 清光緒三十一年(1905)掃葉山房刻本 六册

340000－1801－0011762 3:19514
溫病條辨症方歌括一卷 (清)錢文驥輯 清光緒三十年(1904)皖垣刻本 一册

340000－1801－0011763 3:19515－3:19520
溫病條辨七卷首一卷 (清)吳瑭撰 清同治四年(1865)刻本 六册

340000－1801－0011764 3:19521－3:19524
溫熱經緯五卷 (清)王士雄撰 清同治十三年(1874)湖北崇文書局刻本 四册

340000－1801－0011765　3:19525－3:19528
溫熱經緯五卷　(清)王士雄撰　清同治十三年(1874)湖北崇文書局刻本　四冊

340000－1801－0011766　3:19529－3:19532
溫熱經緯五卷　(清)王士雄撰　清光緒三十年(1904)石印本　四冊

340000－1801－0011767　3:19537－3:19540
溫熱經緯五卷　(清)王士雄撰　清刻本　四冊

340000－1801－0011768　3:19541
溫熱贅言一卷　題(清)寄瓢子撰　清道光吳江吳氏靈鶴山房刻本　一冊

340000－1801－0011769　3:19550
傷寒舌鑑一卷　(清)張登輯　清光緒四年(1878)長洲張氏刻本　一冊

340000－1801－0011770　3:19551
傷寒舌鑑一卷　(清)張登輯　清抄本　一冊

340000－1801－0011771　3:19553
舌圖辯證一卷　(清)何愚　(清)朱巘撰　清光緒三年(1877)刻本　一冊

340000－1801－0011772　3:19554－3:19555
傷寒經解不分卷辨症一卷　(□)□□撰　清抄本　二冊

340000－1801－0011773　3:1957 善
耕餘剩技六卷　(明)程宗猷撰　明天啓元年(1621)新安程氏刻本(有圖)　一冊　存三卷(蹶張心法一卷、長槍法選一卷、單刀法選一卷)

340000－1801－0011774　3:19596
傷寒論述義五卷　(日本)丹波元堅撰　清刻存誠藥室叢書本　一冊

340000－1801－0011775　3:1960－3:1961
少林棍法闡宗三卷　(明)程宗猷撰　清抄本　二冊

340000－1801－0011776　3:14474
新刊雅韻掛金環初集十二卷二集十二卷三集十二卷　(□)□□撰　清飛春閣刻本　十五冊

340000－1801－0011777　3:1962－3:1973 善
左氏兵略三十二卷　(明)陳禹謨撰　明刻本　十二冊

340000－1801－0011778　3:19628
傷寒兼證析義一卷　(清)張倬撰　清思得堂刻本　一冊

340000－1801－0011779　3:19629
傷寒兼證析義一卷　(清)張倬撰　清思得堂刻本　一冊

340000－1801－0011780　3:19630－3:19633
余註傷寒論翼四卷　(清)柯琴撰　(清)余景和注　清光緒十九年(1893)謝文翰齋刻本　四冊

340000－1801－0011781　3:19634
石頑老人診宗三昧一卷　(清)張登　(清)張倬編　清思得堂刻本　一冊

340000－1801－0011782　3:19642－3:19645
傷寒撮要四卷　(清)王夢祖撰　清道光十九年(1839)瑞鶴堂刻本　四冊

340000－1801－0011783　3:19646－3:19651
金匱要略淺註十卷歌括六卷　(清)陳念祖撰　清道光十七年(1837)南雅堂刻本　六冊

340000－1801－0011784　3:19652－3:19656
金匱要略淺註十卷　題(漢)張仲景(張機)撰　(清)陳念祖注　清刻本　五冊

340000－1801－0011785　3:19657－3:19660
醫學金鍼八卷　(清)陳念祖撰　(清)潘霨增輯　清光緒四年(1878)潘氏刻本　四冊

340000－1801－0011786　3:19661－3:19668
金匱要略淺註十卷歌括六卷　(清)陳念祖撰　清道光十六年(1836)刻本　八冊

340000－1801－0011787　3:19669－3:19670
金匱玉函要略述義三卷　(日本)丹波元堅撰　清刻存誠藥室叢書本　二冊

340000－1801－0011788　3:19677－3:19682

金匱玉函經二注二十二卷補方一卷十藥神書一卷 (宋)趙以德衍義 (清)周揚俊補注 清道光十三年(1833)刻本 六冊

340000－1801－0011789 3:19697－3:19702
張仲景金匱要略論註二十四卷 (清)徐彬撰 清光緒五年(1879)掃葉山房刻本 六冊

340000－1801－0011790 3:19707－3:19709
金匱心典三卷 題(漢)張仲景(張機)撰 (清)尤怡注 清光緒五年(1879)刻本 三冊

340000－1801－0011791 3:19710－3:19711
男科二卷 (清)傅山撰 清同治二年(1863)刻本 二冊

340000－1801－0011792 3:19712－3:19713
男科二卷 (清)傅山撰 清光緒十三年(1887)湖北官書處刻本 四冊

340000－1801－0011793 3:19714－3:19715
女科二卷產後編二卷 (清)傅山撰 清同治八年(1869)湖北崇文書局刻本 二冊

340000－1801－0011794 3:19716－3:19717
傅青主男科二卷 (清)傅山撰 清光緒七年(1881)刻本 二冊

340000－1801－0011795 3:19719－3:19720
血證論八卷 (清)唐宗海撰 清光緒三十四年(1908)上海千頃堂石印本 二冊

340000－1801－0011796 3:19721－3:19722
血證論八卷 (清)唐宗海撰 清光緒三十二年(1906)上海千頃堂石印本 二冊

340000－1801－0011797 3:19723－3:19724
血證論八卷 (清)唐宗海撰 清光緒石印本 二冊

340000－1801－0011798 3:19730－3:19731
扁鵲心書三卷首一卷神方一卷 題(戰國)秦越人(扁鵲)撰 (宋)竇材輯 清刻本 二冊

340000－1801－0011799 3:19732－3:19735
增注類證活人書二十一卷 (宋)朱肱撰 清光緒十年(1884)上海江南機器製造總局刻本 四冊

340000－1801－0011800 3:19736－3:19737
蘭室秘藏三卷 (金)李杲撰 清刻本 二冊 存二卷(一至二)

340000－1801－0011801 3:19738－3:19741
醫綱提要八卷 (清)李宗源輯 (清)王汝謙評 清金陵李光明莊刻本 四冊

340000－1801－0011802 3:19742－3:19745
醫綱提要八卷 (清)李宗源輯 (清)王汝謙評 清金陵李光明莊刻本 四冊

340000－1801－0011803 3:19746－3:19753
證治彙補八卷 (清)李用粹撰 清光緒十八年(1892)簡玉山房刻本 八冊

340000－1801－0011804 3:19754－3:19761
證治彙補八卷 (清)李用粹撰 清光緒十八年(1892)簡玉山房刻本 八冊

340000－1801－0011805 3:1975 善
靈臺秘苑十五卷 (後周)庾季才撰 明抄本 一冊 存八卷(一至八)

340000－1801－0011806 3:19762－3:19777
玉機微義五十卷 (明)徐彥純撰 (明)劉純續 清上海四馬路樂善堂刻本 十六冊

340000－1801－0011807 3:1977 善
天文秘略不分卷 題(清)胡氏撰 清抄本 一冊

340000－1801－0011808 3:19779
內科摘要二卷 (明)薛己撰 清刻本 一冊

340000－1801－0011809 3:19782－3:19785
四時病機十四卷 (清)邵登瀛輯 清光緒六年(1880)邵氏刻本 四冊

340000－1801－0011810 3:19786
增補病機沙篆二卷 (清)李中梓撰 (清)尤乘增輯 清刻本 一冊 缺一卷(上)

340000－1801－0011811 3:19787
餐衛咸宜不分卷 (清)柯蘇門筆記 清稿本 一冊

340000－1801－0011812 3:19788

摘錄景岳雜症論不分卷 （清）朱廷銓輯 清道光二十五年(1845)抄本 一冊

340000－1801－0011813 3:19798
慎疾芻言一卷 （清）徐大椿撰 清同治義經堂刻本 一冊

340000－1801－0011814 3:19799
慎疾芻言一卷不謝方一卷 （清）徐大椿撰 **世補齋不謝方一卷** （清）陸懋修撰 清宣統二年(1910)天鬻閣鉛印本 一冊

340000－1801－0011815 3:19800－3:19811
韡園醫學六種附三種二十卷 （清）潘霨輯 清光緒九年至十年(1883－1884)江西書局刻本 十二冊

340000－1801－0011816 3:19812
痘疹正宗二卷 （清）宋麟祥撰 清刻本 一冊

340000－1801－0011817 3:19813
痘疹正宗二卷 （清）宋麟祥撰 清抄本 一冊

340000－1801－0011818 3:19814－3:19815
痘疹正宗二卷 （清）宋麟祥撰 清康熙六十年(1721)刻本 二冊

340000－1801－0011819 3:19816－3:19819
翁仲仁先生痘科金鏡賦六卷 （清）俞茂鯤集解 清嘉慶二十一年(1816)刻本 四冊

340000－1801－0011820 3:19820－3:19823
翁仲仁先生痘科金鏡賦六卷 （清）俞茂鯤集解 清刻本 四冊

340000－1801－0011821 3:19824
疫痧草辨論章三卷 （清）陳耕道撰 清道光二十二年(1842)刻本 一冊

340000－1801－0011822 3:19825－3:19834
摘星樓治痘全書十八卷 （明）朱一麟撰 清道光六年(1826)耕樂堂刻本 十冊

340000－1801－0011823 3:19835－3:19844
摘星樓治痘全書十八卷 （明）朱一麟撰 清道光六年(1826)耕樂堂刻本 十冊

340000－1801－0011824 3:19845－3:19854
摘星樓治痘全書十八卷 （明）朱一麟撰 清道光六年(1826)耕樂堂刻本 十冊

340000－1801－0011825 3:1985－3:1990 善
御製天元玉曆祥異賦不分卷 （明）朱高熾撰 明抄本 六冊

340000－1801－0011826 3:19855－3:19858
痘疹世醫心法十二卷 （明）萬全輯 清咸豐七年(1857)刻本 四冊 存四卷(一至四)

340000－1801－0011827 3:19859－3:19862
痘疹定論四卷 （清）朱純嘏輯 清道光三十年(1850)經綸堂刻本 四冊

340000－1801－0011828 3:19863
痘疹定論四卷 （清）朱純嘏輯 清光緒十六年(1890)文奎堂刻本 一冊

340000－1801－0011829 3:19864－3:19866
痘科類編釋意三卷 （明）翟良輯 清雍正刻本 三冊

340000－1801－0011830 3:19867－3:19872
翁仲仁先生痘科金鏡錄原本三卷 （明）翁仲仁撰 **痘訣二卷痘訣餘義一卷** （清）許豫和撰 清同治十一年(1872)刻本 六冊

340000－1801－0011831 3:19873－3:19874
增補秘傳痘疹玉髓金鏡錄四卷 （明）翁仲仁撰 清道光二十年(1840)掃葉山房刻本 二冊

340000－1801－0011832 3:19875－3:19876
增補秘傳痘疹玉髓金鏡錄四卷 （明）翁仲仁撰 清道光二十年(1840)掃葉山房刻本 二冊

340000－1801－0011833 3:19879
引痘略一卷 （清）邱熺撰 清道光十七年(1837)休昜程氏悟香簃刻本 一冊

340000－1801－0011834 3:19880
引痘略一卷 （清）邱熺撰 清光緒六年(1880)掃葉山房刻本 一冊

340000－1801－0011835 3:19881－3:19884

俞天池先生痧痘集解六卷 (清)俞茂鯤集解 清光緒十一年(1885)刻本 四冊

340000－1801－0011836 3∶19885－3∶19886

痘疹專門二卷 (清)董之嵩撰 清光緒二十六年(1900)南陵管率真堂刻本 二冊

340000－1801－0011837 3∶19887－3∶19888

痘麻定論四卷 (清)朱純嘏撰 清光緒九年(1883)刻本 二冊

340000－1801－0011838 3∶19889－3∶19890

痘麻定論四卷 (清)朱純嘏撰 清光緒九年(1883)刻本 二冊

340000－1801－0011839 3∶19894

痘科秘本三卷首一卷 (□)□□撰 清光緒三十四年(1908)程馨抄本 一冊

340000－1801－0011840 3∶19895

種痘心法一卷 (清)朱奕梁撰 **種痘指掌一卷** (□)□□撰 清嘉慶十三年(1808)昭文刻本 一冊

340000－1801－0011841 3∶19898

重刻引痘新書一卷 (清)邱熺撰 清光緒十八年(1892)刻本 一冊

340000－1801－0011842 3∶19899

痘科約言一卷 (清)潘倫撰 清抄本 一冊

340000－1801－0011843 3∶19901

痘疹奇衡二卷 (明)唐雲龍撰 **青囊明辨一卷** (明)陳嘉麟撰 清五松閣刻本 一冊

340000－1801－0011844 3∶19904

天花精言六卷 (清)袁旬撰 清嘉慶三年(1798)萱茂堂刻本 一冊

340000－1801－0011845 3∶19908－3∶19911

麻科活人全書四卷 (清)謝玉瓊纂 清光緒十六年(1890)紅杏山房刻本 四冊

340000－1801－0011846 3∶19912－3∶19913

麻科活人全書四卷邵氏痘科一卷 (清)謝玉瓊纂 清同治十二年至十三年(1873－1874)吉安刻本 二冊

340000－1801－0011847 3∶19918

麻科簡要一卷 (明)倪元頤撰 清咸豐九年(1859)刻本 一冊

340000－1801－0011848 3∶19919－3∶19922

痘學真傳八卷 (清)葉大椿撰 清刻本 四冊

340000－1801－0011849 3∶1991 善

新刊發微曆正通書大全八卷 (□)□□撰 明刻本 一冊 存七卷(二至八)

340000－1801－0011850 3∶19923－3∶19924

痘疹會通五卷 (清)曾鼎纂述 清光緒三十年(1904)南豐天心堂三吳廣告公司鉛印本 二冊

340000－1801－0011851 3∶19926

七十二痧症仙方不分卷 (□)□□撰 清光緒三年(1877)龍宗樹抄本 一冊

340000－1801－0011852 3∶19927

痧症指微二卷 (□)□□撰 清光緒十三年(1887)江西刻本 一冊 存一卷(上)

340000－1801－0011853 3∶19928

羊毛痧驗方一卷 (清)劉月汀編 清光緒八年(1882)刻本 一冊

340000－1801－0011854 3∶1992 善

新刊五行秘旨昭繇闢謬參贊陰陽曆理通書□□卷 (明)熊山薦撰 明建邑書林刻本 一冊 存三卷(一至三)

340000－1801－0011855 3∶1993－3∶1994 善

新編直指算法統宗十七卷首篇一卷 (明)程大位撰 明萬曆二十年(1592)新安賓渠旅舍刻本 二冊

340000－1801－0011856 3∶19933－3∶19934

增訂治疗彙要三卷 (清)過鑄撰 清光緒二十四年(1898)武林刻本 二冊

340000－1801－0011857 3∶19944－3∶19946

增訂治疗彙要三卷 (清)過鑄撰 清光緒二十四年(1898)武林刻本 三冊

340000－1801－0011858 3∶19947

瘟疫條辨摘要一卷　(清)呂田集錄　清光緒十五年(1889)浙江書局刻本　一册

340000－1801－0011859　3:19948－3:19949
瘟疫論二卷　(明)吳有性著　清刻本　二册

340000－1801－0011860　3:19950－3:19953
補注瘟疫論四卷　(明)吳有性撰　(清)洪天錫補注　清道光晚翠堂刻光緒印本　四册

340000－1801－0011861　3:19954－3:19955
廣瘟疫論四卷末一卷　(清)戴天章著　清道光八年(1828)埽葉山房刻本　二册

340000－1801－0011862　3:19956
瘟疫明辨四卷末一卷　(清)戴天章撰　清金陵李光明莊刻本　一册

340000－1801－0011863　3:19957－3:19958
瘟疫明辨四卷末一卷　(清)戴天章撰　清同治四年(1865)刻本　二册

340000－1801－0011864　3:1995 善
新編直指算法纂要四卷　(明)程大位撰　明萬曆二十六年(1598)新安程氏賓渠旅舍刻本　一册

340000－1801－0011865　3:19960－3:19963
傳症彙編六種二十卷　(清)熊立品輯　清乾隆四十一年(1776)家塾刻本　四册

340000－1801－0011866　3:19964
霍亂論二卷　(清)王士雄撰　清三味堂刻本　一册

340000－1801－0011867　3:19965－3:19966
霍亂論二卷　(清)王士雄撰　清道光十九年(1839)刻本　二册

340000－1801－0011868　3:19967－3:19968
時病論四卷　(清)雷豐著　清光緒十年(1884)雷慎修堂刻本　二册

340000－1801－0011869　3:19969－3:19970
啟蒙真諦二卷　(清)鄧苑撰　清鉛印本　二册

340000－1801－0011870　3:1996 善
新編直指算法纂要四卷　(明)程大位撰　明崇禎九年(1636)刻本　一册

340000－1801－0011871　3:19971－3:19974
秘傳眼科纂要八卷　(清)黃岩撰　清刻本　四册

340000－1801－0011872　3:1997－3:1998 善
同文算指通編八卷　(明)李之藻演　(意大利)利瑪竇授　明刻本　二册

340000－1801－0011873　3:19977
歙西槐塘松崖程正通先生眼科家傳秘本不分卷　(清)程正通撰　清光緒十七年(1891)刻本　一册

340000－1801－0011874　3:19978
古歙槐塘程松崖眼科秘方一卷　(清)程正通撰　清光緒五年(1879)江西會文堂刻本　一册

340000－1801－0011875　3:19979
古歙槐塘程松崖眼科秘方一卷　(清)程正通撰　清光緒五年(1879)江西會文堂刻本　一册

340000－1801－0011876　3:19980
眼科良方一卷　(清)葉桂撰　清光緒十六年(1890)刻本　一册

340000－1801－0011877　3:19981
程松崖先生應驗眼科良方不分卷　(清)程正通撰　清刻本　一册

340000－1801－0011878　3:19982
歙西槐塘松崖程正通先生眼科家傳秘本不分卷　(清)程正通撰　清光緒十七年(1891)刻本　一册

340000－1801－0011879　3:19983
葉氏眼科方一卷　(清)葉桂撰　清光緒十九年(1893)刻本　一册

340000－1801－0011880　3:19984
秘傳湖州府雙林鎮蔡寄寰眼科秘要不分卷　(清)蔡寄寰撰　清抄本　一册

340000－1801－0011881　3:19985

開光易簡三卷　(□)□□撰　清刻本　一冊

340000－1801－0011882　3:19988

異授眼科一卷　(清)劉繼禮撰　清刻本　一冊

340000－1801－0011883　3:19989－3:19992

眼科啟蒙四卷　題(清)悟元山人編　清嘉慶二十二年(1817)刻本　四冊

340000－1801－0011884　3:19993

銀海精微四卷　(唐)孫思邈輯　(清)周亮節校　清刻本　一冊

340000－1801－0011885　3:1999－3:2002 善

太玄經十卷　(漢)揚雄撰　(晉)范望解贊　明玉鏡堂刻本　四冊　存八卷(一至八)

340000－1801－0011886　3:19994

一草亭秘本眼科不分卷　(清)鄧苑撰　清抄本　一冊

340000－1801－0011887　3:1 善

孔子家語八卷　(明)何孟春注　明正德十六年(1521)張公瑞刻本　一冊

340000－1801－0011888　3:20003

痧喉論一卷　(清)朱鐵山撰　清道光二十八年(1848)刻本　一冊

340000－1801－0011889　3:20004

喉牙口舌各科秘旨一卷　(□)□□撰　清光緒五年(1879)廣東藩署刻本　一冊

340000－1801－0011890　3:20005

喉科金鑰全書二卷　(清)袁仁賢撰　清宣統三年(1911)鉛印本　一冊

340000－1801－0011891　3:20008

洞主仙師白喉治法忌表抉微一卷　題(清)耐修子錄　清光緒二十五年(1899)上海鴻文書局石印本　一冊

340000－1801－0011892　3:20011

白喉治法忌表抉微一卷　題(清)耐修子錄　清銘記印刷所鉛印本　一冊

340000－1801－0011893　3:20013

洞主仙師白喉治法忌表抉微一卷　題(清)耐修子錄　清光緒二十年(1894)鉛印本　一冊

340000－1801－0011894　3:20014

白喉治法忌表抉微一卷　題(清)耐修子錄　清光緒二十五年(1899)安慶鏤雲閣刻本　一冊

340000－1801－0011895　3:20015

洞主仙師白喉治法忌表抉微一卷　題(清)耐修子錄　清光緒北京佛教會石印本　一冊

340000－1801－0011896　3:20016

洞主仙師白喉治法忌表抉微一卷　題(清)耐修子錄　清光緒十七年(1891)北京永盛齋刻本　一冊

340000－1801－0011897　3:20017

白喉治法摘要一卷救急良方一卷　題(清)耐修子錄　清天津華新印刷局鉛印本　一冊

340000－1801－0011898　3:20018

爛喉丹痧輯要一卷　(清)金德鑑撰　清光緒刻本　一冊

340000－1801－0011899　3:20019

痧喉正義一卷　(清)張振鋆輯　清光緒十五年(1889)邗上張氏刻本　一冊

340000－1801－0011900　3:20021－3:20024

痢證匯參十卷　(清)吳道源輯　清宣統元年(1909)刻本　四冊

340000－1801－0011901　3:20025－3:20026

痢證匯參十卷　(清)吳道源輯　清上海千頃堂石印本　二冊

340000－1801－0011902　3:20028－3:20034

御纂醫宗金鑑七十四卷首一卷　(清)吳謙等纂　清光緒十八年(1892)上海五彩書局石印本　七冊　缺四十六卷(一至十五、三十六至六十六)

340000－1801－0011903　3:2003－3:2004 善

太玄經十卷　(漢)揚雄撰　明刻道書全集叢書本　二冊

340000－1801－0011904　3:20035

肺病問答一卷　（日本）石神亨撰　（清）沙曾詒譯　清光緒鉛印本　一册

340000－1801－0011905　3:20036－3:20039
痢疾論四卷　（清）孔毓禮撰　清道光二十七年(1847)刻本　四册

340000－1801－0011906　3:20040－3:20043
痢疾論四卷　（清）孔毓禮撰　清道光二十七年(1847)刻本　四册

340000－1801－0011907　3:20044－3:20045
痧脹玉衡書三卷　（清）郭志邃撰　清刻本　二册　缺一卷(中)

340000－1801－0011908　3:20051
痎瘧論疏一卷　（明）盧之頤撰　清光緒四年(1878)當歸草堂刻本　一册

340000－1801－0011909　3:20053－3:20056
御纂醫宗金鑑九十卷　（清）吴謙等纂　清刻本　四册　存十六卷(六十一至七十六)

340000－1801－0011910　3:20057－3:20062
御纂醫宗金鑑外科十六卷　（清）吴謙等纂　清光緒十八年(1892)上海五彩書局石印本　六册

340000－1801－0011911　3:2005 善
元包數總義二卷　（宋）張行成撰　明崇禎虞山毛氏汲古閣刻津逮祕書本　一册

340000－1801－0011912　3:20063－3:20067
御纂醫宗金鑑外科十六卷　（清）吴謙等纂　清光緒十八年(1892)上海五彩書局石印本　五册　缺三卷(十四至十六)

340000－1801－0011913　3:20068－3:20071
御纂醫宗金鑑外科十六卷　（清）吴謙等纂　清光緒二十九年(1903)上海經香閣石印本　四册

340000－1801－0011914　3:2006 善
元包經傳五卷　（北周）衛元嵩撰　（唐）蘇源明傳　（唐）李江注　明崇禎虞山毛氏汲古閣刻津逮祕書本　一册

340000－1801－0011915　3:20072－3:20077
御纂醫宗金鑑外科十六卷　（清）吴謙等纂　清光緒二十九年(1903)上海經香閣石印本　六册

340000－1801－0011916　3:2007－3:2010 善
皇極經世觀物外篇釋義四卷　（明）余本撰　明嘉靖青州府刻四十四年(1565)杜思重修本　四册

340000－1801－0011917　3:20086－3:20091
新刊外科正宗六卷　（明）陳實功撰　清刻本　六册

340000－1801－0011918　3:20092－3:20093
重訂外科正宗十二卷　（明）陳實功撰　（清）張鷟翼重訂　清道光元年(1821)刻本　二册　存十卷(一至十)

340000－1801－0011919　3:20094－3:20095
王洪緒先生外科症治全生三卷增補跌打損傷一卷　（清）王維德撰　清兩儀堂刻本　二册

340000－1801－0011920　3:20096－3:20097
外科症治全生前集三卷後集三卷　（清）王維德撰　清刻本　二册　存三卷(外科症治全生前集一至二、後集三)

340000－1801－0011921　3:20098
外科症治全生集四卷　（清）王維德撰　清刻本　一册

340000－1801－0011922　3:20101－3:20102
王洪緒先生外科症治全生四卷　（清）王維德撰　清同治十二年(1873)刻本　二册

340000－1801－0011923　3:20103
外科症治全生集四卷　（清）王維德撰　清咸豐十一年(1861)武昌節署刻本　一册

340000－1801－0011924　3:20106－3:20111
外科大成四卷　（清）祁坤輯　清古雪堂刻本　六册

340000－1801－0011925　3:20112－3:20115
徐批外科正宗十二卷附錄一卷　（明）陳實功撰　（清）徐大椿批　清上洋珍藝書局鉛印本　四册

340000－1801－0011926　3:2011－3:2056 善
觀象玩占五十卷　(唐)李淳風撰　清阮氏文選樓抄本　四十六册　缺三卷(四十七至四十八、五十)

340000－1801－0011927　3:20117－3:20120
重訂外科正宗十二卷　(明)陳實功撰　清乾隆五十二年(1787)金閶緑蔭堂刻本　四册

340000－1801－0011928　3:20121－3:20124
外科正宗十二卷　(清)張鷟翼訂　清乾隆五十年(1785)刻本　四册　缺二卷(七至八)

340000－1801－0011929　3:20126－3:20131
瘡瘍經驗全書六卷　(宋)竇漢卿撰　清刻本　六册

340000－1801－0011930　3:20132－3:20137
瘡瘍經驗全書六卷　(宋)竇漢卿撰　清刻本　六册

340000－1801－0011931　3:20138
瘡瘍經驗三卷　(清)鮑集成輯　清刻本　一册　缺一卷(上)

340000－1801－0011932　3:20183－3:20184
瘍科臨證心得集二卷　(清)高秉鈞輯　清光緒二十七年(1901)刻本　二册

340000－1801－0011933　3:20185－3:20187
瘍科臨證心得集三卷家用膏丹丸散方一卷　(清)高秉鈞輯　清嘉慶十一年(1806)刻本　三册

340000－1801－0011934　3:20188
瘍科原委集不分卷　(□)□□撰　清抄本　一册

340000－1801－0011935　3:20189
金瘡鐵扇散藥方一卷　(清)明德　(清)沈平輯　清道光五年(1825)刻本　一册

340000－1801－0011936　3:20192－3:20193
解圍元藪四卷　(明)沈之問輯　清嘉慶二十一年(1816)刻本　二册

340000－1801－0011937　3:20194－3:20195
女科二卷　(清)傅山撰　清光緒元年(1875)刻本　二册

340000－1801－0011938　3:20196－3:20197
女科二卷　(清)傅山撰　清同治十一年(1872)刻本　二册

340000－1801－0011939　3:20199－3:20200
女科二卷　(清)傅山撰　清同治竟成堂印本　二册

340000－1801－0011940　3:20201
萬氏家傳女科三卷　(明)萬全撰　清抄本　一册

340000－1801－0011941　3:20204
萬氏婦人科三卷　(明)萬全撰　清西昌裘琅玉聲氏刻本　一册

340000－1801－0011942　3:20205－3:20206
女科二卷產後編二卷　(清)傅山撰　清刻本　二册

340000－1801－0011943　3:20207－3:20208
女科二卷產後編二卷　(清)傅山撰　清刻本　二册

340000－1801－0011944　3:20211－3:20212
秘傳女科二卷　(清)周震撰　清光緒四年(1878)刻本　二册

340000－1801－0011945　3:20213－3:20215
女科良方三卷　(清)傅山撰　清掃葉山房刻本　三册

340000－1801－0011946　3:20216－3:20217
女科二卷產後編二卷　(清)傅山撰　清光緒十二年(1886)澴川李氏刻本　二册

340000－1801－0011947　3:20218－3:20222
女科經綸八卷　(清)蕭壎撰　清有鴻齋刻本　五册

340000－1801－0011948　3:20223－3:20226
女科經綸八卷　(清)蕭壎撰　清光緒十六年(1890)刻本　四册

340000－1801－0011949　3:20236－3:20241
婦人良方二十四卷　(宋)陳自明輯　(明)薛

己注　清刻薛氏醫按本　六册

340000－1801－0011950　3:20242－3:20253
婦人良方二十四卷　(宋)陳自明輯　(明)薛己注　清漁古山房刻薛氏醫按本　十二册

340000－1801－0011951　3:20262－3:20269
濟陰綱目十四卷保生碎事一卷　(清)武之望撰　(清)汪淇箋釋　清刻本　八册

340000－1801－0011952　3:20270－3:20267
濟陰綱目十四卷保生碎事一卷　(清)武之望撰　(清)汪淇箋釋　清裕德堂刻本　八册

340000－1801－0011953　3:20270－3:20279
濟陰綱目十四卷保生碎事一卷　(清)武之望撰　(清)汪淇箋釋　清刻本　十册

340000－1801－0011954　3:20280－3:20285
濟陰綱目十四卷　(清)武之望撰　(清)汪淇箋釋　清刻本　六册

340000－1801－0011955　3:20286－3:20293
濟陰綱目十四卷　(清)武之望撰　(清)汪淇箋釋　清善成堂刻本　八册

340000－1801－0011956　3:20298－3:20299
婦科玉尺六卷　(清)沈金鰲撰　清光緒十七年(1891)刻本　二册

340000－1801－0011957　3:20301
宅譜修方催生三卷　題(清)蓬窠子撰　題(清)青江子述編　清雍正二年(1724)刻本　一册

340000－1801－0011958　3:20302
保產彙編四卷　(清)柯炌輯　清嘉慶六年(1801)刻本　一册

340000－1801－0011959　3:20303
保產機要一卷　(清)柯炌撰　**應驗良方一卷房戒日期一卷**　(清)汪克紹撰　清道光二十三年(1843)刻本　一册

340000－1801－0011960　3:20304－3:20305
婦嬰新說一卷　(英國)合信　(清)管茂材撰　清咸豐八年(1858)上海仁濟醫館刻本　二册

340000－1801－0011961　3:20306
產寶一卷　(清)倪枝維撰　清光緒刻本　一册

340000－1801－0011962　3:20307
產寶一卷福幼編一卷　(清)倪枝維撰　(清)許捷訂　清同治八年(1869)桂氏刻本　一册

340000－1801－0011963　3:20308
遂生編一卷　(清)莊一夔輯　清同治十三年(1874)刻本　一册

340000－1801－0011964　3:20309
遂生編一卷福幼編一卷　(清)莊一夔輯　清道光十五年(1835)刻本　一册

340000－1801－0011965　3:20310
婦嬰至寶六卷　題(清)亟齋居士編　清刻本　一册

340000－1801－0011966　3:20311
婦嬰至寶六卷　題(清)亟齋居士編　清刻本　一册

340000－1801－0011967　3:20312－3:20313
婦嬰至寶七卷　題(清)亟齋居士編　清光緒元年(1875)刻本　二册

340000－1801－0011968　3:20315
達生編三卷　題(清)亟齋居士編　清光緒四年(1878)刻本　一册

340000－1801－0011969　3:20316
達生編三卷　題(清)亟齋居士編　清光緒五年(1879)刻本　一册

340000－1801－0011970　3:20317－3:20318
達生編二卷　(清)唐千頃纂　清光緒六年(1880)方氏刻本　二册

340000－1801－0011971　3:20319
達生編二卷　題(清)亟齋居士編　清同治七年(1868)刻本　一册

340000－1801－0011972　3:20320
達生編二卷　題(清)亟齋居士編　清光緒七年(1881)刻本　一册

340000－1801－0011973　3:20321
達生編二卷　題(清)亟齋居士編　清刻本　一册

340000－1801－0011974　3:20322
達生編二卷　題(清)亟齋居士編　清光緒三十三年(1907)刻本　一册

340000－1801－0011975　3:20323
達生編三卷　題(清)亟齋居士編　清刻本　一册

340000－1801－0011976　3:20324
達生編三卷　題(清)亟齋居士編　清刻本　一册

340000－1801－0011977　3:20325
達生編一卷　題(清)亟齋居士編　清李光明莊刻本　一册

340000－1801－0011978　3:20326
達生編一卷　題(清)亟齋居士編　清李光明莊刻本　一册

340000－1801－0011979　3:20327
達生編二卷　題(清)亟齋居士編　清宣統三年(1911)嘉郡鉛印本　一册

340000－1801－0011980　3:20330
達生編二卷隨願流通法一卷　題(清)亟齋居士編　清嘉慶十三年(1808)怡雲堂刻本　一册

340000－1801－0011981　3:20331
達生編二卷遂生福幼編一卷　(清)海慶輯　清刻本　一册

340000－1801－0011982　3:20332
達生編二卷遂生福幼編一卷　(清)海慶輯　清刻本　一册

340000－1801－0011983　3:20333
達生編二卷遂生福幼編一卷　(清)海慶輯　清刻本　一册

340000－1801－0011984　3:20334－3:20335
大生要旨五卷急救篇一卷　(清)唐千頃撰　清光緒三年(1877)河□朱氏刻本　二册

340000－1801－0011985　3:20336
簡便獨味良方一卷　(□)□□撰　清同治九年(1870)上浣唐瑞河堂刻本　一册

340000－1801－0011986　3:20339
婦科秘方一卷胎產護生篇一卷　(清)李長科輯　清光緒七年(1881)皖湖同善堂刻本　一册

340000－1801－0011987　3:20340
胎產書不分卷　(□)□□撰　清抄本　一册

340000－1801－0011988　3:20341
胎產秘書不分卷　(清)何榮輯　清抄本　一册

340000－1801－0011989　3:20342
產科心法二卷　(清)汪喆撰　清同治十三年(1874)抄本　一册

340000－1801－0011990　3:20343－3:20344
產科心法二卷　(清)汪喆撰　清光緒元年(1875)刻本　二册

340000－1801－0011991　3:20345
產孕集二卷　(清)張曜孫撰　清同治七年(1868)刻本　一册

340000－1801－0011992　3:20346
產孕集二卷　(清)張曜孫撰　清同治七年(1868)刻本　一册

340000－1801－0011993　3:20348
幼科鐵鏡六卷　(清)夏鼎撰　清刻本　一册

340000－1801－0011994　3:20349
幼科鐵鏡六卷　(清)夏鼎撰　清尚論堂刻本　一册

340000－1801－0011995　3:20350－3:20351
幼科鐵鏡六卷　(清)夏鼎撰　清刻本　二册

340000－1801－0011996　3:20354
驚風辯證必讀書一卷　(清)劉德馨輯　清光緒十八年(1892)漢川劉氏刻本　一册

340000－1801－0011997　3:20355
小兒急慢驚風痘疹不分卷　(□)□□撰　清

抄本　一册

340000－1801－0011998　3:20357－3:20358
推拿廣意三卷　(清)熊應雄輯　清刻本　二册

340000－1801－0011999　3:20359
活法啟微三卷　(清)何鼎亨撰　清乾隆刻本　一册　缺一卷(下)

340000－1801－0012000　3:20361
遂生編一卷福幼編一卷集驗方一卷　(清)莊一夔撰　清光緒三十年(1904)刻本　一册

340000－1801－0012001　3:20362
保赤推拿法一卷　(清)夏雲集撰　清安徽宣紙印刷局鉛印本　一册

340000－1801－0012002　3:20363－3:20364
保赤新編二卷補遺一卷　(清)任贊輯　清光緒十九年(1893)聚奎堂刻本　二册

340000－1801－0012003　3:20366－3:20369
保赤彙編七種十六卷　(□)□□撰　清光緒五年(1879)蘇州刻本　四册

340000－1801－0012004　3:20370－3:20375
鼎鍥幼幼集成六卷　(清)陳復正撰　清刻本　六册

340000－1801－0012005　3:20376－3:20381
鼎鍥幼幼集成六卷　(清)陳復正撰　清刻本　六册

340000－1801－0012006　3:20382－3:20387
鼎鍥幼幼集成六卷　(清)陳復正撰　清刻本　六册

340000－1801－0012007　3:20388－3:20390
鼎鍥幼幼集成六卷　(清)陳復正撰　清刻本　三册　存三卷(一、三、五)

340000－1801－0012008　3:20406
幼科指歸二卷　(清)曾鼎輯　清刻本　一册

340000－1801－0012009　3:20408－3:20411
改良幼科三種八卷　(□)□□撰　清宣統元年至二年(1909－1910)上海掃葉山房石印本　四册

340000－1801－0012010　3:20421
活幼心法九卷　(明)聶尚恒撰　清抄本　一册

340000－1801－0012011　3:20424－3:20426
錢氏小兒藥證直訣三卷附方一卷　(宋)錢乙撰　(宋)閻孝忠輯　清康熙五十九年(1720)起秀堂刻本　三册

340000－1801－0012012　3:20427－3:20428
生生錄三卷附餘一卷　(清)鄭晟輯　清康熙五十七年(1718)歙西雙橋鄭氏刻本　二册

340000－1801－0012013　3:20430－3:20433
本草三家合註三卷　(清)郭汝驄集注　**神農本草經百種錄一卷**　(清)徐大椿撰　清光緒上海飛鴻閣石印本　四册

340000－1801－0012014　3:20434－3:20445
本草經疏三十卷　(明)繆希雍撰　清光緒十七年(1891)池陽周氏刻本　十二册

340000－1801－0012015　3:20446－3:20461
經史證類大觀本草三十一卷　(宋)唐慎微撰　清光緒三十年(1904)武昌柯氏刻本　十六册

340000－1801－0012016　3:20474
神農本草經讀三卷　(清)陳念祖撰　清光緒三十二年(1906)吴閶醫學書會石印南雅堂醫書全集本　一册

340000－1801－0012017　3:20475－3:20521
本草綱目五十二卷圖三卷奇經八脈考一卷瀕湖脈學一卷脈訣考證一卷　(明)李時珍撰　**本草萬方針線八卷**　(清)蔡烈先輯　清康熙二年(1663)刻本　四十七册

340000－1801－0012018　3:20522－3:20553
本草綱目五十二卷　(明)李時珍撰　**本草萬方針線八卷**　(清)蔡烈先輯　清順治十五年(1658)刻本　三十二册　缺四卷(本草綱目一至四)

340000－1801－0012019　3:20554－3:20603

本草綱目五十二卷圖三卷瀕湖脈學一卷奇經八脈考一卷脈訣考證一卷　(明)李時珍撰　**本草萬方針線八卷**　(清)蔡烈先輯　清同文堂刻本　五十冊

340000－1801－0012020　3:2057－3:2068 善
觀象玩占四十六卷　(明)劉基撰　清乾隆百歲堂惠氏抄本　十二冊

340000－1801－0012021　3:20604－3:20649
本草綱目五十二卷圖三卷奇經八脈考一卷瀕湖脈學一卷脈訣考證一卷　(明)李時珍撰　**本草萬方針線八卷**　(清)蔡烈先輯　清康熙刻本　四十六冊

340000－1801－0012022　3:20650－3:20690
本草綱目五十二卷圖三卷瀕湖脈學一卷奇經八脈考一卷脈訣考證一卷　(明)李時珍撰　清同治十一年(1872)刻本　四十一冊

340000－1801－0012023　3:20691－3:20730
本草綱目五十二卷圖三卷瀕湖脈學一卷奇經八脈考一卷脈訣考證一卷　(明)李時珍輯　明武林吳氏刻本　四十冊

340000－1801－0012024　3:2069 善
兵占□□卷　(□)饒寶注釋　明刻本　一冊　存二卷(三至四)

340000－1801－0012025　3:2070 善
新編增補天星甲子應用千金訣三卷　(明)程守信編　**陰陽寶鑑開門放水相宅全書一卷**　(明)柴復貞撰　明書林敬止居刻本(有圖)　一冊

340000－1801－0012026　3:20731－3:20747
本草綱目五十二卷奇經八脈考一卷瀕湖脈學一卷脈訣考證一卷　(明)李時珍撰　清刻本　十七冊　缺二十七卷(本草綱目一至五、十八至三十五、四十七至五十)

340000－1801－0012027　3:20748－3:20776
本草綱目五十二卷圖三卷　(明)李時珍撰　清芥子園刻本　二十九冊　缺六卷(本草綱目二十一至二十四,圖中、下)

340000－1801－0012028　3:20800－3:20809
本草彙言二十卷　(明)倪朱謨輯　清刻本　十冊

340000－1801－0012029　3:20820－3:20821
本草三家合註五卷　(清)郭汝驄集注　清刻本　二冊

340000－1801－0012030　3:20822－3:20827
本草三家合註五卷　(清)郭汝驄集注　清刻本　六冊

340000－1801－0012031　3:20828－3:20831
本草崇原三卷　(清)張志聰注釋　清刻本　四冊

340000－1801－0012032　3:2083－3:2086 善
神課金口訣六卷別錄一卷　(明)適適子撰　明萬曆金陵唐氏富春堂刻本　四冊

340000－1801－0012033　3:20836－3:20859
本草述三十二卷首一卷　(清)劉若金撰　清嘉慶十五年(1810)還讀山房刻本　二十四冊

340000－1801－0012034　3:20868－3:20870
湯液本草三卷　(元)王好古撰　清刻東垣十書本　三冊

340000－1801－0012035　3:20877
本草求真二卷　(清)黃宮繡編纂　清乾隆三十九年(1774)刻本　一冊

340000－1801－0012036　3:20878－3:20880
本草萬方針線八卷　(清)蔡烈先撰　清春明堂刻本　三冊

340000－1801－0012037　3:2087 善
七十九籤辭弁贊釋贊一卷　(明)盧翰撰　明萬曆二十七年(1599)刻本　一冊

340000－1801－0012038　3:20881－3:20885
增訂本草備要四卷湯頭歌訣一卷經絡歌訣一卷　(清)汪昂輯　清同治三年(1864)刻本　五冊

340000－1801－0012039　3:20886－3:20890
增訂本草備要四卷湯頭歌訣一卷經絡歌訣一卷　(清)汪昂輯　清同治三年(1864)刻本

五冊

340000－1801－0012040　3：2088 善
新刻搜集諸家卜筮源流斷易大全四卷　（清）余興國編輯　清刻本　一冊

340000－1801－0012041　3：20891－3：20895
增訂本草備要四卷湯頭歌訣一卷經絡歌訣一卷　（清）汪昂輯　清光緒三十年（1904）刻本　五冊

340000－1801－0012042　3：20896－3：20899
增訂本草備要四卷　（清）汪昂撰　清光緒七年（1881）掃葉山房刻本　四冊

340000－1801－0012043　3：2089 善
葬經翼一卷難解一卷　（明）繆希雍撰　**古本葬經內篇一卷**　（晉）郭璞撰　明毛氏綠君亭刻本（有圖）　一冊

340000－1801－0012044　3：20900－3：20903
增訂本草備要四卷　（清）汪昂撰　清刻本　四冊

340000－1801－0012045　3：20904－3：20905
本草備要八卷　（清）汪昂撰　清光緒十三年（1887）鴻文書局石印本　二冊

340000－1801－0012046　3：20906
增補本草備要八卷湯頭歌訣一卷　（清）汪昂撰　清石印本　一冊

340000－1801－0012047　3：20908
增補本草備要八卷　（清）汪昂撰　清光緒同文書局石印本　一冊

340000－1801－0012048　3：2090 善
堪輿秘傳不分卷堪輿續論不分卷　（宋）劉潛撰　（明）吳勉學編　**陰陽正源堪輿至秘旅寓集一卷**　（宋）賴克俊撰　明新安吳勉學刻本（有圖）　一冊

340000－1801－0012049　3：2091 善
地理發微論集註一卷　（宋）蔡發撰　（明）謝昌注　**附錄宋山陵議狀一卷**　（宋）朱熹撰　明弘治十四年（1501）刻本　一冊

340000－1801－0012050　3：20924－3：20929
增訂本草備要四卷湯頭歌括一卷經絡歌訣一卷續增日食菜物一卷　（清）汪昂撰　清聚錦堂刻本　六冊

340000－1801－0012051　3：2092 善
地理囊金集註一卷　（明）劉謙著　（明）謝昌注　明弘治刻本　一冊

340000－1801－0012052　3：20930－3：20935
增訂本草備要四卷湯頭歌括一卷續增日食菜物一卷　（清）汪昂撰　清光緒十四年（1888）掃葉山房刻本　六冊

340000－1801－0012053　3：20936－3：20941
增訂本草備要四卷湯頭歌括一卷經絡歌訣一卷續增日食菜物一卷　（清）汪昂撰　清芸生堂刻本　六冊

340000－1801－0012054　3：2093 善
道法雙談一卷黃囊穴髓一卷東遊清賞一卷　（明）程天昭撰　明萬曆三十五年（1607）古歙黃氏刻本　一冊

340000－1801－0012055　3：20942－3：20947
增訂本草備要四卷醫方湯頭歌括一卷續增日食菜物一卷合訂醫方集解六卷首一卷　（清）汪昂輯　清裕德堂刻本　六冊

340000－1801－0012056　3：20948－3：20953
增訂本草備要四卷醫方湯頭歌括一卷續增日食菜物一卷合訂醫方集解六卷首一卷　（清）汪昂輯　清裕德堂刻本　六冊

340000－1801－0012057　3：2094 善
徽郡重刊造福秘訣三卷續刊新安脫凡子吳望江先生經驗集略一卷　（明）吳天洪撰　明萬曆刻本　一冊

340000－1801－0012058　3：20954－3：20959
增訂本草備要四卷醫方湯頭歌括一卷續增日食菜物一卷醫方集解六卷　（清）汪昂輯　清光緒二十四年（1898）益元書局刻本　六冊

340000－1801－0012059　3：2095 善
重訂三刻吳望江先生地理纂要七卷首一卷　（明）吳天洪撰　（明）吳國偉　（明）吳國俊

編　明書林德讓堂刻本(有圖)　一冊

340000 - 1801 - 0012060　3:2096 - 3:2101 善
金精廖公秘授地學心法正傳畫筴扒砂經五卷　(宋)廖禹撰　(宋)彭大雄集　明萬曆四十二年(1614)刻本(有圖)　六冊

340000 - 1801 - 0012061　3:20964 - 3:20969
本草從新六卷　(清)吳儀洛輯　清大文堂刻吳氏醫學述本　六冊

340000 - 1801 - 0012062　3:20970 - 3:20973
本草從新六卷　(清)吳儀洛輯　清光緒二十年(1894)上海書局石印本　四冊

340000 - 1801 - 0012063　3:20984 - 3:20986
本草從新十八卷　(清)吳儀洛輯　清光緒六年(1880)掃葉山房刻本　三冊

340000 - 1801 - 0012064　3:20987 - 3:20992
本草從新十八卷　(清)吳儀洛輯　清光緒十二年(1886)刻本　六冊

340000 - 1801 - 0012065　3:20993 - 3:20996
本草從新十八卷　(清)吳儀洛輯　清光緒二十年(1894)學庫山房刻本　四冊

340000 - 1801 - 0012066　3:20997 - 3:21002
本草從新六卷　(清)吳儀洛輯　清刻吳氏醫學述第三種本　六冊

340000 - 1801 - 0012067　3:21003 - 3:21008
本草從新六卷　(清)吳儀洛輯　清大文堂刻吳氏醫學述本　六冊

340000 - 1801 - 0012068　3:21010
本草問答二卷　(清)唐宗海撰　清千頃堂石印本　一冊

340000 - 1801 - 0012069　3:21015 - 3:21016
本草彙箋六卷　(清)顧元交輯　清龍耕堂刻本　二冊

340000 - 1801 - 0012070　3:21021 - 3:21024
本草崇原集說三卷　(清)張志聰注釋　(清)仲學輅集說　清宣統二年(1910)仲氏刻本　四冊

340000 - 1801 - 0012071　3:2102 - 3:2109 善
地理參贊玄機僊婆集十三卷　(明)張鳴鳳編輯　明閩書林熊氏刻本(有圖)　八冊

340000 - 1801 - 0012072　3:21025
本經逢原四卷　(清)張璐撰　清光緒二十年(1894)上海圖書集成局石印張氏醫書本　一冊

340000 - 1801 - 0012073　3:21026 - 3:21030
本經逢原四卷　(清)張璐撰　清刻本　五冊

340000 - 1801 - 0012074　3:21031 - 3:21032
珍珠囊指掌補遺藥性賦四卷　(金)李杲輯　清光緒十三年(1887)刻本　二冊

340000 - 1801 - 0012075　3:21033 - 3:21034
珍珠囊指掌補遺藥性賦四卷　(金)李杲輯　清善成堂刻本　二冊

340000 - 1801 - 0012076　3:21035
雷公炮製藥性解六卷　(清)李中梓輯　清文盛堂刻本　一冊

340000 - 1801 - 0012077　3:21052 - 3:21053
東醫寶鑒湯液篇二卷　(朝鮮)許浚編　清刻東醫寶鑒本　二冊

340000 - 1801 - 0012078　3:21058
十藥神書注解一卷十藥神書一卷　(元)葛可久編　(清)陳念祖注　清光緒十五年(1889)刻本　一冊

340000 - 1801 - 0012079　3:21075 - 3:21092
孫真人備急千金要方九十三卷　(唐)孫思邈撰　(清)張璐注　清掃葉山房刻本　十八冊

340000 - 1801 - 0012080　3:21093 - 3:21102
千金翼方三十卷　(唐)孫思邈撰　清乾隆二十八年(1763)刻本　十冊

340000 - 1801 - 0012081　3:2110 - 3:2111 善
地理參贊玄機僊婆集十三卷　(明)張鳴鳳編輯　明閩書林熊氏刻本　二冊

340000 - 1801 - 0012082　3:21115 - 3:21119
增評童氏醫方集解二十三卷增訂童氏本草備要八卷圖一卷　(清)汪昂撰　清光緒三十年

(1904)六藝書局石印本　五冊

340000－1801－0012083　3:21126
醫方集解二十一卷附一卷　(清)汪昂輯　清宣統元年(1909)石印本　一冊

340000－1801－0012084　3:2112 善
重訂校正魁板句解消砂經節圖地理訣要雪心賦四卷增補秘傳地理尋龍經訣法一卷　(唐)卜應天著　(明)謝志道注　明萬曆三十年(1602)書林陳氏存德堂刻本(有圖)　一冊

340000－1801－0012085　3:2113 善
新刊官板註釋圖山畫水消砂斷法雪心賦四卷新刊官板尋龍畫水消砂斷法一卷　(唐)卜應天撰　明劉元任刻本　一冊

340000－1801－0012086　3:21143－3:21145
醫方集解三卷　(清)汪昂輯　清刻本　三冊

340000－1801－0012087　3:21146－3:21149
太醫院增補青囊藥性賦直解十卷　(清)李象春輯　清光緒二十三年(1897)刻本　四冊

340000－1801－0012088　3:2114 善
羅經七十二龍不分卷　(明)史仲宏撰　明末抄本　一冊

340000－1801－0012089　3:2115－3:2118 善
玄易增衍天機祕鈐四卷　(明)樊志張撰　明崇禎五年(1632)玄易堂刻本　四冊

340000－1801－0012090　3:21163－3:21178
唐王燾先生外臺秘要方四十卷　(唐)王燾著　明崇禎十三年(1640)新安經餘居黃一心刻本　十六冊

340000－1801－0012091　3:21179－3:21202
唐王燾先生外臺秘要方四十卷　(唐)王燾撰　清經餘居刻本　二十四冊

340000－1801－0012092　3:2119－3:2122 善
人子須知地理心學□□卷　(□)□□撰　明刻本　四冊　存三卷(五至七)

340000－1801－0012093　3:21203－3:21218
唐王燾先生外臺秘要方四十卷　(唐)王燾撰　清光緒二十四年(1898)上海圖書集成印書局鉛印本　十六冊

340000－1801－0012094　3:21219－3:21221
蘇沈內翰良方十卷　(宋)蘇軾　(宋)沈括撰　清長塘鮑氏刻知不足齋叢書本　三冊

340000－1801－0012095　3:21231
千金寶要六卷　(宋)郭思輯　清嘉慶十二年(1807)平津館孫氏刻本　一冊

340000－1801－0012096　3:21232－3:21233
金鏡內臺方議十二卷　(明)許宏輯　清心導樓刻本　二冊

340000－1801－0012097　3:2123 善
新刊地理五經天機會元正傳天星解註□□卷　(宋)賴文俊撰　(明)顧乃德解注　明刻本　一冊　存一卷(六)

340000－1801－0012098　3:2124 善
堪輿一貫二卷　(清)吳近麗撰　清順治十七年(1660)新安刻本(有圖)　一冊

340000－1801－0012099　3:2125 善
鼎鐫燕臺校板發微五星大全二卷首一卷　(明)楊明綱撰　明萬曆三十四年(1606)書林楊氏刻本　一冊

340000－1801－0012100　3:2126 善
精刻編集陽宅真傳秘訣六卷　(明)李邦祥輯　明婺源李氏刻本(有圖)　一冊　存四卷(三至六)

340000－1801－0012101　3:21274－3:21277
經驗廣集四卷　(清)李文炳纂　清刻本　四冊

340000－1801－0012102　3:21278
經驗廣集四卷　(□)□□撰　清刻本　一冊　存一卷(二)

340000－1801－0012103　3:21279－3:21280
經驗廣集四卷　(□)□□撰　清刻本　二冊　存二卷(三至四)

340000－1801－0012104　3:2127 善
陽宅都天發用全書不分卷　(清)瞿天賚校　明萬曆新安汪氏刻本(有圖)　一冊

340000－1801－0012105　3∶21281－3∶21282
增補醫方一盤珠全集十卷　(清)洪金鼎纂　清乾隆五十二年(1787)益慶堂刻本　二册　存二卷(一至二)

340000－1801－0012106　3∶21284－3∶21287
絳雪園古方選註十六卷得宜本草一卷　(清)王子接撰　清刻本　四册

340000－1801－0012107　3∶21289
奇方類編二卷　(清)吴世昌輯　清康熙六十一年(1722)刻本　一册

340000－1801－0012108　3∶21290－3∶21291
奇方類編二卷　(清)吴世昌輯　清刻本　二册

340000－1801－0012109　3∶21292－3∶21295
類證普濟本事方十卷　(清)葉桂釋義　清嘉慶十九年(1814)刻本　四册

340000－1801－0012110　3∶21296－3∶21298
類證普濟本事方十卷　(清)葉桂釋義　清嘉慶十九年(1814)刻本　三册　缺二卷(二至三)

340000－1801－0012111　3∶21299－3∶21302
濯西濟急簡方六卷　(清)劉秉錦纂　清嘉慶二十一年(1816)五柳堂刻本　四册

340000－1801－0012112　3∶21－3∶23 善
荀子二十卷　(戰國)荀況撰　(唐)楊倞注　(明)虞九章　(明)王震亨訂正　明刻本　三册

340000－1801－0012113　3∶21303－3∶21308
集驗良方六卷　(□)□□撰　清刻本　六册

340000－1801－0012114　3∶21309
集驗良方一卷　(□)□□撰　清刻本　一册

340000－1801－0012115　3∶21310
集驗良方拔萃二卷續補一卷　(清)守愚氏　(清)恬素氏輯　清道光二十一年(1841)刻本　一册

340000－1801－0012116　3∶21311－3∶21312
集驗良方拔萃二卷　(□)□□撰　清道光三十年(1850)刻本　二册

340000－1801－0012117　3∶21313
種福堂公選良方兼刻古吴名醫精論四卷　(清)葉桂撰　清道光三年(1823)刻本　一册

340000－1801－0012118　3∶21314
種福堂公選良方兼刻古吴名醫精論四卷　(清)葉桂撰　清乾隆四十二年(1777)刻本　一册

340000－1801－0012119　3∶21315
便元集一卷　(清)劉兼輯　清嘉慶六年(1801)刻本　一册

340000－1801－0012120　3∶21316
應驗急救良方一卷　(清)費山壽輯　清光緒刻本　一册

340000－1801－0012121　3∶21317
應驗急救良方一卷　(清)費山壽輯　清光緒六年(1880)邵武徐氏刻本　一册

340000－1801－0012122　3∶21318
應驗急救良方一卷　(清)費山壽輯　清光緒元年(1875)刻本　一册

340000－1801－0012123　3∶21319－3∶21320
長沙方歌括六卷　(清)陳念祖撰　清刻本　二册

340000－1801－0012124　3∶21321－3∶21323
金匱方歌括六卷　(清)陳念祖撰　清光緒二十九年(1903)湖南益元書局刻本　三册

340000－1801－0012125　3∶2128－3∶2131 善
河洛理數七卷　(宋)陳摶著　(宋)邵雍述　明崇禎刻本　四册

340000－1801－0012126　3∶2132－3∶2135 善
河洛理數七卷　(宋)陳摶著　(宋)邵雍述　明刻本　四册

340000－1801－0012127　3∶21324－3∶21325
金匱方歌括六卷　(清)陳念祖撰　清光緒二十九年(1903)湖南益元書局刻本　二册

340000－1801－0012128　3∶21326－3∶21327

金匱方歌括六卷　(清)陳念祖撰　清光緒三十四年(1908)寶慶經元書局刻本　二册

340000－1801－0012129　3:21328
時方歌括二卷景岳新方砭四卷　(清)陳念祖撰　清光緒三十二年(1906)上海飛鴻閣書局石印本　一册

340000－1801－0012130　3:21329
景岳新方歌括一卷　(清)吳宏定輯　清乾隆三十二年(1767)刻本　一册

340000－1801－0012131　3:21330
景岳新方歌括一卷　(清)吳辰燦等纂　清刻本　一册

340000－1801－0012132　3:21331
景岳新方湯頭歌括不分卷　(清)吳宏定輯　清抄本　一册

340000－1801－0012133　3:21332
張景岳新方八略不分卷　(清)吳宏定輯　清抄本　一册

340000－1801－0012134　3:21333
湯頭歌訣不分卷　(清)汪昂撰　清光緒三十年(1904)上海章福記書局石印本　一册

340000－1801－0012135　3:21336
湯頭歌訣附内外各症醫案不分卷　(清)汪昂撰　清抄本　一册

340000－1801－0012136　3:21338
千金至寶一卷良方集要一卷　(清)莊一夔撰　(清)周鶴群輯　清嘉慶刻本　一册

340000－1801－0012137　3:21339
青囊全集二卷　(清)黄廷爵訂　清光緒刻本　一册

340000－1801－0012138　3:21340
濟世良方不分卷　(清)汪廣期撰　清道光七年(1827)刻本　一册

340000－1801－0012139　3:21341－3:21344
集選奇效簡便良方四卷　(清)丁堯臣輯　清光緒七年(1881)刻本　四册

340000－1801－0012140　3:21345－3:21346
良方二卷　(清)王守中輯　清嘉慶刻本　二册

340000－1801－0012141　3:21351－3:21356
易簡方便醫書六卷　(清)周茂五輯　清咸豐十一年(1861)刻本　六册

340000－1801－0012142　3:21357
驗過良方不分卷　(□)□□撰　清道光二十一年(1841)程輯五抄本　一册

340000－1801－0012143　3:21358
杜草秘方不分卷　(清)鄭棟輯　清宣統元年(1909)抄本　一册

340000－1801－0012144　3:21359
經驗選秘六卷　(清)胡增彬輯　清同治十年(1871)刻本　一册

340000－1801－0012145　3:21360－3:21363
集驗簡易良方四卷首一卷　(清)德豐輯　清樹滋堂刻本　四册

340000－1801－0012146　3:21364－3:21374
驗方新編六卷　(清)年希堯編　清光緒九年(1883)綠蔭山房刻本　十一册

340000－1801－0012147　3:2136 善
梓造福玄機羅經考三卷後一卷　(明)楊道伸撰　明萬曆刻本　一册

340000－1801－0012148　3:21375－3:21384
驗方新編十六卷末一卷　(清)鮑相璈輯　清同治四年(1865)刻本　十册

340000－1801－0012149　3:2137 善
性命雙修萬神圭旨四卷　(明)吳之鶴撰　明萬曆刻本(有圖)　一册　存二卷(元至亨)

340000－1801－0012150　3:2138－3:2139 善
新編評註通玄先生張果星宗大全十卷　(唐)張果撰　(明)陸位輯　明萬曆二十二年(1594)金陵三山唐謙刻本(有圖)　二册

340000－1801－0012151　3:21385－3:21394
驗方新編十六卷　(清)鮑相璈輯　清光緒七年(1881)刻本　十册

340000－1801－0012152　3:21395－3:21404
驗方新編十六卷　(清)鮑相璈輯　清光緒七年(1881)刻本　十冊

340000－1801－0012153　3:2140－3:2143 善
新編評註通玄先生張果星宗大全十卷　(唐)張果撰　(明)陸位輯　明萬曆刻本(有圖)　四冊

340000－1801－0012154　3:21405－3:21412
驗方新編十六卷　(清)鮑相璈輯　清同治三年(1864)上海醉六堂刻本　八冊

340000－1801－0012155　3:21413－3:21420
驗方新編十六卷　(清)鮑相璈輯　清同治十三年(1874)刻本　八冊

340000－1801－0012156　3:21421－3:21422
增廣正續驗方新編十六卷　(清)鮑相璈輯　清上海錦章書局石印本　二冊

340000－1801－0012157　3:21430－3:21431
驗方續編二卷　(清)海山仙館編　清刻本　二冊

340000－1801－0012158　4:12031－4:12032
四書記聞二卷　(清)管同著　**校記一卷**　(清)甘元焕撰　清光緒十七年(1891)江寧翁心清刻本　二冊

340000－1801－0012159　3:2144－3:2151 善
神相全編十二卷首一卷　(宋)陳摶撰　(明)袁忠徹訂　明刻本(有圖)　八冊

340000－1801－0012160　3:21443－3:21448
驗方新編十八卷　(清)鮑相璈輯　清光緒三十年(1904)上海洽記書局石印本　六冊

340000－1801－0012161　3:21453
賽金丹二卷　(清)王三山　(清)徐半峰輯　清道光二十七年(1847)刻本　一冊

340000－1801－0012162　3:21454
仁壽鏡中方二卷　(□)□□撰　清道光六年(1826)森蔭堂刻本　一冊

340000－1801－0012163　3:21455
壽世全編四卷　(□)□□撰　清刻本　一冊

340000－1801－0012164　3:21456－3:21461
外治壽世方初編四卷　(清)鄒存淦輯　清光緒三年(1877)刻本　六冊

340000－1801－0012165　3:21462
急救須知一卷　(清)朱泰來纂　清刻本　一冊

340000－1801－0012166　3:21463
增補洗冤録急救方一卷　(清)姚德豐輯　清道光十五年(1835)刻本　一冊

340000－1801－0012167　3:21464－3:21469
經驗良方三卷　(清)邵綬名輯　清咸豐七年(1857)刻本　六冊

340000－1801－0012168　3:21470
經驗良方一卷　(清)吴鳴吉輯　清道光二十三年(1843)刻本　一冊

340000－1801－0012169　3:21471－3:21474
葛仙翁肘後奇方八卷　(晉)葛洪撰　清光緒二十二年(1896)上海圖書集成印書局鉛印本　四冊

340000－1801－0012170　3:21493－3:21516
備急千金要方二十四卷　(清)黄恩榮編　清光緒三十四年(1908)上海千頃堂書局石印本　二十四冊

340000－1801－0012171　3:21517
醫方不分卷　題(清)旦如氏録　清康熙五年(1666)水雲居抄本　一冊

340000－1801－0012172　3:21519
急救方一卷　(□)□□撰　清刻本　一冊

340000－1801－0012173　3:2152 善
神相全編十二卷　(宋)陳摶撰　(明)袁忠徹訂　明刻本(有圖)　二冊　存五卷(四至六、九至十)

340000－1801－0012174　3:21527
慈恩玉歷彙録五卷續録一卷　(清)俞大文輯　清光緒刻本　一冊　存三卷(慈恩玉歷彙録四至五、續録一卷)

340000－1801－0012175　3:21528

方書附龍虎門戲本不分卷　(□)□□撰　清抄本　一册

340000－1801－0012176　3:2153－3:2160 善
迪吉錄八卷首一卷　(明)顔茂猷撰　明崇禎四年(1631)刻本　八册

340000－1801－0012177　3:21534
劉涓子鬼遺方五卷　(晉)劉涓子録　清嘉慶五年(1800)掃葉山房刻本　一册

340000－1801－0012178　3:21535
三朝名醫方論二十三卷　(宋)駱龍吉等撰　清宣統三年(1911)寧波汲綆齋石印本　一册

340000－1801－0012179　3:21538－3:21541
醫方論四卷　(清)費伯雄撰　清同治五年(1866)刻本　四册

340000－1801－0012180　3:21542－3:21543
醫方論四卷　(清)費伯雄撰　清光緒三年(1877)刻本　二册

340000－1801－0012181　3:21548
新編救急奇方不分卷　(清)徐文弼輯　清刻本　一册

340000－1801－0012182　3:21549－3:21550
雜症二卷　(□)□□撰　清抄本　二册

340000－1801－0012183　3:21552
治癲狗咬傷經驗神方一卷　(□)□□撰　清刻本　一册

340000－1801－0012184　3:21555
敬修堂經驗膏丹一卷敬修堂二集一卷　(清)錢澍田輯　清嘉慶九年(1804)廣東刻本　一册

340000－1801－0012185　3:21556
胡慶餘堂丸散膏丹全集八卷　(清)胡慶餘堂輯　清光緒三年(1877)胡慶餘堂刻本　一册

340000－1801－0012186　3:21557
同仁堂虔修諸門應症丸散膏丹總目不分卷　(清)同仁堂編　清光緒十五年(1889)刻本　一册

340000－1801－0012187　3:21558
同仁堂虔修諸門應症丸散膏丹總目不分卷　(清)同仁堂編　清光緒十五年(1889)刻本　一册

340000－1801－0012188　3:21560
理瀹駢文二十一種膏藥目錄不分卷　(清)吳尚先撰　清抄本　一册

340000－1801－0012189　3:21571－3:21574
蘭臺規範八卷　(清)徐靈胎撰　清刻本　四册

340000－1801－0012190　3:21575－3:21576
時方妙用四卷附錄一卷　(清)陳念祖撰　清大文堂刻本　二册

340000－1801－0012191　3:21580
易簡方論六卷　(清)程履新撰　清刻本　一册　存一卷(四)

340000－1801－0012192　3:21582－3:21583
景岳新方砭四卷　(明)張介賓撰　(清)陳念祖評　清嘉慶九年(1804)兩儀堂刻本　二册

340000－1801－0012193　3:21613
褚氏遺書一卷　(南朝齊)褚澄輯　清汀州張氏勵志齋刻本　一册

340000－1801－0012194　3:21614－3:21619
醫説十卷　(宋)張杲撰　**續醫説十卷**　(明)俞弁續　清宣統三年(1911)上海文明書局鉛印本　六册

340000－1801－0012195　3:2161 善
迪吉錄八卷　(明)顔茂猷撰　明刻本　一册　存一卷(普集一卷)

340000－1801－0012196　3:21620－3:21629
聖濟總錄纂要二十六卷　(清)程林纂　清刻本　十册

340000－1801－0012197　3:2162－3:2165 善
六一題跋十一卷　(宋)歐陽修撰　**元豐題跋一卷**　(宋)曾鞏撰　**水心題跋一卷**　(宋)葉適撰　明崇禎虞山毛氏汲古閣刻津逮祕書本　四册

340000－1801－0012198　3:21630－3:21633
宋徽宗聖濟經十卷　(宋)吳禔注　清光緒十三年(1887)歸安陸氏刻十萬卷樓叢書本　四冊

340000－1801－0012199　3:21650
增補萬病回春原本八卷　(明)龔廷賢編　清光緒上海校經山房石印本　一冊

340000－1801－0012200　3:21651－3:21658
新刊醫林狀元壽世保元十卷　(明)龔廷賢編　清刻本　八冊

340000－1801－0012201　3:21659－3:21674
類經三十二卷　(明)張介賓注　清嘉慶四年(1799)金閶萃英堂刻本　十六冊

340000－1801－0012202　3:2166－3:2168 善
益公題跋十二卷　(宋)周必大撰　明崇禎虞山毛氏汲古閣刻津逮祕書本　三冊

340000－1801－0012203　3:21675－3:21714
類經三十二卷　(明)張介賓撰　清道光二十年(1840)繡谷楊雲峰刻本　四十冊

340000－1801－0012204　3:2169 善
放翁題跋六卷　(宋)陸遊撰　明崇禎虞山毛氏汲古閣刻津逮祕書本　一冊

340000－1801－0012205　3:2170 善
無咎題跋一卷　(宋)晁補之撰　**宛丘題跋一卷**　(宋)張耒撰　**淮海題跋一卷**　(宋)秦觀撰　明崇禎虞山毛氏汲古閣刻津逮祕書本　一冊

340000－1801－0012206　3:2171－3:2173 善
東坡題跋六卷　(宋)蘇軾撰　明崇禎虞山毛氏汲古閣刻津逮祕書本　三冊

340000－1801－0012207　3:21715－3:21746
景岳全書六十四卷　(明)張介賓撰　清刻本　三十二冊

340000－1801－0012208　3:21747－3:21775
景岳全書六十四卷　(明)張介賓撰　清嘉慶二十四年(1819)刻本　二十九冊　缺一卷(二十二)

340000－1801－0012209　3:2174 善
容齋題跋二卷　(宋)洪邁撰　**海岳題跋一卷**　(宋)米芾撰　明崇禎虞山毛氏汲古閣刻津逮祕書本　一冊

340000－1801－0012210　3:2175 善
姑溪題跋二卷　(宋)李之儀撰　**石門題跋二卷**　(宋)釋德洪撰　明崇禎虞山毛氏汲古閣刻津逮祕書本　一冊

340000－1801－0012211　3:2176－3:2177 善
後邨題跋四卷　(宋)劉克莊撰　**止齋題跋二卷**　(宋)陳傅良撰　**魏公題跋一卷**　(宋)蘇頌撰　明崇禎虞山毛氏汲古閣刻津逮祕書本　二冊

340000－1801－0012212　3:2178 善
西山題跋三卷　(宋)真德秀撰　明崇禎虞山毛氏汲古閣刻津逮祕書本　一冊

340000－1801－0012213　3:2179－3:2181 善
山谷題跋九卷　(宋)黃庭堅撰　明崇禎虞山毛氏汲古閣刻津逮祕書本　三冊

340000－1801－0012214　3:21808－3:21810
原機啟微二卷附錄一卷　(明)薛己撰　清刻本　三冊

340000－1801－0012215　3:21811－3:21812
折肱漫錄七卷　(明)黃承昊撰　清心導樓刻本　二冊

340000－1801－0012216　3:21813－3:21816
醫貫六卷　(明)趙獻可撰　清同治六年(1867)文英堂刻本　四冊

340000－1801－0012217　3:21817－3:21820
醫無閭子醫貫六卷　(明)趙獻可撰　清三多齋刻本　四冊

340000－1801－0012218　3:2182－3:2183 善
晦庵題跋三卷　(宋)朱熹撰　明崇禎虞山毛氏汲古閣刻津逮祕書本　二冊

340000－1801－0012219　3:21827－3:21828
程進士松厓醫徑二卷　(明)程玠撰　清刻本　二冊

340000－1801－0012220　3：21829－3：21832
愼齋遺書十卷　（明）周之幹撰　清道光五年(1825)刻本　四册

340000－1801－0012221　3：21833－3：21838
醫宗必讀五卷　（清）李中梓撰　清嘉慶六年(1801)令德堂刻本　六册

340000－1801－0012222　3：21839－3：21844
詳校醫宗必讀十卷　（清）李中梓撰　清蘇州綠蔭堂刻本　六册

340000－1801－0012223　3：2184－3：2185 善
鶴山題跋七卷　（宋）魏了翁撰　明崇禎虞山毛氏汲古閣刻津逮祕書本　二册

340000－1801－0012224　3：21845－3：21850
瀛經堂詳校醫宗必讀十卷　（清）李中梓撰　清金閶同文會刻本　六册

340000－1801－0012225　3：21851－3：21856
掃葉山房重校醫宗必讀十卷　（清）李中梓撰　清光緒十四年(1888)刻本　六册

340000－1801－0012226　3：21857－3：21861
醫宗必讀十卷　（清）李中梓撰　清刻本　五册

340000－1801－0012227　3：21862－3：21869
訂補明醫指掌十卷　（明）皇甫中撰　清光緒二十一年(1895)學庫山房刻本　八册

340000－1801－0012228　3：2186－3：2199 善
東坡題跋六卷　（宋）蘇軾撰　**山谷題跋九卷**　（宋）黄庭堅撰　明崇禎虞山毛氏汲古閣刻津逮祕書本　十四册

340000－1801－0012229　3：21899－3：21903
訂補明醫指掌十卷　（明）皇甫中撰　（明）王肯堂訂補　（清）邵從皋忝校　清乾隆二十年(1755)刻本　五册

340000－1801－0012230　3：21904－3：21909
儒門事親十五卷　（金）張從正撰　（明）吳勉學校　清宣統二年(1910)上海千頃堂石印本　六册

340000－1801－0012231　3：21922
喻氏三書合刻十六卷　（清）喻昌撰　清光緒簡青齋書局石印本　一册

340000－1801－0012232　3：21923
醫門法律六卷　（清）喻昌撰　清光緒二十五年(1899)掃葉山房石印本　一册

340000－1801－0012233　3：21925－3：21926
寓意草一卷　（清）喻昌撰　清刻本　二册

340000－1801－0012234　3：21927－3：21928
寓意草一卷　（清）喻昌撰　清刻本　二册

340000－1801－0012235　3：21929
寓意草一卷　（清）喻昌撰　清刻本　一册

340000－1801－0012236　3：21930
寓意草一卷　（清）喻昌撰　清刻本　一册

340000－1801－0012237　3：21991－3：21995
醫學心悟五卷外科十法一卷　（清）程國彭撰　清乾隆五十六年(1791)書粟軒刻本　五册

340000－1801－0012238　3：21996－3：22000
醫學心悟六卷　（清）程國彭撰　清乾隆五十六年(1791)書粟軒刻本　五册

340000－1801－0012239　3：22002－3：22005
醫學心悟六卷　（清）程國彭撰　清宣統三年(1911)上海會文堂石印本　四册

340000－1801－0012240　3：2200－3：2204 善
墨池編六卷　（宋）朱長文撰　明刻本　五册　存三卷(一至三)

340000－1801－0012241　3：22006－3：22011
醫學心悟六卷　（清）程國彭撰　清徽郡愼德堂刻本　六册

340000－1801－0012242　3：22012－3：22015
醫學心悟五卷　（清）程國彭撰　清刻本　四册

340000－1801－0012243　3：22016－3：22019
醫學心悟六卷　（清）程國彭撰　清雍正十年(1732)刻本　四册

340000－1801－0012244　3：22020－3：22023
醫學心悟五卷　（清）程國彭撰　清乾隆刻本

四冊

340000－1801－0012245　3：22024－3：22053
赤水玄珠三十卷醫旨緒餘二卷醫案五卷　(明)孫一奎撰　清天寶樓刻本　三十冊

340000－1801－0012246　3：2205 善
中書楷訣一卷　(明)姜立綱撰　明弘治十八年(1505)休邑萃英堂周樂軒刻本　一冊

340000－1801－0012247　3：2206－3：2208 善
舞劍集三卷　(明)文徵明輯　明嘉靖三十九年(1560)刻本　三冊

340000－1801－0012248　3：22070－3：22071
瘟疫論二卷　(明)吳有性撰　清咸豐二年(1852)刻本　二冊

340000－1801－0012249　3：22072－3：22077
丹臺玉案六卷　(明)孫文胤撰　清順治刻本　六冊

340000－1801－0012250　3：22079－3：22080
醫學源流論二卷　(清)徐大椿撰　清刻本　二冊

340000－1801－0012251　3：22081
醫貫砭二卷　(清)徐大椿撰　清刻本　一冊

340000－1801－0012252　3：22088－3：22093
醫效秘傳三卷三家醫案合刻三卷　(清)葉桂撰　**溫熱贅言一卷**　題(清)寄瓢子撰　清道光十一年(1831)笠澤吳氏刻本　六冊

340000－1801－0012253　3：2209－3：2220 善
王氏書苑十卷　(明)王世貞輯　明刻本　十二冊

340000－1801－0012254　3：22094－3：22103
醫林纂要探源十卷　(清)汪紱輯　清光緒二十三年(1897)江蘇書局刻本　十冊

340000－1801－0012255　3：22104－3：22113
醫林纂要探源十卷　(清)汪紱輯　清光緒二十三年(1897)江蘇書局刻本　十冊

340000－1801－0012256　3：22116－3：22121
醫經原旨六卷　(清)薛雪集注　清刻本　六冊

340000－1801－0012257　3：22122－3：22127
醫經原旨六卷　(清)薛雪集注　清刻本　六冊

340000－1801－0012258　3：22128－3：22135
嵩厓尊生書十五卷　(清)景日昣撰　清掃葉山房刻本　八冊

340000－1801－0012259　3：22136－3：22141
嵩厓尊生書十五卷　(清)景日昣撰　清刻本　六冊

340000－1801－0012260　3：22142－3：22150
張氏醫通十六卷傷寒纘論二卷傷寒緒論二卷石頑老人診宗三昧一卷本經逢原四卷　(清)張璐撰　**傷寒兼證析義一卷**　(清)張倬撰　**傷寒舌鑑一卷**　(清)張登輯　清光緒二十年(1894)上海圖書集成印書局鉛印本　九冊

340000－1801－0012261　3：22167－3：22181
張氏醫通十六卷　(清)張璐撰　清刻本　十五冊

340000－1801－0012262　3：22182－3：22226
張氏醫通十六卷　(清)張璐撰　清康熙寶翰樓刻本　四十五冊

340000－1801－0012263　3：2221－3：2224 善
圖繪寶鑑六卷補遺一卷續補一卷　(元)夏文彥撰　(明)毛晉訂　明崇禎虞山毛氏汲古閣刻津逮祕書本　四冊

340000－1801－0012264　3：22227
石頑老人診宗三昧一卷　(清)張璐撰　清康熙二十八年(1689)刻本　一冊

340000－1801－0012265　3：22228－3：22231
己任編八卷　(清)高鼓峰撰　清刻本　四冊

340000－1801－0012266　3：22232－3：22235
增注醫宗己任八卷　(清)高鼓峰撰　清光緒十七年(1891)金陵李光明莊刻本　四冊

340000－1801－0012267　3：22236－3：22266
御纂醫宗金鑑七十四卷首一卷　(清)吳謙等纂　清刻本　三十一冊　缺一卷(四)

340000－1801－0012268　3:2225－3:2228 善
圖繪寶鑑八卷　(元)夏文彦撰　清借綠草堂刻本　四册

340000－1801－0012269　3:22287－3:22333
御纂醫宗金鑑六十卷首一卷續編十四卷首一卷外科金鑑十六卷首一卷　(清)吳謙等纂　清光緒九年(1883)掃葉山房刻本　四十七册　缺一卷(外科金鑑二)

340000－1801－0012270　3:2229－3:2234 善
宣和集古印史八卷　(明)來行學輯　明萬曆二十四年(1596)來氏寶印齋刻鈐印本　六册　存六卷(一至六)

340000－1801－0012271　3:22339－3:22340
醫學讀書記三卷續記一卷　(清)尤怡撰　清嘉慶十九年(1814)刻本　二册

340000－1801－0012272　3:22341
醫學讀書記三卷續記一卷　(清)尤怡撰　清光緒十四年(1888)行素草堂刻本　一册

340000－1801－0012273　3:22342－3:22345
四診抉微八卷管窺附餘一卷　(清)林之翰撰　清雍正元年(1723)玉映堂刻本　四册

340000－1801－0012274　3:22346－3:22347
四診抉微八卷管窺附餘一卷　(清)林之翰撰　清雍正元年(1723)玉映堂刻本　二册

340000－1801－0012275　3:22348－3:22353
石室秘錄六卷　(清)陳士鐸撰　清文發堂刻本　六册

340000－1801－0012276　3:22354－3:22359
石室秘錄六卷　(清)陳士鐸撰　清嘉慶三年(1798)崇文堂刻本　六册

340000－1801－0012277　3:2235 善
古今印則二卷　(明)程遠摹選　明萬曆項氏宛委堂刻鈐印本　一册

340000－1801－0012278　3:2236 善
集古印譜六卷　(明)王常編　明萬曆三年(1575)顧氏芸閣刻朱印本　一册　存一卷(一)

340000－1801－0012279　3:2237－3:2238 善
集古印譜六卷　(明)王常編　明萬曆三年(1575)顧氏芸閣刻朱印本　二册　存二卷(一、六)

340000－1801－0012280　3:22377－3:22392
醫述十六卷　(清)程文囿撰　清光緒十七年(1891)漢上刻本　十六册

340000－1801－0012281　3:22393－3:22408
醫述十六卷　(清)程文囿撰　清光緒十七年(1891)漢上刻本　十六册

340000－1801－0012282　3:2239 善
集古印譜□□卷　(□)□□撰　明刻鈐印本　一册　存一卷(四)

340000－1801－0012283　3:22409－3:22410
筆花醫鏡四卷　(清)江涵暾撰　清光緒六年(1880)守約堂刻本　二册

340000－1801－0012284　3:2240 善
印雋二卷　(明)梁袠纂　明新安黃一森刻鈐印本　一册

340000－1801－0012285　3:22413－3:22414
筆花醫鏡四卷　(清)江涵暾撰　清上海鴻章書局石印本　二册

340000－1801－0012286　3:2241 善
印選□□卷　(明)方元乎輯　明萬曆三十一年(1603)刻朱印本　一册　存二卷(一至二)

340000－1801－0012287　3:22425－3:22436
醫門棒喝四卷二集九卷　(清)章楠撰　清同治六年(1867)刻本　十二册

340000－1801－0012288　3:2242 善
俞氏爰園印藪玉章四卷　(明)俞彦輯　明崇禎十四年(1641)刻鈐印本　一册

340000－1801－0012289　3:2243－3:2250 善
秦漢印統八卷　(明)羅王常編　明萬曆三十六年(1608)吳氏樹滋堂刻朱印本　八册

340000－1801－0012290　3:22437－3:22462
沈氏尊生書七十二卷　(清)沈金鰲撰　清乾隆四十九年(1784)刻本　二十六册

340000－1801－0012291　3:22463－3:22488
沈氏尊生書七十二卷　(清)沈金鰲撰　清同治十三年(1874)湖北崇文書局刻本　二十六冊

340000－1801－0012292　3:22489－3:22494
沈氏尊生書五種三十卷　(清)沈金鰲撰　清同治元年(1862)刻本　六冊　存三種十八卷(婦科玉尺六卷、幼科釋迷六卷、痘證寶筏六卷)

340000－1801－0012293　3:22495
醫林改錯二卷　(清)王清任撰　清掃葉山房石印本　一冊

340000－1801－0012294　3:22496
醫林改錯二卷　(清)王清任撰　清道光五年(1825)刻本　一冊

340000－1801－0012295　3:22497－3:22498
醫林改錯二卷　(清)王清任撰　清光緒刻本　二冊

340000－1801－0012296　3:22499－3:22500
醫林改錯二卷　(清)王清任撰　清光緒十七年(1891)刻本　二冊

340000－1801－0012297　3:22501－3:22502
遵經二卷　(清)汪宏撰　清光緒求志堂刻本　二冊

340000－1801－0012298　3:22503－3:22506
醫方叢話八卷　(清)徐士鑾撰　清光緒十五年(1889)津門徐氏刻蝶訪居所輯書本　四冊

340000－1801－0012299　3:22511－3:22515
醫學五則五卷　(清)廖雲溪撰　清光緒三年(1877)刻本　五冊

340000－1801－0012300　3:2251－3:2252 善
曉采居印印四卷　(明)吳迥篆　明萬曆四十六年(1618)刻鈐印本　二冊

340000－1801－0012301　3:22516
醫宗備要三卷　(清)曾鼎撰　清嘉慶十九年(1814)刻本　一冊

340000－1801－0012302　3:22518－3:22521
聊復集五卷　(清)汪必昌編　清嘉慶京都刻本　四冊　存四卷(一至四)

340000－1801－0012303　3:22524－3:22527
南坡居士歐陽輯瑞評註三卷　題(清)夢覺道人撰　清道光十二年(1832)刻本　四冊

340000－1801－0012304　3:22528
南坡居士歐陽輯瑞評註三卷　題(清)夢覺道人撰　清道光十二年(1832)刻本　一冊

340000－1801－0012305　3:2253 善
鄭弘佑印譜不分卷　(明)鄭基相篆　明崇禎六年(1633)刻鈐印本　一冊

340000－1801－0012306　3:22541－3:22548
古今名醫彙粹八卷　(清)羅美輯　清道光三年(1823)刻本　八冊

340000－1801－0012307　3:2254－3:2257 善
法書要錄十卷　(唐)張彥遠撰　明崇禎虞山毛氏汲古閣刻津逮秘書本　四冊

340000－1801－0012308　3:22549－3:22554
辯證奇聞十卷　(清)錢松撰　清咸豐七年(1857)刻本　六冊

340000－1801－0012309　3:22565－3:22566
醫原二卷　(清)石壽堂撰　清抄本　二冊

340000－1801－0012310　3:2258－3:2260 善
廣川書跋十卷　(宋)董逌撰　明崇禎虞山毛氏汲古閣刻津逮秘書本　三冊

340000－1801－0012311　3:22607
醫學三字經二卷　(清)陳念祖撰　清嘉慶九年(1804)刻本　一冊

340000－1801－0012312　3:22608－3:22611
醫學從眾八卷　(清)陳念祖撰　清道光二十五年(1845)刻本　四冊

340000－1801－0012313　3:22612－3:22614
醫學從眾八卷　(清)陳念祖撰　清刻本　三冊　缺二卷(七至八)

340000－1801－0012314　3:2261－3:2264 善
東坡題跋六卷　(宋)蘇軾撰　明崇禎虞山毛

氏汲古閣刻津逮秘書本　四冊

340000－1801－0012315　3:22615－3:22616
重慶堂隨筆二卷　(清)王學權撰　清光緒三十一年(1905)上海書局石印本　二冊

340000－1801－0012316　3:22620
醫醇賸義四卷醫方論四卷　(清)費伯雄撰　清光緒二十七年(1901)上海書局石印本　一冊

340000－1801－0012317　3:22621－3:22622
醫醇賸義四卷　(清)費伯雄撰　清光緒三年(1877)刻本　二冊

340000－1801－0012318　3:22623－3:22626
醫醇賸義四卷　(清)費伯雄撰　清光緒十四年(1888)上洋掃葉山房刻本　四冊

340000－1801－0012319　3:22627－3:22632
醫宗說約六卷　(清)蔣示吉纂　清嘉慶二十五年(1820)刻本　六冊

340000－1801－0012320　3:22633－3:22636
醫學實在易八卷　(清)陳念祖撰　清光緒三十四年(1908)寶慶經元書局刻本　四冊

340000－1801－0012321　3:2265－3:2267 善
圖繪寶鑑六卷補遺一卷續補一卷　(元)夏文彥撰　(明)毛晉訂　明崇禎虞山毛氏汲古閣刻津逮祕書本　三冊

340000－1801－0012322　3:22653－3:22666
羅氏會約醫鏡二十卷　(清)羅國綱撰　清乾隆五十四年(1789)大成堂刻本　十四冊

340000－1801－0012323　3:22667－3:22668
莊氏慈幼二書一卷　(清)莊一夔撰　**四聖心源十卷**　(清)黃元御撰　清道光二十二年(1842)刻本　二冊

340000－1801－0012324　3:22669－3:22670
醫略十三卷附刻一卷　(清)蔣寶素撰　清快志堂刻本　二冊

340000－1801－0012325　3:22675－3:22678
太醫院增補青囊藥性賦直解十卷　題(清)曉星樵人撰　清光緒二十年(1894)三讓堂刻本　四冊

340000－1801－0012326　3:2268－3:2269 善
圖畫見聞志六卷　(宋)郭若虛撰　明崇禎虞山毛氏汲古閣刻津逮秘書本　二冊

340000－1801－0012327　3:22686－3:22689
理瀹駢文不分卷略言一卷續一卷存濟堂藥局修合施送方並加藥法一卷　(清)吳師機撰　清光緒五年(1879)刻本　四冊

340000－1801－0012328　3:22690－3:22693
理瀹駢文不分卷略言一卷續一卷存濟堂藥局修合施送方並加藥法一卷　(清)吳師機撰　清同治刻本　四冊

340000－1801－0012329　3:22696－3:22705
醫林纂要探源十卷　(清)汪紱撰　清光緒二十三年(1897)江蘇書局刻本　十冊

340000－1801－0012330　3:2270－3:2271 善
胡君實印雋不分卷　(明)胡文淳篆刻　明崇禎七年(1634)刻鈐印本　二冊

340000－1801－0012331　3:2272－3:2273 善
皇明印史□□卷　(明)邵潛篆　明趙宧光、陳繼儒刻鈐印本　二冊　存二卷(二至三)

340000－1801－0012332　3:22728－3:22729
時方歌括六卷　(清)陳念祖撰　清刻本　二冊

340000－1801－0012333　3:22739
秘藏善本祝由十三科一卷　(宋)陳邦治輯　清刻本　一冊

340000－1801－0012334　3:22740
祝由科二卷　(□)□□撰　清刻朱墨套印本　一冊　存一卷(二)

340000－1801－0012335　3:22741－3:22742
祝由科天醫十三科二卷　(□)□□撰　清西蜀刻本　二冊

340000－1801－0012336　3:22743－3:22750
醫碥七卷　(清)何夢瑤輯　清刻本　八冊

340000－1801－0012337　3:2274 善

印存三集六卷 (清)黄振昆篆 (清)黄培鉌摹 清乾隆五十一年(1786)刻鈐印本 一册 存三卷(四至六)

340000－1801－0012338 3:2275 善

松石齋集古印存一卷 (清)周懋泰 **松石齋印譜一卷** (清)周懋泰篆刻 清光緒十八年(1892)刻鈐印本 一册

340000－1801－0012339 3:22762

續醫宗摘要一卷 (清)俞世球撰 清光緒三十四年(1908)石印本 一册

340000－1801－0012340 3:22763

醫宗粹言十四卷 (明)羅周彦撰輯 清刻本 一册 存一卷(十)

340000－1801－0012341 3:22764

石頑老人診宗三昧一卷 (清)張登編 清思得堂刻本 一册

340000－1801－0012342 3:22765

石頑老人診宗三昧一卷 (清)張登編 清康熙二十八年(1689)刻本 一册

340000－1801－0012343 3:2276 善

棋經十三篇 (宋)張擬撰 **棋訣一卷** (宋)劉仲甫撰 明萬曆刻本 一册

340000－1801－0012344 3:22779－3:22794

醫學十書(東垣十書)十二種二十二卷 (清)陳璞編 清光緒七年(1881)羊城雲林閣刻本 十六册

340000－1801－0012345 3:2277 善

棋經十三篇 (宋)張擬撰 **棋訣一卷** (宋)劉仲甫撰 明刻本 一册

340000－1801－0012346 3:2278－3:2279 善

秋僊遺譜後集四卷 (明)褚克明撰 明刻本 二册 存二卷(一、四)

340000－1801－0012347 3:22795－3:22806

徐氏醫書十三種三十五卷 (清)徐大椿撰 清光緒十九年(1893)上海圖書集成印書局鉛印本 十二册

340000－1801－0012348 3:22807－3:22818

徐氏醫書十三種三十五卷 (清)徐大椿撰 清光緒十九年(1893)上海圖書集成印書局鉛印本 十二册

340000－1801－0012349 3:2280 善

仙機武庫八集 (明)陸玄宇輯 明崇禎二年(1629)刻本 一册 存二集(匏集、土集)

340000－1801－0012350 3:22819－3:22826

徐靈胎醫學全書前集八種十八卷後集八種十三卷 (清)徐大椿撰 清光緒三十三年(1907)章福記書局石印本 八册

340000－1801－0012351 3:2281 善

橘中秘四卷 (明)朱晉禎輯 明崇禎五年(1632)刻本 一册 存二卷(一至二)

340000－1801－0012352 3:2282－3:2290 善

適情雅趣十卷 (清)徐芝選 清乾隆吉林刻本 九册 存九卷(一、三至十)

340000－1801－0012353 3:22875－3:22909

薛氏醫按二十四種一百七卷 (明)薛鎧撰 清裕元堂刻本 三十五册 缺二種二卷(癧疽驗方一卷、外科經驗方一卷)

340000－1801－0012354 3:22910－3:22925

名醫類案十二卷 (明)江瓘輯 清鮑氏知不足齋刻本 十六册

340000－1801－0012355 3:2291－3:2298 善

文房肆考圖說八卷 (清)唐秉鈞撰 (清)康愷繪圖 清乾隆四十年至四十三年(1775－1778)嘉定唐秉鈞竹暎山莊刻本 八册

340000－1801－0012356 3:22926－3:22935

名醫類案十二卷 (明)江瓘輯 清知不足齋刻本 十册

340000－1801－0012357 3:22936－3:22943

名醫類案十二卷 (明)江瓘輯 清知不足齋刻本 八册

340000－1801－0012358 3:22944－3:22955

名醫類案十二卷 (明)江瓘輯 清同治十年(1871)藏修堂刻本 十二册

340000－1801－0012359 3:22986－3:22987

醫案五卷 （明）孫一奎輯　明刻本　二册　存三卷（一至三）

340000－1801－0012360　3：2299－3：2304 善
程氏墨苑十二卷 （明）程大約輯　明萬曆新安陳氏滋蘭堂刻本　六册　存六卷（一、四至七、九）

340000－1801－0012361　3：22995－3：22998
葉氏醫案存真三卷馬氏醫案並附祁王案一卷 （清）葉桂撰　清光緒十二年（1886）常熟抱芳閣刻本　四册

340000－1801－0012362　3：22999－3：23002
葉氏醫案存真三卷馬氏醫案並附祁王案一卷 （清）葉萬青輯　清光緒九年（1883）刻本　四册

340000－1801－0012363　3：2－3：3 善
家語十卷 （三國魏）王肅注　明刻本　二册

340000－1801－0012364　3：23003
洄溪醫案一卷 （清）徐大椿撰　（清）王士雄編　清咸豐七年（1857）海昌蔣氏刻本　一册

340000－1801－0012365　3：23023－3：23031
古今醫案按十卷 （清）俞震東纂　清光緒九年（1883）吳江李氏刻本　九册　缺一卷（八）

340000－1801－0012366　3：23032－3：23041
臨證指南醫案十卷 （清）葉桂撰　清同治三年（1864）刻本　十册

340000－1801－0012367　3：23047
醫效秘傳三卷溫熱贅言一卷 （清）葉桂撰　清光緒二十七年（1901）石印本　一册

340000－1801－0012368　3：23048
三家醫案合刻三卷 （清）吳金壽輯　清光緒二十七年（1901）上海漢讀樓石印本　一册

340000－1801－0012369　3：23049
三家醫案合刻三卷 （清）吳金壽輯　清光緒三十三年（1907）上洋海左書局石印本　一册

340000－1801－0012370　3：2305－3：2306 善
墨海十二卷 （明）方瑞生撰　明萬曆刻本（有圖）　二册　存四卷（事一至二、藏一至二）

340000－1801－0012371　3：23072
管見醫案一卷 （清）陳鴻猷撰　清同治十二年（1873）祁西陳氏刻本　一册

340000－1801－0012372　3：23073
新安醫案摘錄一卷 （清）汪廷元輯　清刻本　一册

340000－1801－0012373　3：2307－3：2312 善
方氏墨譜六卷 （明）方于魯撰　明萬曆方氏美蔭堂刻本（有圖）　六册

340000－1801－0012374　3：23074
醫案輯錄一卷 （清）程文囿撰　清光緒六年（1880）刻本　一册

340000－1801－0012375　3：23075
醫案輯錄一卷 （清）程文囿撰　清光緒六年（1880）刻本　一册

340000－1801－0012376　3：23076
醫案初集一卷續錄一卷 （清）程文囿撰　清光緒十七年（1891）漢上刻本　一册

340000－1801－0012377　3：23077
醫案初集一卷續錄一卷 （清）程文囿撰　清光緒十七年（1891）漢上刻本　一册

340000－1801－0012378　3：23078－3：23079
醫案初集一卷輯錄一卷 （清）程文囿撰　清道光九年（1829）刻本　二册

340000－1801－0012379　3：23080
醫案輯錄一卷續錄一卷 （清）程文囿撰　清道光九年（1829）刻本　一册

340000－1801－0012380　3：23081－3：23082
醫案初集一卷輯錄一卷 （清）程文囿撰　清光緒刻本　二册

340000－1801－0012381　3：23086
王氏醫案二卷續編八卷 （清）陸士諤編　清上海圖書集成局石印本　一册

340000－1801－0012382　3：23121－3：23125
黃帝針灸甲乙經十二卷 （晉）皇甫謐撰　清

刻本　五冊

340000－1801－0012383　3:23126－3:23129
黄帝針灸甲乙經十二卷　(晉)皇甫謐撰　清光緒十一年(1885)四明存存軒刻本　四冊

340000－1801－0012384　3:23130－3:23139
針灸大成十卷　(明)楊濟時纂　清善成堂刻本　十冊

340000－1801－0012385　3:2313－3:2315 善
方氏墨譜六卷　(明)方于魯撰　明萬曆方氏美蔭堂刻本(有圖)　三冊　存三卷(二至四)

340000－1801－0012386　3:23140－3:23149
針灸大成十卷　(明)楊濟時纂　清康熙五十七年(1718)刻本　十冊

340000－1801－0012387　3:23150－3:23159
針灸大成十卷　(明)楊濟時纂　(清)章廷珪重修　清咸豐十年(1860)刻本　十冊

340000－1801－0012388　3:23160－3:23164
針灸大成十卷　(明)楊濟時纂　清刻本　五冊

340000－1801－0012389　3:23165－3:23174
針灸大成十卷　(明)楊濟時纂　清刻本　十冊

340000－1801－0012390　3:2316 善
方氏墨譜六卷　(明)方于魯撰　明萬曆方氏美蔭堂刻本(有圖)　一冊　存二卷(三至四)

340000－1801－0012391　3:2317－3:2320 善
方氏墨譜六卷　(明)方于魯撰　明萬曆方氏美蔭堂刻本(有圖)　四冊　存四卷(二至三、五至六)

340000－1801－0012392　3:23185
神針藥膏方不分卷　(□)□□撰　清抄本　一冊

340000－1801－0012393　3:23187
針灸問對三卷　(明)汪機撰　(明)陳桷校正　明嘉靖祁門樸墅刻石山醫案本　一冊

340000－1801－0012394　3:23188－3:23191
勉學堂針灸集成四卷　(清)廖潤鴻輯　清光緒五年(1879)刻本　四冊

340000－1801－0012395　3:23195－3:23196
新刊補注銅人腧穴針灸圖經五卷　(宋)王惟一編修　清刻本　二冊

340000－1801－0012396　3:23197－3:23200
釐正按摩要術四卷　(清)張振鋆纂輯　清刻本　四冊

340000－1801－0012397　3:23212－3:23215
衛生鴻寶六卷　(清)祝補齋輯　(清)高味卿增補　**急救腹痛暴卒病解一卷**　(清)華岳纂　(清)金德鑑增刪　清道光二十四年(1844)刻本　四冊

340000－1801－0012398　3:23217
濟世養生集一卷便易經驗集一卷養生經驗補遺一卷　(清)毛世洪輯　(清)汪瑜增訂　清道光二年(1822)汪氏刻本　一冊

340000－1801－0012399　3:23218－3:23219
慎柔五書五卷　(明)胡慎柔撰　(清)顧元交編　清於然室刻本　二冊

340000－1801－0012400　3:2321 善
程氏墨苑□□卷　(明)程大約撰　明新安程氏滋蘭堂刻本　一冊　存一卷(六)

340000－1801－0012401　3:23220
運氣易覽三卷　(明)汪機著　明嘉靖祁門樸墅刻石山醫案本　一冊

340000－1801－0012402　3:23226－3:23229
儒門醫學三卷　(英國)海得蘭撰　(英國)傅蘭雅口譯　(清)趙元益筆述　清著易堂鉛印本　四冊

340000－1801－0012403　3:2322 善
墨書一卷墨賦一卷墨表一卷　(明)汪道貫撰　明刻本　一冊

340000－1801－0012404　3:23230－3:23233
儒門醫學三卷　(英國)海得蘭撰　(英國)傅蘭雅口譯　(清)趙元益筆述　清江南製造總局刻本　四冊

340000－1801－0012405　3:23234－3:23240
割症全書七卷　(美國)嘉約翰撰　清光緒十六年(1890)廣州刻本　七册

340000－1801－0012406　3:2323 善
墨書一卷墨賦一卷墨表一卷　(明)汪道貫撰　明刻本　一册

340000－1801－0012407　3:23241
身理啟蒙一卷　(□)□□撰　清光緒十二年(1886)總稅務司署刻本　一册

340000－1801－0012408　3:23242
枕藏外科形圖諸症二卷　(□)□□撰　清峨眉山人刻本　一册　存一卷(上)

340000－1801－0012409　3:2324－3:2327 善
曹氏墨林二卷　(清)曹素功輯　清乾隆刻本　四册

340000－1801－0012410　3:23243－3:23246
產科一卷圖一卷　(英國)密爾纂　舒高第譯　(清)鄭昌棪述　清光緒江南機器製造總局鉛印本　四册

340000－1801－0012411　3:23247－3:23252
婦科一卷圖一卷　(美國)湯麥斯撰　舒高第　(清)鄭昌棪譯　清光緒二十六年(1900)江南製造局鉛印本　六册

340000－1801－0012412　3:23253－3:23268
西藥大成十卷　(英國)來拉　(英國)海得蘭撰　(英國)傅蘭雅口譯　(清)趙元益筆述　清光緒元年(1875)江南機器製造局刻本　十六册

340000－1801－0012413　3:23269－3:23272
繪圖中西醫學入門二卷　(清)唐宗海撰　清光緒二十一年(1895)上海書局石印本　四册

340000－1801－0012414　3:23277－3:23280
全體闡微三卷　(美國)柯為良撰　清光緒三十一年(1905)惜蔭書屋石印本　四册

340000－1801－0012415　3:23281－3:23288
萬國藥方八卷　(美國)洪士提撰　清宣統二年(1910)美華書館鉛印本　八册

340000－1801－0012416　3:2328－3:2329 善
端溪硯史三卷　(清)吳蘭修編　清抄本　二册

340000－1801－0012417　3:23289
西醫略論三卷　(英國)合信　(清)管茂材撰　清刻本　一册

340000－1801－0012418　3:23290
歷代名醫列傳一卷　丁福保編　清宣統丁氏鉛印醫學叢書本　一册

340000－1801－0012419　3:23292－3:23295
纂圖元亨療馬集六卷圖像水黃牛經合併大全二卷駝經一卷　(明)喻本元　(明)喻本亨編　清上海錦章圖書局石印本　四册

340000－1801－0012420　3:23296－3:23299
纂圖元亨療馬集六卷圖像水黃牛經合併大全二卷駝經一卷　(明)喻本元　(明)喻本亨編　清上海鑄記書局石印本　四册

340000－1801－0012421　3:23300－3:23303
纂圖元亨療馬集六卷圖像水黃牛經合併大全二卷駝經一卷　(明)喻本元　(明)喻本亨編　清光緒元年(1875)上海江左書林石印本　四册

340000－1801－0012422　3:23304－3:23308
新刊纂圖元亨療馬集六卷　(明)喻本元　(明)喻本亨編　清仁和堂刻本　五册

340000－1801－0012423　3:23309－3:23314
新刊纂圖元亨療馬集六卷　(明)喻本元　(明)喻本亨編　清同治七年(1868)大文堂刻本　六册

340000－1801－0012424　3:23315－3:23318
元亨療馬集四卷　(明)喻本元　(明)喻本亨編　清經元堂刻本　四册

340000－1801－0012425　3:2331 善
香乘二十八卷　(明)周嘉胄輯　明崇禎周嘉胄刻本　二册　存七卷(十至十三、二十六至二十八)

340000－1801－0012426　3:23321

鐫京本賈公圖像水黄牛經合併大全二卷 (明)喻本元 (明)喻本亨編 清道光元年(1821)寶翰樓刻本 一册

340000－1801－0012427 3:23322
圖像水黄牛經合併大全二卷 (明)喻本元 (明)喻本亨編 清宣統元年(1909)閎博書局刻本 一册

340000－1801－0012428 3:23325－3:23344
大方廣佛華嚴經八十卷 (唐)釋實叉難陀譯 清刻本 二十册

340000－1801－0012429 3:2332 善
燕閒清賞箋三卷 (明)高濂輯 明刻本 一册 存一卷(上)

340000－1801－0012430 3:2333－3:2338 善
欣賞編十二集 (明)沈津編 **欣賞續編十集** (明)茅一相輯 明萬曆刻本(有圖) 六册 存九集(欣賞編甲集、乙集、丁集、戊集,欣賞續編燕几、古局、茶具、硯譜、文房)

340000－1801－0012431 3:23354－3:23369
大方廣佛華嚴經六十卷 (晉)釋佛陀跋陀羅等譯 清光緒七年(1881)常熟刻經處刻本 十六册

340000－1801－0012432 3:23370
華嚴念佛三昧論一卷 (清)彭際清撰 清刻本 一册

340000－1801－0012433 3:23377
維摩詰所説經三卷 (後秦)釋鳩摩羅什譯 清同治九年(1870)金陵刻經處刻本 一册

340000－1801－0012434 3:23378
維摩詰所説經三卷 (後秦)釋鳩摩羅什譯 清同治九年(1870)金陵刻經處刻本 一册

340000－1801－0012435 3:23379－3:23380
維摩詰所説經八卷 (後秦)釋鳩摩羅什譯 清光緒十三年(1887)金陵刻經處刻本 二册

340000－1801－0012436 3:23381
維摩詰所説經三卷 (後秦)釋鳩摩羅什譯 清同治九年(1870)刻本 一册

340000－1801－0012437 3:23383
金剛般若波羅蜜經一卷 (北魏)釋菩提流支譯 清刻本 一册

340000－1801－0012438 3:23384
金剛般若波羅蜜經一卷 (後秦)釋鳩摩羅什譯 清刻本 一册

340000－1801－0012439 3:23385
金剛般若波羅蜜經一卷 (後秦)釋鳩摩羅什譯 清刻本 一册

340000－1801－0012440 3:23387
金剛般若波羅蜜經一卷佛説阿彌陀經一卷 (後秦)釋鳩摩羅什譯 **般若波羅蜜多心經一卷** (唐)釋玄奘譯 清光緒三年(1877)刻本 一册

340000－1801－0012441 3:23389
金剛般若波羅蜜經一卷 (後秦)釋鳩摩羅什譯 清同治十一年(1872)金陵刻經處刻本 一册

340000－1801－0012442 3:2339 善
欣賞編十二集 (明)沈津編 (明)汪雲程續編 明嘉靖三十年(1551)刻本(有圖) 一册 存一集(子集)

340000－1801－0012443 3:23390
金剛般若波羅密經一卷 (後秦)釋鳩摩羅什譯 清道光十年(1830)刻本 一册

340000－1801－0012444 3:23392
金剛般若波羅密經一卷 (後秦)釋鳩摩羅什譯 清石印本 一册

340000－1801－0012445 3:23393
金剛般若波羅密經一卷 (後秦)釋鳩摩羅什譯 清光緒十五年(1889)刻本 一册

340000－1801－0012446 3:23394
金剛般若波羅密經一卷 (後秦)釋鳩摩羅什譯 清鉛印本 一册

340000－1801－0012447 3:23400
金剛般若波羅密經一卷 (後秦)釋鳩摩羅什譯 (清)翁方綱注 清乾隆五十七年(1792)

石印本　一冊

340000－1801－0012448　3：23403
佛說無量清淨平等覺經三卷　(漢)釋支婁迦讖譯　清同治十年(1871)金陵刻經處刻本　一冊

340000－1801－0012449　3：23405
佛說觀無量壽經一卷　(南朝宋)釋畺良耶舍譯　清同治十年(1871)金陵刻經處刻本　一冊

340000－1801－0012450　3：23406
佛說觀無量壽經一卷　(南朝宋)釋畺良耶舍譯　清同治十年(1871)金陵刻經處刻本　一冊

340000－1801－0012451　3：23407
佛說無量壽經二卷　(三國魏)釋康僧鎧譯　清光緒四年(1878)刻本　一冊

340000－1801－0012452　3：23409
金光明經四卷　(北涼)釋曇無讖譯　清同治十年(1871)金陵刻經處刻本　一冊

340000－1801－0012453　3：2340 善
遠西奇器圖說錄最三卷　(瑞士)鄧玉函口授　(明)王徵譯繪　**新製諸器圖說一卷**　(明)王徵撰　明天啓七年(1627)汪應魁刻本(有圖)　一冊

340000－1801－0012454　3：23412－3：23436
大智度論一百卷　(後秦)釋鳩摩羅什譯　清光緒九年(1883)姑蘇刻書處刻本　二十五冊

340000－1801－0012455　3：2341－3：2342 善
列仙酒牌一卷　(清)任熊繪　清咸豐四年(1854)蔡照初刻本　二冊

340000－1801－0012456　3：2342－3：2344 善
群芳清玩十二種　(明)李璵編　明崇禎虞山毛氏汲古閣刻本　二冊　存五卷(鼎錄一卷、刀劍錄一卷、研史一卷、畫鑒一卷、石譜一卷)

340000－1801－0012457　3：23438
藥師瑠璃光如來本願功德經一卷　(唐)釋玄奘譯　清同治十一年(1872)如皋刻經處刻本　一冊

340000－1801－0012458　3：23440
佛說巨力長者所問大乘經三卷　(宋)釋智吉祥等譯　清光緒元年(1875)湖北刻經處刻本　一冊

340000－1801－0012459　3：23442－3：23443
大佛頂如來密因修證了義諸菩薩萬行首楞嚴經十卷　(唐)釋般剌密帝譯　清刻本　二冊

340000－1801－0012460　3：23444－3：23445
大佛頂如來密因修證了義諸菩薩萬行首楞嚴經十卷　(唐)釋般剌密帝譯　清同治八年(1869)金陵刻經處刻本　二冊

340000－1801－0012461　3：23446－3：23447
大佛頂如來密因修證了義諸菩薩萬行首楞嚴經十卷　(唐)釋般剌密帝譯　清宣統元年(1909)文寶書局石印本　二冊

340000－1801－0012462　3：23448－3：23449
大佛頂如來密因修證了義諸菩薩萬行首楞嚴經十卷　(唐)釋般剌密帝譯　清宣統元年(1909)文寶書局石印本　二冊

340000－1801－0012463　3：23450－3：23452
大佛頂如來密因修證了義諸菩薩萬行首楞嚴經十卷　(唐)釋般剌密帝譯　清光緒二十六年(1900)揚州藏經院刻本　三冊

340000－1801－0012464　3：23453－3：23455
大佛頂如來密因修證了義諸菩薩萬行首楞嚴經十卷　(唐)釋般剌密帝譯　清光緒二十四年(1898)蘇城刻本　三冊

340000－1801－0012465　3：23456－3：23458
大佛頂如來密因修證了義諸菩薩萬行首楞嚴經十卷　(唐)釋般剌密帝譯　清光緒元年(1875)壽安寺刻本　三冊

340000－1801－0012466　3：23459－3：23463
大佛頂如來密因修證了義諸菩薩萬行首楞嚴經纂註十卷首一卷末一卷　(唐)釋般剌密帝譯　清光緒三十四年(1908)金陵刻經處刻本　五冊

340000－1801－0012467　3:2345 善

二如亭群芳譜二十八卷首二卷　(明)王象晉輯　明崇禎刻本　一冊　存二卷(天譜一、首一)

340000－1801－0012468　3:2346－3:2360 善

二如亭群芳譜二十八卷首二卷　(明)王象晉輯　明崇禎刻本　十五冊　存二十六卷(天譜三卷、歲譜四卷、穀譜一卷、蔬譜二卷、果譜四卷、茶竹譜一卷、桑麻葛棉譜一卷、藥譜一至二、木譜二卷、花譜三至四、卉譜二卷、鶴魚譜一,首一)

340000－1801－0012469　3:23464

仁王護國般若波羅蜜經二卷　(後秦)釋鳩摩羅什譯　清刻本　一冊

340000－1801－0012470　3:23465

仁王護國般若波羅密多經二卷　(唐)釋不空譯　清同治九年(1870)金陵刻經處刻本　一冊

340000－1801－0012471　3:23466

仁王護國般若波羅密多經二卷　(唐)釋不空譯　清同治九年(1870)金陵刻經處刻本　一冊

340000－1801－0012472　3:23467

仁王護國般若波羅密多經二卷　(唐)釋不空譯　清同治九年(1870)金陵刻經處刻本　一冊

340000－1801－0012473　3:23481－3:23482

大乘理趣六波羅蜜多經十卷　(唐)釋般若譯　清光緒十九年(1893)金陵刻經處刻本　二冊

340000－1801－0012474　3:23491

大方廣圓覺修多羅了義經二卷　(唐)釋佛陀多羅譯　清同治八年(1869)金陵刻經處刻本　一冊

340000－1801－0012475　3:23492

大方廣圓覺修多羅了義經二卷　(唐)釋佛陀多羅譯　清同治八年(1869)金陵刻經處刻本　一冊

340000－1801－0012476　3:23493

大方廣圓覺修多羅了義經二卷　(唐)釋佛陀多羅譯　清同治八年(1869)金陵刻經處刻本　一冊

340000－1801－0012477　3:23495－3:23496

大方廣圓覺修多羅了義經近釋六卷　(明)釋通潤述　清光緒十二年(1886)金陵刻經處刻本　二冊

340000－1801－0012478　3:23510－3:23521

雜阿含經五十卷　(南朝宋)釋求那跋陀羅譯　清光緒十四年(1888)常熟刻經處刻本　十二冊

340000－1801－0012479　3:23523

佛說梵網經二卷　(後秦)釋鳩摩羅什譯　清華山律堂刻本　一冊

340000－1801－0012480　3:23527

大乘起信論一卷　(南朝陳)釋真諦譯　清光緒二十四年(1898)金陵刻經處刻本　一冊

340000－1801－0012481　3:23528

大乘起信論一卷　(南朝陳)釋真諦譯　清光緒二十四年(1898)金陵刻經處刻本　一冊

340000－1801－0012482　3:23529

大乘起信論一卷　(南朝陳)釋真諦譯　清宣統三年(1911)京師佛學研究會鉛印本　一冊

340000－1801－0012483　3:23529(2)

大乘起信論一卷　(南朝陳)釋真諦譯　清宣統三年(1911)京師佛學研究會鉛印本　一冊

340000－1801－0012484　3:23533－3:23534

成唯識論十卷　(唐)釋玄奘譯　清光緒二十二年(1896)金陵刻經處刻本　二冊

340000－1801－0012485　3:23535－3:23536

成唯識論十卷　(唐)釋玄奘譯　清光緒二十二年(1896)金陵刻經處刻本　二冊

340000－1801－0012486　3:23537－3:23538

成唯識論十卷　(唐)釋玄奘譯　清光緒二十二年(1896)金陵刻經處刻本　二冊

340000－1801－0012487　3:23539

佛說四十二章經一卷　(漢)釋迦葉摩騰譯　**佛遺教經一卷**　(後秦)釋鳩摩羅什譯　**八大人覺經一卷**　(漢)釋安世高譯　清同治九年(1870)金陵刻經處刻本　一冊

340000－1801－0012488　3:23540
佛說四十二章經解一卷　(明)釋智旭解　清光緒十一年(1885)金陵刻經處刻本　一冊

340000－1801－0012489　3:23542
佛說四十二章經一卷　(宋)真宗趙恆注　清光緒三十一年(1905)長沙葉氏觀古堂刻雙梅景闇叢書本　一冊

340000－1801－0012490　3:23546－3:23548
地藏菩薩本願經三卷　(唐)釋實叉難陀譯　清光緒十四年(1888)刻本　三冊

340000－1801－0012491　3:23555
地藏菩薩本願經二卷　(唐)釋實叉難陀譯　清光緒三十年(1904)金陵刻經處刻本　一冊

340000－1801－0012492　3:23556
地藏菩薩本願經二卷　(唐)釋實叉難陀譯　**讚禮地藏菩薩懺願儀一卷**　(明)釋智旭撰　清同治八年至光緒二年(1869－1876)金陵刻經處刻本　一冊

340000－1801－0012493　3:23557
地藏菩薩本願經二卷　(唐)釋實叉難陀譯　清光緒二年(1876)金陵刻經處刻本　一冊

340000－1801－0012494　3:23562
地藏菩薩本願經三卷　(唐)釋實叉難陀譯　清浙寧刻本　一冊

340000－1801－0012495　3:23563
地藏菩薩本願經三卷　(唐)釋實叉難陀譯　清光緒十六年(1890)浙杭刻本　一冊

340000－1801－0012496　3:23573
瑜伽燄口施食要集一卷　(□)□□撰　清刻本　一冊

340000－1801－0012497　3:23575
水陸道場法輪寶懺一卷　(□)□□撰　清刻本　一冊

340000－1801－0012498　3:23576
佛說守護大千國土經三卷　(宋)釋施護譯　清同治十三年(1874)雞園刻經處刻本　一冊

340000－1801－0012499　3:23577
御製大雲輪請雨經二卷太上祈雨龍王真經三卷　(隋)釋那連提耶舍譯　(清)陳宸輯　清同治九年(1870)湖北崇文書局刻本　一冊

340000－1801－0012500　3:23578
御製大雲輪請雨經二卷太上祈雨龍王真經三卷　(隋)釋那連提耶舍譯　(清)陳宸輯　清同治九年(1870)湖北崇文書局刻本　一冊

340000－1801－0012501　3:23586
千手千眼觀世音菩薩廣大圓滿無礙大悲心陀羅尼經一卷　(唐)釋伽梵達摩譯　清合肥刻本　一冊

340000－1801－0012502　3:23588
千手眼大悲心咒行法一卷　(宋)釋知禮集　清金陵刻本　一冊

340000－1801－0012503　3:23589
千手千眼大悲懺法一卷千手千眼大悲心陀羅尼像解一卷　(□)□□撰　清金陵刻經處刻本　一冊

340000－1801－0012504　3:23594－3:23623
大方廣佛華嚴經疏鈔會本二百二十卷　(唐)釋實叉難陀譯　(唐)釋澄觀述　清金陵刻經處刻本　三十冊　缺一百五卷(一至二十五、九十三至一百七十二)

340000－1801－0012505　3:23624
法界宗五祖略記一卷賢首五教義開蒙一卷　(□)□□撰　清光緒二年(1876)長沙刻經處刻本　一冊

340000－1801－0012506　3:23625－3:23631
大方廣佛華嚴經疏鈔懸談二十八卷首一卷　(唐)釋澄觀撰　清光緒三十三年(1907)金陵刻經處刻本　七冊　缺三卷(十一至十三)

340000－1801－0012507　3:23635
受持佛說阿彌陀經行願儀一卷　(歙)釋成時

輯　清同治九年(1870)如皋刻經處刻本　一冊

340000－1801－0012508　3:23640

佛說阿彌陀經疏鈔一卷明雲棲宏大師疏鈔一卷　(明)釋袾宏撰　**佛說阿彌陀經一卷**　(後秦)釋鳩摩羅什譯　清刻本　一冊

340000－1801－0012509　3:23641

佛說阿彌陀經要解一卷　(明)釋智旭解　清光緒十一年(1885)金陵刻經處刻本　一冊

340000－1801－0012510　3:23643－3:23645

佛說阿彌陀經要解便蒙鈔三卷　(清)釋達默抄　清光緒二十三年(1897)刻本　三冊

340000－1801－0012511　3:23647

佛說摩訶阿彌陀經衷論一卷　(清)魏源譯　(清)王耕心衷論　清光緒三十年(1904)刻本　一冊

340000－1801－0012512　3:23648－3:23656

大佛頂如來密因修證了義諸菩薩萬行首楞嚴經十卷　(唐)釋般剌密帝譯　(明)釋智旭文句　清同治十三年(1874)金陵刻經處刻本　九冊

340000－1801－0012513　3:23657－3:23662

大佛頂如來密因修證了義諸菩薩萬行首楞嚴經通議十卷補遺一卷　(明)釋德清撰　清光緒二十年(1894)金陵刻經處刻本　六冊

340000－1801－0012514　3:23663－3:23672

大佛頂如來密因修證了義諸菩薩萬行首楞嚴經十卷　(明)釋傳燈疏　清光緒三年(1877)杭城昭慶寺刻本　十冊

340000－1801－0012515　3:23674

大佛頂如來密因修證了義諸菩薩萬行首楞嚴經玄義二卷　(明)釋智旭述　清刻本　一冊

340000－1801－0012516　3:23675－3:23679

大佛頂如來密因修證了義諸菩薩萬行首楞嚴經貫珠集十卷　(明)釋戒潤述　清刻本　五冊

340000－1801－0012517　3:2367 善

花鳥圖譜一卷　(明)吴翰臣輯　明天啓元年(1621)新安刻本　一冊

340000－1801－0012518　3:23680－3:23684

大佛頂如來密因修證了義諸菩薩萬行首楞嚴經纂註十卷首一卷末一卷　(明)釋真界注　清光緒三十四年(1908)金陵刻經處刻本　五冊

340000－1801－0012519　3:23686－3:23689

大佛頂如來密因修證了義諸菩薩萬行首楞嚴經講義錄四卷　(清)釋顯珠編　清宣統元年(1909)迎江寺鉛印本　四冊

340000－1801－0012520　3:23690－3:23699

楞嚴經指掌疏十卷事義十卷懸示一卷　(清)釋通理疏　清光緒二十七年(1901)維揚藏經院刻本　十冊

340000－1801－0012521　3:2369－3:2375 善

補註釋文黃帝内經素問十二卷　(唐)王冰注　(宋)林億等校正　(宋)孫兆改誤　**素問遺篇一卷**　(宋)劉溫舒撰　明嘉靖趙府居敬堂刻本　七冊

340000－1801－0012522　3:23700－3:23701

佛說無量壽經義疏六卷　(隋)釋慧遠撰　清光緒二十年(1894)金陵刻經處刻本　二冊

340000－1801－0012523　3:23702

觀無量壽佛經略論一卷　(南朝宋)釋畺良耶舍譯　(清)楊文會略論　清刻楊居士遺書本　一冊

340000－1801－0012524　3:23703

無量壽經起信論一卷　(清)彭際清述　清同治十年(1871)刻本　一冊

340000－1801－0012525　3:23704－3:23705

佛說觀無量壽佛經疏四卷　(唐)釋善導集記　清光緒二十年(1894)金陵刻經處刻本　二冊

340000－1801－0012526　3:23706－3:23709

觀無量壽佛經妙宗鈔六卷　(宋)釋知禮輯　清同治十三年(1874)杭州昭慶寺刻本　四冊

340000－1801－0012527　3:23721－3:23725
圓覺經略疏之鈔二十五卷　(唐)釋宗密抄　清宣統三年(1911)揚州藏經院刻本　五册

340000－1801－0012528　3:23737
金剛般若經疏一卷　(隋)釋智者說　**般若波羅密多心經疏一卷**　(唐)釋清邁疏　清光緒二十三年(1897)金陵刻經處刻本　一册

340000－1801－0012529　3:23740
金剛般若經疏一卷　(隋)釋智者說　**般若波羅密多心經疏一卷**　(唐)釋清邁疏　清光緒二十三年(1897)金陵刻經處刻本　一册

340000－1801－0012530　3:23743
金剛般若波羅密經解注一卷般若波羅密多心經淺說一卷　(清)王定國解注　清同治刻本　一册

340000－1801－0012531　3:23744
注解鐵鋑鉛二卷　(明)屠垠注　清順治五年(1648)浙寧刻本　一册

340000－1801－0012532　3:23745
金剛般若波羅密經一卷觀音經一卷般若波羅密多心經一卷　題(清)純陽子撰　清光緒八年(1882)安吳王沐榮刻本　一册

340000－1801－0012533　3:23751－3:23752
金剛經詳釋二卷　(清)歐陽泰撰　清光緒二十四年(1898)鄂垣宏道堂刻本　二册

340000－1801－0012534　3:23756
般若波羅密多心經注解一卷金剛般若波羅密經注解一卷　(明)釋宗泐　(明)釋如玘注　清光緒二年(1876)長沙刻經處刻本　一册

340000－1801－0012535　3:23757
般若波羅密多心經注解一卷金剛般若波羅密經注解一卷　(明)釋宗泐　(明)釋如玘注　清光緒二年(1876)長沙刻經處刻本　一册

340000－1801－0012536　3:23761－3:23762
金剛般若波羅密經心印科一卷疏一卷　(清)釋浦畹撰　清宣統元年(1909)揚州藏經院刻本　二册

340000－1801－0012537　3:2376－3:2387 善
重廣補註黃帝內經素問二十四卷　(唐)王冰注　(宋)林億等校正　(宋)孫兆改誤　明嘉靖二十九年(1550)顧從德影宋刻本　十二册

340000－1801－0012538　3:23767
般若波羅密多心經注解一卷金剛般若波羅密經注解一卷　(明)釋宗泐　(明)釋如玘注　清光緒長沙刻本　一册

340000－1801－0012539　3:23769
金剛般若波羅密經集解一卷　(□)□□撰　清咸豐元年(1851)刻本　一册

340000－1801－0012540　3:23770－3:23771
金剛經註釋二卷　(清)劉山英注　清淨念堂刻本　二册

340000－1801－0012541　3:23777－3:23778
楞伽阿跋多羅寶經註解四卷　(南朝宋)釋求那跋陀羅譯　(明)釋宗泐　(明)釋如玘注　清光緒四年(1878)長沙刻經處刻本　二册

340000－1801－0012542　3:23792
請觀音經疏不分卷　(隋)釋智者說　清光緒許氏刻本　一册

340000－1801－0012543　3:23793－3:23800
觀楞伽阿跋多羅寶經記四卷略科一卷　(南朝宋)釋求那跋陀羅譯　(明)釋德清記　清道光八年(1828)紅香館刻本　八册

340000－1801－0012544　3:23801－3:23802
因明入正理疏八卷　(唐)釋窺基撰　清光緒二十二年(1896)金陵刻經處刻本　二册

340000－1801－0012545　3:23803－3:23806
釋禪波羅密次第法門十卷　(隋)釋智者說　清光緒三十四年(1908)揚州藏經院刻本　四册

340000－1801－0012546　3:23807
顯密圓通成佛心要集二卷　(宋)釋道㲀輯　清同治十一年(1872)金陵刻經處刻本　一册

340000－1801－0012547　3:23808
折疑論集註二卷　(元)釋子成撰　清光緒三

十四年(1908)揚州藏經院刻本　一册

340000－1801－0012548　3:23809
一乘決疑論一卷　(清)彭際清撰　清同治八年(1869)如皋刻經處刻本　一册

340000－1801－0012549　3:23820－3:23821
大乘起信論義記七卷別記一卷　(唐)釋法藏撰　清光緒二十三年(1897)金陵刻經處刻本　二册

340000－1801－0012550　3:23824
大乘起信論直解二卷　(明)釋德清解　清光緒十六年(1890)金陵刻經處刻本　一册

340000－1801－0012551　3:23829
起信論別記一卷　(唐)釋法藏撰　清光緒二十三年(1897)金陵刻經處刻本　一册

340000－1801－0012552　3:238－3:274 善
大學衍義補一百六十卷　(明)丘濬撰　明崇禎陳仁錫刻本　三十六册　缺三十七卷(一百八至一百四十四)

340000－1801－0012553　3:23830
大乘起信論纂註二卷　(明)釋真界纂　清光緒十一年(1885)金陵刻經處刻本　一册

340000－1801－0012554　3:23831
大乘起信論纂註二卷　(明)釋真界纂　清光緒十一年(1885)金陵刻經處刻本　一册

340000－1801－0012555　3:23832
曹洞源流舊碑一卷法華領一卷太極圖說表一卷　(□)□□撰　清刻本　一册

340000－1801－0012556　3:2388－3:2390 善
黃帝素問靈樞經十二卷　(宋)史崧音釋　明刻本　三册

340000－1801－0012557　3:23902－3:23935
雲棲法彙二十九種三十五卷首一卷　(明)釋袾宏編　清光緒二十三年(1897)金陵刻經處刻本　三十四册

340000－1801－0012558　3:2391－3:2393 善
讀素問鈔三卷　(元)滑壽輯　(明)汪機續注　明嘉靖祁門樸墅刻石山醫案清印本　三册

340000－1801－0012559　3:23936－3:23955
成唯識論述記六十卷　(唐)釋窺基撰　清光緒二十七年(1901)金陵刻經處刻本　二十册

340000－1801－0012560　3:2394－3:2396 善
刻黃帝内經素問鈔□□卷　(元)滑壽輯　(明)汪機注　明萬曆劉大易刻本　三册　存三卷(一至三)

340000－1801－0012561　3:23959
西方要訣科注二卷　(唐)釋窺基撰　清刻本　一册

340000－1801－0012562　3:23960
教觀綱宗一卷釋義一卷　(明)釋智旭著　清刻本　一册

340000－1801－0012563　3:23961
修習止觀坐禪法要(童蒙止觀)二卷六妙法門一卷　(隋)釋智顗撰　清光緒十八年(1892)金陵刻經處刻本　一册

340000－1801－0012564　3:23962
修習止觀坐禪法要(童蒙止觀)二卷六妙法門一卷　(隋)釋智顗撰　清光緒十八年(1892)金陵刻經處刻本　一册

340000－1801－0012565　3:23963
修習止觀坐禪法要(童蒙止觀)二卷六妙法門一卷　(隋)釋智顗撰　清光緒十八年(1892)金陵刻經處刻本　一册

340000－1801－0012566　3:23973－3:23974
相宗八要直解八卷　(唐)釋玄奘等譯　清同治九年(1870)金陵刻經處刻本　二册

340000－1801－0012567　3:23977
游心安樂道一卷　(唐)釋元曉撰　清金陵刻經處刻本　一册

340000－1801－0012568　3:2397 善
讀素問鈔三卷　(元)滑壽編輯　(明)汪機續注　明嘉靖祁門樸墅刻石山醫案本　一册　存一卷(上)

340000－1801－0012569　3:23982
四書小參不分卷問答一卷　(明)朱斯行撰

清刻本　一册

340000－1801－0012570　3∶23983
持名四十八法一卷　(清)鄭韋庵撰　**戒殺四十八問一卷**　(清)周思仁撰　清刻本　一册

340000－1801－0012571　3∶2398－3∶2405 善
黄帝内經素問二十四卷　(明)吴崐注　明萬曆新安寶翰樓刻本　八册

340000－1801－0012572　3∶23986
修西定課一卷　(清)鄭澄德　(清)鄭澄源撰　清光緒二十四年(1898)金陵刻經處刻本　一册

340000－1801－0012573　3∶23987
修西定課一卷　(清)鄭澄德　(清)鄭澄源撰　清光緒二十四年(1898)金陵刻經處刻本　一册

340000－1801－0012574　3∶23988
西方公據一卷　(清)釋上宏輯　清乾隆三十年(1765)刻本　一册

340000－1801－0012575　3∶23989
念佛往生西方公據一卷　(清)釋上宏輯　清光緒五年(1879)刻本　一册

340000－1801－0012576　3∶23991
西歸直指四卷首一卷　(清)周夢顔輯　清光緒十二年(1886)金陵刻經處刻本　一册

340000－1801－0012577　3∶23992
西齋淨土詩四卷　(明)釋梵琦撰　清金陵刻經處刻本　一册

340000－1801－0012578　3∶23993
西齋淨土詩四卷　(明)釋梵琦撰　清金陵刻經處刻本　一册

340000－1801－0012579　3∶23994
毘陵天寧普能嵩禪師淨土詩一卷　(清)釋真嵩撰　清同治七年(1868)刻本　一册

340000－1801－0012580　3∶23996
淨土生無生論親聞記二卷　(明)釋幽溪撰　清刻本　一册

340000－1801－0012581　3∶23997－3∶24000
靈峰蕅益大師選定淨土十要十卷　(明)釋智旭解　清杭州刻本　四册

340000－1801－0012582　3∶24001
異方便淨土傳燈歸元鏡三祖實錄二卷　(明)釋智達撰　清刻本　一册

340000－1801－0012583　3∶2406
圖註脈訣辨真四卷　(晉)王叔和撰　**附方一卷**　(明)張世賢編　明刻本　一册

340000－1801－0012584　3∶24070
壇經一卷　(唐)釋慧能述　清同治十一年(1872)如皋刻經處刻本　一册

340000－1801－0012585　3∶24071
壇經一卷　(唐)釋慧能述　清同治十一年(1872)如皋刻經處刻本　一册

340000－1801－0012586　3∶24072
六祖大師法寶壇經一卷　(唐)釋慧能述　清同治十一年(1872)金陵刻本　一册

340000－1801－0012587　3∶24073
六祖大師法寶壇經一卷　(唐)釋慧能述　清光緒元年(1875)休寧刻本　一册

340000－1801－0012588　3∶2407－3∶2408 善
脈經十卷　(晉)王叔和撰　明新安吴勉學刻本　二册

340000－1801－0012589　3∶24074－3∶24075
省庵法師語錄二卷　(清)釋實賢撰　(清)彭際清訂　**西方發願文注一卷**　(明)釋袾宏撰　(清)釋實賢注　**東海若解一卷**　(唐)柳宗元撰　(清)釋實賢解　清光緒二十六年(1900)揚州藏經院刻本　二册

340000－1801－0012590　3∶24076
永覺和尚寱言二卷　(明)釋元賢輯　清光緒二十三年(1897)許氏刻本　一册

340000－1801－0012591　3∶24077－3∶24096
憨山老人夢遊集五十五卷　(明)釋德清撰　清光緒五年(1879)江北刻經處刻本　二十册

340000－1801－0012592　3∶2409－3∶2410 善

脈訣刊誤集解二卷　(元)戴起宗撰　(明)汪機補訂　**附録一卷**　(明)汪機輯　明崇禎汪邦鐸刻本　二册

340000－1801－0012593　3:24097－3:24101

佛日普照慧辯楚石琦禪師語録十六卷　(明)釋梵琦講　清刻本　五册

340000－1801－0012594　3:24102

筠州黄蘗山斷際禪師傳心法要二卷　(唐)裴休輯　清光緒十年(1884)金陵刻經處刻本　一册

340000－1801－0012595　3:2411 善

脈便二卷　(明)張懋辰訂　明新安刻本　一册

340000－1801－0012596　3:24125－3:24134

指月録三十二卷　(明)瞿汝稷輯　清同治十一年(1872)昭慶寺刻本　十册

340000－1801－0012597　3:2413－3:2414 善

脈語二卷醫方考六卷　(明)吴崐撰　明刻本　二册

340000－1801－0012598　3:24135－3:24143

指月録三十二卷　(明)瞿汝稷輯　清同治十一年(1872)昭慶寺刻本　九册　缺三卷(七至九)

340000－1801－0012599　3:24144－3:24153

指月録三十二卷　(明)瞿汝稷輯　清同治十一年(1872)昭慶寺刻本　十册

340000－1801－0012600　3:24154－3:24159

續指月録二十卷首一卷尊宿集一卷　(清)聶先輯　清光緒十二年(1886)金陵刻經處刻本　六册

340000－1801－0012601　3:2415 善

家傳太素脈秘訣二卷　(明)張太素撰　(明)劉伯祥注　明周文煒刻本　一册

340000－1801－0012602　3:24162

淨土四經四卷　(清)魏源輯　清同治五年(1866)刻本　一册

340000－1801－0012603　3:2416－3:2421 善

類經圖翼十一卷附翼四卷　(明)張介賓撰　明刻本(有圖)　六册　缺三卷(附翼二至四)

340000－1801－0012604　3:24171

晦林禪林別録四卷　(清)釋應儁録　清康熙刻本　一册

340000－1801－0012605　3:24172

牧牛圖頌一卷　(宋)釋普明撰　清咸豐元年(1851)鼓山里白雲寺積翠庵刻本　一册

340000－1801－0012606　3:24173

牧牛圖一卷清涼散一卷　(宋)釋普明撰　清光緒二十四年(1898)維揚衆香庵刻本　一册

340000－1801－0012607　3:24174

牧牛圖一卷清涼散一卷　(宋)釋普明撰　清光緒二十四年(1898)維揚衆香庵刻本　一册

340000－1801－0012608　3:24175

牧牛圖一卷清涼散一卷　(宋)釋普明撰　清光緒二十四年(1898)維揚衆香庵刻本　一册

340000－1801－0012609　3:24176－3:24177

夢東禪師遺集二卷　(清)釋際醒撰　清嘉慶二十二年(1817)刻本　二册

340000－1801－0012610　3:24203

誌公讚頌不分卷永嘉證道歌一卷　(南朝梁)釋寶志撰　清光緒二十八年(1902)刻本　一册

340000－1801－0012611　3:24205－3:24208

釋迦如來應化事蹟四卷　(清)釋永珊輯　清光緒七年(1881)刻本　四册

340000－1801－0012612　3:24211－3:24230

五燈會元五十七卷　(宋)釋普濟撰　清光緒三十四年(1908)長沙刻本　二十册

340000－1801－0012613　3:2422 善

傷寒明理論四卷　(金)成無已撰　明刻本　一册

340000－1801－0012614　3:2423－3:2427 善

傷寒六書六卷　(明)陶華撰　明新安吴勉學刻本　五册

340000－1801－0012615　3:24245－3:24247
禪林僧寶傳三十卷首一卷附一卷　(宋)釋惠洪撰　**補禪林僧寶傳一卷**　(宋)釋慶老撰　清光緒五年(1879)常熟刻經處刻本　三冊

340000－1801－0012616　3:24248－3:24253
淨土聖賢錄九卷　(清)彭希涑撰　**淨土聖賢錄續編四卷種蓮集一卷**　(清)蓮歸居士撰　清刻本　六冊

340000－1801－0012617　3:24257－3:24260
居士傳五十六卷　(清)彭紹升撰　清刻本　四冊

340000－1801－0012618　3:24282
戒殺放生文一卷放生儀一卷　(明)釋袾宏撰　清刻本　一冊

340000－1801－0012619　3:24283
戒殺放生文一卷放生儀一卷　(明)釋袾宏撰　清刻本　一冊

340000－1801－0012620　3:2428 善
新刻陶節菴家藏秘授傷寒六書六卷　(明)陶華撰　明萬曆四十年(1612)刻本　一冊

340000－1801－0012621　3:2429－3:2430 善
傷寒指掌二卷　(清)吳貞撰　**葉氏醫案總論一卷**　(清)葉桂撰　**加減靈秘十八方一卷**　(清)胡嗣廉撰　**六經定法一卷**　(清)舒詔撰　清抄本　二冊

340000－1801－0012622　3:24－3:27 善
荀子二十卷　(戰國)荀況撰　(唐)楊倞注　明刻本　四冊

340000－1801－0012623　3:24307
佛教初學課本一卷　(清)楊文會輯　清光緒三十二年(1906)金陵刻經處刻本　一冊

340000－1801－0012624　3:24308
佛教初學課本一卷　(清)楊文會輯　清光緒三十二年(1906)金陵刻經處刻本　一冊

340000－1801－0012625　3:24309
佛教初學課本一卷　(清)楊文會輯　清光緒三十二年(1906)金陵刻經處刻本　一冊

340000－1801－0012626　3:24310
佛教初學課本一卷　(清)楊文會輯　清光緒三十二年(1906)金陵刻經處刻本　一冊

340000－1801－0012627　3:24311
佛教初學課本一卷　(清)楊文會輯　清光緒三十二年(1906)金陵刻經處刻本　一冊

340000－1801－0012628　3:24312
佛教初學課本一卷　(清)楊文會輯　清光緒三十二年(1906)金陵刻經處刻本　一冊

340000－1801－0012629　3:2431－3:2432 善
玉機微義五十卷　(明)徐彥純撰　(明)劉純續　明正統四年(1439)刻本　二冊　存十一卷(一至六、三十九至四十三)

340000－1801－0012630　3:24313
誦戒法儀二卷　(明)釋袾宏輯　清刻本　一冊

340000－1801－0012631　3:24315
日課便蒙旁註畧解一卷　(清)釋海寬注　清雍正十年(1732)刻本　一冊

340000－1801－0012632　3:24316
禪門日誦一卷　(□)□□撰　清金陵刻經處刻本　一冊

340000－1801－0012633　3:24317
禪門日誦一卷　(□)□□撰　清金陵刻經處刻本　一冊

340000－1801－0012634　3:24318
智證傳不分卷　(宋)釋惠洪撰　清光緒二年(1876)金陵刻經處刻本　一冊

340000－1801－0012635　3:24319－3:24322
宏明集十四卷　(南朝梁)釋僧祐輯　清光緒二十二年(1896)金陵刻經處刻本　四冊

340000－1801－0012636　3:24323－3:24326
宏明集十四卷　(南朝梁)釋僧祐輯　清光緒二十二年(1896)金陵刻經處刻本　四冊

340000－1801－0012637　3:24338－3:24340
竹窗隨筆一卷二筆一卷三筆一卷　(明)釋袾宏撰　清光緒二十四年(1898)金陵刻經處刻

雲棲法彙本　三冊

340000－1801－0012638　3:2433 善

玉機微義五十卷　(明)徐彦純撰　(明)劉純續　明正統四年(1439)刻本　一冊　存六卷(一至六)

340000－1801－0012639　3:24341－3:24343

竹窗三筆不分卷　(明)釋袾宏撰　清光緒二十四年(1898)金陵刻經處刻雲棲法彙本　三冊

340000－1801－0012640　3:2434 善

素問病機氣宜保命集三卷　(金)劉完素撰　明懷德堂刻本　一冊

340000－1801－0012641　3:24352

徑中徑又徑徵義二卷　(清)張師誠輯　(清)徐槐庭徵義　清光緒刻本　一冊

340000－1801－0012642　3:2435 善

新刻痰火點雪四卷　(明)龔居中撰　明建邑書林劉大易刻本　一冊

340000－1801－0012643　3:2436－3:2439 善

寓意草不分卷　(清)喻昌撰　明崇禎十六年(1643)刻本　四冊

340000－1801－0012644　3:24394

頓悟入道要門論二卷　(唐)釋慧海撰　清宣統二年(1910)刻本　一冊

340000－1801－0012645　3:24399－3:24430

法苑珠林一百卷　(唐)釋道世撰　清道光七年(1827)燕園蔣氏刻本　三十二冊

340000－1801－0012646　3:2440－3:2442 善

秘傳證治要訣十二卷類方四卷　(明)戴元禮撰　(明)余時雨校　明新安吳勉學刻本　三冊

340000－1801－0012647　3:24431－3:24459

法苑珠林一百卷　(唐)釋道世撰　清刻本　二十九冊　缺四卷(五十七至六十)

340000－1801－0012648　3:2443－3:2446 善

聊復集五卷　(清)汪必昌編　清抄本　四冊　缺一卷(五)

340000－1801－0012649　3:2447 善

痘疹奇衡二卷　(明)唐雲龍撰　**青囊明辨一卷**　(明)陳嘉麟撰　明天啓五松閣刻本　一冊

340000－1801－0012650　3:2448 善

保赤全書二卷　(明)管橓編　(明)李時中增補　明陽春堂抄本　六冊

340000－1801－0012651　3:2449 善

痘疹玄言二卷　(明)汪黝撰　明崇禎十年(1637)程大逑刻本　二冊

340000－1801－0012652　3:2450－3:2451 善

痘治理辨一卷附方一卷　(明)汪機撰　明嘉靖祁門樸墅刻石山醫案本　二冊

340000－1801－0012653　3:24511－3:24520

閱藏知津四十四卷總目四卷　(明)釋智旭輯　清光緒十八年(1892)金陵刻經處刻本　十冊

340000－1801－0012654　3:24521－3:24522

閱藏隨筆二卷　(清)釋元度撰　清光緒九年(1883)維揚刻本　二冊

340000－1801－0012655　3:2452－3:2453 善

痘治理辨一卷附方一卷　(明)汪機撰　明嘉靖祁門樸墅刻石山醫案本　二冊

340000－1801－0012656　3:24527

儒釋道平心論二卷　(宋)劉謐撰　清同治二年(1863)刻本　一冊

340000－1801－0012657　3:24528

儒釋道平心論二卷　(宋)劉謐撰　清同治二年(1863)刻本　一冊

340000－1801－0012658　3:24529

翻譯名義集選一卷　(□)□□撰　清同治十二年(1873)江北刻經處刻本　一冊

340000－1801－0012659　3:24530－3:24535

翻譯名義集二十卷　(宋)釋法雲輯　清同治十二年(1873)江北刻經處刻本　六冊

340000－1801－0012660　3:24536

送子觀音靈感錄一卷　(□)□□撰　清鉛印

本　一冊

340000－1801－0012661　3:24537－3:24538
雲棲大師山房雜錄二卷　(明)釋祩宏撰　清光緒二十五年(1899)金陵刻經處刻本　二冊

340000－1801－0012662　3:24540
性相通說不分卷　(明)釋德清撰　清同治十二年(1873)金陵刻經處刻本　一冊

340000－1801－0012663　3:24545－3:24550
重訂教乘法數十二卷　(清)釋超海重訂　清光緒四年(1878)浙杭刻本　六冊

340000－1801－0012664　3:24551
法化老和尚貪瞋癡註一卷　(清)釋法化撰　清光緒元年(1875)杭州昭慶寺刻本　一冊

340000－1801－0012665　3:24563
課誦日用一卷　(□)□□撰　清刻本　一冊

340000－1801－0012666　3:2456－3:2459 善
秘傳眼科龍木醫書總論十卷葆光道人秘傳眼科一卷　題(明)葆光道人撰　明萬曆刻本　四冊

340000－1801－0012667　3:24564
禪門日誦一卷　(□)□□撰　清光緒十年(1884)浙路橋鎮師古齋經坊刻本　一冊

340000－1801－0012668　3:24565
禪門日誦不分卷　(□)□□撰　清光緒二十八年(1902)九華山刻本　一冊

340000－1801－0012669　3:24574
法因集四卷　(明)王稺登撰　清刻本　一冊

340000－1801－0012670　3:24575
太上感應篇一卷　(清)惠棟箋注　清光緒向氏鑫雙榴室刻本　一冊

340000－1801－0012671　3:24578
太上感應篇一卷　(清)黄體端注　清刻本　一冊

340000－1801－0012672　3:24579
感應經集篆不分卷　(清)龐弼摹注　清刻本　一冊

340000－1801－0012673　3:24580
感應篇贅言一卷　(清)于覺世撰　清同治五年(1866)刻本　一冊

340000－1801－0012674　3:24583－3:24585
考正資治救刧感應篇三卷　題(清)非有道士撰　清光緒元年(1875)刻本　三冊

340000－1801－0012675　3:24586－3:24589
太上感應篇圖說不分卷首一卷　(清)黄正元輯　清光緒十二年(1886)同善堂刻本　四冊

340000－1801－0012676　3:24590－3:24591
太上感應篇集傳四卷　(清)惠棟箋　清刻本　二冊

340000－1801－0012677　3:24596－3:24601
太上寶筏圖說八卷　(□)□□撰　清光緒石印本　六冊

340000－1801－0012678　3:24602－3:24609
太上寶筏圖說八卷　(□)□□撰　清光緒十二年(1886)石印本　八冊

340000－1801－0012679　3:2460－3:2461 善
秘傳眼科龍木醫書總論十卷葆光道人秘傳眼科一卷　題(明)葆光道人撰　明嘉靖刻本　二冊　存七卷(秘傳眼科龍木醫書總論一至六、葆光道人秘傳眼科一卷)

340000－1801－0012680　3:2462－3:2467 善
傅氏眼科審視瑤函六卷首一卷　(明)傅仁宇撰　明崇禎十七年(1644)刻本　六冊

340000－1801－0012681　3:24629
玄妙鏡三卷　(清)李昌仁撰　清光緒二年(1876)刻本　一冊

340000－1801－0012682　3:24630
玉曆鈔傳一卷　(清)澹癡道人傳　清同治元年(1862)刻本　一冊

340000－1801－0012683　3:24632－3:24634
仁化編一卷　(□)□□撰　清乾隆三十年(1765)泰州百歲堂刻本　三冊

340000－1801－0012684　3:24643－3:24647
心傳韻語五卷　(清)何謙撰　清上海宏大善

書局石印本　五冊

340000－1801－0012685　3:24656
警人燃眉八種合刻一卷　(□)□□撰　清咸豐五年(1855)刻本　一冊

340000－1801－0012686　3:24657
佛說大藏血盆經一卷　(□)□□撰　清光緒六年(1880)刻本　一冊

340000－1801－0012687　3:24659－3:24668
海南一勺合編內函十卷外函三十二卷首一卷　題(清)鶴洞子纂輯　清道光四香草堂刻本　十冊

340000－1801－0012688　3:24676
高王觀世音菩薩真經不分卷　(□)□□撰　清光緒元年(1875)維揚集成齋刻本　一冊

340000－1801－0012689　3:24677
太陽經一卷　(□)□□撰　清同治十二年(1873)刻本　一冊

340000－1801－0012690　3:24686－3:24687
陰騭果報圖註一卷　(□)□□撰　清光緒十七年(1891)宏大善書局石印本　二冊

340000－1801－0012691　3:24688－3:24689
陰騭果報圖註一卷　(□)□□撰　清光緒十七年(1891)宏大善書局石印本　二冊

340000－1801－0012692　3:24691
文昌帝君陰騭文註證不分卷　(清)潘成雲注　清百歲堂刻本　一冊

340000－1801－0012693　3:24693－3:24698
陰騭文四種合刻四卷　(□)□□撰　清道光二十六年(1846)壽硯齋刻本　六冊

340000－1801－0012694　3:24699
文昌孝經一卷　(□)□□撰　清同治十年(1871)寶山勤業堂刻本　一冊

340000－1801－0012695　3:2469 善
外科精義二卷　(元)齊德之撰　明刻本　一冊

340000－1801－0012696　3:24701
孝經合編二卷　(清)聞春輯　清同治十二年(1873)刻本　一冊

340000－1801－0012697　3:2470－3:2472 善
外科理例七卷附方一卷　(明)汪機撰　明嘉靖祁門樸墅刻石山醫案本　三冊

340000－1801－0012698　3:24704－3:24705
聖跡圖誌十四卷　(清)葛侖輯　清同治四年(1865)刻本　二冊

340000－1801－0012699　3:24732－3:24755
玉定金科例誅輯要三十六卷　(□)□□撰　清刻本　二十四冊

340000－1801－0012700　3:2473－3:2475 善
外科理例七卷附方一卷　(明)汪機撰　明嘉靖祁門樸墅刻石山醫案本　三冊

340000－1801－0012701　3:24758
竈君勸善文一卷籤訣一卷　(□)□□撰　清道光十二年(1832)刻本　一冊

340000－1801－0012702　3:24762
晨鐘錄一卷　(清)閔裕堂　(清)魏彭年輯　清光緒三年(1877)刻本　一冊

340000－1801－0012703　3:2476－3:2477 善
瘍醫準繩六卷　(明)王肯堂輯　明萬曆刻本　二冊　存二卷(一至二)

340000－1801－0012704　3:24763－3:24766
晨鐘暮鼓醒迷纂要四卷　(□)□□撰　清光緒十年(1884)湖南聚善堂刻本　四冊

340000－1801－0012705　3:24767
雲花擇鈔不分卷　(清)徐石禪錄　清抄本　一冊

340000－1801－0012706　3:24768
谷隱壇一卷　(清)吳章撰　清同治九年(1870)刻本　一冊

340000－1801－0012707　3:24769
扶風傳信錄一卷　(清)吳騫輯　清嘉慶刻本　一冊

340000－1801－0012708　3:24770－3:24781

珍重廬山一瓣香六種十三卷　題（清）三岩鶴洞子輯　清光緒十八年（1892）刻本　十二册

340000－1801－0012709　3：24782－3：24787
清心語録六卷　（清）劉學官輯　清光緒五年（1879）刻本　六册

340000－1801－0012710　3：2478－3：2485 善
瘍科選粹八卷　（明）陳文治輯　明崇禎刻本　八册

340000－1801－0012711　3：24804
敬竈全書一卷　（□）□□撰　清光緒十五年（1889）姑蘇刻本　一册

340000－1801－0012712　3：24805
敬竈全書一卷　（□）□□撰　清同治七年（1868）刻本　一册

340000－1801－0012713　3：24806
敬竈全書一卷　（□）□□撰　清同治七年（1868）刻本　一册

340000－1801－0012714　3：24807
靈魂學不分卷　（清）陳汞撰　清光緒三十四年（1908）上海文明書局鉛印本　一册

340000－1801－0012715　3：24819
南極天華寶録救治百病神符秘法不分卷（□）□□撰　清抄本　一册

340000－1801－0012716　3：24821
天主降生言行紀略一卷　（意大利）艾儒略撰　清光緒二十九年（1903）鉛印本　一册

340000－1801－0012717　3：24822
天主聖教約言一卷　（葡萄牙）蘇如望撰　清同治十年（1871）金陵天主堂刻本　一册

340000－1801－0012718　3：24824
正教奉傳一卷　（清）黄伯禄輯　清光緒二年（1876）申江徐匯鉛印本　一册

340000－1801－0012719　3：24825－3：24826
正教奉褒一卷　（清）黄伯禄輯　清光緒十年（1884）上海慈母堂鉛印本　二册

340000－1801－0012720　3：24827
正教奉褒一卷　（清）黄伯禄輯　清光緒十年（1884）上海慈母堂鉛印本　一册

340000－1801－0012721　3：24828－3：24829
正教奉褒一卷　（清）黄伯禄輯　清光緒二十九年（1903）慈母堂鉛印本　二册

340000－1801－0012722　3：24830
正教奉褒一卷　（清）黄伯禄輯　清光緒二十九年（1903）慈母堂鉛印本　一册

340000－1801－0012723　3：24831
天主降生言行紀略八卷　（意大利）艾儒略撰　清木活字印本　一册

340000－1801－0012724　3：24832－3：24833
天主實義二卷　（意大利）利瑪竇撰　清同治七年（1868）刻本　二册

340000－1801－0012725　3：24834－3：24841
天主降生聖經直解十四卷　（葡萄牙）陽瑪諾譯　清刻本　八册

340000－1801－0012726　3：24842
出埃及記一卷四十章　（英國）楊格非譯　清光緒二十六年（1900）漢鎮英漢書館鉛印本　一册

340000－1801－0012727　3：24843
真福直指二卷　（意大利）陸安德輯　清同治十二年（1873）上海慈母堂刻本　一册

340000－1801－0012728　3：24845
哀矜行詮三卷　（意大利）羅雅谷撰　清光緒三年（1877）刻本　一册

340000－1801－0012729　3：24846
四終略意四卷　（意大利）白多瑪撰　清道光十六年（1836）刻本　一册

340000－1801－0012730　3：24847
善惡報略説一卷　（比利時）南懷仁撰　清同治八年（1869）刻本　一册

340000－1801－0012731　3：24848
聖記百言一卷　（意大利）羅雅谷譯　清同治十二年（1873）上海慈母堂刻本　一册

340000－1801－0012732　3:24849
天主十誡勸論聖蹟十卷　(意大利)潘國光撰　清同治八年(1869)刻本　一册

340000－1801－0012733　3:24850
天主聖教十誡二卷　(葡萄牙)陽瑪諾譯　清嘉慶三年(1798)刻本　一册

340000－1801－0012734　3:24851－3:24856
輕世金書便覽四卷　(葡萄牙)陽瑪諾譯　清道光二十八年(1848)刻本　六册

340000－1801－0012735　3:24857－3:24862
聖年廣益十二編不分卷　(法國)馮秉正譯述　清刻本　六册

340000－1801－0012736　3:2486－3:2489 善
新刊外科正宗四卷　(明)陳實功撰　明萬曆四十五年(1617)刻本　四册

340000－1801－0012737　3:24863－3:24866
七克七卷　(西班牙)龐迪我撰　清嘉慶三年(1798)京都刻本　四册

340000－1801－0012738　3:24867－3:24872
修成正鵠三集二十四卷　(清)蔣升　(清)倪守鶴參譯　清光緒六年(1880)土山灣慈母堂鉛印本　六册

340000－1801－0012739　3:24873
醒世迷編二卷　(清)郁蓀纂　清同治十二年(1873)上海慈母堂刻本　一册

340000－1801－0012740　3:24874
教要芻言一卷　(比利時)南懷仁撰　清光緒十二年(1886)上海慈母堂鉛印本　一册

340000－1801－0012741　3:24875－3:24882
崇修引十四卷　(西班牙)羅特理撰　(清)蕭若瑟譯　清光緒十六年(1890)鉛印本　八册

340000－1801－0012742　3:24883
萬物真源一卷　(□)□□撰　清乾隆五十六年(1791)刻本　一册

340000－1801－0012743　3:24884
引家歸道一卷　(英國)楊格非撰　清光緒十九年(1893)漢鎮英漢書館鉛印本　一册

340000－1801－0012744　3:24885
真理八篇一卷　(英國)楊格非撰　清光緒二十五年(1899)英漢書館鉛印本　一册

340000－1801－0012745　3:24887
濟美篇三卷　(法國)巴多明克安譯　清同治八年(1869)慈母堂刻本　一册

340000－1801－0012746　3:24888－3:24889
自西徂東五卷　(清)馮勉齋編譯　清光緒十年(1884)鉛印本　二册

340000－1801－0012747　3:24890
天梯一卷　(清)李杕輯　清光緒三十一年(1905)上海慈母堂鉛印本　一册

340000－1801－0012748　3:24891
聖寵問答一卷功勞問答一卷　(泰西)克理德撰　(清)沈則寬譯　清光緒二十一年(1895)上海慈母堂鉛印本　一册

340000－1801－0012749　3:24892
辯惑巵言一卷　(清)李杕撰　清光緒六年(1880)鉛印本　一册

340000－1801－0012750　3:24894
東方伊朔一卷　(清)陳春生撰　清光緒鉛印本　一册

340000－1801－0012751　3:24895－3:24898
口譯日抄八卷　(意大利)艾儒略　(立陶宛)盧安德口述　(明)李九標筆記　清同治十一年(1872)上海慈母堂刻本　四册

340000－1801－0012752　3:24899－3:24902
古史參箴四卷　(清)沈則寬撰　清光緒十一年(1885)鉛印本　四册

340000－1801－0012753　3:24903－3:24904
聖教明徵八卷　(西班牙)萬濟國撰　清刻本　二册

340000－1801－0012754　3:24905
人罪至重三卷　(比利時)衛方濟撰　清同治十二年(1873)上海慈母堂刻本　一册

340000－1801－0012755　3:24908
盛世芻蕘一卷　(□)□□撰　清刻本　一册

340000－1801－0012756　3:24909－3:24912
盛世芻蕘五卷　（清）楊多默纂　清同治二年（1863）刻本　四冊

340000－1801－0012757　3:2490 善
外科集驗方十一卷　（元）楊清叟撰　（明）趙宜真輯　明刻本　一冊　存一卷（下）

340000－1801－0012758　3:24913
性理真詮提綱四卷　（清）孫璋輯　清光緒十二年（1886）鉛印本　一冊

340000－1801－0012759　3:2491－3:2500 善
婦人良方二十四卷　（宋）陳自明撰　（明）薛己注　明新安吳琯刻薛氏醫按本　十冊

340000－1801－0012760　3:24914
集說詮真提要一卷　（清）黃伯祿輯　清光緒八年（1882）上海慈母堂刻本　一冊

340000－1801－0012761　3:24915－3:24919
集說詮真一卷續編一卷　（清）黃伯祿輯　清光緒八年（1882）刻本　五冊

340000－1801－0012762　3:24920－3:24923
集說詮真一卷　（清）黃伯祿輯　清光緒八年（1882）刻本　四冊

340000－1801－0012763　3:24925
天神譜一卷　（清）李杕譯　清光緒十一年（1885）慈母堂鉛印本　一冊

340000－1801－0012764　3:24927
馬可福音一卷　（英國）楊格非譯　清漢口聖經會鉛印本　一冊

340000－1801－0012765　3:24928
路加福音一卷　（英國）楊格非譯　清漢口聖經會鉛印本　一冊

340000－1801－0012766　3:24929
奉教原由一卷　（□）□□撰　清刻本　一冊

340000－1801－0012767　3:24930
聖心金鑒不分卷　（□）□□撰　清光緒十七年（1891）鉛印本　一冊

340000－1801－0012768　3:24931－3:24932
重刻畸人十篇二卷　（意大利）利瑪竇述　清刻本　二冊

340000－1801－0012769　3:24933
聖亞爾方騷勞特里琺傳三卷　（清）蔣升（清）龔柴譯　清光緒二十年（1894）鉛印本　一冊

340000－1801－0012770　3:24934
聖女斐樂默納傳一卷　（清）黃伯祿譯　清光緒五年（1879）慈母堂刻本　一冊

340000－1801－0012771　3:24935
聖女羅灑行實不分卷　（法國）羅森鐸述　清刻本　一冊

340000－1801－0012772　3:24936
唐景教碑頌正詮不分卷　（葡萄牙）陽瑪諾注　清光緒四年（1878）上海慈母堂鉛印本　一冊

340000－1801－0012773　3:24937
俗言警教一卷　（泰西）若瑟・瑪爾濟亞爾慕理孟訂　清咸豐七年（1857）刻本　一冊

340000－1801－0012774　3:24938－3:24940
取譬訓蒙三卷　（意大利）晁德蒞譯述　清同治九年（1870）刻本　三冊

340000－1801－0012775　3:24942－3:24943
道原精萃圖一卷　（清）方殿華編繪　清光緒十三年（1887）鉛印本　二冊

340000－1801－0012776　3:24945
代疑編一卷　（明）楊廷筠撰　**楊淇園先生超性事蹟一卷**　（清）丁志寧撰　清刻本　一冊

340000－1801－0012777　3:24946
辟邪紀實三卷附一卷　題（清）天下第一傷心人輯　清同治十年（1871）刻本　一冊

340000－1801－0012778　3:24947－3:24948
教務輯要七卷　（清）沈祖恩　（清）王念祖輯　清光緒刻本　二冊

340000－1801－0012779　3:24949
天主耶蘇兩教自議條規一卷　（清）江西洋務總局編　清光緒刻本　一冊

340000－1801－0012780　3：24950－3：24958
函牘舉隅九卷　（清）黄伯禄輯　清光緒三十年（1904）上海慈母堂鉛印本　九册

340000－1801－0012781　3：24959－3：24963
函牘舉隅碎錦注釋十二卷　（清）黄伯禄輯　清光緒二十八年（1902）上海慈母堂鉛印本　五册

340000－1801－0012782　3：24964
民教相安一卷　高步瀛　陳寶泉輯　清末刻本　一册

340000－1801－0012783　3：24965
民教相安一卷　高步瀛　陳寶泉輯　清末刻本　一册

340000－1801－0012784　3：24969
不得已辯一卷　（意大利）利類思撰　清道光二十七年（1847）刻本　一册

340000－1801－0012785　3：24970
不得已辯一卷　（意大利）利類思撰　清道光二十七年（1847）刻本　一册

340000－1801－0012786　3：24971
重輯不得已輯要不分卷　題（清）今之傷心人輯　清光緒十五年（1889）刻本　一册

340000－1801－0012787　3：24972
重輯不得已輯要不分卷　題（清）今之傷心人輯　清光緒十五年（1889）刻本　一册

340000－1801－0012788　3：24973
贊神聖詩一卷　（□）□□撰　清鉛印本　一册

340000－1801－0012789　3：24974
永福天衢二卷　（西班牙）利安定撰　清同治十二年（1873）上海慈母堂刻本　一册

340000－1801－0012790　3：24975
真教自證一卷　（□）□□撰　清刻本　一册

340000－1801－0012791　3：24976
聖教理證一卷　（泰西）任巾斯德范訂　清咸豐二年（1852）上海慈母堂刻本　一册

340000－1801－0012792　3：24979
三山論學記一卷　（意大利）艾儒略撰　清道光二十七年（1847）刻本　一册

340000－1801－0012793　3：24980
公共信德道制二卷　（□）□□撰　清刻本　一册

340000－1801－0012794　3：24981－3：24983
理窟九卷　（清）李杕撰　清光緒二十七年（1901）上海慈母堂鉛印本　三册　缺三卷（七至九）

340000－1801－0012795　3：24984－3：24987
格物探原六卷　（英國）韋廉臣撰　清光緒六年（1880）木活字印本　四册

340000－1801－0012796　3：24988
客問條答一卷　（法國）倪懷綸撰　（清）李杕譯　清光緒十三年（1887）上海土山灣鉛印本　一册

340000－1801－0012797　3：24989
語言問答一卷　（□）□□撰　清刻本　一册

340000－1801－0012798　3：24990
辟邪紀實三卷　題（清）天下第一傷心人輯　清同治十年（1871）刻本　一册

340000－1801－0012799　3：24991
闢釋氏諸妄一卷　（明）徐光啟撰　清刻本　一册

340000－1801－0012800　3：24992－3：24996
教務紀略四卷首一卷末一卷　周馥編　清光緒三十一年（1905）南洋官報局刻本　四册

340000－1801－0012801　3：24997－3：25001
教務紀略四卷首一卷末一卷　周馥編　清光緒三十一年（1905）南洋官報局刻本　五册

340000－1801－0012802　3：25002－3：25005
教務紀略四卷首一卷末一卷　周馥編　清光緒三十一年（1905）南洋官報局刻本　四册

340000－1801－0012803　3：25006
契券彙式一卷　題（清）綠斐齋主人編　清光緒七年（1881）上海慈母堂鉛印本　一册

340000－1801－0012804　3：25007
契券彙式一卷　題(清)綠斐齋主人編　清光緒七年(1881)上海慈母堂鉛印本　一冊

340000－1801－0012805　3：25008
契券彙式一卷　題(清)綠斐齋主人編　清光緒七年(1881)上海慈母堂鉛印本　一冊

340000－1801－0012806　3：25009
契券彙式一卷　題(清)綠斐齋主人編　清光緒七年(1881)上海慈母堂鉛印本　一冊

340000－1801－0012807　3：2501 善
婦人良方二十四卷　(宋)陳自明撰　(明)薛己注　明刻本　一冊　存七卷(十四至二十)

340000－1801－0012808　3：25010
契券彙式一卷　題(清)綠斐齋主人編　清光緒七年(1881)上海慈母堂鉛印本　一冊

340000－1801－0012809　3：25011
契券彙式一卷　題(清)綠斐齋主人編　清光緒七年(1881)上海慈母堂鉛印本　一冊

340000－1801－0012810　3：25012
契券彙式一卷　題(清)綠斐齋主人編　清光緒七年(1881)上海慈母堂鉛印本　一冊

340000－1801－0012811　3：25018－3：25023
天方典禮擇要解二十卷　(清)劉智撰　清刻本　六冊

340000－1801－0012812　3：2502－3：2525 善
錢氏小兒直訣四卷　(宋)錢乙撰　(明)薛鎧注　明刻本　四冊

340000－1801－0012813　3：25038
天演論二卷　(英國)赫胥黎撰　嚴復譯　清鉛印本　一冊

340000－1801－0012814　3：25041
天演論二卷　(英國)赫胥黎撰　嚴復譯　清光緒二十七年(1901)富文書局石印本　一冊

340000－1801－0012815　3：25042－3：25043
天演論二卷　(英國)赫胥黎撰　嚴復譯　清光緒刻本　二冊

340000－1801－0012816　3：25044－3：25045
天演論二卷　(英國)赫胥黎撰　嚴復譯　清光緒刻本　二冊

340000－1801－0012817　3：25046
天演論二卷　(英國)赫胥黎撰　嚴復譯　清光緒石印本　二冊

340000－1801－0012818　3：25047
天演論二卷　(英國)赫胥黎撰　嚴復譯　清光緒鉛印本　一冊

340000－1801－0012819　3：25048
天演論二卷　(英國)赫胥黎撰　嚴復譯　清光緒二十七年(1901)富文書局石印本　一冊

340000－1801－0012820　3：25049
節本天演論一卷　嚴復撰　(清)吳汝綸刪節　清光緒二十九年(1903)上海文明書局石印本　一冊

340000－1801－0012821　3：25051－3：25109
格致彙編不分卷　(英國)傅蘭雅輯　清光緒二年至十八年(1876－1892)鉛印本　六十冊

340000－1801－0012822　3：2506－3：2508 善
錢氏小兒藥證直訣三卷　(宋)錢乙撰　(宋)閻孝忠輯　**董氏小兒斑疹備急方論一卷**　(宋)董汲撰　**附方一卷**　(宋)閻孝忠撰　**錢仲陽傳一卷**　(宋)劉跂撰　明刻本　三冊

340000－1801－0012823　3：2509 善
萬育仙書二卷　(明)曹無極訂　明刻本　一冊

340000－1801－0012824　3：25110－3：25137
格致彙編不分卷　(英國)傅蘭雅輯　清光緒二年至十八年(1876－1892)鉛印本　二十八冊

340000－1801－0012825　3：2511－3：2512 善
袖珍小兒方十卷　(明)徐用宣編　明嘉靖十一年(1532)茶陵陳琦贛州刻本　二冊

340000－1801－0012826　3：2513－3：2517 善
陳氏痘書不分卷　(清)陳奇生撰　清抄本　五冊

340000－1801－0012827　3：25138－3：25172
格致彙編不分卷　(英國)傅蘭雅輯　清光緒二年至十八年(1876－1892)鉛印本　三十五冊　存三年(一至三)

340000－1801－0012828　3：25173－3：25174
格致彙編不分卷　(英國)傅蘭雅輯　清光緒二年至十八年(1876－1892)鉛印本　二十八冊　存一年(三)

340000－1801－0012829　3：25175
格致總學啟蒙三卷　(□)□□撰　清光緒十二年(1886)總稅務司署刻本　一冊

340000－1801－0012830　3：25176－3：25179
格致啟蒙四卷　(英國)羅斯古纂　(美國)林樂知　(清)鄭昌棪譯　清江南機器製造局刻本　四冊

340000－1801－0012831　3：25180
格致質學啟蒙十一章　(□)□□撰　清光緒十二年(1886)總稅務司署刻本　一冊

340000－1801－0012832　3：25181
格致小引一卷　(英國)赫施賚撰　(英國)羅亨利　(清)瞿昂來譯　清江南製造局刻本　一冊

340000－1801－0012833　3：25182－3：25188
格物入門七卷　(美國)丁韙良撰　清同治七年(1868)刻本　七冊

340000－1801－0012834　3：2518－3：2537 善
保嬰撮要二十卷　(明)薛鎧撰　明刻本　二十冊

340000－1801－0012835　3：25189－3：25194
格物入門七卷　(美國)丁韙良撰　清光緒二十一年(1895)杭州竹簡齋石印本　六冊　存六卷(一至六)

340000－1801－0012836　3：25195
物理推原一卷　(清)李杕譯　清光緒二十二年(1896)石印本　一冊

340000－1801－0012837　3：25196
物理推原一卷　(清)李杕譯　清光緒十八年(1892)石印本　一冊

340000－1801－0012838　3：25197－3：25208
物理學上編四卷中編四卷下編四卷　(日本)飯盛挺造纂　(清)王季烈編　清光緒二十六年(1900)江南製造局刻本　十二冊

340000－1801－0012839　3：25209－3：25210
物體遇熱改易記四卷　(英國)瓦特斯輯　(英國)傅蘭雅口譯　(清)徐壽筆述　清光緒二十五年(1899)江南製造局刻本　二冊

340000－1801－0012840　3：25211－3：25215
鏡鏡詅癡五卷　(清)鄭復光撰　清道光靈石楊氏刻連筠簃叢書本　五冊

340000－1801－0012841　3：25216－3：25219
形性學要十卷　(比利時)赫師慎輯　(清)李杕譯　清光緒二十五年(1899)徐匯匯報館鉛印本　四冊

340000－1801－0012842　3：25220－3：25222
形性學要十卷　(比利時)赫師慎輯　(清)李杕譯　清光緒二十五年(1899)徐匯匯報館鉛印本　三冊　存八卷(一至八)

340000－1801－0012843　3：25223
形性學要十卷　(比利時)赫師慎輯　(清)李杕譯　清光緒二十五年(1899)徐匯匯報館鉛印本　三冊　存四卷(一至四)

340000－1801－0012844　3：25224－3：25225
聲學八卷　(英國)田大里撰　(英國)傅蘭雅口譯　(清)徐建寅筆述　清光緒江南製造總局刻本　二冊

340000－1801－0012845　3：25226－3：25227
聲學八卷　(英國)田大里撰　(英國)傅蘭雅口譯　(清)徐建寅筆述　清光緒江南製造總局刻本　二冊

340000－1801－0012846　3：25228－3：25229
光學二卷附一卷　(英國)田大里撰　(美國)金楷理口譯　(清)趙元益述　清光緒江南機器製造總局刻本　二冊

340000－1801－0012847　3：25230－3：25231

化學分原八卷附表一卷　(英國)蒲陸山撰　(英國)傅蘭雅　(清)徐建寅譯　清光緒江南製造總局刻本　二册

340000－1801－0012848　3:25232－3:25235
化學鑑原六卷　(英國)韋而司撰　(英國)傅蘭雅譯　(清)徐壽筆述　清光緒江南製造總局刻本　四册

340000－1801－0012849　3:25236－3:25241
化學鑑原補編六卷附一卷　(英國)傅蘭雅口譯　(清)徐壽筆述　清光緒江南製造總局刻本　六册

340000－1801－0012850　3:25242－3:25244
無機化學教科書三卷　(英國)瓊司撰　(清)徐兆熊譯述　清光緒三十四年(1908)江南機器製造總局刻本　三册

340000－1801－0012851　3:25245－3:25250
電學十卷首一卷　(英國)瑙挨德撰　(英國)傅蘭雅口譯　(清)徐建寅筆述　清刻本　六册

340000－1801－0012852　3:25251
電學測算一卷　(清)徐兆熊譯述　清鉛印本　一册

340000－1801－0012853　3:25252
無線電報不分卷　(英國)克爾撰　(美國)衛理口譯　(清)范熙庸筆述　清光緒二十六年(1900)江南製造局刻本　一册

340000－1801－0012854　3:25253
電學綱目不分卷　(英國)田大里輯　(英國)傅蘭雅口譯　(清)周郇筆述　清江南製造局刻本　一册

340000－1801－0012855　3:25254－3:25255
金石識别十二卷附一卷　(美國)代那撰　(美國)瑪高溫口譯　(清)華蘅芳筆述　清石印本　二册

340000－1801－0012856　3:25256－3:25261
金石識别十二卷　(美國)代那撰　(美國)瑪高溫口譯　(清)華蘅芳筆述　清同治十一年(1872)江南機器製造總局刻本　六册

340000－1801－0012857　3:25262－3:25267
金石識别十二卷　(美國)代那撰　(美國)瑪高溫口譯　(清)華蘅芳筆述　清同治十一年(1872)江南機器製造總局刻本　六册

340000－1801－0012858　3:25268－3:25271
相地探金石法四卷　(英國)喝爾勃特喀格司撰　(清)王汝駉譯　清光緒二十九年(1903)江南製造局刻本　四册

340000－1801－0012859　3:25272－3:25287
寶藏興焉十二卷　(英國)傅蘭雅口譯　(清)徐壽等筆述　清光緒江南製造局刻本　十六册

340000－1801－0012860　3:25296－3:25297
求礦指南十卷附一卷　(英國)安德孫撰　(英國)傅蘭雅口譯　清光緒二十二年(1896)江南製造總局刻本　二册

340000－1801－0012861　3:25298－3:25299
煉石編三卷圖一卷　(英國)亨利黎特撰　舒高第　(清)鄭昌棪譯　清鉛印本　二册

340000－1801－0012862　3:25300
煉鋼要言一卷附録試驗各法一卷　(清)徐家寶譯述　清光緒二十年(1894)江南製造總局刻本　一册

340000－1801－0012863　3:25303－3:25304
開煤要法十二卷　(英國)士密德輯　(英國)傅蘭雅口譯　清刻本　二册

340000－1801－0012864　3:25305
取濾火油法一卷　(美國)日得烏特撰　(英國)秀耀春譯　汪振聲述　清光緒二十六年(1900)江南製造局刻本　一册

340000－1801－0012865　3:25306
美國提鍊煤油法一卷圖一卷　孫士頤　蘇鋭釗撰　清光緒三十一年(1905)江南製造局鉛印本　一册

340000－1801－0012866　3:25307
銀礦指南一卷　(美國)亞倫撰　(英國)傅蘭

雅　應祖錫譯　清光緒江南製造局鉛印本　一册

340000－1801－0012867　3:25308－3:25309
製羼金法二卷　（日本）橋本奇策撰　（清）王季點譯　清光緒二十六年（1900）上海製造局刻本　二册

340000－1801－0012868　3:25310－3:25315
開礦器法十卷圖一卷　（美國）俺特累撰　（英國）傅蘭雅譯　（清）王樹善筆述　清光緒二十五年（1899）江南製造局石印本　六册

340000－1801－0012869　3:25316
博物新編三集　（英國）合信撰　清咸豐五年（1855）刻本　一册

340000－1801－0012870　3:25317
博物新編三集　（英國）合信撰　清咸豐五年（1855）刻本　一册

340000－1801－0012871　3:25318－3:25321
重學二十卷　（英國）艾約瑟口譯　（清）李善蘭筆述　清同治五年（1866）刻本　四册

340000－1801－0012872　3:25323－3:25328
安徽師範講義四種　（清）安徽師範學堂編　清鉛印本　六册

340000－1801－0012873　3:25329－3:25336
地學淺釋三十八卷　（英國）雷俠兒撰　（美國）瑪高溫口譯　（清）華蘅芳筆述　清同治十二年（1873）江南機器製造總局刻本　八册

340000－1801－0012874　3:25338－3:25341
群學肄言不分卷　（英國）斯賓塞爾撰　嚴復譯　清鉛印本　四册

340000－1801－0012875　3:25342－3:25345
群學肄言不分卷　（英國）斯賓塞爾撰　嚴復譯　清光緒二十九年（1903）上海文明編譯書局鉛印本　四册

340000－1801－0012876　3:25346－3:25349
群學肄言不分卷　（英國）斯賓塞爾撰　嚴復譯　清光緒二十九年（1903）上海文明編譯書局鉛印本　四册

340000－1801－0012877　3:25350－3:25357
斯密亞丹原富四卷　（英國）斯密亞丹撰　嚴復譯　清光緒刻本　八册

340000－1801－0012878　3:25358－3:25361
原富五卷　（英國）斯密亞丹撰　嚴復譯　清光緒二十八年（1902）南洋公學譯書院鉛印本　四册

340000－1801－0012879　3:25362－3:25369
原富五卷　（英國）斯密亞丹撰　嚴復譯　清光緒二十七年（1901）刻本　八册

340000－1801－0012880　3:25370－3:25377
原富五卷　（英國）斯密亞丹撰　嚴復譯　清光緒二十八年（1902）南洋公學譯書院鉛印本　八册

340000－1801－0012881　3:25378－3:25385
原富五卷　（英國）斯密亞丹撰　嚴復譯　清光緒二十九年（1903）南洋公學譯書院鉛印本　八册

340000－1801－0012882　3:2538－3:2549 善
幼幼新書四十卷　（宋）劉昉撰　（明）陳履端校　明萬曆十四年（1586）刻本　十二册　缺五卷（九至十一、二十一至二十二）

340000－1801－0012883　3:25386－3:25388
原富五卷　（英國）斯密亞丹撰　嚴復譯　清光緒二十七年（1901）南洋公學譯書院鉛印本　三册　存三卷（甲至丙）

340000－1801－0012884　3:25389
富國策三卷　（美國）丁韙良撰　清光緒二十五年（1899）上海美華書館鉛印本　一册

340000－1801－0012885　3:25394－3:25433
藝文類聚一百卷　（唐）歐陽詢撰　清光緒五年（1879）華陽宏達堂刻本　四十册

340000－1801－0012886　3:25434－3:25465
藝文類聚一百卷　（唐）歐陽詢撰　清光緒五年（1879）華陽宏達堂刻本　三十二册

340000－1801－0012887　3:25498－3:25617
太平御覽一千卷　（宋）李昉等纂　清嘉慶十

二年(1807)歙縣鮑氏刻本　一百二十冊

340000－1801－0012888　3:2550－3:2552 善
小兒司命八卷　(明)彭堯諭撰　明萬曆彭氏刻本　清謝寶樹題識　三冊　存六卷(一至六)

340000－1801－0012889　3:2553－3:2560 善
幼科證治準繩九卷　(明)王肯堂撰　明萬曆刻清康熙三十一年(1692)金壇虞氏補修本　八冊　存八卷(一至八)

340000－1801－0012890　3:25618－3:25717
太平御覽一千卷　(宋)李昉等纂　清嘉慶十二年(1807)歙縣鮑氏刻本　一百冊　缺九十八卷(九百三至一千)

340000－1801－0012891　3:2561 善
活幼纂集四卷　(清)胡允遐纂　清抄本　一冊

340000－1801－0012892　3:2562 善
嬰童百問十卷　(明)魯伯嗣撰　明刻本　一冊　存二卷(一至二)

340000－1801－0012893　3:2563 善
醫學入門捷徑六書不分卷　(明)徐春甫撰　明萬曆刻本　二冊

340000－1801－0012894　3:2564－3:2568 善
重刊經史證類大全本草三十一卷　(宋)唐慎微撰　(宋)寇宗奭衍義　明萬曆二十八年(1600)籍山書院刻本　五冊　存十六卷(三至七、十二至十八、二十三至二十六)

340000－1801－0012895　3:2569－3:2583 善
重修政和經史證類備用本草三十卷　(宋)唐慎微撰　(宋)寇宗奭衍義　明刻本　一冊　存十五卷(一至三、五至七、十至十一、十四至十八、二十七、二十九)

340000－1801－0012896　3:25768－3:25799
太平御覽一千卷　(宋)李昉等纂　清光緒二十年(1894)上海積山書局石印本　三十二冊

340000－1801－0012897　3:25800－3:25828
太平御覽一千卷　(宋)李昉等纂　清光緒二十年(1894)上海積山書局石印本　二十九冊

340000－1801－0012898　3:25833－3:25852
北堂書鈔一百六十卷首一卷　(唐)虞世南撰　清光緒十四年(1888)刻本　二十冊

340000－1801－0012899　3:2584－3:2587 善
重修政和經史證類備用本草三十卷　(宋)唐慎微撰　(宋)寇宗奭衍義　明刻本　四冊　存六卷(六至七、二十七至三十)

340000－1801－0012900　3:25853－3:25872
北堂書鈔一百六十卷　(唐)虞世南撰　清光緒十四年(1888)刻本　二十冊

340000－1801－0012901　3:25873－3:25967
冊府元龜一千卷　(宋)王欽若編　清刻本　九十五冊　存二百九十八卷(十三至十九、三十八至五十四、六十三至八十四、一百五十至一百八十、一百九十二至二百十七、二百三十一至二百三十三、二百四十九至二百五十八、二百六十五至二百七十四、二百七十九至二百八十二、三百十七至三百二十一、三百二十五至三百二十七、三百三十六至三百六十、四百八十三至四百八十四、四百八十六至四百九十三、四百九十七至五百一、五百七至五百十、五百十九至五百三十七、五百五十六至五百六十五、七百十二至七百十五、七百二十三至七百二十六、七百六十八至七百七十、七百七十四至八百、八百四十六至八百四十八、八百五十二至八百五十四、八百七十一至八百八十九、九百六至九百十六、九百七十四至九百七十六、九百八十至九百八十九)

340000－1801－0012902　3:2588 善
重修政和經史證類備用本草三十卷　(宋)唐慎微撰　(宋)寇宗奭衍義　明刻本　一冊　存二卷(一至二)

340000－1801－0012903　3:2594－3:2613 善
神農本草經疏三十卷　(明)繆希雍撰　明綠君亭刻本　二十冊

340000－1801－0012904　3:26001－3:26010
事類賦三十卷　(宋)吳淑撰　**廣事類賦四十**

卷　(清)華希閔撰　清刻本　十冊

340000－1801－0012905　3:26011－3:26018
重訂事類賦三十卷　(宋)吳淑撰　清道光十七年(1837)刻本　八冊

340000－1801－0012906　3:26019－3:26024
事類賦三十卷　(宋)吳淑撰　(明)華麟祥校　清乾隆二十九年(1764)刻本　六冊

340000－1801－0012907　3:26025－3:26030
重訂事類賦三十卷　(宋)吳淑撰　清大成堂刻本　六冊

340000－1801－0012908　3:26031－3:26038
事類賦補遺十四卷　(清)張均撰　清咸豐元年(1851)文華堂刻本　八冊

340000－1801－0012909　3:26039－3:26042
事類賦三十卷　(宋)吳淑撰　清泰和堂刻本　四冊

340000－1801－0012910　3:26043－3:26050
廣事類賦四十卷　(清)華希閔撰　清刻本　八冊

340000－1801－0012911　3:26051－3:26057
廣事類賦四十卷　(清)華希閔撰　清康熙泰和堂刻本　七冊　缺五卷(三十六至四十)

340000－1801－0012912　3:26070－3:26077
重訂廣事類賦四十卷　(清)華希閔撰　清大成堂刻本　八冊

340000－1801－0012913　3:26078－3:26085
廣事類賦四十卷　(清)華希閔撰　清會成堂刻本　八冊

340000－1801－0012914　3:26086－3:26093
廣事類賦四十卷　(清)華希閔撰　清劍光閣刻本　八冊

340000－1801－0012915　3:26094－3:26097
事類賦三十卷　(宋)吳淑撰　(明)華麟祥校　清刻本　四冊

340000－1801－0012916　3:26122－3:26133
事類統編九十三卷首一卷　(清)林意誠輯　清光緒十年(1884)腹笥山房石印本　十二冊

340000－1801－0012917　3:2614－3:2615 善
本草發揮四卷　(明)徐彥純編　明刻本　二冊

340000－1801－0012918　3:26146－3:26177
增補事類統編九十三卷首一卷　(清)黄葆真增輯　清長沙龍氏刻本　三十二冊

340000－1801－0012919　3:2616－3:2623 善
本草發明蒙筌十二卷總論一卷　(明)陳嘉謨纂　(明)劉孔敦增補　明刻本　八冊

340000－1801－0012920　3:26178－3:26217
增補事類統編九十三卷　(清)黄葆真增輯　清長沙龍氏刻本　四十冊

340000－1801－0012921　3:2624－3:2628 善
圖像本草蒙筌十二卷　(明)陳嘉謨纂　(明)劉孔敦增補　明崇禎刻本　五冊

340000－1801－0012922　3:26254－3:26293
增補事類統編九十三卷　(清)黄葆真增輯　清道光二十六年(1846)敦好堂刻本　四十冊

340000－1801－0012923　3:2629－3:2632 善
增補藥性雷公炮製八卷　(明)張光斗輯　明書林陳國旺刻本　四冊

340000－1801－0012924　3:26294－3:26305
增補事類統編九十三卷首一卷　(清)黄葆真增輯　清光緒十四年(1888)積山書局石印本　十二冊

340000－1801－0012925　3:26306－3:26317
增補事類統編九十三卷首一卷　(清)黄葆真增輯　清光緒十四年(1888)積山書局石印本　十二冊

340000－1801－0012926　3:26318－3:26329
增補事類統編九十三卷首一卷　(清)黄葆真增輯　清光緒十四年(1888)文盛書局石印本　十二冊

340000－1801－0012927　3:26330－3:26345
玉海纂二十二卷　(清)劉鴻訓纂　清光緒五年(1879)八杉齋刻本　十六冊

340000－1801－0012928　3:2634－3:2647 善
食物本草二十二卷首一卷　(金)李杲輯　(明)李時珍訂　明天啓刻本　十四冊

340000－1801－0012929　3:26346－3:26464
玉海二百卷辭學指南四卷詩攷一卷詩地理攷六卷漢藝文志攷證十卷通鑑地理通釋十四卷周書王會一卷漢制攷四卷踐阼篇集解一卷急就篇四卷姓氏急就篇二卷小學紺珠十卷六經天文編二卷周易鄭康成注一卷通鑑答問五卷　(宋)王應麟輯　清嘉慶江寧藩署刻本　一百十九冊

340000－1801－0012930　3:26465－3:26584
玉海二百卷辭學指南四卷詩攷一卷詩地理攷六卷漢藝文志攷證十卷通鑑地理通釋十四卷周書王會一卷漢制攷四卷踐阼篇集解一卷急就篇四卷姓氏急就篇二卷小學紺珠十卷六經天文編二卷周易鄭康成注一卷通鑑答問五卷　(宋)王應麟撰　清光緒九年(1883)浙江書局刻本　一百二十冊

340000－1801－0012931　3:2648－3:2661 善
孫真人備急千金要方九十三卷　(唐)孫思邈撰　明刻清康熙六年(1667)補修本　十四冊　缺六卷(六至十一)

340000－1801－0012932　3:26585－3:26706
玉海二百卷辭學指南四卷詩攷一卷詩地理攷六卷漢藝文志攷證十卷通鑑地理通釋十四卷周書王會一卷漢制攷四卷踐阼篇集解一卷急就篇四卷姓氏急就篇二卷小學紺珠十卷六經天文編二卷周易鄭康成注一卷通鑑答問五卷　(宋)王應麟撰　清光緒九年(1883)浙江書局刻本　一百二十二冊

340000－1801－0012933　3:26727－3:26728
急就篇四卷　(宋)王應麟補注　清浙江書局刻本　二冊

340000－1801－0012934　3:26729
漢制考四卷　(宋)王應麟補注　清刻本　一冊

340000－1801－0012935　3:26730－3:26731
通鑑地理通釋十卷　(宋)王應麟撰　清浙江書局刻本　二冊

340000－1801－0012936　3:26740－3:26803
八編類纂二百八十五卷　(明)陳仁錫編　清刻本　六十四冊　缺六十三卷(一至十一、七十二至七十四、一百六十四至一百九十四、二百六十八至二百八十五)

340000－1801－0012937　3:26804－3:26809
蘭雪堂古事苑定本十二卷　(明)鄧志謨輯　清蘭雪堂刻本　六冊

340000－1801－0012938　3:26810－3:26812
蘭雪堂古事苑定本十二卷　(明)鄧志謨輯　清蘭雪堂刻本　三冊　缺三卷(十至十二)

340000－1801－0012939　3:26813－3:26817
新鐫註釋故事白眉十卷　(明)許以忠纂集　清刻本　五冊

340000－1801－0012940　3:26818－3:26823
精選黃眉故事十卷　(明)鄧志謨輯　清刻本　六冊

340000－1801－0012941　3:26824－3:26829
精選黃眉故事十卷　(明)鄧志謨輯　清刻本　六冊

340000－1801－0012942　3:26830－3:26989
淵鑑類函四百五十卷目錄四卷　(清)張英等編　清同治九年(1870)刻本　一百六十冊

340000－1801－0012943　3:26990－3:26999
淵鑑類函四百五十卷　(清)張英等編　清光緒九年(1883)上海點石齋石印本　十冊

340000－1801－0012944　3:27000－3:27009
淵鑑類函四百五十卷　(清)張英等編　清光緒九年(1883)上海點石齋石印本　十冊

340000－1801－0012945　3:27010－3:27019
淵鑑類函四百五十卷　(清)張英等編　清光緒九年(1883)上海點石齋石印本　十冊

340000－1801－0012946　3:27020－3:27067
淵鑑類函四百五十卷　(清)張英等編　清光緒十三年(1887)上海同文書局石印本　四十

八冊

340000－1801－0012947　3:27100－3:27103
萬國龜鑑三十卷　(日本)石川利之撰　清光緒二十八年(1902)石印本　四冊

340000－1801－0012948　3:27104－3:27110
玉海摘要二十一卷　(清)方維翰撰　清刻本　七冊

340000－1801－0012949　3:27111－3:27118
玉海摘要二十一卷　(清)方維翰輯　清道光十五年(1835)刻本　八冊

340000－1801－0012950　3:27119－3:27122
古今類傳四卷　(清)董穀士　(清)董炳文輯　清刻本　四冊

340000－1801－0012951　3:27123－3:27126
古今類傳四卷　(清)董穀士　(清)董炳文輯　清刻本　四冊

340000－1801－0012952　3:27127－3:27132
古事比五十二卷　(清)方中德輯　清光緒十三年(1887)上海點石齋石印本　六冊

340000－1801－0012953　3:27133－3:27138
古事比五十二卷　(清)方中德輯　清光緒十三年(1887)上海點石齋石印本　六冊

340000－1801－0012954　3:27161－3:27166
古事比五十二卷　(清)方中德輯　清光緒十三年(1887)上海點石齋石印本　六冊

340000－1801－0012955　3:27167－3:27173
古今紀林二十九卷　(清)汪士漢輯　清乾隆四年(1739)居仁堂刻本　七冊　存二十七卷(一至二十七)

340000－1801－0012956　3:27174－3:27185
類林新詠三十六卷　(清)姚之駰輯　清康熙四十六年(1707)刻本　十二冊

340000－1801－0012957　3:27186－3:27195
類林新詠三十六卷　(清)姚之駰輯　清康熙四十六年(1707)刻本　十冊

340000－1801－0012958　3:27196－3:27205
類林新詠三十六卷　(清)姚之駰輯　清康熙四十六年(1707)刻本　十冊

340000－1801－0012959　3:27206－3:27217
讀書紀數略五十四卷　(清)宫夢仁撰　清光緒六年(1880)懺花盦刻本　十二冊

340000－1801－0012960　3:27218－3:27229
讀書紀數略五十四卷　(清)宫夢仁撰　清刻本　十二冊

340000－1801－0012961　3:27230－3:27241
讀書紀數略五十四卷　(清)宫夢仁撰　清刻本　十二冊

340000－1801－0012962　3:27242－3:27245
增補萬寶全書十六卷　(清)毛煥文增　清光緒二十四年(1898)湖南尚德堂刻本　四冊

340000－1801－0012963　3:27246－3:27251
增補萬寶全書三十卷　(清)毛煥文增　清乾隆三十七年(1772)書業堂刻本　六冊

340000－1801－0012964　3:27252－3:27253
增補萬寶全書二十卷　(清)毛煥文增補　清乾隆四年(1739)刻本　二冊

340000－1801－0012965　3:27254－3:27255
詞林海錯類選四卷　(明)夏樹芳輯　(清)福申類次　清道光十年(1830)鶴鳴書屋刻本　二冊

340000－1801－0012966　3:27256－3:27265
記事珠十卷　(清)張以謙撰　清嘉慶二十年(1815)雲間王氏刻本　十冊　缺二卷(一、十)

340000－1801－0012967　3:27266－3:27275
記事珠十卷　(清)張以謙撰　清嘉慶二十年(1815)雲間王氏刻本　十冊

340000－1801－0012968　3:27276－3:27285
增補記事珠十卷　(清)張以謙撰　(清)王剛增補　清嘉慶二十一年(1816)刻本　十冊

340000－1801－0012969　3:27286－3:27291
典匯十二卷　(□)□□撰　清光緒十九年(1893)上海鴻寶齋石印本　六冊

340000－1801－0012970　3：27292－3：27297
續典林瑯環三十卷　（□）□□撰　清刻本　六冊

340000－1801－0012971　3：27298－3：27303
崑山玉六卷　（清）李道輯　（清）張煥補　（清）丁瓊笙增　清光緒十一年（1885）刻本　六冊

340000－1801－0012972　3：2729 善
方紀二卷　（明）許培元撰　（明）曹洪洲重訂　明刻本　一冊

340000－1801－0012973　3：27304－3：27308
巾經纂二十卷　（清）宋宗元撰　清乾隆十六年（1751）吳門刻本　五冊

340000－1801－0012974　3：27309－3：27316
千金裘二十七卷二集二十六卷　（清）蔣義彬纂　清嘉慶三徑山房刻本　八冊

340000－1801－0012975　3：27317－3：27324
千金裘二十七卷二集二十六卷　（清）蔣義彬纂　清嘉慶三徑山房刻本　八冊

340000－1801－0012976　3：27325－3：27331
千金裘二十七卷二集二十六卷　（清）蔣義彬輯　清咸豐天祿閣刻本　七冊

340000－1801－0012977　3：27332－3：27346
類腋五十五卷補遺一卷　（清）姚培謙輯　（清）張隆孫補　清刻本　十五冊

340000－1801－0012978　3：27347－3：27362
人鏡類纂四十六卷　（清）程之楨輯　清同治十二年（1873）江夏程氏刻本　十六冊

340000－1801－0012979　3：27363－3：27378
人鏡類纂四十六卷　（清）程之楨輯　清同治十二年（1873）江夏程氏刻本　十六冊

340000－1801－0012980　3：27383－3：27397
古香齋初學記三十卷　（唐）徐堅等撰　清刻本　十五冊

340000－1801－0012981　3：27398－3：27399
初學記三十卷　（唐）徐堅等撰　清光緒三十年（1904）木活字印本　十五冊　存五卷（一至五）

340000－1801－0012982　3：27400－3：27403
記問邇言四卷　（清）陳惟本輯　清同治六年（1867）刻本　四冊

340000－1801－0012983　3：27424－3：27433
策海全書六卷　（宋）馬貴與撰　（清）瞿曾纂　**續編四卷**　（清）王洪洲撰　（清）瞿曾纂　清道光七年（1827）刻本　十冊

340000－1801－0012984　3：27434－3：27465
重刻添補傳家寶俚言新本初集八卷二集八卷三集八卷四集八卷首一卷　（清）石成金輯　清同治九年（1870）文奎堂刻本　三十二冊

340000－1801－0012985　3：27466－3：27497
重刻添補傳家寶俚言新本初集八卷二集八卷三集八卷四集八卷首一卷　（清）石成金輯　清同治九年（1870）文奎堂刻本　三十二冊

340000－1801－0012986　3：27498－3：27501
錦字箋四卷　（清）黃澐纂　清刻本　四冊

340000－1801－0012987　3：27502
錦字箋四卷　（清）黃澐纂　清文星堂刻本　一冊

340000－1801－0012988　3：27509
新刻音釋古今切要事類便覽□□卷　題（清）雪芳齋輯　清刻本　一冊　存一卷（二）

340000－1801－0012989　3：27511－3：27515
雙池策略六卷　（清）汪紱撰　清道光八年（1828）余氏家塾刻本　六冊

340000－1801－0012990　3：27516－3：27519
策略六卷　（清）汪紱撰　清光緒二十三年（1897）刻本　四冊

340000－1801－0012991　3：27520－3：27525
小知錄十二卷　（清）陸鳳藻輯　清嘉慶九年（1804）琴雅堂刻本　六冊

340000－1801－0012992　3：27526－3：27529
小知錄十二卷　（清）陸鳳藻輯　清嘉慶九年（1804）琴雅堂刻本　四冊

340000－1801－0012993　3:275－3:300 善
大學衍義補一百六十卷　(明)丘濬撰　明崇禎陳仁錫刻本　二十七册　缺十七卷(九至二十四、三十八)

340000－1801－0012994　3:27530－3:27533
小知錄十三卷　(清)陸鳳藻輯　清同治十二年(1873)淮南書局刻本　四册

340000－1801－0012995　3:27534－3:27539
小知錄十三卷　(清)陸鳳藻輯　清同治十二年(1873)淮南書局刻本　六册

340000－1801－0012996　3:27540－3:27545
月令粹編二十四卷圖說一卷首一卷　(清)秦嘉謨編　清嘉慶十七年(1812)刻本　六册

340000－1801－0012997　3:27546－3:27551
角山樓增補類腋六十七卷　(清)趙克宜增輯　清光緒十二年(1886)上海同文書局石印本　六册

340000－1801－0012998　3:27552－3:27599
新義錄一百卷首一卷　(清)孫璧文編　清光緒兩湖書院刻本　四十八册

340000－1801－0012999　3:27600－3:27619
策府統宗六十卷　(清)蔡梅庵輯　清光緒十四年(1888)上海同文書局石印本　二十册

340000－1801－0013000　3:2760 善
攝生衆妙方十一卷　(明)張時徹撰　明萬曆刻本　一册　存三卷(九至十一)

340000－1801－0013001　3:2761 善
攝生衆妙方十一卷　(明)張時徹輯　明刻本　一册　存二卷(七至八)

340000－1801－0013002　3:27620－3:29247
欽定古今圖書集成一萬卷目録四十卷考證二十四卷　(清)陳夢雷等輯　(清)蔣廷錫等重輯　清光緒十年(1884)上海圖書集成鉛版印局鉛印本　一千六百二十八册

340000－1801－0013003　3:2762 善
新刊袖珍方四卷　(明)李恒撰　明正統十年(1445)熊宗立刻本　一册　存一卷(一)

340000－1801－0013004　3:2763 善
醫學未然金鑑一卷　(明)徐春甫著　明萬曆十四年(1586)新安徐氏保元堂刻本　一册

340000－1801－0013005　3:2764－3:2765 善
華先生中藏經八卷　(漢)華佗撰　明刻本　二册

340000－1801－0013006　3:2766－3:2769 善
先醒齋筆記不分卷炮炙大法一卷用藥凡例一卷　(明)繆希雍撰　(明)丁元薦輯　明崇禎十五年(1642)刻本　四册

340000－1801－0013007　3:2770－3:2771 善
蘭室秘藏三卷　(金)李杲撰　明繡谷周氏刻本　二册

340000－1801－0013008　3:2772－3:2791 善
赤水玄珠三十卷醫旨緒餘二卷醫案五卷　(明)孫一奎撰　明萬曆孫泰來、孫朋來刻本　二十册　缺三卷(醫案三至五)

340000－1801－0013009　3:2792 善
醫經溯洄集一卷　(元)王履撰　明吳勉學刻古今醫統正脈全書本　一册

340000－1801－0013010　3:2793－3:2799 善
丹溪心法五卷脈訣指掌一卷醫學發明一卷治法機要一卷　(元)朱震亨撰　(明)程充校補　清尚德堂刻本　七册

340000－1801－0013011　3:2800 善
醫旨緒餘二卷　(明)孫一奎輯　明萬曆孫泰來、孫朋來刻本　一册　存一卷(上)

340000－1801－0013012　3:2801－3:2802 善
醫旨緒餘二卷　(明)孫一奎輯　明萬曆孫泰來、孫朋來刻本　二册

340000－1801－0013013　3:2803 善
醫無閭子醫貫六卷　(明)趙獻可撰　明三多齋刻本　一册

340000－1801－0013014　3:2804－3:2808 善
先醒齋筆記不分卷　(明)繆希雍撰　(明)丁元薦輯　明崇禎十五年(1642)刻本　五册

340000－1801－0013015　3:2809－3:2810 善

先醒齋筆記不分卷　(明)繆希雍撰　(明)丁元薦輯　明崇禎十五年(1642)刻本　二册

340000－1801－0013016　3:2811 善
新刻太醫院校正增補醫方捷徑二卷　(明)羅必煒校正　明書林劉氏遺安堂刻本　一册

340000－1801－0013017　3:2812－3:2818 善
醫燈續焰二十一卷　(明)潘楫撰　清陸地舟刻本　七册　缺三卷(六至八)

340000－1801－0013018　3:2819 善
松崖醫徑二卷　(明)程玠撰　明刻本　一册

340000－1801－0013019　3:2820 善
奇效醫述一卷痘疹活幼心法一卷　(明)聶尚恒撰　明萬曆刻本　二册

340000－1801－0013020　3:2822 善
推求師意二卷　(明)戴元禮撰　(明)汪機輯　明嘉靖祁門樸墅刻石山醫案本　一册

340000－1801－0013021　3:2823 善
推求師意二卷　(明)戴元禮撰　(明)汪機輯　明嘉靖祁門樸墅刻石山醫案本　一册

340000－1801－0013022　3:2824 善
推求師意二卷　(明)戴元禮撰　(明)汪機輯　明嘉靖祁門樸墅刻石山醫案本　一册

340000－1801－0013023　3:2825－3:2831 善
編註醫學入門七卷首一卷　(明)李梴編　明刻本　七册　缺二卷(四、七)

340000－1801－0013024　3:28－3:33 善
荀子二十卷　(戰國)荀況撰　(唐)楊倞注　明嘉靖九年(1530)顧氏世德堂刻六子全書本　六册

340000－1801－0013025　3:2832－3:2833 善
編註醫學入門七卷首一卷　(明)李梴編　明萬曆刻本　二册　存三卷(二至三、首一卷)

340000－1801－0013026　3:2859－3:2886 善
訂正東醫寶鑑二十三卷目錄二卷　(朝鮮)許浚撰　清光緒十五年(1889)江左書林刻本　二十八册

340000－1801－0013027　3:2887－3:2907 善
訂正東醫寶鑑二十三卷目錄二卷　(朝鮮)許浚撰　清光緒十五年(1889)江左書林刻本　二十一册　存二十卷(内景一至四,外景一、四,雜病一至十一,湯液一至二,針灸一)

340000－1801－0013028　3:2908－3:2947 善
類經三十二卷圖翼十一卷附翼四卷　(明)張介賓類注　明天啓天德堂刻本　四十册

340000－1801－0013029　3:2948－3:2971 善
治法彙八卷　(明)張三錫纂　(明)王肯堂校　明刻本　二十四册

340000－1801－0013030　3:2972－3:2979 善
治法彙八卷　(明)張三錫纂　(明)王肯堂校　明刻本　二十八册

340000－1801－0013031　3:2980－3:2983 善
醫案五卷　(明)孫一奎輯　明孫泰來、孫朋來刻本　四册　存四卷(一至四)

340000－1801－0013032　3:2984－3:2985 善
醫按五卷驗方一卷　(明)程崙撰　明天啓新安方氏刻本　二册

340000－1801－0013033　3:2986－3:2987 善
脈訣刊誤集解二卷附錄二卷　(元)戴起宗撰　(明)汪機補訂　明崇禎十四年(1641)汪邦鐸刻本　二册

340000－1801－0013034　3:2988 善
脈訣刊誤集解二卷　(元)戴起宗撰　(明)汪機補訂　明崇禎十四年(1641)汪邦鐸刻本　一册　存一卷(上)

340000－1801－0013035　3:2989－3:2990 善
讀素問鈔三卷　(元)滑壽編輯　(明)汪機續注　明嘉靖祁門樸墅刻石山醫案本　二册　缺一卷(下)

340000－1801－0013036　3:2991－3:2992 善
外科理例七卷補遺一卷　(明)汪機撰　明嘉靖祁門樸墅刻石山醫案本　二册　存六卷(一至六)

340000－1801－0013037　3:2993－3:2994 善

石山醫案三卷附錄一卷痘辨一卷痘圖一卷痘治附方一卷 （明）汪機撰 明嘉靖祁門樸墅刻石山醫案本 二冊

340000－1801－0013038 3：2995 善
石山醫案三卷附錄一卷 （明）汪機撰 明嘉靖祁門樸墅刻石山醫案本 一冊

340000－1801－0013039 3：2996 善
石山醫案三卷附錄一卷 （明）汪機撰 明嘉靖祁門樸墅刻石山醫案本 一冊

340000－1801－0013040 3：2997 善
山公醫旨五卷 （明）施永圖撰 明刻本 一冊 存二卷（一至二）

340000－1801－0013041 3：2998－3：3035 善
薛氏醫按二十四種一百七卷 （明）吴琯輯 明萬曆刻本 三十八冊 缺二種二卷（外科經驗方一卷、口齒類要一卷）

340000－1801－0013042 3：301－3：312 善
大學衍義補一百六十卷 （明）丘濬撰 明崇禎陳仁錫刻本 十二冊 存八十卷（一至八十）

340000－1801－0013043 3：3036－3：3039 善
鍼灸甲乙經十二卷 （晉）皇甫謐撰 明新安吴勉學刻古今醫統正脈全書本 六冊

340000－1801－0013044 3：3040－3：3043 善
鍼灸甲乙經十二卷 （晉）皇甫謐撰 明新安吴勉學刻古今醫統正脈全書本 四冊

340000－1801－0013045 3：3044－3：3045 善
華先生中藏經八卷 （漢）華佗撰 明新安吴勉學刻古今醫統正脈全書本 二冊

340000－1801－0013046 3：3046 善
針灸問對三卷 （明）汪機輯 明嘉靖祁門樸墅刻石山醫案本 一冊

340000－1801－0013047 3：3047 善
針灸問對三卷 （明）汪機輯 明嘉靖祁門樸墅刻石山醫案本 一冊

340000－1801－0013048 3：3048 善
鼎雕銅人腧穴鍼灸圖經三卷 （宋）王惟一輯 （明）徐三友校 明書林宗文堂刻本 一冊 存二卷（上、中）

340000－1801－0013049 3：3049 善
運氣易覽三卷 （明）汪機撰 明嘉靖祁門樸墅刻石山醫案本 一冊

340000－1801－0013050 3：3151 善
新編事文類聚翰墨大全甲集十二卷 （宋）劉應李編 明初刻本 一冊

340000－1801－0013051 3：3055 善
馬經不分卷 （□）□□撰 明刻本 一冊

340000－1801－0013052 3：3056－3：3061 善
薛氏醫按二十四種一百七卷 （明）吴琯輯 明萬曆刻本 六冊 存七種十一卷（錢氏小兒直訣四卷、陳氏小兒痘疹方論一卷、保嬰金鏡錄一卷、癰疽神秘驗方一卷、外科經驗方一卷、正體類要二卷、口齒類要一卷）

340000－1801－0013053 3：3062 善
觀世音菩薩三十二相大悲心懺不分卷 （明）丁雲鵬繪 明萬曆刻本 許承堯跋 十一葉

340000－1801－0013054 3：3063 善
釋迦方誌二卷 （唐）釋道宣撰 明萬曆三十七年（1609）刻本 一冊

340000－1801－0013055 3：3064－3：3068 善
大佛頂如來密因修證了義諸菩薩萬行首楞嚴經十卷 （唐）釋般剌密帝 （唐）釋彌伽釋迦譯 明萬曆三十七年（1609）淩毓枏刻朱墨套印本 五冊

340000－1801－0013056 3：3069－3：3071 善
註真三十二篆體金剛經四卷 （後秦）釋鳩摩羅什譯 （宋）釋道肯集篆 明崇禎刻本 三冊 存三卷（一、三至四）

340000－1801－0013057 3：3072 善
維摩詰所說經三卷 （後秦）釋鳩摩羅什譯 明刻本 一冊

340000－1801－0013058 3：3073－3：3075 善
維摩詰所説經折衷疏三卷 （明）釋大賢述 明崇禎三年（1630）刻本 三冊

340000－1801－0013059　3:3076 善
佛引□□卷　(明)洪自誠輯　明刻本　一冊　存四卷(五至八)

340000－1801－0013060　3:30863－3:35905
欽定古今圖書集成一萬卷目錄四十卷考證二十四卷　(清)陳夢雷　(清)蔣廷錫等編　清光緒石印本　五千四十三冊

340000－1801－0013061　3:3089－3:3108 善
宗鏡錄一百卷　(五代)釋延壽輯　清雍正十二年(1734)武英殿刻本　二十冊

340000－1801－0013062　3:3109－3:3132 善
藝文類聚一百卷　(唐)歐陽詢撰　明萬曆十五年(1587)王元貞刻本　二十四冊　缺二十一卷(八至十二、二十一至三十六)

340000－1801－0013063　3:313－3:324 善
大學衍義補一百六十卷　(明)丘濬撰　明弘治刻本　十二冊

340000－1801－0013064　3:3133－3:3136 善
藝文類聚一百卷　(唐)歐陽詢撰　明刻本　四冊　存五十三卷(四十八至一百)

340000－1801－0013065　3:3137－3:3142 善
事類賦三十卷　(宋)吴淑撰　明嘉靖十一年(1532)無錫華麟祥刻本　六冊

340000－1801－0013066　3:3143－3:3150 善
事類賦三十卷　(宋)吴淑撰　**廣事類賦四十卷**　(清)華希閔撰　清康熙華氏劍光閣刻本　八冊

340000－1801－0013067　3:3152－3:3179 善
新編事文類聚翰墨大全十五集二百八卷　(宋)劉應李輯　明初刻本　二十八冊　存七十三卷(庚集十三至十五,辛集一至九、十四至十六,壬集一至八、十一至十七,癸集一至十七,後甲集八至十五,後乙集一至十三,後丁集五至七、十一至十二)

340000－1801－0013068　3:3180－3:3195 善
新編事文類聚翰墨大全十五集二百八卷　(宋)劉應李輯　明初刻本　十六冊　存三十八卷(乙集一至六,丁集三至五,庚集三至十二、十九至二十一,辛集十,後戊集一、四至九,後辛集一至八)

340000－1801－0013069　3:3196－3:3291 善
玉海二百卷辭學指南四卷　(宋)王應麟撰　明南京國子監刻本　九十六冊

340000－1801－0013070　3:325－3:330 善
河南程氏遺書二十五卷　(宋)程頤撰　(宋)劉元承編　明成化至弘治刻本　六冊　存十八卷(一至十八)

340000－1801－0013071　3:3292－3:3371 善
玉海二百卷辭學指南四卷　(宋)王應麟撰　明南京國子監刻本　八十冊

340000－1801－0013072　3:331 善
脩九儒譜略前編一卷後編一卷　(明)桂大璉撰　明萬曆黟縣李川會心館刻本　一冊

340000－1801－0013073　3:332 善
儒行經新訂粹說四卷　(明)張同甲撰　清抄本　一冊

340000－1801－0013074　3:333 善
明本釋三卷　(宋)劉荀撰　清木活字印本　一冊

340000－1801－0013075　3:334－3:338 善
呻吟語六卷　(明)呂坤撰　明萬曆二十一年(1593)刻本　六冊

340000－1801－0013076　3:3372－3:3411 善
玉海二百卷　(宋)王應麟撰　明南京國子監刻本　四十冊　存三十九卷(八十二至一百二十)

340000－1801－0013077　3:339－3:344 善
呻吟語六卷　(明)呂坤撰　明萬曆二十一年(1593)刻本　六冊

340000－1801－0013078　3:3412－3:3510 善
玉海二百卷　(宋)王應麟撰　明南京國子監刻本　九十九冊　缺一卷(一)

340000－1801－0013079　3:345－3:352 善
呻吟語六卷　(明)呂坤撰　明萬曆二十一年

(1593)刻本　八冊

340000－1801－0013080　3:3511－3:3579 善
玉海二百卷　(宋)王應麟撰　明南京國子監刻清修本　六十九冊　存八十一卷(一至四、二十三至八十一、一百四至一百二十一)

340000－1801－0013081　3:353－3:359 善
考亭淵源錄二十四卷　(明)宋端儀撰　(明)薛應旂輯　明刻本　八冊

340000－1801－0013082　3:3580－3:3585 善
錦繡萬花谷後集四十卷　(□)□□撰　明嘉靖十五年(1536)錫山秦汴繡石書堂刻本　六冊

340000－1801－0013083　3:3586－3:3589 善
藝林聚錦增補故事白眉十卷　(明)許以忠輯　(明)鄧志謨補　明書林爰慶堂刻本　四冊

340000－1801－0013084　3:3590－3:3591 善
刻註釋藝林聚錦故事白眉十卷　(明)鄧志謨輯　明書林萃慶堂余彰德刻本　二冊　存七卷(一至四、八至十)

340000－1801－0013085　3:35906－3:35915
五經類編二十八卷附一卷　(清)周世樟輯　清刻本　十冊

340000－1801－0013086　3:35916－3:35925
五經類編二十八卷　(清)周世樟輯　清刻本　十冊

340000－1801－0013087　3:3592－3:3597 善
精選故事黃眉十卷　(明)鄧志謨編　明萬曆刻本　六冊

340000－1801－0013088　3:35926－3:35935
五經類編二十八卷　(清)周世樟輯　清刻本　十冊

340000－1801－0013089　3:35936－3:35943
五經典林五十四卷　(清)何松輯　清光緒元年(1875)慈谿何氏刻本　八冊　缺二十五卷(九至三十三)

340000－1801－0013090　3:35946－3:35949
十三經分類對腋六卷　(清)王燮元輯　清咸豐十年(1860)刻本　四冊

340000－1801－0013091　3:35950－3:35957
十三經類語十四卷　(明)羅萬藻編　明刻本　八冊

340000－1801－0013092　3:35958－3:35960
經典萃華六卷　(清)方邦瑾輯　清道光十七年(1837)刻本　三冊　缺一卷(物部下)

340000－1801－0013093　3:35961－3:35964
經學提要十五卷　(清)蔡孔炘輯　清道光刻本　四冊

340000－1801－0013094　3:35965－3:35966
春秋左傳類纂六卷　(清)桂含章輯　清光緒十七年(1891)刻本　二冊

340000－1801－0013095　3:35967
春秋類對賦一卷　(宋)徐晉卿撰　清抄本　一冊

340000－1801－0013096　3:35968－3:35979
春秋經傳類求十二卷　(清)孫從添　(清)過臨汾纂　清乾隆二十四年(1759)舊名堂刻本　十二冊

340000－1801－0013097　3:35980－3:35991
四書典林三十卷　(清)江永編　清刻本　十二冊

340000－1801－0013098　3:3598－3:3609 善
博物典彙二十卷　(明)黃道周纂　明崇禎刻本　十二冊

340000－1801－0013099　3:35992－3:36003
四書典林三十卷　(清)江永編　清乾隆十二年(1747)金閶刻本　十二冊

340000－1801－0013100　3:360 善
聖教心宗十卷　(明)吳允如編輯　明萬曆三十九年(1611)刻本　一冊　存二卷(五、十)

340000－1801－0013101　3:36004－3:36011
四書典林三十卷四書古人典林十二卷　(清)江永輯　清同治十二年(1873)古堇一經室刻本　八冊

340000－1801－0013102　3:36012－3:36019
四書典林三十卷四書古人典林十二卷　（清）江永輯　清同治十二年（1873）古堇一經室刻本　八冊

340000－1801－0013103　3:36020－3:36032
四書典林三十卷　（清）江永輯　清刻本　十三冊

340000－1801－0013104　3:36033－3:36045
四書典林三十卷　（清）江永輯　清刻本　十三冊

340000－1801－0013105　3:36046－3:36049
四書古人典林十二卷　（清）江永輯　清刻本　四冊

340000－1801－0013106　3:36050－3:36053
四書古人典林十二卷　（清）江永輯　清刻本　四冊

340000－1801－0013107　3:36054－3:36056
四書古人典林十二卷　（清）江永輯　清刻本　三冊

340000－1801－0013108　3:36057－3:36060
四書古人典林十二卷　（清）江永輯　清乾隆三十九年（1774）刻本　四冊

340000－1801－0013109　3:36061－3:36066
四書古人典林十二卷　（清）江永輯　清乾隆三十九年（1774）刻本　六冊

340000－1801－0013110　3:36067－3:36068
四書古人典林十二卷　（清）江永輯　清乾隆三十九年（1774）刻本　二冊

340000－1801－0013111　3:36069－3:36073
四書古人典林十二卷　（清）江永輯　清乾隆三十九年（1774）刻本　五冊

340000－1801－0013112　3:36074－3:36083
四書典制類聯音註三十三卷　（清）閻其淵編　清光緒二年（1876）刻本　十冊

340000－1801－0013113　3:36084－3:36091
四書典制類聯音註三十三卷　（清）閻其淵編　清文郁山房刻本　八冊

340000－1801－0013114　3:36092－3:36103
四書典制類聯音註三十三卷　（清）閻其淵編　清嘉慶元年（1796）刻本　十二冊

340000－1801－0013115　3:36104－3:36113
四書琳琅水鑑五十四卷　（清）高其閎注　清嘉慶九年（1804）福州正誼堂刻本　十冊

340000－1801－0013116　3:3610 善
群書集事淵海四十七卷　（明）□□輯　明刻本　一冊

340000－1801－0013117　3:3611－3:3650 善
百家類纂四十卷　（明）沈津纂　明萬曆刻本　四十冊

340000－1801－0013118　3:36114－3:36117
增註四書人物類典串珠四卷　（清）臧志仁輯　清石印本　四冊

340000－1801－0013119　3:36118－3:36127
四書人物類典串珠四十卷　（清）臧志仁輯　清同治十二年（1873）刻本　十冊

340000－1801－0013120　3:36128－3:36137
四書人物類典串珠四十卷　（清）臧志仁輯　清同治十二年（1873）刻本　十冊

340000－1801－0013121　3:361－3:365 善
陽明先生道學鈔七卷年譜二卷　（明）王守仁撰　明萬曆刻本　五冊

340000－1801－0013122　3:36146－3:36147
四書典腋十八卷　（清）松軒主人輯　清嘉慶二十三年（1818）刻本　二冊

340000－1801－0013123　3:36154－3:36165
四書類典賦二十四卷年譜二卷　（清）甘紱輯　清刻本　十二冊

340000－1801－0013124　3:36166－3:36177
四書類典賦二十四卷年譜二卷　（清）甘紱撰　清刻本　十二冊

340000－1801－0013125　3:36178－3:36179
鑄史駢言十二卷　（清）孫玉田輯　清石印本　二冊

340000－1801－0013126　3:36180
漢書蒙拾三卷　(清)杭世駿輯　清八杉齋刻本　一冊

340000－1801－0013127　3:36181－3:36182
漢書蒙拾三卷後漢書蒙拾二卷　(清)杭世駿輯　清光緒十年(1884)上海同文書局石印本　二冊

340000－1801－0013128　3:36183－3:36186
鑄史駢言十二卷　(清)孫玉田輯　清光緒二年(1876)刻本　四冊

340000－1801－0013129　3:36195－3:36200
史學聯珠十卷　(清)胡文炳輯　清申報館鉛印本　六冊　存七卷(二至七、十)

340000－1801－0013130　3:36201－3:36204
子史輯要詩賦題彙聯四卷　(清)何本湛撰　清道光十一年(1831)刻本　四冊

340000－1801－0013131　3:36205－3:36206
子史類編二卷　(清)陳謨輯　清康熙刻本　二冊

340000－1801－0013132　3:36207－3:36238
子史精華一百六十卷　(清)允祿等輯　清刻本　三十二冊

340000－1801－0013133　3:36239－3:36278
子史精華一百六十卷　(清)允祿等輯　清刻本　四十冊

340000－1801－0013134　3:36279－3:36326
子史精華一百六十卷　(清)允祿等輯　清刻本　四十八冊

340000－1801－0013135　3:36327－3:36374
子史精華一百六十卷　(清)允祿等輯　清乾隆五十五年(1790)刻本　四十八冊

340000－1801－0013136　3:36375－3:36378
子史輯要題解合編四卷　(清)胡本淵撰　(清)胡肇昕輯　清道光二十二年(1842)刻本　四冊

340000－1801－0013137　3:36379－3:36388
子史精華一百六十卷　(清)允祿等輯　清光緒十三年(1887)上海積山書局石印本　十冊

340000－1801－0013138　3:36389－3:36396
子史精華一百六十卷　(清)允祿等輯　清光緒十三年(1887)上海積山書局石印本　八冊

340000－1801－0013139　3:36397－3:36402
新鐫校正詳註分類百子金丹全書十卷　(清)郭偉輯　清光緒二十一年(1895)上海煥文書局石印本　六冊

340000－1801－0013140　3:36403－3:36408
新鐫校正詳註分類百子金丹全書十卷　(清)郭偉輯　清光緒二十一年(1895)上海煥文書局石印本　六冊

340000－1801－0013141　3:36409－3:36420
新鐫分類評註文武合編百子金丹十卷　(清)郭偉輯　清刻本　十二冊

340000－1801－0013142　3:36421－3:36428
子史精華一百六十卷　(清)允祿等編　清光緒十年(1884)上海同文書局石印本　八冊

340000－1801－0013143　3:36429－3:36444
星軺日記類編七十六卷　(清)席蘊青輯　清光緒二十八年(1902)麗澤學會石印本　十六冊

340000－1801－0013144　3:36445
山海經類對賦十四卷　(清)涂景濤輯　清稿本　一冊

340000－1801－0013145　3:36446－3:36447
山海經類對賦十四卷　(清)涂景濤輯　清光緒二十三年(1897)湘西章氏稿本　二冊

340000－1801－0013146　3:36448－3:36450
初學行文語類三卷　(清)孫埏輯　清遺經堂刻本　三冊

340000－1801－0013147　3:36451－3:36452
初學行文語類四卷　(清)孫埏輯　清乾隆四十七年(1782)刻本　二冊

340000－1801－0013148　3:36453－3:36454
唐詩金粉十卷　(清)沈炳震輯　清冬讀書齋刻本　二冊

340000－1801－0013149　3:36455－3:36458
唐詩金粉十卷　(清)沈炳震輯　清冬讀書齋刻本　四册

340000－1801－0013150　3:36459－3:36462
分類詩腋八卷　(清)李楨輯　清桂月樓刻本　四册

340000－1801－0013151　3:36463－3:36464
分類詩腋八卷　(清)李楨輯　清嘉慶二十二年(1817)刻本　二册

340000－1801－0013152　3:36465－3:36466
分類詩腋八卷　(清)李楨輯　清嘉慶二十二年(1817)刻本　二册

340000－1801－0013153　3:36467－3:36486
新增說文韻府群玉二十卷　(元)陰時夫輯　清文光堂刻本　二十册

340000－1801－0013154　3:36487－3:36496
新增說文韻府群玉二十卷　(元)陰時夫撰　清乾隆十五年(1750)三畏堂刻本　十册

340000－1801－0013155　3:3651－3:3655 善
百家類纂四十卷　(明)沈津編　明萬曆刻本　五册　存五卷(二十至二十一、二十六、三十四、四十)

340000－1801－0013156　3:3656－3:3658 善
芸心識餘七卷續一卷　(明)陳其力撰　明嘉靖四十年(1561)刻本　三册

340000－1801－0013157　3:3659－3:3660 善
居業錄類編三十一卷　(明)胡居仁撰　(明)陳鳳梧編　明嘉靖刻本　二册　存十四卷(一至九、二十七至三十一)

340000－1801－0013158　3:3661－3:3668 善
典籍便覽八卷　(明)范泓輯　(明)范淶補注　明萬曆新安刻本　八册

340000－1801－0013159　3:366－3:367 善
陽明先生則言二卷　(明)王守仁撰　(明)薛侃輯　明嘉靖十六年(1537)刻本　二册

340000－1801－0013160　3:3669－3:3672 善
典籍便覽八卷　(明)范泓撰　明萬曆新安刻本　四册

340000－1801－0013161　3:3673－3:3677 善
文苑彙雋二十四卷　(明)孫丕顯纂　明萬曆刻本　五册　存二十卷(五至二十四)

340000－1801－0013162　3:3678－3:3691 善
山堂肆考二百二十八卷補遺十二卷　(明)彭大翼撰　(明)張幼學編　明刻本　十四册　存五十三卷(角集一至四十八、宮集三至四、羽集三十四至三十六)

340000－1801－0013163　3:368－3:385 善
陽明先生正錄五卷外錄九卷別錄十四卷　(明)王守仁撰　明嘉靖三十五年(1556)董聰刻本　十八册　存二十二卷(陽明先生正錄二至五,外錄九卷,別錄一至三、六至七、九至十、十二至十三)

340000－1801－0013164　3:36903－3:36904
均藻四卷　(明)楊慎撰　清羅江李氏刻函海本　二册

340000－1801－0013165　3:36905－3:36923
五車韻瑞一百六十卷　(明)凌稚隆輯　明刻本　十九册　缺五卷(三至七)

340000－1801－0013166　3:3692－3:3715 善
雅尚齋遵生八箋十九卷目錄一卷　(明)高濂編次　明萬曆刻本　二十四册

340000－1801－0013167　3:36924－3:36933
五車韻府十卷　(清)陳藎謨訂　(明)胡邵瑛纂　清乾隆二十六年(1761)慎思堂刻本　十册

340000－1801－0013168　3:36934－3:37073
佩文韻府一百六卷　(清)張玉書等彙閱　(清)蔡升元等纂修兼校勘　清嶺南潘氏海山仙館刻本　一百四十册

340000－1801－0013169　3:37074－3:37168
佩文韻府一百六卷　(清)張玉書等彙閱　(清)蔡升元等纂修兼校勘　清嶺南潘氏海山仙館刻本　九十五册

340000－1801－0013170　3:3716－3:3723 善
書言故事大全十二卷　(宋)胡繼宗輯　(宋)

陳玩直解　明萬曆十七年(1589)新安刻本　十冊　缺一卷(一)

340000－1801－0013171　3:37169－3:37368
佩文韻府一百六卷　(清)張玉書等彙閱　(清)蔡升元等纂修兼校勘　**韻府拾遺一百六卷**　(清)張廷玉等校勘　(清)汪灝等纂修　清光緒二十五年(1899)南城謝氏舊學山房刻本　二百冊

340000－1801－0013172　3:3724 善
京本音釋注解書言故事大全十二卷　(宋)胡繼宗輯　(宋)陳玩直解　明萬曆宗文書舍刻本　一冊　存三卷(七至九)

340000－1801－0013173　3:3725－3:3789 善
潛確居類書一百二十卷　(明)陳仁錫輯　明崇禎三年至五年(1630－1632)刻本　六十五冊

340000－1801－0013174　3:37369－3:37528
佩文韻府一百六卷　(清)張玉書等彙閱　(清)蔡升元等纂修兼校勘　清嶺南潘氏海山仙館刻本　一百六十冊　缺一卷(一)

340000－1801－0013175　3:37529－3:37588
佩文韻府一百六卷　(清)張玉書等彙閱　(清)蔡升元等纂修兼校勘　**韻府拾遺一百六卷**　(清)張廷玉等校勘　(清)汪灝等纂修　清光緒十三年(1887)上海點石齋石印本　六十冊

340000－1801－0013176　3:37589－3:37598
佩文韻府一百六卷　(清)張玉書等彙閱　(清)蔡升元等纂修兼校勘　**韻府拾遺一百六卷**　(清)張廷玉等校勘　(清)汪灝等纂修　清光緒八年(1882)上海點石齋石印本　十冊

340000－1801－0013177　3:37599－3:37608
佩文韻府一百六卷　(清)張玉書等彙閱　(清)蔡升元等纂修兼校勘　**韻府拾遺一百六卷**　(清)張廷玉等校勘　(清)汪灝等纂修　清光緒八年(1882)上海點石齋石印本　十冊

340000－1801－0013178　3:37609－3:37799
佩文韻府一百六卷　(清)張玉書等彙閱　(清)蔡升元等纂修兼校勘　**韻府拾遺一百六卷**　(清)張廷玉等校勘　(清)汪灝等纂修　清光緒十八年(1892)上海鴻寶齋石印本　一百九十一冊　缺九卷(韻府拾遺九十八至一百六)

340000－1801－0013179　3:37800－3:37999
佩文韻府一百六卷　(清)張玉書等彙閱　(清)蔡升元等纂修兼校勘　**韻府拾遺一百六卷**　(清)張廷玉等校勘　(清)汪灝等纂修　清光緒十八年(1892)上海鴻寶齋石印本　二百冊

340000－1801－0013180　3:3790－3:3827 善
潛確居類書一百二十卷　(明)陳仁錫輯　明崇禎三年至五年(1630－1632)刻本　三十八冊　缺五卷(六十四至六十五、七十二至七十四)

340000－1801－0013181　3:38060－3:38079
韻府拾遺一百六卷　(清)張廷玉等校勘　(清)汪灝等纂修　清刻本　二十冊

340000－1801－0013182　3:38080－3:38099
韻府拾遺一百六卷　(清)張廷玉等校勘　(清)汪灝等纂修　清刻本　二十冊

340000－1801－0013183　3:38100－3:38101
韻府翼五卷　(清)郭鑑庚輯　清光緒元年(1875)刻本　二冊

340000－1801－0013184　3:38102－3:38121
韻府約編二十四卷　(清)鄧愷編　清刻本　二十冊

340000－1801－0013185　3:38122－3:38145
韻府約編二十四卷　(清)鄧愷輯　清綰秀閣刻本　二十四冊

340000－1801－0013186　3:38146－3:38162
韻府約編二十四卷　(清)鄧愷編　清聚學堂刻本　十七冊　存十七卷(一至五、七至十八)

340000－1801－0013187　3:38163－3:38178
增廣詩選新增詩句題解彙編二十二卷歷代詩

家姓氏備考一卷　(清)葉湘秋等輯　(清)朱春舫增輯　清光緒五年(1879)京都刻本　十六冊

340000－1801－0013188　3:38179－3:38186
韻海鴛鴦十六卷　(清)崔騏輯　清道光二十五年(1845)仙源崔氏尋樂軒刻本　八冊

340000－1801－0013189　3:38187－3:38188
韻府對語四卷閨孝女詩鈔一卷　(□)□□撰　清刻本　二冊

340000－1801－0013190　3:38189－3:38193
讀史探驪錄五卷　(清)姚芝生撰　清光緒申報館鉛印本　五冊

340000－1801－0013191　3:38194－3:38197
增廣詩句題解彙編八卷姓氏考一卷　(□)□□撰　清光緒二十二年(1896)上海中西書局石印本　四冊

340000－1801－0013192　3:38198－3:38219
增廣詩選新增詩句題解彙編二十二卷歷代詩家姓氏備考一卷　(清)葉湘秋等輯　(清)朱春舫增輯　清光緒五年(1879)刻本　二十二冊

340000－1801－0013193　3:38220－3:38223
增廣詩句題解彙編八卷姓氏考一卷　(清)上海同文書局輯　清光緒十年(1884)上海同文書局石印本　四冊

340000－1801－0013194　3:38224－3:38231
增廣試帖詩海三十二卷　題(清)經訓堂主人選輯　清光緒二十二年(1896)上海慎記書莊石印本　八冊

340000－1801－0013195　3:38232－3:38235
增廣詩句題解彙編四卷姓氏考一卷　(清)上海同文書局輯　清上海同文書局石印本　四冊

340000－1801－0013196　3:38236－3:38239
增廣詩句題解彙編四卷姓氏考一卷　(□)□□撰　清光緒二十二年(1896)上海慎記書莊石印本　四冊

340000－1801－0013197　3:38240－3:38241
新編詩句題解續集五卷　題(清)東閣主人輯　清光緒上海鴻寶齋石印本　二冊

340000－1801－0013198　3:38242－3:38305
分類字錦六十四卷　(清)何焯等輯　清刻本　六十四冊

340000－1801－0013199　3:3828－3:3846 善
潛確居類書一百二十卷　(明)陳仁錫輯　明崇禎三年至五年(1630－1632)刻本　十九冊　存三十二卷(十一至二十一、五十六至五十七、七十九至九十七)

340000－1801－0013200　3:38306－3:38369
分類字錦六十四卷　(清)何焯等編　清刻本　六十四冊

340000－1801－0013201　3:38370－3:38417
御定駢字類編二百四十卷　(清)聖祖玄燁撰　清光緒十三年(1887)上海同文書局石印本　四十八冊

340000－1801－0013202　3:38418－3:38465
御定駢字類編二百四十卷　(清)聖祖玄燁撰　清光緒十三年(1887)上海同文書局石印本　四十八冊

340000－1801－0013203　3:3847－3:3872 善
類雋三十卷　(明)鄭若庸輯　明萬曆四年(1576)汪珙刻本　二十六冊　存二十七卷(一至七、十一至三十)

340000－1801－0013204　3:38502－3:38516
普通百科新大辭典不分卷　(清)黃人輯　清宣統三年(1911)上海國學扶輪社鉛印本　十五冊

340000－1801－0013205　3:38517
左腴類眉四卷　題(清)灌園居士撰　清道光三十年(1850)刻本　一冊

340000－1801－0013206　3:38518－3:38519
春秋左傳類纂八卷　(清)桂含章編　清光緒七年(1881)刻本　二冊

340000－1801－0013207　3:38520－3:38524

哲匠金桴五卷　(明)楊慎撰　清刻本　五冊

340000－1801－0013208　3:38525－3:38532

圓機活法詩學全書二十四卷　(明)王世貞撰　清刻本　八冊　缺八卷(一至二、七至八、十五至十六、二十三至二十四)

340000－1801－0013209　3:38533

多識錄九卷　(清)石韞玉撰　清道光刻本　一冊

340000－1801－0013210　3:38534－3:38545

事物異名錄四十卷　(清)厲荃輯　(清)關槐增輯　清乾隆五十三年(1788)粵東刻本　十二冊

340000－1801－0013211　3:38546－3:38555

事物異名錄四十卷　(清)厲荃輯　(清)關槐增輯　清乾隆五十三年(1788)刻本　十冊

340000－1801－0013212　3:38556－3:38559

元和姓纂十卷　(唐)林寶輯　(清)孫星衍　(清)洪瑩校　清光緒六年(1880)金陵書局刻本　四冊

340000－1801－0013213　3:38560－3:38563

新纂氏族箋釋八卷　(清)熊峻運撰　清文秀堂刻本　四冊

340000－1801－0013214　3:38564－3:38571

新纂氏族箋釋八卷　(清)熊峻運撰　清雍正刻本　八冊

340000－1801－0013215　3:38572－3:38577

新纂氏族箋釋八卷　(清)熊峻運撰　清經義堂刻本　六冊

340000－1801－0013216　3:38578－3:38581

新纂氏族箋釋八卷　(清)熊峻運撰　清文秀堂刻本　四冊

340000－1801－0013217　3:38582－3:38585

新纂氏族箋釋八卷百家姓氏一卷　(清)熊峻運撰　清刻本　四冊

340000－1801－0013218　3:38586－3:38593

新纂氏族箋釋八卷百家姓氏一卷　(清)熊峻運撰　清刻本　八冊

340000－1801－0013219　3:38594－3:38597

增註千姓連珠四卷　(清)潘紉佩輯　清道光十二年(1832)拙園刻本　四冊

340000－1801－0013220　3:38598－3:38601

古今姓氏景行錄續集十卷　(清)程功補輯　清抄本　四冊

340000－1801－0013221　3:38602－3:38625

史姓韻編六十四卷　(清)汪輝祖輯　清同治九年(1870)金陵書局木活字印本　二十四冊

340000－1801－0013222　3:38626－3:38649

史姓韻編六十四卷　(清)汪輝祖輯　清同治九年(1870)金陵書局木活字印本　二十四冊

340000－1801－0013223　3:386－3:393 善

薛文清公讀書全錄類編二十卷　(明)薛瑄撰　(明)侯鶴齡編　明萬曆二十七年(1599)刻本　八冊

340000－1801－0013224　3:38650－3:38673

史姓韻編六十四卷　(清)汪輝祖輯　清同治九年(1870)金陵書局木活字印本　二十四冊

340000－1801－0013225　3:38674－3:38681

史姓韻編二十四卷　(清)汪輝祖輯　清光緒二十九年(1903)上海文瀾書局石印本　八冊

340000－1801－0013226　3:38682－3:38690

姓氏族譜合編十卷　(清)李魁第輯　清光緒醉月軒刻本　九冊　缺一卷(一)

340000－1801－0013227　3:38691－3:38700

姓氏族譜合編十卷　(清)李魁第輯　清光緒醉月軒刻本　十冊

340000－1801－0013228　3:38701－3:38710

姓氏族譜合編十卷　(清)李魁第輯　清光緒醉月軒刻本　十冊

340000－1801－0013229　3:38711－3:38718

姓史人物考十五卷首一卷　(清)章履仁輯　清乾隆刻本　八冊

340000－1801－0013230　3:38719－3:38722

青樓小名錄八卷　(清)趙慶楨輯　清宣統二年(1910)國學扶輪社鉛印本　四冊

340000－1801－0013231　3:38723－3:38726
異號類編二十卷　(清)史夢蘭輯　清同治五年(1866)刻本　四冊

340000－1801－0013232　3:38727－3:38730
異號類編二十卷　(清)史夢蘭輯　清同治五年(1866)刻本　四冊

340000－1801－0013233　3:38731－3:38750
尚友錄二十二卷　(明)廖用賢輯　(清)張伯琮補輯　清刻本　二十冊

340000－1801－0013234　3:3873－3:3952 善
唐類函二百卷目錄二卷　(明)俞安期輯　明萬曆三十一年(1603)東吳俞氏刻本　八十冊

340000－1801－0013235　3:38751－3:38761
尚友錄二十二卷　(明)廖用賢輯　(清)張伯琮補輯　清刻本　十一冊

340000－1801－0013236　3:38762－3:38777
尚友錄二十二卷　(明)廖用賢輯　(清)張伯琮補輯　清刻本　十六冊

340000－1801－0013237　3:38778－3:38783
校正尚友錄二十二卷　(明)廖用賢輯　(清)張伯琮補輯　**續集二十二卷**　題(清)退思主人輯　清光緒二十五年(1899)石印本　六冊

340000－1801－0013238　3:38784－3:38787
校正尚友錄二十二卷　(明)廖用賢輯　(清)張伯琮補輯　**續集二十二卷**　題(清)退思主人輯　清光緒十四年(1888)上海點石齋石印本　四冊

340000－1801－0013239　3:38788－3:38793
尚友錄二十二卷　(明)廖用賢輯　(清)張伯琮補輯　清光緒十四年(1888)著易堂銅版印本　六冊

340000－1801－0013240　3:38794－3:38805
增補尚友錄二十二卷　(明)廖用賢輯　(清)張伯琮補輯　清著易堂鉛印本　十二冊

340000－1801－0013241　3:38806－3:38815
校正尚友錄二十二卷　(明)廖用賢輯　(清)張伯琮補輯　**續集二十二卷**　題(清)退思主人輯　清光緒石印本　十冊

340000－1801－0013242　3:38816－3:38830
增廣尚友錄統編二十二卷　應祖錫輯　清光緒二十八年(1902)上海鴻寶齋石印本　十五冊

340000－1801－0013243　3:38831－3:38990
歷代名賢列女氏姓譜一百五十七卷　(清)蕭智漢輯　清乾隆五十七年(1792)聽濤山房刻本　一百六十冊

340000－1801－0013244　3:38991－3:39128
歷代名賢列女氏姓譜一百五十七卷　(清)蕭智漢輯　清刻本　一百四十冊

340000－1801－0013245　3:39129－3:39148
歷代名賢齒譜九卷名媛齒譜三卷　(清)易宗涒輯　清刻本　二十冊

340000－1801－0013246　3:39149－3:39168
歷代名賢齒譜十二卷名媛齒譜三卷　(清)易宗涒輯　清刻本　二十冊

340000－1801－0013247　3:39169－3:39174
人壽金鑒二十二卷　(清)程得齡輯　清光緒元年(1875)湖北崇文書局刻本　六冊

340000－1801－0013248　3:39175－3:39180
人壽金鑒二十二卷　(清)程得齡輯　清光緒元年(1875)湖北崇文書局刻本　六冊

340000－1801－0013249　3:39181－3:39186
人壽金鑒二十二卷　(清)程得齡輯　清光緒元年(1875)湖北崇文書局刻本　六冊

340000－1801－0013250　3:39187－3:39190
六官駢萃四卷　(清)張蔚春輯　清嘉慶九年(1804)六筍齋刻本　四冊

340000－1801－0013251　3:39191－3:39192
六官駢萃八卷　(清)張蔚春輯　清嘉慶九年(1804)刻本　二冊

340000－1801－0013252　3:39193－3:39198
省軒考古類編十二卷　(清)柴紹炳纂　清雍正刻本　六冊

340000－1801－0013253　3:39199－3:39202
省軒考古類編十二卷　(清)柴紹炳纂　清刻本　四册

340000－1801－0013254　3:39203－3:39207
省軒考古類編十二卷　(清)柴紹炳纂　清雍正二年(1724)刻本　五册

340000－1801－0013255　3:39208－3:39219
省軒考古類編十二卷　(清)柴紹炳纂　清刻本　十二册

340000－1801－0013256　3:39220－3:39243
格致鏡原一百卷　(清)陳元龍輯　清刻本　二十四册

340000－1801－0013257　3:39244－3:39267
格致鏡原一百卷　(清)陳元龍輯　清刻本　二十四册

340000－1801－0013258　3:39268－3:39291
格致鏡原一百卷　(清)陳元龍輯　清刻本　二十四册

340000－1801－0013259　3:39292－3:39315
格致鏡原一百卷　(清)陳元龍輯　清刻本　二十四册

340000－1801－0013260　3:39316－3:39339
穀玉類編五十卷　(清)汪兆舒輯　清乾隆刻本　二十四册

340000－1801－0013261　3:39340－3:39343
小學紺珠十卷　(宋)王應麟輯　清同治九年(1870)浙江書局刻玉海本　四册

340000－1801－0013262　3:39344－3:39351
通俗編三十八卷　(清)翟灝撰　清乾隆無不宜齋刻本　八册

340000－1801－0013263　3:39352－3:39359
通俗編三十八卷　(清)翟灝撰　清乾隆無不宜齋刻本　八册　缺八卷(二十八至三十五)

340000－1801－0013264　3:39360－3:39371
通俗編三十八卷　(清)翟灝撰　清乾隆無不宜齋刻本　十二册

340000－1801－0013265　3:39372－3:39381
通俗編三十八卷　(清)翟灝撰　清乾隆無不宜齋刻本　十册

340000－1801－0013266　3:39382－3:39393
通俗編三十八卷　(清)翟灝撰　清乾隆無不宜齋刻本　十二册

340000－1801－0013267　3:39394－3:39405
通俗編三十八卷　(清)翟灝撰　清乾隆無不宜齋刻本　十二册

340000－1801－0013268　3:39406－3:39408
通俗編十五卷　(清)翟灝撰　(清)李調元校　清刻本　三册

340000－1801－0013269　3:39409－3:39424
續西學大成十八卷　(清)孫家鼐輯　清光緒飛鴻閣石印本　十六册

340000－1801－0013270　3:39425－3:39436
西學大成十二卷　(清)王西清　(清)盧梯青輯　清光緒十七年(1891)大同書局石印本　十二册

340000－1801－0013271　3:39437
虚字錦五卷　(清)顧紹鼎輯　清刻本　一册

340000－1801－0013272　3:39438－3:39439
行文寶笈八種　(清)顧紹鼎輯　清光緒十一年(1885)石印本　二册

340000－1801－0013273　3:39440
永嘉先生八面鋒十三卷　(宋)陳傅良輯　(清)徐受麟圈點　清光緒十七年(1891)歙南徐受麟抄本　一册

340000－1801－0013274　3:39441－3:39446
西事類編十六卷　(清)沈純輯　清光緒十三年(1887)申報館鉛印本　六册

340000－1801－0013275　3:39447
新刻增訂釋義經書便用通考雜字二卷　(清)徐三省編輯　(清)戴啟達增訂　清刻本　一册

340000－1801－0013276　3:39448－3:39449
增訂釋義便用世事通考雜字二卷　(清)徐三

省編輯　(清)王旭林增補　清乾隆四十三年(1778)文林堂刻本　二冊

340000－1801－0013277　3:39451－3:39455
事物原會四十卷補遺一卷　(清)汪汲錄　清嘉慶刻本　五冊

340000－1801－0013278　3:39460－3:39471
新民叢報彙編十七卷　梁啟超輯　清光緒三十二年(1906)石印本　十二冊

340000－1801－0013279　3:39472－3:39531
二十四史九通政典類要合編三百二十卷　題(清)約雅堂主人輯　清光緒十八年(1892)石印本　六十冊

340000－1801－0013280　3:39532－3:39584
萬國政治藝學全書三百八十卷　(清)朱大文(清)淩賡颺輯　清光緒二十八年(1902)上海鴻文書局石印本　五十三冊

340000－1801－0013281　3:3953 善
唐類函二百卷　(明)俞安期輯　明萬曆三十一年(1603)東吳俞氏刻本　一冊　存五卷(六至十)

340000－1801－0013282　3:394－3:395 善
中山讀書印三卷　(明)張鼐撰　明五雲館刻本　二冊

340000－1801－0013283　3:396 善
中山讀書印三卷　(明)張鼐撰　明五雲館刻本　二冊

340000－1801－0013284　3:3954－3:3955 善
三才圖會一百六卷　(明)王思義續輯　明潭濱黃晟刻本　二冊　存四卷(鳥獸一至四)

340000－1801－0013285　3:3956－3:3963 善
劉氏類山十卷　(明)劉胤昌纂　明萬曆三十三年(1605)刻本　八冊

340000－1801－0013286　3:39585－3:39608
萬國政治藝學全書三百八十卷　(清)朱大文(清)淩賡颺輯　清光緒二十八年(1902)上海鴻文書局石印本　二十四冊

340000－1801－0013287　3:39627－3:39642
增評加批金玉緣圖說十二卷首一卷　(清)曹雪芹撰　清光緒三十二年(1906)上海桐蔭軒石印本　十六冊

340000－1801－0013288　3:3964－3:3966 善
劉氏類山十卷　(明)劉胤昌纂　明萬曆三十三年(1605)刻本　三冊　缺三卷(五至七)

340000－1801－0013289　3:3967－3:3971 善
劉氏鴻書一百八卷　(明)劉仲達纂輯　明刻本　五冊　存十六卷(五至十、十六至二十一、五十五至五十八)

340000－1801－0013290　3:39696－3:39699
孔子集語十七卷　(清)孫星衍撰　清光緒三年(1877)浙江書局刻本　四冊

340000－1801－0013291　3:39704
中說十卷　(隋)王通撰　(宋)阮逸注　清光緒二年(1876)浙江書局刻本　一冊

340000－1801－0013292　3:39705－3:39706
文中子中說十卷　(隋)王通撰　(宋)阮逸注　清光緒二年(1876)浙江書局刻本　二冊

340000－1801－0013293　3:39707－3:39708
新書十卷　(漢)賈誼撰　清光緒元年(1875)浙江書局刻本　二冊

340000－1801－0013294　3:39712
揚子法言十三卷　(漢)揚雄撰　(晉)李軌注(宋)□□音義　清光緒二年(1876)浙江書局刻二十二子本　一冊

340000－1801－0013295　3:39721－3:39724
說苑十卷　(漢)劉向撰　清涵芬樓刻本　四冊

340000－1801－0013296　3:3972－3:3975 善
劉氏鴻書一百八卷　(明)劉仲達編　明刻本　四冊　存二十卷(三十一至三十七、五十一至五十五、九十至九十七)

340000－1801－0013297　3:39735－3:39738
潛夫論十卷　(漢)王符撰　(清)汪繼培箋注　清光緒十七年(1891)思賢講舍刻本　四冊

340000－1801－0013298　3:39750－3:39788

晦庵先生朱文公文集一百卷續集十一卷別集十卷 (宋)朱熹撰 清同治十二年(1873)六安涂氏求我齋刻本 三十九册

340000－1801－0013299 3:3976－3:3978 善

新刊全補源流引蒙會海對類大成二十卷 (明)吕黄鐘編 明萬曆建陽劉氏刻本 三册

340000－1801－0013300 3:3979－3:3985 善

對類二十卷 (明)吴勉學注 明新安吴勉學刻本 三册 存十五卷(一至五、十一至二十)

340000－1801－0013301 3:397 善

閑闢錄十卷 (明)程曈撰 明刻本 一册 存六卷(一至六)

340000－1801－0013302 3:398－3:405 善

薛文清公讀書全錄類編二十卷 (明)薛瑄撰 (明)侯鶴齡編 明萬曆二十七年(1599)刻本 八册

340000－1801－0013303 3:39835－3:39838

二程語錄十八卷 (清)張伯行訂 清康熙四十八年(1709)福州正誼堂刻本 四册

340000－1801－0013304 3:39839－3:39846

西河合集二十九卷 (清)毛奇齡撰 清大西山房刻龍威秘書本 八册

340000－1801－0013305 3:39847－3:39850

四書反身錄八卷 (清)李顒撰 清嘉慶二十二年(1817)掃葉山房石印本 四册

340000－1801－0013306 3:39854

呂書四種合刻十九卷 (明)吕得勝 (明)吕坤著 清道光七年(1827)開封府署刻本 一册

340000－1801－0013307 3:39855

讀讀書錄二卷 (清)汪紱撰 清光緒杭城青簡齋刻朱印本 一册

340000－1801－0013308 3:39856

讀問學錄一卷 (清)汪紱撰 清光緒二十年(1894)刻本 一册

340000－1801－0013309 3:39857

小學内篇一卷外篇一卷 (□)□□撰 清寒松堂抄本 一册

340000－1801－0013310 3:39858

輶軒語一卷 (清)張之洞撰 清光緒刻本 一册

340000－1801－0013311 3:3986－3:3988 善

對類二十卷 (□)□□撰 明刻本 三册 存十五卷(一至五、十一至二十)

340000－1801－0013312 3:39883－3:39888

蔡氏九儒書八卷首一卷 (宋)蔡發等撰 清同治七年(1868)刻本 六册

340000－1801－0013313 3:39897－3:39898

人譜五卷 (明)劉宗周撰 清同治八年(1869)刻本 二册

340000－1801－0013314 3:39899－3:39901

人譜五卷 (明)劉宗周撰 清光緒三年(1877)湖北崇文書局刻本 三册

340000－1801－0013315 3:3989 善

對類二十卷 (□)□□撰 明刻本 一册 存二卷(三至四)

340000－1801－0013316 3:3990－3:3995 善

對類二十卷 (明)屠隆訂正 明古吴聚錦堂刻本 六册 存六卷(一至六)

340000－1801－0013317 3:39905－3:39913

聖諭像解二十卷 (清)梁延年撰 清光緒二十九年(1903)安徽撫署石印本 九册 缺二卷(六至七)

340000－1801－0013318 3:39914－3:39915

内訟齋隨錄四卷 (清)石廣均輯 清咸豐三年(1853)刻本 二册

340000－1801－0013319 3:39916

篤素堂文集四卷 (清)張英撰 清光緒六年(1880)刻本 一册

340000－1801－0013320 3:39917

澄懷園語四卷 (清)張廷玉撰 清光緒龐山刻本 一册

340000－1801－0013321 3:39918

惜抱軒筆記八卷　(清)姚鼐撰　清嘉慶二十五年(1820)刻本　一册

340000－1801－0013322　3:39920－3:39929
通雅五十三卷首三卷　(清)方以智撰　清光緒十一年(1885)桐城方氏刻本　十册

340000－1801－0013323　3:39930－3:39935
札樸十卷　(清)桂馥撰　清光緒九年(1883)長洲蔣氏心矩齋刻本　六册

340000－1801－0013324　3:39938－3:39941
札迻十二卷　(清)孫詒讓撰　清光緒十九年(1893)刻本　四册

340000－1801－0013325　3:39942－3:39945
正學編八卷　(清)潘世恩輯　(清)潘曾瑋疏　清同治六年(1867)鉛印本　四册

340000－1801－0013326　3:39946
敬齋古今黈八卷　(元)李冶撰　清刻本　一册

340000－1801－0013327　3:39947－3:39962
日知錄集釋三十二卷刊誤二卷續刊誤二卷　(清)顧炎武撰　(清)黄汝成集釋　清光緒二十五年(1899)京都琉璃廠刻本　十六册

340000－1801－0013328　3:3996－3:3997 善
新刊古今類書纂要二卷　(明)璩崑玉輯　明天啓金閶錢氏刻本　二册

340000－1801－0013329　3:39963－3:39978
日知錄集釋三十二卷刊誤二卷續刊誤二卷　(清)顧炎武撰　(清)黄汝成集釋　清光緒三年(1877)刻本　十六册

340000－1801－0013330　3:39979－3:39990
日知錄三十二卷　(清)顧炎武撰　清康熙三十四年(1695)遂初堂刻本　十二册

340000－1801－0013331　3:3998－3:4001 善
古今類書纂要增删十二卷　(明)璩崑玉輯　(明)沈際飛鑒定　明崇禎七年(1634)刻本　四册

340000－1801－0013332　3:39991－3:39996
困學紀聞注二十卷　(宋)王應麟撰　(清)翁元圻輯注　清道光五年(1825)餘姚翁氏守福堂刻本　六册　存十卷(十一至二十)

340000－1801－0013333　3:39997－3:40002
癸巳存稿十五卷　(清)俞正燮撰　清光緒十年(1884)刻本　六册

340000－1801－0013334　3:4002－3:4006 善
焦氏類林八卷　(明)焦竑輯　明萬曆金陵刻本　五册　存五卷(一、三至六)

340000－1801－0013335　3:40038
莊子三卷　(戰國)莊周撰　(晉)郭象注　(唐)陸德明音義　清光緒二年(1876)浙江書局刻本　一册

340000－1801－0013336　3:40041
老子道德經二卷　(三國魏)王弼注　清光緒元年(1875)浙江書局刻本　一册

340000－1801－0013337　3:40052
文子纘義十二卷　(宋)杜道堅撰　清光緒三年(1877)浙江書局刻本　二册

340000－1801－0013338　3:40053
三豐丹訣不分卷　(明)張君實撰　清刻本　一册

340000－1801－0013339　3:40054
玄機直指不分卷　題(清)回陽子撰　題(清)白霞道人錄　清同治十年(1871)刻本　一册

340000－1801－0013340　3:40055
神室八法一卷修真九要一卷　(清)劉一明撰　清光緒六年(1880)刻本　一册

340000－1801－0013341　3:40056－3:40058
悟真直指四卷　(宋)張伯端撰　(清)劉一明解　清光緒六年(1880)刻本　三册

340000－1801－0013342　3:40059－3:40060
參同契經文直指三篇　(漢)魏伯陽撰　(清)劉一明解　清光緒六年(1880)刻本　二册

340000－1801－0013343　3:40061－3:40066
太上道德真經集注五卷末一卷　(春秋)李耳撰　(宋)彭耜纂　清光緒三年(1877)刻本　六册

340000－1801－0013344　3:40071
韓非子識誤三卷　(清)顧廣圻撰　清嘉慶刻本　一册

340000－1801－0013345　3:40072－3:40076
韓非子二十卷　(戰國)韓非撰　清光緒元年(1875)浙江書局刻本　五册

340000－1801－0013346　3:4007－3:4017 善
古學彙纂十卷　(明)周時雍輯　明崇禎十五年(1642)周氏愛日齋刻本　十二册

340000－1801－0013347　3:40091－3:40097
管子二十四卷　(春秋)管仲撰　(唐)房玄齡注　(明)劉績補注　清光緒二年(1876)浙江書局刻本　七册　缺三卷(二十二至二十四)

340000－1801－0013348　3:40098
商君書五卷　(戰國)商鞅撰　清光緒二年(1876)浙江書局刻本　一册

340000－1801－0013349　3:40115－3:40119
重刊補注洗冤録集證五卷增一卷附一卷　(宋)宋慈撰　(清)王又槐增輯　(清)李觀瀾補輯　清同治四年(1865)粵東省署刻四色套印本　五册

340000－1801－0013350　3:40120－3:40123
補注洗冤録集證四卷附刊檢骨圖格一卷作吏要言一卷　(清)童濂輯　清刻本　四册

340000－1801－0013351　3:40141－3:40146
淮南子二十一卷　(漢)高誘注　清光緒二年(1876)浙江書局刻本　六册

340000－1801－0013352　3:40148
寤言二卷　陳澹然撰　清光緒二十八年(1902)刻本　一册

340000－1801－0013353　3:40149－3:40152
説文引經考異十六卷　(清)柳榮宗撰　清咸豐五年(1855)刻本　四册

340000－1801－0013354　3:4018－3:4028 善
古學彙纂十卷　(明)周時雍編　明崇禎十五年(1642)周氏愛日齋刻本　十册　存八卷(一至四、六至九)

340000－1801－0013355　3:40189－3:40196
得一録十六卷　(清)余治輯　清同治八年(1869)上海翼化堂善書局刷印本　八册

340000－1801－0013356　3:40197－3:40202
池北偶談二十六卷　(清)王士禛撰　清光緒二十二年(1896)上海慎記書莊石印本　六册

340000－1801－0013357　3:40206－3:40209
竹葉亭雜記八卷　(清)姚元之撰　清刻本　四册

340000－1801－0013358　3:40210－3:40213
山門新語四卷首一卷　(清)周贇撰　清刻本　四册

340000－1801－0013359　3:40214
澗泉日記三卷　(宋)韓淲撰　清刻本　一册

340000－1801－0013360　3:40215
胡子知言六卷　(宋)胡宏撰　**薛子道論三卷**　(明)薛瑄撰　清光緒元年(1875)湖北崇文書局刻本　一册

340000－1801－0013361　3:40221
千字文直解不分卷　題(清)介庵注　清刻本　一册

340000－1801－0013362　3:40224－3:40229
少室山房筆叢四十八卷　(明)胡應麟撰　清光緒二十二年(1896)廣雅書局刻本　六册

340000－1801－0013363　3:40266
分甘餘話四卷　(清)王士禛撰　清刻本　一册

340000－1801－0013364　3:40267－3:40270
龍文鞭影二卷二集二卷　(明)蕭良有撰　清光緒三年(1877)掃葉山房石印本　四册

340000－1801－0013365　3:40271－3:40272
龍文鞭影四卷　(明)蕭良有輯　清兩宜堂刻本　二册

340000－1801－0013366　3:40283－3:40298
七修類稿五十一卷續稿七卷　(明)郎瑛撰　清刻本　十六册

340000－1801－0013367　3:4029 善
古學彙纂十卷　(明)周時雍編　明崇禎十五年(1642)周氏愛日齋刻本　一冊　存目錄

340000－1801－0013368　3:4030－3:4034 善
廣韻藻六卷　(明)方夏輯　明崇禎刻本　五冊　存五卷(一、三至六)

340000－1801－0013369　3:40314－3:40337
欽定授時通考七十八卷　(清)張廷玉等輯　清道光六年(1826)刻本　二十四冊

340000－1801－0013370　3:40339
蠶務條陳一卷　(英國)康發達撰　清光緒鉛印本　一冊

340000－1801－0013371　3:40340
廣蠶桑說一卷　(清)沈練撰　清同治刻本　一冊

340000－1801－0013372　3:40341
蠶桑說一卷　(清)沈練撰　清光緒十六年(1890)歸安縣署刻本　一冊

340000－1801－0013373　3:40342
廣蠶桑說一卷　(清)沈練撰　清同治二年(1863)刻本　一冊

340000－1801－0013374　3:40343
廣蠶桑說一卷　(清)沈練撰　清同治二年(1863)刻本　一冊

340000－1801－0013375　3:40344－3:40351
蠶桑萃編十五卷首一卷　(清)衛傑撰　清光緒二十六年(1900)刻本　八冊

340000－1801－0013376　3:40352－3:40359
蠶桑萃編十五卷首一卷　(清)衛傑撰　清光緒二十六年(1900)刻本　八冊

340000－1801－0013377　3:4035－3:4054 善
新刻重校增補圓機活法詩學全書二十四卷新刊校正增補圓機詩韻活法全書十四卷　(明)王世貞校　明刻本　二十冊

340000－1801－0013378　3:40393－3:40400
兩般秋雨庵隨筆八卷　(清)梁紹壬撰　清文德堂刻本　八冊

340000－1801－0013379　3:40426－3:40431
世說新語三卷　(南朝宋)劉義慶撰　(南朝梁)劉孝標注　清光緒十四年(1888)長沙惜陰書局刻惜陰軒叢書本　六冊

340000－1801－0013380　3:40435－3:40438
山海經十八卷圖證一卷　(晉)郭璞注　(清)郝懿行箋疏　**山海經訂譌一卷**　(清)郝懿行撰　清嘉慶十四年(1809)刻本　四冊

340000－1801－0013381　3:40439－3:40443
山海經廣注十八卷　(清)吳任臣撰　清刻本　五冊

340000－1801－0013382　3:40444－3:40446
山海經十八卷　(晉)郭璞注　清光緒三年(1877)浙江書局刻本　三冊

340000－1801－0013383　3:40447－3:40454
夷堅志甲集二十卷乙集二十卷　(宋)洪邁輯　清光緒五年(1879)刻本　八冊

340000－1801－0013384　3:40455
仙壇花雨一卷　題(清)浮園主人錄　**碧落雜誌一卷**　題(清)白岳山人錄　題(清)金粟庵主重編　清光緒二年(1876)申報館鉛印本　一冊

340000－1801－0013385　3:40475－3:40478
浪跡續談八卷　(清)梁章鉅撰　清道光二十八年(1848)亦東園刻本　四冊

340000－1801－0013386　3:40479－3:40486
夷堅志丙集二十卷丁集二十卷　(宋)洪邁撰　清光緒五年(1879)陸氏十萬卷樓刻本　八冊

340000－1801－0013387　3:40487－3:40489
搜神記二十卷後記十卷　(晉)干寶撰　清光緒元年(1875)湖北崇文書局刻本　三冊

340000－1801－0013388　3:40495－3:40502
閱微草堂筆記二十四卷　(清)紀昀撰　清道光十三年(1833)刻本　八冊

340000－1801－0013389　3:40513－3:40514
表異錄二十卷　(明)王志堅輯　清光緒十四

年(1888)長沙惜陰書局刻惜陰軒叢書本　二冊

340000－1801－0013390　3:40515－3:40516
清異錄二卷　(宋)陶容撰　清光緒十四年(1888)長沙惜陰書局刻惜陰軒叢書本　二冊

340000－1801－0013391　3:40517－3:40520
唐語林八卷　(宋)王讜撰　清光緒十四年(1888)長沙惜陰書局刻惜陰軒叢書本　四冊

340000－1801－0013392　3:4055－3:4072 善
新刻重校增補圓機活法詩學全書二十四卷新刊校正增補圓機詩韻活法全書十四卷　(明)王世貞校　明刻本　十八冊

340000－1801－0013393　3:406－3:415 善
讀書錄十一卷續錄十二卷　(明)薛瑄撰　清乾隆至嘉慶天蓋樓刻本　十冊

340000－1801－0013394　3:40648－3:40657
第一才子書六十卷一百二十回　(明)羅本撰　(清)毛宗崗評　清光緒十一年(1885)上海同文書局石印本　十冊　缺十一卷(二十三至二十七、五十五至六十)

340000－1801－0013395　3:40658－3:40677
繡像第一才子書六十卷一百二十回　(明)羅本撰　(清)毛宗崗評　清刻本　二十冊

340000－1801－0013396　3:40678－3:40693
增像全圖三國志演義六十卷一百二十回　(明)羅本撰　清光緒三十年(1904)上海同文升記書局石印本　十六冊

340000－1801－0013397　3:40694－3:40710
四大奇書第一種六十卷一百二十回　(明)羅本撰　(清)毛宗崗評　清刻本　十七冊　缺六卷(十八至二十三)

340000－1801－0013398　3:40711－3:40724
四大奇書第一種六十卷一百二十回　(明)羅本撰　(清)毛宗崗評　清刻本　十四冊　存十八卷(一至三、五、十至十八、三十八至四十一、五十一)

340000－1801－0013399　3:4073－3:4077 善
新刻重校增補圓機活法詩學全書二十四卷　(明)王世貞校　明唐謙刻本　五冊

340000－1801－0013400　3:4078－3:4086 善
圓機活法五十卷　(明)王世貞輯　明嘉靖徽府刻本　九冊　存四十三卷(一至七、十五至五十)

340000－1801－0013401　3:40785－3:40804
西遊真詮一百回　(清)陳士斌詮解　清刻本　二十冊

340000－1801－0013402　3:4087－3:4122 善
新纂事詞類奇三十卷　(明)徐常吉撰　(明)陸伯元注　明萬曆刻本　三十六冊

340000－1801－0013403　3:40927－3:40974
太平廣記五百卷　(宋)李昉等撰　清道光刻本　四十八冊　缺一百十卷(一至一百十)

340000－1801－0013404　3:41010－3:41015
獪園十四卷　(明)錢希言撰　清刻本　六冊

340000－1801－0013405　3:41020－3:41021
新鐫許真君廣玉匣記增補諸家選擇日用通書四卷　(清)鄭漢校　清刻本　二冊

340000－1801－0013406　3:41030－3:41046
來生福彈詞三十六回　題(清)橘中逸叟編　清刻本　十七冊　缺二回(一至二)

340000－1801－0013407　3:41052－3:41091
武備志二百四十卷　(明)茅元儀撰　清刻本　四十冊　存一百十六卷(九十八至一百八十三、二百十一至二百四十)

340000－1801－0013408　3:41092－3:41098
金湯借箸十二籌十二卷　(明)李盤等撰　清刻本　八冊

340000－1801－0013409　3:41099－3:41100
練兵實紀十五卷雜集六卷　(明)戚繼光撰　清道光十四年(1834)刻本　二冊

340000－1801－0013410　3:41101
經邦軌轍一卷　(清)年羹堯撰　清光緒九年(1883)清隱山房刻本　一冊

340000－1801－0013411　3:41102－3:41105
紀效新書十八卷首一卷　(明)戚繼光撰　清刻本　四册

340000－1801－0013412　3:41123
大清光緒九年歲次癸未日用便覽書不分卷　(□)□□撰　清光緒九年(1883)刻本　一册

340000－1801－0013413　3:41124
大清光緒三十年歲次甲辰通書不分卷　(□)□□撰　清光緒三十年(1904)刻本　一册

340000－1801－0013414　3:41125
大清光緒十三年歲次丁亥日用指明内附二十四山導依官曆增附開山立向通書不分卷　(□)□□撰　清光緒十三年(1887)刻本　一册

340000－1801－0013415　3:41126
大清光緒三十二年歲次丁酉時憲書不分卷　(□)□□撰　清順天府刻本　一册

340000－1801－0013416　3:41127
大清光緒三十二年歲次丙午時憲書不分卷　(□)□□撰　清順天府刻本　一册

340000－1801－0013417　3:41128
大清光緒三十二年歲次丙午時憲書不分卷　(□)□□撰　清順天府刻本　一册

340000－1801－0013418　3:41129
大清光緒三十四年歲次戊申時憲書不分卷　(□)□□撰　清順天府刻本　一册

340000－1801－0013419　3:41135－3:41136
盛世參苓算稿一卷天代蒙泉細草一卷　(清)董毓琦撰　清光緒刻本　二册

340000－1801－0013420　3:41137
髀矩測營一卷視經舉隅一卷籌筆初梯一卷九環西解一卷胡氏宕田箕稿一卷　(清)董毓琦撰　清刻本　一册

340000－1801－0013421　3:41138
小衡箕説二卷　(清)汪光恒撰　清光緒刻本　二册

340000－1801－0013422　3:41159－3:41163
新刻萬法歸示請仙箕法五卷　(□)□□撰　清刻本　五册

340000－1801－0013423　3:41168－3:41169
新編玄機妙訣斷易黃金策三卷　(清)吳梓行編　清刻兩儀堂印本　二册

340000－1801－0013424　3:41170
火珠林一卷　題(宋)麻衣道者著　(清)程芝雲校正　清抄本　一册

340000－1801－0013425　3:41175
乾坤變異録一卷　(□)□□撰　清光緒九年(1883)清隱山房刻本　一册

340000－1801－0013426　3:41176
六壬大占一卷　(宋)祝泌撰　清光緒九年(1883)清隱山房刻本　一册

340000－1801－0013427　3:41180
奇門遁甲元機一卷　(宋)岳珂纂輯　清光緒九年(1883)清隱山房刻本　一册

340000－1801－0013428　3:41188－3:41190
鼎鍥卜筮鬼谷源流斷易天機大全三卷首一卷　(戰國)鬼谷子撰　清經綸堂刻本　三册

340000－1801－0013429　3:41191－3:41206
欽定協紀辨方書三十六卷　(清)李廷耀等纂　清乾隆六年(1741)刻朱墨套印本　十六册

340000－1801－0013430　3:41213－3:41215
羅經指南撥霧集三卷　(清)葉泰撰　清康熙三十二年(1693)刻本　三册

340000－1801－0013431　3:41233
醉墨軒畫稿四卷　題(清)醉墨軒主人畫　清宣統元年(1909)天寶書局石印本　一册

340000－1801－0013432　3:4123 善
新鐫六經類纂一卷　(明)鍾惺纂　明彙經堂刻本　一册

340000－1801－0013433　3:41241－3:41244
習苦齋畫絮十卷　(清)戴熙撰　清光緒十九年(1893)刻本　四册

340000－1801－0013434　3:4124－3:4125 善

春秋貫玉四卷 (明)顔鯨撰 明嘉靖刻本 二册 存二卷(一、四)

340000－1801－0013435 3:41245－3:41248

習苦齋畫絮十卷 (清)戴熙撰 清光緒十九年(1893)刻本 四册

340000－1801－0013436 3:41249－3:41253

芥子園畫傳初集六卷 (清)王概輯 清刻本 五册

340000－1801－0013437 3:41254－3:41258

芥子園畫傳初集六卷 (清)王概輯 清刻本 五册

340000－1801－0013438 3:41259－3:41263

芥子園畫傳初集六卷 (清)王概輯 清刻本 五册

340000－1801－0013439 3:4126－3:4133 善

陳明卿先生訂正四書人物備考四十八卷 (明)薛應旂輯 (明)薛寀增補 明刻本 八册

340000－1801－0013440 3:41264－3:41267

芥子園畫傳初集六卷二集九卷三集六卷 (清)王概輯 清光緒十四年(1888)鴻文書局刻本 四册 存四卷(二集一至四)

340000－1801－0013441 3:41268－3:41271

芥子園畫傳初集六卷二集九卷三集六卷 (清)王概輯 清光緒刻本 四册 存三卷(三集一至三)

340000－1801－0013442 3:41272－3:41275

芥子園畫傳四集四卷 (清)王概輯 清刻本 四册

340000－1801－0013443 3:41276－3:41279

芥子園畫傳四集四卷 (清)王概輯 清刻本 四册

340000－1801－0013444 3:41280－3:41285

真本芥子園四集人物畫傳六卷 (清)王概輯 清光緒二十三年(1897)碧梧山莊石印本 六册

340000－1801－0013445 3:41286－3:41288

芥子園畫傳四集四卷 (清)王概輯 清刻本 三册

340000－1801－0013446 3:41299

紅樓夢圖詠不分卷 (清)改琦繪 清刻本 一册

340000－1801－0013447 3:41300

六如畫譜三卷 (明)唐寅輯 清光緒十四年(1888)長沙惜陰書局刻惜陰軒叢書本 一册

340000－1801－0013448 3:41311

四體書法不分卷 (明)李登編輯 清大文堂刻本 一册

340000－1801－0013449 3:41312－3:41313

書法離鉤十卷 (明)潘之淙撰 清光緒十四年(1888)長沙惜陰書局刻惜陰軒叢書本 二册

340000－1801－0013450 3:41315－3:41316

墨緣匯觀二卷 (清)安岐撰 清刻本 二册

340000－1801－0013451 3:4134－3:4137 善

子書類纂七卷 (明)胡胤嘉輯 明天啓刻本 四册

340000－1801－0013452 3:41347－3:41352

五知齋琴譜八卷 (清)周魯封輯 清乾隆十一年(1746)刻本 六册

340000－1801－0013453 3:41353

碣石調幽蘭不分卷 (南朝梁)丘明撰 清刻本 一册

340000－1801－0013454 3:41377－3:41391

二如亭群芳譜二十八卷首二卷 (明)王象晉撰 清崇禮書院刻本 十五册 缺四卷(一至四)

340000－1801－0013455 3:4138－3:4149 善

文選錦字錄二十一卷 (明)淩迪知輯 明萬曆五年(1577)淩氏桂芝館刻文林綺繡叢書本 十二册

340000－1801－0013456 3:41392

雪堂所藏古器物圖一卷 (□)□□撰 清刻本 一册

340000－1801－0013457　3:41410－3:41416
補注黄帝内經素問二十四卷　(唐)王冰注　(宋)林億等校正　(宋)孫兆改誤　**素問遺篇一卷**　(宋)劉溫舒撰　清光緒三年(1877)浙江書局刻二十二子本　八册

340000－1801－0013458　3:41423－3:41424
黄帝内經靈樞十二卷　(唐)王冰注　清光緒三年(1877)浙江書局刻二十二子本　二册

340000－1801－0013459　3:41437－3:41438
圖注八十一難經辨真八卷　題(戰國)秦越人(扁鵲)撰　(明)張世賢注　清刻本　二册

340000－1801－0013460　3:41439－3:41440
圖注脈訣辨真八卷　(晉)王叔和撰　(明)張世賢注　清刻本　二册

340000－1801－0013461　3:41451－3:41452
脈經十卷　(晉)王叔和撰　清光緒十七年(1891)池陽周氏刻本　二册

340000－1801－0013462　3:41453－3:41454
脈經十卷　(晉)王叔和撰　清光緒十七年(1891)池陽周氏刻本　二册

340000－1801－0013463　3:41455－3:41460
脈經十卷　(晉)王叔和撰　清嘉慶十七年(1812)刻本　六册

340000－1801－0013464　3:41471－3:41482
辨證錄十四卷　(清)陳士鐸撰　清咸豐四年(1854)刻本　十二册

340000－1801－0013465　3:41483－3:41486
寒溫條辯七卷溫病壞證一卷　(清)楊璿撰　清光緒二十三年(1897)湖南書局刻本　四册

340000－1801－0013466　3:41487－3:41488
傷寒論類方一卷　(清)徐大椿撰　清刻本　二册

340000－1801－0013467　3:4150－3:4151 善
新刻旁訓四六古事苑二十卷　(明)鄧志謨著　明刻本　二册

340000－1801－0013468　3:41509－3:41513
傅氏眼科審視瑶函六卷首一卷　(明)傅仁宇纂輯　清文德堂刻本　五册　缺一卷(六)

340000－1801－0013469　3:41520－3:41523
御纂醫宗金鑑外科十六卷　(清)吴謙等纂　清宣統元年(1909)簡青齋書局石印本　四册

340000－1801－0013470　3:4152－3:4157 善
麗句集六卷　(明)許之吉選　明天啓刻本　六册

340000－1801－0013471　3:41526－3:41529
痘疹會通四卷　(清)曾鼎輯　清忠恕堂刻本　四册

340000－1801－0013472　3:41532－3:41535
理瀹駢文不分卷　(清)吴師機撰　清光緒六年(1880)刻本　四册

340000－1801－0013473　3:41536－3:41539
理瀹駢文不分卷　(清)吴師機撰　清同治三年(1864)刻本　四册

340000－1801－0013474　3:41541
產科心法二卷　(清)汪喆撰　清嘉慶九年(1804)刻本　一册

340000－1801－0013475　3:41542－3:41546
濟陰綱目十四卷　(清)武之望輯　清刻本　五册

340000－1801－0013476　3:41548
幼科醫學指南四卷　(清)周震撰　清刻本　一册

340000－1801－0013477　3:41552
幼科鐵鏡六卷　(清)夏鼎撰　清刻本　一册

340000－1801－0013478　3:41553－3:41554
幼科鐵鏡六卷　(清)夏鼎撰　清刻本　二册

340000－1801－0013479　3:41557－3:41558
幼科鐵鏡六卷　(清)夏鼎撰　清光緒劉氏唐石簃刻貴池先哲遺書本　二册

340000－1801－0013480　3:41559－3:41602
本草綱目五十二卷萬方鍼線八卷圖二卷　(明)李時珍撰　清道光六年(1826)刻本　四十四册

340000－1801－0013481　3:4158－3:4159 善
麗句集六卷　(明)許之吉選　明天啓刻本　二册

340000－1801－0013482　3:4160 善
古今振雅雲箋八卷　(明)徐渭輯　明刻本　一册　存二卷(七至八)

340000－1801－0013483　3:4161－3:4170 善
新增說文韻府群玉二十卷　(元)陰時夫輯　(元)陰中夫注　明萬曆十八年(1590)秣陵王元貞刻本　十册

340000－1801－0013484　3:416－3:422 善
朱翼十二卷　(明)江旭奇輯　明刻本　七册　存七卷(子、卯、辰、巳、午、戌、亥)

340000－1801－0013485　3:41680－3:41683
藥治通義十二卷　(日本)丹波元堅撰　清刻存誠藥室叢書本　四册

340000－1801－0013486　3:41696－3:41711
孫真人備急千金要方三十卷　(唐)孫思邈撰　清光緒三十四年(1908)上海久敬齋書莊鉛印本　十六册

340000－1801－0013487　3:4171－3:4180 善
新增說文韻府群玉二十卷　(元)陰時夫輯　(元)陰中夫注　明萬曆十八年(1590)秣陵王元貞刻本　十册

340000－1801－0013488　3:41751－3:41752
重校日本湯頭歌訣一卷　(清)汪昂撰　清光緒三十年(1904)石印本　二册

340000－1801－0013489　3:41763－3:41767
醫方集解三卷　(清)汪昂撰　清兩儀堂刻本　五册

340000－1801－0013490　3:41778－3:41789
證治準繩八卷　(明)王肯堂輯　清光緒十八年(1892)廣州石經堂刻本　十二册

340000－1801－0013491　3:41790－3:41797
衛生寶鑒三十四卷補遺一卷　(元)羅天益撰　清光緒十四年(1888)長沙惜陰書局刻惜陰軒叢書本　八册

340000－1801－0013492　3:41802－3:41817
陳修園醫書五十種　(清)陳念祖撰　清光緒三十一年(1905)上海商務印書館石印本　十六册

340000－1801－0013493　3:4181－3:4185 善
新增說文韻府群玉二十卷　(元)陰時夫輯　(元)陰中夫注　明萬曆刻本　五册

340000－1801－0013494　3:41818
醫學心悟六卷　(清)程國彭撰　清光緒二十年(1894)上海圖書集成印書局鉛印本　一册

340000－1801－0013495　3:41823－3:41825
醫門法律六卷　(清)喻昌撰　清光緒二十六年(1900)老校經山房石印本　三册

340000－1801－0013496　3:41826
尚論篇四卷首一卷　(清)喻昌撰　清光緒二十六年(1900)石印本　一册

340000－1801－0013497　3:41827
尚論篇四卷首一卷　(清)喻昌撰　清光緒二十六年(1900)石印本　一册

340000－1801－0013498　3:41828
寓意草一卷　(清)喻昌撰　清光緒二十六年(1900)石印本　一册

340000－1801－0013499　3:41829－3:41830
寓意草一卷　(清)喻昌撰　清刻本　二册

340000－1801－0013500　3:41831－3:41846
唐王燾先生外臺秘要方四十卷　(唐)王燾撰　清光緒二十四年(1898)上海圖書集成印書局鉛印本　十六册

340000－1801－0013501　3:41847－3:41852
醫經原旨六卷　(清)薛雪集注　清掃葉莊刻本　六册

340000－1801－0013502　3:41853－3:41857
聊復集五卷　(清)汪必昌編　清嘉慶京都刻本　五册

340000－1801－0013503　3:41858－3:41867
醫門棒喝初集四卷二集九卷　(清)章楠撰　清宣統元年(1909)三友益齋石印本　十册

340000－1801－0013504　3:4186－3:4195 善
新增說文韻府群玉二十卷　(元)陰時夫輯　明萬曆刻本　十冊

340000－1801－0013505　3:41891
福幼編一卷遂生編一卷　(清)莊一夔撰　清嘉慶刻本　一冊

340000－1801－0013506　3:41892－3:41893
醫貫砭二卷　(清)徐大椿撰　清刻本　二冊

340000－1801－0013507　3:41894－3:41897
己任編八卷　(清)高鼓峰撰　清刻本　四冊

340000－1801－0013508　3:41898－3:41903
劉河間六書不分卷　(金)劉完素撰　清刻本　六冊

340000－1801－0013509　3:41908－3:41909
醫學金鍼八卷　(清)陳念祖撰　(清)潘霨增輯　清光緒四年(1878)刻本　二冊　缺四卷(五至八)

340000－1801－0013510　3:41954－3:41992
御纂醫宗金鑑六十卷首一卷續編十四卷首一卷外科金鑑十六卷首一卷　(清)吳謙等纂　清刻本　三十九冊　缺二十一卷(御纂醫宗金鑑一至十六、首一卷,續編十一至十四)

340000－1801－0013511　3:4196－3:4227 善
五車韻瑞一百六十卷　(明)凌稚隆撰　明刻本　三十二冊

340000－1801－0013512　3:42000－3:42005
針灸大成十二卷　(明)楊濟時纂　清上海鑄記書局石印本　六冊

340000－1801－0013513　3:42016
西藥表不分卷　(清)江南製造局譯　清光緒十三年(1887)江南製造總局鉛印本　一冊

340000－1801－0013514　3:42017－3:42023
割症全書七卷　(美國)嘉約翰撰　清光緒十六年(1890)廣州刻本　七冊

340000－1801－0013515　3:42025－3:42026
醫學源流論二卷　(清)徐大椿撰　清乾隆二十二年(1757)刻本　二冊

340000－1801－0013516　3:42027－3:42028
醫學源流論二卷　(清)徐大椿撰　清乾隆二十二年(1757)刻本　二冊

340000－1801－0013517　3:42029
圖像水黃牛經大全二卷　(明)喻本元　(明)喻本亨撰　清桂芳齋刻本　一冊　存一卷(上)

340000－1801－0013518　3:42030
圖像水黃牛經大全二卷　(明)喻本元　(明)喻本亨撰　清刻本　一冊

340000－1801－0013519　3:42031
元亨療牛集二卷　(明)喻本元　(明)喻本亨撰　清刻本　一冊

340000－1801－0013520　3:42065
大乘金剛般若波羅蜜正信除疑真經寶卷不分卷　(□)□□撰　清刻本　一冊

340000－1801－0013521　3:42066
巍巍不動太山深根結果寶卷一卷　(□)□□撰　清刻本　一冊

340000－1801－0013522　3:42067
大乘金剛般若波羅蜜苦功悟道真經寶卷不分卷　(□)□□撰　清刻本　一冊

340000－1801－0013523　3:42068
大乘金剛般若波羅蜜清淨解論真經寶卷不分卷　(□)□□撰　清刻本　一冊

340000－1801－0013524　3:42069
大乘金剛般若波羅蜜歎世無為真經寶卷不分卷　(□)□□撰　清刻本　一冊

340000－1801－0013525　3:42070－3:42071
破邪顯證鑰匙二卷　(□)□□撰　清刻本　二冊

340000－1801－0013526　3:42072－3:42073
破邪顯證鑰匙二卷　(□)□□撰　清刻本　二冊

340000－1801－0013527　3:42074
金剛般若波羅蜜經不分卷　(後秦)釋鳩摩羅什譯　清刻本　一冊

340000－1801－0013528　3:42078－3:42079
萬國佑民伏魔寶卷二卷　(□)□□撰　清刻本　二冊

340000－1801－0013529　3:42080
正信除疑無修正自在寶卷不分卷　(□)□□撰　清刻本　一冊

340000－1801－0013530　3:42081
苦功悟道卷不分卷　(□)□□撰　清刻本　一冊

340000－1801－0013531　3:42082
清淨解論真經不分卷　(□)□□撰　清刻本　一冊

340000－1801－0013532　3:42083
姚秦解論真經不分卷　(□)□□撰　清刻本　一冊

340000－1801－0013533　3:42097
金剛般若波羅蜜經直解二卷心經直解一卷　題(清)純陽子解　清刻本　一冊

340000－1801－0013534　3:42110－3:42113
一切經音義二十五卷　(唐)釋玄應撰　**華嚴經音義二卷**　(唐)釋慧苑撰　清同治八年(1869)曹氏刻本　四冊

340000－1801－0013535　3:42151
太上感應篇一卷　(清)惠棟箋注　清道光石印本　一冊

340000－1801－0013536　3:42152
太上大通經一卷太上赤文洞古經一卷太上感應篇一卷邱祖垂訓文一卷　(□)□□撰　清光緒十五年(1889)石印本　一冊

340000－1801－0013537　3:42153－3:42156
太上感應篇一卷圖說四卷　(□)□□撰　清同治十一年(1872)同心堂刻本　四冊

340000－1801－0013538　3:42173－3:42180
諸子平議三十五卷　(清)俞樾撰　清同治十年(1871)刻本　八冊

340000－1801－0013539　3:42181－3:42184
群學肄言不分卷　(英國)斯賓塞爾撰　嚴復譯　清光緒二十九年(1903)上海文明編譯書局鉛印本　四冊

340000－1801－0013540　3:42185－3:42188
群學肄言不分卷　(英國)斯賓塞爾撰　嚴復譯　清光緒二十九年(1903)上海文明編譯書局鉛印本　四冊

340000－1801－0013541　3:42205－3:42334
淵鑑類函四百五十卷目錄四卷　(清)張英等編　清刻本　一百三十冊　缺八十三卷(一百五十九至二百四十一)

340000－1801－0013542　3:4228－3:4247 善
五車韻瑞一百六十卷　(明)凌稚隆撰　明刻本　二十冊

340000－1801－0013543　3:423－3:426 善
讀書些子會心六卷　(明)朱苞撰　明天啓尺木樓刻本　四冊

340000－1801－0013544　3:42335－3:42451
淵鑑類函四百五十卷目錄四卷　(清)張英等編　清同治九年(1870)刻本　一百十七冊　缺八十一卷(一至三十五、一百十八至一百二十、四百十二至四百五十,目錄四卷)

340000－1801－0013545　3:42344－3:45952
欽定古今圖書集成一萬卷目錄四十卷　(清)陳夢雷輯　(清)蔣廷錫等重輯　清光緒十年(1884)鉛印本　一千六百十冊

340000－1801－0013546　3:42452－3:42611
太平御覽一千卷　(宋)李昉等纂　清嘉慶刻本　一百六十冊

340000－1801－0013547　3:4248 善
數典一卷　(清)立亭輯　清嘉慶二十五年(1820)稿本　一冊

340000－1801－0013548　3:4249－3:4348 善
八編類纂二百八十五卷圖二卷六經圖六卷　(明)陳仁錫纂　明天啓刻本　一百冊

340000－1801－0013549　3:42694－3:42714
玉海二百卷辭學指南四卷　(宋)王應麟著　清刻本　二十一冊　缺一百三十六卷(玉海

一至一百三十、一百三十五至一百三十七、一百七十七至一百七十九)

340000－1801－0013550　3:42715－3:44343

欽定古今圖書集成一萬卷目錄四十卷　(清)陳夢雷輯　(清)蔣廷錫等重輯　清光緒十年(1884)鉛印本　一千六百二十九冊

340000－1801－0013551　3:427－3:429 善

餘年功課纂要八卷外集一卷　(清)陳明翼輯　清康熙三十三年至三十八年(1694－1699)稿本　三冊

340000－1801－0013552　3:4－3:5 善

家語十卷　(三國魏)王肅注　明刻本　二冊

340000－1801－0013553　3:430 善

顔氏家訓二卷　(北齊)顔之推撰　明萬曆六年(1578)新安程榮刻漢魏叢書本　一冊　存一卷(上)

340000－1801－0013554　3:431－3:432 善

顔氏家訓二卷　(北齊)顔之推撰　(明)胡文煥校　明萬曆胡文煥刻格致叢書本　二冊

340000－1801－0013555　3:433－3:434 善

忠經解注一卷　(漢)鄭玄解注　**新刻匯輯忠經金丹一卷**　(清)傅雲龍輯　**孝經集注一卷**　(元)董鼎注解　**新刻匯輯孝經金丹一卷**　(□)□□撰　明崇禎八年(1635)刻本　二冊

340000－1801－0013556　3:4349－3:4364 善

萬姓統譜一百四十卷　(明)淩迪知纂　明萬曆刻本　十六冊

340000－1801－0013557　3:435－3:463 善

性理大全書七十卷　(明)胡廣等撰　明萬曆二十五年(1597)師古齋刻本　三十冊

340000－1801－0013558　3:4365－3:4564 善

淵鑑類函四百五十卷　(清)張英等編　清康熙内府刻本　二百冊

340000－1801－0013559　3:4565－3:4707 善

淵鑑類函四百五十卷　(清)張英等編　清康熙内府刻本　一百四十四冊

340000－1801－0013560　3:44344－3:45952

欽定古今圖書集成一萬卷目錄四十卷　(清)陳夢雷輯　(清)蔣廷錫等重輯　清光緒十年(1884)鉛印本　一千六百十冊

340000－1801－0013561　3:44 善

新書十卷附錄一卷　(漢)賈誼撰　明刻本　一冊

340000－1801－0013562　3:45－3:46 善

新書十卷附錄一卷　(漢)賈誼撰　明刻本　二冊

340000－1801－0013563　3:45953－3:47567

欽定古今圖書集成一萬卷目錄四十卷　(清)陳夢雷輯　(清)蔣廷錫等重輯　清光緒十年(1884)鉛印本　一千六百十四冊

340000－1801－0013564　3:464－3:471 善

性理大全書七十卷　(明)胡廣等撰　明嘉靖三十八年(1559)建寧吉澄刻本　八冊

340000－1801－0013565　3:4708－3:4867 善

淵鑑類函四百五十卷　(清)張英等編　清康熙内府刻本　一百六十冊

340000－1801－0013566　3:472－3:507 善

新刻性理大全書七十卷　(明)胡廣撰　明新安吳勉學刻本　三十六冊

340000－1801－0013567　3:47－3:50 善

劉向說苑二十卷　(漢)劉向撰　明新安吳勉學刻本　四冊

340000－1801－0013568　3:47568－3:47613

子史精華一百六十卷　(清)允祿等撰　清刻本　四十八冊

340000－1801－0013569　3:47614－3:47664

子史精華一百六十卷　(清)允祿等撰　清雍正五年(1727)武英殿刻本　四十八冊

340000－1801－0013570　3:47689－3:47886

佩文韻府一百六卷　(清)張玉書等彙閱　(清)蔡升元等纂修兼校勘　清刻本　二百冊

340000－1801－0013571　3:47887－3:47944

佩文韻府一百六卷　(清)張玉書等彙閱　(清)蔡升元等纂修兼校勘　**韻府拾遺一百六**

卷　(清)張廷玉等校勘　(清)汪灝等纂修　清光緒十七年(1891)石印本　五十八冊　缺六卷(佩文韻府四十三至四十八)

340000－1801－0013572　3:47945－3:48117
佩文韻府一百六卷　(清)張玉書等彙閱　(清)蔡升元等纂修兼校勘　清光緒十八年(1892)上海鴻寶齋石印本　一百七十三冊

340000－1801－0013573　3:48118－3:48137
韻府拾遺一百六卷　(清)張廷玉等校勘　(清)汪灝等纂修　清光緒石印本　二十冊

340000－1801－0013574　3:48138－3:48147
佩文韻府一百六卷　(清)張玉書等彙閱　(清)蔡升元等纂修兼校勘　**韻府拾遺一百六卷**　(清)張廷玉等校勘　(清)汪灝等纂修　清光緒八年(1882)上海點石齋石印本　十冊

340000－1801－0013575　3:48148－3:48305
古香齋新刻袖珍淵鑑類函四百五十卷目錄四卷　(清)張英等編　清刻本　一百六十冊

340000－1801－0013576　3:48306－3:48455
古香齋新刻袖珍淵鑑類函四百五十卷目錄四卷　(清)張英等編　清刻本　一百五十冊　缺二十七卷(四十至四十二、四十八至四十九、六十八至七十三、一百七十一、一百七十九至一百八十一、一百八十八至一百九十二、三百八十七至三百八十九,目錄四卷)

340000－1801－0013577　3:48488－3:48498
續廣事類賦三十卷　(清)王鳳喈撰　清嘉慶二十二年(1817)石渠閣刻本　十一冊　缺九卷(十三至十四、十七、二十五至三十)

340000－1801－0013578　3:48499－3:48504
靈檀碎金六十八卷　(清)郎玉銘撰　清上海申報館鉛印本　六冊　存四十卷(一至二十六、四十八至六十一)

340000－1801－0013579　3:48547
重訂空谷傳聲一卷　(清)汪鎏撰訂　清光緒八年(1882)李光明莊刻本　一冊

340000－1801－0013580　3:48548－3:48555
隸辨八卷　(清)顧靄吉撰　清康熙五十七年(1718)項氏玉淵堂刻本　八冊

340000－1801－0013581　3:48556－3:48578
格致鏡原一百卷　(清)陳元龍輯　清雍正十三年(1735)刻本　二十四冊

340000－1801－0013582　3:48579－3:48596
格致鏡原一百卷　(清)陳元龍輯　清雍正十三年(1735)刻本　十八冊

340000－1801－0013583　3:48597－3:48620
格致鏡原一百卷　(清)陳元龍輯　清雍正十三年(1735)刻本　二十四冊

340000－1801－0013584　3:48623－3:48638
事物異名錄四十卷　(清)厲荃輯　(清)關槐增輯　清乾隆四十一年(1776)刻本　十六冊

340000－1801－0013585　3:48639－3:48640
點勘記二卷省堂筆記一卷　(清)歐陽泉撰　清光緒四年(1878)江蘇書局刻本　二冊

340000－1801－0013586　3:48641－3:48657
潛確居類書一百二十卷　(明)陳仁錫編　明刻本　十七冊　存二十九卷(十九至二十、五十九、六十九至七十、八十、八十二、八十六至八十七、八十九、九十七至一百、一百四至一百十五、一百十八至一百二十)

340000－1801－0013587　3:48667－3:48674
稱謂錄三十二卷　(清)梁章鉅撰　清光緒二十五年(1899)刻本　八冊

340000－1801－0013588　3:48680
蠶桑事宜一卷　(清)鄒祖堂輯　清集文堂刻本　一冊

340000－1801－0013589　3:48681－3:48682
野蠶錄四卷　(清)王元綎輯　清宣統元年(1909)安慶同文官印書館鉛印本　二冊

340000－1801－0013590　3:4868－3:5006 善
淵鑑類函四百五十卷　(清)張英等編　清康熙內府刻本　一百三十九冊

340000－1801－0013591　3:48684
廣蠶桑說一卷　(清)沈練撰　清同治二年

(1863)刻本　一冊

340000－1801－0013592　3:48685
廣蠶桑説一卷　(清)沈練撰　清同治二年(1863)刻本　一冊

340000－1801－0013593　3:48686
廣蠶桑説一卷　(清)沈練撰　清同治二年(1863)刻本　一冊

340000－1801－0013594　3:48687
五畝居桑蠶清課四卷　(清)曹笙南輯　清同治十一年(1872)刻本　一冊

340000－1801－0013595　3:48688
農桑輯要七卷　(元)司農司撰　清刻本　一冊

340000－1801－0013596　3:48689－3:48690
潄經齋座右銘類編不分卷續編一卷　(清)汪汲撰　清乾隆五十九年(1794)刻本　二冊

340000－1801－0013597　3:48757
法言十卷　(漢)揚雄撰　清刻本　一冊

340000－1801－0013598　3:48779－3:48782
二程遺書二十五卷附録一卷　(宋)程頤　(宋)程顥撰　(宋)朱熹輯　清刻本　四冊

340000－1801－0013599　3:48783－3:48784
原人三卷　陳澹然撰　清光緒三十年(1904)刻本　二冊

340000－1801－0013600　3:48790－3:48791
辨惑編四卷末一卷　(清)謝蘭生編　清刻本　二冊

340000－1801－0013601　3:48796－3:48801
名文前選一卷　(清)李光地編　清道光刻本　六冊

340000－1801－0013602　3:48802－3:48803
程墨前選一卷　(清)李光地編　清刻本　二冊

340000－1801－0013603　3:48804－3:48806
榕村講授三卷　(清)李光地編　清刻本　三冊

340000－1801－0013604　3:48807－3:48808
朱子禮纂五卷　(宋)朱熹撰　(清)李光地編　清雍正十一年(1733)刻本　二冊

340000－1801－0013605　3:48809－3:48819
性理大全書七十卷　(明)胡廣等撰　明刻本　十一冊　存二十七卷(十一至十五、十七至十八、三十五至三十九、四十三至四十四、四十九至五十一、五十七至六十四、六十七至六十八)

340000－1801－0013606　3:48820－3:48831
榕村語録三十卷　(清)李光地撰　清刻本　十二冊

340000－1801－0013607　3:48841
求闕齋讀書録十卷　(清)曾國藩撰　(清)王啟原輯　清光緒二年(1876)傳忠書局刻曾文正公全集本　一冊　存二卷(一至二)

340000－1801－0013608　3:48842
容齋續筆十六卷　(宋)洪邁撰　清光緒二年(1876)刻本　一冊　存二卷(九至十)

340000－1801－0013609　3:48853
列子八卷　(戰國)列禦寇撰　(晉)張湛注　清光緒二十三年(1897)文瑞樓刻本　一冊　存一卷(五)

340000－1801－0013610　3:48880
慎疾芻言一卷陰符經一卷道德經二卷　(□)□□撰　清刻本　一冊

340000－1801－0013611　3:48884
握奇經注一卷陰符經注一卷　(清)李光地撰　清二酉堂刻本　一冊

340000－1801－0013612　3:48885
聽心齋客問一卷　(明)萬尚父撰　清刻本　一冊

340000－1801－0013613　3:48891
管子二十四卷　(春秋)管仲撰　(唐)房玄齡注　清光緒圖書集成局鉛印本　一冊　存五卷(二十至二十四)

340000－1801－0013614　3:48892

韓非子識誤三卷 (清)顧廣圻撰　清嘉慶二十一年(1816)刻本　一冊

340000－1801－0013615　3:48897－3:48900
韓非子評注二十卷 (戰國)韓非撰　清嘉慶九年(1804)姑蘇聚文堂刻本　四冊

340000－1801－0013616　3:48905
續增洗冤録辨正三卷 (清)李璋煜重訂　清光緒三十三年(1907)石印本　一冊

340000－1801－0013617　3:48908
墨子十五卷 (戰國)墨翟撰　清刻本　一冊　存三卷(九至十一)

340000－1801－0013618　3:48909－3:48910
墨子十五卷 (戰國)墨翟撰　清光緒圖書集成局校印本　二冊

340000－1801－0013619　3:48924
鄉黨應酬全集六卷 (清)鄧炳震編　清光緒十七年(1891)兩儀堂刻本　一冊　存一卷(一)

340000－1801－0013620　3:49014
天禄閣外史八卷 (漢)黄憲撰　明嘉靖刻本　一冊　存四卷(一至四)

340000－1801－0013621　3:49058
懷古錄三卷 (元)謝應芳撰　清道光二十二年(1842)刻本　一冊

340000－1801－0013622　3:49059
龜巢先生崇祀錄二卷景賢錄二卷 (清)謝蘭生編校　清刻本　一冊

340000－1801－0013623　3:49062
王船山叢書校勘記二卷 (清)劉毓崧撰　清同治四年(1865)湘鄉曾氏刻本　一冊

340000－1801－0013624　3:49069－3:49070
經餘必讀續編八卷 (清)錢樹棠等輯　清刻本　二冊　存四卷(三至六)

340000－1801－0013625　3:49087－3:49089
智囊全集二十八卷 (明)馮夢龍撰　清刻本　一冊　存十卷(十一至二十)

340000－1801－0013626　3:49088
智囊二十八卷 (明)馮夢龍撰　清刻本　一冊　存三卷(七至九)

340000－1801－0013627　3:49089
智囊二十八卷 (明)馮夢龍撰　清刻本　一冊　存四卷(九至十二)

340000－1801－0013628　3:49090
欽定承華事略補圖六卷 (元)王惲撰　清刻本　一冊

340000－1801－0013629　3:49124－3:49139
寄園寄所寄十二卷 (清)趙吉士輯　清刻本　十六冊

340000－1801－0013630　3:49140－3:49155
寄園寄所寄十二卷 (清)趙吉士輯　清刻本　十六冊

340000－1801－0013631　3:49156－3:49159
寄傲山房塾課新增幼學故事瓊林四卷首一卷 (清)程允升撰　(清)鄒聖脈增補　清光緒二十三年(1897)京都泰山堂刻本　四冊

340000－1801－0013632　3:49181
畿輔水利二案一卷 (清)魯之裕撰　清刻本　一冊

340000－1801－0013633　3:49226－3:49245
湘學報類編不分卷 (清)江標等輯　清光緒二十三年(1897)刻本　二十冊

340000－1801－0013634　3:49252
楞嚴經十卷 (唐)釋般刺密帝譯　清刻本　一冊　存四卷(七至十)

340000－1801－0013635　3:49340
續齊諧記一卷搜神記八卷搜神後記二卷 (南朝梁)吴均　(晉)干寶撰　清刻本　一冊

340000－1801－0013636　3:49342
郎潛紀聞初筆七卷 (清)陳康祺撰　清宣統二年(1910)掃葉山房鉛印本　一冊　存二卷(一至二)

340000－1801－0013637　3:49343
郎潛紀聞初筆七卷 (清)陳康祺撰　清宣統

二年(1910)掃葉山房鉛印本　一冊　存二卷(一至二)

340000－1801－0013638　3:49344－3:49348
事物原會四十卷　(清)汪汲輯　清嘉慶二年(1797)刻本　五冊　存十九卷(一至十九)

340000－1801－0013639　3:49349
聊齋志異十六卷　(清)蒲松齡撰　清刻本　一冊　存一卷(三)

340000－1801－0013640　3:49350
快雪堂漫錄一卷　(明)馮夢禎撰　**筆塵一卷**　(明)莫是龍撰　清石印本　一冊

340000－1801－0013641　3:49356
觚賸五卷　(清)鈕琇輯　清臨野堂刻本　一冊　存二卷(四至五)

340000－1801－0013642　3:49359－3:49364
援鶉堂筆記二十五卷　(清)姚範撰　清嘉慶二十四年(1819)刻本　六冊

340000－1801－0013643　3:49365－3:49376
援鶉堂筆記五十卷　(清)姚範撰　**刊誤一卷　刊誤補遺一卷**　(清)方東樹撰　清道光十五年(1835)刻本　十二冊

340000－1801－0013644　3:49384－3:49385
增像全圖西漢演義四卷一百回　(□)□□撰　清光緒二十三年(1897)上海崇實書局石印本　二冊

340000－1801－0013645　3:49391
今古奇觀四十卷　題(清)抱甕老人輯　清刻本　一冊　存四卷(二十六至二十九)

340000－1801－0013646　3:49392
繪圖攷正今古奇觀四十卷　題(清)抱甕老人輯　清鑄記書局石印本　一冊　存一卷(四)

340000－1801－0013647　3:49398
韓湘子三十回　題(明)雉衡山人編　清刻本　一冊　存三回(十一至十三)

340000－1801－0013648　3:49399－3:49400
儒林外史十四卷五十六回　(清)吳敬梓撰　清刻本　二冊　存九回(五至八、四十六至五十)

340000－1801－0013649　3:49401－3:49407
儒林外史十四卷五十六回　(清)吳敬梓撰　清刻本　七冊

340000－1801－0013650　3:49408－3:49409
紅樓夢一百二十回　(清)曹雪芹撰　清刻本　二冊　存十回(九十一至一百)

340000－1801－0013651　3:49410
東漢演義四卷六十四回　(□)□□撰　清光緒二十三年(1897)上海崇實書局石印本　一冊

340000－1801－0013652　3:49424
繡像繪圖續兒女英雄全傳三十二回　(□)□□撰　清石印本　一冊　存四回(五至八)

340000－1801－0013653　3:49426－3:49436
四大奇書第一種十九卷一百二十回首一卷　(明)羅本撰　(清)毛宗崗評　清刻本　十一冊

340000－1801－0013654　3:49437
繡像東漢演義二卷一百二十六回　(□)□□撰　清錦章圖書局石印本　一冊　存一卷(二)

340000－1801－0013655　3:49439
新刊繡像全圖施公案後傳六卷一百回　(□)□□撰　清石印本　一冊

340000－1801－0013656　3:49440
繪圖施公案四集四卷　(□)□□撰　清石印本　一冊

340000－1801－0013657　3:49442
繪圖增像第五才子書水滸全傳八卷七十回　(明)施耐庵撰　(清)金人瑞評釋　清上海錦章圖書局石印本　一冊　存一卷(四)

340000－1801－0013658　3:49443
訓女寶箴二卷　(□)□□撰　清刻本　一冊　存一卷(下)

340000－1801－0013659　3:49537
翼教叢編六卷　(清)蘇輿輯　清刻本　一冊

存二卷(五至六)

340000－1801－0013660　3:49575
增删算法統宗十一卷　(明)程大位編　(清)梅穀成增删　清刻本　一册　存三卷(九至十一)

340000－1801－0013661　3:49583
繪圖校正相理衡真十卷　(清)陳釗撰　清石印本　一册　存一卷(五)

340000－1801－0013662　3:49584
增廣玉匣記通書二卷　(清)朱説霖校　清石印本　一册

340000－1801－0013663　3:49588－3:49593
詩畫舫六卷　(清)上海點石齋輯　清光緒九年(1883)上海點石齋石印本　六册

340000－1801－0013664　3:49595－3:49606
吴友如畫寶十二集　(清)吴嘉猷繪　清宣統元年(1909)鴻章書局石印本　十二册

340000－1801－0013665　3:49661－3:49662
冶梅石譜不分卷　(清)王寅繪　清光緒十八年(1892)刻本　二册

340000－1801－0013666　3:49663－3:49666
泛槎圖六集　(清)張寶輯　清刻本　四册　存四集(一至四)

340000－1801－0013667　3:49683－3:49694
清河書畫舫十二卷　(明)張丑撰　清乾隆二十八年(1763)仁和吴長元池北草堂刻本　十二册

340000－1801－0013668　3:49708－3:49710
董文敏公書禪隨筆四卷　(清)汪汝禄編　清康熙刻本　三册

340000－1801－0013669　3:49741
歷代畫史彙傳七十二卷首一卷　(清)彭蘊璨撰　清宣統二年(1910)上海文瑞樓書局石印本　一册　存八卷(一至七、首一卷)

340000－1801－0013670　3:49790－3:49806
芥子園畫傳初集六卷二集九卷三集六卷　(清)王概輯摹　清刻本　十七册

340000－1801－0013671　3:49820－3:49823
芥子園畫傳二集不分卷　(清)王概輯摹　清金陵同文堂刻本　四册

340000－1801－0013672　3:49824－3:49827
芥子園畫傳二集不分卷　(清)王概輯摹　清刻本　四册

340000－1801－0013673　3:49828－3:49831
芥子園畫傳二集八卷　(清)王概輯摹　清嘉慶五年(1800)金陵芥子園刻本　四册

340000－1801－0013674　3:49906－3:49907
神州論畫錄二卷　題(清)清湘老人輯　清光緒十年(1884)刻本　二册

340000－1801－0013675　3:49908－3:49910
三希堂墨寶不分卷　(□)□□撰　清影印本　三册

340000－1801－0013676　3:49911－3:49914
芥子園畫傳三集不分卷　(清)王概輯摹　清光緒刻本　四册

340000－1801－0013677　3:49915－3:49918
芥子園畫傳四集四卷　(清)王概輯摹　清刻本　四册

340000－1801－0013678　3:49919－3:49922
芥子園畫傳初集五卷　(清)王概輯摹　清刻本　四册

340000－1801－0013679　3:49923－3:49926
芥子園畫傳二集九卷　(清)王概輯摹　清光緒十三年(1887)石印本　四册

340000－1801－0013680　3:49928－3:49934
國朝畫家書四卷　(清)蔡載福輯　清宣統元年(1909)西泠印社影印本　七册

340000－1801－0013681　3:49953－3:49954
南北派十三套大曲琵琶新譜二卷　(清)李祖棻撰　清光緒石印本　二册

340000－1801－0013682　3:49955－3:49958
與古齋琴譜四卷　(清)祝鳳喈輯　清咸豐五年(1855)浦城祝氏刻本　四册

340000－1801－0013683　3:49959－3:49962
五知齋琴譜五卷　(清)周魯封纂　清紅杏山房刻本　四册

340000－1801－0013684　3:49976－3:49983
對山印稿不分卷　(清)楊夔鑴　清道光鈐印本　八册

340000－1801－0013685　3:49988－3:49991
讀畫軒印存四卷　(清)王俊藏　清光緒七年(1881)如皋王俊刻本　四册

340000－1801－0013686　3:49997－3:50004
秦漢印統八卷　(明)羅王常編　明萬曆三十六年(1608)新都吳氏樹滋堂刻朱印本　八册　存四卷(五至八)

340000－1801－0013687　3:50005
朱柏廬先生治家格言印譜不分卷　(□)□□撰　清適安草堂刻鈐印本　一册

340000－1801－0013688　3:50007
中外戲法十二卷　(清)唐芸洲撰　清光緒十五年(1889)石印本　一册

340000－1801－0013689　3:50009
殘局類選二卷　(清)錢長澤選　清刻本　一册　存一卷(上)

340000－1801－0013690　3:50027－3:50034
黄帝内經素問九卷　(清)張志聰集注　清刻本　八册

340000－1801－0013691　3:50039－3:50040
注解傷寒論十卷　題(漢)張仲景(張機)撰　(晉)王叔和編　(金)成無已注　清同治九年(1870)刻本　二册

340000－1801－0013692　3:50050－3:50052
醫學心悟六卷　(清)程國彭撰　清光緒二十年(1894)鉛印本　三册

340000－1801－0013693　3:50053
寓意草一卷　(清)喻昌撰　清刻本　一册

340000－1801－0013694　3:50065－3:50074
金匱要略淺註十卷　題(漢)張仲景(張機)撰　(清)陳念祖集注　清刻本　十册

340000－1801－0013695　3:5007－3:5126 善
御定駢字類編二百四十卷　(清)聖祖玄燁撰　清雍正四年(1726)刻本　一百二十册

340000－1801－0013696　3:50075－3:50087
丹溪心法附餘二十四卷首一卷　(明)方廣輯　清福建多文堂刻本　十三册　缺六卷(十一、十四至十六、二十至二十一)

340000－1801－0013697　3:50088－3:50103
外臺秘要四十卷　(唐)王燾撰　清光緒二十四年(1898)上海圖書集成印書局鉛印本　十六册

340000－1801－0013698　3:50104
醫書八種　(□)□□撰　清光緒三十四年(1908)上海章福記石印本　一册

340000－1801－0013699　3:50105－3:50116
證治準繩四十四卷　(明)王肯堂輯　清刻本　十二册

340000－1801－0013700　3:50117－3:50120
御纂醫宗金鑑外科十六卷　(清)吳謙等纂　清鴻寶齋書局石印本　四册

340000－1801－0013701　3:50121－3:50127
增補本草原始十二卷　(清)李中立輯　清刻本　七册　存十一卷(二至十二)

340000－1801－0013702　3:50141
雷公炮製藥性解六卷　(清)李中梓輯　清刻本　一册

340000－1801－0013703　3:50142－3:50145
本草備要十二卷醫方集解二卷　(清)汪昴輯　清刻本　四册

340000－1801－0013704　3:50147－3:50188
本草綱目五十二卷　(明)李時珍輯　清光緒二十二年(1896)刻本　四十二册

340000－1801－0013705　3:50189－3:50190
太醫院增補青囊藥性賦直解二卷　(明)羅必煒參訂　清兩儀堂刻本　二册

340000－1801－0013706　3:50191－3:50192
太醫院增補青囊藥性賦直解二卷　(明)羅必

煒參訂　清兩儀堂刻本　二册

340000－1801－0013707　3:50198－3:50201
醫方集解二十三卷　(清)汪昂撰　清光緒十七年(1891)上洋珍藝書局鉛印本　四册

340000－1801－0013708　3:50206
洗冤録急救方一卷　(清)王明德撰　清光緒三十一年(1905)刻本　一册

340000－1801－0013709　3:50207
洗冤録急救方一卷　(清)王明德撰　清光緒三十一年(1905)刻本　一册

340000－1801－0013710　3:50208
洗冤録急救方一卷　(清)王明德撰　清光緒三十一年(1905)刻本　一册

340000－1801－0013711　3:50209
洗冤録急救方一卷　(清)王明德撰　清光緒三十一年(1905)刻本　一册

340000－1801－0013712　3:50210
洗冤録急救方一卷　(清)王明德撰　清光緒三十一年(1905)刻本　一册

340000－1801－0013713　3:50215－3:50221
景岳全書六十四卷　(明)張介賓撰　清刻本　七册　存十一卷(二十九至三十九)

340000－1801－0013714　3:50226－3:50229
儒門醫學四卷　(英國)海得蘭撰　(英國)傅蘭雅口譯　清刻本　四册

340000－1801－0013715　3:50238
地藏王菩薩祝壽讚不分卷　(□)□□撰　清刻本　一册

340000－1801－0013716　3:50265－3:50270
古事比五十三卷　(清)方中德撰　清光緒寶善書局石印本　六册

340000－1801－0013717　3:50271
山門新語一卷首一卷　(清)周贇撰　清光緒十九年(1893)六聲草堂刻本　一册

340000－1801－0013718　3:50275－3:50304
佩文韻府一百六卷　(清)張玉書等彙閲　(清)蔡升元等纂修兼校勘　清光緒十二年(1886)上海點石齋石印本　三十册　存八十一卷(一至八十一)

340000－1801－0013719　3:50312
樂府傳聲一卷　(清)徐大椿撰　清刻本　一册

340000－1801－0013720　3:50313
詩韻合璧五卷　(清)湯文潞撰　清刻本　一册　存一卷(四)

340000－1801－0013721　3:50321－3:50322
續廣事類賦三十三卷　(清)王鳳喈撰　清刻本　二册　存二卷(十三至十四)

340000－1801－0013722　3:50323
詩韻集成十卷　(清)余照輯　清刻本　一册　存二卷(三至四)

340000－1801－0013723　3:50324－3:50325
康熙字典十二集　(清)張玉書等撰　清光緒十二年(1886)上海點石齋石印本　二册

340000－1801－0013724　3:50326－3:50385
佩文韻府一百六卷　(清)張玉書等彙閲　(清)蔡升元等纂修兼校勘　**韻府拾遺一百六卷**　(清)張廷玉等校勘　(清)汪灝等纂修　清光緒十二年(1886)上海同文書局石印本　六十册

340000－1801－0013725　3:50412
文廟序次全圖不分卷　(□)□□撰　清刻本　一幅

340000－1801－0013726　3:508－3:531 善
性理大全書七十卷　(明)胡廣等撰　明萬曆二十五年(1597)師古齋刻本　二十四册　存五十七卷(一至五十七)

340000－1801－0013727　3:5127 善
鍥旁註事類捷録十五卷　(明)鄧志謨撰　明萬曆三十一年(1603)書林萃慶堂余彰德刻本　一册　存五卷(一至五)

340000－1801－0013728　3:5128 善
古今萬姓統譜一百四十六卷　(明)淩迪知撰

明刻本　一册　存三卷（一百十三至一百十五）

340000－1801－0013729　3∶5129－3∶5133 善
新刻古今原始十五卷　（明）趙釴輯　明萬曆胡氏文會堂刻格致叢書本　五册

340000－1801－0013730　3∶51－3∶54 善
劉向說苑二十卷　（漢）劉向撰　明刻本　四册

340000－1801－0013731　3∶5134－3∶5138 善
事物紀原十卷　（宋）高承撰　明刻本　五册　存九卷（二至十）

340000－1801－0013732　3∶5139－3∶5143 善
事物紺珠四十六卷　（明）黄一正輯注　明萬曆新安吳中珩刻本　五册　缺七卷（二十一至二十七）

340000－1801－0013733　3∶51399
荀子二十卷校勘補遺一卷　（戰國）荀況撰　（唐）楊倞注　（清）盧文弨　（清）謝墉校　清光緒二十三年（1897）上海圖書集成局鉛印本　一册　缺十卷（一至十）

340000－1801－0013734　3∶51402
法言十卷　（漢）揚雄撰　清刻本　一册

340000－1801－0013735　3∶51403
文中子中說十卷　（隋）王通撰　（宋）阮逸注　清光緒二十三年（1897）上海圖書集成局鉛印子書二十二種本　一册

340000－1801－0013736　3∶51404
申鑒五卷　（漢）荀悦撰　清刻本　一册

340000－1801－0013737　3∶51406
讀書續錄十二卷　（明）薛瑄撰　清刻本　一册　存三卷（五至七）

340000－1801－0013738　3∶51409
帝鑒圖說不分卷　（明）張居正輯　清刻本　一册　存一册（二）

340000－1801－0013739　3∶51410
癸巳類稿十五卷　（清）俞正燮撰　清道光十三年（1833）求日益齋刻本　一册　存三卷（四至六）

340000－1801－0013740　3∶51411－3∶51415
癸巳存稿十五卷　（清）俞正燮撰　清光緒刻本　五册　存十三卷（三至十五）

340000－1801－0013741　3∶51416－3∶51418
儒宗理要二十九卷　（清）張能鱗纂輯　清刻本　三册　存十卷（張子一至三、朱子三至九）

340000－1801－0013742　3∶51420
五種遺規四卷　（清）陳宏謀輯　清宣統三年（1911）上海商務印書館鉛印本　一册

340000－1801－0013743　3∶51421－3∶51428
日知錄三十二卷之餘四卷　（清）顧炎武撰　清刻本　八册　缺九卷（日知錄一至九）

340000－1801－0013744　3∶51430
日知錄三十二卷　（清）顧炎武撰　清刻本　二册　存二卷（三、七）

340000－1801－0013745　3∶51431
三魚堂剩言十二卷　（清）陸隴其撰　清光緒四年（1878）秀水孫氏望雲仙館刻檇李遺書本　一册

340000－1801－0013746　3∶51433
義門讀書記五十八卷　（清）何焯撰　清刻本　一册　存五卷（後漢書一至五）

340000－1801－0013747　3∶51435
紀效新書十八卷或問一卷　（明）戚繼光撰　清嘉慶九年（1804）虞山張氏照曠閣刻本　一册　存六卷（紀效新書一至六）

340000－1801－0013748　3∶51436－3∶51438
練兵實紀九卷　（明）戚繼光撰　清安康張鵬翂刻本　三册

340000－1801－0013749　3∶51439－3∶51440
孫吳司馬法三卷　（清）孫星衍輯　清光緒十五年（1889）浙江書局刻本　二册

340000－1801－0013750　3∶51441
孫子十家注十三卷遺說一卷　（清）孫星衍撰　清刻本　一册　存四卷（十至十三）

340000－1801－0013751　3:51442－3:51447
兵鏡類編四十卷　(清)李蕊奎輯　清刻本　七冊　存十三卷(五至六、二十九至三十八、四十)

340000－1801－0013752　3:51449－3:51451
臨陣管見九卷　(德國)斯拉弗司撰　(美國)金楷理譯　(清)趙元益述　清刻本　三冊　存七卷(一至七)

340000－1801－0013753　3:5144 善
宋賢事彙二卷　(明)李廷機編　明刻本　一冊　存一卷(上)

340000－1801－0013754　3:51452
韓非子二十卷　(戰國)韓非撰　**識誤三卷**　(清)顧廣圻撰　清光緒二十三年(1897)上海圖書集成局鉛印子書二十二種本　一冊　存十卷(一至十)

340000－1801－0013755　3:51453－3:51454
管子二十四卷　(春秋)管仲撰　(唐)房玄齡注　(明)劉績補注　清光緒二十三年(1897)上海圖書集成局鉛印子書二十二種本　二冊　存十九卷(一至十九)

340000－1801－0013756　3:51456－3:51461
管子二十四卷　(春秋)管仲撰　(唐)房玄齡注　明萬曆十年(1582)趙用賢刻管韓合刻本　六冊

340000－1801－0013757　3:5145 善
新刻音釋校正標類三注故事四卷　(明)李廷機編　明萬曆二十八年(1600)劉龍田刻本　一冊　存二卷(三至四)

340000－1801－0013758　3:51462
農桑輯要七卷蠶事要略一卷　(元)司農司撰　清光緒二十一年(1895)漸西村舍刻本　一冊　存四卷(農桑輯要一至四)

340000－1801－0013759　3:5146 善
四不如類鈔十二卷首一卷　(明)吳亮輯　明萬曆四十一年(1613)刻本　一冊　存二卷(上、首一卷)

340000－1801－0013760　3:51472
增訂治疗彙要三卷　(清)過鑄著　清光緒二十四年(1898)武林刻本　一冊　存一卷(上)

340000－1801－0013761　3:5147－3:5150 善
雒閩源流錄十八卷　(清)張夏纂　清康熙二十一年(1682)黃昌衢彝敘堂刻本　四冊

340000－1801－0013762　3:51473－3:51476
御纂醫宗金鑑外科十六卷　(清)吳謙等纂　清宣統元年(1909)簡青齋書局石印本　四冊

340000－1801－0013763　3:51478
素問靈樞類纂約注三卷　(清)汪昂輯　清刻本　一冊　存一卷(下)

340000－1801－0013764　3:51479
御纂醫宗金鑑外科十六卷　(清)吳謙等纂　清石印本　一冊

340000－1801－0013765　3:51480
脈訣匯纂二卷　(清)屠道和纂　清同治二年(1863)刻本　一冊　存一卷(上)

340000－1801－0013766　3:51481
傅氏眼科審視瑤函六卷　(明)傅仁宇輯　清刻本　一冊　存一卷(六)

340000－1801－0013767　3:51482
脈義簡摩八卷　(清)周學海撰　清刻周氏醫學叢書四種本　一冊　存一卷(七)

340000－1801－0013768　3:51483
醫方集解三卷　(清)汪昂著　清刻本　一冊　存一卷(下)

340000－1801－0013769　3:51487
增廣太平惠民和劑局方十卷　(□)□□撰　清虞山張氏照曠閣刻本　一冊　存四卷(七至十)

340000－1801－0013770　3:51488
名醫方論四卷　(清)羅美輯並評　清羅氏古懷堂刻本　一冊　存二卷(一至二)

340000－1801－0013771　3:51489－3:51493
醫方易簡新編六卷　(清)龔自璋輯　清咸豐七年(1857)湘潭謙和堂刻本　四冊

340000－1801－0013772　3:51495

金匱要略淺註方論合編十卷　(清)陳念祖撰　清宣統元年(1909)渭南嚴氏刻本　一册　存二卷(九至十)

340000－1801－0013773　3:51496

三指禪三卷　題(清)夢覺道人撰　清同治七年(1868)刻本　一册　存一卷(一)

340000－1801－0013774　3:51497

洗冤録急救方一卷　(清)王明德　(清)王又槐輯　清光緒三十一年(1905)木活字印本　一册

340000－1801－0013775　3:51498

洗冤録急救方一卷　(清)王明德　(清)王又槐輯　清光緒三十一年(1905)木活字印本　一册

340000－1801－0013776　3:51499

洗冤録急救方一卷　(清)王明德　(清)王又槐輯　清光緒三十一年(1905)木活字印本　一册

340000－1801－0013777　3:51500

洗冤録急救方一卷　(清)王明德　(清)王又槐輯　清光緒三十一年(1905)木活字印本　一册

340000－1801－0013778　3:51501

洗冤録急救方一卷　(清)王明德　(清)王又槐輯　清光緒三十一年(1905)木活字印本　一册

340000－1801－0013779　3:51502

洗冤録急救方一卷　(清)王明德　(清)王又槐輯　清光緒三十一年(1905)木活字印本　一册

340000－1801－0013780　3:51503

洗冤録急救方一卷　(清)王明德　(清)王又槐輯　清光緒三十一年(1905)木活字印本　一册

340000－1801－0013781　3:51504

洗冤録急救方一卷　(清)王明德　(清)王又槐輯　清光緒三十一年(1905)木活字印本　一册

340000－1801－0013782　3:51505

洗冤録急救方一卷　(清)王明德　(清)王又槐輯　清光緒三十一年(1905)木活字印本　一册

340000－1801－0013783　3:51506

洗冤録急救方一卷　(清)王明德　(清)王又槐輯　清光緒三十一年(1905)木活字印本　一册

340000－1801－0013784　3:51507

洗冤録急救方一卷　(清)王明德　(清)王又槐輯　清光緒三十一年(1905)木活字印本　一册

340000－1801－0013785　3:51508

洗冤録急救方一卷　(清)王明德　(清)王又槐輯　清光緒三十一年(1905)木活字印本　一册

340000－1801－0013786　3:51509

洗冤録急救方一卷　(清)王明德　(清)王又槐輯　清光緒三十一年(1905)木活字印本　一册

340000－1801－0013787　3:51510

洗冤録急救方一卷　(清)王明德　(清)王又槐輯　清光緒三十一年(1905)木活字印本　一册

340000－1801－0013788　3:51511

洗冤録急救方一卷　(清)王明德　(清)王又槐輯　清光緒三十一年(1905)木活字印本　一册

340000－1801－0013789　3:51512

洗冤録急救方一卷　(清)王明德　(清)王又槐輯　清光緒三十一年(1905)木活字印本　一册

340000－1801－0013790　3:51513

洗冤録急救方一卷　(清)王明德　(清)王又槐輯　清光緒三十一年(1905)木活字印本

一册

340000－1801－0013791　3∶51514
洗冤録急救方一卷　（清）王明德　（清）王又槐輯　清光緒三十一年（1905）木活字印本　一册

340000－1801－0013792　3∶51515
洗冤録急救方一卷　（清）王明德　（清）王又槐輯　清光緒三十一年（1905）木活字印本　一册

340000－1801－0013793　3∶51516
洗冤録急救方一卷　（清）王明德　（清）王又槐輯　清光緒三十一年（1905）木活字印本　一册

340000－1801－0013794　3∶5151－3∶5152 善
人譜一卷人譜類記二卷　（明）劉宗周撰　清雍正四年（1726）洪氏教忠堂刻本　二册

340000－1801－0013795　3∶51521
藥目序不分卷　（清）京都同仁堂編　清刻本　一册

340000－1801－0013796　3∶51522－3∶51525
注解傷寒論十卷　題（漢）張仲景（張機）述（晉）王叔和編　（金）成無已注　**傷寒明理論四卷**　（金）成無已撰　清光緒二十二年（1896）復古書齋石印本　四册

340000－1801－0013797　3∶51526
醫效秘傳三卷　（清）葉桂述　清道光十一年（1831）刻本　一册　存一卷（一）

340000－1801－0013798　3∶51527
保嬰撮要二十卷　（明）薛鎧撰　明刻本　一册　存四卷（五至八）

340000－1801－0013799　3∶51528
景岳新方砭四卷　（清）陳念祖撰　清刻本　一册　存二卷（三至四）

340000－1801－0013800　3∶51529－3∶51530
良方不分卷　（□）□□撰　清刻本　二册

340000－1801－0013801　3∶5153－3∶5158 善
顔氏家訓七卷　（北齊）顔之推撰　（清）趙曦明注　（清）盧文弨補　清乾隆抱經堂刻本　六册

340000－1801－0013802　3∶51536－3∶51538
芥子園畫傳初集六卷　（清）王概等輯　清光緒十四年（1888）上海鴻文書局石印本　三册　存三卷（四至六）

340000－1801－0013803　3∶51539－3∶51540
芥子園畫傳初集六卷二集九卷　（清）王概等輯　清光緒十四年（1888）上海鴻文書局石印本　二册　存四卷（芥子園畫傳初集五至六、二集一至二）

340000－1801－0013804　3∶51541
詞林墨妙不分卷　（清）趙國泰等書　清石印本　一册

340000－1801－0013805　3∶51543
山谷題跋三卷　（宋）黄庭堅撰　清又賞齋刻本　一册　存一卷（上）

340000－1801－0013806　3∶51544
衍極五卷　（元）鄭杓撰　（元）劉有定釋　清刻本　一册　存二卷（四至五）

340000－1801－0013807　3∶51546－3∶51553
芥子園畫傳初集六卷二集九卷三集六卷　（清）王概等輯　清光緒十四年（1888）上海鴻文書局石印本　八册　存十卷（芥子園畫傳初集六卷，二集一至二，三集三、六）

340000－1801－0013808　3∶51554－3∶51555
清河書畫舫不分卷　（明）張丑撰　清刻本　二册

340000－1801－0013809　3∶51559
芥子園畫傳三集六卷　（清）王概等纂　清金陵文光堂刻本　一册　存一卷（一）

340000－1801－0013810　3∶51560－3∶51564
芥子園畫傳三集六卷　（清）王概等纂　清康熙十八年（1679）刻套印本　五册　存五卷（一至五）

340000－1801－0013811　3∶51565－3∶51588
本草綱目五十二卷奇經八脈考一卷　（明）李

時珍撰　(清)吴毓昌校訂　**萬方鍼線八卷**　清光緒十九年(1893)上海鴻寶齋石印本　二十四册

340000－1801－0013812　3:51589
大千圖說三卷　(清)江希張撰並繪　清刻本　一册　存一卷(二)

340000－1801－0013813　3:51590
中星表不分卷　(□)□□撰　清刻本　一册

340000－1801－0013814　3:51591－3:51592
談天十八卷　(英國)侯失勒撰　(英國)偉烈亞力譯　(清)李善蘭删述　清刻本　二册

340000－1801－0013815　3:5159－3:5162 善
擇識錄九卷　(清)方中輯　清乾隆刻本　四册

340000－1801－0013816　3:51593－3:51595
數度衍二十三卷首一卷　(清)方中通撰　清刻本　三册　存十六卷(三至六、十二至二十三)

340000－1801－0013817　3:51596－3:51597
三角法舉要五卷　(清)梅文鼎撰　(清)魏荔彤輯　(清)楊作枚訂補　清雍正元年(1723)魏氏刻兼濟堂纂刻梅勿庵先生曆算全書本　二册

340000－1801－0013818　3:51600
竈君靈籤一卷　(□)□□撰　清光緒十四年(1888)六安州吴聚文齋刻字店刻本　一册

340000－1801－0013819　3:51601
繪圖邵康節先生梅花觀梅拆字數全集五卷　(宋)邵雍撰　清石印本　一册　存二卷(二至三)

340000－1801－0013820　3:51602
增廣玉匣記通書六卷末一卷　(清)朱說霖校　清刻本　一册　缺二卷(一至二)

340000－1801－0013821　3:51604
鐵板神數十四集　(□)□□撰　清刻本　一册　存一集(九)

340000－1801－0013822　3:51605
邵康節先生四字斷命不分卷　(宋)邵雍撰　清黄氏佛堂抄本　一册

340000－1801－0013823　3:51608
大衍筮法直解一卷仙源礪士參語一卷夏小正箋疏四卷　(清)馬徵麟撰　清光緒思古書堂刻本　一册

340000－1801－0013824　3:51609
勸善舉隅一卷　(清)張之洞書　清光緒十七年(1891)刻本　一册

340000－1801－0013825　3:51611－3:51613
五行類應九卷　(明)錢春參訂　明萬曆四十二年(1614)侯加地刻本　三册　存三卷(七至九)

340000－1801－0013826　3:51615
居易錄三十四卷　(清)王士禛撰　清康熙刻本　一册　存四卷(二十二至二十五)

340000－1801－0013827　3:51616－3:51624
識小類編八卷　(清)夏大觀編輯　清巴陵李大珩刻本　九册　存五卷(三至七)

340000－1801－0013828　3:51625
蕉軒隨錄十二卷　(清)方濬師撰　清同治十一年(1872)刻本　一册　缺一卷(十二)

340000－1801－0013829　8:1 善
黄山遊卷引　(明)陳敏政書　明稿本　一軸

340000－1801－0013830　3:51628－3:51630
困學紀聞二十卷　(宋)王應麟撰　(清)閻若璩箋　清乾隆三年(1738)馬氏叢書樓刻本　三册　存六卷(一至六)

340000－1801－0013831　3:51631
通藝錄十九種四十九卷　(清)程瑤田撰　清刻本　一册　存一卷(修辭餘鈔一卷)

340000－1801－0013832　3:5163－3:5178 善
通雅五十二卷　(清)方以智輯著　清康熙五年(1666)浮山此藏軒刻本　十六册

340000－1801－0013833　3:51652
心書一卷　(三國蜀)諸葛亮撰　**古今注三卷**　(晉)崔豹撰　**博物志十卷**　(晉)張華撰

清刻本　一冊

340000－1801－0013834　3:51654－3:51655
金樓子六卷　（南朝梁）元帝蕭繹撰　清光緒元年（1875）湖北崇文書局刻子書百家本　二冊

340000－1801－0013835　3:51656
劉子二卷　（北齊）劉晝撰　清光緒元年（1875）湖北崇文書局刻子書百家本　一冊

340000－1801－0013836　3:51658－3:51662
管城碩記三十卷　（清）徐文靖撰　清刻本　五冊

340000－1801－0013837　3:51663
北戶錄三卷　（唐）段公路纂　（唐）崔龜圖注　清光緒六年（1880）吳興陸氏十萬卷樓刻本　一冊

340000－1801－0013838　3:51665
漫堂墨品一卷雪堂墨品一卷筆史一卷金粟箋說一卷　（清）宋犖等撰　清刻本　一冊

340000－1801－0013839　3:51667－3:51668
呂氏春秋二十六卷附考一卷　（秦）呂不韋撰　（漢）高誘注　（清）畢沅校　清光緒二十三年（1897）文瑞樓鉛印本　二冊

340000－1801－0013840　3:51669－3:51670
淮南子二十一卷　（漢）劉安撰　（漢）高誘注　（清）莊逵吉校　清光緒二十三年（1897）上海圖書集成局鉛印子書二十二種本　二冊

340000－1801－0013841　3:51671－3:51674
御覽曲洧舊聞十卷　（宋）朱弁撰　清刻本　四冊

340000－1801－0013842　3:51677－3:51682
淮南子二十一卷　（漢）高誘注　清光緒二年（1876）浙江書局刻本　六冊

340000－1801－0013843　3:51686
陸文安公語錄一卷王文成公傳習錄一卷魏恭簡公體仁說一卷高忠愍公講義一卷孫夏峰先生語錄一卷倭文端公日記一卷　（□）□□撰　清抄本　一冊

340000－1801－0013844　3:51687－3:51689
探本錄二十三卷　（清）雲茂琦撰　清刻本　三冊　存十三卷（五至十二、十九至二十三）

340000－1801－0013845　3:51690
說苑二十卷　（漢）劉向撰　（明）程榮校　清刻本　一冊　存四卷（十三至十六）

340000－1801－0013846　3:51692
醒孝歌一卷破迷醒世一卷　（□）□□撰　清光緒三十三年（1907）刻本　一冊

340000－1801－0013847　3:51693
十勸賢良詞一卷　（□）□□撰　清光緒二十一年（1895）刻本　一冊

340000－1801－0013848　3:51694
新論十卷　（南朝梁）劉勰撰　清王謨刻增訂漢魏叢書本　一冊

340000－1801－0013849　3:51697
茶村兩說錄□□卷　（明）吳國俊輯　清刻本　一冊　存一卷（三）

340000－1801－0013850　3:51699－3:51700
居易錄三十四卷　（清）王士禛撰　清雍正刻本　二冊　存四卷（三十一至三十四）

340000－1801－0013851　3:51701－3:51702
雲谷雜紀四卷首一卷末一卷　（宋）張淏撰　清刻本　二冊

340000－1801－0013852　3:51703
淮南鴻烈解二十八卷　（漢）劉安撰　清練江汪述古山莊刻本　一冊　存三卷（十五至十七）

340000－1801－0013853　3:51719
梵王寶經一卷　（□）□□撰　清同治十三年（1874）刻本　一冊

340000－1801－0013854　3:51720
十殿冥王寶懺不分卷　（□）□□撰　清光緒二十三年（1897）刻本　一冊

340000－1801－0013855　3:51722
法因集四卷續一卷　（明）王穉登撰　清同治八年（1869）刻本　一冊

340000－1801－0013856　3:51728
救生船四卷　(□)□□撰　清咸豐刻本　一冊　存一卷(二)

340000－1801－0013857　3:51732
老子翼八卷　(明)焦竑輯　清光緒二十一年(1895)漸西村舍刻本　一冊　存二卷(七至八)

340000－1801－0013858　3:51733
莊子十卷　(戰國)莊周撰　(晉)郭象注　(唐)陸德明音義　清刻本　一冊　存二卷(九至十)

340000－1801－0013859　3:51734
莊子十卷　(戰國)莊周撰　(晉)郭象注　(唐)陸德明音義　清刻本　一冊　存三卷(三至五)

340000－1801－0013860　3:51735
修元大道三卷　(□)□□撰　清抄本　一冊　存一卷(中)

340000－1801－0013861　3:51737－3:51739
呂祖彙集三十四卷附十卷　(□)□□撰　清刻本　三冊　存十卷(三十至三十四、附八至十二)

340000－1801－0013862　3:51740
文子纘義十二卷　(宋)杜道堅撰　清刻本　一冊　存六卷(七至十二)

340000－1801－0013863　3:51748
山海經十八卷　(晉)郭璞傳　清康熙歙縣項氏群玉書堂刻本　一冊　存四卷(一至四)

340000－1801－0013864　3:51749
山海經十八卷　(晉)郭璞傳　清刻本　一冊　存十三卷(六至十八)

340000－1801－0013865　3:51750
山海經十八卷　(晉)郭璞傳　(清)畢沅校　清光緒十三年(1887)上海大同書局影印本　一冊

340000－1801－0013866　3:51751－3:51752
唐摭言十五卷　(五代)王定保撰　清乾隆二十一年(1756)雅雨堂刻本　二冊

340000－1801－0013867　3:51753－3:51757
第五才子水滸傳七十五卷七十一回　(明)施耐庵撰　清刻本　五冊　存四十三回(十至十八、三十至六十三)

340000－1801－0013868　3:51761－3:51764
庸庵筆記六卷　(清)薛福成撰　清光緒二十三年(1897)蕭山陳氏刻本　一冊　存四卷(一至二、五至六)

340000－1801－0013869　3:51768
聊齋志異新評十六卷　(清)蒲松齡撰　(清)王士禛評　(清)但明倫新評　清刻本　一冊　存一卷(二)

340000－1801－0013870　3:51769－3:51775
聊齋志異新評十六卷　(清)蒲松齡撰　(清)王士禛評　(清)但明倫新評　清道光二十二年(1842)刻朱墨套印本　七冊　存七卷(一至三、七至八、十三至十四)

340000－1801－0013871　3:51776－3:51784
聊齋志異新評十六卷　(清)蒲松齡撰　(清)王士禛評　(清)但明倫新評　清刻本　九冊　存九卷(三至五、七至八、十三至十六)

340000－1801－0013872　3:51785－3:51787
今古奇觀四十卷　(□)□□撰　清刻本　三冊　存三十卷(一至九、二十至四十)

340000－1801－0013873　3:51788－3:51789
聊齋志異十六卷　(清)蒲松齡撰　清末刻本　二冊　存二卷(九、十三)

340000－1801－0013874　3:51790
博異記不分卷　題(唐)谷神子纂　**晉史乘一卷**　(清)汪士漢校　**三墳一卷**　(明)吳琯校　清刻本　一冊

340000－1801－0013875　3:51791
履園叢話二十四卷　(清)錢泳輯　清刻本　一冊　存三卷(六至八)

340000－1801－0013876　3:5179－3:5182
韓非子二十卷　(戰國)韓非撰　**識誤三卷**

(清)顧廣圻撰　清嘉慶二十三年(1818)刻本　四冊

340000－1801－0013877　3:51802－3:51804
繡像京本雲合奇蹤玉茗英烈全傳十卷八十回　(明)徐渭編　清刻本　三冊　存六卷(三至四、七至十)

340000－1801－0013878　3:51805
繡像京本雲合奇蹤玉茗英烈全傳十卷八十回　(明)徐渭編　清刻本　一冊　存三卷(六至八)

340000－1801－0013879　3:51823－3:51824
東周列國全志二十三卷一百八回　(明)馮夢龍撰　(清)蔡界評點　清刻本　二冊　存四卷(二至五)

340000－1801－0013880　3:51825－3:51833
東周列國全志二十三卷一百八回　(明)馮夢龍撰　(清)蔡界評點　清刻本　九冊　存九卷(六至十二、十四至十五)

340000－1801－0013881　3:5183－3:5186 善
香祖筆記十二卷　(清)王士禛撰　清康熙刻本　四冊

340000－1801－0013882　3:51839－3:51847
東周列國全志二十三卷一百八回　(明)馮夢龍撰　(清)蔡界評點　清刻本　四冊　存十八卷(四至十一、十四至二十三)

340000－1801－0013883　3:51854
增訂精忠演義說本全傳二十卷八十回　(□)□□撰　清刻本　一冊　存二卷(七至八)

340000－1801－0013884　3:51855－3:51856
新刊繡像彭公案二十三卷一百回　題(清)貪夢道人撰　清刻本　二冊　存七卷(三至九)

340000－1801－0013885　3:51857－3:51859
花月痕全書十六卷五十二回　(清)魏秀仁撰　清光緒三十一年(1905)育文書局石印本　三冊　存七卷(一至二、六至十)

340000－1801－0013886　3:51860
新增精忠演義說本岳王全傳　(清)錢彩編　(清)金豐增訂　清奎元堂刻本　一冊　存二卷(一至二)

340000－1801－0013887　3:51861
鏡花緣二十卷一百回　(清)李汝珍撰　清咸豐八年(1858)刻本　一冊

340000－1801－0013888　3:5187 善
新鐫京板工師雕鏤正式魯班經匠家鏡二卷　(明)午榮編　(明)章嚴集　明刻本(有圖)　一冊

340000－1801－0013889　3:5188－3:5191 善
證治大還六種四十三卷　(清)陳治撰　清康熙三十六年(1697)貞白堂刻本　四冊　存三種十六卷(陳氏傷寒近前集一至二、後集五卷,幼幼近編四卷,濟陰近編五卷)

340000－1801－0013890　3:51909－3:51912
新刊繡像彭公案二十三卷一百回　題(清)貪夢道人撰　清民安堂刻本　四冊　存十一卷(十至十二、十六至二十三)

340000－1801－0013891　3:5192－3:5196 善
馮氏錦囊秘錄痘疹全集十五卷　(清)馮兆張撰　清康熙四十一年(1702)刻本　五冊

340000－1801－0013892　3:51948
新鐫繡像五虎平南狄青後傳四卷四十二回　(□)□□撰　清刻本　一冊　存二卷(三至四)

340000－1801－0013893　3:51949
新齊諧二十四卷　(清)袁枚撰　清刻本　一冊　存四卷(三至六)

340000－1801－0013894　3:51950
繪圖新編三十一續濟公傳四卷四十回　(□)□□撰　清上海校經山房石印本　一冊

340000－1801－0013895　3:51951
紅樓夢一百二十回　(清)曹雪芹撰　(清)高鶚補　清刻本　一冊　存八回(十一至十八)

340000－1801－0013896　3:51952－3:51953
紅樓夢一百二十回　(清)曹雪芹撰　(清)高鶚補　清刻本　二冊　存十回(八十一至九

十）

340000－1801－0013897　3:51955
天花藏批評平山冷燕四卷二十回　題（清）荻岸散人編　清刻本　一冊　存一卷（四）

340000－1801－0013898　3:51973
皋鶴堂批評第一奇書金瓶梅一百回　（清）張竹坡評　清刻本　一冊　存三回（四十八至五十）

340000－1801－0013899　3:5197－3:5200 善
仙拈集四卷　（清）李文炳輯　清乾隆十九年（1754）刻本　四冊

340000－1801－0013900　3:51974－3:51976
錦繡萬花谷別集三十卷　（□）□□撰　明嘉靖十五年（1536）錫山秦汴繡石書堂刻本　三冊　存十五卷（一至十、二十六至三十）

340000－1801－0013901　3:51977－3:51979
錦繡萬花谷前集四十卷　（□）□□撰　明嘉靖十五年（1536）錫山秦汴繡石書堂刻本　三冊　存四卷（十三至十六）

340000－1801－0013902　3:51980－3:51981
錦繡萬花谷後集四十卷　（□）□□撰　明嘉靖十五年（1536）錫山秦汴繡石書堂刻本　二冊　存十三卷（二十八至四十）

340000－1801－0013903　3:51982－3:51984
錦繡萬花谷後集四十卷　（□）□□撰　明嘉靖十五年（1536）錫山秦汴繡石書堂刻本　三冊　存十九卷（一至七、二十八至三十二、三十四至四十）

340000－1801－0013904　3:51985－3:51986
古香齋新刻袖珍淵鑑類函四百五十卷目錄四卷　（清）張英等編　清刻本　二冊　存七卷（二百十七至二百十九、三百四十四至三百四十七）

340000－1801－0013905　3:51987
古香齋新刻袖珍淵鑑類函四百五十卷目錄四卷　（清）張英等編　清刻本　一冊　存四卷（目錄四卷）

340000－1801－0013906　3:51989
角山樓增補類腋六十七卷　（清）姚培謙輯（清）趙克宜增輯　清角山樓刻本　一冊　存四卷（人部十二至十五）

340000－1801－0013907　3:51990
續廣事類賦三十卷　（清）王鳳喈撰　清刻本　一冊　存一卷（十七）

340000－1801－0013908　3:51993－3:51996
類書纂要三十三卷　（清）周魯輯　清刻本　四冊　存十卷（十七至二十、二十七至三十二）

340000－1801－0013909　3:51997－3:52027
子史精華一百六十卷　（清）允祿等撰　清刻本　三十二冊　缺五卷（一至五）

340000－1801－0013910　3:5201－3:5203 善
證治百問三卷　（清）劉默撰　清抄本　三冊

340000－1801－0013911　3:52028
子史精華一百六十卷　（清）允祿等撰　清刻本　一冊　存三卷（四十八至五十）

340000－1801－0013912　3:52029－3:52056
子史精華一百六十卷　（清）允祿等撰　清刻本　三十冊　缺七十五卷（一至三十一、七十二至七十四、一百一至一百十三、一百三十三至一百六十）

340000－1801－0013913　3:5204－3:5205 善
雜症會心錄二卷　（清）汪文綺撰　清乾隆二十年（1755）自餘堂刻本　二冊

340000－1801－0013914　3:52057－3:52207
佩文韻府一百六卷　（清）張玉書等彙閱（清）蔡升元等纂修兼校勘　**韻府拾遺一百六卷**　（清）張廷玉等校勘　（清）汪灝等纂修　清光緒十八年（1892）上海鴻寶齋刻本　四十九冊　缺一百七卷（十二、十六、二十、二十七、三十八、四十三至四十四、七十五、七十七、九十六，韻府拾遺一至五十五、六十五至一百六）

340000－1801－0013915　3:5206－3:5211 善

方書六卷　(清)鳳實夫輯　清抄本　六冊

340000－1801－0013916　3:5212 善
人物譜不分卷　(清)張建宇撰　清乾隆二十八年(1763)金潄軒抄本　一冊

340000－1801－0013917　3:5213－3:5220 善
十竹齋書畫譜八卷　(明)胡正言輯　清刻套印本　八冊

340000－1801－0013918　3:52208－3:52249
佩文韻府一百六卷　(清)張玉書等彙閱　(清)蔡升元等纂修兼校勘　**韻府拾遺一百六卷**　(清)張廷玉等校勘　(清)汪灝等纂修　清光緒十八年(1892)上海鴻寶齋刻本　四十二冊　存三十九卷(一、四上、五至七上、十三上至十四、十六、二十、二十二、二十六至二十七、三十四、三十六至三十八、四十、四十三至四十四、七十五、七十六下、七十七、八十一、九十下、九十一、九十三下、九十六、一百下、一百一、一百二下,韻府拾遺五十六至六十四)

340000－1801－0013919　3:5221－3:5226 善
墨池編二十卷　(宋)朱長文撰　清雍正十一年(1733)朱氏刻本　六冊

340000－1801－0013920　3:52250－3:53870
古今圖書集成一萬卷目錄四十卷　(清)陳夢雷輯　(清)蔣廷錫等重輯　清光緒十年(1884)上海圖書集成印書局鉛印本　一千六百二十一冊　缺四十三卷(曆法典一百二十至一百二十四,氏族典六百二十七至六百四十,經籍典三百二十三至三百三十三、四百三十四至四百四十,祥刑典八十五至九十)

340000－1801－0013921　3:5227－3:5230 善
墨池編二十卷　(宋)朱長文撰　清雍正十一年(1733)朱氏刻本　四冊

340000－1801－0013922　3:5231－3:5234 善
庚子銷夏記八卷閒者軒帖考一卷　(清)孫承澤撰　清乾隆二十五年至二十六年(1760－1761)鮑廷博、鄭竺刻本　四冊

340000－1801－0013923　3:5235－3:5238 善
庚子銷夏記八卷閒者軒帖考一卷　(清)孫承澤撰　清乾隆二十五年至二十六年(1760－1761)鮑廷博、鄭竺刻本　四冊

340000－1801－0013924　3:5239 善
東萊先生詩律武庫十五卷　(宋)呂祖謙輯　清康熙五十四年(1715)鄭氏桃源山莊刻本　一冊

340000－1801－0013925　3:5240－3:5241 善
銜蟬小錄八卷　(清)孫蓀意輯　清嘉慶二十四年(1819)高槃刻本　二冊

340000－1801－0013926　3:5242－3:5265 善
古香齋鑒賞袖珍春明夢餘錄七十卷　(清)孫承澤撰　清內府刻古香齋袖珍十種本　二十四冊

340000－1801－0013927　3:5266 善
勿庵籌算七卷　(清)梅文鼎著　清康熙刻本　二冊

340000－1801－0013928　3:5267－3:5269 善
讀書日記六卷　(清)劉源淥著　清雍正五年(1727)刻本　三冊

340000－1801－0013929　3:5270－3:5271 善
鰲峰書院講學錄不分卷　(清)德沛撰　清乾隆六年(1741)刻本　二冊

340000－1801－0013930　3:5272－3:5275 善
五子近思錄十四卷　(清)汪佑撰　清康熙三十二年(1693)刻本　四冊

340000－1801－0013931　3:5276－3:5277 善
小學六卷總論一卷文公朱夫子年譜一卷　(清)高愈纂注　清乾隆十二年(1747)刻本　二冊

340000－1801－0013932　3:5280－3:5283 善
小學發明六卷總論一卷　(清)施璜纂注　清康熙新安刻本　四冊

340000－1801－0013933　3:5284－3:5285 善
蕺山先生人譜一卷人譜類記二卷　(明)劉宗周撰　(清)洪正治校編　清雍正歙縣洪氏教忠堂刻本　二冊

340000－1801－0013934　3:5286 善
澄懷園語四卷　(清)張廷玉撰　清乾隆刻本　一册

340000－1801－0013935　3:5287－3:5288 善
四本堂座右編二集二十四卷　(清)朱潮遠輯　清康熙刻本　四册

340000－1801－0013936　3:5289－3:5304 善
通雅五十二卷　(清)方以智撰　清康熙五年(1666)浮山此藏軒刻本　十六册

340000－1801－0013937　3:5305 善
鍾山劄記四卷　(清)盧文弨撰　清乾隆五十五年(1790)杭州抱經堂刻抱經堂叢書本　一册

340000－1801－0013938　3:5306－3:5315 善
古今釋疑十八卷　(清)方中履撰　清康熙汗青閣刻本　十册

340000－1801－0013939　3:5316－3:5321 善
述記不分卷　(清)任兆麟撰　清乾隆忠敏家塾刻本　六册

340000－1801－0013940　3:5322－3:5331 善
群書拾補初編三十九種　(清)盧文弨撰　清乾隆五十五年(1790)餘姚盧文弨刻抱經堂叢書本　十册

340000－1801－0013941　3:532 善
性理大全書七十卷　(明)胡廣等撰　明書林刻本　一册　存十卷(二十六至三十五)

340000－1801－0013942　3:5332 善
鍾山劄記四卷　(清)盧文弨撰　清乾隆五十五年(1790)杭州抱經堂刻抱經堂叢書本　一册

340000－1801－0013943　3:5333－3:5334 善
莊子獨見不分卷　(清)胡文英釋　清乾隆聚文堂刻本　二册

340000－1801－0013944　3:5335 善
因人私記一卷　(清)傅山撰　清乾隆二十七年(1762)刻本　一册

340000－1801－0013945　3:5336－3:5341 善
畜德錄六卷　(清)戴大受撰　清康熙十七年(1678)刻本　六册

340000－1801－0013946　3:533 善
性理要刪八卷首一卷　(明)宗臣纂　明刻本　一册

340000－1801－0013947　3:5342－3:5351 善
畜德錄二十卷　(清)席啟圖撰　清康熙繩武堂刻本　十册

340000－1801－0013948　3:534－3:543 善
性理標題綜要二十二卷　(明)詹淮輯　(明)陳仁錫訂正　明崇禎五年(1632)刻本　十册

340000－1801－0013949　3:5352－3:5356 善
巾經纂二十卷　(清)宋宗元撰　清乾隆網師園刻本　五册

340000－1801－0013950　3:5357 善
騷屑五卷　(清)沈元明撰　清康熙刻本　一册

340000－1801－0013951　3:5358－3:5359 善
愜心集五卷　(清)程烈撰　清乾隆刻本　二册

340000－1801－0013952　3:5360－3:5383 善
御製曆象考成上編十六卷下編十卷表十六卷　(清)聖祖玄燁撰　清乾隆七年(1742)內府刻本　二十四册

340000－1801－0013953　3:5384－3:5431 善
管窺輯要八十卷　(清)黄鼎纂　清順治九年(1652)刻本　四十八册

340000－1801－0013954　3:53881－3:55248
古今圖書集成一萬卷目錄四十卷　(清)陳夢雷輯　(清)蔣廷錫等重輯　清光緒十年(1884)上海圖書集成印書局鉛印本　一千三百六十八册　缺一千六百六十六卷(乾象典四十三至四十四,歲功典四十五至五十,曆法典一百四至一百四十,坤輿典三十三至三十七,職方典三百五十五至三百六十三、三百七十一至三百七十七、四百五至四百十三、四百四十二至四百四十九、四百五十七至四百六

十二、四百七十七至四百八十四、四百九十二至四百九十八、六百六十四至六百七十一、七百十三至七百十九、七百二十七至七百三十四、一千十二至一千十九、一千一百十六至一千二百八、一千三百十五至一千三百二十、一千五百至一千五百十四、一千五百二十三至一千五百三十、一千五百三十九至一千五百四十四，山川典一百二十二至一百二十九、一百七十一至一百七十六，邊裔典九十七至一百二，人事典一至六、八十四至八十八，氏族典一至二十七、七十七至八十二、八十九至一百一、一百十四至一百二十、一百四十五至一百六十五、一百七十五至一百七十九、二百二至二百二十二、二百三十至二百三十四、二百四十七至二百五十一、二百五十四至二百五十九、二百六十六至二百七十三、二百九十三至二百九十九、二百三十五至二百五十三、三百三十五至三百五十三、三百六十二至四百十一、五百四十至五百六十八、五百七十四至五百九十、六百三至六百四十，宮常典一至二百五十七、三百十七至三百三十一、三百四十七至四百三十八、四百四十六至四百五十九、四百六十七至五百八十五、六百七十三至八百，藝術典一百十一至一百十五、三百三十四至三百四十四、三百五十至三百五十六、三百九十一至三百九十六、五百八十九至五百九十六、六百九至六百十九、六百三十四至六百四十、六百五十七至六百六十七、六百七十五至六百七十七、六百八十七至六百九十一，神異典十七至二十二、三十一至三十四、九十二至一百三、一百五十四至一百五十九、一百六十五至一百六十九、一百八十三至一百九十九、二百六十九至二百七十四，草木典一百四十六至一百五十二、一百六十八至一百七十四、二百四十六至二百六十四、二百八十五至二百九十、二百九十六至三百十四，經籍典十七至二十七、四十至四十八、一百二十三至一百三十五、一百五十八至一百九十、一百九十七至二百十六、二百四十五至二百五十一、二百九十七至三百三、三百十七至三百三十三、三百七十五至三百八十五、四百三十四至四百四十七，學行典一百五十三、一百六十，選舉典六十一至七十八、八十五至九十，詮衡典四十一至四十五、五十七至六十二、七十六至八十九、九十七至一百七，禮儀典二十三至二十八、四十一至四十五、一百五十九至一百六十三、三百二十九至三百三十四，祥刑典十二至十七、四十二至四十三、四十七、七十五至九十六、一百五十三至一百六十五、一百七十二至一百七十五，考工典十二至十七、四十二至四十三、四十七、七十五至九十六、一百五十三至一百六十五、一百七十二至一百七十五）

340000－1801－0013955　3:544－3:554 善
性理標題綜要二十二卷　（明）詹淮輯　（明）陳仁錫訂正　明崇禎五年（1632）刻本　十一冊

340000－1801－0013956　3:5432－3:5447 善
本草述三十二卷　（清）劉若金撰　清康熙三十八年（1699）刻本　十六冊

340000－1801－0013957　3:5448－3:5451 善
本草詩箋十卷　（清）朱鑰撰　清乾隆四年（1739）刻本　四冊

340000－1801－0013958　3:5452－3:5459 善
成方切用十二卷首一卷末一卷　（清）吳儀洛輯　清乾隆硤川利濟堂刻本　八冊

340000－1801－0013959　3:5460－3:5462 善
越畫見聞三卷　（清）陶元藻撰　清乾隆六十年（1795）刻本　三冊

340000－1801－0013960　3:5463 善
奕學會海四卷　（清）董耀輯　清康熙三十七年（1698）刻本　一冊

340000－1801－0013961　3:5464 善
奕學會海四卷　（清）董耀輯　清康熙三十七年（1698）刻本　一冊

340000－1801－0013962　3:5465－3:5466 善
四子譜二卷　（清）過文年輯　清乾隆五十一年（1786）刻本　二冊

340000－1801－0013963　3:5467－3:5468 善

桃花泉奕譜二卷　(清)范世勳撰　清乾隆十年(1745)刻本　二冊

340000－1801－0013964　3:5469 善

新鐫王伯玉先生古今集要醫經傷寒提綱歌五卷　(清)王大斌撰　清康熙五十一年(1712)刻本　一冊

340000－1801－0013965　3:5470－3:5473 善

救偏瑣言五卷瑣言備用良方一卷　(清)費啟泰撰　清順治十六年(1659)刻本　四冊

340000－1801－0013966　3:5474－3:5477 善

救偏瑣言十卷瑣言備用良方一卷　(清)費啟泰撰　清康熙二十七年(1688)惠迪堂刻本　四冊

340000－1801－0013967　3:5478－3:5517 善

佩文齋廣群芳譜一百卷　(清)汪灝撰　清康熙四十七年(1708)内府刻本　四十冊

340000－1801－0013968　3:5518－3:5519 善

醫方集解二卷　(清)汪昂撰　清康熙二十一年(1682)刻本　二冊

340000－1801－0013969　3:5520－3:5529 善

臨證指南醫案十卷　(清)葉桂撰　清乾隆三十三年(1768)刻本　十冊

340000－1801－0013970　3:55249－3:56288

古今圖書集成一萬卷目錄四十卷　(清)陳夢雷輯　(清)蔣廷錫等重輯　清光緒十年(1884)上海圖書集成印書局鉛印本　一千四十冊　缺三千八百九十七卷(乾象典五至十五、三十四至五十六,歲功典一至六、十六至二十一、九十三至九十八,曆法典一至五、十二至十六、二十至二十四、三十至三十五、四十一至四十五、五十一至五十四、六十八至七十二、八十五至一百四十,庶徵典七至十一、二十三至四十三、五十至五十五,坤輿典一至五、十七至二十一、二十七至三十二、五十至五十七、九十九至一百八、一百三十一至一百四十,職方典五至二十、四十至四十五、九十一至九十六、一百七至一百九、一百十八至一百二十一、一百三十七至一百五十三、二百五至二百二十五、二百九十八至三百十一、三百二十至四百十三、四百二十一至四百三十三、四百五十至四百六十二、四百六十九至四百九十一、六百五至六百六十五、六百五十八至六百六十三、七百十三至七百十九、七百二十七至七百三十四、七百七十一至七百七十四、九百十三至九百二十、九百四十九至九百六十二、九百六十九至九百七十八、九百八十九至九百九十六、一千四至一千十九、一千二十七至一千七十六、一千九十一至一千一百二十一、一千一百二十七至一千一百三十二、一千二百三十九至一千二百五十二、一千二百九十四至一千三百六十二、一千三百七十七至一千三百九十二、一千四百一至一千四百六、一千四百二十二至一千四百二十七、一千四百九十七至一千四百九十九、一千五百二十一至一千五百四十四,山川典一百七至一百十三、一百二十一至一百五十八、一百六十四至一百八十八、三百十一至三百十五,邊裔典八至十九、三十六至四十、四十七至五十八、七十一至七十六、八十二、九十二至一百二、一百三十八至一百四十,皇極典一百二十六至一百九十八、二百十二至二百十九、二百三十八至二百六十八、二百八十二至三百,交誼典一至十三、四十九至五十四、六十七至七十六、一百四至一百二十,宮闈典一至十六、二十三至二十八、三十六至四十九、六十一至六十七、八十二至一百二、一百十至一百二十七、一百三十四至一百四十,人事典一至十一、十七至二十六、五十二至五十七、七十四至九十三、一百一至一百十二,氏族典八至十七、二十八至三十四、七十一至七十六、八十九至一百一、一百十四至一百二十、一百二十六至一百三十一、一百五十二至五百七、五百十六至五百四十,家範典七至八、二十五至三十六、四十四至五十五、六十一至九十九,閨媛典一至七十,宮常典一百四十九至一百五十五、一百九十六至二百十六、二百三十七至二百四十二、二百五十八至三百四十六、三百八十一至三百九十四、四百二十二至四百三

十八、五百十一至五百四十五、五百五十三至五百七十八、五百九十九至六百七十二，藝術典二十九至三十四、五十六至六十五、八十八至九十七、一百十一至一百十三、一百三十六至一百四十、一百七十六至一百八十八、二百三十九至二百五十一、二百九十三至三百四、三百十四至三百十六、三百三十四至三百七十、三百八十二至四百十，神異典一至三、十七至二十二、二十八至七十、八十一至九十一、九十八至一百十三、一百三十六至一百四十一、一百五十四至一百五十九、一百六十五至一百七十、一百七十七至一百九十三、二百二十至二百三十二、二百五十一至二百六十二、二百九十九至三百十二，禽蟲典一至七、五十四至六十、一百五十九至一百八十六，草木典十三至十八、二十九至三十三、四十九至六十五、八十九至一百十九、一百四十六至一百五十三、一百六十八至一百七十四、一百八十二至二百、二百七至二百十九、二百四十六至二百六十四、二百六十九至三百二十，經籍典一至四十八、五十九至六十四、九十至一百三十五、一百四十二至一百六十四、一百八十至二百十六、二百二十四至二百三十七、二百四十五至二百七十八、二百九十七至三百三十八、三百四十五至三百五十、三百六十六至三百八十五、四百三十四至四百四十六、四百六十九至四百七十四、四百八十一至四百八十五、五百，學行典一至六、十三至十七、二十一、六十九至七十四、一百六十二至一百六十九、一百八十四至一百八十九、一百九十五至二百十六、二百三十五至二百四十七、二百六十一至二百七十二，文學典一至十六、七十六至八十一、八十六至九十、一百二十四至一百二十九、一百四十三至一百四十九、二百五十四至二百六十，字學典一百六十，選舉典七至十二、十九至二十三、三十一至五十九、一百七至一百十三、一百二十八至一百三十六，詮衡典一至二十二、四十一至六十二、六十九至一百二十，食貨典十一至十六、四十至六十三、一百二十四至一百二十八、一百三十四至一百四十四、一百七十四至一百七十九、一百九十七至二百二、二百十六至二百二十一、二百五十六至二百六十、二百六十七至二百七十二，氏族典一至四十一、五十至五十七、六十六至二百九十二、三百二十一至四百四、四百十二至四百二十七、四百三十五至四百四十、五百八至五百二十四、五百三十三至五百三十九、六百三至六百十四，樂律典十四至十九、三十至三十五、四十三至四十八、七十四至八十二、八十五至八十六、一百六至一百二十、一百二十九至一百三十六，戎政典一至十一、六十八至七十三、九十一至一百八、一百六十四至一百七十五、二百十三至二百二十二、二百四十至二百四十五、二百五十六至二百六十七，考工典二百四十二至二百四十六）

340000－1801－0013971　3:55－3:56 善
說苑二十卷　(漢)劉向撰　明嘉靖何良俊刻本　二册　存十卷(六至十五)

340000－1801－0013972　3:5530－3:5538 善
御選語錄十八卷附刻一卷　(清)世宗胤禛選　清雍正十一年(1733)刻本　九册　存十八卷(御選語錄十八卷)

340000－1801－0013973　3:5539－3:5542 善
御錄宗鏡大綱二十卷　(清)世宗胤禛選　清雍正十二年(1734)刻本　四册

340000－1801－0013974　3:5543－3:5558 善
三才藻異三十三卷目錄三十三卷　(清)屠粹忠輯　清康熙二十八年(1689)栩園刻本　十六册

340000－1801－0013975　3:555－3:565 善
性理標題綜要二十二卷　(明)詹淮輯　(明)陳仁錫訂正　明崇禎五年(1632)刻本　十一册

340000－1801－0013976　3:5559－3:5582 善
古事比五十二卷　(清)方中德輯　清康熙四十五年(1706)書種齋刻本　二十四册

340000－1801－0013977　3:5583 善
說苑二十卷　(漢)劉向著　(明)鍾惺評　明刻本　一册　存十卷(一至十)

340000－1801－0013978　3：5584 善

聖學心法四卷　（明）成祖朱棣撰　明永樂七年（1409）内府刻本　一册　存一卷（一）

340000－1801－0013979　3：5585－3：5587 善

性理大全書七十卷　（明）胡廣等撰　明刻本　三册　存六卷（二十二至二十七）

340000－1801－0013980　3：5588－3：5589 善

小學集注□□卷　（□）□□撰　明刻本　二册　存五卷（六至十）

340000－1801－0013981　3：5590 善

南華真經十卷　（晉）郭象注　（唐）陸德明音義　明嘉靖十二年（1533）吳郡顧春世德堂刻六子全書本　一册　存二卷（一至二）

340000－1801－0013982　3：5591 善

南華真經旁注五卷　（戰國）莊周撰　（明）方虛名輯注　（明）孫平仲音校　明萬曆二十二年（1594）刻本　一册　存一卷（一）

340000－1801－0013983　3：5592－3：5595 善

南華真經旁注五卷　（戰國）莊周撰　（明）方虛名輯注　（明）孫平仲音校　明海陽孫氏業白齋刻本　四册

340000－1801－0013984　3：5596－3：5603 善

南華真經副墨八卷讀南華真經雜説一卷　（明）陸西星撰　明萬曆刻本　八册

340000－1801－0013985　3：5604－3：5609 善

管子榷二十四卷　（明）朱長春撰　明萬曆刻本　六册　存十九卷（六至二十四）

340000－1801－0013986　3：5610－3：5611 善

式遏要略五卷　（清）余述祖輯　清篝筆山房抄本　二册

340000－1801－0013987　3：5612－3：5619 善

丹溪先生心法五卷附録一卷　（元）朱震亨撰　明吳勉學刻本　八册

340000－1801－0013988　3：5620－3：5629 善

丹溪心法附餘二十四卷首一卷　（明）方廣撰　明書林楊氏刻本　十册

340000－1801－0013989　3：56289－3：56688

古今圖書集成一萬卷目録四十卷　（清）陳夢雷輯　（清）蔣廷錫等重輯　清光緒十年（1884）上海圖書集成印書局鉛印本　四百册　缺五千二百八十三卷（曆法典一至二十九、三十六至一百四十，職方典一至二十八、四十至四十五、五十九至六十三、七十至七十四、九十一至一百十七、一百二十三至二百三十三、二百四十八至二百七十六、二百八十四至二百九十、二百九十八至五百六、五百十四、五百二十二至五百四十一、五百四十九至五百五十七、五百七十七至五百八十二、五百八十九至七百五十、七百六十七至七百七十四、七百九十至七百九十二、八百九至一千二百五十二、一千二百五十八至一千二百五十九、一千二百六十四至一千四百八十、一千四百八十六至一千五百四十四，山川典一至六、十二至二十二、六十三至七十四、八十至九十三、一百二十二至一百八十八、二百十七至二百二十三、二百六十二至二百六十九、三百四，邊裔典七至六十四、七十一至八十六、九十二至一百九、一百十六至一百四十，皇極典一至一百十二、一百二十六至三百，交誼典二十至三十一、四十三至四十八、五十五至六十、六十七至七十二、八十三至一百二，宫闈典八十二至一百二，閨媛典一至七十、三百十二至三百七十六，宫常典一百四十九至一百七十七、一百八十三至二百二、二百七十三至二百七十九、三百四十至三百六十六、三百八十二至三百九十四、四百三十九至四百四十五、五百十六至五百五十二、五百六十至五百七十九、六百三十九至六百七十、六百八十五至六百九十，藝術典十八至四十四、五十一至七十、七十六至一百十八、一百二十五至一百三十五、一百九十七至二百五十六、二百六十三至二百八十、二百九十三至三百四、四百二至四百六十五、四百七十八至四百八十二、五百五至五百十六、五百三十三至五百九十六，神異典一至一百二十九、一百三十六至一百四十七、一百五十四至一百九十九、二百六至二百六十八、二百七十五至二百八十一、二百八十七至三百、三百六至三百二十，禽蟲典一至四十六、五十四至九十七、一百二十三至一百二十五、一百三十三至一百九十二,經籍典一至六十四、七十五至一百六十三、一百八十至二百十六、二百二十四至二百三十七、二百四十五至三百五十、三百六十二至四百六、四百十三至四百四十六、四百五十五至五百,學行典一至二十五、三十至六十八、七十五至八十、八十七至一百二、一百二十九至二百十六、二百二十八至三百,文學典一至三十七、四十二至五十四、六十至六十三、七十六至一百一、一百十三至一百三十五、一百四十三至一百六十一、一百九十五至二百三十九、二百四十七至二百六十,字學典一至五、四十一、四十八至七十三、八十至一百四、一百二十至一百二十四、一百三十一至一百三十六、一百五十三至一百六十,選舉典一至九十四、一百一至一百三十六,食貨典一至六十三、八十三至九十四、一百六至一百十一、一百十八至二百二十七、二百三十四至三百十四、三百二十二至三百六十,禮儀典一至一百三十三、一百四十至二百八十、二百九十四至二百九十九、三百二十二至三百二十八、三百三十五至三百四十八,樂律典一至五十四、七十至八十四、九十三至一百三十六,戎政典一至三十二、五十一至一百五十八、一百七十七至二百八十一、二百八十八至三百,考工典一至五、五十至五十三、一百十二至一百十六、二百三十一至二百三十九、二百四十六至二百五十二)

340000－1801－0013990　3:56290－3:56318
職方典一千五百四十四卷　(□)□□撰　清光緒十年(1884)鉛印古今圖書集成本　二十九册　存一百九十卷(二十九至三十九、四十六至五十八、六十四至六十九、七十五至九十、一百十八至一百二十四、二百三十四至二百四十七、二百七十七至二百八十三、二百九十一至二百九十七、五百七至五百十三、五百十五至五百二十一、五百四十二至五百四十八、五百五十八至五百七十六、五百八十三至五百八十八、七百五十一至七百六十六、七百七十五至七百八十九、七百九十三至八百八、一千二百五十三至一千二百五十七、一千二百六十至一千二百六十三、一千四百七十九至一千四百八十五)

340000－1801－0013991　3:5630－3:5643 善
黄帝内經素問二十四卷　(明)吴崐注　明萬曆刻本　十四册

340000－1801－0013992　3:5644－3:5647 善
脈經十卷　(晉)王叔和輯　明天啓六年(1626)沈際飛刻本　四册

340000－1801－0013993　3:5648－3:5650 善
刻醫無間子醫貫六卷　(明)趙獻可撰　明書林張起鵬刻本　三册

340000－1801－0013994　3:5651－3:5655 善
保嬰撮要二十卷　(明)薛鎧撰　明刻本　五册　存十卷(一至二、五至八、十五至十八)

340000－1801－0013995　3:5656－3:5659 善
類經圖翼十一卷　(明)張介賓撰　明刻本　四册

340000－1801－0013996　3:5660－3:5669 善
醫宗必讀十卷　(清)李中梓撰　明金閶王漢沖刻本　十册

340000－1801－0013997　3:566－3:579 善
性理標題綜要二十二卷　(明)詹淮輯　(明)陳仁錫訂正　明崇禎五年(1632)刻本　十四册　存十六卷(五至八、十一至二十二)

340000－1801－0013998　3:56689－3:56780
古今圖書集成一萬卷　(清)陳夢雷輯　(清)蔣廷錫等重輯　清光緒十年(1884)鉛印本　九十二册　缺一千七百九十五卷(交誼典十至三十一、三十八至九十、九十八至一百二十,閨媛典十二至二十二、二十八至七十三、八十至一百九十五、二百三至三百三十二、三百四十一至三百四十二、三百五十四至三百七十六,宫常典二十五至三十、一百二十八至一百三十四、一百六十三至一百六十九、三百六十七至三百七十三、三百九十一至三百九十四、四百二十七至五百十、五百四十六至五百五十二、六百五至六百七十八、七百四十七至七百五十一，氏族典一至二百六十六、二百七十四至三百二十、三百七十八至三百八十四、三百九十七至四百四、六百十五至六百四十，藝術典一至一百七十一、一百七十七至一百九十一、一百九十七至八百二十四）

340000－1801－0013999　3:5670 善
大明萬曆二十八年歲次庚子大統曆一卷　（□）□□撰　明萬曆刻本　一册

340000－1801－0014000　3:5671 善
新鐫手譚秘局四譜真訣四卷　（□）□□撰　明書林刻本　一册

340000－1801－0014001　3:5672 善
至大重修宣和博古圖録三十卷　（宋）王黼等撰　明刻本　一册　存二卷（十一至十二）

340000－1801－0014002　3:5673－3:5676 善
五雜組十六卷　（明）謝肇淛撰　明刻本　四册　存四卷（六、九、十一、十六）

340000－1801－0014003　3:5677 善
中華古今注三卷　（五代）馬縞撰　**騷略三卷**　（宋）高似孫撰　**試筆一卷**　（宋）歐陽修撰　明弘治刻百川學海本　一册

340000－1801－0014004　3:5678－3:5679 善
西溪叢語二卷　（宋）姚寬撰　明刻本　二册

340000－1801－0014005　3:5680 善
雅謔一卷　（明）浮白齋主人撰　**酒令一卷**　（明）浮白齋主人輯　明刻本　一册

340000－1801－0014006　3:5681 善
新鋟煙波釣叟奇門定局□□卷　（□）□□撰　明刻本　一册　存一卷（一）

340000－1801－0014007　3:5682 善
勘輿十一種　（明）李思聰輯　明天啓二年（1622）朱汝賢刻本　一册　存四種四卷（青烏經一卷、葬書真本一卷、總索一卷、博山篇一卷）

340000－1801－0014008　3:5683－3:5686 善
青烏先生葬經一卷　（金）兀欽仄注　**古本葬經内篇一卷**　（晉）郭璞撰　**葬經翼一卷難解一卷葬圖一卷**　（明）繆希雍撰　明毛氏綠君亭刻本　四册

340000－1801－0014009　3:5687 善
重刻人子須知資孝地理心學統宗三十九卷　（明）徐善繼　（明）徐善述著　明曾璠刻本　一册　存五卷（七至十一）

340000－1801－0014010　3:5688 善
璣珩心旨五卷　（明）黄鵠撰　明萬曆十四年（1586）新安黄嘉惠刻本　一册

340000－1801－0014011　3:5689 善
大方廣圓覺脩多羅了義經直解二卷　（唐）釋佛陀多羅譯　（明）釋德清解　明天啓二年（1622）刻本　一册　存一卷（下）

340000－1801－0014012　3:5690 善
大佛頂如來密因修證了義諸菩薩萬行首楞嚴經十卷　（唐）釋般刺密帝譯　明萬曆十二年（1584）刻本　一册　存五卷（一至五）

340000－1801－0014013　3:5691 善
妙經不分卷　（□）□□撰　明萬曆三十六年（1608）江西羅氏寓姑蘇刻本　一册

340000－1801－0014014　3:5692－3:5705 善
二如亭群芳譜二十八卷首二卷　（明）王象晉輯　明刻本　十四册

340000－1801－0014015　3:5706 善
秘傳天祿閣寓言外史八卷　（漢）王憲撰　（宋）韓泊評　明刻本　一册

340000－1801－0014016　3:5707－3:5710 善
荀子二十卷　（戰國）荀況撰　（明）吴勉學校　明萬曆吴勉學刻二十子本　四册

340000－1801－0014017　3:5711－3:5713 善
荀子二十卷　（戰國）荀況撰　（唐）楊倞注　明刻本　三册

340000－1801－0014018　3:5714－3:5717 善
荀子二十卷　（戰國）荀況撰　（唐）楊倞注　（明）虞九章　（明）王震亨訂正　明刻本　四册

340000－1801－0014019　3:5718－3:5731 善

荀子二十卷 （戰國）荀況撰 （唐）楊倞注 明刻本 十四册

340000－1801－0014020 3:5732－3:5735 善
東坡題跋四卷 （宋）蘇軾撰 明刻本 四册

340000－1801－0014021 3:5736－3:5737 善
研幾録二卷 （明）薛侃撰 明嘉靖三十六年(1557)吴世堅刻本 二册

340000－1801－0014022 3:5738 善
孔氏家語十卷 （三國魏）王肅注 清乾隆四十五年(1780)刻本 一册

340000－1801－0014023 3:5739－3:5742 善
孔子家語十卷 （三國魏）王肅注 明萬曆十七年(1589)周東溟刻本 四册

340000－1801－0014024 3:5743－3:5746 善
劉向説苑二十卷 （漢）劉向撰 （明）吴勉學校 明新安吴勉學刻本 四册

340000－1801－0014025 3:5747－3:5750 善
中説十卷 （隋）王通撰 （宋）阮逸注 明嘉靖十二年(1533)顧春世德堂刻六子本 四册

340000－1801－0014026 3:5751－3:5756 善
鹽鐵論十卷 （漢）桓寬撰 **考證一卷** （清）張敦仁撰 清嘉慶十二年(1807)刻本 六册

340000－1801－0014027 3:5757－3:5759 善
孔叢子三卷 （漢）孔鮒撰 明崇禎六年(1633)孔胤植刻本 三册

340000－1801－0014028 3:5760 善
顔氏家訓二卷 （北齊）顔之推撰 清康熙五十八年(1719)刻本 二册

340000－1801－0014029 3:5761－3:5762 善
司馬溫公家範十卷 （宋）司馬光撰 清康熙五十八年(1719)刻本 二册

340000－1801－0014030 3:5763－3:5770 善
大學衍義四十三卷 （宋）真德秀撰 清乾隆四年(1739)尊經閣刻本 八册

340000－1801－0014031 3:5771－3:5810 善
大學衍義補一百六十卷 （明）丘濬撰 明嘉靖十二年(1533)宗文堂刻本 四十册

340000－1801－0014032 3:57 善
潛夫論十卷 （漢）王符撰 明刻本 一册

340000－1801－0014033 3:580－3:582 善
王鳳洲先生標題性理集要八卷 （明）王世貞 （明）茅坤纂 明遠讀齋刻本 三册

340000－1801－0014034 3:5811－3:5814 善
群賢要語二卷 （明）李佑編 明隆慶五年(1571)刻本 四册

340000－1801－0014035 3:5815 善
省心紀一卷 （明）了醒亭居士(吕坤)撰 明刻本 一册

340000－1801－0014036 3:5816－3:5823 善
讀書録十一卷 （明）薛瑄撰 明刻本 八册

340000－1801－0014037 3:5824－3:5831 善
讀書録十一卷續録十二卷 （明）薛瑄撰 **薛文清公行實一卷** （明）王生鴻編 明萬曆七年(1579)王圻青州府刻本 八册

340000－1801－0014038 3:5832－3:5839 善
薛文清公讀書全録類編二十卷 （明）薛瑄撰 （明）侯鶴齡輯 明萬曆二十四年(1596)刻本 八册

340000－1801－0014039 3:583 善
新刊性理集要八卷 （明）詹淮撰 明嘉靖刻本 一册 存二卷(五至六)

340000－1801－0014040 3:5840－3:5847 善
新纂門目五臣音註揚子法言十卷 （漢）揚雄撰 （晉）李軌等注 明刻本 八册

340000－1801－0014041 3:584－3:589 善
新鐫性理節要八卷 （明）蘇文韓輯 明萬曆三十一年(1603)刻本 六册

340000－1801－0014042 3:5848－3:5854 善
重輯朱子録要十五卷 （明）馮應京輯 明萬曆三十三年(1605)朱崇沐刻本 七册

340000－1801－0014043 3:5855 善
明本釋三卷 （宋）劉荀撰 清刻武英殿聚珍

版書本　一冊

340000－1801－0014044　3:5856 善
傅子一卷　（晉）傅玄撰　清刻武英殿聚珍版書本　一冊

340000－1801－0014045　3:5857－3:5860 善
融堂書解二十卷　（宋）錢時撰　清刻武英殿聚珍版書本　四冊

340000－1801－0014046　3:5861 善
公是弟子記四卷　（宋）劉敞撰　清刻武英殿聚珍版書本　一冊

340000－1801－0014047　3:5862－3:5875 善
容齋隨筆十六卷續筆十六卷三筆十六卷四筆十六卷五筆十卷　（宋）洪邁撰　清乾隆五十九年(1794)掃葉山房刻本　十四冊

340000－1801－0014048　3:5876－3:5884 善
丹鉛總錄二十七卷　（明）楊慎撰　明嘉靖三十三年(1554)梁佐刻明章應奎重修本　八冊

340000－1801－0014049　3:5885－3:5888 善
中說十卷　（隋）王通撰　（宋）阮逸注　明敬忍居刻本　四冊

340000－1801－0014050　3:5889－3:5896 善
韓非子二十卷　（戰國）韓非撰　明刻本　八冊

340000－1801－0014051　3:5897－3:5912 善
韓非子二十卷　（戰國）韓非撰　明萬曆周孔教刻本(四庫底本)　十六冊

340000－1801－0014052　3:58 善
潛夫論十卷　（漢）王符撰　明萬曆十年(1582)刻兩京遺編本　一冊　存二卷(一至二)

340000－1801－0014053　3:590－3:593 善
御纂性理精義十二卷　（清）李光地輯　清康熙刻本　四冊

340000－1801－0014054　3:5913－3:5916 善
韓非子二十卷　（戰國）韓非撰　明萬曆十年(1582)趙用賢刻管韓合刻本　四冊　存十卷(一至五、十六至二十)

340000－1801－0014055　3:5917－3:5922 善
韓非子二十卷附錄一卷　（戰國）韓非撰　明天啓五年(1625)趙如源刻本　六冊

340000－1801－0014056　3:5923－3:5934 善
管子二十四卷　（春秋）管仲撰　（唐）房玄齡注　明萬曆十年(1582)趙用賢刻管韓合刻本　十二冊

340000－1801－0014057　3:59－3:62 善
中說十卷　（隋）王通撰　（宋）阮逸注　明敬忍居刻本　四冊

340000－1801－0014058　3:5935－3:5936 善
列子沖虛真經八卷　（戰國）列禦寇撰　明萬曆吳興閔齊伋刻朱墨套印本　二冊

340000－1801－0014059　3:5937－3:5941 善
莊子南華真經四卷　（戰國）莊周撰　**音義四卷**　（唐）陸德明撰　明閔齊伋刻朱墨套印本　十冊

340000－1801－0014060　3:5942－3:5949 善
南華真經旁注五卷　（戰國）莊周撰　（明）方虛名輯注　（明）孫平仲音校　明萬曆二十二年(1594)刻本　八冊

340000－1801－0014061　3:594－3:599 善
御纂性理精義十二卷　（清）李光地輯　清康熙刻本　五冊

340000－1801－0014062　3:5950－3:5953 善
諸經品節二十卷　（明）楊起元注　明刻本　四冊　存六卷(一至六)

340000－1801－0014063　3:5954 善
東坡先生艾子雜說一卷　題(宋)蘇軾撰　明萬曆二十九年至三十年(1601－1602)趙開美刻東坡雜著本　一冊

340000－1801－0014064　3:5955－3:5958 善
劉子二卷　（北齊）劉晝著　（唐）袁孝政注　（明）孫鑛評　明刻本　四冊

340000－1801－0014065　3:5959－3:5962 善
淮南鴻烈解二十一卷　（漢）劉安撰　（漢）高誘注　（明）茅坤等評　明末張烒如刻本　四

册

340000－1801－0014066　3:5963－3:5966 善
淮南鴻烈解二十一卷　（漢）劉安撰　（漢）高誘注　明刻本　四册

340000－1801－0014067　3:5967－3:5976 善
淮南鴻烈解二十一卷　（漢）劉安撰　（明）茅坤等評　明刻朱墨套印本　十册

340000－1801－0014068　3:5977－3:5978 善
東坡先生仇池筆記二卷漁樵閒話二卷　題（宋）蘇軾撰　明萬曆二十九年至三十年（1601－1602）趙開美刻東坡雜著本　二册

340000－1801－0014069　3:5979－3:5982 善
白虎通德論二卷　（漢）班固撰　明萬曆程榮刻漢魏叢書本　四册

340000－1801－0014070　3:5983－3:5984 善
論衡十卷　（漢）王充撰　（明）丁玄熿評　明天啓六年（1626）刻本　二册

340000－1801－0014071　3:5985 善
穀山筆麈十八卷　（明）于慎行撰　（明）郭應寵編　明萬曆四十一年（1613）于緯刻清康熙十六年（1677）重修本　六册

340000－1801－0014072　3:5991－3:5994 善
墨莊漫録十卷　（宋）張邦基撰　明萬曆會稽商氏半埜堂刻稗海本　四册

340000－1801－0014073　3:5995 善
炳燭編一卷　（明）王之垣輯　明萬曆王象晋、王與籽刻本　一册

340000－1801－0014074　3:5996－3:5999 善
天禄閣外史八卷　（漢）黄憲著　（宋）韓洎贊　明刻本　四册

340000－1801－0014075　3:6000－3:6001 善
西溪叢語二卷　（宋）姚寬撰　明崇禎毛氏汲古閣刻津逮祕書本　二册

340000－1801－0014076　3:6002 善
因明入正理論直疏一卷　（印度）商羯羅撰　（唐）釋玄奘譯　**三支比量義抄一卷**　（唐）釋玄奘譯　**八識規矩補注證義一卷**　（唐）釋玄奘造頌　明萬曆刻本　一册

340000－1801－0014077　3:600－3:609 善
大儒學粹九卷　（明）魏時亮編　明萬曆十六年（1588）刻本　十册

340000－1801－0014078　3:6003－3:6004 善
劉子新論十卷　（南朝梁）劉勰撰　明萬曆程榮刻漢魏叢書本　二册

340000－1801－0014079　3:6005－3:6006 善
子華子二卷　（春秋）程本撰　（明）金之俊評　明崇禎雷鳴時刻本　二册

340000－1801－0014080　3:6007－3:6008 善
鶡冠子二卷　（宋）陸佃撰　（明）王宇評　明天啓五年（1625）朱氏花齋刻本　二册

340000－1801－0014081　3:6009－3:6012 善
因樹屋書影五卷　（清）周亮工撰　清雍正懷德堂刻本　四册

340000－1801－0014082　3:6013－3:6018 善
池北偶談二十六卷　（清）王士禛撰　清康熙三十九年（1700）懷德堂刻本　六册　缺五卷（六至十）

340000－1801－0014083　3:6019－3:6024 善
淮南子二十一卷　（漢）劉安等撰　清乾隆刻本　六册

340000－1801－0014084　3:6025－3:6030 善
三岡識略十卷續識略一卷　（清）董含撰　清抄本　六册

340000－1801－0014085　3:6031－3:6042 善
野客叢書三十卷附録一卷　（宋）王楙撰　明刻本　十二册

340000－1801－0014086　3:6043－3:6062 善
居家必用事類全集十卷　（□）□□撰　明刻本　二十册

340000－1801－0014087　3:6063 善
道德真經二卷　（□）□□撰　明刻本　一册

340000－1801－0014088　3:6064－3:6065 善
老子道德經二卷　題（漢）河上公章句　明嘉

靖世德堂刻六子本　二册

340000－1801－0014089　3:6065 善
周文歸二十卷　(明)鍾惺撰　明崇禎刻本　一册

340000－1801－0014090　3:6066－3:6068 善
寶顏堂訂正老子解四卷　(宋)蘇轍注　(明)陳繼儒　(明)沈德先校　明萬曆四十三年(1615)繡水沈氏刻寶顏堂祕笈本　三册　缺一卷(四)

340000－1801－0014091　3:6069 善
纂圖互註老子道德經二卷　題(漢)河上公章句　明正德十四年(1519)仁實書堂刻本　一册

340000－1801－0014092　3:6070－3:6074 善
莊子郭註十卷　(晉)郭象撰　(唐)陸德明音義　明萬曆三十三年(1605)鄒之嶧刻本　五册

340000－1801－0014093　3:6075－3:6076 善
南華經内篇七卷首一卷　(戰國)莊周著　(明)潘基慶集注　明刻本　二册

340000－1801－0014094　3:6077－3:6080 善
解莊十二卷　(明)郭正域評　(明)陶望齡撰　明刻本　四册　存五卷(一至五)

340000－1801－0014095　3:6081－3:6082 善
南華經内篇一卷外篇二卷雜篇二卷　(戰國)莊周撰　(明)吳明春輯　明刻本　二册

340000－1801－0014096　3:6083－3:6084 善
莊子南華真經三卷　(戰國)莊周撰　(明)譚元春評　明崇禎八年(1635)張溥刻本　二册

340000－1801－0014097　3:6085－3:6089 善
莊子通十卷讀莊概辨一卷　(明)沈一貫撰　明萬曆刻本　五册

340000－1801－0014098　3:6090－3:6096 善
三子合刊十三卷　(明)閔齊伋輯　明吳興閔齊伋刻朱墨套印本　七册

340000－1801－0014099　3:6097－3:6107 善
老子翼三卷莊子翼八卷　(明)焦竑輯　明萬曆十六年(1588)王元貞刻本　十一册

340000－1801－0014100　3:610－3:611 善
文公小學六卷　(明)江旭奇疏義　明刻本　二册

340000－1801－0014101　3:6108－3:6135 善
容齋一筆十六卷二筆十六卷三筆十六卷四筆十六卷五筆十卷　(宋)洪邁撰　明刻本　二十八册

340000－1801－0014102　3:612 善
帝鑒圖説不分卷　(明)張居正等輯　明刻本　一册

340000－1801－0014103　3:613－3:614 善
聖學格物通一百卷　(明)湛若水撰　明刻本　二册　存九卷(六十二至六十五、七十至七十四)

340000－1801－0014104　3:6137－3:6144 善
鶴林玉露十六卷　(宋)羅大經撰　**補八卷**　(明)謝天瑞增補　明萬曆二十九年(1601)武林謝天瑞刻本　八册

340000－1801－0014105　3:6145－3:6146 善
石林燕語十卷　(宋)葉夢得撰　明萬曆會稽商氏半埜堂刻稗海本　二册

340000－1801－0014106　3:6147－3:6150 善
寶顏堂訂正賢奕編四卷　(明)劉元卿編　明萬曆繡水沈氏刻寶顏堂祕笈本　四册

340000－1801－0014107　3:6151－3:6153 善
齊民要術十卷雜説一卷　(北魏)賈思勰撰　明刻本　三册

340000－1801－0014108　3:6154－3:6161 善
齊民要術十卷雜説一卷　(北魏)賈思勰撰　明刻本　八册

340000－1801－0014109　3:615 善
養正圖解二卷　(明)焦竑撰　(明)吳繼序解　(明)丁雲鵬繪　明新安玩虎軒刻本　一册　存一卷(上)

340000－1801－0014110　3:6162 善
欽定武英殿聚珍版程式一卷　(清)金簡撰

清乾隆刻本　一册

340000－1801－0014111　3:6163－3:6174 善

寄園寄所寄十二卷　(清)趙吉士輯　清康熙刻本　十二册

340000－1801－0014112　3:616 善

範家集略六卷　(清)秦坊輯　清錫山秦氏刻本　一册　存二卷(一至二)

340000－1801－0014113　3:617－3:620 善

閨範四卷　(明)吕坤輯　明萬曆泊如齋刻本　四册

340000－1801－0014114　3:6175－3:6180 善

玉照新志六卷　(宋)王明清撰　明萬曆三十四年(1606)繡水沈氏刻寶顔堂祕笈本　六册

340000－1801－0014115　3:6181－3:6188 善

李于鱗批點世説新語補二十卷附釋名一卷　(南朝宋)劉義慶撰　(南朝梁)劉孝標注　(明)張文柱校注　明崇禎四年(1631)刻本　八册

340000－1801－0014116　3:6189－3:6192 善

世説新語八卷　(南朝宋)劉義慶撰　(南朝梁)劉孝標注　明萬曆十四年(1586)余碧泉刻本　四册

340000－1801－0014117　3:6193－3:6200 善

世説新語補二十卷附釋名一卷　(南朝宋)劉義慶撰　(南朝梁)劉孝標注　(明)何良俊增補　(明)王世貞删定　(明)王世懋批釋　明萬曆十四年(1586)王世懋閩中刻本　八册

340000－1801－0014118　3:6201 善

古今説海一百三十五種一百四十二卷　(明)陸楫輯　明嘉靖二十三年(1544)陸氏儼山書院刻本　一册　存三卷(説纂部三卷)

340000－1801－0014119　3:6202－3:6207 善

輟耕録三十卷　(明)陶宗儀撰　明崇禎毛氏汲古閣刻津逮祕書本　六册

340000－1801－0014120　3:6208 善

眉公見聞録四卷　(明)陳繼儒撰　明萬曆三十四年(1606)繡水沈氏刻寶顔堂祕笈本　一册

340000－1801－0014121　3:6209－3:6215 善

河南邵氏聞見録前録二十卷　(宋)邵伯溫撰　**後録三十卷**　(宋)邵博撰　明崇禎毛氏汲古閣刻津逮秘書本　七册

340000－1801－0014122　3:6216－3:6218 善

唐摭言十五卷　(五代)王定保撰　清乾隆二十一年(1756)雅雨堂刻本　三册

340000－1801－0014123　3:6219－3:6230 善

第一才子書十九卷一百二十回　(明)羅本撰　清雍正刻本　十二册　缺八卷(二、四至十)

340000－1801－0014124　3:621 善

古一授兒經一卷修九儒譜略二卷　(明)桂大璉輯　明萬曆刻本　一册

340000－1801－0014125　3:622－3:630 善

孝順事實十卷　(明)成祖朱棣撰　明刻本　九册　存九卷(一至四、六至十)

340000－1801－0014126　3:6231 善

太玄經十卷　(漢)揚雄撰　(晉)范望解贊　**説玄一卷**　(唐)王涯撰　明天啓六年(1626)天都霓野堂刻本　一册

340000－1801－0014127　3:6236－3:6237 善

庚子銷夏記八卷　(清)孫承澤撰　清乾隆二十五年至二十六年(1760－1761)鮑廷博、鄭竺刻本　二册

340000－1801－0014128　3:6238－3:6241 善

芥子園畫傳初集五卷　(清)王概輯摹　清康熙刻本　四册

340000－1801－0014129　3:6242 善

書法正傳十卷　(清)馮武輯　清乾隆刻本　一册　存三卷(一至三)

340000－1801－0014130　3:6243－3:6248 善

五知齋琴譜八卷　(清)周魯封輯　清乾隆二年(1737)刻本　六册

340000－1801－0014131　3:6249－3:6253 善

琴譜大全六卷琴談二卷　(清)程允基撰　清康

熙誠一堂刻本　五册　缺一卷(琴譜大全一)

340000－1801－0014132　3:6254 善
外科精義二卷　(元)齊德之撰　明新安吴勉學刻本　一册

340000－1801－0014133　3:6255 善
素問靈樞類纂約注三卷　(清)汪昂輯　清康熙二十八年(1689)刻本　一册　存一卷(一)

340000－1801－0014134　3:6256－3:6265 善
千金翼方三十卷　(唐)孫思邈撰　清乾隆二十八年(1763)保元堂刻本　十册　存十四卷(一至十四)

340000－1801－0014135　3:6266 善
元亨療牛集二卷　(明)俞仁輯　清康熙十九年(1680)刻本　一册

340000－1801－0014136　3:6267－3:6268 善
醫經原旨六卷　(清)薛雪集注　清乾隆十九年(1754)寧郡簡香齋刻本　一册

340000－1801－0014137　3:6269－3:6278 善
摘星樓治痘全書十八卷　(明)朱一麟撰　清乾隆三十年(1765)刻本　十册

340000－1801－0014138　3:6279－3:6280 善
雜症會心錄二卷　(清)汪文綺撰　清乾隆二十年(1755)刻本　二册

340000－1801－0014139　3:6281－3:6285 善
食物本草二十二卷首一卷　(金)李杲輯　(明)李時珍訂　明刻本　五册　存十卷(一至四、十一至十四、二十一至二十二)

340000－1801－0014140　3:6286－3:6325 善
本草綱目五十二卷　(明)李時珍撰　清康熙二十三年(1684)刻本　四十册

340000－1801－0014141　3:6－3:7 善
孔氏家語十卷　(三國魏)王肅注　明毛氏汲古閣刻本　二册

340000－1801－0014142　3:631 善
閑署日抄六卷　(明)舒榮都輯　明天啓刻本　六册

340000－1801－0014143　3:6326－3:6331 善
重鐫本草醫方合編七卷　(清)汪昂輯　清乾隆三益堂刻本　六册

340000－1801－0014144　3:63－3:64 善
鹽鐵論十二卷　(漢)桓寬撰　(明)張之象注　明嘉靖三十二年(1553)刻本　二册　存五卷(一至二、九至十一)

340000－1801－0014145　3:6332－3:6337 善
醫經原旨六卷　(清)薛雪集注　清乾隆十九年(1754)刻本　六册

340000－1801－0014146　3:6338－3:6343 善
醫經原旨六卷　(清)薛雪集注　清乾隆十九年(1754)刻本　六册

340000－1801－0014147　3:6344－3:6348 善
大佛頂如來密因修證了義諸菩薩萬行首楞嚴經十卷　(唐)釋般剌密帝　(唐)釋彌伽釋迦譯　(元)釋維則會解　明刻本　五册

340000－1801－0014148　3:6349－3:6354 善
大佛頂如來密因修證了義諸菩薩萬行首楞嚴經十卷　(唐)釋般剌密帝　(唐)釋彌伽釋迦譯　(元)釋維則會解　明刻本　六册　存六卷(一至六)

340000－1801－0014149　3:6355－3:6358 善
佛説盂蘭盆經疏並序孝衡鈔二卷　(宋)釋遇榮撰　明嘉靖四十三年(1564)刻本　四册

340000－1801－0014150　3:6359－3:6360 善
金剛般若波羅蜜經一卷　(後秦)釋鳩摩羅什譯　(宋)釋道肯集纂　明萬曆四十一年(1613)倪鎗刻本　二册

340000－1801－0014151　3:6361－3:6376 善
博物典彙二十卷　(明)黄道周纂　明崇禎刻本　十六册

340000－1801－0014152　3:637－3:638 善
楊氏塾訓六卷　(明)楊兆坊輯　明萬曆三十一年(1603)楊氏刻本　二册　存二卷(一、四)

340000－1801－0014153　3:6377－3:6386 善

新增說文韻府群玉二十卷　(元)陰時夫輯　(元)陰中夫注　(明)王元貞校　明萬曆十八年(1590)王元貞刻本　十册

340000－1801－0014154　3:6387－3:6405 善

新增說文韻府群玉二十卷　(元)陰時夫撰　明奎光堂刻本　十九册　缺一卷(七)

340000－1801－0014155　3:639 善

顔子繹内篇十卷　(明)張星撰　明崇禎十六年(1643)刻本　一册　存五卷(一至五)

340000－1801－0014156　3:6406－3:6409 善

增删陶朱公奇書類纂六卷　(明)陳繼儒輯　明刻本　四册

340000－1801－0014157　3:640 善

柴氏家誡二卷　(清)柴紹炳撰　清抄本　一册　存一卷(上)

340000－1801－0014158　3:641 善

鐸言二卷　(清)林翹撰　清抄本　一册

340000－1801－0014159　3:642 善

新刻獨斷一卷　(漢)蔡邕撰　**新刻孔氏雜説一卷**　(宋)孔平仲撰　明萬曆胡氏文會堂刻格致叢書本　一册

340000－1801－0014160　3:643 善

風俗通義四卷　(漢)應劭撰　清康熙新安汪氏刻本　一册

340000－1801－0014161　3:6434 善

風俗通義四卷　(漢)應劭撰　明刻本　一册

340000－1801－0014162　3:6435 善

揚子法言十卷　(漢)揚雄撰　明萬曆吳勉學刻二十二子本　清方宗誠考訂　一册

340000－1801－0014163　3:6436 善

中説十卷　(隋)王通撰　(明)吳中珩校　明萬曆刻本　一册

340000－1801－0014164　3:644－3:645 善

古今注三卷　(晉)崔豹撰　**中華古今注三卷**　(五代)馬縞撰　明吳中珩刻本　二册

340000－1801－0014165　3:646 善

北堂書鈔一百六十卷　(唐)虞世南輯　明陳禹謨刻本　一册　存六卷(三十五至四十)

340000－1801－0014166　3:647－3:648 善

群書考索前集六十六卷首一卷後集六十五卷續集五十六卷首一卷别集二十五卷　(宋)章如愚輯　明正德十三年(1518)建陽慎獨齋刻本　二册　存八卷(群書考索前集一至六、續集一至二)

340000－1801－0014167　3:649－3:668 善

容齋隨筆十六卷續筆十六卷三筆十六卷四筆十六卷五筆十卷　(宋)洪邁撰　明崇禎三年(1630)馬元調刻本　三十册

340000－1801－0014168　3:65 善

申鑒五卷　(漢)荀悦撰　明萬曆六年(1578)新安程榮刻漢魏叢書本　一册

340000－1801－0014169　3:66－3:113 善

晦庵先生朱文公文集一百卷續集十一卷别集十卷　(宋)朱熹撰　清同治十二年(1873)六安涂氏求我齋刻本　清方宗誠批點　四十八册

340000－1801－0014170　3:669－3:698 善

容齋隨筆十六卷續筆十六卷三筆十六卷四筆十六卷五筆十卷　(宋)洪邁撰　明崇禎三年(1630)馬元調刻本　三十册

340000－1801－0014171　3:699－3:708 善

容齋隨筆十六卷續筆十六卷三筆十六卷四筆十六卷五筆十卷　(宋)洪邁撰　明刻本　十册　存三十九卷(容齋隨筆四至七、十三至十六,續筆四至十六,三筆一至八,五筆十卷)

340000－1801－0014172　3:709－3:720 善

容齋隨筆十六卷續筆十六卷三筆十六卷四筆十六卷五筆十卷　(宋)洪邁撰　清乾隆五十九年(1794)掃葉山房刻本　十二册

340000－1801－0014173　3:721－3:726 善

野客叢書三十卷附録一卷　(宋)王楙撰　明刻本　六册

340000－1801－0014174　3:727－3:728 善

陳眉公重訂野客叢書十二卷附録一卷 (宋)王楙撰 (明)張昞校 明刻本 二冊 缺三卷(一至三)

340000-1801-0014175 3:729-3:736 善
古今考三十八卷 (宋)魏了翁撰 (元)方回續撰 明崇禎九年(1636)謝三賓刻本 八冊

340000-1801-0014176 3:737-3:744 善
古今考三十八卷 (宋)魏了翁撰 (元)方回續撰 明崇禎九年(1636)謝三賓刻本 八冊

340000-1801-0014177 3:745-3:776 善
慈溪黄氏日抄分類九十七卷古今紀要十九卷 (宋)黄震編輯 清乾隆三十二年(1767)新安汪氏刻本 三十二冊

340000-1801-0014178 3:777 善
鼠璞一卷 (宋)戴埴撰 明弘治刻百川學海本 一冊

340000-1801-0014179 3:778-3:781 善
增訂二三場群書備考四卷 (明)袁黄撰 明崇禎五年(1632)刻本 四冊

340000-1801-0014180 3:782-3:785 善
群書備考六卷 (明)袁黄撰 明刻本 四冊

340000-1801-0014181 3:786 善
江漢叢談二卷 (明)陳士元撰 明隆慶刻本 一冊

340000-1801-0014182 3:787-3:788 善
蕺山先生人譜一卷人譜類記二卷 (明)劉宗周撰 清雍正四年(1726)洪氏教忠堂刻本 二冊

340000-1801-0014183 3:789-3:790 善
夢溪筆談二十六卷補筆談三卷 (宋)沈括撰 明刻本 二冊 存十三卷(夢溪筆談一至六、二十至二十六)

340000-1801-0014184 3:791-3:794 善
夢溪筆談二十六卷補筆談三卷 (宋)沈括撰 明崇禎四年(1631)刻本 四冊

340000-1801-0014185 3:795-3:796 善
老子道德經二卷 題(漢)河上公章句 明桐蔭書屋刻六子全書本 二冊

340000-1801-0014186 3:797 善
老子道德經四卷 題(漢)河上公注 **老子列傳一卷** (漢)司馬遷撰 **讀道德經諸家總評一卷** (明)程一礎輯 明崇禎二年(1629)新安程氏閑拙齋刻本 一冊

340000-1801-0014187 3:798-3:801 善
莊子翼八卷 (明)焦竑撰 明萬曆十六年(1588)刻本 四冊

340000-1801-0014188 3:802-3:808 善
老子翼三卷 (明)焦竑輯 明萬曆十六年(1588)刻本 七冊

340000-1801-0014189 3:809 善
老子翼三卷 (明)焦竑輯 明萬曆十六年(1588)刻本 一冊

340000-1801-0014190 3:810 善
老子翼三卷 (明)焦竑輯 明萬曆十六年(1588)刻本 一冊

340000-1801-0014191 3:811 善
關尹子二卷 (戰國)尹喜撰 (宋)陳顯微注 明天啓刻本 一冊

340000-1801-0014192 3:812 善
關尹子二卷 (戰國)尹喜撰 (宋)陳顯微注 明刻本 一冊

340000-1801-0014193 3:823-3:830 善
南華真經旁注五卷 (戰國)莊周撰 (明)方虚名輯注 (明)孫平仲音校 明萬曆新安刻本 八冊

340000-1801-0014194 3:831-3:834 善
南華真經旁注五卷 (戰國)莊周撰 (明)方虚名輯注 (明)孫平仲音校 明萬曆二十二年(1594)刻本 四冊

340000-1801-0014195 3:835 善
南華真經旁注五卷 (戰國)莊周撰 (明)方虚名輯注 (明)孫平仲音校 明萬曆二十二年(1594)刻本 一冊 存二卷(二至三)

340000-1801-0014196 3:836-3:837 善

南華真經旁注五卷 (戰國)莊周撰 (明)方虛名輯注 (明)孫平仲音校 明萬曆三十四年(1606)刻本 二册 缺一卷(三)

340000－1801－0014197 3:838－3:839 善
莊子通義十卷 (明)朱得之撰 明昭陽丁氏刻本 二册 存六卷(一至二、五至六、九至十)

340000－1801－0014198 3:840－3:849 善
南華真經副墨八卷讀南華真經雜說一卷 (明)陸西星撰 明萬曆十三年(1585)孫氏刻本 十册

340000－1801－0014199 3:850－3:857 善
南華真經副墨八卷讀南華真經雜說一卷 (明)陸西星撰 明萬曆十三年(1585)孫氏刻本 八册

340000－1801－0014200 3:858 善
莊子鬳齋口義十卷 (宋)林希逸注 明刻本 一册 存二卷(五至六)

340000－1801－0014201 3:859 善
南華真經新傳二十卷 (宋)王雱撰 明刻本 一册 存五卷(九至十三)

340000－1801－0014202 3:860 善
南華發覆八卷 (戰國)莊周撰 (明)釋性涵注 明天啓刻本 一册

340000－1801－0014203 3:861－3:866 善
南華經十六卷 (戰國)莊周撰 (晉)郭象注 明刻五色套印本 六册 缺二卷(十五至十六)

340000－1801－0014204 3:867 善
莊子十卷 (戰國)莊周撰 明刻本 一册 存一卷(八)

340000－1801－0014205 3:870－3:871 善
諸經品節二十卷 (明)楊起元輯 明刻本 二册 存五卷(一至五)

340000－1801－0014206 3:872－3:873 善
列子沖虚真經八卷 (戰國)列禦寇撰 明小築刻本 二册

340000－1801－0014207 3:874－3:875 善
列子沖虚真經八卷 (戰國)列禦寇撰 明小築刻本 二册

340000－1801－0014208 3:876 善
列子八卷 (晉)張湛注 明刻本 一册

340000－1801－0014209 3:877－3:878 善
列子沖虚真經八卷 (戰國)列禦寇撰 明閔齊伋刻朱墨套印本 二册

340000－1801－0014210 3:879 善
列子沖虚真經八卷 (戰國)列禦寇撰 明新安吳勉學刻二十二子本 一册

340000－1801－0014211 3:880 善
太上黄庭内景玉經一卷外景經一卷 (唐)梁丘子(白履忠)注 **黄庭内景五臟六腑圖說一卷** (唐)胡愔撰 明萬曆刻道書全集本 一册

340000－1801－0014212 3:881 善
金丹正理大全金丹大要十卷 (元)陳致虚撰 明萬曆刻道書全集本 一册 存一卷(一)

340000－1801－0014213 3:882 善
悟真篇一卷 (宋)張伯端撰 **還金術一卷** (宋)陶埴撰 **地元真訣一卷** (宋)白玉蟾撰 **答論神丹書一卷** (□)卓有見著 明刻本 一册

340000－1801－0014214 3:883－3:884 善
栖真志四卷 (明)夏樹芳輯 明萬曆刻本 二册

340000－1801－0014215 3:885－3:886 善
金丹正理大全玄學正宗二卷金丹四百字内外注解一卷金穀歌注解一卷 (□)□□撰 明刻本 二册

340000－1801－0014216 3:887 善
金丹正理大全周易參同契通真義三卷 (五代)彭曉注 明刻本 一册 存一卷(上)

340000－1801－0014217 3:888－3:898 善
太谷經十卷 (清)周星垣撰 (清)陳一泉 (清)韓仰瑜等輯 清抄本 十一册

340000－1801－0014218　3:899－3:910 善
管子二十四卷　(春秋)管仲撰　(唐)房玄齡注　明萬曆十年(1582)趙用賢刻管韓合刻本　十二冊

340000－1801－0014219　3:911－3:914 善
管子二十四卷　(春秋)管仲撰　(唐)房玄齡注　明萬曆十年(1582)趙用賢刻管韓合刻本　四冊

340000－1801－0014220　3:915－3:934 善
管子二十四卷　(春秋)管仲撰　(唐)房玄齡注　(明)朱長春評　明天啓五年(1625)西湖朱養和花齋刻本　二十冊

340000－1801－0014221　3:935－3:944 善
管子二十四卷　(春秋)管仲撰　明萬曆四十八年(1620)淩汝亨刻朱墨套印本　十冊

340000－1801－0014222　3:945－3:950 善
管子二十四卷　(春秋)管仲撰　(唐)房玄齡注　(明)朱長春補注　明刻本　六冊

340000－1801－0014223　3:951－3:954 善
管子二十四卷　(春秋)管仲撰　明崇禎十一年(1638)吳郡葛鼎刻本　四冊

340000－1801－0014224　3:955－3:959 善
管子二十四卷　(春秋)管仲撰　(唐)房玄齡注　明萬曆刻本　五冊

340000－1801－0014225　3:972 善
商子五卷　(戰國)商鞅撰　明刻本　一冊

340000－1801－0014226　3:973－3:976 善
韓非子二十卷附錄一卷　(戰國)韓非撰　明天啓刻本　四冊

340000－1801－0014227　3:977－3:980 善
韓非子二十卷　(戰國)韓非撰　(明)淩瀛初訂注　明吳興淩瀛初刻本　四冊

340000－1801－0014228　3:981－3:984 善
韓子迂評二十卷附錄一卷　題(明)門無子評　明萬曆刻本　四冊

340000－1801－0014229　3:985－3:986 善
韓非子二卷　(戰國)韓非撰　(明)張榜輯　明刻本　二冊

340000－1801－0014230　3:987－3:994 善
韓非子二十卷　(戰國)韓非撰　**韓非子識誤三卷**　(清)顧廣圻撰　清嘉慶二十三年(1818)全椒吳氏刻本　八冊

340000－1801－0014231　3:998－3:1000 善
韓非子二十卷　(戰國)韓非撰　(明)孫鑛批點　明刻本　三冊

340000－1801－0014232　3:6826－3:6837 善
新刊性理大全七十卷　(明)胡廣等輯　明刻本　十二冊　存二十一卷(九至二十九)

340000－1801－0014233　3:6436－3:6440 善
兵書五種(韜略津逮)十二卷(新刻武經司法一卷、新刻李衛公問對三卷、新刻諸葛武侯心法六卷附武侯八陣圖、新刻吳子一卷、新刻司馬法一卷)　(明)胡文煥輯校　明萬曆胡氏會文堂刻本　鄭言題跋　五冊

340000－1801－0014234　3:6854－3:6861 善
呂氏春秋二十六卷　(秦)呂不韋撰　(漢)高誘注　(宋)陸遊評　(明)凌稚隆批　明萬曆四十八年(1620)凌毓枏刻朱墨套印本　八冊　存十五卷(一至十五)

340000－1801－0014235　3:6862－3:6869 善
呂氏春秋二十六卷　(秦)呂不韋撰　(漢)高誘注　(明)吳勉學校　明萬曆吳勉學刻二十子本　八冊

340000－1801－0014236　3:6876 善
嬾真子五卷　(宋)馬永卿撰　(明)陳汝元校　(明)商濬輯　明萬曆會稽商氏半埜堂刻稗海本　一冊　存三卷(一至三)

340000－1801－0014237　3:6441－3:6446 善
陳眉公重訂野客叢書十二卷附錄一卷　(宋)王楙輯　明萬曆刻本　清傅山批點　六冊

340000－1801－0014238　3:6877－3:6892 善
堯山堂外紀一百卷　(明)蔣一葵撰　明萬曆刻明金陵石城百氏校補本　十六冊　缺六十七卷(十六至八十二)

340000－1801－0014239　3:6447－3:6454 善
世説新語八卷　(南朝宋)劉義慶撰　(南朝梁)劉孝標注　(宋)劉辰翁評　明凌瀛初刻四色套印本　八冊

340000－1801－0014240　3:6455－3:6470 善
世説新語補二十卷附釋名一卷　(南朝宋)劉義慶撰　(南朝梁)劉孝標記　(宋)劉辰翁評　(明)何良俊增補　(明)王世貞删定　(明)王世懋批釋　(明)張文柱校注　明萬曆十三年(1585)張文柱刻本　朝鮮吳慶錫批校　十六冊

340000－1801－0014241　3:6471－3:6486 善
湧幢小品三十二卷　(明)朱國禎輯　明天啓刻本　清周心如題跋　十六冊

340000－1801－0014242　3:6487－3:6490 善
新刊出像增補搜神記六卷　明萬曆金陵書林唐富春大盛堂刻本　四冊

340000－1801－0014243　3:6491－3:6494 善
睽車志六卷　(宋)郭彖撰　(明)商濬輯　明萬曆會稽商氏半埜堂刻稗海本　四冊

340000－1801－0014244　3:6495－3:6498 善
録異記八卷　(五代)杜光庭撰　**周氏冥通記四卷**　(南朝梁)陶弘景撰　明崇禎虞山毛氏汲古閣刻津逮秘書本　四冊

340000－1801－0014245　3:6499－3:6518 善
艷異編四十卷　明刻本　二十冊

340000－1801－0014246　3:6519－3:6526 善
新鐫批評出相韓湘子三十回　(明)楊爾曾編次　明天啓刻金陵九如堂印本　八冊

340000－1801－0014247　3:6527－3:6534 善
新鐫全像武穆精忠傳八卷　(明)李贄評　明初刻天德堂印本　八冊

340000－1801－0014248　3:6535－3:6570 善
錦繡萬花谷前集四十卷後集四十卷續集四十卷　(宋)佚名編　明嘉靖十五年(1536)秦汴繡石書堂刻本(後集卷二十至二十七抄補)　三十六冊

340000－1801－0014249　3:6571－3:6610 善
記纂淵海一百卷　(宋)潘自牧纂集　(明)王嘉賓補遺　(明)王之輔編次　明萬曆七年(1579)王嘉賓等刻本　四十冊

340000－1801－0014250　3:6611－3:6767 善
玉海二百卷辭學指南四卷　(宋)王應麟撰　元後至元六年(1340)慶元路儒學刻至正十一年(1351)重修本(卷一百十五至一百三十、一百三十三至一百三十六配補元後至元六年慶元路儒學刻至正十一年修明正德至萬曆南監遞修本)　一百五十七冊　缺五卷(玉海一百三十一至一百三十二、一百九十,辭學指南三至四)

340000－1801－0014251　3:6816－3:6825 善
麗句集六卷　(明)許之吉撰　(明)廖孔悦定　明天啓刻本　十冊　缺一卷(一)

340000－1801－0014252　3:6838－3:6847 善
王氏書苑十卷畫苑十卷　(明)王世貞輯　**書苑補益十二卷畫苑補益四卷**　(明)詹景鳳輯　明萬曆十八年至十九年(1590－1591)金陵王元貞刻本　十冊　存十五卷(王氏書苑九,畫苑一至四、七至八,書苑補益一至八)

340000－1801－0014253　3:6851－3:6852 善
藝舟雙楫二卷　(清)包世臣撰　清光緒八年(1882)蒲圻但氏刻本　二冊

340000－1801－0014254　3:6853 善
淳化閣帖題跋　(清)姚鼐撰　稿本　李國松跋　一冊

340000－1801－0014255　4:21471
離騷經不分卷　(戰國)屈原撰　(清)鮑瑞駿輯　清同治七年至十一年(1868－1872)桐華舸居士鮑瑞駿抄本　一冊

340000－1801－0014256　4:21472
離騷經不分卷　(戰國)屈原撰　(清)鮑瑞駿輯　**哀江南賦一卷**　清同治三年(1864)桐華舸居士鮑瑞駿抄本　一冊

340000－1801－0014257　4:4639 善
楚辭二卷　(戰國)屈原　(戰國)宋玉

（漢）賈誼等撰　明刻本　一冊　存一卷（上）

340000－1801－0014258　4:5731－4:5732 善
楚辭二卷　（戰國）屈原　（戰國）宋玉　（漢）賈誼等撰　明萬曆四十八年（1620）烏程閔齊伋刻三色套印本　二冊

340000－1801－0014259　4:5749－4:5754 善
楚辭章句十七卷　（漢）王逸撰　**疑字直音補一卷**　明隆慶五年（1571）豫章芙容館刻天啓三年（1623）叢桂堂重修後印本　六冊

340000－1801－0014260　4:5733－4:5734 善
楚辭章句十七卷　（漢）王逸撰　（明）馮紹祖校正　**附錄一卷**　明萬曆十四年（1586）武林馮紹祖觀妙齋刻本　二冊

340000－1801－0014261　4:2121－4:2127 善
楚辭章句十七卷　（漢）王逸撰　（明）馮紹祖校正　**附錄一卷**　清初三樂齋刻本　七冊　存十六卷（一、四至十七，附錄一卷）

340000－1801－0014262　4:5739－4:5742 善
楚辭章句十七卷首一卷　（漢）王逸撰　（明）朱燮元　（明）朱一龍校　**疑字直音補一卷**　明萬曆朱燮元、朱一龍刻本　四冊

340000－1801－0014263　4:2132－4:2134 善
楚辭章句十七卷　（漢）王逸撰　**疑字直音補一卷**　明崇禎十七年（1644）嚴敏刻本　三冊

340000－1801－0014264　4:2135－4:2138 善
楚辭十七卷　（戰國）屈原撰　（漢）劉向編　（漢）王逸章句　（宋）洪興祖補注　清康熙元年（1662）毛氏汲古閣刻本　四冊

340000－1801－0014265　4:21362－4:21365
楚辭十七卷　（戰國）屈原撰　（漢）劉向編　（漢）王逸章句　（宋）洪興祖補注　清康熙元年（1662）毛氏汲古閣刻本　四冊

340000－1801－0014266　4:2139 善
楚辭十七卷　（戰國）屈原撰　（漢）劉向編　（漢）王逸章句　（宋）洪興祖補注　清康熙元年（1662）毛氏汲古閣刻本　一冊　存十三卷（五至十七）

340000－1801－0014267　4:21400－4:21403
楚辭十七卷　（戰國）屈原撰　（漢）劉向編　（漢）王逸章句　（宋）洪興祖補注　清同治十一年（1872）金陵書局刻本　四冊

340000－1801－0014268　4:21404－4:21407
楚辭十七卷　（戰國）屈原撰　（漢）劉向編　（漢）王逸章句　（宋）洪興祖補注　清同治十一年（1872）金陵書局刻本　四冊

340000－1801－0014269　4:048069－4:048072
楚辭十七卷　（戰國）屈原撰　（漢）劉向編　（漢）王逸章句　（宋）洪興祖補注　清同治十一年（1872）金陵書局刻本　四冊

340000－1801－0014270　4:21338－4:21343
楚辭十七卷　（戰國）屈原撰　（漢）劉向編　（漢）王逸章句　（宋）洪興祖補注　清光緒九年（1883）長沙書堂山館刻本　六冊

340000－1801－0014271　4:21344－4:21349
楚辭十七卷　（戰國）屈原撰　（漢）劉向編　（漢）王逸章句　（宋）洪興祖補注　清光緒九年（1883）長沙書堂山館刻本　六冊

340000－1801－0014272　4:21350－4:21355
楚辭十七卷　（戰國）屈原撰　（漢）劉向編　（漢）王逸章句　（宋）洪興祖補注　清光緒九年（1883）長沙書堂山館刻本　六冊

340000－1801－0014273　4:21332－4:21337
楚辭十七卷　（戰國）屈原撰　（漢）劉向編　（漢）王逸章句　（宋）洪興祖補注　清光緒二十一年（1895）昭陵經畬主人刻本　六冊

340000－1801－0014274　4:21356－4:21361
楚辭十七卷　（戰國）屈原撰　（漢）劉向編　（漢）王逸章句　（宋）洪興祖補注　清光緒二十一年（1895）昭陵經畬主人刻本　六冊

340000－1801－0014275　4:2140－4:2143 善
楚辭十七卷　（戰國）屈原撰　（漢）劉向編　（宋）洪興祖　（宋）劉明鳳等注　（明）陳深批點　**附錄一卷**　明萬曆二十八年（1600）吴興淩毓枬刻朱墨套印本　四冊

340000－1801－0014276　4:5735－4:5738 善
楚辭十七卷　(戰國)屈原撰　(漢)劉向編　(宋)洪興祖　(宋)劉明鳳等注　(明)陳深批點　**附錄一卷**　明吳興淩毓枬刻朱墨套印本　四册

340000－1801－0014277　4:2111 善
楚辭集註八卷辯證二卷後語六卷　(宋)朱熹集注　明正德十四年(1519)平湖沈圻刻本　一册　存三卷(楚辭集註一至三)

340000－1801－0014278　4:5743－4:5748 善
楚辭集註八卷辯證二卷後語六卷　(宋)朱熹集注　明萬曆朱崇沐刻本　六册

340000－1801－0014279　4:2128－4:2131 善
楚辭集註八卷辯證二卷後語六卷　(宋)朱熹校定　明萬曆楊鶴刻本　四册

340000－1801－0014280　4:21420－4:21423
楚辭集註八卷辯證二卷後語六卷　(宋)朱熹集注　清同治十年(1871)刻本　四册

340000－1801－0014281　4:21424－4:21426
楚辭集註八卷辯證二卷　(宋)朱熹集注　清光緒三年(1877)湖北崇文書局刻本　三册

340000－1801－0014282　4:21416－4:21419
楚辭集註八卷辯證二卷後語六卷　(宋)朱熹集注　清光緒八年(1882)江蘇書局刻本　四册

340000－1801－0014283　4:2114－4:2119 善
楚辭集註八卷辯證二卷後語八卷　(宋)朱熹撰　(明)蔣之翹補輯並評校　**附覽二卷總評一卷**　(明)蔣之翹輯　明天啓六年(1626)蔣之翹刻本　六册

340000－1801－0014284　4:21481
楚辭集註八卷辯證二卷後語八卷　(宋)朱熹撰　(明)蔣之翹補輯並評校　**附覽二卷總評一卷**　(明)蔣之翹輯　明天啓六年(1626)蔣之翹刻本　一册　存八卷(後語八卷)

340000－1801－0014285　4:2120 善
楚辭八卷　(宋)朱熹撰　(明)蔣之翹補輯並評校　**附覽二卷總評一卷**　(明)蔣之翹輯　明天啓六年(1626)蔣之翹刻本　一册　存二卷(楚辭一至二)

340000－1801－0014286　4:21473
楚辭八卷　(宋)朱熹撰　(明)蔣之翹補輯並評校　**附覽二卷總評一卷**　(明)蔣之翹輯　明天啓六年(1626)蔣之翹刻本　一册　存四卷(楚辭一至四)

340000－1801－0014287　4:048067
楚辭後語六卷　(戰國)屈原撰　(宋)朱熹定　清石印本　一册　存四卷(一至四)

340000－1801－0014288　4:00002－4:00005
屈子章句七卷　(戰國)屈原撰　(清)劉夢鵬訂　清乾隆五十四年(1789)藜青堂刻本　四册

340000－1801－0014289　4:00012
離騷經補注不分卷小爾雅約注一卷　(清)朱駿聲注　清光緒八年(1882)臨嘯閣刻朱氏群書本　一册

340000－1801－0014290　4:2112－4:2113 善
楚辭疏十九卷讀楚辭語一卷　(明)陸時雍疏　**屈原傳一卷**　明末緝柳齋刻本　二册

340000－1801－0014291　4:5727－4:5730 善
楚辭四卷首一卷　(戰國)屈原撰　(明)陸時雍疏　明末緝柳齋刻本　四册

340000－1801－0014292　4:21438－4:21439
楚辭疏十九卷讀楚辭語一卷楚辭雜論一卷　(明)陸時雍疏　明末緝柳齋刻清康熙四十四年(1705)印本　二册

340000－1801－0014293　4:21440－4:21443
楚辭疏十九卷讀楚辭語一卷楚辭雜論一卷　(明)陸時雍疏　明末緝柳齋刻清康熙四十四年(1705)印本　四册

340000－1801－0014294　4:5755－4:5758 善
楚辭述注五卷　(漢)王逸章句　(宋)朱熹集注　(明)來欽之撰　(明)黃象玉　(明)黃象彝　(明)黃象霖校　**九歌圖一卷**　(明)陳

洪綬繪　明崇禎十一年(1638)刻本　四冊

340000－1801－0014295　4:2144－4:2145 善

楚辭述注五卷　(漢)王逸章句　(宋)朱熹集注　(明)來欽之撰　(明)黄象玉　(明)黄象彝　(明)黄象霖校　**九歌圖一卷**　(明)陳洪綬繪　明崇禎十一年(1638)刻本　二冊

340000－1801－0014296　4:21457－4:21460

楚辭燈四卷　(戰國)屈原撰　(清)林雲銘評注　**楚懷襄二王在位事蹟考一卷**　(清)林雲銘撰　**屈原列傳一卷**　(漢)司馬遷撰　(清)林雲銘論述　清康熙三十六年(1697)晉安挹奎樓刻本　四冊

340000－1801－0014297　4:21461－4:21462

楚辭燈四卷　(戰國)屈原撰　(清)林雲銘評注　**楚懷襄二王在位事蹟考一卷**　(清)林雲銘撰　**屈原列傳一卷**　(漢)司馬遷撰　(清)林雲銘論述　清康熙三十六年(1697)晉安挹奎樓刻本　二冊

340000－1801－0014298　4:21463－4:21464

楚辭燈四卷　(戰國)屈原撰　(清)林雲銘評注　**楚懷襄二王在位事蹟考一卷**　(清)林雲銘撰　**屈原列傳一卷**　(漢)司馬遷撰　(清)林雲銘論述　清康熙三十六年(1697)晉安挹奎樓刻本　二冊

340000－1801－0014299　4:21474－4:21477

楚辭燈四卷　(戰國)屈原撰　(清)林雲銘評注　**楚懷襄二王在位事蹟考一卷**　(清)林雲銘撰　**屈原列傳一卷**　(漢)司馬遷撰　(清)林雲銘論述　清康熙三十六年(1697)晉安挹奎樓刻本　四冊

340000－1801－0014300　4:21480

楚辭燈四卷　(戰國)屈原撰　(清)林雲銘評注　清刻本　一冊

340000－1801－0014301　4:21453－4:21456

楚辭燈章句七卷　(清)劉夢鵬輯　清乾隆二十五年(1760)刻本　四冊

340000－1801－0014302　4:21445

楚辭約注不分卷　(清)高秋月　(清)曹同春輯　清康熙二十八年(1689)文粹堂刻本　一冊

340000－1801－0014303　4:21446

楚辭約注不分卷　(清)高秋月　(清)曹同春輯　清康熙二十八年(1689)文粹堂刻本　一冊

340000－1801－0014304　4:00013

屈子貫五卷　(戰國)屈原撰　(清)張詩纂輯　(清)楊夢熊編次　清康熙孝友堂刻本　一冊

340000－1801－0014305　4:21465－4:21466

楚辭新集註八卷　(清)屈復集注　(清)屈啟賢編　**楚懷襄二王在位事蹟考一卷**　(清)林雲銘撰　**末一卷**　清乾隆三年(1738)刻易居堂印本　清莊爾保圈點　二冊

340000－1801－0014306　4:00020－4:00021

屈原賦注七卷附通釋二卷　(清)戴震撰　**音義三卷**　(清)汪梧鳳撰　清光緒十七年(1891)廣雅書局刻本　二冊

340000－1801－0014307　4:00022

屈原賦注七卷附通釋二卷　(清)戴震撰　**音義三卷**　(清)汪梧鳳撰　清光緒十七年(1891)廣雅書局刻本　一冊

340000－1801－0014308　4:21452

楚辭達不分卷　(清)魯筆撰　清刻二餘堂叢書本　一冊

340000－1801－0014309　4:21444

屈子楚辭不分卷　(戰國)屈原撰　(清)錢澄之詁　清刻莊屈合詁本　一冊

340000－1801－0014310　4:21448－4:21449

屈辭精義六卷　(戰國)屈原撰　(清)陳本禮注　清刻本　二冊

340000－1801－0014311　4:21451

屈賦微不分卷　(戰國)屈原撰　馬其昶注　清光緒三十一年(1905)集虛草堂刻本　一冊

340000－1801－0014312　4:00001

屈子正音三卷附啟　(清)方績撰　清光緒六

年(1880)桐城方氏網舊聞齋刻本　一册

340000－1801－0014313　4:21447
屈子正音三卷　(清)方績撰　清光緒六年(1880)桐城方氏網舊聞齋刻本　一册　存二卷(一至二)

340000－1801－0014314　4:21478
離騷箋二卷　(清)龔景瀚撰　清刻本　一册

340000－1801－0014315　4:00014
離騷箋二卷　(清)龔景瀚撰　清光緒三年(1877)湖北崇文書局刻本　一册

340000－1801－0014316　4:00015
離騷箋二卷　(清)龔景瀚撰　清光緒三年(1877)湖北崇文書局刻本　一册

340000－1801－0014317　4:00006－4:00011
飲騷四卷　(戰國)屈原撰　(清)賀寬箋　清抄本　六册

340000－1801－0014318　4:2146－4:2147 善
屈宋古音義三卷　(明)陳第撰　明萬曆四十二年(1614)刻本　二册

340000－1801－0014319　4:21433－4:21436
楚辭叶韻考四卷附釐正前韻一卷　徐天璋著　清宣統三年(1911)抄本　四册

340000－1801－0014320　4:1 善
蔡中郎文集十卷　(漢)蔡邕撰　明刻本　一册　存五卷(一至五)

340000－1801－0014321　4:2－4:5 善
蔡中郎文集十卷　(漢)蔡邕撰　明萬曆二年(1574)徐子器刻本　四册

340000－1801－0014322　4:00034－4:00035
蔡中郎文集十卷外傳一卷　(漢)蔡邕撰　(清)陸心源校　清光緒七年(1881)吳興陸心源十萬卷樓刻本　二册

340000－1801－0014323　4:00037－4:00041
蔡中郎集十卷外集四卷傳志一卷　(漢)蔡邕撰　清光緒十六年(1890)番禺陶氏刻本　五册

340000－1801－0014324　4:00036
蔡中郎集六卷　(漢)蔡邕撰　清雍正五年(1727)耆英堂刻本　一册

340000－1801－0014325　4:00028－4:00033
蔡中郎集六卷補遺一卷　(漢)蔡邕撰　清雍正五年(1727)耆英堂刻本　六册

340000－1801－0014326　4:00046
諸葛忠武侯文集六卷首一卷　(三國蜀)諸葛亮撰　(清)張澍輯　清刻本　一册

340000－1801－0014327　4:00042－4:00045
諸葛丞相集四卷　(三國蜀)諸葛亮撰　(清)朱璘輯纂　(清)朱瑞圖　(清)朱鵬圖校　清康熙三十七年(1698)古虞朱氏萬卷堂刻本　四册

340000－1801－0014328　4:00047
諸葛武侯文集四卷　(三國蜀)諸葛亮撰　清正誼堂刻本　一册

340000－1801－0014329　4:00048－4:00049
諸葛武侯集四卷首一卷　(三國蜀)諸葛亮撰　(清)朱璘編　清同治七年(1868)楚醴景萊書室刻本　二册

340000－1801－0014330　4:00050－4:00053
諸葛武侯集四卷首一卷　(三國蜀)諸葛亮撰　(清)朱璘編　清同治七年(1868)楚醴景萊書室刻本　四册

340000－1801－0014331　4:4662－4:4671 善
漢丞相諸葛忠武侯集二十一卷　(三國蜀)諸葛亮撰　(明)諸葛羲基輯　(清)蔣元廷彙編　清嘉慶刻道藏輯要本　十册

340000－1801－0014332　4:4672－4:4673 善
曹子建集十卷　(三國魏)曹植撰　(明)張溥　(明)汪士賢輯　明萬曆至天啓汪氏刻漢魏六朝百三名家集本　二册

340000－1801－0014333　4:00054－4:00055
曹子建集十卷　(三國魏)曹植撰　清乾隆二十三年(1758)刻彙刻建安七子集本　二册

340000－1801－0014334　4:16145－4:16146

曹集銓評十卷　(三國魏)曹植撰　(清)丁晏編纂　**曹集逸文一卷魏陳思王年譜一卷**　(清)丁晏編　清同治十一年(1872)金陵書局刻本　二冊

340000－1801－0014335　4:16147－4:16148
曹集銓評十卷　(三國魏)曹植撰　(清)丁晏編纂　**曹集逸文一卷魏陳思王年譜一卷**　(清)丁晏編　清同治十一年(1872)金陵書局刻本　二冊

340000－1801－0014336　4:16149－4:16150
曹集銓評十卷　(三國魏)曹植撰　(清)丁晏編纂　**曹集逸文一卷魏陳思王年譜一卷**　(清)丁晏編　清同治十一年(1872)金陵書局刻本　二冊

340000－1801－0014337　4:4674－4:4678 善
魏文帝集十卷　(三國魏)文帝曹丕撰　(明)張燮編　**附録一卷**　(明)張燮輯　**魏武帝集五卷**　(三國魏)武帝曹操撰　(明)張燮編　**附録一卷**　(明)張燮輯　明張燮刻七十二家集本　五冊

340000－1801－0014338　4:26 善
陸士衡文集十卷　(晉)陸機撰　(明)汪士賢校　明萬曆新安汪士賢刻漢魏諸名家集晉二俊文集本　一冊

340000－1801－0014339　4:00175
陸清河集二卷　(晉)陸雲撰　(明)張溥評　明婁東張氏刻漢魏六朝百三名家集本　一冊

340000－1801－0014340　4:00169
宋本陶集不分卷　(晉)陶潛撰　清光緒元年(1875)影印本　一冊

340000－1801－0014341　4:4695－4:4699 善
陶淵明集十卷　(晉)陶潛撰　(宋)湯漢等箋注　**附録一卷**　明彈琴室刻本　五冊

340000－1801－0014342　4:4700 善
陶淵明集十卷　(晉)陶潛撰　**附録二卷**　明末刻本　一冊

340000－1801－0014343　4:00085－4:00086
陶淵明文集十卷　(晉)陶潛撰　清光緒五年(1879)會稽章氏影刻汲古閣本　二冊

340000－1801－0014344　4:00078
陶淵明文集十卷　(晉)陶潛撰　清光緒十四年(1888)會稽陶氏稷山樓影刻汲古閣本　二冊

340000－1801－0014345　4:00153－4:00154
陶淵明集十卷　(晉)陶潛撰　清光緒二年(1876)桐城徐宗亮刻本　二冊

340000－1801－0014346　4:00157－4:00160
陶淵明集十卷　(晉)陶潛撰　清宣統元年(1909)著易居影印本　四冊

340000－1801－0014347　4:00080－4:00081
陶淵明集十卷　(晉)陶潛撰　清光緒五年(1879)陳氏刻本　二冊　缺三卷(六至八)

340000－1801－0014348　4:00082
陶淵明集十卷　(晉)陶潛撰　清光緒五年(1879)陳氏刻本　一冊　缺三卷(六至八)

340000－1801－0014349　4:00087－4:00089
陶淵明集十卷　(晉)陶潛撰　清光緒五年(1879)刻本　三冊

340000－1801－0014350　4:00155－4:00156
陶淵明集十卷　(晉)陶潛撰　清咸豐十一年(1861)獨山莫氏刻本　二冊

340000－1801－0014351　4:6－4:13 善
陶靖節集十卷　(晉)陶潛撰　(宋)湯漢等箋注　**總論一卷**　明萬曆四年(1576)周敬松刻本　八冊

340000－1801－0014352　4:4703－4:4706 善
陶靖節集十卷　(晉)陶潛撰　(宋)湯漢等箋注　**總論一卷**　明萬曆四年(1576)周敬松刻本　四冊

340000－1801－0014353　4:14－4:15 善
陶靖節集十卷　(晉)陶潛撰　(宋)湯漢等箋注　**總論一卷**　明萬曆十五年(1587)休陽程氏刻本　二冊　存一卷(八)

340000－1801－0014354　4:16－4:18 善

陶靖節集十卷　(晉)陶潛撰　(宋)湯漢等箋注　**總論一卷**　明萬曆十五年(1587)休陽程氏刻本　三冊　存九卷(二至十)

340000－1801－0014355　4:19 善
陶靖節集十卷　(晉)陶潛撰　(宋)湯漢等箋注　**總論一卷**　明萬曆十五年(1587)休陽程氏刻本　一冊　存一卷(八)

340000－1801－0014356　4:4679－4:4680 善
陶靖節集十卷　(晉)陶潛撰　(宋)湯漢等箋注　**總論一卷**　明萬曆十五年(1587)休陽程氏刻本　二冊

340000－1801－0014357　4:4688－4:4691 善
陶靖節集十卷　(晉)陶潛撰　(宋)湯漢等箋注　**總論一卷**　明萬曆十五年(1587)休陽程氏刻本　四冊

340000－1801－0014358　4:4681－4:4683 善
陶靖節集十卷　(晉)陶潛撰　**附錄二卷**　明末刻本　三冊

340000－1801－0014359　4:22 善
陶靖節先生集十卷　(晉)陶潛撰　(宋)湯漢等箋注　(明)楊鶴校　**附錄一卷**　明萬曆四十二年(1614)長洲刻本　一冊　存四卷(一至四)

340000－1801－0014360　4:00098－4:00101
靖節先生集十卷　(晉)陶潛撰　(清)陶澍注　**評陶彙集一卷年譜一卷**　(清)陶澍撰　清光緒九年(1883)江蘇書局刻本　四冊

340000－1801－0014361　4:00100－4:00112
靖節先生集十卷　(晉)陶潛撰　(清)陶澍注　**評陶彙集一卷年譜一卷**　(清)陶澍撰　清光緒九年(1883)江蘇書局刻本　三冊

340000－1801－0014362　4:00102－4:00105
靖節先生集十卷　(晉)陶潛撰　(清)陶澍注　**評陶彙集一卷年譜一卷**　(清)陶澍撰　清光緒九年(1883)江蘇書局刻本　四冊

340000－1801－0014363　4:00106－4:00109
靖節先生集十卷　(晉)陶潛撰　(清)陶澍注　**評陶彙集一卷年譜一卷**　(清)陶澍撰　清光緒九年(1883)江蘇書局刻本　四冊

340000－1801－0014364　4:00083－4:00084
陶淵明文集十卷　(晉)陶潛撰　清同治二年(1863)何氏篤慶堂摹宋刻本　二冊

340000－1801－0014365　4:00060－4:00062
陶淵明詩集四集　(晉)陶潛撰　(清)蔣薰評　**東坡和陶詩一卷**　(宋)蘇軾撰　**陶淵明詩集考異四卷陶靖節詩話一卷**　(清)胡鳳丹纂　**律陶詩一卷**　(明)王思任集　**敦好齋律陶纂一卷**　(明)黃槐開纂　清末同文山房刻本　三冊

340000－1801－0014366　4:23－4:24 善
陶彭澤集一卷　(晉)陶潛撰　明末婁東張氏刻漢魏六朝百三名家集本　二冊

340000－1801－0014367　4:4640 善
陶淵明集八卷　(晉)陶潛撰　明嘉靖二十九年(1550)朱戴墣懷易堂刻本　一冊

340000－1801－0014368　4:4684－4:4687 善
陶靖節集八卷附錄一卷　(晉)陶潛撰　明萬曆淩濛初刻朱墨套印本　四冊

340000－1801－0014369　4:4692－4:4694 善
陶靖節集八卷附錄一卷　(晉)陶潛撰　明萬曆淩濛初刻朱墨套印本　三冊

340000－1801－0014370　4:00063－4:00064
陶淵明集八卷　(晉)陶潛撰　清廣東刻四色套印本　二冊

340000－1801－0014371　4:00065－4:00068
陶淵明集八卷　(晉)陶潛撰　清廣東刻四色套印本　四冊

340000－1801－0014372　4:00069－4:00072
陶淵明集八卷　(晉)陶潛撰　清廣東刻四色套印本　四冊

340000－1801－0014373　4:00073－4:00074
陶淵明集八卷　(晉)陶潛撰　**首一卷末一卷**　清光緒五年(1879)廣州翰墨園刻朱墨套印本　二冊

340000－1801－0014374　4:00075－4:00076
陶淵明集八卷　（晉）陶潛撰　**首一卷末一卷**　清光緒五年(1879)廣州翰墨園刻朱墨套印本　二冊

340000－1801－0014375　4:20－4:21 善
陶靖節先生集八卷　（晉）陶潛撰　**附錄一卷**　明萬曆三十一年(1603)新安吳汝紀刻本　二冊

340000－1801－0014376　4:4701－4:4702 善
箋注陶淵明集六卷附錄一卷　（晉）陶潛撰　明崇禎刻本　二冊

340000－1801－0014377　4:25 善
陶淵明全集四卷　（晉）陶潛撰　明刻本　一冊

340000－1801－0014378　4:00077
陶靖節詩四卷附錄一卷　（晉）陶潛撰　清嘉慶元年(1796)海寧吳騫刻拜經樓叢書本　一冊

340000－1801－0014379　4:734 善
陶詩集註四卷　（晉）陶潛撰　**東坡和陶詩一卷**　（宋）蘇軾撰　清康熙三十三年(1694)寶墨堂刻本　一冊

340000－1801－0014380　4:3973－4:3976 善
陶詩匯注四卷首一卷末一卷　（清）吳瞻泰（清）吳菘輯　清康熙四十四年(1705)程崟刻本　四冊

340000－1801－0014381　4:00094－4:00097
陶詩匯評四卷　（晉）陶潛撰　（清）溫汝能纂訂　清嘉慶九年(1804)聽松閣刻本　四冊

340000－1801－0014382　4:00118－4:00121
陶詩匯評四卷　（晉）陶潛撰　（清）溫汝能纂　**東坡和陶合箋四卷**　（晉）陶潛　（宋）蘇軾撰　（清）溫汝能纂　清宣統二年(1910)掃葉山房石印本　四冊

340000－1801－0014383　4:00122－4:00125
陶詩匯評四卷　（晉）陶潛撰　（清）溫汝能纂　**東坡和陶合箋四卷**　（晉）陶潛　（宋）蘇軾撰　（清）溫汝能纂　清宣統二年(1910)掃葉山房石印本　四冊

340000－1801－0014384　4:00170－4:00171
陶詩析義四卷　（晉）陶潛撰　（明）黃文煥析義　清光緒二年(1876)黃倬昭刻本　二冊

340000－1801－0014385　4:00113
陶詩附考不分卷解招魂一卷　（清）方東樹撰　清光緒十六年(1890)刻本　一冊

340000－1801－0014386　4:4707－4:4711 善
五柳賡歌四卷　（晉）陶潛撰　（明）周履靖和韻　明金陵荊山書林刻本　五冊

340000－1801－0014387　3:5856
傅子一卷　（晉）傅玄撰　清刻本　一冊

340000－1801－0014388　4:00172－4:00174
傅鶉觚集五卷　（晉）傅玄撰　（清）史定遠（清）方濬師校輯　**傅子校勘記一卷**　（清）方濬師撰　清光緒二年(1876)定遠方氏退一步齋刻本　三冊

340000－1801－0014389　4:048094
傅鶉觚集六卷　（晉）傅玄撰　（清）方濬師校集　**附錄一卷**　清刻本　一冊　存三卷（三至五）

340000－1801－0014390　4:00191
傅光祿集二卷續文章志一卷　（南朝宋）傅亮撰　清光緒十九年(1893)演慎齋刻本　一冊

340000－1801－0014391　4:00193
謝宣城詩集五卷　（南朝齊）謝朓撰　清嘉慶元年(1796)海寧吳騫刻拜經樓叢書本　一冊

340000－1801－0014392　4:4712－4:4715 善
江文通文集十卷　（南朝梁）江淹撰　明萬曆汪士賢刻漢魏六朝二十一名家集本　四冊

340000－1801－0014393　4:00194－4:00197
江文通集四卷　（南朝梁）江淹撰　（清）徐傳星閱　（清）梁賔輯　（清）金允高糸　清乾隆二十四年(1759)崑山金允高考城安愚堂刻本

四册

340000－1801－0014394　4:27 善
昭明太子集六卷　(南朝梁)蕭統撰　(明)閻光世輯　明錢塘閻氏刻本　一册

340000－1801－0014395　4:3009 善
精摘梁昭明太子抄選采奇編二卷　(南朝梁)蕭統撰　(明)蔣孟育選　明萬曆余良史刻本　一册　存一卷(上)

340000－1801－0014396　4:28－4:31 善
梁元帝集八卷　(南朝梁)元帝蕭繹撰　明錢塘閻光世刻本　四册

340000－1801－0014397　4:00177－4:00180
徐孝穆全集六卷　(南朝陳)徐陵撰　(清)吴兆宜箋注　清揚州藝古堂刻本　四册

340000－1801－0014398　4:00181－4:00182
徐孝穆全集六卷　(南朝陳)徐陵撰　(清)吴兆宜箋注　清揚州藝古堂刻本　四册

340000－1801－0014399　4:00183－4:00184
徐孝穆全集六卷　(南朝陳)徐陵撰　(清)吴兆宜箋注　清揚州藝古堂刻本　二册

340000－1801－0014400　4:00185－4:00186
徐孝穆全集六卷　(南朝陳)徐陵撰　(清)吴兆宜箋注　清揚州藝古堂刻本　二册

340000－1801－0014401　4:00187－4:00190
徐孝穆全集六卷　(南朝陳)徐陵撰　(清)吴兆宜箋注　清揚州藝古堂刻本　三册

340000－1801－0014402　4:047865
陳後主集一卷　(南朝陳)陳叔寶撰　(明)張溥輯　**徐僕射集一卷**　(南朝陳)徐陵撰　(明)張溥輯　清光緒刻漢魏六朝百三名家集本　一册

340000－1801－0014403　4:00223－4:00228
庾子山全集十卷　(北周)庾信撰　(清)吴兆宜箋注　清刻本　景龍批校　六册

340000－1801－0014404　4:00217－4:00222
庾開府集十卷　(北周)庾信撰　(清)吴兆宜箋注　清天德堂刻本　六册

340000－1801－0014405　4:00207－4:00216
庾開府集十六卷　(北周)庾信撰　(清)倪璠注　**年譜一卷**　(清)倪璠撰　清崇岫堂刻本　十册

340000－1801－0014406　4:00253－4:00262
庾子山全集十六卷　(北周)庾信撰　(清)倪璠注　**總釋一卷**　(清)倪璠撰　清刻本　十册

340000－1801－0014407　4:00198－4:00206
庾開府全集十六卷　(北周)庾信撰　(清)倪璠注　**年譜一卷**　(清)倪璠撰　清道光十九年(1839)大文堂刻本　九册　缺二卷(十五至十六)

340000－1801－0014408　4:00241－4:00252
庾子山集十六卷　(北周)庾信撰　(清)倪璠注　**年譜一卷**　(清)倪璠撰　清道光十九年(1839)大文堂刻本　十二册

340000－1801－0014409　4:00229－4:00240
庾子山集十六卷　(北周)庾信撰　(清)倪璠注　清光緒二十年(1894)儒雅堂刻本　十二册

340000－1801－0014410　4:00263－4:00272
庾子山集十六卷　(北周)庾信撰　(清)倪璠注　**年譜一卷**　(清)倪璠撰　清刻本　十册

340000－1801－0014411　4:00273－4:00282
庾子山集十六卷　(北周)庾信撰　(清)倪璠注　**年譜一卷**　(清)倪璠撰　清刻本　十册

340000－1801－0014412　4:00283－4:00288
庾子山集十六卷　(北周)庾信撰　(清)倪璠注　**年譜一卷**　(清)倪璠撰　清刻本　六册

340000－1801－0014413　4:00289－4:00294
庾子山集十六卷　(北周)庾信撰　(清)倪璠注　**年譜一卷**　(清)倪璠撰　清刻本　六册

340000－1801－0014414　4:00295
東皋子集三卷　(唐)王績　(清)孫星衍編　**補遺二卷**　(清)孫星衍撰　清刻本　一册

340000－1801－0014415　4:2313 善

楊炯集二卷　(唐)楊炯撰　(明)許自昌編　**王勃集二卷**　(唐)王勃撰　(明)許自昌編　明萬曆三十一年(1603)霏玉軒刻前唐十二家詩本　一册

340000－1801－0014416　4:00296－4:00301
王子安集註二十卷首一卷末一卷　(唐)王勃撰　(清)蔣清翊注　清光緒九年(1883)吳縣蔣氏雙唐碑館刻本　六册

340000－1801－0014417　4:00302－4:00309
王子安集註二十卷首一卷末一卷　(唐)王勃撰　(清)蔣清翊注　清光緒九年(1883)吳縣蔣氏雙唐碑館刻本　八册

340000－1801－0014418　4:33 善
盧照鄰集二卷　(唐)盧照鄰撰　(明)張遜業輯　明嘉靖三十一年(1552)江都黄埻東壁圖書府刻唐十二家詩本　一册

340000－1801－0014419　4:00310－4:00313
駱賓王文集十卷　(唐)駱賓王撰　(唐)郗雲卿編選　**駱賓王文集考異**　(清)顧廣圻撰　清嘉慶二十一年(1816)江都秦恩復石研齋刻本　四册

340000－1801－0014420　4:4716－4:4717 善
駱丞文集十卷　(唐)駱賓王撰　明萬曆八年(1580)胡維新刻本　二册

340000－1801－0014421　4:00314－4:00317
駱臨海集十卷　(唐)駱賓王撰　清嘉慶二十五年(1820)松林宗祠刻本　四册

340000－1801－0014422　4:00320－4:00321
駱臨海公全集十卷　(唐)駱賓王撰　清同治十年(1871)木活字印本　二册

340000－1801－0014423　4:4718－4:4720 善
靈隱子六卷　(唐)駱賓王撰　明萬曆二十四年(1596)陳大科刻本　三册

340000－1801－0014424　4:38－4:41 善
唐義烏駱先生集六卷　(唐)駱賓王撰　(明)陸弘祚等訂釋　明刻本　四册

340000－1801－0014425　4:34－4:37 善
唐駱先生集八卷　(唐)駱賓王撰　(明)王衡評釋　**附錄一卷**　明萬曆三十六年(1608)刻本　四册

340000－1801－0014426　4:00318－4:00319
駱丞集四卷　(唐)駱賓王撰　(清)胡鳳丹編　清同治八年(1869)永康胡氏退補齋刻金華叢書本　二册

340000－1801－0014427　4:42 善
鼎鐫施會元評注選輯唐駱賓王狐白三卷　(唐)駱賓王撰　(明)施鳳來選輯　明余文傑刻本　一册

340000－1801－0014428　4:4721－4:4723 善
駱丞集註三卷　(唐)駱賓王撰　(明)顏文選補注　(明)王振聲臨　(清)顧廣圻校並跋　明刻本　三册

340000－1801－0014429　4:00322－4:00327
唐丞相曲江張文獻公集十二卷首一卷　(唐)張九齡撰　**附錄像贊本傳千秋金鑑錄五卷**　題(唐)張九齡撰　清光緒十六年(1890)張曉如刻本　六册

340000－1801－0014430　4:00328－4:00333
唐丞相曲江張文獻公集十二卷　(唐)張九齡撰　**千秋金鑑錄五卷**　題(唐)張九齡撰　清雍正十三年(1735)曲江張世緯、張世績、張世綱刻紹風堂印本　六册

340000－1801－0014431　4:00368－4:00369
王右丞詩集二卷　(唐)王維撰　(清)汪立名輯訂　清康熙三十四年(1695)天都汪立名一隅草堂刻唐四家詩本　二册

340000－1801－0014432　4:00370
王右丞詩集二卷　(唐)王維撰　(清)汪立名輯訂　清康熙三十四年(1695)天都汪立名一隅草堂刻唐四家詩本　一册

340000－1801－0014433　4:00344－4:00347
王摩詰集六卷　(唐)王維撰　清光緒十年(1884)上海同文書局石印本　四册

340000－1801－0014434　4:00371

王摩詰詩集六卷　（唐）王維撰　（宋）劉辰翁評點　清刻本　一册

340000－1801－0014435　4:4798－4:4805 善

類箋唐王右丞詩集十卷　（唐）王維撰　（明）顧起經注　**文集四卷外編一卷**　（唐）王維撰　（明）顧起經輯　**年譜一卷**　（明）顧起經撰　**唐諸家同詠集一卷贈題集一卷歷朝諸家評王右丞詩畫鈔一卷**　（明）顧起經輯　明嘉靖三十五年(1556)顧氏奇字齋刻本　八册

340000－1801－0014436　4:47－4:49 善

唐王右丞詩集六卷　（唐）王維撰　（明）顧可久注　明嘉靖三十八年(1559)洞易書院刻本　三册

340000－1801－0014437　4:4794－4:4797 善

唐王右丞詩集六卷　（唐）王維撰　（明）顧可久注　明嘉靖三十八年(1559)洞易書院刻本　四册

340000－1801－0014438　4:50－4:52 善

唐王右丞詩集六卷　（唐）王維撰　（明）顧可久注　明萬曆十八年(1590)休陽吳氏漱玉齋刻本　三册

340000－1801－0014439　4:53 善

唐王右丞詩集六卷　（唐）王維撰　（明）顧可久注　明萬曆十八年(1590)休陽吳氏漱玉齋刻本　一册　存三卷(一至三)

340000－1801－0014440　4:55－4:57 善

王摩詰詩集七卷　（唐）王維撰　（宋）劉辰翁評　明吳興淩濛初刻朱墨套印本　三册

340000－1801－0014441　4:54 善

王摩詰詩集七卷　（唐）王維撰　（宋）劉辰翁評　明吳興淩濛初刻朱墨套印本　一册　存三卷(二至四)

340000－1801－0014442　4:048086－4:048087

王摩詰詩集七卷　（唐）王維撰　（宋）劉辰翁評　明吳興淩濛初刻朱墨套印本　二册

340000－1801－0014443　4:00334－4:00343

王右丞集二十八卷　（唐）王維撰　（清）趙殿成箋注　**首一卷末一卷**　（清）趙殿成輯錄　清乾隆仁和趙殿成刻本　十册

340000－1801－0014444　4:00360－4:00367

王右丞集二十八卷　（唐）王維撰　（清）趙殿成箋注　**首一卷末一卷**　（清）趙殿成輯錄　清乾隆仁和趙殿成刻本　八册

340000－1801－0014445　4:00348－4:00359

王右丞集箋注二十八卷　（唐）王維撰　（清）趙殿成箋注　**首一卷末一卷**　（清）趙殿成輯錄　清影印本　十二册

340000－1801－0014446　4:43－4:46 善

魯公文集十五卷　（唐）顏真卿撰　明萬曆二十四年(1596)顏胤祚刻本　四册

340000－1801－0014447　4:01095－4:01098

魯公文集十五卷　（唐）顏真卿撰　清宣統二年(1910)守政書局刻本　四册

340000－1801－0014448　4:01091－4:01094

顏魯公文集十四卷　（唐）顏真卿撰　清宣統三年(1911)文盛書局石印本　四册

340000－1801－0014449　4:4824－4:4825 善

孟浩然詩集二卷　（唐）孟浩然撰　（宋）劉辰翁　（明）李夢陽評　明萬曆淩濛初刻三色套印本　二册

340000－1801－0014450　4:58 善

孟襄陽詩集二卷　（唐）孟浩然撰　清康熙刻本　一册

340000－1801－0014451　4:59 善

孟浩然詩集二卷　（唐）孟浩然撰　清康熙席氏刻本　一册

340000－1801－0014452　4:00372

孟襄陽詩集二卷　（唐）孟浩然撰　（清）汪立名輯　清康熙三十四年(1695)天都汪立名一隅草堂刻唐四家詩本　一册

340000－1801－0014453　4:02176

寒山詩不分卷附四種　（唐）釋寒山撰　清金陵刻本　一册

340000－1801－0014454　4:02177

寒山拾得詩不分卷 (唐)釋寒山 (唐)釋拾得撰 (唐)閭邱胤輯 **悟真篇一卷** (唐)釋拾得撰 清光緒十一年(1885)金陵刻經處刻本 一册

340000－1801－0014455 4:3977－4:3984 善
李太白文集三十卷 (唐)李白撰 清康熙五十六年(1717)吳門繆曰芑雙泉草堂影宋刻本 八册

340000－1801－0014456 4:00388－4:00393
李太白文集三十卷 (唐)李白撰 清康熙五十六年(1717)吳門繆曰芑雙泉草堂影宋刻本 六册

340000－1801－0014457 4:00394－4:00397
李太白文集三十卷 (唐)李白撰 清康熙五十六年(1717)吳門繆曰芑雙泉草堂影宋刻本 四册

340000－1801－0014458 4:00378－4:00387
李太白文集三十卷 (唐)李白撰 清康熙五十六年(1717)吳門繆曰芑雙泉草堂影宋刻本 十册 缺四卷(一至四)

340000－1801－0014459 4:00499－4:00502
李太白全集三十卷 (唐)李白撰 清光緒十四年(1888)湖北官書處刻本 四册

340000－1801－0014460 4:00374－4:00377
李太白文集三十卷 (唐)李白撰 清末石印本 四册

340000－1801－0014461 4:6569 善
李翰林集三十卷 (唐)李白撰 (明)鮑松編 明正德八年(1513)歙縣鮑松刻李杜全集本 清張鋆批跋 一册 存十二卷(一至十二)

340000－1801－0014462 4:00508－4:00513
李翰林集三十卷 (唐)李白撰 清光緒三十二年(1906)黄岡陶子麟刻西泠印社印本 六册

340000－1801－0014463 4:6282－4:6297 善
分類補註李太白詩二十五卷 (唐)李白撰 (宋)楊齊賢集注 (元)蕭士贇補注 **分類編次李太白文五卷** (唐)李白撰 (明)郭雲鵬編次 明嘉靖二十二年(1543)郭雲鵬寶善堂刻本 十六册

340000－1801－0014464 4:00507
分類補註李太白詩二十五卷 (唐)李白撰 (宋)楊齊賢集注 (元)蕭士贇補注 明嘉靖二十二年(1543)郭雲鵬寶善堂刻本 一册 存二卷(六至七)

340000－1801－0014465 4:74－4:81 善
分類補注李太白詩二十五卷 (唐)李白撰 (宋)楊齊賢集注 (元)蕭士贇補注 明雲林五雲堂刻本 八册

340000－1801－0014466 4:60－4:73 善
分類補注李太白詩二十五卷 (唐)李白撰 (宋)楊齊賢集注 (元)蕭士贇補注 明雲林五雲堂刻本 十四册

340000－1801－0014467 4:00402－4:00409
分類補注李太白詩二十五卷 (唐)李白撰 (宋)楊齊賢集注 (元)蕭士贇補注 明雲林五雲堂刻本 八册 缺五卷(七至十一)

340000－1801－0014468 4:82－4:86 善
分類補注李太白詩二十五卷 (唐)李白撰 (宋)楊齊賢集注 (元)蕭士贇補注 明雲林五雲堂刻本 五册

340000－1801－0014469 4:87 善
重刊分類編次李太白文集五卷 (唐)李白撰 明瑞桃堂刻本 一册

340000－1801－0014470 4:2314－4:2320 善
李太白詩集二十二卷 (宋)嚴羽評點 **杜子美詩集二十卷** (宋)劉長翁評點 明崇禎聞啟祥刻本 七册

340000－1801－0014471 4:00424－4:00438
李太白文集三十六卷 (唐)李白撰 (清)王琦輯注 清乾隆寶笏樓刻二十五年(1760)增刻本 十五册

340000－1801－0014472 4:00439－4:00454
李太白文集三十六卷 (唐)李白撰 (清)王琦輯注 清乾隆寶笏樓刻本 十六册

340000－1801－0014473　4:00410－4:00423
李太白文集三十六卷　(唐)李白撰　(清)王琦輯注　清乾隆寶笏樓刻本　十四册

340000－1801－0014474　4:00455－4:00470
李太白文集三十六卷　(唐)李白撰　(清)王琦輯注　清乾隆聚錦堂刻本　十六册

340000－1801－0014475　4:00471－4:00486
李太白文集三十六卷　(唐)李白撰　(清)王琦輯注　清乾隆聚錦堂刻本　十六册

340000－1801－0014476　4:00487－4:00498
李太白文集三十六卷　(唐)李白撰　(清)王琦輯注　清乾隆聚錦堂刻本　十二册

340000－1801－0014477　4:4846－4:4851 善
韋蘇州集十卷拾遺一卷　(唐)韋應物撰　明何湛之刻本　六册

340000－1801－0014478　4:4852－4:4855 善
韋蘇州集十卷拾遺一卷　(唐)韋應物撰　**總論一卷**　(唐)白居易等撰　明淩氏刻朱墨套印本　四册

340000－1801－0014479　4:295－4:296 善
韋蘇州集十卷拾遺一卷　(唐)韋應物撰　明崇禎毛氏汲古閣刻唐人六集本　二册

340000－1801－0014480　4:01102－4:01107
韋蘇州集十卷拾遺一卷　(唐)韋應物撰　**睫巢鏡影十二種**　清宣統三年(1911)石印本　六册

340000－1801－0014481　4:01108
韋蘇州集十卷拾遺一卷　(唐)韋應物撰　**睫巢鏡影十二種**　清宣統三年(1911)石印本　一册

340000－1801－0014482　4:297－4:300 善
韋蘇州集十卷　(唐)韋應物撰　(清)余懷訂正　清初下邱余懷因樹樓刻本　清徐石甫題識　四册

340000－1801－0014483　4:01119－4:01120
韋蘇州集十卷　(唐)韋應物撰　(清)余懷訂正　清吳郡八詠樓刻本　二册

340000－1801－0014484　4:01116－4:01117
韋蘇州詩集二卷　(唐)韋應物撰　(清)汪立名輯　清康熙三十四年(1695)天都汪立名一隅草堂刻唐四家詩本　二册

340000－1801－0014485　4:01118
韋蘇州詩集二卷　(唐)韋應物撰　(清)汪立名輯　清康熙三十四年(1695)天都汪立名一隅草堂刻唐四家詩本　一册

340000－1801－0014486　4:01109－4:01101
韋蘇州集二卷　(唐)韋應物撰　清刻本　二册

340000－1801－0014487　4:085－4:086
岑嘉州集八卷　(唐)岑參撰　清光緒十年(1884)上海同文書局石印本　二册

340000－1801－0014488　4:02066－4:02069
錢考功詩集十卷　(唐)錢起撰　清康熙席氏琴川書屋刻唐詩百名家全集本　四册

340000－1801－0014489　4:88－4:99 善
集千家註杜工部詩集二十卷文集二卷　(唐)杜甫撰　(宋)黃鶴補注　(元)高楚方編　**附錄一卷**　明嘉靖十五年(1536)玉几山人刻本　十二册

340000－1801－0014490　4:4726－4:4749 善
集千家註杜工部詩集二十卷文集二卷　(唐)杜甫撰　(宋)黃鶴補注　(元)高楚方編　**附錄一卷**　明刻本　二十四册

340000－1801－0014491　4:100－4:119 善
集千家註杜工部詩集二十卷文集二卷　(唐)杜甫撰　(宋)黃鶴補注　明萬曆三十年(1602)長洲許自昌刻李杜全集本　佚名批點　二十册

340000－1801－0014492　4:120－4:131 善
集千家註杜工部詩集二十卷　(唐)杜甫撰　(宋)黃鶴補注　明萬曆三十年(1602)長洲許自昌刻李杜全集本　十二册

340000－1801－0014493　4:132－4:140 善
集千家註杜工部詩集二十卷文集二卷　(唐)

杜甫撰　(宋)黃鶴補注　明萬曆三十年(1602)長洲許自昌刻李杜全集本　九册　存十九卷(集千家註杜工部詩集二至二十)

340000－1801－0014494　4:4790－4:4793 善
集千家註杜工部詩集二十卷　(唐)杜甫撰　(宋)黃鶴補注　明刻本　四册

340000－1801－0014495　4:142 善
翰林攷正杜律五言趙註句解三卷　(唐)杜甫撰　(明)趙汸選注　明萬曆十六年(1588)建邑書林鄭雲竹刻本　一册

340000－1801－0014496　4:00769－4:00780
杜工部集二十卷　(唐)杜甫撰　(清)錢謙益箋注　**諸家詩話一卷唱酬題詠附錄一卷附錄一卷**　清康熙六年(1667)季氏靜思堂刻本　七册

340000－1801－0014497　4:00781－4:00787
杜工部集二十卷　(唐)杜甫撰　(清)錢謙益箋注　**諸家詩話一卷唱酬題詠附錄一卷附錄一卷**　清康熙六年(1667)季氏靜思堂刻本　八册

340000－1801－0014498　4:00788－4:00795
杜工部集二十卷　(唐)杜甫撰　(清)錢謙益箋注　**諸家詩話一卷唱酬題詠附錄一卷附錄一卷**　清康熙六年(1667)季氏靜思堂刻本　十二册

340000－1801－0014499　4:00588－4:00591
杜工部詩說十二卷　(清)黃生著　清康熙徽州黃氏一木堂刻本　四册

340000－1801－0014500　4:00602－4:00617
杜詩詳註二十五卷附編二卷　(清)仇兆鼇撰　清康熙刻本　十六册

340000－1801－0014501　4:00618－4:00631
杜詩詳註二十五卷附編二卷　(清)仇兆鼇撰　清康熙刻本　十四册

340000－1801－0014502　4:00632－4:00645
杜詩詳註二十五卷附編二卷　(清)仇兆鼇撰　清康熙刻本　十四册

340000－1801－0014503　4:00646－4:00659
杜詩詳註二十五卷附編二卷　(清)仇兆鼇撰　清康熙刻本　十四册

340000－1801－0014504　4:00660－4:00677
杜詩詳註二十五卷附編二卷　(清)仇兆鼇撰　清刻本　十八册

340000－1801－0014505　4:00678－4:00691
杜詩詳註二十五卷　(清)仇兆鼇撰　清刻本　十四册

340000－1801－0014506　4:3985－4:4002 善
杜工部集二十卷　(唐)杜甫撰　清乾隆四十九年(1784)鄭澐玉句草堂刻本　十八册　存十八卷(一至七、九至十一、十三至二十)

340000－1801－0014507　4:00534－4:00549
杜工部集二十卷　(唐)杜甫撰　清道光十四年(1834)芸葉盦刻五色套印五家評本　十六册　缺一卷(六)

340000－1801－0014508　4:01077－4:01084
杜工部集五卷附五家評本　(唐)杜甫撰　清道光刻五色套印本　八册

340000－1801－0014509　4:156－4:165 善
杜工部集二十卷　(唐)杜甫撰　清同治十一年(1872)玉句草堂刻本　姚永概過錄清方苞　清姚鼐　清張裕釗批語　十册

340000－1801－0014510　4:00592－4:00601
杜工部集二十卷　(唐)杜甫撰　清同治十一年(1872)致一齋刻本　十册

340000－1801－0014511　4:00558－4:00567
杜工部集二十卷　(唐)杜甫撰　(清)盧坤輯評　清光緒二年(1876)廣東翰墨園刻五色套印本　十册

340000－1801－0014512　4:00568－4:00576
杜工部集二十卷　(唐)杜甫撰　(清)盧坤輯評　清光緒二年(1876)廣東翰墨園刻五色套印本　九册

340000－1801－0014513　4:048073
杜工部集二十卷　(唐)杜甫撰　清刻本　一

册　存二卷(十三至十四)

340000－1801－0014514　4:00550－4:00557
杜工部集二十卷　(唐)杜甫撰　(清)錢謙益箋注　清宣統二年(1910)鉛印本　八册

340000－1801－0014515　4:00577－4:00583
杜工部集二十卷　(唐)杜甫撰　(清)錢謙益箋注　清宣統三年(1911)時中書局鉛印本　七册　缺三卷(六至八)

340000－1801－0014516　4:00692－4:00699
杜工部集二十卷　(唐)杜甫撰　(清)錢謙益注　**年譜一卷**　清刻本　八册

340000－1801－0014517　4:4130－4:4131 善
杜詩偶評四卷　(唐)杜甫撰　(清)沈德潛評　清乾隆賦閒草堂刻本　二册

340000－1801－0014518　4:5290－4:5291 善
杜律二卷　(唐)杜甫撰　(元)虞集注　明萬曆五年(1577)蘇民懷桐花館刻本　二册

340000－1801－0014519　4:4132－4:4137 善
杜律啟蒙十二卷首一卷　(清)邊連寶撰並集注　清乾隆四十二年(1777)初刻本　六册

340000－1801－0014520　4:00524－4:00527
草堂詩箋二十二卷年譜二卷　(唐)杜甫撰　(宋)蔡夢弼會箋　清光緒元年(1875)巴陵方氏碧琳琅館刻本　四册

340000－1801－0014521　4:00528－4:00533
草堂詩箋二十二卷年譜二卷　(唐)杜甫撰　(宋)蔡夢弼會箋　清光緒元年(1875)巴陵方氏碧琳琅館刻本　六册

340000－1801－0014522　4:00700－4:00709
讀杜心解二十四卷　(唐)杜甫撰　(清)浦起龍編　清雍正二年(1724)浦氏寧我齋刻本　十册

340000－1801－0014523　4:00718－4:00723
讀杜心解二十四卷　(唐)杜甫撰　(清)浦起龍編　清雍正二年(1724)浦氏寧我齋刻本　六册

340000－1801－0014524　4:00724－4:00735
讀杜心解二十四卷　(唐)杜甫撰　(清)浦起龍編　清雍正二年(1724)浦氏寧我齋刻本　十二册

340000－1801－0014525　4:00736－4:00747
讀杜心解二十四卷　(唐)杜甫撰　(清)浦起龍編　清雍正二年(1724)浦氏寧我齋刻本　十二册

340000－1801－0014526　4:00710－4:00717
讀杜心解二十四卷　(唐)杜甫撰　(清)浦起龍編　清雍正二年(1724)浦氏寧我齋刻本　八册

340000－1801－0014527　4:00748－4:00758
讀杜心解二十四卷　(唐)杜甫撰　(清)浦起龍編　清雍正二年(1724)浦氏寧我齋刻本　十一册

340000－1801－0014528　4:00759－4:00768
讀杜心解二十四卷　(唐)杜甫撰　(清)浦起龍編　清雍正二年(1724)浦氏寧我齋刻本　十册

340000－1801－0014529　4:143 善
杜律五言注解三卷詩法家數一卷　(唐)杜甫撰　(明)趙汸選注　明萬曆十六年(1588)新安吳懷保七松居刻本　佚名批點　一册

340000－1801－0014530　4:144 善
杜工部七言律詩二卷　(唐)杜甫撰　(元)虞伯生集注　明新安刻本　一册

340000－1801－0014531　4:145 善
杜律七言注解四卷　(唐)杜甫撰　(元)虞伯生集注　明萬曆十六年(1588)商山吳氏刻本　佚名批點　一册　存二卷(三至四)

340000－1801－0014532　4:146－4:155 善
杜詩通四十卷　(唐)杜甫撰　(明)胡震亨編　明刻本　十册

340000－1801－0014533　4:00859－4:00866
杜詩會粹二十四卷　(唐)杜甫撰　(清)張遠注　清康熙刻本　八册

340000－1801－0014534　4:00911－4:00918

杜詩鏡銓二十卷　(清)楊倫撰　**年譜一卷附錄一卷**　清乾隆五十七年(1792)楊倫九柏山房刻本　八冊

340000－1801－0014535　4:00919－4:00926
杜詩鏡銓二十卷　(清)楊倫撰　**年譜一卷附錄一卷**　清乾隆五十七年(1792)楊倫九柏山房刻本　八冊

340000－1801－0014536　4:00867－4:00878
杜詩鏡銓二十卷附杜文注解二卷　(清)楊倫注　清同治十一年(1872)吳棠望三益齋刻本　十二冊

340000－1801－0014537　4:00879－4:00890
杜詩鏡銓二十卷附杜文注解二卷　(清)楊倫注　清同治十一年(1872)吳棠望三益齋刻本　十二冊

340000－1801－0014538　4:00891－4:00900
杜詩鏡銓二十卷附杜文注解二卷　(清)楊倫注　清同治十一年(1872)吳棠望三益齋刻本　十冊

340000－1801－0014539　4:00901－4:00910
杜詩鏡銓二十卷附杜文注解二卷　(清)楊倫注　清同治十一年(1872)吳棠望三益齋刻本　十冊

340000－1801－0014540　4:00955－4:00960
杜詩鏡銓二十卷附杜文注解二卷　(清)楊倫注　清光緒十八年(1892)著易堂鉛印本　六冊

340000－1801－0014541　4:4774－4:4789 善
杜詩集說二十卷　(清)江浩然纂輯　清乾隆抄本　十六冊

340000－1801－0014542　4:01051－4:01062
杜詩集說二十卷　(清)江浩然纂輯　清刻本　十二冊

340000－1801－0014543　4:01063－4:01076
杜詩集說二十卷　(清)江浩然纂輯　清刻本　十四冊　缺三卷(十二、十五、十七)

340000－1801－0014544　4:4122－4:4129 善
杜詩論文五十六卷　(清)吳見思注　清康熙刻本　八冊　存四十五卷(一至三、五至十三、二十四至五十六)

340000－1801－0014545　4:4750－4:4773 善
杜詩集解五十六卷　(清)□□撰　清抄本　二十四冊

340000－1801－0014546　4:141 善
類選杜詩五言律三卷　(唐)杜甫撰　(明)趙汸選注　明正德八年(1513)歙縣鮑松刻本　一冊

340000－1801－0014547　4:00973－4:00974
趙子常選杜律五言注三卷　(唐)杜甫撰　(明)趙汸選注　清初陳維崛亦山草堂刻本　二冊

340000－1801－0014548　4:00975－4:00976
杜律選注六卷　(清)查弘道　(清)金集補　清初陳維崛亦山草堂刻本　二冊

340000－1801－0014549　4:00977－4:00978
杜律選注六卷　(清)查弘道　(清)金集補　清初陳維崛亦山草堂刻本　二冊

340000－1801－0014550　4:00981
讀杜小箋二箋　(清)錢謙益撰　清宣統國學扶輪社影印本　一冊

340000－1801－0014551　4:00982－4:00993
杜詩注解二十四卷　(唐)杜甫撰　(清)許寶善輯　清光緒三年(1877)許寶善自怡軒刻本　十二冊

340000－1801－0014552　4:01010－4:01017
樹人堂讀杜詩二十五卷　(唐)杜甫撰　(清)汪灝輯　清道光十二年(1832)銀城麥浪園刻本　八冊

340000－1801－0014553　4:01018－4:01025
樹人堂讀杜詩二十五卷　(唐)杜甫撰　(清)汪灝輯　清道光十二年(1832)銀城麥浪園刻本　八冊

340000－1801－0014554　4:01026－4:01049
樹人堂讀杜詩二十五卷　(唐)杜甫撰　(清)

汪灝輯　清道光十二年(1832)銀城麥浪園刻本　二十四册

340000－1801－0014555　4:01087－4:01090
元次山集十二卷　(唐)元結撰　(清)黄又　(清)黄晟訂　清槐蔭草堂刻本　四册

340000－1801－0014556　4:02178－4:02179
杼山集十卷　(唐)釋皎然撰　清抄本　二册

340000－1801－0014557　4:048088
唐皎然詩集不分卷　(唐)釋皎然撰　清刻本　一册

340000－1801－0014558　4:01126－4:01127
顧華陽集三卷　(唐)顧況撰　**補遺(顧非熊詩)一卷**　(唐)顧非熊撰　清同治元年(1862)雙峰草堂刻本　二册

340000－1801－0014559　4:4856－4:4861 善
唐陸宣公集二十二卷　(唐)陸贄撰　明萬曆製錦堂吳吉徵刻本　六册

340000－1801－0014560　4:01121－4:01125
唐陸宣公集二十二卷　(唐)陸贄撰　清刻本　五册

340000－1801－0014561　4:4945－4:4950
唐陸宣公集二十二卷　(唐)陸贄撰　清刻本　六册

340000－1801－0014562　4:328－4:330 善
唐陸宣公翰苑集二十四卷　(唐)陸贄撰　明萬曆三十五年(1607)陸基忠刻本　三册　存十卷(一至十)

340000－1801－0014563　4:01707
李長吉詩集五卷　(唐)李賀撰　(明)徐渭批注　清光緒三十二年(1906)刻本　一册

340000－1801－0014564　4:274－4:275 善
李長吉歌詩四卷外集一卷　(唐)李賀撰　(宋)劉辰翁評　明萬曆吳興淩濛初刻朱墨套印本　二册

340000－1801－0014565　4:4647 善
李長吉歌詩四卷外集一卷　(唐)李賀撰　(宋)劉辰翁評　明萬曆吳興淩濛初刻朱墨套印本　一册　缺二卷(李長吉歌詩一至二)

340000－1801－0014566　4:4951－4:4952 善
李長吉歌詩四卷外集一卷　(唐)李賀撰　(宋)劉辰翁評　明刻朱墨套印本　二册

340000－1801－0014567　4:273 善
李長吉歌詩四卷外集一卷　(唐)李賀撰　(宋)吳正子箋注　(宋)劉辰翁評　清刻本　一册

340000－1801－0014568　4:01667－4:01670
李長吉歌詩四卷外集一卷　(唐)李賀撰　(清)王琦注　清光緒四年(1878)刻宏達堂叢書本　四册

340000－1801－0014569　4:01671－4:01674
李長吉歌詩四卷外集一卷　(唐)李賀撰　(清)王琦注　清光緒四年(1878)刻宏達堂叢書本　四册

340000－1801－0014570　4:01688
李長吉歌詩四卷外集一卷　(唐)李賀撰　(清)王琦注　清寶笏樓刻本　一册

340000－1801－0014571　4:01689－4:01692
李長吉歌詩四卷外集一卷　(唐)李賀撰　(清)王琦注　清寶笏樓刻本　四册

340000－1801－0014572　4:4953－4:4954 善
李長吉集四卷外集一卷　(唐)李賀撰　(清)黄淳耀評點　(清)金惟駿輯訂　清雍正九年(1731)金惟駿漁書樓刻本　二册

340000－1801－0014573　4:01680－4:01681
李長吉集四卷　(唐)李賀撰　清末石印本　二册

340000－1801－0014574　4:01697－4:01698
李長吉集二卷　(唐)李賀撰　(清)黄淳耀評　(清)黎簡批點　清光緒十八年(1892)會文堂石印本　二册

340000－1801－0014575　4:01699－4:01700
李長吉集二卷　(唐)李賀撰　(清)黄淳耀評　(清)黎簡批點　清光緒十八年(1892)會文堂石印本　二册

340000－1801－0014576　4：01701－4：01702

李長吉集二卷　（唐）李賀撰　（清）黄淳耀評　（清）黎簡批點　清光緒十八年（1892）會文堂石印本　二册

340000－1801－0014577　4：276－4：277 善

協律鉤元四卷外集一卷　（唐）李賀撰　（清）陳本禮箋注　清嘉慶十三年（1808）江都陳氏裛露軒刻江都陳氏叢書本　清丁晏批校　二册

340000－1801－0014578　4：01675－4：01677

昌谷集註四卷空明閣詞一卷　（唐）李賀撰　（清）姚文燮注　清刻龍眠叢書本　三册

340000－1801－0014579　4：01678－4：01679

昌谷集註四卷空明閣詞一卷　（唐）李賀撰　（清）姚文燮注　清刻龍眠叢書本　二册

340000－1801－0014580　4：4862－4：4885 善

昌黎先生集四十卷外集十卷遺文一卷　（唐）韓愈撰　（唐）李漢編　**朱子校昌黎先生集傳一卷**　明東吴徐氏東雅堂刻本　二十四册

340000－1801－0014581　4：4886－4：4901 善

昌黎先生集四十卷外集十卷遺文一卷　（唐）韓愈撰　（唐）李漢編　**朱子校昌黎先生集傳一卷**　明東吴徐氏東雅堂刻本　十六册

340000－1801－0014582　4：166－4：180 善

昌黎先生集四十卷外集十卷遺文一卷　（唐）韓愈撰　（唐）李漢編　**朱子校昌黎先生集傳一卷**　明東吴徐氏東雅堂刻本　十五册

340000－1801－0014583　4：01136

昌黎先生集四十卷外集十卷遺文一卷　（唐）韓愈撰　（唐）李漢編　**朱子校昌黎先生集傳一卷**　明東雅堂刻本　一册　存二卷（昌黎先生集二十六至二十七）

340000－1801－0014584　4：181－4：190 善

昌黎先生集四十卷外集十卷遺文一卷　（唐）韓愈撰　（唐）李漢編　**朱子校昌黎先生集傳一卷**　明崇禎十一年（1638）徐氏東雅堂刻本　十册

340000－1801－0014585　4：01137－4：01148

昌黎先生集二十八卷　（唐）韓愈撰　（唐）李漢編　清刻本　十二册

340000－1801－0014586　4：191－4：194 善

昌黎先生詩集註十一卷　（唐）韓愈撰　（清）顧嗣立刪補　清康熙三十八年（1699）長洲顧氏秀野堂刻本　四册

340000－1801－0014587　4：195－4：200 善

韓文四十卷外集十卷集傳一卷遺集一卷　（唐）韓愈撰　明嘉靖三十五年（1556）新會莫如士刻本　六册

340000－1801－0014588　4：201－4：206 善

韓文四十卷外集十卷集傳一卷遺集一卷　（唐）韓愈撰　明嘉靖三十五年（1556）新會莫如士刻本　六册　存四十三卷（韓文一至十、二十至四十，外集十卷，集傳一卷，遺集一卷）

340000－1801－0014589　4：2663－4：2674 善

韓文四十卷外集十卷集傳一卷遺集一卷　（唐）韓愈撰　**柳文四十三卷别集二卷外集二卷附録一卷**　（唐）柳宗元撰　明嘉靖三十五年（1556）寧國郡合刻韓柳文本　十二册

340000－1801－0014590　4：207－4：212 善

唐大家韓文公鈔十六卷　（唐）韓愈撰　（明）茅坤選　明刻本　清王圃過録清方苞批點　六册

340000－1801－0014591　4：213 善

朱文公校昌黎先生文集四十卷　（唐）韓愈撰　（宋）朱熹考異　（宋）王伯大音釋　明初刻本　一册　存五卷（二至六）

340000－1801－0014592　4：214－4：221 善

朱文公校昌黎先生文集四十卷外集十卷　（唐）韓愈撰　（宋）朱熹考異　（明）朱吾弼重編　明萬曆三十三年（1605）朱崇沐天德堂刻本　八册

340000－1801－0014593　4：232－4：235 善

韓文考異四十卷外集十卷　（唐）韓愈撰　（宋）朱熹考異　（明）朱吾弼重編　明萬曆三十三年（1605）朱崇沐天德堂刻本　四册

340000－1801－0014594　4:4826－4:4835 善
唐韓昌黎集四十卷外集十卷遺文一卷附錄一卷　(唐)韓愈撰　(明)蔣之翹輯注　明崇禎六年(1633)蔣氏三徑草堂刻韓柳全集本　十册

340000－1801－0014595　4:4902－4:4913 善
唐韓昌黎集四十卷外集十卷遺文一卷附錄一卷　(唐)韓愈撰　(明)蔣之翹輯注　明崇禎六年(1633)蔣氏三徑草堂刻韓柳全集本　十二册

340000－1801－0014596　4:4836－4:4835 善
朱文公校昌黎先生文集四十卷外集十卷遺文一卷　(唐)韓愈撰　(宋)朱熹考異　(宋)王伯大音釋　**集傳一卷**　明正統十三年(1448)書林王宗玉刻本　清鄭杰批校題跋　十册

340000－1801－0014597　4:4641－4:4646 善
韓文公文鈔十六卷　(唐)韓愈撰　明刻本　六册　存十四卷(一至八、十一至十六)

340000－1801－0014598　4:4914－4:4919 善
韓昌黎詩集編年箋注十二卷　(唐)韓愈撰　清乾隆二十三年(1758)刻本　六册

340000－1801－0014599　4:4920－4:4923 善
韓文正宗二卷　(唐)韓愈撰　明刻本　四册

340000－1801－0014600　4:048078－4:048079
韓昌黎集四十卷外集十卷　(唐)韓愈撰　清刻本　二册　存二十卷(韓昌黎集十一至三十)

340000－1801－0014601　4:01285－4:01294
昌黎先生集四十卷　(唐)韓愈撰　清宣統三年(1911)石印本　十册

340000－1801－0014602　4:01295－4:01304
昌黎先生集四十卷　(唐)韓愈撰　清宣統三年(1911)石印本　十册

340000－1801－0014603　4:01305－4:01316
韓昌黎全集五十六卷　(唐)韓愈撰　清宣統二年(1910)掃葉山房石印本　十二册

340000－1801－0014604　4:01149－4:01164
五百家注音辯韓昌黎先生全集四十卷　(唐)韓愈撰　清刻本　十六册

340000－1801－0014605　4:01165－4:01174
五百家注音辯韓昌黎先生全集四十卷　(唐)韓愈撰　清刻本　十册

340000－1801－0014606　4:01389－4:01404
五百家注音辯韓昌黎集四十卷　(唐)韓愈撰　清乾隆四十九年(1784)兩儀堂刻本　十六册

340000－1801－0014607　4:01329－4:01344
重刻五百家注音辯昌黎先生集四十卷　(唐)韓愈撰　清經綸堂刻本　十八册

340000－1801－0014608　4:01345－4:01362
重刻五百家注音辯昌黎先生集四十卷　(唐)韓愈撰　清經綸堂刻本　十六册

340000－1801－0014609　4:01317－4:01328
五百家注釋韓昌黎全集四十卷　(唐)韓愈撰　清文瑞樓石印本　十二册

340000－1801－0014610　4:01363－4:01372
昌黎先生全集四十卷外集十卷　(唐)韓愈撰　清石印本　十册

340000－1801－0014611　4:01405－4:01415
昌黎集四十卷外集十卷點勘四卷　(唐)韓愈撰　清同治八年(1869)江蘇書局刻本　十一册

340000－1801－0014612　4:01416－4:01426
昌黎集四十卷外集十卷點勘四卷　(唐)韓愈撰　清同治八年(1869)江蘇書局刻本　十一册

340000－1801－0014613　4:01427－4:01436
昌黎集四十卷外集十卷點勘四卷　(唐)韓愈撰　清同治八年(1869)江蘇書局刻本　十一册

340000－1801－0014614　4:01437－4:01442
昌黎詩集編年箋注十二卷　(唐)韓愈撰　(清)方世舉注　清乾隆雅雨堂刻本　六册

340000－1801－0014615　4:01443－4:01448
昌黎詩集編年箋注十二卷　(唐)韓愈撰　(清)方世舉注　清乾隆雅雨堂刻本　六册

340000－1801－0014616　4:01479－4:01480
昌黎詩集註十一卷年譜一卷　(唐)韓愈撰　(清)顧嗣立删補　清康熙三十八年(1699)顧氏秀野草堂刻本　二册

340000－1801－0014617　4:01481－4:01482
昌黎詩集註十一卷年譜一卷　(唐)韓愈撰　(清)顧嗣立删補　清康熙三十八年(1699)顧氏秀野草堂刻本　二册

340000－1801－0014618　4:01483
昌黎詩集註十一卷年譜一卷　(唐)韓愈撰　(清)顧嗣立删補　清康熙三十八年(1699)顧氏秀野草堂刻本　一册

340000－1801－0014619　4:01449－4:01452
昌黎先生詩集註十一卷昌黎先生年譜一卷舊唐書本傳一卷　(唐)韓愈撰　(清)朱彝尊　(清)何焯評　(清)顧嗣立補注　清道光十七年(1837)膺德堂刻朱墨套印本　四册

340000－1801－0014620　4:01453－4:01456
昌黎先生詩集註十一卷昌黎先生年譜一卷舊唐書本傳一卷　(唐)韓愈撰　(清)朱彝尊　(清)何焯評　(清)顧嗣立補注　清道光十七年(1837)膺德堂刻朱墨套印本　四册

340000－1801－0014621　4:01457－4:01462
昌黎先生詩集註十一卷昌黎先生年譜一卷舊唐書本傳一卷　(唐)韓愈撰　(清)朱彝尊　(清)何焯評　(清)顧嗣立補注　清道光十七年(1837)膺德堂刻朱墨套印本　四册

340000－1801－0014622　4:01463－4:01470
昌黎先生詩集註十一卷昌黎先生年譜一卷舊唐書本傳一卷　(唐)韓愈撰　(清)朱彝尊　(清)何焯評　(清)顧嗣立補注　清道光十七年(1837)膺德堂刻朱墨套印本　八册

340000－1801－0014623　4:01471－4:01472
昌黎先生詩集註十一卷昌黎先生年譜一卷舊唐書本傳一卷　(唐)韓愈撰　(清)朱彝尊　(清)何焯評　(清)顧嗣立補注　清道光十七年(1837)膺德堂刻朱墨套印本　二册

340000－1801－0014624　4:01473－4:01478
昌黎先生詩集十二卷　(唐)韓愈撰　(清)顧嗣立補注　清光緒九年(1883)刻本　六册

340000－1801－0014625　4:01484－4:01487
昌黎先生詩增注正訛十一卷昌黎先生年譜一卷舊唐書本傳一卷　(唐)韓愈撰　(清)顧嗣立删補　(清)黄鉞增注正訛　(清)黄中民校　清咸豐七年(1857)四明鮑氏二客軒刻本　四册

340000－1801－0014626　4:01488－4:01491
昌黎先生詩增注正訛十一卷昌黎先生年譜一卷舊唐書本傳一卷　(唐)韓愈撰　(清)顧嗣立删補　(清)黄鉞增注正訛　(清)黄中民校　清咸豐七年(1857)四明鮑氏二客軒刻本　四册

340000－1801－0014627　4:01492－4:01495
昌黎先生詩增注正訛十一卷昌黎先生年譜一卷舊唐書本傳一卷　(唐)韓愈撰　(清)顧嗣立删補　(清)黄鉞增注正訛　(清)黄中民校　清咸豐七年(1857)四明鮑氏二客軒刻本　四册

340000－1801－0014628　4:01496－4:01497
昌黎先生詩增注正訛十一卷昌黎先生年譜一卷舊唐書本傳一卷　(唐)韓愈撰　(清)顧嗣立删補　(清)黄鉞增注正訛　(清)黄中民校　清咸豐七年(1857)四明鮑氏二客軒刻本　二册

340000－1801－0014629　4:01502－4:01509
韓文起十二卷　(唐)韓愈撰　(清)林雲銘評注　清康熙三十二年(1693)刻本　八册

340000－1801－0014630　4:01536－4:01537
韓子粹言不分卷　(唐)韓愈撰　(清)李光地選　清康熙五十二年(1713)刻本　二册

340000－1801－0014631　4:01538
韓子粹言不分卷　(唐)韓愈撰　(清)李光地選　清康熙刻本　一册

340000－1801－0014632　4∶2675－4∶2698 善
校注韓柳集一百卷　(明)蔣之翹編　明崇禎六年(1633)蔣氏三徑草堂刻韓柳全集本　二十四册

340000－1801－0014633　4∶01541－4∶01560
柳河東集四十五卷附録一卷外集五卷　(唐)柳宗元撰　(明)蔣之翹注　清乾隆楊氏雙梧居刻本　二十册

340000－1801－0014634　4∶236－4∶245 善
增廣注釋音辨唐柳先生集四十三卷別集二卷外集二卷附録一卷　(唐)柳宗元撰　(宋)童宗説注釋　(宋)張敦頤音辨　(宋)潘緯音義　明正統十三年(1448)敬善堂刻本　十册

340000－1801－0014635　4∶267－4∶269 善
增廣注釋音辨唐柳先生集四十三卷別集二卷外集二卷附録一卷　(唐)柳宗元撰　(宋)童宗説注釋　(宋)張敦頤音辨　(宋)潘緯音義　明初刻本　三册　存十五卷(增廣注釋音辨唐柳先生集三十一至四十、別集二卷、外集二卷、附録一卷)

340000－1801－0014636　4∶270－4∶272 善
唐大家柳柳州文選八卷　(唐)柳宗元撰　(明)歸有光選輯　明末顧錫疇刻本　三册　存六卷(一至四、七至八)

340000－1801－0014637　4∶246－4∶259 善
河東先生集四十五卷外集二卷龍城録二卷附録二卷傳一卷　(唐)柳宗元撰　明嘉靖郭雲鵬濟美堂刻本　十四册

340000－1801－0014638　4∶260－4∶266 善
柳文七卷　(唐)柳宗元撰　(明)茅坤校録　明刻本　七册

340000－1801－0014639　4∶4955 善
河東先生龍城録二卷　題(唐)柳宗元撰　**因論一卷**　題(唐)劉禹錫撰　明刻本　一册

340000－1801－0014640　4∶01561－4∶01566
柳文惠公全集四十三卷外集二卷別集二卷附録一卷　(唐)柳宗元撰　清同治七年(1868)刻本　六册

340000－1801－0014641　4∶01567－4∶01578
柳文惠公全集四十三卷別集二卷外集二卷附録一卷年譜一卷　(唐)柳宗元撰　清同治七年(1868)刻本　八册

340000－1801－0014642　4∶01579－4∶01586
柳文惠公全集四十三卷別集二卷外集二卷附録一卷年譜一卷　(唐)柳宗元撰　清同治七年(1868)刻本　十二册

340000－1801－0014643　4∶01625－4∶01630
柳河東文集六卷　(唐)柳宗元撰　清宣統二年(1910)會文堂石印本　六册

340000－1801－0014644　4∶01631－4∶01636
柳河東文集六卷　(唐)柳宗元撰　清宣統二年(1910)會文堂石印本　六册

340000－1801－0014645　4∶01637
柳河東詩集二卷　(唐)柳宗元撰　清康熙刻本　一册

340000－1801－0014646　4∶01638
柳河東詩集二卷　(唐)柳宗元撰　清康熙席氏刻本　一册

340000－1801－0014647　4∶278－4∶293
劉賓客詩集九卷外集十二卷目録一卷　(唐)劉禹錫撰　(清)趙駿烈校　清抄本　十六册

340000－1801－0014648　4∶320－4∶327 善
元氏長慶集六十卷補遺六卷　(唐)元稹撰　**附録一卷**　明萬曆三十二年(1604)馬元調魚樂軒校刻元白長慶集本　八册

340000－1801－0014649　4∶5960－4∶5983 善
元白長慶集一百三十七卷　(唐)元稹　(唐)白居易撰　明寶儉堂刻本　二十四册

340000－1801－0014650　4∶01647－4∶01650
孟東野詩集十卷　(唐)孟郊撰　**附追昔遊集三卷**　清宣統二年(1910)上海著易堂石印本　四册

340000－1801－0014651　4∶01651－4∶01654
孟東野詩集十卷　(唐)孟郊撰　**附追昔遊集三卷**　清宣統二年(1910)上海著易堂石印本

四冊

340000－1801－0014652　4:335－4:338 善
李文公集十八卷補遺一卷附錄一卷　（唐）李翺撰　清光緒元年（1875）南海馮氏讀有用書齋刻韓門三唐人集本　清蕭穆批校　四冊

340000－1801－0014653　4:01659－4:01662
李文公集十八卷補遺一卷附錄一卷　（唐）李翺撰　清光緒元年（1875）南海馮氏讀有用書齋刻韓門三唐人集本　清徐宗亮批校　四冊

340000－1801－0014654　4:01663－4:01666
李文公集十八卷補遺一卷附錄一卷　（唐）李翺撰　清光緒元年（1875）南海馮氏讀有用書齋刻韓門三唐人集本　四冊

340000－1801－0014655　4:01655－4:01656
習之先生全集錄二卷　（唐）李翺撰　（清）儲欣錄　清康熙刻唐宋十家文本　二冊

340000－1801－0014656　4:301－4:310 善
白氏長慶集七十一卷目錄二卷　（唐）白居易撰　**附錄一卷**　明萬曆三十四年（1606）馬元調刻元白長慶集本　十冊　存四十六卷（一至四十六）

340000－1801－0014657　4:311－4:319 善
白氏長慶集七十一卷目錄二卷　（唐）白居易撰　**附錄一卷**　明萬曆三十四年（1606）馬元調刻元白長慶集本　九冊　存二十八卷（一至二、六至二十五、二十九至三十四）

340000－1801－0014658　4:4003－4:4012 善
白香山詩長慶集二十卷後集十七卷別集一卷補遺二卷　（唐）白居易撰　**年譜一卷**　（清）汪立名撰　**年譜舊本一卷**　（宋）陳振孫撰　清康熙四十一年至四十二年（1702－1703）新安汪立名一隅草堂刻本　十冊　存四十卷（白香山詩長慶集二十卷、後集十七卷、別集一卷、補遺二卷）

340000－1801－0014659　4:4013－4:4022 善
白香山詩長慶集二十卷後集十七卷別集一卷補遺二卷　（唐）白居易撰　**年譜一卷**　（清）汪立名撰　**年譜舊本一卷**　（宋）陳振孫撰　清康熙四十一年至四十二年（1702－1703）新安汪立名一隅草堂刻本　十冊　存四十卷（白香山詩長慶集二十卷、後集十七卷、別集一卷、補遺二卷）

340000－1801－0014660　4:4806－4:4815 善
白香山詩長慶集二十卷後集十七卷別集一卷補遺二卷　（唐）白居易撰　**年譜一卷**　（清）汪立名撰　**年譜舊本一卷**　（宋）陳振孫撰　清康熙四十一年至四十二年（1702－1703）新安汪立名一隅草堂刻本　十冊

340000－1801－0014661　4:4816－4:4823 善
白香山詩長慶集二十卷後集十七卷別集一卷補遺二卷　（唐）白居易撰　**年譜一卷**　（清）汪立名撰　**年譜舊本一卷**　（宋）陳振孫撰　清康熙四十一年至四十二年（1702－1703）新安汪立名一隅草堂刻本　八冊

340000－1801－0014662　4:01717－4:01726
白氏長慶集二十卷後集十七卷別集一卷補遺二卷　（唐）白居易撰　（清）汪立名編　清康熙三十四年（1695）天都汪立名一隅草堂刻唐四家詩本　十冊

340000－1801－0014663　4:01727－4:01736
白氏長慶集二十卷後集十七卷別集一卷補遺二卷　（唐）白居易撰　（清）汪立名編　清康熙三十四年（1695）天都汪立名一隅草堂刻唐四家詩本　十冊

340000－1801－0014664　4:01737－4:01746
白氏長慶集二十卷後集十七卷別集一卷補遺二卷　（唐）白居易撰　（清）汪立名編　清康熙三十四年（1695）天都汪立名一隅草堂刻唐四家詩本　十冊

340000－1801－0014665　4:01747－4:01756
白氏長慶集二十卷後集十七卷別集一卷補遺二卷　（唐）白居易撰　（清）汪立名編　清康熙三十四年（1695）天都汪立名一隅草堂刻唐四家詩本　十冊

340000－1801－0014666　4:01757－4:01768
白氏長慶集二十卷後集十七卷別集一卷補遺

二卷　(唐)白居易撰　(清)汪立名編　清康熙三十四年(1695)天都汪立名一隅草堂刻唐四家詩本　十二册

340000－1801－0014667　4:01769－4:01780
白氏長慶集二十卷後集十七卷别集一卷補遺二卷　(唐)白居易撰　(清)汪立名編　清康熙三十四年(1695)天都汪立名一隅草堂刻唐四家詩本　十二册

340000－1801－0014668　4:01781－4:01784
白居易詩集三十九卷　(唐)白居易撰　(清)曹寅　(清)彭定求等輯　清康熙四十四年至四十六年(1705－1707)揚州詩局刻全唐詩本　四册

340000－1801－0014669　4:01829－4:01840
白香山詩集二十卷後集十七卷補遺二卷　(唐)白居易撰　清宣統三年(1911)石印本　十二册

340000－1801－0014670　4:01789－4:01790
香山詩選六卷　(唐)白居易撰　(清)曹文埴選　清乾隆江西督學使署刻本　二册

340000－1801－0014671　4:01785－4:01786
香山詩選六卷　(唐)白居易撰　(清)曹文埴選　清光緒十七年(1891)黟縣李氏刻本　二册

340000－1801－0014672　4:01787－4:01788
香山詩選六卷　(唐)白居易撰　(清)曹文埴選　清光緒十七年(1891)黟縣李氏刻本　二册

340000－1801－0014673　4:01709
李文饒集選不分卷　(唐)李德裕撰　清吳門葉聚甫刻本　一册

340000－1801－0014674　4:01710－4:01714
會昌一品集二十卷别集十卷外集四卷補遺一卷　(唐)李德裕撰　(清)王灝輯　清光緒十三年(1887)定州王氏謙德堂刻畿輔叢書本　陳曾壽題識　五册　缺六卷(十五至二十)

340000－1801－0014675　4:01128－4:01135
權載之文集五十卷　(唐)權德輿撰　清嘉慶朱氏刻本　八册

340000－1801－0014676　4:294 善
皇甫持正集六卷補遺一卷　(唐)皇甫湜撰　清光緒刻本　佚名批校　一册

340000－1801－0014677　4:01865－4:01868
樊川詩集五卷外集一卷　(唐)杜牧撰　(清)馮集梧注　清掃葉山房石印本　四册

340000－1801－0014678　4:01869－4:01872
樊川詩集五卷外集一卷　(唐)杜牧撰　(清)馮集梧注　清掃葉山房石印本　四册

340000－1801－0014679　4:01875－4:01878
杜樊川集註四卷外集一卷别集一卷　(唐)杜牧撰　(清)馮集梧注　清光緒十六年(1890)湘南書局刻本　四册

340000－1801－0014680　4:01879－4:01883
杜樊川集註四卷外集一卷别集一卷　(唐)杜牧撰　(清)馮集梧注　清光緒十六年(1890)湘南書局刻本　五册

340000－1801－0014681　4:01873－4:01874
杜樊川集十七卷　(唐)杜牧撰　(明)朱一是　(明)吳璵評　明末吳氏西爽堂刻本　二册　存九卷(一至九)

340000－1801－0014682　4:01884－4:01887
杜樊川詩注四卷外集一卷　(唐)杜牧撰　(清)馮集梧注　清嘉慶德裕堂刻本　四册

340000－1801－0014683　4:01888－4:01889
杜樊川詩注四卷外集一卷　(唐)杜牧撰　(清)馮集梧注　清嘉慶德裕堂刻本　二册

340000－1801－0014684　4:01955－4:01958
李義山詩集三卷　(唐)李商隱撰　清同治九年(1870)廣州刻朱墨套印本　四册

340000－1801－0014685　4:01959－4:01962
李義山詩集三卷　(唐)李商隱撰　清同治九年(1870)廣州刻朱墨套印本　四册

340000－1801－0014686　4:01963－4:01966
李義山詩集三卷　(唐)李商隱撰　清同治九

年(1870)廣州刻朱墨套印本　四冊

340000－1801－0014687　4:01967－4:01970
李義山詩集三卷　(唐)李商隱撰　清同治九年(1870)廣州刻朱墨套印本　四冊

340000－1801－0014688　4:01971－4:01974
李義山詩集三卷　(唐)李商隱撰　清同治九年(1870)廣州刻朱墨套印本　四冊

340000－1801－0014689　4:01975－4:01978
李義山詩集三卷　(唐)李商隱撰　清光緒二十四年(1898)廣州刻本　四冊

340000－1801－0014690　4:01979－4:01980
李義山詩集三卷　(唐)李商隱撰　(清)朱鶴齡箋注　清刻本　二冊

340000－1801－0014691　4:01981－4:01982
李義山詩集三卷　(唐)李商隱撰　(清)朱鶴齡箋注　清刻本　二冊　缺一卷(中)

340000－1801－0014692　4:01983－4:01984
李商隱詩集三卷　(唐)李商隱撰　(清)錢謙益抄校　清宣統元年(1909)影印本　二冊

340000－1801－0014693　4:4924－4:4928 善
李義山文集箋注十卷　(唐)李商隱撰　(清)徐樹穀箋　(清)徐炯注　清刻本　五冊

340000－1801－0014694　4:4929－4:4933 善
李義山文集十卷　(唐)李商隱撰　(清)徐炯注　清康熙徐氏刻本　五冊

340000－1801－0014695　4:4934－4:4936 善
李義山詩集十六卷　(唐)李商隱　(清)姚培謙撰　清乾隆松桂讀書堂刻本　三冊

340000－1801－0014696　4:4937－4:4940 善
李義山詩集十六卷　(唐)李商隱　(清)姚培謙撰　清乾隆松桂讀書堂刻本　四冊

340000－1801－0014697　4:01997－4:02000
重訂李義山詩集箋注三卷集外詩箋注一卷　(唐)李商隱撰　(清)朱鶴齡箋注　(清)程夢星刪補　**年譜一卷詩話一卷**　(清)程夢星輯　清乾隆八年(1743)今有堂刻本　四冊

340000－1801－0014698　4:4941－4:4944 善
重訂李義山詩集箋注三卷集外詩箋注一卷　(唐)李商隱撰　(清)朱鶴齡箋注　(清)程夢星刪補　**年譜一卷詩話一卷**　(清)程夢星輯　清乾隆十一年(1746)東柯草堂刻本　四冊

340000－1801－0014699　4:01943－4:01948
重訂李義山詩集箋注三卷集外詩箋注一卷　(唐)李商隱撰　(清)朱鶴齡箋注　(清)程夢星刪補　**年譜一卷詩話一卷**　(清)程夢星輯　清乾隆十一年(1746)東柯草堂刻本　六冊

340000－1801－0014700　4:01949－4:01952
重訂李義山詩集箋注三卷集外詩箋注一卷　(唐)李商隱撰　(清)朱鶴齡箋注　(清)程夢星刪補　**年譜一卷詩話一卷**　(清)程夢星輯　清乾隆十一年(1746)東柯草堂刻本　六冊

340000－1801－0014701　4:01953－4:01954
重訂李義山詩集箋注三卷集外詩箋注一卷　(唐)李商隱撰　(清)朱鶴齡箋注　(清)程夢星刪補　**年譜一卷詩話一卷**　(清)程夢星輯　清乾隆十一年(1746)東柯草堂刻本　四冊

340000－1801－0014702　4:48378
重訂李義山詩集箋注三卷　(唐)李商隱撰　(清)朱鶴齡箋注　(清)程夢星刪補　清刻本　一冊　存一卷(下)

340000－1801－0014703　4:01991－4:01996
李義山詩集箋注三卷　(唐)李商隱撰　(清)朱鶴齡箋注　(清)程夢星刪補　**年譜一卷詩話一卷**　(清)程夢星輯　清乾隆紅杏山房刻本　六冊

340000－1801－0014704　4:02029－4:02032
李義山集三卷　(唐)李商隱撰　清木石居石印本　四冊

340000－1801－0014705　4:331－4:334 善
李義山詩集十六卷　(唐)李商隱撰　(清)姚

培謙箋注　清乾隆五年(1740)姚氏松桂讀書堂刻本　四册

340000－1801－0014706　4:01933－4:01936

李義山詩集十六卷　(唐)李商隱撰　(清)姚培謙箋注　清乾隆五年(1740)姚氏松桂讀書堂刻本　四册

340000－1801－0014707　4:01937－4:01940

李義山詩集十六卷　(唐)李商隱撰　(清)姚培謙箋注　清乾隆五年(1740)姚氏松桂讀書堂刻本　四册

340000－1801－0014708　4:01941－4:01942

李義山詩集十六卷　(唐)李商隱撰　(清)姚培謙箋注　清乾隆五年(1740)姚氏松桂讀書堂刻本　二册

340000－1801－0014709　4:01890－4:01897

玉溪生詩詳註三卷樊南文集詳註八卷　(唐)李商隱撰　(清)馮浩箋注　**首一卷**　清乾隆四十五年(1780)德聚堂刻本　八册

340000－1801－0014710　4:01898－4:01905

玉溪生詩詳註三卷樊南文集詳註八卷　(唐)李商隱撰　(清)馮浩箋注　**首一卷**　清乾隆四十五年(1780)刻本　八册

340000－1801－0014711　4:01906－4:01913

玉溪生詩詳註三卷樊南文集詳註八卷　(唐)李商隱撰　(清)馮浩箋注　**首一卷**　清乾隆四十五年(1780)刻本　八册

340000－1801－0014712　4:01914－4:01919

玉溪生詩詳註三卷樊南文集詳註八卷　(唐)李商隱撰　(清)馮浩箋注　**首一卷**　清乾隆四十五年(1780)刻本　八册

340000－1801－0014713　4:01920－4:01927

玉溪生詩詳註三卷樊南文集詳註八卷　(唐)李商隱撰　(清)馮浩箋注　**首一卷**　清乾隆四十五年(1780)刻本　六册

340000－1801－0014714　4:01928－4:01932

樊南文集箋注八卷　(唐)李商隱撰　(清)馮浩箋　清嘉慶刻本　五册

340000－1801－0014715　4:01985－4:01988

李義山文集十卷　(唐)李商隱撰　(清)徐樹穀箋　(清)徐炯注　清康熙花溪草堂刻本　四册

340000－1801－0014716　4:01989－4:01990

李義山文集十卷　(唐)李商隱撰　(清)徐樹穀箋　(清)徐炯注　清康熙花溪草堂刻本　二册

340000－1801－0014717　4:048077

李義山文集十卷　(唐)李商隱撰　(清)徐樹穀箋　(清)徐炯注　清康熙四十七年(1708)刻本　一册　存二卷(五至六)

340000－1801－0014718　4:32善

陳子昂集二卷　(唐)陳子昂撰　明晉安鄭能刻本　一册

340000－1801－0014719　4:02140

麟角集不分卷附錄一卷　(唐)王棨撰　清光緒十年(1884)刻本　一册

340000－1801－0014720　4:02141

麟角集不分卷附錄一卷　(唐)王棨撰　清光緒十年(1884)刻本　一册

340000－1801－0014721　4:02155－4:02156

唐方元英先生詩集十二卷　(唐)方干撰　清道光積慶堂木活字印本　二册

340000－1801－0014722　4:02157－4:02158

元英集述注八卷　(唐)方干撰　(清)方國鈞注　清宣統清芬軒刻本　二册

340000－1801－0014723　4:02077

溫飛卿詩集七卷別集一卷集外詩一卷　(唐)溫庭筠撰　(明)曾益注　(清)顧予咸補注　(清)顧嗣立續注　清康熙三十六年(1697)顧氏秀野草堂刻本　一册

340000－1801－0014724　4:02078－4:02079

溫飛卿詩集七卷別集一卷集外詩一卷　(唐)溫庭筠撰　(明)曾益注　(清)顧予咸補注　(清)顧嗣立續注　清康熙三十六年(1697)秀野草堂刻本　二册

340000－1801－0014725　4：02080－4：02081
溫飛卿詩集七卷別集一卷集外詩一卷　（唐）溫庭筠撰　（明）曾益注　（清）顧予咸補注　（清）顧嗣立續注　清康熙三十六年（1697）秀野草堂刻本　二册

340000－1801－0014726　4：02082－4：02083
溫飛卿詩集七卷別集一卷集外詩一卷　（唐）溫庭筠撰　（明）曾益注　（清）顧予咸補注　（清）顧嗣立續注　清康熙三十六年（1697）秀野草堂刻本　二册

340000－1801－0014727　4：02084－4：02087
溫飛卿詩集七卷別集一卷集外詩一卷　（唐）溫庭筠撰　（明）曾益注　（清）顧予咸補注　（清）顧嗣立續注　清康熙三十六年（1697）秀野草堂刻本　四册

340000－1801－0014728　4：02088－4：02089
溫飛卿詩集七卷別集一卷集外詩一卷　（唐）溫庭筠撰　（明）曾益注　（清）顧予咸補注　（清）顧嗣立續注　清康熙三十六年（1697）秀野草堂刻本　二册

340000－1801－0014729　4：02090－4：02091
溫飛卿詩集七卷別集一卷集外詩一卷　（唐）溫庭筠撰　（明）曾益注　（清）顧予咸補注　（清）顧嗣立續注　清康熙三十六年（1697）秀野草堂刻本　二册

340000－1801－0014730　4：02100－4：02103
溫飛卿詩集七卷別集一卷集外詩一卷　（唐）溫庭筠撰　（明）曾益注　（清）顧予咸補注　（清）顧嗣立續注　清宣統二年（1910）石印本　四册

340000－1801－0014731　4：02104－4：02107
溫飛卿詩集七卷別集一卷集外詩一卷　（唐）溫庭筠撰　（明）曾益注　（清）顧予咸補注　（清）顧嗣立續注　清宣統二年（1910）石印本　四册

340000－1801－0014732　4：02092－4：02095
溫飛卿詩集七卷別集一卷集外詩一卷　（唐）溫庭筠撰　（明）曾益注　（清）顧予咸補注　（清）顧嗣立續注　清宣統二年（1910）石印本　四册

340000－1801－0014733　4：02096－4：02099
溫飛卿詩集七卷別集一卷集外詩一卷　（唐）溫庭筠撰　（明）曾益注　（清）顧予咸補注　（清）顧嗣立續注　清宣統二年（1910）石印本　四册

340000－1801－0014734　4：02108－4：02111
溫飛卿詩集七卷別集一卷集外詩一卷　（唐）溫庭筠撰　（明）曾益注　（清）顧予咸補注　（清）顧嗣立續注　清宣統二年（1910）石印本　四册

340000－1801－0014735　4：02112－4：02115
溫飛卿詩集七卷別集一卷集外詩一卷　（唐）溫庭筠撰　（明）曾益注　（清）顧予咸補注　（清）顧嗣立續注　清宣統二年（1910）廣益書局石印本　四册

340000－1801－0014736　4：02074
溫飛卿詩集七卷別集一卷集外詩一卷　（唐）溫庭筠撰　（明）曾益注　（清）顧予咸補注　（清）顧嗣立續注　清光緒二十四年（1898）遂寧書局刻本　一册

340000－1801－0014737　4：02075－4：02076
溫飛卿詩集七卷別集一卷集外詩一卷　（唐）溫庭筠撰　（明）曾益注　（清）顧予咸補注　（清）顧嗣立續注　清光緒泉唐汪氏刻本　二册

340000－1801－0014738　4：339 善
孫可之集十卷　（唐）孫樵撰　清光緒二年（1876）南海馮氏刻本　清蕭穆批校　一册

340000－1801－0014739　4：02136
可之先生全集錄二卷　（唐）孫樵撰　清刻唐宋十家文本　一册

340000－1801－0014740　4：02137
經緯集三卷　（唐）孫樵撰　清光緒安越堂刻本　一册

340000－1801－0014741　4：02138－4：02139

皮日休文藪十卷　(唐)皮日休撰　清光緒二十一年(1895)合肥李氏影印本　二冊

340000－1801－0014742　4:4956－4:4961 善
松陵集十卷　(唐)皮日休　(唐)陸龜蒙撰　明末毛氏汲古閣刻本　六冊

340000－1801－0014743　4:02126－4:02127
笠澤叢書四卷補遺二卷　(唐)陸龜蒙撰　清雍正大疊山房刻本　二冊

340000－1801－0014744　4:02128－4:02129
重刻校正笠澤叢書四卷補遺一卷續補遺一卷　(唐)陸龜蒙撰　清碧筠草堂刻本　二冊

340000－1801－0014745　4:02130－4:02131
重刻校正笠澤叢書四卷補遺一卷續補遺一卷　(唐)陸龜蒙撰　清碧筠草堂刻本　二冊

340000－1801－0014746　4:02132－4:02133
重刻校正笠澤叢書四卷補遺一卷續補遺一卷　(唐)陸龜蒙撰　清東山草堂刻本　二冊

340000－1801－0014747　4:02134－4:02135
重刻校正笠澤叢書四卷補遺一卷續補遺一卷　(唐)陸龜蒙撰　清刻本　二冊

340000－1801－0014748　4:02163
司空表聖文集十卷　(唐)司空圖撰　清光緒三十一年(1905)仁和朱氏結一廬刻賸餘叢書本　一冊

340000－1801－0014749　4:02164
司空表聖文集十卷　(唐)司空圖撰　清光緒三十一年(1905)仁和朱氏結一廬刻賸餘叢書本　一冊

340000－1801－0014750　4:02175
唐女郎魚玄機詩集不分卷　(唐)魚玄機撰　清光緒三十一年(1905)南陵徐氏刻本　一冊

340000－1801－0014751　4:02166－4:02169
羅昭諫集八卷　(唐)羅隱撰　(清)張瓚輯　清康熙九年(1670)張瓚瑞榴堂刻本　四冊

340000－1801－0014752　4:02170
羅昭諫集八卷　(唐)羅隱撰　清同治方氏刻本　一冊

340000－1801－0014753　4:02160
韓内翰香奩集三卷韓翰林集一卷　(唐)韓偓撰　清席氏琴川書屋刻本　一冊

340000－1801－0014754　4:02159
唐風集(唐風集偶評)三卷　(唐)杜荀鶴撰　清刻本　一冊　缺一卷(一)

340000－1801－0014755　4:21787
又玄集選不分卷極玄集選一卷　(後蜀)韋莊　(後蜀)姚合選　(清)王士禛刪　清刻漁洋所著書本　一冊

340000－1801－0014756　4:2151 善
才調集十卷　(後蜀)韋縠輯　明毛氏汲古閣刻本　清錢吟批校　一冊　存五卷(六至十)

340000－1801－0014757　4:21804－4:21807
才調集十卷　(後蜀)韋縠選　清垂雲堂刻本　四冊

340000－1801－0014758　4:5936－4:5945 善
才調集十卷　(後蜀)韋縠輯　清康熙刻本　清馮武批校　十冊

340000－1801－0014759　4:21796－4:21799
才調集十卷　(後蜀)韋縠選　清維揚述古齋木活字印本　四冊

340000－1801－0014760　4:21800－4:21803
才調集十卷　(後蜀)韋縠選　清康熙四十三年(1704)汪氏刻本　四冊

340000－1801－0014761　4:21788－4:21791
才調集補注六卷　(後蜀)韋縠選　(清)宋邦綏補注　清乾隆五十八年(1793)思補堂刻本　四冊

340000－1801－0014762　4:21792－4:21795
才調集補注十卷　(後蜀)韋縠選　(清)殷元勳注　(清)宋邦綏補　清乾隆思補堂刻本　四冊

340000－1801－0014763　4:02142－4:02145
唐黄御史集八卷　(唐)黄滔撰　清嘉慶十五年(1810)王氏麟後山房刻本　四冊

340000－1801－0014764　4:02146－4:02149

唐黃御史集八卷 (唐)黄滔撰 清嘉慶十五年(1810)王氏麟後山房刻本 四册

340000－1801－0014765 4:02198－4:02203

徐騎省集三十卷 (宋)徐鉉撰 徐乃昌 徐乃光校 **校徐集札記一卷** 朱孔彰撰 **徐集補遺一卷** (宋)徐鉉撰 朱孔彰注 清光緒十六年(1890)黟縣李氏金陵局刻本 六册

340000－1801－0014766 4:02180－4:02185

徐騎省集三十卷 (宋)徐鉉撰 徐乃昌 徐乃光校 **校徐集札記一卷** 朱孔彰撰 **徐集補遺一卷** (宋)徐鉉撰 朱孔彰注 清光緒十七年(1891)黟縣李氏刻本 清蕭穆批校 王立中題識 六册

340000－1801－0014767 4:02186－4:02191

徐騎省集三十卷 (宋)徐鉉撰 徐乃昌 徐乃光校 **校徐集札記一卷** 朱孔彰撰 **徐集補遺一卷** (宋)徐鉉撰 朱孔彰注 清光緒十七年(1891)黟縣李氏刻本 六册

340000－1801－0014768 4:02192－4:02197

徐騎省集三十卷 (宋)徐鉉撰 徐乃昌 徐乃光校 **校徐集札記一卷** 朱孔彰撰 **徐集補遺一卷** (宋)徐鉉撰 朱孔彰注 清光緒十七年(1891)黟縣李氏刻本 六册

340000－1801－0014769 4:02204－4:02211

徐騎省集三十卷 (宋)徐鉉撰 徐乃昌 徐乃光校 **校徐集札記一卷** 朱孔彰撰 **徐集補遺一卷** (宋)徐鉉撰 朱孔彰注 **徐騎省集校勘記一卷** (清)李元英纂 清光緒十九年(1893)黟縣李氏刻本 八册

340000－1801－0014770 4:02212－4:02219

徐騎省集三十卷 (宋)徐鉉撰 徐乃昌 徐乃光校 **校徐集札記一卷** 朱孔彰撰 **徐集補遺一卷** (宋)徐鉉撰 朱孔彰注 **徐騎省集校勘記一卷** (清)李元英纂 清光緒十九年(1893)黟縣李氏刻本 八册

340000－1801－0014771 4:02220－4:02227

徐騎省集三十卷 (宋)徐鉉撰 徐乃昌 徐乃光校 **校徐集札記一卷** 朱孔彰撰 **徐集補遺一卷** (宋)徐鉉撰 朱孔彰注 **徐騎省集校勘記一卷** (清)李元英纂 清光緒十九年(1893)黟縣李氏刻本 八册

340000－1801－0014772 4:4138－4:4139 善

河東先生集十五卷 (宋)柳開撰 **行狀一卷** (宋)張景編 清乾隆六十年(1795)蘭溪文印堂刻本 二册

340000－1801－0014773 4:5210－4:5215 善

宋王黄州小畜集三十卷 (宋)王禹偁撰 (清)趙熟典校 清乾隆二十五年(1760)趙熟典愛日堂刻本 六册

340000－1801－0014774 4:02246－4:02247

林和靖集四卷拾遺一卷 (宋)林逋撰 清同治十二年(1873)朱氏刻本 二册

340000－1801－0014775 4:02248－4:02249

林和靖集四卷拾遺一卷 (宋)林逋撰 清同治十二年(1873)朱氏刻本 二册

340000－1801－0014776 4:02250

林和靖集四卷拾遺一卷 (宋)林逋撰 清同治十二年(1873)朱氏刻本 一册

340000－1801－0014777 4:02251－4:02252

林和靖集四卷附二卷 (宋)林逋撰 清光緒二十一年(1895)婺源俞氏刻本 二册

340000－1801－0014778 4:02257－4:02258

林和靖詩集四卷拾遺一卷 (宋)林逋撰 清文瑞樓石印本 二册

340000－1801－0014779 4:02253－4:02254

林和靖詩四卷 (宋)林逋撰 清宣統二年(1910)文瑞樓石印本 二册

340000－1801－0014780 4:02255－4:02256

林和靖詩四卷 (宋)林逋撰 清宣統二年(1910)文瑞樓石印本 二册

340000－1801－0014781 4:02288－4:02297

忠獻韓魏公安陽集五十卷 (宋)韓琦撰 (清)黄邦寧重修 清乾隆三十七年(1772)黄氏刻本 十册

340000－1801－0014782 4:364－4:368 善

范文正公別集四卷年譜一卷遺事錄一卷義莊規矩一卷褒賢祠記二卷　(宋)范仲淹撰　(明)時兆文等校正　明嘉靖刻本　五冊

340000－1801－0014783　4:344－4:363 善
范文正公集十二卷補編五卷　(宋)范仲淹撰　(明)毛一鷺彙編　明萬曆三十六年(1608)毛一鷺刻本　二十冊

340000－1801－0014784　4:02277－4:02279
范文正公文集十卷　(宋)范仲淹撰　清光緒元年(1875)忠州柳氏存愚山莊刻本　三冊

340000－1801－0014785　4:02298－4:02301
尹和南先生文集二十七卷　(宋)尹洙撰　**附錄一卷**　清宣統二年(1910)木活字印本　四冊

340000－1801－0014786　4:02302－4:02305
徂徠石先生文集二十一卷　(宋)石介撰　清光緒十九年(1893)濰縣張氏刻本　四冊

340000－1801－0014787　4:02306－4:02311
蘇學士文集十六卷　(宋)蘇舜欽撰　**滄浪小志二卷**　(清)宋犖輯　清康熙三十七年(1698)震澤徐惇孝、徐惇復白華書屋刻本　六冊

340000－1801－0014788　4:383－4:384 善
司馬太師溫國文正公傳家集八十卷目錄二卷　(宋)司馬光撰　明萬曆十五年(1587)司馬祉刻本　二冊　存十一卷(章奏四十一至四十六、書啟五十八至六十二)

340000－1801－0014789　4:02324－4:02346
司馬太師溫國文正公傳家集八十卷目錄二卷　(宋)司馬光撰　**年譜一卷附錄一卷**　(清)陳弘謀輯　清乾隆六年(1741)陳氏培遠堂刻本　二十三冊

340000－1801－0014790　4:02350－4:02351
司馬太師溫國文正公傳家集八十卷目錄二卷　(宋)司馬光撰　**年譜一卷附錄一卷**　(清)陳弘謀輯　清乾隆六年(1741)陳氏培遠堂刻本　十二冊

340000－1801－0014791　4:02347－4:02349
司馬太師溫國文正公傳家集八十卷目錄二卷　(宋)司馬光撰　**年譜一卷附錄一卷**　(清)陳弘謀輯　清乾隆六年(1741)陳氏培遠堂刻本　三冊　存二十六卷(八至十五、四十八至六十五)

340000－1801－0014792　4:02362－4:02383
溫國文正公文集八十卷目錄二卷　(宋)司馬光撰　明天啓七年至崇禎元年(1627－1628)吳時亮刻清康熙四十七年(1708)蔣起龍、林芃重修本　二十二冊　缺五卷(十六至二十)

340000－1801－0014793　4:02390－4:02409
司馬文正公集八十二卷　(宋)司馬光撰　清乾隆十年(1745)百祿堂刻本　二十冊

340000－1801－0014794　4:02312－4:02317
司馬溫公文集十四卷　(宋)司馬光撰　清康熙四十八年(1709)儀封張氏刻本　六冊

340000－1801－0014795　4:02318－4:02323
司馬溫公文集十四卷　(宋)司馬光撰　清康熙四十八年(1709)儀封張氏刻本　六冊

340000－1801－0014796　4:03057－4:03060
趙清獻公集十卷　(宋)趙抃著　明衢郡聚秀堂刻本　四冊

340000－1801－0014797　4:02418－4:02423
盱江先生全集(宋儒李泰伯先生全集)三十七卷　(宋)李覯撰　**外集三卷門人錄一卷年譜一卷墓記一卷碑記一卷祠堂記一卷**　清雍正五年(1727)鶴城李氏刻十一年(1733)補刻招梘印本　六冊

340000－1801－0014798　4:02424－4:02431
盱江先生全集三十七卷　(宋)李覯撰　**外集三卷年譜一卷碑記一卷**　清雍正十一年(1733)招梘刻本　八冊

340000－1801－0014799　4:02410－4:02417
盱江先生全集三十七卷　(宋)李覯撰　清光緒盱江書院刻本　八冊

340000－1801－0014800　4:02432－4:02443

公是集五十四卷　(宋)劉敞撰　清光緒三年(1877)刻本　十二册

340000－1801－0014801　4:02444－4:02451
彭城集四十卷　(宋)劉攽撰　清乾隆四十二年(1777)福建刻道光、同治遞修武英殿聚珍版書本　八册

340000－1801－0014802　4:02452－4:02459
彭城集四十卷　(宋)劉攽撰　清光緒三年(1877)刻本　八册

340000－1801－0014803　4:5024－4:5035 善
南豐先生元豐類藁五十卷　(宋)曾鞏撰　**續附一卷**　明隆慶五年(1571)邵廉刻本　十二册

340000－1801－0014804　4:5008－4:5023 善
南豐先生元豐類藁五十一卷　(宋)曾鞏撰　明萬曆二十五年(1597)查溪曾敏才、曾敏行等刻本　十六册

340000－1801－0014805　4:386－4:401 善
南豐先生元豐類藁五十一卷　(宋)曾鞏撰　明萬曆二十五年(1597)查溪曾敏才、曾敏行等刻本　十六册

340000－1801－0014806　4:402－4:411 善
南豐先生元豐類藁五十一卷　(宋)曾鞏撰　明萬曆二十五年(1597)查溪曾敏才、曾敏行等刻本　十册

340000－1801－0014807　4:412－4:420 善
南豐先生元豐類藁五十一卷　(宋)曾鞏撰　明萬曆二十五年(1597)查溪曾敏才、曾敏行等刻本　九册　存二十六卷(一至四、十至三十一)

340000－1801－0014808　4:385 善
南豐先生元豐類藁五十一卷　(宋)曾鞏撰　明萬曆二十五年(1597)查溪曾敏才、曾敏行等刻本　一册　存三卷(一至三)

340000－1801－0014809　4:421－4:432 善
南豐先生元豐類藁五十卷　(宋)曾鞏撰　**集外文二卷**　(宋)曾鞏撰　(清)顧崧齡輯　**續附南豐先生行狀碑誌哀挽一卷**　清康熙五十六年(1717)長洲顧崧齡刻本　十二册

340000－1801－0014810　4:02777－4:02788
南豐先生元豐類藁五十卷　(宋)曾鞏撰　**集外文二卷**　(宋)曾鞏撰　(清)顧崧齡輯　**續附南豐先生行狀碑誌哀挽一卷**　清康熙五十六年(1717)長洲顧崧齡刻本　十二册

340000－1801－0014811　4:02818－4:02823
元豐類稿五十卷　(宋)曾鞏撰　清康熙四十九年(1710)曾氏刻本　六册

340000－1801－0014812　4:02824－4:02835
元豐類稿五十卷　(宋)曾鞏撰　清康熙四十九年(1710)長嶺西爽堂刻本　十二册

340000－1801－0014813　4:02771－4:02776
元豐類稿五十卷　(宋)曾鞏撰　清乾隆二十八年(1763)查溪刻本　六册

340000－1801－0014814　4:02789－4:02812
元豐類稿五十卷　(宋)曾鞏撰　清乾隆二十八年(1763)查溪刻本　二十四册

340000－1801－0014815　4:02836－4:02845
元豐類稿五十卷　(宋)曾鞏撰　清光緒十六年(1890)慈利漁浦書院刻本　十册

340000－1801－0014816　4:048123
元豐類稿五十卷　(宋)曾鞏撰　清光緒十六年(1890)慈利漁浦書院刻本　一册　存一卷(一)

340000－1801－0014817　4:02815－4:02816
曾南豐文集四卷　(宋)曾鞏撰　清宣統二年(1910)上海會文書局石印本　二册

340000－1801－0014818　4:02817
南豐先生全集錄二卷　(清)儲欣撰　清康熙刻唐宋十家文本　一册

340000－1801－0014819　4:538－4:540 善
宛陵先生文集六十卷拾遺一卷　(宋)梅堯臣撰　**附錄一卷**　明正統四年(1439)袁旭刻本　三册　存十五卷(二十五至三十四、四十五至四十九)

340000－1801－0014820　4:512－4:521 善

宛陵先生集六十卷拾遺一卷　(宋)梅堯臣撰　**附錄一卷**　明萬曆四年(1576)宣城姜奇方刻本　十冊

340000－1801－0014821　4:5036－4:5045 善

宛陵先生集六十卷拾遺一卷　(宋)梅堯臣撰　**附錄一卷**　明萬曆四年(1576)宣城姜奇方刻本　十冊　存五十卷(一至五十)

340000－1801－0014822　4:522－4:537 善

宛陵先生集六十卷拾遺一卷　(宋)梅堯臣撰　**附錄三卷**　明萬曆四年(1576)宣城姜奇方刻清康熙二十六年(1687)梅枝鳳重修本　清王敬銘批校　十六冊

340000－1801－0014823　4:16275－4:16284

宛陵集六十卷　(宋)梅堯臣撰　清宣統二年(1910)影印本　十冊

340000－1801－0014824　4:16285－4:16294

宛陵集六十卷　(宋)梅堯臣撰　清宣統二年(1910)影印本　十冊

340000－1801－0014825　4:541 善

伊川擊壤集二十卷集外詩一卷　(宋)邵雍撰　明刻本　一冊　存九卷(伊川擊壤集六至十四)

340000－1801－0014826　4:02481－4:02484

伊川擊壤集二十卷　(宋)邵雍撰　明末文靖書院刻本　四冊

340000－1801－0014827　4:02485－4:02490

擊壤集十卷附錄一卷　(宋)邵雍撰　清康熙八年(1669)刻本　六冊

340000－1801－0014828　4:02491－4:02496

擊壤集十卷附錄一卷　(宋)邵雍撰　清康熙八年(1669)刻本　六冊

340000－1801－0014829　4:02497－4:02502

擊壤集十卷　(宋)邵雍撰　清乾隆刻本　六冊

340000－1801－0014830　4:5180－4:5185 善

擊壤集十卷　(宋)邵雍撰　清刻本　六冊

340000－1801－0014831　4:542－4:543 善

濂溪集六卷　(宋)周敦頤撰　明嘉靖十四年(1535)黃敏才刻本　二冊

340000－1801－0014832　4:02503－4:02506

宋濂溪周元公先生集十三卷　(宋)周敦頤撰　(明)李嵊慈輯　清康熙正誼堂刻本　四冊

340000－1801－0014833　4:02507－4:02510

周濂溪先生全集十三卷　(宋)周敦頤撰　清光緒六年(1880)公善堂刻本　四冊

340000－1801－0014834　4:02511－4:02514

周濂溪先生全集十三卷　(宋)周敦頤撰　清光緒六年(1880)公善堂刻本　四冊

340000－1801－0014835　4:457－4:468 善

新刊歐陽文忠公集五十卷　(宋)歐陽修撰　(元)曾魯考異　明初刻本　十二冊

340000－1801－0014836　4:473－4:474 善

歐陽先生遺粹十卷　(宋)歐陽修撰　(明)郭雲鵬選　明嘉靖二十六年(1547)郭雲鵬刻本　二冊

340000－1801－0014837　4:471－4:472 善

歐陽先生遺粹十卷　(宋)歐陽修撰　(明)郭雲鵬選　明嘉靖二十六年(1547)郭雲鵬刻本　二冊

340000－1801－0014838　4:480－4:491 善

宋大家歐陽文忠公文鈔三十二卷　(宋)歐陽修撰　(明)茅坤評　明萬曆歸安茅一桂刻本　十二冊

340000－1801－0014839　4:475－4:479 善

宋大家歐陽文忠公文選十卷　(宋)歐陽修撰　(明)歸有光選　明刻本　五冊

340000－1801－0014840　4:469－4:470 善

歐陽先生文粹二十卷　(宋)歐陽修撰　(宋)陳亮編　明刻本　二冊　存九卷(一至九)

340000－1801－0014841　4:5046－4:5055 善

歐陽文忠公文鈔十卷　(宋)歐陽修撰　(明)茅坤評　明刻朱墨套印本　十冊

340000－1801－0014842　4:433－4:456 善

歐陽文忠公集一百五十三卷　(宋)歐陽修撰　(宋)周必大等編　附錄六卷年譜一卷　(宋)胡柯撰　明嘉靖十六年(1537)會稽季本、詹治刻三十九年(1560)何遷遞修本　二十四冊

340000－1801－0014843　4:02515－4:02534
歐陽文忠公全集一百五卷　(宋)歐陽修撰　清康熙十一年(1672)吉水曾弘焉文堂刻本　二十冊

340000－1801－0014844　4:02535－4:02554
歐陽文忠公全集一百五卷　(宋)歐陽修撰　清康熙十一年(1672)吉水曾弘焉文堂刻本　二十冊

340000－1801－0014845　4:02603－4:02632
歐陽文忠公全集一百五十三卷附錄五卷　(宋)歐陽修撰　清乾隆十一年(1746)孝思堂刻本　三十冊

340000－1801－0014846　4:02555－4:02578
歐陽文忠公全集一百五十三卷附錄五卷　(宋)歐陽修撰　清乾隆五十七年(1792)惇敘堂刻本　二十四冊

340000－1801－0014847　4:02579－4:02602
歐陽文忠公全集一百五十三卷附錄五卷　(宋)歐陽修撰　清乾隆五十七年(1792)惇敘堂刻本　三十冊　缺十八卷(一至十八)

340000－1801－0014848　4:02633－4:02664
廬陵歐陽文忠公全集一百五十三卷首一卷　(宋)歐陽修撰　(清)歐陽衡校　清嘉慶二十四年(1819)歐陽衡寧國刻本　三十二冊

340000－1801－0014849　4:02665－4:02688
廬陵歐陽文忠公全集一百五十三卷首一卷　(宋)歐陽修撰　(清)歐陽衡校　清嘉慶二十四年(1819)歐陽衡寧國刻本　二十四冊

340000－1801－0014850　4:02689－4:02702
廬陵歐陽文忠公全集一百五十三卷首一卷　(宋)歐陽修撰　(清)歐陽衡校　清嘉慶二十四年(1819)廬陵歐陽衡刻本　十四冊

340000－1801－0014851　4:02703－4:02726
廬陵歐陽文忠公全集一百五十三卷首一卷　(宋)歐陽修撰　(清)歐陽衡校　清嘉慶二十四年(1819)廬陵歐陽衡刻本　二十四冊

340000－1801－0014852　4:02747－4:02754
廬陵歐陽文忠公全集一百五十三卷首一卷　(宋)歐陽修撰　(清)歐陽衡校　清嘉慶二十四年(1819)歐陽衡寧國刻本　八冊　缺一百十八卷(一至一百十八)

340000－1801－0014853　4:046912－4:046951
歐陽文忠公全集一百五十三卷首一卷　(宋)歐陽修撰　清光緒十九年(1893)澹雅書局刻本　四十冊

340000－1801－0014854　4:02758－4:02760
六一居士全集錄五卷外集錄二卷　(宋)歐陽修撰　清刻本　三冊　缺二卷(六一居士全集錄一至二)

340000－1801－0014855　4:02755－4:02757
歐陽文忠公詩集十二卷　(宋)歐陽修撰　胡芬訂　清世綵堂刻本　三冊

340000－1801－0014856　4:02727－4:02732
歐陽文忠文集五卷外集二卷　(宋)歐陽修撰　清末石印本　六冊

340000－1801－0014857　4:02761－4:02770
宋大家歐陽文忠公文鈔三十二卷　(宋)歐陽修撰　(明)茅坤批評　(明)茅闇叔訂　(明)吳紹陵重訂　清康熙刻唐宋八大家文鈔本　十冊

340000－1801－0014858　4:02280－4:02287
范忠宣公集二十卷奏議二卷遺文一卷補編一卷附錄一卷　(宋)范純仁撰　(宋)范能濬輯　清康熙四十六年(1707)范時崇歲寒堂刻范文正公忠宣公全集本　八冊

340000－1801－0014859　4:375－4:382 善
范忠宣公集二十卷奏議二卷遺文一卷補編一卷附錄一卷　(宋)范純仁撰　(宋)范能濬輯　清康熙四十六年(1707)范時崇歲寒堂刻范文正公忠宣公全集本　八冊

340000－1801－0014860　4:369－4:374 善
范忠宣公集十卷　(宋)范純仁撰　(明)毛一鷺彙編　明萬曆三十六年(1608)毛一鷺刻合刻范文正公忠宣公全集本　六冊

340000－1801－0014861　4:5190－4:5197 善
范忠宣公集十卷　(宋)范純仁撰　(明)毛一鷺彙編　明萬曆三十六年(1608)毛一鷺刻合刻范文正公忠宣公全集本　八冊

340000－1801－0014862　4:5096－4:5097 善
重刊嘉祐集十五卷　(宋)蘇洵撰　(明)聶紹昌編　明萬曆聶紹昌刻本　二冊

340000－1801－0014863　4:544－4:549 善
蘇老泉先生全集十六卷　(宋)蘇洵撰　清抄本　六冊

340000－1801－0014864　4:03103－4:03106
蘇老泉先生全集二十卷　(宋)蘇洵撰　**附錄二卷**　(宋)沈斐輯　清康熙三十七年(1698)邵仁泓安樂居刻本　四冊

340000－1801－0014865　4:492－4:499 善
臨川先生文集一百卷目錄二卷　(宋)王安石撰　宋紹興二十一年(1151)兩浙西路轉運司王玨刻元明遞修本　八冊　存二十三卷(二十八至五十)

340000－1801－0014866　4:500－4:511 善
新刻臨川王介甫先生詩集一百卷目錄二卷　(宋)王安石撰　明萬曆四十年(1612)王鳳翔光啓堂刻本　十二冊

340000－1801－0014867　4:02846－4:02861
王臨川全集一百卷　(宋)王安石撰　清光緒九年(1883)聽香館刻本　十六冊

340000－1801－0014868　4:02862－4:02877
王臨川全集一百卷　(宋)王安石撰　清光緒九年(1883)聽香館刻本　十六冊

340000－1801－0014869　4:02878－4:02897
王臨川全集一百卷　(宋)王安石撰　清光緒九年(1883)聽香館刻本　二十冊

340000－1801－0014870　4:02898－4:02913
王臨川全集一百卷　(宋)王安石撰　清光緒九年(1883)聽香館刻本　十六冊

340000－1801－0014871　4:02914－4:02933
王臨川全集一百卷　(宋)王安石撰　清光緒九年(1883)溧陽繆氏刻本　二十冊

340000－1801－0014872　4:02934－4:02949
王臨川全集一百卷　(宋)王安石撰　清光緒九年(1883)溧陽繆氏刻本　十六冊

340000－1801－0014873　4:02950－4:02951
王臨川全集二十四卷　(宋)王安石撰　清宣統三年(1911)掃葉山房石印本　二冊

340000－1801－0014874　4:02992－4:02995
王臨川文集四卷　(宋)王安石撰　清宣統二年(1910)上海會文堂書局石印本　四冊

340000－1801－0014875　4:02996－4:02999
王臨川文集四卷　(宋)王安石撰　清宣統二年(1910)上海會文堂書局石印本　四冊

340000－1801－0014876　4:03000－4:03003
王臨川文集四卷　(宋)王安石撰　清宣統二年(1910)上海會文堂書局石印本　四冊

340000－1801－0014877　4:03004－4:03011
王文公文抄十六卷　(宋)王安石撰　(明)茅坤抄　清刻本　八冊

340000－1801－0014878　4:03012
王文約選不分卷　(宋)王安石撰　清同治八年(1869)刻本　一冊

340000－1801－0014879　4:40342－4:40381
東坡集四十卷後集二十卷奏議十五卷內制集十卷樂語一卷外制集三卷應詔集十卷續集十二卷　(宋)蘇軾撰　**年譜一卷**　(宋)王宗稷撰　清宣統元年(1909)刻本　四十冊

340000－1801－0014880　4:03378－4:03401
蘇文忠公詩編注集成四十六卷總案四十五卷識餘四卷雜綴一卷韻山堂詩集七卷　(宋)蘇軾撰　(清)王文誥重編　清浙江刻本　二十四冊

340000－1801－0014881　4:550－4:579 善
東坡先生全集七十五卷　(宋)蘇軾撰　**東坡詩選十二卷**　(宋)蘇軾撰　(明)譚元春輯　**年譜一卷**　(宋)王宗稷撰　明末文盛堂刻本　三十冊

340000－1801－0014882　4:580－4:607 善
東坡先生全集七十五卷　(宋)蘇軾撰　**東坡詩選十二卷**　(宋)蘇軾撰　(明)譚元春輯　**年譜一卷**　(宋)王宗稷撰　明末文盛堂刻本　二十八冊

340000－1801－0014883　4:608－4:616 善
東坡先生詩集註三十二卷　(宋)蘇軾撰　(宋)王十朋纂集　**東坡紀年録一卷**　(宋)傅藻撰　明萬曆茅維刻本　八冊

340000－1801－0014884　4:617－4:620 善
蘇東坡詩集二十五卷　(宋)蘇軾撰　(宋)劉辰翁批點　明刻本　四冊

340000－1801－0014885　4:621－4:628 善
坡仙集十六卷　(宋)蘇軾撰　(明)李贄評選　明萬曆二十八年(1600)繼志齋刻本　八冊

340000－1801－0014886　4:629－4:633 善
坡仙集十六卷　(宋)蘇軾撰　(明)李贄評選　明萬曆二十八年(1600)繼志齋刻本　五冊

340000－1801－0014887　4:634－4:642 善
坡仙集十六卷　(宋)蘇軾撰　(明)李贄評選　明刻本　九冊　存十五卷(二至十六)

340000－1801－0014888　4:643－4:648 善
東坡詩選十二卷　(宋)蘇軾撰　(明)譚元春選　**年譜一卷**　(宋)王宗稷撰　明天啓元年(1621)文盛堂刻本　六冊

340000－1801－0014889　4:643－4:651 善
東坡詩選十二卷　(宋)蘇軾撰　(明)譚元春選　明天啓元年(1621)文盛堂刻本　三冊

340000－1801－0014890　4:03107－4:03121
蘇東坡詩集註三十二卷　(宋)蘇軾撰　題(宋)呂祖謙分編　題(宋)王十朋纂　**年譜一卷**　(宋)王宗稷撰　清康熙三十七年(1698)新安朱從延文蔚堂刻本　十五冊

340000－1801－0014891　4:03122－4:03133
蘇東坡詩集註三十二卷　(宋)蘇軾撰　題(宋)呂祖謙分編　題(宋)王十朋纂　**年譜一卷**　(宋)王宗稷撰　清康熙三十七年(1698)新安朱從延文蔚堂刻本　十二冊

340000－1801－0014892　4:03144－4:03155
施註蘇詩四十二卷總目二卷　(宋)蘇軾撰　(宋)施元之　(宋)顧禧注　(清)邵長蘅　(清)顧嗣立　(清)宋至刪補　**蘇詩續補遺二卷**　(宋)蘇軾撰　(清)馮景補注　**王註正譌一卷**　(清)邵長蘅撰　**東坡先生年譜一卷**　(宋)王宗稷撰　清康熙三十八年(1699)宋犖刻本　十二冊

340000－1801－0014893　4:03156－4:03167
施註蘇詩四十二卷總目二卷　(宋)蘇軾撰　(宋)施元之　(宋)顧禧注　(清)邵長蘅　(清)顧嗣立　(清)宋至刪補　**蘇詩續補遺二卷**　(宋)蘇軾撰　(清)馮景補注　**王註正譌一卷**　(清)邵長蘅撰　**東坡先生年譜一卷**　(宋)王宗稷撰　清康熙三十八年(1699)宋犖刻本　十二冊

340000－1801－0014894　4:03168－4:03179
施註蘇詩四十二卷總目二卷　(宋)蘇軾撰　(宋)施元之　(宋)顧禧注　(清)邵長蘅　(清)顧嗣立　(清)宋至刪補　**蘇詩續補遺二卷**　(宋)蘇軾撰　(清)馮景補注　**王註正譌一卷**　(清)邵長蘅撰　**東坡先生年譜一卷**　(宋)王宗稷撰　清康熙三十八年(1699)宋犖刻本　十二冊

340000－1801－0014895　4:03180－4:03189
施註蘇詩四十二卷總目二卷　(宋)蘇軾撰　(宋)施元之　(宋)顧禧注　(清)邵長蘅　(清)顧嗣立　(清)宋至刪補　**蘇詩續補遺二卷**　(宋)蘇軾撰　(清)馮景補注　**王註正譌一卷**　(清)邵長蘅撰　**東坡先生年譜一卷**　(宋)王宗稷撰　清康熙三十八年(1699)宋犖刻本　十冊

340000－1801－0014896　4:4023－4:4032 善

施註蘇詩四十二卷總目二卷 (宋)蘇軾撰 (宋)施元之 (宋)顧禧注 (清)邵長蘅 (清)顧嗣立 (清)宋至删補 **蘇詩續補遺二卷** (宋)蘇軾撰 (清)馮景補注 **王註正譌一卷** (清)邵長蘅撰 **東坡先生年譜一卷** (宋)王宗稷撰 清康熙三十八年(1699)宋犖刻本 十册

340000－1801－0014897 4:03190－4:03199
施註蘇詩四十二卷總目二卷 (宋)蘇軾撰 (宋)施元之 (宋)顧禧注 (清)邵長蘅 (清)顧嗣立 (清)宋至删補 **蘇詩續補遺二卷** (宋)蘇軾撰 (清)馮景補注 **王註正譌一卷** (清)邵長蘅撰 **東坡先生年譜一卷** (宋)王宗稷撰 清康熙三十八年(1699)宋犖刻本 十册

340000－1801－0014898 4:03200－4:03211
施註蘇詩四十二卷總目二卷 (宋)蘇軾撰 (宋)施元之 (宋)顧禧注 (清)邵長蘅 (清)顧嗣立 (清)宋至删補 **蘇詩續補遺二卷** (宋)蘇軾撰 (清)馮景補注 **王註正譌一卷** (清)邵長蘅撰 **東坡先生年譜一卷** (宋)王宗稷撰 清康熙三十八年(1699)宋犖刻本 十二册

340000－1801－0014899 4:03212－4:03229
施註蘇詩四十二卷總目二卷 (宋)蘇軾撰 (宋)施元之 (宋)顧禧注 (清)邵長蘅 (清)顧嗣立 (清)宋至删補 **蘇詩續補遺二卷** (宋)蘇軾撰 (清)馮景補注 **王註正譌一卷** (清)邵長蘅撰 **東坡先生年譜一卷** (宋)王宗稷撰 清刻本 十八册

340000－1801－0014900 4:03230－4:03237
施註蘇詩三十卷 (宋)蘇軾撰 (宋)施元之注 清金閶步月樓刻本 八册

340000－1801－0014901 4:5136－4:5137 善
東坡先生禪喜集二卷 (宋)蘇軾撰 明唐文獻刻本 二册

340000－1801－0014902 4:5056－4:5095 善
新刻陶顧二會元類編蘇長公全集四十卷 (宋)蘇軾撰 (明)陶望齡類編 (明)顧起元補訂 **首一卷** 明末刻本 四十册

340000－1801－0014903 4:660－4:667 善
東坡文選二十卷 (宋)蘇軾撰 (明)鍾惺選 明萬曆四十八年(1620)閔氏刻朱墨套印本 八册

340000－1801－0014904 4:652－4:659 善
東坡文選二十卷 (宋)蘇軾撰 (明)鍾惺選 明萬曆四十八年(1620)閔氏刻朱墨套印本 八册

340000－1801－0014905 4:668－4:673 善
蘇文六卷 (宋)蘇軾撰 (明)閔爾容輯 明吳興閔爾容刻三色套印本 六册 缺一卷(六上)

340000－1801－0014906 4:674－4:675 善
蘇文六卷 (宋)蘇軾撰 (明)閔爾容輯 明吳興閔爾容刻三色套印本 二册 存五卷(一至二、四至六)

340000－1801－0014907 4:676－4:685 善
蘇文六卷 (宋)蘇軾撰 (明)閔爾容輯 明吳興閔爾容刻三色套印本 六册

340000－1801－0014908 4:686－4:691 善
蘇文六卷 (宋)蘇軾撰 (明)閔爾容輯 明吳興閔爾容刻三色套印本 六册

340000－1801－0014909 4:5098－4:5103 善
蘇文六卷 (宋)蘇軾撰 明刻本 六册

340000－1801－0014910 4:5116－4:5123 善
東坡先生詩集註三十二卷 (宋)蘇軾撰 (宋)王十朋纂集 明刻本 八册

340000－1801－0014911 4:692－4:701 善
東坡集選五十卷外紀二卷逸編一卷 (宋)蘇軾撰 (明)陳繼儒選 明刻本 十册

340000－1801－0014912 4:752 善
蘇長公小品二卷 (宋)蘇軾撰 (明)王納諫輯並評 明萬曆四十一年(1613)盱江遊義齋刻本 一册

340000－1801－0014913 4:5108－4:5115 善
蘇長公小品四卷 (宋)蘇軾撰 (明)王聖俞

評選　明淩敞康刻朱墨套印本　八冊

340000－1801－0014914　4:851 善
蘇長公小品二卷　(宋)蘇軾撰　(明)王納諫輯並評　明萬曆四十一年(1613)盱江遊義齋刻本　一冊

340000－1801－0014915　4:723－4:732 善
宋蘇文忠公集選三十卷　(宋)蘇軾撰　(明)崔邦亮選　明萬曆二十七年(1599)楊四知刻本　十冊

340000－1801－0014916　4:5124－4:5135 善
東坡養生集六卷　(宋)蘇軾著　(清)丘象升批評　(清)王如錫編　清書林陳道生刻本　十二冊

340000－1801－0014917　4:4033 善
蘇文忠公詩鈔補録六卷　(宋)蘇軾撰　清抄本　佚名過録紀氏詩醇批點　一冊

340000－1801－0014918　4:733 善
東坡禪喜集四卷　(宋)蘇軾撰　(明)楊爾曾校　明潭邑書林熊玉書刻本　一冊

340000－1801－0014919　4:735－4:738 善
蘇長公合作内外篇　(宋)蘇軾撰　(明)鄭之惠評選　明萬曆二十八年(1600)刻本　四冊

340000－1801－0014920　4:739－4:750 善
東坡二妙集尺牘二十卷詩餘二卷　(宋)蘇軾撰　(明)焦竑批點　明天啓徐氏曼山館刻本　十二冊

340000－1801－0014921　4:753－4:758 善
蘇文奇賞五十卷　(宋)蘇軾撰　(明)陳仁錫編　明崇禎四年(1631)刻本　十二冊　存二十一卷(一至二、二十三至四十一)

340000－1801－0014922　4:03238－4:03261
蘇文忠公詩合注五十卷　(宋)蘇軾撰　(清)馮應榴輯　**年譜一卷**　(宋)王宗稷撰　清乾隆刻本　二十四冊

340000－1801－0014923　4:03262－4:03277
蘇文忠公詩合注五十卷　(宋)蘇軾撰　(清)馮應榴輯　**年譜一卷**　(宋)王宗稷撰　清乾隆刻本　十六冊

340000－1801－0014924　4:03278－4:03301
蘇文忠公詩合注五十卷　(宋)蘇軾撰　(清)馮應榴輯　**年譜一卷**　(宋)王宗稷撰　清乾隆刻本　二十四冊

340000－1801－0014925　4:03302－4:03313
蘇文忠公詩集五十卷　(宋)蘇軾撰　(清)紀昀評點　清道光十四年(1834)兩廣刻朱墨套印本　十二冊

340000－1801－0014926　4:03314－4:03325
蘇文忠公詩集五十卷　(宋)蘇軾撰　(清)紀昀評點　清同治八年(1869)韫玉山房刻本　十二冊

340000－1801－0014927　4:03326－4:03337
蘇文忠公詩集五十卷　(宋)蘇軾撰　清同治八年(1869)刻本　十二冊

340000－1801－0014928　4:03338
蘇詩續補遺二卷　(宋)蘇軾撰　(清)馮景補注　清刻本　一冊

340000－1801－0014929　4:03339－4:03345
蘇詩評注匯抄二十卷　(宋)蘇軾撰　(清)趙克宜輯注　清咸豐二年(1852)角山樓刻本　七冊

340000－1801－0014930　4:03346－4:03353
角山樓蘇詩評注匯抄二十卷附録三卷　(清)趙克宜輯　清咸豐刻本　八冊

340000－1801－0014931　4:03354－4:03355
海外集四卷　(宋)蘇軾撰　清乾隆四十年(1775)王時宇刻本　二冊

340000－1801－0014932　4:03358
東坡和陶詩不分卷　(宋)蘇軾撰　清寶顔堂刻本　一冊

340000－1801－0014933　4:03359
蘇長公小品四卷　(宋)蘇軾撰　(明)王聖俞評選　明淩敞康刻朱墨套印本　一冊　存二卷(一、三)

340000－1801－0014934　4:5104－4:5107 善

蘇長公合作内外篇 （宋）蘇軾撰 （明）鄭之惠評選 明萬曆刻本 四冊

340000－1801－0014935 4:711－4:715 善
宋大家蘇文忠公文鈔二十八卷 （宋）蘇軾撰 （明）茅坤評 明刻本 五冊

340000－1801－0014936 4:03360－4:03367
蘇文忠公文選十六卷 （宋）蘇軾撰 （明）歸有光選 明徐開雍刻本 八冊

340000－1801－0014937 4:702－4:710 善
宋大家蘇文定公文鈔二十卷 （宋）蘇轍撰 （明）茅坤評 明茅一桂刻本 九冊

340000－1801－0014938 4:716－4:719 善
宋大家蘇文定公文鈔二十卷 （宋）蘇轍撰 （明）茅坤評 （明）茅闇叔等重訂 明茅氏刻本 四冊

340000－1801－0014939 4:5146－4:5157 善
欒城集五十卷 （宋）蘇轍撰 明刻本 十二冊

340000－1801－0014940 4:048113－4:048114
欒城初集四十八卷目錄一卷 （宋）蘇轍撰 清道光十二年（1832）刻本 二冊 存五卷（一至四、目錄一卷）

340000－1801－0014941 4:759－4:764 善
重刻黄文節山谷先生文集三十卷 （宋）黄庭堅撰 （明）方沆校 明王鳳翔光啓堂刻本 六冊

340000－1801－0014942 4:765－4:766 善
重刻黄文節山谷先生文集三十卷 （宋）黄庭堅撰 （明）方沆校 明王鳳翔光啓堂刻本 二冊 存十五卷（一至十五）

340000－1801－0014943 4:767－4:771 善
重刻黄文節山谷先生文集三十卷 （宋）黄庭堅撰 （明）方沆校 明王鳳翔光啓堂刻本 二冊 存二十二卷（九至三十）

340000－1801－0014944 4:4962－4:4985 善
山谷詩集註内集二十卷外集十七卷外集補四卷别集二卷年譜十四卷 （宋）黄庭堅撰 （宋）任淵注 清乾隆五十三年（1788）樹經堂刻本 二十四冊

340000－1801－0014945 4:03456－4:03475
山谷詩集註内集二十卷外集十七卷外集補四卷别集二卷年譜十四卷 （宋）黄庭堅撰 （宋）任淵注 清乾隆五十三年（1788）樹經堂刻本 二十冊

340000－1801－0014946 4:4986－4:5005 善
山谷詩集註内集二十卷外集十七卷外集補四卷别集二卷年譜十四卷 （宋）黄庭堅撰 （宋）任淵注 清乾隆刻本 二十冊

340000－1801－0014947 4:03669－4:03689
山谷先生詩集二十卷外集十七卷别集二卷年譜一卷 （宋）黄庭堅撰 清光緒二十一年（1895）影印本 二十一冊

340000－1801－0014948 4:03476－4:03495
黄詩全集五十八卷 （宋）黄庭堅撰 （宋）史季温 （宋）史容 （宋）任淵注 （清）謝啟昆輯補 （清）翁方綱編 清光緒二年（1876）敍府山谷祠刻本 二十冊

340000－1801－0014949 4:03496－4:03518
黄詩全集五十八卷 （宋）黄庭堅撰 （宋）史季温 （宋）史容 （宋）任淵注 （清）謝啟昆輯補 （清）翁方綱編 清光緒二年（1876）敍府山谷祠刻本 二十四冊 缺一卷（山谷詩别集註上）

340000－1801－0014950 4:03519－4:03542
黄詩全集五十八卷 （宋）黄庭堅撰 （宋）史季温 （宋）史容 （宋）任淵注 （清）謝啟昆輯補 （清）翁方綱編 清光緒二年（1876）敍府山谷祠刻本 二十四冊 缺一卷（山谷詩别集註上）

340000－1801－0014951 4:03402－4:03433
宋黄文節公正集詩文集三十二卷首四卷外集二十四卷别集十九卷首一卷 （宋）黄庭堅撰 （清）宋調元訂 **伐檀集二卷** （宋）黄庶撰 清乾隆三十年（1765）江右寧州緝香堂刻山谷全書本 三十二冊

340000－1801－0014952　4:03434－4:03455

宋黄文節公正集詩文集三十二卷首四卷别集十九卷首一卷　(宋)黄庭堅撰　(清)宋調元訂　清乾隆三十年(1765)江右寧州緝香堂刻山谷全書本　三十二册

340000－1801－0014953　4:03543－4:03570

宋黄文節公全集八十五卷　(宋)黄庭堅撰　**代檀集二卷**　(宋)黄庶撰　清光緒十年(1884)義寧陳氏刻本　二十八册

340000－1801－0014954　4:03571－4:03590

宋黄文節公全集八十五卷　(宋)黄庭堅撰　**代檀集二卷**　(宋)黄庶撰　清光緒十年(1884)義寧陳氏刻本　二十册

340000－1801－0014955　4:03591－4:03610

山谷内集二十卷外集十七卷别集二卷　(宋)黄庭堅撰　清光緒二十六年(1900)義寧陳氏覆宋刻本　二十册

340000－1801－0014956　4:03646－4:03649

山谷詩鈔五卷　(宋)黄庭堅撰　(清)姚鼐選　清光緒二年(1876)新城黄長森刻八年(1882)安省聚文堂印本　四册

340000－1801－0014957　4:03653－4:03654

山谷刀筆十卷　(宋)黄庭堅撰　清同治十二年(1873)刻本　二册

340000－1801－0014958　4:03655－4:03658

山谷刀筆二十卷　(宋)黄庭堅撰　清同治十二年(1873)刻本　四册

340000－1801－0014959　4:03659－4:03662

山谷内集詩注二十卷　(宋)黄庭堅撰　(宋)任淵注　清乾隆武英殿木活字印武英殿聚珍版書本　四册

340000－1801－0014960　4:03663－4:03668

豫章先生遺文十二卷　(宋)黄庭堅撰　清如皋祝氏刻本　六册

340000－1801－0014961　4:03702－4:03707

後山先生集二十四卷　(宋)陳師道撰　(清)陶福祥校　清光緒十一年(1885)番禺陶福祥愛廬刻本　六册

340000－1801－0014962　4:03708－4:03713

後山先生集二十四卷　(宋)陳師道撰　(清)陶福祥校　清光緒十一年(1885)番禺陶福祥愛廬刻本　六册

340000－1801－0014963　4:03718－4:03723

後山詩注十二卷　(宋)陳師道撰　(宋)任淵注　清乾隆武英殿木活字印武英殿聚珍版書本　六册

340000－1801－0014964　4:03717

後山逸詩二卷　(宋)陳師道撰　清髯蘇傳抄本　一册

340000－1801－0014965　4:03724－4:03733

柯山集五十卷　(宋)張耒撰　清乾隆武英殿木活字印武英殿聚珍版書本　十册

340000－1801－0014966　4:773 善

張文潛文集十三卷　(宋)張耒撰　明嘉靖三年(1524)郝梁刻本　一册　存八卷(六至十三)

340000－1801－0014967　4:03754－4:03759

淮海全集四十卷　(宋)秦觀撰　清同治秦氏家塾刻本　六册

340000－1801－0014968　4:03734－4:03739

淮海集二十一卷年譜一卷　(宋)秦觀撰　清道光十七年(1837)刻本　六册

340000－1801－0014969　4:03740－4:03743

淮海集十七卷後集二卷詞一卷補遺二卷續補遺一卷　(宋)秦觀撰　**考證一卷**　(清)王敬之　(清)茆泮林　(清)金長福撰　**重編淮海先生年譜節要一卷**　(清)秦瀛撰　清道光十七年至二十一年(1837－1841)王敬之等刻本　四册

340000－1801－0014970　4:03744－4:03749

淮海集二十一卷補遺二卷　(宋)秦觀撰　清道光刻本　四册

340000－1801－0014971　4:03994－4:03995

倚松老人詩集二卷　(宋)饒節撰　清姚埭沈

氏刻本　二册

340000－1801－0014972　4:03750－4:03752
晁具茨先生詩集十五卷　(宋)晁沖之撰　清梁溪三槐堂刻本　三册　存十一卷(一至十一)

340000－1801－0014973　4:03753
晁具茨先生詩集十五卷　(宋)晁沖之撰　清梁溪三槐堂刻本　一册　存五卷(三至七)

340000－1801－0014974　4:03760－4:03767
姑溪居士集五十卷　(宋)李之儀撰　清宣統三年(1911)刻本　八册

340000－1801－0014975　4:03774
劉給諫文集五卷　(宋)劉安上撰　清同治十二年(1873)武昌局刻本　一册

340000－1801－0014976　4:03775
劉左史文集四卷　(宋)劉安節撰　清同治十二年(1873)武昌局刻本　一册

340000－1801－0014977　4:03776－4:03777
二劉文集九卷　(宋)劉安節　(宋)劉安上撰　清刻本　二册

340000－1801－0014978　4:03778－4:03779
二劉文集九卷　(宋)劉安節　(宋)劉安上撰　清刻本　二册

340000－1801－0014979　4:03780－4:03781
二劉文集九卷　(宋)劉安節　(宋)劉安上撰　清刻本　二册

340000－1801－0014980　4:03796
眉山集十卷　(宋)唐庚撰　清歸安汪亮采刻本　一册

340000－1801－0014981　4:03801－4:03804
宋宗忠簡公文集六卷　(宋)宗澤撰　清同治十二年(1873)刻本　四册

340000－1801－0014982　4:03805－4:03806
忠簡公集七卷　(宋)宗澤撰　清同治八年(1869)永康胡氏退補齋刻本　二册

340000－1801－0014983　4:03807－4:03808
宗忠簡公集七卷　(宋)宗澤撰　清永康胡氏退補齋刻金華叢書本　二册

340000－1801－0014984　4:03809－4:03810
宋宗忠簡公集七卷　(宋)宗澤撰　清同治四年(1865)鳩江半畝園刻本　二册

340000－1801－0014985　4:03811－4:03812
宋宗忠簡公全集十二卷　(宋)宗澤撰　清刻本　二册　存九卷(四至十二)

340000－1801－0014986　4:03797－4:03800
宗忠簡集八卷　(宋)宗澤撰　清刻本　四册

340000－1801－0014987　4:03786－4:03795
楊龜山先生集四十二卷　(宋)楊時撰　清光緒九年(1883)延平刻本　十册

340000－1801－0014988　4:04229－4:04238
楊文靖公集四十三卷　(宋)楊時撰　清光緒五年(1879)刻本　十册

340000－1801－0014989　4:03821－4:03860
梁溪全集一百八十卷　(宋)李綱撰　**附録六卷**　清刻本　四十册

340000－1801－0014990　4:03861－4:03900
梁溪全集一百八十卷　(宋)李綱撰　**附録六卷**　清刻本　四十册

340000－1801－0014991　4:03901－4:03940
梁溪全集一百八十卷　(宋)李綱撰　**附録六卷**　清刻本　四十册

340000－1801－0014992　4:03813－4:03820
李忠定公文集三十九卷　(宋)李綱撰　清光緒湘鄉愛日堂刻本　八册

340000－1801－0014993　4:787－4:802 善
宋李忠定公奏議選十五卷文集選二十九卷　(宋)李綱撰　(明)左光先　(明)李春熙等選輯　**首四卷**　明崇禎十二年(1639)建寧刻本　十六册

340000－1801－0014994　4:774－4:786 善
宋李忠定公文集選二十九卷首二卷奏議選十五卷　(宋)李綱撰　(明)左光先　(明)李春熙等選輯　明崇禎十二年(1639)建寧崇本

堂刻本　十三冊　存四十卷（宋李忠定公文集選三至二十五、首二卷，奏議選十五卷）

340000－1801－0014995　4：03996－4：04003
浮溪集三十二卷　（宋）汪藻撰　清乾隆武英殿木活字印武英殿聚珍版書本　八冊

340000－1801－0014996　4：04004－4：04011
浮溪集三十二卷　（宋）汪藻撰　清乾隆武英殿木活字印武英殿聚珍版書本　八冊

340000－1801－0014997　4：16166－4：16167
韋齋集十二卷　（宋）朱松撰　**玉瀾集一卷年譜一卷**　（宋）朱槔撰　清雍正六年（1728）朱玉刻本　二冊

340000－1801－0014998　4：16168－4：16171
韋齋集十二卷　（宋）朱松撰　清道光元年（1821）新安月潭宗祠刻本　四冊

340000－1801－0014999　4：16172－4：16175
韋齋集十二卷　（宋）朱松撰　清道光元年（1821）新安月潭宗祠刻本　四冊

340000－1801－0015000　4：03991
陵陽先生詩四卷　（宋）韓駒撰　清姚埭沈氏刻本　一冊

340000－1801－0015001　4：03992－4：03993
陵陽先生詩四卷　（宋）韓駒撰　清姚埭沈氏刻本　二冊

340000－1801－0015002　4：16157－4：16159
灊山集三卷　（宋）朱翌撰　清長塘鮑氏刻知不足齋叢書本　一冊

340000－1801－0015003　4：04091－4：04094
瀘溪文集五十卷竹西聽雨集一卷　（宋）王庭珪撰　清乾隆五十一年（1786）刻本　四冊

340000－1801－0015004　4：3633－4：3636 善
孫尚書内簡尺牘編註十卷　（宋）孫覿撰　（明）李祖堯編注　明萬曆八年（1580）葉逢春刻本　四冊

340000－1801－0015005　4：04016－4：04019
羅豫章先生集十二卷　（宋）羅從彦撰　清光緒八年（1882）南城謝氏刻本　四冊

340000－1801－0015006　4：04020－4：04023
羅豫章先生集十二卷　（宋）羅從彦撰　清光緒八年（1882）南城謝氏刻本　四冊

340000－1801－0015007　4：04024－4：04027
羅豫章先生集十二卷首一卷末一卷　（宋）羅從彦撰　清光緒九年（1883）古燕張國正延平府署刻本　四冊

340000－1801－0015008　4：04028－4：04031
羅豫章先生集十二卷首一卷末一卷　（宋）羅從彦撰　清光緒九年（1883）古燕張國正延平府署刻後印本　四冊

340000－1801－0015009　4：02260－4：02267
文恭集四十卷　（宋）胡宿撰　清乾隆武英殿木活字印武英殿聚珍版書本　八冊

340000－1801－0015010　4：02268－4：02276
文恭集四十卷　（宋）胡宿撰　**拾遺一卷**　（清）勞格輯目　（清）孫星華錄文　清乾隆四十二年（1777）福建刻道光至同治遞修光緒二十一年（1895）增刻武英殿聚珍版書本　九冊

340000－1801－0015011　4：02460－4：02470
華陽集四十卷　（宋）劉珪撰　清乾隆武英殿木活字印武英殿聚珍版書本　十一冊

340000－1801－0015012　4：02471－4：02480
華陽集四十卷　（宋）劉珪撰　清乾隆武英殿木活字印武英殿聚珍版書本　十冊

340000－1801－0015013　4：03045－4：03056
景文集六十二卷　（宋）宋祁撰　清乾隆武英殿木活字印武英殿聚珍版書本　十二冊

340000－1801－0015014　4：1040－4：1044 善
周文忠公文選五卷　（宋）周必大撰　（明）胡廷宴輯　明萬曆二十七年（1599）刻本　五冊

340000－1801－0015015　4：03768－4：03769
游定夫先生集八卷年譜一卷　（宋）游酢撰　清同治六年（1867）和州刻本　二冊

340000－1801－0015016　4：03770－4：03771
游定夫先生集八卷年譜一卷　（宋）游酢撰　清同治六年（1867）和州官舍刻本　二冊

340000－1801－0015017　4:03772－4:03773

學易集八卷　(宋)劉跂撰　清乾隆武英殿木活字印武英殿聚珍版書本　二册

340000－1801－0015018　4:03945－4:03948

岳忠武王文集八卷首一卷末一卷　(宋)岳飛撰　(清)黄邦寧纂修　清道光十四年(1834)潘泰行刻本　四册

340000－1801－0015019　4:03949－4:03952

岳忠武王文集八卷首一卷末一卷　(宋)岳飛撰　清刻本　四册

340000－1801－0015020　4:03953－4:03956

岳忠武王文集八卷首一卷末一卷　(宋)岳飛撰　清乾隆三十五年(1770)山陰刻本　四册

340000－1801－0015021　4:03957－4:03960

岳忠武王文集八卷　(宋)岳飛撰　清道光荊州刻本　四册

340000－1801－0015022　4:03961－4:03964

岳忠武王文集八卷首一卷末一卷　(宋)岳飛撰　清道光刻本　四册

340000－1801－0015023　4:03965－4:03966

宋岳忠武王集八卷末一卷　(宋)岳飛撰　清同治四年(1865)鳩江刻本　二册

340000－1801－0015024　4:03967－4:03968

宋岳忠武王集八卷末一卷　(宋)岳飛撰　清同治四年(1865)鳩江刻本　二册

340000－1801－0015025　4:03969－4:03970

宋岳忠武集九卷　(宋)岳飛撰　清同治四年(1865)半畝園刻本　二册

340000－1801－0015026　4:03971－4:03974

岳忠武王集十卷　(宋)岳飛撰　清光緒十二年(1886)上海簡玉山房刻本　四册

340000－1801－0015027　4:03975－4:03978

岳忠武王集十卷年譜一卷　(宋)岳飛撰　清光緒師長怡刻本　四册

340000－1801－0015028　4:04014

鄱陽集五卷　(宋)洪皓撰　清同治九年(1870)三瑞堂刻本　一册

340000－1801－0015029　4:04015

鄱陽集五卷　(宋)洪皓撰　清同治九年(1870)三瑞堂刻本　一册

340000－1801－0015030　4:04036

高東溪先生遺集二卷　(宋)高登撰　清福州正誼書院刻本　一册

340000－1801－0015031　4:04037－4:04048

盤洲文集八十卷首一卷末一卷　(宋)洪适撰　**校記一卷**　清道光二十八年(1848)涇縣藤谿洪氏刻本　十二册

340000－1801－0015032　4:04053－4:04054

茶山集八卷　(宋)曾幾撰　清乾隆二十四年(1759)杭州刻本　二册

340000－1801－0015033　4:04055－4:04056

茶山集八卷拾遺一卷　(宋)曾幾撰　清光緒會稽孫氏補刻拾遺本　二册

340000－1801－0015034　4:04110－4:04119

止齋文集二十卷　(宋)陳傅良撰　清道光十四年(1834)刻本　十册

340000－1801－0015035　4:042－4:049

止齋文集十九卷末一卷　(宋)陳傅良撰　清道光刻本　八册

340000－1801－0015036　4:5186－4:5189 善

謝康樂集四卷首一卷　(晉)謝靈運撰　明萬曆焦竑刻本　四册

340000－1801－0015037　4:5198－4:5201 善

劉須溪先生記鈔八卷　(宋)劉辰翁撰　明天啓刻本　清王鳴盛跋　四册

340000－1801－0015038　4:5220－4:5227 善

宋文文山先生全集二十一卷　(宋)文天祥撰　(明)鍾越評　明崇禎二年(1629)武林鍾氏刻本　八册

340000－1801－0015039　4:5158－4:5179 善

梅溪先生廷試策不分卷奏議四卷文集二十卷梅溪先生廷試策後集二十九卷附錄一卷　(宋)王十朋撰　明刻本　二十二册

340000－1801－0015040　4:810 善

梅溪先生後集二十九卷 (宋)王十朋撰 明正統五年(1440)刻本 一冊 存六卷(二十四至二十九)

340000－1801－0015041 4:04120－4:04135
宋王忠文公文集五十卷 (宋)王十朋撰 清光緒二年(1876)梅溪書院刻本 十六冊

340000－1801－0015042 4:04136－4:04147
宋王忠文公文集五十卷 (宋)王十朋撰 清光緒二年(1876)梅溪書院刻本 十二冊

340000－1801－0015043 4:5759 善
會稽三賦四卷 (宋)王十朋撰 (明)南逢吉注 明刻本 一冊

340000－1801－0015044 4:21323
克庵先生尊德性齋小集三卷 (宋)程洵撰 清宣統二年(1910)木活字印本 一冊

340000－1801－0015045 4:2152 善
眾妙集不分卷 (宋)趙師秀編 明毛氏汲古閣刻本 一冊

340000－1801－0015046 4:811 善
西園康範詩集一卷實錄一卷續錄一卷附錄外集一卷 (宋)汪晫撰 明嘉靖二十年(1541)新安刻本 一冊

340000－1801－0015047 4:772 善
先天集十卷附錄二卷 (宋)許月卿撰 明嘉靖許宗亮刻本 一冊

340000－1801－0015048 4:04149－4:04184
攻媿集四十卷 (宋)樓鑰撰 清乾隆武英殿木活字印武英殿聚珍版書本 三十六冊

340000－1801－0015049 4:048118
攻媿集一百十二卷 (宋)樓鑰撰 清刻本 一冊 存三卷(一百七至一百九)

340000－1801－0015050 4:04798－4:04801
文溪集二十卷 (宋)李昴英撰 清光緒二十三年(1897)刻本 四冊

340000－1801－0015051 4:04802－4:04805
平齋文集三十二卷附三卷 (宋)洪咨夔撰 清同治十一年(1872)杉直櫰清之館刻本 四冊

340000－1801－0015052 4:04806－4:04815
蒙齋集二十卷 (宋)袁甫撰 清乾隆武英殿木活字印武英殿聚珍版書本 十冊

340000－1801－0015053 4:04148
乾道稿二卷 (宋)趙蕃撰 清乾隆武英殿木活字印武英殿聚珍版書本 一冊

340000－1801－0015054 4:04185－4:04214
周益國文忠公集二百卷首一卷附錄五卷末一卷 (宋)周必大撰 清道光二十八年(1848)歐陽棨瀛塘別墅刻咸豐元年(1851)續刻本 三十冊 存一百五十五卷(平園續稿十二至四十、省齋別稿十卷、詞科舊稿三卷、掖垣類稿七卷、玉堂類稿二十卷、政府應制稿一卷、歷官表奏十二卷、奏議十二卷、奉詔錄七卷、承明集十卷、雜著述二十三卷、書稿十五卷,附錄五卷,末一卷)

340000－1801－0015055 4:04215－4:04217
范香溪文集二十二卷 (宋)范浚撰 清刻本 三冊

340000－1801－0015056 4:04301
象山先生全集三十六卷 (宋)陸九淵撰 (宋)李子願編 **附錄少湖徐先生學則辯一卷** (明)徐階撰 明嘉靖四十年(1561)何遷刻本 一冊 存二卷(三十四至三十五)

340000－1801－0015057 4:04291－4:04300
陸象山先生文集(陸象山先生全集)三十六卷 (宋)陸九淵撰 (宋)李子願編 **附錄少湖徐先生學則辯一卷** (明)徐階撰 清道光三年(1823)金谿陸邦瑞槐堂書齋刻本 十冊

340000－1801－0015058 4:04263－4:04274
陸象山先生文集(文安公集)三十六卷 (宋)陸九淵撰 (宋)李子願編 (清)李紱點次 (清)喻震孟校勘 **附錄少湖徐先生學則辯一卷** (明)徐階撰 **陸象山先生文集校勘畧一卷** (清)喻震孟撰 **陸梭山公家制一卷** 清同治十一年(1872)大儒家廟刻光緒七年(1881)陸氏素位堂增刻彙印本 十二冊

340000－1801－0015059　4:04239－4:04250
陸象山先生文集(文安公集)三十六卷　(宋)陸九淵撰　(宋)李子願編　(清)李紱點次　(清)喻震孟校勘　**附錄少湖徐先生學則辯一卷**　(明)徐階撰　**陸象山先生文集校勘畧一卷**　(清)喻震孟撰　**陸梭山公家制一卷**　清同治十一年(1872)大儒家廟刻光緒七年(1881)陸氏素位堂增刻後印本　十二册

340000－1801－0015060　4:04251－4:04262
陸象山先生文集(文安公集)三十六卷　(宋)陸九淵撰　(宋)李子願編　(清)李紱點次　(清)喻震孟校勘　**附錄少湖徐先生學則辯一卷**　(明)徐階撰　**陸象山先生文集校勘畧一卷**　(清)喻震孟撰　**陸梭山公家制一卷**　清同治十一年(1872)大儒家廟刻光緒七年(1881)陸氏素位堂增刻後印本　十二册

340000－1801－0015061　4:04275－4:04282
象山先生全集(陸象山先生文集)三十六卷　(宋)陸九淵撰　(清)李紱評點　(清)周毓齡重校　**附錄少湖徐先生學則辯一卷**　(明)徐階撰　**陸梭山公家制一卷**　清宣統二年(1910)江左書林鉛印本　八册

340000－1801－0015062　4:04302－4:04305
舒文靖集六卷附錄三卷校勘記三卷事實册一卷　(宋)舒璘撰　清光緒二十二年(1896)四明孫鏘七千卷樓刻本　四册

340000－1801－0015063　4:04306－4:04309
舒文靖集二卷　(宋)舒璘撰　清光緒二十二年(1896)刻本　四册

340000－1801－0015064　4:04310
倪石陵書不分卷　(宋)倪樸撰　清刻本　一册

340000－1801－0015065　4:04311
倪石陵書不分卷　(宋)倪樸撰　清道光十三年(1833)刻本　一册

340000－1801－0015066　4:04322－4:04327
艮齋先生薛常州浪語集三十五卷　(宋)薛季宣撰　清同治十年(1871)金陵書局刻本　六册

340000－1801－0015067　4:04328－4:04333
薛浪語集三十五卷　(宋)薛季宣撰　清同治金陵書局刻本　六册

340000－1801－0015068　4:04334－4:04339
薛浪語集三十五卷　(宋)薛季宣撰　清同治金陵書局刻本　六册

340000－1801－0015069　4:04340－4:04345
薛浪語集三十五卷　(宋)薛季宣撰　清同治金陵書局刻本　六册

340000－1801－0015070　4:04354－4:04357
石湖詩集三十四卷　(宋)范成大撰　清依園刻本　八册

340000－1801－0015071　4:04358－4:04359
范石湖詩集二十卷　(宋)范成大撰　(清)李振裕定本　(清)黄昌衢參訂　(清)袁啓旭校　清康熙二十七年(1688)婺江黄昌衢藜照樓刻本　二册　存八卷(一至八)

340000－1801－0015072　4:04360－4:04363
石湖居士詩集三十四卷　(宋)范成大撰　清康熙二十七年(1688)顧氏依園刻本　四册

340000－1801－0015073　4:04364－4:04367
石湖居士詩集三十四卷　(宋)范成大撰　清康熙二十七年(1688)顧氏依園刻本　四册

340000－1801－0015074　4:04368－4:04371
石湖居士詩集三十四卷　(宋)范成大撰　清康熙二十七年(1688)顧氏依園刻本　四册

340000－1801－0015075　4:04376－4:04383
誠齋詩集十六卷　(宋)楊萬里撰　清嘉慶七年(1802)刻本　八册

340000－1801－0015076　4:04384－4:04406
誠齋文集四十二卷詩集四十二卷　(宋)楊萬里撰　清乾隆五十九年(1794)帶經軒刻本　二十三册

340000－1801－0015077　4:1045－4:1054 善
江湖長翁文集四十卷　(宋)陳造撰　明萬曆四十六年(1618)李之藻刻本　十册

340000－1801－0015078　4:1055－4:1061 善
白玉蟾集六卷續集二卷　(宋)葛長庚撰　題(明)臞仙(朱權)重編　明刻本　七冊

340000－1801－0015079　4:1031 善
放翁逸稿二卷家世舊聞一卷　(宋)陸游撰　明汲古閣刻本　一冊

340000－1801－0015080　4:1032－4:1039 善
劍南詩稿八十五卷　(宋)陸游撰　明汲古閣刻本　八冊　存十一卷(一至十一)

340000－1801－0015081　4:04407－4:04412
劍南詩抄六卷　(宋)陸游撰　(清)楊大鶴選　清康熙十年(1671)刻本　六冊

340000－1801－0015082　4:04413－4:04420
劍南詩抄六卷　(宋)陸游撰　(清)楊大鶴選　清光緒八年(1882)刻本　八冊

340000－1801－0015083　4:04421－4:04428
劍南詩抄六卷　(宋)陸游撰　(清)楊大鶴選　清光緒八年(1882)刻本　八冊

340000－1801－0015084　4:04443－4:04448
劍南詩抄六卷　(宋)陸游撰　(清)楊大鶴選　清康熙刻本　六冊

340000－1801－0015085　4:04449－4:04454
劍南詩抄六卷　(宋)陸游撰　(清)楊大鶴選　清康熙刻本　六冊

340000－1801－0015086　4:04455－4:04460
劍南詩抄六卷　(宋)陸游撰　(清)楊大鶴選　清康熙刻本　六冊

340000－1801－0015087　4:04485－4:04492
劍南詩抄六卷　(宋)陸游撰　(清)楊大鶴選　清復日堂刻本　八冊

340000－1801－0015088　4:04493－4:04500
劍南詩抄六卷　(宋)陸游撰　(清)楊大鶴選　清復日堂刻本　八冊

340000－1801－0015089　4:04513－4:04528
渭南文集五十卷　(宋)陸游撰　清刻本　十六冊

340000－1801－0015090　4:984－4:1030 善
渭南文集五十卷劍南詩稾八十五卷　(宋)陸游撰　明汲古閣刻本　四十七冊　缺三卷(劍南詩稾八十至八十二)

340000－1801－0015091　4:926－4:943 善
渭南文集五十卷劍南詩稾八十五卷　(宋)陸游撰　明汲古閣刻本　十八冊　存四十四卷(渭南文集三十至五十,劍南詩稾二十五至四十一、五十一至五十六)

340000－1801－0015092　4:944－4:983 善
陸放翁全集一百五十六卷　(宋)陸游撰　明汲古閣刻本　四十冊

340000－1801－0015093　4:5228－4:5275 善
陸放翁全集一百五十六卷　(宋)陸游撰　明汲古閣刻本　四十八冊

340000－1801－0015094　4:814－4:877 善
陸放翁全集一百五十六卷　(宋)陸游撰　明汲古閣刻李氏森寶齋印本　六十四冊

340000－1801－0015095　4:878－4:925 善
陸放翁全集一百五十六卷　(宋)陸游撰　明汲古閣刻張氏詩禮堂印本　四十八冊

340000－1801－0015096　4:04529－4:04540
水心文集二十九卷補遺一卷　(宋)葉適撰　清光緒八年(1882)里安孫氏刻本　十二冊

340000－1801－0015097　4:04541－4:04548
水心文集二十九卷補遺一卷　(宋)葉適撰　清光緒八年(1882)里安孫氏刻本　八冊

340000－1801－0015098　4:04549－4:04558
水心文集二十九卷補遺一卷　(宋)葉適撰　清光緒八年(1882)里安孫氏刻本　十冊

340000－1801－0015099　4:04559－4:04574
水心先生文集二十九卷補遺一卷別集一卷　(宋)葉適撰　清光緒八年(1882)孫氏詒善祠塾刻本　十六冊

340000－1801－0015100　4:04575－4:04582
水心文抄十卷　(宋)葉適撰　清刻本　八冊

340000－1801－0015101　4:04583－4:04586

水心先生别集十六卷　(宋)葉適撰　清同治金陵刻本　四册

340000－1801－0015102　4:04595－4:04604
龍川文集三十卷補遺一卷附錄二卷劄記一卷　(宋)陳亮撰　清同治八年(1869)刻本　十册

340000－1801－0015103　4:04605－4:04614
龍川文集三十卷附四卷　(宋)陳亮撰　清光緒元年(1875)湖北崇文書局刻本　十册

340000－1801－0015104　4:04615－4:04624
龍川文集三十卷附四卷　(宋)陳亮撰　清光緒元年(1875)湖北崇文書局刻本　十册

340000－1801－0015105　4:04625－4:04634
龍川文集三十卷附四卷　(宋)陳亮撰　清光緒元年(1875)湖北崇文書局刻本　十册

340000－1801－0015106　4:04635－4:04342
龍川文集三十卷附四卷　(宋)陳亮撰　清光緒元年(1875)湖北崇文書局刻本　八册

340000－1801－0015107　4:04643－4:04352
龍川文集三十卷附四卷　(宋)陳亮撰　清光緒元年(1875)湖北崇文書局刻本　十册

340000－1801－0015108　4:5202－4:5209 善
龍川文集三十卷　(宋)陳亮撰　清木活字印本　八册

340000－1801－0015109　4:04653－4:04366
鶴山文抄三十二卷　(宋)魏了翁撰　清同治十三年(1874)吳棠望三益齋刻本　十四册

340000－1801－0015110　4:04667－4:04374
南澗甲乙稿二十二卷　(宋)韓元吉撰　清乾隆武英殿木活字印武英殿聚珍版書本　八册

340000－1801－0015111　4:04675－4:04380
南軒文集四十四卷　(宋)張栻撰　清咸豐四年(1854)南軒祠堂刻本　六册

340000－1801－0015112　4:04681－4:04384
陳克齋先生集十七卷　(宋)陳文蔚撰　清康熙刻本　四册

340000－1801－0015113　4:3094－4:3104 善
西山先生真文忠公文章正宗二十四卷　(宋)真德秀撰　明嘉靖四十三年(1564)刻本　十一册　存二十三卷(一至二十一、二十三至二十四)

340000－1801－0015114　4:4597－4:4600 善
西山先生真文忠公文章正宗二十四卷　(宋)真德秀撰　明刻本　四册　存八卷(六至七、十四至十九)

340000－1801－0015115　4:30646－4:30675
文章正宗復刻三十卷續十二卷　(宋)真德秀輯　清同治三年(1864)刻本　三十册

340000－1801－0015116　4:30676－4:30705
文章正宗復刻三十卷續十二卷　(宋)真德秀輯　清同治三年(1864)刻本　三十册

340000－1801－0015117　4:3105－4:3109 善
續真文忠公文章正宗四十卷　(宋)真德秀撰　(明)鄭柏輯　明正德十年(1515)劉氏日新堂刻本　五册

340000－1801－0015118　4:04697－4:04716
西山先生真文忠公文集五十五卷目録二卷　(宋)真德秀撰　明萬曆二十六年(1598)景賢堂刻崇禎十一年至清康熙四年(1638－1665)遞修本　二十册

340000－1801－0015119　4:04717－4:04746
真文忠公文集五十五卷心政經一卷年譜一卷　(宋)真德秀撰　清雍正刻本　三十册

340000－1801－0015120　4:04747－4:04774
西山先生真文忠公文集五十五卷　(宋)真德秀撰　清同治刻本　二十八册

340000－1801－0015121　4:5216－4:5219 善
羅鄂州小集五卷　(宋)羅願撰　**羅郢州遺文一卷**　(宋)羅頌撰　明天啓六年(1626)羅朗刻本　四册

340000－1801－0015122　4:812－4:813 善
羅鄂州小集五卷附録一卷　(宋)羅願撰　明天啓六年(1626)羅朗刻本　二册

340000－1801－0015123　4:16176－4:16177
羅鄂州小集六卷附錄一卷　（宋）羅願撰　清光緒十九年（1893）黟縣李氏刻本　二冊

340000－1801－0015124　4:16178－4:16179
羅鄂州小集六卷附錄一卷　（宋）羅願撰　清光緒十九年（1893）黟縣李氏刻本　二冊

340000－1801－0015125　4:16180－4:16182
羅鄂州小集六卷附錄一卷　（宋）羅願撰　清光緒十九年（1893）黟縣李氏刻本　三冊

340000－1801－0015126　4:16183－4:16185
羅鄂州小集六卷附錄一卷　（宋）羅願撰　清光緒十九年（1893）李氏刻本　三冊

340000－1801－0015127　4:16186－4:16188
羅鄂州小集六卷附錄一卷　（宋）羅願撰　清光緒十九年（1893）黟縣李氏刻本　三冊

340000－1801－0015128　4:16160－4:16161
胡少師總集六卷附錄一卷　（宋）胡舜陟撰　清同治三年（1864）刻本　二冊

340000－1801－0015129　4:16162－4:16163
胡少師總集六卷附錄一卷　（宋）胡舜陟撰　清同治三年（1864）刻本　二冊

340000－1801－0015130　4:16164－4:16165
胡少師總集六卷附錄一卷　（宋）胡舜陟撰　清同治三年（1864）刻本　二冊

340000－1801－0015131　4:16189－4:16192
東萊詩集二十卷　（宋）呂本中撰　清咸豐九年（1859）刻本　四冊

340000－1801－0015132　4:16193－4:16196
東萊詩集二十卷　（宋）呂本中撰　清咸豐九年（1859）刻本　四冊

340000－1801－0015133　4:04312－4:04321
呂東萊先生文集二十卷　（宋）呂祖謙撰　（清）王崇炳輯　清同治六年（1867）永康胡氏退補齋刻本　十冊

340000－1801－0015134　4:16197－4:16206
呂東萊先生文集二十卷　（宋）呂祖謙撰　（清）王崇炳輯　清同治六年（1867）永康胡氏退補齋刻本　十冊

340000－1801－0015135　4:16207－4:16216
呂東萊先生文集二十卷　（宋）呂祖謙撰　（清）王崇炳輯　清同治六年（1867）永康胡氏退補齋刻本　十冊

340000－1801－0015136　4:4166－4:4177 善
文定集二十四卷　（宋）汪應辰撰　清乾隆四十五年（1780）武英殿木活字印武英殿聚珍版書本　十二冊

340000－1801－0015137　4:16217－4:16224
方秋崖先生全集八十三卷　（宋）方岳撰　清光緒二十一年（1895）清江黃氏刻本　八冊

340000－1801－0015138　4:16225－4:16232
方秋崖先生全集八十三卷　（宋）方岳撰　清光緒二十一年（1895）清江黃氏刻本　八冊

340000－1801－0015139　4:16233－4:16241
方秋崖先生全集八十三卷　（宋）方岳撰　清光緒二十一年（1895）刻本　九冊　缺三卷（小稿一至三）

340000－1801－0015140　4:16242－4:16251
宋名賢秋崖方先生文集四十五卷詩集三十八卷　（宋）方岳撰　清光緒二十一年（1895）刻本　十冊

340000－1801－0015141　4:16252－4:16261
宋名賢秋崖方先生文集四十五卷詩集三十八卷　（宋）方岳撰　清光緒二十一年（1895）刻本　十冊

340000－1801－0015142　4:804－4:809 善
晦庵先生朱文公文集一百卷　（宋）朱熹撰　明刻本　六冊　存六卷（三十八至四十三）

340000－1801－0015143　4:04219－4:04228
晦庵先生朱文公集一百卷續集十一卷別集十卷　（宋）朱熹撰　清刻本　十冊　存三十一卷（晦庵先生朱文公集九十一至一百、續集十一卷、別集十卷）

340000－1801－0015144　4:803 善
新刻宋名賢晦庵五言詩鈔前集二卷新鍥宋名

賢晦庵五言詩鈔後集二卷　(宋)朱熹撰　明萬曆十九年(1591)鄭雲竹宗文書舍刻本　一冊　存一卷(後集二)

340000－1801－0015145　4:04218
感興詩翼不分卷　(宋)朱熹撰　(清)吳日慎注　清刻本　一冊

340000－1801－0015146　4:4337－4:4342 善
朱子可聞詩集五卷　(宋)朱熹撰　(清)洪力行輯注　清康熙六十一年(1722)刻本　六冊

340000－1801－0015147　4:16262－4:16263
朱子詩三百首一卷　(宋)朱熹撰　(清)翟文粱　(清)翟培棻輯　清道光二十七年(1847)汲古軒刻本　二冊

340000－1801－0015148　4:16264
朱子詩三百首一卷　(宋)朱熹撰　(清)翟文粱　(清)翟培棻輯　清道光二十七年(1847)汲古軒刻本　一冊

340000－1801－0015149　4:16269
竹林詩集不分卷　(宋)汪叔筠撰　清道光五年(1825)刻本　一冊

340000－1801－0015150　4:16270－4:16271
翠微南征錄十卷首一卷末一卷　(宋)華岳撰　清光緒十五年(1889)刻本　二冊

340000－1801－0015151　4:16274
九華詩集三卷　(宋)陳巖撰　清光緒十二年(1886)皖潛劉奎文堂刻本　一冊

340000－1801－0015152　4:16295
仁山先生金文安公文集五卷　(元)金履祥撰　清同治退補齋刻本　一冊

340000－1801－0015153　4:04775
白石道人詩集二卷　(宋)姜夔撰　清掃葉山房石印本　一冊

340000－1801－0015154　4:04777－4:04778
白石道人四種十五卷　(宋)姜夔撰　清同治十年(1871)桂林倪氏野水閑鷗館刻本　二冊

340000－1801－0015155　4:04779－4:04781
姜白石全集十五卷　(宋)姜夔撰　清宣統二年(1910)掃葉山房石印本　三冊

340000－1801－0015156　4:04782－4:04784
姜白石全集十五卷　(宋)姜夔撰　清宣統二年(1910)掃葉山房石印本　三冊

340000－1801－0015157　4:04793
白石道人詩集二卷　(宋)姜夔撰　清乾隆江都陸氏刻本　一冊

340000－1801－0015158　4:04791－4:04792
姜堯章先生集十卷　(宋)姜夔撰　(清)姜熙輯　清道光刻本　二冊

340000－1801－0015159　4:04794
白石道人詩集二卷　(宋)姜夔撰　清乾隆刻本　一冊

340000－1801－0015160　4:04795
白石詩詞抄二卷　(宋)姜夔撰　清武唐俞蘭刻本　一冊

340000－1801－0015161　4:04796
白石道人詩集二卷　(宋)姜夔撰　清光緒十年(1884)刻本　一冊

340000－1801－0015162　4:04836－4:04843
廬陵文丞相全集十六卷　(宋)文天祥撰　清雍正三年(1725)文五桂堂刻本　八冊

340000－1801－0015163　4:04844－4:04853
廬陵文丞相全集十六卷　(宋)文天祥撰　清雍正三年(1725)文五桂堂刻本　十冊

340000－1801－0015164　4:04819－4:04835
廬陵文丞相全集十六卷　(宋)文天祥撰　清雍正三年(1725)常吉堂刻本　十七冊

340000－1801－0015165　4:04854－4:04863
文信國公集二十卷　(宋)文天祥撰　清同治七年(1868)楚醴景萊書室刻本　十冊

340000－1801－0015166　4:04864－4:04879
文信國公集二十卷　(宋)文天祥撰　清同治七年(1868)楚醴景萊書室刻本　十六冊

340000－1801－0015167　4:04816－4:04818
文山別集四種十卷　(宋)文天祥撰　清宣統

二年(1910)東雅社鉛印本　三册

340000－1801－0015168　4:1219－4:1228 善
文山先生全集二十卷　(宋)文天祥撰　(明)張元諭編　明嘉靖三十九年(1560)刻本　十册

340000－1801－0015169　4:04880－4:04881
朱淑真斷腸詩集十卷後集七卷詞一卷　(宋)朱淑真撰　(宋)鄭元佐注　清同治七年(1868)中華圖書館石印本　二册

340000－1801－0015170　4:04882－4:04883
朱淑真斷腸詩集十卷後集七卷詞一卷　(宋)朱淑真撰　(宋)鄭元佐注　清同治七年(1868)中華圖書館石印本　二册

340000－1801－0015171　4:04884
朱淑真斷腸詩集十卷後集七卷詞一卷　(宋)朱淑真撰　(宋)鄭元佐注　清同治七年(1868)中華圖書館石印本　一册

340000－1801－0015172　4:04890－4:04891
晞髪集十卷　(宋)謝翱撰　清康熙四十一年(1702)平湖陸氏刻本　二册

340000－1801－0015173　4:04894－4:04895
宋謝文節公六卷　(宋)謝枋得撰　清同治五年(1866)半畝園刻謝疊山文抄本　二册

340000－1801－0015174　4:04897
竹山遺略不分卷　(宋)謝璡撰　清道光蛾術齋刻本　一册

340000－1801－0015175　4:04898－4:04903
杜清獻公集十九卷　(宋)杜範撰　清光緒九年(1883)刻本　六册

340000－1801－0015176　4:04904
竹軒雜著六卷　(宋)林季仲撰　清光緒二年(1876)武昌刻本　一册

340000－1801－0015177　4:04905
蘭雪集二卷　(宋)張玉娘撰　清光緒八年(1882)刻本　一册

340000－1801－0015178　4:04906
蒙川遺稿四卷補遺一卷　(宋)劉黻撰　(宋)劉應奎校　(明)阮存編輯　清光緒元年(1875)孫詒讓刻本　一册

340000－1801－0015179　4:16296－4:16299
雙溪集十二卷　(宋)王炎撰　清康熙五十七年(1718)刻本　四册　存八卷(一至二、七至十二)

340000－1801－0015180　4:04797
伯牙琴一卷　(宋)鄧牧撰　清乾隆長塘鮑氏知不足齋刻本　一册

340000－1801－0015181　4:48406
友石山房詩鈔三卷　(宋)張棫撰　清光緒刻本　一册

340000－1801－0015182　4:48109
紹陶錄二卷　(宋)王質撰　清刻本　一册

340000－1801－0015183　4:3708－4:3710 善
花間集十卷　(唐)趙崇祚集　(明)湯顯祖評　明萬曆四十三年(1615)刻朱墨套印本　三册　存三卷(一至三)

340000－1801－0015184　4:3711 善
後村別調不分卷　(宋)劉克莊撰　**近體樂府一卷**　(宋)周必大撰　明毛氏汲古閣刻宋元十名家詞本　一册

340000－1801－0015185　4:3712－4:3713 善
後村別調不分卷　(宋)劉克莊撰　明毛氏汲古閣刻宋元十名家詞本　二册

340000－1801－0015186　4:3714 善
辛稼軒詞選不分卷　(宋)辛棄疾撰　(清)潘德輿選　清吳稼軒抄本　一册

340000－1801－0015187　4:3715 善
金谷遺音不分卷　(宋)石孝友撰　明毛氏汲古閣刻本　一册

340000－1801－0015188　4:3716 善
竹齋詩餘不分卷　(宋)黄機撰　明毛氏汲古閣刻本　一册

340000－1801－0015189　4:04057－4:04062
胡澹庵先生文集三十二卷　(宋)胡銓撰　清道光十三年(1833)刻本　六册

340000－1801－0015190　4:04063－4:04074
胡澹庵先生文集三十二卷　(宋)胡銓撰　清道光十三年(1833)刻本　十二册

340000－1801－0015191　4:04075－4:04082
胡澹庵先生文集三十二卷　(宋)胡銓撰　清道光十三年(1833)刻本　八册

340000－1801－0015192　4:04083－4:04090
胡澹庵先生文集三十二卷　(宋)胡銓撰　清道光十三年(1833)刻本　八册

340000－1801－0015193　4:04985－4:04988
滹南遺老王先生文集四十五卷續編一卷　(金)王若虚撰　清光緒十二年(1886)吴氏刻本　四册

340000－1801－0015194　4:04935－4:04950
元遺山先生集四十卷續夷堅志四卷新樂府四卷　(金)元好問撰　(清)張石舟編　**年譜二卷**　(清)凌廷堪撰　**年譜一卷**　(清)施國祁撰　**年譜一卷**　(清)翁方綱撰　**附錄一卷補載一卷**　(清)張石舟編　清光緒八年(1882)京都翰文齋刻本　十六册

340000－1801－0015195　4:04951－4:04956
遺山先生詩集二十卷補遺一卷　(金)元好問撰　(明)李瀚編　清宣統二年(1910)山陰周肇祥刻本　六册

340000－1801－0015196　4:04927－4:04934
元遺山詩集八卷　(金)元好問撰　(清)萬廷蘭重訂　清乾隆四十三年(1778)南昌萬廷蘭刻本　八册

340000－1801－0015197　4:04957－4:04960
元遺山詩集箋注十四卷　(金)元好問撰　(清)施國祁箋注　清道光二年(1822)南潯瑞松堂蔣氏刻本　四册

340000－1801－0015198　4:04961－4:04966
元遺山詩集箋注十四卷　(金)元好問撰　(清)施國祁箋注　清道光二年(1822)南潯瑞松堂蔣氏刻本　六册

340000－1801－0015199　4:04967－4:04974
元遺山詩集箋注十四卷　(金)元好問撰　(清)施國祁箋注　清道光二年(1822)南潯瑞松堂蔣氏刻本　八册

340000－1801－0015200　4:04975－4:04978
元遺山詩集箋注十四卷　(金)元好問撰　(清)施國祁箋注　清道光二年(1822)南潯瑞松堂蔣氏刻本　四册

340000－1801－0015201　4:04979－4:04982
元遺山詩集箋注十四卷　(金)元好問撰　(清)施國祁箋注　清道光二年(1822)南潯瑞松堂蔣氏刻本　四册

340000－1801－0015202　4:04983－4:04984
拙軒集六卷　(金)王寂撰　清乾隆四十一年(1776)武英殿木活字印武英殿聚珍版書本　二册

340000－1801－0015203　4:05005－4:05007
湛然居士文集十四卷　(元)耶律楚材撰　清光緒二十一年(1895)袁昶刻漸西村舍叢刻本　三册

340000－1801－0015204　4:05008－4:05011
湛然居士文集十四卷　(元)耶律楚材撰　清光緒二十一年(1895)袁昶刻漸西村舍叢刻本　四册

340000－1801－0015205　4:05012－4:05015
湛然居士文集十四卷　(元)耶律楚材撰　清光緒二十一年(1895)袁昶刻漸西村舍叢刻本　四册

340000－1801－0015206　4:05016－4:05019
湛然居士文集十四卷　(元)耶律楚材撰　清光緒二十一年(1895)袁昶刻漸西村舍叢刻本　四册

340000－1801－0015207　4:05020－4:05027
郝文忠公集三十九卷　(元)郝經撰　清乾隆王氏刻本　八册

340000－1801－0015208　4:18255
滄浪棹歌一卷　(明)陶宗儀撰　清刻讀畫齋叢書本　一册

340000－1801－0015209　4：05028－4：05037
郝文忠公集三十九卷附錄一卷　（元）郝經撰　（清）王鏐編　清乾隆三年（1738）刻本　十冊

340000－1801－0015210　4：05038－4：05043
剡源集三十卷劄記一卷　（元）戴表元撰　清道光二十年（1840）上海郁氏刻宜稼堂叢書本　六冊

340000－1801－0015211　4：5282－4：5289 善
新刻趙松雪文集四卷附一卷　（元）趙孟頫撰　明刻本（卷一至二抄配）　八冊

340000－1801－0015212　4：05044－4：05047
趙文敏公松雪齋全集十二卷　（元）趙孟頫撰　清末石印本　四冊

340000－1801－0015213　4：11132－4：11135
趙文敏公松雪齋全集十卷外集一卷　（元）趙孟頫撰　（元）張憲編　清光緒楊氏城書室刻本　四冊

340000－1801－0015214　4：05048－4：05051
松雪齋全集十卷外集一卷續集一卷　（元）趙孟頫撰　清光緒八年（1882）城書室刻本　四冊

340000－1801－0015215　4：05052－4：05055
松雪齋全集十卷外集一卷續集一卷　（元）趙孟頫撰　清光緒八年（1882）城書室刻本　四冊

340000－1801－0015216　4：05059－4：05064
松雪齋集十卷外集一卷　（元）趙孟頫撰　清德堂刻本　六冊

340000－1801－0015217　4：5276－4：5281 善
松雪齋集十卷外集一卷　（元）趙孟頫撰　清清德堂刻本　六冊

340000－1801－0015218　4：5292－4：5301 善
郝文忠公陵川集三十九卷附錄一卷　（元）郝經撰　（清）王鏐編訂　清乾隆三年（1738）王氏刻本　十冊

340000－1801－0015219　4：5302 善
鐵崖先生復古詩集六卷　（明）楊維楨撰　（元）章琬輯　明末汲古閣刻本　一冊

340000－1801－0015220　4：05065－4：05067
吳草廬先生文選六卷　（元）吳澄撰　清道光二十五年（1845）刻金元明八大家文選本　三冊

340000－1801－0015221　4：05068－4：05075
許文正公遺書十四卷　（元）許衡撰　清乾隆五十五年（1790）刻本　八冊

340000－1801－0015222　4：05076－4：05081
許文正公遺書十二卷首一卷末一卷　（元）許衡撰　清光緒六安涂宗瀛求我齋刻本　六冊

340000－1801－0015223　4：05082－4：05085
靜修文集十二卷　（元）劉因撰　清光緒五年（1879）刻畿輔叢書本　四冊

340000－1801－0015224　4：05104
介夫先生何公文集四卷　（元）何景福撰　清光緒二十一年（1895）何致真堂刻鐵牛翁遺稿本　一冊

340000－1801－0015225　4：05086－4：05087
姚牧庵先生文選五卷　（元）姚燧撰　（清）李祖陶輯　清道光二十五年（1845）刻金元明八大家文選本　二冊

340000－1801－0015226　4：05088－4：05089
姚牧庵先生文選五卷　（元）姚燧撰　（清）李祖陶輯　清道光二十五年（1845）刻金元明八大家文選本　二冊

340000－1801－0015227　4：05090－4：05093
吉永豐鷺溪劉楚奇先生惟實集四卷外集二卷　（元）劉鶚撰　清咸豐五年（1855）震章樓刻本　四冊

340000－1801－0015228　4：05094－4：05097
吉永豐鷺溪劉楚奇先生惟實集四卷外集二卷　（元）劉鶚撰　清咸豐五年（1855）震章樓刻本　四冊

340000－1801－0015229　4：1116－4：1117 善
虞道園集不分卷　（元）虞集撰　（明）葛鼒

(明)葛鼒評輯　明末周氏刻本　二冊

340000－1801－0015230　4:05209－4:05218
九靈山房集三十二卷遺稿六卷　(元)虞集撰　清同治十二年(1873)永康胡氏退補齋刻本　十冊

340000－1801－0015231　4:05110－4:05119
道園學古錄五十卷　(元)虞集撰　清刻本　十冊

340000－1801－0015232　4:05136
揭文安公文粹六卷　(元)揭傒斯撰　清同治十一年(1872)安徽敬義齋刻本　一冊

340000－1801－0015233　4:05106－4:05109
虞道園文選八卷　(元)虞集撰　清宣統二年(1910)石印本　四冊

340000－1801－0015234　4:05157－4:05160
貞居集七卷補遺二卷附錄二卷　(元)張麗撰　清光緒丁氏八千卷樓刻本　四冊

340000－1801－0015235　4:05161－4:05162
江月松風集十二卷補遺附錄一卷文錄一卷　(元)錢惟善撰　清光緒十五年(1889)泉唐丁氏刻本　二冊

340000－1801－0015236　4:05163－4:05164
江月松風集十二卷補遺附錄一卷文錄一卷　(元)錢惟善撰　清光緒十五年(1889)泉唐丁氏刻本　二冊

340000－1801－0015237　4:05165
所安遺集不分卷　(元)陳泰撰　清光緒六年(1880)武林刻本　一冊

340000－1801－0015238　4:05166－4:05169
水雲村吟稿十二卷首一卷末一卷　(元)劉壎撰　(清)劉冠寰編輯　(清)劉凝箋注　清道光十年(1830)南豐劉氏刻本　四冊

340000－1801－0015239　4:05178－4:05183
吳淵穎先生集十二卷　(元)吳萊撰　清同治九年(1870)刻本　六冊

340000－1801－0015240　4:05184－4:05186
清閟閣集十二卷　(元)倪瓚撰　清光緒二十一年(1895)刻本　三冊

340000－1801－0015241　4:05187－4:05192
雁門集六卷補墨一卷　(元)薩都剌撰　清宣統二年(1910)刻本　六冊

340000－1801－0015242　4:05193
梅道人遺墨不分卷　(元)吳鎮撰　清光緒刻嘯園叢書本　一冊

340000－1801－0015243　4:05195－4:05196
元鹿皮子集四卷　(元)陳樵撰　清康熙寓樓書室刻本　二冊

340000－1801－0015244　4:05197－4:05208
黃文獻公集十二卷　(元)黃溍撰　清光緒二年(1876)永康胡氏退補齋刻本　十二冊

340000－1801－0015245　4:1118－4:1120 善
貞素齋集十卷　(元)舒頔撰　(清)四庫館臣編　清四庫館抄本(四庫遞改本)　三冊　存八卷(三至十)

340000－1801－0015246　4:1123 善
師山先生遺文五卷　(元)鄭玉撰　明刻本　一冊

340000－1801－0015247　4:1124－4:1126 善
師山先生文集八卷遺文五卷附錄一卷　(元)鄭玉撰　明嘉靖十四年(1535)刻遞修本　三冊

340000－1801－0015248　4:1127－4:1128 善
師山先生文集八卷　(元)鄭玉撰　明刻本　二冊

340000－1801－0015249　4:1129 善
翠寒集不分卷　(元)宋無撰　明毛氏汲古閣刻三元人詩集後印本　一冊

340000－1801－0015250　4:1130 善
翠寒集不分卷　(元)宋無撰　明毛氏汲古閣刻三元人詩集本　一冊

340000－1801－0015251　4:1131 善
玉笥集十卷　(元)張憲撰　清抄本　一冊　存三卷(八至十)

340000－1801－0015252　4:05105
丹邱集三卷　(元)柯九思撰　清雍正薛氏刻本　一册

340000－1801－0015253　4:04995－4:05002
柳待制文集二十卷　(元)柳貫撰　清光緒九年(1883)木活字印本　八册

340000－1801－0015254　4:16300
青陽山房集五卷附錄一卷　(元)余闕撰　清光緒元年(1875)張氏刻本　一册

340000－1801－0015255　4:16301－4:16302
青陽山房集五卷　(元)余闕撰　清嘉慶八年(1803)刻本　二册

340000－1801－0015256　4:16309－4:16310
忠宣公文集六卷　(元)余闕撰　清同治六年(1867)刻本　二册

340000－1801－0015257　4:16311－4:16312
忠宣公文集六卷　(元)余闕撰　清同治六年(1867)刻本　二册

340000－1801－0015258　4:16313－4:16314
忠宣公文集六卷　(元)余闕撰　清同治六年(1867)刻本　二册

340000－1801－0015259　4:16315－4:16318
余忠宣公集六卷　(元)余闕撰　清同治十三年(1874)刻本　四册

340000－1801－0015260　4:16331－4:16334
東山存稿七卷　(明)趙汸撰　清康熙二十年(1681)趙起士刻本　四册　存五卷(一至五)

340000－1801－0015261　4:16328－4:16330
師山文集八卷遺文六卷　(元)鄭玉撰　清道光二十三年(1843)刻本　三册

340000－1801－0015262　4:16303－4:16304
雲峰文集十卷　(元)胡炳文撰　清道光刻本　二册

340000－1801－0015263　4:16305－4:16306
雲峰文集十卷　(元)胡炳文撰　清道光刻本　二册

340000－1801－0015264　4:16307－4:16308
雲峰文集十卷　(元)胡炳文撰　清道光刻本　二册

340000－1801－0015265　4:16335－4:16338
雲峰胡先生文集十卷　(元)胡炳文撰　清刻本　四册

340000－1801－0015266　4:16319－4:16320
雙湖先生文集十卷　(元)胡一桂撰　清康熙四十二年(1703)刻本　二册

340000－1801－0015267　4:16321
野趣存稿二卷　(元)楊公遠撰　清知白亭刻本　一册

340000－1801－0015268　4:16322－4:16327
陳定宇先生文集十七卷年表一卷　(元)陳櫟撰　清康熙三十三年(1694)刻本　六册

340000－1801－0015269　4:1138－4:1143 善
方正學文集十一卷　(明)方孝孺撰　(明)李贄評選　明刻本　六册

340000－1801－0015270　4:1144 善
方正學先生集選十三卷　(明)方孝孺撰　(明)張汝瑚輯選　清康熙刻明八大家集本　一册　存三卷(十至十二)

340000－1801－0015271　4:05351－4:05366
遜志齋集二十四卷　(明)方孝孺撰　清康熙刻本　十六册

340000－1801－0015272　4:05403－4:05418
遜志齋全集二十四卷拾補一卷　(明)方孝孺撰　清同治十二年(1873)刻本　十六册

340000－1801－0015273　4:05419－4:05433
方正學先生遜志齋全集二十四卷　(明)方孝孺撰　清同治刻本　十五册

340000－1801－0015274　4:05434－4:05445
方正學先生遜志齋全集二十四卷拾補一卷外紀一卷　(明)方孝孺撰　(明)張紹謙輯　清同治十二年(1873)孫熹刻本　十二册

340000－1801－0015275　4:5452－4:5471 善
遜志齋集二十四卷附錄一卷　(明)方孝孺撰

明嘉靖四十年(1561)王可大刻本(有抄配) 二十册

340000－1801－0015276　4:1121 善

仁山遺稿一卷　(明)陳彌壽撰　明嘉靖四年(1525)新安程鐘刻本　一册

340000－1801－0015277　4:1122 善

仁山遺稿一卷附録一卷附和溪十景詩　(明)陳彌壽撰　明嘉靖四年(1525)新安程鐘刻本　一册

340000－1801－0015278　4:4045－4:4054 善

榴館初函集選十卷　(明)楊思本撰　清康熙十三年(1674)楊日升、楊日鼎刻本　十册

340000－1801－0015279　4:4651－4:4652 善

甘泉先生文録類選二十一卷　(明)湛若水撰　明中刻本　二册　存六卷(五至十)

340000－1801－0015280　4:4653 善

蓮峰先生集二卷　(明)葉份撰　明萬曆刻本　一册

340000－1801－0015281　4:4654 善

紅蕉軒集録二卷十辯一卷　(明)熊申撰　明天啓刻本　一册

340000－1801－0015282　4:1366－4:1368 善

誠意伯劉先生文集覆瓿集二十四卷　(明)劉基撰　明成化六年(1470)刻本　三册　存二卷(五至六)

340000－1801－0015283　4:1137 善

誠意伯劉先生文集二十卷寫情集二卷　(明)劉基撰　明刻本　一册　存四卷(誠意伯劉先生文集十七至十八、寫情集二卷)

340000－1801－0015284　4:4648－4:4650 善

太師誠意伯劉文成公集二十卷　(明)劉基撰　明刻本　三册　存八卷(七至九、十四至十六、十九至二十)

340000－1801－0015285　4:048098－4:048103

太師誠意伯劉文成公集二十卷　(明)劉基撰　清刻本　六册　存十三卷(一至十三)

340000－1801－0015286　4:05236－4:05247 善

誠意伯文集二十卷　(明)劉基撰　清雍正八年(1730)刻本　十二册

340000－1801－0015287　4:06962－4:06975

誠意伯文集二十卷　(明)劉基撰　清光緒元年(1875)刻本　十四册

340000－1801－0015288　4:05226－4:05235

誠意伯文集二十卷　(明)劉基撰　清光緒元年(1875)刻本　十册

340000－1801－0015289　4:1165－4:1174 善

苑洛集二十二卷　(明)韓邦奇撰　明嘉靖刻本(卷一至二爲抄配)　十册

340000－1801－0015290　4:05834－4:05843

苑洛集二十二卷　(明)韓邦奇撰　清乾隆十六年(1751)刻本　十册

340000－1801－0015291　4:1206－4:1208 善

清音閣集六卷　(明)顧大典撰　明萬曆刻本　三册

340000－1801－0015292　4:1351－4:1352 善

朱楓林集十卷　(明)朱升撰　明萬曆四十四年(1616)歙縣刻本　二册

340000－1801－0015293　4:1353－4:1354 善

朱楓林集十卷　(明)朱升撰　明萬曆四十四年(1616)歙縣刻本　二册

340000－1801－0015294　4:1355－4:1356 善

朱楓林集十卷　(明)朱升撰　明萬曆四十四年(1616)歙縣刻本　二册

340000－1801－0015295　4:1357－4:1358 善

朱楓林集十卷　(明)朱升撰　明萬曆四十四年(1616)歙縣刻本　二册　存七卷(一至三、七至十)

340000－1801－0015296　4:1359 善

朱楓林集十卷　(明)朱升撰　明萬曆四十四年(1616)歙縣朱氏刻本　一册　存六卷(五至十)

340000－1801－0015297　4:1360－4:1363 善

朱楓林集十卷　(明)朱升撰　明萬曆四十四年(1616)歙縣刻本　四册　存七卷(一至三、

七至十）

340000－1801－0015298　4：17029－4：17030

朱楓林集十卷　（明）朱升撰　明刻新安朱氏文集本（有抄配）　二册

340000－1801－0015299　4：1369－4：1372 善

覆瓿集八卷　（明）朱同撰　明萬曆四十四年（1616）歙縣朱府刻本　四册

340000－1801－0015300　4：1373－4：1374 善

覆瓿集八卷　（明）朱同撰　明萬曆四十四年（1616）歙縣朱府刻本　四册

340000－1801－0015301　4：1375－4：1376 善

覆瓿集八卷　（明）朱同撰　明萬曆四十四年（1616）歙縣朱府刻本　四册

340000－1801－0015302　4：1377－4：1378 善

覆瓿集八卷　（明）朱同撰　明萬曆四十四年（1616）歙縣朱府刻本　二册

340000－1801－0015303　4：17043－4：17044

覆瓿集八卷　（明）朱同撰　明刻新安朱氏文集本　二册

340000－1801－0015304　4：1145－4：1164 善

薛文清公全集四十卷　（明）薛瑄撰　明萬曆四十三年（1615）關中崔爾進刻本　二十册

340000－1801－0015305　4：05225

宋學士文集八集七十五卷　（明）宋濂撰　明正德刻本　一册　存五卷（三十六至四十）

340000－1801－0015306　4：1136 善

宋太史集□卷　（明）宋濂撰　（明）胡應麟編　明萬曆喻均蘭谿刻本　一册　存五卷（一至五）

340000－1801－0015307　4：05219－4：05224

宋文憲公全集六卷　（明）宋濂撰　清宣統二年（1910）四明孫鏘七千卷樓刻本　六册

340000－1801－0015308　4：1328 善

三徑集不分卷　（明）朱承甫撰　明刻本　一册

340000－1801－0015309　4：05248－4：05250

柘軒集四卷　（明）淩雲翰著　清泉唐丁氏刻本　三册

340000－1801－0015310　4：05251－4：05256

梁石門集十卷　（明）梁寅撰　清光緒十五年（1889）刻本　六册

340000－1801－0015311　4：05257－4：05262

梁石門集十卷首一卷末一卷　（明）梁寅撰　清光緒十五年（1889）刻本　六册

340000－1801－0015312　4：05263－4：05268

新喻梁石門先生集十卷末一卷　（明）梁寅撰　清光緒十五年（1889）刻本（卷一配抄本）　六册

340000－1801－0015313　4：05269－4：05272

藍山詩集六卷　（明）藍仁撰　**藍澗詩集六卷**　（明）藍智撰　（清）程嗣祖編集　清刻本　四册

340000－1801－0015314　4：05273－4：05282

青邱高季迪先生集十八卷首一卷遺詩一卷扣舷集一卷附錄一卷鳧藻集五卷　（明）高啟撰　（清）金壇輯注　清刻本　十册

340000－1801－0015315　4：05283－4：05294

青邱高季迪先生集十八卷首一卷遺詩一卷扣舷集一卷附錄一卷鳧藻集五卷　（明）高啟撰　（清）金壇輯注　清刻本　十二册

340000－1801－0015316　4：05295－4：05306

青邱高季迪先生集十八卷首一卷遺詩一卷扣舷集一卷附錄一卷鳧藻集五卷　（明）高啟撰　（清）金壇輯注　清刻本　十二册

340000－1801－0015317　4：05328－4：05331

高季迪先生大全集十八卷　（明）高啓撰　清康熙許氏竹素園刻本　清黃崇惺題跋　四册　缺十一卷（詩集一至十一）

340000－1801－0015318　4：05332－4：05343

青邱高季迪先生詩集十八卷遺詩一卷叩舷集一卷鳧藻集五卷　（明）高啓撰　清刻本　十二册

340000－1801－0015319　4：05344－4：05345

草閣集六卷附三種　(明)李昱撰　清光緒錢塘丁氏刻本　二册

340000－1801－0015320　4:05346

海叟詩集四卷附錄一卷　(明)袁凱撰　清康熙曹氏城書室刻本　一册

340000－1801－0015321　4:05347－4:05348

袁海叟詩集四卷　(明)袁凱撰　清光緒十九年(1893)觀自得齋刻本　二册

340000－1801－0015322　4:05349－4:05350

海叟集四卷附錄一卷　(明)袁凱撰　清宣統三年(1911)江西石印本　二册

340000－1801－0015323　4:05446

練中丞金川集二卷遺事錄一卷　(明)練子寧撰　清康熙刻本　一册

340000－1801－0015324　4:05447－4:05456

解文毅公集十六卷附錄一卷後集六卷　(明)解縉撰　清敦仁堂刻本　十册

340000－1801－0015325　4:05457－4:05462

解文毅公集十六卷附錄一卷　(明)解縉撰　清敦仁堂刻本　六册

340000－1801－0015326　4:05468－4:05471

兩溪文集二十四卷　(明)劉球撰　清雍正十二年(1734)薛氏刻本　四册

340000－1801－0015327　4:05472－4:05475

兩溪文集二十四卷　(明)劉球撰　清雍正十二年(1734)薛氏刻本　四册

340000－1801－0015328　4:05464－4:05467

兩溪文集二十四卷　(明)劉球撰　清宣統二年(1910)守政書局木活字印本　四册

340000－1801－0015329　4:05476－4:05489

文清薛先生文集二十四卷　(明)薛瑄撰　清刻本　十四册

340000－1801－0015330　4:05490－4:05501

文清薛先生文集二十四卷　(明)薛瑄撰　清雍正十二年(1734)刻本　十二册

340000－1801－0015331　4:05502－4:05513

文清公薛先生文集二十四卷　(明)薛瑄撰　(明)張鼎輯　清錢塘丁氏刻本　十二册

340000－1801－0015332　4:05514－4:05528

文清公薛先生文集二十四卷讀書錄七卷　(明)薛瑄撰　清乾隆刻本　十五册

340000－1801－0015333　4:05529－4:05536

于肅敏公集八卷奏議十卷　(明)于謙撰　清乾隆三十六年(1771)碧玉樓刻本　八册

340000－1801－0015334　4:05537－4:05548

白沙子全集十卷古詩教解二卷附錄一卷　(明)陳憲章撰　清乾隆三十六年(1771)碧玉樓刻本　十二册

340000－1801－0015335　4:05552－4:05561

白沙子全集十卷古詩教解二卷附錄一卷　(明)陳憲章撰　清嘉慶邱海二公刻本　十册

340000－1801－0015336　4:05562－4:05571

白沙子全集十卷古詩教解二卷附錄一卷　(明)陳憲章撰　清道光十五年(1835)宜祿堂刻本　十册

340000－1801－0015337　4:05586－4:05591

邱文莊公集十卷　(明)邱濬撰　清刻本　六册

340000－1801－0015338　4:05592－4:05593

淩溪先生集十八卷　(明)朱應登撰　清同治十三年(1874)祝壽眉刻本　二册

340000－1801－0015339　4:05594－4:05595

淩溪先生集十八卷　(明)朱應登撰　清同治十三年(1874)刻本　二册　存十卷(六至九、十三至十八)

340000－1801－0015340　4:05600－4:05601

枝山文集四卷　(明)祝允明撰　清嘉慶八年(1803)隴下學易堂刻本　二册

340000－1801－0015341　4:05602－4:05603

枝山文集四卷　(明)祝允明撰　清刻本　二册

340000－1801－0015342　4:05604－4:05623

懷麓堂集八十卷年譜一卷　(明)李東陽撰

清康熙三十八年(1699)懷古樓刻本　二十冊

340000-1801-0015343　4:05624-4:05633
懷麓堂文後稿三十卷詩後稿十卷雜記十卷　(明)李東陽撰　清光緒六年(1880)六安涂宗瀛求我齋刻本　十冊

340000-1801-0015344　4:05634-4:05635
西涯樂府二卷　(明)李東陽撰　清光緒十六年(1890)渭南嚴氏刻本　二冊

340000-1801-0015345　4:05636-4:05637
文敬胡先生集三卷　(明)胡居仁撰　清光緒六年(1880)六安求我齋刻本　二冊

340000-1801-0015346　4:5529-4:5556 善
空同先生集六十三卷　(明)李夢陽撰　明嘉靖刻本　二十八冊

340000-1801-0015347　4:1175-4:1190 善
空同先生集六十三卷　(明)李夢陽撰　明嘉靖刻本　十六冊

340000-1801-0015348　4:1191-4:1195 善
空同先生集六十三卷　(明)李夢陽撰　明嘉靖十二年(1533)京兆慎獨齋刻本　五冊　存十六卷(二十九至四十四)

340000-1801-0015349　4:1196-4:1201 善
空同先生集六十三卷　(明)李夢陽撰　明嘉靖十二年(1533)京兆慎獨齋刻本　六冊　存四十一卷(九至二十八、三十七至四十二、四十九至六十三)

340000-1801-0015350　4:1205 善
空同詩選不分卷　(明)李夢陽撰　(明)楊慎選　明萬曆烏程閔氏刻朱墨套印本　一冊

340000-1801-0015351　4:1202-4:1204 善
空同先生集六十三卷　(明)李夢陽撰　明嘉靖刻本　三冊　存五卷(二十四至二十六、三十四、四十)

340000-1801-0015352　4:05638-4:05645
空同詩集三十四卷　(明)李夢陽撰　清光緒十五年(1889)渭南嚴氏刻本　八冊

340000-1801-0015353　4:05646-4:05655
李空同詩集三十三卷附錄一卷　(明)李夢陽撰　清宣統二年(1910)掃葉山房石印本　十冊

340000-1801-0015354　4:05656-4:05665
李空同詩集三十三卷附錄一卷　(明)李夢陽撰　清宣統二年(1910)掃葉山房石印本　十冊

340000-1801-0015355　4:05666-4:05681
王文成公全集十六卷年譜一卷　(明)王守仁撰　清道光湖南刻本　十六冊

340000-1801-0015356　4:05682-4:05697
王陽明先生全集二十二卷年譜一卷　(明)王守仁撰　(清)俞嶙重編　清康熙從化自公堂刻本　十六冊

340000-1801-0015357　4:048135
王陽明先生全集十六卷　(明)王守仁撰　清刻本　一冊　存一卷(八)

340000-1801-0015358　4:05698-4:05712
王文成公全集十六卷　(明)王守仁撰　(清)王貽樂輯　清道光六年(1826)刻本　十六冊

340000-1801-0015359　4:05714-4:05729
王文成公全集十六卷　(明)王守仁撰　(清)王貽樂輯　清道光六年(1826)刻本　十六冊

340000-1801-0015360　4:05730-4:05753
王文成公全書三十八卷　(明)王守仁撰　清刻通行本　二十四冊

340000-1801-0015361　4:05754-4:05777
王文成公全書三十八卷　(明)王守仁撰　清刻通行本　二十四冊

340000-1801-0015362　4:1298-4:1307 善
陽明先生文錄五卷外集九卷別錄十四卷　(明)王守仁撰　(明)陳九川纂錄　明嘉靖刻本　十冊

340000-1801-0015363　4:1278-4:1297 善
河東重刻陽明先生文錄五卷外集九卷別錄十卷　(明)王守仁撰　明嘉靖三十二年(1553)宋儀望刻本　二十冊

340000－1801－0015364　4:5321－4:5342 善
陽明先生正録五卷外録九卷别録十卷　(明)王守仁撰　明嘉靖蕭氏古翰樓刻本(别録補配明嘉靖刻本)　二十二册

340000－1801－0015365　4:1308－4:1311 善
王文成公文選八卷　(明)王守仁撰　(明)王畿選　明崇禎六年(1633)刻本　四册

340000－1801－0015366　4:1312－4:1315 善
王文成公文選八卷　(明)王守仁撰　(明)王畿選　明崇禎六年(1633)刻本　四册

340000－1801－0015367　4:1316－4:1327 善
王文成公文選三十八卷　(明)王守仁撰　明刻本　十二册　存十九卷(二十至三十八)

340000－1801－0015368　4:05778－4:05787
陽明先生集要理學集四卷經濟集七卷文章集三卷年譜一卷　(明)王守仁撰　(明)施邦曜評輯　清光緒五年(1879)黔南刻扶風山陽明祠印本　十册　缺五卷(陽明先生集要理學集二至三、經濟集三至五)

340000－1801－0015369　4:05788
理學韓樂吾先生詩集一卷行略一卷　(明)韓貞撰　清光緒十二年(1886)興化刻本　一册

340000－1801－0015370　4:05789
理學韓樂吾先生詩集一卷行略一卷　(明)韓貞撰　清刻本　一册

340000－1801－0015371　4:05790－4:05795
康對山先生文集十卷　(明)康海撰　清乾隆二十六年(1761)刻本　六册

340000－1801－0015372　4:05796－4:05801
康對山先生文集十卷　(明)康海撰　清乾隆二十六年(1761)武功縣刻本　六册

340000－1801－0015373　4:05802－4:05803
巽峰集十二卷　(明)尹襄撰　清光緒刻本　二册

340000－1801－0015374　4:1364－4:1365 善
鈐山堂集三十五卷　(明)嚴嵩撰　明刻本　二册　存六卷(二十六至三十一)

340000－1801－0015375　4:05804－4:05813
鈐山堂集四十卷　(明)嚴嵩撰　清嘉慶十一年(1806)刻本　十册

340000－1801－0015376　4:05814－4:05823
鈐山堂集四十卷　(明)嚴嵩撰　清嘉慶十一年(1806)刻本　十册

340000－1801－0015377　4:05824－4:05833
鈐山堂集四十卷　(明)嚴嵩撰　清嘉慶十一年(1806)刻本　十册

340000－1801－0015378　4:5351－4:5356 善
鳥鼠山人小集十卷後集二卷　(明)胡纘宗撰　明嘉靖刻清修本　八册

340000－1801－0015379　4:05844－4:05862
鳥鼠山人小集十五卷後集二卷願學編二卷可泉擬涯翁擬古樂府二卷擬漢樂府八卷唐雅八卷雍音四卷　(明)胡纘宗撰　(明)谷繼宗輯解　(明)胡統宗注　明嘉靖刻清補修本　十九册　缺四卷(唐雅七至八,雍音一、四)

340000－1801－0015380　4:05889－4:05892
十科策略箋釋十卷附劉定之年譜一卷　(明)劉定之撰　(清)劉作樑注釋　清乾隆二十一年(1756)古吳三樂齋刻本　四册

340000－1801－0015381　4:05863－4:05874
甫田集三十六卷　(明)文徵明撰　清宣統三年(1911)鉛印本　十二册

340000－1801－0015382　4:05875－4:05886
甫田集三十六卷　(明)文徵明撰　清宣統三年(1911)鉛印本　十二册

340000－1801－0015383　4:05893
京邸懷歸詩不分卷　(明)文徵明撰　清光緒三十四年(1908)影印本　一册

340000－1801－0015384　4:05894
京邸懷歸詩不分卷　(明)文徵明撰　清光緒三十四年(1908)影印本　一册

340000－1801－0015385　4:05895
京邸懷歸詩不分卷　(明)文徵明撰　清光緒三十四年(1908)影印本　一册

340000－1801－0015386　4:05896
京邸懷歸詩不分卷　（明）文徵明撰　清光緒三十四年（1908）影印本　一册

340000－1801－0015387　4:05897
京邸懷歸詩不分卷　（明）文徵明撰　清光緒三十四年（1908）影印本　一册

340000－1801－0015388　4:05898
京邸懷歸詩不分卷　（明）文徵明撰　清光緒三十四年（1908）影印本　一册

340000－1801－0015389　4:05899
京邸懷歸詩不分卷　（明）文徵明撰　清光緒三十四年（1908）影印本　一册

340000－1801－0015390　4:05900
京邸懷歸詩不分卷　（明）文徵明撰　清光緒三十四年（1908）影印本　一册

340000－1801－0015391　4:05901
京邸懷歸詩不分卷　（明）文徵明撰　清光緒三十四年（1908）影印本　一册

340000－1801－0015392　4:05928－4:05933
梓溪外集十卷　（明）舒芬著　明刻本　六册

340000－1801－0015393　4:05934－4:05942
唐荊川先生文集十九卷　（明）唐順之撰　清江南書局刻本　九册

340000－1801－0015394　4:05943－4:05952
荊川先生文集十二卷補遺五卷外集三卷附錄一卷　（明）唐順之撰　清光緒三十年（1904）江南書局刻本　十册

340000－1801－0015395　4:05965－4:05970
六如居士全集五種十八卷　（明）唐寅撰　清嘉慶刻本　六册

340000－1801－0015396　4:05971－4:05978
六如居士全集外集制義畫譜十七卷　（明）唐寅撰　清嘉慶刻本　八册

340000－1801－0015397　4:1425 善
白雪樓詩集十二卷　（明）李攀龍撰　明嘉靖刻本　一册　存四卷（九至十二）

340000－1801－0015398　4:1230－4:1234 善
懷麓堂文後稿三十卷　（明）李攀龍撰　明刻本　五册　存二十五卷（一至二十五）

340000－1801－0015399　4:1229 善
滄溟文選評林四卷　（明）李攀龍撰　明刻本　一册

340000－1801－0015400　4:5519－4:5524 善
滄溟先生集三十卷　（明）李攀龍撰　**附錄一卷**　（明）殷士儋等撰　明隆慶刻本　六册

340000－1801－0015401　4:1209－4:1218 善
滄溟先生集三十卷附錄一卷　（明）李攀龍撰　明萬曆三十四年（1606）睢陽陳氏刻本　十册

340000－1801－0015402　4:05983－4:05990
滄溟先生全集三十卷附錄一卷　（明）李攀龍撰　清道光二十七年（1847）刻本　八册

340000－1801－0015403　4:05170－4:05177
梧溪集七卷　（明）王逢撰　清同治十三年（1874）思補樓刻本　八册

340000－1801－0015404　4:1239 善
松塢先生文集五卷　（明）王逢撰　清末木活字印本　一册

340000－1801－0015405　4:1240 善
東里文集二十五卷　（明）楊士奇撰　明萬曆四十六年（1618）刻清孫氏修補本　八册

340000－1801－0015406　4:05992－4:05997
重刻張太嶽先生全集四十八卷　（明）張居正撰　清道光八年（1828）刻本　六册　缺十一卷（二十六至三十六）

340000－1801－0015407　4:06014－4:06029
張文忠公全集四十八卷　（明）張居正撰　清光緒二十七年（1901）刻本　十六册

340000－1801－0015408　4:06030－4:06041
張文忠公全集四十八卷　（明）張居正撰　清光緒二十七年（1901）刻本　十二册

340000－1801－0015409　4:06042－4:06043
楊椒山先生集四卷　（明）楊繼盛撰　清康熙

刻本　二册

340000－1801－0015410　4:06044－4:06047
楊椒山先生集四卷　(明)楊繼盛撰　清康熙刻本　四册

340000－1801－0015411　4:06048
楊椒山先生集四卷年譜一卷　(明)楊繼盛撰　清康熙刻本　二册

340000－1801－0015412　4:06049－4:06052
楊忠愍公集四卷　(明)楊繼盛撰　清康熙十二年(1673)楊氏刻本　四册

340000－1801－0015413　4:06053－4:06054
楊椒山先生集四卷年譜一卷　(明)楊繼盛撰　清康熙三十七年(1698)刻本　二册

340000－1801－0015414　4:06055
楊椒山先生集四卷　(明)楊繼盛撰　清敬一齋刻本　一册

340000－1801－0015415　4:06056－4:06057
楊忠愍公全集四卷　(明)楊繼盛撰　清道光二十一年(1841)刻本　二册

340000－1801－0015416　4:06058－4:06059
楊忠愍公集五卷首一卷末一卷　(明)楊繼盛撰　清同治七年(1868)楚醴景萊書室刻四忠遺集本　二册

340000－1801－0015417　4:06060－4:06061
楊忠愍公集五卷首一卷末一卷　(明)楊繼盛撰　清同治七年(1868)楚醴景萊書室刻四忠遺集本　二册

340000－1801－0015418　4:06062
楊椒山先生遺集不分卷　(明)楊繼盛撰　清同治刻本　一册

340000－1801－0015419　4:06063－4:06064
楊椒山先生遺集不分卷　(明)楊繼盛撰　清同治刻本　二册

340000－1801－0015420　4:06065－4:06066
楊忠愍公全集四卷　(明)楊繼盛撰　章鈺輯　清光緒二年(1876)願學堂刻本　二册

340000－1801－0015421　4:06068－4:06071
楊忠愍公集六卷　(明)楊繼盛撰　清道光三十年(1850)刻本　四册

340000－1801－0015422　4:06072
楊忠愍公遺書　(明)楊繼盛撰　清光緒十二年(1886)遐齡書舍刻本　一册

340000－1801－0015423　4:06074
野古集三卷　(明)龔詡撰　清刻本　一册

340000－1801－0015424　4:06199－4:06202
天傭子集十九卷　(明)艾南英撰　(清)張符驤評　清康熙淳如堂刻本　四册　缺一卷(八)

340000－1801－0015425　4:06203－4:06210
去偽齋文集十卷　(明)呂坤撰　清康熙刻本　八册

340000－1801－0015426　4:06211－4:06214
去偽齋文集十卷　(明)呂坤撰　清康熙十三年(1674)刻本　四册

340000－1801－0015427　4:06215－4:06222
去偽齋集八卷　(明)呂坤撰　清康熙十三年(1674)刻本　八册

340000－1801－0015428　4:06223
去偽齋文集約選二卷　(明)呂坤撰　(清)趙夢齡錄　清道光刻本　一册

340000－1801－0015429　4:06224－4:06232
去偽齋集十卷　(明)呂坤撰　清道光七年(1827)開封府署刻本　九册

340000－1801－0015430　4:06245
無錫華氏慮得集不分卷　(明)華悰韡撰　清同治十一年(1872)刻本　一册

340000－1801－0015431　4:06246－4:06251
來禽館集二十九卷　(明)邢侗撰　清光緒十七年(1891)刻本　六册　存十二卷(一至十二)

340000－1801－0015432　4:06253－4:06265
高子遺書十二卷附錄一卷年譜一卷　(明)高攀龍撰　清光緒二年(1876)無錫刻本　十三

冊

340000－1801－0015433　4:06266－4:06277

孫文正公全集二十卷　(明)孫承宗撰　清順治十二年(1655)刻本　十二冊

340000－1801－0015434　4:06282

袁中郎集四十卷　(明)袁宏道撰　明刻本　一冊

340000－1801－0015435　4:1621－4:1624 善

瓶花齋集十卷錦帆集四卷解脱集四卷　(明)袁宏道撰　明萬曆三十七年(1609)吳郡袁叔度刻本　四冊

340000－1801－0015436　4:5488－4:5497 善

瀟碧堂集二十卷　(明)袁宏道撰　明萬曆三十六年(1608)勾吳袁氏書種堂刻本　十冊

340000－1801－0015437　4:5498－4:5501 善

瓶花齋集十卷　(明)袁宏道撰　明萬曆三十六年(1608)勾吳袁氏書種堂刻本　四冊

340000－1801－0015438　4:06278－4:06281

瓶花齋集十卷　(明)袁宏道撰　清宣統三年(1911)影印本　四冊

340000－1801－0015439　4:5509－4:5512 善

錦帆集四卷　(明)袁宏道撰　明萬曆三十一年(1603)刻本　四冊

340000－1801－0015440　4:1625 善

敝篋集二卷廣莊一卷　(明)袁宏道撰　明萬曆袁叔度禪悅山房刻本　一冊

340000－1801－0015441　4:1629 善

白蘇齋類集十二卷　(明)袁宏道撰　明刻本　一冊

340000－1801－0015442　4:1626－4:1628 善

破研齋集三卷狂言二卷　(明)袁宏道撰　明萬曆三十七年(1609)曹遠生刻本　三冊

340000－1801－0015443　4:1604 善

白榆集二十卷　(明)屠隆撰　明刻本　一冊　存四卷(十一至十四)

340000－1801－0015444　4:1605－4:1620 善

由拳集二十三卷　(明)屠隆撰　明萬曆八年(1580)世錦堂刻本　十六冊

340000－1801－0015445　4:16344－4:16345

菊潭集三卷　(明)姚旭撰　清光緒五年(1879)刻本　二冊

340000－1801－0015446　4:16348－4:16349

齊蓉川先生集四卷　(明)齊之鸞撰　清光緒二十三年(1897)桐城徐氏刻本　二冊

340000－1801－0015447　4:16350－4:16351

齊蓉川先生集四卷　(明)齊之鸞撰　清光緒二十三年(1897)桐城徐氏刻本　二冊

340000－1801－0015448　4:16352－4:16353

齊蓉川先生集四卷　(明)齊之鸞撰　清光緒二十三年(1897)桐城徐氏刻本　二冊

340000－1801－0015449　4:16354

垂光集不分卷　(明)周璽撰　清嘉慶八年(1803)刻本　一冊

340000－1801－0015450　4:16355

周給事垂光集不分卷　(明)周璽撰　清光緒元年(1875)刻本　一冊

340000－1801－0015451　4:16356

二仲詩三卷　(明)汪道貫　(明)汪道會撰　清康熙五十二年(1713)刻本　一冊

340000－1801－0015452　4:17022－4:17024

明遼府左長史程節愍公貞白遺稿十卷首一卷　(明)程通撰　清嘉慶十一年(1806)刻本　三冊

340000－1801－0015453　4:16357－4:16360

貞白遺稿十卷顯忠錄三卷　(明)程通撰　清嘉慶十一年(1806)刻本　四冊

340000－1801－0015454　4:16361－4:16364

貞白遺稿十卷顯忠錄三卷　(明)程通撰　清嘉慶十一年(1806)刻本　四冊

340000－1801－0015455　4:16371－4:16374

止止堂集五卷　(明)戚繼光撰　清光緒十四年(1888)山東局刻本　四冊

340000－1801－0015456　4:4655－4:4658 善
刻毅齋查先生闡道集十卷行實一卷行略一卷祭文一卷呈稿一卷　(明)查鐸撰　明天啓刻本　四册　存八卷(刻毅齋查先生闡道集一至七、十)

340000－1801－0015457　4:17045－4:17048
毅齋查先生闡道集十卷末一卷　(明)查鐸撰　清光緒十年(1884)刻本　四册

340000－1801－0015458　4:16375－4:16378
闡道集十一卷　(明)查鐸撰　清抄本　四册

340000－1801－0015459　4:16379－4:16382
闡道集十一卷　(明)查鐸撰　清光緒十六年(1890)涇川查氏刻本　四册

340000－1801－0015460　4:16383－4:16386
闡道集十一卷　(明)查鐸撰　清光緒十六年(1890)涇川查氏刻本　四册

340000－1801－0015461　4:16387－4:16392
周恭節集二十七卷　(明)周怡撰　清道光木活字印本　六册　存十四卷(一至十四)

340000－1801－0015462　4:16396－4:16399
瑞陽阿集十卷　(明)江東之撰　清刻本　四册

340000－1801－0015463　4:16416－4:16419
重刻王仁子先生嬾園遺稿六卷　(明)王寰洽撰　清王垣刻本　四册

340000－1801－0015464　4:16420－4:16423
重刻王仁子先生嬾園遺稿六卷　(明)王寰洽撰　清王垣刻本　四册

340000－1801－0015465　4:16424－4:16428
晚聞堂集十六卷　(明)余紹祉撰　清道光十七年(1837)刻本　五册

340000－1801－0015466　4:16429－4:16433
晚聞堂集十六卷　(明)余紹祉撰　清道光十七年(1837)刻本　五册

340000－1801－0015467　4:16434－4:16438
晚聞堂集十六卷　(明)余紹祉撰　清道光十七年(1837)刻本　五册

340000－1801－0015468　4:16439－4:16443
晚聞堂集十六卷　(明)余紹祉撰　清道光十七年(1837)刻本　五册

340000－1801－0015469　4:16444－4:16445
樵雲居余紹祉先生詩不分卷　(明)余紹祉著　清抄本　二册

340000－1801－0015470　4:1820 善
詩草一卷賦草一卷玄丘素話一卷　(明)余紹祉撰　明崇禎元年(1628)歙縣黄氏刻本　一册

340000－1801－0015471　4:1821 善
山中吟草二卷　(明)余紹祉撰　明天啓五年(1625)新安黄氏刻本　一册

340000－1801－0015472　4:1822 善
山中吟草二卷　(明)余紹祉撰　明天啓五年(1625)新安黄氏刻本　一册

340000－1801－0015473　4:16447－4:16452
樓山堂集三十六卷　(明)吴應箕撰　清宣統葚園木活字印本　六册

340000－1801－0015474　4:16453－4:16458
樓山堂集二十七卷　(明)吴應箕撰　清宣統二年(1910)鉛印本　六册

340000－1801－0015475　4:16461
瞻竹堂詩集五卷　(明)徐伸著　清光緒十六年(1890)徐來補校抄本　清徐來補題跋　一册

340000－1801－0015476　4:16462
誰人文集不分卷　題(明)張誰人著　清康熙徽州刻本　一册

340000－1801－0015477　4:16466
石丈齋集四卷　(明)葛應秋撰　清雍正十二年(1734)刻本　一册

340000－1801－0015478　4:16467－4:16468
玉簡山堂集十卷　(明)陳一松撰　清刻創垂堂叢書本　二册

340000－1801－0015479　4:16469－4:16472
江止庵遺集六卷　(明)江天一撰　清嘉慶五

年(1800)祭書草堂刻本　四册

340000－1801－0015480　4:16473－4:16475
江止庵遺集六卷　(明)江天一撰　清嘉慶五年(1800)祭書草堂刻本　三册

340000－1801－0015481　4:16476－4:16479
江止庵遺集八卷首一卷　(明)江天一撰　清光緒刻重印本　四册

340000－1801－0015482　4:16480－4:16487
江止庵遺集八卷首一卷　(明)江天一撰　清光緒刻重印本　八册

340000－1801－0015483　4:16488－4:14695
江止庵遺集八卷首一卷　(明)江天一撰　清光緒刻重印本　八册

340000－1801－0015484　4:16496－4:16501
方孩未先生集十六卷　(明)方震孺撰　清嘉慶二十二年(1817)方氏刻本　六册

340000－1801－0015485　4:16506－4:16511
方孩未先生全集十六卷　(明)方震孺撰　清同治七年(1868)刻本　六册

340000－1801－0015486　4:16512－4:16517
方孩未先生全集十六卷　(明)方震孺撰　清同治七年(1868)刻本　六册

340000－1801－0015487　4:16518－4:16523
方孩未先生全集十六卷　(明)方震孺撰　清同治七年(1868)刻本　六册

340000－1801－0015488　4:16524－4:16527
金忠節公文集四卷　(明)金聲撰　清嘉慶五年(1800)刻本　四册

340000－1801－0015489　4:16528－4:16531
金太史集九卷　(明)金聲撰　清新安程定之刻本　四册

340000－1801－0015490　4:1815－4:1818 善
金正希先生文集輯略九卷　(明)金聲撰　明崇禎十七年(1644)新安刻本　四册

340000－1801－0015491　4:1819 善
金正希稿不分卷　(明)金聲撰　明崇禎元年(1628)石雲居刻本　一册

340000－1801－0015492　4:16532－4:16535
金忠節公文集八卷　(明)金聲撰　清光緒三年(1877)刻本　四册

340000－1801－0015493　4:16536－4:16539
金忠節公文集八卷　(明)金聲撰　清光緒十四年(1888)黟縣李氏刻本　四册

340000－1801－0015494　4:16540－4:16543
金忠節公文集八卷　(明)金聲撰　清光緒十四年(1888)黟縣李氏刻本　四册

340000－1801－0015495　4:16544－4:16547
金忠節公文集八卷　(明)金聲撰　清光緒十四年(1888)李氏刻本　四册

340000－1801－0015496　4:16548－4:16551
金忠節公文集八卷　(明)金聲撰　清光緒十四年(1888)黟縣李氏刻本　四册

340000－1801－0015497　4:16555
息壤集三卷　(明)趙炯然撰　清乾隆十二年(1747)刻本　一册

340000－1801－0015498　4:16573
息壤集三卷　(明)趙炯然撰　清光緒淮南方氏刻本　一册

340000－1801－0015499　4:16556－4:16560
嶧桐詩集十卷　(明)劉城著　清光緒貴池劉氏刻貴池二姚集本　五册

340000－1801－0015500　4:1723－4:1725 善
公餘草就三卷　(明)汪可進撰　明萬曆三十三年(1605)刻本　三册

340000－1801－0015501　4:1726 善
百花詩不分卷　(明)吴可榮撰　**一木堂詩塵不分卷**　(清)黄生撰　清雍正元年(1723)婺邑汪高驤抄本　一册

340000－1801－0015502　4:16646－4:16651
松園浪淘集三卷偈庵集二卷　(明)程嘉燧著　清宣統二年(1910)順德鄧氏風雨樓鉛印本　六册

340000－1801－0015503　4:06283－4:06290

大復集三十八卷　(明)何景明撰　清咸豐二年(1852)祠堂刻本　八册

340000－1801－0015504　4:06291－4:06296

奚囊蠹餘二十卷補遺一卷附錄二卷　(明)張瀚撰　清光緒二十一年(1895)丁氏刻本　六册

340000－1801－0015505　4:06297－4:06306

熊襄愍公集十一卷　(明)熊廷弼撰　清嘉慶十七年(1812)腴經堂刻本　十册

340000－1801－0015506　4:06307－4:06316

熊襄愍公集十卷首一卷末一卷　(明)熊廷弼撰　清同治三年(1864)祠堂刻本　十册

340000－1801－0015507　4:06317－4:06326

熊襄愍公集十卷首一卷末一卷　(明)熊廷弼撰　清嘉慶十八年(1813)刻本　十册

340000－1801－0015508　4:06327－4:06336

熊襄愍公集十卷首一卷末一卷　(明)熊廷弼撰　清同治三年(1864)刻本　十册

340000－1801－0015509　4:06337－4:06346

熊襄愍公集十卷首一卷末一卷　(明)熊廷弼撰　清嘉慶退補齋刻本　十册

340000－1801－0015510　4:06347－4:06354

賜餘堂集十四卷　(明)吴中行撰　清刻本　八册

340000－1801－0015511　4:06355－4:06364

李文莊公全集十卷　(明)李騰芳撰　清光緒二年(1876)湘潭李氏刻本　十册

340000－1801－0015512　4:06365－4:06370

范文忠公初集十二卷　(明)范景文撰　清康熙十二年(1673)刻本　六册

340000－1801－0015513　4:06371－4:06372

賀文忠公遺集四卷末一卷　(明)賀逢聖撰　清同治八年(1869)錦樹山房刻本　二册

340000－1801－0015514　4:06373－4:06390

馮少墟集二十二卷　(明)馮從吾撰　清康熙十二年(1673)洪氏刻本　十八册

340000－1801－0015515　4:06391－4:06395

楊忠烈公文集五卷　(明)楊漣撰　清宣統二年(1910)文盛書局石印本　五册

340000－1801－0015516　4:06396－4:06403

楊忠烈公文集十卷　(明)楊漣撰　清光緒退補齋刻本　八册

340000－1801－0015517　4:06404－4:06405

劉蕺山文粹二卷　(明)劉宗周撰　(清)劉汋編　清光緒二十一年(1895)海天旭日研齋刻本　二册

340000－1801－0015518　4:06406－4:06407

劉蕺山文粹二卷　(明)劉宗周撰　(清)劉耀麟輯　清光緒二十一年(1895)海天旭日研齋刻本　二册

340000－1801－0015519　4:06408－4:06415

劉蕺山先生集二十四卷　(明)劉宗周撰　清乾隆刻本　八册

340000－1801－0015520　4:06416－4:06419

叢野堂存稿八卷附一卷　(明)繆昌期撰　清同治海陵刻本　四册

340000－1801－0015521　4:06423－4:06430

達觀樓集十八卷　(明)鄒達璉撰　清乾隆三十一年(1766)龍岡鄒氏刻本　八册

340000－1801－0015522　4:06431－4:06432

顧仲恭文集二卷　(明)顧大韶撰　清宣統元年(1909)國學扶輪社鉛印本　二册

340000－1801－0015523　4:06433－4:06442

盧忠肅公集十二卷　(明)盧象昇撰　清光緒元年(1875)祠堂刻本　十册

340000－1801－0015524　4:06443－4:06450

盧忠肅公集十二卷首一卷　(明)盧象昇撰　清光緒元年(1875)施惠刻本　八册

340000－1801－0015525　4:06451－4:06458

盧忠肅公集十二卷首一卷　(明)盧象昇撰　清光緒元年(1875)施惠刻本　八册

340000－1801－0015526　4:06459－4:06464

石臼集十六卷　(明)邢昉撰　清乾隆刻本

六册

340000－1801－0015527　4:06465－4:06466
疑雨集四卷　(明)王彦泓撰　清刻本　二册

340000－1801－0015528　4:06467－4:06468
疑雨集四卷　(明)王彦泓撰　清宣統二年(1910)掃葉山房石印本　二册

340000－1801－0015529　4:06489－4:06490
疑雨集四卷　(明)王彦泓撰　清宣統元年(1909)著易堂石印本　二册

340000－1801－0015530　4:06495－4:06496
疑雲集四卷　(明)王彦泓撰　清末石印本　二册

340000－1801－0015531　4:06509
章文毅公詩集不分卷　(明)章曠撰　清光緒二十九年(1903)京師刻本　一册

340000－1801－0015532　4:06510－4:06517
王忠文公集二十五卷　(明)王褘撰　清康熙三十年(1691)刻本　八册

340000－1801－0015533　4:06518
徐文定公集四卷　(明)徐文啟撰　清光緒二十二年(1896)上海慈母堂鉛印本　一册

340000－1801－0015534　4:06519
徐文定公集四卷　(明)徐文啟撰　清光緒二十二年(1896)上海慈母堂鉛印本　一册

340000－1801－0015535　4:06520
徐文定公集四卷　(明)徐文啟撰　清光緒二十二年(1896)上海慈母堂鉛印本　一册

340000－1801－0015536　4:06521
徐文定公集四卷　(明)徐文啟撰　清光緒二十二年(1896)上海慈母堂鉛印本　一册

340000－1801－0015537　4:06522
徐文定公集四卷　(明)徐文啟撰　清光緒二十二年(1896)上海慈母堂鉛印本　一册

340000－1801－0015538　4:06523
徐文定公集四卷　(明)徐文啟撰　清光緒二十二年(1896)鉛印本　一册

340000－1801－0015539　4:06558
石間集不分卷　(明)蔣易撰　清宣統二年(1910)刻本　一册

340000－1801－0015540　4:06559
嗜泉詩抄不分卷　(明)李瑋撰　清刻本　一册

340000－1801－0015541　4:06560
清風遺集不分卷　(明)魏閥撰　清光緒十八年(1892)漢川刻本　一册

340000－1801－0015542　4:06577
茨庵集詩抄六卷　(明)王炘撰　清刻本　一册

340000－1801－0015543　4:06600－4:06607
重編黃漳浦集三十五卷年譜二卷　(明)黃道周撰　(清)陳壽祺編　清刻本　八册

340000－1801－0015544　4:06608－4:06609
史忠正公集四卷末一卷　(明)史可法撰　清乾隆五十三年(1788)刻本　二册

340000－1801－0015545　4:06614－4:06615
史忠正公集四卷首一卷末一卷　(明)史可法撰　清同治七年(1868)楚醴景萊書室刻四忠遺集本　二册

340000－1801－0015546　4:06616－4:06617
史忠正公集四卷首一卷末一卷　(明)史可法撰　清同治七年(1868)楚醴景萊書室刻四忠遺集本　二册

340000－1801－0015547　4:06618－4:06620
史忠正公集四卷首一卷末一卷　(明)史可法撰　清同治七年(1868)楚醴景萊書室刻四忠遺集本　三册

340000－1801－0015548　4:06621－4:06622
史忠正公集四卷首一卷末一卷　(明)史可法撰　清同治十年(1871)趙承恩麗澤書屋刻本　二册

340000－1801－0015549　4:06623－4:06626
史忠正公集四卷首一卷末一卷　(明)史可法撰　(清)史山清輯　清道光三十年(1850)刻

本　四册

340000－1801－0015550　4:06610－4:06613
史忠正公集四卷首一卷末一卷　(明)史可法撰　清道光六安典室刻本　四册

340000－1801－0015551　4:4178－4:4179 善
史忠正公集四卷末一卷　(明)史可法撰　(清)史山清輯　清乾隆五十三年(1788)刻本　二册

340000－1801－0015552　4:06643－4:06644
變雅堂詩文集合刻　(明)杜濬撰　清同治九年(1870)刻本　二册

340000－1801－0015553　4:06645－4:06652
變雅堂詩文集十四卷附録一卷　(明)杜濬撰　清同治九年(1870)鄂垣刻本　八册

340000－1801－0015554　4:4180－4:4182 善
黄蘊生先生陶菴全集二十二卷首一卷末一卷(陶菴文集七卷補遺一卷陶菴詩集八卷補遺一卷吾師録一卷自監録四卷首一卷末一卷)　(清)黄淳耀撰　(清)陶應鯤輯　清乾隆二十六年(1761)寶山縣學刻本　三册　存十一卷(陶菴文集二至六、陶菴詩集一至二、自監録四卷)

340000－1801－0015555　4:06653－4:06660
陶庵集二十二卷首一卷末一卷　(清)黄淳耀撰　清光緒刻本　八册

340000－1801－0015556　4:06661－4:06668
陶庵集二十二卷　(清)黄淳耀撰　清光緒五年(1879)刻本　八册

340000－1801－0015557　4:06669－4:06676
陶庵集二十二卷　(清)黄淳耀撰　清光緒刻本　八册

340000－1801－0015558　4:06677－4:06683
陶庵集二十二卷末一卷　(清)黄淳耀撰　清刻本　七册

340000－1801－0015559　4:06684－4:06693
陳忠裕全集(陳忠裕公全集)三十卷首一卷末一卷　(明)陳子龍撰　(清)王昶輯　**年譜三卷**　(明)陳子龍編　(清)王澐續編　(清)王昶輯　清嘉慶八年(1803)簳山草堂刻本　十册

340000－1801－0015560　4:06694－4:06703
陳忠裕全集(陳忠裕公全集)三十卷首一卷末一卷　(明)陳子龍撰　(清)王昶輯　**年譜三卷**　(明)陳子龍編　(清)王澐續編　(清)王昶輯　清嘉慶八年(1803)簳山草堂刻本　十册

340000－1801－0015561　4:06704－4:06713
陳忠裕全集(陳忠裕公全集)三十卷首一卷末一卷　(明)陳子龍撰　(清)王昶輯　**年譜三卷**　(明)陳子龍編　(清)王澐續編　(清)王昶輯　清嘉慶八年(1803)刻本　十册

340000－1801－0015562　4:06714－4:06715
蔡忠烈公遺集不分卷　(明)蔡道憲撰　清道光刻本　二册

340000－1801－0015563　4:06716－4:06717
賜誠堂文集十六卷　(明)管紹寧撰　清光緒刻本　二册

340000－1801－0015564　4:06718－4:06719
夏節愍全集十卷首一卷末一卷　(明)夏完淳撰　清光緒二十九年(1903)成都刻本　二册

340000－1801－0015565　4:06720－4:06721
夏節愍全集十二卷補遺二卷　(明)夏完淳撰　清嘉慶十二年(1807)刻本　二册

340000－1801－0015566　4:06723
惲遜庵先生遺集不分卷　(明)惲日初撰　清道光八年(1828)雲蔭堂刻本　一册

340000－1801－0015567　4:06730
春酒堂文集不分卷　(清)周容撰　清宣統二年(1910)國學扶輪社鉛印本　一册

340000－1801－0015568　4:06731
春酒堂文集不分卷　(清)周容撰　清宣統二年(1910)國學扶輪社鉛印本　一册

340000－1801－0015569　4:06756

湘中草六卷　(明)湯傳楹撰　清康熙尤氏刻本　一冊

340000－1801－0015570　4:06758
湘中草六卷　(明)湯傳楹撰　清康熙刻本　一冊

340000－1801－0015571　4:09396－4:09399
湘中草六卷　(明)湯傳楹撰　清康熙刻本　四冊

340000－1801－0015572　4:06757
湘中草六卷　(明)湯傳楹撰　清康熙刻本　一冊

340000－1801－0015573　4:06759－4:06760
湘中草六卷　(明)湯傳楹撰　清刻本　二冊

340000－1801－0015574　4:06761－4:06764
巽川集十六卷附錄二卷　(明)祁順撰　清康熙二年(1663)在茲堂刻本　四冊

340000－1801－0015575　4:3639 善
鸞鳩小啓十三卷　(明)連繼芳撰　(明)陸卿正　(明)馬世奇注　明刻本　一冊　存二卷(八至九)

340000－1801－0015576　4:06784
擔公遺詩不分卷　(明)釋普荷撰　清光緒李根源鉛印本　一冊

340000－1801－0015577　4:06822－4:06825
雪峰如幻和尚瘦松集八卷　(明)釋超弘撰　清末石印本　四冊

340000－1801－0015578　4:06826－4:06829
朱節孝先生觀復堂稿略一卷　(明)朱集璜撰　(清)潘道根　(清)金吳瀾校　**朱柏廬先生編年毋欺錄三卷補遺一卷附錄一卷**　(清)金吳瀾編　(清)李祖英校輯　清光緒六年(1880)嘉興金氏刻本　四冊

340000－1801－0015579　4:06830
觀復堂稿略不分卷　(明)朱集璜撰　清光緒二十六年(1900)玉山書院刻本　一冊

340000－1801－0015580　4:06831－4:06834
返生香不分卷　(明)葉小鸞撰　**附集一卷**　(明)沈自炳等撰　**窃聞一卷續窃聞一卷**　(明)葉紹袁撰　清光緒葉氏石印本　四冊

340000－1801－0015581　4:06835－4:06836
返生香不分卷　(明)葉小鸞撰　**附集一卷**　(明)沈自炳等撰　**窃聞一卷續窃聞一卷**　(明)葉紹袁撰　清光緒二十二年(1896)羊城葉氏秋夢盦刻本　二冊

340000－1801－0015582　4:06837－4:06844
徧行堂集十六卷　(明)釋澹歸(金堡)撰　清宣統三年(1911)國學扶輪社鉛印本　八冊

340000－1801－0015583　4:06848－4:06851
洨濱蔡先生文集十卷語錄二十卷首一卷　(明)蔡𩞯撰　清光緒四年(1878)刻本　四冊

340000－1801－0015584　4:06872－4:06876
孫文恭公遺書二十卷　(明)孫應鼇撰　清光緒六年(1880)獨山莫氏刻本　五冊

340000－1801－0015585　4:06864－4:06871
孫文恭公遺書六種二十卷　(明)孫應鼇撰　清末石印本　八冊

340000－1801－0015586　4:06877－4:06882
堵文忠公集十卷年譜一卷附錄一卷　(明)堵允錫撰　(清)周同編　清光緒十三年(1887)刻本　六冊

340000－1801－0015587　4:06883－4:06888
堵文忠公集十卷年譜一卷附錄一卷　(明)堵允錫撰　(清)周同編　清光緒十三年(1887)刻本　六冊

340000－1801－0015588　4:06889－4:06893
堵文忠公集十卷年譜一卷附錄一卷　(明)堵允錫撰　(清)周同編　清光緒十三年(1887)刻本　五冊　缺四卷(七至十)

340000－1801－0015589　4:06898－4:06899
嶠雅二卷　(明)鄺露撰　清光緒國學保存會石印本　二冊

340000－1801－0015590　4:06903－4:06908
四六雕蟲十卷　(明)馬樸撰　清同治十一年(1872)刻本　六冊

340000－1801－0015591　4:06909
孚齋詩集二卷　(明)王升撰　清光緒六年(1880)一枝窠刻本　一冊

340000－1801－0015592　4:06911－4:06916
青螺公遺書三十五卷　(明)郭子章撰　清光緒三十一年(1905)刻本　六冊　存十四卷(四至七、十二、十五至十七、二十三至二十五、三十三至三十五)

340000－1801－0015593　4:06918
徐忠烈公遺集二卷　(明)徐從治撰　清光緒十三年(1887)刻本　一冊

340000－1801－0015594　4:06919－4:06923
涇皋藏稿二十二卷　(明)顧憲成撰　清刻本　五冊

340000－1801－0015595　4:06925
續騷堂集不分卷　(明)萬泰撰　清光緒翰香居刻本　一冊

340000－1801－0015596　4:06926
學古齋集三卷　(明)瞿俊撰　清虞山劉光德局刻本　一冊

340000－1801－0015597　4:06928
畯喜堂漫稿二卷　(明)陳蘭修撰　清光緒抄本　一冊

340000－1801－0015598　4:06929
湛輝閣草不分卷　(明)王應斗撰　明刻本　一冊

340000－1801－0015599　4:06930
隴首集不分卷　(明)王與胤撰　清康熙刻本　一冊

340000－1801－0015600　4:06931
隴首集不分卷　(明)王與胤撰　清康熙刻本　一冊

340000－1801－0015601　4:06932－4:06943
萬一樓集五十六卷外集十卷續集六卷　(明)駱問禮撰　清嘉慶十年(1805)刻本　十二冊

340000－1801－0015602　4:06944－4:06951
靜儉堂集十卷　(明)熊化撰　清光緒二十年(1894)刻本　八冊

340000－1801－0015603　4:06952－4:06961
鄭少谷先生全集二十四卷首一卷　(明)鄭善夫撰　清道光四年(1824)刻本　十冊

340000－1801－0015604　4:06910
東武山人詩集七卷　(明)朱公節撰　清乾隆西壁堂刻本　一冊

340000－1801－0015605　4:06976
巽隱程先生文集二卷　(明)程本立撰　清刻本　一冊

340000－1801－0015606　4:1389－4:1424 善
太函集一百二十卷　(明)汪道昆撰　明萬曆十九年(1591)金陵刻本　三十六冊　缺一卷(一百二十)

340000－1801－0015607　4:1455－4:1458 善
商文毅公集十卷　(明)商輅撰　(明)劉體元編輯　明萬曆三十一年(1603)刻本　四冊　存七卷(四至十)

340000－1801－0015608　4:1459 善
商文毅公集十卷　(明)商輅撰　(明)劉體元編輯　明萬曆三十一年(1603)刻本　一冊　存七卷(四至十)

340000－1801－0015609　4:1434－4:1437 善
留省稿二十卷　(明)康大和撰　明嘉靖四十四年(1565)刻本　四冊　存十五卷(一至十五)

340000－1801－0015610　4:1438 善
歷試草不分卷　(明)汪國維撰　明刻本　一冊

340000－1801－0015611　4:1439－4:1448 善
馮用韞先生北海集五十八卷　(明)馮琦撰　明萬曆刻本　十冊　存二十卷(十九至三十八)

340000－1801－0015612　4:1460 善
雲山先生遺稿不分卷　(明)葉茂芝撰　明抄本　一冊

340000－1801－0015613　4:1461－4:1464 善

霞城集二十四卷　(明)程誥撰　明天啓二年(1622)程於廷補刻本　四册

340000－1801－0015614　4:1465－4:1471 善

篁墩程先生文集九十四卷　(明)程敏政撰　明嘉靖十二年(1533)刻本　七册　存四十三卷(一至六、十九至二十三、二十五至四十二、四十八至五十三、八十三至九十)

340000－1801－0015615　4:1384 善

訥溪先生文録十卷　(明)周怡撰　明萬曆二年(1574)刻本　一册　存四卷(七至十)

340000－1801－0015616　4:1385－4:1388 善

左忠毅公集五卷　(明)左光斗撰　(明)左國柱等編　明崇禎十六年(1643)刻本　四册

340000－1801－0015617　4:16404－4:16408

左忠毅公集三卷年譜三卷　(明)左光斗撰　清乾隆四年(1739)刻本　五册

340000－1801－0015618　4:16409－4:16411

左忠毅公集三卷　(明)左光斗撰　清刻本　三册

340000－1801－0015619　4:16412－4:16413

左忠毅公集二卷　(明)左光斗撰　清刻本　二册

340000－1801－0015620　4:16414

侍御公集不分卷　(明)左光先撰　(清)左宰編　清康熙元年(1662)刻本　一册

340000－1801－0015621　4:16415

侍御公集不分卷　(明)左光先撰　(清)左宰編　清康熙元年(1662)刻本　一册

340000－1801－0015622　4:1379－4:1382 善

翠娱閣評選鍾伯敬先生合集文十一卷附録一卷詩五卷　(明)鍾惺撰　(明)陸雲龍評　明刻本　四册　存八卷(一、四至十)

340000－1801－0015623　4:1449－4:1454 善

山帶閣集三十三卷　(明)朱曰藩撰　明萬曆元年(1573)刻本　清朱效端批校　六册

340000－1801－0015624　4:1473 善

竹岩公親筆文集不分卷　(明)程時言撰　明天順稿本　一册

340000－1801－0015625　4:1474 善

竹岩詩集七卷　(明)程時言撰　清謄清稿本　一册

340000－1801－0015626　4:1475－4:1476 善

孫從周詩四卷　(明)孫文鬱撰　明萬曆元年(1573)刻本　二册

340000－1801－0015627　4:1477－4:1484 善

莊渠先生遺書十二卷　(明)魏校撰　明嘉靖四十年(1561)王道行刻本　八册

340000－1801－0015628　4:1485－4:1490 善

徐文長文集三十卷　(明)徐渭撰　(明)袁宏道評點　明萬曆四十二年(1614)武林黄汝亨刻本　六册

340000－1801－0015629　4:1491－4:1496 善

徐文長文集三十卷　(明)徐渭撰　(明)袁宏道評點　明萬曆四十二年(1614)武林黄汝亨刻本　六册

340000－1801－0015630　4:1497－4:1506 善

徐文長文集三十卷　(明)徐渭撰　(明)袁宏道評點　明萬曆四十二年(1614)武林黄汝亨刻本　十册

340000－1801－0015631　4:1507－4:1514 善

徐文長逸稿二十四卷路史二卷古注參同契分釋一卷湯海若問棘郵草批釋一卷　(明)徐渭撰　明天啓三年(1623)張維成刻本　八册

340000－1801－0015632　4:1515－4:1522 善

重刊校正唐荊川先生文集十二卷　(明)唐順之撰　明嘉靖三十二年(1553)葉氏刻本　八册

340000－1801－0015633　4:1523－4:1530 善

唐荊川先生文集十二卷　(明)唐順之撰　明萬曆唐國達刻本　八册

340000－1801－0015634　4:1531 善

重刊荊川先生文集十二卷　(明)唐順之撰　明刻本　一册　存二卷(五至六)

340000－1801－0015635　4:1532－4:1545 善

皇甫司勳集六十卷　(明)皇甫汸撰　明萬曆三年(1575)刻本　十五冊　缺三卷(五十八至六十)

340000－1801－0015636　4:1546－4:1547 善
袁中郎先生批評唐伯虎彙集四卷紀事一卷　(明)唐寅撰　(明)袁宏道評　明萬曆白玉堂刻本　二冊

340000－1801－0015637　4:1548 善
袁中郎先生批評唐伯虎彙集四卷紀事一卷　(明)唐寅撰　(明)袁宏道評　明萬曆白玉堂刻本　二冊

340000－1801－0015638　4:1549 善
唐伯虎先生外編續刻十二卷　(明)唐寅撰　(明)何大成輯　明萬曆四十年(1612)雲間曹氏刻本　一冊

340000－1801－0015639　4:5303－4:5308 善
洹詞十二卷　(明)崔銑撰　明嘉靖趙府味經堂刻本　六冊

340000－1801－0015640　4:5309－4:5318 善
諅野集十卷　(明)王穉登撰　明江陰郁氏玉樹堂刻本　十冊

340000－1801－0015641　4:5319－4:5320 善
避園擬存詩集　(明)王思任撰　明末刻本　二冊

340000－1801－0015642　4:5340－4:5451 善
龍溪王先生全集二十二卷　(明)王畿撰　明萬曆四十三年(1615)丁賓、張汝霖刻本　十二冊

340000－1801－0015643　4:5343－4:5350 善
博望山人稿二十卷　(明)曹履吉撰　明末刻本　八冊

340000－1801－0015644　4:5357－4:5362 善
新刻批點陽明先生全書鈔六卷　(明)王之機輯　明萬曆刻本　六冊

340000－1801－0015645　4:5363－4:5372 善
王文恪公集三十六卷　(明)王鏊撰　**鶡音一卷白杜草一卷**　(明)王禹聲撰　明三槐堂刻本　十冊

340000－1801－0015646　4:5438－4:5439 善
坐隱先生全集三種十八卷　(明)汪廷訥撰　明萬曆三十七年(1609)汪氏環翠堂刻本　二冊　存二種九卷(坐隱先生集一至四、九至十二,坐隱園戲墨一卷)

340000－1801－0015647　4:5472－4:5479 善
睡庵初刻二刻六卷　(明)湯賓尹撰　明半野高士刻本　八冊

340000－1801－0015648　4:5480－4:5487 善
一峯先生文集十四卷　(明)羅倫撰　明嘉靖二十八年(1549)萬卷樓刻本　八冊

340000－1801－0015649　4:5502－4:5507 善
副墨四卷　(明)汪道昆撰　明刻本　六冊

340000－1801－0015650　4:5508 善
海畔吟不分卷　(明)范永年著　(明)孫承宗校　明刻本　一冊

340000－1801－0015651　4:5513－4:5518 善
小山類稿選二十卷　(明)張嶽撰　明刻清修本　六冊

340000－1801－0015652　4:6006－4:6007 善
謫仙樓集二卷　(明)駱駸曾輯　明萬曆四十四年(1616)自刻本　二冊

340000－1801－0015653　4:1795－4:1798 善
見素集二十八卷　(明)林俊撰　明刻本　四冊　存八卷(一至八)

340000－1801－0015654　4:1799 善
唾餘不分卷　(明)梅士勸撰　明天啓刻本　一冊

340000－1801－0015655　4:1800－4:1801 善
眉公詩鈔八卷　(明)陳繼儒撰　明刻本　二冊　存六卷(一至六)

340000－1801－0015656　4:1802－4:1805 善
天東集四卷　(明)李元調撰　明崇禎九年(1636)刻本　四冊

340000－1801－0015657　4:1806－4:1808 善

天東集四卷　(明)李元調撰　明崇禎九年(1636)刻本　三冊

340000－1801－0015658　4：1809－4：1814 善
姑山遺集三十卷　(明)沈壽民撰　清抄本　六冊　存二十三卷(四至十二、十四至二十三、二十七至三十)

340000－1801－0015659　4：1823－4：1846 善
王氏家藏集四十一卷內臺集七卷浚川內臺集三卷慎言十三卷浚川奏議十卷雅述二卷浚川駁稿集二卷公移集三卷　(明)王廷相撰　明嘉靖刻清初遞修本　二十四冊

340000－1801－0015660　4：1853－4：1854 善
嶠雅二卷　(明)鄺露撰　清扶南瑞海雪堂刻本　二冊

340000－1801－0015661　4：1847－4：1852 善
鹿忠節公集二十一卷　(明)陸善繼撰　明末刻本　六冊

340000－1801－0015662　4：05991
弇山堂別集一百卷　(明)王世貞撰　明萬曆刻本　一冊　存七卷(四十七至五十三)

340000－1801－0015663　4：1630－4：1676 善
弇山堂別集一百卷　(明)王世貞撰　明萬曆刻本　四十七冊　存七十三卷(二十五至二十九、三十二至九十三、九十五至一百)

340000－1801－0015664　4：5373－4：5434 善
弇州山人四部稿一百七十四卷目錄十二卷　(明)王世貞撰　明萬曆五年(1577)世經堂刻本(卷一百三十九至一百四十四爲抄配)　六十二冊

340000－1801－0015665　4：1677－4：1682 善
弇州山人續稿二百七卷　(明)王世貞撰　明刻本　六冊　存二十六卷(一至四、七至十七、四十至四十四、一百七十二至一百七十七)

340000－1801－0015666　4：5557－4：5558 善
洺詞不分卷　(明)白南金撰　明刻本　二冊

340000－1801－0015667　4：5559－4：5562 善
刻轉情集二卷　題(明)費元祿撰　明刻本　四冊

340000－1801－0015668　4：1550 善
陳白陽集不分卷　(宋)陳淳撰　(明)陳仁錫編　明萬曆四十三年(1615)陳仁錫閱帆堂刻本　二冊

340000－1801－0015669　4：1551－4：1559 善
升庵先生文集八十一卷　(明)楊慎撰　(明)楊有仁編輯　明萬曆十年(1582)刻本　九冊　存五十二卷(一至五十二)

340000－1801－0015670　4：5563－4：5574 善
太史升庵文集八十一卷　(明)楊慎撰　明刻本　十二冊

340000－1801－0015671　4：1560－4：1571 善
升庵外集一百卷　(明)楊慎撰　(明)焦竑編　明刻本　十二冊　存四十一卷(十七至三十六、四十一至四十五、六十四至七十七、八十六至八十七)

340000－1801－0015672　4：06524－4：06555
升庵全集八十卷外集一百卷遺集二十六卷　(明)楊慎撰　清乾隆至道光刻本　三十二冊

340000－1801－0015673　4：1576 善
大泌山房集一百三十四卷　(明)李維楨撰　明萬曆刻本　一冊　存三卷(十二至十四)

340000－1801－0015674　4：1577 善
閑齋先生詩集不分卷　(明)余思寬撰　(明)余濯選　**四山先生詩集一卷**　(明)余乾貞撰　(明)毛一瓚選　明萬曆二十九年(1601)刻本　一冊

340000－1801－0015675　4：1578 善
考槃集六卷　(明)陸卿子撰　明萬曆刻本　一冊

340000－1801－0015676　4：1579－4：1587 善
呂新吾先生去僞齋文集十卷　(明)呂坤撰　明刻本　九冊　存七卷(一、三至八)

340000－1801－0015677　4：1588－4：1589 善
貞白全書十卷　(明)馮柯撰　明萬曆適適山

堂刻本　二册　存四帙(己、庚、壬、癸)

340000－1801－0015678　4:1590－4:1593 善
劉瀟湘先生集四卷　(明)劉紹恤撰　(明)周孔教輯　明萬曆三十六年(1608)刻本　四册

340000－1801－0015679　4:1594－4:1603 善
李溫陵集二十卷　(明)李贄撰　明顧大韶刻本　十册

340000－1801－0015680　4:5525－4:5528 善
李氏焚書四卷　(明)李贄撰　明刻本　四册

340000－1801－0015681　4:1727－4:1730 善
魯文恪公文集十卷　(明)魯鐸撰　明隆慶刻本　四册

340000－1801－0015682　4:1737－4:1740 善
綠波樓文集五卷　(明)張九一撰　明刻本　四册

340000－1801－0015683　4:1744－4:1747 善
譚子詩歸十卷　(明)譚元春撰　明譚氏嶽歸堂刻本　四册

340000－1801－0015684　4:1748－4:1755 善
霏雲居集五十四卷續集六十六卷　(明)張燮撰　明刻本　八册　存二十四卷(霏雲居集四十至四十二、五十二至五十四,續集一至三、七至九、十九至二十四、五十二至五十四、六十一至六十三)

340000－1801－0015685　4:1756－4:1775 善
無夢園遺集八卷家乘一卷小品二卷　(明)陳仁錫撰　明崇禎八年(1635)刻本　二十册

340000－1801－0015686　4:1741－4:1743 善
涇皋藏稿二十二卷　(明)李憲成撰　明刻本　三册　存九卷(一至九)

340000－1801－0015687　4:1329－4:1344 善
新刻張太嶽先生文集四十七卷行實一卷　(明)張居正撰　明萬曆四十年(1612)刻本　十六册

340000－1801－0015688　4:1263－4:1276 善
劉子威集三十二卷　(明)劉鳳撰　明萬曆四年(1576)刻本　十四册

340000－1801－0015689　4:048096
楊忠愍公集四卷　(明)楊繼盛撰　清康熙刻本　一册　存一卷(三)

340000－1801－0015690　4:048104
張文忠公全集四十八卷　(明)張居正撰　清刻本　一册　存三卷(書牘二至四)

340000－1801－0015691　4:048105－4:048108
呂語集粹四卷　(明)呂坤撰　(清)陳弘謀評　清光緒五年(1879)刻本　四册

340000－1801－0015692　4:048124
升庵外集一百卷　(明)楊慎撰　(明)焦竑編　明刻本　一册　存四卷(四十六至四十九)

340000－1801－0015693　4:048131
升庵先生文集八十一卷　(明)楊慎撰　(明)楊有仁編輯　明萬曆二十九年(1601)王藩臣、蕭如松刻本　一册　存五卷(四十一至四十五)

340000－1801－0015694　4:1248 善
澗濱先生文集六卷附集一卷　(明)徐文沔撰　明嘉靖四十四年(1565)刻本　一册

340000－1801－0015695　4:1249－4:1256 善
歐陽南野先生文集二十卷　(明)歐陽德撰　(明)王宗沐編　明嘉靖商州張應時刻本　八册

340000－1801－0015696　4:1257－4:1262 善
翏翏集四十卷　(明)俞安期撰　明刻本　六册　存三十二卷(九至四十)

340000－1801－0015697　4:1277 善
賜閒堂集四十卷　(明)申時行撰　明刻本　一册　存二卷(二十七至二十八)

340000－1801－0015698　4:048136－4:048137
嶧桐詩集十卷　(明)劉城撰　清刻本　二册　存七卷(一至七)

340000－1801－0015699　4:048139－4:048149
新刊唐荊川先生稗編一百二十卷　(明)唐順之編　明萬曆刻本　十一册　存四十二卷(六至十二、三十七至七十一)

340000－1801－0015700　4:1472 善

黃潭先生文集□□卷　(明)黃訓撰　明刻本　一冊　存四卷(七至十)

340000－1801－0015701　4:1235 善

念庵羅先生集十三卷　(明)羅洪先撰　明嘉靖四十三年(1564)刻本　一冊

340000－1801－0015702　4:1786 善

臨川湯若士先生玉茗堂絕句選二卷　(明)湯顯祖撰　明萬曆四十五年(1617)刻本　一冊

340000－1801－0015703　4:1787－4:1792 善

玉茗堂詩集十二卷文集七卷　(明)湯顯祖撰　(明)沈際飛選　明崇禎九年(1636)刻本　六冊

340000－1801－0015704　4:1776－4:1783 善

玉茗堂全集賦六卷詩十八卷文十六卷尺牘六卷　(明)湯顯祖撰　明天啓元年(1621)刻本　八冊　存三十五卷(玉茗堂全集賦六卷、詩二至十八、文五至十六)

340000－1801－0015705　4:6331－4:6370 善

玉茗堂全集四十六卷　(明)湯顯祖撰　明天啓刻本　四十冊

340000－1801－0015706　4:1793－4:1794 善

釋義雁字詩二卷釋義吊遼詩十律一卷　(明)孫繼統撰　明天啓二年(1622)刻本　二冊

340000－1801－0015707　4:1784－4:1785 善

玉茗堂賦集六卷　(明)湯顯祖撰　明天啓元年(1621)刻本　二冊

340000－1801－0015708　4:1345－4:1350 善

龍溪王先生全集二十二卷　(明)王畿撰　明萬曆四十三年(1615)張汝霖刻本　六冊

340000－1801－0015709　4:1383 善

睡庵文稿初刻四卷　(明)湯賓尹撰　明李曙寰刻本　一冊　存一卷(一)

340000－1801－0015710　4:1426－4:1433 善

夢澤集十八卷附錄五卷　(明)王廷陳撰　明萬曆十八年(1590)王追伊刻三十年(1602)王追淳增修本　八冊

340000－1801－0015711　4:1731－4:1736 善

鄒太史文集八卷　(明)鄒德溥撰　明刻清安成紹恩堂印本　六冊

340000－1801－0015712　4:3562－4:3563 善

梁園風雅二十七卷　(明)趙彥復編　明刻本　二冊

340000－1801－0015713　4:26662

呂定庵先生唱和集四卷　(明)呂氏編　清光緒二十一年(1895)刻本　一冊

340000－1801－0015714　4:3299－4:3307 善

純師集十二卷　(明)余鈺輯評　明崇禎十六年(1643)刻本　九冊　存八卷(一至七、十二)

340000－1801－0015715　4:4140－4:4159 善

歸震川先生全集三十卷別集十卷　(明)歸有光撰　清康熙五十九年(1720)刻本　二十冊

340000－1801－0015716　4:6602－4:6613 善

歸先生文集三十二卷　(明)歸有光撰　**附錄一卷**　(明)歸子祐　(明)歸子寧編　明萬曆四年(1576)翁良瑜雨金堂刻本　十二冊

340000－1801－0015717　4:1572－4:1575 善

歸先生文集三十二卷　(明)歸有光撰　**附錄一卷**　(明)歸子祐　(明)歸子寧編　明萬曆四年(1576)翁良瑜雨金堂刻本　四冊

340000－1801－0015718　4:06075－4:06084

震川先生集十卷　(明)歸有光撰　清康熙十四年(1675)歸氏刻本　十冊

340000－1801－0015719　4:06085－4:06092

震川先生集三十卷　(明)歸有光撰　(清)錢謙益編　清康熙刻本　八冊

340000－1801－0015720　4:06093－4:06097

震川先生別集十卷　(明)歸有光撰　(清)歸莊校勘　清康熙刻本　五冊

340000－1801－0015721　4:06098－4:06113

震川先生全集五十二卷　(明)歸有光撰　(清)錢謙益選定　清道光二十三年(1843)南昌府學刻本　十六冊

340000－1801－0015722　4:06114－4:06115
歸震川先生文選六卷　(明)歸有光撰　(清)李祖陶選　清道光二十五年(1845)刻本　二冊

340000－1801－0015723　4:06116－4:06131
震川先生集三十卷別集十卷　(明)歸有光撰　(清)歸莊校勘　(清)歸玠編輯　清光緒六年(1880)常熟歸氏刻本　十六冊

340000－1801－0015724　4:06132－4:06147
震川先生集三十卷別集十卷　(明)歸有光撰　(清)歸莊校勘　(清)歸玠編輯　清光緒六年(1880)常熟歸氏刻本　十六冊

340000－1801－0015725　4:06148－4:06159
震川先生集三十卷別集十卷　(明)歸有光撰　(清)歸莊校勘　(清)歸玠編輯　清光緒六年(1880)常熟歸氏刻本　十二冊

340000－1801－0015726　4:06160－4:06169
震川先生集三十卷別集十卷　(明)歸有光撰　(清)歸莊校勘　(清)歸玠編輯　清光緒六年(1880)常熟歸氏刻本　十冊

340000－1801－0015727　4:4160－4:4165 善
新刻天傭子全集十卷　(明)艾南英撰　清康熙三十七年(1698)刻本　六冊

340000－1801－0015728　4:16575－4:16586
休那遺稿十七卷　(清)姚康撰　清光緒十五年(1889)五桂山房刻本　十二冊

340000－1801－0015729　4:16587－4:16598
休那遺稿十七卷　(清)姚康撰　清光緒十五年(1889)五桂山房刻本　十二冊

340000－1801－0015730　4:16599－4:16609
休那遺稿十七卷　(清)姚康撰　清光緒十五年(1889)五桂山房刻本　十一冊　缺一卷(貨殖傳評一)

340000－1801－0015731　4:16610－4:16620
休那遺稿十七卷　(清)姚康撰　清光緒十五年(1889)五桂山房刻本　十一冊　缺一卷(貨殖傳評一)

340000－1801－0015732　4:048160
姚休那先生詩集二卷　(清)姚康撰　(清)許丙椿編　清刻本　一冊　存一卷(下)

340000－1801－0015733　4:06979－4:07010
牧齋有學集五十一卷　(清)錢謙益撰　清康熙二十四年(1685)刻本　三十二冊

340000－1801－0015734　4:07011－4:07018
牧齋有學集詩注十四卷　(清)錢謙益撰　(清)錢曾注　清玉詔堂刻本　八冊

340000－1801－0015735　4:07019－4:07038
牧齋初學集詩注二十卷有學集詩注十四卷　(清)錢謙益撰　(清)錢曾注　清刻本　二十冊

340000－1801－0015736　4:48222
牧齋初學集詩註二十卷　(清)錢曾箋注　清刻本　一冊　存二卷(一至二)

340000－1801－0015737　4:07039－4:07050
錢牧齋詩集二十卷年譜一卷　(清)錢謙益撰　清宣統國學扶輪社鉛印本　十二冊

340000－1801－0015738　4:07051－4:07054
錢牧齋文鈔不分卷　(清)錢謙益撰　清宣統元年(1909)國學扶輪社鉛印本　四冊

340000－1801－0015739　4:07055－4:07058
錢牧齋文鈔不分卷　(清)錢謙益撰　清宣統元年(1909)國學扶輪社鉛印本　四冊

340000－1801－0015740　4:07059－4:07062
錢牧齋文鈔不分卷　(清)錢謙益撰　清宣統元年(1909)國學扶輪社鉛印本　四冊

340000－1801－0015741　4:07063－4:07066
錢牧齋文鈔不分卷　(清)錢謙益撰　清宣統元年(1909)國學扶輪社鉛印本　四冊

340000－1801－0015742　4:07067－4:07070
錢牧齋文鈔不分卷　(清)錢謙益撰　清宣統元年(1909)國學扶輪社鉛印本　四冊

340000－1801－0015743　4:07071－4:07110
牧齋全集一百六十三卷　(清)錢謙益撰　清

宣統二年(1910)邃漢齋校印本　四十册

340000－1801－0015744　4:07200－4:07215
夏峰集十五卷又補遺二卷　(清)孫奇逢撰　清道光二十五年(1845)刻本　十六册

340000－1801－0015745　4:12081－4:12084
溯園文集四卷　(清)賈開宗撰　清道光八年(1828)賈氏刻本　四册

340000－1801－0015746　4:06812－4:06821
寒支初集十卷二集六卷　(清)李世熊撰　清道光七年(1827)木活字印本　十册

340000－1801－0015747　4:06785－4:06800
寒支初集十卷首一卷二集四卷　(清)李世熊撰　清同治十三年(1874)刻本　十六册

340000－1801－0015748　4:06804－4:06811
寒支初集十卷首一卷二集四卷　(清)李世熊撰　清同治十三年(1874)刻本　八册

340000－1801－0015749　4:20410－4:20413
青巖詩文集十二卷　(清)許楚撰　清康熙五十四年(1715)白華堂刻本　四册

340000－1801－0015750　4:6092－4:6099 善
霜紅龕集十二卷　(清)傅山撰　(清)張耀先編輯　**我詩集六卷**　(清)傅眉撰　(清)張耀先編輯　清乾隆十一年(1746)張耀先刻本　八册

340000－1801－0015751　4:07216－4:07217
傅徵君霜紅龕詩鈔不分卷　(清)傅山撰　清乾隆三十二年(1767)刻本　二册

340000－1801－0015752　4:07218－4:07229
霜紅龕集四十卷附録三卷年譜一卷　(清)傅山撰　清宣統三年(1911)山陽丁氏刻本　十二册

340000－1801－0015753　4:07230－4:07241
霜紅龕集四十卷附録三卷年譜一卷　(清)傅山撰　清宣統三年(1911)山陽丁氏刻本　十二册

340000－1801－0015754　4:4203－4:4210 善
梅村集四十卷　(清)吴偉業撰　清順治刻本　八册

340000－1801－0015755　4:07306－4:07311
梅村先生詩集二十卷　(清)吴偉業撰　(清)顧湄編　清刻本　六册

340000－1801－0015756　4:07312－4:07320
梅村詩文集四十卷　(清)吴偉業撰　清康熙刻本　九册　缺三卷(三十八至四十)

340000－1801－0015757　4:07321－4:07340
吴詩集覽二十卷目録一卷補注二十卷　(清)吴偉業撰　(清)靳榮藩補注　**談藪二卷**　(清)靳榮藩撰　清乾隆四十年(1775)靳氏凌雲亭刻本　二十册

340000－1801－0015758　4:07341－4:07352
吴詩集覽二十卷目録一卷補注二十卷　(清)吴偉業撰　(清)靳榮藩補注　**談藪二卷**　(清)靳榮藩撰　清乾隆四十年(1775)靳氏凌雲亭刻本　十二册

340000－1801－0015759　4:07353－4:07362
吴詩集覽二十卷目録一卷補注二十卷　(清)吴偉業撰　(清)靳榮藩補注　**談藪二卷**　(清)靳榮藩撰　清乾隆四十年(1775)靳氏凌雲亭刻本　十册

340000－1801－0015760　4:07363－4:07378
吴詩集覽二十卷　(清)吴偉業撰　(清)靳榮藩注　清刻本　十六册

340000－1801－0015761　4:07379－4:07398
吴詩集覽二十卷　(清)吴偉業撰　(清)靳榮藩注　清刻本　二十册

340000－1801－0015762　4:07399－4:07415
吴詩集覽二十卷　(清)吴偉業撰　(清)靳榮藩注　清刻本　十七册

340000－1801－0015763　4:07416－4:07423
梅村詩集箋注十八卷　(清)吴偉業撰　(清)吴翌鳳箋　清嘉慶滄浪吟榭刻本　八册

340000－1801－0015764　4:07424－4:07431
梅村詩集箋注十八卷　(清)吴偉業撰　(清)吴翌鳳箋　清嘉慶滄浪吟榭刻本　八册

340000－1801－0015765　4:07432－4:07439
梅村詩集箋注十八卷　(清)吳偉業撰　(清)吳翌鳳箋　清嘉慶滄浪吟榭刻本　八冊

340000－1801－0015766　4:07440－4:07447
梅村詩集箋注十八卷　(清)吳偉業撰　(清)吳翌鳳箋　清嘉慶滄浪吟榭刻本　八冊

340000－1801－0015767　4:07448－4:07455
梅村詩集箋注十八卷　(清)吳偉業撰　(清)吳翌鳳箋　清嘉慶滄浪吟榭刻本　八冊

340000－1801－0015768　4:07468－4:07475
梅村詩集箋注十八卷　(清)吳偉業撰　(清)吳翌鳳箋　清嘉慶滄浪吟榭刻本　八冊

340000－1801－0015769　4:07456－4:07467
梅村詩集箋注十八卷　(清)吳偉業撰　(清)吳翌鳳箋　清光緒二十二年(1896)三味堂刻本　十二冊

340000－1801－0015770　4:07484－4:07487
吳梅村文集二十卷　(清)吳偉業撰　清宣統二年(1910)鉛印本　四冊

340000－1801－0015771　4:07488－4:07491
梅村先生文集二十卷　(清)吳偉業撰　周瓚編　清刻本　四冊

340000－1801－0015772　4:07292－4:07293
南雷文定四卷三集三卷　(清)黄宗羲撰　(清)楊開源校　清景姚山房刻本　二冊

340000－1801－0015773　4:07294－4:07301
南雷文定四集二十二卷　(清)黄宗羲撰　清耕餘樓刻本　八冊

340000－1801－0015774　4:07915－4:07922
楊園先生全集十六卷　(清)張履祥撰　清乾隆四十七年(1782)勤宣堂刻本(有抄配)　八冊

340000－1801－0015775　4:07923－4:07924
楊園先生未刻稿十二卷　(清)張履祥撰　清光緒五年(1879)刻本　二冊

340000－1801－0015776　4:4183－4:4202 善
笠翁一家言全集文集四卷詩集十卷偶集六卷　(清)李漁撰　清雍正芥子園刻本　二十冊

340000－1801－0015777　4:07133－4:07146
笠翁一家言全集十四卷　(清)李漁撰　清芥子園刻本　十四冊　缺二卷(九至十)

340000－1801－0015778　4:07111－4:07126
笠翁一家言十卷　(清)李漁撰　清刻本　十六冊

340000－1801－0015779　4:07127－4:07132
笠翁詩文集七卷　(清)李漁撰　清康熙十年(1671)刻本　六冊

340000－1801－0015780　4:16664－4:16667
存我堂詩五卷文二卷　(清)章熊撰　清刻本　四冊　存六卷(存我堂詩二至五、文二卷)

340000－1801－0015781　4:16668
存我堂詩五卷文二卷　(清)章熊撰　清刻本　一冊　存一卷(文二)

340000－1801－0015782　4:09216
南山堂自訂詩八卷樂府一卷填詞一卷　(清)吳景旭撰　清康熙二十一年(1682)刻本　一冊

340000－1801－0015783　4:16714－4:16733
定山堂詩集四十三卷詩餘四卷　(清)龔鼎孳撰　清刻本　二十冊

340000－1801－0015784　4:16709－4:16710
龔先生詩七卷　(清)龔鼎孳撰　(清)鄒漪選　清康熙十五年(1676)吳興祚刻本　二冊

340000－1801－0015785　4:07863－4:07864
靜惕堂詩八卷　(清)曹溶撰　清道光十年(1830)信芳閣刻國初十家詩鈔本　二冊

340000－1801－0015786　4:07506－4:07511
賴古堂全集二十四卷　(清)周亮工撰　清道光九年(1829)汝南家塾刻本　六冊

340000－1801－0015787　4:07641－4:07643
蒿菴文集三卷拾遺一卷附録一卷閒話二卷　(清)張爾岐撰　清光緒十五年(1889)山東書局刻本　三冊

340000－1801－0015788　4:07644－4:07646
蒿菴文集三卷閒話二卷　(清)張爾岐撰　清光緒十五年(1889)山東書局刻本　三册

340000－1801－0015789　4:07647－4:07649
蒿菴文集三卷附錄一卷閒話二卷　(清)張爾岐撰　清光緒十五年(1889)山東書局刻本　三册

340000－1801－0015790　4:07650－4:07651
蒿庵集三卷附錄一卷　(清)張爾岐撰　清乾隆刻本　二册　缺一卷(一)

340000－1801－0015791　4:4118－4:4121 善
藏山閣詩存十四卷文存六卷田間尺牘四卷　(清)錢秉鐙撰　題(清)璱樓居士　(清)龍潭室主校　清抄本　清蕭穆批校　四册

340000－1801－0015792　4:16671－4:16672
藏山閣詩存十四卷　(清)錢澄之撰　清光緒三十四年(1908)鉛印龍潭室叢書本　二册

340000－1801－0015793　4:16673
藏山閣詩存十四卷　(清)錢澄之撰　清光緒三十四年(1908)鉛印龍潭室叢書本　一册　存六卷(一至六)

340000－1801－0015794　4:16678
田間詩殘帙不分卷　(清)錢澄之撰　清稿本　一册

340000－1801－0015795　4:16679－4:16688
錢飲光先生遺書三十卷年譜一卷　(清)錢澄之撰　清宣統二年(1910)錢氏木活字印本　十册

340000－1801－0015796　4:16689－4:16698
錢飲光先生遺書三十卷年譜一卷　(清)錢澄之撰　清宣統二年(1910)錢氏木活字印本　十册

340000－1801－0015797　4:16699－4:16708
錢飲光先生遺書三十卷年譜一卷　(清)錢澄之撰　清宣統二年(1910)錢氏木活字印本　十册

340000－1801－0015798　4:07157－4:07158
亭林詩集五卷文集六卷　(清)顧炎武撰　清刻本　二册

340000－1801－0015799　4:07159
亭林詩集五卷　(清)顧炎武撰　清刻本　一册

340000－1801－0015800　4:07160－4:07163
亭林詩集五卷文集六卷餘集一卷　(清)顧炎武撰　清光緒文瑞樓石印本　四册

340000－1801－0015801　4:07164－4:07167
亭林詩集五卷文集六卷餘集一卷　(清)顧炎武撰　清光緒文瑞樓石印本　四册

340000－1801－0015802　4:07168－4:07173
顧詩箋注十七卷校補一卷年譜一卷　(清)顧炎武撰　(清)徐嘉注　清光緒二十七年(1901)徐氏刻本　六册

340000－1801－0015803　4:07192－4:07195
亭林詩集五卷文集六卷餘集一卷　(清)顧炎武撰　清文瑞樓石印本　四册

340000－1801－0015804　4:07538－4:07545
壯悔堂文集十卷四憶堂詩集六卷　(清)侯方域撰　(清)賈開宗等選　清順治十三年(1656)商丘侯氏刻本　八册

340000－1801－0015805　4:07587－4:07594
壯悔堂文集十卷四憶堂詩集六卷　(清)侯方域撰　清刻本　八册

340000－1801－0015806　4:07512－4:07521
壯悔堂文集十卷遺稿一卷四憶堂詩集六卷　(清)侯方域撰　清康熙刻本　十册

340000－1801－0015807　4:07585－4:07586
四憶堂詩集六卷　(清)侯方域撰　(清)賈開宗等選注　清初刻本　二册

340000－1801－0015808　4:07583－4:07584
四憶堂詩集六卷　(清)侯方域撰　清刻本　二册

340000－1801－0015809　4:07581－4:07582
四憶堂詩集六卷　(清)侯方域撰　清刻本　二册

340000－1801－0015810　4:5650－4:5655 善
壯悔堂文集十卷　(清)侯方域撰　(清)賈開宗等選　清順治十三年(1656)商丘侯氏刻本　六冊

340000－1801－0015811　4:07522－4:07525
壯悔堂文集十卷　(清)侯方域撰　(清)賈開宗等評點　清乾隆二十三年(1758)刻本　四冊

340000－1801－0015812　4:07526－4:07533
壯悔堂文集十卷遺稿一卷四憶堂詩集六卷　(清)侯方域撰　(清)賈開宗等選　清刻本　八冊

340000－1801－0015813　4:07534－4:07537
壯悔堂文集十卷遺稿一卷四憶堂詩集六卷　(清)侯方域撰　(清)賈開宗等選　清宣統元年(1909)鉛印本　四冊

340000－1801－0015814　4:07546－4:07551
壯悔堂文集十卷　(清)侯方域撰　(清)賈開宗等選　清光緒四年(1878)刻本　六冊

340000－1801－0015815　4:07552－4:07557
壯悔堂文集十卷　(清)侯方域撰　(清)賈開宗等選　清刻本　六冊

340000－1801－0015816　4:4211－4:4218 善
壯悔堂文集十卷四憶堂詩集六卷　(清)侯方域撰　(清)賈開宗等選　清同治刻本　八冊

340000－1801－0015817　4:07558－4:07563
壯悔堂全集十四卷　(清)侯方域撰　(清)賈開宗等選　清宣統元年(1909)掃葉山房石印本　六冊

340000－1801－0015818　4:07564－4:07566
壯悔堂全集十四卷　(清)侯方域撰　(清)賈開宗等選　清宣統元年(1909)掃葉山房石印本　三冊

340000－1801－0015819　4:07573－4:07576
壯悔堂全集十卷　(清)侯方域撰　(清)賈開宗等選　清石印本　四冊

340000－1801－0015820　4:07577－4:07580
壯悔堂全集十七卷　(清)侯方域撰　(清)賈開宗等選　清末石印本　四冊

340000－1801－0015821　4:10884－4:10893
船山詩註釋二十卷　(清)王夫之撰　(清)張問陶　(清)李岑注　清同治九年(1870)席珍山館刻本　十冊

340000－1801－0015822　4:10924－4:10929
船山詩草二十卷　(清)王夫之撰　(清)張問陶注　清嘉慶刻本　六冊

340000－1801－0015823　4:10930－4:10935
船山詩草二十卷　(清)王夫之撰　(清)張問陶注　清嘉慶二十年(1815)刻本　六冊

340000－1801－0015824　4:10904－4:10911
船山詩草二十卷　(清)王夫之撰　(清)張問陶注　清嘉慶二十年(1815)刻本　八冊

340000－1801－0015825　4:10894－4:10903
船山詩草二十卷　(清)王夫之撰　(清)張問陶注　清刻本　十冊　缺二卷(五至六)

340000－1801－0015826　4:10912－4:10919
船山詩草二十卷　(清)王夫之撰　(清)張問陶注　清刻本　八冊

340000－1801－0015827　4:10920－4:10923
船山詩草二十卷　(清)王夫之撰　(清)張問陶注　清刻本　四冊

340000－1801－0015828　4:48224－4:48227
船山詩草二十卷　(清)王夫之撰　(清)張問陶注　**補遺六卷**　(清)張問陶輯　清道光二十九年(1849)刻本　四冊　存十一卷(船山詩草五至八、十二至十五,補遺一至三)

340000－1801－0015829　4:10943－4:10948
船山詩草二十卷　(清)王夫之撰　(清)張問陶注　**補遺六卷**　(清)張問陶輯　清同治十三年(1874)刻本　六冊

340000－1801－0015830　4:10937－4:10942
船山詩草二十卷　(清)王夫之撰　(清)張問陶注　**補遺六卷**　(清)張問陶輯　清光緒十八年(1892)刻本　六冊

340000－1801－0015831　4:48223

船山詩草補遺六卷　(清)王夫之撰　(清)張問陶輯　清道光二十八年(1848)刻本　一册　存三卷(四至六)

340000－1801－0015832　4:10936

船山詩草補遺六卷　(清)王夫之撰　(清)張問陶輯　清同治十三年(1874)刻本　一册

340000－1801－0015833　4:10943

船山詩草補遺六卷　(清)王夫之撰　(清)張問陶輯　清同治十三年(1874)刻本　一册

340000－1801－0015834　4:08144－4:08149

蕉林詩集不分卷　(清)梁清標撰　清康熙刻本　六册

340000－1801－0015835　4:09354－4:09357

朱栢廬先生愧納集十二卷　(清)朱用純撰　清光緒八年(1882)廣仁堂刻本　四册

340000－1801－0015836　4:4254－4:4265 善

寒松堂集十二卷　(清)魏象樞撰　清康熙四十七年(1708)刻本　十二册

340000－1801－0015837　4:07993－4:08005

寒松堂全集十二卷年譜一卷　(清)魏象樞撰　(清)魏學誠等録　清嘉慶十六年(1811)刻本　十三册

340000－1801－0015838　4:08006－4:08017

寒松堂全集十二卷年譜一卷　(清)魏象樞撰　(清)魏學誠等録　清嘉慶十六年(1811)刻本　十二册

340000－1801－0015839　4:08018－4:08030

寒松堂全集十二卷年譜一卷　(清)魏象樞撰　(清)魏學誠等録　清嘉慶刻本　十三册

340000－1801－0015840　4:07967－4:07976

兼濟堂文集選二十卷附年譜　(清)魏裔介撰　清龍江書院刻本　十册

340000－1801－0015841　4:07977－4:07992

兼濟堂文集二十四卷　(清)魏裔介撰　清光緒刻本　十六册　存十六卷(一至九、十八至二十四)

340000－1801－0015842　4:16753－4:16772

愚山先生全集九十四卷隨邨先生遺集一卷　(清)施閏章　(清)施瑮撰　清乾隆楝亭刻本　二十册

340000－1801－0015843　4:16773－4:16792

施愚山文集五十卷文集二十八卷别集四卷外集一卷家風述略一卷　(清)施閏章撰　**隨村遺詩六卷**　清宣統三年(1911)石印本　二十册

340000－1801－0015844　4:16793－4:16798

施愚山文集二十八卷　(清)施閏章撰　清宣統二年(1910)國學扶輪社石印本　六册

340000－1801－0015845　4:16799－4:16804

愚山先生詩集十二卷文集七卷　(清)施閏章撰　清刻本　六册

340000－1801－0015846　4:16805－4:16811

愚山先生學餘文集二十八卷　(清)施閏章撰　清康熙楝亭刻本　七册

340000－1801－0015847　4:4354－4:4369 善

施愚山先生全集七十八卷年譜四卷　(清)施閏章撰　清康熙四十七年(1708)楝亭刻本　十六册

340000－1801－0015848　4:4370－4:4388 善

施愚山先生全集九十卷　(清)施閏章撰　清康熙四十七年(1708)楝亭刻乾隆三十年(1765)增刻本　十九册

340000－1801－0015849　4:4234－4:4237 善

范忠貞公集十卷　(清)范承謨撰　清康熙三十九年(1700)刻本　四册

340000－1801－0015850　4:07595－4:07598

范忠貞全集四卷附録一卷　(清)范承謨撰　清光緒二十一年(1895)湘南龍氏刻本　四册

340000－1801－0015851　4:4055－4:4057 善

萬青閣自訂全集八卷　(清)趙吉士撰　清康熙趙繼抃、趙景徹等刻本　三册

340000－1801－0015852　4:4058－4:4059 善

萬青閣自訂文集　(清)趙吉士撰　清康熙馮

雲驌等牧愛堂刻本　二册

340000－1801－0015853　4：4420 善
萬青閣詩餘三卷　（清）趙吉士撰　清康熙刻本　一册　存二卷（一至二）

340000－1801－0015854　4：4404－4：4419 善
林卧遥集二卷千叠波餘一卷續編一卷補遺一卷　（清）趙吉士撰　清康熙刻本　十六册

340000－1801－0015855　4：16886
林臥遙集二卷千疊波餘一卷　（清）趙吉士撰　清康熙三十九年（1700）刻本　一册　缺一卷（林臥遙集上）

340000－1801－0015856　4：25901－4：25902
考功集選四卷　（清）王士禄撰　**抱山集選一卷**　（清）王士禧撰　**古鉢集選一卷**　（清）王士祜撰　清刻漁洋所著書本　二册

340000－1801－0015857　4：4267－4：4272 善
挹奎樓選稿十二卷　（清）林雲銘撰　清康熙三十五年（1696）陳一夔刻本　六册

340000－1801－0015858　4：4060－4：4062 善
種書堂遺稿三卷題畫詩二卷　（清）查士標撰　清康熙刻本　三册

340000－1801－0015859　4：1719－4：1722 善
蠶尾文集八卷蠶尾續詩集十卷　（清）王士禛撰　清康熙新安程哲刻本　四册

340000－1801－0015860　4：08748－4：08749
蠶尾集十卷　（清）王士禛撰　清康熙刻本　二册

340000－1801－0015861　4：08750－4：08755
蠶尾集十卷續集二卷後集二卷　（清）王士禛撰　清康熙刻本　六册

340000－1801－0015862　4：08756－4：08759
蠶尾集十卷續集二卷後集二卷　（清）王士禛撰　清康熙刻本　四册

340000－1801－0015863　4：08760
蠶尾續集二卷　（清）王士禛撰　清刻本　一册

340000－1801－0015864　4：48279－4：48280
蠶尾集十卷續集二卷後集二卷　（清）王士禛撰　清刻本　二册　存四卷（蠶尾集六至七、後集二卷）

340000－1801－0015865　4：1683－4：1718 善
帶經堂全集九十二卷　（清）王士禛撰　清康熙五十年（1711）歙縣程哲七略書堂刻本　三十六册

340000－1801－0015866　4：08692－4：08723
帶經堂集九十二卷　（清）王士禛撰　清康熙五十一年（1712）程哲七畧書堂刻本　三十二册

340000－1801－0015867　4：08724－4：08733
帶經堂集五十二卷　（清）王士禛撰　（清）程哲編　清康熙五十一年（1712）程哲七畧書堂刻本　十册

340000－1801－0015868　4：08734－4：08747
帶經堂集五十二卷　（清）王士禛撰　（清）程哲編　清康熙五十一年（1712）程哲七畧書堂刻本　十四册

340000－1801－0015869　4：48363－4：48364
帶經堂集二十二卷　（清）王士禛撰　（清）程哲編　清康熙歙縣程哲刻本　二册

340000－1801－0015870　4：5612－4：5635 善
帶經堂集八十二卷　（清）王士禛撰　（清）程哲編　清康熙刻本　二十四册

340000－1801－0015871　4：48365
漁洋山人精華錄十二卷　（清）王士禛撰　（清）林佶寫　清康熙侯官林佶寫刻本　一册　存一卷（九）

340000－1801－0015872　4：08940－4：08943
漁洋文十四卷　（清）王士禛撰　（清）程哲編　清康熙程哲七畧書堂刻本　四册

340000－1801－0015873　4：08761－4：08764
漁洋山人精華錄十卷　（清）王士禛撰　清康熙三十九年（1700）林佶刻本　四册

340000－1801－0015874　4：08765－4：08768

漁洋山人精華錄十卷　(清)王士禛撰　清康熙三十九年(1700)林佶刻本　四冊

340000－1801－0015875　4:08769－4:08772

漁洋山人精華錄十卷　(清)王士禛撰　清康熙三十九年(1700)林佶刻本　四冊

340000－1801－0015876　4:08773－4:08776

漁洋山人精華錄十卷　(清)王士禛撰　清康熙三十九年(1700)林佶刻本　四冊

340000－1801－0015877　4:08777－4:08786

漁洋山人精華錄箋注十二卷補注一卷　(清)王士禛撰　(清)金榮注　清康熙鳳翽堂刻本　十冊

340000－1801－0015878　4:08787－4:08796

漁洋山人精華錄箋注十二卷補注一卷　(清)王士禛撰　(清)金榮注　清康熙鳳翽堂刻本　十冊

340000－1801－0015879　4:08797－4:08806

漁洋山人精華錄箋注十二卷補注一卷　(清)王士禛撰　(清)金榮注　清康熙鳳翽堂刻本　十冊

340000－1801－0015880　4:08807－4:08812

漁洋山人精華錄箋注十二卷補注一卷　(清)王士禛撰　(清)金榮注　清康熙鳳翽堂刻本　六冊

340000－1801－0015881　4:08813－4:08822

漁洋山人精華錄箋注十二卷補注一卷　(清)王士禛撰　(清)金榮注　清刻本　十冊

340000－1801－0015882　4:08823－4:08830

漁洋山人精華錄箋注十二卷補注一卷　(清)王士禛撰　(清)金榮注　清刻本　八冊

340000－1801－0015883　4:5580－4:5589 善

漁洋山人精華錄箋注十二卷　(清)王士禛撰　(清)金榮注　清刻本　十冊

340000－1801－0015884　4:08849－4:08854

漁洋山人精華錄箋注十二卷　(清)王士禛撰　(清)金榮注　清刻本　六冊

340000－1801－0015885　4:5575－4:5579 善

漁洋山人文略十四卷　(清)王士禛撰　清刻本　五冊

340000－1801－0015886　4:5590－4:5593 善

蠶尾集十卷　(清)王士禛撰　清康熙刻本　四冊

340000－1801－0015887　4:5594－4:5599 善

蠶尾集十卷　(清)王士禛撰　清康熙刻本　六冊

340000－1801－0015888　4:5600－4:5605 善

蠶尾集十卷續集二卷後集二卷　(清)王士禛撰　清康熙刻本　六冊

340000－1801－0015889　4:5606－4:5611 善

蠶尾續文集二十卷　(清)王士禛撰　清康熙刻本　六冊

340000－1801－0015890　4:08841－4:08848

精華錄箋注十二卷　(清)王士禛撰　(清)金榮注　清寶華樓刻本　八冊

340000－1801－0015891　4:08915－4:08920

漁洋精華錄箋注十二卷　(清)王士禛撰　(清)金榮箋注　清有正書局石印本　六冊

340000－1801－0015892　4:08831－4:08840

漁洋山人精華錄箋注十二卷　(清)王士禛撰　(清)徐淮纂輯　清光緒二十年(1894)寶文書局石印本　十冊

340000－1801－0015893　4:08855－4:08866

精華錄訓纂十卷　(清)王士禛撰　(清)惠棟注　清紅豆齋刻本　十二冊

340000－1801－0015894　4:08867－4:08878

漁洋山人精華錄訓纂十卷年譜一卷　(清)王士禛撰　(清)惠棟注　清紅豆齋刻本　十二冊

340000－1801－0015895　4:08879－4:08890

漁洋山人精華錄訓纂十卷年譜一卷　(清)王士禛撰　(清)惠棟注　清紅豆齋刻本　十二冊

340000－1801－0015896　4:08891－4:08902

漁洋山人精華錄訓纂十卷年譜一卷　(清)王

士禛撰　(清)惠棟注　清紅豆齋刻本　十二冊

340000－1801－0015897　4:48362
漁洋山人詩集　(清)王士禛撰　清刻本　一冊　存四卷(一至四)

340000－1801－0015898　4:08921－4:08922
王氏漁洋詩鈔十二卷　(清)王士禛撰　(清)邵長蘅選　清刻本　二冊

340000－1801－0015899　4:08923－4:08926
漁洋山人詩合集十八卷　(清)王士禛撰　清刻本　四冊

340000－1801－0015900　4:08927－4:08930
王漁洋詩鈔十二卷　(清)王士禛撰　清末石印本　四冊　缺四卷(四至七)

340000－1801－0015901　4:08937－4:08938
王漁洋詩鈔四卷　(清)王士禛撰　清刻康熙二家詩鈔本　二冊

340000－1801－0015902　4:08939
雍益集不分卷　(清)王士禛撰　清刻本　一冊

340000－1801－0015903　4:08669－4:08676
經義齋集十八卷　(清)熊賜履撰　清康熙胡氏退補齋刻本　八冊

340000－1801－0015904　4:08677－4:08686
經義齋集十八卷　(清)熊賜履撰　清康熙二十九年(1690)刻本　十冊

340000－1801－0015905　4:08049－4:08064
午亭文編五十卷　(清)陳廷敬撰　清康熙四十七年(1708)侯官林佶刻本　十六冊

340000－1801－0015906　4:4238－4:4241 善
秋笳集八卷補遺一卷　(清)吳兆騫撰　(清)吳榐臣編　清康熙徐乾學刻雍正四年(1726)吳榐臣知止草堂增修本　四冊

340000－1801－0015907　4:07892－4:07895
秋笳集八卷　(清)吳兆騫撰　清雍正刻本　四冊

340000－1801－0015908　4:07896
秋笳集八卷　(清)吳兆騫撰　清光緒二十一年(1895)傳抄本　一冊　存五卷(一至五)

340000－1801－0015909　4:07897－4:07899
秋笳集八卷　(清)吳兆騫撰　清宣統風雨樓鉛印本　三冊

340000－1801－0015910　4:19284－4:19291
無異堂文集十二卷　(清)姚文燮撰　清刻本　八冊

340000－1801－0015911　4:07867－4:07870
呂晚村詩集八卷　(清)呂留良撰　清末石印本　四冊

340000－1801－0015912　4:07871
東莊詩存七卷　(清)呂留良撰　清宣統三年(1911)風雨樓鉛印本　一冊

340000－1801－0015913　4:07242－4:07244
屈翁山詩集四卷詞一卷　(清)屈大均撰　(清)徐肇元選　清刻本　三冊

340000－1801－0015914　4:07245－4:07267
翁山詩外十八卷　(清)屈大均撰　清刻本(有抄配)　二十三冊

340000－1801－0015915　4:07268－4:07276
翁山詩外十八卷　(清)屈大均撰　清刻本　九冊　缺一卷(十七)

340000－1801－0015916　4:07845－4:07848
甌香館集十二卷　(清)惲格撰　清光緒七年(1881)刻本　四冊　存一卷(十二)

340000－1801－0015917　4:09025－4:09056
西陂類稿五十卷　(清)宋犖撰　清康熙刻本　三十二冊

340000－1801－0015918　4:09121－4:09124
綿津山人詩集二十七卷　(清)宋犖撰　清康熙刻本　四冊

340000－1801－0015919　4:09125－4:09126
綿津山人詩集二十四卷　(清)宋犖撰　清康熙刻本　二冊　存十六卷(一至十六)

340000－1801－0015920　4:23949－4:23952
榕村詩選八卷　(清)李光地輯　清雍正八年(1730)刻本　四冊

340000－1801－0015921　4:11664－4:11671
南畇文稿十二卷小題文稿一卷密證錄一卷姚江釋毁錄一卷不諼錄一卷　(清)彭定求撰　清光緒七年(1881)刻本　八冊

340000－1801－0015922　4:13578－4:13581
硯食齋詩鈔四卷　(清)彭定瀾撰　清同治刻本　四冊

340000－1801－0015923　4:07735－4:07745
陳迦陵文集六卷儷體文集十卷迦陵詞全集三十卷　(清)陳維崧撰　清刻本　十一冊

340000－1801－0015924　4:48405
迦陵文選三卷　(清)陳維崧撰　清抄本　一冊

340000－1801－0015925　4:07746－4:07751
陳檢討集二十卷　(清)陳維崧撰　(清)程師恭注　清刻本　六冊

340000－1801－0015926　4:07752－4:07755
陳檢討集二十卷　(清)陳維崧撰　(清)程師恭注　清有美堂刻本　四冊

340000－1801－0015927　4:07756－4:07761
陳檢討集二十卷　(清)陳維崧撰　(清)程師恭注　清有美堂刻本　六冊

340000－1801－0015928　4:07762－4:07765
陳檢討集二十卷　(清)陳維崧撰　(清)程師恭注　清有美堂刻本　四冊

340000－1801－0015929　4:07766－4:07771
陳檢討集十六卷　(清)陳維崧撰　(清)程師恭注　清有美堂刻本　六冊

340000－1801－0015930　4:07772－4:07777
陳檢討集十二卷詞鈔十二卷　(清)陳維崧撰　(清)程師恭注　清金閶葉繼照刻本　六冊

340000－1801－0015931　4:07782－4:07787
陳檢討集二十卷　(清)陳維崧撰　(清)程師恭注　清漁古山房刻本　六冊

340000－1801－0015932　4:07788－4:07793
陳檢討集二十卷　(清)陳維崧撰　(清)程師恭注　清刻本　六冊

340000－1801－0015933　4:07778－4:07781
陳檢討四六二十卷　(清)陳維崧撰　(清)程師恭注　清乾隆亦園刻本　四冊

340000－1801－0015934　4:07794－4:07799
陳檢討集二十卷　(清)陳維崧撰　(清)程師恭注　清道光二年(1822)刻本　六冊

340000－1801－0015935　4:07800－4:07807
陳檢討四六箋注二十卷　(清)陳維崧撰　清末石印本　八冊

340000－1801－0015936　4:07814－4:07828
湖海樓全集五十卷　(清)陳維崧撰　清光緒弇山鐸署刻本　十五冊

340000－1801－0015937　4:07829－4:07832
湖海樓詩集十二卷　(清)陳維崧撰　清光緒十八年(1892)弇山鐸署刻本　四冊

340000－1801－0015938　4:07833－4:07844
湖海樓全集五十卷　(清)陳維崧撰　清乾隆浩然堂刻本　十二冊

340000－1801－0015939　4:5636－4:5649 善
曝書亭集八十卷　(清)朱彝尊撰　清康熙刻本　十四冊

340000－1801－0015940　4:08479－4:08494
曝書亭集八十卷　(清)朱彝尊撰　清康熙刻本　十六冊

340000－1801－0015941　4:08495－4:08515
曝書亭集八十卷　(清)朱彝尊撰　**笛漁小稿十卷**　(清)朱昆田著　清康熙刻本　二十一冊

340000－1801－0015942　4:08516－4:08531
曝書亭集八十卷　(清)朱彝尊撰　清康熙刻本　十六冊

340000－1801－0015943　4:08532－4:08546
曝書亭集七十四卷　(清)朱彝尊撰　**笛漁小稿十卷**　(清)朱昆田著　清刻本　十五冊

340000－1801－0015944　4:08557－4:08572

曝書亭集八十卷附録一卷　(清)朱彝尊撰　**笛漁小稿十卷**　(清)朱崑田著　清光緒十五年(1889)寒梅館刻本　十六册

340000－1801－0015945　4:08585－4:08592

曝書亭詩詞全集三十卷　(清)朱彝尊撰　清末石印本　八册

340000－1801－0015946　4:08593－4:08598

曝書亭集詩注二十二卷年譜一卷　(清)朱彝尊撰　(清)楊謙注　清刻本　六册

340000－1801－0015947　4:08599－4:08602

曝書亭集箋注二十三卷　(清)朱彝尊撰　(清)孫銀槎注　清嘉慶五年(1800)刻本　四册

340000－1801－0015948　4:08603－4:08612

曝書亭集箋注二十三卷　(清)朱彝尊撰　(清)孫銀槎注　清嘉慶五年(1800)刻本　十册

340000－1801－0015949　4:144－4:159

日下舊聞四十二卷　(清)朱彝尊撰　**補遺一卷**　(清)朱昆田撰　清康熙二十七年(1688)朱氏六峰閣刻本　十六册

340000－1801－0015950　4:08613－4:08616

竹垞文類二十六卷　(清)朱彝尊撰　清刻本　四册

340000－1801－0015951　4:08617

竹垞文類十二卷　(清)朱彝尊撰　清刻本　一册

340000－1801－0015952　4:08291－4:08311

西堂全集十五種　(清)尤侗撰　清刻本　二十一册

340000－1801－0015953　4:08312－4:08326

西堂全集十五種　(清)尤侗撰　清刻本　十五册

340000－1801－0015954　4:08327－4:08350

西堂全集十五種　(清)尤侗撰　清刻本　二十四册

340000－1801－0015955　4:08351－4:08375

西堂全集十五種　(清)尤侗撰　清刻本　二十五册

340000－1801－0015956　4:08376－4:08390

西堂全集十五種　(清)尤侗撰　清刻本　十五册

340000－1801－0015957　4:08391－4:08410

西堂全集十八種六十卷　(清)尤侗撰　清康熙兩儀堂刻本　二十册

340000－1801－0015958　4:08411－4:08430

西堂全集六十九卷　(清)尤侗撰　清康熙二十四年(1685)刻本　二十册

340000－1801－0015959　4:48263－4:48264

西堂雜俎二集二卷　(清)尤侗撰　清康熙金閶雅琴堂刻本　二册

340000－1801－0015960　4:48265－4:48266

西堂雜俎三集不分卷　(清)尤侗撰　清康熙二十三年(1684)金閶聚秀堂刻本　二册

340000－1801－0015961　4:08437－4:08438

西堂雜組三集不分卷　(清)尤侗撰　清康熙十八年(1679)刻本　二册

340000－1801－0015962　4:08439－4:08442

西堂雜組三集不分卷　(清)尤侗撰　清康熙十八年(1679)刻本　四册

340000－1801－0015963　4:08443

香雲草堂集五卷　(清)尤侗撰　清康熙二十三年(1684)刻本　一册

340000－1801－0015964　4:48293

香雲草堂集八卷　(清)尤侗撰　清刻本　一册　存三卷(六至八)

340000－1801－0015965　4:08444－4:08445

述祖詩不分卷于京集五卷　(清)尤侗撰　清刻本　一册

340000－1801－0015966　4:08446－4:08452

西堂餘集十種　(清)尤侗撰　清康熙刻本　七册

340000－1801－0015967　4:08453－4:08455
艮齋倦稿十二卷　(清)尤侗撰　清刻本　三冊

340000－1801－0015968　4:09551－4:09554
飴山詩集十二卷附錄一卷　(清)趙執信撰　清乾隆因園刻本　四冊

340000－1801－0015969　4:09555－4:09564
飴山詩集二十卷　(清)趙執信撰　清刻本　十冊

340000－1801－0015970　4:09279－4:09281
聊齋文集二卷詞一卷　(清)蒲松齡撰　清宣統元年(1909)國學扶輪社鉛印本　三冊

340000－1801－0015971　4:1904－4:1907 善
御製避暑山莊詩二卷　(清)聖祖玄燁撰　(清)揆敍注　(清)沈喻繪圖　清康熙五十一年(1712)內府刻本　四冊

340000－1801－0015972　4:1900－4:1903 善
御製避暑山莊詩二卷　(清)聖祖玄燁撰　(清)揆敍注　(清)沈喻繪圖　**附高宗和詩三十六首**　(清)高宗弘曆撰　清乾隆六年(1741)內府刻朱墨套印本　四冊

340000－1801－0015973　4:09016－4:09023
近光集二十八卷　(清)汪士鋐纂　(清)徐修仁注　清康熙刻本　八冊

340000－1801－0015974　4:14861
萬山拜下堂稿不分卷　(清)釋海嶽著　清抄本　一冊

340000－1801－0015975　4:4114－4:4115 善
澄懷園詩選十二卷　(清)張廷玉撰　清乾隆二年(1737)刻本　二冊

340000－1801－0015976　4:17097－4:17104
澄懷園文存十五卷　(清)張廷玉撰　清光緒十七年(1891)雲間孫氏刻本　八冊

340000－1801－0015977　4:17105－4:17111
澄懷園文存十五卷　(清)張廷玉撰　清道光刻本　七冊

340000－1801－0015978　4:17112－4:17115
澄懷園詩選十二卷　(清)張廷玉撰　清光緒十七年(1891)金陵刻本　四冊

340000－1801－0015979　4:17116－4:17119
澄懷園詩選十二卷　(清)張廷玉撰　清光緒十七年(1891)金陵刻本　四冊

340000－1801－0015980　4:17120－4:17123
澄懷園詩選十二卷　(清)張廷玉撰　清光緒十七年(1891)金陵刻本　四冊

340000－1801－0015981　4:17124
澄懷園載賡集六卷　(清)張廷玉撰　清乾隆十三年(1748)刻本　一冊

340000－1801－0015982　4:26311－4:26312
華及堂視昔編不分卷　(清)汪森輯　清康熙四十六年(1707)刻本　二冊

340000－1801－0015983　4:17315－4:17316
柯庭餘習十二卷　(清)汪文柏撰　清康熙四十四年(1705)新安汪氏古香樓刻本　二冊

340000－1801－0015984　4:09127－4:09130
樓邨詩集二十五卷　(清)王式丹撰　清康熙刻本　四冊

340000－1801－0015985　4:09131－4:09134
樓邨詩集二十四卷　(清)王式丹撰　清雍正三年(1725)刻本　四冊

340000－1801－0015986　4:5677－4:5692 善
敬業堂詩集五十卷　(清)查慎行撰　清康熙刻本　十六冊

340000－1801－0015987　4:09246－4:09253
敬業堂詩集五十卷　(清)查慎行撰　清康熙五十八年(1719)刻本　八冊　缺十七卷(十四至二十一、三十一至三十九)

340000－1801－0015988　4:09254－4:09263
敬業堂詩集五十卷　(清)查慎行撰　清乾隆刻本　十冊

340000－1801－0015989　4:5671－4:5672 善
敬業堂詩續集六卷　(清)查慎行撰　清刻本　二冊

340000－1801－0015990　4:09147－4:09150
何義門先生集十二卷附錄一卷義門弟子姓氏錄一卷　(清)何焯撰　清道光刻本　四冊

340000－1801－0015991　4:09135－4:09138
義門先生集十二卷附錄一卷　(清)何焯撰　清末石印本　四冊

340000－1801－0015992　4:09139－4:09142
義門先生集十二卷　(清)何焯撰　清宣統三年(1911)石印本　四冊

340000－1801－0015993　4:09143－4:09146
義門先生集十二卷　(清)何焯撰　清宣統三年(1911)石印本　四冊

340000－1801－0015994　4:48382
杜溪先生文集十二卷　(清)朱書撰　清道光刻本　一冊　存三卷(五至七)

340000－1801－0015995　4:18386－4:18389
朱杜溪集四卷　(清)朱書撰　清刻本　四冊

340000－1801－0015996　4:18390－4:18392
朱杜溪先生集七卷　(清)朱書撰　清光緒十九年(1893)刻本　三冊

340000－1801－0015997　4:18393－4:18396
朱杜溪先生集七卷　(清)朱書撰　清光緒十九年(1893)刻本　四冊

340000－1801－0015998　4:18397－4:18400
杜溪先生集十二卷　(清)朱書撰　清道光三十年(1850)刻本　四冊

340000－1801－0015999　4:4480－4:4485 善
望溪集不分卷　(清)方苞撰　(清)王兆符　(清)程崟輯　清乾隆程崟刻抗希堂十六種本　六冊

340000－1801－0016000　4:3704－4:3707 善
望溪先生存稿不分卷　(清)方苞撰　清稿本　四冊

340000－1801－0016001　4:48282－4:48289
望溪先生文集十八卷外集十卷補遺二卷年譜二卷　(清)方苞撰　清刻本　八冊　存十八卷(望溪先生文集二至五、八至十、十三至十四,外集六至十,補遺二卷,年譜二卷)

340000－1801－0016002　4:048168－4:048175
望溪先生文集十八卷外集十卷　(清)方苞著　(清)戴鈞衡編　清刻本　八冊　存十四卷(望溪先生文集一、六至七、十一至十二、十五至十八,外集一至五)

340000－1801－0016003　4:17125－4:17140
望溪先生文集三十卷年譜一卷　(清)方苞撰　清咸豐二年(1852)戴氏刻本　十六冊

340000－1801－0016004　4:17141－4:17156
望溪先生文集三十卷年譜一卷　(清)方苞撰　清咸豐二年(1852)戴氏刻本　十六冊

340000－1801－0016005　4:17157－4:17172
望溪先生文集三十卷年譜一卷　(清)方苞撰　清咸豐二年(1852)戴氏刻本　十六冊

340000－1801－0016006　4:17173－4:17186
望溪先生文集三十卷年譜一卷　(清)方苞撰　清咸豐二年(1852)戴氏刻本　十四冊

340000－1801－0016007　4:17187－4:17201
望溪先生文集三十卷　(清)方苞撰　清咸豐二年(1852)戴氏刻本　十五冊

340000－1801－0016008　4:17202－4:17216
望溪先生文集三十卷年譜一卷　(清)方苞撰　清咸豐二年(1852)戴氏刻本　十五冊　缺二卷(望溪先生文集十三至十四)

340000－1801－0016009　4:17217－4:17226
望溪先生文集三十卷年譜一卷　(清)方苞撰　清咸豐二年(1852)戴氏刻本　八冊　存十八卷(望溪先生文集一至十八)

340000－1801－0016010　4:17227－4:17234
望溪先生文集三十卷年譜一卷　(清)方苞撰　清咸豐二年(1852)戴氏刻本　十冊　存十八卷(望溪先生文集一至十八)

340000－1801－0016011　4:17235－4:17239
方望溪文鈔六卷　(清)方苞撰　清宣統二年(1910)鉛印本　五冊

340000－1801－0016012　4:17240

望溪文集補遺不分卷 （清）方苞撰 （清）孫葆田輯 清光緒二十九年(1903)榮城孫氏刻本 一册

340000－1801－0016013 4:17241
望溪文集補遺不分卷 （清）方苞撰 （清）孫葆田輯 清光緒二十九年(1903)榮城孫氏刻本 一册

340000－1801－0016014 4:17241－4:17248
望溪文稿補遺不分卷 （清）方苞著 清光緒二十九年(1903)榮城孫氏刻本 一册

340000－1801－0016015 4:17265－4:17270
望溪先生文偶鈔 （清）方苞撰 清刻本 六册

340000－1801－0016016 4:16920－4:16922
戴南山文抄十八卷 （清）戴名世撰 清宣統二年(1910)鉛印本 三册

340000－1801－0016017 4:16923－4:16925
戴南山文抄十八卷 （清）戴名世撰 清宣統二年(1910)鉛印本 三册

340000－1801－0016018 4:16931－4:16938
南山集十四卷 （清）戴名世撰 清光緒十九年(1893)印鴻堂刻本 八册

340000－1801－0016019 4:16939－4:16946
南山集十四卷 （清）戴名世撰 清光緒十九年(1893)印鴻堂刻本 八册

340000－1801－0016020 4:16947－4:16954
南山全集(潛虚先生集)十六卷 （清）宋潛虚撰 清光緒木活字印本 佚名過録清戴鈞衡評點 八册

340000－1801－0016021 4:16975－4:16982
潛虚先生文集十四卷年譜一卷 （清）戴名世撰 清光緒十八年(1892)刻本 八册

340000－1801－0016022 4:16983－4:16990
潛虚先生文集十四卷年譜一卷 （清）戴名世撰 清光緒十八年(1892)刻本 八册

340000－1801－0016023 4:16991－4:16998
潛虚先生文集十四卷年譜一卷 （清）戴名世撰 清光緒十八年(1892)刻本 八册

340000－1801－0016024 4:4108－4:4113 善
潛虚先生文集十四卷遺集一卷 （清）宋潛虚(戴名世)撰 清光緒十八年(1892)刻本 清姚濬昌批校 六册

340000－1801－0016025 4:09655
樊榭小房集外詩三卷 （清）厲鶚撰 **道古堂集外詩三卷** （清）杭世駿撰 清同治十三年(1874)刻本 一册

340000－1801－0016026 4:09656－4:09664
樊榭山房全集三十五卷 （清）厲鶚撰 清光緒十年(1884)刻本 九册

340000－1801－0016027 4:09665－4:09673
樊榭山房全集三十五卷 （清）厲鶚撰 清光緒十年(1884)刻本 九册

340000－1801－0016028 4:09674－4:09685
樊榭山房集十卷續集十卷文集八卷集外詩三卷集外詞四卷題辭三卷集外曲二卷集外詩一卷集外詞一卷集外文一卷 （清）厲鶚撰 **輓辭一卷軼事一卷** （清）龔胡峹輯 **振綺堂詩存一卷附題辭** （清）汪憲撰 **松聲池館詩存四卷** （清）汪璐撰 清光緒十年至十五年(1884－1889)錢塘汪氏振綺堂刻本 十二册

340000－1801－0016029 4:09686－4:09697
樊榭山房集十卷續集十卷文集八卷集外詩三卷集外詞四卷題辭三卷集外曲二卷集外詩一卷集外詞一卷集外文一卷 （清）厲鶚撰 **輓辭一卷軼事一卷** （清）龔胡峹輯 **振綺堂詩存一卷附題辭** （清）汪憲撰 **松聲池館詩存四卷** （清）汪璐撰 清光緒十年至十五年(1884－1889)錢塘汪氏振綺堂刻本 十二册

340000－1801－0016030 4:09698－4:09700
樊榭山房文集八卷續十卷 （清）厲鶚撰 清刻本 三册

340000－1801－0016031 4:09701－4:09706
樊榭山房文集八卷續十卷 （清）厲鶚撰 清刻本 六册

340000－1801－0016032　4:48334
樊榭山房文集八卷續十卷　(清)厲鶚撰　清刻本　一册　存五卷(續六至十)

340000－1801－0016033　4:09612
遊仙詩三卷　(清)厲鶚撰　清同治錢塘丁氏當歸草堂刻本　一册

340000－1801－0016034　4:17272
志寧堂詩賦全集二卷　(清)徐文靖撰　清光緒二年(1876)志寧堂刻本　一册

340000－1801－0016035　4:17273
志寧堂詩賦全集二卷　(清)徐文靖撰　清光緒二年(1876)志寧堂刻本　一册

340000－1801－0016036　4:17274
志寧堂詩賦全集二卷　(清)徐文靖撰　清光緒二年(1876)志寧堂刻本　一册

340000－1801－0016037　4:17275－4:17276
志寧堂詩賦全集二卷　(清)徐文靖撰　清光緒二年(1876)志寧堂刻本　二册

340000－1801－0016038　4:17277
志寧堂詩賦全集二卷　(清)徐文靖撰　清光緒二年(1876)志寧堂刻本　一册

340000－1801－0016039　4:4660－4:4661 善
後村雜著三卷　(清)王文治撰　清康熙刻本　二册

340000－1801－0016040　4:4421－4:4422 善
後村雜著三卷　(清)王文治撰　清康熙四十七年(1708)刻本　二册

340000－1801－0016041　4:17432－4:17439
汪文端公集二十二卷　(清)汪由敦撰　清乾隆四十三年(1778)刻本　八册

340000－1801－0016042　4:17440－4:17447
松泉文集二十卷　(清)汪由敦撰　清乾隆刻本　八册

340000－1801－0016043　4:17448－4:17467
松泉詩集二十六卷文集十二卷　(清)汪由敦撰　清刻本　二十册

340000－1801－0016044　4:20467－4:20468
澹慮堂遺稿四卷　(清)汪棟撰　清刻本　二册

340000－1801－0016045　4:1908－4:1923 善
世宗憲皇帝御製文集三十卷　(清)世宗胤禛撰　清乾隆四十一年(1776)武英殿木活字印本　十六册

340000－1801－0016046　4:10595
御製巡幸盛京詩不分卷　(清)高宗弘曆撰　清内府刻本　一册

340000－1801－0016047　4:10596－4:10597
御製盛京賦不分卷　(清)高宗弘曆撰　清刻本　二册

340000－1801－0016048　4:10511－4:10517
御製全韻詩五卷　(清)高宗弘曆撰　清乾隆刻本　七册

340000－1801－0016049　4:48354
御製全韻詩五卷　(清)高宗弘曆撰　清刻本　一册　存一卷(一)

340000－1801－0016050　4:1974－4:1985
樂善堂全集四十卷　(清)高宗弘曆撰　清乾隆二年(1737)刻本　十二册　存三十三卷(一至三十三)

340000－1801－0016051　4:4325－4:4336 善
樂善堂全集定本三十卷　(清)高宗弘曆撰　清乾隆二十三年(1758)刻本　十二册

340000－1801－0016052　4:12341－4:12348
樂善堂全集定本三十卷　(清)高宗弘曆撰　清乾隆二十三年(1758)刻本　八册

340000－1801－0016053　4:12349－4:12356
樂善堂全集定本三十卷　(清)高宗弘曆撰　清乾隆二十三年(1758)刻本　八册

340000－1801－0016054　4:10565－4:10576
御製文二集四十四卷　(清)高宗弘曆撰　清乾隆五十一年(1786)刻本　十二册

340000－1801－0016055　4:1925－4:1972 善
御製詩初集四十四卷二集九十卷　(清)高宗

弘曆撰　清乾隆十四年(1749)內府刻本　四十八冊

340000－1801－0016056　4:10054－4:10061
道古堂詩集二十六卷　(清)杭世駿撰　清刻本　八冊

340000－1801－0016057　4:10062－4:10067
道古堂詩集二十六卷　(清)杭世駿撰　清乾隆四十一年(1776)刻本　六冊

340000－1801－0016058　4:10068－4:10083
道古堂文集四十八卷詩集二十六卷　(清)杭世駿撰　清乾隆四十一年(1776)刻本　十六冊

340000－1801－0016059　4:10084－4:10099
道古堂文集四十八卷詩集二十六卷　(清)杭世駿撰　清乾隆四十一年(1776)刻本　十六冊

340000－1801－0016060　4:10100－4:10115
道古堂文集七十六卷軼事一卷　(清)杭世駿撰　清光緒汪氏振綺堂刻本　十六冊

340000－1801－0016061　4:10116－4:10131
道古堂文集七十六卷軼事一卷　(清)杭世駿撰　清光緒汪氏振綺堂刻本　十六冊

340000－1801－0016062　4:10042－4:10043
嶺南集八卷　(清)杭世駿撰　清光緒七年(1881)嶺南刻本　二冊

340000－1801－0016063　4:10044－4:10045
嶺南集八卷　(清)杭世駿撰　清光緒七年(1881)嶺南刻本　二冊

340000－1801－0016064　4:1987－4:1990 善
臺山初稿瑞竹堂詩四卷　(清)齊召南撰　清乾隆初清稿本　四冊

340000－1801－0016065　4:10026－4:10027
寶綸堂外集十二卷　(清)齊召南撰　清宣統三年(1911)掃葉山房石印本　二冊

340000－1801－0016066　4:10028－4:10029
寶綸堂外集十二卷　(清)齊召南撰　清宣統三年(1911)掃葉山房石印本　二冊

340000－1801－0016067　4:10030－4:10033
寶綸堂詩文鈔十四卷　(清)齊召南撰　清光緒十三年(1887)刻本　四冊

340000－1801－0016068　4:10034－4:10037
寶綸堂詩文鈔十四卷　(清)齊召南撰　清光緒十三年(1887)刻本　四冊

340000－1801－0016069　4:10038－4:10041
寶綸堂詩文鈔十四卷　(清)齊召南撰　清光緒十三年(1887)刻本　四冊

340000－1801－0016070　4:09707－4:09716
鮚埼亭集外編五十卷　(清)全祖望撰　清嘉慶十六年(1811)刻本　十冊

340000－1801－0016071　4:09717－4:09726
鮚埼亭集二十八卷年譜一卷　(清)全祖望撰　清嘉慶餘姚史氏刻本　十冊

340000－1801－0016072　4:09727－4:09732
鮚埼亭集三十八卷　(清)全祖望撰　清刻本　六冊

340000－1801－0016073　4:09733－4:09755
鮚埼亭集三十八卷　(清)全祖望撰　清刻本　二十三冊

340000－1801－0016074　4:09756－4:09787
鮚埼亭集九十八卷　(清)全祖望撰　清同治刻本　三十二冊

340000－1801－0016075　4:09788－4:09811
鮚埼亭集九十八卷　(清)全祖望撰　清同治刻本　二十四冊

340000－1801－0016076　4:09828
勾餘土音三卷遺詩一卷　(清)全祖望撰　清宣統三年(1911)國學扶輪社鉛印張氏適園叢書本　一冊

340000－1801－0016077　4:09829
勾餘土音三卷遺詩一卷　(清)全祖望撰　清宣統三年(1911)國學扶輪社鉛印張氏適園叢書本　一冊

340000－1801－0016078　4:12585
據梧齋文集八卷　(清)程穆衡撰　清道光十

四年(1834)刻本　一册

340000－1801－0016079　4:10754－4:10759
袁文箋正十六卷　(清)袁枚撰　(清)石韞玉箋　清刻本　六册

340000－1801－0016080　4:10760－4:10767
袁文箋正十六卷　(清)袁枚撰　(清)石韞玉箋　清刻本　八册

340000－1801－0016081　4:10768－4:10775
袁文箋正十六卷補注一卷　(清)袁枚撰　(清)石韞玉箋　清鶴壽山堂刻本　八册

340000－1801－0016082　4:10776－4:10779
袁文箋正十六卷補注一卷　(清)袁枚撰　(清)石韞玉箋　清鶴壽山堂刻本　四册

340000－1801－0016083　4:10780－4:10783
袁文箋正十六卷補注一卷　(清)袁枚撰　(清)石韞玉箋　清鶴壽山堂刻本　四册

340000－1801－0016084　4:10784－4:10786
袁文箋正十六卷增訂四卷補正一卷　(清)袁枚撰　(清)石韞玉箋　(清)魏大縉增訂　清光緒十四年(1888)蜚英館石印本　三册

340000－1801－0016085　4:10787－4:10789
袁文箋正十六卷增訂四卷補正一卷　(清)袁枚撰　(清)石韞玉箋　(清)魏大縉增訂　清光緒十四年(1888)蜚英館石印本　三册

340000－1801－0016086　4:10790－4:10791
袁文箋正十六卷增訂四卷補正一卷　(清)袁枚撰　(清)石韞玉箋　(清)魏大縉增訂　清光緒十四年(1888)蜚英館石印本　二册

340000－1801－0016087　4:10751－4:10753
袁文箋正十六卷增訂四卷補正一卷　(清)袁枚撰　(清)石韞玉箋　(清)魏大縉增訂　清末石印本　三册

340000－1801－0016088　4:10792－4:10797
袁文箋正十六卷　(清)袁枚撰　(清)石韞玉箋　清光緒八年(1882)汗青簃刻本　六册

340000－1801－0016089　4:10798－4:10802
袁文箋正十四卷　(清)袁枚撰　(清)石韞玉箋　清嘉慶石氏刻本　五册

340000－1801－0016090　4:10803－4:10807
袁文箋正十六卷　(清)袁枚撰　清嘉慶刻本　五册

340000－1801－0016091　4:10745－4:10750
袁文和箋十六卷　(清)袁枚撰　(清)王廣業箋　清光緒八年(1882)青箱塾刻本　六册

340000－1801－0016092　4:48328－4:48329
小倉山房文集三十五卷　(清)袁枚撰　清刻本　二册　存七卷(十一至十四、十八至二十)

340000－1801－0016093　4:10664－4:10673
小倉山房詩集三十七卷補遺一卷　(清)袁枚撰　清文明書局石印本　九册

340000－1801－0016094　4:10674－4:10683
小倉山房詩集三十七卷補遺一卷　(清)袁枚撰　清文明書局石印本　十册

340000－1801－0016095　4:10684－4:10691
小倉山房詩鈔三十二卷　(清)袁枚撰　清刻本　八册

340000－1801－0016096　4:10692－4:10703
小倉山房詩集三十六卷　(清)袁枚撰　清刻本　十二册

340000－1801－0016097　4:10707－4:10726
隨園詩文集七十二卷補遺二卷外集八卷　(清)袁枚著　清光緒三十四年(1908)上海集成圖書公司石印本　二十册

340000－1801－0016098　4:10727－4:10742
隨園詩文集三十五卷　(清)袁枚撰　清末石印本　十六册

340000－1801－0016099　4:10808－4:10815
隨園駢體文注十六卷　(清)袁枚撰　(清)黎光地注　清光緒五年(1879)長沙刻本　八册

340000－1801－0016100　4:10816－4:10823
隨園駢體文注十六卷　(清)袁枚撰　(清)黎光地注　清光緒五年(1879)長沙刻本　八册

340000－1801－0016101　4：10743－4：10744
隨園文鈔二卷　（清）袁枚撰　清宣統二年（1910）國學扶輪社石印本　二册

340000－1801－0016102　4：09962－4：09973
歸愚全集七十五卷　（清）沈德潛撰　清乾隆刻本　十二册　存二十一卷（文鈔十一至二十、矢音集一至四、說詩晬語一至二、歸田集一至三、八秩壽序壽詩一、九秩壽序壽詩一）

340000－1801－0016103　4：09974－4：09975
歸愚全集七十五卷　（清）沈德潛撰　清乾隆刻本　二册　存五種六卷（歸田集一至二、台山遊草一、黄山遊草一、南巡詩一、南巡詩餘一）

340000－1801－0016104　4：09976－4：09994
歸愚全集七十五卷　（清）沈德潛撰　清乾隆十八年（1753）教忠堂刻本　十九册　存四種五十八卷（詩鈔一至二十、詩鈔餘集一至十、文鈔一至二十、文鈔餘集一至八）

340000－1801－0016105　4：10008－4：10025
歸愚詩文鈔四十九卷　（清）沈德潛撰　清乾隆二十四年（1759）刻本　十八册

340000－1801－0016106　4：5709－4：5716 善
歸愚詩鈔二十卷矢音集四卷　（清）沈德潛撰　清乾隆刻本　八册　缺一卷（矢音集四）

340000－1801－0016107　4：09995－4：00004
歸愚文鈔二十卷　（清）沈德潛撰　清乾隆刻本　六册

340000－1801－0016108　4：10052－4：10053
矢音集四卷　（清）沈德潛撰　清乾隆刻本　二册

340000－1801－0016109　4：4289－4：4290 善
竹嘯軒詩鈔十八卷　（清）沈德潛撰　清乾隆四十九年（1784）刻本　二册

340000－1801－0016110　4：13665－4：13668
怡志堂詩文初稿十四卷　（清）朱琦撰　清同治三年（1864）刻本　四册

340000－1801－0016111　4：13669－4：13670
怡志堂文初編六卷　（清）朱琦撰　清同治刻本　二册

340000－1801－0016112　4：13671－4：13672
怡志堂文初編六卷　（清）朱琦撰　清同治刻本　二册

340000－1801－0016113　4：1993 善
頻螺暫存稿不分卷　（清）梁同書撰　清乾隆稿本　楊復題跋　一册

340000－1801－0016114　4：10998－4：10103
頻羅庵遺集十六卷　（清）梁同書撰　清刻本　六册

340000－1801－0016115　4：10104－4：10107
頻羅庵遺集十六卷　（清）梁同書撰　清蛟川修綆山莊刻本　四册　存十卷（詩一至三、杜一至二、文一至四、題跋一）

340000－1801－0016116　4：10108－4：10111
頻羅庵遺集三卷　（清）梁同書撰　明毛氏汲古閣刻本　三册

340000－1801－0016117　4：11478－4：11489
復初齋詩集七十卷　（清）翁方綱撰　清末石印本　十二册

340000－1801－0016118　4：11490－4：11499
復初齋詩集三十五卷　（清）翁方綱撰　清道光十六年（1836）刻本　十册

340000－1801－0016119　4：11500－4：11509
復初齋文集三十五卷　（清）翁方綱撰　清李彦章刻本　十册

340000－1801－0016120　4：11510－4：11519
復初齋集外文四卷詩二十四卷　（清）翁方綱撰　清吴興劉氏刻本　十册

340000－1801－0016121　4：09358－4：09363
西沚居士集二十四卷　（清）王鳴盛撰　清道光三年（1823）刻本　六册

340000－1801－0016122　4：11014－4：11118
春融堂集六十八卷　（清）王昶撰　**年譜二卷**　（清）嚴榮撰　清嘉慶十二年（1807）王氏塾

南書舍刻本　十五冊　缺二卷(年譜二卷)

340000－1801－0016123　4:10424－4:10437
笥河詩文集三十六卷　(清)朱筠撰　清嘉慶八年(1803)椒花吟舫刻本　十四冊

340000－1801－0016124　4:10438－4:10445
笥河詩文集三十六卷　(清)朱筠撰　清嘉慶八年(1803)椒花吟舫刻本　八冊

340000－1801－0016125　4:09929
冬心先生續集不分卷　(清)金農撰　清有正書局影印本　一冊

340000－1801－0016126　4:09930
冬心續集不分卷　(清)金農撰　清刻本　一冊

340000－1801－0016127　4:10208
柳州遺稿二卷　(清)魏之琇撰　清同治錢塘丁氏刻本　一冊

340000－1801－0016128　4:11785－4:11789
夢樓詩集二十四卷　(清)王文治撰　清乾隆二十年(1755)食舊堂刻本　五冊　存二十卷(一至二十)

340000－1801－0016129　4:534－4:535
念宛齋詩集九卷　(清)左輔撰　清嘉慶十九年(1814)刻本　二冊

340000－1801－0016130　4:15245
念宛齋詩集十卷　(清)左輔撰　清鉛印本　一冊　存五卷(一至五)

340000－1801－0016131　4:10530－4:10531
葆沖書屋集六卷　(清)汪如洋撰　清刻本　二冊

340000－1801－0016132　4:10532－4:10533
葆沖書屋集六卷　(清)汪如洋撰　清刻本　二冊

340000－1801－0016133　4:10536－4:10537
西澗草堂文集四卷詩集四卷　(清)閻循觀撰　清乾隆刻本　二冊

340000－1801－0016134　4:10559－4:10564
賞雨茅屋詩集十卷外集一卷　(清)曾燠撰　清嘉慶十五年(1810)刻本　六冊

340000－1801－0016135　4:10544－4:10550
賞雨茅屋詩集二十二卷外集一卷　(清)曾燠撰　清嘉慶二十四年(1819)刻本　七冊

340000－1801－0016136　4:10551－4:10558
賞雨茅屋詩集二十二卷外集一卷　(清)曾燠撰　清嘉慶二十四年(1819)刻本　八冊

340000－1801－0016137　4:048161
意山園詩鈔四卷續鈔一卷　(清)周元輔撰　(清)徐宗亮　(清)方希孟校　清同治九年(1870)新建竹莊吳氏刻本　一冊　存二卷(意山園詩鈔一至二)

340000－1801－0016138　4:048176
伯穎雜文一卷　(清)練恕撰　清道光刻本　一冊

340000－1801－0016139　4:048177
韞山堂詩集十六卷　(清)管世銘撰　清刻本　一冊　存五卷(六至十)

340000－1801－0016140　4:048179
小謨觴館詩文集十二卷附錄一卷　(清)彭光蓀撰　清同治十三年(1874)刻本　一冊　存三卷(一至三)

340000－1801－0016141　4:048181
魏興士文集六卷　(清)魏世傑撰　清刻寧都三魏全集本　一冊

340000－1801－0016142　4:048182－4:048186
魏季子文集十六卷　(清)魏禮撰　清刻本　五冊　存九卷(八至十六)

340000－1801－0016143　4:048187
寄閑詩草二卷附一卷　(清)楊模撰　清聽松堂刻本　一冊　存一卷(下)

340000－1801－0016144　4:048205－4:048206
射鷹樓詩話二十四卷　(清)林昌彝撰　清刻本　二冊　存六卷(七至九、十六至十八)

340000－1801－0016145　4:048207
程氏所見詩鈔十八卷　(清)程鴻緒撰　清浣

月齋刻本　一冊　存三卷(十至十二)

340000－1801－0016146　4:048212
水流雲在館詩鈔六卷奏議二卷　(清)宋雪帆撰　清光緒十三年(1887)刻本　一冊　存三卷(水流雲在館詩鈔一至三)

340000－1801－0016147　4:12542－4:12547
嶺南集七卷　(清)程含章撰　清道光刻本　六冊

340000－1801－0016148　4:48384
嶺南集七卷　(清)程含章撰　清道光刻本　一冊　存二卷(一至二)

340000－1801－0016149　4:048220
復盦類稿八卷　(清)曹允源撰　清光緒二十八年(1902)刻本　一冊　存四卷(一至四)

340000－1801－0016150　4:07302－4:07305
三華集六卷　(清)梁機撰　清光緒五年(1879)刻本　四冊

340000－1801－0016151　4:12408－4:12409
松桂堂全集賦一卷詩八卷文三卷　(清)彭孫遹撰　清刻本　二冊

340000－1801－0016152　4:1986 善
百花詩不分卷　(清)彭孫遹撰　清雍正三年(1725)金昌雙桂堂抄本　佚名批點　一冊

340000－1801－0016153　4:07599－4:07606
存研樓文集十六卷　(清)儲大文撰　(清)儲廷棻　(清)儲廷槐校　清光緒元年(1875)靜遠堂刻本　八冊

340000－1801－0016154　4:07607－4:07614
存研樓文集十六卷　(清)儲大文撰　(清)儲廷棻　(清)儲廷槐校　清光緒元年(1875)靜遠堂刻本　八冊

340000－1801－0016155　4:07615－4:07626
存研樓文集十六卷　(清)儲大文撰　(清)儲廷棻　(清)儲廷槐校　清光緒元年(1875)靜遠堂刻本　十二冊

340000－1801－0016156　4:07627－4:07638
存硯樓二集二十五卷　(清)儲大文撰　(清)張晃　(清)徐柱臣編　清乾隆十九年(1754)刻本　十二冊

340000－1801－0016157　4:4219－4:4223 善
在陸草堂文集六卷　(清)儲欣撰　清雍正元年(1723)刻本　五冊

340000－1801－0016158　4:07652－4:07657
魏伯子文集十卷　(清)魏際瑞撰　清易堂刻本　六冊

340000－1801－0016159　4:07658－4:07663
魏伯子文集十卷　(清)魏際瑞撰　清易堂刻本　六冊

340000－1801－0016160　4:07664－4:07689
魏叔子文集二十二卷詩集八卷日錄三卷　(清)魏禧撰　清易堂刻本　二十六冊

340000－1801－0016161　4:07690－4:07697
魏叔子文集二十二卷　(清)魏禧撰　清刻本　八冊

340000－1801－0016162　4:07698－4:07706
魏叔子文集外篇二十二卷　(清)魏禧撰　清刻本　九冊　存十一卷(六至十六)

340000－1801－0016163　4:07707－4:07710
耻躬堂文鈔十卷　(清)彭士望撰　清咸豐二年(1852)刻本　四冊

340000－1801－0016164　4:07711－4:07718
耻躬堂文鈔二十六卷　(清)彭士望撰　清咸豐二年(1852)刻本　八冊

340000－1801－0016165　4:07719－4:07720
鶴嶺山人詩集十六卷　(清)王澤弘撰　清刻本　二冊

340000－1801－0016166　4:07721－4:07724
臨野堂詩集十三卷文集十卷粤遊日記一卷　(清)鈕琇撰　清康熙刻本　四冊

340000－1801－0016167　4:07725－4:07730
聽山集十一卷荊園進語一卷　(清)申涵光撰　清康熙刻本　六冊

340000－1801－0016168　4:07731－4:07734

忠裕堂詩集十卷文集三卷附鷗盟己史一卷 (清)申涵盼撰　清道光二十七年(1847)刻本　四册

340000－1801－0016169　4:07853－4:07862
南州草堂集三十卷續集四卷楓江漁父圖題詞一卷青門集一卷菊莊詞一卷 (清)徐釚撰　清菊莊刻本　十册

340000－1801－0016170　4:07865
畏壘山人詩集四卷 (清)徐昻發撰　清刻本　一册

340000－1801－0016171　4:07866
乙未亭詩集六卷 (清)徐昻發撰　清刻本　一册

340000－1801－0016172　4:07872－4:07887
庸書二十卷王山遺響六卷附睡居隨錄四卷崇祀錄一卷 (清)張貞生著　清康熙二十七年(1688)刻本　十六册

340000－1801－0016173　4:07888－4:07889
選夢樓詩鈔八卷 (清)豫本撰　清同治十三年(1874)刻本　二册

340000－1801－0016174　4:07890－4:07891
選夢樓詩鈔八卷 (清)豫本撰　清同治刻本　二册

340000－1801－0016175　4:07900－4:07905
善卷堂四六十卷 (清)陸繁弨撰　清乾隆三十五年(1770)刻本　六册

340000－1801－0016176　4:07906－4:07909
善卷堂四六注十卷 (清)陸繁弨撰　(清)吳自高注　清刻本　四册

340000－1801－0016177　4:07914
學源堂詩鈔六卷 (清)郭棻撰　清乾隆雄山王氏刻本　一册

340000－1801－0016178　4:07925－4:07928
黄葉村莊詩集八卷續集一卷後集一卷 (清)吳之振撰　清光緒四年(1878)刻本　四册

340000－1801－0016179　4:07929－4:07930
黄葉村莊詩集八卷 (清)吳之振撰　清刻本　二册

340000－1801－0016180　4:07931－4:07934
黄葉村莊詩集八卷續集一卷 (清)吳之振撰　清康熙三十三年(1694)刻本　四册

340000－1801－0016181　4:5693－4:5708 善
邵子湘全集三十二卷 (清)邵長蘅撰　清康熙刻本　十六册

340000－1801－0016182　4:07947－4:07954
邵子湘全集三十卷家錄二卷 (清)邵長蘅撰　清康熙三十二年(1693)刻本　八册

340000－1801－0016183　4:07935－4:07946
邵子湘全集三十卷 (清)邵長蘅撰　清康熙青門草堂刻本　十二册

340000－1801－0016184　4:07955－4:07966
邵子湘全集三十卷 (清)邵長蘅撰　清康熙青門草堂刻光緒二十二年(1896)邵氏印本　十二册

340000－1801－0016185　4:4242－4:4253 善
邵子湘全集三十卷 (清)邵長蘅撰　清康熙青門草堂刻光緒二十二年(1896)邵氏印本　十二册

340000－1801－0016186　4:07910－4:07913
善卷堂四六十卷 (清)陸繁弨撰　清乾隆刻本　四册

340000－1801－0016187　4:08032
且亭詩鈔七卷 (清)楊思聖撰　清康熙雄山王氏刻本　一册

340000－1801－0016188　4:08033
叢碧山房詩鈔六卷 (清)龍埴撰　清康熙雄山王氏刻本　一册

340000－1801－0016189　4:08034
白樓集十卷 (清)沈受宏撰　清康熙刻本　一册

340000－1801－0016190　4:08035－4:08037
潛庵先生遺稿五卷 (清)湯斌撰　清同治紅杏山房刻本　三册　缺一卷(三)

340000－1801－0016191　4:08038－4:08039
湯潛庵先生節要八卷　(清)湯斌撰　清康熙南畇草堂刻本　二冊

340000－1801－0016192　4:08065－4:08072
鈍翁文集十六卷　(清)汪琬撰　清宣統二年(1910)國學扶輪社石印本　八冊

340000－1801－0016193　4:08073－4:08080
堯峰文鈔四十卷　(清)汪琬撰　清宣統石印本　八冊

340000－1801－0016194　4:08081－4:08086
堯峰文鈔四十卷　(清)汪琬撰　清康熙三十二年(1693)侯官林佶刻本　六冊

340000－1801－0016195　4:08087－4:08092
堯峰文鈔四十卷　(清)汪琬撰　清康熙三十二年(1693)侯官林佶刻本　六冊

340000－1801－0016196　4:08093－4:08104
堯峰文鈔四十卷　(清)汪琬撰　清康熙三十二年(1693)侯官林佶刻本(有抄配)　十二冊

340000－1801－0016197　4:08122－4:08141
白茅堂集四十六卷　(清)顧景星撰　(清)顧昌校輯　**耳提録全集一卷**　(清)顧昌述　(清)顧仕紘　(清)顧仕綬　(清)顧三經校勘　清康熙四十三年(1704)蘄州顧氏刻乾隆二十年(1755)增刻光緒二十八年(1902)定遠凌兆熊補刻本　二十冊

340000－1801－0016198　4:08157－4:08162
懷園集李詩八卷杜詩八卷　(清)車萬育撰　清康熙刻本　六冊

340000－1801－0016199　4:08163
永江自删稿不分卷　(清)程九萬撰　清康熙刻本　一冊

340000－1801－0016200　4:08168
移晴堂四六不分卷　(清)曹秀先撰　清刻本　一冊

340000－1801－0016201　4:08169－4:08178
三魚堂文集十二卷外集六卷全集附録一卷　(清)陸隴其撰　清康熙琴川書屋刻本　十冊

340000－1801－0016202　4:08179－4:08186
三魚堂文集十二卷外集六卷　(清)陸隴其撰　清康熙四十年(1701)刻本　八冊

340000－1801－0016203　4:08187－4:08196
三魚堂文集十二卷文集附録一卷外集六卷全集附録一卷　(清)陸隴其撰　(清)侯銓編　清康熙四十年(1701)刻本　十冊

340000－1801－0016204　4:08197－4:08198
三魚堂外集六卷附録一卷　(清)陸隴其撰　清康熙刻本　二冊

340000－1801－0016205　4:08199－4:08206
三魚堂文集十八卷崇祀録一卷　(清)陸隴其撰　清掃葉山房刻本　八冊

340000－1801－0016206　4:08207－4:08214
三魚堂文集十二卷外集六卷　(清)陸隴其撰　清掃葉山房刻本　八冊

340000－1801－0016207　4:08215－4:08222
三魚堂文集十二卷外集六卷　(清)陸隴其撰　清吳縣席氏刻本　八冊

340000－1801－0016208　4:08223－4:08230
三魚堂集十八卷　(清)陸隴其撰　清掃葉山房刻本　八冊

340000－1801－0016209　4:08231－4:08239
三魚堂集十六卷附録一卷　(清)陸隴其撰　清康熙刻本　九冊　缺二卷(五至六)

340000－1801－0016210　4:08240－4:08241
日知堂集四卷　(清)鄭端撰　清同治十三年(1874)保定蓮花池刻本　二冊

340000－1801－0016211　4:08242－4:08243
日知堂集四卷　(清)鄭端撰　清同治十三年(1874)保定蓮花池刻本　二冊

340000－1801－0016212　4:08244－4:08245
日知堂集四卷　(清)鄭端撰　清同治十三年(1874)保定蓮花池刻本　二冊

340000－1801－0016213　4:08246－4:08249
居業堂文集二十卷　(清)王源撰　清光緒刻畿輔叢書本　四冊

340000－1801－0016214　4:08250－4:08251
王崑繩文集不分卷　(清)王源撰　清信芳齋刻本　二冊

340000－1801－0016215　4:08279－4:08290
林蕙堂全集二十六卷　(清)吳綺撰　清康熙刻本　十二冊

340000－1801－0016216　4:08252－4:08267
林蕙堂全集二十六卷　(清)吳綺撰　清乾隆三十九年至四十一年(1774－1776)衷白堂刻本　十六冊

340000－1801－0016217　4:08268－4:08278
林蕙堂文集十二卷　(清)吳綺撰　清乾隆刻本　十一冊　缺一卷(二)

340000－1801－0016218　4:08456－4:08459
蓮洋集二十卷　(清)吳雯撰　清掃葉山房石印本　四冊

340000－1801－0016219　4:08460－4:08461
筠谷詩鈔七卷　(清)鄭江撰　清刻本　二冊

340000－1801－0016220　4:08462－4:08463
城北集八卷　(清)高士奇撰　清刻本　二冊

340000－1801－0016221　4:08464
城北集八卷　(清)高士奇撰　清康熙刻本　一冊

340000－1801－0016222　4:08465
獨旦集八卷　(清)高士奇撰　清康熙刻本　一冊

340000－1801－0016223　4:08473－4:08474
清吟堂集九卷　(清)高士奇撰　清康熙刻本　二冊

340000－1801－0016224　4:08466
有懷堂詩稿六卷　(清)韓菼撰　清康熙四十二年(1703)刻本　一冊

340000－1801－0016225　4:08467－4:08472
有懷堂文稿二十二卷詩稿六卷　(清)韓菼撰　清康熙刻本　六冊

340000－1801－0016226　4:08475－4:08478
安序堂文鈔二十卷　(清)毛際可撰　清康熙刻本　四冊

340000－1801－0016227　4:08105－4:08121
白茅堂集四十六卷　(清)顧景星撰　清康熙刻本　十七冊　缺七卷(十七至二十、四十四至四十六)

340000－1801－0016228　4:08618
笛漁小稿十卷　(清)朱昆田撰　清康熙刻本　一冊

340000－1801－0016229　4:08619
笛漁小稿十卷　(清)朱昆田撰　清康熙刻本　一冊

340000－1801－0016230　4:08620－4:08621
笛漁小稿十卷　(清)朱昆田撰　清刻本　二冊

340000－1801－0016231　4:08628－4:08641
古歡堂集詩十三卷文十四卷雜著八卷長河志籍考十卷　(清)田雯撰　清康熙古歡堂刻本　十四冊

340000－1801－0016232　4:08642－4:08657
古歡堂集五十二卷　(清)田雯撰　清康熙刻本　十六冊

340000－1801－0016233　4:08658－4:08659
桐野詩集四卷　(清)周起渭撰　清咸豐二年(1852)陳氏世恩堂刻本　二冊

340000－1801－0016234　4:08660
桐野詩集四卷　(清)周起渭撰　清咸豐二年(1852)陳氏世恩堂刻本　一冊

340000－1801－0016235　4:08661－4:08664
桐野詩集四卷　(清)周起渭撰　清咸豐刻本　四冊

340000－1801－0016236　4:08665－4:08668
蘭雪堂詩集六卷文集一卷　(清)岳禮撰　清嘉慶刻本　四冊

340000－1801－0016237　4:08691
陋軒詩集十二卷　(清)吳嘉紀撰　清道光二十年(1840)泰州夏氏刻本　一冊　存三卷

（一至三）

340000－1801－0016238　4:08945
徐詩二卷　（清）徐夜撰　（清）王士禛選　清康熙刻本　一册

340000－1801－0016239　4:08944
徐詩二卷　（清）徐夜撰　（清）王士禛選　清刻本　一册

340000－1801－0016240　4:08946
蕭亭詩集六卷　（清）張實居撰　清刻本　一册

340000－1801－0016241　4:08951－4:08956
文貞公集十二卷　（清）張玉書撰　清乾隆五十七年（1792）松蔭堂刻本　六册

340000－1801－0016242　4:08969－4:08972
餘園詩鈔六卷　（清）繆沅撰　清乾隆刻本　四册

340000－1801－0016243　4:08973
鷺湖草堂近集不分卷　（清）吳世傑撰　清嘉慶十七年（1812）刻本　一册

340000－1801－0016244　4:08974－4:08976
鷺湖草堂文集六卷　（清）吳世傑撰　清嘉慶十七年（1812）刻本　三册

340000－1801－0016245　4:08977－4:08986
思綺堂文集十卷　（清）章藻功撰並注　清刻本　十册

340000－1801－0016246　4:08987－4:08995
思綺堂文集十卷　（清）章藻功撰並注　清刻本　九册

340000－1801－0016247　4:08996－4:09005
思綺堂文集十卷　（清）章藻功撰並注　清刻本　十册

340000－1801－0016248　4:09006－4:09015
思綺堂文集十卷　（清）章藻功撰並注　清刻本　十册

340000－1801－0016249　4:09024
靜便齋集九卷　（清）王曾祥撰　清刻本　一册

340000－1801－0016250　4:09155－4:09162
毛翰林詩集五十四卷　（清）毛奇齡撰　清康熙三十年（1691）杭州刻本　八册

340000－1801－0016251　4:48348－4:48353
西河合集一百十八種四百九十七卷首二卷　（清）毛奇齡撰　清刻本　六册　存五種二十三卷（墓碑銘二卷，墓表五卷，墓誌銘一至二、七至十六，神道碑銘二卷，塔志銘二卷）

340000－1801－0016252　4:09151－4:09154
西河文選十一卷　（清）毛奇齡撰　清乾隆四十八年（1783）刻本　四册

340000－1801－0016253　4:09163－4:09168
延綠閣集十二卷　（清）華希閔撰　清光緒吉水官廨刻本　六册

340000－1801－0016254　4:09169－4:09176
張文瑞公全集七卷　（清）張鵬翮撰　清光緒八年（1882）刻本　八册

340000－1801－0016255　4:09200－4:09201
采山堂詩八卷　（清）周篔撰　清道光十年（1830）信芳閣刻國初十家詩抄本　二册

340000－1801－0016256　4:09202－4:09204
健松齋續集十卷史傳擬稿二卷　（清）方象瑛撰　清刻本　三册　缺一卷（史傳擬稿二）

340000－1801－0016257　4:09205－4:09209
健松齋續集十卷史傳擬稿二卷　（清）方象瑛撰　清康熙四十年（1701）健松齋刻本　五册

340000－1801－0016258　4:09212
娱老吟七卷　（清）郁楊勳撰　清康熙刻本　一册

340000－1801－0016259　4:09213
叩鉢齋集九卷　（清）汪光被撰　清康熙汪氏叩鉢齋刻本　一册

340000－1801－0016260　4:09214
藝雲堂雜言不分卷詩稿一卷　（清）徐賓撰　清康熙十七年（1678）刻本　一册

340000－1801－0016261　4:09215

藝雲堂詩稿四卷　(清)徐賓撰　清道光二十五年(1845)刻本　一册

340000－1801－0016262　4:09217

似園存雅集六卷　(清)楊企慎撰　清康熙楊氏似園刻本　一册

340000－1801－0016263　4:09218－4:09237

正誼堂集四十卷　(清)張伯行撰　清光緒二年(1876)刻本　二十册

340000－1801－0016264　4:09238－4:09243

正誼堂文集十二卷　(清)張伯行撰　清刻本　六册

340000－1801－0016265　4:09210－4:09211

健松齋續集十卷　(清)方象瑛撰　清木活字印本　二册

340000－1801－0016266　4:09264

牡丹百詠不分卷　(清)蔣廷錫撰　清同治十三年(1874)刻本　一册

340000－1801－0016267　4:09265－4:09270

止泉先生文集八卷外集五卷　(清)朱澤澐撰　清刻本　六册

340000－1801－0016268　4:09282－4:09297

鹿洲初集二十卷　(清)藍鼎元撰　清刻本　十六册

340000－1801－0016269　4:09298－4:09301

清芬樓遺稿四卷天子肆獻祼饋食禮纂三卷朝廟宫室考一卷田賦考一卷　(清)任啟運撰　清光緒十四年(1888)刻本　四册

340000－1801－0016270　4:09302－4:09313

桂山堂文選十二卷　(清)王嗣槐撰　清青筠閣刻本　十二册

340000－1801－0016271　4:10213－4:10220

蘭韻堂詩集十二卷續集文集五卷經進文稿二卷　(清)沈初撰　清乾隆五十九年(1794)刻本　八册

340000－1801－0016272　4:10211－4:10212

蘭韻堂詩集八卷　(清)沈初撰　清刻本　二册

340000－1801－0016273　4:09314

含章閣詩鈔一卷　(清)姚含章撰　**行實一卷**　清木活字印本　一册

340000－1801－0016274　4:09315－4:09319

冶古堂文集五卷　(清)呂履恒撰　清乾隆十五年(1750)呂氏刻本　五册

340000－1801－0016275　4:09320－4:09328

陶園詩集二十四卷附秋蓬詞二卷　(清)張九鉞撰　清道光賜錦樓刻本　九册

340000－1801－0016276　4:09330－4:09337

程山全書十八卷首一卷附錄三卷　(清)謝文洊撰　清道光三十年(1850)劉煜刻本　八册

340000－1801－0016277　4:09338－4:09341

棲雲閣詩十六卷　(清)高珩撰　清刻本　四册

340000－1801－0016278　4:09364－4:09367

保素堂稿十卷　(清)錢金甫撰　清嘉慶六年(1801)刻本　四册

340000－1801－0016279　4:09368－4:09373

砥齋集十二卷　(清)王宏撰　清光緒二十年(1894)刻本　六册

340000－1801－0016280　4:09374－4:09377

石林堂集八卷　(清)廖文英撰　清順治刻本　四册

340000－1801－0016281　4:09378－4:09379

子良詩錄二卷　(清)馮詢撰　清咸豐刻本　二册

340000－1801－0016282　4:09380

百末詞六卷後性理吟一卷　(清)尤侗撰　**性理吟一卷**　清康熙刻西堂全集本　一册

340000－1801－0016283　4:09381－4:09384

曹江集十卷　(清)曹恒吉撰　清康熙願學堂刻本　四册

340000－1801－0016284　4:09385

托素齋詩集三刻不分卷　(清)黎士弘撰　清

康熙刻本　一册

340000－1801－0016285　4∶4224－4∶4233 善
托素齋詩集四卷文集六卷　(清)黎士弘撰　清雍正二年(1724)刻本　十册

340000－1801－0016286　4∶09386－4∶09389
湯子遺書十卷附録一卷　(清)湯斌撰　清康熙刻本　四册

340000－1801－0016287　4∶09390－4∶09395
大觀堂文集二十二卷　(清)余縉撰　清康熙五十八年(1719)刻本　六册

340000－1801－0016288　4∶09424
南樓吟草二卷詩餘一卷　(清)宋璿撰　清道光二十五年(1845)刻本　一册

340000－1801－0016289　4∶09425－4∶09426
稼門文詩合鈔十七卷　(清)汪志伊撰　清嘉慶十五年(1810)刻本　二册

340000－1801－0016290　4∶09427
潘孝子鐵廬先生外集三卷附後録一卷　(清)潘天成撰　清錫類堂刻本　一册

340000－1801－0016291　4∶09428－4∶09429
劉禮部集十二卷　(清)劉逢禄撰　清光緒十八年(1892)刻本　二册　存四卷(三至四、七至八)

340000－1801－0016292　4∶09430－4∶09431
繡餘續草五卷　(清)歸懋儀撰　清道光刻本　二册

340000－1801－0016293　4∶09433－4∶09434
瑞榴堂詩集四卷　(清)托渾布撰　清刻本　二册

340000－1801－0016294　4∶09437－4∶09438
少鶴先生詩抄内集十卷鶴再南飛集一卷龍城集抄一卷賓山續集抄一卷　(清)李憲喬撰　清刻本　二册

340000－1801－0016295　4∶09440
梅園遺興不分卷　(清)潘陛撰　清鉛印本　一册

340000－1801－0016296　4∶09441－4∶09443
大樵山人集十三卷　(清)沈倫撰　清瑞芝堂刻本　三册

340000－1801－0016297　4∶09444
九華芸香館吟草不分卷　(清)孫式榮撰　清咸豐刻本　一册

340000－1801－0016298　4∶09445－4∶09446
壯懷堂詩初稿十卷　(清)林直撰　清刻本　二册

340000－1801－0016299　4∶09447
靜寄軒遺稿二卷　(清)潘辰雅撰　清光緒七年(1881)刻本　一册

340000－1801－0016300　4∶09449
新安名勝不分卷　(清)程中撰　清乾隆刻耕釣草堂集本　一册

340000－1801－0016301　4∶09460
七硯齋遺集三卷　(清)荊履吉撰　清鳩拙居刻本　一册

340000－1801－0016302　4∶09461－4∶09476
二曲集四十六卷　(清)李顒撰　清光緒三年(1877)彭氏刻本　十六册

340000－1801－0016303　4∶09477－4∶09494
二曲集四十六卷　(清)李顒撰　清光緒三年(1877)彭氏刻本　十八册

340000－1801－0016304　4∶09495－4∶09496
柳南文鈔六卷　(清)王應奎撰　清刻本　二册

340000－1801－0016305　4∶09498－4∶09499
舒藝室詩存十卷索笑詞二卷　(清)張文虎撰　清咸豐刻本　二册

340000－1801－0016306　4∶09500
鏡海詩稿不分卷　(清)何應祺撰　清刻本　一册

340000－1801－0016307　4∶09501－4∶09504
敝篋雜稿四卷　(清)于國禎撰　清木活字印本　四册

340000－1801－0016308　4:09505－4:09508
儲遁庵文集十二卷　(清)儲方慶撰　清光緒二年(1876)刻本　四册　存八卷(五至十二)

340000－1801－0016309　4:09509－4:09510
藕灣文集三卷詩集三卷　(清)張仁熙撰　清刻本　二册

340000－1801－0016310　4:09511－4:09516
藕灣詩集十卷附一卷文集九卷　(清)張仁熙撰　清刻本　六册

340000－1801－0016311　4:09517－4:09528
楊文定公全書三十六卷　(清)楊名時撰　清乾隆五十八年(1793)水心堂刻本　十二册

340000－1801－0016312　4:09529－4:09538
白田草堂存稿二十四卷　(清)王懋竑撰　清乾隆祠堂刻本　十册

340000－1801－0016313　4:09565－4:09570
松花庵詩集六卷　(清)吴鎮撰　清乾隆至嘉慶刻本　六册

340000－1801－0016314　4:09571－4:09582
松花庵全集十二卷　(清)吴鎮撰　清宣統二年(1910)刻本　十二册

340000－1801－0016315　4:09583－4:09586
香屑集十八卷　(清)黄之雋撰　清雍正遂初園刻本　四册

340000－1801－0016316　4:09599－4:09602
香屑集十八卷　(清)黄之雋撰　清雍正遂初園刻本　四册

340000－1801－0016317　4:09603－4:09606
香屑集十八卷　(清)黄之雋撰　清雍正遂初園刻本　四册

340000－1801－0016318　4:09595－4:09598
香屑集箋注十八卷　(清)黄之雋撰　清同治十年(1871)刻本　四册

340000－1801－0016319　4:09607
娵隅集四卷　(清)趙文哲撰　清乾隆五十四年(1789)刻本　一册

340000－1801－0016320　4:09608－4:09611
灌園餘事八卷　(清)崔謨撰　清乾隆二十三年(1758)刻本　四册

340000－1801－0016321　4:09617－4:09634
恩餘堂經進稿四十五卷存課二卷跋尾二卷　(清)彭元瑞撰　清刻本　十八册

340000－1801－0016322　4:09635－4:09654
恩餘堂經進稿四十五卷存課二卷跋尾二卷　(清)彭元瑞撰　清刻本(有補配)　二十册

340000－1801－0016323　4:09812－4:09815
集虚齋學古文十二卷　(清)方楘如撰　清光緒淳安縣署刻本　四册

340000－1801－0016324　4:09816－4:09819
集虚齋集十二卷　(清)方楘如撰　清乾隆佩古堂刻本　四册

340000－1801－0016325　4:09820－4:09823
集虚齋集十二卷　(清)方楘如撰　清乾隆佩古堂刻本　四册

340000－1801－0016326　4:09824－4:09827
陳文肅遺集二卷年譜一卷清芬録二卷　(清)陳大受撰　(清)陳文騄輯　清光緒十六年(1890)素園刻本　四册

340000－1801－0016327　4:09830－4:09837
在山堂集三十卷　(清)程大中撰　清光緒九年(1883)刻本　八册

340000－1801－0016328　4:09838－4:09847
石笥山房詩文集二十三卷　(清)胡天遊撰　清宣統二年(1910)國學扶輪社鉛印本　十册

340000－1801－0016329　4:09848－4:09857
石笥山房詩文集二十三卷　(清)胡天遊撰　清宣統二年(1910)國學扶輪社鉛印本　十册

340000－1801－0016330　4:09858－4:09860
石笥山房文集六卷詩四卷　(清)胡天遊撰　清嘉慶三年(1798)刻本　三册

340000－1801－0016331　4:09861－4:09870
石笥山房文集六卷補遺一卷詩集十一卷詩餘一卷補遺四卷年譜一卷　(清)胡天遊撰　清

咸豐二年(1852)刻本　十册

340000－1801－0016332　4:09871－4:09880
石笥山房文集六卷補遺一卷詩集十一卷詩餘一卷補遺四卷年譜一卷　(清)胡天遊撰　清咸豐二年(1852)刻本　十册

340000－1801－0016333　4:09881－4:09890
石笥山房文集六卷補遺一卷詩集十一卷詩餘一卷補遺四卷年譜一卷　(清)胡天遊撰　清咸豐二年(1852)刻本　十册

340000－1801－0016334　4:09891－4:09894
胡天遊文集五卷補遺一卷　(清)胡天遊撰　清宣統元年(1909)國學扶輪社鉛印本　四册

340000－1801－0016335　4:09895－4:09898
胡天遊文集五卷補遺一卷　(清)胡天遊撰　清宣統元年(1909)國學扶輪社鉛印本　四册

340000－1801－0016336　4:09899－4:09902
胡天遊文集五卷補遺一卷　(清)胡天遊撰　清宣統元年(1909)國學扶輪社鉛印本　四册

340000－1801－0016337　4:09903－4:09914
綠蘿山莊詩集三十二卷　(清)胡浚撰並注　清乾隆二十七年(1762)刻本　十二册

340000－1801－0016338　4:09915－4:09916
檜門詩存四卷　(清)金德瑛撰　清刻本　二册

340000－1801－0016339　4:09917－4:09918
敬亭文稿四卷　(清)沈起元撰　清刻本　二册

340000－1801－0016340　4:09943－4:09950
質園詩集三十二卷　(清)商盤撰　清刻本　六册

340000－1801－0016341　4:09951－4:09956
質園詩集三十二卷　(清)商盤撰　清刻本　六册

340000－1801－0016342　4:09957－4:09961
烏絲集鈔十二卷　(清)陳之駓撰　清乾隆十九年(1754)刻本　五册

340000－1801－0016343　4:10209
家蔭堂詩鈔一卷　(清)周際華撰　清道光十九年(1839)刻本　一册

340000－1801－0016344　4:10210
谿音五卷　(清)朱仕玠撰　清乾隆刻本　一册

340000－1801－0016345　4:10227
紅鶴山莊近體詩二卷　(清)胡慎容撰　清乾隆刻本　一册

340000－1801－0016346　4:10351
黄友蓮詩詞合稿三卷　(清)黄景濂撰　清嘉慶刻本　一册

340000－1801－0016347　4:10446
汪容甫遺詩四卷附録一卷　(清)汪中撰　清宣統二年(1910)風雨樓鉛印本　一册

340000－1801－0016348　4:10447
容甫先生遺詩六卷附一卷　(清)汪中撰　清光緒述古齋木活字印本　一册

340000－1801－0016349　4:10468－4:10471
述學編六卷　(清)汪中撰　清光緒二十年(1894)茶熟香温室刻本　四册

340000－1801－0016350　4:10472－4:10475
述學編六卷　(清)汪中撰　清光緒二十年(1894)茶熟香温室刻本　四册

340000－1801－0016351　4:10478－4:10479
述學内外篇四卷補遺一卷别録一卷　(清)汪中撰　清同治八年(1869)揚州書局刻本　二册

340000－1801－0016352　4:10480－4:10481
述學内外篇四卷補遺一卷别録一卷　(清)汪中撰　清同治八年(1869)揚州書局刻本　二册

340000－1801－0016353　4:10482－4:10483
述學内外篇四卷補遺一卷别録一卷　(清)汪中撰　清同治八年(1869)揚州書局刻本　二册

340000－1801－0016354　4:10484－4:10485
述學内外篇四卷補遺一卷别録一卷　(清)汪

中撰　清同治八年(1869)揚州書局刻本　二冊

340000－1801－0016355　4:10486－4:10487
述學内外篇四卷補遺一卷別錄一卷　(清)汪中撰　清同治八年(1869)揚州書局刻本　二冊

340000－1801－0016356　4:10488－4:10489
述學内外篇四卷補遺一卷別錄一卷　(清)汪中撰　清同治八年(1869)揚州書局刻本　二冊

340000－1801－0016357　4:10476
述學内外篇二卷　(清)汪中撰　清末石印本　一冊

340000－1801－0016358　4:10477
述學二卷　(清)汪中著　清刻本　一冊

340000－1801－0016359　4:10448
橘巢小稿四卷　(清)王世琛撰　清乾隆刻本　一冊

340000－1801－0016360　4:10449
集唐不分卷　(清)陳文吉撰　清乾隆刻本　一冊

340000－1801－0016361　4:10458
寄春吟不分卷　(清)劉汝蕃撰　清光緒三年(1877)刻本　一冊

340000－1801－0016362　4:10459
碧腴齋詩存八卷　(清)胡德琳撰　清隨園刻本　一冊

340000－1801－0016363　4:10538
紅豆村人詩稿十四卷　(清)袁樹著　清光緒十八年(1892)著易堂鉛印本　一冊

340000－1801－0016364　4:10539
紅豆村人詩稿十四卷　(清)袁樹撰　清乾隆刻本　一冊　存八卷(一至八)

340000－1801－0016365　4:10540－4:10543
紅豆村人詩稿十四卷　(清)袁樹著　清乾隆刻本(卷一至三、九至十一爲抄配)　悦僑批點　四冊

340000－1801－0016366　4:10583
粤東雜詩五卷附四卷　(清)李夢松撰　清嘉慶二年(1797)刻本　一冊

340000－1801－0016367　4:10594
地齋詩鈔二卷　(清)洪坤煊撰　清嘉慶元年(1796)刻本　一冊

340000－1801－0016368　4:1062－4:1071 善
方秋崖先生小稿詩集三十八卷文集四十五卷　(宋)方岳撰　明嘉靖六年(1527)刻本　十冊

340000－1801－0016369　4:10646
荊香齋詩草二卷　(清)甘之伋著　清嘉慶九年(1804)刻本　一冊

340000－1801－0016370　4:10649
荊香齋詩草二卷　(清)甘之伋著　清嘉慶九年(1804)刻本　一冊

340000－1801－0016371　4:10951
尚絅堂賦不分卷　(清)劉嗣綰撰　清道光十八年(1838)刻本　一冊

340000－1801－0016372　4:10962
南陔詩稿不分卷　(清)曹偉謨著　**古匏詩稿一卷**　(清)朱履升著　清嘉慶刻本　一冊

340000－1801－0016373　4:10968－4:10975
孫淵如先生全集二十二卷　(清)孫星衍撰　**長離閣詩集一卷**　(清)王采薇撰　清光緒十年至十一年(1884－1885)朱氏槐廬刻本　八冊

340000－1801－0016374　4:10976－4:10985
孫淵如先生全集二十二卷　(清)孫星衍撰　清光緒二十三年(1897)朱氏槐廬刻本　十冊

340000－1801－0016375　4:10986
孫淵如集不分卷　(清)孫星衍撰　清光緒十一年(1885)刻本　一冊

340000－1801－0016376　4:10987
孫淵如先生全集二十三卷　(清)孫星衍撰　清光緒二十年(1894)湖南刻本　一冊　存十一卷(問字堂集一至六、贈言一、岱南閣集一

至二、平津館文稿一至二)

340000－1801－0016377　4:10988－4:10997
孫淵如先生全集二十二卷　(清)孫星衍撰
長離閣詩集一卷　(清)王采薇撰　清光緒二十年(1894)長沙王氏刻本　十冊

340000－1801－0016378　4:11096－4:11099
述古堂集十二卷　(清)錢兆鵬撰　清光緒七年(1881)刻本　四冊

340000－1801－0016379　4:10110－4:10113
述古堂集十二卷　(清)錢兆鵬撰　清光緒七年(1881)刻本　四冊

340000－1801－0016380　4:11119
筱雲詩集二卷　(清)陸應宿撰　清小倉山房刻本　一冊

340000－1801－0016381　4:11120－4:11121
硯壽堂詩鈔八卷詩餘一卷　(清)吳存楷撰　清嘉慶二十三年(1818)姑孰刻本　二冊

340000－1801－0016382　4:11122－4:11127
方茂山人文集十二卷　(清)孫星衍撰　清光緒吳縣朱氏槐廬刻本　六冊

340000－1801－0016383　4:11128
澄清堂詩稿二卷續稿一卷濟上停雲集一卷　(清)孫星衍撰　清嘉慶二十三年(1818)刻本　一冊

340000－1801－0016384　4:11129－4:11130
問字堂集六卷　(清)孫星衍撰　清乾隆蘭陵孫氏刻本　二冊

340000－1801－0016385　4:11131－4:11132
鐵簫詩稿六卷　(清)譚光祜撰　清嘉慶刻本　二冊

340000－1801－0016386　4:11133－4:11138
瓶水齋詩集十二卷　(清)舒位撰　清光緒十二年(1886)刻本　六冊

340000－1801－0016387　4:11139－4:11146
是程堂集十四卷附詞二卷　(清)屠倬撰　清嘉慶十九年(1814)刻本　八冊

340000－1801－0016388　4:11147－4:11156
大雲山房文稿十卷　(清)惲敬撰　清嘉慶二十年(1815)武寧盧氏甲戌坊刻本　十冊

340000－1801－0016389　4:11157－4:11166
大雲山房文稿十卷　(清)惲敬撰　清嘉慶二十年(1815)武寧盧氏甲戌坊刻本　十冊

340000－1801－0016390　4:11167－4:11176
大雲山房文稿十卷　(清)惲敬撰　清嘉慶二十年(1815)武寧盧氏甲戌坊刻本　十冊

340000－1801－0016391　4:11177－4:11182
大雲山房文稿十卷　(清)惲敬撰　清嘉慶二十年(1815)武寧盧氏甲戌坊刻本　六冊

340000－1801－0016392　4:11183－4:111890
大雲山房文稿初集四卷二集四卷　(清)惲敬撰　清光緒十四年(1888)刻本　八冊

340000－1801－0016393　4:11191－4:111898
大雲山房文稿初集四卷二集四卷　(清)惲敬撰　清光緒十四年(1888)刻本　八冊

340000－1801－0016394　4:11199－4:111206
大雲山房文稿初集四卷二集四卷　(清)惲敬撰　清光緒十四年(1888)刻本　八冊

340000－1801－0016395　4:11207－4:11122
大雲山房文稿初集四卷二集四卷　(清)惲敬撰　清光緒十四年(1888)刻本　四冊

340000－1801－0016396　4:11211－4:11212
煙霞萬古樓文集六卷　(清)王曇撰　清道光二十年(1840)刻本　二冊

340000－1801－0016397　4:11213
煙霞萬古樓詩殘稿不分卷　(清)王曇撰　清有正書局鉛印本　一冊

340000－1801－0016398　4:11220
煙霞萬古樓文集五卷　(清)王曇撰　清道光刻本　一冊

340000－1801－0016399　4:11221－4:11228
五百四峰堂詩鈔二十五卷　(清)黎簡撰　清廣州儒雅堂刻本　八冊

340000－1801－0016400　4:11229－4:11232
惲子居文鈔四卷　(清)惲敬撰　清宣統二年(1910)國學扶輪社石印本　四册

340000－1801－0016401　4:11233－4:11234
嘉樹山房文集六卷　(清)李中簡撰　清嘉慶七年(1802)刻本　二册

340000－1801－0016402　4:11235－4:11236
一枝軒集六卷　(清)施晉撰　清嘉慶二十二年(1817)皖郡署刻本　二册

340000－1801－0016403　4:11237－4:11240
尹文端公詩集十卷　(清)尹繼善撰　清刻本　四册

340000－1801－0016404　4:11241－4:11244
金粟影庵存稿十三卷　(清)顧澍撰　清嘉慶二十二年(1817)刻本　四册

340000－1801－0016405　4:11245－4:11246
梅庵詩鈔五卷　(清)鐵保撰　清嘉慶十年(1805)刻本　二册

340000－1801－0016406　4:11247－4:11250
秋室集七卷　(清)楊鳳苞撰　清光緒九年(1883)歸安陸氏刻本　四册

340000－1801－0016407　4:11251
淩芝泉詩文集七卷　(清)淩霄撰　清刻本　一册

340000－1801－0016408　4:11252－4:11255
松心詩集二十七卷　(清)張維屏撰　清嘉慶刻本　六册

340000－1801－0016409　4:11256－4:11261
松心詩集二十七卷　(清)張維屏撰　清嘉慶刻本　四册

340000－1801－0016410　4:11262－4:11263
松心詩錄十卷　(清)張維屏撰　清咸豐羊城刻本　二册

340000－1801－0016411　4:11264－4:11265
香蘇山館古體詩鈔十四卷　(清)吳嵩梁撰　清嘉慶二十三年(1818)刻本　二册

340000－1801－0016412　4:48392
香蘇山館今體詩鈔十九卷　(清)吳嵩梁撰　清嘉慶二十三年(1818)刻本　一册　存四卷(一至四)

340000－1801－0016413　4:11266－4:11269
聽松廬詩抄十六卷　(清)張維屏撰　清嘉慶十八年(1813)刻本　四册

340000－1801－0016414　4:11270
有正味齋文續集二卷　(清)吳錫麒撰　清乾隆刻本　一册

340000－1801－0016415　4:11271－4:11277
有正味齋駢文箋注二十四卷　(清)吳錫麒撰　清末石印本　七册

340000－1801－0016416　4:11278－4:11285
有正味齋駢文十六卷　(清)吳錫麒撰　(清)葉聯芬箋注　清同治七年(1868)慈北葉氏刻本　八册

340000－1801－0016417　4:11286－4:11293
有正味齋駢文十六卷　(清)吳錫麒撰　(清)葉聯芬箋注　清同治七年(1868)葉氏刻本　八册

340000－1801－0016418　4:11294－4:11301
有正味齋駢文十六卷　(清)吳錫麒撰　(清)葉聯芬箋注　清同治七年(1868)葉氏刻本　八册

340000－1801－0016419　4:11318－4:11325
有正味齋駢文箋注十六卷　(清)吳錫麒撰　(清)葉聯芬箋注　清道光十九年(1839)刻本　八册

340000－1801－0016420　4:11326－4:11333
有正味齋駢文十六卷　(清)吳錫麒撰　(清)葉聯芬箋注　清道光慈北葉氏刻本　八册

340000－1801－0016421　4:11334－4:11339
有正味齋詩集十六卷詞集八卷　(清)吳錫麒撰　清刻本　六册

340000－1801－0016422　4:11340－4:11345
有正味齋詩集十六卷詞集八卷　(清)吳錫麒

撰　清刻本　六册

340000－1801－0016423　4∶11346－4∶11361
有正味齋集七十三卷　(清)吳錫麒撰　清刻本　十六册

340000－1801－0016424　4∶11362－4∶11377
有正味齋集五十三卷　(清)吳錫麒撰　清嘉慶刻本　十六册

340000－1801－0016425　4∶11378－4∶11387
有正味齋全集七十三卷　(清)吳錫麒撰　清嘉慶刻本　十册

340000－1801－0016426　4∶11388－4∶11395
有正味齋集十六卷　(清)吳錫麒撰　清桂月樓刻本　八册

340000－1801－0016427　4∶11396
有正味齋詩集十二卷　(清)吳錫麒撰　清刻本　一册

340000－1801－0016428　4∶11397－4∶11400
有正味齋詩文續集十六卷　(清)吳錫麒撰　清刻本　四册

340000－1801－0016429　4∶11401－4∶11405
有正味齋駢體文二十四卷　(清)吳錫麒撰　清刻本　五册

340000－1801－0016430　4∶11406－4∶11411
有正味齋駢體文箋二十四卷　(清)吳錫麒撰　(清)王廣業箋　清咸豐九年(1859)青箱塾刻本　六册

340000－1801－0016431　4∶11412－4∶11419
有正味齋駢體文箋二十四卷　(清)吳錫麒撰　(清)王廣業箋　清咸豐九年(1859)青箱塾刻本　八册

340000－1801－0016432　4∶11420－4∶11427
有正味齋駢體文箋二十四卷　(清)吳錫麒撰　(清)王廣業箋　清咸豐九年(1859)青箱塾刻本　八册

340000－1801－0016433　4∶11428－4∶11435
有正味齋駢體文箋二十四卷　(清)吳錫麒撰　(清)王廣業箋　清咸豐九年(1859)青箱塾刻本　八册

340000－1801－0016434　4∶11436－4∶11443
有正味齋駢體文箋二十四卷　(清)吳錫麒撰　(清)王廣業箋　清咸豐九年(1859)青箱塾刻本　八册

340000－1801－0016435　4∶11302－4∶11309
有正味齋駢文箋注二十四卷　(清)吳錫麒撰　(清)王廣業纂　清尚有山房石印本　八册

340000－1801－0016436　4∶11444－4∶11445
水竹居賦注釋不分卷　(清)盛觀潮撰　清刻本　二册

340000－1801－0016437　4∶11448
蘭修館賦稿　(清)顧元熙撰　清刻本　一册

340000－1801－0016438　4∶11449－4∶11450
菽原堂初集十卷　(清)查初揆撰　清刻本　二册

340000－1801－0016439　4∶11451－4∶11454
禺山雜著三種四卷　(清)李暘撰　明萬曆四十三年(1615)關中崔爾進刻本　四册

340000－1801－0016440　4∶11456－4∶11461
樂清軒詩草二十卷欒欒草一卷外篇十二卷　(清)鄭祖芳撰　清嘉慶二十五年(1820)刻本　六册

340000－1801－0016441　4∶11462－4∶11465
粵遊詩鈔四卷　(清)蒯嘉珍撰　清嘉慶刻本　四册

340000－1801－0016442　4∶11466－4∶11467
白湖初稿五卷　(清)葉燕撰　清嘉慶又次居刻本　二册

340000－1801－0016443　4∶11468－4∶11469
功甫小集十一卷　(清)潘曾沂撰　清嘉慶二十三年(1818)刻本　二册

340000－1801－0016444　4∶11521－4∶11525
鑑止水齋集二十卷　(清)許宗彦撰　清刻本　六册

340000－1801－0016445　4∶11526－4∶11531

鑑止水齋集二十卷　(清)許宗彥撰　清刻本　六册

340000－1801－0016446　4:11532－4:11537
鑑止水齋集二十卷　(清)許宗彥撰　清刻本　六册

340000－1801－0016447　4:11538－4:11543
小謨觴館詩集註八卷續集註二卷詩餘一卷註一卷文集四卷續二卷　(清)彭兆蓀撰　清光緒二十年(1894)觀自得齋刻本　六册

340000－1801－0016448　4:11544－4:11549
小謨觴館詩集十卷文集六卷　(清)彭兆蓀撰　清同治十三年(1874)刻本　八册

340000－1801－0016449　4:11550－4:11557
小謨觴館詩集十卷文集六卷　(清)彭兆蓀撰　清同治十二年(1874)刻本　八册

340000－1801－0016450　4:11558－4:11561
紅葉山房集十二卷　(清)鄭祖球撰　清道光八年(1828)寶研齋刻本　四册

340000－1801－0016451　4:11562－4:11565
綠野齋文集四卷　(清)劉鴻翔撰　清道光七年(1827)同懷堂刻本　四册

340000－1801－0016452　4:11566－4:11569
墨雨齋詩鈔四卷近鈔一卷　(清)胡國觀撰　清道光六年(1826)刻本　四册

340000－1801－0016453　4:11570
東里生燼餘集三卷　(清)汪家禧撰　**王木齋文一卷**　(清)王述曾撰　清嘉慶二十五年(1820)武林愛日軒刻本　一册

340000－1801－0016454　4:11571－4:11574
鐵橋漫稿八卷　(清)嚴可均撰　清光緒十一年(1885)長洲蔣氏刻本　四册

340000－1801－0016455　4:11575－4:11576
芳山近體詩鈔四卷　(清)張均撰　清刻本　二册

340000－1801－0016456　4:11577
賜綺堂外編六卷　(清)詹應甲撰　清止園刻本　一册　缺三卷(四至六)

340000－1801－0016457　4:11578－4:11581
賜綺堂集十卷外集二卷　(清)詹應甲撰　清嘉慶八年(1803)刻本　四册

340000－1801－0016458　4:11582
賜綺堂集六卷　(清)詹應甲撰　清嘉慶刻本　一册

340000－1801－0016459　4:11583
夢鶴草堂集不分卷　(清)劉組曾撰　清刻本　一册

340000－1801－0016460　4:11584－4:11585
留春草堂詩鈔七卷　(清)伊秉綬撰　清光緒二十三年(1897)鄧氏刻本　二册

340000－1801－0016461　4:11586－4:11589
留春草堂詩鈔七卷　(清)伊秉綬撰　清嘉慶十九年(1814)廣州刻本　四册

340000－1801－0016462　4:11590－4:11591
留春草堂詩鈔七卷　(清)伊秉綬撰　清嘉慶十九年(1814)廣州刻本　二册

340000－1801－0016463　4:11592－4:11593
潛研堂文集不分卷　(清)錢大昕撰　清刻本　二册

340000－1801－0016464　4:11594－4:11603
潛研堂文集五十卷　(清)錢大昕撰　清嘉慶刻本　十册

340000－1801－0016465　4:11604－4:11619
潛研堂文集五十卷詩集十九卷恒言錄六卷　(清)錢大昕撰　清長沙龍氏刻本　十六册

340000－1801－0016466　4:11620－4:11621
我法集不分卷　(清)紀昀撰　清乾隆達道堂刻本　二册

340000－1801－0016467　4:11622－4:11625
閏榻先生外集八卷　(清)張望撰　清同治三年(1864)義寧州刻本　四册

340000－1801－0016468　4:11626－4:11631
閏榻集三十卷　(清)張望撰　清嘉慶十六年(1811)義寧萬氏刻本　六册

340000－1801－0016469　4:11632－4:11647
閏榻集四十六卷　(清)張望撰　清同治三年(1864)刻本　十六册

340000－1801－0016470　4:11648
偶山詩鈔四卷　(清)祝懷真撰　清同治十一年(1872)刻本　一册

340000－1801－0016471　4:11649
冬花庵爐餘稿三卷　(清)奚岡撰　清同治十一年(1872)錢塘丁氏當歸草堂刻本　一册

340000－1801－0016472　4:11650
冬花庵爐餘稿三卷　(清)奚岡撰　清同治十一年(1872)錢塘丁氏當歸草堂刻本　一册

340000－1801－0016473　4:11651－4:11654
繞竹山房詩稿十卷詩餘一卷　(明)朱文治撰　清嘉慶二十三年(1818)刻本　四册

340000－1801－0016474　4:11655
澄秋閣集十二卷　(清)閔華撰　清刻本　一册　存二卷(三至四)

340000－1801－0016475　4:11656
詒晉齋後集不分卷　(清)永瑆撰　清光緒九年(1883)刻本　一册

340000－1801－0016476　4:11657
董方立文甲集二卷蘭石詞一卷　(清)董祐誠撰　清同治八年(1869)成都董詒清刻董方立遺書本　一册

340000－1801－0016477　4:11658－4:11663
姚鏡塘先生全集十卷　(清)姚學塽撰　清刻本　六册

340000－1801－0016478　4:11673－4:11674
紅杏山房詩鈔四卷　(清)宋湘撰　清嘉慶刻本　二册

340000－1801－0016479　4:11680－4:11685
石雲山人集二十三卷　(清)吳榮光撰　清道光二十一年(1841)吳氏筠清館刻本　六册

340000－1801－0016480　4:11686－4:11699
後齋詩文集二十五卷　(清)曾鏞撰　清嘉慶刻本　十四册

340000－1801－0016481　4:11700－4:11705
韞山堂詩集十六卷文集八卷　(清)管世銘撰　清嘉慶六年(1801)讀雪山房刻本　六册

340000－1801－0016482　4:11706－4:11711
韞山堂詩集十六卷文集八卷　(清)管世銘撰　清嘉慶六年(1801)讀雪山房刻本　六册

340000－1801－0016483　4:11712－4:11716
韞山堂文集八卷詩集十六卷　(清)管世銘撰　清光緒二十年(1894)刻本　五册

340000－1801－0016484　4:11717－4:11718
韞山堂文集八卷詩集十六卷　(清)管世銘撰　清光緒二十年(1894)刻本　二册

340000－1801－0016485　4:11719－4:11726
樹經堂文集四卷詩集二十三卷　(清)謝啟昆撰　清刻本　八册

340000－1801－0016486　4:11031－4:11032
更生齋集十六卷　(清)洪亮吉撰　清嘉慶七年(1802)洋川書院刻本　二册

340000－1801－0016487　4:048213
更生齋文甲集四卷乙集四卷續集二卷詩八卷續集十卷　(清)洪亮吉撰　清刻洪北江全集本　一册　存四卷(乙集四卷)

340000－1801－0016488　4:11036－4:11043
北江全集二十三種二百二十二卷　(清)洪亮吉撰　清光緒洪用懃授經堂刻本　八册　存五種三十卷(更生齋文甲集四卷、乙集四卷、續集二卷、詩八卷、詩續集一,更生齋詩餘二卷,擬兩晉南北史樂府二卷,附鮚軒外集唐宋小樂府一卷,卷施閣詩五至十)

340000－1801－0016489　4:11033－4:11035
更生齋文八卷詩三卷詩餘二卷年譜一卷　(清)洪亮吉撰　清刻本　三册

340000－1801－0016490　4:11030
更生齋詩八卷詩餘二卷　(清)洪亮吉撰　清刻本　一册

340000－1801－0016491　4:48228
洪北江全集九十一卷　(清)洪亮吉撰　清光

緒三年(1877)鄂垣刻本　一冊　存伊犂日記、尺山客話、外語紀聞

340000－1801－0016492　4:11017－4:11018
附鮚軒詩八卷　(清)洪亮吉撰　清乾隆貴陽刻本　二冊

340000－1801－0016493　4:11019
卷施閣文甲集十卷　(清)洪亮吉著　清乾隆刻本　一冊

340000－1801－0016494　4:11020－4:11029
卷施閣集文甲集十卷乙集十卷詩集二十卷附鮚軒詩八卷　(清)洪亮吉撰　清乾隆六十年(1795)貴州節署刻本　十冊

340000－1801－0016495　4:48390
卷施閣詩二十卷　(清)洪亮吉撰　清刻本　一冊　存四卷(五至八)

340000－1801－0016496　4:48396－4:48398
卷施閣詩十六卷　(清)洪亮吉撰　清刻本　三冊　存十二卷(一至四、九至十六)

340000－1801－0016497　4:11727－4:11738
紀文達公遺集文十六卷詩十六卷　(清)紀昀撰　(清)紀樹馨編　清嘉慶紀樹馥刻廣州鎔經鑄史齋印本　十二冊

340000－1801－0016498　4:11753－4:11764
紀文達公遺集文十六卷　(清)紀昀撰　(清)紀樹馨編　清嘉慶紀樹馥刻本　十二冊

340000－1801－0016499　4:11765－4:11782
紀文達公遺集文十六卷　(清)紀昀撰　(清)紀樹馨編　清嘉慶紀樹馥刻本　十八冊

340000－1801－0016500　4:11739－4:11752
紀文達公遺集文十六卷詩十六卷　(清)紀昀撰　(清)紀樹馨編　清刻本　十四冊　缺七卷(紀文達公遺集文十至十六)

340000－1801－0016501　4:11783－4:11784
御製嗣統述聖詩二卷　(清)仁宗顒琰撰　清嘉慶刻本　二冊

340000－1801－0016502　4:11790－4:11791
知恥齋文集二卷　(清)謝振薌撰　清刻本　二冊

340000－1801－0016503　4:11792
百美詩不分卷　(清)姚元燊撰　清嘉慶抄本　一冊

340000－1801－0016504　4:11793－4:11798
清獻堂集十卷　(清)趙佑撰　清刻本　六冊

340000－1801－0016505　4:11799－4:11802
清獻堂集十卷　(清)趙佑撰　清刻本　四冊

340000－1801－0016506　4:11803－4:11804
御製全史詩二卷　(清)仁宗顒琰撰　清文明書局鉛印本　二冊

340000－1801－0016507　4:11805－4:11808
御製全史詩不分卷　(清)仁宗顒琰撰　清內府刻本　四冊

340000－1801－0016508　4:11809－4:11812
九曲山房詩鈔十六卷　(清)宗聖垣撰　清嘉慶五年(1800)刻本　四冊

340000－1801－0016509　4:11813－4:11814
茗柯文編四卷　(清)張惠言撰　清宣統三年(1911)掃葉山房石印本　二冊

340000－1801－0016510　4:11815
飛香圃詩集四卷續一卷　(清)安詩撰　清嘉慶二十四年(1819)刻本　一冊

340000－1801－0016511　4:11816－4:11817
茗柯文編五卷　(清)張惠言撰　清光緒七年(1881)刻本　二冊

340000－1801－0016512　4:11818－4:11819
茗柯文編五卷　(清)張惠言撰　清光緒七年(1881)刻本　二冊

340000－1801－0016513　4:11820－4:11821
茗柯文編五卷　(清)張惠言撰　清光緒七年(1881)刻本　二冊

340000－1801－0016514　4:11822－4:11823
茗柯文編五卷　(清)張惠言撰　清光緒七年(1881)刻本　二冊

340000－1801－0016515　4:11824－4:11825

茗柯文編五卷　(清)張惠言撰　清光緒七年(1881)刻本　二册

340000－1801－0016516　4:11826
茗柯文四卷　(清)張惠言撰　清嘉慶刻本　一册

340000－1801－0016517　4:11827－4:11830
紅蕉山館詩鈔十二卷　(清)喻文鏊撰　清嘉慶九年(1804)刻本　四册

340000－1801－0016518　4:4305－4:4316 善
甌北集二十七卷　(清)趙翼撰　清乾隆四十二年(1777)刻本　十二册

340000－1801－0016519　4:10825－4:10830
甌北詩鈔二十卷　(清)趙翼撰　清同治十三年(1874)紅杏山房刻本　六册

340000－1801－0016520　4:10831－4:10842
甌北詩鈔二十卷　(清)趙翼撰　清刻本　十二册

340000－1801－0016521　4:10851－4:10858
甌北詩鈔二十卷　(清)趙翼撰　清湛貽堂刻本　八册

340000－1801－0016522　4:10859－4:10862
甌北詩鈔二十卷　(清)趙翼撰　清湛貽堂刻本　四册

340000－1801－0016523　4:10863－4:10866
甌北詩鈔二十卷　(清)趙翼撰　清湛貽堂刻本　四册

340000－1801－0016524　4:10867－4:10875
甌北集五十卷簷曝雜記六卷皇朝武功紀盛一卷　(清)趙翼撰　清嘉慶壽考堂刻本　九册　存二十二卷(甌北集一至二十二)

340000－1801－0016525　4:10876－4:10883
甌北集五十三卷　(清)趙翼撰　清湛貽堂刻本　八册

340000－1801－0016526　4:4389 善
鶴關詩集不分卷　(清)吴邦治撰　清康熙刻本　一册

340000－1801－0016527　4:4423－4:4428 善
篤素堂文集十六卷詩集七卷　(清)張英撰　清康熙四十年(1701)刻本　六册

340000－1801－0016528　4:4429－4:4434 善
篤素堂文集十六卷詩集七卷　(清)張英撰　清康熙四十年(1701)刻本　六册

340000－1801－0016529　4:4435－4:4445 善
篤素堂文集十六卷詩集七卷易經衷論二卷書經衷論四卷　(清)張英撰　清康熙四十三年(1704)刻本　十一册

340000－1801－0016530　4:16818
篤素堂文集四卷　(清)張英撰　清光緒六年(1880)刻本　一册

340000－1801－0016531　4:16819
篤素堂集鈔三卷　(清)張英撰　清光緒十七年(1891)刻本　一册

340000－1801－0016532　4:16820－4:16839
篤素堂詩文集二十三卷存誠堂詩集三十卷附書經衷論四卷易經衷論二卷　(清)張英撰　清光緒二十三年(1897)刻本　二十册

340000－1801－0016533　4:16840－4:16859
篤素堂詩文集二十三卷存誠堂詩集三十卷附書經衷論四卷易經衷論二卷　(清)張英撰　清光緒二十三年(1897)刻本　二十册

340000－1801－0016534　4:16860－4:16876
篤素堂詩文集二十三卷存誠堂詩集三十卷附書經衷論四卷易經衷論二卷　(清)張英撰　清光緒二十三年(1897)刻本　十七册　缺六卷(書經衷論四卷、易經衷論二卷)

340000－1801－0016535　4:16877－4:16878
篤素堂詩文集二十三卷存誠堂詩集三十卷附書經衷論四卷易經衷論二卷　(清)張英撰　清光緒二十三年(1897)刻本　二册　存七卷(存誠堂詩集一至七)

340000－1801－0016536　4:16879－4:16880
篤素堂詩文集二十三卷存誠堂詩集三十卷附書經衷論四卷易經衷論二卷　(清)張英撰

清光緒二十三年(1897)刻本　二冊　存七卷(存誠堂詩集一至七)

340000－1801－0016537　4:16881－4:16882

篤素堂詩文集二十三卷存誠堂詩集三十卷附書經衷論四卷易經衷論二卷　(清)張英撰　清光緒二十三年(1897)刻本　二冊　存七卷(存誠堂詩集一至七)

340000－1801－0016538　4:4446－4:4451 善

存誠堂詩集二十五卷　(清)張英撰　清康熙四十三年(1704)刻本　六冊

340000－1801－0016539　4:4452－4:4456 善

存誠堂詩集二十五卷　(清)張英撰　清康熙四十三年(1704)刻本　五冊

340000－1801－0016540　4:4457 善

傳恭堂詩集五卷　(清)張廷瓚撰　清康熙四十三年(1704)刻本　一冊

340000－1801－0016541　4:4458－4:4463 善

述本堂詩集不分卷　(清)方登嶧　(清)方式濟撰　清乾隆二十年(1755)孫觀承刻本　六冊

340000－1801－0016542　4:4464 善

秀濯堂詩二卷　(清)吳啟元撰　清康熙刻本　一冊

340000－1801－0016543　4:4465 善

得草軒初集四卷近稿一卷　(清)汪自璵撰　清康熙刻本　一冊

340000－1801－0016544　4:4466－4:4467 善

松岩詩集八卷　(清)姚士基撰　清康熙刻本　二冊

340000－1801－0016545　4:4468 善

空明閣集四卷　(清)姚士陞撰　清乾隆刻本　一冊

340000－1801－0016546　4:4469 善

空明閣集四卷　(清)姚士陞撰　清乾隆刻本　一冊

340000－1801－0016547　4:4470－4:4474 善

積學堂詩文鈔十卷　(清)梅文鼎撰　清乾隆家刻本　六冊

340000－1801－0016548　4:4476－4:4479 善

槐江詩鈔四卷　(清)程瑞祊撰　清乾隆刻本　四冊

340000－1801－0016549　4:4486－4:4487 善

霧隱山房詩二卷　(清)汪淳修撰　清乾隆三十四年(1769)刻本　二冊

340000－1801－0016550　4:4488 善

綠溪草堂駢體二卷　(清)張弘殿撰　清乾隆四年(1739)刻本　一冊　存一卷(上)

340000－1801－0016551　4:4489 善

杖鄉集四卷　(清)汪偉撰　清乾隆三十八年(1773)刻本　一冊

340000－1801－0016552　4:4490 善

一葦編不分卷竹坪言懷一卷　(清)朱潤撰　清乾隆三十九年(1774)刻本　一冊

340000－1801－0016553　4:4491－4:4494 善

曉堂集三卷　(清)石文成撰　清乾隆三十二年(1767)刻本　四冊

340000－1801－0016554　4:4499－4:4500 善

不易居詩鈔四卷　(清)楊瑛昶撰　清乾隆六十年(1795)刻本　二冊

340000－1801－0016555　4:4501－4:4506 善

小安樂窩詩鈔十五卷　(清)姚孔鋠撰　清乾隆二十三年(1758)刻本　六冊

340000－1801－0016556　4:450－4:453

半舫齋古文八卷　(清)夏之蓉撰　清刻本　四冊

340000－1801－0016557　4:454－4:457

半舫齋編年詩二十卷　(清)夏之蓉撰　清乾隆刻本　四冊

340000－1801－0016558　4:4507－4:4508 善

謙山詩鈔四卷　(清)朱鐘撰　清乾隆六十年(1795)刻本　二冊

340000－1801－0016559　4:4509－4:4510 善

緯堂詩鈔十卷　(清)趙帥撰　清乾隆五十三

年(1788)刻本　二册

340000－1801－0016560　4:4518－4:4521 善
蠹窗詩集十四卷　(清)張令儀撰　清雍正澄碧樓刻本　四册

340000－1801－0016561　4:10460－4:10461
秋士先生遺集六卷　(清)彭績撰　清光緒七年(1881)蘇州刻本　二册

340000－1801－0016562　4:10462－4:10463
秋士先生遺集六卷　(清)彭績撰　清光緒七年(1881)刻本　二册

340000－1801－0016563　4:10464－4:10467
二希堂文集十一卷　(清)蔡世遠撰　清乾隆刻本　四册

340000－1801－0016564　4:09613－4:09616
雲溪文集五卷　(清)儲掌文撰　清乾隆刻本　四册　缺一卷(五)

340000－1801－0016565　4:48221
雲溪文集五卷　(清)儲掌文撰　清刻本　一册　存一卷(二)

340000－1801－0016566　4:11831－4:11854
研經室一集十四卷二集八卷三集五卷四集二卷詩集十一卷外集五卷續集十一卷再續集六卷　(清)阮元撰　清道光刻本　二十四册

340000－1801－0016567　4:11855－4:11878
研經室一集十四卷二集八卷三集五卷四集二卷詩集十一卷外集五卷續集十一卷再續集六卷　(清)阮元撰　清道光刻本　二十四册

340000－1801－0016568　4:11879－4:11902
研經室一集十四卷二集八卷三集五卷四集二卷詩集十一卷外集五卷續集十一卷再續集六卷　(清)阮元撰　清道光刻本　二十四册

340000－1801－0016569　4:11903－4:11920
研經室一集十四卷二集八卷三集五卷四集二卷詩集十一卷外集五卷續集十一卷再續集六卷　(清)阮元撰　清道光刻本　十八册

340000－1801－0016570　4:11921－4:11956
研經室一集十四卷二集八卷三集五卷四集二卷詩集十一卷外集五卷續集十一卷再續集六卷　(清)阮元撰　清道光刻本　三十六册

340000－1801－0016571　4:4317－4:4324 善
研經室文集十八卷　(清)阮元撰　清嘉慶十二年(1807)儀徵阮氏刻本　八册

340000－1801－0016572　4:11957－4:11958
研經室詩錄四卷　(清)阮元撰　清刻本　二册

340000－1801－0016573　4:11959－4:11962
研經室續集十一卷　(清)阮元撰　清道光十九年(1839)刻本　四册

340000－1801－0016574　4:11963－4:11966
晦香詩鈔八卷　(清)諸聯撰　清掃葉山房石印本　四册

340000－1801－0016575　4:11969－4:11973
天真閣詩集三十二卷　(清)孫原湘撰　清刻本　五册

340000－1801－0016576　4:11974－4:11983
衎石齋記事稿十卷　(清)錢儀吉撰　清道光刻本　十册

340000－1801－0016577　4:11984
和樂堂詩鈔五卷　(清)殷希文撰　清嘉慶和樂堂刻本　一册

340000－1801－0016578　4:11985－4:11996
崇百藥齋文集二十卷續集四卷三集十二卷附五真閣吟稿一卷　(清)陸繼輅撰　清嘉慶二十五年(1820)合肥學舍刻本　十二册

340000－1801－0016579　4:11997－4:12013
崇百藥齋詩文集三十六卷五真閣吟稿一卷雙白燕集十卷年譜一卷　(清)陸繼輅撰　清光緒興國州署刻本　十七册

340000－1801－0016580　4:12014
且住為佳軒詩鈔二卷　(清)王殊渥撰　清道光刻本　一册

340000－1801－0016581　4:12015－4:12018
退思齋詩鈔四卷　(清)伯麟撰　清嘉慶二十一年(1816)倚松書屋刻本　四册

340000－1801－0016582　4：12019－4：12022
因寄軒文初集十卷二集六卷補遺一卷　（清）管同撰　清光緒五年(1879)刻本　四册

340000－1801－0016583　4：12023－4：12026
因寄軒文初集十卷二集六卷補遺一卷　（清）管同撰　清光緒五年(1879)刻本　四册

340000－1801－0016584　4：12027－4：12030
因寄軒文初集十卷二集六卷因寄軒文集一卷附刻小異遺文一卷補遺一卷　（清）管同撰　清光緒五年(1879)合肥張士珩刻本　四册

340000－1801－0016585　4：12033－4：12034
因寄軒文初集十卷二集六卷補遺一卷　（清）管同撰　清光緒五年(1879)刻本　二册

340000－1801－0016586　4：12035－4：12037
桐封初稿一卷次刻一卷　（清）葉圭撰　清咸豐四年(1854)刻本　三册

340000－1801－0016587　4：12038－4：12039
掣鯨堂詩集十三卷　（清）費錫璜撰　清刻本　二册

340000－1801－0016588　4：12040
白鵠山房詩續選二卷　（清）徐熊飛撰　清道光四年(1824)刻本　一册

340000－1801－0016589　4：12041
白鵠山房初集三卷　（清）徐熊飛撰　清道光四年(1824)刻本　一册

340000－1801－0016590　4：12042
玉鎮山房近體剩稿不分卷　（清）吴一嵩撰　清道光七年(1827)刻本　一册

340000－1801－0016591　4：12043－4：12046
韋廬詩内集五卷外集五卷　（清）李秉禮撰　清光緒十三年(1887)江陽館舍刻本　四册

340000－1801－0016592　4：12047－4：12058
左海文集十卷詩鈔六卷　（清）陳壽祺撰　清刻左海全集本　十二册

340000－1801－0016593　4：12059－4：12070
願學堂詩鈔二十八卷　（清）王宗耀撰　清咸豐刻本　十二册

340000－1801－0016594　4：12071
韋廬初集不分卷　（清）李秉禮撰　清刻本　一册

340000－1801－0016595　4：12072
毋自欺齋詩畧一卷　（清）梁元撰　清同治七年(1868)刻本　一册

340000－1801－0016596　4：12073
毋自欺齋詩畧一卷　（清）梁元撰　清同治七年(1868)刻本　一册

340000－1801－0016597　4：12074
毋自欺齋詩畧一卷　（清）梁元撰　清同治七年(1868)刻本　一册

340000－1801－0016598　4：12075－4：12078
鐵莊文集八卷詩集二卷　（清）陸楣撰　清光緒二十一年(1895)木活字印本　四册

340000－1801－0016599　4：12079－4：12080
小隱山樵詩草二卷　（清）王義祖撰　清光緒二年(1876)刻本　二册

340000－1801－0016600　4：12085－4：12086
補園詩集八卷附一卷　（清）伍光喻撰　清道光刻本　二册

340000－1801－0016601　4：12087－4：12090
靈芬館詩二集十卷附詞二種　（清）郭麟撰　清嘉慶刻本　四册

340000－1801－0016602　4：12091－4：12100
養一齋集二十五卷四書文一卷　（清）潘德輿撰　清道光二十九年(1849)刻本　十册

340000－1801－0016603　4：12111－4：12113
養一齋集二十五卷四書文一卷　（清）潘德輿撰　清道光二十九年(1849)刻本　十三册

340000－1801－0016604　4：12114－4：12123
養一齋文集二十卷詩集附二卷　（清）李兆洛撰　清光緒四年(1878)刻本　十册

340000－1801－0016605　4：12124－4：12132
養一齋文集二十卷詩集附二卷　（清）李兆洛撰　清光緒四年(1878)刻本　九册

340000－1801－0016606　4:12133－4:12140
養一齋文集二十卷詩集附二卷　(清)李兆洛撰　清光緒四年(1878)刻本　八册

340000－1801－0016607　4:12141－4:12142
傳硯堂詩存二卷　(清)楊懋珩撰　清道光十年(1830)刻本　二册

340000－1801－0016608　4:12143－4:12144
遊道堂集四卷　(清)朱彬撰　清同治七年(1868)袁浦刻本　二册

340000－1801－0016609　4:12145－4:12148
印雪軒詩鈔十六卷　(清)俞鴻漸撰　清道光十五年(1835)刻本　四册

340000－1801－0016610　4:12149－4:12152
印雪軒詩鈔十六卷　(清)俞鴻漸撰　清道光十五年(1835)刻本　四册

340000－1801－0016611　4:12153－4:12154
印雪軒詩鈔十六卷　(清)俞鴻漸撰　清道光十五年(1835)刻本　二册

340000－1801－0016612　4:12155
攬青閣詩集二卷　(清)李貽德撰　清刻本　一册

340000－1801－0016613　4:12156
攬青閣詩集二卷　(清)李貽德撰　清刻本　一册

340000－1801－0016614　4:12157－4:12160
碧城山館詩鈔文鈔不分卷　(清)陳文述撰　清刻本　四册

340000－1801－0016615　4:12161－4:12164
碧城山館詩鈔文鈔不分卷　(清)陳文述撰　清刻本　四册

340000－1801－0016616　4:12165－4:12169
邃雅堂集十卷文集續編一卷　(清)姚文田撰　清刻本　五册

340000－1801－0016617　4:12170－4:12175
龔定庵全集十四卷　(清)龔自珍撰　清光緒二十三年(1897)萬本書堂刻本　六册

340000－1801－0016618　4:12176－4:12181
龔定庵全集十四卷　(清)龔自珍撰　清光緒二十三年(1897)萬本書堂刻本　六册

340000－1801－0016619　4:12182－4:12186
龔定庵全集十四卷　(清)龔自珍撰　清光緒二十三年(1897)萬本書堂刻本　六册

340000－1801－0016620　4:12187－4:12192
龔定庵全集十四卷　(清)龔自珍撰　清光緒二十三年(1897)萬本書堂刻本　六册

340000－1801－0016621　4:12193
龔定庵集外未刻詩不分卷　(清)龔自珍撰題(清)天笑抄錄　清宣統三年(1911)石印本　一册

340000－1801－0016622　4:12194
龔定庵集外未刻詩不分卷　(清)龔自珍撰題(清)天笑抄錄　清宣統三年(1911)石印本　一册

340000－1801－0016623　4:12195－4:12196
定庵全集十六卷　(清)龔自珍撰　清光緒二十八年(1902)浙省文化書局鉛印本　二册

340000－1801－0016624　4:12197－4:12202
定庵全集十卷　(清)龔自珍撰　清宣統二年(1910)掃葉山房石印本　六册

340000－1801－0016625　4:12227－4:12228
校正定庵全集七卷　(清)龔自珍撰　清光緒二十九年(1903)文瑞慶石印本　二册

340000－1801－0016626　4:12229－4:12232
龔定庵集十卷　(清)龔自珍撰　清同治七年(1868)刻本　四册

340000－1801－0016627　4:12233－4:12236
龔定庵集十卷　(清)龔自珍撰　清同治七年(1868)刻本　四册

340000－1801－0016628　4:12237－4:12238
龔定庵集十卷　(清)龔自珍撰　清同治七年(1868)刻本　二册

340000－1801－0016629　4:12239－4:12240
定庵文集補編四卷　(清)龔自珍撰　清光緒

平湖朱氏刻本　二冊

340000－1801－0016630　4：12241－4：12242
定庵文集補編四卷　(清)龔自珍撰　清光緒平湖朱氏刻本　二冊

340000－1801－0016631　4：48411
定庵文集補編四卷　(清)龔自珍撰　清刻本　一冊　存二卷(三至四)

340000－1801－0016632　4：12243
龔定庵別集不分卷　(清)龔自珍撰　清宣統二年(1910)風雨樓鉛印本　一冊

340000－1801－0016633　4：12245－4：12251
龔定庵全集二十卷　(清)龔自珍撰　清宣統國學扶輪社鉛印本　七冊

340000－1801－0016634　4：12252－4：12258
龔定庵全集二十卷　(清)龔自珍撰　清宣統國學扶輪社鉛印本　七冊

340000－1801－0016635　4：12259－4：12265
龔定庵全集二十卷　(清)龔自珍撰　清宣統國學扶輪社鉛印本　七冊

340000－1801－0016636　4：12266－4：12272
龔定庵全集二十卷　(清)龔自珍撰　清宣統國學扶輪社鉛印本　七冊

340000－1801－0016637　4：12273
白羊山房詩鈔不分卷　(清)單可惠撰　清咸豐四年(1854)刻本　一冊

340000－1801－0016638　4：12274－4：12279
養默山房詩集三十二卷　(清)謝元淮撰　清光緒元年(1875)刻本　六冊　缺八卷(十五至二十二)

340000－1801－0016639　4：12280－4：12282
蘚花崖館詩集一卷文略一卷家書二卷附錄三卷　(清)梅鐘澎撰　清宣統三年(1911)莓田古屋刻本　三冊

340000－1801－0016640　4：12283－4：12285
蘚花崖館詩集一卷文略一卷家書二卷附錄三卷　(清)梅鐘澎撰　清宣統三年(1911)莓田古屋刻本　三冊

340000－1801－0016641　4：12286－4：12288
蘚花崖館詩集一卷文略一卷家書二卷附錄三卷　(清)梅鐘澎撰　清宣統三年(1911)莓田古屋刻本　三冊

340000－1801－0016642　4：12289－4：12291
止巢詩詞七卷　(清)喬載繇撰　清道光刻本　三冊

340000－1801－0016643　4：12292－4：12293
青芙蓉閣詩鈔六卷　(清)陸元鋐撰　清刻本　二冊

340000－1801－0016644　4：12294－4：12295
壽閑齋吟草八卷　(清)朱葵之撰　清刻本　二冊

340000－1801－0016645　4：12296－4：12297
壽閑齋吟草八卷　(清)朱葵之撰　清刻本　二冊

340000－1801－0016646　4：12298－4：12299
祝英台近山房詩鈔二卷詞一卷　(清)萬貢璆撰　清道光三十年(1850)刻本　二冊

340000－1801－0016647　4：12300
大吉羊室遺稿一卷附詞一卷　(清)張振凡撰　清光緒刻本　一冊

340000－1801－0016648　4：12301－4：12304
壯學齋文集十二卷　(清)周樹槐撰　清刻本　四冊

340000－1801－0016649　4：12305
程可山先生壽序不分卷　(清)劉毓崧撰　清同治刻本　一冊

340000－1801－0016650　4：12306
程可山先生壽序不分卷　(清)劉毓崧撰　清同治刻本　一冊

340000－1801－0016651　4：12307
簡學齋清夜齋手書詩稿合印　(清)陳沅撰　清宣統影印本　一冊

340000－1801－0016652　4：12308－4：12311
留餘堂詩鈔八卷二集八卷　(清)夏之盛撰　清道光二十六年(1846)錢塘夏氏刻本　四冊

340000－1801－0016653　4:12312
邁堂文略不分卷　(清)李祖陶撰　清刻本　一册

340000－1801－0016654　4:12313－4:12315
思適齋集十八卷　(清)顧廣圻撰　清道光二十九年(1849)上海徐氏刻本　三册

340000－1801－0016655　4:12316－4:12317
問青閣詩集十卷　(清)樊彬撰　清刻本　二册

340000－1801－0016656　4:12318－4:12319
亦有秋齋詩鈔二卷　(清)鈕福疇撰　清道光刻本　二册

340000－1801－0016657　4:12320
昱青堂雜集不分卷　(清)吳脈鬯撰　清道光二十年(1840)柏柳堂刻本　一册

340000－1801－0016658　4:12321－4:12322
硯隱詩存四卷　(清)楊羲撰　清道光二十五年(1845)刻本　二册

340000－1801－0016659　4:12327
香草箋不分卷　(清)黃任撰　清宣統二年(1910)鉛印本　一册

340000－1801－0016660　4:12323－4:12326
香草齋詩注六卷　(清)黃任撰　(清)陳應魁注　清嘉慶十九年(1814)永陽贛寓刻本　四册

340000－1801－0016661　4:12328－4:12333
秋江集註六卷　(清)黃任撰　(清)王元麟注　清道光二十三年(1843)刻本　一册

340000－1801－0016662　4:12334－4:12339
秋江集註六卷　(清)黃任撰　(清)王元麟注　清道光二十三年(1843)刻本　一册

340000－1801－0016663　4:1236－4:1238 善
喙鳴詩集十八卷　(明)沈一貫撰　明刻本　三册　存九卷(一至九)

340000－1801－0016664　4:12357－4:12360
顯志堂集十二卷　(清)馮桂芬撰　清光緒二年(1876)刻本　四册

340000－1801－0016665　4:12361－4:12364
顯志堂集十二卷　(清)馮桂芬撰　清光緒二年(1876)刻本　四册

340000－1801－0016666　4:12365－4:12366
顯志堂集十二卷　(清)馮桂芬撰　清光緒二年(1876)刻本　二册

340000－1801－0016667　4:12367－4:12374
顯志堂集十二卷　(清)馮桂芬撰　清光緒二年(1876)刻本　八册

340000－1801－0016668　4:12375－4:12382
顯志堂集十二卷　(清)馮桂芬撰　清光緒二年(1876)刻本　八册

340000－1801－0016669　4:12383－4:12388
慎其餘齋文集二十卷　(清)王贈芳撰　清咸豐四年(1854)留香書屋刻本　六册

340000－1801－0016670　4:12389－4:12392
思詒堂詩稿十二卷　(清)金衍宗撰　清同治五年(1866)刻本　四册

340000－1801－0016671　4:12393
思詒堂詩稿十二卷　(清)金衍宗撰　清同治五年(1866)刻本　一册

340000－1801－0016672　4:12394－4:12405
抱沖齋詩集三十六卷附詞一卷　(清)斌良撰　清光緒五年(1879)湘南薇垣官署刻本　十二册

340000－1801－0016673　4:12406－4:12407
即謳草二卷　(清)張廷賡撰　清道光九年(1829)木活字印本　二册

340000－1801－0016674　4:12410
休復居文集六卷　(清)毛嶽生著　清道光二十四年(1844)黃氏刻本　一册　存四卷(一至四)

340000－1801－0016675　4:12411－4:12416
繼雅堂詩集三十四卷　(清)陳僅撰　清道光刻本　六册

340000－1801－0016676　4:12417－4:12424
小山泉閣詩存八卷　(清)汪為霖撰　清道光

二十年(1840)刻本　八册

340000－1801－0016677　4:12425
蘭綺堂詩鈔存八卷　(清)王鼎撰　清刻本　一册

340000－1801－0016678　4:12427－4:12434
顯志堂稿十二卷夢柰詩稿一卷　(清)馮桂芬撰　清光緒二年(1876)馮氏校邠廬刻本　八册

340000－1801－0016679　4:12435
不可無竹居詩草二卷　(清)汪世澤撰　清同治四年(1865)刻本　一册

340000－1801－0016680　4:12436
小言集四卷　(清)王敬之撰　清道光十一年(1831)刻本　一册

340000－1801－0016681　4:12437－4:12440
理堂詩集四卷　(清)韓夢周撰　清道光四年(1824)刻本　四册

340000－1801－0016682　4:12441
桐響閣詩集六卷　(清)沈夔撰　清光緒二年(1876)刻本　一册

340000－1801－0016683　4:12442－4:12447
南邨草堂詩鈔二十四卷　(清)鄧顯鶴撰　清道光九年(1829)刻咸豐元年(1851)補刻本　六册

340000－1801－0016684　4:12448
且飲樓詩選六卷　(清)顧晞元撰　清光緒六年(1880)刻本　一册

340000－1801－0016685　4:12449
且飲樓詩選六卷　(清)顧晞元撰　清光緒六年(1880)刻本　一册

340000－1801－0016686　4:12450
香葉草堂詩存不分卷　(清)羅騁撰　清嘉慶元年(1796)刻本　一册

340000－1801－0016687　4:12451－4:12456
味雪齋文鈔十八卷詩鈔八卷　(清)戴絅孫撰　清道光二十九年(1849)京師刻本　六册

340000－1801－0016688　4:12457－4:12460
蘭陔堂詩鈔四卷　(清)熊塤撰　清道光六年(1826)刻本　四册

340000－1801－0016689　4:12461－4:12470
知足齋詩集二十卷　(清)朱珪撰　清刻本　十册

340000－1801－0016690　4:12471
嗣雅堂詩選四卷　(清)王嘉祿撰　清道光錢塘陳氏刻本　一册

340000－1801－0016691　4:12472－4:12473
寸草軒詩存四卷　(清)徐盛特撰　清光緒十九年(1893)東河督署刻本　二册

340000－1801－0016692　4:12474
粉廊剩稿二卷　(清)高崇瑞撰　清道光二十四年(1844)潁上學舍刻本　一册

340000－1801－0016693　4:12475－4:12478
雙白燕堂文集二卷外集八卷　(清)陸耀遹撰　清光緒四年(1878)刻本　四册

340000－1801－0016694　4:12479－4:12482
雙白燕堂詩集八卷集唐詩二卷　(清)陸耀遹撰　清同治刻本　四册

340000－1801－0016695　4:12483－4:12486
篁村集十二卷　(清)陸錫熊撰　清道光刻本　四册

340000－1801－0016696　4:12487－4:12490
寶奎堂集十二卷　(清)陸錫熊撰　清道光刻本　四册

340000－1801－0016697　4:12491－4:12494
十杉亭詩鈔五卷　(清)吳楷撰　清道光刻本　四册

340000－1801－0016698　4:12495－4:12500
平園雜著内篇十四卷　(清)林有席撰　清道光刻本　六册

340000－1801－0016699　4:12505
静香樓詩草二卷　(清)吳蕙撰　清道光刻本　一册

340000－1801－0016700　4:12506
不櫛吟三卷續三卷　(清)潘素心撰　清嘉慶刻本　一册

340000－1801－0016701　4:12507－4:12510
海門詩鈔八卷外集四卷補録一卷附録一卷　(清)鮑皋撰　清光緒鮑氏刻本　四册

340000－1801－0016702　4:12511－4:12512
海門詩鈔十一卷　(清)李符清撰　清嘉慶三年(1798)刻本　二册

340000－1801－0016703　4:12513－4:12514
清娱閣吟稿六卷　(清)鮑之蕙撰　清嘉慶十六年(1811)寸草園刻本　二册

340000－1801－0016704　4:12519
壽萱堂詩鈔六卷補遺一卷　(清)屠彝撰　清道光三十年(1850)刻本　一册

340000－1801－0016705　4:12520－4:12523
角山樓詩鈔十五卷　(清)趙克宜撰　清道光刻本　四册

340000－1801－0016706　4:12524－4:12527
守意龕詩鈔七卷　(清)百齡撰　清嘉慶十六年(1811)廣東糧儲道署刻本　四册

340000－1801－0016707　4:12528－4:12535
敬恕堂文集十卷　(清)耿介撰　清道光刻本　八册

340000－1801－0016708　4:12536
玉鑒堂詩存不分卷　(清)汪曰楨撰　清光緒刻本　一册

340000－1801－0016709　4:12537
西園外集二卷　(清)李卿穀撰　清道光刻本　一册

340000－1801－0016710　4:12538－4:12541
大小雅堂詩鈔十卷文鈔二卷　(清)邵堂撰　清道光十年(1830)浚儀官署刻本　四册

340000－1801－0016711　4:12548－4:12557
榴實山莊詩稿六卷文稿詞鈔一卷　(清)吴存義撰　清刻本　十册

340000－1801－0016712　4:12558－4:12561
慎庵詩鈔二卷文鈔二卷　(清)左宗植撰　清光緒元年(1875)刻本　四册

340000－1801－0016713　4:12562－4:12563
水流雲在館詩鈔六卷　(清)宋晋撰　清光緒十二年(1886)刻本　二册

340000－1801－0016714　4:12564－4:12565
水流雲在館詩鈔六卷　(清)宋晋撰　清光緒十二年(1886)刻本　二册

340000－1801－0016715　4:12566－4:12571
秋水閣詩集八卷雜著一卷　(清)許兆椿撰　清道光二十五年(1845)刻本　六册

340000－1801－0016716　4:12572
西溪詩草四卷　(清)丁珠撰　清嘉慶刻本　一册

340000－1801－0016717　4:12573－4:12584
實其文齋集二十三卷　(清)黄雲鵠撰　清同治十一年(1872)刻光緒八年(1882)增刻本　十二册　存十七卷(文鈔初集一至五、文續鈔一至三、兵部公牘二卷、詩鈔四至六、時文初集一卷、二集一卷、三集一卷、四集一卷)

340000－1801－0016718　4:12586－4:12593
尊水園集略十二卷補遺一卷　(清)盧世㴶撰　**附一卷**　(清)王永吉撰　清順治十七年(1660)盧孝餘刻本　八册

340000－1801－0016719　4:12604－4:12629
李文恭公遺集四十六卷行述一卷　(清)李星源撰　清同治芋香山館刻本　二十六册　缺五(奏議三至四、六至七、十二)

340000－1801－0016720　4:12630－4:12635
近緑閣集十二卷　(清)華希閔撰　清光緒二十三年(1897)刻本　六册

340000－1801－0016721　4:12636－4:12637
翠螺閣詩詞稿不分卷　(清)淩祉媛撰　清咸豐四年(1854)丁氏延慶堂刻本　二册

340000－1801－0016722　4:12638
崇雅堂詩鈔五卷　(清)楊汝言撰　清乾隆二

十六年(1761)拜石山房刻本　一冊

340000－1801－0016723　4:12639－4:12642
知止齋詩集十六卷　(清)翁心存撰　清光緒三年(1877)刻本　四冊

340000－1801－0016724　4:12643－4:12646
譚襄敏公遺集四卷首一卷　(明)譚綸撰　清嘉慶木活字印本　四冊

340000－1801－0016725　4:12648－4:12663
彭文敬公集五十卷　(清)彭藴章撰　清道光十九年至同治五年(1839－1866)刻彙印本　十六冊

340000－1801－0016726　4:12664－4:12678
彭文敬公全集四十六卷　(清)彭藴章撰　(清)彭祖賢輯　清道光至同治刻彙印長洲彭氏家集本　十五冊

340000－1801－0016727　4:12679
澗東集三卷　(清)彭藴章撰　清道光刻本　一冊

340000－1801－0016728　4:12680－4:12683
歸樸龕叢稿十二卷　(清)彭藴章撰　清道光同心堂刻本　四冊

340000－1801－0016729　4:12684
歸樸龕叢稿續編四卷　(清)彭藴章撰　清刻本　一冊

340000－1801－0016730　4:12685－4:12692
松風閣詩抄二十六卷　(清)彭藴章撰　清同治三年(1864)刻本　八冊

340000－1801－0016731　4:12693－4:12700
松風閣詩抄二十六卷　(清)彭藴章撰　清同治三年(1864)刻本　八冊

340000－1801－0016732　4:12701－4:12702
西雲詩抄四卷　(清)李枝青撰　清咸豐刻本　二冊

340000－1801－0016733　4:12703－4:12708
夢綠草堂詩鈔十二卷附錄一卷　(清)蔡壽祺撰　清咸豐七年(1857)京師刻本　六冊

340000－1801－0016734　4:12709－4:12714
夢綠草堂詩抄十四卷續二卷　(清)蔡壽祺撰　清咸豐七年(1857)京師刻本　六冊

340000－1801－0016735　4:12715－4:12720
㞢齋文集八卷詩集四卷　(清)張穆撰　(清)吳履敬編　清咸豐八年(1858)壽陽祁寯藻京師刻本　六冊

340000－1801－0016736　4:12721－4:12724
㞢齋文集八卷詩集四卷　(清)張穆撰　(清)吳履敬編　清咸豐八年(1858)壽陽祁寯藻京師刻本　六冊

340000－1801－0016737　4:12725－4:12727
杏林莊杏花詩三集十二卷　(清)鄧大林撰　清咸豐元年(1851)刻本　三冊

340000－1801－0016738　4:12728－4:12734
玉山草堂集三十卷　(清)錢林撰　清道光刻本　七冊　存八卷(二十三至三十)

340000－1801－0016739　4:12735－4:12738
通甫詩存六卷　(清)魯一同撰　清刻本　四冊

340000－1801－0016740　4:12739－4:12744
通甫類稿六卷通甫詩存六卷　(清)魯一同撰　清刻本　四冊

340000－1801－0016741　4:12745－4:12748
通甫類稿六卷通甫詩存六卷　(清)魯一同著　清咸豐九年(1859)刻本　四冊

340000－1801－0016742　4:12749－4:12750
通甫類稿六卷通甫詩存六卷　(清)魯一同著　清咸豐九年(1859)刻本　四冊

340000－1801－0016743　4:12765－4:12770
甘泉鄉人稿二十四卷　(清)錢泰吉著　(清)錢應溥輯　**年譜一卷**　(清)錢應溥述　**郊農偶吟稿一卷**　(清)錢炳森撰　清同治七年(1868)杜小舫蘇州刻十一年(1872)錢應溥白下增刻本　六冊

340000－1801－0016744　4:12771－4:12776
甘泉鄉人稿二十四卷　(清)錢泰吉著　(清)

錢應溥輯　**年譜一卷**　(清)錢應溥述　**邠農偶吟稿一卷**　(清)錢炳森撰　清同治七年(1868)杜小舫蘇州刻十一年(1872)錢應溥白下增刻本　六冊

340000－1801－0016745　4:12751－4:12757
甘泉鄉人稿二十四卷餘稿二卷年譜一卷四水子遺著一卷邠農偶吟稿一卷　(清)錢泰吉撰　(清)錢應溥輯　(清)錢志澄補編　清同治十一年(1872)錢應溥白下刻光緒七年至十一年(1881－1885)錢志澄青溪官舍增刻本　七冊

340000－1801－0016746　4:12758－4:12764
甘泉鄉人稿二十四卷餘稿二卷年譜一卷四水子遺著一卷邠農偶吟稿一卷　(清)錢泰吉撰　(清)錢應溥輯　(清)錢志澄補編　清同治十一年(1872)錢應溥白下刻光緒七年至十一年(1881－1885)錢志澄青溪官舍增刻本　七冊

340000－1801－0016747　4:12777－4:12781
甘泉鄉人稿二十四卷餘稿一卷年譜一卷　(清)錢泰吉撰　(清)錢應溥輯　(清)錢志澄補編　清同治十一年(1872)錢應溥白下刻光緒七年至十一年(1881－1885)錢志澄青溪官舍增刻本　五冊　存十八卷(甘泉鄉人稿七至二十四)

340000－1801－0016748　4:12784
有三惜齋詩集二卷　(清)趙福雲撰　清咸豐七年(1857)刻本　一冊

340000－1801－0016749　4:12785－4:12786
心響往齋詩集二卷　(清)孔繼鎔撰　清咸豐六年(1856)孔氏刻本　二冊

340000－1801－0016750　4:12787－4:12788
倚晴樓詩集十二卷　(清)黃燮清撰　清咸豐七年(1857)拙宜園刻本　二冊

340000－1801－0016751　4:12789－4:12796
倚晴樓詩集十二卷　(清)黃燮清撰　清咸豐七年(1857)拙宜園刻本　八冊

340000－1801－0016752　4:12797－4:12798
藏書樓駢文抄二卷　(清)鮑桂生撰　清咸豐二年(1852)刻本　二冊

340000－1801－0016753　4:12799－4:12800
聽雨山房文鈔六卷　(清)鄧顯鶴撰　清咸豐元年(1851)刻本　二冊

340000－1801－0016754　4:12801－4:12808
琴隱園詩詞集四十卷　(清)湯貽汾撰　清上元宗氏心遠樓刻本　八冊

340000－1801－0016755　4:09450－4:09459
柏梘山房文集十六卷續一卷詩集十卷續二卷駢體文二卷　(清)梅曾亮撰　清咸豐六年(1856)刻本　十冊

340000－1801－0016756　4:12809－4:12818
柏梘山房文集十六卷續一卷詩集十卷續二卷駢體文二卷　(清)梅曾亮撰　清咸豐六年(1856)刻本　十冊

340000－1801－0016757　4:12819－4:12822
柏梘山房文集十六卷續一卷詩集十卷續二卷駢體文二卷　(清)梅曾亮撰　清咸豐六年(1856)刻本　四冊

340000－1801－0016758　4:12823－4:12830
柏梘山房文集十六卷續一卷詩集十卷續二卷駢體文二卷　(清)梅曾亮撰　清咸豐六年(1856)刻同治三年(1864)補刻本　八冊

340000－1801－0016759　4:12831－4:12836
柏梘山房文集十六卷續一卷詩集十卷續二卷駢體文二卷　(清)梅曾亮撰　清咸豐六年(1856)刻同治三年(1864)補刻本　六冊

340000－1801－0016760　4:12837－4:12844
柏梘山房文集十六卷續集三卷詩集十卷續集三卷駢體文二卷　(清)梅曾亮撰　清宣統國學扶輪社石印本　八冊

340000－1801－0016761　4:12845－4:12852
柏梘山房文集十六卷續集三卷詩集十卷續集三卷駢體文二卷　(清)梅曾亮撰　清宣統二年(1910)國學扶輪社石印本　八冊

340000－1801－0016762　4:12853－4:12858

柏梘山房文集十八卷詩集十二卷 (清)梅曾亮撰 清鉛印本 六冊

340000－1801－0016763 4:12859－4:12864
柏梘山房文集十八卷詩集十二卷 (清)梅曾亮撰 清光緒二十七年(1901)鉛印本 六冊

340000－1801－0016764 4:12865
嶽雪樓詩存四卷 (清)孔繼勳撰 清咸豐十年(1860)刻本 一冊

340000－1801－0016765 4:12866－4:12867
味真閣詩鈔十二卷 (清)張安保撰 清道光刻本 二冊

340000－1801－0016766 4:12868
道華堂詩略四卷 (清)馮焯撰 清咸豐元年(1851)笠尉亭刻本 一冊

340000－1801－0016767 4:12869－4:12880
復莊詩問三十四卷 (清)姚燮撰 清道光十六年(1836)大梅山館刻本 十二冊

340000－1801－0016768 4:12881－4:12888
復莊詩問三十四卷 (清)姚燮撰 清道光十六年(1836)大梅山館刻本 八冊

340000－1801－0016769 4:12889
拳石山房遺稿不分卷 (清)蔣靖撰 清同治高望曾刻本 一冊

340000－1801－0016770 4:12890－4:12893
孟晉齋文集五卷周烈士傳一卷 (清)顧壽楨撰 清同治見素抱樸齋刻本 四冊

340000－1801－0016771 4:12894－4:12897
未灰齋文集八卷文外集一卷 (清)徐鼒撰 清咸豐刻本 四冊

340000－1801－0016772 4:12898－4:12900
未灰齋文集八卷文外集一卷 (清)徐鼒撰 清咸豐十一年(1861)刻敝帚齋遺書本 三冊 缺一卷(文外集一卷)

340000－1801－0016773 4:12901－4:12906
緭＊亭集三十二卷 (清)祁寯藻撰 清咸豐刻本 六冊

340000－1801－0016774 4:12907－4:12912
緭＊亭集三十二卷後集十二卷 (清)祁寯藻撰 清咸豐刻本 六冊

340000－1801－0016775 4:12913－4:12918
緭＊亭集三十二卷後集十二卷 (清)祁寯藻撰 清咸豐刻本 六冊

340000－1801－0016776 4:12919－4:12925
世忠堂文集六卷寧城善後記略一卷 (清)鄒鳴鶴撰 清同治二年(1863)家刻本 八冊

340000－1801－0016777 4:12926－4:12929
巢經巢遺稿四卷 (清)鄭珍撰 清光緒三十年(1904)唐炯雲南礦務署刻本 四冊

340000－1801－0016778 4:12934－4:12937
巢經巢詩鈔九卷後集四卷 (清)鄭珍撰 清光緒二十三年(1897)黎氏五羊城刻本 四冊

340000－1801－0016779 4:12938
巢經巢詩鈔後集四卷 (清)鄭珍撰 清光緒二十年(1894)貴筑高氏刻本 一冊

340000－1801－0016780 4:12939－4:12942
巢經巢詩鈔九卷後集一卷 (清)鄭珍撰 清咸豐刻本 四冊

340000－1801－0016781 4:12943－4:12946
巢經巢詩鈔九卷經說一卷 (清)鄭珍撰 清咸豐刻本 四冊

340000－1801－0016782 4:12947－4:12950
巢經巢詩鈔九卷經說一卷 (清)鄭珍撰 清咸豐鄭知同刻本 五冊

340000－1801－0016783 4:12951－4:12952
巢經巢詩鈔九卷經說一卷 (清)鄭珍撰 清咸豐鄭知同刻本 二冊

340000－1801－0016784 4:12953－4:12957
巢經巢詩鈔九卷經說一卷 (清)鄭珍撰 清咸豐鄭知同刻本 四冊

340000－1801－0016785 4:12958－4:12961
菉香書屋詩鈔四卷 (清)黃麟撰 清咸豐六年(1856)刻本 四冊

340000－1801－0016786　4:12962
賡緩堂矢音集二卷文集一卷雜俎一卷　(清)何彤雲撰　清咸豐九年(1859)綠天蘭若刻本　一册

340000－1801－0016787　4:12963－4:12968
躬恥齋文鈔二十卷　(清)宗稷辰撰　清咸豐越峴山館刻本　六册

340000－1801－0016788　4:12969－4:12996
躬恥齋詩鈔二十八卷後編四卷文鈔二十卷附後編不分卷　(清)宗稷辰撰　清嘉慶二十二年(1817)杜杜軒刻古越九曲山房印本　二十八册　存二十卷(文鈔二十卷)

340000－1801－0016789　4:12997－4:12998
荻華堂存稿二卷　(清)蔡琳撰　清光緒刻本　二册

340000－1801－0016790　4:12999
微尚齋集五卷　(清)馮志沂撰　清同治廬州郡齋刻本　一册

340000－1801－0016791　4:13000
微尚齋集五卷　(清)馮志沂撰　清同治廬州郡齋刻本　一册

340000－1801－0016792　4:13001－4:13002
寶墨樓詩册十一卷補録舊詩一卷楹聯一卷　(清)蘇時學撰　清咸豐十一年(1861)刻本　二册

340000－1801－0016793　4:13003－4:13006
意苕山館詩稿十六卷　(清)陸嵩撰　清光緒十八年(1892)京師刻本　四册

340000－1801－0016794　4:13007－4:13010
意苕山館詩稿十六卷　(清)陸嵩撰　清光緒十八年(1892)京師刻本　四册

340000－1801－0016795　4:13011－4:13014
嶺上白雲集十二卷窳翁文抄四卷　(清)陸懋修撰　清光緒二十三年(1897)刻本　四册

340000－1801－0016796　4:13015
嶺上白雲集十二卷窳翁文抄四卷　(清)陸懋修撰　清光緒二十三年(1897)刻本　一册　存四卷(窳翁文抄四卷)

340000－1801－0016797　4:13016－4:13017
玉井山館文略五卷　(清)許宗衡撰　清同治四年(1865)刻本　二册

340000－1801－0016798　4:13018－4:13019
玉井山館十五卷詩餘一卷　(清)許宗衡撰　清同治九年(1870)刻本　二册

340000－1801－0016799　4:13020
豸華堂文抄八卷　(清)金應麟撰　清刻本　一册

340000－1801－0016800　4:13021－4:13025
求在我齋文存八卷示子弟帖一卷　(清)成毅撰　清咸豐八年(1858)邵州濂溪講院刻本　五册

340000－1801－0016801　4:13026－4:13029
志隱齋詩鈔八卷　(清)王文瑋撰　清咸豐六年(1856)刻本　四册

340000－1801－0016802　4:13030－4:13031
思貽堂詩集八卷　(清)黄文琛撰　清咸豐刻本　二册

340000－1801－0016803　4:13032－4:13035
存誠齋文集十二卷　(清)何日愈撰　清同治五年(1866)皖江藩署刻本　四册

340000－1801－0016804　4:13036－4:13051
吳文節公遺集八十卷　(清)吳文鎔撰　清咸豐刻本　十六册

340000－1801－0016805　4:13076
紹香堂詩草不分卷　(清)張和撰　清咸豐三年(1853)刻本　一册

340000－1801－0016806　4:13077－4:13078
鴻雪集四卷　(清)張和撰　清咸豐三年(1853)刻本　二册

340000－1801－0016807　4:13079－4:13088
思伯子堂詩集三十二卷　(清)張際亮撰　清同治八年(1869)刻本　十册

340000－1801－0016808　4:13089－4:13098

思伯子堂詩集三十二卷 (清)張際亮撰 清同治八年(1869)刻本 清方宗誠題識 十冊

340000－1801－0016809 4:13100－4:13103
郘亭詩文鈔二十二卷經眼錄五卷 (清)莫友芝撰 清同治五年(1866)刻本 四冊

340000－1801－0016810 4:13113－4:13115
郘亭詩文鈔二十二卷 (清)莫友芝撰 清同治五年(1866)刻本 三冊

340000－1801－0016811 4:13110－4:13112
郘亭詩文鈔二十二卷 (清)莫友芝撰 清同治五年(1866)刻本 三冊

340000－1801－0016812 4:13104－4:13106
郘亭詩文鈔六卷遺詩八卷遺文八卷 (清)莫友芝撰 清光緒刻本 三冊

340000－1801－0016813 4:13099
郘亭遺詩八卷 (清)莫友芝撰 清光緒刻本 一冊

340000－1801－0016814 4:13107
郘亭詩鈔六卷 (清)莫友芝撰 清咸豐二年(1852)遵義湘川講舍刻同治五年(1866)江寧三山客舍修補本 一冊

340000－1801－0016815 4:13108
郘亭詩鈔六卷 (清)莫友芝撰 清咸豐二年(1852)遵義湘川講舍刻同治五年(1866)江寧三山客舍修補本 一冊

340000－1801－0016816 4:13109
郘亭詩鈔六卷 (清)莫友芝撰 清咸豐二年(1852)遵義湘川講舍刻同治五年(1866)江寧三山客舍修補本 二冊

340000－1801－0016817 4:13116－4:13121
江忠烈公遺集二卷首一卷附錄二卷行狀一卷 (清)江忠源撰 清光緒十二年(1886)刻本 六冊

340000－1801－0016818 4:13122－4:13123
江忠烈公遺集二卷附錄一卷行狀一卷 (清)江忠源撰 清同治三年(1864)刻本 二冊

340000－1801－0016819 4:13124－4:13125
江忠烈公遺集二卷附錄二卷 (清)江忠源撰 清同治十二年(1873)刻本 二冊 存一卷(江忠烈公遺集一)

340000－1801－0016820 4:13129－4:13132
李忠武公遺集三卷 (清)李續賓撰 清光緒十七年(1891)甌江巡署刻本 四冊

340000－1801－0016821 4:13133
娱志堂詩鈔三卷詞一卷 (清)黎庶蕃撰 清刻本 一冊

340000－1801－0016822 4:13134－4:13137
拙尊園叢稿六卷 (清)黎庶昌撰 清光緒刻本 四冊

340000－1801－0016823 4:13138－4:13141
拙尊園叢稿六卷 (清)黎庶昌撰 清金陵李光明莊刻本 四冊

340000－1801－0016824 4:13142－4:13145
拙尊園叢稿六卷 (清)黎庶昌撰 清光緒二十一年(1895)金陵刻本 四冊

340000－1801－0016825 4:13146－4:13147
拙尊園叢稿六卷 (清)黎庶昌撰 清光緒十九年(1893)刻本 二冊

340000－1801－0016826 4:48331－4:48332
胡文忠公遺集八十六卷首一卷 (清)胡林翼撰 清光緒十四年(1888)上海著易堂刻本 二冊 存十五卷(一至五、六十九至七十七,首一卷)

340000－1801－0016827 4:13164－4:13195
胡文忠公全集八十六卷 (清)胡林翼撰 清光緒元年(1875)湖北崇文書局刻本 三十二冊

340000－1801－0016828 4:13196－4:13202
胡文忠公遺集十卷首一卷 (清)胡林翼撰 清同治醉六堂刻本 七冊

340000－1801－0016829 4:13209－4:13212
曾文正公詩稿四卷壽言二卷 (清)曾國藩撰 清同治十二年(1873)湖南文元書坊刻本 四冊

340000－1801－0016830　4：13213－4：13216
曾文正公奏疏文鈔合刻八卷　（清）曾國藩撰　清同治十二年（1873）金陵書局刻本　四册

340000－1801－0016831　4：13217－4：13222
曾文正公文鈔四卷奏疏二卷　（清）曾國藩撰　清同治十二年（1873）醉六堂刻本　六册

340000－1801－0016832　4：13223
曾文正公詩集四卷　（清）曾國藩撰　清同治十三年（1874）傳忠書局刻本　一册

340000－1801－0016833　4：13224－4：13225
曾文正公詩集四卷　（清）曾國藩撰　清同治十三年（1874）傳忠書局刻本　二册

340000－1801－0016834　4：13226－4：13229
曾文正公文集四卷　（清）曾國藩撰　清同治十三年（1874）傳忠書局刻本　四册

340000－1801－0016835　4：13230－4：13233
曾文正公文集四卷　（清）曾國藩撰　清光緒二十四年（1898）新化三味書室刻本　四册

340000－1801－0016836　4：13234－4：13235
求闕齋文鈔不分卷　（清）曾國藩撰　清同治十二年（1873）合肥李氏刻本　二册

340000－1801－0016837　4：13236－4：13237
求闕齋文鈔不分卷　（清）曾國藩撰　清同治十二年（1873）合肥李氏刻本　二册

340000－1801－0016838　4：13238－4：13239
求闕齋文鈔不分卷　（清）曾國藩撰　清同治十二年（1873）合肥李氏刻本　二册

340000－1801－0016839　4：132－4：133
蒼雪齋儷體二卷古文二卷　（清）史承豫撰　清刻本　二册

340000－1801－0016840　4：13240－4：13241
曾文正公雜著二卷　（清）曾國藩撰　（清）李瀚章編　清光緒二年（1876）刻本　二册

340000－1801－0016841　4：13242
彭剛直公詩集八卷　（清）彭玉麟撰　清光緒十九年（1893）上海管可齋鉛印本　一册

340000－1801－0016842　4：13243
彭剛直公詩集八卷　（清）彭玉麟撰　清光緒十七年（1891）吳下刻本　一册

340000－1801－0016843　4：13244－4：13245
彭剛直公詩集八卷　（清）彭玉麟撰　清光緒十七年（1891）吳下刻本　二册

340000－1801－0016844　4：48295
彭剛直公詩集八卷　（清）彭玉麟撰　清光緒十七年（1891）吳下刻本　一册　存四卷（一至四）

340000－1801－0016845　4：13246－4：13265
天岳山館文鈔四十卷　（清）李元度撰　清光緒六年（1880）爽溪精舍刻本　二十册

340000－1801－0016846　4：13266－4：13285
天岳山館文鈔四十卷　（清）李元度撰　清光緒六年（1880）爽溪精舍刻本　二十册

340000－1801－0016847　4：13286－4：13304
天岳山館文鈔四十卷　（清）李元度撰　清刻本　十九册　缺一卷（一）

340000－1801－0016848　4：13305－4：13316
養知書屋文集二十八卷　（清）郭嵩燾撰　清光緒十八年（1892）刻本　十二册

340000－1801－0016849　4：13317－4：13321
養晦堂文集十卷　（清）劉蓉撰　清光緒三年（1877）刻本　五册

340000－1801－0016850　4：13322－4：13333
悔餘庵集三十卷　（清）何栻撰　清同治四年（1865）鳩江刻本　十二册

340000－1801－0016851　4：13334－4：13345
悔餘庵集三十卷　（清）何栻撰　清同治四年（1865）鳩江刻本　十二册

340000－1801－0016852　4：13346－4：13354
悔餘庵詩稿十三卷樂府四卷文稿九卷　（清）何栻撰　清同治四年（1865）鳩江半畝園刻本　九册

340000－1801－0016853　4：13355－4：13356
寒灰集五卷　（清）何栻撰　清咸豐刻本　二

册

340000－1801－0016854　4:13357－4:13368
遜學齋文鈔十七卷詩十五卷　(清)孫衣言撰　清同治十二年(1873)刻本　十二册

340000－1801－0016855　4:13369－4:13380
遜學齋文鈔十七卷詩十五卷　(清)孫衣言撰　清同治十二年(1873)刻本　十二册

340000－1801－0016856　4:13381－4:13392
遜學齋文鈔十七卷詩十五卷　(清)孫衣言撰　清同治十二年(1873)刻本　十二册

340000－1801－0016857　4:13393
籀書詩詞集五卷　(清)曹金籀撰　清同治十二年(1873)名山堂刻本　一册

340000－1801－0016858　4:13394－4:13395
籀書内篇二卷外篇二卷　(清)曹金籀撰　清同治八年(1869)刻本　二册

340000－1801－0016859　4:13396
桐華吟館詩詞稿十卷　(清)楊葵撰　清刻本　一册

340000－1801－0016860　4:13397－4:13398
浮漚集六卷　(清)夏家鏞撰　清刻本　二册

340000－1801－0016861　4:13399－4:13414
百柱堂全集五十一卷詩集一卷　(清)王柏心撰　清光緒十九年(1893)刻本　十六册

340000－1801－0016862　4:13415－4:13430
百柱堂全集五十三卷信甫詩文二卷　(清)王柏心撰　清光緒二十四年(1898)成山唐氏刻本　十六册

340000－1801－0016863　4:13431－4:13438
延釐堂集文集九卷詩二卷奏疏四卷鹽法隅說一卷自訂年譜一卷　(清)孫玉庭撰　清刻本　八册

340000－1801－0016864　4:13439－4:13441
通齋文集二卷南行紀程一卷詩集五卷宮詞一卷　(清)蔣超伯撰　清同治三年(1864)高涼郡齋刻本　三册

340000－1801－0016865　4:134－4:142
緝齋詩稿八卷文稿八卷附錄二卷　(清)蔡新撰　清刻本　九册

340000－1801－0016866　4:13442－4:13443
通齋文集二卷南行紀程一卷詩集五卷宮詞一卷　(清)蔣超伯撰　清同治三年(1864)高涼郡齋刻本　二册　存五卷(詩集五卷)

340000－1801－0016867　4:13444－4:13451
冬生草堂詩集八卷文集四卷詞集四卷附山右金石錄一卷跋尾一卷　(元)夏寶晉撰　清咸豐刻本　八册

340000－1801－0016868　4:13452－4:13453
佩蘅詩鈔四種六卷　(清)寶鋆撰　清咸豐九年(1859)刻本　二册

340000－1801－0016869　4:13455－4:13456
復園詩文遺集七卷　(清)劉基定撰　清同治刻溈嶠遺書本　二册

340000－1801－0016870　4:13457－4:13458
復園詩集六卷文存一卷　(清)劉基定撰　清同治七年(1868)刻本　二册

340000－1801－0016871　4:13459－4:13460
蒼莨詩初集十卷　(清)孫鼎臣撰　清刻本　二册

340000－1801－0016872　4:13461－4:13464
寶研堂集四卷　(清)舒化民撰　清同治三年(1864)刻本　四册

340000－1801－0016873　4:13465－4:13469
寶研堂集四卷附錄一卷　(清)舒化民撰　清同治三年(1864)刻本　五册

340000－1801－0016874　4:13470－4:13474
存素堂詩稿十三卷文稿四卷頤壽老人年譜一卷　(清)錢寶琛撰　清同治七年(1868)刻本　五册

340000－1801－0016875　4:13475
存素堂詩稿十三卷文稿四卷頤壽老人年譜一卷　(清)錢寶琛撰　清同治七年(1868)刻本　一册

340000－1801－0016876　4:13476－4:13477
淡香吟館詩鈔四卷　(清)楊康撰　清光緒二年(1876)刻本　二册

340000－1801－0016877　4:13478－4:13484
紅豆樹館詩稿十四卷詞八卷　(清)陶樑撰　**清芬集一卷**　清咸豐百梅書屋刻本　七册

340000－1801－0016878　4:13485－4:13486
使黔草三卷東洲草堂詩鈔三卷　(清)何紹基撰　清咸豐刻本　二册

340000－1801－0016879　4:13487－4:13490
悔翁詩鈔十六卷詞五卷筆記六卷　(清)汪士鐸撰　清合肥張氏味古堂刻本　四册

340000－1801－0016880　4:13493－4:13496
汪梅村先生集十二卷外集一卷　(清)汪士鐸撰　清光緒七年(1881)刻本　四册

340000－1801－0016881　4:13497－4:13500
汪梅村先生集十二卷外集一卷　(清)汪士鐸撰　清光緒七年(1881)刻本　四册

340000－1801－0016882　4:13501－4:13504
汪梅村先生集十二卷外集一卷　(清)汪士鐸撰　清光緒七年(1881)刻本　四册

340000－1801－0016883　4:13505－4:13506
秋舫詩鈔四卷　(清)蔣澐撰　清咸豐五年(1855)刻本　二册

340000－1801－0016884　4:13507－4:13512
題鳳館詩稿八卷詞稿一卷文稿二卷　(清)朱鑑成撰　清同治十年(1871)成都刻本　六册

340000－1801－0016885　4:48189－4:48192
題鳳館稿八卷　(清)朱鑑成撰　清刻本　四册

340000－1801－0016886　4:13513－4:13518
題鳳館詩文稿六卷詞一卷　(清)朱鑑成撰　清同治十一年(1872)刻本　六册

340000－1801－0016887　4:13519－4:13522
小琅玕山館詩鈔十卷　(清)嚴廷玨撰　清同治十二年(1873)申江榷署刻本　四册

340000－1801－0016888　4:13523－4:13526
柈湖詩錄六卷釣者風一卷　(清)吳敏樹撰　清刻本　四册

340000－1801－0016889　4:13527－4:13530
柈湖文集十二卷　(清)吳敏樹撰　清光緒十九年(1893)思賢講舍刻本　四册

340000－1801－0016890　4:13531－4:13534
柈湖文集十二卷　(清)吳敏樹撰　清光緒十九年(1893)思賢講舍刻本　四册

340000－1801－0016891　4:13535－4:13538
柈湖文集十二卷　(清)吳敏樹撰　清光緒十九年(1893)思賢講舍刻本　四册

340000－1801－0016892　4:13539－4:13540
謫麟堂遺集四卷　(清)戴望撰　清宣統三年(1911)歸安陸氏刻本　二册

340000－1801－0016893　4:13541
謫麟堂遺集四卷　(清)戴望撰　清宣統三年(1911)風雨樓鉛印本　一册

340000－1801－0016894　4:13544
葵青居詩錄不分卷　(清)石渠撰　清刻本　一册

340000－1801－0016895　4:13545－4:13546
翠岩室詩鈔四卷　(清)韓弼元撰　清咸豐刻本　二册

340000－1801－0016896　4:13547－4:13550
翠岩室詩鈔五卷文稿二卷　(清)韓弼元撰　清咸豐刻本　四册

340000－1801－0016897　4:13551
養晦軒遺稿二卷　(清)陳文治撰　清光緒八年(1882)孫璧文洞青山房刻本　一册

340000－1801－0016898　4:13552－4:13553
澤山詩鈔三卷賦鈔一卷　(清)王再成撰　清光緒成都昌福公司鉛印本　二册

340000－1801－0016899　4:13554－4:13555
景詹闇遺文不分卷　(清)姚諶撰　清光緒刻本　二册

340000－1801－0016900　4:13556－4:13557

憶琴書屋存稿四卷　(清)黄文涵撰　清光緒二年(1876)刻本　二册

340000－1801－0016901　4:13558

半巖廬遺詩二卷　(清)邵懿辰撰　清同治十年(1871)刻本　一册

340000－1801－0016902　4:13559－4:13560

半巖廬遺詩二卷　(清)邵懿辰撰　清光緒三十四年(1908)刻本　二册

340000－1801－0016903　4:13561－4:13562

半巖廬遺詩二卷　(清)邵懿辰撰　清光緒三十四年(1908)刻本　二册

340000－1801－0016904　4:13563

邵位西遺文不分卷半巖廬遺詩二卷　(清)邵懿辰撰　清同治四年(1865)刻本　清方宗誠批校　一册

340000－1801－0016905　4:13564

邵位西遺文不分卷　(清)邵懿辰撰　清同治四年(1865)刻本　一册

340000－1801－0016906　4:13573

岵屺懷音不分卷　(清)奕訢撰　清同治元年(1862)刻本　一册

340000－1801－0016907　4:13574－4:13577

青草堂集十二卷　(清)趙國華撰　清刻本　四册

340000－1801－0016908　4:13582－4:13589

好雲樓初集二十八卷　(清)李聯琇撰　清咸豐十一年(1861)刻本　八册

340000－1801－0016909　4:13590－4:13601

好雲樓初集二十八卷二集十六卷　(清)李聯琇撰　清咸豐十一年(1861)恩養堂刻本　十二册

340000－1801－0016910　4:13602－4:13613

好雲樓初集二十八卷四書文四卷試律一卷　(清)李聯琇撰　清咸豐十一年(1861)刻本　十二册

340000－1801－0016911　4:13614－4:13619

古微堂集十卷　(清)魏源撰　清宣統元年(1909)國學扶輪社鉛印本　六册

340000－1801－0016912　4:13620－4:13625

古微堂集十卷　(清)魏源撰　清宣統元年(1909)國學扶輪社鉛印本　六册

340000－1801－0016913　4:13626－4:13629

古微堂内集三卷外集七卷　(清)魏源撰　清光緒四年(1878)淮南書局刻本　四册

340000－1801－0016914　4:13630－4:13633

古微堂内集三卷外集七卷　(清)魏源撰　清光緒四年(1878)淮南書局刻本　四册

340000－1801－0016915　4:13634－4:13635

古微堂内集三卷外集七卷　(清)魏源撰　清光緒四年(1878)淮南書局刻本　二册　存五卷(古微堂内集三卷、外集一至二)

340000－1801－0016916　4:13636

春吟回文不分卷　(清)李暘撰　清掃葉山房石印本　一册

340000－1801－0016917　4:13637－4:13638

養拙齋詩鈔四卷　(清)孫汝霖撰　清刻本　二册

340000－1801－0016918　4:13639－4:13642

洗桐軒文集八卷詩集六卷　(清)李周南撰　清刻本　四册

340000－1801－0016919　4:13644－4:13645

青欞館集二卷　(清)倪象占撰　清刻本　二册

340000－1801－0016920　4:13646

藕香館文錄不分卷　(清)竇鎮山撰　清刻本　一册

340000－1801－0016921　4:13647－4:13652

太乙舟文八卷　(清)陳用光撰　清刻清頌堂叢書本　六册

340000－1801－0016922　4:13653－4:13654

柏井集六卷　(清)汪昶撰　清同治九年(1870)刻本　二册

340000－1801－0016923　4:13655－4:13660
丹魁堂詩集八卷外集四卷　(清)季芝昌撰　清同治紫琅寓館刻本　六冊

340000－1801－0016924　4:13663
蓬萊閣詩錄四卷　(清)陳克家撰　清同治二年(1863)刻本　一冊

340000－1801－0016925　4:13664
伯山文鈔不分卷　(清)康發祥撰　清同治刻本　一冊

340000－1801－0016926　4:13673－4:13676
韜園文錄外編十卷　(清)王韜撰　清光緒九年(1883)鉛印本　四冊　缺二卷(五至六)

340000－1801－0016927　4:13677
西垣詩鈔二卷　(清)毛貴銘撰　清光緒長沙王氏刻本　一冊

340000－1801－0016928　4:13678－4:13679
榕園文鈔不分卷詩鈔一卷　(清)李彥章撰　清刻本　二冊

340000－1801－0016929　4:13680
嚴保庸雜著不分卷　(清)嚴保庸撰　清光緒三十三年(1907)刻本　一冊

340000－1801－0016930　4:13681－4:13684
心香室詩四卷　(清)范金鏞撰　清滇南刻本　四冊

340000－1801－0016931　4:13685
雲谷詩鈔五卷　(清)熊榮撰　清刻本　一冊　存二卷(寒松草一卷、洪都雜詠一卷)

340000－1801－0016932　4:13686－4:13687
菜香書屋詩草六卷　(清)吳煊撰　清刻本　二冊

340000－1801－0016933　4:13688－4:13689
真一酒二卷題辭一卷　(清)張紹先撰　(清)張紹芳校注　清刻本　二冊

340000－1801－0016934　4:13690－4:13692
是吾齋集八卷　(清)于卿保撰　清刻本　三冊

340000－1801－0016935　4:13693－4:13694
澹靜齋詩鈔六卷　(清)龔景瀚撰　清刻本　二冊

340000－1801－0016936　4:13695－4:13697
含薰室詩集二卷文集五卷附錄一卷　(清)吉鍾穎撰　清同治六年(1867)吉氏刻本　三冊

340000－1801－0016937　4:13698－4:13704
持雅堂詩集四卷文集五卷　(清)尚鎔撰　清同治七年(1868)成都刻本　七冊

340000－1801－0016938　4:13705－4:13707
退補齋詩鈔二十卷　(清)胡鳳丹撰　清同治四年(1865)永康胡氏退補齋刻本　三冊

340000－1801－0016939　4:13708－4:13711
退補齋文存十二卷　(清)胡鳳丹撰　清同治十二年(1873)永康胡氏退補齋刻本　四冊

340000－1801－0016940　4:13712－4:13715
十六硯齋詩鈔六卷　(清)瑞元撰　(清)瑞恩輯　清光緒三年(1877)刻本　四冊

340000－1801－0016941　4:13716
綠伽楠館詩存不分卷　(清)馮譽驥撰　清宣統三年(1911)同文書館鉛印本　一冊

340000－1801－0016942　4:13717－4:13735
邃懷堂全集三十六卷　(清)袁翼撰　清光緒十三年(1887)刻本　十九冊

340000－1801－0016943　4:13736－4:13754
邃懷堂全集三十六卷　(清)袁翼撰　清光緒十三年(1887)刻本　十九冊　缺二卷(前編一至二)

340000－1801－0016944　4:13755－4:13774
邃懷堂文集三十八卷　(清)袁翼撰　清光緒十三年(1887)刻本　二十冊

340000－1801－0016945　4:13775－4:13782
邃懷堂文集三十八卷　(清)袁翼撰　清光緒十三年(1887)刻本　八冊　存十五卷(駢文一至五、七至十六)

340000－1801－0016946　4:13783－4:13784
獲訓堂詩鈔五卷　(清)鄧琛撰　清同治六年

(1867)刻本　二冊

340000－1801－0016947　4:13785－4:13800
張亨甫全集三十三卷　(清)張際亮撰　清同治六年(1867)刻本　十六冊

340000－1801－0016948　4:13801
金鼇山房詩稿四卷　(清)韓維鏞撰　清同治十二年(1873)漢鎮刻本　一冊　缺二卷(江上吟一至二)

340000－1801－0016949　4:13802
聽香室詩鈔不分卷　(清)黄德珪撰　清同治八年(1869)刻本　一冊

340000－1801－0016950　4:13803－4:13807
峰青館詩鈔七卷續四卷寄廬雜記二卷　(清)錢國珍撰　清同治四年(1865)古禹航署刻本　五冊

340000－1801－0016951　4:13808
布帆無恙草三卷忍冬小草二卷　(清)湯儲璠撰　清同治刻本　一冊

340000－1801－0016952　4:13809－4:13811
也居山房文集八卷　(清)魏承柷撰　清同治九年(1870)刻本　三冊

340000－1801－0016953　4:13812－4:13817
雪門詩鈔十四卷　(清)許瑤光撰　清同治十三年(1874)刻本　六冊

340000－1801－0016954　4:13818－4:13819
守柔齋詩鈔四卷續集四卷　(清)蘇廷魁撰　清同治三年(1864)京都刻本　二冊

340000－1801－0016955　4:13820
守柔齋行河集二卷　(清)蘇廷魁撰　清同治刻本　一冊

340000－1801－0016956　4:13822
寫韻樓詩鈔不分卷　(清)王璠芬撰　清同治十年(1871)京江榷署刻本　一冊

340000－1801－0016957　4:13824
誦芬詩略三卷　(清)黄炳垕撰　清同治九年(1870)刻本　一冊

340000－1801－0016958　4:13825
梅庵集不分卷　(清)蔣濤撰　清刻本　一冊

340000－1801－0016959　4:13826
秋琴閣詩鈔二卷　(清)姚允迪撰　清刻本　一冊

340000－1801－0016960　4:13827－4:13834
棣懷堂隨筆十三卷賦鈔二卷　(清)李象鶤撰　清同治十三年(1874)刻本　八冊

340000－1801－0016961　4:13835
蟻餘附筆不分卷讕言瑣記不分卷　(清)劉因之撰　清光緒石菖蒲吟榭刻本　一冊

340000－1801－0016962　4:13836－4:13839
檗隖詩存十二卷末一卷　(清)王以敏撰　清光緒十七年(1891)刻本　四冊

340000－1801－0016963　4:13840－4:13843
檗隖詩存十二卷別集五卷　(清)王以敏撰　清光緒刻本　四冊

340000－1801－0016964　4:13844
檗隖集唐雜感詩不分卷　(清)王以敏輯　清刻本　一冊

340000－1801－0016965　4:13845
寄吾草不分卷　(清)綦鼎撰　清同治七年(1868)刻本　一冊

340000－1801－0016966　4:13846
退學詩齋詩集五卷　(清)何耿繩撰　清同治十二年(1873)刻本　一冊

340000－1801－0016967　4:13847－4:13848
通雅堂詩鈔十卷　(清)施山撰　清光緒元年(1875)荊州刻本　二冊

340000－1801－0016968　4:13851
扉青詩鈔八卷　(清)呂永輝撰　清同治刻本　一冊

340000－1801－0016969　4:13852－4:13854
小芋香館遺集十卷　(清)李杭撰　清同治刻本　三冊

340000－1801－0016970　4:13855－4:13856

爾爾書屋詩草八卷　(清)史夢蘭撰　清光緒元年(1875)刻本　二冊

340000－1801－0016971　4:13857－4:13861
桐華閣文集十二卷詞二卷　(清)杜貴墀撰　清光緒三十一年(1905)刻本　五冊

340000－1801－0016972　4:13862－4:13865
儲遯菴文集十二卷　(清)儲方慶撰　(清)儲欣評　清光緒二年(1876)宜興儲氏家祠刻本　四冊

340000－1801－0016973　4:13866－4:13868
小匏庵詩存六卷　(清)吳仰賢撰　清光緒四年(1878)刻本　三冊

340000－1801－0016974　4:13869－4:13870
罘罳草堂詩集四卷　(清)隆觀易撰　清光緒五年(1879)長沙刻本　二冊

340000－1801－0016975　4:13871
小西腴山館詩鈔二卷補錄一卷　(清)吳大廷撰　清刻本　一冊

340000－1801－0016976　4:13872－4:13878
小西腴山館詩集八卷文集十二卷年譜二卷　(清)吳大廷撰　清光緒五年(1879)刻本　七冊

340000－1801－0016977　4:13879－4:13880
天韜閣詩鈔四卷　(清)李寶翰撰　清光緒刻本　二冊

340000－1801－0016978　4:13881
笠杖集四卷　(清)張盛藻撰　清光緒七年(1881)刻本　一冊

340000－1801－0016979　4:13882
犀禪山館集不分卷　(清)汪和撰　清光緒元年(1875)金陵刻本　一冊

340000－1801－0016980　4:13883
紅蕉館詩鈔十卷　(清)潘曾瑩撰　清刻本　一冊

340000－1801－0016981　4:13884
潛莊文鈔六卷　(清)卜起元撰　清光緒五年(1879)武進卜氏甬江刻本　一冊

340000－1801－0016982　4:13885－4:13886
今雨樓詩存二卷　(清)于寶之撰　清光緒刻本　二冊

340000－1801－0016983　4:13887
聽桐廬殘草不分卷　(清)王繼穀撰　清光緒刻本　一冊

340000－1801－0016984　4:13888－4:13889
古紅梅閣集八卷　(清)劉履芬撰　清光緒六年(1880)蘇州刻本　二冊

340000－1801－0016985　4:13890－4:13891
昨非集四卷　(清)劉熙載撰　清刻本　二冊

340000－1801－0016986　4:13892－4:13893
緩雅堂駢體文八卷　(清)王詒壽撰　清光緒六年(1880)刻本　二冊

340000－1801－0016987　4:13894－4:13899
漱六山房文集十二卷　(清)郝植恭撰　清刻本　六冊

340000－1801－0016988　4:13900－4:13903
伏敔堂詩錄十五卷續錄四卷　(清)江湜撰　清同治元年(1862)刻本　四冊

340000－1801－0016989　4:13904－4:13907
伏敔堂詩錄十五卷續錄四卷　(清)江湜撰　清同治元年(1862)刻本　四冊

340000－1801－0016990　4:13908－4:13915
伏敔堂詩錄十六卷　(清)江湜撰　清髯蘇抄本　八冊

340000－1801－0016991　4:13916
磨綺室詩存不分卷壽梅山房詩存一卷　(清)丁蓉綬　(清)李謨撰　清光緒十年(1884)長沙王氏刻本　一冊

340000－1801－0016992　4:13917
磨綺室詩存不分卷壽梅山房詩存一卷　(清)丁蓉綬　(清)李謨撰　清光緒十年(1884)王氏刻本　一冊

340000－1801－0016993　4:13918－4:13919
鳴鶴堂文集二卷　(清)任源祥撰　清同治刻本　二冊

340000－1801－0016994　4:13920－4:13925
東塾集六卷申范一卷　(清)陳澧撰　清光緒十八年(1892)廣州菊坡精舍刻本　六册

340000－1801－0016995　4:13926－4:13928
東塾集六卷　(清)陳澧撰　清光緒十八年(1892)廣州菊坡精舍刻本　三册

340000－1801－0016996　4:13929－4:13931
東塾集六卷　(清)陳澧撰　清光緒十八年(1892)廣州菊坡精舍刻本　三册

340000－1801－0016997　4:13932－4:13943
讀書堂全集四十六卷　(清)趙士麟撰　清光緒十九年(1893)浙江書局刻本　十二册

340000－1801－0016998　4:13944－4:13949
哀生閣初稿四卷續三卷　(清)王大經撰　清光緒十一年(1885)刻本　六册

340000－1801－0016999　4:13950－4:13951
心庵詩存二卷　(清)何兆瀛撰　清光緒五年(1879)粤省刻本　二册

340000－1801－0017000　4:13952－4:13955
高陶堂遺集八卷　(清)高心夔編　清光緒八年(1882)平湖朱氏刻本　四册

340000－1801－0017001　4:13956－4:13959
高陶堂遺集八卷　(清)高心夔編　清光緒八年(1882)平湖朱氏刻本　四册

340000－1801－0017002　4:13960
陶堂遺文　(清)高心夔編　清刻本　一册

340000－1801－0017003　4:13961－4:13964
左文襄公文集五卷附三卷　(清)左宗棠撰　清末石印本　四册

340000－1801－0017004　4:13965
盾鼻餘沈不分卷　(清)左宗棠撰　清光緒七年(1881)刻本　一册

340000－1801－0017005　4:13966
盾鼻餘沈不分卷　(清)左宗棠撰　清光緒七年(1881)刻本　一册

340000－1801－0017006　4:13967
盾鼻餘沈不分卷　(清)左宗棠撰　清光緒七年(1881)刻本　一册

340000－1801－0017007　4:13968
盾鼻餘沈不分卷　(清)左宗棠撰　清光緒七年(1881)刻本　一册

340000－1801－0017008　4:13969
盾鼻餘沈不分卷　(清)左宗棠撰　清光緒七年(1881)刻本　一册

340000－1801－0017009　4:13970
盾鼻餘沈不分卷　(清)左宗棠撰　清光緒八年(1882)刻本　一册

340000－1801－0017010　4:13971
賦梅書屋詩初集六卷　(清)宋廷樑撰　清光緒十七年(1891)江西刻本　一册

340000－1801－0017011　4:13972
蝸隱廬詩鈔二卷　(清)汪貢撰　清光緒三十四年(1908)鉛印本　一册

340000－1801－0017012　4:13973－4:13974
如如老人灰餘詩草十卷　(清)鳳瑞撰　(清)金梁錄　清鉛印本　二册

340000－1801－0017013　4:13975－4:13976
蘇庵文錄七卷　(清)楊葆元撰　清光緒杭州刻本　二册

340000－1801－0017014　4:13977－4:13982
思益堂集二十卷　(清)周壽昌撰　清光緒十四年(1888)刻本　六册

340000－1801－0017015　4:13983－4:13984
喟觚齋文錄二卷　(清)王兆涵撰　清光緒二十八年(1902)刻本　二册

340000－1801－0017016　4:13985－4:13989
省齋全集十二卷　(清)牛樹梅撰　清同治刻本　五册　缺二卷(一至二)

340000－1801－0017017　4:13990
舊雨軒剩稿不分卷圖詠一卷　(清)于昌進撰　清光緒四年(1878)刻本　一册

340000－1801－0017018　4:13991－4:13996

芝隱室詩七卷續存一卷附存一卷 （清）長善撰 清同治十年(1871)廣州刻本 六冊

340000－1801－0017019 4:13999－4:14000
鷗堂詩三卷遺稿二卷詞一卷 （清）馬賡良撰 清光緒刻本 二冊

340000－1801－0017020 4:14001
鷗堂詩三卷 （清）馬賡良撰 清光緒五年(1879)刻本 一冊

340000－1801－0017021 4:14002
鷗堂詩三卷 （清）馬賡良撰 清光緒五年(1879)刻本 一冊

340000－1801－0017022 4:14003－4:14004
荔雨軒文集六卷 （清）華翼綸撰 清光緒九年(1883)梁溪華氏刻本 二冊

340000－1801－0017023 4:14005－4:14006
荔雨軒文集六卷 （清）華翼綸撰 清光緒九年(1883)刻本 二冊

340000－1801－0017024 4:14007
李舍人遺集不分卷 （清）李結撰 清光緒二十二年(1896)刻本 一冊

340000－1801－0017025 4:14008
李舍人遺集不分卷 （清）李結撰 清光緒宗鄴堂刻本 一冊

340000－1801－0017026 4:14009
李舍人遺集不分卷 （清）李結撰 清光緒宗鄴堂刻本 一冊

340000－1801－0017027 4:14010－4:14013
仙心閣文鈔二卷詩鈔八卷附紀時略一卷省心雜錄一卷 （清）彭慰高撰 清光緒刻本 四冊

340000－1801－0017028 4:14014
海天旭日硯記不分卷 （清）劉瀚編 清光緒十六年(1890)刻本 一冊

340000－1801－0017029 4:14015－4:14020
黄鵠山人詩初鈔十八卷 （清）林壽圖撰 清光緒刻本 六冊

340000－1801－0017030 4:14021－4:14022
亦吾廬詩草八卷 （清）歐陽雲撰 清光緒二年(1876)刻本 二冊

340000－1801－0017031 4:14023－4:14024
餘力吟草四卷 （清）林鈞撰 清光緒二年(1876)刻本 二冊

340000－1801－0017032 4:14025－4:14028
雲臥山莊詩集八卷首一卷末一卷家訓二卷 （清）郭崑燾撰 清光緒湘陰郭氏刻本 四冊

340000－1801－0017033 4:14038
李嘯村先生詩不分卷 （清）李嘯村撰 稿本 一冊

340000－1801－0017034 4:14039
天補樓行記不分卷 （清）李士棻撰 清光緒十一年(1885)鉛印本 一冊

340000－1801－0017035 4:14040
天補樓行記不分卷 （清）李士棻撰 清光緒十一年(1885)鉛印本 一冊

340000－1801－0017036 4:14041
天補樓行記不分卷 （清）李士棻撰 清光緒十一年(1885)鉛印本 一冊

340000－1801－0017037 4:14062－4:14065
李文清公遺書八卷附志節編二卷 （清）李棠階撰 清光緒八年(1882)河北刻本 四冊

340000－1801－0017038 4:14066－4:14067
復堂詩三卷詞一卷待堂文一卷 （清）譚獻（清）吳懷珍撰 清咸豐九年(1859)福州刻本 二冊

340000－1801－0017039 4:14069－4:14072
復堂類集四種十八卷 （清）譚獻撰 清光緒八年(1882)刻本 四冊

340000－1801－0017040 4:14073－4:14080
復堂類集二十四卷合肥三家詩鈔二卷待堂文一卷池上小集一卷 （清）譚獻撰 清光緒十一年(1885)刻本 八冊

340000－1801－0017041 4:14081－4:14084
復堂類集二十四卷合肥三家詩鈔二卷待堂文

一卷池上小集一卷　(清)譚獻撰　清光緒十一年(1885)刻本　四册　存十五卷(文一至四、詩一至九、詞一至二)

340000－1801－0017042　4:14085
蘇鄰遺詩二卷　(清)李鴻裔撰　清光緒十四年(1888)黎氏刻本　一册

340000－1801－0017043　4:14086－4:14091
還讀我書齋鈔存十卷　(清)鍾元贊撰　清章門刻本　六册

340000－1801－0017044　4:14092－4:14093
珠泉草廬詩鈔四卷　(清)廖樹蘅撰　清光緒二十七年(1901)蒸陽刻本　二册

340000－1801－0017045　4:14094－4:14097
珠泉草廬文録二卷詩鈔四卷　(清)廖樹蘅撰　清宣統二年(1910)長沙刻本　四册

340000－1801－0017046　4:14098－4:14102
珠泉草廬文録二卷詩鈔四卷後集二卷　(清)廖樹蘅撰　清宣統二年(1910)長沙刻本　五册

340000－1801－0017047　4:14109－4:14114
清嘯閣詩草十六卷嶽遊草一卷湘湄驪唱一卷　(清)夏獻雲撰　清光緒十八年(1892)刻本　六册

340000－1801－0017048　4:14115－4:14116
銅劍堂存稿不分卷斑箱唱和詩一卷續稿一卷　(清)王佑曾撰　清光緒刻本　二册

340000－1801－0017049　4:14117
延綠簃詩鈔六卷　(清)倭什洪額撰　清光緒十三年(1887)漢皋刻本　一册

340000－1801－0017050　4:14125－4:14128
抱暉草堂詩集八卷　(清)黄維申撰　清同治十年(1871)刻本　四册

340000－1801－0017051　4:14129－4:14130
筠緑山房詩草四卷詞草一卷　(清)湯建中撰　清光緒十九年(1893)刻本　二册

340000－1801－0017052　4:14131
香雪詩存六卷　(清)劉侃撰　清光緒四年(1878)蘇州刻本　一册

340000－1801－0017053　4:14132－4:14133
香雪詩存六卷　(清)劉侃撰　清刻本　二册

340000－1801－0017054　4:14134－4:14135
虹橋老屋遺稿七卷　(清)秦緗業撰　清光緒三十一年(1905)刻本　二册

340000－1801－0017055　4:14136－4:14139
希古堂甲集二卷乙集六卷　(清)譚宗浚撰　清光緒十六年(1890)羊城刻本　四册

340000－1801－0017056　4:14140
古香閣初稿四卷　(清)陳環撰　清光緒刻本　一册

340000－1801－0017057　4:14145－4:14146
白香亭詩集三卷　(清)鄧輔綸撰　清光緒二十二年(1896)廣雅書局刻本　二册

340000－1801－0017058　4:14147－4:14148
白香亭詩三卷　(清)鄧輔綸撰　清光緒十九年(1893)東河督署刻本　二册

340000－1801－0017059　4:14149－4:14150
白香亭詩三卷　(清)鄧輔綸撰　清光緒十九年(1893)刻本　二册

340000－1801－0017060　4:14162－4:14163
濂亭遺詩二卷遺文五卷　(清)張裕釗撰　清宣統二年(1910)鄂城刻本　二册

340000－1801－0017061　4:14164－4:14165
濂亭遺詩二卷遺文五卷　(清)張裕釗撰　清宣統二年(1910)鄂城刻本　二册

340000－1801－0017062　4:14166－4:14167
濂亭文集八卷　(清)張裕釗撰　(清)查燕緒編　清光緒八年(1882)查氏木漸齋刻本　二册

340000－1801－0017063　4:14168－4:14169
濂亭文集八卷　(清)張裕釗撰　(清)查燕緒編　清光緒八年(1882)查氏木漸齋刻本　二册

340000－1801－0017064　4:14170－4:14171

濂亭文集八卷　(清)張裕釗撰　(清)查燕緒編　清光緒八年(1882)查氏木漸齋刻本　二冊

340000－1801－0017065　4:14172－4:14175
曾惠敏公全集四卷　(清)曾紀澤撰　清上海書局石印本　四冊

340000－1801－0017066　4:14176－4:14179
曾惠敏公全集十七卷　(清)曾紀澤撰　清光緒二十年(1894)上海石印本　四冊

340000－1801－0017067　4:14180－4:14183
曾惠敏公全集十七卷　(清)曾紀澤撰　清光緒二十年(1894)鉛印本　四冊

340000－1801－0017068　4:14186－4:14191
白華絳柎閣詩集十卷　(清)李慈銘撰　清末石印本　六冊

340000－1801－0017069　4:14192－4:14195
白華絳柎閣詩十卷　(清)李慈銘撰　清光緒十六年(1890)刻本　四冊

340000－1801－0017070　4:14196－4:14199
越縵堂駢體文四卷散體文一卷　(清)李慈銘撰　清光緒刻虛霩叢書本　四冊

340000－1801－0017071　4:14200－4:14203
越縵堂駢體文四卷散體文一卷　(清)李慈銘撰　清光緒刻虛霩叢書本　四冊

340000－1801－0017072　4:048153－4:048155
越縵堂駢體文四卷附編一卷　(清)李慈銘撰　(清)曾之撰編　清刻本　三冊　缺一卷(一)

340000－1801－0017073　4:14204
青萍軒文錄二卷詩錄一卷　(清)薛福保撰　清光緒刻本　一冊

340000－1801－0017074　4:14205
青萍軒文錄二卷　(清)薛福保撰　清刻本　一冊

340000－1801－0017075　4:14206－4:14209
庸庵文編四卷　(清)薛福成撰　清光緒十四年(1888)刻本　四冊

340000－1801－0017076　4:14213－4:14216
庸庵文編四卷　(清)薛福成撰　清光緒十四年(1888)刻本　四冊

340000－1801－0017077　4:14217－4:14220
庸庵文外編四卷　(清)薛福成撰　清光緒十九年(1893)刻本　四冊

340000－1801－0017078　4:14221－4:14223
庸庵文外編四卷　(清)薛福成撰　清光緒十九年(1893)刻本　四冊

340000－1801－0017079　4:14224－4:14225
庸庵文續編二卷　(清)薛福成撰　清光緒刻本　二冊

340000－1801－0017080　4:14226－4:14227
庸庵文續編二卷　(清)薛福成撰　清光緒刻本　二冊

340000－1801－0017081　4:14228－4:14229
庸庵文續編二卷　(清)薛福成撰　清光緒刻本　二冊

340000－1801－0017082　4:14230－4:14233
庸庵海外文編四卷　(清)薛福成撰　清光緒二十一年(1895)刻本　四冊

340000－1801－0017083　4:14234
鬱華閣遺集詩三卷詞一卷　(清)盛昱撰　清武昌留垞寫刻本　一冊

340000－1801－0017084　4:14235
匡庵詩集六卷　(清)馬世俊撰　清光緒二十一年(1895)鉛印本　一冊

340000－1801－0017085　4:14236－4:14237
松夢寮詩稿六卷　(清)丁丙撰　清光緒刻本　二冊

340000－1801－0017086　4:14238
新安遊草二卷　(清)戴啟文撰　清光緒二十一年(1895)刻本　一冊

340000－1801－0017087　4:14239
新安遊草二卷　(清)戴啟文撰　清光緒二十二年(1896)刻本　一冊

340000－1801－0017088　4：14210－4：14212
庸庵文編四卷　(清)薛福成撰　清光緒十四年(1888)刻本　三冊

340000－1801－0017089　4：14240－4：14241
織齋文集八卷　(清)李煥章撰　清光緒尚志堂刻本　二冊

340000－1801－0017090　4：14242－4：14245
見在龕雜作存稿七卷附稿二卷　(清)濮文暹撰　清宣統三年(1911)鉛印本　四冊

340000－1801－0017091　4：14246－4：14249
見在龕雜作存稿七卷附稿二卷　(清)濮文暹撰　清宣統三年(1911)鉛印本　四冊

340000－1801－0017092　4：14250
退省齋剩草不分卷　(清)賴景培撰　清光緒二十二年(1896)張楚刻本　一冊

340000－1801－0017093　4：14251
寒松晚翠堂外集三卷　(清)張兆麟撰　清光緒十七年(1891)陽湖刻本　一冊

340000－1801－0017094　4：14252－4：14253
霜傑齋詩二卷補遺一卷附一卷　(清)秦寶璣撰　清光緒刻本　二冊

340000－1801－0017095　4：14256
賜斠閣外集另編三卷　(清)胡欽撰　清光緒三十三年(1907)鉛印本　一冊

340000－1801－0017096　4：14257－4：14260
小羅浮山館詩鈔十五卷　(清)吳昇撰　清刻本　四冊

340000－1801－0017097　4：14264－4：14273
海秋詩集二十六卷後集一卷　(清)湯鵬撰　清同治十二年(1873)刻本　十冊

340000－1801－0017098　4：14274－4：14275
萬山草堂詩集六卷　(清)李登雲撰　清光緒武林刻本　二冊

340000－1801－0017099　4：48344
萬山草堂詩集六卷　(清)李登雲撰　清光緒武林刻本　一冊　存四卷(一至四)

340000－1801－0017100　4：14276
藏園詩鈔不分卷　(清)游智開撰　清光緒十五年(1889)刻本　一冊

340000－1801－0017101　4：14277－4：14278
漆室吟八卷　(清)王柏心撰　清咸豐七年(1857)刻本　二冊

340000－1801－0017102　4：14279－4：14281
漸西村人初集十三卷　(清)袁昶撰　清光緒避舍蓋公堂刻本　三冊

340000－1801－0017103　4：14282－4：14287
漸西村人初集十三卷安般簃詩續鈔八卷　(清)袁昶撰　清光緒刻本　六冊

340000－1801－0017104　4：14288－4：14291
安般簃集詩續四卷於湖小集一卷　(清)袁昶撰　清光緒小漚巢刻本　四冊

340000－1801－0017105　4：14292－4：14295
安般簃集詩續四卷　(清)袁昶撰　清光緒小漚巢刻本　四冊

340000－1801－0017106　4：14296－4：14299
安般簃集詩續四卷　(清)袁昶撰　清光緒小漚巢刻本　四冊

340000－1801－0017107　4：14262－4：14263
於湖小集五卷　(清)袁昶撰　清水明樓刻本　二冊

340000－1801－0017108　4：14300－4：14303
佩弦齋詩文九卷　(清)朱一新撰　清光緒二十二年(1896)拙庵叢稿刻本　四冊

340000－1801－0017109　4：14304－4：14305
西廂詩二卷　題(清)嘉方散人點定　清光緒十七年(1891)京都琉璃廠刻本　二冊

340000－1801－0017110　4：14323
貞定先生遺集四卷附錄一卷　(清)莫與儔撰　清遵義刻本　一冊

340000－1801－0017111　4：14324－4：14327
博約堂文鈔十卷　(清)楊琪光撰　清刻本　四冊

340000－1801－0017112　4:143－4:144
畬經堂詩集六卷　(清)朱景英撰　清乾隆刻本　二册

340000－1801－0017113　4:143－4:146
鮑太史詩集八卷　(清)鮑存曉撰　清光緒十二年(1886)刻本　四册

340000－1801－0017114　4:14344
羅浮待鶴山人詩寺草不分卷　鄭觀應撰　清光緒鉛印本　一册

340000－1801－0017115　4:14345
梅花軒遺稿二卷附二種　(清)張取撰　清光緒退思堂刻本　一册

340000－1801－0017116　4:14346
繞緑書莊詩鈔内集不分卷　(清)林長暉撰　清光緒十六年(1890)刻本　一册

340000－1801－0017117　4:14349－4:14356
延秋吟館詩鈔四卷問心齋學治雜録二卷續録四卷　(清)張聯桂撰　清光緒十一年(1885)刻本　八册

340000－1801－0017118　4:14369
述聞齋詩草不分卷　(清)宋家蒸撰　清光緒刻本　一册

340000－1801－0017119　4:14370
王文敏公經進稿二卷　(清)王懿榮撰　清宣統三年(1911)鉛印本　一册

340000－1801－0017120　4:14371－4:14373
寓真軒詩鈔十二卷　(清)蔡希邠撰　清光緒十九年(1893)刻本　三册　缺三卷(七至九)

340000－1801－0017121　4:14374－4:14375
崇實堂詩集十二卷　(清)李長郁撰　清光緒三十三年(1907)刻本　二册

340000－1801－0017122　4:14376－4:14378
崇實堂詩集十四卷　(清)李長郁撰　清光緒刻本　三册

340000－1801－0017123　4:14379
希古山房詩草五卷　(清)李揚清撰　清光緒刻本　一册

340000－1801－0017124　4:14380
讀海外奇書室雜著不分卷　姚文棟撰　清光緒十一年(1885)鉛印本　一册

340000－1801－0017125　4:14381
唐魯泉先生遺稿不分卷附録一卷祁門紀變録一卷　(清)唐治撰　(清)甘紹盤輯　清同治四年(1865)刻本　一册

340000－1801－0017126　4:14382－4:14385
雙藤書屋詩集十二卷試帖二卷　(清)何道生撰　清道光元年(1821)刻本　四册

340000－1801－0017127　4:14386
匪莪堂文集五卷　(清)劉巖撰　清光緒二年(1876)復廬刻本　一册

340000－1801－0017128　4:14387
匪莪堂文集五卷　(清)劉巖撰　清光緒二年(1876)復廬刻本　一册

340000－1801－0017129　4:14388－4:14391
慎獨軒文集八卷　(清)劉青霞撰　清刻本　四册

340000－1801－0017130　4:14392
絢華室詩憶不分卷　(清)俞陛雲撰　清光緒二十年(1894)吳下刻本　一册

340000－1801－0017131　4:14393－4:14394
葆醇堂詩一卷雜文一卷　(清)王德新撰　清刻本　二册

340000－1801－0017132　4:14395－4:14398
澤雅堂詩二集十八卷　(清)施補華撰　清光緒雨研齋刻本　四册

340000－1801－0017133　4:14399－4:14400
聽竹廬集二卷　(清)鄒南英撰　清光緒十九年(1893)刻本　二册

340000－1801－0017134　4:14401－4:14404
棠溪文鈔八卷　(清)沈用增撰　清光緒鄂城刻本　四册

340000－1801－0017135　4:14405－4:14408
心白日齋集六卷　(清)尹耕雲撰　清光緒二十一年(1895)刻本　四册

340000－1801－0017136　4:14409
心白日齋集六卷　(清)尹耕雲撰　清光緒二十一年(1895)刻本　一册

340000－1801－0017137　4:14410－4:14412
心白日齋集六卷　(清)尹耕雲撰　清光緒二十一年(1895)刻本　三册

340000－1801－0017138　4:14413－4:14414
心白日齋集六卷　(清)尹耕雲撰　清光緒二十一年(1895)刻本　二册　存四卷(一至四)

340000－1801－0017139　4:14417
結一廬遺文二卷　(清)朱學勤撰　清光緒三十四年(1908)刻本　一册

340000－1801－0017140　4:14420－4:14441
春在堂雜文三十七卷　(清)俞樾撰　清光緒三十一年(1905)曲園刻本　二十二册

340000－1801－0017141　4:14442
小睡足寮詩錄四卷　(清)秦敏樹撰　清光緒十三年(1887)刻本　一册

340000－1801－0017142　4:14450－4:14454
小雅樓詩集八卷遺文二卷　(清)鄧方撰　清光緒二十六年(1900)廣州刻本　五册

340000－1801－0017143　4:14455－4:14456
寒松閣詩四卷　(清)張鳴珂撰　清刻本　二册

340000－1801－0017144　4:14458－4:14476
抱翺山房詩文稿十九卷　(清)尹恭保撰　清光緒刻本　十九册

340000－1801－0017145　4:14477
崇蘭堂駢體文初存二卷　(清)張預撰　清光緒湖北鉛印本　一册

340000－1801－0017146　4:14489－4:14490
廣雅堂詩集八卷　(清)張之洞撰　清末石印本　二册

340000－1801－0017147　4:14506－4:14508
萬物炊累室文甲乙編六卷外編三卷　(清)沈同芳撰　清宣統鉛印本　三册

340000－1801－0017148　4:14509
萬物炊累室文乙集二卷　(清)沈同芳撰　清光緒廣州刻本　一册

340000－1801－0017149　4:14539
寄庵詩鈔二卷　(清)葛其龍撰　清光緒四年(1878)刻本　一册

340000－1801－0017150　4:10157－4:10168
香樹齋詩續集三十六卷　(清)錢陳群撰　清刻本　十二册

340000－1801－0017151　4:10169－4:10173
香樹齋詩續集三十六卷　(清)錢陳群撰　清乾隆刻本　五册

340000－1801－0017152　4:145－4:156
香樹齋文集二十八卷文續集五卷年表三卷　(清)錢陳群撰　清光緒二十年(1894)刻本　十二册

340000－1801－0017153　4:14540
元穆文鈔不分卷　題(清)黄陵散人撰　清光緒十四年(1888)成都刻本　一册

340000－1801－0017154　4:14541
黄陵詩鈔不分卷　題(清)黄陵散人撰　清光緒刻本　一册

340000－1801－0017155　4:14542－4:14545
函雅堂集十六卷　(清)王詠霓撰　清光緒十五年(1889)刻本　四册

340000－1801－0017156　4:14546
味靈華館詩不分卷　(清)商廷煥撰　清宣統二年(1910)刻本　一册

340000－1801－0017157　4:14558－4:14563
虚受堂文集十六卷　王先謙撰　清宣統二年(1910)上海國學書社石印本　六册

340000－1801－0017158　4:14564－4:14575
虚受堂文集三十五卷　王先謙撰　清光緒刻本　十二册

340000－1801－0017159　4:14576－4:14587
虚受堂文集三十五卷　王先謙撰　清光緒刻本　十二册

340000 - 1801 - 0017160　4:14588 - 4:14589
冬心草堂詩選二卷　(清)李恩綬撰　清宣統二年(1910)鉛印本　二册

340000 - 1801 - 0017161　4:14590 - 4:14591
冬心草堂詩選二卷　(清)李恩綬撰　清宣統二年(1910)鉛印本　二册

340000 - 1801 - 0017162　4:14592 - 4:14593
訥庵駢體文存不分卷　(清)李恩綬撰　清光緒二十四年(1898)冬心書屋刻本　二册

340000 - 1801 - 0017163　4:14598 - 4:14603
天根文鈔四卷續集一卷詩鈔二卷　(清)何家琪撰　清光緒三十二年(1906)大梁封邱何氏刻本　六册

340000 - 1801 - 0017164　4:14605
勖學齋詩稿不分卷詩草一卷　(清)李鼇撰　清刻本　一册

340000 - 1801 - 0017165　4:14610
倚舵吟稿二卷　(清)任塍撰　清光緒三十一年(1905)鉛印本　一册

340000 - 1801 - 0017166　4:14611
嶽雲詩鈔二卷　(清)朱福田撰　清嘉慶刻本　一册

340000 - 1801 - 0017167　4:14612 - 4:14613
捫腹齋詩鈔四卷詩餘二卷　(清)張宗松撰　清宣統三年(1911)商務印書館鉛印涉園叢刻本　二册

340000 - 1801 - 0017168　4:14614
皖江宦遊草不分卷　(清)劉家序撰　清宣統元年(1909)皖城青藜書屋刻本　一册

340000 - 1801 - 0017169　4:14615 - 4:14618
寄漚遺集八卷醒齋遺集一卷　(清)何延慶撰　清宣統二年(1910)刻本　四册

340000 - 1801 - 0017170　4:14621 - 4:14623
扁善齋文存二卷詩存一卷　(清)鄧嘉緝撰　清光緒二十七年(1901)刻本　三册

340000 - 1801 - 0017171　4:14624 - 4:14625
扁善齋文存二卷詩存一卷　(清)鄧嘉緝撰　清光緒二十七年(1901)刻本　二册　存二卷(扁善齋文存二卷)

340000 - 1801 - 0017172　4:14328 - 4:14343
樂道堂文鈔六卷詩十卷　(清)奕訢撰　清同治刻本　十六册

340000 - 1801 - 0017173　4:14631
賡獻集不分卷　(清)奕訢撰　清刻本　一册

340000 - 1801 - 0017174　4:14667
白嶽歸來草不分卷　(清)俞祖馨撰　清木活字印本　一册

340000 - 1801 - 0017175　4:14668
效學樓述文三卷　(清)馬綗章撰　清光緒京師鉛印本　一册

340000 - 1801 - 0017176　4:14669
效學樓述文三卷　(清)馬綗章撰　清光緒京師鉛印本　一册

340000 - 1801 - 0017177　4:14670
漪香山館文集不分卷　吳曾祺撰　清宣統二年(1910)商務印書館鉛印本　一册

340000 - 1801 - 0017178　4:14671
竹泉生初芽集不分卷　(清)彭俞撰　(清)狄壽頤評注　清光緒十三年(1887)刻本　一册

340000 - 1801 - 0017179　4:14672
竹泉生初芽集不分卷　(清)彭俞撰　(清)狄壽頤評注　清光緒十三年(1887)刻本　一册

340000 - 1801 - 0017180　4:14673
悲庵居士文存不分卷　(清)趙之謙撰　清光緒十六年(1890)刻本　一册

340000 - 1801 - 0017181　4:14674
蒙山山館詩鈔不分卷　題(清)掃花散人撰　清刻本　一册

340000 - 1801 - 0017182　4:14675
潛子詩鈔草廬韻言鈔存一卷東游草一卷　(清)高毓浵撰　清宣統元年(1909)京師京華書局鉛印本　一册

340000 - 1801 - 0017183　4:14676 - 4:14679

字雲巢文稿二十卷　(清)盛大謨撰　清刻本　一册

340000－1801－0017184　4:14680
抱素堂遺詩六卷補遺一卷　(清)孫清元撰　清宣統三年(1911)石印本　一册

340000－1801－0017185　4:14695－4:14696
傳璞堂詩稿五卷竹樊山房詞一卷韜華館詩稿一卷　(清)葛金烺撰　清光緒二十一年(1895)刻本　二册

340000－1801－0017186　4:14702－4:14704
祖武雜詩初稿三卷　(清)徐祖武撰　清鉛印本　三册

340000－1801－0017187　4:14705－4:14706
緑夫容閣詩集(緑芙蓉閣詩集)四卷　(清)汪存撰　清光緒五年(1879)秀水汪氏刻本　二册

340000－1801－0017188　4:14707
粤軺集存二卷　徐琪撰　清光緒二十年(1894)刻香海龕叢書本　一册

340000－1801－0017189　4:14709－4:14710
潛園詩録二卷　(清)曾傳構撰　清光緒十七年(1891)刻本　二册

340000－1801－0017190　4:14711
滇南壯遊詩稿不分卷詞稿一卷　(清)熊賓撰　清宣統三年(1911)鉛印本　一册

340000－1801－0017191　4:14713
種梅書屋詩略不分卷　(清)翟英撰　清光緒怡園刻本　一册

340000－1801－0017192　4:14714
種梅書屋詩略不分卷　(清)翟英撰　清光緒怡園刻本　一册

340000－1801－0017193　4:14717－4:14718
有真意齋詩鈔二卷　(清)陶文鼎撰　清刻本　二册

340000－1801－0017194　4:14719
壺舟文存二卷　(清)黄浚撰　清宣統三年(1911)浙江太平陳氏刻本　一册

340000－1801－0017195　4:14721
林先生述庵遺詩不分卷　(清)林述庵撰　清宣統元年(1909)鉛印本　一册

340000－1801－0017196　4:14737
自鏡齋文鈔不分卷詩鈔一卷　(清)潘曾瑋撰　清光緒十三年(1887)刻本　一册

340000－1801－0017197　4:14738
待鶴樓詩鈔不分卷　(清)王懷曾撰　清鉛印本　一册

340000－1801－0017198　4:14107－4:14108
誰園詩鈔四卷　(清)阮焱撰　清光緒刻本　二册

340000－1801－0017199　4:14753
知止庵詩録四卷　(清)黄宗起撰　清宣統二年(1910)試金石室刻本　一册

340000－1801－0017200　4:14756
獨笑集一卷　(清)張士衡撰　清宣統元年(1909)鉛印本　一册

340000－1801－0017201　4:14757
醉月居詩詞鈔　(清)葉世熊撰　清光緒刻本　一册

340000－1801－0017202　4:14758
燕榻集一卷東歸集一卷　易順鼎撰　清光緒二十七年(1901)長安刻本　一册

340000－1801－0017203　4:14782－4:14805
樊山集二十八卷續集二十八卷公牘三卷批判十五卷二家詠古詩一卷試帖二卷詞鈔五卷時文一卷　樊增祥撰　清光緒十九年至二十八年(1893－1902)刻本　二十四册

340000－1801－0017204　4:14824
環天室詩集五卷後集一卷　(清)曾廣鈞撰　清宣統刻本　一册

340000－1801－0017205　4:14825
環天室詩集五卷後集一卷　(清)曾廣鈞撰　清宣統刻本　一册

340000－1801－0017206　4:14838
退思文存不分卷　(清)范志熙撰　清光緒十

四年(1888)木犀香館刻本　一冊

340000－1801－0017207　4:14839

退思文存不分卷　(清)范志熙撰　清光緒十四年(1888)木犀香館刻本　一冊

340000－1801－0017208　4:14841

詩稿不分卷　(清)□□撰　清同治十二年(1873)抄本　一冊

340000－1801－0017209　4:14842

夢巢詩草不分卷　(清)□□撰　清稿本　一冊

340000－1801－0017210　4:14843－4:14844

詩稿二卷　(清)□□撰　清稿本　二冊

340000－1801－0017211　4:14854－4:14855

古歡室詩集三卷浣月詞一卷　(清)曾懿撰　清光緒刻本　二冊

340000－1801－0017212　4:14856－4:14857

古歡室詩集三卷浣月詞一卷　(清)曾懿撰　清光緒刻本　二冊

340000－1801－0017213　4:14858－4:14859

古歡室詩集三卷浣月詞一卷　(清)曾懿撰　清光緒刻本　二冊

340000－1801－0017214　4:14862

雪廬吟草二卷　(清)釋復顯撰　清道光十三年(1833)刻本　一冊

340000－1801－0017215　4:14863

天遊閣集五卷　(清)西林春撰　清宣統鉛印本　一冊

340000－1801－0017216　4:14864－4:14867

紫筠軒詩略五卷　(清)湯清玉撰　清道光刻本　四冊

340000－1801－0017217　4:14868

吟紅閣詩鈔五卷　(清)夏伊蘭撰　清道光刻本　一冊

340000－1801－0017218　4:14869

倩影樓遺稿不分卷詞一卷　(清)陸蒨撰　清同治二年(1863)皖南洪氏刻本　一冊

340000－1801－0017219　4:14873－4:14874

秋影園詩不分卷　(清)□□撰　清刻本　二冊

340000－1801－0017220　4:14875

鋤月軒學吟不分卷　(清)徐莘芝撰　清光緒十八年(1892)海寧蔣氏刻本　一冊

340000－1801－0017221　4:14883－4:14886

四百三十二峰草堂詩十六卷　(清)黃璟撰　清宣統三年(1911)刻本　四冊

340000－1801－0017222　4:14887－4:14890

鐵花山館詩稿八卷　(清)吳兆麟撰　清光緒六年(1880)刻本　四冊

340000－1801－0017223　4:14891－4:14895

壼庵集二十八卷　(清)楊承禧撰　清江夏楊氏刻本　五冊

340000－1801－0017224　4:14896－4:14899

徯月軒詩集十五卷附賦稿一卷　(清)奕詢撰　清同治十一年(1872)刻本　四冊

340000－1801－0017225　4:14900－4:14905

瓣香齋詩鈔不分卷　(清)王明尃撰　清刻本　六冊

340000－1801－0017226　4:14906－4:14907

大小雅堂詩集四卷冰蠶詞一卷　(清)承齡撰　清光緒十八年(1892)刻本　二冊

340000－1801－0017227　4:14908－4:14909

欸乃書屋詩集二卷附錄一卷　(清)張霔撰　(清)徐士鑾輯　清光緒二十一年(1895)津門徐氏蝶園刻本　二冊

340000－1801－0017228　4:14910－4:14913

煙嶼樓詩集十八卷　(清)徐時棟撰　**遊杭合集一卷**　清同治六年(1867)虎胛山房葉氏刻本　四冊

340000－1801－0017229　4:14914－4:14923

絳雪山房詩鈔二十卷續鈔三卷試帖三卷　(清)楊慶琛撰　清道光二十八年(1848)刻本　十冊

340000－1801－0017230　4:14928－4:14933

蕉雨山房詩鈔八卷集唐酌存五卷附編一卷 （清）丁堯臣撰　清光緒七年（1881）刻本　六冊

340000－1801－0017231　4:14934－4:14936
蕉雨山房詩鈔八卷集唐酌存五卷附編一卷 （清）丁堯臣撰　清光緒七年（1881）刻本　三冊　存八卷（蕉雨山房詩鈔八卷）

340000－1801－0017232　4:14937－4:14941
墨花吟館詩鈔十六卷試帖一卷 （清）嚴辰撰　清刻本　五冊

340000－1801－0017233　4:14942－4:14945
雲中集文二卷詩三卷詞一卷 （清）劉淳撰　清光緒七年（1881）刻本　四冊

340000－1801－0017234　4:14946－4:14949
萬綠草堂詩集二十卷 （清）管繩萊撰　清光緒十二年（1886）徑北書屋刻本　四冊

340000－1801－0017235　4:14950－4:14953
梅雪堂詩集十卷 （清）曹應樞撰　清刻本　四冊

340000－1801－0017236　4:14954－4:14958
小雅樓詩集八卷遺文二卷 （清）鄧方撰　清光緒二十六年（1900）廣州刻本　五冊

340000－1801－0017237　4:14961－4:14966
善卷堂四六十卷 （清）陸繁弨著　（清）吳自高注　清光緒元年（1875）刻本　六冊

340000－1801－0017238　4:14967
肅藻遺書四卷 （清）胡發琅撰　清刻本　一冊

340000－1801－0017239　4:14968－4:14973
小輞川書屋詩集二卷附竹廬詩草二卷 （清）鍾汪傑著　清抄本　六冊

340000－1801－0017240　4:14984
墨壽閣詩集二卷 （清）汪承慶撰　清光緒刻本　一冊

340000－1801－0017241　4:14985－4:14986
五湖漁莊圖題詞四卷 （清）葉承桂撰　清咸豐石林園刻本　二冊

340000－1801－0017242　4:14988－4:14989
楓江漁唱刪存三卷首一卷 （清）徐世勳著　清刻本　二冊

340000－1801－0017243　4:14990
梅花詩不分卷 （清）釋星朗撰　清光緒刻本　一冊

340000－1801－0017244　4:14991
谷口詩集不分卷 （清）郝本蔭撰　清刻本　一冊

340000－1801－0017245　4:14992
周文忠公雜文附錄不分卷 （清）周天爵撰　清咸豐九年（1859）刻本　一冊

340000－1801－0017246　4:14999－4:15000
東埭文鈔四卷詩鈔十卷 （清）郭肇撰　清光緒東埭草堂刻本　二冊

340000－1801－0017247　4:15001－4:15002
東埭文鈔四卷詩鈔十卷 （清）郭肇撰　清光緒東埭草堂刻本　二冊

340000－1801－0017248　4:10320－4:10323
兩當軒詩詞鈔十六卷 （清）黃景仁撰　清嘉慶長寧趙氏刻本　四冊

340000－1801－0017249　4:10336－4:10340
兩當軒詩鈔十四卷 （清）黃景仁撰　清刻本　五冊

340000－1801－0017250　4:15003－4:15008
兩當軒全集二十二卷考異二卷附錄四卷 （清）黃景仁撰　（清）黃志述編　清光緒二年（1876）刻本　六冊

340000－1801－0017251　4:10324－4:10329
兩當軒全集二十二卷考異二卷附錄四卷 （清）黃景仁撰　（清）黃志述編　清光緒二年（1876）刻本　六冊

340000－1801－0017252　4:10330－4:10335
兩當軒全集二十二卷考異二卷附錄四卷 （清）黃景仁撰　（清）黃志述編　清光緒二年（1876）刻本　六冊

340000－1801－0017253　4:42656－4:42666

兩當軒集二十二卷附錄三卷　(清)黃景仁撰　清光緒二年(1876)刻本　十一冊

340000－1801－0017254　4:23609
桐舟老人手抄詩不分卷　(清)黃景仁等撰　(清)鮑瑞駿批注　清同治元年(1862)鮑瑞駿抄本　一冊

340000－1801－0017255　4:15009
吳徵士遺集二卷　(清)吳廷香撰　清同治吳氏刻本　一冊

340000－1801－0017256　4:15013－4:15016
知白齋詩鈔五卷雙橋小築詞存六卷　(清)江人鏡撰　清光緒刻本　四冊

340000－1801－0017257　4:15017－4:15020
松壽堂詩鈔十卷　(清)陳夔龍撰　清宣統三年(1911)刻本　四冊

340000－1801－0017258　4:15021
竹溪雜組不分卷　(清)盧培撰　清光緒鉛印本　一冊

340000－1801－0017259　4:15022
二十年來之最醒夢不分卷　(清)盧懋功撰　清光緒三十三年(1907)鉛印本　一冊

340000－1801－0017260　4:15023－4:15024
兩廬文集四卷　(清)張雋撰　清宣統鉛印本　二冊

340000－1801－0017261　4:15025
西行紀遊草不分卷　(清)朱錕撰　清宣統石印本　一冊

340000－1801－0017262　4:15028
少伯公遺稿不分卷　(清)周曾撰　清光緒二十七年(1901)鉛印本　一冊

340000－1801－0017263　4:15030
小農詩剩三卷　(清)周懋原撰　清同治十一年(1872)刻本　一冊

340000－1801－0017264　4:15033－4:15034
八松庵詩集四卷續集五卷　(清)李御撰　清光緒二十五年(1899)刻本　二冊

340000－1801－0017265　4:10258－4:10277
陶山詩錄二十八卷文錄十卷詩前錄二卷露蟬吟詞鈔一卷續一卷　(清)唐仲冕撰　清嘉慶十六年(1811)通州刻本　二十冊

340000－1801－0017266　4:10254－4:10257
陶山詩錄十二卷前錄二卷露蟬吟詞鈔一卷　(清)唐仲冕撰　清嘉慶十七年(1812)刻本　四冊

340000－1801－0017267　4:15035－4:15036
大瓠堂詩錄八卷　(清)孫周撰　清光緒十七年(1891)觀自得齋刻本　二冊

340000－1801－0017268　4:15043
仰蕭樓文集不分卷　(清)張星鑒撰　清光緒九年(1883)刻本　一冊

340000－1801－0017269　4:15044－4:15046
缶廬詩八卷附別存　(清)吳俊卿撰　清光緒十九年(1893)刻本　三冊

340000－1801－0017270　4:15049
三恥齋初稿六卷　(清)吳坤修撰　清同治四年(1865)刻本　一冊

340000－1801－0017271　4:15050－4:15051
愛日齋集二卷　(清)惠端撰　清同治十年(1871)刻本　二冊

340000－1801－0017272　4:15052
煙霞萬古樓詩選二卷仲瞿詩錄一卷　(清)王曇撰　**秋紅丈室遺詩一卷**　清咸豐元年(1851)刻本　一冊

340000－1801－0017273　4:15055－4:15070
劉中丞全集三十一卷　(清)劉蓉撰　清光緒思賢講舍刻本　十六冊

340000－1801－0017274　4:15071
航海吟草不分卷　(清)奕譞撰　清光緒同文書局石印本　一冊

340000－1801－0017275　4:15072
賁園吟稿不分卷　(清)朱紘撰　清抄本　一冊

340000－1801－0017276　4:15073

愛國女士丁志先遺著不分卷　（清）丁志先撰　清光緒刻本　一册

340000－1801－0017277　4:15074－4:15075
隨安廬文集六卷　（清）亢樹滋撰　清光緒十六年（1890）刻本　二册

340000－1801－0017278　4:15076
純甫古文鈔六卷　（清）戴楫撰　清同治九年（1870）刻本　一册

340000－1801－0017279　4:15077－4:15080
耻不逮齋文集三卷首一卷附録一卷補遺一卷　（清）熊其英撰　清光緒十六年（1890）刻本　四册

340000－1801－0017280　4:15081－4:15086
循理堂全集六卷　（清）黄家駿撰　清光緒三十年（1904）刻本　六册

340000－1801－0017281　4:15087
遂園詩鈔六卷　（清）趙畇撰　清光緒二年（1876）金陵刻本　一册

340000－1801－0017282　4:15088
雲盦詩鈔不分卷　（清）陳浩撰　清光緒十二年（1886）京都松竹齋抄本　一册

340000－1801－0017283　4:15089
寓庸室殘稿不分卷　（清）余坤撰　清同治四年（1865）刻本　一册

340000－1801－0017284　4:15090－4:15091
晚學齋文集十二卷　（清）姚椿撰　清咸豐二年（1852）刻本　二册

340000－1801－0017285　4:15092
野鶴山人詩鈔不分卷　（清）魯克恭撰　**香泉夢草一卷**　清光緒刻本　一册

340000－1801－0017286　4:15093
崔蘭生詩賦遺草二卷　（清）崔國琚撰　清同治崔氏刻本　一册

340000－1801－0017287　4:15094
梅心續集不分卷　（清）董毓琦撰　清光緒刻本　一册

340000－1801－0017288　4:15095－4:15098
尊聞居士集八卷　（清）羅有高撰　清光緒七年（1881）刻本　四册

340000－1801－0017289　4:15099
寄影廬詩草不分卷　（清）王惟和撰　清光緒二十七年（1901）刻本　一册

340000－1801－0017290　4:15102
裒碧齋詩四卷詞一卷　（清）陳鋭撰　清光緒三十一年（1905）刻本　一册

340000－1801－0017291　4:15103－4:15104
虚白山房集六卷　（清）朱鳳毛撰　清光緒十五年（1889）刻本　二册

340000－1801－0017292　4:15110－4:15113
清芬閣集十二卷　（清）朱采撰　清光緒三十四年（1908）鉛印本　四册　存七卷（一至七）

340000－1801－0017293　4:15114－4:15121
瓶水齋詩集十七卷别集二卷詩話一卷　（清）舒位撰　清光緒十二年（1886）刻本　八册

340000－1801－0017294　4:15124
泰雲堂文集二卷　（清）孫爾準撰　清刻本　一册

340000－1801－0017295　4:15125
思永堂遺稿不分卷　（清）郭承周撰　清光緒郭氏東埭草堂刻本　一册

340000－1801－0017296　4:15126
思永堂遺稿不分卷　（清）郭承周撰　清光緒郭氏東埭草堂刻本　一册

340000－1801－0017297　4:15128
春酒堂文集不分卷　（清）周容撰　清宣統二年（1910）國學扶輪社鉛印本　一册

340000－1801－0017298　4:15129
苦吟詩草四卷　（清）汪廷傑撰　清光緒三十年（1904）木活字印本　一册

340000－1801－0017299　4:15130－4:15137
唐中丞遺集七卷首一卷附從征圖記　（清）唐訓方撰　清光緒十七年（1891）刻本　八册

340000－1801－0017300　4:15138
奪命金丹不分卷　(清)許景澄撰　清同治十年(1871)刻本　一冊

340000－1801－0017301　4:15139－4:15140
璿璣碎錦二卷　(清)萬樹撰　清光緒十四年(1888)刻本　二冊

340000－1801－0017302　4:15143
墨香軒就正草四卷　(清)陳兆賡撰　清刻本　一冊

340000－1801－0017303　4:15144
燃藜閣詩鈔四卷　(清)蔡濤撰　清光緒七年(1881)刻本　一冊

340000－1801－0017304　4:15145
燃藜閣詩鈔四卷　(清)蔡濤撰　清光緒七年(1881)刻本　一冊

340000－1801－0017305　4:15146
澹庵文存不分卷附錄一卷　(清)成本璞撰　清宣統元年(1909)刻本　一冊

340000－1801－0017306　4:15147－4:15154
魯山木先生文集十二卷外集二卷魯賓之文鈔一卷魯習之文鈔一卷　(清)魯九皋撰　清道光十一年(1831)刻本　八冊

340000－1801－0017307　4:15157
寫趣軒近稿二卷續稿二卷　(清)譚國恩撰　清光緒十九年(1893)刻本　一冊

340000－1801－0017308　4:15158－4:15159
適可齋記行六卷記言四卷　(清)馬建忠撰　清光緒二十二年(1896)刻本　二冊　存五卷(適可齋記行一至三、記言三至四)

340000－1801－0017309　4:15161
碧琅玕館賦草　(清)董毓琦撰　清光緒十四年(1888)福州刻本　一冊

340000－1801－0017310　4:15162
淲湖遺老集四卷　金蓉鏡撰　清同治七年(1868)刻本　一冊

340000－1801－0017311　4:15163
微微集不分卷　(清)□□撰　清抄本　一冊

340000－1801－0017312　4:15164
廣經室文鈔不分卷　(清)劉恭冕撰　清廣雅書局刻本　一冊

340000－1801－0017313　4:15165－4:15174
覆瓿集四十二卷　(清)張文虎撰　清同治至光緒刻本　十冊

340000－1801－0017314　4:15175－4:15186
覆瓿集三十三卷　(清)張文虎撰　清光緒刻本　十二冊

340000－1801－0017315　4:15188
蘭福堂詩集不分卷　(清)胡延撰　清光緒刻本　一冊

340000－1801－0017316　4:15189－4:15190
蟥廬詩鈔十卷　(清)王蔭槐撰　清光緒七年(1881)刻本　二冊

340000－1801－0017317　4:15191－4:15192
讀雪齋詩集九卷　(清)孫文川撰　清光緒八年(1882)刻本　二冊

340000－1801－0017318　4:15197－4:15198
燼餘詩草四卷　(清)張景渠撰　清光緒十七年(1891)刻本　二冊

340000－1801－0017319　4:15199
禮耕堂叢說不分卷　(清)施國祁撰　清宣統鉛印本　一冊

340000－1801－0017320　4:15200
歸庵文稿八卷　(清)葉裕仁撰　清光緒八年(1882)刻本　一冊

340000－1801－0017321　4:15201－4:15204
繆武烈公遺集六卷　(清)繆梓撰　清光緒七年(1881)刻本　四冊

340000－1801－0017322　4:15205－4:15206
韞山堂時文初集二集三集　(清)管世銘撰　清同治寧波日湖陳氏刻本　二冊

340000－1801－0017323　4:15207－4:15208
韞山堂時文初集二集三集　(清)管世銘撰　清光緒湖南書局刻本　二冊

340000－1801－0017324　4:15209－4:15212
韞山堂時文初集二集三集　(清)管世銘撰　清光緒六年(1880)湘南書局刻本　四册

340000－1801－0017325　4:15222
蘭舫詩遺不分卷　(清)陶森藻撰　清同治七年(1868)刻本　一册

340000－1801－0017326　4:15223－4:15226
拙好軒詩稿四卷　(清)王潤生撰　清宣統元年(1909)刻本　四册

340000－1801－0017327　4:15227－4:15230
陳鈞堂時文不分卷　(清)陳康祺撰　**許竹篔時文一卷**　清同治九年(1870)刻本　四册

340000－1801－0017328　4:15233
闞道吾傳稿　(清)闞道吾撰　清同治七年(1868)畢幼蓮抄本　一册

340000－1801－0017329　4:15234
四悔草堂詩鈔别存不分卷　(清)朱淑芳撰　清抄本　一册

340000－1801－0017330　4:15240－4:15241
錦香樓詩稿十二卷　(清)賈應鴻撰　清道光三年(1823)刻本　二册

340000－1801－0017331　4:15242－4:15243
冷吟仙館詩稿八卷　(清)左錫嘉撰　清光緒刻本　二册　存四卷(浣香小草一、吟雲集一至二、卷葹吟一)

340000－1801－0017332　4:15244
吟雲仙館詩稿不分卷　(清)曾詠撰　清光緒十七年(1891)刻本　一册

340000－1801－0017333　4:15246－4:15247
嚴太僕先生集十二卷　(清)嚴虞惇撰　清光緒九年(1883)西涇草堂刻本　二册

340000－1801－0017334　4:15248－4:15251
瑤華閣集不分卷　(清)袁綬撰　清同治六年(1867)刻本　四册

340000－1801－0017335　4:15252
西陬牧唱詞不分卷　(清)王芑撰　清刻本　一册

340000－1801－0017336　4:15253
澧蘭初稿不分卷　(清)劉嗣富撰　清刻本　一册

340000－1801－0017337　4:15254－4:15258
植庵集十卷　(清)李慎傳撰　清光緒十年(1884)刻本　五册

340000－1801－0017338　4:15259－4:15262
藝風堂文集七卷外篇一卷　繆荃孫撰　清光緒二十六年(1900)刻本　四册

340000－1801－0017339　4:15263－4:15270
藝風堂文集八卷續集九卷　繆荃孫撰　清刻本　八册

340000－1801－0017340　4:15277－4:15289
藝風堂文集七卷外篇一卷續集八卷癸甲稿四卷辛壬稿三卷乙丁稿五卷　繆荃孫撰　清光緒二十六年(1900)至民國刻本　十三册

340000－1801－0017341　4:15290－4:15301
王壬秋全集三十卷　王闓運著　清宣統二年(1910)上海國學扶輪社石印本　十二册

340000－1801－0017342　4:15322－4:15325
湘綺樓詩集十四卷　王闓運撰　清光緒長沙刻本　四册

340000－1801－0017343　4:15326－4:15329
湘綺樓詩集八卷　王闓運撰　清光緒三十四年(1908)湘靈文社鉛印本　四册

340000－1801－0017344　4:15330－4:15341
湘綺樓全集三十卷　王闓運撰　清光緒二十一年(1895)刻本　十二册

340000－1801－0017345　4:15342
遼夢草　(清)雷飛鵬撰　清宣統二年(1910)鉛印本　一册

340000－1801－0017346　4:15344
怡廬詩草　(清)雷森撰　清宣統二年(1910)鉛印本　一册

340000－1801－0017347　4:15346
天倪齋近體詩不分卷　(清)韓重撰　清光緒鉛印本　一册

340000－1801－0017348　4:15371－4:15382
嚴侯官全集十二卷　嚴復譯　清光緒石印本　十二册

340000－1801－0017349　4:11054－4:11057
板橋集不分卷　（清）鄭燮撰　清乾隆八年（1743）清暉書屋刻本　四册

340000－1801－0017350　4:11058－4:11061
板橋集不分卷　（清）鄭燮撰　清乾隆八年（1743）清暉書屋刻本　四册

340000－1801－0017351　4:11062－4:11065
板橋集不分卷　（清）鄭燮撰　清乾隆八年（1743）清暉書屋刻本　四册

340000－1801－0017352　4:11086－4:11089
板橋集不分卷　（清）鄭燮撰　清漢口森寶齋刻本　四册

340000－1801－0017353　4:11048－4:11051
板橋集不分卷　（清）鄭燮撰　清玉書樓刻本　四册

340000－1801－0017354　4:11052－4:11053
板橋全集不分卷　（清）鄭燮撰　清刻本　二册

340000－1801－0017355　4:11066－4:11069
鄭板橋全集六卷　（清）鄭燮撰　清末石印本　四册

340000－1801－0017356　4:11070－4:10173
鄭板橋全集六卷　（清）鄭燮撰　清末石印本　四册

340000－1801－0017357　4:11074－4:11077
鄭板橋全集六卷　（清）鄭燮撰　清末石印本　四册

340000－1801－0017358　4:11078－4:11081
鄭板橋全集六卷　（清）鄭燮撰　清末石印本　四册

340000－1801－0017359　4:11082－4:11085
鄭板橋全集六卷　（清）鄭燮撰　清末石印本　四册

340000－1801－0017360　4:15452
居東集二卷　（清）蔣智由撰　清宣統二年（1910）鉛印本　一册

340000－1801－0017361　4:15461－4:15478
飲冰室文集不分卷　梁啟超撰　清光緒廣智書局鉛印本　十八册

340000－1801－0017362　4:15497－4:15513
飲冰室文集十八卷　梁啟超撰　清光緒廣智書局鉛印本　十七册　缺一卷（三）

340000－1801－0017363　4:15544－4:15547
范伯子詩集十九卷　（清）范當世撰　清光緒三十四年（1908）刻本　四册

340000－1801－0017364　4:15548－4:15557
范伯子詩集十九卷文集四卷　（清）范當世撰　清桐城姚氏抄本　十册

340000－1801－0017365　4:15563
石遺室詩集三卷補遺一卷　陳衍撰　清光緒三十一年（1905）武昌刻初印本　一册

340000－1801－0017366　4:15576－4:15577
石遺室詩集六卷補遺一卷　陳衍撰　清光緒三十一年（1905）武昌刻民國八年（1919）印石遺室叢書本　二册

340000－1801－0017367　4:15564－4:15570
石遺室詩集十卷補遺一卷朱絲詞二卷石遺室文集十二卷石遺室文續集一卷　陳衍撰　清光緒三十一年（1905）武昌刻民國八年（1919）增刻本　七册

340000－1801－0017368　4:15600－4:15601
鄭齋漢學文編六卷　孫雄撰　清光緒三十四年（1908）鉛印本　二册

340000－1801－0017369　4:15608
眉韻樓詩三卷　孫雄撰　清光緒京師刻本　一册

340000－1801－0017370　4:15609
師鄭堂駢文二卷　孫雄撰　清光緒刻師鄭叢書本　一册

340000－1801－0017371　4:15611－4:15614

師鄭堂集六卷　孫雄撰　清光緒十七年(1891)無錫文苑閣銅活字印師鄭叢書本　四冊

340000－1801－0017372　4:15634－4:15635
文莫室詩集八卷　王樹枏撰　清光緒十三年(1887)刻陶廬叢刻本　二冊

340000－1801－0017373　4:15636－4:15637
文莫室詩八卷　王樹枏撰　清刻本　二冊

340000－1801－0017374　4:15930
消夏百一詩二卷　葉德輝撰　清光緒三十三年(1907)刻本　一冊

340000－1801－0017375　4:15966
也是集安蹇詩存不分卷　(清)英華撰　清光緒三十三年(1907)大公報館鉛印本　一冊

340000－1801－0017376　4:15974
更生居士出塞詩不分卷　題(清)更生居士撰　清宣統三年(1911)抄本　一冊

340000－1801－0017377　4:15984－4:15991
邱邦士文集十八卷　(清)邱維屏撰　清光緒一房山木活字印本　八冊

340000－1801－0017378　4:16040－4:16041
程一夔文乙集四卷　程先甲撰　清宣統二年(1910)汪嘉棠刻千一齋全書本　二冊

340000－1801－0017379　4:16118
嚼梅吟二卷　(清)釋寄禪撰　清光緒刻本　一冊

340000－1801－0017380　4:16129－4:16130
澤雅堂文集八卷　(清)施補華撰　清光緒刻本　二冊

340000－1801－0017381　4:16131－4:16134
俞俞齋文稿四卷　(清)史念祖撰　清光緒十六年(1890)刻本　四冊

340000－1801－0017382　4:16734－4:16739
容齋千首詩不分卷　(清)李天馥撰　清光緒蒯氏鉛印本　六冊

340000－1801－0017383　4:16740－4:16745
容齋千首詩不分卷　(清)李天馥撰　清光緒蒯氏鉛印本　六冊

340000－1801－0017384　4:16746－4:16747
容齋千首詩不分卷　(清)李天馥撰　清光緒蒯氏鉛印本　二冊　存四言、五言詩

340000－1801－0017385　4:16748
容齋千首詩二卷　(清)李天馥撰　清刻本　一冊

340000－1801－0017386　4:4343－4:4351 善
姚端恪公文集十八卷詩集十二卷外集十八卷　(清)姚文然撰　清康熙刻本　九冊

340000－1801－0017387　4:4352－4:4353 善
姚端恪公詩集十二卷　(清)姚文然撰　清康熙刻本　二冊

340000－1801－0017388　4:16749－4:16752
虛直軒文集十卷　(清)姚文然撰　清刻本　四冊

340000－1801－0017389　4:16812－4:16815
亦園全集六卷　(清)姚孫棐撰　清刻本　四冊

340000－1801－0017390　4:16883
亭皋詩抄四卷　(清)吳綺撰　清乾隆四十一年(1776)刻本　一冊

340000－1801－0017391　4:16884
階木詩稿不分卷唱和一卷文一卷　(清)吳藹撰　清康熙四十九年(1710)學古堂刻本　一冊

340000－1801－0017392　4:16885
階木詩稿不分卷唱和一卷文一卷　(清)吳藹撰　清康熙四十九年(1710)學古堂刻本　一冊

340000－1801－0017393　4:16887
述本堂詩集二卷龍沙紀略一卷　(清)方式濟撰　清雍正刻本　一冊

340000－1801－0017394　4:16888－4:16895
述本堂詩集十八種二十卷　(清)方觀承撰　清嘉慶刻本　八冊

340000－1801－0017395　4:16896－4:16903
述本堂詩集續集　（清）方登嶧　（清）方觀承撰　清嘉慶刻本　八册

340000－1801－0017396　4:16904－4:16907
述本堂詩續集三卷　（清）方觀承撰　清刻本　四册

340000－1801－0017397　4:16908
空明閣集四卷　（清）姚士陛撰　清乾隆七年（1742）刻本　一册

340000－1801－0017398　4:16909
休庵影語文集不分卷　（清）盛於斯撰　清光緒三十四年（1908）盛氏刻宗譜本　一册

340000－1801－0017399　4:17019
黄山草不分卷　（清）黄元治撰　清康熙二十八年（1689）刻本　一册

340000－1801－0017400　4:17020－4:17021
星村詩鈔四卷　（清）魯璸撰　清乾隆三十八年（1773）刻本（卷三至四爲抄配）　二册

340000－1801－0017401　4:17049
藹園詩稿集二卷　（清）江紀撰　清抄本　一册

340000－1801－0017402　4:17050
晋希堂詩集四卷　（清）潘瑛撰　清嘉慶刻本　一册

340000－1801－0017403　4:17051
冠山園初稿不分卷　（清）朱裳撰　清嘉慶十一年（1806）刻本　一册

340000－1801－0017404　4:17052－4:17053
草衣山人集四卷　（清）朱卉撰　清乾隆十二年（1747）刻本　二册

340000－1801－0017405　4:17054
七峯詩稿二卷續編一卷　（清）江爾維撰　清同治二年（1863）友善堂刻本　一册

340000－1801－0017406　4:18159
七峯詩稿二卷續編一卷　（清）江爾維撰　清同治二年（1863）友善堂刻本　一册

340000－1801－0017407　4:17055
一溉堂詩不分卷　（清）余光耿撰　清刻本　一册

340000－1801－0017408　4:17056
道旁散人集五卷附錄一卷　（清）李孚青撰　清光緒三十年（1904）合肥李氏集虛草堂刻本　一册

340000－1801－0017409　4:17057
道旁散人集五卷附錄一卷　（清）李孚青撰　清光緒三十年（1904）合肥李氏集虛草堂刻本　一册

340000－1801－0017410　4:17058
道旁散人集五卷附錄一卷　（清）李孚青撰　清光緒三十年（1904）合肥李氏集虛草堂刻本　一册

340000－1801－0017411　4:17059－4:17064
野香亭集十三卷　（清）李孚青撰　清光緒十四年（1888）蒯氏鉛印本　六册

340000－1801－0017412　4:17065－4:17070
野香亭集十三卷　（清）李孚青撰　清光緒十四年（1888）蒯氏鉛印本　六册

340000－1801－0017413　4:17071
盤隱山樵詩集四卷　（清）李孚青撰　清刻本　清王貽上批點　一册

340000－1801－0017414　4:17072－4:17075
南湖集十二卷　（清）章禮祚撰　清劉氏唐石簃刻貴池先哲遺書本　四册

340000－1801－0017415　4:17081
麻山遺集二卷　（清）孫學顏撰　清同治十三年（1874）刻本　一册

340000－1801－0017416　4:17082
麻山遺集二卷　（清）孫學顏撰　清同治十三年（1874）刻本　一册

340000－1801－0017417　4:4475 善
春暉樓百花偶吟不分卷　（清）汪芳藻撰　清雍正刻本　一册

340000－1801－0017418　4:17087－4:17090

春暉樓四六不分卷 (清)汪芳藻撰 清刻本 一册

340000－1801－0017419 4：17091
春暉樓四六不分卷 (清)汪芳藻撰 清刻本 一册

340000－1801－0017420 4：17092－4：17094
隨村先生遺集六卷 (清)施璜撰 清乾隆四年(1739)刻本 三册

340000－1801－0017421 4：17271
春池文抄十卷 (清)許鯉躍撰 清刻本 一册 存三卷(一至三)

340000－1801－0017422 4：17285－4：17286
慎餘堂古文稿四卷 (清)許雨田撰 清鉛印本 二册

340000－1801－0017423 4：17287－4：17288
慎餘堂古文稿四卷 (清)許雨田撰 清鉛印本 二册

340000－1801－0017424 4：17289－4：17290
慎餘堂古文稿四卷 (清)許雨田撰 清鉛印本 二册

340000－1801－0017425 4：17294
春及草堂詩抄初集一卷二集一卷三集一卷四集一卷蘭叢詩話一卷 (清)方世舉撰 清乾隆方觀承刻本 一册

340000－1801－0017426 4：17291－4：17292
春及草堂詩抄初集一卷二集一卷三集一卷四集一卷 (清)方世舉撰 (清)張獻曾編 清道光九年(1829)壺園刻本 姚氏過録張獻曾批校 二册

340000－1801－0017427 4：17293
春及草堂詩抄初集一卷二集一卷三集一卷四集一卷 (清)方世舉撰 (清)張獻曾編 清道光九年(1829)壺園刻本 佚名批校 一册

340000－1801－0017428 4：17295
南堂詩抄不分卷 (清)方世泰撰 清方觀承刻本 一册

340000－1801－0017429 4：17298
聽月樓遺草二卷 (清)汪韫玉撰 清乾隆行素堂刻本 一册

340000－1801－0017430 4：17299
聽月樓遺草二卷 (清)汪韫玉撰 清乾隆行素堂刻本 一册

340000－1801－0017431 4：17300
聽月樓遺草二卷 (清)汪韫玉撰 清乾隆行素堂刻本 一册

340000－1801－0017432 4：17301
聽月樓遺草二卷 (清)汪韫玉撰 清乾隆行素堂刻本 一册

340000－1801－0017433 4：17302
聽月樓遺草二卷 (清)汪韫玉撰 清乾隆行素堂刻本 一册

340000－1801－0017434 4：17303－4：17305
耔香堂詞三卷 (清)孫鼎煊撰 清刻本 三册

340000－1801－0017435 4：17306
月洲詩抄不分卷 (清)釋先學撰 清嘉慶刻本 一册

340000－1801－0017436 4：17307－4：17310
練江詩抄八卷 (清)程之鵕撰 清乾隆長洲刻本 四册

340000－1801－0017437 4：17311－4：17312
練江詩抄八卷 (清)程之鵕撰 清乾隆刻本 二册

340000－1801－0017438 4：17313－4：17314
練江詩抄八卷 (清)程之鵕撰 清乾隆刻本 二册 存五卷(一至五)

340000－1801－0017439 4：17317
白嶽紀遊詩不分卷 (清)程之鵕撰 清雍正十二年(1734)刻本 一册

340000－1801－0017440 4：17319－4：17322
見心集四卷 (清)汪文芳輯 清光緒十六年(1890)刻本 四册

340000－1801－0017441 4：17323－4：17324

再築樓詩稿不分卷　(清)查鋹撰　清刻本　二册

340000－1801－0017442　4:17331－4:17334
連理山人詩鈔金石集四卷江淮集三卷瀟灑集三卷京華集二卷關河集五卷　(清)方正瑗撰　清刻本　四册

340000－1801－0017443　4:17335－4:17337
連理山人詩鈔金石集四卷江淮集三卷瀟灑集三卷京華集二卷關河集五卷　(清)方正瑗撰　清刻本　三册　存九卷(連理山人詩鈔金石集四卷、關河集五卷)

340000－1801－0017444　4:17338－4:17339
懷嶽堂詩集二卷　(清)張繼曾撰　清乾隆二十六年(1761)刻本　二册

340000－1801－0017445　4:17351
大風集四卷　(清)汪紱撰　清刻本　一册

340000－1801－0017446　4:17352－4:17353
大風集四卷　(清)汪紱撰　清刻本　二册

340000－1801－0017447　4:17354－4:17359
雙池文集十卷　(清)汪紱撰　清道光一經堂刻本　六册

340000－1801－0017448　4:17360－4:17365
雙池文集十卷　(清)汪紱撰　清道光一經堂刻本　六册

340000－1801－0017449　4:17366－4:17369
雙池文集十卷　(清)汪紱撰　清道光一經堂刻本　四册

340000－1801－0017450　4:17370－4:17373
雙池文集十卷　(清)汪紱撰　清道光一經堂刻本　四册

340000－1801－0017451　4:17374
蘇嵋亭詩草　(清)蘇清芳撰　清乾隆二十三年(1758)貽安堂刻本　一册

340000－1801－0017452　4:17375－4:17378
石壁山房二集十卷　(清)王善橚撰　清乾隆刻本　四册

340000－1801－0017453　4:17379
蔗亭存稿三卷瀋陽草一卷遊草偶存十二卷　(清)楊汝穀撰　清雍正刻本　金杏邨批校　一册

340000－1801－0017454　4:17380
自怡集不分卷　(清)曹玢撰　清乾隆刻本　一册

340000－1801－0017455　4:17381
存悔集詩草四種　(清)胡與高撰　清乾隆刻本　一册

340000－1801－0017456　4:17382
存悔集詩草四種　(清)胡與高撰　清乾隆刻本　一册　存二種(黄山草、燕遊草)

340000－1801－0017457　4:17383－4:17384
存悔集詩文草三卷詩餘一卷　(清)胡與高撰　清乾隆二十年(1755)刻本　二册

340000－1801－0017458　4:17385－4:17386
聽松樓詩抄不分卷　(清)汪永崙撰　清稿本　二册

340000－1801－0017459　4:17387
聽松樓詩抄二卷　(清)汪永崙撰　清嘉慶四年(1799)刻本　一册

340000－1801－0017460　4:17388
聽松樓詩不分卷　(清)汪永崙撰　清道光十一年(1831)抄本　一册

340000－1801－0017461　4:17391－4:17394
雙佩齋文集五卷詩集八卷　(清)王友亮撰　**補梅書屋詩草一卷**　清嘉慶刻本　四册

340000－1801－0017462　4:17395－4:17399
雙佩齋詩文集金陵雜詠十五卷　(清)王友亮撰　清嘉慶刻本　五册

340000－1801－0017463　4:17400－4:17401
雙佩齋文集四卷駢體文集一卷　(清)王友亮撰　清嘉慶刻本　二册

340000－1801－0017464　4:17402－4:17403
雙佩齋文集四卷駢體文集一卷　(清)王友亮撰　清嘉慶刻本　二册

340000－1801－0017465　4：17404－4：17409
香雪文抄六卷　(清)曹學詩撰　清刻本　六冊

340000－1801－0017466　4：17410－4：17421
香雪文抄十二卷　(清)曹學詩撰　清乾隆十年(1745)刻本　十二冊

340000－1801－0017467　4：17422－4：17425
香雪文抄十二卷　(清)曹學詩撰　清乾隆十年(1745)刻本　四冊　存四卷(一至四)

340000－1801－0017468　4：17426－4：17427
晴嵐詩存二卷　(清)張若靄撰　清刻本　二冊

340000－1801－0017469　4：17428－4：17429
晴嵐詩存二卷　(清)張若靄撰　清刻本　二冊

340000－1801－0017470　4：17430－4：17431
晴嵐詩存二卷　(清)張若靄撰　清刻本　二冊

340000－1801－0017471　4：17468－4：17469
尺木樓詩四卷　(清)程世繩撰　清乾隆二十五年(1760)刻本　二冊

340000－1801－0017472　4：17470－4：17471
尺木樓詩四卷　(清)程世繩撰　清乾隆二十五年(1760)刻本　二冊

340000－1801－0017473　4：17472
湖園詩草二卷　(清)高世欽撰　清乾隆三十一年(1766)刻本　一冊

340000－1801－0017474　4：17473
一葦編不分卷竹坪言懷二卷　(清)朱潤撰　清乾隆三十九年(1774)刻本　一冊

340000－1801－0017475　4：17480－4：17481
望嶽樓古體詩一卷今體詩一卷　(清)朱霈撰　清嘉慶七年(1802)刻本　二冊

340000－1801－0017476　4：17482－4：17483
鶴泉文抄二卷　(清)戚學標撰　清刻本　二冊

340000－1801－0017477　4：17484－4：17487
鶴泉文抄續選九卷　(清)戚學標撰　清嘉慶十八年(1813)刻本　四冊

340000－1801－0017478　4：17488－4：17490
鶴泉文抄續選九卷　(清)戚學標撰　清嘉慶十八年(1813)刻本　三冊　存六卷(一至六)

340000－1801－0017479　4：17491－4：17494
水香村墅詩十二卷　(清)汪堂撰　清乾隆三十年(1765)刻本　四冊

340000－1801－0017480　4：17495
有謙先生詩稿五卷　(清)汪堅揚撰　清乾隆謄清稿本　一冊

340000－1801－0017481　4：17496－4：17497
曉堂集十四卷　(清)石文成撰　清乾隆刻道光補刻本　二冊

340000－1801－0017482　4：17498－4：17503
戴東原集十二卷年譜一卷劄記一卷　(清)戴震撰　(清)段玉裁編　清段氏自刻本　六冊

340000－1801－0017483　4：17504－4：17509
戴東原集十二卷年譜一卷劄記一卷　(清)戴震撰　(清)段玉裁編　清乾隆經韻樓刻本　六冊

340000－1801－0017484　4：17510－4：17513
戴東原集十二卷年譜一卷劄記一卷　(清)戴震撰　(清)段玉裁編　清乾隆經韻樓刻本　四冊

340000－1801－0017485　4：17514－4：17516
戴東原集十二卷年譜一卷　(清)戴震撰　(清)段玉裁編　清乾隆經韻樓刻本　三冊

340000－1801－0017486　4：17517－4：17518
戴東原集十二卷年譜一卷劄記一卷　(清)戴震撰　(清)段玉裁編　清乾隆經韻樓刻本　二冊

340000－1801－0017487　4：17519－4：17522
戴東原集十二卷　(清)戴震撰　(清)朱記榮輯　清光緒十年(1884)朱氏槐廬家塾刻槐廬叢書本　四冊

340000－1801－0017488　4:4495－4:4498 善
戴東原集十二卷　(清)戴震撰　清乾隆五十七年(1792)刻本　四册

340000－1801－0017489　4:17523－4:17528
戴東原集十二卷年譜一卷劄記一卷　(清)戴震撰　清宣統二年(1910)嚴氏刻本　六册

340000－1801－0017490　4:17529－4:17534
戴東原集十二卷年譜一卷劄記一卷　(清)戴震撰　清宣統二年(1910)嚴氏刻本　六册

340000－1801－0017491　4:17545－4:17548
戴氏遺書十卷　(清)戴震撰　清乾隆曲阜孔氏微波榭刻本　四册

340000－1801－0017492　4:17564－4:17567
海峰詩集十一卷　(清)劉大櫆撰　清縹碧軒刻本　四册

340000－1801－0017493　4:17568－4:17573
海峰文十卷詩六卷　(清)劉大櫆撰　(清)徐宗亮重校　清同治十三年(1874)刻本　六册

340000－1801－0017494　4:17574－4:17575
海峰文十卷詩六卷　(清)劉大櫆撰　(清)徐宗亮重校　清同治十三年(1874)縹碧軒刻本　二册　存六卷(詩六卷)

340000－1801－0017495　4:17576－4:17577
海峰詩集十卷　(清)劉大櫆撰　清光緒十五年(1889)蕭氏刻本　二册

340000－1801－0017496　4:17578－4:17579
海峰詩集十卷　(清)劉大櫆撰　清光緒十五年(1889)蕭氏刻本　二册

340000－1801－0017497　4:17580－4:17583
海峰文集八卷　(清)劉大櫆撰　清刻本　四册

340000－1801－0017498　4:17584－4:17596
海峰文集八卷詩集十一卷制藝一卷　(清)劉大櫆撰　**精選八大家文鈔不分卷**　清同治至光緒刻本　十三册

340000－1801－0017499　4:17597－4:17604
海峰文集八卷詩集十一卷　(清)劉大櫆撰　清同治十三年(1874)劉氏刻本　八册

340000－1801－0017500　4:17605－4:17606
海峰文集八卷詩集十一卷　(清)劉大櫆撰　清同治十三年(1874)劉氏刻本　二册　存八卷(海峰文集八卷)

340000－1801－0017501　4:17607－4:17614
海峰先生詩六卷文十卷　(清)劉大櫆撰　(清)徐宗亮重校　清時還書屋刻本　八册

340000－1801－0017502　4:17615－4:17622
海峰文集八卷詩集六卷　(清)劉大櫆撰　清醒園刻本　八册

340000－1801－0017503　4:17623－4:17634
海峰文集八卷詩集六卷　(清)劉大櫆撰　清醒園刻本　十二册

340000－1801－0017504　4:48407－4:48408
海峰文集八卷　(清)劉大櫆撰　清寫刻本　二册　存二卷(一、三)

340000－1801－0017505　4:48409
海峰先生詩鈔□□卷　(清)劉大櫆撰　(清)徐宗亮編校　清刻本　一册　存二卷(一至二)

340000－1801－0017506　4:17635－4:17637
虛船詩集二卷遺文一卷　(清)黄筏撰　清嘉慶十五年(1810)刻本　三册

340000－1801－0017507　4:17638
虛船詩集二卷遺文一卷　(清)黄筏撰　清嘉慶十五年(1810)刻本　一册　存一卷(遺文一卷)

340000－1801－0017508　4:17639
姚道沖詩抄七卷　(清)姚孔鋅撰　清乾隆刻本　一册

340000－1801－0017509　4:17641－4:17648
新城伯子文集八卷　(清)胡賡善撰　清嘉慶四年(1799)東井觀室抄本　四册

340000－1801－0017510　4:17649
新城伯子文集八卷　(清)胡賡善撰　清嘉慶四年(1799)東井觀室抄本　一册　存四卷

（一至四）

340000－1801－0017511　4:17650－4:17653

新城伯子文集八卷　（清）胡賡善撰　清嘉慶四年（1799）東井觀室抄本　四册

340000－1801－0017512　4:17654－4:17661

西堧詩抄十卷　（清）姚孔鈵著　清桐城姚氏慎宜軒抄本　八册

340000－1801－0017513　4:17662

石樑雜韻不分卷　（清）姚孔鐗撰　清刻本　一册

340000－1801－0017514　4:17663－4:17666

報春園詩集三種四卷　（清）吳葆孫　（清）吳筠　（清）吳臺撰　清嘉慶二年（1797）刻本　四册

340000－1801－0017515　4:17667－4:17668

聽雨樓詩抄二卷　（清）吳昌言　（清）吳奎撰　清嘉慶十五年（1810）刻本　二册

340000－1801－0017516　4:17669－4:17670

銀藤花館詞四卷　（清）戴延介撰　清嘉慶綠華樓刻本　二册

340000－1801－0017517　4:17671

露花詞二卷　（清）董邦超撰　清嘉慶刻本　一册

340000－1801－0017518　4:17672

春海詩餘不分卷　（清）程恩澤撰　**讀雪軒詞一卷**　清道光二十七年（1847）刻本　一册

340000－1801－0017519　4:17673－4:17674

百繪詩箋二卷　（清）吳臺撰　清嘉慶二年（1797）刻本　二册

340000－1801－0017520　4:17675

百繪詩箋二卷　（清）吳臺撰　清嘉慶二年（1797）刻本　一册

340000－1801－0017521　4:17677

漸雲詩抄八卷　（清）汪梅鼎撰　清嘉慶二十三年（1818）刻本　一册　存四卷（一至四）

340000－1801－0017522　4:17678－4:17679

漸雲詩抄八卷　（清）汪梅鼎撰　清嘉慶二十三年（1818）刻本　二册

340000－1801－0017523　4:17680

漸雲詩抄八卷　（清）汪梅鼎撰　清嘉慶二十三年（1818）刻本　一册

340000－1801－0017524　4:48401

漸雲詩鈔八卷　（清）汪梅鼎撰　清刻本　一册　存四卷（五至八）

340000－1801－0017525　4:17681

蜀行紀事草不分卷　（清）汪承霈撰　清刻本　一册

340000－1801－0017526　4:17682

偶得集不分卷　（清）程邃撰　清刻本　一册

340000－1801－0017527　4:17683－4:17686

采真匯稾四卷　（清）檀萃撰　清乾隆四十二年（1777）致和堂刻本　四册

340000－1801－0017528　4:17687－4:17690

采真匯稾四卷　（清）檀萃撰　清乾隆刻本　四册

340000－1801－0017529　4:17691

滇南詩集二卷壽譜圖一卷　（清）檀萃撰　清嘉慶刻本　一册

340000－1801－0017530　4:17693－4:17697

重鐫草堂外集十五卷　（清）檀萃撰　清滇陽驛樓刻本　五册

340000－1801－0017531　4:17698－4:17703

草堂外集十五卷　（清）檀萃撰　清抄本　六册

340000－1801－0017532　4:17716－4:17717

澄潭山房古文存稿四卷　（清）程襄龍撰　清嘉慶二年（1797）刻本　二册

340000－1801－0017533　4:17718－4:17720

澄潭山房古文存稿四卷　（清）程襄龍撰　清嘉慶二年（1797）刻本　三册

340000－1801－0017534　4:17723

松田遺集二卷　（清）陳紀撰　清刻本　一册

340000－1801－0017535　4:17724
松田遺集二卷　(清)陳紀撰　清刻本　一册

340000－1801－0017536　4:17725
松田遺集二卷　(清)陳紀撰　清刻本　一册

340000－1801－0017537　4:17726－4:17727
退思粗定稿二卷　(清)朱文翰撰　清刻本　二册

340000－1801－0017538　4:17728－4:17729
退思粗定稿二卷　(清)朱文翰撰　清刻本　二册

340000－1801－0017539　4:17730－4:17731
退思粗定稿二卷　(清)朱文翰撰　清刻本　二册

340000－1801－0017540　4:17732
退思粗定稿二卷　(清)朱文翰撰　清刻本　二册

340000－1801－0017541　4:17733
可齋經進文存不分卷　(清)朱文翰撰　清同治十一年(1872)舊書齋刻本　一册

340000－1801－0017542　4:17734
可齋經進文存不分卷　(清)朱文翰撰　清同治十一年(1872)舊書齋刻本　一册

340000－1801－0017543　4:17735
可齋經進文存不分卷　(清)朱文翰撰　清同治十一年(1872)舊書齋刻本　一册

340000－1801－0017544　4:17736
可齋經進文存不分卷　(清)朱文翰撰　清同治十一年(1872)舊書齋刻本　一册

340000－1801－0017545　4:17737
可齋經進文存不分卷　(清)朱文翰撰　清同治十一年(1872)舊書齋刻本　一册

340000－1801－0017546　4:17738
可齋經進文存不分卷　(清)朱文翰撰　清同治十一年(1872)舊書齋刻本　一册

340000－1801－0017547　4:17739－4:17740
雲樵詩箋四卷　(清)吳芳培撰　清嘉慶刻本　二册

340000－1801－0017548　4:17741
雲樵詩箋四卷　(清)吳芳培撰　清嘉慶刻本　一册　存二卷(一至二)

340000－1801－0017549　4:17742
雲樵詩箋四卷　(清)吳芳培撰　清嘉慶刻本　一册　存二卷(一至二)

340000－1801－0017550　4:17743－4:17744
雲樵先生詩集四卷　(清)吳芳培撰　清同治四年(1865)刻本　二册

340000－1801－0017551　4:17745
朱理堂先生文稿不分卷　(清)朱濂撰　清朱衡芩抄本　一册

340000－1801－0017552　4:17746
碧雲秋露詞二卷　(清)黄衡撰　清道光二十一年(1841)刻本　一册

340000－1801－0017553　4:17747
碧雲秋露詞二卷　(清)黄衡撰　清光緒木活字印本　一册

340000－1801－0017554　4:17748
碧雲秋露詞二卷　(清)黄衡撰　清光緒木活字印本　一册

340000－1801－0017555　4:17749
梅龍閣詩集二卷　(清)黄衡撰　清光緒元年(1875)歸化縣署木活字印本　一册

340000－1801－0017556　4:17750
梅龍閣詩集二卷　(清)黄衡撰　清光緒元年(1875)歸化縣署木活字印本　一册

340000－1801－0017557　4:17751
梅龍閣詩集二卷　(清)黄衡撰　清光緒元年(1875)歸化縣署木活字印本　一册

340000－1801－0017558　4:17752
梅龍閣詩集二卷　(清)黄衡撰　清光緒元年(1875)歸化縣署木活字印本　一册

340000－1801－0017559　4:17753
梅龍閣詩集二卷　(清)黄衡撰　清光緒元年

(1875)歸化縣署木活字印本　一册

340000－1801－0017560　4:17754
二江草堂詩四卷　(清)黄崇惺撰　清刻本　一册　缺二卷(一至二)

340000－1801－0017561　4:17755
爈餘詩存不分卷　(清)汪國相撰　清刻本　一册

340000－1801－0017562　4:17756
碧山草堂詩集三卷　(清)何承熙撰　清刻本　一册

340000－1801－0017563　4:17757
冰壺秋月齋詩賸稿不分卷　(清)潘紹曾撰
大阜舊跡分詠一卷　(清)潘世鏞撰　清光緒二十年(1894)潘氏靜儉堂刻本　一册

340000－1801－0017564　4:17759
冰壺秋月齋詩賸稿不分卷　(清)潘紹曾撰
大阜舊跡分詠一卷　(清)潘世鏞撰　清光緒二十年(1894)潘氏靜儉堂刻本　一册

340000－1801－0017565　4:17758
冰壺秋月齋詩賸稿不分卷　(清)潘紹曾撰
大阜舊跡分詠一卷　(清)潘世鏞撰　清光緒二十年(1894)潘氏靜儉堂刻本　一册

340000－1801－0017566　4:17760
梅花三十詠不分卷　(清)曹學詩撰　清刻本　一册

340000－1801－0017567　4:17761
柏亭公遺稿三卷　(清)項綸撰　清刻本　一册

340000－1801－0017568　4:17762－4:17763
北溪草堂吟稿四卷　(清)吴熊撰　清乾隆四十四年(1779)刻本　二册

340000－1801－0017569　4:17764－4:17765
遂初堂詩集二卷　(清)何青撰　清嘉慶刻本　二册

340000－1801－0017570　4:17766－4:17768
四一居士文抄六卷會試策一卷　(清)汪德鉞撰　清刻本　三册

340000－1801－0017571　4:17769－4:17770
四一居士文抄六卷　(清)汪德鉞撰　清嘉慶刻本　二册

340000－1801－0017572　4:17771
寒蛩吟四卷　(清)崔汝瑚撰　清嘉慶刻本　一册

340000－1801－0017573　4:17772－4:17776
紫石泉山房詩文集十五卷　(清)吳定撰　清光緒十三年(1887)李氏刻本　五册

340000－1801－0017574　4:17777－4:17781
紫石泉山房詩文集十五卷　(清)吳定撰　清光緒十三年(1887)李氏刻本　五册

340000－1801－0017575　4:17782－4:17786
紫石泉山房詩文集十五卷　(清)吳定撰　清光緒十三年(1887)李氏刻本　五册

340000－1801－0017576　4:17787－4:17791
紫石泉山房詩文集十五卷　(清)吳定撰　清光緒十三年(1887)李氏刻本　五册

340000－1801－0017577　4:17792－4:17796
紫石泉山房詩文集十五卷　(清)吳定撰　清光緒十三年(1887)李氏刻本　五册

340000－1801－0017578　4:17797－4:17798
聊復爾集八卷　(清)鮑元侒撰　清嘉慶十安堂刻本　二册

340000－1801－0017579　4:17799－4:17800
聊復爾集八卷　(清)鮑元侒撰　清嘉慶十安堂刻本　二册

340000－1801－0017580　4:17801
聊復爾集八卷　(清)鮑元侒撰　清嘉慶十安堂刻本　一册

340000－1801－0017581　4:17802－4:17805
聊復爾集八卷　(清)鮑元侒撰　清嘉慶十安堂刻本　四册

340000－1801－0017582　4:17807－4:17810
松翠小菟裘文集四卷詩集十二卷　(清)王佩蘭撰　清嘉慶十二年(1807)刻本　四册

340000－1801－0017583　4:17811－4:17813
七頌堂詩集十卷文集二卷附識小録一卷　(清)劉體仁撰　清同治九年(1870)刻本　三冊

340000－1801－0017584　4:17814－4:17817
七頌堂詩集十卷文集二卷　(清)劉體仁撰　清同治九年(1870)刻本　四冊

340000－1801－0017585　4:17818－4:17819
七頌堂詩集十卷　(清)劉體仁撰　清同治九年(1870)刻本　二冊

340000－1801－0017586　4:17882－4:17893
惜抱軒文集十六卷文後集十卷詩集十卷詩後集一卷詩外集一卷法帖題跋三卷左傳補註一卷公羊補註一卷穀梁補註一卷國語補註一卷筆記八卷九經説十七卷五言今體詩鈔九卷七言今體詩鈔九卷　(清)姚鼐撰　(清)李瀚章校　清同治五年(1866)李瀚章省心閣刻本　殷生批點　十二冊

340000－1801－0017587　4:17848－4:17867
惜抱軒文集十六卷文後集十卷詩集十卷詩後集一卷詩外集一卷法帖題跋三卷左傳補註一卷公羊補註一卷穀梁補註一卷國語補註一卷筆記八卷九經説十七卷五言今體詩鈔九卷七言今體詩鈔九卷　(清)姚鼐撰　(清)李瀚章校　清同治五年(1866)李瀚章省心閣刻本　二十冊

340000－1801－0017588　4:17868－4:17881
惜抱軒文集十六卷文後集十卷詩集十卷詩後集一卷詩外集一卷法帖題跋三卷左傳補註一卷公羊補註一卷穀梁補註一卷國語補註一卷筆記八卷九經説十七卷五言今體詩鈔九卷七言今體詩鈔九卷　(清)姚鼐撰　(清)李瀚章校　清同治五年(1866)李瀚章省心閣刻本　十四冊　缺十三卷(五言今體詩鈔六至九、七言今體詩鈔九卷)

340000－1801－0017589　4:17894－4:17901
惜抱軒詩文集二十七卷經説十七卷　(清)姚鼐撰　清嘉慶六年(1801)刻本　八冊

340000－1801－0017590　4:17902－4:17903
惜抱軒文集十六卷　(清)姚鼐撰　清嘉慶刻本　二冊

340000－1801－0017591　4:17910－4:17911
惜抱軒詩集十卷　(清)姚鼐撰　清嘉慶三年(1798)劉文奎刻本　二冊

340000－1801－0017592　4:17912－4:17914
惜抱軒詩集十卷　(清)姚鼐撰　清嘉慶三年(1798)劉文奎刻本　三冊

340000－1801－0017593　4:17916－4:17921
惜抱軒文集十六卷後集十卷　(清)姚鼐撰　清光緒九年(1883)徐氏刻本　六冊

340000－1801－0017594　4:17922
惜抱軒尺牘八卷　(清)姚鼐撰　清道光三年(1823)刻本　一冊

340000－1801－0017595　4:17923
惜抱軒尺牘八卷　(清)姚鼐撰　清道光三年(1823)刻本　一冊

340000－1801－0017596　4:17924－4:17927
惜抱先生尺牘八卷　(清)姚鼐撰　清抄本　四冊

340000－1801－0017597　4:17928－4:17931
惜抱尺牘八卷　(清)姚鼐撰　清宣統元年(1909)廉氏小萬柳堂刻本　四冊

340000－1801－0017598　4:17936
惜抱先生尺牘補編二卷　(清)姚鼐撰　清光緒五年(1879)刻惜抱軒遺書三種本　一冊

340000－1801－0017599　4:17937
惜抱先生尺牘補編二卷　(清)姚鼐撰　清光緒五年(1879)刻惜抱軒遺書三種本　一冊

340000－1801－0017600　4:17938
光栗園先生詩稿不分卷　(清)光聰諧著　清稿本　一冊

340000－1801－0017601　4:17940
稼墨軒詩集四卷　(清)光聰諧撰　清刻本　一冊

340000－1801－0017602　4:17941－4:17942
貽軒詩二卷　(清)仇夢岩撰　清嘉慶二十四年(1819)刻本　二册

340000－1801－0017603　4:17943－4:17946
晝溪詩集十五卷論詩一卷　(清)吴詢撰　清刻本　四册

340000－1801－0017604　4:17947－4:17948
晝溪詩集十五卷論詩一卷　(清)吴詢撰　清刻本　二册

340000－1801－0017605　4:17949－4:17950
援鶉堂詩集文集十三卷　(清)姚範撰　清嘉慶十七年(1812)刻本　二册

340000－1801－0017606　4:17951－4:17952
援鶉堂詩集七卷　(清)姚範撰　清嘉慶十七年(1812)刻本　二册

340000－1801－0017607　4:17953－4:17958
東溟文後集十四卷外集二卷　(清)姚瑩撰　清刻本　六册

340000－1801－0017608　4:17959－4:17960
後湘詩集九卷續集七卷　(清)姚瑩撰　清姚氏刻中復堂集本　二册

340000－1801－0017609　4:17961
後湘續集七卷　(清)姚瑩撰　清謄清稿本　一册

340000－1801－0017610　4:48386
後湘續集七卷　(清)姚瑩撰　清刻本　一册

340000－1801－0017611　4:17962
中復堂遺稿五卷續編二卷　(清)姚瑩撰　清同治四年(1865)刻本　一册

340000－1801－0017612　4:17963
中復堂遺稿五卷續編二卷　(清)姚瑩撰　清同治四年(1865)刻本　一册

340000－1801－0017613　4:17964－4:17967
研六室文抄十卷　(清)胡培翬撰　清光緒四年(1878)世澤堂刻本　四册

340000－1801－0017614　4:17968－4:17971
研六室文抄十卷　(清)胡培翬撰　清光緒四年(1878)世澤堂刻本　四册

340000－1801－0017615　4:17972－4:17976
研六室文抄十卷　(清)胡培翬撰　清光緒四年(1878)世澤堂刻本　五册

340000－1801－0017616　4:17977－4:17979
雪梅詩抄四卷又一卷詞抄一卷　(清)胡成浚撰　清嘉慶刻本　三册

340000－1801－0017617　4:17980－4:17982
雪梅詩抄四卷又一卷詞抄一卷　(清)胡成浚撰　清嘉慶刻本　三册

340000－1801－0017618　4:17983－4:17984
雪梅詩抄四卷又一卷詞抄一卷　(清)胡成浚撰　清嘉慶刻本　二册　存四卷(雪梅詩抄四卷)

340000－1801－0017619　4:17985
雪梅詩抄四卷又一卷詞抄一卷　(清)胡成浚撰　清嘉慶刻本　一册　存四卷(雪梅詩抄四卷)

340000－1801－0017620　4:17986
養泉遺詩六卷　(清)朱鑽撰　(清)朱琦選　清嘉慶十八年(1813)刻本　一册

340000－1801－0017621　4:17987－4:17988
湘雪軒詩四卷　(清)孫克依撰　清光緒淮南孫氏刻本　二册

340000－1801－0017622　4:17989－4:17990
湘雪軒詩四卷　(清)孫克依撰　清光緒淮南孫氏刻本　二册

340000－1801－0017623　4:17991－4:17992
湘雪軒詩抄四卷　(清)孫克依撰　清嘉慶十二年(1807)刻本　二册

340000－1801－0017624　4:17993
半遠山房詩集不分卷　(清)吴灝撰　清嘉慶二年(1797)刻本　一册

340000－1801－0017625　4:17994
半遠山房詩集不分卷　(清)吴灝撰　清嘉慶二年(1797)刻本　一册

340000 - 1801 - 0017626　4:18007
賃春草一卷　(清)汪嘉清撰　清光緒十三年(1887)陽湖錢鑠刻本　書城題識　一册

340000 - 1801 - 0017627　4:18008
聞喜堂詩集四卷附一卷　(清)蔡邦烜撰　清嘉慶十八年(1813)刻本　一册

340000 - 1801 - 0017628　4:18009
聞喜堂詩集四卷附一卷　(清)蔡邦烜撰　清嘉慶十八年(1813)刻本　一册

340000 - 1801 - 0017629　4:18003 - 4:18006
勉行堂詩集二十四卷　(清)程晉芳撰　清嘉慶刻本　四册

340000 - 1801 - 0017630　4:18010
蕺園近詩二卷　(清)程晉芳撰　清刻本　一册

340000 - 1801 - 0017631　4:18011 - 4:18014
蕺園詩集十卷　(清)程晉芳撰　清刻本　四册

340000 - 1801 - 0017632　4:18016
覯泉詩抄二卷　(清)程文囿撰　清嘉慶十七年(1812)刻本　一册

340000 - 1801 - 0017633　4:18017 - 4:18018
傅巖詩集四卷　(清)張聰咸撰　清嘉慶二十三年(1818)刻本　二册

340000 - 1801 - 0017634　4:18019
瓻餘詩抄八卷　(清)胡翔雲撰　清嘉慶刻本　一册

340000 - 1801 - 0017635　4:18020
饋蟫草不分卷　(清)胡之光撰　清嘉慶十年(1805)桐岡草堂刻本　一册

340000 - 1801 - 0017636　4:18021
染綠齋詩存稿二卷　(清)董策撰　清嘉慶十四年(1809)小遊仙廬刻本　一册

340000 - 1801 - 0017637　4:18022
屏山詩乘不分卷　(清)朱潒撰　清嘉慶刻本　一册

340000 - 1801 - 0017638　4:18023 - 4:18034
吟紅閣詩抄十二卷　(清)金翀撰　清嘉慶刻本　十二册

340000 - 1801 - 0017639　4:18035
吟紅閣詩選四卷　(清)金翀撰　清嘉慶刻本　一册

340000 - 1801 - 0017640　4:18036
小巢壺詩二卷　(清)鮑善基撰　清嘉慶二十一年(1816)刻本　一册

340000 - 1801 - 0017641　4:18037
紀災草不分卷　(清)程華撰　清道光七年(1827)孝友堂刻本　一册

340000 - 1801 - 0017642　4:18038
春江先生遺稿不分卷　(清)俞鎮瑢撰　清刻本　一册

340000 - 1801 - 0017643　4:18039 - 4:18040
攄抱軒詩抄十卷　(清)汪桂月撰　清道光二十年(1840)培根堂刻本　二册

340000 - 1801 - 0017644　4:10174 - 4:10179
裘文達公集二十五卷　(清)裘曰修撰　清嘉慶刻本　六册

340000 - 1801 - 0017645　4:10180 - 4:10185
裘文達公集二十五卷　(清)裘曰修撰　清嘉慶刻本　六册

340000 - 1801 - 0017646　4:10186 - 4:10191
裘文達公詩文集二十四卷奏議一卷　(清)裘曰修撰　清嘉慶八年(1803)刻本　六册

340000 - 1801 - 0017647　4:10192 - 4:10197
裘文達公集二十四卷　(清)裘曰修撰　清刻本　六册

340000 - 1801 - 0017648　4:18041
竹坪集句不分卷　(清)徐玉增撰　清道光七年(1827)刻本　一册

340000 - 1801 - 0017649　4:18042
竹坪集句不分卷　(清)徐玉增撰　清道光七年(1827)刻本　一册

340000－1801－0017650　4:18043
竹坪集句不分卷　(清)徐玉增撰　清道光七年(1827)刻本　一册

340000－1801－0017651　4:18044
竹坪集句不分卷　(清)徐玉增撰　清道光七年(1827)刻本　一册

340000－1801－0017652　4:18045
瑞硯齋賦抄不分卷　(清)胡積城撰　清刻本　一册

340000－1801－0017653　4:18046－4:18047
琅嬛仙廬詩集六卷　(清)董桂山撰　清道光三年(1823)香雪齋刻本　二册

340000－1801－0017654　4:18048－4:18052
聽雪齋詩集十卷二集十二卷　(清)錢勖仍撰　清刻本　五册

340000－1801－0017655　4:18054
敦復齋詩集二卷　(清)陳世恩撰　清光緒抄本　一册

340000－1801－0017656　4:18055
滄粟齋存稿四卷　(清)胡暉祥撰　清刻本　一册

340000－1801－0017657　4:18056
滄粟齋存稿四卷　(清)胡暉祥撰　清刻本　一册

340000－1801－0017658　4:18057
滄粟齋存稿四卷　(清)胡暉祥撰　清刻本　一册

340000－1801－0017659　4:18058
寫山樓詩存二卷　(清)姚覲閶撰　清道光四年(1824)刻本　一册

340000－1801－0017660　4:18060－4:18064
吳學士詩集五卷文集四卷　(清)吳鼒撰　(清)薛時雨　(清)梁肇煌編訂　清光緒八年(1882)江寧藩署刻本　六册

340000－1801－0017661　4:18065－4:18070
吳學士詩集五卷文集四卷　(清)吳鼒撰　(清)薛時雨　(清)梁肇煌編訂　清光緒八年(1882)江寧藩署刻本　六册

340000－1801－0017662　4:18071－4:18076
吳學士詩集五卷文集四卷　(清)吳鼒撰　(清)薛時雨　(清)梁肇煌編訂　清光緒八年(1882)江寧藩署刻本(有補配)　六册

340000－1801－0017663　4:18077－4:18080
吳學士詩集五卷文集四卷　(清)吳鼒撰　(清)薛時雨　(清)梁肇煌編訂　清光緒八年(1882)江寧藩署刻本　四册　存四卷(文集四卷)

340000－1801－0017664　4:18081－4:18082
抑庵遺詩八卷　(清)吳鼒撰　清同治九年(1870)刻本　二册

340000－1801－0017665　4:18083－4:18084
百萼紅詞二卷　(清)吳鼒撰　清光緒五年(1879)刻本　二册

340000－1801－0017666　4:18085－4:18086
百萼紅詞二卷　(清)吳鼒撰　清光緒五年(1879)刻本　二册

340000－1801－0017667　4:18087
百萼紅詞二卷　(清)吳鼒撰　清光緒五年(1879)刻本　一册

340000－1801－0017668　4:18088－4:18095
劉孟塗集四十四卷　(清)劉開撰　清道光六年(1826)姚氏檗山草堂刻本　八册

340000－1801－0017669　4:18096－4:18103
劉孟塗集四十四卷　(清)劉開撰　清道光六年(1826)姚氏檗山草堂刻本　八册

340000－1801－0017670　4:18104－4:18111
劉孟塗集四十四卷　(清)劉開撰　清道光六年(1826)姚氏檗山草堂刻本　八册

340000－1801－0017671　4:18112－4:18119
劉孟塗集四十四卷　(清)劉開撰　清道光六年(1826)姚氏檗山草堂刻本　八册

340000－1801－0017672　4:18120－4:18127
劉孟塗集四十四卷　(清)劉開撰　清道光六年(1826)姚氏檗山草堂刻本　八册

340000－1801－0017673　4：18128
孟塗先生遺集二卷　(清)劉開撰　清光緒十五年(1889)劉氏刻本　一冊

340000－1801－0017674　4：18129
孟塗先生遺集二卷　(清)劉開撰　清光緒十五年(1889)劉氏刻本　一冊

340000－1801－0017675　4：18130
孟塗先生遺集二卷　(清)劉開撰　清光緒十五年(1889)劉氏刻本　一冊

340000－1801－0017676　4：18131
孟塗先生遺集二卷　(清)劉開撰　清光緒十五年(1889)劉氏刻本　一冊

340000－1801－0017677　4：18132－4：18135
孟塗初集十卷　(清)劉開撰　清刻本　四冊

340000－1801－0017678　4：18136
近唐外編不分卷　(清)吳堯中撰　清道光十年(1830)刻本　一冊

340000－1801－0017679　4：18138
四養齋詩稿三卷　(清)俞正燮撰　清咸豐二年(1852)刻本　一冊

340000－1801－0017680　4：18139
四養齋詩稿三卷　(清)俞正燮撰　清咸豐二年(1852)刻本　一冊

340000－1801－0017681　4：18140
白圭堂詩鈔四卷　(清)江之紀撰　清刻本　一冊

340000－1801－0017682　4：18141－4：18144
白圭堂詩鈔六卷續鈔六卷　(清)江之紀撰　清光緒十九年(1893)刻本　四冊

340000－1801－0017683　4：18145－4：18146
白圭堂詩鈔八卷續鈔六卷　(清)江之紀撰　清同治三年(1864)刻本　二冊

340000－1801－0017684　4：18147－4：18150
白圭堂詩鈔八卷續鈔六卷　(清)江之紀撰　清同治三年(1864)刻本　四冊

340000－1801－0017685　4：18151－4：18154
白圭堂詩鈔八卷續鈔四卷　(清)江之紀撰　清嘉慶刻本　四冊

340000－1801－0017686　4：18160
香草堂詩略二卷　(清)陳廷桂撰　清嘉慶刻本　一冊

340000－1801－0017687　4：18161－4：18167
石鼓硯齋詩抄三十二卷直廬集八卷試帖二卷　(清)曹文埴撰　清刻本　八冊

340000－1801－0017688　4：18168－4：18173
石鼓硯齋詩抄三十二卷　(清)曹文埴撰　清嘉慶刻本　六冊

340000－1801－0017689　4：18174－4：18179
石鼓硯齋文抄二十卷附行狀　(清)曹文埴撰　清嘉慶刻本　六冊

340000－1801－0017690　4：18196－4：18197
燕臺旅草四卷都門唱和詩一卷　(清)程虞卿撰　清嘉慶四年(1799)刻本　二冊

340000－1801－0017691　4：18200
井蛙吟不分卷　(清)鮑源煦撰　清道光清稿本　一冊

340000－1801－0017692　4：18201
紅瓊書屋詩存不分卷　(清)鮑源煦撰　清謄清稿本　一冊

340000－1801－0017693　4：18202
叢桂山房遺稿不分卷　(清)許仁撰　清道光二十七年(1847)刻本　一冊

340000－1801－0017694　4：18203－4：18204
蠙廬詩抄十卷　(清)王蔭槐撰　清光緒七年(1881)刻本　二冊

340000－1801－0017695　4：18205－4：18206
蠙廬詩抄十卷　(清)王蔭槐撰　清光緒七年(1881)刻本　二冊

340000－1801－0017696　4：18207－4：18210
悔生詩抄六卷文集八卷　(清)王灼撰　清方軫刻本　四冊

340000－1801－0017697　4：18211－4：18214

悔生詩抄六卷文集八卷 （清）王灼撰　清方軫刻本　四册

340000－1801－0017698　4:18215－4:18218
悔生詩抄六卷文集八卷 （清）王灼撰　清方軫刻本　四册

340000－1801－0017699　4:18233－4:18242
壹齋集四十卷奏御集二卷賦一卷畫品一卷畫友録一卷黄山遊記一卷泛槳録二卷奏御集一卷兩朝恩賚記一卷 （清）黄鉞撰　**蕭湯二老遺詩合編二卷** （清）蕭雲從　（清）湯燕生撰　（清）黄鉞輯　清咸豐九年（1859）蕪湖許氏廣東南海縣丞署刻本　十册

340000－1801－0017700　4:18243－4:18249
壹齋集四十卷奏御集二卷賦一卷畫品一卷畫友録一卷黄山遊記一卷泛槳録二卷奏御集一卷兩朝恩賚記一卷 （清）黄鉞撰　**蕭湯二老遺詩合編二卷** （清）蕭雲從　（清）湯燕生撰　（清）黄鉞輯　清咸豐九年（1859）蕪湖許氏廣東南海縣丞署刻本　七册　缺十七卷（壹齋集一至五、十一至二十二）

340000－1801－0017701　4:18219－4:18232
壹齋集四十卷賦一卷畫品一卷畫友録一卷游記一卷泛槳録二卷奏御集二卷兩朝恩賚記一卷 （清）黄鉞撰　**蕭湯二老遺詩合編二卷** （清）蕭雲從　（清）湯燕生撰　（清）黄鉞輯　**黄勤敏公年譜一卷** （清）黄鉞手定　（清）黄富民續　清咸豐九年（1859）蕪湖許氏刻同治五年（1866）黄氏金陵增刻黄勤敏公全集本　十二册

340000－1801－0017702　4:18250－4:18251
奏御集二卷 （清）黄鉞撰　清道光刻本　二册

340000－1801－0017703　4:18252－4:18253
玉照集二卷 （清）胡承祝撰　清道光四年（1824）刻本　二册

340000－1801－0017704　4:18254
玉山逸稿四卷附一卷 （清）鮑廷博撰　清刻讀畫齋叢書本　一册

340000－1801－0017705　4:18256－4:18258
求是堂文集六卷駢體文二卷 （清）胡承珙撰　清道光十七年（1837）刻本　三册

340000－1801－0017706　4:18259－4:18260
謝家山人集六卷自訂年譜一卷 （清）唐瑩撰　清光緒十年（1884）安慶刻本　二册

340000－1801－0017707　4:26158－4:26159
謝家山人集六卷自訂年譜一卷 （清）唐瑩輯　清光緒十年（1884）安慶刻本　二册

340000－1801－0017708　4:26160－4:26161
謝家山人集六卷自訂年譜一卷 （清）唐瑩輯　清光緒十年（1884）安慶刻本　二册

340000－1801－0017709　4:18261－4:18262
謝家山人集六卷自訂年譜一卷 （清）唐瑩撰　清光緒十年（1884）刻本　二册

340000－1801－0017710　4:18263－4:18264
謝家山人集六卷自訂年譜一卷 （清）唐瑩撰　清光緒十年（1884）刻本　二册

340000－1801－0017711　4:18265－4:18266
謝家山人集六卷自訂年譜一卷 （清）唐瑩撰　清光緒十年（1884）刻本　二册

340000－1801－0017712　4:18267－4:18268
謝家山人集六卷自訂年譜一卷 （清）唐瑩撰　清光緒十年（1884）刻本　二册

340000－1801－0017713　4:18273－4:18276
風山宦遊草八卷 （清）張廷誥撰　清道光七年（1827）刻本　四册

340000－1801－0017714　4:18279－4:18282
槐卿遺稿六卷 （清）沈衍慶撰　清同治元年（1862）刻本　四册

340000－1801－0017715　4:18283－4:18284
槐卿遺稿六卷 （清）沈衍慶撰　清光緒三十一年（1905）木活字印本　二册

340000－1801－0017716　4:18285－4:18286
敬恕堂詩存六卷 （清）方積撰　清嘉慶十九年（1814）刻本　二册

340000－1801－0017717　4:18287－4:18294
稻花齋詩抄十四卷　(清)方于穀撰　清嘉慶二十二年(1817)刻本　八册

340000－1801－0017718　4:18295－4:18302
稻花齋詩抄十四卷　(清)方于穀撰　清嘉慶二十二年(1817)刻本　八册

340000－1801－0017719　4:18303－4:18308
拙修集十卷續四卷補一卷　(清)吳廷棟撰　清同治十年(1871)六安涂宗瀛求我齋刻本　六册

340000－1801－0017720　4:18309－4:18312
拙修集十卷　(清)吳廷棟撰　清同治十年(1871)六安涂宗瀛求我齋刻本　四册

340000－1801－0017721　4:18313－4:18316
拙修集十卷　(清)吳廷棟撰　清同治十年(1871)六安涂宗瀛求我齋刻本　四册

340000－1801－0017722　4:18317－4:18319
拙修集十卷　(清)吳廷棟撰　清同治十年(1871)六安涂宗瀛求我齋刻本　三册

340000－1801－0017723　4:18320－4:18323
拙修集十卷　(清)吳廷棟撰　清同治十年(1871)六安涂宗瀛求我齋刻本　四册

340000－1801－0017724　4:18324－4:18325
拙修集續編四卷　(清)吳廷棟撰　清光緒九年(1883)六安涂宗瀛求我齋刻本　二册

340000－1801－0017725　4:18326－4:18329
拙修集續編四卷　(清)吳廷棟撰　清光緒九年(1883)六安涂宗瀛求我齋刻本　四册

340000－1801－0017726　4:18330
嘯月山房詩四卷　(清)桂青萬撰　清道光十四年(1834)刻本　一册

340000－1801－0017727　4:18331－4:18332
巖石詩鈔三卷無聲詩話一卷　(清)釋胡照撰　**韞玉詩集二卷**　(清)釋胡照編述　清嘉慶刻本　二册

340000－1801－0017728　4:18333
養浩齋詩稿四卷　(清)桂超萬撰　清刻本　一册

340000－1801－0017729　4:18334
養浩齋詩稿四卷　(清)桂超萬撰　清光緒十二年(1886)刻本　一册

340000－1801－0017730　4:18335
翊翊齋遺書四卷　(清)馬翮飛撰　清刻本　一册

340000－1801－0017731　4:18336
翊翊齋遺書四卷　(清)馬翮飛撰　清刻本　一册

340000－1801－0017732　4:18337－4:18340
秋圍詩抄四卷　(清)黃輝撰　清嘉慶刻本　四册

340000－1801－0017733　4:18341
直廬集八卷　(清)曹文埴撰　清刻本　一册

340000－1801－0017734　4:18343－4:18344
禮部遺集九卷　(清)黃富民撰　清同治九年(1870)刻本　二册

340000－1801－0017735　4:18347－4:18348
禮部遺集九卷　(清)黃富民撰　清同治九年(1870)刻本　二册

340000－1801－0017736　4:18349－4:18350
海樵文集二卷　(清)周大槐撰　清嘉慶二十一年(1816)刻本　二册

340000－1801－0017737　4:18351－4:18354
敬孚類稿十六卷　(清)蕭穆撰　清光緒三十二年(1906)刻本　四册

340000－1801－0017738　4:18355
伊人詩草不分卷　(清)莊華湘撰　清道光二十一年(1841)刻本　一册

340000－1801－0017739　4:18356
廣英堂遺稿不分卷　(清)包慎言撰　清同治刻本　一册

340000－1801－0017740　4:18357
萬里集選二卷　(清)金翀撰　清嘉慶二十一年(1816)刻本　一册

340000－1801－0017741　4:18358
五石瓠齋遺稿二卷　(清)胡世敦撰　清同治十一年(1872)胡氏刻本　一册

340000－1801－0017742　4:18359
五石瓠齋遺稿二卷　(清)胡世敦撰　清同治十一年(1872)胡氏刻本　一册

340000－1801－0017743　4:18360
五石瓠齋遺稿二卷　(清)胡世敦撰　清同治十一年(1872)胡氏刻本　一册

340000－1801－0017744　4:18361
五石瓠齋遺稿二卷　(清)胡世敦撰　清同治十一年(1872)胡氏刻本　一册

340000－1801－0017745　4:18362
五石瓠齋遺稿二卷　(清)胡世敦撰　清同治十一年(1872)胡氏刻本　一册

340000－1801－0017746　4:18363－4:18364
欽齋詩稿四卷文一卷　(清)蘇惇元撰　清刻本　二册

340000－1801－0017747　4:18365－4:18368
朗陵詩集十二卷　(清)王士桓撰　清道光二十四年(1844)半耕山房刻本　四册

340000－1801－0017748　4:18369－4:18370
啖蔗軒詩存三卷　(清)方士淦撰　清同治兩淮運署刻本　二册

340000－1801－0017749　4:18371－4:18372
樗亭文抄四卷　(清)徐璈撰　清道光二十二年(1842)刻本　二册

340000－1801－0017750　4:18373－4:18374
四持軒詩抄二卷　(清)方士鼐撰　清同治八年(1869)肇羅道署退一步齋刻本　二册

340000－1801－0017751　4:18375
臥松雲舫遺稿二卷　(清)徐煒撰　清道光元年(1821)刻本　一册

340000－1801－0017752　4:18376－4:18377
初桄齋詩集二卷　(清)程梯功撰　清同治三年(1864)刻本　二册

340000－1801－0017753　4:18378－4:18379
初桄齋詩集二卷　(清)程梯功撰　清同治三年(1864)刻本　二册

340000－1801－0017754　4:18380－4:18381
初桄齋詩集二卷　(清)程梯功撰　清同治三年(1864)刻本　二册

340000－1801－0017755　4:18382－4:18383
初桄齋詩集二卷　(清)程梯功撰　清同治三年(1864)刻本　二册

340000－1801－0017756　4:18384－4:18385
初桄齋詩集二卷　(清)程梯功撰　清刻朱印本　二册

340000－1801－0017757　4:18401
蘿摩別墅詩抄不分卷　(清)汪承恩撰　清道光黄鳳岡刻本　一册

340000－1801－0017758　4:18402
蘿摩別墅詩抄不分卷　(清)汪承恩撰　清道光黄鳳岡刻本　一册

340000－1801－0017759　4:18403
蘿摩別墅詩抄不分卷　(清)汪承恩撰　清道光黄鳳岡刻本　一册

340000－1801－0017760　4:18404
蘿摩別墅詩抄不分卷　(清)汪承恩撰　清道光黄鳳岡刻本　一册

340000－1801－0017761　4:18405
拜針樓八折不分卷　(清)王墅撰　清刻本　一册

340000－1801－0017762　4:18406－4:18407
迂存遺文二卷　(清)倪模撰　清光緒四年(1878)荊州府署刻本　二册

340000－1801－0017763　4:18408－4:18409
迂存遺文二卷　(清)倪模撰　清光緒四年(1878)荊州府署刻本　二册

340000－1801－0017764　4:18410
花仙劫圖總題一卷分題一卷題後一卷附錄一卷　(清)汪作霖撰　清道光十五年(1835)刻本　一册

340000－1801－0017765　4:18411
花仙劫圖總題一卷分題一卷題後一卷附錄一卷　(清)汪作霖撰　清道光十五年(1835)刻本　一册

340000－1801－0017766　4:18412－4:18413
意山園詩抄五卷　(清)周元輔撰　清同治八年(1869)吳氏半畝園刻本　二册

340000－1801－0017767　4:18414－4:18415
意山園詩抄五卷　(清)周元輔撰　清同治八年(1869)吳氏半畝園刻本　二册

340000－1801－0017768　4:18416－4:18417
味燈聽葉廬詩草二卷　(清)李振鈞撰　清光緒十五年(1889)刻本　二册

340000－1801－0017769　4:18418－4:18419
味燈聽葉廬詩草二卷　(清)李振鈞撰　清光緒十五年(1889)刻本　二册

340000－1801－0017770　4:18420－4:18421
味燈聽葉廬詩草二卷　(清)李振鈞撰　清光緒十五年(1889)刻本　二册

340000－1801－0017771　4:18422－4:18425
寄影軒詩抄十八卷　(清)張觀美撰　清光緒刻本　四册

340000－1801－0017772　4:18426－4:18431
賜硯齋集十二卷　(清)龍汝言撰　清道光十六年(1836)刻本　六册

340000－1801－0017773　4:18432－4:18435
賜硯齋集十二卷　(清)龍汝言撰　清道光十六年(1836)刻本　四册

340000－1801－0017774　4:18436－4:18437
賜硯齋集四卷　(清)龍汝言撰　清道光刻本　二册

340000－1801－0017775　4:18438－4:18439
賜硯齋集四卷　(清)龍汝言撰　清道光刻本　二册

340000－1801－0017776　4:18440
覺生進奉文抄不分卷　(清)鮑桂星撰　清刻本　一册

340000－1801－0017777　4:18441
覺生進奉文抄不分卷　(清)鮑桂星撰　清刻本　一册

340000－1801－0017778　4:18442－4:18445
覺生詩續抄四卷年譜一卷　(清)鮑桂星撰　清同治四年(1865)退一步齋刻本　四册

340000－1801－0017779　4:048203－4:048204
覺生詩續抄四卷　(清)鮑桂星撰　清同治四年(1865)退一步齋刻本　二册　存二卷(一至二)

340000－1801－0017780　4:18446
鮑覺生先生未刻詩不分卷　(清)鮑桂星撰　清刻本　一册

340000－1801－0017781　4:18447
覺生詠物詩抄四卷　(清)鮑桂星撰　清刻本　一册

340000－1801－0017782　4:18467－4:18472
覺生詩抄十卷詠物詩抄四卷詠史詩抄三卷感舊詩抄二卷　(清)鮑桂星撰　清嘉慶二十五年(1820)刻本　六册

340000－1801－0017783　4:18473－4:18478
覺生詩抄十卷詠物詩抄四卷詠史詩抄三卷感舊詩抄二卷　(清)鮑桂星撰　清嘉慶二十五年(1820)刻本　六册

340000－1801－0017784　4:18479－4:18484
覺生詩抄十卷詠物詩抄四卷詠史詩抄三卷感舊詩抄二卷　(清)鮑桂星撰　清嘉慶二十五年(1820)刻本　六册

340000－1801－0017785　4:18485－4:18490
覺生詩抄十卷詠物詩抄四卷詠史詩抄三卷感舊詩抄二卷　(清)鮑桂星撰　清嘉慶二十五年(1820)刻本　六册

340000－1801－0017786　4:18448－4:18457
覺生詩抄十卷詠物詩抄四卷詠史詩抄三卷感舊詩抄二卷續抄四卷年譜　(清)鮑桂星撰　清同治刻本　十册

340000－1801－0017787　4:18458－4:18466

覺生詩抄十卷詠物詩抄四卷詠史詩抄三卷感舊詩抄二卷續抄四卷附年譜 （清）鮑桂星撰　清同治刻本　九冊

340000－1801－0017788　4:1855－4:1856 善
借庵詩草二卷 （清）朱昂撰　清雍正九年(1731)抄本　二冊

340000－1801－0017789　4:1857－4:1866 善
睨鶴亭集十二卷 （清）王綱撰　清初刻本　十冊

340000－1801－0017790　4:18491－4:18538
小萬卷齋文稿二十四卷首一卷詩稿三十二卷詩續稿十二卷末一卷經進稿四卷 （清）朱琦撰　清道光六年(1826)江寧刻本　四十八冊

340000－1801－0017791　4:18638－4:18647
小萬卷齋詩稿三十二卷經進稿四卷 （清）朱琦撰　清道光六年(1826)江寧刻本　十冊

340000－1801－0017792　4:18648－4:18659
小萬卷齋文稿二十四卷首一卷末一卷 （清）朱琦撰　清道光二十六年(1846)蘇城思聚堂初刻本(有抄配)　十二冊

340000－1801－0017793　4:18554－4:18577
小萬卷齋文稿二十四卷首一卷詩稿三十二卷詩續稿十二卷末一卷經進稿四卷 （清）朱琦撰　清光緒十一年(1885)朱臧成嘉樹山房刻本　二十四冊

340000－1801－0017794　4:18614－4:18625
小萬卷齋文稿二十四卷首一卷詩稿三十二卷詩續稿十二卷末一卷經進稿四卷 （清）朱琦撰　清光緒十一年(1885)朱臧成嘉樹山房刻本　十二冊　缺二十二卷(小萬卷齋文稿一至十四、十七至二十四)

340000－1801－0017795　4:18578－4:18589
小萬卷齋文稿二十四卷首一卷 （清）朱琦撰　清光緒十一年(1885)朱臧成嘉樹山房刻本　十二冊

340000－1801－0017796　4:18590－4:18601
小萬卷齋文稿二十四卷詩稿三十二卷詩續稿十二卷末一卷經進稿四卷 （清）朱琦撰　清光緒十一年(1885)朱臧成嘉樹山房刻本　十二冊　缺二十四卷(小萬卷齋文稿二十四卷)

340000－1801－0017797　4:18602－4:18613
小萬卷齋文稿二十四卷詩稿三十二卷詩續稿十二卷末一卷經進稿四卷 （清）朱琦撰　清光緒十一年(1885)朱臧成嘉樹山房刻本　十二冊　存二十八卷(小萬卷齋文稿二十四卷、詩稿十七至二十)

340000－1801－0017798　4:18626－4:18637
小萬卷齋文稿二十四卷詩稿三十二卷詩續稿十二卷末一卷經進稿四卷 （清）朱琦撰　清光緒十一年(1885)朱臧成嘉樹山房刻本　十二冊　缺二十四卷(小萬卷齋文稿二十四卷)

340000－1801－0017799　4:048157－4:048159
小萬卷齋詩稿三十二卷首一卷 （清）朱琦撰　清光緒十一年(1885)朱臧成嘉樹山房刻本　三冊　存十二卷(一至四、二十五至三十二)

340000－1801－0017800　4:048156
小萬卷齋詩續稿十二卷末一卷 （清）朱琦撰　清光緒十一年(1885)朱臧成嘉樹山房刻本　一冊　缺八卷(一至八)

340000－1801－0017801　4:48251
小萬卷齋經進稿四卷 （清）朱琦撰　清光緒十一年(1885)朱臧成嘉樹山房刻本　一冊

340000－1801－0017802　4:18539－4:18553
小萬卷齋文稿二十四卷首一卷詩稿三十二卷 （清）朱琦撰　清光緒十一年(1885)朱臧成嘉樹山房刻民國後印本　十五冊　缺二十卷(詩稿十三至三十二)

340000－1801－0017803　4:18660
浣花存稿二卷 （清）吳自孚撰　清道光二十五年(1845)刻本　一冊

340000－1801－0017804　4:18661
浣花存稿二卷 （清）吳自孚撰　清道光二十五年(1845)刻本　一冊

340000－1801－0017805　4:18662
浣花存稿二卷　(清)吳自孚撰　清道光二十五年(1845)刻本　一冊

340000－1801－0017806　4:18663－4:18666
師水齋集十八卷　(清)崔預撰　清同治刻本　四冊

340000－1801－0017807　4:18667－4:18670
師水齋集十八卷　(清)崔預撰　清同治刻本　四冊

340000－1801－0017808　4:18671－4:18672
伊蒿室文集六卷　(清)王效成撰　清咸豐五年(1855)望三益齋刻本　二冊

340000－1801－0017809　4:18673－4:18675
伊蒿室文集六卷詩詞三卷　(清)王效成撰　清咸豐二年(1852)刻本　三冊

340000－1801－0017810　4:1867－4:1869 善
青箱堂文集十二卷遺稿續刻一卷年譜一卷　(清)王崇簡撰　清康熙二十八年(1689)王熙刻本　三冊

340000－1801－0017811　4:18676－4:18677
循蘭館詩存六卷　(清)盧先駱撰　清道光刻本　二冊

340000－1801－0017812　4:18678
果齋詩鈔二卷　(清)胡方朔撰　清光緒十八年(1892)刻本　一冊

340000－1801－0017813　4:18679
果齋詩鈔二卷　(清)胡方朔撰　清光緒十八年(1892)刻本　一冊

340000－1801－0017814　4:18680
果齋詩鈔二卷　(清)胡方朔撰　清光緒十八年(1892)刻本　一冊

340000－1801－0017815　4:18681
詞鯖一卷　(清)余煌撰　清道光六年(1826)有斐居刻本　一冊

340000－1801－0017816　4:18682
姑存集二卷　(清)孫煌撰　清道光二十年(1840)香雪草堂刻本　一冊

340000－1801－0017817　4:18683
姑存集二卷　(清)孫煌撰　清道光二十年(1840)香雪草堂刻本　一冊

340000－1801－0017818　4:18684－4:18685
敦素堂詩抄四卷　(清)潘耀文撰　清道光刻本　二冊

340000－1801－0017819　4:18686
知足知止齋館課詩賦抄二卷　(清)胡文朔撰　清道光十九年(1839)刻本　一冊

340000－1801－0017820　4:18687
杏岑詩稿不分卷　(清)曹爾康撰　清道光十五年(1835)延綠閣刻本　一冊

340000－1801－0017821　4:18688
霞飛閣詩稿不分卷　(清)朱賓孫撰　清道光刻本　一冊

340000－1801－0017822　4:18689
霞飛閣詩稿不分卷　(清)朱賓孫撰　清道光刻本　一冊

340000－1801－0017823　4:18690
桐樵詩稿四卷　(清)石光宿撰　清道光二十四年(1844)守經堂刻本　一冊

340000－1801－0017824　4:18691
桐樵詩稿四卷　(清)石光宿撰　清道光二十四年(1844)守經堂刻本　一冊

340000－1801－0017825　4:18692
清貽館遺稿二卷　(清)石葆元撰　清道光二十九年(1849)刻本　一冊

340000－1801－0017826　4:18693
清貽館遺稿二卷　(清)石葆元撰　清道光二十九年(1849)刻本　一冊

340000－1801－0017827　4:18694
清貽館遺稿二卷　(清)石葆元撰　清道光二十九年(1849)刻本　一冊

340000－1801－0017828　4:18695－4:18696
程雪門遺詩二卷　(清)程耀堃撰　清道光九年(1829)刻本　二冊

340000－1801－0017829　4：18697

花隱香巢古今體詩二卷　（清）黄仁麟撰　清道光刻本　一册

340000－1801－0017830　4：18698

花隱香巢古今體詩二卷　（清）黄仁麟撰　清道光刻本　一册

340000－1801－0017831　4：18699－4：18702

存悔軒文存二卷　（清）張遇春輯　清道光十七年（1837）刻本　四册

340000－1801－0017832　4：18703－4：18705

壬子集六卷　（清）汪鎮光撰　清道光六年（1826）石湖精舍刻本　三册

340000－1801－0017833　4：1870－4：1875 善

堯峰文鈔五十卷　（清）汪琬撰　（清）林佶編　清康熙三十二年（1693）刻本　六册

340000－1801－0017834　4：18706

天美遺集不分卷　（清）汪方鐘撰　清道光刻本　一册

340000－1801－0017835　4：18710－4：18714

筱榭詩抄十卷訓子筆記一卷　（清）謝瀣恩撰　清道光刻本　五册

340000－1801－0017836　4：18715

愛日堂詩鈔五卷　（清）朱份著　（清）朱玠書　（清）朱業書校　清道光三十年（1850）刻本　一册

340000－1801－0017837　4：18716

榆塞吹蘆集四卷　（清）陳塾撰　清刻本　一册

340000－1801－0017838　4：18717

榆塞吹蘆集四卷　（清）陳塾撰　清刻本　一册

340000－1801－0017839　4：18720

小瀛洲吟稿四卷　（清）鮑蘭皋撰　清刻本　一册

340000－1801－0017840　4：18721－4：18722

水西詠雪齋詩稿六卷　（清）趙炳文撰　清道光刻本　二册

340000－1801－0017841　4：18723－4：18724

許玉峰先生集三卷附録一卷遺文一卷　（清）許鼎撰　清同治五年（1866）刻本　二册

340000－1801－0017842　4：18725

許玉峰先生集三卷遺文一卷　（清）許鼎撰　清同治五年（1866）刻本　一册

340000－1801－0017843　4：18726

許玉峰先生集三卷遺文一卷　（清）許鼎撰　清同治五年（1866）刻本　一册

340000－1801－0017844　4：18727

許玉峰先生集三卷遺文一卷　（清）許鼎撰　清同治五年（1866）刻本　一册

340000－1801－0017845　4：18728

許玉峰先生集三卷遺文一卷　（清）許鼎撰　清同治五年（1866）刻本　一册

340000－1801－0017846　4：18737－4：18752

國子先生全集棕亭古文鈔十卷棕亭駢體文鈔八卷棕亭詩鈔十八卷首一卷　（清）金兆燕撰　（清）金珉編次　**棕亭詞鈔七卷**　（清）金兆燕撰　清嘉慶十二年（1807）金氏贈雲軒刻道光十六年（1836）續刻彙印本　十六册

340000－1801－0017847　4：18753－4：18756

國子先生全集棕亭古文鈔十卷棕亭駢體文鈔八卷首一卷　（清）金兆燕撰　（清）金珉編次　清道光十六年（1836）金氏贈雲軒刻本　四册

340000－1801－0017848　4：18730－4：18736

國子先生全集棕亭古文鈔十卷棕亭駢體文鈔八卷棕亭詩鈔十八卷首一卷　（清）金兆燕撰　（清）金珉編次　清光緒二年（1876）皖城集文堂刻本　七册

340000－1801－0017849　4：18757

小園詩抄不分卷　（清）吴毓麟撰　清刻本　一册

340000－1801－0017850　4：18758

小園詩抄不分卷　（清）吴毓麟撰　清刻本　一册

340000－1801－0017851　4:18759
小園詩抄不分卷　(清)吳毓麟撰　清刻本　一册

340000－1801－0017852　4:1876
清嶁遺稿二卷　(清)盛錦撰　(清)沈德潛評　清同治十一年(1872)刻本　一册

340000－1801－0017853　4:18760
西行草不分卷　(清)汪廷楷撰　清道光刻本　一册

340000－1801－0017854　4:18761－4:18764
芸輝堂詩集四卷　(清)程烈光撰　**澹慮軒存稿一卷詞一卷碧腴詩草一卷詞一卷**　清刻本　四册

340000－1801－0017855　4:18765－4:18768
芸輝堂文集二卷詩四卷　(清)程烈光撰　清道光二十二年(1842)刻本　四册

340000－1801－0017856　4:18769－4:18771
芸輝堂詩集四卷文集一卷　(清)程烈光撰　清道光二十二年(1842)刻本　三册

340000－1801－0017857　4:18772－4:18777
芸輝堂詩集四卷文集二卷賦稿二卷　(清)程烈光撰　清同治八年(1869)刻本　六册

340000－1801－0017858　4:1877－4:1892 善
致軒詩鈔二十四卷　(清)楊守知撰　(清)查祥編　清抄本　楊復批校並跋　十六册

340000－1801－0017859　4:18778
經畬堂存稿六卷　(清)胡暉吉撰　清道光十四年(1834)怡樂山莊刻本　一册

340000－1801－0017860　4:18779
經畬堂存稿六卷　(清)胡暉吉撰　清道光十四年(1834)怡樂山莊刻本　一册

340000－1801－0017861　4:18780
經畬堂存稿六卷　(清)胡暉吉撰　清道光十四年(1834)怡樂山莊刻本　一册

340000－1801－0017862　4:2054 善
味菜堂删餘稿不分卷瑤天笙鶴譜一卷　(清)汪淵撰　清光緒稿本　一册

340000－1801－0017863　4:2055 善
味菜堂駢散文略一卷律賦鈔存一卷詩餘稿一卷詩續稿一卷續鈔一卷詩續稿一卷雜鈔一卷　(清)汪淵撰　清光緒稿本　一册

340000－1801－0017864　4:2056 善
味菜堂疊韻詩二卷　(清)汪淵撰　清光緒稿本　一册

340000－1801－0017865　4:18838
味菜堂詩集四卷　(清)汪淵撰　清光緒十九年(1893)刻本　一册

340000－1801－0017866　4:18839－4:18841
味菜堂詩四卷外集二卷　(清)汪淵撰　清光緒二十三年(1897)刻本(外集配民國四年鉛印本)　三册

340000－1801－0017867　4:18842－4:18844
味菜堂詩四卷外集二卷　(清)汪淵撰　清光緒二十三年(1897)刻本(外集配民國四年鉛印本)　三册

340000－1801－0017868　4:18845－4:18847
味菜堂詩四卷外集二卷　(清)汪淵撰　清光緒二十三年(1897)刻本(外集配民國四年鉛印本)　三册

340000－1801－0017869　4:18848－4:18850
味菜堂詩四卷外集二卷　(清)汪淵撰　清光緒二十三年(1897)刻本(外集配民國四年鉛印本)　三册

340000－1801－0017870　4:18851
藕絲詞四卷　(清)汪淵撰　清光緒七年(1881)新安茹古堂刻本　一册

340000－1801－0017871　4:18852
藕絲詞四卷　(清)汪淵撰　清光緒七年(1881)新安茹古堂刻本　一册

340000－1801－0017872　4:18853
藕絲詞四卷　(清)汪淵撰　清光緒七年(1881)新安茹古堂刻本　一册

340000－1801－0017873　4:18854
藕絲詞四卷　(清)汪淵撰　清光緒七年

(1881)新安茹古堂刻本　一冊

340000－1801－0017874　4:3719 善
麝塵蓮寸集四卷補遺一卷　(清)汪淵集詞　(清)程淑校注　清稿本　一冊

340000－1801－0017875　4:18781－4:18782
麝塵蓮寸集四卷　(清)汪淵撰　清光緒十六年(1890)染翰齋刻本　二冊

340000－1801－0017876　4:18783－4:18784
麝塵蓮寸集四卷　(清)汪淵撰　清光緒十六年(1890)染翰齋刻本　二冊

340000－1801－0017877　4:18785－4:18786
麝塵蓮寸集四卷　(清)汪淵撰　清光緒十六年(1890)染翰齋刻本　二冊

340000－1801－0017878　4:18787－4:18788
麝塵蓮寸集四卷　(清)汪淵撰　清光緒十六年(1890)染翰齋刻本　二冊

340000－1801－0017879　4:18789－4:18790
麝塵蓮寸集四卷　(清)汪淵撰　清光緒十六年(1890)染翰齋刻本　二冊

340000－1801－0017880　4:18791－4:18792
麝塵蓮寸集四卷　(清)汪淵撰　清光緒十六年(1890)染翰齋刻本　二冊

340000－1801－0017881　4:18793
洗蓬仙館文集二卷　(清)林晉奎撰　清道光刻本　一冊

340000－1801－0017882　4:18794
夢約軒詩抄四卷　(清)何俊撰　清刻本　一冊

340000－1801－0017883　4:18795－4:18798
竹瑞堂詩抄十八卷　(清)黄德華撰　清同治三年(1864)刻本　四冊

340000－1801－0017884　4:18799－4:18801
竹瑞堂詩抄十八卷　(清)黄德華撰　清同治三年(1864)刻本　四冊

340000－1801－0017885　4:18802－4:18805
竹瑞堂詩抄十八卷　(清)黄德華撰　清同治三年(1864)刻本　四冊

340000－1801－0017886　4:18806－4:18809
竹瑞堂詩抄十八卷　(清)黄德華撰　清同治三年(1864)刻本　四冊

340000－1801－0017887　4:18810－4:18813
竹瑞堂詩抄十八卷　(清)黄德華撰　清同治三年(1864)刻本　四冊

340000－1801－0017888　4:18814
桑嵐草堂詩存五卷　(清)楊懋業撰　清道光四年(1824)刻本　一冊

340000－1801－0017889　4:18815
桑嵐草堂詩存六卷　(清)楊懋業撰　清道光刻本　一冊

340000－1801－0017890　4:18823－4:18824
浩然堂詩集七卷詞一卷　(清)江開撰　清道光二十九年(1849)刻本　二冊

340000－1801－0017891　4:18825－4:18826
瓣香亭古文二卷　(清)林之芬撰　清同治三年(1864)刻本　二冊

340000－1801－0017892　4:18827
泰然齋集四卷　(清)金榘撰　清道光二十六年(1846)刻本　一冊

340000－1801－0017893　4:18828
紅藥軒詩草二卷　(清)李熙撰　清道光二十三年(1843)刻本　一冊

340000－1801－0017894　4:18829
靜觀書屋詩集七卷　(清)章鶴齡撰　清同治十三年(1874)皖城刻本　一冊

340000－1801－0017895　4:18830－4:18831
靜觀書屋詩集七卷　(清)章鶴齡撰　清同治十三年(1874)皖城刻本　二冊

340000－1801－0017896　4:18832－4:18833
靜觀書屋詩集七卷　(清)章鶴齡撰　清同治十三年(1874)皖城刻本　二冊

340000－1801－0017897　4:18834－4:18835
靜觀書屋詩集七卷　(清)章鶴齡撰　清同治

十三年(1874)皖城刻本　二冊

340000－1801－0017898　4:18855
松石齋詩草三卷　(清)周懋泰撰　清光緒二十二年(1896)刻本　一冊

340000－1801－0017899　4:18856
松石齋詩草三卷　(清)周懋泰撰　清光緒二十二年(1896)刻本　一冊

340000－1801－0017900　4:18857
松石齋詩草三卷　(清)周懋泰撰　清光緒二十二年(1896)刻本　一冊

340000－1801－0017901　4:18858
松石齋詩草三卷　(清)周懋泰撰　清光緒二十二年(1896)刻本　一冊

340000－1801－0017902　4:18859
松石齋詩續二卷　(清)周懋泰撰　清光緒二十五年(1899)刻本　一冊

340000－1801－0017903　4:18860
松石齋詩續二卷　(清)周懋泰撰　清光緒二十五年(1899)刻本　一冊

340000－1801－0017904　4:18861
松石齋詩續二卷　(清)周懋泰撰　清光緒二十五年(1899)刻本　一冊

340000－1801－0017905　4:18862
松石齋詩續二卷　(清)周懋泰撰　清光緒二十五年(1899)刻本　一冊

340000－1801－0017906　4:18863
松石齋詩續二卷　(清)周懋泰撰　清光緒二十五年(1899)刻本　一冊

340000－1801－0017907　4:18866
味經山館詩抄六卷評語一卷　(清)戴鈞衡撰　(清)王祐蕃編校　清咸豐二年至三年(1852－1853)王祐蕃刻本　一冊

340000－1801－0017908　4:4513－4:4514 善
味經山館文鈔四卷　(清)戴鈞衡撰　清咸豐二年至三年(1852－1853)王祐蕃刻本　二冊

340000－1801－0017909　4:18871－4:18873
味經山館詩鈔六卷評語一卷　(清)戴鈞衡撰　(清)王祐蕃編校　**味經山館文鈔四卷**　(清)戴鈞衡撰　清咸豐二年至三年(1852－1853)王祐蕃刻民國四年(1915)戴皖印本　三冊

340000－1801－0017910　4:18870
味經山館詩鈔六卷評語一卷　(清)戴鈞衡撰　(清)王祐蕃編校　清刻本　一冊

340000－1801－0017911　4:18874－4:18876
味經山館遺書四卷　(清)戴鈞衡撰　清木活字印本　三冊

340000－1801－0017912　4:18877
味經山館遺詩二卷　(清)戴鈞衡撰　清抄本　清方宗誠　清徐子苓　清鄭福全批校並題跋　一冊

340000－1801－0017913　4:18879
蓉洲初集六卷　(清)戴鈞衡撰　清道光十九年(1839)桐城戴氏香月山房刻本　二冊

340000－1801－0017914　4:18880
蓉洲初集六卷　(清)戴鈞衡撰　清道光十九年(1839)桐城戴氏香月山房刻本　二冊

340000－1801－0017915　4:18881
蓉洲初集六卷　(清)戴鈞衡撰　清道光十九年(1839)桐城戴氏香月山房刻本　一冊

340000－1801－0017916　4:4511－4:4512 善
蓉洲初集六卷　(清)戴鈞衡撰　清道光十九年(1839)桐城戴氏香月山房刻本　二冊

340000－1801－0017917　4:18882－4:18883
修養窩耕餘偶筆六卷　(清)朱開撰　清光緒二十一年(1895)稻花樓刻本　一冊

340000－1801－0017918　4:18884－4:18885
修養窩耕餘偶筆六卷　(清)朱開撰　清光緒二十一年(1895)稻花樓刻本　一冊

340000－1801－0017919　4:18886－4:18891
梅麓詩抄六卷　(清)齊彥槐撰　清光緒元年(1875)隨安室刻本　六冊

340000－1801－0017920　4:18892

梅麓詩抄六卷 (清)齊彦槐撰 清刻本 一冊

340000－1801－0017921 4:18893－4:18894

梅麓詩抄六卷 (清)齊彦槐撰 清刻本 二冊

340000－1801－0017922 4:18895

岱源詩稿不分卷 (清)陳衍洙撰 清光緒三十年(1904)定遠陳氏鉛印本 一冊

340000－1801－0017923 4:18896－4:18897

輟耕吟稿二卷 (清)倪偉人撰 清道光蛾術山房抄本 二冊

340000－1801－0017924 4:18898－4:18899

輟耕吟稿五卷 (清)倪偉人撰 清光緒十六年(1890)章安官舍刻本 二冊

340000－1801－0017925 4:18900－4:18901

輟耕吟稿五卷 (清)倪偉人撰 清光緒十六年(1890)章安官舍刻本 二冊

340000－1801－0017926 4:18902－4:18903

輟耕吟稿五卷 (清)倪偉人撰 清光緒十六年(1890)章安官舍刻本 二冊

340000－1801－0017927 4:18904－4:18905

輟耕吟稿五卷 (清)倪偉人撰 清光緒十六年(1890)章安官舍刻本 二冊

340000－1801－0017928 4:18906－4:18907

輟耕吟稿五卷 (清)倪偉人撰 清光緒十六年(1890)章安官舍刻本 二冊

340000－1801－0017929 4:18908－4:18909

輟耕吟稿五卷 (清)倪偉人撰 清光緒十六年(1890)章安官舍刻本 二冊

340000－1801－0017930 4:18910

紅葉讀書樓詩草不分卷 (清)孫殿齡撰 清道光二十八年(1848)刻本 一冊

340000－1801－0017931 4:18911－4:18913

紅葉讀書樓草十卷 (清)孫殿齡撰 清道光刻本 三冊 缺三卷(一至三)

340000－1801－0017932 4:18914

紅葉讀書樓草十卷 (清)孫殿齡撰 清道光刻本 一冊

340000－1801－0017933 4:18924－4:18925

少品文稿初刻二卷 (清)夏思沺撰 清咸豐元年(1851)刻本 二冊

340000－1801－0017934 4:18917－4:18920

增訂少嵒賦草二卷 (清)夏思沺撰 清咸豐元年(1851)涇縣朱氏刻本 四冊

340000－1801－0017935 4:18915－4:18916

少嵒賦草四卷 (清)夏思沺撰 清同治七年(1868)刻本 二冊

340000－1801－0017936 4:18926－4:18929

箋注少嵒賦草四卷 (清)夏思沺撰 (清)李之鼎箋 清光緒二十三年(1897)刻本 四冊

340000－1801－0017937 4:48240

重訂少嵒賦草四卷 (清)夏思沺撰 (清)姜兆蘭釋 清刻本 一冊 存二卷(三至四)

340000－1801－0017938 4:1893 善

杏仍留書不分卷 (清)方玉縉撰 清康熙稿本 一冊

340000－1801－0017939 4:18930

齋中讀書詩不分卷 (清)胡肇昕撰 清光緒刻本 一冊

340000－1801－0017940 4:18931

齋中讀書詩不分卷 (清)胡肇昕撰 清光緒刻本 一冊

340000－1801－0017941 4:18932

齋中讀書詩不分卷 (清)胡肇昕撰 清光緒刻本 一冊

340000－1801－0017942 4:18933

齋中讀書詩不分卷 (清)胡肇昕撰 清光緒刻本 一冊

340000－1801－0017943 4:18934

篝筆閑吟不分卷 (清)呂錦文撰 清咸豐六年(1856)刻本 一冊

340000－1801－0017944 4:18935－4:18938

墨歡吟館詩存六卷　(清)曹鳴鑾撰　清道光刻本　四册

340000－1801－0017945　4:18939－4:18942

榴實山莊文稿不分卷詩抄六卷　(清)吳存義撰　清刻本　四册

340000－1801－0017946　4:18943

鶴舫詩詞二卷　(清)石芝撰　清康熙二十八年(1689)清稿本　佚名圈點摘抄　一册

340000－1801－0017947　4:18944

鶴舫詩詞二卷　(清)石芝撰　清道光二十年(1840)掃花山房刻本　一册

340000－1801－0017948　4:1894－4:1899

萬花谷三集総選題詠十二卷　(清)程志遠撰　清康熙二十八年(1689)抄本　六册

340000－1801－0017949　4:18945

拳勺軒詩抄不分卷　(清)江觀濤撰　清同治刻本　一册

340000－1801－0017950　4:18946

拳勺軒詩抄不分卷　(清)江觀濤撰　清同治刻本　一册

340000－1801－0017951　4:18956－4:18957

自知堂文集四卷　(清)董桂敷撰　清道光刻本　二册

340000－1801－0017952　4:18958

自知堂文集四卷　(清)董桂敷撰　清道光刻本　一册

340000－1801－0017953　4:18959

萱壽山房詩草四卷　(清)方本撰　清咸豐刻本　一册

340000－1801－0017954　4:18960

寫心偶存三卷　(清)張燮承撰　清咸豐八年(1858)刻本　一册

340000－1801－0017955　4:18961

寫心偶存三卷　(清)張燮承撰　清咸豐八年(1858)刻本　一册

340000－1801－0017956　4:18962－4:18963

朱霞書屋詩草二卷　(清)劉覲璋撰　清光緒鉛印本　二册

340000－1801－0017957　4:18964－4:18965

朱霞書屋詩草二卷　(清)劉覲璋撰　清光緒鉛印本　二册

340000－1801－0017958　4:18966

馬徵君遺集三卷　(清)馬三俊撰　清同治三年(1864)刻本　一册

340000－1801－0017959　4:18967－4:18968

馬徵君遺集六卷　(清)馬三俊撰　清刻本　二册

340000－1801－0017960　4:18969－4:18970

馬徵君遺集六卷首一卷　(清)馬三俊撰　清同治刻本　二册

340000－1801－0017961　4:18971－4:18974

馬徵君遺集六卷首一卷　(清)馬三俊撰　清同治刻本　四册

340000－1801－0017962　4:18975－4:18978

馬徵君遺集六卷首一卷　(清)馬三俊撰　清同治刻本　四册

340000－1801－0017963　4:18979－4:18980

觀齋集十六卷　(清)王澤撰　清咸豐四年(1854)刻本　二册

340000－1801－0017964　4:18981－4:18982

觀齋集十六卷　(清)王澤撰　清咸豐四年(1854)刻本　二册

340000－1801－0017965　4:18983－4:18986

瑯峯草堂詩抄十二卷　(清)葉霖蕃撰　清咸豐元年(1851)張世烯刻本　四册

340000－1801－0017966　4:15054

瑯峯草堂二集詩草不分卷　(清)葉霖蕃撰　清抄本　一册

340000－1801－0017967　4:18987－4:18988

豹隱堂文集一卷詩稿一卷　(清)趙連城撰　清咸豐四年(1854)刻本　二册

340000－1801－0017968　4:18989

豹隱堂集不分卷　(清)趙連城撰　清光緒杏花村舍刻本　一册

340000－1801－0017969　4:18990－4:18991
吟秋館詩稿六卷　(清)朱葆元撰　清光緒刻本　二册

340000－1801－0017970　4:18992－4:18993
吟秋館詩稿六卷　(清)朱葆元撰　清光緒刻本　二册

340000－1801－0017971　4:18994－4:18995
吟秋館詩稿六卷　(清)朱葆元撰　清光緒刻本　二册

340000－1801－0017972　4:18996－4:18997
吟秋館詩稿六卷　(清)朱葆元撰　清光緒刻本　二册

340000－1801－0017973　4:18998－4:18999
守一齋詩三卷　(清)胡文鎬撰　清咸豐八年(1858)木活字印本　二册

340000－1801－0017974　4:19000
守一齋詩三卷　(清)胡文鎬撰　清咸豐八年(1858)木活字印本　一册

340000－1801－0017975　4:19001
守一齋詩三卷　(清)胡文鎬撰　清咸豐八年(1858)木活字印本　一册

340000－1801－0017976　4:19002
守一齋詩三卷　(清)胡文鎬撰　清咸豐八年(1858)木活字印本　一册

340000－1801－0017977　4:19003
守一齋詩三卷　(清)胡文鎬撰　清咸豐八年(1858)木活字印本　一册

340000－1801－0017978　4:19004
山水清音二卷　(清)鄭桂森撰　清咸豐八年(1858)木活字印本　一册

340000－1801－0017979　4:19005
甘蠖軒小草不分卷　(清)方馨撰　清刻本　一册

340000－1801－0017980　4:19006
知德軒詩抄四卷　(清)汪錚撰　清咸豐六年(1856)刻本　一册

340000－1801－0017981　4:19007
小南海集詩抄二卷　(清)徐同善撰　清同治五年(1866)刻本　一册

340000－1801－0017982　4:19008－4:19009
小南海集詩抄二卷　(清)徐同善撰　清同治五年(1866)刻本　二册

340000－1801－0017983　4:19010－4:19011
小南海集詩抄二卷　(清)徐同善撰　清同治五年(1866)刻本　二册

340000－1801－0017984　4:10046－4:10051
玉芝堂文集六卷　(清)邵齊燾撰　清刻本　六册

340000－1801－0017985　4:10221－4:10224
芙蓉山館詩鈔九卷詞二卷文一卷　(清)楊芳燦撰　清嘉慶十二年(1807)刻本　四册

340000－1801－0017986　4:10225－4:10226
芙蓉山館文抄八卷　(清)楊芳燦撰　清刻本　二册

340000－1801－0017987　4:15236－4:15239
芙蓉山館文鈔續刻不分卷詩鈔續刻不分卷　(清)楊芳燦撰　清嘉慶三年(1798)刻本　四册

340000－1801－0017988　4:19013－4:19014
默齋詩草二卷　(清)左賡虞撰　清光緒十一年(1885)刻本　二册

340000－1801－0017989　4:19015
默齋詩草二卷　(清)左賡虞撰　清光緒十一年(1885)刻本　一册

340000－1801－0017990　4:19016
默齋詩草二卷　(清)左賡虞撰　清光緒十一年(1885)刻本　一册

340000－1801－0017991　4:19017－4:19018
默齋詩草二卷　(清)左賡虞撰　清光緒十一年(1885)刻本　二册

340000－1801－0017992　4：19019－4：19020
默齋詩草二卷　（清）左賡虞撰　清光緒十一年（1885）刻本　二册

340000－1801－0017993　4：11090－4：11093
近光堂經進初稿八卷　（清）聶銑敏撰　清刻本　四册

340000－1801－0017994　4：19022－4：19033
二知軒文存三十四卷　（清）方濬頤撰　清光緒四年（1878）刻本　十二册

340000－1801－0017995　4：19034－4：19045
二知軒文存三十四卷　（清）方濬頤撰　清光緒四年（1878）刻本　十二册

340000－1801－0017996　4：19046－4：19053
二知軒詩鈔十四卷　（清）方濬頤撰　清同治五年（1866）廣州刻本　八册

340000－1801－0017997　4：19054－4：19061
二知軒詩鈔十四卷　（清）方濬頤撰　清同治五年（1866）刻本　八册

340000－1801－0017998　4：19062－4：19067
二知軒詩鈔十四卷　（清）方濬頤撰　清同治五年（1866）刻本　六册

340000－1801－0017999　4：19068－4：19077
二知軒詩鈔十四卷　（清）方濬頤撰　清同治五年（1866）刻本　十册

340000－1801－0018000　4：19078－4：19089
二知軒詩鈔十四卷續鈔二十卷　（清）方濬頤撰　清同治五年（1866）刻本　十二册　缺十二卷（續鈔九至二十）

340000－1801－0018001　4：19090－4：19102
二知軒詩鈔十四卷續鈔二十卷　（清）方濬頤撰　清同治五年（1866）刻本　十三册　缺二卷（續鈔十九至二十）

340000－1801－0018002　4：19103
忍齋和陶詩二卷　（清）方濬頤撰　清刻本　一册

340000－1801－0018003　4：19139－4：19140
古香凹詩餘二卷　（清）方濬頤撰　清光緒十年（1884）刻本　二册

340000－1801－0018004　4：19104
談遠軒詩抄二卷　（清）吳寅撰　清刻本　一册

340000－1801－0018005　4：19105－4：19106
松軒詩草八卷　（清）單培初撰　清抄本　二册

340000－1801－0018006　4：19107
夢園賦不分卷試帖一卷　（清）方濬頤撰　清光緒揚州刻本　一册

340000－1801－0018007　4：19108－4：19109
鶴陰山房賦稿二卷　（清）陸心誠撰　清同治三年（1864）刻本　二册

340000－1801－0018008　4：19111
蓉湖詩抄二卷續一卷　（清）汪瓌撰　清咸豐四年（1854）汪氏刻本　一册

340000－1801－0018009　4：19112
蓉湖詩抄二卷續一卷　（清）汪瓌撰　清咸豐四年（1854）汪氏刻本　一册

340000－1801－0018010　4：19113
蓉湖詩抄二卷續一卷　（清）汪瓌撰　清咸豐四年（1854）汪氏刻本　一册

340000－1801－0018011　4：19114－4：19115
可久處齋文抄八卷　（清）馬樹華撰　清刻本　一册

340000－1801－0018012　4：19116－4：19117
可久處齋文抄八卷　（清）馬樹華撰　清刻本　一册

340000－1801－0018013　4：19120－4：19121
小亭初集六卷　（清）程際雲撰　清同治七年（1868）分嵐小閣刻本　二册

340000－1801－0018014　4：19122－4：19123
小亭初集六卷　（清）程際雲撰　清同治七年（1868）分嵐小閣刻本　二册

340000－1801－0018015　4：19124－4：19125
小亭初集六卷　（清）程際雲撰　清同治七年

(1868)分嵐小閣刻本　二册

340000－1801－0018016　4:19126－4:19127
小亭初集六卷　(清)程際雲撰　清同治七年(1868)分嵐小閣刻本　二册

340000－1801－0018017　4:19128－4:19129
小亭初集六卷　(清)程際雲撰　清同治七年(1868)分嵐小閣刻本　二册

340000－1801－0018018　4:19130
也是園詩抄五卷　(清)吴毓芬撰　清光緒二十四年(1898)分嵐小閣刻本　一册

340000－1801－0018019　4:19131－4:19132
也是園詩抄五卷　(清)吴毓芬撰　清光緒二十四年(1898)分嵐小閣刻本　二册

340000－1801－0018020　4:19133－4:19134
也是園詩抄五卷　(清)吴毓芬撰　清光緒二十四年(1898)刻本　二册

340000－1801－0018021　4:19135
思復堂文存一卷詩選一卷　(清)姚景蘅撰　清同治十二年(1873)安福縣署刻本　一册

340000－1801－0018022　4:19136
思復堂文存一卷詩選一卷　(清)姚景蘅撰　清同治十二年(1873)安福縣署刻本　一册

340000－1801－0018023　4:19137
省菴詩草不分卷　(清)吴承修撰　清同治刻本　一册

340000－1801－0018024　4:19138
省菴詩草不分卷　(清)吴承修撰　清同治刻本　一册

340000－1801－0018025　4:19141－4:19142
懶蠶居士遺稿七卷　(清)季步騶撰　清光緒二十二年(1896)季萬植等刻本　二册

340000－1801－0018026　4:19143
百花詩草一卷　(清)胡承玢撰　清涇縣胡氏梅花研齋刻西唐萬存本　一册

340000－1801－0018027　4:19152－4:19154
夏仲子集六卷　(清)夏炯撰　清咸豐四年(1854)鄱陽官廨刻本　三册

340000－1801－0018028　4:19160
半字集二卷　(清)方東樹撰　清光緒十五年(1889)刻本　一册

340000－1801－0018029　4:19161
半字集二卷　(清)方東樹撰　清光緒十五年(1889)刻本　一册

340000－1801－0018030　4:19162
考槃集三卷　(清)方東樹撰　清光緒十五年(1889)刻本　一册

340000－1801－0018031　4:19163－4:19170
攷槃集文錄十二卷　(清)方東樹撰　清光緒二十年(1894)刻本　八册

340000－1801－0018032　4:19171－4:19178
攷槃集文錄十二卷　(清)方東樹撰　清光緒二十年(1894)刻本　八册

340000－1801－0018033　4:19198－4:19204
儀衛軒文集十二卷外集一卷詩集五卷　(清)方東樹撰　**年譜一卷**　(清)鄭福照輯　**儀衛軒遺書一卷**　(清)方東樹撰　(清)方宗誠編輯　清同治李鴻章、程尚齋、吴桐雲刻本　七册

340000－1801－0018034　4:19205－4:19211
儀衛軒文集十二卷外集一卷詩集五卷　(清)方東樹撰　**年譜一卷**　(清)鄭福照輯　**儀衛軒遺書一卷**　(清)方東樹撰　(清)方宗誠編輯　清同治李鴻章、程尚齋、吴桐雲刻本　七册

340000－1801－0018035　4:19182－4:19187
儀衛軒文集十二卷外集一卷詩集五卷　(清)方東樹撰　**年譜一卷**　(清)鄭福照輯　**儀衛軒遺書一卷**　(清)方東樹撰　(清)方宗誠編輯　清同治李鴻章、程尚齋、吴桐雲刻本　六册

340000－1801－0018036　4:19188－4:19193
儀衛軒文集十二卷外集一卷詩集五卷　(清)方東樹撰　**年譜一卷**　(清)鄭福照輯　**儀衛

軒遺書一卷　(清)方東樹撰　(清)方宗誠編輯　清同治李鴻章、程尚齋、吳桐雲刻本　六冊

340000－1801－0018037　4:19194－4:19197
儀衛軒文集十二卷　(清)方東樹撰　清同治七年(1868)刻本　四冊

340000－1801－0018038　4:19180－4:19181
儀衛軒詩集五卷　(清)方東樹撰　清同治七年(1868)刻本　二冊

340000－1801－0018039　4:19179
儀衛軒遺詩二卷　(清)方東樹撰　清光緒十五年(1889)刻本　一冊

340000－1801－0018040　4:19212－4:19213
藤香館詞不分卷　(清)薛時雨撰　清同治五年(1866)刻本　二冊

340000－1801－0018041　4:19214－4:19215
藤香館詞刪二卷　(清)薛時雨撰　清光緒五年(1879)刻本　二冊

340000－1801－0018042　4:19221－4:19224
藤香館詩抄四卷　(清)薛時雨撰　清同治七年(1868)刻本　四冊

340000－1801－0018043　4:19225－4:19228
藤香館詩刪存四卷行狀一卷　(清)薛時雨撰　清光緒五年(1879)刻本　四冊

340000－1801－0018044　4:19229－4:19233
藤香館詩刪存四卷詞刪存二卷　(清)薛時雨撰　清光緒五年(1879)刻本　五冊

340000－1801－0018045　4:19216－4:19220
藤香館詩刪存四卷詞刪存二卷　(清)薛時雨撰　清光緒五年(1879)刻本　五冊

340000－1801－0018046　4:19234
左山遺草不分卷　(清)楊言撰　清光緒屯溪茹堂刻本　一冊

340000－1801－0018047　4:19235
左山遺草不分卷　(清)楊言撰　清光緒屯溪茹堂刻本　一冊

340000－1801－0018048　4:19236
左山遺草不分卷　(清)楊言撰　清光緒屯溪茹堂刻本　一冊

340000－1801－0018049　4:19237
左山遺草不分卷　(清)楊言撰　清光緒屯溪茹堂刻本　一冊

340000－1801－0018050　4:19238－4:19239
遂園試律詩抄四卷　(清)趙昀撰　清咸豐刻本　二冊

340000－1801－0018051　4:19240－4:19241
遂園試律詩抄四卷　(清)趙昀撰　清咸豐刻本　二冊

340000－1801－0018052　4:19242
遂園詩鈔六卷　(清)趙昀撰　清光緒元年(1875)刻本　一冊

340000－1801－0018053　4:19243
遂園詩鈔六卷　(清)趙昀撰　清光緒二年(1876)金陵刻本　一冊

340000－1801－0018054　4:19244－4:19247
海雲詩鈔十三卷　(清)方江撰　清同治悟香音室刻本　四冊

340000－1801－0018055　4:19248－4:19251
海雲詩鈔十三卷　(清)方江撰　清刻本　四冊

340000－1801－0018056　4:1924 善
金陵雜詠不分卷　(清)王友亮撰　清乾隆六十年(1795)刻本　一冊

340000－1801－0018057　4:19252－4:19255
海雲詩鈔十三卷　(清)方江撰　清刻本　四冊

340000－1801－0018058　4:19261－4:19266
梧生文抄十卷詩抄十卷　(清)傅桐撰　清同治三年(1864)刻本　六冊

340000－1801－0018059　4:19267－4:19272
梧生詩抄十卷文抄十卷　(清)傅桐撰　清光緒七年(1881)刻本　六冊

340000－1801－0018060　4:19273
待園詩抄六卷　(清)江有蘭撰　清同治五年(1866)金陵刻本　一册

340000－1801－0018061　4:19274－4:19275
待園詩抄六卷　(清)江有蘭撰　清同治五年(1866)金陵刻本　二册

340000－1801－0018062　4:19276－4:19277
待園詩抄六卷　(清)江有蘭撰　清同治五年(1866)金陵刻本　二册

340000－1801－0018063　4:19278－4:19279
待園詩抄六卷　(清)江有蘭撰　清同治五年(1866)金陵刻本　二册

340000－1801－0018064　4:19280
庸晦堂詩初刻　(清)方葆馨撰　清刻本　一册

340000－1801－0018065　4:19281
庸晦堂詩集二卷　(清)方葆馨撰　清光緒二十六年(1900)刻本　一册

340000－1801－0018066　4:19282
庸晦堂詩集二卷　(清)方葆馨撰　清光緒二十六年(1900)刻本　一册

340000－1801－0018067　4:19292－4:19293
柏溪詩抄二卷　(清)張同準撰　清同治刻本　二册

340000－1801－0018068　4:19294－4:19295
柏溪詩抄二卷　(清)張同準撰　清同治七年(1868)刻本　二册

340000－1801－0018069　4:19296－4:19297
柏溪詩抄二卷　(清)張同準撰　清光緒十八年(1892)刻本　二册

340000－1801－0018070　4:19298－4:19299
柏溪詩抄二卷　(清)張同準撰　清光緒十八年(1892)刻本　二册

340000－1801－0018071　4:19300－4:19301
柏溪詩抄二卷　(清)張同準撰　清光緒十八年(1892)刻本　二册

340000－1801－0018072　4:19302－4:19307
眠琴閣詩抄十二卷續二卷　(清)呂廷輝撰　清同治二年(1863)黟中刻本　六册

340000－1801－0018073　4:19308－4:19309
中隱堂詩八卷　(清)方炳奎撰　清同治刻本　二册

340000－1801－0018074　4:19310－4:19319
懷古田舍詩抄三十八卷　(清)徐榮撰　清咸豐元年(1851)刻本　十册

340000－1801－0018075　4:19320－4:19325
懷古田舍詩節抄六卷　(清)徐榮撰　清同治三年(1864)錦城刻本　六册

340000－1801－0018076　4:19326－4:19329
問花亭詩初集八卷　(清)張敏求撰　清同治刻本　四册

340000－1801－0018077　4:19330－4:19332
問花亭詩初集八卷　(清)張敏求撰　清刻本　三册

340000－1801－0018078　4:19333
印雪軒詩稿不分卷　(清)胡鴻澤撰　清刻本　一册

340000－1801－0018079　4:19334
印雪軒詩稿不分卷　(清)胡鴻澤撰　清刻本　一册

340000－1801－0018080　4:19335
印雪軒詩稿不分卷　(清)胡鴻澤撰　清刻本　一册

340000－1801－0018081　4:19349
藕鄉詞稿不分卷　(清)程榮功撰　清同治七年(1868)程氏清抄本　一册

340000－1801－0018082　4:19350
潔華館詩集一卷　(清)程榮功撰　(清)吳祖樾編　(清)吳德煖校勘　清光緒二十一年(1895)豫章銘槐軒刻本　一册

340000－1801－0018083　4:19351
潔華館詩集一卷　(清)程榮功撰　(清)吳祖樾編　(清)吳德煖校勘　清光緒二十一年

(1895)豫章銘槐軒刻本　一册

340000－1801－0018084　4:19352
潔華館詩集一卷　(清)程榮功撰　(清)吳祖樾編　(清)吳德焜校勘　清光緒二十一年(1895)豫章銘槐軒刻本　一册

340000－1801－0018085　4:19353
潔華館詩集一卷　(清)程榮功撰　(清)吳祖樾編　(清)吳德焜校勘　清光緒二十一年(1895)豫章銘槐軒刻民國後印本　一册

340000－1801－0018086　4:19354－4:19355
眠綠山房詩抄二卷　(清)王承奎撰　清同治九年(1870)刻本　二册

340000－1801－0018087　4:19356－4:19357
眠綠山房詩抄二卷　(清)王承奎撰　清同治九年(1870)刻本　二册

340000－1801－0018088　4:19390
王太常公小竹里館遺集二卷支譜一卷　(清)王恩培著　清光緒十一年(1885)木活字印本　一册

340000－1801－0018089　4:19391
困學齋文存不分卷　(清)張承華撰　清光緒三年(1877)刻本　一册

340000－1801－0018090　4:19392－4:19393
困學齋文存不分卷　(清)張承華撰　清光緒三年(1877)刻本　二册

340000－1801－0018091　4:19394－4:19395
困學齋文存不分卷　(清)張承華撰　清光緒三年(1877)刻本　二册

340000－1801－0018092　4:19396－4:19397
困學齋文存不分卷　(清)張承華撰　清光緒二年(1876)刻本　二册

340000－1801－0018093　4:19398－4:19403
困學齋文存不分卷　(清)張承華撰　清光緒三年(1877)刻本　六册

340000－1801－0018094　4:19404－4:19405
楊徵君自攜前集一卷後集一卷續集一卷　(清)楊陳復撰　清光緒刻本　二册

340000－1801－0018095　4:19406－4:19407
楊徵君自攜前集一卷後集一卷續集一卷　(清)楊陳復撰　清光緒通奉第刻本　二册

340000－1801－0018096　4:19408－4:19409
楊徵君自攜前集一卷後集一卷續集一卷　(清)楊陳復撰　清光緒通奉第刻本　二册

340000－1801－0018097　4:19410－4:19411
楊徵君自攜前集一卷後集一卷續集一卷　(清)楊陳復撰　清光緒通奉第刻本　二册

340000－1801－0018098　4:19413
北戍草二卷　(清)張光藻撰　清光緒二十三年(1897)刻本　一册

340000－1801－0018099　4:19414－4:19415
北戍草二卷附同治庚午津案始末一卷　(清)張光藻撰　清光緒十一年(1885)刻本　二册

340000－1801－0018100　4:19416－4:19419
指所齋文集五卷　(清)高錫基撰　清光緒十四年(1888)刻本　四册

340000－1801－0018101　4:48231－4:48233
指所齋駢體文二十四卷　(清)高錫基撰　清刻本　三册　存二卷(一至二)

340000－1801－0018102　4:19420
松溪集不分卷　(清)汪梧鳳撰　清同治十一年(1872)刻本　一册

340000－1801－0018103　4:19421－4:19422
松溪文集不分卷　(清)汪梧鳳撰　清刻本　一册

340000－1801－0018104　4:19423－4:19424
松溪文集不分卷　(清)汪梧鳳撰　清刻本　一册

340000－1801－0018105　4:19425－4:19426
松溪文集不分卷　(清)汪梧鳳撰　清刻本　一册

340000－1801－0018106　4:19427－4:19428
味經得雋齋律賦一卷　(清)薛春黎撰　清同治十一年(1872)刻本　二册

340000－1801－0018107　4:19446－4:19447
虚白室詩抄五卷文抄一卷　(清)方昌翰撰　清光緒刻本　二册

340000－1801－0018108　4:19448－4:19450
虚白室詩抄十四卷　(清)方昌翰撰　清同治刻本　三册

340000－1801－0018109　4:19451
虚白室文抄二卷　(清)方昌翰撰　清光緒十三年(1887)皖城刻本　一册

340000－1801－0018110　4:19452－4:19455
虚白室文抄二卷詩抄十四卷　(清)方昌翰撰　清同治十三年(1874)刻本　四册　存十三卷(虚白室文抄二卷、詩抄一至十一)

340000－1801－0018111　4:19456
蒔緑莊焚餘續草四卷　(清)項慶模撰　清光緒十五年(1889)刻本　一册

340000－1801－0018112　4:19457
蒔緑莊焚餘續草四卷　(清)項慶模撰　清同治八年(1869)刻本　一册

340000－1801－0018113　4:19458
蒔緑莊焚餘續草四卷　(清)項慶模撰　清光緒十五年(1889)刻本　一册

340000－1801－0018114　4:19459
蒔緑莊焚餘續草四卷　(清)項慶模撰　清光緒刻本　一册

340000－1801－0018115　4:19460－4:19461
朱見庵先生文集二卷　(清)朱文翰撰　清刻本　二册

340000－1801－0018116　4:19462－4:19469
有恆心齋文十一卷駢體文六卷詩六卷　(清)程鴻詔撰　清同治十一年(1872)刻本　八册

340000－1801－0018117　4:19470－4:19477
有恆心齋文集十卷首一卷　(清)程鴻詔撰　清刻本　八册

340000－1801－0018118　4:19478－4:19479
有恆心齋駢體文六卷　(清)程鴻詔撰　清同治十二年(1873)刻本　二册

340000－1801－0018119　4:19480－4:19481
有恆心齋駢體文六卷　(清)程鴻詔撰　清同治吴氏刻本　二册

340000－1801－0018120　4:19482－4:19483
有恆心齋駢體文六卷　(清)程鴻詔撰　清刻本　二册

340000－1801－0018121　4:19484
有恆心齋詩餘不分卷　(清)程鴻詔撰　清光緒刻本　一册

340000－1801－0018122　4:19485－4:19488
有恆心齋詩四卷　(清)程鴻詔撰　清同治刻本　四册

340000－1801－0018123　4:19489
種桐詩集不分卷　(清)沈桂撰　清同治十三年(1874)刻本　一册

340000－1801－0018124　4:19490
雪蕉書屋近體詩存四卷　(清)王煊撰　清光緒四年(1878)刻本　一册

340000－1801－0018125　4:19491
吏隱軒詩存不分卷　(清)晳葵撰　清光緒刻本　一册

340000－1801－0018126　4:19492
半塘書屋詩集五卷　(清)翟祖驗撰　清光緒二年(1876)刻本　一册

340000－1801－0018127　4:19493
半塘書屋詩集四卷　(清)翟祖驗撰　清光緒二年(1876)刻本　一册

340000－1801－0018128　4:19494
半塘書屋詩集五卷　(清)翟祖驗撰　清光緒二年(1876)刻本　一册

340000－1801－0018129　4:19495
半塘書屋詩集五卷　(清)翟祖驗撰　清光緒二年(1876)刻本　一册

340000－1801－0018130　4:19496
誰園詩存不分卷　(清)鮑宗軾撰　清光緒二年(1876)黄錫三刻本　一册

340000－1801－0018131　4:19497
誰園詩存不分卷　(清)鮑宗軾撰　清光緒二年(1876)刻本　一册

340000－1801－0018132　4:19498
誰園詩存不分卷　(清)鮑宗軾撰　清光緒二年(1876)刻本　一册

340000－1801－0018133　4:19499－4:19500
誰園詩存不分卷　(清)鮑宗軾撰　清光緒二年(1876)刻本　二册

340000－1801－0018134　4:19501
江上吟不分卷遺稿一卷　(清)黄典五撰　清光緒二年(1876)退一步齋刻本　一册

340000－1801－0018135　4:19502
浮槎山房詩稿不分卷　(清)郭道清撰　清光緒十六年(1890)刻本　一册

340000－1801－0018136　4:19503－4:19506
浮槎山房賦稿不分卷詩稿一卷　(清)郭道清撰　清光緒七年(1881)刻本　四册

340000－1801－0018137　4:19507
浮槎山房賦稿不分卷　(清)郭道清撰　清光緒刻本　一册

340000－1801－0018138　4:19508
息心齋詩剩不分卷　(清)陳俊千撰　清光緒六年(1880)刻本　一册

340000－1801－0018139　4:19509－4:19528
江上小蓬萊吟舫詩存十八卷詩餘二卷　(清)葉坤厚撰　清光緒九年(1883)懷寧葉氏陝西藩署刻本　二十册

340000－1801－0018140　4:19529－4:19546
江上小蓬萊吟舫詩存十八卷　(清)葉坤厚撰　清光緒九年(1883)懷寧葉氏刻本　十八册

340000－1801－0018141　4:19547－4:19551
古月軒詩文存七卷清芬宛在錄一卷江西泛宅集三卷試帖偶存一卷　(清)朱伸林撰　清光緒刻本　五册

340000－1801－0018142　4:19552－4:19557
宧遊小草六卷　(清)姚謙撰　**池上姚氏抄四卷**　(清)姚瀚輯　清光緒十三年(1887)暇湖小南樓刻本　六册

340000－1801－0018143　4:19558
忍庵詩抄六卷　(清)曹自鎏撰　清刻本　一册

340000－1801－0018144　4:19559
食破硯齋賦草不分卷　(清)程履豐撰　清刻本　一册

340000－1801－0018145　4:19560－4:19561
瑞芝堂四六注釋八卷　(清)左潢撰　(清)程振甲評　清刻本　二册

340000－1801－0018146　4:19562
隴上鴻泥不分卷　(清)程履豐撰　清光緒五年(1879)刻本　一册

340000－1801－0018147　4:19563
居易居不易居詩存不分卷　(清)徐嘉幹撰　清光緒十七年(1891)刻本　一册

340000－1801－0018148　4:19564
補竹軒詩集三卷　(清)鮑源深撰　清光緒刻本　一册

340000－1801－0018149　4:19565－4:19674
補竹軒詩文集九卷　(清)鮑源深撰　清光緒刻本　十册

340000－1801－0018150　4:19575－4:19679
補竹齋文集六卷詩集三卷三天入直瑣記一卷　(清)鮑源深撰　清光緒刻本　五册

340000－1801－0018151　4:19580
印鴻廬遺詩不分卷　(清)陳雨樵撰　清刻本　一册

340000－1801－0018152　4:19581
集其清英集不分卷　(清)許懋和撰　清光緒二年(1876)藜照堂刻本　一册

340000－1801－0018153　4:19582
集其清英集不分卷　(清)許懋和撰　清光緒二年(1876)藜照堂刻本　一册

340000－1801－0018154　4:19583

集其清英集不分卷 (清)許懋和撰 清光緒二年(1876)藜照堂刻本 一冊

340000－1801－0018155 4:19584
集其清英集不分卷 (清)許懋和撰 清光緒二年(1876)刻本 一冊

340000－1801－0018156 4:19585
集其清英集不分卷 (清)許懋和撰 清光緒二年(1876)刻本 一冊

340000－1801－0018157 4:19586
草心閣詩存不分卷 (清)徐景軾撰 清光緒十七年(1891)刻本 一冊

340000－1801－0018158 4:19591
碧琅玕館詩集四卷瓶香詞一卷 (清)徐漢蒼撰 清刻本 一冊

340000－1801－0018159 4:19592－4:19593
碧琅玕館詩集四卷瓶香詞一卷 (清)徐漢蒼撰 清刻本 二冊

340000－1801－0018160 4:19594－4:19598
蕭然自得齋詩集八卷碧琅玕館詩餘一卷隨筆一卷 (清)徐漢蒼撰 清光緒二年(1876)刻本 五冊

340000－1801－0018161 4:19599－4:19602
食字齋文集四卷 (清)朱鳳鳴撰 清光緒九年(1883)穎郡刻本 四冊

340000－1801－0018162 4:19603－4:19606
食字齋文集四卷 (清)朱鳳鳴撰 清同治刻本 四冊

340000－1801－0018163 4:19607－4:19608
澹無爲齋詩稿五卷 (清)方淵甫撰 清光緒二十七年(1901)刻本 二冊

340000－1801－0018164 4:19609－4:19612
退補樓偶吟草三卷續一卷 (清)王承煦撰 清光緒二十一年(1895)木活字印本 四冊

340000－1801－0018165 4:19613
六十自述巴言不分卷 (清)李普潤撰 清光緒石印本 一冊

340000－1801－0018166 4:19614
泡影塵緣六卷 (清)俞鏡元撰 清光緒八年(1882)刻本 一冊

340000－1801－0018167 4:19617
味秋館詩抄五卷 (清)夏文尊撰 **寸心知室詩草一卷** (清)夏慎大撰 清光緒鉛印本 一冊

340000－1801－0018168 4:19618
味秋館詩抄五卷 (清)夏文尊撰 **寸心知室詩草一卷** (清)夏慎大撰 清光緒鉛印本 一冊

340000－1801－0018169 4:19619
味秋館詩抄五卷 (清)夏文尊撰 **寸心知室詩草一卷** (清)夏慎大撰 清鉛印本 一冊

340000－1801－0018170 4:19620
雲龕詩選不分卷 (清)徐麟光撰 清謄清稿本 一冊

340000－1801－0018171 4:19621
願為明鏡室詞稿九卷 (清)江順詒撰 清同治八年(1869)刻本 一冊

340000－1801－0018172 4:19622
願為明鏡室詞稿九卷 (清)江順詒撰 清同治八年(1869)刻本 一冊

340000－1801－0018173 4:19623
願為明鏡室詞稿二卷 (清)江順詒撰 清同治八年(1869)刻本 一冊

340000－1801－0018174 4:19624
燕在閣詩草不分卷 (清)宋鑒撰 清同治謄清稿本 一冊

340000－1801－0018175 4:19625
菜香小闥館課詩不分卷 (清)楊殿邦撰 清刻本 一冊

340000－1801－0018176 4:19626－4:19627
尚志居集八卷補遺一卷讀書記四卷 (清)楊德亨撰 清光緒八年(1882)刻本 二冊

340000－1801－0018177 4:19628－4:19629
蘭茗館詩鈔不分卷 (清)許奉恩撰 清光緒

十一年(1885)刻本　二冊

340000－1801－0018178　4:19630－4:19631
蘭茗館詩鈔不分卷　(清)許奉恩撰　清光緒刻本　二冊

340000－1801－0018179　4:19632－4:19633
蘭茗館詩鈔十一卷　(清)許奉恩撰　清光緒十一年(1885)刻本　二冊

340000－1801－0018180　4:19634－4:19635
蘭茗館詩鈔十一卷　(清)許奉恩撰　清光緒十一年(1885)刻本　二冊

340000－1801－0018181　4:19636
蘭茗館詩集不分卷　(清)許奉恩撰　清謄清稿本　二冊

340000－1801－0018182　4:19637－4:19638
敦復齋文集八卷　(清)陳世恩撰　清光緒三十三年(1907)刻本　二冊

340000－1801－0018183　4:4522－4:4545 善
柏堂集前編十四卷後編二十二卷外編十二卷次編十三卷餘編八卷附存五卷續編二十二卷補存三卷　(清)方宗誠撰　清光緒八年(1882)刻本　清方宗誠批校　二十四冊

340000－1801－0018184　4:19639－4:19654
柏堂集前編十四卷次編十三卷繼編二十二卷後編二十二卷　(清)方宗誠撰　清光緒六年(1880)刻本　十六冊

340000－1801－0018185　4:19656－4:19679
柏堂集九十四卷　(清)方宗誠撰　清光緒六年(1880)刻本　二十四冊

340000－1801－0018186　4:19680－4:19703
柏堂集九十四卷　(清)方宗誠撰　清光緒六年(1880)刻本　二十四冊

340000－1801－0018187　4:19704－4:19723
柏堂集九十四卷　(清)方宗誠撰　清光緒六年(1880)刻本　二十冊　缺外篇

340000－1801－0018188　4:19724－4:19747
柏堂集九十九卷　(清)方宗誠撰　清光緒刻本　二十四冊

340000－1801－0018189　4:19748－4:19749
柏堂集外編十二卷　(清)方宗誠撰　清光緒十年(1884)刻本　二冊

340000－1801－0018190　4:19750－4:19751
柏堂集外編十二卷　(清)方宗誠撰　清光緒十年(1884)刻本　二冊

340000－1801－0018191　4:19752－4:19755
柏堂集外編十二卷　(清)方宗誠撰　清光緒十年(1884)刻本　四冊

340000－1801－0018192　4:19756
柏堂集外編十二卷　(清)方宗誠撰　清光緒十年(1884)刻本　一冊

340000－1801－0018193　4:19757－4:19758
柏堂集次編十三卷　(清)方宗誠撰　清光緒六年(1880)刻本　二冊

340000－1801－0018194　4:19759
柏堂集續編二十二卷　(清)方宗誠撰　清光緒七年(1881)刻本　一冊　存四卷(一至四)

340000－1801－0018195　4:19760－4:19763
小初詩稿三十卷　(清)王之藩撰　清光緒十二年(1886)刻本　四冊

340000－1801－0018196　4:19764
任甫詩草不分卷　(清)張邦彥撰　清光緒八年(1882)簪花吟社刻本　一冊

340000－1801－0018197　4:19765
任甫詩草不分卷　(清)張邦彥撰　清光緒八年(1882)刻本　一冊

340000－1801－0018198　4:19766
龍眠詩草不分卷　(清)張樹森撰　清光緒刻本　一冊

340000－1801－0018199　4:19767－4:19768
邊園詩抄七卷　(清)徐德升撰　清光緒十七年(1891)桂林刻本　二冊

340000－1801－0018200　4:19769－4:19772
勁草堂文集不分卷　(清)姜繼襄撰　清光緒三十四年(1908)武昌刻本　四冊

340000－1801－0018201　4:19773－4:19776
靜庵文集六卷　(清)左眉撰　清鉛印本　四冊

340000－1801－0018202　4:19777－4:19778
養雲山莊詩集四卷　(清)劉瑞芬撰　清光緒十九年(1893)刻本　二冊

340000－1801－0018203　4:19779
養雲山莊文集不分卷　(清)劉瑞芬撰　清光緒十九年(1893)刻本　一冊

340000－1801－0018204　4:19780－4:19783
養雲山莊詩文集六卷　(清)劉瑞芬撰　清光緒十九年(1893)刻本　四冊

340000－1801－0018205　4:19784－4:19785
養性軒爇餘小草二卷雜著拾遺一卷　(清)王靜涵撰　清光緒蛟川官署刻本　二冊

340000－1801－0018206　4:19865
枕經堂詩鈔金臺游學艸二卷漢光和量圖贊一卷　(清)方朔撰　清道光二十八年(1848)京都文盛齋刻本　一冊

340000－1801－0018207　4:19786－4:19787
枕經堂文抄二卷題跋三卷　(清)方朔撰　清同治刻本　二冊

340000－1801－0018208　4:19788
枕經堂文抄二卷題跋三卷　(清)方朔撰　清同治刻本　一冊　存一卷(枕經堂文抄一)

340000－1801－0018209　4:19789－4:19792
石柏山房詩存八卷　(清)趙文楷撰　清咸豐七年(1857)刻本　四冊

340000－1801－0018210　4:19793－4:19796
石柏山房詩存八卷　(清)趙文楷撰　清咸豐七年(1857)刻本　四冊

340000－1801－0018211　4:19797
桐蔭書屋詩草二卷　(清)楚炳然撰　清同治十二年(1873)刻本　一冊

340000－1801－0018212　4:19798
桐蔭書屋詩草二卷　(清)楚炳然撰　清道光二十三年(1843)耆英堂刻本　一冊

340000－1801－0018213　4:19799
兩勉彊齋館課賦存一卷試帖詩存一卷　(清)倪文蔚撰　清光緒十年(1884)沼山精舍刻本　一冊

340000－1801－0018214　4:19800
兩勉彊齋館課賦存一卷試帖詩存一卷　(清)倪文蔚撰　清光緒十年(1884)沼山精舍刻本　一冊

340000－1801－0018215　4:19801
兩彊勉齋詩存四卷　(清)倪文蔚撰　清光緒刻本　一冊

340000－1801－0018216　4:19802－4:19804
兩彊勉齋詩存四卷文存二卷　(清)倪文蔚撰　清光緒九年至十一年(1883－1885)桂林節署刻本　三冊

340000－1801－0018217　4:19805－4:19806
敦園詩談八卷續編二卷　(清)許丙椿撰　清同治五年(1866)皖垣刻本　二冊

340000－1801－0018218　4:19807－4:19808
敦園詩談八卷續編二卷　(清)許丙椿撰　清同治五年(1866)皖垣刻本　二冊

340000－1801－0018219　4:19809－4:19820
退一步齋詩集十六卷文集四卷蕉軒續錄二卷　(清)方濬師撰　(清)呂景端編校　清光緒十八年(1892)鉛印本　十二冊

340000－1801－0018220　4:19831－4:19836
退一步齋詩集十六卷　(清)方濬師撰　(清)呂景端編校　清光緒十八年(1892)鉛印本　六冊

340000－1801－0018221　4:19821－4:19830
退一步齋文集四卷詩集十六卷　(清)方濬師撰　清光緒十七年(1891)刻本　十冊

340000－1801－0018222　4:19837－4:19846
退一步齋文集四卷詩集十六卷　(清)方濬師撰　清光緒刻本　十冊

340000－1801－0018223　4:19850－4:19851
蕉軒續錄二卷　(清)方濬師撰　清光緒十八年(1892)鉛印本　二冊

340000－1801－0018224　4:10198－4:10203
圭美堂集二十六卷　(清)徐用錫撰　清乾隆刻本　六册

340000－1801－0018225　4:19848
太湖王大樞東旋草不分卷　(清)王大樞撰　清嘉慶二十一年(1816)抄本　一册

340000－1801－0018226　4:19849
人譜詩箴不分卷　(清)石廣均撰　清咸豐木活字印本　一册

340000－1801－0018227　4:19853
松田遺集二卷　(清)陳紀撰　清刻本　一册

340000－1801－0018228　4:19854
求放心齋賦稿不分卷　(清)畢子卿撰　清同治八年(1869)刻本　一册

340000－1801－0018229　4:19855－4:19858
孫先生遺書流離雜記二卷宦遊偶錄二卷雜文僅存一卷開封府君年譜二卷　(清)孫雲錦撰　(清)孫孟平輯錄　清宣統二年(1910)張謇鉛印本　四册

340000－1801－0018230　4:19859－4:19860
龍尾山房詩存六卷　(清)胡永煥撰　清光緒十五年(1889)刻本　二册

340000－1801－0018231　4:19863
耐庵文集不分卷　(清)許光黼撰　清同治十三年(1874)刻本　一册

340000－1801－0018232　4:19864
蓮西閣詩草四卷附粲花齋詞影　(清)汪壽撰　清嘉慶十年(1805)刻本　一册

340000－1801－0018233　4:19867
幼林遺稿不分卷　(清)蔣家騏撰　清光緒二十二年(1896)刻本　一册

340000－1801－0018234　4:19868
竹逸軒詩鈔不分卷　(清)李心復撰　清光緒七年(1881)抄本　一册

340000－1801－0018235　4:19869
困學軒小草不分卷　(清)劉秉鈞撰　清光緒二十二年(1896)刻本　一册

340000－1801－0018236　4:19870
吟紅館詞鈔不分卷　題(清)醉花甫輯　**吟紅館詩稿不分卷**　(清)孫葆基撰　清抄本　一册

340000－1801－0018237　4:19871
絮春樹詩存不分卷　(清)戴煊姒撰　清光緒三十一年(1905)刻本　一册

340000－1801－0018238　4:19872－4:19873
靜寄軒詩鈔八卷　(清)江南春撰　清道光敬修堂刻本　二册

340000－1801－0018239　4:19874
偶有軒詩鈔四卷　(清)陳鴻猷撰　清咸豐十一年(1861)刻本　一册

340000－1801－0018240　4:19877－4:19878
鋤月山房文稿　(清)許裕堅撰　清同治九年(1870)刻本　二册

340000－1801－0018241　4:19879－4:19881
效顰草六卷　(清)高峻撰　清道光三年(1823)刻本　三册

340000－1801－0018242　4:19882
楊敬修堂文稿不分卷　(清)楊摛藻撰　清光緒十九年(1893)刻本　一册

340000－1801－0018243　4:19883－4:19884
華陽山房詩鈔六卷　(清)方元泰撰　清同治六年(1867)刻本　二册

340000－1801－0018244　4:19885－4:19888
拙修集十卷　(清)吳廷楝撰　清同治十年(1871)六安刻本　四册

340000－1801－0018245　4:19889－4:19898
拙修集續編補編十五卷　(清)吳廷楝撰　清光緒六安涂宗瀛求我齋刻本　十册

340000－1801－0018246　4:19899－4:19903
周武壯公遺書五卷　(清)周盛傳撰　清刻本　五册

340000－1801－0018247　4:19905－4:19908
禮部遺集九卷　(清)黃富民撰　清同治九年(1870)刻本　四册

340000－1801－0018248　4:19909－4:19910

亦園詩抄六卷 （清）石廣均撰 **惜緣軒遺草二卷** 清咸豐刻本 二册

340000－1801－0018249 4：19911－4：19912
亦園詩抄六卷 （清）石廣均撰 **惜緣軒遺草二卷** 清咸豐刻本 二册

340000－1801－0018250 4：19913
金果毅公家書不分卷 （清）金雲門撰 清刻本 一册

340000－1801－0018251 4：19914
金果毅公家書不分卷 （清）金雲門撰 清刻本 一册

340000－1801－0018252 4：19915－4：19918
望三益齋詩文鈔十三卷 （清）吳棠撰 清同治十三年（1874）成都使署刻本 四册

340000－1801－0018253 4：19928
愚荃敝帚二種二卷 （清）李文安撰 清同治十二年（1873）刻本 一册

340000－1801－0018254 4：19929
愚荃敝帚二種二卷 （清）李文安撰 清同治五年（1866）刻本 一册

340000－1801－0018255 4：19930
愚荃敝帚二種二卷 （清）李文安撰 清同治五年（1866）刻本 一册

340000－1801－0018256 4：19931
愚荃敝帚二種二卷 （清）李文安撰 清同治五年（1866）刻本 一册

340000－1801－0018257 4：19932
愚荃敝帚二種二卷 （清）李文安撰 清同治五年（1866）刻本 一册

340000－1801－0018258 4：19933
愚荃敝帚二種二卷 （清）李文安撰 清同治五年（1866）刻本 一册

340000－1801－0018259 4：19934－4：19941
蔭園詩鈔不分卷 （清）江觀濤撰 清同治八年（1869）刻本 八册

340000－1801－0018260 4：19942－4：19949
蔭園詩鈔不分卷 （清）江觀濤撰 清同治八年（1869）刻本 八册

340000－1801－0018261 4：19950－4：19957
蔭園詩鈔不分卷 （清）江觀濤撰 清同治八年（1869）刻本 八册

340000－1801－0018262 4：19958－4：19961
染學齋詩集不分卷 （清）余元遴撰 清咸豐二年（1852）刻本 四册

340000－1801－0018263 4：19962
綠蔭軒詩草二卷 （清）胡佩芳撰 清光緒十四年（1888）刻本 一册

340000－1801－0018264 4：19963－4：19966
綠蔭軒遺集六卷 （清）胡佩芳撰 清光緒二十三年（1897）刻本 四册

340000－1801－0018265 4：19967－4：19970
綠蔭軒遺集六卷 （清）胡佩芳撰 清光緒二十三年（1897）刻本 四册

340000－1801－0018266 4：19971－4：19974
綠蔭軒遺集六卷 （清）胡佩芳撰 清光緒二十三年（1897）刻本 四册

340000－1801－0018267 4：19975－4：19978
綠蔭軒遺集六卷 （清）胡佩芳撰 清光緒二十三年（1897）刻本 四册

340000－1801－0018268 4：19979
鷗波詩草不分卷 （清）戴思望撰 清刻本 一册

340000－1801－0018269 4：19980
澄心居詩草不分卷 （清）程定祥撰 清咸豐二年（1852）刻本 一册

340000－1801－0018270 4：19981－4：19983
左山小草詩三卷 （清）許懋和撰 清光緒十六年（1890）刻本 三册

340000－1801－0018271 4：19987
桐華舸明季詠史詩鈔十七卷 （清）鮑瑞駿撰 清同治二年（1863）刻本 一册

340000－1801－0018272 4：19988－4：19995

桐華舸詩鈔不分卷詩續鈔十七卷 （清）鮑瑞駿撰 清同治五年（1866）刻本 八冊

340000－1801－0018273 4:19996
桐華舸遺詩不分卷 （清）鮑瑞駿撰 清光緒十年（1884）刻本 一冊

340000－1801－0018274 4:19997
桐華舸遺詩不分卷 （清）鮑瑞駿撰 清光緒十年（1884）刻本 一冊

340000－1801－0018275 4:19998－4:20001
桐華舸詩續抄八卷 （清）鮑瑞駿撰 清光緒二年（1876）刻本 四冊

340000－1801－0018276 4:20002－4:20005
桐華舸詩續抄八卷 （清）鮑瑞駿撰 清同治五年（1866）刻本 四冊

340000－1801－0018277 4:20006－4:20009
桐華舸詩續抄八卷 （清）鮑瑞駿撰 清同治五年（1866）刻本 四冊

340000－1801－0018278 4:20010－4:20019
桐華舸詩續抄十八卷 （清）鮑瑞駿撰 清同治五年（1866）刻本 十冊

340000－1801－0018279 4:20020－4:20029
桐華舸詩續抄十八卷續抄八卷 （清）鮑瑞駿撰 清同治五年（1866）刻本 十冊

340000－1801－0018280 4:20030－4:20039
桐華舸詩續抄十八卷遺詩一卷 （清）鮑瑞駿撰 清同治五年（1866）刻本 十冊

340000－1801－0018281 4:22818
鮑桐舟節錄宋詩不分卷 （清）鮑瑞駿節錄 清同治十年（1871）鮑瑞駿抄本 一冊

340000－1801－0018282 4:26616
劉文房古詩選不分卷岑嘉州五言鈔一卷 （清）鮑瑞駿輯 清桐華舸抄本 一冊

340000－1801－0018283 4:33717
桐舟文鈔不分卷 （清）鮑瑞駿輯 清同治元年（1862）抄本 一冊

340000－1801－0018284 4:19587
桐華舸詩續抄二卷 （清）鮑瑞駿撰 清光緒二年（1876）刻本 一冊

340000－1801－0018285 4:20040－4:20051
李文忠公朋僚函稿二十四卷 （清）李鴻章撰 （清）吳汝綸輯 清光緒二十八年（1902）蓮池書社鉛印本 十二冊

340000－1801－0018286 4:20052－4:20063
李文忠公朋僚函稿二十四卷 （清）李鴻章撰 （清）吳汝綸輯 清光緒二十八年（1902）蓮池書社鉛印本 十二冊

340000－1801－0018287 4:20064－4:20075
李文忠公朋僚函稿二十四卷 （清）李鴻章撰 （清）吳汝綸輯 清光緒二十八年（1902）蓮池書社鉛印本 十二冊

340000－1801－0018288 4:20118
征息齋遺詩二卷 （清）潘慎生撰 清光緒十三年（1887）杭州鉛印本 一冊

340000－1801－0018289 4:20119
征息齋遺詩二卷補遺一卷 （清）潘慎生撰 清光緒十三年（1887）杭州刻本 一冊

340000－1801－0018290 4:20120－4:20123
東園詩抄十二卷 （清）淩泰封撰 清光緒十六年（1890）刻本 四冊

340000－1801－0018291 4:20124－4:20125
東園詩抄十二卷 （清）淩泰封撰 清光緒十七年（1891）刻本 二冊

340000－1801－0018292 4:20141
餐霞館詩二卷詞一卷 （清）吳承弼撰 清咸豐九年（1859）刻本 一冊

340000－1801－0018293 4:20142
餐霞館詩二卷詞一卷 （清）吳承弼撰 清咸豐九年（1859）刻本 一冊

340000－1801－0018294 4:20143
幼迂詩抄不分卷 （清）倪釗撰 清光緒二十年（1894）金陵木活字印本 一冊

340000－1801－0018295 4:20144
幼迂詩抄不分卷 （清）倪釗撰 清光緒二十

年(1894)金陵木活字印本　一冊

340000－1801－0018296　4:20149

笑廬存稿不分卷　(清)鄭溥撰　清光緒刻本　一冊

340000－1801－0018297　4:20150

笑廬存稿不分卷　(清)鄭溥撰　清光緒刻本　一冊

340000－1801－0018298　4:20151

笑廬存稿不分卷　(清)鄭溥撰　清光緒刻本　一冊

340000－1801－0018299　4:20152

笑廬存稿不分卷　(清)鄭溥撰　清光緒刻本　一冊

340000－1801－0018300　4:20153

笑廬存稿不分卷　(清)鄭溥撰　清光緒刻本　一冊

340000－1801－0018301　4:19875－4:19876

順所然齋文集二卷　(清)張雲錦撰　清光緒三十四年(1908)武昌刻本　二冊

340000－1801－0018302　4:20154－4:20156

順所然齋詩集四卷文集二卷　(清)張雲錦撰　清光緒三十四年(1908)武昌刻本　三冊

340000－1801－0018303　4:20157－4:20159

順所然齋詩集四卷文集二卷　(清)張雲錦撰　清光緒三十四年(1908)武昌刻本　三冊

340000－1801－0018304　4:48383

順所然齋文集二卷　(清)張雲錦撰　清光緒三十四年(1908)武昌刻本　一冊　存一卷(一)

340000－1801－0018305　4:20163－4:20164

十華小築詩抄四卷　(清)余本愚撰　清刻本　二冊

340000－1801－0018306　4:20165－4:20166

十華小築詩抄四卷　(清)余本愚撰　清刻本　二冊

340000－1801－0018307　4:20167－4:20168

十華小築詩抄四卷　(清)余本愚撰　清刻本　二冊

340000－1801－0018308　4:20169－4:20170

十華小築詩抄四卷　(清)余本愚撰　清刻本　二冊

340000－1801－0018309　4:20171－4:20172

十華小築詩抄四卷　(清)余本愚撰　清刻本　二冊

340000－1801－0018310　4:20173－4:20174

鵬南初稿不分卷　胡嗣運撰　清光緒十六年(1890)刻本　二冊

340000－1801－0018311　4:20175－4:20178

鵬南文抄十五卷　胡嗣運撰　清光緒二十三年(1897)刻本　四冊

340000－1801－0018312　4:20179－4:20182

鵬南文抄十五卷　胡嗣運撰　清光緒二十三年(1897)刻本　四冊

340000－1801－0018313　4:20183－4:20184

鵬南詩抄十卷首一卷末一卷　胡嗣運撰　清光緒二十四年(1898)刻本　二冊

340000－1801－0018314　4:26127

鵬南詩鈔前編八卷　胡嗣運輯　清刻本　一冊

340000－1801－0018315　4:20185－4:20190

鵬南文抄十五卷達齋存稿補遺三卷　胡嗣運撰　清光緒二十三年(1897)刻本　六冊

340000－1801－0018316　4:20191－4:20197

鵬南文抄十八卷補遺三卷　胡嗣運撰　清光緒刻本　七冊

340000－1801－0018317　4:2019－4:2042

養正書屋全集四十卷　(清)宣宗旻寧撰　清道光二年(1822)刻本　二十四冊

340000－1801－0018318　4:20212

湘雪詩抄四卷　(清)何易撰　清刻本　一冊

340000－1801－0018319　4:20213

擇雅堂集不分卷　(清)許惠撰　清刻本　一

册

340000－1801－0018320　4:20214－4:20215
擇雅堂二集八卷　(清)許惠撰　清鄂垣刻本　二册

340000－1801－0018321　4:20216－4:20217
擇雅堂二集八卷　(清)許惠撰　清鄂垣刻本　二册

340000－1801－0018322　4:20218－4:20221
靈芝仙館詩抄十二卷捲秋亭詞二卷　(清)胡念修撰　清光緒二十七年(1901)刻鵠齋刻鵠齋叢書本　四册

340000－1801－0018323　4:20223－4:20226
晚香亭詩抄四卷　(清)蔡邦甸撰　清光緒十八年(1892)天津石印本　四册

340000－1801－0018324　4:20227－4:20230
晚香亭詩抄四卷　(清)蔡邦甸撰　清光緒十八年(1892)天津石印本　四册

340000－1801－0018325　4:20231
淡園文集一卷附錄一卷　(清)馬徵麟撰　清光緒馬氏思古書堂刻本　一册

340000－1801－0018326　4:20232
陔南吟館詩草不分卷　(清)齊德鏈撰　清光緒二年(1876)刻本　一册

340000－1801－0018327　4:20233
陔南吟館詩草不分卷　(清)齊德鏈撰　清光緒二十年(1894)刻本　一册

340000－1801－0018328　4:20234
陔南吟館詩草不分卷　(清)齊德鏈撰　清光緒二十年(1894)刻本　一册

340000－1801－0018329　4:20235
桃花潭館詩存不分卷　(清)汪鎮撰　清光緒三十三年(1907)刻本　一册

340000－1801－0018330　4:20236
桃花潭館詩存不分卷　(清)汪鎮撰　清光緒三十三年(1907)刻本　一册

340000－1801－0018331　4:20238－4:20241
璞山存稿十二卷　(清)曹藍田撰　(清)曹榮綬輯　清光緒二十二年(1896)銅陵曹氏刻本　四册

340000－1801－0018332　4:20237
璞山存稿十二卷　(清)曹藍田撰　(清)曹榮綬輯　清光緒二十二年(1896)銅陵曹氏刻本　一册　存二卷(一至二)

340000－1801－0018333　4:20242
包軒遺編二卷　(清)張泰來撰　清光緒十八年(1892)刻本　一册

340000－1801－0018334　4:20243
包軒遺編二卷　(清)張泰來撰　清光緒十八年(1892)刻本　一册

340000－1801－0018335　4:20244
包軒遺編三卷　(清)張泰來撰　清光緒十五年(1889)濟南方氏刻本　一册

340000－1801－0018336　4:20247－4:20250
也愚齋詩稿五卷留草一卷　(清)汪鐘淑撰　清謄清稿本　四册

340000－1801－0018337　4:20251
悲秋篇一卷傷春篇一卷續一卷　(清)汪定執撰　清刻本　一册

340000－1801－0018338　4:20252－4:20253
怡廬詩抄二卷　(清)吳炳祥撰　清光緒二十六年(1900)刻本　二册

340000－1801－0018339　4:20254－4:20255
怡廬詩抄二卷　(清)吳炳祥撰　清光緒二十六年(1900)刻本　二册

340000－1801－0018340　4:20256－4:20257
韓隱廬詩抄五卷　(清)黄瑞蓮撰　清光緒三十四年(1908)刻本　二册

340000－1801－0018341　4:20258－4:20259
韓隱廬詩抄五卷　(清)黄瑞蓮撰　清光緒三十四年(1908)刻本　二册

340000－1801－0018342　4:20260－4:20261
韓隱廬詩抄五卷　(清)黄瑞蓮撰　清光緒三十四年(1908)刻本　二册

340000－1801－0018343　4:20262
一拳石齋詩抄四卷　（清）方龍光撰　清刻本　一冊

340000－1801－0018344　4:20263
一拳石齋文抄二卷　（清）方龍光撰　清刻本　一冊

340000－1801－0018345　4:20264
一拳石齋文抄二卷　（清）方龍光撰　清刻本　一冊

340000－1801－0018346　4:20267－4:20272
春雨樓詩存十二卷　（清）葉仲庸撰　清抄本　六冊

340000－1801－0018347　4:20273－4:20274
二江草堂詩四卷　（清）黄崇惺撰　清刻本　二冊

340000－1801－0018348　4:20275
寄生山館詩剩不分卷　（清）徐士怡撰　清光緒十二年(1886)刻本　一冊

340000－1801－0018349　4:20276
遼海詩抄四卷　（清）程虞卿撰　清刻本　一冊

340000－1801－0018350　4:20284
嚶鳴館百疊集不分卷　（清）孫點撰　清光緒十六年(1890)鉛印本　一冊

340000－1801－0018351　4:20285
息園吟草二卷　（清）詹考祥撰　清刻本　一冊

340000－1801－0018352　4:10360－4:10365
忠雅堂文集十二卷　（清）蔣士銓撰　清嘉慶藏園刻本　六冊

340000－1801－0018353　4:10412－4:10423
忠雅堂詩集三十卷文集十二卷　（清）蔣士銓撰　清嘉慶二十二年(1817)刻本　十二冊

340000－1801－0018354　4:10366－4:10373
忠雅堂詩集三十卷年譜一卷　（清）蔣士銓撰　清嘉慶藏園刻本　八冊

340000－1801－0018355　4:10374－4:10387
忠雅堂詩集二十七卷文集十二卷詩集補遺二卷銅絃詞二卷　（清）蔣士銓撰　清同治九年(1870)蔣志章刻本　十四冊

340000－1801－0018356　4:10388－4:10393
忠雅堂詩集補遺詞二十七卷　（清）蔣士銓撰　清芷園刻本　六冊

340000－1801－0018357　4:10394－4:10405 善
忠雅堂集二十卷　（清）蔣士銓撰　清大文堂刻本　十二冊

340000－1801－0018358　4:10406－4:10411
忠雅堂集三十卷　（清）蔣士銓撰　清刻本　六冊

340000－1801－0018359　4:20286
善思齋詩抄七卷　（清）徐宗亮撰　清刻本　一冊

340000－1801－0018360　4:20287
善思齋詩續抄二卷　（清）徐宗亮撰　清刻本　一冊

340000－1801－0018361　4:20288－4:20289
善思齋文續鈔四卷詩續鈔二卷　（清）徐宗亮撰　清刻本　二冊

340000－1801－0018362　4:20290－4:20293
善思齋詩鈔七卷文鈔九卷　（清）徐宗亮撰　清刻本　四冊

340000－1801－0018363　4:20294－4:20297
善思齋文鈔九卷續鈔四卷詩鈔七卷續鈔二卷　（清）徐宗亮撰　清刻本　四冊

340000－1801－0018364　4:20298－4:20299
善思齋詩鈔七卷文鈔九卷　（清）徐宗亮撰　清刻本　二冊

340000－1801－0018365　4:20300－4:20301
善思齋詩鈔七卷文鈔九卷　（清）徐宗亮撰　清刻本　二冊

340000－1801－0018366　4:20305
日本文集四卷　（清）陳新堂撰　清光緒鉛印本　一冊

340000－1801－0018367　4:20306
日本文集四卷　(清)陳新堂撰　清光緒鉛印本　一册

340000－1801－0018368　4:20307
霧中人不分卷　(清)鄭由熙撰　清光緒十六年(1890)暗香樓刻本　一册

340000－1801－0018369　4:20308
霧中人不分卷　(清)鄭由熙撰　清光緒十六年(1890)暗香樓刻本　一册

340000－1801－0018370　4:20309
雁鳴霜不分卷　(清)鄭由熙撰　清光緒十六年(1890)暗香樓刻暗香樓樂府三種本　一册

340000－1801－0018371　4:20310－4:20314
晚學齋曲三種附詩詞　(清)鄭由熙撰　清光緒暗香樓刻本　五册

340000－1801－0018372　4:20315
晚學齋外集四卷　(清)鄭由熙撰　清光緒二十四年(1898)刻本　一册

340000－1801－0018373　4:20316－4:20323
晚學齋詩集十二卷續一卷文二卷　(清)鄭由熙撰　清光緒十三年(1887)靖安縣署刻本　八册

340000－1801－0018374　4:20330－4:20331
春草堂詩稿六卷　(清)胡廷玨撰　清光緒三十年(1904)刻本　二册

340000－1801－0018375　4:20332－4:20333
春草堂詩稿六卷　(清)胡廷玨撰　清光緒三十年(1904)刻本　二册

340000－1801－0018376　4:20334－4:20335
春草堂詩稿六卷　(清)胡廷玨撰　清光緒三十年(1904)刻本　二册

340000－1801－0018377　4:20340－4:20341
幸餘求定稿五卷　(清)姚濬昌撰　清光緒十六年(1890)刻本　二册

340000－1801－0018378　4:20342－4:20345
幸餘求定稿十二卷　(清)姚濬昌撰　清光緒刻本　四册

340000－1801－0018379　4:20346－4:20348
幸餘求定稿九卷　(清)姚濬昌撰　清光緒刻本　三册

340000－1801－0018380　4:20372－4:20375
五瑞齋詩續抄九卷　(清)姚濬昌撰　**遠心齋遺詩一卷**　清刻本　四册

340000－1801－0018381　4:20349－4:20354
述善堂詩存七種十七卷　(清)竇以蒸輯　清光緒刻本　六册

340000－1801－0018382　4:20355
庚辛遺稿不分卷　(清)洪承熙撰　清光緒二十五年(1899)研華館刻本　一册

340000－1801－0018383　4:20356
庚辛遺稿不分卷　(清)洪承熙撰　清光緒二十五年(1899)研華館刻本　一册

340000－1801－0018384　4:20357－4:20358
澡雪山房文集二卷　(清)董毓蘭撰　清光緒刻本　二册

340000－1801－0018385　4:20361
完璞齋吟薇閣喬梓詩集合稿二卷　(清)余鳳書　(清)余銓桂撰　清刻本　一册

340000－1801－0018386　4:20362
衍波亭初稿二卷　(清)楊瑛昶撰　清刻本　一册

340000－1801－0018387　4:20363
自吟編不分卷　(清)黄以琳撰　清刻本　二册

340000－1801－0018388　4:48393
自吟編不分卷　(清)黄以琳撰　清刻本　一册

340000－1801－0018389　4:20378
冷髯詩抄不分卷　(清)陳肄撰　清光緒十年(1884)刻本　一册

340000－1801－0018390　4:20379
冷髯詩抄不分卷　(清)陳肄撰　清光緒十年(1884)刻本　一册

340000－1801－0018391　4:20380
穀孫詩抄不分卷家庭憶語一卷　(清)戴穀孫撰　清謄清稿本　一册

340000－1801－0018392　4:20381
石泉遺集二卷　(清)金楹撰　清刻本　一册

340000－1801－0018393　4:20382－4:20389
漱芳居文抄八卷二集八卷　(清)趙青藜撰　清漱芳居刻本　八册

340000－1801－0018394　4:20390
餘園叢稿二卷　(清)汪述祖撰　清刻本　一册

340000－1801－0018395　4:20391
餘園叢稿二卷　(清)汪述祖撰　清刻本　一册

340000－1801－0018396　4:20395
餘園樂府不分卷　(清)汪述祖撰　清刻本　一册

340000－1801－0018397　4:20396
傳經草堂詩抄三卷　(清)金桂馨撰　清刻本　一册

340000－1801－0018398　4:20397
尚友吟不分卷　(清)程朝儀撰　清黄敦禮抄本　一册

340000－1801－0018399　4:20403
叢桂山房遺稿不分卷　(清)許仁撰　清道光十五年(1835)刻本　一册

340000－1801－0018400　4:20404
七十二峰齋文抄不分卷　(清)姚仙都撰　清刻本　一册

340000－1801－0018401　4:20407－4:20408
凝玉堂詩不分卷　(清)李卓撰　清刻本　二册

340000－1801－0018402　4:20416
葵園偶存不分卷　(清)陳明翼撰　清刻本　一册

340000－1801－0018403　4:20420－4:20421
澹慮軒存稿不分卷試帖一卷　(清)程鶴輪撰　**損齋吟草一卷**　清同治八年(1869)刻本　二册

340000－1801－0018404　4:20434
東湖詩抄二卷　(清)汪士通撰　清刻本　一册

340000－1801－0018405　4:2043－4:2046 善
歙縣徐槤村公祭輓分編十四卷　(清)徐氏編　清乾隆歙縣徐氏刻本　四册

340000－1801－0018406　4:20436
大潛山房詩抄不分卷劉氏家傳一卷　(清)劉銘傳著　清末石印本　一册

340000－1801－0018407　4:20437
大潛山房詩抄不分卷　(清)劉銘傳撰　清同治七年(1868)刻本　一册

340000－1801－0018408　4:20439－4:20444
十萬琳瑯閣文賦詩詞删存十一卷　(清)方燕昭撰　清同治刻本　六册

340000－1801－0018409　4:10204－4:10207
南溪詩鈔六卷　(清)何飛熊撰　**蔭棠草一卷**　(清)何承禧撰　清乾隆刻本　四册

340000－1801－0018410　4:20448
雲無心軒詩四卷　(清)趙彦倫撰　清道光十六年(1836)旌德宋煥文刻本　一册

340000－1801－0018411　4:20449－4:20456
小羅浮館詩十六卷别録十卷詞七卷雜曲一卷　(清)趙對澄撰　**延秋閣剩稿一卷**　清道光二十五年(1845)汪氏刻本　八册

340000－1801－0018412　4:20457－4:20460
溪村詩抄六卷　(清)汪任撰　清刻本　四册

340000－1801－0018413　4:20461－4:20462
問亭詩草七卷　(清)張鵠撰　清刻本　二册

340000－1801－0018414　4:20463－4:20466
問亭文抄四卷詩七卷　(清)張鵠撰　清刻本　四册

340000－1801－0018415　4:20469－4:20478

壺園全集二十五卷 （清）徐寶善撰　清刻本　十冊

340000－1801－0018416　4:20479－4:20488
壺園全集二十五卷 （清）徐寶善撰　清刻本　十冊

340000－1801－0018417　4:20489
壺園雜著不分卷 （清）徐寶善撰　清刻本　一冊

340000－1801－0018418　4:20490
醉芸館詩集一卷 （清）李經世撰　清光緒二十九年(1903)皖城刻本　一冊

340000－1801－0018419　4:20491
醉芸館詩集一卷 （清）李經世撰　清光緒二十九年(1903)皖城刻本　一冊

340000－1801－0018420　4:20492
醉芸館詩集一卷 （清）李經世撰　清光緒二十九年(1903)皖城刻本　一冊

340000－1801－0018421　4:20493
醉芸館詩集一卷 （清）李經世撰　清光緒二十九年(1903)皖城刻本　一冊

340000－1801－0018422　4:20494
醉芸館詩集一卷 （清）李經世撰　清光緒二十九年(1903)皖城刻本　一冊

340000－1801－0018423　4:20495－4:20501
敬孚類稿十六卷 （清）蕭穆撰　清光緒三十二年(1906)刻本　七冊　缺三卷(四至六)

340000－1801－0018424　4:20502－4:20505
敬孚類稿十六卷 （清）蕭穆撰　清光緒三十二年(1906)刻本　四冊

340000－1801－0018425　4:2050－4:2051 善
泥板試印初編十一卷 （清）翟金生撰　清道光二十四年(1844)翟氏泥活字印本　二冊

340000－1801－0018426　4:20513－4:20514
醉墨山房詩抄四卷 （清）朱楚生撰　清光緒二十九年(1903)刻本　二冊

340000－1801－0018427　4:20515
醉墨山房詩抄二卷 （清）朱楚生撰　清道光二十六年(1846)刻本　一冊

340000－1801－0018428　4:20517－4:20518
黃溪書屋吟草三卷 （清）劉德儀撰　清光緒三十年(1904)刻本　二冊

340000－1801－0018429　4:20519
北山樓集不分卷師友緒餘一卷 （清）吳保初著　清光緒刻本　一冊

340000－1801－0018430　4:20540
未焚草不分卷 （清）吳保初撰　清光緒刻本　一冊

340000－1801－0018431　4:20541
未焚草不分卷 （清）吳保初撰　清光緒二十四年(1898)刻本　一冊

340000－1801－0018432　4:20542
怡然詩抄不分卷贈言一卷 （清）胡惟琛撰　清刻本　一冊

340000－1801－0018433　4:20544－4:20545
悅雲山房詩存六卷詞一卷 （清）劉敦元撰　清光緒二十八年(1902)徐氏刻本　二冊

340000－1801－0018434　4:20554
木鷹齋詩二卷 （清）胡長庚撰　清刻本　一冊

340000－1801－0018435　4:20557
苜園詩錄四卷 （清）程霱撰　清宣統元年(1909)鉛印本　一冊

340000－1801－0018436　4:20558
苜園詩錄四卷 （清）程霱撰　清宣統元年(1909)鉛印本　一冊

340000－1801－0018437　4:20559
苜園詩錄四卷 （清）程霱撰　清宣統元年(1909)鉛印本　一冊

340000－1801－0018438　4:20560－4:20561
固庵自定草四卷養初子筆記一卷 （清）舒紹基撰　清宣統元年(1909)木活字印本　二冊

340000－1801－0018439　4:20565

還天詩草不分卷 (清)吳之鸞撰 清光緒三十三年(1907)刻本 一冊

340000 - 1801 - 0018440 4:20566
紫雪山房遺稿不分卷 (清)程鐘澍撰 清同治刻本 一冊

340000 - 1801 - 0018441 4:20567
紫雪山房遺稿不分卷 (清)程鐘澍撰 清同治刻本 一冊

340000 - 1801 - 0018442 4:20571 - 4:20574
吳復古集文六卷詩三卷 (清)吳銘道撰 清刻本 四冊

340000 - 1801 - 0018443 4:20575 - 4:20576
輟耕書屋吟十卷 (清)胡承祝撰 清刻本 二冊

340000 - 1801 - 0018444 4:20577 - 4:20580
知白齋詩抄四卷詞存五卷 (清)江人鏡撰 清光緒十年(1884)鏟障山房刻本 四冊

340000 - 1801 - 0018445 4:20581 - 4:20582
知白齋詩抄四卷 (清)江人鏡撰 清光緒二十年(1894)鏟障山房刻本 二冊

340000 - 1801 - 0018446 4:4117 善
抱潤軒文不分卷 馬其昶撰 清光緒稿本 清吳汝綸 清蕭穆評點 一冊

340000 - 1801 - 0018447 4:20583
抱潤軒文集十卷 馬其昶撰 清宣統元年(1909)潘勗寫石印本 一冊

340000 - 1801 - 0018448 4:20584
抱潤軒文集十卷 馬其昶撰 清宣統元年(1909)潘勗寫石印本 一冊

340000 - 1801 - 0018449 4:20585
抱潤軒文集十卷 馬其昶撰 清宣統元年(1909)潘勗寫石印本 一冊

340000 - 1801 - 0018450 4:20586
抱潤軒文集十卷 馬其昶撰 清宣統元年(1909)潘勗寫石印本 一冊

340000 - 1801 - 0018451 4:20587
抱潤軒文集十卷 馬其昶撰 清宣統元年(1909)潘勗寫石印本 一冊

340000 - 1801 - 0018452 4:1991 - 4:1992 善
恩餘堂輯稿五卷知聖道齋未刻文鈔一卷 (清)彭元瑞撰 清稿本 二冊

340000 - 1801 - 0018453 4:1994 善
鹿村詩集不分卷 (清)方士琯撰 清乾隆九年(1744)刻本 一冊

340000 - 1801 - 0018454 4:1995 - 4:1996 善
蔗亭梅花集句四卷 (清)汪麟輯 清乾隆刻本 二冊

340000 - 1801 - 0018455 4:1997 善
望古齋文集不分卷 (清)陳謹撰 定山堂文集摘鈔 (清)龔鼎孳撰 清乾隆抄本 一冊

340000 - 1801 - 0018456 4:1998 善
瓊華樓詩草二卷 (清)朱坤然撰 清道光抄本 一冊

340000 - 1801 - 0018457 4:1999 善
紅橋文稿不分卷 (清)朱鐘撰 清稿本 一冊

340000 - 1801 - 0018458 4:2000 善
一齋先生詩文鈔二卷 (清)馬翩飛撰 復堂先生詩鈔一卷 (清)馬春生撰 清乾隆稿本 清馬瑞辰 清馬其昶 清馬邦基題識 一冊

340000 - 1801 - 0018459 4:2001 善
七寶樓書插架詩集初稿三卷 (清)胡大鏞輯 清謄清稿本 一冊

340000 - 1801 - 0018460 4:2002 - 4:2006 善
竹山詩稿二卷清寐軒詩稿二卷養素齋詩稿一卷 (清)姚濬昌撰 清養素齋稿本 清吳汝綸 清方宗誠 清徐宗亮等批校 五冊

340000 - 1801 - 0018461 4:20211 善
存存草詩六卷 (清)江慶成撰 清謄清稿本 一冊

340000 - 1801 - 0018462 4:2007 - 4:2013 善
小倦遊閣集十四卷 (清)包世臣撰 清包氏

小倦遊閣抄本　清吳熙載批校　七册

340000－1801－0018463　4:2014－4:2018 善
竹瑞堂詩鈔十四卷文鈔一卷續二卷　(清)黄德華撰　清稿本　五册

340000－1801－0018464　4:26125
尋樂堂遺詩不分卷　(清)朱棻撰　**海嶽紀遊草一卷**　(清)朱務撰　**雲巢詩鈔四卷**　(清)朱鶴書撰　清咸豐元年(1851)朱氏刻本　一册

340000－1801－0018465　4:2048－4:2049 善
家粹不分卷　(清)曾權撰　清同治稿本　二册

340000－1801－0018466　4:2052 善
談風月軒詩鈔不分卷　(清)徐同善撰　清稿本　一册

340000－1801－0018467　4:2053 善
楚南遊草不分卷　(清)陳鼎撰　清稿本　一册

340000－1801－0018468　4:2057 善
光禄公賦稿不分卷　(清)王茂蔭撰　清稿本　佚名批點　一册

340000－1801－0018469　4:2058 善
萊庵詩存不分卷　(清)許準撰　清稿本　一册

340000－1801－0018470　4:2059 善
漁月吟存不分卷　(清)汪如元撰　清同治稿本　一册

340000－1801－0018471　4:2060 善
安所遇齋詩稿不分卷　(清)鄭霓仙撰　清稿本　一册

340000－1801－0018472　4:2062 善
未央硯室詩卷不分卷　(明)顧乃德撰　清咸豐稿本　一册

340000－1801－0018473　4:2063－4:2064 善
求闕齋文鈔八卷　(清)曾國藩撰　清同治十二年(1873)刻本　清方宗誠批點　二册

340000－1801－0018474　4:2065 善
上曾相國書戡亂策用兵論不分卷　(清)□□撰　清咸豐稿本　佚名過録清吳汝綸　清曾沅浦評點　一册

340000－1801－0018475　4:2066－4:2078 善
柏堂集六十九卷後編二十二卷餘編八卷補存三卷外編十二卷附存五卷　(清)方宗誠撰　清稿本　十二册　存二十二卷(柏堂集九至十六、二十七至二十九,後編一至二,餘編一至六,外編一至三)

340000－1801－0018476　4:20675 善
大觚遺詩不分卷　(清)王開域著　清刻本　許承堯題詩　一册

340000－1801－0018477　4:20684
贅廬文稿不分卷　(清)王澤春撰　清光緒三十年(1904)鉛印本　一册

340000－1801－0018478　4:2079－4:2080 善
汪研山手録自著詩稿二卷　(清)汪鋆撰　清咸豐稿本　二册

340000－1801－0018479　4:2081 善
三州詩集不分卷　(清)黄珽撰　清同治稿本　一册

340000－1801－0018480　4:20826
呂氏三姊妹集三卷　(清)呂清揚　(清)呂美蓀　(清)呂碧城撰　清光緒三十一年(1905)鉛印本　一册

340000－1801－0018481　4:2082 善
徐公可詩稿不分卷　(清)徐公可撰　清同治稿本　一册

340000－1801－0018482　4:26235
鐵硯山房稿不分卷鄧氏詩略一卷　(清)鄧石如　(清)鄧傳密撰　清刻本　一册

340000－1801－0018483　4:2084 善
虞山集不分卷　(清)高之騱撰　清同治十一年(1872)強恕堂稿本　一册

340000－1801－0018484　4:48345－4:48346
強恕堂詩八卷　(清)高之騱撰　清刻本　二

冊　存四卷(三至四、七至八)

340000－1801－0018485　4:20398

求在我軒一笑草不分卷　(清)胡文鬱撰　清稿本　一冊

340000－1801－0018486　4:20891

同壽錄不分卷　(清)天長縣銅城鎮嚶求社編輯　清光緒松竹齋謄清稿本　一冊

340000－1801－0018487　4:21029

梅仙吟草不分卷　(清)倪梅仙撰　清稿本　一冊

340000－1801－0018488　4:21031

疏影樓合稿□卷　(清)陸倪懃著　清稿本　一冊　存一卷(三)

340000－1801－0018489　4:21110

壺山樵人集稿不分卷　(清)□□撰　清稿本　一冊

340000－1801－0018490　4:20869

是亦軒近體詩鈔不分卷刻皐遊和作一卷　(清)龔長恩撰　清光緒十八年(1892)刻本　一冊

340000－1801－0018491　4:20875－4:20876

彝經堂詩鈔六卷賦鈔一卷駢文一卷　(清)王維翰撰　清光緒七年(1881)刻本　二冊

340000－1801－0018492　4:20881

半巷居存稿不分卷養拙居剩稿不分卷　(清)楊一朓撰　清光緒三年(1877)刻本　一冊

340000－1801－0018493　4:20882－4:20885

尚志居集八卷補遺一卷讀書記四卷　(清)楊德亨撰　清光緒八年(1882)刻本　四冊

340000－1801－0018494　4:20886－4:20887

蒧園詩集十卷　(清)程晉芳撰　清光緒刻本　二冊

340000－1801－0018495　4:2089－4:2110

玉臺舊館詩鈔四十卷雲龕志韻一卷賣馥集一卷骨董羹一卷　(清)徐受麟撰　清光緒鉛印本　三十二冊　存三十八卷(玉臺舊館詩鈔三至四十)

340000－1801－0018496　4:20902－4:20905

寄園詩鈔十二卷　(清)曹翰田撰　清光緒三十二年(1906)刻本　四冊

340000－1801－0018497　4:20912

徐巢友梅花詩不分卷　(清)徐卓撰　清光緒二十八年(1902)石印本　一冊

340000－1801－0018498　4:20913

虹嶺詩草六卷　(清)趙世晟撰　清刻本　一冊

340000－1801－0018499　4:20915

課徒試帖二卷　(清)倪偉人撰　清光緒二十四年(1898)刻本　一冊

340000－1801－0018500　4:20916

課徒試帖二卷　(清)倪偉人撰　清光緒二十四年(1898)刻本　一冊

340000－1801－0018501　4:20925－4:20926

隆中詩草不分卷　(清)鄭溥撰　清稿本　六冊

340000－1801－0018502　4:20927

越江遊草不分卷　(清)程堂撰　清謄清稿本　一冊

340000－1801－0018503　4:20929

春風澹蕩室詩略不分卷　(清)潘晉齡撰　清刻本　一冊

340000－1801－0018504　4:20930－4:20933

滋樹室全集六卷　(清)李經達撰　清光緒刻本　四冊

340000－1801－0018505　4:20936

伴耕草堂吟草不分卷　(清)呂啟祥撰　清宣統二年(1910)木活字印本　一冊

340000－1801－0018506　4:20952－4:20956

吳摯甫文集四卷深州風土記一卷　(清)吳汝綸撰　清宣統元年(1909)國學扶輪社石印本　五冊

340000－1801－0018507　4:20957－4:20961

吳摯甫文集四卷深州風土記一卷　(清)吳汝綸撰　清宣統元年(1909)國學扶輪社石印本

五冊

340000－1801－0018508　4:20962－4:20965
桐城吳先生文集四卷詩集一卷傳狀一卷　(清)吳汝綸撰　清光緒九年(1883)吳氏刻本　四冊

340000－1801－0018509　4:2083 善
吳贄甫先生函稿不分卷　(清)吳汝綸撰　清稿本　一冊

340000－1801－0018510　4:21001
吳摯甫詩集不分卷　(清)吳汝綸撰　清宣統元年(1909)國學扶輪社鉛印本　一冊

340000－1801－0018511　4:21002
吳摯甫詩集不分卷　(清)吳汝綸撰　清宣統元年(1909)國學扶輪社鉛印本　一冊

340000－1801－0018512　4:21003
吳摯甫詩集不分卷　(清)吳汝綸撰　清宣統元年(1909)國學扶輪社鉛印本　一冊

340000－1801－0018513　4:21004
吳摯甫詩集不分卷　(清)吳汝綸撰　清宣統元年(1909)國學扶輪社鉛印本　一冊

340000－1801－0018514　4:21005－4:21010
吳摯甫文集四卷深州風土記四卷　(清)吳汝綸撰　清宣統元年(1909)國學扶輪社鉛印本　六冊

340000－1801－0018515　4:21011－4:21015
吳摯甫文集四卷深州風土記四卷　(清)吳汝綸撰　清宣統元年(1909)國學扶輪社鉛印本　六冊

340000－1801－0018516　4:21016
吳摯甫先生文不分卷　(清)吳汝綸撰　清傳抄本　一冊

340000－1801－0018517　4:21017－4:21021
桐城吳先生集五卷　(清)吳汝綸撰　清刻本　五冊

340000－1801－0018518　4:21022－4:21028
桐城吳先生集五卷　(清)吳汝綸撰　清刻本　七冊

340000－1801－0018519　4:21032
天韻閣詩存不分卷　(清)黃箴撰　清光緒鉛印本　一冊

340000－1801－0018520　4:21033
崔氏巧雲遺草不分卷哀弦吟一卷　(清)崔巧雲撰　清咸豐五年(1855)刻本　一冊

340000－1801－0018521　4:21034
春暉園詠花詩不分卷　(清)晏沂真撰　**水中梅景三十均一卷集古閨中怨一卷**　清抄本　一冊

340000－1801－0018522　4:21035
佩珊珊室詩存不分卷　(清)王紉佩撰　清刻本　一冊

340000－1801－0018523　4:21036
修月女史遺稿不分卷悲秋篇一卷傷春篇一卷續傷春篇一卷　(清)吳卯　(清)汪定執撰　清刻本　一冊

340000－1801－0018524　4:21037
倪藕軒遺稿不分卷倪芷軒遺稿一卷　(清)倪慜　(清)倪靜撰　清稿本　一冊

340000－1801－0018525　4:21039
紅韻閣遺稿不分卷　(清)闞壽坤撰　清光緒五年(1879)金閶刻本　一冊

340000－1801－0018526　4:21065－4:21067
馬孝女遺稿六卷　(清)馬延淑撰　清宣統二年(1910)鉛印本　三冊

340000－1801－0018527　4:21068
馬孝女遺稿不分卷附江南鄉試闈藝　(清)馬延淑撰　清宣統元年(1909)鉛印本　一冊

340000－1801－0018528　4:21072
重刊蕉窗遺韻詩集一卷詞集一卷考異一卷　(清)張嫻婧撰　清光緒二十三年(1897)刻本　一冊

340000－1801－0018529　4:21078
畫梅雜詠不分卷　(清)余鴻撰　清宣統元年(1909)刻本　一冊

340000－1801－0018530　4:33718－4:33722

魏塘漱芳集不分卷續魏塘漱芳集二集　江峰青輯　清光緒二十五年(1899)刻本　五冊

340000－1801－0018531　4:19852
瑣院公餘錄不分卷　江峰青撰　清光緒刻本　一冊

340000－1801－0018532　4:21077
蒔花小築牖蒙草不分卷　江峰青撰　清刻本　一冊

340000－1801－0018533　4:21079
醉綠惜紅吟草不分卷　江峰青撰　清光緒二十七年(1901)刻本　一冊

340000－1801－0018534　4:21080
醉綠惜紅吟草不分卷　江峰青撰　清光緒二十七年(1901)刻本　一冊

340000－1801－0018535　4:21081
醉綠惜紅吟草不分卷　江峰青撰　清光緒二十七年(1901)刻本　一冊

340000－1801－0018536　4:21082
醉綠惜紅吟草不分卷　江峰青撰　清光緒二十七年(1901)刻本　一冊

340000－1801－0018537　4:21084
感秋吟不分卷　江峰青撰　清光緒三十一年(1905)刻本　一冊

340000－1801－0018538　4:21085
豐樂園八詠不分卷　江峰青撰　清光緒二十三年(1897)刻本　一冊

340000－1801－0018539　4:21086
近村文草詩草不分卷　(清)吳錫紀撰　清刻本　一冊

340000－1801－0018540　4:21087
浪遊浪墨不分卷　江峰青撰　清光緒三十三年(1907)石印本　一冊

340000－1801－0018541　4:21109
黹餘小草不分卷　(清)許燕珍撰　清乾隆刻本　一冊

340000－1801－0018542　4:21112
後緹縈南曲十齣　(清)汪宗沂撰　(清)夏嘉穀評點　清光緒十一年(1885)泰州夏氏刻本　一冊

340000－1801－0018543　4:21113
後緹縈南曲十齣　(清)汪宗沂撰　(清)夏嘉穀評點　清光緒十一年(1885)泰州夏氏刻本　一冊

340000－1801－0018544　4:21114
黃鶴樓二卷　題(清)梅花詞客撰　清刻本　一冊　存一卷(上)

340000－1801－0018545　4:21115
琴言閣詩錄不分卷　(清)方掌珍撰　清光緒二十年(1894)潘靜儉堂刻本　一冊

340000－1801－0018546　4:21116
琴言閣詩錄不分卷　(清)方掌珍撰　清光緒二十年(1894)潘靜儉堂刻本　一冊

340000－1801－0018547　4:21117
琴言閣詩抄四卷　(清)方掌珍撰　清道光二十年(1840)刻本　一冊

340000－1801－0018548　4:21118－4:21119
花韻軒詞集三卷　(清)方正澍撰　清刻本　二冊

340000－1801－0018549　4:21120－4:21126
雅安書屋集十二卷　(清)汪夑撰　清道光二十四年(1844)刻本　七冊

340000－1801－0018550　4:21127－4:21128
雅安書屋詩集四卷文集二卷贈言錄一卷　(清)汪夑撰　清道光二十四年(1844)刻本　二冊

340000－1801－0018551　4:21129
古懽詞不分卷哀絲詞一卷　(清)董桂洲撰　清江寧劉文奎刻本　一冊

340000－1801－0018552　4:21136－4:21137
雙橋小築詞存五卷集餘一卷　(清)江人鏡撰　清光緒二十三年(1897)揚州運署刻本　二冊

340000－1801－0018553　4:20928

遠心軒詩稿四卷　(清)姚永楷撰　清稿本　一册

340000－1801－0018554　4:4116 善

蛻私軒文稿不分卷　姚永樸撰　清光緒稿本　清方宗誠評點　一册

340000－1801－0018555　4:4516－4:4517 善

慎宜軒文稿尺牘不分卷　姚永概撰　清稿本　二册

340000－1801－0018556　4:21205

慎宜軒文五卷　姚永概撰　清光緒三十四年(1908)靈諼室鉛印本　一册

340000－1801－0018557　4:21206

慎宜軒文五卷　姚永概撰　清光緒三十四年(1908)靈諼室鉛印本　一册

340000－1801－0018558　4:21207

慎宜軒文五卷　姚永概撰　清光緒三十四年(1908)靈諼室鉛印本　一册

340000－1801－0018559　4:26063－4:26067

澄響堂五世詩鈔六卷深莊公文鈔一卷　(清)劉叢蘭輯　清道光逸心山房刻本　五册

340000－1801－0018560　4:21229

臥滄詩草不分卷　(清)詹國瑞撰　清稿本　一册

340000－1801－0018561　4:21235

懷硯齋吟草不分卷　(清)呂錦文撰　清刻本　一册

340000－1801－0018562　4:21236

臥雲山館詩存劫灰集不分卷　(清)陳雲章撰　清光緒十三年(1887)遵化州署刻本　一册

340000－1801－0018563　4:21237

臥雲山館詩存劫灰集不分卷　(清)陳雲章撰　清光緒十三年(1887)遵化州署刻本　一册

340000－1801－0018564　4:21238

臥雲山館詩存劫灰集不分卷　(清)陳雲章著　清光緒十三年(1887)遵化州署刻本　一册

340000－1801－0018565　4:21244

吳徵君遺集二卷　(清)吳廷香撰　清同治二年(1863)刻本　一册

340000－1801－0018566　4:21245

吳徵君遺集二卷　(清)吳廷香撰　清同治二年(1863)刻本　一册

340000－1801－0018567　4:21246

吳徵君遺集二卷　(清)吳廷香撰　清同治二年(1863)刻本　一册

340000－1801－0018568　4:19358－4:19359

敦艮吉齋詩存二卷　(清)徐子苓撰　清光緒十二年(1886)刻本　二册

340000－1801－0018569　4:19360－4:19361

敦艮吉齋詩存二卷　(清)徐子苓撰　清同治刻本　二册

340000－1801－0018570　4:19362－4:19363

敦艮吉齋詩存二卷　(清)徐子苓撰　清同治五年(1866)刻本　二册

340000－1801－0018571　4:19364－4:19365

敦艮吉齋詩存二卷　(清)徐子苓撰　清同治五年(1866)刻本　二册

340000－1801－0018572　4:21261－4:21266

敦艮吉齋文抄四卷　(清)徐子苓撰　清光緒集虛草堂刻本　六册

340000－1801－0018573　4:19366－4:19369

敦艮吉齋文存四卷　(清)徐子苓撰　清光緒十二年(1886)刻本　四册

340000－1801－0018574　4:19370－4:19373

敦艮吉齋文存四卷劫餘小錄一卷　(清)徐子苓撰　清光緒十二年(1886)刻本　四册

340000－1801－0018575　4:19374－4:19377

敦艮吉齋文存四卷劫餘小錄一卷　(清)徐子苓撰　清光緒十二年(1886)刻本　四册

340000－1801－0018576　4:19378－4:19383

敦艮吉齋詩存二卷文存四卷　(清)徐子苓撰　清同治刻本　六册

340000－1801－0018577　4:19384－4:19389

敦艮吉齋詩存二卷文存四卷　(清)徐子苓撰　清同治刻本　六冊

340000－1801－0018578　4:19429－4:19436
謙齋初集二卷二集二卷三集二卷遺集一卷遺園詩餘一卷蝨隱庵雜作一卷　(清)王尚辰撰　**周易論語同異辨一卷**　(清)王世溥輯　**青箱餘論一卷**　(清)王世溥撰　**澹雅居小草一卷**　(清)王德名撰　**枚蓀遺草一卷**　(清)王德棻撰　清光緒二十三年(1897)廬州王氏木活字印本　八冊

340000－1801－0018579　4:48267－4:48269
謙齋初集二卷二集二卷三集二卷遺集一卷遺園詩餘一卷蝨隱庵雜作一卷　(清)王尚辰撰　**周易論語同異辨一卷**　(清)王世溥輯　**青箱餘論一卷**　(清)王世溥撰　**澹雅居小草一卷**　(清)王德名撰　**枚蓀遺草一卷**　(清)王德棻撰　清光緒二十三年(1897)廬州王氏木活字印本　三冊　存四卷(謙齋二集二卷、三集一、遺集一卷)

340000－1801－0018580　4:19438－4:19444
謙齋初集二卷二集二卷三集二卷遺集一卷遺園詩餘一卷蝨隱庵雜作一卷　(清)王尚辰撰　**周易論語同異辨一卷**　(清)王世溥輯　**青箱餘論一卷**　(清)王世溥撰　**澹雅居小草一卷**　(清)王德名撰　**枚蓀遺草一卷**　(清)王德棻撰　清光緒二十三年(1897)廬州王氏木活字印本　七冊

340000－1801－0018581　4:21223－4:21225
遺園詩集四卷　(清)王尚辰著　清幻真主人抄本　三冊　缺一卷(貞)

340000－1801－0018582　4:19437
摘錄謙齋詩集不分卷　(清)王尚辰撰　清抄本　一冊

340000－1801－0018583　4:19445
謙齋續集二卷　(清)王尚辰撰　清光緒二十八年(1902)刻本　一冊

340000－1801－0018584　4:21269
蜀抱軒文雜抄不分卷　吳蔭培撰　清宣統三年(1911)鉛印本　一冊

340000－1801－0018585　4:21270－4:21272
澹澄堂集八卷　(清)潘宗信撰　清宣統元年(1909)陝西刻本　三冊

340000－1801－0018586　4:10230－4:10241
梅崖居士文集三十卷外集八卷　(清)朱仕琇撰　清乾隆四十七年(1782)刻本　十二冊

340000－1801－0018587　4:10242－4:10253
梅崖居士文集三十卷外集八卷　(清)朱仕琇撰　清乾隆四十七年(1782)刻本　十二冊

340000－1801－0018588　4:42154－4:42165
梅崖居士文集三十卷外集八卷　(清)朱仕琇撰　清乾隆四十七年(1782)刻本　十二冊

340000－1801－0018589　4:21304－4:21307
策軒文編六卷　(清)蔣寶誠撰　清宣統元年(1909)刻本　四冊

340000－1801－0018590　4:21319－4:21322
綠蔭軒遺集六卷　(清)胡佩芳撰　清光緒二十三年(1897)金陵刻本　四冊

340000－1801－0018591　4:26126
於喁集三卷　(清)王豫選　清嘉慶十七年(1812)刻本　一冊

340000－1801－0018592　4:26193－4:26195
箕裘集詩鈔二十四卷　(清)繆之鎔輯　清光緒三十一年(1905)衍慶堂刻本　三冊

340000－1801－0018593　4:25914－4:25923
瑞芝山房詩文鈔十六卷　(清)戴燮元輯　清光緒三年(1877)刻本　十冊

340000－1801－0018594　4:25924－4:25933
瑞芝山房詩文鈔十六卷　(清)戴燮元輯　清光緒三年(1877)刻本　十冊

340000－1801－0018595　4:26196－4:26198
述善堂詩存十二卷叢桂詩鈔三卷　(清)竇以蒸輯　(清)溫九齡輯附　清光緒十六年(1890)刻本　三冊

340000－1801－0018596　4:21324

蹶岑草堂詩集不分卷　（清）張汝良撰　清光緒木活字印本　一冊

340000－1801－0018597　4:21325－4:21326
求志居集十二卷　（清）陳世鎔撰　清刻本　二冊

340000－1801－0018598　4:949－4:950
三餘堂館課偶存不分卷　（清）胡長齡撰　清嘉慶三年(1798)刻本　二冊

340000－1801－0018599　4:952－4:961
尚絅堂詩集五十二卷詞二卷文二卷　（清）劉嗣綰撰　清嘉慶刻本　十冊

340000－1801－0018600　4:963－4:966
玉山草堂集三十卷　（清）錢林撰　清刻本　四冊

340000－1801－0018601　4:10577－4:10580
看山閣集四卷　（清）黄圖珌撰　清乾隆十年(1745)刻本　四冊

340000－1801－0018602　4:36212
看山閣詩餘四卷　（清）黄圖珌撰　清乾隆刻本　一冊

340000－1801－0018603　4:45965
看山閣詩餘四卷　（清）黄圖珌撰　清乾隆刻本　一冊

340000－1801－0018604　4:10588－4:10589
澹仙詩文詞鈔十卷　（清）熊璉撰　清嘉慶二年(1797)金陵杜新甫刻本　二冊

340000－1801－0018605　4:10586－4:10587
澹仙詩鈔四卷詞鈔五卷　（清）熊璉撰　清嘉慶二年(1797)刻本　二冊

340000－1801－0018606　4:10581－4:10582
寶鐵齋詩録一卷續録一卷　（清）韓崇撰　清道光二十九年(1849)潯江郡舍刻本　二冊

340000－1801－0018607　4:10590－4:10593
未學齋詩集十卷　（清）仇養正撰　清嘉慶二年(1797)刻本　四冊

340000－1801－0018608　4:10604－4:10609
二林居集二十四卷　（清）彭紹升撰　清光緒七年(1881)刻本　六冊

340000－1801－0018609　4:10616－4:10621
二林居集二十四卷　（清）彭紹升撰　清光緒七年(1881)刻本　六冊

340000－1801－0018610　4:10622－4:10629
二林居集二十四卷測海録六卷　（清）彭紹升撰　清光緒七年(1881)刻本　八冊

340000－1801－0018611　4:10598－4:10603
二林居集二十四卷　（清）彭紹升撰　清光緒七年(1881)刻本　六冊

340000－1801－0018612　4:5717－4:5720
孫先生遺書流離雜記二卷宦遊偶録二卷雜文僅存一卷開封府君年譜二卷　（清）孫雲錦撰　（清）孫孟平輯録　清宣統二年(1910)張謇鉛印本　四冊

340000－1801－0018613　4:10278－4:10287
白華前稿六十卷　（清）吳省欽撰　清乾隆四十八年(1783)刻本　十冊

340000－1801－0018614　4:5721－4:5726
擇石齋詩集五十卷　（清）錢載撰　清乾隆刻本(卷五十爲抄補)　六冊

340000－1801－0018615　4:10341－4:10346
擇石齋詩集五十卷　（清）錢載撰　清刻本　六冊

340000－1801－0018616　4:26659－4:26660
建溪集前編四卷後編二卷　（清）戴聰輯　清道光十三年(1833)刻本　二冊

340000－1801－0018617　4:10288－4:10289
詠歸亭詩鈔八卷　（清）李果撰　清乾隆刻本　二冊

340000－1801－0018618　4:33196
甌栝先正文録十五卷補遺一卷　（清）陳遇春輯　（清）金璋訂　清刻本　十六冊

340000－1801－0018619　4:10290－4:10295
介石堂詩文集二十卷　（清）郭起元撰　清乾隆四十三年(1778)刻本　六冊

340000－1801－0018620　4:33376－4:33379

蛟川先正文鈔二十卷 （清）陳繼聰輯　清光緒七年（1881）刻本　四冊　存八卷（七至十二、十五至十六）

340000－1801－0018621　4:33613－4:33618
玉山園評定應制磚花二集不分卷 （清）陳美發彙編　（清）陳桂吉校輯　清玉山園刻本　六冊

340000－1801－0018622　4:33633
竹居錄存不分卷附續編 （清）張士珩輯　清光緒二十三年（1897）冶山竹居刻本　一冊

340000－1801－0018623　4:33871
注釋嚶求集四卷 （清）繆艮撰　清末石印本　一冊

340000－1801－0018624　4:10490－4:10499
芝庭詩稿十六卷文稿八卷 （清）彭啟豐撰　清刻本　十冊

340000－1801－0018625　4:10500－4:10501
芝庭詩稿十卷 （清）彭啟豐撰　清刻本　二冊

340000－1801－0018626　4:10506
錢南園先生遺集五卷 （清）錢灃撰　清同治刻本　一冊

340000－1801－0018627　4:10502－4:10503
錢南園先生遺集五卷 （清）錢灃撰　清同治十一年（1872）刻本　二冊

340000－1801－0018628　4:10504－4:10505
錢南園先生遺集五卷 （清）錢灃撰　清同治十一年（1872）刻本　二冊

340000－1801－0018629　4:10506（重號）
錢南園遺集六卷 （清）錢灃撰　清光緒十九年（1893）浙江書局刻本　一冊　存二卷（一至二）

340000－1801－0018630　4:10507－4:10508
錢南園遺集六卷 （清）錢灃撰　清光緒十九年（1893）浙江書局刻本　二冊

340000－1801－0018631　4:10509－4:10510
錢南園遺集六卷 （清）錢灃撰　清光緒十九年（1893）浙江書局刻本　二冊

340000－1801－0018632　4:5656－4:5659 善
蘭藻堂集八卷 （清）舒瞻撰　清刻本　四冊

340000－1801－0018633　4:5660－4:5663 善
蔗塘未定稿八卷詞一卷外集八卷 （清）查為仁撰　清乾隆寫刻本　四冊

340000－1801－0018634　4:5664－4:5668 善
仙屏書屋初集詩錄十六卷後錄二卷 （清）黃爵滋撰　清道光二十六年（1846）涇縣翟氏泥活字印本　五冊

340000－1801－0018635　4:5669－4:5670 善
漁山詩草二卷 （清）邊汝元撰　清刻本　二冊

340000－1801－0018636　4:5673－4:5674 善
葛莊分類詩鈔 （清）劉廷璣撰　清康熙刻本　二冊

340000－1801－0018637　4:10584－4:10585
葛莊編年詩十五卷 （清）劉廷璣撰　清刻本　二冊

340000－1801－0018638　4:5675－4:5676 善
梅屋集一卷攬秀集一卷眺雪集一卷雲海集一卷認春集一卷 （清）沈炳震等撰　清抄本　二冊

340000－1801－0018639　4:4297－4:4304 善
抱經堂文集三十四卷 （清）盧文弨撰　清乾隆六十年（1795）刻本　八冊

340000－1801－0018640　4:10650－4:10653
章實齋先生遺書六卷附錄一卷 （清）章學誠撰　清宣統二年（1910）鉛印本　四冊

340000－1801－0018641　4:10654－4:10657
章實齋先生遺書六卷附錄一卷 （清）章學誠撰　清宣統二年（1910）鉛印本　四冊

340000－1801－0018642　4:10610－4:10615
二林居集二十四卷 （清）彭紹升撰　清光緒七年（1881）刻本　六冊

340000－1801－0018643　4:10630－4:10632

一行居集八卷　(清)彭紹升撰　清刻本　三冊　缺二卷(七至八)

340000－1801－0018644　4∶10658－4∶10659
測海集六卷　(清)彭紹升撰　清嘉慶刻本　二冊

340000－1801－0018645　4∶10660－4∶10661
測海集六卷　(清)彭紹升撰　清嘉慶刻本　二冊

340000－1801－0018646　4∶10662－4∶10663
測海集六卷　(清)彭紹升撰　清同治四年(1865)刻本　二冊

340000－1801－0018647　4∶4546 善
字香亭梅花百詠不分卷　(清)吳立撰　清康熙寧香亭刻本　一冊

340000－1801－0018648　4∶34319－4∶34326
寫心初集四卷二集六卷　(清)陳枚輯　清康熙刻本　八冊

340000－1801－0018649　4∶4034－4∶4039 善
銅鼓書堂遺稿三十二卷　(清)查禮撰　清乾隆五十三年(1788)查淳刻本　六冊

340000－1801－0018650　4∶10347－4∶10350
銅鼓書堂遺稿三十二卷　(清)查禮撰　清乾隆刻本　四冊

340000－1801－0018651　4∶10352－4∶10357
南江文鈔四卷　(清)邵晉涵撰　清刻本　六冊

340000－1801－0018652　4∶10358－4∶10359
說雲詩鈔五卷　(清)袁守定撰　清光緒袁氏家塾刻本　二冊

340000－1801－0018653　4∶4040－4∶4043 善
已山先生文集十卷別集四卷　(清)王步青撰　清乾隆十七年(1752)刻本　四冊

340000－1801－0018654　4∶4063－4∶4066 善
貪山集前集十二卷續集四卷再續集五卷　(清)方文撰　清康熙古懷堂刻本　四冊

340000－1801－0018655　4∶4067 善
塞外橐中集四卷出塞日記一卷　(清)夏之璜撰　清乾隆刻本　一冊

340000－1801－0018656　4∶34077－4∶34082
王壯武公遺集六卷　(清)王鑫撰　清刻本　六冊

340000－1801－0018657　4∶4266 善
西田詩集十卷　(清)陳學洙撰　清乾隆十三年(1748)陳氏刻本　一冊

340000－1801－0018658　4∶4273－4∶4276 善
柳村詩集十二卷　(清)董訥撰　清康熙刻本　四冊

340000－1801－0018659　4∶4277 善
雪庵詩存二卷　(清)丁嗣澄撰　清雍正刻本　一冊

340000－1801－0018660　4∶4278－4∶4288 善
穆堂初稿不分卷　(清)李紱撰　清乾隆五年(1740)無怒軒刻本　十一冊

340000－1801－0018661　4∶4291－4∶4292 善
小樹詩集八卷　(清)金虞撰　清乾隆五十四年(1789)刻本　二冊

340000－1801－0018662　4∶4293－4∶4294 善
絸園詩鈔八卷續編一卷補遺一卷詩餘一卷　(清)徐堅撰　清乾隆五十九年(1794)滸溪草堂刻本　二冊

340000－1801－0018663　4∶4295 善
懷山閣詩稿不分卷　(清)葉在中撰　清乾隆七年(1742)刻本　一冊

340000－1801－0018664　4∶4296 善
耕硯齋遺稿三卷　(清)汪琥撰　清乾隆三十四年(1769)讌耀堂刻本　一冊

340000－1801－0018665　4∶48319－4∶48320
馮舍人遺詩六卷　(清)馮廷櫆撰　清末石印本　二冊　存四卷(三至六)

340000－1801－0018666　4∶48337
薛西原集□□卷　(清)薛蕙撰　清道光二十六年(1846)刻本　一冊　存二卷(三至四)

340000－1801－0018667　4:48340
蘊愫閣別集四卷　(清)盛大士撰　(清)范學誠校　清道光五年(1825)刻本　一册

340000－1801－0018668　4:48341
梅花溪詩草四卷　(清)錢泳撰　清嘉慶二十二年(1817)刻本　一册　存一卷(一)

340000－1801－0018669　4:48342
朱止泉先生文集八卷　(清)朱止泉撰　清乾隆顧天齋刻本　一册　存四卷(一至四)

340000－1801－0018670　4:48369
魏昭士文集十卷　(清)魏士倣撰　清刻本　一册　存四卷(七至十)

340000－1801－0018671　4:48376
岑襄勤公奏稿三十卷首一卷遺集一卷　(清)岑毓英撰　清光緒二十三年(1897)武昌督糧官署刻本　一册　存一卷(首一卷)

340000－1801－0018672　4:48377
今白華堂詩集二卷首一卷　(清)童槐輯　清刻本　一册　存一卷(首一卷)

340000－1801－0018673　4:48379
原學三編三卷　(清)陳劍譚撰　清王漢超刻晦堂叢著本　一册　存一卷(三)

340000－1801－0018674　4:48380
澄秋書堂詩稿七卷　(清)潘鍾麟撰　清刻本　一册

340000－1801－0018675　4:48381
舊香居文稿十卷　(清)王寶仁撰　清刻本　一册　存二卷(三至四)

340000－1801－0018676　4:48391
海日樓詩二卷　(清)沈曾植撰　清末刻本　一册

340000－1801－0018677　4:48387
碧虛齋吟草八卷　(清)宋茂初撰　清道光十九年(1839)志道堂刻本　一册　存三卷(一至三)

340000－1801－0018678　4:48404
樗巢詩選十九卷　(清)李必恆撰　清半舫齋夏氏刻本　一册　存二卷(一至二)

340000－1801－0018679　4:34073－4:34075
上谷存稿不分卷　(清)□□撰　清稿本　三册

340000－1801－0018680　4:48343
詩集不分卷　(清)□□撰　清末刻本　一册

340000－1801－0018681　4:17031－4:17034
文紀二百四十七卷　(明)梅鼎祚輯　明崇禎刻本　四册　存十三卷(後魏文紀三至十五)

340000－1801－0018682　4:26700－4:26704
文章練要左傳評十卷　(清)王源選　清乾隆九年(1744)刻本　五册

340000－1801－0018683　4:26705－4:26709
文章練要左傳評十卷　(清)王源選　清乾隆九年(1744)刻本　五册

340000－1801－0018684　4:26710－4:26711
左傳約選二卷　(清)洪德常輯　清康熙十八年(1679)歙西黄正如刻本　二册

340000－1801－0018685　4:2771－4:2790 善
文選六十卷　(南朝梁)蕭統撰　(唐)李善等注　明嘉靖元年(1522)汪諒刻本　二十册

340000－1801－0018686　4:2822－4:2831 善
文選六十卷　(南朝梁)蕭統撰　(唐)李善等注　明汲古閣刻本　十册

340000－1801－0018687　4:2872－4:2879 善
文選六十卷　(南朝梁)蕭統撰　(唐)李善等注　清汲古閣刻本　八册

340000－1801－0018688　4:2880－4:2885 善
文選六十卷　(南朝梁)蕭統撰　(唐)李善等注　清初汲古閣刻寶萊堂後印本　六册

340000－1801－0018689　4:2832－4:2847 善
文選六十卷　(南朝梁)蕭統撰　(唐)李善等注　清乾隆二十一年(1756)王氏珠樹堂刻本　清汪由敦批校　十六册

340000－1801－0018690　4:29719－4:29731
文選六十卷　(南朝梁)蕭統撰　(唐)李善等

注　清乾隆十一年(1746)刻本　十三册　缺一卷(六十)

340000－1801－0018691　4:29732－4:29741
文選六十卷　(南朝梁)蕭統撰　(唐)李善等注　清同治八年(1869)金陵書局刻本　十册

340000－1801－0018692　4:29742－4:29751
文選六十卷　(南朝梁)蕭統撰　(唐)李善等注　清同治八年(1869)金陵書局刻本　十册

340000－1801－0018693　4:29752－4:29761
文選六十卷　(南朝梁)蕭統撰　(唐)李善等注　清同治八年(1869)金陵書局刻本　十册

340000－1801－0018694　4:29762－4:29771
文選六十卷　(南朝梁)蕭統撰　(唐)李善等注　清同治八年(1869)金陵書局刻本　十册

340000－1801－0018695　4:29772－4:29781
文選六十卷　(南朝梁)蕭統撰　(唐)李善等注　清同治八年(1869)金陵書局刻本　十册

340000－1801－0018696　4:29782－4:29805
文選六十卷　(南朝梁)蕭統撰　(唐)李善注　**考異十卷**　(清)胡克家撰　清嘉慶十四年(1809)鄱陽胡克家刻本　二十四册

340000－1801－0018697　4:29806－4:29829
文選六十卷　(南朝梁)蕭統撰　(唐)李善注　**考異十卷**　(清)胡克家撰　清嘉慶十四年(1809)鄱陽胡克家刻本　二十四册

340000－1801－0018698　4:2848－4:2871 善
文選六十卷　(南朝梁)蕭統撰　(唐)李善注　**考異十卷**　(清)胡克家撰　清嘉慶十四年(1809)鄱陽胡克家刻本　二十四册

340000－1801－0018699　4:29830－4:29853
文選六十卷　(南朝梁)蕭統撰　(唐)李善注　**考異十卷**　(清)胡克家撰　清同治八年(1869)潯陽萬氏刻本　二十四册

340000－1801－0018700　4:30134－4:30139
文選六十卷　(南朝梁)蕭統撰　(唐)李善注　**考異十卷**　(清)胡克家撰　清光緒十八年(1892)上海古香閣石印本　六册

340000－1801－0018701　4:30030－4:30053
文選六十卷　(南朝梁)蕭統撰　(唐)李善注　**考異十卷**　(清)胡克家撰　清林氏刻本　二十四册

340000－1801－0018702　4:30140－4:30155
文選六十卷　(南朝梁)蕭統撰　(唐)李善注　**考異十卷**　(清)胡克家撰　清宣統三年(1911)會文堂石印本　十六册

340000－1801－0018703　4:30156－4:30171
文選六十卷　(南朝梁)蕭統撰　(唐)李善注　**考異十卷**　(清)胡克家撰　清宣統三年(1911)會文堂石印本　十六册

340000－1801－0018704　4:2972－4:2982 善
孫月峰先生評文選三十卷　(南朝梁)蕭統撰　(明)孫鑛評　(明)閔齊華注　明天啓二年(1622)刻本　十一册　存二十八卷(一至二、五至三十)

340000－1801－0018705　4:30297－4:30302
孫批胡刻文選五卷　(南朝梁)蕭統撰　(唐)李善注　(明)孫鑛批　**考異一卷**　(清)胡克家撰　清光緒二十一年(1895)寶文書局石印本　六册

340000－1801－0018706　4:2886－4:2887 善
六臣注文選六十卷　(南朝梁)蕭統撰　(唐)李善等注　明刻本　二册　存五卷(十二至十四、四十五至四十六)

340000－1801－0018707　4:2888 善
增補六臣注文選六十卷　(南朝梁)蕭統撰　(唐)李善等注　明刻本　一册　存四卷(十二至十五)

340000－1801－0018708　4:2889－4:2890 善
六臣注文選六十卷　(南朝梁)蕭統撰　(唐)李善等注　明嘉靖刻本　二册　存三卷(二十五至二十六、三十一)

340000－1801－0018709　4:2791－4:2821 善
六家文選六十卷　(南朝梁)蕭統撰　(唐)李善等注　明嘉靖袁氏刻本　三十一册

340000－1801－0018710　4:2983－4:2994 善
文選纂注評林十二卷　（南朝梁）蕭統撰　（唐）張鳳翼纂注　（明）惲紹龍參訂　明萬曆二十九年（1601）惲紹龍刻本　十二册

340000－1801－0018711　4:29854－4:29877
文選六十卷　（南朝梁）蕭統撰　（唐）李善等注　清同治八年（1869）湖北崇文書局刻本　二十四册

340000－1801－0018712　4:29878－4:29901
文選六十卷　（南朝梁）蕭統撰　（唐）李善等注　清同治八年（1869）湖北崇文書局刻本　二十四册

340000－1801－0018713　4:29902－4:29925
文選六十卷　（南朝梁）蕭統撰　（唐）李善等注　清同治八年（1869）湖北崇文書局刻本　二十四册

340000－1801－0018714　4:29926－4:29941
文選六十卷　（南朝梁）蕭統撰　（唐）李善等注　清光緒十三年（1887）崇文書局刻本　十六册

340000－1801－0018715　4:29966－4:29981
文選六十卷　（南朝梁）蕭統撰　（唐）李善等注　清經濟堂刻本　十六册

340000－1801－0018716　4:29982－4:29997
文選六十卷　（南朝梁）蕭統撰　（唐）李善等注　清海錄軒刻朱墨套印本　十六册

340000－1801－0018717　4:29998－4:30013
文選六十卷　（南朝梁）蕭統撰　（唐）李善等注　清海錄軒刻朱墨套印本　十六册

340000－1801－0018718　4:30014－4:30029
文選六十卷　（南朝梁）蕭統撰　（唐）李善等注　清海錄軒刻朱墨套印本　十六册

340000－1801－0018719　4:30054－4:30065
文選六十卷　（南朝梁）蕭統撰　（唐）李善等注　清雙桂堂刻朱墨套印本　十二册

340000－1801－0018720　4:30066－4:30077
文選六十卷　（南朝梁）蕭統撰　（唐）李善等注　清雙桂堂刻朱墨套印本　十二册

340000－1801－0018721　4:30078－4:30089
文選六十卷　（南朝梁）蕭統撰　（唐）李善等注　清雙桂堂刻朱墨套印本　十二册

340000－1801－0018722　4:30090－4:30105
文選六十卷　（南朝梁）蕭統撰　（唐）李善等注　清雙桂堂刻朱墨套印本　十六册

340000－1801－0018723　4:30106－4:30121
文選六十卷　（南朝梁）蕭統撰　（唐）李善等注　清江右文彬堂刻朱墨套印本　十六册

340000－1801－0018724　4:30122－4:30133
文選六十卷　（南朝梁）蕭統撰　（唐）李善等注　清光緒二十一年（1895）上海古香閣影印本　十二册

340000－1801－0018725　4:30172－4:30177
文選六十卷　（南朝梁）蕭統撰　（唐）李善等注　清光緒二十四年（1898）鉛印本　六册

340000－1801－0018726　4:30178－4:30183
文選六十卷　（南朝梁）蕭統撰　（唐）李善等注　清光緒鴻文書局石印本　六册

340000－1801－0018727　4:30184－4:30189
文選六十卷　（南朝梁）蕭統撰　（唐）李善等注　清光緒鴻文書局石印本　六册

340000－1801－0018728　4:30206－4:30215
文選六十卷　（南朝梁）蕭統撰　（唐）李善等注　清儒纓堂刻本　十册

340000－1801－0018729　4:30216－4:30228
文選六十卷　（南朝梁）蕭統撰　（唐）李善等注　清刻本　十三册

340000－1801－0018730　4:30321－4:30332
昭明文選六十卷　（南朝梁）蕭統撰　（唐）李善等注　清刻本　十二册

340000－1801－0018731　4:48339
文選箋注三十二卷　（清）胡紹煐撰　（清）胡昌平輯　清光緒八年（1882）刻本　一册　存二卷（三十一至三十二）

340000－1801－0018732　4:29942－4:29953
文選注六十卷　(南朝梁)蕭統撰　(唐)李善等注　(清)何焯評　清海録軒刻本　十二册

340000－1801－0018733　4:29954－4:29965
文選注六十卷　(南朝梁)蕭統撰　(唐)李善等注　(清)何焯評　清海録軒刻本　十二册

340000－1801－0018734　4:2995－4:3008 善
文選尤十四卷　(南朝梁)蕭統撰　(唐)李善等注　(明)鄒思明評閲　明天啓吳興鄒思明刻本　十四册

340000－1801－0018735　4:30333－4:30348
文選集評十五卷　(南朝梁)蕭統撰　(清)于光華集評　清乾隆五十一年(1786)金閶刻本　十六册

340000－1801－0018736　4:30349－4:30364
文選集評十五卷　(南朝梁)蕭統撰　(清)于光華集評　清乾隆四十三年(1778)錫山刻本　十六册

340000－1801－0018737　4:30381－4:30388
文選集評十五卷　(南朝梁)蕭統撰　(清)于光華集評　清乾隆三十七年(1772)友於堂刻本　八册

340000－1801－0018738　4:30389－4:30404
文選集評十五卷末一卷　(南朝梁)蕭統撰　(清)于光華集評　清道光二十五年(1845)尚友堂刻本　八册

340000－1801－0018739　4:30365－4:30380
重訂文選集評十六卷　(南朝梁)蕭統撰　(清)于光華集評　清刻本　十六册

340000－1801－0018740　4:30421－4:30432
文選集釋二十四卷　(清)朱珔輯　清光緒元年(1875)涇川朱氏梅村家塾刻本　十二册

340000－1801－0018741　4:30433－4:30444
文選集釋二十四卷　(清)朱珔輯　清光緒元年(1875)涇川朱氏梅村家塾刻本　十二册

340000－1801－0018742　4:30445－4:30456
文選集釋二十四卷　(清)朱珔輯　清光緒元年(1875)涇川朱氏梅村家塾刻本　十二册

340000－1801－0018743　4:30457－4:30468
文選集釋二十四卷　(清)朱珔輯　清光緒元年(1875)涇川朱氏梅村家塾刻本　十二册

340000－1801－0018744　4:30469－4:30480
文選集釋二十四卷　(清)朱珔輯　清光緒元年(1875)小萬卷齋刻本　十二册

340000－1801－0018745　4:30482－4:30490
文選箋證三十二卷　(清)胡紹煐撰　清光緒十三年(1887)世澤樓刻本　十册

340000－1801－0018746　4:30491－4:30506
文選旁證四十六卷　(清)梁章鉅撰　清光緒八年(1882)吳下刻本　十六册

340000－1801－0018747　4:30507－4:30514
文選補遺四十卷　(宋)陳仁子輯　清乾隆二年(1737)茶陵譚氏刻本　八册

340000－1801－0018748　4:30515－4:30522
文選補遺四十卷　(宋)陳仁子輯　清道光十五年(1835)刻本　八册

340000－1801－0018749　4:30547
文選音義八卷　(清)余蕭客輯　清乾隆刻本　一册

340000－1801－0018750　4:30548－4:30551
文選古字通補訓四卷拾遺一卷　(清)呂錦文撰　清光緒二十七年(1901)懷觀齋刻本　四册

340000－1801－0018751　4:30552－4:30555
文選古字通補訓四卷拾遺一卷　(清)呂錦文撰　清光緒二十七年(1901)懷觀齋刻本　四册

340000－1801－0018752　4:30556
文選古字通疏證六卷　(清)薛傳均撰　清道光刻本　一册

340000－1801－0018753　4:30557－4:30564
文選理學權輿八卷考異四卷補正四卷　(清)汪師韓注　清光緒十五年(1889)刻本　八册

340000－1801－0018754　4:2962－4:2971 善
文選章句二十八卷　(南朝梁)蕭統撰　(唐)李善注　(明)陳與郊編　明萬曆刻本　許承堯題識　十册　存二十四卷(一、六至二十八)

340000－1801－0018755　4:2955－4:2961 善
文選六十卷　(南朝梁)蕭統輯　(明)何孟倫輯注　明嘉靖刻本　七册　存五十二卷(一至二十八、三十七至六十)

340000－1801－0018756　4:2891－4:2892 善
文選十二卷　(南朝梁)蕭統輯　(唐)張鳳翼纂注　明刻本　二册　存二卷(二、四)

340000－1801－0018757　4:4585－4:4596 善
文選十二卷　(南朝梁)蕭統輯　(唐)張鳳翼纂注　明萬曆十年(1582)建陽書林余碧泉克勤齋刻本　十二册

340000－1801－0018758　4:2893－4:2904 善
文選十二卷　(南朝梁)蕭統輯　(唐)張鳳翼纂注　明萬曆十年(1582)建陽書林余碧泉克勤齋刻本　十二册

340000－1801－0018759　4:2939－4:2944 善
文選十二卷　(南朝梁)蕭統輯　(唐)張鳳翼纂注　明萬曆十年(1582)建陽書林余碧泉克勤齋刻本　六册

340000－1801－0018760　4:2905－4:2916 善
文選十二卷　(南朝梁)蕭統輯　(唐)張鳳翼纂注　明萬曆八年(1580)刻本　十二册

340000－1801－0018761　4:2917－4:2928 善
梁昭明文選十二卷　(南朝梁)蕭統輯　(唐)張鳳翼纂注　明吳芝刻本　十二册

340000－1801－0018762　4:2945－4:2954 善
梁昭明文選二十四卷　(南朝梁)蕭統輯　(唐)張鳳翼纂注　明錢塘盧之頤刻本　十册

340000－1801－0018763　4:2929－4:2938 善
文選纂註評苑二十六卷　(南朝梁)蕭統輯　(唐)張鳳翼纂注　明萬曆建陽余碧泉克勤齋刻本　十册

340000－1801－0018764　4:2699－4:2722 善
詩紀一百五十六卷目錄三十六卷　(明)馮惟訥輯　明萬曆吳琯、謝陛、陸弼、俞策等刻本　二十四册

340000－1801－0018765　4:047854－4:047856
詩紀一百五十六卷目錄三十六卷　(明)馮惟訥輯　明萬曆吳琯、謝陛、陸弼、俞策等刻本　三册　存十一卷(梁一至七、陳七至十)

340000－1801－0018766　4:048199－4:048202
明詩綜一百卷　(清)朱彝尊輯錄　清康熙刻本　四册　存十七卷(二十五至二十七、三十七至四十、五十二至五十五、七十九至八十四)

340000－1801－0018767　4:26673－4:26678
左傳選十四卷　(清)儲欣選　清道光刻本　六册

340000－1801－0018768　4:26679－4:26684
左傳選十四卷　(清)儲欣選　清道光刻本　六册

340000－1801－0018769　4:26685－4:26688
左傳選十四卷　(清)儲欣選　清乾隆四十五年(1780)受祉堂刻七種古文選本　四册

340000－1801－0018770　4:26689－4:26694
左傳選十四卷　(清)儲欣選　清乾隆四十五年(1780)受祉堂刻七種古文選本　六册

340000－1801－0018771　4:26695－4:26696
戰國策選　(清)儲欣選　清乾隆四十五年(1780)受祉堂刻七種古文選本　二册

340000－1801－0018772　4:26697
戰國策選　(清)儲欣選　清乾隆四十五年(1780)受祉堂刻七種古文選本　一册

340000－1801－0018773　4:26698－4:26699
戰國策選四卷　(清)儲欣選　清二南堂刻本　二册

340000－1801－0018774　4:24825
三家宮詞三卷　(唐)王建　(後蜀)花蕊夫人(費氏)　(宋)王珪撰　(明)毛晉輯　**二家**

宫詞二卷 （宋）徽宗趙佶 （宋）寧宗楊皇后撰 （明）毛晉輯 清宣統三年(1911)掃葉山房石印本 一册

340000－1801－0018775 4:24826
三家宫詞三卷 （唐）王建 （後蜀）花蕊夫人（費氏） （宋）王珪撰 （明）毛晉輯 **二家宫詞二卷** （宋）徽宗趙佶 （宋）寧宗楊皇后撰 （明）毛晉輯 清同治十二年(1873)淮南書局刻本 一册

340000－1801－0018776 4:5885－4:5890 善
七子詩選十四卷 （清）沈德潛選 清乾隆刻本 六册

340000－1801－0018777 4:2169 善
鍥施太史選唐詩十品鈎韶□□卷首一卷 （明）施鳳來輯選 明余彰德刻本 一册 存三卷(一至二、首一卷)

340000－1801－0018778 4:5956－4:5959 善
唐宋兩義士集十卷 （唐）駱賓王 （宋）宗澤撰 明崇禎十三年(1640)敬事堂刻本 四册

340000－1801－0018779 4:12594－4:12603
戴段合刻二十四卷 （清）戴震 （清）段玉裁撰 清光緒十年(1884)刻本 十册

340000－1801－0018780 4:14118－4:14124
曾太僕左夫人合稿(冷吟仙館詩稿八卷詩餘一卷文存一卷附録一卷) （清）曾詠 （清）左錫嘉撰 清光緒十七年(1891)定襄官署刻本 七册

340000－1801－0018781 4:33783
謀野集删二卷 （明）王穉登撰 清宣統元年(1909)晨風閣鉛印本 一册

340000－1801－0018782 4:4044 善
阮亭詩鈔不分卷 （清）王士禛撰 清桐城姚氏傳抄本 姚永概過録清姚鼐評點 一册

340000－1801－0018783 4:3231－4:3246 善
名世文宗三十卷 （明）胡時化輯 明崇禎元年(1628)刻本 十六册

340000－1801－0018784 4:3210－4:3230 善
名世文宗三十卷 （明）胡時化輯 明崇禎元年(1628)刻本 二十一册 存二十八卷(一至十二、十五至三十)

340000－1801－0018785 4:4601－4:4606 善
正續名世文宗十六卷 （明）王世貞編 （明）陳繼儒校注 （明）錢允参訂 明萬曆翁少麓刻本 六册

340000－1801－0018786 4:21492
唐律賦鈔不分卷 （清）潘遵祁選 清道光三松堂刻本 一册

340000－1801－0018787 4:21493－4:21494
唐律賦鈔不分卷 （清）楊泗孫輯 清光緒二年(1876)刻本 二册

340000－1801－0018788 4:21495－4:21496
七十家賦鈔六卷 （清）張惠言輯 清光緒四年(1878)刻本 二册

340000－1801－0018789 4:21497－4:21500
七十家賦鈔六卷 （清）張惠言輯 清光緒四年(1878)刻本 四册

340000－1801－0018790 4:21501－4:21504
七十家賦鈔六卷 （清）張惠言輯 清道光合河康氏刻本 四册

340000－1801－0018791 4:21505－4:21508
七十家賦鈔六卷 （清）張惠言輯 清道光元年(1821)康氏刻本 四册

340000－1801－0018792 4:21509
歷代詞宗不分卷 （清）方蘗房輯 清雍正十年(1732)稿本 一册

340000－1801－0018793 4:21510－4:21513
賦鈔箋略十五卷 （清）雷琳 （清）張杏濱箋 清乾隆三十一年(1766)刻本 四册

340000－1801－0018794 4:21514－4:21521
賦鈔箋略十五卷 （清）雷琳 （清）張杏濱箋 清乾隆刻本 八册

340000－1801－0018795 4:21522－4:21529
賦鈔箋略十五卷 （清）雷琳 （清）張杏濱箋 清嘉慶張士林刻本 八册

340000－1801－0018796　4:21530－4:21536
賦鈔箋略十五卷　(清)雷琳　(清)張杏濱箋　清乾隆刻本　七册　缺二卷(六至七)

340000－1801－0018797　4:21537－4:21540
賦學指南十六卷　(清)余丙照輯　清道光七年(1827)刻本　四册

340000－1801－0018798　4:21541－4:21546
賦鈔箋略十五卷　(清)雷琳　(清)張杏濱箋　清掃葉山房刻本　六册

340000－1801－0018799　4:21547－4:21556
歷朝賦格十五卷　(清)陸棻評選　(清)沈季友等校輯　清康熙二十五年(1686)刻本　十册

340000－1801－0018800　4:21557－4:21558
賦學正鵠集釋十一卷　(清)李元度輯　清光緒十三年(1887)大同書局石印本　二册

340000－1801－0018801　4:21559－4:21566
賦學正鵠集釋十一卷　(清)李元度輯　清光緒七年(1881)刻本　八册

340000－1801－0018802　4:21567－4:21574
賦學正鵠集釋十一卷　(清)李元度輯　清光緒八年(1882)刻本　八册

340000－1801－0018803　4:21575－4:21580
賦學正鵠集釋十一卷　(清)李元度輯　清光緒八年(1882)刻本　六册

340000－1801－0018804　4:21581－4:21588
賦學正鵠集釋十一卷　(清)李元度輯　清光緒七年(1881)刻本　八册

340000－1801－0018805　4:21589－4:21590
四家賦鈔四卷　(清)景其浚輯　清光緒四年(1878)淞隱閣鉛印本　二册

340000－1801－0018806　4:21591－4:21592
吴顧賦稿合刻不分卷　(清)劍泉輯　清光緒元年(1875)漱六藝軒刻本　二册

340000－1801－0018807　4:21593
茂林賦略不分卷　(清)吴鴻册編　清乾隆刻本　一册

340000－1801－0018808　4:21596
賦學仙丹不分卷　(清)徐斗光選　清道光四年(1824)刻本　一册

340000－1801－0018809　4:21597－4:21608
賦匯錄要箋略二十八卷補遺一卷　(清)吴光昭箋　清汲古齋刻本　十二册

340000－1801－0018810　4:21609－4:21618
賦匯錄要二十八卷補遺一卷　(清)吴光昭箋略　清刻本　十册　存二十四卷(三至二十六)

340000－1801－0018811　4:21619－4:21622
得月樓賦四卷　(清)張元灝選　清光緒十五年(1889)積山書局石印本　四册

340000－1801－0018812　4:21623－4:21630
夢華廬賦海三十卷　題(清)蓬萊逸史輯　清光緒十五年(1889)鴻寶齋石印本　八册

340000－1801－0018813　4:21631－4:21646
增廣賦海統編三十卷　題(清)二雲樓主人輯　清末石印本　十六册

340000－1801－0018814　4:21647－4:21650
賦學雞蹠集三十卷　(清)張維城輯　清道光刻本　四册

340000－1801－0018815　4:21651－4:21658
分類賦學雞蹠集二十卷附錄一卷　(清)張維城輯　清道光刻本　八册

340000－1801－0018816　4:21695－4:21722
賦海大觀三十二卷　(清)鴻寶齋編　清光緒十四年(1888)鴻寶齋石印本　二十八册

340000－1801－0018817　4:21723－4:21725
律賦新機三卷　(清)孫理輯　清刻本　三册

340000－1801－0018818　4:21726－4:21729
律賦鳴盛箋注不分卷　(清)顧鵷輯　清道光元年(1821)刻本　四册

340000－1801－0018819　4:21730－4:21732
律賦揀金錄注釋六卷　(清)朱一飛輯　清嘉慶十四年(1809)刻本　三册

340000－1801－0018820　4:21733－4:21734
苕岑集賦初集不分卷　(清)顧夔輯　清同治刻本　二册

340000－1801－0018821　4:21747－4:21748
分月新賦不分卷　(清)吴肖元輯　清刻本　二册

340000－1801－0018822　4:21749－4:21750
清芬館賦稿不分卷　(清)李士彬輯　清文奎樓刻本　二册

340000－1801－0018823　4:21751－4:21754
增注韻蘭賦鈔初集二卷二集二卷　(清)王家相撰　清嘉慶二十三年(1818)刻本　四册

340000－1801－0018824　4:21755－4:21756
韻蘭集賦鈔不分卷　(清)王家相撰　清道光刻本　二册

340000－1801－0018825　4:21757－4:21758
律賦選青四卷詩書畫品一卷　(清)任聘三纂　清同治刻本　二册

340000－1801－0018826　4:21761－4:21762
東甌選勝賦不分卷　(清)陳祖綬撰　清光緒刻本　二册

340000－1801－0018827　4:23673－4:23684
選詩定論十八卷　(清)吴濱輯　清康熙刻本　十二册

340000－1801－0018828　4:2368－4:2377 善
樂府詩集一百卷目録二卷　(宋)郭茂倩輯　明崇禎海虞毛氏汲古閣刻本　十册

340000－1801－0018829　4:23685－4:23686
文選詩鈔四卷　(清)吴學濂撰　清康熙五十八年(1719)刻本　二册

340000－1801－0018830　4:23687－4:23692
玉臺新詠箋注十卷　(南朝陳)徐陵　(清)吴兆宜注　清光緒宏達堂刻本　六册

340000－1801－0018831　4:23693－4:23698
玉臺新詠箋注十卷　(南朝陳)徐陵　(清)吴兆宜注　清光緒宏達堂刻本　六册

340000－1801－0018832　4:23699－4:23702
玉臺新詠箋注十卷　(南朝陳)徐陵　(清)吴兆宜注　清光緒宏達堂刻本　四册

340000－1801－0018833　4:23717－4:23718
玉臺新詠考異十卷　(清)紀容舒撰　清刻畿輔叢書本　二册

340000－1801－0018834　4:23719－4:23734
樂府詩集一百卷目録二卷　(宋)郭茂倩輯　清同治十三年(1874)湖北崇文書局刻本　十六册

340000－1801－0018835　4:23735－4:23750
樂府詩集一百卷目録二卷　(宋)郭茂倩輯　清同治十三年(1874)湖北崇文書局刻本　十六册

340000－1801－0018836　4:23751－4:23766
樂府詩集一百卷目録二卷　(宋)郭茂倩輯　清同治十三年(1874)湖北崇文書局刻本　十六册

340000－1801－0018837　4:23767－4:23782
樂府詩集一百卷目録二卷　(宋)郭茂倩輯　清同治十三年(1874)湖北崇文書局刻本　十六册

340000－1801－0018838　4:2378－4:2381 善
樂府詩集一百卷目録二卷　(宋)郭茂倩輯　元至正元年(1341)集慶路儒學刻明修本　四册　存二十二卷(二十四至四十五)

340000－1801－0018839　4:23812－4:23814
古樂府十卷　(元)左克明編　(明)何汝教校正　清抄本　三册

340000－1801－0018840　4:23815－4:23816
月午樓古詩十九首詳解二卷　(清)饒學斌撰　清光緒元年(1875)刻本　二册

340000－1801－0018841　4:23825
回文類聚織錦回文圖一卷回文類聚續編七卷　(宋)桑世昌撰　(清)朱象賢續集並繪　清朱象賢刻本　一册

340000－1801－0018842　4:23817－4:23820

回文類聚原編十卷首一卷另編一卷續編十卷首一卷 (宋)桑世昌輯 (清)朱象賢續 清姑蘇麟玉堂刻本 四冊

340000－1801－0018843 4:23821－4:23824
回文類聚原編十卷首一卷另編一卷續編十卷首一卷 (宋)桑世昌輯 (清)朱象賢續 清姑蘇麟玉堂刻本 四冊

340000－1801－0018844 4:2382－4:2383 善
樂府詩集一百卷目錄二卷 (宋)郭茂倩輯 元刻元明遞修本 二冊 存五卷(三十四至三十六、三十九至四十)

340000－1801－0018845 4:2384－4:2391 善
瀛奎律髓四十九卷 (元)方回編 清康熙刻本 佚名錄清馮班 清馮舒批點 八冊

340000－1801－0018846 4:23826－4:23837
古詩箋五言詩十七卷七言詩歌行鈔十五卷 (清)王士禛選 (清)聞人倓箋 清乾隆三十一年(1766)芷蘭堂刻本 十二冊

340000－1801－0018847 4:23838－4:23853
古詩箋五言詩十七卷七言詩歌行鈔十五卷 (清)王士禛選 (清)聞人倓箋 清乾隆三十一年(1766)芷蘭堂刻本 十六冊

340000－1801－0018848 4:23854－4:23858
古詩箋五言詩十七卷七言詩歌行鈔十五卷 (清)王士禛選 (清)聞人倓箋 清乾隆三十一年(1766)芷蘭堂刻本 五冊

340000－1801－0018849 4:23859－4:23866
古詩箋五言詩十七卷七言詩歌行鈔十五卷 (清)王士禛選 (清)聞人倓箋 清乾隆三十一年(1766)芷蘭堂刻本 八冊

340000－1801－0018850 4:23867－4:23876
漁洋山人古詩選五言詩十七卷七言詩十五卷 (清)王士禛輯 **惜抱軒今體詩鈔十八卷** (清)姚鼐撰 清同治五年(1866)金陵書局刻本 十冊

340000－1801－0018851 4:23877－4:23882
漁洋山人古詩選五言詩十七卷七言詩十五卷 (清)王士禛輯 **惜抱軒今體詩鈔十八卷** (清)姚鼐撰 清同治五年(1866)金陵書局刻本 八冊

340000－1801－0018852 4:23883－4:23890
漁洋山人古詩選五言詩十七卷七言詩十五卷 (清)王士禛輯 **惜抱軒今體詩鈔十八卷** (清)姚鼐撰 清同治五年(1866)金陵書局刻本 八冊

340000－1801－0018853 4:23891－4:23898
漁洋山人古詩選五言詩十七卷七言詩十五卷 (清)王士禛輯 **惜抱軒今體詩鈔十八卷** (清)姚鼐撰 清同治五年(1866)金陵書局刻本 八冊

340000－1801－0018854 4:23899－4:23908
漁洋山人古詩選五言詩十七卷七言詩十五卷 (清)王士禛輯 **惜抱軒今體詩鈔十八卷** (清)姚鼐撰 清同治五年(1866)金陵書局刻本 十冊 缺九卷(惜抱軒今體詩鈔十至十八)

340000－1801－0018855 4:23909－4:23916
古詩選三十二卷 (清)王士禛選 清刻本 八冊

340000－1801－0018856 4:2392－4:2396 善
古樂府十卷 (元)左克明編 明萬曆七年(1579)新安王文元刻本 五冊

340000－1801－0018857 4:2397－4:2401 善
古樂府十卷 (元)左克明編 明萬曆七年(1579)新安王文元刻本 五冊

340000－1801－0018858 4:2402－4:2405 善
古樂府十卷 (元)左克明編 明萬曆七年(1579)新安王文元刻本 五冊

340000－1801－0018859 4:23927－4:23935
古詩選五言詩十七卷七言詩十五卷 (清)王士禛選 清同治七年(1868)曾氏刻本 八冊

340000－1801－0018860 4:23936
古詩選五言詩十七卷 (清)王士禛選 清刻本(有抄配) 一冊

340000－1801－0018861　4:23937－4:23939
七言詩歌行鈔十一卷　(清)王士禎選　清刻本　三册

340000－1801－0018862　4:23953－4:23958
古詩源十四卷　(清)沈德潛選　清康熙五十八年(1719)竹嘯軒刻本　六册

340000－1801－0018863　4:23959－4:23962
古詩源十四卷　(清)沈德潛選　清康熙五十八年(1719)竹嘯軒刻本　四册

340000－1801－0018864　4:23963
古詩源十四卷　(清)沈德潛選　清康熙五十八年(1719)刻本　一册

340000－1801－0018865　4:23964－4:23967
古詩源十四卷　(清)沈德潛選　清光緒十四年(1888)刻本　四册

340000－1801－0018866　4:23968－4:23971
古詩源十四卷　(清)沈德潛選　清光緒十八年(1892)湖南刻本　四册

340000－1801－0018867　4:23972－4:23975
古詩源十四卷　(清)沈德潛選　清光緒十七年(1891)思賢書局刻本　四册

340000－1801－0018868　4:23976－4:23977
古詩源十四卷　(清)沈德潛選　清刻本　二册

340000－1801－0018869　4:23998－4:23999
評選古詩源十四卷　(清)沈德潛選　清文瑞樓石印本　二册

340000－1801－0018870　4:24001－4:24004
古詩源十四卷　(清)沈德潛選　清刻本(有抄配)　四册

340000－1801－0018871　4:24049－4:24050
古唐詩合解古詩四卷唐詩十二卷(唐詩合解箋註附古詩)　(清)王堯衢注　(清)李模　(清)李桓校　清寶翰樓刻寶文堂印本　二册　存十二卷(唐詩十二卷)

340000－1801－0018872　4:24008－4:24013
古唐詩合解古詩四卷唐詩十二卷(唐詩合解箋註附古詩)　(清)王堯衢注　(清)李模　(清)李桓校　清雍正刻本　六册

340000－1801－0018873　4:24014－4:24019
古唐詩合解古詩四卷唐詩十二卷(唐詩合解箋註附古詩)　(清)王堯衢注　(清)李模　(清)李桓校　清同治四年(1865)刻本　六册

340000－1801－0018874　4:24045－4:24048
古唐詩合解古詩四卷唐詩十二卷(唐詩合解箋註附古詩)　(清)王堯衢注　(清)李模　(清)李桓校　清光緒文奎堂刻本　四册

340000－1801－0018875　4:22392－4:22396
古唐詩合解古詩四卷唐詩十二卷(唐詩合解箋註附古詩)　(清)王堯衢注　(清)李模　(清)李桓校　清光緒刻本　五册

340000－1801－0018876　4:24051－4:24053
古唐詩合解古詩四卷唐詩十二卷(唐詩合解箋註附古詩)　(清)王堯衢注　(清)李模　(清)李桓校　清大道堂刻本　三册　存八卷(唐詩合解五至十二)

340000－1801－0018877　4:048214－4:048219
古唐詩合解古詩四卷唐詩十二卷(唐詩合解箋註附古詩)　(清)王堯衢注　(清)李模　(清)李桓校　清刻本　六册　缺六卷(唐詩二至五、九至十)

340000－1801－0018878　4:048064
古唐詩合解古詩四卷唐詩十二卷(唐詩合解箋註附古詩)　(清)王堯衢注　(清)李模　(清)李桓校　清刻本　一册　存二卷(唐詩九至十)

340000－1801－0018879　4:048080
古唐詩合解古詩四卷唐詩十二卷(唐詩合解箋註附古詩)　(清)王堯衢注　(清)李模　(清)李桓校　清刻本　一册　存四卷(唐詩四至五、九至十)

340000－1801－0018880　4:048081－4:048083
古唐詩合解古詩四卷唐詩十二卷(唐詩合解箋註附古詩)　(清)王堯衢注　(清)李模　(清)李桓校　清漁古山房刻本　三册　存八

卷(唐詩五至十二)

340000－1801－0018881　4:24005－4:24007
古唐詩合解古詩四卷唐詩十二卷(唐詩合解箋註附古詩)　(清)王堯衢注　(清)李模(清)李桓校　清芸生堂刻本　三冊

340000－1801－0018882　4:24020－4:24025
古唐詩合解十六卷　(清)王堯衢注　清光緒十二年(1886)江左書林刻本　六冊

340000－1801－0018883　4:24026－4:24032
古唐詩合解十六卷　(清)王堯衢注　清光緒十二年(1886)書林刻本　六冊

340000－1801－0018884　4:24033－4:24038
古唐詩合解十六卷　(清)王堯衢注　清光緒十二年(1886)刻本　六冊

340000－1801－0018885　4:24039－4:24044
古唐詩合解十六卷　(清)王堯衢注　清光緒十三年(1887)刻本　六冊

340000－1801－0018886　3:6768－3:6815 善
詩雋類函一百五十卷　(明)俞安期纂　(明)梅鼎祚增定　明萬曆三十七年(1609)刻本　四十八冊

340000－1801－0018887　4:2406－4:2442 善
詩雋類函一百五十卷　(明)俞安期纂　(明)梅鼎祚增定　明萬曆三十七年(1609)刻本　三十七冊　存一百十卷(一至六十五、八十六至九十五、一百十六至一百五十)

340000－1801－0018888　4:24054－4:24075
歷朝詩約選九十二卷　(清)劉大櫆輯　清光緒二十一年(1895)文徵閣刻本　二十二冊

340000－1801－0018889　4:24076－4:24099
歷朝詩約選九十二卷　(清)劉大櫆編　清光緒二十一年(1895)文徵閣刻本　二十四冊

340000－1801－0018890　4:24100－4:24121
歷朝詩約選九十二卷　(清)劉大櫆編　清光緒二十一年(1895)文徵閣刻本　二十二冊

340000－1801－0018891　4:24122－4:24140
歷朝詩約選九十三卷　(清)劉大櫆輯　清光緒刻本　十九冊　缺九卷(一至八、九十三)

340000－1801－0018892　4:24141－4:24170
歷朝二十五家詩錄三十七卷　(清)鄒湘倜編　清光緒元年(1875)鄒氏刻本　三十冊

340000－1801－0018893　4:24171
曹阮陶三家詩鈔三卷　(清)徐經綸輯　清稿本　一冊

340000－1801－0018894　4:24172－4:24178
宋金元詩詠二十卷　(清)吳綺選　清康熙廣陵千古堂清稿本　七冊　缺二卷(三至四)

340000－1801－0018895　4:24179－4:24180
詩比興箋四卷　(清)陳沆撰　清咸豐刻本　二冊

340000－1801－0018896　4:24181－4:24184
詩比興箋四卷　(清)陳沆撰　清光緒九年(1883)刻本　四冊

340000－1801－0018897　4:24185－4:24186
詩比興箋四卷　(清)陳沆撰　清光緒九年(1883)刻本　二冊

340000－1801－0018898　4:24187－4:24188
詩比興箋四卷　(清)陳沆撰　清光緒刻本　二冊

340000－1801－0018899　4:1973 善
御製擬白居易新樂府不分卷　(清)高宗弘曆撰　清乾隆內府刻本　一冊

340000－1801－0018900　4:24189－4:24212
御選唐宋詩醇四十七卷　(清)高宗弘曆編　清乾隆二十五年(1760)紫陽書院刻本　二十四冊

340000－1801－0018901　4:24213－4:24232
御選唐宋詩醇四十七卷　(清)高宗弘曆編　清乾隆二十五年(1760)紫陽書院刻本　二十冊

340000－1801－0018902　4:24233－4:24252
御選唐宋詩醇四十七卷　(清)高宗弘曆編　清乾隆二十五年(1760)紫陽書院刻本　二十冊

340000－1801－0018903　4:24297－4:24320

御選唐宋詩醇四十七卷　（清）高宗弘曆編　清乾隆二十五年（1760）紫陽書院刻本　二十四册

340000－1801－0018904　4:24253－4:24276

御選唐宋詩醇四十七卷　（清）高宗弘曆編　清光緒刻本　二十四册

340000－1801－0018905　4:24277－4:24296

御選唐宋詩醇四十七卷　（清）高宗弘曆編　清光緒浙江書局刻本　二十册

340000－1801－0018906　4:24331－4:24371

唐宋詩本七十六卷　（清）戴第元纂輯　清乾隆刻本　四十一册

340000－1801－0018907　4:24372－4:24383

宋元詩會一百卷　（清）陳焯輯　清康熙刻本　十二册

340000－1801－0018908　4:24384－4:24391

宋元詩百一鈔十六卷　（清）張景星等選　清乾隆三十六年（1771）刻本　八册

340000－1801－0018909　4:24392－4:24401

古四家詩二十三卷　（清）戴第元輯　清乾隆覽珠堂刻本　十册

340000－1801－0018910　4:24409

宋元明詩三百首不分卷　（清）冷昌言　（清）朱梓輯　（清）冷鵬參校　清光緒元年（1875）黄氏藝文堂刻本　一册

340000－1801－0018911　4:24410

宋元明詩約鈔二卷　（清）冷昌言　（清）朱梓輯　（清）冷鵬參校　清咸豐五年（1855）刻本　一册

340000－1801－0018912　4:24411－4:24412

宋元明詩約鈔三百首二卷　（清）冷昌言　（清）朱梓輯　（清）冷鵬參校　清金陵李光明莊刻本　二册

340000－1801－0018913　4:48333

宋元明詩約鈔三百首二卷　（清）冷昌言　（清）朱梓輯　（清）冷鵬參校　清光緒十四年（1888）刻本　一册

340000－1801－0018914　4:24413

宋元明詩三百首不分卷　（清）冷昌言　（清）朱梓輯　（清）冷鵬參校　清光緒元年（1875）鮑氏刻本　一册

340000－1801－0018915　4:24414－4:24415

宋元明詩三百首不分卷　（清）冷昌言　（清）朱梓輯　（清）冷鵬參校　清光緒元年（1875）鮑氏刻本　二册

340000－1801－0018916　4:24416－4:24417

今體詩鈔十八卷　（清）姚鼐選　清刻惜抱軒集本　二册

340000－1801－0018917　4:24418－4:24420

定本今體詩鈔十八卷　（清）姚鼐輯　清嘉慶十三年（1808）績溪陳氏刻本　三册

340000－1801－0018918　4:24421－4:24423

定本今體詩鈔十八卷　（清）姚鼐輯　清嘉慶十三年（1808）績溪陳氏刻本　三册

340000－1801－0018919　4:24424－4:24425

今體詩鈔十八卷　（清）姚鼐輯　清同治五年（1866）金陵書局刻本　二册

340000－1801－0018920　4:24430－4:24431

海峰選明清人七律不分卷　（清）劉大櫆選　（清）姚濬昌錄　清桐城姚氏批抄本　二册

340000－1801－0018921　4:2443－4:2459 善

古詩類苑一百三十卷　（明）張之象編　明刻本　十七册　存一百二十六卷（五至一百三十）

340000－1801－0018922　4:2460－4:2461 善

古詩類苑一百三十卷　（明）張之象編　明刻本　二册　存八卷（五至八、三十三至三十六）

340000－1801－0018923　4:24542－4:24569

十八家詩鈔二十八卷　（清）曾國藩輯　清同治十三年（1874）湖南傳忠書局刻本　二十八册

340000－1801－0018924　4:24582－4:24587

三十家詩鈔六卷 （清）曾國藩輯 （清）王定安增 清同治十三年（1874）湖南傳忠書局刻本 六冊

340000－1801－0018925 4：24588－4：24595
乾坤正氣集二十卷 （清）顧沅輯 清道光二十三年（1843）長洲顧氏藝海樓刻本 八冊

340000－1801－0018926 4：24596－4：24603
乾坤正氣集二十卷 （清）顧沅輯 清同治新建吳氏半畝園刻本 七冊

340000－1801－0018927 4：24604－4：24610
乾坤正氣集二十卷 （清）顧沅輯 清同治新建吳氏半畝園刻本 八冊

340000－1801－0018928 4：2462－4：2466 善
古詩歸十五卷 （明）鍾惺 （明）譚元春輯 明萬曆四十五年（1617）刻本 五冊

340000－1801－0018929 4：2467－4：2470 善
古詩歸十五卷 （明）鍾惺 （明）譚元春輯 明萬曆四十五年（1617）刻本 四冊

340000－1801－0018930 4：2471－4：2476 善
古詩歸十五卷 （明）鍾惺 （明）譚元春輯 明萬曆四十五年（1617）刻本 六冊

340000－1801－0018931 4：2477－4：2480 善
古詩歸十五卷 （明）鍾惺 （明）譚元春輯 明吳興閔氏刻三色套印本 四冊

340000－1801－0018932 4：4607 善
古詩歸十五卷 （明）鍾惺 （明）譚元春選 明刻本 一冊 存二卷（十四至十五）

340000－1801－0018933 4：24611－4：24626
瀛奎律髓四十九卷 （元）方回輯 （清）紀昀批點 清掃葉山房刻本 十六冊

340000－1801－0018934 4：24627－4：24634
瀛奎律髓四十九卷 （元）方回選 清康熙五十一年（1712）黃葉村莊刻本 八冊

340000－1801－0018935 4：24635－4：24642
瀛奎律髓四十九卷 （元）方回輯 清康熙五十二年（1713）黃葉村莊刻本 八冊 缺二卷（六、十二）

340000－1801－0018936 4：24643－4：24666
瀛奎律髓四十九卷 （元）方回輯 清康熙刻本 二十四冊

340000－1801－0018937 4：24671－4：24674
小學弦歌八卷 （清）李元度輯 清光緒五年（1879）刻本 四冊

340000－1801－0018938 4：24675－4：24678
小學弦歌八卷 （清）李元度輯 清光緒五年（1879）刻本 四冊

340000－1801－0018939 4：24682－4：24688
慎宜軒古今詩讀本不分卷 姚永概選 清稿本 七冊

340000－1801－0018940 4：24689－4：24696
增刪堅瓠集八卷 （清）汪燮輯 清乾隆刻本 八冊

340000－1801－0018941 4：24697
五言千家詩箋註二卷 （清）王相輯 清金陵李光明莊刻本 一冊

340000－1801－0018942 4：24698
五言千家詩箋註二卷 （清）王相選注 清刻本 一冊

340000－1801－0018943 4：24699
五言千家詩箋註二卷 （清）王相選注 清刻本 一冊

340000－1801－0018944 4：24700
五言千家詩箋註二卷 （清）王相選注 清刻本 一冊

340000－1801－0018945 4：24701
五言千家詩箋註二卷 （清）王相選注 清刻本 一冊

340000－1801－0018946 4：24705
千家詩注解二卷 （宋）謝枋得選 （清）王相注 清掃葉山房刻本 一冊

340000－1801－0018947 4：24706
千家詩注解二卷 （宋）謝枋得選 （清）王相注 清掃葉山房刻本 一冊

340000－1801－0018948　4:24707
七言千家詩注解二卷五言千家詩注解二卷　(宋)謝枋得選　(清)王相注　清光緒二十年(1894)刻本　一册

340000－1801－0018949　4:24703
增補重訂千家詩注解二卷七言千家詩注解二卷　(宋)謝枋得選　(清)王相注　清刻本　一册

340000－1801－0018950　4:24704
增補重訂千家詩注解二卷　(宋)謝枋得選　(清)王相注　清光緒五年(1879)刻本　一册

340000－1801－0018951　4:24708
增補重訂千家詩注解二卷五言千家詩箋注二卷　(宋)謝枋得選　(清)王相注　清萬軸山房刻本　一册

340000－1801－0018952　4:24709
小學千家詩人生必讀二卷續一卷　題(清)浙西心齋氏輯　(清)王相注　清光緒三十三年(1907)寄逸山房刻本　一册

340000－1801－0018953　4:24710
續千家詩注釋二卷　(清)□□撰　清同治刻本　一册

340000－1801－0018954　4:24715－4:24720
八代詩選二十卷　王闓運輯　清光緒尊經閣刻本　六册

340000－1801－0018955　4:24725－4:24728
本事詩十二卷　(清)王士禎　(清)徐釚訂　清雍正刻本　四册

340000－1801－0018956　4:24729－4:24730
本事詩前集六卷　(清)徐釚輯　清乾隆二十二年(1757)刻本　二册

340000－1801－0018957　4:24731－4:24734
本事詩十二卷　(清)徐釚輯　清光緒邵武徐氏刻本　四册

340000－1801－0018958　4:24735
槐軒解湯海若先生纂輯名家詩二卷　(清)夏世欽訂　清刻本　一册

340000－1801－0018959　4:3052－4:3061 善
諸名家評點史漢文統史記統五卷西漢文統五卷　(明)童養正編　(明)王思任鑒定　明崇禎九年(1636)不窺園刻本　十册

340000－1801－0018960　4:24752
五古正宗不分卷　(清)姚映文輯　(清)方東樹評　清桐城姚氏抄本　姚永概題跋　一册

340000－1801－0018961　4:24755
蘄古山房詩鈔不分卷　(清)□□撰　清抄本　一册

340000－1801－0018962　4:24757－4:24768
詩林韶濩選二十卷　(清)顧嗣立撰　(清)周煌重選　清乾隆二十九年(1764)潄潤堂刻本　十二册

340000－1801－0018963　4:24827
養良集不分卷　(清)孫仝庶輯　清刻本　一册

340000－1801－0018964　4:24844
惜抱軒今體詩選十八卷　(清)姚鼐輯　清同治五年(1866)金陵書局刻本　一册　存九卷(一至九)

340000－1801－0018965　4:24846－4:24855
津門詩鈔三十卷　(清)梅成棟纂　清道光四年(1824)刻本　十册

340000－1801－0018966　4:26304
歷朝名媛詩詞十二卷　(清)陸昶選　清乾隆三十八年(1773)吳門陸氏紅樹樓刻本　一册　存八卷(一至八)

340000－1801－0018967　4:22974－4:23013
列朝詩集八十一卷　(清)錢謙益輯　清刻本　四十册

340000－1801－0018968　4:30565－4:30568
古文苑二十一卷　(宋)章樵注　清光緒十四年(1888)蘊石齋刻本　四册

340000－1801－0018969　4:30569－4:30572
古文苑二十一卷　(宋)章樵注　清光緒十二年(1886)江蘇書局刻本　四册

340000－1801－0018970　4:30573－4:30576

古文苑二十一卷　(宋)章樵注　清光緒十二年(1886)江蘇書局刻本　四册

340000－1801－0018971　4:30577－4:30580

古文苑二十一卷　(宋)章樵注　清刻本　四册

340000－1801－0018972　4:30581－4:30584

古文苑十二卷　(宋)章樵注　清師竹齋抄本　四册

340000－1801－0018973　4:30590－4:30595

古文苑二十卷　(宋)章樵注　清光緒刻藴石齋叢書本　六册

340000－1801－0018974　4:30585

古文苑九卷　(宋)韓元吉編　清嘉慶十四年(1809)蘭陵孫星衍刻本　一册

340000－1801－0018975　4:30596－4:30599

古文苑九卷　(宋)韓元吉編　清嘉慶蘭陵孫氏刻本　四册

340000－1801－0018976　4:30600－4:30605

續古文苑二十卷　(清)孫星衍輯　清嘉慶十二年(1807)冶城山館刻本　六册

340000－1801－0018977　4:30606－4:30611

續古文苑二十卷　(清)孫星衍輯　清光緒九年(1883)江蘇書局刻本　六册

340000－1801－0018978　4:30612－4:30617

續古文苑二十卷　(清)孫星衍輯　清光緒九年(1883)江蘇書局刻本　六册

340000－1801－0018979　4:30618－4:30623

續古文苑二十卷　(清)孫星衍輯　清光緒九年(1883)江蘇書局刻本　六册

340000－1801－0018980　4:3062－4:3067 善

秦漢三國六朝唐宋文歸□□卷　(明)鍾惺評　明刻本　六册　存二十四卷(外史六至八、外傳一至五、白虎通三至四、孔叢一至四、新語一至二、鹽鐵論五至十二)

340000－1801－0018981　4:30624－4:30643

文苑英華選六十卷　(清)宫夢仁選　清康熙刻本　二十册

340000－1801－0018982　4:30644－4:30645

文苑英華辯證十卷　(宋)彭叔夏撰　清乾隆武英殿木活字印武英殿聚珍版書本　二册

340000－1801－0018983　4:3068－4:3071 善

秦漢魏晉文選十卷　(明)余震啟　(明)鄭玄撫輯　明嘉靖二十四年(1545)新安洪廷論刻清康熙二十七年(1688)補刻本　佚名批點　四册

340000－1801－0018984　4:30706－4:30711

文章練要十卷　(清)王源輯　清乾隆九年(1744)居業堂刻本　六册

340000－1801－0018985　4:30712－4:30716

文章指南五卷　(明)歸有光選　清光緒二年(1876)刻本　五册

340000－1801－0018986　4:30717－4:30721

文章指南五卷　(明)歸有光選　(明)詹仰庇訂　清光緒二年(1876)皖江節署刻本　五册

340000－1801－0018987　4:3072－4:3087 善

漢魏名文乘不分卷　(明)張運泰　(明)余元熹編　明末刻本　十六册

340000－1801－0018988　4:30732－4:30739

忠雅堂評選四六法海八卷　(明)王志堅原編　(清)蔣士銓選　清同治八年(1869)定遠方氏刻朱墨套印本　八册

340000－1801－0018989　4:30740－4:30747

忠雅堂評選四六法海八卷　(明)王志堅原編　(清)蔣士銓選　清同治八年(1869)定遠方氏刻朱墨套印本　八册

340000－1801－0018990　4:30748－4:30755

忠雅堂評選四六法海八卷　(明)王志堅原編　(清)蔣士銓選　清同治八年(1869)定遠方氏刻朱墨套印本　八册

340000－1801－0018991　4:30756－4:30763

評選四六法海八卷　(清)蔣士銓評選　清刻三色套印本　八册

340000－1801－0018992　4:30764－4:30779

四六法海十二卷　(明)王志堅輯　明天啓七年(1627)張德仲刻清乾隆二十三年(1758)補修本　十六册

340000－1801－0018993　4:30788－4:30791
評選四六法海八卷　(清)蔣士銓選　清光緒深柳讀書堂刻本　四册

340000－1801－0018994　4:30792－4:30796
評選四六法海八卷　(清)蔣士銓選　清光緒深柳讀書堂刻本　五册　缺三卷(六至八)

340000－1801－0018995　4:30797－4:30804
四六法海八卷　(清)蔣士銓選　清同治番禺刻本　八册

340000－1801－0018996　4:30805－4:30836
古文淵鑒六十四卷　(清)徐乾學編　清同治十二年(1873)浙江書局刻本　三十二册

340000－1801－0018997　4:30837－4:30868
古文淵鑒六十四卷　(清)徐乾學編　清康熙刻四色套印本　三十二册

340000－1801－0018998　4:30869－4:30908
古文淵鑒六十四卷　(清)徐乾學編　清康熙刻四色套印本　四十册

340000－1801－0018999　4:30909－4:30948
古文淵鑒六十四卷　(清)徐乾學編　清康熙刻本　四十册

340000－1801－0019000　4:3396－4:3415 善
古文淵鑒六十四卷　(清)徐乾學編注　清康熙二十四年(1685)刻本　二十册　存三十四卷(一至三十四)

340000－1801－0019001　4:30949－4:30980
古文淵鑒六十四卷　(清)徐乾學編　清康熙刻本　三十二册

340000－1801－0019002　4:30981－4:31003
古文淵鑒六十四卷　(清)徐乾學編　清尊經閣刻本　二十三册　缺二卷(四十三至四十四)

340000－1801－0019003　4:3092－4:3093 善
遵依古本較刻注解便蒙必讀古文傳燈　(宋)楊廷樞注　(宋)朱熹選　明徽州黄一乾刻清書林劉建臣後印本　二册　存四卷(一至四)

340000－1801－0019004　4:31022
悦心集二卷　(清)世宗胤禛選　清雍正四年(1726)刻本　一册

340000－1801－0019005　4:31023－4:31024
悦心集二卷　(清)世宗胤禛選　清方氏抄本　二册

340000－1801－0019006　4:31025－4:31036
古文賞音十二卷　(清)謝有輝纂　清康熙四十六年(1707)刻本　十二册

340000－1801－0019007　4:31037－4:31048
古文觀止十二卷　(清)吴乘權等輯　清康熙三十四年(1695)刻本　十二册

340000－1801－0019008　4:31049－4:31054
古文觀止十二卷　(清)吴乘權等輯　清刻本　六册

340000－1801－0019009　4:31061－4:31065
古文觀止十二卷　(清)吴乘權輯　(清)吴大職選　清金陵李光明莊刻本　五册

340000－1801－0019010　4:2481－4:2504 善
詩所五十六卷　(明)臧懋循編　明萬曆三十一年(1603)刻本　二十四册

340000－1801－0019011　4:2505－4:2514 善
詩所五十六卷　(明)臧懋循編　明萬曆三十一年(1603)刻本　十册　存四十六卷(一至四十六)

340000－1801－0019012　4:4608－4:4621 善
詩所五十六卷歷代名氏爵里一卷　(明)臧懋循編　明萬曆刻本　十四册　存三十九卷(詩所三至十三、十六至十七、二十六至四十六、五十二至五十六)

340000－1801－0019013　4:31157－4:31179
憑山閣增輯留青新集三十卷　(清)陳枚輯　(清)陳德裕增輯　(清)張國泰訂　(清)朱從儀參閲　清道光十五年(1835)英德堂刻本　二十三册　缺一卷(七)

340000－1801－0019014　4:31103－4:31126
憑山閣增輯留青新集三十卷　(清)陳枚輯　(清)陳德裕增輯　(清)張國泰訂　(清)朱從儀參閲　清康熙憑山閣刻本　二十四册

340000－1801－0019015　4:31127－4:31156
憑山閣增輯留青新集三十卷　(清)陳枚輯　(清)陳德裕增輯　(清)張國泰訂　(清)朱從儀參閲　清康熙憑山閣刻本　三十册

340000－1801－0019016　4:30722－4:30723
文章軌範七卷　(宋)謝枋得選　清乾隆九年(1744)張氏刻本　二册

340000－1801－0019017　4:30724－4:30727
文章軌範七卷　(宋)謝枋得選　清光緒桐陰書屋刻本　四册

340000－1801－0019018　4:30728－4:30729
文章軌範七卷　(宋)謝枋得選　清金陵刻朱墨套印本　二册

340000－1801－0019019　4:30730－4:30731
文章軌範七卷　(宋)謝枋得輯　清光緒二十一年(1895)湖北官書處刻本　二册

340000－1801－0019020　4:3110 善
文章軌範七卷　(宋)謝枋得輯　明刻本　一册

340000－1801－0019021　4:3111 善
文章軌範七卷　(宋)謝枋得輯　明刻本　一册

340000－1801－0019022　4:3112 善
續文章軌範百家評注七卷　(明)鄒守益批選　(明)王世貞評注　(明)黃洪憲集評　明萬曆十九年(1591)三建書林喬山堂刻本　一册

340000－1801－0019023　4:3113 善
續文章軌範百家評注釋七卷　(明)鄒守益批選　(明)焦竑評校　(明)李廷機注閲　明萬曆三十四年(1606)陳氏存德堂刻本　一册

340000－1801－0019024　4:1084－4:1103 善
中州集十卷首一卷中州樂府集一卷　(金)元好問撰　明毛氏汲古閣刻本　二十册

340000－1801－0019025　4:5995－4:6004 善
中州集十卷首一卷中州樂府集一卷　(金)元好問撰　明末毛氏汲古閣刻本　陳遹聲題跋　佚名過録清吳祖修評點　十册

340000－1801－0019026　4:5435－4:5437 善
中州集十卷　(金)元好問撰　明末毛氏汲古閣刻本　三册　存三卷(二至三、六)

340000－1801－0019027　4:1116 善(重號)
中州集十卷首一卷樂府一卷　(金)元好問撰　明毛氏汲古閣刻清後印本　一册　存二卷(一、首一卷)

340000－1801－0019028　4:6108－4:6118 善
中州集十卷首一卷中州樂府一卷　(金)元好問撰　明毛氏汲古閣刻清嘉興范昌古松堂初印本　清曹江題識　十一册

340000－1801－0019029　4:1104－4:1115 善
中州集十卷首一卷中州樂府一卷　(金)元好問撰　明毛氏汲古閣刻清嘉興范昌古松堂印本　十二册

340000－1801－0019030　4:1072－4:1083 善
中州集十卷首一卷中州樂府一卷　(金)元好問撰　明毛氏汲古閣刻清嘉興范昌古松堂後印本　十二册

340000－1801－0019031　4:3114－4:3117 善
古文類選十八卷　(明)鄭旻選　明隆慶六年(1572)歸德府顧知明、徐宏等刻本　四册　存三卷(一、十一、十八)

340000－1801－0019032　4:31180－4:31191
重編留青新集二十四卷　(清)馮善長重編　清光緒十四年(1888)鉛印本　十二册

340000－1801－0019033　4:3118－4:3125 善
翰林古文鈔八卷　(明)任瀛編　明嘉靖四十一年(1562)魯藩刻本　八册

340000－1801－0019034　4:31192－4:31211
憑山閣增輯留青新集三十卷　(清)陳枚選　(清)張國泰訂　(清)陳德裕增輯　清刻本　二十册

340000－1801－0019035　4:31212－4:31223
留青采珍集前集十二卷　(清)陳枚輯　清康熙憑山閣刻本　十二册

340000－1801－0019036　4:31224－4:31231
古文析義八卷　(清)林雲銘評注　清康熙刻本　八册

340000－1801－0019037　4:31232－4:31237
古文析義六卷　(清)林雲銘評注　清康熙刻本　六册

340000－1801－0019038　4:31243－4:31254
古文析義十六卷　(清)林雲銘輯　清康熙刻本　十二册　缺四卷(四至五、七、十)

340000－1801－0019039　4:31238－4:31242
古文析義十二卷　(清)林雲銘輯　清乾隆四十四年(1779)三餘堂刻本　五册

340000－1801－0019040　4:31291－4:31296
古文析義十四卷　(清)林雲銘評注　清乾隆十年(1745)刻本　六册

340000－1801－0019041　4:3126－4:3136 善
唐宋八大家選二十四卷　(明)鍾惺評選　明崇禎新安汪應魁刻本　十一册　存二十三卷(一至二十三)

340000－1801－0019042　4:31297－4:31312
七種古文選三十二卷　(清)儲欣選　清乾隆刻本　十六册

340000－1801－0019043　4:31313－4:31320
古文雅正十四卷　(清)蔡世遠選　清同治七年(1868)曾氏刻本　八册

340000－1801－0019044　4:31321－4:31334
續選古文雅正十四卷　(清)林有席輯　清嘉慶刻本　十四册　缺一卷(七)

340000－1801－0019045　4:31335－4:31350
文章遊戲三十二卷　(清)繆艮輯　清嘉慶刻本　十六册

340000－1801－0019046　4:31351－4:31358
古文喈鳳新編八卷　(清)汪基輯　清刻本　八册

340000－1801－0019047　4:31359－4:31366
歸餘鈔四卷　(清)高嵣選　清乾隆五十三年(1788)刻本　八册

340000－1801－0019048　4:31367－4:31374
歸餘鈔四卷　(清)高嵣選　清乾隆五十三年(1788)刻本　八册

340000－1801－0019049　4:3137－4:3154 善
唐宋八大家文鈔一百六十四卷　(明)茅坤編　明崇禎元年(1628)刻本　十八册　存九十五卷(韓文一至五、歐陽文一至三十二、曾文一至十、蘇文忠文一至二十八、蘇文定文一至二十)

340000－1801－0019050　4:31375－4:31385
斯文精萃不分卷　(清)尹繼善輯　清乾隆二十九年(1764)刻本　十一册

340000－1801－0019051　4:31386－4:31397
斯文精萃不分卷　(清)尹繼善輯　清乾隆二十九年(1764)刻本　十二册

340000－1801－0019052　4:31398－4:31407
斯文精萃不分卷　(清)尹繼善輯　清乾隆二十九年(1764)刻本　十册

340000－1801－0019053　4:31408－4:31423
古文分編集評二十二卷　(清)于光華輯　清刻本　十六册

340000－1801－0019054　4:31424－4:31427
華國編文選八卷　(清)孫濩孫選　清乾隆刻本　四册

340000－1801－0019055　4:31428－4:31453
古文分編集評四集二十二卷　(清)于光華輯　清乾隆刻本　二十六册

340000－1801－0019056　4:31454－4:31463
古文約選十卷　(清)方苞輯　清同治八年(1869)刻本　十册

340000－1801－0019057　4:31464－4:31471
古文約選九種　(清)允禮輯　清刻本　八册

340000－1801－0019058　4:31472－4:31495
古文眉銓七十九卷　(清)浦起龍輯　清乾隆

刻本　二十四册

340000－1801－0019059　4:31496－4:31519
古文眉銓七十九卷　(清)浦起龍編　清三吳書院刻本　二十四册

340000－1801－0019060　4:31520－4:31531
古文辭類纂七十五卷　(清)姚鼐撰　清道光五年(1825)刻本　十二册

340000－1801－0019061　4:31532－4:31543
古文辭類纂七十五卷　(清)姚鼐撰　清道光五年(1825)刻本　十二册

340000－1801－0019062　4:31544－4:31555
古文辭類纂七十四卷　(清)姚鼐輯　清同治八年(1869)江蘇書局刻本　十二册

340000－1801－0019063　4:48236－4:48239
古文辭類纂十五卷　(清)姚鼐撰　清光緒刻本　四册　存十二卷(一至四、八至十五)

340000－1801－0019064　4:48241－4:48245
古文辭類纂三編二十八卷　(清)黎庶昌纂輯　清光緒二十六年(1900)晉省書業昌石印本　五册　存二十四卷(一至十二、十七至二十八)

340000－1801－0019065　4:31556－4:31567
古文辭類纂七十四卷　(清)姚鼐輯　清同治八年(1869)刻本　十二册

340000－1801－0019066　4:31568－4:31579
古文辭類纂七十四卷　(清)姚鼐輯　清同治八年(1869)江蘇書局刻本　十二册

340000－1801－0019067　4:31580－4:31591
古文辭類纂七十四卷　(清)姚鼐輯　清康氏刻本　十二册

340000－1801－0019068　4:31592－4:31603
古文辭類纂七十五卷　(清)姚鼐撰　清同治八年(1869)刻本　十二册

340000－1801－0019069　4:31604－4:31619
古文辭類纂七十五卷　(清)姚鼐撰　清同治八年(1869)刻本　十六册

340000－1801－0019070　4:31620－4:31635
古文辭類纂七十四卷　(清)姚鼐撰　清光緒二十年(1894)湖南書局刻本　十六册

340000－1801－0019071　4:31636－4:31645
古文辭類纂七十五卷　(清)姚鼐纂　清光緒二十七年(1901)李氏求要堂刻本　十册

340000－1801－0019072　4:31646－4:31657
古文辭類纂七十五卷　(清)姚鼐纂　清光緒二十七年(1901)李氏求要堂刻本　十二册

340000－1801－0019073　4:31658－4:31669
古文辭類纂七十五卷　(清)姚鼐纂　清光緒二十七年(1901)李氏求要堂刻本　十二册

340000－1801－0019074　4:31670－4:31681
古文辭類纂七十五卷　(清)姚鼐纂　清光緒二十七年(1901)李氏求要堂刻本　十二册

340000－1801－0019075　4:31682－4:31693
古文辭類纂七十五卷　(清)姚鼐纂　清光緒二十七年(1901)李氏求要堂刻本　十二册

340000－1801－0019076　4:31694－4:31707
古文辭類纂七十四卷　(清)姚鼐輯　清光緒十九年(1893)思賢講舍刻本　十四册

340000－1801－0019077　4:31708－4:31717
古文辭類纂七十四卷　(清)姚鼐輯　清光緒十九年(1893)思賢講舍刻本　十册

340000－1801－0019078　4:31748－4:31755
古文辭類纂七十四卷　(清)姚鼐纂　清光緒三十三年(1907)商務印書館鉛印本　八册

340000－1801－0019079　4:31756－4:31767
古文辭類纂七十四卷　(清)姚鼐纂　清光緒二十六年(1900)新化三味書室刻本　十二册

340000－1801－0019080　4:31768－4:31779
古文辭類纂七十四卷　(清)姚鼐纂　清刻本　十二册

340000－1801－0019081　4:31812－4:31823
正續古文辭類纂一百八卷　(清)姚鼐纂集　清光緒三十三年(1907)商務印書館鉛印本　十二册

340000－1801－0019082　4:31824－4:31827
古文辭類纂七十四卷續三十四卷　(清)姚鼐纂集　清光緒十九年(1893)思賢講舍刻本　二十四册

340000－1801－0019083　4:48234－4:48235
續古文辭類纂十卷　王先謙撰　清光緒二十四年(1898)刻本　二册　存七卷(一至二、六至十)

340000－1801－0019084　4:3184－4:3189 善
古今翰苑瓊琚十二卷　(明)楊慎選　明天啓刻本　六册

340000－1801－0019085　4:3190－4:3195 善
新刻李九我先生編纂大方萬文一統内外集二十卷　(明)李廷機編　明刻本　六册　存十三卷(八至二十)

340000－1801－0019086　4:3161－4:3163 善
古今文致十卷　(明)劉士鏻選　(明)王宇增删　明天啓三年(1623)刻本　三册

340000－1801－0019087　4:3164－4:3173 善
文章正論十五卷　(明)劉祜選　明萬曆十九年(1591)刻本　十册　存十卷(四至十、十二至十三、十五)

340000－1801－0019088　4:3174－4:3183 善
文章正論十五卷　(明)劉祜選　明萬曆十九年(1591)刻本　十册　存十卷(一至十)

340000－1801－0019089　4:3190 善
正續名世文宗十六卷　(明)王世貞編選　明刻本　一册　存二卷(十五至十六)

340000－1801－0019090　4:31972－4:31981
古文辭類纂十五卷續十卷　(清)姚鼐輯　王先謙續　清光緒二十年(1894)上海圖書集成局石印本　十册

340000－1801－0019091　4:32114－4:32121
續古文辭類纂三十四卷　王先謙輯　清光緒八年(1882)長沙王氏刻本　八册

340000－1801－0019092　4:32122－4:32129
續古文辭類纂三十四卷　王先謙纂集　清光緒八年(1882)長沙王氏刻本　八册

340000－1801－0019093　4:32130－4:32137
續古文辭類纂三十四卷　王先謙纂集　清光緒八年(1882)長沙王氏刻本　八册

340000－1801－0019094　4:32138－4:32145
續古文辭類纂三十四卷　王先謙纂集　清光緒八年(1882)虛受堂刻本　八册

340000－1801－0019095　4:32147－4:32158
續古文辭類纂二十八卷　(清)黎庶昌集　清光緒二十一年(1895)金陵刻本　十二册

340000－1801－0019096　4:32159－4:32170
續古文辭類纂二十八卷　(清)黎庶昌集　清光緒二十一年(1895)金陵刻本　十二册

340000－1801－0019097　4:32171－4:32182
續古文辭類纂二十八卷　(清)黎庶昌集　清光緒二十一年(1895)金陵刻本　十二册

340000－1801－0019098　4:32030－4:32033
續古文辭類纂十卷　王先謙輯　清光緒二十四年(1898)慎記書莊石印本　四册

340000－1801－0019099　4:31920－4:31923
續古文辭類纂十卷　王先謙纂　清光緒三十三年(1907)商務印書館鉛印本　四册

340000－1801－0019100　4:3197－4:3202 善
古文瀾編六卷　(明)王志堅編　明崇禎五年(1632)刻本　六册

340000－1801－0019101　4:3203－4:3208 善
合選必讀名文塵八卷　(明)張明弼編　明末刻本　六册

340000－1801－0019102　4:3209 善
新鐫沈學士評選聖世諸大家名文品節十五卷　(明)沈一貫評　明萃慶堂泗泉余彰德刻本　一册　存三卷(一至三)

340000－1801－0019103　4:3484－4:3491 善
駢體文鈔三十一卷　(清)李兆洛輯　清合河康氏刻本　姚永概過錄清陳澧評點　八册

340000－1801－0019104　4:32183－4:32190

駢體文鈔三十一卷　(清)李兆洛輯　清合河康氏刻本　八册

340000－1801－0019105　4:32191－4:32194
駢體文鈔三十一卷　(清)李兆洛輯　清合河康氏刻本　四册

340000－1801－0019106　4:32195－4:32202
駢體文鈔三十一卷　(清)李兆洛輯　清合河康氏刻本　八册

340000－1801－0019107　4:32203－4:32210
駢體文鈔三十一卷　(清)李兆洛輯　清合河康氏刻本　八册

340000－1801－0019108　4:32211－4:32218
駢體文鈔三十一卷　(清)李兆洛輯　清光緒三十四年(1908)蘇州振新書社刻本　八册

340000－1801－0019109　4:32219－4:32230
駢體文鈔三十一卷　(清)李兆洛輯　清光緒三十四年(1908)蘇州振新書社刻本　十二册

340000－1801－0019110　4:32231－4:32240
駢體文鈔三十一卷　(清)李兆洛輯　清光緒八年(1882)滬上刻本　十册

340000－1801－0019111　4:32241－4:32248
駢體文鈔三十一卷　(清)李兆洛輯　清光緒八年(1882)滬上刻本　八册

340000－1801－0019112　4:32249－4:32280
乾坤正氣集選鈔九十七卷　(清)吴煥采選　清光緒十三年(1887)古蓮花池刻本　三十二册

340000－1801－0019113　4:32281
論鵠不分卷　(清)汪韶舉輯　清道光養正軒刻本　一册

340000－1801－0019114　4:32282
靖獻遺言八卷　(清)□□撰　清光緒三十二年(1906)北洋武備研究所石印本　一册

340000－1801－0019115　4:32283－4:32284
古文近道集八卷　(清)王贇元輯　清同治刻本　二册

340000－1801－0019116　4:32285－4:32288
古文詞略讀本二十四卷　(清)梅曾亮纂　清光緒三十一年(1905)北京宏道學舍鉛印本　四册

340000－1801－0019117　4:32289－4:32293
古文詞略二十四卷　(清)梅曾亮輯　清同治六年(1867)合肥李氏刻本　六册

340000－1801－0019118　4:32294－4:32299
古文詞略二十四卷　(清)梅曾亮輯　清同治六年(1867)李氏刻本　五册

340000－1801－0019119　4:32300－4:32305
古文詞略二十四卷　(清)梅曾亮輯　清同治六年(1867)李氏刻本　六册

340000－1801－0019120　4:32306－4:32311
古文詞略二十四卷　(清)梅曾亮輯　清同治合肥李氏刻本　六册

340000－1801－0019121　4:32359－4:32360
經史百家簡編二卷　(清)曾國藩纂　(清)曾國荃審訂　清同治十三年(1874)傳忠書局刻本　二册

340000－1801－0019122　4:32361－4:32362
經史百家簡編二卷　(清)曾國藩纂　(清)曾國荃審訂　清同治十三年(1874)傳忠書局刻本　二册

340000－1801－0019123　4:32312－4:32332
經史百家雜鈔二十六卷簡篇二卷　(清)曾國藩輯　清光緒二年(1876)傳忠書局刻本　二十一册

340000－1801－0019124　4:32333－4:32358
經史百家雜鈔二十六卷　(清)曾國藩輯　清光緒二年(1876)傳忠書局刻本　二十六册

340000－1801－0019125　4:32363－4:32381
經史百家雜鈔二十六卷　(清)曾國藩輯　清光緒二年(1876)傳忠書局刻本　十九册

340000－1801－0019126　4:32394－4:32405
經史百家雜鈔二十六卷　(清)曾國藩輯　清光緒三十三年(1907)上海商務印書館鉛印本

十二册

340000－1801－0019127　4∶32406－4∶32417
經史百家雜鈔二十六卷　(清)曾國藩輯　清光緒三十三年(1907)上海商務印書館鉛印本　十二册

340000－1801－0019128　4∶3383－4∶3395 善
古文淵鑒六十四卷　(清)徐乾學編注　清康熙二十四年(1685)内府刻五色套印本　十三册　存三十八卷(一至三十八)

340000－1801－0019129　4∶32442－4∶32447
類纂古文雲蒸六卷　(清)燕毅輯　清光緒三年(1877)刻本　六册

340000－1801－0019130　4∶32448－4∶32497
八代文粹二百二十卷目錄十六卷　(清)簡桑　(清)陳棠哲編　清光緒十一年(1885)富順考雋堂刻本　五十册

340000－1801－0019131　4∶3247－4∶3278 善
名世文宗三十卷　(明)胡時化輯　明崇禎元年(1628)刻本　三十二册

340000－1801－0019132　4∶32498－4∶32505
古文翼八卷　(清)唐德宜輯　清同治十二年(1873)常熟黄氏藝文堂刻本　八册

340000－1801－0019133　4∶32507－4∶32514
古文釋義新編八卷　(清)余誠評注　清宣統三年(1911)聚和堂刻本　八册

340000－1801－0019134　4∶32515－4∶32518
古文釋義新編八卷　(清)余誠編　清光緒十三年(1887)寶興堂刻本　四册

340000－1801－0019135　4∶32527－4∶32530
古文釋義新編八卷　(清)余誠評注　清刻本　四册

340000－1801－0019136　4∶32543－4∶32548
古文釋義八卷　(清)余誠輯　清刻本　六册

340000－1801－0019137　4∶32549
純甫古文鈔六卷　(清)戴棏著　清同治九年(1870)粵東宮文齋刻本　一册

340000－1801－0019138　4∶32550－4∶32569
經史辨體十三卷　(清)徐與喬評輯　清敦化堂刻本　二十册

340000－1801－0019139　4∶32592－4∶32595
桐城吴氏古文讀本　(清)吳汝綸評選　清光緒三十二年(1906)鉛印本　四册

340000－1801－0019140　4∶32576－4∶32579
桐城吴氏古文讀本　(清)吳汝綸評點　清光緒三十四年(1908)鉛印本　四册

340000－1801－0019141　4∶32580－4∶32583
桐城吴氏古文讀本十三卷　(清)吳汝綸輯　清光緒三十年(1904)上海文明書局鉛印本　四册

340000－1801－0019142　4∶32584－4∶32587
桐城吴氏古文讀本十三卷　(清)吳汝綸輯　清光緒三十一年(1905)上海文明書局鉛印本　四册

340000－1801－0019143　4∶32588－4∶32591
桐城吴氏古文讀本十三卷　(清)吳汝綸輯　清光緒三十一年(1905)上海文明書局鉛印本　四册

340000－1801－0019144　4∶32633－4∶32636
古文筆法百篇二十卷首一卷　(清)李扶九編　(清)黄仁黼纂　清光緒八年(1882)滇南書局刻本　四册

340000－1801－0019145　4∶32616
古文筆法百篇八卷　(清)李扶九編　(清)黄仁黼纂　清光緒三十二年(1906)通時書局石印本　一册

340000－1801－0019146　4∶32619－4∶32624
古文筆法八卷　(清)黄黻麟輯　清掃葉山房石印本　六册

340000－1801－0019147　4∶32653－4∶32657
國文讀本初編不分卷　(清)胡遠浚　(清)徐經綸編　清高等學堂鉛印本　五册

340000－1801－0019148　4∶32658
震川靈皋海峰三先生古文辭不分卷　(清)姚

濬昌選　清桐城姚氏抄本　一册

340000－1801－0019149　4:32661－4:32662
古文讀本二卷　（清）吳汝綸選　清光緒二十九年（1903）鉛印本　二册

340000－1801－0019150　4:32665－4:32668
嶺南即事雜撰十卷　（清）□□撰　清末石印本　四册

340000－1801－0019151　4:32669
自選古文檢不分卷　（清）趙國華選　清宣統三年（1911）鉛印本　一册

340000－1801－0019152　4:32670
名人贈言雜錄不分卷　（清）潘尚志輯　清潘氏刻本　一册

340000－1801－0019153　4:3279－4:3286 善
正續名世文宗十六卷　（明）王世貞編　明萬曆四十五年（1617）刻本　八册

340000－1801－0019154　4:3287－4:3288 善
名世文宗三十卷　（明）胡時化選輯　明萬曆九年（1581）書林光裕堂鄭以厚刻本　二册　存五卷（一至二、四至六）

340000－1801－0019155　4:3289－4:3290 善
千古斯文書集八卷　（明）余應虬纂輯　（明）徐奮鵬校釋　明刻本　二册　缺三卷（三至五）

340000－1801－0019156　4:3291－4:3293 善
千古斯文二十八卷　（明）余應虬纂輯　（明）徐奮鵬選評　（明）徐春茂　（明）徐春盛注釋　明譚陽琢玉堂余應虬刻本　三册　存三卷（子集一、史二、後卷一）

340000－1801－0019157　4:3294－4:3297 善
新鍥焦太史彙選百家評林名文珠璣十三卷　（明）焦竑輯　明刻本　四册　存八卷（一至二、四至七、十、十三）

340000－1801－0019158　4:3298 善
文苑英華鈔四卷　（明）周詩雅輯訂　明崇禎二年（1629）刻本　許承堯題識　一册　存一卷（一）

340000－1801－0019159　4:33013
古文選鈔不分卷　（宋）周敦頤等撰　清抄本　一册

340000－1801－0019160　4:3308 善
文章正則六卷　（清）曾鼎撰　明崇禎八年（1635）新安吳霖刻本　二册

340000－1801－0019161　4:3309－4:3316 善
古文品外錄二十四卷　（明）陳繼儒輯　明末刻本　八册

340000－1801－0019162　4:33101
漢魏六朝女子文選二卷　（宋）張維輯　清宣統三年（1911）朱氏刻本　一册

340000－1801－0019163　4:33102
古文續書十一卷　（清）吳之騄輯　清稿本　清吳得英批並跋　一册

340000－1801－0019164　4:33103－4:33142
論海一百七十二卷　（清）蔡和鏘輯　清光緒二十八年（1902）四明華英學堂石印本　四十册

340000－1801－0019165　4:3317－4:3318 善
古文品外錄二十四卷　（明）陳繼儒輯　明天啓五年（1625）朱蔚然刻本　二册　存二卷（一至二）

340000－1801－0019166　4:3319－4:3328 善
諸子品節五十卷　（明）陳深編　明萬曆十八年（1590）刻本　十册

340000－1801－0019167　4:3329－4:3344 善
諸子品節五十卷　（明）陳深編　明萬曆十八年（1590）刻本　十六册

340000－1801－0019168　4:33629－4:33632
宮閨文選二十六卷　（清）周壽昌輯　清道光二十六年（1846）刻本　四册

340000－1801－0019169　4:33639－4:33644
中外政治文編十二卷　（清）方樹培　（清）汪德植輯　清光緒桐城木活字印本　六册

340000－1801－0019170　4:47936－4:47940
分類賦學二十四卷　（清）張維城　（清）馮一

梅輯　清光緒十二年(1886)上海點石齋石印本　六冊

340000－1801－0019171　4:3424 善
四六法海十二卷　(明)王志堅編　明刻本　一冊　存一卷(六)

340000－1801－0019172　4:3425－4:3465 善
奇賞齋古文彙編二百三十六卷　(明)陳仁錫評選　明崇禎七年(1634)刻本　四十冊　存一百十一卷(一至四、七至十四、十八至二十、二十四至三十二、三十九至四十三、四十八至五十三、五十六至六十六、七十至七十三、八十七至八十九、一百十一至一百十四、一百二十三至一百三十、一百四十一至一百四十二、一百四十八至一百五十、一百五十六至一百五十九、一百六十一至一百六十五、一百七十二至一百七十四、一百七十八至一百八十三、一百九十六至一百九十七、二百六至二百十五、二百二十三至二百二十五、二百二十九至二百三十六)

340000－1801－0019173　4:34301－4:34302
歷代名人小簡二卷　吳曾祺輯　清宣統元年(1909)上海商務印書館鉛印本　二冊

340000－1801－0019174　4:34837－4:34840
九家詩詳註七卷　(清)吳士模輯　清嘉慶二十三年(1818)刻本　四冊

340000－1801－0019175　4:34851－4:34854
注釋九家詩十一卷　(清)李錫瓚評注　清道光刻本　四冊

340000－1801－0019176　4:34874－4:34881
七家詩輯注匯鈔九卷　(清)張熙宇輯　清同治九年(1870)刻本　八冊

340000－1801－0019177　4:34882－4:34888
七家詩輯注匯鈔九卷　(清)張熙宇輯　清同治九年(1870)刻本　七冊

340000－1801－0019178　4:34889－4:34892
七家詩選注釋七卷　(清)張熙宇評選　(清)張昶注釋　清道光十二年(1832)刻本　四冊

340000－1801－0019179　4:34893－4:34896
硃批八家詩選箋注八卷　(清)張熙宇評選　(清)張昶注釋　清道光十二年(1832)刻漁古山房增刻朱墨套印本　四冊

340000－1801－0019180　4:34897
批點七家詩選箋注七卷　(清)張熙宇輯　清同治三年(1864)刻本　一冊

340000－1801－0019181　4:34898－4:34901
朱批增注七家詩選七卷　(清)張熙宇輯　清咸豐七年(1857)兩儀堂刻本　四冊

340000－1801－0019182　4:34902－4:34903
七家詩選七卷　(清)張熙宇輯評　清金陵李光明莊刻朱墨套印本　二冊

340000－1801－0019183　4:34916
後九家詩九卷　(清)高學淇輯　清道光九年(1829)刻本　一冊

340000－1801－0019184　4:34937－4:34940
紀曉嵐詩注釋四卷　(清)紀昀撰　清嘉慶二年(1797)刻本　四冊

340000－1801－0019185　4:34941－4:34942
琅嬛仙館詩略八卷　(清)阮元輯　清嘉慶刻本　二冊

340000－1801－0019186　4:3640－4:3642 善
翰海十二卷　(明)沈佳胤輯　明崇禎三年(1630)旌邑湯維新刻本　三冊　存六卷(一至四、十一至十二)

340000－1801－0019187　4:48394
古文眉詮二十七卷　(清)陳弘謀撰　(清)吳蘭庭鑒定　清三吳書院刻本　一冊　存二卷(一至二)

340000－1801－0019188　4:48403
五言今體詩鈔十九卷　(清)姚鼐選　清同治五年(1866)金陵書局刻五七言今體詩鈔本　一冊

340000－1801－0019189　4:5760－4:5765 善
選賦六卷　(南朝梁)蕭統輯　(明)郭正域評點　明刻本　六冊

340000－1801－0019190　4:5766－4:5773 善
漢魏詩集十四卷　(明)劉成德選輯　明正德十二年(1517)刻本　八册

340000－1801－0019191　4:5774－4:5783 善
漢魏詩乘前十卷後十卷附吴詩一卷　(明)梅鼎祚輯　明萬曆十一年(1583)刻本　十册

340000－1801－0019192　4:5913－4:5916 善
古詩歸十五卷　(明)鍾惺　(明)譚元春輯　明君山堂刻本　四册

340000－1801－0019193　4:5917－4:5920 善
古詩歸十五卷　(明)鍾惺　(明)譚元春輯　明閔振業刻朱墨套印本　四册

340000－1801－0019194　4:5784－4:5807 善
宋洪魏公進萬首唐人絶句四十卷　(宋)洪邁輯　(明)趙宧光　(明)黄習遠補　明萬曆三十四年(1606)吴郡趙宧光寒山小宛堂刻本　二十四册

340000－1801－0019195　4:6008－4:6019 善
四六法海十二卷　(明)王志堅等編　明天啓七年(1627)刻本　十二册

340000－1801－0019196　4:3155－4:3160 善
文致不分卷　(明)劉士鏻選　(明)閔無頗　(明)閔昭明　(明)沈聖岐　(明)閔元衢評定　明天啓元年(1621)閔元衢刻三色套印本　六册

340000－1801－0019197　4:6020－4:6023 善
文致不分卷　(明)劉士鏻選　(明)閔無頗　(明)閔昭明　(明)沈聖岐　(明)閔元衢評定　明天啓元年(1621)閔元衢刻三色套印本　四册

340000－1801－0019198　4:6024－4:6031 善
古文苑二十卷　(清)□□撰　明成化刻本　八册

340000－1801－0019199　4:6032－4:6037 善
翰海十二卷　(明)沈佳胤輯　明崇禎刻本　六册

340000－1801－0019200　4:6038－4:6057 善
古今四六濡削選章四十卷增補四十卷　(明)李國祥輯　明萬曆二十九年(1601)刻本　二十册

340000－1801－0019201　4:6058－4:6087 善
續刻溫陵四太史評選古今名文珠璣八卷　(明)黄鳳翔等選　明刻本　三十册

340000－1801－0019202　4:047884
文選刪注旁訓十二卷　(明)馮夢禎刪訂　明刻本　一册　存一卷(一)

340000－1801－0019203　4:047902
古文淵鑒六十四卷　(清)徐乾學編注　清康熙二十四年(1685)刻本　一册　存四卷(一至四)

340000－1801－0019204　4:047903－4:047930
十八家詩鈔二十八卷　(清)曾國藩纂　(清)李鴻章審訂　(清)王定安校　清同治五年(1866)刻本　二十八册

340000－1801－0019205　4:047933
七言千家詩二卷　(清)□□輯　清金陵李光明莊刻本　一册

340000－1801－0019206　4:047935
文選刪註旁訓十二卷　(明)馮夢禎刪訂　(清)孫震卿校　明刻本　一册　存一卷(二)

340000－1801－0019207　4:3014－4:3027
秦文歸十卷漢文歸二十卷　(明)鍾惺編　明古香齋刻本　十四册

340000－1801－0019208　4:3028－4:3033 善
秦漢文準十二卷　(明)程夢庚輯　明萬曆四十四年(1616)刻本　六册

340000－1801－0019209　4:3034－4:3041 善
新刊彙編秦漢文選十四卷　(明)詹惟修選　明萬曆三十一年(1603)刻本　八册

340000－1801－0019210　4:3012－4:3013 善
秦漢文四卷　(明)胡纘宗編　明嘉靖十一年(1532)刻本　二册

340000－1801－0019211　4:3042－4:3047 善
秦漢文鈔六卷　(明)閔日斯輯　明萬曆四十

八年(1620)烏程閔氏刻本　六冊

340000－1801－0019212　4:3048－4:3051 善
秦漢文鈔十二卷　(明)馮有翼編　明萬曆十一年(1583)刻本　四冊

340000－1801－0019213　4:26712－4:26713
西漢文選四卷　(清)儲欣選　清康熙刻本　二冊

340000－1801－0019214　4:26714－4:26717
西漢文選四卷　(清)儲欣選　清康熙六十一年(1722)儲氏刻本　四冊

340000－1801－0019215　4:26718－4:26719
西漢文選四卷　(清)儲欣選　清光緒九年(1883)靜遠齋刻本　二冊

340000－1801－0019216　4:2606－4:2615 善
東漢文二十卷　(明)張采輯　明崇禎刻本　十冊

340000－1801－0019217　4:21491
六朝唐賦讀本不分卷小傳一卷　(清)路閏生輯　清抄本　一冊

340000－1801－0019218　4:27187－4:27190
八家古文精選不分卷　(清)呂晚村選輯　清康熙四十三年(1704)刻本　四冊

340000－1801－0019219　4:26722－4:26961
全唐文一千卷　(清)董誥編　清嘉慶刻本　二百四十冊

340000－1801－0019220　4:2157－4:2168 善
初唐匯詩七十卷　(明)吳勉學輯　明萬曆三十年(1602)刻四唐匯詩本　十二冊

340000－1801－0019221　4:26962－4:26985
唐文粹一百卷　(宋)姚鉉纂　**補遺二十六卷**　(清)郭麟補遺　清光緒十八年(1892)杭州許氏榆園刻本　二十四冊

340000－1801－0019222　4:26986－4:27000
唐文粹一百卷　(宋)姚鉉纂　**補遺二十六卷**　(清)郭麟補遺　清光緒十八年(1892)杭州許氏榆園刻本　十五冊　存九十四卷(唐文粹一至七、十四至一百)

340000－1801－0019223　4:27001－4:27020
唐文粹一百卷　(宋)姚鉉纂　**補遺二十六卷**　(清)郭麟補遺　清光緒九年(1883)江蘇書局刻本　二十冊

340000－1801－0019224　4:27021－4:27036
唐文粹一百卷　(宋)姚鉉輯　清光緒九年(1883)江蘇書局刻本　十六冊

340000－1801－0019225　4:27045－4:27048
唐文粹補遺二十六卷　(清)郭麟輯　清嘉慶二十四年(1819)刻本　四冊

340000－1801－0019226　4:27049－4:27052
唐駢體文鈔十七卷　(清)陳均輯　清嘉慶二十五年(1820)刻本　四冊

340000－1801－0019227　4:27053－4:27056
唐駢體文鈔十七卷　(清)陳均輯　清同治南海譚氏刻本　四冊

340000－1801－0019228　4:27057－4:27062
唐駢體文鈔十七卷　(清)陳均輯　清光緒二十一年(1895)刻本　六冊

340000－1801－0019229　4:29713－4:29716
唐人三家集二十六卷　(唐)駱賓王　(唐)呂溫　(唐)李觀撰　(清)秦恩復輯　清道光七年(1827)江都秦氏石研齋影宋刻本　四冊

340000－1801－0019230　4:21485－4:21490
唐人賦抄六卷　(清)邱與凡輯　清同治刻本　六冊

340000－1801－0019231　4:21823－4:21824
河岳英靈集二卷　(唐)殷璠輯　清光緒四年(1878)秀水高氏刻本　二冊

340000－1801－0019232　4:2329 善
唐中興間氣集二卷　(唐)高仲武輯　清武進費氏影宋刻本　一冊

340000－1801－0019233　4:720－4:722 善
選輯諸名家評注批點蘇文八卷　(宋)蘇洵等撰　(明)詹奎光輯　明萬曆六年(1578)詹光斗、吳元禮刻本　四冊

340000－1801－0019234　4:27140－4:27172

唐宋八大家文鈔一百四十四卷 （明）茅坤輯

歐陽文忠公五代史抄二十卷 （宋）歐陽修撰 清康熙四十五年(1706)刻本 三十二册

340000－1801－0019235 4:27173－4:27186

唐宋八大家文鈔一百六十四卷目錄一卷 (明)茅坤選 清刻本 十四册 存七十四卷(宋大家蘇文公文鈔十卷、宋大家蘇文忠公文鈔二十八卷、宋大家蘇文定公文鈔二十卷、宋大家王文公文鈔十六卷)

340000－1801－0019236 4:27221－4:27226

唐宋八大家類選十四卷 （清）儲欣選 清雍正元年(1723)受祉堂刻本 六册

340000－1801－0019237 4:27227－4:27242

唐宋八大家類選十四卷 （清）儲欣選 清乾隆尺木堂刻本 十六册

340000－1801－0019238 4:27243－4:27248

唐宋八大家類選十四卷 （清）儲欣選 清光緒二十四年(1898)鴻文書局石印本 六册

340000－1801－0019239 4:27249－4:27256

唐宋八大家類選十四卷 （清）儲欣輯 清乾隆四十九年(1784)刻本 八册

340000－1801－0019240 4:27257－4:27264

唐宋八大家類選十四卷 （清）儲欣評 清乾隆三十八年(1773)刻本 八册

340000－1801－0019241 4:27265－4:27270

唐宋八大家類選十四卷 （清）儲欣選 清康熙刻本 六册

340000－1801－0019242 4:27271

精選八家層級初集讀本四卷 （清）儲欣選 清乾隆刻本 一册

340000－1801－0019243 4:27191－4:27220

唐宋十家全集錄五十二卷首一卷 （清）儲欣錄 清康熙四十四年(1705)松鱗堂刻本 三十册 缺四卷(王臨川集四卷)

340000－1801－0019244 4:27272－4:27307

唐宋八大家文分體讀本三集 （清）汪份選 清康熙五十八年(1719)遄喜堂刻本 三十六册

340000－1801－0019245 4:27308－4:27317

唐宋八大家讀本三十卷 （清）沈德潛選 清乾隆小鬱林刻本 十册

340000－1801－0019246 4:27318－4:27333

唐宋八家文讀本三十卷 （清）沈德潛輯 清乾隆小鬱林刻本 十六册

340000－1801－0019247 4:27334－4:27345

唐宋八家文讀本三十卷 （清）沈德潛輯 清乾隆小鬱林刻本 十二册

340000－1801－0019248 4:27346－4:27361

唐宋八家文讀本三十卷 （清）沈德潛評點 清刻本 十六册

340000－1801－0019249 4:27362－4:27377

唐宋八家文讀本三十卷 （清）沈德潛評點 清刻本 十六册

340000－1801－0019250 4:27378－4:27389

唐宋八家文讀本三十卷 （清）沈德潛評點 清嘉慶十八年(1813)刻本 十二册

340000－1801－0019251 4:27434－4:27435

海峰精選八家文鈔 （清）劉大櫆選 （清）徐豐玉校 清光緒二年(1876)邢邱刻本 二册

340000－1801－0019252 4:27436－4:27443

唐宋八家鈔八卷 （清）高嵣選 清乾隆五十三年(1788)刻本 八册

340000－1801－0019253 4:27444－4:27451

唐宋八家鈔八卷 （清）高嵣選 清乾隆五十三年(1788)刻本 八册

340000－1801－0019254 4:27528－4:27548

唐宋文醇五十八卷 （清）高宗弘曆輯 清乾隆三年(1738)武英殿刻四色套印本 二十二册

340000－1801－0019255 4:27452－4:27471

御選唐宋文醇五十八卷 （清）高宗弘曆選 (清)允祿等編 清光緒三年(1877)浙江書局刻本 二十册

340000－1801－0019256　4:27472－4:27491
御選唐宋文醇五十八卷　(清)高宗弘曆選　(清)允祿等編　清光緒三年(1877)浙江書局刻本　二十冊

340000－1801－0019257　4:27492－4:27507
御選唐宋文醇五十八卷　(清)高宗弘曆選　(清)允祿等編　清刻本　十六冊

340000－1801－0019258　4:27508－4:27527
御選唐宋文醇五十八卷　(清)高宗弘曆選　(清)允祿等編　清刻本　十六冊

340000－1801－0019259　4:047980－4:047982
御選唐宋文醇五十八卷　(清)高宗弘曆選　(清)允祿等編　清刻本　三冊　存十一卷(三十一至三十七、四十七至五十)

340000－1801－0019260　4:2751－4:2752 善
四六爭奇八卷　(明)許以忠選　明刻本　二冊

340000－1801－0019261　4:27549－4:27553
唐宋八家古文精選讀本　(清)□□撰　清刻本　五冊

340000－1801－0019262　4:27554－4:27557
陳太僕批選八家文鈔不分卷　(清)陳兆崙選　清光緒二十六年(1900)天津文美齋石印本　四冊

340000－1801－0019263　4:21808－4:21809
漢詩統箋三卷　(清)陳本禮輯　清裒露軒刻江都陳氏叢書本　二冊

340000－1801－0019264　4:21891－4:21892
磧砂唐詩三卷　(宋)周弼選　清康熙刻本　二冊

340000－1801－0019265　4:21923
磧砂唐詩四卷　(清)盛傳敏　(清)王謙纂　清康熙刻本　一冊

340000－1801－0019266　4:21893－4:21894
唐人萬首絕句選七卷　(宋)洪邁輯　(清)王士禛選　清康熙鄱陽洪氏松花書屋刻同治九年(1870)龐氏補修本　二冊

340000－1801－0019267　4:21895－4:21896
唐人萬首絕句選七卷　(宋)洪邁輯　(清)王士禛選　清康熙鄱陽洪氏松花書屋刻同治九年(1870)龐氏補修本　二冊

340000－1801－0019268　4:21897－4:21898
唐人萬首絕句選七卷　(宋)洪邁輯　(清)王士禛選　清康熙鄱陽洪氏松花書屋刻同治九年(1870)龐氏補修本　二冊

340000－1801－0019269　4:21899－4:21900
唐人萬首絕句選七卷　(宋)洪邁輯　(清)王士禛選　清康熙鄱陽洪氏松花書屋刻同治九年(1870)龐氏補修本　二冊

340000－1801－0019270　4:21901
唐人萬首絕句選七卷　(宋)洪邁輯　(清)王士禛選　清康熙鄱陽洪氏松花書屋刻同治九年(1870)龐氏補修本　一冊

340000－1801－0019271　4:21902－4:21903
唐人萬首絕句選七卷　(宋)洪邁輯　(清)王士禛選　清康熙鄱陽洪氏松花書屋刻同治九年(1870)龐氏補修本　二冊

340000－1801－0019272　4:21904－4:21905
唐人萬首絕句選七卷　(宋)洪邁輯　(清)王士禛選　清光緒二十三年(1897)金陵書局刻本　二冊

340000－1801－0019273　4:21906－4:21907
唐人萬首絕句選七卷　(宋)洪邁輯　(清)王士禛選　清刻本　二冊

340000－1801－0019274　4:2190－4:2209 善
宋洪魏公進萬首唐人絕句四十卷目錄四卷　(宋)洪邁輯　(明)趙宧光　(明)黃習遠補　明萬曆三十五年(1607)吳郡趙宧光寒山小宛堂刻本　二十冊

340000－1801－0019275　4:21909－4:21914
王荊公唐百家詩選二十卷　(清)丘迥校　清康熙四十三年(1704)商丘宋氏刻本　六冊

340000－1801－0019276　4:21915－4:21922
唐詩百名家全集一百十六卷　(清)席啟寓輯

清康熙四十一年(1702)席氏琴川書屋刻本　八冊

340000－1801－0019277　4:21924－4:21931
刪訂唐詩解二十四卷　(明)唐汝詢選　清康熙四十年(1701)刻本　八冊

340000－1801－0019278　4:21947－4:21952
唐詩鼓吹箋注十卷　(元)郝天挺注　清刻本　六冊

340000－1801－0019279　4:21953－4:21954
唐詩選評七卷　(明)李攀龍選　(清)葉弘勳評　清康熙元年(1662)刻本　二冊

340000－1801－0019280　4:21955
唐詩選七卷　(明)李攀龍選　清夢園刻本　一冊

340000－1801－0019281　4:21956－4:21979
御定全唐詩錄一百卷　(清)徐倬輯　清康熙刻本　二十四冊

340000－1801－0019282　4:21980－4:22009
御定全唐詩錄一百卷　(清)徐倬輯　清康熙刻本　三十冊　缺六卷(二十至二十五)

340000－1801－0019283　4:22010－4:22041
全唐詩三十二卷　(清)曹寅等編　清光緒十三年(1887)上海同文書局石印本　三十二冊

340000－1801－0019284　4:22042－4:22073
全唐詩三十二卷　(清)曹寅等編　清光緒十三年(1887)同文書局石印本　三十二冊

340000－1801－0019285　4:22082－4:22085
十種唐詩選十七卷　(清)王士禎刪纂　**唐賢三昧集三卷**　(清)王士禎編　(清)盛符升校　清康熙崑山盛氏南芝堂初刻本　四冊

340000－1801－0019286　4:22094－4:22096
十種唐詩選十七卷　(清)王士禎刪纂　清康熙崑山盛氏南芝堂初刻本　三冊

340000－1801－0019287　4:22074
唐賢三昧集三卷　(清)王士禎編　(清)盛符升校　清康熙崑山盛氏南芝堂初刻本　一冊

340000－1801－0019288　4:22075
唐賢三昧集三卷　(清)王士禎編　(清)盛符升校　清吳門書林刻本　一冊

340000－1801－0019289　4:22076－4:22078
唐賢三昧集箋注三卷　(清)王士禎選　(清)吳煊　(清)胡棠輯注　清聽雨軒刻本　三冊

340000－1801－0019290　4:22079－4:22081
唐賢三昧集箋注三卷　(清)王士禎選　(清)吳煊　(清)胡棠輯注　清光緒九年(1883)翰墨園刻朱墨套印本　三冊

340000－1801－0019291　4:22086
十種唐詩選十七卷　(清)王士禎刪纂　**唐賢三昧集三卷**　(清)王士禎編　(清)盛符升校　清康熙刻王漁洋遺書本　八冊

340000－1801－0019292　4:22097－4:22104
十種唐詩選十七卷唐賢三昧集三卷　(清)王士禎編　清刻本　八冊

340000－1801－0019293　4:2210－4:2225 善
唐詩解五十卷　(明)唐汝詢編　明萬曆刻本　十六冊

340000－1801－0019294　4:22105－4:22106
唐詩玉臺新詠十卷　(清)朱存孝輯　清康熙刻本　二冊

340000－1801－0019295　4:22107－4:22112
中晚唐詩叩彈集十二卷續集三卷　(清)杜詔　(清)杜庭珠輯　清寶仁堂刻本　六冊

340000－1801－0019296　4:22113－4:22118
中晚唐詩叩彈集十二卷續集三卷　(清)杜詔　(清)杜庭珠輯　清采山亭刻本　六冊

340000－1801－0019297　4:22119－4:22124
中晚唐詩叩彈集十二卷續集三卷　(清)杜詔　(清)杜庭珠輯　清采山亭刻本　六冊

340000－1801－0019298　4:22125－4:22130
中晚唐詩叩彈集十二卷續集三卷　(清)杜詔　(清)杜庭珠輯　清采山亭刻本　六冊

340000－1801－0019299　4:22131－4:22136
中晚唐詩叩彈集十二卷續集三卷　(清)杜詔

(清)杜庭珠輯　清采山亭刻本　六冊

340000－1801－0019300　4:22137－4:22146
唐才子詩甲集八卷　(清)金人瑞輯　清貫華堂刻本　十冊

340000－1801－0019301　4:22147－4:22152
貫華堂選批唐才子詩甲集八卷　(清)金人瑞輯　清貫華堂刻本　八冊

340000－1801－0019302　4:22153－4:22158
晚唐詩鈔二十六卷　(清)查克弘　(清)淩紹乾選　清康熙四十二年(1703)海寧查氏十干詩塢刻本　六冊

340000－1801－0019303　4:22159－4:22164
晚唐詩鈔二十六卷　(清)查克弘　(清)淩紹乾選　清康熙四十二年(1703)海寧查氏十干詩塢刻本　六冊

340000－1801－0019304　4:22165－4:22168
大曆詩略六卷　(清)喬億選　清乾隆居安樂玩三堂刻本　四冊

340000－1801－0019305　4:2296－4:2299 善
重訂唐詩別裁集二十卷　(清)沈德潛編　清乾隆二十八年(1763)教忠堂刻本　四冊

340000－1801－0019306　4:22169－4:22174
重訂唐詩別裁集二十卷　(清)沈德潛編　清乾隆二十八年(1763)教忠堂刻本　六冊

340000－1801－0019307　4:22175－4:22184
重訂唐詩別裁集二十卷　(清)沈德潛編　清乾隆教忠堂刻本　十冊

340000－1801－0019308　4:22185－4:22189
重訂唐詩別裁集二十卷　(清)沈德潛編　清乾隆教忠堂刻本　五冊

340000－1801－0019309　4:22190－4:22191
唐詩別裁集二十卷　(清)沈德潛選　清乾隆教忠堂刻本　二冊

340000－1801－0019310　4:22192－4:22199
唐詩別裁集二十卷　(清)沈德潛選　清文光堂刻本　八冊

340000－1801－0019311　4:22200－4:22209
唐詩別裁二十卷　(清)沈德潛輯　清友德堂刻本　十冊

340000－1801－0019312　4:22216－4:22219
唐詩別裁十卷　(清)沈德潛選　清刻本　四冊

340000－1801－0019313　4:22220－4:22223
唐詩別裁十卷　(清)沈德潛選　清刻本　四冊

340000－1801－0019314　4:22224－4:22230
唐詩別裁集十卷　(清)沈德潛選　清刻本　七冊

340000－1801－0019315　4:22231－4:22240
注解唐詩別裁集二十卷　(清)沈德潛選　(清)俞汝昌注　清道光刻本　十冊

340000－1801－0019316　4:22241－4:22250
注解唐詩別裁集二十卷　(清)沈德潛選　(清)俞汝昌注　清道光刻本　十冊

340000－1801－0019317　4:22251－4:22262
注解唐詩別裁集二十卷　(清)沈德潛選　(清)俞汝昌注　清道光刻本　十二冊

340000－1801－0019318　4:2226－4:2229 善
李于鱗唐詩廣選六卷　(明)李攀龍輯　明萬曆三年(1575)吳興凌氏盟鷗館刻朱墨套印本　四冊

340000－1801－0019319　4:2230－4:2238 善
唐詩歸三十六卷　(明)鍾惺　(明)譚元春編　明刻本　九冊　存二十九卷(一至二十一、二十五至三十二)

340000－1801－0019320　4:4622－4:4636 善
唐詩歸三十六卷　(明)鍾惺　(明)譚元春編　明刻本　十五冊　存三十卷(一至二十六、三十三至三十六)

340000－1801－0019321　4:22264－4:22266
唐人五言排律詩論三卷　(清)蔣鵬翮輯　清康熙五十四年(1715)寒三草堂刻本　三冊

340000－1801－0019322　4:22267－4:22269

唐人五言排律詩論三卷 （清）蔣鵬翮編釋 清康熙刻本 三册

340000－1801－0019323 4:22272
全唐近體詩鈔五卷 （清）沈裳錦輯 清乾隆三十五年（1770）刻本 一册

340000－1801－0019324 4:22270－4:22271
全唐近體詩鈔五卷 （清）沈裳錦輯 **姚布政傳一卷** （清）姚文田撰 清道光二年（1822）刻本 二册

340000－1801－0019325 4:22273－4:22274
唐詩摘鈔四卷 （清）黄生選 （清）程志淳訂正 清康熙六十年（1721）是亦山房刻本 二册

340000－1801－0019326 4:22275－4:22276
唐詩摘鈔四卷 （清）黄生選 （清）程志淳訂正 清康熙六十年（1721）是亦山房刻本 二册

340000－1801－0019327 4:2188－4:2189 善
唐詩摘鈔四卷 （清）黄生選 （清）程志淳訂正 清康熙六十年（1721）是亦山房刻本 清程曇村批點 二册

340000－1801－0019328 4:22277－4:22279
唐詩摘鈔十卷 （清）黄生選 （清）朱之荊增 清乾隆十五年（1750）南屏草堂刻本 三册

340000－1801－0019329 4:22280－4:22285
增訂唐詩摘鈔十六卷 （清）黄生選 （清）朱之荊增 清嘉慶四年（1799）浣月齋刻本 六册

340000－1801－0019330 4:22286－4:22291
增訂唐詩摘鈔十六卷 （清）黄生選 （清）朱之荊增 清嘉慶四年（1799）浣月齋刻本 六册

340000－1801－0019331 4:22292－4:22303
唐詩貫珠六十卷 （清）胡以梅箋 （清）胡之熾校 清康熙五十四年（1715）素心堂刻本 十二册

340000－1801－0019332 4:22304－4:22327
唐詩貫珠六十卷 （清）胡以梅箋 （清）胡之熾校 清康熙五十四年（1715）素心堂刻本 二十四册

340000－1801－0019333 4:48291－4:48292
唐詩貫珠六十卷 （清）胡以梅箋 （清）胡之熾校 清康熙五十四年（1715）素心堂刻本 二册 存十三卷（四十八至六十）

340000－1801－0019334 4:22328
唐人五言長律清麗集六卷 （清）徐曰璉 （清）沈士駿輯 清吳郡刻本 一册

340000－1801－0019335 4:22329－4:22330
唐人五言長律清麗集六卷 （清）徐曰璉 （清）沈士駿輯 清吳郡刻本 二册

340000－1801－0019336 4:22331－4:22332
唐詩鈔不分卷 （清）陳士泰校 清抄本 二册

340000－1801－0019337 4:22333
唐律消夏錄五卷 （清）顧以安輯 清刻本 一册

340000－1801－0019338 4:22334－4:22335
唐詩諧律二卷 （清）沈寶青選 清光緒十六年（1890）意如室刻本 二册

340000－1801－0019339 4:22336－4:22337
唐詩諧律二卷 （清）沈寶青選 清光緒十六年（1890）歸安官舍刻本 二册

340000－1801－0019340 4:22338－4:22339
唐詩諧律二卷 （清）沈寶青選 清光緒十六年（1890）歸安官舍刻本 二册

340000－1801－0019341 4:22340－4:22351
唐音審體二十卷 （清）錢良擇編輯 清光緒九年（1883）後知不足齋刻本 十二册

340000－1801－0019342 4:22352－4:22357
唐音審體二十卷 （清）錢良擇編輯 清光緒九年（1883）後知不足齋刻本 六册

340000－1801－0019343 4:22358－4:22369
讀雪山房唐詩鈔三十四卷 （清）管世銘輯 清光緒十二年（1886）湖北官書處刻本 十二

冊

340000－1801－0019344　4:22370－4:22381
讀雪山房唐詩鈔三十四卷　(清)管世銘輯　清光緒十二年(1886)湖北官書處刻本　十二冊

340000－1801－0019345　4:2239－4:2242 善
唐詩紀事八十一卷　(宋)計有功撰　明嘉靖刻本　四冊

340000－1801－0019346　4:22397－4:22401
唐詩合解十二卷　(清)王士禎輯　(清)王堯衢注　清刻本　五冊

340000－1801－0019347　4:22402－4:22405
應試唐詩類釋十九卷　(清)臧嶽編　清刻本　四冊

340000－1801－0019348　4:22406－4:22410
唐詩解五十卷　(明)唐汝詢選釋　清刻本　五冊　存二十三卷(六至十、二十一至三十、三十五至四十二)

340000－1801－0019349　4:22417
唐詩七言律選不分卷　(明)唐汝詢選釋　清抄本　一冊

340000－1801－0019350　4:22418
唐詩近體四卷　(清)張錫麟評選　清同治木樨山房刻本　一冊

340000－1801－0019351　4:22420－4:22423
唐詩選七卷　王闓運選　清光緒刻本　四冊

340000－1801－0019352　4:22424－4:22431
而庵說唐詩二十二卷　(清)徐增撰　清刻本　八冊

340000－1801－0019353　4:22432－2:22435
重訂主客圖不分卷　(清)李懷民撰　清咸豐刻本　四冊

340000－1801－0019354　4:2243－4:2251 善
中唐十二家詩十二卷　(明)朱之蕃輯　明萬曆四十年(1612)刻本　九冊　存九卷(一至五、七至八、十至十一)

340000－1801－0019355　4:22436－4:22441
唐詩三百首注疏六卷續選一卷　題(清)蘅塘退士(孫洙)編　(清)章燮注　清刻本　六冊

340000－1801－0019356　4:22442－4:22446
唐詩三百首注疏六卷　題(清)蘅塘退士(孫洙)編　(清)章燮注　清刻本　五冊

340000－1801－0019357　4:22447－4:22448
唐詩三百首注疏六卷　題(清)蘅塘退士(孫洙)編　(清)章燮注　清同治八年(1869)刻本　二冊

340000－1801－0019358　4:22449－4:22451
唐詩三百首注疏六卷　題(清)蘅塘退士(孫洙)編　(清)章燮注　清道光十五年(1835)刻本　三冊

340000－1801－0019359　4:22452－4:22457
唐詩三百首注疏六卷　題(清)蘅塘退士(孫洙)編　(清)章燮注　清道光刻本　六冊

340000－1801－0019360　4:22458－4:22463
唐詩三百首注疏六卷　題(清)蘅塘退士(孫洙)編　(清)章燮注　清道光文奎堂刻本　六冊

340000－1801－0019361　4:22477－4:22482
唐詩三百首注疏六卷　題(清)蘅塘退士(孫洙)編　(清)章燮注　清光緒掃葉山房刻本　六冊

340000－1801－0019362　4:22483－4:22490
唐詩三百首注釋六卷　題(清)蘅塘退士(孫洙)編　**續選二卷**　(清)于慶元等續選　清光緒十四年(1888)京師琉璃廠刻本　八冊

340000－1801－0019363　4:22464－4:22469
唐詩三百首注釋六卷　題(清)蘅塘退士(孫洙)編　**續選二卷**　(清)于慶元等續選　清光緒十八年(1892)湖南刻本　六冊

340000－1801－0019364　4:22470－4:22471
唐詩三百首注釋六卷　題(清)蘅塘退士(孫洙)編　清咸豐二年(1852)顧氏刻本　二冊

340000－1801－0019365　4:22472

唐詩三百首續選一卷 （清）于慶元等續選　清刻本　一冊

340000－1801－0019366　4:22473
唐詩三百首續選一卷 （清）于慶元等續選　清刻本　一冊

340000－1801－0019367　4:22491－4:22495
唐詩三百首注疏五卷 題（清）蘅塘退士（孫洙）編　**續一卷** （清）于慶元續　清刻本　五冊

340000－1801－0019368　4:22496－4:22505
求志居唐詩選八十二卷 （清）陳世鎔輯　清道光二十五年（1845）獨秀山莊刻本　十冊

340000－1801－0019369　4:22506
五代詩善鳴集不分卷 （清）陸次雲輯　清刻本　一冊

340000－1801－0019370　4:22507－4:22511
全五代詩一百卷補遺一卷 （清）李調元輯　清刻函海本　五冊　缺四十一卷（一至四十一）

340000－1801－0019371　4:2252－4:2262 善
唐詩品匯九十卷拾遺十卷 （明）高棅輯　明新安汪宗尼刻本　十一冊　存五十二卷（一至十九、二十五至三十七、五十一至七十）

340000－1801－0019372　4:2263－4:2264 善
唐詩拾遺十卷 （明）高棅輯　明東海屠隆刻本　二冊

340000－1801－0019373　4:2265－4:2267 善
唐詩拾遺十卷 （明）高棅輯　明張恂刻本　三冊

340000－1801－0019374　4:48410
唐風采十卷 （清）張揔選定　（清）曹曰瑛增訂　清雨花草堂刻本　一冊　存二卷（七至八）

340000－1801－0019375　4:27566－4:27591
金元明八大家文選五十三卷 （清）李祖陶輯　清道光刻本　二十六冊

340000－1801－0019376　4:27592－4:27625
金元明八大家文選六十卷 （清）李祖陶評點　清道光刻本（有補配）　三十四冊

340000－1801－0019377　4:27626－4:27653
金元明八大家文選六十卷 （清）李祖陶評點　清道光刻本　二十八冊

340000－1801－0019378　4:2762 善
宋文鑑一百五十卷 （宋）呂祖謙輯　明嘉靖七年（1528）晉藩養德書院刻本　一冊　存七卷（一百四十四至一百五十）

340000－1801－0019379　4:2753－4:2761 善
宋文鑑一百五十卷 （宋）呂祖謙編　明弘治十七年（1504）刻本　七冊　存六十六卷（四十七至六十二、七十三至七十九、九十二至一百、一百六至一百十二、一百十六至一百二十一、一百三十至一百五十）

340000－1801－0019380　4:27069－4:27092
宋文鑑一百五十卷 （宋）呂祖謙編　清光緒十二年（1886）江蘇書局刻本　二十四冊

340000－1801－0019381　4:27093－4:27098
南宋文錄二十四卷 （清）董光熊輯　清光緒十七年（1891）江蘇書局刻本　六冊

340000－1801－0019382　4:27099－4:27106
宋四六選二十四卷 （清）曹振鏞編　清乾隆四十年（1775）刻本　八冊

340000－1801－0019383　4:27107－4:27116
宋四六選二十四卷 （清）曹振鏞編　清乾隆刻本　十冊

340000－1801－0019384　4:27117－4:27125
宋四六選二十四卷 （清）曹振鏞輯　清宣統二年（1910）南通州鉛印本　九冊

340000－1801－0019385　4:27126－4:27137
宋四六選二十四卷 （清）曹振鏞輯　清刻本　十二冊

340000－1801－0019386　4:22512－4:22535
宋詩鈔初集九十五卷 （清）吕留良編　（清）吴之振　（清）吴爾堯編輯　清康熙十年（1671）吴氏鑑古堂刻本　二十四冊

340000－1801－0019387　4:22536－4:22559

宋詩鈔初集九十五卷　(清)吕留良編　(清)吴之振　(清)吴爾堯編輯　清康熙十年(1671)吴氏鑑古堂刻本　二十四册

340000－1801－0019388　4:48290

宋詩鈔初集九十五卷　(清)吕留良編　(清)吴之振　(清)吴爾堯編輯　清康熙十年(1671)吴氏鑑古堂刻本　一册　存小畜集、騎省集

340000－1801－0019389　4:22676－4:22686

宋詩鈔初集九十五卷　(清)吕留良編　(清)吴之振　(清)吴爾堯編輯　清刻本　十一册

340000－1801－0019390　4:048208－4:048210

元詩選六卷補遺一卷　(清)顧奎光選輯　清乾隆十六年(1751)刻金元詩選本　三册　存五卷(一、四至六,補遺一卷)

340000－1801－0019391　4:2763－4:2764 善

蘇米志林三卷　(明)毛晉輯　明緑君亭刻本　二册　存二卷(子瞻一至二)

340000－1801－0019392　4:2765－4:2769 善

元文類七十卷　(元)蘇天爵輯　明嘉靖十六年(1537)晉藩刻本　五册　存十八卷(十三至十四、二十三至二十七、四十二至五十二)

340000－1801－0019393　4:27705－4:27714

元文類七十卷　(元)蘇天爵輯　清光緒十五年(1889)江蘇書局刻本　十册

340000－1801－0019394　4:27654－4:27688

金文最一百二十卷　(清)張金吾輯　清粤雅堂刻本　三十五册

340000－1801－0019395　4:27689－4:27692

金文雅十六卷作者考一卷　(清)莊仲方輯　清光緒十七年(1891)江蘇書局刻本　四册

340000－1801－0019396　4:27693－4:27696

金文雅十六卷作者考一卷　(清)莊仲方輯　清光緒十七年(1891)江蘇書局刻本　四册

340000－1801－0019397　4:27697－4:27704

元明八大家文選十三卷　(清)劉肇虞評點　清乾隆二十九年(1764)步月樓刻本　八册

340000－1801－0019398　4:2733－4:2740 善

明文奇賞四十卷　(明)陳仁錫輯　明末刻本　八册　存八卷(一、三至五、七至八、十一、十四)

340000－1801－0019399　4:2723－4:2732 善

明文奇賞四十卷　(明)陳仁錫輯　明末刻本　十册　存二十卷(七至八、十至十三、二十五至三十六、三十九至四十)

340000－1801－0019400　4:2770 善

明文鈔不分卷　(明)鄧以讚等撰　清抄本　一册

340000－1801－0019401　4:27715－4:27724

明文在一百卷　(清)薛熙輯　清光緒十五年(1889)江蘇書局刻本　十册

340000－1801－0019402　4:27725－4:27734

明文在一百卷　(清)薛熙輯　清光緒十五年(1889)江蘇書局刻本　十册

340000－1801－0019403　4:28203－4:28212

明文在一百卷　(清)薛熙輯　清光緒十五年(1889)江蘇書局刻本　十册

340000－1801－0019404　4:29700－4:29701

聞式堂明文小題傳薪不分卷　(清)臧嶽評選　清刻本　二册

340000－1801－0019405　4:29702－4:29705

七家文鈔七卷　(清)陸繼輅選　清道光刻本　四册

340000－1801－0019406　4:29706

國朝名公經濟宏詞選十二卷　(明)汪修時輯　明刻本　一册

340000－1801－0019407　4:29633－4:29655

皇朝駢文類苑十五卷　(清)姚燮選　清張壽榮刻本　二十三册　存十四卷(一至十四)

340000－1801－0019408　4:29656－4:29695

皇朝蓄艾文編八十卷　(清)于寶軒輯　清光緒二十九年(1903)上海官書局鉛印本　四十册

340000－1801－0019409　4:29696－4:29699
最近四大家文鈔四卷　題寄古齋輯　清光緒三十四年(1908)鉛印本　四册

340000－1801－0019410　4:27746－4:27757
易堂九子文鈔十八卷　(清)彭以增輯　清道光十七年(1837)刻本　十二册

340000－1801－0019411　4:21735－4:21739
本朝試賦新研五卷　(清)李光瓊等輯　清刻本　五册

340000－1801－0019412　4:21740－4:21745
國朝律賦麗則集六卷　(清)鄒玉巹輯　清乾隆敬帆閣刻本　六册

340000－1801－0019413　4:21746
近九科同館賦鈔四卷　(清)孫欽昂輯　清光緒鉛印本　一册　存二卷(三至四)

340000－1801－0019414　4:21659－4:21662
國朝律賦偶箋四卷　(清)沈豐岐輯　清乾隆養素齋刻本　四册

340000－1801－0019415　4:21663－4:21666
國朝律賦偶箋四卷　(清)沈豐岐輯　清乾隆養素齋刻本　四册

340000－1801－0019416　4:21667－4:21672
雞蹠賦續刻十二卷　(清)應泰泉等輯　清光緒十年(1884)漱芳小築石印本　六册

340000－1801－0019417　4:21673－4:21678
雞蹠賦續刻三十卷　(清)應泰泉等輯　清光緒十年(1884)漱芳小築石印本　六册

340000－1801－0019418　4:21679－4:21686
本朝館閣賦十二卷後集七卷　(清)程洵等輯　**稻香樓試帖二卷**　清乾隆二十九年(1764)刻本　八册

340000－1801－0019419　4:21687－4:21694
本朝館閣賦十二卷　(清)程洵　(清)葉抱崧　(清)朱邦楷輯　清乾隆困學齋刻本　八册

340000－1801－0019420　4:21763－4:21764
味閑堂課鈔三刻賦　(清)陶然撰　清刻本　二册

340000－1801－0019421　4:21765－4:21766
味閑堂賦鈔二卷　(清)陶然撰　清光緒刻本　二册

340000－1801－0019422　4:21767－4:21768
鐸隱齋賦錄不分卷　(清)張實森撰　清光緒二十一年(1895)鑾江鐸署刻本　二册

340000－1801－0019423　4:21769－4:21770
讀騷閣賦存二卷　(清)李恩綬撰　清光緒十六年(1890)金陵刻本　二册

340000－1801－0019424　4:21771－4:21772
讀騷閣賦存二卷　(清)李恩綬撰　清光緒十六年(1890)金陵刻本　二册

340000－1801－0019425　4:22664－4:22667
宋詩百一鈔八卷　(清)張景星等選　清乾隆三十六年(1771)誦芬樓刻本　四册

340000－1801－0019426　4:2268－4:2271 善
重選唐音大成十四卷　(明)邵天和編　明嘉靖五年(1526)刻本　四册　存七卷(一至二、五至八、十)

340000－1801－0019427　4:22687－4:22692
宋詩略十八卷　(清)汪景龍　(清)姚壎輯　清乾隆三十四年(1769)竹雨山房刻本　六册

340000－1801－0019428　4:22699－4:22701
宋四名家詩鈔　(清)周之麟　(清)柴昇選　清刻本　三册

340000－1801－0019429　4:22702
宋五家詩鈔五卷　(清)韓弼元選　清同治抄本　一册

340000－1801－0019430　4:22703
二李倡和集不分卷　(宋)李昉　(宋)李至撰　清同治陳氏刻本　一册

340000－1801－0019431　4:22704－4:22723
宋百家詩存二十卷　(清)曹庭棟撰　清乾隆六年(1741)二六書堂刻本　二十册

340000－1801－0019432　4:2272－4:2279 善
唐詩三集合編五十卷首一卷　(明)沈子來編　明天啓四年(1624)吳興寧遠山房刻本　八

冊

340000－1801－0019433　4:22759－4:22790
宋詩紀事一百卷　(清)厲鶚　(清)馬曰琯輯　清乾隆刻本　三十二冊

340000－1801－0019434　4:22724－4:22758
宋詩紀事一百卷　(清)厲鶚　(清)馬曰琯輯　清乾隆刻本　三十五冊　缺三卷(四至六)

340000－1801－0019435　4:22797－4:22802
宋代五十六家詩集五十六卷　(清)坐春書塾選輯　清宣統二年(1910)北京龍文閣石印本　六冊

340000－1801－0019436　4:22807
千首宋人絶句十卷　(清)嚴長明纂　清刻本　一冊

340000－1801－0019437　4:22811－4:22814
南宋群賢詩選十二卷　(清)陸鍾輝選　清刻本　四冊

340000－1801－0019438　4:22815－4:22817
宋七家詞選　(清)戈載輯　清宣統三年(1911)石印本　三冊

340000－1801－0019439　4:22820
九僧詩不分卷　(清)□□撰　清宣統元年(1909)姚氏傳抄本　一冊

340000－1801－0019440　4:22821－4:22822
宋詩善鳴集二卷　(清)陸次雲選　清刻本　二冊

340000－1801－0019441　4:22823－4:22824
月泉吟社不分卷　(宋)吳渭輯　明毛氏汲古閣刻本　二冊

340000－1801－0019442　4:22825
南宋雜事詩七卷　(清)沈嘉轍等撰　清雍正武林芹香齋刻乾隆補刻本　一冊

340000－1801－0019443　4:22826－4:22827
南宋雜事詩七卷　(清)沈嘉轍等撰　清同治十一年(1872)淮南書局刻本　二冊

340000－1801－0019444　4:22828－4:22831
宋四名家詩四卷　(清)周之麟　(清)柴昇選　清有文堂刻本　四冊

340000－1801－0019445　4:10228－4:10229
古漁詩概六卷　(清)陳毅撰　清乾隆二十五年(1760)眠雲草堂刻本　二冊

340000－1801－0019446　4:22834－4:22836
金詩選四卷　(清)顧奎光輯　清乾隆刻本　二冊

340000－1801－0019447　4:22841－4:22844
元詩選六卷補遺一卷　(清)顧奎光輯　清乾隆刻本　四冊

340000－1801－0019448　4:22845－4:22848
元詩選六卷補遺一卷　(清)顧奎光輯　清乾隆刻本　四冊

340000－1801－0019449　4:22849－4:22856
元詩選六卷補遺一卷　(清)顧奎光輯　清乾隆刻本　八冊

340000－1801－0019450　4:22857－4:22860
元詩選六卷補遺一卷　(清)顧奎光輯　清乾隆刻本　四冊

340000－1801－0019451　4:22861－4:22862
元詩選六卷補遺一卷　(清)顧奎光輯　清乾隆十六年(1751)陶氏刻本　二冊

340000－1801－0019452　4:22863－4:22866
元詩選六卷補遺一卷　(清)顧奎光輯　清乾隆十六年(1751)陶氏刻本　四冊

340000－1801－0019453　4:22867－4:22870
元詩選六卷補遺一卷　(清)顧奎光輯　清乾隆十六年(1751)陶氏刻本　四冊

340000－1801－0019454　4:22871－4:22874
元詩選一百十一卷　(清)顧嗣立輯　清康熙顧氏秀野草堂刻本　四冊　存四卷(丁集一至四)

340000－1801－0019455　4:22875－4:22877
元詩自攜十六卷　(清)姚廷謙選　清康熙遂安堂刻本　三冊

340000－1801－0019456　4:22918－4:22973
列朝詩集八十一卷　(清)錢謙益輯　清宣統二年(1910)神州國光社鉛印本　五十六冊

340000－1801－0019457　4:2280 善
唐詩正聲二十二卷　(明)郭濬編　明天啓六年(1626)刻本　一冊　存十一卷(一至七、九至十二)

340000－1801－0019458　4:2281－4:2295 善
御選唐詩三十二卷　(清)聖祖玄燁撰　清康熙五十二年(1713)内府刻本　十五冊

340000－1801－0019459　4:2300－4:2302 善
十種唐詩選十七卷　(清)王士禎輯　清康熙三十一年(1692)南芝堂刻本　三冊

340000－1801－0019460　4:2332－4:2355 善
明詩綜一百卷　(清)朱彝尊輯　清康熙刻本　二十四冊

340000－1801－0019461　4:23014－4:23062
明詩綜一百卷　(清)朱彝尊輯　清康熙刻本(有補抄)　四十九冊

340000－1801－0019462　4:23063－4:23092
明詩綜一百卷　(清)朱彝尊輯　清康熙刻本(有補抄)　三十冊

340000－1801－0019463　4:2303－4:2306 善
雍音四卷　(明)胡纘宗輯　明嘉靖二十七年(1548)清渭草堂刻本　四冊

340000－1801－0019464　4:2307 善
河汾諸老詩集八卷　(元)房祺編　明汲古閣刻詩詞雜俎本　一冊

340000－1801－0019465　4:2308 善
谷音二卷　(元)杜本編　明毛氏汲古閣刻本　一冊

340000－1801－0019466　4:23093－4:23128
明詩綜一百卷　(清)朱彝尊編　清乾隆刻本　三十六冊

340000－1801－0019467　4:2309－4:2312 善
明詩别裁集十二卷　(清)沈德潛　(清)周準編　清乾隆四年(1739)刻本　四冊

340000－1801－0019468　4:23129－4:23134
明詩别裁集十二卷　(清)沈德潛　(清)周準編　清有德堂刻本　六冊

340000－1801－0019469　4:23135－4:23138
明詩别裁集十二卷　(清)沈德潛　(清)周準編　清乾隆刻本　四冊

340000－1801－0019470　4:23139－4:23142
明詩别裁集十二卷　(清)沈德潛　(清)周準編　清乾隆刻本　四冊

340000－1801－0019471　4:23143－4:23146
明詩别裁集十二卷　(清)沈德潛　(清)周準編　清乾隆刻本　四冊

340000－1801－0019472　4:23147－4:23152
明詩别裁集十二卷　(清)沈德潛　(清)周準編　清乾隆刻本　六冊

340000－1801－0019473　4:23153－4:23158
明詩别裁集十二卷　(清)沈德潛　(清)周準編　清乾隆刻本　六冊

340000－1801－0019474　4:23159－4:23164
明詩别裁集十二卷　(清)沈德潛　(清)周準編　清乾隆刻本　六冊

340000－1801－0019475　4:23165－4:23172
明人詩鈔正集十四卷續集十四卷　(清)朱琰輯　清乾隆刻本　八冊

340000－1801－0019476　4:23173－4:23180
明三十家詩選初集八卷二集八卷　(清)汪瑞輯　清同治十二年(1873)藴蘭吟館刻本　八冊

340000－1801－0019477　4:23181－4:23188
明三十家詩選初集八卷二集七卷　(清)汪瑞選　清同治十二年(1873)藴蘭吟館刻本　七冊

340000－1801－0019478　4:23190－4:23196
明末四百家遺民詩十六卷附近青堂詩集一卷　(清)卓爾堪輯　清有正書局影印本　七冊

340000－1801－0019479　4:23197－4:23204
明末四百家遺民詩十六卷附近青堂詩集一卷

（清）卓爾堪輯　清有正書局影印本　七册

340000－1801－0019480　4：23205－4：23208

七子詩選十四卷　（清）沈德潛輯　清刻本　四册

340000－1801－0019481　4：23209－4：23214

明七家詩選　（明）趙彦復輯　清刻本　六册

340000－1801－0019482　4：2321 善

剪綃集二卷　（宋）李龏撰　**石湖詩一卷**　（宋）范成大撰　明汲古閣刻詩詞雜俎本　一册

340000－1801－0019483　4：23226－4：23257

國初七家詩抄五十七卷　（清）王相輯　清道光十年（1830）信芳閣刻本　三十二册

340000－1801－0019484　4：2322 善

月泉吟社不分卷　（宋）吳渭輯　明汲古閣刻詩詞雜俎本　一册

340000－1801－0019485　4：23258－4：23270

詩風初集十七卷　（清）徐菘　（清）汪文禎等輯　清康熙刻本　十三册

340000－1801－0019486　4：23271－4：23282

欽定國朝詩別裁集三十二卷　（清）沈德潛纂評　清乾隆二十六年（1761）刻本　十二册

340000－1801－0019487　4：23316－4：23325

欽定國朝詩別裁集三十二卷　（清）沈德潛纂評　清乾隆刻本　十五册

340000－1801－0019488　4：23301－4：23315

國朝詩別裁集三十二卷　（清）沈德潛纂評　清刻本　十五册　缺二卷（二十至二十一）

340000－1801－0019489　4：23295－4：23300

國朝詩十卷外編一卷補六卷　（清）吳翌鳳輯　清嘉慶十七年（1812）新陽趙氏刻本　六册

340000－1801－0019490　4：23326－4：23331

國朝詩十卷外編一卷補六卷　（清）吳翌鳳輯　清同治十一年（1872）新陽趙元益刻本　六册

340000－1801－0019491　4：2330 善

逸性怡情不分卷　（清）□□撰　清抄本　一册

340000－1801－0019492　4：2331 善

明三及第會元詩文　（明）吳立性編　明刻本　一册　存一卷（四）

340000－1801－0019493　4：23340－4：23355

感舊集十六卷　（清）王士禎選　清乾隆十七年（1752）德州盧氏刻本　十六册

340000－1801－0019494　4：23356－4：23363

感舊集十六卷　（清）王士禎選　清乾隆十七年（1752）德州盧氏刻本　八册

340000－1801－0019495　4：23364－4：23379

十家詩鈔七十五卷　（清）王相輯　清道光十年（1830）信芳閣刻本　十六册

340000－1801－0019496　4：23380－4：23385

國朝六家詩鈔八卷　（清）劉執玉輯　清汗青簃刻本　六册

340000－1801－0019497　4：23386－4：23389

國朝六家詩鈔八卷　（清）劉執玉輯　清乾隆三十二年（1767）詒燕堂刻本　四册

340000－1801－0019498　4：23390－4：23393

國朝六家詩鈔八卷　（清）劉執玉輯　清刻本　四册

340000－1801－0019499　4：23394－4：23401

國朝六家詩鈔八卷　（清）劉執玉輯　清刻本　八册

340000－1801－0019500　4：23402－4：23405

八家詩選八卷　（清）吳之振選　清刻本　四册

340000－1801－0019501　4：23406－4：23421

湖海詩傳四十六卷　（清）王昶撰　清同治四年（1865）綠蔭堂刻本　十六册

340000－1801－0019502　4：23422－4：23437

湖海詩傳四十六卷　（清）王昶撰　清同治四年（1865）綠蔭堂刻本　十六册

340000－1801－0019503　4：23438－4：23446

詩萃初集六卷二集十二卷　(清)潘瑛　(清)高岑輯　清刻本　九冊

340000－1801－0019504　4:23447－4:23454
湖海詩傳補編不分卷　(清)□□撰　清臚雲寶楹群書抄本　八冊

340000－1801－0019505　4:23461－4:23468
懷舊集十二卷續集五卷附女士詩錄　(清)吳翌鳳輯　清刻本　八冊

340000－1801－0019506　4:23469－4:23478
懷舊集十二卷續六卷又續二卷　(清)吳翌鳳輯　清刻本　十冊

340000－1801－0019507　4:23506
三布衣詩存三卷　(清)金蘭輯　清同治刻本　一冊

340000－1801－0019508　4:23507－4:23510
帆下錄十二卷　(清)周汾輯　清武林刻本　四冊

340000－1801－0019509　4:23511－4:23513
國朝十家詩賦菁華錄不分卷　王先謙輯　清光緒十一年(1885)京都琉璃廠刻本　三冊

340000－1801－0019510　4:23514－4:23517
同音集不分卷　(清)石嘉吉輯　清乾隆六十年(1795)刻本　四冊

340000－1801－0019511　4:23518－4:23521
詩緣前編四卷正編十卷　題(清)蜀西樵也(王增祺)輯　清光緒十六年(1890)韓城刻本　四冊

340000－1801－0019512　4:23522－4:23531
四朝詩史甲集八卷首一卷　孫雄輯　清宣統二年(1910)刻本　十冊

340000－1801－0019513　4:23532－4:23541
遙集集後編十卷　(清)許貞幹輯　清光緒刻朱印本　十冊

340000－1801－0019514　4:23545
浮湘訪學集不分卷　題(清)浮湘客輯　清光緒三年(1877)長沙刻挹秀山房叢書本　一冊

340000－1801－0019515　4:23546－4:23549
昭代詩存二卷　(清)席居中選　清康熙刻本　四冊

340000－1801－0019516　4:23550
琉球詩錄四卷　(清)孫衣言選　清刻本　一冊

340000－1801－0019517　4:23551－4:23556
焦山六上人詩十九卷四上人詩存四卷懶餘吟草二卷　(清)陳任暘輯　清光緒三十二年(1906)石肯堂刻本　六冊　缺二卷(懶餘吟草二卷)

340000－1801－0019518　4:23557
樓居小草不分卷素文女子遺稿一卷南園詩選二卷　(清)袁杼　(清)袁機　(清)何士顒輯　清隨園刻本　一冊

340000－1801－0019519　4:23558
湄君詩集(綮花軒詩稾)二卷　(清)陸建撰　(清)袁杼　(清)袁機　(清)何士顒輯　**繡餘吟稿一卷盈書閣遺稾一卷**　(清)袁棠撰　(清)袁杼　(清)袁機　(清)何士顒輯　清隨園刻本　一冊

340000－1801－0019520　4:23559
清詩大雅不分卷　(清)姚扳龍輯　(清)汪觀選　清刻本　一冊

340000－1801－0019521　4:23561－4:23566
同岑五家詩鈔十四卷　(清)曾燠輯　清道光九年(1829)刻本　六冊

340000－1801－0019522　4:2356－4:2367 善
樂府詩集一百卷目錄二卷　(宋)郭茂倩輯　明崇禎海虞毛氏汲古閣刻本　十二冊

340000－1801－0019523　4:23567－4:23573
國朝詠物詩鈔三十卷　(清)龔文藻輯　清道光二十四年(1844)刻本　七冊

340000－1801－0019524　4:23600
風雨雞聲集不分卷　(清)□□撰　清光緒文藝通報鉛印本　一冊

340000－1801－0019525　4:23610－4:23611
國朝名家詩鈔小傳四卷　(清)鄭方坤撰　清光緒萬山草堂刻本　二冊

340000－1801－0019526　4:23614
二家詩選　(清)王士禎選　清康熙刻本　一冊

340000－1801－0019527　4:23667－4:23670
文選各家詩集四卷　(清)陳光明輯　清光緒五年(1879)醉經堂刻本　四冊

340000－1801－0019528　4:23623－4:23626
漢魏六朝詩選八卷　(清)季貞輯　清餘閒堂刻本　四冊

340000－1801－0019529　4:23671
漢魏詩摘鈔唐詩摘鈔四卷　(清)朱之荊集注　清乾隆南屏草堂刻本　一冊

340000－1801－0019530　4:23672
漢魏詩摘鈔唐詩摘鈔四卷　(清)朱之荊集注　清乾隆南屏草堂刻本　一冊

340000－1801－0019531　4:24756
蘭言集十二卷　(清)趙紹祖輯　清刻本　一冊　存二卷(五至六)

340000－1801－0019532　4:27758－4:27765
切問齋文鈔三十卷首一卷　(清)陸燿輯　清乾隆四十年(1775)刻本　八冊

340000－1801－0019533　4:27766－4:27777
切問齋文鈔三十卷首一卷　(清)陸燿輯　清乾隆四十年(1775)刻本　十二冊

340000－1801－0019534　4:27778－4:27787
切問齋文鈔三十卷首一卷　(清)陸燿輯　清乾隆四十年(1775)刻本　十二冊

340000－1801－0019535　4:02741－4:02750
切問齋文鈔三十卷首一卷　(清)陸燿輯　清道光五年(1825)刻本　十冊

340000－1801－0019536　4:27788－4:27799
切問齋文鈔三十卷首一卷　(清)陸燿輯　清同治三年(1864)刻本　十二冊

340000－1801－0019537　4:27800－4:27811
切問齋文鈔三十卷首一卷　(清)陸燿輯　清同治八年(1869)金陵錢氏刻本　十二冊

340000－1801－0019538　4:27812－4:27823
切問齋文鈔三十卷首一卷　(清)陸燿輯　清同治八年(1869)金陵錢氏刻本　十二冊

340000－1801－0019539　4:27824－4:27835
切問齋文鈔三十卷首一卷　(清)陸燿輯　清同治八年(1869)金陵錢氏刻本　十二冊

340000－1801－0019540　4:27836－4:27845
切問齋文鈔三十六卷　(清)陸燿輯　清刻本　十冊

340000－1801－0019541　4:27846－4:27857
切問齋文鈔三十六卷　(清)陸燿輯　清刻本　十二冊

340000－1801－0019542　4:27858－4:27869
國朝文雅正所見集十六卷　(清)林有席輯　清嘉慶刻本　十二冊

340000－1801－0019543　4:27870－4:27877
國朝二十四家文鈔二十四卷　(清)徐斐然輯　清刻本　八冊

340000－1801－0019544　4:27878－4:27883
國朝二十四家文鈔二十四卷　(清)徐斐然輯　清乾隆六十年(1795)刻本　六冊

340000－1801－0019545　4:27883－4:27891
國朝二十四家文鈔二十四卷　(清)徐斐然編　清嘉慶元年(1796)刻本　八冊

340000－1801－0019546　4:2657－4:2660 善
唐文粹一百卷　(宋)姚鉉輯　明嘉靖晉藩養德書院刻本　四冊　存二十卷(一至五、七十一至八十、九十一至九十五)

340000－1801－0019547　4:2626－4:2656 善
重校正唐文粹一百卷　(宋)姚鉉輯　明嘉靖六年(1527)徐焴萬竹山房刻本　三十二冊

340000－1801－0019548　4:2661－4:2662
重校正唐文粹一百卷　(宋)姚鉉輯　明嘉靖書戶詹玉堂刻本　二冊　存十五卷(一至十五)

340000－1801－0019549　4:26269－4:26272
國朝閨秀香咳集十卷　(清)許夔臣輯　清申

報館鉛印本　四冊

340000－1801－0019550　4:26273－4:26276
妝樓摘豔十卷　(清)錢三錫輯　清道光十三年(1833)刻本　四冊

340000－1801－0019551　4:26277－4:26280
妝樓摘豔十卷　(清)錢三錫輯　清道光十三年(1833)刻本　四冊

340000－1801－0019552　4:26288－4:26297
國朝閨秀正始集二十卷附録一卷補遺一卷國朝閨秀正始續集十卷附録一卷補遺一卷　(清)完顔惲珠輯　清道光十一年(1831)紅香館刻本　十冊

340000－1801－0019553　4:26300
本朝名媛詩鈔六卷　(清)胡孝思　(清)朱珖輯　清刻本　一冊

340000－1801－0019554　4:27892－4:27907
湖海文傳七十五卷　(清)王昶輯　清道光十七年(1837)經訓堂刻本　十六冊

340000－1801－0019555　4:27908－4:27923
湖海文傳七十五卷　(清)王昶輯　清道光十七年(1837)經訓堂刻本　十六冊

340000－1801－0019556　4:27924－4:27939
湖海文傳七十五卷　(清)王昶輯　清道光十七年(1837)經訓堂刻本　十六冊

340000－1801－0019557　4:27940－4:27955
湖海文傳七十五卷　(清)王昶輯　清道光十七年(1837)經訓堂刻本　十六冊

340000－1801－0019558　4:28239－4:28259
國朝文錄八十二卷　(清)姚椿輯　清咸豐元年(1851)終南山館刻本　二十一冊

340000－1801－0019559　4:047857－4:047864
國朝文錄八十二卷　(清)姚椿輯　清光緒二十六年(1900)掃葉山房上海石印本　八冊　存三十一卷(一至十、十五至二十四、三十六至三十九、五十七至六十三)

340000－1801－0019560　4:27971－4:28036
國朝文錄八十二卷　(清)李祖陶輯評　清道光十九年(1839)瑞州府鳳儀書院刻本　六十六冊

340000－1801－0019561　4:28037－4:28072
國朝文錄八十二卷　(清)李祖陶輯評　清道光十九年(1839)瑞州府鳳儀書院刻本　三十六冊

340000－1801－0019562　4:28073－4:28108
國朝文錄八十二卷　(清)李祖陶輯評　清道光十九年(1839)瑞州府鳳儀書院刻本　三十六冊

340000－1801－0019563　4:28109－4:28134
國朝文錄八十二卷　(清)李祖陶輯評　清道光十九年(1839)瑞州府鳳儀書院刻本　三十六冊

340000－1801－0019564　4:28179－4:28202
國朝文錄續編六十六卷　(清)李祖陶輯評　清刻本　二十四冊

340000－1801－0019565　4:28135－4:28178
國朝文錄續編六十八卷史論一卷　(清)李祖陶輯評　清同治五年(1866)敖陽李氏刻本　四十四冊

340000－1801－0019566　4:28213－4:28220
今文偶見四十八卷　(清)徐斐然輯　清刻本　八冊

340000－1801－0019567　4:28221－4:28224
今文粹編四卷　(清)趙熟典輯　清刻本　四冊

340000－1801－0019568　4:28225－4:28226
國朝古文所見集十三卷　(清)陳兆麟輯　清道光二年(1822)刻本　二冊

340000－1801－0019569　4:28227－4:28228
國朝古文所見集十三卷　(清)陳兆麟編　清道光一枝山房刻本　二冊

340000－1801－0019570　4:28229－4:28232
國朝文棟八卷　(清)胡嘉銓輯　清宣統元年(1909)鉛印本　四冊

340000－1801－0019571　4:28233－4:28234

國朝文棟八卷　(清)胡嘉銓輯　清光緒十二年(1886)刻本　二册

340000－1801－0019572　4:28235－4:28236
國朝文棟八卷　(清)胡嘉銓輯　清光緒十二年(1886)刻本　二册

340000－1801－0019573　4:28237－4:28238
國朝文棟八卷　(清)胡嘉銓輯　清光緒十二年(1886)刻本　二册

340000－1801－0019574　4:28260－4:28360
國朝文匯四集二百卷　(清)沈粹芬等輯　清宣統元年(1909)國學扶輪社石印本　一百一册

340000－1801－0019575　4:28361－4:28459
國朝文匯四集二百卷　(清)沈粹芬等輯　清宣統元年(1909)國學扶輪社石印本　九十九册　缺二集(甲至乙)

340000－1801－0019576　4:28460－4:28469
國朝文鈔初編不分卷二編不分卷三編不分卷四編不分卷五編不分卷論文集鈔二卷　(清)高塘輯　清乾隆五十一年(1786)刻本　十册

340000－1801－0019577　4:28470－4:28489
皇朝經世文編一百二十卷　(清)賀長齡輯　清道光六年(1826)刻本　一百二十册

340000－1801－0019578　4:28590
皇朝經世文編一百二十卷　(清)賀長齡輯　清道光刻本　八十册

340000－1801－0019579　4:28670－4:28738
皇朝經世文編一百二十卷　(清)賀長齡輯　清同治十二年(1873)刻本　六十九册　缺十七卷(四十七、九十至一百五)

340000－1801－0019580　4:28739－4:28762
皇朝經世文編一百二十卷　(清)賀長齡輯　清光緒十三年(1887)廣百宋齋鉛印本　二十四册

340000－1801－0019581　4:28763－4:28786
皇朝經世文編一百二十卷　(清)賀長齡輯　清光緒十三年(1887)廣百宋齋鉛印本　二十四册

340000－1801－0019582　4:28787－4:28810
皇朝經世文編一百二十卷　(清)賀長齡輯　清光緒十三年(1887)廣百宋齋鉛印本　二十四册

340000－1801－0019583　4:28811－4:28834
皇朝經世文編一百二十卷　(清)賀長齡輯　清光緒掃葉山房校印本　二十四册

340000－1801－0019584　4:28835－4:28914
皇朝經世文編一百二十卷　(清)賀長齡輯　清光緒十七年(1891)刻本　八十册

340000－1801－0019585　4:28915－4:28974
皇朝經世文編一百二十卷　(清)賀長齡輯　清光緒石印本　六十册

340000－1801－0019586　4:28975－4:28986
皇朝經世文編一百二十卷　(清)賀長齡輯　清光緒十三年(1887)點石齋石印本　十二册

340000－1801－0019587　4:28987－4:28998
皇朝經世文編一百二十卷　(清)賀長齡輯　清光緒十三年(1887)點石齋石印本　十二册

340000－1801－0019588　4:28999－4:29038
皇朝經世文續編一百二十卷　(清)管窺居士輯　清光緒十四年(1888)刻本　四十册

340000－1801－0019589　4:29039－4:29070
皇清經世文續編一百二十卷　(清)葛士浚輯　清光緒十四年(1888)圖書集成局鉛印本　三十二册

340000－1801－0019590　4:29071－4:29102
皇清經世文續編一百二十卷　(清)葛士浚輯　清光緒十四年(1888)圖書集成局鉛印本　三十二册

340000－1801－0019591　4:29103－4:29134
皇清經世文續編一百二十卷　(清)葛士浚輯　清光緒十四年(1888)圖書集成局鉛印本　三十二册

340000－1801－0019592　4:29135－4:29158
新增經世文續編一百二十卷　(清)葛士浚輯

清光緒掃葉山房校印本　二十四册

340000－1801－0019593　4:29159－4:29174
皇朝經世文續編一百二十卷　(清)葛士濬輯　清光緒十四年(1888)石印本　十六册

340000－1801－0019594　4:29175－4:29194
皇朝經世文續編一百二十卷　(清)葛士濬輯　清光緒寶善書局石印本　二十册

340000－1801－0019595　4:29195－4:29210
皇朝經世文三編八十卷　(清)陳思倚輯　清光緒二十四年(1898)石印本　十六册

340000－1801－0019596　4:29211－4:29226
皇朝經世文三編八十卷　(清)陳思倚輯　清光緒二十四年(1898)石印本　十六册

340000－1801－0019597　4:29227－4:29242
皇朝經世文三編八十卷　題(清)淞南香隱學人編　清光緒二十三年(1897)寶善書局石印本　十六册

340000－1801－0019598　4:29243
皇朝經世文三編八十卷　(清)葛子源輯　清光緒二十七年(1901)上海書局石印本　十六册

340000－1801－0019599　4:29259－4:29270
皇朝經世文四編五十二卷　(清)何良棟輯　清光緒二十八年(1902)鴻寶書局石印本　十二册

340000－1801－0019600　4:29271－4:29294
皇朝經世文新編二十一卷　麥仲華輯　清光緒上海譯書局石印本　二十四册

340000－1801－0019601　4:29295－4:29318
皇朝經世文新編二十一卷　麥仲華輯　清光緒上海譯書局石印本　二十四册

340000－1801－0019602　4:29319－4:29334
皇朝經世文新編二十一卷　麥仲華輯　清末石印本　十六册

340000－1801－0019603　4:29335－4:29350
皇朝經世文新編二十一卷　麥仲華輯　清末石印本　十六册

340000－1801－0019604　4:29370－4:29399
四六初徵二十卷　(清)李漁輯　清康熙刻本　三十册

340000－1801－0019605　4:29400－4:29407
四六纂組十卷　(清)胡吉豫輯　清康熙十八年(1679)刻本　八册

340000－1801－0019606　4:29408－4:29423
四六纂組十卷　(清)胡吉豫輯　清康熙十八年(1679)刻本　八册

340000－1801－0019607　4:29424－4:29429
國朝駢體正宗十二卷　(清)曾燠輯　清光緒二十三年(1897)文淵山房石印本　六册

340000－1801－0019608　4:29430－4:29435
國朝駢體正宗十二卷　(清)曾燠輯　清嘉慶十一年(1806)賞雨茆屋刻本　六册

340000－1801－0019609　4:29436－4:29441
國朝駢體正宗十二卷　(清)曾燠輯　清嘉慶十一年(1806)賞雨茆屋刻本　六册

340000－1801－0019610　4:29442－4:29445
國朝駢體正宗十二卷　(清)曾燠輯　清嘉慶十一年(1806)賞雨茆屋刻本　六册

340000－1801－0019611　4:29446－4:29451
駢體正宗評本十二卷　(清)曾燠選　(清)姚燮評　清光緒十年(1884)花雨樓刻朱墨套印本　六册

340000－1801－0019612　4:29452－4:29457
駢體正宗評本十二卷　(清)曾燠選　(清)姚燮評　清光緒十年(1884)花雨樓刻朱墨套印本　六册

340000－1801－0019613　4:29458－4:29463
駢體正宗評本十二卷　(清)曾燠選　(清)姚燮評　清光緒十年(1884)花雨樓刻朱墨套印本　六册

340000－1801－0019614　4:29464－4:29467
國朝駢體正宗評本十二卷　(清)曾燠輯　(清)姚燮評　清光緒十年(1884)點石齋石印本　六册

340000－1801－0019615　4:29468－4:29473
國朝駢體正宗十二卷　(清)曾燠輯　清光緒十三年(1887)蜚英館石印本　六册

340000－1801－0019616　4:29474－4:29475
國朝駢體正宗十二卷　(清)曾燠輯　清光緒十三年(1887)蜚英館石印本　二册

340000－1801－0019617　4:29476－4:29481
國朝駢體正宗十二卷　(清)曾燠輯　清同治十三年(1874)刻本　六册

340000－1801－0019618　4:29490－4:29492
國朝十家四六文鈔　王先謙輯　清光緒長沙王氏刻本　三册

340000－1801－0019619　4:29493－4:29500
駢體南鍼十六卷　(清)汪傳懿輯　清同治五年(1866)容我讀齋刻本　八册

340000－1801－0019620　4:33427－4:33434
駢體南鍼十六卷　(清)汪傳懿輯　清同治五年(1866)刻本　八册

340000－1801－0019621　4:29501－4:29508
駢體南鍼十六卷　(清)汪傳懿輯　清光緒刻本　八册

340000－1801－0019622　4:29533－4:29540
八家四六文註八卷　(清)吴鼒選　(清)許貞幹注　清光緒十七年(1891)刻本　八册

340000－1801－0019623　4:29509－4:29516
八家四六文註八卷首一卷　(清)吴鼒選　(清)許貞幹注　**補註一卷**　陳衍撰　清光緒十八年(1892)上海圖書集成局鉛印本　八册

340000－1801－0019624　4:29517－4:29524
八家四六文註八卷首一卷　(清)吴鼒選　(清)許貞幹注　**補註一卷**　陳衍撰　清光緒十八年(1892)上海圖書集成局鉛印本　八册

340000－1801－0019625　4:29525－4:29532
八家四六文註八卷首一卷　(清)吴鼒選　(清)許貞幹注　**補註一卷**　陳衍撰　清光緒十八年(1892)上海圖書集成局鉛印本　八册

340000－1801－0019626　4:047886－4:047890
八家四六文註八卷首一卷　(清)吴鼒選　(清)許貞幹注　清光緒十八年(1892)上海圖書集成局鉛印本　五册　存三卷(四、七至八)

340000－1801－0019627　4:29541－4:29544
八家四六文鈔九卷　(清)吴鼒輯　清刻本　四册

340000－1801－0019628　4:29545－4:29552
後八家四六文鈔八卷　(清)□□撰　清光緒刻本　八册

340000－1801－0019629　4:29553－4:29558
後八家四六文鈔八卷　(清)□□撰　清光緒刻本　八册

340000－1801－0019630　4:33583－4:33594
同人集十二卷　(清)冒襄輯　清光緒刻本　十二册

340000－1801－0019631　4:33585－4:33605
同人集十二卷　(清)冒襄輯　清光緒刻本　十二册

340000－1801－0019632　4:33606－4:33612
同人集十二卷　(清)冒襄輯　清光緒刻本　七册

340000－1801－0019633　4:4637－4:4638 善
皇明詩選十三卷　(明)陳子龍　(明)李雯　(明)宋徵輿編　(明)夏完淳校　**雲間三子新詩合稿九卷**　(明)陳子龍　(明)李雯　(明)宋徵輿撰　(明)夏完淳編錄　明崇禎十六年(1643)刻本　二册　存八卷(皇明詩選七至十二、雲間三子新詩合稿八至九)

340000－1801－0019634　4:4559－4:4573 善
詩觀二集十四卷閨秀別卷一卷　(清)鄧漢儀輯　清康熙十七年(1678)慎墨堂刻本　十五册

340000－1801－0019635　4:34303－4:34304
國朝名人小簡二卷　吴曾祺輯　清宣統元年(1909)商務印書館鉛印本　二册

340000－1801－0019636　4:34305－4:34306

國朝名人小簡二卷　吴曾祺輯　清宣統元年(1909)商務印書館鉛印本　二册

340000－1801－0019637　4:34315－4:34316
國朝名人書劄二卷　吴曾祺輯　清宣統元年(1909)商務印書館鉛印本　二册

340000－1801－0019638　4:34769
五言排律依永集八卷　(清)張九鉞箋釋　清刻本　一册

340000－1801－0019639　4:34770－4:34773
盛世母音四卷續一卷　(清)程夢元輯　清乾隆二十二年(1757)刻本　四册

340000－1801－0019640　4:34774－4:34775
本朝五言近體瓣香集十六卷　(清)許英編　清乾隆二十八年(1763)刻本　二册

340000－1801－0019641　4:34776－4:34787
本朝館閣詩二十卷附錄二卷　(清)阮學浩　(清)阮學濬輯　清乾隆二十三年(1758)困學書屋刻本　十二册

340000－1801－0019642　4:34788－4:34795
本朝館閣詩二十卷附錄二卷　(清)阮學浩　(清)阮學濬輯　清乾隆二十三年(1758)困學齋刻本　十二册

340000－1801－0019643　4:34796－4:34799
薰風協奏集三卷首一卷　(清)莊鳳翥注　(清)王又曾選　清乾隆二十二年(1757)刻本　四册

340000－1801－0019644　4:4068－4:4071 善
王荊公唐百家詩選二十卷　(宋)王安石輯　清康熙四十三年(1704)刻本　四册

340000－1801－0019645　4:4072－4:4081 善
元詩選二集一百卷　(清)顧嗣立輯　清康熙四十一年(1702)秀野草堂刻本　十册

340000－1801－0019646　4:4088－4:4097 善
二家詩鈔二十卷(王氏漁洋詩鈔十二卷宋氏綿津詩鈔八卷)　(清)王士禛　(清)宋犖著　(清)邵長蘅輯　清康熙三十四年(1695)刻本　十册

340000－1801－0019647　4:4102－4:4103 善
六朝文絜四卷　(清)許槤輯　清道光許氏刻朱墨套印本　二册

340000－1801－0019648　4:5809－4:5812 善
唐詩選七卷統論二卷　(明)李攀龍輯　(明)王穉登評　明刻本　五册

340000－1801－0019649　4:5813－4:5828 善
初唐詩六卷盛唐詩四卷中唐詩三卷晚唐詩五卷　(明)畢效欽輯　明萬曆刻本　十六册

340000－1801－0019650　4:5829－4:5834 善
唐三家詩七卷　(明)毛晉編　明毛氏汲古閣刻本　六册

340000－1801－0019651　4:5835－4:5858 善
唐詩品匯九十卷拾遺十卷　(明)高棅輯　明刻本　二十四册

340000－1801－0019652　4:5859－4:5878 善
校正重刻宋朝文鑑一百五十卷　(宋)吕祖謙編　明刻本　二十册

340000－1801－0019653　4:5879－4:5884 善
遺民詩十二卷附近青堂詩一卷　(清)卓爾堪輯並撰　清康熙刻本　六册

340000－1801－0019654　4:5891－4:5908 善
欽定國朝詩别裁集三十二卷　(清)沈德潛纂評　清乾隆刻本　十八册

340000－1801－0019655　4:5924－4:5933 善
秦漢文鈔十二卷　(明)馮有翼輯　明萬曆刻本　十册

340000－1801－0019656　4:5934－4:5935 善
六朝文絜四卷　(清)許槤評選　(清)朱鈞校　清道光五年(1825)刻本　二册

340000－1801－0019657　4:5946－4:5955 善
唐文鑑二十一卷　(明)賀泰編　明正德刻本　十册

340000－1801－0019658　4:5984 善
眾妙集不分卷　(宋)趙師秀輯　明毛氏汲古閣刻本　一册

340000－1801－0019659　4:6100－4:6107 善
篋衍集十二卷　(清)陳維崧選　(清)蔣國祥訂　清康熙三十六年(1697)芸輝草堂刻本　八冊

340000－1801－0019660　4:4082－4:4087 善
篋衍集十二卷　(清)陳維崧輯　清乾隆二十六年(1761)華綺刻本　六冊

340000－1801－0019661　4:6185－4:6190 善
詩品會函二卷首一卷　(明)陳仁輯　明刻本　六冊

340000－1801－0019662　4:6219－4:6230 善
唐文歸二十四卷　(明)朱東觀輯　明崇禎古香齋刻本　二十四冊

340000－1801－0019663　4:6231－4:6238 善
漢文歸二十卷　(明)鍾惺選　明末古香齋刻本　八冊

340000－1801－0019664　4:2153－4:2156 善
唐雅八卷　(明)胡纘宗輯　明嘉靖文斗山堂刻本　四冊

340000－1801－0019665　4:047879
唐詩金粉十卷　(清)沈炳震輯　清冬讀書齋刻本　一冊　存五卷(一至五)

340000－1801－0019666　4:2170－4:2187 善
刪補唐詩選脈箋釋會通評林六十卷　(明)周珽輯　(明)陳繼儒批點　明崇禎八年(1635)刻本　十八冊

340000－1801－0019667　4:047806
宋文集不分卷　(清)□□撰　清刻本　一冊

340000－1801－0019668　4:047894
唐詩析類集訓二十八卷　(清)曹錫彤輯　清光緒八年(1882)刻本　一冊　存四卷(一至四)

340000－1801－0019669　4:047941－4:047951
皇朝經世文三編八十卷　(清)陳忠倚輯　清光緒二十四年(1898)刻本　十一冊　存五十五卷(一至二十、二十六至四十五、五十六至七十)

340000－1801－0019670　4:047972－4:047978
宋十五家詩選十五種十六卷　(清)陳訏選　清康熙三十二年(1693)刻本　七冊　存十三種

340000－1801－0019671　4:047979
八家四六文鈔八種　(清)袁枚等編　清嘉慶較經堂刻本　一冊　存四種(西溪漁隱外集、卷葹閣文乙集、問字堂外集、儀鄭堂遺稿)

340000－1801－0019672　4:5921－4:5922 善
閩中十子詩集三十卷首一卷　(清)林鴻等著　(明)袁表　(明)馬熒輯　明萬曆刻本　二冊　存五卷(林膳部詩一至五)

340000－1801－0019673　4:5923 善
新刻西湖竹枝詞不分卷　(明)楊維楨等撰　明萬曆胡文煥刻格致叢書本　一冊

340000－1801－0019674　4:2325－4:2326 善
滄海遺珠四卷　(明)沐景顒輯　明成化十三年(1477)袁州萬載縣刻本(四庫底本)　二冊

340000－1801－0019675　4:33143－4:33158
金陵文鈔十六卷　(清)秦際唐輯　清光緒刻本　十六冊

340000－1801－0019676　4:33169－4:33174
國朝常州駢體文錄三十一卷　屠寄輯　清光緒十六年(1890)刻本　六冊

340000－1801－0019677　4:33175－4:33180
國朝常州駢體文錄三十一卷　屠寄輯　清光緒十六年(1890)刻本　六冊

340000－1801－0019678　4:3536 善
新安文獻志一百卷　(明)程敏政編　明弘治三年(1490)刻本　一冊　存八卷(五十三至六十)

340000－1801－0019679　4:3557－4:3560 善
新安文獻志一百卷　(明)程敏政編　明弘治三年(1490)刻本　四冊　存二十四卷(九至十八、二十九至三十六、八十五至九十)

340000－1801－0019680　4:3492－4:3535 善
新安文獻志一百卷　(明)程敏政編　明萬曆

歙縣畢懋功刻本　四十四冊

340000－1801－0019681　4:3537－4:3556 善
新安文獻志一百卷　(明)程敏政編　明萬曆歙縣畢懋功刻本　二十五冊　存六十九卷(一至六十七、九十八至九十九)

340000－1801－0019682　4:3561 善
新安文徵十卷　(明)朱泰陽選　明崇禎抄本　一冊　存四卷(一至四)

340000－1801－0019683　4:24864
滄州明詩鈔不分卷　(清)王國均輯　清道光刻本　一冊

340000－1801－0019684　4:24865－4:24867
國朝滄州詩續鈔四卷補鈔二卷　(清)王國均纂　清咸豐七年(1857)刻本　三冊

340000－1801－0019685　4:24868－4:24870
梁園風雅二十七卷　(明)趙彦復選　清康熙四十三年(1704)刻本　三冊

340000－1801－0019686　4:24871－4:24910
江蘇詩徵一百八十三卷　(清)王豫輯　清道光元年(1821)刻本　四十冊

340000－1801－0019687　4:24911－4:24930
江蘇詩徵一百八十三卷　(清)王豫輯　清道光元年(1821)刻本　四十七冊　存一百五十八卷(二十三、二十七至一百八十三)

340000－1801－0019688　4:24931－4:24946
國朝金陵詩徵四十八卷　(清)朱緒曾編　清光緒十一年(1885)刻本　十六冊

340000－1801－0019689　4:24947－4:24952
續金陵詩徵六卷　(清)朱紹亭　陳作霖輯　清光緒二十年(1894)刻本　六冊

340000－1801－0019690　4:24953－4:24956
吴會英才集二十四卷　(清)畢沅輯　清刻本　四冊

340000－1801－0019691　4:24957－4:24965
徐州詩徵八卷徐州二遺民集十卷　(清)桂中行輯　清光緒十七年(1891)刻本　九冊

340000－1801－0019692　4:25002－4:25005
白田風雅十三卷　(清)朱彬輯　清光緒十二年(1886)金陵刻本　四冊

340000－1801－0019693　4:25014－4:25017
同岑詩選十二卷　(清)王昶輯　清嘉慶五年(1800)朱氏抱山堂刻本　四冊

340000－1801－0019694　4:25018－4:25025
梅里詩輯二十八卷　(清)許燦輯　清道光三十年(1850)嘉興縣齋刻本　八冊

340000－1801－0019695　4:25026－4:25031
國朝松陵詩徵二十卷　(清)袁景輅輯　清乾隆愛吟齋刻本　六冊

340000－1801－0019696　4:25032－4:25051
國朝松江詩鈔六十四卷　(清)姜兆翀輯　清嘉慶十三年(1808)刻本　二十冊

340000－1801－0019697　4:25060－4:25061
師山詩存十卷　(清)茅炳文輯　清咸豐十年(1860)刻本　二冊

340000－1801－0019698　4:25062－4:25093
兩浙輶軒錄四十卷補遺十卷　(清)阮元輯　清嘉慶仁和朱氏碧溪草堂刻本　三十二冊

340000－1801－0019699　4:48246－4:48250
兩浙輶軒錄四十卷　(清)阮元訂　清刻本　五冊　存二卷(十一至十二)

340000－1801－0019700　4:25094－4:25133
兩浙輶軒續錄五十四卷補遺六卷　(清)潘衍桐輯　清光緒十七年(1891)浙江書局刻本　四十冊

340000－1801－0019701　4:25134－4:25173
兩浙輶軒續錄五十四卷補遺六卷　(清)潘衍桐輯　清光緒十七年(1891)浙江書局刻本　四十冊　缺一卷(補遺六)

340000－1801－0019702　4:2515－4:2518 善
新刻詩學大成二十四卷　(明)李攀龍編　明萬曆胡文煥刻本　四冊

340000－1801－0019703　4:25174－4:25175
浙西六家詩鈔六卷　(清)吴應和　(清)馬洵

選　清道光刻本　二冊

340000－1801－0019704　4:25176－4:25177
浙西六家詩鈔六卷　(清)吳應和　(清)馬洵選　清道光刻本　二冊

340000－1801－0019705　4:25178－4:25185
西泠五布衣遺著十九卷　(清)丁丙輯　清同治丁氏當歸草堂刻本　八冊

340000－1801－0019706　4:2519－4:2522 善
新刊增補古今名家韻學大成十二卷　(明)李攀龍編　明萬曆六年(1578)建業劉氏刻本　四冊

340000－1801－0019707　4:25214－4:25219
同岑初集十二卷　(清)李夏器輯　清劉氏刻本　六冊

340000－1801－0019708　4:2523－4:2536 善
古詩選三十二卷　(清)王士禎編　清康熙三十六年(1697)刻本　十四冊

340000－1801－0019709　4:25260
竹里詩萃十六卷　(清)李道悠編　清光緒二十年(1894)蔣氏十詠廬刻本　一冊　存四卷(一至四)

340000－1801－0019710　4:25356
皖江三家詩鈔四卷　(清)陳世鎔輯　清同治十三年(1874)刻本　一冊

340000－1801－0019711　4:25357
皖江三家詩鈔四卷　(清)陳世鎔輯　清同治十三年(1874)刻本　一冊

340000－1801－0019712　4:25360－4:25389
桐舊集四十二卷　(清)徐璈輯　清咸豐元年(1851)刻本　三十冊

340000－1801－0019713　4:2537－4:2540 善
古逸詩載十二卷　(明)麻三衡輯　明刻本　四冊

340000－1801－0019714　4:2541 善
雅音會編十二卷　(明)康麟編　明嘉靖二十四年(1545)沈藩刻本　一冊　存一卷(一)

340000－1801－0019715　4:2542－4:2545 善
風雅廣逸十卷　(明)楊慎編　(明)馮惟訥增補　明嘉靖三十年(1551)上海喬氏刻本　四冊

340000－1801－0019716　4:25486－4:25493
涇川詩鈔二十卷　(清)顧翰輯　清道光涇川書院刻本　八冊

340000－1801－0019717　4:25494－4:25495
青山詩選六卷　(清)桂超萬輯　清光緒元年(1875)徐宗亮刻本　二冊

340000－1801－0019718　4:25496－4:25497
青山詩選六卷　(清)桂超萬輯　清光緒元年(1875)徐宗亮刻本　二冊

340000－1801－0019719　4:25500
三家詩鈔四卷　(清)陳世鎔輯　清同治刻本　一冊

340000－1801－0019720　4:25501－4:25504
三家詩鈔四卷　(清)汪之順　(清)余鵬飛　(清)江爾維撰　清同治十三年(1874)江氏刻本　四冊

340000－1801－0019721　4:2550－4:2553 善
冰川詩式十卷　(明)梁橋輯　明萬曆三十七年(1609)刻本　四冊

340000－1801－0019722　4:25507－4:25512
新安先集二十卷　(清)朱之榛輯　清同治十二年(1873)蘇州刻本　六冊

340000－1801－0019723　4:25513－4:25518
新安先集二十卷　(清)朱之榛輯　清同治十二年(1873)刻本　六冊

340000－1801－0019724　4:25519－4:25525
新安先集二十卷崇祀錄　(清)朱之榛輯　清同治十三年(1874)蘇州刻本　七冊

340000－1801－0019725　4:25526－4:25533
新安先集二十卷　(清)朱之榛輯　清同治十三年(1874)刻本　八冊

340000－1801－0019726　4:25534－4:25541
新安先集二十卷　(清)朱之榛輯　清同治十

三年(1874)刻本　八冊

340000－1801－0019727　4:25542
新安二布衣詩八卷　(明)吳兆　(明)程嘉燧撰　清康熙刻本　一冊

340000－1801－0019728　4:2554－4:2561 善
欽定國朝詩別裁集三十二卷　(清)沈德潛編　清乾隆刻本　八冊

340000－1801－0019729　4:25567－4:25571
宣城清詩五種五卷　(清)□□撰　清抄本　五冊

340000－1801－0019730　4:25572
合肥三家詩鈔二卷待堂文一卷池上題襟小集一卷　(清)譚獻輯　清光緒刻本　一冊

340000－1801－0019731　4:25573－4:25574
小山嗣音四卷　(清)李兆洛選　清嘉慶十九年(1814)湘雪軒刻本　二冊

340000－1801－0019732　4:25592
徽州府志詩歌集錄不分卷　(清)□□撰　清抄本　一冊

340000－1801－0019733　4:25605－4:25662
沅湘耆舊集二百卷　(清)鄧顯鶴輯　清道光二十三年(1843)刻本　五十八冊

340000－1801－0019734　4:2562－4:2579 善
沈南疑先生檇李詩系四十二卷　(清)沈季友編　清康熙四十九年(1710)敦素堂刻本　十八冊

340000－1801－0019735　4:25663－4:25672
沅湘耆舊集前編四十卷　(清)鄧顯鶴輯　清道光二十四年(1844)鄧氏小九華山樓刻本　十冊

340000－1801－0019736　4:25673－4:25676
雪浪餘音集四卷　(清)傅燮鼎輯　清咸豐八年(1858)崇質堂刻本　四冊

340000－1801－0019737　4:25677－4:25681
嶺南三大家詩選二十四卷　(清)王隼選　清同治陳氏刻本　五冊

340000－1801－0019738　4:25682－4:25683
嶺南三大家詩選二十四卷　(清)王隼選　清同治七年(1868)刻本　二冊

340000－1801－0019739　4:25684－4:25687
粵東三子詩鈔十四卷　(清)黃玉階輯　清道光二十二年(1842)廣州刻本　四冊

340000－1801－0019740　4:25688－4:25707
莆風清籟集六十卷　(清)鄭王臣選　清乾隆刻本　二十冊

340000－1801－0019741　4:25710－4:25713
滇詩嗣音集二十卷　(清)黃琮輯　清咸豐雲南刻本　四冊

340000－1801－0019742　4:25714－4:25721
黔詩紀略三十三卷　(清)唐樹義　(清)黎兆勳　(清)莫友芝輯　清同治十二年(1873)唐氏夢研齋刻本　八冊

340000－1801－0019743　4:25729－4:25736
武定詩續鈔二十四卷　(清)李佐賢輯　清同治六年(1867)李氏刻本　八冊

340000－1801－0019744　4:25743－4:25766
國朝山左詩匯鈔三十九卷　(清)余正酉輯　清道光二十九年(1849)海棠書屋刻本　二十四冊

340000－1801－0019745　4:2580
篋中藏集不分卷　(清)吳氏輯　清抄本　一冊

340000－1801－0019746　4:25808－4:25812
嶺南群雅初集不分卷二集一卷　(清)劉彬華輯　清刻本　五冊

340000－1801－0019747　4:25813－4:25836
梁溪詩鈔五十八卷　(清)顧光旭輯　清宣統三年(1911)文苑閣鉛印本　二十四冊

340000－1801－0019748　4:2581 善
千家詩注不分卷　(清)黎恂選注　清刻本　一冊

340000－1801－0019749　4:2582－4:2589 善
新安二江先生集十卷　(清)江春　(清)江昉

撰　清嘉慶十年(1805)揚州刻本　八册

340000－1801－0019750　4∶25845－4∶25848

排律初津四卷　(清)金鳳沼編注　清光緒七年(1881)刻本　四册

340000－1801－0019751　4∶25849

仙源輿頌不分卷　(清)□□撰　清咸豐七年(1857)刻本　一册

340000－1801－0019752　4∶25851－4∶25852

婺詩補三卷　(清)盧標輯　清道光十九年(1839)刻本　二册

340000－1801－0019753　4∶25853－4∶25854

婺詩補三卷　(清)盧標輯　清道光十九年(1839)刻本　二册

340000－1801－0019754　4∶25855－4∶25860

江左三大家詩鈔九卷　(清)顧有孝等輯　清刻本　六册

340000－1801－0019755　4∶25861－4∶25872

淮海英靈集甲集四卷乙集四卷丙集四卷丁集四卷戊集四卷壬集一卷癸集一卷　(清)阮元輯　清嘉慶刻本　十二册

340000－1801－0019756　4∶25873

國朝嚴州詩錄八卷　(清)宗源瀚輯　清光緒二年(1876)刻本　一册

340000－1801－0019757　4∶25889

歸棹塤箎二卷　勞乃寬　勞乃宣輯　清刻本　一册

340000－1801－0019758　4∶25893－4∶25896

講筵四世詩鈔十卷　(清)張紹棠輯　清光緒十八年(1892)張氏刻本　四册

340000－1801－0019759　4∶25897－4∶25900

講筵四世詩鈔十卷　(清)張紹棠輯　清光緒十八年(1892)刻本　四册

340000－1801－0019760　4∶2590 善

百美新詠不分卷　(清)□□撰　明刻本　一册

340000－1801－0019761　4∶25903－4∶25904

什一偶存二卷　(清)徐葉昭輯　清乾隆刻本　二册

340000－1801－0019762　4∶2591－4∶2592 善

名媛璣囊二卷　題(明)池上客編　明萬曆二十年(1592)刻本　二册

340000－1801－0019763　4∶2593 善

名媛璣囊二卷　題(明)池上客編　明萬曆二十年(1592)刻本　一册

340000－1801－0019764　4∶26301－4∶26303

桐山名媛詩鈔十一卷　(清)吴希庸　(清)方林昌輯　清刻本　三册　缺三卷(三至五)

340000－1801－0019765　4∶26305

湘潭郭氏閨秀集不分卷　(清)郭潤玉輯　清道光十七年(1837)刻本　一册

340000－1801－0019766　4∶2594－4∶2604 善

擷芳集八十卷　(清)汪啟淑輯　清乾隆五十年(1785)刻本　十一册　存四十四卷(一至四十四)

340000－1801－0019767　4∶10296－4∶10299

南華詩鈔二十一卷　(清)張鵬翀撰　清乾隆三年(1738)張鵬翀雙清閣刻本　四册　存十七卷(一至十七)

340000－1801－0019768　4∶10300－4∶10301

南華山人詩鈔十六卷　(清)張鵬翀撰　清乾隆刻重修本　二册　存七卷(一至七)

340000－1801－0019769　4∶33212－4∶33250

涇川文載一百卷小傳一卷目錄三卷　(清)鄭相如編　清道光十四年(1834)藺石鄭維屏刻本　三十九册　存九十七卷(一至九十七)

340000－1801－0019770　4∶33262－4∶33281

常德文徵四十八卷　(清)應先烈纂　清嘉慶十九年(1814)刻本　二十册

340000－1801－0019771　4∶33282－4∶33286

桃花潭文徵六卷　(清)翟大程輯　清光緒三十年至三十一年(1904－1905)涇川翟鳳翔刻本　五册　缺一卷(四)

340000－1801－0019772　4∶33287－4∶33292

桃花潭文徵六卷 (清)翟大程輯 清光緒三十年至三十一年(1904－1905)涇川翟鳳翔刻本 六冊

340000－1801－0019773 4:33293－4:33298
桃花潭文徵六卷 (清)翟大程輯 清光緒三十年至三十一年(1904－1905)涇川翟鳳翔刻本 六冊

340000－1801－0019774 4:33299－4:33302
林嚴文鈔四卷 林紓 嚴復撰 題嘷嘷子輯 清宣統元年(1909)國學扶輪社鉛印本 四冊

340000－1801－0019775 4:33304－4:33318
全蜀藝文志六十一卷 (明)楊慎輯 清嘉慶二十二年(1817)刻本 十五冊

340000－1801－0019776 4:33319－4:33334
全蜀藝文志六十四卷 (明)楊慎輯 清光緒十五年(1889)雨餘山房刻本 十六冊

340000－1801－0019777 4:33339－4:33354
常郡八邑藝文志十二卷 (清)盧文弨纂 (清)莊翊昆校補 清光緒十六年(1890)刻本 十六冊

340000－1801－0019778 4:33355－4:33370
常郡八邑藝文志十二卷 (清)盧文弨纂 (清)莊翊昆校補 清光緒十六年(1890)刻本 十六冊

340000－1801－0019779 4:33371
瀏陽三傑遺文二卷 (清)譚嗣同 (清)唐才常撰 清末刻本 一冊

340000－1801－0019780 4:33372－4:33375
陸陳二先生文鈔十四卷 (清)陸世儀 (清)陳瑚撰 (清)葉裕仁編 (清)蒯德模校 清同治蒯德模刻安道書院印本 四冊

340000－1801－0019781 4:33380－4:33387
國朝常州駢體文錄三十一卷附結一宧文一卷 屠寄輯 清光緒十六年(1890)刻本 八冊

340000－1801－0019782 4:33388－4:33399
國朝中州名賢集十卷 (清)黄舒昺編 清光緒十九年(1893)刻本 十二冊

340000－1801－0019783 4:33400－4:33426
國朝中州文徵五十四卷首一卷 (清)蘇源生編 清道光二十三年至二十五年(1843－1845)刻本 二十七冊 存五十三卷(一至五、八至五十四,首一卷)

340000－1801－0019784 4:33435－4:33439
南邦黎獻集十四卷 (清)鄂爾泰輯 清雍正刻本 五冊

340000－1801－0019785 4:4551－4:4558 善
磁人詩十卷 (清)楊方晃輯 清乾隆磁州孫濂刻本 八冊

340000－1801－0019786 4:34855－4:34860
三江立誠編合鈔八卷 (清)汪廷珍輯 清嘉慶九年(1804)刻本 六冊

340000－1801－0019787 4:6088－4:6091 善
濤音小集四卷 (清)王士祿 (清)王士禛等輯 清抄本 四冊

340000－1801－0019788 4:3572－4:3573 善
鼎鐫黄狀元批選眉山三蘇文狐白四卷 (宋)蘇洵 (宋)蘇軾 (宋)蘇轍撰 (明)黄士俊編 明萬曆書林余紹崖刻本 二冊

340000－1801－0019789 4:3574－4:3575 善
鼎鐫黄狀元批選眉山三蘇文狐白四卷 (宋)蘇洵 (宋)蘇軾 (宋)蘇轍撰 (明)黄士俊編 明萬曆書林余紹崖刻本 二冊

340000－1801－0019790 4:3577－4:3586 善
嘉樂齋三蘇文範十八卷 (宋)蘇洵 (宋)蘇軾 (宋)蘇轍著 (明)楊慎編 明天啓二年(1622)刻本 十冊

340000－1801－0019791 4:3595－4:3606 善
嘉樂齋三蘇文範十八卷 (宋)蘇洵 (宋)蘇軾 (宋)蘇轍著 (明)楊慎編 明天啓二年(1622)刻本 十二冊 存十一卷(一至二、五至七、九至十二、十五至十六)

340000－1801－0019792 4:3607－4:3611 善
嘉樂齋三蘇文範十八卷 (宋)蘇洵 (宋)蘇

軾　(宋)蘇轍著　(明)楊慎編　明天啓二年(1622)刻本　五册　存十四卷(一至十四)

340000－1801－0019793　4:048125－4:048130
嘉樂齋三蘇文範十八卷　(宋)蘇洵　(宋)蘇軾　(宋)蘇轍著　(明)楊慎選　明刻本　六册　存十四卷(五至十八)

340000－1801－0019794　4:3564－4:3571 善
三蘇先生文粹七十卷　(宋)蘇洵　(宋)蘇軾　(宋)蘇轍撰　明刻本　八册

340000－1801－0019795　4:3587－4:3594 善
三蘇先生文粹七十卷　(宋)蘇洵　(宋)蘇軾　(宋)蘇轍撰　明刻本　八册　存五十八卷(七至五十、五十七至七十)

340000－1801－0019796　4:5985－4:5994 善
三蘇先生文粹七十卷　(宋)蘇洵　(宋)蘇軾　(宋)蘇轍撰　明刻本　十册

340000－1801－0019797　4:3576 善
新刻三蘇論策選粹八卷　(宋)蘇洵　(宋)蘇軾　(宋)蘇轍著　(明)李時漸輯　明萬曆書林余紹崖刻本　一册　存三卷(一至三)

340000－1801－0019798　4:2323－4:2324 善
皇甫昆季集二卷　(明)皇甫沖等撰　**續皇甫百泉集一卷**　(明)皇甫汸撰　明隆慶五年(1571)刻盛明百家詩本　二册

340000－1801－0019799　4:25942－4:25981
桐城方氏詩輯六十七卷　(清)方于穀輯　清刻本　四十册

340000－1801－0019800　4:25982－4:26013
桐城方氏詩輯六十七卷　(清)方于穀輯　清道光元年(1821)飼經堂刻本　三十二册

340000－1801－0019801　4:26014－4:26045
桐城方氏詩輯六十七卷　(清)方于穀輯　清道光元年(1821)飼經堂刻本　三十二册

340000－1801－0019802　4:26046－4:26051
桐城方氏詩輯六十七卷　(清)方于穀輯　清道光刻本　六册　存十四卷(一至十四)

340000－1801－0019803　4:26068－4:26071
同懷詩鈔四卷　(清)蘄光泗　(清)蘄學汶撰　清宣統二年(1910)刻本　四册

340000－1801－0019804　4:26096－4:26099
新安二江先生集十卷　(清)江春　(清)江昉輯　清嘉慶十年(1805)刻本　四册

340000－1801－0019805　4:26100－4:26103
新安二江先生集十卷　(清)江春　(清)江昉輯　清嘉慶十年(1805)刻本　四册

340000－1801－0019806　4:26052－4:26053
龍眠風雅所選姚氏詩二卷　(清)□□撰　清抄本　二册

340000－1801－0019807　4:26128－4:26135
茂林吴氏詩存三十一卷　(清)吴文炳輯　清道光十一年(1831)刻本　一册

340000－1801－0019808　4:26136－4:26143
程氏所見詩鈔二十四卷　(清)程鴻緒輯　清嘉慶十二年(1807)浣月齋刻本(有補配)　八册

340000－1801－0019809　4:26144－4:26149
程氏所見詩鈔二十四卷　(清)程鴻緒輯　清嘉慶浣月齋刻本　六册　缺七卷(十至十一、二十至二十四)

340000－1801－0019810　4:26162－4:26164
謝氏三賢遺稿不分卷　(宋)謝璡　(明)謝存仁　(明)謝復撰　(清)謝維徇輯　清同治十三年(1874)刻本　三册

340000－1801－0019811　4:26167－4:26171
趙氏淵源集十卷　(清)趙紹祖輯　清光緒十三年(1887)小古墨齋刻本　五册

340000－1801－0019812　4:26172－4:26176
趙氏淵源集十卷　(清)趙紹祖輯　清光緒十三年(1887)小古墨齋刻本　五册

340000－1801－0019813　4:26177－4:26180
趙氏淵源集十卷　(清)趙紹祖輯　清光緒十三年(1887)小古墨齋刻本　四册

340000－1801－0019814　4:26181－4:26186
趙氏淵源集十卷　(清)趙紹祖輯　清光緒十三年(1887)小古墨齋刻本　六册

340000－1801－0019815　4:26187－4:26192
趙氏淵源集十卷　(清)趙紹祖輯　清光緒十三年(1887)小古墨齋刻本　六冊

340000－1801－0019816　4:26199
三謝詩選三卷　(清)謝裔宗輯　清光緒木活字印本　一冊

340000－1801－0019817　4:26206
二鄧先生詩集二卷　(清)鄧輔綸　(清)鄧繹撰　清宣統二年(1910)鉛印本　一冊

340000－1801－0019818　4:26207－4:26208
江左二林文集合鈔二卷　(清)林之望　(清)林介弼撰　清鉛印本　二冊

340000－1801－0019819　4:26210－4:26211
三盛詩鈔四卷　(清)盛研家輯　清同治五年(1866)刻本　二冊

340000－1801－0019820　4:26212－4:26215
三盛詩鈔四卷　(清)劉繹輯　清同治五年(1866)磊恩巢刻本　四冊

340000－1801－0019821　4:26216
傳芳録不分卷　(清)曹希璨編　清宣統木活字印本　一冊

340000－1801－0019822　4:26217－4:26219
徐氏詩鈔二卷年譜一卷　(清)徐嘉幹　(清)徐景軾撰　清光緒二十年(1894)刻本　三冊

340000－1801－0019823　4:26220
高氏廑存詩鈔二卷　(清)高崇珩輯　清光緒十八年(1892)刻本　一冊

340000－1801－0019824　4:26221
隨月樓詩鈔七卷　(清)江本良等輯　清乾隆隨月樓刻本　一冊

340000－1801－0019825　4:26228－4:26233
錫山秦氏詩鈔十八卷首一卷　(清)秦彬輯　清道光十九年(1839)刻本　六冊

340000－1801－0019826　4:25890
寶山袁氏詩集五種五卷　(清)袁翼撰　清光緒十四年(1888)邃懷堂刻本　一冊

340000－1801－0019827　4:25905
水澄劉氏遺詩不分卷　(清)劉瀚輯　清光緒二十六年(1900)海天旭日研齋刻本　一冊

340000－1801－0019828　4:25906
桐鄉畢氏遺著三種　(清)畢灝等撰　清刻本　一冊

340000－1801－0019829　4:25909－4:25912
舊德集十四卷　繆荃孫輯　清光緒刻雲自在龕叢書本　四冊

340000－1801－0019830　4:25913
石氏喬梓詩集三卷　(清)潘鐘瑞輯　清光緒九年(1883)吳縣潘氏刻本　一冊

340000－1801－0019831　4:33512－4:33521
周氏清芬集十四卷　(清)周琴風等輯　清光緒十九年(1893)桐城周氏刻本　十冊

340000－1801－0019832　4:33480－4:33495
周氏清芬集十四卷　(清)周琴風等輯　清光緒十九年(1893)刻本　十六冊

340000－1801－0019833　4:33496－4:33511
周氏清芬集三十八卷附傳　(清)周琴風等輯　清光緒十九年(1893)周氏殖學堂刻本　十六冊

340000－1801－0019834　4:26222－4:26227
清芬詩集二十四卷　(清)周琴風等輯　清光緒周氏殖學堂刻本　六冊

340000－1801－0019835　4:33522－4:33531
周氏清芬文集十四卷　(清)周琴風等輯　清光緒十九年(1893)刻本　十冊

340000－1801－0019836　4:33534
潭溪盛氏藝文不分卷　(清)□□撰　清光緒三十四年(1908)盛氏宗譜刻本　一冊

340000－1801－0019837　4:33535－4:33537
二許先生集八卷　(清)許新堂　(清)許雨田撰　清光緒十四年(1888)鉛印本　三冊

340000－1801－0019838　4:33538－4:33540
二許先生集八卷　(清)許新堂　(清)許雨田撰　清光緒十四年(1888)鉛印本　三冊

340000－1801－0019839　4:33541－4:33543
二許先生集八卷　(清)許新堂　(清)許雨田撰　清光緒十四年(1888)鉛印本　三册

340000－1801－0019840　4:33544－4:33547
謝氏三賢遺稿不分卷　(宋)謝璡　(明)謝存仁　(明)謝復撰　(清)謝維旬輯　清咸豐蛾術齋刻本　三册

340000－1801－0019841　4:33548－4:33551
陸氏傳家集四卷　(清)陸廼普撰輯　清同治十一年(1872)刻本　四册

340000－1801－0019842　4:33552－4:33561
寧都三魏全集八十三卷　(清)林時益輯　清易堂刻本　十册　存二十七卷(日錄三卷、魏興士文集六卷、魏昭士文集十卷、魏敬士文集八卷)

340000－1801－0019843　4:33646
蓮塘朱公家慶集不分卷　(清)朱□撰　清同治石印本　一册

340000－1801－0019844　4:33647
慎餘堂壽言不分卷　(清)李國模等輯　清宣統元年(1909)皖城刻本　一册

340000－1801－0019845　4:33648－4:33652
合肥相國七十賜壽圖不分卷　(清)衛桂森等撰詞　(清)周馥壽圖　清石印本　五册

340000－1801－0019846　4:33653－4:33657
合肥相國七十賜壽圖不分卷壽言一卷　(清)衛桂森等撰詞　(清)周馥壽圖　清光緒十八年(1892)石印本　六册

340000－1801－0019847　4:33658－4:33659
建德尚書七十賜壽圖不分卷　(清)衛桂森等撰詞　(清)周馥壽圖　清末石印本　二册

340000－1801－0019848　4:33660－4:33661
建德尚書七十賜壽圖不分卷壽言一卷　(清)衛桂森等撰詞　(清)周馥壽圖　清光緒三十二年(1906)石印本　二册

340000－1801－0019849　4:33664－4:33667
鄉黨應酬六卷　(清)鄧炳震輯　清光緒十一年(1885)刻本　四册

340000－1801－0019850　4:33668
澹園公祭文不分卷　(清)□□撰　清乾隆抄本　一册

340000－1801－0019851　4:33964－4:33975
家書十卷家訓二卷　(清)曾國藩撰　清光緒五年(1879)傳忠書局刻本　十二册

340000－1801－0019852　4:33976－4:33987
家書十卷家訓二卷　(清)曾國藩撰　清光緒五年(1879)傳忠書局刻本　十二册

340000－1801－0019853　4:33988－4:33999
家書十卷家訓二卷　(清)曾國藩撰　清光緒五年(1879)傳忠書局刻本　十二册

340000－1801－0019854　4:34002－4:34009
曾文正公家書十卷家訓二卷附二種　(清)曾國藩撰　清光緒鉛印本　八册

340000－1801－0019855　4:34010－4:34021
曾文正公家書十卷家訓二卷　(清)曾國藩撰　清刻本　十二册

340000－1801－0019856　4:34030－4:34035
曾文正公家書十卷家訓二卷榮哀錄一卷大事記四卷　(清)曾國藩撰　清光緒二十九年(1903)石印本　六册

340000－1801－0019857　4:34036－4:34041
曾文正公家書十卷家訓二卷大事記四卷榮哀錄一卷　(清)曾國藩撰　清光緒十四年(1888)鉛印本　六册

340000－1801－0019858　4:34042－4:34061
曾文正公書劄三十三卷　(清)曾國藩撰　清光緒十三年(1887)申報館影印本　二十册

340000－1801－0019859　4:26306－4:26309
荊圃倡和集詩八卷聯句二卷詞二卷　(清)楊芳燦輯　清嘉慶四年(1799)刻本　四册

340000－1801－0019860　4:26325
池上題襟小集不分卷　(清)譚獻輯　清光緒刻復堂類稿本　一册

340000－1801－0019861　4:26326
寒山舊廬詩不分卷　(清)梁山舟選定　清乾

隆刻本　一册

340000－1801－0019862　4:26327－4:26336
和聲集六卷首二卷二集四卷　(清)沈德潛　(清)王居正定　清乾隆刻本　十册

340000－1801－0019863　4:26337－4:26340
鴛水聯吟集二卷　(清)岳鴻慶等輯　清道光刻本　四册

340000－1801－0019864　4:26341－4:26344
鴛水聯吟集二卷　(清)岳鴻慶等輯　清道光刻本　四册

340000－1801－0019865　4:26345－4:26348
薰風協奏集四卷　(清)王又曾輯　清乾隆二十三年(1758)文映書屋刻本　四册

340000－1801－0019866　4:26349－4:26350
郢中酬唱集五卷　(清)謝朝徵輯　清光緒元年(1875)雲海樓刻本　二册

340000－1801－0019867　4:26351
郢中酬唱集五卷　(清)謝朝徵輯　清光緒元年(1875)雲海樓刻本　一册

340000－1801－0019868　4:26352
淮海倡和詩鈔三卷續一卷　(清)萬鏞編　清道光六年(1826)刻本　一册

340000－1801－0019869　4:26356
三釜齋酬唱小錄不分卷　(清)姚濬昌撰　清光緒刻本　一册

340000－1801－0019870　4:26358
仙緣留詠唱和集不分卷　(清)龔鎮湘輯　清光緒鉛印本　一册

340000－1801－0019871　4:26361
玉玲瓏館盆梅唱和集不分卷　(清)顧開均輯　清刻本　一册

340000－1801－0019872　4:26362
題張蕉衫平山堂唱和詩不分卷　(清)張達輯　清刻本　一册

340000－1801－0019873　4:26363
秋海棠唱和詩不分卷　(清)汪補愚輯　清刻本　一册

340000－1801－0019874　4:26365
並蒂芙蓉館倡酬集鈔選不分卷　(清)□□撰　清妙吉祥室抄本　一册

340000－1801－0019875　4:26369－4:26370
擊鉢吟偶存二卷二集二卷三集二卷四集二卷五集二卷六集二卷七集二卷　(清)曾元海等輯　清道光二十五年至同治九年(1845－1870)刻本　二册　存二卷(四集一至二)

340000－1801－0019876　4:26371
擊鉢吟存稿四卷　(清)郭柏蔭撰　清刻本　一册

340000－1801－0019877　4:26372
清華唱和集不分卷詞一卷　(清)許應鎔輯　清刻本　一册

340000－1801－0019878　4:26373
清華唱和集不分卷詞一卷　(清)許應鎔輯　清刻本　一册

340000－1801－0019879　4:26374
清華唱和集不分卷詞一卷　(清)許應鎔輯　清刻本　一册

340000－1801－0019880　4:26375
嚶鳴館春風疊唱集不分卷　(清)孫點輯　清光緒十五年(1889)刻本　一册

340000－1801－0019881　4:26376
粵闈唱和集不分卷　(清)劉湘年輯　清同治十年(1871)刻本　一册

340000－1801－0019882　4:26377
今雨詩續集不分卷　(清)周階平輯　清宣統二年(1910)稿本　一册

340000－1801－0019883　4:26378
二雨唱酬集不分卷　(清)周階平輯　清光緒二十三年(1897)稿本　一册

340000－1801－0019884　4:26379
且園賡唱集三卷　(清)方鼎鋭輯　清同治十三年(1874)且園刻本　一册

340000－1801－0019885　4:26380－4:26381
辛壬韓江唱酬集四卷　(清)洪梧輯　清刻本　二冊

340000－1801－0019886　4:26382－4:26383
漸源唱和集四卷　(清)王詠霓輯　清光緒二十六年(1900)刻本　二冊

340000－1801－0019887　4:26384－4:26385
漸源唱和集四卷　(清)王詠霓輯　清光緒二十五年(1899)刻本　二冊

340000－1801－0019888　4:26386
甲午秋闈唱和集不分卷　(清)潘尚志輯　清潘靜儉堂刻本　一冊

340000－1801－0019889　4:26359
林深吟唱和集不分卷　江峰青集　清宣統三年(1911)刻本　一冊

340000－1801－0019890　4:26360
林深吟唱和集不分卷　江峰青集　清宣統三年(1911)刻本　一冊

340000－1801－0019891　4:26387
桃花村蓋簪錄不分卷　江峰青等作　清光緒三十四年(1908)石印本　一冊

340000－1801－0019892　4:26388
桃花村蓋簪錄不分卷　江峰青等作　清光緒三十四年(1908)石印本　一冊

340000－1801－0019893　4:26389
齊太史移居倡酬集四卷　(清)齊毓川輯　清宣統二年(1910)國學扶輪社鉛印本　一冊

340000－1801－0019894　4:26398
春雪集六卷詩餘一卷　(清)李筠嘉輯　清帶鋤山館刻本　一冊

340000－1801－0019895　4:26400
湘煙小錄四卷　(清)陳孟楷輯　清道光四年(1824)刻本　一冊

340000－1801－0019896　4:26402－4:26403
宿遊倡和草二卷　(清)洪錫慶輯　清道光刻本　二冊

340000－1801－0019897　4:26404－4:26405
宿遊倡和草二卷　(清)洪錫慶輯　清道光刻本　二冊

340000－1801－0019898　4:26408－4:26411
晚香倡和集六卷　(清)陶樑輯　**夢遊仙館集一卷**　清道光二十三年(1843)刻本　四冊

340000－1801－0019899　4:26412
皖江同聲集十卷　(清)胡鳳丹輯　清同治永康胡氏退補齋刻本　一冊

340000－1801－0019900　4:26413
皖江同聲集十卷　(清)胡鳳丹輯　清同治永康胡氏退補齋刻本　一冊

340000－1801－0019901　4:26414
皖江同聲集十卷　(清)胡鳳丹輯　清同治永康胡氏退補齋刻本　一冊

340000－1801－0019902　4:26415－4:26416
鄂渚同聲集正編二十卷　(清)胡鳳丹輯　清同治永康胡氏退補齋刻本　二冊

340000－1801－0019903　4:26417
鴻雪聯吟不分卷　(清)林昌彝撰　清同治七年(1868)廣州刻本　一冊

340000－1801－0019904　4:26418
鴻雪聯吟不分卷　(清)林昌彝撰　清同治七年(1868)廣州刻本　一冊

340000－1801－0019905　4:26419
鴻雪聯吟不分卷　(清)林昌彝撰　清同治七年(1868)廣州刻本　一冊

340000－1801－0019906　4:26420－4:26427
清尊集十六卷　(清)汪遠孫輯　清武林刻本　八冊

340000－1801－0019907　4:26428－4:26431
清尊集十六卷　(清)汪遠孫輯　清道光十九年(1839)汪氏振綺堂刻本　四冊

340000－1801－0019908　4:26432－4:26435
清尊集十六卷　(清)汪遠孫輯　清道光十九年(1839)汪氏振綺堂刻本　四冊

340000－1801－0019909　4:26456
五湖漁社詩四卷　(清)□□撰　清刻本　一冊

340000－1801－0019910　4:26457
湘社集四卷　易順鼎　程頌萬編　清光緒二十七年(1901)長沙刻本　一冊

340000－1801－0019911　4:26458
酒詩不分卷抄稿一卷　(明)姜立綱撰　清刻本　一冊

340000－1801－0019912　4:26460
癸未重九燕集編不分卷　(清)孫點輯　清鉛印本　一冊

340000－1801－0019913　4:26461
戊子重九燕集編不分卷枕流館燕集編一卷　(清)孫點輯　清光緒十四年(1888)鉛印本　一冊

340000－1801－0019914　4:26462－4:26465
四友遺詩十三卷　(清)黎庶昌輯　清光緒二十年(1894)川東道署刻本　四冊

340000－1801－0019915　4:26466
塵思不分卷　(清)余棨輯　清宣統三年(1911)鉛印本　一冊

340000－1801－0019916　4:26467
塵思不分卷　(清)余棨輯　清宣統三年(1911)鉛印本　一冊

340000－1801－0019917　4:26471
崑侖亞詠集二卷附曲中九友詩一卷　葉德輝撰　清光緒三十年(1904)刻本　一冊

340000－1801－0019918　4:26473
清貽館朋舊詩文存二卷附錄一卷　(清)石廣均輯　清刻本　一冊

340000－1801－0019919　4:26476－4:26477
雪鴻偶鈔詩四卷詞一卷　(清)鞠世珍輯　清光緒四年(1878)刻本　二冊

340000－1801－0019920　4:26478
廬山詩錄四卷　(清)陳三立輯　清光緒十九年(1893)刻本　一冊

340000－1801－0019921　4:26479
樂數軒詠菊詩不分卷　(清)汪樵隣輯　清刻本　一冊

340000－1801－0019922　4:26482
仕隱圖題詞不分卷木犀香館詩草一卷都門唱和詩一卷　(清)范志熙輯　清咸豐七年(1857)刻本　一冊

340000－1801－0019923　4:26483
撾鼓圖不分卷勸愛圖一卷濡慕圖一卷　(清)□□撰　清刻本　一冊

340000－1801－0019924　4:26485－4:26486
頤園題詠集四卷　(清)胡敬輯　清刻本　二冊

340000－1801－0019925　4:26487－4:26488
花窗夢影圖六卷　(清)程懋政輯　清道光刻本　二冊

340000－1801－0019926　4:26489
花窗夢影圖諸賢贈言六卷　(清)程端本輯　清道光二十二年(1842)刻本　一冊

340000－1801－0019927　4:26490
花窗夢影圖題詠五卷　(清)程端本輯　清道光二十二年(1842)刻本　一冊

340000－1801－0019928　4:26633－4:26634
先民酬唱集不分卷　(清)楊克勤等書　題(清)立雪山房輯　清稿本　二冊

340000－1801－0019929　4:26635
小瀛洲春禊倡酬集不分卷　(清)成邦幹撰　清光緒十三年(1887)刻本　一冊

340000－1801－0019930　4:26636
小瀛洲春禊倡酬集不分卷　(清)成邦幹撰　清光緒十三年(1887)刻本　一冊

340000－1801－0019931　4:26641－4:26644
隨園續同人集十七卷　(清)袁枚輯　清刻本　四冊　缺四卷(十四至十七)

340000－1801－0019932　4:26645－4:26646
蓮廊雅集二卷　江峰青輯　清光緒二十年(1894)刻本　二冊

340000－1801－0019933　4:26647
重行行唱酬集不分卷　江峰青輯　清光緒二十三年(1897)刻本　一册

340000－1801－0019934　4:26653
雲獲落花詩社匯鈔不分卷　(清)麟光輯　清同治抄本　一册

340000－1801－0019935　4:26656
十台詩不分卷後十台詩一卷　(清)潘世鏞等撰　**二十台和詩一卷**　清道光十一年(1831)刻本　一册

340000－1801－0019936　4:29598－4:29601
漢上消閒社詩鈔八卷文鈔二卷外編三卷附社主集五卷　(清)宦應清輯　清宣統二年(1910)漢口振華印書館鉛印本　四册

340000－1801－0019937　4:48388
小元池仙館詩詞一卷　(清)李嶽生撰　清光緒三十一年(1905)邵陽魏氏上海文寶書局石印李氏倡隨集本　一册

340000－1801－0019938　4:047878
門存倡和詩鈔十卷續刻三卷　(清)□□撰　清刻本　一册　缺七卷(門存倡和詩鈔一至七)

340000－1801－0019939　4:26492
雲泉思退圖題詠不分卷　(清)程世麟輯　清光緒八年(1882)梨雲館刻本　一册

340000－1801－0019940　4:26495
負米讀書補圖題詠不分卷　(清)丁燦輯　清同治十三年(1874)刻本　一册

340000－1801－0019941　4:26499
涉圖題詠不分卷　(清)張皓撰　(清)張鶴徵輯　清宣統三年(1911)商務印書館鉛印本　一册

340000－1801－0019942　4:26501－4:26504
吾與彙編十卷　(清)毛懷輯　清嘉慶刻本　四册

340000－1801－0019943　4:26505－4:26507
五湖漁莊圖題詞四卷附太湖竹枝詞二卷　(清)葉承桂輯　清咸豐三年(1853)石林園刻本　三册

340000－1801－0019944　4:26508－4:26511
泛槎圖四集四卷　(清)張寶撰　清嘉慶二十四年(1819)羊城刻本　四册

340000－1801－0019945　4:26512－4:26515
泛槎圖一卷續泛槎圖一卷續泛槎圖三集一卷艤槎圖四集一卷灕江汎櫂圖五集一卷續泛槎圖六集一卷　(清)張寶撰　清嘉慶刻本　四册　存四卷(泛槎圖一卷、續泛槎圖一卷、續泛槎圖三集一卷、艤槎圖四集一卷)

340000－1801－0019946　4:26516
悼紅吟不分卷　(清)管斯駿輯　清光緒十年(1884)管氏刻本　一册

340000－1801－0019947　4:26517
魏塘南浦吟不分卷　江峰青輯　清光緒二十六年(1900)刻本　一册

340000－1801－0019948　4:26518
魏塘南浦吟不分卷　江峰青輯　清光緒二十六年(1900)刻本　一册

340000－1801－0019949　4:26519
柳洲亭折柳詞一卷謙山鴻印集一卷重行行唱酬集一卷　江峰青輯　清光緒刻本　一册

340000－1801－0019950　4:26520
柳洲亭折柳詞一卷謙山鴻印集一卷重行行唱酬集一卷　江峰青輯　清光緒刻本　一册

340000－1801－0019951　4:26537－4:26540
慕萊堂詩文徵存八卷　(清)李維翰輯　清光緒刻本　四册

340000－1801－0019952　4:26542
含飴堂續重遊壁水詩集不分卷續錄一卷　(清)李士林輯　清光緒十六年(1890)含飴堂刻本　一册

340000－1801－0019953　4:26550－4:26553
花甲閒談十六卷首一卷　(清)張維屏撰

（清）葉夢草繪　清道光刻本　四冊

340000－1801－0019954　4：26554
延津士民贈行詩鈔不分卷中州草一卷　（清）王煦輯　清道光五年（1825）寫刻本　一冊

340000－1801－0019955　4：26555
桐城餘韻不分卷　（清）吳汝澄輯　清光緒二十九年（1903）鉛印本　一冊

340000－1801－0019956　4：26556
琴江同人贈別詩不分卷　（清）潘尚志輯　清光緒十九年（1893）刻本　一冊

340000－1801－0019957　4：26557
琴江同人贈別詩不分卷　（清）潘尚志輯　清光緒十九年（1893）刻本　一冊

340000－1801－0019958　4：26558
壽春留別詩草不分卷　（清）曾道唯輯　清光緒刻本　一冊

340000－1801－0019959　4：26561
西泠話別集不分卷　（清）馬駟良輯　清光緒十三年（1887）景樓鉛印本　一冊

340000－1801－0019960　4：26562
新安送別詩不分卷　（清）金鼎壽輯　清道光十八年（1838）刻本　一冊

340000－1801－0019961　4：26563
新安送別詩不分卷　（清）金鼎壽輯　清道光十九年（1839）刻本　一冊

340000－1801－0019962　4：26564－4：26573
罷讀樓匯刻贈言十卷　（清）陳乃雲輯　清道光十八年（1838）刻本　十冊

340000－1801－0019963　4：26574
淶河驪唱不分卷　（清）周家駒輯　清光緒三十三年（1907）木活字印本　一冊

340000－1801－0019964　4：26575
留別龍南寅友唱和集不分卷　（清）倪望隆撰　清光緒刻本　一冊

340000－1801－0019965　4：26576
宦海鴻泥不分卷　（清）蔡世信輯　清光緒三十四年（1908）刻本　一冊

340000－1801－0019966　4：26580－4：26583
海天琴思錄八卷　（清）林昌彝輯　清同治刻本　四冊

340000－1801－0019967　4：26584－4：26587
於湖題襟集不分卷　（清）袁昶輯　清光緒二十一年（1895）刻本　四冊

340000－1801－0019968　4：26588
邗上題襟集不分卷　（清）曾燠輯　清乾隆兩淮鹽署刻本　一冊

340000－1801－0019969　4：14306－4：14307
紅樓夢圖詠不分卷附錄三卷　（清）改琦繪　清光緒八年（1882）點石齋石印本　二冊

340000－1801－0019970　4：26589－4：26592
紅樓夢圖詠不分卷　（清）改琦繪　清刻本　一冊

340000－1801－0019971　4：26593－4：26596
紅樓夢圖詠不分卷　（清）改琦繪　清刻本　一冊

340000－1801－0019972　4：26597－4：26600
紅樓夢圖詠不分卷　（清）改琦繪　清刻本　一冊

340000－1801－0019973　4：26601－4：26602
紅樓夢圖詠不分卷　（清）改琦繪　清刻本　一冊

340000－1801－0019974　4：26603－4：26605
紅樓夢圖詠不分卷　（清）改琦繪　清刻本　一冊

340000－1801－0019975　4：26606－4：26607
登瀛社稿三刻二卷　（清）張澐卿選　清光緒元年（1875）刻本　二冊

340000－1801－0019976　4：26608
紅樓夢二百詠二卷　（清）黃昌麟撰　（清）丁日昌　（清）黃劍評　清刻本　一冊　存一卷（上）

340000－1801－0019977　4：26609－4：26612

蓮因集八卷　(清)錢士杓　(清)嚴景華選　清光緒十六年(1890)釋能啟刻本　四冊

340000－1801－0019978　4:26613
濫竽詩稿不分卷　吳廷燮撰　清抄本　一冊

340000－1801－0019979　4:26614
獨秀峰題壁詩等匯鈔　(清)陳繼昌等撰　清抄本　一冊

340000－1801－0019980　4:26615
還圃隨錄不分卷　題(清)四還堂主撰　(明)鄭麟輯　清抄本　一冊

340000－1801－0019981　4:26617
鴛央湖櫂歌一卷　(清)朱彝尊撰　(清)朱芳衡校　續和三卷　(清)譚吉璁撰　(清)陸以誠　(清)張燕昌續撰　清刻本　一冊

340000－1801－0019982　4:26618
桐溪記略題辭不分卷　(清)朱緒曾等撰　清刻本　一冊

340000－1801－0019983　4:26619
東甌留別和章二卷　(清)戴槃輯　清刻本　一冊

340000－1801－0019984　4:26620
書種園題詠不分卷　(清)潘耀選輯　清刻本　一冊

340000－1801－0019985　4:26621
同聲吟不分卷　(清)楊文舉輯　清抄本　一冊

340000－1801－0019986　4:26623
紫雲峰唱和集不分卷　江峰青等撰　清刻本　一冊

340000－1801－0019987　4:26624
紫雲峰唱和集不分卷　江峰青等撰　清刻本　一冊

340000－1801－0019988　4:26625
詩集不分卷　(清)□□撰　清初抄本　一冊

340000－1801－0019989　4:26628
南沙贈言不分卷　(清)蔣犀林輯　清光緒金粟山房刻本　一冊

340000－1801－0019990　4:26632
池陽唱和集二卷　題(清)六潭居士編　清光緒鉛印本　一冊

340000－1801－0019991　4:26637－4:26640
百美新詠一卷圖傳一卷集詠一卷　(清)顏希源輯　(清)王翽繪圖　清嘉慶刻本　四冊

340000－1801－0019992　4:24769－4:24796
御定佩文齋詠物詩選四百八十六卷　(清)汪霦等輯　清乾隆清吟閣刻本(有補配)　二十八冊

340000－1801－0019993　4:24797
集杜閨情詩不分卷　(清)汪梅影輯　清嘉慶十三年(1808)木活字印本　一冊

340000－1801－0019994　4:24810－4:24813
詠物詩選注釋八卷　(元)俞琰輯　(清)易開縉　(清)孫洊鳴選注　清乾隆四十九年(1784)刻本　四冊

340000－1801－0019995　4:24814－4:24817
詠物詩選注釋八卷　(元)俞琰輯　(清)易開縉　(清)孫洊鳴選注　清刻本　四冊

340000－1801－0019996　4:24818－4:24821
詠物詩選八卷　(元)俞琰輯　清雍正刻本　四冊

340000－1801－0019997　4:24823
百豔詩不分卷　(清)高天祿箋釋　清康熙四十六年(1707)刻本　一冊

340000－1801－0019998　4:33645
休陽隆阜戴氏仿陶園題詠合璧不分卷　(清)戴□撰　清刻本　一冊

340000－1801－0019999　4:4547－4:4550 善
百美新詠不分卷　(清)顧鏞輯　清乾隆刻本　四冊

340000－1801－0020000　4:047882
歷代詠物詩選八卷　(清)潘德輿撰　清寧儉堂刻本　一冊　存四卷(一至四)

340000－1801－0020001　4:047883
諸家詠杜附錄二卷　(清)仇兆鼇輯　清刻本　一册　存一卷(上)

340000－1801－0020002　4:047867
古今尺牘大全八卷　(清)□□撰　清刻本　一册　存二卷(七至八)

340000－1801－0020003　4:6119－4:6128 善
國朝七名公尺牘八卷　(明)屠隆輯　明萬曆文斐堂刻本　十册

340000－1801－0020004　4:20966－4:20971
桐城吳先生尺牘七卷　(清)吳汝綸撰　清光緒吳氏刻本　五册

340000－1801－0020005　4:20972－4:20977
精刊吳摯甫尺牘五卷補遺一卷諭兒書一卷　(清)吳汝綸撰　清國學扶輪社石印本　六册

340000－1801－0020006　4:20978－4:20988
精刊吳摯甫尺牘五卷補遺一卷諭兒書一卷　(清)吳汝綸撰　清國學扶輪社石印本　十一册　缺一卷(補遺一卷)

340000－1801－0020007　4:20989－4:21000
吳摯甫尺牘五卷補遺一卷諭兒書一卷　(清)吳汝綸撰　清宣統二年(1910)國學扶輪社石印本　十二册

340000－1801－0020008　4:33563－4:33566
八賢手劄不分卷　(清)□□撰　清宣統元年(1909)上海同文書局石印本　四册

340000－1801－0020009　4:33567－4:33570
五十名家書劄不分卷　(清)□□撰　清光緒二十年(1894)上海復古齋石印本　四册

340000－1801－0020010　4:33777－4:33780
歸震川先生尺牘二卷　(明)歸有光撰　清康熙三十八年(1699)刻本　四册

340000－1801－0020011　4:33782
歸震川先生尺牘二卷　(明)歸有光撰　清康熙三十八年(1699)刻本　一册

340000－1801－0020012　4:33781
左忠毅公尺牘不分卷　(明)左光斗撰　清光緒十八年(1892)張鴻茂刻本　一册

340000－1801－0020013　4:16711
龔端毅公手劄不分卷　(清)龔鼎孳撰　清刻手蹟本　一册

340000－1801－0020014　4:16712
龔端毅公手劄不分卷　(清)龔鼎孳撰　清刻手蹟本　一册

340000－1801－0020015　4:16713
龔端毅公手劄不分卷　(清)龔鼎孳撰　清刻手蹟本　一册

340000－1801－0020016　4:33784－4:33785
倦圃尺牘二卷　(清)曹溶撰　清刻本　二册

340000－1801－0020017　4:33786－4:33787
倦圃尺牘二卷　(清)曹溶撰　清刻本　二册

340000－1801－0020018　4:33788－4:33799
繡虎軒尺牘二十四卷　(清)曹煜撰　清康熙傳萬堂刻本　十二册

340000－1801－0020019　4:33800－4:33811
繡虎軒尺牘八卷二集八卷三集八卷　(清)曹煜撰　清康熙刻本　十二册

340000－1801－0020020　4:33812－4:33823
繡虎軒尺牘八卷二集八卷三集八卷　(清)曹煜撰　清康熙刻本　十二册

340000－1801－0020021　4:33824
新安啟稿不分卷　(清)王紹甫輯　清康熙抄本　一册

340000－1801－0020022　4:33825
陳文恭公手劄節要三卷　(清)陳弘謀撰　清光緒東莞鄧氏刻本　一册

340000－1801－0020023　4:33826
陳文恭公手劄節要三卷　(清)陳弘謀撰　清同治七年(1868)崇文書局刻本　一册

340000－1801－0020024　4:33827
陳文恭公手劄節要三卷　(清)陳弘謀撰　清同治七年(1868)崇文書局刻本　一册

340000－1801－0020025　4:33828

陳文恭公手劄節要三卷　(清)陳弘謀撰　清同治七年(1868)崇文書局刻本　一冊

340000－1801－0020026　4:33829
陳文恭公手劄節要三卷　(清)陳弘謀撰　清同治七年(1868)崇文書局刻本　一冊

340000－1801－0020027　4:33830
陳文恭公手劄節要三卷　(清)陳弘謀撰　清同治七年(1868)崇文書局刻本　一冊

340000－1801－0020028　4:33831
陳文恭公手劄節要三卷　(清)陳弘謀撰　清道光二十六年(1846)刻本　一冊

340000－1801－0020029　4:33832
陳文恭公手劄節要三卷　(清)陳弘謀撰　清道光存惺齋刻本　一冊

340000－1801－0020030　4:33833
陳文恭公手劄節要三卷　(清)陳弘謀撰　清光緒五年(1879)隨緣度日處木活字印本　一冊

340000－1801－0020031　4:33834－4:33835
培遠堂手劄二卷　(清)陳弘謀撰　清宣統掃葉山房石印本　二冊

340000－1801－0020032　4:33836－4:33838
培遠堂手劄節存三卷　(清)陳弘謀撰　清同治十三年(1874)刻本　三冊

340000－1801－0020033　4:33839－4:33841
培遠堂手劄節存三卷　(清)陳弘謀撰　清同治三年(1864)粵西射雕山館刻本　三冊

340000－1801－0020034　4:33842
培遠堂手劄節存三卷　(清)陳弘謀撰　清同治十一年(1872)江蘇書局刻本　一冊

340000－1801－0020035　4:33843
培遠堂手劄節存不分卷　(清)陳弘謀撰　清光緒閩藩署刻本　一冊

340000－1801－0020036　4:33844－4:33845
尺牘合璧四卷　(清)許思湄撰　清光緒十三年(1887)同文書局石印本　二冊

340000－1801－0020037　4:33846－4:33851
尺牘一隅七卷　(清)陳大溶撰　清道光十六年(1836)刻本　六冊

340000－1801－0020038　4:33852－4:33853
有正味齋尺牘二卷　(清)吳錫麒撰　清光緒申報館鉛印本　二冊

340000－1801－0020039　4:33854－4:33857
玉餘尺牘附編八卷　(清)莊士敏纂　清光緒六年(1880)武林鉛印本　四冊

340000－1801－0020040　4:33858－4:33861
玉餘尺牘附編八卷　(清)莊士敏撰　清光緒六年(1880)大亭山館刻本　四冊

340000－1801－0020041　4:33862－4:33863
餐花室尺牘叢殘二卷　題(清)桐江漁隱撰　清咸豐上海刻本　二冊

340000－1801－0020042　4:33872－4:33873
雙魚偶存二卷　(清)朱穎撰　(清)申萬錦校　清乾隆綠蔭堂刻本　二冊

340000－1801－0020043　4:33874－4:33875
雙魚偶存二卷　(清)朱穎撰　清乾隆三十九年(1774)刻本　二冊

340000－1801－0020044　4:33881－4:33884
秋水軒尺牘四卷　(清)許思湄撰　清咸豐刻本　四冊

340000－1801－0020045　4:33889－4:33890
秋水軒尺牘四卷　(清)許思湄撰　清道光十五年(1835)刻本　二冊

340000－1801－0020046　4:33877－4:33880
秋水軒尺牘四卷　(清)許思湄撰　清同治十二年(1873)刻本　四冊

340000－1801－0020047　4:33885－4:33888
秋水軒尺牘注釋四卷　(清)許思湄撰　清光緒七年(1881)刻朱墨套印本　四冊

340000－1801－0020048　4:33891－4:33894
詳校補注秋水軒尺牘四卷　(清)許思湄撰　清光緒十年(1884)蘇城管氏刻本　四冊

340000－1801－0020049　4:33895－4:33898
詳校補注秋水軒尺牘四卷　(清)許思湄撰　清光緒十年(1884)管氏刻本　四册

340000－1801－0020050　4:33899－4:33902
詳校補注秋水軒尺牘四卷　(清)許思湄撰　清光緒十年(1884)管氏刻本　四册

340000－1801－0020051　4:33940－4:33943
適軒尺牘八卷　(清)徐菊生撰　清光緒四年(1878)刻本　四册

340000－1801－0020052　4:33944－4:33947
適軒尺牘八卷　(清)徐菊生撰　清光緒四年(1878)刻本　四册

340000－1801－0020053　4:33948－4:33951
適軒尺牘八卷　(清)徐菊生撰　清同治十年(1871)蘇州刻本　四册

340000－1801－0020054　4:33952－4:33959
雨亭尺牘六卷　(清)林欽潤撰　清道光二十三年(1843)緑蘋寄舫刻本　八册

340000－1801－0020055　4:33960－4:33961
周文忠公尺牘二卷　(清)周天爵撰　清同治七年(1868)蘇松太道署刻本　二册

340000－1801－0020056　4:33962
周文忠公尺牘二卷附録一卷　(清)周天爵撰　清同治七年(1868)蘇松太道署刻本　一册

340000－1801－0020057　4:33963
周文忠公尺牘二卷附録一卷　(清)周天爵撰　清同治七年(1868)蘇松太道署刻本　一册

340000－1801－0020058　4:34000－4:34001
曾文正洋務尺牘二卷　(清)曾國藩撰　清刻本　二册

340000－1801－0020059　4:34064－4:34065
六梅書屋尺牘四卷　(清)淩丹陛撰　清同治十一年(1872)申報館鉛印本　二册

340000－1801－0020060　4:34140－4:34142
古今尺牘大全八卷　(清)李漁纂輯　清康熙二十七年(1688)抱青閣刻本　三册

340000－1801－0020061　4:34144－4:34145
明人尺牘選四卷　(清)王元勳　(清)程化騄編　清康熙四十四年(1705)刻本　二册

340000－1801－0020062　4:34146－4:34148
明人尺牘三卷　(清)王元勳　(清)程化騄輯　清康熙姑蘇刻本　三册

340000－1801－0020063　4:34149－4:34154
增訂繡虎軒尺牘全集書啟合璧十三卷　(清)張宗橚輯　(清)汪孝鍾校　清務本堂刻本　六册

340000－1801－0020064　4:3416－4:3423 善
車書樓匯輯各名公四六爭奇八卷　(明)許以忠選輯　明萬曆四十八年(1620)刻本　八册

340000－1801－0020065　4:34163－4:34177
賴古堂名賢尺牘新鈔十五卷　(清)周亮工撰　(清)高阜　(清)羅燿選　(清)周在浚　(清)周在梁抄　清宣統三年(1911)上海國學扶輪社石印本　十五册

340000－1801－0020066　4:34178－4:34182
重刻賴古堂尺牘新鈔三選結鄰集十五卷　(清)周亮工撰　(清)周在梁　(清)周在浚　(清)周在延輯　清宣統三年(1911)國學扶輪社石印道光雷學淦刻本　五册

340000－1801－0020067　4:34371－4:34375
賴古堂尺牘新鈔二選藏弆集(賴古堂二刻)十六卷　(清)周亮工撰　(清)周在梁　(清)周在浚　(清)周在延輯　清康熙刻本　五册

340000－1801－0020068　4:34376－4:34383
重刻賴古堂尺牘新鈔三選結鄰集(賴古堂尺牘新鈔三選結鄰集)十六卷　(清)周亮工撰　(清)周在梁　(清)周在浚　(清)周在延輯　(清)龔鉽校　清道光雷學淦刻本　八册

340000－1801－0020069　4:34183－4:34188
重刻賴古堂尺牘新鈔三選結鄰集(賴古堂尺牘新鈔三選結鄰集)十六卷　(清)周亮工撰　(清)周在梁　(清)周在浚　(清)周在延輯　(清)龔鉽校　清道光雷學淦刻本　六册

340000－1801－0020070　4:34317－4:34318
友聲集尺牘二卷　(清)黄澹園輯　清乾隆五十一年(1786)刻本　二册

340000－1801－0020071　4:34327－4:34328
小倉山房往還書劄全集十八卷　(清)袁枚著　(清)朱士俊　(清)沈錦垣編校　清光緒鉛印本　二册

340000－1801－0020072　4:34329－4:34330
小倉山房往還書劄全集十八卷　(清)袁枚著　(清)朱士俊　(清)沈錦垣編校　清光緒鉛印本　二册

340000－1801－0020073　4:34331－4:34332
尺牘三種三卷　(清)丁善儀等撰　清刻本　二册

340000－1801－0020074　4:34333－4:34340
歷代名賢手劄八卷　(明)蕭士珂輯　清光緒石印本　八册

340000－1801－0020075　4:34341－4:34342
名賢手劄不分卷　(清)郭慶藩輯　清光緒同文書局石印本　二册

340000－1801－0020076　4:34367－4:34370
名賢手劄墨蹟不分卷　(清)郭慶藩編　清光緒岵瞻堂摹刻真蹟本　四册

340000－1801－0020077　4:34384－4:34387
名賢手劄不分卷　(清)郭慶藩輯　清光緒十年(1884)岵瞻堂影印本　四册

340000－1801－0020078　4:34388－4:34393
胭脂牡丹六卷　(清)韓鄂不輯　清道光二十三年(1843)寶華樓刻本　六册

340000－1801－0020079　4:34402－4:34407
胭脂牡丹六卷　(清)韓鄂不撰　清道光二十三年(1843)澆書攤飯處刻本　六册

340000－1801－0020080　4:34394－4:34401
窺豹軒詞翰法程八卷　(清)姜棨輯　清嘉慶刻本　八册

340000－1801－0020081　4:34408－4:34411
知愧軒尺牘十六卷　(清)管士駿撰　清光緒五年(1879)管氏刻本　四册

340000－1801－0020082　4:34412－4:34415
知愧軒尺牘十六卷　(清)管士駿撰　清光緒五年(1879)管氏刻本　四册

340000－1801－0020083　4:34416－4:34419
飲香尺牘四卷　題(清)飲香居士編　清刻本　四册

340000－1801－0020084　4:34420－4:34431
半園尺牘二十五卷補遺六卷　題(清)靜福山人輯　清光緒十年(1884)刻本　十二册

340000－1801－0020085　4:34432－4:34433
尺牘初桄二卷　題(清)子虚氏輯　清光緒九年(1883)刻本　二册

340000－1801－0020086　4:34434－4:34435
尺牘初桄二卷　題(清)子虚氏輯　清光緒鉛印本　二册

340000－1801－0020087　4:34436－4:34439
尺牘初桄二卷　題(清)子虚氏輯　清光緒鉛印本　四册

340000－1801－0020088　4:34440－4:34443
尺牘初桄二卷　題(清)子虚氏輯　清光緒十七年(1891)石印本　四册

340000－1801－0020089　4:34444－4:34451
增注分類尺牘三十卷　(清)王虎榜編　清光緒十九年(1893)袖海山房石印本　八册

340000－1801－0020090　4:34452－4:34459
分類尺牘備覽三十卷　(清)王虎榜輯　清光緒十九年(1893)袖海山房石印本　八册

340000－1801－0020091　4:34477－4:34484
分類尺牘備覽三十卷　(清)王虎榜輯　清光緒十四年(1888)石印本　八册

340000－1801－0020092　4:34460－4:34466
分類尺牘備覽十卷續集四卷　(清)王虎榜輯　清光緒同文社鉛印本　八册

340000－1801－0020093　4:34467
古契便蒙不分卷　題(清)南窗侍者輯　清光

緒二十年(1894)鉛印本　一冊

340000－1801－0020094　4:34468
古契便蒙不分卷　題(清)南窗侍者輯　清光緒二十年(1894)鉛印本　一冊

340000－1801－0020095　4:34469
古契便蒙不分卷　題(清)南窗侍者輯　清光緒二十年(1894)鉛印本　一冊

340000－1801－0020096　4:34470－4:34476
分類尺牘三集十六卷　(清)嚴文傑編　清光緒二十三年(1897)上海書局石印本　七冊　存十五卷(一至二、四至十六)

340000－1801－0020097　4:34485
書腴便覽不分卷　(清)□□撰　清稿本　一冊

340000－1801－0020098　4:34486－4:34487
增注通問便集二卷　題(清)子虛氏輯注　清光緒二十年(1894)鉛印本　二冊

340000－1801－0020099　4:34488－4:34489
增注通問便集二卷　題(清)子虛氏輯注　清光緒二十年(1894)鉛印本　二冊

340000－1801－0020100　4:34490－4:34491
增注通問便集二卷　題(清)子虛氏輯注　清光緒二十年(1894)鉛印本　二冊

340000－1801－0020101　4:34498－4:34501
三百六十行必要尺牘二十一卷　(清)管斯駿撰　清光緒二十五年(1899)石印本　四冊

340000－1801－0020102　4:34502－4:34505
尺牘新裏新三卷看洋要訣一卷　題(清)浦濱逸史輯　清刻本　四冊

340000－1801－0020103　4:34506－4:34508
新撰普通尺牘三卷詳解一卷　清宣統二年(1910)上海商務印書館鉛印本　三冊

340000－1801－0020104　4:34546－4:34547
歷朝名媛尺牘二卷　題(清)水鏡山房輯　清刻朱墨套印本　二冊

340000－1801－0020105　4:34550－4:34551
歷朝名媛尺牘二卷　題(清)水鏡山房輯　清刻本　二冊

340000－1801－0020106　4:34552－4:34553
竹居小牘不分卷　(清)張士珩撰　清光緒刻本　二冊

340000－1801－0020107　4:34554－4:34555
竹居小牘不分卷　(清)張士珩撰　清光緒刻本　二冊

340000－1801－0020108　4:34556－4:34557
竹居小牘不分卷　(清)張士珩撰　清光緒刻本　二冊

340000－1801－0020109　4:34558－4:34567
酬世錦囊二十卷　(清)鄒景揚輯　清刻本　十冊

340000－1801－0020110　4:34568－4:34577
酬世錦囊二十卷　(清)鄒景揚輯　清刻本　十冊

340000－1801－0020111　4:34578－4:34585
雲林別墅纂輯酬世錦囊書啟續編四卷　(清)謝梅林　(清)鄒可庭輯　**酬世錦囊正家禮大成八卷**　(清)呂子振輯　清泉城吳氏刻本　八冊

340000－1801－0020112　4:34590－4:34593
熊襄愍公尺牘四卷　(明)熊廷弼撰　清光緒二十一年(1895)刻本　四冊

340000－1801－0020113　4:34625－4:34628
新刻通用尺牘見心集四卷　(清)汪文芳輯　清藜照堂刻本　四冊

340000－1801－0020114　4:34630－4:34653
昭代名人尺牘續集二十四卷　陶湘輯　清宣統三年(1911)影印本　二十四冊

340000－1801－0020115　4:34664－4:34665
名賢手劄不分卷　(清)郭慶藩輯　清光緒十年(1884)刻本　二冊

340000－1801－0020116　4:34666－4:34675
李文忠公譯署函稿二十卷　(清)吳汝綸輯　清光緒金陵刻本　十冊

340000－1801－0020117　4:34678－4:34703

李文忠公電稿　(清)吳汝綸編　清光緒金陵刻本　二十六册

340000－1801－0020118　4:3466 善

選刻四六夢花四卷　(明)戴文宗編　明萬曆二十六年(1598)新安戴氏學亶山房刻本　一册

340000－1801－0020119　4:3467 善

選刻四六夢花四卷　(明)戴文宗編　明萬曆二十六年(1598)新安戴氏學亶山房刻本　一册

340000－1801－0020120　4:3468－4:3483 善

岳石帆先生鑒定四六宙函三十卷　(明)李自榮輯　明天啓刻本　十六册

340000－1801－0020121　4:34727－4:34747

信劄家書匯輯不分卷　(清)□□撰　清稿本　二十一册

340000－1801－0020122　4:34748－4:34763

書劄不分卷　(清)汪廷棟輯　清光緒稿本　十六册

340000－1801－0020123　4:3637 善

玉茗堂尺牘六卷　(明)湯顯祖　(明)沈際飛撰　明刻本　一册

340000－1801－0020124　4:3638 善

淑艾齋尺牘三卷　(明)汪可進撰　明萬曆三十二年(1604)刻本　一册

340000－1801－0020125　4:3643 善

瑤箋不分卷　(明)郁浚紫選　明萬曆四十五年(1617)刻本　一册

340000－1801－0020126　4:3644－4:3647 善

尺牘雋言十二卷　(明)陳臣忠輯　明刻本　四册

340000－1801－0020127　4:3648－4:3649 善

新刻旁注四六類函十二卷　(明)朱錦輯　明吳繼武刻本　二册

340000－1801－0020128　4:3650－4:3655 善

尺牘清裁六十卷補遺一卷　(明)王世貞編　明崇禎刻本　六册

340000－1801－0020129　4:3656－4:3659 善

尺牘清裁六十卷　(明)王世貞編　明崇禎王世懋刻本　四册

340000－1801－0020130　4:3660－4:3661 善

新刻國朝名公尺牘類選十二卷　(明)吳之美選　明刻本　二册　存六卷(一至三、七至九)

340000－1801－0020131　4:3662－4:3663 善

鐫余元素先生國朝禮際往復名箋八卷　(明)余應灝編　明書林余氏雙峰堂刻本　二册

340000－1801－0020132　4:3664 善

筆媚牋十二卷　(明)楊慎選　明刻本　一册　存二卷(五至六)

340000－1801－0020133　4:3665－4:3674 善

如面談十六卷　(明)鍾惺輯　明末刻本　十一册

340000－1801－0020134　4:3675－4:3680 善

如面談十六卷　(明)鍾惺輯　明末刻本　六册

340000－1801－0020135　4:3681－4:3686 善

如面談二集十八卷　(明)鍾惺撰　明金閶奇賞齋刻本　六册

340000－1801－0020136　4:3687 善

鐫國朝名公翰藻超奇　(明)徐宗夔選　明刻本　一册　存五卷(一、四至五、十三至十四)

340000－1801－0020137　4:3688 善

刻精選百家錦繡聯六卷　題(明)竹溪主人輯　明末刻本　一册

340000－1801－0020138　4:3689 善

便信鈔不分卷　(清)吳壽仙撰　清稿本　一册

340000－1801－0020139　4:3690－4:3691 善

新刻國朝萬民通寶書簡百震春雷四卷　(明)徐京元編　明建邑書林稿本　二册

340000－1801－0020140　4:6239 善

信劄匯編不分卷　（清）彭玉麟　（清）李鴻章撰　稿本　一冊

340000－1801－0020141　4：047868
憑山閣新輯寫心集大全四卷　（清）陳枚選輯　清金陵文治堂刻本　一冊　存二卷（一至二）

340000－1801－0020142　4：047897－4：047899
名賢手劄不分卷　（清）瞿鴻禨輯　清光緒三十四年（1908）上洋海左書局石印本　三冊　缺一卷（卷八曾國荃手劄）

340000－1801－0020143　4：35099
集篆四種四卷　（清）吳受福輯　清光緒十一年（1885）石印本　一冊

340000－1801－0020144　4：35100
里居楹語錄存不分卷　江峰青撰　清刻本　一冊

340000－1801－0020145　4：35101
里居楹語錄存不分卷　江峰青撰　清刻本　一冊

340000－1801－0020146　4：35102
里居楹語錄存不分卷　江峰青撰　清刻本　一冊

340000－1801－0020147　4：35103
鶴銘集聯二卷　（清）陳藝　（清）陳任暘集　清光緒刻本　一冊

340000－1801－0020148　4：35105－4：35106
衲蘇集二卷　（清）何栻輯　清同治元年（1862）章門刻本　二冊

340000－1801－0020149　4：35107－4：35108
衲蘇集二卷　（清）何栻輯　清同治元年（1862）章門刻本　二冊

340000－1801－0020150　4：35114
榕園楹帖不分卷　（清）李彥章撰　清道光刻本　一冊

340000－1801－0020151　4：35115－4：35116
精選楹聯新編二卷　（清）俞樾撰　清宣統二年（1910）石印本　二冊

340000－1801－0020152　4：35121－4：35124
西湖楹聯四卷　（清）周慶祺輯　清光緒十五年（1889）知止軒刻本　四冊

340000－1801－0020153　4：35125－4：35128
西湖楹聯四卷　（清）周慶祺輯　清光緒十五年（1889）知止軒刻本　四冊

340000－1801－0020154　4：35129
莫愁湖楹聯便覽不分卷　（清）釋壽安輯　清光緒五年（1879）刻本　一冊

340000－1801－0020155　4：35130
莫愁湖楹聯便覽不分卷　（清）釋壽安輯　清光緒五年（1879）刻本　一冊

340000－1801－0020156　4：35131
莫愁湖楹聯便覽不分卷　（清）釋壽安輯　清光緒五年（1879）刻本　一冊

340000－1801－0020157　4：35132
莫愁湖楹聯便覽不分卷　（清）釋壽安輯　清光緒五年（1879）刻本　一冊

340000－1801－0020158　4：35133
黃鶴樓楹聯不分卷　（清）□□撰　清刻本　一冊

340000－1801－0020159　4：35153－4：35160
楹聯彙編八卷　（清）王榮輯　清光緒十九年（1893）石印本　八冊

340000－1801－0020160　4：35169－4：35170
楹聯集錦八卷　（清）□□撰　清光緒五年（1879）刻本　二冊

340000－1801－0020161　4：35171－4：35172
楹聯集錦八卷　（清）□□撰　清光緒五年（1879）刻本　二冊

340000－1801－0020162　4：24828－4：24843
古謠諺一百卷　（清）杜文瀾輯　清咸豐十一年（1861）秀水杜氏曼陀羅華閣刻本　十六冊

340000－1801－0020163　4：21759－4：21760
關中書院課士賦不分卷　（清）谷逢鈞等撰　清學源堂刻本　二冊

340000－1801－0020164　4:21773－4:21774
館課存稿四卷　(清)紀昀撰　清刻本　二册

340000－1801－0020165　4:26090－4:26095
紫陽家塾詩鈔二十四卷　(清)朱琦輯　清道光十二年(1832)涇縣朱氏培風閣刻本　六册

340000－1801－0020166　4:26072－4:26077
紫陽家塾詩鈔二十四卷　(清)朱琦輯　清光緒十一年(1885)秋樹山房刻本　六册

340000－1801－0020167　4:26078－4:26083
紫陽家塾詩鈔二十四卷　(清)朱琦輯　清光緒十一年(1885)刻本　六册

340000－1801－0020168　4:26084－4:26089
紫陽家塾詩鈔二十四卷　(清)朱琦輯　清光緒十一年(1885)刻本　六册

340000－1801－0020169　4:33691－4:33692
國朝舉業正規不分卷　(清)陳耀庚輯　清刻本　二册

340000－1801－0020170　4:33726
惠東頌言二卷　(清)陳銘編　清光緒三十三年(1907)刻本　一册

340000－1801－0020171　4:33729
浙江宦跡録不分卷　(清)石康侯輯　清光緒三十三年(1907)刻本　一册

340000－1801－0020172　4:33733
欽定狀元策不分卷　(清)趙以炯等撰　清光緒刻本　二册

340000－1801－0020173　4:4659 善
鼎鍥許爾鉉先生家藏應試急用注釋四六新編　(明)許鼎臣編集　(明)張劍光注釋　明萬曆刻本　一册

340000－1801－0020174　4:4576－4:4579 善
尚書擬題論旨四卷　(清)朱昇輯　清康熙六年(1667)刻本　四册

340000－1801－0020175　4:34764
唐試帖細論六卷　(清)魯之貞　(清)馬廷相評釋　清康熙五十四年(1715)趣陶園刻本　一册

340000－1801－0020176　4:34765－4:34768
唐試帖細論六卷　(清)魯之貞　(清)馬廷相評釋　清康熙五十四年(1715)趣陶園刻本　吴長榮批校　四册

340000－1801－0020177　4:34800－4:34811
同館試律匯鈔二十四卷續鈔三卷補鈔一卷　(清)法式善等編　清乾隆刻本　十二册

340000－1801－0020178　4:34812－4:34816
試帖金針八卷　(清)陸文彬輯　清嘉慶刻本　四册

340000－1801－0020179　4:34817－4:34820
庚辰集五卷　(清)紀昀輯　清刻本　四册

340000－1801－0020180　4:34821－4:34826
庚辰集五卷唐人試律説一卷　(清)紀昀輯　清刻本　六册

340000－1801－0020181　4:34827－4:34836
檉華館試帖匯鈔輯注十卷　(清)路德輯　清刻本　十册

340000－1801－0020182　4:34861－4:34862
帖體詩存箋注四卷　(清)宓如椿撰　清嘉慶二十年(1815)刻本　二册

340000－1801－0020183　4:34863－4:34864
帖體詩存八卷　(清)宓如椿撰　清嘉慶二十一年(1816)刻本　二册

340000－1801－0020184　4:34865－4:34868
聽黄鸝館詩賦讀本四卷　(清)宓如椿輯　清刻本　四册

340000－1801－0020185　4:34869－4:34872
琅華仙館試帖詩八卷　(清)顔宗儀撰　清光緒七年(1881)刻本　四册

340000－1801－0020186　4:34873
國朝試律攡藻集二卷　(清)程嘉訓輯　清刻本　一册

340000－1801－0020187　4:34904－4:34911
七家試帖輯註匯鈔九卷　(清)張昶注釋　(清)張熙宇輯評　清光緒十六年(1890)石渠山房刻本(有補配)　八册

340000－1801－0020188　4:34912－4:34913
桐雲閣試帖輯注二卷　(清)楊庚撰　清刻本　二册

340000－1801－0020189　4:34914－4:34915
桐雲閣試帖輯注二卷　(清)楊庚撰　清刻本　二册

340000－1801－0020190　4:34917－4:34920
試帖蓉初集四卷　(清)吴炌輯　(清)王以曾注　清道光二十七年(1847)香蘇山館刻本　四册

340000－1801－0020191　4:34921－4:34924
青雲集四卷　(清)楊逢春　(清)蕭應櫆輯　清道光五年(1825)刻朱墨套印本　四册

340000－1801－0020192　4:34925－4:34928
試帖青雲集四卷　(清)楊逢春等輯　清光緒六年(1880)刻本　四册

340000－1801－0020193　4:34929－4:34932
試帖青雲集四卷　(清)楊逢春等輯　清光緒六年(1880)刻本　四册

340000－1801－0020194　4:34933－4:34936
試帖青雲集四卷　(清)楊逢春等輯　清光緒六年(1880)刻本　四册

340000－1801－0020195　4:34943－4:34944
國朝試帖分韻句解懸鵠集二卷　(清)陳煥箋釋　(清)龔季思　(清)桂香巖鑒定　(清)鍾光海校勘　清道光七年(1827)李恒茂刻文富堂印本　清倪研山題識　二册

340000－1801－0020196　4:34945－4:34946
國朝試帖分韻句解懸鵠集二卷　(清)陳煥箋釋　(清)龔季思　(清)桂香巖鑒定　(清)鍾光海校勘　清道光七年(1827)李恒茂刻文富堂印本　二册

340000－1801－0020197　4:34947－4:34950
寄嶽雲齋詩四卷　(清)張學蘇輯　清嘉慶刻本　四册

340000－1801－0020198　4:34951－4:34952
寄嶽雲齋試體詩選詳注四卷　(清)聶晉先撰　清刻本　二册

340000－1801－0020199　4:34953－4:34954
養雲山館試帖四卷　(清)許球撰　清咸豐九年(1859)刻本　二册

340000－1801－0020200　4:34955－4:34956
養雲山館試帖二卷　(清)許球撰　清刻本　二册

340000－1801－0020201　4:34957
養雲山館試帖二卷　(清)許球撰　清道光刻本　一册

340000－1801－0020202　4:34958－4:34965
有正味齋試帖詩注六卷賦二卷　(清)吴錫麒撰　(清)吴清學等注　清道光四年(1824)刻本　八册

340000－1801－0020203　4:34966－4:34967
小萬卷齋試帖四卷　(清)朱琦撰　清同治梅村家塾刻本　二册

340000－1801－0020204　4:34968－4:34969
小萬卷齋試帖四卷　(清)朱琦撰　清同治梅村家塾刻本　二册

340000－1801－0020205　4:34970－4:34971
小萬卷齋試帖四卷　(清)朱琦撰　清同治梅村家塾刻本　二册

340000－1801－0020206　4:34972－4:34975
塾課試律八集　(清)方俊輯　清同治六年(1867)宏運書院刻本　四册

340000－1801－0020207　4:34976
花隱香巢試帖偶存二卷　(清)黄仁麟輯　清道光刻本　一册

340000－1801－0020208　4:34977
紅杏軒詩稿不分卷　(清)宋中信撰　清道光十六年(1836)刻本　一册

340000－1801－0020209　4:34978
退補齋詩賦合刻二卷　(清)胡鳳丹撰　清同治八年(1869)退補齋刻本　二册

340000－1801－0020210　4:34979

衣讔山房外集不分卷　(清)林昌彝撰　清富文齋刻本　一冊

340000－1801－0020211　4:34980
西漚試帖輯注不分卷　(清)李惺撰　(清)王植桂輯　清刻朱墨套印本　一冊

340000－1801－0020212　4:34981
試帖蒙求不分卷　(清)王執玉輯　清抄本　一冊

340000－1801－0020213　4:34982－4:34983
雪蕉館排律二卷　(清)福振撰　清光緒十一年(1885)刻本　二冊

340000－1801－0020214　4:34984
雕蟲小草不分卷　(清)馬復震等撰　清同治三年(1864)刻本　一冊

340000－1801－0020215　4:34985－4:34990
分體利試詩法入門十九卷　(清)鄭錫瀛輯　清同治四年(1865)刻本　六冊

340000－1801－0020216　4:34991－4:34994
蘭言詩鈔四卷　(清)李瑞輯　清同治刻本　四冊

340000－1801－0020217　4:34995
蛾術齋試帖不分卷雙藤書屋試帖一卷　(清)李如筠　(清)何道生輯　清刻本　一冊

340000－1801－0020218　4:34996－4:34997
賜緓閣詠古試律二卷　(清)胡鑒衡撰　清光緒二十四年(1898)刻本　二冊

340000－1801－0020219　4:34998－4:34999
賜緓閣詠古試律二卷　(清)胡鑒衡撰　清光緒二十四年(1898)刻本　二冊

340000－1801－0020220　4:35000－4:35001
賜緓閣詠古試律二卷　(清)胡鑒衡撰　清光緒二十四年(1898)刻本　二冊

340000－1801－0020221　4:35002－4:35014
涇川試帖分韻編珠八卷　(清)汪道平輯　清刻本　十三冊

340000－1801－0020222　4:35016－4:35019
插花窗詩賦草八卷　(清)楊昌光撰　清嘉慶萬仙樓刻本　四冊

340000－1801－0020223　4:35020－4:35023
增訂今雨堂詩墨注四卷　(清)金甡撰　(清)洪鐘注　清石渠閣刻本　四冊

340000－1801－0020224　4:35024－4:35029
館律分韻初編六卷　題(清)春暉閣主人輯　清光緒十四年(1888)石印本　六冊

340000－1801－0020225　4:35030
翠雲館試帖詩二卷　(清)黃士珣撰　清刻本　一冊

340000－1801－0020226　4:35031
繼聲樓帖體詩存二卷　(清)郭仲年撰　清同治十二年(1873)刻本　一冊

340000－1801－0020227　4:35032
試帖宗杜篇不分卷　(清)汪世澤輯　清光緒九年(1883)刻本　一冊

340000－1801－0020228　4:35033
宣南鴻雪集二卷　(清)潘曾瑩輯　清同治十年(1871)鄂江刻本　一冊

340000－1801－0020229　4:35034
宣南鴻雪集二卷　(清)潘曾瑩輯　清同治十年(1871)鄂江刻本　一冊

340000－1801－0020230　4:35035－4:35036
悔庵試帖二卷　(清)張寶森撰　清光緒二十三年(1897)刻本　二冊

340000－1801－0020231　4:35037
豳風詠不分卷　(清)奕訢撰　清咸豐七年(1857)刻本　一冊

340000－1801－0020232　4:35038－4:35057
試律大觀三十二卷續三十二卷　題(清)竹屏居士輯　(清)周夢熊續輯　清鳳池亭刻本　二十冊

340000－1801－0020233　4:35058
賜書堂試帖合編不分卷　(清)□□撰　清刻本　一冊

340000－1801－0020234　4:35059－4:35062
試律叢話八卷　(清)梁章鉅撰　清同治八年(1869)高安縣署刻本　四册

340000－1801－0020235　4:35063－4:35066
試律叢話八卷　(清)梁章鉅撰　清同治八年(1869)高安縣署刻本　四册

340000－1801－0020236　4:35067－4:35075
近科分韻館詩初集不分卷　王先謙輯　清銅版印本　九册

340000－1801－0020237　4:35076－4:35081
近科分韻館詩二集　王先謙輯　清光緒三年(1877)四明茹古齋銅版印本　六册

340000－1801－0020238　4:35082－4:35095
近科分韻館詩初集二集　王先謙編　清光緒十年(1884)萬選樓刻本　十四册

340000－1801－0020239　4:35096
廣四時讀書樂詩試帖不分卷　(清)奕訢撰　清咸豐六年(1856)刻本　一册

340000－1801－0020240　4:3895 善
文心雕龍十卷　(南朝梁)劉勰撰　(明)鍾惺評　明刻本　一册

340000－1801－0020241　4:3896－4:3899 善
楊升庵先生批點文心雕龍十卷　(南朝梁)劉勰撰　(明)梅慶生音注　明天啓刻本　四册

340000－1801－0020242　4:3900－4:3901 善
楊升庵先生批點文心雕龍十卷　(南朝梁)劉勰撰　(明)梅慶生音注　明萬曆刻本　二册

340000－1801－0020243　4:6147－4:6152 善
楊升庵先生批點文心雕龍十卷　(南朝梁)劉勰撰　(明)梅慶生音注　明刻漢魏叢書本　六册

340000－1801－0020244　4:3902－4:3905 善
楊升庵先生批點文心雕龍十卷　(南朝梁)劉勰撰　(明)梅慶生音注　明天啓刻本　四册

340000－1801－0020245　4:6142－4:6146 善
劉子文心雕龍四卷文心雕龍一卷　(南朝梁)劉勰撰　明萬曆淩氏刻本　五册

340000－1801－0020246　4:3911－4:3912 善
校補金石例四種十七卷　(清)李瑤輯　清道光十二年(1832)李瑤泥活字印本　二册

340000－1801－0020247　4:3906－4:3910 善
校補金石例四種十七卷　(清)李瑤輯　清道光十二年(1832)李瑤泥活字印本　五册　缺二卷(金石例補一至二)

340000－1801－0020248　4:3612－4:3619 善
文字會寶不分卷　(明)朱文治輯　(明)董其昌等書　明萬曆三十六年(1608)朱文治刻本　八册

340000－1801－0020249　4:3620－4:3621 善
精選古史天梯舉業名文五卷　(明)王志堅輯　明書林熊成治刻本　二册

340000－1801－0020250　4:3622－4:3628 善
文腴十四卷　(明)唐昕選　明崇禎十四年(1641)程定之刻本　七册　存十二卷(一至四、七至十四)

340000－1801－0020251　4:3629－4:3632 善
西漢書疏六卷東漢書疏六卷　(明)李琯輯　明刻本　四册

340000－1801－0020252　4:3913－4:3916 善
文章辨體五十卷外集五卷　(明)吳訥編　明天順八年(1464)劉孜等刻遞修本　四册　缺四十八卷(文章辨體三至五十)

340000－1801－0020253　4:3917－4:3932 善
文章辨體五十卷首一卷外集五卷　(明)吳訥編　明嘉靖三十四年(1555)徐洛刻本　十六册

340000－1801－0020254　4:3933－4:3934 善
詩林辨體十六卷　(明)潘援編　明刻本　二册　存八卷(一至八)

340000－1801－0020255　4:3935－4:3936 善
遊藝塾續文規九卷　(明)袁黄等撰　明刻本　二册

340000－1801－0020256　4:3937－4:3938 善
詩餘圖譜三卷　(明)張綖編　明崇禎八年

(1635)王象晉刻本　二冊

340000－1801－0020257　4:3939－4:3942 善
詩餘圖譜三卷　(明)張綖編　**少遊詩餘一卷**　(宋)秦觀撰　**南湖詩餘一卷**　(明)張綖編　明崇禎八年(1635)毛晉刻本　四冊

340000－1801－0020258　4:3967－4:3970 善
全唐詩話十卷　(宋)尤袤撰　明嘉靖二十二年(1543)華亭王氏刻本　四冊　存四卷(一至四)

340000－1801－0020259　4:3971－4:3972 善
竹坡詩話不分卷　(宋)周紫芝撰　**續詩話一卷**　(宋)司馬光撰　明毛氏汲古閣刻本　二冊

340000－1801－0020260　4:4104－4:4105 善
古文評選二卷　題(清)蘭友氏輯　清嘉慶元年(1796)抄本　二冊

340000－1801－0020261　4:48277－4:48278
鳴原堂論文二卷　(清)曾國藩選　(清)曾國荃審訂　清同治十二年(1873)汀州張氏勵志齋刻曾文正公全集本　二冊

340000－1801－0020262　4:48311－4:48312
鳴原堂論文二卷　(清)曾國藩選　(清)曾國荃審訂　清同治十二年(1873)汀州張氏勵志齋刻曾文正公全集本　二冊

340000－1801－0020263　4:48432－4:48433
隨園詩話十六卷補遺十卷　(清)袁枚撰　清末石印本　二冊　缺七卷(補遺四至十)

340000－1801－0020264　4:6153－4:6158 善
精選詩林廣記四卷　(宋)蔡正孫輯　明刻本　六冊

340000－1801－0020265　4:6159－4:6182 善
唐詩紀事八十一卷　(宋)計有功撰　明刻本(卷二十六至二十七、三十四、六十六至六十七爲抄配)　二十四冊

340000－1801－0020266　4:6183－4:6184 善
筠石山房詩話鈔二卷　(清)楊霈輯　清抄本　二冊

340000－1801－0020267　4:6191－4:6194 善
韻語陽秋二十卷　(宋)葛立方撰　明正德刻本　四冊

340000－1801－0020268　4:3717－4:3718 善
樊榭山房詞二卷　(清)厲鶚撰　清樊榭山房刻初印本　清厲鶚批校　許承堯跋　二冊

340000－1801－0020269　4:6129－4:6132 善
捧月樓綺語八卷　(清)袁通撰　清刻本　四冊

340000－1801－0020270　4:6134 善
元草堂詩餘三卷　題(元)鳳林書院輯　清乾隆抄本　一冊

340000－1801－0020271　4:6135－4:6137 善
草堂詩餘五卷　(明)楊慎撰　明刻本　三冊

340000－1801－0020272　4:6138－4:6141 善
草堂詩餘四卷　(明)楊慎批點　明刻朱墨套印本　四冊

340000－1801－0020273　4:3767－4:3768 善
類選箋釋草堂詩餘六卷　(明)顧從敬撰　明刻本　二冊　存四卷(一至四)

340000－1801－0020274　4:3769－4:3772 善
新刻硃批註釋草堂詩餘評林四卷　(明)李廷機評注　明周文耀刻本　四冊

340000－1801－0020275　4:3773 善
草堂詩餘別集四卷　(明)沈際飛選評　明刻本　一冊

340000－1801－0020276　4:3721－4:3732 善
草堂詩餘正集六卷續集二卷別集四卷新集五卷　(明)顧從敬類選　(明)沈際飛評正　明末刻本　十二冊

340000－1801－0020277　4:3733－4:3738 善
類選箋釋草堂詩餘六卷　(明)顧從敬撰　**類編箋釋國朝詩餘五卷**　(明)錢允治編　**類編箋釋續選草堂詩餘二卷**　(明)錢允治箋釋　明萬曆四十二年(1614)刻本　六冊

340000－1801－0020278　4:3739－4:3740 善
類編草堂詩餘四卷　(明)顧從敬編　明嘉靖

二十九年(1550)顧汝所刻本　二册

340000－1801－0020279　4:3741－4:3742 善
類編草堂詩餘四卷　(明)顧從敬編　明刻本　二册

340000－1801－0020280　4:3743－4:3766 善
宋名家詞六卷　(明)毛晉編　明崇禎毛氏汲古閣刻本　二十四册

340000－1801－0020281　4:3943－4:3954 善
詞譜四十卷　(清)王奕清等撰　清康熙五十四年(1715)内府刻本　十二册

340000－1801－0020282　4:3880－4:3885 善
夢餘老人曲譜大成六卷　題(清)逸甫輯　清光緒三十二年(1906)清稿本　六册

340000－1801－0020283　4:3955－4:3966 善
曲譜十二卷首一卷末一卷　(清)王奕清等撰　清康熙内府刻本　十二册

340000－1801－0020284　4:3774－4:3785 善
貫華堂第六才子書西廂記八卷　(元)王實甫撰　(清)金聖歎評　清康熙貫華堂刻本　十二册

340000－1801－0020285　4:3786－4:3788 善
第六才子書西廂記八卷　(元)王實甫撰　(清)金聖歎評　清刻本　三册

340000－1801－0020286　4:3789 善
西廂典　(清)□□撰　清道光十七年(1837)方文泉抄本　一册

340000－1801－0020287　4:3790 善
三先生合評元本琵琶記二卷　(元)高明撰　(明)徐渭　(明)李贄　(明)湯顯祖評　明刻本　一册

340000－1801－0020288　4:3791 善
四聲猿四卷　(明)徐渭撰　明延閣刻本　一册

340000－1801－0020289　4:3792 善
四聲猿四卷　(明)徐渭撰　明延閣刻本　一册

340000－1801－0020290　4:3793 善
四聲猿四卷　(明)徐渭撰　明延閣刻本　一册　存一卷(四)

340000－1801－0020291　4:3794－4:3796 善
新編目連救母勸善戲文三卷　(明)鄭之珍撰　明萬曆十年(1582)新安高石山房刻本　三册

340000－1801－0020292　4:3797－4:3799 善
新編目連救母勸善戲文三卷　(明)鄭之珍撰　明萬曆十年(1582)新安高石山房刻本　三册

340000－1801－0020293　4:3800－4:3803 善
梅影樓傳奇二卷　題(清)秋江居士撰　清刻本　四册

340000－1801－0020294　4:3804 善
四元記二卷　(清)□□撰　明刻本　一册　存一卷(上)

340000－1801－0020295　4:3805－4:3806 善
四賢記二卷　(清)□□撰　明刻本　二册

340000－1801－0020296　4:3807 善
紫釵記二卷　(明)湯顯祖撰　題(明)獨深居點次　明刻本　一册　存一卷(下)

340000－1801－0020297　4:3808－4:3809 善
牡丹亭還魂記二卷　(明)湯顯祖撰　明萬曆二十六年(1598)刻本　二册

340000－1801－0020298　4:3810－4:3811 善
吴吴山三婦合評牡丹亭還魂記二卷　(明)湯顯祖撰　(清)陳同　(清)錢宜評點　清康熙夢園刻本　二册

340000－1801－0020299　4:3812－4:3812 善
南柯記二卷　(明)湯顯祖撰　明刻本　二册

340000－1801－0020300　4:3813－4:3814 善
玉合記二卷　(明)梅鼎祚撰　明刻本　二册

340000－1801－0020301　4:3815 善
李卓吾先生批評玉合記二卷　(明)梅鼎祚撰　(明)李贄評　明虎林容與堂刻本　一册　存一卷(上)

340000－1801－0020302　4:3816 善
鸞鎞記二卷　(明)葉憲祖撰　明刻本　一册

340000－1801－0020303　4:3817 善
龍膏記二卷　(明)楊珽撰　明刻本　一册　存一卷(下)

340000－1801－0020304　4:3818－4:3819 善
曇花記二卷　(明)屠隆撰　明刻本　二册

340000－1801－0020305　4:3820－4:3821 善
玉環記二卷　(明)楊柔勝撰　明刻本　二册

340000－1801－0020306　4:3822 善
療妒羹記二卷　題(明)粲花主人撰　明刻本　一册　存一卷(上)

340000－1801－0020307　4:3823 善
李太白匹配金錢記雜劇不分卷　(元)喬孟符撰　明吳興臧晉叔刻本　一册

340000－1801－0020308　4:3824－4:3825 善
雙忠廟傳奇二卷　(清)周稚廉撰　清容居堂刻容居堂曲本　二册

340000－1801－0020309　4:3826 善
詠懷堂新編十錯認春燈謎記二卷　(明)阮大鋮撰　明刻本　一册

340000－1801－0020310　4:48522
懷永堂繪像第六才子書　(元)王實甫撰　(清)金人瑞評　清懷永堂刻本　一册　存一卷(五)

340000－1801－0020311　4:48524
梳妝跪池　(清)□□撰　清桐城姚瑩抄本　一册

340000－1801－0020312　4:4106－4:4107 善
邯鄲夢傳奇二卷　(明)湯顯祖撰　明末刻本　二册

340000－1801－0020313　4:4580－4:4584 善
牡丹亭還魂記八卷　(明)湯顯祖撰　明刻本　五册　存七卷(一至六、八)

340000－1801－0020314　4:047840
風箏誤傳奇三十卷　(清)李漁編　清刻本　一册　存一卷(一)

340000－1801－0020315　4:047841
雷峰塔傳奇四卷　題(清)岫雲詞逸改本　題(清)海棠巢客點校　清乾隆三十七年(1772)水竹居刻本　一册　存一卷(一)

340000－1801－0020316　4:047842－4:047843
琴香堂繪像第七才子書六卷　(元)高明撰　清乾隆三十二年(1767)琴香堂刻本　二册　存二卷(三、六)

340000－1801－0020317　4:48481－4:48482
桃花扇　(清)孔尚任撰　清蘭雪堂刻本　二册　存二卷(三至四)

340000－1801－0020318　4:48483
繪像新鐫長生殿　(明)洪昇撰　清昭德堂刻本　一册

340000－1801－0020319　4:48484－4:48485
燕子箋記二卷　(明)阮大鋮撰　(清)雪韻堂批點　清刻本　二册

340000－1801－0020320　4:3827－4:3830 善
秋水庵花影集五卷　(明)施紹莘撰　明末寫刻本　四册

340000－1801－0020321　4:3831－4:3832 善
吳騷二集四卷　(明)張琦　(明)王煇選輯　明萬曆刻本　二册

340000－1801－0020322　4:3833－4:3834 善
白雪齋選訂樂府吳騷合編四卷　(明)張楚叔輯　明崇禎刻本　二册　存二卷(二、四)

340000－1801－0020323　4:3833 善
白雪齋選訂樂府吳騷合編四卷　(明)張楚叔輯　明刻本　二册

340000－1801－0020324　4:3836－4:3849 善
新鐫古今大雅南宮詞紀六卷北宮詞紀六卷　(明)陳所聞　(明)陳邦泰選輯　明萬曆刻本　十四册

340000－1801－0020325　4:3850－4:3859 善
新鐫古今大雅南宮詞紀六卷北宮詞紀六卷　(明)陳所聞　(明)陳邦泰選輯　明萬曆刻本

十冊

340000－1801－0020326　4:3860－4:3869 善
審音鑑古録不分卷　(元)高明等撰　清道光十四年(1834)王繼善刻本　十冊

340000－1801－0020327　4:3886－4:3893 善
新刻出像點板時尚昆腔雜出醉怡情八卷　題(清)青溪菰蘆釣叟輯　明刻本　八冊

340000－1801－0020328　4:3894 善
新刻真本唱口七俠圖不分卷　(清)□□撰　明琴天閣刻本　一冊　存二十七集(十六至四十二)

340000－1801－0020329　4:047846
小清官全本　(清)□□撰　清刻本　一冊　存新刻張三姐思凡青書畫美人、新刻董永行孝仙姬織錦記全本、新刻白扇記

340000－1801－0020330　4:047848
新刻時調見月笑李千金二十卷新刻時調師生緣李千金後傳十卷　(清)□□撰　清刻本　一冊　缺十卷(新刻時調見月笑李千金一、十二至二十)

340000－1801－0020331　4:48529
洄溪道情不分卷　(清)徐靈胎撰　清道光四年(1824)徐培刻本　一冊

340000－1801－0020332　4:48530
重訂綴白裘十二集四十八卷　題(清)玩花主人輯　清乾隆四十六年(1781)共賞齋刻本　一冊　存二卷(集十二之一至二)

340000－1801－0020333　4:3692－4:3703 善
新刻精纂四書主意一線天上論三十七卷　(明)周延儒等編　明金陵聚奎樓刻本　十二冊

340000－1801－0020334　4:48261－4:48262
弟一樓叢書三十卷　(清)俞樾撰　清同治十年(1871)刻光緒十五年(1889)增刻春在堂全書本　二冊　存四卷(二至四、六)

340000－1801－0020335　4:2148 善
屈宋古音義三卷　(明)陳第撰　明萬曆四十二年(1614)刻本　一冊

340000－1801－0020336　4:3010－4:3011 善
左腴二卷國腴二卷　(明)王聖俞評選　明萬曆刻本　二冊

340000－1801－0020337　4:2605 善
國腴二卷　(明)王聖俞評選　明刻本　一冊

340000－1801－0020338　4:33635－4:33638
祭挽分編十四卷　(清)徐光文輯　清乾隆二十一年(1756)刻本　四冊

340000－1801－0020339　4:48372－4:48375
國朝耆獻類徵初編七百二十卷　(清)李桓輯　清刻本　四冊　存八卷(八十三至八十六、一百八十三至一百八十六)

340000－1801－0020340　3:5855
明本釋三卷　(宋)劉荀撰　清乾隆四十三年(1778)武英殿木活字印武英殿聚珍版書本　一冊

340000－1801－0020341　3:5861
公是弟子記四卷　(宋)劉敞撰　清乾隆四十三年(1778)武英殿木活字印武英殿聚珍版書本　一冊

340000－1801－0020342　4:3345－4:3376 善
諸子奇賞五十一卷後集六十卷　(明)陳仁錫輯評　明天啓三徑齋刻本　三十二冊

340000－1801－0020343　4:3377－4:3382 善
諸子奇賞五十一卷後集六十卷　(明)陳仁錫編　明天啓六年(1626)刻本　六冊　存二十五卷(諸子奇賞二十至二十三、四十七至四十九,後集一至十八)

340000－1801－0020344　4:048178
西青散記四卷　(清)史震林撰　清乾隆瓜渚草堂刻本　一冊　存一卷(二)

340000－1801－0020345　3:2406 善
圖注脈訣辨真四卷脈訣附方一卷　(晉)王叔和撰　(明)張世賢編　明還讀齋刻本　一冊

340000－1801－0020346　4:2546－4:2549 善
新鍥翰林校正鰲頭合併古今名家詩學會海大

成三十卷首一卷附上層詩韻　(明)焦竑校正　(明)李維楨閱　(明)余應虬訂　明嘉靖書林余應虬刻本　四冊

340000－1801－0020347　4:33924－4:33939
叩鉢齋纂行廚集十七卷應酬詩集四卷　(清)李之澎　(清)汪建封輯　(清)汪志瑞注　清康熙二十九年(1690)叩鉢齋刻本　十六冊　缺八卷(叩鉢齋纂行廚集二至三、七、十八,應酬詩集四卷)

340000－1801－0020348　4:4030－4:4034 善
廣韻藻六卷　(明)方夏撰　明崇禎十五年(1642)方來刻本　五冊　存五卷(一、三至六)

340000－1801－0020349　4:26661
海天旭日硯記不分卷　(清)劉瀚編　清光緒十六年(1890)刻本　一冊

340000－1801－0020350　4:048115
東坡題跋不分卷　(宋)蘇軾撰　(宋)溫一貞錄　清同治十一年(1872)又賞齋刻本　一冊

340000－1801－0020351　4:048116－4:048117
山谷題跋三卷　(宋)黄庭堅撰　(宋)溫一貞錄　清同治十一年(1872)又賞齋刻本　二冊　存二卷(上、中)

340000－1801－0020352　4:4574－4:4573 善
新鐫評釋巧對十八卷　(清)汪升輯　清康熙五十一年(1712)學海堂刻本　二冊

340000－1801－0020353　4:48444
十洲春語三卷　題(清)二石生撰　清光緒三年(1877)上海申報館印本　一冊

340000－1801－0020354　4:48229－4:48230
履園叢話二十四卷　(清)錢泳輯　清同治九年(1870)刻本　二冊　存六卷(一至三、七至九)

340000－1801－0020355　4:48252－4:48257
俞樓襍纂五十卷　(清)俞樾撰　清刻本　六冊　存二十四卷(一至五、十三至二十、二十七至二十八、三十五至四十三)

340000－1801－0020356　4:48258－4:48260
曲園襍纂五十卷　(清)俞樾撰　清刻本　三冊　存十六卷(二十七至三十六、四十五至五十)

340000－1801－0020357　4:5006－4:5007 善
寶顔堂訂正兼明書五卷　(五代)丘光庭撰　明刻本　二冊

340000－1801－0020358　4:6195－4:6218 善
韓文考異十卷　(宋)朱熹撰　明刻本　二十四冊

340000－1801－0020359　4:48412－4:48431
隨園三十八種　(清)袁枚編　清光緒十八年(1892)著易堂鉛印本　二十冊

340000－1801－0020360　4:48271－4:48276
曾國藩全集　(清)曾國藩撰　清光緒刻本　六冊　存論文、簡編、詩集、書劄等

340000－1801－0020361　4:6133 善
新刻四家宮詞四卷　(唐)王建等撰　(明)胡文煥輯　明萬曆二十一年(1593)虎林胡氏文會刻本　一冊

340000－1801－0020362　4:6266－4:6273 善
楚辭集註八卷辯證二卷後語六卷　(宋)朱熹撰　(明)朱吾弼重編　(明)汪國楠等校　明萬曆朱崇沐刻本　八冊

340000－1801－0020363　4:6563－4:6566 善
陶淵明集十卷　(晉)陶潛撰　**附錄二卷**　(南朝宋)顔延年等撰　明崇禎虞山毛氏汲古閣刻津逮秘書本　四冊

340000－1801－0020364　4:6567－4:6568 善
陶淵明集十卷　(晉)陶潛撰　清光緒二年(1876)桐城徐氏刻本　二冊

340000－1801－0020365　4:6274－4:6281 善
陸士衡文集十卷　(晉)陸機撰　明刻晉二俊文集本　八冊

340000－1801－0020366　4:6570－4:6577 善
集千家註杜工部詩集二十卷　(唐)杜甫撰　(宋)黄鶴補注　(明)許自昌校　明刻李杜合

刊本　八册　存十二卷(一至十二)

340000－1801－0020367　4:6298－4:6309 善
集千家註杜工部詩集十八卷文集二卷年譜一卷附錄一卷　(唐)杜甫撰　(宋)黄鶴補注　(明)黄陞校　明萬曆睢陽黄陞刻本　十二册

340000－1801－0020368　4:6578－4:6579 善
李長吉集四卷外一卷　(唐)李賀撰　(清)黄淳耀評　(清)黎簡批點　清光緒十八年(1892)葉衍蘭刻朱墨套印本　葉恭綽題簽　二册

340000－1801－0020369　4:6580－4:6587 善
白氏長慶集七十一卷目錄二卷　(唐)白居易撰　明萬曆三十四年(1606)馬元調刻元白長慶集本　八册　缺五十八卷(十四至七十一)

340000－1801－0020370　4:6310－4:6313 善
李文饒文集二十卷别集十卷外集四卷　(唐)李德裕撰　(明)韓敬評點　明天啓四年(1624)茅師山刻本　四册

340000－1801－0020371　4:6318 善
東坡先生問答錄一卷附雜纂一卷　(宋)蘇軾撰　(明)趙開美輯　明萬曆二十九年至三十年(1601－1602)趙開美刻本　一册

340000－1801－0020372　4:6319－4:6324 善
山谷黄先生大全詩註二卷　(宋)黄庭堅撰　(宋)任淵注　明刻本　六册

340000－1801－0020373　4:6598－4:6601 善
晁具茨先生詩集十五卷　(宋)晁沖之撰　清刻本　四册

340000－1801－0020374　4:6325－4:6330 善
徐文長文集三十卷四聲猿一卷　(明)徐渭撰　(明)袁宏道評點　(明)閔德美校訂　明萬曆四十二年(1614)鍾人傑刻本　六册

340000－1801－0020375　4:6371－4:6382 善
漁洋山人詩集十二卷　(清)王士禛撰　(清)徐淮纂輯　清乾隆五十一年至嘉慶三年(1786－1798)邗江許文孫抄本　十二册

340000－1801－0020376　4:6561－4:6562 善
文選六十卷　(南朝梁)蕭統選　(唐)李善　(唐)吕延濟　(唐)劉良　(唐)張銑　(唐)李周翰　(唐)吕向注　元池州路張伯顔刻本　二册　存三卷(三十二至三十四)

340000－1801－0020377　4:6623－4:6638 善
文選六十卷　(南朝梁)蕭統選　(唐)李善　(唐)吕延濟　(唐)劉良　(唐)張銑　(唐)李周翰　(唐)吕向注　明嘉靖元年(1522)汪諒刻本　十六册　存二十九卷(一至二十九)

340000－1801－0020378　4:6384－4:6407 善
文選纂註評苑二十六卷　(南朝梁)蕭統選　(唐)張鳳翼纂注　(明)陸弘祚輯訂　明萬曆建陽余碧泉克勤齋刻本　二十四册

340000－1801－0020379　4:6408－4:6415 善
樂府詩集一百卷目錄二卷　(宋)郭茂倩編次　(明)毛晉訂正　明崇禎虞山毛氏汲古閣刻本　八册

340000－1801－0020380　4:6416－4:6423 善
古樂府十卷　(元)左克明撰　明嘉靖二十三年(1544)蕭一中刻本　丁福保題跋　八册

340000－1801－0020381　4:6639－4:6642 善
古樂府十卷　(元)左克明撰　明刻本　四册　存五卷(一至五)

340000－1801－0020382　4:6424 善
漱玉詞一卷　(宋)李清照撰　**斷腸詞一卷**　(宋)朱淑真撰　**龍輔女紅餘志二卷**　(宋)龍輔撰　清乾隆四十八年(1783)湯潒抄本　一册

340000－1801－0020383　4:6425－4:6464 善
詞譜四十卷　(清)王奕清等撰　清康熙四十五年(1706)内府刻朱墨套印本　四十册

340000－1801－0020384　4:6465－4:6544 善
元曲選十集一百卷　(明)臧懋循輯　**論曲一卷**　(明)陶宗儀等撰　**元曲論一卷**　明萬曆刻本　八十册　缺二卷(辛集上、下)

340000－1801－0020385　4:6545－4:6552 善
廿一史彈詞註十卷　(明)楊慎撰　(清)張三

異增訂　**明紀彈詞註一卷**　(清)張三異撰　(清)張仲璜注　清雍正五年(1727)張坦麟刻本　八冊

340000－1801－0020386　4:6553－4:6560 善
增定南九宮曲譜二十一卷附錄一卷　(明)沈璟輯　(明)龍驤校　明末永新龍驤刻三樂齋印本　八冊

340000－1801－0020387　7:7578－7:7581 善
津逮秘書十五集一百四十一種七百四十八卷　(明)毛晉輯　明崇禎虞山毛氏汲古閣刻本　四冊　存四種四卷(五集:後山詩話一卷、石林詩話一卷、中山詩話一卷、續詩話一卷)

340000－1801－0020388　7:1－7:53 善
白文十三經　(□)□□撰　清抄本　五十四冊

340000－1801－0020389　7:54－7:173 善
十三經註疏　明崇禎十二年(1639)序古虞毛氏汲古閣刻本　一百二十冊

340000－1801－0020390　7:174－7:301 善
十三經註疏　明崇禎毛氏汲古閣刻清乾隆海虞席氏補修本　一百二十八冊

340000－1801－0020391　7:302－7:433 善
十三經註疏　明崇禎毛氏汲古閣刻清四友堂補修本　一百三十二冊

340000－1801－0020392　7:434－7:577 善
十三經註疏　明崇禎十二年(1639)序古虞毛氏汲古閣刻本　一百四十四冊

340000－1801－0020393　7:578－7:683 善
十三經註疏附考證　清乾隆四年(1739)內府刻本　一百六冊　存八種二百二十七卷(禮記註疏六十三卷附考證、尚書註疏十九卷附考證、儀禮註疏十七卷附考證、春秋左傳註疏六十卷附考證、春秋公羊註疏二十八卷附考證、春秋穀梁註疏二十卷附考證、孝經註疏九卷附考證、爾雅註疏十一卷附考證)

340000－1801－0020394　7:684－7:727 善
十三經古注　(明)金蟠校訂　明崇禎永懷堂刻清同治八年(1869)浙江書局補修本　四十四冊　存十一種二百三十八卷(周易九卷,書經一至八,詩經二十卷,周禮一至十、二十三至四十二,儀禮十七卷,禮記三至四十九,春秋左傳三十卷,春秋公羊傳二十八卷,春秋穀梁傳二十卷,孝經九卷,論語二十卷)

340000－1801－0020395　7:728－7:999 善
御纂七經　清康熙至乾隆間內府刻本　二百七十四冊　存七種二百四十二卷(御纂周易折中二十二卷、欽定書經傳說彙纂二卷、欽定詩經傳說彙纂二卷、欽定周官義疏四十八卷、欽定儀禮義疏四十八卷、欽定禮記義疏八十二卷、欽定春秋傳說彙纂三十八卷)

340000－1801－0020396　7:1000－7:1145 善
御纂七經　清康熙至乾隆間內府刻本　一百四十六冊　存三種一百七十八卷(欽定周官義疏四十八卷、首一卷;欽定儀禮義疏四十八卷、首一卷;欽定禮記義疏一至十、十二至十六、十九至八十二,首一卷)

340000－1801－0020397　7:1146－7:1161 善
篆文六經四書(篆文九經合刻)　清乾隆內府刻本　十六冊

340000－1801－0020398　7:1162 善
通志堂經解　(清)成德(性德)輯　清康熙通志堂刻本　一冊　存二種四卷(易數鉤隱圖三卷、遺論九事一卷)

340000－1801－0020399　7:1163－7:1170 善
通志堂經解　(清)成德(性德)輯　清康熙十九年(1680)通志堂刻本　八冊　存一種八卷(周易傳義附錄一至八)

340000－1801－0020400　7:1171－7:1462 善
通志堂經解　(清)成德(性德)輯　清康熙刻本　二百九十二冊　存六十九種九百九十一卷(橫渠先生易說三卷,易學一卷,復齋易說六卷,古周易一卷,易裨傳一卷、外篇一卷,易圖說三卷,三易備遺十卷,丙子學易編一卷,易學啓蒙小傳一卷,水村易鏡一卷,易圖通變五卷,易象圖說內篇三卷、外篇三卷,大易象數鉤深圖三卷,合訂刪補大易集義粹言八十卷，書古文訓十六卷，尚書說七卷，書集傳或問二卷，尚書通考十卷，定正洪範集說一卷、首一卷，逸齋詩補傳三十卷、篇目一卷，木訥先生春秋經筌十六卷，春秋集解三十卷，春秋左氏傳事類始末五卷、附錄一卷，春秋集註十一卷、綱領一卷，春秋五論一卷，春秋類對賦一卷，春秋諸國統紀六卷，春秋本義三十卷、首一卷，春秋或問十卷，春秋集傳十五卷，春秋屬辭十五卷，春秋師說三卷、附錄二卷，春秋左氏傳補注十卷，春秋諸傳會通二十四卷、首一卷，春秋集傳釋義大成十二卷、首一卷，清全齋讀春秋編十二卷，春秋春王正月考一卷、辨疑一卷，新定三禮圖二十卷，東巖周禮訂義八十卷、首一卷，鬳齋考工記解二卷，儀禮圖十七卷、旁通圖一卷、附儀禮本經十七卷，禮記集說一百六十卷，禮經會元四卷，太平經國之書十一卷、首一卷，夏小正戴氏傳四卷，儀禮集說十七卷，儀禮逸經傳一卷，經禮補逸九卷、首一卷，禮記陳氏集說補正三十八卷，孝經注解一卷，孝經大義一卷，孝經一卷，晦菴先生所定古文孝經句解一卷，南軒先生論語解十卷，論語集說十卷，南軒先生孟子說七卷，孟子集疏一至十三，孟子音義二卷，大學通一卷、中庸通一卷、論語通十卷、孟子通十四卷，大學疏纂一卷、中庸疏纂一卷、論語疏纂十卷、孟子疏纂十四卷，大學集編一卷、中庸集編一卷、論語集編十卷、孟子集編十四卷，四書通旨六卷，四書辨疑十五卷，經典釋文三十卷，六經奧論六卷、首一卷，六經正誤六卷，熊先生經說七卷，十一經問對五卷，五經蠡測六卷）

340000－1801－0020401　7：1463 善
詩經手抄一卷書經手抄一卷　（明）毛一鷺纂　明刻本　一冊

340000－1801－0020402　7：1464 善
孝經集靈節略一卷孝經大義一卷孝經刊誤一卷孝經引證一卷孝經宗旨一卷　（明）程一礎修　明崇禎四年（1631）新安程氏閑拙齋刻本　一冊

340000－1801－0020403　7：1465－7：1484 善
顧氏音學五書　（清）顧炎武撰　清初符山堂刻本　二十冊

340000－1801－0020404　7：1485－7：1487 善
十三經註疏　明崇禎十二年（1639）序古虞毛氏汲古閣刻本　三冊　存一種八卷（周易兼義二至九）

340000－1801－0020405　7：1488 善
十三經註疏　明毛氏汲古閣刻清光緒四年（1878）淮南書局補修本　一冊　存一種二卷（周易兼義一至二）

340000－1801－0020406　7：1489－7：1496 善
十三經註疏　明崇禎五年（1632）毛氏汲古閣刻海虞席氏後印本　八冊　存一種二十卷（尚書註疏二十卷）

340000－1801－0020407　7：1497－7：1504 善
十三經註疏　明崇禎五年（1632）毛氏汲古閣刻海虞席氏後印本　八冊　存一種二十卷（尚書註疏二十卷）

340000－1801－0020408　7：1505－7：1512 善
十三經註疏　明崇禎五年（1632）毛氏汲古閣刻海虞席氏後印本　八冊　存一種二十卷（尚書註疏二十卷）

340000－1801－0020409　7：1513－7：1520 善
十三經註疏　明崇禎五年（1632）毛氏汲古閣刻海虞席氏後印本　八冊　存一種二十卷（尚書註疏二十卷）

340000－1801－0020410　7：1521－7：1525 善
十三經註疏　明崇禎五年（1632）毛氏汲古閣刻海虞席氏後印本　五冊　存一種二十卷（尚書註疏二十卷）

340000－1801－0020411　7：1526－7：1549 善
十三經註疏　明崇禎十二年（1639）序古虞毛氏汲古閣刻本　二十四冊　存一種二十卷（毛詩註疏二十卷）

340000－1801－0020412　7：1550－7：1573 善
十三經註疏　明崇禎十二年（1639）序古虞毛氏汲古閣刻本　二十四冊　存一種二十卷

（毛詩註疏二十卷）

340000－1801－0020413　7：1574－7：1593 善
十三經註疏　明崇禎十二年（1639）序古虞毛氏汲古閣刻本　二十册　存一種二十卷（毛詩註疏二十卷）

340000－1801－0020414　7：1594－7：1610 善
十三經註疏　明崇禎十二年（1639）序古虞毛氏汲古閣刻本　十七册　存一種十九卷（毛詩註疏一至十四、十六至二十）

340000－1801－0020415　7：1611－7：1616 善
十三經註疏　明崇禎十二年（1639）序古虞毛氏汲古閣刻本　六册　存一種八卷（毛詩註疏一、七至八、十至十一、十三、十五、十八）

340000－1801－0020416　7：1617－7：1628 善
十三經註疏　明崇禎十二年（1639）序古虞毛氏汲古閣刻本　十二册　存一種十七卷（儀禮註疏十七卷）

340000－1801－0020417　7：1629－7：1642 善
十三經註疏　明崇禎十二年（1639）序古虞毛氏汲古閣刻本　十四册　存一種十七卷（儀禮註疏十七卷）

340000－1801－0020418　7：1643－7：1646 善
十三經註疏　明崇禎十二年（1639）序古虞毛氏汲古閣刻本　四册　存一種七卷（儀禮註疏八、十二至十七）

340000－1801－0020419　7：1647－7：1654 善
十三經註疏　明崇禎十二年（1639）序古虞毛氏汲古閣刻本　八册　存一種十五卷（儀禮註疏一至三、六至十七）

340000－1801－0020420　7：1655－7：1678 善
十三經註疏　明崇禎十二年（1639）序古虞毛氏汲古閣刻本　二十四册　存一種六十三卷（禮記註疏六十三卷）

340000－1801－0020421　7：1679－7：1697 善
十三經註疏　明崇禎十二年（1639）序古虞毛氏汲古閣刻本　十九册　存一種五十八卷（禮記註疏一至八、十一至三十三、三十七至六十三）

340000－1801－0020422　7：1698－7：1707 善
十三經註疏　明崇禎十二年（1639）序古虞毛氏汲古閣刻本　十册　存一種二十九卷（禮記註疏七至二十八、四十三至四十五、五十六至五十九）

340000－1801－0020423　7：1708－7：1715 善
十三經註疏　明毛氏汲古閣刻海虞席氏後印本　八册　存一種二十卷（周禮註疏一至二十）

340000－1801－0020424　7：1716－7：1731 善
十三經註疏　明崇禎十二年（1639）序古虞毛氏汲古閣刻本　十六册　存一種四十二卷（周禮註疏四十二卷）

340000－1801－0020425　7：1732－7：1743 善
十三經註疏　明崇禎十二年（1639）序古虞毛氏汲古閣刻本　十二册　存一種四十二卷（周禮註疏四十二卷）

340000－1801－0020426　7：1744－7：1750 善
十三經註疏　明崇禎十二年（1639）序古虞毛氏汲古閣刻本　七册　存一種二十一卷（周禮註疏十至二十七、三十七至三十九）

340000－1801－0020427　7：1751－7：1757 善
十三經註疏　明崇禎十二年（1639）序古虞毛氏汲古閣刻本　七册　存一種二十三卷（周禮註疏十三至二十九、三十四至三十七、四十一至四十二）

340000－1801－0020428　7：1758－7：1781 善
十三經註疏　明崇禎十二年（1639）序古虞毛氏汲古閣刻本　二十四册　存一種六十卷（春秋左傳註疏六十卷）

340000－1801－0020429　7：1782－7：1802 善
十三經註疏　明崇禎十二年（1639）序古虞毛氏汲古閣刻本　二十一册　存一種六十卷（春秋左傳註疏六十卷）

340000－1801－0020430　7：1803－7：1822 善
十三經註疏　明崇禎十二年（1639）序古虞毛

氏汲古閣刻本　二十冊　存一種六十卷(春秋左傳註疏六十卷)

340000－1801－0020431　7:1823－7:1835 善
十三經註疏　明崇禎十二年(1639)序古虞毛氏汲古閣刻本　十三冊　存一種四十二卷(春秋左傳註疏一至十一、十五至三十一、三十六至三十八、四十二至五十二)

340000－1801－0020432　7:1836－7:1845 善
十三經註疏　明崇禎十二年(1639)序古虞毛氏汲古閣刻本　十冊　存一種二十八卷(春秋公羊傳註疏二十八卷)

340000－1801－0020433　7:1846－7:1853 善
十三經註疏　明崇禎十二年(1639)序古虞毛氏汲古閣刻本　八冊　存一種二十八卷(春秋公羊傳註疏二十八卷)

340000－1801－0020434　7:1854－7:1858 善
十三經註疏　明崇禎十二年(1639)序古虞毛氏汲古閣刻本　五冊　存一種十六卷(春秋公羊傳註疏六至十七、二十五至二十八)

340000－1801－0020435　7:1859－7:1864 善
十三經註疏　明崇禎十二年(1639)序古虞毛氏汲古閣刻本　六冊　存一種二十八卷(春秋公羊傳註疏二十八卷)

340000－1801－0020436　7:1865－7:1866 善
十三經註疏　明崇禎十二年(1639)序古虞毛氏汲古閣刻本　二冊　存一種五卷(春秋公羊傳註疏九至十三)

340000－1801－0020437　7:1867－7:1872 善
十三經註疏　明崇禎十二年(1639)序古虞毛氏汲古閣刻本　六冊　存一種二十卷(春秋穀梁傳註疏二十卷)

340000－1801－0020438　7:1873－7:1878 善
十三經註疏　明崇禎十二年(1639)序古虞毛氏汲古閣刻本　六冊　存一種二十卷(春秋穀梁傳註疏二十卷)

340000－1801－0020439　7:1879－7:1881 善
十三經註疏　明崇禎十二年(1639)序古虞毛氏汲古閣刻本　三冊　存一種十五卷(春秋穀梁傳註疏一至十五)

340000－1801－0020440　7:1882－7:1883 善
十三經註疏　明崇禎十二年(1639)序古虞毛氏汲古閣刻本　二冊　存一種七卷(春秋穀梁傳註疏五至七、十七至二十)

340000－1801－0020441　7:1884－7:1887 善
十三經註疏　明崇禎十二年(1639)序古虞毛氏汲古閣刻本　四冊　存一種二十卷(論語註疏解經二十卷)

340000－1801－0020442　7:1888 善
十三經註疏　明崇禎十二年(1639)序古虞毛氏汲古閣刻本　一冊　存一種七卷(論語註疏解經一至七)

340000－1801－0020443　7:1889－7:1896 善
十三經註疏　明崇禎十二年(1639)古虞毛氏汲古閣刻本(卷三至四係崇禎汲古閣刻本,其他係四友堂補配本)　八冊　存一種十四卷(孟子註疏解經十四卷)

340000－1801－0020444　7:1897－7:1901 善
十三經註疏　明崇禎十二年(1639)序古虞毛氏汲古閣刻本　五冊　存一種十四卷(孟子註疏解經十四卷)

340000－1801－0020445　7:1902－7:1906 善
十三經註疏　明崇禎十二年(1639)序古虞毛氏汲古閣刻本　五冊　存一種十四卷(孟子註疏解經十四卷)

340000－1801－0020446　7:1907 善
十三經註疏　明崇禎十二年(1639)序古虞毛氏汲古閣刻本　一冊　存一種九卷(孝經正義九卷)

340000－1801－0020447　7:1908 善
十三經註疏　明崇禎十二年(1639)序古虞毛氏汲古閣刻本　一冊　存一種九卷(孝經正義九卷)

340000－1801－0020448　7:1909－7:1911 善
十三經註疏　明崇禎十二年(1639)序古虞毛

氏汲古閣刻本　三冊　存一種十一卷（爾雅註疏十一卷）

340000－1801－0020449　7∶1912－7∶1914 善
十三經註疏　明崇禎十二年（1639）序古虞毛氏汲古閣刻本　三冊　存一種八卷（爾雅註疏一至八）

340000－1801－0020450　7∶1915－7∶1916 善
十三經註疏　明崇禎十二年（1639）序古虞毛氏汲古閣刻本　二冊　存一種六卷（爾雅註疏一至二、八至十一）

340000－1801－0020451　7∶1917－7∶1918 善
十三經註疏　明崇禎十二年（1639）序古虞毛氏汲古閣刻本　二冊　存一種四卷（爾雅註疏一至二、十至十一）

340000－1801－0020452　7∶1919－7∶1936 善
御纂七經　清康熙至乾隆間內府刻本　十八冊　存一種二十卷（御纂周易折中一至十九、首一卷）

340000－1801－0020453　7∶1937－7∶1946 善
御纂七經　清康熙至乾隆間內府刻本　十冊　存一種二十三卷（御纂周易折中二十二卷、首一卷）

340000－1801－0020454　7∶1947－7∶1956 善
御纂七經　清康熙至乾隆間內府刻本　十冊　存一種二十三卷（御纂周易折中二十二卷、首一卷）

340000－1801－0020455　7∶1957－7∶1968 善
御纂七經　清康熙至乾隆間內府刻本　十二冊　存一種二十四卷（欽定書經傳說彙纂二十一卷、首二卷、書序一卷）

340000－1801－0020456　7∶1969－7∶1983 善
御纂七經　清康熙至乾隆間內府刻本　十二冊　存一種二十四卷（欽定書經傳說彙纂二十一卷、首二卷、書序一卷）

340000－1801－0020457　7∶1984－7∶2007 善
御纂七經　清康熙至乾隆間內府刻本　二十四冊　存一種二十五卷（欽定詩經傳說彙纂二十一卷、首二卷、詩序二卷）

340000－1801－0020458　7∶2008－7∶2031 善
御纂七經　清康熙至乾隆間內府刻本　二十四冊　存一種二十五卷（欽定詩經傳說彙纂二十一卷、首二卷、詩序二卷）

340000－1801－0020459　7∶2032－7∶2051 善
御纂七經　清康熙至乾隆間內府刻本　二十冊　存一種二十五卷（欽定詩經傳說彙纂二十一卷、首二卷、詩序二卷）

340000－1801－0020460　7∶2052－7∶2071 善
御纂七經　清康熙至乾隆間內府刻本　二十冊　存一種二十五卷（欽定詩經傳說彙纂二十一卷、首二卷、詩序二卷）

340000－1801－0020461　7∶2072－7∶2092 善
御纂七經　清康熙至乾隆間內府刻本　二十一冊　存一種二十五卷（欽定詩經傳說彙纂二十一卷、首二卷、詩序二卷）

340000－1801－0020462　7∶2093－7∶2115 善
御纂七經　清康熙至乾隆間內府刻本　二十三冊　存一種二十五卷（欽定詩經傳說彙纂二十一卷、首二卷、詩序二卷）

340000－1801－0020463　7∶2116－7∶2130 善
御纂七經　清康熙至乾隆間內府刻本　十五冊　存一種十四卷（欽定詩經傳說彙纂一至七、十九至二十一，首二卷，詩序二卷）

340000－1801－0020464　7∶2131－7∶2150 善
御纂七經　清康熙至乾隆間內府刻本　二十冊　存一種四十卷（欽定春秋傳說彙纂三十八卷、首二卷）

340000－1801－0020465　7∶2151－7∶2160 善
御纂詩義折中二十卷　（清）傅恒等撰　清乾隆二十年（1755）刻本　十冊

340000－1801－0020466　7∶2161－7∶2166 善
尚書十三卷　（漢）孔安國傳　清乾隆四十八年（1783）武英殿刻本　六冊

340000－1801－0020467　7∶2167－7∶2197 善
欽定周官義疏四十八卷首一卷　（清）允祿等

撰　清紫陽書院刻本　三十一册　缺二卷(三十四至三十五)

340000－1801－0020468　7:2198－7:2220 善
欽定周官義疏四十八卷首一卷　(清)允祿等撰　清紫陽書院刻本　二十三册　存三十九卷(七至十六、二十至四十八)

340000－1801－0020469　7:2221－7:2251 善
欽定周官義疏四十八卷　(清)允祿等撰　清紫陽書院刻本　三十一册

340000－1801－0020470　7:2252－7:2266 善
春秋經傳集解三十卷　(晉)杜預注　(唐)陸德明音義　**春秋名號歸一圖二卷**　(五代)馮繼先撰　清乾隆四十八年(1783)武英殿刻本　十五册　存十六卷(春秋經傳集解一至十四、春秋名號歸一圖二卷)

340000－1801－0020471　7:2267－7:2278 善
春秋經傳集解三十卷　(晉)杜預注　(唐)陸德明音義　**春秋名號歸一圖二卷**　(五代)馮繼先撰　**年表一卷**　清相臺岳氏荊溪家塾刻本　十二册

340000－1801－0020472　7:2279－7:2293 善
欽定春秋左傳讀本三十卷　(清)英和等編　清道光二年(1822)武英殿刻本　十五册　缺一卷(三十)

340000－1801－0020473　7:2294－7:2427 善
御纂七經　清康熙至乾隆間内府刻本　一百三十四册　缺一種四十九卷(欽定周官義疏四十八卷、首一卷)

340000－1801－0020474　7:2428－7:2432 善
二十一史　宋元明三朝刻明南京國子監遞修印本　五册　存一種三十八卷(史記五至七、十九至二十二、三十一至三十八、四十八至六十、一百一至一百十)

340000－1801－0020475　7:2433－7:2436 善
二十一史　宋元明三朝刻明南京國子監遞修印本　四册　存一種十四卷(前漢書十七至十九、二十七至二十八、八十七至九十三、九十九至一百)

340000－1801－0020476　7:2437－7:2476 善
二十一史　宋元明三朝刻明南京國子監遞修印本　佚名批跋　四十册　存一種九十卷(後漢書九十卷)

340000－1801－0020477　7:2477－7:2490 善
三國志六十五卷　(晉)陳壽撰　(南朝宋)裴松之注　宋衢州州學刻元明遞修本　十四册

340000－1801－0020478　7:2491－7:2530 善
二十一史　宋元明三朝刻明南京國子監遞修印本　四十册　存一種一百三十三卷(晉書一百三十三卷)

340000－1801－0020479　7:2531－7:2558 善
二十一史　宋元明三朝刻明南京國子監遞修印本　二十八册　存一種一百卷(宋書一百卷)

340000－1801－0020480　7:2559－7:2568 善
二十一史　宋元明三朝刻明南京國子監遞修印本　十册　存一種四十六卷(南齊書四十六卷)

340000－1801－0020481　7:2569－7:2578 善
二十一史　宋元明三朝刻明南京國子監遞修印本　徐受麐識　十册　存一種五十六卷(梁書五十六卷)

340000－1801－0020482　7:2579－7:2584 善
二十一史　宋元明三朝刻明南京國子監遞修印本　六册　存一種三十六卷(陳書三十六卷)

340000－1801－0020483　7:2585－7:2592 善
二十一史　宋元明三朝刻明南京國子監遞修印本　八册　存一種五十卷(北齊書五十卷)

340000－1801－0020484　7:2593－7:2597 善
二十一史　宋元明三朝刻明南京國子監遞修印本　五册　存一種四十一卷(周書一至三十五、三十九至四十四)

340000－1801－0020485　7:2598－7:2616 善
二十一史　宋元明三朝刻明南京國子監遞修印本　十九册　存一種一百二十九卷(魏書

一至三、八至四十五、四十七至五十五、五十七至六十二、一百八至一百四十四,又一至十二、二十一至二十七、四十一至四十六、五十五至六十、六十一至六十五)

340000－1801－0020486　7∶2617－7∶2640 善
二十一史　宋元明三朝刻明南京國子監遞修印本　二十四冊　存一種八十五卷(隋書一至五、十至八十五,又一至四)

340000－1801－0020487　7∶2641－7∶2649 善
二十一史　宋元明三朝刻明南京國子監遞修印本　九冊　存一種三十四卷(南史一至六、十一至十四、十九至二十二、三十二至四十、六十三至七十三)

340000－1801－0020488　7∶2650－7∶2685 善
二十一史　宋元明三朝刻明南京國子監遞修印本　三十六冊　存一種一百卷(北史一百卷)

340000－1801－0020489　7∶2686－7∶2713 善
二十一史　宋元明三朝刻明南京國子監遞修印本　二十八冊　存一種一百二十一卷(唐書一至七十五、八十三至一百、一百四十四至一百五十八、一百八十一至一百八十八、一百九十六至二百)

340000－1801－0020490　7∶2714－7∶2719 善
二十一史　宋元明三朝刻明南京國子監遞修印本　六冊　存一種七十四卷(五代史記七十四卷)

340000－1801－0020491　7∶2720－7∶2727 善
二十一史　宋元明三朝刻明南京國子監遞修印本　八冊　存一種一百十六卷(遼史一百十六卷)

340000－1801－0020492　7∶2728－7∶2855 善
二十一史　宋元明三朝刻明南京國子監遞修印本　一百二十八冊　存一種四百九十九卷(宋史四百九十六卷、目錄三卷)

340000－1801－0020493　7∶2856－7∶2879 善
二十一史　宋元明三朝刻明南京國子監遞修印本　二十四冊　存一種一百三十七卷(金史一百三十五卷、目錄二卷)

340000－1801－0020494　7∶2880－7∶2910 善
二十一史　宋元明三朝刻明南京國子監遞修印本　三十一冊　存一種一百三十二卷(元史一至八、十四至二十六、五十一至五十八、八十五至八十七、九十六至一百、一百六至二百)

340000－1801－0020495　7∶2911－7∶3317 善
二十一史　宋元明三朝刻明南京國子監遞修印本　四百七冊　缺三種二百六十三卷(三國志魏志三十卷,宋書一百卷,晉書一百三十卷、附音義三卷)

340000－1801－0020496　7∶3318－7∶3774 善
二十一史　宋元明三朝刻明南京國子監遞修印本　四百五十七冊　缺二種一百三十九卷(三國志六十五卷、五代史記七十四卷)

340000－1801－0020497　7∶3775－7∶4298 善
二十一史　宋元明三朝刻明南京國子監遞修印本　五百二十四冊

340000－1801－0020498　7∶4299－7∶4515 善
十七史　明崇禎至清順治間琴川毛氏汲古閣刻本　二百十七冊　缺一種十七卷(北齊書十八至三十四)

340000－1801－0020499　7∶4516－7∶4745 善
十七史　明崇禎至清順治間琴川毛氏汲古閣刻本　二百三十冊

340000－1801－0020500　7∶4746－7∶4958 善
十七史　明崇禎至清順治間琴川毛氏汲古閣刻本　二百十三冊　缺二種三十一卷(南齊書一至二十四、唐書六十四至七十)

340000－1801－0020501　7∶4959－7∶4974 善
十七史　明崇禎至清順治間琴川毛氏汲古閣刻本　十六冊　存一種一百三十卷(史記一百三十卷)

340000－1801－0020502　7∶4975－7∶5006 善
十七史　明崇禎至清順治間琴川毛氏汲古閣刻本　三十二冊　存一種一百卷(前漢書一

百卷)

340000-1801-0020503　7:5007-7:5024 善

十七史　明崇禎至清順治間琴川毛氏汲古閣刻本　十八册　存一種九十一卷(前漢書一至十七、二十至七十九、八十七至一百)

340000-1801-0020504　7:5025-7:5040 善

十七史　明崇禎至清順治間琴川毛氏汲古閣刻本　十六册　存一種九十七卷(前漢書一至十四、十八至一百)

340000-1801-0020505　7:5041-7:5062 善

十七史　明崇禎至清順治間琴川毛氏汲古閣刻本　二十二册　存一種七十八卷(前漢書一至十七、二十至七十九、八十七)

340000-1801-0020506　7:5063-7:5078 善

十七史　明崇禎至清順治間琴川毛氏汲古閣刻本　十六册　存一種六十三卷(前漢書三十八至一百)

340000-1801-0020507　7:5079-7:5085 善

十七史　明崇禎至清順治間琴川毛氏汲古閣刻本　七册　存一種五十五卷(前漢書一至十四、四十八至五十六、六十五至九十六)

340000-1801-0020508　7:5086-7:5109 善

十七史　明崇禎至清順治間琴川毛氏汲古閣刻本　二十四册　存一種一百二十卷(後漢書九十卷、志三十卷)

340000-1801-0020509　7:5110-7:5132 善

十七史　明崇禎至清順治間琴川毛氏汲古閣刻本　二十三册　存一種一百十五卷(後漢書一至五十三、五十九至九十,志三十卷)

340000-1801-0020510　7:5133-7:5149 善

十七史　明崇禎至清順治間琴川毛氏汲古閣刻本　十七册　存一種一百四卷(後漢書一至四十九、五十六至八十,志三十卷)

340000-1801-0020511　7:5150-7:5163 善

十七史　明崇禎至清順治間琴川毛氏汲古閣刻本　十四册　存一種一百八卷(後漢書一至三十九、四十七至八十一、八十七至九十,志三十卷)

340000-1801-0020512　7:5164-7:5173 善

十七史　明崇禎至清順治間琴川毛氏汲古閣刻本　十册　存一種一百卷(後漢書十至十七、二十九至九十,志三十卷)

340000-1801-0020513　7:5174-7:5181 善

十七史　明崇禎至清順治間琴川毛氏汲古閣刻本　八册　存一種六十七卷(後漢書五十四至九十、志三十卷)

340000-1801-0020514　7:5182-7:5191 善

十七史　明崇禎至清順治間琴川毛氏汲古閣刻本　十册　存一種六十五卷(三國志六十五卷)

340000-1801-0020515　7:5192-7:5203 善

十七史　明崇禎至清順治間琴川毛氏汲古閣刻本　十二册　存一種六十五卷(三國志六十五卷)

340000-1801-0020516　7:5204-7:5213 善

十七史　明崇禎至清順治間琴川毛氏汲古閣刻本　十册　存一種六十五卷(三國志六十五卷)

340000-1801-0020517　7:5214-7:5221 善

三國志六十五卷　(晉)陳壽撰　(南朝宋)裴松之注　清光緒七年(1881)文雅齋刻本　八册

340000-1801-0020518　7:5222-7:5229 善

十七史　明崇禎至清順治間琴川毛氏汲古閣刻本　八册　存一種六十五卷(三國志六十五卷)

340000-1801-0020519　7:5230-7:5231 善

二十一史　宋元明三朝刻明南京國子監遞修印本　二册　存一種十二卷(三國志之吳志一至十二)

340000-1801-0020520　7:5232-7:5255 善

十七史　明崇禎至清順治間琴川毛氏汲古閣刻本　二十四册　存一種一百三十卷(晉書一百三十卷)

340000－1801－0020521　7:5256－7:5283 善
十七史　明崇禎至清順治間琴川毛氏汲古閣刻本　二十八冊　存一種一百三十卷（晉書一百三十卷）

340000－1801－0020522　7:5284－7:5312 善
十七史　明崇禎至清順治間琴川毛氏汲古閣刻本　二十九冊　存一種一百十九卷（晉書一至一百十九）

340000－1801－0020523　7:5313－7:5326 善
十七史　明崇禎至清順治間琴川毛氏汲古閣刻本　十四冊　存一種八十五卷（晉書一至五、三十一至六十六、七十四至八十、九十四至一百三十）

340000－1801－0020524　7:5327－7:5348 善
十七史　明崇禎至清順治間琴川毛氏汲古閣刻本　二十二冊　存一種九十一卷（宋書一至十二、十五至五十三、六十一至一百）

340000－1801－0020525　7:5349－7:5367 善
十七史　明崇禎至清順治間琴川毛氏汲古閣刻本　十九冊　存一種九十四卷（宋書一至四十一、四十八至一百）

340000－1801－0020526　7:5368－7:5382 善
十七史　明崇禎至清順治間琴川毛氏汲古閣刻本　十五冊　存一種七十二卷（宋書十二至六十二、六十九至七十四、八十六至一百）

340000－1801－0020527　7:5383－7:5396 善
十七史　明崇禎至清順治間琴川毛氏汲古閣刻本　十四冊　存一種三十九卷（宋書一至十六、七十八至一百）

340000－1801－0020528　7:5397－7:5400 善
十七史　明崇禎至清順治間琴川毛氏汲古閣刻本　三冊　存一種三十八卷（南齊書二十二至五十九）

340000－1801－0020529　7:5401－7:5402 善
十七史　明崇禎至清順治間琴川毛氏汲古閣刻本　二冊　存一種三十二卷（南齊書二十八至五十九）

340000－1801－0020530　7:5403－7:5404 善
十七史　明崇禎至清順治間琴川毛氏汲古閣刻本　二冊　存一種二十七卷（南齊書三十三至五十九）

340000－1801－0020531　7:5405－7:5412 善
十七史　明崇禎至清順治間琴川毛氏汲古閣刻本　八冊　存一種五十六卷（梁書五十六卷）

340000－1801－0020532　7:5413－7:5418 善
十七史　明崇禎至清順治間琴川毛氏汲古閣刻本　六冊　存一種五十六卷（梁書五十六卷）

340000－1801－0020533　7:5419－7:5423 善
十七史　明崇禎至清順治間琴川毛氏汲古閣刻本　五冊　存一種五十卷（梁書七至五十六）

340000－1801－0020534　7:5424－7:5426 善
十七史　明崇禎至清順治間琴川毛氏汲古閣刻本　三冊　存一種三十卷（陳書七至三十六）

340000－1801－0020535　7:5427－7:5445 善
十七史　明崇禎至清順治間琴川毛氏汲古閣刻本　十九冊　存一種一百十卷（魏書一至九十三、九十八至一百十四）

340000－1801－0020536　7:5446－7:5461 善
十七史　明崇禎至清順治間琴川毛氏汲古閣刻本　十六冊　存一種六十六卷（魏書一至十二、六十一至一百十四）

340000－1801－0020537　7:5463－7:5476 善
十七史　明崇禎至清順治間琴川毛氏汲古閣刻本　十四冊　存一種九十卷（魏書一至十九、二十四至四十、六十一至一百十四）

340000－1801－0020538　7:5477－7:5479 善
十七史　明崇禎至清順治間琴川毛氏汲古閣刻本　四冊　存一種十六卷（魏書六十六至七十二、一百六至一百十四）

340000－1801－0020539　7:5480－7:5483 善

十七史　明崇禎至清順治間琴川毛氏汲古閣刻本　四冊　存一種五十卷(北齊書五十卷)

340000－1801－0020540　7∶5484－7∶5489 善

十七史　明崇禎至清順治間琴川毛氏汲古閣刻本　六冊　存一種五十卷(周書五十卷)

340000－1801－0020541　7∶5490－7∶5504 善

十七史　明崇禎至清順治間琴川毛氏汲古閣刻本　十五冊　存一種七十三卷(南史一至十五、二十三至八十)

340000－1801－0020542　7∶5505－7∶5518 善

十七史　明崇禎至清順治間琴川毛氏汲古閣刻本　十四冊　存一種六十九卷(南史一至十四、二十六至八十)

340000－1801－0020543　7∶5519－7∶5528 善

十七史　明崇禎至清順治間琴川毛氏汲古閣刻本　十冊　存一種六十六卷(南史一至五十五、七十至八十)

340000－1801－0020544　7∶5529－7∶5533 善

十七史　明崇禎至清順治間琴川毛氏汲古閣刻本　五冊　存一種二十六卷(南史五十五至八十)

340000－1801－0020545　7∶5534－7∶5565 善

十七史　明崇禎至清順治間琴川毛氏汲古閣刻本　三十二冊　存一種一百卷(北史一百卷)

340000－1801－0020546　7∶5566－7∶5590 善

十七史　明崇禎至清順治間琴川毛氏汲古閣刻本　二十五冊　存一種一百卷(北史一百卷)

340000－1801－0020547　7∶5591－7∶5613 善

十七史　明崇禎至清順治間琴川毛氏汲古閣刻本　二十三冊　存一種九十五卷(北史一至十八、二十四至一百)

340000－1801－0020548　7∶5614－7∶5632 善

十七史　明崇禎至清順治間琴川毛氏汲古閣刻本　十九冊　存一種八十卷(北史一至十、十九至二十七、三十二至三十四、四十三至一百)

340000－1801－0020549　7∶5633－7∶5648 善

十七史　明崇禎至清順治間琴川毛氏汲古閣刻本　十六冊　存一種六十五卷(北史四至五十四、八十三至九十二、九十七至一百)

340000－1801－0020550　7∶5649－7∶5667 善

二十一史　宋元明三朝刻明南京國子監遞修印本　十九冊　存一種五十八卷(北史一至五、十三至十五、二十八至五十三、五十七至六十、六十四至七十三、八十二至九十一)

340000－1801－0020551　7∶5668－7∶5675 善

十七史　明崇禎至清順治間琴川毛氏汲古閣刻本　八冊　存一種五十二卷(隋書一至五、二十七至七十三)

340000－1801－0020552　7∶5676－7∶5687 善

十七史　明崇禎至清順治間琴川毛氏汲古閣刻本　十二冊　存一種三十四卷(唐書六十八至一百一)

340000－1801－0020553　7∶5688－7∶5698 善

十七史　明崇禎至清順治間琴川毛氏汲古閣刻本　十一冊　存一種六十八卷(唐書三十至三十四、一百三十六至一百六十三、一百七十一至二百五)

340000－1801－0020554　7∶5699－7∶5707 善

十七史　明崇禎至清順治間琴川毛氏汲古閣刻本　九冊　存一種二十卷(唐書二百六至二百二十五)

340000－1801－0020555　7∶5708－7∶5713 善

十七史　明崇禎至清順治間琴川毛氏汲古閣刻本　六冊　存一種七十四卷(五代史七十四卷)

340000－1801－0020556　7∶5714－7∶5719 善

十七史　明崇禎至清順治間琴川毛氏汲古閣刻本　六冊　存一種七十四卷(五代史七十四卷)

340000－1801－0020557　7∶5720－7∶5725 善

十七史　明崇禎至清順治間琴川毛氏汲古閣

刻本　六册　存一種七十四卷(五代史七十四卷)

340000－1801－0020558　7:5726－7:5733 善

十七史　明崇禎至清順治間琴川毛氏汲古閣刻本　八册　存一種七十四卷(五代史七十四卷)

340000－1801－0020559　7:5734－7:5738 善

十七史　明崇禎至清順治間琴川毛氏汲古閣刻本　五册　存一種六十二卷(五代史一至六十二)

340000－1801－0020560　7:5739－7:5742 善

十七史　明崇禎至清順治間琴川毛氏汲古閣刻本　四册　存一種三十九卷(五代史八至二十九、四十七至六十三)

340000－1801－0020561　7:5743－7:5762 善

舊五代史一百五十卷　(宋)薛居正等撰　清乾隆刻本　二十册

340000－1801－0020562　7:5763－7:5774 善

舊五代史一百五十卷　(宋)薛居正等撰　清乾隆刻本　十二册

340000－1801－0020563　7:5775－7:5782 善

二十一史　宋元明三朝刻明南京國子監遞修印本　八册　存一種五十卷(北齊書五十卷)

340000－1801－0020564　7:5783－7:5785 善

二十一史　宋元明三朝刻明南京國子監遞修印本　三册　存一種三十二卷(北齊書帝紀一至八、列傳一至二十四)

340000－1801－0020565　7:5786－7:5814 善

二十一史　宋元明三朝刻明南京國子監遞修印本　二十九册　存一種一百四十六卷(宋史一百四十六卷)

340000－1801－0020566　7:5815－7:5816 善

二十一史　宋元明三朝刻明南京國子監遞修印本　二册　存一種三十七卷(遼史十五至三十、七十五至九十五)

340000－1801－0020567　7:5817－7:5823 善

二十一史　宋元明三朝刻明南京國子監遞修印本　七册　存一種三十七卷(金史一至五、十三至二十四、五十九至六十二、八十七、一百至一百五、一百二十七至一百三十五)

340000－1801－0020568　7:5824－7:5842 善

六子全書　(明)顧春輯　明桐陰書屋刻本　十九册　缺一種三卷(荀子十八至二十)

340000－1801－0020569　7:5843 善

楊升庵先生評註先秦五子全書　(宋)徐無黨　(明)楊愼評注　明天啓五年(1625)武林張氏横秋閣刻本　一册　存二種二卷(鬻子一卷、鄧子一卷)

340000－1801－0020570　7:5844－7:5851 善

合諸名家批點諸子全書　(明)□□撰　明天啓杭州刻本　八册　存五種八卷(黄石公素書一卷、劉子二卷、關尹子二卷、子華子二卷、鬼谷子一卷)

340000－1801－0020571　7:5852－7:5859 善

新鍥翰林三狀元會選二十九子品彙釋評　(明)焦竑等編　明萬曆四十四年(1616)刻本　八册　存五種九卷(老子道德經一卷、南華經四卷、列子一卷、荀子二卷、淮南子一卷)

340000－1801－0020572　7:5860－7:5866 善

中立四子集　(明)朱東光輯訂　(明)張登雲參補　明萬曆七年(1579)刻本　七册　存三種四十六卷(莊子南華眞經十卷、管子一至十六、淮南鴻烈解一至二十)

340000－1801－0020573　7:5867－7:5880 善

諸子彙函　(明)歸有光輯　明天啓五年(1625)刻本　十四册

340000－1801－0020574　7:5881－7:5893 善

諸子彙函　(明)歸有光輯　明天啓五年(1625)刻本　十三册　存三十種十一卷(卷一:鬻子、子牙子、關尹子、子華子,卷二:老子、莊子,卷三:列子、墨子,卷四:管子,卷十三:波弄子、惠子、胡非子、子家子、希子、薛子、風胡子、三桂子、首山子、歲寒子、潼山子、雲晃子、隨巢子、孔叢子,卷十四:黄石子、雲陽子、金門子,卷十五至十六:淮南子,卷十七

至十八:桂巖子,卷十九:封龍子、吉雲子、青黎子)

340000-1801-0020575　7:5894-7:5895 善
子書十五種　(□)□□撰　明蓀園刻本　二冊　存十五種(老子、莊子、列子、關尹子、孫武子、尉繚子、管子、商子、韓子、荀子、子華子、呂子、淮南子、齊丘子、賈太傅新書)

340000-1801-0020576　7:5896-7:5911 善
二十子　(明)吳勉學輯　明刻本　十六冊　存七種三十三卷(孫子一卷、吳子一卷、鬼谷子一卷、韓非子二十卷、商子五卷、晏子春秋四卷、黃石公素書一卷)

340000-1801-0020577　7:5912-7:5917 善
呂子遺書　(明)呂坤撰　清康熙十八年(1679)刻本　六冊

340000-1801-0020578　7:5918-7:5925 善
玉堂校傳如崗陳先生二經精解全編九卷　(明)陳懿典述著　(明)焦竑考訂　明萬曆二十二年(1594)熊雲濱刻本　八冊

340000-1801-0020579　7:5926-7:5928 善
玉堂校傳如崗陳先生二經精解全編九卷　(明)陳懿典述著　(明)焦竑考訂　明萬曆二十二年(1594)熊雲濱刻本　三冊

340000-1801-0020580　7:5929 善
玉堂校傳如崗陳先生二經精解全編九卷　(明)陳懿典述著　(明)焦竑考訂　明萬曆二十二年(1594)熊雲濱刻本　一冊　存三卷(一至三)

340000-1801-0020581　7:5930-7:5935 善
道書全集　(明)閻鶴洲輯　明萬曆十九年(1591)金陵閻氏刻本　六冊　缺十三種五十三卷(金丹大要十卷、金碧古文龍虎上經三卷、周易參同契通眞義三卷、悟眞篇註疏三卷、諸眞元奧集成九卷、群仙珠玉集成四卷、胎息經註一卷、陰符經三皇玉訣三卷、群仙要語二卷、玉清金笥青華秘文金寶内煉丹訣三卷、中和集七卷、鍾呂二仙修眞傳道集三卷、文始眞經言外經旨二卷)

340000-1801-0020582　7:5936-7:5937 善
新鍥熙朝内閣評選六子纂要(新鍥二太史彙選註釋老莊評林)　(明)張位　(明)趙志皋校　明萬曆二十一年(1593)書林仙源余成章刻本　二冊　存二種七卷(新刻熙朝内閣評選老子纂要一卷、新鍥熙朝内閣評選莊子纂要六卷)

340000-1801-0020583　7:5938-7:5947 善
管子二十四卷　(春秋)管仲撰　**韓非子二十卷**　(戰國)韓非撰　明萬曆刻本　十冊

340000-1801-0020584　7:5948-7:5952 善
道書全集　(明)閻鶴洲輯　明嘉靖十七年(1538)周藩刻本　五冊　存三種十四卷(金丹正理大全之金丹大要一至五、八至十,金碧古文龍虎上經三卷,周易參同契解三卷)

340000-1801-0020585　7:5953
道書全集　(明)閻鶴洲輯　明嘉靖十七年(1538)周藩刻本　一冊　存一種二卷(金丹正理大全之金丹大要一至二)

340000-1801-0020586　7:5954-7:5962 善
宋人百家小說　題(明)桃源溪父輯　清刻本　九冊　缺十一種十一卷(大中遺事一卷、幙府燕聞錄一卷、白獺髓一卷、江南野錄一卷、聞見雜錄一卷、事原一卷、侍兒小名錄一卷、藥議一卷、麗情集一卷、花經一卷、韓奉議鸎歌傳一卷)

340000-1801-0020587　7:5963-7:5968 善
皇明百家小說　(明)沈廷松輯　清刻本　六冊　缺二十三種二十三卷(枝山前聞一卷、田居乙記一卷、今言一卷、蓬窗續錄一卷、水南翰記一卷、蠡采清課一卷、吳風錄一卷、篷櫳夜話一卷、實檳記一卷、脚氣集一卷、續志林一卷、逐鹿記一卷、寓圃雜記一卷、青溪暇筆一卷、近峰聞略一卷、翦勝野聞一卷、觚不觚錄一卷、遜國記一卷、谿山餘話一卷、吳中故語一卷、女俠傳一卷、秘錄一卷、雲夢藥溪談一卷)

340000-1801-0020588　7:5969-7:5973 善
新鐫武經七書七卷目錄一卷　(明)王守仁輯

明天啓元年(1621)吳興茅震東刻朱墨套印本　五冊　缺一卷(四)

340000－1801－0020589　7:5974－7:6003 善
古今醫統正脈全書　(明)王肯堂輯　明刻本　三十冊

340000－1801－0020590　7:6004－7:6005 善
古今醫統正脈全書　(明)王肯堂輯　明刻本　二冊　存六種十三卷(脾胃論三卷、蘭室秘藏三卷、内外傷辨三卷、傷寒一提金一卷、傷寒證脈藥截江網一卷、外科精義二卷)

340000－1801－0020591　7:6006－7:6007 善
醫種子　(明)盧復撰　明天啓四年(1624)刻本　二冊　存五種七卷(仲景脈法一卷、仲景傷寒論一卷、金匱要略論一卷、難經一卷、神農本草經三卷)

340000－1801－0020592　7:6008－7:6011 善
東垣十書　(金)李杲撰　明刻本　四冊　存二種五卷(蘭室秘藏三卷、東垣先生此事難知集二卷)

340000－1801－0020593　7:6012－7:6031 善
漢魏諸名家集　(明)汪士賢輯　明萬曆、天啓間新安汪氏刻本　二十冊　缺三種二十六卷(曹子建集十卷、陶靖節集十卷、任彦升集六卷)

340000－1801－0020594　7:6032－7:6041 善
漢魏諸名家集　(明)汪士賢輯　明刻本　十冊　存七種三十三卷(阮嗣宗集二卷、陸士衡集十卷、謝康樂集四卷、謝宣城集五卷、董仲舒集一卷、東方先生集一卷、鮑明遠集十卷)

340000－1801－0020595　7:6042－7:6046 善
海瓊玉蟾先生文集六卷續文集二卷　(宋)葛長庚撰　(明)朱權重編　明正統七年(1442)刻本　五冊

340000－1801－0020596　7:6047－7:6118 善
漢魏六朝百三名家集(漢魏六朝一百三家集)　(明)張溥輯　明刻本　七十二冊　存五十五種六十三卷(漢劉中壘集一卷、揚侍郎集一卷、漢劉子駿集一卷、馮曲陽集一卷、東漢崔亭伯集一卷、張河閒集二卷、漢蘭臺令李伯仁集一卷、東漢馬季長集一卷、東漢荀侍中集一卷、蔡中郎集二卷、晉東廣微集一卷、夏侯常侍集一卷、潘黄門集一卷、傅中丞集一卷、陸平原集二卷、晉張景陽集一卷、晉劉越石集一卷、郭弘農集二卷、晉王右軍集二卷、晉王大令集一卷、孫廷尉集一卷、陶彭澤集一卷、鮑參軍集二卷、宋袁陽源集一卷、謝法曹集一卷、謝光禄集一卷、王寧朔集一卷、謝宣城集一卷、齊張長史集一卷、南齊孔詹事集一卷、梁武帝御製集一卷、梁簡文帝御製集二卷、梁元帝集一卷、陶隱居集一卷、梁丘司空集一卷、任中丞集一卷、王左丞集一卷、陸太常集一卷、劉戶曹集一卷、王詹事集一卷、徐僕射集一卷、沈侍中集一卷、江令君集一卷、陳張散騎集一卷、邢特進集一卷、魏特進集一卷、東漢王叔師集一卷、孔少府集一卷、諸葛丞相集一卷、晉杜征南集一卷、魏荀公曾集一卷、晉張司空集一卷、孫馮翌集一卷、晉摯太常集一卷、陸清河集二卷)

340000－1801－0020597　7:6119－7:6146 善
漢魏六朝百三名家集(漢魏六朝一百三家集)　(明)張溥撰　明刻本　二十八冊　存三十六種四十一卷(漢劉中壘集一卷、揚侍郎集一卷、漢劉子駿集一卷、梁昭明太子集一卷、王文憲集一卷、宋袁陽源集一卷、謝法曹集一卷、謝光禄集一卷、南齊竟陵王集二卷、吳朝請集一卷、謝宣城集一卷、陳後主集一卷、庾開府集二卷、隋煬帝集一卷、盧武陽集一卷、李懷州集一卷、牛奇章集一卷、薛司隸集一卷、陸平原集一卷、謝康樂集二卷、顔光禄集一卷、鮑參軍集二卷、齊張長史集一卷、南齊孔詹事集一卷、梁武帝御製集一卷、賈長沙集選一卷、司馬文園集選一卷、魏文帝集二卷、陳記室集一卷、王侍中集一卷、魏劉公幹集一卷、魏應德璉集一卷、魏應休璉集一卷、阮步兵集一卷、嵇中散集一卷、魏鍾司徒集一卷)

340000－1801－0020598　7:6147－7:6150 善
唐人選唐詩　(明)毛晉輯　明崇禎毛氏汲古閣刻本　四冊　存八種二十三卷(御覽詩一卷、篋中集一卷、國秀集三卷、河岳英靈集三

卷、搜玉小集一卷、極玄集二卷、才調集十卷、中興間氣集二卷)

340000－1801－0020599　7：6151－7：6270 善
全唐詩九百卷　(清)曹寅等編　清康熙四十六年(1707)刻本　一百二十册

340000－1801－0020600　7：6271－7：6385 善
全唐詩九百卷　(清)曹寅等編　清康熙四十六年(1707)刻本　一百十五册　存八百七十卷(一至八百七十)

340000－1801－0020601　7：6386－7：6409 善
元曲選一百種一百卷元曲論一卷　(明)臧懋循輯　明萬曆四十四年(1616)刻本　二十四册　缺三十四種三十四卷(玉清菴錯送鴛鴦被雜劇一卷、唐明皇秋夜梧桐雨雜劇一卷、散家財天賜老生兒雜劇一卷、硃砂擔滴水浮漚記雜劇一卷、李素蘭風月玉湖春雜劇一卷、呂洞賓三醉岳陽樓雜劇一卷、包待制三勘蝴蝶夢雜劇一卷、說鱄諸伍員吹簫雜劇一卷、迷青瑣倩女離魂雜劇一卷、四丞相高會麗春堂雜劇一卷、陳季卿悞上竹葉舟雜劇一卷、包待制智賺灰闌記雜劇一卷、崔府君斷冤家債主雜劇一卷、㑳梅香騙翰林風月雜劇一卷、尉遲恭單鞭奪槊雜劇一卷、呂洞賓三度城南柳雜劇一卷、須賈大夫誶范叔雜劇一卷、李雲英風送梧桐葉雜劇一卷、花間四友東坡夢雜劇一卷、杜蘂娘智賞金線池雜劇一卷、王月英元夜留鞋記雜劇一卷、漢高皇濯足氣英布雜劇一卷、兩軍師隔江鬬智雜劇一卷、馬丹陽度脫劉行首雜劇一卷、月明和尚度翠柳雜劇一卷、劉晨阮肇悞入桃源雜劇一卷、張孔目智勘魔合羅雜劇一卷、玎玎璫璫盆兒鬼雜劇一卷、荊楚臣重對玉梳記雜劇一卷、逞風流王煥百花亭雜劇一卷、蕭淑蘭情寄菩薩蠻雜劇一卷、錦雲堂暗定連環計雜劇一卷、羅李郎大鬧相國寺雜劇一卷、看錢奴買冤家債主雜劇一卷)

340000－1801－0020602　7：6410－7：6411 善
元曲選一百種一百卷　(明)臧懋循輯　明萬曆四十四年(1616)刻本　二册　存五種五卷(張天師斷風花雪月雜劇一卷、趙盼兒風月救風塵雜劇一卷、東堂老勸破家子弟雜劇一卷、同樂院燕青博魚雜劇一卷、臨江驛瀟湘秋夜雨雜劇一卷)

340000－1801－0020603　7：6412
元曲選一百種一百卷　(明)臧懋循輯　明萬曆刻本　一册　存三種三卷(趙盼兒風月救風塵雜劇一卷、東堂老勸破家子弟雜劇一卷、同樂院燕青博魚雜劇一卷)

340000－1801－0020604　7：6413 善
唐百家詩　(清)朱警輯　明嘉靖十九年(1540)刻本　一册　存二種七卷(張九齡集六卷、盧僎集一卷)

340000－1801－0020605　7：6414－7：6424 善
廣漢魏叢書　(明)何允中輯　明刻本　十一册　存十九種三十六卷(序志一卷、序志後語一卷、附江原常氏士女志一卷、高士傳一卷、劉先主志一卷、新書十卷、顔氏家訓二卷、水經二卷、星經二卷、英雄記鈔一卷、劉後主志一卷、大同志一卷、李志一卷、古三墳一卷、詩傳孔氏傳一卷、詩說一卷、獨斷一卷、吳越春秋六卷、鄴中記一卷)

340000－1801－0020606　7：6425－7：6444 善
百川學海　(宋)左圭輯　明刻本　二十册

340000－1801－0020607　7：6445－7：6464 善
續百川學海　(明)吳永輯　明刻本　二十册

340000－1801－0020608　7：6465－7：6484 善
廣百川學海　(明)馮可賓輯　明刻本　二十册

340000－1801－0020609　7：6485－7：6524 善
百川學海　(宋)左圭輯　明刻本　四十册

340000－1801－0020610　7：6525－7：6527 善
百川學海　(宋)左圭輯　明刻本　三册　存四種四卷(芥隱筆記一卷、李氏刊誤一卷、宜齋野乘一卷、九經補韻一卷)

340000－1801－0020611　7：6528 善
廣百川學海　(明)馮可賓輯　明刻本　一册　存三種三卷(武夷雜記一卷、學古編一卷、硯譜一卷)

340000－1801－0020612　7:6529 善

古今逸史　(明)吳琯輯　明刻本　一册　存七種十五卷(西京雜記六卷、別國洞冥記四卷、漢武故事一卷、趙后外傳一卷、迷樓記一卷、開河記一卷、海山記一卷)

340000－1801－0020613　7:6530－7:6593 善

稗海　(明)商濬輯　清康熙中振鷺堂刻本　六十四册

340000－1801－0020614　7:6594－7:6656 善

稗海　(明)商濬輯　清刻本　六十三册　缺八種五十卷(博物志十卷,過庭錄一卷,泊宅編三卷,閑窓括異志一卷,蒙齋筆談二卷,蘇黄門龍川別志二卷,宣室志十卷、補遺一卷,齊東野語二十卷)

340000－1801－0020615　7:6657－7:6708 善

稗海　(明)商濬輯　清刻本　五十二册　存四十五種二百九十九卷(雲麓漫抄四卷,石林燕語十卷,避暑録話二卷,墨客揮犀十卷,野客叢書三十卷、附録一卷,河東先生龍城録二卷,隨隱漫録五卷,楓窓小牘二卷,西溪叢語二卷,宣室志十卷、補遺一卷,齊東野語二十卷,癸辛雜識前集一卷、後集一卷、續集二卷、別集二卷,山房隨筆一卷,補侍兒小名録一卷,續補侍兒小名録一卷,澠水燕談録十卷,青箱雜記十卷,蒙齋筆談二卷,畫墁録一卷,游宦紀聞十卷,夢溪筆談二十六卷、補筆談一卷,學齋佔畢纂一卷,袪疑說纂一卷,墨莊漫録十卷,玉泉子一卷,侍兒小名録拾遺一卷,博物志十卷,述異志二卷,續博物志十卷,摭言一卷,小名録二卷,北夢瑣言二十卷,樂善録二卷,過庭録一卷,泊宅編三卷,閑窓括異志一卷,搜採異聞録五卷,東軒筆録十五卷,西京雜記六卷,王子年拾遺記十卷,搜神記八卷,杜陽雜編三卷,東觀奏記三卷,大唐新語十三卷,蘇黄門龍川別志二卷)

340000－1801－0020616　7:6709－7:6754 善

稗海　(明)商濬輯　清刻本　四十六册　存四十五種三百五十八卷(博物志十卷,西京雜記六卷,王子年拾遺記十卷,搜神記八卷,游宦紀聞十卷,摭言一卷,小名録二卷,杜陽雜編三卷,東觀奏記三卷,述異記二卷,澠水燕談録十卷,江隣幾雜志一卷,桯史十五卷,野客叢書三十卷、附録一卷,隨隱漫録五卷,楓窓小牘二卷,夢溪筆談二十六卷、補筆談一卷,學齋佔畢纂一卷,墨莊漫録十卷,老學庵筆記十卷,雲麓漫抄四卷,清波雜志三卷,酉陽雜俎二十卷,宣室志十卷、補遺一卷,鶴林玉露十六卷、補遺一卷,儒林公議二卷,睽車志六卷,耕祿藁一卷,西溪叢語二卷,野客叢書三十卷、附録一卷,齊東野語二十卷,大唐新語十三卷,因話録六卷,玉泉子一卷,北夢瑣言二十卷,樂善録二卷,蠡海集一卷,青箱雜記十卷,蒙齋筆談二卷,侍兒小名録拾遺一卷,補侍兒小名録一卷,續補侍兒小名録一卷,歸田録二卷,東坡先生志林十二卷,蘇黄門龍川別志二卷)

340000－1801－0020617　7:6755－7:6793 善

稗海　(明)商濬輯　明刻本　三十九册　存三十五種二百七十五卷(夢溪筆談二十六卷,清波雜志三卷,酉陽雜俎二十卷,侯鯖録八卷,嬾眞子五卷,孫公談圃三卷,後山居士詩話一卷,齊東野語二十卷,癸辛雜識前集一卷、續集一卷、別集二卷,西溪叢語二卷,歸田録二卷,東坡先生志林十二卷,蘇黄門龍川別志二卷,澠水燕談録十卷,冷齋夜話十卷,老學庵筆記十卷,雲麓漫抄四卷,石林燕語十卷,西京雜記六卷,王子年拾遺記十卷,搜神記八卷,述異記二卷,續博物志十卷,摭言一卷,小名録二卷,雲溪友議十二卷,杜陽雜編三卷,東觀奏記三卷,大唐新語十三卷,北夢瑣言二十卷,搜採異聞録五卷,東軒筆録十五卷,青箱雜記十卷,蒙齋筆談二卷,畫墁録一卷)

340000－1801－0020618　7:6794－7:6811 善

稗海　(明)商濬輯　清刻本　十八册　存七種七十七卷(齊東野語二十卷、大唐新語十三卷、東坡先生志林十二卷、老學庵筆記十卷、石林燕語十卷、避暑録話二卷、澠水燕談録十卷)

340000－1801－0020619　7:6812－7:6818 善

稗海　(明)商浚輯　明刻本　七册　存十二種六十四卷(遂昌雜錄一卷、耕祿稿一卷、厚德錄一卷、西溪叢語二卷、補侍兒小名錄一卷、東觀奏記三卷、北夢瑣言二十卷、夢溪筆談二十六卷、侍兒小名錄拾遺一卷、杜陽雜編三卷、續補侍兒小名錄一卷、異聞總錄四卷)

340000－1801－0020620　7:6819－7:6830 善
稗海　(明)商浚輯　明刻本　十二册　存十六種五十二卷(西溪叢語二卷,補筆談一卷,祛疑說纂一卷,學齋佔畢纂一卷,儒林公議二卷,癸辛雜識集一卷、外集一卷、新集一卷、後集一卷,江隣幾雜志一卷,桯史十五卷,隨隱漫錄五卷,侯鯖錄八卷,暌車志六卷,楓窗小牘二卷,山房隨筆一卷,許彦周詩話一卷,耕祿稿一卷,厚德錄一卷)

340000－1801－0020621　7:6831－7:6834 善
稗海　(明)商浚輯　清刻本　四册　存五種五十七卷(野客叢書三十卷、附錄一卷,螢雪叢說二卷,後山居士詩話一卷,齊東野語二十卷,孫公談圃三卷)

340000－1801－0020622　7:6835 善
稗乘　(明)黄昌齡輯　明萬曆刻本　一册　存七種八卷(禪玄顯教編一卷、摩訶般若波羅蜜多心經一卷、三十國記二卷、宗禪辨一卷、常清靜經一卷、保生要錄一卷、廣成子一卷)

340000－1801－0020623　7:6836 善
西湖居易堂主人譜錄　題(清)居易堂主人撰　清刻本　一册　存七種八卷(象棋譜一卷、棋勢譜一卷、馬吊譜二卷、打馬圖譜一卷、擲升官圖譜一卷、茶譜一卷、名花譜一卷)

340000－1801－0020624　7:6837－7:6842 善
寶顔堂秘笈　(明)陳繼儒輯　明刻本　六册　存十七種二十八卷(荆溪林下偶談四卷、桂苑叢談一卷、次柳氏舊聞一卷、谿山餘話一卷、雨航雜錄一卷、西塘日記一卷、知命錄一卷、樂府指迷二卷、文則二卷、耄餘雜識一卷、邵康節先生外紀四卷、老子解四卷、傳疑錄一卷、春風堂隨筆一卷、燕閒錄一卷、讀書筆記一卷、意見一卷)

340000－1801－0020625　7:6843－7:6846 善
寶顔堂秘笈　(明)陳繼儒輯　明刻本　四册　存十三種二十二卷(荆溪林下偶談四卷、桂苑叢談一卷、脚氣集二卷、農說一卷、長水日鈔一卷、觴政一卷、吳社編一卷、願豐堂漫書一卷、金臺紀聞一卷、虎薈六卷、病榻寤言一卷、夷俗記一卷、三事遡眞一卷)

340000－1801－0020626　7:6847－7:6848 善
寶顔堂秘笈　(明)陳繼儒輯　明刻本　二册　存二種四卷(農田餘話二卷、脚氣集二卷)

340000－1801－0020627　7:6849－7:6852 善
眉公秘笈十五種四十七卷　(明)陳繼儒撰　明萬曆三十四年(1606)刻本　四册　存十種二十六卷(安得長者言一卷,讀書鏡十卷,書蕉二卷,筆記二卷,枕譚一卷,香案牘一卷,尚白齋鋟讀書十六觀一卷、附書畫金湯一卷,群碎錄一卷,巖棲幽事一卷,狂夫之言三卷、續二卷)

340000－1801－0020628　7:6853－7:6992 善
津逮秘書十五集一百四十一種七百四十八卷　(明)毛晉輯　明崇禎毛氏汲古閣刻本　一百四十册

340000－1801－0020629　7:6993－7:7122 善
津逮秘書十五集一百四十一種七百四十八卷　(明)毛晉輯　明崇禎毛氏汲古閣刻本　一百三十册

340000－1801－0020630　7:7123－7:7251 善
津逮秘書十五集一百四十一種七百四十八卷　(明)毛晉輯　明崇禎毛氏汲古閣刻本　一百二十九册　缺一種十五卷(揮麈後錄十一卷、三錄三卷、餘話一卷)

340000－1801－0020631　7:7252－7:7258 善
秘書二十一種　(清)汪士漢輯　清康熙七年(1668)新安汪氏刻本　七册　存九種三十四卷(續齊諧記一卷、汲冢周書十卷、拾遺記十卷、博異記一卷、劍俠傳四卷、風俗通義四卷、列仙傳二卷、集異記一卷、桂海虞衡志一卷)

340000－1801－0020632　7:7259 善

秘書二十一種　(清)汪士漢輯　清康熙七年(1668)新安汪氏刻本　一冊　存三種四卷(列仙傳二卷、續齊諧記一卷、集異記一卷)

340000－1801－0020633　7:7260－7:7262

居家必備　(明)□□輯　明刻本　三冊　存三十九種(字書誤讀、切韻射標、俗呼小錄、古今諺、琴箋圖式、俗考、藝學書譜、詩訣、書塵、釋常談、種樹書、種果蔬、絕三尸符咒、服食方、解百毒方、褚氏遺書、醫先、葬度、宅經、續書譜、探春曆記、田家曆、農家諺、天隱子養生書、俗書證誤、保生要錄、攝生要錄、四時攝生消息論、治萬病坐功訣、守庚申法、種藥疏、瓜蔬疏、稻品、耒耜經、養蠶經、納貓經、養魚經、田家五行、紀曆撮要)

340000－1801－0020634　7:7263－7:7265 善

桯史十五卷附錄一卷　(宋)岳珂撰　明刻本　三冊

340000－1801－0020635　7:7266－7:7267 善

愧郯錄十五卷　(宋)岳珂撰　明刻本　二冊

340000－1801－0020636　7:7268 善

玉楮詩稿八卷　(宋)岳珂撰　明刻本　一冊

340000－1801－0020637　7:7269 善

元包經傳五卷　(北周)衛元嵩撰　(唐)蘇源明傳　(唐)李江注　**元包數總義二卷**　(宋)張行成撰　明天啓六年(1626)刻本　一冊

340000－1801－0020638　7:7270 善

劉子二卷　(北齊)劉晝撰　(唐)袁孝政注　(明)孫鑛評　明刻本　一冊

340000－1801－0020639　7:7271 善

隱書不分卷　(唐)皮日休撰　明天啓五年(1625)刻本　一冊

340000－1801－0020640　7:7272 善

何之子一卷　(唐)周弘禴撰　**新語二卷**　(漢)陸賈撰　明刻本　一冊

340000－1801－0020641　7:7273－7:7277 善

莊屈合詁二卷　(清)錢澄之撰　清康熙刻本　樊鴻錫批點　五冊

340000－1801－0020642　7:7278 善

清秘藏五種　(明)張應文撰　明萬曆刻本　一冊

340000－1801－0020643　7:7279－7:7286 善

徐菽岑先生著述　(清)徐宗亮撰　清光緒稿本　八冊　存六種十八卷(善思齋詩續鈔二卷、黑龍江述略底本六卷、歸廬譚往錄二卷、光緒庚子年近稿一卷、善思齋文續鈔三卷、代言輯存四卷)

340000－1801－0020644　7:7287 善

太上三元賜福赦罪解厄消災保命延生妙經一卷　明成化十六年(1480)刻本　一軸

340000－1801－0020645　7:7288 善

九天應元雷聲普化天尊說玉樞寶經等經一卷　明成化十六年(1480)刻本　一軸

340000－1801－0020646　7:7289 善

太上洞玄靈寶無量度人上品妙經等經一卷　明成化十六年(1480)刻本　一軸

340000－1801－0020647　7:7290 善

太上北斗延生經一卷　明成化十六年(1480)刻本　一軸

340000－1801－0020648　7:7291－7:7302 善

顧氏音學五書　(清)顧炎武撰　清初符山堂刻本　十二冊　存五種三十八卷(音論三卷、詩本音十卷、易音三卷、唐韻正二十卷、古音表二卷)

340000－1801－0020649　7:7303－7:7318 善

兼濟堂纂刻梅勿庵先生曆算全書　(清)梅文鼎撰　(清)魏荔彤輯刊　清雍正元年(1723)魏氏刻本　十六冊

340000－1801－0020650　7:7319－7:7342 善

戴氏遺書　(清)戴震撰　清乾隆中曲阜孔氏刻微波榭叢書本　二十四冊

340000－1801－0020651　7:7343－7:7382 善

望溪全集　(清)方苞撰　(清)王兆符　(清)程崟輯　清乾隆十一年(1746)刻本　四十冊

340000－1801－0020652　7:7383－7:7388 善
學道六書六卷道一錄五卷游梁講語不分卷圖書秘典一隅解一卷　(清)張沐撰　清康熙刻本　六册

340000－1801－0020653　7:7389－7:7400 善
清容外集　(清)蔣士銓撰　清乾隆紅雪樓刻本　十二册

340000－1801－0020654　7:7401－7:7520 善
漢魏六朝百三名家集(漢魏六朝一百三家集)　(明)張溥輯　明刻本　一百二十册

340000－1801－0020655　7:7521 善
格致叢書　(明)胡文煥輯　明萬曆三十一年(1603)刻本　一册　存四種四卷(新刻文錄一卷、新刻談藝錄一卷、新刻袖中錦一卷、新刻山家清事一卷)

340000－1801－0020656　7:7522－7:7523 善
格致叢書　(明)胡文煥輯　明萬曆三十一年(1603)刻本　二册　存一種二卷(四書圖要二卷)

340000－1801－0020657　7:7524 善
格致叢書　(明)胡文煥輯　明萬曆三十一年(1603)刻本　一册　存一種一卷(傳眞秘要一卷)

340000－1801－0020658　7:7525 善
格致叢書　(明)胡文煥輯　明萬曆三十一年(1603)刻本　一册　存一種一卷(新刻黄石公素書一卷)

340000－1801－0020659　7:7526 善
格致叢書　(明)胡文煥輯　明萬曆三十一年(1603)刻本　一册　存一種三卷(陰符經三皇玉訣三卷)

340000－1801－0020660　7:7527 善
格致叢書　(明)胡文煥輯　明萬曆三十一年(1603)刻本　一册　存一種一卷(詩品一卷)

340000－1801－0020661　7:7528－7:7529 善
格致叢書　(明)胡文煥輯　明萬曆三十一年(1603)刻本　八册　存一種二卷(新刻諸子續要二卷)

340000－1801－0020662　7:7530－7:7577 善
唐荊川先生稗編一百二十卷　(明)唐順之輯　明刻本　四十八册

340000－1801－0020663　7:00789－7:00798
廣漢魏叢書　(明)何允中輯　清刻本　十册　存七種四十八卷(易傳三卷、焦氏易林四卷、博物志十卷、古今注三卷、風俗通義十卷、鹽鐵論十二卷、三輔黄圖六卷)

340000－1801－0020664　7:00799－7:00897
廣漢魏叢書　(明)何允中輯　清嘉慶刻本　九十三册　缺二種四卷(易傳三卷、枕中書一卷)

340000－1801－0020665　7:00898－7:00928
廣漢魏叢書　(明)何允中輯　明萬曆二十年(1592)刻本　三十九册　存四十三種二百四十三卷(易傳三卷、大戴禮記十三卷、春秋繁露十七卷、白虎通德論四卷、獨斷一卷、忠經一卷、孝傳一卷、方言十三卷、釋名四卷、博雅十卷、吳越春秋六卷、越絕書十五卷、十六國春秋十六卷、元經薛氏傳十卷、汲冢周書十卷、竹書紀年二卷、穆天子傳六卷、漢武帝内傳一卷、飛燕外傳一卷、雜事秘辛一卷、群輔錄一卷、新序十卷、中論二卷、中說二卷、潛夫論十卷、搜神記八卷、神異經一卷、海内十洲記一卷、述異記二卷、拾遺記十卷、博物志十卷、古今注三卷、風俗通義十卷、文心雕龍十卷、鹽鐵論十二卷、伽藍記五卷、水經二卷、星經二卷、荊楚歲時記一卷、南方草木狀三卷、竹譜一卷、古今刀劍錄一卷、鼎錄一卷)

340000－1801－0020666　7:00929－7:01024
增訂漢魏叢書　(清)王謨輯　清乾隆五十六年(1791)金溪王氏刻本　九十六册　缺十二種二十五卷(三國志辨誤一卷、人物志三卷、孫子二卷、列子八卷、傅子一卷、道德經評注二卷、中華古今注三卷、佛國記一卷、輶軒絕代語一卷、鄴中記一卷、博異記一卷、世本一卷)

340000－1801－0020667　7:01025－7:01120

增訂漢魏叢書　（清）王謨輯　清乾隆五十六年（1791）金溪王氏刻本　九十六冊　缺十五種三十五卷（周易略例一卷、三國志辨誤一卷、孫子二卷、列子八卷、傅子一卷、道德經評注二卷、中華古今注三卷、述異記二卷、搜神記八卷、搜神後記二卷、荊楚歲時記一卷、輶軒絕代語一卷、鄴中記一卷、博異記一卷、世本一卷）

340000－1801－0020668　7:01121－7:01240
增訂漢魏叢書　（清）王謨輯　清光緒二十年（1894）湖南藝文書局刻本　一百二十冊　缺九種十八卷（三國志辨誤一卷、孫子二卷、列子八卷、傅子一卷、道德經評注二卷、輶軒絕代語一卷、鄴中記一卷、博異記一卷、世本一卷）

340000－1801－0020669　7:01241－7:01266
增訂漢魏叢書　（清）王謨輯　清刻本　二十七冊　存二十九種一百六十八卷（易傳三卷、詩傳孔氏傳一卷、詩說一卷、汲冢周書十卷、韓詩外傳十卷、大戴禮記十三卷、白虎通德論四卷、博雅十卷、釋名四卷、穆天子傳六卷、越絕書十五卷、西京雜記六卷、漢武帝內傳一卷、飛燕外傳一卷、雜事秘辛一卷、竹書紀年二卷、神異經一卷、還冤記一卷、別國洞冥記四卷、海內十洲記一卷、新序十卷、中論二卷、三輔黃圖六卷、顏氏家訓二卷、論衡三十卷、說苑二十卷、竹譜一卷、古今刀劍錄一卷、鼎錄一卷）

340000－1801－0020670　7:01267－7:01346
增訂漢魏叢書　（清）王謨輯　清乾隆五十六年（1791）刻本　八十冊　缺十三種三十六卷（周易略例一卷、獨斷一卷、方言十三卷、三國志辨誤一卷、孫子二卷、列子八卷、傅子一卷、道德經評注二卷、中華古今注三卷、古今刀劍錄一卷、輶軒絕代語一卷、鄴中記一卷、博異記一卷）

340000－1801－0020671　7:01347－7:01423
增訂漢魏叢書　（清）王謨輯　清乾隆五十六年（1791）金溪王氏刻本　七十七冊　缺十二種二十三卷（易傳三卷、關氏易傳一卷、三國志辨誤一卷、孫子二卷、列子八卷、傅子一卷、道德經評注二卷、古今刀劍錄一卷、輶軒絕代語一卷、鄴中記一卷、博異記一卷、世本一卷）

340000－1801－0020672　7:01424－7:01455
增訂漢魏叢書　（清）王謨輯　清宣統三年（1911）上海大通書局石印本　三十二冊

340000－1801－0020673　7:01456－7:01535
增訂漢魏叢書　（清）王謨輯　清乾隆五十六年（1791）金溪王氏刻本　八十冊　缺十種十九卷（詩說一卷、三國志辨誤一卷、孫子二卷、列子八卷、傅子一卷、道德經評注二卷、輶軒絕代語一卷、鄴中記一卷、博異記一卷、世本一卷）

340000－1801－0020674　7:01536－7:01611
增訂漢魏叢書　（清）王謨輯　清乾隆五十六年（1791）金溪王氏刻本　七十六冊　缺十五種三十五卷（吳越春秋六卷、西京雜記六卷、漢武帝內傳一卷、飛燕外傳一卷、雜事秘辛一卷、三國志辨誤一卷、孫子二卷、列子八卷、傅子一卷、道德經評注二卷、述異記二卷、輶軒絕代語一卷、鄴中記一卷、博異記一卷、世本一卷）

340000－1801－0020675　7:01612－7:01645
增訂漢魏叢書　（清）王謨輯　清乾隆五十六年（1791）金溪王氏刻本　三十四冊　缺九種十八卷（三國志辨誤一卷、孫子二卷、列子八卷、傅子一卷、道德經評注二卷、輶軒絕代語一卷、鄴中記一卷、博異記一卷、世本一卷）

340000－1801－0020676　7:01646－7:01689
增訂漢魏叢書　（清）王謨輯　清乾隆五十六年（1791）刻本　四十四冊　存四十種二百六十二卷（焦氏易林四卷、易傳三卷、關氏易傳一卷、周易略例一卷、古三墳一卷、汲冢周書十卷、詩說一卷、韓詩外傳十卷、毛詩草木鳥獸蟲魚疏二卷、大戴禮記十三卷、春秋繁露十七卷、白虎通德論四卷、獨斷一卷、忠經一卷、孝傳一卷、小爾雅一卷、方言十三卷、釋名四卷、博雅十卷、竹書紀年二卷、穆天子傳六卷、華陽國志十四卷、元經薛氏傳十卷、神僊傳十卷、文心雕龍十卷、新語二卷、新書十卷、搜神記八卷、枕中書一卷、佛國記一卷、申鑒五卷、詩品三卷、書品一卷、伽藍記五卷、拾遺記十卷、鹽鐵論十二卷、淮南鴻烈解二十一卷、論衡三十卷、星經二卷、荆楚歲時記一卷)

340000－1801－0020677　7：01690－7：01768

增訂漢魏叢書　(清)王謨輯　清乾隆五十六年(1791)金溪王氏刻本　七十九册　缺十五種三十五卷(三國志辨誤一卷,參同契一卷,陰符經一卷,風后握奇經一卷、附握奇經續圖一卷、八陣總述一卷,素書一卷,心書一卷,孫子二卷,列子八卷,傅子一卷,道德經評注二卷,博物志十卷,輶軒絕代語一卷,鄴中記一卷,博異記一卷,世本一卷)

340000－1801－0020678　7：01769－7：01867

增訂漢魏叢書　(清)王謨輯　清乾隆五十六年(1791)金溪王氏刻本　九十九册　缺八種十七卷(孫子二卷、列子八卷、傅子一卷、道德經評注二卷、輶軒絕代語一卷、鄴中記一卷、博異記一卷、世本一卷)

340000－1801－0020679　7：01868－7：01912

增訂漢魏叢書　(清)王謨輯　清乾隆五十六年(1791)金溪王氏刻本　四十五册　存三十五種二百二十三卷(大戴禮記十三卷,春秋繁露十七卷,白虎通德論四卷,獨斷一卷,忠經一卷,孝傳一卷,小爾雅一卷,方言十三卷,博雅十卷,釋名四卷,竹書紀年二卷,越絕書十五卷,吳越春秋六卷,西京雜記六卷,漢武帝內傳一卷,飛燕外傳一卷,雜事秘辛一卷,華陽國志十四卷,新序十卷,說苑二十卷,淮南鴻烈解二十一卷,法言十卷,申鑒五卷,潛夫論十卷,中論二卷,中說二卷,風俗通義十卷,人物志三卷,新論十卷,顔氏家訓二卷,參同契一卷,陰符經一卷,風后握奇經一卷、附握奇經續圖一卷、八陣總述一卷,素書一卷,心書一卷)

340000－1801－0020680　7：01913－7：01954

增訂漢魏叢書　(清)王謨輯　清刻本　四十二册　存五十種二百二十八卷(竹書紀年二卷,穆天子傳六卷,吳越春秋六卷,華陽國志一至五,英雄記鈔一卷,群輔錄一卷,孔叢二卷、附詰墨一卷,新書十卷,新序十卷,說苑二十卷,鹽鐵論十二卷,法言十卷,申鑒五卷,論衡三十卷,潛夫論十卷,中論二卷,中說二卷,風俗通義十卷,人物志三卷,新論十卷,顔氏家訓二卷,參同契一卷,風后握奇經一卷、附握奇經續圖一卷、八陣總述一卷,素書一卷,心書一卷,詩品一卷,書品一卷,尤射一卷,拾遺記十卷,述異記二卷,續齊諧記一卷,搜神記八卷,搜神後記二卷,還寃記一卷,神異經一卷,海內十洲記一卷,別國洞冥記四卷,枕中書一卷,佛國記一卷,伽藍記五卷,三輔黃圖六卷,水經二卷,星經二卷,荆楚歲時記一卷,南方草木狀三卷,竹譜一卷,禽經一卷,古今刀劍錄一卷,鼎錄一卷,天祿閣外史一至四)

340000－1801－0020681　7：01955－7：02007

增訂漢魏叢書　(清)王謨輯　清乾隆五十六年(1791)刻本　五十三册　存五十種二百六十三卷(華陽國志十四卷,十六國春秋十六卷,元經薛氏傳十卷,群輔錄一卷,神僊傳十卷,孔叢二卷、附詰墨一卷,新語二卷,新書十卷,新序十卷,說苑二十卷,淮南鴻烈解十至十三,鹽鐵論十二卷,法言十卷,申鑒五卷,論衡三十卷,潛夫論十卷,中說二卷,風俗通義十卷,人物志三卷,新論十卷,參同契一卷,陰符經一卷,風后握奇經一卷、附握奇經續圖一卷、八陣總述一卷,素書一卷,心書一卷,古今注三卷,詩品一卷,書品一卷,尤射一卷,述異記二卷,續齊諧記一卷,搜神記八卷,搜神後記二卷,還寃記一卷,神異經一卷,海內十洲記一卷,別國洞冥記四卷,枕中書一卷,佛國記一卷,伽藍記五卷,三輔黃圖六卷,水經二卷,星經二卷,荆楚歲時記一卷,南方草木狀三卷,竹譜一卷,禽經一卷,鼎錄一卷,天祿閣外史五至八,博物志十卷)

340000－1801－0020682　7：02008－7：02072

增訂漢魏叢書　(清)王謨輯　清乾隆五十六年(1791)金溪王氏刻本　六十五册　缺十五種五十五卷(周易略例一卷,古三墳一卷,汲冢周書十卷,詩傳孔氏傳一卷,詩說一卷,潛夫論十卷,風后握奇經一卷、附握奇經續圖一卷、八陣總述一卷,素書一卷,心書一卷,孫子二卷,列子八卷,傅子一卷,道德經評注二卷,古今注三卷,博物志十卷)

340000－1801－0020683　7:02073－7:02159
增訂漢魏叢書　(清)王謨輯　清乾隆五十六年(1791)刻本　八十七册　缺二十五種六十六卷(關氏易傳一卷、周易略例一卷、古三墳一卷、申鑒五卷、潛夫論十卷、孫子二卷、列子八卷、傅子一卷、道德經評注二卷、中華古今注三卷、文心雕龍十卷、詩品一卷、書品一卷、尤射一卷、續齊諧記一卷、搜神記八卷、搜神後記二卷、竹譜一卷、禽經一卷、古今刀劍錄一卷、鼎錄一卷、輶軒絕代語一卷、鄴中記一卷、博異記一卷、世本一卷)

340000－1801－0020684　7:02200－7:02231
增訂漢魏叢書　(清)王謨輯　清宣統三年(1911)育文書局石印本　三十二册　缺五種四十二卷(越絕書十五卷、神僊傳十卷、申鑒五卷、顔氏家訓二卷、博物志十卷)

340000－1801－0020685　7:02232－7:02294
增訂漢魏叢書　(清)王謨輯　清光緒六年(1880)刻本　六十四册　缺二十六種一百二十卷(獨斷一卷,忠經一卷,孝傳一卷,小爾雅一卷,方言十三卷,博雅十卷,穆天子傳六卷,西京雜記六卷,漢武帝内傳一卷,飛燕外傳一卷,雜事秘辛一卷,華陽國志十四卷,三國志辯誣一卷,群輔錄一卷,英雄記鈔一卷,新語二卷,法言十卷,論衡三十卷,顔氏家訓二卷,參同契一卷,陰符經一卷,風后握奇經一卷、附握奇經續圖一卷、八陣總述一卷,素書一卷,心書一卷,孫子二卷,天祿閣外史八卷)

340000－1801－0020686　7:02295－7:02365
增訂漢魏叢書　(清)王謨輯　清光緒六年(1880)刻本　七十二册　缺十四種七十八卷(西京雜記六卷,華陽國志十四卷,論衡三十卷,參同契一卷,陰符經一卷,風后握奇經一卷、附握奇經續圖一卷、八陣總述一卷,素書一卷,心書一卷,孫子二卷,詩品三卷,書品一卷,尤射一卷,三輔黄圖六卷,天祿閣外史八卷)

340000－1801－0020687　7:02878－7:02879
秘書廿一種　(清)汪士漢輯　清康熙刻本　二册　存二種十二卷(拾遺記十卷、中華古今注二卷)

340000－1801－0020688　7:02880－7:02883
秘書廿一種　(清)汪士漢輯　清刻本　四册　存十二種四十九卷(白虎通德論二卷、古今注三卷、三墳一卷、汲冢周書一至八、高士傳三卷、劍俠傳四卷、山海經一至十四、楚史檮杌一卷、晉史乘一卷、桂海虞衡志一卷、續博物志十卷、博異記一卷)

340000－1801－0020689　7:02884－7:02893
秘書廿一種　(清)汪士漢輯　清康熙新安汪氏刻本　十册　缺四種十八卷(拾遺記十卷、高士傳三卷、劍俠傳四卷、三墳一卷)

340000－1801－0020690　7:02894－7:02898
秘書廿一種　(清)汪士漢輯　清刻本　五册　存五種三十卷(山海經一至十六、桂海虞衡志一卷、博異記一卷、竹書紀年二卷、拾遺記十卷)

340000－1801－0020691　7:02899－7:02918
秘書二十八種　(清)汪士漢輯　清道光二十六年(1846)刻本　二十册

340000－1801－0020692　7:02919－7:02924
秘書廿一種　(清)汪士漢輯　清刻本　六册　存九種三十五卷(劍俠傳四卷、續博物志一至八、山海經一至四、桂海虞衡志一卷、博異記一卷、拾遺記十卷、風俗通義四卷、列仙傳二卷、集異記一卷)

340000－1801－0020693　7:02925－7:02934
檀几叢書　(清)王晫　(清)張潮輯　清康熙三十四年(1695)新安張氏霞舉堂刻本　十册　缺十八種十八卷(家訓一卷、越問一卷、眞率會約一卷、酒律一卷、羽族通譜一卷、獸經一卷、江南魚鮮品一卷、虎丘茶經注補一卷、荔枝話一卷、苗俗紀聞一卷、漁洋詩話一卷、文房約一卷、戒殺文一卷、陽羨茗壺系一卷、

洞山岕茶系一卷、桐堦副墨一卷、南村觴政一卷、鴿經一卷）

340000－1801－0020694　7∶02935－7∶02948
檀几叢書　（清）王晫　（清）張潮輯　清康熙三十四年（1695）新安張氏霞舉堂刻本　十四冊　缺三種三卷（酒律一卷、酒箴一卷、長白山錄一卷）

340000－1801－0020695　7∶02949－7∶02965
檀几叢書　（清）王晫　（清）張潮輯　清康熙三十四年（1695）新安張氏霞舉堂刻本　十七冊　缺十三種十三卷（訓蒙條例一卷、韻史一卷、釋奠考一卷、酒律一卷、酒箴一卷、觴政五十則一卷、觀石錄一卷、紅朮軒紫泥法定本一卷、陽羨茗壺系一卷、洞山岕茶系一卷、桐堦副墨一卷、南村觴政一卷、鴿經一卷）

340000－1801－0020696　7∶02966－7∶02981
檀几叢書　（清）王晫　（清）張潮輯　清康熙中刻本　十六冊

340000－1801－0020697　7∶02982－7∶02997
昭代叢書甲集　（清）張潮　（清）張漸輯　（清）沈楙惪　（清）楊復吉續輯　清康熙中刻本　十六冊

340000－1801－0020698　7∶02998－7∶03169
昭代叢書　（清）張潮　（清）張漸輯　（清）沈楙惪　（清）楊復吉續輯　清道光中吳江沈氏世楷堂刻本　一百七十二冊

340000－1801－0020699　7∶03170－7∶03249
昭代叢書　（清）張潮　（清）張漸輯　（清）沈楙惪　（清）楊復吉續輯　清道光中吳江沈氏世楷堂刻本　八十冊　存三百三十二種三百三十五卷（更定文章九命一卷，天官考異一卷，五行問一卷，學庥說一卷，改元考同一卷，進賢說一卷，塾講規約一卷，夙興語一卷，家人子語一卷，日錄雜說一卷，竹溪雜述一卷，松溪子一卷，讀莊子法一卷，謝臯羽年譜一卷，西華仙籙一卷，將就園記一卷，歙問一卷，黃山松石譜一卷，外國竹枝詞一卷，西方要紀一卷，安南雜記一卷，秋星閣詩話一卷，而菴詩話一卷，製曲枝語一卷，書法約言一卷，岕茶彙鈔一卷，硯林一卷，宣爐歌注一卷，裝潢志一卷，兵仗記一卷，荔枝譜一卷，蘭言一卷，龍經一卷，毛朱詩說一卷，春秋三傳異同考一卷，讀禮問一卷，十六國年表一卷，江南星野辨一卷，廣祀典議一卷，師友行輩議一卷，國朝謚法考一卷，旗軍志一卷，封長白山記一卷，琉球入太學始末一卷，人瑞錄一卷，迎駕紀恩錄一卷，恩賜御書記一卷，恭迎大駕記一卷，暢春苑御試恭紀一卷，出山異數記一卷，塞程別紀一卷，西北水利議一卷，廣州遊覽小志一卷，隴蜀餘聞一卷，東西二漢水辯一卷，日錄裏言一卷，偶書一卷，漫堂說詩一卷，然脂集例一卷，聲韻叢說一卷，伯子論文一卷，日錄論文一卷，韻問一卷，南曲入聲客問一卷，連文釋義一卷，畫訣一卷，焦山古鼎考一卷，瘞鶴銘辯一卷，昭陵六駿贊辯一卷，漢甘泉宮瓦記一卷，飯有十二合說一卷，醫津一筏一卷，江邨草堂記一卷，石友贊一卷，竹譜一卷，箋卉一卷，漢魏石經考一卷，唐宋石經考一卷，五經今文古文考一卷，聖諭樂本解說一卷，春秋日食質疑一卷，檀弓訂誤一卷，三年服制考一卷，讀史管見一卷，乾清門奏對記一卷，松亭行紀一卷，扈從西巡日錄一卷，塞北小鈔一卷，北嶽恆山歷祀上曲陽考一卷，聖節會約一卷，荊園小語一卷，格言僅錄一卷，宗規一卷，戒淫錄一卷，學語雜篇一卷，觀物篇一卷，古國都今郡縣合考一卷，周末列國有今郡縣考一卷，黃山史槩一卷，臺灣隨筆一卷，寧古塔志一卷，峒谿纖志志餘一卷，滇黔土司婚禮記一卷，身易一卷，切字釋疑一卷，西河詩話一卷，南州草堂詞話一卷，賓告一卷，諺說一卷，醉鄉約法一卷，練閱火器陣記一卷，貫虱心傳一卷，捕蝗考一卷，文苑異稱一卷，思舊錄一卷，知我錄一卷，瓊花志一卷，徐園秋花譜一卷，吳蕈譜一卷，續蟹譜一卷，五經讀法一卷，經咫一卷，書經地理今釋一卷，建文帝後紀一卷，汰存錄一卷，客牕偶談一卷，九諦解疏一卷，環書一卷，漁樵問答一卷，五九枝譚一卷，吳鰥放言一卷，哀江南賦註一卷，塵餘一卷，西河襍箋一卷，諸臯廣志一卷，石里雜識一卷，香天談藪一卷，茶餘客話一卷,吳語一卷,粤西瑣記一卷,苗俗記一卷,譯史紀餘一卷,進藏紀程一卷,重集列女傳例一卷,古艷樂府一卷,說詩菅蒯一卷,天啓宫詞一卷,璇璣碎錦一卷,西河詞話一卷,琴況一卷,滋蕙堂法帖題跋一卷,小山畫譜一卷,繪事發微一卷,烟譜一卷,野菜贊一卷,洋菊譜一卷,識物一卷,周官辨非一卷,春秋列國地形口號一卷,元秘史略一卷,閩難記一卷,海寇記一卷,制科雜錄一卷、南巡扈從紀略一卷,西征紀略一卷,河圖洛書同異考一卷,孔廟從祀末議一卷,霜紅龕家訓一卷,恒產瑣言一卷,漁談一卷,讀戰國策隨筆一卷,復社紀事一卷,社事始末一卷,書事七則一卷,山陽錄一卷,矩齋雜記一卷,嗒史一卷,積山雜記一卷,梅谷偶筆一卷,秋燈叢話一卷,東城襍記一卷,洱海叢談一卷,衡嶽遊記一卷,海國聞見錄一卷,稗海紀遊一卷,袖海編一卷,文章薪火一卷,江西詩社宗派圖錄一卷,崇禎宫詞一卷,衍琵琶行一卷,續詩品一卷,論文四則一卷,天文說一卷,畫筌一卷,畫語錄一卷,畫羅漢頌一卷,玉臺書史一卷,賞延素心錄一卷,秋園雜佩一卷,談虎一卷,易說一卷,治齋讀詩蒙說一卷,禮記篇目一卷,約喪禮經傳一卷,諸史然疑一卷,南唐拾遺記一卷,南宋六陵遺事一卷,庚申君遺事一卷,蜀難敘略一卷,代北姓譜一卷,遼金元姓譜一卷,文廟從祀弟子贊一卷,破邪論一卷,山公九原一卷,邇言一卷,蠟談一卷附雜說,詹言一卷,說叩一卷,談書錄一卷,學海蠡測一卷,思舊錄一卷,湶水亭雜識一卷,仁恕堂筆記一卷,匡廬游錄一卷,清波小志一卷,清波小志補一卷,九華日錄一卷,乾州小志一卷,龍沙紀略一卷,異域錄一卷,黎岐紀聞一卷,說蠻一卷,江源記一卷,婦人集一卷、附補一卷,金石要例一卷附論文管見,文頌一卷,偶然欲書一卷,比紅兒詩註一卷,詩學纂聞一卷,遼詩話一卷,天啓宫詞一卷,花草蒙拾一卷,墨井畫跋一卷,續三十五舉一卷、再續一卷,陽羨名陶錄一卷,古文尚書考一卷,古文尚書辨一卷,詩說一卷,喪服翼注一卷,注疏瑣語一卷,劉豫事迹一卷,補三史藝文志一卷,虎口餘生記一卷,庸言一卷,志學會約一卷,宗譜纂要一卷,婦學一卷,瀾堂夕話一卷,山中問答一卷,蒿菴閒話一卷,寒燈絮語一卷,牘外餘言一卷,廣連珠一卷,說文凝錦錄一卷,七十二候考一卷,西臺慟哭記註一卷,聞見偶錄一卷,東齋脞語一卷,定香亭筆談一卷,宸垣識餘一卷,南漳子一卷,寧古塔紀略一卷,番社采風圖考一卷,維西見聞紀一卷,七招一卷,七娛一卷,選材錄一卷,集世說詩一卷,宫詞一卷,皺水軒詞筌一卷,書筏一卷,畫論一卷,印文考略一卷,新曆曉或一卷,七頌堂識小錄一卷,葯房心語一卷,端溪硯譜記一卷,竹連珠一卷,荔譜一卷,讀易緒言一卷,饗禮補亡一卷,春秋五禮源流口號一卷,經書巵言一卷,擬更季漢書昭烈皇帝本紀一卷,平臺紀略一卷,征緬紀略一卷,蜀徼紀聞一卷,臨清寇略一卷,强聒錄一卷,旅書一卷,釋冰書一卷,雜言一卷,蕉窗日記一卷,鍾山書院規約一卷,天問校正一卷,說文義例一卷附小學字解,說鈴一卷,張氏巵言一卷,峽川志略一卷,出塞紀略一卷,從西紀略一卷,藏行紀程一卷,徵刻唐宋秘本書目一卷,藏書紀要一卷,金石史一卷,淳化閣帖跋一卷,漢詩總說一卷,秋窗隨筆一卷,詠物十詞一卷,鈍吟書要一卷,畫麈一卷,畫訣一卷,秋水園印說一卷,紀聽松庵竹鑪始末一卷,窰器說一卷,怪石錄一卷,岕茶牋一卷,茶史補一卷,人蔘譜一卷,亳州牡丹述一卷,牡丹譜一卷,菊說一卷)

340000－1801－0020700　7:03250－7:03259
昭代叢書甲集　(清)張潮　(清)張漸輯　(清)沈楙悳　(清)楊復吉續輯　清康熙中刻本　十册

340000－1801－0020701　7:03260－7:03279
昭代叢書　(清)張潮　(清)張漸輯　(清)沈楙悳　(清)楊復吉續輯　清康熙中刻本　二十册

340000－1801－0020702　7:03280－7:03439
正誼堂全書　(清)張伯行輯　(清)楊浚重輯　清同治五年(1866)福州正誼書院刻八年至九年(1869－1870)續刻本　一百六十册　缺

五種四十六卷(附刻:唐宋八大家文鈔十九卷、范文正公文集九卷、楊大洪先生文集二卷、海剛峯先生集二卷、續近思録十四卷)

340000－1801－0020703　7:03440－7:03605
正誼堂全書　(清)張伯行輯　(清)楊浚重輯　清同治五年(1866)福州正誼書院刻八年至九年(1869－1870)續刻本　一百六十六册　缺十種二十八卷(楊龜山先生集六卷、尹和靖先生集一卷、吳朝宗先生聞過齋集四卷、魏莊渠先生集二卷、羅整庵先生存稾二卷、陳剩夫先生集四卷、張陽和文選三卷、湯潛庵先生文集二卷、楊大洪先生文集二卷、海剛峯先生集二卷)

340000－1801－0020704　7:03606－7:03723
正誼堂全書　(清)張伯行輯　(清)楊浚重輯　清同治五年(1866)福州正誼書院刻八年至九年(1869－1870)續刻本　一百十八册　缺八種四十四卷(陸桴亭先生思辨録輯要一至十三,李延平先生文集四卷,王學質疑五卷、附録一卷,讀禮志疑六卷,陸稼書先生問學録四卷,陸稼書先生松陽鈔存一卷,高東溪先生遺集二卷,正誼堂續集八卷)

340000－1801－0020705　7:03724－7:03784
正誼堂全書　(清)張伯行輯　(清)楊浚重輯　清同治五年(1866)福州正誼書院刻八年至九年(1869－1870)續刻本　六十一册　存十九種一百三十四卷(周濂溪先生全集十三卷、張横渠先生文集十二卷、楊龜山先生集六卷、尹和靖先生集一卷、羅豫章先生文集十卷、李延平先生文集四卷、張南軒先生文集七卷、黄勉齋先生文集八卷、司馬溫公文集十四卷、謝疊山先生文集二卷、方正學先生文集七卷、楊椒山先生文集二卷、二程粹言二卷、張陽和文選三卷、湯潛庵先生集二卷、養正類編十三卷、居濟一得八卷、正誼堂文集十二卷、正誼堂續集八卷)

340000－1801－0020706　7:03785－7:03788
正誼堂全書　(清)張伯行輯　(清)楊浚重輯　清同治五年(1866)福州正誼書院刻八年至九年(1869－1870)續刻本　四册　存四種十四卷(讀禮質疑六卷,王學質疑五卷、附録一卷,陸桴亭先生思辨録輯要一,陸稼書先生問學録一)

340000－1801－0020707　7:03789－7:03815
正誼堂全書　(清)張伯行輯　(清)楊浚重輯　清同治五年(1866)福州正誼書院刻八年至九年(1869－1870)續刻本　二十七册　存十五種八十八卷(楊龜山先生集六卷、張南軒先生文集七卷、黄勉齋先生文集八卷、陳克齋先生集五卷、許魯齋先生集六卷、司馬溫公文集十四卷、文山先生文集二卷、謝疊山先生文集二卷、高東溪先生遺集二卷、真西山先生集八卷、熊勿軒先生文集六卷、魏莊渠先生集二卷、陳剩夫先生集四卷、張陽和文選三卷、養正類編十三卷)

340000－1801－0020708　7:03837－7:03860
説鈴　(清)吳震方輯　清同治七年(1868)刻本　二十四册　缺八種十二卷(言鯖二卷、談助一卷、畫壁詩一卷、邇語一卷、庸言一卷、筠廊二筆一卷、池北偶談三卷、讀書質疑二卷)

340000－1801－0020709　7:03861－7:03872
説鈴　(清)吳震方輯　清嘉慶五年(1800)刻本　十二册　存三十七種四十五卷(冬夜箋記一卷,隴蜀餘聞一卷,安南雜記一卷,奉使俄羅斯日記一卷,筠廊偶筆二卷,金鰲退食筆記二卷,扈從西巡日録一卷,塞北小鈔一卷,松亭行紀二卷,天禄識餘二卷,封長白山記一卷,使琉球紀一卷,西征紀略一卷,閩小紀二卷,滇行紀程一卷、續抄一卷,東還紀程一卷、續抄一卷,絶域紀略一卷,揚州鼓吹詞序一卷,粵述一卷,粵西偶記一卷,滇黔紀遊一卷,京東考古録一卷,山東考古録一卷,救文格論一卷,雜録一卷,守汴日志一卷,坤輿外紀一卷,臺灣紀略一卷,臺灣雜記一卷,安南紀遊一卷,峒谿纖志一卷,泰山紀勝一卷,匡廬紀游一卷,登華記一卷,游雁蕩山記一卷,甌江逸志一卷,嶺南雜記二卷)

340000－1801－0020710　7:03873－7:03884
説鈴　(清)吳震方輯　清嘉慶五年(1800)刻本　十二册　存三十七種四十五卷(冬夜箋

記一卷,隴蜀餘聞一卷,安南雜記一卷,奉使倭羅斯日記一卷,筠廊偶筆二卷,金鼇退食筆記二卷,扈從西巡日錄一卷,塞北小鈔一卷,松亭行紀二卷,天祿識餘二卷,封長白山記一卷,使琉球紀一卷,西征紀略一卷,閩小紀二卷,滇行紀程一卷、續抄一卷,東還紀程一卷、續抄一卷,絕域紀略一卷,揚州鼓吹詞序一卷,粵述一卷,粵西偶記一卷,滇黔紀遊一卷,京東考古錄一卷,山東考古錄一卷,救文格論一卷,雜錄一卷,守汴日志一卷,坤輿外紀一卷,臺灣紀略一卷,臺灣雜記一卷,安南紀遊一卷,峒谿纖志一卷,泰山紀勝一卷,匡廬紀游一卷,登華記一卷,游雁蕩山記一卷,甌江逸志一卷,嶺南雜記二卷)

340000－1801－0020711　7:03885－7:03916
說鈴　(清)吳震方輯　清嘉慶四年(1799)刻本　三十二册　存五十三種七十卷(冬夜箋記一卷,隴蜀餘聞一卷,分甘餘話二卷,安南雜記一卷,奉使倭羅斯日記一卷,筠廊偶筆二卷,金鼇退食筆記二卷,扈從西巡日錄一卷,塞北小鈔一卷,松亭行紀二卷,天祿識餘二卷,封長白山記一卷,使琉球紀一卷,閩小紀二卷,西征紀略一卷,滇行紀程一卷、續抄一卷,東還紀程一卷、續抄一卷,絕域紀略一卷,揚州鼓吹詞序一卷,粵述一卷,粵西偶記一卷,滇黔紀遊一卷,京東考古錄一卷,山東考古錄一卷,救文格論一卷,雜錄一卷,守汴日志一卷,坤輿外紀一卷,臺灣紀略一卷,臺灣雜記一卷,峒谿纖志一卷,泰山紀勝一卷,匡廬紀游一卷,登華記一卷,游雁蕩山記一卷,甌江逸志一卷,嶺南雜記二卷,讀史吟評一卷,湖壖雜記一卷,談往一卷,板橋雜記三卷,簪雲樓雜說一卷,天香樓偶得一卷,蚓菴瑣語一卷,見聞錄一卷,冥報錄二卷,現果隨錄一卷,果報聞見錄一卷,信徵錄一卷,曠園雜志二卷,述異記三卷,尊鄉贅筆三卷,觚賸一卷)

340000－1801－0020712　7:09073－7:09077
說鈴　(清)吳震方輯　清刻本　五册　存六種八卷(讀史吟評一卷、湖壖雜記一卷、談往一卷、板橋雜記三卷、天香樓偶得一卷、見聞錄一卷)

340000－1801－0020713　7:09078－7:09097
說鈴　(清)吳震方輯　清康熙四十四年至五十一年(1705－1712)刻本　二十册　存五十三種七十一卷(冬夜箋記一卷,隴蜀餘聞一卷,分甘餘話二卷,奉使倭羅斯日記一卷,筠廊偶筆二卷,甌江逸志一卷,嶺南雜記二卷,金鼇退食筆記二卷,扈從西巡日錄一卷,塞北小鈔一卷,松亭行紀二卷,天祿識餘二卷,閩小紀二卷,滇行紀程一卷、續抄一卷,東還紀程一卷、續抄一卷,粵述一卷,粵西偶記一卷,滇黔紀遊一卷,京東考古錄一卷,山東考古錄一卷,救文格論一卷,雜錄一卷,守汴日志一卷,坤輿外紀一卷,臺灣紀略一卷,臺灣雜記一卷,安南紀遊一卷,峒谿纖志一卷,泰山紀勝一卷,匡廬紀游一卷,登華記一卷,游雁蕩山記一卷,讀史吟評一卷,湖壖雜記一卷,談往一卷,板橋雜記三卷,簪雲樓雜說一卷,天香樓偶得一卷,蚓菴瑣語一卷,見聞錄一卷,冥報錄二卷,現果隨錄一卷,果報聞見錄一卷,信徵錄一卷,曠園雜志二卷,述異記三卷,談助一卷,畫壁詩一卷,邇語一卷,庸言一卷,筠廊二筆一卷,池北偶談三卷,讀書質疑二卷)

340000－1801－0020714　7:09116－7:09162
武英殿聚珍版書　清木活字印本　四十七册　存二十六種二百三卷(郭氏傳家易說九卷,農桑輯要五至七,孫子算經二卷,海島算經一卷,五曹算經五卷,夏侯陽算經三卷,五經算術二卷,墨法集要一卷,雲谷雜記四卷、首一卷、末一卷,甕牖閒評八卷,考古質疑六卷,澗泉日記三卷,敬齋古今黈八卷、拾遺五卷,老子道德經二卷,南陽集六卷,學易集八卷,陶山集十六卷,絜齋集二十四卷,茶山集八卷,拙軒集六卷,金淵集六卷,文苑英華辨證十卷,歲寒堂詩話二卷,碧溪詩話十卷,浩然齋雅談三卷,文恭集四十卷)

340000－1801－0020715　7:09163－7:09176
武英殿聚珍版書　清乾隆刻本　十四册　存九種三十九卷(禹貢指南四卷、絜齋毛詩經筵講義四卷、漢官舊儀二卷、傅子一卷、帝範四卷、農桑輯本七卷、夏侯陽算經三卷、甕牖閒

評八卷、拙軒記六卷)

340000－1801－0020716　7：09177－7：09932
武英殿聚珍版書　清刻本　七百五十六册　缺二十五種四百六十三卷(易原八卷,易學濫觴一卷,續呂氏家塾讀詩記三卷,春秋集傳纂例十卷、附校勘記一卷,春秋繁露十七卷、附錄一卷、校勘記二卷,河朔訪古記三卷,幸魯盛典四十卷,農書三十六卷,小兒藥證眞訣三卷,白虎通義四卷、附錄一卷、校勘記四卷,帝王經世圖譜十六卷,張燕公集二十五卷,文忠集十六卷、拾遺四卷,小畜集三十卷、外集十三卷、拾遺一卷,浮沚集九卷,茶山集八卷、拾遺一卷,文定集二十四卷、拾遺一卷,恥堂存稿八卷,牧庵集三十六卷、附牧庵年譜一卷,萬壽衢歌樂章六卷,魏鄭公諫續錄二卷,唐會要一至三十八、六十一至七十八,西漢會要一至二十、三十一至三十五、六十七至七十,東漢會要一至六、二十四至二十九,四庫全書考證十一、四十四至七十三)

340000－1801－0020717　7：09933－7：09938
說鈴　(清)吳震方輯　清刻本　六册　存十五種二十一卷(冬夜箋記一卷、隴蜀餘聞一卷、分甘餘話二卷、安南雜記一卷、筠廊偶筆二卷、金鰲退食筆記二卷、扈從西巡日錄一卷、塞北小鈔一卷、松亭行紀二卷、天祿識餘二卷、封長白山記一卷、使琉球紀一卷、閩小紀二卷、滇行紀程一卷、東還紀程一卷)

340000－1801－0020718　7：09939－7：09955
雅雨堂藏書　(清)盧見曾輯　清乾隆二十一年(1756)德州盧氏雅雨堂刻本　十七册　缺三種二十一卷(周易爻辰圖一卷,尚書大傳四卷、附補遺一卷、續補遺一卷、考異一卷,大戴禮記十三卷)

340000－1801－0020719　7：09956－7：09977
雅雨堂藏書　(清)盧見曾輯　清乾隆二十一年(1756)德州盧氏雅雨堂刻本　二十二册　缺二種十八卷(匡謬正俗八卷、封氏聞見記十卷)

340000－1801－0020720　7：09978－7：09999
雅雨堂藏書　(清)盧見曾輯　清乾隆二十一年(1756)德州盧氏雅雨堂刻本　二十二册　缺二種二卷(周易爻辰圖一卷、鄭司農集一卷)

340000－1801－0020721　7：010000－7：010002
微波榭叢書　(清)孔繼涵輯　清乾隆中曲阜孔氏刻本　三册　存三種十五卷(水經釋地八卷、紅櫚書屋詩集四卷、斢冰詞三卷)

340000－1801－0020722　7：010003－7：010012
微波榭叢書　(清)孔繼涵輯　清乾隆中曲阜孔氏刻本　十册　存二十二種八十六卷(續天文略二卷,水地記一卷,考工記圖二卷,孟子字義疏證三卷,聲類表九卷、首一卷,毛鄭詩考正四卷、首一卷,杲溪詩經補注二卷,原善三卷,原象一卷,聲韻考四卷,方言疏證十三卷,東原文集十卷,春秋地名一卷,春秋長歷一卷,春秋金鎖匙一卷,國語補音三卷,水經釋地八卷,雜體文稾七卷,同度記一卷,熊文端公年譜一卷,紅櫚書屋詩集四卷,斢冰詞三卷)

340000－1801－0020723　7：010013－7：010019
二餘堂叢書　(清)師範輯　清嘉慶九年(1804)刻本　七册　缺四種十六卷(魏叔子文集外篇一卷、習園藏稿一卷、鷃亭詩話一卷、滇海虞衡記十三卷)

340000－1801－0020724　7：010959－7：011194
知不足齋叢書　(清)鮑廷博輯　(清)鮑志祖續輯　清乾隆、道光間歙縣長塘鮑氏刻本　二百三十六册　缺三種八卷(古文孝經孔氏傳一卷、翰苑群書下、中吳紀聞六卷)

340000－1801－0020725　7：011195－7：011399
知不足齋叢書　(清)鮑廷博輯　(清)鮑志祖續輯　清乾隆、道光間歙縣長塘鮑氏刻本　二百五册　缺二十八種一百三十七卷(兩漢刊誤補遺十卷、附錄一卷,玉壺清話十卷,愧郯錄十五卷,碧雞漫志五卷,樂府補題一卷,蛻巖詞二卷,翰苑群書下,北行日錄二卷,放翁家訓一卷,道命錄十卷,曲洧舊聞十卷,字通一卷,透簾細草一卷,續古摘奇算法一卷,丁巨算法一卷，緝古算經細草三卷，雲林石譜三卷、附綯雲石圖記一卷，夢粱錄二十卷，靜春堂詩集四卷、附錄三卷、附紅蕙山房吟稾一卷、附錄一卷，梧溪集七卷、補遺一卷，困學齋雜錄一卷，克庵先生尊德性齋小集三卷、補遺一卷，塵史三卷，全唐詩逸三卷，中吳紀聞六卷，廣釋名二卷，餘姚兩孝子萬里尋親記一卷，畫梅題記一卷）

340000－1801－0020726　7：011400－7：011544

知不足齋叢書　（清）鮑廷博輯　（清）鮑志祖續輯　清光緒八年(1882)嶺南芸林仙館刻本　一百四十五冊　存一百二種（御覽闕史二卷，古文孝經孔氏傳一卷，寓簡十卷、附錄一卷，兩漢刊誤補遺十卷、附錄一卷，涉史隨筆一卷，客杭日記一卷，韻石齋筆談二卷，七頌堂識小錄一卷，公是先生弟子記一卷，經筵玉音問答一卷，碧溪詩話十卷，獨醒雜志十卷、附錄一卷，梁谿漫志十卷、附錄一卷，赤雅三卷，諸史然疑一卷，榕城詩話三卷，猗覺寮雜記二卷，歸田詩話三卷，洛陽搢紳舊聞記五卷，四朝聞見錄五卷、附錄一卷，金石史二卷，閒者軒帖考一卷，補漢兵志一卷，歸潛志十四卷、附錄一卷，玉壺清話十卷，愧郯錄十五卷，碧雞漫志五卷，樂府補題一卷，蛻巖詞二卷，論語集解義疏十卷，離騷草木疏四卷，游宦紀聞十卷，張丘建算經三卷，緝古算經一卷，默記一卷，南湖集十卷、附錄一卷，蘋洲漁笛譜二卷，金樓子六卷，鐵圍山叢談六卷，農書三卷，蠶書一卷，於潛令樓公進耕織二圖詩一卷、附錄一卷，湛淵靜語二卷，責備餘談二卷、附錄一卷，續孟子二卷，伸蒙子三卷，麟角集一卷、附錄一卷，蘭亭考十二卷、附群公帖跋一卷，天水冰山錄不分卷、附錄一卷、附鈐山堂書畫記一卷，新唐書糾繆二十卷、附錄一卷，洞霄圖志六卷，鶩隅子歔欷瑣微論二卷，世緯二卷、附錄一卷，皇宋書錄三卷，宣和奉使高麗圖經四十卷、附錄一卷，武林舊事十卷、附錄一卷，錢塘先賢傳贊一卷、附錄一卷，嶺外代答十卷，南窗記談一卷，五總志一卷，黃氏日抄古今紀要逸編一卷，丙寅北行日譜一卷，粵行紀事三卷，滇黔土司婚禮記一卷，三山鄭菊山先生清雋集一卷，所南翁一百二十圖詩集一卷、附錦錢餘笑一卷、附錄一卷，鄭所南先生文集一卷，重彫足本鑒誡錄十卷，侯鯖錄八卷，松窗百說一卷，北軒筆記一卷，藏海詩話一卷，吳禮部詩話一卷，晝墁集八卷、補遺一卷，讀易別錄三卷，古今僞書考一卷，澠水燕談錄十卷，履齋示兒編二十三卷、附校補一卷、覆校一卷，霽山先生集五卷、首一卷、拾遺一卷，五行大義五卷，負暄野錄二卷，古刻叢鈔一卷，梅花喜神譜二卷，斜川集六卷、附錄二卷、訂誤一卷，道命錄十卷，曲洧舊聞十卷，字通一卷，透簾細草一卷，續古摘奇算法一卷，丁巨算法一卷，緝古算經細草三卷，夢粱錄二十卷，靜春堂詩集四卷、附錄三卷、附紅蕙山房吟稾一卷、附錄一卷，梧溪集七卷、補遺一卷，困學齋雜錄一卷，克庵先生尊德性齋小集三卷、補遺一卷，塵史三卷，全唐詩逸三卷，中吳紀聞六卷，廣釋名二卷，餘姚兩孝子萬里尋親記一卷，畫梅題記一卷）

340000－1801－0020727　7：011545－7：011765

知不足齋叢書　（清）鮑廷博輯　（清）鮑志祖續輯　清乾隆、道光間歙縣長塘鮑氏刻本　二百二十一冊　缺十七種三十三卷（南濠詩話一卷，麓堂詩話一卷，孫子算經三卷，五曹算經五卷，清虛雜著三卷、補遺一卷，臨漢隱居詩話一卷，滹南詩話三卷，責備餘談二卷、附錄一卷，蘭亭續考二卷，蜀難敘略一卷，詩紀匡謬一卷，孝經鄭註一卷、附補證一卷，孝經鄭氏解一卷，丙寅北行日譜一卷，天地間集一卷，宋舊宮人詩詞一卷，書學捷要二卷）

340000－1801－0020728　7：011766－7：011901

知不足齋叢書　（清）鮑廷博輯　（清）鮑志祖續輯　清乾隆、道光間歙縣長塘鮑氏刻本　一百三十六冊　缺八十二種三百三十七卷（論語集解義疏十卷，離騷草木疏四卷，游宦紀聞十卷，續孟子二卷，伸蒙子二卷，麟角集一卷、附錄一卷，蘭亭考十二卷、附群公帖跋一卷，蘭亭續考二卷，江西詩社宗派圖錄一卷、附江西詩派小序一卷，萬柳溪邊舊話一卷，詩傳注疏三卷，顏氏家訓七卷、附考證一卷，江南餘載二卷，五國故事二卷，故宮遺錄一卷，伯牙琴一卷、續補一卷，洞霄詩集十四卷，石湖詞一卷、補遺一卷、附和石湖詞一卷，花外集一卷，孝經鄭註一卷、附補證一卷，孝經鄭氏解一卷，益古演段三卷，弧矢算數細草一卷，五總志一卷，黃氏日抄古今紀要逸編一卷，丙寅北行日譜一卷，粵行紀事三卷，滇黔土司婚禮記一卷，三山鄭菊山先生清雋集一卷，所南翁一百二十圖詩集一卷、附錦錢餘笑一卷、附録一卷，鄭所南先生文集一卷，重彫足本鑒誡録十卷，侯鯖録八卷，松窗百說一卷，北軒筆記一卷，藏海詩話一卷，吳禮部詩話一卷，晝墁集八卷、補遺一卷，讀易別録三卷，古今僞書考一卷，澠水燕談録十卷，石湖記行三録三卷，北行日録二卷，放翁家訓一卷，庶齋老學叢談三卷，湛淵遺稾三卷、補一卷，趙待制遺稾一卷、附王國器詞一卷，灤京雜詠二卷，陽春集一卷，草窗詞二卷、補二卷，吹劍録外集一卷，宋遺民録十五卷，天地閒集一卷，宋舊宮人詩詞一卷，竹譜詳録七卷，書學捷要二卷，履齋示兒編二十三卷、附校補一卷、覆校一卷，霽山先生集五卷、首一卷、拾遺一卷，五行大義五卷，負暄野録二卷，古刻叢鈔一卷，梅花喜神譜二卷，斜川集六卷、附録二卷、訂誤一卷，道命録十卷，曲洧舊聞十卷，字通一卷，透簾細草一卷，續古摘奇算法一卷，丁巨算法一卷，緝古算經細草三卷，雲林石譜三卷、附綯雲石圖記一卷，夢粱録二十卷，靜春堂詩集四卷、附録三卷、附紅蕙山房吟稾一卷、附録一卷，梧溪集七卷、補遺一卷，困學齋雜録一卷，克庵先生尊德性齋小集三卷、補遺一卷，麈史三卷，全唐詩逸三卷，中吳紀聞六卷，廣釋名二卷，餘姚兩孝子萬里尋親記一卷，畫梅題記一卷）

340000－1801－0020729　7:011902－7:012141
知不足齋叢書　（清）鮑廷博輯　（清）鮑志祖續輯　清乾隆、道光間歙縣長塘鮑氏刻本　二百四十冊

340000－1801－0020730　7:012142－7:012150
知足齋叢書　（清）黄奭輯　清道光甘泉黄氏刻本　十冊

340000－1801－0020731　7:012151－7:012165
知不足齋叢書　（清）鮑廷博輯　（清）鮑志祖續輯　清刻本　十五冊　存二十三種五十五卷（諸史然疑十卷，榕城詩話三卷，金石史二卷，閒者軒帖考一卷，斜川集六卷、附録二卷、訂誤一卷，古刻叢鈔一卷，江南餘載二卷，故宮遺録一卷，五國故事二卷，墨史三卷，畫訣一卷，畫筌一卷，蘋洲漁笛譜二卷，山靜居畫論二卷，茗香詩論一卷，讀易別録三卷，古今僞書考一卷，慶元黨禁一卷，酒經三卷，樂府補題一卷，蛻巖詞二卷，字通一卷，書學提要二卷）

340000－1801－0020732　7:012262－7:012271
重刊拜經樓叢書十種　（清）吳騫輯　清光緒十一年（1885）會稽章氏鄂渚刻本　十冊

340000－1801－0020733　7:012272－7:012277
重刊拜經樓叢書七種　（清）吳騫輯　清光緒十一年（1885）會稽章氏鄂渚刻本　六冊　存五種十七卷（詩譜補亡後訂一卷、拾遺一卷，讖書五卷、附校一卷，國山碑考一卷，桃溪客語五卷，陽羨名陶録二卷、續一卷）

340000－1801－0020734　7:012278－7:012280
硯雲　（清）金忠淳輯　清乾隆金氏硯雲書屋刻本　三冊　存九種二十五卷（槎上老舌一卷、耳新八卷、夢憶一卷、都公譚纂二卷、小隱書全帖一卷、嶠南瑣記二卷、揮麈詩話一卷、敝帚齋餘談一卷、汴京勼異記八卷）

340000－1801－0020735　7:012281－7:012451
函海　（清）李調元輯　清嘉慶十四年（1809）李鼎元重校印本　一百七十一冊　缺三種十二卷（舊聞證誤四卷，詞品六卷、拾遺一卷，玉名詁一卷）

340000－1801－0020736　7:012452－7:012583
函海　（清）李調元輯　清嘉慶十四年（1809）李鼎元重校印本　一百三十二冊　缺六種二十七卷（郭子翼莊一卷、古今同姓名録二卷、素履子三卷、唐詩論斷三卷、龍洲集十卷、小倉選集八卷）

340000－1801－0020737　7:012584－7:012599

經訓堂叢書　(清)畢沅輯　清光緒十三年(1887)上海大同書局影印本　十六冊

340000－1801－0020738　7:012600－7:012613
經訓堂叢書　(清)畢沅輯　清乾隆中鎮海畢氏刻本　十四冊　存十二種六十三卷(夏小正考注一卷,老子道德經考異二卷,王隱晉書地道記一卷,晉太康三年地記一卷,晉書地理志新補正五卷,三輔黃圖六卷、補遺一卷,長安志二十卷、附圖三卷,易漢學八卷,說文解字舊音一卷,音同義異辯一卷,經典文字辨證書五卷,明堂大道錄八卷)

340000－1801－0020739　7:012614－7:012631
經訓堂叢書　(清)畢沅輯　清乾隆中鎮海畢氏刻本　十八冊　存十一種八十二卷(山海經十八卷,夏小正考注一卷,墨子十六卷、附篇目考一卷,三輔黃圖六卷、補遺一卷,王隱晉書地道記一卷,晉書地理志新補正五卷,易漢學八卷,音同義異辯一卷,經典文字辨證書五卷,晏子春秋七卷、附音義二卷,釋名疏證八卷、補遺一卷、續釋名一卷)

340000－1801－0020740　7:012674－7:012681
貸園叢書　(清)周永年輯　清乾隆三十六年(1771)刻本　八冊　存八種二十二卷(古韻標準四卷、詩韻舉例一卷,四聲切韻表一卷、凡例一卷,聲韻考四卷,石刻鋪敘二卷,鳳墅殘帖釋文二卷,三事忠告四卷,蒿庵閒話二卷,談龍錄一卷)

340000－1801－0020741　7:012682－7:012697
貸園叢書初集　(清)周永年輯　清刻本　十六冊　存十二種四十九卷(九經古義十六卷,易例二卷,春秋左傳補註六卷,左傳評三卷,古韻標準四卷、詩韻舉例一卷,四聲切韻表一卷、凡例一卷,聲韻考四卷,石刻鋪敘二卷,鳳墅殘帖釋文二卷,三事忠告四卷,蒿庵閒話二卷,談龍錄一卷)

340000－1801－0020742　7:012698－7:012771
龍威秘書　(清)馬俊良輯　清世德堂刻本　七十四冊　缺八種二十三卷(鬼董五卷,說郛雜著十卷,湖壖雜記一卷,峒谿纖志一卷,坤輿外紀一卷,滇黔紀遊一卷,滇行紀程一卷、續抄一卷,東還紀程一卷、續抄一卷)

340000－1801－0020743　7:012772－7:012851
龍威秘書　(清)馬俊良輯　清乾隆五十九年(1794)石門馬氏大酉山房刻本　八十冊

340000－1801－0020744　7:012902－7:012915
岱南閣叢書　(清)孫星衍輯　清刻本　十四冊　存五種二十四卷(周易集解十卷,周易口訣義六卷,夏小正傳二卷,急就章考異一卷,王無功集三卷、補遺二卷)

340000－1801－0020745　7:012916－7:012920
岱南閣叢書　(清)孫星衍輯　清刻本　五冊　存三種二十二卷(古文尚書十卷、逸文二卷,括地志八卷,岱南閣集二卷)

340000－1801－0020746　7:012921－7:012999
平津館叢書　(清)孫星衍輯　清嘉慶中蘭陵孫氏刻本　七十九冊　缺二種十卷(芳茂山人詩錄九卷、長離閣詩集一卷)

340000－1801－0020747　7:013000－7:013047
平津館叢書　(清)孫星衍輯　清光緒十一年(1885)吳縣朱氏槐廬家塾刻本　四十八冊　缺一種二卷(建立伏博士始末二卷)

340000－1801－0020748　7:013048－7:013052
平津館叢書　(清)孫星衍輯　清嘉慶中蘭陵孫氏刻本　五冊　存十四種四十卷(六韜六卷、附逸文一卷,魏武帝註孫子三卷,吳子二卷,司馬灋三卷,黃帝五書六卷,尸子二卷,燕丹子三卷,牟子一卷,琴操二卷、附補遺一卷,物理論一卷,古刻叢鈔一卷,魏三體石經遺字考一卷,渚宮舊事五卷、附補遺一卷,三輔黃圖一卷)

340000－1801－0020749　7:013053－7:013116
讀畫齋叢書　(清)顧修輯　清嘉慶四年(1799)桐川顧氏刻本　六十四冊

340000－1801－0020750　7:013117－7:013185
讀畫齋叢書　(清)顧修輯　清嘉慶四年(1799)桐川顧氏刻本　六十九冊　缺九種二十卷(辛集:宣和北苑貢茶錄一卷,北苑別錄一卷,劉涓子鬼遺方五卷,優古堂詩話一卷,娛書堂詩話二卷,雲莊四六餘話一卷,玉山璞稿二卷,玉山逸稿四卷、續補一卷、附錄一卷,滄浪櫂歌一卷)

340000－1801－0020751　7:013186－7:013215
士禮居黃氏叢書　(清)黃丕烈輯　清光緒十三年(1887)上海蜚英館影印本　三十冊　缺三種七卷(蕘言二卷、三經音義四卷、千手千眼觀世音菩薩廣大圓滿無礙大悲心陀羅尼經一卷)

340000－1801－0020752　7:013216－7:013241
士禮居黃氏叢書　(清)黃丕烈輯　清光緒十三年(1887)上海蜚英館影印本　二十六冊　缺三種七卷(蕘言二卷、三經音義四卷、千手千眼觀世音菩薩廣大圓滿無礙大悲心陀羅尼經一卷)

340000－1801－0020753　7:013242－7:013258
士禮居黃氏叢書　(清)黃丕烈輯　清光緒十三年(1887)上海蜚英館影印本　十七冊　存十四種一百三十五卷(周禮十二卷、附札記一卷,儀禮十七卷、附校錄一卷、續校一卷,夏小正戴氏傳四卷、附校錄一卷,夏小正經傳集解四卷,國語二十一卷、附札記一卷,梁公九諫一卷,輿地廣記三十八卷、附札記二卷,汲古閣珍藏秘本書目一卷,延令宋版書目一卷,藏書紀要一卷,焦氏易林十六卷,博物志十卷,百宋一廛賦一卷,汪本隸釋刊誤一卷)

340000－1801－0020754　7:013748－7:013788
學津討原　(清)張海鵬輯　清嘉慶十年(1805)虞山張氏照曠閣刻本　四十一冊　存四十種二百五十五卷(京氏易傳三卷,關氏易傳一卷,尚書鄭注十卷,爾雅鄭註三卷,爾雅翼三十二卷、序一卷,續宋編年資治通鑑十五卷,建炎維揚遺錄一卷,建炎復辟記一卷,松漠紀聞一卷、續一卷、補遺一卷,西使記一卷,綏寇紀略十二卷、補遺三卷,夢粱錄十九至二十,吳地記一卷、後集一卷,諸蕃志二卷,益部方物略記一卷,閩中海錯疏三卷,唐國史補三卷,淳熙玉堂雜記三卷,明宮史五卷,宣和書譜二十卷,忠經一卷,鶡冠子三卷,郁離子二卷,意林五卷,李氏刊誤二卷,考古編十卷,春明退朝錄三卷,冷齋夜話十卷,春渚紀聞十卷,搜神記二十卷,搜神後記十卷,甘澤謠一卷、附錄一卷,劇談錄二卷,前定錄一卷、續一卷,稽神錄六卷、拾遺一卷,湘山野錄三卷、續一卷,揮麈前錄四卷、後錄十一卷、三錄三卷、餘話二卷,癸辛雜識前集一卷、後集一卷、續集二卷、別集二卷,道德指歸論六卷,古文参同契集解三卷)

340000－1801－0020755　7:013909－7:013960
藝海珠塵　(清)吳省蘭輯　清嘉慶南匯吳氏聽彝堂刻本　五十二冊　缺九十四種一百七十四卷(一椶居詩稿二卷,外國竹枝詞一卷,附日本雜詩一卷,異域竹枝詞三卷,海潮說三卷,吾師錄一卷,聰訓齋語二卷,恆產瑣言一卷,中星表一卷,木棉譜一卷,辨定嘉靖大禮議二卷,儒林譜一卷,易稽覽圖二卷,詩說一卷,詩疑二卷,左氏蒙求註一卷,匡謬正俗八卷,皇朝武功紀盛四卷,山海經圖讚一卷、補遺一卷,明洪武四年進士登科錄一卷,社事始末一卷,淞故述一卷,南華經傳釋一卷,經天該一卷,地理古鏡歌一卷,翻卦挨星圖訣考著一卷,蘇沈良方八卷,一草亭目科全書一卷,雲仙散錄一卷,燕魏雜記一卷,叩舷憑軾錄一卷,交行摘稿一卷,貞蕤稾略文一卷、詩一卷,拜經樓詩話四卷,正易心法一卷,學校問一卷,郊社禘祫問一卷,小國春秋一卷,小兒語一卷,續小兒語一卷,捕蝗考一卷,滇南新語一卷,松江衢歌一卷,淞南樂府一卷,遠鏡說一卷,滇南憶舊錄一卷,紀聽松菴竹鑪始末一卷,雜詠百二十首二卷,月山詩集四卷,月山詩話一卷,鐮山草堂詩合鈔二卷,四繪軒詩鈔一卷,杜詩雙聲疊韻譜括略八卷,尚書蔡註考誤一卷,禘祫答問一卷,左氏釋二卷,樂縣考二卷,經義知新記一卷,漢西京博士考二卷,征南錄一卷,保越錄一卷,三楚新錄三卷,河源紀略承修稿六卷,南嶽小錄一卷,泰山道里記一卷,治蟲新方一卷,方圓闡幽一卷,弧矢啓秘二卷,祛疑說四卷,高東溪集六卷、附錄一卷,選注規李一卷,選學糾何一卷,艇齋詩話一卷,卦本圖考一卷,杲溪詩經補注二卷,深衣考誤一卷,春秋春王正月考一卷、辨疑一卷,魏氏補證六卷,河州景忠錄一卷、附記二卷,江上孤忠錄一卷,元故宮遺錄一卷,楚南小紀一卷,楚峝志略一卷,中衢一勺三卷、附錄四卷,錢幣考二卷,傷寒論翼二卷,書法雅言一卷,庚子銷夏記校文一卷,辨言一卷,青巖叢錄一卷,五代宮詞一卷,十國宮詞一卷,靜安八詠集一卷,詞旨一卷)

340000－1801－0020756　7:013961－7:014025
藝海珠塵　(清)吳省蘭輯　清嘉慶南匯吳氏聽彝堂刻本　六十五册　缺四十二種七十九卷(附日本雜詩一卷,尚書蔡註考誤一卷,禘祫答問一卷,左氏釋二卷,樂縣考二卷,經義知新記一卷,漢西京博士考二卷,征南錄一卷,保越錄一卷,三楚新錄三卷,河源紀略承修稿六卷,南嶽小錄一卷,泰山道里記一卷,治蟲新方一卷,方圓闡幽一卷,弧矢啓秘二卷,祛疑說四卷,高東溪集六卷、附錄一卷,選注規李一卷,選學糾何一卷,艇齋詩話一卷,卦本圖考一卷,杲溪詩經補注二卷,深衣考誤一卷,春秋春王正月考一卷、辨疑一卷,魏氏補證六卷,河州景忠錄一卷、附記二卷,江上孤忠錄一卷,元故宮遺錄一卷,楚南小紀一卷,楚峝志略一卷,中衢一勺三卷、附錄四卷,錢幣考二卷,傷寒論翼二卷,書法雅言一卷,庚子銷夏記校文一卷,辨言一卷,青巖叢錄一卷,五代宮詞一卷,十國宮詞一卷,靜安八詠集一卷,詞旨一卷)

340000－1801－0020757　7:014026－7:014057
湖海樓叢書　(清)陳春輯　清嘉慶蕭山陳氏刻本　三十二册

340000－1801－0020758　7:014058－7:014088
湖海樓叢書　(清)陳春輯　清嘉慶蕭山陳氏刻本　三十一册

340000－1801－0020759　7:014089－7:014092
湖海樓叢書　(清)陳春輯　清嘉慶蕭山陳氏刻本　四册　存二種二十三卷(周易鄭注十二卷、附敘錄一卷,列子八卷、列子沖虛至德眞經釋文二卷)

340000－1801－0020760　7:014093－7:014132
古棠書屋叢書　(清)孫澍　(清)孫錤輯　清道光中鵝溪郙舍刻本　四十册　存十二種一百二十一卷(杜主開明前志四卷、岷陽古帝墓祠後志八卷,蜀詩十五卷,國朝古文選二卷,孫春皋詩集二卷、文鈔二卷、外集二卷,小方壺試律詩二卷、附錄一卷,何竹有詩集二卷,岳容齋詩集四卷,許水南詩集二卷,掣鯨堂詩選九卷,童山詩選五卷,升庵年譜一卷,虞文靖公道園全集詩八卷、詩遺稿八卷、文四十四卷)

340000－1801－0020761　7:014133－7:014251
惜陰軒叢書　(清)李錫齡輯　清光緒二十二年(1896)長沙刻本　一百十九册

340000－1801－0020762　7:014252－7:014339
惜陰軒叢書　(清)李錫齡輯　清光緒二十二年(1896)長沙刻本　八十八册　缺十一種七十卷(虛字說一卷,東西洋考十二卷,京畿金石考二卷,雍州金石記十卷、記餘一卷,陣紀一至二,小兒藥證眞訣一,書法離鉤十卷,六如畫譜三卷,新增格古要論十三卷,見物五卷,事物紀原十卷)

340000－1801－0020763　7:014340－7:014381
惜陰軒叢書　(清)李錫齡輯　清光緒二十二年(1896)長沙刻本　四十二册　存十五種一百十七卷(玩易意見二卷,石渠意見四卷、拾遺二卷、補缺一卷,學易記五卷,周易本義爻徵二卷,虛字說一卷,雲南機務抄黃一卷,東西洋考十二卷,會稽三賦註四卷,授經圖二十卷,京畿金石考二卷,雍州金石記十卷、記餘一卷,北溪字義二卷、補遺一卷、嚴陵講義一卷,正蒙會稿四卷,宋四子抄釋二十一卷,呂涇野經說二十一卷)

340000－1801－0020764　7:014382－7:014481
惜陰軒叢書　(清)李錫齡輯　清光緒二十二年(1896)長沙刻本　一百册　缺一種二十卷(書敘指南二十卷)

340000－1801－0020765　7:014482－7:014487
惜陰軒叢書續編　(明)呂柟撰　清咸豐八年

(1858)刻本　六冊　存三種十一卷(周易說易三卷、尚書說要五卷、毛詩說序三卷)

340000－1801－0020766　7:014488－7:014497
惜陰軒叢書續編　(明)呂柟撰　清咸豐八年(1858)刻本　十冊

340000－1801－0020767　7:014498－7:014507
惜陰軒叢書續編　(明)呂柟撰　清咸豐八年(1858)刻本　十冊

340000－1801－0020768　7:014508－7:014517
惜陰軒叢書續編　(明)呂柟撰　清咸豐八年(1858)刻本　十冊

340000－1801－0020769　7:014518－7:014527
惜陰軒叢書續編　(明)呂柟撰　清咸豐八年(1858)刻本　十冊

340000－1801－0020770　7:014528－7:014537
惜陰軒叢書續編　(明)呂柟撰　清咸豐八年(1858)刻本　十冊

340000－1801－0020771　7:014738－7:014749
清頌堂叢書　(清)黃奭輯　清道光甘泉黃氏刻本　十二冊　存二種十四卷(消暑隨筆四卷、附子目二卷,太乙舟文集八卷)

340000－1801－0020772　7:014750－7:014817
宜稼堂叢書　(清)郁松年輯　清道光上海郁氏刻本　六十八冊

340000－1801－0020773　7:014818－7:014881
宜稼堂叢書　(清)郁松年輯　清道光上海郁氏刻本　六十四冊

340000－1801－0020774　7:014882－7:014888
春暉堂叢書　(清)徐渭仁輯　清道光、咸豐間上海徐氏刻同治補刻本　七冊　缺二種七卷(來齋金石刻考略三卷、寓意錄四卷)

340000－1801－0020775　7:014889－7:014898
春暉堂叢書　(清)徐渭仁輯　清道光、咸豐間上海徐氏刻同治補刻本　十冊　缺一種一卷(居易堂殘稿一卷)

340000－1801－0020776　7:014899－7:014911
春暉堂叢書　(清)徐渭仁輯　清同治刻本　十二冊　缺一種一卷(賜硯齋題畫偶錄一卷)

340000－1801－0020777　7:014912－7:014971
守山閣叢書　(清)錢熙祚輯　清道光二十四年(1844)金山錢氏刻本　六十冊　存四十一種二百九卷(律呂新論二卷,經傳釋詞十卷,古韻標準四卷、詩韻舉例一卷,咸淳遺事二卷,大金弔伐錄四卷,平宋錄三卷,京口耆舊傳九卷,昭忠錄一卷,九國志十二卷、附拾遺一卷,越史略三卷,四明它山水利備覽二卷,河防通議二卷,北道刊誤誌一卷,河朔訪古記三卷,大唐西域記十二卷,歷代建元考二卷、總論一卷、類考一卷、前編一卷、外編四卷,荒政叢書十卷、附錄二卷,菽園雜記十五卷,東南紀聞三卷,張氏可書一卷,步里客談二卷,高齋漫錄一卷,萍洲可談三卷、附校勘記一卷,唐語林八卷、附校勘記一卷,玉堂嘉話八卷,日損齋筆記一卷、附錄一卷,樵香小記二卷,日聞錄一卷,坦齋通編一卷,潁川語小二卷,緯略十二卷,能改齋漫錄十八卷,靖康緗素雜記十卷,太清神鑑六卷,天步真原人命部三卷,珞琭子賦註二卷,曉庵新法六卷,五星行度解一卷,渾蓋通憲圖說二卷、首一卷,圜容較義一卷,新儀象法要三卷)

340000－1801－0020778　7:014972－7:015071
守山閣叢書　(清)錢熙祚輯　清光緒十五年(1889)上海鴻文書局影印本　一百冊　缺三十一種六十九卷(宋季三朝政要六卷,咸淳遺事二卷,元朝征緬錄一卷,招捕總錄一卷,昭忠錄一卷,吳中水利書一卷,四明它山水利備覽二卷,廬山記三卷,廬山記略一卷,北道刊誤誌一卷,河朔訪古記三卷,籀史上,簡平儀說一卷,曉庵新法六卷,羯鼓錄一卷,棊經一卷,尹文子一卷、附校勘記逸文一卷,愼子一卷、附逸文一卷,公孫龍子一卷,人物志三卷,靖康緗素雜記十卷,坦齋通編一卷,大唐傳載一卷,賈氏譚錄一卷,東齋記事五卷、補遺一卷,高齋漫錄一卷,張氏可書一卷,步里客談二卷,大方廣佛華嚴經音義四卷,周易參同契考異一卷,觀林詩話一卷)

340000－1801－0020779　7:015072－7:015135

三長物齋叢書　(清)黃本驥輯　清道光中刻光緒四年(1878)古香書閣印本　六十四冊

340000－1801－0020780　7:015136－7:015161
三長物齋叢書　(清)黃本驥輯　清道光中刻光緒四年(1878)古香書閣印本　二十六冊
存十種一百九卷(聖域述聞二十八卷,皇朝經籍志六卷,歷代統系錄六卷,歷代紀元表一卷、年號分韻錄一卷,郡縣分韻考十卷,三志合編七卷,集古錄目五卷,集古錄跋尾十卷,金石錄三十卷,賢母錄四卷、旌節錄一卷)

340000－1801－0020781　7:015162－7:015187
三長物齋叢書　(清)黃本驥輯　清道光中刻光緒四年(1878)古香書閣印本　二十六冊
缺十一種一百三十九卷(聖域述聞二十八卷,歷代紀元表一卷、年號分韻錄一卷,古誌石華三十卷,顏魯公文集三十卷、補遺一卷、附顏魯公年譜一卷,明尺牘墨華三卷,賢母錄四卷、旌節錄一卷,大潙山房遺藁九卷,紅雪詞鈔四卷、附錄二卷,三十六灣草廬稿十卷,茶香閣遺草一卷、附錄一卷,嵰山甜雪十二卷)

340000－1801－0020782　7:015188－7:015225
海山仙館叢書　(清)潘仕成輯　清道光、咸豐間番禺潘氏刻光緒中補刻本　三十八冊
存二十六種二百十八卷(古史輯要三至四,庚申外史二卷,二十二史感應錄二卷,廣名將傳一至六、十一至十三、十八至二十,高僧傳十三卷,慎守要錄九卷,考古質疑六卷,隱居通議三十一卷,調燮類編四卷,菰中隨筆一卷,雲谷雜記四卷、首一卷、末一卷,桂苑筆耕集二十卷,敬齋古今黈八卷,青藤書屋文集三十卷、補遺一卷,宋四六話十二卷,尺牘新鈔十二卷,顏氏家藏尺牘四卷、姓氏考一卷,幾何原本六卷,同文算指前編二卷、通編八卷,圜容較義一卷,測量法義一卷,測量異同一卷,句股義一卷,翼梅八卷,女科二卷、產後編二卷,全體新論十卷)

340000－1801－0020783　7:015226－7:015353
海山仙館叢書　(清)潘仕成輯　清道光、咸豐間番禺潘氏刻光緒中補刻本　一百二十八冊

340000－1801－0020784　7:015354－7:015422
海山仙館叢書　(清)潘仕成輯　清道光、咸豐間番禺潘氏刻光緒中補刻本　六十九冊
缺二十一種一百八十八卷(史記短長說二卷,順宗實錄五卷,九國志十二卷,靖康傳信錄三卷,庚申外史二卷,二十二史感應錄二卷,洛陽名園記一卷,廣名將傳二十卷,高僧傳十三卷,酌中志二十四卷,明夷待訪錄一卷,調燮類編四卷,敬齋古今黈八卷,晁具茨先生詩集十五卷,揭曼碩詩三卷,青藤書屋文集三十卷、補遺一卷,四溟詩話四卷,宋四六話十二卷,詞苑叢談十二卷,女科二卷、產後編二卷,全體新論十卷)

340000－1801－0020785　7:015423－7:015487
海山仙館叢書　(清)潘仕成輯　清道光、咸豐間番禺潘氏刻光緒中補刻本　六十五冊
存三十種二百九十八卷(遂初堂書目一卷,易大義一卷,尚書註考一卷,讀書敏求記四卷,一切經音義二十五卷,古史輯要六卷、首一卷,史記短長說二卷,順宗實錄五卷,隱居通議三十一卷,洞天清錄集一卷,龍筋鳳髓判四卷,青藤書屋文集三十卷、補遺一卷,漁隱叢話六十卷、後集四十卷,四溟詩話四卷,宋四六話十二卷,詞苑叢談十二卷,竹雲題跋四卷,讀畫錄四卷,茶董補二卷,酒顛補三卷,顏氏家藏尺牘四卷、姓氏考一卷,幾何原本六卷,同文算指前編二卷、通編八卷,圜容較義一卷,測量法義一卷,測量異同一卷,句股義一卷,翼梅八卷,海錄一卷,新釋地理備考全書十卷)

340000－1801－0020786　7:015488－7:015569
海山仙館叢書　(清)潘仕成輯　清道光、咸豐間番禺潘氏刻光緒中補刻本　八十二冊
缺十八種八十一卷(易大義一卷,靖康傳信錄三卷,菰中隨筆一卷,四溟詩話四卷,宋四六話十二卷,竹雲題跋四卷,茶董補二卷,酒顛補三卷,尺牘新鈔十二卷,顏氏家藏尺牘四卷、姓氏考一卷,幾何原本六卷,同文算指前編二卷、通編八卷,圜容較義一卷,測量法義一卷,測量異同一卷,句股義一卷,女科二卷、產後編二卷,全體新論十卷)

340000－1801－0020787　7：015570－7：015601
連筠簃叢書　(清)楊尚文輯　清道光二十八年(1848)靈石楊氏刻本　三十二册　缺二種一百十卷(說文解字義證五十卷、永樂大典目錄六十卷)

340000－1801－0020788　7：015602－7：015711
玲瓏山館叢書　(清)□□輯　清光緒十五年(1889)文選樓刻本　一百十册　存四十六種一百三十七卷(河圖緯一卷、洛書緯一卷,詩譜考正一卷,經書算學天文考一卷,尚書緯璇機鈐一卷,尚書緯考靈曜一卷,尚書緯刑德放一卷,尚書帝命驗一卷,尚書運期授一卷,詩緯推度災一卷,詩緯氾歷樞一卷,詩緯含神霧一卷,禮緯含文嘉一卷,禮緯稽命徵一卷,禮緯斗威儀一卷,樂緯動聲儀一卷,樂緯稽耀嘉一卷,樂緯叶圖徵一卷,春秋緯運斗樞一卷,春秋緯感精符一卷,春秋緯合誠圖一卷,春秋緯考異郵一卷,春秋緯保乾圖一卷,春秋緯漢含孳一卷,春秋緯佐助期一卷,春秋緯握誠圖一卷,春秋緯潛潭巴一卷,春秋緯說題辭一卷,春秋緯元命苞二卷,宋葉文康公禮經會元節本四卷,國朝漢學師承記八卷,經師經義目錄一卷,國朝宋學淵源記二卷、附記一卷,爾雅補郭二卷,埤雅二十卷,廣釋名二卷,比雅十九卷,廣雅十卷,別雅五卷,篆訣辯釋一卷,文選古字通疏證六卷,說文新附考六卷,說文答問疏證六卷,六藝綱目二卷、附錄二卷,字林經策萃華八卷,菊逸山房天學一卷,天元一術圖說一卷)

340000－1801－0020789　7：015712－7：015743
敏果齋七種　(清)許乃釗輯　清道光錢塘許氏刻本　三十二册

340000－1801－0020790　7：015744－7：016141
粤雅堂叢書　(清)伍崇曜輯　清道光、光緒間南海伍氏刻本　三百九十八册　缺六種十六卷(疑年錄四卷、續疑年錄四卷、米海岳年譜一卷、孝經今文音義一卷、墨志一卷、唐昭陵石蹟考略五卷)

340000－1801－0020791　7：016142－7：016404
粤雅堂叢書　(清)伍崇曜輯　清道光、光緒間南海伍氏刻本　二百六十一册　缺二十四種二百五十八卷(西陲要略四卷,長物志十二卷,墨志一卷,續黔書一卷,帝範二卷,臣軌二卷,羣書治要五十卷[原缺卷四、十三、二十],四聲等子一卷,周易新講義十卷,泰軒易傳六卷,崔舍人玉堂類稿二十卷、西垣類稿二卷、附錄一卷,唐才子傳十卷,樂經律呂通解五卷,六書轉注錄十卷,延令宋板書目一卷,墨緣彙觀錄四卷,兒易内儀以六卷,蜀中名勝記三十卷,補宋書刑法志一卷,補宋書食貨志一卷,晉宋書故一卷,姑溪居士文集五十卷、後集二十卷,授堂文鈔八卷,南北朝文鈔二卷)

340000－1801－0020792　7：016405－7：016518
粤雅堂叢書　(清)伍崇曜輯　清道光、光緒間南海伍氏刻本　一百十四册　存七十六種四百十五卷(南部新書十卷,志雅堂雜鈔二卷,焦氏筆乘六卷、續八卷,奉天錄四卷,月泉吟社一卷,揭文安公文萃二卷,玉笥集十卷,芻蕘奥論二卷,唐史論斷三卷,叔苴子内篇六卷、外篇二卷,西洋朝貢典錄三卷,國史經籍志三至五、附錄一卷,蘇詩補注八卷,石洲詩話八卷,北江詩話六卷,玉山草堂續集六卷,草廬經略十二卷,飲水詩集一卷、詞集一卷,雙溪集十三至十五、附遺言一卷,瑟譜六卷,秋笳集八卷、附錄一卷,絳雲樓書目四卷,林屋唱酬錄一卷,焦山紀遊集一卷,沙河逸老小稿一,南齋集六卷、詞二卷,九國志十二卷,胡子知言六卷、疑義一卷、附錄一卷,後漢書補注二十二至二十四,詩書古訓一,道德眞經註一至二,宋季三朝政要五卷、附錄一卷,樓山堂集三至六,朱子年譜二至四、附錄二卷,韓柳年譜一至四,米海岳年譜一卷,元遺山先生年譜三卷、附墓圖記略一卷,崇文總目三,菉竹堂書目六卷,菉竹堂碑目六卷,寒山堂金石林時地考二卷,通志堂經解目錄一卷,蘇米齋蘭亭考八卷,石渠隨筆一至四,爾雅新義二十卷、附敘錄一卷,羣經音辨一至四,漢書地理志稽疑四至六,閻潛邱先生年譜三至四,秋園雜佩一卷,倪文正公年譜四卷,南雷文定前集十一卷、後集四卷、三集三卷、詩歷四卷、世譜一卷、附錄一卷,程侍郎遺集一至二、附錄一卷，呂衡州集十卷、附考證一卷，西崑酬倡集二卷，羅鄂州小集六卷，樂府雅詞六卷、拾遺二卷，陽春白雪八卷、外集一卷，犖經室詩録五卷，孟子音義二卷，比雅十九卷，寶刻類編三至四，書義主意六卷，焦氏類林一、三至七，益齋亂稿十卷、拾遺一卷、附集誌一卷，求表捷術九卷，瘞鶴銘考一卷，京口耆舊傳四至六，輿地碑記目三至四，紹興題名録一卷，河朔訪古記三卷，小山畫譜二卷，漢唐事箋前集一至四，述學内篇三卷、外篇一卷、補遺一卷、别録一卷，續黔書一至三，煙霞萬古樓文集六卷、詩選二卷、仲瞿詩録一卷，梅邊吹笛譜二卷、補録一卷）

340000－1801－0020793　7：016519－7：016651

粤雅堂叢書　（清）伍崇曜輯　清道光、光緒間南海伍氏刻本　一百三十三册　存七十一種四百九十五卷（南部新書十卷，中吴紀聞六卷，志雅堂雜鈔二卷，焦氏筆乘六卷、續八卷，豐田録四卷，咸淳遺事二卷，昭忠録一卷，月泉吟社一卷，谷音二卷，河汾諸老詩集八卷，揭文安公文萃二卷，玉笥集十卷，潞水客談一卷、附録一卷，陶庵夢憶八卷，芻蕘奥論二卷，叔苴子内篇六卷、外篇二卷，五代詩話十卷，易圖明辨十卷，聲類四卷，文史通義八卷，校讐通義三卷，經義考補正十二卷，小石帆亭五言詩續鈔八卷、首一卷，蘇詩補注八卷、附志道集一卷，玉山草堂續集六卷，虎鈐經二十卷，打馬圖經一卷，敘古千文一卷，草廬經略十二卷，字觸六卷，燕樂考原六卷，沙河逸老小稿六卷、嶰谷詞一卷，南齋集六卷、詞二卷，胡子知言六卷、疑義一卷、附録一卷，蒿庵閒話二卷，爾雅新義二十卷、附敘録一卷，孫氏周易集解十卷，春秋穀梁傳時月日曆法釋例四卷，羣經音辨七卷，相臺書塾刊正九經三傳沿革例一卷，九經補韻一卷、附録一卷，儀禮石經校勘記四卷，隸經文四卷，樂縣考二卷，國朝漢學師承記八卷、附國朝經師經義目録一卷、國朝宋學淵源記二卷、附記一卷，顧亭林先生年譜四卷、附録一卷，閻潛邱先生年譜四卷，秋園雜佩一卷，倪文正公年譜四卷，南雷文定前集十一卷、後集四卷、三集三卷、詩歷四卷、世譜一卷、附録一卷，詩書古訓六卷，十三經音略十三卷、附録一卷，説文聲系十四卷，文館詞林六百六十二、六百六十四、六百六十八、六百九十五，兩京新記三，樓山堂集三至六、二十四至二十七，朱子年譜一至四，韓柳年譜五至七，勝飲編十八卷，通志堂經解目録一卷，蘇米齋蘭亭考八卷，石渠隨筆八卷，周官新義十六卷、附考工記解二卷，程侍郎遺集十卷、附録一卷，李元賓文集文編三卷、外編二卷、續編一卷，呂衡州集十卷、附考證一卷，西崑酬倡集二卷，羅鄂州小集六卷、附羅郢州遺文一卷，樂府雅詞六卷、拾遺二卷，陽春白雪八卷、外集一卷，犖經室詩録五卷）

340000－1801－0020794　7：016652－7：016891

粤雅堂叢書　（清）伍崇曜輯　清道光、光緒間南海伍氏刻本　二百四十册　缺六十三種五百七卷（孟子音義二卷，兩漢博聞十二卷，春秋五禮例宗十卷［原缺卷四至六］，兒易外儀十五卷，春秋國都爵姓考一卷、附補一卷，儀禮管見三卷、附録一卷，孝經今文音義一卷，孝肅包公奏議十卷，續世説十二卷，寶刻類編八卷，書義主意六卷，羣英書義二卷，焦氏類林八卷，西域釋地一卷、西陲要略四卷，續談助五卷，益齋亂稿十卷、拾遺一卷、附集誌一卷，静齋至正直記四卷，鳳氏經説三卷，比雅十九卷，廣釋名二卷、首一卷，求表捷術九卷，乾道臨安志十五卷［原缺卷四至十五］，京口耆舊傳九卷，輿地碑記目四卷，紹興題名録一卷，寶祐登科録一卷，河朔訪古記三卷，長物志十二卷，墨志一卷，唐昭陵石蹟考略五卷，瘞鶴銘考一卷，小山畫譜二卷，雲中紀程二卷，太清神鑒六卷，漢唐事箋前集十二卷、後集八卷，駁交集十二卷，三國志補注六卷，述學内篇三卷、外篇一卷、補遺一卷、别録一卷，黔書四卷，續黔書八卷，煙霞萬古樓文集六卷、詩選二卷、仲瞿詩録一卷，梅邊吹笛譜二卷、補録一卷，帝範二卷，臣軌二卷，羣書治要五十卷［原缺卷四、十三、二十］，四聲等子一卷，周易新講義十卷，泰軒易傳六卷，崔舍人玉堂類稿二十卷、西垣類稿二卷、附録一卷,唐才子傳十卷,樂經律吕通解五卷,六書轉注錄十卷,延令宋板書目一卷,墨緣彙觀錄四卷,兒易内儀以六卷,蜀中名勝記三十卷,補宋書刑法志一卷,補宋書食貨志一卷,晉宋書故一卷,姑溪居士文集五十卷、後集二十卷,授堂文鈔八卷,南北朝文鈔二卷)

340000－1801－0020795　7:016892－7:017308
粵雅堂叢書　(清)伍崇曜輯　清道光、光緒間南海伍氏刻本　三百十七册　缺二十種二百四十卷(帝範二卷,臣軌二卷,羣書治要五十卷[原缺卷四、十三、二十],四聲等子一卷,周易新講義十卷,泰軒易傳六卷,崔舍人玉堂類稿二十卷、西垣類稿二卷、附錄一卷,唐才子傳十卷,樂經律吕通解五卷,六書轉注錄十卷,延令宋板書目一卷,墨緣彙觀錄四卷,兒易内儀以六卷,蜀中名勝記三十卷,補宋書刑法志一卷,補宋書食貨志一卷,晉宋書故一卷,姑溪居士文集五十卷、後集二十卷,授堂文鈔八卷,南北朝文鈔二卷)

340000－1801－0020796　7:017309－7:017317
遜敏堂叢書　(清)黄秩模輯　清道光、咸豐間宜黄黄氏木活字印本　十册　存四十七種七十三卷(周易舉正一卷,尚書古文辨一卷,古文尚書考一卷,二南密旨一卷,詩經協韻考異一卷,讀左漫筆一卷,檀弓訂誤一卷,三禮考一卷,三禮指要一卷,孝經集靈一卷,四書私談一卷,孟子弟子考一卷,章水經流攷一卷,河源記一卷,致身錄一卷,訂正史記眞本一卷,家人子語一卷,夙興語一卷,增訂心相百二十善一卷,松溪子一卷,戒賭文一卷,蒙養詩教一卷,卓異記一卷,四率淺說一卷,論文偶記一卷,策學例言一卷,作賦例言一卷,屈安人遺詩一卷,學道粹言一卷,大藏治病藥一卷,痲疹證治要略一卷,朝野遺記一卷,集慶路江東書院講義一卷,家誡要言一卷,聰訓齋語一卷,廣卓異記二十卷,古奇器錄一卷,浮梁陶政志一卷,司牧寶鑑一卷,折獄卮言一卷,姓氏考略一卷,廣陵儲王趙宋景蔣曾桑朱宗列傳一卷,蒞戎要略一卷,陣法直指一卷,魏忠賢始末一卷,居家宜忌一卷、附錄一卷、續錄一卷、又續錄一卷、三續錄一卷、四續錄一卷、補錄一卷,婦學三則一卷,楊忠列公傳一卷,又集慶路江東書院講義一卷)

340000－1801－0020797　7:017318－7:017333
小萬卷樓叢書　(清)錢培名輯　清光緒四年(1878)金山錢氏刻本　十六册　缺一種三卷(續吕氏家塾讀詩記三卷)

340000－1801－0020798　7:017341－7:017348
當歸草堂叢書　(清)丁丙輯　清同治錢塘丁氏刻本　八册

340000－1801－0020799　7:017349－7:017356
當歸草堂叢書　(清)丁丙輯　清同治錢塘丁氏刻本　八册

340000－1801－0020800　7:017357－7:017360
當歸草堂叢書　(清)丁丙輯　清同治錢塘丁氏刻本　四册　存四種六卷(愼言集訓二卷、溫氏母訓一卷、松陽鈔存二卷、忱行錄一卷)

340000－1801－0020801　7:017361－7:017392
明辨齋叢書　(清)余肇鈞輯　清咸豐、同治間長沙余氏刻本　三十二册　存二十一種七十三卷(諸葛忠武書十卷,漢丞相諸葛忠武侯列傳一卷、附史文擥要一卷,閩中海錯疏一卷,重訂河防通議一卷,今水經一卷、表一卷,海國聞見錄一卷,明九邊考四卷,何博士備論二卷,宋簽判龍川陳先生文鈔二卷,宋少保岳鄂王行實編年二卷,建炎德安守禦錄二卷、附守城機要一卷、宋丞相李忠定公輔政本末一卷,宋季昭忠錄一卷,折獄龜鑑八卷,家禮辨說十六卷,明新建伯王文成公傳本二卷,文朱先生行狀一卷、附刻一卷,毛詩古音考四卷,北溪先生四書字義二卷、首一卷、嚴陵講義一卷、道學二辨一卷、附錄一卷,屈宋古音考一卷,韻補正一卷,姜司寇年譜一卷)

340000－1801－0020802　7:017393－7:017412
明辨齋叢書　(清)余肇鈞輯　清咸豐、同治間長沙余氏刻本　二十册　存十九種六十七卷(諸葛忠武書十卷,漢丞相諸葛忠武侯列傳一卷、附史文擥要一卷,重訂河防通議一卷,今水經一卷、表一卷,明九邊考四卷,閩中海錯疏一卷,海國聞見錄一卷,何博士備論二卷,宋簽判龍川陳先生文鈔二卷,宋少保岳鄂王行實編年二卷,建炎德安守禦錄二卷、附守城機要一卷、宋丞相李忠定公輔政本末一卷,宋季昭忠錄一卷,心史二卷,折獄龜鑑八卷,家禮辨說十六卷,明新建伯王文成公傳本二卷,毛詩古音考四卷,屈宋古音考一卷、附錄一卷,韻補正一卷)

340000－1801－0020803　7:017413－7:017444
滂喜齋叢書　(清)潘祖蔭輯　清同治、光緒間吳縣潘氏刻本　三十二冊　缺一種三卷(寶鐵齋金石文跋尾三卷)

340000－1801－0020804　7:017445－7:017455
滂喜齋叢書　(清)潘祖蔭輯　清同治、光緒間吳縣潘氏刻本　十一冊　存十五種二十九卷(西凫草一卷,晗敢覽館稿一卷,壬申消夏詩一卷,卦本圖攷一卷,尚書序錄一卷,別雅訂五卷,非石日記鈔一卷,鈕非石遺文一卷,炳燭室雜文一卷,天馬山房詩別錄一卷,沈四山人詩錄六卷、附錄一卷,吳郡金石目一卷,稽瑞樓書目四卷,懷舊集二卷,愛吾廬文鈔一卷)

340000－1801－0020805　7:017456－7:017480
滂喜齋叢書　(清)潘祖蔭輯　清同治、光緒間吳縣潘氏刻本　二十五冊　缺九種十八卷(炳燭室雜文一卷,天馬山房詩別錄一卷,沈四山人詩錄六卷、附錄一卷,懷舊集二卷,愛吾廬文鈔一卷,劉貴陽說經殘稿一卷,劉氏遺箸一卷,寶鐵齋金石文跋尾三卷,日本金石年表一卷)

340000－1801－0020806　7:017481－7:017511
滂喜齋叢書　(清)潘祖蔭輯　清同治、光緒間吳縣潘氏刻本　三十一冊　缺三種五卷(卦本圖考一卷、尚書序錄一卷、古韻論三卷)

340000－1801－0020807　7:017512－7:017544
滂喜齋叢書　(清)潘祖蔭輯　清同治、光緒間吳縣潘氏刻本　三十三冊

340000－1801－0020808　7:017545－7:017548
功順堂叢書　(清)潘祖蔭輯　清光緒吳縣潘氏刻本　四冊　存五種十六卷(說文古籀疏證三至六、廣陽雜記五卷、無事爲福齋隨筆二卷、范石湖詩集注三卷、半氈齋題跋二卷)

340000－1801－0020809　7:017549－7:017580
功順堂叢書　(清)潘祖蔭輯　清光緒吳縣潘氏刻本　三十二冊

340000－1801－0020810　7:017581－7:017615
述古叢鈔　(清)劉晚榮輯　清同治十年(1871)藏修書屋刻本　三十五冊　缺三種二十九卷(藥症忌宜一卷、昭代名人尺牘小傳二十四卷、芳堅館題跋四卷)

340000－1801－0020811　7:017616－7:017630
小石山房叢書　(清)顧湘輯　清同治十三年(1874)虞山顧氏刻本　十五冊　缺七種十五卷(隱綠軒題識一卷、砥齋題跋一卷、海珊詩鈔一卷、蓺庵遺詩一卷、明人詩品二卷、夢曉樓隨筆一卷、虞東先生文錄八卷)

340000－1801－0020812　7:017631－7:017646
小石山房叢書　(清)顧湘輯　清同治十三年(1874)虞山顧氏刻本　十六冊

340000－1801－0020813　7:017647－7:017662
小石山房叢書　(清)顧湘輯　清同治十三年(1874)虞山顧氏刻本　十六冊

340000－1801－0020814　7:017663－7:017678
半厂叢書初編　(清)譚獻輯　清光緒中仁和譚氏刻本　十六冊

340000－1801－0020815　7:017679－7:017702
式訓堂叢書　(清)章壽康輯　清光緒中會稽章氏刻本　二十四冊　缺十三種五十六卷(字林考逸八卷、毛詩重言一卷、毛詩雙聲疊韻說一卷、弟子職正音一卷、戰國策釋地二卷、南江札記四卷、過庭錄十六卷、金石例十卷、墓銘舉例四卷、金石要例一卷、讒書五卷、兩同書二卷、陶邕州小集一卷)

340000－1801－0020816　7:017703－7:017742
式訓堂叢書　(清)章壽康輯　清光緒中會稽章氏刻本　四十冊　缺十三種五十六卷(字林考逸八卷、毛詩重言一卷、毛詩雙聲疊韻說一卷、弟子職正音一卷、戰國策釋地二卷、南

江札記四卷、過庭錄十六卷、金石例十卷、墓銘舉例四卷、金石要例一卷、讒書五卷、兩同書二卷、陶邕州小集一卷)

340000－1801－0020817　7:017791－7:017806
續知不足齋叢書　(清)高承勳輯　清渤海高氏刻本　十六冊

340000－1801－0020818　7:017807－7:017822
續知不足齋叢書　(清)高承勳輯　清渤海高氏刻本　十六冊

340000－1801－0020819　7:017823－7:017858
後知不足齋叢書　(清)鮑廷爵輯　清光緒十年(1884)常熟鮑氏刻本　三十六冊　存十五種六十九卷(鄭氏遺書五種九卷,沈氏經學六種二十卷,五經文字三卷,新加九經字樣一卷,石經殘字考一卷,干祿字書一卷,班馬字類二卷,九經韻補一卷、附錄一卷,許氏說文解字雙聲疊韻譜一卷,積古齋鐘鼎彝器款識十卷,兩漢五經博士考三卷,漢魏六朝志墓金石例三卷、唐人志墓諸例一卷,金石訂例四卷,稽瑞一卷,崇文總目五卷、補遺一卷、附錄一卷)

340000－1801－0020820　7:017859－7:017868
融經館叢書　(清)徐友蘭輯　清光緒會稽徐氏八杉齋刻本　十冊　存三種三十七卷(太史華句八卷、左國腴詞八卷、文選錦字錄二十一卷)

340000－1801－0020821　7:017869－7:017888
半厂叢書初編　(清)譚獻輯　清光緒中仁和譚氏刻本　二十冊

340000－1801－0020822　7:017889－7:017912
咫進齋叢書　(清)姚覲元輯　清光緒九年(1883)歸安姚氏刻本　二十四冊

340000－1801－0020823　7:017913－7:017918
鐵華館叢書　(清)蔣鳳藻輯　清光緒長洲蔣氏影刻本　六冊

340000－1801－0020824　7:017919－7:017924
鐵華館叢書　(清)蔣鳳藻輯　清光緒長洲蔣氏影刻本　六冊

340000－1801－0020825　7:018087－7:018090
花雨樓叢鈔　(清)張壽榮輯　清光緒蛟川張氏花雨樓刻本　四冊　存四種十一卷(詩考補注二卷、補遺二卷,傳經表二卷,通經表二卷,兩漢五經博士考三卷)

340000－1801－0020826　7:018091－7:018095
嘯園叢書　(清)葛元煦輯　清光緒九年(1883)仁和葛氏刻本　五冊　存三種八卷(香研居詞麈五卷、清波小志二卷、清波小志補一卷)

340000－1801－0020827　7:018096－7:018175
嘯園叢書　(清)葛元煦輯　清光緒九年(1883)仁和葛氏刻本　八十冊

340000－1801－0020828　7:018176－7:018179
學海堂叢刻(啟秀山房叢書)　(清)□□輯　清光緒刻本　四冊　存六種十一卷(石畫記五卷、供冀小言一卷、聽松廬詩略二卷、續三十五舉一卷、讀律提綱一卷、桐花閣詞鈔一卷)

340000－1801－0020829　7:018180－7:018193
學海堂叢刻(啟秀山房叢書)　(清)□□輯　清光緒刻本　十四冊　缺一種一卷(景石齋詞略一卷)

340000－1801－0020830　7:018220－7:018672
申報館叢書　題尊聞閣主輯　清光緒申報館鉛印本　四百五十三冊　存一百七種(甲申傳信錄十卷,曾文正公大事記四卷,吳中平寇記八卷,有正味齋日記六卷,甕牖餘談八卷,十三日備嘗記一卷,小家語四卷,學史四十八卷,詩句題解韻編四集十二卷,談古偶錄二卷,宮閨聯名譜二十二卷,秦淮畫舫錄二卷、畫舫餘譚一卷、三十六春小譜一卷,揚州畫舫錄十八卷,十洲春語三卷,吳門畫舫錄二卷,吳門畫舫續錄二卷,翰海十二卷,有正味齋尺牘二卷,清暉閣贈貽尺牘二卷,異書四種六卷,遯窟讕言十二卷,客窗閒話八卷、續八卷,印雪軒隨筆四卷,螢窗異草初稿四卷、二編四卷、三編四卷,鏡花水月八卷,夜雨秋燈錄八卷,影談四卷,語新二卷,志異續編八卷,儒林外史五十六回,四溟瑣紀十二卷,重訂西青散記八卷,桯史十五卷、附錄一卷,野史四卷,雲間據目抄五卷,綏寇紀略十二卷、補遺三卷,紀載彙編十卷,聖武記十四卷,東征集六卷,三岡識略十卷,閩雜記十二卷,豫軍紀略十二卷,山東軍興紀略二十二卷,和約彙抄六卷、首一卷,點勘記二卷、附省堂筆記一卷,文海披沙八卷,藝林伐山二十卷,香祖筆記十二卷,訂譌雜錄十卷,夢園叢說內篇八卷,零金碎玉四卷,鋤經書舍零墨四卷,閨秀詩評一卷,草廬經略十二卷,屑玉叢談初集六卷,屑玉叢談二集六卷,屑玉叢談三集六卷,屑玉叢談四集六卷,硯雲甲編十六卷,硯雲乙編三十四卷,續異書四種存香飲樓賓談二卷、驚喜集二卷,六梅書屋尺牘四卷,笑史四卷,青樓夢六十四回,兩漢博聞十二卷,篤素堂文集四卷,歷下志遊四卷、外編四卷,漫遊記略四卷,滇南雜志二十四卷,曾侯日記一卷,航海述奇四卷,霆軍紀略十六卷,平定粵匪記略十八卷、附記四卷,中西紀事二十四卷,使琉球記六卷,東藩紀要十二卷、補錄一卷,續編綏寇紀略五卷,國朝閨秀香咳集十卷、附錄一卷,鴻雪軒紀艷四種四卷,海上群芳譜四卷,息盦尺牘二卷、附存一卷,東池草堂尺牘四卷,尺牘初桄二卷、附一卷,音註小倉山房尺牘八卷,詳註筆耕齋尺牘二卷,薑露庵雜記六卷,在園雜志四卷,壺天錄三卷,解酲語四卷,道聽塗說十二卷,鷗砭軒質言四卷,薈蕞編二十卷,笑笑錄六卷,四夢彙譚四卷,妙香室叢話十四卷,小豆棚十六卷,新刻三寶太監西洋通俗演義二十卷,紅樓復夢一百回,十粒金丹六十六回,筆生花三十二回,醒睡錄初集十卷,稟啓零紈四卷,靈檀碎金六十八卷、附錄一卷,蟫史二十卷,粉墨叢談二卷、附錄一卷,思益堂日札五卷)

340000－1801－0020831　7:018673－7:018674
申報館叢書　題尊聞閣主輯　清光緒申報館鉛印本　二冊　存二十三種二十五卷(屑玉叢談三集六卷:五石瓠一卷、存是錄一卷、復社紀事一卷、稗海紀遊一卷、僞鄭逸事一卷、番境補遺一卷、海上紀略一卷、晉人麈一卷、西征日記一卷、晉藏小錄一卷、旃林紀略一卷、拉臺四境一卷、應差蠻族一卷、煙話一卷、買愁集二卷、茶餘漫錄二卷、瑪琈山房紅樓夢詞一卷、如是觀園記一卷、園居錄詩鑑一卷、餞月樓詩鈔一卷、二十四畫品一卷、十二詞品一卷、續十二詞品一卷)

340000－1801－0020832　7:018675－7:018710
榆園叢刻　(清)許增輯　清同治、光緒間刻本　三十六冊　缺三種三卷(書畫說鈴一卷、頻羅庵論書一卷、賞延素心錄一卷)

340000－1801－0020833　7:018715－7:018760
崇文書局彙刻書(三十三種叢書)　(清)崇文書局輯　清光緒元年(1875)湖北崇文書局刻本　四十六冊　存十六種一百四十一卷(左傳舊疏考正八卷,相臺書塾刊正九經三傳沿革例一卷,刊謬正俗八卷,御覽闕史二卷,鑑誡錄十卷,涑水記聞十六卷、補遺一卷,古列女傳七卷、續列女傳一卷,高士傳三卷,今水經一卷、表一卷,水經注四十卷,意林五卷補遺一卷,世說新語六卷,淮南天文訓補注二卷,酉陽雜俎二十卷、續集十卷,葬經內篇一卷,黃帝宅經二卷)

340000－1801－0020834　7:018761－7:018821
崇文書局彙刻書(三十三種叢書)　(清)崇文書局輯　清光緒元年(1875)湖北崇文書局刻本　六十一冊　缺八種七十七卷(周易姚氏學十六卷,尚書大傳四卷、附補遺一卷、續補遺一卷、考異一卷,周書十卷、逸文一卷,韓詩外傳十卷,春秋繁露十七卷,相臺書塾刊正九經三傳沿革例一卷,隋經籍志考證十三卷,離騷箋二卷)

340000－1801－0020835　7:018822－7:018899
崇文書局彙刻書(三十三種叢書)　(清)崇文書局輯　清光緒元年(1875)湖北崇文書局刻本　七十八冊

340000－1801－0020836　7:018900－7:018908
正覺樓叢刻　(清)崇文書局輯　清光緒中崇文書局刻本　九冊　存四種十三卷(括地志八卷、兩京新記三、酌中志餘二卷、人海記二

卷）

340000－1801－0020837　7：018909－7：018927
正覺樓叢刻　（清）崇文書局輯　清光緒中崇文書局刻本　十九冊　存十四種三十九卷（括地志八卷，兩京新記三，李嶠雜詠二卷，樂書要錄五至七，酌中志餘二卷，重訂擬瑟譜一卷，人海記二卷，律呂新義四卷、附錄一卷，樂府傳聲二卷，周官指掌五卷，紀事約言二卷，舊唐書疑義四卷，詹岱閣學經記一卷，明賢尺牘藏眞一卷）

340000－1801－0020838　7：018928－7：018931
得一齋四種　（清）黄楙材撰　清光緒二十二年（1896）刻本　四冊

340000－1801－0020839　7：018932－7：018975
漸西村舍彙刊　（清）袁昶輯　清光緒中桐廬袁氏刻本　四十四冊

340000－1801－0020840　7：018976－7：018999
觀自得齋叢書　（清）徐士愷輯　清光緒中石埭徐氏刻本　二十四冊

340000－1801－0020841　7：019000－7：019043
漸西村舍彙刊　（清）袁昶輯　清光緒中桐廬袁氏刻本　四十四冊

340000－1801－0020842　7：019044－7：019075
藕香零拾　繆荃孫輯　清光緒、宣統間刻本　三十二冊

340000－1801－0020843　7：019076－7：019155
槐廬叢書　（清）朱記榮輯　清光緒中吳縣朱氏槐廬家塾刻本　八十冊

340000－1801－0020844　7：019156－7：019235
槐廬叢書　（清）朱記榮輯　清光緒中吳縣朱氏槐廬家塾刻本　八十冊

340000－1801－0020845　7：019236－7：019261
槐廬叢書　（清）朱記榮輯　清光緒中吳縣朱氏槐廬家塾刻本　二十六冊　存十一種六十三卷（呂子校補二卷、校續補一卷，芳茂山人文集十二卷，四禮榷疑八卷，爾雅漢注三卷，歷代帝王宅京記二十卷，求古錄一卷，漢魏六朝墓銘纂例四卷，補寰宇訪碑錄五卷、失編一卷、附刊誤一卷，圖畫精意識一卷，玉溪生詩說二卷，論語孔注辨僞二卷）

340000－1801－0020846　7：019262－7：019277
槐廬叢書　（清）朱記榮輯　清光緒中吳縣朱氏槐廬家塾刻本　十六冊　存八種四十六卷（四禮榷疑八卷，爾雅漢注三卷，歷代帝王宅京記二十卷，求古錄一卷，漢魏六朝墓銘纂例四卷，補寰宇訪碑錄五卷、失編一卷、附刊誤一卷，圖畫精意識一卷，玉溪生詩說二卷）

340000－1801－0020847　7：019733－7：019738
南菁札記　（清）溥良輯　清光緒二十年（1894）江陰使署刻本　六冊

340000－1801－0020848　7：019739－7：019746
端溪叢書　梁鼎芬等輯　清光緒二十五年（1899）番禺端溪書院刻本　八冊　存十一種三十八卷（孝經一卷，孟子字義疏證三卷，漢官答問五卷，弟子職集解一卷，司馬氏書儀十卷，道德論注一卷，嘉定錢氏藝文志略三卷，練勇芻言五卷，亭林文集六卷、餘集一卷，全謝山先生遺詩一卷，怡志堂文鈔一卷）

340000－1801－0020849　7：019747－7：019794
靈鶼閣叢書　（清）江標輯　清光緒元和江氏湖南使院刻本　四十八冊

340000－1801－0020850　7：019795－7：019806
觀古堂彙刻書　葉德輝輯　清光緒長沙葉氏刻本　十二冊　缺七種十四卷（萬卷堂書目四卷，素女經一卷，玉房秘訣一卷、玉房指要一卷，洞玄子一卷，金陵百詠一卷，嘉禾百詠一卷，崑崙集一卷、續一卷、附一卷、釋文一卷）

340000－1801－0020851　7：019807－7：019836
觀古堂彙刻書　葉德輝輯　清光緒長沙葉氏刻本　三十冊

340000－1801－0020852　7：019837－7：019840
雙楳景闇叢書　葉德輝輯　清光緒、宣統間長沙葉氏郎園刻本　四冊　缺六種十卷（天地陰陽交歡大樂賦一卷、青樓集一卷、燕蘭小

譜五卷、海漚小譜一卷、重刻足本乾嘉詩壇點將錄一卷、秦雲擷英小譜一卷）

340000－1801－0020853　7:019841－7:019844
雙楳景闇叢書　葉德輝輯　清光緒、宣統間長沙葉氏郎園刻本　四冊　缺三種五卷（青樓集一卷、板橋雜記三卷、吳門畫舫錄一卷）

340000－1801－0020854　7:019845－7:019851
麗廔叢書　葉德輝輯　清光緒長沙葉氏刻本　七冊

340000－1801－0020855　7:019852－7:019856
雙楳景闇叢書　葉德輝輯　清光緒、宣統間長沙葉氏郎園刻本　五冊

340000－1801－0020856　7:019857－7:019864
麗廔叢書　葉德輝輯　清光緒長沙葉氏刻本　八冊

340000－1801－0020857　7:020065－7:020164
聚學軒叢書　劉世珩輯　清光緒貴池劉氏刻本　一百冊

340000－1801－0020858　7:020165－7:020184
聚學軒叢書　劉世珩輯　清光緒貴池劉氏刻本　二十冊　存八種三十九卷（毛詩草木鳥獸蟲魚疏校正二卷，晉泰始笛律匡謬一卷，古經天象考十二卷、圖說一卷、緒說一卷，國志蒙拾二卷，金石文字辨異十二卷，歲星表一卷，質疑刪存三卷，清白士集校補四卷）

340000－1801－0020859　7:020185－7:020200
積學齋叢書　徐乃昌輯　清光緒中南陵徐氏刻本　十六冊

340000－1801－0020860　7:020201－7:020220
積學齋叢書　徐乃昌輯　清光緒中南陵徐氏刻本　二十冊

340000－1801－0020861　7:020221－7:020236
積學齋叢書　徐乃昌輯　清光緒中南陵徐氏刻本　十六冊　缺三種四卷（增廣新術二卷、炳燭室雜文一卷、南陵縣建置沿革表一卷）

340000－1801－0020862　7:020237－7:020256
積學齋叢書　徐乃昌輯　清光緒中南陵徐氏刻本　二十冊

340000－1801－0020863　7:017925－7:017934
鐵華館叢書　（清）蔣鳳藻輯　清光緒長洲蔣氏影刻本　十冊

340000－1801－0020864　7:020281－7:020296
鄦齋叢書　徐乃昌輯　清光緒二十六年（1900）南陵徐氏刻本　十六冊

340000－1801－0020865　7:020297－7:020314
鄦齋叢書　徐乃昌輯　清光緒二十六年（1900）南陵徐氏刻本　十八冊　缺一種（說文諧聲孳生述不分卷）

340000－1801－0020866　7:020315－7:020324
懷豳雜俎　徐乃昌輯　清光緒、宣統間南陵徐氏刻本　十冊

340000－1801－0020867　7:020325－7:020334
懷豳雜俎　徐乃昌輯　清光緒、宣統間南陵徐氏刻本　十冊

340000－1801－0020868　7:020335－7:020342
懷豳雜俎　徐乃昌輯　清光緒、宣統間南陵徐氏刻本　八冊

340000－1801－0020869　7:020343－7:020346
懷豳雜俎　徐乃昌輯　清光緒、宣統間南陵徐氏刻本　四冊　缺五種八卷（崔府君祠錄一卷、瓊琚譜三卷、我信錄二卷、花部農譚一卷、兩般秋雨庵詩選一卷）

340000－1801－0020870　7:020347－7:020358
隨盦徐氏叢書　徐乃昌輯　清光緒至民國南陵徐氏刻本　十二冊　存十種五十卷（詞林韻譜一卷，吳越春秋十卷、逸文一卷，蒼崖先生金石例十卷，中朝故事一卷，雲仙散錄十卷、附札記一卷，述異記二卷，離騷集傳一卷，唐女郎魚玄機詩一卷，篋中集一卷、附札記一卷，樂府新編陽春白雪前集五卷、後集五卷）

340000－1801－0020871　7:020359－7:020370
隨盦徐氏叢書　徐乃昌輯　清光緒至民國南陵徐氏刻本　十二冊　存十種五十卷（詞林韻譜一卷，吳越春秋十卷、逸文一卷，蒼崖先

生金石例十卷，中朝故事一卷，雲仙散錄十卷、附札記一卷，述異記二卷，離騷集傳一卷，唐女郎魚玄機詩一卷，篋中集一卷、附札記一卷，樂府新編陽春白雪前集五卷、後集五卷）

340000－1801－0020872　7:020371－7:020392
隨盦徐氏叢書　徐乃昌輯　清光緒至民國南陵徐氏刻本　二十二冊　缺二種二卷（中朝故事一卷、唐女郎魚玄機詩一卷）

340000－1801－0020873　7:020393－7:020408
晨風閣叢書　沈宗畸輯　清宣統元年（1909）番禺沈氏刻本　十六冊

340000－1801－0020874　7:020409－7:020424
晨風閣叢書　沈宗畸輯　清宣統元年（1909）番禺沈氏刻本　十六冊　缺一種一卷（寒山金石林部目一卷）

340000－1801－0020875　7:020425－7:020426
晨風閣叢書第一集　沈宗畸輯　清光緒三十四年至宣統三年（1908－1911）國學萃編社鉛印本　二冊　存二種十四卷（石遺室詩友詩錄六卷、綠天香雪簃詩話八卷）

340000－1801－0020876　7:020427
晨風閣叢書第一集　沈宗畸輯　清光緒三十四年至宣統三年（1908－1911）國學萃編社鉛印本　一冊　存三種四卷（謎話二卷、懷珉精舍金石跋尾一卷、江鄉漁話一卷）

340000－1801－0020877　7:020444－7:020459
晨風閣叢書　沈宗畸輯　清宣統元年（1909）番禺沈氏刻本　十六冊

340000－1801－0020878　7:020460－7:020463
拜鴛樓校刻四種　沈宗畸輯　清光緒二十六年（1900）番禺沈氏刻本　四冊

340000－1801－0020879　7:020464－7:020467
暢園叢書甲函　（清）張邁輯　清光緒二十年（1894）四明張氏刻本　四冊　缺一種一卷（南遊記一卷）

340000－1801－0020880　7:020468－7:020477
集虛草堂叢書甲集　李國松輯　清光緒中合肥李氏刻本　十冊　存三種三十七卷（尚書誼略二十八卷、敘錄一卷，屈賦微二卷，鄭東父遺書六卷）

340000－1801－0020881　7:020478－7:020492
集虛草堂叢書甲集　李國松輯　清光緒中合肥李氏刻本　十五冊　存四種七十九卷（尚書誼略二十八卷、敘錄一卷，莊子故八卷，道旁散人集五卷、附錄一卷，敦艮吉齋文鈔四卷、詩存二卷、詩存補遺一卷，又尚書誼略二十八卷、敘錄一卷）

340000－1801－0020882　7:020493－7:020496
集虛草堂叢書甲集　李國松輯　清光緒中合肥李氏刻本　四冊　存一種二十九卷（尚書誼略二十八卷、敘錄一卷）

340000－1801－0020883　7:020497－7:020503
集虛草堂叢書甲集　李國松輯　清光緒中合肥李氏刻本　七冊　存二種三十七卷（尚書誼略二十八卷、敘錄一卷，莊子故八卷）

340000－1801－0020884　7:020504－7:020519
集虛草堂叢書甲集　李國松輯　清光緒中合肥李氏刻本　十六冊　缺三種十七卷（周易費氏學八卷、敘錄一卷，屈賦微二卷，道旁散人集五卷、附錄一卷）

340000－1801－0020885　7:020520－7:020543
集虛草堂叢書甲集　李國松輯　清光緒中合肥李氏刻本　二十四冊

340000－1801－0020886　7:020544－7:020555
海粟樓叢書　（清）華焯輯　清崇仁華氏刻本　十二冊　缺二種二卷（明夷待訪錄一卷、黃書一卷）

340000－1801－0020887　7:020556－7:020562
粟香室叢書　金武祥輯　清光緒至民國江陰金氏粟香室刻本　七冊　存七種十七卷（玉麈集二卷，開方之分還原術一卷，篤慎堂爐餘詩稿二卷、文稿一卷，水雲樓賸稿一卷，冰泉唱和集一卷、續和一卷、再續和一卷、附錄一卷、閏集一卷，江陰藝文志二卷、校補一卷，胡文忠公手翰二卷）

340000－1801－0020888　7∶020563－7∶020618
國粹叢書　（清）國學保存會輯　清光緒、宣統間鉛印本　五十六冊　缺二種一百四十四卷（南渡錄四卷、續甬上耆舊詩集一百四十卷）

340000－1801－0020889　7∶020619－7∶020640
國粹叢書　（清）國學保存會輯　清光緒、宣統間鉛印本　二十二冊　存二十二種八十一卷（說儲一卷，李氏焚書六卷，顔習齋先生年譜二卷，瘳忘編二卷、續論一卷、附後一卷，張蒼水全集十二卷、補遺一卷、附錄四卷、題詠二卷、冰槎集題中人物考略一卷、傳略補一卷，葉天廖自撰年譜一卷、續一卷、附天廖年譜別記一卷、附錄一卷，三山鄭菊山先生清雋集一卷，所南翁一百二十圖詩集一卷、錦錢餘笑一卷，張文烈公遺詩一卷，靖康孤臣泣血錄二卷，晞髮集十卷、晞髮遺集二卷、補一卷、附天地間集一卷、西臺慟哭記註一卷、附錄一卷、冬青樹引註一卷、附錄一卷，行朝錄六卷，留都見聞錄二卷，劫灰錄一卷，餘生錄一卷，辛巳泣蘄錄一卷、附錄一卷，湖西遺事一卷，虔臺逸史一卷，燼餘錄二卷，金陵癸甲摭談一卷，草莽私乘一卷，蘇城紀變一卷）

340000－1801－0020890　7∶020641
三注鈔三種十六卷　（明）鍾惺輯　明萬曆四十五年（1617）刻本　一冊　存二種八卷（世說新語注鈔二卷、水經注鈔六卷）

340000－1801－0020891　7∶020642
津逮秘書十五集一百四十一種七百四十八卷　（明）毛晉輯　明崇禎中毛氏汲古閣刻本　一冊　存三種十七卷（靈寶眞靈位業圖一卷、東京夢華錄十卷、西京雜記六卷）

340000－1801－0020892　7∶020643－7∶020649
錦城九種　（清）倪望重輯　清光緒刻本　七冊

340000－1801－0020893　7∶020650－7∶020653
錦城九種　（清）倪望重輯　清光緒刻本　四冊

340000－1801－0020894　7∶020654－7∶020657
秘書三種　（清）劉一峰撰　清刻本　四冊

340000－1801－0020895　7∶020659－7∶020662
十種古逸書　（清）茆泮林輯　清道光十四年（1834）高郵茆氏梅瑞軒刻本　四冊

340000－1801－0020896　7∶020663－7∶020685
各國政治藝學分類全書　（□）□□輯　清光緒二十七年（1901）石印本　二十三冊　存三十六種（陸地戰例新選一卷，富國策三卷，續富國策四卷，富國養民策十六章，保富述要一卷，生利分利之別一卷，公法總論一卷，鐵路紀要三卷，英國鐵路章程一卷，各國郵政攷一卷，泰西農學新法一卷，繪圖農事論略一卷，蠶務圖說一卷，紡織機器圖說一卷，儒門醫學上、中，考工記要一至五、十三至十七，萬國公法四卷，西律便覽五卷，格致啟蒙一卷，代數須知一卷，天文須知一卷，地學須知一卷，聲學揭要一卷，光學揭要一卷，電學須知一卷，化學啟蒙一卷，列國陸軍制一卷，克虜伯砲彈造法二卷，餅藥造法一卷，製火藥法三卷，繪圖礦學攷一卷，新譯煤礦圖說十二卷，繙譯米利堅志四卷，俄史輯譯四卷，大英國志八卷，法國新志四卷）

340000－1801－0020897　7∶020686－7∶020719
國學萃編　沈宗畸輯　清晨風閣鉛印本　三十四冊

340000－1801－0020898　7∶020720－7∶020723
貫華堂才子書彙稿　（清）金人瑞輯　清順治十六年（1659）讀易堂刻本　四冊

340000－1801－0020899　7∶020724－7∶020730
十種古逸書　（清）茆泮林輯　清道光十四年（1834）高郵茆氏梅瑞軒刻本　七冊　存六種六卷（世本一卷、元中記一卷、唐月令注一卷、司馬彪莊子注一卷、楚漢春秋一卷、古孝子傳一卷）

340000－1801－0020900　7∶020731－7∶020752
藏書十三種　（清）朱軾輯　清乾隆元年（1736）刻本　二十二冊　存六種五十一卷（周易傳義合訂十二卷、春秋鈔十卷、考經附三本管窺一卷、歷代名儒傳八卷、歷代名臣傳二十一至三十五、歷代名臣傳續編一至五）

340000－1801－0020901　7：020753－7：020760
西政叢書　題（清）求自強齋主人輯　清光緒二十三年（1897）慎記書莊石印本　八册　存八種二十六卷（希臘志略七卷、羅馬志略十三卷、德國合盟紀事本末一卷、德國議院章程一卷、西國學校一卷、佐治芻言一卷、公法總論一卷、農事論略一卷）

340000－1801－0020902　7：020761－7：020792
西政叢書　題（清）求自強齋主人輯　清光緒二十三年（1897）慎記書莊石印本　三十二册

340000－1801－0020903　7：020793－7：020833
質學叢書初集　（□）□□撰　清光緒二十二年至二十三年（1896－1897）質學會刻本　四十二册　存二十八種七十八卷（危言四卷，新政策一卷，整頓中國條議一卷，佐治芻言三卷，肄業要覽一卷，德國學校論略二卷、附錄一卷，西學書目表四卷、附讀西學書法一卷，天文歌略一卷，地學歌略一卷，西學述略十卷，格致占微五卷、表一卷，采風記五卷，中俄界約斠注六卷、附帕米爾分界私議一卷、中俄界線簡明說一卷、中俄交界記一卷，德國合盟本末一卷，德國議院章程一卷，農學新法一卷，蠶務說略一卷，英國鑄錢說略一卷，生利分利之別論一卷，戰法學二卷，長江炮臺芻議一卷、附長江下游炮位編目一卷，借箸籌防論一卷，擬請中國嚴整武備說一卷，列國陸軍制九卷，德國水師事宜一卷，海戰指要一卷，管炮法程四卷，法國海軍職要一卷）

340000－1801－0020904　7：020834－7：020846
蒙學叢書　（□）□□撰　清吳縣汪氏石印本　十三册

340000－1801－0020905　7：020847－7：020852
總稅務司署所印書　（清）總稅務司署輯　清光緒十二年（1886）鉛印本　六册　存六種（化學啟蒙二十二章，地理質學啟蒙七卷，富國養民策十六章，地學啟蒙八卷，辨學啟蒙二十七章，天文啟蒙七卷、首一卷）

340000－1801－0020906　7：020853－7：020857
風雨樓叢書　鄧實輯　清宣統順德鄧氏鉛印本　五册　存三種十卷（讀畫論四卷、印人傳三卷、江村銷夏錄三卷）

340000－1801－0020907　7：020858－7：020871
風雨樓叢書　鄧實輯　清宣統順德鄧氏鉛印本　十四册　存八種三十七卷（信摭一卷，讀畫論四卷，印人傳三卷，江村銷夏錄三卷，謫麐堂遺集文二卷、詩二卷、補遺一卷，庚子銷夏記八卷、閒者軒帖考一卷，清暉贈言十卷，清暉閣贈貽尺牘二卷）

340000－1801－0020908　7：020908－7：020927
玉簡齋叢書　羅振玉輯　清宣統二年（1910）上虞羅氏刻本　二十册

340000－1801－0020909　7：020977－7：020996
張氏適園叢書　張鈞衡輯　清宣統三年（1911）上海國學扶輪社刻本　二十册　存二十一種四十八卷（棗林雜俎六卷、附錄一卷，禮經通論一卷，何氏公羊解詁一卷，崇禎五十宰相傳一卷，殘明紀事一卷，釣磯立談一卷，句餘土音一卷，全謝山遺詩一卷，禮耕堂叢說一卷，橋西雜記一卷，史論五答一卷，山房隨筆一卷，吉貝居暇唱一卷，知聖篇二卷，今古學考二卷，陳一齋先生文集六卷，傅徵君霜紅龕詩鈔一卷，清賢記六卷，尖陽叢筆十卷，儒林宗派一卷，錢牧齋晚年家乘文一卷）

340000－1801－0020910　7：047375－7：047394
漢魏遺書鈔　（清）王謨編　清嘉慶三年（1798）金溪王氏刻本　二十册

340000－1801－0020911　7：047395－7：047404
二酉堂叢書（張氏叢書）　（清）張澍輯　清道光元年（1821）武威張氏二酉堂刻本　十册　缺五種五卷（皇甫司農集一卷、周生烈子一卷、漢皇德傳一卷、三輔舊事一卷、三輔故事一卷）

340000－1801－0020912　7：047405－7：047410
二酉堂叢書（張氏叢書）　（清）張澍輯　清道光元年（1821）武威張氏二酉堂刻本　六册　存七種十三卷（司馬法一卷、逸文一卷，子夏易傳一卷，世本五卷，三輔決錄二卷，皇甫司農集一卷，張太常集一卷，段太尉集一卷）

340000－1801－0020913　7:047411－7:047490

玉函山房輯佚書　(清)馬國翰輯　清光緒九年(1883)長沙嫏嬛仙館刻本　八十冊　缺二十一種五十二卷(周易褚氏講疏一卷、周易周氏義疏一卷、周易張氏講疏一卷、周易何氏講疏一卷、周易姚氏注一卷、周易崔氏注一卷、周易傅氏注一卷、周易盧氏注一卷、周易王氏注一卷、周易王氏義一卷、周易朱氏義一卷、周易莊氏義一卷、集注喪服經傳一卷、略注喪服經傳一卷、喪服難問一卷、喪服古今集記一卷、論語江氏集解二卷、誥幼一卷、嚴助書一卷、厲學一卷、附目耕帖三十一卷)

340000－1801－0020914　7:047491－7:047606

玉函山房輯佚書　(清)馬國翰輯　清光緒九年(1883)長沙嫏嬛仙館刻本　一百十六冊　缺十一種十八卷(論語李氏集注二卷,尚書中候三卷,春秋緯元命苞二卷,白澤圖一卷,天鏡一卷,地鏡一卷,地鏡圖一卷,夢雋一卷,雜五行書一卷,請雨止雨書一卷,易洞林三卷、補遺一卷)

340000－1801－0020915　7:047607－7:047706

玉函山房輯佚書　(清)馬國翰輯　清光緒九年(1883)長沙嫏嬛仙館刻本　一百冊　缺六種七卷(難孫氏毛詩評一卷、春秋攻味一卷、孝經訓注一卷、論語江氏集注二卷、世要論一卷、陳子要言一卷)

340000－1801－0020916　7:047707－7:047806

玉函山房輯佚書　(清)馬國翰輯　清光緒九年(1883)長沙嫏嬛仙館刻本　一百冊

340000－1801－0020917　7:048406－7:048409

常州先哲遺書　盛宣懷輯　清光緒刻本　四冊　存三種十卷(戒菴老人漫筆八卷、景仰撮書一卷、韻語陽秋提要一卷)

340000－1801－0020918　7:048410－7:048415

京口掌故叢編初集　(清)陶駿保輯　清光緒三十四年(1908)丹徒陶氏刻本　六冊

340000－1801－0020919　7:048835－7:048836

龍眠叢書　(清)光聰諧輯　清桐城光氏刻本　二冊　存二種四卷(望溪奏議二卷、南澗詞選二卷)

340000－1801－0020920　7:048837－7:048868

涇川叢書　(清)趙紹祖　(清)趙繩祖輯　清道光十二年(1832)涇縣刻本　三十二冊

340000－1801－0020921　7:048869－7:048892

涇川叢書　(清)趙紹祖　(清)趙繩祖輯　清道光十二年(1832)涇縣刻本　二十四冊

340000－1801－0020922　7:048893－7:048916

涇川叢書　(清)趙紹祖　(清)趙繩祖輯　清道光十二年(1832)涇縣刻本　二十四冊

340000－1801－0020923　7:049201－7:049210

貴池二妙集五十一卷　(明)吳應箕　(明)劉城撰　清光緒二十四年至二十七年(1898－1901)劉氏唐石簃刻貴池先哲遺書本　十冊

340000－1801－0020924　7:049211－7:049222

貴池二妙集五十一卷　(明)吳應箕　(明)劉城撰　清光緒二十四年至二十七年(1898－1901)劉氏唐石簃刻貴池先哲遺書本　十二冊

340000－1801－0020925　7:049253

武林掌故叢編　(清)丁丙輯　清光緒錢塘丁氏刻本　一冊　存五種五卷(遊明聖湖日記一卷、客越志略一卷、西湖臥遊圖題跋一卷、西湖紀述一卷、西湖八社詩帖一卷)

340000－1801－0020926　7:049254－7:049433

武林掌故叢編　(清)丁丙輯　清光緒中錢塘丁氏嘉惠堂刻本　一百八十冊　缺三十五種一百二卷(錢塘西湖百詠一卷,錢塘先賢傳贊一卷、附錄一卷,古杭雜記一卷,新刻古杭雜記詩集四卷,西湖韻事一卷,不繫園集一卷,隨喜庵集一卷,吳山遺事詩一卷,南屏百詠一卷,崔府君祠錄一卷,湖船錄一卷,湖船續錄一卷、首一卷,山游倡和詩一卷,敕建淨慈寺志三十卷、首二卷、末一卷,西湖遊詠一卷,護國寺元人諸天畫像讚一卷,杭城治火議一卷、附錄一卷,湖樓集一卷,庚辛泣杭錄十六卷,吳越備史四卷、補遺一卷、雜考一卷,西湖冶興二卷,鑒公精舍納涼圖題詠一卷,松吹讀書堂題詠一卷、附小松吹讀書堂題詠一卷,桑孝子旌門錄一卷,錢塘懷古詩一卷、附錄一卷,褚堂閒史考證一卷、附錄一卷、校勘記一卷,寒山舊廬詩一卷,横橋吟館圖題詠一卷,瓊英小錄一卷、附錄一卷,廣陵曲江復對一卷,孫花翁墓徵一卷,直閣朱公祠墓錄二卷、附刻一卷,郭孝童墓記略一卷,同仁祠錄二卷,續東河櫂歌一卷)

340000－1801－0020927　7:049434－7:049585
武林掌故叢編　(清)丁丙輯　清光緒中錢塘丁氏嘉惠堂刻本　一百五十一册　缺四十種一百五十九卷(宋僧元淨外傳二卷,杭府仁錢三學灑埽職一卷、附錄一卷,西湖游覽志二十四卷、志餘二十六卷,昭忠錄五卷、附錄一卷,艮山雜志二卷、附錄一卷,西溪雜詠一卷,西溪梅竹山莊圖題詠一卷,臨安旬制紀三卷、附錄一卷,錢塘百詠一卷,靈隱書藏紀事一卷,金龍四大王祠墓錄四卷、首一卷、末一卷,同仁祠錄二卷,續東河櫂歌一卷,建炎復辟記一卷,夜山圖題詠一卷、附刻一卷,西泠遊記一卷,湖舫詩一卷,迎鑾新曲二卷,西湖遺事詩一卷,清波三志三卷,金氏世德紀二卷,照膽臺志略一卷,陳忠肅公墓錄一卷,西湖水利考一卷,皋亭倡和集一卷,于公祠墓錄十卷、首一卷、末一卷,淳祐臨安志輯逸八卷,樊公祠錄二卷,武林藏書錄三卷、首一卷、末一卷,風木盦圖題詠一卷,武林雜事詩一卷,杭州上天竺講寺志十五卷,西谿聯吟一卷,南宋宮閨雜詠一卷,秦亭山民移居倡和詩一卷,東城記餘二卷,三塘漁唱三卷,文瀾閣志二卷、首一卷、附錄一卷,北隅綴錄二卷、續錄二卷,北郭詩帳二卷)

340000－1801－0020928　7:049586－7:049604
檇李遺書　(清)孫福清輯　清光緒四年(1878)秀水孫氏望雲仙館刻本　二十册

340000－1801－0020929　7:050759－7:050778
台州叢書(名山堂叢書)　(清)宋世犖輯　清嘉慶、道光間臨海宋氏刻本　二十册　缺二種十二卷(道南書院錄五卷、台學源流七卷)

340000－1801－0020930　7:050799－7:051062
金華叢書　(清)胡鳳丹輯　清同治、光緒間永康胡氏退補齋刻本　二百六十四册　缺九種六十七卷(研幾圖一卷,泊宅編十卷,忠簡公集七卷、附辨譌考異一卷,呂東萊先生文集二十卷、首一卷,何北山先生遺集三卷、附錄一卷,魯齋集十卷,漁石集四卷,古文關鍵二卷,濂洛風雅六卷、首一卷)

340000－1801－0020931　7:051063－7:051319
金華叢書　(清)胡鳳丹輯　清同治、光緒間永康胡氏退補齋刻本　二百五十七册　缺六種三十六卷(研幾圖一卷,泊宅編十卷,何北山先生遺集三卷、附錄一卷,魯齋集十卷,漁石集四卷,濂洛風雅六卷、首一卷)

340000－1801－0020932　7:051440－7:051454
永嘉叢書　(清)孫衣言輯　清同治、光緒間瑞安孫氏詒善祠塾刻本　十五册　存七種七十六卷(劉給諫文集五卷,劉左史文集四卷,横塘集二十卷,艮齋先生薛常州浪語集三十五卷,竹軒雜著六卷,蒙川先生遺稿四卷、補遺一卷,開禧德安守城錄一卷)

340000－1801－0020933　7:051455－7:051554
湖北叢書　(清)趙尚輔輯　清光緒十七年(1891)三餘堂刻本　一百册

340000－1801－0020934　7:051954－7:051959
豫章叢書　(清)陶福履輯　清光緒中新建陶氏刻本　六册　存十二種十八卷(第一集:春秋四傳異同辨一卷,冬官旁求二卷,周禮釋文問答一卷,夏小正解一卷、附徐本夏小正舉異一卷,敬堂文稿一卷,交食經二卷、日食一貫歌一卷、月食一貫歌一卷,讀舊唐書隨筆一卷,蠡測彙鈔一卷,困學紀聞參注一卷,榆溪詩鈔二卷,榆溪詩話一卷,常談一卷)

340000－1801－0020935　7:051960－7:051963
嶺南叢書　(清)吳蘭修輯　清道光中刻本　四册

340000－1801－0020936　7:051964－7:052053
嶺南遺書　(清)伍元薇　(清)伍崇曜輯　清道光、同治間南海伍氏粤雅堂刻本　九十册

340000－1801－0020937　7:052171－7:052180
桐城方氏七代遺書　(清)方昌翰輯　清光緒十四年(1888)刻本　十册

340000－1801－0020938　7:052181－7:052190
桐城方氏七代遺書　(清)方昌翰輯　清光緒十四年(1888)刻本　十册

340000－1801－0020939　7:052191－7:052200
桐城方氏七代遺書　(清)方昌翰輯　清光緒十四年(1888)刻本　十册

340000－1801－0020940　7:052201－7:052210
桐城方氏七代遺書　(清)方昌翰輯　清光緒十四年(1888)刻本　十册

340000－1801－0020941　7:052211－7:052218
王氏遺集(合肥王氏家集)　(清)王尚辰撰　清光緒二十三年(1897)廬州王氏木活字印本　八册

340000－1801－0020942　7:052219－7:052226
叢睦汪氏遺書　(清)汪篋輯　清光緒十二年(1886)錢塘汪氏刻本　八册　存四種二十七卷(春星堂詩集十卷,春星堂續集十卷,重閬齋文集二卷,上湖紀歲詩編四卷、續編一卷)

340000－1801－0020943　7:052243－7:052298
項城袁氏家集　丁振鐸輯　清宣統三年(1911)清芬閣鉛印本　五十六册

340000－1801－0020944　7:052301－7:052306
敬簡堂所刻書　(清)戴傑輯　清光緒刻本　六册　存三種七卷(讀律心得一卷、附刑名八字義序一卷,求治管見一卷,敬簡堂學治雜錄四卷)

340000－1801－0020945　7:052307－7:052308
玉雞苗館叢書　(清)鄒淩瀚輯　清光緒十五年(1889)高安鄒氏玉雞苗館刻本　二册　存四種八卷(聲調前譜一卷、後譜一卷、續譜一卷,詩品一卷,說時晬語二卷,曾文正公家訓二卷)

340000－1801－0020946　7:052309－7:052316
拜經樓叢書(愚谷叢書)　(清)吳騫輯　清拜經樓刻本　八册　存十二種三十卷(謝宣城集五卷,玉窗遺稿一卷,陶靖節先生詩四卷、附錄一卷,拙政園詩集二卷,南宋方爐題咏一卷,王節愍公遺集一卷、補遺一卷,蘇祠從祀議一卷,讒書五卷,梅花園存稿一卷,孟子外書四篇四卷,棠湖詩稿一卷,拙政園詩餘一至二)

340000－1801－0020947　7:052502－7:052506
新安先集二十卷　(清)朱之榛輯　清同治十三年(1874)蘇州刻本　五册

340000－1801－0020948　7:052507－7:052510
江都陳氏叢書　(清)陳本禮　(清)陳逢衡撰　清嘉慶、道光間刻本　四册　存三種九卷(漢樂府三歌牋註三卷,急就探奇一卷,協律鉤元四卷、外集一卷)

340000－1801－0020949　7:052511－7:052522
左海全集　(清)陳壽祺撰　清嘉慶、道光間陳紹墉補刻本　十二册　存五種十七卷(左海文集乙編二卷,五經異義疏證三卷,左海經辨二卷,尚書大傳五卷、附序錄一卷、辨譌一卷,洪範五行傳三卷)

340000－1801－0020950　7:052523－7:052530
左海全集　(清)陳壽祺撰　清嘉慶、道光間陳紹墉補刻本　八册　存五種十三卷(絳跗草堂詩集六卷、左海文集乙編二卷、五經異義疏證三卷、東越儒林後傳一卷、東越文苑後傳一卷)

340000－1801－0020951　7:052531－7:052553
左海全集　(清)陳壽祺撰　清嘉慶、道光間陳紹墉補刻本　二十三册　缺三種三卷(東越儒林後傳一卷、東越文苑後傳一卷、東觀存稿一卷)

340000－1801－0020952　7:052554－7:052576
左海續集　(清)陳壽祺撰　清道光、同治間刻本　二十三册　缺三種十四卷(魯詩遺說攷六卷、敘錄一卷,禮堂經說二卷,禮堂遺集三卷、補遺一卷、詩一卷)

340000－1801－0020953　7:052577－7:052591

二程全書(河南程氏全書) (宋)程顥 (宋)程頤撰 (宋)朱熹輯 清同治十年(1871)六安求我齋刻本 十五冊 缺一種二卷(河南程氏粹言二卷)

340000-1801-0020954 7:052604-7:052720
劉氏傳家集 (清)劉青芝撰 清乾隆二十年(1755)刻本 一百十七冊

340000-1801-0020955 7:052755-7:052760
秀水沈氏五種 (清)沈宗濟輯 清光緒九年(1883)秀水刻本 六冊

340000-1801-0020956 7:052783-7:052785
謝氏三賢遺稿 (宋)謝璡 (明)謝存仁 (明)謝復撰 (清)謝維甸輯 清道光蛾術齋刻本 三冊

340000-1801-0020957 7:052803-7:052808
石林遺書 (宋)葉夢得撰 清光緒刻本 六冊 存四種二十六卷(石林燕語十卷、附校一卷,石林燕語辨十卷,巖下放言三卷,避暑錄話二卷)

340000-1801-0020958 7:052809-7:052816
朱子遺書 (宋)朱熹撰 清康熙中禦兒呂氏寶誥堂刻本 八冊 存三種二十五卷(國朝諸老先生論語精義十卷、孟子精義十四卷、朱子周易參同契考異一卷)

340000-1801-0020959 7:052817-7:052833
朱子遺書 (宋)朱熹撰 清康熙中禦兒呂氏寶誥堂刻本 十七冊 缺三種三十一卷(近思錄十四卷、伊雒淵源錄十四卷、上蔡先生語錄三卷)

340000-1801-0020960 7:052834-7:052847
宋張宣公詩文集論孟解合刻(南軒遺書)六十一卷 (宋)張栻撰 清咸豐四年(1854)綿邑南軒祠刻本 十四冊

340000-1801-0020961 7:052848-7:052872
南軒遺書 (宋)張栻撰 清道光綿邑刻本 二十五冊

340000-1801-0020962 7:052873-7:052888
玉海 (宋)王應麟輯 清刻本 十六冊 存十一種五十九卷(附刻:詩攷一卷、詩地理攷六卷、漢藝文志考證十卷、通鑑地理通釋十四卷、急就篇四卷、漢制攷四卷、小學紺珠十卷、姓氏急就篇二卷、六經天文編二卷、周易鄭康成注一卷、通鑑答問五卷)

340000-1801-0020963 7:052889-7:052892
許文正公遺書 (元)許衡撰 清光緒十三年(1887)刻本 四冊

340000-1801-0020964 7:052905-7:052928
王文成公全書 (明)王守仁撰 清浙江書局刻本 二十四冊

340000-1801-0020965 7:052929-7:052944
王陽明全集 (明)王守仁撰 清道光刻本 十六冊

340000-1801-0020966 7:052945-7:052962
王陽明全集 (明)王守仁撰 清道光郭氏刻本 十八冊

340000-1801-0020967 7:052963-7:052978
王陽明全集 (明)王守仁撰 清道光六年(1826)刻本 十六冊

340000-1801-0020968 7:052979-7:052996
歸雲別集 (明)陳士元撰 清道光十三年(1833)吳玉坪刻本 十八冊 缺一種四卷(孟子雜記四卷)

340000-1801-0020969 7:053005-7:053017
高子遺書十二卷附錄一卷 (明)高攀龍撰 清光緒二年(1876)刻本 十三冊

340000-1801-0020970 7:053018-7:053023
李君實先生雜著 (明)李日華撰 清康熙二十四年(1685)刻本 六冊 存十種十九卷(六研齋筆記四卷,六研齋二筆一卷,六研齋三筆一卷,紫桃軒雜綴四卷,璽召錄一卷,薊旋錄一卷,竹嬾畫媵一卷、續畫媵二卷,墨君題語一卷,紫桃軒又綴二卷,禮白岳紀一卷)

340000-1801-0020971 7:053031-7:053099
太史升庵全集八十一卷外集一百卷遺集二十六卷 (明)楊慎撰 清乾隆六十年至道光二

十四年(1795－1844)刻本　六十四册

340000－1801－0020972　7:053100－7:053137
太史升庵全集八十一卷外集一百卷　(明)楊慎撰　清乾隆六十年至道光二十四年(1795－1844)刻本　三十八册

340000－1801－0020973　7:053138－7:053142
孫夏峰四種　(清)孫奇逢撰　清刻本　五册

340000－1801－0020974　7:053143－7:053154
黄梨洲遺書　(清)黄宗羲撰　清光緒三十一年(1905)石印本　十二册

340000－1801－0020975　7:053155－7:053174
梨洲遺著彙刊　(清)黄宗羲撰　清宣統二年(1910)上海時中書局鉛印本　二十册　缺一種三卷(黄梨洲先生年譜三卷)

340000－1801－0020976　7:053175－7:053194
梨洲遺著彙刊　(清)黄宗羲撰　清宣統二年(1910)上海時中書局鉛印本　二十册　缺四種十四卷(孟子師說七卷、南雷文定四集三卷、海外慟哭記一卷、黄梨洲先生年譜三卷)

340000－1801－0020977　7:053225－7:053244
陸桴亭先生遺書　(清)陸世儀撰　清光緒二十五年(1899)江蘇太倉唐受祺京師刻本　二十册

340000－1801－0020978　7:053245－7:053271
陸桴亭先生遺書　(清)陸世儀撰　清光緒二十五年(1899)江蘇太倉唐受祺京師刻本　二十七册

340000－1801－0020979　7:053272－7:053300
陸桴亭先生遺書　(清)陸世儀撰　清光緒二十五年(1899)江蘇太倉唐受祺京師刻本　二十九册

340000－1801－0020980　7:053330－7:053345
楊園先生全集　(清)張履祥撰　清同治十年(1871)江蘇書局刻本　十六册

340000－1801－0020981　7:053362－7:053371
楊園先生全書　(清)張履祥撰　清刻本　十册　存五種十二卷(文稿四卷、楊園問目一卷、楊園備忘四卷、願學記一卷、訓子語二卷)

340000－1801－0020982　7:053372－7:053377
張楊園先生全書　(清)張履祥撰　清道光二十一年(1841)刻同治十一年(1872)補刻本　六册　存十三種二十七卷(楊園先生備忘四卷,楊園先生言行見聞錄二卷,楊園先生近古錄四卷,初學備忘二卷,楊園先生文稿四卷,楊園先生訓子語二卷,楊園先生農書二卷,楊園先生喪葬雜錄一卷,楊園先生經正錄一卷、附學規一卷,門人所記一卷,願學記一卷,問目一卷,答問一卷)

340000－1801－0020983　7:053378－7:053393
楊園先生全集　(清)張履祥撰　清刻本　十六册

340000－1801－0020984　7:053394－7:053399
黄忠端公集　(明)黄尊素撰　清光緒十三年(1887)刻本　六册　存九種二十二卷(文略三卷、詩略二卷、說略一卷、黄梨洲年譜二卷、黄忠端公年譜二卷、五緯捷算四卷、自述百韻詩一卷、測地志要四卷、誦芬詩略三卷)

340000－1801－0020985　7:053400－7:053405
孫文恭公遺書四種二十卷　(明)孫應鼇撰　清光緒六年(1880)獨山莫氏刻本　六册

340000－1801－0020986　7:053406－7:053425
桐城錢飲光先生全書　(清)錢澄之撰　清同治二年(1863)桐城斟雉堂刻本　二十册

340000－1801－0020987　7:053426－7:053449
亭林先生遺書彙輯　(清)顧炎武撰　清光緒十四年(1888)刻本　二十四册　缺二種二卷(顧氏譜系考一卷、亭林雜錄一卷)

340000－1801－0020988　7:053450－7:053455
亭林遺書　(清)顧炎武撰　清刻本　六册　存三種十三卷(亭林詩集五卷、金石文字記六卷、昌平山水記二卷)

340000－1801－0020989　7:053456－7:053475
亭林先生遺書彙輯　(清)顧炎武撰　清光緒十四年(1888)刻本　二十册

340000－1801－0020990　7:053476－7:053482
顧亭林先生遺書十種　(清)顧炎武撰　清刻本　八册

340000－1801－0020991　7:053483－7:053490
顧亭林先生遺書十種　(清)顧炎武撰　清刻本　八册

340000－1801－0020992　7:053491－7:053500
亭林先生補遺十種　(清)顧炎武撰　清光緒十一年(1885)吳縣孫谿槐廬家塾刻本　十册　缺三種三卷(亭林餘集一卷、亭林雜錄一卷、亭林軼詩一卷)

340000－1801－0020993　7:053501－7:053508
顧亭林先生遺書十種　(清)顧炎武撰　清刻本　八册

340000－1801－0020994　7:053509－7:053511
亭林先生遺書彙輯　(清)顧炎武撰　清光緒十四年(1888)刻本　三册　缺七種八卷(昌平山水記二卷、譎觚十事一卷、顧氏譜系考一卷、京東攷古錄一卷、亭林雜錄一卷、同志贈言一卷、亭林軼詩一卷)

340000－1801－0020995　7:053524－7:053530
顧亭林先生遺書十種　(清)顧炎武撰　清刻本　八册　缺一種一卷(顧氏譜系考一卷)

340000－1801－0020996　7:053531－7:053542
顧亭林先生遺書　(清)顧炎武撰　清上海文瑞樓石印本　十二册　缺五種五卷(九經誤字一卷、顧氏譜系考一卷、亭林雜錄一卷、同志贈言一卷、亭林軼詩一卷)

340000－1801－0020997　7:053543－7:053559
顧亭林先生遺書十種補遺十種　(清)顧炎武撰　清刻本　十六册

340000－1801－0020998　7:053560－7:053575
顧亭林先生遺書十種補遺十種　(清)顧炎武撰　清刻本　十六册

340000－1801－0020999　7:053576－7:053581
顧亭林先生遺書十種　(清)顧炎武撰　清刻本　六册　缺四種九卷(九經誤字一卷、石經考一卷、金石文字記六卷、韻補正一卷)

340000－1801－0021000　7:053582－7:053591
顧亭林先生遺書十種　(清)顧炎武撰　清刻本　十册

340000－1801－0021001　7:053749－7:053868
船山遺書　(清)王夫之撰　清同治四年(1865)湘鄉曾國荃金陵刻本　一百二十册　缺三種九卷(禮記章句四十三至四十九、四書考異一卷、薑齋詩賸稿一卷)

340000－1801－0021002　7:053869－7:053980
船山遺書　(清)王夫之撰　清同治四年(1865)湘鄉曾國荃金陵刻本　一百十二册　缺一種一卷(薑齋詩賸稿一卷)

340000－1801－0021003　7:053981－7:054100
船山遺書　(清)王夫之撰　清同治四年(1865)湘鄉曾國荃金陵刻本　一百二十册　缺三種三卷(薑齋詩賸稿一卷、瀟湘怨詞一卷、詩譯一卷)

340000－1801－0021004　7:054101－7:054200
船山遺書　(清)王夫之撰　清同治四年(1865)湘鄉曾國荃金陵刻本　一百册

340000－1801－0021005　7:054201－7:054309
船山遺書　(清)王夫之撰　清同治四年(1865)湘鄉曾國荃金陵刻本　一百九册

340000－1801－0021006　7:054310－7:054421
船山遺書　(清)王夫之撰　清同治四年(1865)湘鄉曾國荃金陵刻本　一百十二册

340000－1801－0021007　7:054422－7:054575
船山遺書　(清)王夫之撰　清同治四年(1865)湘鄉曾國荃金陵刻本　一百五十四册　缺七種七卷(識小錄一卷、愚鼓詞一卷、倣體詩一卷、嶽餘集一卷、瀟湘怨詞一卷、詩譯一卷、龍舟會雜劇一卷)

340000－1801－0021008　7:054576－7:054687
船山遺書　(清)王夫之撰　清同治四年(1865)湘鄉曾國荃金陵刻本　一百十二册

340000－1801－0021009　7:054688－7:054715

船山遺書　（清）王夫之撰　清同治四年（1865）湘鄉曾國荃金陵刻本　二十八册　存三種四十三卷（讀四書大全説十卷、説文廣義三卷、讀通鑑論三十卷）

340000－1801－0021010　7：054716－7：054727
王船山經史論八種　（清）王夫之撰　清光緒二十八年（1902）上海文林石印本　十二册　缺一種二卷（續春秋左氏傳博議二卷）

340000－1801－0021011　7：054734－7：054747
王船山經史論八種　（清）王夫之撰　清光緒二十七年（1901）簡青書局石印本　十四册　缺一種十五卷（宋論十五卷）

340000－1801－0021012　7：054748－7：054827
西河合集　（清）毛奇齡撰　清嘉慶刻本　八十册　缺一種十一卷（碑記十一卷）

340000－1801－0021013　7：054828－7：054932
西河合集　（清）毛奇齡撰　清嘉慶刻本　一百五册　缺四十七種一百三十三卷（河圖洛書原舛編一卷、太極圖説遺議一卷、春秋簡書刊誤二卷、聖門釋非録五卷、逸講箋三卷、聖諭樂本解説二卷、竟山樂録四卷、李氏學樂録二卷、大學問一卷、明堂問一卷、揭子一卷、劄子二卷、史館擬判一卷、墓碑銘二卷、墓表五卷、墓誌銘十六卷、神道碑銘二卷、塔誌銘二卷、事狀四卷、易齋馮公年譜一卷、記事一卷、集課記一卷、説一卷、録一卷、制科雜録一卷、後觀石録一卷、越語肯綮録一卷、何御史孝子祠主復位録一卷、湘湖水利志三卷、蕭山縣志刊誤三卷、古禮今律無繼嗣文一卷、古今無慶生日文一卷、禁室女守志殉死文一卷、勝朝彤史拾遺記六卷、武宗外紀一卷、韻學要指十一卷、賦四卷、九懷詞一卷、誄文一卷、詩話八卷、詞話二卷、五言律詩六卷、七言律詩十卷、七言排律一卷、五言格詩五卷、雜體詩一卷、徐都講詩一卷）

340000－1801－0021014　7：054933－7：054950
湯文正公全集　（清）湯斌撰　清同治九年（1870）蘇廷魁等刻本　十八册　缺二種六卷（乾坤兩卦解一卷、洛學編五卷）

340000－1801－0021015　7：054951－7：054966
湯文正公全集　（清）湯斌撰　清同治九年（1870）蘇廷魁等刻本　十六册　缺一種十一卷（湯子遺書十卷、首一卷）

340000－1801－0021016　7：054967－7：054997
湯文正公全集　（清）湯斌撰　清同治九年（1870）蘇廷魁等刻本　三十一册

340000－1801－0021017　7：054998－7：055005
湯子遺書　（清）湯斌撰　清樹德堂刻本　八册

340000－1801－0021018　7：055006－7：055021
湯文正公全集　（清）湯斌撰　清同治九年（1870）蘇廷魁等刻本　十六册　缺一種十一卷（湯子遺書十卷、首一卷）

340000－1801－0021019　7：055022－7：055045
湯文正公全集　（清）湯斌撰　清同治九年（1870）蘇廷魁等刻本　二十四册

340000－1801－0021020　7：055056－7：055061
李二曲全集　（清）李顒撰　清上海文瑞樓石印本　六册　存一種二十六卷（二曲全集二十六卷）

340000－1801－0021021　7：055062－7：055073
李二曲全集　（清）李顒撰　清同治六年（1867）隴右牛樹梅刻本　十二册

340000－1801－0021022　7：055094－7：055104
陸子全書　（清）陸隴其撰　清同治刻本　十一册　存五種四十五卷（三魚堂文集十二卷、首一卷，外集六卷、首一卷，日記十卷、首一卷，賸言十二卷、首一卷，年譜一卷）

340000－1801－0021023　7：055105－7：055140
陸子全書　（清）陸隴其撰　清光緒十六年（1890）宗培等刻本　三十六册

340000－1801－0021024　7：055141－7：055239
王漁洋遺書　（清）王士禛撰　清刻本　九十九册　存三十二種二百四十六卷（漁洋山人詩集二十二卷、續集十六卷，蠶尾集十卷、續集二卷、後集二卷，南海集二卷，雍益集一卷，漁洋山人文略十四卷，漁洋山人精華錄十卷，蜀道驛程記二卷，皇華紀聞四卷，粤行三志三卷，池北偶談二十六卷，謚法攷一卷，秦蜀驛程後記二卷，隴蜀餘聞一卷，長白山錄一卷、補遺一卷，居易錄三十四卷，浯溪考二卷，載書圖詩一卷，香祖筆記十二卷，分甘餘話四卷，十種唐詩選十七卷，蕭亭詩選六卷，考功集選四卷，古鉢集選一卷，抱山集選一卷，二家詩選二卷，華泉先生集選四卷，睡足軒詩選一卷，唐人萬首絶句選七卷，歷仕錄一卷，隴首集一卷，群芳譜二十七卷，剪桐載筆一卷）

340000－1801－0021025　7：055240－7：055274
王漁洋遺書　（清）王士禛撰　清刻本　三十五冊　存十七種一百十四卷（漁洋山人詩集二十二卷、續集十六卷，蠶尾集十卷、續集二卷、後集二卷，載書圖詩一卷，隴蜀餘聞一卷，長白山錄一卷、補遺一卷，分甘餘話四卷，謚法攷一卷，秦蜀驛程後記二卷，蕭亭詩選六卷，考功集選四卷，二家詩選二卷，華泉先生集選四卷，南海集二卷，雍益集一卷，漁洋山人文略十四卷，隴首集一卷，十種唐詩選十七卷）

340000－1801－0021026　7：055275－7：055282
李文貞公全集　（清）李光地撰　清乾隆元年（1736）李清植刻嘉慶六年（1801）補刻本　八冊　存十一種二十卷（中庸餘論一卷，讀孟子劄記二卷，離騷經解一卷，九歌注一卷，陰符經注一卷，參同契注一卷，孝經全注一卷，榕村制義初集一卷、二集一卷、三集一卷、四集一卷，溯嗖存愚二卷，韓子粹言一卷，朱子語類四纂五卷）

340000－1801－0021027　7：055283－7：055322
榕村全書　（清）李光地撰　清刻本　四十冊　存九種一百二十六卷（四書解義八卷，周易通論四卷，周易觀彖十二卷，詩所八卷，尚書七篇解義二卷，古樂經傳五卷，朱子禮纂五卷，榕村語錄三十卷，榕村全集四十卷、續集七卷、別集五卷）

340000－1801－0021028　7：055323－7：055441
榕村全書　（清）李光地撰　清道光九年（1829）李維迪刻本　一百十九冊

340000－1801－0021029　7：055442－7：055473
榕村全書　（清）李光地撰　清道光九年（1829）李維迪刻本　三十二冊　存十種八十九卷（大學古本說一卷，中庸章段一卷、餘論一卷、四記一卷，榕村全集四十卷、續集七卷、別集五卷，榕村制義初集一卷、二集一卷、三集一卷、四集一卷，周禮纂訓二十一卷，三禮儀制歌訣一卷，歷代姓系歌訣一卷，儀禮纂錄二卷，溯嗖存愚二卷，榕村譜錄合考二卷）

340000－1801－0021030　7：055474－7：055481
巴山七種　（清）王侃撰　清同治四年（1865）光裕堂刻本　八冊

340000－1801－0021031　7：055482－7：055489
巴山七種　（清）王侃撰　清同治四年（1865）光裕堂刻本　八冊

340000－1801－0021032　7：055490－7：055557
朱文端公藏書　（清）朱軾撰　清光緒二十三年（1897）朱衡等刻本　六十八冊　缺四種二十六卷（周易傳義合訂十二卷，孝經一卷、附孝經三本管窺三卷，顔氏家訓二卷，歷代名儒傳八卷）

340000－1801－0021033　7：055558－7：055637
朱文端公藏書　（清）朱軾撰　清光緒二十三年（1897）朱衡等刻本　八十冊

340000－1801－0021034　7：055638－7：055666
徐位山六種　（清）徐文靖撰　清光緒二年（1876）刻本　二十九冊　缺二種（志寧堂稿不分卷、周易拾遺十四卷）

340000－1801－0021035　7：055667－7：055689
徐位山六種　（清）徐文靖撰　清光緒二年（1876）刻本　二十三冊　缺一種十四卷（周易拾遺十四卷）

340000－1801－0021036　7：055690－7：055723
抗希堂十六種　（清）方苞撰　清康熙、嘉慶間桐城方氏抗希堂刻本　三十四冊　缺二種（望溪先生文不分卷、望溪先生文外集不分卷）

340000－1801－0021037　7:055724
文道十書　(清)陳景雲撰　清乾隆十九年(1754)陳黄中樸茂齋刻本　一册　存三種六卷(紀元要略補輯一卷、通鑑胡注舉正一卷、韓集點勘四卷)

340000－1801－0021038　7:055725－7:055745
鹿洲全集　(清)藍鼎元撰　清光緒五年(1879)藍謙刻本　二十一册　缺二種七卷(平臺紀略一卷、東征集六卷)

340000－1801－0021039　7:055746－7:055769
鹿洲全集　(清)藍鼎元撰　清光緒漳州刻本　二十四册

340000－1801－0021040　7:055770－7:055795
鹿洲全集　(清)藍鼎元撰　清光緒五年(1879)藍謙補刻本　二十六册

340000－1801－0021041　7:055796－7:055815
鹿洲全集　(清)藍鼎元撰　清同治十一年(1872)刻本　二十册　缺一種一卷(鹿洲奏疏一卷)

340000－1801－0021042　7:055816－7:055833
鹿洲全集　(清)藍鼎元撰　清光緒五年(1879)藍謙補刻本　十八册　缺二種十一卷(棉陽學準五卷、女學六卷)

340000－1801－0021043　7:055834－7:055987
汪雙池先生叢書　(清)汪紱撰　清道光、光緒間刻光緒二十三年(1897)長安趙舒翹彙印本　一百五十四册　缺五種三十三卷(雙池文集十卷,讀參同契三卷,詩韻析五卷、首一卷、末一卷,大風集四卷,物詮八卷、附一卷)

340000－1801－0021044　7:055988－7:056034
雙池遺書　(清)汪紱撰　清光緒刻本　四十七册　存八種七十六卷(周易詮義首一卷,書經詮義一至七,易經如話十二卷、首一卷,理學逢源十二卷,戊笈談兵一至九、首一卷、補校錄一卷,樂經或問三卷,山海經存九卷、首一卷,春秋集傳十六卷、首一卷、末一卷,又易經如話首一卷)

340000－1801－0021045　7:056035－7:056042
浙刻雙池遺書八種　(清)汪紱撰　清光緒刻本　八册　存七種十四卷(孝經章句一卷、或問一卷,讀讀書錄二卷,讀困知錄三卷,讀問學錄一卷,參讀禮志疑二卷,讀陰符經一卷,讀參同契三卷)

340000－1801－0021046　7:056043－7:056049
浙刻雙池遺書八種　(清)汪紱撰　清光緒刻本　七册　存七種十四卷(孝經章句一卷、或問一卷,讀讀書錄二卷,讀困知錄三卷,讀問學錄一卷,參讀禮志疑二卷,讀陰符經一卷,讀參同契三卷)

340000－1801－0021047　7:056050－7:056054
浙刻雙池遺書八種　(清)汪紱撰　清光緒浙江刻本　五册　存六種十二卷(孝經章句一卷、或問一卷,讀困知錄三卷,讀問學錄一卷,參讀禮志疑二卷,讀陰符經一卷,讀參同契三卷)

340000－1801－0021048　7:056055－7:056058
杭大宗七種叢書　(清)杭世駿撰　清咸豐元年(1851)長沙小嫏嬛山館刻本　四册

340000－1801－0021049　7:056059－7:056061
道古堂外集　(清)杭世駿撰　清刻本　三册　存六種十三卷(續方言二卷、榕城詩話三卷、晉書補傳贊一卷、文選課虛四卷、石經考異二卷、諸史然疑一卷)

340000－1801－0021050　7:056062－7:056067
杭大宗七種叢書　(清)杭世駿撰　清刻本　六册

340000－1801－0021051　7:056068－7:056115
培遠堂全集　(清)陳弘謀撰　清道光十七年(1837)培遠堂刻本　四十八册　存八種八十三卷(司馬文正公年譜一卷,文集九卷,培遠堂偶存稿四十八卷,三通序目一卷,課士直解七卷,手札節要二卷,學仕遺規四卷、補篇四卷,大學衍義補輯要十二卷)

340000－1801－0021052　7:056221－7:056260
隨園三十八種　(清)袁枚撰　清光緒十八年(1892)勤裕堂鉛印本　四十册

340000－1801－0021053　7:056261－7:056300
隨園三十八種　(清)袁枚撰　清光緒十八年(1892)勤裕堂鉛印本　四十冊

340000－1801－0021054　7:056326－7:056373
隨園三十種　(清)袁枚撰　清光緒十八年(1892)上海圖書集成印書局刻本　四十八冊

340000－1801－0021055　7:056374－7:056433
隨園三十種　(清)袁枚撰　清隨園刻本　六十冊

340000－1801－0021056　7:056434－7:056461
古愚老人消夏錄　(清)汪汲撰　清乾隆、嘉慶間清河汪汲古愚山房刻本　二十八冊

340000－1801－0021057　7:056462－7:056464
古愚老人消夏錄　(清)汪汲撰　清乾隆、嘉慶間清河汪汲古愚山房刻本　三冊　存三種三卷(怪疾奇方一卷、解毒編一卷、彙集經驗方一卷)

340000－1801－0021058　7:056465－7:056484
古愚老人消夏錄　(清)汪汲撰　清乾隆、嘉慶間清河汪汲古愚山房刻本　二十冊　缺二種二卷(院本名目一卷、雜劇待考一卷)

340000－1801－0021059　7:056485
古愚老人消夏錄　(清)汪汲撰　清刻本　一冊　存一種八卷(詞名集解六卷、續編二卷)

340000－1801－0021060　7:056486－7:056487
古愚老人消夏錄　(清)汪汲撰　清乾隆、嘉慶間清河汪汲古愚山房刻本　二冊　存六種七卷(南北詞名宮調彙錄二卷、院本名目一卷、雜劇待考一卷、琴曲萃覽一卷、樂府標源一卷、樂府遺聲一卷)

340000－1801－0021061　7:056488－7:056491
古愚老人消夏錄　(清)汪汲撰　清刻本　四冊　存七種十五卷(詞名集解六卷、續編二卷,宋樂類編二卷,院本名目一卷,雜劇待考一卷,琴曲萃覽一卷,樂府標源一卷,樂府遺聲一卷)

340000－1801－0021062　7:056492－7:056503
清白士集　(清)梁玉繩撰　清嘉慶、道光間刻本　十二冊

340000－1801－0021063　7:056504－7:056507
戴氏遺書　(清)戴震撰　清乾隆曲阜孔繼涵微波榭刻本　四冊　存五種二十卷(文集十卷、考公記圖二卷、原善三卷、原象一卷、聲韻考四卷)

340000－1801－0021064　7:056508－7:056511
西澗草堂全集　(清)閻循觀撰　清乾隆三十八年(1773)樹滋堂刻本　四冊　存三種十三卷(西澗草堂集四卷、詩集四卷,困勉齋私記四卷,春秋一得一卷)

340000－1801－0021065　7:056512－7:056621
汪雙池先生叢書　(清)汪紱撰　清光緒二十三年(1897)長安趙舒翹刻本(戊笈談兵原缺卷十)　一百十冊　存十四種一百六十六卷(周易詮義十四卷、首一卷,易經如話十二卷、首一卷,書經詮義十二卷、首二卷,詩經詮義十二卷、首一卷、末二卷,禮記或問八卷,六禮或問十二卷、首一卷、末一卷,四書詮義三十八卷,孝經章句一卷、或問一卷,樂經律呂通解五卷,樂經或問三卷,理學逢源十二卷,戊笈談兵一至九、首一卷、補校錄一卷,策略六卷,雙池文集十卷)

340000－1801－0021066　7:056622－7:056648
汪雙池先生叢書　(清)汪紱撰　清光緒二十三年(1897)長安趙舒翹刻本　二十七冊　存四種七十一卷(易經如話十二卷、首一卷,六禮或問十二卷、首一卷、末一卷,四書詮義三十八卷,策略六卷)

340000－1801－0021067　7:056649－7:056667
清獻堂全編　(清)趙佑撰　清刻本　十九冊　缺一種十一卷(四書溫故錄十一卷)

340000－1801－0021068　7:056674－7:056720
甌北全集　(清)趙翼撰　清乾隆、嘉慶間湛貽堂刻本　四十七冊　缺一種四卷(皇朝武功紀盛四卷)

340000－1801－0021069　7:056721－7:056726

龍莊遺書 （清）汪輝祖撰 清同治十年(1871)刻本 六冊

340000－1801－0021070 7：056727－7：056730
龍莊遺書 （清）汪輝祖撰 清同治刻本 四冊 缺三種十卷（學治臆說二卷、贅一卷，病榻夢痕錄上，雙節堂庸訓六卷）

340000－1801－0021071 7：056731－7：056736
龍莊遺書 （清）汪輝祖撰 清光緒八年至十二年(1882－1886)山東書局刻本 六冊

340000－1801－0021072 7：056737－7：056742
龍莊遺書 （清）汪輝祖撰 清光緒中江蘇書局刻本 六冊

340000－1801－0021073 7：056743－7：056747
龍莊遺書 （清）汪輝祖撰 清光緒中江蘇書局刻本 六冊

340000－1801－0021074 7：056784－7：056833
嘉定錢氏潛研堂全書 （清）錢大昕撰 清光緒十年(1884)長沙龍氏家塾刻本 五十冊 缺二種八卷（聲類四卷、元史藝文志四卷）

340000－1801－0021075 7：056834－7：056881
嘉定錢氏潛研堂全書 （清）錢大昕撰 清光緒十年(1884)長沙龍氏家塾刻本 四十八冊 缺二種七十六卷（恆言錄六卷，潛研堂文集五十卷、詩集十卷、詩續集十卷）

340000－1801－0021076 7：056882－7：056898
潛研堂全集 （清）錢大昕撰 清刻本 十七冊 存五種二百四卷（廿二史考異一百卷，三史拾遺五卷，潛研堂金石文跋尾六卷、續七卷、又續六卷、三續六卷，三統術衍三卷、鈐一卷，潛研堂文集五十卷、詩集十卷、詩續集十卷）

340000－1801－0021077 7：056899－7：056908
嘉定錢氏潛研堂全書 （清）錢大昕撰 清光緒十年(1884)長沙龍氏刻本 十冊 存二種九卷（聲類四卷、廿二史考異一至五）

340000－1801－0021078 7：056909－7：056927
惜抱軒全集 （清）姚鼐撰 清同治五年(1866)省心閣刻本 十九冊

340000－1801－0021079 7：056928－7：056947
惜抱軒全集 （清）姚鼐撰 清同治五年(1866)省心閣刻本 二十冊

340000－1801－0021080 7：056948－7：056963
惜抱軒全集 （清）姚鼐撰 清同治五年(1866)省心閣刻本 十六冊

340000－1801－0021081 7：056964－7：056979
惜抱軒全集 （清）姚鼐撰 清同治五年(1866)省心閣刻本 十六冊 存五種八十卷（惜抱軒文集十六卷、文後集十卷、詩集十卷、詩外集一卷，惜抱軒筆記八卷，惜抱軒九經說十七卷，五言今體詩鈔九卷，七言今體詩鈔九卷）

340000－1801－0021082 7：056980－7：056995
惜抱軒全集 （清）姚鼐撰 清同治五年(1866)省心閣刻本 十六冊

340000－1801－0021083 7：056996－7：057007
惜抱軒全集 （清）姚鼐撰 清同治五年(1866)省心閣刻本 十二冊 缺一種十七卷（惜抱軒九經說十七卷）

340000－1801－0021084 7：057008－7：057023
惜抱軒全集 （清）姚鼐撰 清同治五年(1866)省心閣刻本 十六冊

340000－1801－0021085 7：057032－7：057047
惜抱軒全集 （清）姚鼐撰 清同治五年(1866)省心閣刻本 十六冊

340000－1801－0021086 7：057048－7：057051
惜抱軒遺書 （清）姚鼐撰 清光緒五年(1879)桐城徐宗亮刻本 四冊

340000－1801－0021087 7：057052－7：057067
惜抱軒全集 （清）姚鼐撰 清同治五年(1866)省心閣刻本 十六冊

340000－1801－0021088 7：057068－7：057083
惜抱軒全集 （清）姚鼐撰 清同治五年(1866)省心閣刻本 十六冊

340000－1801－0021089 7：057084－7：057099

惜抱軒全集　（清）姚鼐撰　清同治五年(1866)省心閣刻本　十六册

340000－1801－0021090　7:057100－7:057115
惜抱軒全集　（清）姚鼐撰　清同治五年(1866)省心閣刻本　十六册

340000－1801－0021091　7:057116－7:057119
惜抱軒遺書　（清）姚鼐撰　清光緒五年(1879)桐城徐宗亮刻本　四册

340000－1801－0021092　7:057120－7:057139
惜抱軒全集　（清）姚鼐撰　清同治五年(1866)省心閣刻本　二十册

340000－1801－0021093　7:057140－7:057171
經韻樓叢書　（清）段玉裁撰　清乾隆、道光間金壇段氏刻本　三十二册

340000－1801－0021094　7:057172－7:057177
介亭全集　（清）江濬源撰　清同治十三年(1874)江潮刻本　六册　缺一種二卷（獨秀山房四書文一卷、續編一卷）

340000－1801－0021095　7:057178－7:057185
介亭全集　（清）江濬源撰　清嘉慶刻本　八册

340000－1801－0021096　7:057392
心齋十種　（清）任兆麟撰　清乾隆中震澤任氏忠敏家塾刻本　一册　存三種三卷（四民月令一卷、襄陽耆舊記一、文章始一卷）

340000－1801－0021097　7:057393－7:057402
天香全集　（清）舒夢蘭撰　清嘉慶中刻本　十册　缺五種九卷（驂鸞集三卷、婺舲餘稿一卷、湘舟漫録三卷、花仙小志一卷、雙丰公輓詩一卷）

340000－1801－0021098　7:057403－7:057446
紀慎齋先生全集　（清）紀大奎撰　清嘉慶十三年(1808)刻本　四十四册　缺一種二卷（雙桂堂詩文稿一卷、附録一卷）

340000－1801－0021099　7:057447－7:057486
北江全集　（清）洪亮吉撰　清乾隆、嘉慶間刻本　四十册　存九種一百四十一卷（乾隆府廳州縣圖志五十卷，補三國疆域志二卷，東晉疆域志四卷，十六國疆域志十六卷，漢魏音四卷，卷施閣文甲集十卷、乙集八卷、詩二十卷，洪北江先生年譜一卷，附鮚軒詩八卷，更生齋文甲集四卷、乙集四卷、詩八卷、詩餘二卷）

340000－1801－0021100　7:057487－7:057527
洪北江全集　（清）洪亮吉撰　清光緒中洪用懃授經堂刻本　四十一册　存十一種一百九卷（卷施閣文甲集十卷、續一卷、補遺一卷、乙集八卷、續編一卷、詩二十卷，更生齋文甲集四卷、乙集四卷、續集二卷、詩八卷，附鮚軒詩八卷，擬兩晉南北史樂府二卷，附鮚軒外集唐宋小樂府一卷，北江詩話六卷，曉讀書齋初録二卷、二録二卷、三録二卷、四録二卷，傳經表二卷、通經表二卷，六書轉注録十卷，弟子職箋釋一卷，比雅十卷）

340000－1801－0021101　7:057528－7:057583
洪北江全集　（清）洪亮吉撰　清光緒中洪用懃授經堂刻本　五十六册　存十六種一百九十八卷（洪北江先生年譜一卷，卷施閣文甲集十卷、續一卷、補遺一卷、乙集八卷、續編一卷、詩二十卷，更生齋文甲集四卷、乙集四卷、續集二卷、詩八卷、續集十卷、詩餘二卷，附鮚軒詩八卷，擬兩晉南北史樂府二卷，附鮚軒外集唐宋小樂府一卷，北江詩話六卷，曉讀書齋初録二卷、二録二卷、三録二卷、四録二卷，傳經表二卷、通經表二卷，六書轉注録十卷，弟子職箋釋一卷，史目表二卷，春秋左傳詁二十卷，漢魏音四卷，比雅十卷，乾隆府廳州縣圖志五十卷）

340000－1801－0021102　7:057584－7:057667
洪北江全集　（清）洪亮吉撰　清光緒中洪用懃授經堂刻本　八十四册

340000－1801－0021103　7:057668－7:057751
洪北江全集　（清）洪亮吉撰　清光緒中洪用懃授經堂刻本　八十四册

340000－1801－0021104　7:057752－7:057796
洪北江全集　（清）洪亮吉撰　清光緒中洪用

懃授經堂刻本　四十五册　存十四種一百四十六卷(洪北江先生年譜一卷,卷施閣文甲集十卷、續一卷、補遺一卷、乙集八卷、續編一卷、詩二十卷,更生齋詩八卷、續集十卷、詩餘二卷,附鮚軒詩八卷,擬兩晉南北史樂府二卷,漢魏音四卷,曉讀書齋初録二卷、二録二卷、三録二卷、四録二卷,北江詩話六卷,遣戍伊犁日記一卷,天山客話一卷,外家紀聞一卷,弟子職箋釋一卷,史目表二卷,乾隆府廳州縣圖志五十卷)

340000－1801－0021105　7:057797－7:057809
顨軒孔氏所著書　(清)孔廣森撰　清嘉慶二十二年(1817)曲阜孔氏儀鄭堂刻本　十三册

340000－1801－0021106　7:057810－7:057817
北江全集　(清)洪亮吉撰　清乾隆、嘉慶間刻本　八册　存四種二十六卷(漢魏音四卷、補三國疆域志二卷、十六國疆域志十六卷、東晉疆域志四卷)

340000－1801－0021107　7:057818－7:057837
顨軒孔氏所著書　(清)孔廣森撰　清嘉慶二十二年(1817)曲阜孔氏儀鄭堂刻本　二十册

340000－1801－0021108　7:057838－7:057895
郝蘭皋所著書　(清)郝懿行撰　清光緒八年(1882)東路廳署刻本　五十八册　缺十種五十五卷(山海經敘録一卷,夢書一卷,證俗文十九卷,曬書堂文集十二卷、外集二卷、别集一卷,曬書堂閨中文存一卷,曬書堂筆記二卷、曬書堂時文一卷,曬書堂筆録六卷,曬書堂詩鈔二卷、試帖一卷、詩餘一卷,和鳴集一卷,梅叟閒評四卷)

340000－1801－0021109　7:057896－7:057919
郝氏叢書　(清)郝懿行撰　清光緒八年(1882)東路廳署刻本　二十四册　存十一種五十一卷(易説十二卷、便録一卷,書説二卷,寶訓八卷,竹書紀年校正十四卷,詩經拾遺一卷,汲冢周書輯要一卷,蜂衙小記一卷,燕子春秋一卷,記海錯一卷,詩説二卷,詩問七卷)

340000－1801－0021110　7:057920－7:057958
焦氏叢書　(清)焦循撰　清光緒二年(1876)衡陽魏氏刻本　三十九册　缺一種一卷(先府君事略一卷)

340000－1801－0021111　7:057959－7:057998
焦氏叢書　(清)焦循撰　清光緒二年(1876)衡陽魏氏刻本　四十册

340000－1801－0021112　7:057999－7:058009
焦氏叢書　(清)焦循撰　清刻本　十一册　存三種二十八卷(易通釋二十卷、論語補疏三卷、春秋左傳補疏五卷)

340000－1801－0021113　7:058010－7:058017
焦氏叢書　(清)焦循撰　清嘉慶、道光間江都焦氏雕菰樓刻本　八册　存三種四十卷(易章句十二卷、易圖略八卷、易通釋二十卷)

340000－1801－0021114　7:058018－7:058021
邃雅堂全書　(清)姚文田撰　清嘉慶、光緒間歸安姚氏刻本　四册　存一種六卷(邃雅堂學古録一至六)

340000－1801－0021115　7:058022－7:058026
敦艮齋遺書　(清)徐潤第撰　清道光二十八年(1848)徐繼畬刻本　五册

340000－1801－0021116　7:058027－7:058031
敦艮齋遺書　(清)徐潤第撰　清道光二十八年(1848)徐繼畬刻本　五册

340000－1801－0021117　7:058033－7:058080
焦氏叢書　(清)焦循撰　清嘉慶、道光間江都焦氏雕菰樓刻本　四十八册

340000－1801－0021118　7:058081－7:058117
焦氏叢書　(清)焦循撰　清嘉慶、道光間江都焦氏雕菰樓刻本　三十七册　缺一種八卷(易圖略八卷)

340000－1801－0021119　7:058118－7:058157
焦氏叢書　(清)焦循撰　清刻本　四十册

340000－1801－0021120　7:058158－7:058197
焦氏叢書　(清)焦循撰　清光緒二年(1876)衡陽魏氏刻本　四十册

340000－1801－0021121　7:058198－7:058221
宛鄰書屋叢書　(清)張琦輯　清道光中陽湖

張氏宛鄰書屋刻本　二十四册　存九種(宛鄰書屋古詩錄十二卷,詞選二卷、附錄一卷、續詞選二卷,賴古堂文集八卷,東海記不分卷、附錄一卷,四聖心源十卷,素問釋義十卷,傷寒懸解十四卷、首一卷、末一卷,長沙藥解四卷,素靈微蘊四卷、附莊氏慈幼二書二卷、緯青遺稿一卷)

340000－1801－0021122　7:058353－7:058384
竹柏山房十五種附刻四種　(清)林春溥撰　清嘉慶、咸豐間刻本　三十二册　缺四種十二卷(附刻:宜略識字二卷、識字續編一卷、論世約編七卷、閒居雜錄二卷)

340000－1801－0021123　7:058385－7:058394
竹柏山房十五種附刻四種　(清)林春溥撰　清嘉慶、咸豐間刻本　十册　存四種十九卷(戰國紀年六卷、地輿一卷、年表一卷,竹書紀年補證四卷、本末一卷、後案一卷,孔門師弟年表一卷、後說一卷、孟子時事年表一卷、後說一卷,孔子世家補訂一卷)

340000－1801－0021124　7:058395－7:058406
脩本堂叢書　(清)林伯桐撰　清道光二十四年(1844)林世懋刻本　十二册

340000－1801－0021125　7:058407－7:058421
安吴四種　(清)包世臣撰　清光緒十四年(1888)包誠刻本　十五册

340000－1801－0021126　7:058422－7:058437
安吴四種　(清)包世臣撰　清光緒十四年(1888)包誠刻本　十六册

340000－1801－0021127　7:058438－7:058453
安吴四種　(清)包世臣撰　清光緒十四年(1888)包誠刻本　十六册

340000－1801－0021128　7:058454－7:058469
安吴四種　(清)包世臣撰　清光緒十四年(1888)包誠刻本　十六册

340000－1801－0021129　7:058470－7:058485
二思堂叢書　(清)梁章鉅撰　清光緒元年(1875)福州梁氏刻本　十六册

340000－1801－0021130　7:058486－7:058497
姚伯山先生全集　(清)姚東之撰　清道光二十八年(1848)刻本　十二册

340000－1801－0021131　7:058498－7:058509
姚伯山先生文集　(清)姚東之撰　清道光二十八年(1848)刻本　十二册　缺一種一卷(伯山日記一卷)

340000－1801－0021132　7:058510－7:058525
安吴四種　(清)包世臣撰　清同治十一年(1872)包誠刻本　十六册

340000－1801－0021133　7:058526－7:058541
安吴四種　(清)包世臣撰　清同治十一年(1872)包誠刻本　十六册

340000－1801－0021134　7:058542－7:058553
姚伯山先生全集　(清)姚東之撰　清道光二十八年(1848)刻本　十二册

340000－1801－0021135　7:058554－7:058563
中復堂全集　(清)姚瑩撰　清同治六年(1867)姚濬昌安福縣署刻本　十册　存三種五十二卷(東溟文集六卷、外集四卷、文後集十四卷、文外集二卷,後湘詩集九卷、二集五卷、續集七卷,東槎紀略五卷)

340000－1801－0021136　7:058564－7:058591
中復堂全集　(清)姚瑩撰　清同治六年(1867)姚濬昌安福縣署刻本　二十八册

340000－1801－0021137　7:058592－7:058618
中復堂全集　(清)姚瑩撰　清同治六年(1867)姚濬昌安福縣署刻本　二十七册

340000－1801－0021138　7:058619－7:058647
中復堂全集　(清)姚瑩撰　清道光中刻本　二十八册　缺二種八卷(中復堂遺稿五卷、續編二卷,中復堂年譜一卷)

340000－1801－0021139　7:058648－7:058666
中復堂全集　(清)姚瑩撰　清同治六年(1867)姚濬昌安福縣署刻本　十九册　缺二種二十五卷(後湘詩集九卷、二集五卷、續集七卷,東溟奏稿四卷)

340000－1801－0021140　7:058667－7:058706
中復堂全集　(清)姚瑩撰　清同治六年(1867)姚濬昌安福縣署刻本　四十册

340000－1801－0021141　7:058707－7:058714
中復堂全集　(清)姚瑩撰　清同治六年(1867)姚濬昌安福縣署刻本　八册　存二種二十四卷(識小録八卷、康輶紀行十六卷)

340000－1801－0021142　7:058741－7:058759
景紫堂全書　(清)夏炘撰　清咸豐、同治間刻同治元年(1862)王光甲等彙印本　十九册　缺二種九卷(釋字一卷、養痾三編八卷)

340000－1801－0021143　7:058760－7:058781
景紫堂全書　(清)夏炘撰　清咸豐、同治間刻同治元年(1862)王光甲等彙印本　二十二册　缺二種三卷(釋字一卷、六書轉注說二卷)

340000－1801－0021144　7:058782－7:058793
景紫堂全書　(清)夏炘撰　清同治刻本　十二册　存四種二十八卷(檀弓辨誣三卷、三綱制服尊尊述義三卷、養痾三編八卷、景紫堂文集十四卷)

340000－1801－0021145　7:058794－7:058805
景紫堂全書　(清)夏炘撰　清咸豐、同治間刻同治元年(1862)王光甲等彙印本　十二册　存四種二十卷(讀詩劄記八卷、學制統述二卷、六書轉注說二卷、養痾三編八卷)

340000－1801－0021146　7:058806－7:058827
景紫堂全書　(清)夏炘撰　清咸豐、同治間刻同治元年(1862)王光甲等彙印本　二十二册

340000－1801－0021147　7:058828－7:058837
五經歲徧齋校書三種　(清)翟云升輯　清道光中東萊翟氏刻本　十册

340000－1801－0021148　7:058838－7:058857
頤志齋叢書　(清)丁晏撰　清咸豐、同治間山陽丁氏六藝堂刻同治元年(1862)彙印本　二十册

340000－1801－0021149　7:058858－7:058867
頤志齋叢書　(清)丁晏撰　清咸豐、同治間山陽丁氏六藝堂刻同治元年(1862)彙印本　十册　缺三種四卷(石亭記事一卷、續編一卷,百家姓三編一卷,讀經說一卷)

340000－1801－0021150　7:058878－7:058885
養志居僅存藁　(清)陳宗起撰　清光緒十一年(1885)丹徒陳氏刻本　八册

340000－1801－0021151　7:058886－7:058889
蛾術堂集　(清)沈豫撰　清道光十八年(1838)蕭山沈氏漢讀齋刻本　四册

340000－1801－0021152　7:058890－7:058895
蛾術堂集　(清)沈豫撰　清道光十八年(1838)蕭山沈氏漢讀齋刻本　六册

340000－1801－0021153　7:058896－7:058919
求志居全集　(清)陳世鎔撰　清道光、光緒間獨秀山莊刻本　二十四册

340000－1801－0021154　7:058920－7:058935
求志居全集　(清)陳世鎔撰　清道光、光緒間獨秀山莊刻本　十六册　缺一種一卷(陳徵君行述一卷)

340000－1801－0021155　7:058936－7:058938
持雅堂全集　(清)尚鎔撰　清同治七年(1868)成都刻本　三册　存三種八卷(三家詩話一卷、重訂三國志辨微六卷、聚星札記一卷)

340000－1801－0021156　7:058939
蒔古齋輯著　(清)楊城書撰　清道光刻本　一册　缺一種三卷(蒔古齋吟稿二卷、遺言一卷)

340000－1801－0021157　7:058940－7:058944
多識録　(清)練恕撰　清道光十八年(1838)上海刻本　五册　缺二種二卷(伯穎雜文一卷、附後一卷)

340000－1801－0021158　7:058945－7:058950
新化鄒氏敦藝齋遺書　(清)鄒漢勛撰　清光緒四年(1878)攸縣龍汝霖南昌刻本　六册

340000－1801－0021159　7:058951－7:058962
新化鄒氏斅藝齋遺書　(清)鄒漢勛撰　清光緒四年(1878)攸縣龍汝霖南昌刻本　十二册

340000－1801－0021160　7:058963－7:058966
新化鄒氏斅藝齋遺書　(清)鄒漢勛撰　清光緒四年(1878)攸縣龍汝霖南昌刻本　四册

340000－1801－0021161　7:058967－7:058969
鄭子尹遺書　(清)鄭珍撰　清咸豐、同治間刻本　三册　缺二種十二卷(儀禮私箋八卷、鄭學錄四卷)

340000－1801－0021162　7:058970－7:058976
鄭子尹遺書　(清)鄭珍撰　清咸豐、同治間刻本　七册　缺一種九卷(巢經巢詩鈔九卷)

340000－1801－0021163　7:059021－7:059028
覆瓿集　(清)張文虎撰　清同治至光緒刻本　八册　存三種二十四卷(舒蓺室隨筆六卷、續筆一卷、餘集三卷,舒蓺室雜著甲編二卷、乙編二卷、賸稿一卷,舒蓺室詩存七卷、索笑詞二卷)

340000－1801－0021164　7:059029－7:059043
毋不敬齋全書　(清)方濬撰　清光緒十五年(1889)方敦吉濟南刻二十三年(1897)重校續印本　十五册　存六種三十六卷(辨心性書二卷、心述三卷、性述八卷、述餘八卷、顧庸集十二卷、永矢集三卷)

340000－1801－0021165　7:059044－7:059058
毋不敬齋全書　(清)方濬撰　清光緒十五年(1889)方敦吉濟南刻本　十五册　存五種三十三卷(辨心性書二卷、心述三卷、性述八卷、述餘八卷、顧庸集十二卷)

340000－1801－0021166　7:059059－7:059065
東塾叢書　(清)陳澧撰　清刻本　六册　存四種二十七卷(聲律通考十卷,切韻考六卷,切韻考外篇三卷,漢書地理志水道圖說七卷、附禹貢圖一卷)

340000－1801－0021167　7:059066－7:059076
東塾叢書　(清)陳澧撰　清刻本　十一册　存九種四十三卷(漢儒通義七卷,聲律通考十卷,切韻考六卷,切韻考外篇三卷,漢書地理志水道圖說七卷、附禹貢圖一卷,水經注西南諸水考三卷,弧三角平視法一卷,摹印述一卷,三統術詳說四卷)

340000－1801－0021168　7:059077－7:059173
曾文正公全集　(清)曾國藩撰　清光緒二年(1876)傳忠書局刻本　九十七册　缺三種二十四卷(曾文正公年譜十二卷、曾文正公家書十卷、曾文正公家訓二卷)

340000－1801－0021169　7:059174－7:059269
曾文正公全集　(清)曾國藩撰　清光緒二年(1876)傳忠書局刻本　九十六册　存七種一百十六卷(經史百家雜鈔二十六卷,曾文正公雜箸二卷,求闕齋讀書錄十卷,十八家詩鈔二十八卷,曾文正公奏稿三十六卷,曾文正公詩集四卷、文集四卷,孟子要略五卷、附錄一卷)

340000－1801－0021170　7:059270－7:059369
曾文正公全集　(清)曾國藩撰　清光緒二年(1876)傳忠書局刻本　一百册　存七種一百三十二卷(曾文正公奏稿三十六卷、十八家詩鈔二十八卷、經史百家雜鈔二十六卷、曾文正公書札三十三卷、曾文正公批牘六卷、曾文正公雜箸二卷、首一卷)

340000－1801－0021171　7:059370－7:059501
曾文正公全集　(清)曾國藩撰　清光緒二年(1876)傳忠書局刻本　一百三十二册　缺三種十三卷(曾文正公家書十卷、曾文正公家訓二卷、首一卷)

340000－1801－0021172　7:059502－7:059523
曾文正公全集　(清)曾國藩撰　清光緒十四年(1888)鴻文書局鉛印本　二十二册　存七種一百八卷(曾文正公奏稿三十六卷,經史百家雜鈔二十六卷,經史百家簡編二卷,鳴原堂論文二卷,曾文正公詩集四卷、文集四卷,曾文正公書札三十三卷,首一卷)

340000－1801－0021173　7:059524－7:059575
曾文正公全集　(清)曾國藩撰　清光緒二年(1876)傳忠書局刻本　五十二册　存九種八十三卷(曾文正公書札三十三卷,曾文正公批牘六卷，曾文正公詩集四卷、文集四卷，求闕齋日記類鈔二卷，求闕齋讀書錄十卷，曾文正公雜箸二卷，大事記四卷，曾文正公年譜十二卷，孟子要略五卷、附錄一卷）

340000－1801－0021174　7:059576－7:059689
曾文正公全集　（清）曾國藩撰　清光緒二年（1876）傳忠書局刻本　一百十四冊　缺四種十九卷（孟子要略五卷、附錄一卷，曾文正公家書十卷，曾文正公家訓二卷，首一卷）

340000－1801－0021175　7:059690－7:059792
曾文正公全集　（清）曾國藩撰　清光緒二年（1876）傳忠書局刻本　一百三冊　缺四種二十四卷（求闕齋讀書錄十卷、求闕齋日記類鈔二卷、曾文正公家書十卷、曾文正公家訓二卷）

340000－1801－0021176　7:059793－7:059888
曾文正公全集　（清）曾國藩撰　清光緒二年（1876）傳忠書局刻本　九十六冊　存七種一百三卷（曾文正公奏稿三十六卷，十八家詩鈔二十八卷，經史百家雜鈔二十六卷，經史百家簡編二卷，鳴原堂論文二卷，曾文正公詩集四卷、文集四卷，首一卷）

340000－1801－0021177　7:059975－7:060102
曾文正公全集　（清）曾國藩撰　清光緒二年（1876）傳忠書局刻本　一百二十八冊　缺四種十八卷（曾文正公奏稿三十三至三十六，曾文正公詩集四、曾文正公文集四，曾文正公家書十卷，曾文正公家訓二卷）

340000－1801－0021178　7:060148－7:060151
觀古閣叢刻　（清）鮑康撰　清同治十二年（1873）歙縣鮑氏刻本　四冊

340000－1801－0021179　7:060152－7:060159
觀古閣叢刻　（清）鮑康撰　清同治十二年（1873）歙縣鮑氏刻本　八冊

340000－1801－0021180　7:060160－7:060163
魚鳧彙刻三種　題（清）魚鳧居士輯　清咸豐十一年（1861）刻本　四冊

340000－1801－0021181　7:060164－7:060168
影山草堂六種　（清）莫友芝撰　清咸豐、光緒間刻本　五冊　缺一種一卷（唐寫本說文解字木部箋異一卷）

340000－1801－0021182　7:060169－7:060242
左文襄公全集　（清）左宗棠撰　清光緒中刻本　七十四冊　缺三種十六卷（左文襄公謝摺二卷、張大司馬奏稿四卷、駱文忠公奏稿十卷）

340000－1801－0021183　7:060343－7:060442
李文忠公全集　（清）李鴻章撰　清光緒三十一年至三十四年（1905－1908）金陵刻本　一百冊

340000－1801－0021184　7:060542－7:060640
李文忠公全集　（清）李鴻章撰　清光緒三十一年至三十四年（1905－1908）金陵刻本　九十九冊

340000－1801－0021185　7:060689－7:060720
胡文忠公遺集八十六卷　（清）胡林翼撰　清同治六年（1867）刻本　三十二冊

340000－1801－0021186　7:060721－7:060752
胡文忠公遺集八十六卷　（清）胡林翼撰　清同治六年（1867）刻本　三十二冊

340000－1801－0021187　7:060753－7:060784
胡文忠公遺集八十六卷　（清）胡林翼撰　清同治六年（1867）刻本　三十二冊　存三種七十三卷（奏疏五十一卷、撫黔書牘七卷、撫鄂書牘十五卷）

340000－1801－0021188　7:060785－7:060812
胡文忠公遺集八十六卷　（清）胡林翼撰　清刻本　二十八冊　缺二種十五卷（奏疏一至九、宦黔書牘六卷）

340000－1801－0021189　7:060813－7:060816
胡文忠公遺集十卷首一卷　（清）胡林翼撰　清同治七年（1868）醉六堂刻本　四冊　存五卷（一至四、首一卷）

340000－1801－0021190　7:060817－7:060822
古桐書屋六種　（清）劉熙載撰　清同治、光

緒間刻本　六冊　存三種十卷(四音定切四卷、昨非集四卷、持志塾言二卷)

340000－1801－0021191　7:060823－7:060834
雷刻八種　(清)雷浚撰　清光緒中吳縣雷氏刻本　十二冊

340000－1801－0021192　7:060835－7:060845
柏堂遺書　(清)方宗誠撰　清光緒中桐城方氏刻本　十一冊　存十三種三十二卷(讀易筆記二卷,書傳補義三卷,詩傳補義三卷,禮記集說補義一卷,春秋傳正誼四卷,讀學庸筆記二卷,讀論孟筆記三卷、補二卷,論文章本原三卷,讀文雜記一卷,說詩章義三卷,讀宋鑑論三卷,讀史雜記一卷,讀諸子諸儒書雜記一卷)

340000－1801－0021193　7:060846－7:060851
柏堂遺書　(清)方宗誠撰　清光緒中桐城方氏刻本　六冊　存六種十八卷(書傳補義三卷,詩傳補義三卷,禮記集說補義一卷,春秋傳正誼四卷,讀學庸筆記二卷,讀論孟筆記三卷、補記二卷)

340000－1801－0021194　7:060852－7:060857
柏堂遺書　(清)方宗誠撰　清光緒中桐城方氏刻本　六冊　存七種二十卷(讀易筆記二卷,書傳補義三卷,詩傳補義三卷,禮記集說補義一卷,春秋傳正誼四卷,讀學庸筆記二卷,讀論孟筆記三卷、補記二卷)

340000－1801－0021195　7:060894－7:060921
劉武愼公遺書　(清)劉長佑撰　清光緒二十六年(1900)刻本　二十八冊

340000－1801－0021196　7:060937－7:061024
春在堂全書　(清)俞樾撰　清光緒二十五年(1899)刻本　八十八冊　缺九種三十一卷(經課續編八卷,九九銷夏錄十四卷,東海投桃集一卷,曲園自述詩一卷、補一卷,曲園墨戲一卷,曲園三要一卷,瓊英小錄一卷,春在堂傳奇二種二卷,春在堂輓言一卷)

340000－1801－0021197　7:061025－7:061184
春在堂全書　(清)俞樾撰　清光緒二十五年(1899)刻本　一百六十冊　缺二種二卷(新定牙牌數一卷、春在堂輓言一卷)

340000－1801－0021198　7:061185－7:061344
春在堂全書　(清)俞樾撰　清光緒二十五年(1899)刻本　一百六十冊

340000－1801－0021199　7:061345－7:061353
春在堂全書　(清)俞樾撰　清光緒二十五年(1899)刻本　九冊　存九種一百二卷(春在堂雜文二卷、續編五卷、三編四卷、四編八卷、五編八卷、六編十卷、補遺六卷,春在堂詩編二十三卷、詞錄三卷,春在堂隨筆十卷,春在堂尺牘六卷,楹聯錄存五卷、附錄一卷,四書文一卷,太上感應篇纘義二卷,游藝錄六卷,袖中書二卷)

340000－1801－0021200　7:061354－7:061400
春在堂全書　(清)俞樾撰　清光緒二十五年(1899)刻本　四十七冊　存十五種二百二十七卷(群經平議三十五卷,諸子平議三十五卷,第一樓叢書三十卷,曲園雜纂五十卷,賓萌集六卷、外集四卷,春在堂雜文二卷、續編五卷,春在堂詩編二十三卷、詞錄三卷,春在堂隨筆十卷,春在堂尺牘六卷,楹聯錄存五卷、附錄一卷,四書文一卷,太上感應篇纘義二卷,游藝錄六卷,小蓬萊謠一卷,袖中書二卷)

340000－1801－0021201　7:061401－7:061464
春在堂全書　(清)俞樾撰　清光緒二十五年(1899)刻本　六十四冊　存十九種三百九十五卷(諸子平議三十五卷,第一樓叢書三十卷,曲園雜纂五十卷,俞樓雜纂五十卷,賓萌集六卷、外集四卷,春在堂雜文二卷、續編五卷、三編四卷、四編八卷、五編八卷、六編十卷、補遺六卷,春在堂詩編二十三卷、詞錄三卷,春在堂隨筆十卷,四書文一卷,右台仙館筆記十六卷,茶香室叢鈔二十三卷、續鈔二十五卷、三鈔二十九卷、四鈔二十九卷,金剛般若波羅蜜經注二卷,太上感應篇纘義二卷,游藝錄六卷,袖中書二卷,東瀛詩記二卷,慧福樓幸草一卷,春在堂全書錄要一卷、春在堂全書校勘記一卷,新定牙牌數一卷)

340000－1801－0021202　7:061465－7:061515

春在堂全書　(清)俞樾撰　清光緒二十五年(1899)刻本　五十一册　存十四種二百八卷(群經平議二十七至三十五,諸子平議二十七至三十五,第一樓叢書三十卷,曲園雜纂五十卷,俞樓雜纂五十卷,春在堂雜文二卷,春在堂詩編一至七、詞錄一至二,春在堂隨筆一至五,春在堂尺牘一至三,楹聯錄存一至二,茶香室四鈔二十九卷,太上感應篇纘義二卷,游藝錄六卷,袖中書二卷)

340000－1801－0021203　7:061516－7:061562

方望溪全集　(清)方苞撰　清刻本　四十七册　存十六種一百五十一卷(春秋直解四至十二、春秋通論四卷、春秋比事目錄四卷、周官析疑三十六卷、考工記析疑四卷、周官集注十二卷、周官辨一卷、禮記析疑四十八卷、儀禮析疑十七卷、喪禮或問一卷、左傳義法舉要一卷、史記注補一卷、離騷正義一卷、刪定荀子一卷、刪定管子一卷、望溪集十卷)

340000－1801－0021204　7:061563－7:061604

望溪先生全集　(清)方苞撰　清刻本　四十二册　存十二種八十八卷(周官集注十二卷、周官析疑三十六卷、考工記析疑四卷、周官辨一卷、離騷正義一卷、春秋直解十二卷、儀禮析疑十七卷、刪定管子一卷、刪定荀子一卷、史記注補一卷、喪禮或問一卷、左傳義法舉要一卷)

340000－1801－0021205　7:061605－7:061637

方望溪全集　(清)方苞撰　清刻本　三十三册　存十四種八十四卷(春秋直解十二卷、春秋通論四卷、春秋比事目錄四卷、周官集注九至十二、周官析疑三十六卷、周官辨一卷、考工記析疑四卷、喪禮或問一卷、左傳義法舉要一卷、史記注補一卷、離騷正義一卷、刪定荀子一卷、刪定管子一卷、儀禮析疑五至十七)

340000－1801－0021206　7:061638－7:061678

方望溪全集　(清)方苞撰　清刻本　四十一册　存十四種一百三十五卷(春秋直解十二卷、春秋通論四卷、春秋比事目錄四卷、史記注補一卷、離騷正義一卷、刪定荀子一卷、刪定管子一卷、周官析疑三十六卷、考工記析疑四卷、周官辨一卷、喪禮或問一卷、儀禮析疑一至十一、禮記析疑四十八卷、望溪集十卷)

340000－1801－0021207　7:061679－7:061708

儀衛軒全集　(清)方東樹撰　清光緒中刻本　三十册　存十六種六十二卷(年譜一卷,考槃集文錄十二卷,王余集一卷,儀衛軒遺詩二卷,漢學商兑四卷,書林揚觶二卷,昭昧詹言十卷、續八卷、續錄二卷,向果微言三卷,陶詩附考一卷,跋南雷文定一卷,山天衣聞一卷,進修譜一卷,未能錄二卷,大意尊聞三卷,待廬遺集二卷,鶴鳴集六卷)

340000－1801－0021208　7:061709－7:061736

儀衛軒全集　(清)方東樹撰　清光緒中刻本　二十八册　存十六種四十一卷(年譜一卷、崇祀鄉賢錄一卷、行略一卷、漢學商兑三卷、書林揚觶二卷、半字集二卷、考槃集文錄十二卷、進修譜一卷、未能錄二卷、大意尊聞三卷、陶詩附考一卷、待廬遺集二卷、鶴鳴集六卷、儀衛軒遺詩二卷、王余集一卷、跋南雷文定一卷)

340000－1801－0021209　7:061737－7:061757

儀衛軒全集　(清)方東樹撰　清光緒中刻本　二十一册　存十五種三十六卷(年譜一卷,崇祀鄉賢錄一卷,行略一卷,儀衛軒遺詩二卷,半字集二卷,王余集一卷,大意尊聞三卷,陶詩附考一卷,跋南雷文定一卷,山天衣聞一卷,未能錄二卷,進修譜一卷,昭昧詹言十卷、續錄二卷,待廬遺集二卷,考槃集文錄三至五,又:崇祀鄉賢錄一卷,行略一卷)

340000－1801－0021210　7:061758－7:061789

儀衛軒全集　(清)方東樹撰　清光緒中刻本　三十二册　存二十一種六十卷(年譜一卷,崇祀鄉賢錄一卷,行略一卷,待廬遺集二卷,鶴鳴集六卷,考槃集文錄十二卷,半字集二卷,考槃集詩三卷,王余集一卷,儀衛軒遺詩二卷,書林揚觶二卷,漢學商兑四卷,陶詩附考一卷,解招魂一卷,跋南雷文定一卷,進修譜一卷,未能錄二卷,山天衣聞一卷,大意尊聞三卷,向果微言三卷,昭昧詹言一至八、續

錄二卷)

340000－1801－0021211　7:061790－7:061869
隨園三十種(小倉山房全集)　(清)袁枚撰　清刻本　八十冊

340000－1801－0021212　7:061870－7:061925
隨園三十種(小倉山房全集)　(清)袁枚撰　清刻本　五十六冊　存二十三種(小倉山房詩集三十七卷、續集二卷,小倉山房外集八卷,袁太史稿不分卷,隨園隨筆二十八卷,新齊諧二十四卷、續十卷,箏船詞一卷,綠秋草堂詞一卷,玉山堂詞一卷,隨園食單一卷,碧腴齋詩存八卷,續同人集十七卷,隨園女弟子詩六卷,隨園八十壽言六卷,紅豆村人詩稿十四卷,素文女子遺稿一卷,南園詩選二卷,湄君詩集二卷,筱雲詩集二卷,捧月樓詞二卷,飲水詞鈔二卷,崇睦山房詞一卷,碧梧山館詞二卷,過雲精舍詞二卷)

340000－1801－0021213　7:061961－7:061966
春雨樓叢書　(清)朱士端撰　清同治中寶應朱氏刻本　六冊

340000－1801－0021214　7:061967－7:061978
有恒心齋集　(清)程鴻詔撰　清同治中刻本　十二冊　缺一種二卷(贈言錄二卷)

340000－1801－0021215　7:061979－7:061990
有恒心齋集　(清)程鴻詔撰　清同治中刻本　十二冊

340000－1801－0021216　7:061991－7:062002
有恒心齋集　(清)程鴻詔撰　清同治中刻本　十二冊　缺二種三卷(雞澤朏錄一卷、贈言錄二卷)

340000－1801－0021217　7:062003－7:062014
有恒心齋集　(清)程鴻詔撰　清同治中刻本　十二冊　缺三種七卷(迎靄筆記二卷、先德記三卷、贈言錄二卷)

340000－1801－0021218　7:062015－7:062026
有恒心齋集　(清)程鴻詔撰　清同治中刻本　十二冊　缺三種七卷(迎靄筆記二卷、先德記三卷、贈言錄二卷)

340000－1801－0021219　7:062027－7:062038
有恒心齋集　(清)程鴻詔撰　清同治中刻本　十二冊

340000－1801－0021220　7:062039－7:062045
有恒心齋集　(清)程鴻詔撰　清刻本　七冊　存一種三十卷(有恒心齋前集一卷、文十一卷、詩七卷、駢體文六卷、詩鈔二卷、詞餘一卷、外集二卷)

340000－1801－0021221　7:062046－7:062056
有恒心齋集　(清)程鴻詔撰　清刻本　十一冊　缺一種二卷(贈言錄二卷)

340000－1801－0021222　7:062057－7:062068
有恒心齋集　(清)程鴻詔撰　清同治中刻本　十二冊　缺一種二卷(贈言錄二卷)

340000－1801－0021223　7:062069－7:062078
庸盦全集　(清)薛福成撰　清光緒二十七年(1901)上海書局石印本　十冊　存二種二十卷(庸盦文編四卷、文續編二卷、文外編四卷、海外文編四卷,出使英法義比四國日記六卷)

340000－1801－0021224　7:062079－7:062088
儆季雜著　(清)黃以周撰　清光緒二十年(1894)江蘇南菁講舍刻本　十冊

340000－1801－0021225　7:062089－7:062110
桐城吳先生全書　(清)吳汝綸撰　清光緒三十年(1904)刻本　二十二冊

340000－1801－0021226　7:062111－7:062121
桐城吳先生全書　(清)吳汝綸撰　清光緒三十年(1904)刻本　十一冊

340000－1801－0021227　7:062122－7:062134
桐城吳先生全書　(清)吳汝綸撰　清光緒三十年(1904)刻本　十三冊

340000－1801－0021228　7:062135－7:062148
桐城吳先生全書　(清)吳汝綸撰　清光緒三十年(1904)刻本　十四冊

340000－1801－0021229　7:062149－7:062168
桐城吳先生全書　(清)吳汝綸撰　清光緒三十年(1904)刻本　二十冊

340000－1801－0021230　7：062169
歲餘偶録　(清)孫葆田撰　清光緒中木活字鉛印本　一册

340000－1801－0021231　7：062178－7：062185
徐菽岑先生著述　(清)徐宗亮撰　清刻本　八册

340000－1801－0021232　7：062186－7：062197
還硯齋全集　(清)趙新輯　清光緒八年(1882)黄樓刻本　十二册

340000－1801－0021233　7：062212－7：062215
孫先生遺書　(清)孫雲錦撰　清宣統二年(1910)張謇刻本　四册

340000－1801－0021234　7：062216－7：062219
孫先生遺書　(清)孫雲錦撰　清宣統二年(1910)張謇刻本　四册

340000－1801－0021235　7：062220－7：062223
孫先生遺書　(清)孫雲錦撰　清宣統二年(1910)張謇刻本　四册

340000－1801－0021236　7：062224－7：062229
耐安類稿　(清)陳偉撰　清光緒二十二年(1896)諸父瀚等刻本　六册　缺一種一卷(居求録一卷)

340000－1801－0021237　7：062230－7：062241
桐華閣叢書　(清)杜貴墀撰　清光緒中刻本　十二册

340000－1801－0021238　7：062242
如諫果室叢鈔四種　(清)王延釗撰　清光緒京師益森書館鉛印本　一册

340000－1801－0021239　7：062243－7：062277
詩禮堂全集(王介山先生全集)　(清)王又樸撰　清刻本(原缺明辨録、論語廣義)　三十五册　缺五種五卷(介山自訂年譜一卷、繼配馮恭人實録一卷、鄉會試硃卷一卷、聖諭廣訓一卷、聖諭廣訓衍一卷)

340000－1801－0021240　7：062901－7：062910
大鶴山房全書　鄭文焯撰　清光緒至民國間刻民國九年(1920)蘇州交通圖書館彙印本　十册

340000－1801－0021241　7：063396－7：063415
田間遺書　(清)錢澄之撰　清康熙二十三年(1684)斟雉堂刻本　二十册

340000－1801－0021242　7：063416－7：063420
莊屈合詁不分卷　(清)錢澄之撰　清斟雉堂刻本　五册

340000－1801－0021243　7：063421－7：063425
莊屈合詁不分卷　(清)錢澄之撰　清斟雉堂刻本　五册

340000－1801－0021244　7：063426－7：063430
莊屈合詁不分卷　(清)錢澄之撰　清斟雉堂刻本　五册

340000－1801－0021245　7：063431－7：063435
莊屈合詁不分卷　(清)錢澄之撰　清斟雉堂刻本　五册

340000－1801－0021246　7：063436－7：063439
莊屈合詁不分卷　(清)錢澄之撰　清斟雉堂刻本　四册

340000－1801－0021247　7：063440－7：063447
戴澗鄰遺著　(清)戴槃著　清同治七年(1868)刻本　八册　存八種(嚴陵記略不分卷、裁嚴郡九姓漁課録一卷、杭嘉湖三府減漕奏稿不分卷、杭嘉湖減漕記略不分卷、桐溪記略不分卷、桐溪記略題辭不分卷、東甌留别和章二卷、東甌記略不分卷)

340000－1801－0021248　7：063448－7：063454
陽湖孫氏所著書　(清)孫星衍著　清刻本　七册　存五種二十三卷(倉頡篇三卷、燕丹子三卷、問字堂集六卷、平津館文稿二卷、孫子十家注九卷)

340000－1801－0021249　7：063455－7：063464
孫淵如先生全集　(清)孫星衍著　清光緒十年至十二年(1884－1886)吳縣朱氏家塾刻槐廬叢書本　十册　存十種二十二卷(問字堂集六卷,岱南閣集二卷,平津館文稿二卷,五松園文稿一卷,嘉穀堂集一卷,澄清堂稿二

卷、續稿一卷，沛上停雲集一卷，租船詠史文一卷，冶城集二卷、遺集一卷、補遺一卷，長離閣集一卷）

340000－1801－0021250　7:063638－7:063642
萬物炊累室類稿　（清）沈同芳撰　清宣統三年（1911）鉛印本　五册　存四種十七卷（中國漁業歷史一卷、公言集三卷、刻鵠集三卷、秘書集十卷）

340000－1801－0021251　7:063643－7:063646
章氏三種（强恕齋四賸稿）　（清）章謙存著　清刻本　四册

340000－1801－0021252　7:063647－7:063653
倪氏雜著　（清）倪偉人著　清光緒十六年（1890）章安官舍刻本　七册　存九種二十二卷（輟耕吟稿五卷、補編一卷，四書疑句輯解二卷，樂府古體要解二卷、續輯樂府題解一卷，課徒試帖二卷，錦城紀略一卷、補遺一卷，錦城詩存三卷，輟耕筆記一卷，輟耕消暑錄一卷，敦復堂文集二卷）

340000－1801－0021253　7:063654－7:063658
倪氏雜著　（清）倪偉人著　清光緒十六年（1890）章安官舍刻本　五册　存六種十四卷（輟耕吟稿五卷，樂府古體要解二卷、續輯樂府題解一卷，四書疑句輯解二卷，輟耕筆記一卷，輟耕消暑錄一卷，敦復堂文集二卷）

340000－1801－0021254　7:063659－7:063662
倪氏所著書　（清）倪偉人著　清刻本　四册　存六種十一卷（四書疑句輯解二卷，輟耕筆記一卷，輟耕消暑錄一卷，敦復堂文集二卷，樂府古體要解二卷、續輯樂府題解一卷，課徒試帖二卷）

340000－1801－0021255　7:063669－7:063672
洪氏唐石經館叢書　（清）洪汝奎輯　清光緒中刻涇縣洪氏公善堂彙印本　四册　存一種十一卷（倭文端公遺書八卷、首二卷、末一卷）

340000－1801－0021256　7:063673－7:063680
倭文端公遺書十一卷首二卷　（清）倭仁撰　清光緒二十年（1894）山東書局刻本　八册

340000－1801－0021257　7:063681－7:063688
倭文端公遺書十一卷首二卷　（清）倭仁撰　清光緒二十年（1894）山東書局刻本　八册

340000－1801－0021258　7:063689－7:063696
倭文端公遺書十一卷首二卷　（清）倭仁撰　清光緒二十年（1894）山東書局刻本　八册

340000－1801－0021259　7:063706－7:063718
龔端毅公集　（清）龔鼎孳著　清道光十四年（1834）刻本　十三册　存六種十六卷（露浣園稿四卷，定山堂古文小品二卷，定山堂古文小品續集一卷，定山堂雜序一卷，浠川政譜二卷，奏疏一至三、六至八）

340000－1801－0021260　7:063719－7:063740
張仲雅所著書（三影閣叢書）　（清）張雲璈著　清道光中刻本　二十二册　存六種三十卷（選學膠言一至六、十二至二十，蠟味小稿三卷，三影閣箏語四卷，復丁老人草二卷，金牛湖漁唱一卷，知還草一、三至六）

340000－1801－0021261　7:063741－7:063752
頤志齋叢書　（清）丁晏著　清同治元年（1862）刻本　十二册　缺七種九卷（禹貢錐指正誤一卷，孝經述註一卷，北宋汴學二體石經記一卷，淮安北門城樓金天德年大鐘款識一卷、附一卷，石亭記事一卷、續編一卷，百家姓三編一卷，讀經説一卷）

340000－1801－0021262　7:063753－7:063758
張氏遺書　（清）張恩霨撰　清光緒十一年（1885）刻本　六册　存六種十一卷（留松堂詩存四卷、大學闡要一卷、中庸闡要一卷、孝經闡要一卷、論語論略一卷、刪訂來氏易注象數圖説三卷）

340000－1801－0021263　7:063782－7:063801
蛾術編八十二卷　（清）王鳴盛撰　清道光二十一年（1841）刻本　二十册

340000－1801－0021264　7:063802－7:063840
侯官陳氏所著書（三山陳氏家刻左海全集十種）　（清）陳壽祺　（清）陳喬樅撰　清刻本　三十九册　存七種五十四卷（左海文集十

卷、詩經四家異文考五、尚書大傳定本五卷、洪範五行傳三卷、左海經辨二卷、東觀存稿一卷、今文尚書經說考三十二卷)

340000－1801－0021265　7:063849－7:063860
董孟如所著書　(清)董沛著　清光緒刻本　十二冊　存五種三十九卷(南屏贅語八卷、汝東判語六卷、明州繫年錄七卷、兩浙令長考二卷、甬上宋元詩略十六卷)

340000－1801－0021266　7:063919－7:063957
鄭小谷所著書　(清)鄭獻甫著　清同治八年至光緒八年(1869－1882)黔南節署刻本　三十九冊　存六種五十卷(四書翼注論文十六卷、愚一錄十二卷、補學軒詩集十二卷、補學軒批選時文讀本二卷、補學軒制藝四卷、補學軒文集外編四卷)

340000－1801－0021267　7:063958－7:063963
半厂叢書初編　(清)譚獻輯　清光緒中仁和譚氏刻本　六冊　存一種十八卷(復堂類集文四卷、詩十一卷、詞三卷)

340000－1801－0021268　7:063964－7:063968
半厂叢書初編　(清)譚獻輯　清光緒中仁和譚氏刻本　五冊　存一種十九卷(復堂類集文三至四、詩一至九、詞一至二、日記一至六)

340000－1801－0021269　7:063969－7:063978
郭階所著書　(清)郭階著　清光緒刻本　十冊　存十二種二十卷(大學古本釋一卷,中庸釋一卷,周易漢讀考二卷,學庸識小一卷、筆記三卷、事略一卷,天均卮言一卷,讀史提要錄評一卷,集選詩一卷,老子識小一卷,遲雲閣文稿四卷,莊子識小一卷,遲雲閣詩稿一卷,芹曝錄內篇一卷)

340000－1801－0021270　7:063987－7:063997
援鶉堂遺集　(清)姚範著　清嘉慶十七年至二十四年(1812－1819)刻本　十一冊　存三種二十六卷(詩集七卷、文集六卷、筆記十三卷)

340000－1801－0021271　7:063998
馬徵麐所著書　(清)馬徵麐著　清石印本　一冊

340000－1801－0021272　7:063999
馬徵麐所著書　(清)馬徵麐著　清石印本　一冊

340000－1801－0021273　7:064000
馬徵麐所著書　(清)馬徵麐著　清石印本　一冊

340000－1801－0021274　7:064001
馬徵麐所著書　(清)馬徵麐著　清石印本　一冊

340000－1801－0021275　7:064002
馬徵麐所著書　(清)馬徵麐著　清石印本　一冊

340000－1801－0021276　7:064003
馬徵麐所著書　(清)馬徵麐著　清石印本　一冊

340000－1801－0021277　7:064004
馬徵麐所著書　(清)馬徵麐著　清石印本　一冊

340000－1801－0021278　7:064005
馬徵麐所著書　(清)馬徵麐著　清石印本　一冊

340000－1801－0021279　7:064006
馬徵麐所著書　(清)馬徵麐著　清石印本　一冊

340000－1801－0021280　7:064007
馬徵麐所著書　(清)馬徵麐著　清石印本　一冊

340000－1801－0021281　7:064008
馬徵麐所著書　(清)馬徵麐著　清石印本　一冊

340000－1801－0021282　7:064009－7:064022
三魚堂全集　(清)陸隴其著　清咸豐、同治間武林薇署刻本　十四冊　存六種四十二卷(陸隴其年譜一卷、三魚堂文集十二卷、三魚堂外集六卷、三魚堂日記十卷、三魚堂賸言十二卷、三魚堂讀禮志疑一卷)

340000－1801－0021283　7：064023－7：064054
仿宋相臺五經附考證　清光緒二年(1876)江南書局刻本　三十二冊

340000－1801－0021284　7：064055－7：064064
篆文六經四書　清光緒九年(1883)上海同文書局石印本　十冊

340000－1801－0021285　7：064065－7：064074
篆文六經四書　清光緒九年(1883)上海同文書局石印本　十冊

340000－1801－0021286　7：064075－7：064125
袖珍十三經註　清同治十二年(1873)稽古樓刻本　五十一冊　存七種(周易九卷,尚書六卷,毛詩註二十卷、詩譜一卷,春秋左傳註六十卷,春秋公羊傳不分卷、附考一卷,春秋穀梁傳不分卷、附考一卷,周禮六卷、首一卷)

340000－1801－0021287　7：064126－7：064161
袖珍十三經註　清同治十二年(1873)稽古樓刻本　三十六冊　存七種一百三十三卷(周易九卷,周禮六卷、首一卷,儀禮十七卷、首一卷,禮記十卷、首一卷,毛詩註二十卷、詩譜一卷,春秋左傳註六十卷,孟子七卷)

340000－1801－0021288　7：064162－7：064242
重刻宋本十三經註疏附校勘記　(清)盧宣旬摘錄　(清)阮元撰　清嘉慶二十年(1815)南昌府學刻本　八十一冊　存六種四百七十六卷(周易兼義九卷、附音義一卷、注疏校勘記九卷、釋文校勘記一卷,附釋音尚書注疏二十卷、附校勘記二十卷,附釋音毛詩注疏七十卷、附校勘記七十卷,儀禮注疏五十卷、附校勘記五十卷,附釋音春秋左傳注疏六十卷、附校勘記六十卷,監本附釋音春秋公羊注疏二十八卷、附校勘記二十八卷)

340000－1801－0021289　7：064243－7：064425
重刻宋本十三經註疏附校勘記　(清)盧宣旬摘錄　(清)阮元撰　清道光六年(1826)刻本　一百八十三冊

340000－1801－0021290　7：064426－7：064515
重刻宋本十三經註疏附校勘記　(清)盧宣旬摘錄　(清)阮元撰　清嘉慶二十年(1815)南昌府學刻本　九十冊

340000－1801－0021291　7：064516－7：064642
重刻宋本十三經註疏附校勘記　(清)盧宣旬摘錄　(清)阮元撰　清嘉慶二十年(1815)南昌府學刻本　一百二十七冊　缺三種七十二卷(論語注疏解經二十卷、附校勘記二十卷,孟子注疏解經十四卷、附校勘記十四卷,十三經注疏校勘記識語四卷)

340000－1801－0021292　7：064643－7：064822
重刻宋本十三經註疏附校勘記　(清)盧宣旬摘錄　(清)阮元撰　清道光六年(1826)刻本　一百八十冊

340000－1801－0021293　7：064823－7：064951
十三經註疏附考證　清同治十年(1871)廣東書局刻本　一百二十九冊　缺一種二十八卷(春秋公羊傳注疏二十八卷附考證)

340000－1801－0021294　7：064952－7：064995
重刻宋本十三經註疏附校勘記　(清)盧宣旬摘錄　(清)阮元撰　清同治十年(1871)湖南尊經閣刻本　四十四冊

340000－1801－0021295　7：064996－7：065065
重刻宋本十三經註疏附校勘記　(清)盧宣旬摘錄　(清)阮元撰　清同治十二年(1873)江西書局刻本　七十冊　存六種三百八十二卷(附釋音尚書注疏二十卷、附校勘記二十卷,附釋音毛詩注疏七十卷、附校勘記七十卷,儀禮注疏五十卷、附校勘記五十卷,監本附釋音春秋公羊注疏二十八卷、附校勘記二十八卷,孝經注疏九卷、附校勘記九卷,孟子注疏解經十四卷、附校勘記十四卷)

340000－1801－0021296　7：065066－7：065153
十三經註疏附考證　清同治十年(1871)廣東書局刻本　八十八冊　缺四種一百十九卷(春秋左傳注疏六十卷附考證、春秋公羊傳注疏二十八卷附考證、論語注疏二十卷附考證、爾雅注疏十一卷附考證)

340000－1801－0021297　7：065154－7：065185

重刻宋本十三經註疏附校勘記　(清)盧宣旬摘錄　(清)阮元撰　清光緒十三年(1887)上海脈望仙館石印本　三十二冊

340000－1801－0021298　7:065186－7:065217
重刻宋本十三經註疏附校勘記　(清)盧宣旬摘錄　(清)阮元撰　清光緒十三年(1887)上海脈望仙館石印本　三十二冊

340000－1801－0021299　7:065218－7:065249
十三經註疏附校勘記　(清)盧宣旬摘錄　(清)阮元撰　清光緒十三年(1887)上海脈望仙館石印本　三十二冊

340000－1801－0021300　7:065250－7:065281
十三經註疏附校勘記　(清)盧宣旬摘錄　(清)阮元撰　清光緒十三年(1887)上海脈望仙館石印本　三十二冊

340000－1801－0021301　7:065282－7:065313
重刻宋本十三經註疏附校勘記　(清)盧宣旬摘錄　(清)阮元撰　清光緒十三年(1887)上海脈望仙館石印本　三十二冊

340000－1801－0021302　7:065314－7:065342
重刻宋本十三經註疏附校勘記　(清)盧宣旬摘錄　(清)阮元撰　清光緒十三年(1887)上海脈望仙館石印本　二十九冊

340000－1801－0021303　7:065343－7:065368
重刻宋本十三經註疏附校勘記　(清)盧宣旬摘錄　(清)阮元撰　清光緒十三年(1887)上海脈望仙館石印本　二十六冊　缺一種一百二十卷(附釋音春秋左傳注疏六十卷、附校勘記六十卷)

340000－1801－0021304　7:065369－7:065407
重刻宋本十三經註疏附校勘記　(清)盧宣旬摘錄　(清)阮元撰　清光緒十三年(1887)上海脈望仙館石印本　三十九冊

340000－1801－0021305　7:065408－7:065534
重刻宋本十三經註疏附校勘記　(清)盧宣旬摘錄　(清)阮元撰　清光緒十八年(1892)湖南寶慶務本書局刻本　一百二十七冊

340000－1801－0021306　7:065535－7:065620
重刻宋本十三經註疏附校勘記　(清)盧宣旬摘錄　(清)阮元撰　清光緒十八年(1892)湖南寶慶務本書局刻本　八十六冊　缺四種三百十四卷(附釋音周禮注疏四十二卷、附校勘記四十二卷,儀禮注疏五十卷、附校勘記五十卷,附釋音禮記注疏六十三卷、附校勘記六十三卷,十三經注疏校勘記識語四卷)

340000－1801－0021307　7:065621－7:065652
重刻宋本十三經註疏附校勘記　(清)盧宣旬摘錄　(清)阮元撰　清光緒二十九年(1903)上海點石齋石印本　三十二冊

340000－1801－0021308　7:065653－7:065677
重刻宋本十三經註疏附校勘記　(清)盧宣旬摘錄　(清)阮元撰　清光緒十三年(1887)上海點石齋石印本　二十五冊

340000－1801－0021309　7:065678－7:065702
重刻宋本十三經註疏附校勘記　(清)盧宣旬摘錄　(清)阮元撰　清光緒十三年(1887)上海點石齋石印本　二十五冊

340000－1801－0021310　7:066009－7:066097
重刻宋本十三經註疏附校勘記　(清)盧宣旬摘錄　(清)阮元撰　清光緒十八年(1892)湖南寶慶務本書局刻本　八十九冊　存七種六百三十卷(附釋音毛詩注疏七十卷、附校勘記七十卷,附釋音周禮注疏四十二卷、附校勘記四十二卷,儀禮注疏五十卷、附校勘記五十卷,附釋音禮記注疏六十三卷、附校勘記六十三卷,附釋音春秋左傳注疏六十卷、附校勘記六十卷,監本附釋音春秋公羊注疏二十八卷、附校勘記二十八卷,十三經注疏校勘記識語四卷)

340000－1801－0021311　7:066098－7:066143
十三經註疏附校勘記　(清)盧宣旬摘錄　(清)阮元撰　清儀徵阮氏刻本　四十六冊

340000－1801－0021312　7:066148－7:066163
五經體註大全　(□)□□撰　清道光二十年(1840)刻本　十六冊

340000－1801－0021313　7：066164－7：066173
皇朝五經匯解　題（清）抉經心室主人輯　清光緒十九年（1893）上海積山局石印本　十冊

340000－1801－0021314　7：066174－7：066206
皇朝五經匯解　題（清）抉經心室主人輯　清光緒十四年（1888）鴻文書局石印本　三十三冊

340000－1801－0021315　7：066207－7：066238
皇朝五經匯解　題（清）抉經心室主人輯　清光緒十四年（1888）鴻文書局石印本　三十二冊

340000－1801－0021316　7：066239－7：066279
五經四子書（敦厚堂六經全註）　清刻本　四十二冊

340000－1801－0021317　7：066280－7：066319
五經四子書（文光堂六經全註）　清刻本　四十冊

340000－1801－0021318　7：066320－7：066345
五經四子書（六經全註）　清刻本　二十六冊　缺一種三十卷（春秋三十卷）

340000－1801－0021319　7：066346－7：066392
十三經讀本　清同治中崇文書局刻本　四十七冊

340000－1801－0021320　7：066493－7：066496
呂涇野經說　（明）呂柟著　清刻惜陰軒叢書本　四冊　存三種十卷（毛詩說序四至六、禮問二卷、春秋說志五卷）

340000－1801－0021321　7：066497－7：066500
萬充宗先生經學五書　（清）萬斯大撰　清刻本　四冊

340000－1801－0021322　7：066501－7：066508
萬充宗先生經學五書　（清）萬斯大撰　清刻本　八冊

340000－1801－0021323　7：066509－7：066570
御纂七經　清同治六年至九年（1867－1870）浙江書局刻本　六十二冊　存四種一百三十八卷（欽定書經傳說彙纂二十一卷、首二卷、書序一卷，欽定詩經傳說彙纂二十一卷、首二卷、詩序二卷，欽定春秋傳說彙纂三十八卷、首二卷，欽定周官義疏四十八卷、首一卷）

340000－1801－0021324　7：066571－7：066730
御纂七經　清光緒中湖南漱芳閣刻本（禮記、周官、春秋爲清同治中浙江書局刻本）　一百六十冊

340000－1801－0021325　7：066731－7：066888
御纂七經　清同治十年（1871）湖北崇文書局刻本　一百五十八冊　缺一種二十三卷（御纂周易折中二十二卷、首一卷）

340000－1801－0021326　7：066889－7：067030
御纂七經　清同治六年至九年（1867－1870）浙江書局刻本　一百四十二冊

340000－1801－0021327　7：067031－7：067144
御纂七經　清同治六年至九年（1867－1870）浙江書局刻本　一百十四冊　缺二種四十九卷（欽定書經傳說彙纂二十一卷、首二卷、書序一卷，欽定詩經傳說彙纂二十一卷、首二卷、詩序二卷）

340000－1801－0021328　7：067145－7：067624
通志堂經解　（清）成德（性德）輯　清同治十二年（1873）粵東書局刻本　四百八十冊

340000－1801－0021329　7：067625－7：067996
通志堂經解　（清）成德（性德）輯　清同治十二年（1873）粵東書局刻本　三百七十二冊　缺三十九種四百四十五卷（易璇璣三卷，易圖說三卷，晦菴先生朱文公易說二十三卷，大易緝說十卷，周易輯聞六卷、易雅一卷、筮宗一卷，讀易私言一卷，俞氏易集說十三卷，春秋尊王發微十二卷、附錄一卷，春秋皇綱論五卷，春秋劉氏傳十五卷，春秋權衡十七卷，劉氏春秋意林二卷，春秋年表一卷，春秋名號歸一圖二卷，龍學孫公春秋經解十五卷，石林先生春秋傳二十卷，止齋先生春秋後傳十二卷，春秋提綱十卷，春秋王霸列國世紀編三卷，春秋通說十三卷，春秋集註十一卷、綱領一卷，春秋或問二十卷，春秋五論一卷，則堂先生春秋集傳詳說三十卷、綱領一卷，春秋類對賦一

卷，春秋諸國統紀六卷，春秋屬辭十五卷，春秋師說三卷、附錄二卷，春秋左氏傳補注十卷，春秋諸傳會通二十四卷、首一卷，春秋集傳釋義大成十二卷、首一卷，清全齋讀春秋編十二卷，春秋春王正月考一卷、辨疑一卷，東巖周禮訂義八十卷、首一卷，鬳齋考工記解二卷，儀禮逸經傳一卷，論語集說十卷，南軒先生孟子說七卷，孟子音義二卷）

340000－1801－0021330　7：067997－7：068193
通志堂經解　（清）成德（性德）輯　清同治十二年（1873）粵東書局刻本　一百九十七册　存六十七種七百九十三卷（易裨傳一卷、外篇一卷，易圖說三卷，易學啓蒙通釋二卷、圖一卷，周易玩辭十六卷，東谷鄭先生易翼傳二卷，三易備遺十卷，丙子學易編一卷，易學啓蒙小傳一卷、古經傳一卷，水村易鏡一卷，晦菴先生朱文公易說二十三卷，大易緝說十卷，周易輯聞六卷、易雅一卷、筮宗一卷，周易傳義附錄十四卷、首一卷，學易記九卷、首一卷，讀易私言一卷，俞氏易集說十三卷，周易本義附錄纂注十五卷，周易發明啓蒙翼傳三卷、外篇一卷，李迂仲黄實夫毛詩集解四十二卷、首一卷，毛詩名物解二十卷，詩說一卷，詩疑二卷，詩傳遺說六卷，逸齋詩補傳三十卷、篇目一卷，詩集傳名物鈔八卷，詩經疑問七卷、附編一卷，詩解頤四卷，春秋尊王發微十二卷、附錄一卷，春秋皇綱論五卷，春秋劉氏傳十五卷，春秋權衡十七卷，劉氏春秋意林二卷，春秋年表一卷，春秋名號歸一圖二卷，石林先生春秋傳二十卷，止齋先生春秋後傳十二卷，春秋集解三十卷，左氏傳說二十卷，春秋左氏傳事類始末五卷、附錄一卷，春秋提綱十卷，春秋王霸列國世紀編三卷，春秋通說十三卷，則堂先生春秋集傳詳說三十卷、綱領一卷，春秋類對賦一卷，春秋諸國統紀六卷，春秋本義三十卷、首一卷，春秋屬辭十五卷，春秋師說三卷、附錄二卷，春秋左氏傳補注十卷，春秋諸傳會通二十四卷、首一卷，春秋集傳釋義大成十二卷、首一卷，清全齋讀春秋編十二卷，春秋春王正月考一卷、辨疑一卷，新定三禮圖二十卷，東巖周禮訂義八十卷、首一卷，鬳齋考工記解二卷，儀禮圖十七卷、旁通圖一卷、附儀禮本經十七卷，孝經注解一卷，孝經大義一卷，孝經一卷，晦菴先生所定古文孝經句解一卷，南軒先生論語解十卷，論語集說十卷，南軒先生孟子說七卷，孟子集疏十四卷，孟子音義二卷，大學纂疏一卷、中庸纂疏一卷、論語纂疏十卷、孟子纂疏十四卷）

340000－1801－0021331　7：068194－7：068264
通志堂經解　（清）成德（性德）輯　清同治十二年（1873）粵東書局刻本　七十一册　存二十七種三百五十八卷（子夏易傳十一卷，易學一卷，紫巖居士易傳十卷，漢上易傳十一卷、周易卦圖三卷、周易叢說一卷，易小傳六卷，復齋易說六卷，童溪王先生易傳三十卷，易裨傳一卷、外篇一卷，大易緝說十卷，周易輯聞六卷、易雅一卷、筮宗一卷，學易記九卷、首一卷，周易本義通釋十二卷、輯錄雲峯文集易義一卷，易象圖說外篇三卷，合訂删補大易集義粹言八十卷，三山拙齋林先生尚書全解四十卷，程尚書禹貢論二卷、後論一卷、山川地理圖二卷，書疑九卷，書集傳或問二卷，杏溪傳氏禹貢集解二卷，尚書詳解十三卷，尚書表注二卷，書蔡氏傳輯錄纂注六卷、首一卷，書纂言四卷，書蔡氏傳旁通六卷，李迂仲黄實夫毛詩集解四十二卷、首一卷，毛詩名物解二十卷）

340000－1801－0021332　7：068265－7：068322
通志堂經解　（清）成德（性德）輯　清同治十二年（1873）粵東書局刻本　五十八册　存四十三種一百八十八卷（子夏易傳一至四；横渠先生易說三卷；紫巖居士易傳六至十；周易義海撮要一至四；易小傳一至四；古周易一卷；童溪王先生易傳一至三、十九至二十二；東谷鄭先生易翼傳二卷；三易備遺五至十；大易緝說九至十；周易輯聞一至四；學易記四；學易記繫辭一卷；學易記說卦一卷；周易會通一至六；易學啓蒙通釋二卷；周易本義通釋一；周易繫辭五至七；儀禮一至十七；春秋集解一至六；南軒先生論語解七至十；南軒先生孟子說一至三；中庸通一卷；論語集註通證二卷；孟子集註通證二卷；四書通旨五至六；周禮音義上、下；莊子音義中、下；公是先生七經小傳三卷；合訂刪補大易集義粹言十三至十七、四十至四十四；三山拙齋林先生尚書全解二十七至二十八；增修東萊書說二十六至三十五；洪範經文一；定正洪範集說一卷、首一卷；詩本義一至五；春秋臣傳十九至三十；儀禮集說五；春秋左氏傳事類始末五卷、附錄一卷；春秋五論一卷；春秋詳說一、十五至十七，綱領一卷；春秋本義一至四、十七至十九；儀禮圖一至十；太平經國之書十一卷、首一卷）

340000－1801－0021333　7：068323－7：068447
通志堂經解　（清）成德（性德）輯　清同治十二年（1873）粵東書局刻本　一百二十五冊　存二十七種五百三十一卷（易小傳六卷，復齋易說六卷，古周易一卷，童溪王先生易傳三十卷，周易本義通釋一至十，合訂刪補大易集義粹言二十四至二十七、三十一至八十，三山拙齋林先生尚書全解一至十四，程尚書禹貢論二卷、後論一卷、山川地理圖二卷，尚書說七卷，書集傳或問二卷，杏溪傅氏禹貢集解二卷，尚書詳解十三卷，尚書表注二卷，尚書纂傳四十六卷，書蔡氏傳輯錄纂注六卷、首一卷，書纂言四卷，書蔡氏傳旁通六卷，尚書通考十卷，王耕野先生讀書管見二卷，李迂仲黃實夫毛詩集解四十二卷、首一卷，止齋先生春秋後傳十二卷，禮記集說四至十九、四十二至一百二十五、一百二十九至一百六十，禮記陳氏集說補正一至二十八，孟子集疏十四卷，大學集編一卷、中庸集編一卷、論語集編十卷、孟子集編十四卷，尚書句解十三卷，增修東萊書說三十五卷、首一卷）

340000－1801－0021334　7：068448－7：068478
通志堂經解　（清）成德（性德）輯　清刻本　三十一冊　存十六種一百十一卷（周易象一至四，周易發明啓蒙翼傳三卷、外篇一卷，周易本義通釋一，大易象數鉤深圖三卷，合訂刪補大易集義粹言二十五至五十二、六十至六十七、七十九至八十，書集傳纂疏一至二，書古文訓一至三，尚書表注二卷，增修東萊書說十二至十七，書蔡氏傳旁通六卷，禹貢山川地理圖二卷，詩補傳二十六至三十，詩集傳名物鈔七至八，李迂仲黃實夫毛詩集解十一至二十一、二十五至三十三、三十九至四十二，春秋或問一至四，春秋集註七至十一）

340000－1801－0021335　7：068479－7：068488
味經齋遺書　（清）莊存與撰　清光緒八年（1882）刻本　十冊　缺四種十三卷（周官記五卷，周官說二卷、補三卷，樂說二卷，四書說一卷）

340000－1801－0021336　7：068489－7：068496
通藝錄　（清）程瑤田撰　清嘉慶中刻本　八冊　存七種十卷（論學小記三卷、論學外篇二卷、磬折古義一卷、溝洫疆理小記一卷、水地小記一卷、解字小記一卷、聲律小記一卷）

340000－1801－0021337　7：068497－7：068508
通藝錄　（清）程瑤田撰　清嘉慶中刻本　十二冊

340000－1801－0021338　7：068509－7：068528
通藝錄　（清）程瑤田撰　清嘉慶中刻本　二十冊

340000－1801－0021339　7：068529－7：068888
皇清經解一千四百八卷　（清）阮元輯　清道光九年（1829）廣東學海堂刻咸豐十一年（1861）補刻本　三百六十冊

340000－1801－0021340　7：068889－7：069247
皇清經解一千四百八卷　（清）阮元輯　清道光九年（1829）廣東學海堂刻咸豐十一年（1861）補刻本　三百五十九冊

340000－1801－0021341　7：069248－7：069607
皇清經解一千四百八卷　（清）阮元輯　清道光九年（1829）廣東學海堂刻咸豐十一年（1861）補刻本　三百六十冊

340000－1801－0021342　7：069608－7：069967
皇清經解一千四百八卷　（清）阮元輯　清道光九年（1829）廣東學海堂刻咸豐十一年（1861）補刻本　三百六十冊

340000－1801－0021343　7：069968－7：070001
皇清經解一千四百八卷　（清）阮元輯　清道

光九年(1829)廣東學海堂刻咸豐十一年(1861)補刻本　三十四冊　存一百六十九卷(四百三十九至四百七十八、五百四十三至五百四十七、五百五十二至五百六十二、五百九十六至五百九十九、六百九十二至七百四十八、七百五十八至八百一、一千一百八十五至一千一百八十七、一千二百七十二至一千二百七十六)

340000－1801－0021344　7:070002－7:070033
皇清經解一千四百八卷　(清)阮元輯　清道光九年(1829)廣東學海堂刻咸豐十一年(1861)補刻本　三十二冊　存一百七十卷(六百七十四至八百四十三)

340000－1801－0021345　7:070034－7:070057
皇清經解一百九十卷　(清)阮元輯　清光緒十七年(1891)上海鴻寶齋石印本　二十四冊

340000－1801－0021346　7:070058－7:070078
皇清經解一百九十卷　(清)阮元輯　清光緒十七年(1891)上海鴻寶齋石印本　二十一冊　缺十二卷(五十至五十八、八十八至九十)

340000－1801－0021347　7:070079－7:070313
皇清經解一千四百八卷　(清)阮元輯　清道光九年(1829)廣東學海堂刻咸豐十一年(1861)補刻本　二百三十五冊　存一千一百九十九卷(一至一千一百九十九)

340000－1801－0021348　7:070314－7:070377
皇清經解一千四百卷　(清)阮元輯　清光緒十三年(1887)上海書局石印本　六十四冊

340000－1801－0021349　7:070378－7:070441
皇清經解一千四百卷　(清)阮元輯　清光緒十三年(1887)上海書局石印本　六十四冊

340000－1801－0021350　7:070442－7:070502
皇清經解一千四百卷　(清)阮元撰　清光緒十三年(1887)上海書局石印本　六十一冊

340000－1801－0021351　7:070503－7:070532
皇清經解續編二百九卷　王先謙輯　清光緒十五年(1889)上海蜚英館石印本　三十冊　缺十五卷(六十一至七十五)

340000－1801－0021352　7:070533－7:070852
皇清經解續編一千四百三十卷　王先謙輯　清光緒十四年(1888)南菁書院刻本　三百二十冊

340000－1801－0021353　7:070853－7:071172
皇清經解續編一千四百三十卷　王先謙輯　清光緒十四年(1888)南菁書院刻本　三百二十冊

340000－1801－0021354　7:071177－7:071183
孔叢伯說經五稿　(清)孔廣林撰　清光緒十六年(1890)山東書局刻本　七冊

340000－1801－0021355　7:071184－7:071195
蜚雲閣淩氏叢書　(清)淩曙撰　清嘉慶、道光間刻本　十三冊　缺一種一卷(公羊禮說一卷)

340000－1801－0021356　7:071196－7:071203
鄭氏佚書　(漢)鄭玄撰　(清)袁鈞輯　清光緒十四年(1888)浙江書局刻本　八冊　缺九種十一卷(詩譜三卷、三禮目錄一卷、喪服變除一卷、魯禮禘祫義一卷、答臨碩難禮一卷、箴膏肓一卷、釋廢疾一卷、發墨守一卷、孝經注一卷)

340000－1801－0021357　7:071204－7:071207
鄭氏佚書　(漢)鄭玄撰　清嘉慶中承德孫氏刻問經堂叢書本　四冊　存五種二十一卷(駁五經異義十卷、箴膏肓一卷、釋廢疾一卷、發墨守一卷、鄭志八卷)

340000－1801－0021358　7:071208－7:071217
鄭氏佚書　(漢)鄭玄撰　(清)袁鈞輯　清光緒十四年(1888)浙江書局刻本　十冊　缺一種九卷(易注九卷)

340000－1801－0021359　7:071270－7:071333
經苑　(清)錢儀吉輯　清道光、咸豐間大梁書院刻同治七年(1868)王儒行等印本　六十四冊

340000－1801－0021360　7:071334－7:071399
古經解彙函附小學彙函　(清)鍾謙鈞等輯　清同治十二年(1873)粵東書局刻本　六十六

册

340000－1801－0021361　7:071400－7:071464
古經解彙函附小學彙函　(清)鍾謙鈞等輯　清同治十二年(1873)粵東書局刻本　六十五册

340000－1801－0021362　7:071465－7:071533
古經解彙函附小學彙函　(清)鍾謙鈞等輯　清同治十二年(1873)粵東書局刻本　七十册　缺五種三十八卷(春秋微旨三卷、春秋啖趙二先生集傳辯疑十卷、説文解字十五卷、大宋重修廣韻五卷、廣韻五卷)

340000－1801－0021363　7:071534－7:071595
古經解彙函附小學彙函　(清)鍾謙鈞等輯　清同治十二年(1873)粵東書局刻本　六十二册　缺五種十九卷(鄭氏周易注上、中,補遺一卷;周易口訣義六卷;毛詩草木鳥獸蟲魚疏二卷;鄭志三卷、補遺一卷;急就篇四卷)

340000－1801－0021364　7:071596－7:071661
古經解彙函附小學彙函　(清)鍾謙鈞等輯　清同治十二年(1873)粵東書局刻本　六十六册

340000－1801－0021365　7:071662－7:071722
古經解彙函附小學彙函　(清)鍾謙鈞等輯　清同治十二年(1873)粵東書局刻本　六十一册　缺二種八卷(論語集解義疏七至十,鄭志三卷、補遺一卷)

340000－1801－0021366　7:071723－7:071742
古經解彙函附小學彙函續附十種　(清)鍾謙鈞等輯　清光緒十四年(1888)蜚英館石印本　二十册

340000－1801－0021367　7:071743－7:071762
古經解彙函附小學彙函續附十種　(清)鍾謙鈞等輯　清光緒十四年(1888)蜚英館石印本　二十册

340000－1801－0021368　7:071763－7:071785
五經備旨　(清)鄒聖脈纂輯　清刻本　二十三册

340000－1801－0021369　7:071786－7:071809
五經備旨　(清)鄒聖脈纂輯　清刻本　二十四册

340000－1801－0021370　7:071810－7:071833
增補五經備旨萃精　(清)鄒聖脈纂輯　清光緒五年(1879)星沙韞玉山房刻本　二十四册

340000－1801－0021371　7:071834－7:071854
增補五經備旨萃精　(清)鄒聖脈纂輯　清善成堂刻本　二十一册

340000－1801－0021372　7:071855－7:071897
讀書堂叢刻　簡朝亮撰　清光緒至民國刻本　四十三册

340000－1801－0021373　7:071898－7:071909
張臯文箋易詮全集　(清)張惠言撰　清嘉慶、道光間刻本　十二册　缺五種十五卷(易緯略義三卷,茗柯文初編一卷、二編二卷、三編一卷、四編一卷,茗柯詞一卷,擬名家制藝一卷,詞選二卷、附錄一卷、續詞選二卷)

340000－1801－0021374　7:071910－7:071914
張臯文箋易詮全集　(清)張惠言撰　清嘉慶、道光間刻本　五册　存四種八卷(虞氏易禮二卷、虞氏易候一卷、虞氏易言二卷、周易鄭氏注三卷)

340000－1801－0021375　7:071915－7:071916
方氏易學五書　(清)方申撰　清道光二十五年(1845)青溪舊屋刻本　二册

340000－1801－0021376　7:071917－7:071918
方氏易學五書　(清)方申撰　清刻南菁書院叢書本　二册

340000－1801－0021377　7:071919－7:071942
經學叢書　(清)吳忠輯　清嘉慶眞意堂刻本　二十四册　存七種四十四卷(易説六卷,詩説三卷、附錄一卷,禮説十四卷,大學説一卷,春秋説十五卷,三正考二卷,春秋疑義二卷)

340000－1801－0021378　7:071953－7:071960
苗氏説文四種四十八卷　(清)苗夔撰　清道光、咸豐間刻本　八册

340000－1801－0021379　7:071961－7:071967
苗氏說文四種四十八卷　(清)苗夔撰　清道光、咸豐間刻本　七册

340000－1801－0021380　7:071968－7:071977
小學類編　(清)李祖望輯　清咸豐、光緒間江都李氏半畝園刻本　十册　存八種三十九卷(惠氏讀說文記十五卷、說文校議十五卷、說文答問一卷、說文經字考一卷、六書說一卷、說文釋例二卷、說文舊音一卷、爾雅古注斠三卷)

340000－1801－0021381　7:071978－7:071987
小學類編　(清)李祖望輯　清咸豐、光緒間江都李氏半畝園刻本　十册　存八種三十九卷(惠氏讀說文記十五卷、說文校議十五卷、說文答問一卷、說文經字考一卷、六書說一卷、說文釋例二卷、說文舊音一卷、爾雅古注斠三卷)

340000－1801－0021382　7:071988－7:071996
小學類編　(清)李祖望輯　清咸豐、光緒間江都李氏半畝園刻本　九册　存四種三十五卷(惠氏讀說文記十五卷、說文校議十五卷、說文釋例二卷、爾雅古注斠三卷)

340000－1801－0021383　7:072021－7:072022
音學五書　(清)顧炎武撰　清光緒十一年(1885)四明觀稼樓刻本　二册　存三種七卷(音論三卷、唐韻正入聲十九至二十、古音表二卷)

340000－1801－0021384　7:072041－7:072050
周易□□卷書經□□卷詩經□□卷　清恕堂刻本　十册

340000－1801－0021385　7:072051－7:072058
澤存堂五種　(清)張士俊輯　清光緒十四年(1888)上海蜚英館影印本　八册

340000－1801－0021386　7:072075－7:072102
六經全註(敦厚堂六經全註)　清刻本　二十八册　存九種五十八卷(大學一卷,中庸一卷,論語六至十,尚書六卷,周易四卷,詩經五卷,禮記二至四、六至七、九至十,左傳一至六、十一至十六、二十四至三十五,孟子一至五)

340000－1801－0021387　7:072103－7:072110
任大椿所著書　(清)任大椿撰　清刻本　八册　存五種十五卷(深衣釋例三卷、釋繒一卷、字林考逸八卷、列子釋文二卷、列子釋文考異一卷)

340000－1801－0021388　7:072115－7:072146
經策通纂(經學輯要)　(清)吳頴炎輯　清光緒十九年(1893)點石齋石印本　三十二册

340000－1801－0021389　7:072147－7:072177
經策通纂(經學輯要)　(清)吳頴炎輯　清光緒二十年(1894)點石齋石印本　三十一册　缺一種(卷二十四下之一:朱氏說文通訓定聲泰、乾部)

340000－1801－0021390　7:072178－7:072209
皇朝五經匯解　題(清)抉經心室主人輯　清光緒十四年(1888)鴻文書局石印本　三十二册

340000－1801－0021391　7:072210－7:072229
五經合纂大成　題同文書局主人輯　清光緒十一年(1885)上海同文書局石印本　二十册

340000－1801－0021392　7:072852－7:073386
二十四史　清同治、光緒間五省官書局刻本　五百三十五册

340000－1801－0021393　7:073929－7:074112
二十四史　清同治、光緒間五省官書局刻本　一百八十四册　存十八種一千四百二十三卷(漢書一百卷,後漢書九十卷、續志三十卷,三國志六十五卷,晉書一百三十卷、附音義三卷,宋書一百卷,南齊書五十九卷,梁書五十六卷,陳書三十六卷,魏書一百十四卷,北齊書五十卷,周書五十卷,隋書八十五卷附考異,南史八十卷,北史一百卷,遼史一百十五卷附考證,遼史拾遺二十四卷,西遼紀年表一卷,金史一百三十五卷附考證)

340000－1801－0021394　7:074529－7:075197
二十四史　清同治八年(1869)刻本　六百六

十九冊　缺三種五百三十九卷（魏書一百十四卷、舊唐書二百卷、唐書二百二十五卷）

340000－1801－0021395　7：075198－7：076047
二十四史　清同治八年（1869）刻本　八百五十冊

340000－1801－0021396　7：076048－7：076897
二十四史　清同治八年（1869）刻本　八百五十冊

340000－1801－0021397　7：079022－7：079732
二十四史　清光緒中上海同文書局影印本　七百十一冊

340000－1801－0021398　7：079733－7：080444
二十四史　清光緒中上海同文書局影印本　七百十二冊

340000－1801－0021399　7：080845－7：081236
二十四史　清光緒中上海圖書集成局鉛印本　三百九十二冊

340000－1801－0021400　7：081237－7：081429
二十四史　清光緒中竹簡齋影印本　一百九十三冊　缺一種五十六卷（梁書五十六卷）

340000－1801－0021401　7：081430－7：081628
二十四史　清光緒二十八年（1902）史學會社石印本　一百九十九冊

340000－1801－0021402　7：081629－7：081905
二十四史　清光緒中上海同文書局影印本　二百七十七冊　存十二種一千一百九十五卷（史記一百三十卷、索隱二卷，漢書一百卷，後漢書九十卷、續志三十卷，三國志六十五卷，晉書一百三十卷、附音義三卷，宋書一百卷，南齊書五十九卷，梁書五十六卷，陳書三十六卷，魏書一百十四卷，南史八十卷，舊唐書二百卷）

340000－1801－0021403　7：081906－7：082023
二十四史　清光緒二十八年（1902）竢實齋石印本　一百十八冊　缺七種一千二百五十二卷（陳書三十六卷、南史八十卷、北史一百卷、舊唐書二百卷、唐書二百二十五卷、宋史四百九十六卷、遼史一百十五卷）

340000－1801－0021404　7：082024－7：082178
二十四史　清石印本（有補配）　一百五十五冊　存十一種一千三百二十三卷（史記一百三十卷、索隱二卷，漢書一百卷，後漢書九十卷、續志三十卷，三國志六十五卷，魏書一百十四卷，隋書八十五卷附考異，北史一百卷，舊唐書二十八至二百，舊五代史一百五十卷附考證，五代史七十四卷，元史二百十卷附考證）

340000－1801－0021405　7：082363－7：082500
二十四史　清光緒三十三年（1907）華商公司影印本　一百三十八冊　存十種九百九十一卷（史記一百三十卷、索隱二卷，漢書一百卷，後漢書九十卷、續志三十卷，三國志六十五卷，宋書一百卷，南齊書五十九卷，北齊書五十卷，隋書八十五卷附考異，南史八十卷，舊唐書二百卷）

340000－1801－0021406　7：082648－7：082653
欽定遼金元三史語解　清光緒四年（1878）江蘇書局刻本　六冊

340000－1801－0021407　7：082654－7：082685
史學叢書　（清）□□輯　清光緒二十五年（1899）上海文瀾書局石印本　三十二冊

340000－1801－0021408　7：082686－7：082715
武英殿本二十三史考證　（清）孫嘉淦等撰　清同治八年（1869）嶺南刻本　三十冊

340000－1801－0021409　7：082842－7：082864
荊駝逸史　題（清）陳湖逸士輯　清道光中古槐山房木活字印本　二十三冊　缺八種十四卷（行朝錄六卷、車營百八叩二卷、孑遺錄一卷、崇禎癸未榆林城守紀畧一卷、崇禎甲申保定城守紀畧一卷、弘光朝僞東宮僞后及黨禍紀略一卷、弘光乙酉揚州城守紀略一卷、江陰守城記一卷）

340000－1801－0021410　7：082865－7：082888
荊駝逸史　題（清）陳湖逸士輯　清道光中古槐山房木活字印本　二十四冊　缺九種十五

卷(行朝錄六卷、車營百八叩二卷、孑遺錄一卷、崇禎癸未榆林城守紀畧一卷、崇禎甲申保定城守紀畧一卷、弘光朝僞東宮僞后及黨禍紀略一卷、弘光乙酉揚州城守紀略一卷、江陰守城記一卷、東陽病變一卷)

340000－1801－0021411　7:082889－7:082912
荊駝逸史　題(清)陳湖逸士輯　清道光中古槐山房木活字印本　二十四册　缺八種十四卷(行朝錄六卷、車營百八叩二卷、孑遺錄一卷、崇禎癸未榆林城守紀畧一卷、崇禎甲申保定城守紀畧一卷、弘光朝僞東宮僞后及黨禍紀略一卷、弘光乙酉揚州城守紀略一卷、江陰守城記一卷)

340000－1801－0021412　7:082913－7:082927
明季稗史彙編　題(清)留雲居士輯　清都城琉璃廠刻本　十五册　缺一種二卷(青燐屑二卷)

340000－1801－0021413　7:082928－7:082939
明季稗史彙編　題(清)留雲居士輯　清都城琉璃廠刻本　十二册

340000－1801－0021414　7:082940－7:082959
明季稗史彙編　題(清)留雲居士輯　清都城琉璃廠刻本　二十册

340000－1801－0021415　7:082960－7:082977
明季稗史彙編　題(清)留雲居士輯　清都城琉璃廠刻本　十八册

340000－1801－0021416　7:082978－7:082983
明季稗史正編　題(清)留雲居士輯　清光緒二十九年(1903)鉛印本　六册

340000－1801－0021417　7:082984－7:082989
明季稗史彙編　題(清)留雲居士輯　清光緒二十二年(1896)上海圖書集成印書局鉛印本　六册

340000－1801－0021418　7:082990－7:082995
明季稗史彙編　題(清)留雲居士輯　清光緒二十二年(1896)上海圖書集成印書局鉛印本　六册

340000－1801－0021419　7:083008－7:083013
明季稗史正編　題(清)留雲居士輯　清光緒二十九年(1903)鉛印本　六册　缺三種四卷(青燐屑二卷、吳耿尚孔四王合傳一卷、揚州十日記一卷)

340000－1801－0021420　7:083187－7:083196
李氏五種　(清)李兆洛撰　清同治九年(1870)合肥李氏刻本　十册　缺一種一卷(皇朝一統輿圖一卷)

340000－1801－0021421　7:083197－7:083208
李氏五種　(清)李兆洛撰　清刻本　十二册

340000－1801－0021422　7:083209－7:083215
李氏五種　(清)李兆洛撰　清光緒二十四年(1898)上海掃葉山房石印本　七册　缺二種二卷(歷代地理沿革圖一卷、皇朝一統輿圖一卷)

340000－1801－0021423　7:083216－7:083223
李氏五種　(清)李兆洛撰　清光緒二十四年(1898)上海掃葉山房石印本　八册

340000－1801－0021424　7:083224－7:083231
李氏五種　(清)李兆洛撰　清光緒二十四年(1898)上海掃葉山房石印本　八册

340000－1801－0021425　7:083232－7:083239
李氏五種　(清)李兆洛撰　清光緒二十四年(1898)上海掃葉山房石印本　八册

340000－1801－0021426　7:083240－7:083247
李氏五種　(清)李兆洛撰　清同治九年(1870)合肥李氏刻本　八册

340000－1801－0021427　7:083248－7:083268
李氏五種　(清)李兆洛撰　清光緒十八年(1892)長沙草素書局刻本　二十一册

340000－1801－0021428　7:083269－7:083283
小方壺齋輿地叢鈔十二帙　王錫祺輯　清光緒十七年(1891)上海著易堂鉛印本　十五册

340000－1801－0021429　7:083284－7:083367
小方壺齋輿地叢鈔十二帙補編十二帙再補編十二帙　王錫祺輯　清光緒上海著易堂鉛印

本　八十四册

340000－1801－0021430　7:083431－7:083433
儀徵晏氏所著書三種(晏彤甫大中丞程記三種)三卷　(清)晏端書撰　清光緒十三年(1887)刻本　三册

340000－1801－0021431　7:083449－7:083569
三通　清光緒二十七年(1901)上海圖書集成局鉛印本　一百二十一册

340000－1801－0021432　7:083570－7:083653
九通　(清)□□輯　清光緒二十八年(1902)上海鴻寶書局石印本　八十四册　存三種七百五十五卷(通典二百卷、附考證一卷,通志二百卷、附考證三卷,文獻通考三百四十八卷、附考證三卷)

340000－1801－0021433　7:083654－7:083893
三通　清咸豐九年(1859)崇仁謝氏刻本　二百四十册

340000－1801－0021434　7:083894－7:084013
三通　清光緒二十七年(1901)上海圖書集成局鉛印本　一百二十册

340000－1801－0021435　7:084014－7:084085
三通　清光緒二十七年(1901)上海圖書集成局鉛印本　七十二册

340000－1801－0021436　7:084158－7:084229
三通　清光緒二十七年(1901)上海圖書集成局鉛印本　七十二册

340000－1801－0021437　7:084230－7:084341
續三通　(清)□□輯　清光緒二十七年(1901)上海圖書集成局鉛印本　一百十二册

340000－1801－0021438　7:084342－7:084449
續三通　(清)□□輯　清光緒二十七年(1901)上海圖書集成局鉛印本　一百八册

340000－1801－0021439　7:084450－7:084577
九通　(清)□□輯　清光緒二十八年(1902)貫吾齋鉛印本　一百二十八册

340000－1801－0021440　7:084578－7:084796
九通　(清)□□輯　清光緒二十七年(1901)上海圖書集成書局鉛印本　二百二十册　缺二種三百卷(皇朝通典一百卷、通志二百卷)

340000－1801－0021441　7:084797－7:085816
九通　(清)□□輯　清光緒中浙江書局刻本　一千册

340000－1801－0021442　7:085838－7:085842
宦海指南　(清)許乃普輯　清咸豐九年(1859)錢唐許氏刻本　五册　缺一種二卷(佐治藥言一卷、續一卷)

340000－1801－0021443　7:085843－7:085847
宦海指南　(清)許乃普輯　清咸豐九年(1859)錢唐許氏刻本　五册

340000－1801－0021444　7:085848－7:085886
行素草堂金石叢書(孫溪朱氏金石叢書)　(清)朱記榮輯　清光緒十四年(1888)吴縣朱氏刻本　三十九册

340000－1801－0021445　7:085921－7:085936
金石全例　(清)朱記榮撰　清光緒十八年(1892)吴縣朱氏彙印本　十六册

340000－1801－0021446　7:085937－7:086364
彙印九朝聖訓　清光緒鉛印本　四百四十八册

340000－1801－0021447　7:086599－7:086610
六子全書　(明)□□輯　清嘉慶九年(1804)刻本　十二册　缺一種二十卷(荀子二十卷)

340000－1801－0021448　7:086699－7:086718
十子全書　(清)王子興輯　清嘉慶九年(1804)刻本　二十册　存五種五十四卷(南華眞經十卷、淮南子二十一卷、新纂門目五臣音註揚子法言十卷、中說十卷、鶡冠子三卷)

340000－1801－0021449　7:086719－7:086758
十子全書　(清)王子興輯　清嘉慶九年(1804)刻本　四十册

340000－1801－0021450　7:086759－7:086786
十子全書　(清)王子興輯　清嘉慶九年(1804)刻本　二十八册

340000－1801－0021451　7:086787－7:086826

十子全書　（清）王子興輯　清嘉慶九年（1804）刻本　四十册

340000－1801－0021452　7：086827－7：086856
十子全書　（清）王子興輯　清嘉慶九年（1804）刻本　三十册

340000－1801－0021453　7：086857－7：086894
十子全書　（清）王子興輯　清嘉慶九年（1804）刻本　三十八册　缺三種二十八卷（沖虚至德眞經八卷、新纂門目五臣音註揚子法言十卷、中說十卷）

340000－1801－0021454　7：086895－7：086918
十子全書　（清）王子興輯　清嘉慶九年（1804）刻本　二十四册

340000－1801－0021455　7：086919－7：087028
子書百家　（清）崇文書局輯　清光緒元年（1875）湖北崇文書局刻本　一百十册

340000－1801－0021456　7：087029－7：087138
子書百家　（清）崇文書局輯　清光緒元年（1875）湖北崇文書局刻本　一百十册

340000－1801－0021457　7：087139－7：087248
子書百家　（清）崇文書局輯　清光緒元年（1875）湖北崇文書局刻本　一百十册

340000－1801－0021458　7：087249－7：087325
子書百家　（清）崇文書局輯　清光緒元年（1875）湖北崇文書局刻本　七十七册　缺三十六種一百六十二卷（孔子家語十卷，孔子集語二卷，荀子三卷，孔叢子二卷，新語二卷，忠經一卷，新書十卷，鹽鐵論二卷，新序十卷，說苑二十卷，揚子法言一卷，方言十三卷，潛夫論十卷，申鑒五卷，中論二卷，傅子一卷，續孟子二卷，伸蒙子三卷，素履子三卷，胡子知言六卷、附録一卷、疑義一卷，薛子道論一卷，海樵子一卷，風后握奇經一卷、附握奇經續圖一卷、八陣總述一卷，六韜三卷，孫子三卷，吳子二卷，司馬法一卷，尉繚子二卷，素書一卷，心書一卷，何博士備論二卷，宋丞相李忠定公輔政本末一卷，管子二十四卷，神異經一卷，老子道德經二卷，道德眞經註四卷）

340000－1801－0021459　7：087326－7：087425
子書百家　（清）崇文書局輯　清光緒元年（1875）湖北崇文書局刻本　一百册　缺五種五十卷（山海經十八卷、山海經圖讃一卷、山海經補註一卷、搜神記二十卷、搜神後記十卷）

340000－1801－0021460　7：087426－7：087509
子書百家　（清）崇文書局輯　清光緒元年（1875）湖北崇文書局刻本　八十四册　缺十七種九十三卷（說苑二十卷，續孟子一卷，風后握奇經一卷、附握奇經續圖一卷、八陣總述一卷，六韜三卷，孫子三卷，吳子二卷，司馬法一卷，尉繚子二卷，素書一卷，心書一卷，搜神記二十卷，搜神後記十卷，博物志十卷，續博物志十卷，述異記二卷，老子道德經二卷，列子二卷）

340000－1801－0021461　7：087510－7：087619
子書百家　（清）崇文書局輯　清光緒元年（1875）湖北崇文書局刻本　一百十册

340000－1801－0021462　7：087620－7：087682
子書百家　（清）崇文書局輯　清光緒元年（1875）湖北崇文書局刻本　六十三册　存五十三種二百八十九卷（新語二卷，忠經一卷，新書十卷，鹽鐵論二卷，新序十卷，說苑二十卷，揚子法言一卷，方言十三卷，潛夫論十卷，申鑒五卷，中論二卷，風后握奇經一卷、附握奇經續圖一卷、八陣總述一卷，六韜三卷，孫子三卷，何博士備論二卷，宋丞相李忠定公輔政本末一卷，尉繚子二卷，素書一卷，心書一卷，齊民要術十卷、雜說一卷，太玄經十卷，焦氏易林四卷，墨子十六卷，獨斷一卷，風俗通義十卷，論衡三十卷，白虎通德論四卷，牟子一卷，古今注三卷，燕丹子三卷，玉泉子一卷，金華子雜編二卷，神異經一卷，海内十洲記一卷，別國洞冥記四卷，穆天子傳六卷，拾遺記十卷，搜神記二十卷，搜神後記十卷，博物志十卷，續博物志十卷，述異記二卷，老子道德經二卷，道德眞經註四卷，莊子南華眞經三卷、札記一卷，莊子闕誤一卷，抱朴子内篇四卷、外篇四卷，亢倉子一卷，玄眞子一卷，天隱

子一卷,无能子三卷,胎息經疏一卷,胎息經一卷)

340000－1801－0021463　7:087683－7:087708
子書百家　(清)崇文書局輯　清光緒元年(1875)湖北崇文書局刻本　二十六册　存二十八種一百四十一卷(何博士備論二卷,宋丞相李忠定公輔政本末一卷,新序十卷,聱隅子歔欷瑣微論二卷,懶眞子五卷,廣成子解一卷,燕丹子三卷,玉泉子一卷,金華子雜編二卷,郁離子一卷,空洞子一卷,海沂子五卷,叔苴子八卷,莊子南華眞經三卷、札記一卷,莊子闕誤一卷,傅子一卷,續孟子二卷,胡子知言六卷、附録一卷、疑義一卷,薛子道論三卷,海樵子一卷,申鑒五卷,中論二卷,太玄經十卷,潛夫論十卷,揚子法言一卷,方言十三卷,齊民要術十卷、雜說一卷,呂氏春秋二十六卷、附考一卷)

340000－1801－0021464　7:087709－7:087724
子書百家　(清)崇文書局輯　清光緒元年(1875)湖北崇文書局刻本　十六册　存二十五種八十二卷(揚子法言一卷、方言十三卷、牟子一卷、古今注三卷、聱隅子歔欷瑣微論二卷、懶眞子五卷、廣成子解一卷、鄧子一卷、尸子二卷、劉子二卷、伸蒙子三卷、素履子三卷、傅子一卷、文中子中說一卷、續孟子二卷、申鑒五卷、中論二卷、孔叢子二卷、金樓子六卷、燕丹子三卷、玉泉子一卷、金華子雜編二卷、拾遺記十卷、老子道德經二卷、道德眞經註四卷、白虎通德論四卷)

340000－1801－0021465　7:087725－7:087755
子書百家　(清)崇文書局輯　清光緒元年(1875)湖北崇文書局刻本　三十一册　存三十二種一百五十五卷(孔子家語十卷,荀子三卷,孔叢子二卷,新語二卷,忠經一卷,新書十卷,鹽鐵論二卷,新序十卷,說苑二十卷,揚子法言一卷,方言十三卷,潛夫論十卷,申鑒五卷,中論二卷,傅子一卷,續孟子二卷,伸蒙子三卷,素履子三卷,胡子知言六卷、附録一卷、疑義一卷,薛子道論三卷,海樵子一卷,風后握奇經一卷、附握奇經續圖一卷、八陣總述一卷,六韜三卷,孫子三卷,吳子二卷,司馬法一卷,尉繚子二卷,素書一卷,心書一卷,何博士備論二卷,宋丞相李忠定公輔政本末一卷,管子二十四卷)

340000－1801－0021466　7:087756－7:087780
子書百家　(清)崇文書局輯　清光緒元年(1875)湖北崇文書局刻本　二十五册　存十五種一百二卷(孔子家語十卷、孔子集語二卷、荀子三卷、孔叢子二卷、新語二卷、忠經一卷、新書十卷、鹽鐵論二卷、新序十卷、何博士備論二卷、宋丞相李忠定公輔政本末一卷、管子二十四卷、晏子春秋八卷、商子五卷、韓非子二十卷)

340000－1801－0021467　7:087781－7:087800
子書百家　(清)崇文書局輯　清光緒元年(1875)湖北崇文書局刻本　二十册　存二十種一百十卷(孔子家語十卷,胡子知言六卷、附録一卷、疑義一卷,薛子道論三卷,海樵子一卷,劉子二卷,燕丹子三卷,玉泉子一卷,金華子雜編二卷,老子道德經二卷,道德眞經註四卷,韓非子二十卷,墨子十六卷,鬻子一卷、補一卷,計倪子一卷,於陵子一卷,子華子二卷,博物志十卷,續博物志十卷,拾遺記十卷,述異記二卷)

340000－1801－0021468　7:088273－7:088352
子書二十二種　(清)浙江書局輯　清光緒元年(1875)浙江書局刻本　八十册

340000－1801－0021469　7:088353－7:088432
二十二子　(清)浙江書局輯　清光緒浙江書局刻本　八十册

340000－1801－0021470　7:088433－7:088505
二十二子　(清)浙江書局輯　清光緒浙江書局刻本　七十三册　缺二種二十九卷(竹書紀年統箋十二卷、前編一卷、雜述一卷,孫子十家註十三卷、附敘録一卷、遺說一卷)

340000－1801－0021471　7:088506－7:088575
二十二子　(清)浙江書局輯　清光緒浙江書局刻本　七十册　缺三種六十一卷(揚子法言十三卷、附音義一卷,新書十卷,補註黃帝

內經素問二十四卷、素問遺稿一卷、靈樞十二卷）

340000－1801－0021472　7：088576－7：088630
二十二子　（清）浙江書局輯　清光緒浙江書局刻本　五十五冊　缺六種一百三卷（竹書紀年統箋十二卷、前編一卷、雜述一卷，新書十卷，商君書五卷、附考一卷，補註黄帝内經素問二十四卷、素問遺稿一卷，吕氏春秋二十六卷、附考一卷，淮南子二十一卷）

340000－1801－0021473　7：088631－7：088712
二十二子　（清）浙江書局輯　清光緒浙江書局刻本　八十二冊

340000－1801－0021474　7：088713－7：088794
二十二子　（清）浙江書局輯　清光緒浙江書局刻本　八十二冊　缺一種十一卷（晏子春秋七卷、附音義二卷、校勘記二卷）

340000－1801－0021475　7：088795－7：088867
二十二子　（清）浙江書局輯　清光緒浙江書局刻本　七十三冊　缺一種三十七卷（補註黄帝内經素問二十四卷、素問遺稿一卷、靈樞十二卷）

340000－1801－0021476　7：088947－7：088973
二十二子　（清）浙江書局輯　清光緒浙江書局刻本　二十七冊　存五種九十一卷（莊子十卷，吕氏春秋二十六卷，管子二十四卷，墨子十六卷，孫子十家註十三卷、附敘録一卷、遺説一卷）

340000－1801－0021477　7：088974－7：088987
二十二子合刻　（□）□□輯　清光緒二十二年（1896）石印本　十四冊　缺一種十一卷（晏子春秋七卷、附音義二卷、校勘記二卷）

340000－1801－0021478　7：088988－7：088994
二十二子　（清）浙江書局輯　清光緒浙江書局刻本　七冊　存四種四十五卷（莊子十卷、商君書五卷、揚子法言一至十二、山海經十八卷）

340000－1801－0021479　7：088995－7：089091
二十二子　（清）浙江書局輯　清光緒二十三年（1897）新化三味書局刻本　九十七冊　缺一種三十七卷（補註黄帝内經素問二十四卷、素問遺稿一卷、靈樞十二卷）

340000－1801－0021480　7：089092－7：089124
子書二十五種　（清）浙江書局輯　清光緒圖書集成書局鉛印本　三十三冊　缺二種三卷（鬼谷子一卷、尉繚子二卷）

340000－1801－0021481　7：089155－7：089170
二十五子彙函　（清）鴻文書局輯　清光緒十九年（1893）上海鴻文書局石印本　十六冊　缺四種九卷（尸子二卷、存疑一卷，鶡冠子三卷，鬼谷子一卷，尉繚子二卷）

340000－1801－0021482　7：089171－7：089186
二十五子彙函　（清）鴻文書局輯　清光緒十九年（1893）上海鴻文書局石印本　十六冊　缺一種十卷（莊子十卷）

340000－1801－0021483　7：089187－7：089217
子書二十八種　（清）育文書局輯　清宣統元年（1909）育文書局石印本　三十一冊

340000－1801－0021484　7：089259－7：089268
桐城吴先生點勘諸子　（清）吴汝綸評點　清末鉛印本　十冊　存五種九十卷（墨子十六卷、荀子二十卷、莊子十卷、韓非子二十卷、管子二十四卷）

340000－1801－0021485　7：089277－7：089279
增訂漢魏叢書　（清）王謨輯　清刻本　三冊　存三種十三卷（心書一卷、新語二卷、新序十卷）

340000－1801－0021486　7：089280
六子全書　（明）□□輯　清刻本　一冊　存二種二十卷（新纂門目五臣音註揚子法言十卷、中説十卷）

340000－1801－0021487　7：089281
子書百家　（清）崇文書局輯　清光緒元年（1875）湖北崇文書局刻本　一冊　存二種十四卷（揚子法言一卷、方言十三卷）

340000－1801－0021488　7：089282－7：089283

刪定荀子不分卷刪定管子不分卷　(□)□□輯　清抄本　二冊

340000-1801-0021489　7:089315-7:089341
子書六種　(□)□□輯　清光緒三年(1877)浙江書局刻本　二十七冊　存五種八十六卷(孫子兵法十三卷、山海經十八卷、管子二十四卷、莊子十卷、淮南子二十一卷)

340000-1801-0021490　7:089373-7:089377
積書巖六種　(清)王澍撰　清錫山華氏補刻本　五冊

340000-1801-0021491　7:089378-7:089381
沈余遺書　(清)趙舒翹輯　清光緒二十二年(1896)江蘇書局刻本　四冊

340000-1801-0021492　7:089382-7:089385
沈余遺書　(清)趙舒翹輯　清光緒二十二年(1896)江蘇書局刻本　四冊

340000-1801-0021493　7:089386-7:089395
五種遺規　(清)陳弘謀撰　清乾隆四年(1739)培遠堂刻本　十冊

340000-1801-0021494　7:089396-7:089407
五種遺規　(清)陳弘謀撰　清嘉慶十九年(1814)刻本　十二冊　缺一種四卷(在官法戒錄四卷)

340000-1801-0021495　7:089408-7:089415
五種遺規　(清)陳弘謀撰　清道光二年(1822)刻本　八冊

340000-1801-0021496　7:089416-7:089421
五種遺規摘抄　(清)陳弘謀撰　清道光二十年(1840)刻本　六冊　缺一種四卷(在官法戒錄四卷)

340000-1801-0021497　7:089422-7:089431
五種遺規　(清)陳弘謀撰　清光緒十九年(1893)上海洋布公所振華堂影印本　十冊　缺一種四卷(在官法戒錄四卷)

340000-1801-0021498　7:089432-7:089441
五種遺規　(清)陳弘謀撰　清光緒二十一年(1895)浙江書局刻本　十冊

340000-1801-0021499　7:089442-7:089447
五種遺規　(清)陳弘謀撰　清道光十年(1830)培遠堂補刻本　六冊　缺一種四卷(在官法戒錄四卷)

340000-1801-0021500　7:089453-7:089455
宋賢遺書　(清)李光地編　清刻本　三冊　存六種七卷(太極圖解一卷、通書一卷、西銘一卷、論定性書一卷、顏子所好何學論一卷、正蒙二卷)

340000-1801-0021501　7:089458-7:089460
四語彙編　(清)詹坦撰　清光緒十八年(1892)揚州府學刻本　三冊　存三種三卷(儒門法語一卷、示兒長語一卷、教諭語一卷)

340000-1801-0021502　7:089472-7:089476
陳文恭公五種遺規　(清)陳弘謀撰　清末民國石印本　五冊

340000-1801-0021503　7:089477-7:089484
五種遺規　(清)陳弘謀撰　清掃葉山房石印德育叢書本　八冊

340000-1801-0021504　7:089485-7:089491
標題武經七書全文七卷　(清)汪桓等訂正
武經直解開宗合參不分卷　(明)張居正輯著　清刻本　七冊

340000-1801-0021505　7:089492-7:089499
中西武備兵書廿一種　(清)俞樾輯　清光緒二十九年(1903)石印本　八冊　存十四種二十六卷(體操法三卷、普通體操摘要三卷、快槍打靶通法二卷、護隊集要一卷、地勢學五卷、雷火圖說一卷、三隊合戰法一卷、步隊戰法二卷、馬隊戰法一卷、礮隊戰法一卷、快槍圖說一卷、槍法圖解一卷、礮臺說略二卷、溝壘圖說二卷)

340000-1801-0021506　7:089500-7:089503
漸西村舍彙刊　(清)袁昶輯　清光緒中桐廬袁氏刻本　四冊　存三種四卷(元俞氏宗本種樹書一卷、廣蠶桑說輯補二卷、蠶桑說一卷)

340000-1801-0021507　7:089576-7:089591

東垣十書　(金)李杲撰　清刻本　十六册

340000－1801－0021508　7:089592－7:089595
六醴齋醫書　(清)程永培輯　清於然堂刻本　四册　存二種九卷(褚氏遺書一卷、葛仙翁肘後備急方八卷)

340000－1801－0021509　7:089596－7:089619
六醴齋醫書　(清)程永培輯　清光緒十七年(1891)廣州儒雅堂刻本　二十四册

340000－1801－0021510　7:089620－7:089631
當歸草堂醫學叢書初編　(清)丁松生編　清光緒四年(1878)錢塘丁氏當歸草堂刻本　十二册

340000－1801－0021511　7:089632－7:089659
周氏醫學叢書　(清)周學海輯　清光緒、宣統間池陽周氏刻本　二十八册　存十四種一百十六卷(本草經疏三十卷,脈經十卷,脈經刊誤集解二卷、附錄一卷,巢氏諸病源候總論五十卷,脈義簡摩八卷,脈簡補義二卷,診家直訣二卷,辨脈法篇一卷、平脈法篇一卷,診家樞要一卷、附諸脈條辨一卷,藏府標本藥式一卷,三消論一卷,溫熱論一卷,幼科要略二卷,評點葉案存眞類編二卷)

340000－1801－0021512　7:089814－7:089839
薛氏醫按二十四種一百七卷　(明)吳琯輯　清嘉慶十四年(1809)書業堂刻本　二十六册　存十四種六十五卷(難經本意二卷,本草發揮四卷,平治會萃三卷,明醫雜著六卷,原機啓微二卷、附錄一卷,傷寒鈐法一卷,外傷金鏡錄一卷,保嬰撮要二十卷,錢氏小兒直訣四卷,陳氏小兒痘疹方論一卷,保嬰金鏡錄一卷,立齋外科發揮八卷,外科心法七卷,外科樞要四卷)

340000－1801－0021513　7:089840－7:089867
六科證治準繩　(明)王肯堂輯　清康熙三十八年(1699)刻本　二十八册　存三種二十四卷(傷寒證治準繩八卷、證治準繩八卷、證治準繩類方八卷)

340000－1801－0021514　7:089990－7:089995
喻氏醫書三種　(清)喻昌撰　清光緒三十三年(1907)石印本　六册　存三種十五卷(醫門法律六卷,尚論篇四卷、尚論後篇四卷,寓意草一卷)

340000－1801－0021515　7:089996－7:090019
馮氏錦囊秘錄　(清)馮兆張纂輯　清康熙四十一年(1702)刻本　二十四册　缺一種一卷(脈訣纂要一卷)

340000－1801－0021516　7:090020－7:090035
黃氏醫書八種　(清)黃元御撰　清道光燮龢精舍刻本　十六册

340000－1801－0021517　7:090036－7:090043
黃氏醫書八種　(清)黃元御撰　清咸豐十年(1860)長沙燮龢精舍刻本　八册　存四種四十二卷(四聖心源十卷,四聖懸樞五卷,傷寒懸解十四卷、首一卷、末一卷,傷寒說意十卷、首一卷)

340000－1801－0021518　7:090044－7:090057
黃氏醫書八種　(清)黃元御撰　清刻本　十四册　缺三種二十三卷(四聖心源十卷、四聖懸樞五卷、玉楸藥解八卷)

340000－1801－0021519　7:090070－7:090079
釋氏十三經　(□)□□輯　清光緒十四年(1888)金陵刻經處刻本　十册

340000－1801－0021520　7:090080－7:090090
新刊釋氏十三經　(□)□□輯　清同治七年(1868)刻半畝園叢書本　十一册　缺二種九卷(大方廣圓覺修多羅了義經二卷、妙法蓮華經七卷)

340000－1801－0021521　7:090091－7:090100
釋氏十三經　(□)□□輯　清光緒十四年(1888)金陵刻經處刻本　十册

340000－1801－0021522　7:090101－7:090103
指南針　(清)劉一明撰　清嘉慶刻本　三册　存五種六卷(陰符經一卷、敲爻歌直解一卷、百字碑註一卷、修眞辨難二卷、神室八法一卷)

340000－1801－0021523　7：090104

佛說七俱胝佛母準提大明陀羅尼一卷大悲心咒持誦簡法一卷佛說阿彌陀經一卷金剛般若波羅密經一卷香讚頂禮門一卷金剛經啟請一卷金剛般若波羅密經一卷般若波羅密多心經一卷妙法蓮華經觀世音菩薩普門品一卷發願文一卷高王經一卷　(□)□□撰　清刻本　一冊

340000－1801－0021524　7：090105

佛說無量壽經二卷　(三國魏)釋康僧鎧譯　**佛說觀無量壽佛經一卷**　(南朝宋)釋畺良耶舍譯　**佛說阿彌陀經一卷**　(後秦)釋鳩摩羅什譯　**大方廣佛華嚴經入不可思議解脱境界普賢行願品一卷**　(唐)釋般若譯　清同治十一年至十三年(1872－1874)金陵刻經處刻本　一冊

340000－1801－0021525　7：090117－7：090132

西學富強叢書　清石印本　十六冊　存七種八十四卷(列國歲計政要十二卷,萬國總說三卷,南北花旗戰記十七卷,東方交涉記十二卷,俄史輯譯四卷,化學鑑原六卷,化學鑑原續編二十四卷、補編六卷)

340000－1801－0021526　7：090133－7：090139

徐氏醫書八種　(清)徐大椿撰　清光緒四年(1878)掃葉山房刻本　七冊　缺二種三卷(醫貫砭二卷、洄溪醫案一卷)

340000－1801－0021527　7：090140－7：090146

徐氏醫書八種　(清)徐大椿撰　清光緒十八年(1892)湖北官書處刻本　七冊　存四種十三卷(難經經釋二卷、醫學源流論二卷、蘭臺軌範八卷、慎疾芻言一卷)

340000－1801－0021528　7：090170－7：090178

徐靈胎先生遺書　(清)徐大椿撰　清刻本　九冊　存七種十七卷(難經經釋二卷、神農本草經百種錄一卷、傷寒論類方一卷、洄溪醫案一卷、醫學源流論二卷、醫貫砭二卷、蘭臺軌範八卷)

340000－1801－0021529　7：090179－7：090189

徐靈胎醫書三十二種　(清)徐大椿撰　清末民國石印本　十一冊　存十四種二十六卷(古方集解一卷、種子要方一卷、中風大治一卷、證治指南八卷、六科脈症一卷、舌胎圖說一卷、經絡診視圖一卷、藥性切用一卷、藥性詩解一卷、葉案批謬一卷、女科指要一卷、六經病解一卷、傷寒約編六卷、女科醫案一卷)

340000－1801－0021530　7：090190－7：090193

醫學全書十六種　(清)徐大椿撰　清光緒三十三年(1907)石印本　四冊

340000－1801－0021531　7：090194－7：090231

南雅堂醫書全集　(清)陳念祖撰　清同治四年(1865)文奎堂刻本　三十八冊

340000－1801－0021532　7：090232－7：090273

陳修園廿三種　(清)陳念祖撰　清檀蔭書屋刻本　四十二冊　缺一種十二卷(靈素提要淺註十二卷)

340000－1801－0021533　7：090274－7：090294

陳修園廿三種　(清)陳念祖撰　清光緒三十四年(1908)寶慶經元書局刻本　二十一冊　缺二種十四卷(金匱方歌括六卷、醫學實在易八卷)

340000－1801－0021534　7：090295－7：090326

陳修園醫書全集　(清)陳念祖撰　清光緒十四年(1888)刻本　三十二冊　缺二種十二卷(張仲景傷寒論原文淺註六卷、長沙方歌括六卷)

340000－1801－0021535　7：090416

陳念祖醫書　(清)陳念祖撰　清光緒三十四年(1908)上海章福記書局石印本　一冊　存七種十三卷(景岳新方砭四卷、女科要旨四卷、眼科捷徑一卷、傷寒舌鑑一卷、春溫三字訣一卷、瘧疾論一卷、達生編一卷)

340000－1801－0021536　7：090417－7：090442

南雅堂醫書全集五十四種　(清)陳念祖撰　清光緒三十四年(1908)上海章福記書局石印本　二十六冊　存四十八種一百二十四卷(神農本草經讀四卷、醫學三字經四卷、傷寒論淺註六卷、大生要旨一卷、保嬰要旨一卷、外科證治全生集一卷、濕熱條辨一卷、醫家心法一卷、刺疔捷法一卷、平辨脈法歌括一卷、本經便讀一卷、醫法心傳一卷、最新經驗良方一卷、時方妙用四卷、時方歌括二卷、醫經溯洄集一卷、瘢論萃英一卷、長沙方歌括六卷、傷寒醫訣串解六卷、傷寒眞方歌括六卷、咽喉脈證通論一卷、喉痧正的一卷、白喉治法抉微一卷、急救喉疹要法一卷、太乙神針方一卷、救迷良方一卷、福幼編一卷、春溫三字訣一卷、痢症三字訣一卷、金匱方歌括六卷、十藥神書一卷、急救異痧奇方一卷、經驗百病内外方一卷、霍亂論一卷、景岳新方砭四卷、養生鏡一卷、瘧疾論二卷、醫學從眾錄八卷、醫學實在易八卷、靈素集註節要十二卷、金匱要略淺註十卷、眼科捷徑一卷、傷寒舌鑑一卷、達生編一卷、女科要旨四卷、易氏醫案一卷、醫壘元戎一卷、局方發揮一卷)

340000－1801－0021537　7:090443－7:090462
南雅堂醫書全集廿一種　(清)陳念祖撰　清光緒十八年(1892)鉛印本　二十冊　存二十一種一百卷(神農本草經讀四卷、醫學三字經四卷、時方妙用四卷、時方歌括二卷、景岳新方砭四卷、女科要旨四卷、醫學實在易八卷、醫學從眾錄八卷、金匱要略淺註十卷、金匱方歌括六卷、張仲景傷寒論原文淺註六卷、長沙方歌括六卷、靈素集註節要十二卷、傷寒醫訣串解六卷、傷寒眞方歌括六卷、十藥神書一卷、急救異痧奇方一卷、瘟疫明辨四卷、經驗百病内外方一卷、洞主仙師白喉治法忌表抉微二卷、霍亂論一卷)

340000－1801－0021538　7:090495－7:090513
陳修園醫書二十一種　(清)陳念祖撰　清光緒二十六年(1900)新化三味書室刻本　十九冊　存八種五十四卷(神農本草經讀四卷、張仲景傷寒論原文淺註六卷、醫學實在易八卷、醫學從眾錄八卷、靈素提要淺注十二卷、傷寒眞方歌括六卷、傷寒醫訣串解六卷、時方妙用四卷)

340000－1801－0021539　7:090514－7:090522
潛齋醫書五種　(清)王士雄撰　清光緒十八年(1892)上海醉六堂刻本　九冊

340000－1801－0021540　7:090523－7:090540
世補齋醫書　(清)陸懋修撰　清光緒十年至宣統二年(1884－1910)刻本　十八冊　缺二種二卷(迴瀾說一卷、時節氣候決病法一卷)

340000－1801－0021541　7:090541－7:090544
世補齋醫書　(清)陸懋修撰　清光緒十二年(1886)山左書局刻本　四冊　存二種十七卷(文十六卷、世補齋不謝方一卷)

340000－1801－0021542　7:090561－7:090569
醫學摘粹　(清)慶恕撰　清光緒二十三年(1897)刻本　九冊

340000－1801－0021543　7:090570－7:090580
中西匯通醫書五種　(清)唐宗海撰　清光緒二十年(1894)申江順成書局石印本　十二冊

340000－1801－0021544　7:090581－7:090592
中西匯通醫書五種　(清)唐宗海撰　清光緒三十四年(1908)上海千頃堂書局石印本　十二冊

340000－1801－0021545　7:090593－7:090604
中西匯通醫書五種　(清)唐宗海撰　清光緒三十四年(1908)上海千頃堂書局石印本　十二冊

340000－1801－0021546　7:090605－7:090616
中西匯通醫書五種　(清)唐宗海撰　清光緒三十四年(1908)上海千頃堂書局石印本　十二冊

340000－1801－0021547　7:090624－7:090629
述古齋醫書　(清)張振鋆撰　清光緒十五年(1889)刻本　六冊

340000－1801－0021548　7:090630－7:090637
醫林指月(醫書十二種)　(清)王琦輯　清光緒二十二年(1896)上海圖書集成印書局鉛印本　八冊

340000－1801－0021549　7:090650－7:090657
醫林指月(醫書十二種)　(清)王琦撰　清光緒二十二年(1896)上海圖書集成印書局鉛印

本　八册

340000－1801－0021550　7:090664－7:090671

赤水玄珠全集十八卷　(明)孫一奎撰　清末鉛印本　八册

340000－1801－0021551　7:090672－7:090711

聿修堂醫學叢書　(日本)丹波元簡輯　清光緒十一年(1885)楊氏刻本　四十册

340000－1801－0021552　7:090712－7:090727

張氏醫書七種　(清)張璐撰　清光緒三十三年(1907)上海書局石印本　十六册

340000－1801－0021553　7:090728－7:090743

張氏醫書七種　(清)張璐撰　清光緒三十三年(1907)石印本　十六册

340000－1801－0021554　7:090744－7:090773

兼濟堂纂刻梅勿菴先生曆算全書　(清)梅文鼎撰　清刻本　三十册　缺一種五卷(三角法舉要五卷)

340000－1801－0021555　7:090774－7:090795

梅勿菴先生曆算全書　(清)梅文鼎撰　清咸豐九年(1859)梅體萱補刻本　二十二册　缺一種一卷(少廣拾遺一卷)

340000－1801－0021556　7:090796－7:090801

梅氏叢書輯要　(清)梅文鼎撰　清刻本　六册

340000－1801－0021557　7:090802－7:090817

梅氏叢書輯要　(清)梅文鼎撰　清刻本　十六册

340000－1801－0021558　7:090818－7:090825

數學五書　(清)安清翹撰　清嘉慶刻本　八册

340000－1801－0021559　7:090826－7:090830

李氏遺書　(清)李銳撰　清嘉慶十二年至道光三年(1807－1823)刻本　五册　缺一種一卷(召誥日名考一卷)

340000－1801－0021560　7:090831－7:090834

六九軒算書　(清)劉衡撰　清咸豐五年(1855)陝西長安縣署刻本　四册

340000－1801－0021561　7:090835－7:090842

則古昔齋算學　(清)李善蘭撰　清同治四年至六年(1865－1867)金陵刻本　八册　存十二種二十三卷(方圓闡幽一卷、垛積比類四卷、四元解二卷、麟德術解三卷、橢圓正術解二卷、橢圓新術一卷、橢圓拾遺三卷、火器眞訣一卷、對數尖錐變法釋一卷、級數回求一卷、天算或問一卷、圓錐曲線說三卷)

340000－1801－0021562　7:090843－7:090846

算書廿一種　(清)吴嘉善撰　清同治十一年(1872)刻本　四册　缺三種三卷(測量高遠術一卷、天元名式釋例一卷、天元一草一卷)

340000－1801－0021563　7:090847－7:090848

衡齋算學遺書合刻　(清)汪萊撰　清光緒十八年(1892)汪廷楝聞梅舊塾刻本　二册

340000－1801－0021564　7:090851－7:090870

李氏算學三書　(清)李善蘭撰　清同治四年至六年(1865－1867)金陵刻本　二十册

340000－1801－0021565　7:090871－7:090887

則古昔齋算學　(清)李善蘭撰　清同治四年至六年(1865－1867)金陵刻本　十七册　存十一種五十三卷(幾何十五卷,重學二十卷、附曲線說三卷,四元解二卷,麟德術解三卷,橢圓正術解二卷,橢圓新術一卷,橢圓拾遺三卷,火器眞訣一卷,對數尖錐變法釋一卷,級數回求一卷,天算或問一卷)

340000－1801－0021566　7:090888－7:090895

算經十書　(清)孔繼涵輯　清光緒二十二年(1896)上海鴻寶齋石印本　八册

340000－1801－0021567　7:090896－7:090899

古今算學叢書　(清)劉峰編校　清光緒刻本　四册　存四種十三卷(綴術釋明二卷、割圓闡率一卷,綴術釋戴一卷,幾何原本四卷,象數一原五卷)

340000－1801－0021568　7:090900

謝穀堂算學三種　(清)謝家禾撰　清江南製造局刻本　一册

340000－1801－0021569　7:090901－7:090906

陰陽五要奇書　（明）江之棟輯　（清）顧鶴庭重輯　清乾隆五十五年（1790）姑蘇樂眞堂刻本　六册

340000－1801－0021570　7：090921－7：090934
琴學叢書　楊宗稷輯　清宣統三年至民國二十年（1911－1931）刻本　十四册

340000－1801－0021571　7：090935－7：090940
篆學瑣著　（清）顧湘輯　清道光二十年（1840）海虞顧氏刻本　六册

340000－1801－0021572　7：090958－7：090969
篆學瑣著　（清）顧湘輯　清道光二十年（1840）海虞顧氏刻本　十二册

340000－1801－0021573　7：091008－7：091011
賞奇軒合編　（清）□□輯　清光緒十二年（1886）上海同文書局石印本　四册

340000－1801－0021574　7：091020－7：091039
吴郡名賢圖像贊（顧湘舟圖像三種）　（清）顧沅輯　清石印本　二十册

340000－1801－0021575　7：091324－7：091335
小鄉嬛山館彙刊類書十二種　（清）□□輯　清同治六年（1867）緯文堂刻本　十二册　存八種十九卷（經腴類纂二卷、歷代史腴二卷、左傳紺珠二卷、山海經腴詞一卷、六經蒙求一卷、均藻五卷、謝華啟秀四卷、文選集腋二卷）

340000－1801－0021576　7：091362－7：091366
古今説部叢書　國學扶輪社輯　清宣統至民國上海國學扶輪社鉛印本　五册　存三十三種四十五卷（燈下閒談一卷、皇朝類苑一卷、宜齋野乘一卷、養魚經一卷、拾遺名山記一卷、北戶錄一卷、黔西古蹟考一卷、灌園十二師一卷、溪蠻叢笑一卷、廣東月令一卷、陸機要覽一卷、異聞實錄一卷、江淮異人錄一卷、述異記三卷、十六湯品一卷、採茶錄一卷、茶疏一卷、炙轂子錄一卷、桂苑叢談一卷、葆化錄一卷、西墅記譚一卷、乾𦠆子一卷、吹劍錄一卷、雞肋一卷、戒庵漫筆一卷、蘇談一卷、耳新八卷、觚賸五至八、然燈紀聞一卷、律詩定體一卷、聲調譜一卷、談龍錄一卷、西湖秋柳詞一卷）

340000－1801－0021577　7：091367－7：091424
古今説部叢書　國學扶輪社輯　清宣統至民國上海國學扶輪社鉛印本　五十八册　缺十五種十七卷（志雅堂雜抄一卷、浩然齋視聽抄一卷、誠齋雜記一卷、顧曲雜言一卷、北牕瑣語一卷、譚輅一卷、分甘餘話二卷、天山客話一卷、艾子後語一卷、猥談一卷、半村野人閒談一卷、蓉塘紀聞一卷、蓬軒吳記二卷、蓬軒別記一卷、吳中故語一卷）

340000－1801－0021578　7：091544－7：091551
香豔叢書　題（清）蟲天子輯　清宣統國學扶輪社鉛印本　九册　存三十種三十二卷（玉臺畫史一卷、古鏡記一卷、太恨生傳一卷、春人賦一卷、廣東火刼記一卷、姍姍傳一卷、虞美人傳一卷、黄竹子傳一卷、春娘傳一卷、金華神記一卷、貞烈婢黄翠花傳一卷、花仙傳一卷、薄命曲一卷、狗覺寮雜記一卷、徐娘自述詩記一卷、物妖志一卷、梅譜一卷、梅品一卷、洛陽牡丹記一卷、陳州牡丹記一卷、天彭牡丹譜一卷、海棠譜一卷、淞濱瑣話五至六、石頭記評贊序一卷、石頭記評花一卷、讀紅樓夢雜記一卷、紅樓夢竹枝詞一卷、紅樓夢題詞一卷、紅樓夢賦一卷、秦淮畫舫錄二卷）

340000－1801－0021579　7：091552－7：091631
香豔叢書　題（清）蟲天子輯　清宣統國學扶輪社鉛印本　八十册

340000－1801－0021580　7：091632－7：091711
香豔叢書　題（清）蟲天子輯　清宣統國學扶輪社鉛印本　八十册

340000－1801－0021581　7：091712－7：091751
香豔叢書　題（清）蟲天子輯　清宣統國學扶輪社鉛印本　四十册　缺十集一百五十卷（第十一集：梵門綺語錄一卷，靈物志一卷，花鳥春秋一卷，一歲芳華一卷，太曼生傳一卷，黄九煙先生和楚女詩一卷，千春一恨集唐詩六十首一卷，武宗外紀一卷，明制女官考一卷，閨墨萃珍一卷，婚啓一卷，遼陽海神傳一卷，巫娥志一卷，誌許生奇遇一卷，誌舒生遇異一卷,集美人名詩一卷,婠嫿封傳奇一卷,玄妙洞天記一卷,西湖遊幸記一卷,西湖六橋桃評一卷,續髻鬟品一卷,瓊花集五卷;第十二集:淞濱瑣話一至二,湘煙小錄一卷,竹西花事小錄一卷,燕臺花事錄三卷,嘒菴叢錄一卷,課婢約一卷,婦德四箴一卷,桂枝香一卷,夢粱錄一卷,金釧記一卷,俠女希光傳一卷,百花園夢記一卷;第十三集:淞濱瑣話三至四,冬青館古宮詞三卷,板橋雜記三卷,珠江名花小傳一卷,金粟閨詞百首一卷,梅喜緣二卷,沈警遇神女記一卷,娟娟傳一卷;第十四集:淞濱瑣話五至六,石頭記評贊序一卷,石頭記評花一卷,讀紅樓夢雜記一卷,紅樓夢竹枝詞一卷,紅樓夢題詞一卷,紅樓夢賦一卷,秦淮畫舫錄二卷;第十五集:淞濱瑣話七至八,帝城花樣一卷,花燭閒談一卷,南澗行一卷,十洲春語三卷,十二月花神議一卷,林下詩談一卷,清溪惆悵集一卷;第十六集:淞濱瑣話九至十,閩川閨秀詩話四卷,對山餘墨一卷,銀瓶徵一卷,吳絳雪年譜一卷,明宮詞一卷,十美詩一卷,節錄元周達觀眞臘風土記一卷,菊譜一卷;第十七集:淞濱瑣話十一至十二,綠珠傳一卷、附翾風傳一卷,陳張貴妃傳一卷,碧線傳一卷,鞦韆會記一卷,張老傳一卷,瑤臺片玉甲種補錄一卷,吳門畫舫錄一卷,吳門畫舫續錄三卷,粉墨叢談二卷、附錄一卷;第十八集:續板橋雜記三卷,畫舫餘譚一卷,白門新柳記一卷、補記一卷、白門衰柳附記一卷,懷芳記一卷,青冢志十二卷;第十九集:花國劇談二卷,雪鴻小記一卷、補遺一卷,珠江梅柳記一卷,泛湖偶記一卷,珠江奇遇記一卷,沈秀英傳一卷,南宋宮閨雜詠一卷,石頭記論贊二卷;第二十集:笠翁偶集摘錄一卷,寄園寄所寄摘錄一卷,海陬冶遊錄三卷、附錄三卷、餘錄一卷,紀唐六如軼事一卷,西泠閨詠後序一卷,六憶詞一卷,春閨雜詠一卷,秀華續詠一卷)

340000－1801－0021582　7:092884－7:092910
唐代叢書　(清)王文誥輯　清刻本　二十七冊　缺四十一種四十二卷(大唐傳載一卷、開元天寶遺事一卷、開天傳信錄一卷、大唐新語一卷、明皇雜錄一卷、常侍言旨一卷、雲溪友議一卷、國史補一卷、嶺表錄異一卷、來南錄一卷、平泉山居草木記一卷、北戶錄一卷、終南十志一卷、洞天福地記一卷、北里志一卷、迷樓記一卷、海山記一卷、異疾志一卷、紅線傳一卷、劉無雙傳一卷、霍小玉傳一卷、牛應貞傳一卷、謝小娥傳一卷、李娃傳一卷、楊娼傳一卷、章臺柳傳一卷、非煙傳一卷、揚州夢記一卷、杜秋傳一卷、龍女傳一卷、妙女傳一卷、神女傳一卷、雷民傳一卷、會眞記一卷、黑心符一卷、南柯記一卷、枕中記一卷、酉陽雜俎二卷、諾皋記一卷、支諾皋一卷、壠上記一卷)

340000－1801－0021583　7:092911－7:092922
唐代叢書　(清)王文誥輯　清宣統三年(1911)上海天寶書局石印本　十二冊

340000－1801－0021584　7:092923－7:092934
唐代叢書　(清)王文誥輯　清上海錦章圖書局石印本　十二冊

340000－1801－0021585　7:092935－7:092953
唐人說薈　(清)陳世熙撰　清刻本　十九冊

缺四十三種四十五卷(大唐新語一卷、耳目記一卷、來南錄一卷、二十四詩品一卷、貞娘墓詩一卷、嘯旨一卷、李謩吹笛記一卷、衛公故物記一卷、茶經三卷、十六湯品一卷、煎茶水記一卷、食譜一卷、醉鄉日月一卷、花九錫一卷、紫花梨記一卷、耒耜經一卷、五木經一卷、肉攫部一卷、妝樓記一卷、馮燕傳一卷、蔣子文傳一卷、杜子春傳一卷、墨崑崙傳一卷、陶峴傳一卷、申宗傳一卷、睦仁蒨傳一卷、英雄傳一卷、梅妃傳一卷、紅線傳一卷、劉無雙傳一卷、牛應貞傳一卷、謝小娥傳一卷、李娃傳一卷、楊娼傳一卷、揚州夢記一卷、杜秋傳一卷、妙女傳一卷、雷民傳一卷、續幽怪錄一卷、錦裙記一卷、幻影傳一卷、物怪錄一卷、鸚鵡舍利塔記一卷)

340000－1801－0021586　7:092978－7:092987
唐代叢書　(清)王文誥輯　清光緒二十二年(1896)上海賜玉堂石印本　十冊　缺三十一種三十一卷(枕中書一卷、幽怪錄一卷、續幽怪錄一卷、聞奇錄一卷、錦裙記一卷、靈應錄一卷、鬼塚志一卷、幻影傳一卷、幻戲志一卷、幻異志一卷、稽神錄一卷、冥音錄一卷、離魂記一卷、再生記一卷、冤債志一卷、尸媚傳一卷、奇鬼傳一卷、才鬼記一卷、妖妄傳一卷、東陽夜怪錄一卷、靈鬼志一卷、物怪錄一卷、靈怪錄一卷、人虎傳一卷、白猿傳一卷、獵狐記一卷、任氏傳一卷、袁氏傳一卷、夜义傳一卷、金剛經鳩異一卷、鸜鵒舍利塔記一卷)

340000－1801－0021587　7:092988－7:093003
唐代叢書　(清)王文誥輯　清刻本　十六册　缺四十四種四十七卷(尚書故實一卷、中朝故事一卷、金鑾密記一卷、大唐傳載一卷、開元天寶遺事一卷、開天傳信記一卷、大唐新語一卷、明皇雜錄一卷、常侍言旨一卷、法苑珠林一卷、南楚新聞一卷、宣室志一卷、甘澤謠一卷、金華子雜編一卷、耳目記一卷、瀟湘錄一卷、玉泉子一卷、嘯旨一卷、李謩吹笛記一卷、衛公故物記一卷、茶經三卷、十六湯品一卷、煎茶水記一卷、食譜一卷、醉鄉日月一卷、花九錫一卷、紫花梨記一卷、耒耜經一卷、五木經一卷、肉攫部一卷、樂府雜錄一卷、羯鼓錄一卷、小名錄一卷、睦仁蒨傳一卷、柳毅傳一卷、仙吏傳一卷、英雄傳一卷、劍俠傳一卷、雷民傳一卷、會眞記一卷、黑心符一卷、南柯記一卷、枕中記一卷、酉陽雜俎二卷)

340000－1801－0021588　7:093004－7:093033
唐代叢書　(清)王文誥輯　清嘉慶十一年(1806)刻本　三十册　缺五十四種五十五卷(松窗雜記一卷、因話錄一卷、南楚新聞一卷、小說舊聞記一卷、記事珠一卷、畫學秘訣一卷、嘯旨一卷、十六湯品一卷、醉鄉日月一卷、花九錫一卷、耒耜經一卷、肉攫部一卷、樂府雜錄一卷、李林甫外傳一卷、劍俠傳一卷、廣陵妖亂志一卷、周秦行紀一卷、梅妃記一卷、楊太眞外傳二卷、長恨歌傳一卷、紅線傳一卷、劉無雙傳一卷、霍小玉傳一卷、牛應貞傳一卷、謝小娥傳一卷、李娃傳一卷、楊娼傳一卷、章臺柳傳一卷、非烟傳一卷、揚州夢記一卷、杜秋傳一卷、神女傳一卷、會眞記一卷、集異志一卷、博異志一卷、幽怪錄一卷、續幽怪錄一卷、聞奇記一卷、錦裙記一卷、靈應錄一卷、再生記一卷、冤債志一卷、尸媚傳一卷、靈鬼志一卷、物怪錄一卷、靈怪錄一卷、人虎傳一卷、白猿傳一卷、獵狐記一卷、任氏傳一卷、袁氏傳一卷、夜义傳一卷、金剛經鳩異一卷、鸜鵒舍利塔記一卷)

340000－1801－0021589　7:093034－7:093057
唐代叢書　(清)王文誥輯　清刻本　二十四册

340000－1801－0021590　7:093058－7:093065
宋人百家小說　(宋)王鞏等撰　清刻本　八册　存八十九種九十五卷(甲申記事一卷,隨手雜錄一卷,聞見近錄一卷、續錄一卷,南遊記舊一卷,燕北雜記一卷,山居新語一卷,家世舊聞一卷,宋祁筆記一卷,王曾筆錄一卷,丁謂談錄一卷,楊公談苑一卷,晁邁紀談錄一卷,過庭錄一卷,樂城遺言一卷,楮記室一卷,葦航紀談一卷,雲谷雜記一卷,東齋記事一卷,澹山雜識一卷,楊文公談苑一卷,老學庵筆記一卷、續筆記一卷,三柳軒雜識一卷,雞肋編一卷,松漠記聞一卷、續記聞一卷,雞林類事一卷,虜廷事實一卷,燕北錄一卷,北邊備對一卷,蒙韃備錄一卷,郭象睽車志一卷,歐陽睽車志一卷,括異志一卷,庚寅奏事錄一卷,艮嶽記一卷,城南注一卷,泊宅編一卷,暇日記一卷,隱窟雜志一卷,韋居聽輿一卷,桃源手聽一卷,坦齋通編一卷,臆乘一卷,雞肋編一卷,釋常談一卷、續釋常談一卷,遊仙夢記一卷,龍壽丹記一卷,惠民藥局記一卷,鬼國記一卷、續記一卷,海外怪洋記一卷,閩海蠱毒記一卷,福州猴王神記一卷,鳴鶴山記一卷,韓奉議鸚歌傳一卷,中山狼傳一卷,彭蠡小龍記一卷,登西臺慟哭記一卷,邢仙傳一卷,蘇雲卿傳一卷,辛讜傳一卷,姚平仲小傳一卷,洪熹傳一卷,朱沖傳一卷,王實之傳一卷,方萬里傳一卷,暢純父傳一卷,楊夫人傳一卷,吳興向氏傳一卷,樂平耕民傳一卷,吳僧文捷傳一卷,江亭龍女傳一卷,紅裳女子傳一卷,陳盼兒傳一卷,嚴蕋傳一卷,眇倡傳一卷,菊部頭傳一卷,耿聽聲傳一卷,品茶要錄一卷,茶錄一卷,酒名記一卷,蔬食譜一卷,藥議一卷，花經一卷，禪木草一卷，耕祿藁一卷，水族加恩簿一卷，感應經一卷，土牛經一卷，物類相感志一卷，雜纂續一卷、雜錄二續一卷）

340000－1801－0021591　7：093163－7：093164
皇明百家小說　（明）沈廷松輯　清初刻本　二册　存三十種三十卷（皇朝盛事一卷、菽園雜記一卷、客座新聞一卷、枝山前聞一卷、莘野纂聞一卷、駒陰冗記一卷、中洲野錄一卷、長安客話一卷、古穰雜錄一卷、後渠漫記一卷、懸笥瑣探一卷、南翁夢錄一卷、碧里雜存一卷、田居乙記一卷、西樵野記一卷、二酉委譚一卷、三餘贅筆一卷、聽雨紀談一卷、劉氏雜志一卷、推篷寤語一卷、寒檠膚見一卷、書肆說鈴一卷、語窺今古一卷、新知錄一卷、識小錄一卷、更巳編一卷、續巳編一卷、涉異志一卷、蘇談一卷、意見一卷）

340000－1801－0021592　7：093249－7：093251
重刻徐氏三種　（清）錢棫潤等校訂　清文富堂刻本　三册

340000－1801－0021593　7：093252－7：093255
山門新語五種　（清）周贇撰　清光緒石鏡如刻本　四册

340000－1801－0021594　7：093256－7：093259
山門新語五種　（清）周贇撰　清光緒石鏡如刻本　四册

340000－1801－0021595　7：093260－7：093269
記事珠十卷　（清）張以謙撰　清刻本　十册

340000－1801－0021596　7：093405－7：093648
道藏輯要　（清）彭定求輯　（清）閻永和增　清光緒三十二年（1906）成都二仙庵刻本　二百四十四册

340000－1801－0021597　7：094326－7：094341
道書一貫　題（清）溪橋道人輯　清醉仙亭刻本　十六册　存十五種二十八卷（道德眞經注四卷、黄庭内景經三卷、黄庭外景經二卷、大洞經二卷、生生神數四卷、心印經一卷、清淨經一卷、黄鶴賦一卷、百字碑一卷、三字訣一卷、西遊闡微二卷、道詩玄眞二卷、道詞統宗一卷、道詩易簡二卷、道詞啓秘一卷）

340000－1801－0021598　7：094342－7：094344
道德經不分卷　（戰國）李耼撰　**南華經不分卷**　（戰國）莊周撰　清傳抄本　三册

340000－1801－0021599　7：094345－7：094354
道統大成　（清）汪啟濩輯　清光緒二十六年（1900）刻本　十册　存九種（參同契不分卷、中和集一卷、金丹四百字一卷、規中指南一卷、明道篇一卷、列位女眞詩歌一卷、大道歌一卷、女丹訣一卷、入藥鏡一卷）

340000－1801－0021600　7：094355－7：094553
乾坤正氣集　（清）姚瑩　（清）顧沅　（清）潘錫恩輯　清道光二十八年（1848）袁江節署刻本　一百八十册　缺一種一卷（孔北海集一卷）

340000－1801－0021601　7：094554－7：094728
乾坤正氣集　（清）姚瑩　（清）顧沅　（清）潘錫恩輯　清道光二十八年（1848）袁江節署刻本　一百七十五册　缺十二種二十八卷（忠愍集一卷、傅忠肅集一卷、羽庭集四卷、倪文正集四卷、凌忠介公文集二卷、吳忠節公遺集二卷、周文忠公集四卷、劉文烈公集一卷、申端愍公集一卷、金忠潔公集二卷、賀文忠公集四卷、仍貽堂集二卷）

340000－1801－0021602　7：094729－7：094928
乾坤正氣集　（清）姚瑩　（清）顧沅　（清）潘錫恩輯　清道光二十八年（1848）袁江節署刻本　二百册

340000－1801－0021603　7：094929－7：094934
屈賈文合編十九卷　（清）夏獻雲輯　清光緒三年（1877）長沙刻本　六册

340000－1801－0021604　7：094935－7：094950
景萊書室四種　（清）□□輯　清同治七年（1868）楚醴景萊書室刻本　十六册

340000－1801－0021605　7：094951－7：094970
景萊書室四種　（清）□□輯　清同治七年（1868）楚醴景萊書室刻本　二十册

340000－1801－0021606　7：094971－7：094984
景萊書室四種　（清）□□輯　清同治七年（1868）楚醴景萊書室刻本　十四册　缺一種五卷（諸葛武侯集四卷、首一卷）

340000－1801－0021607　7：094985－7：094988
廬陽三賢集　（清）張樹聲輯　清光緒元年（1875）合肥張氏毓秀堂刻本　四册

340000－1801－0021608　7：094989－7：094992
廬陽三賢集　（清）張樹聲輯　清光緒元年（1875）合肥張氏毓秀堂刻本　四册

340000－1801－0021609　7：094993－7：094996
廬陽三賢集　（清）張樹聲輯　清光緒元年（1875）合肥張氏毓秀堂刻本　四册

340000－1801－0021610　7：094997－7：095000
廬陽三賢集　（清）張樹聲輯　清光緒元年（1875）合肥張氏毓秀堂刻本　四册

340000－1801－0021611　7：095001－7：095077
漢魏六朝百三名家集（漢魏六朝一百三家集）（明）張溥輯　清光緒三年（1877）滇南唐氏壽考堂刻本　七十七册　缺二十種二十三卷（東漢馬季長集一卷、東漢荀侍中集一卷、蔡中郎集二卷、東漢王叔師集一卷、孔少府集一卷、諸葛丞相集一卷、魏武帝集一卷、魏文帝集二卷、魏鍾司徒集一卷、晉杜征南集一卷、溫侍讀集一卷、邢特進集一卷、魏特進集一卷、庾開府集二卷、王司空集一卷、隋煬帝集一卷、盧武陽集一卷、李懷州集一卷、牛奇章集一卷、薛司隸集一卷）

340000－1801－0021612　7：095162－7：095231
漢魏六朝百三名家集（漢魏六朝一百三家集）（明）張溥輯　清光緒三年（1877）滇南唐氏壽考堂刻本　七十册　缺三十八種四十三卷（東漢崔亭伯集一卷、張河間集二卷、陳思王集二卷、陳記室集一卷、王侍中集一卷、魏阮元瑜集一卷、魏劉公幹集一卷、魏應德璉集一卷、魏應休璉集一卷、晉張司空集一卷、潘黃門集一卷、傅中丞集一卷、陸平原集二卷、陸清河集一卷、晉成公子安集一卷、晉張孟陽集一卷、晉張景陽集一卷、晉劉越石集一卷、郭弘農集二卷、顏光祿集二卷、齊張長史集一卷、南齊孔詹事集一卷、梁元帝集一卷、梁丘司空集一卷、劉豫章集一卷、劉庶子集一卷、吳朝請集一卷、陳後主集一卷、徐僕射集一卷、沈侍中集一卷、江令君集一卷、高令公集一卷、溫侍讀集一卷、邢特進集一卷、盧武陽集一卷、李懷州集一卷、牛奇章集一卷、薛司隸集一卷）

340000－1801－0021613　7：095232－7：095329
漢魏六朝百三名家集（漢魏六朝一百三家集）（明）張溥輯　清光緒三年（1877）滇南唐氏壽考堂刻本　九十八册　缺四種四卷（孔少府集一卷、諸葛丞相集一卷、夏侯常侍集一卷、潘黃門集一卷）

340000－1801－0021614　7：095330－7：095399
漢魏六朝百三名家集（漢魏六朝一百三家集）（明）張溥輯　明刻本　七十册　缺四十九種五十四卷（賈長沙集一卷、司馬文園集一卷、董膠西集一卷、東方大中集一卷、漢褚先生集一卷、王諫議集一卷、漢劉中壘集一卷、揚侍郎集一卷、漢劉子駿集一卷、馮曲陽集一卷、班蘭臺集一卷、東漢崔亭伯集一卷、張河間集二卷、漢蘭臺令李伯仁集一卷、東漢馬季長集一卷、東漢荀侍中集一卷、蔡中郎集二卷、東漢王叔師集一卷、孔少府集一卷、諸葛丞相集一卷、魏武帝集一卷、魏文帝集二卷、陳思王集二卷、陳記室集一卷、王侍中集一卷、魏阮元瑜集一卷、魏劉公幹集一卷、魏應德璉集一卷、魏應休璉集一卷、阮步兵集一卷、嵇中散集一卷、魏鍾司徒集一卷、晉杜征南集一卷、魏荀公曾集一卷、傅鶉觚集一卷、晉張司空集一卷、孫馮翊集一卷、晉摯太常集一卷、晉束廣微集一卷、夏侯常侍集一卷、潘黃門集一卷、傅中丞集一卷、潘太常集一卷、陸平原集二卷、陸清河集一卷、晉成公子安集一卷、晉張孟陽集一卷、晉張景陽集一卷、晉劉越石集一卷）

340000－1801－0021615　7：095400－7：095498
漢魏六朝百三名家集（漢魏六朝一百三家集）（明）張溥輯　清光緒五年（1879）彭懋謙信

述堂刻本　九十九冊　缺四種四卷(晉張司空集一卷、孫馮翊集一卷、傅中丞集一卷、潘太常集一卷)

340000－1801－0021616　7:095499－7:095564
漢魏六朝百三名家集(漢魏六朝一百三家集)　(明)張溥輯　清光緒五年(1879)彭懋謙信述堂刻本　六十六冊　缺三十五種三十九卷(司馬文園集一卷、東方大中集一卷、漢劉子駿集一卷、孔少府集一卷、魏劉公幹集一卷、魏應德璉集一卷、魏應休璉集一卷、阮步兵集一卷、魏鍾司徒集一卷、晉束廣微集一卷、夏侯常侍集一卷、晉王右軍集二卷、陶彭澤集一卷、宋傅光祿集一卷、謝康樂集二卷、鮑參軍集二卷、宋袁陽源集一卷、謝法曹集一卷、謝光祿集一卷、南齊竟陵王集二卷、王文憲集一卷、謝宣城集一卷、梁元帝集一卷、王左丞集一卷、陸太常集一卷、劉戶曹集一卷、王詹事集一卷、劉秘書集一卷、劉豫章集一卷、劉庶子集一卷、庾度支集一卷、何記室集一卷、吳朝請集一卷、陳後主集一卷、溫侍讀集一卷)

340000－1801－0021617　7:095565－7:095627
漢魏六朝百三名家集(漢魏六朝一百三家集)　(明)張溥輯　明婁東張氏刻本　六十三冊　缺一種二卷(魏文帝集二卷)

340000－1801－0021618　7:095628－7:095714
漢魏六朝百三名家集(漢魏六朝一百三家集)　(明)張溥輯　清光緒十八年(1892)善化章經濟堂刻本　七十六冊　缺七種七卷(魏應德璉集一卷、魏應休璉集一卷、阮步兵集一卷、嵇中散集一卷、陳記室集一卷、王侍中集一卷、牛奇章集一卷)

340000－1801－0021619　7:095715－7:095812
漢魏六朝百三名家集(漢魏六朝一百三家集)　(明)張溥輯　清光緒五年(1879)彭懋謙信述堂刻本　九十八冊　缺三種三卷(顔光祿集一卷、陶隱居集一卷、梁丘司空集一卷)

340000－1801－0021620　7:095813－7:095820
漢魏六朝百三名家集(漢魏六朝一百三家集)　(明)張溥輯　清刻本　八冊　存六種六卷(潘黃門集一卷、徐僕射集一卷、溫侍讀集一卷、邢特進集一卷、魏特進集一卷、王司空集一卷)

340000－1801－0021621　7:095821－7:095860
漢魏六朝百三名家集(漢魏六朝一百三家集)　(明)張溥輯　清刻本　四十冊　存四十九種五十八卷(東漢崔亭伯集一卷、張河閒集二卷、漢蘭臺令李伯仁集一卷、東漢馬季長集一卷、東漢荀侍中集一卷、東漢王叔師集一卷、諸葛丞相集一卷、魏文帝集二卷、陳思王集二卷、傅鶉觚集一卷、孫馮翊集一卷、晉摯太常集一卷、晉束廣微集一卷、夏侯常侍集一卷、潘黃門集一卷、傅中丞集一卷、潘太常集一卷、陸清河集二卷、晉王右軍集二卷、宋何衡陽集一卷、宋傅光祿集一卷、謝康樂集二卷、鮑參軍集二卷、王文憲集一卷、王寧朔集一卷、梁武帝御製集二卷、梁昭明太子集一卷、梁文帝御製集二卷、梁元帝集一卷、劉秘書集一卷、劉豫章集一卷、劉庶子集一卷、陳後主集一卷、徐僕射集一卷、沈侍中集一卷、江令君集一卷、陳張散騎集一卷、高令公集一卷、溫侍讀集一卷、邢特進集一卷、魏特進集一卷、庾開府集二卷、王司空集一卷、隋煬帝集一卷、盧武陽集一卷、李懷州集一卷、牛奇章集一卷、薛司隸集一卷)

340000－1801－0021622　7:096038－7:096156
漢魏六朝百三名家集(漢魏六朝一百三家集)　(明)張溥輯　清刻本　一百十九冊　缺一種一卷(孫馮翊集一卷)

340000－1801－0021623　7:096168－7:096197
漢魏六朝名家集初刻　丁福保輯　清宣統三年(1911)無錫丁氏鉛印本　三十冊

340000－1801－0021624　7:096198－7:096203
六朝四家全集　(清)胡鳳丹輯　清同治九年(1870)永康胡氏退補齋刻本　六冊

340000－1801－0021625　7:096204－7:096233
唐人五十家小集　(清)江標輯　清光緒二十一年(1895)元和江氏靈鶼閣湖南使院影刻本　三十冊

340000－1801－0021626　7:096234－7:096249
唐人五十家小集　（清）江標輯　清光緒二十一年（1895）元和江氏靈鶼閣湖南使院影刻本　十六册　缺五種八卷（華陽眞逸詩二卷、戎昱詩集一卷、劉叉詩集三卷、蘇拯詩集一卷、張司業樂府集一卷）

340000－1801－0021627　7:096250－7:096263
唐人五十家小集　（清）江標輯　清光緒二十一年（1895）元和江氏靈鶼閣湖南使院影刻本　十四册　缺六種七卷（唐皎然詩集一卷、華陽眞逸詩二卷、戎昱詩集一卷、羊士諤詩集一卷、吕衡州詩集一卷、張司業樂府集一卷）

340000－1801－0021628　7:096264－7:096271
唐人三家集　（清）秦恩復輯　清宣統三年（1911）影印本　八册

340000－1801－0021629　7:096272－7:096275
唐人三家集　（清）秦恩復輯　清道光十年（1830）江都秦氏石研齋影刻本　四册　缺一種六卷（李元賓文集文編三卷、外編二卷、續編一卷）

340000－1801－0021630　7:096276－7:096283
唐人三家集　（清）秦恩復輯　清宣統三年（1911）影印本　八册

340000－1801－0021631　7:096284－7:096287
唐人三家集　（清）秦恩復輯　清宣統三年（1911）影印本　四册

340000－1801－0021632　7:096288－7:096297
初唐四傑集　（清）項家達輯　清乾隆四十六年（1781）星渚項氏刻本　十册

340000－1801－0021633　7:096298－7:096303
初唐四傑集　（清）項家達輯　清同治十二年（1873）叢雅堂刻本　六册

340000－1801－0021634　7:096304－7:096309
初唐四傑集　（清）項家達輯　清同治十二年（1873）叢雅堂刻本　六册

340000－1801－0021635　7:096310－7:096321
初唐四傑集　（清）項家達輯　清同治十二年（1873）叢雅堂刻本　十二册

340000－1801－0021636　7:096322－7:096325
初唐四傑集　（清）項家達輯　清光緒五年（1879）淮南書局刻本　四册

340000－1801－0021637　7:096326－7:096329
初唐四傑集　（清）項家達輯　清光緒五年（1879）淮南書局刻本　四册

340000－1801－0021638　7:096330－7:096360
唐詩百名家全集　（清）席啟寓輯　清康熙四十一年（1702）洞庭席氏琴川書屋刻本　三十一册　存六十種一百七十卷（朱慶餘詩集一卷，姚少監詩集十卷，樊川集六卷、補遺一卷，李商隱詩集三卷，溫庭筠詩集七卷、集外詩一卷、别集一卷，李遠詩集一卷，丁卯詩集二卷、續集一卷、續補一卷、集外遺詩一卷，渭南詩集二卷，會昌進士詩集一卷、補遺一卷，喻凫詩集一卷，唐姚鵠詩集一卷，梨岳集一卷，項斯詩集一卷，段成式詩一卷，顧非熊詩集一卷，唐鄭嵎詩一卷，唐隱居詩一卷，李羣玉詩集三卷、後集五卷、補遺一卷，曹祠部詩集二卷、補遺一卷，儲嗣宗詩集一卷，司馬扎先輩詩集一卷，鹿門詩集三卷、拾遺一卷、續補詩一卷，賈浪仙長江集十卷，陳嵩伯詩集一卷，李昌符詩集一卷，張喬詩集四卷，羅鄴詩集一卷，元英先生詩集十卷，甲乙集十卷、補遺一卷，于鄴詩集一卷，于濆詩集一卷，文化集一卷，曹從事詩集一卷，李山甫詩集一卷，許琳詩集一卷，邵謁詩集一卷，周見素詩集一卷，司空表聖詩三卷，章碣詩集一卷，秦韜玉詩集一卷，雲臺編三卷，李才江詩集三卷，韓翰林詩集一卷，韓內翰香奩集三卷，唐英歌詩三卷，杜荀鶴文集三卷，浣花集十卷、補遺一卷，徐昭夢詩集三卷，張蠙詩集一卷，翁拾遺詩集一卷，唐任藩詩小集一卷，孟一之詩集一卷，唐李推官披沙集六卷，黄滔詩集二卷，林寬詩集一卷，曹松詩集二卷，李丞相詩二卷，碧雲集三卷，伍喬詩集一卷，王周詩集一卷）

340000－1801－0021639　7:096361－7:096365
唐四家詩集　（清）胡鳳丹輯　清光緒十三年（1887）湖北崇文書局刻本　五册

340000－1801－0021640　7:096366－7:096370
唐四家詩集　(清)胡鳳丹輯　清光緒十三年(1887)湖北崇文書局刻本　五冊

340000－1801－0021641　7:096371－7:096375
唐四家詩集　(清)胡鳳丹輯　清光緒十三年(1887)湖北崇文書局刻本　五冊

340000－1801－0021642　7:096376－7:096379
唐四家詩集　(清)胡鳳丹輯　清光緒元年(1875)湖北崇文書局刻本　四冊　缺一種四卷(柳柳州集四卷)

340000－1801－0021643　7:096380－7:096385
唐四家詩　(清)汪立名輯　清康熙三十四年(1695)天都汪氏刻本　六冊

340000－1801－0021644　7:096386－7:096389
唐四家詩　(清)汪立名輯　清光緒二十二年(1896)上海古香閣石印本　四冊

340000－1801－0021645　7:096390－7:096397
唐四家詩　(清)汪立名輯　清光緒十年(1884)上海同文書局石印本　八冊

340000－1801－0021646　7:096398－7:096405
唐四家詩　(清)汪立名輯　清光緒十年(1884)上海同文書局石印本　八冊

340000－1801－0021647　7:096408
王漁洋遺書　(清)王士禎輯　清刻本　一冊　存一種三卷(唐賢三昧集三卷)

340000－1801－0021648　7:096409－7:096424
宋詩鈔初集　(清)呂留良等輯　清康熙十年(1671)吳氏鑑古堂刻本　十六冊　缺三十種四十卷(小畜集鈔一卷,騎省集鈔一卷,安陽集鈔一卷,滄浪集鈔一卷,乖崖詩鈔一卷,清獻詩鈔一卷,宛陵詩鈔一卷,武溪詩鈔一卷,歐陽文忠詩鈔一卷,和靖詩鈔一卷,徂徠詩鈔一卷,武仲清江集鈔一卷,文仲清江集鈔一卷,平仲清江集鈔一卷,南陽集鈔一卷,臨川詩鈔一卷,東坡詩鈔一卷,石湖詩鈔一卷,劍南詩鈔一卷,止齋詩鈔一卷,誠齋江湖集鈔一卷、荊溪集鈔一卷、西歸集鈔一卷、南海集鈔一卷、朝天集鈔一卷、江西道院集鈔一卷、朝天續集鈔一卷、江東集鈔一卷、退休集鈔一卷,東皋詩鈔一卷,秋崖小稿鈔一卷,清雋集鈔一卷,晞髮集鈔一卷、晞髮近稿鈔一卷、附天地間集一卷,文山詩鈔一卷,先天集鈔一卷,白石樵唱鈔一卷,山民詩鈔一卷,水雲詩鈔一卷)

340000－1801－0021649　7:096481－7:096520
南宋群賢小集　(清)陳起輯　(清)顧修重輯　清嘉慶六年(1801)石門顧氏讀畫齋刻本　四十冊

340000－1801－0021650　7:096521－7:096557
南宋群賢小集　(清)陳起輯　(清)顧修重輯　清嘉慶六年(1801)石門顧氏讀畫齋刻本　三十七冊　缺四種十七卷(蒙泉詩稾一卷、方泉先生詩集三卷、野谷詩稾六卷、亞愚江浙紀行集句詩七卷)

340000－1801－0021651　7:096558－7:096567
南宋群賢小集　(清)陳起輯　(清)顧修重輯　清嘉慶六年(1801)石門顧氏讀畫齋刻本　十冊　存十種十一卷(巽齋小集一卷、雪坡小稿二卷、菊磵小集一卷、梅屋吟一卷、北牕詩稾一卷、鷗渚微吟一卷、學吟一卷、雅林小稾一卷、菊潭詩集一卷、庸齋小集一卷)

340000－1801－0021652　7:096568－7:097109
清六朝御製詩文集　清光緒五年(1879)鉛印本　五百四十二冊

340000－1801－0021653　7:097110－7:097125
宋范文正忠宣二公全集四十五卷　鄒福保輯　清宣統歲寒堂刻本　十六冊

340000－1801－0021654　7:097126－7:097135
邱海二公文集合編十六卷　(清)焦映漢輯　清同治十年(1871)焦氏可繼堂刻本　十冊

340000－1801－0021655　7:097136－7:097147
邱海二公合集十六卷　(清)焦映漢輯　清同治刻本　十二冊

340000－1801－0021656　7:097148－7:097149
劉左史給諫文集九卷　(清)紀昀等纂　清刻本　二冊

340000－1801－0021657　7:097150－7:097165
弘正四傑詩集　(清)張祖同輯　清光緒二十一年(1895)長沙張氏湘雨樓刻本　十六冊

340000－1801－0021658　7:097166－7:097181
弘正四傑詩集　(清)張祖同輯　清光緒二十一年(1895)長沙張氏湘雨樓刻本　十六冊

340000－1801－0021659　7:097305－7:097306
癡說四種　清光緒申報館鉛印本　二冊

340000－1801－0021660　7:097335－7:097344
壺盦類稿　(清)阮綺年著　清光緒二十七年(1901)刻本　十冊　存五種二十六卷(靈芝仙館詩鈔十二卷、秋亭詞鈔二卷、四家纂問敘錄匯編五卷、問湘樓駢體文初稿六卷、息園舊德錄一卷)

340000－1801－0021661　7:097345－7:097347
墨花仙館合刻十三卷　(清)屈子謙等著　清光緒二十七年(1901)刻本　三冊

340000－1801－0021662　7:097348－7:097355
友聲集　(清)王相輯　清咸豐八年(1858)信芳閣刻本　八冊

340000－1801－0021663　7:097356－7:097367
戴段合刻二十四卷　(清)張壽榮輯　清光緒十年(1884)鎮海張氏刻本　十二冊

340000－1801－0021664　7:097380－7:097391
容城三賢文集　(清)張斐然等輯　清康熙十八年(1679)刻本　十二冊

340000－1801－0021665　7:097450
永嘉詩人祠堂叢刻　(清)葉廣生編　清刻本　一冊　存二種二卷(永嘉集一卷、儒志編一卷)

340000－1801－0021666　7:097516－7:097523
左氏雙忠集　(清)左輝春輯　清道光二十六年(1846)刻本　八冊

340000－1801－0021667　7:097532－7:097535
彭氏二文合集　(清)彭篤福輯　清康熙五年(1666)彭志禎刻本　四冊

340000－1801－0021668　7:097536－7:097551
吳氏一家稿　(清)吳清鵬輯　清咸豐五年(1855)錢塘吳氏刻本　十六冊

340000－1801－0021669　7:097623－7:097627
黎氏三家詩詞　(清)黎伯庸等著　清光緒十五年(1889)刻本　五冊

340000－1801－0021670　7:097628－7:097633
蔡氏九儒書　(清)蔡重輯　清同治七年(1868)刻本　六冊

340000－1801－0021671　7:097634－7:097677
寧都三魏全集　(清)林時益輯　清道光刻本　四十四冊

340000－1801－0021672　7:097678－7:097726
寧都三魏全集　(清)林時益輯　清道光刻本　四十九冊

340000－1801－0021673　7:097727－7:097776
寧都三魏全集　(清)林時益輯　清道光刻本　五十冊

340000－1801－0021674　7:097777－7:097813
寧都三魏全集　(清)林時益輯　清道光刻本　三十七冊

340000－1801－0021675　7:097814－7:097877
三蘇全集　(宋)蘇洵等撰　清道光十二年(1832)眉州三蘇祠刻本　六十四冊

340000－1801－0021676　7:097878－7:097925
三蘇全集　(宋)蘇洵等撰　清嘉慶眉州祠刻本　四十八冊

340000－1801－0021677　7:097954－7:097977
歷代詩話　(清)何文煥輯　清乾隆三十五年(1770)刻本　二十四冊

340000－1801－0021678　7:098049－7:098060
談藝珠叢　(清)王啟原輯　清光緒十一年(1885)長沙玉尺山房刻本　十二冊

340000－1801－0021679　7:098072
林下清風集不分卷　(清)蔡紫瓊等著　清同治十三年(1874)瑯嬛別館刻本　一冊

340000－1801－0021680　7:098073－7:098075

讀畫齋叢書 (清)顧修輯 清刻本 三册 存二種六卷(玉山逸稿四卷、附録一卷,滄浪櫂歌一卷)

340000－1801－0021681 7:098076－7:098077
讀畫齋叢書 (清)顧修輯 清刻本 二册 存二種三卷(玉山逸稿一至二、玉山璞稿一卷)

340000－1801－0021682 7:098109
明東臺王氏四先生殘稿不分卷 (清)袁承業輯 清東臺袁氏刻本 一册

340000－1801－0021683 7:098110
文江留愛集不分卷 (清)劉作霖編輯 清光緒三十四年(1908)刻本 一册

340000－1801－0021684 7:098111－7:098114
舊詩三種 (清)陳克劬輯 清光緒十三年(1887)刻本 四册

340000－1801－0021685 7:098115－7:098116
十種唐詩選 (清)王士禎選 清康熙三十一年(1692)刻本 二册 存五種十卷(篋中集一卷、國秀集三卷、河嶽英靈集三卷、中興間氣集二卷、搜玉小集一卷)

340000－1801－0021686 7:098117
梅嶺課子圖題辭二卷 (清)傅振海編 清刻本 一册

340000－1801－0021687 7:098118
桐城馬氏詩鈔 (清)馬樹華輯 清道光刻本 一册 存七種八卷(虎岑詩集二卷、屏山詩草一卷、菜香園集一卷、嚴沖詩存一卷、懷亭集存一卷、白下詩草一卷、寒檜軒詩一卷)

340000－1801－0021688 7:098237－7:098244
四印齋所刻詞目 (清)王鵬運輯 清光緒十四年(1888)王氏刻本 八册

340000－1801－0021689 7:098245－7:098248
四印齋匯刻宋元三十一家詞 (清)王鵬運輯 清光緒十九年(1893)刻本 四册

340000－1801－0021690 7:098316－7:098335
小檀欒室彙刻閨秀詞 徐乃昌輯 清光緒二十一年至二十二年(1895－1896)南陵徐氏刻本 二十册

340000－1801－0021691 7:098360－7:098367
國朝六家詩鈔 (清)劉執玉輯 清乾隆十三年(1748)汗青簃刻本 八册

340000－1801－0021692 7:098368－7:098375
國朝六家詩鈔 (清)劉執玉輯 清乾隆三十二年(1767)詒燕樓刻本 八册

340000－1801－0021693 7:098376－7:098387
詞學叢書 (清)秦恩復輯 清嘉慶、道光間江都秦氏享帚精舍刻本 十二册

340000－1801－0021694 7:098388－7:098397
蒙香室叢書 馮煦輯 清光緒中刻本 十册

340000－1801－0021695 7:100066－7:100075
笠翁十種曲 (清)李漁撰 清刻本 十册

340000－1801－0021696 7:100076－7:100095
笠翁傳奇十種(笠翁十種曲) (清)李漁撰 清道光七年(1827)刻本 二十册

340000－1801－0021697 7:100096－7:100115
笠翁傳奇十種(笠翁十種曲) (清)李漁撰 清道光七年(1827)刻本 二十册

340000－1801－0021698 7:100116－7:100122
笠翁十種曲 (清)李漁撰 清刻本 七册 存四種八卷(蜃中樓傳奇二卷、玉搔頭傳奇二卷、比目魚傳奇二卷、巧團圓傳奇二卷)

340000－1801－0021699 7:100123－7:100142
笠翁傳奇十種(笠翁十種曲) (清)李漁撰 清道光七年(1827)刻本 二十册

340000－1801－0021700 7:100143－7:100148
笠翁十種曲 (清)李漁撰 清刻本 六册 存四種八卷(風箏誤傳奇二卷、蜃中樓傳奇二卷、意中緣傳奇二卷、比目魚傳奇二卷)

340000－1801－0021701 7:100149－7:100172
笠翁十種曲 (清)李漁撰 清大知堂刻本 二十四册

340000－1801－0021702 7:100173－7:100184

惺齋五種續編一種(新曲六種) (清)夏綸撰 清乾隆十四年(1749)世光堂刻本 十二册

340000－1801－0021703 7:100217－7:100224
藏園九種曲(紅雪樓九種曲) (清)蔣士銓撰 清紅雪樓刻本 八册

340000－1801－0021704 7:100277－7:100284
海鹽黃氏六種曲 (清)黃燮清撰 清刻本 八册

340000－1801－0021705 7:100285－7:100286
清容外集 (清)蔣士銓撰 清乾隆三十九年(1774)紅雪樓刻本 二册 存二種二卷(雪中人一卷、四絃秋一卷)

340000－1801－0021706 7:100287－7:100289
清容外集 (清)蔣士銓撰 清乾隆三十九年(1774)紅雪樓刻本 三册 存三種五卷(第二碑一卷、桂林霜二卷、空谷香傳奇二卷)

340000－1801－0021707 7:105425－7:105502
增訂漢魏叢書 (清)王謨輯 清乾隆五十六年(1791)金溪王氏刻本 七十八册 缺十一種二十七卷(三國志辨誤一卷、鹽鐵論七至十二、孫子二卷、列子八卷、傅子一卷、道德經評注二卷、中華古今注三卷、輶軒絕代語一卷、鄴中記一卷、博異記一卷、世本一卷)

340000－1801－0021708 7:105981－7:106030
海山仙館叢書 (清)潘仕成輯 清道光、咸豐間番禺潘氏刻光緒中補刻本 五十册

340000－1801－0021709 7:106031－7:106054
滂喜齋叢書 (清)潘祖蔭輯 清同治、光緒間吳縣潘氏刻本 二十四册

340000－1801－0021710 7:106055－7:106068
積學齋叢書 徐乃昌輯 清光緒中南陵徐氏刻本 十六册

340000－1801－0021711 7:106069－7:106078
鄦齋叢書 徐乃昌輯 清光緒二十六年(1900)南陵徐氏刻本 十册 存十二種(周易諸卦合象考一卷、周易互體卦變考一卷、易經象類一卷、夏小正分箋四卷、鄭氏三禮目錄一卷、何休注訓論語述一卷、爾雅小箋三卷、鄭氏六藝論一卷、經考五卷、說文諧聲孳生述不分卷、隸通二卷、中州金石目錄八卷)

340000－1801－0021712 7:106079－7:106102
集虛草堂叢書甲集 李國松輯 清光緒中合肥李氏刻本 二十四册

340000－1801－0021713 7:106417－7:106522
玉函山房輯佚書 (清)馬國翰輯 清光緒十年(1884)湖南湘遠堂刻本 一百六册

340000－1801－0021714 7:106555－7:106650
玉海 (宋)王應麟輯 清刻本 九十六册 缺三種十六卷(附刻:通鑑地理通釋十四卷、周書王會補注一卷、王應麟先生年譜一卷)

340000－1801－0021715 7:106651－7:106713
孫夏峰全集 (清)孫奇逢撰 清康熙中刻道光至光緒間遞刻重印本 六十三册 缺三種四十二卷(讀易大旨五卷、孫徵君日譜錄存三十六卷、夏峰答問一卷)

340000－1801－0021716 7:106714－7:106737
桐城錢飲光先生全書 (清)錢澄之撰 清同治二年(1863)桐城斟雉堂刻本 二十四册

340000－1801－0021717 7:106738－7:106746
亭林遺書 (清)顧炎武撰 清刻本 九册 存六種二十卷(左傳杜解補正三卷、金石文字記六卷、韻補正一卷、昌平山水記二卷、亭林文集四至六、亭林詩集五卷)

340000－1801－0021718 7:106747－7:106755
亭林先生補遺十種 (清)顧炎武撰 清光緒十一年(1885)吳縣孫谿槐廬家塾刻本 九册 缺二種二卷(京東考古錄一卷、聖安紀事一卷)

340000－1801－0021719 7:106756－7:106774
徐位山六種 (清)徐文靖撰 清光緒二年(1876)刻本 十九册 缺一種(志寧堂稿不分卷)

340000－1801－0021720 7:106775－7:106778
杭大宗七種叢書 (清)杭世駿撰 清刻本

四册

340000－1801－0021721　7∶106779－7∶106827

洪北江全集　（清）洪亮吉撰　清光緒中洪用懃授經堂刻本（傳經表二卷通經表二卷、比雅十卷爲配補）　四十九册　缺六種九十八卷（北江詩話六卷、春秋左傳詁二十卷、乾隆府廳州縣圖志五十卷、十六國疆域志十六卷、東晉疆域志四卷、補三國疆域志二卷）

340000－1801－0021722　7∶106828－7∶106842

安吴四種　（清）包世臣撰　清同治十一年（1872）包誠刻本　十五册

340000－1801－0021723　7∶106843－7∶106854

春在堂全書　（清）俞樾撰　清光緒二十五年（1899）刻本　十二册　存五種四十八卷（俞樓雜纂一至二十八，春在堂詩編七至九、詞錄三卷，春在堂尺牘一至三，茶香室叢鈔十八至二十五，曲園雜纂三十六至三十八）

340000－1801－0021724　7∶106855－7∶106885

春在堂全書　（清）俞樾撰　清光緒二十五年（1899）刻本　三十一册　存六十二種一百八十一卷（周易平議二卷，尚書平議一至二，毛詩平議四卷，周禮平議二卷，考工記世室重屋明堂考一卷，儀禮平議二卷，大戴禮記平議二卷，春秋公羊傳平議一卷，春秋穀梁傳平議一卷，孟子平議二卷，爾雅平議一卷，管子平議六卷，晏子春秋平議一卷，老子平議一卷，墨子平議三卷，呂氏春秋平議三卷，春秋繁露平議二卷，賈子平議二卷，易貫五卷，玩易篇一卷，論語小言一卷，春秋名字解詁補義一卷，古書疑義舉例七卷，兒笘錄四卷，讀書餘錄二卷，詁經精舍自課文二卷，艮宧易說一卷，荀子詩說一卷，何劭公論語義一卷，士昏禮對席圖一卷，樂記異文考一卷，生霸死霸考一卷，卦氣直日考一卷，七十二候考一卷，左傳古本分年考一卷，春秋人地名對一卷，邵易補原一卷，吳中唱和詩一卷，梵珠一卷，百空曲一卷，十二月花神議一卷，銀瓶徵一卷，吳絳雪年譜一卷，五行占一卷，集千字文詩一卷，隱書一卷，老圓一卷，喪服私論一卷，左傳連珠一卷，論語鄭義一卷，續論語駢枝一卷，賓萌集六卷、外集四卷，春在堂雜文二卷、續編五卷、三編四卷、四編八卷、五編八卷、六編十卷、補遺六卷，春在堂詞錄三卷，春在堂全書錄要一卷，慧福樓幸草一卷，春在堂隨筆十卷，春在堂尺牘六卷，四書文一卷，右台仙館筆記十六卷，太上感應篇纘義二卷，袖中書二卷）

340000－1801－0021725　7∶106953－7∶106980

通志堂經解　（清）成德（性德）輯　清康熙刻本　二十八册　存十七種一百二十六卷（易小傳五至六，丙子易學編一卷，易學啟蒙小傳一卷，周易古今發題一卷，俞氏易集說十三卷，三山拙齋林先生尚書全解一至二十四，程尚書禹貢論下、後論一卷、山川地理圖二卷，尚書通考一至六，王耕野先生讀書管見二卷，定正洪範集說一卷，李迂仲黄實夫毛詩集解二至五，毛詩名物解二十卷、綱目一卷、總論一卷，詩傳遺說一至三，逸齋詩補傳三十卷、詩解頤三至四，春秋集註一至六，儀禮集說四至五，熊先生經說四至五）

340000－1801－0021726　7∶106981－7∶106984

十三經古注　（明）金蟠校訂　明崇禎永懷堂刻清同治八年（1869）浙江書局補修本　四册　存三種四十卷（論語二十卷、孝經九卷、孟子四至十四）

340000－1801－0021727　7∶106985－7∶107344

皇清經解一千四百八卷　（清）阮元輯　清道光九年（1829）廣東學海堂刻咸豐十一年（1861）補刻本　三百六十册

340000－1801－0021728　7∶107375－7∶107391

皇朝五經匯解　題（清）抉經心室主人輯　清光緒石印本　十七册　存三種一百十三卷（書經二十三至五十二，詩經一至四十三、五十三至六十八，春秋一至二十四）

340000－1801－0021729　7∶107392－7∶107404

古經解彙函附小學彙函續附十種　（清）鍾謙鈞等輯　清光緒十四年（1888）蜚英館石印本　十三册　缺十五種一百五十七卷（鄭志三卷、補遺一卷，小學彙函十四種一百五十三卷）

340000－1801－0021730　7：107417－7：107835

二十四史　清同治、光緒間五省官書局刻本　四百十九册　缺四種九百四十四卷（陳書三十六卷、南史八十卷、宋史四百九十六卷、明史三百三十二卷）

340000－1801－0021731　7：108471－7：108474

明季稗史彙編　題（清）留雲居士輯　清都城琉璃廠刻本　四册　存六種八卷（聖安皇帝本紀二卷、幸存錄二卷、續幸存錄一卷、求野錄一卷、也是錄一卷、江南聞見錄一卷）

340000－1801－0021732　7：108489－7：108694

九通　（清）□□輯　清光緒二十七年（1901）上海圖書集成局鉛印本　二百六册

340000－1801－0021733　7：108735－7：108796

稗海　（明）商濬輯　清康熙中振鷺堂刻本　六十二册　缺二種二卷（避暑錄話上、東軒筆錄十一）

340000－1801－0021734　7：108797－7：108807

唐代叢書　（清）王文誥輯　清刻本　十一册　缺十九種十九卷（李泌傳一卷、李林甫外傳一卷、東城老父傳一卷、馮燕傳一卷、高力士傳一卷、虬髯客傳一卷、奇男子傳一卷、蔣子文傳一卷、杜子春傳一卷、墨崑崙傳一卷、陶峴傳一卷、申宗傳一卷、靈應傳一卷、睦仁蒨傳一卷、柳毅傳一卷、仙吏傳一卷、英雄傳一卷、劍俠傳一卷、廣陵妖亂志一卷）

340000－1801－0021735　7：108808－7：108830

漢魏六朝名家集初刻　丁福保輯　清宣統三年（1911）無錫丁氏鉛印本　二十三册　缺七種三十八卷（梁元帝集五卷、梁昭明太子集四卷、沈休文集九卷、江文通集八卷、任彦昇集五卷、陳後主集二卷、隋煬帝集五卷）

340000－1801－0021736　7：108837－7：109250

頻伽精舍校刊大藏經　黄宗仰等輯校　清宣統元年至民國二年（1909－1913）上海頻伽精舍鉛印本　四百十四册

340000－1801－0021737　7：109282－7：109305

荆駝逸史　題（清）陳湖逸士輯　清道光中古槐山房木活字印本　二十四册　缺十二種十九卷（行朝錄六卷、念陽徐公定蜀記一卷、平蜀記事一卷、車營百八叩二卷、孑遺錄一卷、崇禎癸未榆林城守紀畧一卷、崇禎甲申保定城守紀畧一卷、弘光朝僞東宫僞后及黨禍紀略一卷、弘光乙酉揚州城守紀略一卷、江陰守城記一卷、閩游月記二卷、永歷紀事一卷）

340000－1801－0021738　7：120681－7：120790

玉函山房輯佚書　（清）馬國翰輯　清光緒九年（1883）長洲嫏嬛仙館刻本　一百十册

340000－1801－0021739　7：120791－7：120826

玉函山房輯佚書　（清）馬國翰輯　清光緒九年（1883）長洲嫏嬛仙館刻本　三十六册　存二百四十七種二百八十二卷（周易王氏注二卷、周易王氏音一卷、周易何氏解一卷、周易董氏章句一卷、周易姚氏注一卷、周易翟氏義一卷、周易向氏義一卷、周易統略一卷、周易卦序論一卷、周易張氏義一卷、周易張氏集解一卷、尚書王氏注二卷、古文尚書音一卷、尚書舜典注一卷、尚書劉氏義疏一卷、尚書述義一卷、尚書顧氏疏一卷、魯詩故三卷、薛君韓詩章句二卷、韓詩翼要一卷、毛詩馬氏注一卷、毛詩義問一卷、毛詩王氏注四卷、毛詩義駁一卷、毛詩奏事一卷、毛詩問難一卷、毛詩駁一卷、毛詩答雜問一卷、毛詩譜暢一卷、毛詩異同評三卷、難孫氏毛詩評一卷、毛詩拾遺一卷、毛詩徐氏音一卷、毛詩序義疏一卷、毛詩周氏注一卷、毛詩十五國風義一卷、毛詩隱義一卷、集注毛詩一卷、毛詩舒氏義疏一卷、毛詩沈氏義疏二卷、毛詩箋音義證一卷、毛詩述義一卷、毛詩草蟲經一卷、毛詩題綱一卷、施氏詩說一卷、周禮鄭大夫解詁一卷、周禮鄭司農解詁六卷、周禮杜氏注二卷、周禮賈氏解詁一卷、周官傳一卷、周禮鄭氏音一卷、周禮干氏注一卷、周禮徐氏音一卷、周禮李氏音一卷、周禮聶氏音一卷、周官禮義疏一卷、周禮劉氏音二卷、周禮戚氏音一卷、大戴喪服變除一卷、冠禮約制一卷、鄭氏婚禮一卷、喪服經傳馬氏注一卷、鄭氏喪服變除一卷、新定禮一卷、喪服經傳王氏注一卷、王氏喪服要記一卷、喪服變除圖一卷、喪服要集一卷、喪服經傳袁氏注一卷、集注喪服經傳一卷、喪服經傳陳氏注一卷、喪服釋疑一卷、蔡氏喪服譜一卷、賀氏喪服譜一卷、葬禮一卷、喪服要記一卷、喪服要記注一卷、葛氏喪服變除一卷、凶禮一卷、集注喪服經傳一卷、略注喪服經傳一卷、喪服難問一卷、喪服古今集記一卷、禮記孫氏注一卷、禮記音義隱一卷、禮記范氏音一卷、禮記徐氏音二卷、禮記劉氏音一卷、禮記略解一卷、禮記隱義一卷、禮記新義疏一卷、禮記皇氏義疏一至三、禮記熊氏義疏四卷、禮記外傳一卷、石渠禮論一卷、魯禮禘祫志一卷、三禮圖一卷、問禮俗一卷、鍾律緯一卷、古今樂錄一卷、樂書一卷、管絃記一卷、樂部一卷、琴歷一卷、樂律義一卷、樂譜集解一卷、琴書一卷、春秋大傳一卷、春秋決事一卷、公羊嚴氏春秋一卷、春秋公羊顏氏記一卷、春秋穀梁傳尹氏章句一卷、春秋穀梁傳說一卷、春秋左傳劉氏注一卷、春秋牒例章句一卷、春秋左傳解誼三至四、春秋成長說一卷、左氏膏肓釋痾一卷、春秋釋例一卷、左氏奇說一卷、春秋左傳許氏注一卷、春秋左氏經傳章句一卷、春秋左傳王氏注一卷、春秋左傳嵇氏音一卷、春秋穀梁傳糜氏注一卷、春秋公羊穀梁傳解詁一卷、春秋左氏傳義注一卷、春秋公羊穀梁二傳評一卷、春秋穀梁傳徐氏注一卷、春秋土地名一卷、春秋穀梁傳注義一卷、春秋左傳徐氏音一卷、春秋左氏函傳義一卷、答薄叔元問穀梁義一卷、春秋穀梁傳鄭氏說一卷、春秋左氏經傳義略一卷、續春秋左氏傳義略一卷、春秋傳駮一卷、春秋左氏傳義疏一卷、春秋述義上、論語旨序一卷、論語繆氏說一卷、論語體略一卷、論語欒氏釋疑一卷、論語讚注一卷、論語釋一卷、論語李氏集注二卷、論語范氏注一卷、論語孫氏集解一卷、論語梁氏注一卷、論語袁氏注一卷、爾雅音義一卷、爾雅圖讚一卷、集注爾雅一卷、爾雅施氏音一卷、爾雅謝氏音一卷、爾雅顧氏音一卷、爾雅裴氏注一卷、詩緯氾歷樞一卷、詩緯含神霧一卷、禮緯含文嘉一卷、禮緯稽命徵一卷、禮緯斗威儀一卷、樂緯動聲儀一卷、樂緯稽耀嘉一卷、樂緯叶圖徵一卷、春秋緯感精符一卷、春秋緯文耀鉤一卷、春秋緯運斗樞一卷、春秋緯合誠圖一卷、春秋緯考異郵一卷、春秋緯保乾圖一卷、春秋緯漢含孳一卷、春秋緯佐助期一卷、春秋緯握誠圖一卷、春秋緯潛潭巴一卷、春秋緯說題辭一卷、春秋緯演孔圖一卷、春秋緯元命苞二卷、春秋命歷序一卷、春秋內事一卷、孝經緯援神契二卷、孝經緯鉤命訣一卷、孝經中契一卷、孝經左契一卷、孝經右契一卷、孝經內事圖一卷、孝經章句一卷、孝經雌雄圖一卷、孝經古秘一卷、論語讖八卷、年歷一卷、汲冢書鈔一卷、聖賢高士傳一卷、鑒戒象讚一卷、七略別錄一卷、漆雕子一卷、宓子一卷、景子一卷、世子一卷、魏文侯書一卷、李克書一卷、公孫尼子一卷、內業一卷、讕言一卷、甯子一卷、王孫子一卷、李氏春秋一卷、董子一卷、徐子一卷、魯連子一卷、虞氏春秋一卷、王子正論一卷、去伐論一卷、杜氏體論一卷、王氏新書一卷、周子一卷、顧子新語一卷、典語一卷、通語一卷、譙子法訓一卷、袁子正論一卷、袁子正書一卷、孫氏成敗志一卷、古今通論一卷、蔡氏化清經一卷、夏侯子新論一卷、太元經一卷、華氏新論一卷、梅子新論一卷、志林新書一卷、廣林一卷、釋滯一卷、通疑一卷、干子一卷、要覽一卷、讀書記一卷、杜氏幽求新書一卷、孫子一卷、苻子一卷、少子一卷、夷夏論一卷、申子一卷、黿氏新書一卷、崔氏政論一卷、劉氏政論一卷、阮子政論一卷）

340000－1801－0021740　7:120827－7:120922
玉函山房輯佚書　（清）馬國翰輯　清光緒九年(1883)長洲嫏嬛仙館刻本　九十六冊　缺一種八卷(目耕帖一至八)

340000－1801－0021741　7:120923－7:121013
玉函山房輯佚書　（清）馬國翰輯　清光緒九年(1883)長洲嫏嬛仙館刻本　九十一冊　缺六十五種七十一卷(喪服經傳馬氏注一卷、鄭氏喪服變除一卷、新定禮一卷、喪服經傳王氏注一卷、王氏喪服要記一卷、喪服變除圖一卷、喪服要集一卷、喪服經傳袁氏注一卷、集注喪服經傳一卷、喪服經傳陳氏注一卷、喪服釋疑一卷、史籀篇一卷、蒼頡篇一卷、通俗文一卷、埤蒼一卷、古今字詁一卷、雜字一卷、雜字解詁一卷、聲類一卷、廣蒼一卷、辨釋名一卷、異字一卷、始學篇一卷、草書狀一卷、發蒙記一卷、啓蒙記一卷、韻集一卷、字指一卷、四體書勢一卷、要用字苑一卷、演說文一卷、字統一卷、纂文一卷、庭誥一卷、纂要一卷、纂要一卷、文字集略一卷、古今文字表一卷、韻略一卷、桂苑珠叢一卷、文字指歸一卷、四聲五音九弄反紐圖一卷、分毫字樣一卷、漢石經尚書一卷、漢石經魯詩一卷、漢石經儀禮一卷、漢石經公羊一卷、漢石經論語一卷、三字石經尚書一卷、三字石經春秋一卷、古文瑣語一卷、帝王要略一卷、三五歷記一卷、世要論一卷、陳子要言一卷、惠子一卷、士緯一卷、史佚書一卷、田俅子一卷、隋巢子一卷、胡非子一卷、纏子一卷、蘇子一卷、闕子一卷,目耕帖一至七)

340000－1801－0021742　7:121014
玉函山房輯佚書　(清)馬國翰輯　清光緒九年(1883)長洲娜嬛仙館刻本　一冊　存五種六卷(連山一卷、歸藏一卷、周易子夏傳二卷、周易薛氏記一卷、蔡氏易說一卷)

340000－1801－0021743　7:121015－7:121021
玉函山房輯佚書　(清)馬國翰輯　清光緒十年(1884)楚南湘遠堂刻本　八冊　存三十六種六十一卷(連山一卷、歸藏一卷、周易子夏傳二卷、周易薛氏記一卷、蔡氏易說一卷、春秋穀梁傳注義一卷、春秋徐氏音一卷、薄叔元問穀梁義一卷、春秋穀梁傳鄭氏說一卷、春秋左氏經傳義略一卷、續春秋左氏傳義略一卷、春秋傳駁一卷、春秋左傳義疏一卷、古論語六卷、齊論語一卷、論語孔氏訓解一至十、論語包氏章句二卷、論語周氏章句一卷、論語馬氏訓說一卷、論語鄭氏注十卷、論語陳氏義說一卷、論語王氏說一卷、論語王氏義說一卷、論語周生氏義說一卷、論語釋疑一卷、論語譙氏注一卷、論語衛氏集注一卷、論語旨序一卷、古文瑣語一卷、帝王要略一卷、三五歷記一卷、年歷一卷、汲冢書鈔一卷、聖賢高士傳一卷、鑒戒象讚一卷、七略別錄一卷)

340000－1801－0021744　7:121260－7:121271
續涇川叢書　(清)趙紹祖輯　清道光十二年(1832)涇縣趙氏古墨齋刻本　十二冊

340000－1801－0021745　7:121287－7:121288
武林掌故叢編　(清)丁丙輯　清光緒中錢塘丁氏嘉惠堂刻本　二冊　存五種九卷(西湖韻事一卷,錢塘西湖百詠一卷,錢塘先賢傳贊一卷、附錄一卷,古杭雜記一卷,新刻古杭雜記詩集四卷)

340000－1801－0021746　7:121297－7:121301
龍眠叢書　(清)光聰諧輯　清桐城光氏刻本　五冊　存五種九卷(昌谷集注四卷、空明谷詞一卷、馬太僕奏略二卷、柿葉軒筆記一卷、摩蒼集一卷)

340000－1801－0021747　7:121302－7:121306
玉海　(宋)王應麟輯　清刻本　五冊　存二種十卷(玉海一百十二至一百十三、一百二十一至一百二十二,小學紺珠五至十)

340000－1801－0021748　7:121307－7:121309
陸桴亭先生遺書　(清)陸世儀撰　清光緒二十五年(1899)太倉唐受祺京師刻本　吳常燾方珪德批點　三冊　存五種八卷(論學酬答四卷、性善圖說一卷、虛齋格致傳補註一卷、四書講義輯存一卷、淮雲問答輯存一卷)

340000－1801－0021749　7:121310－7:121313
西堂全集　(清)尤侗撰　清康熙刻本　四冊　存九種三十卷(述祖詩一卷,于京集五卷,哀絃集一卷,擬明史樂府一卷,外國竹枝詞一卷,百末詞五卷、詞餘一卷,性理吟一卷,西堂雜組一集八卷,湘中草六卷)

340000－1801－0021750　7:121314－7:121384
曾文正公全集　(清)曾國藩撰　清同治、光緒間傳忠書局刻本　七十一冊　存九種一百卷(奏稿三至六、十三至十七、二十五至二十六,經史百家雜鈔一至二十四,文集一至三,書劄一至十、十五至三十三,批牘六卷,雜著二卷,求闕齋讀書錄十卷,求闕齋日記類鈔二卷,年譜十二卷,首一卷)

340000－1801－0021751　7:121385－7:121387

頤志齋叢書 (清)丁晏撰 清同治刻本 三冊 缺五種七卷(禹貢蔡傳正誤一卷,淮安北門城樓金天德年大鐘款識一卷、附一卷,石亭記事一卷、續編一卷,百家姓三編一卷,讀經說一卷)

340000－1801－0021752 7:121392－7:121397
春在堂全書 (清)俞樾撰 清光緒二十五年(1899)刻本 六冊 存七種二十八卷(兒笘錄三至四,讀書餘錄二卷,春在堂詩編七至八、詞錄三卷,春在堂隨筆一至六,楹聯錄存五卷、附錄一卷,四書文一卷,游藝錄六卷)

340000－1801－0021753 7:121401－7:121542
重刊宋本十三經註疏附校勘記 (清)盧宣旬摘錄 (清)阮元撰 清嘉慶二十年(1815)南昌府學刻本 一百四十二冊

340000－1801－0021754 7:121543－7:121584
重刊宋本十三經註疏附校勘記 (清)盧宣旬摘錄 (清)阮元撰 清嘉慶二十年(1815)南昌府學刻本 四十二冊 存七種三百十四卷(周易兼義三至九、附音義一卷、注疏校勘記三至九、釋文校勘記一卷,附釋音尚書注疏二十卷、附校勘記二十卷,附釋音毛詩注疏七十卷、附校勘記七十卷,監本附音春秋穀梁注疏二十卷、附校勘記二十卷,論語注疏解經二十卷、附校勘記二十卷,孝經注疏九卷、附校勘記九卷,爾雅注疏十卷、附校勘記十卷)

340000－1801－0021755 7:121585－7:121600
重刊宋本十三經註疏附校勘記 (清)盧宣旬摘錄 (清)阮元撰 清嘉慶二十年(1815)南昌府學刻本 十六冊 存二種九十二卷(附釋音周禮注疏三至十九、二十三至四十二,附校勘記三至十九、二十三至四十二;孝經注疏九卷、附校勘記九卷)

340000－1801－0021756 7:121601－7:121610
重刊宋本十三經註疏附校勘記 (清)盧宣旬摘錄 (清)阮元撰 清光緒十三年(1887)上海脈望仙館石印本 十冊 存三種一百八十六卷(附釋音禮記注疏六十三卷、附校勘記六十三卷,監本附音春秋穀梁注疏二十卷、附校勘記二十卷,爾雅注疏十卷、附校勘記十卷)

340000－1801－0021757 7:121611－7:121664
通志堂經解 (清)成德(性德)輯 清康熙十九年(1680)通志堂刻本 五十四冊

340000－1801－0021758 7:121665－7:121678
通志堂經解 (清)成德(性德)輯 清刻本 十五冊 存十種四十五卷(周易義海撮要六至十二,東谷鄭先生易翼傳二卷,杏溪傳氏禹貢集解一,逸齋詩補傳八至二十五,春秋或問三至七,春秋春王正月考一卷、辨疑一卷,新定三禮圖一至四,大學纂疏一卷,四書能旨一至二,經典釋文二十八至三十)

340000－1801－0021759 7:121679
通志堂經解 (清)成德(性德)輯 清康熙通志堂刻本 一冊 存二種五卷(易裨傳一卷、外編一卷,易圖說三卷)

340000－1801－0021760 7:121696－7:121703
重刊宋本十三經註疏附校勘記 (清)盧宣旬摘錄 (清)阮元撰 清嘉慶二十年(1815)南昌府學刻本 八冊 存一種二十八卷(附釋音禮記注疏一至十四、附校勘記一至十四)

340000－1801－0021761 7:121704－7:121727
皇清經解續編二百九卷 王先謙輯 清光緒十五年(1889)上海蜚英館石印本 二十四冊

340000－1801－0021762 7:121728－7:121751
皇清經解一百九十卷 (清)阮元輯 清光緒十二年(1886)上海點石齋石印本 二十四冊

340000－1801－0021763 7:121752－7:121764
皇清經解一千四百卷 (清)阮元輯 清道光九年(1829)廣東學海堂刻本 十三冊 存三十一卷(五百四至五百二十二、六百六十七至六百七十八)

340000－1801－0021764 7:121765－7:121773
皇清經解一千四百八卷 (清)阮元輯 清道光九年(1829)廣東學海堂刻咸豐十一年(1861)補刻本 九冊 存三十卷(一千一百十七至一千一百四十六)

340000－1801－0021765　7:121774－7:121779
皇清經解一百八十種　(清)阮元輯　清光緒十八年(1892)上海古香閣石印本　六冊　存十四種一百五十卷(左傳杜解補正三卷,音論一卷,易音三卷,詩本音十卷,日知錄二卷,四書釋地一卷、續一卷、又續一卷、三續一卷,孟子生卒年月考一卷,潛邱劄記三卷,禹貢錐指二十卷、例畧圖一卷,學禮質疑二卷,學春秋隨筆十卷,毛詩稽古編三十卷,儀禮校勘記十七卷、釋文校勘記一卷,春秋左傳校勘記三十六卷、釋文校勘記六卷)

340000－1801－0021766　7:121780－7:121784
皇清經解一千四百八卷　(清)阮元輯　清道光九年(1829)廣東學海堂刻咸豐十年(1860)補刻本　五冊　存二十二卷(一千二百八十至一千三百一)

340000－1801－0021767　7:121785－7:121787
皇清經解一千四百八卷　(清)阮元輯　清道光九年(1829)廣東學海堂刻咸豐十一年(1861)補刻本　三冊　存九卷(七十六至七十八、八百四十至八百四十一、一千三百九十七至一千四百)

340000－1801－0021768　7:121788－7:121791
皇清經解橫直縮編目十六卷　(清)淩忠照編輯　(清)張紹銘分輯　清石印本　四冊

340000－1801－0021769　7:121792
皇朝五經匯解二百七十卷　題(清)抉經心室主人輯　清末石印本　一冊　存十卷(一百七至一百十六)

340000－1801－0021770　7:121793－7:121808
十一經音訓　(清)楊國楨撰　清光緒三年(1877)湖北崇文書局刻本　十六冊　缺三種(詩經音訓不分卷、春秋左傳音訓不分卷、孝經音訓不分卷)

340000－1801－0021771　7:121809－7:121832
二十四史　清光緒二十九年(1903)上海點石齋石印本　二十六冊　存三種四百六十一卷(遼史一百十六卷、金史一百三十五卷、元史二百十卷)

340000－1801－0021772　7:121971－7:121973
明季稗史彙編　題(清)留雲居士輯　清刻本　三冊　缺六種十四卷(烈皇小識三至八、聖安皇帝本紀二卷、嘉定屠城紀略一卷、行在陽秋二卷、幸存錄二卷、東明聞見錄一卷)

340000－1801－0021773　7:121974
明季稗史彙編　題(清)留雲居士輯　清刻本　一冊　存二種三卷(東明聞見錄一卷、青燐屑二卷)

340000－1801－0021774　7:121975－7:121979
明季稗史正編　題(清)留雲居士輯　清光緒鉛印本　五冊　缺一種四卷(烈皇小識一至四)

340000－1801－0021775　7:121988－7:121992
明季稗史彙編　題(清)留雲居士輯　清光緒二十二年(1896)上海圖書集成局鉛印本　五冊　缺四種五卷(嘉定屠城紀略一卷、幸存錄二卷、續幸存錄一卷、求野錄一卷)

340000－1801－0021776　7:121993
古今說部叢書　國學扶輪社輯　清宣統至民國上海國學扶輪社鉛印本　一冊　存七種七卷(天山客話一卷、艾子後語一卷、猥談一卷、半村野人閒談一卷、蓬軒吳記一卷、蓬軒別記一卷、吳中故語一卷)

340000－1801－0021777　7:122003
唐代叢書　(清)王文誥輯　清刻本　二冊　存三十一種三十一卷(第六集:博異志一卷、幽怪錄一卷、續幽怪錄一卷、聞奇錄一卷、錦裙記一卷、靈應錄一卷、鬼塚志一卷、幻影傳一卷、幻戲志一卷、幻異志一卷、稽神錄一卷、冥音錄一卷、離魂記一卷、再生記一卷、冤債志一卷、尸媚傳一卷、奇鬼傳一卷、才鬼記一卷、妖妄傳一卷、東陽夜怪錄一卷、靈鬼志一卷、物怪志一卷、靈怪志一卷、人虎傳一卷、白猿傳一卷、獵狐記一卷、任氏傳一卷、袁氏傳一卷、夜叉傳一卷、金剛經鳩異一卷、鸚鵡舍利塔記一卷)

340000－1801－0021778　7:122012－7:122018
漢魏六朝名家集初刻　丁福保輯　清宣統三年(1911)上海文明書局鉛印本　七冊　存八

種四十六卷(梁簡文帝集八卷、梁元帝集五卷、梁昭明太子集四卷、沈休文集九卷、江文通集八卷、任彦昇集五卷、陳後主集二卷、隋煬帝集五卷)

340000-1801-0021779　7:122019-7:122032
御纂七經　清末刻本　十三册　存二種一百二十三卷(欽定春秋傳説彙纂三十八卷、首二卷,欽定禮記義疏八十二卷、首一卷)

340000-1801-0021780　6:000007-6:000021
江西全省輿圖　(清)曾國藩總修　清同治七年(1868)刻本　十五册

340000-1801-0021781　6:000022-6:000036
江西全省輿圖　(清)曾國藩總修　清同治七年(1868)刻本　十五册

340000-1801-0021782　6:000037-6:000050
江西全省輿圖　(清)朱兆麟校　清光緒二十二年(1896)石印本　十四册

340000-1801-0021783　6:000051-6:000064
江西全省輿圖　(清)朱兆麟校　清光緒二十二年(1896)石印本　十四册

340000-1801-0021784　6:000065-6:000078
江西全省輿圖　(清)朱兆麟校　清光緒二十二年(1896)石印本　十四册

340000-1801-0021785　6:000079-6:000092
江西全省輿圖　(清)朱兆麟校　清光緒二十二年(1896)石印本　十四册

340000-1801-0021786　6:000093
皇朝直省地輿全圖　(□)□□繪　清光緒十五年(1889)點石齋石印本　一册

340000-1801-0021787　6:000094
東三省輿地全圖　(清)曹廷傑製　清光緒十三年(1887)刻本　一幅

340000-1801-0021788　6:000098
皇朝直省輿地圖志　上海中西譯書會精繪　清光緒二十八年(1902)石印本　一册

340000-1801-0021789　6:000100-6:000109
浙江全省輿圖並水陸道里記　(清)輿圖總局編輯　清末石印本　十册

340000-1801-0021790　6:000114
東三省輿地全圖　(清)曹廷傑製　清同治九年(1870)刻本　一幅

340000-1801-0021791　6:000115
河南省輿圖　(清)劉恂繪　清光緒二十一年(1895)刻本　一册

340000-1801-0021792　6:000118-6:000120
江蘇全省輿圖　(□)□□繪　清光緒二十二年(1896)石印本　三册

340000-1801-0021793　6:000121-6:000123
安徽輿圖表説十卷　(□)□□撰　清光緒二十二年(1896)石印本　三册

340000-1801-0021794　6:000124
江南安徽全圖　(清)劉籌總纂　清光緒二十二年(1896)石印本　一册

340000-1801-0021795　6:000125
江南安徽全圖　(清)劉籌總纂　清光緒二十二年(1896)石印本　一册

340000-1801-0021796　6:000126
江南安徽全圖　(清)劉籌總纂　清光緒二十二年(1896)石印本　一册

340000-1801-0021797　6:000127
江南安徽全圖　(清)劉籌總纂　清光緒二十二年(1896)石印本　一册

340000-1801-0021798　6:000128
各省全圖　(□)□□繪　清末石印本　二十四幅

340000-1801-0021799　6:000129-6:000131
廣東圖　(□)□□繪　清刻本　三册

340000-1801-0021800　6:000132-6:000138
廣東輿地全圖　廣東參謀處繪　清宣統元年(1909)石印本　七册

340000-1801-0021801　6:000139-6:000156
廣東圖説　(清)毛鴻賓纂修　清刻本　十八册

340000－1801－0021802　6：000214
揚州營轄屬總圖　(□)□□繪　清繪本　十一幅

340000－1801－0021803　6：000255
世界地圖　(清)鄒代鈞編譯　清光緒二十九年(1903)影印本　二十一幅

340000－1801－0021804　6：000256
皇朝一統圖　(□)□□繪　清末影印本　一幅

340000－1801－0021805　6：000696－6：000727
皇朝中外一統輿圖　(清)嚴樹森輯　清同治二年(1863)刻本　三十二册

340000－1801－0021806　6：000728－6：000741
皇朝中外一統輿圖　(清)嚴樹森輯　清同治二年(1863)刻本　十四册

340000－1801－0021807　6：000742－6：000761
皇朝中外一統輿圖　(清)嚴樹森輯　清同治二年(1863)刻本　二十册

340000－1801－0021808　6：000762－6：000769
大清一統輿圖三十二卷　(清)嚴樹森輯　清同治二年(1863)刻本　八册

340000－1801－0021809　6：000770－6：000777
大清一統輿圖三十二卷　(清)嚴樹森輯　清同治二年(1863)刻本　八册

340000－1801－0021810　6：000778－6：000789
皇朝中外一統輿圖　(清)嚴樹森輯　清同治二年(1863)刻本　十二册

340000－1801－0021811　6：000790－6：000802
皇朝中外一統輿圖　(清)嚴樹森輯　清同治二年(1863)刻本　十三册

340000－1801－0021812　6：000803－6：000814
皇朝中外一統輿圖　(清)嚴樹森輯　清同治二年(1863)刻本　十二册

340000－1801－0021813　6：000870
歷代地理沿革圖　(清)馬徵麟編　清同治十年(1871)刻朱墨套印本　一册

340000－1801－0021814　6：000871
歷代沿革輿圖　(清)厲雲官繪　清同治九年(1870)刻朱墨套印本　一册

340000－1801－0021815　6：000872
歷代輿地沿革險要圖　楊守敬　(清)饒敦秩撰　清光緒五年(1879)東湖饒氏刻朱墨套印本　一册

340000－1801－0021816　6：000873
歷代輿地沿革險要圖　楊守敬　(清)饒敦秩撰　清光緒五年(1879)東湖饒氏刻朱墨套印本　一册

340000－1801－0021817　6：000874
歷代輿地沿革險要圖説　(清)饒敦秩　楊守敬撰　(清)王尚德繪　清光緒二十四年(1898)石印本　一册

340000－1801－0021818　6：000875－6：000880
大清一統輿圖三十二卷　(清)嚴樹森製　清光緒石印本　六册

340000－1801－0021819　6：000881
前漢地理圖附前漢西域圖　楊守敬撰　清光緒三十年(1904)刻朱墨套印本　一册

340000－1801－0021820　6：000882
歷代地理沿革圖　(清)馬徵麟訂　清同治十年(1871)刻本　一册

340000－1801－0021821　6：000883－6：000884
皇朝一統輿地全圖　題(清)欸乃軒主人繪　清光緒二十四年(1898)上海順成書局石印本　二册

340000－1801－0021822　6：000885
皇朝内府輿地圖縮摹本　(清)李兆洛原訂　(清)六嚴重繪　清咸豐十年(1860)繪本　一册

340000－1801－0021823　6：000903 善
星象全圖　(清)黄泌繪　清乾隆四十七年(1782)汪遜先抄本　一册

340000－1801－0021824　6：000909
中外輿地全圖　(清)輿地學會編譯　清光緒

二十九年(1903)輿地學會鉛印本　一冊

340000－1801－0021825　6:000912
歷代輿地沿革險要圖　楊守敬　(清)饒敦秩撰　清光緒二十四年(1898)鑄記書局石印本　一冊

340000－1801－0021826　6:000913
歷代輿地沿革險要圖　楊守敬　(清)饒敦秩撰　清光緒五年(1879)東湖饒氏刻朱墨套印本　一冊

340000－1801－0021827　6:000914
歷代輿地沿革險要圖　楊守敬　(清)饒敦秩撰　清光緒五年(1879)東湖饒氏刻朱墨套印本　一冊

340000－1801－0021828　6:000915
歷代輿地沿革險要圖　楊守敬　(清)饒敦秩撰　清光緒五年(1879)東湖饒氏刻朱墨套印本　一冊

340000－1801－0021829　6:000917
萬國輿圖　(清)陳兆桐製　清光緒二十年(1894)上海積山書局石印本　一冊

340000－1801－0021830　6:000919
歷代輿地沿革險要圖　楊守敬　(清)饒敦秩撰　清光緒五年(1879)東湖饒氏刻朱墨套印本　一冊

340000－1801－0021831　6:000920
皇朝直省地輿全圖　點石齋編製　清光緒十五年(1889)石印本　一冊

340000－1801－0021832　6:000921
皇朝直省地輿全圖　(□)□□繪　清光緒二十一年(1895)湖北石印本　一冊

340000－1801－0021833　6:001412
新疆圖　湖北崇文書局製　清末石印本　一幅

340000－1801－0021834　6:1－6:4 善
地圖綜要三卷　(明)吳學儼等編　明萬曆十三年(1585)刻本　四冊

340000－1801－0021835　8:000001
岣嶁碑　(□)□□書　清拓本　一葉

340000－1801－0021836　8:000002
天乙閣宋拓石鼓文周篆書　(□)□□書　清姚花農雙鉤本　楊守敬跋　一冊

340000－1801－0021837　8:000007
尹宙碑隸書　(□)□□書　清方老林雙鉤本　一冊

340000－1801－0021838　8:000008
漢西嶽華山廟碑隸書　(漢)郭香察書　清影印本　一冊

340000－1801－0021839　8:000009
韓敕造禮器碑隸書　(□)□□書　清拓本　一冊

340000－1801－0021840　8:000010
大風歌漢篆書　(□)□□書　清拓本　一冊

340000－1801－0021841　8:000011
[宋拓]漢石經殘本隸書　(□)□□書　清光緒三十四年(1908)點石齋石印本　一冊

340000－1801－0021842　8:000013－8:000014
西狹頌漢隸書　(□)□□書　清拓本　一冊

340000－1801－0021843　8:000015
魯相乙瑛請置百石卒史碑隸書　(□)□□書　清拓本　一冊

340000－1801－0021844　8:000016
張遷碑篆書　(□)□□書　清拓本　一冊

340000－1801－0021845　8:000018－8:000019
史晨碑隸書　(□)□□書　清拓本　一冊

340000－1801－0021846　8:000021
張壽碑朝侯小子碑校官碑漢隸書　(□)□□書　清拓本　一冊

340000－1801－0021847　8:000022
楊孟文石門頌隸書　(漢)王升撰　清拓本　一冊

340000－1801－0021848　8:000024
泰山碑　(□)□□書　清拓本　一冊

340000－1801－0021849　8：000027
北海相景君銘隸書　(□)□□書　清拓本　一冊

340000－1801－0021850　8：000028
石門頌碑隸書　(漢)王升撰　清拓本　一冊

340000－1801－0021851　8：000031
縮刻漢碑三十八種　(□)□□書　清拓本　一冊

340000－1801－0021852　8：000038
漢景君銘武榮碑鄭固碑范式碑隸書　(□)□□書　清拓本　一冊

340000－1801－0021853　8：000039
史伯時碑　(□)□□書　清拓本　一冊

340000－1801－0021854　8：000043
漢夏承碑隸書　(□)□□書　清拓本　一冊

340000－1801－0021855　8：000044
曹全碑隸書　(□)□□書　清拓本　一冊

340000－1801－0021856　8：000053
孔宙碑隸書　(□)□□書　清拓本　一冊

340000－1801－0021857　8：000055
鄭固碑隸書　(□)□□書　清拓本　一冊

340000－1801－0021858　8：000056
漢郙閣頌隸書　(□)□□書　清拓本　一冊

340000－1801－0021859　8：000059
黃龍碑　(□)□□書　清拓本　一冊

340000－1801－0021860　8：000063
[孔廟]孔羡碑隸書　(三國魏)梁鵠書　清拓本　一冊

340000－1801－0021861　8：000064
吳九真太守谷朗碑魏光州刺史高慶碑隸書　(□)□□書　清拓本　一冊

340000－1801－0021862　8：000066
谷朗碑隸書　(□)□□書　清拓本　一冊

340000－1801－0021863　8：000067
谷朗碑隸書　(□)□□書　清拓本　一冊

340000－1801－0021864　8：000071
晉周孝侯祠堂碑行書　(□)□□書　清拓本　一冊

340000－1801－0021865　8：000072
晉爨寶子碑真書楷書　(□)□□書　清拓本　一冊

340000－1801－0021866　8：000073
晉爨寶子碑真書楷書　(□)□□書　清拓本　一冊

340000－1801－0021867　8：000116
[北魏永平四年]鄭文公碑楷書　(□)□□書　清拓本　一冊

340000－1801－0021868　8：000117－8：000120
[北魏永平四年]鄭文公碑楷書　(□)□□書　清拓本　四冊

340000－1801－0021869　8：000121－8：000124
[北朝]龍門造象雜品　(□)□□書　清拓本　四冊

340000－1801－0021870　8：000125
北魏龍門造象八種真書　(□)□□書　清拓本　一冊

340000－1801－0021871　8：000127
中嶽嵩高靈廟碑正書　(□)□□書　清拓本　一冊

340000－1801－0021872　8：000128
中嶽嵩高靈廟碑正書　(□)□□書　清拓本　一冊

340000－1801－0021873　8：000130－8：000131
[北朝]龍門造象雜品　(□)□□書　清拓本　二冊

340000－1801－0021874　8：000141
宋爨龍顔碑真書　(□)□□書　清拓本　一冊

340000－1801－0021875　8：000142
宋爨龍顔碑真書　(□)□□書　清拓本　一冊

340000－1801－0021876　8：000170
懷令李超墓誌銘正書　(□)□□書　清拓本　一冊

340000－1801－0021877　8：000172
賈思伯碑正書　(□)□□書　清拓本　二冊

340000－1801－0021878　8：000173
高貞碑正書　(□)□□書　清拓本　一冊

340000－1801－0021879　8：000174
李仲璿重修孔子廟碑正書　(□)□□書　清拓本　一冊

340000－1801－0021880　8：000175
北魏牛橛造象　(□)□□書　清拓本　一冊

340000－1801－0021881　8：000179
北魏張猛龍碑楷書　(□)□□書　清光緒二十九年(1903)影印本　一冊

340000－1801－0021882　8：000186
敬顯儁碑正書　(□)□□書　清拓本　一冊

340000－1801－0021883　8：000189
馬鳴寺根法師碑正書　(□)□□書　清拓本　一冊

340000－1801－0021884　8：000191
張猛龍清頌碑正書　(□)□□書　清拓本　一冊

340000－1801－0021885　8：000192
石門銘正書　(□)□□書　清拓本　一冊

340000－1801－0021886　8：000201
唐御史臺精舍碑隸書　(唐)崔湜撰　(唐)梁昇卿書　清拓本　一包

340000－1801－0021887　8：000203
唐王贇墓誌銘唐高景圭神道碑　(□)□□書　清拓本　一冊

340000－1801－0021888　8：000205
太上老君石像碑正書　(唐)李審幾撰　(唐)沮渠智烈書　清拓本　一冊

340000－1801－0021889　8：000215
唐等慈寺碑附重九登第一山題名　(唐)顏師古書　清拓本　一冊

340000－1801－0021890　8：000216
唐等慈寺碑附重九登第一山題名　(唐)顏師古書　清拓本　一冊

340000－1801－0021891　8：000217
唐等慈寺碑附重九登第一山題名　(唐)顏師古書　清拓本　一冊

340000－1801－0021892　8：000218
唐等慈寺碑附重九登第一山題名　(唐)顏師古書　清拓本　一冊

340000－1801－0021893　8：000219
唐等慈寺碑附重九登第一山題名　(唐)顏師古書　清拓本　一冊

340000－1801－0021894　8：000220
蜀丞相諸葛武侯祠堂碑正書　(唐)裴度撰　(唐)柳公綽書　清拓本　一冊

340000－1801－0021895　8：000222
伊闕佛龕碑正書　(唐)岑文本撰　(唐)褚遂良書　清拓本　一冊

340000－1801－0021896　8：000323
郭家廟碑楷書　(唐)顏真卿撰並書　清拓本　一冊

340000－1801－0021897　8：000324－8：000325
顏家廟碑楷書　(唐)顏真卿撰並書　清拓本　二冊

340000－1801－0021898　8：000343
虞恭公溫大臨碑楷書　(唐)岑文本撰　(唐)歐陽詢書　清拓本　一冊

340000－1801－0021899　8：000345
王徵君碣楷書　(唐)王紹宗錄並書　清拓本　一冊

340000－1801－0021900　8：000357
佛頂尊勝陀羅尼經唐開元正書　(唐)歐陽詢書　清拓本　一冊

340000－1801－0021901　8：000358
興福寺半截碑行書　(晉)王羲之書　(唐)釋

大雅集　清拓本　一册

340000－1801－0021902　8∶000359
夢真容敕行書　（唐）蘇靈芝書　清拓本　一册

340000－1801－0021903　8∶000360
徐浩神道碑楷書　（唐）張式撰　（唐）徐峴書　清拓本　一册

340000－1801－0021904　8∶000361
隆闡法師碑　（唐）釋懷惲書　清拓本　一册

340000－1801－0021905　8∶000370
夫子廟堂西碑正書　（□）□□書　清拓本　一册

340000－1801－0021906　8∶000424
新安鮑氏碑分書　（□）□□書　清拓本　一包

340000－1801－0021907　8∶000426
沂州府普照禪寺碑正書　（金）仲汝之撰　清拓本　一册

340000－1801－0021908　8∶000427
沂州府普照禪寺碑正書　（金）仲汝之撰　清拓本　一册

340000－1801－0021909　8∶000453
李文忠公神道碑　（清）吳汝綸撰　（清）于式枚書　清拓本　一册

340000－1801－0021910　8∶000454
何淩漢碑　（□）□□書　清拓本　一册

340000－1801－0021911　8∶000458
何紹基神道碑　（□）□□書　清拓本　一册

340000－1801－0021912　8∶000461
壽州城隍廟碑　（清）梁巘書　清拓本　一册

340000－1801－0021913　8∶000462
鳳臺重修報恩寺碑附使院新幢記　（清）梁巘書　清拓本　一册

340000－1801－0021914　8∶000702
舊拓太上玄元道德經　（晉）王羲之書　清拓本　一册

340000－1801－0021915　8∶000704
晉王右軍鶩群草書　（晉）王羲之書　清刻本　一册

340000－1801－0021916　8∶000718
顔魯公三表真跡行書　（唐）顔真卿書　清拓本　一册

340000－1801－0021917　8∶000719
顔魯公三表真跡行書　（唐）顔真卿書　清拓本　一册

340000－1801－0021918　8∶000726
唐宋八大家法帖　（清）姚學經刻　清拓本　一册

340000－1801－0021919　8∶000733
白雲居米帖十二卷　（清）姚學經編　清影印本　一册　存一卷（一）

340000－1801－0021920　8∶000734－8∶000744
白雲居米帖十二卷　（清）姚學經編　清影印本　十二册

340000－1801－0021921　8∶000772
豐樂亭記楷書　（宋）歐陽修撰　（宋）蘇軾書　清拓本　一册

340000－1801－0021922　8∶000773
蘇東坡遊虎跑泉詩　（宋）蘇軾書　清拓本　一册

340000－1801－0021923　8∶000813
趙孟頫十劄法帖　（元）趙孟頫書　清拓本　一册

340000－1801－0021924　8∶000817
趙松雪小楷度人經　（元）趙孟頫書　清拓本　一册

340000－1801－0021925　8∶000819－8∶000828
淳化閣帖十卷　（宋）王著編纂　清拓本　十册

340000－1801－0021926　8∶000874
吴侯去思詩　（唐）顔真卿書　（清）王潤集　清拓本　一册

340000－1801－0021927　8：000876－8：000879
擬山園帖　（清）王鐸書　清拓本　四冊

340000－1801－0021928　8：000880－8：000883
古寶賢堂法書四卷　（清）李清鑰複刻　清末石印本　四冊

340000－1801－0021929　8：000894
觀海堂蘇帖　（□）□□書　清拓本　一冊

340000－1801－0021930　8：001107
劉墉等書劄　（清）劉墉等書　清稿本　一冊

340000－1801－0021931　8：001195
國朝李文田先生書劄　（清）李文田書　清末石印本　一冊

340000－1801－0021932　8：001196
馮太史樂毅論　（□）□□書　清末石印本　一冊

340000－1801－0021933　8：001197
馮太史樂毅論　（□）□□書　清末石印本　一冊

340000－1801－0021934　8：001200－8：001203
十三經集字摹本不分卷　（清）彭玉雯纂　清道光三十年（1850）刻本　四冊

340000－1801－0021935　8：001209
大佛頂首楞嚴經　（清）吳芝瑛寫　清宣統元年（1909）影印本　一冊

340000－1801－0021936　8：001213－8：001218
國朝畫家書荔香室石刻　（清）蔡載福審訂　清末石印本　六冊

340000－1801－0021937　8：001219
鄧石如篆合璧篆書　（清）鄧琰書　清末影印本　一冊

340000－1801－0021938　8：001231
胡大川先生墨蹟一卷　（清）胡大川書　清末石印本　一冊

340000－1801－0021939　8：001233
國朝名人題朱子墨蹟不分卷　（清）朱貞彬輯　清光緒三十四年（1908）影印本　一冊

340000－1801－0021940　8：001234
曾惠敏公四體法書一卷　（清）曾紀澤書　清末影印本　一冊

340000－1801－0021941　8：001277－8：001286
翁同龢手劄　（清）翁同龢撰書　清宣統石印本　十冊

340000－1801－0021942　8：001316
畫蘭石刻　（□）□□書　清拓本　一冊

340000－1801－0021943　8：001405
王圓照仿雲林小冊　（□）□□書　清光緒十四年（1888）影印本　一冊

340000－1801－0021944　4：18707
鶴鳴集六卷　（清）方績著　（清）方東樹編　清光緒抄本　清方守彝題識　一冊

340000－1801－0021945　7：018036－7：018064
古逸叢書　（清）黎庶昌輯　清光緒中遵義黎氏日本東京使署刻本　二十四冊　存十二種一百四十五卷（爾雅三卷，春秋穀梁傳十二卷、附考異一卷，論語十卷，周易六卷、附晦庵先生校正周易繫辭精義二卷，孝經一卷，老子道德經二卷，荀子二十卷，南華眞經注疏十卷，楚辭集注八卷、辯證二卷、後語二卷，尚書釋音二卷，玉篇九、十八至十九、二十七、又九、又二十二，杜工部草堂詩箋四十卷、外集一卷、補遺十卷、傳序碑銘一卷、目錄二卷、年譜二卷、詩話二卷）